EL SAGRADO
CORÁN

y

Su Interpretación Comentada

EL SAGRADO CORÁN

y

Su Interpretación Comentada

por

Ali Ünal

TUGHRA BOOKS
Nueva Jersey

Originalmente editado en lengua inglesa como *The Qur'an with Annotated Interpretation in Modern English* 2006
Tercera edición revisada 2022

Interpretación Comentada
Ali Ünal

Dirección Editorial
Fikret Yaşar

Dirección Artística
Engin Çiftçi

Traducción del inglés al español
Ali Laraki
Juan Pedro Andújar García
F. Mehmet Sığınır

Edición y corrección
Juan Pedro Andújar García
F. Mehmet Sığınır

Publicado por Editorial La Fuente

345 Clifton Avenue
Clifton, Nueva Jersey, 07011, EE.UU
www.tughrabooks.com

ISBN: 978-159784-936-4

ÍNDICE

SURA

APÉNDICES

GLOSARIOS

Los Suras en orden alfabético

بسم الله الرحمن الرحيم

En el Nombre de Dios, el Misericordioso, el Compasivo.

PRÓLOGO

Alabado sea Dios, el Señor de los mundos, sea Su Majestad ensalzada y que la paz y las bendiciones sean asimismo con el profeta Muhammad, su familia, sus Compañeros y los rectos sirvientes entre los habitantes de los Cielos y la Tierra.

El movimiento de retorno al Sagrado Corán, iniciado en el mundo musulmán hace aproximadamente un siglo, continúa hoy en día con sus altibajos y sus errores y aciertos. Como es bien sabido, hace catorce siglos, el Corán fue revelado al profeta Muhammad, la paz y las bendiciones sean con él, a lo largo de 23 años y en diferentes ocasiones. Esta última «versión» de la Palabra Divina, que fue plantada en el Último Profeta como una semilla y, creciendo con rapidez, «erguido sobre su tallo, y brotó» (El Corán, 48:29), echó hojas, floreció y dio frutos en todos los aspectos de la vida. Tras haber vivido durante siglos pacíficamente casi un tercio de la población mundial, bajo su tranquila y serena sombra, el Corán fue velado por la negligencia y la deslealtad de sus «amigos» y la hostilidad de sus «enemigos». Sin embargo, tras algunos siglos de miseria, los musulmanes a lo largo y ancho del mundo musulmán sintieron la acuciante necesidad de regresar al Sagrado Corán y hallaron que esta Palabra de Dios se encontraba tan fresca como cuando fue revelada «rejuveneciéndose a medida que pasaba el tiempo».

Habiendo sido sumamente dañada en la esencia misma de su ser con motivo del veneno inyectado por las tendencias materialistas, la humanidad se halla en busca de una cura inmediata. Es en la Palabra de Dios donde se halla esta cura. No obstante, está a la espera de que «médicos» la presenten. El futuro de la humanidad depende de los esfuerzos de estos facultativos a la hora de presentar dicha cura. Si el Corán hubiese sido entendido de manera completa y exacta, y asimismo practicado de manera eficaz en esta vida, los venenos surgidos en los tiempos modernos no habrían podido penetrar en los musulmanes en un número considerable, aunque dichos venenos hubiesen sido presentados en copas de oro. En tanto que, desafortunadamente, dichos venenos han sido fácilmente inyectados en numerosos cuerpos creyentes, algunos de los presuntos «médicos» musulmanes, que deberían haber hecho frente a dichos venenos con el Corán, los han tomado como antídoto. Incluso han llegado más lejos, e identifican la cura del Corán con ellos, nada más lejos de la realidad. Es más, se han atrevido a probarlo en las probetas de los mismos laboratorios donde los venenos son producidos.

¿QUÉ ES EL CORÁN? ¿CÓMO PUEDE SER DEFINIDO?

En opinión de la mayoría de los eruditos, la palabra *qur'an*, es un modo infinitivo del verbo *QaRaA*, que significa «leer» o «recitar». Por lo tanto, literalmente significa algo recitado añadiendo letras y palabras recíprocamente.

El verbo *QaRaA* posee otro modo infinitivo, *qar'u*, que significa «reunir». Por lo tanto, ciertos estudiosos opinan a su vez que *qur'an* significa «lo que reúne». Ha sido narrado por 'Abdullah ibn 'Abbas que la palabra *qur'an* en el versículo *En verdad nos incumbe a Nosotros reunirlo (en tu corazón) y permitirte recitarlo (de memoria)* (75:17), significa reunirlo y establecerlo en el corazón. Por ello, algunos afirman que ya que el Corán reúne y contiene en sí mismo el «fruto» de las anteriores Escrituras y todo el conocimiento, es nombrado por lo tanto como *Qur'an* (Corán).

Otros eruditos afirman que la palabra *qur'an* no deriva de ninguna otra. Es el nombre propio concedido al Libro que Dios, ensalzada sea Su Majestad, envió a Su Último Mensajero, la paz y las bendiciones sean con él. Imam Shafi'i sostiene dicha opinión (Abu'l-Baqa, 287; Raghib al-Isfahani 402; as-Salih [traducido], 15-18).

El Corán es la Palabra de Dios y por lo tanto eterna e increada. Pero, como libro que fue trasmitido al Profeta por el Arcángel Gabriel y compuesto por letras y palabras, recitadas, tocadas y escuchadas, no es eterno (Çetin, 30-32).

La definición general del Corán es la siguiente:

> *El Corán es la Palabra milagrosa de Dios revelada al profeta Muhammad, la paz y las bendiciones sean con él, anotado sobre hojas y transmitido a las generaciones sucesivas por numerosos canales de transmisión dignos de confianza, y cuya recitación es un acto de adoración y una obligación durante las Oraciones diarias.* (Karaman, 63)

El Corán describe algunas de sus características del modo siguiente:

> *El mes de Ramadán (es el mes) en el cual se hizo descender el Corán como guía para la humanidad y como verdades claras de la Guía y el Criterio (entre la verdad y la falsedad)* (2:185).

> *Y este Corán no es tal que posiblemente pudiese haber sido inventado por alguien atribuyéndoselo a Dios, sino que es (un Libro Divino en) confirmación de (el origen Divino y de las verdades que aún contienen) las Revelaciones anteriores al mismo y una explicación de la Esencia de todos los Libros Divinos —en donde no hay lugar para la duda— proveniente del Señor de los mundos* (10:37).

> *Lo hemos hecho descender como un «qur'an» (discurso) en lengua árabe para que podáis reflexionar (sobre sus significados y sus términos) y comprender* (12:2).

> *Este Corán ciertamente guía (en todo asunto) a lo más justo y recto, y proporciona a los creyentes que obran bien y con rectitud buenas nuevas de que tendrán una enorme recompensa* (17:9).

Y en verdad (revelándolo a través del lenguaje humano) hemos hecho fácil el Corán para la remembranza (de Dios, y prestar atención), entonces ¿hay alguien que recuerde y preste atención? (54:17)

Sin lugar a duda, es el más honorable Corán (recitado) bien guardado en un Libro (56:77-78).

El Corán posee otros títulos, cada uno de los cuales lo describe en uno u otro de sus aspectos y que por lo tanto puede ser considerado como uno de sus atributos. Algunos de estos títulos son: el Libro, el Criterio, la Remembranza, el Consejo, la Luz, la Guía, la Cura, el Noble, la Madre de los Libros, la Verdad, la Amonestación, la Buena Nueva, el Libro Paulatinamente Revelado, el Conocimiento, el Claro. (Çetin, 32-36)

El Corán tiene como fin guiar a todas las personas hacia la verdad y alberga cuatro propósitos principales: demostrar la existencia de Dios y Su Unidad; establecer la Misión Profética; probar y dilucidar la vida después de la muerte en todos sus aspectos y dimensiones; y promulgar la devoción a Dios y los puntos esenciales de la justicia. Los versículos del Corán hacen hincapié principalmente en esos temas. En base a esos aspectos, en el Corán se dan: los principios de la creencia, las reglas que rigen la vida humana, información detallada sobre la Resurrección y la vida después de la muerte, preceptos relativos a la adoración de Dios, valores morales, información directa o indirecta sobre ciertos hechos científicos, los principios relativos al surgimiento y a la decadencia de las civilizaciones, esbozos sobre la historia de las naciones de antaño, etc. El Corán es asimismo una fuente de cura. Su aplicación en la vida proporciona un remedio para casi todas las enfermedades psicológicas y sociales. Es a su vez la base de diversos tratados del conocimiento: Contiene una cosmología, una epistemología, una ontología, una sociología, una psicología y una ley. Fue revelado para regular la vida humana en el mundo. No está limitado a una época, un lugar o un pueblo determinados. Es para todos los tiempos y gentes.

El profeta Muhammad, la paz y las bendiciones sean con él, declaró:

> El Corán es más digno de alabanza para Dios que los Cielos y la Tierra, y aquellos que los habitan. La superioridad del Corán sobre el resto de las palabras y discursos es como la superioridad de Dios sobre Sus criaturas (at-Tirmizi, «Fadail al-Qur'an» 25).
>
> El Corán es un decreto definitivo que discierne entre la verdad y la falsedad. No es un pasatiempo. Quienquiera que lo rechace a causa de su despotismo, Dios le humillará. Contiene la historia de las naciones del pasado, nuevas sobre aquellos que os sucederán en un futuro y un criterio sobre vuestros desacuerdos. Todo aquél que busque orientación y consejo en algo diferente del mismo, Dios le desviará. Es la más firme cuerda de Dios, la sabia instrucción, el Camino Recto. Es un Libro que los deseos no pueden desviar ni las lenguas pueden confundir; y del que los eruditos nunca se hastían. Nunca se derrocha ni se disipa al ser repetido, y contiene innumerables aspectos admirables. Se trata de un Libro del que no pudieron nada más que decir: «Ciertamente, hemos escuchado un Corán maravilloso que guía hacia aquello que es correcto en la creencia y la acción y de

> este modo, hemos creído en él». Todo aquél que hable basándose en dicha Escritura dirá la verdad; quien juzgue por medio del Corán juzgará con justicia; y quien invite a él invitará a la verdad (at-Tirmizi, «Zawab al-Qur'an», 14).

Concluiremos este asunto con la definición del Corán por parte de Bediüzzaman Said Nursi, ilustre erudito musulmán que inició un movimiento de restauración islámico en Turquía durante la primera mitad del S. XX:

> El Corán es la traducción eterna del gran Libro del universo y el traductor imperecedero de las diversas «lenguas» en las que las Leyes Divinas de la creación y el funcionamiento del universo están «grabados»; el intérprete de los libros del mundo visible y material y del Mundo de Lo Oculto; el descubridor de los tesoros inmateriales de los Nombres Divinos ocultos en los Cielos y en la Tierra; la llave de las verdades que subyacen bajo los acontecimientos; la Palabra de la lengua del Mundo de Lo Oculto en el mundo visible y material; el tesoro de los favores del Misericordioso y el eterno discurso del Glorioso que proviene del Mundo de Lo Oculto a través del velo de este mundo visible; el Sol de los mundos espirituales e intelectuales del Islam, así como su fundamento y plan; el mapa sagrado de los mundos del Más Allá; el expositor, el lúcido intérprete, la prueba locuaz y el claro traductor de la Esencia, los Atributos, los Nombres y los Actos Divinos; el educador e instructor de los humanos así como agua y luz del Islam, que es la verdadera y más grande humanidad; la verdadera sabiduría de la humanidad y la verdadera guía hacia su felicidad. Para la humanidad, es un Libro de leyes, de oración, de sabiduría, de adoración y servicio a Dios, mandamientos e invitación, invocación y reflexión. Es un Libro santo que contiene libros para todas nuestras necesidades espirituales; un Libro celestial que, como una biblioteca sagrada, contiene numerosos fascículos de los que todos los santos, eminentemente veraces, eruditos puros y discernidores y todos los bien versados en el conocimiento de Dios han derivado sus propias sendas particulares, iluminando cada camino y respondiendo a las necesidades.
>
> Proveniente del Supremo Trono de Dios, originado en Su Grandioso Nombre y emanado del rango más completo de cada Nombre, el Corán es la Palabra de Dios en cuanto que es el Señor de los Mundos, y Su Decreto en cuanto que es Poseedor del título de Deidad de todas las criaturas. Es un discurso en el Nombre del Creador de los Cielos y la Tierra; una disertación desde la perspectiva del absoluto Señorío Divino; y un sermón eterno en nombre de la universal Soberanía del Supremo Glorificado. Es también un registro de los favores del Misericordioso desde el punto de vista de la Misericordia que todo lo abarca; una colección de mensajes, algunos de los cuales comienzan con una cifra; y un libro santo que habiendo descendido desde el círculo envolvente del Supremo Nombre Divino, vigila y vela por el círculo que envuelve Su Supremo Trono.
>
> Por todo ello, el título de «Palabra de Dios» ha sido (y siempre será) otorgado al Corán. Tras el Corán, vienen las Escrituras y las Páginas (o Manuscritos arrollados) enviados a otros Mensajeros. Al igual que el resto de incontables Palabras Divinas, algunas de ellas son conversaciones en forma de inspiraciones que llegan como manifestación de un aspecto particular de la Misericordia Divina, la Soberanía y el Señorío bajo un título determinado y con un sentido particular.

Las inspiraciones que tienen los ángeles, los humanos y los animales varían en gran medida respecto a su universalidad o particularidad.

El Corán es un libro celestial que contiene en síntesis las Escrituras reveladas a los anteriores Profetas en distintas épocas; el contenido de los tratados de todos los santos con sus diferentes temperamentos; los libros de los purificados eruditos, cada uno de ellos siguiendo una senda propia; y los seis aspectos por los cuales son brillantes y absolutamente libres de oscuras dudas e ideas fantásticas; cuyo punto de apoyo es, con certeza, la Revelación Divina y la eterna Divina Palabra, cuyo propósito es evidentemente la eterna felicidad y cuyo interior es ostensiblemente la pura guía. Está rodeado y sustentado: desde arriba, por las luces de la fe; desde abajo, por la prueba y la evidencia; a la derecha por la sumisión del corazón y la consciencia; y a la izquierda por el reconocimiento de la razón y otras facultades del intelecto. Su fruto es, con toda certeza, la misericordia del Misericordioso y el Paraíso. Y ha sido aceptado y promovido por los ángeles y por innumerables personas y genios («yinn») a lo largo de los siglos [*The Words*, («Las Palabras»), «La 25ª Palabra», págs. 388-389].

LA RECOPILACIÓN DEL CORÁN Y SU PRESERVACIÓN

Es aceptado por todos que durante la historia de la humanidad, Dios Todopoderoso envió 124.000 Profetas. Según la definición islámica, un Profeta es alguien que viene con importantes nuevas, las «nuevas de la Religión», basadas en la fe en la Existencia y Unidad de Dios y de Sus ángeles, la misión o el cometido de la Misión Profética y los Profetas, la Revelación y las Divinas Escrituras, la Resurrección y la vida después de la muerte, y el Destino Divino que incluye el libre albedrío humano. Las «nuevas» incluyen también la invitación a una vida basada en dicha creencia, además de promesas y advertencias respecto a la aceptación o el rechazo de dicha creencia e invitación. A lo largo de la historia, ha acontecido frecuentemente que la Religión se hallaba considerablemente corrompida, lo cual hizo que un Profeta fuese elegido a fin de revivir y restaurar la Religión e introducir ciertas enmiendas en sus reglas o crear nuevas leyes relativas a la vida cotidiana. A dicho Profeta, al cual le era generalmente entregado un Libro, se le llama Mensajero, y su misión es la de comunicar el Mensaje. Cinco Mensajeros, a saber, Noé, Abraham, Moisés, Jesús y Muhammad, la paz sea con ellos, son mencionados en un versículo del *Sura ash-Shura* (42:13) y aceptados como los más grandes de entre todos los Mensajeros.

El nombre de la Religión que Dios Todopoderoso envió a todos los Mensajeros a lo largo de la historia es Islam. Al igual que las leyes que regulan el orden y el funcionamiento del universo son constantes e invariables, del mismo modo no se da diferencia alguna entre el primer ser humano que apareció sobre la faz de la Tierra y el resto de los seres humanos en la actualidad, en cuanto a su humanidad dotada con las mismas peculiaridades, las mismas necesidades esenciales y el destino final que les espera, y por lo tanto, a su vez es natural que la Religión sea una y la misma, y se base en los mismos principios de fe, devoción y moralidad. Al corromperse, alterarse o contaminarse dicha Religión, con préstamos tomados de falsos credos, Dios envió a diferentes

Mensajeros en diferentes épocas de la historia. Envió al profeta Muhammad, la paz y las bendiciones sean con él, como último Mensajero con la última y más perfecta forma de Religión y «asumió» la preservación de Su Libro: *Sin duda somos Nosotros, Nosotros Quienes hemos hecho descender el Recordatorio en partes y en verdad somos Nosotros su Guardián* (15:9). Tras Moisés, la paz sea con él, la religión que éste comunicó se llamó Judaísmo, y tras Jesús, la paz sea con él, Cristianismo, por lo tanto, el Islam es el nombre de la forma perfecta y preservada de la Religión Divina que el profeta Muhammad, la paz y las bendiciones sean con él, comunicó.

En este mundo, Dios Todopoderoso actúa a través de las causas naturales o materiales. Por ello, ha creado y creará causas y medios para preservar el Corán. Uno de dichos recursos y una de las razones por las que el Todopoderoso permitió que Sus anteriores Escrituras fuesen corrompidas y «asumió» la preservación del Corán, es que los Compañeros del Profeta, que Dios esté complacido con ellos, y las generaciones de musulmanes venideras, se han consagrado a su Libro más de lo que lo hicieron otros con sus propios libros, y han hecho todo lo posible para preservarlo sin la más mínima alteración. Con el profeta Muhammad, la paz y las bendiciones sean con él, Dios perfeccionó el Islam de un modo tal que se pudiese dirigir a todos los niveles del conocimiento intelectual que existirán y resolver todos los problemas de la humanidad que aparecerán hasta el Día del Juicio Final. Por lo tanto, no habrá necesidad de otro Profeta que reviva o restaure la Religión, ni asimismo será preciso que sea revelado otro Libro. Por consiguiente, como primer paso para la preservación del Corán, el Corán fue puesto por escrito durante la vida del profeta Muhammad, la paz y las bendiciones sean con él, bajo su directa supervisión. Debido a ello, ni una sola palabra de su texto ha sido borrada, añadida o alterada. No existe ni la más mínima diferencia entre los ejemplares del Corán que han circulado por todo el mundo durante los catorce siglos de historia del Islam.

Considerando el hecho de que, a diferencia de las otras Escrituras que le precedieron, el Corán ha sido preservado en su texto o forma original, sin la más mínima alteración, añadidura o supresión, los siguientes puntos son especialmente importantes:

- El Corán fue revelado por partes. Dios Todopoderoso no sólo asumió la preservación del Corán, sino también su debida recitación y la disposición de sus partes como Libro. Él le reveló a Su Mensajero dónde debían de estar ubicados cada versículo y capítulo:

> *(Oh Profeta) no muevas tu lengua con prisa (para salvaguardarlo en tu corazón). En verdad nos incumbe a Nosotros reunirlo (en tu corazón) y permitirte recitarlo (de memoria). Así que cuando lo recitemos, sigue su recitación; de allí en adelante, Nos corresponde explicarlo* (75:16-19).

> *Absolutamente Ensalzado sea Dios, el Soberano Supremo, la Máxima Verdad Leal. No te apresures (Oh Mensajero) con (la recepción y la memorización de la Revelación incluida en) el Corán (la recepción y memorización de*

> *ello) antes de que te sea totalmente revelado, sino di: «Señor mío, aumenta mi conocimiento»* (20:114).

- El Todopoderoso recalca que ninguna falsedad puede afectar al Corán y que nada puede causar dudas sobre su autenticidad como Libro de Dios:

> *Pues, sin duda alguna, es un Libro glorioso, invencible. La falsedad jamás puede tener acceso al mismo, ya sea por delante o por detrás (ya sea por los argumentos y talantes fundamentados en las filosofías modernas, o por ataques a partir del pasado basados en Libros Sagrados anteriores); (es) el Libro que se ha hecho descender por partes a partir del Omnisapiente, Sumamente Digno de Alabanza (a Quien toda la alabanza y gratitud Le pertenecen)* (41:41-42).

- El Mensajero de Dios, la paz y las bendiciones sean con él, solía revisar una vez al año, junto con el Arcángel Gabriel, el fragmento del Corán que le había sido revelado hasta dicho año. En su último año, tras haberse completado la revelación del Corán, Gabriel vino en dos ocasiones con el mencionado propósito. Por lo que el Mensajero llegó a la conclusión de que su partida hacia el Más Allá se hallaba cerca. (Yıldırım, 43, 62-63)
- Desde el comienzo de su revelación, los Compañeros del Profeta, que Dios esté complacido con ellos, prestaron suma atención al Corán e hicieron todo lo posible para entenderlo, memorizarlo y aprenderlo. Esto era, de hecho, lo que el Corán ordenaba:

> *Y así, cuando el Corán se recite, prestad atención y escuchad en silencio, tal vez así se os muestre misericordia* (7:204).

- Había pocos musulmanes que supieran leer y escribir durante el período inicial de la revelación del Corán. Fue decretado tras la Batalla de Badr, la cual fue el primer encuentro entre los musulmanes y los politeístas de La Meca, que los prisioneros de guerra serían emancipados a condición de que cada uno de ellos enseñara a leer y escribir a diez musulmanes de Medina. Los que primero aprendieron a leer y escribir intentaron memorizar el Corán. Lo hicieron ya que la recitación de cierta parte del Corán es obligatoria en las Oraciones prescritas; puesto que el Corán era sumamente original para ellos; y porque purificó sus mentes de prejuicios y falsas suposiciones, así como sus corazones de pecados y les iluminó; y porque erigió una sociedad a partir de mentes iluminadas y corazones purificados.
- A fin de entender la medida de los esfuerzos que los Compañeros llevaron a cabo para memorizar el Corán y el número de los que lo hicieron, basta mencionar que en el desastre de *Bi'r al-Ma'unah*, acaecido unos pocos años después de la Hégira, setenta Compañeros que habían memorizado el Corán fueron martirizados. Aproximadamente otros setenta de aquellos que memorizaron el Corán fueron martirizados en otros eventos y batallas similares durante la vida

del Profeta, la paz y las bendiciones sean con él (as-Salih, 55). Cuando el Profeta murió, habían varios Compañeros que se sabían el Corán de memoria, tal y como 'Ali ibn Abi Talib, 'Abdullah ibn Mas'ud, 'Abdullah ibn 'Abbas, 'Abdullah ibn 'Amr, Hudayfah ibn al-Yaman, Salim, Mu'az ibn Yabal, Abu'd-Darda, Ubayy ibn Ka'b, A'ishah así como Umm Salamah, las esposas del Profeta. Cuando una persona se convertía al Islam o emigraba a Medina, el Profeta, la paz y las bendiciones sean con él, le enviaba a un Compañero para que le enseñase el Corán. Ya que surgía un rítmico murmullo cuando los que aprendían el Corán empezaban a recitar, el Profeta tuvo que pedirles que bajasen sus voces para que no se confundieran entre sí. (as-Salih, 57, transmitiéndolo a partir de az-Zarkani).

- El Corán fue revelado en partes, en su mayor parte en determinadas ocasiones. Siempre que un versículo, un capítulo o un conjunto de versículos era revelado, era tanto memorizado por numerosa gente y por el Mensajero de Dios, la paz y las bendiciones sean con él, como asimismo puesto por escrito. El Mensajero indicaba dónde debía ser ubicado un versículo en el Corán. (El Corán fue revelado durante 23 años. No obstante, se le llamó Corán desde el principio de su revelación). Aquellos a los que el Mensajero empleó para poner el Corán por escrito fueron llamados Escribas de la Revelación. Los relatos nos proporcionan los nombres de aproximadamente cuarenta de ellos. Además de poner por escrito las partes del Corán que eran reveladas, los Escribas hicieron copias para ellos mismos y las preservaron. (as-Salih, 61, según la obra *al-Burhan* de az-Zarkashi).
- Cuando el Profeta, la paz y las bendiciones sean con él, murió, varios Compañeros, tales como 'Ali ibn Abi Talib, Mu'az ibn Yabal, Abu'd-Darda y Ubayy ibn Ka'b, ya habían reunido las partes del Corán, completándolo como Libro. 'Ali las dispuso según el orden cronológico de revelación de sus capítulos (M.M. Puye, 95-8, informando de la obra *al-Itqan* de as-Suyuti, y también de at-Tabarani e Ibn al-Asakir). Tras la muerte del Profeta, cuando alrededor de 700 creyentes que habían memorizado el Corán fueron martirizados en la Batalla de Yamamah, 'Umar ibn al-Jattab solicitó al Califa Abu Bakr que se debería tener una copia «oficial» del Corán, ya que aquellos que habían memorizado el mismo fueron martirizados en diversas batallas. Zayd ibn Zabit, uno de los principales eruditos de entonces que había memorizado el Corán fue elegido para dicha tarea. Tras un meticuloso trabajo, Zayd preparó la recopilación oficial, que fue llamada *Mushaf* (Yıldırım, 62-66; as-Salih, 62-65).
- El Todopoderoso declara abiertamente en el *Sura al-Qiyama*: *En verdad nos incumbe a Nosotros reunirlo (en tu corazón) y permitirte recitarlo (de memoria)* (75:17). Todos los versículos y capítulos del Corán fueron dispuestos y recopilados en forma de libro de acuerdo con las instrucciones del mismísimo Profeta, la paz y las bendiciones sean con él, guiado por la Revelación. Tras la Batalla de Yamamah, se confeccionó una copia oficial y se elaboraron varias

copias de dicha versión, las cuales fueron enviadas a todas las ciudades durante el gobierno del Califa 'Uzman, que Dios esté complacido con él (Yıldırım, 66–70; as-Salih, 65–73).

- Uno de los motivos más destacados que explican cómo el Corán nos ha llegado a lo largo de numerosos siglos sin la más ligera tergiversación o el más mínimo cambio es que ha sido preservado en su lengua original. Nadie en el mundo musulmán ha pensado jamás en suplantar el Corán por una traducción del mismo, lo cual ha evitado que fuese expuesto a lo que las anteriores Escrituras fueron expuestas.

En conclusión: la autenticidad y veracidad de la versión del Corán que hoy tenemos en nuestras manos, en el sentido de que se trata de las mismísimas palabras recitadas por el Mensajero de Dios, la paz y las bendiciones sean con él, es tan evidente que ningún erudito musulmán de la categoría que fuese, ha dudado jamás de su autenticidad o del hecho implícito que expone que todas y cada una de las letras, palabras y frases, versículos o capítulos fueron pronunciados por el Mensajero como parte del Corán. En otras palabras, la versión que disponemos hoy en día es sin lugar a dudas el Corán que fue recitado por el Mensajero, la paz y las bendiciones sean con él (Para más explicaciones, véase el *sura* 15, nota 3).

LOS ESTILOS DEL CORÁN

El Corán es un libro transmitido por el profeta Muhammad, la paz y las bendiciones sean con él, como Palabra de Dios y como testimonio de su Misión Profética. Es también su milagro más grande en el que se desafía, no sólo a los árabes de su época, sino a todas las personas que estén por venir hasta el Día del Juicio Final, a elaborar algo similar, no ya en relación al Corán en su totalidad, sino tan sólo a un capítulo del mismo. El Corán tampoco tiene precedentes entre las Escrituras Divinas respecto a su conservación y transmisión a las generaciones siguientes sin la más mínima alteración. No existe ni la más ligera diferencia entre las copias del Corán que han circulado en el mundo desde que fue revelado.

A pesar de que no exista problema alguno de ámbito teológico que el Corán no haya tratado y de que sobrepase a todos los registros escriturarios de épocas anteriores y posteriores al Islam en la abundancia de contenido, su método de enfoque, presentación y solución es único en sí mismo. En lugar de tratar los temas de un presunto modo sistemático, comúnmente utilizado por algún teólogo o un erudito o un escritor, el Corán declara expresamente haber adoptado un método propio especial y múltiple que puede ser denominado «tasrifi». Este método expone una variedad de temas que van cambiando de un asunto a otro o regresando al anterior, y repitiendo deliberadamente y con sentido el mismo tema de una manera única y peculiar desde una perspectiva recitativa y rítmica, a fin de facilitar su comprensión, aprendizaje y recuerdo.

> *Observa, cómo exponemos los signos (de la Existencia y Unidad de Dios y otras verdades de la fe) de modos diversos para que puedan penetrar la esencia de los asuntos y llegar a comprender la verdad* (6:65).

El Corán exhibe el orden del universo. Del mismo modo que casi todas las cosas existentes se presentan a sí mismas unas junto a las otras o mezcladas ante nuestros ojos, el Corán expone una diversidad interrelacionada con un ritmo de un tono peculiar. Ello es para mostrar los signos de la Unidad de Dios. A pesar de que el mismo Corán expresa abiertamente que dicha actitud cambiante puede provocar que algunos de sus opositores pongan en duda su autoría Divina (6:106), da como razón de ello el hecho de conmocionar las profundidades del intelecto humano para que reflexione sobre la unidad en la variedad y la armonía en la diversidad. Lo cierto es que el Sagrado Corán trata en cada capítulo dotado de un ritmo particular sobre diversos temas y mediante modos muy diversos. Esta variedad no hace más que aumentar su belleza e incomparable elocuencia. Un recitador atento o una audiencia inteligente del Sagrado Corán, al pasar a través de estas diversidades de matiz rítmico puede deleitarse hasta tal punto que el Corán mismo declara:

> *Dios hace descender por partes la mejor de las palabras como un Libro consistente en sí mismo y cuyas afirmaciones se corroboran, explican y se refieren las unas a las otras. La piel de los que permanecen en temor reverencial ante su Señor se estremece (al oírlo y entenderlo). Luego, sus pieles y corazones se sosiegan con la Remembranza de Dios (el Corán). Esa es la orientación de Dios con la cual Él orienta a quien quiere. Aquel a quien Dios extravía no tendrá quien le guíe* (39:23).

Además del estilo único del Corán, el orden de sus versículos y capítulos no sigue un orden cronológico. Se pueden encontrar algunos versículos que fueron revelados juntos y situados en el mismo lugar del Corán, pero siendo precedidos o seguidos por otros versículos revelados en distintos momentos. Algunos capítulos y versículos son extensos, mientras que otros son muy breves. A pesar de que este orden es uno de los aspectos milagrosos del Corán, una de las razones más importantes por las que un gran número de orientalistas y sus imitadores en el mundo musulmán se aventuran a criticar el Corán con el pretexto de que no existe consistencia alguna entre sus versículos, es la siguiente:

El Corán exhibe el orden del universo. Del mismo modo que existe una relación «total/parcial», «holístico/específico» o «universal/particular» entre las cosas o elementos del universo, la misma relación existe entre los versículos del Corán. O sea, que un cuerpo es un todo y la cabeza, brazos, piernas y otros órganos son sus partes. Ninguna de dichas partes puede representar al cuerpo ya que lo que hay en el cuerpo no puede encontrarse totalmente en ninguna de sus partes. Sin embargo, cada parte es un todo en sí misma. La humanidad o cualquiera de las especies que existen son holísticas o universales. A saber, que cada especie está compuesta de miembros cada uno de los cuales contiene todos los rasgos de la misma especie y, por lo tanto, la representa. Un ser humano es un espécimen exacto del género humano en su estructura.

Del mismo modo, cada versículo coránico es un todo en sí mismo y detenta una existencia independiente. La mayoría de los versículos podrían ser colocados en cualquier parte del Corán sin que ello afectase la composición o el significado. Además, existe una relación intrínseca entre todos los versículos del Corán o entre cada versículo y los demás. En palabras de Bediüzzaman Said Nursi:

> Los versículos del Corán son como estrellas en un cielo entre las cuales se dan conexiones y relaciones visibles e invisibles. Es como si cada uno de los versículos del Corán tuviese un ojo con el que observa a la mayoría de los versículos y un rostro que le mira, de modo que extiende hacia ellos los hilos inmateriales de las relaciones con el fin de tejer una tela de carácter milagroso. Un solo *sura* puede contener todo el «océano» del Corán en el que el universo al completo está contenido. Un solo versículo puede abarcar el tesoro de dicho *sura*. Es como si la mayoría de los versículos fuesen un pequeño *sura*; y casi todos los *suras*, a su vez un pequeño Corán. Es un hecho generalmente aceptado que todo el Corán está contenido en el *Sura al-Fatiha*, y que el *Sura al-Fatiha* está contenido en la *Basmala* [*The Words* («Las Palabras»), «The 25th Word» («25ª Palabra), pág. 394].

Existen versículos en el Corán que a primera vista parecen ser contradictorios. Sin embargo, no existe la más mínima contradicción en el Corán. Según lo anteriormente mencionado, la disposición «tasrifi» de los versículos puede dar lugar a dicha «aparente» contradicción. No obstante, el Corán es como un organismo en el que todas las partes están interrelacionadas las unas con las otras. En la mayoría de los casos, tanto si es debido a dicha disposición como a la relación «total/parcial» y «holística/específica» de los versículos, la comprensión correcta de un versículo depende de la comprensión del Corán en su totalidad. Esta es otra de las características del Corán, y a su vez otro aspecto de su naturaleza milagrosa y su autoría Divina. Esta particularidad es muy importante para la interpretación del Corán. Ya que el Corán es el equivalente del universo y de la humanidad, y ya que de acuerdo con los sabios musulmanes el Corán, el universo y la humanidad son tres «copias» del mismo libro —siendo el primero de estos libros el universo «revelado y escrito» y el segundo la humanidad, siendo ambos un «Corán creado»— el Corán nos enseña también cómo podemos apreciar a la humanidad y al universo. Por consiguiente, cuando el ser humano negligente ve una contradicción en el Corán, realmente la contradicción se halla en su punto de vista. Quien tenga su ser unificado con el Corán no verá en él contradicción alguna, tal y como quien está libre de toda contradicción. Si observamos el Corán desde la perspectiva de nuestro mundo particular lleno de contradicciones, veremos sin lugar a dudas contradicciones en él. De ahí que la persona que intente acercarse al Corán debe primero librarse de todo tipo de contradicción.

El Corán fue revelado en lengua árabe. La lengua del Corán es su cuerpo externo. No hay que olvidar que la Religión no sólo consiste en una filosofía o una teología. Se trata de un método para unificar todas las dimensiones de nuestro ser. Por lo tanto, y tal y como hemos señalado con anterioridad, la lengua del Corán es uno de sus elementos esenciales e inseparables. No se reveló en árabe tan sólo para que los árabes de aquella época pudiesen comprenderlo, sino porque una religión universal debe poseer una lengua universal. El Corán contempla el mundo como la cuna de la hermandad humana. Su proyecto es unir todas las razas, etnias y creencias como hermanos y hermanas, y siervos de un Único Dios. Su lengua es uno de los factores que ayudan al ser humano no sólo a reflexionar sobre las realidades, sino también a unir todas las dimensiones de su ser según los principios Divinos. Las traducciones del Corán no pueden ser recitadas en las Oraciones prescritas, ya que ninguna de sus traducciones es idéntica al Corán. Sin el idioma árabe, uno puede ser un buen musulmán, pero sólo podrá comprender una ínfima parte del Corán.

El Corán es la fuente de todo el conocimiento del Islam, no sólo del conocimiento religioso y espiritual, sino también del conocimiento social y científico, y de la buena conducta, la ley y la filosofía.

ENTENDER EL CORÁN

El primer paso para entender el Corán es entender su lenguaje. El lenguaje es al texto lo que los rasgos corporales son a la persona. La existencia esencial de un texto radica en su significado, al igual que la de la persona radica en su espíritu. Los rasgos corporales son la forma externa que el espíritu del ser humano adopta y, por lo tanto, sirve de espejo a través del cual se puede estudiar su carácter. De este modo el lenguaje y el estilo del Corán son la forma de su significado y, por consiguiente, no pueden separarse del mismo.

El segundo paso para entender el Corán es penetrar en su significado, lo cual requiere que sea llevado a la práctica en la vida cotidiana. Aunque su lengua constituye su forma y estructura externas y por lo tanto de gran importancia en lo que se refiere a penetrar en su significado, limitarse a su lenguaje en la comprensión del Corán significa limitarse a la forma o al formalismo. Uno puede penetrar en el significado del Corán, en el que radica su existencia esencial, a través de su «corazón», el cual es la sede de su espíritu. Esto requiere que el corazón sea purificado evitando los pecados y los males, llevando a cabo los actos necesarios de adoración y viviendo una vida piadosa.

El Corán es, por boca del difunto profesor Haluk Nurbaki, un científico turco, «como una rosa a la que le crecen continuamente pétalos en la matriz de tiempo» (Nurbaki, 14). Al mismo tiempo que las ciencias avanzan, se desarrollan y contribuyen en penetrar a través de las profundidades de sus significados, el Corán florece cada vez más y se hace más joven y fresco. Esta es la razón por la cual, además de tener suficiente conocimiento sobre asuntos tales como «la abrogación de las leyes, las leyes, y los principios dependientes de ciertas condiciones y las reglas generales, particulares y no condicionadas así como las ocasiones en las cuales los versículos fueron revelados», el hecho de conocer los principios generales de las ciencias naturales es también de gran importancia. Además, puesto que es el profeta Muhammad, la paz y las bendiciones sean con él, quien recibió el Corán, lo enseñó y lo practicó ante todo en la vida cotidiana como una autoridad infalible, conocer su *Sunna*, la manera en que practicó el Corán y el ejemplo que dio viviendo el Islam, es imprescindible para entender el Corán.

El Corán no es solamente un libro de ciencias, ni un libro de historia, ni tan siquiera un libro de moralidad. Tampoco es un libro en el sentido de la palabra «libro». Es un Libro para ser practicado. Vino para guiar a la gente a la verdad, para educar a la gente intelectual y espiritualmente, y para gobernar sus vidas tanto en el ámbito individual como en el social. Por lo tanto puede ser entendido practicándolo en la vida cotidiana. Este punto se puede entender mejor cuando consideramos que el Corán no fue revelado en una ocasión solamente; fue revelado a lo largo de diversas ocasiones durante los 23 años de la Misión Profética de Muhammad. Separar el Corán de la práctica de la vida diaria significa reducir al Corán a la categoría de un libro corriente y sencillo para leer. El Corán no se revela en demasía a aquellos que se aproximan al mismo como si fuera solamente un libro para «leer».

Otro punto relevante en lo que se refiere al entendimiento del Corán es el siguiente:

El Corán es un libro de tamaño medio y, a primera vista, contiene repeticiones. Sin embargo, declara que no hay nada «húmedo o seco» que no esté en un Libro Manifiesto, es decir, en el Corán mismo (6:59). Como ha sido declarado en un hadiz, contiene la historia de anteriores naciones, las nuevas de los que vendrán después de su revelación y las soluciones a los desacuerdos que se den entre la gente. Se dirige a todos los niveles de entendimiento y conocimiento, en todos los lugares y épocas, y los satisface. Centenares de interpretes que han escrito comentarios sobre el Corán durante los catorce siglos del Islam han obtenido diversos significados del mismo, pero ninguno de ellos ha reivindicado jamás haber podido comprender el Corán por completo. Miles de juristas han inferido leyes del Libro y han basado su razonamiento jurídico en el mismo, pero ninguno de ellos ha afirmado jamás haber podido deducir todas las leyes contenidas en su interior y haber entendido todas las razones que subyacen bajo sus mandamientos y prohibiciones. Todos los eruditos puros y exigentes que han podido «aunar» la mente y el corazón, todos los revitalizadores —los más grandes eruditos santos que han aparecido en ocasiones para revitalizar y restablecer el Islam— han encontrado sus caminos en el Corán, todos los santos han derivado del mismo sus fuentes de inspiración y sus vías de purificación, y todos los caminos sufíes han dependido de él; pero, cual fuente del agua que aumenta a medida que fluye, ha permanecido intacto.

Es debido a su elocuencia milagrosa que el Corán tiene tal profundidad y riqueza de significado. Uno de los elementos sobre los que la elocuencia del Corán se halla basada es su estilo creativo rico en expresiones artísticas. Emplea frecuentemente parábolas y adopta una retórica figurativa y simbólica haciendo uso de símiles y metáforas. Esto es natural, ya que contiene el conocimiento de todas las cosas y se dirige a todos los niveles de comprensión y conocimiento.

No hacer caso de tal estilo simbólico y artístico del Corán, conformándose con el significado externo de sus expresiones, provocó la aparición de una corriente superficial, intolerante llamada *Zahiriyya*. Justo opuesta a dicha corriente figura otra corriente denominada *Batiniyya* (esoterismo), la cual busca toda la verdad en los símbolos, desatendiendo el significado externo de las expresiones. Ambas corrientes son dañinas. El camino intermedio es siempre el preferible.

¿ES POSIBLE UNA TRADUCCIÓN COMPLETA Y EXACTA DEL CORÁN?

La pregunta «¿Es posible una traducción completa y exacta del Corán?» ha sido la causa de acaloradas discusiones en el mundo musulmán durante casi un siglo. Se trata de una pregunta hecha sin la consideración debida. Ante todo, una lengua no es un sistema de moldes compuestos de letras y de palabras. Del mismo modo que el modo de hablar o escribir muestra a la persona, la lengua de una nación es un espejo donde se refleja el carácter de dicha nación moldeado por su cultura, historia, religión e incluso, la tierra en donde se halla. Es casi imposible que una palabra utilizada en una lengua tenga su equivalente exacto en otra palabra usada para el mismo significado en otra lengua. Dicha palabra tiene diversas connotaciones y asociaciones propias de la gente que la usa, además de las diversas impresiones. Por ejemplo, en opinión de la mayoría de los eruditos musulmanes, la palabra *qur'an* procede del verbo *qira'ah*, con el significado de «leer» o «recitar» y significa pues «recitación». Aunque *Qur'an* ha sido el nombre propio empleado para el libro enviado al Profeta, la paz y las bendiciones sean con él, incluso como nombre común en su forma infinitiva, no constituye el equivalente exacto de «lectura» o de «recitación» en español u otra palabra empleada para el mismo significado en otra lengua. Una lengua con todas sus palabras es una forma viva cuyas formas cambian y experimentan adaptaciones a lo largo de la historia de su uso y empleo por parte de los seres humanos.

En segundo lugar, el árabe es una lengua estrictamente gramatical. Las reglas de su gramática están fijadas. Es la lengua más rica del mundo en lo referente a conjugación y derivación. Por ejemplo, existen tres tipos diferentes de infinitivo en árabe, y además, un verbo posee 35 formas de infinitivos diferentes, cada una de ellas con diversas connotaciones e implicaciones. Los tiempos verbales no tienen siempre el mismo significado y uso en cada lengua. Por ejemplo, el Corán describe los acontecimientos del Día del Juicio Final en pasado, aunque el Día del Juicio Final tendrá lugar en el futuro. Por encima de otras razones de este uso, el tiempo verbal en pasado simple en el idioma árabe también se utiliza para dar a entender que un acontecimiento futuro tendrá lugar sin lugar a dudas. Asimismo, el presente no es igual en árabe que en castellano. Sin ni siquiera llegar a hablar de diferencias entre dos idiomas, se dan diferencias sustanciales al hacer uso del presente perfecto en español. En su condición como característica del lenguaje, cabe decir que, mientras que los sustantivos árabes se clasifican en dos géneros (masculino y femenino), en español hay tres géneros. En español, los sustantivos poseen dos marcas o rasgos numerales: singular y plural, así como los adjetivos y los verbos tienen forma plural. En cuanto al árabe, posee tres formas numerales tanto para los sustantivos como para los adjetivos y los verbos: singular, dual y plural. Además, en árabe los sustantivos tienen muchos plurales, cada uno de los cuales con diferentes implicaciones.

El Corán tiene otra particularidad importante que hace que su traducción exacta a otra lengua sea casi imposible:

El Corán convierte muchas de sus palabras en un concepto. Además de la palabra *qur'an*, muchos otros vocablos tales como *Rabb* («El Señor»), *ilah* («deidad»), *malik* («soberano»), *kitab* («libro»), *wahy* («revelación»), *din* («religión»), *millat* («nación», «vía»), *shari'a* (la Ley Islámica), *'ibada* («adoración»), *taqwa* («piedad» y «rectitud»), *ihsan* («bondad perfecta» o excelencia haciendo algo completamente consciente de que Dios está contemplando a Sus siervos), *waliyy* («amigo», «santo»), *nur* («luz»), *nabiyy* («profeta»), *rasul* («mensajero»), *islam, iman* («fe», «creencia») y otras palabras más, además de aquellos vocablos que dieron lugar a una rama del conocimiento o ciencia denominada Ciencias del Corán, tal como *muhkam* («lo establecido», «lo decisivo»), *mutashabih* («lo parabólico», «lo alegórico»), *tafsir* («interpretación»), *ta'wil* («exégesis»), *nasij* («lo que abroga, deroga») y *mansuj* («lo abrogado», «abolido»), cada una de las cuales constituyen un concepto imposible de verter a otra lengua las correspondientes explicaciones.

Los motivos que indican la imposibilidad de la traducción exacta del Corán a otra lengua no se limitan a los mencionados aquí. Esta es la razón por la cual ninguna traducción del Corán puede sustituir al original en lengua árabe o ser recitada a su vez en las Oraciones.

EN ESTE ESTUDIO DE INTERPRETACIÓN

Numerosas obras han sido elaboradas hasta ahora para poder traducir el significado del Corán a otros idiomas. Cada estudio es seguramente superior a otros en muchos aspectos, a pesar de que en muchos otros pueda ser inferior a ellos. No obstante, es a su vez cierto que en la mayoría de esas obras, además de numerosas deficiencias, puede haber errores de comprensión.

No pretendemos de ninguna manera que esta obra, basada en parte en la interpretación del venerable Suat Yıldırım, célebre profesor turco de interpretación coránica, sea superior a otras. Sin embargo, difiere de las demás en los siguientes puntos:

- En relación a lo anteriormente mencionado, como casi cada versículo del Corán tiene una existencia independiente, también posee una relación intrínseca con cada versículo y con la totalidad del Corán. Por lo tanto, entender e interpretar un versículo requiere tener un conocimiento y una comprensión del Corán en conjunto, tomando en consideración la totalidad del mismo. No debe ser olvidado que el principal intérprete del Corán es el propio Corán. Del mismo modo que los versículos se interpretan el uno al otro, el Corán en conjunto interpreta también cada uno de ellos. Hemos intentado seguir estrictamente esta característica única del Corán.

- Bediüzzaman Said Nursi llama con frecuencia la atención hacia los profundos significados de la redacción escrita del Corán como uno de los aspectos de su condición milagrosa. Por ejemplo, en árabe, el artículo definido «*al*» agrega globalidad a la palabra, interpreta «*al-hamdu*» —la alabanza— al comienzo del *Sura al-Fatiha* del siguiente modo: «Toda la alabanza y la gratitud que todo el mundo ha ofrecido a los demás desde el principio de la vida humana sobre la Tierra, por cualquier razón y en cualquier ocasión, y que se ofrecerá hasta el Día del Juicio Final, son para Dios».
- Asimismo, a partir de las características de las palabras usadas y del orden de las mismas en la oración, *De lo que les hemos proveído* (riqueza, conocimiento, poder, etc.), *gastan* (a fin de proporcionar sustento para los necesitados y en la causa de Dios, puramente por la complacencia de Dios y sin poner a otros en un compromiso), que figura en el tercer versículo del *Sura al-Baqara*, el segundo *sura*, Bediüzzaman deduce de dicho versículo las siguientes reglas o condiciones referentes al acto de dar limosna:
    1. Para hacer sus limosnas aceptables a Dios, los creyentes deben dar de sus pertenencias una cantidad tal que ellos mismos no tengan necesidad de recibir limosna. El vocablo *De* en «*De lo que*» expresa esta condición.
    2. Los creyentes no deben dar a los necesitados las pertenencias de los demás, sino que deben otorgar las suyas propias. La frase, «lo que les hemos proveído» hace referencia a esta condición. El significado es: «Los creyentes dan a partir de lo que les hemos proveído, (no de lo que hemos proveído a otros)».
    3. Los creyentes no deben recordar a quienes han otorgado el favor que han hecho. *Hemos* en «hemos proveído» indica esta condición, ya que significa: «Somos Nosotros Quienes os hemos proveído la riqueza que dais a los pobres como sustento. Por lo tanto, concediendo a uno de Nuestros siervos a partir de Nuestra propiedad, no es motivo para ponerles en un compromiso».
    4. Los creyentes no deben temer que puedan empobrecerse por dar (limosnas) a los demás. El pronombre *hemos* en «hemos proveído» así lo indica. Puesto que es Dios Quien nos provee y nos ordena que dediquemos partes de nuestros bienes a los demás, no va a hacer que empobrezcamos a causa de dar a los demás.
    5. Los creyentes deben dar limosna a los que vayan a gastarla en su sustento. No es aceptable dar limosna a quienes vayan a malgastarla. La frase «Gastan a fin de proporcionar sustento para los necesitados» hace referencia a esta condición.

6. Los creyentes deben gastar por Dios. *Les hemos proveído* indica esta condición. Significa: «Fundamentalmente, es Nuestra propiedad de la cual prodigáis, por lo tanto gastad en Nuestro Nombre».
7. La palabra *de,* en «de lo que», significa que cualquier cosa que Dios provee a una persona está incluido en el significado de *rizq* («provisión»). Por lo tanto, uno no sólo debe de gastar de sus propios bienes, sino también de lo que se tiene. Así que, una palabra amistosa, un acto de ayuda, un consejo y la enseñanza están incluidos en el significado de provisión y prodigar como sustento para los demás. (*İşaratu'l-Icaz*, pág. 40)

Junto a todas estas condiciones, el significado de la expresión, cuyo original comprende tres palabras, se convierte en: «De lo que les hemos proveído de riqueza, conocimiento, poder, etc., creyendo que somos Nosotros Quienes proveemos y por lo tanto, sin sentir temor alguno de que puedan llegar a empobrecerse por el hecho de gastar y sin poner bajo una obligación a aquellos que prodigan. Proveen por la causa de Dios y para proporcionar sustento a los necesitados quienes son lo bastante sensatos como para no derrochar lo que se les da, en una cantidad tal que ellos mismos no acaben teniendo que necesitar que se les dé limosna».

En esta obra interpretativa, hemos intentado tomar en consideración tales profundos significados, en la medida en que las posibilidades de este estudio lo permitan.

- Es de considerable importancia que el Corán fuese revelado en el plazo de 23 años, y en diferentes ocasiones. Por lo tanto, su debida y correcta comprensión dio lugar al nacimiento de una importante ciencia denominada «Ciencias del Corán», que incluyen un amplio espectro de temas, tales como abrogación de una ley o de un versículo por otros, la generalización o la particularización del significado debido a determinadas ocasiones o coyunturas y las ocasiones en las cuales los versículos fueron revelados. Si estos puntos no se toman en consideración a la hora de interpretar el Corán, quien tenga una visión superficial puede llegar a tener la impresión de que en el Corán existen contradicciones. Para prevenir dicha impresión, hemos intentado tomar dichos puntos en consideración. Por ejemplo:

> *¡Oh vosotros que creéis! Si seguís a los que no creen (los hipócritas y los judíos de Medina que propagan una exposición negativa de los acontecimientos de Uhud), harán que os deis media vuelta (hacia la incredulidad) y os convertiréis en irremediables perdedores (en esta vida y en la próxima)* (3:149).

Este versículo ordena a los creyentes que no obedezcan a los incrédulos. Sin embargo, tal y como muchos mandamientos en el Corán, tiene aspectos relativos según el tiempo y las condiciones. Además, el versículo debe de tener una conexión con los versículos anteriores y posteriores. Para poder apreciar esta conexión, se precisa a veces conocer la razón de su revelación.

Después de la Batalla de Uhud, los hipócritas y los judíos comenzaron a propagar que si realmente Muhammad hubiese sido un Profeta verdadero, no habría sufrido el revés de Uhud. Intentaron persuadir a los musulmanes a que volviesen a su anterior estado de incredulidad. Los musulmanes de Medina, a los que este versículo iba dirigido, sabían expresamente de qué se trataba. Por esta razón, con el fin de aclarar el significado y el propósito directo de la revelación del versículo, se precisa tener una interpretación con explicaciones. Sin embargo, al hacer esto no debemos nunca olvidar que, con respecto a su significado, sus connotaciones y los mandamientos que contiene, un versículo no puede limitarse de ninguna manera a la ocasión en la cual fue revelado. El hecho de «que un versículo haya sido revelado en una determinada ocasión no evita que la orden que contenga posea un área de aplicación general y universal» es una norma tanto de la interpretación coránica como de la jurisprudencia islámica.

- La estructura y la naturaleza de las palabras empleadas en el Corán es la fuente de diversos significados. Por ejemplo, el ser que rechazó postrarse ante Adán fue *Iblis*; pero cuando el mismo ser se acercó a Adán con la intención de engañarle en el Paraíso fue Satán. Es posible deducir de esta palabra qué es lo que sucedió entre su negación a postrarse ante Adán y el acercamiento a Adán para engañarle. Esto debería mostrarse en un trabajo de interpretación. Por consiguiente, el significado más inmediato del versículo 2:36 es el siguiente:

> *(Iblis fue intrínsecamente desprovisto de bondad y derrotado por su vanagloria. Desobedeció la orden de Dios y fue expulsado del Jardín del Paraíso, convirtiéndose en Satán, alejado de la misericordia de Dios y maldecido por Él. Tentando a Adán y a Eva a que comiesen del árbol prohibido a pesar de Nuestra advertencia) Satán les hizo a ambos desviarse de allí y les sacó del (feliz) estado en el que estaban; y dijimos: «Descended todos, (y de hoy en adelante viviréis una vida) siendo unos enemigos de los otros. Habrá para vosotros en la Tierra (donde se os ha designado ya como vicerregente) una morada y provisión hasta un tiempo determinado».*

Desafortunadamente, no hemos podido llevar a cabo todo este trabajo con la misma amplitud.

- Las explicaciones que hemos tenido que ubicar (generalmente entre paréntesis) antes o dentro de la traducción de los versículos no son añadidos ni modificaciones de ningún tipo del significado de los versículos. Expresan el significado normal y completo de las palabras, entendidas individual y contextualmente. Por «contextualmente» nos referimos tanto al contexto del pasaje, del *sura* o del Corán en su totalidad, como al contexto histórico, es decir, la situación que figura en el trasfondo de los versículos. Asimismo, hemos de ser conscientes de que el Corán es milagroso en su poder de concisión, en su capacidad de comunicar mucho en pocas palabras. Esta concisión se alcanza a veces con la poderosa precisión de las estructuras y de la sintaxis de la lengua árabe, elevada a una inimitable perfección en el Corán. Una lengua como el español, simplemente no puede reproducir el significado completo sin explicaciones para expresar el significado abarcado por las palabras del árabe en virtud de sus desinencias y su posición en la oración, etc. A veces, la concisión del Corán se alcanza por medio de la elipsis, es decir, a través de la omisión de lo ya conocido o fácilmente conocible por alguien que está familiarizado con la lengua y el tema (véase el punto siguiente).

Las ocasiones en las cuales los versículos fueron revelados requieren explicaciones adicionales (así como notas) ya que el contexto histórico no es conocido por nosotros de la misma manera que era conocido por los primeros destinatarios del Corán. Sin embargo, es importante clarificar que, aun siendo importante el contexto histórico para conocer el significado de los versículos e igualmente destacado para conocer las relaciones entre los mismos, ello no limita su significado. Cada uno debe responder al Corán como si sus palabras y significados le hubiesen sido revelados a él como hicieron los primeros destinatarios de la Revelación. Conocer el contexto histórico de ciertos versículos o pasajes realza la comprensión de su relevancia presente y permanente, pero no la disminuye o restringe.

- Es imposible encontrar una sola palabra superflua en el Corán. Mientras se narran los acontecimientos, sin entrar en detalles, se proporcionan los puntos principales y se remiten los detalles para la mente. El oyente o el lector pueden suplir lo que falta a partir de su conocimiento con la historia y/o su sentido común. Por ejemplo, en el versículo 2:35, la Orden Divina prescrita a Adán y Eva de no acercarse al árbol (prohibido) viene seguida por Satán haciéndoles «desviarse». Varios sucesos ocurrieron entre estos dos acontecimientos, los cuales se deberían mencionar en un trabajo interpretativo.

  Citando otro ejemplo:

> *Al cabo de un tiempo, de los dos prisioneros, aquel que había sido liberado se acordó (acerca de lo que José le dijo que mencionase) e indicó: «Os informaré de su significado. Así que dejadme ir». (Fue a ver a José a la prisión y dijo): «¡José, Oh hombre veraz!...* (12:45-46).

Entre «así que enviadme» y «¡José, oh hombre veraz!», se dan varios acontecimientos que la narración omite: «Así que dejadme ir» a José para que pueda preguntarle la interpretación del sueño. Le enviaron, y abandonó la corte del Faraón para ir a la prisión. Llegó allí y, al recibir permiso del guardián de la prisión para entrar, así lo hizo. Fue a José y, tras intercambiar saludos con él, dijo: «¡José, Oh hombre veraz!». Omitiendo estos acontecimientos, el Corán narra breve y concisamente, sin pérdida alguna de claridad. Sin embargo, en este estudio interpretativo coránico hemos intentado poner entre paréntesis algunos de dichos acontecimientos omitidos para facilitar al lector la comprensión de los mismos.

- Los versículos coránicos se interpretan mutuamente, así que para entender el significado exacto y completo de un versículo, debemos considerar los versículos particularmente relacionados con el mismo. Por ejemplo, el siguiente versículo (2:42) se debe interpretar tomando en consideración los versículos 2:71, 79, 140, 174, 179; 3:167; 4:13, 46 y 5:106.

> *No tergiverséis la verdad mezclándola con falsedad y no ocultéis la verdad a sabiendas (del significado y el resultado de lo que hacéis, y a sabiendas de que lo que os esforzáis en ocultar es verdad y de que Muhammad es el Mensajero de Dios, cuya venida os ha sido anticipada).*

En muchas de las interpretaciones coránicas, los intérpretes se contentan con una traducción literal. Por ejemplo, en el anterior versículo, no mencionan lo que los Hijos de Israel saben y encubren. Sin embargo, hemos intentado proporcionar el significado más claro posible con anotaciones o poniendo las explicaciones entre paréntesis.

- Los tiempos verbales usados y los cambios de un tiempo a otro en las frases, los sustantivos en su condición de definidos e indefinidos, los tipos de oraciones (verbales o nominal —una frase que comienza con un verbo es una oración verbal—) y el destinatario en segunda o tercera persona —la persona ausente—, todo ello contribuye considerablemente en el significado. Por ejemplo, del versículo 2:30 en adelante, Dios se dirige a Adán directamente, pero en el versículo 37, tras el versículo en el que le habla sobre haberse acercado al árbol prohibido, Dios se dirige a él en tercera persona. Esto significa que la relación de Adán con su Señor ha cambiado. Asimismo, el verbo *telaqqa* utilizado con el significado de «recibir», connota «ser inspirado». Los matices de significado que tales características de la lengua aportan a los versículos se deben mostrar en un estudio de interpretación coránico. El más conciso significado de este versículo es el siguiente:

> *(Consciente de su desliz y con esperanza de corregir su error, en vez de procurar encontrar las excusas para el mismo) Adán recibió de su Señor palabras que percibió que habían sido insufladas en él (debido a su remordimiento, y suplicó a través de ellas pidiendo el Perdón de Dios). A cambio, Él aceptó su arrepentimiento. Sin duda Él es Quien acepta el arrepentimiento y lo corresponde con generoso perdón y recompensa adicional, el Compasivo (especialmente hacia Sus siervos creyentes).*

- Otro punto importante:

El significado más breve del versículo 2:27 según la naturaleza de las palabras es como sigue:

> *(Aquellos) que rompen el compromiso de Dios (que es una cuerda de luz tejida con hilos de Voluntad, Sabiduría y Favor Divinos, responsable del orden del universo y capaz de establecer paz, orden y armonía en la vida humana), tras su solemne establecimiento, y rompen los lazos que Dios ha ordenado que fuesen unidos (entre los parientes, por la obligación que impone la relación de sangre, y entre la gente, por la obligación que imponen las necesidades sociales humanas), y (en una tentativa para difundir sus pecados en toda la comunidad, incluso en el mundo entero, tal y como aquél que, habiendo contraído una enfermedad contagiosa, desea transmitirla a los demás) causan desorden y corrupción en la Tierra. Esos son los perdedores (tanto en este mundo como en el siguiente).*

Los significados proporcionados entre paréntesis no son comentarios; son los significados transmitidos por las palabras del versículo y su orden, así como por las reglas gramaticales y los estilos. Por ejemplo, la palabra original traducida como «rompen» es *NaQaDa*, que significa enmarañar una cuerda gruesa y fuerte. Esto da a entender que el compromiso de Dios es una firme cuerda que vincula a la gente entre sí y a la humanidad con Dios. La palabra *mithaq* traducida como «vinculante, compromiso» corrobora este significado. El compromiso de Dios es una cuerda de luz tejida con Su Voluntad, Sabiduría, Conocimiento y Favor, que se extiende desde la eternidad en el pasado a la eternidad en el futuro. Este compromiso es responsable del magnífico orden del universo, a la vez que establece la relación entre todas las criaturas; y uno de los extremos de esta cuerda fue puesto en manos de la humanidad. La actual contaminación medioambiental y la presente situación mundial son el resultado de la ruptura del compromiso de Dios. El versículo emplea el compromiso de Dios, que es una cuerda que une a la gente entre sí y a la humanidad con Dios, junto a los vínculos (entre las personas, incluyendo especialmente los lazos familiares) que han de unirse.

En este estudio, hemos preferido proporcionar estos significados unas veces entre paréntesis y otras como notas.

- Mientras que narra la serie de acontecimientos o bendiciones de Dios, el Corán sigue un estilo tal que hace que los intelectos se pregunten, siendo las respuestas proporcionadas a partir del acontecimiento o la bendición sucesiva. Por ejemplo, al mencionarse las bendiciones del Paraíso en el versículo 2:25, aquel que vive en un palacio rodeado de árboles por los que fluyen ríos no se librará de sentirse solo y de la necesidad de una compañera. Por lo que el Corán menciona a puros cónyuges. Si hay algo que pueda nublar dicha bendición, esa es la muerte, a lo cual, el Corán aparta dicha preocupación agregando, acto seguido, que la vida en el Paraíso es eterna. Por lo tanto, el significado del versículo es el siguiente:

> *Da las buenas nuevas a aquellos que creen y hacen buenos y rectos actos: para ellos habrán Jardines a través de (los palacios y a través*

> *de los árboles por) los cuales discurren ríos. Cada vez que se les provee de frutas (de distinto color, forma, gusto y fragancia y constantemente renovados constantemente) allí dirán: «Esto es lo que se nos proveyó antes». Ya que se les da algo parecido (a lo que se les daba en el mundo y justo antes en los Jardines del Paraíso parecido en la forma y el color, de modo que no se sientan poco atraídos por ello al serles desconocido). Además, para ellos habrá cónyuges eternamente purificados (de todo tipo de impureza mundana). Allí, morarán (para siempre).*

- Como ya hemos mencionado anteriormente, los versículos del Corán se interpretan mutuamente y se hace referencia los unos a los otros a través de las mismas palabras y expresiones. Además, hay palabras y conceptos que operan como marco semántico del Corán, tal como *Rabb* («Señor»), *taqwa* («piedad» y «rectitud»), *ihsan* («perfecta bondad» o «excelencia al hacer algo con total consciencia de que Dios está contemplando a Sus siervos»), *'ibada* («adoración»), *islam* («sumisión a Dios»), *kufr* («incredulidad»; «encubrimiento voluntario de la verdad y su rechazo»), y así sucesivamente. Aunque estos conceptos deberían ser interpretados en su pleno significado, no lo hemos realizado, pues hemos considerado que sería demasiado extenso para los lectores, haciendo difícil la concentración.

  Recapitulando: Las características del estilo del Corán y los aspectos de su naturaleza milagrosa han dado lugar a explicaciones aclaratorias en este estudio. Todas ellas son significados contenidos en los versículos y no así añadidos por nuestra parte.
- Otro punto a mencionar es que algunos de los preceptos o de las prácticas del Islam —tal y como la esclavitud, la *yihad* (esfuerzo en pos de la causa de Dios), la conformidad para entablar una guerra o no y la parte de la herencia que corresponde a las mujeres— han sido objeto de crítica sesgada por parte de sus opositores y de ardoroso debate por parte de sus partidarios y defensores. Por medio de este estudio, hemos intentado clarificar estos puntos.

Durante el estudio, a pesar de sus enfermedades crónicas, sus ocupaciones y hallarse expuesto a numerosos factores negativos, el venerable Fethullah Gülen Hocaefendi nunca ha cesado de proporcionar estímulo, ayuda, consejo y correcciones al mismo. Por lo tanto, le estoy muy agradecido al Sr. Gülen, así como a otros amigos por su generosa ayuda. También agradezco a Juan Pedro Andújar García y F. Mehmet Sığınır por su valiosa traducción, corrección de pruebas y revisión del texto, asimismo a Ali Laraki por su contribución en la traducción de la obra.

Igualmente, transmito mi más sincero agradecimiento a Fikret Yaşar, Engin Çiftçi, Recep Göktaş e İbrahim Akdağ por su asistencia técnica.

Debemos esforzarnos y es el Todopoderoso Quien otorgará éxito, si Él quiere. Finalizo rogando a todos los creyentes que recen por este humilde siervo para alcanzar sinceridad, pureza de intención, convicción en los pilares de la fe así como obtener la aprobación y la satisfacción de Nuestro Señor y Creador.

ACERCA DEL SAGRADO CORÁN Y SU INTERPRETACIÓN

M. Fethullah Gülen

El Corán es el mensaje milagroso e incomparable de Dios enviado a toda la humanidad a través de Su último Mensajero. Con el Corán, Dios ha demostrado a la humanidad, por última vez, un atajo hacia Su complacencia. Nos ha dado a conocer acerca de Su Esencia, Atributos y Nombres. Él ha expresado de la manera más explícita, y sin dar lugar a malentendido alguno, Su voluntad de ser conocido y reconocido del modo correcto, de ser creído y adorado. Dios Todopoderoso ha puesto énfasis en los deberes y las responsabilidades de los creyentes, mientras que enardece los corazones y estremece las almas con Su promesa de castigo y recompensa. Ha presentado el Corán como muestra de perfección y conclusión, y como una órbita en torno a la cual se gira para alcanzar Su complacencia a la vez que ha accedido a ofrecernos este regalo como el mayor cumplido jamás concedido o que se concederá a alguien. El Corán es el más radiante y permanente de entre los centenares de milagros concedidos al Señor de la creación, la paz y las bendiciones sean con él. Además de su maravilloso discurso, expresión y estilos expresivos, su disciplina social, sus normas legales, sus principios morales de buena conducta y educación, su análisis de la creación entera, incluyendo especialmente a la humanidad, sus numerosas alusiones e indicaciones respecto a los fundamentos de casi todas las ciencias —que a veces son incluso presentadas de modo manifiesto— así como las alternativas que ofrece a numerosos problemas administrativos, económicos y políticos, el Corán es la última fuente de referencia para cada persona y para todas las épocas. Es una fuente impoluta de infinito recurso; un océano extenso que nunca podrá ser atenuado ni empañado ni siquiera por la más difícil e inmunda de las eras.

Con todo respeto hacia su esplendor, tengo que confesar mi incapacidad e insuficiencia para explicar con detalle la profundidad de significado y la riqueza de expresión y estilo del Corán. Han sido dedicados al Corán un considerable número de obras y estudios, y muchos más se realizarán. No hay duda de que todos estos estudios presentan un contenido valioso para cualquier persona que busque captar lo esencial del significado del Corán y creer en su mensaje, y que reflejan el orden del Islam en su esencia verdadera. Sin embargo, no sería correcto que alguien pretendiera haber logrado una interpretación perfecta del contenido infinito de este atlas expositivo de la humanidad, del universo y de la Verdad Divina. El Corán puede ser interpretado solamente en la medida en que la Palabra Divina y celestial puede ser interpretada por el juicio humano. Por consiguiente, aunque no parezca posible elucidar este inmenso atlas en los límites de un artículo, no podemos permanecer indiferentes al Corán o descuidar su estudio con la excusa de que nuestras interpretaciones son deficientes o que el poder de nuestro discurso es inadecuado. Cada uno tiene el derecho de estudiar el Corán, es más, es un deber para los que están dotados de conocimiento necesario y preciso. Debemos trabajar más arduamente para entender mejor el Corán, mientras que los eruditos deben de manejar toda su capacidad de percepción y sus sensaciones a fin de entenderlo y de transmitir su mensaje, permitiendo que una audiencia más amplia aprenda más de él. Ciertamente, el Corán es el regalo más grande de la Misericordia de Dios a la mente humana, con el fin de que sea entendido y trasmitido a otros. Entender el Corán es tanto un deber como un acto de gratitud, mientras que trasmitir su mensaje a esos corazones faltos de su luz es un prerrequisito de respeto y fidelidad.

El Corán es un milagro de la elocuencia honrado con el mérito de ser la voz de todas las eras. Es la expresión más luminosa del Discurso Divino, alrededor de cuya luz los ángeles revolotean como mariposas. Si tomamos en consideración su Fuente y el propósito de su revelación, sus primeros representantes y el impacto que deja en los corazones, debemos darnos cuenta de que no se trata de un libro cualquiera que podemos ignorar. Cuando el Corán habla, los ángeles caen presos de una silenciosa vigilia, los seres espirituales se postran y los genios («yinn»), encantados con su voz, salen a los desiertos para encontrarse con él.

El Corán es la expresión y la explicación de las leyes de la creación de Dios o de la «naturaleza» y la fuente más firme e inmutable de normas y pilares religiosos. El Corán es el Libro incuestionable que incluye los criterios más fidedignos para estudiar la existencia (el universo entero y la humanidad). Por lo tanto, para todo problema individual, familiar, social o ético debemos buscar sabiduría e iluminación en el Corán; el cual declara a viva voz que su fuente es el Conocimiento que todo lo abarca del Omnisapiente, Quién todo lo sabe con sus causas y resultados. El Corán ha cautivado a todo aquel a quien su voz ha alcanzado —siempre que no estuviese lleno de prejuicios—, por su perspectiva, discurso y estilo integrales, la amplitud de su contenido y significado, sus delicadas expresiones, su mágica exposición en proporción con los diferentes niveles de conocimiento y comprensión, y su capacidad para penetrar en las almas. Ni sus amigos ni sus enemigos han podido crear nada parecido, con un estilo similar o una expresión semejante en grandiosidad, los primeros motivados por la imitación y los últimos habiendo sucumbido a la furia para estrangular su voz, pese a sus esfuerzos a lo largo de casi catorce siglos y a pesar de usar el mismo material y concentrarse en las mismas cuestiones. Sus obras nunca han podido superar la artificialidad que las caracteriza; nunca han sido apreciados por los maestros literatos; y nunca han evocado una influencia duradera o eficaz.

El Corán está dotado de tal armonía sumamente musical y de unas correlaciones tan delicadas entre los temas que trata, ya estén interrelacionados o aparentemente inconexos, que uno puede darse cuenta con el mínimo esfuerzo del pensamiento comprensivo de que muchos asuntos aparentemente sin relación tienen puntos de conexión. La maestría del discurso pertenece al Corán, al que ninguna personalidad literaria puede desafiar, y permite a la audiencia imparcial y capaz de juzgar con cierto razonamiento obtener algo del mismo, sumergiéndoles en una contemplación más profunda y más allá de los horizontes de sus pensamientos. Si por una vez pudiesen juzgar con equidad y permitir a sus almas sumergirse en esta cascada celestial de expresión, todas las demás voces se convertirían en meros murmullos.

Por encima de todo, el Corán proviene de un Conocimiento que todo lo abarca. Contiene y explica el significado y el contenido de la existencia humana y la no humana, de la humanidad, naturaleza y de todos los mundos. Es a la vez lengua e intérprete del propósito de su creación. Se dirige a las variopintas dimensiones de su auditorio al mismo tiempo. Cuando se dirige a la mente, no descuida hablarle al corazón en su propio lenguaje; cuando apela a la consciencia, no deja de lado las emociones; cuando conversa con las facultades del razonamiento y de la lógica, no deja al alma sin favor alguno. Todas las facultades y sentidos, externos e internos, se benefician del Corán, el cual da a cada uno su parte sin dar lugar a ninguna privación ni contradicción. Todos reciben su parte de este ágape celestial; cada uno en el grado de su capacidad y gozando de la composición más armoniosa.

Todas las Escrituras Divinas, especialmente antes de que las interpolaciones humanas fuesen mezcladas con los textos originales, poseían el mismo enfoque integral y la misma calidad exhaustiva. Sin embargo, la superioridad y la amplitud del Corán son evidentes en proporción a la profundidad y el espíritu del profeta Muhammad, la paz y las bendiciones sean con él. No es posible de ninguna manera mostrar otro libro divino o humano que le supere en contenido y capacidad. En modo alguno es una exageración afirmar su exclusividad cuando, refiriéndose a la humanidad, el universo y la Divinidad, lo hace del modo más abarcador y de la manera más exquisita, a la vez que, a su manera, los interpreta sintética y analíticamente de modo excelente.

Todos los asuntos que el Corán aborda constituyen los tesoros más valiosos de las realidades referentes a la Divinidad y al Reino de la Creación. Algunas de estas verdades son decisivas o explícitas en cuanto a significado y contenido, y otras son sucintas, metafóricas y alegóricas, y su explicación incumbe a quien trajo el Corán, la paz y las bendiciones sean con él, y a los eruditos agraciados con inspiración. El Corán nunca complica ninguno de los temas que presenta o analiza. Presenta los asuntos referidos a fundamentos de la fe, la devoción, la moralidad y los principios básicos de la vida individual y social de modo claro y sucinto. Mientras tanto, en los asuntos que demandan una consideración integral, una reflexión y una cuidadosa ponderación, exige un examen y un escrutinio más profundos, y sugiere encomendarse a Dios. Y no aprueba asimismo el hecho de sobrellevar la carga de asuntos graves cuya responsabilidad uno es incapaz de asumir. Cual araña de luces mágica que cada vez brilla con más intensidad, es una vía para nuevos descubrimientos en diferentes sintonías a medida que los corazones y las mentes van profundizando; ofreciendo así regalos Divinos de todo tipo a nuestros sentidos internos y externos. Con sus bendiciones e inspiraciones en constante aumento, convirtiéndose la lluvia ligera en diluvio, con su belleza infinita y sus refulgentes luces, el Corán derrama un festín tras otro sobre aquellos que lo estudian y meditan.

La verdadera comprensión de la existencia y de lo que reside más allá de la dimensión sensorial del Cosmos, y también de la humanidad y sus profundidades espirituales, son posibles solamente a través del Corán. En su brillante dominio se descubre un pensamiento recto y verdaderas fuentes de reflexión, de tal modo que se evitan los círculos viciosos del engaño y los juicios erróneos basados en la probabilidad. No hay otra fuente de conocimiento que esté libre de error, incertidumbre o duda excepto esta milagrosa Palabra de Dios, el Conocedor de Lo Oculto. El Corán explica y presenta todo de manera explícita, sencilla y correcta. Nos permite entender que somos nosotros los que cometemos errores evaluando los asuntos, dando lugar a juicios contradictorios, y llenando los vacíos encomendados a la reflexión. Entender e interpretar el Corán correctamente no sólo es una obligación que nos incumbe, sino también un requisito de nuestra fidelidad hacia el mismo. El cumplimiento de este deber y acto de fidelidad está íntimamente relacionado con la erudición de cada individuo apto y bien capacitado, así como con su dedicación a Dios. Tales individuos se sumergen en este vasto océano con suma sinceridad y devoción buscando la complacencia de Dios y desvelando la verdad para que así prospere. Se dirigen hacia este horizonte infinito con precaución, compostura, pensamiento abarcador y sin entregarse a su lado carnal. El Mensajero, que trajo de Dios el Corán, es su primer y más grandioso guía; asimismo siguen a los piadosos eruditos de las primeras generaciones del Islam tomando en consideración sus expresiones, las cuales son decisivas y explícitas en significado y contenido. De ese modo son menos susceptibles de caer en el error; y sus esfuerzos para lograr la complacencia de Dios son recompensados con un tratamiento especial. Sus interpretaciones y explicaciones del Corán constituyen un matiz y un adorno de singularidad coránica.

Por otra parte, el Corán no puede ser explicado tal y como merece debido a su rango y excelsitud con un árabe rudimentario y el limitado alcance de los diccionarios. Tal tentativa sería también una falta de respeto manifiesta a este monumento del discurso divino. Debe ser traducido a otras lenguas tal y como es requerido. Todo lo relativo a la exposición coránica (*tafsir*) ha de ser excelentemente conocido, y antes de que se manifieste, cada *tafsir* debe ser cotejado con las sublimes ciencias islámicas. Lo que no debemos hacer es rebajar la ilimitada inmensidad y profundidad de la Palabra Divina a nuestro nivel de percepción y expresión con la excusa de que la hemos traducido para beneficio de todos.

Mientras que es un deber y un acto de gratitud o de respeto hacia el Corán que los expertos hagan que el Corán sea conocido a todos a través de su exposición, interpretación o comentario, tal tentativa sería un acto de insolencia suprema si no se posee un gran dominio de la gramática árabe, los principios de la retórica o elocuencia, conocimiento de la exposición coránica (*tafsir*), metodología de la ciencia del *hadiz* (tradiciones y dichos del Profeta) y jurisprudencia islámica (*fiqh*). El Corán no puede ser traducido como si de una novela se tratase. Incluso la traducción de una novela precisa de un experto de este género literario.

Forjando el camino hacia una interpretación válida del Corán, lo mejor es plantear qué es una «traducción», y qué significa *tafsir* («exposición») y *ta'wil* («comentario»).

La traducción es la versión de un texto u oración de una lengua en otra, preservando el significado. Una traducción exacta sería transferir el significado exacto de cada palabra —si ello fuese posible— manteniendo las relaciones entre las combinaciones de palabras. Por otra parte, una mera traducción literal de las palabras o una traducción exclusivamente semántica sería una traducción deficiente.

Hasta cierto punto, podemos también hablar de programas de traducción computarizada. Sin embargo, la actual tecnología o aquella que todavía está por llegar no pueden ser de gran ayuda en la traducción de obras de considerable carácter literario. Considérese pues la situación si el texto en cuestión es la Palabra de Dios, la cual está dirigida a todas las épocas, circunstancias y niveles, y por lo tanto cuya exposición en toda su profundidad depende considerablemente del tiempo, la inspiración y las circunstancias. Algunas obras literarias son imposibles de traducir con exactitud. Por consiguiente, está claro que no hay manera de que el Sagrado Corán, con su inmensa profundidad, pueda llegar a ser expresado mediante una mera traducción.

Muchos eruditos y estudiosos musulmanes, incluido Bediüzzaman Said Nursi, opinan que es imposible traducir el Corán, debido a las ya mencionadas consideraciones y otras muchas más. Otros, por otra parte, abordan el tema con cautela, pero con más moderación, a condición de que los requisitos previamente mencionados sean respetados.

El difunto Hamdi Yazır, un erudito turco del Islam del siglo XX, conocido por su comentario del Corán *Hak Dini Kur'an Dili* («El Corán; el lenguaje de la religión de la verdad»), señala que la traducción debe concordar exactamente con el texto original en términos de carácter explícito e indicaciones, concisión y amplitud, generalización y especificidad, limitación o exclusividad y globalidad, firmeza e idoneidad así como elocuencia y estilo. Por lo tanto, la prosa o la poesía pueden ser traducidas a otra lengua igual de desarrollada que la original a condición de que el traductor esté bien versado en los matices de ambas lenguas. No obstante, dicha traducción es apenas viable para un libro, que además de su diversa exquisitez literaria, su vigor y su exuberancia, va dirigido a la mente, el corazón, el alma y a todos los sentidos. ¡¿Y qué sucede cuando el libro a traducir se trata de la obra de Dios, que es superior a cualquier otro Libro Divino o humano, que posee dimensiones que transcienden el espacio y el tiempo y que está dirigido a todas las épocas?! ...

El Corán es, en palabras de Bediüzzaman Said Nursi, el Intérprete Divino del Libro de la Existencia; la voz y el aliento de las leyes de la creación, el verdadero intérprete de las cosas y de los acontecimientos colmados de múltiples significados; un sincero expositor de este mundo y del Más Allá; el revelador del tesoro de los Nombres Divinos ocultos en los Cielos y en la Tierra; la llave misteriosa de los misterios que moran más allá de todas las cosas; el sencillo lenguaje de lo que está más allá de lo manifestado en este mundo; el Sol, el fundamento y la geometría del mundo espiritual del Islam; el mapa sagrado que explícitamente presenta los mundos del Más Allá con las líneas claramente trazadas; la voz y el más claro intérprete de la Esencia, los Atributos y los Nombres Divinos; el maestro más fidedigno de toda la humanidad; el aire, el agua y la luz del mundo islámico y la Palabra del Ser Ensalzado y Majestuoso, Quien es el Creador y Dueño de todos los mundos, Su decreto y Su discurso.

Esto no significa que el Corán no puede ser comprendido. Al contrario, y siendo lo más importante de todo, el Corán fue revelado a la humanidad para que fuese comprendido y vivido. Sin embargo, sus frases son tan profundas, poseen tantos significados y su contenido alberga tantas categorías que aunque podamos conocer y entender el significado de cada palabra y el sentido de las combinaciones de las mismas, dejaríamos pasar sin duda alguna muchas de las realidades contenidas en los estilos, las indicaciones, las sugerencias, las connotaciones y los propósitos, de tal modo que no podrían ser reflejados completamente en una traducción.

Soy de la opinión de que cada persona que se acerca al Corán con una mentalidad abierta puede percibir todas las características anteriormente mencionadas, y, por lo tanto, darse cuenta de que su sublimidad y su trascendencia no pueden ser confiadas a una mera traducción. Una traducción puede tener cierto valor en proporción a la erudición, conocimiento, entendimiento y habilidad del traductor. Sin embargo, jamás puede transmitir el Corán en toda su profundidad; por lo tanto ninguna traducción ni ningún comentario o interpretación pueden ser considerados en sí mismos el Corán.

TAFSIR Y TA'WIL

Todos nos hallamos necesitados del Corán por lo que estamos obligados a entenderlo, aunque sea en diferentes niveles de comprensión. Con la intención de penetrar en su esencia y entender el Corán según lo que realmente es, aquello que esencialmente lo caracteriza, debemos estudiar el Corán siguiendo una exposición exhaustiva (*tafsir*) realizada de acuerdo con la metodología de la ciencia de *tafsir* por doctos eruditos. No debemos limitar su contenido, que es tan extenso como todos los mundos, a causa de nuestro nivel de conocimiento, saber y percepción inadecuados.

Tafsir es una exposición que acarrea el esfuerzo de reflejar el contenido de un texto. Un *tafsir* coránico es una exposición de la Palabra Divina que toma en consideración la gramática, los principios de la elocuencia y las explicaciones del Mensajero de Dios y de las primeras generaciones musulmanas (los Compañeros del Mensajero), así como la exposición iluminada por la luz de la mente y los rayos del corazón. Podemos afirmar que la mayoría de los *tafsires* llevados a cabo hasta ahora cumplen con esto. Un *tafsir* en particular puede ser definido según el predominio de una de las características anteriormente mencionadas. Por ejemplo, si el *tafsir* se halla basado sobre todo en los comentarios y las explicaciones del Mensajero de Dios, a la vez que en las opiniones de los Compañeros, que entendían del mejor modo posible el lenguaje de la época, entonces se trata de un «*tafsir* basado en las Tradiciones o el conocimiento transmitido (por el Mensajero y sus Compañeros)» (*at-tafsir ar-riwayah*). Un «*tafsir* basado en conocimiento experto» (*at-tafsir ad-dirayah*), por otra parte, es una exposición basada, además del conocimiento transmitido, en el estudio directo o indirecto de la lingüística, la literatura y otros campos relevantes de la ciencia.

En los primeros tiempos del Islam, el Corán era comentado principalmente recurriendo al propio Corán, siendo la Sunna la segunda fuente de su comentario. Las explicaciones del Profeta, la paz y las bendiciones sean con él, eran siempre la fuente más fidedigna de la que sacaban provecho los Compañeros. La mayor parte de los Compañeros tenían un buen dominio del lenguaje, por lo que no tuvieron que afrontar demasiados problemas. Los temas que precisaban de explicación, ora eran relatados al Profeta, ora aclarados por el Profeta en persona sin que se lo requiriesen.

En épocas más tardías, fueron compuestos grandes volúmenes que reunían tales declaraciones, explicaciones y exposiciones, esfuerzo realizado inicialmente por algunos Compañeros. Un generoso legado fue dejado por los *Tabi'un* (la generación de musulmanes que sucedió a los Compañeros) para los siglos venideros. Eruditos verificadores, como Muhammad Ibn Yarir at-Tabari, hicieron gran uso de esta herencia a partir del S. X en adelante. Junto a las explicaciones del Profeta, la paz y las bendiciones sean con él, las compilaciones integradas por los informes de los Compañeros y las dos generaciones que les sucedieron han constituido siempre una fuente digna de confianza para los eruditos.

Az-Zamajshari, erudito de los *mu'tazila* y maestro de la lengua, es considerado uno de los pioneros del «*tafsir* por medio del conocimiento experto» en virtud de su obra *al-Kashshaf* («El Descubridor»). La obra de Fajru'd-Din ar-Razi, *Mafatih al-Ghayb* («Las Llaves de Lo Oculto»), es una de las voces más poderosas del pensamiento sunnita en el *tafsir*, y se le considera uno de los representantes más grandiosos de esta tradición. La obra de Baydawi *Anwar at-Tanzil wa Asrar at-Ta'wil* («Las Luces de la Revelación y los Misterios de su Significado») es uno de los eslabones fundamentales en la cadena de *tafsires*. Esto es especialmente significativo, ya que contiene respuestas a los pensamientos y consideraciones *mu'tazilitas* de Zamajshari.

Los siglos posteriores presenciaron un número de obras y estudios de *tafsir* dentro del marco del sufismo y la jurisprudencia islámica. Ebu'l-Lays as-Samarkandi, Baghawi, Ibn Kazir, Yalalu'd-Din as-Suyuti, Ebu's-Suud, Kemalpaşazade, İsmail Hakkı Bursevî, Alusi al-Baghdadi, Konyalı Vehbî y Allame Hamdi Yazır son algunas de las distinguidas figuras que han preservado esta sagrada tradición.

La mayor parte de estas figuras y otras más han prestado suma atención a sus exposiciones. Hicieron todo lo necesario para entender con precisión, por medio de un esfuerzo sobrehumano, los propósitos Divinos contenidos en el Corán. Estudiaron cuidadosamente palabra por palabra cómo los Compañeros, quienes fueron los primeros seres humanos a los que se dirigió el Corán, entendieron e interpretaron el Libro Sagrado. Sus estudios coránicos estaban basados en los fundamentos de la Religión, así como contrastaron sus opiniones personales con las disciplinas de estudio del Corán y la *Sunna* auténtica. Por lo tanto, descartaron fragmentos de información que habían sido presentados por los enemigos del Corán en forma de comentarios y explicaciones. Sus esfuerzos constituyeron maravillosas proezas gracias a las cuales podemos entender mejor la Voluntad de Dios.

Son también dignas de mención las reflexiones de Hamdi Yazır respecto al *tafsir*: *Tafsir*, dice este sabio, es abrir algo que está cerrado y darlo a conocer, por lo tanto un *tafsir* coránico es el esfuerzo de dar a conocer los significados de la palabra de Dios de acuerdo con Su voluntad.

El Corán es un libro único e incomparable, en virtud de su redacción escrita y significados de ilimitada profundidad, que provee lo que le corresponde a todo el mundo en cada época. Se dirige al mismo tiempo a distintas eras, a diversas naciones y a gente de niveles intelectuales diferentes. Es un libro de sabiduría fácil de entender por sus lectores, a pesar de que contenga tantos aspectos encubiertos, difíciles, concisos o sucintos, como aspectos metafóricos o alegóricos. La profundidad y el secretismo de los tres primeros aspectos pueden ser revelados a través del acuerdo de los estudiosos, mientras que el cuarto aspecto queda confiado a la interpretación y al comentario de los estudiosos verificadores versados en la ciencia, que se adhieren fielmente a las bases del Corán y el Islam, y poseen la capacidad de entender lo que es figurado y alegórico.

Aunque prácticamente cada persona que conoce su lengua puede entender algo del Corán, una comprensión verdadera e integral del mismo puede ser alcanzada tan sólo por estudiosos versados en la exposición y los comentarios que hayan alcanzado el nivel de conocimiento necesario y correcto. Estos expertos toman en consideración las reglas lingüísticas y prestan la atención necesaria a la metodología del *tafsir* en lo referente a entender lo velado, difícil u oscuro. Ponen en práctica inagotables esfuerzos de reflexión, contemplación y meditación para poder lograr una comprensión correcta del Propósito Divino o lo que Dios ha dado realmente a entender. Recurren a las explicaciones del Mensajero de Dios para elucidar los versículos concisos (*muymal*) y exploran las profundidades del conocimiento transmitido con conocimiento experto, y viceversa. A través de la historia, los comentaristas y expositores genuinos han seguido siempre esta misma trayectoria.

En cuanto al *ta'wil* («comentario»), significa remitir una palabra, una actitud o una acción a uno de sus posibles significados o explicarla con estos últimos. Algunos han definido *ta'wil* como la explicación de las palabras y las acciones de modo contrario a lo que la razón juzga superficialmente. Dicho de otro modo, es también posible decir que *ta'wil* significa explicar algo leído, visto u oído de un modo diferente a lo que viene a la mente en primer lugar y con un conocimiento racional que no es de comprensión inmediata. Imam Abu Mansur al-Maturidi establece una distinción, señalando que *tafsir* es la explicación del Corán llevada a cabo por los Compañeros, y *ta'wil* hace referencia a los comentarios y las interpretaciones realizadas por los *Tabi'un* y las posteriores generaciones.

Ta'wil proviene de la raíz *AWL* y debido al hecho que implica la preferencia de uno de los significados probables, sería incorrecto proponer significados que no están de ninguna manera relacionados con la narración del Corán, en su condición como *tafsir* o *ta'wil*.

Es asimismo esencial que haya algún indicio que proporcione evidencia para el significado propuesto, o una prueba racional o transmitida que apoye la idea propuesta. Sería incorrecto atribuir diversos significados a palabras u oraciones sobre la base de lo «figurativo» o lo «alegórico» sin un indicio o prueba, haciendo caso omiso del significado aparente de la palabra o la oración. En cualquier caso, tal atribución de significados no tendría ningún valor real.

El resultado o producto final del *ta'wil* se denomina *me'al* (interpretación). Podemos definir esto como la preferencia de uno de los significados. Una interpretación coránica no es ni una mera traducción ni tampoco un *tafsir*. Una interpretación puede incluir puntos o asuntos que típicamente se encuentran en un *tafsir*,; sin embargo, no se extiende más allá de ese marco.

Desde los primeros siglos del Islam, junto a numerosas traducciones de excelente o ínfima calidad, ha habido y habrán muchas interpretaciones y *tafsires*. Celebramos todos los sinceros esfuerzos realizados para expresar el espíritu del Corán y para revelar el Propósito Divino. Nos congratula, en particular, los esfuerzos que no ignoran el paso del tiempo, los aspectos del contenido y los significados coránicos que les dirige a cada parte del tiempo así como las circunstancias que prevalecen en cada era y contexto, los propósitos esenciales de la Ley Religiosa y sus esfuerzos, a los que se adhieren conforme al espíritu del Corán y a la *Sunna* auténtica; los pensamientos enriquecidos con el paso del tiempo y con el progreso de la vida humana; y los nuevos descubrimientos y logros en el campo de las ciencias y el pensamiento humano.

ACERCA DE ESTE ESTUDIO DE INTERPRETACIÓN

Aprovecho esta oportunidad, para expresar mi más sincero agradecimiento a los servicios prestados por Ali Ünal en beneficio del Corán, con la esperanza de que pueda seguir elaborando otros muchos trabajos.

Personalmente considero a este estimado hermano una de esas personalidades que mejor pueden entender los tiempos que vivimos, que busca soluciones a los problemas contemporáneos, alguien lleno de amor por la verdad y el anhelo de saber. Un gran número de personas hoy en día estudia el Corán e intenta desvelar los Propósitos Divinos del mismo modo que lo hicieron los precursores (los Compañeros). Sin duda alguna, Ali Ünal es uno de ellos. Sobre todo, no le es desconocido el Mensaje del Corán y, con seguridad, expreso mi confianza en su enfoque global de los temas islámicos. Es un intelectual que se desafía a sí mismo con frecuencia y rebosa valentía para expresar su creencia con confianza. Su perseverancia en pos de obtener la verdad en asuntos religiosos, la importancia que otorga a la consulta, su preocupación para evitar obrar mal y su buena disposición a enmendar el error son indicios de su proximidad al Señor Todopoderoso.

Él nunca ha alegado que su obra sea la mejor interpretación existente del Corán. De hecho, nadie debe proclamar tal afirmación. Sus esfuerzos y servicios por el bien del Corán, así como los de sus predecesores y sucesores que le han seguido y le seguirán, son proporcionales a su conocimiento, sinceridad, así como el favor y la ayuda de Dios.

En este estudio, ha prestado cuidadosa atención a las disciplinas de la metodología del *tafsir*, como hicieron muchos otros comentaristas contemporáneos, y ha contestado a las críticas de todos esos hipócritas que guardan incesante animosidad al Islam así como ha ofrecido una respuesta a un gran número de furibundos pendencieros. Sus respuestas son atinadas y, en ocasiones, recurriendo a interpretaciones y comentarios contemporáneos, ha expresado aspectos importantes mediante el lenguaje actual. Siempre se ha puesto del lado del Corán con sinceridad y sin pretensiones. A la hora de expresar sus opiniones es humilde, pero a su vez determinado e insistente, está resuelto a alcanzar la verdad; mas siempre mostrándose abierto a la corrección.

En su interpretación, ha consultado una variedad de fuentes sunnitas y chiítas, tanto clásicas como contemporáneas. En modo alguno contemplo esto como algo opulento, sino más bien como un esfuerzo dirigido a encontrar una deducción o comentario que merezcan la pena, los cuales hayan podido ser inspirados por Dios Todopoderoso. Motivado por la idea de que «la sabiduría es la propiedad perdida del creyente, por lo que el creyente ha de obtenerla dondequiera que se encuentre», Ali Ünal se ha propuesto como objetivo presentar, para beneficio de todos, cualquier verdad que esté en conformidad con los fundamentos del Islam.

Junto con los requisitos mencionados para un buen *tafsir*, *ta'wil* y *me'al* (interpretación), la ayuda o el favor especiales de Dios son incomparablemente importantes a fin de descubrir Sus propósitos y lo que Él quiere decir en Su discurso. Sin este favor, nada puede ser realmente descubierto, comprendido o expresado. En mi humilde opinión, Ali Ünal ha realizado el máximo esfuerzo para entender el Corán correctamente y hacerlo comprensible para nosotros. Está dotado con el deseo y la diligencia necesarios para llevar a cabo las investigaciones precisas a fin de contestar cualquier acusación pasada o nueva así como cualquier objeción hecha contra el Islam, en vista de los esfuerzos efectuados por un grupo positivista con miras a reducir cada realidad a una mera experiencia y observación material, su confianza y certeza en la Palabra de Dios es tal y como han de serlo en un creyente. Sin embargo, todas estas actitudes y cualidades positivas adquieren valor a través del favor y la ayuda Divinas, por lo que esperamos que todo lo escrito y expresado aquí haya sido realizado a través de esta ayuda y favor.

Varios libros han sido escritos acerca de la interpretación y el comentario coránico, a la vez que se han abordado en varias ocasiones las objeciones al Corán y a algunos de sus contenidos. Y un gran número de interpretaciones y comentarios continuarán asimismo siendo realizados en el futuro, del mismo modo que otras tantas nuevas objeciones serán contestadas; y quizás esto continué hasta el fin de los tiempos. ¿Cuántas nuevas dudas se crearán en torno al Corán? ¿Cuántas veces más las mentes estarán expuestas a la corrupción? ¿Qué nuevas e inimaginables conjuras volverá a urdir Satán, nuestro eterno enemigo, contra los creyentes débiles? ¿Qué nuevos argumentos, desconocidos hasta hoy, volverán a esgrimir los diablos de los humanos y los genios («yinn») para tentar a la humanidad? ¿Cuántas veces más incitarán la sospecha con respecto a nuestros valores, soliviantando y alborotando a la gente? Siempre ha existido tal animosidad y continuará siempre existiendo. Afortunadamente centenares de personas como Ali Ünal, dotadas de gran entusiasmo para servir a la Religión, siempre les harán frente, explorando nuevas profundidades en ese Libro de nobles verdades y esforzándose en interpretar la Palabra Eterna la cual tienen en gran estima. Las perniciosas organizaciones de Satán y sus compañeros siempre serán desafiadas por los compañeros del Corán.

La Interpretación que se halla en sus manos se puede considerar como el resultado de los esfuerzos mencionados anteriormente. En ciertos puntos, la obra va más allá de los límites de una mera interpretación con el fin de incluir respuestas a las dudas propuestas por algunos contradictores, ciertos orientalistas así como sus ignorantes imitadores, y proporciona satisfactoria información para disipar las dudas en algunos corazones por medio de reiterativas referencias al invencible poder del Corán.

Los elementos fundamentales del Corán que están constantemente enfatizados en esta obra son: la Unidad de Dios (*Tawhid*), la Misión Profética (*Nubuwwa*), la Resurrección y la adoración (junto con la justicia); y son tratados de acuerdo con el enfoque de Bediüzzaman Said Nursi. La esencia de la fe y las maneras en las cuales ésta prospera son traídas frecuentemente a colación, junto con asuntos referentes al espíritu y al significado de la adoración.

La obra presenta a su lector una gran cantidad de nuevo material sobre la fe, la incredulidad y la hipocresía, así como sobre los antiguos y nuevos representantes de estas actitudes. El *Sura al-Baqara* (La Vaca) es estudiado en el marco de un voluminoso *tafsir* que profundiza en la historia de los Hijos de Israel y en asuntos referentes a la guerra y la paz. La verdad de Jesús y *Al 'Imran* (La Familia de 'Imran), los derechos de las mujeres y asuntos relacionados con lo permitido y lo prohibido son asimismo ampliamente expuestos. El Paraíso, el Infierno y el mundo intermedio son descritos con ejemplos llenos de sabiduría. Las respuestas proporcionadas a las ideas distorsionadas son acertadas y están basadas en conocimiento preciso. Está claro que se han realizado serios esfuerzos para descubrir los ejemplos de sabiduría en los relatos. Asuntos como el Viaje Nocturno y la Ascensión del Mensajero de Dios, los Compañeros de la Cueva, la amistad de Moisés y al-Jidr así como de las campañas Zu'l-Qarnayn son todas estudiadas detalladamente y de un modo que puede hallarse en los *tafsires*. La obra en conjunto da la impresión de como si Ali Ünal hubiese intentado condensar el contenido de los *tafsires* y comentarios coránicos en un solo volumen de interpretación.

Es imposible citar todos los destacados aspectos de esta obra, pero ofreceremos algunos ejemplos de los últimos capítulos.

En el *Sura al-Mulk* («la Soberanía») el cuarto versículo se interpreta al estilo de Bediüzzaman, susurrando a nuestros corazones muchas cosas que van más allá de una interpretación normal y corriente. Señala: «El arte perfecto en la creación a pesar de la abundancia, el orden perfecto a pesar de la facilidad absoluta, la perfecta medida, la proporción y firmeza a pesar de la increíble velocidad, la perfecta individualización a pesar de la distribución mundial, el precio más elevado y la mayor economía, la perfecta distinción a pesar de la integración y la semejanza absolutas; todo ello señala al Uno, Único Creador y Señor, Quien tiene Voluntad, Poder y Conocimiento absolutos».

Otro ejemplo se halla en una nota a pie de página relativa al primer versículo del *Sura al-Insan* («el ser humano»): «La humanidad es el fruto del Árbol de la Creación y por lo tanto contenía su semilla. Por lo tanto el Árbol de la Creación se ha originado de la semilla de la humanidad. En otras palabras, tal y como un árbol es la forma crecida o desarrollada de su semilla, la humanidad porta en su cuerpo y en su ser la naturaleza así como todos los elementos originales de otros seres existentes. El significado que una semilla posee con respecto a un árbol, la humanidad lo tiene con respecto al universo. La ciencia debería concentrarse en este punto mientras investiga de qué manera la vida comenzó sobre la Tierra y cómo se originó la humanidad».

Existen referencias a descubrimientos científicos modernos, y se nos proporciona tanto conocimiento como pueda ser encontrado en un *tafsir*. Por ejemplo, el informe de 1993 de la Organización Internacional de Meteoros hace referencia al quinto versículo del *Sura al-Mulk*: «La lluvia de meteoros de las Perseidas que aproximadamente observamos todos los años sugiere que son arrojados con motivo de unos propósitos definitivos e importantes, puesto que sorprenden a los observadores al desplegar una gran diversidad. Las observaciones efectuadas por ejemplo, en 1993, demuestran el hecho de que la estructura de la lluvia todavía no es muy conocida». Tales versículos son trascendentes fuentes de conocimiento, pero es difícil señalar que hayan podido sernos de provecho en algún momento.

Los versículos metafóricos o alegóricos se interpretan en el marco y el entendimiento del enfoque sunnita, sin embargo, su naturaleza exacta remite al Conocimiento de Dios Todopoderoso. Por ejemplo, el versículo 16 del *Sura al-Mulk* se interpreta de la siguiente manera: *Y aun así, ¿estáis seguros de que Él que está por encima de todas las cosas no hará que la Tierra os trague a continuación, cuando ésta se halle en un estado de conmoción?*

En muchos casos, y a diferencia de otras obras similares de interpretación coránica, ésta presenta significados más allá de las palabras y las frases sugeridas por el contexto así como el Corán en su conjunto. A pesar de que esto exige numerosas explicaciones entre paréntesis insertadas en el texto, se espera que tanto el significado como el contenido sean dados a conocer mejor al lector. El versículo 18 del *Sura al-Qalam* es un ejemplo entre otros muchos: *No hicieron concesión alguna (en sus juramentos, olvidándose de los derechos de los necesitados y de la Voluntad de Dios).*

En el *Sura al-Yinn* (Los Genios) el versículo 72:18 es interpretado así: *Todos los lugares de la adoración* (*y todas las partes del cuerpo con las que uno se postra*) *son para Dios, la adoración es toda debida sólo a Él, por consiguiente, no adoréis a nadie junto a Dios*. La interpretación del *Sura al-Muzzammil* («El Envuelto en la manta») 73:4 es: *O añádele (un poco); y reza y recita el Corán con calma y de manera clara (con tu mente y corazón concentrados en ello).* Hay muchos otros ejemplos, pero estos pocos son suficientes por ahora.

El autor cita a veces directamente a grandes comentaristas del pasado, prefiriendo su modo de entender al suyo propio. Por ejemplo, interpretando el versículo 17 del *Sura al-Haqqa* (La Realidad Segura), proporciona información importante transmitida por Hamdi Yazır que a su vez proviene de Ibn Arabi y otros, respecto a los ocho ángeles que portan el Trono de Dios Todopoderoso.

El autor se posiciona firmemente en varios puntos en donde otros suelen especular y en dichos aspectos intenta prevenir que se den comprensiones tergiversadas. Por ejemplo, en el versículo 17 del *Sura an-Nuh*: *Y Dios os hizo brotar de la Tierra tal como una planta*, da la siguiente explicación como nota a pie de la página: «El versículo hace referencia al origen del padre de la humanidad a partir de elementos como la tierra, el aire y el agua y también al origen material de todo ser humano, los cuales son los mismos elementos que constituyen las entidades biológicas particulares del cuerpo humano. Tal y como Elmalılı Hamdi Yazır indica, la palabra "nabatan", que aparece al final del versículo como complemento adverbial de "crecer", se refiere de manera particular a la creación y el crecimiento humanos. Así pues, no hay lugar para inclinación alguna hacia la teoría darwinista de la evolución».

La obra enfatiza el papel que desempeñan los *asbab an-nuzul* (razones y ocasiones de la revelación de los versículos) en la comprensión del Corán, pero nunca limita a ellos la interpretación del mismo. Puede tratar muchos asuntos desde diversas y mucho más amplias perspectivas sin desviarse de las reglas de la metodología del *tafsir*. Por ejemplo, esta obra sugiere otras consideraciones plausibles en la interpretación de los versículos iniciales del *Sura al-Abasa* (Frunció el Ceño).

Creo personalmente que el lector se beneficiará de esta interpretación del Corán, por lo menos en la misma medida en que saca provecho de las otras. Le pido a Dios que el esfuerzo dedicado a esta obra llegue a ser un medio para alcanzar las bendiciones Divinas y pido el perdón a Dios Todopoderoso por nuestros errores y faltas.

سُورَةُ الْبَقَرَةِ مَدَنِيَّةٌ

بِسْمِ اللّٰهِ الرَّحْمٰنِ الرَّح۪يمِ

الٓمٓ ١ ذٰلِكَ الْكِتَابُ لَا رَيْبَ ف۪يهِ
هُدًى لِلْمُتَّق۪ينَ ٢ اَلَّذ۪ينَ يُؤْمِنُونَ
بِالْغَيْبِ وَيُق۪يمُونَ الصَّلٰوةَ وَمِمَّا رَزَقْنَاهُمْ
يُنْفِقُونَ ٣ وَالَّذ۪ينَ يُؤْمِنُونَ بِمَٓا اُنْزِلَ
اِلَيْكَ وَمَٓا اُنْزِلَ مِنْ قَبْلِكَ وَبِالْاٰخِرَةِ
هُمْ يُوقِنُونَ ٤ اُولٰٓئِكَ عَلٰى هُدًى
مِنْ رَبِّهِمْ وَاُولٰٓئِكَ هُمُ الْمُفْلِحُونَ ٥

وَهِيَ مِائَتَانِ وَسِتٌّ
وَثَمَانُونَ اٰيَةً

سُورَةُ الْفَاتِحَةِ مَكِّيَّةٌ

بِسْمِ اللّٰهِ الرَّحْمٰنِ الرَّحِيمِ ١
اَلْحَمْدُ لِلّٰهِ رَبِّ الْعَالَمِينَۙ ٢ اَلرَّحْمٰنِ
الرَّحِيمِۙ ٣ مَالِكِ يَوْمِ الدِّينِۜ ٤
اِيَّاكَ نَعْبُدُ وَاِيَّاكَ نَسْتَعِينُۜ ٥
اِهْدِنَا الصِّرَاطَ الْمُسْتَقِيمَۙ ٦
صِرَاطَ الَّذِينَ اَنْعَمْتَ عَلَيْهِمْۙ غَيْرِ
الْمَغْضُوبِ عَلَيْهِمْ وَلَا الضَّٓالِّينَ ٧

وَهِيَ سَبْعُ اٰيَاتٍ

Busco refugio en Dios de Satán, el eternamente excluido (de la Misericordia de Dios)[*]

[*] El Corán (16:98) prescribe: *Cuando recitéis el Corán, buscad refugio en Dios de Satán, el eternamente excluido (de la Misericordia de Dios).* Por consiguiente, antes de comenzar a recitar el Corán, debemos pronunciar: «Busco refugio en Dios de Satán, el eternamente excluido (de la Misericordia de Dios)». Esta es una oración en pos de la protección y ayuda de Dios durante la recitación contra las malvadas insinuaciones de Satán.

SURA 1

AL-FATIHA (LA APERTURA)

Período de La Meca

Es comúnmente aceptado que este *sura* fue revelado durante el período de La Meca de la Misión Profética de Muhammad. Algunas Tradiciones narran que también fue revelado en una segunda ocasión en Medina. La mayoría de los eruditos es de la opinión que el primer *sura* en ser revelado en su totalidad es el *Sura al-Fatiha*. En cierto sentido, la *Basmala* es la «esencia» del *Sura al-Fatiha* que, a su vez, es el «origen» de todo el Corán al completo. Gracias a su extraordinaria concisión y su profusión de vocabulario, este *sura* sostiene perfectamente en equilibrio la alabanza y la súplica, y establece los cuatro temas o propósitos principales de la guía coránica: (1) Establecer la Existencia y la Unidad de Dios, (2) la Misión Profética, (3) la Resurrección y la vida en el Más Allá y (4) la adoración y la justicia. Es nombrado como *Sura al-Fatiha* porque es el capítulo inicial con el que el Corán comienza. También posee otros nombres tales como «Los Siete (versículos) repetidos por partida doble», debido a su gloria y distinción y porque este capítulo ha de ser recitado en las dos primeras *rak'as* de cada una de las Oraciones prescritas (*Salah*); y asimismo es denominado como «La Madre del Libro» porque es el origen de todo el Corán; y «el Tesoro» porque contiene muchas verdades preciosas.

1. En[1] el Nombre[2] de Dios[3], el Misericordioso[4], el Compasivo[5].

2. Toda la alabanza y la gratitud[6] (cualquiera que las exprese para quienquiera que sea por cualquier razón y de cualquier manera desde el primer día de la creación hasta la eternidad) son para Dios, Señor[7] de los mundos[8],

3. El Misericordioso, el Compasivo,

4. Dueño[9] del Día del Juicio Final[10].

5. A[11] Ti solamente adoramos[12] y tan sólo de Ti buscamos ayuda[13].

6. Guíanos[14] al Camino Recto[15],

7. El Camino de aquellos que has favorecido[16], no el de aquellos que han incurrido en (Tu) ira (castigo y condena)[17], ni el de los que están extraviados[18].

1. Esta frase bendita (*Bi'smi-llahi'r-Rahmani'r-Rahim* traducida como «En el Nombre de Dios, el Misericordioso, el Compasivo», y denominada *Basmala*) es uno de los símbolos del Islam. Los musulmanes comienzan cada buen acto pronunciándola. A todas las cosas y seres se les infunde vida y sobreviven por medio de ella. Aquí, la partícula *bi-* significa tanto *en* como *con* por lo que todo, siendo dependiente de las Leyes del Misericordioso, lleva a cabo lo que hace «en» y «con» Su Nombre. Una semilla diminuta que se halla bajo la tierra germina y se abre camino a través del suelo y las rocas para así emerger hacia la luz del Sol, basándose en las leyes del Misericordioso e implorando la compasión (especial) del Compasivo. Los seres humanos, favorecidos con el libre albedrío, deben llevar a cabo siempre el bien y siempre han de hacerlo en Nombre de Dios y en pos de Su complacencia, comenzando cada acto «en» y «con» el Nombre de Dios.

Según algunos eruditos, la *Basmala* se considera como el primer versículo de cada *sura* (capítulo) coránica a excepción de la novena. Según la escuela jurídica Hanafi, es un versículo, pero no se considera el primer versículo de cada *sura*. Es el primer versículo del *Sura al-Fatiha*, *sura* de apertura del Corán, y se escribe antes de cada *sura* debido a su importancia, y su condición sagrada, además de para separar los *suras* unos de otros. Es, en todo caso, una cuerda de luz que se extiende desde el Supremo Trono de Dios hasta los corazones de la gente. Quienquiera que se aferre con fuerza a ella siendo consciente de su significado e iluminado por ella podrá elevarse al punto más alto de la perfección humana.

2. La palabra «nombre» es la traducción de su equivalente en árabe *ism*. Proviene de la raíz *SaMa* (s-m-v), que significa «ser elevado», «ensalzado» o de *WaSaMa*, que significa «señal». (Recordemos en este punto que la palabra *samawât*, significa a su vez «cielos» o «alturas» debido a su condición elevada). La frase nominal «el Nombre de Dios» nos recuerda que Dios es Ensalzado como el Ser Divino que posee nombres, a Quien podemos llamar, y recordamos y nos referimos a ese Ser Divino sólo cuando mencionamos el nombre «Dios».

El conocimiento de Dios (en el sentido de la palabra árabe *'ilm*) es imposible con respecto a Su Ser o Esencia (*Zat*). Y puesto que no hay nadie comparable a Él, es por lo tanto imposible llegar a entender o comprender Su Esencia. Sin embargo, podemos reconocer a Dios o tener algún conocimiento de Él (en el significado de la palabra árabe *ma'rifa*) a través de Sus Obras, Actos, Nombres, Atributos y Cualidades Esenciales (*shu'un*). Considerar Sus obras (lo que contemplamos en el mundo, Su creación) nos hace ser conscientes de Sus Actos, y esa consciencia nos conduce a Sus Nombres y Atributos, los cuales a su vez, nos llevan a Sus Cualidades Esenciales, y por lo tanto, a la consciencia de Aquél Quien posee dichas Cualidades.

El acto de viajar hacia el Ser Divino puede ser llevado a cabo a través de la reflexión acerca de las Obras de Dios —el universo, incluyendo en particular a los seres humanos, con la composición física y psicológica de cada uno— o a través de las disciplinas del «corazón», siguiendo un camino sufí. Combinar ambos es siempre más seguro y preferible. (Respecto al camino sufí o el sufismo islámico, véase la obra de M. Fethullah Gülen, *Key Concepts in the Practice of Sufism* —«Conceptos Clave en la Práctica del Sufismo»—, Editorial The Light, Nueva Jersey, EE.UU.).

3. *Allah*, traducido como Dios, es el Nombre propio del Ser Divino, Quien crea y administra a Sus criaturas, individualmente y en su totalidad, Quien proporciona, hace crecer, sostiene, protege, guía a todos y cada uno, Quien hace fallecer y da vida a todos y cada uno, Quien recompensa o castiga, etc. Todos Sus Atributos son Atributos de la perfección absoluta, y está absolutamente exento de todos y cada uno de los defectos. Es Único y Singular, no tiene equivalente ni parecido y nada se Le puede comparar. Él está absolutamente más allá de cualquier concepto huma-

no: *La vista no Le abarca, pero Él abarca toda visión* (6:103).

Dios es el Único y Singular Ser que detenta el derecho exclusivo de ser adorado y de ser el único propósito de la vida. Él es amado en y por Sí Mismo. Todo depende de Él y subsiste por Él. Toda verdad tiene su fuente en Él. Su Existencia es tan manifiesta que se puede dudar de la existencia propia, pero no se puede ni se debe dudar de la Suya. Los ojos no pueden verlo debido a la densidad y la plenitud de Sus manifestaciones. Su Luz es un velo ante los ojos. Es adorado porque es digno de ello como Dios; no al contrario, a saber, que Él es Dios porque Él es objeto de adoración.

Sin (la creencia en) Dios, la vida es un tormento tras otro, el intelecto es puro castigo, las ambiciones son puro dolor, los logros son pérdidas, la unión es separación, el amor es sufrimiento, el placer es aflicción y el conocimiento es capricho. Él es la curación de los afligidos y el remedio para los corazones heridos. Los corazones alcanzan la paz y se tranquilizan recordándole y mencionándole. Quien Le haya encontrado, lo ha encontrado todo; quien Le haya perdido, lo ha perdido todo.

4. La expresión «el Misericordioso» traduce el término árabe *ar-Rahman*. *Ar-Rahman* es un Atributo Esencial de Dios, cuya traducción exacta a otra lengua es imposible. A pesar de ser una Cualidad Esencial, *ar-Rahman* puede ser empleado prácticamente de manera intercambiable junto con el nombre «Dios», ya que no se aplica a nadie con excepción de Dios. Significa Aquél Quien posee la infinita misericordia, Quien abarca a toda la creación con misericordia, gracia y favor, incluyendo a toda la humanidad, sin discriminación alguna entre los creyentes y los no creyentes, dando vida, manteniéndola, proveyendo y dotando a cada uno de nosotros de las capacidades que se necesita. Dios ha creado el universo por misericordia y como la manifestación de la misma expresada en Su Nombre, el Misericordioso.

El universo es la obra del Misericordioso, y la Misericordia de Dios expresada por el Misericordioso abarca a la creación en su totalidad. Existen dos aspectos de la Manifestación Divina concernientes al universo. Uno es Su Manifestación universal con todos Sus Nombres respecto al universo. Se puede entender a través de la analogía de la manifestación del Sol en el mundo mediante su luz, incluyendo los siete colores de la misma y su calor. Esto se denomina la Manifestación de la Unidad (*at-tayalli al-Wahidiya*). El Nombre (atributivo) de «el Misericordioso» es la fuente de esta manifestación. Es la fuente del magnífico orden del universo, de tal modo que todo se encuentra en estado de obediencia absoluta a Dios, estando sujetos a las leyes del Misericordioso. Un caso particular y un símbolo visible de ello es la vida en la Tierra, con sus plantas y animales habitando su superficie, junto a su provisión y sustento así como gerencia en perfecta armonía y misericordia. Todo ello depende y debe su existencia a la manifestación de Dios Misericordioso.

5. El otro aspecto de la Manifestación Divina puede ser entendido por analogía con la manifestación específica del Sol en cada cosa según la capacidad de dicha cosa. Esta es la manifestación particular de Dios en cada cosa, con uno o varios de Sus Nombres y con los demás Nombres subordinados a los anteriores. Dicha manifestación es el resultado de Dios como *ar-Rahman,* traducido como «el Compasivo» y es denominado la manifestación de la Unidad (*at-tayalli al-Ahadiyya*). Dios abarca a toda la creación como *ar-Rahman* (el Misericordioso) sin discriminación entre la creencia y la incredulidad, la verdad y la falsedad, lo correcto y lo incorrecto, la belleza y la fealdad, lo bueno y lo malo; mientras que como *ar-Rahim* (el Compasivo), tiene especial misericordia por la fe, la justicia, la verdad, lo correcto, lo bello y el bien, tanto en este mundo, como, especialmente, en el Más Allá. Nadie toma parte en su nacimiento, la determinación de su lugar o fecha de nacimiento y muerte, etnia, características físicas y actividad de su cuerpo. Todo ello depende de la elección absoluta de Dios

Misericordioso y por lo tanto no puede ser una razón en la que puedan basarse argumentos de superioridad, inferioridad o de discriminación entre la gente. Por el contrario, los habitantes conscientes de la Tierra (los genios y los seres humanos) tienen la opción de optar por la creencia o la incredulidad, la justicia o la injusticia, lo correcto o lo incorrecto, lo bueno o lo malo, la verdad o la falsedad, en base a su libre albedrío, y, por lo tanto, son responsables de sus preferencias. Siendo *ar-Rahim*, Dios auxilia a aquellos que prefieren la fe, lo correcto, la justicia y lo bueno en este mundo y los recompensa con la felicidad eterna en el Más Allá. Pero si no hubiese sido por *ar-Rahman* («El Misericordioso»), no habríamos venido a este mundo. Si no hubiese sido por *ar-Rahim* («El Compasivo»), no habríamos podido hacer uso de nuestro libre albedrío con el fin de efectuar la elección correcta, comprender las maravillosas obras de arte de Dios, saber lo que es la fe, la religión y la Misión Profética y lograr la verdadera y eterna felicidad en el Paraíso.

6. Ya que se deben entender los conceptos coránicos a fin de entender el Corán, vamos a proporcionar una breve explicación.

La palabra árabe traducida como «alabanza y gratitud» es *hamd*. Esta palabra abarca ambos significados, además de otras connotaciones. Alabamos con motivo de determinados logros o cualidades dignas de elogio, nos sentimos agradecidos por algún bien que ha sido realizado. Pero en lo que se refiere a Dios, *hamd* afirma que Dios es eternamente digno de alabanza y de gratitud porque Él es Dios, es eternamente Misericordioso y es el Señor de toda la creación. Ya sean reconocidos Sus favores por Sus criaturas o no, Él ha de ser elogiado y debemos darle gracias. El agradecimiento es requerido por lealtad a Dios ante Sus favores, mientras que la alabanza es exigida con motivo de ser un siervo sincero y consciente de Quién es Dios y qué significa la servidumbre.

Hay que tener en cuenta que toda la alabanza y la gratitud son únicamente para Dios y son exclusivamente Suyos. Allá donde la belleza, la excelencia y la perfección se den, la fuente fundamental es Dios. Los seres creados, ya sean ángeles o seres humanos, objetos celestiales o terrenales, no poseen sino excelencia, belleza o perfección dependientes. Siempre que dichas cualidades se den, son en realidad favores de Dios. Por lo tanto, si hay alguien con Quien debemos sentirnos en deuda y agradecidos, es con el Creador de todo, el Cual es el Verdadero creador de aquello a lo que respondemos con alabanza y gratitud, y no así al que aparentemente lo posee.

Cuando pronunciamos «Toda la alabanza y la gratitud son para Dios», también queremos decir que es en Dios en Quien buscamos refugio cuando nos encontramos en peligro, que es Él a Quien suplicamos ayuda cuando estamos en dificultad o necesidad y a Quien únicamente adoramos.

7. La palabra «Señor» se utiliza para traducir *Rabb*. Tiene tres acepciones relacionadas: (i) Educador, Instructor, Sustentador, Aquél Quien Alimenta; (ii) Señor y Amo; (iii) Aquél Quien Dirige y Controla.

El hecho de que Dios sea *Rabb* significa que cada ser (y cada parte de cada ser) —desde los elementos o los seres inanimados a las plantas, animales y humanos, y otros seres de otros mundos— es criado, sustentado, dirigido y controlado por Él hasta que alcanza su perfección específica y el propósito de su creación. Esto significa que lo que comúnmente llamamos «leyes naturales» son en realidad designaciones o descripciones del ejercicio del Señorío de Dios, de su condición como *Rabb*. Una clase complementaria de la enseñanza o la instrucción de la humanidad por parte de Dios es el hecho de que haya enviado Profetas y religiones. De esto se deduce que afirmando a Dios como el Único Educador, Instructor, Sustentador, Aquel Quien Alimenta, Amo y Señor de todos los seres (*at-tawhid ar-Rububiyya*), afirmamos otra dimensión de la fe en la Unicidad y Unidad de Dios.

8. El plural de «mundo» es traducido al árabe como *'alamin* (y su singular, *alam*). La palabra procede de *'alam*, *'alama*, que signifi-

ca aquello que es conocido por medio de otra cosa. Por consiguiente, bajo esta perspectiva, cada cosa o sistema en particular, desde las minúsculas partículas subatómicas hasta las más grandiosas nebulosas y galaxias, es un «mundo» y está señalando a Dios. La forma plural (*'alamin*) se emplea particularmente para los seres conscientes, queriendo decir que todo lo creado es como si fuese consciente, e indicando que su acto de señalar la Existencia, la Unidad y el Señorío de Dios es algo sumamente claro para los seres conscientes.

Desde otra perspectiva, los «mundos» son clasificados como *Lahut* (el Elevado Empíreo: el puro e inmaterial mundo de puras Realidades Divinas), *Yabarut* (otro de los mundos inmateriales donde las Realidades Divinas se manifiestan en sus formas puras e inmateriales), *Malakut* (el mundo de la pura dimensión interna de la existencia), *Mizal* (el mundo de los símbolos o de las formas ideales e inmateriales de las cosas) y *Shahadah* (el mundo corpóreo, el cual se incluye el mundo visible y los firmamentos). Estos mundos han de ser considerados más como dimensiones que como lugares distintos: las Verdades o las Realidades Divinas manifestadas en formas materiales en este mundo se manifiestan en otros mundos en las formas propias de cada uno.

Los «mundos» a su vez son clasificados como el mundo de los espíritus, este mundo, el mundo inmaterial entre este y el siguiente (*al-'Alam al-Barzaj*) y el mundo eterno del Más Allá.

Los «mundos» pueden también referirse a los diferentes dominios o «reinos» dentro de este mundo terrenal y otros mundos más allá de este mundo.

9. La palabra *Malik*, en este punto traducida como «Dueño», significa tanto dueño como soberano. Aunque Dios ha permitido la existencia de soberanos en este mundo, ya que ha dotado a la humanidad de libre albedrío, Él será el Único y Absoluto Soberano el Día del Juicio Final: *¿De quién es la Soberanía Absoluta ese Día? De Dios, el Único, el Irresistible (con dominio absoluto sobre todo lo que existe)* (40:16). Además, el dominio del otro mundo y todas sus regiones o mundos diversos, tal y como la Llanura de la Reunión Suprema, el Puente, el Paraíso y el Infierno, pertenece exclusivamente a Dios.

10. «El Día del Juicio Final» traduce la expresión árabe *Yawm ad-Din*. La palabra *din* es generalmente traducida al español como «religión». Proviene del verbo *Da-Na* (a partir de la forma trilítera *d-y-n*) y significa profesar una religión. Procedente de la misma raíz (*d-y-n*), el verbo *Da-Na* tiene otra serie de significados interrelacionados: pedir prestado o endeudarse, estar sujeto o atado, jurar lealtad, ser llamado a rendir cuentas, juzgar y/o condenar. (El sustantivo afín es *dayn*, deuda, responsabilidad u obligación.) El concepto islámico de religión (*din*) abarca todos estos significados. Dios nos ha sacado de la oscuridad de la inexistencia a la luz de la existencia; nos ha creado del mejor modo y nos ha encumbrado a lo más elevado de la jerarquía de la creación. Ha incluido en la mezcla que constituye nuestra existencia ciertos elementos que, aun aparentemente negativos o destructivos, si se les disciplina, hacen que ascendamos a los más altos grados de perfección. Para que podamos disciplinarlos con Su ayuda y no ser derrotados por ellos, y asimismo para que podamos emplear todas nuestras capacidades y elementos positivos de nuestra existencia de modo correcto, Él ha enviado Profetas y ha revelado a través de ellos y a través de los Libros las reglas relativas a cómo debemos comportarnos. Éstos son los regalos y la confianza depositada por Dios en nosotros por lo cual Le debemos gratitud. Para pagar esta deuda lo primero que se precisa es proyectar nuestra vida de acuerdo con las reglas que Dios ha establecido. En este sentido, la Religión o *din* es la colección de Reglas Divinas que los seres humanos han de observar para alcanzar el bien y la salvación. Vendrá un día en que seremos llamados a rendir cuentas de nuestros esfuerzos a este respec-

to y se nos juzgará por cómo hemos actuado en este mundo, y seremos consecuentemente recompensados o castigados. El Único Dueño de ese día es Dios.

Del mismo modo que la duración de este universo es referida como un «día», asimismo el momento en que seremos resucitados después de la muerte, en donde seremos juzgados y eternamente recompensados o castigados por lo que hicimos en este mundo, también es denominado un «día». Ese lapso de tiempo es también el momento en que las realidades de la Religión se pondrán de manifiesto de manera clara y completa. Ésa es otra razón por la cual el Corán denomina a ese «día» *Yawm ad-Din*, Día del Juicio Final.

11. Ha sido relatado del Mensajero de Dios, la paz y las bendiciones sean con él, que Dios dijo: «La mitad de al-*Fatiha* Me pertenece, mientras que la otra mitad pertenece a Mi siervo» (Muslim, *Salah*, 38). La parte que se extiende hasta este versículo (es decir, los primeros cuatro versículos) pertenece a Dios. En ella el siervo se dirige a Dios en tercera persona, alabándole. Estos cuatro versículos de alabanza sirven como peldaños para elevarnos ante Su Presencia y, una vez allí, obtener el honor de dirigirse a Él en segunda persona (versículos quinto a séptimo). En este punto, el siervo dirige una petición al Alabado con Sus Atributos más abarcadores en los versículos precedentes. Según la Tradición (*hadiz*) anteriormente mencionada, el versículo pertenece tanto a Dios como al siervo, mientras que los siguientes versículos (sexto y séptimo), en los que el siervo ruega a Dios por sus necesidades más acuciantes (es decir, una guía recta), pertenecen al creyente.

12. La palabra «adoramos» es la traducción de *na'budu* en el idioma árabe, la primera persona del plural del verbo en imperfecto *'ABa-Da*, el cual significa hacer algo con energía y determinación. *'Ibada* proviene de dicha raíz y, como término, significa veneración y sumisión. El verbo *'A-Ba-Da* tiene otros dos infinitivos importantes íntimamente relacionados en la adoración. *'Ubuda* significa humildad y sumisión y *'ubudiya*, indica llevar a cabo el deber de adorar de modo sistemático. «A Ti solamente adoramos» traduce el significado de la frase en árabe *iyya-ka na'budu*, en la que el pronombre «Ti» se sitúa con carácter enfático. El mismo énfasis que aparece a su vez en la siguiente frase: *iyya-ka nasta'inu* (en lugar de la expresión común: *nasta'inuka*). Por lo tanto, el significado aquí es que adoramos a Dios con temor y con sumisión, con sinceridad y humildad extremas y de modo sistemático. Obrando de tal manera, expresamos nuestra total devoción, sumisión y sometimiento a Dios y declaramos nuestra fe en que nadie a excepción de Dios merece ser adorado, expresada en *at-tawhid al-'ubudiya*. El hecho de que *na'budu* es la primera persona del plural del verbo en un tiempo imperfecto quiere decir que el deber de adorar no se restringe a una sola ocasión o se cumple una sola vez, sino que se debe a su carácter sempiterno así como corresponde tanto colectiva como individualmente. En realidad, la adoración en congregación es preferible. El aspecto colectivo se refiere (i) al individuo y todos los sistemas funcionales del organismo y células de su cuerpo, (ii) los grupos de creyentes que se han reunido en cualquier lugar o momento con la intención de adorar a Dios y (iii) la comunidad al completo de creyentes en todo el mundo que dirige su rostro hacia la Ka'ba en adoración.

13. Ya que la relación entre el siervo que adora y Dios como el Adorado no es mantenida en otras religiones mediante una estricta claridad acorde a la misma —especialmente debido a la influencia de las modernas tendencias humanistas e individualistas—, esto puede dar lugar a ciertos errores que vamos a intentar aclarar:

Servidumbre en el Islam significa estar libre de todos los otros tipos de servidumbre y esclavitud. La respuesta de Rabi' ibn 'Amir, el heraldo del comandante del ejército musulmán, antes de la Batalla de Qadisiya, al ser preguntado por el caudillo militar del ejército persa sobre el significado del mensaje que los musulmanes querían proclamar, expresa convenientemente lo que la servidumbre significa en el Islam: «Invitamos a la gente a que abandonen la servidumbre hacia las falsas deidades e ingresen en la servidumbre de Dios Único, que salgan de la sofocante prisión de este mundo y entren en la jubilosa amplitud de los Cielos, que dejen la oscuridad de las falsas religiones y abracen la luz de Islam» (Ahmed Cevdet Paşa, 1:391).

La servidumbre en el Islam es el único medio para alcanzar la verdadera dignidad y libertad humanas. Nadie es mejor que otro siendo un siervo y, por consiguiente, nadie merece ser adorado. Todos los seres creados, ya sean un Profeta o un ser humano corriente y sencillo, dejan de ser igualmente objetos de adoración. La Oración Prescrita (*Salah*) y la Peregrinación (*Hayy*) son actos públicos que demuestran eso del modo más claro.

> Aquel que exige la libertad humana en la rebelión contra Dios puede ser un tirano similar al Faraón, pero se humillará a sí mismo al servir su interés, hasta el punto de inclinarse en adoración ante la cosa más vil. Puede ser altanero y arrogante, pero tan miserable que aceptaría degradarse en pos de un placer momentáneo; inflexible en la autoestima, pero tan innoble que besaría los pies de personas diabólicas por una nimia ventaja. Puede ser presumido y dominante, pero ya que no puede encontrar ningún punto de apoyo en su corazón contra la muerte, los infortunios y los innumerables enemigos, sabe en su fuero interno que es un tirano impotente y presuntuoso. Puede que sea un egocéntrico egoísta que se esfuerza en satisfacer sus propios deseos carnales, sus intereses personales o los intereses de su grupo étnico o cultural, pero precipitadamente se convierte en el esclavo de dichos deseos e intereses.
>
> En cuanto al sincero siervo de Dios, se trata de un siervo adorador que no se degrada inclinándose en adoración ni ante la más grande de las criaturas. Es una persona digna y no considera como objetivo rendir culto a una cosa incluso tan beneficiosa como el propio Paraíso. Asimismo, aunque modesto, apacible y de carácter dulce, no se rebaja ante nadie más que su Creador. Es, de hecho, débil, está necesitado y es consciente de su debilidad e indigencia. Sin embargo es independiente de los demás, debido a la riqueza espiritual que su Munificente Dueño le ha proporcionado, y es poderoso por confiar en el poder infinito de su Amo. Actúa y se esfuerza puramente por la causa de Dios, para la complacencia de Dios y para ser dotado de virtudes [*The Words* («Las Palabras»), «The 12th Word» («La 12ª Palabra»), pág. 147].

14. *Ihdi-na* traducido como «guíanos», procede del verbo *HaDa*, que significa tomar de la mano y dirigir, así como guiar adecuadamente y con delicadeza. El sustantivo *hidaya* derivado de esta raíz verbal normalmente significa guía verdadera o correcta, y es lo contrario de la desviación o hallarse por mal camino.

El verbo *HaDa* se emplea tanto en su forma transitiva como en la intransitiva. Dios nos guía directamente o a través de un medio. En la mayoría de los casos, Él despierta la fe en los corazones de las personas como resultado del uso de sus voluntades y de sus esfuerzos para encontrar la orientación y la guía. Sin embargo, aunque Dios quiere que Sus siervos anhelen el consejo y se esfuercen en pos del mismo, su deseo y esfuerzo no son la causa de ser guiados. Esta aparente paradoja se halla convenientemente expresada en el dicho anónimo: «Aunque a Él no se le encuentra buscando, tan sólo aquéllos que Le buscan Le encuentran». El primer medio de guía son los Profetas y los Libros Divinos. En ausencia de un Profeta, aquellos que sin desviarse un ápice siguen los pasos de los Profetas, cumplen la misma función. Su carácter queda patente en el siguiente versículo séptimo.

15. La palabra árabe traducida como «Camino» es *sirat*. Es un camino que tiene altibajos, unas veces ancho y otras estrecho, y asimismo difícil de recorrer. Se describe en una Tradición Profética como un camino o puente con altibajos, con paredes a sus lados, y puertas y ventanas que se abren hacia el exterior. Las paredes son las reglas de la Shari'a islámica, que lo protege de los ataques externos y evita que los que lo siguen se salgan del camino. Las puertas y las ventanas son las aberturas a las cosas prohibidas. Aquellos

que siguen el Camino no deben seguir estas aberturas para que así no se equivoquen (Ibn Hanbal, 4:182-183).

Sirat es empleado en el Corán en singular, pues carece de forma plural. Esto indica que es el único y exclusivo camino que lleva a Dios, aunque haya muchas vías (*sabil*) que lleven al Camino. Está calificado con el adjetivo *recto*, lo cual significa que el Camino Recto es la vía del Corán sin sinuosidad alguna (18:1). Es el camino intermedio que no tiene nada que hacer los extremos en sus diferentes modalidades. Se halla igualmente alejado del comunismo y del capitalismo en materia económica, del absolutismo y el anarquismo en política, del realismo y el idealismo en filosofía, del materialismo y el espiritualismo con respecto a la creencia y de ser exclusivamente mundano o meramente espiritual en su visión del mundo. Es el camino intermedio tomando en consideración la psicología humana y las realidades de la vida y la creación. En la educación de las personas, disciplina y ennoblece el intelecto, salvándolo de los extremos de la demagogia, la astucia y la estupidez, y llevándolo al conocimiento acertado y a la sabiduría. La disciplina y el ennoblecimiento de la facultad de la ira y el impulso de defensa evitan a dicha facultad obrar mal, la salvan de la opresión y la cobardía, y la llevan hacia la justicia y el valor. El poder o impulso de la lujuria, a través de la disciplina, se salva de sucumbir en el libertinaje y el hedonismo, y se convierte en castidad.

16. Aunque uno pueda, estudiando la creación y reflexionando sobre ella, llegar a entender que ha de haber Alguien que lo ha creado todo, nadie puede descubrir qué es el Camino Recto tan sólo a través de la razón.

Los seres humanos ocupan un lugar distinguido entre los seres creados. Por lo general desean lo más bello y son atraídos por la belleza. Satisfacer sus necesidades diarias requiere múltiples habilidades y artes. Como seres sociales, están obligados a compartir e intercambiar los frutos de su trabajo con los demás. Sin embargo, sus impulsos y energías innatas, tales como el intelecto, la ira, la pasión y la lujuria, no tienen restricciones y por lo tanto necesitan una cierta disciplina. De lo cual se deduce que los seres humanos han de ser guiados hacia un camino recto y universal, lejos de todo extremo, una senda que contenga las prescripciones correctas que garanticen su felicidad en ambos mundos. Aunque el mundo entero se reúna para establecer dichas reglas, no podrían hacerlo, ya que se requiere conocer a todos los seres humanos con el carácter, las ambiciones y los miedos propios de cada uno, así como las condiciones de ambos mundos. Esto es tan sólo posible para un intelecto universal, el cual se ha manifestado como la Religión Divina a lo largo de toda la historia.

El favor o la bendición más grande de Dios para con la humanidad es la Religión. La gente logra la felicidad en ambos mundos gracias a ella y cumple el propósito de su creación. Para poder encontrar y seguir la Religión verdadera, Dios nos señala hacia algunas personas que Él ha elegido de entre la gente. Los describe como aquellos a los que ha favorecido. Presenta el Camino Recto como su camino y hace pública su identidad en otro versículo (4:69): *Todo aquél que obedezca a Dios y al Mensajero (como deben ser obedecidos), ésos se hallan (y en el Más Allá se hallarán, en el Paraíso) junto a los que Dios ha favorecido (con una guía perfecta): los Profetas, los veraces (leales a la causa de Dios y veraces en todo lo que dicen y hacen), los testigos (aquellos que ven las Verdades Divinas Ocultas y dan fe a ello con sus vidas), los rectos (en todos sus actos y palabras, y se dedican a corregir lo incorrecto). ¡Cuán excelentes compañeros son!* Quien sinceramente busca a esa gente la encuentra, porque brillan en el «cielo» espiritual e intelectual de la humanidad.

17. El Corán nos prohíbe seguir los caminos de dos grupos: los que han incurrido en la ira de Dios (Su castigo y condena) y los que están extraviados.

La ira de Dios no significa que Dios se enfada de modo análogo a como nosotros lo hacemos. Su ira significa castigo y condena. Leemos en el Corán que aquellos que matan a un creyente intencionadamente (4:93), aquellos que albergan malvados pensamientos sobre Dios (48:6), aquellos que huyen del campo de batalla (8:16), aquellos que han negado la fe después de que una vez hayan creído (16:106), y aquellos que discuten respecto a Dios después de haberle reconocido (42:16) han incurrido en el castigo y la condena de Dios. Además, aquellos que no han creído en Dios y han matado a Sus Profetas (2:61); aquellos que rechazaron creer en el profeta Muhammad, la paz y las bendiciones sean con él, por envidia y tendencias racistas, aun cuando sabían y reconocieron que era un Profeta (2:90); aquellos que tomaron al becerro como objeto de adoración después de que creyeran en Dios (7:152, 20:86); y aquellos que han exhibido una falta de respeto ante el Sabbat, también han incurrido en la ira de Dios (Su castigo y condena).

18. El nombre verbal que significa «extraviado» (*dalal*) puede referirse a una amplia gama de modos de extravíos del camino: desde el desliz más leve de un creyente hasta la total desviación del camino recto. Como palabra, denota el hecho de regresar a la incredulidad tras haber creído e invertir la incredulidad por la creencia (2:108), asociar copartícipes a Dios —tanto a Su Esencia o a Sus Atributos como a Sus Actos (4:116)—, y rechazar la fe en todos o en algunos de los pilares de la fe, a saber la creencia en la Existencia y la Unidad de Dios (incluyendo el Destino), en los ángeles, en todas las Escrituras Divinas, en los Profetas, sin hacer distinción alguna entre ellos respecto a la creencia en ellos, así como en la Resurrección y en la vida después de la muerte.

SURA 2

AL-BAQARA (LA VACA)

Período de Medina

Este *sura* que consta de 286 versículos es el más extenso del Corán, y se puede considerar como un resumen detallado del mismo. El *sura* comenzó a ser revelado inmediatamente después de la Emigración («Hégira») a Medina y continuó siendo revelado durante casi diez años hasta que todos sus elementos fueron completados. Tal y como se ha señalado en el prefacio, siempre que un versículo o grupo de versículos era revelado, el Mensajero de Dios, la paz y las bendiciones sean con él, hacía que fuesen puestos por escrito y los insertaba en el lugar del *sura* que les correspondía y donde tenían que hallarse, por la orden de Dios.

En el Nombre de Dios, el Misericordioso, el Compasivo.

1. *Alif. Lam. Mim*[1].

2. Éste es el (honrado e incomparable) Libro: no hay duda alguna (sobre su Autoría Divina y de que se trata de una colección de verdades puras de principio a fin). Una guía perfecta para aquellos piadosos devotos, que cumplen su deber con Dios[2].

3. Los que creen en Lo Oculto[3], establecen la Oración conforme a sus condiciones y, a partir de lo que les hemos proveído (de riqueza, conocimiento, poder, etc.) dan (a fin de proporcionar sustento al necesitado, y por la causa de Dios, meramente por la complacencia de Dios y sin poner a los demás en un compromiso).

4. Y aquellos que creen en lo que ha descendido sobre ti y en lo que descendió antes de ti (como la Tora, el Evangelio, los Salmos y los Manuscritos de Abraham); y en el Más Allá tienen certeza de fe[4/5].

5. Aquellos (ilustres) se hallan en la verdadera guía (que tiene su origen en el Corán) de su Señor; y son aquellos dotados de prosperidad[6].

---

1. Si se cuenta *lam-alif* (una letra compuesta), el alfabeto coránico tiene 29 letras, si no, sólo 28. El Corán emplea la mitad de dichas letras en el principio de 29 *suras*; ya sea de modo individual como *qaf* (en el *Sura Qaf*) y como *sad* (en el *Sura Sad)* o como combinaciones de dos, tres, cuatro o cinco letras. Estas letras son denominadas *huruf al-muqatta'at*, letras desglosadas, aisladas o abreviadas. Con profusión se ha tratado y se ha escrito en relación a su significado, como ofrecen las siguientes explicaciones:

- El que sean deletreadas estas letras puede apuntar al factor que indica que la gente acababa de empezar a aprender a leer y escribir. Así pues, su presencia al principio de algunos *suras* denota que el Corán fue enviado a gente iletrada.

- Indican que el Corán es un Libro compuesto por palabras y letras imposible de haber sido elaborado por una persona iletrada como el profeta Muhammad, la paz y las bendiciones sean con él. Del mismo modo que el Corán es un Libro, el universo es a su vez un libro. Por eso los sabios musulmanes llaman al primero «el universo Revelado y Escrito» y al segundo «el Libro Creado». Una letra carece de significado por sí misma, más bien cumple su función en una palabra y señala a su escritor de múltiples maneras. Cada criatura en el universo cumple su función de manera similar señalando asimismo a su Creador.
- Los caracteres del alfabeto árabe son variantes rectas y curvadas de la primera letra *alif*, la cual es descrita *per se* como la forma extendida de la *nuktah* o «punto». Esto es un símbolo de la realidad que muestra que, al igual que las letras, palabras y frases del Corán, todas las criaturas del universo surgen de una sola fuente y están interrelacionadas. De esto podemos entender que, con el fin de poder producir un solo átomo en el universo o una palabra del Corán en su debido lugar adecuado, se debe tener conocimiento y poder para producir todo el universo y todo el Corán.
- Estas letras son como unas cifras ubicadas entre el Revelador, Dios, y el Mensajero, cuyo significado exacto y completo tan sólo es conocido por el Mensajero. Sin embargo, esto no significa que nadie más pueda llegar a comprender algunos de sus significados. Los estudiosos versados en la ciencia de los misterios de las letras y exigentes eruditos han extraído muchas y misteriosas conclusiones de ellas y han descubierto en las mismas verdades tales, que en su opinión, dichas letras constituyen un brillante milagro. Por ejemplo, Imam Rabbani Ahmad Faruq al-Sirhindi (1564¿?-1624) descubrió en dichas letras signos de muchos acontecimientos futuros.

2. La palabra traducida como «aquellos piadosos devotos, que cumplen su deber con Dios» es *muttaqi*. Procede de *taqwa* y ésta a su vez de *wiqaya*, que significa protección, defensa propia y evitar (el peligro). *Taqwa* es uno de los conceptos más importantes empleados para caracterizar a un creyente musulmán. Significa abstenerse de los pecados en suma reverencia hacia Dios y recibir Su protección frente a las desviaciones además de Su castigo. Dios posee dos conjuntos de leyes: uno de los conjuntos son las leyes «religiosas» (que incluyen los pilares de la fe y principios de la adoración y moralidad) que gobiernan la vida humana individual y social; el otro conjunto son las leyes Divinas de la creación y del funcionamiento del universo estudiado por las ciencias naturales (que equivocadamente llamamos «leyes de la naturaleza»). La protección de Dios depende de que se actúe de acuerdo con ambas leyes. La recompensa de actuar o no de acuerdo con el primer conjunto se da en el Más Allá, mientras que la recompensa por actuar de acuerdo con el segundo se otorga en esta vida. *Taqwa*, que traducimos como «piedad, rectitud y devoción a Dios» en este comentario, es el único criterio de distinción humana o nobleza ante Dios: *No cabe duda de que el más noble, el más distinguido de vosotros ante los ojos de Dios es aquél que es superior en la piedad, la rectitud, y la reverencia hacia Dios* (49:13).

3. La palabra traducida como «Lo Oculto» es *ghayb*. Su antónimo, *shahada*, significa lo que es observable o sentido. Así pues, *ghayb* significa lo que no se siente directamente o está más allá de los sentidos físicos. Posee dos categorías: una absoluta y otra limitada o relativa. El *ghayb* absoluto, desde la perspectiva de este mundo, indica a Dios, el Ser Divino con Sus Atributos y Nombres, y los mundos del Más Allá. El mundo de los ángeles, genios («yinn»), espíritus y otros seres inmateriales también se pueden incluir en el *ghayb* absoluto para la gente común —«común» desde la perspectiva del desarrollo espiritual—.

El conocimiento exacto del *ghayb* absoluto pertenece exclusivamente a Dios. Sin embargo, Él puede dar a conocer algo del mismo a quien Él desee de entre Sus siervos, sobre todo a Sus Mensajeros, de la manera que Él quiera. En cuanto al *ghayb* limitado o relativo, indica todo lo que no podemos «sentir» en las condiciones actuales en las que nos encontramos, de lo cual el caso más obvio son los acontecimientos del pasado y el futuro. Por ejemplo, el Corán utiliza el término «las nuevas del *ghayb*» cuando narra las historias de la gente de antaño. Esta clase de *ghayb* puede ser conocido a través del estudio y de la investigación y, en cuanto al futuro, con el paso del tiempo.

Es de gran relevancia el hecho de que el Corán elogie en primer lugar a los creyentes, por su creencia en el *ghayb*. Esto significa que la existencia no está limitada a lo que se siente y se observa. Este reino corpóreo es la manifestación de Lo Oculto y de lo inobservable según las medidas particulares que le conciernen. Por lo tanto, la verdad o la plena realidad de cada fenómeno de este mundo radica en el mundo del *ghayb*. Mencionando la fe de los creyentes en el *ghayb* al principio, el Corán nos enseña cómo debemos apreciar y contemplar las cosas y los acontecimientos, proporcionándonos el criterio y el punto de vista verdaderos. Este mundo es como un libro cuyo significado radica en el *ghayb* y que nos da a conocer a su Autor. Los creyentes son los que estudian este libro y descubren a su Autor. Ven cada cosa y acontecimiento en este mundo desde esa perspectiva y basan todos sus estudios en dicho fundamento. Éste es el punto en el que la epistemología islámica se separa de la epistemología moderna.

4. La palabra traducida como «certeza de fe» es *yaqin*, significa no albergar duda alguna sobre la verdad de una cuestión y llegar a un conocimiento exacto y libre de dudas. Este conocimiento puede provenir tanto de la Revelación como del estudio y la verificación. *Yaqin* posee tres grados: primero, el que proviene del conocimiento (*'ilm al-yaqin*); segundo, el que depende de la visión y la observación (*'ayn al-yaqin*); y tercero, el que proviene de la experiencia directa (*haqq al-yaqin*). Por ejemplo, la columna de humo que se alza es signo de que hay fuego y nos da una cierta certeza sobre la existencia de un fuego allá donde se alza el humo. Esta certeza es aquella que se basa en el conocimiento. Cuando vamos allá donde se eleva el humo y vemos el fuego con nuestros propios ojos, la certeza de la existencia del fuego es aquella procedente de la observación directa. Si ponemos nuestra mano sobre el fuego y sentimos su cualidad abrasadora, entonces obtenemos certeza con experiencia en relación a la existencia y la cualidad del fuego.

Podemos adquirir certeza o fe certera sobre el Más Allá a través de la Revelación o el descubrimiento, o por medio de la visión del «corazón» (el intelecto espiritual), de la deducción o el razonamiento intelectual o mediante cierta clase de contacto con los espíritus de los muertos (a condición de que este último se realice de modo auténtico); a través de sueños verdaderos o estudios científicos. En todos estos casos, consistirá en una certeza basada en el conocimiento, es decir, la certeza de primer grado.

5. Describiendo las cualidades de los creyentes en unas pocas y sucintas frases, el Corán resume los puntos principales del Islam. El Islam se basa en la creencia en lo metafísico, incluyendo, ante todo, la realidad de Dios con todos Sus Nombres y Atributos, que es fuente de todas las verdades. La creencia en uno de los pilares de la fe islámica requiere la creencia en los otros, ya que uno no puede ser concebido sin los demás. Por ejemplo, la creencia en Dios exige la creencia en el Mensajero, ya que, antes que nada, solamente a través del Mensajero podemos tener conocimiento preciso acerca de Dios y recibir

las respuestas a las preguntas esenciales que todos nos preguntamos como seres humanos: «¿Quién soy?» «¿Qué es este mundo y todo lo que encierra?» «¿Cuál es la esencia, naturaleza y el significado de la vida?» «¿Quién me envió a este mundo y por qué?» «¿Qué exige la vida y la muerte de mí?» «¿Cuál es mi destino final?» «¿Quién es mi guía en este viaje por la vida?». La creencia en el Mensajero exige la creencia en la Revelación, los Libros Divinos y los Ángeles. Finalmente, la vida después de la muerte es tanto una consecuencia inevitable y eterna de esta vida como una necesidad, debido a la Eternidad de Dios y de todos Sus Nombres y Atributos.

En segundo lugar, de acuerdo con lo indicado en una Tradición Profética, la Oración Prescrita constituye el pilar central de la vida musulmana (ad-Daylami, 2:204). Sin ella no se puede erigir el edificio del Islam. Amparar a los necesitados es el puente entre la gente, un puente que cierra la brecha existente entre las clases sociales. La creencia en todos los Profetas y los Libros Divinos hace que todos los creyentes, desde los tiempos del profeta Adán, pasen a ser hermanos y hermanas. El Islam es la consumación de todas las religiones Divinas y el profeta Muhammad, la paz y las bendiciones sean con él, fue el heredero de todos sus predecesores. La fe en la vida después de la muerte prolonga la vida hacia la eternidad, alcanza y abarca a todos los creyentes de entre los humanos, los genios y los ángeles en un solo y eterno abrazo.

6. La prosperidad (*falah*) posee muchos grados y tipos según las necesidades y las aspiraciones de la gente y las categorías de su iluminación espiritual. Por ejemplo, unos desean ser salvados del castigo eterno, mientras que otros anhelan el Paraíso. Incluso hay quienes tienen como objetivo los rangos más altos del Paraíso y otros que aspiran a la complacencia de Dios. Al acabar la lista de las virtudes de los creyentes con prosperidad pero sin especificarla, el Corán da cabida al hecho de que existan varios grados de fe, sinceridad, pureza de intención y buenos actos así como correspondientes grados en la prosperidad final alcanzada.

2 سُورَةُ الْبَقَرَةِ ٢

إِنَّ الَّذِينَ كَفَرُوا سَوَاءٌ عَلَيْهِمْ ءَأَنْذَرْتَهُمْ أَمْ لَمْ تُنْذِرْهُمْ
لَا يُؤْمِنُونَ ﴿٦﴾ خَتَمَ اللهُ عَلَى قُلُوبِهِمْ وَعَلَى سَمْعِهِمْ وَعَلَى
أَبْصَارِهِمْ غِشَاوَةٌ وَلَهُمْ عَذَابٌ عَظِيمٌ ﴿٧﴾ وَمِنَ النَّاسِ
مَنْ يَقُولُ آمَنَّا بِاللهِ وَبِالْيَوْمِ الْآخِرِ وَمَا هُمْ بِمُؤْمِنِينَ ﴿٨﴾
يُخَادِعُونَ اللهَ وَالَّذِينَ آمَنُوا وَمَا يَخْدَعُونَ إِلَّا أَنْفُسَهُمْ
وَمَا يَشْعُرُونَ ﴿٩﴾ فِي قُلُوبِهِمْ مَرَضٌ فَزَادَهُمُ اللهُ مَرَضًا
وَلَهُمْ عَذَابٌ أَلِيمٌ بِمَا كَانُوا يَكْذِبُونَ ﴿١٠﴾ وَإِذَا قِيلَ لَهُمْ
لَا تُفْسِدُوا فِي الْأَرْضِ قَالُوا إِنَّمَا نَحْنُ مُصْلِحُونَ ﴿١١﴾
أَلَا إِنَّهُمْ هُمُ الْمُفْسِدُونَ وَلَكِنْ لَا يَشْعُرُونَ ﴿١٢﴾ وَإِذَا قِيلَ
لَهُمْ آمِنُوا كَمَا آمَنَ النَّاسُ قَالُوا أَنُؤْمِنُ كَمَا آمَنَ السُّفَهَاءُ
أَلَا إِنَّهُمْ هُمُ السُّفَهَاءُ وَلَكِنْ لَا يَعْلَمُونَ ﴿١٣﴾ وَإِذَا لَقُوا
الَّذِينَ آمَنُوا قَالُوا آمَنَّا وَإِذَا خَلَوْا إِلَى شَيَاطِينِهِمْ قَالُوا إِنَّا
مَعَكُمْ إِنَّمَا نَحْنُ مُسْتَهْزِئُونَ ﴿١٤﴾ اللهُ يَسْتَهْزِئُ بِهِمْ وَيَمُدُّهُمْ
فِي طُغْيَانِهِمْ يَعْمَهُونَ ﴿١٥﴾ أُولَئِكَ الَّذِينَ اشْتَرَوُا الضَّلَالَةَ
بِالْهُدَى فَمَا رَبِحَتْ تِجَارَتُهُمْ وَمَا كَانُوا مُهْتَدِينَ ﴿١٦﴾

مَثَلُهُمْ

6. (A pesar de la entrega y la energía que muestras esforzándote por ayudar a la gente a creer,) aquellos incrédulos que persisten tercamente en la incredulidad: da igual que les adviertas o que no les adviertas (del final que les espera); (aunque tu misión es advertirles y tú lo haces sin indolencia alguna,) no creerán.

7. Dios ha sellado sus corazones y sus oídos y sobre sus ojos hay un velo[7]. Tendrán un castigo tremendo (en el Más Allá)[8].

8. [9]Entre la gente hay quien dice: «Creemos en Dios y en el Día del Juicio Final», aunque no son creyentes.

9. Pretenden engañar a Dios y a los que creen, pero sólo se engañan a sí mismos (de quienes están enamorados), pero no se dan cuenta.

10. En el mismísimo centro de sus corazones hay una enfermedad (que seca la fuente de su vida espiritual, extingue su poder de comprensión y pervierte su carácter) y (debido a su corrupción moral y a los engaños que despliegan por envidia y malicia) Dios ha acrecentado su enfermedad[10]. Para ellos habrá un castigo doloroso porque mienten por costumbre.

11. (Debido al desorden que intentan provocar con sus mentiras), siempre que se les dice (como parte del deber impuesto sobre los creyentes de promover el bien y prohibir el mal): «No causéis desorden y corrupción en la Tierra», dicen: «¡Como! Ciertamente somos nosotros los que mejoramos las cosas».

12. Ten cuidado, ellos mismos son los que causan el desorden y la corrupción pero no se dan cuenta (de lo que hacen e ignoran qué es mejorar las cosas y qué es causar desorden).

13. Una vez más, siempre que se les dice (como un deber para llamar a la fe): «Creed como la gente cree», (para mostrar el orgullo que tienen de sí mismos y el desprecio que tienen de la gente) dicen: «¿Es que vamos a creer como los necios[11] creen?». Ten cuidado, ellos mismos son los necios, pero no lo saben (pues no tienen ningún conocimiento verdadero para poder distinguir entre la verdad y la falsedad, la fe sincera y la hipocresía, lo correcto y lo incorrecto)[12].

14. Cuando se encuentran con los que creen, declaran (hipócritamente): «Creemos»; pero cuando están a solas en secreto con sus (aparentemente humanos) demonios (a quien acuden apresurados estando necesitados de renovar su incredulidad y su compromiso para con ellos por temor a perder su apoyo), dicen: «Ciertamente, estamos con vosotros; tan sólo nos estamos burlando (de esos otros)».

15. (Puesto que lo que hacen no es más que querer estar descarriados y hacer el ridículo), Dios les devuelve su burla, dejándoles vagar ciegos en su rebelión.

16. Aquellos son los que han comprado el extravío a cambio de la guía, pero su comercio no ha tenido ningún beneficio y no tienen escapatoria.

---

7. Las tres razones más importantes para que se de la incredulidad son la soberbia, la maldad o la injusticia, así como el prejuicio que causa desviación en el pensamiento y la acción. Bajo la influencia de éstas, el corazón, el cual ha sido creado para servir como un espejo a Dios, es oscuro y corrupto. Del mismo modo que las instituciones o edificios que han obrado de modo contrario a la ley o al propósito legal de su construcción son sellados, Dios sella el corazón que ha perdido su capacidad interna de creer.

Si el corazón está protegido contra los pecados, las malas acciones, los prejuicios, la soberbia y la crueldad que produce injusticia, los sentidos del oído y de la vista a través de los cuales el corazón establece su relación con el mundo exterior desempeñan su labor correctamente. Además, tal corazón tiene un «punto de afirmación». Es decir, que los versículos de la Revelación que acontecen en éste a través de los oídos y de las evidencias que los ojos obtienen del universo hacen que la luz de la fe se encienda en él. Pero si un corazón pierde su identidad esencial con motivo de las razones anteriormente mencionadas, es inútil buscar un punto de afirmación en él. Consecuentemente, los oídos pasan a estar afectados de privación del sonido ante la Revelación y, desde el momento en que el corazón ya no posee un punto de afirmación, las observaciones o el estudio que los ojos efectúan del universo no hacen más que aumentar en él la incredulidad. Quizás sea ésta la razón por la cual en muchos círculos científicos, donde la ciencia se ejerce según el moderno modelo occidental, algunos todavía insisten en el ateismo.

8. La incredulidad es un crimen inconmensurable e imperdonable porque es:

- Una ingratitud imperdonable ante los infinitos favores Divinos;
- Una falta de respeto ilimitada hacia Dios y Sus Atributos;
- Un rechazo y un desprecio de los innumerables signos de Dios en el universo;
- Una acusación de falsedad y engaño contra los innumerables seres que han creído en Dios, entre los cuales se hallan los ángeles, los genios creyentes y los seres humanos, así como más de cien mil Profetas y millones de santos y eruditos que nunca han mentido;
- Una destrucción eterna de la conciencia humana, la cual es creada para y por la eternidad y que aspira a la misma.
- Del mismo modo que la fe da lugar a la dicha y a la felicidad eterna, asimismo la incredulidad, en el sentido de rechazar cualquiera de los pilares de la fe, puede dar lugar a un eterno y doloroso castigo.

9. Después de describir a los creyentes y a los incrédulos en unas pocas declaraciones de conjunto, el Corán comienza a describir a los hipócritas en trece versículos. Esto acontece así porque:

- El hipócrita es un enemigo secreto y un embaucador. Un enemigo no declarado es el más peligroso, y si es calumniador, y deshonesto, todavía más maligno y sedicioso; y si se encuentra dentro de la comunidad, es incluso más dañino. Los crímenes relacionados con la hipocresía en el mundo musulmán han sido siempre mayores y más destructivos. Si prestamos atención brevemente a las características descritas en éstos versículos, esto será suficiente para recordar los comités del mal, los grupos clandestinos y los círculos secretos que han «prendido fuego» a este mundo durante siglos.

- Las cualidades malignas y comportamientos tales como el sarcasmo, la argucia, la mentira y la ostentación se dan con mayor profusión en los hipócritas que en los incrédulos. Ésta es otra razón por la cual el Corán ha descrito a los hipócritas con mayor detalle y ha advertido a los musulmanes de que no adquieran dichas cualidades a través de una imprudente y descuidada relación con aquellos.
- Por otra parte ya que los hipócritas viven entre los creyentes, es posible que dicha descripción larga y repetida de sus características puede hacer que los hipócritas perciban el mal de la hipocresía y que la *Kalimat at-Tawhid* (la declaración de la fe en la Unidad de Dios, es decir «No hay más deidad que Dios y Muhammad es Su Mensajero») que pronuncian con sus lenguas encuentre una vía hacia sus corazones.

10. Declaraciones coránicas tales como Dios ha «acrecentado su enfermedad», «sellar sus corazones y sus oídos» y «ha dejado vagar ciegos en su rebelión» no significan en modo alguno que los seres humanos no posean ninguna fuerza de voluntad y, por lo tanto, ninguna responsabilidad por sus actos de perdición. Más bien, dichas declaraciones clarifican la verdadera naturaleza de la predeterminación Divina o del Destino y el libre albedrío del ser humano.

Una persona se lleva su merecido en recompensa por sus inclinaciones, pensamientos y obras. Una persona *desea* y *actúa* y Dios *crea*. *Crear* actos humanos significa conferir existencia o realidad «externa» a la voluntad y a las acciones humanas. Las declaraciones coránicas anteriormente mencionadas significan que, en respuesta al uso de la gente de su fuerza de voluntad en una cierta dirección y actuando en dicha dirección, Dios ha conferido existencia «externa» o «visible y material» a sus intenciones, elecciones y actos.

Al haber confundido los actos humanos con la creación Divina y suponiendo que existen dos clases de destino —uno para la causa y otro para el efecto— la escuela *Yabriyya* (fatalistas) niega la existencia del libre albedrío del ser humano mientras que la escuela de los *mu'tazila* (racionalistas) confiere efectos creativos a la voluntad y a la actuación humanas, concluyendo que son los seres humanos quienes crean sus actos.

11. En otro pasaje (63:4), el Corán describe a los hipócritas con estas palabras: *Cuando les ves, su forma externa te agrada, y (su actitud y forma de hablar son atrayentes y efectivas, por lo que) prestas atención a sus palabras cuando hablan. (En realidad) son como bloques de madera apuntalados y (cubiertos por) capas a rayas*. A lo largo de la historia, engreídos por su riqueza, estatus social y físico, los líderes de los incrédulos y de los hipócritas han despreciado generalmente a los creyentes débiles y pobres tachándoles de *estúpidos*, de *ser la gente de más baja extracción entre ellos* y de *hallarse desprovistos de pensamiento*. Pero la verdad es manifiestamente todo lo contrario.

Este versículo también clarifica que, además de ser el refugio para los débiles y los pobres, el Islam defiende y apoya lo correcto y la verdad, y destruye la arrogancia y la soberbia. El Islam ha establecido a su vez el auténtico criterio en pos de la perfección, la nobleza y el honor, para que de este modo la Religión no pueda emplearse como un medio de opresión en manos de la gente y los gobernantes mundanos. Es la hipocresía y la incredulidad lo que da lugar a la arrogancia, el engreimiento, el egocentrismo, el odio y la enemistad.

12. El versículo indica que tan sólo a través del conocimiento y de un punto de vista válido se puede distinguir entre la verdad y la falsedad, entre el camino de la fe y el de la hipocresía. Amonestaciones del Corán tales como «¿Acaso no utilizan su intelecto?», «¿Acaso no razonan y entienden?», «¿Acaso no reflexionan?» y «¿Acaso no reflexionan y son considerados?» expresan que la llamada del Islam está basada en el conocimiento, el razonamiento acertado y la sabiduría, de modo que se espera de cualquier persona con un intelecto saludable y capaz de reflexionar que acepte el Islam. Por el contrario, la ignorancia, la falsedad, la ciega imitación y someterse a los prejuicios son características de una predisposición a la superstición, la incredulidad y la hipocresía.

مَثَلُهُمْ كَمَثَلِ الَّذِى اسْتَوْقَدَ نَارًا فَلَمَّا اَضَاءَتْ مَا حَوْلَهُ
ذَهَبَ اللّٰهُ بِنُورِهِمْ وَتَرَكَهُمْ فِى ظُلُمَاتٍ لَا يُبْصِرُونَ ﴿١٧﴾
صُمٌّ بُكْمٌ عُمْىٌ فَهُمْ لَا يَرْجِعُونَ ﴿١٨﴾ اَوْ كَصَيِّبٍ مِنَ السَّمَاءِ
فِيهِ ظُلُمَاتٌ وَرَعْدٌ وَبَرْقٌ يَجْعَلُونَ اَصَابِعَهُمْ فِى اٰذَانِهِمْ مِنَ
الصَّوَاعِقِ حَذَرَ الْمَوْتِ وَاللّٰهُ مُحِيطٌ بِالْكَافِرِينَ ﴿١٩﴾ يَكَادُ
الْبَرْقُ يَخْطَفُ اَبْصَارَهُمْ كُلَّمَا اَضَاءَ لَهُمْ مَشَوْا فِيهِ وَاِذَا
اَظْلَمَ عَلَيْهِمْ قَامُوا وَلَوْ شَاءَ اللّٰهُ لَذَهَبَ بِسَمْعِهِمْ وَاَبْصَارِهِمْ
اِنَّ اللّٰهَ عَلٰى كُلِّ شَيْءٍ قَدِيرٌ ﴿٢٠﴾ يَا اَيُّهَا النَّاسُ اعْبُدُوا رَبَّكُمُ
الَّذِى خَلَقَكُمْ وَالَّذِينَ مِنْ قَبْلِكُمْ لَعَلَّكُمْ تَتَّقُونَ ﴿٢١﴾ اَلَّذِى
جَعَلَ لَكُمُ الْاَرْضَ فِرَاشًا وَالسَّمَاءَ بِنَاءً وَاَنْزَلَ مِنَ السَّمَاءِ
مَاءً فَاَخْرَجَ بِهِ مِنَ الثَّمَرَاتِ رِزْقًا لَكُمْ فَلَا تَجْعَلُوا لِلّٰهِ اَنْدَادًا
وَاَنْتُمْ تَعْلَمُونَ ﴿٢٢﴾ وَاِنْ كُنْتُمْ فِى رَيْبٍ مِمَّا نَزَّلْنَا عَلٰى عَبْدِنَا
فَاْتُوا بِسُورَةٍ مِنْ مِثْلِهِ وَادْعُوا شُهَدَاءَكُمْ مِنْ دُونِ اللّٰهِ
اِنْ كُنْتُمْ صَادِقِينَ ﴿٢٣﴾ فَاِنْ لَمْ تَفْعَلُوا وَلَنْ تَفْعَلُوا فَاتَّقُوا
النَّارَ الَّتِى وَقُودُهَا النَّاسُ وَالْحِجَارَةُ اُعِدَّتْ لِلْكَافِرِينَ ﴿٢٤﴾

17. Son como aquel que (mientras viajaba acompañado en el desierto, hizo un alto para pernoctar y) encendió un fuego (para obtener luz, y calor y protección). Sin embargo, en cuanto el fuego hubo alumbrado todo su alrededor (y la compañía se hizo confortable, pero sin el debido agradecimiento por el fuego, fracasaron en proteger el fuego del viento, y éste se extinguió. Así que,) Dios se llevó su luz y les dejó en la oscuridad sin que pudieran ver.

18. Están totalmente sordos, mudos y ciegos; ya no podrán recuperarse[13].

19. O como (aquellos a los que les ha sorprendido) una tormenta del Cielo, acompañada por velos de oscuridad, truenos y destellos de los relámpagos. (Aterrorizados por el trueno y como si evitasen de ese modo el que les pudiese caer un rayo), se meten los dedos dentro de los oídos por temor a la muerte. Así es cómo Dios rodea a los incrédulos por todas partes.

20. El relámpago casi les arrebata su vista. Siempre que les da luz, dan algunos pasos en ella; y cuando la oscuridad les cubre, se detienen. Si Dios así lo quisiera[14], les habría arrebatado su oído y su vista. Ciertamente, Dios posee pleno poder sobre todas las cosas.

21. Ahora, ¡Oh seres humanos! Adorad a vuestro Señor que os ha creado así como a los que os precedieron (y que os ha educado en vuestra naturaleza e identidad humanas), tal vez así adquiráis reverente piedad hacia Él y Su protección (contra cualquier tipo de perdición y su consiguiente castigo en este mundo y en el Más Allá);

22. Y Quien ha hecho de la Tierra un lecho (cómodo como un sofá) para vosotros y del Cielo un manto. Él hace caer agua del Cielo, con la que hace brotar frutos como provisión para vosotros[15]. Así que no atribuyáis rivales a Dios (como deidades, amos y objetos de adoración)[16] una vez que sabéis (que no pueden haber en absoluto, amos, creadores y proveedores que puedan ser adorados a excepción de Dios)[17].

23. Si tenéis alguna duda sobre la Autoría Divina de lo que hemos hecho descender sobre Nuestro siervo (Muhammad y reivindicáis que se trata de la obra de un ser humano como Muhammad que no puede leer ni escribir) entonces elaborad tan sólo un *sura* igual y pedid ayuda a todos vuestros partidarios, (a los que pedís ayuda aparte de Dios), si sois veraces en vuestra duda y aseveración[18].

24. Si no podéis hacerlo —y ciertamente fracasaréis—, entonces guardaos contra el Fuego cuyo combustible son los seres humanos y las piedras (con las que habéis moldeado ídolos para adorar), preparado para los incrédulos.

13. Una interpretación más completa sería del modo siguiente:

> (Puesto que no se oye ninguna voz en la oscuridad de la noche y sus oídos ya han sido cerrados ante cualquier voz «buena y beneficiosa») están completamente sordos, (como no pueden oír, están) mudos (quienes no tienen posibilidad de hablar y de gritar pidiendo ayuda) y (ya que sus ojos están velados a la luz, están) ciegos; ya no podrán recuperarse (del estado en el que están).

Los versículos del decimoséptimo al vigésimo, ambos inclusive, ilustran la condición y la consecuencia de la hipocresía en el corazón a través de dos comparaciones o símiles. Ambos contienen transiciones maravillosamente eficaces y súbitas desde la verdad general a la representación concreta, y viceversa. Sin la consideración debida, la declaración en la que se describe aquí a los hipócritas como *sordos, mudos y ciegos* puede parecer en desacuerdo con la declaración siguiente (versículo 20) en la cual se dice que, si Dios lo hubiese querido, les habría arrebatado su oído y su vista. Los dos símiles describen a los hipócritas desde diferentes puntos de vista.

14. Se señala una verdad importante, a saber, que Dios no ha querido arrebatarles sus sentidos de la vista y el oído. La eterna Voluntad Divina es, en un sentido, idéntica al Conocimiento Divino. Es decir, con Su Conocimiento Eterno el Cual abarca el tiempo en su totalidad o en el que finaliza todo el tiempo, Dios sabía eternamente qué iba a hacer la gente y lo «escribió». La gente no hace algo porque Dios lo haya (pre-) determinado o (pre-)escrito, sino que Dios lo (pre-)escribió porque sabía eternamente lo que la gente iba a hacer. Por lo tanto, como es parte de lo que se han merecido los hipócritas el que sufran por la terrible condición en la que se encuentran, Dios no ha querido arrebatarles sus sentidos de la vista y el oído por justicia. Tampoco les arrebata sus sentidos de la vista y el oído para concederles un plazo, de modo que puedan considerar su lamentable condición y puedan abandonar sus comportamientos. Sin embargo, debería ser precisado particularmente que es únicamente Dios Quien determina qué consecuencia va a afrontar cada persona por cada uno de sus actos. Este «determinismo», prevaleciente en el mundo de los seres conscientes donde el conocimiento y la voluntad detentan un lugar decisivo, señala a un Conocimiento y a una Voluntad que todo lo abarca y, por lo tanto, a la Existencia y a la Unidad de Dios. De ahí la razón por la cual el Corán presenta la Voluntad Divina como un vínculo entre la causa y el efecto, y entre el libre albedrío humano y sus consecuencias.

15. La atmósfera envuelve la Tierra del mismo modo que la cáscara de una naranja rodea y protege el fruto de su interior. La capa de la atmósfera más cercana a la Tierra es la troposfera. Esta capa protege a la Tierra de los rayos perjudiciales provenientes de distintas partes del espacio exterior. Al permitir sólo el paso de los rayos beneficiosos para la vida, funciona como una especie de filtro o pantalla que proporciona sombra. Las nubes y la lluvia se forman en esta capa de la atmósfera.

16. Este versículo muestra que la incredulidad no está basada en el conocimiento verdadero. Sin embargo, también indica que el conocimiento no siempre evita la incredulidad. Tal y como ha sido señalado con anterioridad, las principales razones de la incredulidad son el orgullo, la soberbia, la maldad, los prejuicios y la desviación en el pensamiento y el acto. Aun cuando la incredulidad no siempre está basada en la ignorancia, causa la ignorancia. Puede que alguien cuyo

corazón carece de «un punto de afirmación» tenga conocimiento especializado de todas las ciencias naturales y sociales, pero por falta de esa apertura a la fe, dicho conocimiento sólo hace que aumente su ignorancia sobre las verdades Divinas. Según el Corán, sólo el conocimiento que lleva a «conocer» a Dios y a creer en Él es el verdadero conocimiento: *De todos Sus siervos, sólo aquellos que poseen verdadero conocimiento tienen temor reverencial a Dios* (35:28). Cualquier conocimiento corrompido por la altanería, la soberbia, la maldad, el prejuicio y la desviación en pensamiento y acto, merece la pena únicamente como un fragmento de información.

17. Estos dos versículos, además de expresar otras verdades, establecen la Unidad de Dios en Su Divinidad, Su Señorío y Su exclusividad como Objeto Único de Adoración, y describen lo que esto significa. Creer en la Unidad de Dios exige que sea afirmado como Único Creador, Sustentador, Proveedor, Aquel Quien Crea a cada criatura y la dota con los sistemas, órganos y facultades necesarias de acuerdo con sus funciones y responsabilidades en la vida, y Aquel Quien merece adoración exclusiva. Todos los fenómenos del universo —desde la creación de la humanidad hasta hacer de la Tierra un cómodo lecho, y desde la creación del Cielo que fue creado como un manto para nosotros, hasta el origen de la lluvia así como todas las especies vegetales que han sido brotadas para alimentarnos— son suficientes para establecer estos tres requisitos de creencia en la Unidad de Dios.

18. Después de mencionar algunos de los fenómenos que demuestran la Unidad de Dios, el Corán presenta otra prueba tan clara como la luz del día a fin de establecer tanto la Unidad de Dios como la Misión Profética de Muhammad, la paz y las bendiciones sean con él, y su autoría Divina. Esta prueba se presenta en forma de un desafío que la humanidad es absolutamente incapaz de producir, ni tan siquiera un solo *sura* como los del Corán.

Cuando el Corán fue revelado, el pueblo árabe de la época tenía en gran estima la elocuencia, la oratoria y la poesía. Para demostrar su autoría Divina y los principales propósitos que aspira a conseguir, el Corán desafió primero a los genios literarios de la época y luego a toda la humanidad, a todos los integrantes de la misma desde ese momento hasta el Día del Juicio Final:

> ¡Hombres y genios! Si tenéis dudas acerca de la autoría Divina del Corán y pretendéis que es fruto de la mente humana, ofreceros y permitid que un iletrado de entre vosotros, como aquél al que llamáis Muhammad, el Digno de Confianza, presente algo similar al Corán. En caso de que no pudiera llevar a cabo esto, permitid que el más famoso de vuestros escritores o eruditos lo haga. Si éstos tampoco pudieran hacerlo, permitid a todos trabajar juntos y utilizar todo el legado del pasado y pedir ayuda a sus deidades. Permitid a todos vuestros científicos, filósofos, sociólogos, teólogos y hombres de letras que intenten elaborar lo mejor que puedan algo semejante al Corán. Si ellos tampoco pudieran realizarlo, entonces permitidles —dejando a un lado los aspectos milagrosos del significado coránico que son inimitables— elaborar una obra que pueda igualar al Corán en la elocuencia del orden de sus palabras y composición.
>
> Considerando *Entonces traed diez suras inventados semejantes* (11:13), el Corán quiere decir: «No está estipulado que el significado de lo que inventéis debería ser verídico, podéis crear leyendas, mitos o narraciones. Si no podéis hacer eso, algo similar al Corán entero, entonces producid una obra que se asemeje a tan sólo diez de sus *suras*. Si tampoco podéis hacer eso, entonces elaborad una obra similar a uno solo de sus *suras*. Si eso es a su vez demasiado difícil, entonces engendrad una obra igual a uno de sus *suras* cortos.
>
> Si tampoco podéis hacer eso —y nunca seréis capaz de ello—, a pesar de que lo necesitáis con gran apremio debido al

gran riesgo que corre vuestro honor, religión, nacionalidad e incluso vidas, pereceréis en el mundo con humillación absoluta tal y como declara el versículo: *Entonces, guardaos contra el Fuego cuyo combustible son los seres humanos y las piedras (con las que habéis moldeado ídolos para adorar)* (2:24), iréis al Infierno. Puesto que habéis entendido ahora que sois absolutamente incapaces, tenéis que admitir que el Corán es la milagrosa Palabra de Dios [*The Words* («Las Palabras»), «The 25th Word» («25ª Palabra»), págs. 404-405].

Esta gente soberbia fue incapaz de debatir con palabras. Aunque para ellos la vía más fácil y más segura era obstruir y falsificar su mensaje, escogieron luchar contra él con la espada, la vía más peligrosa y difícil. Si esas inteligentes personas hubieran podido rivalizar con el Corán con palabras, no habrían elegido poner en peligro sus propiedades y vidas. Sin embargo, como al-Yahiz indicó, ya que no pudieron discutir con palabras, tuvieron que hacerlo con sus espadas, arriesgándose a perder sus vidas y propiedades.

Al igual que las partes de un organismo, todos los versículos del Corán, incluso sus propias palabras, están interrelacionados. Entre sus versículos, existe tanto la relación del todo y las partes, como la relación de lo universal y lo particular. Eso quiere decir que la mayoría de los versículos son una parte independiente del Corán —dondequiera que se ubique, se puede apreciar que encajan—. Y aún más, la mayoría de los versículos poseen una conexión esencial con el resto y representan a todo el Corán. El Corán alberga muchos otros aspectos milagrosos, los cuales hacen que sea imposible para la Humanidad producir algo similar a uno solo de sus versículos.

وَبَشِّرِ الَّذٖينَ اٰمَنُوا وَعَمِلُوا الصَّالِحَاتِ اَنَّ لَهُمْ
جَنَّاتٍ تَجْرٖى مِنْ تَحْتِهَا الْاَنْهَارُ كُلَّمَا رُزِقُوا مِنْهَا
مِنْ ثَمَرَةٍ رِزْقًا قَالُوا هٰذَا الَّذٖى رُزِقْنَا مِنْ قَبْلُ وَاُتُوا
بِهٖ مُتَشَابِهًا وَلَهُمْ فٖيهَا اَزْوَاجٌ مُطَهَّرَةٌ وَهُمْ فٖيهَا
خَالِدُونَ ﴿٢٥﴾ اِنَّ اللّٰهَ لَا يَسْتَحْيٖٓ اَنْ يَضْرِبَ مَثَلًا مَا
بَعُوضَةً فَمَا فَوْقَهَا فَاَمَّا الَّذٖينَ اٰمَنُوا فَيَعْلَمُونَ اَنَّهُ
الْحَقُّ مِنْ رَبِّهِمْ وَاَمَّا الَّذٖينَ كَفَرُوا فَيَقُولُونَ مَاذَٓا
اَرَادَ اللّٰهُ بِهٰذَا مَثَلًا يُضِلُّ بِهٖ كَثٖيرًا وَيَهْدٖى بِهٖ كَثٖيرًا
وَمَا يُضِلُّ بِهٖٓ اِلَّا الْفَاسِقٖينَ ﴿٢٦﴾ اَلَّذٖينَ يَنْقُضُونَ عَهْدَ
اللّٰهِ مِنْ بَعْدِ مٖيثَاقِهٖ وَيَقْطَعُونَ مَٓا اَمَرَ اللّٰهُ بِهٖٓ اَنْ يُوصَلَ
وَيُفْسِدُونَ فِى الْاَرْضِ اُولٰٓئِكَ هُمُ الْخَاسِرُونَ ﴿٢٧﴾ كَيْفَ
تَكْفُرُونَ بِاللّٰهِ وَكُنْتُمْ اَمْوَاتًا فَاَحْيَاكُمْ ثُمَّ يُمٖيتُكُمْ
ثُمَّ يُحْيٖيكُمْ ثُمَّ اِلَيْهِ تُرْجَعُونَ ﴿٢٨﴾ هُوَ الَّذٖى خَلَقَ
لَكُمْ مَا فِى الْاَرْضِ جَمٖيعًا ثُمَّ اسْتَوٰٓى اِلَى السَّمَٓاءِ
فَسَوّٰيهُنَّ سَبْعَ سَمٰوَاتٍ وَهُوَ بِكُلِّ شَىْءٍ عَلٖيمٌ ﴿٢٩﴾

وَاِذْ قَالَ

---

25. [19]Dales buenas nuevas a aquellos que creen y hacen actos buenos y rectos[20]: para ellos habrán Jardines a través de los cuales discurren ríos. Cada vez que se les provea con frutos (de diverso color, forma, gusto, fragancia y constantemente renovados) de allí, dirán, «Esto es lo que se nos proveyó antes». Ya que lo que les es dado es parecido (a lo que les fue dado tanto en este mundo, y hace poco antes de entrar en los Jardines, conocidos en su forma y color de modo que no se les antjen poco atractivos por desconocimiento de los mismos). Además, para ellos hay esposas eternamente puras (de toda clase de impurezas mundanas); y allí morarán[21].

26. Dios no desdeña presentar cualquier tipo de parábola, (como la de) un mosquito o algo mayor o menor que éste[22]. Aquellos que ya han creído saben que es la verdad de su Señor. En cuanto a los que la incredulidad se ha establecido hace bastante tiempo en sus corazones, dicen, «¿Qué quiere decir Dios con dicha parábola?». De ese modo, Él extravía a muchos y, de ese modo, Él guía a muchos. Así, Él no extravía sino a los transgresores[23].

27. (Aquellos) que rompen el compromiso de Dios tras su solemne establecimiento y rompen los lazos que Dios ordenó que fuesen unidos, y causan desorden y corrupción en la Tierra[24]. Esos son los perdedores (tanto en este mundo como en el siguiente).

28. ¿Cómo es qùe no creéis en Dios, en vista de que estabais muertos y os dio vida[25]? Luego, os hará morir[26]. Y luego os resucitará; y, entonces, se os hará regresar a Él[27].

29. Él es Quien (dispuso la Tierra para vuestra vida antes de que os diese vida y) creó todo lo que hay en el mundo para vosotros (para crearos —la especie humana— y para hacer la Tierra apta para vuestra vida); luego, dirigió (Su Conocimiento, Voluntad, Poder y Favor) hacia el Cielo[28] y lo dispuso en siete Cielos[29]. Él posee pleno conocimiento de todas las cosas.

---

19. Además de ser un milagro de la elocuencia, el Corán es asimismo milagroso por mantener el equilibrio entre las verdades de la divinidad y las verdades absolutas y relativas del universo. También mantiene el equilibrio entre alentar a la gente para que lleve a cabo buenos actos con la esperanza y la expectativa de complacer a Dios y obtener Su recompensa, y desalentarles para que dejen de obrar mal por miedo a Su castigo. Después de pre-

sentar las características de los creyentes, los incrédulos y los hipócritas, advierte del Fuego de las llamas del Infierno a los que se obstinan con decisión en su incredulidad. Ahora dirige la atención hacia el resultado de la fe y de los buenos actos con las expresiones más agradables y estimulantes, de ese modo, alivia a las almas temerosas así como las anima a la fe y a los buenos actos.

20. Existen numerosos hechos y actitudes, tales como creer, efectuar la Oración prescrita, dar limosna y ayudar a los demás, que son elogiados como buenos y prescritos por el Corán y el Mensajero de Dios, la paz y las bendiciones sean con él. Hay otros hechos y actitudes que pueden ser buenos o malos según el momento y las ocasiones en que se realizan. Además, las cualidades o «virtudes» que a menudo se asocian a los buenos actos y el buen carácter se juzgan mejor según la rectitud de la intención y las circunstancias particulares en las cuales son expresadas.

Por ejemplo, la dignidad que el débil ha de exhibir ante el poderoso se convierte en soberbia si el poderoso la adopta ante el débil. La humildad que el poderoso ha de tener ante el débil se convierte en humillación si es asumida por el débil. El solemne y riguroso comportamiento de un administrador en el ejercicio de sus deberes es dignidad, mientras que la humildad, en dicha situación, sería humillación. La misma solemnidad, en su hogar, pasaría a ser soberbia, mientras la humildad en dicho lugar no sería sino humildad. Mostrar paciencia y perdón ante los males cometidos contra nosotros son unas virtudes y es bueno; pero cuando son cometidos en nombre de otros, es malo y una traición: una persona puede, y quizás debe, aguantar pacientemente lo que se lleve a cabo contra su persona en particular; pero no le está permitido a dicha persona afrontar pacientemente los males cometidos contra la sociedad o la nación. A la inversa, mientras el orgullo y la indignación en nombre de la nación son dignos de elogio, no lo son así en el nuestro propio.

La creencia y los buenos actos son mencionados conjuntamente en el versículo aunque diferenciados. Esto implica que llevar a cabo buenos actos no es parte de la fe, a pesar de que la fe sin buenos actos no es suficiente para obtener la salvación en el Más Allá.

21. El versículo significa que habrá Jardines para cada creyente en el Paraíso y los describe. La bendición más grande en el Paraíso es obtener la aprobación y la complacencia de Dios y (según lo indicado por algunos versículos y lo que figura explícitamente en algunos *hadices*) «contemplar a Dios». Aunque se trata de un acto de «contemplar» que está más allá de todas nuestras valoraciones de cualidad y modalidad. Sin embargo, puesto que tales bendiciones completamente espirituales se refieren a la elite de los creyentes, el Corán presenta generalmente las bendiciones del Paraíso con un lenguaje que puede apelar a los placeres del cuerpo. El ser humano es un ser tripartito compuesto del espíritu, el alma carnal y la carne o cuerpo físico. Puesto que el cuerpo y el alma carnal sirven al creyente en este mundo y, para ser disciplinado y adiestrado, tiene que soportar algunas dificultades y privaciones de ciertos placeres mundanos, el creyente será recompensado con los placeres adecuados para el cuerpo y el alma carnal. Sin embargo, no se debería pensar que tales placeres son puramente corpóreos. La satisfacción espiritual que proporcionarán será mayor que la corpórea. Por ejemplo, cada persona necesita un amigo o un compañero. Lo que más satisface esta necesidad humana es tener un íntimo compañero de vida con quien se pueda compartir el amor, las alegrías y las penas. Y puesto que el corazón más bueno, compasivo y generoso es el corazón de una mujer, el Corán menciona a las mujeres entre las bendiciones más grandes del Paraíso para los hombres, en vez de lo contrario. Esto no significa que las mujeres se quedarán allí sin compañeros. El placer proveniente de la ayuda mutua, el acto de compartir las alegrías y las aflicciones, el compañerismo, el amor, el afec-

to y la intimidad son en gran medida mayores que los placeres corporales que hombres y mujeres puedan satisfacer mutuamente. Sin embargo, los que han sido vencidos por los placeres corporales de este mundo e ignorantes de los placeres espirituales que los acompañan, pueden considerar el Paraíso un señorío de disfrute sensual.

22. Al igual que las Escrituras Divinas que le antecedieron, el Corán utiliza parábolas y comparaciones para transmitir verdades abstractas. Esta es la razón por la cual las personas en general no entienden las abstracciones a menos que hayan tenido cierta preparación en lo referente a términos y discursos especializados adecuados para la presentación de conceptos abstractos. El Corán se dirige a toda la humanidad desde el primer día de su revelación hasta el Día del Juicio Final y por consiguiente, utiliza todos los recursos de la lengua en un estilo que es contundente, claro, accesible y eficaz para comunicar su mensaje. La accesibilidad de la Revelación es —tal y como la inteligibilidad del «libro» de la creación, un aspecto de la misericordia de Dios para con Sus criaturas— un aspecto de Su gracia en hacer Su voluntad conocible y conocida a la humanidad.

Un segundo punto a destacar aquí es que lo que los seres humanos pueden apreciar como «pequeño» o insignificante no siempre lo es; del mismo modo, lo que pueden ver como «grande» no siempre lo es. A veces puede ser totalmente al revés. De hecho, en muchos aspectos, cuanto más pequeña es una cosa, mayor es el arte que manifiesta. En términos artísticos, no existe diferencia alguna entre el Sistema Solar, por un lado, y el ojo de un mosquito o el vientre de una pulga, por otro. Se podría argumentar que el arte de este último es mayor en el sentido de que son órganos constitutivos de seres vivos.

23. El versículo confirma una vez más la verdad anteriormente explicada en la anterior nota 10. Una de las razones principales por las que Dios crea la perdición para alguna gente o el motivo por el cual les conduce a la perdición, es la trasgresión. Esta palabra es la traducción del vocablo árabe *fisq*. Utilizado como término, significa desviarse de la verdad, sobrepasar los límites establecidos y abandonar el camino que conduce a la vida eternamente feliz. *Fisq* se origina en emplear los tres impulsos o facultades humanas principales —la razón, la lujuria y la cólera— de manera incorrecta, de una manera que conduce a la demagogia, la astucia, el hedonismo, el pecado y la opresión. El siguiente versículo menciona las principales razones de la incredulidad, la más grande de las transgresiones.

24. El significado más sucinto de este versículo de acuerdo con la naturaleza de las palabras es como sigue:

> (Aquellos) que rompen el compromiso de Dios (que es una cuerda de luz tejido con hilos de Voluntad, Sabiduría y Favor Divinos, responsable del orden del universo y capaz de establecer paz, orden y armonía en la vida humana), después de su solemne compromiso, y rompen los lazos que Dios ha ordenado que se unan (entre los parientes, por la obligación que impone la relación de sangre, y entre la gente, por la obligación que imponen las necesidades sociales humanas), y (en una tentativa para difundir sus pecados en toda la comunidad, incluso en el mundo entero, tal y como aquél que, habiendo contraído una enfermedad contagiosa, desea transmitirla a los demás) causan desorden y corrupción en la Tierra. Esos son los perdedores (en este mundo y el siguiente).

Las palabras que figuran entre paréntesis no constituyen un comentario adicional; más bien hacen referencia a los significados contenidos en las palabras empleadas en el versículo, según su orden y su estructura y estilo. Por ejemplo, la palabra traducida como «romper» es el verbo *NaQaDa* que significa enmarañar una cuerda gruesa y fuerte. Esto implica que el compromiso de Dios es una firme cuerda que vincula a la gente recíprocamente y vincula a la humanidad con Dios. La palabra *mizaq*, traducida como compromiso, corrobora este significado.

El compromiso de Dios es «una cuerda de luz» tejida con Su Voluntad, Sabiduría, Conocimiento y Favor, que se extiende desde la eternidad en el pasado hasta la eternidad en el futuro. Este compromiso es responsable del magnífico orden del universo, a la vez que establece la relación entre todas las criaturas; y uno de los extremos de esta cuerda fue puesto en manos de la humanidad. Esto llevó a la implantación de la semilla de numerosas capacidades en el espíritu humano. Las semillas deben germinar y ser transformadas por los propios seres humanos en «buenos árboles que proporcionen frutas siempre frescas» según los principios de la *Shari'a*. La lealtad al compromiso de Dios es posible desarrollando dichas capacidades y usándolas de la manera establecida por el Islam. Romper este compromiso significa cortar esta «cuerda de luz» en pedazos. Negar a algunos de los Profetas y de los Libros Divinos, rechazar alguno de los mandamientos del Islam al mismo tiempo que se aceptan otros, aprobar algunos de los versículos del Corán mientras que se desaprueban otros y similares actitudes o puntos de vista no significa otra cosa que seccionar dicha cuerda en pedazos. Dicha destrucción da lugar a un desequilibrio ambiental así como a un desequilibrio y un desorden en las relaciones humanas. La actual contaminación medioambiental y la presente situación mundial son el resultado de la ruptura del compromiso de Dios.

25. Para entender mejor la verdad presentada en el versículo, debemos proporcionar una traducción más completa proveniente de la naturaleza de las palabras utilizadas y otros versículos de relevancia (es decir, 22:5; 23:12-14; 76:1):

> *¿Cómo es que no creéis en Dios, en vista de que estabais muertos (las partículas o átomos que desde hace mucho tiempo habían sido designados para formar el cuerpo de cada uno de vosotros se han dispersado en el aire, el agua y la tierra, para luego ser transferidos al mundo de las plantas y de los animales según ciertas leyes y principios, y luego, tomados como alimento, se convirtieron en esperma en las entrañas de vuestros padres y fueron colocados después como una gota de semilla en las matrices de vuestras madres. Tras experimentar varias etapas, alcanzaron un punto en su formación donde Dios insufló en ellos de Su Espíritu) y os dio vida? (Vivís hasta la hora que Él designó para cada uno de vosotros y) luego, os hará morir. Y a continuación (permanecéis tanto tiempo como Él desee en el mundo de la tumba, entre este mundo y el siguiente, hasta que, después de numerosos y enérgicos cambios) os resucitará; y, entonces, (tras pasar a través de una serie de tremendos cambios y sucesivos mundos), seréis devueltos a Él.*

Con el fin de establecer la creencia en la Existencia y la Unidad de Dios en las mentes y los corazones de la gente, el Corán enfoca nuestra atención al hecho de que Él es el Creador y de cómo a la humanidad se le dio vida. La vida es el milagro de Dios más agradable y fascinante, así como una de Sus mayores bendiciones. También proporciona una brillante evidencia sobre la eterna Existencia y Unidad de Dios y sobre otros pilares de la fe. El más sencillo de los niveles de vida visibles a la observación corriente es la vida de las plantas, cuyo principio radica en la germinación bajo el suelo. A pesar de ser aparentemente común y observable, el origen y la naturaleza de la vida sigue siendo desconocido para la humanidad. El ámbito de relación de un cuerpo inerte, aunque sea tan grande como una montaña, está restringido al lugar donde se localiza. Por el contrario, una criatura de un tamaño tan pequeño como una abeja establece una relación con el mundo entero y puede decir, «el mundo es mi propiedad y mi jardín». Cuando la vida logra el nivel del ser humano, puede viajar a través de todas las épocas y lugares e incluso más allá de la mente, el corazón y la imaginación. Dado que contiene la dimensión material, biológica y espiritual de la vida, así como sus aspectos minerales, vegetales y animales, la vida humana abarca todos los tipos y niveles de vida. Puesto que es pura y transparente en su dimensión externa e interna, no existe el velo de las causas «naturales» entre la vida y el Poder de Dios. A saber, que las causas «naturales» no tienen nada que ver en la creación de la vida por parte de Dios.

26. Tal y como la vida, la muerte también es creada por Dios y por lo tanto es una bendición tan grande como la vida misma. Se puede incluso decir que la muerte es una bendición mayor que la vida. Cada nivel de vida terrenal acaba en muerte, pero cualquier nivel de muerte da lugar a un nivel mayor de vida. Por ejemplo, al ser digeridas y metabolizadas en los sistemas digestivos de los animales y los seres humanos, las plantas adquieren el nivel de vida animal y humana, mientras que los animales consumidos en los cuerpos humanos adquieren al morir el nivel de vida humana en el cuerpo humano. Una semilla que se aniquila a sí misma bajo el suelo se convierte en una planta o árbol que dará lugar a millares de réplicas exactas. Muriendo y regresando a la Tierra, una persona comienza su vida eterna. Desde esa perspectiva, la muerte es algo bueno y una bendición tan grande o mayor que la vida.

27. Algunos pretenden que junto al versículo *¡Señor nuestro! Nos has hecho morir dos veces y nos has dado la vida dos veces* (40:11) proporcionan una evidencia para la reencarnación. Sin embargo, tanto el mencionado versículo como éste refutan completamente la reencarnación. En primer lugar, la reencarnación no está restringida a dos ciclos de renacimiento. En segundo lugar, la reencarnación no se encuentra limitada a los incrédulos o a las personas malvadas, sin embargo, los versículos en cuestión no lo están (para la interpretación del versículo 40:11, nota 5). En tercer lugar, hay varios versículos que declaran que no existe un retorno a este mundo después de la muerte. En respuesta al deseo de los incrédulos de volver al mundo para que puedan creer y hacer actos buenos y rectos para salvarse del fuego del Infierno, Dios dirá: *¡No, nunca!* (23:99-100).

La expresión *estabais muertos* implica que cada miembro de la humanidad tuvo algún tipo de existencia en el mundo de los átomos o de las partículas. Ya había sido determinado en el Conocimiento de Dios qué átomos del mundo de los elementos, las plantas y los animales constituirían el cuerpo de cuál persona. Por lo tanto no hay lugar para lo fortuito y las coincidencias en el movimiento de las partículas que constituyen los cuerpos humanos. La expresión también sugiere que, puesto que la muerte sigue a la vida, esas partículas están desprovistas de lo que reconocemos como vida, la cual es un regalo directo de Dios que Le indica claramente. Una vez más, se llama la atención al hecho de que es Dios Quien nos encomienda la muerte y la vida sin que nada ni nadie tenga nada que ver en ello. Significa: «Estabais sin vida en el mundo de los elementos porque Dios así lo quiso y así os hizo».

28. Mientras que este versículo y los versículos 41:9-12 aluden al parecer a que la Tierra fue creada antes de los Cielos, los versículos 79:27-30 sugieren lo contrario y el versículo 21:30 parece decir que fueron creados a la vez. Sin embargo, al considerarlos en conjunto, significan:

En las etapas primitivas de la creación, los Cielos o el Sistema Solar y la Tierra eran como pedazos de masa que la Mano del Poder amasó del éter, el cual se asemeja al agua en su esparcimiento e impregnación y es el medio para la creación de Dios al principio, al igual que el agua es el medio para la vida en la Tierra. Este hecho es al que se refiere el versículo *Su Trono Supremo se hallaba sobre el agua* (11:7). Dios hizo de esta materia —el éter— los átomos y las moléculas, e intensificó y solidificó una parte de éstos, haciendo de ella la Tierra. En cuanto a su solidificación y la formación de su corteza, la creación de la Tierra precede a la de los Cielos. Sin embargo, antes de que la Tierra se solidificase y fuese cubierta con una corteza, existía una única capa atmosférica compuesta de nubes y elementos gaseosos. La disposición de estas nubes de elementos gaseosos, la forma primitiva de los Cielos, en «siete Cielos» y su decoración con el Sol, la Luna y las estrellas siguió a la formación de la Tierra, mientras que el acondicionamiento de la Tierra para la vida humana ocurrió después de la formación de los Cielos.

Lo que el Corán quiere decir con *siete Cielos* ha sido interpretado de diversas maneras, siendo la interpretación más importante la siguiente:

- Este espacio considerablemente amplio se halla repleto de éter, cuya existencia fue admitida por la física en la antigüedad a pesar de no verificarlo. Este éter sirve como medio para transmitir el calor, la luz y elementos similares, y establece la relación entre las leyes establecidas por Dios para el movimiento de los cuerpos celestes. Al igual que el agua que se transforma en vapor y en hielo sin perder su naturaleza esencial, este éter tiene también transformaciones similares. Lo que el Corán quiere decir al emplear la definición de «siete Cielos» puede ser las clases diferentes de la formación del éter.
- Es un hecho conocido que existen muchas galaxias, de entre las cuales la Vía Láctea es sólo una, siendo su número exacto (hasta ahora) desconocido.
- Del mismo modo que la ceniza, el carbón y el diamante son sustancias producidas por el mismo elemento químico, el carbono, durante el proceso de su elaboración, el fuego genera llamas y humo, se podrían haber originado también de la misma materia diversos niveles o capas durante su formación. Y puesto que en árabe (como en otros idiomas) el uso de números como siete, setenta, y setecientos significa diversos grados de multiplicidad, puede ser que haya más de siete Cielos.
- El Corán nombra al Cielo donde se encuentran el Sol, la Luna y las estrellas *el Cielo más bajo* o *el Cielo del mundo* (67:5). Los otros seis Cielos pueden ser Cielos de los mundos del Más Allá. (Dios es el Más Sabio.)

29. Respecto a cómo el Corán trata las cuestiones que constituyen asuntos científicos, los siguientes puntos han de ser observados:

- El Corán no es un libro de ciencias tales como la física, la química, la biología y la astronomía.
- El Corán tiene como propósito establecer en las mentes y los corazones los pilares de la fe y las verdades de la devoción y la justicia.
- El Corán menciona los hechos científicos solamente a título de explicación y los utiliza como evidencias de las verdades que transmite. Por dicha razón, prefiere un estilo accesible y adaptado a cada nivel de entendimiento desde su revelación hasta el Día del Juicio Final.
- Puesto que el Corán utiliza dichos asuntos como evidencia y la evidencia no puede ser más abstrusa que la tesis propuesta, toma en consideración la comprensión de la gente y sus percepciones sensoriales.
- El Corán fue revelado hace catorce siglos, cuando eran más bien escasos los conocimientos científicos. Considerando que la humanidad ha realizado desde entonces continuos progresos en investigaciones y descubrimientos científicos, el Corán, obviamente, tendrá que utilizar una lengua imposible de ser refutada en cualquier época.
- De hecho, todas las expresiones coránicas que se refieren a las realidades estudiadas por la ciencia son absolutamente verdaderas. Sin embargo, lo que el Corán quie-

re decir con ellas está, en la mayoría de los casos, abierto a interpretación. De esta manera, el Corán abre la puerta al estudio científico y lo alienta.

- La ciencia es un conjunto de hipótesis probadas y refutadas, parcial o enteramente, y luego substituidas por otras que requieren más pruebas adicionales, y así sucesivamente. Se puede decir que las ciencias siguen hallándose lejos de conocer plenamente al «ser humano» y, tal vez, continúen siempre así. Nunca podrán solucionar el misterio de la creación y del origen de la vida, dos poderosas cuestiones más allá del alcance de la experimentación y la verificación científica. Por esta razón y sobre la base del presente conocimiento, nadie puede ni debe oponerse a las expresiones coránicas que se refieren a las realidades que estudia la ciencia. Si existe algún tipo de contradicción, uno debe esperar a lo que las investigaciones futuras revelarán y confirmarán respecto al significado de las expresiones coránicas. Hay tres principios respecto a las expresiones coránicas que son de naturaleza alegórica y ambigua:

- La expresión es la palabra de Dios.
- Lo que Dios quiere decir con la misma es absolutamente verdad.
- Lo que Dios pretende expresar con ello puede ser «tal (o cual) cosa».

Confirmar los dos primeros principios es un requisito de la fe, cuya negación constituye incredulidad. El tercero indica que lo que Dios quiere decir con una expresión particular está abierto al estudio y a la interpretación y, siguiendo ciertas condiciones, se pueden postular diversas opiniones. Las condiciones son: (i) tener un conocimiento excelente del árabe coránico y de sus reglas y modos de elocuencia y tomarlos siempre en consideración; (ii) tener un conocimiento excelente de los principios esenciales del Islam y de los principales y claros dictámenes del Corán; (iii) tener suficiente destreza en el tema en cuestión; y (iv) no albergar otra intención que no sea la de encontrar la verdad y hacerlo únicamente para obtener la aprobación de Dios. Si estas condiciones son cumplidas, cualquier opinión puede ser respetada y considerada como verdadera, al menos parcialmente, o como una contribución al esfuerzo de llegar a la verdad.

30. [30](Recuerda) cuando tu Señor indicó a los ángeles:[31] «Estableceré en la Tierra a un vicerregente». Los ángeles preguntaron: «¿Vas a establecer allí a quien provoque el desorden y la corrupción en ella, y derrame sangre, mientras que nosotros Te glorificamos con Tu alabanza (proclamamos que estás absolutamente por encima de tener cualquier defecto y que toda la alabanza Te pertenece exclusivamente a Ti) y declaramos que sólo Tú eres absolutamente Santo y Digno de ser adorado como Dios y Señor?». Él dijo: «Ciertamente, Yo sé lo que vosotros no sabéis».

31. (Tras traerle a la existencia,) Dios enseñó a Adán todos los nombres[32]. Luego (para clarificar la supremacía del género humano y la sabiduría de su creación y de su representación en la Tierra), se los mostró (las formas arquetípicas de las cosas y los seres que habían sido enseñados a Adán con sus nombres) a los ángeles y dijo: «Ahora decirme los nombres de éstos, si sois veraces (en vuestras alabanzas, adoración y santificación de Mí tal y como merezco por ser Dios y Señor)».

32. (En reconocimiento de su imperfección y su opinión respecto a la verdad del asunto, los ángeles) dijeron: «Glorificado seas (pues Te hallas absolutamente por encima de tener cualquier defecto y de hacer cualquier cosa sin sentido, y Tuyos son todos los atributos de la perfección). No tenemos más conocimiento que el que Tú nos has enseñado. Sin duda, Tú eres el Omnisciente, el Omnisapiente».

33. (Para demostrar la superioridad del género humano de manera más clara,) Dios dijo: «¡Oh Adán! Infórmales sobre estas cosas y seres con sus nombres». Cuando (Adán) les informó con sus nombres, (Dios) les dijo (a los ángeles): «¿No

وَاِذْ قَالَ رَبُّكَ لِلْمَلٰٓئِكَةِ اِنّ۪ي جَاعِلٌ فِي الْاَرْضِ خَل۪يفَةًۜ قَالُٓوا
اَتَجْعَلُ ف۪يهَا مَنْ يُفْسِدُ ف۪يهَا وَيَسْفِكُ الدِّمَٓاءَۚ وَنَحْنُ نُسَبِّحُ
بِحَمْدِكَ وَنُقَدِّسُ لَكَۜ قَالَ اِنّ۪ٓي اَعْلَمُ مَا لَا تَعْلَمُونَ ﴿٣٠﴾ وَعَلَّمَ اٰدَمَ
الْاَسْمَٓاءَ كُلَّهَا ثُمَّ عَرَضَهُمْ عَلَى الْمَلٰٓئِكَةِ فَقَالَ اَنْبِؤُ۫ن۪ي بِاَسْمَٓاءِ
هٰٓؤُ۬لَٓاءِ اِنْ كُنْتُمْ صَادِق۪ينَ ﴿٣١﴾ قَالُوا سُبْحَانَكَ لَا عِلْمَ لَنَٓا اِلَّا مَا
عَلَّمْتَنَاۜ اِنَّكَ اَنْتَ الْعَل۪يمُ الْحَك۪يمُ ﴿٣٢﴾ قَالَ يَٓا اٰدَمُ اَنْبِئْهُمْ بِاَسْمَٓائِهِمْۚ
فَلَمَّٓا اَنْبَاَهُمْ بِاَسْمَٓائِهِمْۙ قَالَ اَلَمْ اَقُلْ لَكُمْ اِنّ۪ٓي اَعْلَمُ غَيْبَ
السَّمٰوَاتِ وَالْاَرْضِۙ وَاَعْلَمُ مَا تُبْدُونَ وَمَا كُنْتُمْ تَكْتُمُونَ ﴿٣٣﴾
وَاِذْ قُلْنَا لِلْمَلٰٓئِكَةِ اسْجُدُوا لِاٰدَمَ فَسَجَدُٓوا اِلَّٓا اِبْل۪يسَۜ اَبٰى
وَاسْتَكْبَرَ وَكَانَ مِنَ الْكَافِر۪ينَ ﴿٣٤﴾ وَقُلْنَا يَٓا اٰدَمُ اسْكُنْ اَنْتَ
وَزَوْجُكَ الْجَنَّةَ وَكُلَا مِنْهَا رَغَدًا حَيْثُ شِئْتُمَاۖ وَلَا تَقْرَبَا
هٰذِهِ الشَّجَرَةَ فَتَكُونَا مِنَ الظَّالِم۪ينَ ﴿٣٥﴾ فَاَزَلَّهُمَا الشَّيْطَانُ
عَنْهَا فَاَخْرَجَهُمَا مِمَّا كَانَا ف۪يهِۖ وَقُلْنَا اهْبِطُوا بَعْضُكُمْ لِبَعْضٍ
عَدُوٌّۚ وَلَكُمْ فِي الْاَرْضِ مُسْتَقَرٌّ وَمَتَاعٌ اِلٰى ح۪ينٍ ﴿٣٦﴾ فَتَلَقّٰٓى
اٰدَمُ مِنْ رَبِّه۪ كَلِمَاتٍ فَتَابَ عَلَيْهِۜ اِنَّهُ هُوَ التَّوَّابُ الرَّح۪يمُ ﴿٣٧﴾

os dije que conozco lo oculto de los Cielos y la Tierra y conozco todo lo que reveláis y lo que habéis estado ocultando?»[33].

34. [34]Y (recuerda) cuando dijimos a los ángeles: «¡Postraos ante Adán!»[35]. Todos se postraron excepto *Iblis*. Se negó, se llenó de arrogancia y se manifestó como incrédulo[36].

35. «¡Oh Adán! Mora con tu esposa en el Jardín[37] y comed (de las frutas) hasta hartaros donde queráis, pero no os acerquéis a este árbol[38] o ambos seréis de los malhechores»[39].

36. Pero Satán[40] (que les tentó hacia el árbol prohibido a pesar de Nuestra advertencia), les hizo desviarse y los arrebató del estado (feliz) en el que se encontraban. Y dijimos: «Descended (todos vosotros), (y en adelante viviréis una vida) siendo algunos de vosotros enemigos de otros. Habrá para vosotros en la Tierra una morada y una provisión por un tiempo determinado»[41].

37. (Consciente de su lapso y con esperanza de corregir su error, en vez de procurar encontrar las excusas para el mismo) Adán recibió de su Señor palabras que percibió que habían sido insufladas en él (debido a su remordimiento, y suplicó a través de ellas pidiendo el Perdón de Dios). A cambio, Él aceptó su arrepentimiento. Sin duda Él es Quien acepta el arrepentimiento y lo corresponde con generoso perdón y recompensa adicional, el Compasivo (especialmente hacia Sus siervos creyentes)[42].

---

30. El Corán presenta la creación del Cielo y de la Tierra y la formación de los Cielos como los signos más claros de la Existencia y de la Unidad de Dios en el mundo externo. Entonces, como signos de su mundo interno, muestra cómo la humanidad fue dotada con la vida. Y ahora procede a explicar qué clase de seres son los seres humanos, por qué fueron creados y cómo ellos pueden satisfacer el propósito de su creación. Ya que necesitamos saber la razón por la cuál un ser tan valioso fue creado y en dónde radica su valor.

31. La razón primordial que explica el motivo por el que Dios informó a los ángeles de Su voluntad de establecer a un vicerregente en la Tierra fue indicar la mejor manera de consulta así como enseñar a los ángeles la sabiduría que encerraba el hecho de hacer a la humanidad Sus representantes en la Tierra. Los ángeles sabían que este vicerregente iba a causar desorden y corrupción porque los genios, seres que se asemejan a los humanos en cuanto a posesión del libre albedrío, intelecto, cólera y lujuria, habían causado sedición y derramamiento de sangre en la Tierra con anterioridad.

Los ángeles son seres del universo dotados con una vida de una naturaleza diferente a la que poseen las especies terrenales que conocemos. El hecho de que diversas formas de vida puedan existir en el universo no debe sorprendernos. Aún así, fue una sorpresa cuando en 1993, casi 300 especies animales —casi todas hasta la fecha desconocidas—, fueron descubiertas viviendo alrededor de las chimeneas hidrotermales de los fondos abisales, donde el agua marina al ser calentada por el magma subyacente brota hacia el frío océano a través del fondo oceánico y a lo largo de los arrecifes. Hasta entonces, los científicos habían pensado que no podía darse la vida sin la intervención de la energía solar y se conocían muy pocos organismos que pudiesen sobrevivir sin poseer alguna vía directa o indirecta de aprovecharla. Quizás ese «sorprendente descubrimiento de la biología del siglo XX» pueda reforzar nuestra disposición a reconocer que pueda existir vida bajo formas y condiciones diferentes a las que conocemos. Si los científicos hubiesen prestado atención al Corán y no hubiesen definido la vida en base a las formas terrenales conocidas por ellos, habrían podido reconocer la posibilidad de la existencia de formas de vida diferentes en otros lugares y dimensiones del universo, propias de cada lugar y dimensión, dando así una dirección más veraz a sus estudios científicos.

Los ángeles son seres espirituales de formas sutiles creados de «luz» (Muslim, «Zuhd», 10). Hay distintas especies, pero no se les puede determinar por sexo alguno, pues carecen de condición masculina o femenina (37:149-150; 43:19; 53:27; *Fundamentos de la Fe Islámica*, pág. 70). Al ser siervos de Dios carentes del yo carnal que ordena el mal, obedecen los mandamientos emanados de la Voluntad Eterna y el Poder Creativo que gobierna el universo. No hay nada que cause entre ellos peleas o disputas ya que son inocentes, su reino es vasto, su naturaleza pura y sus estaciones fijas.

Cada uno de los cuerpos celestes es un lugar de adoración para los ángeles [*The Words*, («Las Palabras»), The 29th Word («La 29ª Palabra»), págs. 532-533].

No piden ninguna recompensa por sus servicios; su recompensa es el goce espiritual de la proximidad a su Creador. Su devoción varía según sus diversas naturalezas y funciones. No acontece ni se puede concebir ningún acontecimiento en el universo sin la intervención de los ángeles. Hay ángeles que representan o son responsables para cada acontecimiento que se da en el universo y de cada especie que existe sobre la Tierra. Por ejemplo, algunos de ellos, cuyo adalid es el ángel Miguel (*Mikail*), son responsables del crecimiento de las plantas. El ángel Miguel supervisa el crecimiento de todas las clases de grano y provisión con permiso y Poder de Dios, y se podría decir que está a la cabeza de todos los ángeles que pueden ser comparados a los granjeros. Hay otro gran ángel que, con permiso, Orden y Poder de Dios, es el jefe de los «pastores incorpóreos» de todos los animales. Ellos miran los actos de Dios con maravilla y admiración y Le presentan la glorificación y la adoración de las criaturas de cada especie según el lenguaje de su naturaleza y disposición.

Existen asimismo otras clases o especies de ángeles, como por ejemplo el ángel Gabriel (Yibril), encargado de llevar la Revelación a los Mensajeros, y 'Azrail y sus ayudantes a los que Dios emplea para quitar las vidas a la gente, e Israfil, que tocará la Trompeta durante la destrucción final del mundo y la resurrección de los muertos. El Corán también menciona a los ángeles que registran las acciones de la gente (82:11); y los ángeles que realizan una variedad de tareas de majestad y poder impresionantes (Véanse los *suras* 77:1-4; 79:1-5; 82:11).

32. La razón principal del motivo por el cual a la humanidad le fue concedida superioridad sobre los ángeles es que le fueron enseñados los nombres. El deber de la humanidad en la Tierra es la vicerregencia o *jilafah*, que significa sucesión. Esto indica que otro tipo de seres o especies precedió al género humano en la Tierra. Se trata de los genios, que fueron sucedidos por los humanos debido a sus interminables conflictos y rebeliones contra Dios.

Como término, *jilafah* o vicerregencia denota el acto de mejorar la Tierra, en base al conocimiento de las cosas y de las leyes de la creación (que incorrectamente llamamos «leyes de la naturaleza») y gobernar en la Tierra según los dictados de Dios, o sea, establecer la justicia. Para llevar a cabo este deber se precisa el conocimiento científico y la religión. La humanidad puede adquirir el conocimiento científico estudiando la naturaleza y le ha sido concedida la religión a través de los Mensajeros de Dios. Los libros otorgados o revelados a los Mensajeros, además de contener principios religiosos, son en cierto modo como discursos que describen la naturaleza y su significado. He aquí el motivo por el que en el Islam al universo o naturaleza se le denomina el «Libro Creado» y sus leyes son las leyes de la Creación y del funcionamiento del universo que emanan de los Atributos Divinos de la Voluntad y el Poder. El Corán es el «Libro Revelado», el sistema de leyes y principios Divinos emanados del Atributo Divino del Discurso. Por esa razón, no puede ni debería darse dicotomía o conflicto alguno entre la ciencia y la Religión.

Los nombres enseñados a Adán fueron los nombres tanto de las cosas como los de los descendientes del primer Profeta. Esto lo sabemos por el uso del pronombre *hum* —que en «sus nombres», significa «su»— el cual se utiliza para los seres conscientes. Esto demuestra que los descendientes de Adán están incluidos entre los «nombres» que le fueron enseñados. Debe de haber una relación entre este acontecimiento, que ocurrió en el mundo de Lo Oculto (*ghayb*), y el acontecimiento (mencionado en 7:172) cuando Dios hizo surgir a los hijos de Adán, de sus entrañas, su semilla, y les hizo atestiguar que Él era su Señor, lo cual también debió de haber ocurrido en el mundo de Lo Oculto. Los ángeles debieron de comprender plenamente la supremacía de Adán y la sabiduría de su vicerregencia, no sólo por que le fueron enseñados los nombres que no les habían sido enseñados, sino también porque contemplaron a los ilustres miembros de la humanidad entre los descendientes de Adán —tal y como los Profetas, los santos y los puros y minuciosos eruditos— que tornarían la Tierra en jardines del Paraíso por su fe, conocimiento y moralidad.

A Adán le fue dado el conocimiento de las cosas de forma sucinta y, a lo largo del curso de la historia, dicho conocimiento fue enseñado a los Mensajeros con relativo detalle de acuerdo con la misión de cada uno. Por eso los Mensajeros fueron también los precursores del conocimiento científico y del progreso, además de ser guías en lo espiritual y lo moral. El Corán, el cual consuma todas las Escrituras anteriores, arroja luz sobre los estudios y descubrimientos científicos del futuro, e indica su punto final de progreso en sus narraciones sobre los milagros de los Mensajeros.

Los nombres enseñados a Adán significan también la naturaleza potencial de aprendizaje que le había sido concedida a la humanidad. Nombrar significa conocer, ya que solamente podemos otorgar un nombre a algo que conocemos. Los animales surgen, o más bien se les hace surgir, a este mundo como si estuviesen enseñados o adiestrados en otro mundo. Se adaptan a las condiciones de su vida en un período muy breve como si ya las conocieran. En contraste, los seres humanos precisan por término medio un año para aprender a caminar y muchos más años para aprender las condiciones de vida, distinguir con seguridad entre lo que es dañino y lo que es beneficioso para ellos. Este aprendizaje continúa hasta la muerte, lo cual evidencia que el aprendizaje ocupa un lugar fundamental en la vida y el progreso humanos.

Tal y como indicamos con anterioridad, la vicerregencia denota que la humanidad gobierna la Tierra y la mejora empleando todo lo que le está subordinado de acuerdo con lo ordenado por Dios. Si la humanidad se atribuye a sí misma lo que Dios le ha concedido en cuanto a conocimiento, poder, capacidad de aprendizaje y diversas capacidades diferentes, e intenta actuar independientemente de Dios, entonces es cuando el desorden y el derramamiento de sangre comienza en la Tierra. Por esta razón, su felicidad, dignidad y la mejora de la Tierra residen en reconocer su debilidad innata, su pobreza y su ignorancia ante Dios y en atribuir lo que posean así como sus logros a Dios, según corresponde a Su infinito Poder y Suficiencia y Conocimiento Absolutos.

33. Históricamente, la humanidad no ha evitado el derramamiento de sangre ni ha cesado de causar el desorden desde el principio de su existencia terrenal. Además, la mayoría de la gente ha seguido falsas doctrinas o creencias y han atribuido copartícipes a Dios. Sin embargo, esto no significa que la creación de la humanidad y su designación como vicerregente en la Tierra haya demostrado ser un hecho negativo y horrible. La siguiente analogía sencilla lo explicará mejor:

Por ejemplo: 100 semillas de fruta tienen el valor de 100 semillas mientras son semillas. Pero una vez están plantadas, aunque 80 de esas 100 se pudriesen mientras 20 germinasen, creciesen y diesen fruto, el valor de esas 20 semillas, pues, excederá con mucho el de las 100 iniciales.

Si la raza humana hubiera existido sólo en el Conocimiento de Dios sin desarrollar su potencial en la Tierra, el Árbol de la Creación no habría producido 100.000 Profetas, millones de santos, puros, meticulosos estudiosos y eruditos, héroes de irreprochable conducta y otros virtuosos miembros de la humanidad. Lo bueno que esos ilustres frutos han aportado a la existencia excede con mucho el mal del resto. Los ángeles al principio no podían darse cuenta de dicho resultado, pero cuando apreciaron claramente el potencial de la raza humana, admitieron su supremacía con plena satisfacción de su corazón.

34. Después de que se hiciese evidente para los ángeles la potencial supremacía de la humanidad, se puede decir que el ámbito de la prueba se abrió para la humanidad, los ángeles y otros

seres conscientes, entre los que figuraba Satanás. Esto significaba que la vida terrenal de la humanidad iba a comenzar. El motor de esta vida sería el libre albedrío humano. Tener libre albedrío significó optar entre por lo menos dos alternativas diferentes. La vida individual y colectiva de la humanidad, así como su historia, es la historia de los conflictos entre las opciones.

Además de los Atributos Esenciales por el hecho de ser Dios, a saber, la Existencia, no tener comienzo, la Permanencia, la Unidad, ser diferente a lo creado y Auto-subsistencia, Dios tiene otro tipo de Atributos llamados Atributos Positivos que son: la Vida, el Conocimiento, la Voluntad, el Poder, el Oído, la Vista, el Discurso y la Creación. Estos Atributos son el origen de Nombres tales como el Dador de Vida y Resucitador, el Omnisciente, Poseedor de la Suma Voluntad, el Todopoderoso, Aquél que todo lo Oye, todo lo Ve, todo lo Habla así como el Creador, etc. La posesión de semejantes Atributos y Bellos Nombres absolutos e ilimitados significa que su manifestación es «inevitable». Aquél Quien existe en y desde Sí Mismo y Cuya Existencia es absolutamente perfecta se manifestará como «corresponde» a Su mismísima «naturaleza». Por consiguiente, el universo es el conjunto de las manifestaciones de los Atributos y Nombres de Dios, y dichas manifestaciones se concentran en la humanidad. Es como si Dios Todopoderoso hubiese dibujado un velo imaginario ante Sus Atributos y Nombres y hubiese creado a la humanidad como si de un teatro se tratase dónde casi todos Sus Atributos y Nombres son manifestados. Esto muestra el gran valor otorgado a la humanidad.

35. La postración aquí mencionada expresa el reconocimiento por parte de los ángeles de la superioridad de la humanidad y su obediencia al propósito Divino de la creación de Adán y de su vicerregencia en la Tierra. La postración con el significado de devoción se efectúa exclusivamente ante Dios. Al obedecer la orden de Dios de postrarse ante Adán, los ángeles, en realidad se estaban postrando ante Él.

36. Los ángeles (tal y como se explica en la anterior nota número treinta) son seres creados de «luz», siempre ocupados en su adoración a Dios y prácticamente incapaces de cometer pecados. Al no tener que esforzarse contra los pecados, no progresan espiritualmente. Satanás y su descendencia representan el extremo opuesto a los ángeles. El Corán menciona a Satanás cuando se niega a postrarse ante Adán como *Iblis* y luego como Satanás. Iblis formaba parte de los *yinn* (18:50) y estaba dotado de libre albedrío. No se le había puesto nunca a prueba hasta que se le ordenó que se postrase ante Adán. Vencido por su vanagloria, intentó justificar su negativa con el pretexto de que había sido creado a partir del fuego sin humo mientras que Adán había sido creado a partir del barro. En otras palabras, se consideraba superior en virtud de su composición física, cuando lo correcto es que nadie puede pretender albergar superioridad alguna teniendo en cuenta que no ha intervenido en su creación u otorgamiento de la misma. Lo que otorga superioridad son los actos virtuosos realizados libremente y sin coacción alguna. Elementos tales como la estructura física, la riqueza, el estatus, las posición y demás, no pueden constituir la base de una pretensión razonable de superioridad. Por ello, el Corán abiertamente declara: *No cabe duda de que el más noble, el más distinguido de vosotros ante los ojos de Dios es aquél que es superior en la piedad, la rectitud, y la reverencia hacia Dios* (49:13). A diferencia de Adán, Satanás no reconoció su error y así se convirtió en la encarnación de la arrogancia y de la malévola hostilidad contra la humanidad. Estaba claro que había sido vencido interiormente por las cualidades que causan incredulidad, tal y como el punto de vista incorrecto, los prejuicios y la altanería. En la primera de todas sus pruebas, estas cualidades lo engulleron y le hicieron ser terco y obstinadamente incrédulo.

Tal y como ha sido señalado con anterioridad, Satanás fue llamado *Iblis* cuando se rebeló contra la orden de Dios de postrarse ante Adán. *Iblis* quiere decir «alguien que se halla desesperado». Después de ese evento, se llamó Satanás, que significa «expulsado de la Presencia y Misericordia de Dios y consumido por la envidia y la pasión». Del mismo modo que Adán es el padre de la humanidad, Satanás tiene también descendencia. Los humanos incrédulos que comparten el mismo carácter con Satanás y siempre están ocupados desviando a la gente del camino de Dios son también llamados «satanes» en el Corán. Los «satanes» de los hipócritas, mencionados en el *Sura* 2:14, son un ejemplo de ello.

37. Hay diferencias de opinión respecto a si el Jardín mencionado es un lugar paradisíaco de la Tierra o es el Paraíso al que los creyentes entrarán en el Más Allá por la gracia de Dios. Existe otro punto de vista digno de consideración: Los característicos eventos narrados en 2:30-39 —la creación de Adán y su presentación como prototipo de la humanidad, los nombres que Dios le enseñó, los ángeles postrándose ante él por orden de Dios; la negativa de *Iblis* (la encarnación de la maldad y el prototipo de los diablos) a postrarse— todos estos acontecimientos tienen lugar en el ámbito de Lo Oculto. Igualmente, el acontecimiento (7:172) en el que Dios hizo surgir a los hijos de Adán de sus entrañas, sus semillas, y dieron testimonio que Él era su Señor debió de haber tenido lugar en el Mundo de Lo Oculto. Si el establecimiento de Adán en el Jardín con Eva también aconteció en uno de los mundos de Lo Oculto entonces ese Jardín puede ser que pertenezca a dichos mundos y constituya un tipo de manifestación del Paraíso en el Más Allá que todavía ahora debe existir como «semilla». En lo que aquí tenemos que hacer hincapié es en las lecciones que Dios nos quiere enseñar con tales acontecimientos. Desde esta perspectiva, el Jardín puede que hubiese sido un reino donde los padres de la humanidad moraron durante un tiempo o fase que tenían que atravesar en su camino para convertirse en plenamente «humanos», a fin de poder residir en la Tierra.

38. También hay opiniones diferentes respecto al árbol prohibido. Cuando reflexionamos acerca de cómo Satanás tentó a Adán y a Eva —*¡Oh Adán! ¿Quieres que te lleve al árbol de la eternidad y un reino que nunca declinará?* (20:120)— y los inevitables resultados originados por haberse acercado al árbol prohibido (experimentar la dureza del trabajo, el hambre, la desnudez, la sed y la exposición al calor del Sol [20:117-119], y tras haber comido de él, les fueron reveladas sus partes pudendas [20:121]), podemos concluir que el árbol prohibido hace referencia al deseo humano de ganar eternidad a través de la descendencia, que luego sería permitido, o quizás a cierto tipo de comida o a algo que les hizo darse cuenta de su humanidad física y biológica con todas las necesidades, sentimientos y pasiones que ello conlleva. Podemos deducir que dicha prohibición era sólo temporal, como cuando se ayuna, se va al *Hayy* o durante el puerperio. Mas ellos se apresuraron y desobedecieron.

39. La palabra aquí traducida como malhechor es *zalim*, derivada de *zulm* que significa oscuridad. Es lo contrario de luz y es la razón o símbolo de la inexistencia en contraposición a la existencia. Por esta razón, se usa como un término coránico para los actos que causan el oscurecimiento y la extinción de las facultades del corazón («vista» y «oído» en el sentido de versículo 2:7). El rasgo principal de tales actos radica en transgredir los límites establecidos por la Religión y comportarse sin tomar en consideración el tiempo, el lugar y las condiciones. Al poseer un ámbito de uso muy amplio, puede extenderse desde colocar algo en el lugar incorrecto a adscribir copartícipes a Dios. Las personas se dañan ante todo a sí mismas cometiendo *zulm*. Esta es la razón por la cual el Corán señala que las personas se perjudican a sí mismas al transgredir los límites. El desliz mencionado en este versículo es de dicha naturaleza. (Esto quedará clarificado más aún en las palabras que Adán recibió de su Señor, explicadas en la nota 41, a continuación.)

40. Aunque Satanás es la encarnación del mal y siempre intenta causar mal a la vida humana, su creación no es dotada de ninguna particularidad maligna. Dios es el único Creador que crea todas las cosas y seres, junto a sus buenos o malos actos, y cualquier cosa que Él crea es buena ya sea en sí misma o en lo que a su resultado se refiere. Los ángeles nunca hacen el mal y Satanás nunca hace el bien, pero la humanidad ha sido dotada con la capacidad de hacer tanto el bien como el mal. Los humanos son responsables de usar y desarrollar su capacidad para obrar bien, resistir su potencial innato para obrar mal y encauzarla hacia lo que es bueno. Por ejemplo, la envidia puede encauzarse hacia la competitividad para hacer el bien; la obstinación puede convertirse en constancia en el camino de lo correcto y la verdad. Obrando bien y, especialmente, esforzándose contra las tentaciones de Satanás y el alma carnal que ordena el mal y contra la potencialidad que se posee para obrar mal, la persona evoluciona espiritualmente, mientras los grados o estaciones de los ángeles son fijos, ya que a ellos no les afecta la tentación de Satanás ni albergan tendencia maligna alguna que le haga frente. La inclusión de la creación del mal relativo —pues no hay nada absolutamente malo en la creación— es el vehículo del desarrollo espiritual, intelectual y científico en la vida humana. Por eso la creación de Satanás y de otros males aparentes no es mala. Contra el argumento de que tantas personas se desvían y tantos males surgen en la vida humana debido a las tentaciones de Satanás, se sugiere a los lectores que acudan a la analogía que figura en la nota 33. Ignorantes de esta importantísima verdad, los zoroástricos de Irán han atribuido la creación del mal a una segunda deidad; mientras que en la civilización islámica, los *mutazilitas* se la han atribuido a la propia humanidad.

Algunos piensan que Satanás es un ser que «cumple una función específica en el plan dispuesto por Dios», a saber, tentar a la humanidad para que puedan ejercer la libertad de elección que Dios les ha concedido. Por consiguiente, su rebelión es meramente aparente y tiene una importancia puramente simbólica como resultado de la función que le ha sido asignada. Ésta es una grave equivocación imposible de reconciliar con las declaraciones explícitas del Corán y, por lo tanto, inaceptable.

41. Mientras que eran Adán y su esposa aquellos que eran puestos a prueba en el Jardín, deducimos del uso coránico de la forma plural en idioma árabe usada en la orden, *¡Descended todos vosotros!* que la orden es recibida por más de dos personas: *Descended todos vosotros, (y en adelante viviréis una vida) siendo algunos de vosotros enemigos de otros*. Aquéllos a los que esta orden es dirigida debieron de ser Adán, Eva, Satanás y su futura descendencia.

42. Al contrario que Satanás, Adán no optó por defenderse con excusas por haber cometido su error. Más bien, sintió gran remordimiento y dispuso la posibilidad de ser perdonado. A cambio de su remordimiento, Dios Todopoderoso le inspiró unas palabras —*talaqqa*, aquí traducido como «recibió», tiene la connotación de «inspiración»— a través de las cuales, junto a su esposa, imploraron el perdón de Dios. Existe un consenso común por parte de la mayoría de los comentaristas del Corán, los cuales afirman que dichas palabras son las que figuran en el versículo 7:23 que indica: «¡Señor nuestro! ¡Hemos sido injustos con nosotros mismos, y si no nos perdonas y no tienes misericordia con nosotros, no cabe duda de que nos hallaremos entre los perdedores!».

Algunos (probablemente por influencia de narraciones de origen hebreo) han sostenido que fue Eva la que indujo a Adán a ser engañado por Satanás. Al ser esa la versión del Antiguo Testamento (Génesis, 3:1-6), la mujer era considerada como malvada y fue desgraciada durante la Edad Media a lo largo y ancho de la Cristiandad. El Corán presenta el evento centrado en Adán; por eso fue él quien recibió las palabras y, en mayor medida que Eva, tuvo que implorar el perdón de Dios, aunque ambos lo cometieran.

قُلْنَا اهْبِطُوا مِنْهَا جَمِيعًا فَاِمَّا يَأْتِيَنَّكُمْ مِنّى هُدًى فَمَنْ تَبِعَ
هُدَاىَ فَلَا خَوْفٌ عَلَيْهِمْ وَلَا هُمْ يَحْزَنُونَ ﴿٣٨﴾ وَالَّذِينَ كَفَرُوا
وَكَذَّبُوا بِاٰيَاتِنَا اُولٰئِكَ اَصْحَابُ النَّارِ هُمْ فِيهَا خَالِدُونَ ﴿٣٩﴾
يَا بَنٖى اِسْرَٓائِيلَ اذْكُرُوا نِعْمَتِىَ الَّتٖى اَنْعَمْتُ عَلَيْكُمْ وَاَوْفُوا بِعَهْدٖى
اُوفِ بِعَهْدِكُمْ وَاِيَّاىَ فَارْهَبُونِ ﴿٤٠﴾ وَاٰمِنُوا بِمَٓا اَنْزَلْتُ مُصَدِّقًا لِمَا
مَعَكُمْ وَلَا تَكُونُٓوا اَوَّلَ كَافِرٍ بِهٖ وَلَا تَشْتَرُوا بِاٰيَاتٖى ثَمَنًا قَلٖيلًا
وَاِيَّاىَ فَاتَّقُونِ ﴿٤١﴾ وَلَا تَلْبِسُوا الْحَقَّ بِالْبَاطِلِ وَتَكْتُمُوا الْحَقَّ
وَاَنْتُمْ تَعْلَمُونَ ﴿٤٢﴾ وَاَقٖيمُوا الصَّلٰوةَ وَاٰتُوا الزَّكٰوةَ وَارْكَعُوا مَعَ
الرَّاكِعٖينَ ﴿٤٣﴾ اَتَاْمُرُونَ النَّاسَ بِالْبِرِّ وَتَنْسَوْنَ اَنْفُسَكُمْ وَاَنْتُمْ
تَتْلُونَ الْكِتَابَ اَفَلَا تَعْقِلُونَ ﴿٤٤﴾ وَاسْتَعٖينُوا بِالصَّبْرِ وَالصَّلٰوةِ
وَاِنَّهَا لَكَبٖيرَةٌ اِلَّا عَلَى الْخَاشِعٖينَ ﴿٤٥﴾ اَلَّذٖينَ يَظُنُّونَ اَنَّهُمْ
مُلَاقُوا رَبِّهِمْ وَاَنَّهُمْ اِلَيْهِ رَاجِعُونَ ﴿٤٦﴾ يَا بَنٖى اِسْرَٓائٖيلَ اذْكُرُوا
نِعْمَتِىَ الَّتٖى اَنْعَمْتُ عَلَيْكُمْ وَاَنّٖى فَضَّلْتُكُمْ عَلَى الْعَالَمٖينَ ﴿٤٧﴾
وَاتَّقُوا يَوْمًا لَا تَجْزٖى نَفْسٌ عَنْ نَفْسٍ شَيْـًٔا وَلَا يُقْبَلُ
مِنْهَا شَفَاعَةٌ وَلَا يُؤْخَذُ مِنْهَا عَدْلٌ وَلَا هُمْ يُنْصَرُونَ ﴿٤٨﴾

وَاِذْ نَجَّيْنَاكُمْ

---

38. [43]Dijimos: «¡Descended todos de ahí!» (y ejecutamos Nuestra orden). Si de ahora en adelante, una guía (como un Libro a través de un Mensajero) os llega de Mí, todo aquel que siga Mi guía (y regrese a Mí con fe y adoración) no tendrá miedo (en esta vida ni en la próxima ya que encontrará Mi ayuda y apoyo junto a él) ni se afligirá.

39. Pero aquellos que no crean y nieguen Nuestros signos (los versículos del Libro de la guía revelado así como las señales de su mundo interno y externo que prueban Mi Existencia y Unidad y otros pilares de la fe) serán los compañeros del Fuego, donde morarán[44].

40. [45]¡Oh Hijos de Israel![46] Recordad Mi favor[47] que os otorgué, y cumplid Mi compromiso (que hice con vosotros a través de vuestros Profetas)[48] para que Yo cumpla vuestro compromiso[49], y reverencialmente temedme sólo a Mí (conscientes de Mi Poder y de que sois Mis siervos).

41. Creed en lo que he hecho descender (el Corán), confirmando lo que ya teníais (de la verdad), y no seáis los primeros en no creer en ello. Y (vosotros, escribas, siendo temerosos de perder vuestro estatus y el beneficio mundano procedente del mismo) no vendáis Mis Revelaciones por un precio nimio (tal y como los beneficios mundanos, el estatus y la notoriedad); y buscad refugio tan sólo en Mí a través de Mi veneración y la piedad.

42. No tergiverséis la verdad mezclándola con falsedad[50] y no ocultéis la verdad a sabiendas (del significado y el resultado de lo que hacéis, y a sabiendas de que lo que os esforzáis en ocultar es verdad y de que Muhammad es el Mensajero de Dios, cuya venida os ha sido anticipada)[51].

43. Estableced la Oración conforme a sus condiciones y pagad la Limosna Purificadora Prescrita (*Zakat*); e inclinaos (en la Oración, no formando una comunidad o congregación diferente, sino) junto a los que se inclinan (los musulmanes)[52].

44. ¿Ordenáis a la gente la piedad y la virtud, pero os olvidáis de vosotros mismos, (incluso) mientras que recitáis el Libro (y contempláis en el mismo órdenes, prohibiciones, exhortaciones y advertencias)? ¿Es que no vais a entender y entrar en razón?[53]

45. Buscad ayuda a través de la paciencia tenaz[54] (y ayuno, que requiere y habilita gran paciencia) y a través de la Oración. De hecho, la Oración es onerosa, pero no para aquellos que son humildes en su veneración a Dios:

46. Aquellos que se sienten como si siempre estuviesen en Presencia de su Señor, habiéndose encontrado con Él; y que tienen certeza de seguir el camino de regreso a Él[55].

47. ¡Oh Hijos de Israel! Recordad Mi favor con el que os he agraciado y como una vez os enaltecí por encima de todos los pueblos;

48. Y temed y esforzaros por guardaros del Día en el que (todos estarán buscando la manera de salvarse, y en el que) ningún alma pagará por otra, ni ninguna intercesión (como las comúnmente realizadas en el mundo, pero sin disfrutar del permiso ni la aprobación de Dios) será aceptada de ellas, ni se recibirá de las mismas compensación alguna, ni recibirán ayuda alguna.

---

43. La aceptación del arrepentimiento de Adán y Eva, tras haber suplicado perdón a Dios, no significa que el decreto de Dios por el cual descenderían a la Tierra no habría de llevarse a cabo. Más bien, significa que comenzarían su vida terrenal purificados de su error —inmaculados o sin «pecado original» alguno que se transmitiría a sus descendientes— tal y como todos los recién nacidos comienzan su vida libres del pecado. Es también un principio coránico —el cual es uno de los principios básicos legales— que *cada alma gana para su cuenta y ninguna alma soporta ni se le hará soportar con la carga de otra* (*sura* 6:164).

44. Con su maravillosa elocuencia y concisión, el Corán nos ha informado, en lo que a este *sura* concierne sobre la guía, la fe, el Islam, los pilares y sus principios esenciales. A continuación nos ha informado sobre la incredulidad, la hipocresía y los motivos de éstas, junto a una descripción de las diferentes cualidades de los creyentes, los incrédulos y los hipócritas. Luego, ha presentado pruebas decisivas y comprensivas, tanto del mundo interno de los seres humanos como del mundo exterior que les rodea, sobre la Existencia de Dios y Su Unidad, la Autoría Divina del Corán, la Misión Profética de Muhammad, la paz y las bendiciones sean con él, y acerca del Más Allá, el Paraíso y el Infierno. Ha explicado la naturaleza y el deber de la humanidad y cómo empezaron su vida terrenal. De esa manera, el Corán ha resumido sus propósitos principales antes de empezar a narrar la aventura terrenal de la humanidad y de las comunidades humanas e ilustrará esos propósitos con ejemplos históricos concretos. En los versículos 38 y 39, se extiende un lazo en el inicio del *sura* que lo une todo. Hace referencia directa a la guía mencionada al principio del *sura* con la guía referida en el versículo 38. Interpreta o amplía la prosperidad mencionada en el versículo 5 con la explicación que figura en el versículo 38: «... *no tendrá miedo (en esta vida ni en la próxima (ya que siempre encontrarán Mi ayuda y apoyo junto a ellos) ni se afligirá*». Asimismo, al declarar que los incrédulos y aquellos que niegan las Revelaciones de Dios y los signos serán los compañeros del Fuego donde morarán, nos recuerda los versículos 23 y 24, los cuales amenazan a los que niegan la Autoría Divina del Corán con el Fuego *cuyo combustible son los seres humanos y las piedras (con las que han moldeado ídolos para adorar).*

45. La historia de los Hijos de Israel narrada en el Corán es un ejemplo de la historia general de la humanidad o de todas las naciones. Es por esta razón, y por el significativo papel que los Hijos de Israel y sus descendientes desempeñarían en la historia futura del Islam y de la humanidad, por lo que el Corán hace notar ciertos aspectos de su historia.

Al presentar y alabar a los verdaderos creyentes al principio del *sura*, el Corán establece un puente con la historia de los pueblos de la antigüedad en el versículo, *Y aquellos que creen en lo que ha descendido sobre ti y en lo que descendió antes de ti (como la Tora, el Evangelio, los Salmos y los Manuscritos de Abraham)* (2:4). Este puente se alza por varias razones: por la importancia del papel que los Hijos de Israel desempeñaron en el pasado y desempeñarán en la historia futura de la humanidad; por la importante posición que los judíos disfrutaron en Medina durante el período de Medina de la Misión Profética de Muhammad, la paz y las bendiciones sean con él; y para advertir a la incipiente comunidad musulmana y a todos los musulmanes del futuro de no caer en la misma desviación y extravío en el que sucumbieron los Hijos de Israel. Por todas esas razones, el Corán narra los eventos importantes de la historia de los judíos, a la vez que les insta a creer en Muhammad y a ingresar en la comunidad musulmana.

46. «Israel» era un título del profeta Jacob, la paz sea con él, que significa «puro sirviente de Dios». En la historia musulmana, a los judíos se les denomina normalmente *Yahudi*, que significa «perteneciente a Yahuda» —Judá en el Antiguo Testamento—. Judá —*Yehudah* en hebreo— es el nombre de uno de los dos reinos que surgieron tras la división del reino del profeta Salomón después de su muerte, y toma su nombre de Judá, uno de los hijos del profeta Jacob, la paz sea con él. Según otra opinión, *Yahudi* no significa otra cosa que aquel que sigue la ley establecida por Judá, jurista israelita que vivió en el siglo II d. C. Los mismos judíos nombran su religión —Judaísmo— a partir de Judá. El Corán usa el término *Yahudi* para los enemigos de los musulmanes más severos entre los Hijos de Israel y aquellos de entre ellos que se consideran y se llaman a sí mismos *Yahudi* (6:82; 2:62). Refiriéndose a ellos como hijos de un Profeta y de un puro sirviente de Dios, el Corán quiere decir que se espera de ellos que crean en el profeta Muhammad, la paz y las bendiciones sean con él, y, por consiguiente, que cumplan su compromiso con Dios. Además, este uso establece un principio importante de buenos modales, sobre todo al llamar a las personas al Camino Recto, por el cual uno debe dirigirse a las personas con los títulos con los que les agrada ser llamados.

47. Aquí hay una referencia al favor mencionado en el *Sura al-Fatiha*. Cuando se emplea en sentido general, significa ser favorecido con la Religión, un Libro Divino, un Profeta, la guía y seguir el Camino Recto sin desviación. Aquí significa específicamente que Dios ha escogido a los Profetas y Mensajeros de entre los Hijos de Israel, les ha concedido un gran reino, les ha dado un Libro, les ha guiado al Camino Recto y les ha hecho habitar la Tierra que les prometió.

48. El compromiso realizado por Dios con los Hijos de Israel era que cuando un Mensajero viniese después de los Profetas, éstos creerían en él y le ayudarían. Por consiguiente, deberían de creer en el profeta Muhammad, la paz y las bendiciones sean con él, respecto al cual Dios había mencionado sus rasgos particulares y las buenas nuevas de su venida en el Libro que les había enviado, y al que conocían muy bien.

49. El compromiso de los Hijos de Israel —*vuestro compromiso* en el versículo— es que continuarían recibiendo Su favor si se reformaban y eran firmes en seguir Su senda después de tantas calamidades con las que fueron castigados por sus rebeliones y transgresiones.

Respecto al compromiso entre Dios y los Hijos de Israel, véase también 17:4-8.

50. Sobre el modo en que los Hijos de Israel tergiversaron la verdad mezclándola con la falsedad, véase 2:71, 79, 140, 174, 179; 3:167; 4:13, 46; 5:106. (Efectuaron añadidos o cambios en el Libro y luego se los atribuyeron a Dios. Malinterpretaron las palabras del Libro a propósito y ocultaron las verdades que creían que no servían a sus propósitos. Asimismo, tergiversaron la verdad a través de falso testimonio y el juicio erróneo).

51. Elmalılı Hamdi Yazır (1877-1942), uno de los más grandes comentaristas musulmanes del Corán, hizo el siguiente comentario respecto al acto de tergiversar la verdad mezclándola con la falsedad:

> Si no fuera por otro versículo referido a este asunto, este versículo por sí sólo

bastaría para enseñarnos cómo debemos actuar en lo relativo a la traducción y la interpretación del Corán, así como en otros asuntos similares de las ciencias religiosas. No debe olvidarse nunca la importancia de conservar el Corán en su forma original, y que asimismo su traducción, interpretación o comentario en cualquier otra lengua nunca podrá reemplazar ni sustituir al Corán. Debemos evitar expresiones tales como el Corán turco o el Corán persa. No importa en cuántos idiomas sea traducido el Corán o en cuántos idiomas es interpretado o comentado, pues nada de eso puede ser el Corán ni puede sustituirlo. Dios Todopoderoso declara explícitamente: *No tergiverséis la verdad mezclándola con la falsedad.* (Yazır, 1:336).

Este punto debe ser considerado por encima de todo en referencia a las controversias sobre si las versiones existentes de las antiguas Escrituras son (o pueden ser) exactamente iguales a sus originales. Como es bien conocido, las antiguas Escrituras no fueron conservadas en su lengua original y tan sólo existen de ellas traducciones.

52. El Corán no ordena a los Hijos de Israel que lleven a cabo su Oración, la cual carece del ritual de la inclinación —pues debieron de haberla cambiado a lo largo de su extensa historia—, sino la Oración que Dios enseñó a los musulmanes a través del profeta Muhammad, la paz y las bendiciones sean con él. El Corán llama la atención particularmente a la inclinación (*ruku'*) en la Oración. Esto nos indica, pues, que la inclinación posee una importancia especial en la Oración, pues debido a la misma, todos los ciclos de la Oración se denominan *rak'ah*, palabra derivada de la misma raíz que *ruku'*. Además, el versículo alude a la importancia de establecer la Oración Prescrita en congregación, la cual es un medio y una expresión de la solidaridad y la unidad de los musulmanes. Ésta es una advertencia contra el hecho de constituir congregaciones separadas en base a diferencias de opinión en asuntos legales de índole menor u otros asuntos secundarios. El versículo también invita a los Hijos de Israel a unirse a la comunidad musulmana. Podemos deducir a partir de este versículo que han pasado a pecar por su negligencia respecto a los deberes de la Oración y de la Limosna Purificadora Prescrita (*Zakat*). Este último es un impuesto fijo proporcional al valor de propiedad o riqueza que sobrepasa un cierto mínimo y su debido desembolso y empleo está decretado en el *sura* 9:60.

53. Imponer la piedad a los demás olvidándose de uno mismo significa exponerse a sabiendas a la perdición y al consentimiento del castigo. No actuar de acuerdo con el consejo que se le da a los demás equivale a contradecirse a sí mismo y a degradar el conocimiento y la autoridad sobre la que se basa dicho consejo. Obviamente, tiene poco o ningún efecto en los demás recomendarles y ordenarles lo que uno mismo no hace. Por lo tanto, ordenar el bien a los demás sin hacerlo es una absoluta estupidez y una incoherencia.

Al igual que los antiguos Profetas de Israel que amonestaban y reprendían a su pueblo, en los Evangelios contemplamos también cómo el profeta Jesús, la paz sea con él, se dirigía a muchos de los rabinos de su época con palabras más duras que las del Corán. Por ejemplo:

> ¡Generación de víboras! ¿Cómo podéis hablar de lo bueno, siendo malos? Porque de la abundancia del corazón habla la boca. El hombre bueno, del buen tesoro del corazón saca buenas cosas; y el hombre malo, del tesoro de maldad saca malas cosas (*Mateo*, 12:34-35).

> ... diciendo: En la cátedra de Moisés se sientan los escribas y los fariseos. Así que, todo lo que os digan que guardéis, guardadlo y hacedlo; mas no lo hagáis conforme a sus obras, porque dicen, y no hacen. Porque atan cargas pesadas y difíciles de llevar, y las ponen sobre los hombros de los hombres; pero ellos ni con un dedo quieren moverlas. Antes, hacen todas sus obras para ser vistos por los hombres. Pues ensanchan sus filacterias, y extienden los flecos de sus mantos; y aman los primeros asientos en las cenas, y las primeras sillas en las sinagogas, y las salutaciones en las plazas, y que los hombres los llamen: Rabí,

Rabí. Pero vosotros no queráis que os llamen Rabí; porque uno es vuestro Maestro, el Cristo, y todos vosotros sois hermanos.

Mas, ¡ay de vosotros, escribas y fariseos, hipócritas! porque cerráis el Reino de los Cielos delante de los hombres; pues ni entráis vosotros, ni dejáis entrar a los que están entrando. ¡Ay de vosotros, escribas y fariseos, hipócritas! porque devoráis las casas de las viudas, y como pretexto hacéis largas oraciones; por esto recibiréis mayor condenación. ¡Ay de vosotros, escribas y fariseos, hipócritas! porque recorréis mar y tierra para hacer un prosélito, y una vez hecho, le hacéis dos veces más hijo del infierno que vosotros. ¡Ay de vosotros, guías ciegos! que decís: Si alguno jura por el templo, no es nada; pero si alguno jura por el oro del templo, es deudor. ¡Ay de vosotros, escribas y fariseos, hipócritas! porque diezmáis la menta y el eneldo y el comino, y dejáis lo más importante de la ley: la justicia, la misericordia y la fe. Esto era necesario de hacer, sin dejar de hacer aquello.

¡Fariseo ciego! Limpia primero lo de dentro del vaso y del plato, para que también lo de fuera esté limpio. ¡Ay de vosotros, escribas y fariseos, hipócritas! porque sois semejantes a sepulcros blanqueados, que por fuera, a la verdad, se muestran hermosos, mas por dentro están llenos de huesos de muertos y de toda inmundicia... ¡Ay de vosotros, escribas y fariseos, hipócritas! porque edificáis los sepulcros de los profetas, y adornáis los monumentos de los justos, y decís: Si hubiésemos vivido en los días de nuestros padres, no hubiéramos sido sus cómplices en la sangre de los profetas. Así que dais testimonio contra vosotros mismos, de que sois hijos de aquellos que mataron a los profetas. ¡Vosotros también llenad la medida de vuestros padres! ¡Serpientes, generación de víboras! ¿Cómo escaparéis de la condenación del Infierno? (*Mateo*, 23:2–8; 13–16, 23, 26–27, 29, 31–33).

Las advertencias del Corán no se hallan tan sólo dirigidas a los eruditos y principales representantes de una religión en concreto; sino que también están dirigidas a todos aquellos que representan a una religión celestial, incluyendo, a los eruditos musulmanes.

54. Puede decirse que la paciencia es la mitad del Islam, siendo la otra mitad el agradecimiento. La paciencia que se muestra justo en el instante en que el infortunio aparece es la verdadera paciencia. En cuanto a las situaciones que la requieren, la paciencia puede dividirse en las siguientes categorías:

- soportar las dificultades en el cumplimiento del deber de servidumbre a Dios o la constancia en la realización de los actos regulares de adoración;
- resistir las tentaciones de pecar provenientes del alma carnal y de Satanás;
- soportar las calamidades celestiales o terrenales, lo cual conlleva resignación ante el decreto Divino;
- constancia en el seguimiento del Camino Recto sin desviarse a pesar de las atracciones mundanas y las distracciones;
- no mostrar prisa en perseguir las esperanzas o planes que albergamos cuando éstos requieren cierto tiempo para cumplirse.

El ayuno, al prohibir al alma carnal las cosas que más ama —los actos de comer, beber y las relaciones sexuales, así como la mentira, la difamación y el chismorreo— fortalece e intensifica la fuerza de voluntad del creyente. Por lo tanto, el ayuno, como deber de devoción, ha llegado a ser considerado como idéntico a la paciencia. Por esta razón, el significado de «paciencia» en el versículo incluye el ayuno.

55. La guía Divina está basada en la compasión, el conocimiento, la evidencia, la lógica, el razonamiento, la advertencia, la buena nueva y el ejemplo. En este punto, de nuevo, el Corán se refiere al principio del *sura*: relaciona el tema aquí con la fe, establecer la Oración Prescrita, pagar la Limosna Purificadora, dedicar las propiedades a la causa de Dios, adorar a Dios así como con el Más Allá —todo lo cual ya fue tratado al principio—. Volviendo a narrar la historia de los Hijos de Israel y los favores que Dios les concedió, el Corán continúa enviando sus exhalaciones de orientación a sus mentes y corazones.

49. Y (recordad) que os salvamos del clan (la corte y la aristocracia militar) del Faraón[56], que os infligía el más perverso sufrimiento (esclavizándoos con tareas tan agobiantes como la construcción, el transporte y la agricultura[57]), matando a vuestros hijos y dejando vivir a vuestras mujeres (para más humillación y sufrimiento). En ello hubo una dolorosa prueba de vuestro Señor[58].

50. Y recordad cuando (tras años de esfuerzo en pos de escapar de Egipto, habíais apenas alcanzado el mar con el ejército del Faraón persiguiéndoos de cerca y) separamos el mar para vosotros y os salvamos, y (como pura gracia proveniente de Nosotros y en la que no participasteis) hicimos que el clan del Faraón se ahogase mientras mirabais.

51. Y cuando, en otra ocasión, emplazamos con Moisés cuarenta noches[59], entonces (durante el tiempo en que Moisés estuvo en el Monte Sinaí), adoptasteis al becerro de oro como deidad y lo adorasteis en su ausencia; y os perjudicasteis a vosotros mismos con la más atroz de las ofensas.

52. Luego (a pesar de que adoptar otra deidad diferente a Dios es un pecado imperdonable, aceptamos vuestra expiación y) os perdonamos tras eso, para que pudierais (reconocer Nuestros numerosos y grandes favores para con vosotros y) agradecer (creyendo en Dios y adorándole sólo a Él, llevando a cabo Sus órdenes).

53. Y (recordad) cuando concedimos a Moisés (mientras estuvo en el Monte Sinaí durante cuarenta noches) el Libro[60] y el Criterio (para distinguir entre la verdad y la falsedad, y el conocimiento y el poder de juicio para ponerlo en vigor)[61]

وَاِذْ نَجَّيْنَاكُمْ مِنْ اٰلِ فِرْعَوْنَ يَسُومُونَكُمْ سُوٓءَ الْعَذَابِ
يُذَبِّحُونَ اَبْنَٓاءَكُمْ وَيَسْتَحْيُونَ نِسَٓاءَكُمْ وَفٖي ذٰلِكُمْ بَلَٓاءٌ
مِنْ رَبِّكُمْ عَظٖيمٌ ﴿٤٩﴾ وَاِذْ فَرَقْنَا بِكُمُ الْبَحْرَ فَاَنْجَيْنَاكُمْ وَاَغْرَقْنَٓا
اٰلَ فِرْعَوْنَ وَاَنْتُمْ تَنْظُرُونَ ﴿٥٠﴾ وَاِذْ وٰعَدْنَا مُوسٰٓى اَرْبَعٖينَ
لَيْلَةً ثُمَّ اتَّخَذْتُمُ الْعِجْلَ مِنْ بَعْدِهٖ وَاَنْتُمْ ظَالِمُونَ ﴿٥١﴾ ثُمَّ
عَفَوْنَا عَنْكُمْ مِنْ بَعْدِ ذٰلِكَ لَعَلَّكُمْ تَشْكُرُونَ ﴿٥٢﴾ وَاِذْ اٰتَيْنَا
مُوسَى الْكِتَابَ وَالْفُرْقَانَ لَعَلَّكُمْ تَهْتَدُونَ ﴿٥٣﴾ وَاِذْ قَالَ
مُوسٰى لِقَوْمِهٖ يَا قَوْمِ اِنَّكُمْ ظَلَمْتُمْ اَنْفُسَكُمْ بِاتِّخَاذِكُمُ
الْعِجْلَ فَتُوبُٓوا اِلٰى بَارِئِكُمْ فَاقْتُلُٓوا اَنْفُسَكُمْ ذٰلِكُمْ خَيْرٌ
لَكُمْ عِنْدَ بَارِئِكُمْ فَتَابَ عَلَيْكُمْ اِنَّهُ هُوَ التَّوَّابُ الرَّحٖيمُ ﴿٥٤﴾
وَاِذْ قُلْتُمْ يَا مُوسٰى لَنْ نُؤْمِنَ لَكَ حَتّٰى نَرَى اللّٰهَ جَهْرَةً
فَاَخَذَتْكُمُ الصَّاعِقَةُ وَاَنْتُمْ تَنْظُرُونَ ﴿٥٥﴾ ثُمَّ بَعَثْنَاكُمْ
مِنْ بَعْدِ مَوْتِكُمْ لَعَلَّكُمْ تَشْكُرُونَ ﴿٥٦﴾ وَظَلَّلْنَا عَلَيْكُمُ
الْغَمَامَ وَاَنْزَلْنَا عَلَيْكُمُ الْمَنَّ وَالسَّلْوٰى كُلُوا مِنْ طَيِّبَاتِ
مَا رَزَقْنَاكُمْ وَمَا ظَلَمُونَا وَلٰكِنْ كَانُٓوا اَنْفُسَهُمْ يَظْلِمُونَ ﴿٥٧﴾

para que pudieseis ser guiados a la verdad y cumplirla[62].

54. [63]Y cuando Moisés dijo a su pueblo: «Pueblo mío, ciertamente os habéis perjudicado a vosotros mismos adoptando el becerro de oro como deidad; así que encomendaros en arrepentimiento a vuestro Santo Creador (que se halla indiscutiblemente por encima de tener copartícipe alguno) y matad a aquellos de entre vosotros que hayan cometido esa gran ofensa, purificándoos así de ese tremendo pecado[64]. Eso será mejor para vosotros ante vuestro Santo Creador, y Él aceptará vuestro arrepentimiento y os perdonará. Sin duda, Él es Quien acepta el arrepentimiento y lo corresponde con generoso perdón y recompensa adicional, el Compasivo (especialmente hacia Sus siervos creyentes)»[65].

55. Y (a pesar de todo lo que había ocurrido y de las señales manifiestas de vuestro Señor que presenciasteis durante muchos años, llegó un momento) cuando dijisteis: «Moisés, nunca creeremos en ti (si los mandamientos que has traído son realmente de Dios) hasta que no veamos a Dios de manera manifiesta y evidente (hablándote)». Entonces, el rayo (que visteis venir inesperadamente) os fulminó. Inmóviles, cual muertos, mirabais[66].

56. Luego, tras este estado semejante a la muerte (y vuestra muerte espiritual), os revivificamos (haciendo que os recuperaseis de ese estado semejante a la muerte) para que pudierais agradecer.

57. Y (puesto que sin ayuda no habríais podido sobrevivir en el desierto sin resguardo y comida) hicimos que la nube (que visteis como había sido asignada para vosotros) os diese sombra e hicimos descender sobre vosotros el maná y las codornices: «Comed de las cosas puras y sanas con las que os hemos proveído». Aun así, (infringiendo las leyes y negándose a obedecer incluso las órdenes sobre esos alimentos) no Nos perjudicaron, sino que se perjudicaron a ellos mismos[67].

56. Cuando el profeta José, la paz sea con él, fue llevado a Egipto como esclavo, el pueblo de los Hicsos originario del Cercano Oriente gobernaba el Bajo Egipto. Eran árabes del noroeste o una mezcolanza de árabes y asiáticos que llegaron a Egipto desde Siria entre 1720 y 1710 a. C. y subyugaron el Reino Medio. Los historiadores musulmanes les llamaron al-Amalik. A partir de la época de José (aproximadamente a mediados del S.VII a. C.), la Religión Divina de los Hijos de Israel (el profeta Jacob) se hizo predominante y detentaron la autoridad sobre Egipto (*sura* 5:20). Sin embargo, dos siglos después, los nativos coptos tomaron el poder. Sus reyes fueron llamados faraones. Tal y como figura en el Corán, el Faraón gobernó Egipto con su clan, ejército y una aristocracia privilegiada. Lo que el Corán quiere decir con *Al-i Fir'awn* consiste en dicha oligarquía dominante.

57. Para una descripción de este período histórico véase La Biblia, *Éxodo*, 1:11-14.

58. El Corán usa el término *bala'* (prueba) para denominar la atormentada vida de los Hijos de Israel en Egipto. Dios pone a prueba a las personas tanto con lo bueno como con lo malo. Cuando pone a prueba con lo bueno —como el éxito, la riqueza, la posición elevada y la belleza física—, se precisa gratitud con Dios y atribuírselo todo a Él. Cuando pone a prueba con lo malo —tal y como el infortunio, la enfermedad o la pobreza—, se precisa paciencia sin protesta. Esto, sin embargo, no significa que el que es afligido por un mal no debe intentar escapar de él. El hecho de ser puesto a prueba con un mal es normalmente el resultado de haber cometido un pecado. Por lo cual, también precisa arrepentimiento y la búsqueda del perdón. Cuando un creyente es puesto a prueba con lo bueno o lo malo, esto es bueno en relación a su consecuencia, siempre que se responda con gratitud en el primer caso y con paciencia sin protesta en el último. Además de ser de utilidad con respecto a encontrar el perdón del pecado cometido y aportar bondad adicional, la prueba hace que la persona afectada se halle a salvo de concepciones, creencias y afirmaciones erróneas, a la vez que le hace madurar y le perfecciona. La prueba de los Hijos de Israel tuvo como resultado escapar de una vida de tormento en Egipto y ser favorecidos con la guía Divina y con un gran reino.

59. La noche (por ser más silenciosa y tener menos distracciones que el día) es particularmente favorecida para el viaje espiritual hacia

Dios. Leemos en el Corán que al Último Mensajero de Dios, la paz y las bendiciones sean con él, le era ordenado que velase largos tiempos por la noche, sobre todo al principio de su misión, ya que la noche es más conveniente para la oración, las vigilias nocturnas son más dignas de admiración, y la recitación durante las mismas es más certera y justa (73:2-6; 76:26). El viaje milagroso del Mensajero a Jerusalén y su Ascensión tuvieron lugar por la noche también.

60. El Libro que contenía luz, orientación, misericordia y la solución a todos los problemas con los que se enfrentarían. Véase 5:44; 6:91, 154; 7:145.

61. La palabra traducida como «el Criterio para distinguir entre la verdad y la falsedad, y el conocimiento y la facultad de juicio para ponerlo en vigor» es *al-Furqan*, ya que es el medio para distinguir la verdad de la falsedad, lo correcto de lo incorrecto y lo lícito de lo ilícito. En otro versículo (8:29), el Corán declara que si aquellos que creen cumplen su deber para con Dios en sumo temor y respeto para merecer Su protección, Él les asignará un *furqan*. Esto significa un sentido interno o facultad de visión, discernimiento, inspiración y poder de juicio para distinguir entre lo correcto y lo incorrecto. *Al-Furqan* es también uno de los títulos del Corán. El Mensajero de Dios dijo: «He recibido el Corán y su símil junto con él» (Abu Davud, «Sunna», 5). Su «símil» se refiere a la *Sunna* del Mensajero. Además de otras funciones varias, la Sunna interpreta el Corán. Para entender el Corán de modo correcto y total, sobre todo sus mandatos, dependemos necesariamente de la *Sunna*. Por esta razón, al poder ser la *Sunna* un *furqan*, el *Furqan* concedido al profeta Moisés, la paz sea con él, puede que sea su *Sunna*, en el sentido del criterio por el cual se puede practicar el Libro en la vida diaria.

62. El versículo anterior concluye con la necesidad de dar gracias —un concepto integral que incluye el acto de llevar a cabo las órdenes de Dios y abstenerse de Sus prohibiciones— por el perdón tras la apostasía y la vuelta al *tawhid*, mientras que este versículo, que menciona que Dios dio a Moisés el Libro y el *Furqan*, concluye con ser guiado a la verdad y cumplirla. Esto señala a un hecho muy significativo: la única manera de encontrar el Camino Recto y seguirlo sin desviarse es obedeciendo el Libro según el *Furqan* —el Criterio Divino—. El concepto incluye tanto los mandatos Divinos contenidos en el Libro como el criterio para aplicarlos, a saber, la Shari'a. Las reglas y los principios de la Shari'a son el baluarte de la religión. Es también la Shari'a la que determina los límites y principios de los caminos espirituales que llevan a Dios. Cualquier viaje espiritual o esotérico que infrinja sus límites acaba en una ciénaga de extravío. Vale la pena señalar el hecho de que «Tora» significa «ley».

63. En los últimos versículos, el Corán ha resumido la historia de los Hijos de Israel, desde su vida de esclavitud en Egipto hasta cuando a Moisés le fue concedido el Libro y el *Furqan* en el Monte Sinaí, recordándoles los favores que Dios les dio en el pasado. Les ha invitado a creer en el profeta Muhammad, la paz y las bendiciones sean con él, sobre quien la Biblia dice que se parece al profeta Moisés (*Deuteronomio*, 18:18; véase también la introducción al *Sura al-Qasas*), y a reformarse para seguir el Camino Recto. En este punto, aborda ciertos detalles y menciona eventos determinados para fortalecer su ánimo y dar mayor satisfacción a las mentes y a los corazones. Siguiendo estos eventos, podemos apreciar cómo el Corán basa todos los temas que trata en la creencia en Dios, en el Mensajero y en el Día del Juicio Final, y sobre la devoción y las buenas acciones.

64. Tras numerosos años azarosos, el profeta Moisés, creyendo que su pueblo había alcanzado la cota que indicaba que podían formar una comunidad civilizada sobre la base de las leyes Divinas, partió hacia el Monte Sinaí para recibir la Tora. Sin embargo, los Hijos de Israel adoptaron como deidad un becerro —que uno de ellos (llamado as-Samiriyy en el Corán) elaboró con alhajas— y empezaron a adorarlo. Esto demostró que la creencia en Dios como único Señor digno de ser adorado no se hallaba

todavía arraigada en sus corazones y que todavía estaban cautivados por las impresiones que habían recibido en Egipto, en donde la vaca era una de las deidades. Moisés pospuso la aplicación de la Tora e intentó suprimir ese levantamiento doctrinal. Les ordenó que «matasen a aquellos de ellos que habían cometido esa enorme ofensa, a fin de purificarse de ese tremendo pecado». Algunos comentaristas son de la opinión de que esa orden significaba que matasen a sus almas carnales, que les ordenaban el mal, a fin de reformarse. Sin embargo, pudo ser que hubiese surgido un conflicto interno entre aquellos que permanecieron fieles a la Unidad Divina y los apostatas, y Moisés ordenase que se matase a esos últimos. (Véase también la nota 70). El acto de matar las almas carnales que ordenan el mal puede ser una consecuencia de esto. La Biblia se encuentra repleta de relatos sobre castigos tales como matanzas, destierros, malaria o peste bubónica que acaecieron como retribución por ciertos pecados graves. Se narra que mataron 3.000 personas por adorar el ternero (*Éxodo*, 32:28).

65. En los versículos anteriores, Dios hace referencia a Sus favores empleando el pronombre «Nosotros». Este versículo muestra las órdenes del profeta Moisés, la paz sea con él, a su pueblo. Indica que después de recibir el Libro y el *Furqan*, Moisés se convirtió en un «Profeta-gobernante». La orden de Moisés, *matad a aquellos de entre vosotros que hayan cometido esa gran ofensa, purificándoos así de ese tremendo pecado*, tal y como figura en el Corán, marca este cambio.

66. Tal vez para pedirle a Dios que no infligiera otro gran castigo a su pueblo por haber tomado el becerro como deidad, Moisés, la paz sea con él, escogió a setenta personas de su pueblo y las condujo al Monte Sinaí (7:155). Quiso que ellos pudieran dar testimonio de las órdenes de Dios para convencer a su pueblo del origen Divino de dichas órdenes. Aunque el Omnipotente no habló con ellos directamente, fueron testigos de los signos manifiestos y convincentes de que Dios le estaba revelando a Moisés Sus órdenes (Yazır, 4:2292-2293). A pesar de esto, exigieron ver a Dios de modo pleno y evidente hablando a Moisés, la paz sea con él. Por lo que, acto seguido, el rayo les fulminó.

Aunque fueron setenta las personas, o algunas de entre ellas, que formularon la mencionada exigencia y que con motivo de ello el rayo les fulminó, ya que representaban a todo el pueblo y el mismo pueblo se hallaba con ganas de la misma desviación, el Corán atribuye tal ofensa a los Hijos de Israel en su totalidad. Si los deberes colectivos que atañen a toda la comunidad y que han de ser cumplidos por al menos un grupo de personas responsables son totalmente abandonados, el castigo revierte sobre la comunidad en su conjunto. El versículo, *Y guardaros de una prueba que no sólo afligirá a aquellos que de vosotros que se hallan inmersos en la consecución de pecados; y sabed que Dios es severo en la retribución* (8:25), hace referencia a este hecho. Por esa razón, la elite de cualquier movimiento islámico debe inspeccionarse así como examinar y escudriñar sus acciones continuamente más que los demás.

67. Dios concedió a los Hijos de Israel los tres favores mencionados aquí durante muchos años en el desierto. Una nube les proporcionaba constantemente sombra, las codornices descendían de los Cielos dondequiera que estuviesen por la tarde y el maná caía en abundancia por la mañana. A pesar de esto, y a pesar de que el maná y las codornices acontecían el sexto día de la semana en cantidad doble a la de los demás días —pues tenían prohibido trabajar el séptimo día (el Sabbat) y no podían recogerlos—, muchos de ellos salieron a recoger las codornices y el maná ese día. Asimismo, aunque se les ordenó que no dejasen la comida que habían recogido por la tarde para el otro día, algunos la dejaron y se estropeó, y otros recogieron más de lo que necesitaban (*Éxodo*, 16:4-31). Además de para otros sabios propósitos, estos mandamientos tenían como objetivo purificar sus corazones de atributos perversos tales como la avaricia, el acaparamiento y el egoísmo, a fin de perfeccionarlos moral y espiritualmente.

وَاِذْ قُلْنَا ادْخُلُوا هٰذِهِ الْقَرْيَةَ فَكُلُوا مِنْهَا حَيْثُ شِئْتُمْ
رَغَدًا وَادْخُلُوا الْبَابَ سُجَّدًا وَقُولُوا حِطَّةٌ نَغْفِرْ لَكُمْ
خَطَايَاكُمْ وَسَنَزِيدُ الْمُحْسِنِينَ ﴿٥٨﴾ فَبَدَّلَ الَّذِينَ ظَلَمُوا
قَوْلًا غَيْرَ الَّذِي قِيلَ لَهُمْ فَاَنْزَلْنَا عَلَى الَّذِينَ ظَلَمُوا
رِجْزًا مِنَ السَّمَاءِ بِمَا كَانُوا يَفْسُقُونَ ﴿٥٩﴾ وَاِذِ اسْتَسْقٰى
مُوسٰى لِقَوْمِهِ فَقُلْنَا اضْرِبْ بِعَصَاكَ الْحَجَرَ فَانْفَجَرَتْ
مِنْهُ اثْنَتَا عَشْرَةَ عَيْنًا قَدْ عَلِمَ كُلُّ اُنَاسٍ مَشْرَبَهُمْ كُلُوا
وَاشْرَبُوا مِنْ رِزْقِ اللّٰهِ وَلَا تَعْثَوْا فِي الْاَرْضِ مُفْسِدِينَ ﴿٦٠﴾
وَاِذْ قُلْتُمْ يَا مُوسٰى لَنْ نَصْبِرَ عَلٰى طَعَامٍ وَاحِدٍ فَادْعُ لَنَا
رَبَّكَ يُخْرِجْ لَنَا مِمَّا تُنْبِتُ الْاَرْضُ مِنْ بَقْلِهَا وَقِثَّائِهَا
وَفُومِهَا وَعَدَسِهَا وَبَصَلِهَا قَالَ اَتَسْتَبْدِلُونَ الَّذِي هُوَ
اَدْنٰى بِالَّذِي هُوَ خَيْرٌ اِهْبِطُوا مِصْرًا فَاِنَّ لَكُمْ مَا سَاَلْتُمْ
وَضُرِبَتْ عَلَيْهِمُ الذِّلَّةُ وَالْمَسْكَنَةُ وَبَاؤُ بِغَضَبٍ مِنَ اللّٰهِ
ذٰلِكَ بِاَنَّهُمْ كَانُوا يَكْفُرُونَ بِاٰيَاتِ اللّٰهِ وَيَقْتُلُونَ
النَّبِيِّنَ بِغَيْرِ الْحَقِّ ذٰلِكَ بِمَا عَصَوْا وَكَانُوا يَعْتَدُونَ ﴿٦١﴾

اِنَّ الَّذِينَ

58. Y recordad (después de haber vagado por el desierto, cómo os guiamos a una ciudad) cuando ordenamos: «Entrad en esta ciudad y comed (de las frutas) de ella hasta hartaros[68]. Entrad (no de diferentes maneras con el objetivo de saquear y masacrar a sus habitantes) por su puerta humildemente y en total sumisión a Dios. Decid palabras implorando el perdón y la lealtad hacia Él[69] para que perdonemos vuestras fechorías». Aumentaremos la recompensa para aquellos que se dedican a hacer el bien, conscientes de que Dios les está contemplando.

59. Entonces los que persistieron en hacer el mal cambiaron lo que se les había dicho (respecto a la humildad, suplicar el perdón, la sumisión y la lealtad) por otras palabras (y actuaron de modo contrario a lo que se les ordenó). Por lo que hicimos descender sobre aquellos que obraron mal una plaga del Cielo porque transgredían continuamente[70].

60. De nuevo (recordad) cuando Moisés (en una ocasión en la que su pueblo se quedó sin agua en el desierto) suplicó por agua para su pueblo, y le dijimos: «¡Golpea la piedra con tu vara!». (En cuanto la hubo golpeado), brotaron de ella doce manantiales. Cada tribu supo dónde debía beber[71]. Comed y bebed de lo que Dios ha proveído y no andéis por la Tierra obrando perversamente, causando desorden y corrupción.

61. Y (recordad) cuando dijisteis: «Moisés, ya no vamos a soportar una sola clase de alimento. Pide a tu Señor por nosotros que haga brotar para nosotros todo lo que la tierra produce —sus legumbres, sus pepinos, sus cereales, sus lentejas y sus cebollas—». Él (Moisés) respondió: «¿Tomaréis lo que es más bajo a cambio de lo que es mejor? Regresad de vuelta a Egipto (o a una ciudad); ahí encontraréis ciertamente lo que pedís»[72]. Entonces (al final), la ignominia y la miseria se cernió sobre ellos, y se ganaron la ira (un humillante castigo) de Dios. Eso fue porque no creyeron de manera persistente en Nuestras Revelaciones, rechazaron Nuestros signos (a pesar de observarlos continuamente en sus vidas) y mataron a los Profetas contra todo derecho. Todo ello fue porque desobedecieron y siguieron traspasando los límites (de la Ley)[73].

68. Hay una conexión clara entre la orden de este versículo y la orden prescrita a Adán (2:35): *Mora con tu esposa en el Jardín y comed (de las frutas) hasta hartaros donde queráis*.

69. No se sabe con seguridad (tanto en el Corán como en la Biblia) de qué ciudad se trata. Al relatar eventos históricos, el Corán se concentra en las lecciones que se han de aprender de los mismos, en vez de en los detalles relativos al lugar, el tiempo o los individuos involucrados. Lo que es de importancia aquí es que, al entrar triunfalmente en una población tras una batalla o con el objetivo de establecerse, se ha de entrar con humildad —al igual que hizo nuestro Profeta al entrar en Medina durante la *Hégira* y en La Meca cuando la conquistó— alabando, glorificando y dando gracias a Dios, con fiel sumisión a Sus órdenes y buscando Su perdón por nuestros pecados, no pensando en cometer pillaje y efectuar masacres entre la población. Las órdenes mencionadas en la Biblia (Levítico, 25, 26; Números, 15:1-41) que se debían de llevar a cabo, tal y como guardar los sábados y ofrecer sacrificios al Señor, son de la misma importancia. Más allá de esas órdenes está la conciencia de que Dios nos está observando y, por consiguiente, hemos de hacer el bien con la mayor sinceridad y diligencia. Dios exhorta a los creyentes a obrar en este nivel de conciencia espiritual.

70. La plaga venida del Cielo fue probablemente la peste bubónica, durante la cual, según la Biblia, murieron 14.700 personas (*Números*, 16:46-49). El Corán describe una peste de causas desconocidas como una plaga venida del Cielo a modo de represión del levantamiento que ocurrió contra las órdenes proféticas. Esto nos enseña a contemplar las calamidades (ya sea las que nos golpean a nivel individual o a nivel colectivo) desde el punto de vista de sus causas reales y de la sabiduría Divina que contienen en lugar de considerarlas desde sus aparentes causas «naturales». Dichas plagas aparecen como resultado de nuestra negligencia respecto a las leyes de Dios que gobiernan nuestras vidas religiosas y «naturales» y como resultado de nuestra trasgresión de los límites establecidos por Él. El gran estudioso Hamdi Yazır subraya lo siguiente:

> Dios el Todopoderoso es el Poseedor de Majestad suficientemente poderoso para arrancar las montañas y hacer que se desplomen sobre las cabezas de la gente. Puede cambiar en un instante la fuerza de gravedad establecida entre las cosas y los objetos. Aquellos dotados de algún sentido no deben olvidar la gran e irresistible fuerza que puede desencadenar un terremoto o una erupción volcánica. Algunos piensan que dichos acontecimientos no tienen nada que ver con las trasgresiones de la humanidad. Eso es un error manifiesto. A pesar de que no se puede decir que todos esos acontecimientos son de naturaleza punitiva, todos ellos están ciertamente ligados a la vida y a las acciones de los seres humanos (Yazır, 4:2322).

La función y la dignidad de la humanidad como vicerregente exigen que eso sea así.

71. La vara de Moisés fue un medio para muchos de sus milagros. El agua que brotó de la roca fue uno de esos milagros. Dicha roca todavía puede encontrarse en el monte Sinaí y es visitada por los fieles. En ella se pueden apreciar los signos de las grietas y hendiduras provocadas por los manantiales (Al-Mawdudi, 1, Nota Núm. 75).

> A través de este milagro el Todopoderoso trasmite el mensaje de que es posible beneficiarse de los tesoros ocultos de Su misericordia e incluso hacer que «el agua de la vida» brote de un lugar tan duro como una roca con un instrumento tan simple como una vara. Además, insta así a la humanidad: «¡Oh ser humano! He entregado en mano a uno de Mis siervos que ha perfeccionado la confianza en Mí una vara tal que puede invocar con ella al "agua de la vida" cuando así lo desee. Si tienes confianza en Mi misericordia y tus estudios se fundan sobre Sus leyes, puedes descu-

brir un instrumento como la vara. Así que, ¡ven y descubre!» [The Words,—«Las Palabras»— «The 20th Word» —«La Vigésima Palabra»— págs. 261-262].

Este versículo contiene otros dos mensajes. Uno es que existe una causa «natural», por muy leve que sea, en cada milagro, porque a la humanidad se la pone a prueba en este mundo y no es coaccionada. Si no hubiese causas «naturales» todo el mundo estaría forzado a creer. El Todopoderoso abre una puerta a la fe para la razón humana, pero no la obliga a que pase a través de dicha puerta. Debido a su libre albedrío, los seres humanos eligen y determinan su camino y, por lo tanto, se llevan su merecido. El segundo mensaje que el versículo transmite es que aquel que le ruega a Dios por cualquier necesidad debe hacer lo que es normalmente necesario para obtener el fin deseado. Por ejemplo, si uno está enfermo, debe acudir al médico al mismo tiempo que reza. Si uno desea el éxito, tiene que trabajar así como rogar por ello. Cuando Moisés suplicó por el agua, Dios podía haberle mandado el agua desde el Cielo, pero Él le ordenó que golpease la roca con su bastón. Moisés hizo lo que le fue ordenado sin la más mínima vacilación sobre si el agua iba a brotar o no de la roca. Él había perfeccionado la confianza en Dios y tenía perfecta certeza de su misión.

72. La palabra «Egipto (u otra ciudad)» es la traducción de *misr*, lo cual puede significar ambos términos. Puede ser una ciudad por la cual transitaron los Hijos de Israel en su viaje hacia Palestina, o puede ser Egipto, que era de donde habían partido. Su petición indica que todavía echaban de menos su vida en Egipto y era un signo de exigua nobleza de carácter. Eso es lo que tal vez Moisés, la paz sea con él, quiso decir cuando advirtió de modo sarcástico diciendo: «Regresad de vuelta a Egipto y encontraréis ciertamente lo que pedís y volved otra vez a vuestra antigua vida de esclavitud».

73. Lo que los Hijos de Israel estaban suplicando no era en sí pecaminoso. Pero al decir «tu Señor» en vez de «nuestro Señor», manifestaron un signo de incredulidad. Asimismo, en su condición de pueblo que se hallaba en camino de convertirse en una sociedad civilizada bajo el liderazgo de un gran Mensajero, se esperaba de ellos que formulasen peticiones de acuerdo con un modo de vida civilizado. Al hacer referencia a la ignominia y la miseria que se cernió sobre ellos, y a los crímenes que habían cometido incluso después de haber pasado a ser sedentarios y haber fundado un gran reino durante el reinado de los profetas David y Salomón, la paz sea con ellos, el Corán ilustra cómo volvieron a recaer en su naturaleza de esclavos. El versículo, al referirse al castigo humillante que se habían ganado debido a la ira Divina, indica e interpreta «aquellos que han incurrido en (Tu) ira» en *Sura al-Fatiha*.

A la luz de este versículo, la Tradición Profética por la cual se advierte a los musulmanes de no incurrir en las causas de la ignominia y la miseria se hace más apropiado: «Cuando os dediquéis a las transacciones especulativas, os ocupéis solo de la crianza de los animales, os contentéis con la agricultura y abandonéis la lucha en la causa de Dios para predicar Su religión, Dios os someterá a una humillación que no se apartará de vosotros hasta que no volváis a vuestra Religión». (Abu Davud, «Buyu», 54; Ibn Hanbal, 2:84)

Podría servir de comparación el hecho de que los apóstoles de Jesús, la paz sea con él, le hicieron una petición similar también usando la expresión «tu Señor». Sin embargo, mientras que los Hijos de Israel pidieron productos de la tierra, los apóstoles de Jesús le pidieron una mesa del Cielo. (5:112)

إِنَّ الَّذِينَ اٰمَنُوا وَالَّذِينَ هَادُوا وَالنَّصَارٰى وَالصَّابِئِينَ
مَنْ اٰمَنَ بِاللّٰهِ وَالْيَوْمِ الْاٰخِرِ وَعَمِلَ صَالِحًا فَلَهُمْ اَجْرُهُمْ
عِنْدَ رَبِّهِمْ وَلَا خَوْفٌ عَلَيْهِمْ وَلَا هُمْ يَحْزَنُونَ ﴿٦٢﴾ وَاِذْ
اَخَذْنَا مِيثَاقَكُمْ وَرَفَعْنَا فَوْقَكُمُ الطُّورَ خُذُوا مَا اٰتَيْنَاكُمْ
بِقُوَّةٍ وَاذْكُرُوا مَا فِيهِ لَعَلَّكُمْ تَتَّقُونَ ﴿٦٣﴾ ثُمَّ تَوَلَّيْتُمْ
مِنْ بَعْدِ ذٰلِكَ فَلَوْلَا فَضْلُ اللّٰهِ عَلَيْكُمْ وَرَحْمَتُهُ لَكُنْتُمْ
مِنَ الْخَاسِرِينَ ﴿٦٤﴾ وَلَقَدْ عَلِمْتُمُ الَّذِينَ اعْتَدَوْا مِنْكُمْ
فِي السَّبْتِ فَقُلْنَا لَهُمْ كُونُوا قِرَدَةً خَاسِئِينَ ﴿٦٥﴾ فَجَعَلْنَاهَا
نَكَالًا لِمَا بَيْنَ يَدَيْهَا وَمَا خَلْفَهَا وَمَوْعِظَةً لِلْمُتَّقِينَ ﴿٦٦﴾ وَاِذْ
قَالَ مُوسٰى لِقَوْمِهِ اِنَّ اللّٰهَ يَأْمُرُكُمْ اَنْ تَذْبَحُوا بَقَرَةً قَالُوا
اَتَتَّخِذُنَا هُزُوًا قَالَ اَعُوذُ بِاللّٰهِ اَنْ اَكُونَ مِنَ الْجَاهِلِينَ ﴿٦٧﴾
قَالُوا ادْعُ لَنَا رَبَّكَ يُبَيِّنْ لَنَا مَا هِيَ قَالَ اِنَّهُ يَقُولُ
اِنَّهَا بَقَرَةٌ لَا فَارِضٌ وَلَا بِكْرٌ عَوَانٌ بَيْنَ ذٰلِكَ فَافْعَلُوا
مَا تُؤْمَرُونَ ﴿٦٨﴾ قَالُوا ادْعُ لَنَا رَبَّكَ يُبَيِّنْ لَنَا مَا لَوْنُهَا قَالَ
اِنَّهُ يَقُولُ اِنَّهَا بَقَرَةٌ صَفْرَاءُ فَاقِعٌ لَوْنُهَا تَسُرُّ النَّاظِرِينَ ﴿٦٩﴾

62. (La verdad no es tal y como ellos —los judíos— pretenden, sino la siguiente:) Los que creen (es decir, los que profesan el Islam) o los que se declaran judíos, cristianos o sabeos (o aquellos que profesan otra fe) —quienes creen realmente en Dios y en el Día del Juicio Final y llevan a cabo buenos actos—, ciertamente su recompensa está con su Señor y no tendrán que temer ni se entristecerán[74].

63. Y (recordad) cuando Nos distéis vuestra palabra: (de cumplir Nuestro compromiso) y (con el fin de resaltar la importancia del compromiso y de cumplirlo y de advertiros en contra de su incumplimiento) elevamos el monte (alzándolo) sobre vosotros: «Aferraos firmemente a lo que os hemos dado (del Libro) y estudiad sus mandamientos e instrucciones a fin de que podáis obtener piedad reverente hacia Dios y Su protección (contra cualquier tipo de extravío y su consiguiente castigo en esta vida y en el Más Allá)».

64. Luego, tras ello, otra vez distéis la espalda (faltando a vuestra promesa y desobedeciendo los mandamientos del Libro). Así que de no haber sido por la gracia de Dios hacia vosotros y por Su Misericordia (pasando por alto vuestras ofensas y perdonándoos), seguramente hubieseis sido de los perdedores (en esta vida y en la próxima).

65. Seguramente sabéis lo que les ocurrió a aquellos de vosotros que transgredieron los límites del Sabbat, por lo que les dijimos: «Convertíos en miserables y despreciables monos»[75].

66. Hicimos de ello una severa y ejemplar aflicción para sus coetáneos y los que vinieran después, y una instrucción y guía para los piadosos devotos.

67. Y (recordad) cuando Moisés dijo a su pueblo: «Dios os ordena que sacrifiquéis una vaca». Respondieron: «¿Te burlas de nosotros?». Respondió: «Me refugio en Dios de estar entre los ignorantes (de burlarme de cualquier persona)»[76].

68. Dijeron, «Pídele a tu Señor por nosotros que nos aclare cómo ha de ser». (Moisés) respondió: «Él dice que debe ser una vaca que no sea ni joven ni vieja, sino de mediana edad. Haced, pues, lo que se os ordena».

69. Ellos (que siguieron creando problemas acerca del asunto) respondieron: «Pídele a tu Señor por nosotros que nos aclare de qué color ha de ser». (Moisés) respondió: «Él dice que sea una vaca azafranada, de color radiante, que alegre a quien la vea».

74. El propósito de este versículo es repudiar la ilusión abrigada por los judíos, por la cual ellos creen que por el hecho de ser judíos poseen el monopolio de la salvación. Hacía ya tiempo que habían manifestado la creencia de que existía una relación especial y exclusiva entre ellos y Dios. Creían que los judíos, por el mero hecho de ser judíos, estaban predestinados a salvarse independientemente de sus creencias y sus acciones, mientras que los no judíos estaban predestinados a servir como combustible para el Fuego del Infierno.

El contexto de este versículo deja claro que no pretende enumerar de modo exhaustivo todos los artículos de fe en los que ha de creerse con el fin de alcanzar la salvación. Dichos artículos se mencionan en otra parte, en sus lugares adecuados. Nadie debe de sacar como conclusión de este versículo que para obtener la salvación eterna no es necesario creer en el profeta Muhammad, la paz y las bendiciones sean con él, y seguir su camino. Existe una clara relación entre este versículo y el versículo 38 —*Si de ahora en adelante, una guía (como un Libro a través de un Mensajero) os llega de Mí, todo aquel que siga Mi guía (y regrese a Mí con fe y adoración) no tendrá miedo (en esta vida ni en la próxima ya que siempre encontrará Mi ayuda y apoyo junto a él) ni se afligirá*— y con el principio del *sura* donde la creencia en el Corán y en los Libros anteriores, además del establecimiento de la Oración y el desembolso económico en la causa de Dios, son mencionados como características de los creyentes que prosperan. Los versículos 41, 42, 43 —*Creed en lo que he hecho descender (el Corán), confirmando lo que ya teníais (de la verdad), y no seáis los primeros en no creer en ello. Y (vosotros, escribas, siendo temerosos de perder vuestro estatus y el beneficio mundano procedente del mismo) no vendáis Mis Revelaciones por un precio nimio (tal y como los beneficios mundanos, el estatus y la notoriedad); y buscad refugio tan sólo en Mí a través de Mi adoración y la piedad. No tergiverséis la verdad mezclándola con falsedad y no ocultéis la verdad a sabiendas (del significado y el resultado de lo que hacéis; y a sabiendas de que lo que os esforzáis en ocultar es verdad y de que Muhammad es el Mensajero de Dios, cuya venida os ha sido anticipada). Estableced la Oración conforme a sus condiciones y pagad la Limosna Purificadora Prescrita (Zakat); e inclinaos (en la Oración, no formando una comunidad o congregación diferente, sino) junto a los que se inclinan (los musulmanes)*— explícitamente hacen referencia a los judíos y abiertamente les invita a creer en el profeta Muhammad, la paz y las bendiciones sean con él.

Para entender de modo completo el mensaje de este versículo, el versículo 22:17 ha de ser tomado también en consideración.

75. El acontecimiento expuesto aquí es mencionado con detalle en 7:163-166.

Había quedado establecido que los Hijos de Israel deberían de consagrar el *Sabbat* («sábado») para descanso y adoración. Se requirió de ellos que se abstuviesen de cualquier tipo de trabajo mundano. Las reglas respecto a esto eran tan estrictas que quebrantarlas era castigado con la muerte (*Éxodo*, 31:12-17).

Hay quien ha comentado que *¡Convertíos en miserables y despreciables monos!* significa que fueron investidos con las características de los monos, «pareciéndose» a monos en su naturaleza, modo de pensar y conducta. En otras palabras, que la transformación fue moral (y no física). Sin embargo —aparte del hecho de que tuvieron lugar bastantes acontecimientos inusuales en la historia de los israelitas— el que este acontecimiento significase una severa aflicción y un castigo ejemplar para sus coetáneos y las generaciones que siguiesen (véase el versículo siguiente), refuerza la opinión de que la transformación en monos fue física. Puede ser que mientras se les permitió a sus mentes que permaneciesen intactas, sus cuerpos fueron transformados en monos de modo que fuesen rechazados cada vez que se les encontrase.

Existen diversos pasajes en el Antiguo Testamento relacionados con el *Sabbat (Éxodo*, 16:21-30; 20:8-11; 31:12-17; *Deuteronomio*, 5:12-15). Se sobreentiende del *Deuteronomio* que una de las razones de su consagración puede haber sido para que los Hijos de Israel no olvidasen su vida de esclavitud en Egipto y tengan siempre presente en la percepción de las bendiciones que Dios les concedió, a la vez de servir como día de alivio para esclavos y animales.

El hecho de que Dios «diga» una orden es idéntico a la expresión y la ejecución de Su Voluntad: *Cuando quiere que algo sea, Su orden no es sino decirle «¡Sé!» y (en ese mismísimo instante) es* (36:82).

76. A pesar de los numerosos signos de Dios a lo largo de un gran número de años azarosos, los Hijos de Israel, en cuanto Moisés se marchó al monte Sinaí con la intención de recibir la Tora, empezaron a adorar un becerro elaborado de alhajas. Este extravío, que aconteció como desafío al profeta Aarón, demostró hasta qué punto los israelitas habían asimilado las actitudes del pueblo egipcio, y en particular el hecho de santificar el ganado. Se puede entender de la petición a Moisés de productos de la tierra —legumbres, pepinos, cereales, lentejas y cebollas— que su trabajo en Egipto era el de agricultores, lo cual también contribuyó a su adoración del becerro de oro. Al serles ordenado que sacrificasen una vaca, Dios quiso desengañarles de esta actitud. Sin embargo la naturaleza humana únicamente se puede liberar con gran dificultad de los prejuicios larga y profundamente arraigados en ella. Por lo tanto, los israelitas, de los que se esperaba que sacrificasen cualquier vaca, empezaron a crear inconvenientes al respecto. A pesar de las innecesarias preguntas y expresiones tales como «tu Señor», las cuales mostraban su falta de respeto hacia Dios —que les ubicaban en puertas de la perdición— la misericordia y amable generosidad de Dios les rescató una vez más y pudieron llevar a cabo la orden. En dicho evento se dan lecciones para los preceptores y consejeros musulmanes.

Tal y como hemos indicado anteriormente, el hecho de establecer la fe en el Más Allá en las mentes y los corazones es uno de los cuatro propósitos primordiales del Corán. Por esa razón el Corán, al narrar un evento desde una perspectiva diferente o por un propósito diferente, busca la posibilidad de abrir una vía a través de ello hacia uno de sus propósitos fundamentales o fundamentos de la fe. La razón principal respecto a la orden de sacrificar una vaca era, como dijimos, desengañar a los israelitas de la adoración que mostraban hacia el ganado. Sin embargo, con el fin de desenmascarar la identidad de un asesino que habían estado encubriendo, Dios creó un milagro. Por orden Suya golpearon el cadáver con una parte de la vaca sacrificada y, entonces, el cadáver volvió a la vida y dijo quién había sido su asesino. Esto demostró que Dios puede resucitar a los muertos del modo que Él quiera, por lo que es una insensatez dudar o cuestionar el hecho de que Dios pueda resucitar a los muertos o no. Dichas dudas y preguntas son una señal de una deficiencia en el uso de la razón o de su abuso.

قَالُوا ادْعُ لَنَا رَبَّكَ يُبَيِّنْ لَنَا مَا هِيَۙ اِنَّ الْبَقَرَ تَشَابَهَ عَلَيْنَاۜ
وَاِنَّا اِنْ شَاءَ اللّٰهُ لَمُهْتَدُونَ ٧٠ قَالَ اِنَّهُ يَقُولُ اِنَّهَا بَقَرَةٌ
لَا ذَلُولٌ تُثِيرُ الْاَرْضَ وَلَا تَسْقِي الْحَرْثَۚ مُسَلَّمَةٌ لَا شِيَةَ
فِيهَاۜ قَالُوا الْـٰٔنَ جِئْتَ بِالْحَقِّۜ فَذَبَحُوهَا وَمَا كَادُوا يَفْعَلُونَۚ ٧١
وَاِذْ قَتَلْتُمْ نَفْسًا فَادّٰرَءْتُمْ فِيهَاۜ وَاللّٰهُ مُخْرِجٌ مَا كُنْتُمْ
تَكْتُمُونَۚ ٧٢ فَقُلْنَا اضْرِبُوهُ بِبَعْضِهَاۜ كَذٰلِكَ يُحْيِ اللّٰهُ
الْمَوْتٰى وَيُرِيكُمْ اٰيَاتِهِ لَعَلَّكُمْ تَعْقِلُونَ ٧٣ ثُمَّ قَسَتْ قُلُوبُكُمْ
مِنْ بَعْدِ ذٰلِكَ فَهِيَ كَالْحِجَارَةِ اَوْ اَشَدُّ قَسْوَةًۜ وَاِنَّ مِنَ
الْحِجَارَةِ لَمَا يَتَفَجَّرُ مِنْهُ الْاَنْهَارُۜ وَاِنَّ مِنْهَا لَمَا يَشَّقَّقُ
فَيَخْرُجُ مِنْهُ الْمَاءُۜ وَاِنَّ مِنْهَا لَمَا يَهْبِطُ مِنْ خَشْيَةِ اللّٰهِۜ وَمَا
اللّٰهُ بِغَافِلٍ عَمَّا تَعْمَلُونَ ٧٤ اَفَتَطْمَعُونَ اَنْ يُؤْمِنُوا لَكُمْ وَقَدْ
كَانَ فَرِيقٌ مِنْهُمْ يَسْمَعُونَ كَلَامَ اللّٰهِ ثُمَّ يُحَرِّفُونَهُ مِنْ بَعْدِ
مَا عَقَلُوهُ وَهُمْ يَعْلَمُونَ ٧٥ وَاِذَا لَقُوا الَّذِينَ اٰمَنُوا قَالُوا
اٰمَنَّاۚ وَاِذَا خَلَا بَعْضُهُمْ اِلٰى بَعْضٍ قَالُوا اَتُحَدِّثُونَهُمْ بِمَا
فَتَحَ اللّٰهُ عَلَيْكُمْ لِيُحَاجُّوكُمْ بِهِ عِنْدَ رَبِّكُمْۜ اَفَلَا تَعْقِلُونَ ٧٦

اَوَلَا يَعْلَمُونَ

70. Ellos (todavía poco dispuestos a llevar a cabo la orden) respondieron: «Pídele a tu Señor de nuestra parte que nos diga cómo ha de ser; pues todas las vacas nos parecen semejantes; y si Dios quiere, seremos guiados (a encontrar el tipo preciso de vaca que se nos ha ordenado sacrificar, y sacrificarla)».

71. (Moisés) respondió: «Dice que es una vaca desyugada para no arar la tierra ni para regar el campo, intacta, sana y sin ninguna marca en ella». «Ahora has traído la verdad», respondieron. Y la sacrificaron aunque poco faltó para que no lo hicieran.

72. Y (recordad también) cuando matasteis a un alma viva y os acusabais mutuamente para negar la responsabilidad, pero Dios revelaría lo que ocultabais.

73. Entonces ordenamos: «Golpeadle (al cadáver) con parte de ella (de la vaca sacrificada)». (Así hicieron, y el cadáver, resucitado, informó quién era su asesino). Así es como Dios hace revivir a los muertos y os muestra los signos (de Su Poder, Su Unidad y Su modo de actuar) para que podáis comprender la verdad (y no tengáis duda alguna respecto a los fundamentos de la fe)[77].

74. Luego, tiempo después, vuestros corazones endurecieron; se convirtieron en rocas o incluso más duros, pues hay rocas de las que brotan ríos; hay algunas que se quiebran y mana de ellas agua; e incluso existen otras que se vienen abajo por temor reverencial a Dios. (Mientras que vuestros corazones son más duros que las rocas, y) Dios no desatiende ni hace caso omiso de lo que hacéis[78].

75. (¡Oh comunidad de creyentes!) ¿Esperáis que tales personas (cuyos corazones se han endurecido más que las rocas y que han mostrado constantemente deslealtad a Dios) os crean (y crean en el profeta Muhammad, en el Libro que él ha traído y en la religión que predica)? (Sin duda alguna que no es posible) cuando ha habido un grupo de entre ellos que ha oído la Palabra de Dios, y luego, tras razonarla y considerarla (que es la Palabra de Dios) la han alterado a sabiendas[79].

76. Cuando se encuentran con los que creen, declaran (de modo hipócrita), «Creemos (en lo que vosotros creéis)»; pero cuando se quedan a solas entre ellos, en privado, dicen (reprochándose mutuamente): «¿Es que les vais a contar lo que Dios os reveló para que lo utilicen ante vuestro Señor como argumento contra vosotros? ¿Es que habéis perdido el juicio?»[80].

77. Al igual que otros milagros proféticos, este milagro establece a su vez una perspectiva de futuro para el avance científico. En el futuro, tal vez sea posible, descubrir, por ejemplo, al asesino de una víctima «interrogando» algunas de las células del cerebro que permanezcan con vida durante el tiempo posterior a la muerte o seguir la pista del asesino a través de otros elementos que se encuentran en el cuerpo de la víctima, del mismo modo que los restos de ADN del asesino que se encuentran en la víctima o en la escena del crimen pueden llevarnos a su identificación definitiva.

78. Las duras rocas dan paso a las raíces y a los tallos de las plantas. Estos tallos, a pesar de ser tan suaves como la seda, al expresar «En el Nombre de Dios», pueden penetrar y pasar a través de las duras piedras del suelo. Mencionando el Nombre de Dios, el Nombre del Misericordioso, todo se somete a ellos.

Como resultado de la imponente manifestación de la Majestad Divina en forma de terremotos y otros bruscos acontecimientos geológicos, podemos contemplar enormes rocas desplomarse desde las altas cumbres de las montañas (casi todas formadas hace muchísimo tiempo a partir de un fluido magmático derretido y espeso que se ha enfriado) y hacerse añicos. Algunas de dichas rocas se desmoronan y se desintegran convirtiéndose en suelo para el cultivo; otras permanecen como rocas y se dispersan en los valles y en las llanuras. Sirven para muchos propósitos relacionados con los trabajos de los habitantes de la Tierra, como por ejemplo para sus casas. En sumisión al Poder y a la Sabiduría Divinas llenas de ocultos propósitos y beneficios, las montañas y las rocas están siempre dispuestas a ser empleadas de acuerdo con los principios de la Sabiduría Divina. No es en vano —ni en modo alguno accidental— que por el temor reverencial a Dios hayan abandonado sus elevadas posiciones en las cumbres de las montañas y hayan elegido los lugares más bajos por humildad, convirtiéndose en objetos de gran provecho. Las rocas están tan sumamente sometidas a las órdenes de Dios que pareciera como si los ríos brotasen de ellas. Sin embargo, no es posible que las montañas puedan ser fuentes de ríos tan inmensos como el Tigris, el Éufrates y el Nilo. Aunque las montañas estuviesen compuestas todas ellas únicamente de agua, cual gigantes depósitos cónicos, la rapidez y la abundancia del caudal de estos grandes ríos agotaría su suministro de agua en pocos meses. Asimismo, la lluvia, la cual tan sólo penetra alrededor de un metro en la tierra, representa un ingreso insuficiente para un desembolso tan grande. De hecho, la razón aún no ha podido explicar de modo satisfactorio las fuentes y el caudal de estos ríos en términos de «causas naturales». El Majestuoso Creador hace que los ríos fluyan de modo realmente maravilloso desde un «tesoro» oculto.

Haciendo hincapié en los beneficios de las rocas y comparando a las mismas favorablemente con los duros corazones de los Hijos de Israel, el Corán proporciona la siguiente lección a la humanidad:

> ¡Oh Hijos de Israel y Oh Hijos de Adán! A pesar de vuestra debilidad e impotencia, ¿qué tipo de corazones albergáis que con su dureza se resisten a los mandamientos del Ser Divino? Por contra, enormes formaciones de rocas llevan a cabo sus sutiles misiones perfectamente, en la oscuridad y en total sumisión a las órdenes de Dios. De hecho las rocas actúan a modo de depósitos y conductos para el agua (y otros modos de vida) para todas las criaturas de la Tierra. En la mano del Poder de Aquel Omnisciente de Majestad, las rocas más duras se convierten de modo irresistible en sustancias tan maleables como la cera y el aire, abriendo camino a las aguas que fluyen, a las delicadas raíces y a los tallos sedosos de las plantas, las cuales también actúan bajo la orden de Dios.
>
> ¡Oh Hijos de Israel y Oh Hijos de Adán! Por la dureza del corazón y la falta de sentimientos desobedecéis los mandamientos del Poseedor de imponente Majestad y de Poder

que da la vida. A causa de la irresponsabilidad cerráis vuestros ojos a la luz del Conocimiento de ese Sol Eterno. Él hace que inmensos ríos como el Nilo broten de sólidas rocas y fertilicen el suelo de Egipto —y aun así no os dais cuenta ni prestáis atención—. Él causa y elabora para el corazón del universo y la mente de la Tierra milagros gracias a Su Poder al igual que crea testigos de Su Unidad tan fuertes y abundantes como esos inmensos ríos, y los hace fluir hacia los corazones de los genios y de la humanidad. ¿Cómo podéis hallaros tan ciegos ante la luz de Su Conocimiento y no veis la verdad? [*The Words*,(«Las Palabras»), «The 20th Word» («La 20ª Palabra»), pág. 262].

79. Uno de los objetivos del Corán al mostrar diversos aspectos de la historia de los Hijos de Israel es dárselos a conocer a la incipiente comunidad musulmana de Medina y a las sucesivas generaciones de musulmanes. Antes de la Emigración («Hégira»), las comunidades judías de Medina vivían mejor que las tribus nativas árabes de al-Aws y Jazray, eran más conocedoras de los asuntos terrenales y pertenecían a una religión Divina. Siempre que un conflicto surgía entre tales tribus y los árabes, les amenazaban diciéndoles que un Profeta iba a aparecer entre ellos y, bajo su liderazgo, triunfarían sobre ellos. De esa manera, se les había anticipado la venida del Último Profeta. Sin embargo, cuando no apareció entre ellos, sino entre los árabes, se negaron a creer en él. Debido en parte a este trasfondo, los musulmanes de Medina esperaban ser los primeros en creer en el profeta Muhammad, la paz y las bendiciones sean con él. Consecuentemente, los musulmanes conversos de las tribus árabes se dirigieron a sus amigos y vecinos judíos y les invitaron a abrazar el Islam. Cuando los judíos rechazaron aceptar, ello fue aprovechado por los hipócritas y otros enemigos del Islam como argumento para crear dudas respecto a la veracidad del Islam. Con el fin de advertir a los nuevos musulmanes sobre dichas dudas y del daño que las comunidades judías podrían llegar a provocar, el Corán hace hincapié sobre el carácter de los judíos y su historia pasada así como sobre las verdaderas razones de su reticencia a abrazar el Islam.

80. Entre los rabinos judíos, se hallaban algunos que reservaron parcialmente su lealtad a su religión. Comunicaron a los miembros de las tribus de al-Aws y Jazray los atributos del último Profeta cuya venida les había anunciado. Ya que todos esos atributos podían ser observados en el profeta Muhammad, la paz y las bendiciones sean con él, Abdullah Ibn Salam el rabino más importante de todos, aceptó el Islam. Debido a dichos factores, al menos algunos de entre ellos se sintieron empujados a admitir la fe cuando se encontraron con los musulmanes. Sin embargo, cuando se quedaban a solas entre ellos, se reprochaban mutuamente o reprochaban a aquellos que habían admitido la fe diciendo: «Dios os reveló algunos de los secretos sobre el Último Profeta en el Libro que os ha mandado. Si les contáis a los musulmanes esos secretos, ¿os gustaría que los empleasen como argumento contra vosotros ante vuestro Señor?». Pensando y actuando de esa manera, demostraron que no tenían verdadero conocimiento de Dios y que creían que Él no sabía lo que la gente guardaba en secreto. Asimismo, el uso de la expresión «vuestro Señor» demostraba que creían que tenían un señor exclusivo para con ellos. (Ésta es una concepción falsa: lo cual significa que, o bien Dios no es el Señor de todos o que Dios practica algún tipo de «favoritismo» con respecto a algunas de Sus criaturas en detrimento de las otras).

اَوَلَا يَعْلَمُونَ اَنَّ اللّٰهَ يَعْلَمُ مَا يُسِرُّونَ وَمَا يُعْلِنُونَ ﴿٧٧﴾
وَمِنْهُمْ اُمِّيُّونَ لَا يَعْلَمُونَ الْكِتَابَ اِلَّٓا اَمَانِيَّ وَاِنْ
هُمْ اِلَّا يَظُنُّونَ ﴿٧٨﴾ فَوَيْلٌ لِلَّذٖينَ يَكْتُبُونَ الْكِتَابَ
بِاَيْدٖيهِمْ ثُمَّ يَقُولُونَ هٰذَا مِنْ عِنْدِ اللّٰهِ لِيَشْتَرُوا بِهٖ
ثَمَنًا قَلٖيلًاۜ فَوَيْلٌ لَهُمْ مِمَّا كَتَبَتْ اَيْدٖيهِمْ وَوَيْلٌ لَهُمْ
مِمَّا يَكْسِبُونَ ﴿٧٩﴾ وَقَالُوا لَنْ تَمَسَّنَا النَّارُ اِلَّٓا اَيَّامًا
مَعْدُودَةًۜ قُلْ اَتَّخَذْتُمْ عِنْدَ اللّٰهِ عَهْدًا فَلَنْ يُخْلِفَ اللّٰهُ
عَهْدَهُٓ اَمْ تَقُولُونَ عَلَى اللّٰهِ مَا لَا تَعْلَمُونَ ﴿٨٠﴾ بَلٰى مَنْ
كَسَبَ سَيِّئَةً وَاَحَاطَتْ بِهٖ خَطٖيٓئَتُهُ فَاُولٰٓئِكَ اَصْحَابُ
النَّارِۚ هُمْ فٖيهَا خَالِدُونَ ﴿٨١﴾ وَالَّذٖينَ اٰمَنُوا وَعَمِلُوا
الصَّالِحَاتِ اُولٰٓئِكَ اَصْحَابُ الْجَنَّةِۚ هُمْ فٖيهَا خَالِدُونَ ﴿٨٢﴾
وَاِذْ اَخَذْنَا مٖيثَاقَ بَنٖٓي اِسْرَٓائٖيلَ لَا تَعْبُدُونَ اِلَّا اللّٰهَ
وَبِالْوَالِدَيْنِ اِحْسَانًا وَذِي الْقُرْبٰى وَالْيَتَامٰى وَالْمَسَاكٖينِ
وَقُولُوا لِلنَّاسِ حُسْنًا وَاَقٖيمُوا الصَّلٰوةَ وَاٰتُوا الزَّكٰوةَۜ
ثُمَّ تَوَلَّيْتُمْ اِلَّا قَلٖيلًا مِنْكُمْ وَاَنْتُمْ مُعْرِضُونَ ﴿٨٣﴾

77. ¿Acaso no saben que ciertamente Dios conoce lo que guardan oculto en sus pechos y todo lo que revelan?

78. Entre ellos están los iletrados que no conocen nada del Libro, excepto ficciones basadas en rumores y solamente siguen sus propias conjeturas.

79. ¡Ay de aquellos que escriben el Libro con sus manos (interpolando en el mismo sus lecturas de las Escrituras y sus notas explicativas, relatos de su historia nacional, sus ideas supersticiosas y caprichos, sus doctrinas filosóficas y sus reglas jurídicas) y con el fin de venderlo por un precio nimio (tal y como los beneficios mundanos, el estatus y la notoriedad), declaran: «Esto procede de Dios». ¡Ay de aquellos por lo que sus manos han escrito y ay de aquellos por lo que han ganado (de ingresos mundanos y el consecuente pecado)![81]

80. Dicen (a pesar de todo esto): «El fuego sólo nos tocará un número determinado de días»[82]. Di entonces: «¿Acaso habéis hecho una alianza con Dios y habéis recibido una promesa de Él? Si es así, Dios no incumple Su alianza. ¿O es que decís cosas contra Dios que desconocéis?».

81. (Realmente habláis con ignorancia. La verdad es que,) más bien, el que adquiere maldad (por propia voluntad) y sus vicios le rodean —ésos son los compañeros del Fuego—[83]; allí dentro morarán.

82. Mientras que aquellos que creen y llevan a cabo buenas acciones, ésos son los compañeros del Paraíso; allí dentro morarán.

83. Y (recuerda) cuando los Hijos de Israel dieron su palabra: «No adoraréis a otro excepto a Dios (como única Deidad, Señor y Soberano) y obraréis bien con los padres del mejor modo posible, con los parientes, los huérfanos y los desamparados; hablaréis a la gente amablemente y con consideración; estableceréis la Oración Prescrita conforme a sus condiciones; y pagaréis la Limosna Purificadora Prescrita *(Zakat)*». Luego, a excepción de unos pocos, distéis la espalda con repulsión. De hecho sois gente que siempre eludís vuestros compromisos y responsabilidades[84].

81. Además de interpretar el Libro de Dios según sus deseos en pos de la adquisición de la fama, estatus y ganancias mundanas, los rabinos interpolaron en dicho libro sagrado sus propias interpretaciones de las Escrituras, narraciones de su propia historia nacional, supersticiones, ideas, ficciones, doctrinas filosóficas y reglas jurídicas y luego se las atribuyeron a Dios. Esto hizo que lo que era humano y lo que era Divino se mezclase, confundiéndo-

se. Además, esperaban de los demás que creyesen en todo lo que había en el Libro así como que el hecho de rechazar lo que ellos habían añadido no era sino equivalente a la incredulidad. Tal y como consta en el versículo 78, la gente común y sencilla era iletrada. Tendían a creer todo lo que se les dijese en nombre de la religión y fueron arrastrados hacia conjeturas e invenciones a través de la mera imitación.

Al igual que otros versículos, éste contiene una advertencia importante para los eruditos y los musulmanes indoctos de esta comunidad. Tal y como señaló Bediüzzaman Said Nursi, los libros religiosos escritos por los eruditos deben servir como si de unos «binoculares» se tratase para contemplar el Corán, y no como sustitutos de éste. Este versículo y otros similares muestran por qué el Mensajero de Dios, la paz y las bendiciones sean con él, mostró cierta reticencia, durante los primeros años de su misión, a que sus palabras fuesen puestas por escrito.

82. Sin defensa alguna ante la revelación de su pasado y de su mundo interno que el Corán proporcionaba, algunos rabinos judíos intentaron defenderse diciendo que el Fuego sólo tocaría a los Hijos de Israel durante un número determinado de días —el mismo número de días que permanecieron adorando al becerro—. Pusieron como excusa el hecho de ser judíos y pertenecer a una nación ensalzada sobre las demás, lo cual no estaba fundado sobre una superioridad basada en la virtud y fue durante un período determinado cuando les fue otorgado un gran reino durante el reinado de los profetas David y Salomón, la paz sea con ellos. Incluso se atrevieron a decir que eran —¡Dios nos libre!— los Hijos de Dios y Sus seres amados (5:18). El único criterio verdadero ante los ojos de Dios para juzgar a la gente es la *taqwa;* según indica el versículo 2:62, ser nominalmente judío, cristiano o musulmán no es suficiente para obtener la salvación.

83. Hay una relación cercana entre esto y el versículo siguiente (82) así como los versículos 2:28 y 29. Este versículo también está relacionado con el versículo 24, el cual amenaza a los que rechazan la creencia en el Corán. Las palabras y expresiones usadas aquí —maldad y vicios abrumando a la persona— describen a la gente del Infierno, los cuales carecen de fe y están rodeados de pecados. El versículo también incluye una advertencia a aquellos judíos, pues manifiesta que los pecados que cometieron en su historia pasada y que siguieron cometiendo en Medina son de tal índole que, contrariamente a su pretensión de que el Fuego no les tocará excepto durante ciertos días, ha contaminado su propio ser y sucumbirían para llegar a ser los compañeros del Fuego eternamente.

84. Cuando el noble Mensajero de Dios, la paz y las bendiciones sean con él, emigró a Medina, tres tribus judías vivían ahí, los Banu Qurayza (los Hijos de Qurayza), los Banu Qaynuqa y los Banu Nadir. El Mensajero estableció un contrato escrito con cada una de ellas, considerándoles ciudadanos de la ciudad-estado de Medina, que estaba en vías de establecerse. Ninguna de estas tribus fueron leales al contrato y se atrevieron incluso a intentar asesinar al Mensajero de Dios y a firmar un pacto secreto con las fuerzas enemigas durante la Batalla del Foso frente a los musulmanes. Los versículos de este *sura* en los que se narra los favores que Dios otorgó a los Hijos de Israel, invitándoles a creer en el profeta Muhammad, la paz y las bendiciones sean con él, y dando a conocer a los judíos a la comunidad musulmana, no aparecieron en una única vez, sino que fueron revelados a lo largo de un período de al menos 5 ó 6 años. Su propósito era advertir a la incipiente comunidad musulmana de Medina y a todos los musulmanes que aparecerían hasta el Día del Juicio Final contra cualquier conspiración que pudiese proyectar dudas en las mentes respecto a los principios del Islam. Su intención era también invitar y animar a los judíos a creer en el profeta Muhammad, la paz y las bendiciones sean con él, y a seguirle. Recordándoles los favores que Dios les otorgó durante su historia, haciendo hincapié en la deslealtad permanente y advirtiéndoles de las calamidades que les habían afectado por sus trasgresiones, su humanidad debería haberse conmovido —con el fin de devolver el bien a cambio del bien, aprender de las experiencias del pasado, arrepentirse por las injusticias cometidas y reformarse a sí mismos—.

وَاِذْ اَخَذْنَا مِيثَاقَكُمْ لَا تَسْفِكُونَ دِمَٓاءَكُمْ وَلَا تُخْرِجُونَ
اَنْفُسَكُمْ مِنْ دِيَارِكُمْ ثُمَّ اَقْرَرْتُمْ وَاَنْتُمْ تَشْهَدُونَ ﴿٨٤﴾
ثُمَّ اَنْتُمْ هٰٓؤُلَٓاءِ تَقْتُلُونَ اَنْفُسَكُمْ وَتُخْرِجُونَ فَرِيقًا
مِنْكُمْ مِنْ دِيَارِهِمْ تَظَاهَرُونَ عَلَيْهِمْ بِالْاِثْمِ وَالْعُدْوَانِ
وَاِنْ يَاْتُوكُمْ اُسَارٰى تُفَادُوهُمْ وَهُوَ مُحَرَّمٌ عَلَيْكُمْ
اِخْرَاجُهُمْ اَفَتُؤْمِنُونَ بِبَعْضِ الْكِتَابِ وَتَكْفُرُونَ بِبَعْضٍ
فَمَا جَزَٓاءُ مَنْ يَفْعَلُ ذٰلِكَ مِنْكُمْ اِلَّا خِزْيٌ فِي الْحَيٰوةِ
الدُّنْيَا وَيَوْمَ الْقِيٰمَةِ يُرَدُّونَ اِلٰٓى اَشَدِّ الْعَذَابِ وَمَا اللّٰهُ
بِغَافِلٍ عَمَّا تَعْمَلُونَ ﴿٨٥﴾ اُولٰٓئِكَ الَّذِينَ اشْتَرَوُا الْحَيٰوةَ
الدُّنْيَا بِالْاٰخِرَةِ فَلَا يُخَفَّفُ عَنْهُمُ الْعَذَابُ وَلَا هُمْ
يُنْصَرُونَ ﴿٨٦﴾ وَلَقَدْ اٰتَيْنَا مُوسَى الْكِتَابَ وَقَفَّيْنَا مِنْ بَعْدِهِ
بِالرُّسُلِ وَاٰتَيْنَا عِيسَى ابْنَ مَرْيَمَ الْبَيِّنَاتِ وَاَيَّدْنَاهُ بِرُوحِ
الْقُدُسِ اَفَكُلَّمَا جَٓاءَكُمْ رَسُولٌ بِمَا لَا تَهْوٰٓى اَنْفُسُكُمُ
اسْتَكْبَرْتُمْ فَفَرِيقًا كَذَّبْتُمْ وَفَرِيقًا تَقْتُلُونَ ﴿٨٧﴾ وَقَالُوا
قُلُوبُنَا غُلْفٌ بَلْ لَعَنَهُمُ اللّٰهُ بِكُفْرِهِمْ فَقَلِيلًا مَا يُؤْمِنُونَ ﴿٨٨﴾

وَلَمَّا

84. Y (recordad también) cuando Nos disteis vuestra palabra: no derramaréis sangre entre vosotros y no os expulsaréis mutuamente del lugar donde vivís. Lo confirmasteis y vosotros mismos (y así ha de seguir siendo) fuisteis testigos de ello.

85. Luego, aquí estáis, matándoos los unos a los otros y expulsando a una parte de los vuestros de sus hogares, conspirando contra ellos inmersos en iniquidad y enemistad. Si los tomáis como cautivos, hacéis que se pague un rescate por ellos, y si os son traídos como cautivos, pagáis su rescate; a pesar de que su expulsión estaba religiosamente prohibida para vosotros[85]. Por lo tanto (como pueblo sin juicio), ¿acaso creéis en parte del Libro y no creéis en otra? ¿Cuál, pues, puede ser la recompensa de aquellos de entre vosotros que obran así excepto la desgracia en la vida de este mundo? En el Día de la Resurrección estarán consignadas al más severo castigo. Dios no desatiende ni hace caso omiso de lo que hacéis.

86. Tales son aquellos que han comprado la presente vida mundana (la vida de los deseos y de las ambiciones corporales) a cambio de la Otra Vida. Por lo tanto (y como consecuencia de este cambio), el castigo no se les aliviará ni serán auxiliados (no serán salvados del castigo de ninguna de las maneras similar a las que ellos emplean en este mundo, tal y como el soborno, la influencia o la intercesión injusta).

87. (Eso es su justo merecido. Ya que) ciertamente concedimos el Libro a Moisés y, tras él, enviamos a sucesivos Mensajeros (siguiendo los pasos de Moisés y juzgando según el Libro, por lo que nunca les hemos dejado sin guía ni luz). Y (en la misma sucesión) proporcionamos a Jesús, hijo de María, las pruebas claras de la verdad y (de su condición como Mensajero), y le confirmamos con el Espíritu de Santidad[86]. ¿Acaso (siempre) que venía a vosotros un Mensajero con (un mensaje y con mandamientos) que no deseaban vuestras almas, os llenabais de soberbia, refutando a algunos (de los Mensajeros) y matando a otros?

88. (A pesar de todos estos favores, afecto, perdón, consejo y verdades, se negaron a creer y como excusa preguntaron burlonamente: «¿Acaso necesitamos algo de lo que nos vas a decir?» y dicen (burlonamente): «En vista de que lo que nos dices no surte efecto alguno en nosotros, entonces) «Nuestros corazones se han hecho insensibles, ya no tienen capacidad de creer». ¡No! Más bien, a causa de su incredulidad, Dios les ha maldecido (les ha excluido de Su Misericordia y ha puesto un sello en sus corazones y en sus oídos, y un velo en sus ojos). Por lo tanto, poco es lo que creen (y lo que pueden admitir de la verdad).

---

85. El estilo de los versículos es de tal naturaleza que guían hacia al examen histórico y la comprensión de los acontecimientos. El pasado y el presente están relacionados y unidos en una yuxtaposición llena de significado. De esta manera la narración del pasado en lugar de ser una crónica aleatoria de acontecimientos, se convierte en una historia llena de significado —una narración de vida todavía lúcida y relevante para el presente, repleta de lecciones conectadas con sus continuos efectos—. Además, puesto que los personajes del pasado y los del presente comparten las mismas actitudes y cualidades, todos los acontecimientos, tanto pasados como presentes, parecen surtir efecto en los mismos personajes. Por eso podemos ver en primer término a las personas con sus características, intenciones y atributos en lugar de únicamente los acontecimientos.

Con anterioridad a la emigración del Mensajero de Dios a Medina, las tribus judías habían establecido una alianza con las tribus árabes de al-Aws y Jazray, en aquel entonces politeístas. Cuando se desencadenó la lucha entre las tribus árabes, cada tribu judía luchó contra la otra en el bando de sus aliados, lo cual llevó a una lucha fratricida y, por lo tanto, a la violación del Libro Divino. Cuando la guerra acabó, los cautivos fueron rescatados; y justificaron ese rescate con argumentos extraídos de las Escrituras. Acataban el Libro cuando permitía el rescate de cautivos, pero hacían caso omiso de la prohibición de luchar entre ellos.

86. Existen diferentes puntos de vista respecto al Espíritu de Santidad con el que Jesús, la paz sea con él, fue confirmado. Literalmente significando el espíritu de extraordinaria pureza, condición inmaculada y bendición, para algunos indica un espíritu de Dios, mientras que otros son de la opinión que se trata de uno de los Grandiosos Nombres de Dios, e incluso hay quienes sostienen que se trata del Evangelio. Otros opinan que se refiere al Arcángel Gabriel, la paz sea con él, al cual el Corán llama Espíritu de Santidad (16:102) y el Digno de Confianza (81:21). Otras opiniones refieren que el Espíritu, cuya santidad es realzada respecto a Jesús y cuya santidad y carácter fidedigno es recalcado respecto a Muhammad, es el mismo ser o entidad. Según Imam al-Ghazzali, se trata de un ángel (o un ser angelical) que Dios emplea para insuflar el Espíritu de las personas en sus cuerpos. Bediüzzaman Said Nursi sostiene que hay un espíritu que representa cada cosa y cada ser. A la luz de estas opiniones, se puede decir que existe un Espíritu que opera de manera diferente según la misión particular de cada Profeta. Hay un Espíritu de la Ley para el profeta Moisés, un Espíritu de la Santidad y de la Fiabilidad para el profeta Muhammad y un Espíritu de la Santidad para el profeta Jesús. El Corán menciona que Jesús fue confirmado con el «Espíritu de la *Santidad*» porque este Espíritu tenía preponderancia espiritual en la misión de Jesús. La misión de Muhammad se distingue en santidad y en fiabilidad respecto a las misiones de otros Profetas. (Véase asimismo el *sura* 70, nota 1).

وَلَمَّا جَٓاءَهُمْ كِتَابٌ مِنْ عِنْدِ اللّٰهِ مُصَدِّقٌ لِمَا مَعَهُمْۙ
وَكَانُوا مِنْ قَبْلُ يَسْتَفْتِحُونَ عَلَى الَّذٖينَ كَفَرُواۚ فَلَمَّا
جَٓاءَهُمْ مَا عَرَفُوا كَفَرُوا بِهٖۘ فَلَعْنَةُ اللّٰهِ عَلَى الْكَافِرٖينَ ﴿٨٩﴾
بِئْسَمَا اشْتَرَوْا بِهٖٓ اَنْفُسَهُمْ اَنْ يَكْفُرُوا بِمَٓا اَنْزَلَ اللّٰهُ
بَغْيًا اَنْ يُنَزِّلَ اللّٰهُ مِنْ فَضْلِهٖ عَلٰى مَنْ يَشَٓاءُ مِنْ عِبَادِهٖۚ
فَبَٓاؤُ بِغَضَبٍ عَلٰى غَضَبٍۜ وَلِلْكَافِرٖينَ عَذَابٌ مُهٖينٌ ﴿٩٠﴾
وَاِذَا قٖيلَ لَهُمْ اٰمِنُوا بِمَٓا اَنْزَلَ اللّٰهُ قَالُوا نُؤْمِنُ
بِمَٓا اُنْزِلَ عَلَيْنَا وَيَكْفُرُونَ بِمَا وَرَٓاءَهُ وَهُوَ الْحَقُّ
مُصَدِّقًا لِمَا مَعَهُمْۜ قُلْ فَلِمَ تَقْتُلُونَ اَنْبِيَٓاءَ اللّٰهِ
مِنْ قَبْلُ اِنْ كُنْتُمْ مُؤْمِنٖينَ ﴿٩١﴾ وَلَقَدْ جَٓاءَكُمْ مُوسٰى
بِالْبَيِّنَاتِ ثُمَّ اتَّخَذْتُمُ الْعِجْلَ مِنْ بَعْدِهٖ وَاَنْتُمْ
ظَالِمُونَ ﴿٩٢﴾ وَاِذْ اَخَذْنَا مٖيثَاقَكُمْ وَرَفَعْنَا فَوْقَكُمُ
الطُّورَۜ خُذُوا مَٓا اٰتَيْنَاكُمْ بِقُوَّةٍ وَاسْمَعُواۜ قَالُوا سَمِعْنَا
وَعَصَيْنَا وَاُشْرِبُوا فٖى قُلُوبِهِمُ الْعِجْلَ بِكُفْرِهِمْۜ قُلْ
بِئْسَمَا يَاْمُرُكُمْ بِهٖٓ اٖيمَانُكُمْ اِنْ كُنْتُمْ مُؤْمِنٖينَ ﴿٩٣﴾

89. Y cuando (ahora) les ha llegado un Libro de Dios, confirmando (la verdad de) lo que ya poseían —y a pesar de que con anterioridad pidieron la victoria contra (las tribus de al-Aws y Jazray, que entonces eran) los incrédulos, (diciendo: «El Último Profeta vendrá y os derrotaremos y destruiremos bajo su liderazgo»)— y cuando les llegó lo que reconocían (tan claramente como a sus propios hijos), no creyeron en ello. Por lo tanto, la maldición (rechazo) de Dios sea sobre los incrédulos.

90. Cuan maligno es aquello por lo que han vendido sus almas: (no han creído en lo que Dios ha hecho descender) por envidia de que Dios haga descender como favor Suyo el Libro (y otorgar la categoría de Mensajero) sobre aquel de Sus siervos que ha querido. Y así se han ganado ira sobre ira. Y (al igual que otros incrédulos que, derrotados por su arrogancia, su envidia maliciosa, sus prejuicios raciales, sus deseos mundanos y ambiciones, rechazaron la verdad a sabiendas) para dichos incrédulos habrá un vergonzoso y humillante castigo.

91. Y cuando se les dice (ya que el signo del creyente es creer en lo que Dios haya hecho descender): «Creed en lo que Él ha hecho descender (sobre Muhammad, es decir, el Corán)», responden: «Sólo creemos en lo que se nos hizo descender a nosotros», y no creen en lo que vino después, a pesar de que es la verdad que confirma lo que ya poseían (de la verdad)[87]. Di (a ellos, Oh Mensajero): «¿Por qué entonces matasteis a los Profetas de Dios antes si realmente erais creyentes (y leales a lo que había sido hecho descender sobre vosotros)?».

92. Ciertamente, Moisés vino a vosotros con pruebas claras de la verdad. A pesar de ello, en cuanto él os dejó, tomasteis al becerro como deidad, demostrando que erais perversos (los cuales continuamente cometían pecados, tales como romper los pactos con Dios y servir a falsas deidades en Su lugar).

93. Y (recordad) cuando Nos distéis vuestra palabra (de respetar Nuestro compromiso) y (para resaltar la importancia del pacto y del hecho de respetarlo, así como para advertiros sobre las consecuencias de incumplirlo) alzamos el Monte (haciendo que se cerniese) sobre vosotros: Tomad lo que os damos (del Libro) con firmeza y prestad oído (a Nuestros mandamientos y obedeced a Moisés). Dijeron: «Hemos oído», (pero al llevar a cabo lo opuesto de lo que les fue mandado, lo que querían decir era) «desobedecemos». Debido a su incredulidad, se les hizo beber a sus corazones (el amor a) el becerro (no dejando espacio alguno para la fe). Di (les): «Cuan maligno es lo que os manda vuestra creencia, si sois creyentes»[88].

87. Cada individuo y comunidad injusta actúa de esa manera. Para ellos, la fe no es más que una mera afirmación que se exterioriza. No reconocerán a un Profeta o a un erudito si no pertenece a su comunidad o nación. Este tipo de arrogancia etnocentrista y este tipo de racismo se deja ver en numerosas ocasiones. Causa separación entre la gente y les lleva a asociar copartícipes a Dios, a la vez que les lleva a oponerse a lo que es correcto con sofistería e intriga o con la fuerza bruta. Era la misma actitud que hizo que Iblis fuese expulsado de la Presencia y de la Misericordia de Dios.

88. A pesar de que la acción no es una parte o un elemento esencial de la fe, la fe se manifiesta a sí misma a través de las acciones que han sido ordenadas o exigidas. Las acciones son el espejo que refleja si uno es un creyente o no.

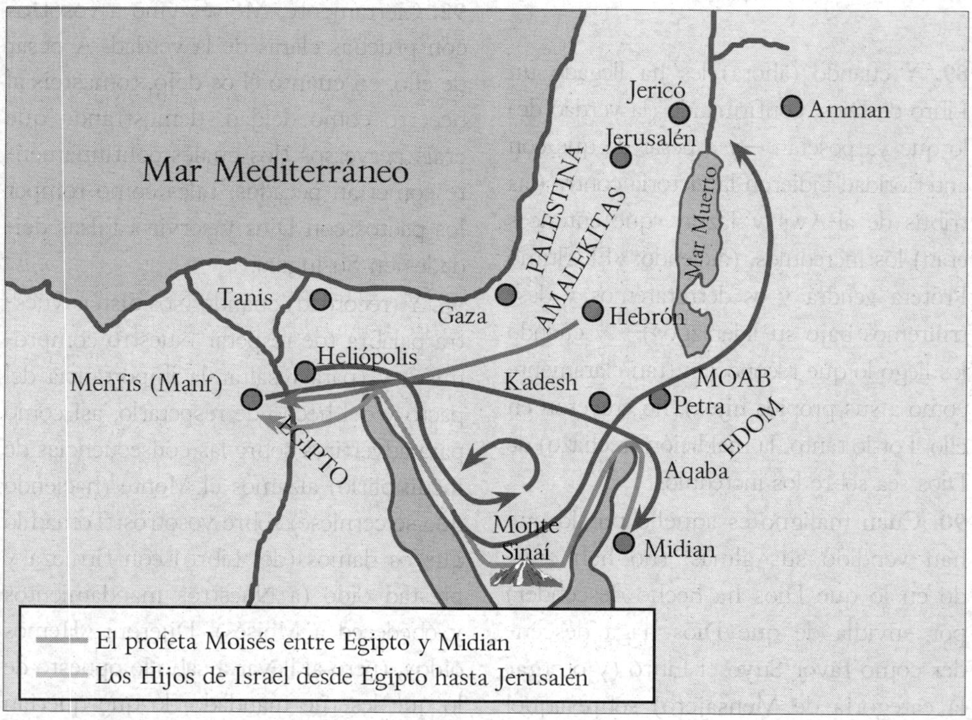

قُلْ اِنْ كَانَتْ لَكُمُ الدَّارُ الْاٰخِرَةُ عِنْدَ اللّٰهِ خَالِصَةً
مِنْ دُونِ النَّاسِ فَتَمَنَّوُا الْمَوْتَ اِنْ كُنْتُمْ صَادِقٖينَ ﴿٩٤﴾
وَلَنْ يَتَمَنَّوْهُ اَبَدًا بِمَا قَدَّمَتْ اَيْدٖيهِمْ وَاللّٰهُ عَلٖيمٌ
بِالظَّالِمٖينَ ﴿٩٥﴾ وَلَتَجِدَنَّهُمْ اَحْرَصَ النَّاسِ عَلٰى حَيٰوةٍ
وَمِنَ الَّذٖينَ اَشْرَكُوا يَوَدُّ اَحَدُهُمْ لَوْ يُعَمَّرُ اَلْفَ سَنَةٍ
وَمَا هُوَ بِمُزَحْزِحِهٖ مِنَ الْعَذَابِ اَنْ يُعَمَّرَ وَاللّٰهُ بَصٖيرٌ
بِمَا يَعْمَلُونَ ﴿٩٦﴾ قُلْ مَنْ كَانَ عَدُوًّا لِجِبْرٖيلَ فَاِنَّهُ نَزَّلَهُ
عَلٰى قَلْبِكَ بِاِذْنِ اللّٰهِ مُصَدِّقًا لِمَا بَيْنَ يَدَيْهِ وَهُدًى
وَبُشْرٰى لِلْمُؤْمِنٖينَ ﴿٩٧﴾ مَنْ كَانَ عَدُوًّا لِلّٰهِ وَمَلٰٓئِكَتِهٖ
وَرُسُلِهٖ وَجِبْرٖيلَ وَمٖيكَالَ فَاِنَّ اللّٰهَ عَدُوٌّ لِلْكَافِرٖينَ ﴿٩٨﴾
وَلَقَدْ اَنْزَلْنَا اِلَيْكَ اٰيَاتٍ بَيِّنَاتٍ وَمَا يَكْفُرُ بِهَا اِلَّا
الْفَاسِقُونَ ﴿٩٩﴾ اَوَكُلَّمَا عَاهَدُوا عَهْدًا نَبَذَهُ فَرٖيقٌ مِنْهُمْ
بَلْ اَكْثَرُهُمْ لَا يُؤْمِنُونَ ﴿١٠٠﴾ وَلَمَّا جَاءَهُمْ رَسُولٌ
مِنْ عِنْدِ اللّٰهِ مُصَدِّقٌ لِمَا مَعَهُمْ نَبَذَ فَرٖيقٌ مِنَ الَّذٖينَ اُوتُوا
الْكِتَابَ كِتَابَ اللّٰهِ وَرَاءَ ظُهُورِهِمْ كَاَنَّهُمْ لَا يَعْلَمُونَ ﴿١٠١﴾

وَاتَّبَعُوا

94. Di (les una vez más): «Si (tal y como pretendéis, sois los amados de Dios y los únicos seguidores del Camino Recto y, por consiguiente) la morada del Más Allá junto a Dios está reservada para vosotros en exclusiva descartando al resto de la gente, entonces ansiad la muerte si sois sinceros en vuestra creencia y veraces en vuestra pretensión».

95. Pero, debido a lo que han anticipado con sus propias manos (hacia el Más Allá, es decir, los pecados y las ofensas que han destruido en ellos el deseo de encontrarse con Dios), nunca la ansiarán. Dios conoce perfectamente a los malhechores, (que se perjudican a ellos mismos con lo que han hecho).

96. Sin duda alguna, encontrarás que son la gente más apegada a la vida, incluso más que aquellos que atribuyen copartícipes a Dios. Cada uno de ellos desearía que se le dejase vivir durante mil años[89], pero el hecho de dejarles vivir no les aliviará del castigo. Todo aquello que hacen Dios sin duda lo contempla.

97. (Esto no es todo. Sienten animosidad contra Gabriel porque él te trae el Corán a ti y no así a uno de ellos). Di (Mensajero, a ellos): «(El Señor de los mundos, mi Señor y vuestro Señor, declara:) “Quien sea enemigo de Gabriel (ha de saber que) él es aquel que hace descender el Corán en tu corazón con el permiso de Dios (no por él mismo), confirmando (el origen Divino de las verdades que contiene) las Revelaciones anteriores y (sirviendo como) guía y buenas nuevas para los creyentes”»[90].

98. (La enemistad hacia Gabriel, el cual no hace nada más que lo que Dios le ordena, significa enemistad hacia Dios y Su voluntad). Quien sea enemigo de Dios, de Sus Ángeles, de Sus Mensajeros y de Gabriel y Miguel, (ha de saber que) Dios es indudablemente enemigo de los incrédulos.

99. (¡Oh Mensajero, no sufras por su persistencia en la incredulidad!) Sin duda, hemos hecho que descienda sobre ti verdades tan manifiestas (que prueban que eres Mensajero y que prueban la Autoría Divina del Corán tan brillante como la luz del Sol). Sólo los trasgresores las niegan (los cuales se han extraviado del Camino Recto en creencia, pensamiento y conducta).

100. ¿Es que cada vez que (estos trasgresores) establecen un pacto, una parte de ellos lo incumple? (De hecho, eso es lo que hacen, y no se trata de una parte pequeña). Más bien la mayoría de ellos no creen (por lo que no se puede esperar de ellos que cumplan el pacto).

101. (Esto no es todo). Cuando (finalmente) les ha llegado un Mensajero de Dios confirmando lo que ya poseían (de la verdad), un grupo de aquellos a los que les fue concedido el Libro (la Tora) se han arrojado (en vez de prestar atención a lo que contiene respecto al Último Mensajero) el Libro de Dios (el Corán) a la espalda como si no supieran (que se trata de un Libro de Dios y que el Mensajero que lo ha traído es el Último Profeta que esperaban).

---

89. El Mensajero de Dios advierte: «El apego mundano es la fuente de todos los errores y pecados» (al-Bayhaqi, 7:338).

90. La relación de este versículo y los versículos que inician el *sura* describiendo las encomiables cualidades de los creyentes es explícita. Los creyentes que aquí se mencionan son tal y como son descritos en tales versículos, es decir, creen en el Mundo de Lo Oculto, establecen la Oración y aprovechan aquello que Dios les ha proveído para ayudar a los necesitados, y asimismo creen en lo que le ha sido revelado al Mensajero, la paz y las bendiciones sean con él, y lo que ha sido revelado con anterioridad a él, y tienen fe firme en el Más Allá. Los versículos del principio de cada *sura* son de importancia fundamental para la comprensión de su significado.

Gabriel (*Yibril* en el Corán) hace referencia a la existencia angelical sobre cualquier otro poder a excepción del Poder Divino. Asimismo también denota el Espíritu ante el cual ninguna fuerza material puede resistirse y cuyas obras son irreversibles e indispensables. Ya que la Revelación posee una certeza absoluta en la que no tienen cabida la intervención de ningún ser mortal, el nombre *Yibril* (el modo en que es llamado el ángel que trae dicha Revelación) también sirve como definición de dicho ángel. También posee otros títulos (como, por ejemplo: Espíritu proveniente de Dios, el Espíritu Digno de Confianza e, incluso, el Espíritu de la Santidad, según algunos: Véase nota 85), y es descrito en el Corán como noble, mensajero distinguido, poderoso, poseedor de elevado y firme rango ante el Señor del Trono Supremo, obedecido por los demás ángeles y digno de confianza (81:18-21) (Yazır, 1:432).

وَاتَّبَعُوا مَا تَتْلُوا الشَّيَاطِينُ عَلٰى مُلْكِ سُلَيْمٰنَ
وَمَا كَفَرَ سُلَيْمٰنُ وَلٰكِنَّ الشَّيَاطِينَ كَفَرُوا يُعَلِّمُونَ
النَّاسَ السِّحْرَ وَمَا اُنْزِلَ عَلَى الْمَلَكَيْنِ بِبَابِلَ هَارُوتَ
وَمَارُوتَ وَمَا يُعَلِّمَانِ مِنْ اَحَدٍ حَتّٰى يَقُولَا اِنَّمَا نَحْنُ
فِتْنَةٌ فَلَا تَكْفُرْ فَيَتَعَلَّمُونَ مِنْهُمَا مَا يُفَرِّقُونَ بِهِ
بَيْنَ الْمَرْءِ وَزَوْجِهِ وَمَا هُمْ بِضَارّٖينَ بِهِ مِنْ اَحَدٍ اِلَّا
بِاِذْنِ اللّٰهِ وَيَتَعَلَّمُونَ مَا يَضُرُّهُمْ وَلَا يَنْفَعُهُمْ وَلَقَدْ
عَلِمُوا لَمَنِ اشْتَرٰيهُ مَا لَهُ فِي الْاٰخِرَةِ مِنْ خَلَاقٍ
وَلَبِئْسَ مَا شَرَوْا بِهٖ اَنْفُسَهُمْ لَوْ كَانُوا يَعْلَمُونَ ١٠٢ وَلَوْ
اَنَّهُمْ اٰمَنُوا وَاتَّقَوْا لَمَثُوبَةٌ مِنْ عِنْدِ اللّٰهِ خَيْرٌ لَوْ كَانُوا
يَعْلَمُونَ ١٠٣ يَا اَيُّهَا الَّذِينَ اٰمَنُوا لَا تَقُولُوا رَاعِنَا
وَقُولُوا انْظُرْنَا وَاسْمَعُوا وَلِلْكَافِرِينَ عَذَابٌ اَلِيمٌ ١٠٤
مَا يَوَدُّ الَّذِينَ كَفَرُوا مِنْ اَهْلِ الْكِتَابِ وَلَا الْمُشْرِكِينَ
اَنْ يُنَزَّلَ عَلَيْكُمْ مِنْ خَيْرٍ مِنْ رَبِّكُمْ وَاللّٰهُ يَخْتَصُّ
بِرَحْمَتِهِ مَنْ يَشَاءُ وَاللّٰهُ ذُو الْفَضْلِ الْعَظِيمِ ١٠٥

102. Y (al igual que sus antepasados hicieron) siguieron las invenciones que los demonios concibieron y difundieron sobre el reinado de Salomón (atribuyendo falsamente su empleo de los genios, diablos y animales en su reinado a la brujería). Pero (atribuir la creación o efectos creativos a la brujería es un modo de incredulidad y) Salomón (que era un Profeta y un excelente siervo de Dios) nunca sucumbió a la incredulidad, si no que fueron los demonios (los cuales difundieron falsedades sobre su reinado) los que no creyeron, enseñando a la gente la brujería y (la forma tergiversada) del conocimiento que se había revelado a Harut y Marut, los dos ángeles de Babilonia. Y ellos (esos dos ángeles encargados de enseñar a la gente algunas ciencias ocultas tales como romper hechizos y protección contra la brujería) nunca se lo enseñaban a nadie sin antes advertir: «Somos una prueba, no caigáis en la incredulidad (es peligroso aprender el conocimiento que nos ha sido dado, usadlo pues de modo lícito y guardaos de cometer un acto de incredulidad abusando de él)». Y (aún así) ellos (aquellos que siguieron las falsedades de los diablos) aprendieron de ellos (de los dos ángeles) aquello con lo que (pensaron que podrían utilizarlo para) separar al hombre de su esposa. Pero (aunque erróneamente atribuyeron poder creativo a la brujería, de hecho) no podían perjudicar a nadie sin el permiso de Dios. Y aprendieron lo que les perjudicaba, no lo que les beneficiaba. Sin duda supieron que quien lo adquiría (a cambio del Libro de Dios) no tendría parte (feliz) en el Más Allá. Cuán maligno era aquello por lo que vendieron sus almas; si al menos lo supiesen (habrían actuado como personas de verdadero conocimiento y comprensión)[91].

103. Si al menos hubiesen creído y, con temor y en reverencia a Dios, hubiesen buscado Su protección (contra el extravío y Su castigo) una recompensa de Dios (que no hubiesen podido imaginar) hubiese sido absolutamente mejor; si al menos lo supiesen (habrían actuado como gente de verdadero conocimiento y comprensión)[92].

104. ¡Oh vosotros que creéis![93] No digáis (en vuestras relaciones y conversaciones con el Mensajero de Dios) *«ra'ina»* (por favor, atiéndenos), sino decir *«unzurna»*[94] (favorécenos con tu atención) y prestadle atención. (Estad seguros de que) para los incrédulos (que faltan al respeto al Mensajero de Dios) habrá un doloroso castigo.

105. La Gente del Libro que han sucumbido a la incredulidad (negando a cualquiera de los Profetas o Libros Divinos o atribuyendo copartícipes a Dios o abrigando enemistad contra Sus ángeles o de otra manera) y los que han atribuido copartícipes a Dios (entre la población de La Meca y otras poblaciones) no desean que os descienda ningún bien procedente de vuestro Señor. Mas Dios distingue con Su misericordia (favoreciendo con la Misión Profética o con otra misión similar) a quien Él quiere. Dios es de una gracia y una munificencia formidables.

---

91. Además de numerosos milagros y hazañas milagrosas, el profeta Salomón, la paz sea con él, se distinguía por la habilidad que poseía de, con el permiso de Dios, someter a los *yinn* —genios— y a los demonios a su autoridad y emplearles en diferentes labores. Una vez, intentaron rebelarse contra él, pero fracasaron. Tras su muerte, los diablos empezaron a susurrarle a sus amistades más cercanas que Salomón había obtenido su poder de la brujería. Cuando empezaron a decaer moral y materialmente, los Hijos de Israel, tornaron sus rostros de forma creciente hacia la magia negra, la hechicería y los embrujos para cumplir sus deseos.

Durante su vida en el exilio de Babilonia, un antiquísimo centro de la ciencia, especialmente en el campo de la astronomía, Dios les envió a dos ángeles, llamados Harut y Marut, para enseñarles algunas ciencias ocultas a fin de que se pudiesen proteger de la brujería y de los males que ésta causaba. Los ángeles, siervos obedientes de Dios con poder para adoptar las formas que mejor correspondan a las misiones que les han sido encomendadas, debieron de habérseles presentado con forma humana, al igual que los ángeles que fueron enviados al profeta Lot, la paz sea con él, los cuales se hicieron patentes adoptando la forma de apuestos jóvenes (11:69-81). Al enseñar a la gente algunos de los conocimientos ocultos, les advertían diciéndoles: «Cualquier conocimiento es una prueba y una tentación. Así que lo que os enseñamos puede ser empleado con fines indeseables por la gente malvada. Tened cuidado que esto no os lleve hacia un acto de incredulidad». Cualquier conocimiento, incluso elementos esenciales para la vida humana como el fuego y el agua, puede ser transformado en elementos para cometer el mal en manos de los malvados. Aquellos viles de entre los Hijos de Israel solo estaban interesados en cómo podían sembrar la discordia entre el marido y su esposa, lo cual indicaba la profundidad de la corrupción moral en la que esta gente había sucumbido.

El profeta Muhammad, la paz y las bendiciones sean con él, dijo: «Satanás envía sus representantes a lo largo y ancho del mundo. A su regreso, éstos informan de sus logros, mencionando cada uno su particular acto de maldad. Sin embargo, Satanás no está satisfecho con ninguno de ellos. Solamente cuando uno de ellos informa de que ha sido capaz de separar a una esposa de su marido es cuando Satanás, contento, le abraza» (al-Bujari, «Talaq», 25).

A la luz de este versículo se pueden contemplar las enseñanzas de la Cábala y ciertas doctrinas esotéricas de similares características y algunos rituales pertenecientes a organizaciones secretas. (Podemos mencionar aquí que existía una deidad llamada Marduk entre las deidades de Babilonia, en concreto era la deidad de la magia).

92. Tanto este versículo como el que le precede acaba con las palabras que literalmente significan *si al menos supiesen*. Sin embargo a la luz de: *Sin duda supieron que quien lo adquiría (a cambio del Libro de Dios) no tendría parte (feliz) en el Más Allá*, estas palabras significan que tal pueblo sí sabía, pero no actuaba de acuerdo con lo que sabían como individuos de conocimiento y comprensión. Podemos concluir que cualquier conoci-

miento que no conduce a su poseedor a actuar de acuerdo con dicho conocimiento no beneficia y no es contemplado como «conocimiento verdadero» por el Corán. Otro elemento a destacar aquí es que en algunos versículos (como por ejemplo 3:19), el Corán se refiere a los Libros Divinos o Revelación como «conocimiento». Por lo tanto, aquellos que no actúan de acuerdo con este «conocimiento» son ignorantes aunque posean conocimiento en otros campos del saber. Todo lo que quisiéramos explicar aquí está sucintamente expresado en el versículo (35:28): *De todos Sus siervos, sólo los que poseen verdadero conocimiento tienen temor reverencial a Dios*. El período pre-islámico es denominado «Época de la Ignorancia» *(Yahiliyya)*. Esto no significa que la gente de esa época fuera ignorante si no que creían y actuaban como gente sin (verdadero) conocimiento ni comprensión.

93. En el Corán, la frase *¡Oh vosotros que creéis!* aparece alrededor de ochenta veces. Esta frase es empleada para dirigirse a aquellos que declaran su creencia (verbalmente) y llevan a cabo la Oración Prescrita (*Salat*) en congregación con los musulmanes, pagan la Limosna Purificadora Prescrita (*Zakat*) de acuerdo con su riqueza, como la que poseen al aire libre (tal y como el ganado y los productos agrícolas) y comen los animales sacrificados por los musulmanes. Obedecer los mandamientos que suceden a esta alocución es un requerimiento necesario para ser un creyente. Solamente la persona que cree en los fundamentos de la fe y obedece de corazón los mandamientos prescritos, única y exclusivamente para agradar a Dios, es un verdadero creyente.

94. En su conversación con el Mensajero de Dios, la paz y las bendiciones sean con él, los Compañeros, que Dios esté complacido con ellos, a veces usaban la expresión *ra'ina*, que significa «ten la bondad de prestarnos atención» o «por favor atiéndenos», cuando querían solicitar una corta pausa. Sin embargo, algunos judíos que visitaron al Mensajero quisieron descargar su rencor usando expresiones ambiguas en su modo de saludo y en su conversación. Usaban palabras con doble significado, uno inocente y otro ofensivo, o cambiaban el modo de pronunciación de la expresión usada por los Compañeros, que Dios esté complacido con ellos. Pronunciaban *ra'ina* para que sonase como la palabra hebrea que significa «escúchanos, que te quedes sordo» y a veces como la palabra árabe que significa «pastor nuestro». Para evitar que la expresión *ra'ina* fuese usada de modo abusivo, fue ordenado a los musulmanes que la evitasen y que usasen en vez de ella la expresión directa *unzurna*, que significa «favorécenos con tu atención» o «ten la bondad de otorgarnos una pausa para seguir». El versículo hace notar la importancia de mostrar el respeto indispensable al Mensajero de Dios, la paz y las bendiciones sean con él, y de prestar atención a sus enseñanzas.

106. (A pesar de que se aprovecharían de la abrogación de algunas de las reglas de segunda categoría para desafiar tu autoridad, la verdad es que) no abrogamos ningún versículo ni lo omitimos (haciendo que sea olvidado) sin que traigamos uno mejor o similar (más adecuado al período y a las condiciones del momento en que es revelado, con el fin de perfeccionar la Religión y completar Nuestro favor sobre ti)[95]. ¿Acaso no sabes (y seguramente lo sabes) que Dios posee pleno poder sobre todas las cosas?

107. ¿Acaso no sabes (y seguramente lo sabes) que a Dios Le pertenece la soberanía (la propiedad y el dominio absoluto) de los Cielos y de la Tierra (con todo lo que contienen)? (Actúa como Su Voluntad dicta en Su dominio y vosotros sois Sus siervos totalmente sometidos a Él. Dado esto, y a no ser que Él quiera) no tenéis, aparte de Dios, guardián (a quien podáis encomendar vuestros asuntos) ni auxiliador.

108. ¿O es que deseáis (empujados por los incrédulos de entre la Gente del Libro y sin percibir la sabiduría que existe en la abrogación de ciertos versículos) acosar a vuestro Mensajero con preguntas insensatas y exigencias sin respuesta (como contemplar a Dios directamente) del mismo modo que Moisés fue presionado? Quien cambie la fe por la incredulidad, en verdad se habrá extraviado del camino recto y llano.

109. Muchos de entre la Gente del Libro, por la envidia que tienen arraigada en sus almas, desearían convertiros en incrédulos después de que hayáis creído y de que la verdad se les haya hecho patente (que el Corán es la Palabra de Dios y Muhammad es el Último y Esperado Mensajero). No obstante, perdonad y pasad por alto

مَا نَنْسَخْ مِنْ اٰيَةٍ اَوْ نُنْسِهَا نَاْتِ بِخَيْرٍ مِنْهَٓا اَوْ مِثْلِهَاۜ
اَلَمْ تَعْلَمْ اَنَّ اللّٰهَ عَلٰى كُلِّ شَيْءٍ قَد۪يرٌ ﴿١٠٦﴾ اَلَمْ تَعْلَمْ اَنَّ
اللّٰهَ لَهُ مُلْكُ السَّمٰوَاتِ وَالْاَرْضِۜ وَمَا لَكُمْ مِنْ دُونِ اللّٰهِ
مِنْ وَلِيٍّ وَلَا نَص۪يرٍ ﴿١٠٧﴾ اَمْ تُر۪يدُونَ اَنْ تَسْـَٔلُوا رَسُولَكُمْ
كَمَا سُئِلَ مُوسٰى مِنْ قَبْلُۜ وَمَنْ يَتَبَدَّلِ الْكُفْرَ بِالْا۪يمَانِ
فَقَدْ ضَلَّ سَوَٓاءَ السَّب۪يلِ ﴿١٠٨﴾ وَدَّ كَث۪يرٌ مِنْ اَهْلِ الْكِتَابِ
لَوْ يَرُدُّونَكُمْ مِنْ بَعْدِ ا۪يمَانِكُمْ كُفَّارًاۚ حَسَدًا مِنْ عِنْدِ
اَنْفُسِهِمْ مِنْ بَعْدِ مَا تَبَيَّنَ لَهُمُ الْحَقُّۚ فَاعْفُوا وَاصْفَحُوا
حَتّٰى يَاْتِيَ اللّٰهُ بِاَمْرِه۪ۜ اِنَّ اللّٰهَ عَلٰى كُلِّ شَيْءٍ قَد۪يرٌ ﴿١٠٩﴾
وَاَق۪يمُوا الصَّلٰوةَ وَاٰتُوا الزَّكٰوةَۜ وَمَا تُقَدِّمُوا لِاَنْفُسِكُمْ
مِنْ خَيْرٍ تَجِدُوهُ عِنْدَ اللّٰهِۜ اِنَّ اللّٰهَ بِمَا تَعْمَلُونَ بَص۪يرٌ ﴿١١٠﴾
وَقَالُوا لَنْ يَدْخُلَ الْجَنَّةَ اِلَّا مَنْ كَانَ هُودًا اَوْ نَصَارٰىۜ
تِلْكَ اَمَانِيُّهُمْۜ قُلْ هَاتُوا بُرْهَانَكُمْ اِنْ كُنْتُمْ صَادِق۪ينَ ﴿١١١﴾
بَلٰى مَنْ اَسْلَمَ وَجْهَهُ لِلّٰهِ وَهُوَ مُحْسِنٌ فَلَهُ اَجْرُهُ
عِنْدَ رَبِّه۪ۖ وَلَا خَوْفٌ عَلَيْهِمْ وَلَا هُمْ يَحْزَنُونَ ﴿١١٢﴾

وَقَالَتِ

(evitando debates y polémicas innecesarias con ellos) hasta que Dios traiga Su veredicto sobre ellos. Ciertamente Dios posee pleno poder sobre todas las cosas.

110. (Que lo que os concierna sea) establecer la Oración conforme a sus condiciones y pagar la Limosna Purificadora Prescrita. Todo lo bueno que adelantéis (hacia vuestro futuro en esta vida y en la próxima) en beneficio de vuestras almas, lo encontraréis junto a Dios. Cualquier (bien o mal) que hagáis, ciertamente Dios lo contempla.

111. Ellos (los judíos o cristianos) dicen que nadie ingresará en el Paraíso a no ser que sea judío o cristiano. Ésa es su ilusión (sus vanos deseos y caprichos). Di: «¡Manifestad vuestra prueba si sois veraces (si estáis convencidos de vuestra pretensión!»).

112. ¡No! Sino que aquel que someta todo su ser a Dios (y lo haga) dedicándose a hacer el bien y consciente de que Dios le está contemplando, su recompensa estará junto a su Señor y no tendrá que temer (ya que siempre encontrará Mi ayuda y apoyo con él) ni se entristecerá[96].

---

95. Respecto a la legislación, el Islam ha seguido tres vías principales:

- Conservó los mandamientos que existieron en los libros anteriores o en las costumbres de la comunidad en la que el Islam apareció y que no se contradecían con sus principios esenciales.
- Corrigió o modificó los mandamientos que no eran conformes a sus principios.
- Decretó nuevas legislaciones.

Al llevar a cabo nuevas leyes tomó en consideración los aspectos inmutables (esenciales) y los cambiantes (temporales). En el segundo caso, estableció reglas que podían ser revisadas cuando fuese necesario según el momento y las condiciones, normas que eran conformes a los elementos esenciales de la fe, la adoración y la moralidad; estableció principios legales para mantener su progreso. Las reglas más importantes y más conocidas son las de la analogía *(qiyas)*; la deducción de nuevas leyes a través del razonamiento del Corán y la Sunna (*iytihad*); asimilar lo que es bueno y beneficioso *(istihsan)*; mantener inmutable lo que anteriormente había sido aprobado *(istishab);* adoptar lo que es más apropiado para el beneficio público y descartar lo que es dañino *(masalih al-mursalah);* y bloquear la vía que permite la corrupción y lo que es ilícito (*sadd az-zara'i*). El mismo procedimiento era seguido también en la época del Profeta cuando el Corán estaba siendo revelado. Dios abrogó ciertos versículos, ya sea abrogando el mandato que contenían en su expresión o abrogando tanto la expresión como el mandato que contenía. Este proceso se llamó *nasj,* y los versículos abrogados se llaman *mansuj* y los que sustituyen a los anteriores *nasij.*

Hay diferencias de opiniones entre los eruditos sobre el número de versículos abrogados. Sin embargo, se ha de tener en cuenta que el Corán tiene autoridad absoluta hasta el Día del Juicio Final y que la vida consiste en altibajos e imprevistos. Dado esto, a veces puede haber ocasiones en que algunos de los mandamientos que reemplazan o abrogan a otros han de ser temporalmente abandonados o considerados como no revelados aún. Este proceso de *nasj* contribuye en gran medida al dinamismo del Islam, ya que predicar el Islam y transformar a la gente en verdaderos y perfectos musulmanes es un proceso. Asimismo, los principios o mandamientos que se transmiten a los nuevos creyentes o a aquellos que están interesados en el Islam tienen diferentes prioridades.

96. Algunas veces necesitamos subrayar las relaciones entre los versículos y cómo el *sura* da un nuevo giro con respecto a los versículos que la inician. La relación entre este versículo y los versículos 2:38 y 62 es manifiesta. Estos tres versículos son especialmente importantes en cuanto a la relación de los acontecimientos narrados con el eje central o tema principal del *sura* y el énfasis de dicha relación.

وَقَالَتِ الْيَهُودُ لَيْسَتِ النَّصَارٰى عَلٰى شَيْءٍۖ وَقَالَتِ
النَّصَارٰى لَيْسَتِ الْيَهُودُ عَلٰى شَيْءٍۙ وَهُمْ يَتْلُونَ الْكِتَابَۜ
كَذٰلِكَ قَالَ الَّذِينَ لَا يَعْلَمُونَ مِثْلَ قَوْلِهِمْۚ فَاللّٰهُ يَحْكُمُ
بَيْنَهُمْ يَوْمَ الْقِيٰمَةِ فِيمَا كَانُوا فِيهِ يَخْتَلِفُونَ ﴿١١٣﴾ وَمَنْ اَظْلَمُ
مِمَّنْ مَنَعَ مَسَاجِدَ اللّٰهِ اَنْ يُذْكَرَ فِيهَا اسْمُهُ وَسَعٰى فِى
خَرَابِهَاۜ اُولٰٓئِكَ مَا كَانَ لَهُمْ اَنْ يَدْخُلُوهَٓا اِلَّا خَٓائِفِينَۜ
لَهُمْ فِى الدُّنْيَا خِزْىٌ وَلَهُمْ فِى الْاٰخِرَةِ عَذَابٌ عَظِيمٌ ﴿١١٤﴾
وَلِلّٰهِ الْمَشْرِقُ وَالْمَغْرِبُ فَاَيْنَمَا تُوَلُّوا فَثَمَّ وَجْهُ اللّٰهِۜ اِنَّ
اللّٰهَ وَاسِعٌ عَلِيمٌ ﴿١١٥﴾ وَقَالُوا اتَّخَذَ اللّٰهُ وَلَدًاۙ سُبْحَانَهُۜ بَلْ لَهُ
مَا فِى السَّمٰوَاتِ وَالْاَرْضِۜ كُلٌّ لَهُ قَانِتُونَ ﴿١١٦﴾ بَدِيعُ السَّمٰوَاتِ
وَالْاَرْضِۜ وَاِذَا قَضٰٓى اَمْرًا فَاِنَّمَا يَقُولُ لَهُ كُنْ فَيَكُونُ ﴿١١٧﴾
وَقَالَ الَّذِينَ لَا يَعْلَمُونَ لَوْلَا يُكَلِّمُنَا اللّٰهُ اَوْ تَاْتِينَٓا اٰيَةٌۜ
كَذٰلِكَ قَالَ الَّذِينَ مِنْ قَبْلِهِمْ مِثْلَ قَوْلِهِمْۜ تَشَابَهَتْ
قُلُوبُهُمْۜ قَدْ بَيَّنَّا الْاٰيَاتِ لِقَوْمٍ يُوقِنُونَ ﴿١١٨﴾ اِنَّٓا اَرْسَلْنَاكَ
بِالْحَقِّ بَشِيرًا وَنَذِيرًاۙ وَلَا تُسْـَٔلُ عَنْ اَصْحَابِ الْجَحِيمِ ﴿١١٩﴾

113. Afirman los judíos que los cristianos no tienen nada (proveniente de Dios) en que basarse; y los cristianos dicen que los judíos no tienen nada (proveniente de Dios) en que basarse; pero (ambos) recitan el Libro. También los que no tienen ningún conocimiento (de Dios) dicen algo similar. Dios juzgará entre ellos el Día de la Resurrección acerca de lo que discrepan.

114. ¿Quién es más injusto que aquél que obstruye los lugares de devoción de Dios de tal modo que Su Nombre no sea mencionado ni invocado en ellos y se esfuerza por arruinarlos?[97] Esta gente no puede entrar en ellos salvo con miedo (por su enajenación respecto a la Religión o porque intentan destruirlos debido a su animosidad contra Dios). Para ellos habrá una desgracia en este mundo; y en el Más Allá tendrán un tremendo castigo[98].

115. (Intentan aprovechar el asunto de la *alquibla* —la dirección hacia donde se lleva a cabo la Oración— como pretexto para evitar que los musulmanes entren en los lugares de adoración y para evitar que el Nombre de Dios sea mencionado e invocado en dichos lugares). De Dios son el oriente y el occidente (y por lo tanto toda la Tierra con su oriente y occidente: allá donde estéis, podéis tornaros en Oración hacia Él). Por lo tanto, dondequiera que os volváis, allí está la «Faz» de Dios[99]. Dios es Aquel Quien lo abarca todo (con Su misericordia), el Omnisciente.

116. Y (a pesar del hecho de que Dios es infinito, nada Le constriñe y, por lo tanto, no hay nada semejante o igual a Él) pretenden que Dios ha tomado para Sí un hijo. Glorificado sea (puesto que Él está por encima de poseer cualquier atributo perteneciente a los seres constreñidos al tiempo y al espacio), más bien, a Él Le pertenece todo cuanto hay en los Cielos y en la Tierra (lo cual se halla bajo Su reinado absoluto)[100]; todos (por el mero hecho de ser seres creados por Él) son sumisos a Él.

117. (Es Aquel Quien) ha dado origen a los Cielos y a la Tierra con nadie que le haya precedido imitándole. Cuando decreta algo, le basta con decir «¡Sé!» y es[101].

118. Los que carecen de conocimiento (de Él, los que no reconocen a Dios y, por lo tanto, llevan una vida de ignorancia) dicen: «¿Por qué Dios no nos habla (directamente) o un signo manifiesto (un milagro) nos llega?». Algo parecido dijeron aquellos que les precedieron, una palabra como la de ellos. Sus corazones se asemejan. Sin embargo, hemos aclarado los signos (las Revelaciones que establecen la Unidad y la Soberanía de Dios, la Misión Profética de Muhammad y la Autoridad Divina del Corán) para los que buscan la certeza (con mentes abiertas e inquisitivas).

119. (¡Oh Mensajero! Que no te aflija lo que digan). Sin duda te hemos enviado como Mensajero con la verdad como un portador de buenas nuevas (de prosperidad a cambio de la fe y de la rectitud) y como un advertidor (de las consecuencias de desviarse y transgredir). Tú (llevas a cabo tu misión con perfección y, por consiguiente) no serás preguntado acerca de los compañeros del Fuego Llameante.

---

97. Este versículo pregunta de modo retórico si existe peor acción que la de evitar el acceso a los lugares de adoración de Dios, de tal modo que Su Nombre no pueda ser ensalzado ahí, y pugnar tal prohibición por causar su ruina. Esto no significa que únicamente sea el mayor pecado. Más bien, se trata de una de las mayores ofensas, entre las que figuran también encubrir la verdad revelada y establecida por Dios respecto a la fe (2:140), negar a sabiendas las Revelaciones de Dios (6:21,93) y darle la espalda a las Revelaciones de Dios negándolas intencionadamente (32:22). Cada una de estas acciones figura entre los más grandes pecados.

98. Este versículo denuncia severamente cualquier ofensa contra los lugares de devoción de Dios y alude a ejemplos históricos, tal y como el de *Bayt al-Maqdis* en Jerusalén, el cual fue reducido a ruinas por los reyes asirios, por el rey de Babilonia Nabucodonosor, por emperadores romanos como Tito y Adriano. También hace referencia al hecho de impedir que los musulmanes lleven a cabo su adoración en la Ka'ba. De modo general advierte contra cualquier intento en el futuro de clausurar los lugares de adoración o evitar que la gente rece en ellos.

99. Las leyes de los Profetas anteriores declaran que la devoción debe ser llevada a cabo en lugares específicos. Por ejemplo, los judíos adoraban en sinagogas y los cristianos en iglesias. Pero el Islam permite que la adoración se realice en cualquier lugar que se encuentre limpio (al-Bujari, «Tayammum», 1; «Salah», 56). Este versículo también deja claro que la «Faz» de Dios no tiene nada que ver con una dirección específica, ya que Dios no está constreñido ni por el tiempo ni por el espacio. El hecho de especificar un punto determinado, tal y como la Ka'ba, es solo para establecer unidad y solidaridad entre los musulmanes.

100. El absolutismo que prevalecía entre los pueblos del pasado, estableció que cualquier hijo que se atribuyese a una deidad también tenía que ser una deidad, del mismo modo que el hijo de un rey sucedía a su padre en rango y poder. Al rechazar categóricamente la doctrina de que Dios pudiese tener un hijo y dejar claro que Dios, siendo el Infinito, no puede tener a nadie ni a nada que se le asemeje, el Corán rechaza de modo decisivo la atribución de divinidad a Jesús realizada por los cristianos, así como la que los judíos hicieron con Uzayr. Del mismo modo que Dios no puede tener a nadie ni a nada que se Le asimile, tampoco puede tener un copartícipe en el dominio de los Cielos y de la Tierra, ya que Él es Aquel Quien los ha originado sin ayuda alguna de cualquier otro y sin ningún precedente ni ejemplo a seguir.

101. No existe contradicción entre Dios cuando le dice a algo «Sé» cuando quiere crearlo —indicando que la creación es instantánea— y la creación tal y como se nos aparece desde nuestra perspectiva como un proceso que ocurre a lo largo del tiempo.

La existencia tiene dos dimensiones, una corpórea, donde la materia y las causas materiales, el tiempo y el espacio tienen relevancia, y otra puramente espiritual y trascendental, donde ni la materia ni las causas materiales ni el tiempo ni el espacio desempeñan ningún papel, y donde el pensamiento y la acción son prácticamente idénticos. El Poder Divino opera principalmente en esa segunda dimensión en el acto creativo, haciéndolo dependiente o conectándolo con la materia y con las causas materiales, al igual que con el tiempo y el espacio. Cualquier ser corpóreo llega a la existencia de esa manera porque la Sabiduría Divina así lo dispone.

En segundo lugar, ni la materia ni las causas materiales ni el espacio ni el tiempo pueden imponer ninguna restricción sobre el Ser Divino de Dios ni sobre Su Poder. Por encima del reino o dimensión corpórea hay otros reinos o dimensiones numerosos, todos los cuales son espirituales y trascendentes en varios grados, y en los que la medida del tiempo es completamente diferente. Todos estos reinos están contenidos de modo infinito por el «Reino» Divino donde cualquier aspecto corpóreo es totalmente imposible. Las operaciones del Poder Divino que se originan en este «Reino» se manifiestan en otros reinos según la característica de cada uno de ellos.

Eruditos santos como Muhyi-d-Din ibn al-'Arabi (1165-1240) y Mawlana Yalalu'd-din ar-Rumi (1207-1273) han señalado en distintos lugares de sus obras algo que —en diferentes términos— la moderna física cuántica también afirma, a saber, que lo que vemos como un mundo sólido y corpóreo consiste realmente en un continuo movimiento. El universo se halla en un ciclo continuo de aparición y desaparición por el Poder de Dios.

Nosotros vemos en este mundo corpóreo o material cómo las cosas surgen a la existencia a la vez. Especialmente cuando observamos la falta de proporción entre las causas y los efectos —es decir, cuando Dios hace que la existencia de objetos enormes dependa de sus diminutas semillas o cuando hace que cosas diminutas acaben teniendo grandes consecuencias— podemos obtener la conclusión de que la manifestación del Poder Divino en este mundo es también instantánea (Véase también 36:83, nota 27).

وَلَنْ تَرْضٰى عَنْكَ الْيَهُودُ وَلَا النَّصَارٰى حَتّٰى تَتَّبِعَ مِلَّتَهُمْ قُلْ
اِنَّ هُدَى اللّٰهِ هُوَ الْهُدٰى وَلَئِنِ اتَّبَعْتَ اَهْوَٓاءَهُمْ بَعْدَ الَّذٖى جَٓاءَكَ
مِنَ الْعِلْمِ مَا لَكَ مِنَ اللّٰهِ مِنْ وَلِيٍّ وَلَا نَصٖيرٍ ﴿١٢٠﴾ اَلَّذٖينَ اٰتَيْنَاهُمُ
الْكِتَابَ يَتْلُونَهُ حَقَّ تِلَاوَتِهٖ اُولٰٓئِكَ يُؤْمِنُونَ بِهٖ وَمَنْ يَكْفُرْ بِهٖ
فَاُولٰٓئِكَ هُمُ الْخَاسِرُونَ ﴿١٢١﴾ يَا بَنٖٓى اِسْرَٓائٖلَ اذْكُرُوا نِعْمَتِىَ الَّتٖٓى
اَنْعَمْتُ عَلَيْكُمْ وَاَنّٖى فَضَّلْتُكُمْ عَلَى الْعَالَمٖينَ ﴿١٢٢﴾ وَاتَّقُوا يَوْمًا
لَا تَجْزٖى نَفْسٌ عَنْ نَفْسٍ شَيْـًٔا وَلَا يُقْبَلُ مِنْهَا عَدْلٌ وَلَا تَنْفَعُهَا
شَفَاعَةٌ وَلَا هُمْ يُنْصَرُونَ ﴿١٢٣﴾ وَاِذِ ابْتَلٰٓى اِبْرٰهٖيمَ رَبُّهُ بِكَلِمَاتٍ
فَاَتَمَّهُنَّ قَالَ اِنّٖى جَاعِلُكَ لِلنَّاسِ اِمَامًا قَالَ وَمِنْ ذُرِّيَّتٖى قَالَ
لَا يَنَالُ عَهْدِى الظَّالِمٖينَ ﴿١٢٤﴾ وَاِذْ جَعَلْنَا الْبَيْتَ مَثَابَةً لِلنَّاسِ وَاَمْنًا
وَاتَّخِذُوا مِنْ مَقَامِ اِبْرٰهٖيمَ مُصَلًّى وَعَهِدْنَٓا اِلٰٓى اِبْرٰهٖيمَ وَاِسْمٰعٖيلَ
اَنْ طَهِّرَا بَيْتِىَ لِلطَّٓائِفٖينَ وَالْعَاكِفٖينَ وَالرُّكَّعِ السُّجُودِ ﴿١٢٥﴾
وَاِذْ قَالَ اِبْرٰهٖيمُ رَبِّ اجْعَلْ هٰذَا بَلَدًا اٰمِنًا وَارْزُقْ اَهْلَهُ مِنَ
الثَّمَرَاتِ مَنْ اٰمَنَ مِنْهُمْ بِاللّٰهِ وَالْيَوْمِ الْاٰخِرِ قَالَ وَمَنْ كَفَرَ
فَاُمَتِّعُهُ قَلٖيلًا ثُمَّ اَضْطَرُّهُٓ اِلٰى عَذَابِ النَّارِ وَبِئْسَ الْمَصٖيرُ ﴿١٢٦﴾

وَاِذْ يَرْفَعُ

120. Los judíos y los cristianos no estarán nunca complacidos contigo a no ser que sigas su modo de creencia y vida[102]. Di (a ellos, Oh Mensajero): «La guía de Dios (representada por el Corán) es la verdadera guía». Si (suponiendo lo imposible) siguieras sus deseos y caprichos después del conocimiento[103] que te ha llegado, no tendrás ante Dios ni guardián (que te pueda proteger de Su castigo) ni auxiliador.

121. Aquellos (individuos) a quienes concedimos el Libro (y quienes) lo recitan como debe ser recitado, siguen sus mandamientos sin efectuar cambios ni tergiversaciones en él: tienen (consolidada) fe en Él. Quienes no crean en Él (encubran y tergiversen las verdades que el Libro contiene) son los perdedores (tanto en este mundo como en el Más Allá).

122. ¡Oh Hijos de Israel! Recordad Mi favor con el que os he agraciado (eligiendo a Profetas y Mensajeros de entre vosotros, otorgándoos un gran reino, dándoos un Libro, guiándoos por el Camino Recto) y como una vez os enaltecí por encima de todos los pueblos.

123. Y temed y esforzaros por guardaros del Día en el que (todos estarán buscando la manera de salvarse, y en el que) ningún alma pagará por otra, ni se aceptará compensación de nadie ni habrá intercesión (como las comúnmente realizadas en el mundo, pero sin disfrutar del permiso ni la aprobación de Dios) de provecho, ni recibirán ayuda alguna.

124. (Renunciáis a creer y a seguir a Muhammad fundamentalmente porque la Misión Profética ni se mantuvo ni apareció entre vosotros. Ahora bien, ciertamente admitís la Misión Profética de Abraham, por lo tanto,)[104] recordad que su Señor puso a prueba a Abraham con mandamientos y experiencias duras (tal y como ser arrojado al Fuego, la destrucción del pueblo de Lot que era pariente suyo y la orden de que sacrificase a su hijo Ismael) que cumplió concienzudamente. Dijo: «Voy a hacer de ti un imán para toda la gente». Él (Abraham) suplicó: «¿(Vas a nombrar imanes) también entre mis descendientes?». (Su Señor) respondió: «(Los nombraré entre aquellos que lo merecen. Pero) Mi alianza no incluye a los malhechores»[105].

125. Recuerda, también, cuando hicimos de la Casa (la Ka'ba en La Meca) un centro para la gente y un refugio seguro (un santuario, es decir, un signo de la verdad). Realizad la Oración (Oh creyentes, como hacíais en el pasado) en la Estación de Abraham. E impusimos un deber a Abraham e Ismael: «Purificad Mi Casa para aquellos que circunvalan alrededor de ella como ritual de devoción, y aquellos que allí permanecen en devoción y aquellos que se inclinan y postran (en la Oración)»[106].

126. Y (recordad) cuando en cierta ocasión Abraham oró: «¡Señor mío! Haz de este (baldío valle) una tierra segura y provee a sus habitantes de lo que la tierra produce, a aquellos que creen en Dios y en el Día del Juicio Final»[107]. (Su Señor) dijo: «(Concederé provisión a los creyentes y a los incrédulos. Pero) al que sea desagradecido y no crea, le dejaré disfrutar un breve tiempo (en esta vida), luego le llevaré a rastras al castigo del Fuego, ¡Cuán funesto destino de llegada!».

---

102. La palabra *millah*, aquí traducida como «modo de creencia y vida», proviene del infinitivo *imlal*, que significa «escribir al dictado o escribir algo de memoria». Como vocablo, significa la senda que se sigue, ya sea recta o torcida. El Corán lo emplea con el significado de sistema de creencias y de conducta, un modo de vida. Por ello, es atribuido a la gente, no a Dios. Por ejemplo, decimos la *millah* de Abraham, no la *millah* de Dios.

103. Tal y como hemos dicho en la anterior nota número 91, el Corán hace referencia con «conocimiento» principalmente al conocimiento basado en la Revelación Divina o a la Revelación en sí. Lo opuesto a ello es el producto de los deseos y extravagancias humanas basado en nada certero ni verificado y en conjeturas que no tienen nada que ver con el conocimiento establecido (véase 3:4, 157; 10:36, 66; 53:23, 28). Por lo tanto, la primera —y principal— fuente de conocimiento en el Islam es la Revelación Divina —el Corán— y la Sunna establecida —los dichos y tradiciones del Profeta—, la paz y las bendiciones sean con él. Las otras fuentes son el intelecto o la razón sanos y las percepciones acertadas y, por lo tanto, la observación y la experimentación.

104. Las palabras explicativas que colocamos (generalmente entre paréntesis) antes o entre los versículos traducidos no son adiciones ni ningún tipo de adaptaciones del significado de los versículos. Expresan el significado normal y completo de las palabras comprendidas de modo individual y contextual. Por «contextual» nos referimos tanto al contexto del pasaje o del *sura* como al del Corán como un todo; también incluye el contexto histórico, es decir, el trasfondo histórico o social de los versículos. Asimismo, debemos saber que el Corán posee un poder de concisión milagroso, es decir, que transmite mucho con pocas palabras. A veces, esta concreción se logra a través de la poderosa concisión de la estructura y la sintaxis de la lengua árabe elevada a su ilimitable perfección en el Corán. Una lengua que relativamente carece de inflexiones tal y como el castellano, simplemente no puede reproducir el significado completo sin añadir palabras que transmitan el significado comprendido en las palabras de la lengua árabe a través de su inflexión, su posición en la frase, etc. A veces, la concisión del Corán se logra a través de una elipsis, es decir, por medio de la omisión de lo que puede ser conocido fácilmente o lo que puede ser conocido para alguien que está familiarizado con la lengua y con el tema. La concisión a través de una elipsis puede ser brevemente ilustrada a través de pasajes narrativos tal y como el que se encuentra en el maravilloso *Sura* Yusuf («la mejor de las narraciones»): Por ejemplo, entre los versículos 12:45 *Al cabo de un tiempo, de los dos prisioneros, aquel que había sido liberado se acordó (de lo que José le dijo que mencionase) e indicó: «Os informaré de su significado. Así que dejadme ir»* y el versículo siguiente 12:46, que empieza con *¡José, Oh hombre veraz!*, un número de acontecimientos son pasados por alto

porque no son inmediatamente relevantes para el significado que está siendo transmitido y porque el oyente o lector puede sustituir lo que no figura a través de familiaridad con la historia y su sentido común acostumbrado: «Abandonó la corte del rey para dirigirse a la prisión. Llegó allí y, tras recibir permiso del carcelero para entrar, entró. Se dirigió a José y, tras intercambiar saludos con él, dijo: "José, oh hombre veraz..."».

Las ocasiones en las cuales dichos versículos fueron revelados exigen explicaciones adicionales (a la vez que notas) porque el contexto histórico no es conocido para nosotros del modo en que era conocido para los primeros destinatarios del Corán. Sin embargo, es importante dejar claro que, a la vez que el contexto histórico es importante para conocer los significados de los versículos y para conocer también las relaciones que existen entre los mismos, estos no limitan su significado. Cada persona ha de responder al Corán como si las palabras y los significados le fuesen revelados a él mismo en persona como primer destinatario de la Revelación. El conocimiento del contexto histórico de ciertos versículos o pasajes realza la comprensión de su relevancia presente y permanente, no la disminuye ni la restringe.

105. Dios concedió a Abraham una categoría muy elevada y le encargó una ocupación de gran importancia: ser el Imán de la gente. El significado de *imamah* incluye cualquier función importante de liderazgo, desde liderar a los demás en la Oración hasta dirigir a un grupo oficialmente constituido o a una institución en relación con determinados asuntos, llegando incluso hasta el liderazgo de la comunidad musulmana en su totalidad y en todos los asuntos. La principal función del imán es actuar como guía para la gente en la causa de Dios (21:73; 32:24). Al ser una misión muy importante que requiere capacidad y preparación, suele aparecer, tal y como se menciona en este versículo y en el 32:24, tras pasar grandes pruebas y experiencias que exigen paciencia. Y precisan, como el mismo versículo recalca, conocimiento experto. Por lo tanto, aquel que lidere a los musulmanes en todos los asuntos debe estar dotado de certeza en los asuntos de fe y erudición en las ciencias religiosas, a la vez que discernimiento en los significados externos e internos de las cosas y los acontecimientos. Es significativo el hecho de que el Corán describa a los «malhechores» como aquellos que no son dignos de dicha misión. En la terminología coránica, «la maldad» (*zulm*) incluye un amplio espectro de acciones incorrectas que van desde el extravío en asuntos pequeños hasta el imperdonable pecado de atribuir copartícipes a Dios. Literalmente, significa poner algo en el lugar que no le corresponde o hacer algo en el momento y lugar que no es apropiado, y hacerlo del modo incorrecto. Aquél que es conocido como «malhechor» (*zalim*) no puede ser un imán. Este versículo explica de forma alusiva la razón por la cual la Misión Profética y el puesto de imán no se dieron entre los Hijos de Israel, los cuales, a pesar de ser descendientes de Abraham a través de Isaac y Jacob, quienes fueron nombrados a su vez imanes, llevaron a cabo todo tipo de acciones incorrectas, incluyendo la adopción del becerro como deidad y la atribución de un hijo a Dios.

Los chiítas, especialmente aquellos integrados dentro de los Imaníes o Duodecimanos, basan comúnmente su doctrina del imanato en este versículo. Pretenden que el imanato fue concedido a Abraham, la paz sea con él, después de haberse convertido en Profeta y Mensajero, y, por lo tanto, el imanato es un rango superior al de la Misión Profética y al de un Mensajero. Como bien se sabe, un Mensajero es un Profeta que recibe un Libro o escritura y está encargado de predicar el Mensaje de Dios, mientras que un Profeta generalmente lo que hace es seguir los pasos del Mensajero que le haya precedido. Los chiítas, argumentan que los Doce Imanes, cuyo primer Imán es 'Ali, el cuarto califa, primo y yerno del profeta Muhammad, la paz y las bendiciones sean con él, y los demás imanes descendientes por la línea sucesoria de Imam Husain, hijo de 'Ali, tienen una categoría más elevada que la de los Profetas y Mensajeros a excepción del profeta Muhammad. Sin embargo, su argumento contradice su doctrina sobre el imanato, ya que ninguno de los Doce es un Profeta ni un Mensajero. Y asimismo, según el Corán, el imanato, más que un cargo o institución, es una función. Por esta razón, todos los Profetas y Mensajeros fueron también imanes. Finalmente, el Corán nunca asocia los conceptos del Profeta y Mensajero a un valor negativo, mientras que el concepto de imán, debido a su función, es asociado a dicho concepto negativo: por ejemplo, existen imanes «de la incredulidad» (9:12) e imanes «que invitan al fuego» (28:41).

106. La Estación de Abraham es (el emplazamiento de) la piedra donde, según se dice, éste permaneció mientras construía la Ka'ba. Al mencionar que en tiempos remotos la gente solía visitar la Ka'ba con el propósito de adorar, circunvalar alrededor de ella y permanecer ahí en devoción, el versículo se refiere al hecho de que el centro real e histórico de la verdadera Religión que Dios eligió para la humanidad es la Ka'ba. Por la tanto, prepara los corazones y las mentes para efectuar un cambio de *alquibla* (la dirección hacia donde la gente se dirige en Oración) desde Bayt al-Maqdis, en Jerusalén a la Ka'ba. También prepara el terreno para el mandamiento del *Hayy* (la Peregrinación a la Ka'ba), el cual es el quinto pilar del Islam.

La Ka'ba fue el primer edificio que se construyó en el mundo. Fue erigido por el profeta Adán, la paz sea con él. Los profetas Abraham e Ismael, la paz sea con ellos, la reconstruyeron sobre sus cimientos originales. El hecho de que Abraham la reconstruyese con su hijo Ismael, el antepasado del profeta Muhammad, la paz y las bendiciones sean con él, y no con Isaac, es un signo importante de que el Último Profeta, el cual haría que la Ka'ba fuese un centro para sus seguidores, iba a aparecer entre los descendientes de Ismael.

107. La creencia en Dios y en el Día del Juicio Final son dos elementos esenciales de la fe islámica. Esto no significa que los elementos esenciales de la fe estén restringidos a estos dos elementos fundamentales. Tampoco nos lleva a la conclusión de que la salvación es posible sin creer en otros elementos esenciales, como la creencia en Moisés y en la Tora durante la época de Moisés además de los Profetas y Libros que le precedieron, creer en Jesús y en el Evangelio durante la época de Jesús, junto con todos aquellos que les precedieron, y finalmente, creer en el profeta Muhammad y el Corán como sello de los Profetas y de los Libros Divinos, sin excluir a ninguno de los Profetas y libros en sus formas originales.

La Ka'ba, hacia finales del siglo XIX. Una reproducción elaborada a partir de una fotografía de los archivos del Palacio Yildiz, en Estambul por R. Yazdani.

١٩ الْجُزْءُ الْأَوَّلُ 19

وَإِذْ يَرْفَعُ إِبْرٰهِيمُ الْقَوَاعِدَ مِنَ الْبَيْتِ وَإِسْمٰعِيلُ رَبَّنَا تَقَبَّلْ
مِنَّا إِنَّكَ أَنْتَ السَّمِيعُ الْعَلِيمُ ﴿١٢٧﴾ رَبَّنَا وَاجْعَلْنَا مُسْلِمَيْنِ
لَكَ وَمِنْ ذُرِّيَّتِنَا أُمَّةً مُسْلِمَةً لَكَ وَأَرِنَا مَنَاسِكَنَا وَتُبْ عَلَيْنَا
إِنَّكَ أَنْتَ التَّوَّابُ الرَّحِيمُ ﴿١٢٨﴾ رَبَّنَا وَابْعَثْ فِيهِمْ رَسُولًا
مِنْهُمْ يَتْلُوا عَلَيْهِمْ آيَاتِكَ وَيُعَلِّمُهُمُ الْكِتَابَ وَالْحِكْمَةَ
وَيُزَكِّيهِمْ إِنَّكَ أَنْتَ الْعَزِيزُ الْحَكِيمُ ﴿١٢٩﴾ وَمَنْ يَرْغَبُ عَنْ مِلَّةِ
إِبْرٰهِيمَ إِلَّا مَنْ سَفِهَ نَفْسَهُ وَلَقَدِ اصْطَفَيْنَاهُ فِي الدُّنْيَا
وَإِنَّهُ فِي الْآخِرَةِ لَمِنَ الصَّالِحِينَ ﴿١٣٠﴾ إِذْ قَالَ لَهُ رَبُّهُ أَسْلِمْ
قَالَ أَسْلَمْتُ لِرَبِّ الْعَالَمِينَ ﴿١٣١﴾ وَوَصّٰى بِهَا إِبْرٰهِيمُ بَنِيهِ
وَيَعْقُوبُ يَا بَنِيَّ إِنَّ اللّٰهَ اصْطَفٰى لَكُمُ الدِّينَ فَلَا تَمُوتُنَّ
إِلَّا وَأَنْتُمْ مُسْلِمُونَ ﴿١٣٢﴾ أَمْ كُنْتُمْ شُهَدَاءَ إِذْ حَضَرَ يَعْقُوبَ
الْمَوْتُ إِذْ قَالَ لِبَنِيهِ مَا تَعْبُدُونَ مِنْ بَعْدِي قَالُوا نَعْبُدُ
إِلٰهَكَ وَإِلٰهَ آبَائِكَ إِبْرٰهِيمَ وَإِسْمٰعِيلَ وَإِسْحٰقَ إِلٰهًا وَاحِدًا
وَنَحْنُ لَهُ مُسْلِمُونَ ﴿١٣٣﴾ تِلْكَ أُمَّةٌ قَدْ خَلَتْ لَهَا مَا كَسَبَتْ
وَلَكُمْ مَا كَسَبْتُمْ وَلَا تُسْأَلُونَ عَمَّا كَانُوا يَعْمَلُونَ ﴿١٣٤﴾

127. Y cuando Abraham, junto con Ismael, erigieron los cimientos de la Casa (dijeron en Oración): «¡Señor nuestro! Acepta (este servicio) de nosotros. Sin duda Tú eres Quien todo lo Oye, Omnisapiente».

128. «¡Señor nuestro! Haznos musulmanes, sometidos a Ti y de nuestra descendencia haz una comunidad musulmana, sometida a Ti. Enséñanos nuestros ritos de adoración (incluyendo particularmente los ritos de la Peregrinación) y acepta nuestro arrepentimiento (por nuestra incapacidad de adorarte del modo que mereces ser adorado). Realmente Tú eres Quien acepta el arrepentimiento y lo correspondes con generoso perdón y recompensa adicional, el Compasivo.

129. «¡Señor nuestro! Haz que surja en esa comunidad un Mensajero de entre ellos, para que les recite Tu Revelación y les instruya en el Libro (que Tú le revelarás) y la Sabiduría[108], y les purifique (de falsas creencias y doctrinas, de pecados y de todo tipo de impurezas). Es cierto que Tú eres el Glorioso poseedor de irresistible poder, el Omnisapiente».

130. ¿Quién (por lo tanto) se aparta del Camino de Abraham, sino aquél que se comporta como un estúpido? Nosotros le escogimos como puro y distinguido en esta vida y ciertamente estará entre los rectos en el Más Allá.

131. Cuando su Señor le dijo, «Sométete del todo (a tu Señor)», respondió: «Me he sometido totalmente al Señor de los Mundos»[109].

132. Abraham legó e impuso esta sumisión a sus hijos (Ismael e Isaac) y lo mismo hizo Jacob (a sus hijos), diciendo: «Hijos míos, Dios ha elegido para vosotros (entre diferentes modos de fe y vida) la Religión (del Islam[110], basada en la sumisión a Él y la exención absoluta de cualquier tipo de atribución de copartícipes a Él). Por lo tanto, aseguraos de que no moriís sin ser musulmanes (aquellos que se someten exclusivamente a Él)».

133. Acaso fuisteis (Oh Hijos de Israel, de Jacob) testigos cuando la muerte le llegó a Jacob (para que podáis proclamar que él legó y ordenó una religión diferente a la de Abraham, para daros a vosotros mismos una excusa para rehusar el Islam), cuando les dijo a sus hijos: «¿Qué adoraréis cuando ya no esté?». Contestaron: «Adoraremos a tu Dios y al Dios de tus padres, Abraham, Ismael e Isaac, el Dios Único; y somos musulmanes sometidos a Él».

134. Ese es un pueblo ya desaparecido. Tendrán lo que adquirieron y vosotros tendréis lo que hayáis adquirido. No se os pedirá cuentas por lo que ellos solían hacer.

---

108. Con la palabra «Sabiduría» se expresan las maneras de comprender el Libro y los modos de practicarlo o aplicarlo en la vida diaria. En este sentido, la «Sabiduría» es prácticamente sinónimo de la *Sunna* del Mensajero, por lo que muchos eruditos la han interpretado como la *Sunna*. También incluye el acto de conocer los significados de las cosas y de los eventos que tienen lugar en el universo, especialmente en el ámbito humano. (Para una explicación más detallada, véase la nota 159).

109. Este corto versículo es un resumen increíblemente conciso de la vida del profeta Abraham desde el principio de su misión en Babilonia hasta que fue nombrado Imán para toda la gente y reconstruyó la Ka'ba. Dios se presenta a Sí Mismo como «su» Señor cuando le ordena que se someta a Él. Esto hace referencia a la fase inicial de la Misión de Abraham: inicialmente su relación con su Dios era la de «su» Señor, cuando aún no le había sido encargado que predicase. Tras ello, alcanzó el conocimiento de las dimensiones externas e internas de la existencia, empezó a predicar la Religión y tuvo que pasar por muchas y severas pruebas. Finalmente, adquirió una categoría universal de relación con Dios, Señor de los Mundos, y fue nombrado Imán para la gente. Este es un punto muy importante para poder diferenciar entre la Santidad y la Misión Profética así como las distintas categorías que cada una de ellas alberga. Los santos, independientemente de su «estación», sólo pueden tener una relación con Dios como Señor del corazón de cada uno de ellos. Pero un Profeta, especialmente aquel que es al mismo tiempo Mensajero, tiene una relación con Dios, según su grado, como Señor de su pueblo, de toda la humanidad y de toda la existencia. Esto explica en qué sentido el profeta Muhammad, la paz y las bendiciones sean con él, en su condición de heredero de todos los Profetas y Mensajeros que le precedieron, es el más grande de todos ellos; ya que su misión comienza en la relación universal con Dios como Señor de los Mundos, y fue enviado a toda la humanidad y los *yinn* («genios») como misericordia para toda la creación.

110. La Religión que Dios Todopoderoso hizo descender desde tiempos de Adán es el Islam. En relación a sus elementos esenciales —los pilares de la fe, los principios de la devoción o adoración, las pautas morales y éticas del comportamiento individual y colectivo—se ha mantenido idénticas. Tan sólo respecto a los aspectos cambiantes de la vida, según se explica en la nota 95, se establecieron reglas sujetas a revisión a la luz de las condiciones cambiantes y de los elementos invariables de la fe, devoción y moralidad; y se establecieron principios legales para mantener dicho proceso.

A nivel cósmico, el Islam es la religión o sistema universal de la existencia en su totalidad, seguido de modo incondicional incluso por los mismísimos cuerpos de los incrédulos. Es decir, el universo entero mantiene su vida en sumisión total y absoluta a las leyes de Dios. Por ello existe una perfecta estabilidad, orden y armonía en todo el universo. El deber de la humanidad es seguir lo equivalente a dichas leyes en sus vidas; pero no de modo irracional, sino por su libre albedrío. Si así lo hacen, la misma estabilidad, orden y armonía prevalecerán en sus vidas, en sus relaciones mutuas, ya sean individuales o colectivas, y en sus relaciones con su entorno «natural». Como es bien sabido, la palabra *islam* significa, además de sumisión a Dios, paz, armonía, orden y serenidad.

وَقَالُوا كُونُوا هُودًا اَوْ نَصَارٰى تَهْتَدُوا قُلْ بَلْ مِلَّةَ اِبْرٰهيمَ
حَنيفًا وَمَا كَانَ مِنَ الْمُشْرِكينَ ﴿١٣٥﴾ قُولُوا اٰمَنَّا بِاللّٰهِ وَمَا اُنْزِلَ
اِلَيْنَا وَمَا اُنْزِلَ اِلٰى اِبْرٰهيمَ وَاِسْمٰعيلَ وَاِسْحٰقَ وَيَعْقُوبَ
وَالْاَسْبَاطِ وَمَا اُوتِيَ مُوسٰى وَعيسٰى وَمَا اُوتِيَ النَّبِيُّونَ
مِنْ رَبِّهِمْ لَا نُفَرِّقُ بَيْنَ اَحَدٍ مِنْهُمْ وَنَحْنُ لَهُ مُسْلِمُونَ ﴿١٣٦﴾
فَاِنْ اٰمَنُوا بِمِثْلِ مَا اٰمَنْتُمْ بِه فَقَدِ اهْتَدَوْا وَاِنْ تَوَلَّوْا
فَاِنَّمَا هُمْ فى شِقَاقٍ فَسَيَكْفيكَهُمُ اللّٰهُ وَهُوَ السَّميعُ
الْعَليمُ ﴿١٣٧﴾ صِبْغَةَ اللّٰهِ وَمَنْ اَحْسَنُ مِنَ اللّٰهِ صِبْغَةً وَنَحْنُ
لَهُ عَابِدُونَ ﴿١٣٨﴾ قُلْ اَتُحَاجُّونَنَا فِى اللّٰهِ وَهُوَ رَبُّنَا وَرَبُّكُمْ
وَلَنَا اَعْمَالُنَا وَلَكُمْ اَعْمَالُكُمْ وَنَحْنُ لَهُ مُخْلِصُونَ ﴿١٣٩﴾
اَمْ تَقُولُونَ اِنَّ اِبْرٰهيمَ وَاِسْمٰعيلَ وَاِسْحٰقَ وَيَعْقُوبَ
وَالْاَسْبَاطَ كَانُوا هُودًا اَوْ نَصَارٰى قُلْ ءَاَنْتُمْ اَعْلَمُ
اَمِ اللّٰهُ وَمَنْ اَظْلَمُ مِمَّنْ كَتَمَ شَهَادَةً عِنْدَهُ مِنَ اللّٰهِ وَمَا اللّٰهُ
بِغَافِلٍ عَمَّا تَعْمَلُونَ ﴿١٤٠﴾ تِلْكَ اُمَّةٌ قَدْ خَلَتْ لَهَا مَا كَسَبَتْ
وَلَكُمْ مَا كَسَبْتُمْ وَلَا تُسْـَٔلُونَ عَمَّا كَانُوا يَعْمَلُونَ ﴿١٤١﴾

سَيَقُولُ

135. Y (los judíos) dicen, «Sed judíos» o (los cristianos dicen) «Sed cristianos (*hudan aw nasara*)[111], para que seáis rectamente guiados». Di: «Antes bien, la Senda de fe pura de Abraham (es lo que elegimos, la Senda libre de incredulidad, de atribuirle copartícipes a Dios y de hipocresía, para que seamos rectamente guiados)». Abraham nunca fue de los que atribuyeron copartícipes a Dios.

136. (¡Oh musulmanes!) Declarad: «Hemos creído en Dios (sin atribuirle copartícipes), en lo que se nos ha hecho descender, en lo que se hizo descender a Abraham, Ismael, Isaac, Jacob y a los Profetas que surgieron en las tribus, en lo que le fue concedido a Moisés y a Jesús, y en (el conocimiento, Sabiduría y Misión Profética) lo que le fue otorgado a todos los demás Profetas procedente de su Señor. No hacemos distinción entre ninguno de ellos (en creencia) y somos musulmanes (sometidos total y exclusivamente a Él)».

137. Si (los judíos y los cristianos que afirman hallarse guiados) creen en lo mismo que creéis vosotros, estarán rectamente guiados; pero si se apartan, incurrirán en un cisma. Dios te basta contra ellos. Él es Quien todo lo Oye, el Omnisciente.

138. (Oh musulmanes decid: «Tomamos) el "color" de Dios (el "color" que Él ha puesto en todo el universo, no el color que ha elegido una facción por medio de ciertos ritos y en nombre de la religión[112])». ¿Y quién es mejor que Dios dando color (y qué color es mejor que el de Dios)? Y nosotros somos los que Le adoramos (tal y como Él debe ser adorado) exclusivamente.

139. Di: «¿Discutís con nosotros respecto a Dios (como si Él hubiese dicho que el Paraíso es sólo para los judíos o los cristianos), en vista de que es tanto nuestro Señor como vuestro (nos ha creado y nos provee al igual que a vosotros)? (Lo que Él nos ordene creer es lo que a vosotros os ha ordenado creer. Y si persistís disputando y sosteniendo vuestra superioridad, entonces) nosotros habremos de dar cuenta de nuestros actos, y vosotros, de los vuestros. Nosotros somos fieles a Él (creyendo en Él y adorándole sólo a Él)».

140. ¿Acaso alegáis que Abraham, Ismael, Isaac, Jacob y los Profetas que surgieron en las tribus fueron «judíos» o «cristianos»? Di (a ellos): «¿Quién sabe más, vosotros o Dios?». (Ellos saben bien que ninguno de los Profetas fueron «judíos» ni «cristianos», pero ocultan la verdad). ¿Quién es más perverso que quien oculta el testimonio que ha recibido de Dios? Dios no desatiende ni hace caso omiso de lo que hacéis.

141. Ese es un pueblo ya desaparecido. Tienen lo que se ganaron y vosotros tendréis lo que os ganéis. No se os pedirán cuentas de lo que solían hacer.

---

111. El Corán no usa comúnmente la palabra «judíos», al contrario, y tal y como ha podido observarse en versículos anteriores, prefiere el término honorífico «Hijos de Israel» para designar a los judíos. Tal y como hemos descrito brevemente en la nota 46, el Corán hace uso del término judío para aquellos Hijos de Israel que deciden llamarse a sí mismos así. En cuanto al término *nazarenos* (*cristianos*), fue establecido por los romanos paganos para mofarse y burlarse de los seguidores de Jesús de Nazaret. El Corán prefiere el término «Gente del Libro» tanto para los cristianos como para los judíos como título honorífico y para animarles a que obedezcan los mandamientos de los Libros dados a cada uno de ellos y, por lo tanto, para que acepten el Islam.

112. Los cristianos árabes solían mezclar un tinte o color en el agua bautismal, simbolizando que la persona bautizada adoptaba un nuevo color en la vida.

سَيَقُولُ السُّفَهَٓاءُ مِنَ النَّاسِ مَا وَلّٰيهُمْ عَنْ قِبْلَتِهِمُ الَّت۪ي
كَانُوا عَلَيْهَاۜ قُلْ لِلّٰهِ الْمَشْرِقُ وَالْمَغْرِبُۜ يَهْد۪ي مَنْ يَشَٓاءُ
اِلٰى صِرَاطٍ مُسْتَق۪يمٍ ﴿١٤٢﴾ وَكَذٰلِكَ جَعَلْنَاكُمْ اُمَّةً وَسَطًا
لِتَكُونُوا شُهَدَٓاءَ عَلَى النَّاسِ وَيَكُونَ الرَّسُولُ عَلَيْكُمْ
شَه۪يدًاۜ وَمَا جَعَلْنَا الْقِبْلَةَ الَّت۪ي كُنْتَ عَلَيْهَٓا اِلَّا لِنَعْلَمَ مَنْ
يَتَّبِعُ الرَّسُولَ مِمَّنْ يَنْقَلِبُ عَلٰى عَقِبَيْهِۜ وَاِنْ كَانَتْ لَكَب۪يرَةً
اِلَّا عَلَى الَّذ۪ينَ هَدَى اللّٰهُۜ وَمَا كَانَ اللّٰهُ لِيُض۪يعَ ا۪يمَانَكُمْۜ
اِنَّ اللّٰهَ بِالنَّاسِ لَرَؤُ۫فٌ رَح۪يمٌ ﴿١٤٣﴾ قَدْ نَرٰى تَقَلُّبَ وَجْهِكَ
فِي السَّمَٓاءِۚ فَلَنُوَلِّيَنَّكَ قِبْلَةً تَرْضٰيهَاۖ فَوَلِّ وَجْهَكَ شَطْرَ
الْمَسْجِدِ الْحَرَامِۜ وَحَيْثُ مَا كُنْتُمْ فَوَلُّوا وُجُوهَكُمْ شَطْرَهُۜ
وَاِنَّ الَّذ۪ينَ اُو۫تُوا الْكِتَابَ لَيَعْلَمُونَ اَنَّهُ الْحَقُّ مِنْ رَبِّهِمْۜ
وَمَا اللّٰهُ بِغَافِلٍ عَمَّا يَعْمَلُونَ ﴿١٤٤﴾ وَلَئِنْ اَتَيْتَ الَّذ۪ينَ اُو۫تُوا
الْكِتَابَ بِكُلِّ اٰيَةٍ مَا تَبِعُوا قِبْلَتَكَۚ وَمَا اَنْتَ بِتَابِعٍ قِبْلَتَهُمْۚ
وَمَا بَعْضُهُمْ بِتَابِعٍ قِبْلَةَ بَعْضٍۜ وَلَئِنِ اتَّبَعْتَ اَهْوَٓاءَهُمْ
مِنْ بَعْدِ مَا جَٓاءَكَ مِنَ الْعِلْمِ اِنَّكَ اِذًا لَمِنَ الظَّالِم۪ينَۢ ﴿١٤٥﴾

142. Los (hipócritas) necios de entre la gente dirán: «¿Qué les apartó de la dirección hacia la que miraban en la Oración?». Di (Oh Mensajero): «De Dios son el oriente y el occidente (y por lo tanto, toda la Tierra con su oriente y occidente; y a la dirección a la que Él quiera que nos tornemos, nos volveremos). Él guía a quien Su Voluntad dispone a un camino recto».

143. Y de este modo (¡Oh comunidad de Muhammad! Mientras que otros se vuelven a diferentes direcciones, se extravían del Camino Recto y vacilan entre los extremos del pensamiento y la creencia) hemos hecho de vosotros una comunidad intermedia, para que deis testimonio de la gente (respecto a los caminos que siguen) y para que el (más noble) Mensajero dé testimonio de vosotros[113]. Hemos designado anteriormente (el *Bayt al-Maqdis* en Jerusalén) la dirección a la que había que volverse en la Oración (y ahora estamos cambiándola) para que determinemos quién sigue sinceramente al Mensajero y quién le da la espalda (cuando el camino del Mensajero no coincide con sus deseos). Y en verdad que esta prueba ha sido difícil excepto para aquellos a los que Dios ha guiado (y les ha hecho firmes en la fe). Dios no va a dejar nunca que vuestra fe se eche a perder[114]. Sin duda alguna Dios es Piadoso y Compasivo con la humanidad.

144. Ciertamente, te hemos visto (Oh Mensajero) volver tu rostro con insistencia hacia el Cielo (esperando una revelación. No te preocupes, porque) vamos a hacer que te vuelvas hacia una dirección que te complacerá y te va a satisfacer. (Ahora, ha llegado el momento, por lo tanto) vuelve tu rostro hacia la Mezquita Sagrada. (Y vosotros, oh creyentes) volved vuestro rostro hacia ella dondequiera que estéis (en la Oración). Ciertamente, aquellos que recibieron el Libro (con anterioridad, a pesar de que los hipócritas o los necios de entre ellos lo nieguen u objeten) saben que (la llegada de este Profeta y este cambio de *alquibla*) es la verdad procedente de su Señor[115]. Dios no desatiende ni hace caso omiso de lo que hacéis.

145. Aunque (Oh Mensajero) presentaras a aquellos que recibieron el Libro (con anterioridad) todos los signos y evidencias, no seguirán tu dirección (*alquibla*). De hecho tú no sigues su dirección, ni ellos siguen las direcciones de otro. (Su actitud es fruto de sus caprichos y deseos, no del conocimiento). Si siguieras sus caprichos y deseos, después del conocimiento que te ha llegado, serías ciertamente de los malhechores (de los que cometen injusticia consigo mismos por los errores que han cometido).

---

113. La característica más distintiva del Islam y de la Comunidad de Muhammad, la paz y las bendiciones sean con él, es que se encuentra lejos de cualquier tipo de extremismo, siempre y cuando sea leal a dicha característica. El Islam representa el camino intermedio en todos los aspectos de la vida. Por ejemplo, no está caracterizado por el espiritualismo ni el materialismo, ni asimismo es realismo o idealismo, tampoco capitalismo o socialismo, ni individualismo o estatismo, no representa absolutismo o anarquismo, no es mundano y hedonista ni sacro o monástico. Es único en su visión del mundo y en sus aspectos sociales, económicos y políticos. También es único en la educación moral que proporciona a las personas. El ser humano posee tres facultades principales, a saber, el poder intelectual o racional, el apetito sensual o mundano y la ira o el impulso de autoafirmación o defensa. Cada una de estas facultades tiene un extremo superior e inferior. Por ejemplo, los extremos del intelecto son la demagogia o el razonamiento engañoso y la negativa o incapacidad para razonar, o sea, la estupidez. Las condiciones extremas de la sensualidad son la falta de moderación lasciva y la indiferencia. Y los extremos de la ira son la imprudencia arrogante e irreflexiva y la cobardía que rebaja al individuo. Las enseñanzas del Islam proporcionan disciplina y equilibrio a estas facultades. La disciplina del intelecto le permite a éste adquirir conocimiento válido en forma de sabiduría. La disciplina de la sensualidad da lugar al desarrollo de las virtudes de la abstinencia y la castidad, y, posteriormente, a la templanza. La disciplina de la ira da lugar a la habilidad de vivir y actuar con valentía en pos de lo que es correcto y justo. Al representar el camino intermedio en su creencia, en sus ritos de adoración, principios sociales, económicos y políticos, y en la enseñanza moral que proporciona a la gente, el Islam es un modo de vida que representa la paz, el equilibrio, la armonía y la salvación.

Al ser el Islam la consumación o la forma final y universal de la Religión Divina que corrige las desviaciones en las que sucumbieron los pueblos del pasado a lo largo de la historia, la comunidad de Muhammad, la paz y las bendiciones sean con él, dará testimonio en nombre de las comunidades de los Profetas del pasado en el Más Allá, y el profeta Muhammad, la paz y las bendiciones sean con él, en nombre suyo.

114. La frase «Dios nunca dejará que vuestra fe se eche a perder», generalmente se interpreta como «Dios nunca dejará que las Oraciones que habéis realizado en dirección al *Bayt al-Maqdis* se echen a perder». Sin embargo, también trasmite una verdad más general e importante:

- La fe no puede separarse de la acción. El modo de vida y la práctica de una persona demuestran si es creyente o no.
- La Oración tiene una relación esencial con la fe. La Oración, junto a la intención que se pone en ella y el modo de realizarla, es una señal definitiva del carácter y la profundidad de nuestra fe.
- Los actos y las obras realizados única y exclusivamente para agradar a Dios y basados en la fe serán beneficiosos en el Más Allá. Cualquier cosa que se haga por exigencia de la fe nunca se echa a perder, siempre y cuando nos dirijamos a la otra vida manteniendo dicha fe firme e intacta.

115. La expresión «la verdad procedente de su Señor», es decir, el Señor de aquellos a los que les fue dado el Libro con anterioridad, sirve para enfatizar que el profeta Muhammad fue anunciado en los Libros Divinos anteriores con todas sus características, incluido el hecho de que se tornaría en Oración hacia la Mezquita Sagrada (La Mezquita de «La Ka'ba») de La Meca.

22 سُورَةُ البَقَرَةِ ٢٢

الَّذِينَ اٰتَيْنَاهُمُ الْكِتَابَ يَعْرِفُونَهُ كَمَا يَعْرِفُونَ اَبْنَاءَهُمْ
وَاِنَّ فَرِيقًا مِنْهُمْ لَيَكْتُمُونَ الْحَقَّ وَهُمْ يَعْلَمُونَ ﴿١٤٦﴾ اَلْحَقُّ
مِنْ رَبِّكَ فَلَا تَكُونَنَّ مِنَ الْمُمْتَرِينَ ﴿١٤٧﴾ وَلِكُلٍّ وِجْهَةٌ هُوَ
مُوَلِّيهَا فَاسْتَبِقُوا الْخَيْرَاتِ اَيْنَ مَا تَكُونُوا يَاْتِ بِكُمُ اللّٰهُ
جَمِيعًا اِنَّ اللّٰهَ عَلٰى كُلِّ شَيْءٍ قَدِيرٌ ﴿١٤٨﴾ وَمِنْ حَيْثُ خَرَجْتَ
فَوَلِّ وَجْهَكَ شَطْرَ الْمَسْجِدِ الْحَرَامِ وَاِنَّهُ لَلْحَقُّ مِنْ رَبِّكَ
وَمَا اللّٰهُ بِغَافِلٍ عَمَّا تَعْمَلُونَ ﴿١٤٩﴾ وَمِنْ حَيْثُ خَرَجْتَ فَوَلِّ
وَجْهَكَ شَطْرَ الْمَسْجِدِ الْحَرَامِ وَحَيْثُ مَا كُنْتُمْ فَوَلُّوا
وُجُوهَكُمْ شَطْرَهُ لِئَلَّا يَكُونَ لِلنَّاسِ عَلَيْكُمْ حُجَّةٌ اِلَّا
الَّذِينَ ظَلَمُوا مِنْهُمْ فَلَا تَخْشَوْهُمْ وَاخْشَوْنِي وَلِاُتِمَّ نِعْمَتِي
عَلَيْكُمْ وَلَعَلَّكُمْ تَهْتَدُونَ ﴿١٥٠﴾ كَمَا اَرْسَلْنَا فِيكُمْ رَسُولًا
مِنْكُمْ يَتْلُوا عَلَيْكُمْ اٰيَاتِنَا وَيُزَكِّيكُمْ وَيُعَلِّمُكُمُ الْكِتَابَ
وَالْحِكْمَةَ وَيُعَلِّمُكُمْ مَا لَمْ تَكُونُوا تَعْلَمُونَ ﴿١٥١﴾ فَاذْكُرُونِي
اَذْكُرْكُمْ وَاشْكُرُوا لِي وَلَا تَكْفُرُونِ ﴿١٥٢﴾ يَا اَيُّهَا الَّذِينَ
اٰمَنُوا اسْتَعِينُوا بِالصَّبْرِ وَالصَّلٰوةِ اِنَّ اللّٰهَ مَعَ الصَّابِرِينَ ﴿١٥٣﴾

وَلَا تَقُولُوا

146. Aquellos a los que otorgamos el Libro (con anterioridad) le conocen (al Mensajero con todas sus características distintivas, incluida la dirección a la que se volverá en Oración) como conocen a sus propios hijos. Aun así, un grupo de ellos ocultan la verdad a sabiendas[116].

147. Es (tornarte hacia la Mezquita Sagrada, Oh Mensajero) la verdad proveniente de tu Señor, y sólo lo que proviene de tu Señor es la verdad. No seas, pues, de los que dudan.

148. Cada pueblo posee una dirección en la que se torna (un objetivo al que se dirige en la vida, y aquellos que se vuelven hacia la Mezquita Sagrada tienen una vía a seguir hacia su meta). Esforzaos juntos como si compitieseis (Oh comunidad de creyentes) hacia todo lo bueno. Dondequiera que estéis, Dios os reunirá a todos[117]. Ciertamente, Dios posee pleno poder sobre todas las cosas.

149. En cualquier dirección en la que salgas (durante los viajes), vuelve tu rostro (Oh Mensajero) hacia la Mezquita Sagrada (en la Oración). Esta es la verdad procedente de tu Señor. (¡Oh vosotros que creéis! Haced lo mismo, pues) Dios no desatiende ni hace caso omiso de lo que hacéis.

150. En cualquier dirección en la que salgas (durante los viajes), vuelve tu rostro (Oh Mensajero) hacia la Mezquita Sagrada (en la Oración). Allá donde estéis (¡Oh vosotros que creéis!), volved vuestro rostro hacia ella, para que la gente no tenga nada que decir contra vosotros —salvo los inmersos en la maldad; y a esos no les temáis, sino temedme a Mí— y para que pueda completar Mi favor (de fe e Islam) sobre vosotros y para que podáis ser totalmente guiados (en el Islam hacia la verdad).

151. Igualmente os hemos enviado un Mensajero de entre vosotros mismos, que os recita Nuestras Revelaciones, os purifica (de falsas creencias, faltas y todo tipo de impurezas), os instruye en el Libro y la Sabiduría y os instruye en lo que no sabéis.

152. Así pues (a cambio de ello) recordadme y mencionadme siempre (cuando Me vayáis a servir) que Yo os recordaré y os mencionaré (cuando el juicio y la recompensa tengan lugar); y agradecerme y no seáis ingratos Conmigo[118].

153. ¡Oh vosotros que creéis! Buscad ayuda (contra todo tipo de dificultades y tribulaciones) a través de la paciencia tenaz (y ayuno, que requiere y habilita gran paciencia) y (a través de) la Oración; es cierto que Dios está con los perseverantes y los pacientes[119].

116. Los judíos y los cristianos de entonces reconocieron al Mensajero de Dios, la paz y las bendiciones sean con él. Tras su conversión, 'Umar preguntó a 'Abdullah ibn as-Salam, el erudito judío más afamado de aquel entonces y quien se convirtió al Islam tras la emigración del Mensajero a Medina, si había reconocido al Mensajero de Dios. «Le he reconocido», dijo Ibn as-Salam, y añadió: «Puedo tener dudas respecto a mis hijos —ya que mi mujer me puede haber engañado—, pero no tengo duda alguna de que el Mensajero de Dios es el Último Profeta» (as-Sabuni, 1:140).

Respecto a las indicaciones sobre la venida del profeta Muhammad, la paz y las bendiciones sean con él, que aún figuran en la Biblia, véase el Apéndice 1.

117. La frase *Dondequiera que estéis, Dios os reunirá a todos* tiene una gran gama de significados, como, por ejemplo:

- Los musulmanes se dispersarán por todo el mundo y tornaran sus rostros hacia la Ka'ba en Oración como una sola comunidad.
- El Islam se difundirá extensamente por todo el mundo, entre un gran número de pueblos y sociedades diversos, alcanzando superioridad y dominación sobre otras religiones.
- Dios reunirá a toda la gente en la Llanura de la Reunión Suprema y les juzgará.

118. El agradecimiento o la gratitud es la puerta a la fe, y la ingratitud es el camino a la incredulidad. El Corán emplea el mismo término —*kufr*— para la incredulidad y la ingratitud, ambas por igual. *Kufr* (incredulidad) significa literalmente ocultar o encubrir, y como término, significa el encubrimiento y rechazo, o negación de cualquiera de los pilares de la fe y los mandamientos religiosos establecidos. Negar a Dios, o no reconocerle con Sus Atributos, como por ejemplo el Creador, el Proveedor, el Absoluto Soberano y Gobernador del universo, el Sustentador, y el Único Existente por Sí Mismo, etc., se incluye sobre todo en *kufr*. Aquellos que no reconocen a Dios, con Sus Atributos Esenciales, atribuirán cualquier cosa buena o loable en sus vidas a sí mismos, en vez de atribuirlo a Dios. Tal actitud es obviamente idéntica a la ingratitud.

119. El hecho de que el versículo termine diciendo *Dios está con los perseverantes y los pacientes* y no «Dios está con los que establecen la Oración, los perseverantes y los pacientes», indica que el acto de establecer la Oración como es debido exige paciencia tenaz (ya que eso la hace posible). Tal y como se menciona en la nota 54, soportar las dificultades impuestas por el deber de la servidumbre a Dios o la perseverancia en la devoción es una de las categorías de la paciencia. El final del versículo se halla vinculado con los versículos sucesivos que anuncian cómo Dios pone a prueba a Sus Siervos. Tener éxito en la prueba exige obviamente paciencia.

وَلَا تَقُولُوا لِمَنْ يُقْتَلُ فِي سَبِيلِ اللّٰهِ اَمْوَاتٌ بَلْ اَحْيَاءٌ
وَلٰكِنْ لَا تَشْعُرُونَ ﴿١٥٤﴾ وَلَنَبْلُوَنَّكُمْ بِشَيْءٍ مِنَ الْخَوْفِ
وَالْجُوعِ وَنَقْصٍ مِنَ الْاَمْوَالِ وَالْاَنْفُسِ وَالثَّمَرَاتِ وَبَشِّرِ
الصَّابِرِينَ ﴿١٥٥﴾ اَلَّذِينَ اِذَا اَصَابَتْهُمْ مُصِيبَةٌ قَالُوا اِنَّا لِلّٰهِ وَاِنَّا
اِلَيْهِ رَاجِعُونَ ﴿١٥٦﴾ اُولٰئِكَ عَلَيْهِمْ صَلَوَاتٌ مِنْ رَبِّهِمْ وَرَحْمَةٌ
وَاُولٰئِكَ هُمُ الْمُهْتَدُونَ ﴿١٥٧﴾ اِنَّ الصَّفَا وَالْمَرْوَةَ مِنْ شَعَائِرِ
اللّٰهِ فَمَنْ حَجَّ الْبَيْتَ اَوِ اعْتَمَرَ فَلَا جُنَاحَ عَلَيْهِ اَنْ يَطَّوَّفَ
بِهِمَا وَمَنْ تَطَوَّعَ خَيْرًا فَاِنَّ اللّٰهَ شَاكِرٌ عَلِيمٌ ﴿١٥٨﴾ اِنَّ الَّذِينَ
يَكْتُمُونَ مَا اَنْزَلْنَا مِنَ الْبَيِّنَاتِ وَالْهُدٰى مِنْ بَعْدِ مَا بَيَّنَّاهُ
لِلنَّاسِ فِي الْكِتَابِ اُولٰئِكَ يَلْعَنُهُمُ اللّٰهُ وَيَلْعَنُهُمُ اللَّاعِنُونَ ﴿١٥٩﴾
اِلَّا الَّذِينَ تَابُوا وَاَصْلَحُوا وَبَيَّنُوا فَاُولٰئِكَ اَتُوبُ عَلَيْهِمْ
وَاَنَا التَّوَّابُ الرَّحِيمُ ﴿١٦٠﴾ اِنَّ الَّذِينَ كَفَرُوا وَمَاتُوا وَهُمْ كُفَّارٌ
اُولٰئِكَ عَلَيْهِمْ لَعْنَةُ اللّٰهِ وَالْمَلٰئِكَةِ وَالنَّاسِ اَجْمَعِينَ ﴿١٦١﴾
خَالِدِينَ فِيهَا لَا يُخَفَّفُ عَنْهُمُ الْعَذَابُ وَلَا هُمْ يُنْظَرُونَ ﴿١٦٢﴾
وَاِلٰهُكُمْ اِلٰهٌ وَاحِدٌ لَا اِلٰهَ اِلَّا هُوَ الرَّحْمٰنُ الرَّحِيمُ ﴿١٦٣﴾

154. Y no digáis de los que han muerto por la causa de Dios: «Están muertos», sino que están vivos[120], pero no os dais cuenta.

155. Sin duda os pondremos a prueba con algo de temor, hambre, pérdida de bienes, vidas y frutos (ganancias)[121]; pero da buenas nuevas a los perseverantes y pacientes:

156. Aquellos que cuando les acontece una calamidad dicen «Sin duda pertenecemos a Dios (como criaturas y siervos Suyos) y en verdad a Él hemos de retornar». (Y actúan consecuentemente)[122].

157. Sobre ellos se derraman bendiciones de su Señor (tal y como el perdón, la respuesta a sus llamadas y la satisfacción de sus necesidades) y misericordia (que viene en forma de ayuda tanto en esta vida como en el Más Allá, y favores en el Paraíso que van más allá de la imaginación humana); ellos son los que están rectamente guiados.

158. (Las colinas de)[123] as-Safa y Marwa son parte de los emblemas que Dios ha designado (para representar el Islam y la comunidad musulmana)[124]. Así pues, quien realice el *Hayy* (la Peregrinación Mayor) a la Casa (de Dios, la Ka'ba) o la *'Umra* (la Peregrinación Menor) no incurrirá en falta si hace el recorrido entre ambas (que hagan el recorrido después de que circunvalen la Ka'ba como rito obligatorio). Y quien haga una buena obra voluntariamente (tal y como circunvalar la Ka'ba y recorrer entre as-Safa y Marwa y otro tipo de buenas obras), sin duda Dios es Quien Responde al agradecimiento y es Omnisciente.

159. Aquellos que oculten algo de las verdades claras (respecto a los fundamentos de la Religión, y en particular la Misión Profética de Muhammad) y (las Revelaciones que transmiten) la Guía que hemos hecho descender, después de haberlas hecho claras en el Libro —Dios maldecirá a esa gente (les excluirá de Su misericordia) y lo mismo harán todos aquellos (dotados de cierta autoridad para ello) que maldicen—.

160. A excepción de los que se arrepienten, rectifican y de manera manifiesta y evidente declaran (aquellos signos y Revelaciones) —a esos, aceptaré su arrepentimiento y lo corresponderé con perdón (y les incluiré en Mi misericordia especial)—. Sin duda Yo soy Aquel Quien acepta el arrepentimiento y lo corresponde con generoso perdón y recompensa adicional, el Compasivo.

161. Pero los que rechazan la fe (demostrándolo en su persistente ocultamiento de la verdad) y mueran siendo incrédulos, sobre ellos caerá la maldición de Dios, la de los ángeles y la de toda la humanidad[125].

162. Morarán allí dentro (en el Fuego, lugar y consecuencia de la maldición); no se les aliviará el castigo ni tendrán ningún indulto.

163. (Por lo tanto, Oh pueblo, dejad de ocultar las verdades y de apoyaros en la incredulidad y no busquéis en vano una fuente de ayuda o refugio para vosotros; ya que) Vuestro Dios es un Dios Único; no hay más Deidad que Él, el Misericordioso, el Compasivo[126].

---

120. La vida humana posee cinco niveles:

- Nuestra vida, la cual depende de ciertas condiciones y del cumplimiento de ciertas necesidades.
- La vida de Jidr e Ilyas (Elías) que se encuentran exentos hasta cierto punto de las necesidades de nuestra vida. Ellos (Jidr y Elías) pueden estar presentes en diferentes lugares al mismo tiempo.
- La vida de los profetas Jesús y Enoch. Estos dos Profetas viven en el Cielo libres de las necesidades de la vida humana en sus cuerpos «astrales».
- La vida de los mártires —aquellos que han sacrificado sus vidas por Dios—. Los mártires no sienten las dolores de la muerte y están al corriente de que han sido trasladados a un mundo mejor donde disfrutan de las bendiciones de Dios.
- La vida de los muertos. La muerte significa ser redimido de los deberes mundanos liberando nuestra alma [*The Letters* («Las Cartas») «The 1st Letter» («La Primera Carta»)].

121. Los creyentes, ya sea individual o colectivamente, pasan por una o más de estas pruebas. Éstas incluyen las obligaciones religiosas que vendrían después de la Revelación de este versículo, tal y como la guerra, que causa temor y pérdida de bienes y vidas, y el ayuno de Ramadán. El principal propósito de las pruebas es hacer madurar y perfeccionar a los creyentes como individuos y como comunidad, purificarlos, distinguir a los verdaderos creyentes de los hipócritas, desarrollar sus capacidades, prepararles para el futuro y hacerles merecedores del Paraíso.

122. Esta es la reacción de un creyente sincero cuando afronta una de las pruebas mencionadas en los versículos anteriores. Y expresa el grado espiritual más elevado, que consiste en la sumisión absoluta ante lo que Dios ha decretado para el creyente. El siguiente versículo explica las buenas nuevas (que inicialmente fueron manifestadas en los versículos anteriores 2:153-55) concedidas a aquellos que han alcanzado dicha categoría.

123. Los versículos, hasta ahora, han seguido una línea argumental que, ya sea a través de la exhortación o de la amonestación, insta a los Hijos de Israel a aceptar el Islam y, por consiguiente, a descubrir su camino original. También contiene advertencias para la incipiente comunidad musulmana de la época contra los peligros que pueden originarse en la misma así como por parte de los peligros que pueden provenir de las comunidades de judíos y cristianos. Además, estos versículos preparan las mentes y los corazones para este tipo de *Yihad* para con sus posesiones y personas, la cual se hará ineludible para los musulmanes.

El enfoque y estilo que el Corán despliega es milagroso y único. El Corán gira en torno a sus propósitos esenciales, es decir, la Unicidad de Dios, la Misión Profética, el Más Allá, la Adoración y la Justicia. Trata a la Religión y a la vida como un todo, así como a los diferentes aspectos de cada una de ellas. Del mismo modo que vemos nuestro entorno «natural» como un todo y asimismo contemplamos sus elementos constituyentes, el Corán dirige nuestras mentes y nuestros corazones a lo largo de todos los elementos que constituyen la vida. En realidad, el mejor de los estilos o el más alto grado de elocuencia pueden lograrse a través de la aproximación al modo en que el mundo natural deja su impronta sobre nuestros sentidos y entendimientos. El Corán, de hecho, es una perfecta traducción o una copia de los «libros» del universo y de la humanidad, siendo éste último un modelo en miniatura del universo.

124. As-Safa y al-Marwa son dos colinas cercanas a la Ka'ba, en La Meca. El profeta Abraham, la paz sea con él, dejó a su esposa Hayar con su hijo Ismael cerca de dichas colinas. Hayar caminaba con paso acelerado entre esas dos colinas con el fin de encontrar agua o para poder contemplar si se acercaba una caravana al lugar. Los peregrinos caminan apresuradamente entre esas dos colinas, cuatro veces desde as-Safa hasta al-Marwa y tres veces en sentido inverso. Este ritual es llamado *sa'y* (andar con apresuramiento). Los símbolos (*shi'ar*) como la llamada a la Oración, la Oración en congregación —principalmente las oraciones congregacionales del *Yumu'ah* (Viernes) y las de los dos *'Ids* o festividades principales musulmanas— el *Hayy* y sus rituales, las mezquitas, los sacrificios etc., (a la vez que poseen significado religioso para el individuo y la comunidad) son símbolos públicos que identifican al Islam y a la comunidad musulmana. Dichos emblemas o símbolos públicos, incluso aquellos establecidos por el Profeta, y no así directamente por Dios, son más importantes que las Oraciones obligatorias individuales o los rituales que se llevan a cabo para la vida y el sostenimiento de la comunidad musulmana.

125. Este versículo explica la frase «todos aquellos que maldicen» que aparece al final del versículo 2:159. Hace referencia a los ángeles, los cuales son sumamente reacios a la incredulidad, el politeísmo, la hipocresía y otros pecados. La maldición de la humanidad, tal vez, se refiera a la que tendrá lugar en el Más Allá cuando todas las verdades se pongan de manifiesto. Todas y cada una de las clases de relaciones que se establecen entre la gente, especialmente entre los incrédulos, tal y como las relaciones familiares, las económicas, los intereses políticos, las de liderazgo o seguimiento se romperán. Se maldecirán y se acusarán mutuamente. La maldición de Dios significa la exclusión de Su Perdón y Misericordia, mientras que la maldición de los ángeles, los cuales rezan continuamente por los creyentes, es su súplica a Dios para que excluya de Su misericordia a aquellos que merecen la maldición y les condene al castigo.

126. Este versículo marca la conclusión respecto al tema abordado anteriormente en este punto. Establece un vínculo entre todos esos temas y la *Basmala* (En el Nombre de Dios, el Misericordioso, el Compasivo), la cual es el núcleo del Islam, y el Capítulo de Apertura (la *Fatiha*, el núcleo del Libro) y los versículos iniciales de este *sura*.

إِنَّ فِى خَلْقِ السَّمٰوَاتِ وَالْاَرْضِ وَاخْتِلَافِ الَّيْلِ وَالنَّهَارِ
وَالْفُلْكِ الَّتِى تَجْرِى فِى الْبَحْرِ بِمَا يَنْفَعُ النَّاسَ وَمَا اَنْزَلَ
اللّٰهُ مِنَ السَّمَاۤءِ مِنْ مَاۤءٍ فَاَحْيَا بِهِ الْاَرْضَ بَعْدَ مَوْتِهَا وَبَثَّ
فِيهَا مِنْ كُلِّ دَاۤبَّةٍ وَتَصْرِيفِ الرِّيَاحِ وَالسَّحَابِ الْمُسَخَّرِ
بَيْنَ السَّمَاۤءِ وَالْاَرْضِ لَاٰيَاتٍ لِقَوْمٍ يَعْقِلُونَ ﴿١٦٤﴾ وَمِنَ
النَّاسِ مَنْ يَتَّخِذُ مِنْ دُونِ اللّٰهِ اَنْدَادًا يُحِبُّونَهُمْ كَحُبِّ اللّٰهِ
وَالَّذِينَ اٰمَنُوا اَشَدُّ حُبًّا لِلّٰهِ وَلَوْ يَرَى الَّذِينَ ظَلَمُوا اِذْ يَرَوْنَ
الْعَذَابَ اَنَّ الْقُوَّةَ لِلّٰهِ جَمِيعًا وَاَنَّ اللّٰهَ شَدِيدُ الْعَذَابِ ﴿١٦٥﴾
اِذْ تَبَرَّاَ الَّذِينَ اتُّبِعُوا مِنَ الَّذِينَ اتَّبَعُوا وَرَاَوُا الْعَذَابَ
وَتَقَطَّعَتْ بِهِمُ الْاَسْبَابُ ﴿١٦٦﴾ وَقَالَ الَّذِينَ اتَّبَعُوا لَوْ اَنَّ لَنَا
كَرَّةً فَنَتَبَرَّاَ مِنْهُمْ كَمَا تَبَرَّؤُا مِنَّا كَذٰلِكَ يُرِيهِمُ اللّٰهُ اَعْمَالَهُمْ
حَسَرَاتٍ عَلَيْهِمْ وَمَا هُمْ بِخَارِجِينَ مِنَ النَّارِ ﴿١٦٧﴾ يَا اَيُّهَا
النَّاسُ كُلُوا مِمَّا فِى الْاَرْضِ حَلَالًا طَيِّبًا وَلَا تَتَّبِعُوا
خُطُوَاتِ الشَّيْطَانِ اِنَّهُ لَكُمْ عَدُوٌّ مُبِينٌ ﴿١٦٨﴾ اِنَّمَا يَاْمُرُكُمْ
بِالسُّوۤءِ وَالْفَحْشَاۤءِ وَاَنْ تَقُولُوا عَلَى اللّٰهِ مَا لَا تَعْلَمُونَ ﴿١٦٩﴾

وَاِذَا قِيلَ

164. Sin duda en la creación de los Cielos y de la Tierra, en la alternancia de la noche y el día (con sus períodos de alargamiento y acortamiento) en la embarcación que navega en el mar siendo de utilidad a la gente, en el agua que Dios hace caer desde el Cielo con la que revivifica la tierra después de haber estado muerta, en cómo ha diseminado en ella toda clase de criaturas vivas y en Su disposición de los vientos, y las nubes sometidas entre el Cielo y la Tierra; en verdad que se dan signos (que demuestran que Él es el Dios Único que merece ser adorado y el Único Refugio y Auxilio) para la gente que razona y entiende.

165. Aun así, se dan entre el género humano individuos que asumen objetos de devoción como rivales de Dios amándoles con un amor tal más propio de sentir hacia Dios en exclusiva —mientras que los que verdaderamente creen son más firmes en su amor hacia Dios—. Si al menos los que cometen este (gran) error pudieran ver —del mismo modo que verán cuando estén ante el castigo— que el poder Le pertenece a Dios y que Dios es severo castigando[127].

166. En aquel entonces cuando aquellos que eran seguidos (en este mundo como patriarcas, líderes o jefes, y amados como tan sólo a Dios se Le debe de amar) se desentienden de los que les siguieron y se declaran a sí mismos inocentes de sus actos malvados, contemplan el castigo y se rompen las relaciones entre ellos.

167. E indican aquellos que siguieron: «Si pudiésemos regresar (al mundo) y nos desentendiésemos de ellos del mismo modo que se han desentendido de nosotros». Así les muestra Dios lo que hicieron de un modo que les causará amargo arrepentimiento. Nunca saldrán del Fuego.

168. ¡Oh género humano! (Observad lo que Dios os prescribe. Os ha permitido morar en la Tierra, por lo tanto) comed de lo que en la Tierra se da lícito, puro y saludable (según su contenido y religiosamente); y no sigáis los pasos de Satanás (que engaña a aquellos secundados y a los que secundan); es cierto que él es un enemigo manifiesto vuestro.

169. Él sólo os prescribe el mal y la indecencia y que profiráis contra Dios aquello de lo que no tenéis conocimiento (seguro)[128].

127. Los versículos destacan la Unicidad de Dios como único Objeto de Adoración así como único Refugio y Auxiliador de la humanidad. Nadie excepto Dios merece ser reverenciado y considerado como deidad. Aquellos que aman a sus Profetas, líderes o patriarcas con el amor que tan sólo ha de mostrarse a Dios, e incluso llegan a apreciar en ellos atributos que pertenecen únicamente a Dios y les obedecen voluntariamente en oposición a las órdenes de Dios, se han rebelado contra Dios y Le han atribuido copartícipes y, por lo tanto, han cometido la mayor maldad. Esta gente no emplea su razonamiento y no pueden apreciar los numerosos signos manifiestos que existen en el universo y en la vida humana que indican a Dios y a Su Unicidad. Solamente cuando ven el castigo de Dios, perciben que el poder Le pertenece solo a Él. Este versículo también se refiere a la necesidad absoluta de seguir al Mensajero de Dios, la paz y las bendiciones sean con él, y de aceptarle como líder, lo cual viene anunciado en el versículo (3:31): *Di (Oh Mensajero): «Si de verás amáis a Dios, entonces seguidme, para que Dios os ame y os perdone vuestros pecados».*

128. Satanás engaña a la gente. Constantemente les está susurrando en el corazón actos malvados e indecentes, les empuja a decir lo que no saben respecto a Dios y les incita a dejar de creer en Él o a atribuirle copartícipes. Susurra insistentemente y hace que la gente se arrastre hacia su campo de influencia, hasta el punto que el Corán describe ello como una «orden». Otro punto importante a incluir en el significado de la «orden» de Satanás es que aquellos que siguen sus pasos actúan, por así decirlo, bajo su autoridad, como si fuesen sus funcionarios o empleados. Lo que Satanás les ordena que digan sobre Dios sin ningún conocimiento son falsas concepciones sobre el Ser o la Esencia de Dios, y constituyen errores de pensamiento, actitud y acción respecto a Sus Atributos, actos y mandamientos.

وَاِذَا قِيلَ لَهُمُ اتَّبِعُوا مَٓا اَنْزَلَ اللّٰهُ قَالُوا بَلْ نَتَّبِعُ
مَٓا اَلْفَيْنَا عَلَيْهِ اٰبَٓاءَنَاۜ اَوَلَوْ كَانَ اٰبَٓاؤُهُمْ لَا يَعْقِلُونَ شَيْـًٔا
وَلَا يَهْتَدُونَ ﴿١٧٠﴾ وَمَثَلُ الَّذٖينَ كَفَرُوا كَمَثَلِ الَّذٖى يَنْعِقُ
بِمَا لَا يَسْمَعُ اِلَّا دُعَٓاءً وَنِدَٓاءًۜ صُمٌّ بُكْمٌ عُمْىٌ فَهُمْ
لَا يَعْقِلُونَ ﴿١٧١﴾ يَٓا اَيُّهَا الَّذٖينَ اٰمَنُوا كُلُوا مِنْ طَيِّبَاتِ
مَا رَزَقْنَاكُمْ وَاشْكُرُوا لِلّٰهِ اِنْ كُنْتُمْ اِيَّاهُ تَعْبُدُونَ ﴿١٧٢﴾ اِنَّمَا
حَرَّمَ عَلَيْكُمُ الْمَيْتَةَ وَالدَّمَ وَلَحْمَ الْخِنْزٖيرِ وَمَٓا اُهِلَّ بِهٖ
لِغَيْرِ اللّٰهِۚ فَمَنِ اضْطُرَّ غَيْرَ بَاغٍ وَلَا عَادٍ فَلَٓا اِثْمَ عَلَيْهِۜ
اِنَّ اللّٰهَ غَفُورٌ رَحٖيمٌ ﴿١٧٣﴾ اِنَّ الَّذٖينَ يَكْتُمُونَ مَٓا اَنْزَلَ اللّٰهُ
مِنَ الْكِتَابِ وَيَشْتَرُونَ بِهٖ ثَمَنًا قَلٖيلًاۙ اُولٰٓئِكَ مَا يَاْكُلُونَ
فٖى بُطُونِهِمْ اِلَّا النَّارَ وَلَا يُكَلِّمُهُمُ اللّٰهُ يَوْمَ الْقِيٰمَةِ
وَلَا يُزَكّٖيهِمْۚ وَلَهُمْ عَذَابٌ اَلٖيمٌ ﴿١٧٤﴾ اُولٰٓئِكَ الَّذٖينَ اشْتَرَوُا
الضَّلَالَةَ بِالْهُدٰى وَالْعَذَابَ بِالْمَغْفِرَةِۚ فَمَٓا اَصْبَرَهُمْ
عَلَى النَّارِ ﴿١٧٥﴾ ذٰلِكَ بِاَنَّ اللّٰهَ نَزَّلَ الْكِتَابَ بِالْحَقِّۜ
وَاِنَّ الَّذٖينَ اخْتَلَفُوا فِى الْكِتَابِ لَفٖى شِقَاقٍ بَعٖيدٍ ﴿١٧٦﴾

170. Cuando se les dice (a aquellos que siguen los pasos de Satanás), «Seguid lo que Dios ha hecho descender», responden: «No, seguiremos aquello (las tradiciones, costumbres, creencias y prácticas) en lo que encontramos a nuestros antepasados». ¿Y si sus antepasados no comprendían nada y no estaban rectamente guiados?

171. Los que se niegan a creer son como aquellos que cuando se les llama sólo oyen gritos y voces —son sordos, mudos y ciegos, por lo tanto no tienen comprensión alguna (de lo que se les está diciendo)—[129].

172. ¡Oh vosotros que creéis! (sin que os preocupen las reglas que los incrédulos han inventado respecto a los alimentos) comed de las cosas puras y saludables que os hemos proveído y (a cambio de ello) agradeced a Dios, si es que tan sólo a Él adoráis.

173. Sólo ha establecido ilícito para vosotros la carroña, la sangre, la carne de cerdo y la del (animal) que ha sido sacrificado en nombre de otro que no sea Dios. No obstante, quien se vea obligado a comerlo a causa de una apremiante necesidad, siempre y cuando no lo haga por concupiscencia (de lo que se halla prohibido) ni habiendo excedido los límites de la necesidad, no cometerá pecado a su vez. En verdad que Dios es Indulgente y Compasivo.

174. Aquellos que oculten las verdades y mandamientos del Libro que Dios ha hecho descender y los vendan a un precio nimio (tal y como beneficios mundanos, estatus y renombre) no ingerirán en sus vientres más que fuego. Y Dios no les hablará el Día de la Resurrección (cuando se encuentren en gran necesidad de hablar con Él para implorarle perdón y misericordia), ni les absorberá declarándoles puros. Tendrán un doloroso castigo.

175. Tales son aquellos que adquieren la guía a cambio del extravío y a su vez el perdón a cambio del castigo. ¡Cómo perseveran en alcanzar el Fuego (y soportándolo)![130].

176. Esto es así porque Dios ha hecho descender el Libro con la verdad, en el que no hay nada falso. Los que discuten respecto al Libro (creyendo en parte del mismo, no teniendo fe en parte y creyendo en uno o algunos de los Libros Divinos, mientras que no creen en los otros) han modificado su rumbo lejos (de la verdad) encaminándose hacia un vasto cisma.

129. Esta parábola contiene dos aspectos. Por un lado, sugiere que los incrédulos son como animales que sólo siguen a sus pastores y les obedecen sin conocer ni comprender el motivo. Por otro lado, también sugiere que cuando las verdades les son predicadas, se muestran tan insensibles a las mismas que pareciera nos estamos dirigiendo a animales que únicamente oyen sonidos sin ser capaces de entender sus significados. «Gritos y voces» hacen referencia al hecho de que la llamada se lleva a cabo en «voz alta», de un modo tal que puede ser registrada como sonido, pero son incapaces de que esto tenga sentido alguno para ellos.

130. Estos incrédulos que carecen de paciencia para tener en cuenta la verdad, hacer el bien y abstenerse de los placeres ilícitos de este mundo, son, sin embargo, constantes y perseverantes en lo que les hace merecedores del Fuego, el cual es imposible de soportar. Se trata de una predisposición asombrosa e imposible de comprender.

لَيْسَ الْبِرَّ اَنْ تُوَلُّوا وُجُوهَكُمْ قِبَلَ الْمَشْرِقِ وَالْمَغْرِبِ وَلٰكِنَّ
الْبِرَّ مَنْ اٰمَنَ بِاللّٰهِ وَالْيَوْمِ الْاٰخِرِ وَالْمَلٰٓئِكَةِ وَالْكِتَابِ وَالنَّبِيّنَۚ
وَاٰتَى الْمَالَ عَلٰى حُبِّه۪ ذَوِي الْقُرْبٰى وَالْيَتَامٰى وَالْمَسَاكِينَ
وَابْنَ السَّبِيلِ وَالسَّٓائِلِينَ وَفِي الرِّقَابِۚ وَاَقَامَ الصَّلٰوةَ وَاٰتَى
الزَّكٰوةَۚ وَالْمُوفُونَ بِعَهْدِهِمْ اِذَا عَاهَدُواۚ وَالصَّابِرِينَ فِي
الْبَأْسَٓاءِ وَالضَّرَّٓاءِ وَحِينَ الْبَأْسِۜ اُولٰٓئِكَ الَّذِينَ صَدَقُواۜ وَاُولٰٓئِكَ
هُمُ الْمُتَّقُونَ ﴿١٧٧﴾ يَٓا اَيُّهَا الَّذِينَ اٰمَنُوا كُتِبَ عَلَيْكُمُ الْقِصَاصُ
فِي الْقَتْلٰىۜ اَلْحُرُّ بِالْحُرِّ وَالْعَبْدُ بِالْعَبْدِ وَالْاُنْثٰى بِالْاُنْثٰىۜ
فَمَنْ عُفِيَ لَهُ مِنْ اَخِيهِ شَيْءٌ فَاتِّبَاعٌ بِالْمَعْرُوفِ وَاَدَٓاءٌ اِلَيْهِ
بِاِحْسَانٍۜ ذٰلِكَ تَخْفِيفٌ مِنْ رَبِّكُمْ وَرَحْمَةٌۜ فَمَنِ اعْتَدٰى
بَعْدَ ذٰلِكَ فَلَهُ عَذَابٌ اَلِيمٌ ﴿١٧٨﴾ وَلَكُمْ فِي الْقِصَاصِ حَيٰوةٌ
يَٓا اُولِي الْاَلْبَابِ لَعَلَّكُمْ تَتَّقُونَ ﴿١٧٩﴾ كُتِبَ عَلَيْكُمْ اِذَا حَضَرَ
اَحَدَكُمُ الْمَوْتُ اِنْ تَرَكَ خَيْرًاۚ اَلْوَصِيَّةُ لِلْوَالِدَيْنِ وَالْاَقْرَبِينَ
بِالْمَعْرُوفِۚ حَقًّا عَلَى الْمُتَّقِينَۜ ﴿١٨٠﴾ فَمَنْ بَدَّلَهُ بَعْدَ مَا سَمِعَهُ
فَاِنَّمَٓا اِثْمُهُ عَلَى الَّذِينَ يُبَدِّلُونَهُۜ اِنَّ اللّٰهَ سَمِيعٌ عَلِيمٌۜ ﴿١٨١﴾

فَمَنْ خَافَ

177. La piedad (y la virtud) no consiste en tornar el rostro hacia oriente u occidente; más bien la piedad (y la virtud) es el estado de aquel que cree en Dios y en el Día del Juicio Final, en los ángeles, los Libros y los Profetas; el que obsequia de su riqueza, con placer y a pesar del amor que siente por ella, a parientes, huérfanos, necesitados, viajeros, mendigos (o los que necesitan un préstamo), para liberar esclavos; y el que establece la Oración y paga la Limosna Purificadora Prescrita; y (de) aquellos que cumplen los pactos cuando los contraen, son pacientes y perseveran en la adversidad, la dificultad y la enfermedad y en los momentos más tensos (tal y como la lucha entre la verdad y la falsedad). Esos son los veraces (en su fe) y esos son los que han alcanzado la rectitud, la piedad y la devoción debida a Dios.

178. ¡Oh vosotros que creéis! Se os prescribe el talión en los casos de asesinato (deliberado e injusto): hombre libre por hombre libre, esclavo por esclavo y mujer por mujer. Mas si a él (el asesino) se le concede el perdón por parte de su hermano (alguno de los herederos de la víctima), que la parte que perdona proceda con justicia en lo que es reconocido, y que la otra parte pague de manera lo suficientemente amable como para satisfacer a la otra parte[131]. Esto es un alivio de vuestro Señor y una misericordia. Todo aquel que ofenda tras esto, tendrá un castigo doloroso.

179. Tenéis vida en el talión (si entendéis) Oh gente de discernimiento, tal vez así (lo percibáis y cumpláis las órdenes de Dios y) alcancéis la piedad y la rectitud deseadas, y merezcáis Su protección.

180. Se os ha sido prescrito que, cuando a alguno de vosotros le visite la muerte dejando tras de sí bienes, haga testamento a favor de los padres y de los parientes más próximos según lo acostumbrado y de acuerdo con la práctica religiosamente ratificada[132] —un deber para los verdaderamente piadosos devotos—.

181. Luego, si alguien cambia el testamento después de haberlo oído (y lo dispuesto en el testamento no se lleva a la práctica del modo en que ha de serlo), que el pecado que de ahí se derive recae sobre aquellos que lo hayan cambiado. En verdad, Dios es Quien todo lo Oye y Omnisapiente.

131. La ley del Talión también fue prescrita en la Biblia: «El que hiera mortalmente a otro, morirá;» (*Éxodo*, 21:12). «El que hiriere a su padre o a su madre, morirá. Asimismo el que raptare a una persona y la vendiere, o si fuere hallada en sus manos, morirá» (*Éxodo*, 21:15-16). No obstante, no existe una ley de exoneración en la Biblia. La Ley Islámica decreta la ley del Talión, pero a su vez determina que si las partes perjudicadas (y en el caso de asesinatos, los herederos del difunto) perdonan al culpable, ya sea sin ambages ni con condiciones varias o a cambio de una compensación, la ley del Talión no se cumple. En la medida en que la ley moderna reserva el derecho de castigo al estado, se lo deniega a la víctima. Esto es una ofensa contra la justicia natural. Quienquiera que sea la víctima de la ofensa, es aquel con derecho a castigar o a perdonar.

A pesar de que algunos países reconocen y aplican la pena de muerte, la cárcel es el modo habitual de castigo para el asesinato en el mundo occidental. Sin embargo, con el fin de hacer una comparación breve y general, el delito es algo concreto, mientras que la cárcel no lo es. En segundo lugar, el delito y su castigo han de ser considerados por igual en el mismo contexto y han de ser del mismo tipo, tal y como la mancha de aceite se limpia con jabón elaborado asimismo a partir del mismo compuesto, aceite. Tercero, la ofensa y su castigo han de ser de la misma naturaleza. Por ejemplo, matar y robar son dos delitos de distinta naturaleza. La ley moderna proporciona un castigo del mismo tipo y naturaleza para ambos, es decir, la cárcel. La diferencia sólo radica en la cantidad. Sin embargo, la cantidad nunca puede ser un substituto de la calidad o de la naturaleza. En cuanto al Islam, el castigo que proporciona para cualquier ofensa es de la misma naturaleza que aquella. En cuarto lugar, el derecho penal islámico se basa en la justicia y la misericordia. Según la declaración del siguiente versículo, «Tenéis vida en el talión (si entendéis), Oh gente de discernimiento» toma en consideración al criminal, a la víctima y a la sociedad, así como a los valores morales y espirituales, y es de una naturaleza tal que alecciona, reforma, previene y satisface a la víctima. Pero nada de eso existe en el encarcelamiento. No es reformativo ni preventivo, y tampoco satisfactorio para la víctima. Además, destruye el espíritu y la personalidad, y excluye a la persona de la vida social.

Para concluir, como el resto de sus leyes, el derecho penal islámico es reformativo y se halla basado en la justicia, la proporcionalidad y la misericordia.

Aunque el Islam permite la justa retribución y la ley del talión en caso de ofensa como requisito de la justicia, ya que los valores inviolables exigen la ley del talión y el mismo respeto (2:94), tal religión aconseja al individuo a perdonar la ofensa cometida contra su persona o incluso retribuirla con algo mejor. Para un comentario de este tema, véase el *sura* 22, nota número 18.

Las expresiones «hombre libre por hombre libre, esclavo por esclavo, mujer por mujer» no significan que el hombre libre no estará obligado a pagar por cometer un crimen contra un esclavo o que el hombre no estará obligado a pagar por cometer un crimen contra una mujer. Todo lo contrario, el Corán puso fin a una práctica ampliamente extendida en la Arabia pre-islámica y que todavía existe en el mundo actual —si un miembro normal y común de una tribu asesinase a un miembro respetado de otra tribu, se matarían a varios miembros de la tribu del asesino así como a él mismo. Asimismo, si el asesino era un hombre de categoría, los árabes pre-islámicos no estaban dispuestos a permitir que se le ejecutase. Incluso hoy, tales naciones que supuestamente son civilizadas proclaman a menudo que si asesinan a uno de sus ciudadanos, ejecutarán a un gran número de compatriotas del asesino.

132. Este mandamiento guarda relación con el período en el que no había reglas para la

distribución del legado de la herencia. Por lo que cada uno fue requerido para hacer testamento con el fin de no privar a sus padres y parientes más cercanos de alguna herencia suya, la cual, de otra manera, habría sido distribuida probablemente solamente entre sus hijos. Más tarde, cuando Dios reveló un sistema de leyes que regulaban la distribución de la herencia (4:11-12), el Profeta, la paz y las bendiciones sean con él, clarificó las leyes concernientes a los testamentos y las herencias. Éstas pueden resumirse del modo siguiente:

No se puede testar a favor de los herederos legales de un individuo, es decir, aquellos cuyas diversas porciones estén especificadas en el Corán, ya que no se puede realizar en ello cambio alguno. En segundo lugar, el testamento sólo ha de circunscribirse a un tercio del patrimonio total del difunto. Cuando una persona muere, sus deudas (si las hay) son saldadas, se cumple la última voluntad y el testamento de dicha persona (según las prescripciones mencionadas) y, luego, el patrimonio se divide entre los herederos legítimos según los mandamientos judiciales del Corán.

٢٧ اَلْجُزْءُ الثَّانِي 27

فَمَنْ خَافَ مِنْ مُوصٍ جَنَفًا اَوْ اِثْمًا فَاَصْلَحَ بَيْنَهُمْ
فَلَٓا اِثْمَ عَلَيْهِۜ اِنَّ اللّٰهَ غَفُورٌ رَح۪يمٌ ﴿١٨٢﴾ يَٓا اَيُّهَا الَّذ۪ينَ
اٰمَنُوا كُتِبَ عَلَيْكُمُ الصِّيَامُ كَمَا كُتِبَ عَلَى الَّذ۪ينَ
مِنْ قَبْلِكُمْ لَعَلَّكُمْ تَتَّقُونَۙ ﴿١٨٣﴾ اَيَّامًا مَعْدُودَاتٍۜ فَمَنْ
كَانَ مِنْكُمْ مَر۪يضًا اَوْ عَلٰى سَفَرٍ فَعِدَّةٌ مِنْ اَيَّامٍ اُخَرَۜ
وَعَلَى الَّذ۪ينَ يُط۪يقُونَهُ فِدْيَةٌ طَعَامُ مِسْك۪ينٍۜ فَمَنْ
تَطَوَّعَ خَيْرًا فَهُوَ خَيْرٌ لَهُۜ وَاَنْ تَصُومُوا خَيْرٌ لَكُمْ
اِنْ كُنْتُمْ تَعْلَمُونَ ﴿١٨٤﴾ شَهْرُ رَمَضَانَ الَّذ۪ٓي اُنْزِلَ ف۪يهِ
الْقُرْاٰنُ هُدًى لِلنَّاسِ وَبَيِّنَاتٍ مِنَ الْهُدٰى وَالْفُرْقَانِۚ
فَمَنْ شَهِدَ مِنْكُمُ الشَّهْرَ فَلْيَصُمْهُۜ وَمَنْ كَانَ مَر۪يضًا
اَوْ عَلٰى سَفَرٍ فَعِدَّةٌ مِنْ اَيَّامٍ اُخَرَۜ يُر۪يدُ اللّٰهُ بِكُمُ الْيُسْرَ
وَلَا يُر۪يدُ بِكُمُ الْعُسْرَۘ وَلِتُكْمِلُوا الْعِدَّةَ وَلِتُكَبِّرُوا
اللّٰهَ عَلٰى مَا هَدٰيكُمْ وَلَعَلَّكُمْ تَشْكُرُونَ ﴿١٨٥﴾ وَاِذَا سَاَلَكَ
عِبَاد۪ي عَنّ۪ي فَاِنّ۪ي قَر۪يبٌۜ اُج۪يبُ دَعْوَةَ الدَّاعِ اِذَا دَعَانِۙ
فَلْيَسْتَج۪يبُوا ل۪ي وَلْيُؤْمِنُوا ب۪ي لَعَلَّهُمْ يَرْشُدُونَ ﴿١٨٦﴾

182. Pero si alguien teme una injusticia o pecado por parte del testador y establece un acuerdo entre las partes (realizando el cambio necesario), no incurrirá en pecado. En verdad, Dios es Indulgente y Compasivo.

183. ¡Oh vosotros que creéis! Se os ha prescrito el ayuno, al igual que se les prescribió a los que os precedieron, para que podáis merecer la protección de Dios (contra las tentaciones de vuestra alma carnal) y alcanzar la piedad.

184. (El ayuno es establecido para) un determinado número de días. Si alguno de vosotros se encuentra tan enfermo que no puede ayunar o se halla de viaje, deberá ayunar en igual número de días. Pero los que ya no puedan ayunar, que paguen una expiación (penitencia) alimentando a una persona en la indigencia (por cada día que no se haya ayunado o dándole la cantidad de dinero correspondiente). Pero es mejor que se ofrezca voluntariamente un bien mayor (ya sea concediendo en mayor cantidad o ayunando en caso de recuperación), y que ayunéis (cuando podáis) es mejor para vosotros, si al menos supierais (la valía del ayuno).

185. El mes de Ramadán (es el mes) en el cual se hizo descender el Corán como guía para la humanidad y como verdades claras de la Guía y el Criterio (entre la verdad y la falsedad). Por lo tanto, quien de vosotros presencie este mes, que lo observe, y quien se encuentre tan enfermo que no pueda ayunar o se halle de viaje (que observe) el mismo número de días. Dios quiere lo fácil para vosotros, y no quiere la dificultad para vosotros, de modo que podáis completar el número de días requeridos, y ensalzar a Dios por haberos guiado, y tal vez así seáis agradecidos (a Él como es debido).

186. Y cuando (Oh Mensajero) Mis siervos te pregunten sobre Mí, sin duda alguna me hallo cerca: contesto al ruego del que pide cuando Me reza[133]. Así, pues, que ellos respondan a Mi llamada (sin vacilación) y crean y confíen en Mí (del modo que les corresponde), tal vez así sean guiados hacia la excelencia espiritual e intelectual y hacia la conducta correcta.

133. La oración o súplica es la esencia de la adoración y la servidumbre a Dios. Lo que se eleva hacia Dios desde la creación es la oración. Dicha forma de devoción se divide en diversos tipos y grados:

- El primer tipo es la oración de todos los organismos, plantas, animales y seres humanos, a través de la disposición natural de sus cuerpos y de su funcionamiento interno, y según sus deberes en la creación. Este tipo de oración es siempre aceptable.
- El segundo tipo de oración es la pronunciada por todos los organismos, plantas, animales y seres humanos en virtud de sus necesidades vitales. Dios cubre dichas necesidades puntualmente, a excepción de las plantas y los animales relativamente más débiles y menos inteligentes (respecto a otros, tales como los lobos y los zorros) que son alimentados más fácilmente que los demás. Cuanto más poderosa, inteligente e independiente se sienta una criatura, más dificultad sufre para conseguir el alimento. Todo lo que un bebé ha de hacer para lograr que sus necesidades sean satisfechas es llorar.
- El tercer tipo de oración es la llevada a cabo por los seres humanos. Consta de dos categorías, las cuales son:
- La primera categoría es la oración activa. Significa el cumplimiento de las leyes que Dios ha establecido para la vida. Por ejemplo, el granjero que ara la tierra está llamando a la puerta de la Divina Providencia. El paciente que acude a la consulta de un médico está apelando a Dios para obtener su curación. Este tipo de oración es aceptada generalmente.
- La segunda categoría es la oración verbal que llevamos a cabo. Este tipo de oración a su vez tiene respuesta. Mas responder difiere de aceptar. Dios responde a todas las oraciones efectuadas sinceramente. Sin embargo, Él contesta a veces otorgando lo que es pedido, en ocasiones concediendo lo que es mejor, a veces posponiendo su concesión a la vida del Más Allá y en ciertos momentos no otorgando nada, no favoreciendo a quien ruega. La manera en que Dios contesta una oración depende de Su Sabiduría [*Virtudes de la Creencia y la Oración* («La 23ª Palabra»), *págs* 13–17].

أُحِلَّ لَكُمْ لَيْلَةَ الصِّيَامِ الرَّفَثُ اِلٰى نِسَٓائِكُمْ هُنَّ لِبَاسٌ
لَكُمْ وَاَنْتُمْ لِبَاسٌ لَهُنَّ عَلِمَ اللّٰهُ اَنَّكُمْ كُنْتُمْ تَخْتَانُونَ
اَنْفُسَكُمْ فَتَابَ عَلَيْكُمْ وَعَفَا عَنْكُمْ فَالْـٰٔنَ بَاشِرُوهُنَّ
وَابْتَغُوا مَا كَتَبَ اللّٰهُ لَكُمْ وَكُلُوا وَاشْرَبُوا حَتّٰى يَتَبَيَّنَ
لَكُمُ الْخَيْطُ الْاَبْيَضُ مِنَ الْخَيْطِ الْاَسْوَدِ مِنَ الْفَجْرِ
ثُمَّ اَتِمُّوا الصِّيَامَ اِلَى الَّيْلِ وَلَا تُبَاشِرُوهُنَّ وَاَنْتُمْ
عَاكِفُونَ فِي الْمَسَاجِدِ تِلْكَ حُدُودُ اللّٰهِ فَلَا تَقْرَبُوهَا
كَذٰلِكَ يُبَيِّنُ اللّٰهُ اٰيَاتِه۪ لِلنَّاسِ لَعَلَّهُمْ يَتَّقُونَ ﴿١٨٧﴾
وَلَا تَأْكُلُوٓا اَمْوَالَكُمْ بَيْنَكُمْ بِالْبَاطِلِ وَتُدْلُوا بِهَٓا اِلَى الْحُكَّامِ
لِتَأْكُلُوا فَرِيقًا مِنْ اَمْوَالِ النَّاسِ بِالْاِثْمِ وَاَنْتُمْ تَعْلَمُونَ ﴿١٨٨﴾
يَسْـَٔلُونَكَ عَنِ الْاَهِلَّةِ قُلْ هِيَ مَوَاق۪يتُ لِلنَّاسِ وَالْحَجِّ
وَلَيْسَ الْبِرُّ بِاَنْ تَأْتُوا الْبُيُوتَ مِنْ ظُهُورِهَا وَلٰكِنَّ
الْبِرَّ مَنِ اتَّقٰى وَأْتُوا الْبُيُوتَ مِنْ اَبْوَابِهَا وَاتَّقُوا اللّٰهَ
لَعَلَّكُمْ تُفْلِحُونَ ﴿١٨٩﴾ وَقَاتِلُوا ف۪ي سَب۪يلِ اللّٰهِ الَّذ۪ينَ
يُقَاتِلُونَكُمْ وَلَا تَعْتَدُوا اِنَّ اللّٰهَ لَا يُحِبُّ الْمُعْتَد۪ينَ ﴿١٩٠﴾

وَاقْتُلُوهُمْ

187. Se os permite uniros con vuestras esposas la noche del ayuno. (Se da tal intimidad entre vosotros que) son una vestimenta para vosotros (envolviéndoos para protegeros de cometer relaciones ilícitas y embelleciéndoos) y sois (de la misma manera y con motivo de las mismas razones) una vestimenta para ellas. Dios sabe que (sentíais que) os traicionabais a vosotros mismos (haciendo lo que suponíais que estaba prohibido) y se ha vuelto hacia vosotros con indulgencia (y os ha protegido contra posibles pecados no estableciendo tal prohibición). Así pues, relacionaros íntimamente con ellas y buscad lo que Dios ha ordenado. Y (se os permite) comer y beber hasta que discernáis la franja blanquecina de la aurora en contraste con la oscuridad de la noche; y entonces observad el ayuno hasta que caiga la noche[134]. Mas no relacionaros íntimamente con ellas (vuestras esposas) durante el período en que os halláis en retiro en las mezquitas. Éstos son los límites establecidos por Dios; no os acerquéis a ellas (guardad una distancia de seguridad respecto a las mismas)[135]. Así les aclara Dios Sus Revelaciones a la gente, para que puedan alcanzar la piedad y por lo tanto se protejan del castigo.

188. (Comed y bebed, pero llevad a cabo las clases de adoración que os ayudan a controlar vuestras almas, tal como el ayuno). Y no usurpéis vuestros bienes mutuamente recurriendo a la falsedad (vanidades, pecados y crímenes tales como el robo, la usurpación, el soborno, la usura y el juego); ni la ofrezcáis a los que detentan la autoridad de modo que podáis gastar de modo pecaminoso una parte de los bienes ajenos.

189. Te preguntan (Oh Mensajero) acerca de las lunas nuevas (por el mes de Ramadán). Di: «Son momentos determinados (marcadores) para la gente (con el fin de determinar los períodos) y para la Peregrinación». (No los relacionéis con las supersticiones y con el comportamiento supersticioso, como el hecho de entrar en las viviendas por la parte de atrás en lugar de por delante). La piedad (y la virtud) no consiste en que entréis en las casas por su parte trasera, sino que la piedad (y la virtud) es el estado en que aquel que (cree de verdad en Dios) se esfuerza en pos de alcanzar la rectitud y la piedad (llevando a cabo Sus mandamientos y evitando Sus prohibiciones). Por lo tanto, entrad en las casas (de modo normal) por sus puertas. (Hacer todo según las reglas y estableced relaciones con vuestro líder y entre vosotros apropiadamente). Y esforzaos en obedecer a Dios con la debida reverencia y la piedad a Él y para que podáis prosperar[136].

190. Combatid en la causa de Dios (con el fin de ensalzar Su Nombre) contra los que combatan contra vosotros, pero no excedáis los límites (fijados por Dios)[137], pues, cierto es que Dios no ama a los que exceden los límites.

---

134. Al fijar los momentos precisos en los que llevar a cabo los ritos obligatorios, Dios ha decretado lo más claro y simple que gente de todas las épocas, lugares y grados diversos de desarrollo científico puedan determinarlos. Por consiguiente, la determinación del tiempo de los ritos se hace en relación con los fenómenos naturales claramente manifiestos y familiares.

Ciertas personas sostienen que este método no es viable en zonas cercanas a los círculos polares, donde durante seis meses la noche lo cubre todo al mismo tiempo que el día dura cerca de seis meses. Sin embargo, en dichas zonas, los signos de la mañana y la tarde aparecen con regularidad infalible y la gente los conoce. Es en base a tales signos que los habitantes de estas zonas cercanas a los polos regulan la duración y los patrones del sueño y el despertar. En tiempos anteriores a la aparición de los relojes de pulsera, los habitantes de países como Finlandia, Noruega y Groenlandia solían establecer las horas del día y de la noche por medio de los diversos signos que aparecían en el horizonte. Del mismo modo que dichos signos les hacían posible regular sus diversos asuntos, también les deberían permitir determinar los tiempos exactos de sus Oraciones prescritas, el momento de la comida que antecede al ayuno así como el de la ruptura del ayuno.

135. La frase «en retiro en las mezquitas» se refiere a la práctica de pasar cierto tiempo durante el Ramadán en una mezquita, en plena devoción hacia Dios. El Mensajero de Dios, la paz y las bendiciones sean con él, solía pasar los últimos diez días del Ramadán llevando a cabo dicho momento de recogimiento en la mezquita. Cuando nos encontramos en dicho estado, denominado *i'tikaf*, podemos salir de la mezquita tan solo para satisfacer las necesidades vitales más apremiantes, hemos de abstenernos de satisfacer nuestros deseos sexuales.

136. Las fases menguantes y crecientes de la Luna atraían la atención de la gente durante la era pre-islámica, tal y como todavía hoy en día ejerce la misma atracción, por lo que algunas ideas y supersticiones fueron asociadas a dicho fenómeno astronómico. La Luna era considerada como origen de buenos y malos presagios. El Corán nos advierte contra tales supersticiones.

Al mismo tiempo, hace notar otro asunto importante, a saber, decoro y buen juicio en el control de la curiosidad, de modo que no se convierta ni acabe en frivolidad o en preocupación inútil. Es impropio de los creyentes hacer preguntas insustanciales y preocuparse por cosas inútiles. Pero si tales preguntas son formuladas, el maestro o el imán deben proporcionar una respuesta que, en vez de satisfacer la curiosidad, ha de mantener la curiosidad de los interpelantes, pero dirigirla hacia materias más útiles o más merecedoras de atención.

En cuanto a las preguntas formuladas al Mensajero respecto a las fases de la Luna, el elemento válido y útil en torno a la curiosidad de los interpelantes queda indicado en la respuesta de Dios: es necesario que conozcan el principio y el final de los meses y períodos para poder determinar los períodos y tiempos exactos de los más importantes ritos religiosos tomando como referencia los fenómenos visibles o reconocibles por todos los seres humanos. Ello nos indica para qué sirven las fases lunares y cómo el conocimiento de dicho fenómeno nos ayuda. También nos señala que tal conocimiento ha de ser útil y accesible — no debe llegar a ser difícil, secreto, misterioso y, por lo tanto, susceptible de que degenere en la superstición entre los ignorantes o de ser manipulado maliciosamente por parte de los que tienen conocimientos—. Cualquier pregunta en relación a *cómo* la Luna crece o mengua durante sus fases además de *por qué* lo hace de tal manera no se habría podido contestar en aquel momento de manera exacta ni tampoco inteligible para los interpelantes. Consentir ese tipo de curiosidad es precisamente lo que genera ignorancia y superstición. La curiosidad ha de ser disciplinada de modo que se dirija hacia lo desconocido con preguntas que se puedan contestar de modo inteligible y de una manera que soporte la indagación. Han de ser cuestiones que, si se preguntan y responden con sinceridad, aumentan el acervo de conocimiento humano y refuerzan los pilares de la fe en el conocimiento y la sabiduría del Creador de este mundo, el Cual lo hizo inteligible e hizo que los seres humanos, aunque dotados de ciertas limitaciones, fueran capaces de entenderlo.

El versículo hace uso de la ocasión en que el Profeta es preguntado acerca de la Luna nueva con la intención de establecer o enfatizar las reglas y normas apropiadas respecto a las relaciones de la gente entre sí y con su imán/maestro. Les invita una vez más a la verdadera piedad y misericordia. El versículo tiene una clara y fundamental conexión con todos los versículos del *sura*, especialmente con el versículo 2:177 y con los versículos del principio que describen a «aquellos dotados de prosperidad» (2:1-5). A continuación, el Corán prosigue estableciendo importantes principios relacionados con la guerra, para poner fin a las guerras de la *Yahiliyya*, las cuales no respetaban regla alguna, y de educar a los creyentes como individuos y como comunidad, con la mejor de las conductas.

137. Para una explicación detallada en relación al Islam y a la guerra, véanse los Apéndices II y III.

191. (Durante la guerra) matadlos dondequiera que los encontréis y expulsadlos de donde os hayan expulsado (recuperando así vuestras tierras de su usurpación). (Aunque matar es algo ante lo que sentís aversión) el desorden (arraigado en la rebelión contra Dios y en no reconocer ley alguna) es peor que matar[138]. No luchéis contra ellos en las cercanías de la Mezquita Sagrada a menos que luchen contra vosotros allí; pero si luchan contra vosotros (allí), matadlos, esa es la recompensa de los incrédulos (rebeldes).

192. Entonces si desisten (de luchar), sin duda, Dios es Indulgente, Compasivo.

193. (Pero si persisten en provocar desorden, seguid) luchando contra ellos hasta que no haya más desorden (arraigado en la rebelión contra Dios) y la religión (el derecho de adorar y la autoridad para prescribir el modo de vida) sea para Dios. Sin embargo, si desisten, no hay entonces hostilidad excepto contra los malhechores[139].

194. Un mes sagrado se restituye por otro mes sagrado y los valores inviolables exigen la pena del talión. Así pues, quienquiera que os ataque, atacadle de la misma manera en que os ataque. No obstante, temed a Dios y permaneced dentro de los límites de la piedad y de la rectitud y sabed que Dios se halla con los piadosos devotos[140].

195. (La justa retribución, además de la guerra y de otras medidas defensivas con el fin de mantener vuestra existencia, no son posibles sin gasto. Así pues,) gastad en la causa de Dios (de lo que tenéis) y no os arruinéis con vuestras propias manos (evitando gastar). Haced el bien (y todo aquello que hagáis), hacedlo de la mejor

وَاقْتُلُوهُمْ حَيْثُ ثَقِفْتُمُوهُمْ وَاَخْرِجُوهُمْ مِنْ حَيْثُ اَخْرَجُوكُمْ وَالْفِتْنَةُ
اَشَدُّ مِنَ الْقَتْلِ وَلَا تُقَاتِلُوهُمْ عِنْدَ الْمَسْجِدِ الْحَرَامِ حَتّٰى يُقَاتِلُوكُمْ
فِيهِ فَاِنْ قَاتَلُوكُمْ فَاقْتُلُوهُمْ كَذٰلِكَ جَزَٓاءُ الْكَافِرِينَ ﴿١٩١﴾ فَاِنِ انْتَهَوْا
فَاِنَّ اللّٰهَ غَفُورٌ رَحِيمٌ ﴿١٩٢﴾ وَقَاتِلُوهُمْ حَتّٰى لَا تَكُونَ فِتْنَةٌ وَيَكُونَ
الدِّينُ لِلّٰهِ فَاِنِ انْتَهَوْا فَلَا عُدْوَانَ اِلَّا عَلَى الظَّالِمِينَ ﴿١٩٣﴾ اَلشَّهْرُ الْحَرَامُ
بِالشَّهْرِ الْحَرَامِ وَالْحُرُمَاتُ قِصَاصٌ فَمَنِ اعْتَدٰى عَلَيْكُمْ فَاعْتَدُوا عَلَيْهِ
بِمِثْلِ مَا اعْتَدٰى عَلَيْكُمْ وَاتَّقُوا اللّٰهَ وَاعْلَمُٓوا اَنَّ اللّٰهَ مَعَ الْمُتَّقِينَ ﴿١٩٤﴾
وَاَنْفِقُوا فِي سَبِيلِ اللّٰهِ وَلَا تُلْقُوا بِاَيْدِيكُمْ اِلَى التَّهْلُكَةِ وَاَحْسِنُوا
اِنَّ اللّٰهَ يُحِبُّ الْمُحْسِنِينَ ﴿١٩٥﴾ وَاَتِمُّوا الْحَجَّ وَالْعُمْرَةَ لِلّٰهِ فَاِنْ اُحْصِرْتُمْ
فَمَا اسْتَيْسَرَ مِنَ الْهَدْيِ وَلَا تَحْلِقُوا رُؤُسَكُمْ حَتّٰى يَبْلُغَ الْهَدْيُ
مَحِلَّهُ فَمَنْ كَانَ مِنْكُمْ مَرِيضًا اَوْ بِهِٓ اَذًى مِنْ رَأْسِهِ فَفِدْيَةٌ مِنْ صِيَامٍ
اَوْ صَدَقَةٍ اَوْ نُسُكٍ فَاِذَٓا اَمِنْتُمْ فَمَنْ تَمَتَّعَ بِالْعُمْرَةِ اِلَى الْحَجِّ فَمَا
اسْتَيْسَرَ مِنَ الْهَدْيِ فَمَنْ لَمْ يَجِدْ فَصِيَامُ ثَلٰثَةِ اَيَّامٍ فِي الْحَجِّ وَسَبْعَةٍ
اِذَا رَجَعْتُمْ تِلْكَ عَشَرَةٌ كَامِلَةٌ ذٰلِكَ لِمَنْ لَمْ يَكُنْ اَهْلُهُ حَاضِرِي
الْمَسْجِدِ الْحَرَامِ وَاتَّقُوا اللّٰهَ وَاعْلَمُٓوا اَنَّ اللّٰهَ شَدِيدُ الْعِقَابِ ﴿١٩٦﴾

manera y conscientes de que Dios lo contempla. En verdad, Dios ama a aquellos que se dedican a hacer el bien, conscientes de que Dios les está contemplando.

196. Completad el *Hayy* (la Peregrinación Mayor) y la *'Umra* (la Peregrinación Menor) por Dios, pero si os halláis impedidos (después de que os hubieseis puesto el atuendo de la Peregrinación), entonces enviad (a La Meca) un animal para que sea sacrificado como ofrenda, de acuerdo con vuestro poder adquisitivo. No os afeitéis vuestras cabezas (para marcar el final del estado de consagración de la Peregrinación) hasta que la ofrenda haya llegado a su destino y sea sacrificada. Sin embargo, si alguno de vosotros se encuentra enfermo (por lo que se vea obligado a abandonar el estado de consagración) o tiene alguna molestia en la cabeza, ha de redimirlo a través del ayuno, dando limosna u ofreciendo un sacrificio. Cuando estéis seguros (cuando en relación a la Peregrinación no os halláis impedidos o el impedimento sea aislado) entonces, aquél que aprovecha y lleva a cabo la *'Umra* antes del *Hayy*, ha de ofrecer un sacrificio de acuerdo con su poder adquisitivo. Para todo aquel que no pueda ofrecer un sacrificio, que observe el ayuno tres días durante el *Hayy* y siete días cuando regrese a su casa, es decir diez días en total. Esto concierne a aquellos cuyas familias no viven en los alrededores de la Mezquita Sagrada. Actuad con la debida reverencia a Dios y la piedad (evitando desobedecerle y obedeciendo Sus órdenes) y sabed que Dios es severo castigando.

---

138. El versículo considera *fitna* (aquí traducida como «desorden» [arraigado en la rebelión contra Dios y sin reconocer ley alguna]) como una de las razones más importantes para la guerra. La guerra es algo indeseable y aborrecible; sin embargo, se dan situaciones que surgen y que la hacen inevitable. *Fitna* es una de esas situaciones o más bien, todas las situaciones que comparten características que pueden desembocar en el término *fitna*. En la mayoría de los pasajes coránicos, se le denomina atribuir copartícipes a Dios, y adoptar esto como un estilo de vida, propagar la incredulidad y la apostasía, cometer graves pecados de manera voluntaria, con una dejadez insolente, entablar manifiesta hostilidad contra el Islam, incitar al desorden público y opresión, todo lo cual es peor que el acto de matar. A pesar de que cada una de esas situaciones puede constituir una razón para el estallido de una guerra, el término *fitna* las abarca todas.

139. Creer en la Unidad de Dios implica aceptarle como Única Deidad, Señor y Objeto de Adoración. Esto, a su vez, significa reconocerle como Aquél con exclusiva autoridad para prescribir las cosas como lícitas o ilícitas. Por lo tanto, Sus leyes han de prevalecer en la vida humana. Si algunas personas, explotando los medios a su alcance, intentan usurpar esta autoridad y pretenden establecer un orden social de acuerdo con sus propios deseos y, lo que es más, obligan a otros a que desobedezcan a Dios, esto es la *fitna* por la que se les ha ordenado a los musulmanes que luchen en su contra. El Islam busca erradicar la *fitna* y establecer un entorno estable, justo y con libertad para todos, sin pretextos para la injusticia, la opresión, la violación de los derechos humanos fundamentales, la anarquía o el terror. Bajo el gobierno del Islam, constituido y administrado adecuadamente, a todos y a cada uno se les permite vivir de acuerdo con su fe y practicar su religión de manera individual y colectiva.

140. Los meses de Zu'l-Qa'da, Zu'l-Hiyya, Muharram y Rayab (los meses undécimo, duodécimo, así como el primero y séptimo del calendario lunar, respectivamente) fueron consagrados, por lo que la guerra, matar y los actos de pillaje estaban prohibidos durante dichos meses. Sin embargo, con la intención de llevar ventaja a los demás, los árabes politeístas violaban frecuentemente la santidad de dichos meses y trataban de compensar dicha infracción sustituyendo uno de dichos meses sagrados por el mes sagrado vulnerado. Con el fin de no permitir dicha ventaja sobre los musulmanes y basándose en el principio que indica que «la violación de los valores inviolables exige la pena del talión» el Corán permite que los musulmanes se defiendan y contraataquen a los enemigos en cualquier mes en que estos sean atacados.

Este versículo establece un principio importante en la vida social, el código penal y las relaciones internacionales. La Ley Islámica reconoce como prioridad la protección de la religión, la vida, el intelecto, la familia y el linaje así como la propiedad privada. Todo aquel que muera protegiendo cualquiera de dichas prioridades muere como mártir. Es debido a la santidad de esos cinco elementos pues, que la ofensa de la religión y los valores religiosos (apostasía y blasfemia), matar y asesinar, el alcohol y los estupefacientes (que debilitan la razón), la fornicación y el adulterio (que acarrean deshonor y confunden el linaje) y el robo y la usurpación, son considerados entre los pecados capitales. Ninguna vida ni la propiedad de ningún individuo, nación o raza es más sagrada que la otra. Por lo tanto, ya que existe igualdad entre los elementos que el Corán llama «valores inviolables», se exige que cualquier violación sea respondida recíprocamente en base a la justa medida de una respuesta equivalente. Esto es algo que la justicia exige naturalmente a su vez. Sin embargo, la persona puede perdonar cualquier trasgresión que se haya cometido contra él, ya que dicho perdón es elogiado y encomiado en el Corán como una virtud. No obstante, no tenemos derecho a perdonar en representación de otros ni de perdonar una ofensa contra el orden y la propiedad pública, contra los valores y la seguridad nacionales.

El Islam permite la ley del talión, pero no permite que se haga daño o se devuelva el perjuicio con otro igual. Es decir, si alguien o un grupo de personas cometen un agravio o un mal, a las víctimas del agravio no se les permite que hagan lo mismo, y mucho menos que el agravio o mal sean aceptados como la manera normal de hacer las cosas. La pena del talión ha de ser ejecutada con vista a restablecer la justicia y ha de ceñirse estrictamente a las medidas y las proporciones. El Islam se esfuerza por conseguir la paz y que acaben las trasgresiones y los crímenes. Por eso, el versículo prosigue con la orden de mantenerse dentro de los límites de la piedad, lo cual significa que una ofensa ulterior o un exceso cometido al rechazar un ataque están prohibidos.

اَلْحَجُّ اَشْهُرٌ مَعْلُومَاتٌۚ فَمَنْ فَرَضَ فِيهِنَّ الْحَجَّ
فَلَا رَفَثَ وَلَا فُسُوقَ وَلَا جِدَالَ فِي الْحَجِّۜ وَمَا
تَفْعَلُوا مِنْ خَيْرٍ يَعْلَمْهُ اللّٰهُۜ وَتَزَوَّدُوا فَاِنَّ خَيْرَ
الزَّادِ التَّقْوٰىۘ وَاتَّقُونِ يَٓا اُولِي الْاَلْبَابِ ١٩٧ لَيْسَ
عَلَيْكُمْ جُنَاحٌ اَنْ تَبْتَغُوا فَضْلاً مِنْ رَبِّكُمْۜ فَاِذَٓا
اَفَضْتُمْ مِنْ عَرَفَاتٍ فَاذْكُرُوا اللّٰهَ عِنْدَ الْمَشْعَرِ
الْحَرَامِۖ وَاذْكُرُوهُ كَمَا هَدٰيكُمْۚ وَاِنْ كُنْتُمْ
مِنْ قَبْلِهِ لَمِنَ الضَّٓالِّينَ ١٩٨ ثُمَّ اَفِيضُوا مِنْ حَيْثُ
اَفَاضَ النَّاسُ وَاسْتَغْفِرُوا اللّٰهَۜ اِنَّ اللّٰهَ غَفُورٌ رَحِيمٌ ١٩٩
فَاِذَا قَضَيْتُمْ مَنَاسِكَكُمْ فَاذْكُرُوا اللّٰهَ كَذِكْرِكُمْ
اٰبَٓاءَكُمْ اَوْ اَشَدَّ ذِكْراًۜ فَمِنَ النَّاسِ مَنْ يَقُولُ رَبَّنَٓا
اٰتِنَا فِي الدُّنْيَا وَمَا لَهُ فِي الْاٰخِرَةِ مِنْ خَلَاقٍ ٢٠٠
وَمِنْهُمْ مَنْ يَقُولُ رَبَّنَٓا اٰتِنَا فِي الدُّنْيَا حَسَنَةً
وَفِي الْاٰخِرَةِ حَسَنَةً وَقِنَا عَذَابَ النَّارِ ٢٠١ اُولٰٓئِكَ
لَهُمْ نَصِيبٌ مِمَّا كَسَبُواۜ وَاللّٰهُ سَرِيعُ الْحِسَابِ ٢٠٢

وَاذْكُرُوا

197. El *Hayy* acontece en los meses conocidos[141]. Para todo aquel que se comprometa a cumplir el deber de *Hayy* durante dichos meses, no hay indulgencia sensual, conducta inmoral ni intención de reñir durante el *Hayy*. El bien que hagáis (todo lo que se os ordena y más que eso, especialmente la ayuda a los demás) Dios lo conoce. Llevad vuestras provisiones para el *Hayy* (y no seáis una carga para los demás). Verdaderamente, la mejor provisión es la rectitud y la piedad. Así pues proveeros con rectitud y piedad para protegeros contra Mi castigo, ¡Oh gente de discernimiento!

198. No incurrís en falta si buscáis el beneficio de vuestro Señor (comerciando durante el *Hayy*, pero no os distraigáis hasta el extremo de desatender los rituales del *Hayy*). Cuando sigáis adelante en multitudes desde ‘Arafat (tras haber estado ahí durante un tiempo) mencionad a Dios en el *Mash‘ar al-Haram* (al-Muzdalifa); mencionadle conscientes de cómo os ha guiado, ya que antes ciertamente os hallabais entre los extraviados.

199. Entonces (no prefiráis permanecer en al-Muzdalifa sin ascender a ‘Arafat con el fin de no mezclaros con otra gente por vanidad. Más bien), seguid adelante en multitud por donde lo hacen todos (los demás) e implorad perdón a Dios (por haberos opuesto a Él de cualquier modo en el pasado y por los errores que hayáis cometido durante el *Hayy*). Sin duda Dios es Indulgente y Compasivo (especialmente hacia Sus siervos creyentes).

200. Y cuando hayáis cumplido esos ritos, mencionad a Dios tal y como mencionáis a vuestros padres (con los méritos que os parece bien en ellos), o al menos más intensamente. Pues hay entre los seres humanos aquellos que suplican diciendo: «Señor nuestro, concédenos en esta vida» y carecen de parte en el Más Allá.

201. Y entre ellos hay quienes suplican diciendo «Señor nuestro, danos en este mundo lo que es bueno y en el Más Allá lo que es bueno y protégenos del castigo del Fuego».

202. Esta gente —tendrá su parte, cada uno según lo que haya ganado. Dios es rápido en ajustar cuentas.

141. Los meses del *Hayy* son Shawwal, Zu'l-Qa'da y Zu'l-Hiyya. El *Hayy* no se puede llevar a cabo en otros meses que no sean esos. Uno de los dos pilares del *Hayy* es permanecer durante un tiempo en el monte de ‘Arafat. Esto se realiza en el noveno día de Zu'l-Hiyya, en vísperas del *‘Id al-adha* (la festividad religiosa del Día del Sacrificio). El tiempo para realizar otro elemento fundamental de la Peregrinación, el cual es la Circunvalación de *Ifada* —circunvalar en siete ocasiones la Ka‘ba— comienza en el primero de los tres días de *‘Id al-adha*.

٣١ اَلْجُزْءُ الثَّانِى 31

وَاذْكُرُوا اللّٰهَ فِى اَيَّامٍ مَعْدُودَاتٍ فَمَنْ تَعَجَّلَ
فِى يَوْمَيْنِ فَلَٓا اِثْمَ عَلَيْهِ وَمَنْ تَاَخَّرَ فَلَٓا اِثْمَ عَلَيْهِ لِمَنِ
اتَّقٰى وَاتَّقُوا اللّٰهَ وَاعْلَمُوا اَنَّكُمْ اِلَيْهِ تُحْشَرُونَ (٢٠٣)
وَمِنَ النَّاسِ مَنْ يُعْجِبُكَ قَوْلُهُ فِى الْحَيٰوةِ الدُّنْيَا
وَيُشْهِدُ اللّٰهَ عَلٰى مَا فِى قَلْبِهِ وَهُوَ اَلَدُّ الْخِصَامِ (٢٠٤)
وَاِذَا تَوَلّٰى سَعٰى فِى الْاَرْضِ لِيُفْسِدَ فِيهَا وَيُهْلِكَ
الْحَرْثَ وَالنَّسْلَ وَاللّٰهُ لَا يُحِبُّ الْفَسَادَ (٢٠٥) وَاِذَا قِيلَ
لَهُ اتَّقِ اللّٰهَ اَخَذَتْهُ الْعِزَّةُ بِالْاِثْمِ فَحَسْبُهُ جَهَنَّمُ وَلَبِئْسَ
الْمِهَادُ (٢٠٦) وَمِنَ النَّاسِ مَنْ يَشْرِى نَفْسَهُ ابْتِغَٓاءَ
مَرْضَاتِ اللّٰهِ وَاللّٰهُ رَؤُفٌ بِالْعِبَادِ (٢٠٧) يَٓا اَيُّهَا الَّذِينَ
اٰمَنُوا ادْخُلُوا فِى السِّلْمِ كَٓافَّةً وَلَا تَتَّبِعُوا خُطُوَاتِ
الشَّيْطَانِ اِنَّهُ لَكُمْ عَدُوٌّ مُبِينٌ (٢٠٨) فَاِنْ زَلَلْتُمْ مِنْ بَعْدِ
مَا جَٓاءَتْكُمُ الْبَيِّنَاتُ فَاعْلَمُٓوا اَنَّ اللّٰهَ عَزِيزٌ حَكِيمٌ (٢٠٩)
هَلْ يَنْظُرُونَ اِلَّٓا اَنْ يَأْتِيَهُمُ اللّٰهُ فِى ظُلَلٍ مِنَ الْغَمَامِ
وَالْمَلٰٓئِكَةُ وَقُضِىَ الْاَمْرُ وَاِلَى اللّٰهِ تُرْجَعُ الْاُمُورُ (٢١٠)

203. Mencionad a Dios durante los (tres) días fijados (de *'Id-al-adha*). Quien tenga prisa y esté satisfecho con dos días (mencionando a Dios y habiendo realizado el ritual del lanzamiento de guijarros a Satán), no comete pecado alguno; y todo aquel que se demore (continuando con el rito el tercer día) no cometerá pecado a su vez, que sea consciente de los límites de la piedad. Apartaros de la desobediencia a Dios en la debida adoración a Él y la piedad y sabed que seréis congregados ante Él.

204. Entre la gente se encuentran aquellos cuya conversación sobre (los asuntos de) la vida de este mundo te fascinan y apelan a Dios para dar testimonio de lo que se halla en sus corazones; sin embargo son los más acérrimos enemigos.

205. Cuando se aleja (de ti) o logra autoridad, se abalanza por la tierra fomentando el desorden y la corrupción en ella y destruyendo las fuentes de vida y las generaciones humanas. En verdad Dios no ama el desorden y la corrupción.

206. Cuando se le dice: «Ten temor de tu deber para con Dios (y sigue Sus mandamientos)», la vanagloria se apodera de él y le mueve a cometer un pecado (aún más grave). El Infierno ajustará cuentas con él —¡cuán maligno lecho es en realidad!—.

207. Y (por contra, se da) entre las personas cierto individuo que se entrega en búsqueda de la complacencia de Dios. Dios es Piadoso con Sus siervos (y, por lo tanto, les inspira piedad reverencial y temor de Su castigo).

208. ¡Oh vosotros que creéis! Compareced en total sumisión ante Dios, todos vosotros, (sin permitir ninguna discordia entre vosotros por razones mundanas) y no sigáis los pasos de Satanás, ya que él es evidentemente un enemigo manifiesto para vosotros (buscando seduciros para que os rebeléis contra Dios con brillantes promesas).

209. Si os desviais (respecto a seguir el camino de Dios hacia la paz y la concordia) después de haber recibido las pruebas evidentes de la verdad, sabed que Dios es Glorioso poseedor de irresistible poder, Omnisapiente[142].

210. ¿Acaso aquellos (que no comparecen ante Dios en total sumisión) esperan que (la orden de destrucción de) Dios se les presente a la sombra de las nubes con ángeles y el asunto quede zanjado? Y a Dios se remiten todos los asuntos (y todo lo que Él dispone, ocurre).

142. Las conclusiones de los versículos son particularmente importantes para entender su significado. Por ejemplo, este versículo llega a la conclusión de que Dios es *'Azizun Hakim* («Glorioso poseedor de irresistible poder, Omnisapiente»). Nos recuerda que a Dios no Le beneficia ni Le perjudica el que nos sometamos a Él, alcanzando la paz y la concordia con nosotros mismos, o no. Del modo cualquiera en que actuemos, Dios es Glorioso poseedor de irresistible poder, y hace lo que Su Voluntad dicta. Mientras que nosotros no podemos hacerle nada, Él puede, si quiere, castigarnos y destruirnos. Sin embargo Él es también Omnisapiente; existen un gran número de ejemplos de sabiduría en todo lo que Él hace. Nos pone a prueba en este mundo. Por eso la vida posee sus leyes particulares. Por esta razón, cuando evaluamos los acontecimientos y las consecuencias de la historia humana, tenemos que darnos cuenta siempre de que Dios es Omnisapiente a la vez que Glorioso poseedor de irresistible poder. Nosotros podemos emitir juicios con ignorancia parcial o total sobre nuestros motivos o los motivos de los demás, o sobre las consecuencias inmediatas o ulteriores respecto a las condiciones y los acontecimientos en los que estamos inmersos, pero Dios ve todo el futuro y todo el pasado y Su Poder y Sabiduría se manifiestan de principio a fin. El siguiente versículo arroja luz sobre este punto.

211. Pregunta a los Hijos de Israel cuántas pruebas claras les otorgamos (y qué es lo que ocurrió cuando prestaron atención o hicieron caso omiso de las mismas). Aquél que altera la bendición de Dios después de que le haya llegado (aquel que altere la guía o la cambie por extravío): sin duda Dios es severo castigando[143].

212. La vida presente de este mundo se halla embellecida para que resulte atrayente a los que son desagradecidos con la bendición de Dios y no creen, y se burlan de aquellos que creen. Pero aquellos que obedecen a Dios con la reverencia debida a Él y piedad estarán sobre ellos en el Día de la Resurrección. Dios provee a quien Su Voluntad dicta sin cuentas que saldar.

213. Los seres humanos eran (al principio) una comunidad (seguían un modo de vida sin discutir sobre la provisión u otros temas semejantes. Más tarde las diferencias surgieron y) Dios envió Profetas como portadores de buenas nuevas (de prosperidad a cambio de la fe y la rectitud) y advertidores (contra las consecuencias del extravío y la trasgresión), e hizo descender junto a ellos el Libro con la verdad (que no contenía nada falso en el mismo) para que pueda juzgar entre la gente con respecto a aquello en lo que discrepan. Sólo aquellos a los que les fue concedido discreparon en relación con el mismo, después de que las pruebas claras les hubiesen llegado, por envidia e insolencia entre ellos. Dios ha guiado, con Su Venia, a aquellos que han creído (en el Libro y en los Profetas, aquellos que ahora creen en el Corán y en Muhammad) hacia la verdad en la que discrepaban. Dios guía a quien Su Voluntad dicta al camino recto[144].

سَلْ بَنٖٓى اِسْرَٓائٖلَ كَمْ اٰتَيْنَاهُمْ مِنْ اٰيَةٍ بَيِّنَةٍۜ وَمَنْ يُبَدِّلْ
نِعْمَةَ اللّٰهِ مِنْ بَعْدِ مَا جَٓاءَتْهُ فَاِنَّ اللّٰهَ شَدٖيدُ الْعِقَابِ ﴿٢١١﴾ زُيِّنَ
لِلَّذٖينَ كَفَرُوا الْحَيٰوةُ الدُّنْيَا وَيَسْخَرُونَ مِنَ الَّذٖينَ اٰمَنُواۢ
وَالَّذٖينَ اتَّقَوْا فَوْقَهُمْ يَوْمَ الْقِيٰمَةِۜ وَاللّٰهُ يَرْزُقُ مَنْ يَشَٓاءُ
بِغَيْرِ حِسَابٍ ﴿٢١٢﴾ كَانَ النَّاسُ اُمَّةً وَاحِدَةً فَبَعَثَ اللّٰهُ النَّبِيّٖنَ
مُبَشِّرٖينَ وَمُنْذِرٖينَۖ وَاَنْزَلَ مَعَهُمُ الْكِتَابَ بِالْحَقِّ لِيَحْكُمَ بَيْنَ
النَّاسِ فٖيمَا اخْتَلَفُوا فٖيهِۜ وَمَا اخْتَلَفَ فٖيهِ اِلَّا الَّذٖينَ اُو۫تُوهُ
مِنْ بَعْدِ مَا جَٓاءَتْهُمُ الْبَيِّنَاتُ بَغْيًا بَيْنَهُمْۚ فَهَدَى اللّٰهُ الَّذٖينَ
اٰمَنُوا لِمَا اخْتَلَفُوا فٖيهِ مِنَ الْحَقِّ بِاِذْنِهٖۜ وَاللّٰهُ يَهْدٖى مَنْ يَشَٓاءُ
اِلٰى صِرَاطٍ مُسْتَقٖيمٍ ﴿٢١٣﴾ اَمْ حَسِبْتُمْ اَنْ تَدْخُلُوا الْجَنَّةَ وَلَمَّا
يَأْتِكُمْ مَثَلُ الَّذٖينَ خَلَوْا مِنْ قَبْلِكُمْۜ مَسَّتْهُمُ الْبَأْسَٓاءُ وَالضَّرَّٓاءُ
وَزُلْزِلُوا حَتّٰى يَقُولَ الرَّسُولُ وَالَّذٖينَ اٰمَنُوا مَعَهُ مَتٰى نَصْرُ
اللّٰهِۜ اَلَٓا اِنَّ نَصْرَ اللّٰهِ قَرٖيبٌ ﴿٢١٤﴾ يَسْـَٔلُونَكَ مَاذَا يُنْفِقُونَۜ قُلْ
مَٓا اَنْفَقْتُمْ مِنْ خَيْرٍ فَلِلْوَالِدَيْنِ وَالْاَقْرَبٖينَ وَالْيَتَامٰى وَالْمَسَاكٖينِ
وَابْنِ السَّبٖيلِۜ وَمَا تَفْعَلُوا مِنْ خَيْرٍ فَاِنَّ اللّٰهَ بِهٖ عَلٖيمٌ ﴿٢١٥﴾

كُتِبَ

214. (Teniendo en cuenta la historia de la humanidad en este mundo,) ¿Creéis que vais a entrar en el Paraíso sin que os suceda algo igual a lo que les sucedió a vuestros antepasados? La desgracia y el daño les golpearon y se estremecieron como si fuesen sacudidos por un terremoto hasta el punto de que el Mensajero y los creyentes con él llegaron a decir: «¿Cuándo llegará el auxilio de Dios?». ¡Cuidado! La ayuda de Dios está sin duda cerca[145].

215. Te preguntan qué deben gastar (para proporcionar sustento a los necesitados). Di: «Lo que gastéis de vuestros bienes que sea para (vuestros) padres y parientes, y para los huérfanos (necesitados), los indigentes y los viajeros. El bien que hagáis, no cabe duda que Dios lo conoce íntegramente[146].

143. El castigo que el Corán menciona en contrapartida por los pecados o crímenes que la gente comete o por la discordia que surge entre ellos por haber tergiversado las bendiciones de Dios no ha de ser entendido como restringido al Más Allá. Dios posee leyes que ha establecido para la humanidad en este mundo. Las personas adquieren la recompensa de obedecer dichas leyes o la consecuencia de desobedecerlas en mayor medida en esta vida que en la próxima. Por el contrario, en cuanto a las leyes que Dios ha presentado a través del *Din* o Religión, la obediencia o desobediencia de dichas leyes es en su mayoría recompensada en el Más Allá. Ya sea como individuos o como comunidad, los seres humanos se llevan su justo merecido tanto en este mundo como en el Más Allá. Consecuentemente, tenemos que entender que el castigo de Dios abarca las consecuencias de nuestros actos tanto en este mundo como en el Más Allá.

Los versículos anteriores previenen a los creyentes contra las desavenencias y desacuerdos que pueden surgir al fracasar en la completa sumisión a Dios. Las *sombras de las nubes* del versículo 210 puede ser que hagan alusión a varios tipos de desastres que las personas pueden sufrir debido a los desacuerdos que surgen entre ellas. El versículo siguiente (212) explica la causa esencial por la cual no se llega a una sumisión total a Dios. La principal causa de la incredulidad es el apego a los encantos de esta vida.

144. Este versículo explica la verdadera concepción o filosofía de la historia. Dios declara en 2:38-29, con el que este versículo mantiene un fuerte vínculo, que enviará una guía a la humanidad, la cual se halla destinada a vivir en la Tierra. Es decir, Él les va a enseñar el camino que deben seguir. En los primeros estadios de su vida sobre la Tierra, los seres humanos siguieron una senda bajo el liderazgo del profeta Adán, al cual le fueron reveladas ciertas Escrituras Divinas. Tal y como se indica en el versículo anterior (2:212), no existía entre los seres humanos competencia alguna respecto a la distribución de los productos de su trabajo y lo que la Tierra producía. Cuando dicha competencia surgió, dio lugar a disputas, enfrentamientos y derramamiento de sangre. Dios, por compasión, hizo que surgiesen Mensajeros entre ellos y envió libros con algunos de ellos y escrituras con otros con el fin de que puedan vivir en un ambiente de justicia y sean guiados hacia la verdad respecto a aquello en lo que discrepaban. También hizo que surgiesen Profetas que siguiesen los pasos de los Mensajeros con la intención de continuar sus caminos. Sin embargo, debido a rivalidades, avaricia y envidia, aquellos a los que les fue dado el Libro discreparon. Esta historia ha continuado así hasta que, finalmente, el profeta Muhammad, la paz y las bendiciones sean con él, vino con el Corán. Algunos de aquéllos a los que les fue dado el Libro con anterioridad creyeron en él y otros no.

Este versículo deja claro que la razón principal por la que surgieron conflictos con la Gente del Libro, además de con otras gentes, fue la rivalidad envidiosa. También clarifica que la fuente final o referencia para la resolución de los problemas entre la gente es el profeta Muhammad, la paz y las bendiciones sean con él, y el Corán.

Se han dado diferencias de opinión entre los musulmanes en cuanto a la comprensión de algunos versículos y mandamientos del Corán, lo cual es algo muy natural. La referencia para solventar dichas diferencias es la *Sunna* del profeta Muhammad, la paz y las bendiciones sean con él. La *Sunna* interpreta el Corán, ampliando lo que es breve, particularizando lo que es general y generalizando lo que es particular en el Libro Sagrado. También posee autoridad para instaurar nueva legislación. Por esa razón, oponerse o incluso atacar a la *Sunna* significa oponerse o atacar a uno de los dos pilares del Islam.

145. Este versículo señala hitos en la historia de aquellos que siguieron el Camino Recto.

Dicho Camino no es un camino fácil. Transcurre a través de privaciones, persecuciones e incluso la guerra, hasta el punto de que los creyentes llegan a decir: «¿Cuándo llegará el auxilio de Dios?». Esta cualidad, cuando los seguidores del Camino Recto están convencidos de que sólo Dios es Aquel Quien concede el éxito, cuando la ayuda de Dios se halla más cerca, es asimismo la cualidad que lleva al triunfo final y a la prosperidad en ambos mundos. Sin embargo la prueba de la calidad de la fe y de la obediencia es continua: exige agradecimiento y control de los impulsos del alma carnal, con el fin de protegerse contra la rebelión.

146. A pesar de que estos versículos parecen que son independientes los unos de los otros, guardan relación entre sí, ya que hacen referencia a las importantes señales que hay en el camino que llevan al triunfo final y al Paraíso y enseñan la manera de llegar a dicho camino. Esto exige paciencia a través de las dificultades y de las privaciones y, tal y como se menciona en el versículo anterior, gastar en la causa de Dios para los parientes y los necesitados —en otras palabras, construir puentes «sociales» entre los diferentes estratos sociales—.

كُتِبَ عَلَيْكُمُ الْقِتَالُ وَهُوَ كُرْهٌ لَكُمْ وَعَسٰى اَنْ تَكْرَهُوا
شَيْـًٔا وَهُوَ خَيْرٌ لَكُمْ وَعَسٰى اَنْ تُحِبُّوا شَيْـًٔا وَهُوَ
شَرٌّ لَكُمْ وَاللّٰهُ يَعْلَمُ وَاَنْتُمْ لَا تَعْلَمُونَ ﴿٢١٦﴾ يَسْـَٔلُونَكَ
عَنِ الشَّهْرِ الْحَرَامِ قِتَالٍ فِيهِ قُلْ قِتَالٌ فِيهِ كَبِيرٌ وَصَدٌّ
عَنْ سَبِيلِ اللّٰهِ وَكُفْرٌ بِهِ وَالْمَسْجِدِ الْحَرَامِ وَاِخْرَاجُ اَهْلِهِ
مِنْهُ اَكْبَرُ عِنْدَ اللّٰهِ وَالْفِتْنَةُ اَكْبَرُ مِنَ الْقَتْلِ وَلَا يَزَالُونَ
يُقَاتِلُونَكُمْ حَتّٰى يَرُدُّوكُمْ عَنْ دِينِكُمْ اِنِ اسْتَطَاعُوا
وَمَنْ يَرْتَدِدْ مِنْكُمْ عَنْ دِينِهِ فَيَمُتْ وَهُوَ كَافِرٌ فَاُولٰٓئِكَ
حَبِطَتْ اَعْمَالُهُمْ فِى الدُّنْيَا وَالْاٰخِرَةِ وَاُولٰٓئِكَ اَصْحَابُ
النَّارِ هُمْ فِيهَا خَالِدُونَ ﴿٢١٧﴾ اِنَّ الَّذِينَ اٰمَنُوا وَالَّذِينَ
هَاجَرُوا وَجَاهَدُوا فِى سَبِيلِ اللّٰهِ اُولٰٓئِكَ يَرْجُونَ
رَحْمَتَ اللّٰهِ وَاللّٰهُ غَفُورٌ رَحِيمٌ ﴿٢١٨﴾ يَسْـَٔلُونَكَ عَنِ الْخَمْرِ
وَالْمَيْسِرِ قُلْ فِيهِمَا اِثْمٌ كَبِيرٌ وَمَنَافِعُ لِلنَّاسِ وَاِثْمُهُمَا
اَكْبَرُ مِنْ نَفْعِهِمَا وَيَسْـَٔلُونَكَ مَاذَا يُنْفِقُونَ قُلِ الْعَفْوَ
كَذٰلِكَ يُبَيِّنُ اللّٰهُ لَكُمُ الْاٰيَاتِ لَعَلَّكُمْ تَتَفَكَّرُونَ ﴿٢١٩﴾

216. Se os ha prescrito combatir, aunque os sea odioso. Es posible que os disguste algo que sea bueno para vosotros y puede ser que os agrade algo que sea malo para vosotros. Dios sabe y vosotros no sabéis.

217. Te preguntan si se puede combatir durante el Mes Sagrado. Di: «Combatir en él es un pecado grave; pero es aun más grave para Dios apartar a la gente de Su camino, que no se crea en Él, impedir la entrada a la Mezquita Sagrada y expulsar a los que se encuentran en ella». El desorden (arraigado en la rebelión contra Dios y en no reconocer ley alguna) es mucho más grave y más pecaminoso que matar. Si pueden, no cesarán en su lucha contra vosotros hasta que os hagan renegar de vuestra Religión. Quien de vosotros reniegue de su Religión y muera siendo un incrédulo, esos son los que habrán echado a perder sus actos en esta vida y en el Más Allá, y esos son los compañeros del Fuego en el que morarán.

218. En verdad, los que creen, emigran y luchan en la causa de Dios[147], son los que pueden esperar la misericordia de Dios. Dios es Indulgente y Compasivo.

219. Te preguntan sobre las bebidas embriagantes y los juegos de azar. Di: «En ambos hay un gran mal y algún beneficio para la gente, pero su mal es mayor que su beneficio». También te preguntan qué deben gastar (en la causa de Dios y en pos de los necesitados). Di: «Lo que os sobra (después de que hayáis gastado en las necesidades de aquellos que dependen de vosotros). Así os aclara Dios Sus Revelaciones para que, tal vez, reflexionéis.[148]

147. La *yihad* significa, literalmente, hacer todo lo posible para lograr algo. No equivale a la guerra, cuyo término coránico y árabe es la palabra *qital*. *Yihad* no significa tampoco Guerra Santa. De hecho, ese término fue acuñado durante las cruzadas y significaba guerra contra los musulmanes. La Guerra Santa no tiene equivalente alguno en el Islam y *yihad*, sin duda, no es su traducción. Aunque el concepto de guerra se halla contenido dentro de la palabra *yihad*, el significado de su raíz es llevar a cabo el máximo esfuerzo para lograr algo.

El vocablo *yihad* posee una connotación más amplia e incluye todo tipo de esfuerzo en la causa de Dios. Los *muyahids* (aquellos que llevan a cabo la *yihad*) se consagran sinceramente a la causa del Islam, utilizan al máximo su intelecto y espíritu en su servicio, despliegan toda la fuerza que son capaces de emplear para defender el Islam contra las agresiones y, cuando es necesario, no dudan en poner en riesgo sus propias vidas por el Islam. Todo esto es *yihad*. *Yihad* en la causa de Dios es el esfuerzo que una persona lleva a cabo para ganarse la complacencia de Dios y hacer que Su Palabra también sea superior a las demás.

Existen dos aspectos de la *yihad*. Uno es luchar contra las supersticiones y las falsas convenciones y también contra los deseos carnales y las inclinaciones maléficas, buscando, por consiguiente, la iluminación tanto intelectual como espiritual. Éste es denominado *yihad mayor*. El otro aspecto, basado en animar a los demás a buscar y lograr el mismo objetivo es denominado *yihad menor*.

La *yihad menor*, la cual generalmente viene a significar lucha en la causa de Dios, no se refiere únicamente a la forma de lucha que se lleva a cabo en los campos de batalla. El término es mucho más amplio. Incluye toda acción, desde denunciar la injusticia cuando sea necesario (por ejemplo, desafiando una tiranía) hasta presentarse en el campo de batalla, siempre y cuando dicho esfuerzo se haga única y exclusivamente por amor a Dios. Hablar, quedarse en silencio, sonreír, fruncir el ceño, unirse a una reunión o abandonarla, toda acción llevada a cabo para mejorar la humanidad, ya sea llevada a cabo por individuos o comunidades, también se incluye en la *yihad menor*.

Mientras que la *yihad menor* depende de la movilización de elementos externos o materiales y es ejecutado en el mundo exterior, la *yihad mayor* es una lucha interior contra el alma carnal; no pudiéndose separar ambas formas de *yihad*. Sólo aquellos que son sinceros en la lucha contra sus almas carnales pueden iniciar y sostener una *yihad menor* correctamente, la cual a su vez, ayuda en el éxito de la *yihad mayor*.

El profeta Muhammad, la paz y las bendiciones sean con él, combinaba estos dos aspectos de la *yihad* del modo más perfecto en su persona. Hizo gala de una valentía colosal en la comunicación del Mensaje de Dios, y era el más devoto en la adoración del Mismo. Estaba consumido por el amor y el temor de Dios en su Oración, y aquellos que le veían sentían una gran ternura hacia él. Muy frecuentemente ayunaba un día sí y un día no o en días sucesivos. A veces pasaba la noche entera rezando, hasta tal punto que sus pies se inflamaban como resultado de permanecer durante largos períodos de pie en Oración. Como es relatado en *al-Bujari*, 'A'isha, pensando que su persistencia en la Oración era excesiva, le preguntó la razón por la cual se dejaba llevar hasta la extenuación de esa manera en la Oración, en vista que todos sus pecados habían sido ya perdonados. Él respondió: «¿Acaso no voy a ser un agradecido siervo de Dios?».

Según lo explicado anteriormente, esforzarse en la causa de Dios conlleva, además de transmitir el Mensaje a los demás, la lucha del creyente contra su alma carnal con el fin de erigir un carácter espiritual verdadero que rezuma fe y ardor en el amor a Dios. La lucha del creyente en la causa de Dios en esas dos dimensiones continúa hasta su muerte a nivel individual y hasta el Día del Juicio Final a nivel colectivo.

El Islam no ha venido a provocar la disensión en la humanidad; sino que ha aparecido para establecer la satisfacción espiritual en los mundos internos de los seres humanos y hacerles estar en paz con Dios, entre sí, con la naturaleza y con la existencia como un todo en su conjunto. Surgió para erradicar la injusticia y la corrupción sobre la Tierra y a «unir» la Tierra con el Cielo en paz y armonía. El Islam efectúa un llamamiento a la fe dirigido a la gente con sabiduría y una exhortación justa, y no recurre a la fuerza hasta que aquellos que desean mantener el orden corrupto que han construido sobre la injusticia, la opresión, el interés propio, la explotación de los demás y la usurpación de los derechos, ofrecen resistencia con fuerza y determinación para evitar que el Islam sea difundido.

148. El alcohol y los juegos de azar se hallaban profundamente arraigados y difundidos entre los árabes durante el período pre-islámico (la *Yahiliyya* o «Época de la Ignorancia»). No es fácil erradicar dichos hábitos perjudiciales en una comunidad. Al igual que otros asuntos, el Corán sigue un enfoque sabio y progresivo prohibiendo el alcohol y los juegos de azar: en vez de prohibirlos de modo rotundo, primero persuade a los creyentes del mal que acarrean. Cuando el mandamiento final de la prohibición vino, no se halló a nadie de entre los creyentes que no había renunciado de buen grado a aquellos hábitos. El mismo procedimiento fue observado para el establecimiento de nuevos modelos de conducta. Por ejemplo, antes de ordenar a las mujeres que se cubrieran la cabeza con un pañuelo o velo, el Corán persuadió primero a la comunidad musulmana del valor y el beneficio que podían obtener de la prescripción para que las mujeres llevasen pañuelo. Algunas personas se presentaron ante al Mensajero, la paz y las bendiciones sean con él, y le preguntaron cuándo iba a ordenar que las mujeres se pusiesen el pañuelo. Cuando la orden del velo llegó, tal y como lo narra 'A'isha, que Dios esté complacido con ella, todas las mujeres sin excepción se pusieron el velo con agrado.

Otro ejemplo importante figura en los dos siguientes versículos que indican a los musulmanes cómo tratar a los huérfanos y cómo llevar sus asuntos, prohibiéndoles que se casen con los idólatras. A pesar de que parecen inconexos estos dos versículos, prepara los corazones de los creyentes para que se casen con las huérfanas. Antes de que el versículo 3 del *Sura an-Nisa'* fuese revelado, el cual permitía el matrimonio con más de una mujer, estos versículos animaban a los hombres adinerados a preferir las huérfanas si consideraban tener más de una esposa.

Este es el Corán, la Palabra de Dios, el Señor de los mundos. La Palabra de Dios se halla disponible para su enseñanza a la humanidad, por lo que las mentes y los corazones han de tornar sus rostros hacia Él en suma atención para que puedan reformarse y reformar a la sociedad según Su voluntad, voluntad de Quien nos ha creado. Los musulmanes, especialmente los que se sienten responsables de guiar y enseñar a los demás, deben evitar distraerse por teorías en boga o por programas con escasa relación con los fundamentos coránicos de la fe, la devoción, la moralidad, las relaciones sociales y políticas y la economía. Han de esforzarse en regresar a dichos fundamentos. En particular, deben prestar atención a la guía del Corán y a su manera de enseñar y de lograr las reformas esenciales. Ningún esfuerzo realizado en el nombre del Islam que no esté basado en el Corán ni permitido por el mismo puede tener éxito.

فِي الدُّنْيَا وَالْآخِرَةِ ۗ وَيَسْأَلُونَكَ عَنِ الْيَتَامَىٰ ۖ قُلْ إِصْلَاحٌ
لَهُمْ خَيْرٌ ۖ وَإِنْ تُخَالِطُوهُمْ فَإِخْوَانُكُمْ ۚ وَاللَّهُ يَعْلَمُ الْمُفْسِدَ
مِنَ الْمُصْلِحِ ۚ وَلَوْ شَاءَ اللَّهُ لَأَعْنَتَكُمْ ۚ إِنَّ اللَّهَ عَزِيزٌ حَكِيمٌ ﴿٢٢٠﴾
وَلَا تَنْكِحُوا الْمُشْرِكَاتِ حَتَّىٰ يُؤْمِنَّ ۚ وَلَأَمَةٌ مُؤْمِنَةٌ خَيْرٌ
مِنْ مُشْرِكَةٍ وَلَوْ أَعْجَبَتْكُمْ ۗ وَلَا تُنْكِحُوا الْمُشْرِكِينَ حَتَّىٰ
يُؤْمِنُوا ۚ وَلَعَبْدٌ مُؤْمِنٌ خَيْرٌ مِنْ مُشْرِكٍ وَلَوْ أَعْجَبَكُمْ ۗ أُولَٰئِكَ
يَدْعُونَ إِلَى النَّارِ ۖ وَاللَّهُ يَدْعُو إِلَى الْجَنَّةِ وَالْمَغْفِرَةِ بِإِذْنِهِ ۖ
وَيُبَيِّنُ آيَاتِهِ لِلنَّاسِ لَعَلَّهُمْ يَتَذَكَّرُونَ ﴿٢٢١﴾ وَيَسْأَلُونَكَ
عَنِ الْمَحِيضِ ۖ قُلْ هُوَ أَذًى فَاعْتَزِلُوا النِّسَاءَ فِي الْمَحِيضِ ۖ
وَلَا تَقْرَبُوهُنَّ حَتَّىٰ يَطْهُرْنَ ۖ فَإِذَا تَطَهَّرْنَ فَأْتُوهُنَّ مِنْ حَيْثُ
أَمَرَكُمُ اللَّهُ ۚ إِنَّ اللَّهَ يُحِبُّ التَّوَّابِينَ وَيُحِبُّ الْمُتَطَهِّرِينَ ﴿٢٢٢﴾
نِسَاؤُكُمْ حَرْثٌ لَكُمْ فَأْتُوا حَرْثَكُمْ أَنَّىٰ شِئْتُمْ ۖ وَقَدِّمُوا
لِأَنْفُسِكُمْ ۚ وَاتَّقُوا اللَّهَ وَاعْلَمُوا أَنَّكُمْ مُلَاقُوهُ ۗ وَبَشِّرِ
الْمُؤْمِنِينَ ﴿٢٢٣﴾ وَلَا تَجْعَلُوا اللَّهَ عُرْضَةً لِأَيْمَانِكُمْ أَنْ تَبَرُّوا
وَتَتَّقُوا وَتُصْلِحُوا بَيْنَ النَّاسِ ۗ وَاللَّهُ سَمِيعٌ عَلِيمٌ ﴿٢٢٤﴾

لَا يُؤَاخِذُكُمُ

220. Acerca de esta vida y del Más Allá (con todas las verdades relacionadas con ambos)». Y te preguntan sobre (cómo deben tratar a) los huérfanos. Di (a ellos): «(En lugar de no hacer nada por temor a hacer algo incorrecto) velar por sus asuntos, eso es lo mejor. Si compartís (vuestros gastos) con los suyos, (no hay mal alguno en ello) ya que son vuestros hermanos (en la religión, y la hermandad exige que se haga lo que es bueno para el hermano). Dios conoce bien al que causa desorden y al que hace las cosas correctamente. Si Dios hubiese querido, os habría impuesto condiciones rigurosas. Sin duda Él es el Glorioso poseedor de irresistible poder y el Omnisapiente.

221. No os caséis con las mujeres que atribuyen copartícipes a Dios hasta que crean. Una esclava creyente es mejor que una mujer (libre) que atribuye copartícipes a Dios, aunque os guste y os atraiga (con su belleza, riqueza, estatus o familia). Tampoco os caséis (mujeres creyentes) con hombres que atribuyen copartícipes a Dios hasta que crean. Un esclavo creyente es mejor que un hombre (libre) que atribuye copartícipes a Dios aunque os guste y os atraiga. Esos invitan al Fuego, mientras que Dios invita al Paraíso y al perdón (de vuestros pecados) con Su venia. Dilucida Sus Revelaciones a la gente para que tal vez así reflexionen y sean considerados (de su deber para con Dios).

222. También te preguntan sobre (los mandamientos judiciales relacionados con) la menstruación. Di: «Es una molestia (y una impureza ritual), por lo tanto absteneos de las mujeres durante su menstruación y no os acerquéis a ellas hasta que no estén puras[149]. Una vez se hayan purificado, entonces (podéis) ir a ellas, ya que Dios os lo ha ordenado (según el ánimo que Él ha ubicado en vuestra naturaleza y según los términos que ha impuesto sobre vosotros). En verdad Dios ama a aquellos que regresan a Él en sincero arrepentimiento (de sus pecados y errores pasados) y ama a los que se purifican»[150].

223. Vuestras mujeres son como campo de siembra para vosotros (donde plantáis la semilla para obtener el producto); por lo tanto marchad a vuestro sembrado según vuestra disposición y adelantad (algo bueno) para (el futuro de) vuestras almas. Actuad con la reverencia debida a Dios, manteniéndoos dentro de los márgenes de la piedad y de la obediencia a Él (tanto en vuestras relaciones con vuestras mujeres como en la educación de vuestros hijos, al igual que en los demás asuntos)[151]. Y sabed que sin duda os encontraréis con Él; y da buenas nuevas a los creyentes (de lo que encontrarán en Su Presencia).

224. (No hagáis juramentos irreflexivamente por Dios) y no (en vuestro esfuerzo por mantener vuestros juramentos) hagáis de Él un impedimento a través de vuestros juramentos para hacer el bien, actuar con piedad y difundir la paz entre la gente. Dios es Quien todo lo oye y Quien todo lo sabe.

---

149. Este versículo, que contesta a una pregunta de los hombres musulmanes, asegura que las mujeres son protegidas de la relación sexual durante su período menstrual. Otras intimidades entre el marido y la esposa están permitidas. Además, numerosos hadices indican que el profeta Muhammad, la paz y las bendiciones sean con él, continuó comiendo del mismo plato y durmiendo con su esposa menstruante. Llevó a cabo las Oraciones mientras que sus ropas tocaron a su esposa menstruante o mientras que su esposa se halla en cama delante de él. Su esposa menstruante se peinaría el pelo. Él recitó el Corán mientras reclinaba su cabeza sobre el regazo de su esposa menstruante diciendo, «Tu menstruación no está en tu mano». El Profeta de tal modo desafió el punto de vista que prevalecía en su era de que las mujeres menstruantes deberían ser expulsadas de toda la vida social.

Una mujer en su período de menstruación está eximida de *as-Salah* (Oración ritual) y ayuno. Esta condición también es aplicable a las mujeres durante el sangrado posparto (40 días), pero no se aplica a todas las condiciones en las cuales las mujeres experimenten el sangrado («al-istihada» o el sangrado en la matriz entre los ciclos menstruales). No se exige que recupere las Oraciones perdidas, aunque ella debe realizar los días de ayuno obligatorio perdidos durante el mes de Ramadán. Ella puede continuar con la oración suplicatoria durante su período. Durante el *Hayy* (Peregrinación), ella no puede circunvalar la Ka'ba. Las mujeres menstruantes pueden participar en las dos festividades (Iyd) y en otras reuniones religiosas de los musulmanes. Las escuelas de la Ley Islámica dictaminan generalmente que una mujer en su período no puede entrar en una mezquita y no puede tocar el Corán o recitarlo, excepto las oraciones suplicatorias en el mismo con la intención de rezar. Sin embargo, se dan algunos juristas que opinan que durante su período, ella puede continuar enseñando o estudiando el Corán no en la totalidad de sus versículos sino en palabras o frases.

150. El Corán hace referencia a la vestimenta espiritual de la piedad donde menciona el vestido corporal (7:26) y al alimento espiritual cuando menciona la provisión (2:197), por lo que aquí dirige nuestra atención a la pureza espiritual o al hecho de hallarse limpio de pecados a través del arrepentimiento cuando se menciona la limpieza corporal, ya que la verdadera belleza y bondad no radican en «tornar el rostro hacia el oriente o hacia el occidente», si no en la orientación correcta del corazón y el espíritu. La forma es algo determinado por la esencia y que la revela. Los mandamientos de la Religión tienen como intención llevar a la humanidad hacia la excelencia intelectual y espiritual y hacia la pureza y, por lo tanto, hacia la integridad personal.

151. En unas pocas afirmaciones concisas, este versículo recuerda que el verdadero propósito de las relaciones conyugales no son los placeres carnales sino la reproducción y tener una buena descendencia, es decir, educar y criar a los hijos de modo correcto. La satisfacción de los deseos carnales es una especie

de recompensa anticipada para alentar la realización de dicho propósito. Tal y como es mencionado en ciertos versículos relacionados (2:187), existen otros ejemplos de sabiduría en el matrimonio. Por ejemplo, que los cónyuges son una vestimenta mutua (con la intención de protegerse recíprocamente de las relaciones ilícitas y de realzar la belleza espiritual de cada uno) y el hecho de convertirse en compañeros de por vida compartiendo las alegrías y tristezas de cada uno. Por dicha razón, de acuerdo con lo insinuado en este versículo y lo declarado en el *hadiz* (al-Bujari, «Nikah», 15), la piedad sincera es la mejor cualidad que ha de ser buscada en la persona que pasará a ser nuestra pareja en un matrimonio. Tras ello, tal y como nuestro Mensajero, la paz y las bendiciones sean con él, ha indicado, los cónyuges han de ser los más afines posibles en ciertas cualidades similares, con el fin de que su compañía sea más enriquecedora y más respetuosa (at-Tirmizi, «Nikah», 3).

لَا يُؤَاخِذُكُمُ اللّٰهُ بِاللَّغْوِ فِى اَيْمَانِكُمْ وَلٰكِنْ يُؤَاخِذُكُمْ بِمَا كَسَبَتْ
قُلُوبُكُمْ وَاللّٰهُ غَفُورٌ حَلِيمٌ ﴿٢٢٥﴾ لِلَّذِينَ يُؤْلُونَ مِنْ نِسَائِهِمْ تَرَبُّصُ
اَرْبَعَةِ اَشْهُرٍ فَاِنْ فَاؤُ فَاِنَّ اللّٰهَ غَفُورٌ رَحِيمٌ ﴿٢٢٦﴾ وَاِنْ عَزَمُوا الطَّلَاقَ
فَاِنَّ اللّٰهَ سَمِيعٌ عَلِيمٌ ﴿٢٢٧﴾ وَالْمُطَلَّقَاتُ يَتَرَبَّصْنَ بِاَنْفُسِهِنَّ ثَلٰثَةَ
قُرُوءٍ وَلَا يَحِلُّ لَهُنَّ اَنْ يَكْتُمْنَ مَا خَلَقَ اللّٰهُ فِى اَرْحَامِهِنَّ
اِنْ كُنَّ يُؤْمِنَّ بِاللّٰهِ وَالْيَوْمِ الْاٰخِرِ وَبُعُولَتُهُنَّ اَحَقُّ بِرَدِّهِنَّ فِى
ذٰلِكَ اِنْ اَرَادُوا اِصْلَاحًا وَلَهُنَّ مِثْلُ الَّذِى عَلَيْهِنَّ بِالْمَعْرُوفِ
وَلِلرِّجَالِ عَلَيْهِنَّ دَرَجَةٌ وَاللّٰهُ عَزِيزٌ حَكِيمٌ ﴿٢٢٨﴾ اَلطَّلَاقُ مَرَّتَانِ
فَاِمْسَاكٌ بِمَعْرُوفٍ اَوْ تَسْرِيحٌ بِاِحْسَانٍ وَلَا يَحِلُّ لَكُمْ اَنْ
تَاْخُذُوا مِمَّا اٰتَيْتُمُوهُنَّ شَيْـًٔا اِلَّا اَنْ يَخَافَا اَلَّا يُقِيمَا حُدُودَ اللّٰهِ
فَاِنْ خِفْتُمْ اَلَّا يُقِيمَا حُدُودَ اللّٰهِ فَلَا جُنَاحَ عَلَيْهِمَا فِيمَا افْتَدَتْ
بِهٖ تِلْكَ حُدُودُ اللّٰهِ فَلَا تَعْتَدُوهَا وَمَنْ يَتَعَدَّ حُدُودَ اللّٰهِ فَاُولٰئِكَ
هُمُ الظَّالِمُونَ ﴿٢٢٩﴾ فَاِنْ طَلَّقَهَا فَلَا تَحِلُّ لَهُ مِنْ بَعْدُ حَتّٰى تَنْكِحَ
زَوْجًا غَيْرَهُ فَاِنْ طَلَّقَهَا فَلَا جُنَاحَ عَلَيْهِمَا اَنْ يَتَرَاجَعَا اِنْ ظَنَّا
اَنْ يُقِيمَا حُدُودَ اللّٰهِ وَتِلْكَ حُدُودُ اللّٰهِ يُبَيِّنُهَا لِقَوْمٍ يَعْلَمُونَ ﴿٢٣٠﴾

225. Dios no os tiene en cuenta un desliz en vuestros juramentos, pero si os tiene en cuenta lo que vuestros corazones han adquirido (a través de la intención). Y Dios es Indulgente y Clemente.

226. Para los que juren abstenerse de sus esposas deberán guardarse de ellas durante un plazo de cuatro meses. A continuación, si se vuelven atrás respecto a su juramento (expiando durante dicho período), sin duda Dios es Indulgente, Compasivo.

227. Pero si (el período finaliza y) se deciden por el divorcio, (sabed que) Dios es Quien todo lo oye, Omnisciente (consciente de lo que dicen y de lo que hacen).

228. Las divorciadas deberán esperar un período de tres menstruaciones, y no les está permitido, si creen en Dios y en el Día del Juicio Final, ocultar lo que Dios ha creado en Sus matrices. Durante dicho período de tiempo, sus maridos tienen más derecho a tomarlas de nuevo, si desean llegar a un acuerdo. Según la costumbre reconocida habitualmente como buena y la práctica religiosamente aprobada, las mujeres poseen derechos similares a los de ellos (a los derechos que los hombres tienen), pero los hombres (respecto a su deber y responsabilidad pesadas) tienen un grado sobre ellas (del cual no deben abusar). Y Dios es Glorioso poseedor de irresistible poder, Omnisapiente.

229. El divorcio es (debe ser) pronunciado dos veces. A continuación (al final de cada pronunciamiento), el marido o bien permanece (junto a su esposa) sin mancillar su honor y de manera justa, o (la) deja marchar de buen grado y de manera justa y satisfactoria (para ella). (En el caso de divorcio) no os es lícito quedaros con nada de lo que les hayáis dado (como la dote, regalos matrimoniales o regalos otorgados en otras ocasiones), a menos que ambos teman no poder permanecer dentro de los límites establecidos por Dios. Si teméis no poder permanecer dentro de los límites establecidos por Dios (y desviaros hacia actos ilícitos, en particular por la indignación de la esposa para con el marido), no hay falta para ninguno de los dos si la esposa paga cierta compensación para ser liberada del vínculo matrimonial. Estos son los límites establecidos por Dios, por lo tanto, no los traspaséis. Los que traspasan los límites establecidos por Dios son los malhechores.

230. Si él se divorcia (finalmente, por tercera vez), ella ya no será lícita para él hasta que no se case con otro hombre (por voluntad propia). (Si ella y su nuevo marido no se llevan bien y) si éste se divorcia de ella, no cometen ninguna falta (la esposa y el primer marido si están de acuerdo) en retornar el uno con el otro, si creen poder mantenerse dentro de los límites establecidos por Dios. Estos son los límites establecidos por Dios; Él los aclara a la gente que conoce (la sabiduría y el beneficio de los límites prescritos para ellos por su Creador).

وَاِذَا طَلَّقْتُمُ النِّسَاءَ فَبَلَغْنَ اَجَلَهُنَّ فَاَمْسِكُوهُنَّ بِمَعْرُوفٍ
اَوْ سَرِّحُوهُنَّ بِمَعْرُوفٍ وَلَا تُمْسِكُوهُنَّ ضِرَارًا لِتَعْتَدُوا وَمَنْ
يَفْعَلْ ذٰلِكَ فَقَدْ ظَلَمَ نَفْسَهُ وَلَا تَتَّخِذُوا اٰيَاتِ اللّٰهِ هُزُوًا وَاذْكُرُوا
نِعْمَتَ اللّٰهِ عَلَيْكُمْ وَمَا اَنْزَلَ عَلَيْكُمْ مِنَ الْكِتَابِ وَالْحِكْمَةِ يَعِظُكُمْ
بِهٖ وَاتَّقُوا اللّٰهَ وَاعْلَمُوا اَنَّ اللّٰهَ بِكُلِّ شَيْءٍ عَلِيمٌ ٢٣١ وَاِذَا طَلَّقْتُمُ
النِّسَاءَ فَبَلَغْنَ اَجَلَهُنَّ فَلَا تَعْضُلُوهُنَّ اَنْ يَنْكِحْنَ اَزْوَاجَهُنَّ اِذَا
تَرَاضَوْا بَيْنَهُمْ بِالْمَعْرُوفِ ذٰلِكَ يُوعَظُ بِهٖ مَنْ كَانَ مِنْكُمْ يُؤْمِنُ
بِاللّٰهِ وَالْيَوْمِ الْاٰخِرِ ذٰلِكُمْ اَزْكٰى لَكُمْ وَاَطْهَرُ وَاللّٰهُ يَعْلَمُ وَاَنْتُمْ
لَا تَعْلَمُونَ ٢٣٢ وَالْوَالِدَاتُ يُرْضِعْنَ اَوْلَادَهُنَّ حَوْلَيْنِ كَامِلَيْنِ
لِمَنْ اَرَادَ اَنْ يُتِمَّ الرَّضَاعَةَ وَعَلَى الْمَوْلُودِ لَهُ رِزْقُهُنَّ وَكِسْوَتُهُنَّ
بِالْمَعْرُوفِ لَا تُكَلَّفُ نَفْسٌ اِلَّا وُسْعَهَا لَا تُضَارَّ وَالِدَةٌ بِوَلَدِهَا
وَلَا مَوْلُودٌ لَهُ بِوَلَدِهٖ وَعَلَى الْوَارِثِ مِثْلُ ذٰلِكَ فَاِنْ اَرَادَا فِصَالًا
عَنْ تَرَاضٍ مِنْهُمَا وَتَشَاوُرٍ فَلَا جُنَاحَ عَلَيْهِمَا وَاِنْ اَرَدْتُمْ
اَنْ تَسْتَرْضِعُوا اَوْلَادَكُمْ فَلَا جُنَاحَ عَلَيْكُمْ اِذَا سَلَّمْتُمْ مَا اٰتَيْتُمْ
بِالْمَعْرُوفِ وَاتَّقُوا اللّٰهَ وَاعْلَمُوا اَنَّ اللّٰهَ بِمَا تَعْمَلُونَ بَصِيرٌ ٢٣٣

وَالَّذِينَ

231. Y cuando os divorciéis de las mujeres y ellas lleguen al final de su período de espera, o bien permaneced con ellas sin mancillar su honor y de forma honorable o dejadlas ir sin mancillar su honor y de manera justa. No las retengáis para hacerles daño y para abusar (de sus derechos). Quien lo haga, indudablemente habrá sido injusto consigo mismo. No os burléis de las Revelaciones de Dios y recordad los favores de Dios para con vosotros y lo que Él ha hecho descender del Libro y de la Sabiduría en donde os exhorta (a la guía). Apartaros de la desobediencia a Dios con la debida adoración a Él y la piedad; y sabed que Dios posee pleno conocimiento de todas las cosas.

232. Cuando os divorciéis de las mujeres y ellas lleguen al final de su período de espera, (entonces, vosotros, jueces, y guardianes de cualquiera de las partes) no les prohibáis casarse con sus (anteriores) esposos, (y Oh anteriores esposos de ellas) no les impidáis casarse con otros hombres si han llegado a un acuerdo equitativo entre ellos[152]. Esto es una exhortación para aquellos de vosotros que verdaderamente crean en Dios y en el Ultimo Día, es el modo más limpio y puro para vosotros. Y Dios sabe y vosotros no sabéis[153].

233. Las madres (ya estén casadas o divorciadas) deberán amamantar a sus hijos durante dos años completos si los padres desean que se complete dicho período. Es responsabilidad del progenitor proporcionar a las madres (durante dicho período) sustento y vestido según la costumbre reconocida habitualmente como buena y la práctica religiosamente aprobada. A nadie se le obliga, sino en la medida de su capacidad. Ninguna madre deberá ser perjudicada a causa de su hijo ni tampoco a ningún padre a causa de su hijo. La misma obligación (respecto a la madre que amamanta) corresponde al heredero (del padre que ha muerto). Si la pareja desea de común acuerdo destetar al hijo (antes de completarse el período de dos años), no incurren en falta alguna. Si queréis que alguien amamante a vuestros hijos, no se incurre en falta siempre y cuando pagáis lo que corresponda según la buena costumbre y la práctica religiosamente aprobada. Apartaos de la desobediencia a Dios e intentad proceder dentro de los límites de la piedad, y sabed que todo aquello que hacéis, Dios sin duda lo ve.

152. El Islam instituye el divorcio y lo posibilita, cuando está establecido más allá de la duda que la pareja no puede seguir viviendo juntos y el matrimonio haya perdido su significado y función. No obstante, tal y como queda claro en los versículos, el Islam dificulta los trámites de divorcio ya que dichos trámites ofrecen la oportunidad a los cónyuges de que vuelvan a reflexionar una y otra vez acerca de su decisión. Asimismo, el Mensajero de Dios, la paz y las bendiciones sean con él, dijo: «De entre todos los actos lícitos, el divorcio es el más odiado por Dios» (Abu Dawud, «Talaq»,3).

El divorcio iniciado por el marido se lleva a cabo de la siguiente manera: el marido pronuncia una única declaración de divorcio cuando a su mujer no le halla acontecido el período menstrual. Entonces, la mujer espera durante tres períodos menstruales, durante los cuales el marido está obligado a proveerla sustento y no la puede obligar a que abandone el domicilio conyugal. Durante dicho período, tal vez vuelvan el uno al otro. Si así lo hacen, no tienen que renovar el contrato matrimonial. Si se reconcilian al haber finalizado dicho período, lo tienen que renovar. El divorcio puede ser pronunciado por una segunda vez; pero si es repetido en una tercera ocasión, ya no pueden reconciliarse de nuevo hasta que la mujer se case con otro hombre y se divorcie o sea divorciada por él.

La esposa también tiene derecho a iniciar el divorcio. Si se siente disgustada con el marido y existe el temor de que uno de los esposos o ambos se alejen de lo que es lícito, ella puede remitir el asunto a un juez y solicitar el divorcio. En caso de que se efectúe dicho tipo de divorcio, la mujer tendrá que pagar cierta cantidad monetaria al marido, mientras que si el divorcio es iniciado por el marido, él no puede solicitar nada de lo que a ella le haya otorgado en dote o después del matrimonio.

153. Para un breve esbozo sobre el estatus de la mujer en el Islam, véase el Apéndice 4.

٣٧ الْجُزْءُ الثَّانِى 37

وَالَّذِينَ يُتَوَفَّوْنَ مِنْكُمْ وَيَذَرُونَ اَزْوَاجًا يَتَرَبَّصْنَ بِاَنْفُسِهِنَّ
اَرْبَعَةَ اَشْهُرٍ وَعَشْرًا فَاِذَا بَلَغْنَ اَجَلَهُنَّ فَلَا جُنَاحَ عَلَيْكُمْ
فِيمَا فَعَلْنَ فِى اَنْفُسِهِنَّ بِالْمَعْرُوفِ وَاللّٰهُ بِمَا تَعْمَلُونَ
خَبِيرٌ ﴿٢٣٤﴾ وَلَا جُنَاحَ عَلَيْكُمْ فِيمَا عَرَّضْتُمْ بِهِ مِنْ خِطْبَةِ
النِّسَاءِ اَوْ اَكْنَنْتُمْ فِى اَنْفُسِكُمْ عَلِمَ اللّٰهُ اَنَّكُمْ سَتَذْكُرُونَهُنَّ
وَلٰكِنْ لَا تُوَاعِدُوهُنَّ سِرًّا اِلَّا اَنْ تَقُولُوا قَوْلًا مَعْرُوفًا
وَلَا تَعْزِمُوا عُقْدَةَ النِّكَاحِ حَتّٰى يَبْلُغَ الْكِتَابُ اَجَلَهُ
وَاعْلَمُوا اَنَّ اللّٰهَ يَعْلَمُ مَا فِى اَنْفُسِكُمْ فَاحْذَرُوهُ وَاعْلَمُوا
اَنَّ اللّٰهَ غَفُورٌ حَلِيمٌ ﴿٢٣٥﴾ لَا جُنَاحَ عَلَيْكُمْ اِنْ طَلَّقْتُمُ النِّسَاءَ
مَا لَمْ تَمَسُّوهُنَّ اَوْ تَفْرِضُوا لَهُنَّ فَرِيضَةً وَمَتِّعُوهُنَّ
عَلَى الْمُوسِعِ قَدَرُهُ وَعَلَى الْمُقْتِرِ قَدَرُهُ مَتَاعًا بِالْمَعْرُوفِ حَقًّا
عَلَى الْمُحْسِنِينَ ﴿٢٣٦﴾ وَاِنْ طَلَّقْتُمُوهُنَّ مِنْ قَبْلِ اَنْ تَمَسُّوهُنَّ
وَقَدْ فَرَضْتُمْ لَهُنَّ فَرِيضَةً فَنِصْفُ مَا فَرَضْتُمْ اِلَّا اَنْ يَعْفُونَ
اَوْ يَعْفُوَا الَّذِى بِيَدِهِ عُقْدَةُ النِّكَاحِ وَاَنْ تَعْفُوا اَقْرَبُ لِلتَّقْوٰى
وَلَا تَنْسَوُا الْفَضْلَ بَيْنَكُمْ اِنَّ اللّٰهَ بِمَا تَعْمَلُونَ بَصِيرٌ ﴿٢٣٧﴾

234. Aquellos de vosotros que fallezcan y dejen atrás a sus esposas: éstas (las esposas) deberán esperar cuatro meses y diez días[154] (durante los cuales no podrán casarse y acicalarse con el deseo de mostrarse dispuestas para el matrimonio). Cuando alcancen al final del plazo de espera, no se os recriminará lo que hagan consigo mismas dentro (de los límites) de la decencia. Dios se halla perfectamente informado de todo lo que hacéis.

235. No tenéis culpa alguna si (durante el período de espera) indicáis una propuesta matrimonial a dichas mujeres o si la ocultáis. Dios sabe que pensáis de ellas (con dichas propuestas en la mente), pero no os prometáis en secreto con ellas a no ser que lo hagáis adecuadamente y con palabras decentes. No os resolváis por casaros hasta que el período estipulado haya llegado a su fin. Sabed que Dios conoce lo que se da en vuestros corazones, por lo tanto, tened cuidado con Él; y sabed que Dios es Indulgente y Clemente (Quien no se apresura en modo alguno en castigar).

236. No tenéis culpa alguna si os divorciáis de las mujeres (con las que habéis hecho un contrato matrimonial) si aún no las habéis tocado ni asignado dote alguna. Sin embargo, gratificadlas con algún bien. Aquel que viva con desahogo que lo haga de acuerdo con su capacidad, y aquel que viva en la estrechez que lo haga de acuerdo con sus posibilidades; una gratificación según la buena costumbre y la práctica religiosamente aprobada, como deber sobre aquellos que se dedican a hacer el bien, conscientes de que Dios les está contemplando.

237. Si os divorciáis antes de haberlas tocado, pero ya les habéis asignado una dote, entonces (dadles) la mitad de lo que les hayáis asignado a ellas a no ser que ellas establezcan una exoneración y renuncien a ello o aquel en cuyo poder reside el contrato matrimonial haga una exoneración (y pague la suma total). Si lleváis a cabo tal renuncia, eso se encuentra más cerca de la piedad y es lo más adecuado, y no olvidéis la magnanimidad entre vosotros. Y todo aquello que hacéis, Dios sin duda lo ve.

154. La viuda que está embarazada se halla exenta de esta norma. Su período de espera acaba cuando da a luz, independientemente de si el momento que pasa entre la fecha en que murió el marido y la fecha en que da a luz es más breve o largo que el período de espera prescrito.

حَافِظُوا عَلَى الصَّلَوَاتِ وَالصَّلٰوةِ الْوُسْطٰى وَقُومُوا لِلّٰهِ
قَانِتِينَ ﴿٢٣٨﴾ فَاِنْ خِفْتُمْ فَرِجَالاً اَوْ رُكْبَانًا فَاِذَٓا اَمِنْتُمْ
فَاذْكُرُوا اللّٰهَ كَمَا عَلَّمَكُمْ مَا لَمْ تَكُونُوا تَعْلَمُونَ ﴿٢٣٩﴾
وَالَّذِينَ يُتَوَفَّوْنَ مِنْكُمْ وَيَذَرُونَ اَزْوَاجًا وَصِيَّةً
لِاَزْوَاجِهِمْ مَتَاعًا اِلَى الْحَوْلِ غَيْرَ اِخْرَاجٍ فَاِنْ
خَرَجْنَ فَلَا جُنَاحَ عَلَيْكُمْ فِي مَا فَعَلْنَ فِٓي اَنْفُسِهِنَّ
مِنْ مَعْرُوفٍ وَاللّٰهُ عَزِيزٌ حَكِيمٌ ﴿٢٤٠﴾ وَلِلْمُطَلَّقَاتِ مَتَاعٌ
بِالْمَعْرُوفِ حَقًّا عَلَى الْمُتَّقِينَ ﴿٢٤١﴾ كَذٰلِكَ يُبَيِّنُ اللّٰهُ
لَكُمْ اٰيَاتِهِ لَعَلَّكُمْ تَعْقِلُونَ ﴿٢٤٢﴾ اَلَمْ تَرَ اِلَى الَّذِينَ
خَرَجُوا مِنْ دِيَارِهِمْ وَهُمْ اُلُوفٌ حَذَرَ الْمَوْتِ فَقَالَ
لَهُمُ اللّٰهُ مُوتُوا ثُمَّ اَحْيَاهُمْ اِنَّ اللّٰهَ لَذُو فَضْلٍ
عَلَى النَّاسِ وَلٰكِنَّ اَكْثَرَ النَّاسِ لَا يَشْكُرُونَ ﴿٢٤٣﴾ وَقَاتِلُوا
فِي سَبِيلِ اللّٰهِ وَاعْلَمُوا اَنَّ اللّٰهَ سَمِيعٌ عَلِيمٌ ﴿٢٤٤﴾ مَنْ
ذَا الَّذِي يُقْرِضُ اللّٰهَ قَرْضًا حَسَنًا فَيُضَاعِفَهُ لَهُٓ اَضْعَافًا
كَثِيرَةً وَاللّٰهُ يَقْبِضُ وَيَبْسُطُ وَاِلَيْهِ تُرْجَعُونَ ﴿٢٤٥﴾

اَلَمْ تَرَ

238. Sed cuidadosos y atentos con las Oraciones prescritas y la Oración del Medio; y permaneced ante Dios, con total devoción y obediencia.

239. Si os encontráis expuestos al peligro (y os es imposible llevar a cabo la Oración permaneciendo en un lugar, entonces rezad) a pie o montados. Cuando estéis a salvo, recordad a Dios (y estableced la Oración) como Él os ha enseñado lo que no conocíais (de la fe, el Libro y Oración)[155].

240. Aquellos de vosotros que (están a punto de) morir dejando tras de sí a sus esposas, deben hacer testamento en su favor por un año de manutención sin verse expulsadas[156]. Si ellas por sí mismas (o de *motu proprio*) abandonan, no seréis responsables de lo que hagan consigo mismas, dentro de lo que es lícito. En verdad que Dios es el Glorioso poseedor de irresistible poder, el Omnisapiente.

241. Del mismo modo, debe haber una provisión para las mujeres divorciadas según la buena costumbre y la práctica religiosamente aprobada, como deber para los piadosos devotos.

242. Así os aclara Dios Sus Revelaciones (y las señales de Su camino), tal vez así razonéis y entendáis (donde radica vuestro beneficio y actuéis de acuerdo con ello).

243. ¿Acaso no recordáis a aquellos que salieron de sus hogares por temor a la muerte a pesar de ser miles? Dios les dijo: «¡Morid!», y después les resucitó. Sin duda Dios es Misericordioso y Generoso con la humanidad, sin embargo, la mayoría de los humanos no se lo agradecen.

244. (No actuéis con miedo a morir, más bien) combatir por la causa de Dios y sabed que Dios todo lo Oye y es Omnisciente.

245. ¿Quién es aquel que (gastando de su riqueza meramente por la causa de Dios) concederá a Dios un buen préstamo que Él se lo devolverá multiplicado numerosas veces? Dios designa la estrechez y el desahogo (a vuestros medios de vida); se os hará regresar a Él (en cualquier caso).

155. Habiendo explicado las reglas para lograr una vida familiar y social feliz, Dios acaba este discurso haciendo hincapié en la Oración, ya que la Oración cumple una función indispensable en la educación espiritual de la humanidad. La Oración inculca los ideales de bondad y pureza y educa la predisposición hacia la obediencia a Dios; fomenta la adhesión a la piedad y la circunspección religiosa; y prohíbe la indecencia y la iniquidad (29:45). La orden de ser cuidadosos y atentos con las Oraciones prescritas adquiere gran importancia bajo la luz del versículo 239. El musulmán no puede ser en modo alguno negligente con la Oración. Incluso ante los más graves peligros, uno debe de realizar la Oración («a pie o montado»). Sólo se puede posponer la Oración durante la lucha activa en el campo de batalla.

Hay diferentes opiniones respecto a cuál es la «Oración del Medio». Según la mayor parte de los eruditos y estudiosos hace referencia a la Oración de la tarde, es decir, *'asr*. Puesto que este es el momento en que el trabajo diario llega a su fin y la gente puede llegar a desatender dicha Oración. Asimismo, al ser la tercera de las cinco diarias, la Oración de la tarde puede ser en ese sentido también la Oración del medio. Sin embargo, al empezar el día según la tradición musulmana después de la puesta de sol, la tercera Oración —la del «medio»— sería la Oración de la mañana *(Fayr)*.

156. Este mandamiento judicial fue abrogado después de la legislación de la herencia.

أَلَمْ تَرَ إِلَى الْمَلَإِ مِنْ بَنِي إِسْرَائِيلَ مِنْ بَعْدِ
مُوسَىٰ إِذْ قَالُوا لِنَبِيٍّ لَهُمُ ابْعَثْ لَنَا مَلِكًا نُقَاتِلْ
فِي سَبِيلِ اللَّهِ قَالَ هَلْ عَسَيْتُمْ إِنْ كُتِبَ عَلَيْكُمُ الْقِتَالُ
أَلَّا تُقَاتِلُوا قَالُوا وَمَا لَنَا أَلَّا نُقَاتِلَ فِي سَبِيلِ
اللَّهِ وَقَدْ أُخْرِجْنَا مِنْ دِيَارِنَا وَأَبْنَائِنَا فَلَمَّا كُتِبَ
عَلَيْهِمُ الْقِتَالُ تَوَلَّوْا إِلَّا قَلِيلًا مِنْهُمْ وَاللَّهُ عَلِيمٌ
بِالظَّالِمِينَ ﴿٢٤٦﴾ وَقَالَ لَهُمْ نَبِيُّهُمْ إِنَّ اللَّهَ قَدْ بَعَثَ
لَكُمْ طَالُوتَ مَلِكًا قَالُوا أَنَّىٰ يَكُونُ لَهُ الْمُلْكُ
عَلَيْنَا وَنَحْنُ أَحَقُّ بِالْمُلْكِ مِنْهُ وَلَمْ يُؤْتَ سَعَةً مِنَ
الْمَالِ قَالَ إِنَّ اللَّهَ اصْطَفَاهُ عَلَيْكُمْ وَزَادَهُ بَسْطَةً
فِي الْعِلْمِ وَالْجِسْمِ وَاللَّهُ يُؤْتِي مُلْكَهُ مَنْ يَشَاءُ وَاللَّهُ
وَاسِعٌ عَلِيمٌ ﴿٢٤٧﴾ وَقَالَ لَهُمْ نَبِيُّهُمْ إِنَّ آيَةَ مُلْكِهِ أَنْ
يَأْتِيَكُمُ التَّابُوتُ فِيهِ سَكِينَةٌ مِنْ رَبِّكُمْ وَبَقِيَّةٌ
مِمَّا تَرَكَ آلُ مُوسَىٰ وَآلُ هَارُونَ تَحْمِلُهُ الْمَلَائِكَةُ
إِنَّ فِي ذَٰلِكَ لَآيَةً لَكُمْ إِنْ كُنْتُمْ مُؤْمِنِينَ ﴿٢٤٨﴾

246. Acaso no consideráis lo que aconteció con los patriarcas de los Hijos de Israel tras Moisés: cuando solicitaron de un Profeta elegido para ellos diciendo: «Nombra a un rey para nosotros y lucharemos por la causa de Dios». Dijo: «¿Existe alguna posibilidad de que os negarais a luchar, si la lucha os fuese prescrita?». Dijeron: «¿Cómo podríamos dejar de luchar por la causa de Dios cuando hemos sido expulsados de nuestros hogares y separados de nuestros hijos?». Sin embargo, cuando les fue prescrita la lucha, se apartaron a excepción de unos pocos. Dios posee pleno conocimiento de (tales) malhechores.

247. Su Profeta les dijo: «Dios os ha designado a Saúl (Talut) como rey». Dijeron: «¿Cómo puede tener autoridad sobre nosotros si tenemos más derecho que él a la autoridad y en vista que no le ha sido concedida siquiera una gran riqueza?». Dijo: «Dios le ha elegido a él entre vosotros y ha incrementado abundantemente su conocimiento y su poder físico (por lo que puede ejecutar sus decretos). Dios concede la autoridad a quien Su Voluntad dicta. Dios es Abarcador (con Su misericordia) y Omnisciente.

248. Su Profeta añadió: «La señal de su soberanía será que se os traerá el Arca en la que existe paz interna y seguridad procedente de vuestro Señor y una reliquia de lo que las estirpes de Moisés y de Aarón dejaron, portada por los ángeles. Sin duda en ello se da un signo para vosotros si sois (verdaderos) creyentes».

40 سُورَةُ الْبَقَرَةِ

فَلَمَّا فَصَلَ طَالُوتُ بِالْجُنُودِ قَالَ اِنَّ اللّٰهَ مُبْتَلٖيكُمْ
بِنَهَرٍ فَمَنْ شَرِبَ مِنْهُ فَلَيْسَ مِنّٖي وَمَنْ لَمْ يَطْعَمْهُ
فَاِنَّهُ مِنّٖٓي اِلَّا مَنِ اغْتَرَفَ غُرْفَةً بِيَدِهٖ فَشَرِبُوا
مِنْهُ اِلَّا قَلٖيلًا مِنْهُمْ فَلَمَّا جَاوَزَهُ هُوَ وَالَّذٖينَ
اٰمَنُوا مَعَهُ قَالُوا لَا طَاقَةَ لَنَا الْيَوْمَ بِجَالُوتَ
وَجُنُودِهٖ قَالَ الَّذٖينَ يَظُنُّونَ اَنَّهُمْ مُلَاقُوا اللّٰهِ كَمْ
مِنْ فِئَةٍ قَلٖيلَةٍ غَلَبَتْ فِئَةً كَثٖيرَةً بِاِذْنِ اللّٰهِ وَاللّٰهُ
مَعَ الصَّابِرٖينَ ﴿٢٤٩﴾ وَلَمَّا بَرَزُوا لِجَالُوتَ وَجُنُودِهٖ
قَالُوا رَبَّنَا اَفْرِغْ عَلَيْنَا صَبْرًا وَثَبِّتْ اَقْدَامَنَا
وَانْصُرْنَا عَلَى الْقَوْمِ الْكَافِرٖينَ ﴿٢٥٠﴾ فَهَزَمُوهُمْ
بِاِذْنِ اللّٰهِ وَقَتَلَ دَاوُدُ جَالُوتَ وَاٰتٰيهُ اللّٰهُ الْمُلْكَ
وَالْحِكْمَةَ وَعَلَّمَهُ مِمَّا يَشَٓاءُ وَلَوْلَا دَفْعُ اللّٰهِ
النَّاسَ بَعْضَهُمْ بِبَعْضٍ لَفَسَدَتِ الْاَرْضُ وَلٰكِنَّ
اللّٰهَ ذُو فَضْلٍ عَلَى الْعَالَمٖينَ ﴿٢٥١﴾ تِلْكَ اٰيَاتُ اللّٰهِ
نَتْلُوهَا عَلَيْكَ بِالْحَقِّ وَاِنَّكَ لَمِنَ الْمُرْسَلٖينَ ﴿٢٥٢﴾

تِلْكَ الرُّسُلُ

249. Y cuando Saúl (Talut) marchó con el ejército y (les) dijo: «Dios va a poneros a prueba con (por medio de) un río: aquel que beba de su agua no será de los míos y quien no la pruebe será de los míos; pero será perdonado el que tome un poco en la concavidad de la palma de su mano». Sin embargo, bebieron de ella a excepción de unos pocos; y cuando él y los que creyeron con él (aquellos que con débil fe tomaron agua del río en la concavidad de la palma de sus manos) atravesaron el río dijeron: «Hoy no tenemos poder alguno contra Goliat y sus ejércitos». Pero los que tenían certeza en el encuentro con Dios y sentían como si siempre estuviesen en Su presencia dijeron: «¡Cuántos ejércitos pequeños han vencido a numerosos ejércitos con la venia de Dios!». Dios se encuentra con los pacientes y perseverantes.

250. Y cuando marcharon contra Goliat y sus huestes, oraron: «Señor nuestro, danos perseverancia y firmeza en nuestros pasos y ayúdanos a vencer a los que no creen».

251. Por consiguiente les derrotaron con la venia de Dios, y David mató a Goliat y Dios le concedió la sabiduría y la soberanía, y le enseñó lo que Su Voluntad dictó. Si no fuera porque Dios rechaza a un pueblo por medio de otro, la Tierra estaría ya corrupta; pero Dios es Misericordioso y Generoso con todos los mundos[157].

252. Estas son las Revelaciones de Dios y Sus signos (mostrándole a Él con Sus Nombres y Atributos) que te recitamos con la verdad, ya que tú (Oh Muhammad) eres realmente uno de los Mensajeros (enviados con el Libro y receptores de la Revelación).

157. El acontecimiento descrito en estos versículos, los cuales revelan la sabiduría de la guerra como una realidad de la historia humana y como parte importante de la dinámica de los creyentes imponiéndose sobre los incrédulos, es un momento crucial en la historia de los Hijos de Israel. Dios les había liberado de la opresión de los faraones de Egipto y los había guiado hacia Palestina. Sin embargo, a consecuencia de hallarse interiormente todavía sometidos a la influencia de su vida como esclavos en Egipto, sus corazones no revi-

vieron espiritualmente. Tras numerosos años en el desierto, las generaciones criadas en el entorno de la Revelación Divina remplazaron a las antiguas. El versículo 2:243 es posible que haga referencia a ese hecho.

Después de Moisés, la paz sea con él, conquistaron Jericó bajo el liderazgo del profeta Josué (Yusha), la paz sea con él. A continuación vino el período de los Jueces, que se extendió casi cinco siglos. Durante dicho período, los Hijos de Israel a veces tenían primacía sobre sus enemigos y a veces perdían su terreno ante ellos. El acontecimiento descrito en estos versículos tuvo lugar durante el período del profeta Samuel. Los israelitas derrotaron a los paganos filisteos y fundaron el estado más grande y más poderoso de su historia. David, la paz sea con él, se convirtió en el primer Profeta-Califa de dicho estado.

El Arca mencionada en 2:248 era, tal y como figura en varios pasajes del Antiguo Testamento (*Éxodo,* 25:10-16, 40:20-21; *Deuteronomio,* 10:1-5; *Josué,* 3:3) y mencionada por varios intérpretes del Corán (véase al-Qurtubi), un cofre de madera que contenía las tablas en las que fue cincelada la Tora y algunas «reliquias de lo que las estirpes de Moisés y Aarón dejaron». Los israelitas portaban dicha Arca al frente de su formación durante su marcha por el desierto y en sus campañas militares. Era el emblema de su triunfo. Se dio por perdida siglos después de la muerte de Moisés o, tal vez, fue arrebatada por sus enemigos.

تِلْكَ الرُّسُلُ فَضَّلْنَا بَعْضَهُمْ عَلٰى بَعْضٍۘ مِنْهُمْ مَنْ كَلَّمَ اللّٰهُ
وَرَفَعَ بَعْضَهُمْ دَرَجَاتٍۜ وَاٰتَيْنَا عِيسَى ابْنَ مَرْيَمَ الْبَيِّنَاتِ
وَاَيَّدْنَاهُ بِرُوحِ الْقُدُسِۜ وَلَوْ شَٓاءَ اللّٰهُ مَا اقْتَتَلَ الَّذٖينَ
مِنْ بَعْدِهِمْ مِنْ بَعْدِ مَا جَٓاءَتْهُمُ الْبَيِّنَاتُ وَلٰكِنِ اخْتَلَفُوا فَمِنْهُمْ
مَنْ اٰمَنَ وَمِنْهُمْ مَنْ كَفَرَۜ وَلَوْ شَٓاءَ اللّٰهُ مَا اقْتَتَلُوا وَلٰكِنَّ اللّٰهَ
يَفْعَلُ مَا يُرٖيدُ ﴿٢٥٣﴾ يَٓا اَيُّهَا الَّذٖينَ اٰمَنُٓوا اَنْفِقُوا مِمَّا رَزَقْنَاكُمْ
مِنْ قَبْلِ اَنْ يَاْتِيَ يَوْمٌ لَا بَيْعٌ فٖيهِ وَلَا خُلَّةٌ وَلَا شَفَاعَةٌۜ
وَالْكَافِرُونَ هُمُ الظَّالِمُونَ ﴿٢٥٤﴾ اَللّٰهُ لَٓا اِلٰهَ اِلَّا هُوَۚ اَلْحَيُّ
الْقَيُّومُۚ لَا تَاْخُذُهُ سِنَةٌ وَلَا نَوْمٌۜ لَهُ مَا فِي السَّمٰوَاتِ وَمَا
فِي الْاَرْضِۜ مَنْ ذَا الَّذٖي يَشْفَعُ عِنْدَهُٓ اِلَّا بِاِذْنِهٖۜ يَعْلَمُ مَا بَيْنَ
اَيْدٖيهِمْ وَمَا خَلْفَهُمْۚ وَلَا يُحٖيطُونَ بِشَيْءٍ مِنْ عِلْمِهٖٓ اِلَّا بِمَا
شَٓاءَۚ وَسِعَ كُرْسِيُّهُ السَّمٰوَاتِ وَالْاَرْضَۚ وَلَا يَؤُدُهُ حِفْظُهُمَاۚ
وَهُوَ الْعَلِيُّ الْعَظٖيمُ ﴿٢٥٥﴾ لَٓا اِكْرَاهَ فِي الدّٖينِ قَدْ تَبَيَّنَ الرُّشْدُ
مِنَ الْغَيِّۚ فَمَنْ يَكْفُرْ بِالطَّاغُوتِ وَيُؤْمِنْ بِاللّٰهِ فَقَدِ اسْتَمْسَكَ
بِالْعُرْوَةِ الْوُثْقٰىۗ لَا انْفِصَامَ لَهَاۜ وَاللّٰهُ سَمٖيعٌ عَلٖيمٌ ﴿٢٥٦﴾

253. De entre tales Mensajeros, a algunos les hemos ensalzado por encima de otros (en ciertos aspectos). Entre ellos están aquellos a los que Dios habló (de un modo peculiar) y a otros a los que elevó en grados. Concedimos a Jesús, hijo de María, las pruebas claras (de su Misión Profética) y le confirmamos con el Espíritu de Santidad. Si Dios hubiese querido (negarle a la humanidad el libre albedrío y forzarles a actuar de un modo predeterminado), aquellos que vinieron tras ellos no hubiesen luchado entre sí después de que las verdades más manifiestas les hubiesen llegado; pero discreparon entre ellos, algunos creyendo y otros sin creer. Si Dios hubiese querido, no habrían luchado los unos contra los otros; pero Dios lleva a cabo lo que Su Voluntad dicta.

254. ¡Oh vosotros que creéis! (Para que podáis disfrutar de solidaridad y disciplina, en vuestra condición de comunidad cohesionada y pacífica) gastad (en la causa de Dios para los necesitados) de lo que os hemos proveído (riqueza, poder, conocimiento, etc.) antes de que llegue un día en el cual no habrá comercio ni amistad (que no traerá beneficio alguno) ni intercesión (del tipo que practiquéis injustamente en este mundo). Los que no creen, ellos son malhechores (aquellos incapaces de discernir la verdad, los que han oscurecido su mundo interno y externo y los que se perjudican, primordial y eminentemente, a sí mismos).

255. Dios, no hay más deidad que Él; el Viviente, el Subsistente (Aquel por el Cual todo subsiste). Ni la somnolencia ni el sueño Le afectan. Suyo es todo cuanto hay en los Cielos y en la Tierra. ¿Quién puede interceder ante Él si no es con Su venia? Sabe lo que hay ante ellos y lo que hay tras ellos (lo que hay en su futuro y en su pasado, lo que ellos conocen y lo que les está oculto); y no abarcan nada de Su Conocimiento a menos que Él lo quiera. Su Asiento (de dominio) abarca los Cielos y la Tierra y su preservación no Le causa fatiga; Él es el Ensalzado, el Supremo.

256. No hay coacción en la Religión. El camino verdadero ha quedado claro distinguiéndose del falso. Por lo tanto, quien niegue a los *taghut* (falsas deidades y fuerzas del mal (que instituyen pautas de creencia y gobiernan desafiando a Dios) y crea en Dios (como único Dios, Señor y Objeto de Devoción) se ha aferrado al asidero más firme e irrompible; y Dios es Quien todo lo Oye, Omnisciente.

اَللّٰهُ وَلِيُّ الَّذٖينَ اٰمَنُوا يُخْرِجُهُمْ مِنَ الظُّلُمَاتِ اِلَى النُّورِۜ
وَالَّذٖينَ كَفَرُوٓا اَوْلِيَٓاؤُ۬هُمُ الطَّاغُوتُ يُخْرِجُونَهُمْ
مِنَ النُّورِ اِلَى الظُّلُمَاتِۜ اُو۬لٰٓئِكَ اَصْحَابُ النَّارِۚ هُمْ فٖيهَا
خَالِدُونَ ﴿٢٥٧﴾ اَلَمْ تَرَ اِلَى الَّذٖى حَٓاجَّ اِبْرٰهٖيمَ فٖى رَبِّهٖٓ
اَنْ اٰتٰيهُ اللّٰهُ الْمُلْكَۢ اِذْ قَالَ اِبْرٰهٖيمُ رَبِّىَ الَّذٖى يُحْيٖي
وَيُمٖيتُۙ قَالَ اَنَا اُحْيٖي وَاُمٖيتُۜ قَالَ اِبْرٰهٖيمُ فَاِنَّ اللّٰهَ
يَاْتٖى بِالشَّمْسِ مِنَ الْمَشْرِقِ فَاْتِ بِهَا مِنَ الْمَغْرِبِ
فَبُهِتَ الَّذٖى كَفَرَۜ وَاللّٰهُ لَا يَهْدِى الْقَوْمَ الظَّالِمٖينَۚ ﴿٢٥٨﴾
اَوْ كَالَّذٖى مَرَّ عَلٰى قَرْيَةٍ وَهِىَ خَاوِيَةٌ عَلٰى عُرُوشِهَاۚ
قَالَ اَنّٰى يُحْيٖي هٰذِهِ اللّٰهُ بَعْدَ مَوْتِهَاۚ فَاَمَاتَهُ اللّٰهُ مِائَةَ عَامٍ
ثُمَّ بَعَثَهُۜ قَالَ كَمْ لَبِثْتَۜ قَالَ لَبِثْتُ يَوْمًا اَوْ بَعْضَ يَوْمٍۜ
قَالَ بَلْ لَبِثْتَ مِائَةَ عَامٍ فَانْظُرْ اِلٰى طَعَامِكَ وَشَرَابِكَ
لَمْ يَتَسَنَّهْۚ وَانْظُرْ اِلٰى حِمَارِكَ وَلِنَجْعَلَكَ اٰيَةً لِلنَّاسِ
وَانْظُرْ اِلَى الْعِظَامِ كَيْفَ نُنْشِزُهَا ثُمَّ نَكْسُوهَا لَحْمًاۜ
فَلَمَّا تَبَيَّنَ لَهُۙ قَالَ اَعْلَمُ اَنَّ اللّٰهَ عَلٰى كُلِّ شَيْءٍ قَدٖيرٌ ﴿٢٥٩﴾

وَاِذْ قَالَ

257. Dios es el Confidente y Guardián de aquellos que creen (en Quien pueden encomendar sus asuntos y en Quien pueden confiar), a los que saca a la luz desde todo tipo de tinieblas (intelectuales, espirituales, sociales, económicas y políticas), manteniéndoles ahí firmemente. Y aquellos que no creen, sus confidentes y guardianes son los *taghut*; sacándoles de la luz a las tinieblas[158]. Esos son los compañeros del Fuego, en el que morarán.

258. ¿Acaso no tomas en consideración a aquel que protestó ante Abraham sobre su Señor (desafiando a Dios) por el reino que Dios le había concedido? Cuando Abraham dijo: «Mi Señor es Aquel Quien da la vida y causa la muerte», él respondió: «Yo doy la vida y causo la muerte». Dijo Abraham: «Sin duda alguna Dios hace que el Sol salga por el este, ahora haz tú que salga por el oeste». Y así quedó totalmente confundido el incrédulo[159]. Dios no guía a (tales) individuos malhechores.

259. O (como otra prueba de que es Dios Quien da y toma la vida, y Quien devolverá la vida a los muertos, acuérdate de) aquel que transcurrió por una ciudad en ruinas y se preguntó a sí mismo desconcertado: «¿Cómo restituirá Dios la vida a esta ciudad que se halla ahora muerta?». Entonces, Dios le hizo morir durante cien años y luego le resucitó y le preguntó: «¿Cuánto tiempo has estado así?». Dijo: «He permanecido así durante un día o parte de un día». Dios dijo: «No, has estado así durante cien años. Pero mira tu comida y tu bebida: no se han estropeado; ¡y contempla tu asno! Por lo tanto, vamos a hacer de ti un símbolo para la gente (para que tal vez comprendan cómo les hemos creado y les resucitamos después de su muerte). Mira los huesos, cómo los compondremos y los revestiremos con carne». Y cuando la verdad se le hizo clara, dijo: «Sé que Dios posee pleno poder sobre todas las cosas».

158. Este versículo nos hace preguntarnos acerca de si los incrédulos a los que los *taghut* les acarrean desde la luz hasta todo tipo de tinieblas se hallaban previamente en la luz. Esta frase ha sido interpretada de la siguiente manera: En primer lugar, figura a título de comparación con la afirmación anterior: *Dios saca a la luz desde todo tipo de tinieblas*. En segundo lugar, los *taghut* llaman a los que creen a la oscuridad (la incredulidad, atribuir copartícipes a Dios, el pecado, etc.) y hacen que caigan en ella. Y finalmente, según figura en un *hadiz*, todo el mundo nace con la predisposición para ser musulmán, pero sus padres (y el entorno) hacen que acepten otros tipos de fe (al-Bujari, «Yana'iz» 80, 93). Esto es lo que los *taghut* hacen, es decir, se esfuerzan en desviar a las generaciones.

159. Este acontecimiento (no relatado en la Biblia) aparece narrado en el Talmud en considerable armonía con la descripción coránica. El diálogo referido debió de haber ocurrido entre el profeta Abraham y el rey caldeo Nimrod, que gobernaba Mesopotamia en aquella época. Según el Talmud, el padre de Abraham detentaba un alto cargo en el gobierno de Nimrod. Cuando Abraham comenzó a predicar *tawhid*, la creencia en la Unicidad de Dios, y rompió los ídolos en el templo, su padre elevó una queja contra él ante el rey. A esto hecho le siguió la conversación aquí mencionada.

Todas las personas que no creen, desde tiempos remotos, han rechazado la existencia de Dios, han sido materialistas o ateos en sentido general o bien ha atribuido copartícipes a Dios. Algunos de los que atribuyen copartícipes a Dios pretenden que Su autoridad absoluta sobre el universo es compartida por entes físicos (como las fuerzas de la naturaleza) o nominales (tal y como las llamadas «leyes de la naturaleza»), o por otro tipo de cosas o seres (ya sean los ángeles, los espíritus o los cuerpos celestes). Sin embargo, otros individuos que aceptaron la autoridad universal de Dios inventan para sí mismos religiones o sistemas para guiar la vida humana en todos sus aspectos y forzaron a otros a obedecerlos. Procuran apropiarse para sí de la soberanía absoluta de Dios en el reino humano. Tal y como se desprende del versículo, Nimrod se asoció a sí mismo como un copartícipe de Dios en el gobierno de la nación en su reino. Deseó gobernar de modo absoluto sobre ellos. Por esa razón, quedó completamente confundido cuando Abraham, la paz sea con él, se trasladó desde el nivel humano, reflejado en el hecho de dar y quitar la vida, al nivel universal. La Tierra forma parte del universo y la humanidad forma parte de los seres: quien posea soberanía a nivel cósmico, necesariamente la poseerá a nivel humano. Al llegar a la conclusión de que los seres humanos se consideran a sí mismos tan poderosos como para disputarle a Dios la soberanía y no habiendo intervenido de manera alguna en su propia creación, en el momento y en el lugar de su nacimiento y muerte, en su entorno familiar, en las características específicas y el funcionamiento de sus cuerpos y en las peculiaridades de su personalidad (y mucho menos en la creación y el mantenimiento del universo), no les queda más remedio que someterse a la autoridad de Dios. Esto es lo que el profeta Abraham, el destructor de ídolos, declaró ante el faraón de su época y lo que fue universalmente pronunciado, predicado e inculcado en las mentes y corazones por su más ilustre descendiente, el profeta Muhammad, la paz y las bendiciones sean con él.

وَاِذْ قَالَ اِبْرٰهِيمُ رَبِّ اَرِنٖى كَيْفَ تُحْيِ الْمَوْتٰىۜ قَالَ
اَوَلَمْ تُؤْمِنْۜ قَالَ بَلٰى وَلٰكِنْ لِيَطْمَئِنَّ قَلْبٖىۜ قَالَ فَخُذْ
اَرْبَعَةً مِنَ الطَّيْرِ فَصُرْهُنَّ اِلَيْكَ ثُمَّ اجْعَلْ عَلٰى كُلِّ جَبَلٍ
مِنْهُنَّ جُزْءًا ثُمَّ ادْعُهُنَّ يَأْتٖينَكَ سَعْيًاۜ وَاعْلَمْ اَنَّ اللّٰهَ عَزٖيزٌ
حَكٖيمٌ ﴿٢٦٠﴾ مَثَلُ الَّذٖينَ يُنْفِقُونَ اَمْوَالَهُمْ فٖى سَبٖيلِ اللّٰهِ
كَمَثَلِ حَبَّةٍ اَنْبَتَتْ سَبْعَ سَنَابِلَ فٖى كُلِّ سُنْبُلَةٍ مِائَةُ
حَبَّةٍۜ وَاللّٰهُ يُضَاعِفُ لِمَنْ يَشَاءُۜ وَاللّٰهُ وَاسِعٌ عَلٖيمٌ ﴿٢٦١﴾ اَلَّذٖينَ
يُنْفِقُونَ اَمْوَالَهُمْ فٖى سَبٖيلِ اللّٰهِ ثُمَّ لَا يُتْبِعُونَ مَا اَنْفَقُوا
مَنًّا وَلَا اَذًىۙ لَهُمْ اَجْرُهُمْ عِنْدَ رَبِّهِمْۚ وَلَا خَوْفٌ عَلَيْهِمْ
وَلَا هُمْ يَحْزَنُونَ ﴿٢٦٢﴾ قَوْلٌ مَعْرُوفٌ وَمَغْفِرَةٌ خَيْرٌ مِنْ
صَدَقَةٍ يَتْبَعُهَا اَذًىۜ وَاللّٰهُ غَنِىٌّ حَلٖيمٌ ﴿٢٦٣﴾ يَا اَيُّهَا الَّذٖينَ اٰمَنُوا
لَا تُبْطِلُوا صَدَقَاتِكُمْ بِالْمَنِّ وَالْاَذٰىۙ كَالَّذٖى يُنْفِقُ مَالَهُ
رِئَاءَ النَّاسِ وَلَا يُؤْمِنُ بِاللّٰهِ وَالْيَوْمِ الْاٰخِرِۜ فَمَثَلُهُ كَمَثَلِ
صَفْوَانٍ عَلَيْهِ تُرَابٌ فَاَصَابَهُ وَابِلٌ فَتَرَكَهُ صَلْدًاۜ لَا يَقْدِرُونَ
عَلٰى شَيْءٍ مِمَّا كَسَبُواۜ وَاللّٰهُ لَا يَهْدِى الْقَوْمَ الْكَافِرٖينَ ﴿٢٦٤﴾

260. Y recordad cuando Abraham dijo: «¡Señor mío, permíteme contemplar cómo resucitarás a los muertos!». Dios dijo: «¿Por qué? ¿Acaso no crees?». Abraham dijo: «Sí, pero es para que mi corazón se tranquilice». Él (Su Señor) dijo: «Toma, entonces, cuatro pájaros (de especies diferentes), hazlos sumisos a ti para que les conozcas del todo. A continuación, (córtalos en pedazos y mezcla los pedazos entre sí) pon un pedazo de cada uno en cada monte y luego llámalos. Vendrán a ti volando. Has de saber que Dios es Glorioso poseedor de irresistible poder, Omnisapiente.

261. La parábola de aquellos que emplean sus bienes en el camino de Dios se asemeja a la de un grano que produce siete espigas y cada una de las espigas porta cien granos. Dios multiplica a quien Su Voluntad dicta; Dios es Abarcador (con Su misericordia) y Omnisciente.

262. Los que gastan sus bienes en la causa de Dios y luego no siguen aquello que han gastado sin poner bajo obligación (al beneficiario) y hostigamientos insultantes, tendrán su recompensa junto a su Señor y no tendrán ningún miedo ni se entristecerán.

263. Una palabra amable y el perdón (de las faltas ajenas) son mejores que una limosna agraviante. Dios es Acaudalado y Autosuficiente (absolutamente independiente de la caridad de la gente), Indulgente (Quien no se apresura en modo alguno en castigar).

264. ¡Oh vosotros que creéis! No echéis a perder vuestras limosnas porque las echéis en cara (al beneficiario) o le hostiguéis; tal y como aquél que concede de su riqueza para aparentar ante la gente y ser alabado por ellos, pero no cree en Dios ni en el Día del Juicio Final. La parábola de su gasto es como una roca sobre la que existe tierra; le cae un aguacero dejándola limpia. No tienen poder (control) sobre lo que obtuvieron. Dios no guía a la gente incrédula (a alcanzar sus objetivos).

وَمَثَلُ الَّذِينَ يُنْفِقُونَ اَمْوَالَهُمُ ابْتِغَاءَ مَرْضَاتِ اللّٰهِ
وَتَثْبِيتًا مِنْ اَنْفُسِهِمْ كَمَثَلِ جَنَّةٍ بِرَبْوَةٍ اَصَابَهَا وَابِلٌ
فَاٰتَتْ اُكُلَهَا ضِعْفَيْنِ فَاِنْ لَمْ يُصِبْهَا وَابِلٌ فَطَلٌّ وَاللّٰهُ
بِمَا تَعْمَلُونَ بَصِيرٌ ﴿٢٦٥﴾ اَيَوَدُّ اَحَدُكُمْ اَنْ تَكُونَ لَهُ جَنَّةٌ
مِنْ نَخِيلٍ وَاَعْنَابٍ تَجْرِي مِنْ تَحْتِهَا الْاَنْهَارُ لَهُ فِيهَا
مِنْ كُلِّ الثَّمَرَاتِ وَاَصَابَهُ الْكِبَرُ وَلَهُ ذُرِّيَّةٌ ضُعَفَاءُ
فَاَصَابَهَا اِعْصَارٌ فِيهِ نَارٌ فَاحْتَرَقَتْ كَذٰلِكَ يُبَيِّنُ
اللّٰهُ لَكُمُ الْاٰيَاتِ لَعَلَّكُمْ تَتَفَكَّرُونَ ﴿٢٦٦﴾ يَا اَيُّهَا الَّذِينَ
اٰمَنُوا اَنْفِقُوا مِنْ طَيِّبَاتِ مَا كَسَبْتُمْ وَمِمَّا اَخْرَجْنَا
لَكُمْ مِنَ الْاَرْضِ وَلَا تَيَمَّمُوا الْخَبِيثَ مِنْهُ تُنْفِقُونَ
وَلَسْتُمْ بِاٰخِذِيهِ اِلَّا اَنْ تُغْمِضُوا فِيهِ وَاعْلَمُوا اَنَّ اللّٰهَ غَنِيٌّ
حَمِيدٌ ﴿٢٦٧﴾ اَلشَّيْطَانُ يَعِدُكُمُ الْفَقْرَ وَيَاْمُرُكُمْ بِالْفَحْشَاءِ
وَاللّٰهُ يَعِدُكُمْ مَغْفِرَةً مِنْهُ وَفَضْلًا وَاللّٰهُ وَاسِعٌ عَلِيمٌ ﴿٢٦٨﴾
يُؤْتِي الْحِكْمَةَ مَنْ يَشَاءُ وَمَنْ يُؤْتَ الْحِكْمَةَ فَقَدْ
اُوتِيَ خَيْرًا كَثِيرًا وَمَا يَذَّكَّرُ اِلَّا اُولُوا الْاَلْبَابِ ﴿٢٦٩﴾

وَمَا اَنْفَقْتُمْ

265. La parábola de aquellos que gastan sus bienes en búsqueda de la complacencia de Dios y establecen firmemente sus corazones (en la fe) se parece a un jardín elevado: sobre él cae un aguacero y da sus frutos multiplicándose por dos; y si no acontece el aguacero, un rocío es suficiente. Todo aquello que hacéis, Dios sin duda lo ve.

266. ¿Acaso os gustaría a cualquiera de vosotros poseer un jardín de palmeras y vides por el que discurrieran ríos y en el que se dieran toda clase de frutos y que cuando hubierais alcanzado una avanzada edad y con una descendencia aún joven (para valerse por sí misma), aconteciera un torbellino de fuego y os quemara el jardín? Así os aclara Dios las Revelaciones (y los signos verdaderos) para que, tal vez, reflexionéis (sobre ellos y actuéis consecuentemente).

267. ¡Oh vosotros que creéis! Dad (en la causa de Dios y a los necesitados) de las cosas puras y saludables que habéis obtenido y de lo que hemos hecho surgir para vosotros de la Tierra y no escojáis gastar de las cosas malas (en limosnas y en la causa de Dios) cuando vosotros mismos no lo aceptaríais a no ser con desdén. Y sabed que Dios es Acaudalado y Autosuficiente (absolutamente independiente de la caridad de la gente), Digno de Alabanza (como Señor vuestro que os provee y provee al resto de los seres, y satisface todas vuestras necesidades).

268. Satanás os infunde temor con la miseria y os insta a cometer indecencias, mientras que Dios os promete perdón de Su parte y bondad. Dios es Abarcador (con Su misericordia), Omnisciente.

269. Concede la Sabiduría[160] a quien Su Voluntad dicta, y a quien se le concede la Sabiduría se le ha otorgado mucho bien. A pesar de que únicamente la gente de discernimiento reflexiona y es atenta.

160. Aunque el término tiene una amplia gama de significados, «la Sabiduría» significa esencialmente conocimiento, discernimiento y comprensión de la creación, de la vida, de lo correcto y de lo incorrecto y del Sistema Divino que prevalece en el universo, con el fin de posibilitar respuestas convincentes a preguntas tales como «¿Quién soy? ¿Cuál es el propósito de mi existencia en este mundo? ¿Quién me ha enviado a este mundo y por qué? ¿De dónde provengo y adónde me dirijo? ¿Qué quiere la muerte de mí?». A su vez significa la naturaleza y el propósito verdadero y subyacente tras las cosas y los acontecimientos del universo, incluyendo especialmente la vida humana. En otras palabras, puede ser contemplado desde un punto de vista semejante a hallarse en armonía con el Destino Divino o el Conocimiento del mismo. El Corán es la fuente de conocimiento en todas estas materias vitales. La *Sunna* del Profeta, la paz y las bendiciones sean con él, al ser el sistema o grupo de principios por los cuales se puede entender y practicar el Corán en la vida diaria, es lo primero que viene a la mente cuando se habla de «la Sabiduría».

Embaucados por Satanás, la gente mundana cree que el culmen de la sabiduría consiste en estar constantemente preocupado por ahorrar a partir de sus ingresos monetarios y estar constantemente atentos con la intención de incrementar sus ganancias. Pero a aquellos a los que se les ha concedido la sabiduría tienen como objetivo la felicidad eterna en el mundo eterno, lo cual precisa que se haga un desembolso económico en la causa de Dios y dar a los necesitados con el fin de lograr una vida social equilibrada y feliz.

وَمَا اَنْفَقْتُمْ مِنْ نَفَقَةٍ اَوْ نَذَرْتُمْ مِنْ نَذْرٍ
فَاِنَّ اللّٰهَ يَعْلَمُهُ وَمَا لِلظَّالِمٖينَ مِنْ اَنْصَارٍ ﴿٢٧٠﴾
اِنْ تُبْدُوا الصَّدَقَاتِ فَنِعِمَّا هِيَ وَاِنْ تُخْفُوهَا
وَتُؤْتُوهَا الْفُقَرَٓاءَ فَهُوَ خَيْرٌ لَكُمْ وَيُكَفِّرُ عَنْكُمْ
مِنْ سَيِّـَٔاتِكُمْ وَاللّٰهُ بِمَا تَعْمَلُونَ خَبٖيرٌ ﴿٢٧١﴾ لَيْسَ عَلَيْكَ
هُدٰيهُمْ وَلٰكِنَّ اللّٰهَ يَهْدٖي مَنْ يَشَٓاءُ وَمَا تُنْفِقُوا
مِنْ خَيْرٍ فَلِاَنْفُسِكُمْ وَمَا تُنْفِقُونَ اِلَّا ابْتِغَٓاءَ
وَجْهِ اللّٰهِ وَمَا تُنْفِقُوا مِنْ خَيْرٍ يُوَفَّ اِلَيْكُمْ
وَاَنْتُمْ لَا تُظْلَمُونَ ﴿٢٧٢﴾ لِلْفُقَرَٓاءِ الَّذٖينَ اُحْصِرُوا
فٖي سَبٖيلِ اللّٰهِ لَا يَسْتَطٖيعُونَ ضَرْبًا فِي الْاَرْضِ
يَحْسَبُهُمُ الْجَاهِلُ اَغْنِيَٓاءَ مِنَ التَّعَفُّفِ تَعْرِفُهُمْ
بِسٖيمٰيهُمْ لَا يَسْـَٔلُونَ النَّاسَ اِلْحَافًا وَمَا تُنْفِقُوا مِنْ
خَيْرٍ فَاِنَّ اللّٰهَ بِهٖ عَلٖيمٌ ﴿٢٧٣﴾ اَلَّذٖينَ يُنْفِقُونَ اَمْوَالَهُمْ
بِالَّيْلِ وَالنَّهَارِ سِرًّا وَعَلَانِيَةً فَلَهُمْ اَجْرُهُمْ عِنْدَ
رَبِّهِمْ وَلَا خَوْفٌ عَلَيْهِمْ وَلَا هُمْ يَحْزَنُونَ ﴿٢٧٤﴾

270. Cualquier gasto que hagáis (sea poco o mucho, bueno o malo, en la causa de Dios o en la de Satanás) o cualquier voto que hagáis, sin duda Dios lo conoce. (Aunque contemplen su futuro como seguro) no habrá quien auxilie a los malhechores (con respecto a su destino final).

271. Si concedéis limosnas públicamente, es bueno; pero si las ocultáis y se las dais a los pobres (en secreto), será mejor para vosotros; y Dios (hará de ello una expiación y) borrará parte de vuestros actos malvados. Dios se halla perfectamente informado de lo que hacéis.

272. (¡Oh Mensajero! Tu misión es comunicar tales mandamientos, por lo que) no te incumbe a ti asegurar su guía (en todos los asuntos), sino que Dios guía a quien Su Voluntad dicta. El bien que gastéis (en caridad en otras buenas causas) es para vuestro beneficio; y (como creyentes) no lo gastáis sino buscando la «Faz» de Dios (buscando ser merecedores de Su favor). Lo bueno que gastéis os será devuelto del todo y no sufriréis ninguna injusticia.

273. Aquello (que gastáis) es para los pobres quienes, habiéndose dedicado a la causa de Dios, se encuentran en circunstancias angustiosas. No pueden desplazarse por la Tierra (para servir a la causa de Dios y ganarse el sustento). Los ignorantes (de sus circunstancias) los toman por ricos por su circunspección y sus dignos modales; pero los conocerás por sus semblantes: no piden a la gente importunamente. Y el bien que gastéis, no cabe duda que Dios posee pleno conocimiento de ello.

274. Aquellos que gastan sus bienes día y noche, en secreto y en público, tendrán su recompensa junto a su Señor, y no tendrán ningún miedo ni se entristecerán.

اَلَّذِينَ يَأْكُلُونَ الرِّبٰوا لَا يَقُومُونَ اِلَّا كَمَا يَقُومُ الَّذِى
يَتَخَبَّطُهُ الشَّيْطَانُ مِنَ الْمَسِّ ذٰلِكَ بِاَنَّهُمْ قَالُوا اِنَّمَا
الْبَيْعُ مِثْلُ الرِّبٰوا وَاَحَلَّ اللّٰهُ الْبَيْعَ وَحَرَّمَ الرِّبٰوا فَمَنْ
جَاءَهُ مَوْعِظَةٌ مِنْ رَبِّهِ فَانْتَهٰى فَلَهُ مَا سَلَفَ وَاَمْرُهُ اِلَى اللّٰهِ
وَمَنْ عَادَ فَاُولٰئِكَ اَصْحَابُ النَّارِ هُمْ فِيهَا خَالِدُونَ ﴿٢٧٥﴾
يَمْحَقُ اللّٰهُ الرِّبٰوا وَيُرْبِى الصَّدَقَاتِ وَاللّٰهُ لَا يُحِبُّ كُلَّ
كَفَّارٍ اَثِيمٍ ﴿٢٧٦﴾ اِنَّ الَّذِينَ اٰمَنُوا وَعَمِلُوا الصَّالِحَاتِ وَاَقَامُوا
الصَّلٰوةَ وَاٰتَوُا الزَّكٰوةَ لَهُمْ اَجْرُهُمْ عِنْدَ رَبِّهِمْ وَلَا خَوْفٌ
عَلَيْهِمْ وَلَا هُمْ يَحْزَنُونَ ﴿٢٧٧﴾ يَا اَيُّهَا الَّذِينَ اٰمَنُوا اتَّقُوا
اللّٰهَ وَذَرُوا مَا بَقِىَ مِنَ الرِّبٰوا اِنْ كُنْتُمْ مُؤْمِنِينَ ﴿٢٧٨﴾ فَاِنْ
لَمْ تَفْعَلُوا فَأْذَنُوا بِحَرْبٍ مِنَ اللّٰهِ وَرَسُولِهِ وَاِنْ تُبْتُمْ
فَلَكُمْ رُؤُسُ اَمْوَالِكُمْ لَا تَظْلِمُونَ وَلَا تُظْلَمُونَ ﴿٢٧٩﴾
وَاِنْ كَانَ ذُو عُسْرَةٍ فَنَظِرَةٌ اِلٰى مَيْسَرَةٍ وَاَنْ تَصَدَّقُوا خَيْرٌ
لَكُمْ اِنْ كُنْتُمْ تَعْلَمُونَ ﴿٢٨٠﴾ وَاتَّقُوا يَوْمًا تُرْجَعُونَ فِيهِ اِلَى
اللّٰهِ ثُمَّ تُوَفّٰى كُلُّ نَفْسٍ مَا كَسَبَتْ وَهُمْ لَا يُظْلَمُونَ ﴿٢٨١﴾

يَا اَيُّهَا

275. En cuanto a los que devoran usura (aunque parezca que, temporalmente, obtienen beneficios), serán como aquel al que Satanás hechiza y confunde con su toque (y resucitarán de sus tumbas del mismo modo ante Dios). El motivo de ello es porque dicen que la usura es como el comercio, mientras que Dios ha hecho el comercio lícito y la usura ilícita[161]. A quien le llegue una orden de su Señor y desista (de la usura), podrá quedarse con sus ganancias pasadas (legalmente) y su caso será remitido a Dios (si se arrepiente sinceramente y nunca más vuelve a devengar interés, puede albergar la esperanza de que Dios le perdone). Pero quien reincida en ello (creyendo que es legal) esos son los compañeros del Fuego en el que morarán.

276. Dios despoja la usura (la cual parece incrementar la riqueza) de cualquier bendición y la arruina; pero hace productiva la limosna (que parece que disminuye la riqueza). Dios no ama a ningún incrédulo obstinado (que considera lo que Dios ha hecho lícito como prohibido y viceversa) y a ningún pecador obstinado.

277. Aquellos que creen y hacen actos buenos y rectos y establecen la Oración conforme a sus condiciones y pagan la Limosna Purificadora Prescrita, tendrán su recompensa junto a su Señor y no tendrán ningún miedo ni se entristecerán.

278. ¡Oh vosotros que creéis! Apartaros de la desobediencia a Dios e intentad alcanzar la piedad en la debida veneración a Él, y renunciad a lo que quede (os sea debido) de la usura, si sois (verdaderos) creyentes.

279. Y si no lo hacéis (y persistís en cobrar usura, teniendo en cuenta que sea legal o no), quedad advertidos de una guerra proveniente de Dios y Su Mensajero. Si os arrepentís con sinceridad (y abandonáis la práctica de todas las transacciones con interés por completo), tendréis vuestro capital. Entonces, no cometeréis injusticias ni tampoco las sufriréis.

280. Si el deudor se halla en circunstancias extremas, concededle un respiro hasta el momento de desahogo; mas si hacéis una remisión (de su deuda) por caridad, es mejor para vosotros, si al menos supieseis.

281. Y protegeos de un Día en el cual seréis devueltos a Dios (con todos vuestros actos remitidos a Su juicio). Entonces, a cada alma íntegramente se le concederá lo que haya merecido (durante la vida) y no será objeto de injusticia.

160. Al igual que en la puesta en práctica de otras prescripciones islámicas, la práctica de aplicar la usura en las relaciones comerciales fue prohibida gradualmente y toda clase de transacciones con intereses fueron radicalmente abolidas durante la Peregrinación de Despedida apenas tres meses antes de la muerte del Mensajero de Dios, la paz y las bendiciones sean con él. Bediüzzaman Said Nursi escribe lo siguiente acerca de los intereses en el comercio de modo muy sucinto:

> La causa de todas las revoluciones y de la corrupción social, así como el origen de todas las perdiciones morales, son estas dos actitudes:
>
> Primero: «Me da igual si otros se mueren de hambre siempre y cuando mi estómago esté lleno».
>
> En segundo lugar: «Debes cargar con el precio de mi desahogo —debes trabajar para que yo pueda comer—».
>
> La cura de la primera actitud es la obligación del *Zakat*, la Limosna Purificadora Prescrita en el Corán. La cura de la segunda actitud es la prohibición de todas las transacciones con usura. La justicia del Corán se planta ante la puerta del mundo y rechaza la usura, proclamando: «¡No! No tienes ningún derecho a entrar». La humanidad no prestó atención a esta prohibición y ha sufrido terribles golpes por ello. Que presten atención ahora para evitar mayores sufrimientos [*The Words*, («Las Palabras»), «The 25th Word» («La 25ª Palabra»), págs. 427-428].

Como se apreciará en los siguientes versículos, el Corán es extremadamente estricto con los intereses. Tanto es así que considerarlo legal equivale a incredulidad y pecado, y cobrar interés, aún considerándolo ilícito por estar prohibido por Dios, equivale contradecir a Dios y a Su Mensajero.

El interés es el mecanismo principal para la acumulación de riqueza, para hacer a los ricos más ricos y a los pobres más pobres. El estado actual del mundo, donde los países pobres están oprimidos a causa de la carga de los préstamos de las naciones ricas, y los países ricos viven a costa de los pobres, es un ejemplo de esto. El interés es el medio para mantener la opresión tanto a nivel mundial como nacional. Además de la corrupción que causa en la economía, por su naturaleza, el interés engendra mezquindad, egoísmo, apatía y crueldad hacia los demás. Conduce a la adoración del dinero, a valorarlo en su propio beneficio y no el de los demás y destruye el sentimiento de compañerismo y el espíritu de cooperación altruista entre la gente. Por lo tanto, es ruinoso para la humanidad desde un punto de vista económico y moral.

Cuando el Islam se aplica íntegramente, no hay necesidad de préstamos y transacciones basadas en el interés. La economía islámica promueve las inversiones cooperativas —en las que los participantes comparten directamente el beneficio o la pérdida de la empresa— y la ayuda mutua, la cooperación y el altruismo. La prohibición del interés reduce el coste de tales empresas y también suprime la inflación. El dinero es un medio para intercambiar mercancías. Hacer del dinero objeto de (lo que en la práctica es) un comercio libre de riesgo es irracional, explotador y genera un gran número de actitudes y actividades eminentemente parasitarias.

يَا اَيُّهَا الَّذٖينَ اٰمَنُوا اِذَا تَدَايَنْتُمْ بِدَيْنٍ اِلٰى اَجَلٍ مُسَمًّى
فَاكْتُبُوهُ وَلْيَكْتُبْ بَيْنَكُمْ كَاتِبٌ بِالْعَدْلِ وَلَا يَأْبَ كَاتِبٌ
اَنْ يَكْتُبَ كَمَا عَلَّمَهُ اللّٰهُ فَلْيَكْتُبْ وَلْيُمْلِلِ الَّذٖى عَلَيْهِ
الْحَقُّ وَلْيَتَّقِ اللّٰهَ رَبَّهُ وَلَا يَبْخَسْ مِنْهُ شَيْـًٔا فَاِنْ كَانَ
الَّذٖى عَلَيْهِ الْحَقُّ سَفٖيهًا اَوْ ضَعٖيفًا اَوْ لَا يَسْتَطٖيعُ اَنْ
يُمِلَّ هُوَ فَلْيُمْلِلْ وَلِيُّهُ بِالْعَدْلِ وَاسْتَشْهِدُوا شَهٖيدَيْنِ
مِنْ رِجَالِكُمْ فَاِنْ لَمْ يَكُونَا رَجُلَيْنِ فَرَجُلٌ وَامْرَاَتَانِ
مِمَّنْ تَرْضَوْنَ مِنَ الشُّهَدَٓاءِ اَنْ تَضِلَّ اِحْدٰيهُمَا فَتُذَكِّرَ
اِحْدٰيهُمَا الْاُخْرٰى وَلَا يَأْبَ الشُّهَدَٓاءُ اِذَا مَا دُعُوا
وَلَا تَسْـَٔمُٓوا اَنْ تَكْتُبُوهُ صَغٖيرًا اَوْ كَبٖيرًا اِلٰٓى اَجَلِهٖ
ذٰلِكُمْ اَقْسَطُ عِنْدَ اللّٰهِ وَاَقْوَمُ لِلشَّهَادَةِ وَاَدْنٰٓى اَلَّا تَرْتَابُٓوا
اِلَّٓا اَنْ تَكُونَ تِجَارَةً حَاضِرَةً تُدٖيرُونَهَا بَيْنَكُمْ فَلَيْسَ
عَلَيْكُمْ جُنَاحٌ اَلَّا تَكْتُبُوهَا وَاَشْهِدُٓوا اِذَا تَبَايَعْتُمْ
وَلَا يُضَٓارَّ كَاتِبٌ وَلَا شَهٖيدٌ وَاِنْ تَفْعَلُوا فَاِنَّهُ فُسُوقٌ بِكُمْ
وَاتَّقُوا اللّٰهَ وَيُعَلِّمُكُمُ اللّٰهُ وَاللّٰهُ بِكُلِّ شَيْءٍ عَلٖيمٌ ﴿٢٨٢﴾

282. ¡Oh vosotros que creéis! Cuando contraigáis una deuda entre vosotros por un plazo determinado, ponedlo por escrito. Que un escriba lo haga con equidad, y que el escriba no se niegue a hacerlo: ya que Dios le ha enseñado (a través del Corán y de Su Mensajero), que así lo haga. Que el deudor dicte y que evite desobedecer a Dios, su Señor (el Cual le ha creado y le ha hecho crecer con misericordia y gracia), y no omita nada de ello. Si el deudor fuera débil de mente o cuerpo o no pudiera dictar que dicte entonces su tutor con equidad. Y buscad como testigos a dos hombres (musulmanes) de entre vosotros. Si no los hubiera, entonces un hombre y dos mujeres[162] cuyo testimonio os satisfaga, de manera que si una de ellas comete un error (por olvido), la otra se lo haga recordar. Que los testigos no se nieguen cuando se les solicite (prestar declaración). Y (vosotros, Oh escribas) que no seáis reacios a escribirlo (el contrato), sea poco o mucho, con la fecha de vencimiento del contrato. Que hagáis eso (Oh vosotros que creéis) es más justo ante Dios, más seguro como testimonio y más proclive a que no tengáis dudas. Si fuese una compraventa que tenga lugar en el acto, no habrá objeción si no lo ponéis por escrito; pero procuraos testigos cuando realicéis transacciones comerciales entre vosotros, y que no se perjudique ni al escribano ni al testigo (ni dejéis que ninguno de ellos actúe de modo que perjudique a las partes). Si lo hicierais (de modo que perjudicaseis a alguna de las partes o al escribano y a los testigos), seguramente cometeríais una trasgresión. (Siempre) actuad con la debida reverencia a Dios e intentando alcanzar la piedad. Dios os enseña (lo que necesitáis en la vida y el modo que debéis de proceder en cada asunto); Dios posee pleno conocimiento de todas las cosas.

162. La razón por la cual el Corán exige dos mujeres en lugar de un hombre con respecto a las transacciones comerciales es clara. En absoluto quiere decir que el Corán considera a la mujer como la mitad de un hombre. Lo que es importante aquí no es el estado relativo de las mujeres o de los hombres, sino la fiabilidad, la justicia y la equidad en las transacciones comerciales, particularmente las transacciones que entrañan una deuda.

Por lo general, a través de las diversas culturas del mundo, los hombres se dedican en mayor medida a los negocios, mucho más que las mujeres y son directamente responsables del sustento familiar. Además, y asimismo característicamente (mas no siempre), las mujeres son más emocionales que los hombres y más susceptibles al olvido. Por consiguiente, es razonable esperar que, en asuntos que generalmente no abordan con frecuencia, las mujeres serán más susceptibles a equivocarse u olvidarse que los hombres. Por supuesto, siempre habrá algunas mujeres con una memoria más precisa que la de algunos hombres, y algunos hombres más emocionales que algunas mujeres. Sin embargo, salvando las excepciones, es la norma y la mayoría general la que se considera en los asuntos relacionados con las instituciones de la comunidad.

El Islam no exige a dos mujeres en lugar de un hombre en todos los casos referentes al testimonio. Por ejemplo, ya sea la esposa o el marido, quienquiera que acuse a su cónyuge de adulterio, deberá jurar por Dios cuatro veces. Asimismo, no hay diferencia entre un hombre y una mujer en la observación del firmamento al testificar el avistamiento del cuarto creciente para establecer el comienzo o el final del mes lunar. E igualmente, no es preciso el testimonio de dos mujeres al de un hombre en asuntos en los que las mujeres tienen mayor conocimiento o especialidad que los hombres.

Es pues de una importancia significativa saber que este versículo contiene las reglas necesarias para el establecimiento del cargo de «notario público». Es una de las numerosas pruebas de la universalidad del Corán y de su condición intemporal el hecho de que hubiese establecido estas reglas en una época histórica y destinada a una sociedad en la que había muy poca gente que supiese leer y escribir, y apenas si había papel para escribir. Estas reglas tienen su base en la justicia, la equidad, la firme exactitud del testimonio y la eliminación de todas las dudas acerca de las condiciones de la transacción, reduciendo así la posibilidad de discordancia futura.

283. Si os halláis (en circunstancias semejantes como estar) de viaje y no podéis encontrar un escriba, entonces una fianza será suficiente. Pero si confiáis el uno en el otro, permítele (al deudor) que cumpla lo prometido y que actúe con piedad y se aleje de la desobediencia a Dios, su Señor (cumpliendo las condiciones del contrato). Y no ocultéis el testimonio; aquel que lo oculte, sin duda su corazón (el cual es el centro de la fe) se halla corrompido por el pecado. Dios posee pleno conocimiento de lo que hacéis.

284. A Dios Le pertenece todo cuanto hay en los Cielos y en la Tierra; bien reveléis lo que ocultáis en vosotros mismos (vuestras intenciones o planes) bien lo guardéis, Dios os llamará para que rindáis cuenta de ello. Perdona a quien Su Voluntad dicta (ya sea por Su gracia o respondiendo al arrepentimiento del pecador) y castiga a quien Su Voluntad dicta (como requerimiento a Su justicia). Dios posee pleno poder sobre todas las cosas.

285. El Mensajero cree en lo que ha sido descendido sobre él proveniente de su Señor y a su vez los creyentes creen así; cada uno cree en Dios, Sus ángeles, Sus Libros y Sus Mensajeros: «No hacemos distinción entre ninguno de Sus Mensajeros (creyendo en ellos)». Y dicen: «Hemos escuchado (la llamada a la fe y la conducta correcta) y (al contrario que muchos de los seguidores de Moisés) hemos obedecido. Señor nuestro, concédenos Tu perdón y a Ti será el retorno».

286. (Oh creyentes, si os preocupa que Dios haga rendir cuentas a todas las almas hasta de los planes e intenciones que éstas hayan ocultado en sí mismas, sabed que) Dios no impone nada sobre ningún alma excepto en la medida de su capacidad: en su favor se

48 سُورَةُ الْبَقَرَةِ ٤٨

وَاِنْ كُنْتُمْ عَلٰى سَفَرٍ وَلَمْ تَجِدُوا كَاتِبًا فَرِهَانٌ مَقْبُوضَةٌ
فَاِنْ اَمِنَ بَعْضُكُمْ بَعْضًا فَلْيُؤَدِّ الَّذِى اؤْتُمِنَ اَمَانَتَهُ
وَلْيَتَّقِ اللّٰهَ رَبَّهُ وَلَا تَكْتُمُوا الشَّهَادَةَ وَمَنْ يَكْتُمْهَا فَاِنَّهُ
اٰثِمٌ قَلْبُهُ وَاللّٰهُ بِمَا تَعْمَلُونَ عَلِيمٌ ﴿٢٨٣﴾ لِلّٰهِ مَا فِى السَّمٰوَاتِ
وَمَا فِى الْاَرْضِ وَاِنْ تُبْدُوا مَا فِى اَنْفُسِكُمْ اَوْ تُخْفُوهُ
يُحَاسِبْكُمْ بِهِ اللّٰهُ فَيَغْفِرُ لِمَنْ يَشَاءُ وَيُعَذِّبُ مَنْ يَشَاءُ
وَاللّٰهُ عَلٰى كُلِّ شَيْءٍ قَدِيرٌ ﴿٢٨٤﴾ اٰمَنَ الرَّسُولُ بِمَا اُنْزِلَ
اِلَيْهِ مِنْ رَبِّهِ وَالْمُؤْمِنُونَ كُلٌّ اٰمَنَ بِاللّٰهِ وَمَلٰٓئِكَتِهِ وَكُتُبِهِ
وَرُسُلِهِ لَا نُفَرِّقُ بَيْنَ اَحَدٍ مِنْ رُسُلِهِ وَقَالُوا سَمِعْنَا
وَاَطَعْنَا غُفْرَانَكَ رَبَّنَا وَاِلَيْكَ الْمَصِيرُ ﴿٢٨٥﴾ لَا يُكَلِّفُ اللّٰهُ
نَفْسًا اِلَّا وُسْعَهَا لَهَا مَا كَسَبَتْ وَعَلَيْهَا مَا اكْتَسَبَتْ
رَبَّنَا لَا تُؤَاخِذْنَا اِنْ نَسِينَا اَوْ اَخْطَاْنَا رَبَّنَا وَلَا تَحْمِلْ
عَلَيْنَا اِصْرًا كَمَا حَمَلْتَهُ عَلَى الَّذِينَ مِنْ قَبْلِنَا رَبَّنَا
وَلَا تُحَمِّلْنَا مَا لَا طَاقَةَ لَنَا بِهِ وَاعْفُ عَنَّا وَاغْفِرْ لَنَا
وَارْحَمْنَا اَنْتَ مَوْلٰينَا فَانْصُرْنَا عَلَى الْقَوْمِ الْكَافِرِينَ ﴿٢٨٦﴾

سُورَةُ

encuentra lo (bueno) que se haya ganado y contra ella se halla lo (malo) que se merezca. Por consiguiente, rogad a vuestro Señor: «¡Señor nuestro, no nos tengas en cuenta si olvidamos o cometemos errores. Señor nuestro, no impongas sobre nosotros una carga similar a la de los que nos han precedido[163]. Señor nuestro, no impongas sobre nosotros lo que no somos capaces de soportar. Y pasa por alto nuestros pecados, perdónanos y ten piedad de nosotros. ¡Tú eres nuestro Guardián y Maestro (Aquél a Quien nos encomendamos nuestros asuntos y en Quien confiamos) ayúdanos, pues, y concédenos la victoria sobre los incrédulos!»[164].

163. La carga impuesta sobre las comunidades del pasado estaba basada en la educación que tenían que recibir de acuerdo con la época, las condiciones y su disposición (Véase asimismo el *Sura* 7, nota número 38).

164. Los últimos dos versículos fueron revelados al Mensajero de Dios durante la Ascensión. Es un acto *sunna* muy meritorio recitarlos antes de irse a dormir. El Mensajero aconsejaba a los padres enseñárselos a sus hijos.

سُورَةُ اٰلِ عِمْرٰنَ مَدَنِيَّةٌ
وَهِيَ مِائَتَا اٰيَةٍ

بِسْمِ اللّٰهِ الرَّحْمٰنِ الرَّح۪يمِ

الٓمٓ ﴿١﴾ اَللّٰهُ لَٓا اِلٰهَ اِلَّا هُوَ الْحَيُّ الْقَيُّومُ ﴿٢﴾ نَزَّلَ عَلَيْكَ الْكِتَابَ
بِالْحَقِّ مُصَدِّقًا لِمَا بَيْنَ يَدَيْهِ وَاَنْزَلَ التَّوْرٰيةَ وَالْاِنْج۪يلَ ﴿٣﴾ مِنْ
قَبْلُ هُدًى لِلنَّاسِ وَاَنْزَلَ الْفُرْقَانَ اِنَّ الَّذ۪ينَ كَفَرُوا بِاٰيَاتِ اللّٰهِ لَهُمْ
عَذَابٌ شَد۪يدٌ وَاللّٰهُ عَز۪يزٌ ذُو انْتِقَامٍ ﴿٤﴾ اِنَّ اللّٰهَ لَا يَخْفٰى عَلَيْهِ شَيْءٌ
فِي الْاَرْضِ وَلَا فِي السَّمَٓاءِ ﴿٥﴾ هُوَ الَّذ۪ي يُصَوِّرُكُمْ فِي الْاَرْحَامِ
كَيْفَ يَشَٓاءُ لَٓا اِلٰهَ اِلَّا هُوَ الْعَز۪يزُ الْحَك۪يمُ ﴿٦﴾ هُوَ الَّذ۪ٓي اَنْزَلَ عَلَيْكَ
الْكِتَابَ مِنْهُ اٰيَاتٌ مُحْكَمَاتٌ هُنَّ اُمُّ الْكِتَابِ وَاُخَرُ مُتَشَابِهَاتٌ فَاَمَّا
الَّذ۪ينَ ف۪ي قُلُوبِهِمْ زَيْغٌ فَيَتَّبِعُونَ مَا تَشَابَهَ مِنْهُ ابْتِغَٓاءَ الْفِتْنَةِ وَابْتِغَٓاءَ
تَأْو۪يلِه۪ وَمَا يَعْلَمُ تَأْو۪يلَهُٓ اِلَّا اللّٰهُ وَالرَّاسِخُونَ فِي الْعِلْمِ يَقُولُونَ اٰمَنَّا بِه۪
كُلٌّ مِنْ عِنْدِ رَبِّنَا وَمَا يَذَّكَّرُ اِلَّٓا اُو۬لُوا الْاَلْبَابِ ﴿٧﴾ رَبَّنَا لَا تُزِغْ قُلُوبَنَا
بَعْدَ اِذْ هَدَيْتَنَا وَهَبْ لَنَا مِنْ لَدُنْكَ رَحْمَةً اِنَّكَ اَنْتَ الْوَهَّابُ ﴿٨﴾ رَبَّنَٓا
اِنَّكَ جَامِعُ النَّاسِ لِيَوْمٍ لَا رَيْبَ ف۪يهِ اِنَّ اللّٰهَ لَا يُخْلِفُ الْم۪يعَادَ ﴿٩﴾

SURA 3

AL-ʿIMRAN

(LA FAMILIA DE *ʿIMRAN*)

Período de Medina

Este *sura* adquiere su título de la familia de María. Fue revelado en Medina y consta de doscientos versículos. Aborda distintos asuntos que tienen que ver con las relaciones de los musulmanes con la Gente del Libro, en particular con los cristianos. Clarifica algunos puntos importantes relativos al profeta Jesús, la paz sea con él, los cuales incluyen su nacimiento, los milagros que realizó y su misión. Trata con detalle las lecciones que debemos dilucidar de la Batalla de Uhud y enseña a los creyentes numerosos asuntos importantes respecto a la creencia, la confianza en Dios, anteponer la vida en el Más Allá a la vida actual así como la sabiduría contenida en los acontecimientos históricos.

En el Nombre de Dios,
el Misericordioso, el Compasivo.

1. *Alif. Lam. Mim.*

2. Dios, no hay más deidad que Él; el Viviente, el Subsistente (Aquel por el Cual todo subsiste).

3. Hace descender sobre ti el Libro por partes con la verdad, confirmando (el Origen Divino y las verdades que contiene) las Revelaciones anteriores a él; e hizo descender la Tora y el Evangelio,

4. En tiempos pasados, como guía para la humanidad; y ha hecho descender el Criterio para distinguir entre la verdad y la falsedad, y el conocimiento y el poder de juicio para ponerlo en vigor . Aquellos que no creen en las Revelaciones de Dios, tendrán un severo castigo. Dios es Glorioso poseedor de irresistible poder, Infinitamente Capaz de Compensar.

5. Sin duda, nada de todo aquello que se encuentra en la Tierra o en los Cielos Le es oculto a Dios.

6. Él es Quien os da forma en las matrices como Su Voluntad dicta. No hay más deidad que Él, el Glorioso poseedor de irresistible poder, el Omnisapiente.

7. Él es Quien ha hecho descender sobre ti el Libro, en el que se dan versículos explícitos en significado y contenido, y decisivos: los cuales son el núcleo del Libro, y asimismo hay otros versículos de carácter alegórico[2]. Aquellos en cuyos corazones se halla el extravío, siguen el carácter alegórico que aparece en él, buscando (causar) discordia y exponerlo a interpretación arbitraria, aunque nadie conoce su interpretación excepto Dios. Y aquellos firmemente arraigados en el conocimiento dicen: «Creemos en Él (en todos sus versículos tanto los explícitos como los alegóricos); todo procede de nuestro Señor». Mas sólo aceptan consejo la gente de discernimiento.

8. (Ruegan a Dios): «Señor nuestro, no dejes que nuestros corazones se desvíen después de que nos hayas guiado y concédenos misericordia desde Tu Presencia. Sin duda, Tú eres el Dadivoso».

9. «Señor nuestro, Tú eres Aquel Quien reunirás a la humanidad en un Día (de cuya venida) no hay duda alguna. En verdad que Dios no falta a la promesa».

---

1. Respecto al Criterio, véase el versículo 2:53, nota número 61.

En cuanto a la Tora y al Evangelio, los cuales son confirmados por el Corán: la Tora, según el uso coránico, hace referencia al Libro otorgado al profeta Moisés, la paz sea con él, e incluye asimismo los Diez Mandamientos, que le fueron entregados e inscritos en tablas. Moisés tomó el resto de los mandamientos judiciales revelados, entregó una copia a cada una de las tribus y una copia a los levitas para su custodia. Este libro no es sino aquel que fue conocido como la Tora y existió hasta la primera destrucción de Jerusalén. La copia entregada en custodia a los levitas fue puesta junto al Arca (del compromiso) y junto a las Tablas de los Mandamientos; y los israelitas llamaban a este conjunto de revelaciones la Tora. Sin embargo, los judíos, desatendieron el Libro: durante el reinado de Josué, el Rey de Judá, el Templo de Salomón estaba siendo reparado y el sumo sacerdote, Jilquías, encontró el Libro tirado en las obras de construcción. Se lo dio al secretario del Rey, Safán, el cual se lo entregó al Rey. Actuaron como si hubiesen encontrado un objeto extraño (véase el Libro Segundo de los Reyes, 22:8-13).

Por lo tanto, cuando el rey de Babilonia, Nabucodonosor, conquistó Jerusalén y la devastó, destruyendo el Templo de Salomón hasta los cimientos, los israelitas perdieron para siempre las pocas copias originales de la Tora que poseían. Durante la época de Esrás, algunos israelitas regresaron desde su cautiverio en Babilonia y cuando Jerusalén fue reconstruida, toda la historia de Israel, comprendida en los primeros catorce libros del Antiguo Testamento, fue escrita por Uzayr con la asistencia de otros ancianos de la comunidad. Cuatro de esos libros, Éxodo, Levítico, Números y Deuteronomio, consisten en una narración biográfica de Moisés. En esta biografía, los textos de la Tora a los que Uzayr y el resto de ancianos tuvieron acceso fueron escritos dentro del contexto en el que fueron revelados. La Tora actual, por lo tanto, contiene fragmentos del libro original intercalados con una biografía de Moisés (compuesta de la manera anteriormente descrita).

Cuando hallamos dichos fragmentos de la Tora original, encontramos algunas expresiones que nos pueden ayudar. Éstas se hallan intercaladas entre diferentes fragmentos de la narración biográfica y generalmente empiezan con las palabras: «Entonces el Señor le dijo a Moisés» y «Moisés dijo: "El Señor, vuestro Dios os ordena"». Estas expresiones posiblemente son fragmentos de la Tora original. Cuando los pasajes biográficos vuelven a empezar podemos estar seguros de que los fragmentos de la Tora verdadera acaban. Siempre que los escribientes y revisores de la Biblia hayan añadido algo de *motu proprio*, ya sea como explicación o elucidación, se hace muy difícil para el lector común distinguir entre el original y los añadidos explicatorios. Sin embargo, aquellos que conocen en profundidad las Escrituras Divinas tienen capacidad para distinguir entre los fragmentos de la revelación original y las interpolaciones humanas posteriores.

Es el Libro original revelado a Moisés —alguno de cuyos versículos pueden encontrarse en la Biblia— el que el Corán nombra como Tora y es lo que éste confirma. Cuando dichos pasajes son comparados con el Corán no hay diferencia entre ambos en cuanto a las enseñanzas fundamentales. Cualquier diferencia existente hace referencia a asuntos legales de importancia secundaria. Incluso hoy por hoy, un lector meticuloso puede darse cuenta de que la Tora y el Corán han surgido de la misma Fuente Divina.

Del mismo modo, el *Inyil* hace referencia a las plegarias y expresiones inspiradas por Jesús (la paz sea con él), las cuales enunció durante los tres últimos años de su vida como Mensajero. No disponemos de medios fidedignos y exactos por los que podamos establecer de modo definitivo si dichas expresiones fueron registradas durante su vida. Es posible que alguien tomase nota de las mismas o que algunos de sus discípulos las memorizasen. Después de un período de tiempo, fueron escritos numerosos tratados sobre la vida de Jesús. Los autores de dichos tratados registraron, en conexión con la narración biográfica, los dichos de Jesús que recibieron de las anteriores generaciones de correligionarios; ya sea en forma de tradiciones orales o notas escritas sobre los acontecimientos de su vida. Como resultado de ello, los Evangelios de Mateo, Marcos, Lucas y Juan, cuyos autores pertenecen a la segunda o tercera generación después de Jesús y que fueron elegidos y aceptados entre otras trescientas versiones similares por la Iglesia como Evangelios Canónicos, no son idénticos al *Inyil*. Al contrario, el *Inyil* consiste en las declaraciones de Jesús que forman parte de esos Evangelios. Desafortunadamente, no hay modo de distinguir los pasajes del *Inyil* original y los fragmentos escritos por los autores de su propia pluma. Todo lo que podemos señalar es que sólo dichos pasajes atribuidos específicamente a Jesús, como por ejemplo: «y Jesús dijo» así como «y Jesús enseñó», probablemente son parte del verdadero *Inyil*. Es la totalidad de dichos fragmentos lo que es designado como *Inyil* en el Corán. Y son las enseñanzas contenidas en dichos fragmentos las que el Corán confirma. Si dichos fragmentos se ubican juntos y se comparan con las enseñanzas del Corán, se pueden apreciar muy pocas discrepancias entre ellos; y cualquier discrepancia puede ser resuelta de modo imparcial (En gran medida se ha citado en esta nota a al-Mawdudi, 1:233-234).

2. *Muhkam* significa aquello que ha sido hecho firme y perfecto, mientras que *mutashabih* proviene de la raíz *shibh*, que significa semejanza. Todos los versículos del Corán son *muhkam* en el sentido de que no hay duda respecto a su Autoría Divina, sin embargo también son *mutashabih* en el sentido de que están interrelacionados entre sí. Sin embargo, lo que significa en el versículo la palabra *muhkam* y *mutashabih* es lo siguiente:

Los versículos *muhkam* son aquellos cuyos significados son tan claros que no dan lugar a ninguna ambigüedad o equivocación. Dichos versículos son el núcleo del Corán. Encarnan el consejo y la instrucción, además de la refutación de las doctrinas erróneas. También contienen los elementos esenciales de la fe verdadera, enseñanzas sobre la fe, la adoración, la vida diaria, la moralidad, los deberes obligatorios y las prohibiciones. Estos son los versículos que guiarán al genuino buscador de la verdad y los que guiarán a aquellos que se encomienden al Corán para saber qué es lo que tienen y no tienen que hacer.

Los versículos *mutashabih* son aquellos que, al tener más de un significado, requieren de otra prueba para ser entendidos. La razón de dichos significados múltiples es que el tiempo progresa, las condiciones cambian, la información humana aumenta y hay tantos niveles de comprensión como individuos existen. El Corán, al ser la Palabra de Dios, se dirige a todos los niveles de entendimiento, desde la época en que fue revelado hasta el Día de la Resurrección. Explica a la gente asuntos que no pueden ser fácilmente entendidos empleando metáforas, símiles, personificaciones y parábolas. Este modo de explicación no afecta a las verdades inalterables y esenciales de la religión, ya que Dios nos ha informado claramente de lo que Él exige de nosotros en cuanto a fe, devoción, moralidad, deberes obligatorios y prohibiciones. Los versículos *mutashabih* (alegóricos) contienen verdades relativas que pueden ser entendidas tomando en consideración los versículos relevantes y refiriéndose a los versículos *muhkam*.

A causa de la naturaleza de las realidades de la vida humana de este mundo, las verdades relativas son más numerosas que las absolutas e invariables. Para entender este punto, tomemos una araña de luces de cristal como ejemplo. Mientras que la luz sigue siendo la misma, los que están alrededor de la lámpara la perciben de diferentes colores o como luces de fulgor diferente según cambie su posición. Dichas diferencias provienen de las diferentes estructuras moleculares de los cristales de la lámpara y de los diferentes ángulos de los mismos. Del mismo modo, Dios Todopoderoso incluye en el Corán varios versículos alegóricos para ofrecer significados sin límite con palabras concretas para toda la gente, sea cual fuere su nivel de conocimiento o comprensión, con el fin de enseñarles hasta la llegada del Día del Juicio Final. De ese modo, les invita a reflexionar sobre el Libro y a ser guiados hacia la verdad. No ha de olvidarse que una semejanza exacta no es el objetivo que se pretende al confrontar lo que es comparado y aquello con lo que ha sido comparado.

Al poseer los versículos alegóricos significados múltiples, los intérpretes del Corán pueden llegar a descubrir uno o más de dichos significados. Cada uno de sus descubrimientos es considerado una verdad, a condición de que se hallen en conformidad con los versículos *muhkam*, los elementos esenciales del Islam, las reglas del árabe coránico y las reglas de la ciencia de la interpretación. Sin embargo cualquiera que sea el significado al que llegue un erudito, el significado exacto de dichos versículos siempre es referido a Dios, el Omnisciente. A esto se le denomina exégesis.

اِنَّ الَّذٖينَ كَفَرُوا لَنْ تُغْنِىَ عَنْهُمْ اَمْوَالُهُمْ
وَلَٓا اَوْلَادُهُمْ مِنَ اللّٰهِ شَيْـًٔاۜ وَاُو۬لٰٓئِكَ هُمْ وَقُودُ النَّارِۙ ١٠
كَدَاْبِ اٰلِ فِرْعَوْنَۙ وَالَّذٖينَ مِنْ قَبْلِهِمْۜ كَذَّبُوا بِاٰيَاتِنَاۚ
فَاَخَذَهُمُ اللّٰهُ بِذُنُوبِهِمْۜ وَاللّٰهُ شَدٖيدُ الْعِقَابِ ١١ قُلْ
لِلَّذٖينَ كَفَرُوا سَتُغْلَبُونَ وَتُحْشَرُونَ اِلٰى جَهَنَّمَۜ وَبِئْسَ
الْمِهَادُ ١٢ قَدْ كَانَ لَكُمْ اٰيَةٌ فٖى فِئَتَيْنِ الْتَقَتَاۜ فِئَةٌ
تُقَاتِلُ فٖى سَبٖيلِ اللّٰهِ وَاُخْرٰى كَافِرَةٌ يَرَوْنَهُمْ مِثْلَيْهِمْ
رَأْىَ الْعَيْنِۜ وَاللّٰهُ يُؤَيِّدُ بِنَصْرِهٖ مَنْ يَشَٓاءُۜ اِنَّ فٖى ذٰلِكَ
لَعِبْرَةً لِاُو۬لِى الْاَبْصَارِ ١٣ زُيِّنَ لِلنَّاسِ حُبُّ الشَّهَوَاتِ
مِنَ النِّسَٓاءِ وَالْبَنٖينَ وَالْقَنَاطٖيرِ الْمُقَنْطَرَةِ مِنَ الذَّهَبِ
وَالْفِضَّةِ وَالْخَيْلِ الْمُسَوَّمَةِ وَالْاَنْعَامِ وَالْحَرْثِۜ ذٰلِكَ
مَتَاعُ الْحَيٰوةِ الدُّنْيَاۚ وَاللّٰهُ عِنْدَهُ حُسْنُ الْمَاٰبِ ١٤
قُلْ اَؤُنَبِّئُكُمْ بِخَيْرٍ مِنْ ذٰلِكُمْۜ لِلَّذٖينَ اتَّقَوْا عِنْدَ
رَبِّهِمْ جَنَّاتٌ تَجْرٖى مِنْ تَحْتِهَا الْاَنْهَارُ خَالِدٖينَ فٖيهَا
وَاَزْوَاجٌ مُطَهَّرَةٌ وَرِضْوَانٌ مِنَ اللّٰهِۜ وَاللّٰهُ بَصٖيرٌ بِالْعِبَادِۚ ١٥

اَلَّذٖينَ

---

10. Aquellos que no creen, no les servirá de nada ni su riqueza ni su descendencia contra Dios; son combustible para el Fuego.

11. Es tal y como ocurrió con el clan (la corte y la aristocracia militar) del Faraón y con aquellos que les precedieron. Negaron Nuestras Revelaciones y signos, y así Dios les agarró por sus pecados. Dios es severo castigando.

12. Di (Oh Mensajero) a quienes no creen: «¡Seréis pronto vencidos y congregados en el Infierno!». ¡Cuán maligno lecho es!

13. Hubo en realidad un signo manifiesto (de la veracidad del camino de Dios) y lecciones en las dos huestes que se encontraron (en la Batalla de Badr): un ejército luchando por la causa de Dios y el otro, incrédulo, quienes vieron con sus mismísimos ojos (al ejército de los creyentes) doblándole en número (durante la lucha). Dios confirma con Su ayuda y victoria a quien Su Voluntad dicta. Sin duda, en ello se da una lección para aquellos que tienen perspicacia.

14. Se les ha hecho atrayente a los hombres de modo innato el amor de las cosas que codician: las mujeres, los hijos, (acumulados) tesoros de oro y plata, los caballos de raza, los rebaños y los cultivos. Tales son los placeres de la vida presente de este mundo; pero con Dios se encuentra el mejor de los fines a alcanzar.

15. Di (a ellos): «¿Puedo informaros de algo que es mejor que todo eso (que tan apasionadamente buscáis obtener)?». Aquellos que se abstengan de la desobediencia a Dios en la debida veneración y piedad a Él tendrán junto a su Señor jardines a través de los cuales discurren ríos, en los cuales morarán, cónyuges puros y la complacencia de Dios (con ellos). Dios bien contempla a Sus siervos.

اَلَّذٖينَ يَقُولُونَ رَبَّنَٓا اِنَّنَٓا اٰمَنَّا فَاغْفِرْ لَنَا ذُنُوبَنَا وَقِنَا
عَذَابَ النَّارِۚ ﴿١٦﴾ اَلصَّابِرٖينَ وَالصَّادِقٖينَ وَالْقَانِتٖينَ
وَالْمُنْفِقٖينَ وَالْمُسْتَغْفِرٖينَ بِالْاَسْحَارِ ﴿١٧﴾ شَهِدَ اللّٰهُ اَنَّهُ
لَٓا اِلٰهَ اِلَّا هُوَۙ وَالْمَلٰٓئِكَةُ وَاُولُوا الْعِلْمِ قَٓائِمًا بِالْقِسْطِۜ
لَٓا اِلٰهَ اِلَّا هُوَ الْعَزٖيزُ الْحَكٖيمُۜ ﴿١٨﴾ اِنَّ الدّٖينَ عِنْدَ اللّٰهِ
الْاِسْلَامُ۠ وَمَا اخْتَلَفَ الَّذٖينَ اُوتُوا الْكِتَابَ اِلَّا مِنْ بَعْدِ
مَا جَٓاءَهُمُ الْعِلْمُ بَغْيًا بَيْنَهُمْۜ وَمَنْ يَكْفُرْ بِاٰيَاتِ
اللّٰهِ فَاِنَّ اللّٰهَ سَرٖيعُ الْحِسَابِ ﴿١٩﴾ فَاِنْ حَٓاجُّوكَ فَقُلْ
اَسْلَمْتُ وَجْهِيَ لِلّٰهِ وَمَنِ اتَّبَعَنِۜ وَقُلْ لِلَّذٖينَ اُوتُوا
الْكِتَابَ وَالْاُمِّيّٖنَ ءَاَسْلَمْتُمْۜ فَاِنْ اَسْلَمُوا فَقَدِ اهْتَدَوْاۚ
وَاِنْ تَوَلَّوْا فَاِنَّمَا عَلَيْكَ الْبَلَاغُۜ وَاللّٰهُ بَصٖيرٌ بِالْعِبَادِ ﴿٢٠﴾
اِنَّ الَّذٖينَ يَكْفُرُونَ بِاٰيَاتِ اللّٰهِ وَيَقْتُلُونَ النَّبِيّٖنَ بِغَيْرِ
حَقٍّۙ وَيَقْتُلُونَ الَّذٖينَ يَأْمُرُونَ بِالْقِسْطِ مِنَ النَّاسِۙ
فَبَشِّرْهُمْ بِعَذَابٍ اَلٖيمٍ ﴿٢١﴾ اُولٰٓئِكَ الَّذٖينَ حَبِطَتْ
اَعْمَالُهُمْ فِي الدُّنْيَا وَالْاٰخِرَةِۘ وَمَا لَهُمْ مِنْ نَاصِرٖينَ ﴿٢٢﴾

16. Aquellos (piadosos devotos) ruegan así: «Señor nuestro, ciertamente creemos; perdónanos, pues, nuestros pecados y protégenos del castigo del Fuego».

17. Aquellos son los que perseveran (en la desgracia y son firmes cumpliendo los mandamientos de Dios y absteniéndose de cometer pecados), sinceros (en sus palabras y actos, así como en sus pactos), devotos y obedientes, que gastan (de lo que Dios les ha proveído, en Su causa y para los necesitados) y los que imploran el perdón de Dios antes del (o al) amanecer.

18. Dios (Mismo) atestigua que en verdad no hay más deidad que Él, y lo mismo hacen los ángeles y los poseedores de conocimiento, siendo firmes manteniendo la verdad y la rectitud: (todos ellos testifican que) no hay más deidad que Él, el Glorioso poseedor de irresistible poder, el Omnisapiente[3].

19. La (verdadera) religión ante Dios es el Islam[4]. Aquellos a quienes se les concedió el Libro con anterioridad mostraron discrepancia justo después de que el conocimiento (de la verdad) les llegase, a causa de la rivalidad, la envidia y la insolencia entre ellos. Quien no crea en las revelaciones de Dios (ha de saber que) Dios es rápido en ajustar cuentas.

20. Si siguen reconviniéndote, di (a ellos, Oh Mensajero): «Me he sometido con todo mi ser a Dios y lo mismo han hecho quienes me siguen». Y pregunta a los que recibieron el Libro con anterioridad y a la gente corriente y sencilla que no saben nada sobre el Libro: «¿Os habéis sometido (a Dios) también?». Si se han sometido, entonces se hallan rectamente guiados; pero si se apartan, a ti sólo te incumbe la transmisión completa del Mensaje. Dios bien contempla a Sus siervos.

21. A aquéllos que no creen en las Revelaciones de Dios y matan frecuentemente a los Profetas (enviados a ellos) contra todo derecho, y matan a los que defienden e intentan establecer la equidad y la justicia, dales las buenas nuevas de un castigo doloroso.

22. Esos son aquellos cuyos actos se han echado a perder en este mundo y en el Más Allá, y no tienen quien les auxilie (para restablecer sus actos en su beneficio y para salvarles del castigo).

3. Este versículo, al ser la evidencia más grande de la Existencia de Dios y Su Unidad y en su condición de versículo que lo expresa en mayor medida, es considerado como equivalente al Más Grande Nombre de Dios.

Todo en el universo, desde las más diminutas partículas hasta las galaxias más extensas, y cada acontecimiento que tiene lugar en el mismo, contiene una evidencia contundente de la Existencia y Unidad de Dios. Las cosas que afloran a la existencia, su vida y características, la función que cumplen en la interconectada trama general de la existencia, cada criatura y cada objeto, todo señala a una sola Deidad Quien posee Atributos absolutos e infinitos, incluyendo en particular, Conocimiento, Poder y Voluntad.

Imagina que te hallas junto a un río, durante el mediodía. En cada una de las burbujas que flotan en ese río puede apreciarse un sol diminuto y brillante. Cuando esas burbujas entran en un túnel distante, los diminutos soles dejan de verse. Pero en las burbujas que están pasando delante de nosotros en ese momento podemos contemplar todavía los mismos soles diminutos. Esto demuestra que los soles que se encuentran en las burbujas no pertenecen realmente a las mismas, ni son producto de ellas. Son el reflejo del único Sol que se encuentra en el cielo. Así es cómo cada burbuja da fe de la existencia y unidad del Sol. También demuestra que el Sol emite luz. (Si miramos al Sol a través de un prisma, podemos contemplar la descomposición del espectro de la luz del Sol en sus diferentes rangos de colores o frecuencias de radiación lumínica). Los diminutos soles continúan siendo reflejados en las nuevas burbujas que pasan ante nosotros mientras otros se pierden en el túnel. Todo ello demuestra que el Sol es un objeto permanente.

Por lo tanto, todas las cosas en el universo son como una burbuja. El surgimiento en la existencia de estas cosas, con tal de que se hallen debidamente equipadas para vivir en el ambiente apropiado, demuestra la Existencia de un Creador que tiene conocimiento tanto del objeto como del universo; pues cada objeto tiene relación con casi todo lo demás en el universo. La capacidad que esas criaturas vivas tienen para ver y oír indica que el Creador ve y oye; y su habilidad para satisfacer sus necesidades vitales demuestra que el Creador es el Sumo Proveedor. La muerte de los seres vivos y su sustitución por otros nuevos demuestra que el Creador es Permanente. Igualmente, el orden del universo y la realidad de que sus componentes cooperan mutuamente indica también que el Creador es Uno. Por ejemplo, para que un bocado de comida entre en el cuerpo humano como alimento, el Sol, la tierra, el agua, la planta de la que procede el bocado de alimento y todos los órganos del cuerpo humano deben cooperar. Esto sólo puede explicarse atribuyendo esta cooperación a un Único Ser que posee conocimiento y poder sobre todas esas cosas. Está claro que quienquiera que haya creado el Sistema Solar y lo controle también ha creado el cuerpo humano y lo controla. Entre todas las criaturas, la humanidad tiene voluntad y conciencia. A pesar de ello, ningún ser humano desempeña papel alguno en su venida a este mundo, en la elección de su familia, color o raza, o en el momento o lugar de nacimiento y muerte. Es más, los seres humanos participan muy poco incluso en sus actos más ordinarios, como el comer y el beber. No somos nosotros los que hacemos lo necesario para comer o beber. Alguien aparte de nosotros ha diseñado este cuerpo que automáticamente trabaja de manera independiente de nuestra voluntad. Alguien nos ha ubicado en este acogedor entorno y ha determinado la relación entre nuestro cuerpo y el mismo, incluyendo lo que es comestible y lo que no lo es. El papel que desempeñamos en el acto de comer sólo consiste en poner el bocado en nuestra boca y masticar. Todo ello demuestra de manera manifiesta que Aquel Quien ha diseñado el cuerpo humano con todas sus necesidades vitales y órganos es el mismo Ser que ha creado su entorno, incluyendo el Sol, la tierra, el agua y las plantas, y que se ha encargado de satisfacer dichas necesidades vitales. Ese Ser es Uno Quien posee pleno conocimiento del universo y de la humanidad y posee poder suficiente para crearlos y dirigirlos todo al unísono, con libre albedrío.

Aparte de esta realidad «objetiva», se da el hecho de que los seres humanos sienten en su conciencia la Existencia de Dios como un punto de apoyo, sobre todo en los casos en que no tienen a nadie a quien acudir para lograr sus deseos o para ser salvados de una calamidad; es en ese momento cuando piden ayuda. Los seres humanos sienten que debe haber Alguien que puede ayudarles a alcanzar sus deseos o salvarles de un peligro. Incluso si no afrontaran situaciones difíciles, todos los seres humanos albergan un sentimiento innato de Su Existencia.

En resumen, es completamente imposible explicar la existencia sin la Existencia de Dios. Su Existencia se halla más manifiesta que cualquier otra cosa en el universo. La persona que niega a Él no difiere en absoluto de aquél que cierra sus ojos durante el mediodía y pretende afirmar que no hay ningún Sol en el universo. La Existencia de Dios se pone aún más de manifiesto que la del Sol. Una persona puede actuar como un sofista y puede poner en duda su propia existencia, pero no puede dudar de la Existencia o Unidad de Dios. Ciertos factores, como la vanagloria, la maldad, una perspectiva incorrecta de la existencia debido por ejemplo a la educación recibida, el entorno en el que se ha crecido, el estilo de vida que uno lleva y los intereses personales, todos estos factores pueden haber sellado las facultades de «ver», «oír» y «pensar», induciendo a algunos al rechazo de Dios. Mientras tanto, los ángeles, los que poseen «conocimiento» y ven y estudian las cosas y los acontecimientos con ojos que pueden «ver», con oídos que pueden «oír», con un corazón que es bastante penetrante y vivo como para entender y con una conciencia pura, y aquéllos que se basan en el conocimiento que los Profetas recibieron de Dios a través de la Revelación, dan fe de que Dios existe y que es Uno.

4. Literalmente, Islam quiere decir sumisión, salvación y paz. Sólo es posible a través de la sumisión a Dios poder lograr la paz tanto en el ámbito individual como el social, así como la salvación en este mundo y el próximo. Por ello todos los Profetas surgieron con la misma doctrina de la fe, los mismos preceptos de adoración y buena conducta y los mismos principios reguladores de la vida social. Sólo discreparon en algunos asuntos secundarios de la ley; y esto únicamente en relación con el momento y con las condiciones en que vivieron. El nombre de la religión que abarca esta doctrina y estos mandatos y principios es Islam. Nombres como Judaísmo y Cristianismo fueron otorgados a dicha religión por sus seguidores o por sus adversarios, y ello tiempo después de que Moisés y Jesús hubiesen abandonado este mundo. Lo que esto significa es que todos los Profetas vinieron con el Islam y lo transmitieron, pero sus seguidores fracasaron en observarlo y conservarlo, introduciendo cambios en él con el tiempo. Fue trasmitido por última vez por el profeta Muhammad, la paz y las bendiciones sean con él, de modo que *abarcaría a toda la gente hasta el fin de los tiempos*. Por lo tanto, sólo «el Islam» predicado por el profeta Muhammad es la religión aceptada por Dios como verdadera: *«Di (Oh Mensajero): "Hemos creído en Dios (sin atribuirle copartícipe alguno), en aquello que se ha hecho descender sobre nosotros y en lo que se hizo descender sobre Abraham, Ismael, Isaac, Jacob y los Profetas que surgieron en las tribus, así como lo que le fue concedido a Moisés, Jesús y a los otros Profetas procedente de su Señor; no hacemos distinción alguna entre ellos (en la creencia) y somos musulmanes (sometidos a Él exclusivamente). Todo aquel que busque una religión distinta al Islam, no le será aceptada y en el Más Allá será de los perdedores"»* (3:84-85).

اَلَمْ تَرَ اِلَى الَّذٖينَ اُوتُوا نَصٖيبًا مِنَ الْكِتَابِ يُدْعَوْنَ اِلٰى كِتَابِ
اللّٰهِ لِيَحْكُمَ بَيْنَهُمْ ثُمَّ يَتَوَلّٰى فَرٖيقٌ مِنْهُمْ وَهُمْ مُعْرِضُونَ ﴿٢٣﴾
ذٰلِكَ بِاَنَّهُمْ قَالُوا لَنْ تَمَسَّنَا النَّارُ اِلَّا اَيَّامًا مَعْدُودَاتٍ وَغَرَّهُمْ
فٖى دٖينِهِمْ مَا كَانُوا يَفْتَرُونَ ﴿٢٤﴾ فَكَيْفَ اِذَا جَمَعْنَاهُمْ لِيَوْمٍ
لَا رَيْبَ فٖيهِ وَوُفِّيَتْ كُلُّ نَفْسٍ مَا كَسَبَتْ وَهُمْ
لَا يُظْلَمُونَ ﴿٢٥﴾ قُلِ اللّٰهُمَّ مَالِكَ الْمُلْكِ تُؤْتِى الْمُلْكَ مَنْ
تَشَاءُ وَتَنْزِعُ الْمُلْكَ مِمَّنْ تَشَاءُ وَتُعِزُّ مَنْ تَشَاءُ وَتُذِلُّ مَنْ
تَشَاءُ بِيَدِكَ الْخَيْرُ اِنَّكَ عَلٰى كُلِّ شَيْءٍ قَدٖيرٌ ﴿٢٦﴾ تُولِجُ الَّيْلَ
فِى النَّهَارِ وَتُولِجُ النَّهَارَ فِى الَّيْلِ وَتُخْرِجُ الْحَىَّ مِنَ الْمَيِّتِ
وَتُخْرِجُ الْمَيِّتَ مِنَ الْحَىِّ وَتَرْزُقُ مَنْ تَشَاءُ بِغَيْرِ حِسَابٍ ﴿٢٧﴾
لَا يَتَّخِذِ الْمُؤْمِنُونَ الْكَافِرٖينَ اَوْلِيَاءَ مِنْ دُونِ الْمُؤْمِنٖينَ
وَمَنْ يَفْعَلْ ذٰلِكَ فَلَيْسَ مِنَ اللّٰهِ فٖى شَيْءٍ اِلَّا اَنْ تَتَّقُوا مِنْهُمْ
تُقٰيةً وَيُحَذِّرُكُمُ اللّٰهُ نَفْسَهُ وَاِلَى اللّٰهِ الْمَصٖيرُ ﴿٢٨﴾ قُلْ اِنْ
تُخْفُوا مَا فٖى صُدُورِكُمْ اَوْ تُبْدُوهُ يَعْلَمْهُ اللّٰهُ وَيَعْلَمُ مَا فِى
السَّمٰوَاتِ وَمَا فِى الْاَرْضِ وَاللّٰهُ عَلٰى كُلِّ شَيْءٍ قَدٖيرٌ ﴿٢٩﴾

يَوْمَ تَجِدُ

23. ¿No consideras a los que les fue otorgada una parte del Libro? Son convocados al Libro de Dios para juzgar entre ellos, y entonces (después de que el dictamen sea emitido), una parte de ellos se aparta en aversión.

24. (Se atreven a hacer eso) porque reivindican que: «El Fuego no nos tocará sino un cierto número de días». (Las creencias falsas) que ellos inventaban les han engañado en su religión.

25. ¿Qué suerte correrán cuándo les reunamos a todos para un (terrible) Día sobre (cuya venida) no hay duda alguna, y cuando a cada alma se le restituya por completo lo que haya ganado (mientras estuvo en este mundo), sin que nadie sea tratado injustamente?

26. Di: «¡Oh Dios, Señor absoluto de todo dominio! Otorgas dominio a quien Tu Voluntad dicta y se lo arrebatas a quien Tu Voluntad dicta. Ensalzas y honras a quien Tu Voluntad dicta y humillas a quien Tu Voluntad dicta. Todo el bien obra en Tu mano. Sin duda posees pleno poder sobre todas las cosas.

27. Haces que la noche ingrese en el día y que el día ingrese en la noche (y haces que cada uno se alargue o se acorte). Haces salir lo vivo de lo muerto y lo muerto de lo vivo; y provees a quien Tu Voluntad dicta sin cuentas que saldar».

28. Que los creyentes no tomen a los incrédulos como amigos, guardianes y consejeros en vez de a los creyentes. Quien lleve a cabo eso no se encuentra en el camino de Dios y no tiene relación alguna con Él, a menos que sea para protegerse de ellos y para tomar precauciones (contra el peligro de ser perseguido y verse obligado a apartarse de vuestra Religión o a traicionar a vuestra comunidad, o perder la vida). Y Dios os advierte que tengáis cuidado con Él Mismo; y hacia Dios es el retorno[5].

29. Di (a los creyentes): «Tanto si mantenéis en secreto lo que hay en vuestros pechos o lo reveláis, Dios lo sabe. Conoce todo cuanto hay en los Cielos y sobre la Tierra. Dios posee pleno poder sobre todas las cosas».

5. Este versículo no prohíbe en modo alguno a los creyentes que traten bien a los demás; aun cuando éstos sean incrédulos, los creyentes deben obrar bien con ellos. Actos loables como obedecer la ley, no faltar a las promesas y pactos, la formalidad y el carácter fidedigno en las transacciones, hacer el bien a los demás y mostrar misericordia, son todos ellos requisitos de la fe. Pero los creyentes no pueden preferir a los incrédulos, sobre todo si son de manera manifiesta y evidente hostiles al Islam y a los musulmanes, delegando en ellos sus asuntos. No pueden establecer una relación con ellos de un modo tal que pueda perjudicar al Islam o a la comunidad musulmana.

٥٣ اَلْجُزْءُ الثَّالِثُ 53

يَوْمَ تَجِدُ كُلُّ نَفْسٍ مَا عَمِلَتْ مِنْ خَيْرٍ مُحْضَرًا وَمَا عَمِلَتْ
مِنْ سُوءٍ تَوَدُّ لَوْ اَنَّ بَيْنَهَا وَبَيْنَهُ اَمَدًا بَعِيدًا وَيُحَذِّرُكُمُ اللّٰهُ
نَفْسَهُ وَاللّٰهُ رَؤُفٌ بِالْعِبَادِ ﴿٣٠﴾ قُلْ اِنْ كُنْتُمْ تُحِبُّونَ اللّٰهَ فَاتَّبِعُونِي
يُحْبِبْكُمُ اللّٰهُ وَيَغْفِرْ لَكُمْ ذُنُوبَكُمْ وَاللّٰهُ غَفُورٌ رَحِيمٌ ﴿٣١﴾ قُلْ
اَطِيعُوا اللّٰهَ وَالرَّسُولَ فَاِنْ تَوَلَّوْا فَاِنَّ اللّٰهَ لَا يُحِبُّ الْكَافِرِينَ ﴿٣٢﴾
اِنَّ اللّٰهَ اصْطَفٰى اٰدَمَ وَنُوحًا وَاٰلَ اِبْرٰهِيمَ وَاٰلَ عِمْرٰنَ
عَلَى الْعَالَمِينَ ﴿٣٣﴾ ذُرِّيَّةً بَعْضُهَا مِنْ بَعْضٍ وَاللّٰهُ سَمِيعٌ عَلِيمٌ ﴿٣٤﴾
اِذْ قَالَتِ امْرَاَتُ عِمْرٰنَ رَبِّ اِنِّي نَذَرْتُ لَكَ مَا فِي بَطْنِي
مُحَرَّرًا فَتَقَبَّلْ مِنِّي اِنَّكَ اَنْتَ السَّمِيعُ الْعَلِيمُ ﴿٣٥﴾ فَلَمَّا
وَضَعَتْهَا قَالَتْ رَبِّ اِنِّي وَضَعْتُهَا اُنْثٰى وَاللّٰهُ اَعْلَمُ بِمَا وَضَعَتْ
وَلَيْسَ الذَّكَرُ كَالْاُنْثٰى وَاِنِّي سَمَّيْتُهَا مَرْيَمَ وَاِنِّي اُعِيذُهَا بِكَ
وَذُرِّيَّتَهَا مِنَ الشَّيْطَانِ الرَّجِيمِ ﴿٣٦﴾ فَتَقَبَّلَهَا رَبُّهَا بِقَبُولٍ حَسَنٍ
وَاَنْبَتَهَا نَبَاتًا حَسَنًا وَكَفَّلَهَا زَكَرِيَّا كُلَّمَا دَخَلَ عَلَيْهَا زَكَرِيَّا
الْمِحْرَابَ وَجَدَ عِنْدَهَا رِزْقًا قَالَ يَا مَرْيَمُ اَنّٰى لَكِ هٰذَا قَالَتْ
هُوَ مِنْ عِنْدِ اللّٰهِ اِنَّ اللّٰهَ يَرْزُقُ مَنْ يَشَاءُ بِغَيْرِ حِسَابٍ ﴿٣٧﴾

30. El Día en que cada alma encontrará ante sí todo el bien exhibido y todo el mal que haya hecho, deseará que hubiese un gran espacio entre sí y ese mal. Dios os advierte que tengáis cuidado con Él; y Dios es Piadoso con los siervos.

31. Di (a ellos, Oh Mensajero): «Si de veras amáis a Dios, entonces seguidme, para que Dios os ame y os perdone vuestros pecados». Dios es Indulgente y Compasivo[6].

32. Di (de nuevo): «Obedeced a Dios y al Mensajero». Si aun así se apartan (entonces sabed que sólo los incrédulos se apartan de esta llamada y hazles saber que) Dios no ama a los incrédulos.

33. (Ellos se niegan a creer en ti y en algunos de los Profetas porque no aparecisteentre ellos, pero Dios favorece a quien quiere con la Misión Profética, y) Dios hizo puro a Adán, a Noé, a la Familia de Abraham y a la Familia de Imran, escogiéndolos de entre toda la humanidad,

34. Como descendientes los unos de los otros (y ellos seguían la misma senda. Por consiguiente, no hagáis, en cuanto a la creencia en ellos como Profetas, distinción alguna entre los Profetas y no penséis ni habléis mal de la preferencia de Dios). Dios es Quien todo lo Oye y Omnisciente[7].

35. (Recuerda) cuando la esposa de Imran rogó: «Señor mío, he dedicado lo que se encuentra en mi vientre a Tu exclusivo servicio. Acéptalo, pues, de mí. Sin duda, Tú eres Quien todo lo Oye, el Omnisciente».

36. Cuando dio a luz, dijo: «Señor mío, he dado a luz una hembra». Dios sabía bien a quien había dado a luz, (por lo que no tenía que lamentarlo, porque) el varón (que esperaba) no podría ser igual que la hembra (que le concedimos y a la que honramos con un gran favor). «La he llamado María y encomiendo a ella y a su descendencia a Ti, para que la protejas de Satanás, el eternamente alejado de la Misericordia de Dios».

37. (Como respuesta a la sinceridad de su madre y su pureza de intenciones encomendando a la niña,) su Señor la aceptó de buen grado e hizo que creciera bien (en educación), y la confió al cuidado de Zacarías. Siempre que Zacarías la visitaba en el Santuario, la encontraba proveída de alimentos. «María», preguntó, «¿De dónde te llega esto?». «De Dios», respondió. En verdad, Dios provee a quien Su Voluntad dicta sin cuentas que saldar.

6. Este versículo por sí solo sería suficiente para proclamar la infalibilidad del Mensajero de Dios, la paz y las bendiciones sean con él, y la importancia de seguir su *Sunna*, aunque no hubiese otro versículo de igual importancia.

El amor es la mismísima sustancia de la existencia y la conexión entre todas sus partes. Con todas Sus Cualidades esenciales originadas en Su misma Esencia, Atributos, Nombres y actos, el Creador de la existencia es absolutamente Perfecto. Cualquier perfección es amada por sí misma. Puesto que Dios es el Perfecto y fuente de toda perfección en la existencia, Él es digno de amor sobre todas las cosas. Al ser Aquel Quien se halla lleno de amor, Él se ama a Sí mismo tal y como Le conviene a Su sagrada y santa Esencia. Este amor es el origen de la existencia del universo. Es decir, debido a Su sagrado amor por Sí mismo, Él ha creado el universo y ama a todas Sus criaturas más allá de toda comparación. Este amor infinito se concentra, en primer lugar, en el profeta Muhammad, la paz y las bendiciones sean con él, ya que él es la semilla y el más egregio fruto de la creación; quien ha presentado a Dios a lo largo de toda su vida y por medio de la religión que predicó. Hizo que Dios fuese conocido por la gente y amado por ellos, permitiendo que se diesen cuenta del propósito de la creación del universo por parte de Dios. La humanidad ocupa la posición más elevada y se espera de ella que responda al amor que Dios alberga hacia las criaturas, y en especial a la humanidad, con reconocimiento y amor por Él. El amor a Dios exige amar a Su siervo más amado y Mensajero —el profeta Muhammad— ya que la puerta del amor a Dios se abre a través de él. El amor mostrado a él se manifiesta siguiéndole y organizando nuestra vida de acuerdo con la religión que él predicó. La gente no puede ser sincera en su pretensión de amor a menos que sigan las prácticas del profeta Muhammad en su vida diaria y practiquen el Islam. El siguiente versículo confirma este punto.

7. Estudiosos musulmanes, como Muhyi'd-din ibn al-'Arabi y Bediüzzaman Said Nursi han comparado la creación con un árbol. El árbol crece de una semilla. Esta semilla contiene las leyes que Dios ha establecido para gobernar la vida futura del árbol. El bosquejo y la forma futura del árbol, con todas sus partes, también se encuentran contenidos o codificados en la semilla. La sustancia principal o esencia del árbol codificada o contenida en la semilla es gradualmente refinada y se desarrolla hasta el momento de dar fruto. Así como la vida de un árbol empieza y acaba en una semilla, la humanidad no sólo es el fruto, sino también la semilla del Árbol de la Creación.

Las raíces del Árbol de la Creación están en los Cielos. Este Árbol primero produjo sus dos ramas principales como los mundos espirituales/metafísicos y materiales/físicos. Los mundos físicos se dividen en dos: los Cielos y la Tierra, cada uno conteniendo a sus propios habitantes. El Árbol de la Creación finalmente dio como fruto principal a la humanidad.

Ya que la fruta contiene la semilla, y la semilla, tal y como hemos indicado con anterioridad, contiene todas las características del árbol, esto significa que en adición al hecho de que la humanidad posea características particulares —tal y como la voluntad de poder y el habla como desarrollado sistema de comunicación— ésta también posee un aspecto angelical y satánico, celestial y terrenal, elemental, vegetal y animal.

Aunque un árbol dé muchos frutos, crece a partir de una sola semilla. En vista de que la humanidad se halla dotada del libre albedrío y los seres humanos poseen distintas capacidades, se dan entre ellos tantos grados de progreso mental y espiritual como seres humanos hay. Los Profetas son los más desarrollados y perfectos de entre los seres humanos, que son el fruto del Árbol de la Creación. Descienden de las Familias de Abraham e Imran, ambas emparentadas, y su historia se remonta a Noé y a Adán. Por consiguiente, todos los Profetas son descendientes de Adán, tras él de Noé, y tras él, lo son de la familia de Abraham y la de

Imran. La familia de 'Imran era la familia de la que Jesús descendía, mientras que la familia de Abraham es de donde provenía el profeta Muhammad. La cadena de Profetas fue elegida de entre toda la humanidad y, finalmente, en el punto álgido de perfección y pureza, finalizó en el profeta Muhammad, la paz y las bendiciones sean con él. Esto no quiere decir otra cosa que el profeta Muhammad es el más perfecto y el más puro fruto del Árbol de la Creación, su naturaleza y su esencia son la semilla del Árbol de la Creación.

El hecho de que los Profetas procedan del mismo linaje no significa que una familia o dinastía tenga prioridad. La línea a la que pertenecen los Profetas se extiende a lo largo del Árbol de la Creación; de esa manera uno o más Profetas vinieron a cada pueblo. Esto queda bastante claro en el Corán, el cual declara que Dios no castiga a un pueblo a menos que haya hecho surgir un Profeta entre ellos (17:15) y que hizo surgir a casi todos los Profetas entre sus propios pueblos (26:106, 124, 142, 161, 176).

El hecho de que los Profetas sean puros y hayan sido elegidos entre toda la gente les distingue con cualidades o características fundamentales, más conocidas como características de los Profetas. Estas características son: la veracidad absoluta y la fidelidad, la perspicacia profética y la sagacidad en grado sumo, la infalibilidad, la comunicación del Mensaje Divino y la exención de todo defecto mental y corporal (*El Mensajero de Dios*, 43).

هُنَالِكَ دَعَا زَكَرِيَّا رَبَّهُ قَالَ رَبِّ هَبْ لِي مِنْ لَدُنْكَ ذُرِّيَّةً
طَيِّبَةً إِنَّكَ سَمِيعُ الدُّعَاءِ ﴿٣٨﴾ فَنَادَتْهُ الْمَلَائِكَةُ وَهُوَ قَائِمٌ
يُصَلِّي فِي الْمِحْرَابِ أَنَّ اللَّهَ يُبَشِّرُكَ بِيَحْيَىٰ مُصَدِّقًا
بِكَلِمَةٍ مِنَ اللَّهِ وَسَيِّدًا وَحَصُورًا وَنَبِيًّا مِنَ الصَّالِحِينَ ﴿٣٩﴾
قَالَ رَبِّ أَنَّىٰ يَكُونُ لِي غُلَامٌ وَقَدْ بَلَغَنِيَ الْكِبَرُ
وَامْرَأَتِي عَاقِرٌ قَالَ كَذَٰلِكَ اللَّهُ يَفْعَلُ مَا يَشَاءُ ﴿٤٠﴾ قَالَ رَبِّ
اجْعَلْ لِي آيَةً قَالَ آيَتُكَ أَلَّا تُكَلِّمَ النَّاسَ ثَلَاثَةَ أَيَّامٍ إِلَّا رَمْزًا
وَاذْكُرْ رَبَّكَ كَثِيرًا وَسَبِّحْ بِالْعَشِيِّ وَالْإِبْكَارِ ﴿٤١﴾ وَإِذْ قَالَتِ
الْمَلَائِكَةُ يَا مَرْيَمُ إِنَّ اللَّهَ اصْطَفَاكِ وَطَهَّرَكِ وَاصْطَفَاكِ
عَلَىٰ نِسَاءِ الْعَالَمِينَ ﴿٤٢﴾ يَا مَرْيَمُ اقْنُتِي لِرَبِّكِ وَاسْجُدِي
وَارْكَعِي مَعَ الرَّاكِعِينَ ﴿٤٣﴾ ذَٰلِكَ مِنْ أَنْبَاءِ الْغَيْبِ نُوحِيهِ
إِلَيْكَ وَمَا كُنْتَ لَدَيْهِمْ إِذْ يُلْقُونَ أَقْلَامَهُمْ أَيُّهُمْ يَكْفُلُ
مَرْيَمَ وَمَا كُنْتَ لَدَيْهِمْ إِذْ يَخْتَصِمُونَ ﴿٤٤﴾ إِذْ قَالَتِ الْمَلَائِكَةُ
يَا مَرْيَمُ إِنَّ اللَّهَ يُبَشِّرُكِ بِكَلِمَةٍ مِنْهُ اسْمُهُ الْمَسِيحُ عِيسَى
ابْنُ مَرْيَمَ وَجِيهًا فِي الدُّنْيَا وَالْآخِرَةِ وَمِنَ الْمُقَرَّبِينَ ﴿٤٥﴾

وَيُكَلِّمُ

38. En ese momento, Zacarías se volvió a su Señor en súplica y dijo: «Señor mío, concédeme de Tu gracia una buena y recta descendencia. En verdad, Tú eres Aquel Quien escucha las súplicas».

39. Fue cuando se encontraba rezando de pie en el Santuario que tras cierto tiempo, los ángeles le llamaron: «Dios te da la buena nueva de Juan para confirmar una Palabra de Dios, como alguien de carácter señorial, perfectamente casto y un Profeta de entre los justos».

40. «Señor mío», dijo él (Zacarías), «¿Cómo es que voy a tener un hijo si me ha alcanzado la vejez y mi mujer es estéril?». «Así ha de ser», dijo (el ángel): «Dios hace lo que Su Voluntad dicta».

41. «Señor mío», él (Zacarías) imploró, «Elige una señal para mí». «Tu señal», dijo Él, «es que no podrás hablarle a la gente durante tres días, a no ser por señas. Y (mientras tanto) recuerda e invoca mucho a tu Señor y glorifícale mañana y tarde».

42. Y (a su debido tiempo llegó el momento) los ángeles dijeron: «María, Dios te ha elegido y te ha hecho pura y te ha ensalzado sobre todas las mujeres en el mundo.

43. ¡María, obedece con suma devoción a tu Señor, póstrate e inclínate (en oración devota hacia Él) con los que se inclinan!».

44. (Oh Mensajero) estas son noticias de Lo Oculto (acontecimientos que tuvieron lugar en el pasado y que permanecieron ocultos a la gente con su verdad), que te revelamos, ya que tú no estuviste presente con ellos cuando echaron a suertes con sus plumas quién se debería hacer cargo de María, ni estabas ahí cuando discutieron (sobre el asunto).

45. Y (recuerda) cuando los ángeles dijeron: «María, Dios te da las buenas nuevas de una Palabra procedente de Él cuyo nombre será el Mesías, Jesús, hijo de María, altamente honrado en esta vida y en el Más Allá, y uno de los allegados a Dios.

وَيُكَلِّمُ النَّاسَ فِى الْمَهْدِ وَكَهْلاً وَمِنَ الصَّالِحِينَ ﴿٤٦﴾
قَالَتْ رَبِّ اَنّٰى يَكُونُ لِى وَلَدٌ وَلَمْ يَمْسَسْنِى بَشَرٌ قَالَ
كَذٰلِكِ اللّٰهُ يَخْلُقُ مَا يَشَاءُ اِذَا قَضٰى اَمْرًا فَاِنَّمَا يَقُولُ
لَهُ كُنْ فَيَكُونُ ﴿٤٧﴾ وَيُعَلِّمُهُ الْكِتَابَ وَالْحِكْمَةَ وَالتَّوْرٰيةَ
وَالْاِنْجِيلَ ﴿٤٨﴾ وَرَسُولاً اِلٰى بَنِى اِسْرَٓائِيلَ اَنِّى قَدْ جِئْتُكُمْ
بِاٰيَةٍ مِنْ رَبِّكُمْ اَنِّٓى اَخْلُقُ لَكُمْ مِنَ الطِّينِ كَهَيْـَٔةِ الطَّيْرِ
فَاَنْفُخُ فِيهِ فَيَكُونُ طَيْرًا بِاِذْنِ اللّٰهِ وَاُبْرِئُ الْاَكْمَهَ
وَالْاَبْرَصَ وَاُحْيِ الْمَوْتٰى بِاِذْنِ اللّٰهِ وَاُنَبِّئُكُمْ بِمَا تَاْكُلُونَ
وَمَا تَدَّخِرُونَ فِى بُيُوتِكُمْ اِنَّ فِى ذٰلِكَ لَاٰيَةً لَكُمْ اِنْ
كُنْتُمْ مُؤْمِنِينَ ﴿٤٩﴾ وَمُصَدِّقًا لِمَا بَيْنَ يَدَىَّ مِنَ التَّوْرٰيةِ
وَلِاُحِلَّ لَكُمْ بَعْضَ الَّذِى حُرِّمَ عَلَيْكُمْ وَجِئْتُكُمْ بِاٰيَةٍ
مِنْ رَبِّكُمْ فَاتَّقُوا اللّٰهَ وَاَطِيعُونِ ﴿٥٠﴾ اِنَّ اللّٰهَ رَبِّى وَرَبُّكُمْ
فَاعْبُدُوهُ هٰذَا صِرَاطٌ مُسْتَقِيمٌ ﴿٥١﴾ فَلَمَّا اَحَسَّ عِيسٰى
مِنْهُمُ الْكُفْرَ قَالَ مَنْ اَنْصَارِى اِلَى اللّٰهِ قَالَ الْحَوَارِيُّونَ
نَحْنُ اَنْصَارُ اللّٰهِ اٰمَنَّا بِاللّٰهِ وَاشْهَدْ بِاَنَّا مُسْلِمُونَ ﴿٥٢﴾

46. Hablará a la gente en la cuna y siendo un hombre adulto, y será de los rectos».

47. «Señor», dijo María, «¿cómo voy a tener un hijo si ningún mortal me ha tocado?». «Así es como será», él (el Espíritu que se apareció ante ella) dijo, «Dios crea lo que Su Voluntad dicta; cuando decide algo, le basta decir "¡Sé!", y es.

48. Y le enseñará el Libro y la Sabiduría, la Tora y el Evangelio,

49. (Y hará de él) un Mensajero para los Hijos de Israel (que les dirá explicándoles su misión): "En verdad que he venido a vosotros con un signo claro de vuestro Señor: A partir del barro moldeo algo con forma de pájaro para vosotros. A continuación, insuflo en ello de mi aliento y se convierte en un pájaro con la venia de Dios. Y sano al ciego de nacimiento y al leproso y resucito a los muertos con la venia de Dios. Y os informaré de lo que coméis y de lo que almacenáis en vuestras casas. Sin duda, en ello se da una prueba clara para vosotros (que demuestra que soy un Mensajero de Dios) si sois sinceros creyentes (tal y como pretendéis)[8].

50. Y confirmo (la verdad contenida) en la Tora, que fue revelada con anterioridad a mí, y para haceros lícito ciertas cosas que os habían sido prohibidas. Estad seguros de que he venido a vosotros con una prueba clara (que demuestra que soy el Mensajero de Dios) de vuestro Señor. Así pues, apartaros de la desobediencia a Dios en la debida veneración a Él y la piedad, y obedecedme.

51. Sin duda, Dios es mi Señor y el Vuestro, así que adoradle. Este es un camino recto (a seguir)"»[9].

52. (Tras haber predicado su mensaje de ese modo durante algún tiempo) Jesús percibió en ellos una deliberada perseverancia en pos de la incredulidad (y una hostilidad abierta) y dijo: «¿Quiénes serán mis ayudantes (en este camino) hacia Dios?». Los discípulos respondieron: «Nosotros somos los ayudantes de (la causa de) Dios. Creemos en Dios, y (te instamos,) da testimonio de que somos musulmanes (sometidos exclusivamente a Él).

8. Al explicar el significado de los Nombres enseñados a Adán, señalamos (en la nota 32 del *sura* anterior) que se le dio a Adán el conocimiento de las cosas de forma resumida y, luego, fue enseñado a los Mensajeros con detalle a lo largo del curso de la historia según la misión de cada uno. Esta es la razón por la cual los Mensajeros también se convirtieron en los precursores del conocimiento científico y del progreso, además de ser guías espirituales y morales. Por lo general, el conocimiento que convertía a los Profetas en precursores del conocimiento científico y del progreso se manifestaba en forma de milagros. Los milagros que un Profeta obraba, con permiso de Dios, normalmente estaban relacionados con la ciencia más estudiada y practicada en la época. Por lo tanto, del mismo modo que los milagros dejaron a los científicos de la época incapaces de crear un milagro similar, también marcaron el punto final del progreso que dicha ciencia podría alcanzar en el Día del Juicio Final.

Por medio de los milagros de Jesús, tales como sanar al ciego de nacimiento y a los leprosos o resucitar a los muertos con Su permiso, Dios Todopoderoso quiere decir:

> Dí dos regalos a uno de Mis siervos que renunció al mundo por Mi causa: la cura de las dolencias espirituales y la cura para las enfermedades físicas. Se reconfortaron los corazones muertos a través de la luz de la guía y las personas enfermas, que se hallaban como los muertos, encontraron la salud a través de su soplo y cura. Podéis encontrar la cura para todas las enfermedades en Mi «farmacia» de la naturaleza, donde he atribuido un gran número de importantes propósitos para cada cosa. Trabajad y encontradla [*The Words*, («Las Palabras»), «The 20th Word» («La 20ª Palabra»), pág.268].

Así pues, este versículo marca el punto final del desarrollo de la medicina, desarrollo que se encuentra muy alejado del presente nivel y nos insta a dirigirnos hacia el mismo.

Las Tradiciones Proféticas que nos informan acerca de que Jesús regresará al mundo al final de los tiempos sugieren que la ciencia médica estará muy demandada y habrá realizado grandes progresos. La comunidad de creyentes que representen el espíritu mesiánico en ese momento no sólo tendrá que revivificar los corazones muertos con la luz de la fe, sino que también tendrán que encontrar remedio para casi todas las enfermedades.

La insistencia de Jesús repitiendo «con la venia de Dios» mientras presenta sus milagros es una seria advertencia de que no es Jesús quien creó tales milagros, sino Dios, a la vez que subraya el hecho de que Jesús es sólo un ser humano, no una deidad o el hijo de una deidad.

9. Ambos versículos refutan a aquellos judíos que rechazaron la Misión Profética de Jesús, la paz sea con él, y la pretensión de algunos cristianos de que Jesús, la paz sea con él, era una «divinidad» o «hijo» de Dios. Si hubiera sido un impostor, y no un elegido de Dios, Jesús, la paz sea con él, habría intentado hacer uso de sus milagros para fundar una religión independiente. Él creyó y confirmó la validez de las enseñanzas de la Religión original predicada por los Profetas anteriores. Esto también queda claro en sus declaraciones realizadas en los Evangelios existentes: «No penséis que he venido a destruir la Ley o los Profetas: No he venido para destruir, sino para cumplir» (Mateo, 5:17). Cuando un jurista judío le preguntó, «Maestro, ¿cuál es el gran mandamiento en la ley?», él contestó: «Amarás al Señor tu Dios con todo tu corazón, y con toda tu alma, y con toda tu mente. Este es el primero y el gran mandamiento. Y el segundo es semejante: Amarás a tu prójimo como a ti mismo. De estos dos mandamientos dependen toda la Ley y los Profetas» (Ibíd. 22:35-40).

Los propósitos fundamentales de la misión de Jesús fueron los mismos que los de los otros Profetas y eran los siguientes:

- La humanidad debe creer, en primer lugar, en la Existencia y Unidad de Dios y reconocer Su exclusiva soberanía, la cual exige dedicación absoluta y obediencia a Él.
- La humanidad debe obedecer a los Profetas ya que han sido designados por Dios para trasmitir Su Religión.
- Dios establece también la ley que rige la vida humana.

رَبَّنَا اٰمَنَّا بِمَا اَنْزَلْتَ وَاتَّبَعْنَا الرَّسُولَ فَاكْتُبْنَا
مَعَ الشَّاهِدِينَ ﴿٥٣﴾ وَمَكَرُوا وَمَكَرَ اللّٰهُۜ وَاللّٰهُ خَيْرُ الْمَاكِرِينَ ﴿٥٤﴾
اِذْ قَالَ اللّٰهُ يَا عِيسٰٓى اِنّ۪ي مُتَوَفّ۪يكَ وَرَافِعُكَ اِلَيَّ وَمُطَهِّرُكَ
مِنَ الَّذ۪ينَ كَفَرُوا وَجَاعِلُ الَّذ۪ينَ اتَّبَعُوكَ فَوْقَ الَّذ۪ينَ
كَفَرُٓوا اِلٰى يَوْمِ الْقِيٰمَةِۚ ثُمَّ اِلَيَّ مَرْجِعُكُمْ فَاَحْكُمُ
بَيْنَكُمْ ف۪يمَا كُنْتُمْ ف۪يهِ تَخْتَلِفُونَ ﴿٥٥﴾ فَاَمَّا الَّذ۪ينَ كَفَرُوا
فَاُعَذِّبُهُمْ عَذَابًا شَد۪يدًا فِي الدُّنْيَا وَالْاٰخِرَةِۘ وَمَا لَهُمْ
مِنْ نَاصِر۪ينَ ﴿٥٦﴾ وَاَمَّا الَّذ۪ينَ اٰمَنُوا وَعَمِلُوا الصَّالِحَاتِ
فَيُوَفّ۪يهِمْ اُجُورَهُمْۜ وَاللّٰهُ لَا يُحِبُّ الظَّالِم۪ينَ ﴿٥٧﴾ ذٰلِكَ
نَتْلُوهُ عَلَيْكَ مِنَ الْاٰيَاتِ وَالذِّكْرِ الْحَك۪يمِ ﴿٥٨﴾ اِنَّ مَثَلَ
ع۪يسٰى عِنْدَ اللّٰهِ كَمَثَلِ اٰدَمَۜ خَلَقَهُ مِنْ تُرَابٍ ثُمَّ قَالَ لَهُ كُنْ
فَيَكُونُ ﴿٥٩﴾ اَلْحَقُّ مِنْ رَبِّكَ فَلَا تَكُنْ مِنَ الْمُمْتَر۪ينَ ﴿٦٠﴾
فَمَنْ حَٓاجَّكَ ف۪يهِ مِنْ بَعْدِ مَا جَٓاءَكَ مِنَ الْعِلْمِ فَقُلْ
تَعَالَوْا نَدْعُ اَبْنَٓاءَنَا وَاَبْنَٓاءَكُمْ وَنِسَٓاءَنَا وَنِسَٓاءَكُمْ وَاَنْفُسَنَا
وَاَنْفُسَكُمْ ثُمَّ نَبْتَهِلْ فَنَجْعَلْ لَعْنَتَ اللّٰهِ عَلَى الْكَاذِب۪ينَ ﴿٦١﴾

اِنَّ هٰذَا

53. ¡Señor nuestro! Creemos en lo que has hecho descender y seguimos al Mensajero, inclúyenos, pues, entre los que dan testimonio (de Tu Unidad y Señorío y de la verdad que has revelado)».

54. Y ellos (los incrédulos) intrigaron (contra Jesús) y Dios puso Su voluntad en vigor (y desbarató sus planes). Dios quiere aquello que es lo mejor (para Sus siervos creyentes) y hace que Su voluntad prevalezca.

55. (Fue parte de Su ejecución de Su voluntad) cuando Dios dijo: «Jesús (ya que tu misión ha acabado), voy a hacerte regresar (a Mi vera) y elevarte hacia Mí y te voy a purificar (de las infundadas calumnias) de los incrédulos, y situaré a tus seguidores por encima de los incrédulos hasta el Día de la Resurrección»[10]. Luego, regresareis todos a Mí y juzgaré entre vosotros acerca de todo aquello en lo que solíais discrepar.

56. En cuanto a los que no creen, les castigaré con un severo castigo en esta vida y en el Más Allá y no tendrán quien les auxilie (contra Mi castigo).

57. En cuanto a los que creen y hacen actos buenos y rectos, Él les recompensará con creces. Dios no ama a los malhechores (y Él mismo nunca trata con injusticia).

58. Así pues (Oh Mensajero), todo lo que te recitamos consiste en Revelaciones y es parte del Sabio Recuerdo (el Corán).

59. (La creación de) Jesús ante Dios se parece a (la creación de) Adán. Le creó de barro y a continuación le dijo, «¡Sé!» y es[11].

60. (Como la verdad consiste siempre en lo que tu Señor quiere y decreta), asimismo esta es la verdad procedente de tu Señor (en este asunto); no seas, pues, (y no se espera de ti que seas) de los que dudan.

61. Después de que el (verdadero) conocimiento te haya venido, a quien siga discutiendo contigo sobre él (Jesús), dile (desafiándole): «¡Venid, pues! Llamemos a nuestros hijos y a los vuestros, a nuestras mujeres y a las vuestras, a nosotros y a vosotros y luego recemos e invoquemos la maldición de Dios sobre los que mienten».

10. Al igual que su venida al mundo, el abandono del mismo por parte de Jesús fue excepcional. No murió tal y como el común de los mortales, sino que Dios aprehendió su alma y su cuerpo, el cual tomó la forma o fue transformado en cuerpo «astral». Esto puede ser análogo a la Ascensión del profeta Muhammad, la paz y las bendiciones sean con él. Sin embargo, mientras que Jesús, la paz sea con él, después de haber llevado a cabo su misión, permaneció en donde ascendió, el profeta Muhammad, la paz y las bendiciones sean con él, regresó de nuevo al mundo para completar su misión.

La Voluntad Divina según la cual los seguidores de Jesús estarán situados en un lugar predominante por encima de los incrédulos hasta el Día de Juicio Final tiene dos significados:

- Las personas dotadas de puro monoteísmo, incluyendo principalmente a la comunidad de Muhammad, habitualmente estarán por encima de los incrédulos hasta el Día de la Resurrección. (Tales reglas son generales, teniendo ciertas excepciones, pero la excepción no anula la regla).
- Aquéllos que creen y siguen a Jesús, incluso con errores y desviaciones, estarán por lo general por encima de los judíos, los cuales le rechazaron.

11. Las partículas o los átomos que formaron el cuerpo de Adán existieron en la tierra, el agua y el aire. Tal y como se ha mencionado en la anterior nota 7, la esencia de la humanidad, que consiste en la esencia o semilla del Árbol de la Creación, era inherente a las «raíces», el «tronco» y las «principales ramas» de los mundos corpóreos e inmateriales durante su proceso de refinamiento continuo. El mundo corpóreo o visible se ramificó en las ramas de los Cielos y la Tierra. Tal y como se desprende de una súplica del profeta Muhammad, que reza lo siguiente: «Glorificado sea Aquel Quien ha colocado tierra encima de un fluido solidificado», la Tierra era inicialmente un fluido candente. El fluido se solidificó formando un estrato de roca y una corteza. Este estrato de roca se fragmentó a lo largo de un extenso período de tiempo y el estrato de tierra se fue formando. Este estrato fue preparado para la vida con la lluvia que descendió desde el cielo. La esencia o semilla del Árbol de la Creación, que estaba sometido a un incesante proceso de refinamiento durante el cual crecieron varios mundos habitados por seres animados e inanimados particular de cada uno, que contenían elementos vegetales y animales, así como ramas, hojas y flores, las cuales servían a los demás mundos como fuente o material principal para su existencia y como alimento para su supervivencia. En el punto final del proceso de refinamiento y como fruto del Árbol de la Creación en la rama de la Tierra, Dios creó a Adán y a Eva. El versículo, *¿Acaso no aconteció (y no cabe duda que sí que aconteció) para el ser humano un período de tiempo en el que no fue ni mencionado ni recordado (como ser humano)?* (76:1, y véase asimismo la nota número 1) indica ese proceso de refinamiento durante el cual la esencia humana existió en su centro u origen, aunque aún no había mención alguna de la humanidad.

Para despejar las dudas acerca de la creación que existió en aquel momento (y que aún continúa existiendo en diferentes formas hoy en día), así como para equilibrar el materialismo judío con un espiritualismo preciso de la Religión Divina, y para demostrar Su Voluntad y Poder de una manera más obvia, Dios creó a Jesús tal y como había creado a Adán. A partir de los mismos elementos con los que formó a Adán, la paz sea con él, en la «matriz» de la tierra, formó a Jesús, la paz sea con él, en la matriz de una virgen. La diferencia entre este tipo de formación y la formación de otros seres humanos es que Dios, con Su sabiduría, emplea esperma en la creación de éstos últimos.

A la vez que narra la creación de Adán, el versículo hace uso del tiempo verbal en pasado, pero concluye con «*fe-yekun*», que significa «se convierte» o «es». Esto es para enfatizar que es solamente Dios Quien crea y da vida; nada más interviene en ello. Esto se aplica a todos los seres vivos, incluyendo a Adán y a Jesús. Del versículo también se presupone que Dios crea cada cosa y cada ser separada e individualmente.

إِنَّ هٰذَا لَهُوَ الْقَصَصُ الْحَقُّۚ وَمَا مِنْ اِلٰهٍ اِلَّا اللّٰهُۜ وَاِنَّ اللّٰهَ لَهُوَ
الْعَزِيزُ الْحَكِيمُ ﴿٦٢﴾ فَاِنْ تَوَلَّوْا فَاِنَّ اللّٰهَ عَلِيمٌ بِالْمُفْسِدِينَ ﴿٦٣﴾
قُلْ يَٓا اَهْلَ الْكِتَابِ تَعَالَوْا اِلٰى كَلِمَةٍ سَوَٓاءٍ بَيْنَنَا وَبَيْنَكُمْ
اَلَّا نَعْبُدَ اِلَّا اللّٰهَ وَلَا نُشْرِكَ بِهٖ شَيْـًٔا وَلَا يَتَّخِذَ بَعْضُنَا
بَعْضًا اَرْبَابًا مِنْ دُونِ اللّٰهِۜ فَاِنْ تَوَلَّوْا فَقُولُوا اشْهَدُوا بِاَنَّا
مُسْلِمُونَ ﴿٦٤﴾ يَٓا اَهْلَ الْكِتَابِ لِمَ تُحَٓاجُّونَ فٖٓى اِبْرٰهٖيمَ
وَمَٓا اُنْزِلَتِ التَّوْرٰيةُ وَالْاِنْجٖيلُ اِلَّا مِنْ بَعْدِهٖۜ اَفَلَا تَعْقِلُونَ ﴿٦٥﴾
هَٓا اَنْتُمْ هٰٓؤُلَٓاءِ حَاجَجْتُمْ فٖيمَا لَكُمْ بِهٖ عِلْمٌ فَلِمَ تُحَٓاجُّونَ
فٖيمَا لَيْسَ لَكُمْ بِهٖ عِلْمٌۜ وَاللّٰهُ يَعْلَمُ وَاَنْتُمْ لَا تَعْلَمُونَ ﴿٦٦﴾
مَا كَانَ اِبْرٰهٖيمُ يَهُودِيًّا وَلَا نَصْرَانِيًّا وَلٰكِنْ كَانَ حَنٖيفًا
مُسْلِمًاۜ وَمَا كَانَ مِنَ الْمُشْرِكٖينَ ﴿٦٧﴾ اِنَّ اَوْلَى النَّاسِ
بِاِبْرٰهٖيمَ لَلَّذٖينَ اتَّبَعُوهُ وَهٰذَا النَّبِيُّ وَالَّذٖينَ اٰمَنُوا
وَاللّٰهُ وَلِيُّ الْمُؤْمِنٖينَ ﴿٦٨﴾ وَدَّتْ طَٓائِفَةٌ مِنْ اَهْلِ الْكِتَابِ
لَوْ يُضِلُّونَكُمْۜ وَمَا يُضِلُّونَ اِلَّٓا اَنْفُسَهُمْ وَمَا يَشْعُرُونَ ﴿٦٩﴾
يَٓا اَهْلَ الْكِتَابِ لِمَ تَكْفُرُونَ بِاٰيَاتِ اللّٰهِ وَاَنْتُمْ تَشْهَدُونَ ﴿٧٠﴾

62. Esta es sin duda la verdadera historia y no hay más deidad que Dios. Y en verdad, Dios es el Glorioso poseedor de irresistible poder, el Omnisapiente.

63. Si (aún así) se apartan, es cierto que Dios posee pleno conocimiento de los que causan el desorden y la corrupción.

64. Di (a ellos Oh Mensajero): «Oh Gente del Libro, convenid a una palabra común entre nosotros y vosotros: Adoremos únicamente a Dios, sin atribuirle copartícipe alguno y no nos tomemos unos a otros por señores en vez de Dios». Si (aún así) se apartan, decid: «Sed testigos de que somos musulmanes (sometidos exclusivamente a Él)»[12].

65. ¡Oh Gente del Libro (judíos y cristianos)! ¿Por qué contendéis sobre Abraham (si era cristiano o judío), si la Tora y el Evangelio no se hicieron descender sino después de él? ¿Acaso nunca vais a razonar y entender?

66. De hecho sois gente que reñís en torno a aquello sobre lo que tenéis conocimiento; ¿por qué, pues, contendéis en torno a aquello sobre lo que no tenéis conocimiento? Dios sabe y vosotros no sabéis.

67. Abraham no era ni judío ni cristiano sino poseedor de pura fe y musulmán (quien se sometió a Dios con un íntegro corazón). Nunca ha sido de los que atribuían copartícipes a Dios[13].

68. No cabe duda que aquellos seres humanos que tienen más derecho a reclamar afinidad y relación con Abraham son los que le siguieron (a lo largo de su misión) y este (ilustrísimo) Profeta y aquellos (que le acompañan y creen). Dios es el confidente y guardián de los creyentes (a Quien pueden encomendar sus asuntos y en Aquel Quien pueden confiar).

69. Una parte de la Gente del Libro desearía poder extraviaros, sin embargo no se extravían más que a sí mismos, mas no se dan cuenta (de que eso es lo que hacen).

70. ¡Oh Gente del Libro! ¿Por qué no creéis[14] en las Revelaciones de Dios (las pruebas claras de la verdad) cuando vosotros mismos sois testigos (de la verdad contenida en vuestros propios Libros)?

12. Esta convocatoria realizada por el Islam catorce siglos atrás a la Gente del Libro sigue estando dirigida hoy por hoy a la Gente del Libro y aquellos inmersos en el aprendizaje. Es de una gran importancia, fundamentalmente desde los siguientes puntos de vista:

- Al trasmitir el Islam a los demás debemos buscar un punto común en el que podamos encontrarnos con la audiencia que nos presta atención. Si en el caso de la Gente del Libro, consiste en la adoración de un solo Dios sin atribuirle copartícipe alguno, cuando se trate de individuos ateos, podría ser en el hecho de compartir la misma naturaleza humana y el mismo destino en la Tierra.
- Emplear un estilo atractivo, amable y efectivo es de gran importancia. Si pudiésemos asemejar el Islam a un magnífico palacio al que se puede llegar por tantos caminos como los hay en toda la creación y al que se pueda acceder por tantas puertas como seres humanos hay, entonces, habrá una puerta para que cada ser humano pueda entrar. Lo único que nos quedaría por hacer es detectar a quien debemos mostrar dicha puerta *(Kur'an'dan İdrake Yansıyanlar*, págs.109-110).
- A pesar de la reacia y deliberada actitud de la Gente del Libro, el Corán no interrumpe el diálogo con ellos, sino que indica los puntos en común a los que se les debe conceder prioridad en dicho diálogo.
- «El versículo nos ha enseñado cómo varias conciencias, naciones, religiones y libros pueden reunirse en una sola conciencia esencial y en una palabra de verdad, y cómo el Islam ha instruido a los seres humanos en un amplio, abierto y verdadero camino de salvación y en una ley de libertad. Ha sido mostrado manifiestamente que no se halla dirigido tan sólo a los árabes o los no árabes. El progreso religioso no es posible en personas estrechas de miras o si nos separamos mutuamente, sino que es un progreso universal y abarcador» (Yazır, 2:1131-32).
- Adorar a Dios sin atribuirle copartícipe alguno en su Divinidad y Señorío (pues Él es Aquel Quien alimenta, hace crecer y adiestra a la creación, es Aquel Quien tiene exclusivo derecho a ser reverenciado y es la única autoridad para establecer las reglas fundamentales y los principios que gobiernan la vida humana) es condición esencial para la creencia en un Único Dios y para el seguimiento de Su Religión.

13. Los judíos afirman que su religión es la religión verdadera, y por lo tanto, Abraham era un judío; mientras que los cristianos dicen que su religión es la verdadera, y por lo tanto, Abraham era cristiano. Naturalmente, esto es imposible. Al igual que no podían ponerse de acuerdo en muchos de los asuntos contenidos en sus Libros así como en temas relativos a Jesús, era completamente una insensatez hacer pretensiones y discutir sobre asuntos acerca de los cuales no tienen conocimiento. Es imposible que Abraham fuese judío o cristiano porque la Tora y el Evangelio fueron revelados siglos después de Abraham. Por lo tanto y puesto que no puede haber dos religiones verdaderas al mismo tiempo, tanto el Cristianismo como el Judaísmo podrían ser la religión verdadera. Históricamente el Judaísmo y el Cristianismo son los nombres otorgados a las religiones reveladas a Moisés y a Jesús respectivamente hace siglos, tanto por sus seguidores como sus adversarios. Por lo tanto, Abraham no era judío ni tampoco cristiano, sino musulmán y discípulo del Islam, la única Religión revelada por Dios a todos los Profetas a lo largo de la Historia.

14. El sagrado Corán ha desarrollado el significado de muchas palabras y las ha introducido como conceptos, por esa razón, es prácticamente imposible traducirlas a otras lenguas en una sola palabra. Dichas palabras requieren explicaciones o descripciones al ser traducidas. El original de incredulidad es «*kufr*». Significa ocultar la verdad y rechazarla con obstinación. En numerosos casos, resulta en vanagloria, egoísmo, obstinación, desviación mental y espiritual, maldad, puntos de vista incorrectos, búsqueda del interés personal y gratificación de las ambiciones personales.

58 سُورَةُ اٰلِ عِمْرٰنَ ٥٨

يَٓا اَهْلَ الْكِتَابِ لِمَ تَلْبِسُونَ الْحَقَّ بِالْبَاطِلِ وَتَكْتُمُونَ الْحَقَّ
وَاَنْتُمْ تَعْلَمُونَ ﴿٧١﴾ وَقَالَتْ طَٓائِفَةٌ مِنْ اَهْلِ الْكِتَابِ اٰمِنُوا
بِالَّذٖٓى اُنْزِلَ عَلَى الَّذٖينَ اٰمَنُوا وَجْهَ النَّهَارِ وَاكْفُرُٓوا اٰخِرَهُ
لَعَلَّهُمْ يَرْجِعُونَ ﴿٧٢﴾ وَلَا تُؤْمِنُٓوا اِلَّا لِمَنْ تَبِعَ دٖينَكُمْ
قُلْ اِنَّ الْهُدٰى هُدَى اللّٰهِ اَنْ يُؤْتٰٓى اَحَدٌ مِثْلَ مَٓا اُوتٖيتُمْ
اَوْ يُحَٓاجُّوكُمْ عِنْدَ رَبِّكُمْ قُلْ اِنَّ الْفَضْلَ بِيَدِ اللّٰهِ يُؤْتٖيهِ
مَنْ يَشَٓاءُ وَاللّٰهُ وَاسِعٌ عَلٖيمٌ ﴿٧٣﴾ يَخْتَصُّ بِرَحْمَتِهٖ مَنْ يَشَٓاءُ
وَاللّٰهُ ذُوالْفَضْلِ الْعَظٖيمِ ﴿٧٤﴾ وَمِنْ اَهْلِ الْكِتَابِ مَنْ اِنْ تَاْمَنْهُ
بِقِنْطَارٍ يُؤَدِّهٖٓ اِلَيْكَ وَمِنْهُمْ مَنْ اِنْ تَاْمَنْهُ بِدٖينَارٍ لَا يُؤَدِّهٖٓ اِلَيْكَ
اِلَّا مَا دُمْتَ عَلَيْهِ قَٓائِمًا ذٰلِكَ بِاَنَّهُمْ قَالُوا لَيْسَ عَلَيْنَا
فِى الْاُمِّيّٖنَ سَبٖيلٌ وَيَقُولُونَ عَلَى اللّٰهِ الْكَذِبَ وَهُمْ يَعْلَمُونَ ﴿٧٥﴾
بَلٰى مَنْ اَوْفٰى بِعَهْدِهٖ وَاتَّقٰى فَاِنَّ اللّٰهَ يُحِبُّ الْمُتَّقٖينَ ﴿٧٦﴾
اِنَّ الَّذٖينَ يَشْتَرُونَ بِعَهْدِ اللّٰهِ وَاَيْمَانِهِمْ ثَمَنًا قَلٖيلًا اُولٰٓئِكَ
لَا خَلَاقَ لَهُمْ فِى الْاٰخِرَةِ وَلَا يُكَلِّمُهُمُ اللّٰهُ وَلَا يَنْظُرُ
اِلَيْهِمْ يَوْمَ الْقِيٰمَةِ وَلَا يُزَكّٖيهِمْ وَلَهُمْ عَذَابٌ اَلٖيمٌ ﴿٧٧﴾

وَاِنَّ مِنْهُمْ

71. ¡Oh Gente del Libro! ¿Por qué confundís la verdad (mezclándola) con la falsedad y ocultáis la verdad a sabiendas?

72. (En un intento de engañar a los creyentes), una parte de la Gente del Libro dice (los unos a los otros): «Fingid creencia al principio del día en lo que se ha hecho descender sobre los que creen y dejar de creer en ello al final de día, tal vez así (duden de su religión y) vuelvan (a su condición anterior)».

73. Pero no creáis en nadie más que en el que sigue vuestra religión —Di (Oh Mensajero): «Sin duda, la única guía es la guía de Dios»— ni creáis que a nadie le ha sido otorgado lo mismo que os ha sido concedido a vosotros, ni que vayan a polemizar en vuestra contra ante vuestro Señor. Di: «En verdad toda la gracia y el favor se encuentra en Manos de Dios; Él da a quien Su Voluntad dicta». Dios es Abarcador (con Su misericordia), Omnisciente.

74. Distingue con Su misericordia (favoreciéndole con la Misión Profética o con otra apelación) a quien Su Voluntad dicta. Dios es de una gracia y una munificencia formidables.

75. Entre la Gente del Libro se dan aquellos que si encomiendas cierta cantidad de un tesoro te lo devuelven; y entre ellos hay algunos que si les encomiendas una pieza de oro no te la devuelven aunque sigas vigilándoles. Eso es porque dicen: «No tenemos responsabilidad alguna con respecto a los indoctos (los que no tienen un Libro igual que el nuestro y no siguen nuestra religión)». Así profieren mentiras atribuyéndoselas a Dios a sabiendas.

76. Todo lo contrario (lo que Dios decreta es lo siguiente): Todo aquel que cumpla su promesa y se aparte de la desobediencia a Dios en la debida veneración a Él y con piedad, seguramente Dios ama a los piadosos devotos.

77. En cuanto a los que venden el compromiso de Dios y sus promesas por un precio nimio, no disfrutarán de parte alguna en las bendiciones en el Más Allá; y Dios no les hablará ni les mirará (con misericordia) el Día de la Resurrección, ni les purificará (de sus pecados absolviéndoles). Para ellos habrá un doloroso castigo.

وَاِنَّ مِنْهُمْ لَفَرِيقًا يَلْوُنَ اَلْسِنَتَهُمْ بِالْكِتَابِ لِتَحْسَبُوهُ
مِنَ الْكِتَابِ وَمَا هُوَ مِنَ الْكِتَابِۚ وَيَقُولُونَ هُوَ مِنْ عِنْدِ
اللّٰهِ وَمَا هُوَ مِنْ عِنْدِ اللّٰهِۚ وَيَقُولُونَ عَلَى اللّٰهِ الْكَذِبَ
وَهُمْ يَعْلَمُونَ ﴿٧٨﴾ مَا كَانَ لِبَشَرٍ اَنْ يُؤْتِيَهُ اللّٰهُ الْكِتَابَ
وَالْحُكْمَ وَالنُّبُوَّةَ ثُمَّ يَقُولَ لِلنَّاسِ كُونُوا عِبَادًا لِى
مِنْ دُونِ اللّٰهِ وَلٰكِنْ كُونُوا رَبَّانِيّٖنَ بِمَا كُنْتُمْ تُعَلِّمُونَ
الْكِتَابَ وَبِمَا كُنْتُمْ تَدْرُسُونَۙ ﴿٧٩﴾ وَلَا يَاْمُرَكُمْ اَنْ تَتَّخِذُوا
الْمَلٰٓئِكَةَ وَالنَّبِيّٖنَ اَرْبَابًاۜ اَيَاْمُرُكُمْ بِالْكُفْرِ بَعْدَ اِذْ اَنْتُمْ
مُسْلِمُونَ۟ ﴿٨٠﴾ وَاِذْ اَخَذَ اللّٰهُ مِيثَاقَ النَّبِيّٖنَ لَمَٓا اٰتَيْتُكُمْ
مِنْ كِتَابٍ وَحِكْمَةٍ ثُمَّ جَٓاءَكُمْ رَسُولٌ مُصَدِّقٌ لِمَا
مَعَكُمْ لَتُؤْمِنُنَّ بِهٖ وَلَتَنْصُرُنَّهُۜ قَالَ ءَاَقْرَرْتُمْ وَاَخَذْتُمْ
عَلٰى ذٰلِكُمْ اِصْرٖىۜ قَالُٓوا اَقْرَرْنَاۜ قَالَ فَاشْهَدُوا وَاَنَا
مَعَكُمْ مِنَ الشَّاهِدٖينَ ﴿٨١﴾ فَمَنْ تَوَلّٰى بَعْدَ ذٰلِكَ فَاُو۬لٰٓئِكَ
هُمُ الْفَاسِقُونَ ﴿٨٢﴾ اَفَغَيْرَ دٖينِ اللّٰهِ يَبْغُونَ وَلَهُٓ اَسْلَمَ مَنْ
فِى السَّمٰوَاتِ وَالْاَرْضِ طَوْعًا وَكَرْهًا وَاِلَيْهِ يُرْجَعُونَ ﴿٨٣﴾

78. Y entre ellos hay unos que tergiversan (las palabras del) Libro con sus lenguas (durante sus recitaciones para distorsionar sus significados), para que creáis que es parte del Libro cuando no lo es. Y dicen que éste proviene de la Presencia de Dios, pero no proviene de la Presencia de Dios. Dicen mentiras atribuyéndoselas a Dios a sabiendas.

79. No puede ser (concebible) que Dios otorgue a un ser humano el Libro, la autoridad con recto y buen juicio así como la Misión Profética y luego le diga a la gente: «Sed siervos míos, aparte de Dios». Más bien (diría): «Sed siervos puros y totalmente entregados del Señor enseñando el Libro y estudiándolo».

80. Nunca os ordena que toméis a los ángeles y a los Profetas como señores. ¿Va a ordenaros la incredulidad, cuando habéis (respondido su llamada y) pasado a ser musulmanes (sometidos a Dios exclusivamente)?

81. Y cuando Dios concertó un pacto con los Profetas: «Os he dado el Libro y la Sabiduría. A continuación, vendrá a vosotros un Mensajero que confirmará lo que ya poseéis (de las Revelaciones Divinas). Vais a creer en él y ayudarle»[15]. Dicho eso, preguntó: «¿Confirmáis esto y estáis de acuerdo en tomar (sobre vosotros) Mi carga en este asunto?». Respondieron: «Lo confirmamos». Dijo: «Entonces, sed testigos (vosotros y vuestras comunidades) y Yo daré testimonio con vosotros».

82. Entonces, quienes den la espalda después de esto, esos serán los trasgresores.

83. ¿Acaso están buscando ahora una religión distinta a la de Dios, cuando a Él se somete todo cuanto hay en los Cielos y sobre la Tierra voluntariamente o a la fuerza[16] y a Él serán devueltos?

15. En un sentido general, un Profeta es aquel que recibe una Revelación procedente de Dios y tiene el deber de comunicársela a la gente. En dicho sentido, el hecho de ser Mensajero se encuentra incluido en el significado del término «Profeta». De modo más particular, el Profeta es aquel que recibe la Revelación Divina y sigue el Libro y la Ley del Mensajero que le precedió o sigue a un Mensajero contemporáneo suyo, sin tener que recibir un Libro diferente. Lo que la palabra «Libro» significa en el versículo es «Libro» o la parte del mismo que un Profeta hereda. Cada Mensajero es un Profeta, no así al contrario.

En las comunidades anteriores al profeta Muhammad, la paz y las bendiciones sean con él, solían haber distintos Profetas al mismo tiempo e incluso en el mismo lugar. Cuando las circunstancias exigían que un Mensajero viniese con un nuevo Libro, con una nueva Ley o con alguna enmienda, Dios enviaba un Mensajero. Después del profeta Muhammad, la paz y las bendiciones sean con él, concienzudos y puros eruditos así como grandes maestros espirituales han llevado a cabo la misión de los Profetas, sin, por supuesto, recibir Revelación alguna. Los grandes «revivificadores» que combinaron la erudición y la maestría espiritual se convirtieron en los herederos de la misión del Mensajero. La expresión, «Los eruditos de mi comunidad son como los Profetas de los Hijos de Israel», atribuido al profeta Muhammad, no tiene una cadena de transmisión fiable, y sin embargo, es verdad que los eruditos y los maestros espirituales han hecho lo que los Profetas y los Mensajeros de antaño hicieron, a excepción de que ya no hay necesidad de que sea enviado un nuevo Libro. No obstante, ningún erudito ni maestro espiritual, por muy virtuoso que sea, puede llegar al mismo nivel que un Profeta, en lo que a virtud se refiere.

16. Dios posee dos tipos de leyes, las leyes de la creación y funcionamiento del universo, la cual incluye cada ser por separado y la vida (biológica) de los seres humanos, y otra ley que gobierna la vida individual y social de las personas. Las primeras constituyen el asunto de estudio de las ciencias (física, química, astronomía, biología, sociología, psicología, etc.). Algunos aspectos de la vida social de los seres humanos entran también en el ámbito de esta ley. Por ejemplo, el fruto del trabajo es generalmente la riqueza o el éxito, mientras que la pereza produce pobreza. Se puede decir que el segundo tipo de leyes consiste en la Religión. Toda la creación obedece de modo absoluto el primer tipo de leyes, mientras que la segunda clase de leyes es opcional. Sin embargo, es también Dios Quien determina el resultado de obedecer o desobedecer ambos tipos de ley. Por lo tanto, el universo entero incluyendo a los seres humanos, está sujeto a las leyes de Dios y nadie puede escapar a ellas.

60 سُورَةُ اٰلِ عِمْرٰنَ ٦٠

قُلْ اٰمَنَّا بِاللّٰهِ وَمَٓا اُنْزِلَ عَلَيْنَا وَمَٓا اُنْزِلَ عَلٰٓى اِبْرٰهٖيمَ
وَاِسْمٰعٖيلَ وَاِسْحٰقَ وَيَعْقُوبَ وَالْاَسْبَاطِ وَمَٓا اُوتِىَ مُوسٰى
وَعٖيسٰى وَالنَّبِيُّونَ مِنْ رَبِّهِمْۖ لَا نُفَرِّقُ بَيْنَ اَحَدٍ مِنْهُمْۘ
وَنَحْنُ لَهُ مُسْلِمُونَ ﴿٨٤﴾ وَمَنْ يَبْتَغِ غَيْرَ الْاِسْلَامِ دٖينًا
فَلَنْ يُقْبَلَ مِنْهُۚ وَهُوَ فِى الْاٰخِرَةِ مِنَ الْخَاسِرٖينَ ﴿٨٥﴾ كَيْفَ
يَهْدِى اللّٰهُ قَوْمًا كَفَرُوا بَعْدَ اٖيمَانِهِمْ وَشَهِدُٓوا اَنَّ الرَّسُولَ
حَقٌّ وَجَٓاءَهُمُ الْبَيِّنَاتُۜ وَاللّٰهُ لَا يَهْدِى الْقَوْمَ الظَّالِمٖينَ ﴿٨٦﴾
اُو۬لٰٓئِكَ جَزَٓاؤُهُمْ اَنَّ عَلَيْهِمْ لَعْنَةَ اللّٰهِ وَالْمَلٰٓئِكَةِ وَالنَّاسِ
اَجْمَعٖينَۙ ﴿٨٧﴾ خَالِدٖينَ فٖيهَاۚ لَا يُخَفَّفُ عَنْهُمُ الْعَذَابُ
وَلَا هُمْ يُنْظَرُونَۙ ﴿٨٨﴾ اِلَّا الَّذٖينَ تَابُوا مِنْ بَعْدِ ذٰلِكَ
وَاَصْلَحُوا فَاِنَّ اللّٰهَ غَفُورٌ رَحٖيمٌ ﴿٨٩﴾ اِنَّ الَّذٖينَ كَفَرُوا بَعْدَ
اٖيمَانِهِمْ ثُمَّ ازْدَادُوا كُفْرًا لَنْ تُقْبَلَ تَوْبَتُهُمْۚ وَاُو۬لٰٓئِكَ
هُمُ الضَّٓالُّونَ ﴿٩٠﴾ اِنَّ الَّذٖينَ كَفَرُوا وَمَاتُوا وَهُمْ كُفَّارٌ
فَلَنْ يُقْبَلَ مِنْ اَحَدِهِمْ مِلْءُ الْاَرْضِ ذَهَبًا وَلَوِ افْتَدٰى
بِهٖۜ اُو۬لٰٓئِكَ لَهُمْ عَذَابٌ اَلٖيمٌ وَمَا لَهُمْ مِنْ نَاصِرٖينَۚ ﴿٩١﴾

لَنْ تَنَالُوا

84. Di: «Hemos creído en Dios (sin atribuirle copartícipe alguno), en aquello que se ha hecho descender sobre nosotros y en lo que se hizo descender sobre Abraham, Ismael, Isaac, Jacob y los Profetas que surgieron en las tribus, así como lo que le fue concedido a Moisés, Jesús y a los otros Profetas procedente de su Señor; no hacemos distinción alguna entre ellos (en la creencia) y somos musulmanes (sometidos a Él exclusivamente)».

85. Todo aquel que busque una religión distinta al Islam, no le será aceptada y en el Más Allá será de los perdedores[17].

86. ¿Cómo va a guiar Dios a una gente que ha dejado de creer después de haber creído, después de haber sido testigos de que el Mensajero es veraz y después de que las pruebas claras (de su Misión Profética y el Origen Divino del Libro que ha traído) les han llegado? Dios no guía a los malhechores.

87. Para aquellos, la recompensa no será sino que caerá sobre ellos la maldición de Dios, de los ángeles y de toda la humanidad, todas a la vez[18].

88. Permanecerán en ella. No se les aliviará el castigo ni se les concederá ningún plazo.

89. A excepción de aquellos que luego se arrepientan y se enmienden. Sin duda, Dios es Indulgente y Compasivo.

90. Pero los que han desobedecido después de (profesar) la fe[19] y se han endurecido en la incredulidad (perdiendo la capacidad de creer, por lo que no pueden retornar a la fe ni arrepentirse, hasta que no estén entre las garras de la muerte, y) su arrepentimiento (en ese momento) no le será aceptado, y son totalmente extraviados.

91. En verdad aquel que no crea y muera como incrédulo no se aceptará de él rescate alguno aunque consista en todo el oro que pudiera hallarse contenido en la Tierra. Tales son aquellos para quienes se da un doloroso castigo y no tendrán quien les auxilie (ante dicho castigo).

17. El versículo 83 declara que la única Religión autentica es la Religión de Dios, ya que todo cuanto hay en los Cielos y sobre la Tierra se somete a Él voluntariamente o a la fuerza. En el versículo 84, se declara que todos los Profetas siguieron y trasmitieron dicha Religión y también se le otorga un nombre: el Islam. Tal y como queda explícitamente aclarado en los versículos, el Islam es la única religión ante Dios y se halla basada en

la sumisión incondicional a Él. Los versículos también dejan claro que el Islam es, ante todo, la Religión de todas las cosas y los seres existentes fuera del ámbito humano, ya que se encuentran todos por igual sometidos a Dios voluntariamente o a la fuerza y viven de acuerdo con las leyes que Dios ha establecido. En segundo lugar, la vida humana, excepto en los asuntos que guardan relación con el libre albedrío, también es conducida por el Islam. Y en tercer lugar, el Islam es la Religión que Dios quiere que los seres humanos sigan voluntariamente. Tal y como ha sido mencionado anteriormente, todos los Profetas siguieron y trasmitieron el Islam, mientras que las otras religiones, como el Judaísmo y el Cristianismo, son las formas que tomaron a lo largo del tiempo tras haber sido predicadas por Moisés y Jesús respectivamente. Por otra parte, estos nombres, al menos en el caso del Cristianismo, fueron concedidos a dichas religiones por otros, en lugar de por sus propios seguidores.

Al hallarse el universo entero sometido a las leyes y a la entidad de un Solo Dios en su condición de Deidad, Señor y Soberano en solitario, se da en ello una paz, equilibrio y armonía magníficos. Lo que la humanidad debe hacer como parte de la existencia que disfruta de libre albedrío es tomar la parte en este coro de paz, equilibrio y armonía por medio de su libre albedrío y lograr la verdadera felicidad en ambos mundos. Otra creencia o acto no produciría más que corrupción, inquietud, anarquía y maldad en el mundo, así como tormento y oscuridad sobre oscuridad en el Más Allá.

18. Aunque la mayoría de las personas no hayan sido verdaderos creyentes, la conciencia humana no admite ni confirma la incredulidad, la maldad y la trasgresión. El ser humano sucumbe en la incredulidad únicamente tras seguir a su yo carnal que ordena el mal y que asimismo silencia su conciencia. Sin embargo, como la conciencia humana rechaza la incredulidad, el mal y la trasgresión, la destrucción que éstas causan en el individuo y en la vida social nunca queda oculta. Por tal razón, sucesivas generaciones han maldecido a sus predecesores que han pecado. Por eso los Profetas son conmemorados y rememorados con bendiciones, incluso después de miles de años, y por eso a los infieles tiranos de la historia siempre se les maldice. Tales individuos serán maldecidos por Dios, los ángeles y por toda la humanidad, sobre todo en el Más Allá.

La maldición eterna de Dios significa la exclusión de Su misericordia y la condena al castigo. La maldición por parte de otros no es más que su súplica a Dios para que les excluya de Su misericordia y les condene al castigo.

19. Al igual que la incredulidad, la creencia o la fe es un acto de confirmación realizado por el corazón. Ambos poseen dos aspectos, uno verdadero, y otro aparente y relacionado con la ley. La persona que profesa la creencia y cumple los requisitos legales para ser un miembro musulmán de una comunidad musulmana (como dar la Limosna Prescrita —*Zakat*—) es considerada como creyente y musulmán. Si verdaderamente lo es o no, eso sólo Dios lo sabe. El Corán incluye a tales personas en su alocución «Oh vosotros que creéis», y con ello anima a los creyentes a que hagan lo que se espera de ellos como profesantes de la fe. Se espera que confirmen su profesión de fe a través de sus actos y que la creencia se implante en sus corazones. A pesar de sus interminables conspiraciones, el Mensajero de Dios, la paz y las bendiciones sean con él, siempre trató a los hipócritas como creyentes y musulmanes a menos que Dios le ordenase lo contrario; un ejemplo de ello es el caso de Abdullah ibn Ubayy ibn Salul, el líder de los hipócritas. Cuando murió por medio de la Revelación le fue prohibido al Mensajero que llevase a cabo la Oración funeraria de dicha persona.

لَنْ تَنَالُوا الْبِرَّ حَتّٰى تُنْفِقُوا مِمَّا تُحِبُّونَ وَمَا تُنْفِقُوا مِنْ
شَيْءٍ فَاِنَّ اللّٰهَ بِه۪ عَل۪يمٌ ﴿٩٢﴾ كُلُّ الطَّعَامِ كَانَ حِلًّا لِبَن۪ٓي اِسْرَٓائ۪لَ
اِلَّا مَا حَرَّمَ اِسْرَٓائ۪لُ عَلٰى نَفْسِه۪ مِنْ قَبْلِ اَنْ تُنَزَّلَ التَّوْرٰيةُ
قُلْ فَأْتُوا بِالتَّوْرٰيةِ فَاتْلُوهَٓا اِنْ كُنْتُمْ صَادِق۪ينَ ﴿٩٣﴾ فَمَنِ افْتَرٰى
عَلَى اللّٰهِ الْكَذِبَ مِنْ بَعْدِ ذٰلِكَ فَاُو۬لٰٓئِكَ هُمُ الظَّالِمُونَ ﴿٩٤﴾
قُلْ صَدَقَ اللّٰهُ فَاتَّبِعُوا مِلَّةَ اِبْرٰه۪يمَ حَن۪يفًاۜ وَمَا كَانَ
مِنَ الْمُشْرِك۪ينَ ﴿٩٥﴾ اِنَّ اَوَّلَ بَيْتٍ وُضِعَ لِلنَّاسِ لَلَّذ۪ي
بِبَكَّةَ مُبَارَكًا وَهُدًى لِلْعَالَم۪ينَۚ ﴿٩٦﴾ ف۪يهِ اٰيَاتٌ بَيِّنَاتٌ مَقَامُ
اِبْرٰه۪يمَۚ وَمَنْ دَخَلَهُ كَانَ اٰمِنًاۜ وَلِلّٰهِ عَلَى النَّاسِ حِجُّ الْبَيْتِ
مَنِ اسْتَطَاعَ اِلَيْهِ سَب۪يلًاۜ وَمَنْ كَفَرَ فَاِنَّ اللّٰهَ غَنِيٌّ عَنِ الْعَالَم۪ينَ ﴿٩٧﴾
قُلْ يَٓا اَهْلَ الْكِتَابِ لِمَ تَكْفُرُونَ بِاٰيَاتِ اللّٰهِۗ وَاللّٰهُ شَه۪يدٌ
عَلٰى مَا تَعْمَلُونَ ﴿٩٨﴾ قُلْ يَٓا اَهْلَ الْكِتَابِ لِمَ تَصُدُّونَ
عَنْ سَب۪يلِ اللّٰهِ مَنْ اٰمَنَ تَبْغُونَهَا عِوَجًا وَاَنْتُمْ شُهَدَٓاءُۜ وَمَا اللّٰهُ
بِغَافِلٍ عَمَّا تَعْمَلُونَ ﴿٩٩﴾ يَٓا اَيُّهَا الَّذ۪ينَ اٰمَنُٓوا اِنْ تُط۪يعُوا فَر۪يقًا
مِنَ الَّذ۪ينَ اُو۫تُوا الْكِتَابَ يَرُدُّوكُمْ بَعْدَ ا۪يمَانِكُمْ كَافِر۪ينَ ﴿١٠٠﴾

92. No lograréis alcanzar la piedad y la virtud hasta que no gastéis de aquellos que amáis (en la causa de Dios o proporcionando sustento al necesitado). Cualquier cosa que gastéis, no cabe duda que Dios posee pleno conocimiento de ello[20].

93. Todos los (tipos de) alimentos (lícitos en la Ley revelada a Muhammad) eran lícitos para los Hijos de Israel (al principio) salvo los que el propio Israel (es decir, el profeta Jacob) había prohibido a sí mismo antes de que se hiciera descender la Tora. Di (a ellos), Oh Mensajero): «Traed la Tora y recitadla, si sois veraces (en vuestra afirmación de que no hay lugar para la abrogación en ella)»[21].

94. Y así, quien invente falsedades atribuyéndoselas a Dios después de eso (lo anteriormente declarado respecto a la verdad del asunto), esos son los malhechores.

95. Di (Oh Mensajero): «Dios dice la verdad». Por lo tanto, seguid la senda de Abraham como gente de fe pura (una fe libre de incredulidad, de atribuir copartícipes a Dios y de hipocresía). Nunca ha sido de los que atribuían copartícipes a Dios.

96. Y he aquí que la primera Casa (de Adoración) erigida para la humanidad fue la de Bakkah (La Meca), lugar bendito y (centro o foco de) orientación para todos los pueblos.

97. En ella se dan signos claros (que demuestran que es un santuario bendito elegido por Dios como centro de orientación) y la Estación de Abraham. Quien entre en ella estará a salvo (de ataques y miedo). La peregrinación a la Casa de Dios es un compromiso debido a Dios para todo aquel que pueda permitírselo. Quien se niegue (a realizar dicha obligación) o sea desagradecido con Dios (incumpliendo esta orden), Dios es absolutamente independiente de todas las criaturas.

98. Di: «¡Oh Gente del Libro! ¿Por qué encubrís y no creéis en las Revelaciones de Dios, cuando Dios es testigo de todo lo que hacéis?».

99. Di: «¡Oh Gente del Libro! ¿Por qué apartáis de la senda de Dios a aquellos que creen, haciendo que ésta parezca tortuosa, cuando vosotros mismos sois testigos (de que es la senda correcta)? Dios no desatiende ni hace caso omiso de lo que hacéis».

100. ¡Oh vosotros que creéis! Si obedecéis a una parte de los que recibieron el Libro, os harán sucumbir en la incredulidad después de que hayáis creído.

20. El término *Birr*, que es preferible traducir como «piedad», es una categoría elevada de la bondad y la virtud. A los que han logrado dicho grado se les denomina *barr* (*abrar* en plural). El amor hacia Dios y la búsqueda de Su aprobación o complacencia es la esencia de la devoción. Para ser considerado uno de los *abrar*, el creyente ha de adquirir el refinamiento espiritual que le permita desembolsar en la causa de Dios u otorgar a los demás de aquello que éste ama. La devoción, la virtud o la piedad no pueden alcanzarse únicamente cumpliendo ciertas formalidades.

21. Cuando la *alquibla* fue modificada y se trasladó su ubicación desde el Bayt al-Maqdis en Jerusalén a la Ka'ba en La Meca, algunos rabinos israelitas protestaron diciendo que se trataba de una abrogación (*nasj*) y que en la Tora no había habido abrogación alguna. No obstante, este versículo, que abiertamente declara la Tora como testimonio, declara que todos los alimentos que eran lícitos en la Ley revelada al profeta Muhammad, la paz y las bendiciones sean con él, lo eran también, al principio, para los Hijos de Israel salvo los que el profeta Jacob, la paz sea con él, se prohibió a sí mismo antes de que la Tora hubiese sido revelada. Sin embargo, el versículo 4:160 señala que, a causa del mal cometido por los judíos, Dios estableció ilícito para ellos muchas cosas puras y sanas que (hasta entonces) les habían sido lícitas; y el versículo 6:146 indica que, para los judíos, Dios había prohibido todo animal con garras; y que había establecido ilícito para ellos la grasa de los bueyes y las ovejas a excepción de la del lomo, la de las entrañas o la mezclada con hueso, y ello como recompensa por su insolencia y desafío. Todo ello muestra explícitamente que había habido abrogación también en la Tora. (Véase también Levítico, 7:23-26).

وَكَيْفَ تَكْفُرُونَ وَاَنْتُمْ تُتْلٰى عَلَيْكُمْ اٰيَاتُ اللّٰهِ وَفِيكُمْ
رَسُولُهُ وَمَنْ يَعْتَصِمْ بِاللّٰهِ فَقَدْ هُدِيَ اِلٰى صِرَاطٍ مُسْتَقِيمٍ ﴿١٠١﴾
يَٓا اَيُّهَا الَّذِينَ اٰمَنُوا اتَّقُوا اللّٰهَ حَقَّ تُقَاتِهِ وَلَا تَمُوتُنَّ اِلَّا
وَاَنْتُمْ مُسْلِمُونَ ﴿١٠٢﴾ وَاعْتَصِمُوا بِحَبْلِ اللّٰهِ جَمِيعًا وَلَا تَفَرَّقُوا
وَاذْكُرُوا نِعْمَتَ اللّٰهِ عَلَيْكُمْ اِذْ كُنْتُمْ اَعْدَٓاءً فَاَلَّفَ بَيْنَ قُلُوبِكُمْ
فَاَصْبَحْتُمْ بِنِعْمَتِهِ اِخْوَانًا وَكُنْتُمْ عَلٰى شَفَا حُفْرَةٍ مِنَ النَّارِ
فَاَنْقَذَكُمْ مِنْهَا كَذٰلِكَ يُبَيِّنُ اللّٰهُ لَكُمْ اٰيَاتِهِ لَعَلَّكُمْ تَهْتَدُونَ ﴿١٠٣﴾
وَلْتَكُنْ مِنْكُمْ اُمَّةٌ يَدْعُونَ اِلَى الْخَيْرِ وَيَاْمُرُونَ بِالْمَعْرُوفِ
وَيَنْهَوْنَ عَنِ الْمُنْكَرِ وَاُولٰٓئِكَ هُمُ الْمُفْلِحُونَ ﴿١٠٤﴾ وَلَا تَكُونُوا
كَالَّذِينَ تَفَرَّقُوا وَاخْتَلَفُوا مِنْ بَعْدِ مَا جَٓاءَهُمُ الْبَيِّنَاتُ
وَاُولٰٓئِكَ لَهُمْ عَذَابٌ عَظِيمٌ ﴿١٠٥﴾ يَوْمَ تَبْيَضُّ وُجُوهٌ وَتَسْوَدُّ
وُجُوهٌ فَاَمَّا الَّذِينَ اسْوَدَّتْ وُجُوهُهُمْ اَكَفَرْتُمْ بَعْدَ اِيمَانِكُمْ
فَذُوقُوا الْعَذَابَ بِمَا كُنْتُمْ تَكْفُرُونَ ﴿١٠٦﴾ وَاَمَّا الَّذِينَ ابْيَضَّتْ
وُجُوهُهُمْ فَفِي رَحْمَةِ اللّٰهِ هُمْ فِيهَا خَالِدُونَ ﴿١٠٧﴾ تِلْكَ اٰيَاتُ
اللّٰهِ نَتْلُوهَا عَلَيْكَ بِالْحَقِّ وَمَا اللّٰهُ يُرِيدُ ظُلْمًا لِلْعَالَمِينَ ﴿١٠٨﴾

وَلِلّٰهِ

101. ¿Cómo os negáis a creer en vista de que sois vosotros a quienes se os recitan las Revelaciones de Dios, y Su Mensajero se halla entre vosotros? Quien se aferre a Dios, será guiado a un camino recto.

102. ¡Oh vosotros que creéis! Apartaos de la desobediencia a Dios con la piedad devota, con toda la reverencia que Le es debida y no muráis sin ser musulmanes (sometidos exclusivamente a Dios).

103. Y aferraos juntos a la cuerda de Dios y no os separéis. Recordad el favor de Dios para con vosotros: fuisteis enemigos y reconcilió vuestros corazones y por Su gracia os habéis convertido en hermanos. Estabais al borde de un abismo de fuego y os libró de ello. Así os aclara Dios Sus señales de verdad para que podáis ser guiados (al Camino Recto en todos los asuntos y seáis firmes en ello).

104. Ha de haber entre vosotros una comunidad que apele al bien, ordene y promueva lo correcto así como prohíba y trate de prevenir el mal (de modo apropiado). Esos son los dotados de prosperidad.

105. No seáis como aquellos que se dividieron en grupos y siguieron distintos caminos después de que las verdades manifiestas les hubiesen llegado. Ellos serán de aquellos a los que les aguarda un terrible castigo.

106. En el Día en que algunos rostros brillen y otros se ensombrezcan. En cuanto a aquellos cuyos rostros se han ensombrecido (se les dirá): «¿Qué? ¿Renegasteis de vuestra fe después de haber creído? ¡Probad, pues, el castigo porque solíais seguir la senda de la incredulidad!».

107. Aquellos cuyos rostros brillen estarán (incluidos) en la Misericordia de Dios, donde morarán eternamente.

108. Estas son las Revelaciones de Dios. Te las recitamos con la verdad y Dios no quiere ninguna injusticia para nadie[22].

22. Estos versículos informan a la comunidad musulmana —una comunidad que es y en definitiva ha de ser una sólida y compacta estructura bajo la dirección de un líder— de las claves del verdadero éxito y de la prosperidad en ambos mundos:

- Para mantener su existencia y unidad y poder seguir el Camino Recto sin ninguna desviación, los musulmanes deben considerar como bueno todo aquello que Dios ha decretado que es bueno y como malo lo que haya decretado como malo. Deben depender siempre del Corán, de la Sunna y de los principios originados en estas dos fuentes principales, y no referirse a otra fuente o confirmar e imitar a la Gente del Libro en sus falsos credos y maneras de obrar.
- La Sunna del Mensajero de Dios, la paz y las bendiciones de sean con él, es un camino en el que confluyen todos los musulmanes para formar una entidad fuerte y unida.
- Seguir la Sunna nos lleva a aferrarnos con fuerza a Dios.
- La piedad en su grado más alto —absteniéndose de desobedecer a Dios y llevar a cabo todo lo que está en nuestras manos para cumplir Sus órdenes— garantiza el seguimiento de la Sunna y el aferramiento a Dios.
- Siguiendo la Sunna y aferrándose a Dios y al más alto grado de piedad, el musulmán presenta a Dios una irrefutable petición para poder continuar siendo musulmán hasta el momento de su muerte y alcanzar el fin de morir como musulmán (sometido exclusivamente a Él).
- Al practicar la Sunna, el musulmán sigue el Corán y, en un sentido general, la religión del Islam, la cual está basada en estas dos fuentes esenciales. La Sunna, en su sentido más amplio, no es más que el modo en que el Mensajero de Dios entendió y practicó el Islam, basándose en el Corán, tanto a nivel individual como social, y los principios que Dios estableció para este propósito.
- Recordar los favores de Dios tan frecuentemente como nos sea posible, rendirle tributo con nuestro agradecimiento y por ello ser un siervo agradecido salva al musulmán de sucumbir en la incredulidad después de haber creído. De ese modo, los musulmanes se protegen de incurrir en cualquier tipo de error engañoso.
- Prescribiendo y ordenando lo que es correcto o bueno y prohibiendo lo que es malo significa enseñar y aconsejar a la gente lo que Dios ha ordenado y lo que la opinión pública, basada en el Corán y la Sunna, contempla como bueno, y prevenir la difusión del mal en la comunidad. Este importante deber puede y debe ser realizado por cada individuo de un modo conveniente. Sin embargo, para este propósito se ha de formar un grupo de individuos que posean las cualidades necesarias o bien establecer una institución o un departamento gubernamental.
- Si las personas se extravían después de haber visto y experimentado la verdad, es porque han seguido su yo carnal que ordena el mal. Esto lleva a las personas a hacer el mal y a avasallarse mutuamente, dando lugar a la aparición de diferentes facciones que persiguen sus propios intereses. Ésta es la causa principal de la aparición de trayectorias y caminos diferentes bajo el nombre de la misma religión; la consecuencia de esto es una enfermedad de funestas consecuencias que amenaza tanto a la vida del individuo como a la sociedad.
- La creencia en el Más Allá, donde todos serán llamados a responder por lo que hayan hecho en este mundo y donde contemplarán las consecuencias de sus actos, es la manera más eficaz para prevenir los pecados y el mal tanto individual como socialmente.

وَلِلّٰهِ مَا فِى السَّمٰوَاتِ وَمَا فِى الْاَرْضِۜ وَاِلَى اللّٰهِ تُرْجَعُ
الْاُمُورُ ﴿١٠٩﴾ كُنْتُمْ خَيْرَ اُمَّةٍ اُخْرِجَتْ لِلنَّاسِ تَاْمُرُونَ
بِالْمَعْرُوفِ وَتَنْهَوْنَ عَنِ الْمُنْكَرِ وَتُؤْمِنُونَ بِاللّٰهِۜ وَلَوْ
اٰمَنَ اَهْلُ الْكِتَابِ لَكَانَ خَيْرًا لَهُمْۜ مِنْهُمُ الْمُؤْمِنُونَ
وَاَكْثَرُهُمُ الْفَاسِقُونَ ﴿١١٠﴾ لَنْ يَضُرُّوكُمْ اِلَّٓا اَذًىۜ وَاِنْ
يُقَاتِلُوكُمْ يُوَلُّوكُمُ الْاَدْبَارَ۠ ثُمَّ لَا يُنْصَرُونَ ﴿١١١﴾ ضُرِبَتْ
عَلَيْهِمُ الذِّلَّةُ اَيْنَ مَا ثُقِفُٓوا اِلَّا بِحَبْلٍ مِنَ اللّٰهِ وَحَبْلٍ
مِنَ النَّاسِ وَبَٓاؤُ بِغَضَبٍ مِنَ اللّٰهِ وَضُرِبَتْ عَلَيْهِمُ
الْمَسْكَنَةُۜ ذٰلِكَ بِاَنَّهُمْ كَانُوا يَكْفُرُونَ بِاٰيَاتِ اللّٰهِ وَيَقْتُلُونَ
الْاَنْبِيَٓاءَ بِغَيْرِ حَقٍّۜ ذٰلِكَ بِمَا عَصَوْا وَكَانُوا يَعْتَدُونَ ﴿١١٢﴾
لَيْسُوا سَوَٓاءًۜ مِنْ اَهْلِ الْكِتَابِ اُمَّةٌ قَٓائِمَةٌ يَتْلُونَ اٰيَاتِ
اللّٰهِ اٰنَٓاءَ الَّيْلِ وَهُمْ يَسْجُدُونَ ﴿١١٣﴾ يُؤْمِنُونَ بِاللّٰهِ وَالْيَوْمِ
الْاٰخِرِ وَيَاْمُرُونَ بِالْمَعْرُوفِ وَيَنْهَوْنَ عَنِ الْمُنْكَرِ
وَيُسَارِعُونَ فِى الْخَيْرَاتِۜ وَاُولٰٓئِكَ مِنَ الصَّالِحِينَ ﴿١١٤﴾
وَمَا يَفْعَلُوا مِنْ خَيْرٍ فَلَنْ يُكْفَرُوهُۜ وَاللّٰهُ عَلِيمٌ بِالْمُتَّقِينَ ﴿١١٥﴾

109. (Cómo puede ser así, en vista de que) a Dios Le pertenece todo cuanto hay en los Cielos y en la Tierra y tan sólo a Él se encomiendan finalmente todos los asuntos (y lo que Su Voluntad dicta será lo que ocurrirá).

110. (¡Oh Comunidad de Muhammad!) Sois la mejor comunidad jamás antes surgida para (el bien de) la humanidad; ordenáis y promovéis activamente lo que es correcto y bueno así como prohibís y tratáis de evitar lo que es malo y (así obráis porque) creéis en Dios[23]. Si la Gente del Libro creyese (como vosotros), sería mejor para ellos. Entre ellos se hallan creyentes, pero la mayoría son trasgresores.

111. No serán capaces nunca de haceros daño salvo lastimaros un poco (principalmente con sus lenguas). Si combaten contra vosotros, os darán la espalda en huída; y luego no se les prestará auxilio (para la victoria sobre vosotros).

112. La ignominia es lo que les ha correspondido (a los judíos) dondequiera que se encuentren, a menos (que se aferren) a una cuerda de Dios o a una cuerda de otros pueblos; y les sobrevino la ira (un humillante castigo) de Dios y la miseria se ha cernido sobre ellos[24]. Todo ello por haber perseverado en negarse a creer en Nuestras Revelaciones, rechazando Nuestros signos verdaderos (que constantemente contemplan en sus vidas) y matando a los Profetas contra todo derecho; y porque desobedecieron y siguieron infringiendo (las demarcaciones de la Ley).

113. (Pero) no son todos iguales: entre la Gente del Libro existe una comunidad ecuánime que recita las Revelaciones de Dios durante la vigilia de la noche y se postran (en devoción).

114. Creen en Dios y en el Día del Juicio Final, ordenan y promueven lo que es correcto y bueno, prohíben y tratan de evitar lo malo y se apresuran a realizar buenas acciones como si compitiesen los unos con los otros. Aquellos son de los rectos.

115. Cualquier bien que hagan no se les negará la recompensa de ello; y Dios posee pleno conocimiento de los piadosos devotos.

23. Los musulmanes, cuando profesan de modo verdadero y sincero el Islam, son las mejores personas de la humanidad en cuanto a carácter y moralidad. Han desarrollado en la teoría y en la práctica las cualidades esenciales para un liderazgo verdaderamente recto, a saber, el compromiso de promover el bien, suprimir el mal y el reconocimiento de un Único y Verdadero Dios como su Amo y Señor. En vista de la misión que les ha sido encomendada, han de ser conscientes de sus responsabilidades y han de evitar los errores cometidos por sus predecesores.

24. Mientras continúen teniendo las cualidades mencionadas en las notas 22 y 23, Dios ha prometido que ningún poder en el mundo podrá perjudicar a los musulmanes; y la historia atestigua que Dios ha cumplido Su promesa.

Bediüzzaman Said Nursi explica por qué el estado de Israel detenta en la actualidad la supremacía sobre los árabes musulmanes: Los judíos obedecen en mayor medida los mandatos de su religión —aun cuando éstos hayan sido derogados— que los musulmanes en relación a las leyes del Islam, y son más respetuosos con su herencia religiosa. Asimismo, disfrutan del apoyo de numerosos gobiernos a lo largo del mundo. Es decir, que los judíos hoy por hoy se aferran a una cuerda de Dios y del resto de naciones. En cuanto a los cristianos, sobre todo la elite gubernamental de la Cristiandad, son más respetuosos con su religión que los gobiernos musulmanes en relación al Islam, y el Cristianismo desempeña un papel importante en sus políticas. Tal y como hemos mencionado antes, Dios posee dos clases de leyes, una que gobierna el universo y otra que se ha manifestado en forma de religión. El Cristianismo ha descubierto las leyes de Dios que gobiernan el universo y la vida humana —aun cuando ellos las llamen leyes de la naturaleza— y vive de acuerdo con ellas. Esta es la razón por la cual tanto judíos como cristianos han disfrutado de un cierto grado de supremacía ejercida sobre los musulmanes durante los últimos dos o tres siglos.

اِنَّ الَّذٖينَ كَفَرُوا لَنْ تُغْنِىَ عَنْهُمْ اَمْوَالُهُمْ وَلَٓا اَوْلَادُهُمْ
مِنَ اللّٰهِ شَيْـًٔا وَاُولٰٓئِكَ اَصْحَابُ النَّارِ هُمْ فٖيهَا خَالِدُونَ ﴿١١٦﴾
مَثَلُ مَا يُنْفِقُونَ فٖى هٰذِهِ الْحَيٰوةِ الدُّنْيَا كَمَثَلِ رٖيحٍ فٖيهَا
صِرٌّ اَصَابَتْ حَرْثَ قَوْمٍ ظَلَمُٓوا اَنْفُسَهُمْ فَاَهْلَكَتْهُ وَمَا
ظَلَمَهُمُ اللّٰهُ وَلٰكِنْ اَنْفُسَهُمْ يَظْلِمُونَ ﴿١١٧﴾ يَٓا اَيُّهَا الَّذٖينَ
اٰمَنُوا لَا تَتَّخِذُوا بِطَانَةً مِنْ دُونِكُمْ لَا يَاْلُونَكُمْ خَبَالًا
وَدُّوا مَا عَنِتُّمْ قَدْ بَدَتِ الْبَغْضَٓاءُ مِنْ اَفْوَاهِهِمْ وَمَا تُخْفٖى
صُدُورُهُمْ اَكْبَرُ قَدْ بَيَّنَّا لَكُمُ الْاٰيَاتِ اِنْ كُنْتُمْ تَعْقِلُونَ ﴿١١٨﴾
هَٓا اَنْتُمْ اُو۬لَٓاءِ تُحِبُّونَهُمْ وَلَا يُحِبُّونَكُمْ وَتُؤْمِنُونَ بِالْكِتَابِ
كُلِّهٖ وَاِذَا لَقُوكُمْ قَالُٓوا اٰمَنَّا وَاِذَا خَلَوْا عَضُّوا عَلَيْكُمُ
الْاَنَامِلَ مِنَ الْغَيْظِ قُلْ مُوتُوا بِغَيْظِكُمْ اِنَّ اللّٰهَ عَلٖيمٌ بِذَاتِ
الصُّدُورِ ﴿١١٩﴾ اِنْ تَمْسَسْكُمْ حَسَنَةٌ تَسُؤْهُمْ وَاِنْ تُصِبْكُمْ
سَيِّئَةٌ يَفْرَحُوا بِهَا وَاِنْ تَصْبِرُوا وَتَتَّقُوا لَا يَضُرُّكُمْ كَيْدُهُمْ
شَيْـًٔا اِنَّ اللّٰهَ بِمَا يَعْمَلُونَ مُحٖيطٌ ﴿١٢٠﴾ وَاِذْ غَدَوْتَ مِنْ اَهْلِكَ
تُبَوِّئُ الْمُؤْمِنٖينَ مَقَاعِدَ لِلْقِتَالِ وَاللّٰهُ سَمٖيعٌ عَلٖيمٌ ﴿١٢١﴾

اِذْ هَمَّتْ

116. En cuanto a los incrédulos, ni sus riquezas ni sus hijos les servirán de nada ante Dios; y esos son los compañeros del Fuego en el que morarán.

117. Sus gastos (con el fin de obtener sus fines de forma humanitaria o religiosa) en esta vida mundana es como un viento cortante helado que azota los cultivos de una gente que ha sido injusta consigo misma (por su creencia y actos incorrectos) y los devasta. Dios no es injusto con ellos, sino que ellos son injustos consigo mismos.

118. ¡Oh vosotros que creéis! No toméis por amigos de confianza a quienes no son de los vuestros, ya que (los que abrigan hostilidad contra vosotros) no cejarán en su empeño de arruinaros, y desean siempre que sufráis. El odio se muestra a sí mismo en sus bocas y lo que sus pechos ocultan es aún peor. Ya os hemos dicho las verdades manifiestas, si razonáis y entendéis.

119. Sois tal pueblo (franco y de buen corazón) que les amáis (incluso a aquellos que son vuestros enemigos), mientras que ellos no os aman; y creéis en todo el Libro (sin hacer distinción entre los versículos y creéis en todos los Libros Divinos revelados). Cuando se encuentran con vosotros expresan (hipócritamente): «Creemos»; pero cuando están a solas, se muerden los dedos de rabia contra vosotros. Di (a ellos, Oh Mensajero): «¡Morid en vuestra rabia!». Sin duda, Dios posee pleno conocimiento de lo que reposa oculto en los pechos.

120. Si algo bueno os sucede, les angustia; y si os sobreviene un mal, se alegran por ello. Pero si resistís y perseveráis en vuestro camino y actuáis con piedad apartándoos del mal y la injusticia, su intriga nunca os perjudicará. Sin duda, Dios abarca completamente (con Su Conocimiento y Poder) todo lo que hacen.

121. (Recuerda, Oh Mensajero) saliste de tu casa al alba para situar a los creyentes en sus puestos de combate. Dios es Quien todo lo Oye, es Omnisciente (oyó y conoció todo lo que ocurrió y se dijo aquel día)[25].

25. Los versículos que se extienden hasta el versículo número 175 abordan la Batalla de Uhud, la actitud de los hipócritas durante la guerra, sus repercusiones y las lecciones que de ello se puede extraer.

La victoria de Badr alertó a las fuerzas hostiles de Arabia. Los musulmanes se hallaban inmersos en un estado de desasosiego y soportaron la ira de la mayoría de las sociedades vecinas.

Los quraishíes todavía se hallaban resentidos de su derrota en la Batalla de Badr. Sus mujeres lloraban por sus guerreros muertos casi diariamente e incitaban a los supervivientes a vengarse. Además, los esfuerzos de los judíos para incitar sus sentimientos de venganza era como echar más leña al fuego. Un año después, los quraishíes atacaron Medina con un ejército de 3.000 soldados, incluyendo 700 de éstos dotados con cotas de malla así como 200 jinetes.

Informados del avance del ejército de La Meca hacia Medina, el Mensajero consultó a sus Compañeros respecto a cómo enfrentarse a dicha amenaza. Sabía que el ejército de La Meca marchaba con la intención de luchar en campo abierto, pero él pensó que deberían defenderse dentro de los límites de Medina. Si se defendían en Medina, el ejército enemigo no podría sitiarles por mucho tiempo. Sin embargo, varios jóvenes que no habían luchado en Badr y anhelaban el martirio querían combatir contra el enemigo en las afueras de Medina. El Mensajero, la paz y las bendiciones sean con él, cedió finalmente ante esa demanda de la mayoría. (Ibn Hisham, 3:64-67)

إِذْ هَمَّتْ طَائِفَتَانِ مِنْكُمْ اَنْ تَفْشَلَا وَاللّٰهُ وَلِيُّهُمَا وَعَلَى
اللّٰهِ فَلْيَتَوَكَّلِ الْمُؤْمِنُونَ ﴿١٢٢﴾ وَلَقَدْ نَصَرَكُمُ اللّٰهُ بِبَدْرٍ وَاَنْتُمْ
اَذِلَّةٌ فَاتَّقُوا اللّٰهَ لَعَلَّكُمْ تَشْكُرُونَ ﴿١٢٣﴾ اِذْ تَقُولُ لِلْمُؤْمِنِينَ
اَلَنْ يَكْفِيَكُمْ اَنْ يُمِدَّكُمْ رَبُّكُمْ بِثَلٰثَةِ اٰلَافٍ مِنَ الْمَلٰٓئِكَةِ
مُنْزَلِينَ ﴿١٢٤﴾ بَلٰٓى اِنْ تَصْبِرُوا وَتَتَّقُوا وَيَاْتُوكُمْ مِنْ فَوْرِهِمْ
هٰذَا يُمْدِدْكُمْ رَبُّكُمْ بِخَمْسَةِ اٰلَافٍ مِنَ الْمَلٰٓئِكَةِ مُسَوِّمِينَ ﴿١٢٥﴾
وَمَا جَعَلَهُ اللّٰهُ اِلَّا بُشْرٰى لَكُمْ وَلِتَطْمَئِنَّ قُلُوبُكُمْ بِهٖ
وَمَا النَّصْرُ اِلَّا مِنْ عِنْدِ اللّٰهِ الْعَزِيزِ الْحَكِيمِ ﴿١٢٦﴾ لِيَقْطَعَ
طَرَفًا مِنَ الَّذِينَ كَفَرُوا اَوْ يَكْبِتَهُمْ فَيَنْقَلِبُوا خَٓائِبِينَ ﴿١٢٧﴾
لَيْسَ لَكَ مِنَ الْاَمْرِ شَيْءٌ اَوْ يَتُوبَ عَلَيْهِمْ اَوْ يُعَذِّبَهُمْ
فَاِنَّهُمْ ظَالِمُونَ ﴿١٢٨﴾ وَلِلّٰهِ مَا فِي السَّمٰوَاتِ وَمَا فِي الْاَرْضِ
يَغْفِرُ لِمَنْ يَشَٓاءُ وَيُعَذِّبُ مَنْ يَشَٓاءُ وَاللّٰهُ غَفُورٌ رَحِيمٌ ﴿١٢٩﴾
يَٓا اَيُّهَا الَّذِينَ اٰمَنُوا لَا تَاْكُلُوا الرِّبٰٓوا اَضْعَافًا مُضَاعَفَةً
وَاتَّقُوا اللّٰهَ لَعَلَّكُمْ تُفْلِحُونَ ﴿١٣٠﴾ وَاتَّقُوا النَّارَ الَّتِٓي اُعِدَّتْ
لِلْكَافِرِينَ ﴿١٣١﴾ وَاَطِيعُوا اللّٰهَ وَالرَّسُولَ لَعَلَّكُمْ تُرْحَمُونَ ﴿١٣٢﴾

122. Cuando dos grupos de los vuestros estuvieron a punto de flaquear, aunque Dios era su Auxiliador y Protector. Y en Dios pongan su confianza todos los creyentes[26].

123. Es cierto que Dios os ayudó a obtener una victoria en Badr a pesar de que erais una insignificante (pequeña) fuerza. Entonces, cumplid vuestro deber para con Dios con reverencia hacia Él para que así seáis agradecidos.

124. Cuando les dijiste a los creyentes: «¿No os basta que vuestro Señor venga en vuestra ayuda con tres mil ángeles a los que se les ha hecho descender?».

125. En verdad que sí. (Es más), si sois pacientes, actuáis con piedad para merecer Su protección y el enemigo cae sobre vosotros a la vez, vuestro Señor acudirá a vuestro auxilio con cinco mil ángeles que descenderán en picado.

126. Dios no ordenó esto sino para que fuese un mensaje de esperanza para vosotros y para tranquilizar vuestros corazones. La victoria sólo proviene de Dios, el Glorioso poseedor de irresistible poder, el Omnisapiente.

127. Y para (a través de vosotros) aislar a una (principal) parte de los incrédulos o doblegarles, y de este modo ellos (con otros) retrocediesen terriblemente defraudados.

128. (Oh Mensajero, tú eres un siervo con un determinado deber, por lo tanto), no te incumbe si Él se torna hacia ellos en misericordia (aceptando su arrepentimiento por su incredulidad y concediéndoles la fe) o les castiga por ser malhechores.

129. A Dios Le pertenece todo cuanto hay en los Cielos y en la Tierra. Perdona a quien Su Voluntad dicta y castiga a quien Su Voluntad dicta. Dios es el Indulgente, el Compasivo.

130. ¡Oh vosotros que creéis! No os alimentéis de la usura por duplicado y por reduplicado; y actuad con piedad, apartándoos de la desobediencia a Él, para que podáis prosperar (en ambos mundos)[27].

131. Y (tened cuidado con vuestras acciones y transacciones para) guardaros del Fuego que ha sido preparado para los incrédulos.

132. Obedeced a Dios y al Mensajero para que se os tenga misericordia (obteniendo una vida buena y virtuosa en esta vida y la felicidad eterna en el Más Allá).

26. Tras decidir seguir la resolución de la mayoría, el Mensajero, la paz y las bendiciones sean con él, y 1.000 guerreros salieron de Medina en dirección a Uhud, una colina volcánica a tan sólo unos pocos kilómetros al oeste de Medina. Su principal característica geográfica era una llanura que se extendía ante ella. Cuando se encontraban a medio camino, 'Abdullah ibn Ubayy ibn Salul, el líder de los hipócritas, se volvió atrás y desertó con sus 300 hombres (Ibíd., 3:68). Este acontecimiento que ocurrió justo antes de que la batalla comenzase, causó tal perplejidad y confusión que las tribus de los Banu Salama y los Banu Hariza también quisieron abandonar. Finalmente, fueron persuadidos para que permaneciesen en la formación militar.

El Mensajero, la paz y las bendiciones sean con él, avanzó con los restantes 700 combatientes musulmanes mal equipados. Les alineó al pie del monte Uhud para que la montaña estuviese tras ellos y el ejército de La Meca ante ellos. El enemigo únicamente podía ejecutar un ataque sorpresa a través del único paso de montaña que había. El Mensajero, la paz y las bendiciones sean con él, apostó allí a 50 arqueros bajo las órdenes de 'Abdullah ibn Yubayr. Le dijo que no permitiese a nadie aproximarse a ese punto ni asimismo abandonarlo, agregando: «Aun cuando veas pájaros salir volando con nuestra carne, no os mováis de este lugar» (al-Bujari, «Yihad», 164).

Mus'ab ibn 'Umayr era el portaestandarte del ejército musulmán, Zubayr ibn 'Awwam comandaba la caballería y la infantería estaba a cargo de Hamza. El ejército se hallaba preparado para luchar. Para animar a sus Compañeros, el Profeta, la paz y las bendiciones sean con él, desenvainó una espada y preguntó: «¿Quién desearía poseer esta espada a cambio de proporcionarle el propósito con el que está destinada?». Abu Duyana preguntó: «¿Cuál es el propósito con el que está destinada?». «Luchar con ella hasta que se rompa», dijo el Profeta (Muslim, «Fadail as-Sahabah», 128). Abu Duyana la tomó y luchó. Sa'd ibn Abi Waqqas y 'Abdullah ibn Yahsh oraron a Dios para que les permitiese enfrentarse a los soldados enemigos más fuertes. Hamza, el tío del Profeta y el «León de Dios», estaba en la vanguardia del ejército.

27. Es muy significativo que se dé una advertencia mientras que la guerra está siendo tratada. Debería ser resaltado, antes de comenzar a exponer el asunto, que el Corán proporciona una visión integral, que no fragmentaria, con respecto a la vida y el universo. No considera que las cuestiones relativas a los individuos se hallen separadas de los asuntos sociales, ni considera que los asuntos sociales separados de la economía, o la economía separada de otros asuntos internos, tales como la educación, la seguridad y las relaciones exteriores. Ninguno de estos asuntos puede considerarse sin relación con los demás. En vista de esto, el empleo de los intereses en las transacciones monetarias no consiste únicamente en un asunto económico, sino que está profundamente conectado con la vida de la sociedad y del individuo. Afecta tanto a la vida espiritual como moral del individuo y a su participación en la vida social y económica de la sociedad. Por consiguiente, la usura tendrá un efecto significativo en la actitud de la persona respecto a la guerra, la cual exige eliminar del corazón el egoísmo y la sofisticación mundana. Los intereses destruyen la solidaridad social y el deseo de ayudarse entre sí y socava la confianza en la sociedad. Todos estos factores son importantes si una nación anhela alzarse con la victoria en la guerra. Por lo tanto, este versículo que, visto superficialmente, puede parecer fuera de lugar, se encuentra ubicado realmente donde debe estar. Nos advierte que al abordar el Corán, en vez de erigir nuestras limitadas mentes como criterios y jueces, lo que debemos hacer es diseñar nuestro sistema de pensamiento según el Corán.

وَسَارِعُوا اِلٰى مَغْفِرَةٍ مِنْ رَبِّكُمْ وَجَنَّةٍ عَرْضُهَا السَّمٰوَاتُ
وَالْاَرْضُ اُعِدَّتْ لِلْمُتَّقٖينَ ١٣٣ اَلَّذٖينَ يُنْفِقُونَ فِى السَّرَّٓاءِ
وَالضَّرَّٓاءِ وَالْكَاظِمٖينَ الْغَيْظَ وَالْعَافٖينَ عَنِ النَّاسِ
وَاللّٰهُ يُحِبُّ الْمُحْسِنٖينَ ١٣٤ وَالَّذٖينَ اِذَا فَعَلُوا فَاحِشَةً
اَوْ ظَلَمُٓوا اَنْفُسَهُمْ ذَكَرُوا اللّٰهَ فَاسْتَغْفَرُوا لِذُنُوبِهِمْ
وَمَنْ يَغْفِرُ الذُّنُوبَ اِلَّا اللّٰهُ وَلَمْ يُصِرُّوا عَلٰى مَا فَعَلُوا
وَهُمْ يَعْلَمُونَ ١٣٥ اُو۬لٰٓئِكَ جَزَٓاؤُ۬هُمْ مَغْفِرَةٌ مِنْ رَبِّهِمْ
وَجَنَّاتٌ تَجْرٖى مِنْ تَحْتِهَا الْاَنْهَارُ خَالِدٖينَ فٖيهَا وَنِعْمَ
اَجْرُ الْعَامِلٖينَ ١٣٦ قَدْ خَلَتْ مِنْ قَبْلِكُمْ سُنَنٌ فَسٖيرُوا
فِى الْاَرْضِ فَانْظُرُوا كَيْفَ كَانَ عَاقِبَةُ الْمُكَذِّبٖينَ ١٣٧
هٰذَا بَيَانٌ لِلنَّاسِ وَهُدًى وَمَوْعِظَةٌ لِلْمُتَّقٖينَ ١٣٨ وَلَا تَهِنُوا
وَلَا تَحْزَنُوا وَاَنْتُمُ الْاَعْلَوْنَ اِنْ كُنْتُمْ مُؤْمِنٖينَ ١٣٩
اِنْ يَمْسَسْكُمْ قَرْحٌ فَقَدْ مَسَّ الْقَوْمَ قَرْحٌ مِثْلُهُ وَتِلْكَ
الْاَيَّامُ نُدَاوِلُهَا بَيْنَ النَّاسِ وَلِيَعْلَمَ اللّٰهُ الَّذٖينَ اٰمَنُوا
وَيَتَّخِذَ مِنْكُمْ شُهَدَٓاءَ وَاللّٰهُ لَا يُحِبُّ الظَّالِمٖينَ ١٤٠

وَلِيُمَحِّصَ

133. Y apresuraos, como si compitieseis entre vosotros, al perdón de vuestro Señor y a un Jardín tan espacioso como los Cielos y la Tierra preparado para los piadosos devotos.

134. Gastan (de lo que Dios les ha proveído) tanto en los momentos de facilidad como en los de dificultad, refrenan su ira (incluso cuando son provocados y pueden vengarse) y perdonan a la gente (sus ofensas). Dios ama a aquellos que se dedican a hacer el bien, conscientes de que Dios les está contemplando.

135. Son asimismo aquellos que cuando cometen una indecencia o son injustos consigo mismos (por haber cometido cualquier tipo de acto pecaminoso), recuerdan inmediatamente a Dios y Le imploran perdón para que les perdone sus pecados —porque, ¿quién perdona los pecados sino Dios?— y no persisten a sabiendas en (el mal) que han cometido.

136. Tales son aquellos que poseen como recompensa el perdón de su Señor y Jardines a través de los cuales discurren ríos, en donde morarán. ¡Cuán excelente es la recompensa para aquellos que siempre llevan a cabo buenas acciones!

137. Sin duda alguna, antes de vosotros se han extinguido otros muchos modos de vida y prácticas (que ilustran la ley que Dios ha establecido para la vida de las sociedades humanas). Marchad sobre la Tierra y contemplad cómo acabaron los que negaron (los signos manifiestos de Dios y los Mensajeros).

138. Esta (historia de los pueblos de antaño) es una aclaración (de la verdad) para toda la gente, una orientación clara (hacia una fe y una devoción más substancial) y una instrucción para los piadosos devotos.

139. No desfallezcáis ni os apenéis, pues, porque seréis siempre superiores si sois (verdaderos) creyentes.

140. Si habéis sufrido una herida (en Uhud), (sabed) que ellos (los incrédulos) han sufrido una herida similar (en Badr). Tales (históricos y azarosos) días los alternamos entre la gente por turnos para que Dios señale a los que (verdaderamente) creen y elija de entre vosotros a algunos que den fe de la verdad (con sus vidas). (Es un hecho que) Dios no ama a los malhechores (y al final castiga lo incorrecto y hace que la verdad sea superior).

وَلِيُمَحِّصَ اللّٰهُ الَّذٖينَ اٰمَنُوا وَيَمْحَقَ الْكَافِرٖينَ ﴿١٤١﴾
اَمْ حَسِبْتُمْ اَنْ تَدْخُلُوا الْجَنَّةَ وَلَمَّا يَعْلَمِ اللّٰهُ الَّذٖينَ جَاهَدُوا
مِنْكُمْ وَيَعْلَمَ الصَّابِرٖينَ ﴿١٤٢﴾ وَلَقَدْ كُنْتُمْ تَمَنَّوْنَ الْمَوْتَ
مِنْ قَبْلِ اَنْ تَلْقَوْهُ فَقَدْ رَاَيْتُمُوهُ وَاَنْتُمْ تَنْظُرُونَ ﴿١٤٣﴾ وَمَا
مُحَمَّدٌ اِلَّا رَسُولٌ قَدْ خَلَتْ مِنْ قَبْلِهِ الرُّسُلُ اَفَائِنْ مَاتَ
اَوْ قُتِلَ انْقَلَبْتُمْ عَلٰٓى اَعْقَابِكُمْ وَمَنْ يَنْقَلِبْ عَلٰى عَقِبَيْهِ
فَلَنْ يَضُرَّ اللّٰهَ شَيْئًا وَسَيَجْزِى اللّٰهُ الشَّاكِرٖينَ ﴿١٤٤﴾ وَمَا كَانَ
لِنَفْسٍ اَنْ تَمُوتَ اِلَّا بِاِذْنِ اللّٰهِ كِتَابًا مُؤَجَّلًا وَمَنْ يُرِدْ
ثَوَابَ الدُّنْيَا نُؤْتِهٖ مِنْهَا وَمَنْ يُرِدْ ثَوَابَ الْاٰخِرَةِ نُؤْتِهٖ مِنْهَا
وَسَنَجْزِى الشَّاكِرٖينَ ﴿١٤٥﴾ وَكَاَيِّنْ مِنْ نَبِيٍّ قَاتَلَ مَعَهُ رِبِّيُّونَ
كَثٖيرٌ فَمَا وَهَنُوا لِمَٓا اَصَابَهُمْ فٖى سَبٖيلِ اللّٰهِ وَمَا ضَعُفُوا
وَمَا اسْتَكَانُوا وَاللّٰهُ يُحِبُّ الصَّابِرٖينَ ﴿١٤٦﴾ وَمَا كَانَ قَوْلَهُمْ اِلَّٓا
اَنْ قَالُوا رَبَّنَا اغْفِرْ لَنَا ذُنُوبَنَا وَاِسْرَافَنَا فٖٓى اَمْرِنَا وَثَبِّتْ
اَقْدَامَنَا وَانْصُرْنَا عَلَى الْقَوْمِ الْكَافِرٖينَ ﴿١٤٧﴾ فَاٰتٰيهُمُ اللّٰهُ ثَوَابَ
الدُّنْيَا وَحُسْنَ ثَوَابِ الْاٰخِرَةِ وَاللّٰهُ يُحِبُّ الْمُحْسِنٖينَ ﴿١٤٨﴾

141. Y para que purifique a los creyentes (individualmente, de todas las impurezas, y colectivamente, de los hipócritas que se hallan entre ellos) y aniquile gradualmente a los incrédulos.

142. ¿Creéis que vais a entrar en el Paraíso sin que Dios señale a aquellos de vosotros que realmente se han esforzado (en Su causa) y señale a los pacientes y firmes?

143. Anhelasteis, en verdad, la muerte (en la causa de Dios) antes de veros frente a ella; ahora estáis ante ella (en el campo de batalla) y sólo os quedáis mirándola con vuestros ojos (sin hacer nada para encontraros con ella).

144. (¿Creíais que la causa del Islam no era mantenida por Dios sino tan sólo mientras Muhammad viviese entre vosotros? Si es así, sabed que esta causa depende de Dios; y en cuanto a su función en la misma, sabed que) Muhammad es tan sólo un Mensajero, y ya ha habido Mensajeros antes que él. Si entonces él muriese o le mataran, ¿os daréis media vuelta? Quien se vuelva atrás no puede perjudicar a Dios en modo alguno. Pero Dios recompensará (abundantemente) a los agradecidos (los que son firmes en la causa de Dios).

145. Nunca acontece que un alma muere si no es con la venia de Dios y en un momento designado. Quien desee la recompensa de este mundo, le concederemos de ella (en esta vida), y quien desee la recompensa del Más Allá, le daremos de ella; y pronto recompensaremos a los agradecidos.

146. Y cuántos Profetas han tenido que luchar (en la causa de Dios), seguidos por una multitud de piadosos y totalmente entregados siervos de Dios y no se desanimaron por lo que les sobrevino en la causa de Dios, ni flaquearon, ni se humillaron (ante el enemigo). Y Dios ama a los que son pacientes y firmes.

147. Lo que dijeron (cuando se encontraron con el enemigo) fue: «¡Señor nuestro! ¡Perdónanos nuestros pecados y cualquier pecado que hayamos cometido en nuestros deberes, otórganos firmeza y ayúdanos a vencer a los incrédulos!».

148. Y así, Dios les otorgó la recompensa en esta vida y la mejor recompensa en el Más Allá. No cabe duda que Dios ama a los que se dedican a hacer el bien conscientes de que Dios les está contemplando.

Vistas del monte Uhud (cortesía de H. Akarsu).

يَٓا اَيُّهَا الَّذٖينَ اٰمَنُٓوا اِنْ تُطٖيعُوا الَّذٖينَ كَفَرُوا
يَرُدُّوكُمْ عَلٰٓى اَعْقَابِكُمْ فَتَنْقَلِبُوا خَاسِرٖينَ ﴿١٤٩﴾
بَلِ اللّٰهُ مَوْلٰيكُمْ وَهُوَ خَيْرُ النَّاصِرٖينَ ﴿١٥٠﴾ سَنُلْقٖى
فٖى قُلُوبِ الَّذٖينَ كَفَرُوا الرُّعْبَ بِمَٓا اَشْرَكُوا
بِاللّٰهِ مَا لَمْ يُنَزِّلْ بِهٖ سُلْطَانًا وَمَأْوٰيهُمُ النَّارُ
وَبِئْسَ مَثْوَى الظَّالِمٖينَ ﴿١٥١﴾ وَلَقَدْ صَدَقَكُمُ
اللّٰهُ وَعْدَهُٓ اِذْ تَحُسُّونَهُمْ بِاِذْنِهٖ حَتّٰٓى اِذَا فَشِلْتُمْ
وَتَنَازَعْتُمْ فِى الْاَمْرِ وَعَصَيْتُمْ مِنْ بَعْدِ
مَٓا اَرٰيكُمْ مَا تُحِبُّونَ مِنْكُمْ مَنْ يُرٖيدُ الدُّنْيَا
وَمِنْكُمْ مَنْ يُرٖيدُ الْاٰخِرَةَ ثُمَّ صَرَفَكُمْ عَنْهُمْ
لِيَبْتَلِيَكُمْ وَلَقَدْ عَفَا عَنْكُمْ وَاللّٰهُ ذُوفَضْلٍ
عَلَى الْمُؤْمِنٖينَ ﴿١٥٢﴾ اِذْ تُصْعِدُونَ وَلَا تَلْوُنَ
عَلٰٓى اَحَدٍ وَالرَّسُولُ يَدْعُوكُمْ فٖٓى اُخْرٰيكُمْ فَاَثَابَكُمْ
غَمًّا بِغَمٍّ لِكَيْلَا تَحْزَنُوا عَلٰى مَا فَاتَكُمْ
وَلَا مَٓا اَصَابَكُمْ وَاللّٰهُ خَبٖيرٌ بِمَا تَعْمَلُونَ ﴿١٥٣﴾

ثُمَّ اَنْزَلَ

149. ¡Oh vosotros que creéis! Si seguís a los que no creen (los hipócritas y los judíos de Medina que propagan una exposición negativa de los acontecimientos de Uhud), harán que os deis media vuelta (hacia la incredulidad) y os convertiréis en irremediables perdedores (en esta vida y en la próxima)[28].

150. Pero Dios es vuestro Guardián y Dueño, y es el Mejor de los auxiliadores.

151. Arrojaremos inquietud en los corazones de los que no creen por haber atribuido copartícipes a Dios, sobre los que no ha hecho descender autoridad alguna; y su refugio será el Fuego; ¡Y cuán funesta morada para los malhechores!

152. Y por descontado que Dios cumplió Su promesa cuando les derrotasteis con Su permiso, hasta (el momento) que flaqueasteis, discutisteis la orden (dada a los arqueros de entre vosotros de que no abandonasen sus posiciones) y desobedecisteis, tras haceros contemplar eso (la victoria) que anhelabais. Entre vosotros hay quien se preocupa por esta vida y quien se preocupa por el Más Allá. Luego, os apartó de ellos (el enemigo), para probaros. Pero, sin duda, os ha perdonado: Dios posee favor y generosidad para los creyentes[29].

153. Cuando huíais (del campo de batalla), sin prestar atención a nadie y el Mensajero os llamaba desde atrás (para que permanecieseis en la batalla); así, Dios os compensó con aflicción tras aflicción, para que no os entristecierais por lo que habíais perdido o por lo que os había sucedido[30]. Dios se halla perfectamente informado de lo que hacéis.

28. Tal y como se menciona en el Prólogo, el motivo por el cual un versículo es revelado es importante para entenderlo correctamente. Si el motivo no fuese conocido, sería factible que no pudiéramos interpretar correctamente el versículo y pasar por alto algunos de los aspectos importantes de su significado. Por ejemplo, este versículo ordena a los creyentes que no obedezcan a los incrédulos. Sin embargo, como muchas prescripciones del Corán, ésta también tiene aspectos relativos al momento y las condiciones. Es más, este versículo está relacionado con los versículos que le preceden y le siguen. Para poder apreciar esta relación, es necesario a veces conocer la causa de la revelación del versículo.

Tras la Batalla de Uhud, los hipócritas y los judíos empezaron a propagar la idea de que si Muhammad, la paz y las bendiciones sean con él, hubiese sido un verdadero Profeta, no habría sufrido el revés que sufrió en Uhud. Intentaron persuadir a los musulmanes de que volviesen a su anterior estado de incredulidad. Los musulmanes a quienes iba dirigido este versículo en Medina entendieron de qué trataba en concreto el versículo. Por esta razón, para clarificar el significado y el propósito directo de la revelación de un versículo, es necesario añadir explicaciones en la traducción. Sin embargo, a pesar de ello, no debemos olvidar que respecto a su significado, connotaciones y mandatos, un versículo nunca puede restringirse sólo al motivo en que fue revelado. «El hecho de que un versículo haya sido revelado en una ocasión determinada no impide que la prescripción contenida en el mismo tenga una aplicación general y universal» es una regla de interpretación coránica y de jurisprudencia islámica.

29. En la primera fase de la Batalla de Uhud, los musulmanes derrotaron al enemigo tan fácilmente que Abu Duyana, con la espada que el Profeta le había otorgado, penetró hasta el centro del ejército de La Meca. Allí se encontró con Hind, la esposa de Abu Sufyan (el comandante de las tropas de La Meca). Trató de matarla, pero «para no utulizar la espada que le había otorgado el Profeta para matar una mujer», la dejó con vida (al-Haytami, 6:109). A todos aquellos que portaban el estandarte enemigo se les había dado muerte uno tras otro. Los sacrificados héroes del ejército musulmán se lanzaron sobre el enemigo y les pusieron en fuga.

Cuando el enemigo empezó a huir, los musulmanes recogieron el botín. Los arqueros emplazados en el paso de montaña vieron esto y se dijeron a sí mismos: «Dios ha derrotado al enemigo y nuestros hermanos están recogiendo el botín. Unámonos a ellos». 'Abdullah ibn Yubayr les recordó la orden del Profeta, pero ellos dijeron: «Nos pidió que lo hiciésemos sin conocer el resultado de la batalla». Todos, salvo unos pocos, abandonaron sus puestos y empezaron a recoger el botín. Jalid ibn Walid, todavía un incrédulo en aquel momento así como comandante de la caballería de las fuerzas de La Meca, aprovechó esa oportunidad para dirigir a sus hombres alrededor del monte Uhud y atacar el flanco musulmán a través del paso de montaña. Las diezmadas fuerzas de 'Abdullah ibn Yubayr no pudieron rechazarles.

Los soldados enemigos que huían regresaron y se unieron al ataque desde el frente. Ahora, la batalla se tornó en contra de los musulmanes. Ambos ataques súbitos por parte de fuerzas superiores causaron gran confusión entre los musulmanes. El enemigo quería capturar al Mensajero, la paz y las bendiciones sean con él, vivo o matarle y para ello les atacó por ambos flancos con espadas, lanzas, flechas y piedras. Los que le defendieron lucharon heroicamente. Hamza, el tío del Mensajero, dio su vida como mártir.

Ibn Kami'ah martirizó a Mus'ab ibn 'Umayr, el portaestandarte de los musulmanes que había estado luchando frente al Mensajero, la paz y las bendiciones sean con él. Mus'ab se parecía al Mensajero de Dios, la paz y las bendiciones sean con él, en constitución y complexión, lo cual hizo que Ibn Kami'ah anunciase que había dado muerte al Mensajero. Entretanto, el Mensajero, la paz y las bendiciones sean con él, había sido herido por una espada y algunas piedras. Tras haber caído en un foso y sangrar profusamente, alzó sus manos y oró: «Dios, perdona a mi gente, porque no saben (la verdad)» (Qadi 'Iyad, 1:78-79).

El rumor del martirio del Profeta hizo que decayera el ánimo y el ardor de la batalla en muchos Compañeros. Sin embargo, varios de ellos lucharon sacrificadamente. Algunas mujeres musulmanas oyeron el rumor y se apresuraron en dirección al campo de batalla. Sumayra, de la tribu de los Banu Dinar, había perdido a su marido, a su padre y a su hermano. Tan sólo preguntó por el Mensajero. Cuando le vio, dijo: «¡Todas las desgracias no significan nada para mí mientras tú estés vivo, Oh Mensajero!» (Ibn Hisham, 3:99).

Umm 'Umara luchó tan heroicamente ante el Mensajero que él le preguntó: «¿Quién puede soportar todo lo que soportas?». Ella, el orgullo de las mujeres, aprovechó la oportunidad para pedirle que rezase por ella: «¡Mensajero de Dios, rézale a Dios para que pueda estar en tu compañía en el Paraíso!». El Mensajero así lo hizo y ella respondió: «Lo que me pase a partir de ahora ya no me importa». (Ibn Sa'd, 8:415)

A pesar de la indescriptible resistencia de guerreros musulmanes como 'Ali, Abu Duyana, Sahl ibn Hunayf, Talha ibn Ubaydullah, Anas ibn Nadr y 'Abdullah ibn Yahsh alrededor del Mensajero, la derrota parecía inevitable hasta que Ka'b ibn Malik, al ver al Mensajero, gritó: «¡Oh musulmanes, buenas nuevas para vosotros! ¡Aquí se halla el Mensajero!». Los Compañeros que se hallaban dispersos en el lugar avanzaron hacia él desde todas partes, se reunieron alrededor de su persona y le trasladaron a un lugar seguro de la montaña.

30. Este versículo hace referencia a un aspecto muy significativo de la psicología humana: si a una persona le acontecen sucesivas penalidades y desastres, la más tardía hace que la anterior sea olvidada. Esto ayuda al individuo a desarrollar una especie de inmunidad ante los desastres y comprender que uno no debe afligirse al perder algo de este mundo o por las calamidades que le sobrevienen ni regocijarse excesivamente por las dichas. Aunque los desastres le acaecen normalmente al creyente debido a sus pecados o errores, dichos eventos vienen acompañados de recompensas varias. Por ejemplo, Dios perdona a los creyentes los pecados o errores que causaron el desastre y les retribuye con posteriores recompensas; esto ayuda a los creyentes a desarrollar paciencia ante los desastres y a conocer la verdadera naturaleza de la vida mundana. Lo que se espera del creyente al que le acontece una penalidad es que muestre paciencia, sobre todo al principio y que conserve su fe, certeza y confianza en Dios.

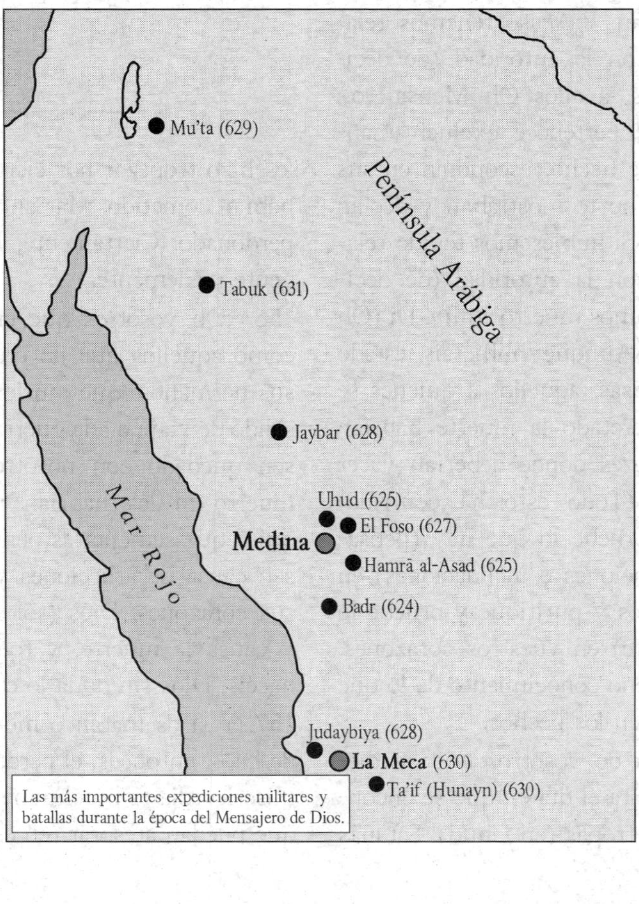

Las más importantes expediciones militares y batallas durante la época del Mensajero de Dios.

ثُمَّ اَنْزَلَ عَلَيْكُمْ مِنْ بَعْدِ الْغَمِّ اَمَنَةً نُعَاسًا يَغْشٰى طَٓائِفَةً
مِنْكُمْ وَطَٓائِفَةٌ قَدْ اَهَمَّتْهُمْ اَنْفُسُهُمْ يَظُنُّونَ بِاللّٰهِ غَيْرَ الْحَقِّ
ظَنَّ الْجَاهِلِيَّةِ يَقُولُونَ هَلْ لَنَا مِنَ الْاَمْرِ مِنْ شَيْءٍ قُلْ اِنَّ
الْاَمْرَ كُلَّهُ لِلّٰهِ يُخْفُونَ فٖٓي اَنْفُسِهِمْ مَا لَا يُبْدُونَ لَكَ يَقُولُونَ
لَوْ كَانَ لَنَا مِنَ الْاَمْرِ شَيْءٌ مَا قُتِلْنَا هٰهُنَا قُلْ لَوْ كُنْتُمْ
فٖي بُيُوتِكُمْ لَبَرَزَ الَّذٖينَ كُتِبَ عَلَيْهِمُ الْقَتْلُ اِلٰى مَضَاجِعِهِمْ
وَلِيَبْتَلِيَ اللّٰهُ مَا فٖي صُدُورِكُمْ وَلِيُمَحِّصَ مَا فٖي قُلُوبِكُمْ
وَاللّٰهُ عَلٖيمٌ بِذَاتِ الصُّدُورِ ۝١٥٤ اِنَّ الَّذٖينَ تَوَلَّوْا مِنْكُمْ يَوْمَ
الْتَقَى الْجَمْعَانِ اِنَّمَا اسْتَزَلَّهُمُ الشَّيْطَانُ بِبَعْضِ مَا كَسَبُوا
وَلَقَدْ عَفَا اللّٰهُ عَنْهُمْ اِنَّ اللّٰهَ غَفُورٌ حَلٖيمٌ ۝١٥٥ يَٓا اَيُّهَا الَّذٖينَ
اٰمَنُوا لَا تَكُونُوا كَالَّذٖينَ كَفَرُوا وَقَالُوا لِاِخْوَانِهِمْ
اِذَا ضَرَبُوا فِي الْاَرْضِ اَوْ كَانُوا غُزًّى لَوْ كَانُوا عِنْدَنَا مَا مَاتُوا
وَمَا قُتِلُوا لِيَجْعَلَ اللّٰهُ ذٰلِكَ حَسْرَةً فٖي قُلُوبِهِمْ وَاللّٰهُ يُحْيٖي
وَيُمٖيتُ وَاللّٰهُ بِمَا تَعْمَلُونَ بَصٖيرٌ ۝١٥٦ وَلَئِنْ قُتِلْتُمْ فٖي سَبٖيلِ
اللّٰهِ اَوْ مُتُّمْ لَمَغْفِرَةٌ مِنَ اللّٰهِ وَرَحْمَةٌ خَيْرٌ مِمَّا يَجْمَعُونَ ۝١٥٧

154. Luego, tras la aflicción, hizo que descendiera sobre vosotros paz y seguridad. Un sueño le sobrevino a varios de vosotros, y algunos, preocupados (meramente) por sí mismos, proferían falsas opiniones sobre Dios —opiniones de los tiempos (pre-islámicos) de la Ignorancia y decían: «¿Acaso tenemos relación alguna con la autoridad (de decidir)?». Di (les, a ellos Oh Mensajero): «La autoridad pertenece exclusivamente a Dios». De hecho, escondían en sus almas lo que no te mostraban y decían (entre ellos): «Si hubiésemos tenido relación alguna con la autoridad (de decidir), no habríamos muerto aquí». Di (Oh Mensajero): «Aunque hubierais estado en vuestras casas, aquellos a quienes se les habría decretado la muerte habrían ido a los lugares donde deberían yacer (muertos)»[31]. (Todo esto ha ocurrido) para que Él pruebe lo que hay (pensamientos, intenciones e inclinaciones) en vuestros pechos y purifique y pruebe lo que hay (de fe) en vuestros corazones. Dios posee pleno conocimiento de lo que reposa oculto en los pechos.

155. Aquellos de vosotros que se dieron media vuelta el día en que se encontraron las dos tropas (en Uhud), Satanás les hizo tropezar por ciertos errores que habían cometido. Mas ahora, Dios les ha perdonado. Ciertamente, Dios es Indulgente y Clemente.

156. ¡Oh vosotros que creéis! No seáis como aquellos que no creen y dicen de sus hermanos (que murieron) tras haber salido de viaje o a la guerra: «Si se hubiesen quedado con nosotros no habrían muerto ni les habrían matado». Dios quiso que semejantes pensamientos fuesen causa de aflicciones y desazones en sus corazones. Dios (sólo Él) da la vida y causa la muerte, y todo aquello que hacéis, Dios sin duda lo contempla.

157. Y si os matan o morís en la causa de Dios, entonces, el perdón de Dios y la misericordia es mucho mejor que todo lo que puedan atesorar (en esta vida).

31. Este versículo enseña tres puntos importantes sobre el Destino Divino y el libre albedrío humano:

(1) En un sentido, el Destino es idéntico al Conocimiento eterno de Dios, por lo que conocer algo de antemano no significa que se obligue a esa cosa a que tenga lugar. Dios sabe de antemano cómo cada persona va a emplear su libre albedrío y ha determinado su destino. (2) El Destino toma en consideración la causa y su efecto o su resultado a la vez; no hay dos destinos separados, uno para la causa y el otro para el efecto. Si Dios ha destinado para una persona que muera en una batalla, considerando cómo esa persona emplee su libre albedrío, partirá hacia la batalla y morirá. (3) El pasado y cualquier infortunio es y debe ser considerado desde el punto de vista del Destino. Debemos aprender las lecciones necesarias a partir de estos eventos, no debemos perder el tiempo lamentándonos en vano y debemos evitar lanzar acusaciones entre nosotros por ello.

El versículo también nos enseña que si una decisión tomada después de haber sido consultada no da el resultado esperado, no debemos criticar la decisión ni asimismo la asamblea consultiva.

وَلَئِنْ مُتُّمْ اَوْ قُتِلْتُمْ لَاِلَى اللّٰهِ تُحْشَرُونَ ١٥٨ فَبِمَا رَحْمَةٍ
مِنَ اللّٰهِ لِنْتَ لَهُمْۚ وَلَوْ كُنْتَ فَظًّا غَلِيظَ الْقَلْبِ لَانْفَضُّوا
مِنْ حَوْلِكَۖ فَاعْفُ عَنْهُمْ وَاسْتَغْفِرْ لَهُمْ وَشَاوِرْهُمْ فِي الْاَمْرِۚ
فَاِذَا عَزَمْتَ فَتَوَكَّلْ عَلَى اللّٰهِۜ اِنَّ اللّٰهَ يُحِبُّ الْمُتَوَكِّلِينَ ١٥٩ اِنْ
يَنْصُرْكُمُ اللّٰهُ فَلَا غَالِبَ لَكُمْۚ وَاِنْ يَخْذُلْكُمْ فَمَنْ ذَا الَّذِي
يَنْصُرُكُمْ مِنْ بَعْدِهِۜ وَعَلَى اللّٰهِ فَلْيَتَوَكَّلِ الْمُؤْمِنُونَ ١٦٠
وَمَا كَانَ لِنَبِيٍّ اَنْ يَغُلَّۜ وَمَنْ يَغْلُلْ يَاْتِ بِمَا غَلَّ يَوْمَ الْقِيٰمَةِۚ
ثُمَّ تُوَفّٰى كُلُّ نَفْسٍ مَا كَسَبَتْ وَهُمْ لَا يُظْلَمُونَ ١٦١ اَفَمَنِ
اتَّبَعَ رِضْوَانَ اللّٰهِ كَمَنْ بَٓاءَ بِسَخَطٍ مِنَ اللّٰهِ وَمَاْوٰيهُ جَهَنَّمُۜ
وَبِئْسَ الْمَصِيرُ ١٦٢ هُمْ دَرَجَاتٌ عِنْدَ اللّٰهِۜ وَاللّٰهُ بَصِيرٌ بِمَا
يَعْمَلُونَ ١٦٣ لَقَدْ مَنَّ اللّٰهُ عَلَى الْمُؤْمِنِينَ اِذْ بَعَثَ فِيهِمْ
رَسُولًا مِنْ اَنْفُسِهِمْ يَتْلُوا عَلَيْهِمْ اٰيَاتِهِ وَيُزَكِّيهِمْ وَيُعَلِّمُهُمُ
الْكِتَابَ وَالْحِكْمَةَۚ وَاِنْ كَانُوا مِنْ قَبْلُ لَفِي ضَلَالٍ مُبِينٍ ١٦٤
اَوَلَمَّا اَصَابَتْكُمْ مُصِيبَةٌ قَدْ اَصَبْتُمْ مِثْلَيْهَاۙ قُلْتُمْ اَنّٰى هٰذَاۜ
قُلْ هُوَ مِنْ عِنْدِ اَنْفُسِكُمْۜ اِنَّ اللّٰهَ عَلٰى كُلِّ شَيْءٍ قَدِيرٌ ١٦٥

وَمَا اَصَابَكُمْ

158. Y, sin duda, si morís u os matan, seréis congregados ante Dios.

159. Fue por una obra misericordiosa de Dios que (cuando ocurrió el revés) fuiste (Oh Mensajero) indulgente con ellos (tus Compañeros). Si hubieses sido severo y duro de corazón, se habrían alejado de tu alrededor. Así pues, perdónales, reza por su perdón y consúltales en las decisiones (públicas); y cuando te decidas (a hacer algo), encomiéndate a Dios[32]. En verdad que Dios ama a los que se encomiendan (a Él).

160. Si Dios os auxilia, no habrá quien pueda venceros; pero si os abandona, ¿quién estará ahí para ayudaros? Que los creyentes, pues, se encomienden a Dios.

161. No es concebible que un Profeta pueda defraudar; y todo aquel que defraude (robando de la propiedad pública o de los botines de guerra) se presentará el Día de la Resurrección con lo que obtuvo con su fraude. Luego, a cada alma se le devolverá por completo lo que haya ganado (en esta vida) y no será tratada injustamente.

162. ¿Acaso aquel que busca la complacencia y la aprobación de Dios es como aquel al que le oprime la condena de Dios y cuyo refugio es el Infierno? ¡Cuán funesto destino de llegada!

163. Se hallan en diversos grados ante Dios, y todo aquello que hacen Dios sin duda lo contempla.

164. Sin duda, Dios ha concedido un favor a los creyentes haciendo que surja entre ellos un Mensajero de su misma gente que les recita Sus Revelaciones, les purifica (de falsas doctrinas, pecados y todo tipo de impurezas) y les instruye en el Libro y la Sabiduría. Mientras que antes estaban perdidos en un extravío evidente.

165. ¿Por qué, cuando os ha sobrevenido un desastre, a pesar de que vosotros habíais infligido el doble (del de vuestro enemigo en Badr), decís: «¿A qué se debe esto?». Diles (Oh Mensajero): «Se debe a vosotros mismos». Ciertamente, Dios posee pleno poder sobre todas las cosas.

32. Como muchos otros versículos, éste contiene asimismo varios principios importantes:

- Es de gran importancia que un líder sea indulgente con los que le rodean después de que un esfuerzo llevado a cabo con buena intención haya acabado en fracaso debido a errores involuntarios.
- Además de establecer la devoción a un Único Dios, promover lo que es bueno y correcto, prevenir el mal, establecer la justicia a través de la ley, la obediencia al líder —a excepción de en lo que es pecado y rebelión contra Dios—, la libertad de pensamiento y de expresión —siempre que no vaya en contra del beneficio público y contra lo que es bueno o correcto—, y un sistema de gobierno consultivo, todos ellos son elementos esenciales de la Constitución del gobierno islámico. Cuando una decisión ha sido alcanzada mediante consulta, el líder o el Jefe del Gobierno ejecuta la decisión con plena confianza en Dios. Si luego el líder se desdice ante la presión de los que opinan de modo diferente o cambian de opinión, ello causaría confusión de opiniones y vacilación entre las personas.
- El Profeta, la paz y las bendiciones sean con él, solicitó el consejo de sus Compañeros sobre cómo enfrentarse al enemigo que se aproximaba antes de la Batalla de Uhud. Aunque él y los Compañeros más mayores eran de la opinión que indicaba que deberían enfrentarse al enemigo en las afueras de Medina desarrollando una estrategia militar defensiva, los jóvenes miembros del ejército, que formaban mayoría, insistieron en combatir en campo abierto. Tras la consulta, los mayores advirtieron a los más jóvenes y les obligaron a que cambiasen de opinión. Acudieron a la presencia del Mensajero y le informaron de que los jóvenes habían ya cambiado de opinión. El Mensajero, que ya se había colocado su cota de malla respondió: «Cuando un Profeta ya se ha puesto su cota de malla, ya no se la quita» (al-Bujari, «I'tisam», 28).
- Aunque una de las razones del revés de la Batalla de Uhud fue la decisión de salir de la ciudad y enfrentarse al enemigo ante la insistencia de los miembros más jóvenes durante el consejo celebrado, es de destacar que la importancia de la consulta es tan grande que Dios la ordena incluso después de haber ocurrido tal revés.
- Uno de los puntos que llaman nuestra atención es que el Corán emplea eventos históricos para enseñar importantes lecciones, efectuar advertencias significativas y legislar. Esto nos enseña que acción y pensamiento deben ir a la par, la primera engendrando al pensamiento y el segundo llevando a la acción.

وَمَا أَصَابَكُمْ يَوْمَ الْتَقَى الْجَمْعَانِ فَبِإِذْنِ اللَّهِ وَلِيَعْلَمَ
الْمُؤْمِنِينَ ﴿١٦٦﴾ وَلِيَعْلَمَ الَّذِينَ نَافَقُوا وَقِيلَ لَهُمْ تَعَالَوْا قَاتِلُوا
فِي سَبِيلِ اللَّهِ أَوِ ادْفَعُوا قَالُوا لَوْ نَعْلَمُ قِتَالًا لَاتَّبَعْنَاكُمْ
هُمْ لِلْكُفْرِ يَوْمَئِذٍ أَقْرَبُ مِنْهُمْ لِلْإِيمَانِ يَقُولُونَ بِأَفْوَاهِهِمْ
مَا لَيْسَ فِي قُلُوبِهِمْ وَاللَّهُ أَعْلَمُ بِمَا يَكْتُمُونَ ﴿١٦٧﴾ الَّذِينَ
قَالُوا لِإِخْوَانِهِمْ وَقَعَدُوا لَوْ أَطَاعُونَا مَا قُتِلُوا قُلْ فَادْرَءُوا
عَنْ أَنْفُسِكُمُ الْمَوْتَ إِنْ كُنْتُمْ صَادِقِينَ ﴿١٦٨﴾ وَلَا تَحْسَبَنَّ الَّذِينَ
قُتِلُوا فِي سَبِيلِ اللَّهِ أَمْوَاتًا بَلْ أَحْيَاءٌ عِنْدَ رَبِّهِمْ يُرْزَقُونَ ﴿١٦٩﴾
فَرِحِينَ بِمَا آتَاهُمُ اللَّهُ مِنْ فَضْلِهِ وَيَسْتَبْشِرُونَ بِالَّذِينَ
لَمْ يَلْحَقُوا بِهِمْ مِنْ خَلْفِهِمْ أَلَّا خَوْفٌ عَلَيْهِمْ وَلَا هُمْ يَحْزَنُونَ ﴿١٧٠﴾
يَسْتَبْشِرُونَ بِنِعْمَةٍ مِنَ اللَّهِ وَفَضْلٍ وَأَنَّ اللَّهَ لَا يُضِيعُ أَجْرَ
الْمُؤْمِنِينَ ﴿١٧١﴾ الَّذِينَ اسْتَجَابُوا لِلَّهِ وَالرَّسُولِ مِنْ بَعْدِ
مَا أَصَابَهُمُ الْقَرْحُ لِلَّذِينَ أَحْسَنُوا مِنْهُمْ وَاتَّقَوْا أَجْرٌ عَظِيمٌ ﴿١٧٢﴾
الَّذِينَ قَالَ لَهُمُ النَّاسُ إِنَّ النَّاسَ قَدْ جَمَعُوا لَكُمْ فَاخْشَوْهُمْ
فَزَادَهُمْ إِيمَانًا وَقَالُوا حَسْبُنَا اللَّهُ وَنِعْمَ الْوَكِيلُ ﴿١٧٣﴾

166. Lo que os sobrevino el día en que se encontraron (en batalla) las dos tropas fue con permiso de Dios, para que Él distinguiese a los (verdaderos) creyentes.

167. Y distinguiese a los que actuaron con hipocresía cuando se les dijo: «Venid y combatid en la causa de Dios o defendernos (activamente para mantener al enemigo fuera de la ciudad)»; indicaron: «Si hubieramos sabido que iba a haber lucha, os habríamos seguido». Ese día estuvieron más cerca de la incredulidad que de la fe, diciendo con sus bocas lo que no estaba en sus corazones. Dios sabe muy bien lo que ocultaban.

168. Ellos son los que habiéndose postergado (ante la lucha) dijeron de sus hermanos (caídos): «Si nos hubieran hecho caso, no les habrían matado». Di (a ellos, Oh Mensajero): «Evitad, pues, la muerte vosotros mismos si sois veraces (en vuestra alegación)».

169. No creáis que todos aquellos que han caído en la causa de Dios están muertos, sino que se hallan con vida; reciben su provisión junto a su Señor.

170. Alegrándose con lo que Dios les ha concedido de Su favor y contentos por las buenas nuevas sobre aquellos que se han rezagado y aún no se les han unido, porque (en caso de martirio) no tendrán que temer ni se entristecerán.

171. Se regocijan por las buenas nuevas de la gracia y generosidad de Dios (que ha dispuesto para los mártires) y porque Dios nunca deja que se eche a perder la recompensa de los creyentes[33].

172. Aquéllos que respondieron a la llamada de Dios y del Mensajero, después del daño que les había acontecido, para todos aquellos que perseveraron haciendo el bien, conscientes de que Dios les contemplaba y actuando en veneración a Dios y piedad, existe una tremenda recompensa.

173. Aquellos a los que la gente dijo: «Mirad, esa gente se ha reunido contra vosotros, por lo tanto, temedles». Pero eso no hizo sino darles más fe y respondieron: «¡Dios es suficiente para nosotros, ¡cuán excelente Guardián es!».

33. La razón por la cual los musulmanes experimentaron un revés puede ser resumida del modo siguiente:

- El Mensajero, el comandante en jefe, fue de la opinión que debían haberse quedado en Medina. Los Compañeros más jóvenes, inexpertos y entusiasmados, le instaron a salir fuera de la ciudad. Eso fue un error, aun por el hecho de obtener el martirio en la causa de Dios, ya que el Mensajero solía aplicar en el campo de batalla diferentes tácticas militares y sabía de antemano que el ejército quraishí marchaba para luchar en campo abierto.
- Los arqueros emplazados para defender el ejército abandonaron sus posiciones. Malinterpretaron la orden del Mensajero de no abandonar sus posiciones bajo ningún motivo y corrieron a recoger el botín.
- Trescientos hipócritas, un tercio del ejército, desertaron a mitad de camino y regresaron a Medina. Esto minó la moral de la tribu de los Banu Salama y los Banu Hariza que fueron persuadidas con dificultad para que no abandonasen. Es más, un pequeño grupo de hipócritas desmoralizó a los musulmanes durante la batalla.
- Varios Compañeros se impacientaron. En ciertos aspectos, actuaron de modo incoherente con los dictados de la piedad y fueron atraídos por las riquezas materiales.
- Algunos creyentes pensaron que mientras que el Mensajero, la paz y las bendiciones sean con él, estuviera con ellos y disfrutasen del apoyo y la ayuda de Dios, los incrédulos nunca podrían vencerles. A pesar de lo verdadero que esto era, el revés les enseñó que hacerse merecedores de la ayuda de Dios requiere, además de creencia y devoción, reflexión, estrategia y constancia. Comprendieron también que el mundo es un escenario de pruebas y ensayos.
- Los que no habían participado en Badr rogaron a Dios por el martirio. Estaban profundamente consagrados al Islam y anhelaban encontrarse con Dios. Algunos, como Hamza, Abdullah ibn Yahsh, Anas ibn Nadr, Sa'id ibn Rabi' y 'Amr ibn Yamuh se deleitaron en el placer del martirio; el martirio de los demás fue postergado.
- Cualquier éxito o triunfo depende de Dios, que hace lo que Su Voluntad dicta y no se Le puede cuestionar. La creencia en la Unidad de Dios significa que los creyentes deben siempre atribuir sus logros a Dios y nunca atribuirse a ellos algún acto bueno. Si la victoria de Badr había enorgullecido a algunos musulmanes y atribuyeron la victoria a su propia prudencia, sabia organización o demás causas materiales, esto bien podría haber tenido parte de la causa de su revés.
- En el ejército de La Meca había varios eminentes soldados y generales (como Jalid ibn Walid, Ikrimah ibn Abi Yahl, 'Amr ibn al-'As e Ibn Hisham) quienes habían sido destinados por Dios a ser grandes siervos del Islam en el futuro. Eran los más estimados y respetados por la gente. Por su futuro servicio, Dios no quiso herir completamente su sentido del honor. Y en palabras de Bediüzzaman Said Nursi, los Compañeros del futuro derrotaron a los Compañeros del presente [*Lemalar* («Los Destellos»), pág.28]. (*El Mensajero de Dios*, págs. 255-257).

فَانْقَلَبُوا بِنِعْمَةٍ مِنَ اللّٰهِ وَفَضْلٍ لَمْ يَمْسَسْهُمْ سُوٓءٌۙ وَاتَّبَعُوا
رِضْوَانَ اللّٰهِۜ وَاللّٰهُ ذُوفَضْلٍ عَظ۪يمٍ ﴿١٧٤﴾ اِنَّمَا ذٰلِكُمُ الشَّيْطَانُ
يُخَوِّفُ اَوْلِيَٓاءَهُۖ فَلَا تَخَافُوهُمْ وَخَافُونِ اِنْ كُنْتُمْ مُؤْمِن۪ينَ ﴿١٧٥﴾
وَلَا يَحْزُنْكَ الَّذ۪ينَ يُسَارِعُونَ فِي الْكُفْرِۚ اِنَّهُمْ لَنْ يَضُرُّوا اللّٰهَ
شَيْـًٔاۜ يُر۪يدُ اللّٰهُ اَلَّا يَجْعَلَ لَهُمْ حَظًّا فِي الْاٰخِرَةِۚ وَلَهُمْ عَذَابٌ
عَظ۪يمٌ ﴿١٧٦﴾ اِنَّ الَّذ۪ينَ اشْتَرَوُا الْكُفْرَ بِالْا۪يمَانِ لَنْ يَضُرُّوا اللّٰهَ
شَيْـًٔاۚ وَلَهُمْ عَذَابٌ اَل۪يمٌ ﴿١٧٧﴾ وَلَا يَحْسَبَنَّ الَّذ۪ينَ كَفَرُٓوا اَنَّمَا
نُمْل۪ي لَهُمْ خَيْرٌ لِاَنْفُسِهِمْۜ اِنَّمَا نُمْل۪ي لَهُمْ لِيَزْدَادُٓوا اِثْمًاۚ
وَلَهُمْ عَذَابٌ مُه۪ينٌ ﴿١٧٨﴾ مَا كَانَ اللّٰهُ لِيَذَرَ الْمُؤْمِن۪ينَ
عَلٰى مَٓا اَنْتُمْ عَلَيْهِ حَتّٰى يَم۪يزَ الْخَب۪يثَ مِنَ الطَّيِّبِۜ وَمَا كَانَ اللّٰهُ
لِيُطْلِعَكُمْ عَلَى الْغَيْبِ وَلٰكِنَّ اللّٰهَ يَجْتَب۪ي مِنْ رُسُلِه۪ مَنْ يَشَٓاءُ
فَاٰمِنُوا بِاللّٰهِ وَرُسُلِه۪ۚ وَاِنْ تُؤْمِنُوا وَتَتَّقُوا فَلَكُمْ اَجْرٌ عَظ۪يمٌ ﴿١٧٩﴾
وَلَا يَحْسَبَنَّ الَّذ۪ينَ يَبْخَلُونَ بِمَٓا اٰتٰيهُمُ اللّٰهُ مِنْ فَضْلِه۪ هُوَ
خَيْرًا لَهُمْۜ بَلْ هُوَ شَرٌّ لَهُمْۜ سَيُطَوَّقُونَ مَا بَخِلُوا بِه۪ يَوْمَ الْقِيٰمَةِۜ
وَلِلّٰهِ م۪يرَاثُ السَّمٰوَاتِ وَالْاَرْضِۜ وَاللّٰهُ بِمَا تَعْمَلُونَ خَب۪يرٌ ﴿١٨٠﴾

لَقَدْ سَمِعَ

174. Y regresaron con el favor y la generosidad de Dios sin sufrir mal alguno. Se esforzaron por conseguir la complacencia de Dios actuando del modo que Él aprueba. Dios es de una gracia y una munificencia formidables[34].

175. Sólo era ese demonio (humano) que (alarmando) quería atemorizaros de sus aliados. Mas no les temáis, sino temedme a Mí[35], si sois (verdaderos) creyentes[36].

176. Que no te entristezcan los que se precipitan hacia la incredulidad como si compitiesen mutuamente; no pueden perjudicar a Dios (y a Sus verdaderos amigos) en absoluto. Dios quiere que no tengan parte en (las bendiciones) del Más Allá. Para ellos habrá un terrible castigo.

177. Aquellos que compraron la incredulidad a cambio de la creencia no pueden perjudicar a Dios (o a Sus verdaderos creyentes que Le temen y confían solo en Él). Para ellos habrá un terrible castigo.

178. Y que aquellos incrédulos no piensen que el hecho de que les demos rienda suelta es bueno para ellos. Sólo les damos rienda suelta para que aumenten en pecado y perversidad (y merezcan el castigo de Dios)[37]. Para ellos habrá un castigo vergonzoso y humillante.

179. No fue (la voluntad) de Dios dejar a los creyentes en el estado en que os encontráis ahora (no pudiéndose distinguir a los que tienen verdadera fe de los hipócritas), hasta que distinga al corrupto del puro. Tampoco fue (la voluntad de Dios) que os revelaría Lo Oculto (para que conozcáis vuestro futuro y tengáis acceso a los corazones de las personas). Pero Dios elige de entre Sus Mensajeros a quien Él quiere (y le imparte algo del conocimiento de Lo Oculto y completa la prueba a la cual os pone en el mundo). Así pues, creed en Dios y en Sus Mensajeros: Si (verdaderamente) creéis y vivís en piedad, apartándoos de la desobediencia a Él y a Su Mensajero, obtendréis una tremenda recompensa.

180. Que aquellos que son avariciosos con lo que Dios les ha concedido con Su generosidad no piensen que eso es bueno para ellos, más bien, es malo para ellos. Aquello de lo que su avaricia les une se encontrará colgado alrededor de sus cuellos el Día de la Resurrección. (¿Por qué son avariciosos, en vista de que a Dios Le pertenece todo cuanto hay en los Cielos y en la Tierra? Y) los heredará al final. Y Dios es perfectamente informado de todo lo que hacéis.

34. Tras el revés de los musulmanes en la Batalla de Uhud, el ejército de La Meca regresó a su ciudad de origen. Sin embargo, al Mensajero le preocupó si podían regresar y lanzar un ataque contra Medina. Por lo tanto, el segundo día de Uhud, ordenó que aquellos que habían luchado el día anterior se reuniesen y persiguiesen a los incrédulos. Algunos miembros de la tribu de los Banu 'Abdi'l-Qays elegidos por Abu Sufyan, el comandante del ejército de La Meca, intentaron desalentar esta línea de acción diciendo: «Esa gente se ha reunido contra vosotros, por lo tanto, temedles». Pero esto sólo aumentó la fe de los creyentes los cuales respondieron: «Dios es suficiente para nosotros; ¡cuán excelente Guardián es!».

La mayoría estaban gravemente heridos; algunos no podían ponerse en pie y tuvieron que ser transportados por sus amigos. En este crítico momento, se aprestaron para la lucha y se prepararon para dar sus vidas a petición del Mensajero. Le acompañaron a Hamra al-Asad, a unos trece kilómetros de Medina. Los politeístas de La Meca se habían detenido y estaban discutiendo la posibilidad de un segundo ataque sobre Medina. Sin embargo, cuando vieron a los creyentes que supuestamente acababan de haber derrotado venir hacia ellos, no pudieron reunir el valor suficiente y prosiguieron hacia La Meca. La prudencia del Mensajero y su genio militar convirtieron una derrota en una victoria (Ibn Hisham, 3:240-42).

35. A su regreso de la conflagración que tuvo lugar en la Batalla de Uhud, Abu Sufyan desafió a los musulmanes a otro encuentro en Badr al año siguiente. Pero cuando llegó el momento, Abu Sufyan no tuvo el valor suficiente para luchar frente al Mensajero de Dios, la paz y las bendiciones sean con él. Para guardar las apariencias envió a un delegado, Nu'aym ibn Mas'ud, que en aquel entonces era un incrédulo, a Medina para extender el rumor de que los quraishíes estaban llevando a cabo grandes preparativos de guerra y que estaban reuniendo un gran ejército que ninguna otra fuerza en toda Arabia iba a poder ofrecerle resistencia. Sin embargo, cuando el Mensajero, la paz y las bendiciones sean con él, llegó a Badr con un ejército de mil quinientos soldados, no encontraron allí a ninguna formación militar contra la que luchar. Se quedaron en Badr durante ocho días a la espera del amenazador encuentro, y viendo que no había señal alguna del ejército quraishí regresaron a Medina. Esta campaña fue denominada pues *Badr al-Sughra* («La pequeña Badr»).

36. No es posible encontrar esta relación entre Dios y el siervo en otras religiones. Creer en un Único Dios, inclinarse tan sólo ante Él, amarle y temerle, libra y salva al siervo de tener que inclinarse ante otros poderes —tales como otros seres humanos, Satanás, la muerte y las presuntas fuerzas naturales y (malos) espíritus— y asimismo le redime de otros tipos de amores infructuosos. Aquel que sirve a Dios es un siervo, sin embargo tales siervos no se degradan a sí mismos ni siquiera sirviendo a lo más grandioso de lo creado, son tan dignos, que ni siquiera buscan el Paraíso a cambio de su servicio. Son humildes y sólo son humildes de modo voluntario ante su Creador sin ir más allá de lo que Él ha permitido. Son conscientes de su debilidad inherente y sus necesidades; pero son independientes de toda la creación debido a lo que su Generoso Dueño ha dispuesto para ellos en el Más Allá. Al apoyarse en el infinito Poder de su Amo, son poderosos. El temor que tienen de Él les hace audaces ante los demás y les acerca a Él y a medida que éste aumenta se convierte en amor hacia Él.

37. Tal y como hemos mencionado con anterioridad, las expresiones coránicas empleadas para referirse a este modo de actuar de Dios, el cual da la impresión de que Dios desea la perdición de alguna de las personas, habrían de ser contempladas basándose en Su Ley de Creación y Funcionamiento del universo y en base a la ley concerniente a la vida individual y social. Es decir, Dios posee leyes que ha establecido para la vida de los individuos así como la sociedad y la humanidad, las cuales son seguidas de modo voluntario y que son obedecidas o desobedecidas, recibiendo la correspondiente recompensa por su obediencia o desobediencia. Puesto que es Dios Quien ha establecido dichas leyes y puesto que toda la creación, incluida la humanidad, vive dentro del ámbito de dichos límites, el Corán usa semejante expresión. Por lo tanto, el versículo anterior lo que viene a decir es: «Esta gente hace uso del reino que les hemos otorgado únicamente para aumentar en pecado y en perversidad de modo que les hace merecedores del Castigo Divino».

181. En verdad, Dios ha escuchado las palabras de los que dicen: «Dios es pobre y nosotros somos ricos». Dejaremos constancia de lo que dijeron así como del hecho que mataran a los Profetas contra todo derecho, y (les) diremos: «¡Probad el castigo del Fuego abrasador!».

182. Esto es por (los actos perversos) que vuestras propias manos han anticipado, porque Dios nunca es injusto ni lo más mínimo con los siervos.

183. Son (asimismo) ellos los que dijeron: «Dios ha establecido una alianza con nosotros para que no creyéramos en ningún Mensajero hasta que no nos trajera una ofrenda que (como signo de haber sido aceptada por Dios) un fuego (proveniente del Cielo) consumiera». Di (a ellos, Oh Mensajero): «Antes de mí ya vinieron a vosotros Mensajeros con las pruebas evidentes (de que son Mensajeros) y con (el mismo milagro) lo que describís: ¿Por qué, entonces, les matasteis si sois veraces en vuestra afirmación?».

184. (¡Oh Mensajero!) Si te niegan (¡no te entristezcas!). Del mismo modo, negaron a otros Mensajeros que vinieron antes que tú con las pruebas evidentes (de que eran Mensajeros), las Escrituras (llenas de sabiduría y consejo) y el Libro (la Tora y el Evangelio), ilustrando (sus mentes y corazones), e iluminando (su camino).

185. (Nadie vivirá eternamente haciendo lo que hace:) Toda alma con toda seguridad probará la muerte[38]. Por lo tanto (Oh gente) no seréis sino cumplidamente recompensados en el Día de la Resurrección (por lo que habéis hecho en este mundo). Quien sea librado del Fuego y admitido en el Paraíso habrá prosperado y triunfado. (Sabed que) la vida de este

لَقَدْ سَمِعَ اللّٰهُ قَوْلَ الَّذِينَ قَالُوا اِنَّ اللّٰهَ فَقِيرٌ وَنَحْنُ
اَغْنِيَاءُ سَنَكْتُبُ مَا قَالُوا وَقَتْلَهُمُ الْاَنْبِيَاءَ بِغَيْرِ
حَقٍّ وَنَقُولُ ذُوقُوا عَذَابَ الْحَرِيقِ ﴿١٨١﴾ ذٰلِكَ بِمَا
قَدَّمَتْ اَيْدِيكُمْ وَاَنَّ اللّٰهَ لَيْسَ بِظَلَّامٍ لِلْعَبِيدِ ﴿١٨٢﴾
اَلَّذِينَ قَالُوا اِنَّ اللّٰهَ عَهِدَ اِلَيْنَا اَلَّا نُؤْمِنَ لِرَسُولٍ حَتّٰى
يَأْتِيَنَا بِقُرْبَانٍ تَأْكُلُهُ النَّارُ قُلْ قَدْ جَاءَكُمْ رُسُلٌ مِنْ
قَبْلِى بِالْبَيِّنَاتِ وَبِالَّذِى قُلْتُمْ فَلِمَ قَتَلْتُمُوهُمْ اِنْ
كُنْتُمْ صَادِقِينَ ﴿١٨٣﴾ فَاِنْ كَذَّبُوكَ فَقَدْ كُذِّبَ رُسُلٌ مِنْ
قَبْلِكَ جَاؤُ بِالْبَيِّنَاتِ وَالزُّبُرِ وَالْكِتَابِ الْمُنِيرِ ﴿١٨٤﴾
كُلُّ نَفْسٍ ذَائِقَةُ الْمَوْتِ وَاِنَّمَا تُوَفَّوْنَ اُجُورَكُمْ يَوْمَ
الْقِيٰمَةِ فَمَنْ زُحْزِحَ عَنِ النَّارِ وَاُدْخِلَ الْجَنَّةَ فَقَدْ فَازَ
وَمَا الْحَيٰوةُ الدُّنْيَا اِلَّا مَتَاعُ الْغُرُورِ ﴿١٨٥﴾ لَتُبْلَوُنَّ
فِى اَمْوَالِكُمْ وَاَنْفُسِكُمْ وَلَتَسْمَعُنَّ مِنَ الَّذِينَ اُوتُوا
الْكِتَابَ مِنْ قَبْلِكُمْ وَمِنَ الَّذِينَ اَشْرَكُوا اَذًى كَثِيرًا
وَاِنْ تَصْبِرُوا وَتَتَّقُوا فَاِنَّ ذٰلِكَ مِنْ عَزْمِ الْاُمُورِ ﴿١٨٦﴾

mundo no es más que disfrute engañoso y transitorio.

186. (Por lo tanto, Oh creyentes, como requisito de la sabiduría y como propósito de vuestra vida en este mundo) seréis puestos a prueba en lo que respecta a vuestras propiedades y personas y oiréis numerosas cosas ofensivas por parte de aquellos que recibieron el Libro antes que vosotros y por parte de aquellos que atribuyen copartícipes a Dios. Pero si permanecéis pacientes (y firmes en vuestra Religión y cumplís los límites que Dios ha establecido para las relaciones con ellos) y permanecéis dentro de los límites de la piedad (obedeciendo a Dios y en vuestra conducta hacia ellos), (sabed que) eso es parte de los aspectos meritorios para los que se requiere gran determinación en su cumplimiento.

38. *Nafs* (traducido como alma) tiene dos significados: (1) el «yo» de un ser vivo, ya sea transcendente e incorpóreo como el de Dios o compuesto de espíritu y cuerpo, y (2) la facultad que es la fuente y el mecanismo de la vida mundana con la que están dotados los seres humanos y los *yinn* («genios»). Considerado desde el punto de vista de su primer significado, las almas a las que se hace referencia en la frase: «Toda alma con toda seguridad probará la muerte» son las almas de los seres humanos y de los genios. Eso también está corroborado por el contexto.

La idea de un alma (en el sentido de alma de un ser vivo) experimentando la muerte implica que una parte del ser vivo prueba la muerte pero no muere. Esto implica que cuando el cuerpo muere el espíritu es trasladado vivo a otro mundo. Sin embargo, el versículo *Todo es perecedero (y, por lo tanto, perece) a excepción de Su «Faz» (Su eterno Ser, y lo que se lleva a cabo en la búsqueda de Su complacencia)* (28:88) hace alusión a la idea de que los espíritus y los seres espirituales, como los ángeles, también experimentarán la muerte, aunque sólo sea durante un breve espacio de tiempo. Por otro lado, si con la expresión *Salvo aquellos que Dios quiera (eximir)* del versículo: *La Trompeta se hara sonar y todos los que están en los Cielos y todos los que están sobre la Tierra caerán muertos, salvo aquellos que Dios quiera (eximir)* (39:68), no es la absoluta autoridad de la Voluntad Divina la que se desea recalcar; es decir, que si Dios así lo quiere, hará vivir a quien quiera sin hacerle experimentar la muerte, lo cual puede significar que en determinados casos habrá algunos seres vivos que nunca probarán la muerte. Dios es el Más Sabio.

187. (Recuerda) cuando Dios estableció una alianza con los que habían recibido el Libro: «Habréis de explicar claramente a la gente (toda la verdad que contiene) el Libro (incluyendo la mención del último Profeta prometido) y no lo ocultaréis». Pero ellos no prestaron atención, arrojándolo a sus espaldas y vendiéndolo a un precio nimio (a cambio de ventajas mundanas, posición, estatus y renombre). ¡Qué mal negocio hicieron!

188. Nunca supongas que aquellos que se regocijan por lo que han inventado y les agrada (ser afamados y) ser elogiados por lo que no han hecho (como ser devotos, piadosos y defensores de la ley de Dios), se han salvado del castigo: para ellos habrá un castigo doloroso.

189. Y de Dios es la soberanía (la propiedad y el dominio absoluto) de los Cielos y de la Tierra, y Dios posee pleno poder sobre todas las cosas.

190. Es cierto que en la creación de los Cielos y de la Tierra y en la alternancia de la noche y el día (con sus períodos de acortamiento y alargamiento) se dan signos (que manifiestan la verdad) para la gente de discernimiento.

191. Conmemoran y mencionan a Dios (con sus lenguas y corazones) de pie, sentados y recostados (durante la Oración o no) y reflexionan sobre la creación de los Cielos y de la Tierra. (Al haber entendido el propósito de su creación y el significado contenido en ello, concluyen y dicen): «Señor nuestro, no has creado esto (el universo) sin sentido ni propósito. ¡Gloria a Ti (ya que Te hallas por encima de realizar nada carente de sentido y propósito), y sálvanos del (hecho de profesar concepciones erróneas sobre Tus actos y de actuar contra el propósito de Tu creación y, por lo tanto, merecer) castigo del Fuego!

وَاِذْ اَخَذَ اللّٰهُ مِيثَاقَ الَّذِينَ اُوتُوا الْكِتَابَ لَتُبَيِّنُنَّهُ لِلنَّاسِ
وَلَا تَكْتُمُونَهُ فَنَبَذُوهُ وَرَٓاءَ ظُهُورِهِمْ وَاشْتَرَوْا بِهٖ ثَمَنًا
قَلِيلًاۜ فَبِئْسَ مَا يَشْتَرُونَ ١٨٧ لَا تَحْسَبَنَّ الَّذِينَ يَفْرَحُونَ بِمَٓا
اَتَوْا وَيُحِبُّونَ اَنْ يُحْمَدُوا بِمَا لَمْ يَفْعَلُوا فَلَا تَحْسَبَنَّهُمْ
بِمَفَازَةٍ مِنَ الْعَذَابِۚ وَلَهُمْ عَذَابٌ اَلِيمٌ ١٨٨ وَلِلّٰهِ مُلْكُ
السَّمٰوَاتِ وَالْاَرْضِۜ وَاللّٰهُ عَلٰى كُلِّ شَيْءٍ قَدِيرٌ ١٨٩ اِنَّ
فِي خَلْقِ السَّمٰوَاتِ وَالْاَرْضِ وَاخْتِلَافِ الَّيْلِ وَالنَّهَارِ
لَاٰيَاتٍ لِاُولِي الْاَلْبَابِۚ ١٩٠ اَلَّذِينَ يَذْكُرُونَ اللّٰهَ قِيَامًا وَقُعُودًا
وَعَلٰى جُنُوبِهِمْ وَيَتَفَكَّرُونَ فِي خَلْقِ السَّمٰوَاتِ وَالْاَرْضِۚ
رَبَّنَا مَا خَلَقْتَ هٰذَا بَاطِلًاۚ سُبْحَانَكَ فَقِنَا عَذَابَ النَّارِ ١٩١
رَبَّنَا اِنَّكَ مَنْ تُدْخِلِ النَّارَ فَقَدْ اَخْزَيْتَهُۜ وَمَا لِلظَّالِمِينَ
مِنْ اَنْصَارٍ ١٩٢ رَبَّنَٓا اِنَّنَا سَمِعْنَا مُنَادِيًا يُنَادِي لِلْاِيمَانِ
اَنْ اٰمِنُوا بِرَبِّكُمْ فَاٰمَنَّاۗ رَبَّنَا فَاغْفِرْ لَنَا ذُنُوبَنَا وَكَفِّرْ عَنَّا
سَيِّئَاتِنَا وَتَوَفَّنَا مَعَ الْاَبْرَارِۚ ١٩٣ رَبَّنَا وَاٰتِنَا مَا وَعَدْتَنَا
عَلٰى رُسُلِكَ وَلَا تُخْزِنَا يَوْمَ الْقِيٰمَةِۜ اِنَّكَ لَا تُخْلِفُ الْمِيعَادَ ١٩٤

فَاسْتَجَابَ

192. ¡Señor nuestro! Es cierto que a quien establezcas en el Fuego le habrás traído la desgracia. (Por haber ocultado o rechazado los signos de Dios en los Cielos y en la Tierra negando a Dios o atribuyéndole copartícipes,) los malhechores no tendrán quien les auxilie (contra el Fuego).

193. ¡Señor nuestro! Ciertamente hemos oído a alguien que convocaba a la fe, diciendo: "¡Creed en vuestro Señor!", y hemos creído. Señor nuestro, perdónanos, perdona nuestros pecados, borra nuestras malas acciones y llévanos a Ti, al morir, en compañía de los verdaderamente devotos y virtuosos.

194. ¡Señor nuestro! Concédenos lo que nos has prometido a través de Tus Mensajeros. No nos hagas caer en desgracia el Día de la Resurrección; es cierto que Tú no faltas nunca a Tu promesa».

فَاسْتَجَابَ لَهُمْ رَبُّهُمْ اَنّ۪ي لَٓا اُض۪يعُ عَمَلَ عَامِلٍ مِنْكُمْ
مِنْ ذَكَرٍ اَوْ اُنْثٰى بَعْضُكُمْ مِنْ بَعْضٍ فَالَّذ۪ينَ هَاجَرُوا وَاُخْرِجُوا
مِنْ دِيَارِهِمْ وَاُو۫ذُوا ف۪ي سَب۪يل۪ي وَقَاتَلُوا وَقُتِلُوا لَاُكَفِّرَنَّ
عَنْهُمْ سَيِّـَٔاتِهِمْ وَلَاُدْخِلَنَّهُمْ جَنَّاتٍ تَجْر۪ي مِنْ تَحْتِهَا الْاَنْهَارُ
ثَوَابًا مِنْ عِنْدِ اللّٰهِ وَاللّٰهُ عِنْدَهُ حُسْنُ الثَّوَابِ ١٩٥ لَا يَغُرَّنَّكَ
تَقَلُّبُ الَّذ۪ينَ كَفَرُوا فِي الْبِلَادِ ١٩٦ مَتَاعٌ قَل۪يلٌ ثُمَّ مَاْوٰيهُمْ
جَهَنَّمُ وَبِئْسَ الْمِهَادُ ١٩٧ لٰكِنِ الَّذ۪ينَ اتَّقَوْا رَبَّهُمْ لَهُمْ جَنَّاتٌ
تَجْر۪ي مِنْ تَحْتِهَا الْاَنْهَارُ خَالِد۪ينَ ف۪يهَا نُزُلًا مِنْ عِنْدِ اللّٰهِ
وَمَا عِنْدَ اللّٰهِ خَيْرٌ لِلْاَبْرَارِ ١٩٨ وَاِنَّ مِنْ اَهْلِ الْكِتَابِ لَمَنْ
يُؤْمِنُ بِاللّٰهِ وَمَٓا اُنْزِلَ اِلَيْكُمْ وَمَٓا اُنْزِلَ اِلَيْهِمْ خَاشِع۪ينَ لِلّٰهِ
لَا يَشْتَرُونَ بِاٰيَاتِ اللّٰهِ ثَمَنًا قَل۪يلًا اُو۬لٰٓئِكَ لَهُمْ اَجْرُهُمْ
عِنْدَ رَبِّهِمْ اِنَّ اللّٰهَ سَر۪يعُ الْحِسَابِ ١٩٩ يَٓا اَيُّهَا الَّذ۪ينَ اٰمَنُوا
اصْبِرُوا وَصَابِرُوا وَرَابِطُوا وَاتَّقُوا اللّٰهَ لَعَلَّكُمْ تُفْلِحُونَ ٢٠٠

سُورَةُ النِّسَاءِ مَدَنِيَّةٌ
وَهِيَ مِائَةٌ وَسِتٌّ وَسَبْعُونَ اٰيَةً

195. Y de este modo su Señor (Misericordioso y Generoso) les responde: «No dejaré que se echan a perder las obras de ninguno de vosotros (que haga el bien) ya sea hombre o mujer. (Ya que hombres y mujeres siguen el mismo camino) unos procedéis de otros. Por lo tanto, quienes emigraron (por Mi causa), fueron expulsados de sus tierras, sufrieron daños por Mi causa, combatieron y fueron matados, en verdad que les borraré sus malas acciones y les admitiré en Jardines a través de los cuales discurren ríos como recompensa por parte de Dios (poseedor de infinita Misericordia y Poder para cumplir lo que promete)». Con Dios reside la mejor recompensa.

196. Que no te llame a engaño que los incrédulos se pavoneen por la Tierra con pompa y mostrando dominio.

197. No es sino un disfrute efímero, con el Infierno a continuación como su refugio final. ¡Cuán maligno lecho es!

198. Considerando aquellos que se apartan de la desobediencia a su Señor (Quien les creó y les crió, les sustenta y les ha enviado la mejor ley y el mejor orden para sus vidas) y obran dentro de los límites de la piedad, para ellos habrán Jardines a través de los cuales discurren ríos donde morarán: la hospitalidad de la Presencia de Dios. Y lo que hay junto a Dios es lo mejor para los verdaderamente devotos y virtuosos.

199. Y entre la Gente del Libro hay quien cree en Dios y en lo que se les hizo descender a ellos, son humildes ante Dios en reverencia y no venden la Revelación de Dios a un precio nimio. Esos tendrán su recompensa con su Señor. Dios es rápido en ajustar cuentas.

200. ¡Oh vosotros que creéis! ¡Sed pacientes (perseverad a través de lo que os sobreviene en el mundo en la causa de Dios), alentaos mutuamente y rivalizad en paciencia de modo mutuo, observad vuestros deberes con Dios en solidaridad y apartaos de la desobediencia a Dios con la debida veneración a Él y piedad para que así podáis prosperar (en ambos mundos)!

SURA 4

AN-NISA' (LAS MUJERES)

Período de Medina

Este *sura*, que contiene 176 versículos, fue revelado hacia el sexto año de la Hégira. Es el primer de dos *suras* que empiezan con la frase «¡Oh seres humanos!». Si dividiéramos el Corán en dos partes iguales, *Sura an-Nisa'* es el cuarto *sura* de la primera parte, mientras que el *Sura Hayy*, el segunda *sura* que comienza también con «¡Oh seres humanos!», es a su vez el cuarto *sura* de la segunda parte. Tras dirigirse a nosotros de esa manera, el *sura* hace referencia al origen o principio de la humanidad. El *Sura Hayy*, al contrario, hace hincapié en la vida del Más Allá. La mayoría de los principios que fueron revelados para regular y gobernar el derecho civil de los musulmanes se encuentran en este *sura*.

بِسْمِ اللّٰهِ الرَّحْمٰنِ الرَّحٖيمِ
يَا اَيُّهَا النَّاسُ اتَّقُوا رَبَّكُمُ الَّذٖى خَلَقَكُمْ مِنْ نَفْسٍ وَاحِدَةٍ وَخَلَقَ
مِنْهَا زَوْجَهَا وَبَثَّ مِنْهُمَا رِجَالًا كَثٖيرًا وَنِسَٓاءًۚ وَاتَّقُوا اللّٰهَ الَّذٖى
تَسَٓاءَلُونَ بِهٖ وَالْاَرْحَامَۜ اِنَّ اللّٰهَ كَانَ عَلَيْكُمْ رَقٖيبًا ﴿١﴾ وَاٰتُوا الْيَتَامٰٓى
اَمْوَالَهُمْ وَلَا تَتَبَدَّلُوا الْخَبٖيثَ بِالطَّيِّبِۖ وَلَا تَأْكُلُٓوا اَمْوَالَهُمْ
اِلٰٓى اَمْوَالِكُمْۜ اِنَّهُ كَانَ حُوبًا كَبٖيرًا ﴿٢﴾ وَاِنْ خِفْتُمْ اَلَّا تُقْسِطُوا
فِى الْيَتَامٰى فَانْكِحُوا مَا طَابَ لَكُمْ مِنَ النِّسَٓاءِ مَثْنٰى وَثُلٰثَ وَرُبَاعَۚ
فَاِنْ خِفْتُمْ اَلَّا تَعْدِلُوا فَوَاحِدَةً اَوْ مَا مَلَكَتْ اَيْمَانُكُمْۜ ذٰلِكَ اَدْنٰٓى
اَلَّا تَعُولُواۜ ﴿٣﴾ وَاٰتُوا النِّسَٓاءَ صَدُقَاتِهِنَّ نِحْلَةًۜ فَاِنْ طِبْنَ لَكُمْ عَنْ
شَیْءٍ مِنْهُ نَفْسًا فَكُلُوهُ هَنٖيٓـًٔا مَرٖيٓـًٔا ﴿٤﴾ وَلَا تُؤْتُوا السُّفَهَٓاءَ اَمْوَالَكُمُ
الَّتٖى جَعَلَ اللّٰهُ لَكُمْ قِيَامًا وَارْزُقُوهُمْ فٖيهَا وَاكْسُوهُمْ وَقُولُوا لَهُمْ
قَوْلًا مَعْرُوفًا ﴿٥﴾ وَابْتَلُوا الْيَتَامٰى حَتّٰٓى اِذَا بَلَغُوا النِّكَاحَۚ فَاِنْ اٰنَسْتُمْ
مِنْهُمْ رُشْدًا فَادْفَعُٓوا اِلَيْهِمْ اَمْوَالَهُمْۚ وَلَا تَأْكُلُوهَٓا اِسْرَافًا وَبِدَارًا اَنْ
يَكْبَرُواۜ وَمَنْ كَانَ غَنِيًّا فَلْيَسْتَعْفِفْۚ وَمَنْ كَانَ فَقٖيرًا فَلْيَأْكُلْ بِالْمَعْرُوفِۜ
فَاِذَا دَفَعْتُمْ اِلَيْهِمْ اَمْوَالَهُمْ فَاَشْهِدُوا عَلَيْهِمْۜ وَكَفٰى بِاللّٰهِ حَسٖيبًا ﴿٦﴾

لِلرِّجَالِ

En el Nombre de Dios,
el Misericordioso, el Compasivo.

1. ¡Oh seres humanos! Con la debida devoción a vuestro Señor, apartaos de la desobediencia a Él, que os ha creado a partir de un único ser humano, creando a partir del mismo a su pareja y, a partir de ambos, diseminó a multitud de hombres y mujeres. Con la debida devoción a Dios, apartaos de la desobediencia a Él en Cuyo Nombre os suplicáis los unos a los otros y (observad debidamente) los derechos de los úteros (es decir, de parentesco, teniendo piedad en vuestras relaciones con Dios y con los seres humanos). Dios os observa siempre[1].

2. Restituid a los huérfanos sus propiedades (que se hallan bajo vuestra tutela, cuando éstos alcancen la mayoría de edad) y no intercambiéis lo corrupto por lo bueno (lo ilícito por lo lícito), ni consumáis sus propiedades mezclándolas con las vuestras. Porque hacer eso sería un gran crimen (ya que pondríais en riesgo la recompensa espiritual que esperáis por cuidarles).

3. Si teméis no poder observar sus derechos con correcta imparcialidad cuando os caséis con las chicas huérfanas (que estén bajo vuestra tutela), os podréis casar con otras mujeres (que os sean permitidas en matrimonio y) que os parezcan bien, dos, tres o cuatro[2]. Sin embargo, si teméis que (en vuestras obligaciones maritales) no podáis ser justos con ellas, entonces contentaros con una sola o con las cautivas que vuestra diestra posea[3]. Haciendo eso es más probable que no actuéis en rebeldía.

4. Conceded a las mujeres (con las que os hayáis casado) su dote (*mahr*) de buen grado y para siempre (es decir, sin esperar nada a cambio) sin embargo si voluntariamente renuncian a alguna parte de ella en vuestro favor, podréis disfrutarlo complacidos.

5. No proveáis a los mentalmente débiles (entre la gente o los huérfanos que estén bajo vuestra tutela) la riqueza que Dios ha puesto a vuestro cargo como sustento (para vosotros y para los necesitados), sino alimentadles y vestidles a partir de ella (de vuestra propiedad o del beneficio que hagáis aprovechando su propiedad) y habladles amablemente y con palabras de honesto consejo.

6. (Cuidad y) examinad a los huérfanos bien cuando hayan alcanzado la edad de matrimonio. Si encontráis que son sensatos, traspasadles sus bienes; y no los consumáis malgastándolos ni lo hagáis con prisa temiendo que se hagan mayores (y se apropien de los mismos). Si el tutor es rico (lo suficiente para mantenerse a sí mismo y a su familia), que se abstenga (de la propiedad de su tutelado); pero si es pobre, que gaste de ella de modo justo y razonable. Cuando les traspaséis (sus propiedades), que hayan testigos por parte de ellos. Dios basta como Aquel Quien ajusta cuentas (de Sus siervos).

---

1. Desde diferentes puntos de vista, este versículo es bastante significativo. Sin embargo, debido al ámbito de este estudio tan solo podemos tratar algunos puntos aquí:

La palabra en árabe que ha sido traducida por «una única alma humana» es *nafs wahidah* (literalmente una única alma o espíritu). Tal y como hemos mencionado con anterioridad, *nafs* tiene dos significados básicos: el yo de un ser y la facultad que es la fuente o el mecanismo de la vida mundana que tienen los seres humanos y los genios. Cuando ambos significados son tomados en consideración, la frase «una sola alma humana» es la mejor traducción de la palabra *nafs wahidah*.

Hay versículos similares en el Corán que apoyan esta elección. Por ejemplo: *Y entre Sus signos están que ha creado para vosotros, de vosotros mismos, compañeras para que os inclinéis hacia ellas y encontréis descanso en ellas, y ha puesto amor y ternura entre vosotros* (30:21); *Dios ha hecho para vosotros, y vosotros mismos compañeras (esposas) y ha hecho para vosotros de vuestras compañeras hijos y nietos y os ha proveído de cosas buenas y saludables* (16:72); *El Originador de los Cielos y de la Tierra, cada uno con sus características particulares; ha hecho para vosotros, de vosotros mismos, a compañeros y al igual que del ganado parejas (de su propia especie)...* (42:11). A lo que se refieren estos versículos con la expresión «vosotros mismos» es a la humanidad o al alma de naturaleza humana. Estos versículos indican el hecho de que todo lo que existe en el universo está constituido en pares, tal y como queda claro en el versículo: *Y todas las cosas las hemos creado por parejas, por lo que debéis reflexionar y ser considerados* (51:49).

Algunos son de la opinión que este versículo se refiere con la expresión «una única alma humana» a Adán. Esto no se contradice con la preferencia establecida en este estudio, ya que el Corán presenta a Adán antes de su vida terrenal como representante de la humanidad o del alma humana, en vez de como ser individual. Sin embargo, el hecho de que Adán sea nombrado como representante del alma humana es un punto muy sutil. Es el varón quien insemina, desempeñando un factor primordial en la reproducción. La inseminación puede fructificar en un varón o hembra. Es decir, un individuo de sexo masculino puede engendrar una descendencia de sexo masculino o femenino por igual. Si la naturaleza estuviera dotada de poder creativo, tal y como los materialistas y los naturalistas pretenden, un macho de cualquier especie no podría engendrar una hembra; ya que la naturaleza es regular y constante. La hembra no es un producto «natural» o una continuación del macho o al revés. El macho y la hembra son dos mitades o dos parejas de un todo; estas dos mitades se completan la una a la otra y cada una de ellas posee características peculiares. La existencia de cada una depende únicamente de la Voluntad y del Poder del Creador, que son absolutos. La naturaleza no tiene poder originador o creativo; es una creación, un modelo, un sistema regular establecido por el Creador.

Teniendo en cuenta que el hombre se halla dotado con la función de la inseminación en la reproducción de la pareja así como el alma humana de la cual su pareja fue creada es representada en principio por Adán, la mujer es más una bendición para los hombres que los hombres para las mujeres. Tal y como ha sido señalado con anterioridad (*Sura al-Baqara*, nota número 21), es desde esta perspectiva que el Corán menciona a la mujer como una de las principales bendiciones del Paraíso para el hombre. Al hallarse dotado el hombre con la función de la inseminación en la reproducción de la pareja, los hombres tienen una posición más dominante y tienen sobre sí de modo natural más responsabilidades debido a dicha posición.

El *Sura an-Nisa'* —además de abordar otros aspectos— es la fuente del derecho civil islámico. Por eso es importante el hecho de que empiece diciendo «¡Oh seres humanos!». De ese modo, el Corán hace una llamada a los sentimientos humanos y hace referencia a la necesidad de ser humano en las relaciones. Lo que significa es lo siguiente: «Cada uno de vosotros es un ser humano que comparte la misma naturaleza. Sois descendientes del mismo padre y madre, y por lo tanto, sois hermanos y hermanas. Esto exige que os tratéis mutuamente como hermanos y hermanas, sin hacer discriminación alguna en base al color, raza o lengua». Llamando la atención a los derechos del parentesco, este versículo hace hincapié en ese punto, y al mencionar dichos derechos junto al respeto a los derechos de Dios, pone el énfasis en su importancia.

2. Algunas personas, de modo equivocado, critican el Islam porque permite la poligamia. Dicha crítica es injustificable desde muchas perspectivas; algunas son las siguientes:

- La poligamia es una práctica muy antigua practicada por numerosas sociedades humanas. La Biblia no condena la poligamia. Al contrario, el Antiguo Testamento y los escritos rabínicos hacen frecuentemente referencia a la legitimidad de la poligamia. El rey Salomón y el rey David tuvieron muchas esposas y concubinas (*Libro Segundo de Samuel*, 5:13). Señala el padre Eugene Hillman en su sagaz libro, *Polygamy Reconsidered* («La Poligamia a Examen»): «No existe en ningún lugar del Nuevo Testamento una orden explícita que diga que el matrimonio debe ser monógamo o una orden que explícitamente prohíba la poligamia». Es más, Jesús no habló en contra de la poligamia, a pesar de que era practicada por los judíos en su sociedad. El padre Hillman hace hincapié en el hecho de que la Iglesia de Roma prohibiese la poligamia para adaptarse a la cultura grecorromana (la cual prescribía solo una esposa lícita y toleraba el concubinato y la prostitución). El Corán, al contrario que la Biblia, limita el número máximo de esposas a cuatro e impone la explícita condición de que todas las esposas deben ser tratadas con igualdad y justicia. Esto no significa que el Corán exhorte a los creyentes a practicar la poligamia, o que la poligamia es considerada como la situación ideal. En otras palabras, el Corán tolera y permite la poligamia, nada más. Pero, ¿por qué la poligamia es permitida? La respuesta es simple: hay lugares y momentos en que hay razones de peso social y moral para que se permita la poligamia. El Islam es una religión universal adecuada para todos los lugares y momentos, y no puede ignorar estas razones de peso.

- En la mayoría de las sociedades humanas, las mujeres superan en número a los hombres. En los Estados Unidos, hoy por hoy, el número de ciudadanos norteamericanos de sexo femenino supera en ocho millones al de estadounidenses de sexo masculino. En países como la República de Guinea hay 122 mujeres por cada 100 hombres. En Tanzania, hay 95'1 hombres por cada 100 mujeres (Hillman, págs. 88-93). ¿Qué debe hacer una sociedad ante tal desproporción en el número entre mujeres y hombres? Existen distintas soluciones: hay quien sugiere el celibato, otros prefieren el infanticidio femenino (¡lo cual es sugerido en algunas sociedades «civilizadas» actuales!). Otros piensan que la única solución es que la sociedad debería tolerar todo tipo de permisividad sexual: prostitución, infidelidad, homosexualidad etc.
- Dicha desproporción entre hombres y mujeres se convierte en un problema grave en períodos bélicos. Los indios nativos americanos solían sufrir una gran desproporción entre hombres y mujeres después de que muchos hombres muriesen durante las campañas militares. Las mujeres de esas tribus, las cuales de hecho disfrutaban de un gran estatus, aceptaron la poligamia como el mejor medio de protección contra las prácticas indecentes. Tras la Segunda Guerra Mundial, las ciudadanas alemanas superaban a los hombres con la considerable cifra de 7.300.000 mujeres en Alemania (3'3 millones de ellas teniendo la condición de viudas). Muchas de estas mujeres necesitaban un hombre, no sólo como compañero, sino como proveedor y sustentador del hogar en unos tiempos de miseria y dificultad sin precedentes. ¿Qué es más digno para una mujer? ¿Ser aceptada y respetada como segunda esposa, como hicieron los indios americanos, o no ser más que una prostituta? En 1987, una encuesta llevada a cabo por el periódico estudiantil de la Universidad de California, en Berkeley, preguntaba a los estudiantes si estaban de acuerdo con que la ley debía permitir a los hombres tener más de una esposa como solución a la evidente escasez de varones solteros en California. Casi todos los estudiantes estuvieron de acuerdo con la propuesta (J. Lang, *Struggling to Surrender*, pág. 172).
- Hasta la actualidad, la poligamia ha continuado siendo una solución viable para algunas de las enfermedades sociales de la sociedad moderna. Philip Kilbride, un antropólogo americano de formación católica, propone la poligamia como solución de algunos de los problemas de la sociedad americana en su sugestivo libro *Plural Marriage For Our Time* («Matrimonio Múltiple para Nuestra Época»). Argumenta que el matrimonio múltiple puede servir como potencial alternativa al divorcio en numerosos casos pudiendo evitar el pernicioso impacto que el divorcio ejerce sobre muchos de los hijos (Kilbride, pág. 118).
- Cabe destacar que en muchas sociedades musulmanas de hoy en día, la práctica de la poligamia es poco frecuente, ya que se da un equilibrio mejor en cuanto a la proporción numérica de los diferentes sexos. Se podría decir con seguridad que la proporción de matrimonios polígamos en el mundo musulmán es menor que la proporción de aventuras extra-matrimoniales que existen en Occidente. En otras palabras, los hombres del mundo musulmán actual son más monógamos, en el sentido absoluto de la palabra, que los hombres del mundo occidental.
- Billy Graham, un eminente cristiano evangelista, ha reconocido este hecho:

«La Cristiandad no puede transigir en la cuestión de la poligamia. Si el Cristianismo actual no puede hacerlo, es en su propio detrimento. El Islam ha permitido la poligamia como una solución a las enfermedades sociales y ha permitido un cierto grado de libertad a la naturaleza humana, pero sólo dentro del marco estrictamente definido por la ley. Los países cristianos hacen un gran alarde de monogamia, pero en realidad practican la poligamia. Nadie ignora el papel que desempeñan las amantes en la sociedad occidental. En este sentido, el Islam es una religión fundamentalmente honesta, y permite a un musulmán casarse con una segunda esposa si puede, pero prohíbe estrictamente todas las relaciones amorosas clandestinas como medio de salvaguardar la integridad moral de la comunidad» ('Abd ar-Rahman Doi, *Woman in Shari'ah* («La Mujer en la Shari'ah»), pág. 76).

- Se dan incluso factores psicológicos que exigen la poligamia. Por ejemplo, un gran número de jóvenes novias africanas, sea cual sea su religión, prefieren casarse con un hombre que ya ha dejado constancia de ser un marido responsable. Muchas esposas africanas incitan a sus maridos a que tomen una segunda esposa para que no se sientan solas (Hillman, págs. 32-97). Una encuesta elaborada en la segunda ciudad más grande de Nigeria, en un rango de población de más de seis mil esposas, de edades comprendidas entre los 15 y 59 años, mostró que el sesenta por ciento de dichas mujeres estarían satisfechas si su marido se casase con otra mujer. En una encuesta llevada a cabo en Kenya, 25 de cada 27 mujeres consideran la poligamia mejor que la monogamia. Dichas mujeres consideran que la poligamia puede ser una experiencia feliz y beneficiosa si las dos esposas cooperan mutuamente (Kilbride, págs. 108–109).
- La civilización moderna rechaza la poligamia como desaconsejable y desventajosa para la vida social. Tal y como se observa entre los animales y las plantas, el propósito y la sabiduría contenidos en las relaciones sexuales es la reproducción. El placer resultante es un pequeño pago determinado por la Misericordia Divina para que dicho deber se cumpla. El matrimonio es establecido para la reproducción y la perpetuación de la especie. La capacidad de dar a luz al menos una vez al año, quedar embarazada a lo largo de medio mes y alcanzar la menopausia alrededor de la cincuentena, hace de la mujer ser en su faceta reproductiva inferior al hombre, el cual puede, a veces, dejar embarazadas a mujeres incluso cuando han llegado a cumplir 70 años o más. Por eso, en la mayoría de los casos, la civilización moderna está obligada a encontrar nuevos modos de fecundación a gran costo. Incluso si el propósito del matrimonio fuese únicamente la gratificación sexual, la poligamia se consideraría como algo lícito. (Resumido de Sherif Muhammad).

3. Los siguientes puntos han de ser tomados en consideración respecto al asunto de la esclavitud (femenina) dentro del ámbito del Islam:

- El Islam no inventó ni estableció la institución de la esclavitud (femenina) sino que cuando surgió, la esclavitud (femenina) estaba siendo practicada largo tiempo a nivel mundial del modo más abominable. El Islam examinó el asunto como algo relativo a los tiempos de guerra y lo abordó como si estuviese relacionado con el modo en que los prisioneros de guerra debían de ser tratados. A pesar de que la esclavitud (femenina), en sus diversas formas, ha sido practicada hasta muy recientemente, el Islam adoptó un proceso de abolición a lo largo del tiempo, hace ya catorce siglos. No fue el Islam, sino los que se consideran a sí mismos musulmanes, los responsables de algunas prácticas inaceptables que han tenido lugar en las comunidades musulmanas siglos atrás.

- A pesar de que las leyes internacionales en el mundo moderno se remonta a pocos siglos atrás, el Islam estableció principios y leyes en asuntos concernientes a las relaciones internacionales, tal y como la guerra y el trato de los prisioneros de guerra, hace catorce siglos. Imam Muhammad Al-Shaybani, que vivió hace doce siglos, fue el primero que escribió un libro acerca del derecho internacional, *al-Siyar al-Kabir*. Este libro está basado en las órdenes más importantes del Corán y en la práctica del Profeta, la paz y las bendiciones sean con él.
- El Islam prohibió la ejecución sumaria de prisioneras de guerra, y en lugar de ello ordenó que fuesen distribuidas entre las familias musulmanas. Se otorgó gran importancia a su educación y se les aconsejó a sus «propietarios» que se casasen con ellas. A dichas «prisioneras de guerra» se les dio el estatus de mujeres libres cuando daban a luz un hijo. El Islam desea su final emancipación y la erradicación de la esclavitud (femenina). En recompensa por haber cometido un gran número de actos incorrectos, como por ejemplo romper el ayuno antes de su debido tiempo, el Islam exigía la emancipación de una esclava y exhortaba a los creyentes a emancipar a sus esclavas, estableciendo dicho acto como muy meritorio.
- Sin hacer ninguna discriminación de género, el Islam otorga gran valor a la humanidad. Anhela el ascenso de todos los seres humanos hacia la verdadera categoría de la humanidad, ya que ese es el mejor modelo de la creación. Considera a la mujer que ha llegado a dicho rango a través de su educación, carácter y virtuosidad, como *muhsan* (mujer protegida). Una mujer desprovista de dicho valor espiritual y moral, la que se presenta a sí misma como un mero objeto sexual, no puede ser *muhsan*. Alcanzar dicha categoría exige una verdadera educación y el Islam ha establecido reglas para cada rango logrado. Por lo tanto, el asunto de la esclavitud femenina posee dimensiones educacionales y psicológicas, además de un alcance social e internacional.
- Tal y como se mencionó con anterioridad (*sura* 2, nota 95) respecto a la legislación, el Islam ha seguido tres procedimientos principales: Mantiene los mandamientos que existían en los Libros anteriores o que existían en la comunidad en que apareció y que no eran contradictorios con sus principios esenciales. Corrigió o enmendó los mandamientos que no se conformaban con sus principios. Y, finalmente, estableció una nueva legislación. En cada uno de estos tres procedimientos, el Islam siguió un proceso gradual, especialmente en los asuntos que precisaban de gran tiempo para erradicar antiguos hábitos o para establecer nuevos enfoques. La esclavitud femenina es uno de estos asuntos, especialmente debido a su dimensión internacional.

لِلرِّجَالِ نَصِيبٌ مِمَّا تَرَكَ الْوَالِدَانِ وَالْأَقْرَبُونَ وَلِلنِّسَاءِ
نَصِيبٌ مِمَّا تَرَكَ الْوَالِدَانِ وَالْأَقْرَبُونَ مِمَّا قَلَّ مِنْهُ
أَوْ كَثُرَ نَصِيبًا مَفْرُوضًا ﴿٧﴾ وَإِذَا حَضَرَ الْقِسْمَةَ أُولُو الْقُرْبَىٰ
وَالْيَتَامَىٰ وَالْمَسَاكِينُ فَارْزُقُوهُمْ مِنْهُ وَقُولُوا لَهُمْ قَوْلًا
مَعْرُوفًا ﴿٨﴾ وَلْيَخْشَ الَّذِينَ لَوْ تَرَكُوا مِنْ خَلْفِهِمْ ذُرِّيَّةً
ضِعَافًا خَافُوا عَلَيْهِمْ فَلْيَتَّقُوا اللَّهَ وَلْيَقُولُوا قَوْلًا سَدِيدًا ﴿٩﴾
إِنَّ الَّذِينَ يَأْكُلُونَ أَمْوَالَ الْيَتَامَىٰ ظُلْمًا إِنَّمَا يَأْكُلُونَ
فِي بُطُونِهِمْ نَارًا وَسَيَصْلَوْنَ سَعِيرًا ﴿١٠﴾ يُوصِيكُمُ اللَّهُ
فِي أَوْلَادِكُمْ لِلذَّكَرِ مِثْلُ حَظِّ الْأُنْثَيَيْنِ فَإِنْ كُنَّ نِسَاءً
فَوْقَ اثْنَتَيْنِ فَلَهُنَّ ثُلُثَا مَا تَرَكَ وَإِنْ كَانَتْ وَاحِدَةً فَلَهَا
النِّصْفُ وَلِأَبَوَيْهِ لِكُلِّ وَاحِدٍ مِنْهُمَا السُّدُسُ مِمَّا تَرَكَ
إِنْ كَانَ لَهُ وَلَدٌ فَإِنْ لَمْ يَكُنْ لَهُ وَلَدٌ وَوَرِثَهُ أَبَوَاهُ فَلِأُمِّهِ
الثُّلُثُ فَإِنْ كَانَ لَهُ إِخْوَةٌ فَلِأُمِّهِ السُّدُسُ مِنْ بَعْدِ وَصِيَّةٍ
يُوصِي بِهَا أَوْ دَيْنٍ آبَاؤُكُمْ وَأَبْنَاؤُكُمْ لَا تَدْرُونَ أَيُّهُمْ أَقْرَبُ
لَكُمْ نَفْعًا فَرِيضَةً مِنَ اللَّهِ إِنَّ اللَّهَ كَانَ عَلِيمًا حَكِيمًا ﴿١١﴾

7. A los herederos varones les corresponde una parte de lo que los padres y los parientes cercanos dejan atrás y a las mujeres herederas les corresponde una parte de lo que los padres y los parientes cercanos dejan atrás, ya sea (la herencia) abundante o escasa — es una parte prescrita por Dios[4].

8. Si algunos de los otros parientes (que no poseen una parte legítima definida), los huérfanos y los destituidos están presentes en la partición (de la herencia), concededles algo de ello (para su provisión) y habladles amable y agradablemente.

9. Que se preocupen (por los derechos de los huérfanos) aquellos que si (ellos mismos) dejasen tras de sí una descendencia débil, temerían por ella —y que se aparten de la desobediencia a Dios por temor a Su castigo y que digan la verdad con palabras apropiadas (respecto a la partición de la herencia y su trato a los huérfanos).

10. Sin duda aquellos que consumen los bienes de los huérfanos injustamente, están consumiendo un fuego en sus vientres; y pronto se abrasarán en un Fuego (que nunca habéis visto y cuyo grado de intensidad nadie conoce salvo Dios).

11. Dios os ordena acerca de (la partición de la herencia entre) vuestros hijos: al varón le corresponde la misma parte que a dos hembras. Si hay más de dos hembras (sin ningún varón con ellas), les corresponderán dos tercios de la herencia; si sólo hay una, entonces la mitad. En cuanto a los padres (del difunto): a cada uno le corresponderá una sexta parte de la herencia, en caso de que haya dejado un hijo; pero si no ha dejado hijos, sus padres son sus herederos, y entonces a su madre le corresponderá un tercio. Y si tiene (una madre con o sin hermanas) dos o más hermanos, para su madre habrá un sexto. — (Todas estas instrucciones han de ponerse en vigor) tras deducir los legados que haya hecho (siempre y cuando dichos legados estén de acuerdo con las enseñanzas relacionadas del Islam) y cualquier deuda (en que haya incurrido) (—primero se paga la deuda, luego el legado se cumple y luego la herencia se distribuye). Vuestros padres y vuestros hijos: no sabéis cuál de ellos os beneficia más de cerca. Esto (la ley sucesoria) es un precepto de Dios (que debéis obedecer a toda costa). Sin duda, Dios es Omnisciente (de vuestros asuntos y de lo que os beneficia y os daña) y Omnisapiente.

4. Este breve versículo contiene los principios básicos de la ley sucesoria islámica establecida por el Corán además de una importante advertencia:

- Al igual que los hombres, las mujeres también tienen su parte en la herencia.
- La propiedad dejada por el difunto es heredada, sea cual sea la cantidad.
- No hay diferencia alguna ya sean los bienes muebles o inmuebles.
- Otros hijos, padres, abuelos u otros familiares pueden heredar de otra persona. Si son familiares cercanos, aquellos emparentados por línea colateral no pueden heredar.
- A los herederos no se les puede prohibir la herencia, excepto en casos excepcionales, como haber matado al testador (at-Tirmizi, «Fara'id», 17. (Suat Yildirim, pág. 77).

La importante advertencia contenida en este versículo es la siguiente: En los tiempos pre-islámicos, las mujeres tenían prohibido heredar. Al mencionar a las mujeres como herederas de modo separado, del mismo modo en que se menciona a los varones, por reiteración se enfatiza que, ya sea la herencia abundante o escasa, la mujer no puede estar privada de ella bajo ningún pretexto, como, por ejemplo, que la cantidad sea insignificante.

وَلَكُمْ نِصْفُ مَا تَرَكَ اَزْوَاجُكُمْ اِنْ لَمْ يَكُنْ
لَهُنَّ وَلَدٌ فَاِنْ كَانَ لَهُنَّ وَلَدٌ فَلَكُمُ الرُّبُعُ مِمَّا
تَرَكْنَ مِنْ بَعْدِ وَصِيَّةٍ يُوصِينَ بِهَٓا اَوْ دَيْنٍ
وَلَهُنَّ الرُّبُعُ مِمَّا تَرَكْتُمْ اِنْ لَمْ يَكُنْ لَكُمْ وَلَدٌ
فَاِنْ كَانَ لَكُمْ وَلَدٌ فَلَهُنَّ الثُّمُنُ مِمَّا تَرَكْتُمْ
مِنْ بَعْدِ وَصِيَّةٍ تُوصُونَ بِهَٓا اَوْ دَيْنٍ وَاِنْ كَانَ
رَجُلٌ يُورَثُ كَلَالَةً اَوِ امْرَاَةٌ وَلَهُٓ اَخٌ اَوْ اُخْتٌ
فَلِكُلِّ وَاحِدٍ مِنْهُمَا السُّدُسُ فَاِنْ كَانُٓوا اَكْثَرَ مِنْ
ذٰلِكَ فَهُمْ شُرَكَٓاءُ فِي الثُّلُثِ مِنْ بَعْدِ وَصِيَّةٍ
يُوصٰى بِهَٓا اَوْ دَيْنٍ غَيْرَ مُضَٓارٍّ وَصِيَّةً مِنَ اللّٰهِ
وَاللّٰهُ عَلِيمٌ حَلِيمٌ ١٢ تِلْكَ حُدُودُ اللّٰهِ وَمَنْ يُطِعِ
اللّٰهَ وَرَسُولَهُ يُدْخِلْهُ جَنَّاتٍ تَجْرِي مِنْ تَحْتِهَا
الْاَنْهَارُ خَالِدِينَ فِيهَا وَذٰلِكَ الْفَوْزُ الْعَظِيمُ ١٣
وَمَنْ يَعْصِ اللّٰهَ وَرَسُولَهُ وَيَتَعَدَّ حُدُودَهُ
يُدْخِلْهُ نَارًا خَالِدًا فِيهَا وَلَهُ عَذَابٌ مُهِينٌ ١٤

وَالّٰتِي

12. Y a vosotros os corresponde la mitad de lo que vuestras esposas dejen, si no tienen hijos; pero si tienen hijos, tendréis un cuarto de lo que dejen —tras deducir los legados que hayan hecho y las deudas (en que hayan incurrido)—. Y para ellas será un cuarto de lo que dejéis, si no tenéis hijos; pero si tenéis hijos, tendrán un octavo de lo que dejéis —tras deducir cualquier legado que hayáis hecho y cualquier deuda (en que hayáis incurrido)—. Y si un hombre o una mujer no tienen ningún heredero directo, pero tienen un hermano o una hermana (de madre), a cada uno les corresponderá un sexto; pero si tienen dos o más, habrán de compartir un tercio —tras deducir los legados que se hayan hecho o deudas; sin pretender (en los legados o en las deudas) perjudicar (los derechos de los herederos, como por ejemplo, declarando deudas ficticias o legando más de un tercio del patrimonio). (Es) Mandamiento de Dios. Dios es Omnisciente (de todas vuestras intenciones, acciones y resultados), Clemente (pues no se apresura en castigar los errores de Sus siervos)[5].

13. Estos son los límites fijados por Dios. Todo aquel que obedezca a Dios y a Su Mensajero (permaneciendo dentro de estos límites), Dios le admitirá en Jardines a través de los cuales discurren ríos, donde morará. Ese es el triunfo supremo.

14. Pero quien desobedezca a Dios y a Su Mensajero y traspase Sus límites, Dios le admitirá en un Fuego donde morará, y tendrá un vergonzoso y humillante castigo.

5. En estos últimos dos versículos, quedan establecidos los principios básicos y las disposiciones de la ley sucesoria islámica; los detalles precisos son establecidos en base a estos parámetros y en base a la práctica del Profeta y Sus Compañeros. Antes de aclarar algunos puntos, debemos considerar el hecho de que estos dos versículos presentan la ley sucesoria islámica como una orden absoluta de Dios y su promulgación concluyente declara que están basadas en el conocimiento y la sabiduría de Dios. Por lo tanto, debemos intentar encontrar ejemplos de Su Sabiduría Divina en ellas. Transgredir dichas órdenes significa desobedecer a Dios y a Su Mensajero, y rechazarlas equivale a incredulidad. En segundo lugar, el Islam no es una religión que se dedica a responder a objeciones. Lo que decreta es correcto y justo. Por lo tanto, nuestra intención es explicar la posición del Islam en

asuntos que han sido objeto de críticas en estos tiempos recientes e iluminar las mentes sinceras.

- Según la ley sucesoria islámica, con excepción del padre y la madre, y en algunos casos los hermanos y hermanas, el hijo recibe el doble que la hija, el hermano el doble que la hermana y el marido el doble que la esposa.
- El Islam es universal, y toma en consideración así como aborda las condiciones de todas las épocas y comunidades. Su visión es holística y trata los asuntos particulares en un marco universal. Por lo tanto, al contemplar su ley sucesoria, debemos considerar un gran número de factores sociológicos y psicológicos, tales como la psicología femenina y masculina, sus posiciones y responsabilidades financieras en la familia y en la sociedad y su contribución en la economía. Debemos evaluar cada asunto según su propia naturaleza y dentro de su marco y no debemos dejarnos engañar por las abstracciones teóricas desconectadas de la realidad de la vida, como la igualdad absoluta e ir en pos de algo que en la mayoría de los casos resultaría en una pérdida de equilibrio y de equidad.
- Para entender los motivos por los cuales el Islam, en ciertos casos, concede a la mujer la mitad de la parte a heredar que da al hombre, se debe tener en cuenta el hecho de que las obligaciones financieras de los hombres en el Islam sobrepasan a las de las mujeres. El novio debe conceder a la novia un regalo nupcial. Este regalo se convierte en su propiedad exclusiva y sigue siendo de ella incluso si luego es divorciada. La novia no está obligada a dar ningún regalo a su marido. Es más, el marido musulmán tiene a su cargo la manutención de su mujer y la de sus hijos. La mujer, por otro lado, no está obligada a ayudarle en este menester. Su propiedad y sus ganancias son únicamente para ella, excepto lo que voluntariamente quiera ofrecer al marido. Además, hemos de apreciar y percatarnos que el Islam defiende con gran firmeza la vida familiar. Anima de modo positivo a la gente joven a que se case y desalienta el divorcio. Por lo tanto, en una sociedad islámica verdadera, la vida familiar es la norma, mientras que la vida de soltero es una rara excepción. Esto significa que casi todos los hombres y mujeres en edad de casarse se casan en una sociedad musulmana. A la luz de estos hechos, se puede apreciar que los hombres musulmanes, por lo general, tienen obligaciones financieras de mayor entidad que las mujeres. Es por dicha razón que las leyes que rigen la herencia toman esto en consideración (Véase Sherif Muhammad).
- Aun cuando la mujer hereda menos que el hombre, a ella no se la despoja de nada de lo que haya obtenido fruto de su trabajo. Cualquier propiedad que herede no es el resultado de sus ganancias o esfuerzos sino que es algo que procede de un proveedor neutral, algo adicional o añadido. Es algo por el cual ni el hombre ni la mujer se han esforzado. Es un tipo de ayuda, y como cual ha de ser distribuida según las necesidades más urgentes y las responsabilidades, especialmente cuando la distribución es regulada por la ley de Dios (http://www.thewaytotruth.org/womaninislam/financial.html).
- El mandamiento judicial coránico sobre la herencia es una misericordia perfecta para las mujeres, además de ser irreprochablemente justo. Al ser las hijas delicadas y vulnerables, éstas han de ser contempladas con afección por parte del padre. Gracias a la ley coránica relativa a la herencia, el padre no la contempla como una hija que provocará pérdidas haciendo que otros se lleven la mitad de su herencia. Además de ello, sus hermanos sienten compasión por ella y la protegen, sin sentir envidia. No la consideran como un rival en la partición de las posesiones

familiares. Por lo tanto la afección y la compasión que la hija disfruta por parte de toda la familia la compensa por su aparente pérdida en la herencia.

- Algunos objetan diciendo que la herencia de la mujer es preciso que sea, desde el principio, igual a la del hombre y, por lo tanto, el marido no debe sentirse forzado a concederle una dote ni a mantenerla. Aquellos que efectúan esta impugnación piensan que la dote y la manutención son el resultado de la peculiar posición de la mujer respecto a la herencia, mientras que la realidad es exactamente lo opuesto. Además, parecen tener la impresión de que el aspecto financiero es lo único que se toma en consideración. Si ello fuese el único aspecto a ser considerado, obviamente, no sería necesario un sistema de dote y manutención, ni tampoco habría diferencia alguna entre las partes que heredan los hombres y las mujeres. Tal y como hemos mencionado anteriormente, el Islam tiene en cuenta numerosos aspectos, algunos de ellos naturales y otros psicológicos. En muchos casos, en la casa de sus padres, la contribución de la mujer a los ingresos de la familia es bastante menor que la del hermano o hermanos. Asimismo, un hijo ha de cuidar de su madre si su padre fallece, la madre no tiene que mantenerse a sí misma en base a su parte de la herencia, ni ninguna hija soltera tiene que mantenerse a sí misma en base a su parte de la herencia en una sociedad islámica. Por lo tanto, sus partes correspondientes de la herencia son para su uso personal. Por otra parte, son tomados en consideración otros aspectos psicológicos y sociales que tienen que ver con la consolidación de las relaciones domésticas (M. Mutahhari).
- Es por esta razón que sería una gran injusticia, y para nada un favor, instituir una parte de la herencia mayor para la hija o la mujer. Darles a éstas más sería una falta de compasión. Es irreal, ya que nadie puede ser más compasivo que Dios. Lo que ocurriría si los límites coránicos se traspasaran es que la mujer, por las razones citadas, se haría vulnerable y sería objeto de explotación y de tiranía por parte de la familia; especialmente desde el punto de vista del egoísmo barbárico de ciertas épocas. En cuanto a las reglas coránicas, todas ellas, además de las incluidas en la ley sucesoria islámica, prueban la verdad expresada en el versículo: *No te hemos enviado (Oh Muhammad) sino como una misericordia sin igual para todos los mundos* (21:107).
- El Islam no apoya la idea de que la riqueza es una fortuna que debe circular entre una pequeña minoría. Desea que la riqueza sea distribuida entre el mayor número posible de gente. Respecto a la herencia, considerando que la Gracia y la Generosidad de Dios tienen parte en ella, se aconseja vehementemente, incluso se ordena, que a los familiares lejanos, a los huérfanos y a los pobres también se les beneficie con cualquier tipo de riqueza.

وَالّٰت۪ي يَأْت۪ينَ الْفَاحِشَةَ مِنْ نِسَٓائِكُمْ فَاسْتَشْهِدُوا عَلَيْهِنَّ
اَرْبَعَةً مِنْكُمْۚ فَاِنْ شَهِدُوا فَاَمْسِكُوهُنَّ فِي الْبُيُوتِ
حَتّٰى يَتَوَفّٰيهُنَّ الْمَوْتُ اَوْ يَجْعَلَ اللّٰهُ لَهُنَّ سَب۪يلًا ﴿١٥﴾
وَالَّذَانِ يَأْتِيَانِهَا مِنْكُمْ فَاٰذُوهُمَاۚ فَاِنْ تَابَا وَاَصْلَحَا
فَاَعْرِضُوا عَنْهُمَاۜ اِنَّ اللّٰهَ كَانَ تَوَّابًا رَح۪يمًا ﴿١٦﴾ اِنَّمَا
التَّوْبَةُ عَلَى اللّٰهِ لِلَّذ۪ينَ يَعْمَلُونَ السُّٓوءَ بِجَهَالَةٍ ثُمَّ
يَتُوبُونَ مِنْ قَر۪يبٍ فَاُو۬لٰٓئِكَ يَتُوبُ اللّٰهُ عَلَيْهِمْۜ وَكَانَ
اللّٰهُ عَل۪يمًا حَك۪يمًا ﴿١٧﴾ وَلَيْسَتِ التَّوْبَةُ لِلَّذ۪ينَ يَعْمَلُونَ
السَّيِّـَٔاتِۚ حَتّٰٓى اِذَا حَضَرَ اَحَدَهُمُ الْمَوْتُ قَالَ اِنّ۪ي
تُبْتُ الْـٰٔنَ وَلَا الَّذ۪ينَ يَمُوتُونَ وَهُمْ كُفَّارٌۜ اُو۬لٰٓئِكَ
اَعْتَدْنَا لَهُمْ عَذَابًا اَل۪يمًا ﴿١٨﴾ يَٓا اَيُّهَا الَّذ۪ينَ اٰمَنُوا لَا يَحِلُّ
لَكُمْ اَنْ تَرِثُوا النِّسَٓاءَ كَرْهًاۜ وَلَا تَعْضُلُوهُنَّ لِتَذْهَبُوا
بِبَعْضِ مَٓا اٰتَيْتُمُوهُنَّ اِلَّٓا اَنْ يَأْت۪ينَ بِفَاحِشَةٍ مُبَيِّنَةٍۚ
وَعَاشِرُوهُنَّ بِالْمَعْرُوفِۚ فَاِنْ كَرِهْتُمُوهُنَّ فَعَسٰٓى
اَنْ تَكْرَهُوا شَيْـًٔا وَيَجْعَلَ اللّٰهُ ف۪يهِ خَيْرًا كَث۪يرًا ﴿١٩﴾

15. Respecto a aquellas de vuestras mujeres que cometan una indecencia (o sea, relaciones sexuales ilícitas) que cuatro varones testigos de entre vosotros (que las hayan visto cometiendo el acto) testifiquen contra ellas (en el plazo de un mes en las ciudades y seis meses en las zonas rurales). Si dan testimonio, confinad a dichas mujeres en sus casas hasta que la muerte se las lleve o Dios les provea una salida.

16. Cuando dos de entre vosotros lo hayan cometido, castigadles reprendiéndoles y pegándoles; pero si tienen cargo de conciencia, se arrepienten y se enmiendan, dejadles[6]. Indudablemente es Dios Quien acepta el arrepentimiento y lo corresponde con generoso perdón, el Compasivo.

17. Dios tan sólo acepta el arrepentimiento de aquellos que cometen un mal por ignorancia (al ser derrotados por el yo carnal que ordena el mal) y luego (se apartan y) se arrepienten acto seguido. Es el arrepentimiento de ellos el que Dios corresponde con perdón; Dios es Omnisciente (de lo que cada uno hace y de por qué lo hace) y Omnisapiente.

18. Pero no le servirá de nada el arrepentimiento a aquellos que cometen el mal (durante toda una vida) hasta que, cuando a uno de ellos le visita la muerte, expresa: «Ahora sí que me arrepiento». Ni (tampoco el arrepentimiento es de ningún provecho) a aquellos que (transcurren sus vidas en la incredulidad y ofrecen su arrepentimiento en el momento de la muerte y) mueren como incrédulos (ya que dicho arrepentimiento no es aceptado). Para ellos hemos preparado un doloroso castigo.

19. ¡Oh vosotros que creéis! No os es lícito convertiros en herederos, en contra de su voluntad, de las mujeres (de vuestros parientes fallecidos, casándoos con ellas contra su voluntad sin darles la dote debida o forzándolas a que se casen con otros a cambio de su dote como si fuesen parte del patrimonio heredable); ni debéis de obligar a vuestras esposas con la intención de llevaros algo de lo que les habéis concedido (tal y como la dote o un regalo nupcial), a no ser que sean culpables de haber cometido una indecencia de modo obvio (con la intención de justificar el divorcio). Convivid con ellas de buena manera, ya que aunque os disgusten, puede ser que os disguste algo en lo que Dios haya puesto mucho bien.

6. El asesinato injusto, la fornicación y el adulterio, el robo y la usurpación, la anarquía y el terror, la clara y rebelde apostasía, la calumnia y la ingestión de sustancias estupefacientes, incluidas las drogas, son los crímenes más graves en el Islam. La Ley musulmana tiene como objetivo la protección de la fe, el intelecto, la vida, la propiedad y la reproducción saludable. Por ello, los castigos más severos son los que se aplican cuando se transgrede dichos puntos.

A pesar de que hay opiniones diferentes respecto a estos dos versículos, la visión que ha sido más ampliamente aceptada es que se complementan mutuamente. Mientras que el versículo quince trata únicamente de las mujeres musulmanas culpables de consumar relaciones sexuales ilícitas, el versículo dieciséis condena el acto enmarcado en las relaciones sexuales ilícitas, cuando la pareja es conocida. La razón por la cual el Corán ha establecido el asunto de esta manera y menciona a las mujeres de modo separado es porque, del mismo modo que hay burdeles y lugares similares en las sociedades modernas, las mujeres también practicaban la prostitución en los tiempos pre-islámicos de la *Yahiliyya*. Por lo tanto, como paso importante para erradicar de modo decisivo y prevenir la prostitución y otro tipo de relación sexual ilícita, el Corán menciona a las mujeres de modo separado. Luego, procede a enumerar casos individuales de relaciones sexuales ilícitas en que se sabe que la pareja ha cometido dicho acto.

Como en otras prescripciones, el Islam sigue un proceso gradual en el establecimiento de la pena definitiva para las relaciones sexuales ilícitas. Primero, en estos dos versículos se prescribe que los musulmanes que hayan cometido dicho acto han de ser regañados y golpeados y que las mujeres que lo hayan hecho sean confinadas en casas a fin de prevenir la prostitución. La expresión, *Dios les de una salida*, significa que un mandamiento nuevo y final será revelado, el cual resultará en la ejecución de las parejas adúlteras casadas según la práctica del Profeta y el castigo corporal de las parejas no casadas con un azote en cien ocasiones. (Véase el versículo 24:2)

En la nota 131 del *Sura al-Baqara*, el principio básico en el que el código penal islámico se basa queda resumido. Tomando en consideración el castigo por adulterio, debemos añadir los siguientes puntos:

- Durante el período de La Meca, les fue revelado a los creyentes (18:26, 31-35, 59) lo siguiente: dad a los familiares, a los necesitados y a los viajeros lo que se merecen; no matéis a nadie injustamente, incluyendo a los niños; abandonad el adulterio; no consumáis la propiedad de los huérfanos; y no engañéis en el peso y la medida. Esto consistía en principios de Sabiduría sin que se prescribiera castigo alguno para dichas violaciones. Sin embargo, en Medina, donde se estableció el gobierno islámico después de que los Compañeros emitiesen el juramento de fidelidad ante el Mensajero, dichos mandamientos se convirtieron en artículos de ley y su violación entrañó un castigo. Esto demuestra que el código penal islámico fue puesto en vigor en un sistema establecido sobre la base del credo, cosmovisión, adoración, comportamiento, principios morales, sociales y estructura económicas islámicas. Por lo tanto, el código penal ha de ser evaluado en el marco de un contexto islámico global.
- El Islam siguió un proceso gradual en el establecimiento de los castigos definitivos para los crímenes, tales como el adulterio y el consumo de alcohol. Los castigos prescritos antes de los castigos definitivos no fueron eliminados del Corán a pesar de haber sido abrogados. Eso significa que la comunidad musulmana se perfecciona gradualmente a través del cumplimiento de las reglas islámicas. Se asemeja a un cuerpo sano. Cada crimen cometido en dicha comunidad es como una enfer-

medad que amenaza al cuerpo según su naturaleza y grado. La apostasía rebelde, el asesinato, la anarquía, el terror, el adulterio, la ingesta de sustancias estupefacientes, la calumnia, el robo y la usurpación no son sino las más mortales enfermedades. Del mismo modo que algunas enfermedades precisan de medicina para su cura, otras necesitan de radioterapia, e incluso para otras no hay más salida que una operación quirúrgica; las enfermedades que amenazan al sano cuerpo social precisan el mismo tipo de terapias, cada una de acuerdo con su naturaleza y grado de intensidad.

- Por sus principios de creencia, adoración, buena conducta o comportamiento, moralidad y estructura social y económica, el Islam evita que la gente cometa crímenes. Puede decirse que el Islam hace un 95% más difícil cometer crímenes mortales y deja el 5% restante al libre albedrío humano. Por lo tanto, está claro que los que cometen los graves crímenes anteriormente mencionados son elementos enfermos en una sociedad verdaderamente islámica.
- El Islam ha hecho considerablemente difícil establecer y probar el adulterio y aplicar la pena prescrita. El número de aquellos que ha sido comprobado que eran culpables de adulterio o robo y que han sido castigados a lo largo de los trece siglos del Islam hasta el S. XIV después de la *Hégira*, es extremadamente pequeño. Los incidentes de adulterio y robo que ocurren en un supuesto país moderno y civilizado y las complicaciones como el divorcio, la destrucción del núcleo familiar, el suicidio, el asesinato y la depresión causada por dichos acontecimientos, supera en mucho el número de dichos incidentes durante los trece siglos de historia musulmana a lo largo de todas las tierras del Islam. ¿Acaso todos aquellos que critican el Islam con motivo de las penas que prescribe frente a los crímenes capitales no pueden considerar el asunto desde esta perspectiva si es que no ignoran la verdad del asunto o no carecen de prejuicios contra el Islam?
- En la Biblia, hay muchos ejemplos de adulterio, todos los cuales fueron castigados con la lapidación, con la hoguera o de otro modo. Es más, esos tipos de castigos no estaban restringidos únicamente al adulterio. Si un hombre se casaba con una mujer y con su hija a la vez, los tres eran quemados (*Levítico*, 20:10-21). No existen mandamientos en los Evangelios que abroguen dichas leyes. Solamente podemos encontrar un episodio en *Juan* (8:3-11) donde Jesús se niega a juzgar sobre la lapidación de una mujer adúltera traída ante su presencia. La razón por la que él lo hizo es bastante clara: Los maestros de la Ley y los fariseos trajeron una mujer que fue sorprendida cometiendo adulterio. La hicieron ponerse de pie delante del grupo e indicaron a Jesús: «Maestro, esta mujer ha sido sorprendida cometiendo el acto de adulterio. En la Ley, Moisés nos ordena lapidar a dichas mujeres. Ahora, ¿qué tienes que decir?». Estaban empleando dicha pregunta como trampa para tener una razón para acusarle. Si Jesús hubiese ordenado que se la lapidase se hubiesen opuesto diciendo: «¿No ordenas la misericordia?». Si no lo hubiese ordenado, habrían protestado diciendo: «¿No has declarado que aceptas la Ley de Moisés?». Jesús empezó a escribir en la arena con su dedo y dijo: «Aquel de vosotros que se halle libre de pecado que tire la primera piedra sobre ella». Obrando de esa manera les dio una lección. En aquella época, la comunidad judía se hallaba profundamente profanada de pecados. Aquellos que querían hacer que Jesús ejecutase un mandamiento eran las mismas personas que más desobedecían la Ley, en vista de que eran ellos los que tenían que preservarla y juz-

gar mediante la misma. No existía una tierra propicia para la aplicación de la Ley, ni Jesús estaba en posición de ejecutarla. Por lo tanto, este acontecimiento no muestra que no existiese una pena para el adulterio en los Evangelios, sino que demuestra el espíritu del código penal religioso —islámico—. Es más, el Profeta Jesús, la paz sea con él, trajo sanciones espirituales y morales más estrictas contra el adulterio: «Oísteis que fue dicho por parte de los de antaño: "*No cometeréis adulterio; pero yo os digo que cualquiera que mira a una mujer para codiciarla, ya cometió adulterio con ella en su corazón. Por lo tanto, si tu ojo derecho te hace sucumbir, arráncatelo y expúlsalo de ti; pues mejor es que pierdas uno de tus miembros, y no que todo tu cuerpo sea arrojado al Infierno*"» (*Mateo*, 5:27-29).

- El Islam no aspira a la satisfacción de los apetitos carnales a cualquier costo, al igual que las civilizaciones seculares y materialistas; más bien anima al espíritu a alcanzar la perfección humana y a desarrollar generaciones virtuosas, cuyas mentes están iluminadas con el conocimiento científico y cuyos corazones están iluminados por los puros valores espirituales.

وَاِنْ اَرَدْتُمُ اسْتِبْدَالَ زَوْجٍ مَكَانَ زَوْجٍۙ وَاٰتَيْتُمْ
اِحْدٰيهُنَّ قِنْطَارًا فَلَا تَأْخُذُوا مِنْهُ شَيْـًٔاۜ اَتَأْخُذُونَهُ
بُهْتَانًا وَاِثْمًا مُبِينًا ﴿٢٠﴾ وَكَيْفَ تَأْخُذُونَهُ وَقَدْ
اَفْضٰى بَعْضُكُمْ اِلٰى بَعْضٍ وَاَخَذْنَ مِنْكُمْ
مِيثَاقًا غَلِيظًا ﴿٢١﴾ وَلَا تَنْكِحُوا مَا نَكَحَ اٰبَٓاؤُكُمْ
مِنَ النِّسَٓاءِ اِلَّا مَا قَدْ سَلَفَۜ اِنَّهُ كَانَ فَاحِشَةً
وَمَقْتًاۜ وَسَٓاءَ سَبِيلًا ﴿٢٢﴾ حُرِّمَتْ عَلَيْكُمْ اُمَّهَاتُكُمْ
وَبَنَاتُكُمْ وَاَخَوَاتُكُمْ وَعَمَّاتُكُمْ وَخَالَاتُكُمْ
وَبَنَاتُ الْاَخِ وَبَنَاتُ الْاُخْتِ وَاُمَّهَاتُكُمُ الّٰت۪ٓي
اَرْضَعْنَكُمْ وَاَخَوَاتُكُمْ مِنَ الرَّضَاعَةِ وَاُمَّهَاتُ
نِسَٓائِكُمْ وَرَبَٓائِبُكُمُ الّٰت۪ي ف۪ي حُجُورِكُمْ
مِنْ نِسَٓائِكُمُ الّٰت۪ي دَخَلْتُمْ بِهِنَّۘ فَاِنْ لَمْ تَكُونُوا
دَخَلْتُمْ بِهِنَّ فَلَا جُنَاحَ عَلَيْكُمْۘ وَحَلَٓائِلُ اَبْنَٓائِكُمُ
الَّذ۪ينَ مِنْ اَصْلَابِكُمْۙ وَاَنْ تَجْمَعُوا بَيْنَ الْاُخْتَيْنِ
اِلَّا مَا قَدْ سَلَفَۜ اِنَّ اللّٰهَ كَانَ غَفُورًا رَح۪يمًاۙ ﴿٢٣﴾

وَالْمُحْصَنَاتُ

20. Pero si decidís exonerar el matrimonio con una esposa y casaros con otra y le habéis otorgado a la primera (bienes tan abundantes como) un tesoro, no toméis nada de ello. ¿Lo tomaréis con calumnias (ingeniándooslas para obtener el tipo de divorcio que deseáis que os permita recuperar la dote) y cometiendo un pecado flagrante?

21. ¿Cómo podréis recuperar la dote cuando os habéis regalado mutuamente y ellas (las mujeres casadas) han tomado de vosotros un solemne compromiso (de honrar sus derechos)?

22. Y no os caséis con las mujeres con quienes vuestros padres se han casado —a excepción de lo que haya ocurrido (de ello) en el pasado (antes de vuestra conversión: esos casos son perdonados siempre y cuando rectifiquéis vuestra conducta y concluyáis dicho contrato de matrimonio). ¡Ciertamente fue un acto indecente, algo abominable y un mal camino!

23. Se os han prohibido (Oh hombres creyentes) vuestras madres (incluidas las madrastras y las abuelas), hijas (incluidas las nietas), hermanas (incluidas las hermanas de padre y madre y las medio hermanas) vuestras tías paternas y maternas, las hijas de vuestros hermanos, las hijas de vuestras hermanas, las madres que os han amamantado, vuestras hermanas de leche (todas las que están emparentadas con vosotros por la misma leche materna y por la descendencia[7]), las madres de vuestras esposas, vuestras hijastras —que habéis acogido y han nacido de vuestras esposas con las que habéis consumado el matrimonio; si no hubieseis consumado el matrimonio con ellas, no habría inconveniente en ello (si os casáis con sus hijas)—, las esposas de vuestros hijos consanguíneos y tomar en matrimonio a dos hermanas a la vez (incluyendo a la sobrina y a su tía materna o paterna)[8] —excepto lo que haya ya ocurrido (de este tipo) en el pasado—. Sin duda Dios es Indulgente y Compasivo.

7/8. Casarse no sólo con las madres de leche y las hermanas de leche, sino con todas aquellas que tienen un parentesco cercano por la misma leche materna o por la descendencia (como, por ejemplo, las sobrinas y los sobrinos de leche) y casarse con la sobrina y su tía a la vez fue prohibido por el Mensajero, la paz y las bendiciones sean con él, ya sea basándose en la Revelación o infiriéndolo de este versículo.

وَالْمُحْصَنَاتُ مِنَ النِّسَاءِ اِلَّا مَا مَلَكَتْ اَيْمَانُكُمْۚ كِتَابَ
اللّٰهِ عَلَيْكُمْۚ وَاُحِلَّ لَكُمْ مَا وَرَٓاءَ ذٰلِكُمْ اَنْ تَبْتَغُوا
بِاَمْوَالِكُمْ مُحْصِنِينَ غَيْرَ مُسَافِحِينَۜ فَمَا اسْتَمْتَعْتُمْ
بِهٖ مِنْهُنَّ فَاٰتُوهُنَّ اُجُورَهُنَّ فَرِيضَةًۜ وَلَا جُنَاحَ عَلَيْكُمْ
فِيمَا تَرَاضَيْتُمْ بِهٖ مِنْ بَعْدِ الْفَرِيضَةِۜ اِنَّ اللّٰهَ كَانَ عَلِيمًا
حَكِيمًا ۝٢٤ وَمَنْ لَمْ يَسْتَطِعْ مِنْكُمْ طَوْلًا اَنْ يَنْكِحَ
الْمُحْصَنَاتِ الْمُؤْمِنَاتِ فَمِنْ مَا مَلَكَتْ اَيْمَانُكُمْ
مِنْ فَتَيَاتِكُمُ الْمُؤْمِنَاتِۜ وَاللّٰهُ اَعْلَمُ بِاِيمَانِكُمْۜ بَعْضُكُمْ
مِنْ بَعْضٍۚ فَانْكِحُوهُنَّ بِاِذْنِ اَهْلِهِنَّ وَاٰتُوهُنَّ اُجُورَهُنَّ
بِالْمَعْرُوفِ مُحْصَنَاتٍ غَيْرَ مُسَافِحَاتٍ وَلَا مُتَّخِذَاتِ
اَخْدَانٍۚ فَاِذَٓا اُحْصِنَّ فَاِنْ اَتَيْنَ بِفَاحِشَةٍ فَعَلَيْهِنَّ نِصْفُ
مَا عَلَى الْمُحْصَنَاتِ مِنَ الْعَذَابِۜ ذٰلِكَ لِمَنْ خَشِيَ
الْعَنَتَ مِنْكُمْۜ وَاَنْ تَصْبِرُوا خَيْرٌ لَكُمْۜ وَاللّٰهُ غَفُورٌ
رَحِيمٌ ۝٢٥ يُرِيدُ اللّٰهُ لِيُبَيِّنَ لَكُمْ وَيَهْدِيَكُمْ سُنَنَ الَّذِينَ
مِنْ قَبْلِكُمْ وَيَتُوبَ عَلَيْكُمْۜ وَاللّٰهُ عَلِيمٌ حَكِيمٌ ۝٢٦

24. Y (también están prohibidas para vosotros) todas las mujeres casadas salvo aquellas (cautivas) que vuestra diestra posea (y cuyos lazos con sus maridos han sido prácticamente rotos). Éste es el decreto de Dios que os obliga. Os son lícitas todas las demás mujeres, aparte de las ya mencionadas, que busquéis, ofreciéndoles de vuestras riquezas y tomándolas en sana castidad (es decir, en matrimonio), no en indecencia. Y a cualquiera de ellas con las que queráis disfrutar en matrimonio (bajo dichas condiciones), concededles sus dotes como está prescrito. Mas no incurrís en pecado por todo aquello que hagáis de mutuo acuerdo después de la obligación (que ha sido cumplida). En verdad que, Dios es Omnisciente (de todo lo que hacéis y de por qué lo hacéis) y Omnisapiente.

25. Si alguno de vosotros carece de medios para casarse con una mujer libre y creyente (que se case con) doncellas creyentes de entre las que vuestra diestra posea. (No contempléis el matrimonio con dichas doncellas creyentes como una degradación. Más bien, la degradación es desviarse hacia la indecencia sin casarse). Dios conoce bien todo sobre vuestra fe (y os mide por ella); y (ya seáis libres o esclavos) unos procedéis de otros (perteneciendo como creyentes a la misma fe y comunidad). Casaos, pues, con ellas con el permiso de sus tutores y concededles la dote que les corresponde según lo acostumbrado y de acuerdo con la práctica religiosamente ratificada, como mujeres que se ofrecen en honesta castidad no en indecencia, ni tomando amantes secretos[9]. Luego, si cometen una indecencia después del matrimonio, se les impondrá la mitad de la pena que le corresponde a la mujer libre (soltera). Ello (el permiso de casarse con esclavas) es para los que temen incurrir en el pecado (permaneciendo solteros). Pero si perseveráis (en el dominio de uno mismo sin temer caer en el pecado) eso es mejor para vosotros. Dios es Indulgente, Compasivo.

26. Dios quiere explicaros (Sus mandamientos en los que radica vuestra felicidad) y guiaros hacia los (rectos) caminos de la vida de los que os precedieron y corresponderos a vosotros (con misericordia y favor). Dios es Omnisciente, Omnisapiente.

9. En estos últimos versículos, el Corán indica una importante realidad social y clarifica un aspecto de la esclavitud femenina. Mientras que el versículo anterior advierte a los hombres que se van a casar con mujeres creyentes libres de que no se desvíen hacia los caminos de la indecencia, este versículo amonesta a las esclavas para que se abstengan de sucumbir ante dichas desviaciones. También menciona el asunto de casarse con esclavas en relación de aquellos que teman consumar relaciones sexuales ilícitas si permanecen solteros. Lo que podemos entender de esto, es que los hombres son más susceptibles de incurrir en tal desviación que las mujeres. La mujer libre musulmana se encuentra tan lejos de caer en dicha desviación que tal posibilidad ni siquiera se contempla, pues es extremadamente cuidadosa con su castidad. Mientras que una esclava puede ser más susceptible de sucumbir en ello.

A partir de esto sacamos la conclusión que desde el punto de vista del Islam, la mujer libre musulmana y casta es el ideal de mujer respetable. Otras, a pesar de ser creyentes, pueden no ser igual de cuidadosas con su castidad, por lo tanto no disfrutan del mismo estatus y respeto. Una mujer pierde su derecho a ser respetada cuando cae en la indecencia o si se presenta a sí misma como objeto sexual, empleando sus encantos físicos para atraer. Esto significa que ya no pertenece a la categoría de la verdadera humanidad. Análogamente, los respetables miembros de una sociedad pura e islámica, no pueden percibir a las mujeres como objetos sexuales. El Islam contempla las indecencias, la fornicación, el adulterio y la prostitución como las cosas más abominables y lo considera la causa de que la gente se precipite a categorías más bajas que las de los animales. El impulso sexual en los animales está dirigido hacia la reproducción. No es únicamente un deseo que ha de ser satisfecho de cualquier manera y por cualquier medio. Por ejemplo, los camellos huelen la orina de las camellas para saber si ha sido fecundada o no; en caso positivo, no se aparean y desisten en su intento.

27. Dios quiere corresponderos a vosotros (con misericordia y favor explicándoos Sus mandamientos y guiándoos al Camino Recto), mientras que los que siguen (sus) deseos (mujeres, descendencia, riqueza, fama, estatus y posición) quieren que os desviéis en gran medida (respecto al Camino Recto).

28. Dios quiere aliviaros (vuestras cargas), ya que el ser humano ha sido creado débil (susceptible de errar)[10].

29. ¡Oh vosotros que creéis! No consumáis las riquezas mutuamente de un modo injusto (mediante el robo, la extorsión, el soborno, la usura y el juego), sino a través del mutuo acuerdo; y no os destruyáis a vosotros mismos (individual o colectivamente siguiendo los caminos indebidos, tales como el ascetismo extremo y la indolencia. Sed siempre conscientes de que) Dios ha sido Compasivo con vosotros (particularmente como creyentes que sois).

30. Quien actúe injustamente por enemistad (hacia los demás), y por medio de la consecución deliberada de un pecado y siendo injusto (consigo mismo y con los demás), le haremos entrar en un Fuego donde se abrasará (el cual nunca habéis visto con anterioridad y cuya intensidad nadie conoce salvo Dios); eso es fácil para Dios.

31. Si evitáis los pecados capitales[11] que se os han prohibido, borraremos de vosotros vuestros pecados menores y os haremos ingresar a través de una entrada ilustre (a una morada de gloria).

32. (La gente difiere unos con otros en su capacidad y medios de vida; tampoco se halla en vuestras manos ser varón o hembra. Por lo tanto) no codiciéis aquello con lo que Dios ha hecho que unos superen

82 سُورَةُ النِّسَاءِ ٨٢

وَاللّٰهُ يُرِيدُ اَنْ يَتُوبَ عَلَيْكُمْ وَيُرِيدُ الَّذِينَ يَتَّبِعُونَ
الشَّهَوَاتِ اَنْ تَمِيلُوا مَيْلًا عَظِيمًا ﴿٢٧﴾ يُرِيدُ اللّٰهُ
اَنْ يُخَفِّفَ عَنْكُمْ وَخُلِقَ الْاِنْسَانُ ضَعِيفًا ﴿٢٨﴾ يَا اَيُّهَا
الَّذِينَ اٰمَنُوا لَا تَأْكُلُوا اَمْوَالَكُمْ بَيْنَكُمْ بِالْبَاطِلِ
اِلَّا اَنْ تَكُونَ تِجَارَةً عَنْ تَرَاضٍ مِنْكُمْ وَلَا تَقْتُلُوا
اَنْفُسَكُمْ اِنَّ اللّٰهَ كَانَ بِكُمْ رَحِيمًا ﴿٢٩﴾ وَمَنْ يَفْعَلْ
ذٰلِكَ عُدْوَانًا وَظُلْمًا فَسَوْفَ نُصْلِيهِ نَارًا وَكَانَ ذٰلِكَ
عَلَى اللّٰهِ يَسِيرًا ﴿٣٠﴾ اِنْ تَجْتَنِبُوا كَبَائِرَ مَا تُنْهَوْنَ عَنْهُ
نُكَفِّرْ عَنْكُمْ سَيِّئَاتِكُمْ وَنُدْخِلْكُمْ مُدْخَلًا كَرِيمًا ﴿٣١﴾
وَلَا تَتَمَنَّوْا مَا فَضَّلَ اللّٰهُ بِهِ بَعْضَكُمْ عَلٰى بَعْضٍ
لِلرِّجَالِ نَصِيبٌ مِمَّا اكْتَسَبُوا وَلِلنِّسَاءِ نَصِيبٌ مِمَّا
اكْتَسَبْنَ وَسْئَلُوا اللّٰهَ مِنْ فَضْلِهِ اِنَّ اللّٰهَ كَانَ بِكُلِّ
شَيْءٍ عَلِيمًا ﴿٣٢﴾ وَلِكُلٍّ جَعَلْنَا مَوَالِيَ مِمَّا تَرَكَ
الْوَالِدَانِ وَالْاَقْرَبُونَ وَالَّذِينَ عَقَدَتْ اَيْمَانُكُمْ
فَاٰتُوهُمْ نَصِيبَهُمْ اِنَّ اللّٰهَ كَانَ عَلٰى كُلِّ شَيْءٍ شَهِيدًا ﴿٣٣﴾

اَلرِّجَالُ

a otros (envidiando de los demás la posición, la riqueza o los encantos físicos y, por lo tanto, oponiéndoos a la orden y el juicio de Dios). Los hombres tendrán una parte de lo que hayan logrado (tanto en términos materiales como espirituales) y las mujeres tendrán una parte de lo que hayan logrado (tanto en términos materiales como espirituales). (Por otro lado, no rehuséis el esfuerzo y la aspiración, en vez de envidiar a los otros,) pedid a Dios (que os dé más) de Su generosidad (a través del trabajo permitido y a través de la oración). Sin duda, Dios posee pleno conocimiento de todas las cosas.

33. Y para todos hemos establecido herederos de aquello que los padres y los parientes cercanos hayan dejado. (Ya que esos herederos tienen partes definidas en la herencia que han de serles entregadas) y a aquellos con los que establecisteis una solemne alianza, concededles su parte debida. En verdad que Dios es testigo de todas las cosas.

---

10. La humanidad se encuentra, por así decirlo, repleta de numerosos puntos débiles. Por lo tanto, debemos educarnos y liberarnos de nuestros puntos débiles. Un aspecto importante de la educación es mantener un ámbito de permisividad lo suficientemente amplio como para satisfacer nuestras necesidades vitales y nuestros deseos humanos permitidos y para establecer las prohibiciones que evitarán que la gente llegue a los extremos. Las prohibiciones religiosas y otras responsabilidades no son una carga sobre la humanidad; más bien, sirven para aligerar la carga que, de otro modo, les doblegaría. El ámbito de permisividad en el Islam es suficientemente amplio para la humanidad como para que pueda llevar una vida humana perfecta y para evitar todos los posibles conflictos entre los espíritus humanos y los deseos corporales. Por lo tanto, cualquier tipo de satisfacción que se busque fuera de dicho ámbito es una gran carga para el corazón humano y para el espíritu, un tormento sobre tormento y un modo de sufrimiento y aflicción para la familia y la vida social.

11. Los pecados capitales son aquellos originados por cometer lo que Dios y Su Mensajero han amenazado con un severo castigo en el Más Allá y para los cuales (también) existe una pena prescrita en esta vida. No creer en Dios y/o atribuirle copartícipes es el mayor de los pecados. Los otros pecados son: perder la esperanza de la Misericordia de Dios; creerse estar a salvo del castigo de Dios; no respetar a los padres y no cumplir sus derechos; asesinar injustamente; la fornicación y el adulterio; consumir las propiedades de los demás, especialmente las de los huérfanos; robar; dedicarse a la usura; desertar (como soldado) cuando el ejército avanza o huir del frente de batalla; calumniar la reputación de las mujeres castas, la brujería, beber alcohol, los juegos de azar, modificar las alianzas establecidas con Dios y los juramentos realizados en Su Nombre para obtener ventajas mundanas, malgastar los bienes públicos; proporcionar falso testimonio en un tribunal de justicia, no llevar a cabo los deberes religiosos obligatorios (tal y como incumplir la Oración Prescrita, no pagar *Zakah* (la Limosna Purificadora Prescrita), no ayunar durante el mes de Ramadán, no llevar a cabo la Peregrinación Mayor), e impedir a la gente el camino hacia Dios.

Se dice que ningún pecado del que uno se haya arrepentido sinceramente y haya pedido perdón a Dios es grande, y ningún pecado que se cometa continuamente y sin arrepentimiento puede considerarse pequeño.

اَلرِّجَالُ قَوَّامُونَ عَلَى النِّسَاءِ بِمَا فَضَّلَ اللّٰهُ بَعْضَهُمْ
عَلٰى بَعْضٍ وَبِمَا اَنْفَقُوا مِنْ اَمْوَالِهِمْ فَالصَّالِحَاتُ
قَانِتَاتٌ حَافِظَاتٌ لِلْغَيْبِ بِمَا حَفِظَ اللّٰهُ وَالّٰتِى تَخَافُونَ
نُشُوزَهُنَّ فَعِظُوهُنَّ وَاهْجُرُوهُنَّ فِى الْمَضَاجِعِ
وَاضْرِبُوهُنَّ فَاِنْ اَطَعْنَكُمْ فَلَا تَبْغُوا عَلَيْهِنَّ سَبِيلًا
اِنَّ اللّٰهَ كَانَ عَلِيًّا كَبِيرًا ﴿٣٤﴾ وَاِنْ خِفْتُمْ شِقَاقَ بَيْنِهِمَا
فَابْعَثُوا حَكَمًا مِنْ اَهْلِهِ وَحَكَمًا مِنْ اَهْلِهَا اِنْ يُرِيدَا
اِصْلَاحًا يُوَفِّقِ اللّٰهُ بَيْنَهُمَا اِنَّ اللّٰهَ كَانَ عَلِيمًا خَبِيرًا ﴿٣٥﴾
وَاعْبُدُوا اللّٰهَ وَلَا تُشْرِكُوا بِهِ شَيْـًٔا وَبِالْوَالِدَيْنِ
اِحْسَانًا وَبِذِى الْقُرْبٰى وَالْيَتَامٰى وَالْمَسَاكِينِ
وَالْجَارِ ذِى الْقُرْبٰى وَالْجَارِ الْجُنُبِ وَالصَّاحِبِ
بِالْجَنْبِ وَابْنِ السَّبِيلِ وَمَا مَلَكَتْ اَيْمَانُكُمْ اِنَّ اللّٰهَ
لَا يُحِبُّ مَنْ كَانَ مُخْتَالًا فَخُورًا ﴿٣٦﴾ اَلَّذِينَ يَبْخَلُونَ
وَيَاْمُرُونَ النَّاسَ بِالْبُخْلِ وَيَكْتُمُونَ مَا اٰتٰيهُمُ
اللّٰهُ مِنْ فَضْلِهِ وَاَعْتَدْنَا لِلْكَافِرِينَ عَذَابًا مُهِينًا ﴿٣٧﴾

34. Los hombres (aquellos que pueden llevar a cabo sus responsabilidades) son los protectores y sustentadores de las mujeres en la medida en que Dios ha otorgado a algunos (en ciertos aspectos) una mayor capacidad que a otros y en la medida en que ellos (los hombres) gastan de su riqueza (para la manutención de la familia). Las buenas y rectas mujeres son verdaderas devotas (de Dios) y cumplidoras (de los derechos de sus maridos), guardan los secretos (del honor y la propiedad de la familia, su castidad y los derechos del marido, especialmente cuando no hay nadie para cuidarlos en ausencia de otros hombres) del mismo modo que Dios protege y guarda (lo que ha de ser protegido e íntimo). En cuanto a las mujeres cuya determinada desobediencia e incumplimiento de sus derechos maritales temáis, amonestadlas (diciéndoles que hagan lo que es correcto); luego (si eso no surte efecto), apartaos de ellas en los lechos; luego (si ello no surte efecto), golpeadlas (ligeramente y sin pegarles en el rostro). Si luego os obedecen (en vuestras instrucciones para que cumplan los derechos de Dios y sus obligaciones maritales), no busquéis ningún medio contra ellas (para perjudicarlas). (Sed siempre conscientes de que) Dios es Excelso, Grande[12].

35. Y si teméis que acontezca una ruptura en la pareja, nombrad un mediador de la familia de él y otro de la familia de ella. Si ambos quieren resolver el asunto, Dios hará que se reconcilien entre ellos. Sin duda, Dios es Omnisciente y Consciente.

36. Y (como base esencial para la satisfacción de la vida individual, familiar y social) adorad a Dios y no Le atribuyáis copartícipe alguno; y haced el bien a vuestros padres del mejor modo posible, a los familiares, huérfanos, indigentes, a los vecinos que se hallan cerca (en parentesco, ubicación, fe), a los vecinos que se encuentran distantes (en parentesco y fe), a los compañeros cercanos (en el camino, en la familia, en el lugar de trabajo, etc.), al viajero y a los que estén a vuestro servicio. (Tratadles bien y haced lo dicho, ya que) Dios no ama a aquellos que son engreídos y jactanciosos.

37. Los que obran con avaricia (al gastar lo que Dios les ha concedido) e incitan a los demás a la avaricia y ocultan lo que Dios les ha concedido de Su favor (tal y como la riqueza, el conocimiento y ciertas verdades contenidas en su Libro). Hemos preparado para (tales) incrédulos un castigo vergonzoso y humillante.

12. Este versículo es altamente significativo respecto a las relaciones masculino-femeninas y el derecho familiar. Hace referencia a los siguientes puntos esenciales:

- Dios no ha creado a todas las personas iguales en todos los aspectos, sino que, más bien, ha concedido a cada persona un tipo de superioridad en algunos aspectos respecto a otros; esto es una exigencia de la vida social y es el origen de la división del trabajo y de la necesidad de que haya una variedad de ocupaciones. Aunque esto no es del todo correcto hasta cierto punto con todos los hombres y mujeres, Él ha creado al hombre superior a la mujer en ciertos aspectos, mientras que ha otorgado a la mujer superioridad sobre el hombre en otros.
- Como regla general, Dios ha proporcionado al hombre una fuerza física mayor que a la mujer y le ha dotado de una mayor capacidad para la administración, de hecho incluso en el mundo moderno los administradores, en general, son hombres. Además dio al hombre la responsabilidad financiera de la familia. Ahora bien, esto no es así hasta cierto punto para todos los hombres y mujeres; existen, por supuesto, algunas mujeres que son mejores administradoras que algunos hombres. Esta es la razón por la cual ha hecho al hombre cabeza de familia. Sin embargo, esto no significa que los hombres tengan autoridad absoluta en la familia, sino que esta autoridad ha de ser ejercida de acuerdo con el principio profético: *El señor de un pueblo es aquél que les sirve*. La responsabilidad es proporcional a la autoridad y la autoridad es proporcional a la responsabilidad.
- Generalmente los hombres son responsables del bienestar y la prosperidad de los miembros familiares así como la administración familiar. Por lo tanto, mientras el versículo instruye a los hombres en el modo en que han de tratar a las mujeres de mala conducta, les alecciona gradualmente hacia cómo se debe educar: advertirles (diciéndoles lo que es correcto); (si ello no surte efecto) apartarse de ellas en los lechos; (y si ello tampoco surte efecto) golpearlas (ligeramente sin abofetearlas). Todos los comentaristas coránicos de los primeros tiempos, las opiniones de los cuales Ibn Yarir at-Tabari mencionó en su obra *Tafsir*, interpretaron la palabra *darb* en el versículo como «golpear» o «pegar ligeramente».
- Ha de tenerse en cuenta que estas medidas tienen como objetivo la educación y evitar que el matrimonio se venga abajo en caso de rebeldía por parte de la mujer. No se trata de *mujeres* siendo golpeadas por el hecho de ser mujeres, pues dicho castigo es únicamente aplicable a la persona verdaderamente rebelde y de mala conducta, persona que exhibe obstinación, no sólo en no llevar a cabo sus deberes en el hogar, sino también en descuidar su conducta moral. En resumen, dicha mujer no sólo perjudica a la familia, sino también a sí misma.
- El Mensajero de Dios, la paz y las bendiciones sean con él, interpretó el versículo diciendo que el castigo corporal debería de ser liviano y empleado solamente como último recurso en casos extremos, como en caso de la lascivia cometida por la mujer. Advirtió a los hombres para que se abstuviesen de golpear en la medida de lo posible y de abofetear (at-Tirmizi, «Kitab at-Tafsir, Tawba», 1 [3087]; Abu Dawud, «Nikah», 42). La última parte del versículo es igualmente importante. Más aún, el Mensajero condenó cualquier tipo de castigo físico injustificado. Exhortó a los hombres a que sean buenos con sus familias: «El mejor de vosotros es el que es mejor con su familia, y yo soy el mejor de entre vosotros con mi familia» (Ibn Maya, «Nikah» 50). Aconsejó a una mujer musulmana, Fátima bint Qays, a que no se casase con un hombre que era

conocido por golpear a las mujeres (Muslim, «Talaq», 36).

- Por otra parte, el Islam nunca abandona a las mujeres sin protección ante el trato brusco de los hombres y ante la negligencia que puedan tener en sus obligaciones familiares. Primero, les insta a la reconciliación: *Si una mujer teme que su marido la trate mal (incumpliendo con las obligaciones maritales) o que la rechace con inquina, no tendrán culpa alguna si llegan a un acuerdo pacíficamente; la reconciliación pacífica es mejor... (Oh maridos) si hacéis el bien en plena conciencia de Dios y actuáis en veneración a Él y piedad (cumpliendo con los derechos de la mujer), en verdad, Dios se halla perfectamente informado de lo que* hacéis (4:128). Sin embargo, no insta a las mujeres a que recurran a las dos medidas de abandonar a sus maridos en la cama y golpearles. Esto debe ser así seguramente, para proteger a la mujer de una reacción física violenta por parte de un marido que, de hecho, está comportándose mal. Pero, el Islam reconoce el derecho de la mujer a acudir a los tribunales e, incluso, a exigir el divorcio. Los eruditos musulmanes sugieren que el tribunal puede aplicar las tres mismas medidas en cuestión contra el marido, a instancias de la mujer.
- Ningún sistema o religión tiene derecho alguno de solicitar al Islam que se disculpe por cualquiera de sus mandamientos, incluyendo este precepto relativo a la mujer. Por el contrario, todos los estudios llevados a cabo demuestran que las mujeres han sido expuestas a abusos e injusticias en casi todas las «religiones» y sistemas, y todavía continúa aconteciendo en este mundo moderno y «civilizado» de nuestros días. En contraposición a ello, las épocas en las que el Islam era practicado a conciencia fueron edades de oro para las mujeres. Citando un solo ejemplo de ello, lo que escribieron los viajeros y observadores extranjeros durante el primer cuarto del siglo XVIII, época en la que el mundo musulmán, incluido el Estado Otomano, estaba en declive— es suficiente para aclarar este punto:

> Nadie cierra con llave su casa en la ciudad (de Estambul) con cerca de un millón de almas, porque nunca se ha informado de que hayan habido robos. Nunca ves a un vagabundo, a un mendigo y nadie grita en las calles. Las mujeres son depositarias del más alto respeto en el hogar y disfrutan de cierta autoridad. No hay nada más abominable que mirar fijamente a una mujer que camina por la calle y mucho menos levantar la mano para golpearlas. Es imposible describir la belleza de las mujeres turcas (Djevad, 35-36 [Citado a partir del Sr. Porter, Embajador británico ante la Sublime Puerta]).

وَالَّذِينَ يُنْفِقُونَ اَمْوَالَهُمْ رِئَاءَ النَّاسِ وَلَا يُؤْمِنُونَ بِاللّٰهِ
وَلَا بِالْيَوْمِ الْاٰخِرِۜ وَمَنْ يَكُنِ الشَّيْطَانُ لَهُ قَرِينًا فَسَاءَ
قَرِينًا ﴿٣٨﴾ وَمَاذَا عَلَيْهِمْ لَوْ اٰمَنُوا بِاللّٰهِ وَالْيَوْمِ الْاٰخِرِ وَاَنْفَقُوا
مِمَّا رَزَقَهُمُ اللّٰهُۜ وَكَانَ اللّٰهُ بِهِمْ عَلِيمًا ﴿٣٩﴾ اِنَّ اللّٰهَ لَا يَظْلِمُ
مِثْقَالَ ذَرَّةٍۚ وَاِنْ تَكُ حَسَنَةً يُضَاعِفْهَا وَيُؤْتِ مِنْ لَدُنْهُ اَجْرًا
عَظِيمًا ﴿٤٠﴾ فَكَيْفَ اِذَا جِئْنَا مِنْ كُلِّ اُمَّةٍ بِشَهِيدٍ وَجِئْنَا بِكَ
عَلٰى هٰٓؤُلَٓاءِ شَهِيدًاۜ ﴿٤١﴾ يَوْمَئِذٍ يَوَدُّ الَّذِينَ كَفَرُوا وَعَصَوُا
الرَّسُولَ لَوْ تُسَوّٰى بِهِمُ الْاَرْضُۜ وَلَا يَكْتُمُونَ اللّٰهَ حَدِيثًا ﴿٤٢﴾
يَٓا اَيُّهَا الَّذِينَ اٰمَنُوا لَا تَقْرَبُوا الصَّلٰوةَ وَاَنْتُمْ سُكَارٰى
حَتّٰى تَعْلَمُوا مَا تَقُولُونَ وَلَا جُنُبًا اِلَّا عَابِرِي سَبِيلٍ
حَتّٰى تَغْتَسِلُواۜ وَاِنْ كُنْتُمْ مَرْضٰٓى اَوْ عَلٰى سَفَرٍ اَوْ جَٓاءَ
اَحَدٌ مِنْكُمْ مِنَ الْغَٓائِطِ اَوْ لٰمَسْتُمُ النِّسَٓاءَ فَلَمْ تَجِدُوا مَٓاءً
فَتَيَمَّمُوا صَعِيدًا طَيِّبًا فَامْسَحُوا بِوُجُوهِكُمْ وَاَيْدِيكُمْۜ اِنَّ اللّٰهَ
كَانَ عَفُوًّا غَفُورًا ﴿٤٣﴾ اَلَمْ تَرَ اِلَى الَّذِينَ اُو۫تُوا نَصِيبًا
مِنَ الْكِتَابِ يَشْتَرُونَ الضَّلَالَةَ وَيُرِيدُونَ اَنْ تَضِلُّوا السَّبِيلَۜ ﴿٤٤﴾

وَاللّٰهُ

38. Y (del mismo modo) aquellos que gastan de sus riquezas (en caridad o en otras buenas causas) para aparentar ante la gente (y ser alabados por ellos), pero no creen ni en Dios ni en el Día del Juicio Final: Quien tenga a Satanás como compañero, ¡cuán maligno compañero es!

39. ¿Qué (mal) les sobrevendrá si creen en Dios y en el Día del Juicio Final y dan de lo que Dios les ha proveído (simplemente por la complacencia de Dios), mientras que Dios posee pleno conocimiento de ellos (de lo que creen y lo que gastan)?

40. Sin duda alguna, Dios no es injusto (con nadie) ni tan siquiera en la medida del peso de un átomo; mientras que cuando se da una buena acción, Él la multiplica (respecto a sus resultados y a la recompensa que conlleva) y concede (a su autor) una tremenda recompensa estrictamente desde Su Presencia (mucho más de lo que pueda merecer).

41. ¿Qué será, pues, (de la gente en el Día del Juicio Final) cuando traigamos un testigo de cada comunidad (para que preste testimonio contra ellos y que declare que la Religión de Dios les fue comunicada), y te traigamos a ti (Oh Mensajero) como testigo contra todos aquellos (a los que tu Mensaje ha llegado)?

42. En ese Día, aquellos que se negaron a creer (en esta vida y murieron en la incredulidad) y desobedecieron al Mensajero desearán que la Tierra se nivele con ellos (para que no quedase rastro o constancia de ellos); pero no podrán ocultarle a Dios ningún acontecimiento (de lo que dijeron o hicieron).

43. ¡Oh vosotros que creéis! No vengáis a (realizar) la Oración mientras os encontráis en (algún tipo de) estado de ebriedad, hasta que no sepáis lo que decís, ni en estado de impureza ritual (requiriendo la ablución completa) —con la excepción de que os encontréis de viaje (y no os podéis limpiar)— hasta que no os lavéis (efectuando la ablución completa). Pero si os encontráis enfermos o de viaje, venís de haber satisfecho vuestras necesidades o habéis tenido relaciones con (vuestras) mujeres y no encontráis agua, recurrid a la tierra pura y pasárosla ligeramente por vuestra cara y manos (y brazos incluidos los codos). Es cierto que Dios es Aquel Quien concede remisión, Indulgente.

44. ¿No ves y reflexionas sobre aquellos que recibieron una parte del Libro? Están ocupados en comprar el extravío y desean que tú también te extravíes del camino (recto).

وَاللّٰهُ اَعْلَمُ بِاَعْدَٓائِكُمْ وَكَفٰى بِاللّٰهِ وَلِيًّا وَكَفٰى بِاللّٰهِ نَصِيرًا ﴿٤٥﴾
مِنَ الَّذِينَ هَادُوا يُحَرِّفُونَ الْكَلِمَ عَنْ مَوَاضِعِهِ وَيَقُولُونَ
سَمِعْنَا وَعَصَيْنَا وَاسْمَعْ غَيْرَ مُسْمَعٍ وَرَاعِنَا لَيًّا بِاَلْسِنَتِهِمْ
وَطَعْنًا فِي الدِّينِ وَلَوْ اَنَّهُمْ قَالُوا سَمِعْنَا وَاَطَعْنَا وَاسْمَعْ
وَانْظُرْنَا لَكَانَ خَيْرًا لَهُمْ وَاَقْوَمَ وَلٰكِنْ لَعَنَهُمُ اللّٰهُ بِكُفْرِهِمْ
فَلَا يُؤْمِنُونَ اِلَّا قَلِيلًا ﴿٤٦﴾ يَٓا اَيُّهَا الَّذِينَ اُوتُوا الْكِتَابَ اٰمِنُوا
بِمَا نَزَّلْنَا مُصَدِّقًا لِمَا مَعَكُمْ مِنْ قَبْلِ اَنْ نَطْمِسَ وُجُوهًا
فَنَرُدَّهَا عَلٰٓى اَدْبَارِهَٓا اَوْ نَلْعَنَهُمْ كَمَا لَعَنَّٓا اَصْحَابَ السَّبْتِ
وَكَانَ اَمْرُ اللّٰهِ مَفْعُولًا ﴿٤٧﴾ اِنَّ اللّٰهَ لَا يَغْفِرُ اَنْ يُشْرَكَ بِهِ وَيَغْفِرُ
مَا دُونَ ذٰلِكَ لِمَنْ يَشَٓاءُ وَمَنْ يُشْرِكْ بِاللّٰهِ فَقَدِ افْتَرٰٓى اِثْمًا
عَظِيمًا ﴿٤٨﴾ اَلَمْ تَرَ اِلَى الَّذِينَ يُزَكُّونَ اَنْفُسَهُمْ بَلِ اللّٰهُ يُزَكّ۪ي
مَنْ يَشَٓاءُ وَلَا يُظْلَمُونَ فَت۪يلًا ﴿٤٩﴾ اُنْظُرْ كَيْفَ يَفْتَرُونَ
عَلَى اللّٰهِ الْكَذِبَ وَكَفٰى بِه۪ٓ اِثْمًا مُب۪ينًا ﴿٥٠﴾ اَلَمْ تَرَ اِلَى الَّذِينَ
اُوتُوا نَص۪يبًا مِنَ الْكِتَابِ يُؤْمِنُونَ بِالْجِبْتِ وَالطَّاغُوتِ
وَيَقُولُونَ لِلَّذِينَ كَفَرُوا هٰٓؤُلَٓاءِ اَهْدٰى مِنَ الَّذِينَ اٰمَنُوا سَب۪يلًا ﴿٥١﴾

45. (¡Oh vosotros que creéis!) Dios conoce mejor quiénes son vuestros enemigos; y Dios basta como Guardián y Amigo Protector y basta como Auxiliador.

46. Algunos de los que se han convertido en judíos (judaizados) cambian el contexto de las palabras para tergiversar su significado y dicen: «Oímos y desobedecemos», «Óyenos y así te quedes mudo» (cuando pretenden decir: «¿Nos atenderás, Oh respetado?») y «¡Escúchanos! ¡Así te quedes sordo, Oh pastor!» (cuando pretenden decir: «¡Atiéndenos!»), elaborando un juego malicioso de palabras con sus lenguas y buscando insultar la (Verdadera) Religión. Si hubiesen dicho: «Oímos y obedecemos», «¡Escúchanos!» y «¡Hónranos con tu atención!», sería mejor para ellos y más justo. Mas Dios les ha excluido de Su Misericordia por su (deliberada y persistente) incredulidad y, salvo unos pocos, apenas creen.

47. ¡Oh vosotros que habéis recibido el Libro (con anterioridad)! Creed (sinceramente) en (todo) lo que hemos hecho descender (sobre Muhammad), confirmando (la verdad de) lo que ya teníais, antes de que obliteremos los rostros privándoles de vista, oído, habla y olfato o les excluyamos de Nuestra misericordia como excluimos a los que incumplieron el Sabbat. (Tened en mente) que el mandato de Dios siempre se cumple.

48. En verdad, Dios no perdona que se Le atribuya copartícipes, mas perdona a quien quiere (a todo aquél que Él haya guiado al arrepentimiento y la rectitud, por Su gracia pura o como resultado de la elección por parte de la persona del arrepentimiento y la rectitud debido a su libre albedrío). Quien atribuya copartícipes a Dios habrá incurrido en un pecado atroz.

49. ¿No contemplas (Oh Mensajero) a los que se consideran puros y santos? ¡No! Es Dios Quien purifica y santifica a quien quiere (considerando el libre albedrío de cada uno), y a nadie se le inflige ni lo más mínimo de injusticia.

50. ¡Mira cómo inventan mentiras sobre Dios! Eso basta como flagrante delito (para llevarles a la perdición).

51. ¿Acaso no compruebas en aquellos a los que se les concedió parte del Libro cómo creen en cualquier deidad falsa y en todo tipo de fuerzas del mal (que instituyen pautas de creencia y gobiernan desafiando a Dios) y dicen de los (idólatras) incrédulos que se encuentran más rectamente guiados (en el camino que siguen) que los que creen?

اُو۬لٰٓئِكَ الَّذِينَ لَعَنَهُمُ اللّٰهُ وَمَنْ يَلْعَنِ اللّٰهُ فَلَنْ تَجِدَ لَهُ نَصِيرًا ﴿٥٢﴾
اَمْ لَهُمْ نَصِيبٌ مِنَ الْمُلْكِ فَاِذًا لَا يُؤْتُونَ النَّاسَ نَقِيرًا ﴿٥٣﴾
اَمْ يَحْسُدُونَ النَّاسَ عَلٰى مَٓا اٰتٰيهُمُ اللّٰهُ مِنْ فَضْلِهِ فَقَدْ اٰتَيْنَٓا
اٰلَ اِبْرٰهِيمَ الْكِتَابَ وَالْحِكْمَةَ وَاٰتَيْنَاهُمْ مُلْكًا عَظِيمًا ﴿٥٤﴾ فَمِنْهُمْ
مَنْ اٰمَنَ بِهِ وَمِنْهُمْ مَنْ صَدَّ عَنْهُ وَكَفٰى بِجَهَنَّمَ سَعِيرًا ﴿٥٥﴾
اِنَّ الَّذِينَ كَفَرُوا بِاٰيَاتِنَا سَوْفَ نُصْلِيهِمْ نَارًا كُلَّمَا نَضِجَتْ
جُلُودُهُمْ بَدَّلْنَاهُمْ جُلُودًا غَيْرَهَا لِيَذُوقُوا الْعَذَابَ اِنَّ اللّٰهَ كَانَ
عَزِيزًا حَكِيمًا ﴿٥٦﴾ وَالَّذِينَ اٰمَنُوا وَعَمِلُوا الصَّالِحَاتِ سَنُدْخِلُهُمْ
جَنَّاتٍ تَجْرِي مِنْ تَحْتِهَا الْاَنْهَارُ خَالِدِينَ فِيهَٓا اَبَدًا لَهُمْ فِيهَٓا
اَزْوَاجٌ مُطَهَّرَةٌ وَنُدْخِلُهُمْ ظِلًّا ظَلِيلًا ﴿٥٧﴾ اِنَّ اللّٰهَ يَأْمُرُكُمْ اَنْ تُؤَدُّوا
الْاَمَانَاتِ اِلٰٓى اَهْلِهَا وَاِذَا حَكَمْتُمْ بَيْنَ النَّاسِ اَنْ تَحْكُمُوا
بِالْعَدْلِ اِنَّ اللّٰهَ نِعِمَّا يَعِظُكُمْ بِهِ اِنَّ اللّٰهَ كَانَ سَمِيعًا بَصِيرًا ﴿٥٨﴾
يَٓا اَيُّهَا الَّذِينَ اٰمَنُوٓا اَطِيعُوا اللّٰهَ وَاَطِيعُوا الرَّسُولَ وَاُو۬لِي
الْاَمْرِ مِنْكُمْ فَاِنْ تَنَازَعْتُمْ فِي شَيْءٍ فَرُدُّوهُ اِلَى اللّٰهِ وَالرَّسُولِ
اِنْ كُنْتُمْ تُؤْمِنُونَ بِاللّٰهِ وَالْيَوْمِ الْاٰخِرِ ذٰلِكَ خَيْرٌ وَاَحْسَنُ تَأْوِيلًا ﴿٥٩﴾

52. Tales son los que Dios ha excluido de Su misericordia, y a quien Dios excluye de Su misericordia, no encontrarás quien le auxilie y salve.

53. ¿O es que acaso tienen parte de la soberanía (propiedad y dominio de los Cielos y la Tierra, por lo que alegan tener una posición elevada ante Dios y derecho a guiar, a la Misión Profética y al gobierno de la Tierra)? Si así fuese, no le darían a la gente ni siquiera (lo que cupiera en) la muesca de un hueso de dátil.

54. ¿O sienten envidia de los demás por lo que Dios les ha concedido de Su favor y generosidad? Sin embargo, concedimos a la familia de Abraham (incluida la descendencia de Ismael, que procede de él, y a la familia de Isaac) el Libro y la Sabiduría y les concedimos un enorme reino (en el reino material y espiritual).

55. Entre ellos (los descendientes de Abraham) hay quienes han creído y creen en él (y, por lo tanto, creen en Muhammad, el cual posee el más legítimo derecho de parentesco con Abraham, y creen en el Corán que le fue revelado) y quienes se apartan de él (como algunos a los que les fue otorgado el Libro antes). (Para éstos) el Infierno les bastará como fuego abrasador.

56. A aquellos que (a sabiendas) oculten y rechacen Nuestras Revelaciones, les arrojaremos a un Fuego para que se abrasen en él. Cada vez que sus pieles se quemen, se las cambiaremos por otras, para que prueben el castigo. Sin duda, Dios es Glorioso poseedor de irresistible poder y Omnisapiente.

57. Mas aquellos que creen y hacen actos buenos y rectos, a ellos les admitiremos en Jardines a través de los cuales discurren ríos, allí morarán para siempre. Allí tendrán cónyuges y les admitiremos bajo una sombra protectora (de facilidad y satisfacción).

58. Dios os ordena que devolváis lo que se os encomendó (incluido los deberes y cargos públicos y profesionales) a sus dueños por derecho propio; y que cuando juzguéis entre la gente, lo hagáis con justicia. ¡Cuán excelente es lo que Dios os exhorta a hacer! Indudablemente, Dios es Quien todo lo Oye y todo lo Ve.

59. ¡Oh vosotros que creéis! Obedeced a Dios, obedeced al Mensajero y a aquellos de vosotros que son investidos de autoridad. Y si reñís sobre algo, remitidlo a Dios y al Mensajero, si de hecho creéis en Dios y en el Día del Juicio Final. Esto es lo mejor (para vosotros) y lo más justo al final[13].

13. Estos dos últimos versículos establecen los principios fundamentales para un sistema social islámico saludable:

- Encomendar los deberes y los cargos públicos a aquellos que estén cualificados para ello.
- Asegurar la justicia en los asuntos públicos y en los juicios.
- Obedecer absolutamente a Dios y a Su Mensajero.
- Asegurar que los puestos y cargos críticos son asignados a creyentes cualificados para ello y asegurar que sus órdenes son obedecidas, siempre y cuando estén en conformidad con el Corán y la Sunna del Mensajero.
- Remitir los asuntos que generen controversia y las diferencias de opinión al Corán y a la Sunna.
- Y como la sanción más influyente para mantener el sistema: tener una verdadera creencia en Dios y en el Día del Juicio Final.

La orden de *obedecer*, mencionada dos veces, en una ocasión en relación con Dios y en otra para el Mensajero, indica que el Mensajero es infalible y tiene el derecho de legislar junto al Corán. Ha de ser obedecido en sus órdenes, tanto como Gobernante como Profeta. Sus órdenes o prohibiciones y su modo de vida, tal y como consta en su Sunna, han de ser seguidas hasta el Día del Juicio Final, mientras que su gobierno finalizó con su muerte. La orden de *obedecer* no es mencionada específicamente para los demás gobernantes. Eso significa que la obediencia a sus personas es condicional. El Mensajero clarificó este punto diciendo que no se ha de obedecer en el pecado o en la rebelión cometidos contra Dios (al-Bujari, «Ahkam», 4; Muslim, «Imarah», 46). Sus órdenes han de ser obedecidas siempre y cuando no contradigan la *Shari'ah*. Sin embargo, la desobediencia no significa sublevación. En los principales libros de derecho islámico figura lo que los musulmanes pueden hacer para protestar contra sus gobernantes.

Otro punto a tener en cuenta es que el Islam refiere todas las funciones llevadas a cabo por los modernos sistemas de gobierno democrático o no democrático a la comunidad misma. Eso significa que dichas funciones son deberes que han de ser compartidos y cumplidos por parte de la comunidad. La institución islámica del juramento de fidelidad también lo demuestra. El sistema de gobierno es un tipo de contrato social y de división de trabajo.

أَلَمْ تَرَ إِلَى الَّذِينَ يَزْعُمُونَ أَنَّهُمْ آمَنُوا بِمَا أُنْزِلَ
إِلَيْكَ وَمَا أُنْزِلَ مِنْ قَبْلِكَ يُرِيدُونَ أَنْ يَتَحَاكَمُوا
إِلَى الطَّاغُوتِ وَقَدْ أُمِرُوا أَنْ يَكْفُرُوا بِهِ وَيُرِيدُ
الشَّيْطَانُ أَنْ يُضِلَّهُمْ ضَلَالًا بَعِيدًا ﴿٦٠﴾ وَإِذَا قِيلَ
لَهُمْ تَعَالَوْا إِلَى مَا أَنْزَلَ اللَّهُ وَإِلَى الرَّسُولِ رَأَيْتَ
الْمُنَافِقِينَ يَصُدُّونَ عَنْكَ صُدُودًا ﴿٦١﴾ فَكَيْفَ إِذَا
أَصَابَتْهُمْ مُصِيبَةٌ بِمَا قَدَّمَتْ أَيْدِيهِمْ ثُمَّ جَاءُوكَ يَحْلِفُونَ
بِاللَّهِ إِنْ أَرَدْنَا إِلَّا إِحْسَانًا وَتَوْفِيقًا ﴿٦٢﴾ أُولَٰئِكَ الَّذِينَ
يَعْلَمُ اللَّهُ مَا فِي قُلُوبِهِمْ فَأَعْرِضْ عَنْهُمْ وَعِظْهُمْ
وَقُلْ لَهُمْ فِي أَنْفُسِهِمْ قَوْلًا بَلِيغًا ﴿٦٣﴾ وَمَا أَرْسَلْنَا
مِنْ رَسُولٍ إِلَّا لِيُطَاعَ بِإِذْنِ اللَّهِ وَلَوْ أَنَّهُمْ إِذْ ظَلَمُوا
أَنْفُسَهُمْ جَاءُوكَ فَاسْتَغْفَرُوا اللَّهَ وَاسْتَغْفَرَ لَهُمُ الرَّسُولُ
لَوَجَدُوا اللَّهَ تَوَّابًا رَحِيمًا ﴿٦٤﴾ فَلَا وَرَبِّكَ لَا يُؤْمِنُونَ
حَتَّى يُحَكِّمُوكَ فِيمَا شَجَرَ بَيْنَهُمْ ثُمَّ لَا يَجِدُوا
فِي أَنْفُسِهِمْ حَرَجًا مِمَّا قَضَيْتَ وَيُسَلِّمُوا تَسْلِيمًا ﴿٦٥﴾

60. Acaso no consideras a aquellos que dicen que creen en lo que te ha hecho descender y lo que se hizo descender antes de ti, y aún así anhelan recurrir a la mediación (a las normas) de las fuerzas del mal (que instituyen pautas de creencia y gobiernan desafiando a Dios) mientras que se les decretó expresamente que los rechazasen[14]. Ciertamente, Satanás desea dirigirles hacia un irremediable extravío.

61. Cuando se les dice: «Venid a lo que Dios ha hecho descender y al Mensajero (y someteos al juicio de Dios)», ves a los hipócritas apartarse de ti con desdén.

62. Pero luego cuando les acontezca una desgracia debido a lo que sus propias manos han anticipado (para el futuro), como vienen a ti jurando por Dios y diciendo: «¡Sólo queríamos la buena voluntad y la conciliación!».

63. Aquellos son de los que Dios sabe lo que hay en sus corazones. Apártate, pues, de ellos (no te preocupes por lo que dicen y hacen), continúa amonestándoles y diles conmovedoras palabras que les lleguen al alma.

64. (Todo el mundo ha de saber bien) que nunca hemos enviado a ningún Mensajero sino para que fuera obedecido con el permiso de Dios. Si, después de haber sido injustos consigo mismos (cometiendo pecados), hubiesen venido a ti y hubiesen pedido perdón a Dios —con el Mensajero pidiéndole a Dios que les perdonase—, habrían encontrado que Dios es Quien corresponde el arrepentimiento de Sus siervos con generoso perdón y recompensa adicional y es Compasivo.

65. ¡Pero no! Por tu Señor que no creerán (verdaderamente) a no ser que hagan de ti un juez en todo litigio que surja entre ellos, no encuentren en sí mismos ni la más mínima aflicción en lo que resuelvas y se sometan por completo[15].

14. El Sagrado Corán es un milagro de elocuencia y concisión desde el principio hasta el final. Uno de los aspectos de su elocuencia es que cuando informa de un incidente, lo emplea para promulgar una nueva regla o declarar una verdad universal sin apartarse de dicho incidente.

La palabra *taghut* (fuerzas del mal que instituyen pautas de creencia y gobiernan desafiando a Dios) se usa tanto en singular como en plural. En este versículo, en la oración *cuando se les decretó expresamente que los rechazasen*, el Corán se refiere a una persona en particular que puede ser incluida en el significado de *taghut* y que era conocida por sus primeros interlocutores en la época del Mensajero. Al mencionar este incidente, se presenta un aspecto importante de la hipocresía, que a pesar de que los hipócritas declaran creer en el Libro de Dios y que deben practicarlo a lo largo de sus vidas, continúan ignorando la justicia y lo que es correcto, buscando otras autoridades cuyo juicio esperan que sea a su favor. Al presentar un incidente que tuvo lugar durante la época del Mensajero, el Corán hace hincapié en este aspecto de la hipocresía y declara una verdad o requisito de la fe importante: Si creéis en el Libro de Dios, debéis de remitiros a sus juicios en todas vuestras disputas y someteros a él incondicionalmente. No podéis buscar otra autoridad que resuelva vuestros litigios.

15. Los hechos expresados en el versículo anterior son muy importantes tanto para la salud de la fe personal como para la de la sociedad islámica. Antes que nada, se ha de saber que el Mensajero de Dios legisla del mismo modo que el Corán lo hace. Es más, su modo de vivir y practicar el Islam es la norma principal que han de seguir los creyentes. En segundo lugar, el Corán y la senda del Mensajero, la paz y las bendiciones sean con él, —la Sunna— son fuentes islámicas incuestionables y absolutamente autorizadas que han de ser obedecidas. Cualquier otro camino no autorizado por ellas conduce a la herejía.

El Corán frecuentemente llama al Mensajero de Dios, la paz y las bendiciones sean con él, *El Profeta* o *El Mensajero*. Llamándole de esa manera, indica que el profeta Muhammad, la paz y las bendiciones sean con él, es el más grande de todos los Profetas y Mensajeros. Cuando mencionamos a alguien con su título sin emplear su nombre y precedido del artículo determinado, lo que estamos diciendo es que es el más distinguido entre aquellos que comparten dicho título y que es el más grande representante de la misión o institución que porta dicho título. Por lo tanto, cuando oímos o decimos *El Profeta* o *El Mensajero*, nos referimos al profeta Muhammad, la paz y las bendiciones sean con él; porque él es quien representa a la Misión Profética y al Mensaje de la mejor manera, por ser el mayor de todos los Profetas y Mensajeros.

وَلَوْ اَنَّا كَتَبْنَا عَلَيْهِمْ اَنِ اقْتُلُوا اَنْفُسَكُمْ اَوِ اخْرُجُوا
مِنْ دِيَارِكُمْ مَا فَعَلُوهُ اِلَّا قَلِيلٌ مِنْهُمْ وَلَوْ اَنَّهُمْ فَعَلُوا
مَا يُوعَظُونَ بِهِ لَكَانَ خَيْرًا لَهُمْ وَاَشَدَّ تَثْبِيتًا ﴿٦٦﴾ وَاِذًا
لَاٰتَيْنَاهُمْ مِنْ لَدُنَّا اَجْرًا عَظِيمًا ﴿٦٧﴾ وَلَهَدَيْنَاهُمْ صِرَاطًا
مُسْتَقِيمًا ﴿٦٨﴾ وَمَنْ يُطِعِ اللّٰهَ وَالرَّسُولَ فَاُولٰٓئِكَ
مَعَ الَّذِينَ اَنْعَمَ اللّٰهُ عَلَيْهِمْ مِنَ النَّبِيِّنَ وَالصِّدِّيقِينَ وَالشُّهَدَٓاءِ
وَالصَّالِحِينَ وَحَسُنَ اُولٰٓئِكَ رَفِيقًا ﴿٦٩﴾ ذٰلِكَ الْفَضْلُ مِنَ اللّٰهِ
وَكَفٰى بِاللّٰهِ عَلِيمًا ﴿٧٠﴾ يَٓا اَيُّهَا الَّذِينَ اٰمَنُوا خُذُوا حِذْرَكُمْ
فَانْفِرُوا ثُبَاتٍ اَوِ انْفِرُوا جَمِيعًا ﴿٧١﴾ وَاِنَّ مِنْكُمْ لَمَنْ
لَيُبَطِّئَنَّ فَاِنْ اَصَابَتْكُمْ مُصِيبَةٌ قَالَ قَدْ اَنْعَمَ اللّٰهُ عَلَيَّ
اِذْ لَمْ اَكُنْ مَعَهُمْ شَهِيدًا ﴿٧٢﴾ وَلَئِنْ اَصَابَكُمْ فَضْلٌ
مِنَ اللّٰهِ لَيَقُولَنَّ كَاَنْ لَمْ تَكُنْ بَيْنَكُمْ وَبَيْنَهُ مَوَدَّةٌ يَا لَيْتَنِى
كُنْتُ مَعَهُمْ فَاَفُوزَ فَوْزًا عَظِيمًا ﴿٧٣﴾ فَلْيُقَاتِلْ فِى سَبِيلِ
اللّٰهِ الَّذِينَ يَشْرُونَ الْحَيٰوةَ الدُّنْيَا بِالْاٰخِرَةِ وَمَنْ يُقَاتِلْ
فِى سَبِيلِ اللّٰهِ فَيُقْتَلْ اَوْ يَغْلِبْ فَسَوْفَ نُؤْتِيهِ اَجْرًا عَظِيمًا ﴿٧٤﴾

وَمَا لَكُمْ

66. Si les hubiésemos ordenado: «Dad vuestras vidas (en la causa de Dios para purificaros de vuestros pecados)» o «Dejad vuestras moradas (que habéis corrompido con vuestros pecados y emigrad a otra tierra en la causa de Dios)», sólo unos pocos lo habrían hecho. Pero si hubiesen hecho lo que se les exhortó (antes de llegar a este punto) —incluso si lo hiciesen a partir de ahora— en verdad hubiese sido (y sería) para su propio bien y (más apto para ellos) para establecerse con más seguridad (en la tierra)[16].

67. Y entonces, sin duda, les habríamos concedido de Nuestra Presencia una tremenda recompensa.

68. Y sin duda les habríamos guiado por un camino recto (en creencia, pensamiento, sentimiento y acción).

69. Todo aquél que obedezca a Dios y al Mensajero (como deben ser obedecidos), esos se hallan (y en el Más Allá se hallarán, en el Paraíso) junto a los que Dios ha favorecido (con una guía perfecta): los Profetas, los veraces (leales a la causa de Dios y veraces en todo lo que dicen y hacen), los testigos (aquellos que ven las Verdades Divinas Ocultas y dan fe a ello con sus vidas), los rectos (en todos sus actos y palabras, y se dedican a corregir lo incorrecto). ¡Cuán excelentes compañeros son![17]

70. Tal es el favor proveniente de Dios, y Dios basta como Omnisciente (de lo grande que es ese favor, quién lo merece y el rango de los favorecidos).

71. ¡Oh vosotros que creéis! (Mientras dicho favor se encuentra allí) estados totalmente preparados y (según lo precisen las circunstancias) salid en (pequeños) grupos combinados (en las expediciones militares) o salid todos juntos.

72. Entre vosotros hay quien se queda rezagado. Luego, si os sobreviene una calamidad, dice: «No cabe duda de que Dios me ha agraciado por no estar presente con ellos».

73. Pero si os llega un favor de Dios seguro que dirá —como si no hubiese vínculo afectivo alguno entre vosotros y él (tal y como si hubiese habido un obstáculo que le haya impedido que saliese con vosotros)—: «Oh, si hubiese estado con ellos, habría logrado un gran triunfo».

74. Que aquellos que dan la vida de este mundo a cambio de la del Más Allá combatan por la causa de Dios. Quien combate por la causa de Dios, ya muera o resulte victorioso, le concederemos una tremenda recompensa.

---

16. Las palabras y el estilo adoptados en este versículo nos llevan a comprender que se halla conectado con las enseñanzas contenidas en el versículo 2:54 y similares.

17. Este versículo se refiere a cuatro clases de personas que actúan como guías para los demás a lo largo de la historia de la humanidad. Este versículo tiene una conexión directa con los versículos 1:6-7 y los explica. Lo que quiere decir la palabra «favor» es guía perfecta. Cada tipo de persona mencionada aquí ha sido favorecido con ello.

وَمَا لَكُمْ لَا تُقَاتِلُونَ فِي سَبِيلِ اللّٰهِ وَالْمُسْتَضْعَفِينَ مِنَ الرِّجَالِ
وَالنِّسَاءِ وَالْوِلْدَانِ الَّذِينَ يَقُولُونَ رَبَّنَا اَخْرِجْنَا مِنْ هٰذِهِ الْقَرْيَةِ
الظَّالِمِ اَهْلُهَا وَاجْعَلْ لَنَا مِنْ لَدُنْكَ وَلِيًّا وَاجْعَلْ لَنَا مِنْ لَدُنْكَ
نَصِيرًا ﴿٧٥﴾ اَلَّذِينَ اٰمَنُوا يُقَاتِلُونَ فِي سَبِيلِ اللّٰهِ وَالَّذِينَ كَفَرُوا يُقَاتِلُونَ
فِي سَبِيلِ الطَّاغُوتِ فَقَاتِلُوا اَوْلِيَاءَ الشَّيْطَانِ اِنَّ كَيْدَ الشَّيْطَانِ
كَانَ ضَعِيفًا ﴿٧٦﴾ اَلَمْ تَرَ اِلَى الَّذِينَ قِيلَ لَهُمْ كُفُّوا اَيْدِيَكُمْ وَاَقِيمُوا
الصَّلٰوةَ وَاٰتُوا الزَّكٰوةَ فَلَمَّا كُتِبَ عَلَيْهِمُ الْقِتَالُ اِذَا فَرِيقٌ مِنْهُمْ
يَخْشَوْنَ النَّاسَ كَخَشْيَةِ اللّٰهِ اَوْ اَشَدَّ خَشْيَةً وَقَالُوا رَبَّنَا لِمَ كَتَبْتَ
عَلَيْنَا الْقِتَالَ لَوْلَا اَخَّرْتَنَا اِلٰى اَجَلٍ قَرِيبٍ قُلْ مَتَاعُ الدُّنْيَا قَلِيلٌ
وَالْاٰخِرَةُ خَيْرٌ لِمَنِ اتَّقٰى وَلَا تُظْلَمُونَ فَتِيلًا ﴿٧٧﴾ اَيْنَ مَا تَكُونُوا
يُدْرِكْكُمُ الْمَوْتُ وَلَوْ كُنْتُمْ فِي بُرُوجٍ مُشَيَّدَةٍ وَاِنْ تُصِبْهُمْ حَسَنَةٌ
يَقُولُوا هٰذِهِ مِنْ عِنْدِ اللّٰهِ وَاِنْ تُصِبْهُمْ سَيِّئَةٌ يَقُولُوا هٰذِهِ مِنْ عِنْدِكَ
قُلْ كُلٌّ مِنْ عِنْدِ اللّٰهِ فَمَالِ هٰؤُلَاءِ الْقَوْمِ لَا يَكَادُونَ يَفْقَهُونَ
حَدِيثًا ﴿٧٨﴾ مَا اَصَابَكَ مِنْ حَسَنَةٍ فَمِنَ اللّٰهِ وَمَا اَصَابَكَ مِنْ سَيِّئَةٍ
فَمِنْ نَفْسِكَ وَاَرْسَلْنَاكَ لِلنَّاسِ رَسُولًا وَكَفٰى بِاللّٰهِ شَهِيدًا ﴿٧٩﴾

75. ¿Por qué, entonces, no lucháis en la causa de Dios y de los hombres, mujeres y niños oprimidos y desvalidos que claman: «¡Oh Señor! ¡Sácanos de esta tierra cuya gente es opresora, designa para nosotros desde Tu Presencia un protector y designa para nosotros desde Tu Presencia un auxiliador!»?

76. Aquellos que (verdaderamente) creen combaten por la causa de Dios, mientras que los que no creen combaten por la causa de los *taghut* (fuerzas del mal que instituyen pautas de creencia y gobiernan desafiando a Dios). Por lo tanto (Oh creyentes), combatid contra los amigos y aliados de Satanás. No cabe duda, el engaño de Satanás siempre es débil.

77. ¿No consideras a aquellos que se les dijo: «Refrenad vuestras manos (respecto a la guerra y empeños similares), llevad a cabo la Oración conforme a sus condiciones y pagad la Limosna Purificadora Prescrita» (cuando te preguntaban insistentemente cuándo se les iba a permitir luchar)? Pero, cuando llegó el momento y se les ordenó combatir, parte de ellos temieron a la gente como se ha de temer a Dios o incluso con un temor mayor y dijeron: «¡Oh Señor! ¿Por qué nos has ordenado combatir? ¡Si al menos nos concedieses un pequeño plazo!». Di (a ellos, Oh Mensajero): «El disfrute de este mundo es efímero, mientras que el Más Allá es mejor para aquél que se aparta de la desobediencia a Dios en veneración a Él y piedad; y no se os infligirá lo más mínimo de injusticia».

78. Dondequiera que estéis, la muerte os alcanzará, aunque os halléis en elevadas torres fortificadas. Y cuando les acontece algo bueno dicen: «Esto proviene de Dios»; pero si les sobreviene algo malo, dicen: «Esto es por ti». Di: «Todo proviene de Dios». ¡Qué pasa con esta gente que no entiende la verdad de nada de lo que se ha dicho (o de nada de lo que ha ocurrido)!

79. (¡Oh ser humano!) Lo bueno que te acontece, proviene de Dios; y lo malo que te sucede, proviene de ti mismo. Te hemos enviado (¡Oh Mensajero!) a la humanidad como Mensajero y Dios basta como testigo[18].

18. Los dos últimos versículos explican argumentos importantes que se hallan relacionados con el Destino Divino y el libre albedrío del ser humano, tal y como:

- Sea bueno o malo, lo que le acontece a una persona ha sido determinado por la Voluntad Eterna Divina, la cual toma en consideración el libre albedrío humano en todas sus resoluciones.
- Es Dios Quien establece qué causa (pensamiento, creencia y acción) da lugar a un resultado, y la humanidad no puede sobrepasar este marco. Es asimismo en ese sentido en el que se indica que cualquier cosa que le ocurre a la humanidad proviene de Dios.
- Como requisito del libre albedrío que Dios ha concedido a la humanidad, Él crea todo lo que Sus siervos quieren. Por lo tanto, es Dios Quien crea lo que a ellos les pasa, ya sea bueno o malo, y es en este sentido en el que se debe entender que lo que le ocurre a una persona proviene de Dios.
- Dios nunca quiere nada malo para Sus siervos. Él siempre quiere el bien para ellos y les guía hacia Él. Por lo tanto, cualquier cosa buena que le acontece a una persona es porque Dios lo ha querido para él y ha dirigido su libre albedrío hacia ello. Eso significa que, ya que Dios lo ha querido, Él ha dirigido la voluntad de la persona hacia dicha acción, capacitándole para que la lleve a cabo y creándola. Así pues, cualquier cosa buena que le acontece a una persona proviene única y exclusivamente de Dios.
- La persona se convierte en la fuente y el autor material de cualquier mal que le pueda ocurrir, prefiriendo el mal y haciéndolo a pesar de que Dios orienta el libre albedrío de la persona hacia el bien. Por lo tanto, cualquier mal que le ocurra a una persona proviene de sí misma.
- Además del hecho de que lo bueno que le ocurre a una persona proviene de Dios, Dios recompensa ese bien y admite a Sus siervos que obran bien en el Paraíso. Por lo tanto, el hecho de que Dios recompense a una persona y la admita en el Paraíso es algo que surge única y exclusivamente de Su generosidad y Su favor. Mientras tanto las desgracias que le sobrevengan en este mundo a una persona haciendo que se merezca el Infierno en el Más Allá se deben a su obstinación en la incredulidad, el politeísmo o a sus pecados; y ello a pesar de la infinita compasión, perdón así como exhortación de Dios a la gente para que hagan el bien. Consecuentemente, el hecho de situar a una persona en el Infierno no es más que la justicia contenida en la compasión de Dios.

90 سُورَةُ النِّسَٓاءِ ٩٠

مَنْ يُطِعِ الرَّسُولَ فَقَدْ اَطَاعَ اللّٰهَ وَمَنْ تَوَلّٰى فَمَٓا اَرْسَلْنَاكَ
عَلَيْهِمْ حَفٖيظًا ﴿٨٠﴾ وَيَقُولُونَ طَاعَةٌ فَاِذَا بَرَزُوا مِنْ عِنْدِكَ
بَيَّتَ طَٓائِفَةٌ مِنْهُمْ غَيْرَ الَّذٖى تَقُولُ وَاللّٰهُ يَكْتُبُ مَا يُبَيِّتُونَ
فَاَعْرِضْ عَنْهُمْ وَتَوَكَّلْ عَلَى اللّٰهِ وَكَفٰى بِاللّٰهِ وَكٖيلًا ﴿٨١﴾ اَفَلَا
يَتَدَبَّرُونَ الْقُرْاٰنَ وَلَوْ كَانَ مِنْ عِنْدِ غَيْرِ اللّٰهِ لَوَجَدُوا فٖيهِ
اخْتِلَافًا كَثٖيرًا ﴿٨٢﴾ وَاِذَا جَٓاءَهُمْ اَمْرٌ مِنَ الْاَمْنِ اَوِ الْخَوْفِ
اَذَاعُوا بِهٖ وَلَوْ رَدُّوهُ اِلَى الرَّسُولِ وَاِلٰٓى اُولِى الْاَمْرِ مِنْهُمْ
لَعَلِمَهُ الَّذٖينَ يَسْتَنْبِطُونَهُ مِنْهُمْ وَلَوْلَا فَضْلُ اللّٰهِ عَلَيْكُمْ
وَرَحْمَتُهُ لَاتَّبَعْتُمُ الشَّيْطَانَ اِلَّا قَلٖيلًا ﴿٨٣﴾ فَقَاتِلْ فٖى سَبٖيلِ
اللّٰهِ لَا تُكَلَّفُ اِلَّا نَفْسَكَ وَحَرِّضِ الْمُؤْمِنٖينَ عَسَى اللّٰهُ
اَنْ يَكُفَّ بَأْسَ الَّذٖينَ كَفَرُوا وَاللّٰهُ اَشَدُّ بَأْسًا وَاَشَدُّ تَنْكٖيلًا ﴿٨٤﴾
مَنْ يَشْفَعْ شَفَاعَةً حَسَنَةً يَكُنْ لَهُ نَصٖيبٌ مِنْهَا وَمَنْ
يَشْفَعْ شَفَاعَةً سَيِّئَةً يَكُنْ لَهُ كِفْلٌ مِنْهَا وَكَانَ اللّٰهُ
عَلٰى كُلِّ شَيْءٍ مُقٖيتًا ﴿٨٥﴾ وَاِذَا حُيّٖيتُمْ بِتَحِيَّةٍ فَحَيُّوا بِاَحْسَنَ
مِنْهَٓا اَوْ رُدُّوهَا اِنَّ اللّٰهَ كَانَ عَلٰى كُلِّ شَيْءٍ حَسٖيبًا ﴿٨٦﴾

80. Aquel que obedece al Mensajero está (de la misma manera) obedeciendo a Dios; y quien se aparta de él (y de su camino), (no te aflijas, Oh Mensajero, pues) no te hemos enviado como su guardián y vigilante (a fin de evitar sus pecados y responsabilizarte de los mismos).

81. Dicen (cuando se encuentran ante tu presencia y ante todas tus órdenes): «¡Te obedecemos!». Pero cuando dejan de estar ante ti, un grupo de ellos trama planes secretos en contra de lo que has dicho. Dios registra todo lo que traman. Por lo tanto, apártate de ellos y encomiéndate a Dios. Dios basta como Aquel en Quien confiar y a Quien remitir los asuntos.

82. ¿Acaso no consideran el Corán (para que sean convencidos de que proviene de Dios)? Si procediese de otro que no fuese Dios, habrían hallado seguramente en él numerosas contradicciones[19].

83. Cuando les llega un informe relacionado con la seguridad (pública) o de alarma, la propagan (sin asegurarse de si este informe es verdadero o no y sin tomar en consideración si es beneficioso o dañino difundirlo). Si lo remitieran al Mensajero o a los que entre ellos (en la comunidad) detentan la autoridad, aquellos con competencia para investigar sabrían de qué se trata. (¡Oh vosotros que creéis!) Si no fuera por el favor y la misericordia de Dios sobre vosotros (iluminando vuestro camino y guiándoos con la Revelación y con Su Mensajero y protegiéndoos contra vuestros enemigos y caminos erróneos) todos salvo unos pocos (de vosotros) habrían estado (engañados por los hipócritas y) siguiendo a Satanás.

84. Combate (por lo tanto, Oh Mensajero) por la causa de Dios —ya que (del mismo modo que cada individuo es responsable de sí mismo) sólo eres (ante todo) responsable de ti mismo. (Incluso estando solo, cumple con tu responsabilidad)— y exhorta a los creyentes (a que se hagan cargo de sus responsabilidades). Tal vez Dios (consecuentemente) reprima la fuerza de los que se niegan a creer. Sin duda, Dios es Más Fuerte en poder, y Más Fuerte en represión y castigo[20].

85. Quien interceda, medie y ayude en una buena causa tendrá su parte en la bendición que corresponda; y quien interceda, medie y ayude en una mala causa tendrá su parte en la carga que corresponda. Dios vela sobre todas las cosas.

86. Cuando (ya sea viajando o en casa, en tiempos de guerra o paz) os dirijan un saludo (de paz y buena voluntad), devolvedlo con uno mejor o (al menos) con el mismo. No cabe duda, Dios lleva las cuentas de todas las cosas.

---

19. Considérense los siguientes hechos:

- A pesar de que el Corán fue revelado por partes durante más de veinte años para satisfacer diferentes necesidades y propósitos, posee una armonía perfecta, tal y como si hubiese sido revelado de una sola vez.
- Aunque el Corán fue revelado a lo largo de más de veinte años en diferentes ocasiones, sus partes se apoyan mutuamente de tal manera que parece que hayan sido reveladas en una sola ocasión.
- A pesar de que el Corán aconteció como respuesta a diferentes y reiteradas cuestiones, sus fragmentos se encuentran tan unidos y son tan armoniosos que se asemejan a la respuesta a una sola pregunta.
- A pesar de que el Corán surgió para juzgar distintos casos y acontecimientos, muestra un orden tan perfecto que es como si fuese un juicio emitido en un solo caso o acontecimiento.
- Aunque el Corán fue revelado por Cortesía Divina en diversos estilos para satisfacer a innumerables personas que tuvieron y tienen diferentes niveles de comprensión, talante y temperamento, sus partes muestran una similitud, correspondencia y fluidez tan bellas que es como si estuviese dirigido a un solo nivel de comprensión y temperamento.
- A pesar de que el Corán habla a una infinita diversidad de personas, distantes unas de otras en tiempo, espacio y carácter, posee un modo de explicación tan fluido, un estilo tan puro, un modo tan claro de descripción que es como si se dirigiese a un grupo homogéneo y cada grupo pensase que se está dirigiendo específicamente al mismo.
- Aunque el Corán fue revelado para posibilitar la orientación gradual de diferentes personas con varios propósitos, posee una franqueza tan perfecta, un equilibrio tan delicado y un orden tan bello que es como si persiguiese un solo propósito.
- En lugar de ser motivo de confusión, estos factores se añaden al aspecto milagroso de las explicaciones coránicas y a la fluidez y armonía de su estilo. Todo aquel dotado con un corazón sano, consciente y con buen gusto puede apreciar la elegante fluidez, exquisita proporción, agradable armonía e incomparable elocuencia de sus explicaciones. Todo aquel que se halle dotado de una facultad de visión y una sana perspicacia puede apreciar que el Corán presenta un ojo a través del cual contempla el universo en todas sus dimensiones internas y externas, como una página única en la que todos los significados que contiene pueden ser leídos [*The Words* («Las Palabras»), «The 25th Word» («La 25ª Palabra»), pág. 433].

20. Para conocer la postura del Corán con respecto a la guerra y a las reglas establecidas para la misma, véase los versículos 2:190, 191, 194, 216 y las notas 137 (Apéndice 2), 138, 140 y 147 en el *Sura al-Baqara*.

اَللّٰهُ لَٓا اِلٰهَ اِلَّا هُوَۜ لَيَجْمَعَنَّكُمْ اِلٰى يَوْمِ الْقِيٰمَةِ لَا رَيْبَ ف۪يهِۜ
وَمَنْ اَصْدَقُ مِنَ اللّٰهِ حَد۪يثاً ﴿٨٧﴾ فَمَا لَكُمْ فِي الْمُنَافِق۪ينَ فِئَتَيْنِ
وَاللّٰهُ اَرْكَسَهُمْ بِمَا كَسَبُواۜ اَتُر۪يدُونَ اَنْ تَهْدُوا مَنْ اَضَلَّ اللّٰهُۜ
وَمَنْ يُضْلِلِ اللّٰهُ فَلَنْ تَجِدَ لَهُ سَب۪يلاً ﴿٨٨﴾ وَدُّوا لَوْ تَكْفُرُونَ
كَمَا كَفَرُوا فَتَكُونُونَ سَوَٓاءً فَلَا تَتَّخِذُوا مِنْهُمْ اَوْلِيَٓاءَ حَتّٰى
يُهَاجِرُوا ف۪ي سَب۪يلِ اللّٰهِۜ فَاِنْ تَوَلَّوْا فَخُذُوهُمْ وَاقْتُلُوهُمْ حَيْثُ
وَجَدْتُمُوهُمْۖ وَلَا تَتَّخِذُوا مِنْهُمْ وَلِيًّا وَلَا نَص۪يراًۙ ﴿٨٩﴾ اِلَّا الَّذ۪ينَ
يَصِلُونَ اِلٰى قَوْمٍ بَيْنَكُمْ وَبَيْنَهُمْ م۪يثَاقٌ اَوْ جَٓاؤُ۫كُمْ حَصِرَتْ
صُدُورُهُمْ اَنْ يُقَاتِلُوكُمْ اَوْ يُقَاتِلُوا قَوْمَهُمْۜ وَلَوْ شَٓاءَ اللّٰهُ
لَسَلَّطَهُمْ عَلَيْكُمْ فَلَقَاتَلُوكُمْۚ فَاِنِ اعْتَزَلُوكُمْ فَلَمْ يُقَاتِلُوكُمْ
وَاَلْقَوْا اِلَيْكُمُ السَّلَمَۙ فَمَا جَعَلَ اللّٰهُ لَكُمْ عَلَيْهِمْ سَب۪يلاً ﴿٩٠﴾
سَتَجِدُونَ اٰخَر۪ينَ يُر۪يدُونَ اَنْ يَأْمَنُوكُمْ وَيَأْمَنُوا قَوْمَهُمْۜ كُلَّمَا
رُدُّوا اِلَى الْفِتْنَةِ اُرْكِسُوا ف۪يهَاۚ فَاِنْ لَمْ يَعْتَزِلُوكُمْ وَيُلْقُوا
اِلَيْكُمُ السَّلَمَ وَيَكُفُّوا اَيْدِيَهُمْ فَخُذُوهُمْ وَاقْتُلُوهُمْ حَيْثُ
ثَقِفْتُمُوهُمْۜ وَاُو۬لٰٓئِكُمْ جَعَلْنَا لَكُمْ عَلَيْهِمْ سُلْطَاناً مُب۪يناً ﴿٩١﴾

87. Dios, no hay más deidad que Él. Os reunirá a todos en el Día de la Resurrección, (de la venida) del cual no hay duda alguna. ¿Quién puede ser más veraz que Dios?

88. (¡Oh vosotros que creéis!) ¿Cómo, pues, os habéis dividido en dos grupos con respecto a los hipócritas (de La Meca y otras tribus que pretenden ser musulmanes, y sin embargo, participan en las maquinaciones hostiles de su gente contra vosotros), sabiendo que Dios les ha devuelto (a la incredulidad) a causa de lo que han adquirido (con sus transgresiones)? ¿Es que pretendéis guiar a quien Dios ha extraviado? Para aquél que Dios ha extraviado, no puedes encontrar un camino (seguro a seguir).

89. Anhelan que no creáis tal y como ellos han dejado de creer para que seáis iguales. No toméis, pues de ellos confidentes y aliados hasta que emigren (a Medina y se unan a vosotros) por la causa de Dios. Si se apartan (de esta convocatoria y continúan su hostilidad hacia vosotros) atrapadles y matadles dondequiera que les encontréis; y no toméis de entre ellos confidentes ni auxiliares[21].

90. A excepción de quienes busquen refugio entre una gente con la que tengáis un tratado (de paz o alianza) o (aquellos que) vengan a vosotros con el corazón encogido por tener que combatir contra vosotros a la vez que contra su propia gente. Si Dios hubiera querido, les habría otorgado poder sobre vosotros y os habrían combatido. Si se retiran, no os combaten y os ofrecen la paz, entonces, Dios no os permite que vayáis (hagáis la guerra) contra ellos.

91. Encontrareis a otros que desean estar a salvo de vosotros (firmando un tratado con vosotros) y a salvo de su gente (rompiendo su tratado con vosotros y uniéndose a ellos). Cada vez que se les convoca a conspirar y a ser hostiles contra vosotros, caen precipitadamente en dicha discordia. Por lo tanto, si no se apartan de vosotros, ni os ofrecen la paz, ni contienen sus manos (para perjudicaros), atrapadles y matadles dondequiera que les encontréis. Es contra tales personas sobre las que os damos plena autorización.

21. Tal y como se halla registrado en las fuentes, los últimos dos versículos hacen referencia a los miembros de las tribus Ghatfan y Asad. Profesaron la fe en Medina; pero retornaron a la incredulidad y cooperaron con los politeístas de La Meca haciendo frente a los musulmanes al volver a sus tierras. Sin embargo, ya que la revelación de un versículo en relación con un acontecimiento específico no significa que dicho versículo esté limitado a dicho acontecimiento, el Corán presenta aquí la típica hipocresía. Los hipócritas, que estaban constantemente preocupados de saber si el tiempo iba en su favor o en su contra, profesaron la fe cuando vinieron a Medina para asegurarse la confianza de los musulmanes; pero cuando volvieron a sus hogares, mostraron la incredulidad que contenían sus corazones y participaron en hostiles maquinaciones contra el Islam y los musulmanes. La emigración a Medina era de crucial importancia y un signo de verdadera creencia en un período en que los musulmanes sufrían presiones y restricciones impuestas sobre ellos por los incrédulos. Por lo tanto, al revelar la hipocresía de sus corazones y sus actitudes, el Corán advierte a los creyentes frente a esa gente.

92 سُورَةُ النِّسَاءِ ٩٢

وَمَا كَانَ لِمُؤْمِنٍ اَنْ يَقْتُلَ مُؤْمِنًا اِلَّا خَطَـًٔا وَمَنْ
قَتَلَ مُؤْمِنًا خَطَـًٔا فَتَحْرِيرُ رَقَبَةٍ مُؤْمِنَةٍ وَدِيَةٌ
مُسَلَّمَةٌ اِلٰٓى اَهْلِه۪ٓ اِلَّٓا اَنْ يَصَّدَّقُواۜ فَاِنْ كَانَ
مِنْ قَوْمٍ عَدُوٍّ لَكُمْ وَهُوَ مُؤْمِنٌ فَتَحْرِيرُ رَقَبَةٍ مُؤْمِنَةٍۜ
وَاِنْ كَانَ مِنْ قَوْمٍ بَيْنَكُمْ وَبَيْنَهُمْ مِيثَاقٌ فَدِيَةٌ
مُسَلَّمَةٌ اِلٰٓى اَهْلِه۪ وَتَحْرِيرُ رَقَبَةٍ مُؤْمِنَةٍۚ فَمَنْ
لَمْ يَجِدْ فَصِيَامُ شَهْرَيْنِ مُتَتَابِعَيْنِۘ تَوْبَةً مِنَ اللّٰهِۜ
وَكَانَ اللّٰهُ عَلِيمًا حَكِيمًا ﴿٩٢﴾ وَمَنْ يَقْتُلْ مُؤْمِنًا
مُتَعَمِّدًا فَجَزَٓاؤُ۬هُ جَهَنَّمُ خَالِدًا فِيهَا وَغَضِبَ اللّٰهُ
عَلَيْهِ وَلَعَنَهُ وَاَعَدَّ لَهُ عَذَابًا عَظِيمًا ﴿٩٣﴾ يَٓا اَيُّهَا
الَّذِينَ اٰمَنُٓوا اِذَا ضَرَبْتُمْ ف۪ي سَب۪يلِ اللّٰهِ فَتَبَيَّنُوا
وَلَا تَقُولُوا لِمَنْ اَلْقٰٓى اِلَيْكُمُ السَّلَامَ لَسْتَ مُؤْمِنًاۚ
تَبْتَغُونَ عَرَضَ الْحَيٰوةِ الدُّنْيَاۘ فَعِنْدَ اللّٰهِ مَغَانِمُ
كَث۪يرَةٌۜ كَذٰلِكَ كُنْتُمْ مِنْ قَبْلُ فَمَنَّ اللّٰهُ عَلَيْكُمْ
فَتَبَيَّنُواۜ اِنَّ اللّٰهَ كَانَ بِمَا تَعْمَلُونَ خَب۪يرًا ﴿٩٤﴾

لَا يَسْتَوِي

92. Mas (sed circunspectos, pues) no es de un creyente matar a otro creyente a menos que sea por error. Quien mate a un creyente por error habrá de manumitir a un esclavo creyente y pagar el precio de sangre a su familia (a sus herederos legítimos) a menos que ésta renuncie a la misma en un acto de buena voluntad. Si él (la víctima), a la vez que creyente, estaba unido a aquellos que os son hostiles (con los que no tenéis un tratado), entonces (la expiación es que) se ha de manumitir a un esclavo creyente. Si (la víctima) pertenece a una gente (no musulmana) entre los que habéis establecido algún pacto, entonces (la expiación es) pagar el precio de sangre a sus herederos y manumitir a un esclavo creyente. Pero si no encuentra medios (para llevar a cabo dicha expiación), deberá ayunar durante dos meses consecutivos —como penitencia impuesta por Dios (y un modo de arrepentimiento)—[22]. Dios es Omnisciente (de todo, incluido todo lo que se halla en vuestros pechos), Omnisapiente.

93. Aquel que mate a un creyente intencionadamente, su recompensa (en el Más Allá) es el Infierno, donde morará; y Dios le ha condenado definitivamente, excluyéndole de Su misericordia y ha preparado para él un terrible castigo.

94. ¡Oh vosotros que creéis! Cuando marchéis (a la guerra) por la causa de Dios, indagad con cuidado hasta que la situación se haga totalmente clara para vosotros; y no le digáis a nadie que os ofrezca (un saludo de) paz (de ese modo, haciendo saber que es un musulmán): «Tú no eres un creyente», buscando la efímera ganancia de esta vida, ya que junto a Dios hay abundantes ganancias. Incluso de este modo (tal como es él ahora) erais vosotros antes (ignorantes de la fe y de lo que significaba ser musulmán, e ingresasteis también en el Islam con una palabra similar); pero Dios, desde entonces os ha favorecido. Por lo tanto, indagad con cuidado hasta que la situación se os haga totalmente clara. Sin duda, Dios se halla perfectamente informado de todo lo que hacéis.

22. Manumitir un esclavo creyente es un deber para con Dios y para con la comunidad musulmana, mientras que pagar el precio de sangre es un deber para con los herederos de la víctima. Manumitir un esclavo creyente quiere decir, en un aspecto, conceder vida (libre) al esclavo como expiación por haber matado a un creyente por error. Esto muestra explícitamente el gran valor que el Islam atribuye a la libertad. El Mensajero, la paz y las bendiciones sean con él, fijó el precio de sangre en cien camellos o el valor mercantil de los mismos. Sin embargo, los herederos de la víctima tienen derecho a renunciar al precio de sangre o a reducirlo. El homicida también debe tornar a Dios con remordimiento y arrepentimiento con el fin de que su pecado sea perdonado y su alma quede libre de volver a cometer semejantes errores.

لَا يَسْتَوِى الْقَاعِدُونَ مِنَ الْمُؤْمِنِينَ غَيْرُ اُولِى الضَّرَرِ وَالْمُجَاهِدُونَ
فِى سَبِيلِ اللّٰهِ بِاَمْوَالِهِمْ وَاَنْفُسِهِمْ فَضَّلَ اللّٰهُ الْمُجَاهِدِينَ بِاَمْوَالِهِمْ
وَاَنْفُسِهِمْ عَلَى الْقَاعِدِينَ دَرَجَةً وَكُلًّا وَعَدَ اللّٰهُ الْحُسْنٰى وَفَضَّلَ
اللّٰهُ الْمُجَاهِدِينَ عَلَى الْقَاعِدِينَ اَجْرًا عَظِيمًا ﴿٩٥﴾ دَرَجَاتٍ مِنْهُ وَمَغْفِرَةً
وَرَحْمَةً وَكَانَ اللّٰهُ غَفُورًا رَحِيمًا ﴿٩٦﴾ اِنَّ الَّذِينَ تَوَفّٰيهُمُ الْمَلٰٓئِكَةُ
ظَالِمِى اَنْفُسِهِمْ قَالُوا فِيمَ كُنْتُمْ قَالُوا كُنَّا مُسْتَضْعَفِينَ فِى الْاَرْضِ
قَالُٓوا اَلَمْ تَكُنْ اَرْضُ اللّٰهِ وَاسِعَةً فَتُهَاجِرُوا فِيهَا فَاُولٰٓئِكَ مَاْوٰيهُمْ
جَهَنَّمُ وَسَٓاءَتْ مَصِيرًا ﴿٩٧﴾ اِلَّا الْمُسْتَضْعَفِينَ مِنَ الرِّجَالِ وَالنِّسَٓاءِ
وَالْوِلْدَانِ لَا يَسْتَطِيعُونَ حِيلَةً وَلَا يَهْتَدُونَ سَبِيلًا ﴿٩٨﴾ فَاُولٰٓئِكَ
عَسَى اللّٰهُ اَنْ يَعْفُوَ عَنْهُمْ وَكَانَ اللّٰهُ عَفُوًّا غَفُورًا ﴿٩٩﴾ وَمَنْ يُهَاجِرْ
فِى سَبِيلِ اللّٰهِ يَجِدْ فِى الْاَرْضِ مُرَاغَمًا كَثِيرًا وَسَعَةً وَمَنْ يَخْرُجْ
مِنْ بَيْتِهِ مُهَاجِرًا اِلَى اللّٰهِ وَرَسُولِهِ ثُمَّ يُدْرِكْهُ الْمَوْتُ فَقَدْ
وَقَعَ اَجْرُهُ عَلَى اللّٰهِ وَكَانَ اللّٰهُ غَفُورًا رَحِيمًا ﴿١٠٠﴾ وَاِذَا ضَرَبْتُمْ
فِى الْاَرْضِ فَلَيْسَ عَلَيْكُمْ جُنَاحٌ اَنْ تَقْصُرُوا مِنَ الصَّلٰوةِ اِنْ خِفْتُمْ
اَنْ يَفْتِنَكُمُ الَّذِينَ كَفَرُوا اِنَّ الْكَافِرِينَ كَانُوا لَكُمْ عَدُوًّا مُبِينًا ﴿١٠١﴾

95. No son iguales los creyentes que (a pesar de que no todos los creyentes deben movilizarse en pos de la causa de Dios) permanecen pasivos sin causa justificada (y sin provocar perjuicio alguno a la causa de Dios) y aquellos que se esfuerzan (y combaten) en pos de la causa de Dios con sus riquezas y sus personas. Dios ha ensalzado en rango a aquellos que luchan con sus riquezas y sus personas sobre aquellos que se quedan pasivos. A ambos, Dios ha prometido la mejor recompensa (el Paraíso), aunque Dios ha ensalzado a los que se esfuerzan por encima de los que permanecen pasivos con una tremenda recompensa.

96. Para ellos hay rangos procedentes de Él (diferentes según el grado de sinceridad y esfuerzo de cada uno), perdón y misericordia (que aportarán bendiciones imprevistas). Dios es Indulgente, Compasivo.

97. Respecto a aquellos cuyas almas los ángeles (encargados de tomar las almas de las personas) las toman en un estado de injusticia consigo mismos (por continuar viviendo en la incredulidad sin emigrar a una tierra donde pudiesen adquirir la fe: (Los ángeles) les preguntan: «¿En qué situación os hallabais (pues no os encontrabais con los creyentes)?». Dicen: «Estábamos tan oprimidos en esta tierra que no podíamos encontrar un camino hacia la fe». (Y así los ángeles) les dicen: «¿Acaso no era la Tierra de Dios lo suficientemente extensa como para que emigraseis en ella?». Aquellos son los que tienen como amparo el Infierno. ¡Cuán funesto destino de llegada!

98. A excepción de los verdaderamente oprimidos entre los hombres, mujeres y niños que carecen de medio y guía en el camino (para emigrar, incluido aquellos que durante sus vidas no han tenido medios para ser guiados a la fe).

99. En cuanto a ellos (si sus circunstancias no cambian, se espera que) Dios no les hará responsables y les perdonará. En verdad, Dios es el Único Quién perdona en gran medida, Indulgente.

100. Quien emigre por la causa de Dios encontrará en la Tierra suficiente espacio para refugiarse y abundantes recursos. Aquel que abandone su hogar como emigrante hacia Dios y Su Mensajero y le alcance la muerte (mientras se encuentre en el camino), su recompensa estará asegurada con Dios. Ciertamente, Dios es Indulgente, Compasivo.

101. (¡Oh vosotros que creéis!) Cuando os disperséis por la Tierra, no hay inconveniente en que acortéis las Oraciones (Prescritas) si teméis que los incrédulos os causen algún daño (atacándoos). Ciertamente, los incrédulos son para vosotros enemigos manifiestos.

وَاِذَا كُنْتَ فِيهِمْ فَاَقَمْتَ لَهُمُ الصَّلٰوةَ فَلْتَقُمْ طَٓائِفَةٌ
مِنْهُمْ مَعَكَ وَلْيَأْخُذُٓوا اَسْلِحَتَهُمْ فَاِذَا سَجَدُوا فَلْيَكُونُوا
مِنْ وَرَٓائِكُمْ وَلْتَأْتِ طَٓائِفَةٌ اُخْرٰى لَمْ يُصَلُّوا فَلْيُصَلُّوا
مَعَكَ وَلْيَأْخُذُوا حِذْرَهُمْ وَاَسْلِحَتَهُمْ وَدَّ الَّذِينَ كَفَرُوا
لَوْ تَغْفُلُونَ عَنْ اَسْلِحَتِكُمْ وَاَمْتِعَتِكُمْ فَيَمِيلُونَ عَلَيْكُمْ
مَيْلَةً وَاحِدَةً وَلَا جُنَاحَ عَلَيْكُمْ اِنْ كَانَ بِكُمْ اَذًى
مِنْ مَطَرٍ اَوْ كُنْتُمْ مَرْضٰى اَنْ تَضَعُٓوا اَسْلِحَتَكُمْ
وَخُذُوا حِذْرَكُمْ اِنَّ اللّٰهَ اَعَدَّ لِلْكَافِرِينَ عَذَابًا مُهِينًا ١٠٢
فَاِذَا قَضَيْتُمُ الصَّلٰوةَ فَاذْكُرُوا اللّٰهَ قِيَامًا وَقُعُودًا وَعَلٰى
جُنُوبِكُمْ فَاِذَا اطْمَاْنَنْتُمْ فَاَقِيمُوا الصَّلٰوةَ اِنَّ الصَّلٰوةَ
كَانَتْ عَلَى الْمُؤْمِنِينَ كِتَابًا مَوْقُوتًا ١٠٣ وَلَا تَهِنُوا
فِى ابْتِغَٓاءِ الْقَوْمِ اِنْ تَكُونُوا تَأْلَمُونَ فَاِنَّهُمْ يَأْلَمُونَ كَمَا
تَأْلَمُونَ وَتَرْجُونَ مِنَ اللّٰهِ مَا لَا يَرْجُونَ وَكَانَ اللّٰهُ عَلِيمًا
حَكِيمًا ١٠٤ اِنَّٓا اَنْزَلْنَٓا اِلَيْكَ الْكِتَابَ بِالْحَقِّ لِتَحْكُمَ بَيْنَ
النَّاسِ بِمَٓا اَرٰيكَ اللّٰهُ وَلَا تَكُنْ لِلْخَٓائِنِينَ خَصِيمًا ١٠٥

واستغفر

102. (Oh Mensajero) cuando te halles entre los creyentes (que integran la expedición y temen que los incrédulos les ataquen) y te detengas para (dirigir) la Oración con ellos, que una parte de ellos permanezcan en pie contigo en la Oración llevando sus armas (mientras la otra parte mantiene sus posiciones contra el enemigo). Cuando la primera parte haya hecho sus postraciones (finalice la *rak'a*), que se dirijan hacia la retaguardia de tu compañía (y que tome posiciones contra el enemigo) y que la otra parte que no haya rezado se dirija a rezar contigo, preparada contra el peligro y llevando sus armas. Los incrédulos desean que descuidéis vuestras armas y vuestros equipos para poder abatirse sobre vosotros de una vez por todas (por sorpresa). Mas no hay inconveniente si dejáis vuestras armas a vuestro lado (durante la Oración) si os molesta la lluvia (y el terreno impide vuestros movimientos) o estáis enfermos. Sin embargo, estad preparados para el peligro. Ciertamente, Dios ha preparado para los incrédulos un castigo vergonzoso y humillante.

103. Cuando hayáis concluido la Oración (si la habéis abreviado mientras viajáis y os encontráis en estado de temor), recordad y mencionad a Dios (con vuestras lenguas y corazones), de pie, sentados y recostados (incluso durante el combate). Luego, cuando estéis seguros una vez más, haced la Oración conforme a todas sus condiciones (y llevad a cabo la Oración que hayáis omitido durante el combate)[23]. (Sabed que) la Oración (que es el tipo de adoración más importante) es prescrita para los creyentes en momentos determinados[24].

104. Que no flaquee vuestro propósito de perseguir a esa gente (que lucha contra vosotros y mantened la presión sobre ellos mientras el estado de guerra continúa entre vosotros y ellos). Si sufrís (padeciendo calamidades), ellos también sufren como sufrís vosotros; pero vosotros esperáis (recibir) de Dios lo que ellos no esperan. Dios es, sin duda, Omnisciente (de los estados y condiciones de todas las cosas), Omnisapiente.

105. No cabe duda de que hemos hecho descender sobre ti el Libro con la verdad (encarnándola y sin nada falso en él), para que juzgues entre la gente según lo que Dios te ha hecho contemplar. Por lo tanto, no abogues por los que traicionan la confianza que ha sido depositada en ellos.

23. Con su milagrosa elocuencia, el Corán exhorta a los creyentes a emigrar y a esforzarse por la causa de Dios, lo cual indica que los viajes más valiosos ante Dios son los que se hacen por Su causa, tal y como emigrar y salir para servir a Su causa. Al mencionar las Oraciones Prescritas en los versículos en los que se hace hincapié en la importancia de la emigración (*Hégira*) y el esfuerzo por la causa de Dios (*yihad*), incluyendo combatir al enemigo, se legisla la manera en que la Oración ha de ser realizada durante el viaje y en situación de guerra así como se llama la atención respecto a la relación fundamental que existe entre el esfuerzo en pos de la causa de Dios y la adoración, la cual incluye glorificar, alabar y ensalzar a Dios después de la Oración, y que constituyen las semillas de la fe.

Las Oraciones Prescritas son reducidas durante el viaje o en una situación de temor o inseguridad, es decir, en tiempos de guerra o desastres tales como incendios o inundaciones. Las Oraciones realizadas en los momentos de miedo o de peligro se llaman Oraciones del Miedo («salat al-jawf»), mientras que las que se realizan durante el viaje se llaman Oraciones del Viajero («salat al-musafir»). Para las Oraciones que constan de cuatro *rak'as*, las Oraciones del Viajero se realizan con dos *rak'as*, mientras que las otras Oraciones —las de la mañana y de la tarde— permanecen inalteradas. A pesar de que hay diferencias de opinión entre los juristas sobre cuántas *rak'as* han de tener las Oraciones que normalmente consisten en cuatro *rak'as* en la Oración de Miedo, al citar la Oración de Miedo junto a la del viajero, parece que el Corán insinúa que constan del mismo número de *rak'as*. Sin embargo, la forma en cómo se lleva a cabo cada una de las Oraciones es diferente. Las Oraciones del Viajero consisten en dos *rak'as* que se rezan como la Oración de la Mañana, mientras que las del miedo se rezan tal y como se describe en el versículo 102: Un grupo de soldados reza una *rak'a* mientras que el otro grupo toma posiciones contra el enemigo. Luego, ese otro grupo reza una *rak'a*, detrás de quien dirige la Oración. Por consiguiente, cada uno de los dos grupos, por turnos, completará la Oración realizando una *rak'a* más individualmente. Esta es la opinión de la Escuela Hanafi.

24. A pesar de que los cinco momentos de las Oraciones Prescritas fueron fijados por el Mensajero por instrucción del Arcángel Gabriel, estos pueden ser deducidos de los siguientes versículos del Corán: *Estableced la Oración conforme a sus condiciones, desde la puesta del sol hasta la oscuridad de la noche y (observad siempre) la recitación del Corán durante el alba (la Oración del alba)* (17:78); *Establece la Oración (Oh Mensajero) al principio y al final del día y durante la vigilia de la noche cerca del día* (11:114); *Glorifica a tu Señor con alabanza antes de la salida del sol y después de la puesta del sol y glorifícale durante ciertas horas de la noche —y glorifícale también al final del día—* (20:130); *Así que glorificad a Dios cuando llegáis a la noche y cuando llegáis a la mañana —y (declarad que) toda la alabanza y la gratitud en los Cielos y en la Tierra son para Él— y por la tarde, y cuando llegáis al mediodía* (30:17-18). Es posible también contemplar el tiempo de las últimas Oraciones de la noche (*Tahayyud* y *Witr)* en los dos versículos citados anteriormente y en 73:2-4; 17:79; 51:17; 76:26. Ambos versículos y lo que acaba de ser interpretado con anterioridad (103) subraya de modo particular la importancia de glorificar, alabar y ensalzar a Dios después de cada Oración. Este último versículo hace hincapié también en la necesidad de cumplir los tiempos prescritos de la Oración y de realizarlas a tiempo.

وَاسْتَغْفِرِ اللّٰهَ اِنَّ اللّٰهَ كَانَ غَفُورًا رَحِيمًا ﴿١٠٦﴾ وَلَا تُجَادِلْ
عَنِ الَّذِينَ يَخْتَانُونَ اَنْفُسَهُمْ اِنَّ اللّٰهَ لَا يُحِبُّ مَنْ كَانَ
خَوَّانًا اَثِيمًا ﴿١٠٧﴾ يَسْتَخْفُونَ مِنَ النَّاسِ وَلَا يَسْتَخْفُونَ
مِنَ اللّٰهِ وَهُوَ مَعَهُمْ اِذْ يُبَيِّتُونَ مَا لَا يَرْضٰى مِنَ الْقَوْلِ
وَكَانَ اللّٰهُ بِمَا يَعْمَلُونَ مُحِيطًا ﴿١٠٨﴾ هَا اَنْتُمْ هٰؤُلَاءِ
جَادَلْتُمْ عَنْهُمْ فِى الْحَيٰوةِ الدُّنْيَا فَمَنْ يُجَادِلُ اللّٰهَ عَنْهُمْ
يَوْمَ الْقِيٰمَةِ اَمْ مَنْ يَكُونُ عَلَيْهِمْ وَكِيلًا ﴿١٠٩﴾ وَمَنْ يَعْمَلْ
سُوءًا اَوْ يَظْلِمْ نَفْسَهُ ثُمَّ يَسْتَغْفِرِ اللّٰهَ يَجِدِ اللّٰهَ غَفُورًا
رَحِيمًا ﴿١١٠﴾ وَمَنْ يَكْسِبْ اِثْمًا فَاِنَّمَا يَكْسِبُهُ عَلٰى نَفْسِهِ
وَكَانَ اللّٰهُ عَلِيمًا حَكِيمًا ﴿١١١﴾ وَمَنْ يَكْسِبْ خَطِيئَةً اَوْ اِثْمًا
ثُمَّ يَرْمِ بِهِ بَرِيئًا فَقَدِ احْتَمَلَ بُهْتَانًا وَاِثْمًا مُبِينًا ﴿١١٢﴾
وَلَوْلَا فَضْلُ اللّٰهِ عَلَيْكَ وَرَحْمَتُهُ لَهَمَّتْ طَائِفَةٌ مِنْهُمْ
اَنْ يُضِلُّوكَ وَمَا يُضِلُّونَ اِلَّا اَنْفُسَهُمْ وَمَا يَضُرُّونَكَ
مِنْ شَيْءٍ وَاَنْزَلَ اللّٰهُ عَلَيْكَ الْكِتَابَ وَالْحِكْمَةَ وَعَلَّمَكَ
مَا لَمْ تَكُنْ تَعْلَمُ وَكَانَ فَضْلُ اللّٰهِ عَلَيْكَ عَظِيمًا ﴿١١٣﴾

106. Pídele perdón a Dios. Sin duda, Dios es Indulgente, Compasivo.

107. Y no defiendas a los que se han traicionado a sí mismos (mintiendo para cubrir la verdad del asunto que te ha sido planteado ante ti). En verdad que Dios no ama a aquellos que traicionan la confianza y persisten en el pecado.

108. Se esfuerzan en ocultar (sus malas acciones) de la gente pero no se esfuerzan en esconderse de Dios, mientras que Él siempre se encuentra con ellos cuando constituyen consejos nocturnos que no Le complacen. Sin duda, Dios abarca (con Su Conocimiento, Vista, Oído y Poder) todo lo que hacen.

109. ¡Ah! Vosotros (Oh creyentes) podéis defenderles en esta vida, pero ¿quién les defenderá el Día de la Resurrección o quién será entonces su defensor y guardián?

110. Quien obre un mal o sea injusto consigo mismo (cometiendo pecados que le dañen espiritualmente) y luego implore a Dios perdón, encontrará a Dios Indulgente, Compasivo.

111. Mientras que quien cometa un pecado (sin que pida perdón por ello), lo cometerá tan sólo contra sí mismo (para su propia perdición únicamente) y Dios es Omnisciente y Omnisapiente.

112. Y quien cometa una falta o pecado y luego acuse a una persona inocente, habrá cargado sobre sí (el peso adicional de) una calumnia y un pecado flagrante.

113. Si no fuese por la gracia y el favor de Dios sobre ti y Su misericordia, una parte de ellos se habría propuesto extraviarte; pero no se extraviaron más que a sí mismos y no pudieron hacerte daño de ninguna manera. (Cómo podrían hacer eso, en vista de que) Dios te ha enviado con el Libro y la Sabiduría y te ha enseñado lo que no sabías. La gracia y el favor de Dios sobre ti es ciertamente inmenso[25].

25. «Existen buenas lecciones que aprender de los incidentes relacionados con la revelación de los cuatro versículos anteriores. Un musulmán llamado Ta'imah ibn Ubayraq, de la tribu de Zafar, era sospechoso de haber robado una cota de malla. Al temer ser detenido, colocó subrepticiamente la propiedad robada en el hogar de un judío, donde fue encontrada. Los judíos negaron los cargos y acusaron a Ta'imah, pero algunos musulmanes simpatizaron con Ta'imah por haberse convertido simbólicamente al Islam. Cuando el caso fue llevado a juicio, la justicia islámica prevaleció y el caso se tornó contra Ta'imah. Al darse cuenta de que su castigo era eminente, se escapó y dejó el Islam». (Özek y otros, 95).

114. No hay nada bueno en la mayoría de sus consejos secretos a excepción de aquel que exhorta a que se realicen actos de caridad, tratos equitativos y bondadosos, asuntos honestos o reconciliar a dos personas. Todo aquél que lo lleve a cabo buscando la complacencia de Dios, a él le concederemos una tremenda recompensa.

115. Mientras que todo aquel que se aleje del Mensajero después de que la guía (hacia lo que es más verdadero y mejor en pensamiento, creencia y conducta) se le haya aclarado y siga un camino diferente al de los creyentes (en el que sea imposible ponerse de acuerdo con unanimidad o un camino que conduzca al error), le dejaremos (solo) en el camino hacia el que se haya tomado, y le arrojaremos al Infierno para que se abrase. ¡cuán funesto destino de llegada!

116. Sin duda, Dios no permite que se Le atribuyan copartícipes; sino que más bien, perdona a quien Él quiere (a quien Él haya guiado hacia el arrepentimiento y la rectitud como resultado de haber elegido por voluntad propia). Quien atribuya copartícipes a Dios se habrá perdido en un extravío irremediable (respecto al Camino Recto).

117. En Su lugar, invocan a deidades femeninas —(y haciéndolo) de hecho, no invocan a nadie más que a un demonio arrogante y rebelde—[26].

118. Uno que se halla maldito por parte de Dios (excluido de Su misericordia). Dijo una vez: «De Tus siervos, no cabe duda que tomaré una parte que me sea asignada (para que me sigan).

119. Sin duda les extraviaré y les colmaré con vanos deseos (supersticiones imaginarias y falsos conceptos); y no cabe duda de

لَا خَيْرَ فِي كَثِيرٍ مِنْ نَجْوٰيهُمْ اِلَّا مَنْ اَمَرَ بِصَدَقَةٍ
اَوْ مَعْرُوفٍ اَوْ اِصْلَاحٍ بَيْنَ النَّاسِ وَمَنْ يَفْعَلْ ذٰلِكَ
ابْتِغَاءَ مَرْضَاتِ اللّٰهِ فَسَوْفَ نُؤْتِيهِ اَجْرًا عَظِيمًا ﴿١١٤﴾
وَمَنْ يُشَاقِقِ الرَّسُولَ مِنْ بَعْدِ مَا تَبَيَّنَ لَهُ الْهُدٰى
وَيَتَّبِعْ غَيْرَ سَبِيلِ الْمُؤْمِنِينَ نُوَلِّهِ مَا تَوَلّٰى وَنُصْلِهِ
جَهَنَّمَ وَسَاءَتْ مَصِيرًا ﴿١١٥﴾ اِنَّ اللّٰهَ لَا يَغْفِرُ اَنْ يُشْرَكَ
بِهِ وَيَغْفِرُ مَا دُونَ ذٰلِكَ لِمَنْ يَشَاءُ وَمَنْ يُشْرِكْ بِاللّٰهِ
فَقَدْ ضَلَّ ضَلَالًا بَعِيدًا ﴿١١٦﴾ اِنْ يَدْعُونَ مِنْ دُونِهِ
اِلَّا اِنَاثًا وَاِنْ يَدْعُونَ اِلَّا شَيْطَانًا مَرِيدًا ﴿١١٧﴾ لَعَنَهُ
اللّٰهُ وَقَالَ لَاَتَّخِذَنَّ مِنْ عِبَادِكَ نَصِيبًا مَفْرُوضًا ﴿١١٨﴾
وَلَاُضِلَّنَّهُمْ وَلَاُمَنِّيَنَّهُمْ وَلَاٰمُرَنَّهُمْ فَلَيُبَتِّكُنَّ اٰذَانَ
الْاَنْعَامِ وَلَاٰمُرَنَّهُمْ فَلَيُغَيِّرُنَّ خَلْقَ اللّٰهِ وَمَنْ يَتَّخِذِ
الشَّيْطَانَ وَلِيًّا مِنْ دُونِ اللّٰهِ فَقَدْ خَسِرَ خُسْرَانًا مُبِينًا ﴿١١٩﴾
يَعِدُهُمْ وَيُمَنِّيهِمْ وَمَا يَعِدُهُمُ الشَّيْطَانُ اِلَّا غُرُورًا ﴿١٢٠﴾
اُولٰئِكَ مَأْوٰيهُمْ جَهَنَّمُ وَلَا يَجِدُونَ عَنْهَا مَحِيصًا ﴿١٢١﴾

وَالَّذِينَ

que les ordenaré y sin duda harán cortes en las orejas del ganado (para marcar las reses y dedicarlas para sus ídolos, y asimismo prohibirlas para su consumo; por lo tanto, marcando lo lícito como ilícito); y les ordenaré, y alterarán la creación de Dios»[27]. Quien tome a Satanás como confidente y tutor en lugar de Dios, habrá caído en una clara perdición.

120. (En realidad, Satanás no tiene autoridad alguna sobre la gente en contra de Dios). Les hace promesas y les llena de vanos deseos (supersticiones imaginarias y falsas concepciones), y lo que les promete no es más que engaño.

121. Esos (a los que les ha engañado Satanás): su refugio es el Infierno y no encontrarán salida alguna de él.

26. Muchos de aquellos que rechazan la creencia en un Único Dios adoptan con frecuencia deidades masculinas y femeninas. Mientras que eligen la deidad masculina como la suprema deidad, el resto de sus deidades son femeninas. Esto es así ya que se adoran a sí mismos, y ante todo les importa la satisfacción de sus intereses y sus deseos animales. Ya que el principal deseo del hombre es la mujer, éste intenta explotar estas deidades para satisfacer sus necesidades, eligiendo muchas de sus deidades entre las mujeres. Desean ver a una mujer físicamente atractiva allá donde miren e intentan hacerlas eternas elaborando estatuas y pinturas de ellas. Este es el modo más abominable de degradar la categoría de la mujer y no contempla la mujer más que como un objeto físico. Para ellos las mujeres no son más que meros objetos que contienen la gratificación de sus deseos e intereses. A las mujeres no se les da respeto ni afecto alguno en el momento que más lo necesitan.

La humanidad sufre a causa de un gran número de miedos y temores diferentes entre sí. Siente sobrecogimiento ante lo que teme. Por ello, generalmente concibe la deidad suprema, ante la que muestra temor reverencial, como masculina y actúa servilmente ante la misma. Aunque dichas personas sean tiranos del talante del Faraón, no difieren en nada. Se degradan a sí mismos hasta el punto de besar los pies de cualquier poder que se halle sobre ellos y en cuyas manos ven la satisfacción de sus necesidades y deseos.

Este versículo clarifica que aquellos que inventan deidades diferentes a Dios, lo que hacen es invocar a Satanás como deidad, ya que es Satanás quien les incita a hacer eso.

27. La alteración de la creación de Dios significa cambiar una forma original o natural por medios artificiales y emplear algo más allá del propósito para el que fue creado por Dios. Ello incluye cualquier acto realizado en flagrante violación de la verdadera e intrínseca naturaleza que le corresponde a algo. Por ejemplo: la esterilización de hombres o mujeres, convertir a los varones en eunucos, alterar quirúrgicamente el aspecto de una persona, alterar las funciones para las que fueron creadas las mujeres debido a su naturaleza y hacerles que desempeñen funciones para las que no han sido creadas, la sodomía y otros tipos de relaciones ilícitas, haciendo permitido lo que Dios ha prohibido y viceversa, etc.

وَالَّذِينَ اٰمَنُوا وَعَمِلُوا الصَّالِحَاتِ سَنُدْخِلُهُمْ جَنَّاتٍ
تَجْرِى مِنْ تَحْتِهَا الْاَنْهَارُ خَالِدِينَ فِيهَا اَبَدًا وَعْدَ
اللّٰهِ حَقًّا وَمَنْ اَصْدَقُ مِنَ اللّٰهِ قِيلًا ﴿١٢٢﴾ لَيْسَ بِاَمَانِيِّكُمْ
وَلَا اَمَانِيِّ اَهْلِ الْكِتَابِ مَنْ يَعْمَلْ سُوءًا يُجْزَ بِهِ
وَلَا يَجِدْ لَهُ مِنْ دُونِ اللّٰهِ وَلِيًّا وَلَا نَصِيرًا ﴿١٢٣﴾ وَمَنْ يَعْمَلْ
مِنَ الصَّالِحَاتِ مِنْ ذَكَرٍ اَوْ اُنْثٰى وَهُوَ مُؤْمِنٌ فَاُولٰٓئِكَ
يَدْخُلُونَ الْجَنَّةَ وَلَا يُظْلَمُونَ نَقِيرًا ﴿١٢٤﴾ وَمَنْ اَحْسَنُ
دِينًا مِمَّنْ اَسْلَمَ وَجْهَهُ لِلّٰهِ وَهُوَ مُحْسِنٌ وَاتَّبَعَ مِلَّةَ
اِبْرٰهِيمَ حَنِيفًا وَاتَّخَذَ اللّٰهُ اِبْرٰهِيمَ خَلِيلًا ﴿١٢٥﴾ وَلِلّٰهِ مَا فِى
السَّمٰوَاتِ وَمَا فِى الْاَرْضِ وَكَانَ اللّٰهُ بِكُلِّ شَيْءٍ مُحِيطًا ﴿١٢٦﴾
وَيَسْتَفْتُونَكَ فِى النِّسَاءِ قُلِ اللّٰهُ يُفْتِيكُمْ فِيهِنَّ وَمَا
يُتْلٰى عَلَيْكُمْ فِى الْكِتَابِ فِى يَتَامَى النِّسَاءِ الّٰتِى
لَا تُؤْتُونَهُنَّ مَا كُتِبَ لَهُنَّ وَتَرْغَبُونَ اَنْ تَنْكِحُوهُنَّ
وَالْمُسْتَضْعَفِينَ مِنَ الْوِلْدَانِ وَاَنْ تَقُومُوا لِلْيَتَامٰى
بِالْقِسْطِ وَمَا تَفْعَلُوا مِنْ خَيْرٍ فَاِنَّ اللّٰهَ كَانَ بِهِ عَلِيمًا ﴿١٢٧﴾

122. En cuanto a aquellos que creen y hacen actos buenos y rectos, les admitiremos en Jardines a través de los cuales (entre cuyos árboles) discurren ríos donde morarán para siempre. Esta es la verdadera promesa de Dios. ¿Y quién es más veraz que Dios en Su palabra?

123. No es según vuestras ilusiones ni las ilusiones de la Gente del Libro. (Nadie tiene privilegio ante Dios por ser nominalmente musulmán, judío o cristiano, sino que la verdad es la siguiente:) Quien obre un mal será correspondido por ello y no encontrará para él, aparte de Dios, guardián ni ayudante (que le guarde y le ayude contra las consecuencias de dicho mal).

124. Y quien haga actos rectos, sea varón o hembra, y sea (un verdadero) creyente —esos entrarán en el Paraíso y no se les hará ni siquiera (lo que cupiera en) la muesca de un hueso de dátil de injusticia.

125. Y cuál posee mejor religión que aquel que ha sometido todo su ser a Dios (buscando tan solo Su complacencia, pues es devoto y), hace el bien consciente de que Dios le está contemplando y sigue el camino (*millat*) de Abraham que es de pura fe (libre de incredulidad, de atribuirle copartícipes a Dios y de hipocresía). Dios aceptó a Abraham como amigo (uno de confianza y leal).

126. A Dios Le pertenece todo cuanto hay en los Cielos y en la Tierra, y Dios lo abarca todo (con Su Conocimiento y Poder).

127. (¡Oh Mensajero!) Te preguntan que des un dictamen sobre las leyes relativas a las mujeres. Respóndeles: «Dios os dictamina las leyes relativas a ellas, y son expuestas y recitadas en este Libro acerca de las huérfanas, a las que no les dais lo que ha sido prescrito que se les dé (como dote o para su manutención), y con las que deseáis casaros (por codicia de obtener sus encantos o su riqueza para vosotros y por negaros a que se casen y a que se beneficien de su riqueza); y acerca de los niños débiles e indefensos (cuyos derecho debéis de proteger); y que seáis perseverantes en observar los derechos de los huérfanos». El bien que hagáis, no cabe duda que Dios lo conoce íntegramente.

وَاِنِ امْرَاَةٌ خَافَتْ مِنْ بَعْلِهَا نُشُوزًا اَوْ اِعْرَاضًا فَلَا
جُنَاحَ عَلَيْهِمَا اَنْ يُصْلِحَا بَيْنَهُمَا صُلْحًا وَالصُّلْحُ
خَيْرٌ وَاُحْضِرَتِ الْاَنْفُسُ الشُّحَّ وَاِنْ تُحْسِنُوا وَتَتَّقُوا
فَاِنَّ اللّٰهَ كَانَ بِمَا تَعْمَلُونَ خَبِيرًا ﴿١٢٨﴾ وَلَنْ تَسْتَطِيعُوا
اَنْ تَعْدِلُوا بَيْنَ النِّسَاءِ وَلَوْ حَرَصْتُمْ فَلَا تَمِيلُوا كُلَّ
الْمَيْلِ فَتَذَرُوهَا كَالْمُعَلَّقَةِ وَاِنْ تُصْلِحُوا وَتَتَّقُوا فَاِنَّ
اللّٰهَ كَانَ غَفُورًا رَحِيمًا ﴿١٢٩﴾ وَاِنْ يَتَفَرَّقَا يُغْنِ اللّٰهُ كُلًّا مِنْ
سَعَتِهِ وَكَانَ اللّٰهُ وَاسِعًا حَكِيمًا ﴿١٣٠﴾ وَلِلّٰهِ مَا فِي السَّمٰوَاتِ
وَمَا فِي الْاَرْضِ وَلَقَدْ وَصَّيْنَا الَّذِينَ اُوتُوا الْكِتَابَ
مِنْ قَبْلِكُمْ وَاِيَّاكُمْ اَنِ اتَّقُوا اللّٰهَ وَاِنْ تَكْفُرُوا فَاِنَّ لِلّٰهِ
مَا فِي السَّمٰوَاتِ وَمَا فِي الْاَرْضِ وَكَانَ اللّٰهُ غَنِيًّا حَمِيدًا ﴿١٣١﴾
وَلِلّٰهِ مَا فِي السَّمٰوَاتِ وَمَا فِي الْاَرْضِ وَكَفٰى بِاللّٰهِ وَكِيلًا ﴿١٣٢﴾
اِنْ يَشَاْ يُذْهِبْكُمْ اَيُّهَا النَّاسُ وَيَاْتِ بِاٰخَرِينَ وَكَانَ اللّٰهُ
عَلٰى ذٰلِكَ قَدِيرًا ﴿١٣٣﴾ مَنْ كَانَ يُرِيدُ ثَوَابَ الدُّنْيَا فَعِنْدَ
اللّٰهِ ثَوَابُ الدُّنْيَا وَالْاٰخِرَةِ وَكَانَ اللّٰهُ سَمِيعًا بَصِيرًا ﴿١٣٤﴾

يَا اَيُّهَا

128. Si una mujer teme que su marido la trate mal (incumpliendo con las obligaciones maritales) o que la rechace con inquina, no tendrán culpa alguna si llegan a un acuerdo pacíficamente; la reconciliación pacífica es mejor. (Tened en cuenta) que las almas humanas son proclives a la avaricia egoísta, por lo tanto (Oh maridos) si hacéis el bien en plena conciencia de Dios y actuáis en veneración a Él y piedad (cumpliendo con los derechos de las mujeres), en verdad, Dios se halla perfectamente informado de todo lo que hacéis.

129. No podréis nunca tratar a vuestras esposas con absoluta ecuanimidad (respecto al amor y al afecto emocional) por mucho que deseéis hacerlo. Pero no os apartéis del todo (de una de ellas) dejándola en un estado de incertidumbre (sin tener certeza alguna de si tiene o no tiene marido). Si actuáis justamente (con ellas) y lo hacéis con piedad (y con temor de hacerle algo deliberadamente incorrecto a alguna de ellas), sin duda Dios es Indulgente y Compasivo.

130. Si (a pesar de todo el esfuerzo de reconciliarles, no es posible mantener el matrimonio y) la pareja se separa, (que no teman empobrecerse ni quedar indefensos, porque) Dios les basta con Su abundancia. Dios es Abarcador (con Su Generosidad), Omnisapiente.

131. Y a Dios Le pertenece todo cuanto hay en los Cielos y en la Tierra. Y sin duda encomendamos a aquellos a los que les fue concedido el Libro antes que vosotros y (os encomendamos) a vosotros (Oh musulmanes) que actuéis en veneración a Él y piedad, y con temor a desobedecerle (en todos los asuntos que se hallan relacionados especialmente con los derechos recíprocos). Pero si no creéis (y a pesar de esta amonestación actuáis con ingratitud hacia Él, entonces sabed que) a Dios Le pertenece todo cuanto hay en los Cielos y en la Tierra: (Si creéis en Él y Le agradecéis, esto no Le proporciona nada, y si no creéis en Él y sois desagradecidos, esto no Le afectará en nada. Ya que) Dios es Acaudalado y Autosuficiente (absolutamente independiente de todas Sus criaturas) y Digno de Alabanza (como Señor vuestro que os provee y provee al resto de los seres, y satisface todas vuestras necesidades).

132. (Además, sabed que) a Dios Le pertenece todo cuanto hay en los Cielos y en la Tierra; y Dios basta como Aquel en Quien confiar y a Quien han de remitirse los asuntos.

133. Si Él quiere, puede exterminaros, Oh humanidad, y traer a otros en vuestro lugar. Dios posee plena capacidad para hacerlo.

134. Si alguien quiere la recompensa de este mundo (que sepa que) junto a Dios se encuentra la recompensa de este mundo y la del Más Allá. Dios es Quien todo lo Oye y Quien todo lo Ve.

يَٓا اَيُّهَا الَّذِينَ اٰمَنُوا كُونُوا قَوَّامِينَ بِالْقِسْطِ شُهَدَٓاءَ لِلّٰهِ
وَلَوْ عَلٰٓى اَنْفُسِكُمْ اَوِ الْوَالِدَيْنِ وَالْاَقْرَبِينَۚ اِنْ يَكُنْ غَنِيًّا
اَوْ فَقِيرًا فَاللّٰهُ اَوْلٰى بِهِمَا فَلَا تَتَّبِعُوا الْهَوٰٓى اَنْ تَعْدِلُواۚ
وَاِنْ تَلْوُٓا اَوْ تُعْرِضُوا فَاِنَّ اللّٰهَ كَانَ بِمَا تَعْمَلُونَ خَبِيرًا ﴿١٣٥﴾
يَٓا اَيُّهَا الَّذِينَ اٰمَنُٓوا اٰمِنُوا بِاللّٰهِ وَرَسُولِهِ وَالْكِتَابِ الَّذِى نَزَّلَ
عَلٰى رَسُولِهِ وَالْكِتَابِ الَّذِٓى اَنْزَلَ مِنْ قَبْلُۜ وَمَنْ يَكْفُرْ
بِاللّٰهِ وَمَلٰٓئِكَتِهِ وَكُتُبِهِ وَرُسُلِهِ وَالْيَوْمِ الْاٰخِرِ فَقَدْ ضَلَّ ضَلَالًا
بَعِيدًا ﴿١٣٦﴾ اِنَّ الَّذِينَ اٰمَنُوا ثُمَّ كَفَرُوا ثُمَّ اٰمَنُوا ثُمَّ كَفَرُوا ثُمَّ
ازْدَادُوا كُفْرًا لَمْ يَكُنِ اللّٰهُ لِيَغْفِرَ لَهُمْ وَلَا لِيَهْدِيَهُمْ سَبِيلًاۜ ﴿١٣٧﴾
بَشِّرِ الْمُنَافِقِينَ بِاَنَّ لَهُمْ عَذَابًا اَلِيمًاۙ ﴿١٣٨﴾ اَلَّذِينَ يَتَّخِذُونَ
الْكَافِرِينَ اَوْلِيَٓاءَ مِنْ دُونِ الْمُؤْمِنِينَۜ اَيَبْتَغُونَ عِنْدَهُمُ الْعِزَّةَ
فَاِنَّ الْعِزَّةَ لِلّٰهِ جَمِيعًاۜ ﴿١٣٩﴾ وَقَدْ نَزَّلَ عَلَيْكُمْ فِى الْكِتَابِ اَنْ
اِذَا سَمِعْتُمْ اٰيَاتِ اللّٰهِ يُكْفَرُ بِهَا وَيُسْتَهْزَاُ بِهَا فَلَا تَقْعُدُوا
مَعَهُمْ حَتّٰى يَخُوضُوا فِى حَدِيثٍ غَيْرِهِۘ اِنَّكُمْ اِذًا مِثْلُهُمْۜ
اِنَّ اللّٰهَ جَامِعُ الْمُنَافِقِينَ وَالْكَافِرِينَ فِى جَهَنَّمَ جَمِيعًاۙ ﴿١٤٠﴾

135. ¡Oh vosotros que creéis! Sed defensores y abanderados de la justicia, dando testimonio de la verdad por Dios, aunque vaya en contra de vosotros mismos, o de vuestros padres o parientes. Ya sean las personas involucradas adineradas o pobres, (tened en cuenta) que Dios se encuentra más cerca de ellos (que vosotros y Le atañe más su bienestar). No (esperéis obtener algo de los adinerados y no albergUEis una errónea compasión con los pobres y) sigáis vuestros deseos, para que no os hagan desviaros de la justicia. Si tergiversáis (la verdad) u os negáis (a presentar un testimonio verídico), sabed que Dios se halla perfectamente informado de todo lo que hacéis.

136. ¡Oh vosotros que creéis! Creed en Dios y en Su Mensajero (Muhammad) así como en el Libro que le ha hecho descender a Su Mensajero en partes y en los Libros (Divinos) que hizo descender antes. Todo aquel que no crea en Dios, en Sus ángeles, en Sus Libros, en Sus Mensajeros y en el Día del Juicio Final habrá sucumbido en un extravío irremediable[28].

137. A aquellos que creyeron, luego renegaron, después volvieron a creer y negaron su fe de nuevo, siendo mayor aún su incredulidad, Dios no les perdonará nunca ni les guiará hacia un camino (que lleva al triunfo final y la salvación).

138. A los hipócritas (que son los que acaban de ser descritos) dales la buena nueva de que para ellos habrá un doloroso castigo.

139. (Los hipócritas son) aquellos que adoptan a los incrédulos como confidentes, tutores y aliados prefiriéndolos a los creyentes: ¿Acaso buscan poder y gloria al estar junto a ellos? (Si es así que sepan que) el poder y la gloria pertenecen por completo a Dios.

140. Él ya os ha revelado en el Libro que cuando oigáis que las Revelaciones de Dios están siendo rechazadas y son objeto de burla, no os sentéis con ellos por más tiempo (mostrad vuestro desacuerdo) hasta que no hubieran cambiado de conversación; si no es así, sin duda pasareis a ser como ellos. No cabe duda que Dios reunirá a los hipócritas y a los incrédulos todos juntos en el Infierno.

28. Al emplear la frase «Oh vosotros que creéis» —la cual incluye un verbo— en lugar de «Oh creyentes», el Corán se dirige a todos aquellos que han profesado verbalmente su creencia y han ingresado en el ámbito de la fe y el Islam. Los hipócritas se encuentran incluidos en esta expresión. Al ordenar el acto de creer después de dirigirse a ellos de esta manera, hace hincapié en que la verdadera fe no consiste única y exclusivamente en la profesión de fe verbal.

Sin duda alguna, la fe no consiste simplemente en una aceptación o profesión. La fe posee innumerables grados y rangos del mismo modo que se dan numerosas etapas o grados en el crecimiento de un árbol (como por ejemplo una palmera), desde su condición de semilla hasta su pleno crecimiento en el que da fruto, y del mismo modo que hay distintos grados y niveles en la manifestación de la luz del Sol, desde su iluminación y efecto calorífico en todo aquello que hay sobre la Tierra hasta su reflejo en la Luna y el regreso de dicha reflexión a dicha estrella de nuestro sistema planetario. Estas categorías y niveles de la fe comprenden desde el simple reconocimiento de la razón y la confirmación del corazón, hasta grados en los que la fe penetra todas las partes y facultades del cuerpo controlando y dirigiendo la vida de la persona —desde la fe de las personas normales y corrientes hasta la fe del más grandioso de los Mensajeros—. El primer grado o nivel de fe es simplemente creer en los puntos mencionados en este versículo y a continuación la profundización y la firmeza en la fe. Por eso, el Corán ordena o prohíbe algunas cosas después de la expresión «¡Oh vosotros que creéis!». Es decir, la profesión de fe implica la obediencia a dichos mandamientos, los cuales a su vez hacen que la fe se refuerce y sea más intensa.

Los fundamentos de la fe se requieren y se corroboran mutuamente. El versículo no menciona el Destino Divino como artículo o fundamento de fe; ya que ello está incluido en el reconocimiento y la creencia en Dios y en todas las cualidades que Le son propias y en Sus Atributos, Nombres y Actos.

اَلَّذٖينَ يَتَرَبَّصُونَ بِكُمْۚ فَاِنْ كَانَ لَكُمْ فَتْحٌ مِنَ اللّٰهِ قَالُوا
اَلَمْ نَكُنْ مَعَكُمْۘ وَاِنْ كَانَ لِلْكَافِرٖينَ نَصٖيبٌۙ قَالُوا اَلَمْ
نَسْتَحْوِذْ عَلَيْكُمْ وَنَمْنَعْكُمْ مِنَ الْمُؤْمِنٖينَۜ فَاللّٰهُ يَحْكُمُ
بَيْنَكُمْ يَوْمَ الْقِيٰمَةِۜ وَلَنْ يَجْعَلَ اللّٰهُ لِلْكَافِرٖينَ عَلَى
الْمُؤْمِنٖينَ سَبٖيلًا ﴿١٤١﴾ اِنَّ الْمُنَافِقٖينَ يُخَادِعُونَ اللّٰهَ وَهُوَ
خَادِعُهُمْۚ وَاِذَا قَامُٓوا اِلَى الصَّلٰوةِ قَامُوا كُسَالٰىۙ يُرَٓاؤُنَ
النَّاسَ وَلَا يَذْكُرُونَ اللّٰهَ اِلَّا قَلٖيلًاۙ ﴿١٤٢﴾ مُذَبْذَبٖينَ بَيْنَ ذٰلِكَۗ
لَٓا اِلٰى هٰٓؤُلَٓاءِ وَلَٓا اِلٰى هٰٓؤُلَٓاءِۜ وَمَنْ يُضْلِلِ اللّٰهُ فَلَنْ تَجِدَ
لَهُ سَبٖيلًا ﴿١٤٣﴾ يَٓا اَيُّهَا الَّذٖينَ اٰمَنُوا لَا تَتَّخِذُوا الْكَافِرٖينَ
اَوْلِيَٓاءَ مِنْ دُونِ الْمُؤْمِنٖينَۜ اَتُرٖيدُونَ اَنْ تَجْعَلُوا لِلّٰهِ عَلَيْكُمْ
سُلْطَانًا مُبٖينًا ﴿١٤٤﴾ اِنَّ الْمُنَافِقٖينَ فِى الدَّرْكِ الْاَسْفَلِ
مِنَ النَّارِۚ وَلَنْ تَجِدَ لَهُمْ نَصٖيرًاۙ ﴿١٤٥﴾ اِلَّا الَّذٖينَ تَابُوا وَاَصْلَحُوا
وَاعْتَصَمُوا بِاللّٰهِ وَاَخْلَصُوا دٖينَهُمْ لِلّٰهِ فَاُو۬لٰٓئِكَ مَعَ الْمُؤْمِنٖينَۜ
وَسَوْفَ يُؤْتِ اللّٰهُ الْمُؤْمِنٖينَ اَجْرًا عَظٖيمًا ﴿١٤٦﴾ مَا يَفْعَلُ اللّٰهُ
بِعَذَابِكُمْ اِنْ شَكَرْتُمْ وَاٰمَنْتُمْۜ وَكَانَ اللّٰهُ شَاكِرًا عَلٖيمًا ﴿١٤٧﴾

لَا يُحِبُّ

141. (Los hipócritas son) aquellos que esperan ver qué os acontecerá. Por lo tanto, si obtenéis una victoria procedente de Dios, dicen: «¿Acaso no estábamos con vosotros?». Pero si los incrédulos logran algún éxito, (les) dicen: «¿Acaso no tuvimos ventaja sobre vosotros (al no adherirnos a los creyentes y debilitarles desde dentro) y os hemos defendido contra los creyentes?». Dios juzgará entre vosotros (y ellos) el Día de la Resurrección; y Dios nunca permitirá a los incrédulos encontrar un camino (de triunfo) sobre los (verdaderos) creyentes[29].

142. Los hipócritas quieren engañar a Dios, mientras que es Dios Quien les «engaña» (haciendo que caigan en sus propias trampas). Cuando se levantan para rezar, lo hacen con pereza y para hacerse ver ante la gente (mostrándoles que son musulmanes); y no recuerdan a Dios (dentro o fuera de la Oración) salvo muy poco.

143. Vacilan entre (los creyentes) y (los incrédulos), no están con estos ni con los otros. Para aquél que Dios ha extraviado, no puedes encontrar un camino (seguro a seguir).

144. ¡Oh vosotros que creéis! No adoptéis a los incrédulos como tutores y confidentes prefiriéndolos a los creyentes. ¿Acaso queréis ofrecerle a Dios una prueba manifiesta contra vosotros mismos (de que sois hipócritas y por lo tanto incurriendo en Su castigo)?

145. No cabe duda que los hipócritas se hallarán en lo más profundo del Fuego; y nunca encontrarás para ellos quien les ayude (contra el Fuego).

146. A excepción de aquellos que se arrepientan, se enmienden, se aferren a Dios y practiquen su Religión única y exclusivamente por la complacencia de Dios: esos (que se arrepienten) se contarán entre los creyentes; y en su momento, Dios concederá a los creyentes una tremenda recompensa.

147. ¿Por qué habría de castigaros Dios si sois agradecidos (con Él) y creéis (en Él)?[30] Dios es Aquél Quien corresponde a la gratitud y es Omnisciente.

29. Esta última frase «Dios nunca permitirá a los incrédulos encontrar un camino (de triunfo) sobre los (verdaderos) creyentes» posee numerosos significados e implicaciones:

- En el Más Allá, los creyentes estarán del lado de los vencedores, mientras que los incrédulos serán irremediablemente perdedores.
- El Islam tiene dos alas con las que los creyentes vuelan: una abarca las leyes de Dios y los decretos que llamamos «Religión», y la otra comprende las leyes que Dios ha establecido para la vida, la creación y el funcionamiento del universo, que son objeto de estudio de las ciencias (físicas). Mientras los creyentes obedezcan estos dos tipos de Leyes Divinas, la victoria siempre estará de su parte. Pero si se quedan atrás respecto a los incrédulos en la obediencia al segundo tipo de Leyes Divinas y muestran negligencia en la obediencia al primero, los incrédulos ejercerán supremacía sobre ellos.
- Los incrédulos en ocasiones pueden ejercer la supremacía, pero la victoria final siempre les pertenece a los creyentes.
- Aunque los creyentes a veces parezcan estar del lado de los perdedores, siempre se hallan en el lado vencedor en cuanto a la verdad de sus creencias, ideas y espiritualidad. Para apreciar y certificar este hecho basta contemplar el fenómeno ocurrido a lo largo de los últimos siglos en los que, a pesar de que los incrédulos disfrutaron de primacía política, económica y militar en todo el mundo, muy poca gente abandonaba el Islam para abrazar otras religiones mientras que numerosos individuos provenientes de otras religiones continúan abrazando el Islam.
- Esta declaración indica un importante objetivo para los creyentes: nunca deben permitir que los incrédulos obtengan ventaja o encuentren un camino al triunfo sobre ellos. Si fracasan, tendrán que rendir cuentas ante Dios y tendrán que cargar con las consecuencias de dicho fracaso, tanto en esta vida como en la próxima.

30. Mientras ser ingrato da pie a que se desarrolle la incredulidad e incluso algo semejante (en la lengua árabe, ambas palabras derivan de la misma raíz), ser agradecido (*shukr*) es un puente tendido hacia la fe y es idéntico a ella. Esto es así ya que:

El agradecimiento a Dios consiste en reconocer que cualquier cosa buena con la que una persona está dotada y cualquier logro que realice proviene exclusivamente de Dios. Igualmente consiste en reconocer las bendiciones de Dios en su corazón, confesarlo con la palabra y manifestarlo en los actos. Sus corazones han de desbordarse de amor y lealtad al Benefactor y no deben atribuir una verdadera impresión creativa a ninguna de las causas aparentes de las bendiciones que de Él les llegue. También han de hacer uso de todo lo que Dios les ha concedido en Su camino y de acuerdo con Sus mandamientos.

148. A Dios no Le agrada las severas formas de expresión excepto por aquel que ha sido objeto de injusticia (y, por lo tanto, tiene derecho a expresar dicha injusticia con el lenguaje apropiado). Dios es Quien todo lo Oye y Omnisapiente.

149. Tanto si hacéis una buena acción en público o en secreto, como si perdonáis un mal (que os haya sido hecho, a pesar de que tengáis el derecho legal a la justa retribución, sabed que) Dios es Indulgente e Infinitamente Capaz (de castigar o perdonar).

150. Aquellos (que merecen el castigo) son los que no creen en Dios (no Lo reconocen en absoluto o no Lo reconocen como debería serlo) y en Sus Mensajeros (niegan que exista la Misión Profética por completo o niegan a algunos de los Mensajeros) y quieren hacer una distinción entre Dios y Sus Mensajeros (reivindicando que creen en Dios pero rechazando la Misión Profética o a algunos de los Mensajeros) y dicen: «Creemos en algunos y no creemos en otros», tratando de tomar un camino intermedio.

151. Tales son, en verdad, los incrédulos; y hemos preparado para los incrédulos un castigo vergonzoso y humillante.

152. Y en cuanto a los que creen en Dios y en Sus Mensajeros y no hacen distinción alguna entre ellos (entre Dios y Sus Mensajeros, o entre Sus Mensajeros mismos), a ellos Dios les dará su (plena) recompensa. Dios es, con toda certeza, Indulgente y Compasivo.

153. La Gente del Libro te ruega que hagas descender un Libro sobre ellos desde los Cielos. (Oh Mensajero, no te altere) le pidieron algo mayor a Moisés cuando le dijeron: «Muéstranos a Dios manifiestamente», y el rayo les fulminó por su

لَا يُحِبُّ اللّٰهُ الْجَهْرَ بِالسُّوٓءِ مِنَ الْقَوْلِ اِلَّا مَنْ ظُلِمَ وَكَانَ
اللّٰهُ سَمِيعًا عَلِيمًا ﴿١٤٨﴾ اِنْ تُبْدُوا خَيْرًا اَوْ تُخْفُوهُ اَوْ تَعْفُوا
عَنْ سُوٓءٍ فَاِنَّ اللّٰهَ كَانَ عَفُوًّا قَدِيرًا ﴿١٤٩﴾ اِنَّ الَّذِينَ يَكْفُرُونَ
بِاللّٰهِ وَرُسُلِهِ وَيُرِيدُونَ اَنْ يُفَرِّقُوا بَيْنَ اللّٰهِ وَرُسُلِهِ وَيَقُولُونَ
نُؤْمِنُ بِبَعْضٍ وَنَكْفُرُ بِبَعْضٍ وَيُرِيدُونَ اَنْ يَتَّخِذُوا
بَيْنَ ذٰلِكَ سَبِيلًا ﴿١٥٠﴾ اُولٰٓئِكَ هُمُ الْكَافِرُونَ حَقًّا وَاَعْتَدْنَا
لِلْكَافِرِينَ عَذَابًا مُهِينًا ﴿١٥١﴾ وَالَّذِينَ اٰمَنُوا بِاللّٰهِ وَرُسُلِهِ وَلَمْ
يُفَرِّقُوا بَيْنَ اَحَدٍ مِنْهُمْ اُولٰٓئِكَ سَوْفَ يُؤْتِيهِمْ اُجُورَهُمْ
وَكَانَ اللّٰهُ غَفُورًا رَحِيمًا ﴿١٥٢﴾ يَسْـَٔلُكَ اَهْلُ الْكِتَابِ اَنْ تُنَزِّلَ
عَلَيْهِمْ كِتَابًا مِنَ السَّمَٓاءِ فَقَدْ سَاَلُوا مُوسٰٓى اَكْبَرَ
مِنْ ذٰلِكَ فَقَالُٓوا اَرِنَا اللّٰهَ جَهْرَةً فَاَخَذَتْهُمُ الصَّاعِقَةُ بِظُلْمِهِمْ
ثُمَّ اتَّخَذُوا الْعِجْلَ مِنْ بَعْدِ مَا جَٓاءَتْهُمُ الْبَيِّنَاتُ فَعَفَوْنَا
عَنْ ذٰلِكَ وَاٰتَيْنَا مُوسٰى سُلْطَانًا مُبِينًا ﴿١٥٣﴾ وَرَفَعْنَا فَوْقَهُمُ
الطُّورَ بِمِيثَاقِهِمْ وَقُلْنَا لَهُمُ ادْخُلُوا الْبَابَ سُجَّدًا وَقُلْنَا
لَهُمْ لَا تَعْدُوا فِي السَّبْتِ وَاَخَذْنَا مِنْهُمْ مِيثَاقًا غَلِيظًا ﴿١٥٤﴾

maldad. Luego, adoptaron el becerro (de oro) como deidad —y ello después de que (los milagros y otras) patentes evidencias de la verdad les hubiesen llegado—. Aun así, (aceptamos su expiación y) se lo perdonamos; y concedimos a Moisés (el Libro y el Criterio y, por lo tanto) una prueba clara y autoridad.

154. (Es más) elevamos el Monte sobre ellos para hacerles aceptar su promesa (de que se atendrían con firmeza al Libro) y (en otra ocasión cuando les guiamos hacia una población) les ordenamos: «Entrad en ella por su puerta postrados (humildemente y en suma sumisión a Dios)». Y asimismo les ordenamos en una ocasión: «No quebrantéis el Sabbat», y tomamos de ellos un solemne compromiso.

102 سُورَةُ النِّسَاءِ ١٠٢

فَبِمَا نَقْضِهِمْ مِيثَاقَهُمْ وَكُفْرِهِمْ بِاٰيَاتِ اللّٰهِ وَقَتْلِهِمُ الْاَنْبِيَاءَ
بِغَيْرِ حَقٍّ وَقَوْلِهِمْ قُلُوبُنَا غُلْفٌ بَلْ طَبَعَ اللّٰهُ عَلَيْهَا بِكُفْرِهِمْ
فَلَا يُؤْمِنُونَ اِلَّا قَلِيلًا ﴿١٥٥﴾ وَبِكُفْرِهِمْ وَقَوْلِهِمْ عَلٰى مَرْيَمَ بُهْتَانًا
عَظِيمًا ﴿١٥٦﴾ وَقَوْلِهِمْ اِنَّا قَتَلْنَا الْمَسِيحَ عِيسَى ابْنَ مَرْيَمَ رَسُولَ
اللّٰهِ وَمَا قَتَلُوهُ وَمَا صَلَبُوهُ وَلٰكِنْ شُبِّهَ لَهُمْ وَاِنَّ الَّذِينَ اخْتَلَفُوا
فِيهِ لَفِي شَكٍّ مِنْهُ مَا لَهُمْ بِهِ مِنْ عِلْمٍ اِلَّا اتِّبَاعَ الظَّنِّ وَمَا
قَتَلُوهُ يَقِينًا ﴿١٥٧﴾ بَلْ رَفَعَهُ اللّٰهُ اِلَيْهِ وَكَانَ اللّٰهُ عَزِيزًا حَكِيمًا ﴿١٥٨﴾
وَاِنْ مِنْ اَهْلِ الْكِتَابِ اِلَّا لَيُؤْمِنَنَّ بِهِ قَبْلَ مَوْتِهِ وَيَوْمَ الْقِيٰمَةِ
يَكُونُ عَلَيْهِمْ شَهِيدًا ﴿١٥٩﴾ فَبِظُلْمٍ مِنَ الَّذِينَ هَادُوا حَرَّمْنَا
عَلَيْهِمْ طَيِّبَاتٍ اُحِلَّتْ لَهُمْ وَبِصَدِّهِمْ عَنْ سَبِيلِ اللّٰهِ كَثِيرًا ﴿١٦٠﴾
وَاَخْذِهِمُ الرِّبٰوا وَقَدْ نُهُوا عَنْهُ وَاَكْلِهِمْ اَمْوَالَ النَّاسِ بِالْبَاطِلِ
وَاَعْتَدْنَا لِلْكَافِرِينَ مِنْهُمْ عَذَابًا اَلِيمًا ﴿١٦١﴾ لٰكِنِ الرَّاسِخُونَ
فِي الْعِلْمِ مِنْهُمْ وَالْمُؤْمِنُونَ يُؤْمِنُونَ بِمَا اُنْزِلَ اِلَيْكَ وَمَا اُنْزِلَ
مِنْ قَبْلِكَ وَالْمُقِيمِينَ الصَّلٰوةَ وَالْمُؤْتُونَ الزَّكٰوةَ وَالْمُؤْمِنُونَ
بِاللّٰهِ وَالْيَوْمِ الْاٰخِرِ اُولٰئِكَ سَنُؤْتِيهِمْ اَجْرًا عَظِيمًا ﴿١٦٢﴾

اِنَّا اَوْحَيْنَا

155. Y de este modo, por haber quebrantado su compromiso y por ignorar intencionadamente los signos de Dios (en el universo y en ellos mismos) y rechazar Sus Revelaciones, por haber matado a algunos Profetas contra todo derecho y por haber dicho: «Nuestros corazones se han endurecido (ya no tienen capacidad para creer)». ¡No! Más bien, Dios ha ubicado un sello en sus corazones por su incredulidad persistente por lo que, salvo unos pocos, apenas si creen[31].

156. Y por su (persistencia en la) incredulidad y por haber proferido contra María una enorme calumnia.

157. Y por haber dicho: «Hemos matado al Mesías, Jesús, hijo de María, el Mensajero de Dios»—mientras que no fue así, pues no le mataron ni le crucificaron sino que el asunto les pareció dudoso. Los que discrepan sobre este asunto y sobre Jesús, se hallan en verdad confundidos. No poseen un conocimiento firme al respecto, siguen meras conjeturas. Y con toda certeza, no le mataron.

158. Sino que Dios le elevó hacia Sí. Dios es Glorioso poseedor de irresistible poder, Omnisapiente.

159. A pesar de ello, no hay nadie entre la Gente del Libro que antes de su muerte (llegue a entender la verdad sobre Jesús y) no llegue a creer en él (aunque dicha creencia no les beneficiará en nada); y en el Día de la Resurrección, él dará testimonio contra ellos[32].

160. Por lo tanto, a causa de la injusticia cometida por los judíos, les prohibimos numerosas cosas saludables y buenas que (hasta entonces) les habían sido permitidas, así como con motivo de haber obstaculizado a muchos el camino de Dios.

161. Y por cobrar intereses, a pesar de que les ha sido prohibido, y por consumir la riqueza de la gente de un modo ilegítimo (a través de la usura, el robo, la usurpación, el soborno, el juego y vender las Revelaciones Divinas a un precio nimio). Hemos preparado para los incrédulos de entre ellos (los que persisten en la incredulidad a pesar de las numerosas advertencias) un castigo doloroso.

162. Mas quienes de entre ellos se encuentren firmemente afianzados en el Conocimiento, y los (verdaderos) creyentes que creen en lo que ha sido hecho descender sobre ti (Oh Mensajero) y lo que descendió antes de ti; y especialmente aquellos que llevan a cabo la Oración conforme a sus condiciones, aquellos que pagan la Limosna Prescrita Purificadora y los creyentes en Dios y en el Día del Juicio Final (tal y como se ha de creer), a ellos les concederemos una tremenda recompensa.

31. Respecto a los acontecimientos mencionados aquí, véanse los versículos 2:51–55, 58, 61, 63–66, 79, 83, 84–88, 92–93.

32. Existen diversas opiniones relacionadas con cómo Jesús abandonó este mundo así como respecto a las Tradiciones Proféticas que hablan de su regreso al mundo antes del Día de la Resurrección. Los siguientes puntos tal vez puedan arrojar un poco de luz al respecto, y se hallen más próximos a la verdad:

- Ni los judíos ni los romanos pudieron matar o crucificar a Jesús. Según algunos intérpretes del Corán, Dios hizo que uno de sus discípulos, Judas, se asemejase físicamente a Jesús y le substituyese por haberle traicionado. Sin embargo, el difunto Muhammad Asad, un renombrado musulmán convertido del Judaísmo, considera la crucifixión una leyenda. Según él, a lo largo del tiempo y desde la época de Jesús, tomó forma la leyenda (posiblemente a causa de la poderosa influencia de las creencias mitráicas) de que Jesús había muerto en la cruz para expiar el «pecado original» que la humanidad supuestamente cargaba. Esta leyenda se estableció tan firmemente entre los seguidores de Jesús que incluso sus enemigos los judíos empezaron a creerla —si bien es cierto que en un sentido derogatorio (ya que la crucifixión era, en aquellos tiempos, un modo aborrecible de sufrir la pena de muerte reservada únicamente a los criminales más vulgares) [*The Message of The Qur'an* («El Mensaje del Corán»), pág. 134]. Tanto si Muhammad Asad tenga razón como si no, un gran número de las doctrinas presentes en el Cristianismo moderno, como el pecado original, la expiación de la sangre y la trinidad, eran elementos esenciales del Mitraísmo. Ésta era una doctrina muy extendida por Asia Menor en los años en que el Cristianismo empezaba a difundirse por dicha zona, y era una de las muchas religiones y creencias asimiladas por el Imperio Romano antes del Cristianismo. Lo que es un hecho es que Jesús no fue ni asesinado ni crucificado. El asunto fue motivo de enormes incertidumbres entre los que aventuraron dicha afirmación.
- Si abordamos el versículo 158 junto con el versículo 3:55, tal y como se indica en la nota final de la página número 10 de dicho versículo, mencionado por Bediüzzaman Said Nursi [*The Letters* —«Las Palabras»—, «1st Letter» («La Primera Palabra»)], respecto al asunto de la ascensión de Jesús por parte de Dios hacia Sí Mismo podremos decir lo siguiente: Del mismo modo excepcional en que Jesús vino al mundo, así partió él de este mundo. No pasó a mejor vida como el resto de los mortales, sino que Dios lo tomó para Sí Mismo en cuerpo y espíritu, trasformándolo en cuerpo «astral» o en una acumulación de energía. Esto tal vez sea análogo a la Ascensión del profeta Muhammad, la paz y las bendiciones sean con él. Sin embargo, mientras que el profeta Muhammad regresó al mundo para completar su misión, Jesús permaneció allá donde fue llevado.
- Entre los grandes Mensajeros —Noé, Abraham, Moisés, Jesús y Muhammad, la paz sea con ellos— Noé y Moisés y Abraham y Jesús se asemejan entre sí en naturaleza y carácter. Los atributos de majestad se manifestaron más que los de la gracia en Noé y Moisés, mientras que en Abraham y Jesús sucede al contrario. Noé y Moisés fueron distinguidos por su gran severidad hacia los incrédulos, mientras que Abraham y Jesús fueron más conocidos por su afecto y compasión. El profeta Muhammad, debido a la universalidad de su misión, combina ambos aspectos con equilibrio; pero según el momento o las condiciones, a veces la majestad y la severidad tienen prioridad sobre el afecto y la compasión. Las circunstancias que precedan al fin de los tiempos harán que los musulmanes se provean de más afecto, compasión, amor y diálogo. El Cristianismo será purificado de las doctrinas que se infiltraron en él a lo largo del tiempo y musulmanes y cristianos se unirán contra los embates del materialismo y otras ideologías. Esto hará que la Religión de Dios triunfe sobre el ateismo en todo el mundo. Eso es lo que un gran número de eruditos musulmanes sacan como conclusión de las Tradiciones que predicen la venida de Jesús al mundo antes del fin de los tiempos y su práctica de la Ley Islámica.

إِنَّا أَوْحَيْنَا إِلَيْكَ كَمَا أَوْحَيْنَا إِلَىٰ نُوحٍ وَالنَّبِيِّينَ مِن بَعْدِهِ
وَأَوْحَيْنَا إِلَىٰ إِبْرَاهِيمَ وَإِسْمَاعِيلَ وَإِسْحَاقَ وَيَعْقُوبَ
وَالْأَسْبَاطِ وَعِيسَىٰ وَأَيُّوبَ وَيُونُسَ وَهَارُونَ وَسُلَيْمَانَ
وَآتَيْنَا دَاوُودَ زَبُورًا ﴿١٦٣﴾ وَرُسُلًا قَدْ قَصَصْنَاهُمْ عَلَيْكَ
مِن قَبْلُ وَرُسُلًا لَّمْ نَقْصُصْهُمْ عَلَيْكَ وَكَلَّمَ اللَّهُ مُوسَىٰ
تَكْلِيمًا ﴿١٦٤﴾ رُّسُلًا مُّبَشِّرِينَ وَمُنذِرِينَ لِئَلَّا يَكُونَ لِلنَّاسِ
عَلَى اللَّهِ حُجَّةٌ بَعْدَ الرُّسُلِ وَكَانَ اللَّهُ عَزِيزًا حَكِيمًا ﴿١٦٥﴾
لَّٰكِنِ اللَّهُ يَشْهَدُ بِمَا أَنزَلَ إِلَيْكَ أَنزَلَهُ بِعِلْمِهِ وَالْمَلَائِكَةُ
يَشْهَدُونَ وَكَفَىٰ بِاللَّهِ شَهِيدًا ﴿١٦٦﴾ إِنَّ الَّذِينَ كَفَرُوا وَصَدُّوا
عَن سَبِيلِ اللَّهِ قَدْ ضَلُّوا ضَلَالًا بَعِيدًا ﴿١٦٧﴾ إِنَّ الَّذِينَ كَفَرُوا
وَظَلَمُوا لَمْ يَكُنِ اللَّهُ لِيَغْفِرَ لَهُمْ وَلَا لِيَهْدِيَهُمْ طَرِيقًا ﴿١٦٨﴾
إِلَّا طَرِيقَ جَهَنَّمَ خَالِدِينَ فِيهَا أَبَدًا وَكَانَ ذَٰلِكَ عَلَى اللَّهِ
يَسِيرًا ﴿١٦٩﴾ يَا أَيُّهَا النَّاسُ قَدْ جَاءَكُمُ الرَّسُولُ بِالْحَقِّ
مِن رَّبِّكُمْ فَآمِنُوا خَيْرًا لَّكُمْ وَإِن تَكْفُرُوا فَإِنَّ لِلَّهِ مَا
فِي السَّمَاوَاتِ وَالْأَرْضِ وَكَانَ اللَّهُ عَلِيمًا حَكِيمًا ﴿١٧٠﴾

163. Te hemos revelado (Oh Mensajero), tal y como hemos revelado a Noé y a los Profetas anteriores a él. Y hemos revelado a Abraham, Ismael, Isaac, Jacob, a los Profetas que surgieron en las tribus, a Jesús, Job, Jonás, Aarón y Salomón. Y otorgamos a David los Salmos[33].

164. Y a Mensajeros las narraciones ejemplares de los cuales ya te hemos mencionado y a Mensajeros las narraciones ejemplares de los cuales no te hemos mencionado. Y Dios habló a Moisés de un modo particular[34].

165. Mensajeros (que han sido enviados como) portadores de buenas nuevas y de advertencias, para que la gente no tenga ningún argumento contra Dios después de los Mensajeros (que les han venido). Y Dios es Glorioso poseedor de irresistible poder, Omnisapiente.

166. (Tanto si la gente cree como si no) Dios da fe (de la verdad) de lo que Él te ha hecho descender. Y lo ha hecho descender desde Su Conocimiento, basado en el mismo y junto al mismo. Y los ángeles también dan fe (de ello); aunque Dios basta como testigo.

167. Sin duda alguna los que (desafiando dicho testimonio) no creen y apartan (a la gente) del Camino de Dios, se han alejado en un extravío irremediable.

168. Sin duda alguna, los que no creen y cometen injusticias (con la gente apartándoles del Camino de Dios así como con Dios y Sus Mensajeros, ángeles, con todos los creyentes, con todas las criaturas que dan fe de la verdad y con sus propias conciencias, acusándoles de mentir y de engañar), en verdad que Dios no les perdonará ni les guiará a ningún camino,

169. A excepción del camino del Fuego donde morarán para siempre. Y eso es fácil para Dios.

170. ¡Oh seres humanos! El (más ilustre) Mensajero ha venido a vosotros con la verdad de vuestro Señor. ¡Creed, pues, por vuestro bien! Y si no creéis, entonces (sabed que vuestra incredulidad no Le perjudicará de ningún modo, porque) a Dios Le pertenece todo cuanto hay en los Cielos y en la Tierra. Dios es Omnisciente, Omnisapiente.

33. Abu'l-A'la al-Mawdudi añade la siguiente nota a este versículo:

«Los Salmos» que figuran en la Biblia no son los Salmos de David. La versión bíblica contiene numerosos «salmos» elaborados por otros autores y son atribuidos a sus autores actuales. Los salmos que la Biblia atribuye a David contienen el brillo característico de la verdad. El libro titulado «Proverbios», atribuido a Salomón, contiene numerosas afirmaciones; y los últimos dos capítulos en particular son sin duda alguna falsos. Sin embargo, gran cantidad de estos proverbios poseen un aura de verdad y de autenticidad. Existe otro libro en la Biblia que es atribuido a Job. A pesar de que posee numerosas perlas de la sabiduría, es difícil creer que el libro atribuido a Job sea suyo, ya que la descripción del carácter de Job en ese libro es bastante diferente a la maravillosa paciencia con la que se le aclama en el Corán y con la que es encomiado al principio del mismísimo Libro de Job. El Libro de Job, al contrario de la imagen que el Corán proporciona de él, le presenta como una persona tan llena de quejas y enojo hacia Dios durante todo el período de su adversidad que sus compañeros tuvieron que convencerle de que Dios no era injusto.

Además de lo anteriormente expuesto, la Biblia contiene otros diecisiete libros atribuidos a los Profetas israelitas. Gran parte del contenido de estos libros parece ser auténtico. En Jeremías, Isaías, Ezequiel, Amos y otros libros, a veces nos encontramos con secciones enteras que nos conmueven y agitan el alma. Estas secciones, sin duda alguna, poseen el brillo de la Revelación Divina. Cuando leemos dichos libros impresiona la vehemencia de las exhortaciones morales, la firme oposición al politeísmo, la rigurosa exposición del monoteísmo y la enérgica denuncia de la corrupción moral que caracteriza a los israelitas. Inevitablemente no podemos sino sentir que estos libros, los sermones de Jesús contenidos en los Evangelios así como el Glorioso Corán son manantiales que brotan de la misma Fuente Divina (al-Mawdudi, 2:113-114, nota 205).

34. Tal y como se menciona en el versículo 42:51, la Revelación acontece de tres formas:

- Dios ubica en el corazón del Profeta el significado de tal manera que el Profeta sabe indudablemente que proviene de Dios.
- Dios habla al Profeta sin medición alguna, pero sin ser visto y por detrás de un velo, del mismo modo que Dios habló a Moisés desde un árbol.
- Dios envía a un ángel que comunica el Mensaje de Dios al Profeta. Siempre envió a Gabriel a que comunicase Sus mensajes contenidos en Sus Libros (as-Salih, 22).

Tal y como se menciona en el versículo 2:253, Dios ensalzó y distinguió a algunos Profetas en ciertos aspectos debido a la misión de cada uno, lo que significa que, a excepción del profeta Muhammad, la paz y las bendiciones sean con él, el cual representa todos los aspectos de la Misión Profética de la manera más perfecta debido a la universalidad de su misión, cada Profeta es superior a los demás en uno o más aspectos. El profeta Moisés, la paz sea con él, fue distinguido por haber sido el interlocutor de Dios sin mediación alguna. Pero a pesar de que Dios se dirija a él directamente no sea sino un favor especial, esto no es el modo más elevado de Revelación. Dios envió Sus mensajes que forman Su Libro por medio del Arcángel Gabriel; por lo tanto, el modo superior de Revelación es a través de Gabriel. Es por ello que la Tora no está constituida por las Revelaciones directas de Dios a Moisés, la paz sea con él.

يَا اَهْلَ الْكِتَابِ لَا تَغْلُوا فٖى دٖينِكُمْ وَلَا تَقُولُوا
عَلَى اللّٰهِ اِلَّا الْحَقَّ اِنَّمَا الْمَسٖيحُ عٖيسَى ابْنُ مَرْيَمَ رَسُولُ
اللّٰهِ وَكَلِمَتُهُ اَلْقٰيهَا اِلٰى مَرْيَمَ وَرُوحٌ مِنْهُ فَاٰمِنُوا بِاللّٰهِ
وَرُسُلِهٖ وَلَا تَقُولُوا ثَلٰثَةٌ اِنْتَهُوا خَيْرًا لَكُمْ اِنَّمَا اللّٰهُ اِلٰهٌ
وَاحِدٌ سُبْحَانَهُ اَنْ يَكُونَ لَهُ وَلَدٌ لَهُ مَا فِى السَّمٰوَاتِ
وَمَا فِى الْاَرْضِ وَكَفٰى بِاللّٰهِ وَكٖيلاً ﴿١٧١﴾ لَنْ يَسْتَنْكِفَ
الْمَسٖيحُ اَنْ يَكُونَ عَبْدًا لِلّٰهِ وَلَا الْمَلٰٓئِكَةُ الْمُقَرَّبُونَ
وَمَنْ يَسْتَنْكِفْ عَنْ عِبَادَتِهٖ وَيَسْتَكْبِرْ فَسَيَحْشُرُهُمْ اِلَيْهِ
جَمٖيعًا ﴿١٧٢﴾ فَاَمَّا الَّذٖينَ اٰمَنُوا وَعَمِلُوا الصَّالِحَاتِ فَيُوَفّٖيهِمْ
اُجُورَهُمْ وَيَزٖيدُهُمْ مِنْ فَضْلِهٖ وَاَمَّا الَّذٖينَ اسْتَنْكَفُوا
وَاسْتَكْبَرُوا فَيُعَذِّبُهُمْ عَذَابًا اَلٖيمًا وَلَا يَجِدُونَ لَهُمْ
مِنْ دُونِ اللّٰهِ وَلِيًّا وَلَا نَصٖيرًا ﴿١٧٣﴾ يَا اَيُّهَا النَّاسُ قَدْ
جَٓاءَكُمْ بُرْهَانٌ مِنْ رَبِّكُمْ وَاَنْزَلْنَٓا اِلَيْكُمْ نُورًا مُبٖينًا ﴿١٧٤﴾
فَاَمَّا الَّذٖينَ اٰمَنُوا بِاللّٰهِ وَاعْتَصَمُوا بِهٖ فَسَيُدْخِلُهُمْ
فٖى رَحْمَةٍ مِنْهُ وَفَضْلٍ وَيَهْدٖيهِمْ اِلَيْهِ صِرَاطًا مُسْتَقٖيمًا ﴿١٧٥﴾

يَسْتَفْتُونَكَ

171. ¡Oh Gente del Libro! No traspaséis los límites de vuestra religión y no digáis acerca de Dios más que la verdad. El Mesías, Jesús, hijo de María, no era más que un Mensajero de Dios, y una Palabra Suya (de Su Poder) que transmitió a María y un espíritu procedente de Él[35]. Por lo tanto, creed en Dios (como el Uno y Único Dios), en Sus Mensajeros (incluyendo a Jesús como Mensajero) y no digáis: (Dios es) una trinidad. Desistid (de esta afirmación) —(es) por vuestro propio bien (que lo hagáis)—. Dios no es sino un Único Dios. Gloria a Él, está absolutamente por encima de tener un hijo. A Él pertenece todo cuanto hay en los Cielos y todo cuanto hay en la Tierra. Y Dios basta como Aquel en Quien confiar y a Quien han de remitirse los asuntos.

172. El Mesías nunca menospreció ser un siervo de Dios ni así tampoco los ángeles que se hallan cerca de Él. Quien menosprecia adorar a Dios siendo un siervo y sienta soberbia (engreído por la arrogancia, ha de saber que) Dios les reunirá a todos ellos ante Él (y les hará rendir cuentas).

173. En cuanto a los que creen y hacen actos buenos y rectos, les concederá su plena recompensa y les proveerá más de Su favor; pero los que se muestran despectivos y arrogantes, les castigará con un doloroso castigo y no encontrarán ante Dios, tutor, protector ni nadie que les ayude.

174. ¡Oh seres humanos! Os ha llegado una Prueba procedente de vuestro Señor y hemos hecho que descendiese para vosotros una Luz clara (para iluminar vuestro camino y mostraros todo claramente).

175. Por lo tanto, aquellos que creen en Dios (tal y como consta en esta Prueba y en esta Luz) y se acercan a Él, Él les admitirá en una (gran) misericordia procedente de Su Presencia y generosidad y les guiará hacia Él en un camino recto.

35. Dios posee dos tipos de palabras, una que surge de Su Atributo del Discurso, y otra que surge de Su Poder. Las palabras que provienen de Su Atributo del Discurso son los Libros y Escrituras que hizo descender sobre algunos de Sus Mensajeros. Sus palabras que surgen de Su Atributo del Poder son todas Sus obras —Sus criaturas y todos los acontecimientos del universo—. La razón por la que Dios menciona a Jesús, la paz sea con él, como una de Sus Palabras (procedente de Su Poder) es porque Dios, con motivo de Su Grandeza y Honor, actúa en este mundo a través de las causas y los efectos. Así lo hace porque este mundo es el mundo de la sabiduría y los que son incapaces de distinguir el bien que subyace en cada acto de Dios atribuirían a Dios todo lo que les desagrada, lo cual les llevaría a la perdición. Dios actúa detrás del velo de la causa y del efecto para que la gente pueda atribuir las cosas desagradables, tal y como enfermedad, la muerte y las desgracias, a sus causas «naturales» y no se quejen de Dios. No obstante, al ser el Más Allá el mundo del Poder, Dios procederá ahí sin velos; todo ocurrirá instantáneamente. La creación de Jesús, la paz sea con él, fue diferente a la del resto de la gente, ya que Dios le creó sin mediación de un padre. Por lo tanto, en Jesús, la paz sea con él, es la Ley del Poder de Dios la que se manifiesta, más que la Ley de la Sabiduría de Dios. Adán, la paz sea con él, asimismo fue creado sin la intervención de padres, pero Dios no le llamó Su Palabra. Adán, la paz sea con él, fue el primer ser humano creado; pero la creación de Jesús, la paz sea con él, fue absolutamente excepcional al acontecer muchos siglos después de que la gente viniese al mundo por medio de un padre y una madre.

Que Jesús, la paz sea con él, sea un espíritu proveniente de Dios ha de ser considerado desde este punto de vista. Al ser Jesús, la paz sea con él, la Palabra del Poder de Dios, es decir, creado sin causa ni efecto, al contrario que el resto de los mortales, y al haber sido insuflado en la Virgen María mediante la intervención de un ángel —un ser puramente espiritual— la dimensión espiritual adquiere mayor importancia en su creación. La razón por la cual esto aconteció a Jesús de este modo reside en que vino para revivir espiritualmente a los hijos de Israel, que habían sucumbido al materialismo y traicionaban la Revelación de Dios a cambio de nimiedades. Por lo tanto, en la misión de Jesús, se concedió prioridad al aspecto espiritual de la Religión Divina. Desafortunadamente, la mayoría de sus seguidores traspasaron los límites de la verdad posteriormente y, para ellos, «el espíritu *procedente* de Dios» se convirtió en «el espíritu *de* Dios», y el «espíritu de santidad» con el que fue confirmado (2:87) fue interpretado como del propio espíritu de Dios que quedó encarnado en Jesús. Por lo tanto, junto a Dios y a Jesús, la paz sea con él, desarrollaron una tercera persona de Dios —el Espíritu Santo—. El Corán refuta categóricamente dichas afirmaciones.

١٠٥ اَلْجُزْءُ السَّادِسُ 105

يَسْتَفْتُونَكَ قُلِ اللّٰهُ يُفْتِيكُمْ فِى الْكَلَالَةِ اِنِ امْرُؤٌا هَلَكَ
لَيْسَ لَهُ وَلَدٌ وَلَهُ اُخْتٌ فَلَهَا نِصْفُ مَا تَرَكَ وَهُوَ يَرِثُهَا
اِنْ لَمْ يَكُنْ لَهَا وَلَدٌ فَاِنْ كَانَتَا اثْنَتَيْنِ فَلَهُمَا الثُّلُثَانِ مِمَّا
تَرَكَ وَاِنْ كَانُوا اِخْوَةً رِجَالاً وَنِسَاءً فَلِلذَّكَرِ مِثْلُ حَظِّ
الْاُنْثَيَيْنِ يُبَيِّنُ اللّٰهُ لَكُمْ اَنْ تَضِلُّوا وَاللّٰهُ بِكُلِّ شَيْءٍ عَلِيمٌ ١٧٦

سُورَةُ الْمَائِدَةِ مَدَنِيَّةٌ
وَهِيَ مِائَةٌ وَعِشْرُونَ اٰيَةً

بِسْمِ اللّٰهِ الرَّحْمٰنِ الرَّحِيمِ

يَا اَيُّهَا الَّذِينَ اٰمَنُوا اَوْفُوا بِالْعُقُودِ اُحِلَّتْ لَكُمْ بَهِيمَةُ الْاَنْعَامِ اِلَّا
مَا يُتْلٰى عَلَيْكُمْ غَيْرَ مُحِلِّى الصَّيْدِ وَاَنْتُمْ حُرُمٌ اِنَّ اللّٰهَ يَحْكُمُ مَا يُرِيدُ ١
يَا اَيُّهَا الَّذِينَ اٰمَنُوا لَا تُحِلُّوا شَعَائِرَ اللّٰهِ وَلَا الشَّهْرَ الْحَرَامَ وَلَا الْهَدْيَ
وَلَا الْقَلَائِدَ وَلَا اٰمِّينَ الْبَيْتَ الْحَرَامَ يَبْتَغُونَ فَضْلاً مِنْ رَبِّهِمْ
وَرِضْوَانًا وَاِذَا حَلَلْتُمْ فَاصْطَادُوا وَلَا يَجْرِمَنَّكُمْ شَنَاٰنُ قَوْمٍ اَنْ
صَدُّوكُمْ عَنِ الْمَسْجِدِ الْحَرَامِ اَنْ تَعْتَدُوا وَتَعَاوَنُوا عَلَى الْبِرِّ وَالتَّقْوٰى
وَلَا تَعَاوَنُوا عَلَى الْاِثْمِ وَالْعُدْوَانِ وَاتَّقُوا اللّٰهَ اِنَّ اللّٰهَ شَدِيدُ الْعِقَابِ ٢

176. Te preguntan (Oh Mensajero) que dictamines. Di (a ellos): «Dios os dictamina sobre las leyes relativas a la herencia de aquellos que no han dejado herederos inmediatos (*kalalah*): Si un hombre muere sin tener hijos, pero tiene una hermana, a ella le corresponderá la mitad de lo que deje; y el hermano heredaría de ella si la hermana muere sin dejar hijos. Si los herederos son dos hermanas, les corresponderán dos tercios de lo que dejen. Y si los herederos son hermanos y hermanas, a cada varón le corresponderá la parte de dos féminas. Dios os aclara (Sus mandamientos), para que no os extraviéis. Dios posee pleno conocimiento de todas las cosas».

SURA 5

AL-MAIDAH (LA MESA)

Período de Medina

Este sura fue uno de los últimos capítulos del Corán en ser revelados. Consiste en 120 versículos y toma su nombre de la mesa (servida) (versículo 112) que los discípulos de Jesús pidieron a Dios que les hiciera descender sobre ellos desde los Cielos. Además de otros asuntos, contiene algunas resoluciones jurídicas relativas a la vida cotidiana.

En el Nombre de Dios,
el Misericordioso, el Compasivo.

1. ¡Oh vosotros que creéis! Cumplid con los contratos (los que os habéis comprometido con Dios y con la gente). Os está permitida la carne del ganado (bestias de rebaño que pacen) a excepción de la que se os menciona (aquí) y os está prohibida la caza cuando estéis en estado de santidad durante la peregrinación. Sin duda alguna, Dios decreta según Su Voluntad.

2. ¡Oh vosotros que creéis! No violéis la santidad de los símbolos públicos (del Islam) establecidos por Dios (tal y como *Yumu'ah* y las Oraciones del *'Id*, la llamada a la Oración, el Sacrificio y los ritos de la Peregrinación), ni los Meses Sagrados (durante los cuales la lucha está prohibida salvo si sois atacados), ni los animales (llevados a la Casa Sagrada para ser sacrificados), ni los collares (puestos en los animales marcándoles para el sacrificio), ni aquellos que se dirigen hacia la Casa Sagrada buscando el favor de su Señor y Su complacencia. Pero una vez que hayáis salido de vuestro estado de santidad durante la peregrinación (y de los recintos sagrados que rodean la Ciudad), sois libres de cazar. Y nunca permitáis que vuestro odio hacia aquellas personas que os han impedido llegar a la Mezquita Sagrada os lleve a cometer violaciones (actos de agresión e injusticia). Más bien, buscad la ayuda mutua en la virtud y la bondad, y la rectitud y la piedad, y no os ayudéis mutuamente a cometer pecados, actos injustos y hostilidades. (En todas vuestras acciones) apartaos de la desobediencia a Dios en veneración a Él y piedad. En verdad, Dios es severo castigando.

حُرِّمَتْ عَلَيْكُمُ الْمَيْتَةُ وَالدَّمُ وَلَحْمُ الْخِنْزِيرِ وَمَٓا اُهِلَّ لِغَيْرِ
اللّٰهِ بِه۪ وَالْمُنْخَنِقَةُ وَالْمَوْقُوذَةُ وَالْمُتَرَدِّيَةُ وَالنَّطِيحَةُ وَمَٓا اَكَلَ
السَّبُعُ اِلَّا مَا ذَكَّيْتُمْ وَمَا ذُبِحَ عَلَى النُّصُبِ وَاَنْ تَسْتَقْسِمُوا
بِالْاَزْلَامِ ذٰلِكُمْ فِسْقٌ اَلْيَوْمَ يَئِسَ الَّذ۪ينَ كَفَرُوا مِنْ د۪ينِكُمْ فَلَا
تَخْشَوْهُمْ وَاخْشَوْنِ اَلْيَوْمَ اَكْمَلْتُ لَكُمْ د۪ينَكُمْ وَاَتْمَمْتُ عَلَيْكُمْ
نِعْمَت۪ي وَرَض۪يتُ لَكُمُ الْاِسْلَامَ د۪يناً فَمَنِ اضْطُرَّ ف۪ي مَخْمَصَةٍ
غَيْرَ مُتَجَانِفٍ لِاِثْمٍ فَاِنَّ اللّٰهَ غَفُورٌ رَح۪يمٌ ﴿٣﴾ يَسْـَٔلُونَكَ مَاذَٓا اُحِلَّ
لَهُمْ قُلْ اُحِلَّ لَكُمُ الطَّيِّبَاتُ وَمَا عَلَّمْتُمْ مِنَ الْجَوَارِحِ مُكَلِّب۪ينَ
تُعَلِّمُونَهُنَّ مِمَّا عَلَّمَكُمُ اللّٰهُ فَكُلُوا مِمَّٓا اَمْسَكْنَ عَلَيْكُمْ وَاذْكُرُوا
اسْمَ اللّٰهِ عَلَيْهِ وَاتَّقُوا اللّٰهَ اِنَّ اللّٰهَ سَر۪يعُ الْحِسَابِ ﴿٤﴾ اَلْيَوْمَ
اُحِلَّ لَكُمُ الطَّيِّبَاتُ وَطَعَامُ الَّذ۪ينَ اُو۫تُوا الْكِتَابَ حِلٌّ لَكُمْ
وَطَعَامُكُمْ حِلٌّ لَهُمْ وَالْمُحْصَنَاتُ مِنَ الْمُؤْمِنَاتِ وَالْمُحْصَنَاتُ
مِنَ الَّذ۪ينَ اُو۫تُوا الْكِتَابَ مِنْ قَبْلِكُمْ اِذَٓا اٰتَيْتُمُوهُنَّ اُجُورَهُنَّ
مُحْصِن۪ينَ غَيْرَ مُسَافِح۪ينَ وَلَا مُتَّخِذ۪ٓي اَخْدَانٍ وَمَنْ يَكْفُرْ
بِالْا۪يمَانِ فَقَدْ حَبِطَ عَمَلُهُ وَهُوَ فِي الْاٰخِرَةِ مِنَ الْخَاسِر۪ينَ ﴿٥﴾

يَٓا اَيُّهَا

3. Se os prohíbe (como alimento) la carroña, la sangre, la carne de cerdo, y eso (el animal) que ha sido sacrificado en nombre de cualquier otro que no sea Dios, y el animal estrangulado, el animal golpeado, el animal que se haya precipitado en una caída, el animal corneado, el animal que haya sido devorado por las bestias salvajes— a excepción del que hayáis hecho lícito (degollándolo como es debido mientras aún vivía)— y el que ha sido sacrificado en nombre de lo empleado como ídolo en los lugares consagrados para hacer ofrendas a otro que no sea Dios. Y (también os está prohibido) lo que haya sido dividido y obtenido a través de las flechas adivinatorias (y similares, tal y como loterías y echar los dados). (Comer de todo) aquello (ya mencionado) es una trasgresión. Hoy en día, aquellos que no creen han perdido la esperanza de (evitar que establezcáis) vuestra Religión. Por lo tanto, no les temáis, sino temedme a Mí. Este día de hoy os he completado vuestra religión (con todas sus reglas, preceptos y universalidad), y completado Mi favor sobre vosotros[1] y Me ha complacido elegir para vosotros el Islam como Religión. Por lo tanto, ante aquel que se vea compelido por una necesidad perentoria (y sea llevado a cometer lo prohibido) sin inclinarse a propósito hacia el pecado, no cabe duda de que Dios es Indulgente, Compasivo.

4. Te preguntan (Oh Mensajero) qué es lícito para ellos (incluyendo en particular la caza capturada por animales de presa entrenados para ello). Di: «Os están permitidas (todas) las cosas puras y sanas. (En cuanto a) lo que dichos animales de presa que habéis entrenado como jauría, enseñándoles lo que Dios os ha enseñado, comed lo que capturen para vosotros (y os lo hayan traído muerto o vivo sin que ellos mismos hayan comido nada de ello). Y pronunciar el nombre de Dios (cuando les enviéis a que cacen para vosotros). Apartaos de la desobediencia a Dios en veneración a Él y piedad. Con toda certeza Dios es rápido en ajustar cuentas.

5. Este día todas las cosas puras y sanas se os han permitido; y os está permitido el alimento de aquellos que recibieron el Libro con anterioridad (incluso los animales que hayan degollado, a no ser que, por supuesto, invoquen el nombre de otro que no sea Dios); al igual que vuestro alimento (incluido los animales que degolléis) les está a ellos permitido. Y (os es lícito que os caséis con) las mujeres castas que sean creyentes y las mujeres castas de aquellos que han recibido el Libro antes que vosotros, siempre y cuando les concedáis sus dotes y las toméis en honesto matrimonio, no con libertinaje, ni como amantes secretas. (Estas son las órdenes que regulan vuestras relaciones con la Gente del Libro en este mundo. Pero sabed que) quien rechace la (verdadera) fe (y rechace seguir el camino de Dios, tal y como es debido), todas sus obras serán en vano y en el Más Allá se hallará entre los perdedores.

---

1. Durante el califato de ‘Umar, un judío señaló: «Hay un versículo en vuestro Libro que si nos hubiese sido revelado a nosotros, habríamos declarado ese día fiesta religiosa» y recitó: *Este día hoy os he completado vuestra Religión (con todas sus reglas, preceptos y universalidad), y completado Mi favor sobre vosotros...* Esta sección del versículo, la cual parece no tener relación con otras partes del mismo, proclama el dominio del Islam y asegura su futuro. Por lo tanto, su importancia ha de ser examinada en la declaración profética: «Este día dejo para vosotros dos cosas preciosas; mientras os aferréis fuertemente a ellas, nunca os desviaréis: el Libro de Dios y la Familia de Su Mensajero». Este *hadiz*, que figura en Libros de Tradiciones auténticas como *Sahih* obra de Muslim, *Sunan* de at-Tirmizi, *Sunan* de an-Nasai y *Musnad* de Ahmad ibn Hanbal, en el *Muwatta* de Imam Malik figura de la siguiente manera: ... «el Libro de Dios y la Sunna de Su Mensajero». Sin embargo, estas dos versiones no se contradicen entre sí ya que se interpretan mutuamente. Según indicó Bediüzzaman Said Nursi, lo que quiere indicar con la Familia del Mensajero es su Sunna. Eso quiere decir que los descendientes del Mensajero son ante todo y por encima de todo, responsables de la conservación y práctica de la Sunna. Además, durante la historia del Islam, la mayoría de los grandes eruditos y estudiosos musulmanes, maestros espirituales y defensores de la revivificación (aquellos que vinieron para restablecer el Islam) fueron todos descendientes de la Familia del Profeta. El Mensajero de Dios, la paz y las bendiciones sean con él, animó a su *Umma* a unirse alrededor de su familia y declaró que el Corán y su familia, que conservan y representan su Sunna, su camino, nunca habrán de ser separados.

١٠٧ اَلْجُزْءُ السَّادِسُ 107

يَٓا اَيُّهَا الَّذٖينَ اٰمَنُٓوا اِذَا قُمْتُمْ اِلَى الصَّلٰوةِ فَاغْسِلُوا
وُجُوهَكُمْ وَاَيْدِيَكُمْ اِلَى الْمَرَافِقِ وَامْسَحُوا بِرُؤُ۫سِكُمْ
وَاَرْجُلَكُمْ اِلَى الْكَعْبَيْنِۜ وَاِنْ كُنْتُمْ جُنُبًا فَاطَّهَّرُواۜ وَاِنْ
كُنْتُمْ مَرْضٰٓى اَوْ عَلٰى سَفَرٍ اَوْ جَٓاءَ اَحَدٌ مِنْكُمْ
مِنَ الْغَٓائِطِ اَوْ لٰمَسْتُمُ النِّسَٓاءَ فَلَمْ تَجِدُوا مَٓاءً فَتَيَمَّمُوا
صَعٖيدًا طَيِّبًا فَامْسَحُوا بِوُجُوهِكُمْ وَاَيْدٖيكُمْ مِنْهُۜ
مَا يُرٖيدُ اللّٰهُ لِيَجْعَلَ عَلَيْكُمْ مِنْ حَرَجٍ وَلٰكِنْ يُرٖيدُ
لِيُطَهِّرَكُمْ وَلِيُتِمَّ نِعْمَتَهُ عَلَيْكُمْ لَعَلَّكُمْ تَشْكُرُونَ ﴿٦﴾
وَاذْكُرُوا نِعْمَةَ اللّٰهِ عَلَيْكُمْ وَمٖيثَاقَهُ الَّذٖي وَاثَقَكُمْ
بِهٖۙ اِذْ قُلْتُمْ سَمِعْنَا وَاَطَعْنَاۘ وَاتَّقُوا اللّٰهَۜ اِنَّ اللّٰهَ عَلٖيمٌ
بِذَاتِ الصُّدُورِ ﴿٧﴾ يَٓا اَيُّهَا الَّذٖينَ اٰمَنُوا كُونُوا
قَوَّامٖينَ لِلّٰهِ شُهَدَٓاءَ بِالْقِسْطِۘ وَلَا يَجْرِمَنَّكُمْ شَنَاٰنُ قَوْمٍ
عَلٰٓى اَلَّا تَعْدِلُواۜ اِعْدِلُواۜ هُوَ اَقْرَبُ لِلتَّقْوٰىۘ وَاتَّقُوا
اللّٰهَۜ اِنَّ اللّٰهَ خَبٖيرٌ بِمَا تَعْمَلُونَ ﴿٨﴾ وَعَدَ اللّٰهُ الَّذٖينَ اٰمَنُوا
وَعَمِلُوا الصَّالِحَاتِۙ لَهُمْ مَغْفِرَةٌ وَاَجْرٌ عَظٖيمٌ ﴿٩﴾

6. ¡Oh vosotros que creéis! Cuando os dispongáis a rezar (si no habéis efectuado la ablución), lavaos vuestros rostros y vuestras manos hasta los codos (incluyéndolos) y pasaos la mano ligeramente por la cabeza (con agua) y (lavaos) vuestros pies hasta los tobillos (incluyéndolos). Y si os encontráis en estado de mayor impureza (y tenéis que hacer la ablución mayor), purificaos (tomando un baño). Pero si estáis enfermos o de viaje, acabáis de hacer vuestras necesidades, habéis tenido contacto con mujeres y no encontráis agua, recurrid a la tierra pura y pasadla ligeramente por vuestra cara y manos (y brazos incluyendo los codos). Dios no quiere imponer sobre vosotros ninguna dificultad, pero quiere purificaros (de cualquier tipo de impureza material o espiritual) y completar Su favor sobre vosotros para que seáis agradecidos (de corazón, con la palabra y con la acción llevando a cabo Sus mandamientos).

7. Y recordad el favor de Dios sobre vosotros y el compromiso que adquiristeis con Él cuando dijisteis: «Hemos oído y obedecemos». Apartaos de la desobediencia a Dios en veneración a Él y piedad. Sin duda Dios posee pleno conocimiento de lo que reposa oculto en los pechos.

8. ¡Oh vosotros que creéis! Sed defensores y abanderados de lo correcto por la causa de Dios, dando testimonio de (el establecimiento de) la justicia absoluta. Y que el odio que sintáis hacia unos (o el odio que ellos sientan por vosotros) no os lleve a (cometer el pecado de) desviaros de la justicia. Sed justos: eso se halla más próximo y se corresponde más con la rectitud y la piedad. Buscad la rectitud y la piedad, y actuad en veneración a Dios. En verdad que Dios se halla perfectamente informado de todo lo que hacéis.

9. Dios ha prometido a aquellos que creen y hacen actos buenos y rectos que obtendrán el perdón y una tremenda recompensa.

وَالَّذِينَ كَفَرُوا وَكَذَّبُوا بِاٰيَاتِنَا اُولٰئِكَ اَصْحَابُ
الْجَحِيمِ ١٠ يَا اَيُّهَا الَّذِينَ اٰمَنُوا اذْكُرُوا نِعْمَتَ
اللّٰهِ عَلَيْكُمْ اِذْ هَمَّ قَوْمٌ اَنْ يَبْسُطُوا اِلَيْكُمْ اَيْدِيَهُمْ
فَكَفَّ اَيْدِيَهُمْ عَنْكُمْ وَاتَّقُوا اللّٰهَ وَعَلَى اللّٰهِ فَلْيَتَوَكَّلِ
الْمُؤْمِنُونَ ١١ وَلَقَدْ اَخَذَ اللّٰهُ مِيثَاقَ بَنِي اِسْرَائِيلَ
وَبَعَثْنَا مِنْهُمُ اثْنَيْ عَشَرَ نَقِيبًا وَقَالَ اللّٰهُ اِنِّي مَعَكُمْ لَئِنْ
اَقَمْتُمُ الصَّلٰوةَ وَاٰتَيْتُمُ الزَّكٰوةَ وَاٰمَنْتُمْ بِرُسُلِي
وَعَزَّرْتُمُوهُمْ وَاَقْرَضْتُمُ اللّٰهَ قَرْضًا حَسَنًا لَاُكَفِّرَنَّ
عَنْكُمْ سَيِّئَاتِكُمْ وَلَاُدْخِلَنَّكُمْ جَنَّاتٍ تَجْرِي مِنْ
تَحْتِهَا الْاَنْهَارُ فَمَنْ كَفَرَ بَعْدَ ذٰلِكَ مِنْكُمْ فَقَدْ
ضَلَّ سَوَاءَ السَّبِيلِ ١٢ فَبِمَا نَقْضِهِمْ مِيثَاقَهُمْ
لَعَنَّاهُمْ وَجَعَلْنَا قُلُوبَهُمْ قَاسِيَةً يُحَرِّفُونَ الْكَلِمَ
عَنْ مَوَاضِعِهِ وَنَسُوا حَظًّا مِمَّا ذُكِّرُوا بِهِ وَلَا
تَزَالُ تَطَّلِعُ عَلٰى خَائِنَةٍ مِنْهُمْ اِلَّا قَلِيلًا مِنْهُمْ
فَاعْفُ عَنْهُمْ وَاصْفَحْ اِنَّ اللّٰهَ يُحِبُّ الْمُحْسِنِينَ ١٣

وَمِنَ الَّذِينَ

10. Mientras que los que niegan Nuestras Revelaciones (descendidas como versículos del Libro para establecer los pilares de fe) así como Nuestros signos (tanto en el mundo interno como en el externo), esos son los compañeros del Fuego Llameante.

11. ¡Oh vosotros que creéis! Recordad el favor de Dios sobre vosotros, cuando algunos pretendieron alargar sus manos contra vosotros pero Él las contuvo. Venerad a Dios y apartaos de la desobediencia a Él para merecer siempre Su protección. Y en Dios han de depositar siempre los creyentes Su confianza.

12. Y en verdad que Dios tomó un compromiso de los Hijos de Israel y elevó de entre ellos a doce líderes y representantes (uno de cada tribu para cuidar de los asuntos y como guías espirituales). Dios dijo: «Sin duda alguna, estoy con vosotros si establecéis la Oración conforme a todas sus condiciones, pagáis la Limosna Purificadora Prescrita y creéis en todos Mis Mensajeros, les honráis, les apoyáis y concedéis a Dios un buen préstamo (gastando de vuestra riqueza en la causa de Dios), no cabe duda de que borraré vuestras malas acciones y os admitiré en Jardines a través de los cuales discurren ríos. Mas todo aquel entre vosotros que no crea después de esto y sea desagradecido se habrá desviado del camino recto».

13. Entonces, a consecuencia de haber quebrantado su compromiso, les condenamos (excluyéndoles de Nuestra misericordia y exponiéndoles a numerosos desastres) y endurecimos sus corazones. Alteran el contexto de las palabras (para tergiversar sus significados) y han olvidado una (importante) parte de aquello con lo que fueron amonestados. Nunca cesarás de descubrir algún acto de traición que proceda de su parte, salvo unos pocos de ellos. No obstante, perdónales y no se lo tomes en cuenta (sus faltas). En verdad, Dios ama a aquellos que se dedican a hacer el bien, conscientes de que Dios les está contemplando.

وَمِنَ الَّذِينَ قَالُوا اِنَّا نَصَارٰى اَخَذْنَا مِيثَاقَهُمْ
فَنَسُوا حَظًّا مِمَّا ذُكِّرُوا بِهٖۚ فَاَغْرَيْنَا بَيْنَهُمُ
الْعَدَاوَةَ وَالْبَغْضَاءَ اِلٰى يَوْمِ الْقِيٰمَةِۜ وَسَوْفَ
يُنَبِّئُهُمُ اللّٰهُ بِمَا كَانُوا يَصْنَعُونَ ﴿١٤﴾ يَا اَهْلَ
الْكِتَابِ قَدْ جَاءَكُمْ رَسُولُنَا يُبَيِّنُ لَكُمْ
كَثِيرًا مِمَّا كُنْتُمْ تُخْفُونَ مِنَ الْكِتَابِ وَيَعْفُوا
عَنْ كَثِيرٍۜ قَدْ جَاءَكُمْ مِنَ اللّٰهِ نُورٌ وَكِتَابٌ مُبِينٌۙ ﴿١٥﴾
يَهْدِي بِهِ اللّٰهُ مَنِ اتَّبَعَ رِضْوَانَهُ سُبُلَ السَّلَامِ
وَيُخْرِجُهُمْ مِنَ الظُّلُمَاتِ اِلَى النُّورِ بِاِذْنِهٖ
وَيَهْدِيهِمْ اِلٰى صِرَاطٍ مُسْتَقِيمٍ ﴿١٦﴾ لَقَدْ كَفَرَ
الَّذِينَ قَالُوا اِنَّ اللّٰهَ هُوَ الْمَسِيحُ ابْنُ مَرْيَمَۜ قُلْ
فَمَنْ يَمْلِكُ مِنَ اللّٰهِ شَيْـًٔا اِنْ اَرَادَ اَنْ يُهْلِكَ
الْمَسِيحَ ابْنَ مَرْيَمَ وَاُمَّهُ وَمَنْ فِي الْاَرْضِ
جَمِيعًاۜ وَلِلّٰهِ مُلْكُ السَّمٰوَاتِ وَالْاَرْضِ وَمَا بَيْنَهُمَاۜ
يَخْلُقُ مَا يَشَاءُۜ وَاللّٰهُ عَلٰى كُلِّ شَيْءٍ قَدِيرٌ ﴿١٧﴾

14. Y respecto a los que dicen «Somos *Nasara* (Ayudantes)»[2], a su vez tomamos un compromiso, pero olvidaron una (importante) parte de aquello con lo que fueron amonestados. Por lo que hemos sembrado entre ellos la enemistad y el odio hasta el Día de la Resurrección; entonces, Dios les hará entender lo que urdieron.

15. ¡Oh Gente del Libro! Os ha llegado Nuestro Mensajero (Muhammad), aclarándoos mucho de lo que habéis estado ocultando del Libro (la Biblia) y perdonando muchas cosas (para no poneros en evidencia por más tiempo). No cabe duda que se ha manifestado una luz ante vosotros procedente de Dios (que ilumina vuestras mentes, vuestros corazones y vuestros caminos) y un Libro manifiesto en sí mismo y que manifiesta la verdad,

16. Por medio de los cuales Dios guía a quien busca Su complacencia (actuando de una manera que Él aprueba) por los caminos de la paz, la salvación y la seguridad. Y les guía con Su permiso fuera de todo tipo de oscuridad (intelectual, espiritual, social y política) hacia la luz y les guía al camino recto (en creencia, pensamiento y acción).

17. En verdad han sucumbido en la incredulidad aquellos que declaran: Dios es el Mesías, hijo de María. Di: «¿Quién entonces puede tener el mínimo poder contra Dios, si Él quisiera destruir al Mesías, hijo de María, a su madre y a todos los que se encuentran sobre la Tierra?». A Dios Le pertenece la soberanía de los Cielos, de la Tierra y de todo cuanto hay entre ambos. Él crea lo que Su Voluntad dicta. Dios posee pleno poder sobre todas las cosas.

---

2. Ciertos estudiosos afirman que la palabra *Nasara* (Ayudantes) se deriva de la palabra *Nasirah* (Nazaret), que es la población donde nació Jesús, la paz sea con él. Todo lo contrario, esta palabra deriva de *nusrah* (ayuda). Esta afirmación está basada en la pregunta que Jesús hizo a sus discípulos: «¿Quiénes serán mis ayudantes (*ansar*) en este camino hacia Dios?». Los discípulos respondieron: «Nosotros somos los ayudantes de (la causa de) Dios» (3:52). El Corán emplea este vocablo aquí ya sea para referirse a este incidente y, por lo tanto, recordar a los cristianos su credo original y sus responsabilidades bási-

cas y advirtiéndoles, o bien para recordarles la afirmación de que ellos eran los Ayudantes.

El profeta Jesús, la paz sean con él, nunca pretendió haber introducido una nueva religión con el nombre de Cristianismo, ni llamó a sus seguidores «cristianos». Él vino a revivir la religión de Moisés y a seguir su Ley (Mateo, 5:17). Asimismo dio las buenas nuevas de la llegada del último Profeta (El Sagrado Corán, 61:6 y el Nuevo Testamento, Juan, 14:25-27, 30; 15:26; 16:7-8,12-15). Igualmente, sus primeros seguidores nunca se vieron a sí mismos como una comunidad separada de los israelitas ni adoptaron ningún nombre o símbolo diferente. Adoraban en el templo junto a los demás judíos y se consideraban a sí mismos seguidores de la ley mosaica (Hechos 3:1-10; 21:14-15). Más tarde, Pablo afirmó que el cumplimiento de la ley no era necesario y que la fe en Jesucristo era todo lo que se necesitaba para la salvación (Romanos, 3:21-24, 27; 5:1; 6:14...). Incluso en aquellos días, los seguidores de Jesús se llamaban a sí mismos «aquellos que creen», «discípulos» y «hermanos» (Hechos 2:44; 4:32; 9:26; 11:29; 13:52; 15:1, 4; 23:1). Los judíos a veces les llamaban «galileos» y también «la secta de los nazarenos» (Lucas, 13:2; Hechos, 24:5). El apelativo de «cristianos» surgió entre las filas de sus opositores de Antioquia en el año 43 ó 44 d. C. para burlarse de ellos (Hechos, 11:26), quedando gradualmente establecido dicho apelativo (al-Mawdudi, 2, nota 36).

وَقَالَتِ الْيَهُودُ وَالنَّصَارٰى نَحْنُ اَبْنَٓاءُ اللّٰهِ وَاَحِبَّٓاؤُهُۜ قُلْ
فَلِمَ يُعَذِّبُكُمْ بِذُنُوبِكُمْۜ بَلْ اَنْتُمْ بَشَرٌ مِمَّنْ خَلَقَۜ يَغْفِرُ لِمَنْ
يَشَٓاءُ وَيُعَذِّبُ مَنْ يَشَٓاءُۜ وَلِلّٰهِ مُلْكُ السَّمٰوَاتِ وَالْاَرْضِ
وَمَا بَيْنَهُمَاۘ وَاِلَيْهِ الْمَص۪يرُ ﴿١٨﴾ يَٓا اَهْلَ الْكِتَابِ قَدْ جَٓاءَكُمْ
رَسُولُنَا يُبَيِّنُ لَكُمْ عَلٰى فَتْرَةٍ مِنَ الرُّسُلِ اَنْ تَقُولُوا مَا جَٓاءَنَا
مِنْ بَش۪يرٍ وَلَا نَذ۪يرٍۘ فَقَدْ جَٓاءَكُمْ بَش۪يرٌ وَنَذ۪يرٌۜ وَاللّٰهُ عَلٰى
كُلِّ شَيْءٍ قَد۪يرٌ ﴿١٩﴾ وَاِذْ قَالَ مُوسٰى لِقَوْمِه۪ يَا قَوْمِ اذْكُرُوا
نِعْمَةَ اللّٰهِ عَلَيْكُمْ اِذْ جَعَلَ ف۪يكُمْ اَنْبِيَٓاءَ وَجَعَلَكُمْ مُلُوكاًۗ
وَاٰتٰيكُمْ مَا لَمْ يُؤْتِ اَحَداً مِنَ الْعَالَم۪ينَ ﴿٢٠﴾ يَا قَوْمِ ادْخُلُوا
الْاَرْضَ الْمُقَدَّسَةَ الَّت۪ي كَتَبَ اللّٰهُ لَكُمْ وَلَا تَرْتَدُّوا
عَلٰٓى اَدْبَارِكُمْ فَتَنْقَلِبُوا خَاسِر۪ينَ ﴿٢١﴾ قَالُوا يَا مُوسٰٓى اِنَّ ف۪يهَا
قَوْماً جَبَّار۪ينَۗ وَاِنَّا لَنْ نَدْخُلَهَا حَتّٰى يَخْرُجُوا مِنْهَاۚ فَاِنْ
يَخْرُجُوا مِنْهَا فَاِنَّا دَاخِلُونَ ﴿٢٢﴾ قَالَ رَجُلَانِ مِنَ الَّذ۪ينَ
يَخَافُونَ اَنْعَمَ اللّٰهُ عَلَيْهِمَا ادْخُلُوا عَلَيْهِمُ الْبَابَۚ فَاِذَا دَخَلْتُمُوهُ
فَاِنَّكُمْ غَالِبُونَ وَعَلَى اللّٰهِ فَتَوَكَّلُٓوا اِنْ كُنْتُمْ مُؤْمِن۪ينَ ﴿٢٣﴾

قَالُوا يَا

18. Los judíos y los cristianos dicen: «Nosotros somos los hijos de Dios y Sus amados». Di: «¿Por qué entonces os castiga por vuestros pecados?». No. No sois más que mortales que (al igual que otros) Él ha creado. Perdona a quien Su Voluntad dicta y castiga a quien Su Voluntad dicta. A Dios Le pertenece la soberanía de los Cielos y de la Tierra y todo cuanto hay entre ambos, y a Él es el regreso.

19. ¡Oh Gente del Libro! Ahora, después de un prolongado intervalo en que no ha habido Mensajeros, os ha llegado Nuestro Mensajero aclarándoos toda la verdad para que no digáis: «No nos ha llegado algún portador de buenas nuevas que nos advierta». Así pues, os ha venido un portador de buenas nuevas y un advertidor. Y Dios posee pleno poder sobre todas las cosas.

20. Y (recuerda) cuando Moisés advirtió a su gente diciendo: «¡Oh pueblo mío! Recordad el favor de Dios sobre vosotros[3], cuando nombró de entre vosotros Profetas, y nombró (de entre vosotros) gobernantes (cuando estabais en Egipto; y os hizo libres de administrar vuestros propios asuntos) y os otorgó favores como nunca hizo con nadie en todos los mundos.

21. ¡Oh pueblo mío! Entrad en la tierra sagrada que Dios ha destinado para vosotros y os ha ordenado entrar[4], y no retrocedáis (de la fe a vuestro estado anterior), porque entonces estaréis perdidos (tanto en este mundo como en el Más Allá)».

22. Dijeron: «Moisés, allí vive un pueblo de gran fortaleza. No podemos entrar hasta que no salgan de allí; si salen de allí, sin duda alguna entraremos».

23. Dijeron dos hombres de los que temían (el castigo de Dios por desobedecerle) y a los que Dios había favorecido (con fe, sagacidad y devoción): «Apareced ante ellos entrando por la puerta (con un ataque frontal). Cuando hayáis entrado, seréis indisputablemente los vencedores. Y confiad en Dios si sois verdaderos creyentes».

3. Puede decirse que la verdadera humanidad radica en dos virtudes importantes que pueden servir como medio para la orientación de una persona. Una es el reconocimiento que las personas tienen de su propia debilidad y pobreza, de los errores que han cometido y el hecho de que rueguen para ser perdonados. La otra es sentir gratitud por cualquier cosa buena que hayan recibido de los demás. La altanería y la ingratitud comúnmente resultan en incredulidad. Aquel que nunca siente arrepentimiento o jamás pide perdón por sus errores, e ignora la gratitud y el agradecimiento, no puede ser considerado un verdadero ser humano. La persona cuya conciencia no haya sido totalmente oscurecida no deja de reconocer sus errores y de apreciar todo lo bueno que haya recibido. Por ello es por lo que el Corán recuerda a la gente los favores que Dios les ha otorgado, provocando en ellos un sentimiento de gratitud y de agradecimiento; mientras que por otro lado, les convoca al reconocimiento de sus deslices y pecados y a pedir perdón. Esto es muy importante tanto para ser un verdadero ser humano como para hacer que la gente acepte la Verdad y la Guía Divinas.

4. Este versículo se refiere a Palestina, adonde el profeta Abraham emigró y se estableció, la cual es la tierra materna de los profetas Isaac y Jacob (la paz sea con todos ellos). En aquella época, la Confianza Divina —la representación y promoción de la Religión de Dios que siempre ha sido el Islam— descansaba sobre los hombros de los Hijos de Israel. Por ello, Dios Todopoderoso eligió esa tierra para ellos y les ordenó que estableciesen el Islam allí. Por lo tanto, esta prescripción no es para los Hijos de Israel como raza o como seguidores de la religión judía o Judaísmo, es para aquellos que representan el Islam y tienen la misión de promoverlo y ensalzarlo siempre.

قَالُوا يَا مُوسٰى اِنَّا لَنْ نَدْخُلَهَا اَبَدًا مَا دَامُوا ف۪يهَا فَاذْهَبْ
اَنْتَ وَرَبُّكَ فَقَاتِلَا اِنَّا هٰهُنَا قَاعِدُونَ ﴿٢٤﴾ قَالَ رَبِّ اِنّ۪ي
لَا اَمْلِكُ اِلَّا نَفْس۪ي وَاَخ۪ي فَافْرُقْ بَيْنَنَا وَبَيْنَ الْقَوْمِ
الْفَاسِق۪ينَ ﴿٢٥﴾ قَالَ فَاِنَّهَا مُحَرَّمَةٌ عَلَيْهِمْ اَرْبَع۪ينَ سَنَةً
يَت۪يهُونَ فِي الْاَرْضِ فَلَا تَأْسَ عَلَى الْقَوْمِ الْفَاسِق۪ينَ ﴿٢٦﴾
وَاتْلُ عَلَيْهِمْ نَبَاَ ابْنَيْ اٰدَمَ بِالْحَقِّ اِذْ قَرَّبَا قُرْبَانًا فَتُقُبِّلَ
مِنْ اَحَدِهِمَا وَلَمْ يُتَقَبَّلْ مِنَ الْاٰخَرِ قَالَ لَاَقْتُلَنَّكَ قَالَ
اِنَّمَا يَتَقَبَّلُ اللّٰهُ مِنَ الْمُتَّق۪ينَ ﴿٢٧﴾ لَئِنْ بَسَطْتَ اِلَيَّ يَدَكَ
لِتَقْتُلَن۪ي مَا اَنَا بِبَاسِطٍ يَدِيَ اِلَيْكَ لِاَقْتُلَكَ اِنّ۪ي اَخَافُ اللّٰهَ
رَبَّ الْعَالَم۪ينَ ﴿٢٨﴾ اِنّ۪ي اُر۪يدُ اَنْ تَبُوءَ بِاِثْم۪ي وَاِثْمِكَ فَتَكُونَ
مِنْ اَصْحَابِ النَّارِ وَذٰلِكَ جَزٰٓؤُا الظَّالِم۪ينَ ﴿٢٩﴾ فَطَوَّعَتْ
لَهُ نَفْسُهُ قَتْلَ اَخ۪يهِ فَقَتَلَهُ فَاَصْبَحَ مِنَ الْخَاسِر۪ينَ ﴿٣٠﴾
فَبَعَثَ اللّٰهُ غُرَابًا يَبْحَثُ فِي الْاَرْضِ لِيُرِيَهُ كَيْفَ يُوَار۪ي
سَوْءَةَ اَخ۪يهِ قَالَ يَا وَيْلَتٰى اَعَجَزْتُ اَنْ اَكُونَ مِثْلَ هٰذَا
الْغُرَابِ فَاُوَارِيَ سَوْءَةَ اَخ۪ي فَاَصْبَحَ مِنَ النَّادِم۪ينَ ﴿٣١﴾

24. Dijeron: «¡Oh Moisés! En modo alguno vamos a entrar mientras ellos sigan allí. Id, pues, tú y tu Señor y luchad vosotros. (En cuanto a nosotros) ¡Nos quedamos sentados aquí!».
25. Él (Moisés) dijo (tornándose a su Señor en súplica): «¡Señor mío! ¡No tengo poder más que sobre mi mismo y sobre mi hermano (Aarón); juzga, pues, y distínguenos entre nosotros y esta gente transgresora!».
26. Él (Dios) dijo (emitiendo este juicio): «Entonces, esta (tierra) estará vedada para ellos durante cuarenta años, durante los cuales vagaran por la Tierra desconcertados. No te entristezcas por esta gente transgresora».
27. Nárrales (Oh Mensajero) la verdad de la experiencia ejemplar de los dos hijos de Adán, cuando cada uno ofreció un sacrificio y fue aceptado de uno pero no del otro. Dijo (aquel cuyo sacrificio no fue aceptado): «Te mataré». Contestó el otro: «Dios sólo acepta a los que son sincera y verdaderamente piadosos.
28. Aún así, si alzas tu mano contra mí para matarme, yo no alzaré mi mano contra ti para matarte. Sin duda alguna, yo temo a Dios, Señor de los Mundos.
29. (Negándome a luchar contra ti y recordando que he de temer a Dios,) deseo sin duda (advertirte) que llevarás el peso de mi delito (si lucho contra ti) y de tu propio delito (por querer matarme) y serás de los compañeros del Fuego[5]; pues esa es la recompensa de los injustos».
30. (Esta advertencia sólo sirvió para encender la pasión del otro:) su alma carnal que le ordenaba el mal le sugirió matar a su hermano, y le mató, convirtiéndose en uno más de los perdedores.
31. (No sabía qué hacer con el cadáver de su hermano.) Entonces, Dios envió un cuervo que se puso a escarbar la tierra para hacerle ver cómo podría ocultar el cadáver de su hermano. (Al verlo) exclamó: «¡Ay de mí! ¿Es que no soy capaz de ser como este cuervo y enterrar el cadáver de mi hermano?». Y quedó angustiado por el remordimiento[6].

5. Esta parte del versículo significa literalmente «Deseo que cargues con mi pecado y con el tuyo y que seas uno de los compañeros del Fuego». Sin embargo, esta no es una expresión de deseo, sino más bien una realidad y una seria advertencia. El Mensajero, la paz y las bendiciones sean con él, declaró: «Cuando dos musulmanes intentan matarse, tanto aquel que cometa el asesinato como el que es asesinado van al Infierno. Porque el que muere habría matado al otro si hubiese podido» (Muslim, *Kitab al-Fitan*, 14; Ibn Maya, *Kitab al-Faraid*, 8). También declaró: «Cuando dos personas se calumnian mutuamente, aquel que empezó a calumniar cargará con la falta de ambos por haber causado mutua calumnia, siempre y cuando el otro no se exceda por su parte» (Muslim, *Kitab al-Birr wa's-Silah*, 68; at-Tirmizi, *Kitab al-Birr*, 51). Sobre esto es en lo que se fundamenta la respuesta del agraviado hijo de Adán. Lo que significa es: «No deseo cargar con el peso de mi pecado y del tuyo, que es lo que ocurrirá si intento matarte». Este hermano, conocido como Abel en la Biblia, advierte también a su hermano diciéndole: «Ten cuidado no vayas a cargar con el peso de dos personas y te conviertas, entonces, en uno de los compañeros del Infierno». Él (Abel) nunca quiso que su hermano le matase para que cargase con el peso de los pecados de dos personas y fuese al Infierno.

6. Algunos acontecimientos, aunque aparentemente sean menores y aislados, revelan realidades y leyes universales. Por ejemplo, en una ocasión, el Mensajero, la paz y las bendiciones sean con él, salió de su casa pensando en qué día del año iba a acontecer la Noche del Poder (Laylat al-Qadr). Al ver a algunos musulmanes discutiendo encarnizadamente, se le olvidó aquello sobre lo que estaba reflexionando. Este particular acontecimiento mostró una importante realidad: La disputa y la discordia son peligrosas para la comunidad musulmana. Del mismo modo, el acontecimiento que ocurrió entre los dos hijos de Adán, llamados en la Biblia (Génesis: 4) Caín y Abel, revela un aspecto importante de la naturaleza humana. Tal y como narra la Biblia, Abel tenía ovejas, mientras que Caín trabajaba la tierra. (Con la intención de acercarse a Dios) Caín ofreció algunos frutos de la tierra, mientras que Abel trajo los más rechonchos de la primera camada de su rebaño. Ofrecer un sacrificio significa acercarse (a Dios) y se hace para estar próximo a Él. A pesar de que es una práctica establecida en el Islam como el sacrificio de una oveja o una vaca, el propósito principal de tal acto es acercarse a Dios y lograr verdadera piedad. El Corán declara: «Sabed que ni su carne ni su sangre Le alcanza, sino que sólo vuestra piedad y conciencia de Él Le alcanzan» (22:37). Ya que Caín carecía de verdadera piedad y, tal vez, hizo su ofrenda por motivos ocultos, Dios no aceptó su sacrificio. Ello despertó envidia en él, un rasgo común en los seres humanos, y finalmente, acabó provocando el primer derramamiento de sangre de la historia de la humanidad.

La vida es extremadamente valiosa e importante ante Dios. Por ello el Islam ha establecido el siguiente principio: Lo correcto ha de ser valorado y cumplido porque es correcto, a pesar de que sea pequeño. El derecho de una persona no puede ser sacrificado por el de la sociedad. El acto de quitarle la vida a un ser humano equivale a quitársela a toda la humanidad. El acto de perdonar o devolver la vida a una persona es igual a perdonar o devolver la vida a toda la humanidad. Los valores y derechos inviolables son del mismo valor y exigen la aplicación del talión.

مِنْ اَجْلِ ذٰلِكَ كَتَبْنَا عَلٰى بَن۪ٓى اِسْرَٓائ۪لَ اَنَّهُ مَنْ
قَتَلَ نَفْسًا بِغَيْرِ نَفْسٍ اَوْ فَسَادٍ فِى الْاَرْضِ فَكَاَنَّمَا قَتَلَ
النَّاسَ جَم۪يعًاۜ وَمَنْ اَحْيَاهَا فَكَاَنَّمَٓا اَحْيَا النَّاسَ
جَم۪يعًاۜ وَلَقَدْ جَٓاءَتْهُمْ رُسُلُنَا بِالْبَيِّنَاتِ ثُمَّ اِنَّ كَث۪يرًا
مِنْهُمْ بَعْدَ ذٰلِكَ فِى الْاَرْضِ لَمُسْرِفُونَ ﴿٣٢﴾ اِنَّمَا جَزٰٓؤُا
الَّذ۪ينَ يُحَارِبُونَ اللّٰهَ وَرَسُولَهُ وَيَسْعَوْنَ فِى الْاَرْضِ
فَسَادًا اَنْ يُقَتَّلُٓوا اَوْ يُصَلَّبُٓوا اَوْ تُقَطَّعَ اَيْد۪يهِمْ
وَاَرْجُلُهُمْ مِنْ خِلَافٍ اَوْ يُنْفَوْا مِنَ الْاَرْضِۜ ذٰلِكَ لَهُمْ
خِزْيٌ فِى الدُّنْيَا وَلَهُمْ فِى الْاٰخِرَةِ عَذَابٌ عَظ۪يمٌۙ ﴿٣٣﴾
اِلَّا الَّذ۪ينَ تَابُوا مِنْ قَبْلِ اَنْ تَقْدِرُوا عَلَيْهِمْۚ فَاعْلَمُٓوا
اَنَّ اللّٰهَ غَفُورٌ رَح۪يمٌ ﴿٣٤﴾ يَٓا اَيُّهَا الَّذ۪ينَ اٰمَنُوا اتَّقُوا اللّٰهَ
وَابْتَغُٓوا اِلَيْهِ الْوَس۪يلَةَ وَجَاهِدُوا ف۪ى سَب۪يلِه۪ لَعَلَّكُمْ
تُفْلِحُونَ ﴿٣٥﴾ اِنَّ الَّذ۪ينَ كَفَرُوا لَوْ اَنَّ لَهُمْ مَا فِى
الْاَرْضِ جَم۪يعًا وَمِثْلَهُ مَعَهُ لِيَفْتَدُوا بِه۪ مِنْ عَذَابِ
يَوْمِ الْقِيٰمَةِ مَا تُقُبِّلَ مِنْهُمْۚ وَلَهُمْ عَذَابٌ اَل۪يمٌ ﴿٣٦﴾

يُر۪يدُونَ

32. Es por eso que decretamos a (toda la humanidad, pero en particular a) los Hijos de Israel: Quien mate a un alma, a no ser que sea (como castigo legal) por asesinato o por causar desorden y corrupción en la Tierra será como si hubiese matado a toda la humanidad. Y aquel que salve una vida será como si le hubiese salvado la vida a toda la humanidad. Sin duda, les llegaron nuestros Mensajeros (uno tras otro) con pruebas claras de la verdad (para que puedan así revivir de modo individual y como pueblo). Después (pese a ello), un gran número de ellos cometieron excesos sobre la Tierra.

33. La recompensa de aquellos que luchen contra Dios y Su Mensajero y recorran la Tierra causando desorden y corrupción será (según la naturaleza de su crimen) la ejecución, la crucifixión, el cercenamiento de la mano y el pie contrario o el destierro. Esa será su desgracia en este mundo, y para ellos habrá un tremendo castigo en el Mas Allá.

34. A excepción de los que se arrepientan (y desistan de seguir cometiendo sus crímenes contra el orden) antes de que les hayáis subyugado, (sin embargo, el juicio por los distintos crímenes cometidos contra los individuos quedará a discreción de dichos individuos o de sus herederos). Sabed que Dios es en verdad Indulgente y Compasivo (especialmente con Sus siervos que se tornan a Él en arrepentimiento).

35. ¡Oh vosotros que creéis! Apartaos de la desobediencia a Dios en veneración a Él y piedad, y buscad medios de acercaros a Él y esforzaos en Su camino para que así podáis prosperar (en ambos mundos).

36. En cuanto a los que insisten en la incredulidad, aunque poseyeran todo lo que se da en la Tierra, y con ello otro tanto, para ofrecerlo como rescate y liberarse del castigo en el Día de la Resurrección, no les sería aceptado. Para ellos hay un doloroso castigo.

37. Desearán salir del Fuego, pero no saldrán de él; el suyo es un castigo duradero.

38. En cuanto al ladrón, varón o hembra, cortadles la mano como recompensa de lo que hicieron y escarmiento ejemplar de Dios. Dios es Glorioso poseedor de irresistible poder, Omnisapiente.

39. Pero aquel que se arrepienta después de haber obrado mal y se enmiende, no cabe duda que Dios acepta su arrepentimiento. Es cierto que Dios es Indulgente y Compasivo[7].

40. ¿Acaso no sabes que en verdad a Dios Le pertenece la soberanía de los Cielos y de la Tierra? Castiga a quien Su Voluntad dicta y perdona a quien Su Voluntad dicta. Posee pleno poder sobre todas la cosas[8].

41. ¡Oh Mensajero! Que no te aflijan aquellos que se precipitan a la incredulidad, como si compitiesen entre ellos en una carrera, de aquellos que dicen con sus bocas «creemos», pero sus corazones no creen, y de aquellos de ellos que son judíos. Prestan oídos con avidez a la falsedad (especialmente contra Ti) y ávidamente escuchan (espiando) para otros que nunca han venido a Ti (jamás para aprender la esencia de Tu mensaje). Modifican cualquier palabra (ya proceda de Dios o no) sacándola fuera de su contexto para tergiversar su significado. Dicen (respecto a asuntos remitidos a Ti para que juzgues): «Si se juzga a vuestro favor, tomadlo; pero si se juzga en vuestra contra, ¡tened cuidado!». Y para aquel a quien Dios quiera poner a prueba (para probar su naturaleza y fracase en dicha prueba), no tendrás poder alguno para hacer nada por él ante Dios. Esos son aquellos cuyos corazones (por su precipitación en la incredulidad) Dios no quiere purificar. En este mundo tendrán desgracia, y en el Mas Allá tendrán un tremendo castigo.

١١٣ اَلْجُزْءُ السَّادِسُ 113

يُرِيدُونَ اَنْ يَخْرُجُوا مِنَ النَّارِ وَمَا هُمْ بِخَارِجِينَ مِنْهَا
وَلَهُمْ عَذَابٌ مُقِيمٌ ٣٧ وَالسَّارِقُ وَالسَّارِقَةُ فَاقْطَعُوا
اَيْدِيَهُمَا جَزَاءً بِمَا كَسَبَا نَكَالًا مِنَ اللّٰهِ وَاللّٰهُ عَزِيزٌ
حَكِيمٌ ٣٨ فَمَنْ تَابَ مِنْ بَعْدِ ظُلْمِهِ وَاَصْلَحَ فَاِنَّ اللّٰهَ
يَتُوبُ عَلَيْهِ اِنَّ اللّٰهَ غَفُورٌ رَحِيمٌ ٣٩ اَلَمْ تَعْلَمْ اَنَّ اللّٰهَ لَهُ
مُلْكُ السَّمٰوَاتِ وَالْاَرْضِ يُعَذِّبُ مَنْ يَشَاءُ وَيَغْفِرُ
لِمَنْ يَشَاءُ وَاللّٰهُ عَلٰى كُلِّ شَيْءٍ قَدِيرٌ ٤٠ يَا اَيُّهَا الرَّسُولُ
لَا يَحْزُنْكَ الَّذِينَ يُسَارِعُونَ فِي الْكُفْرِ مِنَ الَّذِينَ
قَالُوا اٰمَنَّا بِاَفْوَاهِهِمْ وَلَمْ تُؤْمِنْ قُلُوبُهُمْ وَمِنَ الَّذِينَ
هَادُوا سَمَّاعُونَ لِلْكَذِبِ سَمَّاعُونَ لِقَوْمٍ اٰخَرِينَ لَمْ
يَاْتُوكَ يُحَرِّفُونَ الْكَلِمَ مِنْ بَعْدِ مَوَاضِعِهِ يَقُولُونَ
اِنْ اُوتِيتُمْ هٰذَا فَخُذُوهُ وَاِنْ لَمْ تُؤْتَوْهُ فَاحْذَرُوا
وَمَنْ يُرِدِ اللّٰهُ فِتْنَتَهُ فَلَنْ تَمْلِكَ لَهُ مِنَ اللّٰهِ شَيْـًٔا
اُولٰٓئِكَ الَّذِينَ لَمْ يُرِدِ اللّٰهُ اَنْ يُطَهِّرَ قُلُوبَهُمْ لَهُمْ فِي
الدُّنْيَا خِزْيٌ وَلَهُمْ فِي الْاٰخِرَةِ عَذَابٌ عَظِيمٌ ٤١

---

7. Tal y como ha sido mencionado cuando la ocasión así lo requería, la ley penal no es la ley fundamental sobre la cual se basa un sistema de vida completo. Es más bien una colección de sanciones y de precauciones destinada a mantener saludable un sistema. Por esta razón, es muy importante que la ley penal actúe como elemento disuasorio. Por lo tanto, al evaluar cualquier sistema de ley penal, se debe tener en consideración hasta qué punto disuade a la gente de cometer crímenes y con qué frecuencia dichos crímenes son come-

tidos en la comunidad donde la ley se aplica. Otro punto importante a señalar es que la severidad o ligereza de las penas demuestran la importancia que es atribuida a los valores protegidos por dichas leyes penales. Las penas que el Islam legisla para los crímenes cometidos contra los derechos y libertades humanas básicas, tal y como el derecho a la vida, a la propiedad personal, a la creencia, a la reproducción, a la seguridad individual y pública, a valores básicos tal y como la castidad y la inocencia y los versículos que legislan los crímenes contra la integridad mental y física muestran la importancia que el Islam atribuye a dichos valores y a su protección. Además, cualquier derecho penal ha de ser considerado dentro del contexto total de su sistema, con todas sus dimensiones sociales económicas y políticas y sus principios de creencia, adoración, moralidad y ley. También al hacer hincapié y atribuir una importancia especial al arrepentimiento y a la reforma, el Islam enfoca los asuntos desde el punto de vista educativo y formativo, mostrando que su meta es hacer que las personas alcancen la perfección humana. Por esta razón, y al no limitarse únicamente a las sanciones legales, el Islam da preponderancia a la piedad, la veneración a Dios y a la vida.

Como concepto legal del derecho penal islámico, el castigo de cortar la mano por robo ha de tener los siguientes elementos:

El ladrón ha de poseer discreción legal, es decir, debe haber cometido el crimen únicamente por su propio libre albedrío, sin que haya ningún tipo de coacción. Debe haber tomado posesión del objeto robado, despojando a su legítimo propietario del mismo. Debe haberlo robado desde dentro de un lugar donde se conservaba el objeto, no en un espacio abierto donde se podía entrar libremente. No debe tener ningún derecho sobre dicho objeto. El objeto robado debe ser considerado por el Islam como un bien. El valor de dicho objeto robado debe superar una cierta cantidad. No deben ser frutas, vegetales o grano que no estuviesen almacenados en un granero. Hay otra condición, y es que la persona que roba no debe estar obligada a robar por necesidad perentoria. El califa 'Umar, que Dios esté complacido con él, no ejecutó este castigo en tiempos de hambruna. Sin embargo, dicha excepción no significa que la persona que robe no fuese castigada. Bajo dichas circunstancias, el juez puede determinar un castigo por robo, pero no puede dictaminar que se le corte la mano al ladrón.

8. Tales declaraciones del Corán son de gran importancia. Su significado puede ser resumido de dicha manera:

- Al ser el único Creador de todas las cosas, Dios posee soberanía absoluta sobre todo y decreta lo que Su Voluntad dicta.
- Dios es también absolutamente Misericordioso, Indulgente y Omnisapiente. Lo que decreta posee numerosos grados de sabiduría. Nada de lo que hace es en vano. Lo que debemos hacer, tras reconocer que Él posee soberanía absoluta sobre todas las cosas y poder absoluto sobre lo que Él quiere, es intentar encontrar la sabiduría que Sus decretos y actos comprenden.
- La Voluntad absoluta de Dios es, desde una perspectiva, idéntica a Su Conocimiento. Eso significa que Él «conoce» con Su Conocimiento Eterno todo lo que ocurrirá en el futuro y lo ha «registrado previamente». Todo lo que conoce y ha registrado previamente acontece cuando llega su momento. No obstante Él escribe el acontecimiento junto a sus causas y sus resultados y también toma en consideración el libre albedrío que nos ha concedido en lo que ha «predeterminado» que nos concierne.
- Nos enfrentamos con los resultados de nuestras intenciones y actos, ya sean buenos o malos. Sin embargo, ya que Él siempre quiere lo bueno para nosotros, quiere guiarnos a ello y nos lo posibilita, cualquier cosa buena que encontremos proviene de Él; pero cualquier desgracia que nos ocurra proviene de nosotros mismos (Véase el Sura an-Nisa, nota 18).

42. ¡Prestan oído a las mentiras y a la falsedad ávidamente y consumen la ganancia ilícita codiciosamente! Si vienen a ti (para que juzgues), puedes juzgar entre ellos o apartarte (negándote a emitir juicio). Si te apartas de ellos, no podrán perjudicarte en absoluto; pero si juzgas, juzga entre ellos con equidad y justicia. Sin duda alguna, Dios ama a los que son escrupulosamente equitativos.

43. ¿Pero cómo van a pedirte que juzgues cuando tienen la Tora que contiene el juicio de Dios (respecto al asesinato) y, a pesar de ello, se apartan (del juicio de la Tora y del tuyo)? El hecho es que ésos no son creyentes.

44. Es cierto que hicimos descender la Tora, en la que hay guía y luz (para iluminar las mentes, los corazones y los caminos de la gente). Consecuentemente, los Profetas, que estaban sometidos totalmente a Dios, juzgaron a los judíos. Lo mismo hicieron los maestros (dedicados a Dios y a educar a la gente) y los rabinos (maestros de la ley), a los que se les había encomendado que conservasen y practicasen parte del Libro de Dios (revelado hasta su época)[9]. Todos eran

سَمَّاعُونَ لِلْكَذِبِ أَكَّالُونَ لِلسُّحْتِ فَإِنْ جَاءُوكَ فَاحْكُمْ
بَيْنَهُمْ أَوْ أَعْرِضْ عَنْهُمْ وَإِنْ تُعْرِضْ عَنْهُمْ فَلَنْ
يَضُرُّوكَ شَيْئًا وَإِنْ حَكَمْتَ فَاحْكُمْ بَيْنَهُمْ بِالْقِسْطِ
إِنَّ اللَّهَ يُحِبُّ الْمُقْسِطِينَ ﴿٤٢﴾ وَكَيْفَ يُحَكِّمُونَكَ وَعِنْدَهُمُ
التَّوْرَاةُ فِيهَا حُكْمُ اللَّهِ ثُمَّ يَتَوَلَّوْنَ مِنْ بَعْدِ ذَٰلِكَ وَمَا
أُولَٰئِكَ بِالْمُؤْمِنِينَ ﴿٤٣﴾ إِنَّا أَنْزَلْنَا التَّوْرَاةَ فِيهَا هُدًى
وَنُورٌ يَحْكُمُ بِهَا النَّبِيُّونَ الَّذِينَ أَسْلَمُوا لِلَّذِينَ هَادُوا
وَالرَّبَّانِيُّونَ وَالْأَحْبَارُ بِمَا اسْتُحْفِظُوا مِنْ كِتَابِ اللَّهِ
وَكَانُوا عَلَيْهِ شُهَدَاءَ فَلَا تَخْشَوُا النَّاسَ وَاخْشَوْنِ
وَلَا تَشْتَرُوا بِآيَاتِي ثَمَنًا قَلِيلًا وَمَنْ لَمْ يَحْكُمْ بِمَا
أَنْزَلَ اللَّهُ فَأُولَٰئِكَ هُمُ الْكَافِرُونَ ﴿٤٤﴾ وَكَتَبْنَا عَلَيْهِمْ
فِيهَا أَنَّ النَّفْسَ بِالنَّفْسِ وَالْعَيْنَ بِالْعَيْنِ وَالْأَنْفَ
بِالْأَنْفِ وَالْأُذُنَ بِالْأُذُنِ وَالسِّنَّ بِالسِّنِّ وَالْجُرُوحَ
قِصَاصٌ فَمَنْ تَصَدَّقَ بِهِ فَهُوَ كَفَّارَةٌ لَهُ وَمَنْ
لَمْ يَحْكُمْ بِمَا أَنْزَلَ اللَّهُ فَأُولَٰئِكَ هُمُ الظَّالِمُونَ ﴿٤٥﴾

وَقَفَّيْنَا

testigos de su verdad. (Respecto a juzgar y practicar el Libro de Dios, les advertimos diciendo): No temáis a la gente, sino temedme a Mí, y no vendáis Mis Revelaciones a un precio nimio. Todo aquel (que se abstenga de confirmar y) no juzgue con lo que Dios ha hecho descender, esos son realmente los incrédulos.

45. Y en la Tora prescribimos para ellos (respecto al asesinato): Vida por vida, ojo por ojo, nariz por nariz, oreja por oreja, diente por diente y un resarcimiento (similar) por los agravios (la justa retribución si se puede). Pero quien perdone (el talión) se le considerará como acto de expiación. Todo aquel que no juzgue con lo que Dios ha hecho descender, esos serán realmente los malhechores[10].

9. Con la expresión «*la parte del* Libro de Dios» se sobreentiende que la Tora no contenía toda la Revelación de Dios y que quedaba más por ser revelado. Hay otros numerosos libros en el Antiguo Testamento y es natural que cada rabino o jurista fuese responsable de juzgar cumpliendo la parte de la Revelación que había sido revelada hasta su época.

10. El talión está basado en una igualdad absoluta de derechos —ya sean los derechos de un gobernante o de un ciudadano común, los del más rico y más noble o los del más pobre de todos— y por lo tanto es absolutamente justo. Por eso el Corán declara que hay vida para la gente en el talión (2:179). Al estar el talión basado en la justicia y en la igualdad absoluta, únicamente los agravios con los que se puede establecer exactamente el talión están comprendidos dentro de este sistema de castigo. Por esta razón, al existir un riesgo en la aplicación del talión en huesos rotos o heridas en la piel, dichas lesiones se castigan con indemnizaciones.

A pesar de que el talión signifique justicia e igualdad absolutas, no es bueno en sí mismo y su meta es únicamente asegurar los derechos básicos de los individuos y proporcionar una compensación por la violación de los mismos. Por lo tanto, si los derechos de alguien han sido violados, se puede exigir el talión como derecho legal o renunciar al mismo. El Corán anima a la gente a que renuncie a su derecho de acogerse al talión y da buenas nuevas a las personas que lo hacen, equiparando dicha acción a haber realizado una buena obra que expiará sus anteriores pecados en proporción a la envergadura del derecho al que se haya renunciado. Por ejemplo, si una persona salva la vida de otra persona, se considera como si hubiese salvado la vida de toda la humanidad. Del mismo modo, si una persona tiene derecho a exigir el talión por asesinato, pero renuncia a ello, tendrá una recompensa equivalente a haber perdonado a toda la humanidad y tendrá sus pecados perdonados en dicha proporción.

Además de estar basados en una justicia e igualdad absolutas, los Mandamientos Divinos atribuyen también gran mérito al perdón y al sacrificio mutuo en la sociedad. Dios conoce mejor a Sus siervos (los seres humanos) y conoce lo que es mejor para ellos; por esa razón, ninguna persona ni sistema puede ser mejor ni igual que Dios estableciendo mandamientos o legislando. Los que no aceptan juzgar empleando los preceptos de Dios son incrédulos, los malhechores y los pecadores. Si aceptan dichas leyes, pero no juzgan de acuerdo con las mismas pudiéndolo hacer, son injustos y pecadores.

Respecto a la Ley del Talión en la Biblia, véase *Éxodo*, 21:23-25; *Levítico*, 25:17-22.

وَقَفَّيْنَا عَلٰٓى اٰثَارِهِمْ بِعِيسَى ابْنِ مَرْيَمَ مُصَدِّقًا لِمَا بَيْنَ
يَدَيْهِ مِنَ التَّوْرٰيةِ وَاٰتَيْنَاهُ الْاِنْجِيلَ فِيهِ هُدًى وَنُورٌ وَمُصَدِّقًا
لِمَا بَيْنَ يَدَيْهِ مِنَ التَّوْرٰيةِ وَهُدًى وَمَوْعِظَةً لِلْمُتَّقِينَ ﴿٤٦﴾
وَلْيَحْكُمْ اَهْلُ الْاِنْجِيلِ بِمَٓا اَنْزَلَ اللّٰهُ فِيهِ وَمَنْ لَمْ يَحْكُمْ
بِمَٓا اَنْزَلَ اللّٰهُ فَاُولٰٓئِكَ هُمُ الْفَاسِقُونَ ﴿٤٧﴾ وَاَنْزَلْنَٓا اِلَيْكَ
الْكِتَابَ بِالْحَقِّ مُصَدِّقًا لِمَا بَيْنَ يَدَيْهِ مِنَ الْكِتَابِ وَمُهَيْمِنًا
عَلَيْهِ فَاحْكُمْ بَيْنَهُمْ بِمَٓا اَنْزَلَ اللّٰهُ وَلَا تَتَّبِعْ اَهْوَٓاءَهُمْ عَمَّا
جَٓاءَكَ مِنَ الْحَقِّ لِكُلٍّ جَعَلْنَا مِنْكُمْ شِرْعَةً وَمِنْهَاجًا وَلَوْ
شَٓاءَ اللّٰهُ لَجَعَلَكُمْ اُمَّةً وَاحِدَةً وَلٰكِنْ لِيَبْلُوَكُمْ فِي مَٓا اٰتٰيكُمْ
فَاسْتَبِقُوا الْخَيْرَاتِ اِلَى اللّٰهِ مَرْجِعُكُمْ جَمِيعًا فَيُنَبِّئُكُمْ بِمَا
كُنْتُمْ فِيهِ تَخْتَلِفُونَ ﴿٤٨﴾ وَاَنِ احْكُمْ بَيْنَهُمْ بِمَٓا اَنْزَلَ اللّٰهُ
وَلَا تَتَّبِعْ اَهْوَٓاءَهُمْ وَاحْذَرْهُمْ اَنْ يَفْتِنُوكَ عَنْ بَعْضِ مَٓا
اَنْزَلَ اللّٰهُ اِلَيْكَ فَاِنْ تَوَلَّوْا فَاعْلَمْ اَنَّمَا يُرِيدُ اللّٰهُ اَنْ يُصِيبَهُمْ
بِبَعْضِ ذُنُوبِهِمْ وَاِنَّ كَثِيرًا مِنَ النَّاسِ لَفَاسِقُونَ ﴿٤٩﴾ اَفَحُكْمَ
الْجَاهِلِيَّةِ يَبْغُونَ وَمَنْ اَحْسَنُ مِنَ اللّٰهِ حُكْمًا لِقَوْمٍ يُوقِنُونَ ﴿٥٠﴾

46. Siguiendo los pasos de aquellos (anteriores Profetas), enviamos a Jesús, hijo de María, confirmando (la verdad de) la Tora revelada antes que él y le otorgamos el Evangelio, en el que había guía y luz (para iluminar las mentes, corazones y caminos de la gente), como confirmación de lo que ya había sido revelado anteriormente en la Tora (excepto algunas cosas prohibidas que se permitieron) y como guía e instrucción para los piadosos devotos.

47. (Y ordenamos:) Que la gente del Evangelio juzgue según lo que Dios ha hecho descender en él. Y todo aquel que no juzgue según lo que Dios ha hecho descender, esos son los transgresores.

48. Hemos hecho descender (Oh Mensajero) sobre ti el Libro con la verdad (encarnándola y con nada falso en él) como confirmación (de Su Autoría Divina y de las verdades que están todavía contenidas en) todo aquello del Libro que fue revelado antes y como salvaguardia de (todas las enseñanzas verdaderas que había en) él. Así pues, juzga entre ellos con lo que Dios ha hecho descender (sobre ti) y no sigas sus deseos y caprichos en contra de la verdad que te ha venido. Para cada (comunidad a la que fue enviado un Mensajero con un Libro) hemos asignado un modo de vida y un sistema integral (que contiene los principios de dicho camino y de cómo seguirlo). Si Dios hubiera querido, habría hecho de vosotros una única comunidad (siguiendo el mismo camino y el mismo sistema bajo las mismas condiciones a lo largo de la historia); pero (Él lo habría querido, en otras circunstancias) para poneros a prueba en lo que os ha otorgado (y someteros de ese modo a la ley del progreso). Esforzaos, pues, juntos, como si compitieseis haciendo buenas obras. Hacia Dios es el retorno de todos vosotros, y os hará entender (la verdad) sobre aquello en lo que discrepabais[11].

49. (Por lo tanto, te ordenamos:) Juzga entre ellos con lo que Dios ha hecho descender, no sigas sus deseos y sus caprichos y ten cuidado con ellos no sea que te tienten para que te apartes de algo de lo que Dios ha hecho descender sobre ti. Y si se apartan, has de saber que Dios quiere afligirlos a causa de algunos de sus pecados. Y un gran número de personas entre los seres humanos son transgresores.

50. ¿O acaso es la ley de la (pagana) Ignorancia la que buscan (para ser juzgados o gobernados por ella)? ¿Quién es mejor que Dios como legislador y para la gente que busca la certeza (y el conocimiento fidedigno)?

11. Al igual que en el versículo 2:213, estos últimos versículos llaman la atención sobre algunos principios y realidades históricas y sociológicas. Hay dos tipos de diferencias entre los individuos: una es la diferencia «natural» en inteligencia, habilidad, ambición, deseo, aspiración en la vida y carácter. Son las diferencias que impulsan a la gente a tener distintas ocupaciones y hacia el progreso científico y tecnológico. La otra diferencia surge a partir del conflicto de intereses y de la distribución de las riquezas terrenales. Aunque estos cambios también pueden impulsar el progreso, asimismo causan inquietud, conflictos y corrupción en la Tierra. Los cambios en las condiciones de vida como consecuencia del progreso científico y tecnológico son las razones básicas por las cuales fueron enviados diferentes Mensajeros con diferentes Libros Sagrados; aunque todos están de acuerdo en los elementos esenciales de la fe, adoración, moralidad y reglas fundamentales sobre lo que es lícito e ilícito.

Puesto que la humanidad estaba viviendo lo que puede ser considerado, en muchos aspectos, un período infantil hasta la época del profeta Muhammad, la paz y las bendiciones sean con él, cada Mensajero que vino antes que él fue enviado a naciones determinadas y durante períodos determinados. En la línea sucesoria abrahámica, Moisés, la paz sea con él, fue enviado a los Hijos de Israel con la Tora y Jesús, la paz sea con él, vino con el Evangelio que confirmó los elementos esenciales de la fe, devoción, moralidad y reglas fundamentales sobre lo lícito e ilícito contenidos en la Tora, mas algunas cosas ilícitas las hizo lícitas. Por lo tanto, cuando Jesús, la paz sea con él, hizo acto de presencia, los Hijos de Israel, que habían seguido la Tora hasta entonces, deberían haber creído en él al igual que en los Profetas y Libros anteriores, y deberían de haber tomado en cuenta los cambios que el Evangelio introdujo en los preceptos de la Tora. Muchos de ellos, sin embargo, no lo aceptaron. Cuando el profeta Muhammad, la paz y las bendiciones sean con él, vino con el Corán, tras él ya no hubo necesidad de otro Profeta o Libro. Así pues, los judíos y los cristianos deberían haber creído en él y en todos los Profetas y Libros anteriores y seguir el Corán. Desafortunadamente, un gran número de ellos no lo hicieron, lo que tuvo como resultado tres religiones y sendas distintas, cuando tan sólo debería haber habido una. La conclusión del versículo 48, *Hacia Dios es el retorno de todos vosotros, y os hará entender (la verdad) sobre aquello en lo que discrepabais*, es extremadamente importante y contiene una amenaza que está directamente conectada con la existencia de estas tres religiones o caminos principales.

Los versículos anteriores mencionan los Libros anteriores al Corán, nombrando a cada uno. En el versículo 48, se hace uso de la expresión *todo aquello del Libro* y se menciona el Corán como el Libro. Eso significa que, a pesar de que existen ciertas diferencias en las leyes, el Corán abarca todas las verdades contenidas en los Libros anteriores. Respecto a la Ley, el Corán conserva los mandamientos de los otros Libros que no fueron derogados. Esto hizo que los juristas musulmanes estableciesen la siguiente regla: «Las leyes no derogadas de las comunidades anteriores a las que les fue enviado un Libro Divino también son las nuestras». Sin embargo, a pesar de que todo el mundo ha de seguir el Corán, la Gente del Libro puede vivir en forma de comunidades autónomas y seguir sus propios Libros bajo el gobierno del Islam.

El Islam tiene una metodología jurídica muy extensa y dinámica, sin comparación en la historia de la humanidad. Su ley tiene su origen en el Corán y la Sunna y los juristas musulmanes han desarrollado otros procedimientos legales basados en dichas fuentes primordiales, tal y como la analogía (*qiyas*), el principio de deducción de nuevas leyes a través del razonamiento basado en el Corán y la Sunna (*iytihad*), asimilar lo que es bueno y beneficioso (*ihtihsan*), mantener inmutable lo que anteriormente había sido aprobado (*istishab*), adoptar lo que es más apropiado para el beneficio público y descartar lo que es dañino (*masalih al-mursalah*), bloquear la vía que permite la corrupción y lo que es ilícito (*sadd az-zara'i*) así como la ley consuetudinaria y la tradición aceptada por los elementos básicos del Islam (*'urf*). (Véase asimismo las notas 2 y 95 de este *sura*).

يَا اَيُّهَا الَّذِينَ اٰمَنُوا لَا تَتَّخِذُوا الْيَهُودَ وَالنَّصَارٰٓى اَوْلِيَٓاءَۘ بَعْضُهُمْ
اَوْلِيَٓاءُ بَعْضٍۜ وَمَنْ يَتَوَلَّهُمْ مِنْكُمْ فَاِنَّهُ مِنْهُمْۜ اِنَّ اللّٰهَ لَا يَهْدِي الْقَوْمَ
الظَّالِمِينَ ﴿٥١﴾ فَتَرَى الَّذِينَ فِي قُلُوبِهِمْ مَرَضٌ يُسَارِعُونَ فِيهِمْ
يَقُولُونَ نَخْشٰٓى اَنْ تُصِيبَنَا دَٓائِرَةٌۜ فَعَسَى اللّٰهُ اَنْ يَأْتِيَ بِالْفَتْحِ اَوْ
اَمْرٍ مِنْ عِنْدِهِ فَيُصْبِحُوا عَلٰى مَٓا اَسَرُّوا فٖٓي اَنْفُسِهِمْ نَادِمِينَۜ ﴿٥٢﴾
وَيَقُولُ الَّذِينَ اٰمَنُٓوا اَهٰٓؤُلَٓاءِ الَّذِينَ اَقْسَمُوا بِاللّٰهِ جَهْدَ اَيْمَانِهِمْۙ اِنَّهُمْ
لَمَعَكُمْۜ حَبِطَتْ اَعْمَالُهُمْ فَاَصْبَحُوا خَاسِرِينَ ﴿٥٣﴾ يَٓا اَيُّهَا الَّذِينَ اٰمَنُوا
مَنْ يَرْتَدَّ مِنْكُمْ عَنْ دِينِهِ فَسَوْفَ يَأْتِي اللّٰهُ بِقَوْمٍ يُحِبُّهُمْ وَيُحِبُّونَهُٓ
اَذِلَّةٍ عَلَى الْمُؤْمِنِينَ اَعِزَّةٍ عَلَى الْكَافِرِينَۘ يُجَاهِدُونَ فِي سَبِيلِ اللّٰهِ
وَلَا يَخَافُونَ لَوْمَةَ لَٓائِمٍۜ ذٰلِكَ فَضْلُ اللّٰهِ يُؤْتِيهِ مَنْ يَشَٓاءُۜ وَاللّٰهُ وَاسِعٌ
عَلِيمٌ ﴿٥٤﴾ اِنَّمَا وَلِيُّكُمُ اللّٰهُ وَرَسُولُهُ وَالَّذِينَ اٰمَنُوا الَّذِينَ يُقِيمُونَ
الصَّلٰوةَ وَيُؤْتُونَ الزَّكٰوةَ وَهُمْ رَاكِعُونَ ﴿٥٥﴾ وَمَنْ يَتَوَلَّ اللّٰهَ وَرَسُولَهُ
وَالَّذِينَ اٰمَنُوا فَاِنَّ حِزْبَ اللّٰهِ هُمُ الْغَالِبُونَ ﴿٥٦﴾ يَٓا اَيُّهَا الَّذِينَ اٰمَنُوا
لَا تَتَّخِذُوا الَّذِينَ اتَّخَذُوا دِينَكُمْ هُزُوًا وَلَعِبًا مِنَ الَّذِينَ اُو۫تُوا
الْكِتَابَ مِنْ قَبْلِكُمْ وَالْكُفَّارَ اَوْلِيَٓاءَۚ وَاتَّقُوا اللّٰهَ اِنْ كُنْتُمْ مُؤْمِنِينَ ﴿٥٧﴾

وَاِذَا نَادَيْتُمْ

51. ¡Oh vosotros que creéis! No toméis a los judíos y a los cristianos como amigos y aliados (en su Judaísmo y Cristiandad, y contra los creyentes). Algunos de entre ellos son amigos y aliados de otros. Quien de vosotros les tome como amigos y aliados (en su Judaísmo y Cristiandad, y contra los creyentes) finalmente se hará uno de ellos (y se contará entre ellos en el Más Allá) en verdad que Dios no guía a tales malhechores.

52. Y sin embargo tú (Oh Mensajero) contemplas aquellos que en cuyos corazones albergan una enfermedad (que seca la fuente de su vida espiritual, extingue su poder de comprensión y corrompe su carácter), se apresuran hacia ellos (para obtener su amistad y salvaguardia) como si compitiesen los unos con los otros, diciendo: «Tememos que la suerte nos sea adversa». Pero puede ser que Dios provea (a los creyentes) la victoria u otro desenlace de Su Propia Voluntad (para castigar a los hipócritas o los malhechores cuya amistad y salvaguardia buscan). Entonces, se encontrarán a sí mismos extremadamente arrepentidos por los secretos que (como hipócritas) buscaron guardar secretamente en sí mismos.

53. Y aquellos que creen dirán (los unos a los otros): «¿Son estos los mismos que juraron por Dios con sus juramentos más solemnes los que se hallan con vosotros?». Sus obras se han echado a perder y se han convertido en perdedores.

54. ¡Oh vosotros que creéis! Quien de vosotros se aparta de su Religión (que sepa que), en su momento, Dios hará surgir a un pueblo al que Él ama y que Le aman, los más humildes con los creyentes, dignos e imponentes ante los incrédulos, que lucharán (continúa y solidariamente) por la causa de Dios y que no temerán la censura de ningún censurador. Esa es la gracia y la generosidad de Dios que Él da a quien Su Voluntad dicta. Dios es Abarcador (con Su profunda gracia), Omnisciente[12].

55. Vuestro tutor y confidente no es nadie más que Dios, y Su Mensajero y aquellos que, habiendo creído, establecen la Oración conforme a sus condiciones y pagan la Limosna Prescrita Purificadora (*Zakat*) y se inclinan (en humildad y sumisión a Él).

56. Quien acoge a Dios, Su Mensajero y los creyentes como tutores y confidentes, no cabe duda que (los que constituyen) la parte de Dios son los vencedores.

57. ¡Oh vosotros que creéis! No toméis como tutores y confidentes a aquellos que recibieron el Libro antes que vosotros pues hacen de vuestra Religión objeto de burla y juego, ni tampoco a los incrédulos (aquellos que rechazan al Mensajero, la Revelación Divina y el Día del Juicio Final). Apartaos de la desobediencia a Dios en adoración a Él y piedad si sois verdaderos creyentes.

---

12. Este versículo, que alberga una gran promesa para un futuro lejano del Islam, es de gran importancia por los siguientes puntos:

- Nadie puede restarle valor al Islam sin renunciar al mismo. Es Dios Mismo Quien lo preserva y lo hará prevalecer sobre las otras creencias y sistemas.
- Dios actúa tras el velo de la causa y el efecto en el mundo. El mundo es el ámbito de la sabiduría. Por lo tanto si la nación o comunidad a la que Dios ha favorecido con la responsabilidad de cargar con el Islam fracasa en mantenerlo, Dios hará surgir a otro pueblo que Él mantiene encubierto en Su tesoro de Lo Oculto. Esos son aquellos a los que Dios eligió en la pre-eternidad por la función que iban a desempeñar en el futuro. Él les ama y por tal razón ellos Le aman.
- Al elogiar a los Compañeros del Profeta, la paz y las bendiciones sean con él, Dios presenta las siguientes cuatro virtudes para que las consideremos (48:29):

1. Mantenerse constantemente en compañía del Mensajero para darle apoyo y compartir sus sufrimientos;
2. Ser firmes e implacables contra los incrédulos; en aquel período de ignorancia y salvajismo, triunfar sobre esa gente fue posible siendo fuertes e inquebrantables;
3. Ser misericordiosos entre sí;
4. Ser sinceros y devotos para obtener la complacencia y la aprobación de Dios.

Ya que Abu Bakr, 'Umar, 'Uzman y 'Ali estuvieron sucesivamente a la vanguardia de estas cuatro virtudes, son considerados los más eminentes de los Compañeros.

Sin embargo, acontece un tiempo en que la humanidad progresa desde la ignorancia y el salvajismo hacia la ciencia y hacia algún tipo de civilización. Pero en esta época, en la que la incredulidad surge desde la ciencia y la filosofía, las siguientes virtudes, en orden de importancia, sobresalen y son las más deseables para aquellos a los que Dios ha favorecido con la responsabilidad de defender el Islam:

1. Ser sumamente humilde ante los creyentes;
2. Tener capacidad para dar órdenes, imponer respeto y tener dignidad (no en el sentido de ser «severo» como es descrito anteriormente) ante los incrédulos, consciente de que el honor y la dignidad radican en seguir el Islam;
3. Esforzarse constantemente en suma solidaridad en la causa de Dios para hacer que la gente Le conozca y ser una guía para ellos;
4. No temer la censura de nadie que le censure en su esfuerzo de hacer que la gente conozca a Dios.

وَاِذَا نَادَيْتُمْ اِلَى الصَّلٰوةِ اتَّخَذُوهَا هُزُوًا وَلَعِبًاۜ ذٰلِكَ بِاَنَّهُمْ قَوْمٌ
لَا يَعْقِلُونَ ﴿٥٨﴾ قُلْ يَٓا اَهْلَ الْكِتَابِ هَلْ تَنْقِمُونَ مِنَّٓا اِلَّٓا اَنْ اٰمَنَّا بِاللّٰهِ
وَمَٓا اُنْزِلَ اِلَيْنَا وَمَٓا اُنْزِلَ مِنْ قَبْلُۙ وَاَنَّ اَكْثَرَكُمْ فَاسِقُونَ ﴿٥٩﴾ قُلْ
هَلْ اُنَبِّئُكُمْ بِشَرٍّ مِنْ ذٰلِكَ مَثُوبَةً عِنْدَ اللّٰهِۜ مَنْ لَعَنَهُ اللّٰهُ وَغَضِبَ
عَلَيْهِ وَجَعَلَ مِنْهُمُ الْقِرَدَةَ وَالْخَنَازِيرَ وَعَبَدَ الطَّاغُوتَۜ اُو۬لٰٓئِكَ شَرٌّ
مَكَانًا وَاَضَلُّ عَنْ سَوَٓاءِ السَّبِيلِ ﴿٦٠﴾ وَاِذَا جَٓاؤُ۫كُمْ قَالُٓوا اٰمَنَّا وَقَدْ
دَخَلُوا بِالْكُفْرِ وَهُمْ قَدْ خَرَجُوا بِه۪ۜ وَاللّٰهُ اَعْلَمُ بِمَا كَانُوا يَكْتُمُونَ ﴿٦١﴾
وَتَرٰى كَث۪يرًا مِنْهُمْ يُسَارِعُونَ فِي الْاِثْمِ وَالْعُدْوَانِ وَاَكْلِهِمُ
السُّحْتَۜ لَبِئْسَ مَا كَانُوا يَعْمَلُونَ ﴿٦٢﴾ لَوْلَا يَنْهٰيهُمُ الرَّبَّانِيُّونَ
وَالْاَحْبَارُ عَنْ قَوْلِهِمُ الْاِثْمَ وَاَكْلِهِمُ السُّحْتَۜ لَبِئْسَ مَا كَانُوا
يَصْنَعُونَ ﴿٦٣﴾ وَقَالَتِ الْيَهُودُ يَدُ اللّٰهِ مَغْلُولَةٌۜ غُلَّتْ اَيْد۪يهِمْ وَلُعِنُوا
بِمَا قَالُواۢ بَلْ يَدَاهُ مَبْسُوطَتَانِۙ يُنْفِقُ كَيْفَ يَشَٓاءُۜ وَلَيَز۪يدَنَّ كَث۪يرًا
مِنْهُمْ مَٓا اُنْزِلَ اِلَيْكَ مِنْ رَبِّكَ طُغْيَانًا وَكُفْرًاۜ وَاَلْقَيْنَا بَيْنَهُمُ الْعَدَاوَةَ
وَالْبَغْضَٓاءَ اِلٰى يَوْمِ الْقِيٰمَةِۜ كُلَّمَٓا اَوْقَدُوا نَارًا لِلْحَرْبِ اَطْفَاَهَا
اللّٰهُ وَيَسْعَوْنَ فِي الْاَرْضِ فَسَادًاۜ وَاللّٰهُ لَا يُحِبُّ الْمُفْسِد۪ينَ ﴿٦٤﴾

58. Cuando recitáis la llamada a la Oración, la hacen objeto de burla y juego. Eso es porque son un pueblo que no hace uso de su razonamiento para comprender.

59. Di: «¡Oh Gente del Libro! ¿Es que os mostráis resentidos hacia nosotros porque creemos en Dios y en lo que nos ha sido revelado y en lo que fue revelado anteriormente y porque la mayoría de vosotros sois transgresores?».

60. Di: «¿Queréis que os diga quiénes merecen el peor castigo de todos por parte de Dios? Aquellos a los que Dios ha maldecido (excluyéndolos de Su misericordia), a los que ha condenado definitivamente, algunos de los cuales los convirtió en monos y cerdos, y siervos de fuerzas del mal (que instituyen pautas de creencia y gobiernan desafiando a Dios). Son los peor situados y los más alejados del camino recto y llano».

61. Cuando esos (que tienen el mismo carácter y modo de vida y los hipócritas que siguen sus pasos) vienen a vosotros dicen (con hipocresía): «Creemos»; pero con incredulidad (en sus corazones) entran y con ella salen. Dios conoce muy bien la incredulidad e hipocresía que han estado ocultando.

62. Verás cómo muchos de ellos se precipitan como si compitiesen en actos impíos e inmorales y en enemistad, consumiendo ganancias ilícitas. ¡Cuán malvado es en verdad lo que han estado haciendo!

63. ¿Por qué los maestros (que dedican sus vidas a Dios y a la educación de las personas), y los rabinos (maestros de la ley) no les prohíben que pronuncien declaraciones impías y que consuman ganancias ilícitas? ¡Cuán malvado es en verdad lo que han estado tramando!

64. Los judíos dicen: «La mano de Dios se encuentra trabada» (atribuyéndole por tanto a Él su miseria y humillación). ¡Que sus manos queden trabadas y sean excluidos de Su misericordia por haber dicho eso! ¡No, de verdad! Sus dos Manos están extendidas en generosidad, confiriendo a quien Su Voluntad dicta. Y (la Revelación y recompensas) que descienden sobre ti de tu Señor sin duda hace aumentar en un gran número de ellos su rebelión e incredulidad. Sin embargo (de acuerdo con las leyes que hemos establecido en este mundo para la vida humana), hemos sembrado entre ellos la enemistad y el odio rencoroso hasta el Día de la Resurrección. En cuanto encienden un fuego para la guerra (para sobrepasar el Islam y hacerlo desaparecer) Dios lo extingue (sin permitirles que alcancen su meta). Se afanan por provocar el desorden y la corrupción en la Tierra, y Dios no ama a los que causan desorden y corrupción.

وَلَوْ اَنَّ اَهْلَ الْكِتَابِ اٰمَنُوا وَاتَّقَوْا لَكَفَّرْنَا عَنْهُمْ سَيِّـَٔاتِهِمْ
وَلَاَدْخَلْنَاهُمْ جَنَّاتِ النَّعِيمِ ﴿٦٥﴾ وَلَوْ اَنَّهُمْ اَقَامُوا التَّوْرٰيةَ
وَالْاِنْجِيلَ وَمَا اُنْزِلَ اِلَيْهِمْ مِنْ رَبِّهِمْ لَاَكَلُوا مِنْ فَوْقِهِمْ
وَمِنْ تَحْتِ اَرْجُلِهِمْ مِنْهُمْ اُمَّةٌ مُقْتَصِدَةٌ وَكَثِيرٌ مِنْهُمْ
سَاءَ مَا يَعْمَلُونَ ﴿٦٦﴾ يَا اَيُّهَا الرَّسُولُ بَلِّغْ مَا اُنْزِلَ اِلَيْكَ
مِنْ رَبِّكَ وَاِنْ لَمْ تَفْعَلْ فَمَا بَلَّغْتَ رِسَالَتَهُ وَاللّٰهُ يَعْصِمُكَ
مِنَ النَّاسِ اِنَّ اللّٰهَ لَا يَهْدِي الْقَوْمَ الْكَافِرِينَ ﴿٦٧﴾ قُلْ
يَا اَهْلَ الْكِتَابِ لَسْتُمْ عَلٰى شَيْءٍ حَتّٰى تُقِيمُوا التَّوْرٰيةَ
وَالْاِنْجِيلَ وَمَا اُنْزِلَ اِلَيْكُمْ مِنْ رَبِّكُمْ وَلَيَزِيدَنَّ كَثِيرًا مِنْهُمْ
مَا اُنْزِلَ اِلَيْكَ مِنْ رَبِّكَ طُغْيَانًا وَكُفْرًا فَلَا تَاْسَ عَلَى الْقَوْمِ
الْكَافِرِينَ ﴿٦٨﴾ اِنَّ الَّذِينَ اٰمَنُوا وَالَّذِينَ هَادُوا وَالصَّابِؤُنَ
وَالنَّصَارٰى مَنْ اٰمَنَ بِاللّٰهِ وَالْيَوْمِ الْاٰخِرِ وَعَمِلَ صَالِحًا
فَلَا خَوْفٌ عَلَيْهِمْ وَلَا هُمْ يَحْزَنُونَ ﴿٦٩﴾ لَقَدْ اَخَذْنَا مِيثَاقَ
بَنٖٓى اِسْرَٓائِيلَ وَاَرْسَلْنَا اِلَيْهِمْ رُسُلًا كُلَّمَا جَٓاءَهُمْ رَسُولٌ
بِمَا لَا تَهْوٰى اَنْفُسُهُمْ فَرِيقًا كَذَّبُوا وَفَرِيقًا يَقْتُلُونَ ﴿٧٠﴾

وَحَسِبُوا

65. Si al menos la Gente del Libro creyese (en el profeta Muhammad y en lo que le fue revelado) y se apartase de la desobediencia a Dios con piedad para merecer Su protección, sin duda alguna, borraríamos sus (anteriores) malas acciones y les admitiríamos en Jardines de generosidad y bendición.

66. Si al menos hubiesen observado realmente la Tora y el Evangelio y todo lo que había sido descendido para ellos desde su Señor (con fidelidad, sin introducir distorsiones y, por lo tanto, creyendo en Muhammad y siguiendo su camino) habían sido alimentados desde arriba y desde debajo de sus pies (pues Dios habría derramado Sus bendiciones sobre ellos desde el Cielo y desde la Tierra[13]). Entre ellos hay gente justa y moderada que se aferra al camino justo, pero muchos de ellos, ¡cuán malvado es lo que hacen!

67. ¡Oh Mensajero (que transmites y expresas el Mensaje de la mejor manera)! Transmite y haz conocer del modo más claro todo lo que te ha sido descendido desde tu Señor. Pues, si no lo haces así, no habrás transmitido Su Mensaje ni habrás cumplido tu Misión Profética. Dios, sin duda alguna, te protegerá de la gente. Es cierto que Dios no guía a los incrédulos (a obtener su meta de perjudicarte o derrotarte)[14].

68. Di: «¡Oh Gente del Libro! No os apoyáis en nada válido (ante Dios) hasta que no pongáis en práctica correctamente la Tora, el Evangelio, y todo lo que os ha sido descendido de vuestro Señor (haciendo eso creeréis en mí y en el Corán y seguiréis mi camino)»[15]. Sin embargo, lo que te ha descendido procedente de tu Señor, en verdad hará en un gran número de ellos que aumente su rebeldía e incredulidad. Pero no te entristezcas por los incrédulos.

69. En verdad ya sean aquellos que declaran la fe (en Muhammad y lo que trae de Dios), o sean los judíos, los sabeos, los cristianos (o los de otra fe), quienes correcta y sinceramente crean en Dios y en el Día del Juicio Final y hagan actos buenos y rectos no tendrán que temer ni se entristecerán.

70. De hecho establecimos una alianza con los Hijos de Israel y (consecuentemente) les enviamos Mensajeros (uno tras otro). Pero cada vez que les llegaba un Mensajero que traía lo que no les convenía (ni deseaban) sus almas, a algunos les negaban y a otros les mataban.

13. Los siguientes versículos del Antiguo Testamento son del mismo significado que este versículo:

> Si camináis según mis preceptos y guardáis mis mandamientos, poniéndolos en práctica, os enviaré las lluvias a su tiempo, para que la tierra dé sus frutos y el árbol del campo su fruto. El tiempo de trilla alcanzará hasta la vendimia, y la vendimia hasta la siembra; comeréis vuestro pan hasta saciaros y habitaréis seguros en vuestra tierra (Levítico, 26: 3-5).

El mismo significado aparece explicado en el sermón de Moisés que figura en el Deuteronomio, capítulo 28.

Estos dos últimos versículos del *sura* hacen referencia a una importante verdad relativa al concepto de *taqwa* (apartarse de la desobediencia a Dios en veneración a Él y piedad con la intención de merecer Su protección). Tal y como hemos mencionado anteriormente, Dios posee dos tipos de leyes, una que llamamos Religión y la otra que es la que Dios ha establecido para la vida y el funcionamiento del universo y que es el objeto de estudio de las ciencias. Mientras que con una se recibe una recompensa por obedecer y desobedecer, generalmente, en el Más Allá, la recompensa por obedecer o desobedecer la otra, normalmente ocurre en esta vida. *Taqwa* implica la obediencia a ambas leyes.

14. Este versículo explica uno de los numerosos milagros del Corán. Manifiestamente declara y predice que Dios protegerá a Su Mensajero, Muhammad, la paz y las bendiciones sean con él, de todos sus enemigos, permitiéndole que transmita Su Mensaje hasta el final y sin consentir que nadie le haga daño. A pesar de que estuvo rodeado de acérrimos enemigos de entre los politeístas de La Meca y el desierto, de entre los judíos, los hipócritas, los cristianos y muchos otros, el Mensajero, la paz y las bendiciones sean con él, cumplió su misión sin miedo alguno y murió en su lecho tras haber cumplido su misión de manera victoriosa.

Esta promesa de Dios es también aplicable para los herederos de la misión del Mensajero en los siguientes siglos, especialmente hacia el final de los tiempos, cuando las condiciones para vivir el Islam y transmitirlo sean tan difíciles como lo fueron en La Meca durante los primeros años del Islam. Dios también protegerá a estos musulmanes contra sus enemigos los cuales no podrán impedir que cumplan su misión. Véase también el *sura* 33:39.

15. Este versículo indica tres cosas importantes:

- Los judíos y los cristianos no significaban nada ni se apoyaban en nada válido ante Dios en nombre de la Religión, a no ser que los judíos cumpliesen la Tora y otros libros que les fueron enviados, incluido el Evangelio, y los cristianos cumpliesen el Evangelio. Ambos deberían de haber creído y seguido el Corán cuando empezó a ser revelado.
- A pesar de que los judíos y los cristianos no crean en el Corán ni en el profeta Muhammad, la paz y las bendiciones sean con él, el Islam les considera como Gente del Libro y se espera de ellos que observen la Tora y el Evangelio (en sus verdaderos mandamientos). Si no lo hacen, no tendrán ningún derecho a pretender que Dios les ha concedido algo.
- A pesar de que el Corán claramente les explicaba el camino de la guía y la salvación final, al mostrar cómo menospreciaron sus propios libros, pasaron a ser más obstinados en su rechazo del mismo y de Muhammad como Mensajero.

وَحَسِبُوٓا اَلَّا تَكُونَ فِتْنَةٌ فَعَمُوا وَصَمُّوا ثُمَّ تَابَ
اللّٰهُ عَلَيْهِمْ ثُمَّ عَمُوا وَصَمُّوا كَث۪يرٌ مِنْهُمْ وَاللّٰهُ بَص۪يرٌ
بِمَا يَعْمَلُونَ ﴿٧١﴾ لَقَدْ كَفَرَ الَّذ۪ينَ قَالُوٓا اِنَّ اللّٰهَ هُوَ
الْمَس۪يحُ ابْنُ مَرْيَمَ وَقَالَ الْمَس۪يحُ يَا بَن۪ٓي اِسْرَٓائ۪يلَ
اعْبُدُوا اللّٰهَ رَبّ۪ي وَرَبَّكُمْ اِنَّهُ مَنْ يُشْرِكْ بِاللّٰهِ فَقَدْ
حَرَّمَ اللّٰهُ عَلَيْهِ الْجَنَّةَ وَمَأْوٰيهُ النَّارُ وَمَا لِلظَّالِم۪ينَ
مِنْ اَنْصَارٍ ﴿٧٢﴾ لَقَدْ كَفَرَ الَّذ۪ينَ قَالُوٓا اِنَّ اللّٰهَ ثَالِثُ
ثَلٰثَةٍ وَمَا مِنْ اِلٰهٍ اِلَّٓا اِلٰهٌ وَاحِدٌ وَاِنْ لَمْ يَنْتَهُوا عَمَّا
يَقُولُونَ لَيَمَسَّنَّ الَّذ۪ينَ كَفَرُوا مِنْهُمْ عَذَابٌ اَل۪يمٌ ﴿٧٣﴾
اَفَلَا يَتُوبُونَ اِلَى اللّٰهِ وَيَسْتَغْفِرُونَهُ وَاللّٰهُ غَفُورٌ
رَح۪يمٌ ﴿٧٤﴾ مَا الْمَس۪يحُ ابْنُ مَرْيَمَ اِلَّا رَسُولٌ قَدْ
خَلَتْ مِنْ قَبْلِهِ الرُّسُلُ وَاُمُّهُ صِدّ۪يقَةٌ كَانَا يَأْكُلَانِ
الطَّعَامَ اُنْظُرْ كَيْفَ نُبَيِّنُ لَهُمُ الْاٰيَاتِ ثُمَّ انْظُرْ اَنّٰى
يُؤْفَكُونَ ﴿٧٥﴾ قُلْ اَتَعْبُدُونَ مِنْ دُونِ اللّٰهِ مَا لَا يَمْلِكُ
لَكُمْ ضَرًّا وَلَا نَفْعًا وَاللّٰهُ هُوَ السَّم۪يعُ الْعَل۪يمُ ﴿٧٦﴾

71. Estimaron que no iba a haber prueba alguna (para ellos como resultado de lo que hicieron), por lo que quedaron como si se tratase de ciegos y sordos (a la verdad y a todas las amonestaciones Divinas). Entonces, Dios (habiéndoles guiado hacia el despertar de sus conciencias, haciéndoles que regresen a Él en arrepentimiento para que pudiesen reformarse a sí mismos) se tornó hacia ellos (en generoso perdón). Sin embargo (y a pesar de ello), muchos de ellos volvieron a hacerse los ciegos y sordos. Y todo aquello que hacen Dios sin duda lo contempla.

72. En verdad han caído en la incredulidad quienes dicen: «Dios es el Mesías, hijo de María», cuando el Mesías mismo proclamó: «¡Oh Hijos de Israel! Adorad a Dios, mi Señor y el vuestro». Quien atribuya copartícipes a Dios, Dios le negará el Paraíso y su refugio será el Fuego. Y los malhechores no tendrán quien les auxilie.

73. Sin duda alguna, también han caído en la incredulidad los que dicen: «Dios es el tercero de Tres», cuando no hay más deidad salvo que un Único Dios. Si no renuncian a decir lo que dicen, caerá sobre aquellos que no creen un doloroso castigo.

74. ¿Es que no van a tornarse hacia Dios en arrepentimiento (resueltos a no cometer otra vez el mismo error) y pedirle perdón? Dios es Indulgente y Compasivo.

75. El Mesías, hijo de María, tan solo era un Mensajero, ya hubo otros Mensajeros antes que él; y su madre era una mujer recta totalmente devota a Dios. Ambos comían alimentos (como hacen todos los mortales). ¡Mira cómo les hacemos claras las verdades y mira cómo luego se apartan de la verdad y hacen falsas afirmaciones!

76. Di (a ellos, Oh Mensajero): «¿Adoráis, aparte de Dios, lo que (en sí mismo) carece de poder para beneficiaros o perjudicaros, cuando Dios es Quien todo lo Oye y Omnisapiente?».

قُلْ يَٓا اَهْلَ الْكِتَابِ لَا تَغْلُوا فٖى دٖينِكُمْ غَيْرَ الْحَقِّ
وَلَا تَتَّبِعُٓوا اَهْوَٓاءَ قَوْمٍ قَدْ ضَلُّوا مِنْ قَبْلُ وَاَضَلُّوا
كَثٖيرًا وَضَلُّوا عَنْ سَوَٓاءِ السَّبٖيلِ ﴿٧٧﴾ لُعِنَ الَّذٖينَ
كَفَرُوا مِنْ بَنٖىٓ اِسْرَٓائٖيلَ عَلٰى لِسَانِ دَاوُ۫دَ وَعٖيسَى
ابْنِ مَرْيَمَ ذٰلِكَ بِمَا عَصَوْا وَكَانُوا يَعْتَدُونَ ﴿٧٨﴾
كَانُوا لَا يَتَنَاهَوْنَ عَنْ مُنْكَرٍ فَعَلُوهُ لَبِئْسَ
مَا كَانُوا يَفْعَلُونَ ﴿٧٩﴾ تَرٰى كَثٖيرًا مِنْهُمْ يَتَوَلَّوْنَ
الَّذٖينَ كَفَرُوا لَبِئْسَ مَا قَدَّمَتْ لَهُمْ اَنْفُسُهُمْ اَنْ
سَخِطَ اللّٰهُ عَلَيْهِمْ وَفِى الْعَذَابِ هُمْ خَالِدُونَ ﴿٨٠﴾
وَلَوْ كَانُوا يُؤْمِنُونَ بِاللّٰهِ وَالنَّبِىِّ وَمَٓا اُنْزِلَ اِلَيْهِ
مَا اتَّخَذُوهُمْ اَوْلِيَٓاءَ وَلٰكِنَّ كَثٖيرًا مِنْهُمْ فَاسِقُونَ ﴿٨١﴾
لَتَجِدَنَّ اَشَدَّ النَّاسِ عَدَاوَةً لِلَّذٖينَ اٰمَنُوا الْيَهُودَ
وَالَّذٖينَ اَشْرَكُوا وَلَتَجِدَنَّ اَقْرَبَهُمْ مَوَدَّةً لِلَّذٖينَ
اٰمَنُوا الَّذٖينَ قَالُٓوا اِنَّا نَصَارٰى ذٰلِكَ بِاَنَّ مِنْهُمْ
قِسّٖيسٖينَ وَرُهْبَانًا وَاَنَّهُمْ لَا يَسْتَكْبِرُونَ ﴿٨٢﴾

وَاِذَا سَمِعُوا

77. Di: «¡Oh Gente del Libro! No traspaséis los límites de vuestra Religión (desviándoos hacia) lo que no es la verdad y no sigáis los deseos y caprichos de gente que se extravió antes e hicieron que un gran número se extraviaran y se alejaran (como otros hacen ahora) del camino recto y llano»[16].

78. Aquellos de los Hijos de Israel que no creyeron fueron maldecidos por boca de David y Jesús, hijo de María. Eso les pasó porque desobedecieron y continuaron sobrepasando los límites (de la Ley).

79. No se impedían entre ellos cometer ninguna mala acción. ¡Cuán perverso era en verdad lo que solían hacer!

80. Ves a un gran número de ellos (los judíos) tomar a los incrédulos como aliados y amigos (en lugar de aliarse con el Mensajero y los creyentes). ¡Cuán perverso es lo que han preparado para sí mismos (para su futuro y para la vida en el Más Allá!). Dios les condenará y morarán en el castigo.

81. Si hubiesen creído en Dios y en el (ilustrísimo) Profeta (Muhammad) y lo que se le ha hecho descender, no los hubiesen tomado (a los incrédulos) como aliados y amigos; pero muchos de ellos son trasgresores.

82. Seguro que encontrarás que, de entre la gente (de incredulidad), la que muestra una enemistad más acérrima hacia los que creen (los musulmanes) son los judíos y los que atribuyen copartícipes a Dios. Y sin duda hallarás que los que muestran más afecto hacia los creyentes (los musulmanes) son aquellos que dicen: «Somos cristianos». La razón de ello es porque entre ellos (los cristianos) hay ermitaños (que se consagran a la devoción de Dios, sobre todo por la noche) y monjes (que luchan contra sus almas carnales con temor al castigo de Dios), y porque no son arrogantes[17].

16. Este versículo advierte en particular a los cristianos contra cierta gente de la antigüedad y algunos sectarios de entre los judíos que siguieron trayectorias diferentes a las del camino recto de Dios. También advierte, de modo alusivo, a los musulmanes y, en concreto, a los «instruidos» de nuestra época con la expresión «Gente del Libro» la cual contiene una alusión a la gente instruida. Es imposible no apreciar el papel que dicha gente ha desempeñado en la alteración de los elementos esenciales del Cristianismo como la fe y el modo de adoración y en las revueltas y disturbios que acontecieron en la comunidad musulmana en su época inicial, las cuales dieron lugar al surgimiento de numerosos grupos que se desviaron del camino verdadero, y también el papel que desempeñaron en ciertas ideologías antirreligiosas que aparecieron en los últimos siglos. Semejantes advertencias también se encuentran en la Biblia.

En el artículo titulado «Christianity» («Cristianismo») de la Enciclopedia Británica (14ª edición) un teólogo cristiano, el reverendo George William Knox, hace referencia al mismo hecho cuando escribe sobre las creencias esenciales de la iglesia:

> Sus patrones de pensamiento son los de la filosofía griega y en ellos se vertieron las enseñanzas judías. Por lo tanto, tenemos una combinación peculiar: las doctrinas de la Biblia, que culminaron en la persona de Jesús, se formulan dentro del contexto de una filosofía ajena.

En la misma obra, Charles Anderson Scott escribe en el artículo «Jesus Christ» dedicado a la figura de Jesucristo:

> No existe ningún indicio en estos tres Evangelios (elaborados por Mateo, Marcos y Lucas) que sugiera que sus escritores no pensasen en Jesús sino como en otro ser humano, un ser humano especialmente dotado con el Espíritu de Dios y en un estado de relación continúa con Dios que justificase que fuese llamado «Hijo de Dios». Incluso Mateo se refiere a él como el hijo del carpintero — [He de señalar aquí que según Mateo, el carpintero José era el padrastro de Jesús, la paz sea con él. Jesús vino al mundo sin intervención paterna. Ali Ünal] y señala que después de que Pedro le reconociese como Mesías «le tomó aparte y empezó a amonestarle» (Mateo, 16:22). Y en Lucas, los dos discípulos que iban de camino a Emaús aún hablaban de él como «un Profeta de poderosa acción y palabra ante Dios y ante el resto de la gente» (Lucas, 24:19)... Es bastante peculiar que antes de que el Evangelio según Marcos fuese elaborado, el «Señor» pasó a ser la descripción de Jesús entre los cristianos. Nunca se le ha descrito de esa manera en el segundo Evangelio (ni siquiera en el primero, aunque dicha palabra es libremente empleada para referirse a Dios). Los tres relatan la Pasión de Jesús, la paz sea con él, con una plenitud y un énfasis acorde a la importancia del acontecimiento; pero a excepción del pasaje del «rescate» (Marcos, 10:45) y ciertas palabras en la Última Cena, no hay indicación del significado que luego le fue atribuido. Ni siquiera existe insinuación de que la muerte de Jesús tenga relación alguna con el pecado o el perdón.
>
> Él (Jesús) se refería frecuentemente a sí mismo como el Hijo del Hombre... Las palabras de Pedro, pronunciadas durante el Pentecostés, «un hombre admitido por Dios», describen a Jesús, la paz sea con él, cómo era contemplado y conocido por sus contemporáneos... A partir de ellos (los Evangelios) podemos comprender que Jesús pasó durante fases de desarrollo físico y mental, en las que sufría hambre, sed, cansancio y sueño, que podía ser sorprendido y necesitaba información, que sufrió dolor y que murió. No sólo no pretendió ser omnisciente, sino que claramente lo descartaba... Incluso hay menos razones para afirmar la omnipotencia de Jesús, la paz sea con él. No hay indicación alguna de que él actuase independientemente de Dios o como si fuese un Dios independiente. Más bien reconocía su dependencia de Dios mediante su costumbre de orar... Incluso repudiaba que se le atribuyese bondad en el sentido absoluto en que sólo pertenece a Dios.

William Knox, anteriormente mencionado, escribe lo siguiente respecto a atribuirle divinidad a Jesús:

> ...En los últimos compases del S. III d. C., su deidad era ampliamente negada... En el concilio de Nicea en 325, la divinidad de Cristo recibió la aprobación oficial... pero la controversia continuó durante algún tiempo (más). (Para las citas véase al-Mawdudi, 2, nota 101.)

17. En este versículo se hace referencia a muchos hechos como los siguientes:

- La arrogancia y el pecado (pecar abiertamente sin sentir ninguna vergüenza) son obstáculos para la creencia, mientras que la modestia y la autocrítica son puertas abiertas a la misma.
- Por la naturaleza de su misión, el profeta Jesús, la paz sea con él, atribuyó más importancia a los aspectos espirituales de la Revelación Divina que a otros aspectos y ello dio lugar a que hubiese numerosos ermitaños y monjes en su comunidad.
- El Islam es un camino intermedio. Al ser la modestia, la humildad, la devoción y el esfuerzo contra el alma carnal elementos esenciales del Islam, también debería de haber una cercanía natural entre los musulmanes y los seguidores de Jesús, la paz sea con él.
- La afabilidad y humildad de algunos ermitaños y monjes hizo que aceptasen el Islam y el Corán cuando oyeron al Mensajero de Dios, la paz y las bendiciones sean con él.

وَاِذَا سَمِعُوا مَا اُنْزِلَ اِلَى الرَّسُولِ تَرٰى اَعْيُنَهُمْ تَفِيضُ
مِنَ الدَّمْعِ مِمَّا عَرَفُوا مِنَ الْحَقِّۚ يَقُولُونَ رَبَّنَا اٰمَنَّا فَاكْتُبْنَا
مَعَ الشَّاهِدِينَ ﴿٨٣﴾ وَمَا لَنَا لَا نُؤْمِنُ بِاللّٰهِ وَمَا جَٓاءَنَا مِنَ
الْحَقِّ وَنَطْمَعُ اَنْ يُدْخِلَنَا رَبُّنَا مَعَ الْقَوْمِ الصَّالِحِينَ ﴿٨٤﴾
فَاَثَابَهُمُ اللّٰهُ بِمَا قَالُوا جَنَّاتٍ تَجْرِي مِنْ تَحْتِهَا الْاَنْهَارُ
خَالِدِينَ فِيهَاۜ وَذٰلِكَ جَزَٓاءُ الْمُحْسِنِينَ ﴿٨٥﴾ وَالَّذِينَ كَفَرُوا
وَكَذَّبُوا بِاٰيَاتِنَٓا اُو۬لٰٓئِكَ اَصْحَابُ الْجَحِيمِ ﴿٨٦﴾ يَٓا اَيُّهَا الَّذِينَ
اٰمَنُوا لَا تُحَرِّمُوا طَيِّبَاتِ مَٓا اَحَلَّ اللّٰهُ لَكُمْ وَلَا تَعْتَدُواۜ
اِنَّ اللّٰهَ لَا يُحِبُّ الْمُعْتَدِينَ ﴿٨٧﴾ وَكُلُوا مِمَّا رَزَقَكُمُ اللّٰهُ حَلَالًا
طَيِّبًاۖ وَاتَّقُوا اللّٰهَ الَّذِٓي اَنْتُمْ بِهِ مُؤْمِنُونَ ﴿٨٨﴾ لَا يُؤَاخِذُكُمُ اللّٰهُ
بِاللَّغْوِ فِٓي اَيْمَانِكُمْ وَلٰكِنْ يُؤَاخِذُكُمْ بِمَا عَقَّدْتُمُ الْاَيْمَانَۚ
فَكَفَّارَتُهُٓ اِطْعَامُ عَشَرَةِ مَسَاكِينَ مِنْ اَوْسَطِ مَا تُطْعِمُونَ
اَهْلِيكُمْ اَوْ كِسْوَتُهُمْ اَوْ تَحْرِيرُ رَقَبَةٍۜ فَمَنْ لَمْ يَجِدْ فَصِيَامُ
ثَلٰثَةِ اَيَّامٍۜ ذٰلِكَ كَفَّارَةُ اَيْمَانِكُمْ اِذَا حَلَفْتُمْۜ وَاحْفَظُٓوا
اَيْمَانَكُمْۜ كَذٰلِكَ يُبَيِّنُ اللّٰهُ لَكُمْ اٰيَاتِهِ لَعَلَّكُمْ تَشْكُرُونَ ﴿٨٩﴾

83. Cuando oyen lo que se le ha hecho descender al Mensajero, ves sus ojos bañados en lágrimas porque conocen parte de su verdad (de sus propios Libros), y dicen: «¡Señor nuestro! Creemos (en Muhammad y en el Corán); inscríbenos, pues, entre los que dan testimonio (de la verdad en compañía de su comunidad).

84. ¿Por qué no íbamos a creer en Dios y en la verdad que nos ha llegado? Y deseamos fervientemente que nuestro Señor nos haga entrar en compañía de los rectos».

85. De este modo Dios (decidió que) les recompensará por lo que dijeron con Jardines a través de los cuales discurren ríos en donde morarán. Esa es la recompensa de los que se dedican a hacer el bien, conscientes de que Dios les está contemplando.

86. En cuanto a los que no creen y niegan Nuestros signos y Revelaciones, esos son los compañeros del Fuego Llameante.

87. ¡Oh vosotros que creéis! No hagáis ilícitas las cosas buenas y puras que Dios os ha permitido y no excedáis los límites (convirtiendo en prohibido lo que es lícito o sucumbiendo en lo ilícito). Dios no ama a los que exceden los límites.

88. Comed de lo (lícito, puro y bueno) que Dios os ha proveído; y con la reverencia debida a Él, apartaos de la desobediencia a Dios, en Quien tenéis fe.

89. Dios no os toma en cuenta un desliz (o un error verbal) en vuestros juramentos, pero os toma en cuenta por lo que habéis terminado por juramentos solemnes y determinados. La expiación (por incumplir dichos juramentos) es alimentar a diez pobres (o a una persona durante diez días) según el promedio de comida con que alimentéis a vuestras familias, vestirles o manumitir a un esclavo. Quien no encuentre (medios para hacer eso) que ayune durante tres días. Esa es la expiación por los juramentos que hagáis (y que no cumpláis). Pero tened cuidado con vuestros juramentos (no los hagáis a la ligera, y cuando los hagáis, cumplidlos). Así os explica Dios Sus Revelaciones (las luces de Su camino) para que podáis agradecer (de corazón, de palabra y de acto cumpliendo Sus mandamientos).

يَا اَيُّهَا الَّذ۪ينَ اٰمَنُٓوا اِنَّمَا الْخَمْرُ وَالْمَيْسِرُ وَالْاَنْصَابُ وَالْاَزْلَامُ
رِجْسٌ مِنْ عَمَلِ الشَّيْطَانِ فَاجْتَنِبُوهُ لَعَلَّكُمْ تُفْلِحُونَ ﴿٩٠﴾ اِنَّمَا
يُر۪يدُ الشَّيْطَانُ اَنْ يُوقِعَ بَيْنَكُمُ الْعَدَاوَةَ وَالْبَغْضَٓاءَ فِي الْخَمْرِ
وَالْمَيْسِرِ وَيَصُدَّكُمْ عَنْ ذِكْرِ اللّٰهِ وَعَنِ الصَّلٰوةِ فَهَلْ اَنْتُمْ مُنْتَهُونَ ﴿٩١﴾
وَاَط۪يعُوا اللّٰهَ وَاَط۪يعُوا الرَّسُولَ وَاحْذَرُوا فَاِنْ تَوَلَّيْتُمْ فَاعْلَمُٓوا اَنَّمَا
عَلٰى رَسُولِنَا الْبَلَاغُ الْمُب۪ينُ ﴿٩٢﴾ لَيْسَ عَلَى الَّذ۪ينَ اٰمَنُوا وَعَمِلُوا
الصَّالِحَاتِ جُنَاحٌ ف۪يمَا طَعِمُٓوا اِذَا مَا اتَّقَوْا وَاٰمَنُوا وَعَمِلُوا
الصَّالِحَاتِ ثُمَّ اتَّقَوْا وَاٰمَنُوا ثُمَّ اتَّقَوْا وَاَحْسَنُوا وَاللّٰهُ يُحِبُّ
الْمُحْسِن۪ينَ ﴿٩٣﴾ يَٓا اَيُّهَا الَّذ۪ينَ اٰمَنُوا لَيَبْلُوَنَّكُمُ اللّٰهُ بِشَيْءٍ مِنَ الصَّيْدِ
تَنَالُهُٓ اَيْد۪يكُمْ وَرِمَاحُكُمْ لِيَعْلَمَ اللّٰهُ مَنْ يَخَافُهُ بِالْغَيْبِ فَمَنِ
اعْتَدٰى بَعْدَ ذٰلِكَ فَلَهُ عَذَابٌ اَل۪يمٌ ﴿٩٤﴾ يَٓا اَيُّهَا الَّذ۪ينَ اٰمَنُوا
لَا تَقْتُلُوا الصَّيْدَ وَاَنْتُمْ حُرُمٌ وَمَنْ قَتَلَهُ مِنْكُمْ مُتَعَمِّدًا فَجَزَٓاءٌ مِثْلُ
مَا قَتَلَ مِنَ النَّعَمِ يَحْكُمُ بِه۪ ذَوَا عَدْلٍ مِنْكُمْ هَدْيًا بَالِغَ الْكَعْبَةِ
اَوْ كَفَّارَةٌ طَعَامُ مَسَاك۪ينَ اَوْ عَدْلُ ذٰلِكَ صِيَامًا لِيَذُوقَ وَبَالَ اَمْرِه۪ عَفَا
اللّٰهُ عَمَّا سَلَفَ وَمَنْ عَادَ فَيَنْتَقِمُ اللّٰهُ مِنْهُ وَاللّٰهُ عَز۪يزٌ ذُو انْتِقَامٍ ﴿٩٥﴾

اُحِلَّ لَكُمْ

90. ¡Oh vosotros que creéis! Las sustancias embriagantes, los juegos de azar, los sacrificios a (todo lo que sea) los ídolos (en lugares consagrados para ofrendas a otro que no sea Dios) y (la práctica pagana de) las flechas adivinatorias (y prácticas similares) son un mal abominable obra de Satanás; apartaos totalmente de ello para que podáis prosperar (en ambos mundos).

91. Satanás tan solo procura provocar la enemistad y el odio entre vosotros a través de las sustancias embriagantes, los juegos de azar y de haceros alejar de la remembranza de Dios y de la Oración. Así pues, entonces, ¿no os abstendréis?[18]

92. Obedeced a Dios, obedeced al Mensajero (cuyas órdenes están basadas en la Revelación Divina) y permaneced alerta (con el fin de no oponeros a ellos). Si os apartáis (de la obediencia a ellos), sabed que lo único que incumbe a Nuestro Mensajero es transmitir el Mensaje total y claramente.

93. No incurren en pecado aquellos que creen y hacen actos buenos y rectos por lo que hayan hecho (en el pasado pre-islámico), siempre y cuando (de ahora en adelante) teman (volver a sucumbir en sus antiguas creencias y faltas) y regresen a la fe y hagan actos buenos y rectos, y luego, se aparten de la desobediencia a Dios en veneración a Él y piedad y crean (en profundidad), obedeciendo entonces con mayor meticulosidad a Dios, en veneración a Él y piedad y se dediquen a hacer el bien. Dios ama a los que se dedican a hacer el bien, conscientes de que Dios les está contemplando.

94. ¡Oh vosotros que creéis! Algo de la caza que obtenéis con vuestras manos y vuestras lanzas (cuando estéis realizando la Peregrinación) es una prueba de Dios para comprobar quién Le teme (a pesar de) no verle. Quien, tras ello, transgreda los límites, tendrá un castigo doloroso.

95. ¡Oh vosotros que creéis! No matéis a los animales de caza mientras os halléis en estado de santidad durante la Peregrinación o en los sagrados recintos de La Meca. Quien de vosotros lo haga, lo que compense ha de ser similar al animal que haya matado, según la decisión de dos de vosotros que tengan equidad y rectitud, y ha de ser traído a la Ka'ba como ofrenda; o (que haga) una expiación ofreciendo (tanta) comida para los pobres (como el valor del animal que haya matado) o ayune el (número de días) equivalente (al número de personas que haya de alimentar o las partes a ellos asignadas). (Esto se ordena) para que así pruebe las malas consecuencias de su acto. Dios ha perdonado lo pasado; pero quien reincida, Dios le corresponderá con su merecido. Y Dios es Glorioso poseedor de irresistible poder e Infinitamente Capaz de Compensar (las injusticias).

---

18. Estos dos últimos versículos, que contienen importantes principios para la vida humana en este mundo y en el próximo, llama la atención ante peligros tales como el alcohol, las drogas, los juegos y otros tipos de juegos de azar así como la predilección por erigir monumentos y estatuas de naturaleza idolátrica, y las muestras de ostentación, arrogancia, mundanería y vanos deseos de inmortalidad. También nos llama la atención ante la enemistad, el odio y los crímenes causados por tal actitud. Si consideramos que las organizaciones de tipo mafioso son caldo de cultivo de tales clases de actos pecaminosos y muchos otros similares junto con relaciones ilícitas tales como la prostitución, el incontrolable mercado negro, la drogadicción y el contrabando, así como que estos son actos abominables de Satanás, la advertencia de estos versículos se hace más significativa. Es a su vez sumamente importante entender qué pérdidas pueden acontecer al ignorar aunque sea uno solo de los versículos coránicos. Considérese, por ejemplo, el número de vidas perdidas a causa de los accidentes de tráfico como consecuencia de las bebidas alcohólicas.

96. (Pescar y comer) la pesca del mar, y sus (pescados y otros) comestibles os es lícito para vosotros y para los viajeros (a los que queráis alimentar). Sin embargo, mientras estéis en estado de santidad durante la Peregrinación, os está prohibido cazar en tierra (o degollar y comer animales que otros hayan cazado para vosotros). Apartaos de la desobediencia a Dios en veneración a Él y piedad, ante Quien seréis reunidos.

97. Dios ha hecho de la Ka'ba, la Casa Sagrada, modelo y seguridad para la gente y asimismo los meses sagrados (durante los cuales luchar está prohibido), los animales para sacrificarlos como ofrendas y los (collares de sacrificio con los cuales son adornados los) camellos. Eso es para que sepáis que Dios es consciente de todo cuanto hay en los Cielos y todo cuanto hay en la Tierra y que Dios posee pleno conocimiento de todas las cosas.

98. Sabed (también) que Dios es severo castigando y que Dios es Indulgente y Compasivo.

99. Nada le incumbe al Mensajero sino transmitir el Mensaje de manera clara y completa (es vuestra responsabilidad que actuéis de acuerdo con el mismo) y Dios sabe lo que reveláis y hacéis abiertamente y lo que ocultáis y hacéis en secreto.

100. Di (Oh Mensajero): «Lo malo y lo bueno no se asemejan» aunque la abundancia de lo malo (la cantidad total de lo corrupto) te asombre. Absteneos, pues, de la desobediencia a Dios en veneración a Él y piedad, Oh gente de discernimiento (para que podáis distinguir correctamente la cantidad y la calidad, y para que de este modo) podáis prosperar (en este mundo y en el próximo)[19].

اُحِلَّ لَكُمْ صَيْدُ الْبَحْرِ وَطَعَامُهُ مَتَاعًا لَكُمْ وَلِلسَّيَّارَةِ
وَحُرِّمَ عَلَيْكُمْ صَيْدُ الْبَرِّ مَا دُمْتُمْ حُرُمًا وَاتَّقُوا اللّٰهَ الَّذٖى
اِلَيْهِ تُحْشَرُونَ ﴿٩٦﴾ جَعَلَ اللّٰهُ الْكَعْبَةَ الْبَيْتَ الْحَرَامَ قِيَامًا
لِلنَّاسِ وَالشَّهْرَ الْحَرَامَ وَالْهَدْىَ وَالْقَلَٓائِدَ ذٰلِكَ لِتَعْلَمُٓوا
اَنَّ اللّٰهَ يَعْلَمُ مَا فِى السَّمٰوَاتِ وَمَا فِى الْاَرْضِ وَاَنَّ
اللّٰهَ بِكُلِّ شَيْءٍ عَلٖيمٌ ﴿٩٧﴾ اِعْلَمُٓوا اَنَّ اللّٰهَ شَدٖيدُ الْعِقَابِ وَاَنَّ
اللّٰهَ غَفُورٌ رَحٖيمٌ ﴿٩٨﴾ مَا عَلَى الرَّسُولِ اِلَّا الْبَلَاغُ وَاللّٰهُ يَعْلَمُ
مَا تُبْدُونَ وَمَا تَكْتُمُونَ ﴿٩٩﴾ قُلْ لَا يَسْتَوِى الْخَبٖيثُ وَالطَّيِّبُ
وَلَوْ اَعْجَبَكَ كَثْرَةُ الْخَبٖيثِ فَاتَّقُوا اللّٰهَ يَٓا اُولِى الْاَلْبَابِ
لَعَلَّكُمْ تُفْلِحُونَ ﴿١٠٠﴾ يَٓا اَيُّهَا الَّذٖينَ اٰمَنُوا لَا تَسْـَٔلُوا عَنْ اَشْيَٓاءَ
اِنْ تُبْدَ لَكُمْ تَسُؤْكُمْ وَاِنْ تَسْـَٔلُوا عَنْهَا حٖينَ يُنَزَّلُ الْقُرْاٰنُ
تُبْدَ لَكُمْ عَفَا اللّٰهُ عَنْهَا وَاللّٰهُ غَفُورٌ حَلٖيمٌ ﴿١٠١﴾ قَدْ سَاَلَهَا
قَوْمٌ مِنْ قَبْلِكُمْ ثُمَّ اَصْبَحُوا بِهَا كَافِرٖينَ ﴿١٠٢﴾ مَا جَعَلَ اللّٰهُ
مِنْ بَحٖيرَةٍ وَلَا سَٓائِبَةٍ وَلَا وَصٖيلَةٍ وَلَا حَامٍ وَلٰكِنَّ الَّذٖينَ
كَفَرُوا يَفْتَرُونَ عَلَى اللّٰهِ الْكَذِبَ وَاَكْثَرُهُمْ لَا يَعْقِلُونَ ﴿١٠٣﴾

101. ¡Oh vosotros que creéis! (Practicad tal y como habéis sido exhortados a hacerlo) y no preguntéis sobre cosas que, si se os revelan, os causarían dificultades (y se os entorpecería la práctica de la Religión). Incluso así, si preguntáis mientras que el Corán está siendo revelado, se os mostrarán (lo que sea necesario que se os muestre y en la medida que Dios quiera). (Muchas de las cosas que habéis preguntado o queréis preguntar, pero acerca de las cuales Dios no ha expresado nada) Dios os las ha absuelto pues. Dios es Indulgente y Clemente.

102. De hecho, un pueblo que os precedió solía hacer esas preguntas (y exigieron a sus Profetas tantas cosas como determinados milagros) y luego sucumbieron en la incredulidad (al no llevar a cabo los mandamientos que fueron otorgados como respuesta a sus preguntas o por no creer expresamente en su Profeta a pesar de los milagros que obró).

103. Dios no ha ordenado nada (de caracter) de una *bahirah*, ni tampoco una *sa'ibah*, una *wasilah* o un *ham*. Sin embargo, los que no creen inventan mentiras sobre Dios. La mayoría de ellos no razona y carecen de juicio[20].

---

19. Este versículo manifiesta un importante patrón de evaluación y juicio. Al no ser capaz el mundo, ni nada de lo que contiene, de recibir y reflejar lo que es perfecto, debido a sus deficiencias intrínsecas esenciales a su naturaleza, sólo puede reflejar numerosas verdades absolutas en relativas maneras, grados y colores. Esa es la razón por la cual, desde la perspectiva de la relatividad y la realidad, ambas por igual, lo feo, malo y corrupto (incrédulos, hipócritas, pecadores, ganancias ilícitas, malos pensamientos, falsas creencias, etc.) existen en el mundo de modo más abundante que lo bello, bueno y puro (creyentes, personas sinceras y justas, ganancias lícitas, buenos pensamientos y creencias correctas). Por esa razón, es incorrecto juzgar por la cantidad; lo importante es la naturaleza y la calidad. En ocasiones acontece que una sola persona representa lo bueno y la verdad en una comunidad. Por lo tanto, excepto por las cosas susceptibles de ser cuestionadas y que son verdaderas según las circunstancias, lo que es correcto y verdadero no puede ser juzgado por su cantidad. La fuente de las verdades absolutas es Dios. Lo que Dios juzga que sea verdad y correcto es verdadero y correcto. Pensar y actuar de otra manera lleva al fracaso, no al éxito y a la salvación. Tanto la historia como el mundo actual dan fe de ello.

20. *Bahirah*: hembra de camello cuya leche los paganos dedicaban a los ídolos después de que diese a luz cinco crías, siendo las cinco de sexo masculino; *sa'ibah*: hembra de camello liberada, cuya leche los paganos se prohibían a sí mismos consagrándola a la expresión de la gratitud por el cumplimiento exitoso de un voto; *wasilah*: ganado que daba a luz a dos mellizos, uno macho y otro hembra cuya cría macho era dejada en libertad y dedicada a los ídolos; *ham*: camello que los paganos se prohibían a sí mismos tras haber inseminado a diez hembras.

La conclusión de este versículo señala algo muy importante: Dios no hace nunca nada en vano o inútil. Cualquiera que pueda emplear su razón y tenga intelecto suficiente puede entender algo de la sabiduría contenida en cada mandamiento de Dios.

El Islam hace que la razón y el intelecto den fe de que cada uno de sus preceptos es razonable; pero esto no significa que la razón y el intelecto puedan descubrir o establecer dichos preceptos. Para descubrir o establecer dichos mandamientos en su lugar apropiado, se requiere un «intelecto» que, tal y como se menciona en el versículo 97, conoce todo cuanto hay en los Cielos y en la Tierra y posee pleno conocimiento de todas las cosas. Un intelecto que conoce toda la estructura de todo el universo y sus relaciones con todas sus partes y con cada uno de los acontecimientos a lo largo de todo el tiempo y el espacio. Un intelecto que conoce la humanidad, sus necesidades y naturaleza y que comprende la red de relaciones. Sólo existe un «intelecto» así: Dios. Por lo tanto, el deber de la humanidad es descubrir la sabiduría contenida en los mandamientos de Dios y hacer uso de la razón y el intelecto para deducir los principios secundarios y preceptos que varían según el momento y las circunstancias.

Otro punto que aquí se ha de mencionar es que aquellos que hacen caso omiso de los preceptos del Islam porque los consideran incompatibles con la razón y los que prefieren otros mandatos diferentes carecen de suficiente conocimiento, capacidad intelectual y razonamiento, o bien tienen otros objetivos.

104. Cuando se les dice: «Venid (en obediencia) a lo que Dios ha hecho descender y al Mensajero (a quien le ha sido revelado el Corán), (se niegan a pensar y en vez de ello) dicen: “Tenemos suficiente con (los caminos) que hemos encontrado que seguían nuestros antepasados”». Mas, ¿y si sus antepasados no sabían nada ni tenían guía (y por lo tanto no siguieron un camino recto)?

105. ¡Oh vosotros que creéis! (¡No os ocupéis con los que siguen caminos diferentes!) Preocupaos de vosotros mismos (por lo tanto, preocupaos de cómo vais a lo largo de vuestro camino). Aquellos que se extravían no podrán perjudicaros si estáis guiados (y conocéis el camino recto y lo seguís sin desviaros). Hacia Dios es el retorno de todos vosotros y os hará entender todo lo que hicisteis (y os hará rendir cuentas por ello).

106. ¡Oh vosotros que creéis! Que haya testigos entre vosotros cuando la muerte se os aproxime a la hora de dictar testamento. Dos personas honestas y dignas de confianza de entre vosotros (de la comunidad musulmana) u otras dos personas de otra gente diferente (de la Gente del Libro) si estáis de viaje (y no hay musulmanes) cuando la desdicha de la muerte os sobrevenga. Si surge alguna duda (respecto a su testimonio), que ambos se queden (en la mezquita) después de la Oración y que juren por Dios: «No venderemos nuestro testimonio a ningún precio, aunque concierna a un pariente próximo, ni ocultaremos el testimonio de Dios (la verdad), pues, en ese caso, estaríamos entre los pecadores».

107. Si luego se descubre que los dos (testigos) eran culpables de (ese mismo) pecado (de no dar testimonio verdadero), que otros dos les sustituyan de entre aquellos (herederos legítimos del difunto) a los que los dos primeros les han negado su derecho, y que juren por Dios: «Nuestro testimonio es más veraz que el de los otros dos y no hemos infringido (lo que es correcto ni asimismo hemos violado los derechos de nadie), pues, en ese caso, estaríamos entre los malhechores».

108. Así (de ese modo), es más probable que den testimonio correcto o si no (al menos) temerán que sus testimonios sean refutados por otros testimonios. Apartaos de la desobediencia a Dios en veneración a Él y piedad y escuchad (Sus mandamientos). Dios no guía a la gente trangresora[21].

124 سُورَةُ الْمَائِدَةِ ١٢٤

وَإِذَا قِيلَ لَهُمْ تَعَالَوْا إِلَىٰ مَا أَنزَلَ اللَّهُ وَإِلَى الرَّسُولِ قَالُوا
حَسْبُنَا مَا وَجَدْنَا عَلَيْهِ آبَاءَنَا ۚ أَوَلَوْ كَانَ آبَاؤُهُمْ لَا يَعْلَمُونَ
شَيْئًا وَلَا يَهْتَدُونَ ﴿١٠٤﴾ يَا أَيُّهَا الَّذِينَ آمَنُوا عَلَيْكُمْ أَنفُسَكُمْ ۖ
لَا يَضُرُّكُم مَّن ضَلَّ إِذَا اهْتَدَيْتُمْ ۚ إِلَى اللَّهِ مَرْجِعُكُمْ جَمِيعًا
فَيُنَبِّئُكُم بِمَا كُنتُمْ تَعْمَلُونَ ﴿١٠٥﴾ يَا أَيُّهَا الَّذِينَ آمَنُوا شَهَادَةُ
بَيْنِكُمْ إِذَا حَضَرَ أَحَدَكُمُ الْمَوْتُ حِينَ الْوَصِيَّةِ اثْنَانِ
ذَوَا عَدْلٍ مِّنكُمْ أَوْ آخَرَانِ مِنْ غَيْرِكُمْ إِنْ أَنتُمْ ضَرَبْتُمْ فِي الْأَرْضِ
فَأَصَابَتْكُم مُّصِيبَةُ الْمَوْتِ ۚ تَحْبِسُونَهُمَا مِن بَعْدِ الصَّلَاةِ
فَيُقْسِمَانِ بِاللَّهِ إِنِ ارْتَبْتُمْ لَا نَشْتَرِي بِهِ ثَمَنًا وَلَوْ كَانَ ذَا
قُرْبَىٰ ۙ وَلَا نَكْتُمُ شَهَادَةَ اللَّهِ إِنَّا إِذًا لَّمِنَ الْآثِمِينَ ﴿١٠٦﴾ فَإِنْ عُثِرَ
عَلَىٰ أَنَّهُمَا اسْتَحَقَّا إِثْمًا فَآخَرَانِ يَقُومَانِ مَقَامَهُمَا مِنَ الَّذِينَ
اسْتَحَقَّ عَلَيْهِمُ الْأَوْلَيَانِ فَيُقْسِمَانِ بِاللَّهِ لَشَهَادَتُنَا أَحَقُّ
مِن شَهَادَتِهِمَا وَمَا اعْتَدَيْنَا إِنَّا إِذًا لَّمِنَ الظَّالِمِينَ ﴿١٠٧﴾ ذَٰلِكَ أَدْنَىٰ
أَن يَأْتُوا بِالشَّهَادَةِ عَلَىٰ وَجْهِهَا أَوْ يَخَافُوا أَن تُرَدَّ أَيْمَانٌ بَعْدَ
أَيْمَانِهِمْ ۗ وَاتَّقُوا اللَّهَ وَاسْمَعُوا ۗ وَاللَّهُ لَا يَهْدِي الْقَوْمَ الْفَاسِقِينَ ﴿١٠٨﴾

يَوْمَ يَجْمَعُ

21. Estos últimos versículos contienen principios importantes relacionados íntimamente con la jurisprudencia islámica, los buenos valores morales y el orden social. Son los siguientes:

- (Aunque deberíamos siempre tener buena opinión de los creyentes) las transacciones en la sociedad han de estar basadas en procedimientos legales.
- Dar testimonio es extremadamente importante. Abstenerse de ello y dar falso testimonio es considerado un pecado capital.
- El testimonio de los no musulmanes, especialmente el de la Gente del Libro, puede ser aceptado en situaciones de necesidad.
- Si se descubre una evidencia contradictoria después de que un tribunal haya dictado sentencia, se ha de iniciar un nuevo juicio.
- Si se descubre que los albaceas no dijeron la verdad, estos son despedidos y su lugar es ocupado por gente nombrada entre los herederos legítimos del difunto.
- Tanto a los albaceas como a los herederos se les exige que presten juramento.
- Aquellos considerados por la gente como dignos de confianza y honestos no siempre lo son. Debemos considerar a todo el mundo como digno de confianza hasta que aparezca una evidencia que demuestre lo contrario y solo podemos decidir que otra persona no es digna de confianza si tenemos una evidencia concreta.
- La ley tiene principios propios. Pero, para que prevalezcan y estén en vigor como es de esperar, es primordial la creencia y el respeto a Dios —que a todos contempla, que ve lo que hacemos y que nos llamará a rendir cuentas en la próxima vida— y la creencia en el Más Allá —donde veremos las consecuencias de lo que hicimos en este mundo—. La creencia, el respeto y el temor a Dios son las condiciones principales para asegurar una vida social feliz.

يَوْمَ يَجْمَعُ اللّٰهُ الرُّسُلَ فَيَقُولُ مَاذَٓا اُجِبْتُمْ قَالُوا لَا عِلْمَ
لَنَاۜ اِنَّكَ اَنْتَ عَلَّامُ الْغُيُوبِ ﴿١٠٩﴾ اِذْ قَالَ اللّٰهُ يَا عِيسَى
ابْنَ مَرْيَمَ اذْكُرْ نِعْمَتِي عَلَيْكَ وَعَلٰى وَالِدَتِكَۢ اِذْ
اَيَّدْتُكَ بِرُوحِ الْقُدُسِ تُكَلِّمُ النَّاسَ فِي الْمَهْدِ وَكَهْلاًۚ
وَاِذْ عَلَّمْتُكَ الْكِتَابَ وَالْحِكْمَةَ وَالتَّوْرٰيةَ وَالْاِنْجِيلَۚ
وَاِذْ تَخْلُقُ مِنَ الطِّينِ كَهَيْـَٔةِ الطَّيْرِ بِاِذْنِي فَتَنْفُخُ فِيهَا
فَتَكُونُ طَيْرًا بِاِذْنِي وَتُبْرِئُ الْاَكْمَهَ وَالْاَبْرَصَ بِاِذْنِيۚ
وَاِذْ تُخْرِجُ الْمَوْتٰى بِاِذْنِيۚ وَاِذْ كَفَفْتُ بَنِي اِسْرَٓائِيلَ عَنْكَ
اِذْ جِئْتَهُمْ بِالْبَيِّنَاتِ فَقَالَ الَّذِينَ كَفَرُوا مِنْهُمْ اِنْ هٰذَٓا اِلَّا
سِحْرٌ مُبِينٌ ﴿١١٠﴾ وَاِذْ اَوْحَيْتُ اِلَى الْحَوَارِيِّنَ اَنْ اٰمِنُوا بِي
وَبِرَسُولِيۚ قَالُٓوا اٰمَنَّا وَاشْهَدْ بِاَنَّنَا مُسْلِمُونَ ﴿١١١﴾ اِذْ قَالَ
الْحَوَارِيُّونَ يَا عِيسَى ابْنَ مَرْيَمَ هَلْ يَسْتَطِيعُ رَبُّكَ
اَنْ يُنَزِّلَ عَلَيْنَا مَٓائِدَةً مِنَ السَّمَٓاءِۜ قَالَ اتَّقُوا اللّٰهَ اِنْ كُنْتُمْ
مُؤْمِنِينَ ﴿١١٢﴾ قَالُوا نُرِيدُ اَنْ نَاْكُلَ مِنْهَا وَتَطْمَئِنَّ قُلُوبُنَا
وَنَعْلَمَ اَنْ قَدْ صَدَقْتَنَا وَنَكُونَ عَلَيْهَا مِنَ الشَّاهِدِينَ ﴿١١٣﴾

109. El día en que Dios reunirá a los Mensajeros y les preguntará: «¿Qué respuesta recibisteis (de la gente a quien se os encomendó transmitirles Mi Mensaje)?». Responderán: «No tenemos (exacto) conocimiento (de la naturaleza verídica de su respuesta); Tú y sólo Tú tienes conocimiento de Lo Oculto (de todo lo que se halla más allá de la percepción de los seres creados)».

110. Cuando Dios diga: «¡Oh Jesús, hijo de María! Recuerda Mi favor sobre ti y sobre tu madre, cuando te confirmé con el Espíritu de Santidad y le hablaste a la gente en la cuna y en tu madurez; y cuando te enseñé en relación con el Libro[22] y la Sabiduría, y la Tora y el Evangelio; y cuando, con Mi permiso, moldeaste a partir del barro algo con la forma de un pájaro, luego soplaste en ello y se convirtió en un pájaro con Mi permiso; y cuando curaste al ciego de nacimiento y al leproso con Mi permiso; y cuando resucitaste a los muertos con Mi permiso; y cuando te protegí de los Hijos de Israel cuando viniste a ellos con las pruebas claras (de la verdad y los milagros que demostraban que eras un Mensajero) y los que de ellos se habían negado a creer dijeron: "Esto claramente no es más que pura magia".

111. Y cuando revelé a los discípulos (a través de ti e inspiré sus corazones): "¡Creed en Mí y en Mi Mensajero!" dijeron: "Creemos y damos testimonio de que nos sometemos (somos musulmanes) exclusivamente a Ti"».

112. Y cuando en una ocasión dijeron los discípulos: «¡Jesús, hijo de María!, ¿Puede tu Señor hacer descender una mesa (servida) del cielo?»[23]. (Jesús) Respondió: «Temed a Dios (tal y como debe de ser temido y desistid de efectuar dichas demandas pues bien podríais sufrir un castigo por ello) si sois (verdaderos) creyentes».

113. Dijeron: «Queremos comer de ella y que nuestros corazones se tranquilicen (con la certeza de que Dios es nuestro Señor y que tú eres Su Mensajero), y así que sepamos que nos has dicho la verdad y de este modo hallarnos entre los testigos (del significado y de la verdad que se nos muestra)».

22. El versículo menciona la Tora, el Evangelio y el Libro, como en 3:48, lo cual ha dado lugar a que algunos interpreten el Libro (*al-kitab*) con el significado de «escritura». Sin embargo, cuando consideramos otro hecho, a saber, que la Tora y el Evangelio contienen o incluso personifican la Sabiduría en forma de Libros Divinos, podemos concluir que el Libro y la Sabiduría mencionados en el versículo se refieren al Libro Divino y a la Sabiduría en general, y de modo específico y particular se refiere a la Tora y al Evangelio.

23. Los discípulos de Jesús, la paz sea con él, a los cuales el Corán sumamente elogia en otros versículos (3:52, 5:111), tal vez hicieron esta petición en un momento en el que la fe todavía no se había establecido totalmente en sus corazones y antes de haber respondido a la llamada de Jesús cuando dijo *«¿Quiénes serán mis ayudantes (en este camino) hacia Dios?». Los discípulos respondieron: «Nosotros somos los ayudantes de (la causa de) Dios. Creemos en Dios, y (te instamos,) da testimonio de que somos musulmanes (sometidos exclusivamente a Él)»* (3:52).

Asimismo hemos de observar que ninguno de los Compañeros del profeta Muhammad, la paz y las bendiciones sean con él, hizo semejante petición después de haber abrazado el Islam. No sólo no llevaron a cabo ese tipo de solicitud, sino que tampoco atribuyeron más importancia a los milagros que el Mensajero de Dios obró que la que cabría esperar en un entorno islámico. Un ejemplo de dicho milagro es que en cierta ocasión en la que todos los recursos para obtener agua o comida se habían acabado, el Profeta, la paz y las bendiciones sean con él, hizo que el agua fluyese de entre sus dedos y que se multiplicase la poca comida que tenían, lo que hizo que fuese suficiente para el sustento de cientos de soldados. [Para una explicación en detalle de los Milagros del profeta Muhammad, la paz y las bendiciones sean con él, véase *The Letters* («Las Cartas») «The 19th Letter» («La 19ª Carta».] Los Compañeros se concentraron y se dedicaron a transmitir los cánones de la Religión y consideraron suficiente que sólo unos pocos transmitieran dichos milagros.

قَالَ عِيسَى ابْنُ مَرْيَمَ اللّٰهُمَّ رَبَّنَا اَنْزِلْ عَلَيْنَا مَائِدَةً مِنَ السَّمَاءِ
تَكُونُ لَنَا عِيدًا لِاَوَّلِنَا وَاٰخِرِنَا وَاٰيَةً مِنْكَ وَارْزُقْنَا وَاَنْتَ خَيْرُ
الرَّازِقِينَ (١١٤) قَالَ اللّٰهُ اِنّى مُنَزِّلُهَا عَلَيْكُمْ فَمَنْ يَكْفُرْ بَعْدُ مِنْكُمْ
فَاِنّى اُعَذِّبُهُ عَذَابًا لَا اُعَذِّبُهُ اَحَدًا مِنَ الْعَالَمِينَ (١١٥) وَاِذْ قَالَ اللّٰهُ
يَا عِيسَى ابْنَ مَرْيَمَ ءَاَنْتَ قُلْتَ لِلنَّاسِ اتَّخِذُونى وَاُمِّىَ اِلٰهَيْنِ
مِنْ دُونِ اللّٰهِ قَالَ سُبْحَانَكَ مَا يَكُونُ لى اَنْ اَقُولَ مَا لَيْسَ لى
بِحَقٍّ اِنْ كُنْتُ قُلْتُهُ فَقَدْ عَلِمْتَهُ تَعْلَمُ مَا فى نَفْسى وَلَا اَعْلَمُ
مَا فى نَفْسِكَ اِنَّكَ اَنْتَ عَلَّامُ الْغُيُوبِ (١١٦) مَا قُلْتُ لَهُمْ اِلَّا
مَا اَمَرْتَنى بِهِ اَنِ اعْبُدُوا اللّٰهَ رَبّى وَرَبَّكُمْ وَكُنْتُ عَلَيْهِمْ شَهيدًا
مَا دُمْتُ فيهِمْ فَلَمَّا تَوَفَّيْتَنى كُنْتَ اَنْتَ الرَّقيبَ عَلَيْهِمْ وَاَنْتَ
عَلٰى كُلِّ شَيْءٍ شَهيدٌ (١١٧) اِنْ تُعَذِّبْهُمْ فَاِنَّهُمْ عِبَادُكَ وَاِنْ تَغْفِرْ لَهُمْ
فَاِنَّكَ اَنْتَ الْعَزيزُ الْحَكيمُ (١١٨) قَالَ اللّٰهُ هٰذَا يَوْمُ يَنْفَعُ الصَّادِقينَ
صِدْقُهُمْ لَهُمْ جَنَّاتٌ تَجْرى مِنْ تَحْتِهَا الْاَنْهَارُ خَالِدينَ فيهَا
اَبَدًا رَضِىَ اللّٰهُ عَنْهُمْ وَرَضُوا عَنْهُ ذٰلِكَ الْفَوْزُ الْعَظيمُ (١١٩) لِلّٰهِ مُلْكُ
السَّمٰوَاتِ وَالْاَرْضِ وَمَا فيهِنَّ وَهُوَ عَلٰى كُلِّ شَيْءٍ قَديرٌ (١٢٠)

سُورَةُ

114. Jesús, hijo de María, dijo (implorando a su Señor): «¡Dios, Señor nuestro! Haz que descienda ante nosotros una mesa (servida) del cielo para que sea una festividad (religiosa) para nosotros —desde el primero hasta el último de nosotros— y un signo Tuyo; y provéenos sustento pues Tú eres el Mejor de los proveedores con el supremo rango de provisión».

115. Dios dijo: «La haré bajar para vosotros. Pero si cualquiera de vosotros a partir de ahora reniega de su fe, ciertamente le infligiré un castigo como nunca he infligido a nadie en los mundos»[24].

116. Y (recuerda) cuando Dios dirá: «¿Jesús, hijo de María, eres tú aquel que le ha dicho a la gente: "Tomadme a mí y a mi madre como deidades aparte de Dios?", y él responderá: "¡Gloria a Ti! (Pues Tú estás por encima de tener copartícipe alguno o tener necesidad o deficiencia alguna). ¡A mí no me pertenece decir aquello a lo que no tengo derecho! Si lo hubiera dicho, Tú ya lo sabrías. Tú sabes lo que hay en mí pero yo no sé lo que hay en Ti. Con toda certeza, Tú y sólo Tú tienes conocimiento de Lo Oculto (de todo lo que se halla más allá de la percepción de los seres creados).

117. Sólo les dije lo que me ordenaste (que les dijese): "Adorad a Dios, mi Señor y el vuestro". Fui testigo mientras permanecía entre ellos. Cuando me hiciste regresar ante Ti, Tú eras Quien les observaba. Sin duda alguna, Tú eres Testigo de todas las cosas.

118. Si les castigas, son Tus siervos; y si les perdonas Tú eres Glorioso poseedor de irresistible poder y Omnisapiente»[25].

119. Dios dirá: «Este es el Día en que su sinceridad (fidelidad y firmeza) beneficiarán a todos los que fueron veraces en su palabra (hacia Dios). Para ellos habrá Jardines a través de los cuales discurren ríos y en donde morarán para siempre. Dios se halla complacido con ellos y ellos están complacidos con Él. Ese es el triunfo supremo».

120. A Dios Le pertenece la soberanía de los Cielos y de la Tierra y de todo lo que contienen. Y Él posee pleno poder sobre todas las cosas.

24. Al concluir este acontecimiento sin especificar si la mesa fue hecha descender o no, el Corán muestra que el propósito de relatar estos eventos es reforzar los principales propósitos de los mismos o proporcionar una lección a través de ellos. En el relato de este acontecimiento, el Corán nos muestra que lo que lleva a las personas a creer en los Mensajeros y en el Mensaje que trajeron no es, principalmente, los milagros que obraron. Más bien, es la personalidad de los Mensajeros, su profunda espiritualidad, su elevada moralidad, la racionalidad y la verdad de su Mensaje y su compatibilidad con la conciencia humana pura. Esto muestra que tanto la creencia como la incredulidad es una elección consciente. Por lo tanto, en lugar de esperar milagros, la gente ha de estudiar el universo, el cual es una exposición de «milagros» desde su principio hasta su final. Y, asimismo, estudiar el carácter y las vidas de los Profetas, además de los libros que trajeron. No debemos permitir que nuestra conciencia se contamine con prejuicios, deseos carnales, pecados, fechorías, puntos de vistas erróneos y arrogancia, todo lo cual son obstáculos para la creencia.

25. La respuesta que el profeta Jesús, la paz sea con él, proporcionará muestras de su misión y carácter. Al señalar «Si les castigas, son Tus siervos; y si les perdonas, Tú eres el Glorioso poseedor de irresistible poder, el Omnisapiente», muestra su absoluto respeto a Dios, mientras que la expresión «son Tus siervos» apela a la compasión de Dios. A pesar de que parece más razonable remitir el asunto a Dios, en su condición de Indulgente y Compasivo, cuando se aborda el perdón, ese ilustre Profeta no hace sino lo indicado anteriormente y remite el asunto a Dios el Glorioso poseedor de irresistible poder y el Omnisapiente, lo cual muestra su profunda sumisión a la autoridad absoluta de Dios y a Su Sabiduría.

En una ocasión, nuestro Profeta, la paz y las bendiciones sean con él, menciona a Abraham y a Jesús, la paz sea con ellos, juntos y los asemeja entre sí. Abraham apeló a Dios pidiendo por su pueblo, que le había desobedecido, diciendo, «El que me sigue es realmente de los míos; mientras aquel que me desobedece, sin duda Tú eres Indulgente y Compasivo» (14:36).

SURA 6

AL-AN'AM (EL GANADO)

Período de La Meca

Este sura fue revelado en su totalidad durante el último año del período islámico de La Meca. En el orden de los capítulos del Corán, aparece tras los suras *al-Baqarah*, *Al 'Imran*, *an-Nisa'*, y *al-Maidah*, todas los cuales fueron revelados en Medina. Este sura aborda temas tales como el rechazo al politeísmo y la incredulidad, el establecimiento del *Tawhid* (monoteísmo puro), la Revelación, la Misión Profética y la Resurrección.

En el Nombre de Dios,
el Misericordioso, el Compasivo.

1. Toda la alabanza y la gratitud son para Dios, que ha creado los Cielos y la Tierra y (como una dimensión de su existencia y resultado de su movimiento) trajo a la existencia velos de oscuridad y la luz. A pesar de ello, los incrédulos atribuyen semejantes a su Señor (Quien les hace existir, les sustenta y mantiene) tales cosas como ídolos, ciertos cuerpos celestes y cierta gente)[1].

2. Es Aquel Quien os ha creado a partir del barro (al principio, y el origen material de cada uno de vosotros es el barro) y luego decretó un plazo (de vida para vosotros) y con Él hay otro plazo inalterable determinado y conocido por Él[2]. A pesar de ello, dudáis (respecto a estas verdades manifiestas, algunas de las cuales experimentáis y otras podéis deducir).

3. Él es (el Único, Verdadero) Dios (que ejecuta Su soberanía absoluta y manifiesta Sus Atributos y Nombres) tanto en los Cielos como en la Tierra. Sabe lo

سُورَةُ الْاَنْعَامِ مَكِّيَّةٌ
وَهِىَ مِائَةٌ وَخَمْسٌ وَسِتُّونَ اٰيَةً

بِسْمِ اللّٰهِ الرَّحْمٰنِ الرَّح۪يمِ

اَلْحَمْدُ لِلّٰهِ الَّذ۪ى خَلَقَ السَّمٰوَاتِ وَالْاَرْضَ وَجَعَلَ الظُّلُمَاتِ وَالنُّورَۜ
ثُمَّ الَّذ۪ينَ كَفَرُوا بِرَبِّهِمْ يَعْدِلُونَ ﴿١﴾ هُوَ الَّذ۪ى خَلَقَكُمْ مِنْ ط۪ينٍ ثُمَّ
قَضٰٓى اَجَلاًۜ وَاَجَلٌ مُسَمًّى عِنْدَهُ ثُمَّ اَنْتُمْ تَمْتَرُونَ ﴿٢﴾ وَهُوَ اللّٰهُ
فِى السَّمٰوَاتِ وَفِى الْاَرْضِۜ يَعْلَمُ سِرَّكُمْ وَجَهْرَكُمْ وَيَعْلَمُ
مَا تَكْسِبُونَ ﴿٣﴾ وَمَا تَأْت۪يهِمْ مِنْ اٰيَةٍ مِنْ اٰيَاتِ رَبِّهِمْ اِلَّا كَانُوا عَنْهَا
مُعْرِض۪ينَ ﴿٤﴾ فَقَدْ كَذَّبُوا بِالْحَقِّ لَمَّا جَٓاءَهُمْۜ فَسَوْفَ يَأْت۪يهِمْ اَنْبٰٓؤُا
مَا كَانُوا بِه۪ يَسْتَهْزِؤُنَ ﴿٥﴾ اَلَمْ يَرَوْا كَمْ اَهْلَكْنَا مِنْ قَبْلِهِمْ مِنْ قَرْنٍ
مَكَّنَّاهُمْ فِى الْاَرْضِ مَا لَمْ نُمَكِّنْ لَكُمْ وَاَرْسَلْنَا السَّمَٓاءَ عَلَيْهِمْ مِدْرَاراًۖ
وَجَعَلْنَا الْاَنْهَارَ تَجْر۪ى مِنْ تَحْتِهِمْ فَاَهْلَكْنَاهُمْ بِذُنُوبِهِمْ وَاَنْشَأْنَا مِنْ
بَعْدِهِمْ قَرْناً اٰخَر۪ينَ ﴿٦﴾ وَلَوْ نَزَّلْنَا عَلَيْكَ كِتَاباً ف۪ى قِرْطَاسٍ فَلَمَسُوهُ
بِاَيْد۪يهِمْ لَقَالَ الَّذ۪ينَ كَفَرُٓوا اِنْ هٰذَٓا اِلَّا سِحْرٌ مُب۪ينٌ ﴿٧﴾ وَقَالُوا لَوْلَٓا
اُنْزِلَ عَلَيْهِ مَلَكٌۜ وَلَوْ اَنْزَلْنَا مَلَكاً لَقُضِىَ الْاَمْرُ ثُمَّ لَا يُنْظَرُونَ ﴿٨﴾

que guardáis oculto y lo que manifestáis (y hacéis) abiertamente, y sabe lo que adquirís (de bueno o malo, en cuanto a todo lo que hacéis en vuestra vida).

4. Sin embargo, cuando les llegue algún signo y alguna Revelación de su Señor, se apartan de ello en aversión.

5. Y de este modo niegan tercamente la verdad (contenida en el Corán) cuando les han llegado (y se burlan de las verdades, advertencias y, especialmente, de las nuevas sobre la Resurrección). Aun así, llegarán a comprender aquello de lo que se burlaban.

6. ¿Es que no ven (a pesar de que pasan por entre sus ruinas durante sus viajes) cuántas generaciones hemos destruido antes de ellos, a las que establecimos en la Tierra con más firmeza de la que os hemos concedido a vosotros (pues les concedimos medios y posibilidades que no os dimos a vosotros), y vertimos sobre ellos bendiciones del Cielo y bajo sus pies hicimos fluir ríos? Y aun así, les destruimos por sus pecados y, tras ellos, hicimos surgir otra generación.

7. Aunque hubiésemos hecho descender sobre ti (Oh Mensajero) un libro en pergamino que pudiesen tocar con sus manos, aquellos que insisten en su incredulidad hubiesen dicho: «Esto claramente no es más que pura magia».

8. «¿Por qué no se ha hecho descender un ángel sobre él?», señalan. Mas, si hubiésemos hecho descender un ángel (uno que pudieseis ver, tal y como hicimos con pueblos anteriores, como aquellos de Lot) el asunto hubiese quedado hace tiempo zanjado y no se les habría otorgado ningún plazo de espera (ya que los ángeles que comparecen de esa manera se presentan como heraldos de destrucción).

---

1. El versículo emplea el verbo *crear* para los Cielos y la Tierra y *traer a la existencia* o *designar* para la oscuridad y la luz. Esto significa que la oscuridad y la luz no son cosas que hayan sido creadas como entidades independientes, sino que más bien son el resultado del movimiento de los Cielos (o de ciertos cuerpos celestes) y de la Tierra como una dimensión de su existencia.

El hecho de que la oscuridad sea mencionada antes que la luz significa que la nada o inexistencia proceden de la existencia en la vida del universo y que posee una existencia en el Conocimiento de Dios. Por esta razón el comienzo del día empieza al caer la noche.

Tanto la oscuridad como la luz son utilizadas con connotaciones espirituales. Ya que las fuentes y modos de oscuridad «espiritual» (materialismo, ateismo, agnosticismo, politeísmo de todo tipo e hipocresía) son numerosos, mientras que la luz «espiritual» es una, procedente de una misma y única fuente, la oscuridad se emplea en plural y la luz en singular. Esto también explica la razón por la cual a pesar de que los filósofos y los pensadores difieren en gran medida entre ellos —pues todos han basado sus pensamientos en sus razonamientos— los Profetas, cuyo número asciende a más de 100.000 a lo largo de la historia de la humanidad, están de acuerdo en los mismos principios.

Como añadido a toda la gama de significados mencionada, cuando se hace referencia a aquellos que no creen, al rechazar el politeísmo y haciendo hincapié en que Dios es Señor igualmente de los incrédulos, el versículo hace ver que cada tipo de politeísmo es incredulidad y que, a pesar de que mucha gente atribuye copartícipes, rivales e iguales a Dios, Dios es el Señor —Creador, Sostenedor, Originador y Proveedor de toda la creación, incluida la humanidad—. Por lo tanto el politeísmo carece absolutamente de base justificable. De esa manera, este breve versículo, por sí mismo resume todo el *sura*.

2. Para una explicación indirecta de este versículo y de los términos teológicos relevantes, tal y como *ayal* o *al-qadar al-mu'allaq* («el plazo o destino aplazado») y *ayal musamma* («el plazo determinado») o *al-qadar al-mubram* («el destino decisivo»), véase la nota 13 de este sura, así como el sura número 13 y su nota 13, así como el sura número 10, nota 19.

Algunos intérpretes del Corán son de la opinión que el primer plazo mencionado en el versículo es el plazo «natural» determinado por Dios para los seres. Por ejemplo, un médico puede decir acerca de un paciente, en vista del tipo de gravedad de su enfermedad: «Él (o ella) morirá en diez días», pero el paciente puede aún vivir durante numerosos años. El plazo resumido por el médico es el plazo «natural». Pero el plazo final del paciente es sólo conocido por Dios.

وَلَوْ جَعَلْنَاهُ مَلَكًا لَجَعَلْنَاهُ رَجُلاً وَلَلَبَسْنَا عَلَيْهِمْ مَا يَلْبِسُونَ ﴿٩﴾
وَلَقَدِ اسْتُهْزِئَ بِرُسُلٍ مِنْ قَبْلِكَ فَحَاقَ بِالَّذِينَ سَخِرُوا
مِنْهُمْ مَا كَانُوا بِهِ يَسْتَهْزِؤُنَ ﴿١٠﴾ قُلْ سِيرُوا فِى الْاَرْضِ
ثُمَّ انْظُرُوا كَيْفَ كَانَ عَاقِبَةُ الْمُكَذِّبِينَ ﴿١١﴾ قُلْ لِمَنْ
مَا فِى السَّمٰوَاتِ وَالْاَرْضِ قُلْ لِلّٰهِ كَتَبَ عَلٰى نَفْسِهِ
الرَّحْمَةَ لَيَجْمَعَنَّكُمْ اِلٰى يَوْمِ الْقِيٰمَةِ لَا رَيْبَ فِيهِ اَلَّذِينَ
خَسِرُوا اَنْفُسَهُمْ فَهُمْ لَا يُؤْمِنُونَ ﴿١٢﴾ وَلَهُ مَا سَكَنَ فِى الَّيْلِ
وَالنَّهَارِ وَهُوَ السَّمِيعُ الْعَلِيمُ ﴿١٣﴾ قُلْ اَغَيْرَ اللّٰهِ اَتَّخِذُ
وَلِيًّا فَاطِرِ السَّمٰوَاتِ وَالْاَرْضِ وَهُوَ يُطْعِمُ وَلَا يُطْعَمُ
قُلْ اِنّ۪ى اُمِرْتُ اَنْ اَكُونَ اَوَّلَ مَنْ اَسْلَمَ وَلَا تَكُونَنَّ
مِنَ الْمُشْرِكِينَ ﴿١٤﴾ قُلْ اِنّ۪ى اَخَافُ اِنْ عَصَيْتُ رَبّ۪ى عَذَابَ
يَوْمٍ عَظ۪يمٍ ﴿١٥﴾ مَنْ يُصْرَفْ عَنْهُ يَوْمَئِذٍ فَقَدْ رَحِمَهُ وَذٰلِكَ
الْفَوْزُ الْمُب۪ينُ ﴿١٦﴾ وَاِنْ يَمْسَسْكَ اللّٰهُ بِضُرٍّ فَلَا كَاشِفَ لَهُ
اِلَّا هُوَ وَاِنْ يَمْسَسْكَ بِخَيْرٍ فَهُوَ عَلٰى كُلِّ شَيْءٍ قَد۪يرٌ ﴿١٧﴾
وَهُوَ الْقَاهِرُ فَوْقَ عِبَادِهِ وَهُوَ الْحَك۪يمُ الْخَب۪يرُ ﴿١٨﴾

قُلْ اَىُّ

9. Si hubiésemos designado un ángel (como Mensajero Nuestro) le hubiésemos hecho (al tener que guiar a la humanidad en todos los aspectos de la vida, con la forma de) un hombre y les habríamos confundido con lo que ellos mismos se confunden.

10. En verdad se burlaron de los Mensajeros que te precedieron (Oh Mensajero), pero aquello de lo que hacían objeto de burla abrumó a los que se mofaban (de los Mensajeros para humillarles).

11. Di: «Marchad por la Tierra y contemplad cómo han acabado los que negaron (los signos de Dios y a los Mensajeros»)[3].

12. Di: «¿A quién pertenece todo cuanto hay en los Cielos y en la Tierra?». Di: «A Dios». Se ha prescrito a Sí mismo la misericordia (por lo tanto, a pesar de los errores y las falsas creencias de Sus siervos, sustenta todo cuanto hay en los Cielos y en la Tierra por Su Misericordia. No deja a nadie a su propia merced y, como requerimiento de Su misericordia) sin duda os reunirá a todos juntos en el Día de la Resurrección sobre (cuya venida de) el cual no hay duda alguna. Aquellos que se han arruinado a sí mismos (por el abuso y la corrupción de su naturaleza primordial, su razonamiento acertado y su capacidad de creer, los cuales son su parte principal de la misericordia de Dios) no creen.

13. A Él pertenece lo que habita en la noche y en el día; y Él es Quien todo lo Oye, el Omnisapiente.

14. Di: «¿Acaso he de tomar como tutor y confidente a alguien más aparte de Dios, el Creador de los Cielos y de la Tierra con sus características propias, y Aquel Quien alimenta y que no necesita ser alimentado?». Di: «Es más, me ha sido ordenado ser el primero en someterse a Él y (he sido advertido): "No seas de aquellos que Le atribuyen copartícipes"».

15. Di: «No cabe duda que temo, en caso de que desobedezca a mi Señor, el castigo de un día terrible».

16. Todo aquel al que se le conmute la pena del castigo de ese Día, en verdad Dios habrá tenido misericordia con él; y ese es el triunfo evidente.

17. Si Dios te inflige con una aflicción, nadie la puede apartar excepto Él; y si te dota de un bien, Él es Quien posee pleno poder sobre todas las cosas.

18. Él es el Omnipotente sobre Sus siervos; el Omnisapiente, el Omnisciente.

3. Tras haber demostrado la verdad con argumentos trascendentes e indisputables, el *sura* invalida la incredulidad y el politeísmo, estableciendo el monoteísmo puro al presentar el fin de aquellos que no siguen el camino de Dios. Los argumentos quedan claros al proveer fundamentos históricos y sociológicos. Este versículo advierte severamente a los politeístas y consuela al Mensajero, la paz y las bendiciones sean con él. Continúa con verdades concretas e incontestables respecto a la Divinidad de Dios y Su Señorío.

El Corán llama la atención a la mente y el corazón humanos además de llevarlos a lo largo de todos los campos y aspectos de la vida, del mismo modo que una abeja va de flor en flor para recolectar el néctar, a la vez que deja a su interlocutor cara a cara con las pruebas incuestionables de la verdad que ofrece. Este estilo es llamado *tasrif*. Sea cual sea el tema que aborde el Corán, desde la vida individual a la Tierra, desde los Cielos a la vida social, desde la consciencia humana a su historia, extrae el agua con un cayado «milagroso» para satisfacer la sed del intelecto y el corazón humanos así como la del resto de facultades. Es el alma humana la que extiende un velo de conjeturas tejido con arrogancia, prejuicios, perspectivas y acciones incorrectas sobre las verdades coránicas. Estas verdades, al ser aparentes, la consciencia, el corazón y el intelecto humano no pueden por más que admitirlas. Es esta actitud encubridora del alma humana la que el corazón denomina *kufr*, que significa «encubrir» y que se traduce en castellano con la palabra «incredulidad». Cuando una persona no cree, cuando encubre la verdad, no puede cancelar ni ocultar dichas verdades. La incredulidad es como cerrar los ojos ante el Sol y pretender que no hay Sol ni luz solar y que todo es oscuridad. Aquellos que se destruyen a sí mismos abusando de sus facultades innatas que Dios les ha concedido, tal y como el intelecto y el potencial para creer, esos son pues los que no creen.

قُلْ اَيُّ شَيْءٍ اَكْبَرُ شَهَادَةً قُلِ اللّٰهُ شَهِيدٌ بَيْنِي وَبَيْنَكُمْ وَاُوحِيَ
اِلَيَّ هٰذَا الْقُرْاٰنُ لِاُنْذِرَكُمْ بِهِ وَمَنْ بَلَغَ اَئِنَّكُمْ لَتَشْهَدُونَ اَنَّ مَعَ
اللّٰهِ اٰلِهَةً اُخْرٰى قُلْ لَا اَشْهَدُ قُلْ اِنَّمَا هُوَ اِلٰهٌ وَاحِدٌ وَاِنَّنِي بَرِيءٌ
مِمَّا تُشْرِكُونَ ﴿١٩﴾ اَلَّذِينَ اٰتَيْنَاهُمُ الْكِتَابَ يَعْرِفُونَهُ كَمَا يَعْرِفُونَ
اَبْنَاءَهُمْ اَلَّذِينَ خَسِرُوا اَنْفُسَهُمْ فَهُمْ لَا يُؤْمِنُونَ ﴿٢٠﴾ وَمَنْ اَظْلَمُ
مِمَّنِ افْتَرٰى عَلَى اللّٰهِ كَذِبًا اَوْ كَذَّبَ بِاٰيَاتِهِ اِنَّهُ لَا يُفْلِحُ الظَّالِمُونَ ﴿٢١﴾
وَيَوْمَ نَحْشُرُهُمْ جَمِيعًا ثُمَّ نَقُولُ لِلَّذِينَ اَشْرَكُوا اَيْنَ شُرَكَاؤُكُمُ
الَّذِينَ كُنْتُمْ تَزْعُمُونَ ﴿٢٢﴾ ثُمَّ لَمْ تَكُنْ فِتْنَتُهُمْ اِلَّا اَنْ قَالُوا
وَاللّٰهِ رَبِّنَا مَا كُنَّا مُشْرِكِينَ ﴿٢٣﴾ اُنْظُرْ كَيْفَ كَذَبُوا عَلٰى اَنْفُسِهِمْ
وَضَلَّ عَنْهُمْ مَا كَانُوا يَفْتَرُونَ ﴿٢٤﴾ وَمِنْهُمْ مَنْ يَسْتَمِعُ اِلَيْكَ وَجَعَلْنَا
عَلٰى قُلُوبِهِمْ اَكِنَّةً اَنْ يَفْقَهُوهُ وَفِي اٰذَانِهِمْ وَقْرًا وَاِنْ يَرَوْا كُلَّ اٰيَةٍ
لَا يُؤْمِنُوا بِهَا حَتّٰى اِذَا جَاؤُكَ يُجَادِلُونَكَ يَقُولُ الَّذِينَ كَفَرُوا
اِنْ هٰذَا اِلَّا اَسَاطِيرُ الْاَوَّلِينَ ﴿٢٥﴾ وَهُمْ يَنْهَوْنَ عَنْهُ وَيَنْأَوْنَ عَنْهُ
وَاِنْ يُهْلِكُونَ اِلَّا اَنْفُسَهُمْ وَمَا يَشْعُرُونَ ﴿٢٦﴾ وَلَوْ تَرٰى اِذْ وُقِفُوا عَلَى النَّارِ
فَقَالُوا يَا لَيْتَنَا نُرَدُّ وَلَا نُكَذِّبَ بِاٰيَاتِ رَبِّنَا وَنَكُونَ مِنَ الْمُؤْمِنِينَ ﴿٢٧﴾

19. Di: «¿Qué tiene más peso como testimonio?». Di: «Dios, testigo entre vosotros y yo. Y a mí me ha sido revelado este Corán para así advertiros a vosotros y a quienquiera que le llegue». (Vosotros que atribuís copartícipes a Dios:) ¿Verdaderamente dais fe de que hay otras deidades aparte de Dios? Di: «Yo no atestiguo así». Di: «Él es tan sólo un Único Dios y sin duda soy inocente de la atribución de copartícipes que Le hacéis y de aquello que Le asociáis».

20. Aquellos a los que les concedimos el Libro (con anterioridad) le conocen (al Mensajero con todos sus distintivos atributos) como conocen a sus propios hijos. Sin embargo, aquellos que se han arruinado a sí mismos (ocultando la verdad y siendo vencidos por sus pasiones e intereses mundanos) no creen.

21. ¿Quién es más malhechor que aquel que inventa mentiras y se las atribuye a Dios y niega Sus signos (en el universo y en ellos mismos, signos que señalan a Él) y Sus Revelaciones? Con toda certeza los malhechores no prosperarán.

22. Un Día acontecerá en que haremos resucitarles, les reuniremos y preguntaremos a los que (mientras estuvieron en el mundo) atribuyeron copartícipes a Dios: «¿En dónde se encuentran, ahora, aquellos que decíais que participaban de la Divinidad de Dios?».

23. Entonces, no tendrán más argumento que decir: «Por Dios, nuestro Señor, que no fuimos de aquellos que Le atribuyeron copartícipes a Dios».

24. ¡Contempla, cómo mienten contra sí mismos y (cómo) los que pretendieron que eran copartícipes (merecedores de ser adorados en vez de Dios) les han fallado!

25. De entre ellos hay quien no puede evitar escucharte (recitar el Corán), pero hemos colocado velos sobre sus corazones (por causa de su mala intención, injusticia y arrogancia que hace que pierdan su capacidad de creer) para que no lo comprendan (y no puedan creer), y en sus oídos hemos ubicado una pesadez (para que le impida oír): incluso si ven cualquier signo manifiesto (que señale la Unidad de Dios y otras verdades de la fe) no creerán en él, hasta el punto de que cuando vienen a ti (únicamente para) discutir contigo, aquellos que se niegan a creer dicen: «Esto no son más que fábulas de los antiguos».

26. Alejan a otros de él (el Corán), así como ellos mismos se alejan de él; y haciendo eso, sólo se destruyen a sí mismos aunque no se den cuenta[4].

27. Si tú (Oh Mensajero) pudieras verles cuando se detengan ante el Fuego y (temiendo ser arrojados en el mismo, como si hubiesen olvidado que habían llegado a atribuir copartícipes a Dios) digan: «¡Si pudiésemos regresar (al mundo)! ¡No negaríamos los signos y Revelaciones de nuestro Señor y seríamos de los creyentes!».

---

4. La actitud de aquellos que se resisten a las verdades de fe no ha cambiado nunca a lo largo de la historia de la humanidad: la burla, pretender que las verdades de fe no son más que mitos, falsedad o leyendas, inventarse que los creyentes no son más que una banda de gente reaccionaria y represiva con mentes incultas y yermas, evitar que los otros les oigan, silenciar a los que hablan en nombre de los creyentes y, si todo eso falla, recurrir a la violencia, la prisión, el exilio y el asesinato. Cualquier cosa a la que recurran los incrédulos, no indica más que carecen de suficiente pensamiento y conocimiento como para competir con las verdades de fe y sólo demuestra su debilidad, ignorancia e incompetencia mental. Carecen de conciencia para darse cuenta de que lo que hacen, a la postre, no va más que a arruinarles. Y todo ello a pesar de que incluso pueden ser sociólogos, historiadores y antropólogos que han estudiado la historia y los acontecimientos. Aquello de gran importancia para los creyentes es que han de darse cuenta de este hecho, sin dejarse influenciar por presiones culturales. Siempre tienen que ir en pos de la verdad del Islam. Nunca han de olvidarse de que el poder de los incrédulos está basado en la debilidad que los creyentes tengan en su creencia y sumisión.

28. ¡No! Por el contrario, dicen eso porque lo que solían ocultar (la verdad manifiesta y sus propias pérfidas intenciones, intrigas y acciones en respuesta a la misma) se les ha puesto de manifiesto. Si fuesen traídos de vuelta al mundo, volverían a hacer lo mismo que se les prohibió que hiciesen. Realmente no son más que mentirosos.

29. (Se comportaban correctamente cuando estaban afligidos en esta vida, pero cuando se hallaban aliviados) solían decir: «No hay más vida que ésta y no seremos resucitados».

30. Pero si pudieses verlos cuando se les hace estar en Presencia de su Señor, el Cual dirá: «¿Acaso esto (que habéis sido resucitados y congregados ante Mi Presencia) no es la verdad?». Dirán: «¡Sí, por nuestro Señor!». (Dios) dirá: «Probad, pues, el castigo porque os negasteis a creer».

31. Sin duda alguna, habrán perdido los que niegan (la verdad) del encuentro (final) con Dios hasta que la Hora les llegue de improviso y griten: «¡Ay de nosotros! ¡Cuán indolentes hemos sido al respecto!», cuando ya hayan cargado sus cargas sobre sus espaldas. ¡Cuán horrible carga es la que acarrean!

32. Y la vida presente de este mundo no es nada más que disfrute y distracción y es mejor la morada del Más Allá para aquellos que se apartan de la desobediencia a Dios en veneración a Él y piedad. ¿Acaso no vais, pues, a comprender y razonar?[5]

33. (¡Oh Mensajero!) Sabemos en verdad que lo que dicen (mentiras, burlas y calumnias) te entristece; pero no es a ti a quien niegan (no te pueden llamar mentiroso ya que previamente te han llamado «el Digno de Confianza»); más bien, son los

130 سُورَةُ الْاَنْعَامِ ١٣٠

بَلْ بَدَا لَهُمْ مَا كَانُوا يُخْفُونَ مِنْ قَبْلُ وَلَوْ رُدُّوا لَعَادُوا
لِمَا نُهُوا عَنْهُ وَاِنَّهُمْ لَكَاذِبُونَ ﴿٢٨﴾ وَقَالُوا اِنْ هِيَ اِلَّا حَيَاتُنَا
الدُّنْيَا وَمَا نَحْنُ بِمَبْعُوثِينَ ﴿٢٩﴾ وَلَوْ تَرٰى اِذْ وُقِفُوا عَلٰى رَبِّهِمْ
قَالَ اَلَيْسَ هٰذَا بِالْحَقِّ قَالُوا بَلٰى وَرَبِّنَا قَالَ فَذُوقُوا الْعَذَابَ
بِمَا كُنْتُمْ تَكْفُرُونَ ﴿٣٠﴾ قَدْ خَسِرَ الَّذِينَ كَذَّبُوا بِلِقَاءِ اللّٰهِ حَتّٰى
اِذَا جَاءَتْهُمُ السَّاعَةُ بَغْتَةً قَالُوا يَا حَسْرَتَنَا عَلٰى مَا فَرَّطْنَا فِيهَا
وَهُمْ يَحْمِلُونَ اَوْزَارَهُمْ عَلٰى ظُهُورِهِمْ اَلَا سَاءَ مَا يَزِرُونَ ﴿٣١﴾
وَمَا الْحَيٰوةُ الدُّنْيَا اِلَّا لَعِبٌ وَلَهْوٌ وَلَلدَّارُ الْاٰخِرَةُ خَيْرٌ لِلَّذِينَ
يَتَّقُونَ اَفَلَا تَعْقِلُونَ ﴿٣٢﴾ قَدْ نَعْلَمُ اِنَّهُ لَيَحْزُنُكَ الَّذِي يَقُولُونَ
فَاِنَّهُمْ لَا يُكَذِّبُونَكَ وَلٰكِنَّ الظَّالِمِينَ بِاٰيَاتِ اللّٰهِ يَجْحَدُونَ ﴿٣٣﴾
وَلَقَدْ كُذِّبَتْ رُسُلٌ مِنْ قَبْلِكَ فَصَبَرُوا عَلٰى مَا كُذِّبُوا وَاُوذُوا
حَتّٰى اَتٰيهُمْ نَصْرُنَا وَلَا مُبَدِّلَ لِكَلِمَاتِ اللّٰهِ وَلَقَدْ جَاءَكَ مِنْ نَبَاِئِ
الْمُرْسَلِينَ ﴿٣٤﴾ وَاِنْ كَانَ كَبُرَ عَلَيْكَ اِعْرَاضُهُمْ فَاِنِ اسْتَطَعْتَ
اَنْ تَبْتَغِيَ نَفَقًا فِي الْاَرْضِ اَوْ سُلَّمًا فِي السَّمَاءِ فَتَاْتِيَهُمْ بِاٰيَةٍ
وَلَوْ شَاءَ اللّٰهُ لَجَمَعَهُمْ عَلَى الْهُدٰى فَلَا تَكُونَنَّ مِنَ الْجَاهِلِينَ ﴿٣٥﴾

اِنَّمَا

signos y Revelaciones de Dios lo que los malhechores obstinadamente rechazan.

34. (¡No te aflijas por lo que hacen!) De hecho, Mensajeros anteriores a ti fueron tratados como mentirosos (respecto al Mensaje que trajeron), pero aguantaron con paciencia la acusación de mentira y el daño que les hicieron hasta que les llegó Nuestro auxilio. Nadie puede cambiar las palabras de Dios (alterar Sus decretos y la ejecución de los mismos). Y no cabe duda que te hayan llegado parte de las noticias acerca de esos Mensajeros.

35. Si su obstinación te apesadumbra, si eres capaz, encuentra un camino en el interior de la Tierra o una escalera para ascender a los Cielos para traerles un signo (un milagro del tipo que te solicitaron que trajeras), has de saber que si Dios lo hubiera querido, los habría unificado a todos en la verdadera guía (con un solo milagro o de otro modo. En vista de que la voluntad de Dios es de otra manera: que la verdad ha de ser expuesta ante la gente con sus argumentos de apoyo a través de Mensajeros y que la gente ha de elegir su camino ejerciendo su libre albedrío y juicio, entonces) no seas de los que actúan como si fuesen ignorantes (de este hecho)[6].

---

5. El mundo posee tres aspectos. El primer aspecto se encuentra relacionado con el hecho de que es el ámbito donde los Nombres de Dios se manifiestan y por lo tanto, lo que hay en el mismo y lo que ocurre allí es como un espejo de Dios con Sus Atributos y Nombres. El segundo aspecto, que tiene que ver con el Más Allá, es que el mundo es el lugar de labranza para el Más Allá. Los ladrillos con los que construirnos nuestro propio Paraíso o Infierno en el Más Allá, son las semillas de nuestra creencia o incredulidad y los hechos que sembramos aquí. Con estos dos aspectos, el mundo es de gran importancia y es considerado igual a los Cielos. De hecho, el Corán lo menciona junto a los Cielos. El tercer aspecto del mundo es aquel que tiene relación con nuestros deseos carnales, pasiones, lascivia y ambiciones. Es el aspecto que el Corán condena, ya que no son más que disfrutes, distracción, avaricia (acumulación de cosas) y lucha por tener más bienes, en resumen, la fuente de todo vicio y mal.

6. Además del vehemente deseo que el Mensajero de Dios tuvo de guiar a la gente, sus interminables esfuerzos y el gran éxito que exhibió en transmitir el Mensaje de Dios, estos versículos también muestran la gran intensidad del sufrimiento que tuvo que soportar, las dificultades a las que se enfrentó y la obstinada resistencia de los incrédulos, todo lo cual dejaron una pesada impronta en su espíritu humano. Los siguientes versículos interpretan y elucidan esto. Expresan la grandeza del Mensajero de Dios, además de exhibir su profundo conocimiento de Dios, su perfecta convicción sobre la verdad del Mensaje que trajo y su profunda preocupación por la guía y la salvación de la gente. Estos son los versículos que le consuelan y que controlan la intensa pasión que él sentía por la salvación de la gente.

اِنَّمَا يَسْتَجِيبُ الَّذِينَ يَسْمَعُونَۜ وَالْمَوْتٰى يَبْعَثُهُمُ اللّٰهُ ثُمَّ
اِلَيْهِ يُرْجَعُونَ ﴿٣٦﴾ وَقَالُوا لَوْلَا نُزِّلَ عَلَيْهِ اٰيَةٌ مِنْ رَبِّهٖۜ قُلْ
اِنَّ اللّٰهَ قَادِرٌ عَلٰٓى اَنْ يُنَزِّلَ اٰيَةً وَلٰكِنَّ اَكْثَرَهُمْ لَا يَعْلَمُونَ ﴿٣٧﴾
وَمَا مِنْ دَٓابَّةٍ فِى الْاَرْضِ وَلَا طَٓائِرٍ يَطِيرُ بِجَنَاحَيْهِ اِلَّٓا اُمَمٌ
اَمْثَالُكُمْۜ مَا فَرَّطْنَا فِى الْكِتَابِ مِنْ شَيْءٍ ثُمَّ اِلٰى رَبِّهِمْ
يُحْشَرُونَ ﴿٣٨﴾ وَالَّذِينَ كَذَّبُوا بِاٰيَاتِنَا صُمٌّ وَبُكْمٌ فِى الظُّلُمَاتِۜ
مَنْ يَشَاِ اللّٰهُ يُضْلِلْهُۜ وَمَنْ يَشَاْ يَجْعَلْهُ عَلٰى صِرَاطٍ مُسْتَقِيمٍ ﴿٣٩﴾
قُلْ اَرَاَيْتَكُمْ اِنْ اَتٰيكُمْ عَذَابُ اللّٰهِ اَوْ اَتَتْكُمُ السَّاعَةُ اَغَيْرَ
اللّٰهِ تَدْعُونَۚ اِنْ كُنْتُمْ صَادِقِينَ ﴿٤٠﴾ بَلْ اِيَّاهُ تَدْعُونَ فَيَكْشِفُ
مَا تَدْعُونَ اِلَيْهِ اِنْ شَٓاءَ وَتَنْسَوْنَ مَا تُشْرِكُونَ ﴿٤١﴾ وَلَقَدْ
اَرْسَلْنَٓا اِلٰٓى اُمَمٍ مِنْ قَبْلِكَ فَاَخَذْنَاهُمْ بِالْبَاْسَٓاءِ وَالضَّرَّٓاءِ
لَعَلَّهُمْ يَتَضَرَّعُونَ ﴿٤٢﴾ فَلَوْلَٓا اِذْ جَٓاءَهُمْ بَاْسُنَا تَضَرَّعُوا وَلٰكِنْ
قَسَتْ قُلُوبُهُمْ وَزَيَّنَ لَهُمُ الشَّيْطَانُ مَا كَانُوا يَعْمَلُونَ ﴿٤٣﴾
فَلَمَّا نَسُوا مَا ذُكِّرُوا بِهٖ فَتَحْنَا عَلَيْهِمْ اَبْوَابَ كُلِّ شَيْءٍۜ حَتّٰٓى
اِذَا فَرِحُوا بِمَٓا اُوتُٓوا اَخَذْنَاهُمْ بَغْتَةً فَاِذَا هُمْ مُبْلِسُونَ ﴿٤٤﴾

36. Sólo aquellos que tienen capacidad de oír pueden responder (a la llamada). En cuanto a los muertos Dios los resucitará y luego a Él regresarán[7].

37. Y dicen: «¿Por qué no ha descendido ningún signo milagroso (del tipo que queremos) de su Señor?». Diles: «No cabe duda, Dios posee el poder para que descienda un signo (de cualquier tipo)». Pero la mayoría de ellos no tiene relación alguna con el conocimiento (por lo que no conocen la naturaleza de los signos, la Revelación, la Misión Profética y el propósito de los mismos).

38. (¿Acaso aquellos cuyos oídos se encuentran cerrados al Corán no deberían mirar alrededor suyo para ver los signos de la verdad?) No hay criatura viva que se mueva sobre la Tierra, ni ave que vuele con sus dos alas que no forme comunidades como las vuestras[8]. No hemos omitido nada en el Libro (el Corán, la Tabla Suprema Preservada, que es la fuente de todos los libros y el Libro de la Creación: hemos creado todo en su sitio y con un propósito, para que el universo sea mantenido en perfecto equilibrio y orden). Entonces (acontecerá un día en que el universo sea transformado en uno nuevo y) serán resucitados y reunidos ante su Señor.

39. Aquellos que niegan Nuestros signos y Revelaciones se hallan ciegos, mudos en velos de tinieblas. A quien la Voluntad de Dios dicta, le extravía, y a quien Su Voluntad dicta, le encauza en un camino recto[9].

40. Di (a ellos): «¿Habéis considerado alguna vez que si parte del castigo de Dios os acontece o la Última Hora os llega, invocaríais pues a otro que no sea Dios? (¡Responde esto) si sois sinceros (y admitís la voz de vuestra conciencia!)»

41. (¡No, de verdad!) Es más, Le invocaríais únicamente a Él —y Él, si quisiera, os libraría de aquello que os hace que Le invoquéis[10] y olvidaríais (entonces) los copartícipes que Le habíais atribuido.

42. Y es verdad que hemos enviado Mensajeros a comunidades anteriores a ti y (a dichas comunidades) hicimos afrontar pruebas y adversidades para que Nos invocasen con humildad (buscando la verdad y el perdón).

43. ¡Si al menos, cuando les sobrevino Nuestra prueba, Nos hubieran invocado con humildad! Pero sus corazones se endurecieron y Satanás embelleció todo lo que hicieron para que les pareciera atrayente.

44. Entonces, cuando olvidaron (el consejo y la advertencia) lo que se les había recordado, abrimos para ellos las puertas de todas las cosas, hasta que, cuando se regocijaban con lo que habían conseguido, les sobrecogimos de improviso y cayeron presa de la desesperación[11].

---

7. Al emplear un gran número de figuras literarias, tal y como la metáfora, el símil, la comparación y la alusión, los versículos del Corán logran diversos niveles de amplitud en el significado. Este breve versículo contiene numerosos significados y verdades al mismo tiempo que una advertencia:

- Existen individuos que el Corán no puede penetrar en sus corazones a través de sus oídos y se resisten a la fe; son aquellos «espiritualmente» sordos. Una persona sorda no puede oír una llamada ni puede responder a la misma.
- Aquél dotado de capacidad para escuchar no puede ser indiferente al Corán, aquel que puede permanecer indiferente al Corán y a su llamada solo puede estar «espiritualmente sordo».
- Aquellos en los que no penetra el Corán a través de sus oídos no son muy diferentes de los muertos. Al igual que los muertos, no tienen vida en su corazón y aquel cuyo corazón no se halla con «vida», está «muerto» aunque se halle físicamente vivo. La verdadera vida es la vida del corazón. Lo mismo ocurre con la vida biológica, todo depende de la salud del corazón.
- Nadie estará a salvo de morir y nadie permanecerá en la tumba eternamente. Dios resucitará a todos los muertos, les reunirá ante Su Presencia, y la verdad que creyeron o rechazaron mientras estaban en el mundo aparecerá ante ellos. Esta segunda vida es eterna, ya sea en la dicha o en la desesperación.

8. «Dios, Quien no deja a las abejas o las hormigas sin una reina, no deja a la humanidad sin un Profeta» (*The Letters* —«Las Palabras»—, 2:303).

9. Es a veces necesario explicar qué significa que la guía o el extravío de uno mismo depende de la Voluntad absoluta de Dios. He aquí una breve visión de conjunto:

- La palabra original para traducir «voluntad» es *Mashiat*. Dios posee dos tipos de voluntad, una es *Mashiat*, y la otra es *Iradah*. Dios no desea (*Iradah*) la incredulidad, el politeísmo, la hipocresía y los pecados; pero todo ello, al igual que la fe, las buenas acciones y las virtudes está incluido en Su *Mashiat*, la cual está asociada a Su Conocimiento o que puede ser considerada como «Pre-conocimiento».
- Como el conocimiento depende de lo que es conocido y puesto que Dios conoce desde la eternidad cómo una persona va a emplear su libre albedrío, la *Mashiat* de Dios abarca el libre albedrío humano. En otras palabras, puesto que Dios no puede ser contenido por el tiempo y está más allá del tiempo y del espacio y, por lo tanto, ya que conoce cómo cada persona va a emplear su libre albedrío, Él obra según dicta Su voluntad consecuentemente.
- La persona hace uso de su libre albedrío para creer o no creer. Pero es Dios Quien pone en vigor el libre albedrío humano y Quien crea las acciones de la gente.
- Las elecciones e inclinaciones humanas, incluyendo cada cosa y cada evento en el universo, incluso el movimiento de una hoja, ocurre en el seno de un sistema universal que Dios ha establecido. Por lo tanto, nada está excluido del Conocimiento y de la Voluntad (*Mashiat*) de Dios.

10. Esta parte del versículo expresa una importante verdad:

No debemos esperar que Dios nos proporcione exactamente aquello que rogamos. Dios domina y gobierna el universo entero manifestando todos Sus Nombres. Es decir, tiene reglas universales derivadas de todos Sus Nombres las cuales componen un magnífico orden universal con Sus manifestaciones. Estas reglas abarcan todo dentro del marco universal y operan según Su Sabiduría universal. La rueda del universo no gira de acuerdo con los deseos de cada ser o persona. Por lo tanto Dios da lo que se Le pide en conformidad con esta Sabiduría.

No obstante, esto no significa que Dios no se preocupa especialmente de cada cosa o ser. Esta preocupación surge de Su compasión. Pero esta preocupación no requiere que Él conceda al ser exactamente lo que éste Le ha pedido. Él da lo que es bueno para la persona que reza. Por ejemplo, el paciente que ha sufrido una operación puede que pida agua, sin embargo eso puede ser peligroso para él. El médico le hace un bien al paciente negándole el agua. De modo similar, Dios concede lo que es bueno para Su siervo que Le ruega; y esa es la razón por la cual, tal vez, a veces no nos concede lo que deseamos en este mundo y lo deja para el Más Allá.

11. Estos últimos versículos abordan algunas pautas recurrentes de la historia de distintos pueblos y sociedades:

- Si el Mensaje Divino empieza a difundirse en un lugar, pueden aparecer condiciones diferentes tal y como la abundancia o la hambruna según la devoción de sus seguidores, los esfuerzos en difundir el Mensaje y la actitud de los que se oponen.
- Normalmente, Dios Todopoderoso envía en primer lugar desgracia y dificultades al pueblo entre el cual el Mensaje Divino ha empezado a difundirse. Eso es para inducirles a que renuncien a sus falsas creencias y guías erróneas, y a que acepten el Mensaje. En la mayoría de los casos, en particular entre pueblos poco civilizados, la fuerza y la adversidad es más efectiva que la apacible persuasión. Este método tiene a su vez como objetivo perfeccionar a los que creyeron en el Mensaje en primer lugar y dotarles con la paciencia necesaria para soportar futuras dificultades.
- Si la gente no se enmienda, a pesar de las dificultades y las desgracias que sufren, y permanecen sordos y ciegos al Mensaje, Dios les proporciona abundancia. Como resultado de su extravío en el mundo y de la aplicación de todas sus fuerzas y habilidades para lograr una vida de lujo, Dios les abre las puertas del mundo. Esto hace que muchos de ellos pasen a ser considerablemente ricos a costa de los demás, los cuales cada vez más empobrecen. Esta gente ciega aumenta en su derroche, disipación, corrupción y similares males.
- La pérdida de equilibrio en la sociedad y el aumento del derroche y la corrupción son heraldos de una desgracia o desastre general. Si existe un grupo formidable que puede asumir el Mensaje Divino y ponerlo en práctica en su vida, la destrucción que sobrevenga a la sociedad resultará en la emergencia de dicho grupo. Si no existe dicho grupo, la destrucción se hace más abarcadora.
- Si, a pesar de los vicios y los pecados, la persona incrementa su nivel de prosperidad sin que nada adverso le sobrevenga, y si existe prosperidad en la sociedad a pesar de todo el crimen, injusticias, derroche y corrupción que prevalecen en la misma, eso significa que la desgracia o la destrucción es inminente para esa sociedad y que la persona verá las consecuencias de sus fechorías.

فَقُطِعَ دَابِرُ الْقَوْمِ الَّذِينَ ظَلَمُوا وَالْحَمْدُ لِلّٰهِ رَبِّ الْعَالَمِينَ ﴿٤٥﴾
قُلْ اَرَاَيْتُمْ اِنْ اَخَذَ اللّٰهُ سَمْعَكُمْ وَاَبْصَارَكُمْ وَخَتَمَ
عَلٰى قُلُوبِكُمْ مَنْ اِلٰهٌ غَيْرُ اللّٰهِ يَأْتِيكُمْ بِهِ اُنْظُرْ كَيْفَ نُصَرِّفُ
الْاٰيَاتِ ثُمَّ هُمْ يَصْدِفُونَ ﴿٤٦﴾ قُلْ اَرَاَيْتَكُمْ اِنْ اَتٰيكُمْ عَذَابُ
اللّٰهِ بَغْتَةً اَوْ جَهْرَةً هَلْ يُهْلَكُ اِلَّا الْقَوْمُ الظَّالِمُونَ ﴿٤٧﴾
وَمَا نُرْسِلُ الْمُرْسَلِينَ اِلَّا مُبَشِّرِينَ وَمُنْذِرِينَ فَمَنْ اٰمَنَ وَاَصْلَحَ
فَلَا خَوْفٌ عَلَيْهِمْ وَلَا هُمْ يَحْزَنُونَ ﴿٤٨﴾ وَالَّذِينَ كَذَّبُوا بِاٰيَاتِنَا
يَمَسُّهُمُ الْعَذَابُ بِمَا كَانُوا يَفْسُقُونَ ﴿٤٩﴾ قُلْ لَا اَقُولُ لَكُمْ
عِنْدِي خَزَائِنُ اللّٰهِ وَلَا اَعْلَمُ الْغَيْبَ وَلَا اَقُولُ لَكُمْ اِنِّي
مَلَكٌ اِنْ اَتَّبِعُ اِلَّا مَا يُوحٰى اِلَيَّ قُلْ هَلْ يَسْتَوِي الْاَعْمٰى
وَالْبَصِيرُ اَفَلَا تَتَفَكَّرُونَ ﴿٥٠﴾ وَاَنْذِرْ بِهِ الَّذِينَ يَخَافُونَ
اَنْ يُحْشَرُوا اِلٰى رَبِّهِمْ لَيْسَ لَهُمْ مِنْ دُونِهِ وَلِيٌّ وَلَا شَفِيعٌ
لَعَلَّهُمْ يَتَّقُونَ ﴿٥١﴾ وَلَا تَطْرُدِ الَّذِينَ يَدْعُونَ رَبَّهُمْ بِالْغَدٰوةِ
وَالْعَشِيِّ يُرِيدُونَ وَجْهَهُ مَا عَلَيْكَ مِنْ حِسَابِهِمْ مِنْ شَيْءٍ وَمَا
مِنْ حِسَابِكَ عَلَيْهِمْ مِنْ شَيْءٍ فَتَطْرُدَهُمْ فَتَكُونَ مِنَ الظَّالِمِينَ ﴿٥٢﴾

وَكَذٰلِكَ

45. Y así (al final) fue exterminada la gente que se había obstinado en la maldad. ¡Toda la alabanza es para Dios, Señor de los Mundos!

46. Di: «¿Qué pensáis si Dios os quita vuestros sentidos del oído y la vista y sella vuestros corazones? ¿Qué otras deidades, a excepción de Dios, os lo podría restituir?[12]». Contempla, cómo exponemos las Revelaciones y los signos (de la Existencia y Unidad de Dios y otras verdades) de diversas maneras, y sin embargo ellos se apartan.

47. Di: «¿Qué pensáis en cuanto a si el castigo de Dios cae sobre vosotros sin daros cuenta o de manera perceptible (y así lo veis venir)? ¿Acaso otros que no fueran los malhechores serían destruidos?».

48. No enviamos a los Mensajeros sino como portadores de buenas nuevas (de prosperidad a cambio de la fe y rectitud) y advertidores (contra las consecuencias del extravío). Por lo tanto, todo aquel que crea y se enmiende, no tendrá que temer ni se entristecerá.

49. En cuanto a aquellos que niegan Nuestros signos y Revelaciones, el castigo les alcanzará a causa de haber transgredido (los límites de la creencia y la conducta).

50. Di (a ellos, Oh Mensajero): «(Queréis que haga milagros. Sin embargo,) nunca os digo que tengo en mi poder los tesoros de Dios, que conozco Lo Oculto o que soy un ángel. Sólo sigo lo que me ha sido revelado». Y di: «¿Acaso son semejantes el ciego y el que ve? ¿Es que no vais a reflexionar?».

51. Advierte por medio de éste (Corán) a aquellos (ya estén preparados para poseer verdadera creencia o no) que temen en sus corazones ya que serán resucitados y reunidos ante su Señor que aparte de Él no tienen tutor, confidente ni intercesor. Tal vez así se aparten de la desobediencia a Dios en veneración a Él y piedad, y se protejan de Su castigo.

52. Y no (con esperanza de persuadir a los cabecillas de los incrédulos) rechaces a los (pobres creyentes de clase social humilde) que invocan a Su Señor mañana y tarde anhelando Su «Faz» (es decir, encontrarse con Él en el Más Allá y Su complacencia). No eres responsable de ellos en nada, del mismo modo que ellos no son responsables de ti en nada. Si les expulsas de tu lado, estarás entre los malhechores.

12. Al igual que en otros versículos que exponen elementos físicos y espirituales al mismo tiempo, este versículo asimismo contiene y muestra dichos elementos de modo literal y figurativo. El oído, la vista y el corazón aquí mencionados son tanto las facultades físicas como espirituales de oír y ver, así como el centro de nuestra vida física y espiritual. Del mismo modo que Dios ha creado nuestros oídos, ojos y corazones y no hay nadie más que pueda crearlos o restaurarlos cuando los perdemos, asimismo Él es Aquel Quien otorga vida espiritual.

Este versículo en el idioma árabe original emplea el sentido del oído en singular mientras que el sentido de la vista es expresado en plural. Eso significa que la labor del oído respecto a la creencia es escuchar y oír la Revelación Divina y que existe una sola fuente de Revelación. Sin embargo, se dan innumerables signos para la creencia que una persona puede ver con sus ojos. En el fragmento, «¿Qué otras deidades a excepción de Dios os lo podría restituir?», el versículo utiliza el pronombre singular *lo* para las facultades de la vista y del corazón. En definitiva, para adquirir la creencia, las facultades del oído, la vista y el corazón han de estar vivas y dichas facultades han de operar juntas.

وَكَذٰلِكَ فَتَنَّا بَعْضَهُمْ بِبَعْضٍ لِيَقُولُوا اَهٰٓؤُلَٓاءِ مَنَّ اللّٰهُ
عَلَيْهِمْ مِنْ بَيْنِنَاۜ اَلَيْسَ اللّٰهُ بِاَعْلَمَ بِالشَّاكِرِينَ ﴿٥٣﴾ وَاِذَا جَٓاءَكَ
الَّذِينَ يُؤْمِنُونَ بِاٰيَاتِنَا فَقُلْ سَلَامٌ عَلَيْكُمْ كَتَبَ رَبُّكُمْ
عَلٰى نَفْسِهِ الرَّحْمَةَۙ اَنَّهُ مَنْ عَمِلَ مِنْكُمْ سُوٓءًا بِجَهَالَةٍ
ثُمَّ تَابَ مِنْ بَعْدِهٖ وَاَصْلَحَ فَاَنَّهُ غَفُورٌ رَحِيمٌ ﴿٥٤﴾ وَكَذٰلِكَ
نُفَصِّلُ الْاٰيَاتِ وَلِتَسْتَبِينَ سَبِيلُ الْمُجْرِمِينَ ﴿٥٥﴾ قُلْ اِنّ۪ي
نُهِيتُ اَنْ اَعْبُدَ الَّذِينَ تَدْعُونَ مِنْ دُونِ اللّٰهِۜ قُلْ لَٓا اَتَّبِعُ
اَهْوَٓاءَكُمْۙ قَدْ ضَلَلْتُ اِذًا وَمَٓا اَنَا مِنَ الْمُهْتَدِينَ ﴿٥٦﴾ قُلْ اِنّ۪ي
عَلٰى بَيِّنَةٍ مِنْ رَبّ۪ي وَكَذَّبْتُمْ بِهٖۜ مَا عِنْد۪ي مَا تَسْتَعْجِلُونَ بِهٖۜ
اِنِ الْحُكْمُ اِلَّا لِلّٰهِۜ يَقُصُّ الْحَقَّ وَهُوَ خَيْرُ الْفَاصِلِينَ ﴿٥٧﴾
قُلْ لَوْ اَنَّ عِنْد۪ي مَا تَسْتَعْجِلُونَ بِهٖ لَقُضِيَ الْاَمْرُ
بَيْن۪ي وَبَيْنَكُمْۜ وَاللّٰهُ اَعْلَمُ بِالظَّالِمِينَ ﴿٥٨﴾ وَعِنْدَهُ مَفَاتِحُ
الْغَيْبِ لَا يَعْلَمُهَٓا اِلَّا هُوَۜ وَيَعْلَمُ مَا فِي الْبَرِّ وَالْبَحْرِۜ
وَمَا تَسْقُطُ مِنْ وَرَقَةٍ اِلَّا يَعْلَمُهَا وَلَا حَبَّةٍ ف۪ي ظُلُمَاتِ
الْاَرْضِ وَلَا رَطْبٍ وَلَا يَابِسٍ اِلَّا ف۪ي كِتَابٍ مُب۪ينٍ ﴿٥٩﴾

53. Y es así como ponemos a prueba a los individuos, por medio de otros individuos: para que así (aquellos que crean que cosas como la riqueza y el estatus social son los medios para adquirir superioridad) digan (de los creyentes que son pobres y carecen de un estatus social reconocido): «¿Acaso son estos, pues, aquellos de entre nosotros a los que Dios ha conferido Su favor?» ¿Es que acaso Dios no conoce mejor a los agradecidos (los que reconocen la verdadera fuente y a Aquel Quien concede todas las cosas buenas que uno recibe, y que actúan consecuentemente)?

54. Cuando aquellos que creen en todas Nuestras Revelaciones y signos (cada vez que les son conferidos) vengan a ti diles como bienvenida: «¡Que la paz sea sobre vosotros! Vuestro Señor se ha prescrito a Sí Mismo la misericordia (tratar a Sus siervos con misericordia). Por lo tanto, si alguno de vosotros obra mal por ignorancia (por haber sucumbido al alma que ordena el mal) y, después de ello, se arrepiente y se enmienda, en verdad Él es Indulgente y Compasivo.

55. Así mostramos los signos de Nuestra senda en detalle y las Revelaciones relevantes (incluidas en el Corán) y (lo hacemos) para que el camino de los criminales incrédulos se te muestre claro (respecto al de los creyentes rectos).

56. Di (a los que atribuyen copartícipes a Dios): «Se me ha prohibido adorar aquellos seres a los que deificáis e invocáis aparte de Dios». Di: «No sigo vuestros deseos e ilusiones para no extraviarme y convertirme en uno de los que no están rectamente guiados».

57. Di: «Me apoyo en una clara evidencia de mi Señor, mientras que vosotros la negáis. No está en mis manos lo que (despectivamente) me exhortáis a hacer, (diciendo: "Si existe un castigo con el que nos amenazas, haz que acontezca inmediatamente"). (En sentido absoluto) el juicio y la autoridad sólo pertenecen a Dios. Él siempre dice la verdad y Él es el Mejor Juez entre la verdad y la falsedad.

58. Di: «Si estuviera en mis manos (traer) aquello que pedís que se apresure, el asunto entre vosotros y yo hubiese quedado zanjado». Dios conoce mejor a los malhechores.

59. Con Él se encuentran las llaves de Lo Oculto. Nadie las conoce salvo Él. Y conoce todo cuanto hay en la tierra y en el mar; y no cae una sola hoja sin que Él no lo sepa; y no existe grano que esté en las oscuras capas de la tierra, y nada verde o seco, que no se halle (registrado) en un Libro Manifiesto[13].

13. El Corán menciona el Libro Manifiesto y el Registro Manifiesto (36:12).

El universo muestra un orden magnífico y perfecto. Dios ha creado y crea cada cosa perfecta, exactamente en su lugar preciso. Esto demuestra que el universo está basado en un conocimiento y una determinación universal y perfecta, que nosotros llamamos Destino Divino. Para entender mejor este sutil punto, debemos considerar los siguientes dos ejemplos:

Antes de empezar a escribir un libro, un escritor alberga la información necesaria en su mente; eso se considera el planteamiento del libro. Entonces el escritor traza un plan y divide el conocimiento que se halla en su mente en capítulos y secciones, lo cual es la existencia «designada» del libro. Finalmente, escribe el libro; es decir, elabora la existencia material del libro. Haciendo uso de otro ejemplo, un arquitecto antes de diseñar un edificio lo construye en su mente; es decir, elabora la existencia esencial o arquetípica del inmueble. Luego, traza un plano de la obra, que es la existencia «designada» del edificio. Finalmente, construye el edificio según el plan que había sido trazado.

De modo similar, el universo con todos los elementos y acontecimientos que contiene, desde el primer día hasta el último, tiene una existencia designada en el Conocimiento Eterno de Dios. Dios destinó (desde la perspectiva del espacio y del tiempo) o destina (desde la perspectiva de Dios, más allá del espacio y del tiempo) una forma particular, vida, y una función para cada objeto o ser. Esta segunda clase de existencia determinada del universo en el Conocimiento de Dios, con todos los elementos y acontecimientos que contiene, es denominada Libro Manifiesto o Tabla Suprema Preservada. Esto es, en un aspecto, idéntico al conocimiento de Dios. El Destino da forma a los arquetipos y el Poder Divino los lleva a su existencia material.

Dios duplica la existencia «destinada» de cada cosa. Una de las copias está incluida en su semilla. Por ejemplo, cuando Dios convierte el embrión que se halla en el interior de la madre en otra criatura (humana), el destino de esta nueva criatura humana ya ha sido determinado. (Para la relación entre el Destino y el libre albedrío humano, véanse la nota 8 en este sura, en el sura número 2 las notas 10 y 14, en el sura número 3 las notas 30, 36 y finalmente en el sura número 4 la nota 18). Asimismo, la vida futura de cada planta o árbol se encuentra encapsulada en su semilla. La historia de la vida de la planta o del árbol, desde el momento en que germina bajo el suelo hasta que proporciona fruto, es la forma desarrollada de su semilla. Denominamos a esta activa historia de la vida de un ser vivo, su Destino Práctico o Libro Manifiesto. Con cada cosa y ser incluidos en ello, el universo tiene su propio Destino Práctico universal, que es el Libro Manifiesto «universal». El Registro Manifiesto hace referencia a los orígenes de las cosas o de los seres y al Conocimiento Divino, mientras que el Registro Manifiesto contiene todas las historias de las vidas y es el cuaderno escrito por el Poder Divino.

134 سُورَةُ الْاَنْعَامِ ١٣٤

وَهُوَ الَّذٖى يَتَوَفّٰيكُمْ بِالَّيْلِ وَيَعْلَمُ مَا جَرَحْتُمْ بِالنَّهَارِ ثُمَّ يَبْعَثُكُمْ
فٖيهِ لِيُقْضٰٓى اَجَلٌ مُسَمًّى ثُمَّ اِلَيْهِ مَرْجِعُكُمْ ثُمَّ يُنَبِّئُكُمْ بِمَا كُنْتُمْ
تَعْمَلُونَ ﴿٦٠﴾ وَهُوَ الْقَاهِرُ فَوْقَ عِبَادِهٖ وَيُرْسِلُ عَلَيْكُمْ حَفَظَةً
حَتّٰٓى اِذَا جَٓاءَ اَحَدَكُمُ الْمَوْتُ تَوَفَّتْهُ رُسُلُنَا وَهُمْ لَا يُفَرِّطُونَ ﴿٦١﴾
ثُمَّ رُدُّٓوا اِلَى اللّٰهِ مَوْلٰيهُمُ الْحَقِّ اَلَا لَهُ الْحُكْمُ وَهُوَ اَسْرَعُ
الْحَاسِبٖينَ ﴿٦٢﴾ قُلْ مَنْ يُنَجّٖيكُمْ مِنْ ظُلُمَاتِ الْبَرِّ وَالْبَحْرِ تَدْعُونَهُ
تَضَرُّعًا وَخُفْيَةً لَئِنْ اَنْجٰينَا مِنْ هٰذِهٖ لَنَكُونَنَّ مِنَ الشَّاكِرٖينَ ﴿٦٣﴾
قُلِ اللّٰهُ يُنَجّٖيكُمْ مِنْهَا وَمِنْ كُلِّ كَرْبٍ ثُمَّ اَنْتُمْ تُشْرِكُونَ ﴿٦٤﴾
قُلْ هُوَ الْقَادِرُ عَلٰٓى اَنْ يَبْعَثَ عَلَيْكُمْ عَذَابًا مِنْ فَوْقِكُمْ
اَوْ مِنْ تَحْتِ اَرْجُلِكُمْ اَوْ يَلْبِسَكُمْ شِيَعًا وَيُذٖيقَ بَعْضَكُمْ بَاْسَ
بَعْضٍ اُنْظُرْ كَيْفَ نُصَرِّفُ الْاٰيَاتِ لَعَلَّهُمْ يَفْقَهُونَ ﴿٦٥﴾ وَكَذَّبَ
بِهٖ قَوْمُكَ وَهُوَ الْحَقُّ قُلْ لَسْتُ عَلَيْكُمْ بِوَكٖيلٍ ﴿٦٦﴾ لِكُلِّ نَبَاٍ
مُسْتَقَرٌّ وَسَوْفَ تَعْلَمُونَ ﴿٦٧﴾ وَاِذَا رَاَيْتَ الَّذٖينَ يَخُوضُونَ
فٖٓى اٰيَاتِنَا فَاَعْرِضْ عَنْهُمْ حَتّٰى يَخُوضُوا فٖى حَدٖيثٍ غَيْرِهٖ وَاِمَّا
يُنْسِيَنَّكَ الشَّيْطَانُ فَلَا تَقْعُدْ بَعْدَ الذِّكْرٰى مَعَ الْقَوْمِ الظَّالِمٖينَ ﴿٦٨﴾

وَمَا عَلَى

60. Él es quien toma vuestras almas en la noche (mientras dormís, en un estado comparable al de la muerte) y sabe lo que habéis hecho durante el día. A continuación, os devuelve la vida (al siguiente día) para que se cumpla el plazo fijado por Él. (Os hace morir tras completar dicho plazo y, del mismo modo que os hace revivir cada día tras el sueño, os hará resucitar en el momento fijado). Vuestro retorno final será a Él; y os hará comprender lo que hacíais (y os hará rendir cuentas por ello).

61. Él es el Omnipotente sobre Sus siervos y os envía (ángeles) guardianes (para vigilar y registrar todo lo que hacéis). Cuando finalmente la muerte le llegue a alguno de vosotros, Nuestros emisarios (los ángeles destinados para esta tarea) se llevarán el alma y no desatienden (ningún aspecto de su misión).

62. Luego son restituidos a Dios, su verdadero Dueño y Protector. Sin duda alguna, Suyo es el juicio y la autoridad y Él es Más Rápido en ajustar cuentas.

63. Di: «¿Quién es aquel que os salva de los velos de tinieblas de la tierra y del mar, (cuando) le apeláis con humildad y en secreto en vuestros corazones: "Si nos salvas de esto (de esta angustia) seremos agradecidos (nos tornaremos hacia Ti con fe y rectitud)"?».

64. Di: «Sólo Dios os salva de esto y de toda aflicción, pero vosotros Le atribuís copartícipes (en vez de ser agradecidos con Él creyendo en Él y obedeciéndole).

65. Di: «Él es Quien posee poder para enviaros un castigo desde encima vuestro o desde debajo de vuestros pies, o confundiros dividiéndoos en grupos hostiles y haciendo que unos prueben la violencia de otros». Observa, cómo exponemos los signos (de la Existencia y Unidad de Dios y otras verdades de la fe) de modos diversos para que puedan reflexionar y penetrar la esencia de los asuntos y llegar a comprender la verdad.

66. Sin embargo, tu pueblo (Oh Mensajero) niega el Corán, a pesar de que es la verdad. Di: «No he sido designado como un guardián sobre vosotros a fin de asumir vuestra responsabilidad».

67. Cada nueva (de Dios) tiene un momento determinado para su cumplimiento; y en su momento ya sabréis (la verdad).

68. Cuando te encuentres con los que se dedican (con blasfemia) a hablar de Nuestras Revelaciones, apártate de ellos hasta que cambien de conversación. Y si Satanás te hace olvidar, cuando recuerdes de nuevo, deja de permanecer en compañía de esa gente malhechora.

69. Los que se apartan de la desobediencia a Dios en veneración a Él y piedad, no son responsables de ellos en modo alguno. Pero (lo que les incumbe) es recordarles y amonestarles para que tengan temor (del mal que hacen) y lo eviten.

70. Apártate de esos que consideran su Religión (designada para ellos por Dios) como disfrute y distracción (y que hacen de su religión un juego y una diversión) y aquellos que han sido seducidos por la vida mundana. Mas recuérdales (a través del Corán) que toda alma será entregada a su perdición por lo que haya logrado y no tendrá amigo, protector ni intercesor excepto Dios, y aunque ofrezca cualquier rescate (a cambio de sus pecados imperdonables, tal y como la incredulidad y atribuir copartícipes a Dios) no se le aceptará. Esos son los que serán entregados a su destrucción por lo que se han ganado; para ellos habrá una bebida de agua hirviendo y un doloroso castigo por haber persistido en la incredulidad.

71. Di: «¿Habremos de invocar, aparte de Dios, a cosas que no pueden beneficiarnos (cuando las invocamos) ni perjudicarnos (cuando no las invocamos) y (por lo tanto) regresar sobre nuestros pasos después de que Dios nos haya guiado, siendo como aquel al que los diablos han encaprichado en la Tierra por lo que vaga en los valles del extravío, a pesar de que tiene compañeros que le convocan hacia la guía diciendo: "¡Ven a nosotros!"?». Di: «Con toda certeza la guía de Dios es (la única y verdadera) guía y hemos sido

وَمَا عَلَى الَّذِينَ يَتَّقُونَ مِنْ حِسَابِهِمْ مِنْ شَيْءٍ وَلٰكِنْ
ذِكْرٰى لَعَلَّهُمْ يَتَّقُونَ ﴿٦٩﴾ وَذَرِ الَّذِينَ اتَّخَذُوا دِينَهُمْ
لَعِبًا وَلَهْوًا وَغَرَّتْهُمُ الْحَيٰوةُ الدُّنْيَا وَذَكِّرْ بِهٖٓ اَنْ تُبْسَلَ
نَفْسٌ بِمَا كَسَبَتْ لَيْسَ لَهَا مِنْ دُونِ اللّٰهِ وَلِيٌّ وَلَا شَفِيعٌ
وَاِنْ تَعْدِلْ كُلَّ عَدْلٍ لَا يُؤْخَذْ مِنْهَا اُولٰٓئِكَ الَّذِينَ
اُبْسِلُوا بِمَا كَسَبُوا لَهُمْ شَرَابٌ مِنْ حَمِيمٍ وَعَذَابٌ اَلِيمٌ
بِمَا كَانُوا يَكْفُرُونَ ﴿٧٠﴾ قُلْ اَنَدْعُوا مِنْ دُونِ اللّٰهِ مَا لَا يَنْفَعُنَا
وَلَا يَضُرُّنَا وَنُرَدُّ عَلٰٓى اَعْقَابِنَا بَعْدَ اِذْ هَدٰينَا اللّٰهُ كَالَّذِي
اسْتَهْوَتْهُ الشَّيَاطِينُ فِي الْاَرْضِ حَيْرَانَ لَهُ اَصْحَابٌ
يَدْعُونَهُٓ اِلَى الْهُدَى ائْتِنَا قُلْ اِنَّ هُدَى اللّٰهِ هُوَ الْهُدٰى
وَاُمِرْنَا لِنُسْلِمَ لِرَبِّ الْعَالَمِينَ ﴿٧١﴾ وَاَنْ اَقِيمُوا الصَّلٰوةَ
وَاتَّقُوهُ وَهُوَ الَّذِٓي اِلَيْهِ تُحْشَرُونَ ﴿٧٢﴾ وَهُوَ الَّذِي
خَلَقَ السَّمٰوَاتِ وَالْاَرْضَ بِالْحَقِّ وَيَوْمَ يَقُولُ كُنْ
فَيَكُونُ قَوْلُهُ الْحَقُّ وَلَهُ الْمُلْكُ يَوْمَ يُنْفَخُ فِي الصُّورِ
عَالِمُ الْغَيْبِ وَالشَّهَادَةِ وَهُوَ الْحَكِيمُ الْخَبِيرُ ﴿٧٣﴾

ordenados a someternos con todo nuestro ser al Señor de los Mundos;

72. Y establecer la Oración conforme a sus condiciones y apartarnos de la desobediencia a Dios en veneración a Él y piedad». Él es Aquel ante Quien seréis reunidos.

73. Él es Quien ha creado los Cielos y la Tierra con la verdad (con sentido, con un propósito definido y sobre fundamentos sólidos de verdad). Siempre que dice «¡Sé!», es. Su palabra es la verdad. Y Suya es la Soberanía el día en que la Trompeta se haga sonar[14]. Conocedor de Lo Oculto (todo lo que se halla más allá de la percepción de los seres creados) y de lo atestiguado (el reino perceptible). Él es Omnisapiente, Omnisciente[15].

14. No conocemos la naturaleza exacta de la Trompeta y qué es lo que significa el hecho de que se haga sonar. Sonará en dos ocasiones (Véase también el versículo 39:68, nota 22), interpretada por parte del Arcángel Israfil, y cuando suene por primera vez, el orden universal al completo será alterado y la segunda vez que suene, todos los muertos resucitarán en un nuevo mundo y orden.

Dios tiene posesión y dominio absoluto sobre toda la creación, incluso en este mundo. Sin embargo, ya que este mundo es el mundo de Sabiduría, Sus actos están ocultos por algunas causas aparentes, es decir, Él permite que las cosas ocurran según ciertas causas (aparentes) y seres como los humanos y los genios, dotados de libre albedrío, pueden tener propiedad y ejercer cierto tipo de dominio de tal modo que son puestos a prueba. Mientras que en la próxima vida, que será el mundo del Poder y donde no habrá causas ni tampoco tiempo o duración para las cosas que ocurren, Él actuará sin intervención de causas y a nadie se le permitirá disfrutar de dominio.

15. Los versículos, que hasta ahora se han centrado en los pilares de la fe, particularmente los dos más importantes, a saber, la creencia en la Existencia y Unidad de Dios y la Resurrección, nos presentan verdades y evidencias observables y manifiestas:

- Es Dios Quien ha creado los Cielos y la Tierra y, en relación a ellos, trae la oscuridad y la luz a la existencia. También es Él Quien da existencia a las voluntades y preferencias de los individuos por la creencia o la incredulidad así como las causas de las mismas.
- Dios creó asimismo al primer ser humano a partir del barro, un material propicio para el cultivo, y a todos los hombres y mujeres que le sucedieron a partir del alimento que es obtenido de la tierra. Establece para cada persona, al igual que para toda la humanidad, un plazo fijo para este mundo. Una vez cumplido dicho plazo, Él nos llevará a otro mundo que es eterno.
- Dios no ha dejado al universo y a la humanidad para que se las arreglen por sí solos tras haberlos creado. Él es el Omnipotente y tiene dominio total sobre todas las cosas. Sabe lo que ocurre en el universo, incluso la caída de una hoja, y conoce los actos, pensamientos e intenciones de los seres humanos. Sus ángeles encargados toman registro de ello y la gente será convocada para rendir cuentas de sus actos en la próxima vida. Para evitar el castigo, las personas han de seguir el camino que Él ha establecido para ellos a través de Sus Mensajeros.

Tras haber presentado los pilares fundamentales de la fe junto con sus indisputables pruebas, que el Corán llama «signos», comprensibles y observables por todos, el versículo procede a rechazar el politeísmo en todas sus formas y consolida las verdades de la fe con múltiples pruebas:

- A pesar de la evidencia sobre la creencia perceptible por todos, Dios envió también Mensajeros a las personas para enseñarles y hacerles conscientes del Mensaje; pero, desafortunadamente, la mayoría de la gente, especialmente aquellos con un estatus prestigioso en la sociedad, tal y como los ricos, aristócratas, la elite gobernante y algunos intelectuales, rechazan intencionadamente los Mensajes traídos por los Mensajeros, además de rechazar los signos manifiestos del universo y de la vida, incluido los milagros obrados por los Mensajeros cuando fue necesario y cuando Dios les permitió que lo hiciesen.
- No existe ni tan siquiera un atisbo de verdad para aquellos que rechazan las verdades de la fe y sus pruebas en la que puedan basar sus alegaciones. Esa es la razón por la cual intentan oponerse a los Mensajeros con sarcasmo, pidiéndoles que obren milagros y reivindicando que los milagros que han obrado no son más que magia. Esto muestra abiertamente su derrota y su hundimiento intelectual cuando son expuestos ante la verdad traída por los Mensajeros.

La verdadera razón de su incredulidad y su resistencia al Mensaje Divino es que temen perder su posición de privilegio. No pueden renunciar a su modo de vida ni soportan estar junto a aquellos a los que desprecian por ser pobres y carecer de estatus social respetable, es decir, su arrogancia, su punto de vista y perspectivas erróneas y su injusticia les impiden creer. Estas actitudes hacen que pierdan su sentido del oído y de la vista y que no puedan escuchar el Mensaje revelado ni apreciar su evidencia manifiesta (sus signos) en la vida y en el universo y, como consecuencia de ello, pierden su capacidad de creer, capacidad que Dios había hecho arraigar en su naturaleza.

- La vida de este mundo no sólo es transitoria, sino que consiste en disfrute y distracción en cuanto a la vida carnal humana. La riqueza, los puestos y posiciones así como el estatus social al que la gente atribuye tanta importancia y de aquello que dependen no son permanentes. Dios, que concede estos favores como medio para probar a la gente, puede llevárselos en cualquier momento inesperado. La historia está llena de ejemplos en que Dios concede y quita. Hay un gran número de lecciones que han de ser aprendidas de las civilizaciones desaparecidas y de la pérdida de riqueza y posición de nuestros ancestros.
- Dios es, ante todo, el Misericordioso y el Compasivo. Todos Sus actos están basados en la misericordia. Por esa razón Él provee para cada ser vivo en el mundo sin discriminación entre creyentes e incrédulos, manteniendo las vidas de todos. Por lo tanto, no es de esperar que Él destruya inmediatamente a aquellos que tienden hacia la incredulidad, a los que Le atribuyen copartícipes y a los que se entregan a los pecados. El lugar donde la gente será recompensada o castigada por su creencia y sus actos es el Más Allá. Dios tiene leyes especiales para la vida de este mundo y la gente contempla las consecuencias de sus actos en el mundo según dichas leyes. Sin embargo, eso no significa que Dios no tiene un cuidado y una compasión especiales para con sus siervos creyentes y rectos en esta vida. Les ayuda según Su Sabiduría, acepta su arrepentimiento, les perdona y les protege siempre que ellos permanezcan entregados a Su causa y religión. Cuando las injusticias y las trasgresiones sobrepasan todos los límites, Dios castiga a la gente con calamidades tales como terremotos, inundaciones, erupciones volcánicas, epidemias, guerras, conflictos internos, anarquía, terror y pérdida de riqueza, posición o trabajo. Pero, como este castigo generalmente parece que ocurre de acuerdo con las leyes (sociológicas) de la vida y las «leyes (físicas) de la naturaleza» nadie ve la «Mano Divina» tras ello.
- Dios no es como la creación, por lo que no puede ser concebido en términos de lo creado. Él nunca come o bebe ni necesita nada. Él alimenta, sustenta y provee. Su Existencia y Unidad son más manifiestas que cualquier cosa y es racionalmente imposible aceptar la existencia de algo sin aceptar Su Existencia. El universo, con todo lo que hay y ocurre en el mismo, da fe de ello, así como el Corán, las Escrituras Divinas, miles de Profetas y miles de millones de personas que les han seguido a lo largo de la historia. Los que Le niegan no tienen nada importante en lo que basar sus pretensiones, ya que su negación no puede ser probada y carece de todo peso científico y racional. Dicha negación no consiste más que en meras conjeturas e hipótesis.
- Incluso si una persona niega las verdades de la fe, derrotada por su alma carnal, verá cuando muera la verdadera naturaleza de dichas verdades que están manifiestas en nuestro mundo en sus dimensiones externas, y comprenderá la verdad de la otra vida con claridad. Sin embargo, no le beneficiará en nada sentir remordimiento. ¡Su deseo de regresar a este mundo será inútil! Incluso aunque se le permi-

tiese retornar, no actuaría de otra manera. Nadie puede ir al Mas Allá con una excusa inválida de sus creencias y actos erróneos. Todo el mundo siente la existencia de un Poder Supremo en su conciencia, especialmente cuando se enfrentan ante el peligro y la muerte. Invocan a un solo Dios con su lengua y con su conciencia ya que Dios ha inculcado en la conciencia de cada uno un punto en el que buscamos ayuda y un punto en el cual buscamos apoyo. Ambos se manifiestan a sí mismos, especialmente cuando no hay medios aparentemente materiales de escapar de un peligro o de una dificultad, lo cual hace que la persona se dirija a Dios exclusivamente. Toda persona ha tenido esta experiencia varias veces en su vida. Pero la mayor parte de la gente, tras alcanzar la seguridad, se comporta como si nunca hubiesen tenido dicha experiencia. Persiguen sus ambiciones y, bajo la presión de actitudes tales como la arrogancia, la injusticia, la visión errónea de las cosas y los acontecimientos, insisten en la incredulidad y en la atribución de copartícipes a Dios.

- Con la intención de mostrarle a la gente que la vida que llevan está equivocada y para advertirles contra sus consecuencias, Dios Todopoderoso les ha presentado repetidamente evidencias y ha renovado Sus advertencias. Llega un momento cuando Él les expone a diferentes adversidades y desastres, como la hambruna y la guerra para ayudarles a que entren en razón. En otras situaciones hace descender sobre ellos Sus regalos para provocarles sentimientos de gratitud. Pero si la persona ha perdido ya su capacidad innata de creer, nada de eso le servirá. Es más, serán engañados por Satanás creyendo que su modo de proceder es correcto.
- Aquellos que persisten en la incredulidad o el politeísmo son demasiado arrogantes como para ponerse al lado de los que ellos contemplan como carentes de posición social, e intentan expresar su propia incredulidad burlándose de las creencias de los demás. Esto acontece de este modo ya que se hallan seducidos por Satanás al juzgar el grado de inteligencia y el valor de las personas por su posición, riqueza y estatus social, por lo que piensan que ellos son más inteligentes y mejores que los pobres y carentes de posición. Esto conduce a dicha gente a concluir que si el Mensaje del Profeta es verdadero, ellos tendrían que haber sido los primeros en aceptarlo. Mas todo esto no es más que parte de los engaños de Satanás, se convierten en víctimas de su yo carnal. La riqueza y la posición social no es criterio para juzgar la inteligencia o el valor de una persona. Un gran número de personas están dotadas de enormes conocimientos y gran inteligencia pero son pobres y no tienen posición ni estatus social. Imam Ghazzali denomina a la inteligencia que entiende los asuntos mundanos como inteligencia mundana. No se puede afirmar que si la inteligencia mundana de una persona se halla muy desarrollada a su vez se encuentre muy adelantada en la comprensión de las verdades y principios perennes presentes en los orígenes de la vida y que la gobiernan, así como en la comprensión de la existencia de las cosas, los acontecimientos y de su significado. Es más, el Criterio Divino para juzgar a la gente es diferente. El primero de dichos criterios es la comprensión de las verdades y principios mencionados que conducen automáticamente a la persona a creer en Dios, en otros pilares de la fe y a vivir de acuerdo a dichas verdades y principios en veneración a Dios y piedad. Esto es lo que el Corán denomina *taqwa*. Si la vida sólo consistiese única y exclusivamente en la economía, no existiría filosofía, religión o pensamiento contemplativo, ni tampoco habría literatura, que son los productos más elevados de la mente humana y del corazón. El ser humano debe basarse

y guiarse por las verdades y los principios mencionados aquí para que no existan desviaciones en el pensamiento y la creencia. Dichas desviaciones son las que llevan a no creer en Dios y a atribuirle copartícipes.

- Tal y como hemos mencionado con anterioridad, Dios no es, como algunos piensan, «una deidad pasiva» que creó el universo y la humanidad y los abandonó para que se las arreglasen solos. Tiene conocimiento total de todo, sabe todo lo que uno piensa, quiere y hace y las riendas de todas las cosas y acontecimientos están en Su Mano. Todo lo que ocurre en el mundo ocurre por Su orden «¡Sé!». Hace que los ángeles que Él ha designado registren todos los hechos de los seres humanos y llamará a la gente para rendir cuentas en la próxima vida por todo lo que hayan hecho en ésta. Ir a dormir cada noche y despertarse por la mañana es la evidencia del hecho de que algún día seremos resucitados; es un medio de comparación para nosotros.

Tras todas las verdades y las evidencias que han sido presentadas en este sura, el Corán continúa narrando un acontecimiento importante de la vida del profeta Abraham, la paz sea con él, uno de los grandes héroes de la verdad del *Tawhid* (es decir, creer y declarar la Unidad de Dios), del cual todos los grandes Mensajeros descendieron, incluido Muhammad, Jesús y Moisés, la paz sea con ellos.

وَاِذْ قَالَ اِبْرٰهِيمُ لِاَبِيهِ اٰزَرَ اَتَتَّخِذُ اَصْنَامًا اٰلِهَةً اِنّٓى
اَرٰيكَ وَقَوْمَكَ فٖى ضَلَالٍ مُبٖينٍ ﴿٧٤﴾ وَكَذٰلِكَ نُرٖٓى اِبْرٰهٖيمَ
مَلَكُوتَ السَّمٰوَاتِ وَالْاَرْضِ وَلِيَكُونَ مِنَ الْمُوقِنٖينَ ﴿٧٥﴾
فَلَمَّا جَنَّ عَلَيْهِ الَّيْلُ رَاٰ كَوْكَبًا قَالَ هٰذَا رَبّٖى فَلَمَّٓا اَفَلَ
قَالَ لَٓا اُحِبُّ الْاٰفِلٖينَ ﴿٧٦﴾ فَلَمَّا رَاَ الْقَمَرَ بَازِغًا قَالَ
هٰذَا رَبّٖى فَلَمَّٓا اَفَلَ قَالَ لَئِنْ لَمْ يَهْدِنٖى رَبّٖى لَاَكُونَنَّ
مِنَ الْقَوْمِ الضَّٓالّٖينَ ﴿٧٧﴾ فَلَمَّا رَاَ الشَّمْسَ بَازِغَةً قَالَ
هٰذَا رَبّٖى هٰذَٓا اَكْبَرُ فَلَمَّٓا اَفَلَتْ قَالَ يَا قَوْمِ اِنّٖى بَرٖٓيءٌ
مِمَّا تُشْرِكُونَ ﴿٧٨﴾ اِنّٖى وَجَّهْتُ وَجْهِىَ لِلَّذٖى فَطَرَ السَّمٰوَاتِ
وَالْاَرْضَ حَنٖيفًا وَمَٓا اَنَا مِنَ الْمُشْرِكٖينَ ﴿٧٩﴾ وَحَٓاجَّهُ
قَوْمُهُ قَالَ اَتُحَٓاجُّونّٖى فِى اللّٰهِ وَقَدْ هَدٰينِ وَلَٓا اَخَافُ
مَا تُشْرِكُونَ بِهٖٓ اِلَّٓا اَنْ يَشَٓاءَ رَبّٖى شَيْـًٔا وَسِعَ رَبّٖى كُلَّ
شَيْءٍ عِلْمًا اَفَلَا تَتَذَكَّرُونَ ﴿٨٠﴾ وَكَيْفَ اَخَافُ مَٓا اَشْرَكْتُمْ
وَلَا تَخَافُونَ اَنَّكُمْ اَشْرَكْتُمْ بِاللّٰهِ مَا لَمْ يُنَزِّلْ بِهٖ عَلَيْكُمْ
سُلْطَانًا فَاَىُّ الْفَرٖيقَيْنِ اَحَقُّ بِالْاَمْنِ اِنْ كُنْتُمْ تَعْلَمُونَ ﴿٨١﴾

اَلَّذٖينَ

74. Y (recuerda) cuando Abraham dijo a su padre Azar: «¿Adoptas unos ídolos como divinidades? En verdad, te contemplo a ti y a tu gente perdida en un error obvio»[16].

75. Así fue como (él habló y actuó y) mostramos a Abraham (la fealdad e irracionalidad del politeísmo y) la dimensión interna de (la existencia de) los Cielos y la Tierra y la verdad eterna (de la que esta dimensión exterior, corpórea y manifiesta depende). Esto lo hemos hecho para que fuera de aquellos que logran la certeza en la fe (para que alcance el último grado de esta certeza como Mensajero de Dios).

76. Cuando la noche cayó sobre él, vio una estrella y exclamó: «¿Es este mi Señor?» pero cuando se desvaneció (desapareció de la vista) dijo: «No amo lo que se desvanece»[17].

77. Y cuando (en otra noche) presenció la luna llena surgiendo con esplendor, dijo: «¿Es este mi Señor?». Pero cuando se desvaneció, dijo: «A no ser que mi Señor me guiase sería, sin duda alguna, de los extraviados».

78. Y cuando presenció el Sol salir con todo su esplendor dijo: «¿Es este mi Señor? ¡Este es el mayor de todos!»[18]. Pero cuando se puso, dijo: «¡Oh pueblo mío! En verdad estoy libre de que Le atribuyáis copartícipes a Dios y de todo lo que Le atribuís como copartícipe.

79. Torné mi rostro (todo mi ser) con pura fe y sumisión al Creador de los Cielos y de la Tierra con sus características propias y no soy de los que atribuyen copartícipes a Dios»[19].

80. Su pueblo se dedicó a discutir con él. Abraham dijo: «¿Vais a discutir conmigo sobre Dios, mientras que Él es Quien me ha guiado? Yo no temo a aquellos a los que Le atribuís como copartícipes (que no pueden beneficiarse ni perjudicarse a sí mismos. ¿Por qué, pues, he de temer vuestras amenazas?). Todo lo que dicta la Voluntad de mi Señor ocurre, y nada malo me puede acontecer a no ser que Él lo quiera. Mi Señor abarca todas las cosas con Su Conocimiento. ¿Acaso no vais a recapacitar y prestar atención?

81. ¿Y cómo habría de temer a aquellos que asociáis a Dios como copartícipes cuando no teméis asociarle a Dios copartícipes sin que haya hecho descender sobre vosotros ninguna autoridad (para hacerlo)? (Decidme) ¿Cuál de las dos partes tiene más motivos para sentirse segura, si tenéis algo de conocimiento?».

16. La nación a la que Abraham fue enviado como Mensajero fue la de los antiguos caldeos, que vivían en lo que hoy en día es Irak. Abraham empezó su misión en Ur, la capital del estado, que estaba ubicada en el sur de Irak, alrededor del año 2100 a.C. El fundador de la dinastía gobernante era Ur-Nammu, que estableció un gran reino que se extendía desde Susa, en el este, hasta el Líbano, en el oeste, y que se extendía poco más allá de los límites del moderno Irak hacia el norte. Esta dinastía era llamada Nammu, que en árabe pasó a ser Nimrud.

Se estima que entre 250.000 y 500.000 personas vivían en Ur. La mayoría de ellos eran mercaderes y artesanos. Tenían una visión puramente materialista de la vida. La población se podía dividir en tres clases sociales diferentes: (1) los sacerdotes y funcionarios del gobierno y el ejército; (2) los mercaderes, artesanos y granjeros; y (3) los esclavos. La familia de Abraham pertenecía a la primera clase y su padre ocupaba un puesto elevado en el gobierno.

La gente adoraba alrededor de 5.000 deidades. La deidad principal de Ur era Nannar (la diosa luna). El ídolo esculpido con su imagen se conservaba en un edificio semejante a un palacio. Cada noche una mujer devota iba a la cámara de dicha deidad, engalanada como una novia. Muchas mujeres fueron consagradas en nombre de dicha deidad; eran consideradas como medios de salvación, y eran los sacerdotes los que empleaban con mayor profusión dicha institución.

La segunda ciudad en importancia era Larsa, que luego sucedió a Ur como capital. Su deidad principal era Shamash (el dios sol). Por debajo de estas deidades principales había una miríada de deidades menores, las cuales eran generalmente elegidas entre los cuerpos celestes. El politeísmo en este estado, como en la mayoría de los otros, no consistía meramente en una serie de creencias religiosas y ritos politeístas, sino que también proporcionaba el fundamento de un orden económico, cultural, social y político sobre el que se basaba la vida.

A pesar de que no estamos totalmente seguros respecto al impacto de las enseñanzas de Abraham sobre la población y el estado, tras su emigración, tanto la dinastía reinante como la nación de Ur, estuvieron sometidas a una sucesión de desastres. Primero, los elamitas saquearon Ur y capturaron a Nimrud junto a los ídolos de Nannar. Después, un estado elamita fue establecido en Larsa, desde donde Ur fue a su vez gobernada. Más tarde, Babilonia prosperó bajo una dinastía de origen árabe y tanto Larsa como Ur cayeron bajo su dominio. Las leyes que fueron codificadas por el rey babilónico Hammurabi en el año 1910 a. C., muestran la impronta de la influencia profética (al-Mawdudi, 2: 246-248, nota 52, citado de Leonard Wooley, *Abraham*, Londres, 1935).

17. Bediüzzaman Said Nursi, un estudioso y pensador musulmán originario de Turquía (1877-1960) señala:

«Este versículo, que ilustra la decadencia del universo descrita por el profeta Abraham, la paz sea con él, me hizo llorar. Los ojos de mi corazón derramaron lágrimas amargamente por ello. Cada lágrima era tan amargamente triste que hizo que otras surgiesen como si las lágrimas mismas sollozasen. Dichas lágrimas trazaron las líneas que siguen a continuación. Son como un comentario de las palabras de ese sabio Profeta de Dios contenidas en el Corán:

> El amado que desaparece no es bello, ya que el que está condenado a declinar nunca puede ser verdaderamente bello. No es, ni debe ser, amado en el corazón, ya que el corazón ha sido creado para el amor eterno y refleja al Eternamente por todo Suplicado. Lo deseado condenado a desaparecer no es digno de que el corazón se apegue a ello o que la mente se preocupe por ello. No puede ser objeto de deseo, pues no es digno de ser añorado. Por lo tanto, ¿por qué debe el corazón adorarlo y encadenarse a ello?

No busco ni deseo nada mortal, ya que yo mismo soy mortal.

Soy impotente, por lo tanto no deseo el impotente.

Someto mi espíritu al Misericordioso, por lo que no deseo a ningún otro.

Sólo quiero a Aquel Único que será mi amigo hasta el fin de los tiempos.

No soy más que una partícula insignificante, pero deseo un Sol infinito.

No soy nada en esencia, pero deseo por toda la creación.

No invoco o busco refugio en algo que decaerá, ya que yo soy infinitamente necesitado e impotente. Lo que carece de poder no puede curar mi dolor interminable o resolver mis heridas profundamente infinitas. ¿Cómo algo sujeto a decaer puede ser objeto de mi adoración? Una mente obsesionada con la apariencia solloza al ver que lo que adora comienza a decaer, mientras que el espíritu, que busca al amado eterno también solloza, diciendo: «No amo lo que se desvanece».

No quiero ni deseo la separación, ya que no la puedo soportar. Los encuentros seguidos inmediatamente por la separación no son dignos de pensamiento o de anhelo. Del mismo modo que la desaparición del placer es dolorosa, imaginarlo es a su vez doloroso. Las obras de los amantes (poesías de amor metafórico hacia la persona del sexo opuesto) son lamentaciones causadas por la pena que surge al imaginar esta desaparición. Si condensas sus espíritus, este lamento surgirá de cada uno. La pena que surge de dichos encuentros y amores metafóricos hace que mi corazón proclame igual que Abraham: «No amo lo que se desvanece»

Si deseas la permanencia en este mundo transitorio, la permanencia nace de la auto-aniquilación. Aniquila tu alma que te ordena el maligno para que logres la permanencia. Libérate de los malos modales, las bases de la adoración mundana y logra la auto-aniquilación. Sacrifica lo que está bajo tu control en el camino hacia el Verdadero Amado. Contempla el final de los seres marcados por la extinción. El camino que transcurre desde este mundo a la permanencia pasa a través de la auto-aniquilación.

La mente humana, absorta en la casualidad, lamenta el trastorno causado por la decadencia del mundo. La conciencia, que desea la verdadera existencia, exclama como Abraham: “No amo lo que se desvanece”. Corta los lazos con los amantes metafóricos y los seres decadentes y se vincula al único Verdaderamente Existente, el Amante Eterno.

¡Vil alma mía! Este mundo y todos sus seres son mortales. Sin embargo puedes encontrar dos caminos hacia el Ser Permanente en cada ser mortal y podrás discernir dos misterios de las manifestaciones de la Gracia del Inmortal Amado, si sacrificas tu ser mortal.

El acto de conceder se percibe y el favor del Misericordioso se aprecia en cada regalo. Si disciernes dicho acto a través de lo que es concedido, encontrarás al Dador. Cada obra del Eternamente por todo Suplicado indica los nombres del Hacedor Majestuoso, como una misiva. Si comprendes el significado a través de la instrucción, los nombres te llevarán a Aquel nombrado con dichos Nombres. Si no puedes encontrar el núcleo, la esencia de dichos seres transitorios, obtenla. Arroja sus envolturas carentes de significado al flujo de la mortalidad. Cada objeto que existe es una palabra de significado expresado y muestra muchos de los Nombres del Majestuoso Hacedor. Al ser los seres palabras del Poder Divino, comprende su significado y asiéntalo en tu corazón. Lanza intrépidamente las letras que quedaron sin significado hacia el viento de la transitoriedad y olvídate de ellas.

La mente mundana, preocupada por las apariencias y cuyo capital consiste única y exclusivamente en el conocimiento del mundo material, solloza entre sentimientos de consternación y frustración cuando sus cadenas de pensamiento desembocan en la nada y en la inexistencia. Busca una verdadera senda que lleve hacia la verdad. Al apartarse el corazón de todo lo que se desvanece y todo lo mortal y al abandonar a los embaucadores amantes y al apartarse la conciencia de los seres transitorios, tú, infeliz alma mía, has de buscar ayuda en: «No amo aquello que se desvanece» y ser salvada.

Contempla cómo Mawlana Yami', que se hallaba embriagado con el vino del amor, creado de amor, lo expresó tan bien:

Quiere solo Uno (el resto no es digno de ser querido).

Llama a Uno (los otros no te ayudarán).

Busca a Uno (los otros no son dignos de ser buscados).

Contempla y sigue a Uno (los demás no son vistos todo el tiempo, se hacen invisibles tras el velo de la mortalidad).

Conoce a Uno (el conocimiento de otro que no te aporte conocimiento de él es inservible)

Menciona a Uno (las palabras que no Le conciernen son inútiles).

Oh Yami', admito que dijiste la verdad. El Verdadero Amado, el Verdadero Buscado, el Verdadero Deseado, el Verdadero Objeto de Devoción, es tan sólo Él. En el poderoso círculo del recuerdo y de la recitación de los Nombres de Dios, este universo y sus habitantes declaran, en varias lenguas y tonos: "No hay más deidad que Dios", y dan testimonio de la Divina Unidad. Eso conforta la herida causada por los que se desvanecen y señala hacia el Amado Inmortal [*The Words* («Las Palabras»), «The 17th Word», («17ª Palabra»), págs. 229-231].

18. Este versículo da a entender una realidad importante a través de una norma gramatical imposible de traducir: *Sol* es una palabra femenina en árabe, mientras que el profeta Abraham, la paz sea con él, emplea un pronombre masculino cuando hace referencia al Sol. Esto quiere decir que su pueblo, al igual que otros pueblos politeístas, consideraba que su deidad más importante era varón. Ya se señaló en el versículo 4:117, nota número 26, que sea lo que sea que proclamen, en casi todas las comunidades que rechazan la Religión Divina en el establecimiento de su sociedad, las mujeres son tan sólo objeto de explotación por parte de los hombres para sus propios intereses así como instrumentos para satisfacer sus deseos carnales. Los hombres detentan la soberanía. Esta es la razón por la cual aquellos que rechazan la autoridad de Dios adoran la fuerza y el poder y dependen de éstos, los cuales son poseídos y representados por los hombres en lugar de por las mujeres. Por lo tanto, una deidad (suprema) en dichas comunidades no puede ser contemplada como femenina.

19. La conclusión del versículo 3:67, «... Nunca ha sido de los que atribuían copartícipes a Dios», elimina un serio malentendido respecto al versículo anterior. Desafortunadamente, algunos interpretes del Corán han malinterpretado la mención que el profeta Abraham, la paz sea con él, hace de la estrella, la Luna y el Sol como su Señor, señalando que Abraham adoptó dichos cuerpos celestes como su Señor durante un corto período de tiempo, uno tras otro, antes de haber sido elegido Profeta. Sin embargo, los versículos son explícitos respecto al hecho de que realizó un viaje mental y espiritual en el *malakut* (la dimensión interna de la existencia) para tener no sólo fe, sino fe con certeza, de acuerdo con su rango de proximidad a Dios. Además, los mencionó como su Señor para demostrar asimismo a su pueblo que ninguno de los objetos celestes podía ser realmente el Señor. Declaró abiertamente antes de que contemplase el Sol y de que dijese que era su Señor lo siguiente: «A no ser que mi Señor me guiase sería, sin duda alguna, de los extraviados». Si no hubiese encontrado a su verdadero Señor, Dios Todopoderoso, no hubiese dicho: «A no ser que mi Señor me guiase». La conclusión del versículo 3:67 arriba mencionada, indica manifiestamente que Abraham nunca fue un idólatra.

اَلَّذِينَ اٰمَنُوا وَلَمْ يَلْبِسُوٓا اِيمَانَهُمْ بِظُلْمٍ اُو۬لٰٓئِكَ لَهُمُ
الْاَمْنُ وَهُمْ مُهْتَدُونَ ﴿٨٢﴾ وَتِلْكَ حُجَّتُنَٓا اٰتَيْنَاهَٓا اِبْرٰهِيمَ
عَلٰى قَوْمِهِ نَرْفَعُ دَرَجَاتٍ مَنْ نَشَٓاءُ اِنَّ رَبَّكَ حَكِيمٌ
عَلِيمٌ ﴿٨٣﴾ وَوَهَبْنَا لَهُٓ اِسْحٰقَ وَيَعْقُوبَ كُلاًّ هَدَيْنَا وَنُوحًا
هَدَيْنَا مِنْ قَبْلُ وَمِنْ ذُرِّيَّتِهِ دَاوُ۫دَ وَسُلَيْمٰنَ وَاَيُّوبَ
وَيُوسُفَ وَمُوسٰى وَهٰرُونَ وَكَذٰلِكَ نَجْزِي الْمُحْسِنِينَ ﴿٨٤﴾
وَزَكَرِيَّا وَيَحْيٰى وَعِيسٰى وَاِلْيَاسَ كُلٌّ مِنَ الصَّالِحِينَ ﴿٨٥﴾
وَاِسْمٰعِيلَ وَالْيَسَعَ وَيُونُسَ وَلُوطًا وَكُلاًّ فَضَّلْنَا
عَلَى الْعَالَمِينَ ﴿٨٦﴾ وَمِنْ اٰبَٓائِهِمْ وَذُرِّيَّاتِهِمْ وَاِخْوَانِهِمْ وَاجْتَبَيْنَاهُمْ
وَهَدَيْنَاهُمْ اِلٰى صِرَاطٍ مُسْتَقِيمٍ ﴿٨٧﴾ ذٰلِكَ هُدَى اللّٰهِ يَهْدِي
بِهِ مَنْ يَشَٓاءُ مِنْ عِبَادِهِ وَلَوْ اَشْرَكُوا لَحَبِطَ عَنْهُمْ مَا كَانُوا
يَعْمَلُونَ ﴿٨٨﴾ اُو۬لٰٓئِكَ الَّذِينَ اٰتَيْنَاهُمُ الْكِتَابَ وَالْحُكْمَ
وَالنُّبُوَّةَ فَاِنْ يَكْفُرْ بِهَا هٰٓؤُلَٓاءِ فَقَدْ وَكَّلْنَا بِهَا قَوْمًا لَيْسُوا
بِهَا بِكَافِرِينَ ﴿٨٩﴾ اُو۬لٰٓئِكَ الَّذِينَ هَدَى اللّٰهُ فَبِهُدٰيهُمُ اقْتَدِهْ
قُلْ لَٓا اَسْـَٔلُكُمْ عَلَيْهِ اَجْرًا اِنْ هُوَ اِلَّا ذِكْرٰى لِلْعَالَمِينَ ﴿٩٠﴾

82. «Aquellos que han creído y no han empañado su creencia con ninguna maldad (entre las cuales, atribuirle copartícipes a Dios es la más grave e imperdonable)[20], ellos son aquellos para los que hay verdadera seguridad y están rectamente guiados».

83. Esa fue Nuestra prueba que conferimos a Abraham contra su pueblo. A quien queremos, le elevamos en grados. Tu Señor es Omnisapiente (alberga sabios propósitos en lo que hace), Omnisciente (todo lo que hace está basado en Su Conocimiento absolutamente abarcador).

84. Y más tarde, le concedimos (un hijo) Isaac y (un nieto) Jacob, y a cada uno de los cuales guiamos (y distinguimos con la Misión Profética). Anteriormente habíamos guiado a Noé (y le habíamos distinguido con la Misión Profética). Y a los descendientes de Abraham (hemos guiado y distinguido con la Misión Profética a) David, Salomón, Job, José, Moisés y Aarón. Así es como recompensamos a aquellos que se dedican a hacer el bien, como si contemplasen a Dios.

85. Y Zacarías, Juan, Jesús y Elías: cada uno de ellos era de los rectos.

86. E Ismael, Eliseo, Jonás y Lot: a cada uno de ellos les favorecimos por encima del resto de individuos.

87. Y algunos de sus antepasados, descendientes y hermanos también les escogimos y guiamos por el Camino Recto (que posee características particulares a cada uno de ellos según su época).

88. Esa es la guía de Dios con la que Él guía a quien desea de Sus siervos[21]. Si ellos (los arriba mencionados) hubiesen atribuido copartícipes a Dios, todo lo que hubiesen hecho (de bien y la recompensa que hubiesen obtenido) habría sido en vano.

89. Aquellos son (los ilustres) a quienes otorgamos el Libro y la autoridad con recto y buen juicio así como la Misión Profética. Y así, si aquellos (pueblo tuyo, Oh Mensajero) no creen (en Nuestra guía lo cual les hemos enviado contigo), entonces, sin duda alguna, lo confiaremos a otra comunidad que no lo rechazará.

90. Aquellos son los (ilustres) que Dios ha guiado. Sigue, pues, su guía y di (a tu pueblo): «No os pido recompensa alguna por ello (por trasmitiros el Mensaje); no es más que una advertencia (una amonestación y un consejo) para todos los seres creados y conscientes (los humanos y los genios)».

20. El Mensajero de Dios, la paz y las bendiciones sean con él, explicó que lo que significa la palabra maldad en este versículo es la atribución de copartícipes a Dios. Literalmente significa no poner algo en el lugar que le corresponde. *Zulm* (maldad) posee numerosas categorías, siendo la peor de todas, la incredulidad y la atribución de copartícipes a Dios. Negar la Existencia de Dios o atribuirle copartícipes sin albergar un juicio correcto sobre Él, Sus Atributos y Actos es la equivocación más grande que cualquiera puede cometer en su vida y provoca que se cierna oscuridad sobre oscuridad en el corazón y la mente. La oscuridad cubre la vida del pecador y hace que se mantenga siempre en ella durante su estancia en la tumba y en el Más Allá.

El hecho de atribuirle copartícipes a Dios está caracterizado de distintas formas y grados. Atribuir a otros la divinidad o el señorío con funciones Divinas y soberanía absoluta sobre los Cielos y la Tierra y sobre el reino humano es una de las formas más graves de vincular copartícipes a Dios. La hipocresía, la ostentación y hacer alarde de las buenas obras que uno lleva a cabo es otra clase de atribución de copartícipes a Dios, que especialmente afecta a las personas espiritualmente desarrolladas. Asimismo, no desear complacer a Dios en las cosas que hacemos en nombre de la Religión o no hacer dichas cosas tan sólo porque Dios quiere que se lleven a cabo, basándose en nuestras habilidades y logros y sintiéndose orgulloso de las mismas así como hacer uso de la Religión con propósitos mundanos, tal y como la adquisición de riquezas y posición y para satisfacer los sentimientos propios de superioridad, son en definitiva, cada uno de ellos, distintos tipos de maldad que empañan la creencia de la persona. Por esa razón, la creencia libre de dicho tipo de maldad —la atribución de copartícipes a Dios— representa verdadera seguridad para aquellos que la poseen.

21. A pesar de que la Misión Profética y ser elegido constituyen gracias y favores especiales de Dios otorgados a Sus siervos por Su Voluntad, esto no significa que el libre albedrío humano no tenga parte en ello. Al conocer Dios (de antemano) cómo dicho pueblo elegido iba a actuar en el mundo y en qué dirección iban a emplear su libre albedrío, Él determinó y decretó para ellos en consecuencia. Al igual que otros individuos, los Profetas también son puestos a prueba en esta vida. Su prueba es mucho más difícil, según la categoría de cada uno. No son una «clase privilegia-

وَمَا قَدَرُوا اللّٰهَ حَقَّ قَدْرِهِ اِذْ قَالُوا مَٓا اَنْزَلَ اللّٰهُ عَلٰى بَشَرٍ
مِنْ شَيْءٍ قُلْ مَنْ اَنْزَلَ الْكِتَابَ الَّذ۪ي جَٓاءَ بِه۪ مُوسٰى نُورًا وَهُدًى
لِلنَّاسِ تَجْعَلُونَهُ قَرَاط۪يسَ تُبْدُونَهَا وَتُخْفُونَ كَث۪يرًا وَعُلِّمْتُمْ
مَا لَمْ تَعْلَمُٓوا اَنْتُمْ وَلَٓا اٰبَٓاؤُ۬كُمْ قُلِ اللّٰهُ ثُمَّ ذَرْهُمْ ف۪ي خَوْضِهِمْ
يَلْعَبُونَ ﴿٩١﴾ وَهٰذَا كِتَابٌ اَنْزَلْنَاهُ مُبَارَكٌ مُصَدِّقُ الَّذ۪ي بَيْنَ
يَدَيْهِ وَلِتُنْذِرَ اُمَّ الْقُرٰى وَمَنْ حَوْلَهَا وَالَّذ۪ينَ يُؤْمِنُونَ بِالْاٰخِرَةِ
يُؤْمِنُونَ بِه۪ وَهُمْ عَلٰى صَلَاتِهِمْ يُحَافِظُونَ ﴿٩٢﴾ وَمَنْ اَظْلَمُ مِمَّنِ
افْتَرٰى عَلَى اللّٰهِ كَذِبًا اَوْ قَالَ اُو۫حِيَ اِلَيَّ وَلَمْ يُوحَ اِلَيْهِ شَيْءٌ
وَمَنْ قَالَ سَاُنْزِلُ مِثْلَ مَٓا اَنْزَلَ اللّٰهُ وَلَوْ تَرٰٓى اِذِ الظَّالِمُونَ
ف۪ي غَمَرَاتِ الْمَوْتِ وَالْمَلٰٓئِكَةُ بَاسِطُٓوا اَيْد۪يهِمْ اَخْرِجُٓوا اَنْفُسَكُمْ
اَلْيَوْمَ تُجْزَوْنَ عَذَابَ الْهُونِ بِمَا كُنْتُمْ تَقُولُونَ عَلَى اللّٰهِ
غَيْرَ الْحَقِّ وَكُنْتُمْ عَنْ اٰيَاتِه۪ تَسْتَكْبِرُونَ ﴿٩٣﴾ وَلَقَدْ جِئْتُمُونَا
فُرَادٰى كَمَا خَلَقْنَاكُمْ اَوَّلَ مَرَّةٍ وَتَرَكْتُمْ مَا خَوَّلْنَاكُمْ وَرَٓاءَ
ظُهُورِكُمْ وَمَا نَرٰى مَعَكُمْ شُفَعَٓاءَكُمُ الَّذ۪ينَ زَعَمْتُمْ اَنَّهُمْ ف۪يكُمْ
شُرَكٰٓؤُ۬ا لَقَدْ تَقَطَّعَ بَيْنَكُمْ وَضَلَّ عَنْكُمْ مَا كُنْتُمْ تَزْعُمُونَ ﴿٩٤﴾

اِنَّ اللّٰهَ

da» de seres humanos ante los ojos de Dios. La segunda parte del versículo lo corrobora.

91. Y ellos (algunos de los judíos) no poseen un juicio verdadero acerca de Dios tal y como su condición de Dios requiere, cuando dicen: «Dios no ha hecho descender nada sobre ningún ser humano». Di: «Entonces, ¿quién hizo descender el Libro que Moisés trajo como luz y guía para la gente (que conocéis) y que tratáis como meras hojas de papel de las que hacéis alarde, mientras que ocultáis gran parte de ellas, y se os ha enseñado (a través de ello) lo que no sabíais vosotros ni vuestros antepasados?». Di: «Dios (lo ha hecho descender)», y luego abandónalos en su juego de precipitarse en la vanidad.

92. Y este (Corán) es un Libro (Divino) que hemos hecho descender, bendito y lleno de bendiciones, que confirma (la Autoría Divina) de lo que ha sido revelado antes que él, para que amonestes a (los habitantes de) la Madre de todas las ciudades (La Meca) y aquellos de sus alrededores. Aquellos que creen en el Más Allá creen en el mismo y cumplen siempre atentamente con sus Oraciones.

93. ¿Quién es más malhechor que aquel que inventa mentiras y se las atribuye a Dios, o dice: «Recibo la Revelación de Dios», cuando nada le ha sido revelado, y el que dice: «Haré descender algo similar a lo que Dios ha hecho descender»? Si tan sólo pudieses ver cómo será cuando dichos malhechores se hallen a sí mismos en la agonía de la muerte y los ángeles (designados para tomar sus almas) tiendan sus manos (y digan): «¡Entregad vuestras almas! Hoy seréis remunerados con castigo y humillación por haber dicho acerca de Dios de manera continua y persistente lo que no es verdad, y por haber despreciado en persistente arrogancia Sus Revelaciones».

94. (Dios dice): «Ahora, no cabe duda, (tras haber muerto y haber sido enterrados solos) habéis venido a nosotros solos tal y como os hemos creado al principio; y habéis dejado tras vosotros lo que os concedimos (en el mundo). No vemos con vosotros a ninguno de esos intercesores (que atribuisteis a Dios como copartícipes, y) que pretendíais que tenían parte en vosotros (es decir, autoridad para ordenar vuestra vida de cierta manera). Sin duda alguna, todos los vínculos entre vosotros y ellos han sido ahora disueltos y todo lo que suponíais (que eran copar-

اِنَّ اللّٰهَ فَالِقُ الْحَبِّ وَالنَّوٰى يُخْرِجُ الْحَيَّ مِنَ الْمَيِّتِ وَمُخْرِجُ
الْمَيِّتِ مِنَ الْحَيِّ ذٰلِكُمُ اللّٰهُ فَاَنّٰى تُؤْفَكُونَ ﴿٩٥﴾ فَالِقُ الْاِصْبَاحِ
وَجَعَلَ الَّيْلَ سَكَنًا وَالشَّمْسَ وَالْقَمَرَ حُسْبَانًا ذٰلِكَ تَقْدِيرُ
الْعَزِيزِ الْعَلِيمِ ﴿٩٦﴾ وَهُوَ الَّذٖى جَعَلَ لَكُمُ النُّجُومَ لِتَهْتَدُوا بِهَا
فٖى ظُلُمَاتِ الْبَرِّ وَالْبَحْرِ قَدْ فَصَّلْنَا الْاٰيَاتِ لِقَوْمٍ يَعْلَمُونَ ﴿٩٧﴾
وَهُوَ الَّذٖى اَنْشَاَكُمْ مِنْ نَفْسٍ وَاحِدَةٍ فَمُسْتَقَرٌّ وَمُسْتَوْدَعٌ قَدْ
فَصَّلْنَا الْاٰيَاتِ لِقَوْمٍ يَفْقَهُونَ ﴿٩٨﴾ وَهُوَ الَّذٖى اَنْزَلَ مِنَ السَّمَاۤءِ
مَاۤءً فَاَخْرَجْنَا بِهٖ نَبَاتَ كُلِّ شَیْءٍ فَاَخْرَجْنَا مِنْهُ خَضِرًا
نُخْرِجُ مِنْهُ حَبًّا مُتَرَاكِبًا وَمِنَ النَّخْلِ مِنْ طَلْعِهَا قِنْوَانٌ دَانِيَةٌ
وَجَنَّاتٍ مِنْ اَعْنَابٍ وَالزَّيْتُونَ وَالرُّمَّانَ مُشْتَبِهًا وَغَيْرَ مُتَشَابِهٍ
اُنْظُرُوا اِلٰى ثَمَرِهٖ اِذَا اَثْمَرَ وَيَنْعِهٖ اِنَّ فٖى ذٰلِكُمْ لَاٰيَاتٍ لِقَوْمٍ
يُؤْمِنُونَ ﴿٩٩﴾ وَجَعَلُوا لِلّٰهِ شُرَكَاۤءَ الْجِنَّ وَخَلَقَهُمْ وَخَرَقُوا لَهُ
بَنٖينَ وَبَنَاتٍ بِغَيْرِ عِلْمٍ سُبْحَانَهُ وَتَعَالٰى عَمَّا يَصِفُونَ ﴿١٠٠﴾
بَدٖيعُ السَّمٰوَاتِ وَالْاَرْضِ اَنّٰى يَكُونُ لَهُ وَلَدٌ وَلَمْ تَكُنْ
لَهُ صَاحِبَةٌ وَخَلَقَ كُلَّ شَیْءٍ وَهُوَ بِكُلِّ شَیْءٍ عَلٖيمٌ ﴿١٠١﴾

tícipes de Dios respecto a vuestros asuntos) os han fallado».

95. Dios es Aquel Quien hiende el grano y el hueso de la fruta (para que germinen por orden Suya). Hace surgir lo vivo de lo muerto y hace surgir lo muerto de lo vivo. Ese es Dios: ¿Cómo es que os apartáis de la verdad y realizáis falsas demandas?[22].

96. Él es Aquel Quien separa el alba (de la oscuridad de la noche). Ha hecho la noche como reposo y el Sol y la Luna unos medios de cómputo (divisores del tiempo). Este es el decreto del Glorioso poseedor de irresistible Poder, el Omnisciente.

97. Él es Aquel Quien ha creado para vosotros las estrellas (en sus funciones y posiciones actuales) para que encontréis vuestro camino a través de ellas en las oscuridades de la tierra y del mar. Sin duda, hemos establecido detalladamente los signos y pruebas (de la verdad) para las personas que buscan conocimiento.

98. Él es Quien os hizo surgir a partir de un único ser humano y ha establecido (en cada etapa de vuestro recorrido desde el útero materno hasta la vida eterna) para cada uno de vosotros un asentamiento y un límite temporal durante el cual estaréis y luego seréis trasladados. Hemos establecido en detalle los signos y las pruebas (de la verdad) para las personas que tratan de alcanzar un profundo entendimiento.

99. Él es Aquel Quien envía el agua desde el Cielo, y con la misma hacemos surgir vegetaciones de todo tipo (desde sus semillas que se hallan bajo suelo). Entonces, de ello hacemos brotar un brote vivo, del cual hacemos surgir espigas granadas unas sobre otras, y de la palmera—de su espata—, dátiles arracimados que cuelgan (al alcance de la mano) y viñedos, olivares y granadales: parecidos (a los elementos básicos de su vida y crecimiento) y diversos (en estructura, aspecto, sabor y olor). Contemplad sus frutos, cuando comienzan a fructificar y madurar. En verdad que en ello se dan signos para los individuos que creerán y aquellos que profundizarán en la fe (a medida que observan nuevos signos).

100. No obstante, consideran a los genios como copartícipes de Dios, a pesar de que Él les ha creado y, sin conocimiento alguno, inventan para Él hijos e hijas. ¡Gloria a Él, Quien absolutamente se halla ensalzado por encima de lo que (Le) atribuyen!

101. El Creador de los Cielos y de la Tierra con nada ante Él a imitar. ¿Cómo puede tener un hijo cuando no tiene consorte y ha creado todas las cosas (ya que siendo Eterno y Existente por sí mismo es inconcebible que nada creado puede ser su consorte)? Posee pleno conocimiento de todas las cosas.

22. Vida y muerte constituyen un ciclo. La muerte es un fin inevitable que todo ser viviente espera, es una realidad que se pone de manifiesto en mayor medida que la vida. Por esa razón, el versículo emplea el tiempo verbal en presente simple respecto al acto de hacer surgir —resucitar— a los muertos por parte de Dios, lo cual denota repetición y renovación. Emplea el participio de presente y la cláusula nominal cuando hace referencia a Su acto de resucitar a los muertos, lo cual implica estabilidad y constancia.

El versículo también hace referencia a los seres vivos que se encuentran en un estado de muerte antes de que sean resucitados. Eso es lo que indica el versículo «¿Cómo es que no creéis en Dios, en vista de que estabais muertos y os dio vida?» (2:28). Al ser traídos a la vida mundana, los seres vivos alcanzan la primera vida, o, en otras palabras se les da la vida habiendo estado muertos. Por lo tanto la vida, en cada fase, es el resultado de la muerte y la muerte es el fundamento de la vida. El agua, el dióxido de carbono, el hidrógeno y las sales minerales del suelo, substancias inorgánicas todas ellas, se trasforman en sustancias orgánicas formando la sustancia vital de las plantas y los animales por medio de la luz del Sol, la vegetación y ciertas bacterias. Los elementos inorgánicos dejan de existir en las plantas así como en los cuerpos de los animales y los seres humanos y se convierten en vegetales, animales y en vida humana respectivamente. Las plantas sucumben en los cuerpos de los animales y de los humanos para convertirse en vida humana y animal, y los animales, cuya carne es ingerida por los seres humanos mueren en los cuerpos humanos y se convierten en parte de la vida humana. Esto nos lleva a la comprensión de que el ser humano al caer en la tierra como una semilla, se despertará en un modo de vida más elevado en otro mundo.

El acto de resucitar a los vivos de entre los muertos y hacer surgir a los muertos de entre los vivos es también observado en la vida terrestre durante los ciclos del día y de la noche, la primavera y el invierno y las vidas de los individuos y las comunidades. Los individuos cambian frecuentemente de estado espiritual y son guiados hacia la creencia desde la incredulidad o pasan a negar la verdad y ser incrédulos desde la creencia. Comunidades del tamaño de una pequeña semilla crecen hasta convertirse en naciones y civilizaciones, las cuales, con el tiempo, son gradualmente destruidas. Es Dios Quien hace que esto ocurra. Los acontecimientos en los que el libre albedrío humano participa ocurren también de acuerdo con las leyes (psicológicas, sociales e históricas) que Dios ha establecido. Sin embargo, la mayor parte de la gente se extravía en los valles de la perdición a pesar de esta realidad manifiesta.

102. Ese es Dios, vuestro Señor. No hay deidad sino Él, Creador de todas las cosas; por lo tanto, adoradle tan sólo a Él. Él es Quien cuida y controla todas las cosas.

103. La vista no Le abarca, pero Él abarca toda visión. Él es Sumamente Sutil (lo penetra todo por muy pequeño que sea), Consciente de todo[23].

104. Habéis recibido luces de discernimiento y perspicacia a partir de vuestro Señor. Así pues, todo aquel que (al elegir abrir el ojo de su corazón y poner sus ojos a su servicio) discierna, lo hace en beneficio propio; y quien elija permanecer ciego (ante la verdad) lo hace en perjuicio de sí mismo. Y (diles, Oh Mensajero): «No soy ni vuestro guardián ni vigilante».

105. De este modo establecemos los signos de la verdad y las Revelaciones de distintas maneras, así que (los que elijan la ceguera) dirán: «Lo has aprendido (de alguien)»; y lo hacemos para hacer (la verdad, el Corán) clara a todas las personas que buscan conocimiento.

106. Sigue (Oh Mensajero) lo que te ha sido revelado de tu Señor. No hay más deidad que Él; y apártate de aquellos que atribuyen copartícipes a Dios (no tengas en cuenta lo que digan o hagan).

107. Aún si Dios lo hubiese querido (y no hubiese permitido su libre albedrío), no Le habrían atribuido copartícipes, (por lo tanto, no te atormentes en extremo con la pena porque no crean). No te hemos encargado como protector y vigilante de ellos ni estás encargado de cuidarles y controlarles.

ذٰلِكُمُ اللّٰهُ رَبُّكُمْۚ لَٓا اِلٰهَ اِلَّا هُوَۚ خَالِقُ كُلِّ شَيْءٍ فَاعْبُدُوهُۚ
وَهُوَ عَلٰى كُلِّ شَيْءٍ وَكِيلٌ ﴿١٠٢﴾ لَا تُدْرِكُهُ الْاَبْصَارُ وَهُوَ
يُدْرِكُ الْاَبْصَارَۚ وَهُوَ اللَّطِيفُ الْخَبِيرُ ﴿١٠٣﴾ قَدْ جَٓاءَكُمْ بَصَٓائِرُ
مِنْ رَبِّكُمْۚ فَمَنْ اَبْصَرَ فَلِنَفْسِهِۚ وَمَنْ عَمِيَ فَعَلَيْهَاۜ وَمَٓا اَنَا۬
عَلَيْكُمْ بِحَفِيظٍ ﴿١٠٤﴾ وَكَذٰلِكَ نُصَرِّفُ الْاٰيَاتِ وَلِيَقُولُوا
دَرَسْتَ وَلِنُبَيِّنَهُ لِقَوْمٍ يَعْلَمُونَ ﴿١٠٥﴾ اِتَّبِعْ مَٓا اُو۫حِيَ اِلَيْكَ
مِنْ رَبِّكَۚ لَٓا اِلٰهَ اِلَّا هُوَۚ وَاَعْرِضْ عَنِ الْمُشْرِكِينَ ﴿١٠٦﴾ وَلَوْ
شَٓاءَ اللّٰهُ مَٓا اَشْرَكُواۜ وَمَا جَعَلْنَاكَ عَلَيْهِمْ حَفِيظاًۚ وَمَٓا اَنْتَ
عَلَيْهِمْ بِوَكِيلٍ ﴿١٠٧﴾ وَلَا تَسُبُّوا الَّذِينَ يَدْعُونَ مِنْ دُونِ اللّٰهِ
فَيَسُبُّوا اللّٰهَ عَدْواً بِغَيْرِ عِلْمٍۜ كَذٰلِكَ زَيَّنَّا لِكُلِّ اُمَّةٍ عَمَلَهُمْ
ثُمَّ اِلٰى رَبِّهِمْ مَرْجِعُهُمْ فَيُنَبِّئُهُمْ بِمَا كَانُوا يَعْمَلُونَ ﴿١٠٨﴾
وَاَقْسَمُوا بِاللّٰهِ جَهْدَ اَيْمَانِهِمْ لَئِنْ جَٓاءَتْهُمْ اٰيَةٌ لَيُؤْمِنُنَّ
بِهَاۜ قُلْ اِنَّمَا الْاٰيَاتُ عِنْدَ اللّٰهِ وَمَا يُشْعِرُكُمْۙ اَنَّهَٓا اِذَا
جَٓاءَتْ لَا يُؤْمِنُونَ ﴿١٠٩﴾ وَنُقَلِّبُ اَفْـِٔدَتَهُمْ وَاَبْصَارَهُمْ كَمَا
لَمْ يُؤْمِنُوا بِه۪ٓ اَوَّلَ مَرَّةٍ وَنَذَرُهُمْ ف۪ي طُغْيَانِهِمْ يَعْمَهُونَ ﴿١١٠﴾

وَلَوْ اَنَّنَا

108. Y no insultéis (Oh creyentes) las cosas o seres que, aparte de Dios, ellos han deificado e invocan, no sea que (si lo hacéis) intenten insultar a Dios con inquina y sin conocimiento. Así hemos hecho que sus actos parezcan justos para cada comunidad[24]. Luego, a su (verdadero) Señor será el retorno de todos ellos y les hará saber lo que hacían (y les hará rendir cuentas por ello).

109. Juran por Dios con sus juramentos más solemnes que, si un milagro (del tipo que desean) se les muestra, creerán en él (y por lo tanto, en el Mensaje). Di: «Los milagros se encuentran únicamente en poder de Dios (Suya es la única autoridad para efectuarlos o no)». (Oh creyentes, que creéis que si dicho milagro

se llevase a cabo los incrédulos creerían) ¿No os dais cuenta que, aunque dicho milagro les fuera mostrado, no creerían?
110. De la misma manera que no creyeron en él (el Corán) antes (a pesar de las numerosas evidencias suficientes para convencer a quien realmente quiere creer) y (a causa de sus acciones y de las actitudes que les han impedido creer) hemos confundido sus corazones y ojos y les hemos abandonado vagando a ciegas inmersos en su rebelión.

---

23. Basándose en este versículo, los *mu'tazila*, los chiítas y otros que se fundamentan en su razón reivindican que Dios no será contemplado en el Más Allá. Sin embargo, este versículo afirma que Dios no es un «cuerpo» que la gente pueda ver y abarcar con sus ojos. Asimismo, relaciona el hecho de que Dios abarque toda visión no con el hecho de que Él es Aquel Quien todo lo Ve (*Al-Basir*), sino con el hecho de que Él es Sumamente Sutil que lo penetra todo por muy pequeño que sea (*Al-Latif*) y con el hecho de que Él es el Sumamente Consciente (*Al-Jabir*). Por lo tanto, Dios se encuentra más allá de las concepciones físicas y las personas sólo pueden «verle» y tener conocimiento de Él con el «ojo del corazón» o mediante el discernimiento y el conocimiento.

En segundo lugar, está claro que el acto de ver en el Más Allá no es lo mismo que ver en este mundo. No son los ojos los que ven, ni siquiera en este mundo y cómo podemos ver es algo que todavía no ha sido totalmente esclarecido por la ciencia. Ver significa abarcar algo con sus dimensiones externas, y no son ni los ojos ni el cerebro los que lo abarcan. Los ojos son totalmente ciegos ante la dimensión interna de la existencia. Sin embargo, pueden servir para penetrar en las dimensiones internas de la existencia si el espíritu o el corazón, que es el que verdaderamente «ve», puede ser perfeccionado y adquirir suficiente agudeza. Sin embargo, cuando la gente muere, el velo que les impedía ver la dimensión metafísica de la existencia es apartado y adquieren en el Más Allá una visión sagaz así como la habilidad de ir más allá de lo que es obvio. Los creyentes observarán a Dios más allá de las concepciones cualitativas y cuantitativas de sus ojos, los cuales serán equipados con la habilidad necesaria de acuerdo con las condiciones del Más Allá. Observarán a Dios en la medida de la comprensión y el conocimiento que de Él hayan obtenido en este mundo y como recompensa de dicha visión y conocimiento. Sin embargo, eso no significa que vayan a abarcar o englobar a Dios con sus ojos. Dios, al ser infinito, está más allá de la comprensión y de poder ser abarcado.

En cuanto al versículo *Con toda certeza no son los ojos los que se han cegado, sino que son los corazones que se hallan en los pechos los que están ciegos* (22:46), el siguiente versículo ilustra la misma verdad que aquí es tratada.

وَلَوْ اَنَّنَا نَزَّلْنَا اِلَيْهِمُ الْمَلٰٓئِكَةَ وَكَلَّمَهُمُ الْمَوْتٰى وَحَشَرْنَا
عَلَيْهِمْ كُلَّ شَيْءٍ قُبُلًا مَا كَانُوا لِيُؤْمِنُوٓا اِلَّٓا اَنْ يَشَٓاءَ اللّٰهُ
وَلٰكِنَّ اَكْثَرَهُمْ يَجْهَلُونَ ﴿١١١﴾ وَكَذٰلِكَ جَعَلْنَا لِكُلِّ نَبِيٍّ
عَدُوًّا شَيَاطِينَ الْاِنْسِ وَالْجِنِّ يُوحِي بَعْضُهُمْ اِلٰى بَعْضٍ
زُخْرُفَ الْقَوْلِ غُرُورًا وَلَوْ شَٓاءَ رَبُّكَ مَا فَعَلُوهُ فَذَرْهُمْ
وَمَا يَفْتَرُونَ ﴿١١٢﴾ وَلِتَصْغٰٓى اِلَيْهِ اَفْئِدَةُ الَّذِينَ لَا يُؤْمِنُونَ
بِالْاٰخِرَةِ وَلِيَرْضَوْهُ وَلِيَقْتَرِفُوا مَا هُمْ مُقْتَرِفُونَ ﴿١١٣﴾ اَفَغَيْرَ
اللّٰهِ اَبْتَغِي حَكَمًا وَهُوَ الَّذِٓي اَنْزَلَ اِلَيْكُمُ الْكِتَابَ مُفَصَّلًا
وَالَّذِينَ اٰتَيْنَاهُمُ الْكِتَابَ يَعْلَمُونَ اَنَّهُ مُنَزَّلٌ مِنْ رَبِّكَ
بِالْحَقِّ فَلَا تَكُونَنَّ مِنَ الْمُمْتَرِينَ ﴿١١٤﴾ وَتَمَّتْ كَلِمَتُ رَبِّكَ
صِدْقًا وَعَدْلًا لَا مُبَدِّلَ لِكَلِمَاتِهِ وَهُوَ السَّمِيعُ الْعَلِيمُ ﴿١١٥﴾
وَاِنْ تُطِعْ اَكْثَرَ مَنْ فِي الْاَرْضِ يُضِلُّوكَ عَنْ سَبِيلِ اللّٰهِ
اِنْ يَتَّبِعُونَ اِلَّا الظَّنَّ وَاِنْ هُمْ اِلَّا يَخْرُصُونَ ﴿١١٦﴾ اِنَّ رَبَّكَ
هُوَ اَعْلَمُ مَنْ يَضِلُّ عَنْ سَبِيلِهِ وَهُوَ اَعْلَمُ بِالْمُهْتَدِينَ ﴿١١٧﴾
فَكُلُوا مِمَّا ذُكِرَ اسْمُ اللّٰهِ عَلَيْهِ اِنْ كُنْتُمْ بِاٰيَاتِهِ مُؤْمِنِينَ ﴿١١٨﴾

24. Es decir, se halla en la naturaleza del ser humano contemplar sus creencias y actos como buenos, incluso como si fuesen los mejores y los únicos verdaderos.

111. Y aunque hiciéramos descender ángeles ante ellos (siempre que lo deseasen) y que los muertos les hablaran y reuniéramos ante ellos a todas las criaturas (para que den testimonio de la verdad del Mensaje que traes), no creerán, a no ser que Dios lo quiera (y venga en ayuda de ellos con Su Pura Gracia Divina), sin embargo la mayoría de ellos son ignorantes (buscan placeres mundanos completamente ignorantes de la creencia y sin reflexión alguna sobre sí mismos).

112. Y así es como (en su condición de dimensión de la vida terrenal humana que acontece según Nuestra Voluntad eterna que abarca el libre albedrío humano y de acuerdo con la sabiduría de haber enviado la Religión) hemos asignado contra cada Profeta una oposición hostil de entre los demonios del genero humano y los genios, que se insinúan y sugieren los unos a los otros palabras falaces por medio del engaño. Mas si Dios lo hubiese querido (y hubiese obligado a todo el mundo a actuar del modo que Él quiere y), no lo habrían hecho. Déjalos, pues, solos con lo que han inventado.

113. Y los corazones de aquellos que no creen en el Más Allá se inclinan hacia ello (sus engañosos discursos) y se contentan con ello y continúan (cometiendo las maldades y) ganando (el pecado) que desde hace tiempo habían ganado.

114. (Diles, Oh Mensajero:) «¿Habría de buscar a otro que no fuera Dios como juez (para resolver los asuntos entre vosotros y yo), cuando es Él Quien ha hecho descender para vosotros este Libro (único y perfecto, en el que la diferencia entre la verdad y la falsedad, lo correcto y lo incorrecto se halla) totalmente claro?». (Los eruditos de entre) aquellos a los que con anterioridad concedimos el Libro saben que éste ha descendido en fragmentos de tu Señor con la verdad. No seas, pues, de aquellos que dudan (respecto a la verdad de tu camino).

115. La Palabra de tu Señor (que ha hecho descender por partes y en diferentes periodos considerando las condiciones de cada uno de ellos) es perfeccionada (con el Corán) como personificación de la verdad (con respecto a los elementos esenciales de la creencia, principios de devoción y buena conducta, las reglas que gobiernan la vida, todos los relatos que proporciona respecto al pasado y al futuro, incluido el Más Allá) y la justicia (respecto a los mandamientos que contiene): No hay alteración de Sus palabras (las leyes que ha establecido para la vida y el funcionamiento del universo. Intentar interferir contra las mismas solamente acarreará grandes desastres, por lo tanto nadie debe intentar cambiar los mandamientos contenidos en el Libro). Él es Aquel Quien todo lo Oye y Omnisciente (Quien conoce lo que necesita cada criatura y los requisitos de cada época del mismo modo que sabe cómo responder a Sus mandamientos).

116. Si obedecieras a la mayoría de los que se hallan en la Tierra, te extraviarían del camino de Dios. Sólo siguen conjeturas (no conocimiento), y ellos mismos sólo especulan (declaran y actúan de acuerdo a sus ilusiones, intereses egoístas y juicios de valor personales).

117. En verdad que tu Señor es Aquel Quien mejor sabe quién se extravía de Su camino y Aquel Quien conoce mejor a los (que se encuentran) rectamente guiados.

118. Comed, pues, de (la carne de) aquello sobre lo cual se ha mencionado el Nombre de Dios, si sois sinceros creyentes en Sus Revelaciones.

119. ¿Por qué no habéis de comer de (la carne de) aquello sobre lo cual se ha mencionado el Nombre de Dios, cuando se os ha explicado claramente qué es lo que se os ha prohibido, a menos que os veáis forzados?[25] Sin embargo, numerosas personas extravían a los demás, debido a sus deseos e ilusiones sin conocimiento (de Dios). Sin duda alguna, tu Señor es Aquel Quien sabe mejor quiénes son aquellos que exceden los límites.

120. Absteneos de cometer pecados, ya sea en público o en secreto (junto a las intenciones y actitudes que les acompañan). Sin duda, quienes ganan pecados (y los registran en su cuenta) se les recompensará por lo que se han (perpetrado y) ganado.

121. No comáis lo que se ha degollado en nombre de alguien diferente a Dios o sobre lo que en Nombre de Dios no haya sido mencionado (en el momento de degollar), ya que es un transgresión. Los demonios susurran y sugieren a sus confidentes para que contiendan con vosotros. Si les obedecéis, seréis de aquellos que atribuyen copartícipes a Dios[26].

122. ¿Acaso quien estaba muerto (en espíritu) y le devolvimos a la vida pro-

وَمَا لَكُمْ اَلَّا تَاْكُلُوا مِمَّا ذُكِرَ اسْمُ اللّٰهِ عَلَيْهِ وَقَدْ فَصَّلَ لَكُمْ
مَا حَرَّمَ عَلَيْكُمْ اِلَّا مَا اضْطُرِرْتُمْ اِلَيْهِ وَاِنَّ كَثِيرًا لَيُضِلُّونَ
بِاَهْوَٓائِهِمْ بِغَيْرِ عِلْمٍ اِنَّ رَبَّكَ هُوَ اَعْلَمُ بِالْمُعْتَدِينَ ١١٩
وَذَرُوا ظَاهِرَ الْاِثْمِ وَبَاطِنَهُ اِنَّ الَّذِينَ يَكْسِبُونَ الْاِثْمَ
سَيُجْزَوْنَ بِمَا كَانُوا يَقْتَرِفُونَ ١٢٠ وَلَا تَاْكُلُوا مِمَّا لَمْ
يُذْكَرِ اسْمُ اللّٰهِ عَلَيْهِ وَاِنَّهُ لَفِسْقٌ وَاِنَّ الشَّيَاطِينَ لَيُوحُونَ
اِلٰٓى اَوْلِيَٓائِهِمْ لِيُجَادِلُوكُمْ وَاِنْ اَطَعْتُمُوهُمْ اِنَّكُمْ لَمُشْرِكُونَ ١٢١
اَوَمَنْ كَانَ مَيْتًا فَاَحْيَيْنَاهُ وَجَعَلْنَا لَهُ نُورًا يَمْشِي بِهِ
فِي النَّاسِ كَمَنْ مَثَلُهُ فِي الظُّلُمَاتِ لَيْسَ بِخَارِجٍ مِنْهَا
كَذٰلِكَ زُيِّنَ لِلْكَافِرِينَ مَا كَانُوا يَعْمَلُونَ ١٢٢ وَكَذٰلِكَ
جَعَلْنَا فِي كُلِّ قَرْيَةٍ اَكَابِرَ مُجْرِمِيهَا لِيَمْكُرُوا فِيهَا وَمَا
يَمْكُرُونَ اِلَّا بِاَنْفُسِهِمْ وَمَا يَشْعُرُونَ ١٢٣ وَاِذَا جَٓاءَتْهُمْ
اٰيَةٌ قَالُوا لَنْ نُؤْمِنَ حَتّٰى نُؤْتٰى مِثْلَ مَٓا اُوتِيَ رُسُلُ اللّٰهِ
اَللّٰهُ اَعْلَمُ حَيْثُ يَجْعَلُ رِسَالَتَهُ سَيُصِيبُ الَّذِينَ اَجْرَمُوا
صَغَارٌ عِنْدَ اللّٰهِ وَعَذَابٌ شَدِيدٌ بِمَا كَانُوا يَمْكُرُونَ ١٢٤

فَمَنْ يُرِدِ

porcionándole una luz con la que camina (sin desviarse) entre las personas, es como aquel que se encuentra perdido en las profundidades de la oscuridad de la que no puede salir? (Mas) así es: a los incrédulos embellecimos todo lo que hicieron para que les pareciera atrayente.

123. Y del mismo modo hemos establecido en cada ciudad a sus más prominentes criminales como dignatarios para que intriguen (contra los creyentes). Sin embargo, sólo intrigan contra sí mismos sin darse cuenta.

124. Cuando les es transmitida una Revelación, dicen: «No creeremos a menos que no se nos dé lo mismo que se les ha otorgado a los Mensajeros de Dios». Dios sabe mejor en quién ubica Su Mensaje. Pronto una humillación y un inmenso castigo desde la Presencia de Dios acontecerá sobre esos criminales por lo que tramaron.

25. Para subrayar la sensibilidad que las personas han de tener con los actos de comer y beber, el Corán hace referencia a dichas actividades tras resaltar la importancia de aceptar y obedecer los mandamientos de Dios. Esto es así ya que la gente se pierde fácilmente en sus deseos carnales y actúan sin cuidado en cuanto a los actos de comer y beber. Asimismo, numerosas naciones se han impuesto sobre sí mismas reglas religiosas alimenticias que son superfluas. Si se les deja a su propio albedrío, toda la gente o los que detentan la autoridad, rápidamente conciben algunas cosas permitidas y otras prohibidas, según sus caprichos e intereses. Además, los actos de comer y beber guardan un importante lugar en la vida espiritual y social de las personas.

26. Al igual que en el versículo anterior número 112, «... hemos asignado contra cada Profeta una oposición hostil de entre los demonios del genero humano y los genios, que se insinúan y sugieren los unos a los otros palabras falaces por medio del engaño» en este versículo, el Corán hace referencia a cómo los demonios se insinúan y susurran a sus confidentes. Esta referencia es especialmente significativa en dos puntos que contienen una importante advertencia para los creyentes de cada época:

Ha habido y siempre habrá un grupo compuesto por demonios de entre los genios y algunos individuos que se opondrán a que el Islam y su mensaje sean transmitidos. Estas personas están abiertas a las sugerencias de Satanás y se asemejan a él en cuanto a su posición respecto al Islam y respecto a las maldades que cometen. La lucha sobre la faz de la Tierra se da entre la humanidad y Satanás. Algunas personas son engañadas por Satanás y sus secuaces, y desafortunadamente pasan a ser como Satán en cuanto a su enemistad hacia Dios y Su Religión.

Este grupo mantiene frecuentemente reuniones en lugares secretos (véase también 2:14) y deciden qué nuevos métodos y modos de lucha van a utilizar contra el Islam y los musulmanes, y los comunican a aquellos que van a emplear para dicha lucha. Lo que los musulmanes han de hacer es conocer bien a dicha gente y estar alerta ante sus trucos e intrigas y nunca obedecerles. Dichos individuos siempre intentarán que los musulmanes le den la espalda a su religión y no cumplan con el Islam, y aquellos que establecen como «ídolos» sus deseos carnales, sus intereses personales, su adhesión a los cargos importantes y a la fama, a la ostentación, a algunos sistemas o ideologías y a cierta gente les seguirán y obedecerán. El hecho de que obren así no significa otra cosa que atribuirle copartícipes a Dios.

125. Por lo tanto, a todo aquél que Dios quiera guiar, le expande el pecho al Islam y todo aquél que quiera extraviar, hace que su pecho se estreche y constriña como si estuviera ascendiendo hacia el Cielo[27]. Del mismo modo Dios hace caer la ignominia sobre los que no creen (a pesar de los numerosos signos y evidencias).

126. Y este (el camino del Islam) es el Camino Recto de tu Señor. Sin duda alguna, hemos explicado con claridad los signos (de los caminos correctos e incorrectos) para los que reflexionan y son considerados.

127. Para ellos será la Morada de Paz junto a su Señor (donde disfrutarán de dicha, paz y salvación perfectas) y Él es Su Protector a causa de lo que han estado haciendo.

128. En el Día en que Él les resucitará y les reunirá (a los genios y a los hombres, creyentes e incrédulos) a todos, (dirá): «¡Oh asamblea de genios! Habéis seducido a muchos humanos (y les habéis incluido en vuestra compañía)». Sus condiscípulos íntimos de entre los humanos (confesarán y) dirán: «¡Nuestro Señor! Hemos disfrutado de mutua asociación (con un compañerismo basado en el interés personal y sirviéndose entre sí con fines egoístas) y ahora hemos llegado al final del plazo que nos has otorgado». Él (Dios) dirá: «El Fuego es ahora el lugar donde moraréis. Dios decreta lo que su Voluntad dicta». Es cierto que tu Señor es Omnisapiente y Omnisciente (pues Sus decretos y actos están basados en una sabiduría y conocimiento absolutos).

فَمَنْ يُرِدِ اللّٰهُ اَنْ يَهْدِيَهُ يَشْرَحْ صَدْرَهُ لِلْاِسْلَامِۚ وَمَنْ
يُرِدْ اَنْ يُضِلَّهُ يَجْعَلْ صَدْرَهُ ضَيِّقًا حَرَجًا كَاَنَّمَا يَصَّعَّدُ
فِي السَّمَاۤءِۜ كَذٰلِكَ يَجْعَلُ اللّٰهُ الرِّجْسَ عَلَى الَّذ۪ينَ لَا يُؤْمِنُونَ ﴿١٢٥﴾
وَهٰذَا صِرَاطُ رَبِّكَ مُسْتَق۪يمًاۜ قَدْ فَصَّلْنَا الْاٰيَاتِ لِقَوْمٍ
يَذَّكَّرُونَ ﴿١٢٦﴾ لَهُمْ دَارُ السَّلَامِ عِنْدَ رَبِّهِمْ وَهُوَ وَلِيُّهُمْ بِمَا
كَانُوا يَعْمَلُونَ ﴿١٢٧﴾ وَيَوْمَ يَحْشُرُهُمْ جَم۪يعًاۚ يَا مَعْشَرَ الْجِنِّ
قَدِ اسْتَكْثَرْتُمْ مِنَ الْاِنْسِۚ وَقَالَ اَوْلِيَاۤؤُهُمْ مِنَ الْاِنْسِ رَبَّنَا
اسْتَمْتَعَ بَعْضُنَا بِبَعْضٍ وَبَلَغْنَاۤ اَجَلَنَا الَّذ۪ۤي اَجَّلْتَ لَنَاۜ قَالَ
النَّارُ مَثْوٰيكُمْ خَالِد۪ينَ ف۪يهَاۤ اِلَّا مَا شَاۤءَ اللّٰهُۜ اِنَّ رَبَّكَ حَك۪يمٌ
عَل۪يمٌ ﴿١٢٨﴾ وَكَذٰلِكَ نُوَلّ۪ي بَعْضَ الظَّالِم۪ينَ بَعْضًا بِمَا كَانُوا
يَكْسِبُونَ ﴿١٢٩﴾ يَا مَعْشَرَ الْجِنِّ وَالْاِنْسِ اَلَمْ يَأْتِكُمْ رُسُلٌ
مِنْكُمْ يَقُصُّونَ عَلَيْكُمْ اٰيَات۪ي وَيُنْذِرُونَكُمْ لِقَاۤءَ يَوْمِكُمْ
هٰذَاۜ قَالُوا شَهِدْنَا عَلٰۤى اَنْفُسِنَا وَغَرَّتْهُمُ الْحَيٰوةُ الدُّنْيَا
وَشَهِدُوا عَلٰۤى اَنْفُسِهِمْ اَنَّهُمْ كَانُوا كَافِر۪ينَ ﴿١٣٠﴾ ذٰلِكَ
اَنْ لَمْ يَكُنْ رَبُّكَ مُهْلِكَ الْقُرٰى بِظُلْمٍ وَاَهْلُهَا غَافِلُونَ ﴿١٣١﴾

129. De esa manera hacemos que los malhechores establezcan amistad y se ayuden mutuamente (con seducción y pecado) como consecuencia de lo que se habían ganado.

130. «¡Oh asamblea de genios y seres humanos! ¿Acaso no os llegaron Mensajeros de entre vosotros que os hablaron de Mis signos y Revelaciones y os advirtieron del encuentro de este Día vuestro?». Dirán: «Damos testimonio de ello contra nosotros mismos». La vida del mundo les había engañado y (del mismo modo que sus discursos y acciones en el mundo dieron fe de su incredulidad, ahora) han atestiguado contra sí mismos que eran incrédulos.

131. Obviamente no son maneras de tu Señor destruir injustamente las tierras sin que sus habitantes hayan sido advertidos (de antemano respecto a la consecuencia de su modo de vida) y hayan sido, por tanto, desconsiderados (respecto a las distinciones entre el bien y el mal, la verdad y la falsedad).

---

27. Es posible contemplar aquí el milagro coránico concerniente a los desarrollos científicos. Como ya sabemos, cuando ascendemos a una montaña o nos elevamos en el aire, la cantidad de oxígeno y la presión del aire disminuyen y la respiración se hace imposible sin equipos especiales. El Corán describe el estado de quien se siente deprimido ante el Islam e insiste en no creer en él, a pesar de los signos y las evidencias que pueda ver, en términos de hechos físicos, haciendo alusión a un hecho científico que será descubierto en siglos posteriores.

وَلِكُلٍّ دَرَجَاتٌ مِمَّا عَمِلُواۜ وَمَا رَبُّكَ بِغَافِلٍ
عَمَّا يَعْمَلُونَ ﴿١٣٢﴾ وَرَبُّكَ الْغَنِيُّ ذُوالرَّحْمَةِۜ
اِنْ يَشَأْ يُذْهِبْكُمْ وَيَسْتَخْلِفْ مِنْ بَعْدِكُمْ
مَا يَشَٓاءُ كَمَٓا اَنْشَاَكُمْ مِنْ ذُرِّيَّةِ قَوْمٍ اٰخَرٖينَۜ ﴿١٣٣﴾
اِنَّ مَا تُوعَدُونَ لَاٰتٍۙ وَمَٓا اَنْتُمْ بِمُعْجِزٖينَ ﴿١٣٤﴾
قُلْ يَا قَوْمِ اعْمَلُوا عَلٰى مَكَانَتِكُمْ اِنّٖي عَامِلٌۚ
فَسَوْفَ تَعْلَمُونَۙ مَنْ تَكُونُ لَهُ عَاقِبَةُ الدَّارِۜ
اِنَّهُ لَا يُفْلِحُ الظَّالِمُونَ ﴿١٣٥﴾ وَجَعَلُوا لِلّٰهِ مِمَّا
ذَرَاَ مِنَ الْحَرْثِ وَالْاَنْعَامِ نَصٖيبًا فَقَالُوا هٰذَا لِلّٰهِ
بِزَعْمِهِمْ وَهٰذَا لِشُرَكَٓائِنَاۚ فَمَا كَانَ لِشُرَكَٓائِهِمْ
فَلَا يَصِلُ اِلَى اللّٰهِۚ وَمَا كَانَ لِلّٰهِ فَهُوَ يَصِلُ
اِلٰى شُرَكَٓائِهِمْۜ سَٓاءَ مَا يَحْكُمُونَ ﴿١٣٦﴾ وَكَذٰلِكَ
زَيَّنَ لِكَثٖيرٍ مِنَ الْمُشْرِكٖينَ قَتْلَ اَوْلَادِهِمْ
شُرَكَٓاؤُهُمْ لِيُرْدُوهُمْ وَلِيَلْبِسُوا عَلَيْهِمْ دٖينَهُمْۜ
وَلَوْ شَٓاءَ اللّٰهُ مَا فَعَلُوهُ فَذَرْهُمْ وَمَا يَفْتَرُونَ ﴿١٣٧﴾

وَقَالُوا

132. Para cada uno hay (diferentes) rangos según lo que hayan hecho (de correcto e incorrecto). Tu Señor no hace caso omiso de lo que hacen[28].

133. Tu Señor, que posee una misericordia sin límite y abarcadora, se basta a Sí Mismo por completo (no tiene ningún tipo de necesidad, ni siquiera de la creencia y la adoración de Sus siervos). Si quisiera, os haría desaparecer y que después de vosotros viniese quien Su Voluntad dicte, del mismo modo que os originó a partir de la descendencia de otros individuos.

134. Lo que se os ha prometido (y se os ha advertido respecto a vuestro futuro y el Más Allá) seguro que tendrá lugar y no tendréis poder para impedirlo.

135. Di: «¡Oh pueblo mío! Haced todo lo que podáis, que yo (también) obraré (cumpliendo mi cometido). Y en su momento, ya sabréis a quién pertenecerá la última morada de felicidad. En verdad que los malhechores no prosperan ni alcanzan sus propósitos».

136. Reservan para Dios, del producto del ganado que Él ha creado, una parte y dicen: «Este pertenece a Dios» —así dicen— «y esto (el resto) es para nuestras deidades asociadas». A continuación (actuando según lo que juzgan que les interesa), lo que está destinado a sus «deidades asociadas» no llega a Dios, mientras lo que es para Dios sí llega a sus «deidades asociadas». ¡Cuán terrible es lo que ordenan como leyes (y cuán deficientemente la hacen cumplir)!

137. Y, en la senda que siguen, sus deidades asociadas (la atribución de copartícipes a Dios o su adoración de ídolos, genios satánicos y seres humanos a los que obedecen) embellecen el asesinato de sus propios hijos para que les pareciera atrayente a muchos de los que atribuyen copartícipes a Dios, para así traerles la ruina y confundirlos en su religión. Si Dios lo hubiese querido (si Él no hubiese decretado el libre albedrío para la humanidad y así pues les hubiese obligado a actuar de un modo particular como a otros seres), no harían todo eso. Por lo tanto, déjales solos con lo que han inventado.

---

28. *Para todos hay (diferentes) rangos según lo que hayan hecho (de correcto e incorrecto)*, significa que las personas no se hallan englobadas en la misma categoría. La gente difiere en rango unos de otros en base a si son creyentes, incrédulos, hipócritas, creyentes inmorales o incrédulos que luchan activamente contra la creencia y la verdad, etc. Eso significa que no todo el mundo tendrá la misma remuneración por las mismas acciones. La remuneración por una acción difiere de acuerdo a cómo es efectuada, la intención al hacerla, el grado de sinceridad al realizarla, el momento y las condiciones en las que fue elaborada, el cuidado mostrado al hacerla y otros factores semejantes.

138. (Apartando una porción de lo obtenido y del ganado a un lado) dicen: «Estos animales y cosechas son sagrados; nadie puede comerlos excepto aquellos que queramos —de este modo aseveran— y hay ganado cuyos lomos están vedados (como bestias de carga) y ganado sobre el que no pronuncian el Nombre de Dios. Esto (atribuir estas costumbres a Dios) es una mentira contra Él. Él les recompensará pronto por lo que han inventado y atribuido a Dios»[29].

139. Y dicen (respecto a otro ganado que han consagrado): «Todo lo que hay en el vientre de este ganado es (si nace vivo) exclusivamente para nuestros varones y está prohibido para nuestras esposas. Si (las crías) nacen muertas o mueren después de nacer, todos (hombres y mujeres) podrán compartirlo». Pronto les recompensará por su atribución (de estas falsas reglas a Él). No cabe duda que Él es Omnisapiente (en Cuyo decreto y acto se dan numerosos ejemplos de sabiduría), el Omnisciente (Cuyos actos se hallan basados en conocimiento absoluto)[30].

140. Sin duda alguna se hallan perdidos aquellos quienes, inmersos en la locura y la ignorancia, matan a sus hijos (ya sean en los vientres de sus madres o después de nacer) y hacen ilícito (las cosas permitidas puras y sanas) que Dios les ha proveído como sustento, atribuyéndolo falsamente a Dios. No cabe duda, se han extraviado y nunca han sido capaces de encontrar el camino recto.

141. (Habiéndoos proveído con comida permitida, pura y sana) Él es Aquel Quien ha creado jardines (y viñedos y huertos) cultivados y sin cultivar, así como palmeras y cultivos de diferente cosecha, y olivos y granados, que se asemejan entre sí,

وَقَالُوا هٰذِهٖ اَنْعَامٌ وَحَرْثٌ حِجْرٌ لَا يَطْعَمُهَا اِلَّا
مَنْ نَشَاءُ بِزَعْمِهِمْ وَاَنْعَامٌ حُرِّمَتْ ظُهُورُهَا وَاَنْعَامٌ
لَا يَذْكُرُونَ اسْمَ اللّٰهِ عَلَيْهَا افْتِرَاءً عَلَيْهِ سَيَجْزِيهِمْ
بِمَا كَانُوا يَفْتَرُونَ (١٣٨) وَقَالُوا مَا فِى بُطُونِ هٰذِهِ
الْاَنْعَامِ خَالِصَةٌ لِذُكُورِنَا وَمُحَرَّمٌ عَلٰى اَزْوَاجِنَا وَاِنْ
يَكُنْ مَيْتَةً فَهُمْ فِيهِ شُرَكَاءُ سَيَجْزِيهِمْ وَصْفَهُمْ اِنَّهُ
حَكِيمٌ عَلِيمٌ (١٣٩) قَدْ خَسِرَ الَّذِينَ قَتَلُوا اَوْلَادَهُمْ
سَفَهًا بِغَيْرِ عِلْمٍ وَحَرَّمُوا مَا رَزَقَهُمُ اللّٰهُ افْتِرَاءً عَلَى
اللّٰهِ قَدْ ضَلُّوا وَمَا كَانُوا مُهْتَدِينَ (١٤٠) وَهُوَ الَّذٖى
اَنْشَاَ جَنَّاتٍ مَعْرُوشَاتٍ وَغَيْرَ مَعْرُوشَاتٍ وَالنَّخْلَ
وَالزَّرْعَ مُخْتَلِفًا اُكُلُهُ وَالزَّيْتُونَ وَالرُّمَّانَ مُتَشَابِهًا
وَغَيْرَ مُتَشَابِهٍ كُلُوا مِنْ ثَمَرِهٖ اِذَا اَثْمَرَ وَاٰتُوا حَقَّهُ
يَوْمَ حَصَادِهٖ وَلَا تُسْرِفُوا اِنَّهُ لَا يُحِبُّ الْمُسْرِفِينَ (١٤١)
وَمِنَ الْاَنْعَامِ حَمُولَةً وَفَرْشًا كُلُوا مِمَّا رَزَقَكُمُ اللّٰهُ
وَلَا تَتَّبِعُوا خُطُوَاتِ الشَّيْطَانِ اِنَّهُ لَكُمْ عَدُوٌّ مُبِينٌ (١٤٢)

aunque tan diferentes. Comed de sus frutos cuando maduren y dad (a los pobres y necesitados) lo que corresponda el día de su recolección y no derrochéis (comiendo o consumiendo más de lo necesario o dando a los demás de tal modo que aquellos cuyo mantenimiento es vuestra responsabilidad se hallen necesitados). Es cierto que Él no ama a los derrochadores.

142. Y del rebaño (que Él ha creado) algunos son de carga y otros son por su carne, piel y lana. Comed de lo que Dios os ha proveído como sustento y no sigáis los pasos de Satanás (estableciendo reglas diferentes a las que Dios ha establecido y adoptando caminos diferentes a los de Dios). En verdad él es un enemigo manifiesto vuestro.

29. Del mismo modo que la recompensa o castigo mencionados pueden acontecer o no en el Más Allá, también pueden tener lugar en este mundo. Esto se entiende por el hecho de que este versículo emplea un tiempo verbal que indica un futuro cercano. Aquellos que efectúan falsas invenciones o atribuciones respecto a Dios pueden perder su dominio, posesiones, riquezas e incluso sus vidas o pueden ser sometidos a calamidades naturales o su sistema puede ser reemplazado por otro. Los musulmanes han estado sufriendo asimismo el mismo castigo por faltar a su deber en la práctica del Islam y por no concederle al mismo el debido respeto.

30. Para el establecimiento de un estado firme, basado en la ley y que sea efectivamente aceptado por su población, los principios de la sabiduría, las leyes del gobierno, las reglas del derecho y las directivas del poder deben estar coordinadas y sustentarse entre sí. De lo contrario, nada puede influir en la población y no se podría hablar de un estado de derecho aprobado por la gente ni de solidaridad entre ellos.

ثَمَانِيَةَ اَزْوَاجٍ مِنَ الضَّأْنِ اثْنَيْنِ وَمِنَ الْمَعْزِ اثْنَيْنِ قُلْ
آلذَّكَرَيْنِ حَرَّمَ اَمِ الْاُنْثَيَيْنِ اَمَّا اشْتَمَلَتْ عَلَيْهِ اَرْحَامُ
الْاُنْثَيَيْنِ نَبِّؤُ۫نِي بِعِلْمٍ اِنْ كُنْتُمْ صَادِقِينَ ﴿١٤٣﴾ وَمِنَ الْاِبِلِ
اثْنَيْنِ وَمِنَ الْبَقَرِ اثْنَيْنِ قُلْ آلذَّكَرَيْنِ حَرَّمَ اَمِ الْاُنْثَيَيْنِ
اَمَّا اشْتَمَلَتْ عَلَيْهِ اَرْحَامُ الْاُنْثَيَيْنِ اَمْ كُنْتُمْ شُهَدَٓاءَ
اِذْ وَصّٰيكُمُ اللّٰهُ بِهٰذَا فَمَنْ اَظْلَمُ مِمَّنِ افْتَرٰى
عَلَى اللّٰهِ كَذِبًا لِيُضِلَّ النَّاسَ بِغَيْرِ عِلْمٍ اِنَّ اللّٰهَ لَا يَهْدِي
الْقَوْمَ الظَّالِمِينَ ﴿١٤٤﴾ قُلْ لَا اَجِدُ فِي مَا اُوحِيَ اِلَيَّ
مُحَرَّمًا عَلٰى طَاعِمٍ يَطْعَمُهُ اِلَّا اَنْ يَكُونَ مَيْتَةً اَوْ دَمًا
مَسْفُوحًا اَوْ لَحْمَ خِنْزِيرٍ فَاِنَّهُ رِجْسٌ اَوْ فِسْقًا اُهِلَّ
لِغَيْرِ اللّٰهِ بِهِ فَمَنِ اضْطُرَّ غَيْرَ بَاغٍ وَلَا عَادٍ فَاِنَّ رَبَّكَ
غَفُورٌ رَحِيمٌ ﴿١٤٥﴾ وَعَلَى الَّذِينَ هَادُوا حَرَّمْنَا كُلَّ
ذِي ظُفُرٍ وَمِنَ الْبَقَرِ وَالْغَنَمِ حَرَّمْنَا عَلَيْهِمْ شُحُومَهُمَا
اِلَّا مَا حَمَلَتْ ظُهُورُهُمَا اَوِ الْحَوَايَا اَوْ مَا اخْتَلَطَ
بِعَظْمٍ ذٰلِكَ جَزَيْنَاهُمْ بِبَغْيِهِمْ وَاِنَّا لَصَادِقُونَ ﴿١٤٦﴾

فَاِنْ كَذَّبُوكَ

143. Ocho cabezas de ganado en parejas: dos de ganado ovino y dos de ganado caprino. Di (a ellos, Oh Mensajero): «¿Acaso son los dos machos los que Dios ha prohibido o las dos hembras, o lo que pueden contener aquellos úteros de las dos hembras? Informadme de esto con conocimiento acertado y fidedigno, si sois veraces (en vuestra pretensión de que Dios los ha prohibido).

144. Y del mismo modo hay dos de camellos y dos de bovinos. Di: «¿Son los dos machos los que Dios ha prohibido o las dos hembras, o aquellos que los úteros de ambas hembras pueden contener? ¿O acaso estabais presentes como testigos cuando Dios estableció esto (el mandamiento que Le atribuís) para vosotros?». ¿Quién es más malhechor que aquel que inventa mentiras y se las atribuye a Dios y extravía a la gente sin conocimiento acertado y fidedigno? Sin duda alguna, Dios no guía a los malhechores (a la verdad y al logro de sus propósitos).

145. Di (Oh Mensajero): «No encuentro en lo que me ha sido revelado nada que sea ilícito como comida a excepción de la carroña, la sangre derramada (no la que queda en las venas o en los órganos tal y como el hígado y el bazo), la carne de cerdo, que es abominable e impura, o lo que es inmoral por haber sido sacrificado en un nombre diferente al de Dios (o sin pronunciar el Nombre de Dios sobre ello)[31]. Sin embargo, quien se vea forzado (a comerlo), siempre y cuando no sea con ánimo de transgredir o exceder (los límites de lo necesario), (no incurrirá en pecado alguno). Es cierto que tu Señor es Indulgente y Compasivo.

146. Y para aquellos que son judíos, habíamos hecho ilícitas todas las bestias con garras, y del ganado bovino y ovino, les habíamos prohibido su grasa, excepto la que se encuentra en el lomo, las entrañas, o la mezclada con los huesos. Así es cómo les recompensamos por su continua rebelión[32]. Y somos veraces (en todos Nuestros decretos y actos).

31. En relación a este versículo, cuando es comparado con los versículos 2:173, 5:3 y 16:115, puede apreciarse que se dilucidan mutuamente, sin que se den diferencias entre lo que cada uno de los versículos declara aquello que es considerado ilícito como comida. Por ejemplo, la carne de los animales que son mencionados en el versículo 5:3 así como las maneras de morir o ser matado, es considerada como carroña.

Los animales o tipos de carnes prohibidos no son exclusivamente los anteriormente citados. Los elementos prohibidos mencionados en estos dos versículos hacen referencia única y exclusivamente a los animales domésticos, tal y como las ovejas y el ganado ovino. Basándose en la Revelación, el Mensajero de Dios nos informa que también hay otra clase de animales cuya carne es ilícita como comida. Estos pueden ser encontrados en los libros pertinentes de Ley Islámica. Véase asimismo la nota número 9 del versículo 22:30.

32. El Corán es un milagro de elocuencia de principio a fin. Al empezar este versículo con la frase «aquellos que son judíos», se puede entender que el mencionado mandamiento tiene la naturaleza de recompensa. Los judíos mencionados se desviaron de su camino y se prohibieron a sí mismos numerosas cosas y Dios, como castigo, permitió que dichas cosas siguiesen siéndoles ilícitas (véase también 4:160; 3:93). Esto incluye aves con garras, tal y como el avestruz, la gaviota, la gallina de agua así como la grasa de bueyes y ovejas. Tales clases de prohibiciones fueron intercaladas en los mandamientos de la Tora (véase *Levítico,* 3:17, 22-3; 11:16-18; *Deuteronomio*, 14:14-16). Este punto puede ser considerado como el mismo que se explica en la anterior nota número 26.

147 اَلْجُزْءُ الثَّامِنُ ١٤٧

فَاِنْ كَذَّبُوكَ فَقُلْ رَبُّكُمْ ذُورَحْمَةٍ وَاسِعَةٍۚ وَلَا يُرَدُّ بَأْسُهُ
عَنِ الْقَوْمِ الْمُجْرِمِينَ ﴿١٤٧﴾ سَيَقُولُ الَّذِينَ اَشْرَكُوا
لَوْ شَاءَ اللّٰهُ مَٓا اَشْرَكْنَا وَلَٓا اٰبَاؤُ۬نَا وَلَا حَرَّمْنَا مِنْ شَيْءٍۜ
كَذٰلِكَ كَذَّبَ الَّذِينَ مِنْ قَبْلِهِمْ حَتّٰى ذَاقُوا بَأْسَنَاۜ قُلْ
هَلْ عِنْدَكُمْ مِنْ عِلْمٍ فَتُخْرِجُوهُ لَنَاۜ اِنْ تَتَّبِعُونَ اِلَّا
الظَّنَّ وَاِنْ اَنْتُمْ اِلَّا تَخْرُصُونَ ﴿١٤٨﴾ قُلْ فَلِلّٰهِ الْحُجَّةُ
الْبَالِغَةُۚ فَلَوْ شَاءَ لَهَدٰيكُمْ اَجْمَعِينَ ﴿١٤٩﴾ قُلْ هَلُمَّ
شُهَدَٓاءَكُمُ الَّذِينَ يَشْهَدُونَ اَنَّ اللّٰهَ حَرَّمَ هٰذَاۚ فَاِنْ شَهِدُوا
فَلَا تَشْهَدْ مَعَهُمْۚ وَلَا تَتَّبِعْ اَهْوَٓاءَ الَّذِينَ كَذَّبُوا بِاٰيَاتِنَا
وَالَّذِينَ لَا يُؤْمِنُونَ بِالْاٰخِرَةِ وَهُمْ بِرَبِّهِمْ يَعْدِلُونَ ﴿١٥٠﴾
قُلْ تَعَالَوْا اَتْلُ مَا حَرَّمَ رَبُّكُمْ عَلَيْكُمْ اَلَّا تُشْرِكُوا
بِهٖ شَيْـًٔا وَبِالْوَالِدَيْنِ اِحْسَانًاۚ وَلَا تَقْتُلُٓوا اَوْلَادَكُمْ
مِنْ اِمْلَاقٍۜ نَحْنُ نَرْزُقُكُمْ وَاِيَّاهُمْۚ وَلَا تَقْرَبُوا الْفَوَاحِشَ
مَا ظَهَرَ مِنْهَا وَمَا بَطَنَۚ وَلَا تَقْتُلُوا النَّفْسَ الَّت۪ي حَرَّمَ
اللّٰهُ اِلَّا بِالْحَقِّۜ ذٰلِكُمْ وَصّٰيكُمْ بِهٖ لَعَلَّكُمْ تَعْقِلُونَ ﴿١٥١﴾

147. Y si todavía te niegan (Oh Mensajero), diles: «Vuestro Señor (que os ha creado, os alimenta y os provee) posee una gran Misericordia (por lo que no os va a castigar inmediatamente por vuestros actos de insolencia, sino que os concederá una moratoria para que os arrepintáis y Le pidáis perdón). Sin embargo, (si no os enmendáis, sabed que) Su castigo no podrá ser impedido por los incrédulos criminales».

148. Aquellos que persisten en atribuir copartícipes a Dios dirán: «Si Dios hubiese querido, ni nosotros ni nuestros antepasados Le habrían atribuido copartícipes ni hubiésemos declarado nada (que Dios ha hecho lícito) ilícito». Del mismo modo aquellos que les precedieron negaron (a sus Profetas con las mismas falsas excusas) hasta que experimentaron Nuestro tremendo castigo. Di (a ellos): «¿Poseéis acaso algún conocimiento veraz y fidedigno (para apoyar vuestra pretensión)? ¡(Si lo tenéis) entonces sacadlo a relucir ante nosotros! Sólo seguís suposiciones, y no elaboráis más que conjeturas (emitís juicios y actuáis tan sólo de acuerdo a vuestras ilusiones, intereses y juicios de valor personales)».

149. Di: «(En contra de lo que sostenéis) Dios posee la prueba irrefutable. Y si Él hubiese querido (y os hubiese forzado a actuar de cierta manera, en vez de dejaros que Le atribuyerais copartícipes y que prohibierais lo que Él ha hecho lícito) os habría guiado a todos a la verdad»[33].

150. Di: «Traed aquí a vuestros testigos que puedan dar testimonio que Dios ha hecho lícito (lo que pretendéis que está prohibido)». Entonces, si dan (falso) testimonio, no des testimonio con ellos y no sigas los caprichos y las ilusiones de los que niegan Nuestros signos y Revelaciones, los que no creen en el Más Allá y los que (como fuente principal de su incredulidad en otros puntos esenciales de la fe) atribuyen semejantes a su Señor.[34]

151. Di: «Venid y permitidme que recite lo que vuestro Señor os ha prohibido: que Le atribuyáis copartícipe alguno; y (no pequéis, si no que, más bien) tratéis a vuestros padres del mejor modo posible; que no matéis a vuestros hijos por miedo a la pobreza —somos Nosotros quienes os proveemos de sustento a vosotros y a ellos—; que no os veáis atraídos por nada vergonzoso (tal y como el adulterio, la fornicación y la homosexualidad) ya sea cometiéndolo de manera abierta o secreta; que matéis cualquier alma que Dios ha hecho sagrada y prohibida, excepto por una causa justa. Todo esto os lo ha ordenado, para que podáis razonar (por lo tanto, creéis, aprendéis lo correcto de lo incorrecto y seguís Su camino).

---

33. Dios presenta signos y evidencias de la verdad tan claramente que la razón y la conciencia humana no pueden más que confesar la verdad de los elementos esenciales de la fe, en particular la de la Existencia y Unidad de Dios; pero Él nunca fuerza a las personas a creer. Deja que el libre albedrío humano elija creer o no creer.

34. Cada fundamento esencial de la fe exige la existencia de los otros. Aquel quien cree en Dios, ha de creer en los Mensajeros, ya que el Señorío Divino exige que exista un Mensajero para que se dé a conocer y que transmita sus exigencias a los seres juiciosos. La Misión Profética no puede ser concebida sin Libros, los cuales no pueden ser plasmados sin la mediación de ángeles. Los Nombres Divinos, tales como el Compasivo, el Señor (el Único Quien crea, sustenta y hace crecer), el Justo, el Munífico, el Generoso, el Amable, el Bello, Aquel Quien Registra y el Preservador, exigen la creencia en el Más Allá. Ello es así ya que la belleza absoluta y la perfección son amadas. Aquél que todo lo crea maravillosamente y Quien lleva a cabo de manera perfecta todo cuanto emprende, se da a conocer y se hace amar de manera más perfecta en el mundo eterno, no en un mundo fugaz donde Sus bellezas se manifiestan tras muchos velos. Este Árbol Perfecto de la Creación, que ha sido creado para brindar la humanidad como su fruto final, no puede ser confinado a esta vida transitoria. Si así fuera, muchas cosas no serían más que vanas y baldías, y Dios se halla absolutamente libre de cometer tales banalidades. Podemos ver que en este mundo la plena justicia no puede instaurarse en numerosos casos. Muchos opresores mueren sin sufrir el castigo necesario y muchos oprimidos dejan este mundo sin tener sus derechos restituidos. Dios es absolutamente Justo y ello requiere que se cumpla una justicia absoluta, la cual a su vez exige la existencia de otro mundo donde pueda realizarse. Las semillas de las plantas y de los árboles son un ejemplo para que podamos ver cómo todo está registrado, ya que en el interior de ellas está contenida toda la historia de la vida de la planta y de los árboles. La memoria humana también nos muestra que todo está registrado. Los seres humanos no han sido enviados a este mundo sin un propósito y no han sido abandonados para que se las arreglen por sí solos. Las facultades con las que han sido equipados, tal y como la razón, el espíritu, la fuerza de voluntad, los sentidos y los sentimientos, demuestran que la humanidad tiene una misión importante en esta vida. Por eso todos los actos y las expresiones de la humanidad están registrados junto a las intenciones y a los grados de sinceridad que les acompañan. Las consecuencias de ello aparecerán en la próxima vida eterna. Del mismo modo, el orden perfecto y la coordinación magnífica del universo muestran un conocimiento abarcador y un plan perfecto realizado por dicho conocimiento. Cada cosa o ser se encuentra investido con un cuerpo que le caracteriza y que es apropiado para sus deberes o funciones en esta vida. Además, todo ser humano tiene sueños de eventos futuros. Todo ello muestra que existe una Determinación Divina que llamamos Destino. En conclusión, la creencia en Dios demanda otros fundamentos de la fe y estos se requieren mutuamente.

وَلَا تَقْرَبُوا مَالَ الْيَتٖيمِ اِلَّا بِالَّتٖى هِىَ اَحْسَنُ حَتّٰى يَبْلُغَ
اَشُدَّهُۚ وَاَوْفُوا الْكَيْلَ وَالْمٖيزَانَ بِالْقِسْطِۚ لَا نُكَلِّفُ نَفْسًا
اِلَّا وُسْعَهَاۚ وَاِذَا قُلْتُمْ فَاعْدِلُوا وَلَوْ كَانَ ذَا قُرْبٰىۚ وَبِعَهْدِ
اللّٰهِ اَوْفُواۜ ذٰلِكُمْ وَصّٰيكُمْ بِهٖ لَعَلَّكُمْ تَذَكَّرُونَۙ ﴿١٥٢﴾ وَاَنَّ هٰذَا
صِرَاطٖى مُسْتَقٖيمًا فَاتَّبِعُوهُۚ وَلَا تَتَّبِعُوا السُّبُلَ فَتَفَرَّقَ
بِكُمْ عَنْ سَبٖيلِهٖۜ ذٰلِكُمْ وَصّٰيكُمْ بِهٖ لَعَلَّكُمْ تَتَّقُونَ ﴿١٥٣﴾
ثُمَّ اٰتَيْنَا مُوسَى الْكِتَابَ تَمَامًا عَلَى الَّذٖى اَحْسَنَ
وَتَفْصٖيلًا لِكُلِّ شَيْءٍ وَهُدًى وَرَحْمَةً لَعَلَّهُمْ بِلِقَاءِ رَبِّهِمْ
يُؤْمِنُونَ ﴿١٥٤﴾ وَهٰذَا كِتَابٌ اَنْزَلْنَاهُ مُبَارَكٌ فَاتَّبِعُوهُ وَاتَّقُوا
لَعَلَّكُمْ تُرْحَمُونَۙ ﴿١٥٥﴾ اَنْ تَقُولُوا اِنَّمَا اُنْزِلَ الْكِتَابُ
عَلٰى طَائِفَتَيْنِ مِنْ قَبْلِنَاۖ وَاِنْ كُنَّا عَنْ دِرَاسَتِهِمْ لَغَافِلٖينَۙ ﴿١٥٦﴾
اَوْ تَقُولُوا لَوْ اَنَّا اُنْزِلَ عَلَيْنَا الْكِتَابُ لَكُنَّا اَهْدٰى مِنْهُمْۚ
فَقَدْ جَاءَكُمْ بَيِّنَةٌ مِنْ رَبِّكُمْ وَهُدًى وَرَحْمَةٌۚ فَمَنْ اَظْلَمُ
مِمَّنْ كَذَّبَ بِاٰيَاتِ اللّٰهِ وَصَدَفَ عَنْهَاۜ سَنَجْزِى الَّذٖينَ
يَصْدِفُونَ عَنْ اٰيَاتِنَا سُٓوءَ الْعَذَابِ بِمَا كَانُوا يَصْدِفُونَ ﴿١٥٧﴾

هَلْ يَنْظُرُونَ

152. Y no os acerquéis a las propiedades del huérfano, sino es con la mejor de las intenciones (tal y como para mejorarlas o aumentarlas) hasta que alcance la mayoría de edad. Cumplid con la medida y el peso con equidad». No obligamos a nadie sino en la medida de su capacidad. «Y cuando habléis, sed justos aunque se trate contra un pariente próximo. Y cumplid con el compromiso de Dios (y los compromisos que hagáis con otros en el Nombre de Dios). Todo esto es lo que Él os ha encomendado, para que tal vez reflexionéis y seáis considerados».

153. «Este es mi Camino Recto, seguidlo, pues, y no sigáis los caminos diversos pues os separarían de Su Camino. Esto es lo que se os encomienda para que os apartéis de la desobediencia a Dios en veneración a Él y piedad y para que merezcáis Su protección».

154. Y una vez más, dimos a Moisés el Libro, completando Nuestro favor sobre aquellos que se dedican a hacer el bien conscientes de que Dios les ve y detallándolo todo (lo relacionado con la verdad y la falsedad, lo correcto y lo incorrecto) y como guía y misericordia, para que tal vez tengan profunda fe en el encuentro (final) con su Señor.

155. Y asimismo, este (Corán) es un Libro que hemos hecho descender, bendito y que bendice. Seguidlo, pues, y apartaos de la desobediencia a Él para que tal vez se os pueda mostrar misericordia (y se os dé una vida virtuosa en este mundo y felicidad eterna en el Más Allá).

156. (Lo hemos hecho descender) para que no pudierais decir (como excusa): «El Libro fue hecho descender solamente sobre dos comunidades anteriores a nosotros y no éramos conscientes de lo que se les enseñaba».

157. O para que no dijeseis: «Si el Libro se nos hubiera hecho descender, habríamos sido más rectamente guiados que ellos». Ahora os ha acontecido una prueba evidente de vuestro Señor así como una guía y una misericordia[35]. ¿Quién puede ser más pecador que el que niega las Revelaciones de Dios y se aparta de las mismas? Recompensaremos a los que se apartan de Nuestras Revelaciones con un mal castigo por haberse apartado.

35. Es muy interesante que en el versículo 154 anteriormente mencionado, Dios alude al Libro que fue enviado a Moisés, la paz sea con él, como un Libro concedido *como* guía y misericordia. Esto quiere decir que el Libro desempeñaba una labor de guía y una misericordia y el hecho de ser una guía y misericordia eran atributos del mismo. Sin embargo, Dios menciona el Corán como el Libro que en sí mismo es una guía y una misericordia. Es decir, la guía y la misericordia no son meros atributos del Corán, sino que el Corán es íntegramente una guía y en sí mismo es una misericordia.

158. ¿Acaso están esperando a que los ángeles se aparezcan ante ellos (para que se lleven sus almas o les traigan un desastre), o se muestre su Señor a juzgarles (y dé lugar al Infierno) o que aparezcan algunas señales claras de tu Señor (tal y como rocas precipitándose sobre ellos, que ellos quieren que tú les muestres, o signos que indiquen la destrucción final del mundo)? Cuando aparezcan algunos de los signos claros de tu Señor, de nada le servirá a nadie creer si no lo hizo antes, o que no hubiese obtenido nada bueno con su creencia. Di (a ellos, Oh Mensajero): «¡Esperad que nosotros también esperamos!».

159. Aquellos que han establecido divisiones en su religión (cuando la deben aceptar en su totalidad) y se han fragmentado en diferentes congregaciones, tú no tienes nada que ver con ellos. Su caso se halla con Dios y entonces Él les hará entender lo que han hecho.

160. Todo aquel que comparezca ante Dios con una buena acción obtendrá en recompensa diez veces el mismo acto de bien y quien se presente con un acto malvado no será recompensado sino con lo mismo; y a nadie se le infligirá ninguna injusticia.

161. Di: «Sin duda, mi Señor me ha guiado a un Camino Recto, una religión justa que conduce a la prosperidad (en ambos mundos), el camino de Abraham basado en la fe pura (libre de incredulidad, de atribuirle copartícipes a Dios y de hipocresía). Nunca fue de los que atribuyeron copartícipes a Dios».

162. Di: «Mi Oración, y todos mis (otros) actos y formas de devoción, mi vida y mi muerte son sólo para Dios, el Señor de los mundos.

163. Él no tiene copartícipes. Eso es lo que se me ha ordenado y soy el primero y el más destacado de los musulmanes (que se han sometido exclusivamente a Él)».

164. Di: «¿He de buscar, acaso, a alguien que no sea Dios como Señor mientras que Él es el Señor de todas las cosas?». Cada alma gana para su cuenta y ningún alma soporta ni se le hará soportar con la carga de otra. Entonces, hacia Dios es el retorno de todos, y os hará entender (la verdad) sobre aquello en lo que no estabais de acuerdo.

165. Él es Aquel Quien os ha designado como vicerregentes sobre la Tierra

هَلْ يَنْظُرُونَ اِلَّٓا اَنْ تَأْتِيَهُمُ الْمَلٰٓئِكَةُ اَوْ يَأْتِيَ رَبُّكَ اَوْ يَأْتِيَ
بَعْضُ اٰيَاتِ رَبِّكَۜ يَوْمَ يَأْتِي بَعْضُ اٰيَاتِ رَبِّكَ لَا يَنْفَعُ نَفْسًا
اِيمَانُهَا لَمْ تَكُنْ اٰمَنَتْ مِنْ قَبْلُ اَوْ كَسَبَتْ فِٓي اِيمَانِهَا خَيْرًاۜ قُلِ
انْتَظِرُٓوا اِنَّا مُنْتَظِرُونَ ﴿١٥٨﴾ اِنَّ الَّذِينَ فَرَّقُوا دِينَهُمْ وَكَانُوا شِيَعًا
لَسْتَ مِنْهُمْ فِي شَيْءٍۜ اِنَّمَٓا اَمْرُهُمْ اِلَى اللّٰهِ ثُمَّ يُنَبِّئُهُمْ بِمَا كَانُوا
يَفْعَلُونَ ﴿١٥٩﴾ مَنْ جَٓاءَ بِالْحَسَنَةِ فَلَهُ عَشْرُ اَمْثَالِهَاۚ وَمَنْ جَٓاءَ بِالسَّيِّئَةِ
فَلَا يُجْزٰٓى اِلَّا مِثْلَهَا وَهُمْ لَا يُظْلَمُونَ ﴿١٦٠﴾ قُلْ اِنَّنِي هَدٰينِي رَبِّٓي
اِلٰى صِرَاطٍ مُسْتَقِيمٍۚ دِينًا قِيَمًا مِلَّةَ اِبْرٰهِيمَ حَنِيفًاۚ وَمَا كَانَ مِنَ
الْمُشْرِكِينَ ﴿١٦١﴾ قُلْ اِنَّ صَلَاتِي وَنُسُكِي وَمَحْيَايَ وَمَمَاتِي لِلّٰهِ رَبِّ
الْعَالَمِينَۙ ﴿١٦٢﴾ لَا شَرِيكَ لَهُۚ وَبِذٰلِكَ اُمِرْتُ وَاَنَا۬ اَوَّلُ الْمُسْلِمِينَ ﴿١٦٣﴾
قُلْ اَغَيْرَ اللّٰهِ اَبْغِي رَبًّا وَهُوَ رَبُّ كُلِّ شَيْءٍۜ وَلَا تَكْسِبُ كُلُّ نَفْسٍ
اِلَّا عَلَيْهَاۚ وَلَا تَزِرُ وَازِرَةٌ وِزْرَ اُخْرٰىۚ ثُمَّ اِلٰى رَبِّكُمْ مَرْجِعُكُمْ
فَيُنَبِّئُكُمْ بِمَا كُنْتُمْ فِيهِ تَخْتَلِفُونَ ﴿١٦٤﴾ وَهُوَ الَّذِي جَعَلَكُمْ
خَلَٓائِفَ الْاَرْضِ وَرَفَعَ بَعْضَكُمْ فَوْقَ بَعْضٍ دَرَجَاتٍ لِيَبْلُوَكُمْ
فِي مَٓا اٰتٰيكُمْۜ اِنَّ رَبَّكَ سَرِيعُ الْعِقَابِۘ وَاِنَّهُ لَغَفُورٌ رَحِيمٌ ﴿١٦٥﴾

(para mejorarla y gobernar en ella según los mandamientos de Dios), y os ha elevado a unos por encima de otros en grados (de inteligencia, capacidad, riqueza y posición) para poneros a prueba en lo que os ha dado. (Recordad siempre que) tu Señor es el Más Rápido castigando (cuando es debido) y, sin duda alguna, Él es Indulgente y Compasivo (especialmente con aquellos que se vuelven a Él en arrepentimiento como siervos creyentes)[36].

---

36. Tras abordar la Unidad de Dios y otros elementos esenciales de la fe desde el principio hasta el fin, el *sura* finaliza con la advertencia de que Dios es el más rápido en administrar el castigo y con las buenas nuevas de que Dios es Indulgente y Compasivo, especialmente con aquellos que se vuelven a Él con arrepentimiento y como siervos creyentes. Sin embargo, las buenas nuevas vienen al final, y el hecho de que es Indulgente y Compasivo se recalca y se confirma. Esto es así ya que la Misericordia de Dios es mayor que Su castigo y Dios se ha prescrito a Sí Mismo ser misericordioso y tratar a Sus criaturas con misericordia. Esto es así con la intención de incitar a Sus siervos a que se arrepientan y busquen refugio en Su Perdón y Misericordia.

SURA 7

AL-A'RAF (LAS ALTURAS)

Período de La Meca

El *Sura al-A'raf* fue revelado en La Meca y contiene 206 versículos. Toma su título de la palabra *al-a'raf*, que aparece en los versículos 46 y 48. *Al-A'raf* son aquellas alturas que se encuentran entre el Paraíso y el Infierno. En orden de sucesión en su revelación acontece tras el *Sura al-An'am*, que habla de la Unidad de Dios y de los fundamentos de la fe. Este *sura* también aborda los mismos asuntos, a la vez que se centra en la base de la naturaleza humana y trata acerca de las vidas de algunos Mensajeros. Hace hincapié en las consecuencias tanto en esta vida como en la próxima acerca de seguir el camino de la creencia en la Unidad de Dios o seguir el politeísmo.

En el Nombre de Dios,
el Misericordioso, el Compasivo.

1. *Alif. Lam. Mim. Sad.*

2. Este es un Libro que se te ha hecho descender (Oh Mensajero), que no haya, pues, ninguna estrechez en tu pecho por su causa (al transmitírselo a la gente y temer que no vayan a creer en él) —para que adviertas con él (a las personas contra cualquier perdición) y es una advertencia y un consejo para los creyentes—.

3. Seguid lo que se os ha hecho descender (Oh seres humanos) de vuestro Señor y no sigáis a ningún otro como confidente o tutor aparte de Él. ¡Cuán poco reflexionáis y prestáis atención!

4. ¡Cuantas comunidades hemos destruido (porque no prestaron atención a Nuestra advertencia)! Nuestro azote cayó

150 سُورَةُ الْأَعْرَافِ ١٥٠

سُورَةُ الْأَعْرَافِ مَكِّيَّةٌ
وَهِيَ مِائَتَانِ وَسِتُّ آيَاتٍ

بِسْمِ اللّٰهِ الرَّحْمٰنِ الرَّحِيمِ

المٓصٓ ﴿١﴾ كِتَابٌ أُنْزِلَ إِلَيْكَ فَلَا يَكُنْ فِي صَدْرِكَ حَرَجٌ
مِنْهُ لِتُنْذِرَ بِهِ وَذِكْرَى لِلْمُؤْمِنِينَ ﴿٢﴾ اِتَّبِعُوا مَا أُنْزِلَ إِلَيْكُمْ
مِنْ رَبِّكُمْ وَلَا تَتَّبِعُوا مِنْ دُونِهِ أَوْلِيَاءَ قَلِيلًا مَا تَذَكَّرُونَ ﴿٣﴾ وَكَمْ
مِنْ قَرْيَةٍ أَهْلَكْنَاهَا فَجَاءَهَا بَأْسُنَا بَيَاتًا أَوْ هُمْ قَائِلُونَ ﴿٤﴾ فَمَا
كَانَ دَعْوَاهُمْ إِذْ جَاءَهُمْ بَأْسُنَا إِلَّا أَنْ قَالُوا إِنَّا كُنَّا ظَالِمِينَ ﴿٥﴾
فَلَنَسْأَلَنَّ الَّذِينَ أُرْسِلَ إِلَيْهِمْ وَلَنَسْأَلَنَّ الْمُرْسَلِينَ ﴿٦﴾ فَلَنَقُصَّنَّ
عَلَيْهِمْ بِعِلْمٍ وَمَا كُنَّا غَائِبِينَ ﴿٧﴾ وَالْوَزْنُ يَوْمَئِذٍ الْحَقُّ فَمَنْ
ثَقُلَتْ مَوَازِينُهُ فَأُولٰئِكَ هُمُ الْمُفْلِحُونَ ﴿٨﴾ وَمَنْ خَفَّتْ مَوَازِينُهُ
فَأُولٰئِكَ الَّذِينَ خَسِرُوا أَنْفُسَهُمْ بِمَا كَانُوا بِآيَاتِنَا يَظْلِمُونَ ﴿٩﴾
وَلَقَدْ مَكَّنَّاكُمْ فِي الْأَرْضِ وَجَعَلْنَا لَكُمْ فِيهَا مَعَايِشَ قَلِيلًا
مَا تَشْكُرُونَ ﴿١٠﴾ وَلَقَدْ خَلَقْنَاكُمْ ثُمَّ صَوَّرْنَاكُمْ ثُمَّ قُلْنَا لِلْمَلٰئِكَةِ
اسْجُدُوا لِآدَمَ فَسَجَدُوا إِلَّا إِبْلِيسَ لَمْ يَكُنْ مِنَ السَّاجِدِينَ ﴿١١﴾

قَالَ

sobre ellos por la noche o cuando reposaban al mediodía.

5. Y no hubo súplica por parte de ellos cuando Nuestro azote cayó sobre ellos a excepción de que dijeron: «Realmente, hemos sido malhechores».

6. Preguntaremos a aquellos a quienes se les enviaron Mensajeros (sobre cómo les respondieron) y, sin duda, preguntaremos a aquellos que fueron enviados con Nuestro Mensaje (respecto al deber de transmitirlo y cómo su pueblo reaccionó ante el mismo).

7. A continuación, les narraremos (el relato entero de sus vidas) con conocimiento (total y preciso), pues no estábamos ausentes (cuando llevaron a cabo sus obras, por lo que tenemos un registro perfecto de las mismas).

8. En ese día, el acto de pesar será la verdad (completa y precisa) y aquel cuya balanza (de buenas acciones) tenga gran peso, esos serán los que prosperen.

9. Pero aquellos cuyas balanzas sean ligeras (porque no tendrán ninguna buena obra aceptada), esos serán los que se hayan arruinado a sí mismos por haber sido injustos con Nuestras Revelaciones y signos (existentes tanto en el universo como en sí mismos).

10. En verdad que os hemos establecido en la Tierra (Oh seres humanos, proporcionándoos un gran potencial) y Nos hemos encargado de vuestros medios de subsistencia. Apenas agradecéis[1].

11. Os trajimos a la existencia, luego os dimos a vosotros forma (perfectamente apropiada a vuestra naturaleza) y luego dijimos a los ángeles (como signo de que confirmaban el grado de conocimiento y de superioridad de Adán, su merecida vicerregencia, y que le ayudarían a llevar a cabo su misión en la Tierra): «¡Postraos ante Adán!». Y se postraron todos, excepto *Iblis*, que no fue de los que se postraron.

---

1. Cuando contemplamos la Tierra y el universo desde nuestro planeta, podemos apreciar fácilmente los grandes favores que han sido concedidos a la humanidad. La Tierra ha sido preparada para la humanidad, se nos ha concedido todo lo necesario para la vida terrestre y hemos sido equipados de tal modo que podamos satisfacer nuestras necesidades materiales y nuestros sentidos externos e internos. Es más, no sólo la Tierra, sino los Cielos, con el Sol, la Luna y las estrellas se encuentran al servicio de la Tierra y de la humanidad, a pesar de que la Tierra no es más grande que el tamaño de un punto cuando la comparamos con los Cielos. La humanidad posee una tendencia innata a agradecer a quien le hace algún bien, por lo tanto, qué desagradecidos seríamos si no diésemos las gracias a Dios, que ha extendido ante nosotros la Tierra como si fuese una mesa y ha hecho del universo un palacio en el que podemos residir. Dar gracias a Dios está basado en el reconocimiento de que lo que tengamos y lo que hayamos adquirido en nuestra vida proviene de Dios, además de seguir el camino que Él ha establecido para nosotros. El agradecimiento, que en gran medida consiste en creencia y adoración en todas sus formas, es un deber que ha de ser realizado no en pos de una recompensa futura, sino a cambio de los favores que ya han sido otorgados. Por lo tanto, como la creencia y la devoción no son una causa, no constituyen una razón para que Dios proporcione más distinciones a la humanidad, tal y como la dicha eterna en el Paraíso; sino que, más bien, son un deber por los favores que ya han sido concedidos. La dicha eterna en el Paraíso es otorgada por Dios únicamente por Su gracia y misericordia. Por esa razón, el Corán expresa la actitud de aquellos que ingresan en el Paraíso de este modo: *¡Toda la alabanza y la gratitud son para Dios, el Señor de los mundos!* (39:75). Eso es lo que sienten en sus corazones y lo que emerge como discurso por sus bocas.

قَالَ مَا مَنَعَكَ اَلَّا تَسْجُدَ اِذْ اَمَرْتُكَ قَالَ اَنَا خَيْرٌ مِنْهُ خَلَقْتَنٖى مِنْ نَارٍ
وَخَلَقْتَهُ مِنْ طٖينٍ ﴿١٢﴾ قَالَ فَاهْبِطْ مِنْهَا فَمَا يَكُونُ لَكَ اَنْ تَتَكَبَّرَ فٖيهَا
فَاخْرُجْ اِنَّكَ مِنَ الصَّاغِرٖينَ ﴿١٣﴾ قَالَ اَنْظِرْنٖى اِلٰى يَوْمِ يُبْعَثُونَ ﴿١٤﴾
قَالَ اِنَّكَ مِنَ الْمُنْظَرٖينَ ﴿١٥﴾ قَالَ فَبِمَا اَغْوَيْتَنٖى لَاَقْعُدَنَّ لَهُمْ
صِرَاطَكَ الْمُسْتَقٖيمَ ﴿١٦﴾ ثُمَّ لَاٰتِيَنَّهُمْ مِنْ بَيْنِ اَيْدٖيهِمْ وَمِنْ خَلْفِهِمْ
وَعَنْ اَيْمَانِهِمْ وَعَنْ شَمَٓائِلِهِمْ وَلَا تَجِدُ اَكْثَرَهُمْ شَاكِرٖينَ ﴿١٧﴾
قَالَ اخْرُجْ مِنْهَا مَذْؤُمًا مَدْحُورًا لَمَنْ تَبِعَكَ مِنْهُمْ لَاَمْلَئَنَّ جَهَنَّمَ
مِنْكُمْ اَجْمَعٖينَ ﴿١٨﴾ وَيَٓا اٰدَمُ اسْكُنْ اَنْتَ وَزَوْجُكَ الْجَنَّةَ فَكُلَا
مِنْ حَيْثُ شِئْتُمَا وَلَا تَقْرَبَا هٰذِهِ الشَّجَرَةَ فَتَكُونَا مِنَ الظَّالِمٖينَ ﴿١٩﴾
فَوَسْوَسَ لَهُمَا الشَّيْطَانُ لِيُبْدِيَ لَهُمَا مَا وُرِيَ عَنْهُمَا مِنْ سَوْاٰتِهِمَا
وَقَالَ مَا نَهٰيكُمَا رَبُّكُمَا عَنْ هٰذِهِ الشَّجَرَةِ اِلَّٓا اَنْ تَكُونَا مَلَكَيْنِ
اَوْ تَكُونَا مِنَ الْخَالِدٖينَ ﴿٢٠﴾ وَقَاسَمَهُمَٓا اِنّٖى لَكُمَا لَمِنَ النَّاصِحٖينَ ﴿٢١﴾
فَدَلّٰيهُمَا بِغُرُورٍ فَلَمَّا ذَاقَا الشَّجَرَةَ بَدَتْ لَهُمَا سَوْاٰتُهُمَا وَطَفِقَا
يَخْصِفَانِ عَلَيْهِمَا مِنْ وَرَقِ الْجَنَّةِ وَنَادٰيهُمَا رَبُّهُمَٓا اَلَمْ اَنْهَكُمَا
عَنْ تِلْكُمَا الشَّجَرَةِ وَاَقُلْ لَكُمَٓا اِنَّ الشَّيْطَانَ لَكُمَا عَدُوٌّ مُبٖينٌ ﴿٢٢﴾

12. Él (Dios) dijo: «¿Qué te impide postrarte cuando te lo he ordenado?». *Iblis* dijo: «Soy mejor que él, puesto que a mí me creaste de fuego mientras que a él le has creado de barro».

13. (Dios) dijo: «¡Desciende desde allí; no es propio de ti que muestres soberbia allí! ¡Márchate! No cabe duda que eres de los degradados».

14. (Iblis) dijo: «Concédeme una prórroga hasta el Día en que sean resucitados».

15. (Dios) dijo: «Estarás entre (los humanos) a los que se les ha concedido una prórroga (mientras permanezcan en la Tierra)».

16. (Iblis) continuó: «Ahora que Tú me has permitido rebelarme y desviarme, les estaré esperando en Tu Camino Recto (para desviarles del mismo).

17. Entonces, les abordaré por delante y por detrás, por la derecha y por la izquierda[2]. Y a la mayor parte de ellos no les encontrarás agradecidos».

18. Él (Dios) dijo: «¡Sal de ahí deshonrado y degradado! ¡Quienes de ellos te sigan, sin duda alguna, llenaré el Infierno con todos vosotros!».

19. (A Adán le dijo): «¡Oh Adán! Habita tú y tu mujer en el Jardín y comed (de sus frutos) de donde queráis; pero no os acerquéis a este árbol o seréis de los malhechores».

20. Entonces, Satanás, les hizo malvadas insinuaciones a ambos para revelarles sus partes pudendas que les habían estado ocultas (y despertó sus impulsos carnales), y dijo: «El Señor os ha prohibido este árbol sólo para evitar que seáis soberanos o para evitar que os hagáis inmortales».

21. Y les juró: «En verdad, soy un sincero consejero para vosotros».

22. Así les sedujo con engaños. Y una vez hubieron degustado del árbol, sus partes pudendas (y todos los aparentemente impulsos vergonzosos y malignos de su creación) les fueron revelados, y empezaron a cubrirse con hojas del Jardín. Y su Señor les llamó: «¿No os había prohibido de ese árbol, y os había dicho que Satanás era para vosotros un enemigo manifiesto?»[3].

2. Es decir:

- Les abordaré por detrás y sembraré en ellos preocupaciones y desesperación respecto a su futuro. Les invitaré a que no paguen el *Zakat* y a que no den ningún tipo de caridad supererogatoria por miedo a empobrecer. Les instaré a que acumulen su riqueza. Haré que dejen de creer en el Más Allá y les mostraré un oscuro futuro. Les presentaré la senda de los Profetas como reaccionaria y retrógrada y les invitaré a los valles del extravío a través de promesas que les haré sobre su futuro.
- Les abordaré por detrás y les mostraré el pasado como un oscuro cementerio. Mostrándoles el pasado y el presente como oscuros, les empujaré hacia el pesimismo y hacia una congoja tras otra. Les incitaré a que se aparten de la senda de los Profetas y a que condenen y rechacen su pasado, animándoles a que revivan su anterior pasado (ancestral) cuando adoraban a lo que denominaban deidades y llevaban una vida corrupta de pura ignorancia, haciendo que vean en ello progreso.
- Les abordaré por su derecha y les mostraré que sus devociones religiosas son perfectas, llevándoles a la ostentación, el orgullo y el deseo de que su vida religiosa sea conocida y alabada por los demás. Esto hará que todas sus cosas se echen a perder. También haré que le den más importancia a los asuntos secundarios de la religión y descuiden lo esencial, haciendo así que difieran entre ellos y surjan conflictos. También, haré que empleen la religión para sus intereses y ambiciones mundanos y para la satisfacción de sus deseos carnales, pero les insinuaré que lo están haciendo por motivos religiosos e intentaré, de la mejor manera posible, que marchen al Más Allá desprovistos de buenas acciones.
- Les abordaré por su izquierda y les incitaré a que rechacen la existencia de Dios y del Más Allá, otros puntos esenciales de la fe, y a que busquen sistemas diferentes de creencia e ideologías. Les instaré a que se esfuercen e incluso luchen contra la religión de Dios y contra todos los que la siguen. Les invitaré a que se sumerjan en las ciénagas del pecado, tal y como el adulterio, la prostitución, la ingesa de alcohol, el juego, etc. Haré que lleven a cabo transacciones ilegales, como el soborno, la usura, la corrupción, el robo, los atracos, el engaño y otras formas de pecado, tal y como la injusticia, la opresión, el asesinato, la falta de respeto a los padres y la violación de los derechos humanos elementales. Les invitaré a que presenten todo eso bajo el nombre de justicia, paz, humanismo, progreso y civilización.

3. Las relaciones entre Adán —o el ser humano—, e *Iblis* —y/o Satanás—, que constituyen uno de los puntos importantes mencionados en el *Sura al-Baqara* (versículos 34-39, notas 34-44), se narran aquí con mayor detalle y son el tema principal del *sura*. Para entender la naturaleza de la humanidad y de su vida mundana como es debido, esta relación debe quedar clara. Los principales aspectos de esta relación pueden resumirse de la siguiente manera:

- A pesar de estar dotados de libre albedrío, por muy débil que sea, los ángeles no tienen capacidad de hacer el mal, mientras que Satanás es un ser que ha perdido completamente su capacidad de hacer el bien. Por contra, los seres humanos tienen capacidad de hacer tanto el bien como el mal debido a la naturaleza dual de nuestra pertenencia tanto al mundo físico como al metafísico y al hecho de poseer una dimensión espiritual o angelical y una satánica. Sin embargo, el mal significa destrucción, y la ausencia de sólo una parte de algo sería suficiente para su destrucción. El bien significa existencia, y la existencia de algo depende de la existencia de todas sus partes. Por lo tanto, como la humanidad puede causar gran destrucción, e incluso puede superar a Satanás en su capacidad de causar daño, tenemos muy poco poder y habilidad para hacer el bien. Necesitamos ayuda y apoyo para hacer el bien, por eso Dios ha establecido en nosotros sentidos que piden ayuda y apoyo en nuestros corazones. Esos sentidos conducen a la humanidad hacia Dios.

- La naturaleza dual de la humanidad y el hecho de que poseamos libre albedrío son las razones por las cuales nuestro mundo interno es un campo de batalla entre el bien y el mal. Sentimos las dos llamadas opuestas, una que proviene de Dios y de los ángeles y otra que procede de Satanás y del alma que ordena lo maligno. La verdadera humanidad está basada en dicha lucha. Los ángeles, al no tener capacidad de obrar mal y no luchar con ninguna fuerza maligna inherente, no progresan espiritualmente; su estación es fija. Sin embargo, la lucha humana contra las fuerzas del mal estimula el potencial de la humanidad y hace que progrese tanto científica como intelectualmente. Por esa razón, esta lucha es el motor que pone en movimiento la evolución espiritual de los seres humanos.
- Lo que provocó que Satanás fuese excluido de la misericordia de Dios fue su arrogancia y vanidad. Como muchos individuos de nuestros tiempos modernos pensó que la superioridad radica en la composición física y se opuso al mandato de Dios. Insistió en su desafío e intentó buscar excusas para ello. Eso hizo que perdiese su habilidad para reformarse a sí mismo y le llevó a la condena eterna. En contraste, Adán y Eva sintieron inmediatamente remordimiento después de su error y rogaron perdón a Dios. Esto nos enseña que debemos arrepentirnos y pedir perdón a Dios por cualquier mal que hayamos cometido. Para poder hacer eso, hemos de entender nuestra pobreza y nuestra impotencia innata ante Dios y tenemos que poder comprender cómo siempre necesitamos Su ayuda y apoyo. También debemos abandonar todo tipo de arrogancia y ser humildes.
- Tenemos que estar siempre alerta ante las seducciones de los diablos que se hallan entre los humanos y genios, y nunca hemos de sucumbir ante sus invitaciones.

قَالَا رَبَّنَا ظَلَمْنَا اَنْفُسَنَا وَاِنْ لَمْ تَغْفِرْ لَنَا وَتَرْحَمْنَا لَنَكُونَنَّ
مِنَ الْخَاسِرِينَ ﴿٢٣﴾ قَالَ اهْبِطُوا بَعْضُكُمْ لِبَعْضٍ عَدُوٌّ وَلَكُمْ
فِي الْاَرْضِ مُسْتَقَرٌّ وَمَتَاعٌ اِلٰى حِينٍ ﴿٢٤﴾ قَالَ فِيهَا تَحْيَوْنَ
وَفِيهَا تَمُوتُونَ وَمِنْهَا تُخْرَجُونَ ﴿٢٥﴾ يَا بَنِي اٰدَمَ قَدْ اَنْزَلْنَا
عَلَيْكُمْ لِبَاسًا يُوَارِي سَوْاٰتِكُمْ وَرِيشًا وَلِبَاسُ التَّقْوٰى ذٰلِكَ
خَيْرٌ ذٰلِكَ مِنْ اٰيَاتِ اللّٰهِ لَعَلَّهُمْ يَذَّكَّرُونَ ﴿٢٦﴾ يَا بَنِي اٰدَمَ
لَا يَفْتِنَنَّكُمُ الشَّيْطَانُ كَمَا اَخْرَجَ اَبَوَيْكُمْ مِنَ الْجَنَّةِ يَنْزِعُ
عَنْهُمَا لِبَاسَهُمَا لِيُرِيَهُمَا سَوْاٰتِهِمَا اِنَّهُ يَرٰيكُمْ هُوَ وَقَبِيلُهُ مِنْ
حَيْثُ لَا تَرَوْنَهُمْ اِنَّا جَعَلْنَا الشَّيَاطِينَ اَوْلِيَاءَ لِلَّذِينَ لَا يُؤْمِنُونَ ﴿٢٧﴾
وَاِذَا فَعَلُوا فَاحِشَةً قَالُوا وَجَدْنَا عَلَيْهَا اٰبَاءَنَا وَاللّٰهُ اَمَرَنَا بِهَا قُلْ
اِنَّ اللّٰهَ لَا يَأْمُرُ بِالْفَحْشَاءِ اَتَقُولُونَ عَلَى اللّٰهِ مَا لَا تَعْلَمُونَ ﴿٢٨﴾
قُلْ اَمَرَ رَبِّي بِالْقِسْطِ وَاَقِيمُوا وُجُوهَكُمْ عِنْدَ كُلِّ مَسْجِدٍ
وَادْعُوهُ مُخْلِصِينَ لَهُ الدِّينَ كَمَا بَدَاَكُمْ تَعُودُونَ ﴿٢٩﴾
فَرِيقًا هَدٰى وَفَرِيقًا حَقَّ عَلَيْهِمُ الضَّلَالَةُ اِنَّهُمُ اتَّخَذُوا
الشَّيَاطِينَ اَوْلِيَاءَ مِنْ دُونِ اللّٰهِ وَيَحْسَبُونَ اَنَّهُمْ مُهْتَدُونَ ﴿٣٠﴾

يَا بَنِي

23. Dijeron (inmediatamente): «¡Señor nuestro! Hemos sido injustos con nosotros mismos y si no nos perdonas y no tienes misericordia de nosotros, no cabe duda que nos hallaremos entre los perdedores!».

24. (Dios) Dijo: «Descended (todos vosotros) (y de ahora en adelante viviréis una vida) siendo unos enemigos de otros. Tendréis en la Tierra una morada y provisión hasta un tiempo determinado».

25. (Dios) Dijo: «En ella viviréis y en ella moriréis y de ella se os resucitará (en el Día de la Resurrección).

26. ¡Oh hijos de Adán! Con toda certeza, hemos hecho descender sobre vosotros una vestimenta[4] para cubrir vuestras partes pudendas y vestidos para adorno. Sin embargo, (recordad que) el vestido de la piedad y de la rectitud es el mejor de todos[5]. Eso forma parte de los signos de Dios, para que tal vez así reflexionen y sean considerados.

27. ¡Oh hijos de Adán! No permitáis que Satanás os seduzca (y que os haga caer en tentaciones similares) ya que provocó que vuestros antepasados (ancestrales) fueran expulsados del Jardín, despojándoles de su vestido y revelándoles su partes pudendas (y los impulsos carnales que ello conllevaba). Él os ve, Él y sus huestes (os ven), desde donde no les veis. Hemos hecho a los demonios confidentes y cómplices de aquellos que no creen.

28. Y cuando cometen una indecencia (como circunvalar desnudos alrededor de la Ka'ba), dicen (intentando excusarse a sí mismos): «Encontramos a nuestros antepasados haciéndolo (y seguimos sus pasos) y esto es lo que Dios nos ha ordenado». Di: «En verdad, Dios no ordena la indecencia. ¿O es que habláis sobre Dios sin tener conocimiento?».

29. Di: «Mi Señor ordena lo recto y la justicia». Volved hacia Él vuestros rostros (es decir, todo vuestro ser) siempre que os levantéis para hacer la Oración e invocadle con fe sincera en Él y practicando la Religión sólo por Él. Del mismo modo que os originó (en la existencia), así volveréis a Él.

30. A una parte la ha guiado (al Camino Recto), pero para la otra parte se ha confirmado el extravío. Han adoptado a los demonios como confidentes, partidarios y guardianes en lugar de Dios y aun así creen que están rectamente guiados[6].

4. El empleo de la frase «hecho descender» respecto a las cosas que los seres humanos necesitan para la vida, como vestimentas y —tal y como figura más adelante en el Corán 57:25— hierro, significa que todo ello son favores que Dios ha creado para beneficio de la humanidad.

5. Cubrimos nuestras partes pudendas y todo nuestro cuerpo con otras prendas de vestir, pero el vestido de la piedad y la rectitud transforman los impulsos aparentemente negativos de nuestra naturaleza y los canalizan hacia medios de virtud que nos adornan.

6. Los últimos dos versículos, en concreto las frases *Del mismo modo que os originó (en la existencia), así volveréis a Él* y *A una parte la ha guiado (al Camino Recto), pero para la otra parte se ha confirmado el extravío*, hace referencia a ciertas verdades significativas:

- Mientras que todas las criaturas poseen una existencia arquetípica en el conocimiento de Dios, el Destino determina su naturaleza y el Poder (Divino) las cubre en el tipo de existencia que les es peculiar. Siendo transferida de un mundo a otro y envuelta en la existencia física de este mundo, la humanidad ha comenzado el camino que conduce al Más Allá. Este camino comenzó cuando dio su primer paso en el mundo. Los seres humanos serán despojados del vestido corporal cuando mueran y se les hará resucitar en otro mundo en el Día de la Resurrección, cuando este mundo sea destruido y reconstruido. El mundo de cada uno en esta nueva dimensión será construido de acuerdo a sus actos en la vida terrenal.
- Al mismo tiempo que hace referencia a este viaje de la humanidad —consistente en descender desde los altos y transcendentales mundos y ascender hacia los mismos—, la expresión *Del mismo modo que os originó (en la existencia), así volveréis a Él,* también alude al hecho de que el tiempo no progresa linealmente, sino que lo hace en ciclos, tal y como la Tierra, el Sol y el Sistema Solar que se mueven en órbitas unos alrededor de otros. Esta expresión también se refiere al hecho de que el día y la noche, el invierno y la primavera, y el invierno o los períodos nocturnos similares y la primavera o los períodos diurnos similares existen en la vida de los individuos y de las comunidades alternándose los unos con otros.
- La frase, *A una parte la ha guiado (al Camino Recto), pero para la otra parte se ha confirmado el extravío,* nos enseña que la guía y el Camino Recto provienen de Dios, pero que son las personas las que causan el extravío. Esto se debe a que la guía significa existencia y construcción. La existencia de algo depende de la existencia de todas sus partes. Por lo tanto, los seres humanos son totalmente incapaces de crear las condiciones necesarias para la guía y necesitan absolutamente a Dios y Su ayuda para encontrarla. Por contra, extraviarse o no hallarse guiado significa inexistencia y destrucción. En vista de que la destrucción de algo es posible por medio de la destrucción o la inexistencia de una de sus partes, la humanidad puede superar a los diablos en destrucción. Por lo tanto, con la intención de ser salvados de la destrucción y del extravío, los seres humanos necesitan la ayuda de Dios y nunca deben dejar de tener cuidado y de practicar la autocrítica. Bediüzzaman Said Nursi nos ofrece un excelente criterio para ello: «Toma el acto de suplicar perdón a Dios por tus pecados con una de tus manos y con la otra reza. El acto de suplicar perdón secciona la maldad y el pecado desde su raíz, mientras que la oración incita a hacer el bien». [*The Words*, («Las Palabras») «The 26th Word» (« La 26ª Palabra»), pág. 485]. Es decir que una persona debe siempre suplicarle a Dios perdón por sus pecados y ha de rezarle en su intento de salvarse de los pecados y del mal.

يَا بَنِي اٰدَمَ خُذُوا زِينَتَكُمْ عِنْدَ كُلِّ مَسْجِدٍ وَكُلُوا وَاشْرَبُوا
وَلَا تُسْرِفُوا اِنَّهُ لَا يُحِبُّ الْمُسْرِفِينَ ۝٣١ قُلْ مَنْ حَرَّمَ زِينَةَ اللّٰهِ
الَّتِي اَخْرَجَ لِعِبَادِهِ وَالطَّيِّبَاتِ مِنَ الرِّزْقِ قُلْ هِيَ لِلَّذِينَ اٰمَنُوا
فِي الْحَيٰوةِ الدُّنْيَا خَالِصَةً يَوْمَ الْقِيٰمَةِ كَذٰلِكَ نُفَصِّلُ الْاٰيَاتِ لِقَوْمٍ
يَعْلَمُونَ ۝٣٢ قُلْ اِنَّمَا حَرَّمَ رَبِّيَ الْفَوَاحِشَ مَا ظَهَرَ مِنْهَا وَمَا
بَطَنَ وَالْاِثْمَ وَالْبَغْيَ بِغَيْرِ الْحَقِّ وَاَنْ تُشْرِكُوا بِاللّٰهِ مَا لَمْ يُنَزِّلْ
بِهِ سُلْطَانًا وَاَنْ تَقُولُوا عَلَى اللّٰهِ مَا لَا تَعْلَمُونَ ۝٣٣ وَلِكُلِّ اُمَّةٍ
اَجَلٌ فَاِذَا جَاءَ اَجَلُهُمْ لَا يَسْتَاْخِرُونَ سَاعَةً وَلَا يَسْتَقْدِمُونَ ۝٣٤
يَا بَنِي اٰدَمَ اِمَّا يَاْتِيَنَّكُمْ رُسُلٌ مِنْكُمْ يَقُصُّونَ عَلَيْكُمْ اٰيَاتِي
فَمَنِ اتَّقٰى وَاَصْلَحَ فَلَا خَوْفٌ عَلَيْهِمْ وَلَا هُمْ يَحْزَنُونَ ۝٣٥
وَالَّذِينَ كَذَّبُوا بِاٰيَاتِنَا وَاسْتَكْبَرُوا عَنْهَا اُولٰئِكَ اَصْحَابُ النَّارِ
هُمْ فِيهَا خَالِدُونَ ۝٣٦ فَمَنْ اَظْلَمُ مِمَّنِ افْتَرٰى عَلَى اللّٰهِ كَذِبًا
اَوْ كَذَّبَ بِاٰيَاتِهِ اُولٰئِكَ يَنَالُهُمْ نَصِيبُهُمْ مِنَ الْكِتَابِ حَتّٰى
اِذَا جَاءَتْهُمْ رُسُلُنَا يَتَوَفَّوْنَهُمْ قَالُوا اَيْنَ مَا كُنْتُمْ تَدْعُونَ مِنْ دُونِ
اللّٰهِ قَالُوا ضَلُّوا عَنَّا وَشَهِدُوا عَلٰى اَنْفُسِهِمْ اَنَّهُمْ كَانُوا كَافِرِينَ ۝٣٧

31. ¡Oh hijos de Adán! Vestiros de manera limpia y hermosa para cada acto de devoción; y (sin prohibir lo que Dios ha hecho lícito para vosotros) comed y bebed, pero no os excedáis (comiendo en exceso o consumiendo de modo innecesario). En verdad, Él no ama a los derrochadores.

32. Di: «¿Quién es el que prohíbe las cosas bellas (obtenidas de las plantas, animales y minerales) que Dios ha creado para Sus siervos y las cosas puras y sanas de entre las provisiones?». Di: «Son para (el disfrute de) los creyentes en la vida del mundo (sin excluir a los demás), y serán exclusivamente para ellos en el Día de la Resurrección». Así es como hemos establecido detalladamente Nuestros signos (mostrando Nuestro camino) y Revelaciones para las personas que buscan conocimiento[7].

33. Di: «Mi Señor tan sólo ha prohibido las obras indecentes y vergonzosas (tal y como la fornicación, el adulterio, la prostitución y la homosexualidad), ya sean aparentes y cometidas abiertamente, o aquellas cometidas en secreto; y cualquier acto explícitamente pecaminoso[8], así como la insolencia y las ofensas (contra la Religión, la vida, la propiedad personal, la castidad de los demás y la salud mental y física) que son francamente injustificadas; y (está también prohibido) que Le atribuyáis copartícipes a Dios —algo para lo cual no ha enviado autoridad alguna— y que digáis contra Dios cosas de las que no tenéis conocimiento seguro[9].

34. Y (has de saber que) para cada comunidad hay un plazo establecido (por Dios considerando su libre albedrío); y cuando llegue el final de este plazo, nadie podrá retrasarlo ni un momento ni podrá adelantarlo[10].

35. ¡Oh hijos de Adán! (En cuanto a vuestra vida mundana, el plazo que ha sido ya establecido, lo hemos decretado): Cuando os vengan Mensajeros surgidos de entre vosotros que os relaten Mis Revelaciones, aquel que entonces evite desobedecerme a Mí y a ellos para merecer Mi protección y se enmiende, actuando en pos de la paz general en la comunidad, no tendrán que temer ni se entristecerán.

36. Pero aquellos que nieguen Nuestras Revelaciones y se aparten arrogantemente de las mismas, esos serán los compañeros del Fuego donde morarán.

37. ¿Y quién es más malhechor que aquel que inventa mentiras y se las atribuye a

Dios y negando Sus Revelaciones y signos (en el universo y en ellos mismos)? La parte completa de lo que les corresponde del decreto de Dios (respecto a la vida y a la providencia) les llegará, hasta que Nuestros enviados (ángeles designados para este deber) vengan a ellos a llevarse sus almas, y dirán: «¿Dónde están ahora aquellos a los que deificasteis e invocasteis aparte de Dios?». Dirán: «Nos han abandonado», por lo que atestiguarán contra sí mismos que fueron (siempre) incrédulos.

---

7. Grandes malentendidos y comportamientos incorrectos han sido provocados por el hecho de haber generalizado algunos asuntos específicos. Uno de estos asuntos es la categórica condena del mundo y el concepto de ascetismo.

Los seres humanos tienen la función o el deber de ser vicerregentes en la Tierra. Esta función o deber conlleva el derecho a interferir con las cosas dentro de los límites (del equilibrio ecológico y las leyes universales de la «naturaleza») establecidos por Dios para mejorar la Tierra y gobernarla en Nombre de Dios con las leyes que Él ha establecido. Ni que decir tiene que ese deber recae, ante todo, sobre los creyentes. La negación de Dios o la falta de religión cercenan la relación entre Dios y los seres humanos, convirtiendo a la humanidad en seres que derraman sangre y causan desasosiego en la Tierra. Ya que el mantenimiento de la existencia humana depende de que haya un formidable grupo de creyentes que esté dotado con el potencial para llevar a cabo lo que la Confianza Divina les ha encomendado, los favores Divinos de la Tierra pertenecen, ante todo, a dicha gente y es su deber administrarlos y distribuirlos justamente entre los individuos. Eso significa que es deber de los creyentes emplear dichos favores de la Tierra dentro de los límites establecidos por el Islam, y es su deber administrarlos y distribuirlos justamente entre la gente y agradecérselo a Dios. Sin embargo, les está prohibido sobrepasar los límites legales al beneficiarse de dichos favores, y hacer del comer y del beber la meta de sus vidas. El hecho de excederse en el consumo no sólo causa demasiada competitividad así como conflicto sobre lo que es comido y bebido, si no que también supone que la energía acumulada por los seres humanos, se malgasta sin medida, llegando a causar pecados destructivos, como por ejemplo el adulterio y la prostitución. Si uno se entrega a la comida y a la bebida, se está más inclinado a buscar la gratificación de los otros deseos de un modo abusivo. Por lo tanto, para ampararse en la protección contra dicha destrucción, los individuos deben buscar refugio en el ascetismo, lo cual es incluso aconsejable. Pero la comunidad musulmana no puede dejar los favores de la Tierra y su administración y distribución en manos de los demás en nombre del ascetismo. Tal y como Bediüzzaman señala, los creyentes no deben establecer su corazón en el mundo, sino que deben buscar, trabajar y ganarse la vida para mantenerse, defender la Palabra de Dios y gastar en Su causa.

8. Ejemplos de actos explícitamente inmorales son consumir bebidas alcohólicas, estupefacientes, sangre, carroña, carne de cerdo, participar en juegos de azar, el soborno, la usurpación, la corrupción, el robo etc.

9. Véase también los versículos 5:3 y 6:151-152.

10. Este versículo no significa que en la historia prevalece un determinismo absoluto. Más bien indica que el Corán contempla a los seres humanos como «motor» de la historia, muy al contrario de los enfoques fatalistas de algunas filosofías de la historia del siglo XIX, tal y como el materialismo dialéctico y el historicismo. Dichas filosofías afirman que el tiempo y las condiciones rigen la historia humana y lo único que las personas deben hacer es mantenerse en la corriente del tiempo, la cual

progresa independientemente de la voluntad humana. Sin embargo, de acuerdo con el Corán, de la misma manera que la voluntad y el comportamiento del individuo determinan el resultado de su vida en este mundo y en el Más Allá, el declive de la sociedad está determinado por la voluntad, la cosmovisión y el estilo de vida de sus miembros. El Corán indica (13:11): *Dios no cambia las condiciones de un pueblo a menos que se cambie a sí mismo (sus creencias, cosmovisión y estilo de vida)*. En otras palabras, cada sociedad tiene en sus manos las riendas de su destino. Un *hadiz* subraya dicha idea: «Seréis gobernados de acuerdo a cómo seáis» (al-Hindi, 6:89). Por lo tanto, el versículo debe ser contemplado a la luz del libre albedrío humano y su relación con la Eterna Voluntad Divina. Otros versículos con explicaciones relacionadas con lo indicado son: (*sura* 2:20, nota 13; *sura* 4, nota 18; *sura* 5: 40, nota 8; *sura* 6: 39, 112, 137, nota 8). Ya que Dios es absolutamente independiente del tiempo y ve todas las cosas, contemplando todos los momentos temporales como si no estuvieran contenidos en un solo punto, Él no puede ser concebido en términos de pasado, presente o futuro. Su Voluntad es, en cierto modo, idéntica a Su conocimiento y cada acontecimiento tiene lugar de acuerdo con la ley de causa y efecto que Su Voluntad ha establecido. Por lo tanto, el versículo hace referencia más a un fenómeno que a una ley coercitiva y determinante. Los versículos que siguen clarifican el asunto.

38. (Dios) dice: «¡Ingresar en compañía de las comunidades de genios y seres humanos que entraron antes que vosotros en el Fuego!». Cada vez que una comunidad entra en el Fuego, maldice a su comunidad-hermana (que la precedió); hasta tal punto que, cuando todas hayan coincidido allí, una tras otra, las que vinieron al final dirán de las que vinieron antes: «¡Señor nuestro! ¡Esos son los que nos extraviaron: dales, pues, un doble castigo en el Fuego!». (Dios) dirá: «Cada una tendrá el doble (ya que las que ingresaron al principio se desviaron a sí mismas y desviaron a otras, y las que ingresaron posteriormente se desviaron a sí mismas e imitaron ciegamente a las otras) pero no lo sabéis».

39. A continuación, las que precedieron dirán a las posteriores: «¡No sois de ninguna manera superiores a nosotros; por lo tanto, probad el castigo por todo aquello (los pecados) que os habéis afanado en lograr (a través de vuestras creencias y obras)!».

40. Aquellos que niegan Nuestras Revelaciones y se muestren arrogantes ante ellas, para ellos no cabe duda que no se abrirán las puertas del Cielo (es decir, Dios no aceptará sus buenas acciones) y no entrarán en el Paraíso como tampoco un camello pasa a través del ojo de una aguja. Así recompensamos a los incrédulos criminales.

41. Para ellos hay un lecho en el Fuego del Infierno, y, sobre ellos habrá una cobertura (del mismo fuego)[11]. Así es como recompensamos a los malhechores.

42. Mas los que creen y practican actos buenos y rectos —no cargamos a nadie con responsabilidad sino en la medida de

قَالَ ادْخُلُوا فِى اُمَمٍ قَدْ خَلَتْ مِنْ قَبْلِكُمْ مِنَ الْجِنِّ وَالْاِنْسِ
فِى النَّارِ كُلَّمَا دَخَلَتْ اُمَّةٌ لَعَنَتْ اُخْتَهَا حَتّٰٓى اِذَا ادَّارَكُوا فِيهَا
جَمِيعًا قَالَتْ اُخْرٰيهُمْ لِاُولٰيهُمْ رَبَّنَا هٰٓؤُلَٓاءِ اَضَلُّونَا فَاٰتِهِمْ
عَذَابًا ضِعْفًا مِنَ النَّارِ قَالَ لِكُلٍّ ضِعْفٌ وَلٰكِنْ لَا تَعْلَمُونَ ﴿٣٨﴾
وَقَالَتْ اُولٰيهُمْ لِاُخْرٰيهُمْ فَمَا كَانَ لَكُمْ عَلَيْنَا مِنْ فَضْلٍ
فَذُوقُوا الْعَذَابَ بِمَا كُنْتُمْ تَكْسِبُونَ ﴿٣٩﴾ اِنَّ الَّذِينَ كَذَّبُوا بِاٰيَاتِنَا
وَاسْتَكْبَرُوا عَنْهَا لَا تُفَتَّحُ لَهُمْ اَبْوَابُ السَّمَٓاءِ وَلَا يَدْخُلُونَ
الْجَنَّةَ حَتّٰى يَلِجَ الْجَمَلُ فِى سَمِّ الْخِيَاطِ وَكَذٰلِكَ نَجْزِى
الْمُجْرِمِينَ ﴿٤٠﴾ لَهُمْ مِنْ جَهَنَّمَ مِهَادٌ وَمِنْ فَوْقِهِمْ غَوَاشٍ
وَكَذٰلِكَ نَجْزِى الظَّالِمِينَ ﴿٤١﴾ وَالَّذِينَ اٰمَنُوا وَعَمِلُوا الصَّالِحَاتِ
لَا نُكَلِّفُ نَفْسًا اِلَّا وُسْعَهَا اُولٰٓئِكَ اَصْحَابُ الْجَنَّةِ هُمْ
فِيهَا خَالِدُونَ ﴿٤٢﴾ وَنَزَعْنَا مَا فِى صُدُورِهِمْ مِنْ غِلٍّ تَجْرِى
مِنْ تَحْتِهِمُ الْاَنْهَارُ وَقَالُوا الْحَمْدُ لِلّٰهِ الَّذِى هَدٰينَا لِهٰذَا وَمَا كُنَّا
لِنَهْتَدِىَ لَوْلَٓا اَنْ هَدٰينَا اللّٰهُ لَقَدْ جَٓاءَتْ رُسُلُ رَبِّنَا بِالْحَقِّ
وَنُودُٓوا اَنْ تِلْكُمُ الْجَنَّةُ اُورِثْتُمُوهَا بِمَا كُنْتُمْ تَعْمَلُونَ ﴿٤٣﴾

وَنَادٰى

su capacidad— ellos serán los compañeros del Paraíso, donde morarán.

43. Erradicaremos cualquier rencor y envidia que haya en sus pechos (que hayan podido sentir hacia otros creyentes mientras se hallan en el mundo). Discurrirán bajo sus pies arroyos (y ellos mismos desbordados de gratitud) dirán: «Toda la alabanza y la gratitud son para Dios, que nos ha guiado a esto (a esta prosperidad como resultado de la guía con la que nos ha favorecido en este mundo). Si Dios no nos hubiese guiado, sin duda alguna, no habríamos encontrado el Camino Recto. Los Mensajeros de nuestro Señor sin duda vinieron con la verdad». Y una voz les proclamará: «Este es el Paraíso que habéis heredado a cambio de lo que solíais hacer (en el mundo)».

11. Haciendo uso de un estilo extraordinario y elocuente, el versículo supone que aquellos que son descritos se complacen en yacer sobre confortables camas bajo confortables envolturas. La recompensa es otorgada en la misma medida que el crimen. Aquellos que se complacen en yacer en confortables camas también se complacen en comer, entretenerse y entregarse a sus impulsos sexuales. Aquí podemos recordar el *hadiz*: «Respecto a mi comunidad, temo un estómago grande, dormir en exceso, la ociosidad y la falta de certeza» (al-Hindi, 3:460). Además de ser un obstáculo para la creencia, dicha vida también afecta a los derechos de los demás. Es significativo que este versículo describe a dicha gente como malhechores. Cometen injusticias contra los demás y contra ellos mismos.

وَنَادٰٓى اَصْحَابُ الْجَنَّةِ اَصْحَابَ النَّارِ اَنْ قَدْ وَجَدْنَا مَا وَعَدَنَا
رَبُّنَا حَقًّا فَهَلْ وَجَدْتُمْ مَا وَعَدَ رَبُّكُمْ حَقًّا قَالُوا نَعَمْ فَاَذَّنَ
مُؤَذِّنٌ بَيْنَهُمْ اَنْ لَعْنَةُ اللّٰهِ عَلَى الظَّالِمِينَ ﴿٤٤﴾ اَلَّذِينَ يَصُدُّونَ
عَنْ سَبِيلِ اللّٰهِ وَيَبْغُونَهَا عِوَجًا وَهُمْ بِالْاٰخِرَةِ كَافِرُونَ ﴿٤٥﴾ وَبَيْنَهُمَا
حِجَابٌ وَعَلَى الْاَعْرَافِ رِجَالٌ يَعْرِفُونَ كُلًّا بِسِيمٰيهُمْ وَنَادَوْا
اَصْحَابَ الْجَنَّةِ اَنْ سَلَامٌ عَلَيْكُمْ لَمْ يَدْخُلُوهَا وَهُمْ يَطْمَعُونَ ﴿٤٦﴾
وَاِذَا صُرِفَتْ اَبْصَارُهُمْ تِلْقَٓاءَ اَصْحَابِ النَّارِ قَالُوا رَبَّنَا
لَا تَجْعَلْنَا مَعَ الْقَوْمِ الظَّالِمِينَ ﴿٤٧﴾ وَنَادٰٓى اَصْحَابُ الْاَعْرَافِ
رِجَالًا يَعْرِفُونَهُمْ بِسِيمٰيهُمْ قَالُوا مَٓا اَغْنٰى عَنْكُمْ جَمْعُكُمْ
وَمَا كُنْتُمْ تَسْتَكْبِرُونَ ﴿٤٨﴾ اَهٰٓؤُلَٓاءِ الَّذِينَ اَقْسَمْتُمْ لَا يَنَالُهُمُ اللّٰهُ
بِرَحْمَةٍ اُدْخُلُوا الْجَنَّةَ لَا خَوْفٌ عَلَيْكُمْ وَلَٓا اَنْتُمْ تَحْزَنُونَ ﴿٤٩﴾
وَنَادٰٓى اَصْحَابُ النَّارِ اَصْحَابَ الْجَنَّةِ اَنْ اَفِيضُوا عَلَيْنَا مِنَ
الْمَٓاءِ اَوْ مِمَّا رَزَقَكُمُ اللّٰهُ قَالُٓوا اِنَّ اللّٰهَ حَرَّمَهُمَا عَلَى الْكَافِرِينَ ﴿٥٠﴾
اَلَّذِينَ اتَّخَذُوا دِينَهُمْ لَهْوًا وَلَعِبًا وَغَرَّتْهُمُ الْحَيٰوةُ الدُّنْيَا فَالْيَوْمَ
نَنْسٰيهُمْ كَمَا نَسُوا لِقَٓاءَ يَوْمِهِمْ هٰذَا وَمَا كَانُوا بِاٰيَاتِنَا يَجْحَدُونَ ﴿٥١﴾

44. Los compañeros del Paraíso proclamarán a los compañeros del Fuego: «Ahora hemos descubierto que lo que nuestro Señor nos había prometido era verdad. ¿Habéis descubierto (también) vosotros que es verdad lo que vuestro Señor os prometió?». Dirán: «¡Sí!» Y alguien encargado proclamará entre ellos: «¡Que la maldición (el rechazo y la condena) de Dios caiga sobre todos los malhechores!».

45. (Los malhechores son) aquellos que apartan a la gente del camino de Dios, intentando hacerlo tortuoso; y son incrédulos persistentes en el Más Allá.

46. Y entre ambos hay una barrera y en las Alturas (entre el Paraíso y el Infierno) hay algunos hombres[12], que reconocerán a cada parte por su semblante. Ellos —sin que ingresen al Paraíso pero deseándolo— proclamarán a los compañeros del Paraíso: «¡Que la paz sea sobre vosotros!».

47. Y cuando sus ojos se tornen hacia los compañeros del Fuego dirán (con pavor a dicho estado): «¡Señor nuestro! ¡No nos incluyas entre los malhechores!».

48. La gente de las Alturas proclamarán a algunos hombres (que eran los líderes de la incredulidad en el mundo, y) a los que habrán reconocido por sus marcas (en sus semblantes) y les dirán: «¡(Ahora veis que) ni vuestro número, ni vuestras riquezas que acumulasteis, ni la creciente soberbia y vanidad que tuvisteis os han servido de nada!».

49. (Señalando a los compañeros del Paraíso, continuarán): «¿No son estos de aquí aquellos de los que aseverasteis que Dios no iba a favorecer con Misericordia?». (Puesto que son ellos a los que se les ha dicho:) «Entrad en el Paraíso, no tendréis nada que temer ni os entristeceréis».

50. Y los compañeros del Fuego suplicarán a los compañeros del Jardín: «¡Derramad sobre nosotros un poco de agua o algo de lo que Dios os ha proveído!». Dirán: «No cabe duda, Dios ha prohibido ambas cosas para los incrédulos».

51. (Los incrédulos son) aquellos que consideraron su Religión (designada para ellos por Dios) como disfrute y entretenimiento (y que han hecho de su religión un juego y una diversión) y aquellos que han sido seducidos por la vida mundana. Por lo tanto, hacemos caso omiso de ellos hoy (en cuanto al perdón y al favor) del mismo modo que ellos hicieron caso omiso del encuentro de este Día suyo y fueron obstinados rechazando Nuestras Revelaciones.

12. Algunos intérpretes del Corán son de la opinión de que estos hombres mencionados eran Profetas y otros amados siervos de Dios que se hallaban próximos a Él. Otros defienden la idea de que son creyentes cuyas buenas y malas acciones se encuentran en iguales proporciones y están a la espera del perdón de Dios. Fethullah Gülen, un erudito contemporáneo de origen turco, ofrece una excelente explicación: «Cualquiera que sea la adversidad que golpea al creyente, ésta sirve como medio de perdón para algunos de sus pecados. Dios perdona algunos de los pecados de Sus siervos creyentes haciéndoles que sufran dolores mortales, a algunos los perdona haciéndoles sufrir en la tumba, a algunos a través de tribulaciones en la Llanura de la Reunión Suprema, a otros mientras sus acciones son ponderadas, e incluso hay otros que sus pecados todavía deben ser perdonados y que se les hace permanecer en las Alturas del muro que existe entre el Paraíso y el Infierno. Por lo tanto, las personas mencionadas en este versículo, pueden ser creyentes cuyos pecados restantes serán perdonados siendo ubicados entre el Paraíso y el Infierno, manteniéndoles en vilo y con temor de ser arrojados al Infierno, mientras que también esperan el perdón de Dios y la admisión en el Paraíso». (*Tereddütler*, 4:133–136). Dios es el Más Sabio.

وَلَقَدْ جِئْنَاهُمْ بِكِتَابٍ فَصَّلْنَاهُ عَلٰى عِلْمٍ هُدًى وَرَحْمَةً لِقَوْمٍ
يُؤْمِنُونَ ﴿٥٢﴾ هَلْ يَنْظُرُونَ اِلَّا تَاْوٖيلَهُۜ يَوْمَ يَاْتٖى تَاْوٖيلُهُ يَقُولُ
الَّذٖينَ نَسُوهُ مِنْ قَبْلُ قَدْ جَٓاءَتْ رُسُلُ رَبِّنَا بِالْحَقِّۚ فَهَلْ
لَنَا مِنْ شُفَعَٓاءَ فَيَشْفَعُوا لَنَٓا اَوْ نُرَدُّ فَنَعْمَلَ غَيْرَ الَّذٖى كُنَّا
نَعْمَلُۜ قَدْ خَسِرُٓوا اَنْفُسَهُمْ وَضَلَّ عَنْهُمْ مَا كَانُوا يَفْتَرُونَ ﴿٥٣﴾
اِنَّ رَبَّكُمُ اللّٰهُ الَّذٖى خَلَقَ السَّمٰوَاتِ وَالْاَرْضَ فٖى سِتَّةِ
اَيَّامٍ ثُمَّ اسْتَوٰى عَلَى الْعَرْشِ يُغْشِى الَّيْلَ النَّهَارَ يَطْلُبُهُ
حَثٖيثًا وَالشَّمْسَ وَالْقَمَرَ وَالنُّجُومَ مُسَخَّرَاتٍ بِاَمْرِهٖۜ اَلَا لَهُ
الْخَلْقُ وَالْاَمْرُۜ تَبَارَكَ اللّٰهُ رَبُّ الْعَالَمٖينَ ﴿٥٤﴾ اُدْعُوا رَبَّكُمْ
تَضَرُّعًا وَخُفْيَةًۜ اِنَّهُ لَا يُحِبُّ الْمُعْتَدٖينَۚ ﴿٥٥﴾ وَلَا تُفْسِدُوا
فِى الْاَرْضِ بَعْدَ اِصْلَاحِهَا وَادْعُوهُ خَوْفًا وَطَمَعًاۜ
اِنَّ رَحْمَتَ اللّٰهِ قَرٖيبٌ مِنَ الْمُحْسِنٖينَ ﴿٥٦﴾ وَهُوَ الَّذٖى
يُرْسِلُ الرِّيَاحَ بُشْرًا بَيْنَ يَدَىْ رَحْمَتِهٖۜ حَتّٰٓى اِذَٓا اَقَلَّتْ
سَحَابًا ثِقَالًا سُقْنَاهُ لِبَلَدٍ مَيِّتٍ فَاَنْزَلْنَا بِهِ الْمَٓاءَ فَاَخْرَجْنَا بِهٖ
مِنْ كُلِّ الثَّمَرَاتِۜ كَذٰلِكَ نُخْرِجُ الْمَوْتٰى لَعَلَّكُمْ تَذَكَّرُونَ ﴿٥٧﴾

وَالْبَلَدُ

52. Sin duda alguna les hemos traído un Libro (en el que los significados y mandamientos de) el cual hemos explicado con precisión y conocimiento, como guía y misericordia para los individuos que creerán y aquellos que profundizarán en la fe.

53. ¿Acaso no esperan sino la consecuencia final de la llamada a dicho Libro? En el Día en que acontezca esta consecuencia final, aquellos que hasta entonces habían hecho caso omiso, dirán: «Los Mensajeros de nuestro Señor vinieron sin duda con la verdad (pero no prestamos atención). ¿Habrá alguien que interceda por nosotros? ¿Podremos ser retornados (al mundo) para que actuemos de forma distinta a como lo hicimos (cuando estábamos en el mundo)?» Con toda certeza, se han causado infortunio a sí mismos y lo que habían inventado (las falsas deidades) les han abandonado.

54. En verdad, vuestro Señor es Dios, Quien ha creado los Cielos y la Tierra en seis días, a continuación se estableció en el Trono Supremo, cubriendo el día con la noche, sucediéndose mutuamente con rapidez, con el Sol, la Luna y las estrellas sometidos a Su mandato. Has de saber que Suya es la creación y el mandato. ¡Bendito y Supremo sea Dios, Señor de los mundos![13]

55. Apelad a vuestro Señor (Oh humanidad) con humildad y en la intimidad de vuestros corazones. No cabe duda de que vuestro Señor no ama a los que exceden los límites.

56. (Manteneos dentro de los límites que Él ha decretado:) No provoquéis desorden y corrupción en la Tierra, en vista de lo bien que ha sido ordenada, e invocadle con temor (de Su castigo) y anhelo (por Su perdón y misericordia). En verdad que la misericordia de Dios se halla próxima de aquellos que se dedican a hacer el bien, conscientes de que Dios les está contemplando.

57. Y Él es Aquel Quien envía los misericordiosos vientos como buenas nuevas antes de Su misericordia para que, cuando trasladan cargadas nubes, las dirijamos por una tierra muerta y de este modo hagamos caer agua de ellas con la que así hacemos que broten frutos (cosechas) de todo tipo. Del mismo modo hacemos a los muertos salir (el Día del Juicio Final) para que reflexionéis y seáis considerados.

13. Este versículo y los que siguen muestran a la humanidad viajando por el mundo exterior y su mundo interno para demostrarles el absoluto dominio de Dios. Una persona primero se centra en su propio mundo. Es Dios, nuestro Señor, Quien nos crea con todas nuestras características, y nutre y gobierna nuestras vidas y cuerpos. El versículo, por lo tanto, llama la atención respecto a este hecho, por lo que debemos aceptarle como nuestro Señor, Quien posee derecho a dirigirnos en todos los aspectos de nuestras vidas. Entonces nos hace viajar por el mundo externo y nos explica el motivo por el cual el derecho a gobernar y mandar pertenece a Dios tanto en nuestro mundo como en el universo. Al haber creado los Cielos y la Tierra, Él los posee y tiene absoluto derecho de gobernarlos. En vista que una persona pretende tener derecho exclusivo sobre su propiedad privada sobre la cual sólo tiene una milésima parte de lo que pertenece a Dios, en verdad que Dios tiene el derecho total para ejecutar Su dominio sobre Su propiedad.

El versículo también declara que Dios ha creado los Cielos y la Tierra en seis días y se ha establecido sobre el Trono Supremo. El Corán hace uso de la palabra *día* no sólo en el sentido de nuestro día normal, sino como unidad de tiempo y período. Otro versículo (32:5) menciona que un día es como mil años de nuestro cómputo, y otro menciona que un día dura cincuenta mil años (70:4). Esto muestra que el concepto de *día* es relativo. El «mundo» no consiste en nuestro mundo o en el universo visible, sino que hay mundos y dimensiones unas dentro de otras. Del mismo modo que el tiempo es diferente en el mundo de los sueños, también lo es en el mundo del espíritu y de la imaginación, al igual que en el mundo de las formas inmateriales y en el Elevado Empíreo (*Yabarut*). Incluso se puede decir que toda la duración del universo, desde su creación hasta su destrucción es un día; y, tal y como señala el Corán, la duración del otro mundo es también de un día. Por lo tanto, lo que el Corán quiere indicar con seis días puede significar las seis eras geológicas de la Tierra o los períodos de la creación del universo, que aún continúan, o los períodos transcurridos desde el principio de la creación del universo hasta que adoptó su forma actual.

'Arsh, (traducido como Trono Supremo) significa literalmente cualquier cosa construida en las alturas, como si fuese un techo, una cúpula, un arco o un pabellón. Sin embargo, ya que el Corán se dirige a todos los niveles de entendimiento a lo largo de todas las eras, tiende a presentar ciertas verdades abstractas, como las que tienen que ver con la divinidad, con expresiones concretas y empleando metáforas y comparaciones. Presenta el *Kursiyy* («asiento»: véase 2:256) como si fuese una plataforma o un asiento, y *'Arsh* como si fuese el trono y Dios fuese el gobernante del universo sentado sobre Su trono desde donde gobierna toda la creación. Con ello, el Corán establece en nuestras mentes el dominio y la autoridad suprema de Dios. Dios no es solamente el Creador del universo, sino que también es el Soberano y el Gobernante. Al haber creado el universo, no se desentendió del mismo ni permaneció indiferente a Su creación. Al contrario, Él domina el universo como un todo y controla hasta Su parte más ínfima. Todo poder y soberanía Le pertenecen. Todo lo que hay en el universo está totalmente bajo Su control y sirve a Su Voluntad y Poder. Bediüzzaman indica que *'Arsh* es la composición de los Nombres de Dios el Primero, el Último, el Externo y el Interno. Asimismo, de su descripción del agua como *'Arsh* (trono) de misericordia y tierra como trono de vida, deducimos que *'Arsh* (el Trono Supremo) significa el control y la autoridad total de Dios sobre el universo. Elementos tales como el agua y la tierra son vehículos del decreto de Dios o medios a través de los cuales los decretos se manifiestan y son ejecutados.

وَالْبَلَدُ الطَّيِّبُ يَخْرُجُ نَبَاتُهُ بِاِذْنِ رَبِّهٖۚ وَالَّذٖى خَبُثَ لَا يَخْرُجُ
اِلَّا نَكِدًاۜ كَذٰلِكَ نُصَرِّفُ الْاٰيَاتِ لِقَوْمٍ يَشْكُرُونَ ﴿٥٨﴾ لَقَدْ
اَرْسَلْنَا نُوحًا اِلٰى قَوْمِهٖ فَقَالَ يَا قَوْمِ اعْبُدُوا اللّٰهَ مَا لَكُمْ
مِنْ اِلٰهٍ غَيْرُهُۜ اِنّٖى اَخَافُ عَلَيْكُمْ عَذَابَ يَوْمٍ عَظٖيمٍ ﴿٥٩﴾
قَالَ الْمَلَاُ مِنْ قَوْمِهٖٓ اِنَّا لَنَرٰيكَ فٖى ضَلَالٍ مُبٖينٍ ﴿٦٠﴾ قَالَ
يَا قَوْمِ لَيْسَ بٖى ضَلَالَةٌ وَلٰكِنّٖى رَسُولٌ مِنْ رَبِّ الْعَالَمٖينَ ﴿٦١﴾
اُبَلِّغُكُمْ رِسَالَاتِ رَبّٖى وَاَنْصَحُ لَكُمْ وَاَعْلَمُ مِنَ اللّٰهِ
مَا لَا تَعْلَمُونَ ﴿٦٢﴾ اَوَعَجِبْتُمْ اَنْ جَٓاءَكُمْ ذِكْرٌ مِنْ رَبِّكُمْ
عَلٰى رَجُلٍ مِنْكُمْ لِيُنْذِرَكُمْ وَلِتَتَّقُوا وَلَعَلَّكُمْ تُرْحَمُونَ ﴿٦٣﴾
فَكَذَّبُوهُ فَاَنْجَيْنَاهُ وَالَّذٖينَ مَعَهُ فِى الْفُلْكِ وَاَغْرَقْنَا الَّذٖينَ
كَذَّبُوا بِاٰيَاتِنَاۜ اِنَّهُمْ كَانُوا قَوْمًا عَمٖينَ ﴿٦٤﴾ وَاِلٰى عَادٍ اَخَاهُمْ
هُودًاۜ قَالَ يَا قَوْمِ اعْبُدُوا اللّٰهَ مَا لَكُمْ مِنْ اِلٰهٍ غَيْرُهُۜ اَفَلَا
تَتَّقُونَ ﴿٦٥﴾ قَالَ الْمَلَاُ الَّذٖينَ كَفَرُوا مِنْ قَوْمِهٖٓ اِنَّا لَنَرٰيكَ
فٖى سَفَاهَةٍ وَاِنَّا لَنَظُنُّكَ مِنَ الْكَاذِبٖينَ ﴿٦٦﴾ قَالَ يَا قَوْمِ
لَيْسَ بٖى سَفَاهَةٌ وَلٰكِنّٖى رَسُولٌ مِنْ رَبِّ الْعَالَمٖينَ ﴿٦٧﴾

58. Y la buena y pura tierra: su vegetación crece en abundancia con permiso de su Señor, mientras que la tierra mala y corrupta, no crece sino con escasez (tal y como arbustos espinosos). Así es como, de diversos modos, exponemos los signos (de la Existencia y Unidad de Dios y de otras verdades de la fe) a la gente que agradece (desde el corazón, con la lengua y con su acción cumpliendo los mandamientos de Dios)[14].

59. Sin duda alguna, enviamos a Noé a su pueblo como Mensajero (para transmitirles Nuestro Mensaje) y dijo: «¡Oh pueblo mío! Adorad tan sólo a Dios, aparte de Él no tenéis otra deidad. Indudablemente, temo para vosotros el castigo de un día terrible».

60. Los dignatarios de su gente dijeron: «No cabe duda, te vemos perdido en un error obvio».

61. (Noé) dijo: «¡Oh pueblo mío! No hay en mí extravío alguno, sino que soy un Mensajero del Señor de los mundos.

62. Os transmito los mensajes de mi Señor, os doy sincero consejo y sé por Dios lo que no sabéis.

63. ¿Por qué juzgáis extraño que un recordatorio de vuestro Señor os haya llegado a través de un hombre de entre vosotros para advertiros (contra las consecuencias del modo de vida que lleváis), y para que os guardéis ante Su castigo y podáis ser favorecidos con Su gracia y misericordia?».

64. Y a pesar de ello (en lugar de prestar atención a la advertencia de Noé) le negaron. Por lo que le salvamos a él y a aquellos que estaban con él en el Arca, e hicimos que se ahogasen los que habían negado Nuestras Revelaciones y signos (de Nuestra Existencia y Unidad). En verdad fueron una gente ciega[15].

65. Y a (la gente de) 'Ad, les enviamos su hermano Hud[16]. Dijo: ¡Oh pueblo mío! Adorad tan sólo a Dios, aparte de Él no tenéis otra deidad. Entonces, ¿no os vais a apartar de la desobediencia a Él y merecer Su protección?».

66. Los dignatarios de entre su gente que persistían en la incredulidad dijeron: «Apreciamos que eres insensato y mentecato y estamos seguros de que eres un mentiroso».

67. (Hud) dijo: «¡Oh pueblo mío! No hay insensatez ni mentecatez en mí, sino que soy un Mensajero del Señor de los mundos».

14. El Corán menciona verdades «naturales» al mismo tiempo que verdades sociológicas y aquéllas que tienen que ver con la vida espiritual humana, para que las verdades más familiares (las naturales, que nos rodean diariamente) puedan servir de ejemplo para las otras. Estos versículos proporcionan uno de los mejores ejemplos de esta característica del estilo coránico. Mencionan la creación de los Cielos y de la Tierra y el hecho de que los cuerpos celestes se subyugan a la orden de Dios para presentar la absoluta soberanía de Dios, llamando a la humanidad a que se someta a dicha soberanía y que Le adore y Le rece a Él. Tanto en la vida espiritual de la gente como en la vida de las comunidades y en la vida terrestre, los días y las noches (luz y oscuridad), invierno y primavera (períodos invernales y primaverales), escasez y abundancia se siguen los unos a los otros. Es Dios Todopoderoso Quien torna la noche en día, el invierno en primavera y la escasez en abundancia. El deber que recae sobre los seres humanos es volverse a Dios con sinceridad y suplicarle con temor (de Su castigo) y con la esperanza (de Su perdón y misericordia), permaneciendo dentro de los límites que Él ha establecido para nosotros. Tal y como Él acepta las oraciones, la tierra «muerta» recita en el lenguaje de la necesidad y de la disposición, por lo que Él mueve los vientos y las nubes de lluvia para revivirla, y del mismo modo, los corazones exhaustos y muertos y las comunidades son revividas por la lluvia de la Revelación y la misericordia, y son favorecidas por volverse a Dios. Lo que es importante citar aquí es que la Tierra y nuestras mentes y corazones han de ser fértiles y puros (no hallándose corrompidos por prejuicios, ni aferrados a puntos de vista equivocados, injusticias o estando influidos por ambiciones mundanas). Entonces, la tierra fértil y pura de nuestras mentes y corazones es favorecida por la lluvia de misericordia que ayuda a que se produzca abundante y fresca vegetación y frutos deliciosos (fe, verdadero y luminoso conocimiento, buena moralidad y virtudes). Si éste no es el caso, nuestra tierra infértil y sucia y nuestra mente y corazones contaminados sólo podrán producir arbustos espinosos (falsas creencias e ideologías y pensamientos engañosos), a pesar de toda la lluvia de misericordia que descienda desde los Cielos.

Tras dichas expresiones, llenas de significado y de mensajes, tras presentar lo que es abstracto y lo que es concreto, tras hablar de las realidades físicas junto a las sociológicas y espirituales, el *sura* continúa dando ejemplos concretos de la historia.

15. Las alusiones coránicas y las afirmaciones bíblicas nos llevan a la conclusión de que el profeta Noé vivió en la actual Irak, cerca de Mosul (Ninive). Esto también lo corroboran las inscripciones de tiempos prebíblicos descubiertas en excavaciones arqueológicas. Las tradiciones y relatos ancestrales kurdos y armenios también corroboran este relato. Unas reliquias atribuidas a Noé aún pueden ser encontradas en las cercanías del monte Ararat. La gente de Najichevan cree que su ciudad fue fundada por Noé.

Tradiciones similares a la historia de Noé y del Diluvio Universal se encuentran también en la literatura clásica griega, la egipcia, la hindú y la china. Es más, historias de similar trascendencia son populares desde tiempos inmemoriales en Birmania, Malasia, las Indias Orientales, Australia, Papua Nueva Guinea y diferentes regiones de Europa y América. Esta es una buena indicación de que la historia o bien fue aprendida por Mensajeros enviados a dichos lugares o bien la gente que acompañó a Noé y a sus descendientes se dispersaron por distintas partes del mundo después del Diluvio Universal. Asimismo es posible que ambas cosas hubiesen ocurrido.

16. La gente de ‘Ad era un pueblo árabe conocido en toda Arabia por su legendaria prosperidad. Existen numerosas referencias a ellos en la poesía pre-islámica (*Yahiliyya*) y sus historias circulaban ampliamente hasta tal punto que la palabra *‘adi*, cuyo significado es «algo antiguo»—, y *‘adiyat*, que significan «restos arqueológicos», quedaron establecidas en el árabe como derivadas del nombre de esta comunidad. La región denominada Ahqaf, que se encuentra situada entre Hiyaz, Yemen y Yamamah, es su tierra natal. Se dispersaron hasta las costas occidentales del Yemen y expandieron su dominio por Omán, Hadramawt e Irak. Algunos vestigios encontrados al sur de la Península Arábiga y una tumba en Hadramawt son atribuidos a esta tribu. En 1837, James R. Wellested, un oficial de la marina británica, encontró una inscripción en Hisn al-Ghurab donde el nombre de Hud era mencionado. Sin duda alguna pertenecía a aquellos que seguían la religión de Hud (al-Mawdudi, 3:42-43, nota 51).

68. «Os transmito los mensajes de mi Señor y soy un consejero digno de confianza para vosotros.

69. ¿Por qué juzgáis extraño que un recordatorio (un mensaje y una guía) de vuestro Señor os haya llegado con un hombre de entre vosotros para advertiros (contra las consecuencias de vuestra vía)?». Recordad y sed conscientes, pues os ha hecho sucesores (en la Tierra) después de la gente de Noé y os dotó de gran estatus y poder. Recordad y sed conscientes de los favores de Dios para que así podáis prosperar (en ambos mundos y logréis vuestros objetivos).

70. Dijeron: «¿Has comparecido ante nosotros para que adoremos solamente a Dios y abandonemos lo que nuestros antepasados solían adorar? ¡Tráenos pues aquello con lo que nos has amenazado, si eres veraz!».

71. (Hud) dijo: «Ya han caído sobre vosotros la abominación y la ira (es decir, la idolatría y la ciega imitación de los antepasados) de vuestro Señor. ¿Discutís conmigo sobre nombres que vosotros y vuestros antepasados han inventado y con lo que Dios no ha hecho descender ninguna

أُبَلِّغُكُمْ رِسَالَاتِ رَبِّي وَأَنَا لَكُمْ نَاصِحٌ أَمِينٌ ﴿٦٨﴾
أَوَعَجِبْتُمْ أَنْ جَاءَكُمْ ذِكْرٌ مِنْ رَبِّكُمْ عَلَى رَجُلٍ مِنْكُمْ
لِيُنْذِرَكُمْ وَاذْكُرُوا إِذْ جَعَلَكُمْ خُلَفَاءَ مِنْ بَعْدِ قَوْمِ
نُوحٍ وَزَادَكُمْ فِي الْخَلْقِ بَصْطَةً فَاذْكُرُوا آلَاءَ اللَّهِ
لَعَلَّكُمْ تُفْلِحُونَ ﴿٦٩﴾ قَالُوا أَجِئْتَنَا لِنَعْبُدَ اللَّهَ وَحْدَهُ
وَنَذَرَ مَا كَانَ يَعْبُدُ آبَاؤُنَا فَأْتِنَا بِمَا تَعِدُنَا إِنْ كُنْتَ
مِنَ الصَّادِقِينَ ﴿٧٠﴾ قَالَ قَدْ وَقَعَ عَلَيْكُمْ مِنْ رَبِّكُمْ
رِجْسٌ وَغَضَبٌ أَتُجَادِلُونَنِي فِي أَسْمَاءٍ سَمَّيْتُمُوهَا
أَنْتُمْ وَآبَاؤُكُمْ مَا نَزَّلَ اللَّهُ بِهَا مِنْ سُلْطَانٍ فَانْتَظِرُوا
إِنِّي مَعَكُمْ مِنَ الْمُنْتَظِرِينَ ﴿٧١﴾ فَأَنْجَيْنَاهُ وَالَّذِينَ مَعَهُ
بِرَحْمَةٍ مِنَّا وَقَطَعْنَا دَابِرَ الَّذِينَ كَذَّبُوا بِآيَاتِنَا وَمَا كَانُوا
مُؤْمِنِينَ ﴿٧٢﴾ وَإِلَى ثَمُودَ أَخَاهُمْ صَالِحًا قَالَ يَا قَوْمِ
اعْبُدُوا اللَّهَ مَا لَكُمْ مِنْ إِلَٰهٍ غَيْرُهُ قَدْ جَاءَتْكُمْ بَيِّنَةٌ
مِنْ رَبِّكُمْ هَٰذِهِ نَاقَةُ اللَّهِ لَكُمْ آيَةً فَذَرُوهَا تَأْكُلْ
فِي أَرْضِ اللَّهِ وَلَا تَمَسُّوهَا بِسُوءٍ فَيَأْخُذَكُمْ عَذَابٌ أَلِيمٌ ﴿٧٣﴾

وَاذْكُرُوا

autoridad? (Si ese es el caso) esperad, pues yo soy también de los que esperan».

72. Entonces, por medio de Nuestra misericordia, le salvamos a él y a aquellos que estaban con él, y desarraigamos a aquellos que habían negado Nuestros signos y Revelaciones y que no eran creyentes.

73. Y a (el pueblo de) Zamud (les enviamos) su hermano Salih[17]. Dijo (transmitiendo el mismo mensaje): «¡Oh pueblo mío! Adorad tan sólo a Dios, aparte de Él no tenéis otra deidad. Sin duda alguna, una prueba manifiesta ha venido a vosotros de vuestro Señor: ésta es una hembra de camello de Dios, que es una señal para vosotros (de la verdad de mi Misión Profética). Así pues dejadla pastar en la Tierra de Dios y no la dañéis, porque si lo hicierais os sobrevendría un doloroso castigo».

17. La gente de Zamud eran otro pueblo árabe casi tan célebre como la gente de ‘Ad. Su nombre es frecuentemente mencionado en la poesía pre-islámica y por los historiadores y filósofos griegos, alejandrinos y romanos. Los historiadores romanos recuerdan que sirvieron integrados en las legiones romanas contra los nabateos. Vivían en Hiyr, en el noroeste de Arabia, y su ciudad principal era Mada’in Salih, situada a lo largo de la famosa ruta de Hiyaz. Se pueden todavía encontrar vestigios de esta ciudad. Los mercaderes de La Meca transitaban por esa zona en sus viajes hacia Siria. Fue durante la campaña de Tabuk cuando el Mensajero atravesó la región con su ejército y no se detuvo por ser un territorio donde el azote de Dios había caído. Dijo a sus compañeros que reflexionasen y aprendiesen de ello (al-Mawdudi, 3:45-6 nota 57).

La hembra de camello surge como resultado de la exigencia de un signo o milagro que pruebe que Salih era un Mensajero por parte de los dignatarios de Zamud. No consta ningún dato en el Corán ni en la literatura autentificada de los *hadices* que indique cómo dicha camella surgió. Sin embargo, se trataba de una criatura extraordinaria y reconocida por la gente como un signo o milagro. Una malvada persona la mató, y los demás incrédulos, en lugar de oponérsele, le apoyaron. Esa fue la atrocidad final de Zamud que les acarreó el castigo de Dios, lo cual causó su perdición.

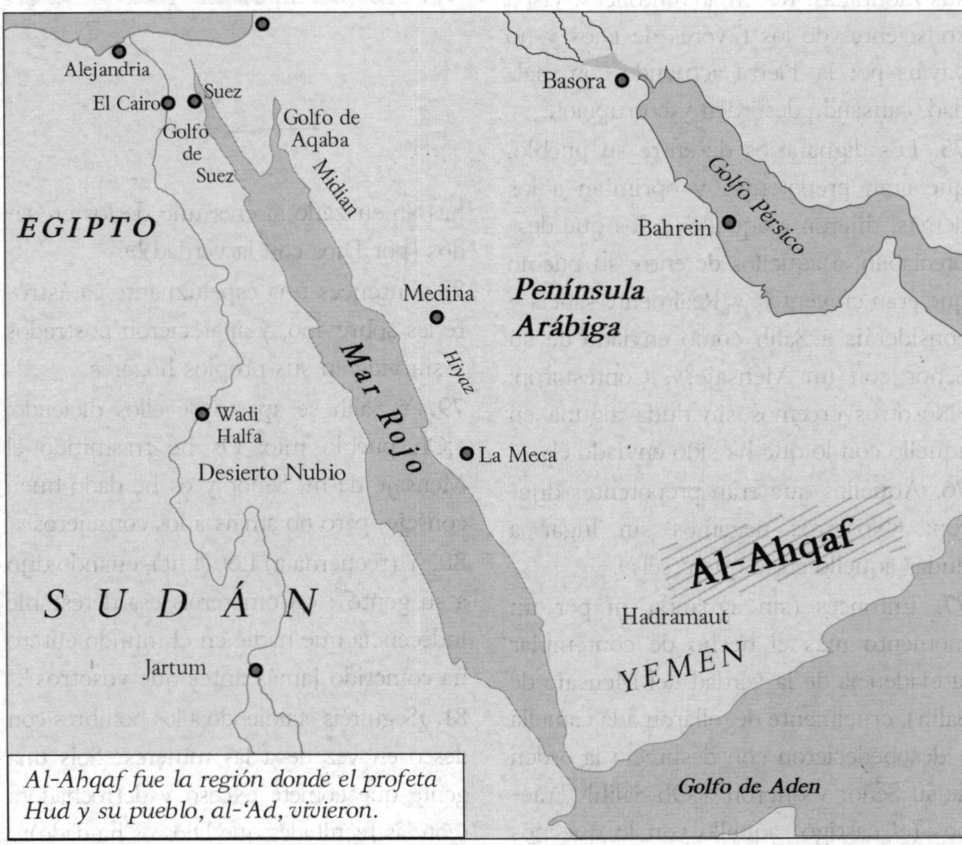

Al-Ahqaf fue la región donde el profeta Hud y su pueblo, al-‘Ad, vivieron.

وَاذْكُرُٓوا اِذْ جَعَلَكُمْ خُلَفَٓاءَ مِنْ بَعْدِ عَادٍ وَبَوَّاَكُمْ
فِى الْاَرْضِ تَتَّخِذُونَ مِنْ سُهُولِهَا قُصُورًا وَتَنْحِتُونَ
الْجِبَالَ بُيُوتًا فَاذْكُرُٓوا اٰلَٓاءَ اللّٰهِ وَلَا تَعْثَوْا فِى الْاَرْضِ
مُفْسِدِينَ ﴿٧٤﴾ قَالَ الْمَلَاُ الَّذِينَ اسْتَكْبَرُوا مِنْ قَوْمِهٖ
لِلَّذِينَ اسْتُضْعِفُوا لِمَنْ اٰمَنَ مِنْهُمْ اَتَعْلَمُونَ اَنَّ صَالِحًا
مُرْسَلٌ مِنْ رَبِّهٖ قَالُٓوا اِنَّا بِمَٓا اُرْسِلَ بِهٖ مُؤْمِنُونَ ﴿٧٥﴾
قَالَ الَّذِينَ اسْتَكْبَرُٓوا اِنَّا بِالَّذٖٓى اٰمَنْتُمْ بِهٖ كَافِرُونَ ﴿٧٦﴾
فَعَقَرُوا النَّاقَةَ وَعَتَوْا عَنْ اَمْرِ رَبِّهِمْ وَقَالُوا
يَا صَالِحُ ائْتِنَا بِمَا تَعِدُنَٓا اِنْ كُنْتَ مِنَ الْمُرْسَلِينَ ﴿٧٧﴾
فَاَخَذَتْهُمُ الرَّجْفَةُ فَاَصْبَحُوا فٖى دَارِهِمْ جَاثِمٖينَ ﴿٧٨﴾
فَتَوَلّٰى عَنْهُمْ وَقَالَ يَا قَوْمِ لَقَدْ اَبْلَغْتُكُمْ رِسَالَةَ
رَبّٖى وَنَصَحْتُ لَكُمْ وَلٰكِنْ لَا تُحِبُّونَ النَّاصِحٖينَ ﴿٧٩﴾
وَلُوطًا اِذْ قَالَ لِقَوْمِهٖٓ اَتَأْتُونَ الْفَاحِشَةَ مَا سَبَقَكُمْ
بِهَا مِنْ اَحَدٍ مِنَ الْعَالَمٖينَ ﴿٨٠﴾ اِنَّكُمْ لَتَأْتُونَ الرِّجَالَ
شَهْوَةً مِنْ دُونِ النِّسَٓاءِ بَلْ اَنْتُمْ قَوْمٌ مُسْرِفُونَ ﴿٨١﴾

74. Y recordad y considerad que os ha hecho sucesores del pueblo de 'Ad y os ha establecido con seguridad en la Tierra, donde construisteis castillos en sus planicies y excavasteis residencias en sus montañas. Recordad, entonces, y sed conscientes de los favores de Dios y no vayáis por la Tierra actuando con maldad, causando desorden y corrupción.

75. Los dignatarios de entre su pueblo, que eran prepotentes y oprimían a los demás, dijeron a aquellos a los que despreciaban, a aquellos de entre su pueblo que eran creyentes: «¿Realmente sabéis y consideráis a Salih como enviado de su Señor con un Mensaje?». Contestaron: «Nosotros creemos sin duda alguna en aquello con lo que ha sido enviado él».

76. Aquellos que eran prepotentes dijeron: «Nosotros negamos sin lugar a dudas aquello en lo que creéis».

77. Entonces (sin aguantar ni por un momento más el hecho de contemplar la evidencia de la verdad del Mensaje de Salih), cruelmente degollaron a la camella y desobedecieron con desprecio la orden de su Señor y dijeron: «¡Oh Salih! ¡Tráenos (el castigo) aquello con lo que nos has amenazado si eres uno de los enviados (por Dios con la verdad)!».

78. Entonces una espeluznante catástrofe les sobrevino, y aparecieron postrados y sin vida en sus propios hogares.

79. Y Salih se apartó de ellos diciendo: «¡Oh pueblo mío! Os he trasmitido el Mensaje de mi Señor y os he dado buen consejo; pero no amáis a los consejeros».

80. Y (recuerda a) Lot (Lut), cuando dijo a su gente[18]: «¿Cometeréis esa detestable indecencia que nadie en el mundo entero ha cometido jamás antes que vosotros?.

81. ¿Seguiréis acudiendo a los hombres con deseo en vez de a las mujeres? Sois una gente que comete exceso y derrochadora (con las facultades que Dios os ha dado)».

18. El pueblo de Lot habitaba en la región ubicada en el sureste del Mar Muerto. Según los arqueólogos, esta era una región muy próspera entre el 2300 y el 1900 a. C. Se ha estimado que Abraham, tío de Lot, vivió alrededor del 2000 a. C. La gente de Lot fue destruida en un período coetáneo a Abraham (15:51-60). La tierra en la que vivieron era muy frondosa y fértil, albergaba esplendorosos jardines y vergeles, que se asemejaban a un único jardín y maravillaban a los que los contemplaban. La parte más fértil y poblada de la región era un área llamada el «Valle de Siddim». Las ciudades más grandes eran Sodoma, Gomorra, Adma, Zeboim, y Zo'ar.

Estas ciudades fueron devastadas por los pecados capitales que eran cometidos en ellas, en particular la homosexualidad, la cual se convirtió en parte indisoluble del modo de vida común en esta comunidad. El valle se hundió posteriormente y fue cubierto por el Mar Muerto. La lluvia mencionada en el versículo 84 fue una lluvia de piedras. Según la Biblia, cuando Abraham escuchó lo que le había ocurrido a la gente de Lot, viajó desde Hebrón y observó: «... El humo de la tierra se elevó como el humo que se eleva de un horno...». (*Génesis*, 19:28)

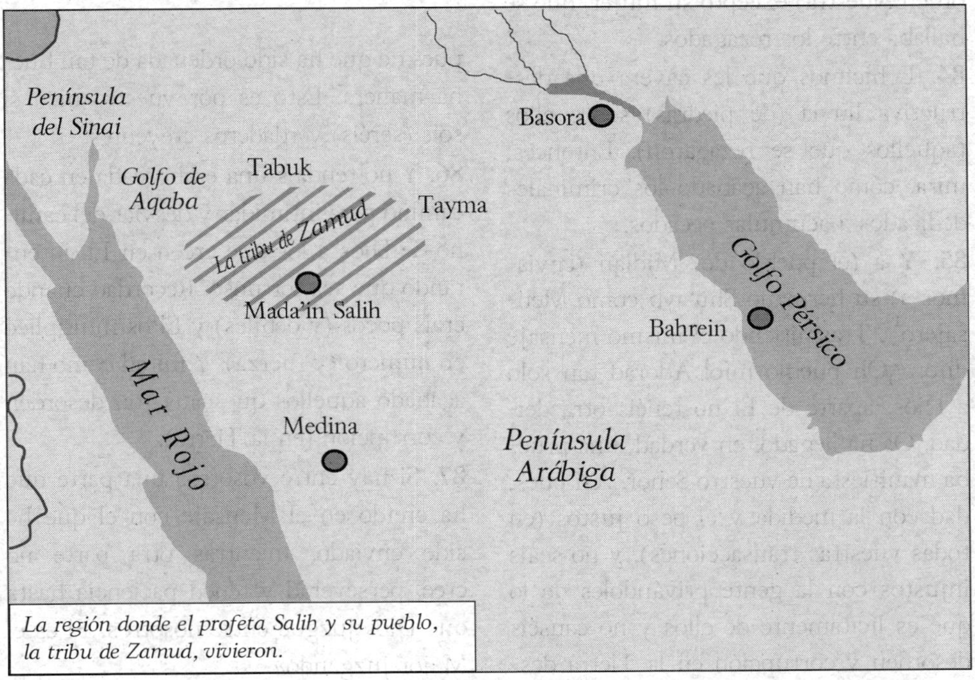

La región donde el profeta Salih y su pueblo, la tribu de Zamud, vivieron.

وَمَا كَانَ جَوَابَ قَوْمِهِ إِلَّا أَنْ قَالُوا أَخْرِجُوهُمْ
مِنْ قَرْيَتِكُمْ إِنَّهُمْ أُنَاسٌ يَتَطَهَّرُونَ ﴿٨٢﴾ فَأَنْجَيْنَاهُ
وَأَهْلَهُ إِلَّا امْرَأَتَهُ كَانَتْ مِنَ الْغَابِرِينَ ﴿٨٣﴾ وَأَمْطَرْنَا
عَلَيْهِمْ مَطَرًا فَانْظُرْ كَيْفَ كَانَ عَاقِبَةُ الْمُجْرِمِينَ ﴿٨٤﴾
وَإِلَى مَدْيَنَ أَخَاهُمْ شُعَيْبًا قَالَ يَا قَوْمِ اعْبُدُوا
اللَّهَ مَا لَكُمْ مِنْ إِلَٰهٍ غَيْرُهُ قَدْ جَاءَتْكُمْ بَيِّنَةٌ
مِنْ رَبِّكُمْ فَأَوْفُوا الْكَيْلَ وَالْمِيزَانَ وَلَا تَبْخَسُوا
النَّاسَ أَشْيَاءَهُمْ وَلَا تُفْسِدُوا فِي الْأَرْضِ بَعْدَ
إِصْلَاحِهَا ذَٰلِكُمْ خَيْرٌ لَكُمْ إِنْ كُنْتُمْ مُؤْمِنِينَ ﴿٨٥﴾
وَلَا تَقْعُدُوا بِكُلِّ صِرَاطٍ تُوعِدُونَ وَتَصُدُّونَ
عَنْ سَبِيلِ اللَّهِ مَنْ آمَنَ بِهِ وَتَبْغُونَهَا عِوَجًا وَاذْكُرُوا
إِذْ كُنْتُمْ قَلِيلًا فَكَثَّرَكُمْ وَانْظُرُوا كَيْفَ كَانَ
عَاقِبَةُ الْمُفْسِدِينَ ﴿٨٦﴾ وَإِنْ كَانَ طَائِفَةٌ مِنْكُمْ آمَنُوا
بِالَّذِي أُرْسِلْتُ بِهِ وَطَائِفَةٌ لَمْ يُؤْمِنُوا فَاصْبِرُوا
حَتَّىٰ يَحْكُمَ اللَّهُ بَيْنَنَا وَهُوَ خَيْرُ الْحَاكِمِينَ ﴿٨٧﴾

قَالَ

82. Pero la única respuesta de su gente fue decir (los unos a los otros): «¡Expulsadlos de vuestro asentamiento, porque son unas pocas personas que se tienen por puros!».

83. A continuación salvamos a Lot y a su familia (que abandonaron la tierra por orden Nuestra) excepto su mujer, que se hallaba entre los rezagados.

84. E hicimos que les cayera una destructiva lluvia (de piedras) sobre ellos (aquellos que se rezagaron). Entonces, mira, cómo han acabado los criminales dedicados a acumular pecados.

85. Y a (el pueblo de) Midian (enviamos a) su hermano Shu'ayb como Mensajero[19]. Trasmitiendo el mismo mensaje dijo: «¡Oh pueblo mío! Adorad tan sólo a Dios, aparte de Él no tenéis otra deidad. Os ha llegado, en verdad, una prueba manifiesta de vuestro Señor. Así pues, dad con la medida y el peso justos (en todas vuestras transacciones), y no seáis injustos con la gente privándoles de lo que es lícitamente de ellos y no causéis desorden y corrupción en la Tierra después de que ha sido ordenada de tan buena manera. Esto es por vuestro bien si sois (seréis) verdaderos creyentes.

86. Y no tendáis una emboscada en cada camino para intimidar y desviar del camino de Dios a los que creen en Él, intentando que sea tortuoso. Recordad cuando erais pocos (y débiles) y Él os multiplicó en número (y fuerza). Y mirad cómo han acabado aquellos que causaron desorden y corrupción (en la Tierra).

87. Si hay entre vosotros una parte que ha creído en el Mensaje con el que he sido enviado, mientras otra parte no cree, perseverad y tened paciencia hasta que Dios juzgue entre nosotros. Él es el Mejor juzgando».

19. El territorio de Madyan (Midian) se extiende desde el noroeste de Hiyaz y el sur de Palestina hasta la costa del Mar Rojo y en el Golfo de 'Aqabah. Parte de este territorio se extiende a lo largo de la frontera norte de la península del Sinaí. Las ciudades estaban situadas en el cruce de caminos de las rutas comerciales del Yemen que transitaban desde La Meca y Yanbu hasta Siria a lo largo de la costa del Mar Rojo, y desde Irak hasta Egipto. Midian, era, por consiguiente, bastante conocida por los árabes. Los midianitas se emparentaron a sí mismos con Midian, uno de los hijos del profeta Abraham, nacido de su tercera mujer, Qatura. En principio eran musulmanes, pero luego corrompieron su fe pura con el politeísmo, y su vida económica con corrupción y deshonestidad.

La destrucción de Midian fue bien conocida en Arabia durante largo tiempo. Respecto a ello, las siguientes líneas de los *Salmos* son importantes:

> Así conspiran de común acuerdo y sellan una alianza contra ti.
>
> Trátalos como a Madián y como a Sísara, como a Jabín en el torrente Quisón:
>
> Ellos fueron exterminados en Endor y se convirtieron en abono de la tierra.
>
> Conviértelos, Dios mío, en hojarasca, en paja agitada por el viento.
>
> (*Salmos*, 83:6, 10-11, 14).

(al-Mawdudi, 3: 53, nota 69).

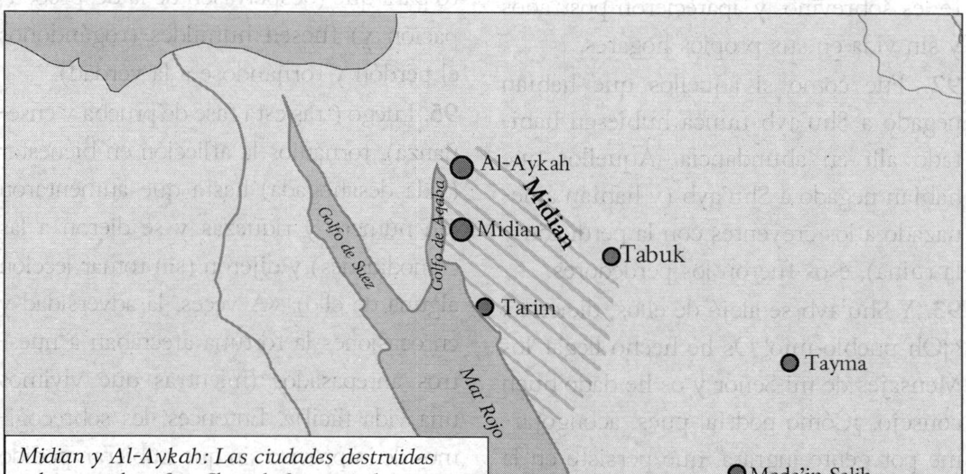

Midian y Al-Aykah: Las ciudades destruidas a las que el profeta Shuayb fue enviado.

قَالَ الْمَلَاُ الَّذٖينَ اسْتَكْبَرُوا مِنْ قَوْمِهٖ لَنُخْرِجَنَّكَ يَا شُعَيْبُ
وَالَّذٖينَ اٰمَنُوا مَعَكَ مِنْ قَرْيَتِنَٓا اَوْ لَتَعُودُنَّ فٖى مِلَّتِنَاۜ قَالَ
اَوَلَوْ كُنَّا كَارِهٖينَ ﴿٨٨﴾ قَدِ افْتَرَيْنَا عَلَى اللّٰهِ كَذِبًا اِنْ عُدْنَا فٖى
مِلَّتِكُمْ بَعْدَ اِذْ نَجّٰينَا اللّٰهُ مِنْهَاۜ وَمَا يَكُونُ لَنَٓا اَنْ نَعُودَ فٖيهَٓا اِلَّٓا
اَنْ يَشَٓاءَ اللّٰهُ رَبُّنَاۜ وَسِعَ رَبُّنَا كُلَّ شَيْءٍ عِلْمًاۜ عَلَى اللّٰهِ تَوَكَّلْنَاۜ
رَبَّنَا افْتَحْ بَيْنَنَا وَبَيْنَ قَوْمِنَا بِالْحَقِّ وَاَنْتَ خَيْرُ الْفَاتِحٖينَ ﴿٨٩﴾
وَقَالَ الْمَلَاُ الَّذٖينَ كَفَرُوا مِنْ قَوْمِهٖ لَئِنِ اتَّبَعْتُمْ شُعَيْبًا اِنَّكُمْ
اِذًا لَخَاسِرُونَ ﴿٩٠﴾ فَاَخَذَتْهُمُ الرَّجْفَةُ فَاَصْبَحُوا فٖى دَارِهِمْ
جَاثِمٖينَۚ ﴿٩١﴾ اَلَّذٖينَ كَذَّبُوا شُعَيْبًا كَاَنْ لَمْ يَغْنَوْا فٖيهَاۚ اَلَّذٖينَ
كَذَّبُوا شُعَيْبًا كَانُوا هُمُ الْخَاسِرٖينَ ﴿٩٢﴾ فَتَوَلّٰى عَنْهُمْ وَقَالَ
يَا قَوْمِ لَقَدْ اَبْلَغْتُكُمْ رِسَالَاتِ رَبّٖى وَنَصَحْتُ لَكُمْۚ فَكَيْفَ
اٰسٰى عَلٰى قَوْمٍ كَافِرٖينَ ﴿٩٣﴾ وَمَٓا اَرْسَلْنَا فٖى قَرْيَةٍ مِنْ نَبِيٍّ
اِلَّٓا اَخَذْنَٓا اَهْلَهَا بِالْبَاْسَٓاءِ وَالضَّرَّٓاءِ لَعَلَّهُمْ يَضَّرَّعُونَ ﴿٩٤﴾ ثُمَّ
بَدَّلْنَا مَكَانَ السَّيِّئَةِ الْحَسَنَةَ حَتّٰى عَفَوْا وَقَالُوا قَدْ مَسَّ
اٰبَٓاءَنَا الضَّرَّٓاءُ وَالسَّرَّٓاءُ فَاَخَذْنَاهُمْ بَغْتَةً وَهُمْ لَا يَشْعُرُونَ ﴿٩٥﴾

88. Los dignatarios de entre su pueblo que eran prepotentes y oprimían a los demás dijeron: «Ten por seguro, Oh Shu'ayb, que vamos a expulsarte de nuestra tierra y a los que creen que se encuentran contigo, a menos que volváis a nuestro camino (de fe y vida)». (Shu'ayb) dijo: «¿Qué? ¿Incluso aunque lo aborrezcamos?

89. Si regresásemos a vuestro camino después de que Dios nos haya salvado del mismo, entonces sin duda alguna estaríamos inventando mentiras y atribuyéndoselas a Dios. No regresaremos al mismo a menos que Dios, nuestro Señor, así lo quiera[20]. Nuestro Señor abarca todas las cosas con Su Conocimiento. En Dios depositamos nuestra confianza. ¡Señor nuestro! ¡Juzga entre nosotros y nuestra gente poniendo de manifiesto la verdad, pues Tú eres el Mejor juzgando al poner de manifiesto la verdad!».

90. Los dignatarios de entre su pueblo que persistían en la incredulidad dijeron (para hacer presión a aquellos de entre su gente): «¡Si seguís a Shu'ayb sin duda seréis concluyentemente perdedores!».

91. Entonces una espeluznante catástrofe les sobrevino, y aparecieron postrados y sin vida en sus propios hogares.

92. Fue como si aquellos que habían negado a Shu'ayb nunca hubiesen habitado allí en abundancia. Aquellos que habían negado a Shu'ayb (y habían amenazado a los creyentes con la perdición y la ruina), esos fueron los perdedores.

93. Y Shu'ayb se alejó de ellos, diciendo: «¡Oh pueblo mío! Os he hecho llegar los Mensajes de mi Señor y os he dado buen consejo. ¿Cómo podría, pues, acongojarme por gente ingrata, que persiste en la incredulidad?»[21/22].

94. Y no hemos enviado a ninguna ciudad Profeta alguno sin haber hecho probar a su gente la miseria y el padecimiento para que (despertasen de la despreocupación y) fuesen humildes (rogándonos el perdón y tornándose a la verdad).

95. Luego (tras esta fase de prueba y enseñanza), tornamos la aflicción en bienestar (vida desahogada) hasta que aumentaron (en número y riquezas y se dieron a las comodidades) y dijeron (sin tomar lección alguna de ello): «A veces, la adversidad y en ocasiones la fortuna afectaban a nuestros antepasados (mientras que vivimos una vida fácil)». Entonces, les sobrecogimos de improviso sin que hubieran podido darse cuenta (de lo que venía)[23].

20. Es decir: «Nunca regresaremos a vuestro camino, mas no podemos saber lo que Dios, nuestro Señor, tiene reservado para nosotros en Su Voluntad y Conocimiento. No podemos hacer nada más que lo que Él quiera, y Él abarca todas las cosas con Su Conocimiento».

21. Los Mensajeros cuyas historias se narran en el Corán son los que vivieron y trasmitieron el Mensaje Divino en lugares por los que la gente de La Meca transitaba durante sus viajes hacia el sur, el norte y el oeste. Sus historias eran conocidas hasta cierto punto en la región. Además, fueron los más grandes entre los Profetas, los cuales, si se pudiese hacer una comparación, serían como las grandes personalidades fundadoras de las órdenes espirituales y las escuelas de jurisprudencia. Cada uno constituía un importante eslabón en la cadena de Mensajeros, los cuales guiaron a nuestro Profeta —la paz y las bendiciones sean con él—, especialmente durante el Período de La Meca de su misión. A pesar de que estaban dotados con las capacidades y atributos necesarios que se encuentran en los Mensajeros, algunos superaban a otros en paciencia, gratitud, apacibilidad, conocimiento, y otros sobresalían por sus capacidades administrativas. Estas capacidades particulares se relacionaban con lo que de ellos se requería en cada misión, y cada uno estableció un ejemplo para el último Mensajero de Dios, la paz y las bendiciones sean con él. Tras haber progresado siguiendo sus pasos durante un cierto período de su misión, el Mensajero —la paz y las bendiciones sean con él— superó a todos y se convirtió en un guía universal, tal y como su misión universal requería.

Al igual que el último Mensajero de Dios —la paz y las bendiciones sean con él— todos los Mensajeros que le precedieron —la paz sea con ellos — trasmitieron, ante todo, la Unidad de Dios como fundamento de la Religión de Dios, y luego trasmitieron el resto de pilares de la fe y de la Devoción Divina, a la vez que los principios de la moralidad y el comportamiento. Estas son las raíces del árbol universal de Islam, que provee una prueba irrefutable de la Misión Profética del Último Profeta. Sin embargo, ha de ser señalado que debido a las condiciones en las que vivieron los Mensajeros anteriores y las limitaciones de sus misiones respecto a una cierta época y un determinado pueblo, cada uno tenía una tendencia a atribuir más importancia a ciertas dimensiones de la Religión de Dios que eran fundamentales en su época mientras que otros elementos eran explicados más brevemente. Es la última forma de esta Religión, concretamente *el Islam* y transmitida por el Último Mensajero —la paz y las bendiciones sean con él— la que, explica y establece esta Religión en todas sus dimensiones, concediendo a cada asunto la importancia que precisa; todo lo cual se ha convertido en un árbol bendito y universal que abarca todas las épocas y lugares. El Corán, el cual provee la raíz, los principios y las leyes de dicho crecimiento, hace que dicho árbol crezca y posea un tronco sólido, consistente en las prácticas del Mensajero, que llamamos *Sunna*. Es un árbol que proporciona siempre frutos frescos a lo largo de todas las épocas de la historia. La gran contribución de los estadistas, comandantes y eruditos musulmanes en cada campo del conocimiento religioso, científicos así como la de los maestros espirituales a la civilización musulmana, no puede ser olvidada o desechada. Aquellos que pretenden retornar a la Época de la Felicidad del Mensajero, cuando omiten esta magnífica historia, llegan al punto de criticar la *Sunna* y el mismísimo Corán. Se trata de gente que no reconoce límite alguno y se abocan a sí mismos a la perdición.

El Corán relata historias de los anteriores Mensajeros como ejemplos de guía para ser empleados durante el período en el que el Islam fue trasmitido por el Mensajero de Dios —la paz y las bendiciones sean con él— y en tiempos posteriores. Por lo tanto, presenta estas historias en dimensiones relacionadas con el tema principal del *sura* donde proceda. El propósito no es llevar a cabo reiteraciones o simplemente contar historias. Dichas historias son como un prisma que refleja visiones diferentes pero complementarias dentro de un todo.

22. Las historias de los Mensajeros mencionadas anteriormente demuestran que hay puntos comunes entre todos los pueblos que fueron destruidos y cuyas peculiaridades son las siguientes:

- El politeísmo manifiesto era común entre todos ellos. Esto no es algo mencionado en relación con la gente de Lot, la paz sea con él, pero estaba particularmente arraigado en los pueblos de Noé, Hud y Salih, la paz sea con ellos. Por esta razón, todos los Mensajeros mencionados excepto Lot fundamentan su misión en el precepto: *Adorad tan sólo a Dios, aparte de Él no tenéis otra deidad.*

- Se dan otras importantes enfermedades sociales y económicas, además del politeísmo, que son fatales y que afligieron a los pueblos de Salih y Su'ayb, la paz sea con ellos. En cuanto al pueblo de Salih, consistió en el apego al lujo y todos los problemas que dicho abuso conllevaba, mientras que la vida económica de la gente durante la época de Su'ayb, la paz sea con él, estaba basada en el engaño, la injusticia y la corrupción total. El pueblo de Su'ayb, la paz sea con él, no dio respiro alguno a aquellos que intentaron oponerse a ellos para reformar la vida económica.
- En todas estas comunidades existía una elite o clase gobernante. Sin embargo, en tiempos de Noé, esta clase era meramente una «elite gobernante», y el resto de la gente, con excepción de los creyentes, persistía igualmente en la incredulidad y el politeísmo. La elite gobernante de 'Ad condujo a los demás a que atribuyesen copartícipes a Dios y les forzaron a que les siguiesen. Durante la época de Salih, la paz sea con él, esta elite (los Zamud) formaba una oligarquía pequeña y despótica que se dio a los vicios y tiranizó a la gente. Del mismo modo, durante la época de Su'ayb, la paz sea con él, esta clase se convirtió en una oligarquía despótica que llevó a su pueblo a la incredulidad.
- Durante la época del profeta Lot, la paz sea con él, la corrupción moral se mostró a sí misma, en mayor medida que otros vicios, reflejada en la homosexualidad, la cual se convirtió en la manera en que la gente satisfacía su lujuria. En dicha época, era el problema más importante, aún más que el politeísmo. La gente en general había sucumbido en ello y no mostraba ninguna inclinación a abandonar dicho comportamiento.

23. Los últimos dos versículos expresan una verdad histórica y sociológica importante. Cuando el Mensaje Divino empieza a ser transmitido a la gente por un Profeta o por una persona o una comunidad capacitada para ser heredera de un Profeta, la aflicción y la dificultad (como las enfermedades, las guerras, la hambruna y la pobreza) aparece entre dicha gente con el fin de que sus corazones se suavicen y se vuelvan a Dios. Si, a pesar de ello, la gente insiste en la incredulidad y la injusticia, y lucha en contra de las enseñanzas del Islam, Dios cambia dicha adversidad en comodidad y abundancia. La lluvia abundante reemplaza a la hambruna, nuevos métodos de tratamiento médico son descubiertos, las guerras finalizan, etc. Eso significa, que la destrucción de los pecadores está en camino y se está tratando de estimular en la gente su sentimiento de gratitud para recordarles las bendiciones que les han llegado con el Mensaje Divino. La gente tiende a percibir y a apreciar más una bendición cuando ésta llega después de una adversidad. La sensación de saciedad después del hambre, la salud después de la enfermedad y la riqueza después de la pobreza hacen que dichas bendiciones sean más apreciadas. Sin embargo, si la gente no puede apreciar la sabiduría y la «Mano Divina» detrás de estas bendiciones, si continúa resistiéndose al Mensaje Divino y si los que lo representan e intentan comunicarlo son tan débiles que no pueden vencer, el Castigo Divino se presenta.

Estos dos versículos contienen otro mensaje importante. La comodidad y la abundancia también aparecen cuando el Mensaje Divino ha sido aceptado por la gente y cuando este Mensaje se convierte en su forma de vida. Sin embargo, si las generaciones sucesivas llevan una vida de comodidad, olvidando que dicha vida desahogada es el resultado de la aceptación del Mensaje Divino y, en lugar de continuar cumpliendo sus deberes respecto a Dios con gratitud, se lo atribuyen a su propia habilidad para conseguir lujos, ello constituye un gran error y un comportamiento incauto. Esto constituye el comienzo del declive, el cual se difunde por toda la comunidad como un cáncer. En el momento en que la corrupción abarca casi completamente a toda la comunidad, la muerte es inminente.

وَلَوْ اَنَّ اَهْلَ الْقُرٰٓى اٰمَنُوا وَاتَّقَوْا لَفَتَحْنَا عَلَيْهِمْ بَرَكَاتٍ
مِنَ السَّمَٓاءِ وَالْاَرْضِ وَلٰكِنْ كَذَّبُوا فَاَخَذْنَاهُمْ بِمَا كَانُوا
يَكْسِبُونَ ﴿٩٦﴾ اَفَاَمِنَ اَهْلُ الْقُرٰٓى اَنْ يَاْتِيَهُمْ بَاْسُنَا بَيَاتًا
وَهُمْ نَٓائِمُونَۜ ﴿٩٧﴾ اَوَاَمِنَ اَهْلُ الْقُرٰٓى اَنْ يَاْتِيَهُمْ بَأْسُنَا
ضُحًى وَهُمْ يَلْعَبُونَ ﴿٩٨﴾ اَفَاَمِنُوا مَكْرَ اللّٰهِۚ فَلَا يَاْمَنُ
مَكْرَ اللّٰهِ اِلَّا الْقَوْمُ الْخَاسِرُونَ۟ ﴿٩٩﴾ اَوَلَمْ يَهْدِ لِلَّذِينَ
يَرِثُونَ الْاَرْضَ مِنْ بَعْدِ اَهْلِهَٓا اَنْ لَوْ نَشَٓاءُ اَصَبْنَاهُمْ
بِذُنُوبِهِمْۚ وَنَطْبَعُ عَلٰى قُلُوبِهِمْ فَهُمْ لَا يَسْمَعُونَ ﴿١٠٠﴾
تِلْكَ الْقُرٰى نَقُصُّ عَلَيْكَ مِنْ اَنْبَٓائِهَاۚ وَلَقَدْ جَٓاءَتْهُمْ
رُسُلُهُمْ بِالْبَيِّنَاتِۚ فَمَا كَانُوا لِيُؤْمِنُوا بِمَا كَذَّبُوا مِنْ قَبْلُۜ
كَذٰلِكَ يَطْبَعُ اللّٰهُ عَلٰى قُلُوبِ الْكَافِرِينَ ﴿١٠١﴾ وَمَا وَجَدْنَا
لِاَكْثَرِهِمْ مِنْ عَهْدٍۚ وَاِنْ وَجَدْنَٓا اَكْثَرَهُمْ لَفَاسِقِينَ ﴿١٠٢﴾
ثُمَّ بَعَثْنَا مِنْ بَعْدِهِمْ مُوسٰى بِاٰيَاتِنَٓا اِلٰى فِرْعَوْنَ وَمَلَا۬ئِهٖ
فَظَلَمُوا بِهَاۚ فَانْظُرْ كَيْفَ كَانَ عَاقِبَةُ الْمُفْسِدِينَ ﴿١٠٣﴾ وَقَالَ
مُوسٰى يَا فِرْعَوْنُ اِنّ۪ي رَسُولٌ مِنْ رَبِّ الْعَالَمِينَۙ ﴿١٠٤﴾

حَقِيقٌ

96. Si los habitantes de dichas ciudades no hubiesen sino creído y —para merecer Su protección— se hubiesen apartado de la desobediencia a Dios en adoración a Él y piedad, habríamos abierto para ellos las puertas de las bendiciones del Cielo y la Tierra. Sin embargo, negaron (a los Mensajeros y al Mensaje Divino que trajeron) por lo que les sobrecogimos por lo que habitualmente habían adquirido (a través de sus acciones).

97. ¿Acaso los habitantes de las ciudades se sienten seguros de que Nuestro tremendo castigo no les va a acontecer durante la noche mientras duermen?

98. ¿O los habitantes de las ciudades se sienten seguros de que Nuestro tremendo castigo va a acontecerles durante la mañana cuando se dedican a su entretenimiento mundano?

99. ¿O se sienten seguros ante los designios de Dios (para que caiga sobre ellos alguna aflicción inesperada)? Mas nadie se siente seguro ante los designios de Dios (para que caiga sobre ellos una aflicción inesperada) excepto la gente perdida y arruinada.

100. ¿Acaso los que han heredado la Tierra tras las generaciones anteriores no se han dado cuenta entonces de que, si quisiéramos, les golpearíamos por sus pecados? Sin embargo (son insensibles ante los significados de los acontecimientos, por lo que, como consecuencia de su maldad, sus actitudes equivocadas, su arrogancia y los graves pecados que han cometido), hemos grabado sus corazones con un sello para que no puedan escuchar (las verdades reveladas ni ninguna amonestación).

101. A esas ciudades —de las que relatamos algunas nuevas sobre ellas a través de historias ejemplares (para enseñarte)— les llegaron, sin duda alguna, Mensajeros (elegidos por Dios) de entre ellos mismos con pruebas evidentes de la verdad, pero no creyeron en lo que antes habían negado. Así es como Dios graba los corazones de los incrédulos con un sello (que les impide sentir los efectos de la amonestación).

102. En la mayor parte de ellos no encontramos (lealtad a) compromiso alguno. Con toda certeza, encontramos que la mayoría de ellos eran transgresores.

103. Luego, tras aquellos (Mensajeros), enviamos a Moisés al Faraón y a sus dignatarios con nuestras Revelaciones y signos (milagros para apoyarle), pero los trataron injustamente. ¡Así que contempla, pues, cómo han acabado aquellos que causaron desorden y corrupción!

104. Y Moisés dijo: «¡Faraón! Soy un Mensajero del Señor de los mundos,

حَقِيقٌ عَلٰٓى اَنْ لَٓا اَقُولَ عَلَى اللّٰهِ اِلَّا الْحَقَّۜ قَدْ جِئْتُكُمْ
بِبَيِّنَةٍ مِنْ رَبِّكُمْ فَاَرْسِلْ مَعِيَ بَنٖٓي اِسْرَٓائٖيلَۜ ﴿١٠٥﴾ قَالَ اِنْ
كُنْتَ جِئْتَ بِاٰيَةٍ فَأْتِ بِهَٓا اِنْ كُنْتَ مِنَ الصَّادِقٖينَ ﴿١٠٦﴾ فَاَلْقٰى
عَصَاهُ فَاِذَا هِيَ ثُعْبَانٌ مُبٖينٌۚ ﴿١٠٧﴾ وَنَزَعَ يَدَهُ فَاِذَا هِيَ بَيْضَٓاءُ
لِلنَّاظِرٖينَ ﴿١٠٨﴾ قَالَ الْمَلَاُ مِنْ قَوْمِ فِرْعَوْنَ اِنَّ هٰذَا لَسَاحِرٌ
عَلٖيمٌۙ ﴿١٠٩﴾ يُرٖيدُ اَنْ يُخْرِجَكُمْ مِنْ اَرْضِكُمْۚ فَمَاذَا تَأْمُرُونَ ﴿١١٠﴾
قَالُٓوا اَرْجِهْ وَاَخَاهُ وَاَرْسِلْ فِي الْمَدَٓائِنِ حَاشِرٖينَۙ ﴿١١١﴾
يَأْتُوكَ بِكُلِّ سَاحِرٍ عَلٖيمٍ ﴿١١٢﴾ وَجَٓاءَ السَّحَرَةُ فِرْعَوْنَ قَالُٓوا
اِنَّ لَنَا لَاَجْرًا اِنْ كُنَّا نَحْنُ الْغَالِبٖينَ ﴿١١٣﴾ قَالَ نَعَمْ وَاِنَّكُمْ
لَمِنَ الْمُقَرَّبٖينَ ﴿١١٤﴾ قَالُوا يَا مُوسٰٓى اِمَّٓا اَنْ تُلْقِيَ وَاِمَّٓا اَنْ
نَكُونَ نَحْنُ الْمُلْقٖينَ ﴿١١٥﴾ قَالَ اَلْقُواۚ فَلَمَّٓا اَلْقَوْا سَحَرُٓوا
اَعْيُنَ النَّاسِ وَاسْتَرْهَبُوهُمْ وَجَٓاؤُ۫ بِسِحْرٍ عَظٖيمٍ ﴿١١٦﴾ وَاَوْحَيْنَٓا
اِلٰى مُوسٰٓى اَنْ اَلْقِ عَصَاكَۚ فَاِذَا هِيَ تَلْقَفُ مَا يَأْفِكُونَۚ ﴿١١٧﴾
فَوَقَعَ الْحَقُّ وَبَطَلَ مَا كَانُوا يَعْمَلُونَۚ ﴿١١٨﴾ فَغُلِبُوا هُنَالِكَ
وَانْقَلَبُوا صَاغِرٖينَۚ ﴿١١٩﴾ وَاُلْقِيَ السَّحَرَةُ سَاجِدٖينَۚ ﴿١٢٠﴾

105. Mi deber es decir nada más que la verdad respecto a Dios. Sin duda alguna, he venido a vosotros con una prueba clara de mi Señor (Quien os ha creado, os alimenta y os sustenta). Por lo tanto, ¡permite a los Hijos de Israel que vengan conmigo!».

106. Él (el Faraón) dijo: «Si has venido con un signo, ¡muéstralo si eres veraz!».

107. Entonces Él (Moisés) arrojó su vara y acto seguido una serpiente se hizo manifiesta (clara para que todos la vean como signo).

108. Y sacó su mano (derecha de su axila donde la había puesto) y apareció blanca y brillante ante los que miraban[24].

109. Los dignatarios de entre el pueblo del Faraón señalaron (discutiendo el asunto entre ellos): «Este es, sin duda (tal y como el Faraón dice), un mago instruido y experto,

110. Que quiere expulsaros de vuestra tierra. Por lo tanto, ¿qué es lo que aconsejáis (hacer)?»

111. Dijeron (al Faraón): «Rétenle a él y a su hermano durante algún tiempo y (mientras tanto) envía heraldos a todas las ciudades,

112. Para traer a tu presencia a todo mago conocedor y experto».

113. Los magos comparecieron ante el Faraón y le dijeron: «Debemos tener, sin duda, una retribución si salimos victoriosos».

114. (El Faraón) respondió: «Sí, y estaréis entre los más cercanos a mí».

115. Ellos (los magos) dijeron: «¡Moisés! ¡Arroja tú primero o seremos los primeros en arrojar!».

116. Respondió (Moisés): «¡Arrojad!». Y cuando arrojaron (sea lo que fuere lo que tuviesen en sus manos para realizar hechizos) hechizaron los ojos de la gente (es decir, les atemorizaron y les engañaron) y elaboraron una magia grandísima.

117. Revelamos a Moisés: «¡Arroja tu vara!». ¡Contempla! Y engulló sus falsas estratagemas.

118. Entonces, prevaleció la verdad, y lo que habían hecho (los magos) demostró ser falso.

119. Así fueron (el Faraón y sus dignatarios) vencidos allí (ante los ojos de todos) y abochornados.

120. Y los magos se tiraron al suelo, postrándose.

24. Hemos de abordar el Ser Divino, la realidad existencial, el universo y las cosas y eventos que en él se dan desde dos puntos de vista: desde el punto de vista de Dios y desde nuestro punto de vista. Cuando abordamos el asunto desde la perspectiva de Dios, los conceptos de tiempo, espacio y dimensiones dejan de existir. Todo consiste en las manifestaciones y actos de Dios más allá del tiempo, el espacio y la dimensión. Por eso, el Corán relata los eventos relacionados con la Resurrección y el Día del Juicio Final con el tiempo verbal en pasado. Al mismo tiempo, el tiempo verbal en pasado en la lengua árabe expresa la certeza de un acontecimiento que va a ocurrir. Dicho empleo también indica que para Dios no hay diferencia entre lo que ocurre y lo que va a ocurrir.

Cuando abordamos la realidad existencial, el universo, las cosas y los acontecimientos que en él hay desde nuestro punto de vista, intervienen restricciones tales como el espacio, el tiempo y las dimensiones, al igual que el libre albedrío humano y sus funciones. Es más, la causalidad se añade a dichas restricciones, de tal modo que podamos seguir los acontecimientos incluyendo algunos principios que llamamos «ley», y podamos ordenar nuestra vida en consecuencia. Esto actúa como un velo ante las manifestaciones y los actos de Dios que están más allá de las dimensiones; tratamos con todo aquello que acontece antes del velo más externo dentro del marco de la causalidad y de los principios que llamamos «leyes». Este es uno de los puntos más importantes que hace que los materialistas y naturalistas cometan errores. Ya que los cinco sentidos externos humanos no puedan penetrar dicho velo, los que se limitan a las percepciones de los cinco sentidos aceptan solamente las cosas que se hallan ante el velo como si fuesen existentes y reales. No obstante, la persona que considera única y exclusivamente su propio ser, puede percibir fácilmente que dicho ser posee numerosos «mundos mentales»: por ejemplo, la imaginación, el «mundo» de los conceptos, los pensamientos, ideales e intenciones. Además, incluso si no creen en la existencia del espíritu, existen un gran número de mundos internos tales como el de la conciencia, la voluntad de poder, las emociones y el corazón, unos dentro de otros, y cada uno más espacioso que el anterior. Estos son reflexiones o ejemplos sobre los mundos que van más allá del mundo material.

Los fenómenos que el Corán denomina «signos» y los teólogos señalan como «milagros» consisten en ciertas ejecuciones y actos de creación de Dios que, desde el punto de vista humano de las cosas y acontecimientos, están más allá de los límites de la causalidad y de otras leyes y se consideran, por lo tanto, extraordinarios. Aunque son milagros desde nuestro punto de vista, son sólo acciones «normales» de Dios, el Cual tiene el universo aferrado con Su Poder y gobierna como Él quiere, manifestando, además de otros Atributos, Su Conocimiento, Sabiduría, Voluntad Absoluta y Favor. Para los que contemplen las cosas y los acontecimientos con los ojos de la fe, cada cosa y cada acontecimiento del universo es un milagro no inferior a los milagros obrados por los Profetas. Por esa razón, dirigiéndose al período de la historia humana en el que la razón y la ciencia tienen mayor preeminencia e importancia, el Corán y el Islam bajo la forma perfeccionada del profeta Muhammad —la paz y las bendiciones sean con él— da preeminencia al conocimiento y a las facultades mentales, tales como el pensamiento, la reflexión y el razonamiento, a la vez que a los aspectos espirituales de los mismos y a otras facultades humanas.

121. Y dijeron: «Hemos llegado a creer en el Señor de los mundos,

122. El Señor de Moisés y Aarón».

123. El Faraón dijo: «¡Cómo! ¿Creéis en Él antes de que yo os dé permiso? Realmente se trata de una estratagema que habéis urdido en la ciudad para sacar de ella a sus habitantes (nativos). ¡Pero vais a saber!

124. Os haré cortar vuestras manos y vuestros pies de manera alterna y luego os crucificaré a todos juntos».

125. Respondieron: «En verdad, a nuestro Señor (verdadero y eterno) hemos de volver.

126. Te vengas de nosotros sólo porque hemos creído en los Mensajes de nuestro Señor que nos ha llegado[25]. ¡Señor nuestro! ¡Vierte sobre nosotros paciencia tenaz y llévanos a Ti como musulmanes (totalmente sometidos a Ti)!»

127. Los dignatarios del Faraón dijeron: «¿Vas a permitir (Oh Faraón) que Moisés y su pueblo causen desorden y corrupción en el país y te abandonen a ti y a tus deidades?». Respondió: «Mataremos a sus hijos y dejaremos vivir a sus mujeres (para que sirvan y satisfagan nuestros deseos). Y en verdad tenemos irresistible poder sobre ellos».

128. Moisés dijo a su pueblo: «Buscad ayuda en Dios y sed pacientes y perseverantes. No cabe duda que la Tierra pertenece a Dios y hace que la hereden aquellos de Sus siervos que Su Voluntad dicta. El resultado (final y feliz) está a favor de los piadosos devotos».

قَالُوا اٰمَنَّا بِرَبِّ الْعَالَمِينَ ﴿١٢١﴾ رَبِّ مُوسٰى وَهٰرُونَ ﴿١٢٢﴾ قَالَ
فِرْعَوْنُ اٰمَنْتُمْ بِهٖ قَبْلَ اَنْ اٰذَنَ لَكُمْ اِنَّ هٰذَا لَمَكْرٌ مَكَرْتُمُوهُ
فِي الْمَدٖينَةِ لِتُخْرِجُوا مِنْهَا اَهْلَهَا فَسَوْفَ تَعْلَمُونَ ﴿١٢٣﴾
لَاُقَطِّعَنَّ اَيْدِيَكُمْ وَاَرْجُلَكُمْ مِنْ خِلَافٍ ثُمَّ لَاُصَلِّبَنَّكُمْ
اَجْمَعٖينَ ﴿١٢٤﴾ قَالُوا اِنَّا اِلٰى رَبِّنَا مُنْقَلِبُونَ ﴿١٢٥﴾ وَمَا تَنْقِمُ مِنَّا
اِلَّا اَنْ اٰمَنَّا بِاٰيَاتِ رَبِّنَا لَمَّا جَاءَتْنَا رَبَّنَا اَفْرِغْ عَلَيْنَا صَبْرًا
وَتَوَفَّنَا مُسْلِمٖينَ ﴿١٢٦﴾ وَقَالَ الْمَلَاُ مِنْ قَوْمِ فِرْعَوْنَ اَتَذَرُ
مُوسٰى وَقَوْمَهُ لِيُفْسِدُوا فِي الْاَرْضِ وَيَذَرَكَ وَاٰلِهَتَكَ قَالَ
سَنُقَتِّلُ اَبْنَاءَهُمْ وَنَسْتَحْيٖ نِسَاءَهُمْ وَاِنَّا فَوْقَهُمْ قَاهِرُونَ ﴿١٢٧﴾
قَالَ مُوسٰى لِقَوْمِهِ اسْتَعٖينُوا بِاللّٰهِ وَاصْبِرُوا اِنَّ الْاَرْضَ
لِلّٰهِ يُورِثُهَا مَنْ يَشَاءُ مِنْ عِبَادِهٖ وَالْعَاقِبَةُ لِلْمُتَّقٖينَ ﴿١٢٨﴾
قَالُوا اُوذٖينَا مِنْ قَبْلِ اَنْ تَأْتِيَنَا وَمِنْ بَعْدِ مَا جِئْتَنَا
قَالَ عَسٰى رَبُّكُمْ اَنْ يُهْلِكَ عَدُوَّكُمْ وَيَسْتَخْلِفَكُمْ
فِي الْاَرْضِ فَيَنْظُرَ كَيْفَ تَعْمَلُونَ ﴿١٢٩﴾ وَلَقَدْ اَخَذْنَا اٰلَ فِرْعَوْنَ
بِالسِّنٖينَ وَنَقْصٍ مِنَ الثَّمَرَاتِ لَعَلَّهُمْ يَذَّكَّرُونَ ﴿١٣٠﴾

فَاِذَا

129. Ellos (siendo objeto de persecución del Faraón) dijeron: «Hemos sufrido daño antes de que vinieses a nosotros y desde que viniste a nosotros». (Moisés) respondió: «Puede que vuestro Señor vaya a destruir a vuestro enemigo y os haga herederos del gobierno sobre (alguna parte de) la Tierra: y entonces, contemplará cómo actuáis (cuando tengáis poder)».

130. E infligimos al clan (la corte y la aristocracia militar) del Faraón años de hambre y escasez de cosechas para que reflexionasen y fuesen considerados.

25. A lo largo de la historia, la parte antagonista siempre ha intentado vengarse de los creyentes única y exclusivamente porque declaran: «¡Nuestro Señor es tan sólo Dios!». Esas acciones han sido encubiertas por numerosas excusas falsas; como por ejemplo, que los creyentes perturban el orden, explotan la religión y los sentimientos religiosos en pos de intereses personales o dividen a las personas en nombre de la religión, por mencionar tan sólo algunas de las falsas pretensiones que han hecho a lo largo del tiempo.

فَاِذَا جَٓاءَتْهُمُ الْحَسَنَةُ قَالُوا لَنَا هٰذِهٖۚ وَاِنْ تُصِبْهُمْ سَيِّئَةٌ
يَطَّيَّرُوا بِمُوسٰى وَمَنْ مَعَهُۜ اَلَٓا اِنَّمَا طَٓائِرُهُمْ عِنْدَ اللّٰهِ
وَلٰكِنَّ اَكْثَرَهُمْ لَا يَعْلَمُونَ ﴿١٣١﴾ وَقَالُوا مَهْمَا تَأْتِنَا بِهٖ
مِنْ اٰيَةٍ لِتَسْحَرَنَا بِهَاۙ فَمَا نَحْنُ لَكَ بِمُؤْمِنِينَ ﴿١٣٢﴾ فَاَرْسَلْنَا
عَلَيْهِمُ الطُّوفَانَ وَالْجَرَادَ وَالْقُمَّلَ وَالضَّفَادِعَ وَالدَّمَ
اٰيَاتٍ مُفَصَّلَاتٍ فَاسْتَكْبَرُوا وَكَانُوا قَوْمًا مُجْرِمِينَ ﴿١٣٣﴾
وَلَمَّا وَقَعَ عَلَيْهِمُ الرِّجْزُ قَالُوا يَا مُوسَى ادْعُ لَنَا رَبَّكَ
بِمَا عَهِدَ عِنْدَكَۚ لَئِنْ كَشَفْتَ عَنَّا الرِّجْزَ لَنُؤْمِنَنَّ لَكَ
وَلَنُرْسِلَنَّ مَعَكَ بَن۪ٓي اِسْرَٓائِيلَۚ ﴿١٣٤﴾ فَلَمَّا كَشَفْنَا عَنْهُمُ الرِّجْزَ
اِلٰٓى اَجَلٍ هُمْ بَالِغُوهُ اِذَا هُمْ يَنْكُثُونَ ﴿١٣٥﴾ فَانْتَقَمْنَا مِنْهُمْ
فَاَغْرَقْنَاهُمْ فِي الْيَمِّ بِاَنَّهُمْ كَذَّبُوا بِاٰيَاتِنَا وَكَانُوا عَنْهَا
غَافِلِينَ ﴿١٣٦﴾ وَاَوْرَثْنَا الْقَوْمَ الَّذِينَ كَانُوا يُسْتَضْعَفُونَ
مَشَارِقَ الْاَرْضِ وَمَغَارِبَهَا الَّت۪ي بَارَكْنَا فِيهَاۜ وَتَمَّتْ كَلِمَتُ
رَبِّكَ الْحُسْنٰى عَلٰى بَن۪ٓي اِسْرَٓائِيلَۙ بِمَا صَبَرُواۜ وَدَمَّرْنَا
مَا كَانَ يَصْنَعُ فِرْعَوْنُ وَقَوْمُهُ وَمَا كَانُوا يَعْرِشُونَ ﴿١٣٧﴾

131. Pero cuando la prosperidad les llegaba, decían: «Esto no es sino para nosotros y porque lo merecemos»; pero si les sobrevenía algún mal lo atribuían al (supuesto) mal augurio de Moisés y de los que con él se hallaban. ¡Cuidado! Su augurio (ya sea malo o bueno) fue decretado por Dios; sin embargo, la mayoría de ellos no lo sabían (por ser ignorantes del verdadero conocimiento).

132. Y dirían: «Sea cual sea el signo que nos traigas para hechizarnos no te vamos a creer».

133. De este modo, (para que reflexionasen y fuesen considerados) hicimos descender sobre ellos inundaciones y (plagas de) langostas y alimañas, ranas y (agua que se tornó en) sangre: signos distintos unos de otros. No obstante, siguieron siendo arrogantes y fueron criminales dedicados a acumular pecados.

134. Cada vez que sobre ellos acontecía una plaga, decían: «¡Oh Moisés! Ruega por nosotros a tu Señor por el compromiso que ha establecido contigo (de servidumbre y Misión Profética con respecto a Su Señorío). Indisputablemente, si alejas de nosotros esta plaga, creeremos en ti y sin duda dejaremos ir contigo a los Hijos de Israel».

135. Pero cuando alejamos la plaga de ellos durante el plazo en que tenían que cumplir (lo que habían prometido), faltaron a su promesa.

136. Así, infligimos Nuestro justo castigo sobre ellos (tal y como se merecían) e hicimos que se ahogasen en el mar por haber negado Nuestros signos (con persistencia obstinada) y por haber sido insensibles a ellos[26].

137. E hicimos que la gente que había sido perseguida y oprimida (durante siglos) heredase los occidentes y los orientes (toda la longitud y anchura) de la Tierra que habíamos bendecido (con beneficios para la humanidad). Y la hermosa palabra que tu Señor había dado a los Hijos de Israel se cumplió[27], porque fueron pacientes. Y destruimos lo que el Faraón y su pueblo habían elaborado (por medio del arte o la industria), y lo que habían erigido (castillos, palacios, jardines y estructuras similares)[28].

26. Con anterioridad a nuestro Profeta —la paz y las bendiciones sean con él— numerosas comunidades y civilizaciones desarrolladas y poderosas fueron totalmente destruidas por lo que parecen haber sido «catástrofes naturales». Podríamos preguntarnos por qué el mismo tipo de destrucción masiva no ha acontecido desde dicha época. Lo primero que se podría señalar en respuesta a tal cuestión es que el profeta Muhammad —la paz y las bendiciones sean con él— fue enviado como una misericordia para toda la creación. Al igual que él es una misericordia para toda la creación, la religión que trajo y el Corán también son una misericordia universal para todos los seres. Esto significa que mientras que el Corán y el Islam existan, no ocurrirá una destrucción total y repentina como la que aconteció en las eras pre-islámicas. Cuando ya no queden apenas musulmanes y al Corán no se le preste la atención debida, tendrá lugar la destrucción final del mundo.

En segundo lugar, las comunidades de la era pre-islámica eran brutales e incivilizadas en gran medida. Eran muy obstinadas, contumaces e indómitas. Los vicios que causaron su destrucción estaban tan extendidos que se convirtieron en un estilo de vida. Tan sólo unos pocos individuos creyeron en los Profetas que habían sido enviados, pero eran muy débiles para llevar a cabo los requerimientos de la Religión Divina.

En tercer lugar, es difícil decir que no existe ninguna destrucción. Las comunidades de la era pre-islámica fueron *totalmente* destruidas por calamidades tales como terremotos, erupciones volcánicas, diluvios y ciclones. Nos referimos a dichos fenómenos llamándoles catástrofes naturales. Cuando dichas catástrofes acontecen —causando la muerte de muchas personas y en ocasiones poblaciones enteras—, intentamos explicarlas remitiéndolas a la naturaleza. Sin embargo, también son una medida de castigo enviada por Dios como condena por desobedecer Su Religión y las leyes de la vida y del funcionamiento del universo. Igualmente, también lo son los desordenes y convulsiones sociales, particularmente las guerras mundiales, los conflictos internos, los golpes de estado, los desequilibrios económicos y las revoluciones que causan la pérdida de millones de vidas y crean situaciones de hambruna. Eso también constituye un castigo de Dios. Pero intentamos explicarlas en base a sus razones aparentes y nunca intentamos descubrir sus verdaderas razones o entender su significado.

Nos podríamos preguntar por qué dichas destrucciones también afectan a los creyentes. Tales destrucciones, de modo contrario a las destrucciones *totales* que acontecieron en épocas primigenias para castigar única y exclusivamente a los criminales, acontecen *parcialmente* tanto como castigo como advertencia. No sólo los criminales incrédulos, sino también los creyentes pueden necesitar advertencia y merecer castigo. Además, la advertencia viene de tal modo que apela a la razón para que preste atención y no fuerza a la voluntad humana a creer y someterse. Si las calamidades solamente abarcasen a los criminales incrédulos, serían como los milagros que fueron otorgados a los Profetas del pasado. Cuando sus pueblos no creyeron a pesar de los milagros, fueron entonces destruidos. Por lo tanto, si las catástrofes solamente afectasen a los criminales incrédulos y otra gente no creyese, ello daría lugar a catástrofes mucho mayores. Dios salva a la humanidad de dichas catástrofes mayores debido a importantes razones. Una de las más poderosas razones es la esperanza de que numerosas personas abracen el Islam en el futuro. Así pues, la destrucción de los creyentes causa el perdón de sus pecados y es una especie de martirio para ellos y asimismo, la destrucción de sus bienes posee un valor equivalente a haber dado limosna. Igualmente se puede argüir que la destrucción de algunos «buenos» creyentes que siempre han estado preparados para sacrificarse a sí mismos por el bien de los demás puede servir como salvación para los creyentes de destrucciones mayores debido a sus pecados y a su fracaso en representar el Islam.

Siendo un ejemplo para los musulmanes, la derrota del Estado Otomano en la Primera Guerra Mundial, la cual resultó en su posterior caída y ocaso, posee algunas razones aparentes. Comentando sobre este acontecimiento y su relación con Turquía, Bediüzzaman Said Nursi aborda la verdadera razón por la cual el Destino Divino juzgó necesario dicha caída de dos maneras:

- Basado en Su Atributo de Voluntad, Dios tiene una manera o forma determinada de actuar creando y gobernando el universo con todo lo que hay en ello, incluyendo los acontecimientos y la vida humana individual y colectiva. Al ser dicha manera o forma de actuar aparentemente constante, podemos llegar a ciertas conclusiones a través del resultado de nuestro estudio de la «naturaleza» y de la vida humana y podemos denominar a dichas conclusiones «leyes de la naturaleza», «leyes de la sociología», y «leyes de la historia» y «principios de la ciencia». Obedecer o desobedecer a Dios respecto a dichas leyes y principios posee una recompensa en este mundo, tal y como la prosperidad o la pobreza, la ganancia o la pérdida, el éxito o la derrota y el desarrollo o el retroceso. Como musulmanes, tendemos a desatender estas leyes, mientras que aquella parte del mundo que se ha equipado a sí misma con el poder de la ciencia y la tecnología obedece, consciente o inconscientemente, dichas leyes, llevándonos ventaja.
- Hasta el grado en que, de modo imperdonable, hemos pecado de negligencia con respecto a las leyes de la primera categoría, asimismo hemos pecado de negligencia con respecto a la obediencia del segundo tipo de Leyes Divinas, que emanan del Atributo de Dios de la Palabra y que Él ha enviado en forma de Religión. Dios nos ordena dedicar aproximadamente una hora de nuestro día a realizar las cinco Oraciones prescritas, pero hemos faltado a dicho deber a lo largo de los siglos que han precedido la Primera Guerra Mundial y, a cambio, Él ha hecho que nos postremos durante la guerra (y desafortunadamente no hemos sido capaces de levantar nuestras cabezas todavía de dicha postración). Nos ha ordenado ayunar un único mes, en Ramadán, cada año, pero hemos faltado a nuestro deber compadeciéndonos de nosotros mismos. En contrapartida, Él nos ha hecho ayunar durante cinco años durante la guerra (y los siguientes 25 años además. ¡En muchas partes del mundo musulmán seguimos sufriendo dicho castigo de ayuno!). Nos ha ordenado dar *Zakat* (la Limosna Prescrita Purificadora) en un porcentaje de una cuadragésima o trigésima o vigésima o décima o quinta parte según el tipo de propiedad —de la propiedad que Él nos ha concedido—. Hemos faltado a dicho deber y hemos actuado de un modo miserable y a cambio de ello, Él ha tomado de nosotros todas las propiedades que durante cinco años habían sido acumuladas como *Zakat* (y desde entonces no hemos sido capaces de librarnos de dicha mezquindad y nuestra riqueza sigue siendo saqueada por las potencias mundiales). Dios ha ordenado a aquellos que pueden que se dirijan a realizar la Peregrinación; dicha forma de adoración multidimensional tan importante. Hemos faltado a nuestro deber respecto a ello y, en contrapartida, Él nos ha llevado de un frente a otro durante cinco años (y aún seguimos buscando nuestro sustento en tierras extranjeras) (*Sözler*, «Lemaat», pág.667).

Cuando abordamos el asunto desde la perspectiva de la verdad principal, otras verdades se revelan por sí misma.

27. Esta palabra es lo que se menciona en el *sura* 28:5-6: *Pero pretendimos conceder Nuestro favor sobre aquellos que fueron humillados y oprimidos en la tierra, y hacer*

de ellos dignatarios ejemplares (para guiar a la gente en la senda hacia Dios, y guiarlos en sus vidas), y hacerlos herederos (de la gloria del Faraón, y de la tierra en la cual originamos bendiciones para la gente). Y establecerlos en la tierra con poder....

28. Este versículo expresa otro principio histórico y sociológico importante: Hacer el mal o llevar a cabo una injusticia o cualquier cosa basada en ello no puede perdurar. Dios ha hecho una promesa permanente a los creyentes oprimidos los cuales, sin someterse a los injustos sistemas politeístas o la incredulidad, se adhieren a la Religión de Dios, llevan a cabo sus mandamientos según los principios que Dios ha establecido y, sin doblegarse ante las persecuciones, son capaces de demostrar «paciencia activa» al servir a Dios en pos del camino de Sus Mensajeros y se abstienen de cometer pecados. En este versículo, el Corán nos informa del triunfo final que Dios concedió a los Hijos de Israel de manos de los profetas David y Salomón —la paz sea con ellos— casi cuatro siglos después de que escapasen del Egipto de los Faraones bajo el liderazgo del profeta Moisés —la paz sea con él—. Destaca el hecho de que ello aconteció como resultado de su paciencia anteriormente descrita. En el *Sura al-Baqara*, se muestran episodios que tuvieron lugar durante ese período de cinco siglos (50-61, 63-74, etc.), los cuales son luego mostrados en versículos posteriores de modo apropiado y de acuerdo con los temas principales del *sura* y de las condiciones que prevalecían en La Meca, cuando dichos versículos fueron revelados.

وَجَاوَزْنَا بِبَنِي اِسْرَائِلَ الْبَحْرَ فَاَتَوْا عَلٰى قَوْمٍ يَعْكُفُونَ
عَلٰى اَصْنَامٍ لَهُمْ قَالُوا يَا مُوسَى اجْعَلْ لَنَا اِلٰهًا كَمَا لَهُمْ
اٰلِهَةٌ قَالَ اِنَّكُمْ قَوْمٌ تَجْهَلُونَ ﴿١٣٨﴾ اِنَّ هٰؤُلَاءِ مُتَبَّرٌ مَا هُمْ
فِيهِ وَبَاطِلٌ مَا كَانُوا يَعْمَلُونَ ﴿١٣٩﴾ قَالَ اَغَيْرَ اللّٰهِ اَبْغِيكُمْ
اِلٰهًا وَهُوَ فَضَّلَكُمْ عَلَى الْعَالَمِينَ ﴿١٤٠﴾ وَاِذْ اَنْجَيْنَاكُمْ
مِنْ اٰلِ فِرْعَوْنَ يَسُومُونَكُمْ سُوءَ الْعَذَابِ يُقَتِّلُونَ
اَبْنَاءَكُمْ وَيَسْتَحْيُونَ نِسَاءَكُمْ وَفِي ذٰلِكُمْ بَلَاءٌ مِنْ رَبِّكُمْ
عَظِيمٌ ﴿١٤١﴾ وَوَاعَدْنَا مُوسٰى ثَلٰثِينَ لَيْلَةً وَاَتْمَمْنَاهَا بِعَشْرٍ
فَتَمَّ مِيقَاتُ رَبِّهِ اَرْبَعِينَ لَيْلَةً وَقَالَ مُوسٰى لِاَخِيهِ
هٰرُونَ اخْلُفْنِي فِي قَوْمِي وَاَصْلِحْ وَلَا تَتَّبِعْ سَبِيلَ
الْمُفْسِدِينَ ﴿١٤٢﴾ وَلَمَّا جَاءَ مُوسٰى لِمِيقَاتِنَا وَكَلَّمَهُ رَبُّهُ
قَالَ رَبِّ اَرِنِي اَنْظُرْ اِلَيْكَ قَالَ لَنْ تَرٰينِي وَلٰكِنِ انْظُرْ
اِلَى الْجَبَلِ فَاِنِ اسْتَقَرَّ مَكَانَهُ فَسَوْفَ تَرٰينِي فَلَمَّا
تَجَلّٰى رَبُّهُ لِلْجَبَلِ جَعَلَهُ دَكًّا وَخَرَّ مُوسٰى صَعِقًا فَلَمَّا
اَفَاقَ قَالَ سُبْحَانَكَ تُبْتُ اِلَيْكَ وَاَنَا اَوَّلُ الْمُؤْمِنِينَ ﴿١٤٣﴾

قَالَ

138. E hicimos cruzar a los Hijos de Israel a través del mar, y se presentaron ante un pueblo entregado a la devoción de unos ídolos que tenían (propios de ellos). Dijeron: «¡Oh Moisés, haz para nosotros una deidad al igual que ellos tienen deidades!»[29]. Respondió: «En verdad sois un pueblo entregado a la ignorancia».

139. «Respecto a ese pueblo —aquello a lo que están entregados (como religión) está abocado a la destrucción, y todo lo que han estado haciendo (como adoración) es falso y en vano».

140. Dijo: «¿Acaso habría de buscar para vosotros una deidad diferente a Dios, cuando Él os ha enaltecido por encima de todos los pueblos (a través de la fe y la verdadera Religión con lo que os ha favorecido)?».

141. Y (recordad, Oh Hijos de Israel) cuando os salvamos del clan del Faraón que os estaba infligiendo el peor de los sufrimientos (esclavizándoos con arduas labores como la construcción, el transporte y la labranza), matando a vuestros hijos y dejando vivir a vuestras mujeres (para más humillación y sufrimiento). En ello hubo una dura prueba de vuestro Señor.

142. Y (con la intención de que fueseis favorecidos con la Tora para que se ordenasen vuestros asuntos) emplazamos a Moisés durante treinta noches a las que añadimos diez, de manera que completamos el período con cuarenta noches establecidas por su Señor (para que las pasase en devoción)[30]. (Antes de dejar a su pueblo para venir a Nuestra Presencia) Moisés había dicho a su hermano (Aarón): «Ocupa mi lugar entre mi comunidad (actúa para reformarles y para corregir los asuntos) y no sigas la senda de los que provocan el desorden y la corrupción».

143. Y cuando Moisés vino a Nuestra hora señalada, su Señor le habló. (Entonces, en el arrebato de su cercanía a Dios que surgía de su ser al dirigirle Dios la palabra) dijo: «¡Señor mío, muéstrate ante mí, para que pueda verte!». (Dios) dijo: «No podrás verme (con tus ojos en este mundo). Pero mira la montaña, si permanece firme en su lugar, Me verás». Y cuando Dios manifestó Su gloriosa Majestad en la montaña, hizo que ésta se desmoronará hasta ser polvo y Moisés cayó desvanecido (como si hubiese sido golpeado por un rayo). Cuando despertó, dijo: «¡Gloria a Ti (pues Te hallas absolutamente por encima de tener defecto alguno y de parecerte en modo alguno a la creación)! Me torno a Ti en arrepentimiento (por mi deseo de verte) y soy el primero de los (verdaderos) creyentes (que se dan cuenta de que estás más allá de tener cualquier parecido con cualquier criatura y más allá de los sentidos de cualquier criatura)[31].

---

29. Esto demuestra cómo la esclavitud puede degenerar a las personas. Los Hijos de Israel, que descendían del profeta Jacob —la paz sea con él— eran musulmanes que se habían sometido a Dios a lo largo de los siglos. Pero después de que fueran esclavizados por los Faraones, perdieron su identidad. Esta degeneración se mostró a sí misma frecuentemente a lo largo de sus vidas. La visión de un templo era suficiente para volver a traerles a la memoria lo que habían observado junto a sus anteriores amos. A pesar de que, según la Biblia, habían sido enseñados por Moisés durante cuarenta años y por Josué durante cerca de treinta años después del éxodo de Egipto, Josué siguió dirigiéndose a ellos de la siguiente manera:

> Ahora, pues, temed a Jehová, y servidle con integridad y en verdad; y quitad de entre vosotros a las deidades a las cuales sirvieron vuestros padres al otro lado del río, y en Egipto; y servir a Jehová. Y si mal os parece servir a Jehová escoged hoy a quien sirváis; si a los dioses a quienes sirvieron vuestros padres, cuando estuvieron al otro lado del río, o a los dioses de los amorreos en cuya tierra habitáis; pero yo y mi casa serviremos a Jehová (Josué 24:14-15).

Respecto a la influencia de la esclavitud sobre los Hijos de Israel, véase también: *sura* 2, notas número 62, 71, 72, 74, 155; y *sura* 4, nota número 3.

30. Del mismo modo que Dios ordenó al profeta Muhammad —la paz y las bendiciones sean con él— que velase largos tiempos durante la noche, por el hecho de ser la devoción durante la noche más poderosa y efectiva (73:1-8; 76:26), se puede llegar a la conclusión que el momento de devoción que conduce al ser humano más cerca de Dios es durante la noche. Por ello, el Corán menciona treinta y cuarenta noches y no días. Establecer cuarenta noches (aun queriendo decir un período de veinticuatro horas) para la devoción, la disciplina ascética y la reflexión son muy importantes en seguir un camino espiritual hacia Dios en el sufismo musulmán. Se le denomina *'arba'in* (en árabe) o *chilah* (en persa), que significan ambos el número cuarenta. Los sufíes atribuyen gran importancia a los cuarenta días por ser el período necesario para adquirir una segunda naturaleza o forma y librarse de un mal hábito o pecado.

31. Cada Profeta posee ciertas características, peculiares a su pueblo y según los requerimientos de su misión. Un educador tendrá más éxito en los asuntos en los que tiene una experiencia que comparte con sus estudiantes. Eso explica cómo los Hijos de Israel (2:55), de entre todas las naciones, y el profeta Moisés —la paz sea con él—, de entre todos los Profetas, deseaban ver a Dios. Sin embargo, existe una gran diferencia entre ambos deseos. Mientras la exigencia de los Hijos de Israel surgía de la duda de la Existencia de Dios, a pesar de todas las evidencias que habían observado desde entonces, Moisés mostró un ardiente deseo por verle que todo amante de Dios alberga. Por ello es por lo que Dios respondió a la exigencia de los israelitas casi matándoles con un rayo y luego reviviéndoles, mientras que respondió al deseo de Moisés con una exclusiva manifestación sobre la montaña, haciendo que se pulverizase. Moisés perdió el conocimiento ante dicha manifestación.

El profeta Moisés —la paz sea con él— fue favorecido y distinguido recibiendo una manifestación particular de la Palabra de Dios. Sin embargo, ha de apreciarse que dicha manifestación aconteció según la capacidad de recepción que poseía su espíritu. Cuando deseó una manifestación más allá del grado con que había sido favorecido, no pudo soportarla. Tal y como se expresa en el versículo siguiente, Dios le indicó, a modo de cumplido, que le había favorecido haciéndole depositario de Sus Mensajes y dirigiéndose a Él. Por lo tanto, sin que tenga que aspirar a nada más excelso, debía ser agradecido por lo que le había sido concedido. Deberíamos, sin embargo, señalar en este punto lo que comenta Fethullah Gülen con respecto al desvanecimiento de Moisés, que indica que fue resultado de su estupefacción y conmoción ante la manifestación parcial de la Majestad de Dios en toda su trascendencia y más allá de toda corporeidad (*Key Concepts*, vol.2, pág. 41)

Dios Todopoderoso se manifiesta a Sí Mismo con sus Nombres y Atributos tras numerosos velos. Nada ni nadie, ni siquiera el universo en su totalidad, puede soportar Su manifestación más allá de ello. Los que sienten Sus manifestaciones particulares en sus corazones, cada uno de acuerdo con la capacidad de su corazón, son embelesados o quedan embriagados como le ocurrió al profeta Moisés. Sin embargo, algunos que no pueden medir dichas manifestaciones según las reglas y criterios de la *Shari'ah* profieren palabras de las que tendrían que responsabilizarse si las hubiesen proferido en estado normal. Las palabras «Yo soy la Verdad», de Hallay al-Mansur, un sufí musulmán son un ejemplo de ello. No obstante existen muchos individuos que demuestran santidad o se ven a sí mismos como santos y profieren la misma clase de palabras, sin embargo; serán responsables a su vez por haberlas proferido. Hay otros que creen haber alcanzado elevados estadios al verse favorecidos con unas pocas ligeras manifestaciones a cambio de su devoción o disciplina ascética y no pueden equilibrar sus palabras o acciones y, como resultado final, sucumben en el extravío y conducen a otros hacia el mismo. Bediüzzaman Said Nursi escribe lo siguiente: «He observado que todos los grupos sectarios sumidos en el extravío lo han sido con motivo del error de sus jerarcas. Tales dignatarios siguen un camino espiritual. Cuando avanzan un poco, creen que han alcanzado la etapa final y se dan la vuelta, desviándose y llevándose a otros hacia el desvío» (*Maznawi an-Nuriyah*, pág. 224). Por esta razón, cualquier camino espiritual ha de ser seguido a la luz de las reglas de la *Shari'ah*.

144. Él (Dios) dijo: «¡Oh Moisés! Sin duda alguna, te he escogido por encima de la gente en virtud de Mis Mensajes (que te he encomendado) y Mi discurso (hacia ti). Por lo tanto, (sin que aspires a lo que no es para ti) toma con firmeza lo que te he concedido y (a cambio, con todas tus palabras y acciones) sé de los agradecidos»[32].

145. (Moisés completó el período establecido por su Señor para ser favorecido con el Libro y poner en orden los asuntos de su pueblo). Y escribimos para él en las Tablas todo lo que era necesario como instrucción y orientación (para seguir el camino hacia Dios) y como explicación de todos los asuntos. Y (dijimos): «Tómalas con firmeza y ordena a tu pueblo que tome firmemente lo mejor de ello (que cumplan los mandamientos de la mejor manera posible). Pronto os mostraré la morada (final) de los transgresores.

146. Apartaré de Mis Revelaciones y Mis signos a todo aquel que actúe con soberbia en la Tierra contra todo derecho. A pesar de que ven todos los signos (de la verdad), no creen en ellos; y aunque ven el camino de la rectitud, no lo toman como camino a seguir. Mas si ven la vía del error y de la rebeldía contra la verdad, lo toman como camino a seguir. Esa es la razón por la cual niegan Nuestras Revelaciones y son siempre indiferentes a ellas.

147. Aquellos que niegan Nuestras Revelaciones y el encuentro del Más Allá, sus obras han sido en vano. ¿O es que acaso no se les recompensará por otra cosa que no sea por lo que hayan hecho?

148. El pueblo de Moisés, después de que él (se hubiese marchado para encontrarse con su Señor), adoptó un becerro (una efigie, elaborada) a partir de sus ornamentos para adorarlo, que profería un mugido[33]. ¿Pero es que no veían que no les hablaba ni les guiaba por ningún camino? Lo adoptaron como objeto de adoración y fueron transgresores (actuando contrariamente a las verdades de la creación y a los Mandamientos Divinos y, por lo tanto, fueron injustos consigo mismos)[34].

149. Cuando se dieron cuenta entre remordimientos que no habían conseguido más que su propia ruina y se percataron que se habían extraviado, dijeron: «Si nuestro Señor no tiene compasión de nosotros y no nos perdona estaremos ciertamente perdidos»[35].

قَالَ يَا مُوسٰى اِنّ۪ي اصْطَفَيْتُكَ عَلَى النَّاسِ بِرِسَالَاتٖي
وَبِكَلَامٖي فَخُذْ مَا اٰتَيْتُكَ وَكُنْ مِنَ الشَّاكِر۪ينَ ١٤٤
وَكَتَبْنَا لَهُ فِي الْاَلْوَاحِ مِنْ كُلِّ شَيْءٍ مَوْعِظَةً وَتَفْص۪يلًا
لِكُلِّ شَيْءٍ فَخُذْهَا بِقُوَّةٍ وَاْمُرْ قَوْمَكَ يَاْخُذُوا بِاَحْسَنِهَا
سَاُر۪يكُمْ دَارَ الْفَاسِق۪ينَ ١٤٥ سَاَصْرِفُ عَنْ اٰيَاتِيَ الَّذ۪ينَ
يَتَكَبَّرُونَ فِي الْاَرْضِ بِغَيْرِ الْحَقِّ وَاِنْ يَرَوْا كُلَّ اٰيَةٍ
لَا يُؤْمِنُوا بِهَا وَاِنْ يَرَوْا سَب۪يلَ الرُّشْدِ لَا يَتَّخِذُوهُ سَب۪يلًا
وَاِنْ يَرَوْا سَب۪يلَ الْغَيِّ يَتَّخِذُوهُ سَب۪يلًا ذٰلِكَ بِاَنَّهُمْ
كَذَّبُوا بِاٰيَاتِنَا وَكَانُوا عَنْهَا غَافِل۪ينَ ١٤٦ وَالَّذ۪ينَ كَذَّبُوا
بِاٰيَاتِنَا وَلِقَاءِ الْاٰخِرَةِ حَبِطَتْ اَعْمَالُهُمْ هَلْ يُجْزَوْنَ
اِلَّا مَا كَانُوا يَعْمَلُونَ ١٤٧ وَاتَّخَذَ قَوْمُ مُوسٰى مِنْ بَعْدِه۪
مِنْ حُلِيِّهِمْ عِجْلًا جَسَدًا لَهُ خُوَارٌ اَلَمْ يَرَوْا اَنَّهُ
لَا يُكَلِّمُهُمْ وَلَا يَهْد۪يهِمْ سَب۪يلًا اِتَّخَذُوهُ وَكَانُوا ظَالِم۪ينَ ١٤٨
وَلَمَّا سُقِطَ ف۪ي اَيْد۪يهِمْ وَرَاَوْا اَنَّهُمْ قَدْ ضَلُّوا قَالُوا لَئِنْ
لَمْ يَرْحَمْنَا رَبُّنَا وَيَغْفِرْ لَنَا لَنَكُونَنَّ مِنَ الْخَاسِر۪ينَ ١٤٩

32. Este versículo proporciona una lección muy importante. Dios Todopoderoso recuerda incluso al profeta Moisés, la paz sea con él, que es uno de Sus grandes Mensajeros, que no debe anhelar e implorar aquello que se encuentra más allá de los favores que le han sido otorgados. Lo que Dios quiere decir es: «Queda satisfecho con aquello con lo que te he favorecido e intenta llevar a cabo la acción de dar gracias apropiada». Es decir, Dios Todopoderoso proporciona a cada uno el favor exacto que puede recibir. El favor que recibimos sin intervención de nuestro libre albedrío (tal y como nuestras capacidades, los años de vida, la estructura física, la raza, la familia, el lugar y la fecha de nacimiento,) es aquel que es mejor para cada uno. Por lo tanto, lo que cada uno ha de hacer es estar satisfecho con el favor concedido sin hacer objeciones de por qué otros favores no han sido concedidos, y procurando dar las gracias apropiadas por dicho favor.

33. Este versículo contiene tres alusiones al carácter de los Hijos de Israel:

- Los antiguos egipcios, entre los cuales los Hijos de Israel vivieron durante siglos, en su mayoría eran agricultores y, debido a la importancia de los animales en la agricultura, adoraban al ganado. Esta idolatría penetró en los corazones de los israelitas tan profundamente que, tal y como podemos ver en el versículo 138, afloraba frecuentemente a pesar de la educación que Moisés les había proporcionado. Todavía llevaban consigo los rastros de la esclavitud en sus almas.
- Los Hijos de Israel eran, como mucha gente del pasado y el presente, un pueblo inclinado a la debilidad y corrupción fácil, por ello requerían de un estricto control.
- Se hallaban muy ligados al mundo y la riqueza material era muy importante para ellos.

34. Cabe destacar que en este versículo los atributos del Discurso y la Guía son mencionados en conexión con la Divinidad. Dios habló a los Hijos de Israel a través de Moisés, al cual favoreció especialmente haciéndole Su interlocutor y guiando al pueblo de Israel en su camino desde Egipto a Palestina. Fueron testigos de estos dos grandes favores de Dios para con ellos y, a pesar de ello, a pesar de que únicamente la Divinidad podía otorgar favores semejantes, adoraron el becerro. Esto fue un gran pecado, equivalente a tratar con injusticia las verdades de la creación, el universo y a la Divinidad, por lo que cometieron una injusticia consigo mismos.

35. Tal y como hemos podido apreciar en los versículos 137 y 142, y también en este versículo, el Corán en ocasiones menciona el resultado de algo antes de proceder a narrar los eventos que llevaron a ello, instruyéndonos elocuencia en nombre de la guía. El versículo 137 menciona el resultado final que tendría lugar cinco siglos más tarde, además del resultado más inmediato, es decir, el Éxodo desde Egipto. Luego, procede a relatar acontecimientos importantes que tuvieron lugar después del Éxodo. El versículo 142 presenta las instrucciones de Moisés a su hermano antes de partir hacia la montaña. Esto es descrito después de mencionar el período de cuarenta días que transcurrió en la montaña y el versículo siguiente relata su experiencia en la montaña y lo que ocurrió con su pueblo en su ausencia. En cuanto a este versículo, dirige nuestra atención hacia la consecuencia de haber adorado el becerro, mientras que los versículos siguientes mencionan algunos acontecimientos anteriores.

150. Y cuando Moisés (habiendo recibido las Tablas y habiéndose enterado de que su pueblo estaba adorando el becerro) retornó a su pueblo enojado y entristecido y dijo: «¡Cuán malvado es el camino que habéis seguido después de mí! ¿Acaso habéis descuidado el mandamiento de Dios tan apresuradamente que vais a acelerar vuestra destrucción?». Y arrojó las Tablas (posponiendo la puesta en práctica de las leyes que contenían hasta que no pusiese fin a la rebelión surgida contra la fe en la Unidad absoluta de Dios) y agarró la cabeza de su hermano y lo arrastró atrayéndolo hacia sí. Y Aarón (dijo): «¡Hijo de mi madre! En verdad, la gente me consideró débil y casi me matan. No hagas que se regodeen de mí mis enemigos y no me consideres entre los malhechores».

151. Él (Moisés) dijo: «¡Señor mío! Perdóname a mí y a mi hermano y admítenos en Tu misericordia exclusiva, pues Tú eres el Más Compasivo de los compasivos».

152. A aquellos que adoptaron el becerro como objeto de adoración, les alcanzará un severo castigo y la condena de Su Señor y la humillación en la vida de este mundo. Así es como recompensamos a los que inventan falsedades (y se las atribuyen a Dios)[36].

153. Y en cuanto a los que cometan malas acciones y luego se tornen hacia Dios en arrepentimiento y (verdaderamente) crean —tras dicho (esfuerzo de enmendarse)— no cabe duda de que tu Señor es Indulgente y Compasivo (especialmente con Sus siervos que se tornan hacia Él).

وَلَمَّا رَجَعَ مُوسٰى اِلٰى قَوْمِه۪ غَضْبَانَ اَسِفًاۙ قَالَ بِئْسَمَا
خَلَفْتُمُون۪ي مِنْ بَعْد۪يۚ اَعَجِلْتُمْ اَمْرَ رَبِّكُمْۚ وَاَلْقَى الْاَلْوَاحَ
وَاَخَذَ بِرَأْسِ اَخ۪يهِ يَجُرُّهُٓ اِلَيْهِۜ قَالَ ابْنَ اُمَّ اِنَّ الْقَوْمَ اسْتَضْعَفُون۪ي
وَكَادُوا يَقْتُلُونَن۪يۘ فَلَا تُشْمِتْ بِيَ الْاَعْدَٓاءَ وَلَا تَجْعَلْن۪ي
مَعَ الْقَوْمِ الظَّالِم۪ينَ ﴿١٥٠﴾ قَالَ رَبِّ اغْفِرْ ل۪ي وَلِاَخ۪ي وَاَدْخِلْنَا
ف۪ي رَحْمَتِكَۘ وَاَنْتَ اَرْحَمُ الرَّاحِم۪ينَ ﴿١٥١﴾ اِنَّ الَّذ۪ينَ اتَّخَذُوا
الْعِجْلَ سَيَنَالُهُمْ غَضَبٌ مِنْ رَبِّهِمْ وَذِلَّةٌ فِي الْحَيٰوةِ الدُّنْيَاۜ
وَكَذٰلِكَ نَجْزِي الْمُفْتَر۪ينَ ﴿١٥٢﴾ وَالَّذ۪ينَ عَمِلُوا السَّيِّـَٔاتِ ثُمَّ
تَابُوا مِنْ بَعْدِهَا وَاٰمَنُواۘ اِنَّ رَبَّكَ مِنْ بَعْدِهَا لَغَفُورٌ رَح۪يمٌ ﴿١٥٣﴾
وَلَمَّا سَكَتَ عَنْ مُوسَى الْغَضَبُ اَخَذَ الْاَلْوَاحَۚ وَف۪ي نُسْخَتِهَا
هُدًى وَرَحْمَةٌ لِلَّذ۪ينَ هُمْ لِرَبِّهِمْ يَرْهَبُونَ ﴿١٥٤﴾ وَاخْتَارَ مُوسٰى
قَوْمَهُ سَبْع۪ينَ رَجُلًا لِم۪يقَاتِنَاۚ فَلَمَّٓا اَخَذَتْهُمُ الرَّجْفَةُ قَالَ رَبِّ
لَوْ شِئْتَ اَهْلَكْتَهُمْ مِنْ قَبْلُ وَاِيَّايَۜ اَتُهْلِكُنَا بِمَا فَعَلَ السُّفَهَٓاءُ
مِنَّاۚ اِنْ هِيَ اِلَّا فِتْنَتُكَۜ تُضِلُّ بِهَا مَنْ تَشَٓاءُ وَتَهْد۪ي مَنْ تَشَٓاءُۜ
اَنْتَ وَلِيُّنَا فَاغْفِرْ لَنَا وَارْحَمْنَا وَاَنْتَ خَيْرُ الْغَافِر۪ينَ ﴿١٥٥﴾

وَاكْتُبْ

154. Y cuando se hubo aplacado la ira de Moisés, tomó de nuevo las Tablas (para ponerlas en práctica). En ellas había escrita una guía y misericordia para los que muestran temor reverencial de Su Señor.

155. Moisés eligió a setenta hombres de su comunidad (como sus propios representantes) para Nuestro encuentro (en la montaña con la intención de pedirle perdón a Dios por la adoración del becerro, y algunos de ellos, para renovar su pacto con Él). Entonces, cuando una espeluznante catástrofe les sobrevino[37], Moisés dijo: «¡Señor mío! Si hubieses querido les habrías destruido anteriormente incluyéndome a mí. ¿Nos vas a destruir por lo que han hecho los ignorantes de entre nosotros? Esta es Tu prueba por la cual extravías a quien Tu Voluntad dicta y por la cual guías a quien Tu Voluntad dicta. Tú eres nuestro Protector (a Quien encomendamos nuestros asuntos y en Quien nos apoyamos); perdónanos, pues, y ten misericordia con nosotros. Tú eres el Mejor de los Indulgentes.

---

36. Dios castigó a los que adoptaron el becerro como objeto de adoración, pero perdonó a los demás. Los otros no habían impedido a los adoradores del becerro que se desviasen o que cometiesen apostasía. Sin embargo, se arrepintieron después de que Moisés hubiese regresado y Dios les perdonó (véase, 2:54; 4:153).

37. Esta importante catástrofe fue un terremoto. Ocurrió porque, a pesar de todos los signos manifiestos que habían atestiguado, los setenta hombres se negaron a creer que los mandamientos que Moisés había traído provenían de Dios hasta que vieran manifiestamente a Dios hablarle.

وَاكْتُبْ لَنَا فِي هٰذِهِ الدُّنْيَا حَسَنَةً وَفِي الْاٰخِرَةِ اِنَّا
هُدْنَا اِلَيْكَ قَالَ عَذَابِي اُصِيبُ بِهِ مَنْ اَشَاءُ وَرَحْمَتِي
وَسِعَتْ كُلَّ شَيْءٍ فَسَاَكْتُبُهَا لِلَّذِينَ يَتَّقُونَ وَيُؤْتُونَ
الزَّكٰوةَ وَالَّذِينَ هُمْ بِاٰيَاتِنَا يُؤْمِنُونَ ﴿١٥٦﴾ اَلَّذِينَ يَتَّبِعُونَ
الرَّسُولَ النَّبِيَّ الْاُمِّيَّ الَّذِي يَجِدُونَهُ مَكْتُوبًا عِنْدَهُمْ
فِي التَّوْرٰيةِ وَالْاِنْجِيلِ يَأْمُرُهُمْ بِالْمَعْرُوفِ وَيَنْهٰيهُمْ
عَنِ الْمُنْكَرِ وَيُحِلُّ لَهُمُ الطَّيِّبَاتِ وَيُحَرِّمُ عَلَيْهِمُ
الْخَبَائِثَ وَيَضَعُ عَنْهُمْ اِصْرَهُمْ وَالْاَغْلَالَ الَّتِي كَانَتْ
عَلَيْهِمْ فَالَّذِينَ اٰمَنُوا بِهِ وَعَزَّرُوهُ وَنَصَرُوهُ وَاتَّبَعُوا
النُّورَ الَّذِي اُنْزِلَ مَعَهُ اُولٰئِكَ هُمُ الْمُفْلِحُونَ ﴿١٥٧﴾ قُلْ
يَا اَيُّهَا النَّاسُ اِنِّي رَسُولُ اللّٰهِ اِلَيْكُمْ جَمِيعًا الَّذِي
لَهُ مُلْكُ السَّمٰوَاتِ وَالْاَرْضِ لَا اِلٰهَ اِلَّا هُوَ يُحْيِي
وَيُمِيتُ فَاٰمِنُوا بِاللّٰهِ وَرَسُولِهِ النَّبِيِّ الْاُمِّيِّ الَّذِي
يُؤْمِنُ بِاللّٰهِ وَكَلِمَاتِهِ وَاتَّبِعُوهُ لَعَلَّكُمْ تَهْتَدُونَ ﴿١٥٨﴾
وَمِنْ قَوْمِ مُوسٰى اُمَّةٌ يَهْدُونَ بِالْحَقِّ وَبِهِ يَعْدِلُونَ ﴿١٥٩﴾

156. Ordénanos lo bueno en este mundo y en el Más Allá, pues nos hemos tornado a Ti, siguiendo Tu camino». (Dios) dijo: «Mi castigo —aflijo con el mismo a quien quiero (y nadie puede escapar del mismo a no ser que Yo tenga misericordia de él) y Mi misericordia abarca todas las cosas; por lo tanto, (a pesar de que en este mundo todo ser participa de Mi Misericordia, en el Más Allá) la dispondré para los que actúen en veneración a Mí y piedad, y paguen la Limosna Purificadora Prescrita y para los que crean en todas Nuestras Revelaciones y signos.

157. Siguen al (ilustrísimo) Mensajero, el Profeta iletrado (que permaneció protegido de cualquier vestigio de cultura escrita y libre de cualquier tipo de corrupción intelectual y espiritual) que encuentran descrito (con todos los rasgos que le distinguían) en la Tora y en el Evangelio (que se hallan) con ellos. Les ordena lo que es correcto y bueno, y les prohíbe lo que es malo; les hace lícitas las cosas buenas, e ilícitas las malas y corruptas; y les libera de sus cargas (que quedaban en su propia Ley) y de las restricciones que pesaban sobre ellos. Así que aquellos que creen en él (con total sinceridad), le honran, apoyan y ayudan, y siguen la Luz (el Corán) que descendió con él, esos son los que se hallan dotados de prosperidad»[38].

158. Di (Oh Mensajero a todo el genero humano): «¡Oh seres humanos! Con toda certeza, soy para todos vosotros el Mensajero de Dios, a Quien pertenece la soberanía de los Cielos y de la Tierra. No hay más deidad que Él. Da la vida y causa la muerte». Creed, entonces, en Él y en Su Mensajero, el Profeta iletrado, que cree en Dios y en Sus palabras (todos Sus Libros, mandamientos y actos); y seguidle para que tal vez seáis rectamente guiados.

159. Y de entre el pueblo de Moisés había una comunidad que guió con la verdad (con el permiso de Dios) y con ella administraron justicia.

38. El Corán, repentinamente y en un estilo determinado, viaja en el tiempo hasta la época del Mensajero de Dios, el profeta Muhammad —la paz y las bendiciones sean con él— y hace que la aceptación de la oración de Moisés para aquellos que vivían en el tiempo del Mensajero esté sujeta a la creencia en él y a seguirle a él y al Corán. Con delicadeza recuerda a la Gente del Libro, especialmente a los Hijos de Israel, que seguir a sus propios Profetas y libros implica seguir al Mensajero de Dios y al Corán o, en otras palabras, creer y seguir al Mensajero de Dios y al Corán es lo mismo que creer y seguir a sus propios Profetas y Libros. También advierte que la verdadera prosperidad sólo puede ser adquirida obrando de esta manera, refiriéndose así una vez más a los versículos iniciales del *Sura al-Baqara*. El versículo siguiente anuncia que la misión del profeta Muhammad —la paz y las bendiciones sean con él— abarca a todos los seres humanos y explica el fundamento sobre el cual se basa dicha misión.

Otro punto destacado en este versículo es que había mandamientos estrictos en la Tora debido a las condiciones de la época y al carácter de los Hijos de Israel. Dichos mandamientos son lo que el Corán describe como cargas y trabas. El profeta Jesús —la paz sea con él— modificó y suavizó algunos (3:50). El Mensajero de Dios los eliminó por completo. Por ello el Islam es descrito como la religión pura y primordial fácil de seguir. En el último versículo del *Sura al-Baqara*, a los creyentes se les enseña la siguiente oración: «Señor nuestro, no impongas sobre nosotros cargas como las que impusiste a los que nos precedieron (según la educación que tenían que recibir respecto a la época, las condiciones y a su disposición)».

وَقَطَّعْنَاهُمُ اثْنَتَيْ عَشْرَةَ أَسْبَاطًا أُمَمًا وَأَوْحَيْنَا
إِلَى مُوسَى إِذِ اسْتَسْقَاهُ قَوْمُهُ أَنِ اضْرِب بِّعَصَاكَ
الْحَجَرَ فَانبَجَسَتْ مِنْهُ اثْنَتَا عَشْرَةَ عَيْنًا قَدْ
عَلِمَ كُلُّ أُنَاسٍ مَّشْرَبَهُمْ وَظَلَّلْنَا عَلَيْهِمُ الْغَمَامَ
وَأَنزَلْنَا عَلَيْهِمُ الْمَنَّ وَالسَّلْوَى كُلُوا مِن طَيِّبَاتِ
مَا رَزَقْنَاكُمْ وَمَا ظَلَمُونَا وَلَٰكِن كَانُوا أَنفُسَهُمْ
يَظْلِمُونَ ١٦٠ وَإِذْ قِيلَ لَهُمُ اسْكُنُوا هَٰذِهِ الْقَرْيَةَ وَكُلُوا
مِنْهَا حَيْثُ شِئْتُمْ وَقُولُوا حِطَّةٌ وَادْخُلُوا الْبَابَ
سُجَّدًا نَّغْفِرْ لَكُمْ خَطِيئَاتِكُمْ سَنَزِيدُ الْمُحْسِنِينَ ١٦١
فَبَدَّلَ الَّذِينَ ظَلَمُوا مِنْهُمْ قَوْلًا غَيْرَ الَّذِي قِيلَ
لَهُمْ فَأَرْسَلْنَا عَلَيْهِمْ رِجْزًا مِّنَ السَّمَاءِ بِمَا كَانُوا
يَظْلِمُونَ ١٦٢ وَاسْأَلْهُمْ عَنِ الْقَرْيَةِ الَّتِي كَانَتْ
حَاضِرَةَ الْبَحْرِ إِذْ يَعْدُونَ فِي السَّبْتِ إِذْ تَأْتِيهِمْ
حِيتَانُهُمْ يَوْمَ سَبْتِهِمْ شُرَّعًا وَيَوْمَ لَا يَسْبِتُونَ
لَا تَأْتِيهِمْ كَذَٰلِكَ نَبْلُوهُم بِمَا كَانُوا يَفْسُقُونَ ١٦٣

وَإِذْ قَالَتْ

160. Dividimos al pueblo de Moisés en doce tribus, que constituyeron comunidades. Revelamos a Moisés, cuando su gente le pidió agua (en una ocasión en que se quedaron sin agua en el desierto), diciendo: «¡Golpea la roca con tu vara!». Y (tan pronto como la golpeó) brotaron de ella doce fuentes. Cada tribu supo de dónde debía beber. Hicimos que la nube les diese sombra y que descendiese sobre ellos el maná y las codornices: «Comed de las cosas puras y buenas que os proveemos». Y (desobedeciendo Nuestros mandamientos) no fueron injustos con Nosotros, sino que fueron injustos consigo mismos.

161. Y cuando se les dijo: «Habitad esta tierra y comed de (los frutos) de ella cuanto queráis y decid palabras implorando perdón y lealtad a Él, y entrad en ella (no por distintos caminos con ánimo de saquearla y masacrar a su pueblo, sino) por su puerta humildemente y en suma sumisión a Dios, para que así os perdonemos vuestras fechorías». Incrementaremos la remuneración a aquellos que se dedican a hacer el bien, conscientes de que Dios les está contemplando.

162. Pero aquellos de entre ellos que persistieron en hacer el mal cambiaron lo que se les había dicho (respecto a la humildad, implorar el perdón, la sumisión y la lealtad) por otras palabras (y actuaron contrariamente a lo que se les había ordenado). Por lo que les mandamos un castigo de los Cielos a causa de su persistencia en actuar mal[39].

163. Y pregúntales sobre la ciudad que estaba a orillas del mar: cómo su comunidad violó el *Sabbat* cuando los peces venían nadando hacia ellos el día de su *Sabbat*; pero en el día en que no cumplieron el *Sabbat*, no venían a ellos. Así fue como los pusimos a prueba por ser transgresores (de todos los límites)[40].

39. Véase asimismo 2:57-60, nota 67-71.

40. Dios Todopoderoso nunca pone a prueba a una persona o a un pueblo con la intención de extraviarlo. Dios ha establecido las leyes operativas del universo y de la vida. La religión es asimismo un sistema de leyes que Dios ha establecido para nuestra vida personal y colectiva y que nos ha trasmitido a través de Sus Mensajeros. Del mismo modo que estas leyes incluyen las relaciones y los deberes con otras criaturas, también incluyen las relaciones y los deberes respecto a nuestro Creador, Dios. Sabemos cuáles son las consecuencias de lo que hacemos en base a las enseñanzas de Dios enviadas a nosotros por medio de los Mensajeros, de los Libros que ha enviado con ellos o del estudio del universo y de la vida. Cada cual ve las consecuencias de sus decisiones y acciones en la vida. Contemplamos las consecuencias de los dos tipos de Leyes Divinas, las leyes del funcionamiento del universo y la vida, y las leyes religiosas. Esto es lo que Dios denomina «prueba». En ese sentido, la vida es una serie de pruebas.

Si las personas o comunidades llevan a cabo continuamente buenas obras, se encontrarán a sí mismas en un «círculo virtuoso», donde las buenas acciones dan lugar a buenos resultados que, a su vez, llevan a otras buenas acciones. Pero si cometen el mal, surge un círculo vicioso donde las malas obras llevan a malos resultados los cuales, a su vez, llevan a cometer malas acciones. Cualquiera de estos círculos se convierte en una «segunda naturaleza» de la persona. El Corán también hace referencia a este hecho con expresiones tales como *Así fue como los pusimos a prueba por ser transgresores (de todos los límites)* (7:163); *por lo tanto, probad el castigo por todo aquello (los pecados) que os habéis afanado en lograr (a través de vuestras creencias y obras)* (7:39); *Este es el Paraíso que habéis heredado a cambio de lo que solíais hacer (en el mundo)* (7:43).

164. Y cuando una comunidad de gente de entre ellos preguntaron (a otros que intentaban reprimir a los que no respetaban el Sabbat): «¿Por qué predicáis a una gente a la que Dios va a destruir y castigar con un severo castigo?». Dijeron: «Para así tener una justificación ante vuestro Señor y de este modo ellos se aparten de dicha desobediencia en veneración a Dios».

165. Entonces, cuando olvidaron todo lo que se les había recordado, salvamos a quienes intentaron prevenir el mal e infligimos a los que habían sido malhechores un castigo severo a causa de sus trasgresiones.

166. Entonces, cuando, con desprecio, persistieron en hacer lo que se les había prohibido, les dijimos: «¡Convertíos en monos miserablemente repulsivos y despreciables!»[41].

167. Y (recuerda) cuando tu Señor proclamó que, hasta el Día de la Resurrección, enviaría contra ellos a aquellos que les infligirían el peor de los sufrimientos. Es cierto que tu Señor es más rápido castigando (cuando es debido) y es, en verdad, Indulgente y Compasivo (especialmente con aquellos que se tornan hacia Él en arrepentimiento como siervos creyentes)[42].

168. Y les dispersamos en la Tierra como comunidades separadas. Entre ellos hay unos que son rectos y otros que no lo son. Y les hemos puesto a prueba con bendiciones y aflicciones por si acaso regresaban (al Camino Recto dejando los caminos descarriados que seguían).

169. Y hemos hecho que les sucedieran nuevas generaciones que heredaron el Libro, tomando las ganancias de

وَاِذْ قَالَتْ اُمَّةٌ مِنْهُمْ لِمَ تَعِظُونَ قَوْمًاۙ اللّٰهُ مُهْلِكُهُمْ اَوْ مُعَذِّبُهُمْ
عَذَابًا شَدِيدًاۜ قَالُوا مَعْذِرَةً اِلٰى رَبِّكُمْ وَلَعَلَّهُمْ يَتَّقُونَ ﴿١٦٤﴾
فَلَمَّا نَسُوا مَا ذُكِّرُوا بِهٖٓ اَنْجَيْنَا الَّذِينَ يَنْهَوْنَ عَنِ السُّٓوءِ
وَاَخَذْنَا الَّذِينَ ظَلَمُوا بِعَذَابٍ بَـٔيسٍ بِمَا كَانُوا يَفْسُقُونَ ﴿١٦٥﴾
فَلَمَّا عَتَوْا عَنْ مَا نُهُوا عَنْهُ قُلْنَا لَهُمْ كُونُوا قِرَدَةً خَاسِـِٔينَ ﴿١٦٦﴾
وَاِذْ تَاَذَّنَ رَبُّكَ لَيَبْعَثَنَّ عَلَيْهِمْ اِلٰى يَوْمِ الْقِيٰمَةِ مَنْ يَسُومُهُمْ
سُٓوءَ الْعَذَابِۜ اِنَّ رَبَّكَ لَسَرِيعُ الْعِقَابِۚ وَاِنَّهُ لَغَفُورٌ رَحِيمٌ ﴿١٦٧﴾
وَقَطَّعْنَاهُمْ فِي الْاَرْضِ اُمَمًاۚ مِنْهُمُ الصَّالِحُونَ وَمِنْهُمْ دُونَ
ذٰلِكَۘ وَبَلَوْنَاهُمْ بِالْحَسَنَاتِ وَالسَّيِّـَٔاتِ لَعَلَّهُمْ يَرْجِعُونَ ﴿١٦٨﴾
فَخَلَفَ مِنْ بَعْدِهِمْ خَلْفٌ وَرِثُوا الْكِتَابَ يَاْخُذُونَ
عَرَضَ هٰذَا الْاَدْنٰى وَيَقُولُونَ سَيُغْفَرُ لَنَاۚ وَاِنْ يَاْتِهِمْ
عَرَضٌ مِثْلُهُ يَاْخُذُوهُۜ اَلَمْ يُؤْخَذْ عَلَيْهِمْ مِيثَاقُ الْكِتَابِ اَنْ
لَا يَقُولُوا عَلَى اللّٰهِ اِلَّا الْحَقَّ وَدَرَسُوا مَا فِيهِۜ وَالدَّارُ الْاٰخِرَةُ
خَيْرٌ لِلَّذِينَ يَتَّقُونَۜ اَفَلَا تَعْقِلُونَ ﴿١٦٩﴾ وَالَّذِينَ يُمَسِّكُونَ
بِالْكِتَابِ وَاَقَامُوا الصَّلٰوةَۜ اِنَّا لَا نُضِيعُ اَجْرَ الْمُصْلِحِينَ ﴿١٧٠﴾

esta vida temporal y sin importancia (a cambio de la cual lo vendieron) y dijeron: «Seremos perdonados». (Aunque al decir eso reconocían que habían cometido un pecado), si otra vez les acontece el mismo tipo de ganancias efímeras, están prestos para volverlas a tomar (en lugar de abstenerse de ellas). ¿Acaso no dieron su palabra respecto al Libro de que no dirían sobre Dios nada más que la verdad? ¿Y no son ellos (individuos que) han estudiado y enseñado su contenido repetidamente? Pero la morada del Más Allá es mejor para aquellos que se apartan de la desobediencia a Dios en veneración a Él y piedad. ¿Acaso no vais a razonar y entender?

170. En cuanto a los que se aferran firme y sinceramente al Libro y establecen la Oración conforme a sus condiciones, sin duda alguna no vamos a dejar que se eche a perder la recompensa de aquellos que siempre se reforman (a sí mismos y a la sociedad) y establecen las cosas correctamente.

---

41. Para una explicación, véase el *sura* 2:65, nota 75.

42. Esta proclamación de Dios se halla circunscrita tanto por la conclusión del versículo que declara que Dios es Indulgente y Compasivo, y el versículo: *La ignominia es lo que les ha correspondido (a los judíos) dondequiera que se encuentren, a menos (que se aferren) a una cuerda de Dios o a una cuerda de otros pueblos* (véase el *sura* 3:112, nota 24). Por lo tanto, el versículo significa: Y (recuerda) cuando tu Señor proclamó que, hasta el Día de la Resurrección, enviaría contra ellos a aquellos que les infligirían el peor de los sufrimientos (mientras persistan en su injusticia y pecado, y asimismo no se aferren a la cuerda de Dios o a la de otros pueblos).

وَاِذْ نَتَقْنَا الْجَبَلَ فَوْقَهُمْ كَاَنَّهُ ظُلَّةٌ وَظَنُّوا اَنَّهُ وَاقِعٌ بِهِمْۚ
خُذُوا مَا اٰتَيْنَاكُمْ بِقُوَّةٍ وَاذْكُرُوا مَا فِيهِ لَعَلَّكُمْ تَتَّقُونَ ﴿١٧١﴾
وَاِذْ اَخَذَ رَبُّكَ مِنْ بَنِى اٰدَمَ مِنْ ظُهُورِهِمْ ذُرِّيَّتَهُمْ
وَاَشْهَدَهُمْ عَلٰى اَنْفُسِهِمْۚ اَلَسْتُ بِرَبِّكُمْۜ قَالُوا بَلٰى
شَهِدْنَاۚ اَنْ تَقُولُوا يَوْمَ الْقِيٰمَةِ اِنَّا كُنَّا عَنْ هٰذَا غَافِلِينَۙ ﴿١٧٢﴾
اَوْ تَقُولُوا اِنَّمَا اَشْرَكَ اٰبَاؤُنَا مِنْ قَبْلُ وَكُنَّا ذُرِّيَّةً مِنْ بَعْدِهِمْۚ
اَفَتُهْلِكُنَا بِمَا فَعَلَ الْمُبْطِلُونَ ﴿١٧٣﴾ وَكَذٰلِكَ نُفَصِّلُ الْاٰيَاتِ
وَلَعَلَّهُمْ يَرْجِعُونَ ﴿١٧٤﴾ وَاتْلُ عَلَيْهِمْ نَبَاَ الَّذِى اٰتَيْنَاهُ اٰيَاتِنَا
فَانْسَلَخَ مِنْهَا فَاَتْبَعَهُ الشَّيْطَانُ فَكَانَ مِنَ الْغَاوِينَ ﴿١٧٥﴾ وَلَوْ
شِئْنَا لَرَفَعْنَاهُ بِهَا وَلٰكِنَّهُ اَخْلَدَ اِلَى الْاَرْضِ وَاتَّبَعَ هَوٰيهُۚ
فَمَثَلُهُ كَمَثَلِ الْكَلْبِۚ اِنْ تَحْمِلْ عَلَيْهِ يَلْهَثْ اَوْ تَتْرُكْهُ
يَلْهَثْۜ ذٰلِكَ مَثَلُ الْقَوْمِ الَّذِينَ كَذَّبُوا بِاٰيَاتِنَاۚ فَاقْصُصِ
الْقَصَصَ لَعَلَّهُمْ يَتَفَكَّرُونَ ﴿١٧٦﴾ سَٓاءَ مَثَلًا الْقَوْمُ الَّذِينَ
كَذَّبُوا بِاٰيَاتِنَا وَاَنْفُسَهُمْ كَانُوا يَظْلِمُونَ ﴿١٧٧﴾ مَنْ يَهْدِ اللّٰهُ
فَهُوَ الْمُهْتَدِىۚ وَمَنْ يُضْلِلْ فَاُولٰئِكَ هُمُ الْخَاسِرُونَ ﴿١٧٨﴾

وَلَقَدْ

171. Y (recuerda) cuando sacudimos la Montaña por encima de ellos como si de un pabellón se tratara y creyeron que iba a caerles encima. (Dijimos) aferraos con firmeza (al Libro) que os hemos dado y mostrad consideración con (los mandamientos y advertencias) que contiene para que tal vez adquiráis piedad en la debida veneración a Dios y merezcáis Su protección (contra todo tipo de desviación y su consiguiente castigo tanto en este mundo como en el Más Allá).

172. Y (recuerda, Oh Mensajero) cuando tu Señor sacó de las entrañas de los hijos de Adán a su propia descendencia y les hizo que testificasen contra sí mismos (preguntándoles:) «¿Acaso no soy Yo vuestro Señor?». Contestaron: «Sí, lo atestiguamos». (Esta alianza fue realizada) para que en el Día de la Resurrección no digáis «En verdad, nada sabíamos al respecto (del hecho de que Tú eres nuestro Señor)».

173. O no vaya a ser que dijerais (intentando disculparos): «Nuestros antepasados ya atribuían copartícipes a Dios antes que nosotros y nosotros somos la descendencia que le sigue. ¿Nos causarás la ruina por lo que hicieron aquellos que rechazaron Tu Señorío e inventaron un camino falso (atribuyéndote copartícipes)?»[43].

174. Así mostramos los signos de Nuestra senda en detalle y las Revelaciones relevantes (incluidas en el Corán) por si se vuelven atrás (dejando sus caminos equivocados y dirigiéndose a Nosotros).

175. Cuéntales (basándote en Nuestra Revelación) la historia de aquél que habíamos informado sobre Nuestros signos y Revelaciones, pero se despojó de ellos, y entonces Satanás fue tras él y se convirtió en uno de los (seguidores de Satanás) que se rebelan (contra la guía de Dios) y sucumbió en la perdición.

176. Si hubiésemos querido (impedir el camino que siguió por su propia voluntad), sin duda habríamos podido elevarle (hacia las perfecciones de la fe) a través de dichos signos y Revelaciones, pero (por su propio libre albedrío) se aferró a la Tierra y siguió sus deseos. Por lo tanto (al haber caído en la avaricia), su semejanza con un perro aumenta: si le ahuyentas, jadea sacando la lengua colgando (esperando ser alimentado un poco más), si le dejas, también jadea con su lengua colgando. Así son aquellos que niegan

Nuestros signos y Revelaciones. Cuéntales, pues, esta historia por si acaso (se ven movidos a) reflexionar.

177. ¡Qué mal ejemplo es el de aquellos que niegan Nuestros signos y Revelaciones y (haciendo eso) son injustos consigo mismos!

178. A quien Dios orienta, ese en verdad se halla rectamente guiado, y a quien Dios extravía, esos son los perdedores.

---

43. El acontecimiento mencionado en el versículo 172 es de la máxima importancia para comprender la posición existencial de la humanidad y su relación con Dios. Podemos resumir su significado e importancia de la siguiente manera:

- Puesto que Dios no puede ser contenido en el tiempo o en el espacio, nada existe y ningún acontecimiento ocurre en relación a Él dentro del marco temporal del pasado, el presente o el futuro. Son los seres humanos quienes se encuentran contenidos en el espacio-tiempo, por lo que somos nosotros los que contemplamos las cosas y los acontecimientos dentro de dicho marco espacio-temporal. Por lo tanto, en relación a Dios, no tiene ningún significado preguntar cuándo y dónde Él nos habló.
- Al ser contemplado desde nuestra perspectiva y dentro del marco espacio-temporal, la creación sigue una línea descendente y ascendente que transcurre a través de numerosas etapas o reinos. Del mismo modo que un artículo, por ejemplo, tiene muchas etapas de existencia (en primer lugar en la mente del escritor, luego como un plan de la obra, a continuación de modo escrito), cada ser posee una existencia primordial en el Conocimiento de Dios y alberga una forma general determinada por el Destino, y a continuación en las distintas etapas de su existencia material. Ya que nuestra conciencia proviene no de nuestro ser corporal, sino de nuestra existencia espiritual, es absolutamente posible para Dios habernos hablado antes o después de enviarnos al mundo por medio de nuestro espíritu o naturaleza. Algunas personas a las que Dios ha posibilitado adquirir dicha distinción espiritual y son capaces de vivir en el nivel del espíritu y el corazón, y por lo tanto, de viajar a través de dichas etapas, pueden recordar el incidente mencionado en dicho versículo, es decir, Dios tomándoles la palabra a ellos con respecto al compromiso primordial citado en dicho versículo.
- Es muy importante percatarse que la palabra que Dios tomó a todos los seres humanos les vincula, hasta el punto de que tenemos que recordarla y no podemos defendernos a nosotros mismos en el Más Allá diciendo que no fuimos conscientes de ella. Por lo tanto, esta alianza ha de poseer una realidad objetiva. Podemos encontrar dicha realidad en la Tradición Profética: «Cada ser humano nace con una naturaleza primordial y una disposición inclinada hacia el Islam» (al-Bujari, «Yanaiz», 80). A pesar de ello, tal y como reza la misma Tradición Profética, la disposición del ser humano a encontrar a Dios y su inclinación innata hacia Él pueden ser oscurecidas por el entorno familiar y la educación recibida, y en muchos versículos, tal y como *Di (a ellos): «¿Habéis considerado alguna vez que si parte del castigo de Dios os acontece o la Última Hora os llega, invocaríais pues a otro que no sea Dios? (¡Responde esto) si sois sinceros (y admitís la voz de vuestra conciencia!)»* (6:40), el Corán hace hincapié en que la conciencia humana no tiene más remedio que ser consciente de Él en ciertas circunstancias. Dios ha inculcado en

la conciencia de cada uno un punto en el que pedimos ayuda y solicitamos apoyo. Ambos se manifiestan a sí mismos en diferentes situaciones, especialmente cuando se carece de medios materiales aparentes para escapar de los peligros y de las dificultades, y se siente que no hay otro remedio que regresar a Dios. A pesar de que mucha gente se comporta como si no hubiesen tenido dicha experiencia cuando alcanzan la seguridad, cada uno ha sentido algo de la misma en varios momentos de su vida. Una persona puede renegar de Dios cuando se halla bajo la influencia del alma carnal dirigida por Satanás, pero toda verdad se pone de manifiesto cuando muere y es abandonada sin ninguna opción más que reconocer que, en muchos momentos de su vida mundana, sintió profundamente la Existencia de Dios y que Él es su Señor, Aquél Quien le ha creado y le ha sustentado y le ha protegido de los inesperados peligros en numerosas ocasiones durante su vida mundana.

- La expresión *les hizo que testificasen contra sí mismos* indica el hecho de que, a pesar de que somos innatamente conscientes de la Existencia de Dios y de que Él es nuestro Señor, nuestra alma carnal nunca quiere aceptar y reconocer Su Existencia o el hecho de que Él es nuestro Señor. Eso es así ya que dicha alma desea vivir como desea, anhela satisfacer todas sus ambiciones y apetencias sin reconocer ningún poder que pueda refrenarla. Sin embargo, el alma carnal no puede evitar que su poseedor, el ser humano, sienta y reconozca la Existencia de Dios y sea consciente del hecho de que Él es su Señor en su conciencia, a pesar de que dicho reconocimiento vaya en contra del alma carnal.

وَلَقَدْ ذَرَأْنَا لِجَهَنَّمَ كَثِيرًا مِنَ الْجِنِّ وَالْاِنْسِ لَهُمْ قُلُوبٌ
لَا يَفْقَهُونَ بِهَا وَلَهُمْ اَعْيُنٌ لَا يُبْصِرُونَ بِهَا وَلَهُمْ اٰذَانٌ
لَا يَسْمَعُونَ بِهَا اُولٰئِكَ كَالْاَنْعَامِ بَلْ هُمْ اَضَلُّ اُولٰئِكَ هُمُ
الْغَافِلُونَ ﴿١٧٩﴾ وَلِلّٰهِ الْاَسْمَاءُ الْحُسْنٰى فَادْعُوهُ بِهَا وَذَرُوا الَّذٖينَ
يُلْحِدُونَ فٖى اَسْمَائِهٖ سَيُجْزَوْنَ مَا كَانُوا يَعْمَلُونَ ﴿١٨٠﴾ وَمِمَّنْ
خَلَقْنَا اُمَّةٌ يَهْدُونَ بِالْحَقِّ وَبِهٖ يَعْدِلُونَ ﴿١٨١﴾ وَالَّذٖينَ كَذَّبُوا بِاٰيَاتِنَا
سَنَسْتَدْرِجُهُمْ مِنْ حَيْثُ لَا يَعْلَمُونَ ﴿١٨٢﴾ وَاُمْلٖى لَهُمْ اِنَّ كَيْدٖى
مَتٖينٌ ﴿١٨٣﴾ اَوَلَمْ يَتَفَكَّرُوا مَا بِصَاحِبِهِمْ مِنْ جِنَّةٍ اِنْ هُوَ اِلَّا نَذٖيرٌ
مُبٖينٌ ﴿١٨٤﴾ اَوَلَمْ يَنْظُرُوا فٖى مَلَكُوتِ السَّمٰوَاتِ وَالْاَرْضِ
وَمَا خَلَقَ اللّٰهُ مِنْ شَيْءٍ وَاَنْ عَسٰى اَنْ يَكُونَ قَدِ اقْتَرَبَ اَجَلُهُمْ فَبِاَيِّ
حَدٖيثٍ بَعْدَهُ يُؤْمِنُونَ ﴿١٨٥﴾ مَنْ يُضْلِلِ اللّٰهُ فَلَا هَادِيَ لَهُ وَيَذَرُهُمْ
فٖى طُغْيَانِهِمْ يَعْمَهُونَ ﴿١٨٦﴾ يَسْئَلُونَكَ عَنِ السَّاعَةِ اَيَّانَ مُرْسٰيهَا
قُلْ اِنَّمَا عِلْمُهَا عِنْدَ رَبّٖى لَا يُجَلّٖيهَا لِوَقْتِهَا اِلَّا هُوَ ثَقُلَتْ فِى
السَّمٰوَاتِ وَالْاَرْضِ لَا تَاْتٖيكُمْ اِلَّا بَغْتَةً يَسْئَلُونَكَ كَاَنَّكَ حَفِيٌّ
عَنْهَا قُلْ اِنَّمَا عِلْمُهَا عِنْدَ اللّٰهِ وَلٰكِنَّ اَكْثَرَ النَّاسِ لَا يَعْلَمُونَ ﴿١٨٧﴾

179. Sin duda alguna, entre los genios y los hombres hay muchos a los que hemos creado (y destinado al) Infierno (sabiendo que lo merecerían). Poseen corazones con los que no buscan la esencia de los asuntos para encontrar la verdad, ojos con los que no ven y oídos con los que no oyen. Son como ganado (sólo siguen sus instintos) o, peor aún, en su extravío (del camino recto y de la necesidad que tienen de ser guiados). Esos son los indiferentes y descuidados.

180. A Dios Le pertenecen los Nombres Más Hermosos. Por lo tanto, invocadle y rezadle con ellos[44]. Y apartaos de los que blasfeman (y distorsionan los significados) de Sus Nombres. Se les recompensará por lo que hacen.

181. Y entre los que hemos creado hay un pueblo que (con el debido reconocimiento a Dios a través de Sus Nombres) guía por medio de la verdad (con la venia de Dios) y con ella administra justicia.

182. Mientras que aquellos que niegan Nuestros signos y Revelaciones (como consecuencia de su camino) les llevaremos a la perdición gradualmente de tal modo que no se darán cuenta.

183. Les concedo una prórroga. Mi designio es firme e imposible de resistir.

184. ¿Y es que no consideran (con todo lo que han contemplado en el Mensajero y en las Revelaciones que han llegado con él) que no existe enajenación alguna en su compañero (el profeta Muhammad)? Él no es sino un manifiesto advertidor.

185. ¿Es que nunca consideran la dimensión interna de los Cielos y de la Tierra, el dominio absoluto de Dios sobre los mismos, las cosas que Dios ha creado y que el final de su plazo fijado haya llegado ya? ¿En qué otro discurso que no sea éste (la advertencia contenida en el Corán) van a creer?

186. A quien Dios extravía no hay quien lo guíe; y les abandona vagando a ciegas inmersos en su rebelión.

187. Te preguntan sobre la Hora, que cuándo llegará para afianzarse. Di: «Sólo mi Señor la conoce; sólo Él la revelará en su momento. Tiene gran peso en los Cielos y en la Tierra. Y no os acontecerá sino de improviso». Te preguntan como si tú (por ser un Mensajero) debieses de estar al tanto de ella. Di: «Sólo Dios la conoce, sin embargo la mayor parte de la gente no tiene conocimiento (de ella)».

44. Un artículo escrito con perfección muestra el refinamiento del acto y el arte de escribir, lo cual, a su vez, muestra la perfección del título de «autor». Este título es un símbolo de la perfección del atributo de la autoría, el cual a su vez, muestra la perfección del talento o habilidad de escribir poseído por el autor. Y esta capacidad señala al autor perfecto que ha escrito el artículo. Similarmente, la perfección de la creación y el universo muestra la perfección del acto de la creación el cual, a su vez, indica la perfección del título de Creador. La perfección de este título es un signo de la perfección del atributo de creatividad, el cual a su vez, muestra la perfección de la cualidad esencial indispensable de poseer la «habilidad» de crear. Y la perfección de esta cualidad o habilidad indispensable muestra la perfección del ser que la posee.

Un artículo muestra otras habilidades o cualidades tales como el conocimiento, la fluidez al escribir, la elocuencia, la voluntad de escribir, la habilidad de escribir, de ordenar y expresar las opiniones propias; en breve, se dan varios títulos, tales como erudito, autor y organizador. Asimismo, el universo muestra numerosos Atributos y Títulos o Nombres de Dios del mismo modo. Como sólo puede ser el producto de un conocimiento, voluntad y poder perfectos e infinitos, podemos deducir de ello que Dios es Omnisciente, Poseedor de Voluntad y Poderoso. Similarmente, al mostrar el universo los actos de formación, modelar, etc. y un gran número de atributos, como por ejemplo la infinita misericordia, la munificencia, la justicia, la sabiduría, la gracia, la pureza, etc., podemos deducir que Dios es Misericordioso, Munífico, Justo, Omnisapiente, Compasivo y Puro. Esto significa que el universo, con todo lo que hay contenido en el mismo, señala a los Nombres de Dios que se originan a partir de Sus Atributos. Estos, a su vez, surgen de Su cualidad esencial e indispensable de ser Dios; y dichas cualidades surgen a su vez de Dios Mismo como Esencia, o Ser Divino. Uno o algunos de dichos Nombres se manifiestan más en un ser, permaneciendo los otros Nombres subordinados. Esto es lo que concede a dicho ser su esencia y sus características particulares, haciéndole diferente de los demás seres. Por ejemplo, en los seres humanos el Nombre Divino «Sumamente Generoso» se manifiesta más en aquellos que potencialmente son más generosos; aquellos en los que el nombre Omnisciente es más notorio son potencialmente más conocedores; y aquellos en los que el nombre Sabio se exterioriza más, generalmente son más sabios, etc.

Llamamos y debemos llamar a Dios por Sus Nombres, que Él nos ha enseñado y nunca debemos llamarle con nombres que no son compatibles con Su perfección absoluta. Asimismo debemos rezarle mencionando Sus Nombres; por ejemplo, si estamos enfermos y pedimos ser curados, Le rogamos con Su Nombre Sanador y mencionamos Su Nombre. Si sentimos que necesitamos provisión y compasión, Le rogamos mencionando Sus Nombres Proveedor y Misericordioso. Eso es lo que quiere indicar este versículo.

قُلْ لَا أَمْلِكُ لِنَفْسِي نَفْعًا وَلَا ضَرًّا إِلَّا مَا شَاءَ اللَّهُ وَلَوْ
كُنْتُ أَعْلَمُ الْغَيْبَ لَاسْتَكْثَرْتُ مِنَ الْخَيْرِ وَمَا مَسَّنِيَ
السُّوءُ إِنْ أَنَا إِلَّا نَذِيرٌ وَبَشِيرٌ لِقَوْمٍ يُؤْمِنُونَ ﴿١٨٨﴾ هُوَ الَّذِي
خَلَقَكُمْ مِنْ نَفْسٍ وَاحِدَةٍ وَجَعَلَ مِنْهَا زَوْجَهَا لِيَسْكُنَ
إِلَيْهَا فَلَمَّا تَغَشَّاهَا حَمَلَتْ حَمْلًا خَفِيفًا فَمَرَّتْ بِهِ فَلَمَّا
أَثْقَلَتْ دَعَوَا اللَّهَ رَبَّهُمَا لَئِنْ آتَيْتَنَا صَالِحًا لَنَكُونَنَّ
مِنَ الشَّاكِرِينَ ﴿١٨٩﴾ فَلَمَّا آتَاهُمَا صَالِحًا جَعَلَا لَهُ شُرَكَاءَ فِيمَا
آتَاهُمَا فَتَعَالَى اللَّهُ عَمَّا يُشْرِكُونَ ﴿١٩٠﴾ أَيُشْرِكُونَ مَا لَا يَخْلُقُ
شَيْئًا وَهُمْ يُخْلَقُونَ ﴿١٩١﴾ وَلَا يَسْتَطِيعُونَ لَهُمْ نَصْرًا وَلَا
أَنْفُسَهُمْ يَنْصُرُونَ ﴿١٩٢﴾ وَإِنْ تَدْعُوهُمْ إِلَى الْهُدَى لَا يَتَّبِعُوكُمْ
سَوَاءٌ عَلَيْكُمْ أَدَعَوْتُمُوهُمْ أَمْ أَنْتُمْ صَامِتُونَ ﴿١٩٣﴾ إِنَّ الَّذِينَ
تَدْعُونَ مِنْ دُونِ اللَّهِ عِبَادٌ أَمْثَالُكُمْ فَادْعُوهُمْ فَلْيَسْتَجِيبُوا
لَكُمْ إِنْ كُنْتُمْ صَادِقِينَ ﴿١٩٤﴾ أَلَهُمْ أَرْجُلٌ يَمْشُونَ بِهَا أَمْ لَهُمْ
أَيْدٍ يَبْطِشُونَ بِهَا أَمْ لَهُمْ أَعْيُنٌ يُبْصِرُونَ بِهَا أَمْ لَهُمْ آذَانٌ
يَسْمَعُونَ بِهَا قُلِ ادْعُوا شُرَكَاءَكُمْ ثُمَّ كِيدُونِ فَلَا تُنْظِرُونِ ﴿١٩٥﴾

إِنَّ وَلِيِّيَ

188. Di: «No está en mi poder (beneficiar o perjudicar) a no ser que Dios lo quiera (y me lo permita), no puedo beneficiarme ni perjudicarme. Si tuviese conocimiento de Lo Oculto, siempre estaría acumulando ganancias (sin pérdida alguna) y ninguna adversidad me habría afectado. Sólo soy un advertidor (contra las nefastas consecuencias del extravío) y un portador de buenas nuevas (de prosperidad a cambio de la fe y de la rectitud) para los individuos que creerán y aquellos que profundizarán en la fe».

189. Él es Aquel Quien os ha creado a partir de una única alma humana de la que hizo a su pareja, para que (inclinándose con amor hacia la mujer) encontrara apoyo en ella. Y después de haberla cubierto, concibe una carga ligera que continuó cargando. Entonces, cuando se hizo pesada (con un hijo) ambos (sintieron la necesidad) de volverse a Dios, su Señor, en Oración: «Si nos das un hijo sano, estaremos sin duda siempre agradecidos».

190. Mas cuando le concedió a la pareja un hijo sano empezaron a atribuir copartícipes a Dios con respecto a lo que les había otorgado[45]. ¡Absolutamente ensalzado sea por encima de los copartícipes que Le atribuyen y todo lo que Le atribuyen como copartícipe!

191. ¿Le atribuyen como copartícipes a aquellos que no han creado nada y que han sido ellos mismos creados,

192. Y que no tienen poder para darles ninguna ayuda ni pueden ayudarse a sí mismos?

193. Y si les convocáis a la guía, no os siguen. Es igual que les invoquéis o que permanezcáis callados.

194. Aquellos que deificáis e invocáis aparte de Dios son siervos creados por Dios igual que vosotros. ¡(Si creéis y pretendéis algo diferente) entonces invocadles y que os respondan si sois veraces![46].

195. ¿(Cómo esperáis que respondan:) tienen acaso piernas con las que caminar; manos con las que asir; ojos con los que pueden ver; u oídos con los que pueden oír? Di (a ellos): «¡Convocad a aquellos a los que atribuís como copartícipes a Dios y luego conspirad contra mí sin más demora!».

45. Los padres asocian copartícipes a Dios respecto a sus hijos al atribuirles a la naturaleza o a «leyes o causas naturales» o refiriendo la apariencia o la inteligencia o los logros de sus hijos en la vida a sí mismos o a sus propios hijos, olvidándose de Dios y de la deuda y del deber que tienen hacia Él por sus hijos.

46. Algunos maestros de escuelas de educación primaria en ciertos países musulmanes solían entrar con dulces en sus bolsillos y, para impedir que sus jóvenes mentes creyesen en Dios, les decían a sus alumnos «¡Pedidle a Dios dulces y comprobad si os dará alguno!». Entonces, cuando los estudiantes no recibían sus dulces, empleando el más primitivo método de la dialéctica, el maestro les decía: «¡Ahora, pedídmelo a mí y contemplad si os doy alguno!». Este es el modo de pensar más rastrero y primitivo que la historia jamás haya visto, es decir, concebir a Dios como si fuese un ser creado. Del mismo modo que Abraham desafió a Nimrod a que hiciese que el Sol saliese por el oeste, en lugar de hacerle salir por el este cómo Dios así dispone, este versículo también proporciona una respuesta para dicho modo primitivo de pensar. El funcionamiento del universo, al igual que su creación, son actos de Dios. No están basados en un conocimiento parcial que considera las entidades individuales como seres independientes unos de otros, sino que se fundamenta en la sabiduría universal que considera al universo como un todo y tiene en cuenta cada entidad individual que contiene, además de las relaciones del universo con dichas entidades individuales y las relaciones de dichas entidades individuales entre sí.

Entre los seres, los seres humanos son los que poseen la conciencia más desarrollada y una mayor habilidad para emprender cualquier acto, mas algunos aspectos de nuestras vidas no dependen de nosotros. Por ejemplo, no tenemos autoridad alguna respecto a nuestro color de piel, etnia, familia, psicología y el lugar y fecha de nuestro nacimiento. Nuestros cuerpos operan de modo automático, según el sistema establecido por el Creador, de manera independiente a nosotros. Nuestras necesidades vitales, como el hambre, la sed, la respiración o dormir nos mantienen bajo su dominio y no podemos superarlas, sino que estamos obligados a vivir subyugados a las mismas. Sin embargo, observamos una coordinación magnífica y perfecta así como una armonía entre nuestras vidas, nuestras necesidades, la composición y el funcionamiento de nuestros cuerpos y el entorno «natural» que nos rodea.

Si, a pesar de todo esto y del magnífico orden del universo con todo lo que contiene que demuestra la existencia de un conocimiento, voluntad y poder absolutos que todo lo abarcan, negamos la existencia de Aquel Quien los posee, entonces esto no es más que engañarse a sí mismo. La negación de Dios es el abismo más profundo en el que podemos sucumbir, la más oscura ignorancia, la elección más vil, la mentira más mezquina y significa abandonar el ser dotado de razón, conciencia y facultad de pensamiento.

Dios permite que los seres humanos tengan conciencia de Su Existencia de muy diversas maneras. Todo el mundo ha experimentado cómo sus necesidades han sido cubiertas de modo inesperado; algunas de nuestras oraciones íntimas, aquellas que aparecen en forma de deseos, han sido respondidas. Una mano invisible ha acudido en nuestra ayuda durante una situación insostenible o hemos sido salvados de un peligro cuando nos han abandonado sin otros medios a nuestro alcance. Mas, con la intención de posibilitar la negación de la Existencia del Ser Supremo, la gente atribuye esos acontecimientos a la suerte o a la coincidencia; pero no son, de hecho, más que simples denominaciones y atribuir la creación y la supervisión del universo y los eventos a dichas denominaciones es el más grande y vergonzoso de todos los crímenes. Frente a dicho crimen imperdonable, cometido por numerosas personas en este mundo, entre los que se incluyen a un gran número de científicos, no es posible percibir y conocer lo sublime que es la bendición de creer y cuán magnífico presente nos ha sido concedido a cambio de prácticamente nada.

El siguiente versículo explica que cualquier cosa que sea substituida por Dios —ya sea la naturaleza, el azar, la materia, la causalidad o un ídolo— debe poseer poder, visión y oído. En el universo hay seres, como los animales o los seres humanos que poseen dichas facultades. En vista de que dichos seres no se han creado a sí mismos junto con las mencionadas facultades, que sus vidas acontecen en gran medida independientemente de ellos, que nadie que posea dichas facultades puede concedérselas a otros, entonces, debe de haber alguien que las posee y las asigne a los demás. Qué gran pena es que, en la presente época, que llamamos era de la ciencia, numerosos científicos no pueden apreciar esta realidad manifiesta. Se trata de una realidad que incluso los que han vivido en las eras más «primitivas» pudieron ver. La razón por la cual un gran número de ellos se niegan a apreciarlo hoy en día es la negación de la Existencia de Dios y atribuirle existencia a ídolos tales como la materia, la naturaleza la coincidencia y la causalidad, los cuales carecen de conocimiento, conciencia, visión y oído. Es el engaño más aborrecible por parte de ellos y una trampa en la que sus almas carnales, sus caprichos y sus diablos se aprovechan de ellos.

اِنَّ وَلِيِّـيَ اللّٰهُ الَّذ۪ي نَزَّلَ الْكِتَابَۘ وَهُوَ يَتَوَلَّى الصَّالِح۪ينَ ﴿١٩٦﴾
وَالَّذ۪ينَ تَدْعُونَ مِنْ دُونِه۪ لَا يَسْتَط۪يعُونَ نَصْرَكُمْ وَلَٓا اَنْفُسَهُمْ
يَنْصُرُونَ ﴿١٩٧﴾ وَاِنْ تَدْعُوهُمْ اِلَى الْهُدٰى لَا يَسْمَعُواۜ وَتَرٰيهُمْ
يَنْظُرُونَ اِلَيْكَ وَهُمْ لَا يُبْصِرُونَ ﴿١٩٨﴾ خُذِ الْعَفْوَ وَاْمُرْ
بِالْعُرْفِ وَاَعْرِضْ عَنِ الْجَاهِل۪ينَ ﴿١٩٩﴾ وَاِمَّا يَنْزَغَنَّكَ
مِنَ الشَّيْطَانِ نَزْغٌ فَاسْتَعِذْ بِاللّٰهِۜ اِنَّهُ سَم۪يعٌ عَل۪يمٌ ﴿٢٠٠﴾
اِنَّ الَّذ۪ينَ اتَّقَوْا اِذَا مَسَّهُمْ طَٓائِفٌ مِنَ الشَّيْطَانِ تَذَكَّرُوا
فَاِذَا هُمْ مُبْصِرُونَۚ ﴿٢٠١﴾ وَاِخْوَانُهُمْ يَمُدُّونَهُمْ فِي الْغَيِّ ثُمَّ
لَا يُقْصِرُونَ ﴿٢٠٢﴾ وَاِذَا لَمْ تَاْتِهِمْ بِاٰيَةٍ قَالُوا لَوْلَا اجْتَبَيْتَهَاۜ
قُلْ اِنَّمَٓا اَتَّبِعُ مَا يُوحٰٓى اِلَيَّ مِنْ رَبّ۪يۚ هٰذَا بَصَٓائِرُ
مِنْ رَبِّكُمْ وَهُدًى وَرَحْمَةٌ لِقَوْمٍ يُؤْمِنُونَ ﴿٢٠٣﴾ وَاِذَا قُرِئَ الْقُرْاٰنُ
فَاسْتَمِعُوا لَهُ وَاَنْصِتُوا لَعَلَّكُمْ تُرْحَمُونَ ﴿٢٠٤﴾ وَاذْكُرْ رَبَّكَ
ف۪ي نَفْسِكَ تَضَرُّعًا وَخ۪يفَةً وَدُونَ الْجَهْرِ مِنَ الْقَوْلِ بِالْغُدُوِّ
وَالْاٰصَالِ وَلَا تَكُنْ مِنَ الْغَافِل۪ينَ ﴿٢٠٥﴾ اِنَّ الَّذ۪ينَ عِنْدَ رَبِّكَ
لَا يَسْتَكْبِرُونَ عَنْ عِبَادَتِه۪ وَيُسَبِّحُونَهُ وَلَهُ يَسْجُدُونَ ﴿٢٠٦﴾

196. «En verdad, mi Protector es Dios, Quien hace descender el Libro en partes y Él es Aquel Quien ampara y protege a los rectos».

197. Mientras que aquellos que vosotros deificáis e invocáis, aparte de Él, no tienen poder para ayudaros ni se pueden ayudar a sí mismos.

198. Si les convocáis a la guía no escuchan. Y los ves que te miran (y pueden suponer que tienen la facultad de la visión), pero no ven (carecen de perspicacia o facultad perceptiva)».

199. (Aún así, Oh Mensajero) adopta la senda de la indulgencia y la tolerancia y ordena lo que es bueno y correcto, y apártate de los ignorantes (no te preocupes por lo que dicen o hacen).

200. Y si una instigación de Satanás te solivianta (mientras llevas a cabo tu misión, durante tu adoración o en el transcurso de tu vida cotidiana), busca refugio en Dios. Él es Aquél que todo lo Oye y todo lo Ve.

201. Aquellos que se apartan de la desobediencia a Dios en veneración a Él y la piedad: cuando una incitación de Satanás les desazona, se hallan conscientes de Dios y Le recuerdan y entonces, poseen claro discernimiento.

202. Mientras que a sus hermanos (los hermanos de los demonios con forma de ser humano), los demonios los arrastran a los más bajos errores y no ceden a relajarse en sus esfuerzos.

203. Cuando tú (Oh Mensajero) no les presentas signo alguno (un milagro del tipo que desean o la Revelación cesa temporalmente), dicen: «¿Acaso has sido incapaz de componer alguno?». Di: «Sólo sigo todo aquello que me es revelado por parte de mi Señor. Esto (el Corán) es la luz del discernimiento y de la perspicacia (de la verdad) procedente de vuestro Señor (Quien os crea, sustenta y protege), una guía y una misericordia para los individuos que creerán y aquellos que profundizarán en la fe».

204. Y así, cuando el Corán se recite, prestad atención y escuchad en silencio, tal vez así se os muestre misericordia.

205. Recuerda y menciona a tu Señor en ti mismo (en las profundidades de tu corazón) con humildad y temor, sin alzar la voz, por la mañana y por la tarde. Y no seas de los negligentes.

206. Aquellos (ángeles) que se hallan en Presencia de tu Señor nunca se apartan de Su servicio con motivo de la arrogancia y Le glorifican y se postran ante Él.

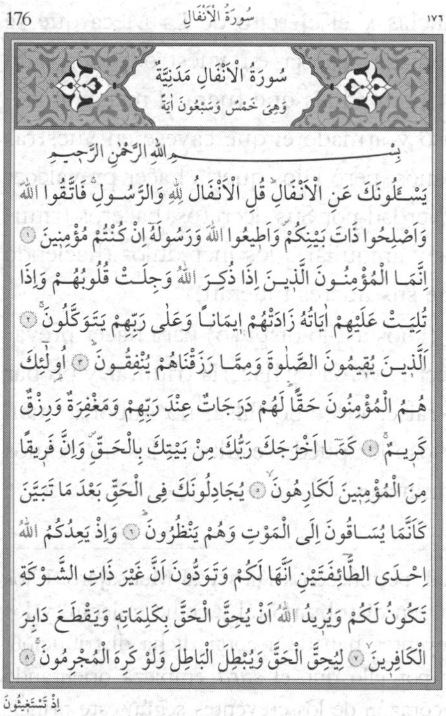
176 سورة الأنفال ١٧٦

سورة الأنفال مدنية
وهي خمس وسبعون آية

بسم الله الرحمن الرحيم

يسئلونك عن الأنفال قل الأنفال لله والرسول فاتقوا الله
وأصلحوا ذات بينكم وأطيعوا الله ورسوله إن كنتم مؤمنين ١
إنما المؤمنون الذين إذا ذكر الله وجلت قلوبهم وإذا
تليت عليهم آياته زادتهم إيمانا وعلى ربهم يتوكلون ٢
الذين يقيمون الصلوة ومما رزقناهم ينفقون ٣ أولئك
هم المؤمنون حقا لهم درجات عند ربهم ومغفرة ورزق
كريم ٤ كما أخرجك ربك من بيتك بالحق وإن فريقا
من المؤمنين لكارهون ٥ يجادلونك في الحق بعد ما تبين
كأنما يساقون إلى الموت وهم ينظرون ٦ وإذ يعدكم الله
إحدى الطائفتين أنها لكم وتودون أن غير ذات الشوكة
تكون لكم ويريد الله أن يحق الحق بكلماته ويقطع دابر
الكافرين ٧ ليحق الحق ويبطل الباطل ولو كره المجرمون ٨

إذ تستغيثون

SURA 8

AL-ANFAL

(LOS BOTINES DE GUERRA)

Período de Medina

Este sura fue revelado durante el período de Medina, justo después de la Batalla de Badr, la primera confrontación entre los musulmanes de Medina y los politeístas de La Meca. Toma su nombre de la palabra *al-anfal*, que aparece en el primer versículo. *Al-Anfal* posee el significado de «extra» o «adición», pero en este punto hace referencia a los botines tomados durante la guerra. El *sura*, de 75 versículos, trata en gran parte sobre la Batalla de Badr y de las lecciones que han de extraerse de la misma, instruye a los creyentes en asuntos tales como la *yihad*, la *hégira* (la emigración en pos de la causa de Dios), las leyes de la guerra, los tratados, los botines de guerra, la paciencia, la ayuda y la solidaridad mutuas así como la confianza en Dios.

En el Nombre de Dios,
el Misericordioso, el Compasivo.

1. Ellos (los creyentes) Te preguntan sobre los botines de guerra. Di: «Los botines de guerra pertenecen a Dios y al Mensajero (y ellos lo distribuyen como quieran)». Por lo tanto, apartaos de la desobediencia a Dios en veneración a Él y piedad, poned orden entre vosotros para que no haya discordia alguna y obedeced a Dios y al Mensajero si sois verdaderos creyentes[1].

2. Los verdaderos creyentes son tan sólo aquellos que, cuando Dios es mencionado, sus corazones se estremecen con temor reverencial y cuando se les recitan Sus Revelaciones aumentan su creencia y confían en su Señor.

3. Establecen la Oración conforme a sus condiciones y a partir de la provisión que les hemos concedido (ya sea riqueza, conocimiento, poder, etc.) gastan (para proveer sustento a los necesitados y en la causa de Dios, meramente por la complacencia de Dios y sin poner a otros en ningún compromiso u obligación).

4. Aquellos (ilustres) son los verdaderos creyentes. Para ellos hay destinados grados junto a su Señor (que serán concedidos uno tras otro) y el perdón (que aportará bendiciones imprevistas) y una provisión generosa y digna.

5. Así pues, tu Señor te hizo salir de tu hogar en pos de una causa verdadera (que Él ya había determinado que ibas a realizar); mas una parte de los creyentes era reacia (a la dirección que tomaron los acontecimientos).

6. Discutieron contigo sobre la verdad (respecto a los asuntos que Dios ha decidido que van a ocurrir) incluso después de que ello (la dirección que van a tomar los acontecimientos) ha sido puesta de manifiesto, como si les llevaran a la muerte con sus ojos abiertos de par en par.

7. Incluso cuando Dios prometió que una de las dos huestes (la caravana de mercancías y el ejército de La Meca que se acercaba) caería en vuestro poder, aún así pretendíais que fuera el menos poderoso y armado el que cayese en vuestras manos; pero Dios quería hacer prevalecer la verdad por Sus decretos, haceros triunfar y aniquilar a los incrédulos (haciendo que sus líderes mueran).

8. (Dios así lo dispuso) para hacer prevalecer la verdad y hacerla triunfar y probar la falsedad como falsa, no importa cuán odioso les puede resultar a los incrédulos criminales[2].

---

1. La palabra original *anfal*, traducida como «botines de guerra», es la forma plural de *nafl*. Esta palabra significa servicio voluntario adicional cuando se emplea en relación a un siervo o recompensa adicional cuando se usa en relación a Dios. Es una opinión razonable, entonces, inferir que cualquier recompensa mundana como resultado de los servicios prestados en la causa de Dios está incluida en este significado. La mayor parte de los eruditos ratifica que el significado de la palabra es botines de guerra. Sin embargo, la palabra *ghana'im* (plural de *ghanimah*) se usa para los botines de guerra en el versículo 41, por lo que *anfal* tiene un significado mucho más amplio. También incluye la idea de *fay* (botín de guerra obtenido sin presentar combate, 59:6).

Los creyentes tienen como único fin obtener la aprobación y la complacencia de Dios en los servicios que prestan en Su camino y carecen de otras expectativas. Incluso cuando tienen que luchar contra los enemigos de Dios, sólo ansían obtener la complacencia de Dios y ensalzar Su Palabra, sin esperar nada mundano. Ningún propósito mundano, tal y como el botín, la fama o la posición puede ocupar lugar alguno en el corazón del creyente. Los botines de guerra son recompensas adicionales producto de esforzarse en Su camino, por lo cual, pertenecen a Dios y al Mensajero. Ellos pueden distribuirlo tal y como quieran, y los creyentes han de aceptar dicha distribución. Es por ello que el *sura* empieza orientando el corazón de los creyentes según este principio general. Hace hincapié en que el creyente no debe esforzarse en pos de la obtención de botines de guerra y enseña que si durante el transcurso de una guerra un creyente ha hecho presa o se ha apoderado de cualquier objeto aunque sea una aguja, ha de retornarlo al comandante o al estado antes de que lo obtenido sea distribuido.

2. Estos versículos guardan relación con los acontecimientos que condujeron a la Batalla de Badr. Después de la emigración a Medina, el profeta Muhammad —la paz y las bendiciones sean con él— estableció un tratado con las tribus judías que dio a la ciudad estatus de ciudad-estado poblada por múltiples comunidades diversas. Tras ello, organizó e impulsó nuevas relaciones comerciales que ayudarían a establecer la independencia económica de los musulmanes. En Medina habitaban poderosas tribus judías y vigorosos clanes árabes politeístas e hipócritas. Cada una constituía una amenaza para la nueva comunidad musulmana además de que en el desierto circundante moraban tribus politeístas que reconocían a

los quraishíes como sus dirigentes. Los habitantes de La Meca advirtieron a Abdullah ibn Ubayy ibn Salul, el jefe hipócrita de Medina, que si no expulsaba al profeta Muhammad —la paz y las bendiciones sean con él— de Medina iban a atacar la ciudad; organizarían ataques repentinos contra los suburbios de la ciudad y la saquearían derramando sangre por doquier. Bajo dichas adversas condiciones, el profeta Muhammad —la paz y las bendiciones sean con él— se vio obligado a proporcionar seguridad con el fin de conservar la existencia del Islam y poder continuar trasmitiendo el Mensaje Divino. Para este propósito, organizó campañas militares en el desierto, a veces dirigidas por sus comandantes y en ocasiones comandadas por él mismo. Nunca permitió que hubiese derramamiento de sangre. Durante dichas campañas, tuvo también como objetivo hacer saber a las tribus vecinas de la existencia de los musulmanes y evitar que se aliasen con los politeístas quraishíes.

Los habitantes de La Meca usurparon todo lo que dejaban tras de sí los musulmanes que emigraban. Consignaron una caravana comercial que iba hacia Siria, cuyas mercancías consistían principalmente de propiedades arrebatadas a los musulmanes. El Mensajero de Dios, pues, decidió tomar posesión de lo que era de su propiedad mientras la caravana se hallaba en ruta hacia La Meca. Tal y como puede entenderse en dichos versículos, Dios Todopoderoso dispuso que los habitantes de La Meca, que se sentían extremadamente inquietos respecto al desarrollo del Islam, resolviesen proteger la caravana y que tuviesen un encuentro militar con los musulmanes. Los acontecimientos se desarrollaron según la Voluntad de Dios. Habiendo percibido la Voluntad de Dios, el Mensajero consultó a su ejército sobre el asunto. Su ejército estaba constituido única y exclusivamente por 310 hombres, casi todos soldados de infantería, a excepción de dos o tres combatientes que montaban caballos, y alrededor de 50 jinetes que iban a lomos de camellos. Algunos insistieron en marchar contra la caravana, ya que el ejército de La Meca era más poderoso, constituido por 1000 hombres, 600 de los cuales portaban cota de malla, así como más de 100 jinetes. Sin embargo, los discursos de Miqdad ibn 'Amr y Sa'd ibn Mu'az, en los que manifestaron que seguirían al Mensajero allá donde les llevase, agradaron al Mensajero y alentaron a los creyentes. Al final, los dos ejércitos se encontraron frente a frente en Badr, lugar emplazado entre Medina y La Meca, el día 17 de Ramadán (y según otras autoridades el 19 o el 21) el segundo año de la Hégira (624 d. C.).

إِذْ تَسْتَغِيثُونَ رَبَّكُمْ فَاسْتَجَابَ لَكُمْ أَنِّي مُمِدُّكُمْ
بِأَلْفٍ مِنَ الْمَلَائِكَةِ مُرْدِفِينَ ﴿٩﴾ وَمَا جَعَلَهُ اللَّهُ إِلَّا بُشْرَى
وَلِتَطْمَئِنَّ بِهِ قُلُوبُكُمْ وَمَا النَّصْرُ إِلَّا مِنْ عِنْدِ اللَّهِ
إِنَّ اللَّهَ عَزِيزٌ حَكِيمٌ ﴿١٠﴾ إِذْ يُغَشِّيكُمُ النُّعَاسَ أَمَنَةً مِنْهُ
وَيُنَزِّلُ عَلَيْكُمْ مِنَ السَّمَاءِ مَاءً لِيُطَهِّرَكُمْ بِهِ وَيُذْهِبَ
عَنْكُمْ رِجْزَ الشَّيْطَانِ وَلِيَرْبِطَ عَلَى قُلُوبِكُمْ وَيُثَبِّتَ
بِهِ الْأَقْدَامَ ﴿١١﴾ إِذْ يُوحِي رَبُّكَ إِلَى الْمَلَائِكَةِ أَنِّي مَعَكُمْ
فَثَبِّتُوا الَّذِينَ آمَنُوا سَأُلْقِي فِي قُلُوبِ الَّذِينَ كَفَرُوا
الرُّعْبَ فَاضْرِبُوا فَوْقَ الْأَعْنَاقِ وَاضْرِبُوا مِنْهُمْ كُلَّ
بَنَانٍ ﴿١٢﴾ ذَلِكَ بِأَنَّهُمْ شَاقُّوا اللَّهَ وَرَسُولَهُ وَمَنْ يُشَاقِقِ اللَّهَ
وَرَسُولَهُ فَإِنَّ اللَّهَ شَدِيدُ الْعِقَابِ ﴿١٣﴾ ذَلِكُمْ فَذُوقُوهُ وَأَنَّ
لِلْكَافِرِينَ عَذَابَ النَّارِ ﴿١٤﴾ يَا أَيُّهَا الَّذِينَ آمَنُوا إِذَا لَقِيتُمُ
الَّذِينَ كَفَرُوا زَحْفًا فَلَا تُوَلُّوهُمُ الْأَدْبَارَ ﴿١٥﴾ وَمَنْ يُوَلِّهِمْ
يَوْمَئِذٍ دُبُرَهُ إِلَّا مُتَحَرِّفًا لِقِتَالٍ أَوْ مُتَحَيِّزًا إِلَى فِئَةٍ فَقَدْ
بَاءَ بِغَضَبٍ مِنَ اللَّهِ وَمَأْوَاهُ جَهَنَّمُ وَبِئْسَ الْمَصِيرُ ﴿١٦﴾

9. Cuando estabais implorando a vuestro Señor ayuda (como una Misericordia especial) y os respondió: «Os auxiliaré con mil ángeles que vendrán en huestes sucesivas».

10. Dios tan sólo llevó a cabo esto como una buena nueva (de vuestra inminente victoria) y para que con ello se tranquilizaran vuestros corazones, pues la ayuda y la victoria tan sólo provienen de Dios. En verdad Dios es Glorioso poseedor de irresistible poder y Omnisapiente.

11. Cuando (en el momento en que más precisabais el coraje), hizo que un sueño os envolviese como una serenidad proveniente de Él e hizo descender sobre vosotros agua del cielo, para que de este modo Él pueda purificaros (de todas las impurezas reales o rituales, permitiéndoos hacer la ablución mayor y menor), eliminando de vosotros los corruptos susurros de Satanás y a través de ello, fortalecer vuestros corazones y afianzar vuestros pasos.

12. Cuando (mientras tanto) tu Señor reveló a los ángeles: «Sin duda Me hallo con vosotros. Conceded, pues, firmeza a los que creen. Infundiré terror en los corazones de los que no creen. Golpeadles, pues, en el cuello y golpead en todos sus dedos (que esgrimen espadas o arcos).

13. Obrad así, porque han desafiado a Dios y a Su Mensajero». Quien desafía a Dios y a Su Mensajero (que todo el mundo sepa que) Dios es severo castigando.

14. Así pues (por merecerlo, Oh enemigos de Dios), probadlo y (que todo el mundo sepa) que para los incrédulos también se da el castigo del Fuego.

15. ¡Oh vosotros que creéis! Cuando os encontréis en la batalla con los que no creen no les deis la espalda huyendo.

16. Ya que quien les dé la espalda el día de tal combate, a no ser que sea para llevar a cabo una maniobra táctica para volver a luchar o para unirse a otra tropa de creyentes (o tomando posiciones contra otro ataque enemigo) habrá incurrido sin duda en la condena de Dios y su refugio final será el Fuego. ¡Cuán funesto destino de llegada!

فَلَمْ تَقْتُلُوهُمْ وَلٰكِنَّ اللّٰهَ قَتَلَهُمْ وَمَا رَمَيْتَ اِذْ رَمَيْتَ
وَلٰكِنَّ اللّٰهَ رَمٰى وَلِيُبْلِيَ الْمُؤْمِنِينَ مِنْهُ بَلَٓاءً حَسَنًا اِنَّ اللّٰهَ
سَمِيعٌ عَلِيمٌ ﴿١٧﴾ ذٰلِكُمْ وَاَنَّ اللّٰهَ مُوهِنُ كَيْدِ الْكَافِرِينَ ﴿١٨﴾
اِنْ تَسْتَفْتِحُوا فَقَدْ جَٓاءَكُمُ الْفَتْحُ وَاِنْ تَنْتَهُوا فَهُوَ
خَيْرٌ لَكُمْ وَاِنْ تَعُودُوا نَعُدْ وَلَنْ تُغْنِيَ عَنْكُمْ فِئَتُكُمْ
شَيْـًٔا وَلَوْ كَثُرَتْ وَاَنَّ اللّٰهَ مَعَ الْمُؤْمِنِينَ ﴿١٩﴾ يَٓا اَيُّهَا
الَّذِينَ اٰمَنُٓوا اَطِيعُوا اللّٰهَ وَرَسُولَهُ وَلَا تَوَلَّوْا عَنْهُ
وَاَنْتُمْ تَسْمَعُونَ ﴿٢٠﴾ وَلَا تَكُونُوا كَالَّذِينَ قَالُوا سَمِعْنَا
وَهُمْ لَا يَسْمَعُونَ ﴿٢١﴾ اِنَّ شَرَّ الدَّوَٓابِّ عِنْدَ اللّٰهِ الصُّمُّ
الْبُكْمُ الَّذِينَ لَا يَعْقِلُونَ ﴿٢٢﴾ وَلَوْ عَلِمَ اللّٰهُ فِيهِمْ خَيْرًا
لَاَسْمَعَهُمْ وَلَوْ اَسْمَعَهُمْ لَتَوَلَّوْا وَهُمْ مُعْرِضُونَ ﴿٢٣﴾
يَٓا اَيُّهَا الَّذِينَ اٰمَنُوا اسْتَجِيبُوا لِلّٰهِ وَلِلرَّسُولِ اِذَا دَعَاكُمْ
لِمَا يُحْيِيكُمْ وَاعْلَمُٓوا اَنَّ اللّٰهَ يَحُولُ بَيْنَ الْمَرْءِ وَقَلْبِهِ
وَاَنَّهُٓ اِلَيْهِ تُحْشَرُونَ ﴿٢٤﴾ وَاتَّقُوا فِتْنَةً لَا تُصِيبَنَّ الَّذِينَ
ظَلَمُوا مِنْكُمْ خَٓاصَّةً وَاعْلَمُٓوا اَنَّ اللّٰهَ شَدِيدُ الْعِقَابِ ﴿٢٥﴾

وَاذْكُرُوٓا

17. Vosotros (Oh Creyentes) no los matasteis (con vuestras propias manos en la batalla), sino que Dios les mató[3]. Y cuando tú (Oh Mensajero), arrojabas (polvo hacia ellos al inicio de la batalla), no fuiste tú quien arrojó, sino que fue Dios Aquel Quien lo hizo[4]. (Llevó a cabo todo esto) para así poder poner a prueba a los creyentes con una justa prueba procedente de Él (para que así pudiesen alcanzar su objetivo y supiesen que la victoria proviene de Dios). Sin duda alguna, Dios es Quien todo lo Oye y Omnisciente.

18. Así es (cómo Él os trata) y (que todo el mundo sepa que) Dios es Aquel Quien socava las artimañas de los incrédulos.

19. Si vosotros (Oh incrédulos) buscabais un juicio (a través de la batalla para comprobar qué parte tenía razón), ya os ha llegado un juicio. Si cesáis (las hostilidades, contra los creyentes) será por vuestro bien. Sin embargo, si reanudáis (las hostilidades) reanudaremos (lo mismo que os hemos hecho en la batalla). Y de nada os servirá constituir un gran ejército por muy numerosos que seáis y (que todo el mundo sepa que) Dios está con los creyentes[5].

20. ¡Oh vosotros que creéis! Obedeced a Dios y a Su Mensajero y no os apartéis de él cuando estáis oyendo (las Revelaciones de Dios).

21. Y no seáis como aquellos que dicen: «Hemos oído», mas en verdad no oyen.

22. No cabe duda que la peor clase de todas las criaturas vivas ante Dios son los mudos y los sordos (ante la verdad de la Revelación) que no razonan ni comprenden.

23. Y si Dios hubiese apreciado algún bien en ellos, les hubiese hecho oír; pero (siendo como son) aunque les hubiese hecho oír, seguramente, se habrían apartado en aversión.

24. ¡Oh vosotros que creéis! Responded a Dios y al Mensajero cuando el Mensajero os llame (en el Nombre de Dios) a lo que os da vida, y sabed que Dios «interviene» entre la persona y su corazón (haciendo que su corazón se desvié); y que seréis reunidos ante Él.

25. Y tened cuidado y guardaos de una prueba que sin duda no sólo afligirá exclusivamente a aquellos de entre vosotros que se hallan inmersos en la consecución del mal; y sabed que Dios es severo castigando.

3. Es decir «si no hubiese sido por el plan de Dios y Su ayuda no habríais podido matarles ni resultar victoriosos en la guerra». Esto es una advertencia para aquellos que con orgullo creyeron que se habían hecho con la victoria en la guerra por su valor y su habilidad.

4. Esta frase se refiere a la ocasión en la cual el ejército musulmán y el de La Meca permanecieron frente a frente en la Batalla de Badr. En ese momento, el Mensajero de Dios (la paz y las bendiciones sean con él) lanzó un puñado de tierra hacia el enemigo diciendo: «Que sus rostros sean secados» y todos los soldados enemigos sintieron como si se hubiesen quedado ciegos (Ibn Hisham, 1:668).

5. Los musulmanes eran muy pocos y estaban siendo perseguidos de distintas maneras en La Meca. Dios Todopoderoso les salvó y les proporcionó un refugio en Medina. Sin embargo, puesto que tuvieron que dejar sus propiedades en La Meca, sufrieron grandes privaciones en Medina durante los primeros años, a pesar de los incomparables sacrificios de los Ansar, los musulmanes de Medina. Asimismo se hallaban envueltos por un cúmulo de condiciones desfavorables. En dichas circunstancias, la caravana que se encontraba de camino hacia La Meca procedente de Siria —que portaba las pertenencias que tuvieron que dejar abandonadas en La Meca—, fue una oportunidad única para poder recuperar así algunas de sus propiedades que habían sido usurpadas. Sin embargo, Dios quiso que se encontrasen ante un ejército fuertemente armado, en cuyas filas se encontraban todos los líderes politeístas a excepción de Abu Lahab, y que les superaba en número tres veces. Si consideramos que 600 combatientes del ejército de La Meca portaban cotas de malla y que su caballería constaba de 100 jinetes, mientras que el número de guerreros musulmanes no superaba los 310 hombres, con únicamente dos o tres jinetes, y sin cotas de malla así como que las batallas de dicha época se llevaban a cabo cuerpo a cuerpo, podemos comprender pues con facilidad la terrible situación en la que los musulmanes se vieron envueltos. Precisaban desesperadamente el auxilio de Dios. El Corán, de modo explícito, afirma que no hubiesen obtenido la victoria en dicha batalla si no hubiese sido por la ayuda de Dios. De hecho, Dios se atribuye a Sí mismo la matanza de los soldados enemigos, la mayoría de los cuales eran los líderes de los politeístas. También menciona la eficacia de la tierra que fue lanzada hacia ellos por el Mensajero. Dios también envió ángeles para animar a los musulmanes, los cuales golpearon los cuellos y los dedos de los soldados enemigos para hacerles difícil mantenerse en pie y hacer uso de sus propias armas, flechas y lanzas. Además de todo lo indicado anteriormente, Dios ayudó a los musulmanes de muchas otras maneras, que mencionaremos más adelante cuando la ocasión así lo precise.

وَاذْكُرُوا اِذْ اَنْتُمْ قَلٖيلٌ مُسْتَضْعَفُونَ فِى الْاَرْضِ تَخَافُونَ
اَنْ يَتَخَطَّفَكُمُ النَّاسُ فَاٰوٰيكُمْ وَاَيَّدَكُمْ بِنَصْرِهٖ وَرَزَقَكُمْ
مِنَ الطَّيِّبَاتِ لَعَلَّكُمْ تَشْكُرُونَ ﴿٢٦﴾ يَٓا اَيُّهَا الَّذٖينَ اٰمَنُوا
لَا تَخُونُوا اللّٰهَ وَالرَّسُولَ وَتَخُونُٓوا اَمَانَاتِكُمْ وَاَنْتُمْ
تَعْلَمُونَ ﴿٢٧﴾ وَاعْلَمُٓوا اَنَّمَٓا اَمْوَالُكُمْ وَاَوْلَادُكُمْ فِتْنَةٌۙ وَاَنَّ
اللّٰهَ عِنْدَهُٓ اَجْرٌ عَظٖيمٌ ﴿٢٨﴾ يَٓا اَيُّهَا الَّذٖينَ اٰمَنُٓوا اِنْ تَتَّقُوا
اللّٰهَ يَجْعَلْ لَكُمْ فُرْقَانًا وَيُكَفِّرْ عَنْكُمْ سَيِّـَٔاتِكُمْ وَيَغْفِرْ
لَكُمْۜ وَاللّٰهُ ذُوالْفَضْلِ الْعَظٖيمِ ﴿٢٩﴾ وَاِذْ يَمْكُرُ بِكَ الَّذٖينَ
كَفَرُوا لِيُثْبِتُوكَ اَوْ يَقْتُلُوكَ اَوْ يُخْرِجُوكَۜ وَيَمْكُرُونَ
وَيَمْكُرُ اللّٰهُۜ وَاللّٰهُ خَيْرُ الْمَاكِرٖينَ ﴿٣٠﴾ وَاِذَا تُتْلٰى عَلَيْهِمْ
اٰيَاتُنَا قَالُوا قَدْ سَمِعْنَا لَوْ نَشَٓاءُ لَقُلْنَا مِثْلَ هٰذَٓاۙ اِنْ
هٰذَٓا اِلَّٓا اَسَاطٖيرُ الْاَوَّلٖينَ ﴿٣١﴾ وَاِذْ قَالُوا اللّٰهُمَّ اِنْ كَانَ
هٰذَا هُوَ الْحَقَّ مِنْ عِنْدِكَ فَاَمْطِرْ عَلَيْنَا حِجَارَةً
مِنَ السَّمَٓاءِ اَوِ ائْتِنَا بِعَذَابٍ اَلٖيمٍ ﴿٣٢﴾ وَمَا كَانَ اللّٰهُ لِيُعَذِّبَهُمْ
وَاَنْتَ فٖيهِمْۜ وَمَا كَانَ اللّٰهُ مُعَذِّبَهُمْ وَهُمْ يَسْتَغْفِرُونَ ﴿٣٣﴾

26. Y recordad (con gratitud) cuando erais pocos y considerados débiles en la Tierra (y oprimidos), temiendo que la gente os desarraigase, cómo Él os proporcionó refugio y os fortaleció con Su ayuda y os proveyó sustento a partir de las cosas puras y sanas para que fueseis agradecidos (con Él, con el corazón y verbalmente y en acción cumpliendo Sus mandamientos).

27. ¡Oh vosotros que creéis! No traicionéis a Dios y al Mensajero y no traicionéis lo que se os ha confiado a sabiendas (de lo que significa hacerlo)[6].

28. Y sabed que vuestros bienes y vuestros hijos son una prueba y una tentación, y que Dios es Aquel con Quien se halla una tremenda recompensa.

29. ¡Oh vosotros que creéis! Si os apartáis de la desobediencia a Dios en veneración a Él y piedad para merecer Su protección, os elaborará un criterio (en vuestros corazones para distinguir entre la verdad y la falsedad, lo correcto y lo incorrecto), borrará de vosotros vuestros actos malvados y os perdonará. Dios es de una gracia y una munificencia formidables.

30. Y (recuerda Oh Mensajero) cómo los incrédulos conspiraron contra ti para hacerte prisionero, matarte o expulsarte (de La Meca). De este modo urdieron, mas Dios puso Su voluntad en vigor (y desbarató lo que habían maquinado). La voluntad de Dios dispone lo que es mejor (para Sus siervos creyentes) y hace que Su voluntad prevalezca[7].

31. Cuando Nuestras Revelaciones les son recitadas, dicen: «Ya hemos oído (algo parecido con anterioridad en numerosas ocasiones); si quisiésemos, podríamos componer algo semejante a eso; no son más que fábulas de los antiguos».

32. Y cuando dijeron (incluso esto): «¡Oh Dios! ¡Si no hay duda alguna de que ésta es la verdad que viene de Ti haz que lluevan piedras del cielo o inflígenos otro doloroso castigo!».

33. Pero Dios no les castigará mientras tú estés entre ellos, ni tampoco se verá obligado a castigarlos (o a otra gente) mientras Le pidieran perdón por sus pecados[8].

6. Traicionar a Dios o a Su Mensajero, la paz y las bendiciones sean con él, desobedeciéndoles significa traicionarse a sí mismo y tiene como consecuencia traicionar lo que se nos ha encomendado tal y como la confianza, las vidas, las propiedades, la castidad de los demás, los asuntos públicos, los deberes y los puestos y posiciones que se encuentran a nuestro cuidado.

7. Los versículos comprendidos entre el vigésimo y el trigésimo contienen sensatos consejos y avisos para la nueva comunidad musulmana de Medina y para todos los musulmanes de todas las épocas y lugares. El versículo 30 aborda el favor concedido al Mensajero —la paz y las bendiciones sean con él— y a la comunidad musulmana a través de él.

La Batalla de Badr demostró ser un punto de inflexión y una de las mayores victorias de los musulmanes, sino la mayor. Dicha victoria fue conseguida exclusivamente con el auxilio de Dios. Ya que los musulmanes habían vencido tras haber estado en una situación nada envidiable, es muy posible que los héroes victoriosos de Badr sintiesen algún tipo de orgullo por su logro. Además, algunos de ellos no estaban muy dispuestos a luchar. Algunos incluso empezaron a tomar el botín sin haber derrotado previamente al enemigo por completo o sin ni siquiera preguntar si estaba permitido hacerse cargo de dicho botín (M. Asım Köksal, 2:146, 171-73). Por lo tanto, los versículos comprendidos entre el vigésimo y el trigésimo contienen sensatos consejos y avisos para dicha gente y para todos los musulmanes hasta el Día del Juicio Final. Estas advertencias y recomendaciones pueden resumirse de la siguiente manera:

- La victoria y la derrota se hallan única y exclusivamente en manos de Dios. Para merecer la victoria, los individuos han de realizar todo aquello que sea necesario para su consecución.
- Aunque los seres humanos lleven a cabo todo lo que está en sus manos para merecer la victoria, Dios no se halla obligado a concedérsela. Al igual que cualquier cosa buena que le ocurra a la gente, la victoria también es una bendición de Dios. Por lo tanto, siempre debemos estarle agradecidos.
- En todos Sus mandamientos, la gente ha de obedecer a Dios y a Su Mensajero. Han de obedecer dichos mandamientos y no deben actuar como si no hubiesen oído nada. Deben obedecer lo que Dios y Su Mensajero han ordenado y llevarlo a cabo sinceramente.
- Aquellos en cuyos oídos los mandamientos de Dios y Su Mensajero no han penetrado o actúan como si no les hubiesen dicho nada, se hallan espiritualmente muertos. Dicha gente, por lo tanto, no son sino como objetos inertes, sordos y mudos que no pueden entender ni hacer uso de su raciocinio.
- Hay ciertos elementos que ensordecen y enmudecen a la gente y les hacen insensibles ante la Revelación Divina, tal y como desarrollar prejuicios, abandonarse a la vanagloria y a la arrogancia, sostener puntos de vista erróneos, ser controlados por sus deseos carnales y ambiciones mundanas, y la injusticia. Debido a ello, la gente pierde todos sus sentidos, sus facultades espirituales y su capacidad para creer.
- Los creyentes siempre deben responder positivamente a la llamada de Dios y de Su Mensajero. El Mensajero les transmite la llamada de Dios a la verdad, la cual les hace estar espiritualmente vivos. Si no proporcionan una respuesta positiva a dicha llamada, Dios «interviene» entre ellos y sus corazones, y hace que sus corazones se desvíen, llevándoles hacia la perdición y la fatalidad en el Más Allá.
- Si los creyentes fracasan en relación a responder positivamente a la llamada de Dios y Su Mensajero, esto no sólo significa la fatalidad en el Más Allá, sino que también da lugar a un conflicto interno en la sociedad. Esto es una prueba decisiva, que les capacita para distinguir quién es sincero y quién no lo es. Pueden perder sus

vidas, sus propiedades y sus seres queridos en este conflicto y, lo que es peor, habiendo sido una vez hermanos y hermanas sinceros, empiezan a matarse los unos a los otros como enemigos declarados. La seguridad interna y la confianza mutua ya no existen, y los asuntos y puestos públicos son entregados a aquellos que no están capacitados para ello. Todo ello tiene como resultado caer bajo el control de un gobierno despótico o el dominio extranjero o ser objeto de otro tipo de calamidades.

- Los creyentes siempre tienen que buscar la complacencia y la aprobación de Dios e intentar obtenerlas con sus palabras y acciones. Nunca deben pensar en obtener ganancias y ventajas mundanas, particularmente a través de actos religiosos o servicios.
- Sea lo que sea que una persona posea en este mundo, ya sea una posición social, un puesto laboral o cargo, hijos inteligentes y afortunados o riquezas, ello no es más que un medio para probarle y determinar la valía de una persona. Y así nuestras posesiones, aquello de lo que nos enorgullecemos, no son sino una prueba para nosotros. Dios nos provee con todos nuestros presentes, y así pues tenemos que atribuírselos a Él y darle gracias constantemente desde el corazón, verbalmente y a través de nuestro modo de vida. Si actuamos de esta manera, Dios nos recompensará abundantemente en el Más Allá y aumentará lo que nos ha proporcionado en este mundo. Sin embargo, lo que una persona posee puede ser un medio para llevarla a la autodestrucción en el otro mundo y en éste.
- Los creyentes siempre han de ser conscientes de Dios y actuar con piedad y con suma reverencia a Dios, temiendo cometer deslices y pecados. Si lo hacen con sinceridad, Dios les dotará de un discernimiento que podrán sentir en sus corazones. Con dicho criterio, podrán distinguir entre lo que es correcto e incorrecto, falso y verdadero, sin necesidad de acudir a ningún *muftí* o cualquier erudito islámico. Mientras lleven a cabo lo que han de hacer para obtener la protección de Dios, Dios les protegerá contra los actos malvados, los malos pensamientos, los conflictos internos y contra la derrota ante otras potencias enemigas.

También cabe señalar aquí que, mientras que los versículos revelados después de la Batalla de Uhud estaban destinados a consolar a los creyentes con motivo del revés que sufrieron en la segunda fase de la batalla, e incluso contienen halagos para ellos con el fin de elevar sus heridos espíritus, estos versículos, revelados tras la victoria de Badr, no albergan ninguna palabra de felicitación. Más bien encontramos advertencias y consejos. Esto es importante, en particular respecto a lo que a la guía y a la educación se refiere.

8. Este versículo da a entender que mientras la Religión —Islam— transmitida por el Mensajero de Dios, —la paz y las bendiciones sean con él— continúe siendo practicada ordenando la vida de la comunidad de un modo que complace a Dios Todopoderoso, mientras la gente siga viviendo consciente de Dios e implorándole por Su perdón siempre que cometan incorrecciones, Dios no les infligirá ningún doloroso sufrimiento.

وَمَا لَهُمْ اَلَّا يُعَذِّبَهُمُ اللّٰهُ وَهُمْ يَصُدُّونَ عَنِ الْمَسْجِدِ
الْحَرَامِ وَمَا كَانُوا اَوْلِيَاءَهُ اِنْ اَوْلِيَاؤُهُ اِلَّا الْمُتَّقُونَ
وَلٰكِنَّ اَكْثَرَهُمْ لَا يَعْلَمُونَ ٣٤ وَمَا كَانَ صَلَاتُهُمْ
عِنْدَ الْبَيْتِ اِلَّا مُكَاءً وَتَصْدِيَةً فَذُوقُوا الْعَذَابَ
بِمَا كُنْتُمْ تَكْفُرُونَ ٣٥ اِنَّ الَّذِينَ كَفَرُوا يُنْفِقُونَ
اَمْوَالَهُمْ لِيَصُدُّوا عَنْ سَبِيلِ اللّٰهِ فَسَيُنْفِقُونَهَا ثُمَّ
تَكُونُ عَلَيْهِمْ حَسْرَةً ثُمَّ يُغْلَبُونَ وَالَّذِينَ كَفَرُوا
اِلٰى جَهَنَّمَ يُحْشَرُونَ ٣٦ لِيَمِيزَ اللّٰهُ الْخَبِيثَ مِنَ الطَّيِّبِ
وَيَجْعَلَ الْخَبِيثَ بَعْضَهُ عَلٰى بَعْضٍ فَيَرْكُمَهُ جَمِيعًا
فَيَجْعَلَهُ فِى جَهَنَّمَ اُولٰئِكَ هُمُ الْخَاسِرُونَ ٣٧
قُلْ لِلَّذِينَ كَفَرُوا اِنْ يَنْتَهُوا يُغْفَرْ لَهُمْ مَا قَدْ سَلَفَ
وَاِنْ يَعُودُوا فَقَدْ مَضَتْ سُنَّتُ الْاَوَّلِينَ ٣٨ وَقَاتِلُوهُمْ
حَتّٰى لَا تَكُونَ فِتْنَةٌ وَيَكُونَ الدِّينُ كُلُّهُ لِلّٰهِ فَاِنِ
انْتَهَوْا فَاِنَّ اللّٰهَ بِمَا يَعْمَلُونَ بَصِيرٌ ٣٩ وَاِنْ تَوَلَّوْا
فَاعْلَمُوا اَنَّ اللّٰهَ مَوْلٰيكُمْ نِعْمَ الْمَوْلٰى وَنِعْمَ النَّصِيرُ ٤٠

وَاعْلَمُوا

34. ¿Qué pretexto argumentan para que Dios no les castigara, en vista de que prohíben (a los creyentes) entrar en la Mezquita Sagrada, aunque no estén cualificados para poseerla o protegerla? Sus legítimos y cualificados guardianes son únicamente los piadosos que se apartan de la desobediencia a Dios en veneración a Él; pero la mayoría de ellos (estos incrédulos) no lo saben.

35. Sus Oraciones en la Casa (en la Mezquita Sagrada) no son sino silbidos y palmadas. ¡Probad, pues, el castigo por no creer persistentemente![9].

36. Aquellos que se obstinan en la incredulidad gastan su riqueza con el fin de poder apartar a la gente del camino de Dios. Seguirán gastando hasta que sea para ellos una fuente de suspiros y agonía, y luego serán vencidos. Aquellos que se obstinan en la incredulidad serán finalmente reunidos en el Infierno.

37. Y así Dios separa lo corrupto de lo puro y apila a los corruptos unos sobre otros y los ubica en el Infierno. Aquellos son en verdad los perdedores.

38. Di a aquellos que se obstinan en la incredulidad que si cesan (de descreer por su parte e impedir que otros entren en el Islam), les será perdonado lo pasado; pero si reanudan (sus hostilidades), queda manifiesto lo que les ocurrió a los pueblos de los tiempos antiguos (y cuál va a ser su destino).

39. Y (si aún persisten en la incredulidad y en las hostilidades) combátelos hasta que no haya más desorden y opresión enraizada en la rebelión contra Dios y toda la religión (la plena autoridad para ordenar el modo de vida se reconoce que) es exclusivamente de Dios. Si cesan (de persistir en la incredulidad y de continuar con hostilidades hacia los creyentes), en verdad todo aquello que hacen Dios sin duda lo contempla[10].

40. Si aún así siguen su propio camino, sabed que Dios es vuestro Dueño y Protector. ¡Cuán excelente Protector y Dueño es, y cuán excelente Auxiliador!

9. El castigo mencionado aquí no es del tipo mencionado en el anterior versículo trigésimo segundo que generalmente sucede a un desastre «natural». Se refiere o bien a su derrota a manos de los musulmanes, a ciertas catástrofes sociales o al castigo de Dios en el Más Allá. Y de hecho, tal vez se refiera a todo ello.

10. El Corán menciona la *fitna* como una de las razones más importantes para declarar la guerra. También cita en el versículo 2:191 y explica en la nota número 138 de dicho *sura* (*al-Baqara*) que *fitna* significa incredulidad, atribuirle copartícipes a Dios, hipocresía, injusticia, maldad así como el entorno caótico y el desorden que da lugar a lo anteriormente mencionado o que es la causa de ello. Tal vez sea más preciso definir la *fitna* como la corrupción que abarca todos los males anteriormente citados.

Dios Todopoderoso quiere que la paz, la justicia, la seguridad, la creencia y la sumisión a Él prevalezcan en la Tierra. Estas son las condiciones esenciales para la humanidad. Lo que los creyentes han de procurar es poner fin a la *fitna* o al dominio de la incredulidad, que es atribuir copartícipes a Dios y la maldad. Esta es una razón para declarar la guerra. La otra razón es en caso de defensa propia. Una vez que la *fitna* haya sido erradicada, la gente puede adoptar diferentes cosmovisiones, y los seguidores de otras creencias, como el Cristianismo, el Judaísmo, el Zoroastrismo y el Sabeísmo son libres de vivir de acuerdo a sus propias religiones. Pero el orden público no debe de ser dañado por ninguna de dichas creencias. (Véanse asimismo los versículos 2:190-93, 256, notas número 138 y 39).

وَاعْلَمُوا اَنَّمَا غَنِمْتُمْ مِنْ شَيْءٍ فَاَنَّ لِلّٰهِ خُمُسَهُ وَلِلرَّسُولِ
وَلِذِى الْقُرْبٰى وَالْيَتَامٰى وَالْمَسَاكِينِ وَابْنِ السَّبِيلِ اِنْ
كُنْتُمْ اٰمَنْتُمْ بِاللّٰهِ وَمَٓا اَنْزَلْنَا عَلٰى عَبْدِنَا يَوْمَ الْفُرْقَانِ
يَوْمَ الْتَقَى الْجَمْعَانِ وَاللّٰهُ عَلٰى كُلِّ شَيْءٍ قَدِيرٌ ﴿٤١﴾
اِذْ اَنْتُمْ بِالْعُدْوَةِ الدُّنْيَا وَهُمْ بِالْعُدْوَةِ الْقُصْوٰى
وَالرَّكْبُ اَسْفَلَ مِنْكُمْ وَلَوْ تَوَاعَدْتُمْ لَاخْتَلَفْتُمْ
فِى الْمِيعَادِ وَلٰكِنْ لِيَقْضِىَ اللّٰهُ اَمْرًا كَانَ مَفْعُولًا
لِيَهْلِكَ مَنْ هَلَكَ عَنْ بَيِّنَةٍ وَيَحْيٰى مَنْ حَىَّ عَنْ بَيِّنَةٍ
وَاِنَّ اللّٰهَ لَسَمِيعٌ عَلِيمٌ ﴿٤٢﴾ اِذْ يُرِيكَهُمُ اللّٰهُ فِى مَنَامِكَ
قَلِيلًا وَلَوْ اَرٰيكَهُمْ كَثِيرًا لَفَشِلْتُمْ وَلَتَنَازَعْتُمْ فِى الْاَمْرِ
وَلٰكِنَّ اللّٰهَ سَلَّمَ اِنَّهُ عَلِيمٌ بِذَاتِ الصُّدُورِ ﴿٤٣﴾ وَاِذْ
يُرِيكُمُوهُمْ اِذِ الْتَقَيْتُمْ فِٓى اَعْيُنِكُمْ قَلِيلًا وَيُقَلِّلُكُمْ
فِٓى اَعْيُنِهِمْ لِيَقْضِىَ اللّٰهُ اَمْرًا كَانَ مَفْعُولًا وَاِلَى
اللّٰهِ تُرْجَعُ الْاُمُورُ ﴿٤٤﴾ يَٓا اَيُّهَا الَّذِينَ اٰمَنُٓوا اِذَا لَقِيتُمْ
فِئَةً فَاثْبُتُوا وَاذْكُرُوا اللّٰهَ كَثِيرًا لَعَلَّكُمْ تُفْلِحُونَ ﴿٤٥﴾

41. Y sabed que de lo que toméis como botines de guerra, una quinta parte pertenece a Dios y a Su Mensajero, a parientes próximos, a los huérfanos, a los pobres y a los viajeros (que carecen de medios suficientes para viajar)[11]. (Esto es lo que tenéis que cumplir) si verdaderamente creéis en Dios y en lo que hemos hecho descender sobre nuestro Siervo el día en que la verdad y la falsedad fueron distinguidas entre sí, el día en que se encontraron las dos huestes en la batalla. Dios posee pleno poder sobre todas las cosas.

42. (Recordad el día) cuando os encontrabais en la vertiente más próxima del valle (de Badr, en la parte de Medina) y ellos en la más alejada, quedando la caravana debajo de vosotros (en la llanura costera). Si hubierais querido acordar una cita para encontraros bajo dichas circunstancias, en verdad no os hubieseis puesto de acuerdo para realizarla. Mas (Dios hizo que os encontraseis en dichas circunstancias) para que Dios llevara a término algo que Él ya había decretado, con la intención de que aquel que pereciese lo hiciese con una clara evidencia (de que merecía perecer por seguir lo falso) y que aquel que sobreviviese lo hiciese con una clara evidencia (de que merecía sobrevivir por su devoción a la verdad). Sin duda alguna Dios es Quien todo lo Oye y Omnisapiente.

43. (Y recuerda, Oh Mensajero) cuando Dios te los mostró poco numerosos en tu sueño (antes de que la batalla comenzara). Si te los hubiera mostrado numerosos (tal y como lo eran), vosotros (Oh creyentes) habríais perdido sin lugar a dudas el valor y habríais discutido mutuamente sobre el asunto. Pero Dios os salvó (de ello). En verdad posee pleno conocimiento de lo que reposa oculto en los pechos.

44. Y cuando Él hizo que parecieran pocos ante vuestros ojos en el momento en que les hicisteis frente en la batalla, tal y como hizo que parecierais insignificantes ante sus ojos, para que Dios llevase a cabo lo que ya había decretado. Y a Dios se remiten todos los asuntos (y todo lo que Él dispone, ocurre).

45. ¡Oh vosotros que creéis! Cuando os enfrentéis a un ejército en el campo de batalla, permaneced firmes y mencionad mucho a Dios para que así podáis triunfar.

11. Este *sura* comienza haciendo hincapié en el principio básico de que los botines de guerra pertenecen a Dios y a Su Mensajero y ha preparado los corazones de los creyentes para aceptar de buen grado la distribución que Dios va a hacer. Este versículo describe cómo han de ser distribuidos los botines de guerra, asignando primero una quinta parte a Dios, a saber, el botín destinado a sufragar los servicios públicos. Luego indica a la gente que representa dicho servicio: el Mensajero, la paz y las bendiciones sean con él, su familia, los huérfanos, los pobres, el viajero que no tiene suficientes medios para completar su viaje. Lo que queda se distribuye entre los combatientes.

El Mensajero —la paz y las bendiciones sean con él— dedicó toda su vida a transmitir el Islam a los demás y a servir a la gente. No estaba en situación de proveer a los pobres de entre sus familiares. Además, había muchas situaciones en las que el Mensajero debía gastar en su condición de Mensajero y Jefe de Estado. La parte asignada a él, en muchos aspectos, es comparable a los fondos asignados para los gastos especiales propios de los Jefes de Estado.

Es un hecho histórico que el Mensajero —la paz y las bendiciones sean con él— hizo uso de la riqueza de su primera esposa Jadiya en pos de la causa de la comunicación del Islam, mientras que él, su familia y sus parientes vivían como los más pobres de entre los musulmanes. También emplearon toda la parte proveniente de los botines de guerra que les fue asignada proporcionando servicios islámicos y sirviendo a los necesitados.

46. Y obedeced a Dios y a Su Mensajero y no discutáis entre vosotros porque entonces os desanimaríais y vuestra energía y poder os abandonarán; y manteneos firmes. Con toda certeza, Dios se encuentra con los que se mantienen firmes.

47. No seáis como aquellos (incrédulos) que salieron de sus casas presumiendo con arrogancia y haciendo ostentación ante la gente mientras apartaban (a los demás) del camino de Dios. Dios abarca totalmente (con Su Conocimiento y Poder) todo lo que hacen.

48. Satanás embelleció sus acciones para que les pareciesen atractivas y dijo: «Hoy ningún poder entre los hombres podrá venceros y, en verdad, que estoy de vuestro lado». Pero cuando las dos huestes se avistaron, se dio media vuelta y salió huyendo diciendo: «En verdad, me desentiendo de vosotros, porque veo lo que no veis. No cabe duda que temo a Dios»[12]. Y Dios es severo castigando.

49. Y (recordad) cuando los hipócritas y aquellos que albergan una enfermedad en sus corazones (que seca la fuente de su vida espiritual) dijeron (sobre los creyentes): «Su religión les ha engañado (a dichas personas)». Pero quien se encomienda a Dios, en verdad Dios es Glorioso poseedor de irresistible poder, Omnisapiente.

50. Y si tan sólo pudieses ver cómo será cuando los ángeles arrebaten sus almas a aquellos que no creen, golpeándoles en el rostro y en la espalda y (diciendo): «¡Probad el castigo del Fuego abrasador!

وَاَطِيعُوا اللّٰهَ وَرَسُولَهُ وَلَا تَنَازَعُوا فَتَفْشَلُوا وَتَذْهَبَ
رِيحُكُمْ وَاصْبِرُواۜ اِنَّ اللّٰهَ مَعَ الصَّابِرِينَۚ ﴿٤٦﴾ وَلَا تَكُونُوا
كَالَّذٖينَ خَرَجُوا مِنْ دِيَارِهِمْ بَطَرًا وَرِئَٓاءَ النَّاسِ
وَيَصُدُّونَ عَنْ سَبٖيلِ اللّٰهِۜ وَاللّٰهُ بِمَا يَعْمَلُونَ مُحٖيطٌ ﴿٤٧﴾
وَاِذْ زَيَّنَ لَهُمُ الشَّيْطَانُ اَعْمَالَهُمْ وَقَالَ لَا غَالِبَ لَكُمُ
الْيَوْمَ مِنَ النَّاسِ وَاِنّٖى جَارٌ لَكُمْۚ فَلَمَّا تَرَٓاءَتِ الْفِئَتَانِ
نَكَصَ عَلٰى عَقِبَيْهِ وَقَالَ اِنّٖى بَرٖٓىءٌ مِنْكُمْ اِنّٖٓى اَرٰى
مَا لَا تَرَوْنَ اِنّٖٓى اَخَافُ اللّٰهَۜ وَاللّٰهُ شَدٖيدُ الْعِقَابِ ﴿٤٨﴾
اِذْ يَقُولُ الْمُنَافِقُونَ وَالَّذٖينَ فٖى قُلُوبِهِمْ مَرَضٌ غَرَّ هٰٓؤُلَٓاءِ
دٖينُهُمْۜ وَمَنْ يَتَوَكَّلْ عَلَى اللّٰهِ فَاِنَّ اللّٰهَ عَزٖيزٌ حَكٖيمٌ ﴿٤٩﴾
وَلَوْ تَرٰٓى اِذْ يَتَوَفَّى الَّذٖينَ كَفَرُواۙ الْمَلٰٓئِكَةُ يَضْرِبُونَ
وُجُوهَهُمْ وَاَدْبَارَهُمْۚ وَذُوقُوا عَذَابَ الْحَرٖيقِ ﴿٥٠﴾ ذٰلِكَ
بِمَا قَدَّمَتْ اَيْدٖيكُمْ وَاَنَّ اللّٰهَ لَيْسَ بِظَلَّامٍ لِلْعَبٖيدِۙ ﴿٥١﴾
كَدَاْبِ اٰلِ فِرْعَوْنَۙ وَالَّذٖينَ مِنْ قَبْلِهِمْۜ كَفَرُوا بِاٰيَاتِ اللّٰهِ
فَاَخَذَهُمُ اللّٰهُ بِذُنُوبِهِمْۜ اِنَّ اللّٰهَ قَوِىٌّ شَدٖيدُ الْعِقَابِ ﴿٥٢﴾

ذٰلِكَ بِاَنَّ

51. Eso es por (los actos malvados) que habéis anticipado con vuestras propias manos, porque Dios nunca es injusto ni lo más mínimo con los siervos».

52. Es como lo que le aconteció al clan (la corte y la aristocracia militar) del Faraón, y a aquellos que le precedieron. Negaron las Revelaciones de Dios y así Dios les agarró por sus pecados. Sin lugar a dudas Dios es Sumamente Poderoso y severo castigando.

12. Cuando Satanás percibió que el ejército musulmán estaba apoyado por ángeles y que podrían derrotar a los politeístas, eligió escapar, ya que temía recibir golpes. Sus palabras: «En verdad me desentiendo de vosotros» y «No cabe duda que temo a Dios» no son más que excusas para su huida.

ذٰلِكَ بِاَنَّ اللّٰهَ لَمْ يَكُ مُغَيِّرًا نِعْمَةً اَنْعَمَهَا عَلٰى قَوْمٍ حَتّٰى
يُغَيِّرُوا مَا بِاَنْفُسِهِمْۙ وَاَنَّ اللّٰهَ سَم۪يعٌ عَل۪يمٌۙ ﴿٥٣﴾ كَدَاْبِ اٰلِ
فِرْعَوْنَۙ وَالَّذ۪ينَ مِنْ قَبْلِهِمْۜ كَذَّبُوا بِاٰيَاتِ رَبِّهِمْ فَاَهْلَكْنَاهُمْ
بِذُنُوبِهِمْ وَاَغْرَقْنَٓا اٰلَ فِرْعَوْنَۚ وَكُلٌّ كَانُوا ظَالِم۪ينَ ﴿٥٤﴾
اِنَّ شَرَّ الدَّوَٓابِّ عِنْدَ اللّٰهِ الَّذ۪ينَ كَفَرُوا فَهُمْ لَا يُؤْمِنُونَۚ ﴿٥٥﴾
اَلَّذ۪ينَ عَاهَدْتَ مِنْهُمْ ثُمَّ يَنْقُضُونَ عَهْدَهُمْ ف۪ي كُلِّ
مَرَّةٍ وَهُمْ لَا يَتَّقُونَ ﴿٥٦﴾ فَاِمَّا تَثْقَفَنَّهُمْ فِي الْحَرْبِ فَشَرِّدْ
بِهِمْ مَنْ خَلْفَهُمْ لَعَلَّهُمْ يَذَّكَّرُونَ ﴿٥٧﴾ وَاِمَّا تَخَافَنَّ مِنْ قَوْمٍ
خِيَانَةً فَانْبِذْ اِلَيْهِمْ عَلٰى سَوَٓاءٍۜ اِنَّ اللّٰهَ لَا يُحِبُّ الْخَٓائِن۪ينَ ﴿٥٨﴾
وَلَا يَحْسَبَنَّ الَّذ۪ينَ كَفَرُوا سَبَقُواۜ اِنَّهُمْ لَا يُعْجِزُونَ ﴿٥٩﴾ وَاَعِدُّوا
لَهُمْ مَا اسْتَطَعْتُمْ مِنْ قُوَّةٍ وَمِنْ رِبَاطِ الْخَيْلِ تُرْهِبُونَ بِه۪
عَدُوَّ اللّٰهِ وَعَدُوَّكُمْ وَاٰخَر۪ينَ مِنْ دُونِهِمْۚ لَا تَعْلَمُونَهُمْۚ
اَللّٰهُ يَعْلَمُهُمْۜ وَمَا تُنْفِقُوا مِنْ شَيْءٍ ف۪ي سَب۪يلِ اللّٰهِ يُوَفَّ
اِلَيْكُمْ وَاَنْتُمْ لَا تُظْلَمُونَ ﴿٦٠﴾ وَاِنْ جَنَحُوا لِلسَّلْمِ
فَاجْنَحْ لَهَا وَتَوَكَّلْ عَلَى اللّٰهِۜ اِنَّهُ هُوَ السَّم۪يعُ الْعَل۪يمُ ﴿٦١﴾

53. Eso (ocurrió de tal manera) porque Dios nunca cambia un favor que ha conferido a un pueblo a no ser que ellos cambien lo que hay en sí mismos (su creencia, su modo de vida, su cosmovisión y su devoción a las leyes de Dios contenidas en la Religión, en la creación, en la vida y en el funcionamiento del universo). Y Dios es Quien todo lo Oye y Omnisapiente.

54. Es como lo que le aconteció al clan (la corte y la aristocracia militar) del Faraón y a aquellos que le precedieron. Tildaron de falsas las Revelaciones de su Señor y así les destruimos por sus pecados e hicimos que la corte y la aristocracia militar del Faraón se ahogase. Todos esos pueblos (destruidos en el pasado) eran injustos (pues se rebelaron contra su Señor, oprimieron a la gente y fueron injustos consigo mismos).

55. No cabe duda que la peor clase de todas las criaturas vivas ante Dios son las que se hallan tan arraigadas en la incredulidad que no pueden creer.

56. Aquellos con los que has establecido un tratado y, a cada momento, lo quebrantan sin temer a Dios.

57. Si te encuentras con ellos en la guerra, trátales de manera que sirvan de escarmiento a los que vengan detrás (los que les siguen y los que vendrán tras ellos), para que así recapaciten y sean considerados.

58. Si tienes poderosas razones para temer una traición por parte de alguna gente (con los que estableciste un tratado), restitúyeselo (es decir declara públicamente, antes de llevar a cabo ninguna acción contra ellos, que has disuelto el tratado) para que ambas partes estén informadas de su finalización. Sin duda alguna Dios no ama a los traidores[13].

59. Y que los que no creen no lleguen nunca a pensar que pueden tener ventaja sobre los creyentes o escapar de Nuestro castigo. Nunca podrán frustrar Nuestra voluntad.

60. (Oh creyentes:) Preparad contra ellos todas las fuerzas y caballos destinados (para la guerra), para que así podáis desanimar a los enemigos de Dios y a vuestros enemigos así como a otros aparte de ellos, los cuales (además de la naturaleza de su enemistad) no conocéis. Dios los conoce (y conoce la naturaleza de su enemistad). Lo que gastéis en la causa de Dios, se os pagará con creces y no sufriréis ninguna injusticia[14].

61. Y si (los enemigos) se inclinan por la paz, inclínate tú también y encomiéndate a Dios. En verdad, Él es Quien todo lo Oye y Omnisapiente.

13. El Islam es un sistema de valores y todos sus principios tienen como propósito preservar dichos valores y gobernar la vida con justicia de acuerdo con los mismos. Este versículo establece una regla básica islámica con relación a las leyes internacionales: Cuando dos naciones conciertan un pacto entre ellas que se extenderá durante un período de tiempo determinado, ambas partes han de cumplir dicho pacto hasta su finalización. Si una de las partes contraviene el pacto, la parte agraviada ha de anunciarle que el pacto ha sido disuelto antes de empezar acciones hostiles, para que ambas sepan cuál es la situación. El Mensajero —la paz y las bendiciones sean con él— dijo: «Todo aquel que se halle comprometido ineludiblemente por un tratado con una determinada gente no puede disolver dicho tratado hasta que finalice el término o hasta que públicamente declare que ha sido anulado» (Abu Dawud, «Yihad», 2:75). En otra expresión, declara: «No seáis traidores, incluso con aquél que os traiciona» (Abu Dawud, «Kitab al-Buyu», 2:75). Ni siquiera las supuestamente «civilizadas» naciones de hoy en día cumplen con este principio establecido 14 siglos atrás por el Islam. Más bien actúan sobre el siguiente principio: «Quien primero emprenda el ataque sorpresa, ese ganará».

14. Este versículo contiene importantes consejos y advertencias para los musulmanes:

- Hasta el Día del Juicio Final habrá siempre enemigos de la creencia y del Islam. Por esa razón, los musulmanes han de estar alerta ante cualquier enemistad y ser suficientemente poderosos para disuadirla.
- El siguiente versículo (61) es especialmente importante, ya que precede a los versículos que abordan la guerra y versículos que señalan que el estado musulmán siempre ha de estar preparado para la guerra, ya que dicha disposición actúa como un elemento disuasorio. Mientras tanto, el versículo 61 dice que los musulmanes son pacíficos, que han de vivir pacíficamente y ser representantes de la paz mundial. Por lo tanto, su actuación como elemento disuasorio en el equilibrio de poderes es uno de los factores importantes para brindar la paz al mundo y preservar dicha paz. Por esa razón, si los musulmanes no son lo suficientemente poderosos para hacerlo, otros derramarán sangre inocente en el mundo y los musulmanes serán responsables por el derramamiento de dicha sangre ante Dios.
- Existe un gran número de enemigos diversos de la fe y el Islam. Algunos son enemigos declarados de Dios y de la religión, muestran su enemistad y son conocidos. Otros mantienen su animadversión contra el Islam y los musulmanes por otras razones aparte de la condición de musulmanes de estos últimos. Hay algunos enemigos de los cuales no son conscientes los fieles musulmanes, ya que generalmente se encuentran entre ellos y encubren su enemistad. Tal gente son hipócritas, viven en las sociedades musulmanas porque consideran que sus intereses residen en dichos lugares. Algunas de estas personas carecen de una creencia arraigada en su corazón y pueden cambiar de bando fácilmente, incluso por una razón insignificante. Dios conoce bien a dicha gente. Los musulmanes a su vez han de tenerles en cuenta y se encuentran en la obligación de tratar de acumular el poder necesario para doblegarles.
- Los musulmanes han de ser poderosos. El Islam hace responsables a los individuos y a las sociedades de su propio destino, por lo tanto, la gente ha de asumir la responsabilidad de autogobernarse. El Corán se dirige a la sociedad con frases como «¡Oh pueblo! y ¡Oh creyentes!». Los deberes encomendados a los estados modernos son aquellos que el Islam remite a la sociedad y los clasifica, en orden de importancia, como «absolutamente necesario, relativamente necesario y recomendables de llevar a cabo». Dicho sistema hace que los musulmanes establezcan las instituciones necesarias para cumplir dichos deberes. Una de las maneras para llegar a ser poderoso es que todos y cada uno han de desembolsar y sufragar en la causa de Dios a partir de aquello que poseamos. Esto generalmente ocurre por medio del *Zakat* (Limosna Prescrita Purificadora); si es necesario, imponiendo nuevos impuestos además del *Zakat*; y, si es preciso otra vez, mediante una movilización general.

184 سُورَةُ الْاَنْفَالِ ١٨٤

وَاِنْ يُرِيدُوا اَنْ يَخْدَعُوكَ فَاِنَّ حَسْبَكَ اللّٰهُ هُوَ الَّذٓى اَيَّدَكَ
بِنَصْرِهٖ وَبِالْمُؤْمِنِينَ ﴿٦٢﴾ وَاَلَّفَ بَيْنَ قُلُوبِهِمْ لَوْ اَنْفَقْتَ
مَا فِى الْاَرْضِ جَمِيعًا مَٓا اَلَّفْتَ بَيْنَ قُلُوبِهِمْ وَلٰكِنَّ اللّٰهَ
اَلَّفَ بَيْنَهُمْ اِنَّهُ عَزِيزٌ حَكِيمٌ ﴿٦٣﴾ يَٓا اَيُّهَا النَّبِىُّ حَسْبُكَ
اللّٰهُ وَمَنِ اتَّبَعَكَ مِنَ الْمُؤْمِنِينَ ﴿٦٤﴾ يَٓا اَيُّهَا النَّبِىُّ حَرِّضِ
الْمُؤْمِنِينَ عَلَى الْقِتَالِ اِنْ يَكُنْ مِنْكُمْ عِشْرُونَ صَابِرُونَ
يَغْلِبُوا مِائَتَيْنِ وَاِنْ يَكُنْ مِنْكُمْ مِائَةٌ يَغْلِبُٓوا اَلْفًا مِنَ الَّذِينَ
كَفَرُوا بِاَنَّهُمْ قَوْمٌ لَا يَفْقَهُونَ ﴿٦٥﴾ اَلْـٰٔنَ خَفَّفَ اللّٰهُ عَنْكُمْ
وَعَلِمَ اَنَّ فِيكُمْ ضَعْفًا فَاِنْ يَكُنْ مِنْكُمْ مِائَةٌ صَابِرَةٌ
يَغْلِبُوا مِائَتَيْنِ وَاِنْ يَكُنْ مِنْكُمْ اَلْفٌ يَغْلِبُٓوا اَلْفَيْنِ بِاِذْنِ
اللّٰهِ وَاللّٰهُ مَعَ الصَّابِرِينَ ﴿٦٦﴾ مَا كَانَ لِنَبِىٍّ اَنْ يَكُونَ لَهُٓ
اَسْرٰى حَتّٰى يُثْخِنَ فِى الْاَرْضِ تُرِيدُونَ عَرَضَ الدُّنْيَا
وَاللّٰهُ يُرِيدُ الْاٰخِرَةَ وَاللّٰهُ عَزِيزٌ حَكِيمٌ ﴿٦٧﴾ لَوْلَا كِتَابٌ
مِنَ اللّٰهِ سَبَقَ لَمَسَّكُمْ فِيمَٓا اَخَذْتُمْ عَذَابٌ عَظِيمٌ ﴿٦٨﴾ فَكُلُوا
مِمَّا غَنِمْتُمْ حَلَالًا طَيِّبًا وَاتَّقُوا اللّٰهَ اِنَّ اللّٰهَ غَفُورٌ رَحِيمٌ ﴿٦٩﴾

يَٓا اَيُّهَا

62. Y si buscan (únicamente) engañarte (Oh Mensajero) en verdad que Dios es suficiente para ti. Él es Aquél Quien te fortaleció con Su auxilio y con los creyentes.

63. Él ha armonizado sus corazones (los de los creyentes). Si hubieses gastado todo lo que hay en la Tierra, no habrías armonizado todos sus corazones, pero Dios los ha armonizado. En verdad Él es Glorioso poseedor de irresistible poder, Omnisapiente.

64. ¡Oh (Ilustrísimo) Profeta! Dios es suficiente para ti y para los creyentes que te siguen.

65. ¡Oh (Ilustrísimo) Profeta! Anima a los creyentes a que luchen. Si hay veinte de vosotros que son firmes, vencerán a doscientos. Y si hay de vosotros cien, vencerán a mil incrédulos, ya que (los incrédulos) son gente que no reflexiona ni busca penetrar la esencia de los asuntos para alcanzar la verdad.

66. De momento (mientras carecéis del equipamiento y el preparamiento necesario), Dios ha aliviado vuestra carga, ya que sabe que en vosotros se da debilidad. De manera que si hay cien de vosotros resueltos y firmes, vencerán a doscientos; y si hay doscientos de vosotros, vencerán a dos mil con el permiso de Dios. Dios se encuentra con los que se mantienen firmes[15].

67. No es propio de un Profeta tomar cautivos hasta haber acabado por completo con los enemigos en la tierra. Vosotros (Oh Creyentes) ambicionáis los efímeros bienes de esta vida mundana, pero Dios dispone que el Más Allá sea vuestro. Dios es Glorioso poseedor de irresistible poder, Omnisapiente.

68. Si no hubiese sido por un decreto previo de Dios (respecto a que los botines de guerra son lícitos y que los cautivos pueden ser liberados a cambio de un rescate), un terrible castigo os habría acaecido por lo que habíais tomado (de los botines de guerra y de los cautivos esperando un rescate antes de que el poder de los enemigos hubiese sido suficientemente reprimido y agotado).

69. (Pero como dicho decreto ya se encuentra vigente) ahora, disfrutad como lícito, puro y sano todo lo que habéis obtenido (como botín de guerra y como rescate); y apartaos de la desobediencia a Dios en todos vuestros actos. Sin duda alguna Dios es Indulgente y Compasivo (especialmente hacia Sus siervos creyentes y piadosos).

15. Estos dos últimos versículos no deben ser malinterpretados. Cuando todo es igual, es decir, las dotaciones, los recursos, etc., los creyentes pueden ser diez veces más poderosos que los incrédulos, como consecuencia de sus fuentes de poder: la creencia en Dios y en la vida eterna, su falta de temor a la muerte, la fuerza de voluntad que hayan adquirido a través de la adoración regular, su resistencia frente a las tentaciones de sus almas carnales, su dependencia de Dios, su paciencia y el hecho de que esperan la dicha eterna del Paraíso y que Dios esté complacido con ellos. Estos son cosas que los incrédulos no poseen. Pero los musulmanes de aquella época —este *sura* fue revelado justo antes de la Batalla de Badr— no tenían poder material suficiente ni entrenamiento militar. Pero pudieron vencer a un enemigo que era tres veces más poderoso que ellos en la Batalla de Badr por haber sido reforzados con la ayuda de Dios. Cuando luego tuvieron la misma dotación y entrenamiento militar que sus enemigos fueron capaces de resistir y vencerles en situaciones en las que sus enemigos fueron en ocasiones hasta 30 veces más poderosos que ellos en batallas posteriores, tal y como las de Mu'tah, Yarmuk, Qadisiyah y otras más. Estos versículos mencionan el límite mínimo de combatientes.

Estos dos versículos presentan asimismo algunas normas militares. Es preferible que la unidad militar más pequeña esté compuesta por veinte soldados si los creyentes son poderosos y que conste de cien soldados cuando éstos son inexpertos. Tener firmeza y fuerza de voluntad es una de los fundamentos de superioridad en la guerra, mientras que la perspicacia y el discernimiento de la esencia de los asuntos son otro fundamento de la superioridad.

يَٓا اَيُّهَا النَّبِيُّ قُلْ لِمَنْ فٖٓي اَيْدٖيكُمْ مِنَ الْاَسْرٰٓى اِنْ يَعْلَمِ
اللّٰهُ فٖي قُلُوبِكُمْ خَيْرًا يُؤْتِكُمْ خَيْرًا مِمَّٓا اُخِذَ مِنْكُمْ وَيَغْفِرْ
لَكُمْ وَاللّٰهُ غَفُورٌ رَحٖيمٌ ﴿٧٠﴾ وَاِنْ يُرٖيدُوا خِيَانَتَكَ فَقَدْ خَانُوا
اللّٰهَ مِنْ قَبْلُ فَاَمْكَنَ مِنْهُمْ وَاللّٰهُ عَلٖيمٌ حَكٖيمٌ ﴿٧١﴾ اِنَّ الَّذٖينَ
اٰمَنُوا وَهَاجَرُوا وَجَاهَدُوا بِاَمْوَالِهِمْ وَاَنْفُسِهِمْ فٖي سَبٖيلِ اللّٰهِ
وَالَّذٖينَ اٰوَوْا وَنَصَرُٓوا اُو۬لٰٓئِكَ بَعْضُهُمْ اَوْلِيَٓاءُ بَعْضٍ وَالَّذٖينَ
اٰمَنُوا وَلَمْ يُهَاجِرُوا مَا لَكُمْ مِنْ وَلَايَتِهِمْ مِنْ شَيْءٍ حَتّٰى
يُهَاجِرُوا وَاِنِ اسْتَنْصَرُوكُمْ فِي الدّٖينِ فَعَلَيْكُمُ النَّصْرُ اِلَّا
عَلٰى قَوْمٍ بَيْنَكُمْ وَبَيْنَهُمْ مٖيثَاقٌ وَاللّٰهُ بِمَا تَعْمَلُونَ بَصٖيرٌ ﴿٧٢﴾
وَالَّذٖينَ كَفَرُوا بَعْضُهُمْ اَوْلِيَٓاءُ بَعْضٍ اِلَّا تَفْعَلُوهُ تَكُنْ فِتْنَةٌ
فِي الْاَرْضِ وَفَسَادٌ كَبٖيرٌ ﴿٧٣﴾ وَالَّذٖينَ اٰمَنُوا وَهَاجَرُوا وَجَاهَدُوا
فٖي سَبٖيلِ اللّٰهِ وَالَّذٖينَ اٰوَوْا وَنَصَرُٓوا اُو۬لٰٓئِكَ هُمُ الْمُؤْمِنُونَ
حَقًّا لَهُمْ مَغْفِرَةٌ وَرِزْقٌ كَرٖيمٌ ﴿٧٤﴾ وَالَّذٖينَ اٰمَنُوا مِنْ بَعْدُ
وَهَاجَرُوا وَجَاهَدُوا مَعَكُمْ فَاُو۬لٰٓئِكَ مِنْكُمْ وَاُو۬لُوا الْاَرْحَامِ
بَعْضُهُمْ اَوْلٰى بِبَعْضٍ فٖي كِتَابِ اللّٰهِ اِنَّ اللّٰهَ بِكُلِّ شَيْءٍ عَلٖيمٌ ﴿٧٥﴾

70. ¡Oh (Ilustrísimo) Profeta! Di a los cautivos que tengáis en vuestras manos: «Si Dios conoce algún bien en vuestros corazones (cualquier disposición a creer y a someterse a Dios), os concederá algo mejor que lo que se os ha quitado y os perdonará». Dios es Indulgente y Compasivo (especialmente hacia los siervos que se vuelven a Él en arrepentimiento).

71. Mas si ambicionan traicionarte (Oh Mensajero), pues ya traicionaron antes a Dios (y el resultado de ello está claro): Dios te ha dado poder sobre ellos. Dios es Omnisciente y Omnisapiente.

72. Aquellos que hayan creído y hayan emigrado (al hogar del Islam) y se hayan esforzado con ahínco con sus bienes y sus personas en la causa de Dios y aquellos que dieron refugio (a ellos) y les ayudaron (a ellos), —esos (ilustres) son amigos y protectores unos de otros y pueden heredar unos de otros—[16]. Pero aquellos que creen y no han emigrado: no tenéis ningún deber de protegerles hasta que emigren[17] (y la herencia no está permitida entre ellos y vosotros). Sin embargo, si os piden ayuda en materia de Religión, es vuestro deber proporcionarles ayuda excepto contra gente con la que hayáis establecido un tratado. Todo aquello que hacéis Dios sin duda lo contempla.

73. Aquellos que no creen son amigos y protectores unos de otros (especialmente contra vosotros). A no ser que lo llevéis a cabo a su vez (es decir, establecer relaciones de solidaridad entre los creyentes) habrán disturbios en la Tierra y una gran corrupción.

74. Aquellos que hayan creído y hayan emigrado (al hogar del Islam) y se hayan esforzado con sus bienes y sus personas en la causa de Dios y aquellos que dieron refugio (a ellos) y les ayudaron (a ellos) —esos (ilustres) son verdaderamente creyentes. Para ellos hay perdón (que aportará bendiciones imprevistas) y una honorable y generosa provisión.

75. Y aquellos que creyeron después (de la emigración del Profeta) y emigraron y se esforzaron con ahínco junto a vosotros, esos también son de los vuestros. Y los que tienen lazos de consanguinidad están más cerca unos de otros según la orden de Dios (respecto a la herencia). Con toda certeza, Dios posee pleno conocimiento de todas las cosas.

---

16. Cuando el Mensajero de Dios emigró a Medina con los musulmanes de La Meca, estableció relaciones de hermandad entre la gente de Medina y los emigrantes de La Meca. Podían heredar unos de otros aunque no tenían lazos de consanguinidad. Siguieron haciendo eso hasta que los musulmanes que habían emigrado adquirieron ciertos medios para ganarse la vida. El versículo 75, que apareció más tarde, abroga dicha institución de hermandad formal y restringe la herencia a las relaciones de sangre.

17. Este juicio guarda relación, más que con todas las épocas, con un momento en el que la emigración y el establecimiento de un centro para el Islam era obligatorio para todos los musulmanes.

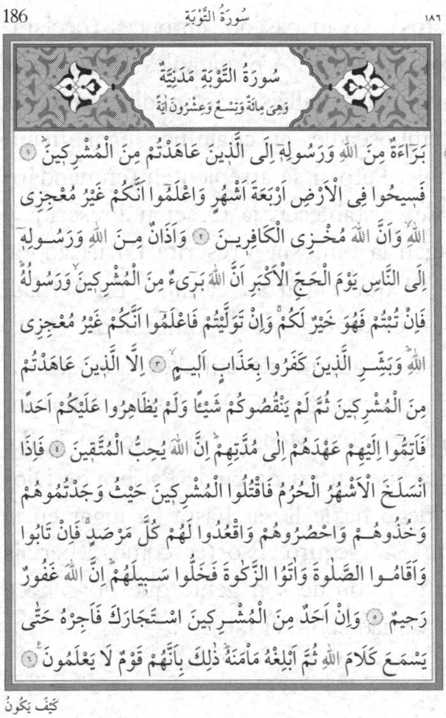
186 سُورَةُ التَّوْبَةِ ١٨٦

سُورَةُ التَّوْبَةِ مَدَنِيَّةٌ
وَهِيَ مِائَةٌ وَتِسْعٌ وَعِشْرُونَ اٰيَةً

بَرَٓاءَةٌ مِنَ اللّٰهِ وَرَسُولِهٖٓ اِلَى الَّذ۪ينَ عَاهَدْتُمْ مِنَ الْمُشْرِك۪ينَ ﴿١﴾
فَس۪يحُوا فِي الْاَرْضِ اَرْبَعَةَ اَشْهُرٍ وَاعْلَمُٓوا اَنَّكُمْ غَيْرُ مُعْجِزِي
اللّٰهِ وَاَنَّ اللّٰهَ مُخْزِي الْكَافِر۪ينَ ﴿٢﴾ وَاَذَانٌ مِنَ اللّٰهِ وَرَسُولِهٖٓ
اِلَى النَّاسِ يَوْمَ الْحَجِّ الْاَكْبَرِ اَنَّ اللّٰهَ بَر۪ٓيءٌ مِنَ الْمُشْرِك۪ينَ وَرَسُولُهُ
فَاِنْ تُبْتُمْ فَهُوَ خَيْرٌ لَكُمْ وَاِنْ تَوَلَّيْتُمْ فَاعْلَمُٓوا اَنَّكُمْ غَيْرُ مُعْجِزِي
اللّٰهِ وَبَشِّرِ الَّذ۪ينَ كَفَرُوا بِعَذَابٍ اَل۪يمٍ ﴿٣﴾ اِلَّا الَّذ۪ينَ عَاهَدْتُمْ
مِنَ الْمُشْرِك۪ينَ ثُمَّ لَمْ يَنْقُصُوكُمْ شَيْـًٔا وَلَمْ يُظَاهِرُوا عَلَيْكُمْ اَحَدًا
فَاَتِمُّٓوا اِلَيْهِمْ عَهْدَهُمْ اِلٰى مُدَّتِهِمْ اِنَّ اللّٰهَ يُحِبُّ الْمُتَّق۪ينَ ﴿٤﴾ فَاِذَا
انْسَلَخَ الْاَشْهُرُ الْحُرُمُ فَاقْتُلُوا الْمُشْرِك۪ينَ حَيْثُ وَجَدْتُمُوهُمْ
وَخُذُوهُمْ وَاحْصُرُوهُمْ وَاقْعُدُوا لَهُمْ كُلَّ مَرْصَدٍ فَاِنْ تَابُوا
وَاَقَامُوا الصَّلٰوةَ وَاٰتَوُا الزَّكٰوةَ فَخَلُّوا سَب۪يلَهُمْ اِنَّ اللّٰهَ غَفُورٌ
رَح۪يمٌ ﴿٥﴾ وَاِنْ اَحَدٌ مِنَ الْمُشْرِك۪ينَ اسْتَجَارَكَ فَاَجِرْهُ حَتّٰى
يَسْمَعَ كَلَامَ اللّٰهِ ثُمَّ اَبْلِغْهُ مَاْمَنَهُ ذٰلِكَ بِاَنَّهُمْ قَوْمٌ لَا يَعْلَمُونَ ﴿٦﴾

كَيْفَ يَكُونُ

SURA 9

AT-TAWBA (EL ARREPENTIMIENTO)

Período de Medina

De acuerdo con la mayoría de los eruditos, este *sura* de 129 versículos fue revelado en Medina en el 9º año de la Hégira. Aborda los mismos temas que son tratados en el *Sura al-Anfal*. Es el único *sura* del Corán que no empieza con la fórmula de apertura habitual, *En el Nombre de Dios, el Misericordioso, el Compasivo*. En contraste con el resto de *suras*, el Mensajero de Dios —la paz y las bendiciones sean con él— ordenó que dicha fórmula no fuese ubicada al principio de esta *sura*. Las explicaciones ofrecidas ante tal decisión y más comúnmente aceptadas es que, al igual que el saludo islámico «La paz sea sobre vosotros», *En el Nombre de Dios, el Misericordioso, el Compasivo* expresa seguridad y la concesión de misericordia para aquellos a los que se dirige. Sin embargo, el *Sura al-Tawba* empieza con un ultimátum dirigido a los politeístas de Arabia. Aborda, en su mayor parte, una nueva valoración de las relaciones con los politeístas que frecuentemente violaban sus pactos, la campaña de Tabuk, una exposición de las intrigas de los hipócritas de Medina, la importancia de la *yihad* en la causa de Dios y las relaciones con la Gente del Libro.

1. Este es un ultimátum de Dios y Su Mensajero para aquellos que atribuyen copartícipes a Dios con los que hayáis concertado un pacto.

2. (¡Oh vosotros politeístas que siempre habéis quebrantado los pactos que habéis establecido!) Marchad seguros por la tierra, pues, durante cuatro meses (llevando a cabo los preparativos de guerra que queráis). Pero sabed que no podéis escapar (del Poder de Dios ni frustrar Su Voluntad) y que Dios traerá la ignominia a los incrédulos.

3. Y una proclamación por parte de Dios y de Su Mensajero para toda la gente en este día de la Peregrinación Mayor: que Dios se desentiende de aquellos que Le atribuyen copartícipes (y quebrantan sus pactos) y Su Mensajero también (se desentiende de ellos). Pero si os arrepentís y abandonáis las hostilidades, será para bien vuestro; mas si os apartáis otra vez, sabed que nunca podréis escapar de Dios ni frustrar Su Voluntad de ninguna manera. Da buenas nuevas (Oh Mensajero) de un doloroso castigo a aquellos que insisten en no creer.

4. A excepción de aquellos entre la gente que atribuyen copartícipes a Dios con los que habéis concertado un pacto, y que no han faltado por lo tanto en cumplir sus obligaciones con respecto a vosotros (requeridas en el pacto) ni han apoyado a nadie contra vosotros. Cumplid, pues, vuestro pacto con ellos hasta su conclusión (que habéis acordado). Sin duda alguna, Dios ama a los piadosos devotos (que cumplen sus obligaciones para con Él).

5. Entonces, cuando los (cuatro) meses sagrados (de tregua, durante los cuales os ha sido prohibido luchar contra los que atribuyen copartícipes a Dios y violan sus tratos) hayan pasado, entonces (declaradles la guerra y) matadles dondequiera que les halléis, capturadles, sitiadles y emboscadles en cualquier lugar imaginable. Pero si se arrepienten (enmendándose), establecen la Oración Prescrita y pagan la Limosna Prescrita Purificadora, dejad que sigan su camino. En verdad, Dios es Indulgente y Compasivo.

6. Y si alguno de aquellos que atribuyen copartícipes a Dios busca asilo por tu parte (Oh Mensajero), concédele asilo, para que así pueda oír la Palabra de Dios y luego hazle llegar hasta su lugar en el que esté seguro. Eso (es como deberíais actuar) porque son gente que no conoce (la verdad sobre el Islam)[1].

1. Cuando se considera este versículo con otros versículos relevantes del Corán se puede apreciar cómo dichos versículos presentan principios relativos a la visión de la guerra en el Islam. Véase el Apéndice 3.

كَيْفَ يَكُونُ لِلْمُشْرِكِينَ عَهْدٌ عِنْدَ اللّٰهِ وَعِنْدَ رَسُولِهِ
اِلَّا الَّذِينَ عَاهَدْتُمْ عِنْدَ الْمَسْجِدِ الْحَرَامِ فَمَا اسْتَقَامُوا
لَكُمْ فَاسْتَقِيمُوا لَهُمْ اِنَّ اللّٰهَ يُحِبُّ الْمُتَّقِينَ ٧
كَيْفَ وَاِنْ يَظْهَرُوا عَلَيْكُمْ لَا يَرْقُبُوا فِيكُمْ اِلًّا وَلَا
ذِمَّةً يُرْضُونَكُمْ بِاَفْوَاهِهِمْ وَتَاْبٰى قُلُوبُهُمْ وَاَكْثَرُهُمْ
فَاسِقُونَ ٨ اِشْتَرَوْا بِاٰيَاتِ اللّٰهِ ثَمَنًا قَلِيلًا فَصَدُّوا
عَنْ سَبِيلِهِ اِنَّهُمْ سَاءَ مَا كَانُوا يَعْمَلُونَ ٩ لَا يَرْقُبُونَ
فِي مُؤْمِنٍ اِلًّا وَلَا ذِمَّةً وَاُولٰئِكَ هُمُ الْمُعْتَدُونَ ١٠
فَاِنْ تَابُوا وَاَقَامُوا الصَّلٰوةَ وَاٰتَوُا الزَّكٰوةَ فَاِخْوَانُكُمْ
فِي الدِّينِ وَنُفَصِّلُ الْاٰيَاتِ لِقَوْمٍ يَعْلَمُونَ ١١
وَاِنْ نَكَثُوا اَيْمَانَهُمْ مِنْ بَعْدِ عَهْدِهِمْ وَطَعَنُوا فِي
دِينِكُمْ فَقَاتِلُوا اَئِمَّةَ الْكُفْرِ اِنَّهُمْ لَا اَيْمَانَ لَهُمْ
لَعَلَّهُمْ يَنْتَهُونَ ١٢ اَلَا تُقَاتِلُونَ قَوْمًا نَكَثُوا اَيْمَانَهُمْ
وَهَمُّوا بِاِخْرَاجِ الرَّسُولِ وَهُمْ بَدَؤُكُمْ اَوَّلَ مَرَّةٍ
اَتَخْشَوْنَهُمْ فَاللّٰهُ اَحَقُّ اَنْ تَخْشَوْهُ اِنْ كُنْتُمْ مُؤْمِنِينَ ١٣

7. ¿Cómo puede darse una alianza entre aquellos que atribuyen copartícipes a Dios (y que no reconocen ninguna ley o tratado) y Dios y Su Mensajero? A excepción de aquellos con los que habéis hecho un pacto en las inmediaciones de la Mezquita Sagrada: (respecto a estos últimos) siempre que sean sinceros con vosotros, sedlo con ellos. Sin duda alguna, Dios ama a los piadosos devotos (que cumplen sus obligaciones para con Él)[2].

8. ¿Cómo (puede darse una alianza con los otros) cuando, si triunfaran sobre vosotros no observarían ningún pacto, ninguna ley ni acuerdo? Intentan complaceros con sus bocas pero sus corazones son reacios; y la mayoría de ellos son trasgresores (que habitualmente hacen caso omiso de todos los límites de la equidad).

9. (Además de quebrantar sus pactos) han vendido las Revelaciones de Dios (respecto a los pactos) por un precio nimio y desvían a la gente de Su camino. ¡Qué terrible es lo que hacen!

10. No observan pacto, ley, ni tratado alguno con los creyentes. Esos son los que exceden todos los límites.

11. Mas si se arrepienten, se enmiendan y establecen la Oración Prescrita y pagan la Limosna Prescrita Purificadora, son vuestros hermanos de religión. Así mostramos los signos de Nuestra senda en detalle y las Revelaciones relevantes (incluidas en el Corán) para las personas que buscan el conocimiento.

12. Pero si quebrantan sus juramentos después de su pacto (con vosotros) y atacan vuestra Religión, entonces combatid a estos líderes de la incredulidad —en verdad, no tienen ningún juramento digno de confianza— tal vez así desistan (de agredir).

13. ¿No vais a luchar contra un pueblo que ha quebrantado sus juramentos y ha hecho todo lo posible para expulsar al Mensajero (de donde Él ha elegido morar) y ha iniciado hostilidades contra vosotros? ¿Es que les teméis? En verdad, Dios es más digno de ser temido de modo reverencial, si sois creyentes sinceros.

2. Los politeístas citados en este versículo y aquellos con los que los musulmanes establecieron un pacto en las cercanías de la Mezquita Sagrada, son el mismo pueblo que se menciona en el versículo cuarto, es decir aquellos que no dejaron de cumplir sus obligaciones hacia los musulmanes según el tratado que habían hecho con ellos. Ambos versículos advierten a los musulmanes que no traten a dichos politeístas de la misma manera que a los otros, y considera el acto de cumplir los pactos como una forma de piedad. Es muy significativo el hecho de que ambos versículos acaben diciendo *Sin duda alguna, Dios ama a los piadosos devotos (que cumplen sus obligaciones para con Él).*

قَاتِلُوهُمْ يُعَذِّبْهُمُ اللّٰهُ بِاَيْد۪يكُمْ وَيُخْزِهِمْ وَيَنْصُرْكُمْ عَلَيْهِمْ
وَيَشْفِ صُدُورَ قَوْمٍ مُؤْمِن۪ينَۙ ﴿١٤﴾ وَيُذْهِبْ غَيْظَ قُلُوبِهِمْۜ
وَيَتُوبُ اللّٰهُ عَلٰى مَنْ يَشَٓاءُۜ وَاللّٰهُ عَل۪يمٌ حَك۪يمٌ ﴿١٥﴾ اَمْ حَسِبْتُمْ
اَنْ تُتْرَكُوا وَلَمَّا يَعْلَمِ اللّٰهُ الَّذ۪ينَ جَاهَدُوا مِنْكُمْ وَلَمْ
يَتَّخِذُوا مِنْ دُونِ اللّٰهِ وَلَا رَسُولِه۪ وَلَا الْمُؤْمِن۪ينَ وَل۪يجَةًۜ
وَاللّٰهُ خَب۪يرٌ بِمَا تَعْمَلُونَ۟ ﴿١٦﴾ مَا كَانَ لِلْمُشْرِك۪ينَ اَنْ يَعْمُرُوا
مَسَاجِدَ اللّٰهِ شَاهِد۪ينَ عَلٰٓى اَنْفُسِهِمْ بِالْكُفْرِۜ اُو۬لٰٓئِكَ حَبِطَتْ
اَعْمَالُهُمْۚ وَفِي النَّارِ هُمْ خَالِدُونَ ﴿١٧﴾ اِنَّمَا يَعْمُرُ مَسَاجِدَ
اللّٰهِ مَنْ اٰمَنَ بِاللّٰهِ وَالْيَوْمِ الْاٰخِرِ وَاَقَامَ الصَّلٰوةَ وَاٰتَى
الزَّكٰوةَ وَلَمْ يَخْشَ اِلَّا اللّٰهَ فَعَسٰٓى اُو۬لٰٓئِكَ اَنْ يَكُونُوا
مِنَ الْمُهْتَد۪ينَ ﴿١٨﴾ اَجَعَلْتُمْ سِقَايَةَ الْحَٓاجِّ وَعِمَارَةَ الْمَسْجِدِ
الْحَرَامِ كَمَنْ اٰمَنَ بِاللّٰهِ وَالْيَوْمِ الْاٰخِرِ وَجَاهَدَ ف۪ي سَب۪يلِ
اللّٰهِۜ لَا يَسْتَوُ۫نَ عِنْدَ اللّٰهِۜ وَاللّٰهُ لَا يَهْدِي الْقَوْمَ الظَّالِم۪ينَۢ ﴿١٩﴾
اَلَّذ۪ينَ اٰمَنُوا وَهَاجَرُوا وَجَاهَدُوا ف۪ي سَب۪يلِ اللّٰهِ بِاَمْوَالِهِمْ
وَاَنْفُسِهِمْۙ اَعْظَمُ دَرَجَةً عِنْدَ اللّٰهِۜ وَاُو۬لٰٓئِكَ هُمُ الْفَٓائِزُونَ ﴿٢٠﴾

يُبَشِّرُهُمْ

14. Combatidles: Dios les castigará por medio de vuestras manos y les humillará y (has de saber) que te ayudará en la victoria sobre ellos y aliviará el pecho de la gente creyente (oprimida y que ha sufrido a manos de ellos y a manos de otros opresores).

15. Y Él extraerá la ira de sus corazones (haciendo que lo correcto y la justicia prevalezcan). Y Dios guía a quien Su Voluntad dicta a que se vuelva a Él en arrepentimiento. Dios es Omnisciente (con pleno conocimiento de quién merece la guía), Omnisapiente (en Cuyo decreto y acto se dan numerosos ejemplos de sabiduría)[3].

16. ¿O acaso pensáis que se os va a abandonar (sin haberos sido puesto a prueba mediante sufrimientos y privaciones) a menos que Dios no distinga a aquellos de entre vosotros que verdaderamente se esfuerzan (en Su camino) y que no adoptan a otros como íntimo amigo aparte de Dios y Su Mensajero y los creyentes en busca de ayuda y solidaridad? Dios se halla perfectamente informado de todo lo que hacéis.

17. No es propio de aquellos que atribuyen copartícipes a Dios mantener los lugares de devoción de Dios mientras que dan testimonio contra sí mismos de incredulidad (y no adoran a Dios en dichos lugares de devoción). Esos son los que habrán echado a perder sus actos y morarán en el Fuego.

18. Sólo mantendrá los lugares de adoración de Dios (empleándolos en el propósito para el que han sido construidos) quien crea en Dios, y en el Día del Juicio Final y establece la Oración Prescrita y paga la Limosna Purificadora Prescrita y tiene temor reverencial sólo de Dios. Se espera que dichas (ilustres) personas se hallen entre aquellos guiados para lograr sus expectativas (especialmente en el Más Allá).

19. ¿Consideráis que proveer agua a los peregrinos y ocuparse de la Mezquita Sagrada es equiparable en valor a aquel que cree en Dios y en el Día del Juicio Final y se esfuerza por la causa de Dios? No son iguales ante Dios. Y Dios no guía (a la verdad) a la gente malhechora (cuya mesura y juicio están equivocados).

20. Aquellos que hayan creído y hayan emigrado (al hogar del Islam en la causa de Dios) y se hayan esforzado con ahínco en la causa de Dios con sus bienes y sus personas están dotados del rango más elevado ante Dios y ellos son los triunfantes.

3. Los últimos dos versículos mencionan cinco propósitos secundarios de la guerra y atraen nuestra atención a un importante aspecto:

- El mundo es el dominio donde Dios actúa tras las leyes de la causalidad según Su Sabiduría, la Cual ha establecido el orden del universo, ha dado forma al plan general y hace rodar la rueda de los acontecimientos. A pesar de que esta Sabiduría considera al universo en su totalidad cuando hace rodar su rueda, esto no significa que se desentienda de ninguna de sus partes, ni siquiera de la más pequeña. Esta Sabiduría exige que las personas contemplen las consecuencias de sus acciones. Por lo tanto, Dios habitualmente castiga al opresor a manos de otra gente. Los creyentes han de luchar contra los opresores y, cuando es necesario, han de presentar batalla contra ellos.
- Los opresores que actúan en el mundo con arrogancia, como si fuesen los únicos gobernadores y dueños, y oprimen a otros han de ser humillados.
- Los creyentes se hallan obligados en su deber de hacer que lo correcto y la justicia prevalezcan en el mundo; por lo que tienen que luchar contra los opresores cuando sea necesario. Dios les ayudará y les proporcionará la victoria.
- Los oprimidos, y los que sufren han de ser rescatados de las garras de los opresores y liberados de sus cargas.
- Cuando se haya conseguido que aquello que es correcto y justo prevalezca, la rabia de los oprimidos desaparece de sus corazones y se evita que adopten ideologías o sistemas mucho peores y que se excedan causando gran desorden e injusticia en el mundo, tal y como ocurrió durante los excesos cometidos durante algunas revoluciones y sus regimenes.

Tras mencionar estos cinco propósitos secundarios de la guerra, el último versículo hace notar lo siguiente:

Puesto que Dios nunca dispone que ninguno de Sus siervos se desvíe y merezca el castigo eterno, siempre deja abierta la puerta del arrepentimiento. Él se muestra complacido en grado sumo cuando un siervo se vuelve a Él en arrepentimiento.

يُبَشِّرُهُمْ رَبُّهُمْ بِرَحْمَةٍ مِنْهُ وَرِضْوَانٍ وَجَنَّاتٍ لَهُمْ
فِيهَا نَعِيمٌ مُقِيمٌ ﴿٢١﴾ خَالِدِينَ فِيهَا اَبَدًاۜ اِنَّ اللّٰهَ عِنْدَهُٓ
اَجْرٌ عَظِيمٌ ﴿٢٢﴾ يَٓا اَيُّهَا الَّذِينَ اٰمَنُوا لَا تَتَّخِذُٓوا اٰبَٓاءَكُمْ
وَاِخْوَانَكُمْ اَوْلِيَٓاءَ اِنِ اسْتَحَبُّوا الْكُفْرَ عَلَى الْاِيمَانِۜ
وَمَنْ يَتَوَلَّهُمْ مِنْكُمْ فَاُولٰٓئِكَ هُمُ الظَّالِمُونَ ﴿٢٣﴾ قُلْ
اِنْ كَانَ اٰبَٓاؤُكُمْ وَاَبْنَٓاؤُكُمْ وَاِخْوَانُكُمْ وَاَزْوَاجُكُمْ
وَعَشِيرَتُكُمْ وَاَمْوَالٌۨ اقْتَرَفْتُمُوهَا وَتِجَارَةٌ تَخْشَوْنَ
كَسَادَهَا وَمَسَاكِنُ تَرْضَوْنَهَٓا اَحَبَّ اِلَيْكُمْ مِنَ اللّٰهِ
وَرَسُولِهِ وَجِهَادٍ فِي سَبِيلِهِ فَتَرَبَّصُوا حَتّٰى يَأْتِيَ
اللّٰهُ بِاَمْرِهٖۜ وَاللّٰهُ لَا يَهْدِي الْقَوْمَ الْفَاسِقِينَ ﴿٢٤﴾ لَقَدْ نَصَرَكُمُ اللّٰهُ
فِي مَوَاطِنَ كَثِيرَةٍۙ وَيَوْمَ حُنَيْنٍۙ اِذْ اَعْجَبَتْكُمْ كَثْرَتُكُمْ
فَلَمْ تُغْنِ عَنْكُمْ شَيْـًٔا وَضَاقَتْ عَلَيْكُمُ الْاَرْضُ بِمَا
رَحُبَتْ ثُمَّ وَلَّيْتُمْ مُدْبِرِينَۚ ﴿٢٥﴾ ثُمَّ اَنْزَلَ اللّٰهُ سَكِينَتَهُ
عَلٰى رَسُولِهِ وَعَلَى الْمُؤْمِنِينَ وَاَنْزَلَ جُنُودًا لَمْ
تَرَوْهَا وَعَذَّبَ الَّذِينَ كَفَرُواۜ وَذٰلِكَ جَزَٓاءُ الْكَافِرِينَ ﴿٢٦﴾

21. Su Señor les da buenas nuevas de misericordia provenientes de Él (que aporta bendiciones imprevistas) y Su complacencia con ellos y de Jardines donde se da una munificencia permanente:
22. Ahí morarán para siempre. En verdad, con Dios hay una tremenda recompensa.
23. ¡Oh vosotros que creéis! No toméis a vuestros hermanos y padres como confidentes y tutores (a los cuales encomendar vuestros asuntos) si ellos han elegido la incredulidad prefiriéndola a la creencia. Cualquiera de vosotros que les adopte como confidentes y tutores, aquellos son malhechores (quienes han cometido injusticia contra ellos mismos cometiendo un gran error).
24. Di: «Si vuestros padres, hijos, hermanos, cónyuges, vuestros familiares y clan, la riqueza que habéis adquirido, el negocio que teméis que quiebre, los hogares en los que os complace vivir, os son más queridos que Dios y Su Mensajero y que esforzarse en Su causa, entonces esperar hasta que Dios dicte Su decreto. Dios no guía a los transgresores (que prefieren las cosas mundanas a Él, a Su Mensajero, a esforzarse en Su causa, a la verdad y a la verdadera felicidad en este mundo y en el Más Allá)[4].
25. Dios ya os ha ayudado en muchos campos y en el día de Hunayn, cuando estabais complacidos con vuestra multitud, mas no os sirvió de nada y la Tierra, a pesar de su inmensidad, era demasiado estrecha para vosotros y os disteis la vuelta batiéndoos en retirada.
26. Entonces, Dios hizo descender Su regalo de paz interior y consuelo sobre Su Mensajero y los creyentes y envió (en vuestra ayuda) huestes que no visteis; y castigó a los que no creían. Tal es la recompensa de los incrédulos.

4. Tal y como se mencionó anteriormente, los musulmanes son responsables de mejorar este mundo y vivir de acuerdo con la Religión de Dios, así como ser responsables de esforzarse en comunicar la Religión a los demás. Pueden pedir y obtener favores mundanos siempre y cuando los usen para dicho propósito y cumplan el deber de ser agradecidos. También han de distribuir las bondades mundanas con justicia y, por lo tanto, desempeñar un papel importante en el equilibrio de poder en el mundo. Sin embargo, se da una cuestión importante aquí: Las riquezas mundanas seducen a la gente. Para evitarlo, los musulmanes no deben reivindicar el mundo desde su corazón ni deben dejarlo en manos de los opresores y los transgresores. El hecho de ser capaces de establecer un equilibrio entre estos dos extremos, es decir, entre ser seducidos por el mundo y renunciar al mismo en manos de los opresores, exige vivir una vida de acuerdo a los mandamientos de Dios y de Su Mensajero y esforzarse durante toda la vida para transmitir el Mensaje de Dios en todo el mundo.

190 سُورَةُ التَّوْبَةِ ١٩٠

ثُمَّ يَتُوبُ اللّٰهُ مِنْ بَعْدِ ذٰلِكَ عَلٰى مَنْ يَشَٓاءُ
وَاللّٰهُ غَفُورٌ رَحِيمٌ ﴿٢٧﴾ يَٓا اَيُّهَا الَّذِينَ اٰمَنُٓوا اِنَّمَا
الْمُشْرِكُونَ نَجَسٌ فَلَا يَقْرَبُوا الْمَسْجِدَ الْحَرَامَ
بَعْدَ عَامِهِمْ هٰذَاۚ وَاِنْ خِفْتُمْ عَيْلَةً فَسَوْفَ يُغْنِيكُمُ
اللّٰهُ مِنْ فَضْلِهٓ اِنْ شَٓاءَۜ اِنَّ اللّٰهَ عَلِيمٌ حَكِيمٌ ﴿٢٨﴾
قَاتِلُوا الَّذِينَ لَا يُؤْمِنُونَ بِاللّٰهِ وَلَا بِالْيَوْمِ الْاٰخِرِ
وَلَا يُحَرِّمُونَ مَا حَرَّمَ اللّٰهُ وَرَسُولُهُ وَلَا يَدِينُونَ
دِينَ الْحَقِّ مِنَ الَّذِينَ اُوتُوا الْكِتَابَ حَتّٰى يُعْطُوا
الْجِزْيَةَ عَنْ يَدٍ وَهُمْ صَاغِرُونَ ﴿٢٩﴾ وَقَالَتِ الْيَهُودُ
عُزَيْرٌ ابْنُ اللّٰهِ وَقَالَتِ النَّصَارَى الْمَسِيحُ ابْنُ
اللّٰهِ ذٰلِكَ قَوْلُهُمْ بِاَفْوَاهِهِمْ يُضَاهِؤُنَ قَوْلَ الَّذِينَ
كَفَرُوا مِنْ قَبْلُ قَاتَلَهُمُ اللّٰهُ اَنّٰى يُؤْفَكُونَ ﴿٣٠﴾
اِتَّخَذُوا اَحْبَارَهُمْ وَرُهْبَانَهُمْ اَرْبَابًا مِنْ دُونِ اللّٰهِ
وَالْمَسِيحَ ابْنَ مَرْيَمَ وَمَا اُمِرُوا اِلَّا لِيَعْبُدُوا اِلٰهًا
وَاحِدًا لَا اِلٰهَ اِلَّا هُوَ سُبْحَانَهُ عَمَّا يُشْرِكُونَ ﴿٣١﴾

يُرِيدُونَ

27. Luego, después de todo eso, Dios guía a quien Su Voluntad dicta al arrepentimiento (regresando al Islam desde la incredulidad). Dios es Indulgente y Compasivo (especialmente hacia Sus siervos que se vuelven a Él en arrepentimiento)[5].

28. ¡Oh vosotros que creéis! Los que atribuyen copartícipes a Dios son (nada más que) impuros. Por lo tanto, después de que expire este año, no permitáis que se acerquen a la Mezquita Sagrada[6]. Si teméis la pobreza (por la posible reducción de vuestros ingresos, ya que los incrédulos no van a venir más a La Meca durante la época del *Hayy*), Dios os enriquecerá con Su munificencia, si así lo dispone. En verdad Dios es Omnisciente y Omnisapiente.

29. Combatid contra aquellos de entre la Gente del Libro que (a pesar de ser Gente del Libro) no creen en Dios y en el Día del Juicio Final (tal y como deberían de creer) y no consideran como ilícito lo que Dios y Su Mensajero han decretado ilícito, ni adoptan y siguen la Religión de la verdad hasta que paguen *yizyah* (impuesto de protección y exención del servicio militar) de buen grado y en sumisión[7].

30. Y esos judíos (que se han presentado ante ti) dicen (igual que algunos judíos del pasado): «Ezra (‘Uzair) es el hijo de Dios» y (en una afirmación general) los cristianos indican: «El Mesías es el hijo de Dios». No son más que aseveraciones verbales que imitan las proferidas por algunos incrédulos que les precedieron. ¡Que Dios les destruya! ¿Cómo pueden apartarse de la verdad y realizar dichas afirmaciones falsas?

31. Los judíos han adoptado a sus rabinos (maestros de la ley) y los cristianos han adoptado a sus monjes, así como al Mesías, hijo de María, como Señores en lugar de Dios (haciendo lícito o ilícito lo que sus maestros de la ley y monjes han decretado como lícito o ilícito en contra de las ordenes de Dios), mientras se les ordenó que adorasen a un Único Dios. No hay más deidad que Él[8]. Glorificado sea Él que se halla absolutamente por encima de los copartícipes que Le atribuyen.

5. Las tribus árabes se hallaban esperando la resolución del conflicto entre los quraishíes y los musulmanes antes de aceptar el Islam, señalando: «Si Muhammad prevalece sobre su gente, es seguramente un Profeta». Por consiguiente, cuando esto se cumplió la gente empezó a entrar en el Islam en masa. Esto provocó que las tribus de Hawazin y Zaqif de Ta'if, famosas por su valentía y su habilidad con el arco, preparasen una gran expedición hacia La Meca. Informados de sus movimientos, el Mensajero de Dios —la paz y las bendiciones sean con él— abandonó La Meca con 12.000 musulmanes. Este fue el más grande ejército jamás reunido por los musulmanes hasta la fecha y algunos de los Compañeros estaban satisfechos y se sentían confiados. Sin embargo, los musulmanes siempre han de confiar en Dios, sin olvidar jamás que Dios es Aquel Quien conduce a la victoria. La confianza que tenían en sí mismos les costó un contratiempo en la primera fase de la contienda, que tuvo lugar en el valle de Hunayn, entre La Meca y Taif. El enemigo tendió una emboscada en la que cayó la vanguardia de las fuerzas musulmanas y la retaguardia quedó confundida bajo una lluvia de flechas de sus enemigos. El Profeta—la paz y las bendiciones sean con él—, como siempre, repleto de templanza en su fe y su sabiduría en tales momentos de peligro, espoleó su caballo hacia el frente y gritó: «Ahora se ha enardecido la guerra. Yo soy el Profeta, no es ninguna mentira. Soy el descendiente de 'Abd al-Muttalib» (al-Bujari, «Yihad», 52; Muslim, «Yihad», 78). 'Abbas, el tío del Profeta, llamó también con toda la fuerza de su voz a los Compañeros que se retiraban para que regresaran al frente. Acto seguido, desde los flancos y las posiciones de vanguardia y retaguardia los Compañeros respondieron diciendo: «*¡Labbayk!*» (a tu servicio) y volvieron a reunir sus fuerzas junto al Profeta. El enemigo, que había penetrado hasta el centro del ejército musulmán, quedó rodeado por todas partes. La valentía, sabiduría y firmeza del Mensajero de Dios —la paz y las bendiciones sean con él— arrebató la victoria de entre las fauces de la derrota con el permiso de Dios. Fue gracias a la ayuda de Dios que los musulmanes vencieron ese día.

El diezmado enemigo se refugió en Taif. La victoria de los musulmanes persuadió a las tribus del desierto a aceptar el Islam, y al poco tiempo, las tribus rebeldes de Taif también se rindieron y abrazaron el Islam.

6. Por sus creencias, moralidad, prácticas y costumbres y debido a que no hacen abluciones (*wudu*) para la Oración ni ablución total en caso de impureza ritual, aquellos que atribuyen copartícipes a Dios se encuentran espiritual y ritualmente impuros. Del mismo modo que los que no han realizado la ablución no pueden llevar a cabo la Oración ni leer el Corán, los politeístas, que eran totalmente impuros, no podían aproximarse a la Mezquita Sagrada.

El Islam concede gran importancia a la limpieza, incluida la limpieza espiritual, moral, corporal y material. La fuente de la limpieza espiritual es la verdadera creencia, la sinceridad, la pureza de corazón y desear el bien. La limpieza moral se obtiene evitando todo tipo de vicios, tal y como las relaciones sexuales ilícitas —la fornicación, el adulterio, la prostitución, la homosexualidad—, las ilícitas transacciones y procedimientos económicos de ingreso y gasto así como el engaño, la mentira, la calumnia, la murmuración, etc. Todo tipo de limpieza corporal y material, las ropas, los lugares donde se habita y el entorno son también importantes. Por citar tan sólo un ejemplo, si las ropas, la alfombra o el lugar en que un individuo reza están manchados con algún liquido sucio, tal y como la orina, en la medida en que llene la palma de una mano, o con alguna suciedad sólida de un peso de hasta tres gramos, la oración es inválida.

7. Cuando hablamos acerca de la Gente del Libro no nos referimos sino a individuos como los judíos y los cristianos, a los cuales se les había concedido un Libro Divino. Así pues,

cuando Dios envió al profeta Muhammad —la paz y las bendiciones sean con él— con la última forma universal del Islam, la Religión de la verdad con la que Él envió a todos los Mensajeros a lo largo de la historia, se esperaba de la Gente del Libro que creyesen y siguiesen al profeta Muhammad y el Corán, que le fue revelado como consumación de los Libros Divinos anteriores; y, por lo tanto, que tuvieran verdadera fe en Dios y en el Día del Juicio Final (y en todos los aspectos esenciales de la fe) y considerar lícito lo que Dios y Su Mensajero habían decretado lícito, e ilícito lo que habían decretado ilícito. Pero, a pesar de su pretensión de pertenecer a la Gente del Libro, actuaron contrariamente a lo que se esperaba de ellos y comenzaron a mostrar hostilidad hacia el Islam y los musulmanes, colaborando con los politeístas. Entonces, Dios permitió que el estado musulmán les combatiese. Sin embargo, ordenó que una vez hubiesen sido sometidos, se les concedería protección completa de sus derechos civiles, incluso protección de sus vidas, bienes, linaje, salud mental y física y libertad religiosa. Es más, la Gente del Libro estaba exenta de realizar el servicio militar y de luchar contra los enemigos, responsabilidad que solo atañía a los ciudadanos musulmanes. Los ciudadanos musulmanes también tenían que pagar *Zakat*, la Limosna Prescrita Purificadora. En lugar del Zakat, los ciudadanos no musulmanes del estado musulmán, que eran llamados *ahl az-zimmah*, la «gente protegida», debían de pagar el *yizyah*, que era el impuesto de protección y exención del servicio militar.

Ha de señalarse aquí que tan sólo un estado musulmán puede declarar o llevar a cabo la guerra. Ningún individuo o grupo musulmán tiene derecho ni autoridad para hacerlo.

Los musulmanes pueden comer la carne de animales degollados por la Gente del Libro y le está permitido al musulmán casarse con una mujer de entre la Gente del Libro.

8. La cualidad de Señor significa crear, hacer crecer, sustentar y dar a cada criatura una estructura y una naturaleza de acuerdo con su deber en la creación. También incluye la autoridad para determinar lo que es (religiosamente) lícito e ilícito en la vida humana. Ser divino (deidad) o poseer divinidad significa tener el deber exclusivo de ser adorado. Al mencionar la divinidad (la condición de deidad) junto al Señorío al mismo tiempo, este versículo explica que sólo Aquel Quien es Dios puede ser Señor y que Aquel Quien es el Señor es también Dios. Por lo tanto, la creencia en Dios como un sólo Dios exige aceptar que Él es tanto Señor como Dios.

يُرِيدُونَ اَنْ يُطْفِؤُا نُورَ اللّٰهِ بِاَفْوَاهِهِمْ وَيَأْبَى اللّٰهُ
اِلَّٓا اَنْ يُتِمَّ نُورَهُ وَلَوْ كَرِهَ الْكَافِرُونَ ﴿٣٢﴾ هُوَ
الَّذٖٓى اَرْسَلَ رَسُولَهُ بِالْهُدٰى وَدٖينِ الْحَقِّ لِيُظْهِرَهُ
عَلَى الدّٖينِ كُلِّهٖۙ وَلَوْ كَرِهَ الْمُشْرِكُونَ ﴿٣٣﴾ يَٓا اَيُّهَا الَّذٖينَ
اٰمَنُوٓا اِنَّ كَثٖيرًا مِنَ الْاَحْبَارِ وَالرُّهْبَانِ لَيَأْكُلُونَ
اَمْوَالَ النَّاسِ بِالْبَاطِلِ وَيَصُدُّونَ عَنْ سَبٖيلِ اللّٰهِۜ
وَالَّذٖينَ يَكْنِزُونَ الذَّهَبَ وَالْفِضَّةَ وَلَا يُنْفِقُونَهَا فٖى
سَبٖيلِ اللّٰهِۙ فَبَشِّرْهُمْ بِعَذَابٍ اَلٖيمٍۙ ﴿٣٤﴾ يَوْمَ يُحْمٰى
عَلَيْهَا فٖى نَارِ جَهَنَّمَ فَتُكْوٰى بِهَا جِبَاهُهُمْ وَجُنُوبُهُمْ
وَظُهُورُهُمْۜ هٰذَا مَا كَنَزْتُمْ لِاَنْفُسِكُمْ فَذُوقُوا
مَا كُنْتُمْ تَكْنِزُونَ ﴿٣٥﴾ اِنَّ عِدَّةَ الشُّهُورِ عِنْدَ اللّٰهِ اثْنَا
عَشَرَ شَهْرًا فٖى كِتَابِ اللّٰهِ يَوْمَ خَلَقَ السَّمٰوَاتِ
وَالْاَرْضَ مِنْهَٓا اَرْبَعَةٌ حُرُمٌۜ ذٰلِكَ الدّٖينُ الْقَيِّمُ فَلَا
تَظْلِمُوا فٖيهِنَّ اَنْفُسَكُمْ وَقَاتِلُوا الْمُشْرِكٖينَ كَٓافَّةً كَمَا
يُقَاتِلُونَكُمْ كَٓافَّةًۜ وَاعْلَمُوٓا اَنَّ اللّٰهَ مَعَ الْمُتَّقٖينَ ﴿٣٦﴾

32. Ambicionan (con renovados planes y estratagemas) extinguir la luz de Dios (Su favor que es el Islam, como si soplaran) con sus bocas. Sin embargo Dios se niega a todo lo que no sea completar Su luz, no importa cuán odioso les pueda resultar a los incrédulos criminales.

33. Él es Quien envió a Su Mensajero con la guía y la Religión de la verdad para hacerla prevalecer sobre todas las demás religiones, no importa cuán odioso les pueda resultar a aquellos que atribuyen copartícipes a Dios[9].

34. ¡Oh vosotros que creéis! Muchos rabinos y monjes malgastan las riquezas de las personas de modo inválido e injusto (tal y como cambiando los mandamientos de Dios a cambio de beneficios mundanos, el soborno y emplear la religión como medio de beneficio mundano), apartándoles del camino de Dios. A los que atesoran el oro y la plata y no lo gastan en el camino de Dios (para exaltar Su causa y ayudar a los pobres necesitados), dales (Oh Mensajero) las buenas nuevas de un castigo doloroso.

35. En ese día, (esa riqueza atesorada) será calentada en el Fuego del Infierno y, con lo mismo, sus frentes, costados y espaldas serán marcadas (y oirán): «¡Este es el tesoro que habéis atesorado para vosotros! ¡Probad ahora de aquello en lo que os afanabais en atesorar!»[10].

36. El número de meses, de acuerdo con Dios, es doce según lo determinado y decretado por Dios el día en que creó los Cielos y la Tierra (y los estableció tal y como están ahora). Cuatro de ellos son sagrados (en los que combatir está prohibido durante los mismos). Ésta es la Religión recta y siempre verdadera (el orden que Dios ha establecido para el funcionamiento del universo y la vida humana). Por lo tanto, no seáis injustos contra vosotros mismos durante esos meses. Sin embargo, luchad juntos contra aquellos que atribuyen copartícipes a Dios del mismo modo que ellos luchan contra vosotros todos juntos. Y sabed bien que Dios se halla con los piadosos devotos (que cumplen sus obligaciones para con Él).

9. Los últimos versículos proporcionan importantes indicios para la comprensión del Islam y su historia. Con todos sus fundamentos esenciales de la fe, sus pilares de devoción, sus normas de moralidad, así como sus principios de conducta y sus enseñanzas sociológicas, económicas y administrativas, el Islam es una luz pura que ilumina las mentes y los corazones. De hecho ilumina el mundo entero; ya que es para el mundo como un Sol. Los que se oponen a esta luz son como los que cubren sus oídos, ojos, corazones y mentes a la verdad, a la iluminación, al «Sol» y a Quien lo ha creado, oscureciendo de esta manera sus propios mundos. Esta actitud es lo que es considerado como incredulidad en la literatura islámica. Aquellos que no creen, ya sea que se encuentren entre los que atribuyen copartícipes a Dios, pertenezcan a la Gente del Libro (véase nota número 7, más arriba) o aquellos que no reconocen ninguna fe, han buscado siempre a lo largo de la historia extinguir este «Sol» del Islam con renovados planes y nuevas estrategias. Pero del mismo modo que fueron incapaces de evitar que sea completado durante sus albores en el transcurso de la vida del Mensajero (véase 5:3), nunca han podido sustituirlo con todo su esplendor, incluso en momentos cuando les ha parecido que casi casi se ponía. Cualquier plan o estrategia para extinguir este «Sol» no tiene más molestia que un mero soplido.

Puede ocurrir a veces que aquellos que se identifican con el Islam, aunque son incapaces de representarlo y practicarlo de forma completa en su pleno significado y contenido, se pierdan en el mundo de la incredulidad. Sin embargo, esto no significa nunca la derrota del Islam a manos de otras religiones o de la incredulidad. El Islam siempre triunfa sobre el resto de religiones e ideologías. Incluso en los últimos siglos, cuando los musulmanes franquearon el período más oscuro de su historia y el mundo islámico era objeto de ininterrumpidos ataques concertados por todos los frentes a lo largo del mundo, llevados a cabo por enemigos equipados con los medios más sofisticados, ha habido muy pocos que han renunciado al Islam en favor de otra religión, mientras que numerosas personas han seguido convirtiéndose al Islam desde otras religiones. A pesar de que los musulmanes de hoy en día sufren gran multitud de deficiencias, incluso en la realización de sus ritos de adoración según el Islam, cometiendo miles de errores, y sin llegar a una realización espiritual y a pesar de todos los esfuerzos llevados a cabo por los enemigos del Islam para distorsionar su imagen, un gran número de individuos de Occidente se siente todavía impresionado por el Islam, siendo o no religiosos. Los comentarios de los observadores occidentales conscientes del dinamismo del Islam y de su naturaleza inextinguible son muy interesantes. Por ejemplo, Caesar E. Farah escribió lo siguiente al respecto:

> Dejando de lado los obstáculos encontrados en los infrecuentes casos de apostasía, el Islam siempre muestra una habilidad ilimitada para vivir y difundirse incluso bajo condiciones muy difíciles. Esta capacidad puede ser explicada por su dinamismo y flexibilidad esenciales e intrínsecos que pueden ponerse en acción cuando la necesidad así lo requiera. Las atractivas cualidades del Islam, que atrajo a una gran cantidad de gente a sus filas en sus primeros siglos, continúan atrayendo a sus filas a los seres humanos a pesar de haber perdido su poder político (al-Ezzati, 345).

Es más, mientras otras religiones como el Cristianismo y el Budismo han sido vencidas por las ideologías ateas, materialistas y comunistas en distintas partes del mundo, el Islam no ha perdido terreno alguno. Sobre este aspecto las observaciones de E.H. Jurji son significativas:

> Con toda su consistencia, autosuficiencia, realismo y su determinación que proporcionó un precedente de solidaridad contra las ideologías racistas y marxistas, por su mecanismo mental que puede mostrar el camino al pensamiento occidental, por su determinada actitud contra el imperialismo y el pillaje, por su valiente defensa basada en la fe coránica que impide todos los ataques críticos y por la sencillez y la autoridad del mensaje a la humanidad que

> se ha desviado del camino, el Islam aparece ante el mundo moderno con un especial sentido de la responsabilidad. Este sentido del deber que no ha sido arruinado por debates teológicos estrangulados por detalles, envueltos en especulaciones confusas o fosilizadas bajo pesadas capas de dogma, toma su fuerza de las doctrinas basadas en la revelación (Ibíd., pág.348).

10. Los dos últimos versículos contienen una seria advertencia. La Religión de Dios nunca puede ser convertida en un medio para adquirir bienes mundanos. No puede ser explotada para cosas como la ostentación, la fama, adquirir riqueza y posición u objetivos políticos. Lo que la gente debe hacer es practicar el Islam única y exclusivamente para complacer a Dios. Este es el deber de Sus siervos y ha de ser llevado a cabo porque Dios nos ha ordenado que lo hagamos (98:5). Por esta razón, está terminantemente prohibido hacer uso del Islam con segundas intenciones, es decir, emplearlo por razones diferentes para las que ha sido enviado. Esto hace especial referencia a los eruditos religiosos y maestros espirituales de los que se espera que representen y transmitan el Islam en su pureza, no que lo exploten. Dichos líderes tienen un lugar y un estatus ante los ojos de la gente y son más responsables que los demás si se aprovechan de su posición en pos de deseos mundanos. 'Ali, el cuarto califa y primo del Mensajero, habló de dichos eruditos, de los cuales el Mensajero dijo que se aprovecharían de la Religión de Dios para sus propios beneficios cercano el fin de los tiempos: «Sabed, ¡Oh comunidad de hermanos! Que la peor gente de una época son los eruditos que, para y por la obtención de beneficios mundanos, aprueban las innovaciones inventadas contra la religión». Dichos estudiosos son llamados, «sabios del mal» en la literatura islámica. El Mensajero de Dios —la paz y las bendiciones sean con él— habló de 70.000 hombres que vestirán turbantes (o sea, serán sabios religiosos), que aprobarán las prácticas del *Dayyal* (la persona o personalidad colectiva que se espera que aparezca al final de los tiempos e intente erradicar el Islam de la vida social de los musulmanes) a cambio de beneficios mundanos.

Además de los modos anteriormente mencionados, los sabios y maestros espirituales pueden también aprovecharse de la religión por motivos egoístas, distorsionando algunas reglas de la religión e interpretando arbitrariamente algunos de sus mandamientos. Sea como fuere el modo en que se aprovechan de la religión, dichas actitudes de los sabios religiosos y maestros espirituales hacen que la gente sienta antipatía hacia la religión y evitan que ésta sea enseñada correctamente. Un maestro espiritual o un sabio que venda la religión por bienes materiales no puede evitar tergiversarla. Tener dichas actitudes es lo que significa apartar a la gente del camino de Dios.

Atesorar dinero y bienes sin gastarlos en la causa de Dios para promover Su causa y ayudar a los pobres necesitados es uno de los pecados capitales. El deber más importante respecto a la riqueza es pagar la Limosna Prescrita Purificadora (*Zakat*). Algunos sabios son de la opinión de que cualquier riqueza de la que se haya pagado la Limosna Prescrita Purificadora no es considerada riqueza atesorada. Sin embargo, esta opinión no ha sido aceptada plenamente por la mayoría de los eruditos. La medida por la cual se juzga si un atesoramiento de dinero es contemplado como riqueza atesorada es el nivel de vida de todos los musulmanes y las condiciones que afectan al mundo islámico. En otro versículo (59:7), el Corán declara abiertamente que la riqueza no debe ser un medio de prosperidad que circula única y exclusivamente entre los ricos. En una época en la que la mayoría de los musulmanes son pobres y el Islam es abandonado sin un apoyo, cualquier riqueza excesiva que exceda los límites de la riqueza según el Islam (que es la cantidad de la que se debe de pagar la Limosna Prescrita Purificadora) y ciertas cantidades que no se gastan en la causa de Dios, son contempladas como riqueza atesorada y son el objeto de la amenaza de este versículo. El versículo menciona claramente la riqueza atesorada y el hecho de no gastarla en la causa de Dios.

إِنَّمَا النَّسِيٓءُ زِيَادَةٌ فِي الْكُفْرِ يُضَلُّ بِهِ الَّذِينَ
كَفَرُوا يُحِلُّونَهُ عَامًا وَيُحَرِّمُونَهُ عَامًا لِيُوَاطِـُٔوا
عِدَّةَ مَا حَرَّمَ اللّٰهُ فَيُحِلُّوا مَا حَرَّمَ اللّٰهُ زُيِّنَ لَهُمْ
سُوٓءُ اَعْمَالِهِمْ وَاللّٰهُ لَا يَهْدِي الْقَوْمَ الْكَافِرِينَ ﴿٣٧﴾
يَٓا اَيُّهَا الَّذِينَ اٰمَنُوا مَا لَكُمْ اِذَا قِيلَ لَكُمُ انْفِرُوا
فِي سَبِيلِ اللّٰهِ اثَّاقَلْتُمْ اِلَى الْاَرْضِ اَرَضِيتُمْ
بِالْحَيٰوةِ الدُّنْيَا مِنَ الْاٰخِرَةِ فَمَا مَتَاعُ الْحَيٰوةِ الدُّنْيَا
فِي الْاٰخِرَةِ اِلَّا قَلِيلٌ ﴿٣٨﴾ اِلَّا تَنْفِرُوا يُعَذِّبْكُمْ عَذَابًا
اَلِيمًا وَيَسْتَبْدِلْ قَوْمًا غَيْرَكُمْ وَلَا تَضُرُّوهُ شَيْـًٔا
وَاللّٰهُ عَلٰى كُلِّ شَيْءٍ قَدِيرٌ ﴿٣٩﴾ اِلَّا تَنْصُرُوهُ فَقَدْ
نَصَرَهُ اللّٰهُ اِذْ اَخْرَجَهُ الَّذِينَ كَفَرُوا ثَانِيَ اثْنَيْنِ
اِذْ هُمَا فِي الْغَارِ اِذْ يَقُولُ لِصَاحِبِهِ لَا تَحْزَنْ
اِنَّ اللّٰهَ مَعَنَا فَاَنْزَلَ اللّٰهُ سَكِينَتَهُ عَلَيْهِ وَاَيَّدَهُ بِجُنُودٍ
لَمْ تَرَوْهَا وَجَعَلَ كَلِمَةَ الَّذِينَ كَفَرُوا السُّفْلٰى
وَكَلِمَةُ اللّٰهِ هِيَ الْعُلْيَا وَاللّٰهُ عَزِيزٌ حَكِيمٌ ﴿٤٠﴾

اِنْفِرُوا

37. El aplazamiento de un mes sagrado, y por lo tanto, efectuar cambios (con propósitos tales como hacer el combate lícito durante los Meses Sagrados y permitir que el período de Peregrinación acontezca en el período que quieran) no es más que un aumento de incredulidad (ya que significa hacer lícito lo ilícito y cambiar la naturaleza de numerosos actos lícitos e ilícitos que se llevan a cabo en dichos meses y, por lo tanto, no reconocer ninguna ley). Al hacer eso, aquellos que no creen están (aún más) extraviados, declarando que (el mes que ellos retrasan) sea permitido en un año y prohibido en otro, para hacerlo coincidir con el número de meses que Dios ha declarado sagrados, (sin preocuparse de que) de ese modo harán lícito lo que Dios ha hecho ilícito. La maldad de sus acciones ha sido embellecida para que les pareciera atrayente a ellos. Dios no guía a la gente incrédula (a la verdad y a la consecución de sus propósitos).

38. ¡Oh vosotros que creéis! ¿Qué excusa tenéis que cuando se os dice: «¡Movilizaros (para la campaña de Tabuk)[11] en la causa de Dios!», os asís firmemente a la Tierra? ¿Os complace más la mundana vida presente que el Más Allá? El disfrute de la vida de este mundo es poca cosa en comparación con el Más Allá.

39. Si no os movilizáis (tal y como os ha sido ordenado) os castigará gravemente y os reemplazará por otro pueblo, y no vais a perjudicar a Dios en nada. Dios posee pleno poder sobre todas la cosas.

40. Si vosotros no le ayudáis (al Mensajero), sin duda Dios ya Le ayudó cuando los incrédulos le expulsaron (de su hogar durante la Hégira), cuando se hallaban en la cueva, siendo (él) uno de los dos (cuando aquellos que les perseguían habían alcanzado la entrada de la cueva) que dijo a su compañero (con la máxima confianza en Dios y sin temer nada): «No te entristezcas. Sin lugar a dudas Dios se halla con nosotros»[12]. Entonces Dios envió Su regalo de paz interna y consuelo sobre él, lo apoyó con huestes que no visteis e hizo que la palabra (la causa) de los incrédulos fuera la más vil. Y la palabra de Dios (Su causa) es (siempre y esencialmente) suprema. Dios es Glorioso poseedor de irresistible poder, Omnisapiente.

11. El resultado de la conflagración entre musulmanes y bizantinos en Mu'tah provocó una gran conmoción en Arabia y Oriente Medio ya que las fuerzas bizantinas no pudieron vencer a los musulmanes a pesar de que les superaban en una proporción numérica de treinta y tres a uno. Finalmente,

miles de personas de las tribus árabes semi-independientes bajo el dominio bizantino que vivían en Siria y en zonas cercanas se convirtieron al Islam. En venganza por el resultado de la contienda en Mu'tah y para evitar el avance del Islam, el emperador bizantino ordenó preparativos militares para la invasión de Arabia.

El Mensajero de Dios, que siempre estuvo al tanto de los desarrollos que guardaban relación con su misión, inmediatamente decidió desafiar a los bizantinos en el campo de batalla. Cualquier muestra de debilidad de los musulmanes podría revivir las debilitadas fuerzas de la hostilidad y el politeísmo árabe, que habían recibido un devastador golpe en Hunayn. Dichos acontecimientos podrían también alentar a los hipócritas de Medina y de sus alrededores a que causasen serios daños al Islam desde dentro. Se hallaban ya en contacto con el príncipe cristiano gasánida y con el emperador bizantino y habían construido una mezquita que el Corán llamó la mezquita de *Dirar* (Disensión) (9:107), cerca de Medina para que les sirviese como base de operaciones.

Al darse cuenta de la gravedad de la situación, el Mensajero de Dios —la paz y las bendiciones sean con él— instó públicamente a los musulmanes a que se preparasen para una guerra, y contrariamente a su costumbre, proclamó contra quién declaraba la guerra.

Acontecía todo a mediados de verano, el calor abrasador estaba en su apogeo, la temporada de recogida de la cosecha había llegado y había escasez de recursos materiales. Por otra parte, el enemigo era uno de las dos superpotencias de la época. A pesar de ello, los Compañeros respondieron con ardor al llamamiento del Profeta y comenzaron los preparativos para la guerra, contribuyendo con mucho más que lo que sus medios financieros les permitían.

El 9 de Rajab (después de la Hégira, 631 d. C.), el Mensajero de Dios y 30.000 soldados dejaron Medina y marcharon hacia Tabuk, cerca de donde entonces se hallaba el territorio bizantino de Siria. El emperador bizantino, que había empezado a reunir un gran ejercito, abandonó sus planes y retiró su ejercito, ya que el Mensajero llegó antes de lo esperado y previamente a que la concentración de las tropas bizantinas tuviese lugar (Ibn Sa'd, 2:165-168; at-Tabari, 3:100-111).

El Mensajero permaneció en Tabuk durante 20 días, período de tiempo durante el cual varios estados y naciones de contención bajo hegemonía bizantina acordaron pagar el impuesto de protección y exención (*yizyah*) y vivir bajo su gobierno. Muchas tribus cristianas árabes abrazaron el Islam voluntariamente (*al-Bidayah*, 5:13). Esta victoria sin derramamiento de sangre también permitió a los musulmanes consolidar su posición ante un prolongado conflicto con los bizantinos y de esa manera hicieron añicos el poder tanto de los incrédulos como de los hipócritas en Arabia.

12. El versículo se refiere a la Hégira. La confianza del Mensajero en Dios hizo que no tuviese miedo alguno. Apareció en la zona central de un desierto habitado por las gentes más incivilizadas del mundo. A pesar de su rudo trato y de la estridente hostilidad de uno de sus tíos, desafió al mundo entero y, a través de una confianza total en Dios, llevó a cabo su misión, conduciéndola hacia la victoria. Sólo tuvo un puñado de partidarios, pero su victoria acaeció en un período muy corto, lo cual fue un logro sin parangón.

Los quraishíes se hallaban tan impacientes por asesinarle que antes de su emigración a Medina eligieron a un hombre de cada clan. Reunieron a doscientos individuos, dirigidos por Abu Jahl y Abu Lahab, y rodearon la casa del Profeta. El Mensajero de Dios le dijo a su primo 'Ali que en su lugar pasase la noche en su cama y, lanzando algo de tierra a los 200 hombres hostiles salió sin que le viesen mientras recitaba: *Y hemos establecido una barrera ante ellos y una barrera detrás de ellos, y (por lo tanto) les hemos cubierto (por todos lados), por lo que no pueden ver* (36:9). Abandonó La Meca con su más íntimo amigo, Abu Bakr y llegaron a la cueva Zaur, que se halla en la cima de una escarpada montaña. Al comprobar que se habían marchado, los jefes quraishíes enviaron tras él expediciones de búsqueda. Una de estas escaló la montaña hasta la cueva. Abu Bakr empezó a sentir ansiedad, temiendo por la vida del Mensajero de Dios. Sin embargo, éste le confortó diciéndole: «No te preocupes. Sin lugar a dudas Dios se halla con nosotros» y añadió: «¿Qué piensas de los dos hombres junto a los cuales Dios es el tercero?» (al-Bujari, *Tafsir*, 9; Ibn Hanbal, 1:4).

اِنْفِرُوا خِفَافًا وَثِقَالًا وَجَاهِدُوا بِاَمْوَالِكُمْ وَاَنْفُسِكُمْ
فى سَبِيلِ اللّٰهِ ذٰلِكُمْ خَيْرٌ لَكُمْ اِنْ كُنْتُمْ تَعْلَمُونَ ﴿٤١﴾
لَوْ كَانَ عَرَضًا قَرِيبًا وَسَفَرًا قَاصِدًا لَاتَّبَعُوكَ وَلٰكِنْ
بَعُدَتْ عَلَيْهِمُ الشُّقَّةُ وَسَيَحْلِفُونَ بِاللّٰهِ لَوِ اسْتَطَعْنَا
لَخَرَجْنَا مَعَكُمْ يُهْلِكُونَ اَنْفُسَهُمْ وَاللّٰهُ يَعْلَمُ اِنَّهُمْ
لَكَاذِبُونَ ﴿٤٢﴾ عَفَا اللّٰهُ عَنْكَ لِمَ اَذِنْتَ لَهُمْ حَتّٰى يَتَبَيَّنَ
لَكَ الَّذِينَ صَدَقُوا وَتَعْلَمَ الْكَاذِبِينَ ﴿٤٣﴾ لَا يَسْتَاْذِنُكَ
الَّذِينَ يُؤْمِنُونَ بِاللّٰهِ وَالْيَوْمِ الْاٰخِرِ اَنْ يُجَاهِدُوا بِاَمْوَالِهِمْ
وَاَنْفُسِهِمْ وَاللّٰهُ عَلِيمٌ بِالْمُتَّقِينَ ﴿٤٤﴾ اِنَّمَا يَسْتَاْذِنُكَ
الَّذِينَ لَا يُؤْمِنُونَ بِاللّٰهِ وَالْيَوْمِ الْاٰخِرِ وَارْتَابَتْ قُلُوبُهُمْ
فَهُمْ فى رَيْبِهِمْ يَتَرَدَّدُونَ ﴿٤٥﴾ وَلَوْ اَرَادُوا الْخُرُوجَ
لَاَعَدُّوا لَهُ عُدَّةً وَلٰكِنْ كَرِهَ اللّٰهُ انْبِعَاثَهُمْ فَثَبَّطَهُمْ
وَقِيلَ اقْعُدُوا مَعَ الْقَاعِدِينَ ﴿٤٦﴾ لَوْ خَرَجُوا فِيكُمْ
مَا زَادُوكُمْ اِلَّا خَبَالًا وَلَاَوْضَعُوا خِلَالَكُمْ يَبْغُونَكُمُ
الْفِتْنَةَ وَفِيكُمْ سَمَّاعُونَ لَهُمْ وَاللّٰهُ عَلِيمٌ بِالظَّالِمِينَ ﴿٤٧﴾

41. Movilizaos, ya estéis equipados ligeramente o pesadamente (ya os sea fácil u os sea difícil); y luchad con vuestras propiedades y personas en la causa de Dios. Esto es lo mejor para vosotros, si al menos supieseis.

42. Si hubiera habido una ganancia inmediata o un viaje fácil, aquellos (que se han rezagado por hipocresía) te habrían seguido, pero el difícil viaje les pareció lejos. Y aún así jurarán por Dios: «Si hubiésemos podido, habríamos salido con vosotros». Se destruyen a sí mismos, ya que Dios sabe que son verdaderamente mentirosos.

43. ¡Que Dios te conceda la gracia! ¿Por qué les diste dispensa para que se rezagasen hasta que se te hiciera claro quiénes decían la verdad y que hayas llegado a saber quiénes eran los mentirosos?[13].

44. Aquellos que creen en Dios y en el Día del Juicio Final no te piden dispensa para no tener que esforzarse en la causa de Dios con sus riquezas y personas. Dios posee pleno conocimiento de los piadosos devotos (que cumplen sus deberes para con Él).

45. Aquellos que te pidieron dispensa son únicamente los que no creen verdaderamente en Dios y en el Día del Juicio Final y cuyos corazones dudan, y en su duda sus corazones vacilan entre una cosa y otra.

46. Si verdaderamente hubiesen querido marchar hacia la guerra, se habrían preparado para ello (mostrando su intención). Pero Dios era reacio a que luchasen (a regañadientes y sin sinceridad de propósito) e hizo que se rezagasen y fue decretado para ellos: «Quedaos en casa con los que se quedan (las mujeres y los niños)».

47. Si hubiesen marchado con vosotros, no habrían aportado más que confusión y habrían corrido de un lado a otro entre vosotros pretendiendo causar la sedición. Entre vosotros hay quienes se inclinan a escucharles. Dios posee pleno conocimiento de los malhechores.

13. En la frase *hasta que se te hiciera claro quiénes decían la verdad y que hayas llegado a saber quiénes eran los mentirosos*, se dan aspectos sutiles y principios legales dignos de ser destacados:

- Si una persona conocida por ser veraz dice algo, ha de ser creída. Sin embargo, eso no elimina la posibilidad de que haya mentido. Sin embargo, mientras que una declaración verbal es suficiente para juzgar a dicha persona como veraz en tal asunto, el hecho de considerar su declaración una mentira debe de estar basado en un conocimiento firme y seguro. Por dicha razón, mientras el versículo emplea la expresión *hiciera claro* para juzgar a una persona que dice la verdad, usa la expresión *y que hayas llegado a saber* para juzgar si está mintiendo.
- El versículo hace uso de un verbo —decir— para aquellos que dicen la verdad cuando piden al Mensajero ser dispensados de ir a la guerra, al mismo tiempo que emplea un nombre —mentiroso— para aquellos que no dicen la verdad. Un nombre implica constancia por lo que un mentiroso es alguien que habitualmente miente. Por lo tanto, aquellos que dicen mentiras en este asunto eran mentirosos y asimismo los hipócritas de la comunidad, porque su habitual acto de mentir es el signo de su hipocresía. Sin embargo, como mentir una sola vez es suficiente para dañar la fiabilidad o la veracidad, el creyente debe evitar siempre mentir, ya que como creyente ha de ser, sobre todo, veraz y digno de confianza.
- El versículo emplea un verbo —decir— para referirse a aquellos que dicen la verdad y un nombre —mentiroso— para los otros, lo cual significa que no podemos juzgar a una persona como absolutamente veraz en todo momento respecto a lo que dice sobre un asunto, aunque no podemos sospechar que sea mentirosa.

En este punto, sería de gran utilidad señalar que traducir dichas sutilezas del Corán a otras lenguas es, por norma general, imposible. Por esta razón, el Corán nunca puede ser total y exactamente traducido a otra lengua y una traducción del mismo no puede ser considerada el Corán.

لَقَدِ ابْتَغَوُا الْفِتْنَةَ مِنْ قَبْلُ وَقَلَّبُوا لَكَ الْاُمُورَ
حَتّٰى جَٓاءَ الْحَقُّ وَظَهَرَ اَمْرُ اللّٰهِ وَهُمْ كَارِهُونَ ﴿٤٨﴾
وَمِنْهُمْ مَنْ يَقُولُ ائْذَنْ لِي وَلَا تَفْتِنّ۪يۜ اَلَا
فِي الْفِتْنَةِ سَقَطُواۜ وَاِنَّ جَهَنَّمَ لَمُحِيطَةٌ بِالْكَافِرِينَ ﴿٤٩﴾
اِنْ تُصِبْكَ حَسَنَةٌ تَسُؤْهُمْۚ وَاِنْ تُصِبْكَ مُصِيبَةٌ
يَقُولُوا قَدْ اَخَذْنَٓا اَمْرَنَا مِنْ قَبْلُ وَيَتَوَلَّوْا وَهُمْ
فَرِحُونَ ﴿٥٠﴾ قُلْ لَنْ يُصِيبَنَٓا اِلَّا مَا كَتَبَ اللّٰهُ لَنَاۚ هُوَ
مَوْلٰينَاۚ وَعَلَى اللّٰهِ فَلْيَتَوَكَّلِ الْمُؤْمِنُونَ ﴿٥١﴾ قُلْ هَلْ
تَرَبَّصُونَ بِنَٓا اِلَّٓا اِحْدَى الْحُسْنَيَيْنِۜ وَنَحْنُ نَتَرَبَّصُ
بِكُمْ اَنْ يُصِيبَكُمُ اللّٰهُ بِعَذَابٍ مِنْ عِنْدِه۪ٓ اَوْ بِاَيْدِينَاۗ
فَتَرَبَّصُٓوا اِنَّا مَعَكُمْ مُتَرَبِّصُونَ ﴿٥٢﴾ قُلْ اَنْفِقُوا طَوْعًا
اَوْ كَرْهًا لَنْ يُتَقَبَّلَ مِنْكُمْۜ اِنَّكُمْ كُنْتُمْ قَوْمًا
فَاسِقِينَ ﴿٥٣﴾ وَمَا مَنَعَهُمْ اَنْ تُقْبَلَ مِنْهُمْ نَفَقَاتُهُمْ
اِلَّٓا اَنَّهُمْ كَفَرُوا بِاللّٰهِ وَبِرَسُولِه۪ وَلَا يَأْتُونَ الصَّلٰوةَ
اِلَّا وَهُمْ كُسَالٰى وَلَا يُنْفِقُونَ اِلَّا وَهُمْ كَارِهُونَ ﴿٥٤﴾

فَلَا تُعْجِبْكَ

48. En verdad, habían pretendido causar la sedición antes y maquinaron toda clase de confabulaciones para defraudarte, hasta que se hizo presente la verdad y el decreto de Dios se hizo evidente, no importa cuán odioso les puede resultar a ellos.

49. Entre ellos hay quien dice: «Dispénsame (para no participar en esta campaña) y no me expongas a la tentación». ¡Oh, mas no cabe duda que ya han sucumbido a la tentación (con motivo de su hipocresía y sus transgresiones)! No hay lugar a dudas, el Infierno rodea a los incrédulos.

50. Si algo bueno te acontece (Oh Mensajero), les aflige; y si te sobreviene un desastre dicen: «Nos hemos ocupado adecuadamente de nuestros asuntos en buen momento», y se apartan exultantes.

51. Di: «Nada nos acontece salvo lo que Dios ha decretado para nosotros. Él es nuestro Protector y Dueño; y que en Dios pongan su confianza los creyentes».

52. Di (a los hipócritas): «¿O acaso esperáis que nos ocurra algo que no sea más que las dos buenas cosas (es decir, la victoria o el martirio en la causa de Dios)? ¡Mas lo que esperamos para vosotros es que Dios os inflija un castigo directo Suyo o a manos nuestras! Esperad, entonces, que nosotros también esperamos».

53. (Responde a sus reacias donaciones y) di: «Ya prodiguéis voluntariamente o a la fuerza (pretendiendo que lo dais por la causa de Dios) nunca será aceptable (por parte de Dios) de vuestra parte. Sin duda, sois un pueblo transgresor».

54. Nada impide que sus ofrendas sean aceptadas a excepción de que no creen en Dios y en Su Mensajero y que siempre que acuden a la Oración Prescrita lo hacen con suma indolencia (es decir, con reticencias) y que no ofrecen contribuciones sino siendo reacios (a hacerlas).

فَلَا تُعْجِبْكَ اَمْوَالُهُمْ وَلَٓا اَوْلَادُهُمْۜ اِنَّمَا يُرِيدُ اللّٰهُ
لِيُعَذِّبَهُمْ بِهَا فِى الْحَيٰوةِ الدُّنْيَا وَتَزْهَقَ اَنْفُسُهُمْ وَهُمْ
كَافِرُونَ ﴿٥٥﴾ وَيَحْلِفُونَ بِاللّٰهِ اِنَّهُمْ لَمِنْكُمْۜ وَمَا هُمْ مِنْكُمْ
وَلٰكِنَّهُمْ قَوْمٌ يَفْرَقُونَ ﴿٥٦﴾ لَوْ يَجِدُونَ مَلْجَاً اَوْ مَغَارَاتٍ
اَوْ مُدَّخَلاً لَوَلَّوْا اِلَيْهِ وَهُمْ يَجْمَحُونَ ﴿٥٧﴾ وَمِنْهُمْ مَنْ
يَلْمِزُكَ فِى الصَّدَقَاتِۚ فَاِنْ اُعْطُوا مِنْهَا رَضُوا وَاِنْ
لَمْ يُعْطَوْا مِنْهَٓا اِذَا هُمْ يَسْخَطُونَ ﴿٥٨﴾ وَلَوْ اَنَّهُمْ رَضُوا
مَٓا اٰتٰيهُمُ اللّٰهُ وَرَسُولُهُ وَقَالُوا حَسْبُنَا اللّٰهُ سَيُؤْتِينَا اللّٰهُ
مِنْ فَضْلِهِ وَرَسُولُهُٓ اِنَّٓا اِلَى اللّٰهِ رَاغِبُونَ ﴿٥٩﴾ اِنَّمَا الصَّدَقَاتُ
لِلْفُقَرَٓاءِ وَالْمَسَاكِينِ وَالْعَامِلِينَ عَلَيْهَا وَالْمُؤَلَّفَةِ
قُلُوبُهُمْ وَفِى الرِّقَابِ وَالْغَارِمِينَ وَفِى سَبِيلِ اللّٰهِ وَابْنِ
السَّبِيلِۜ فَرِيضَةً مِنَ اللّٰهِۜ وَاللّٰهُ عَلِيمٌ حَكِيمٌ ﴿٦٠﴾ وَمِنْهُمُ
الَّذِينَ يُؤْذُونَ النَّبِىَّ وَيَقُولُونَ هُوَ اُذُنٌۜ قُلْ اُذُنُ خَيْرٍ
لَكُمْ يُؤْمِنُ بِاللّٰهِ وَيُؤْمِنُ لِلْمُؤْمِنِينَ وَرَحْمَةٌ لِلَّذِينَ اٰمَنُوا
مِنْكُمْۜ وَالَّذِينَ يُؤْذُونَ رَسُولَ اللّٰهِ لَهُمْ عَذَابٌ اَلِيمٌ ﴿٦١﴾

55. Que ni sus riquezas ni sus hijos te impresionen. Dios sólo quiere castigarles de ese modo en esta vida mundana y que sus almas partan siendo incrédulas[14].

56. Juran por Dios que sin lugar a dudas son de los vuestros (que son parte de los creyentes), mas no son de los vuestros. Son sólo gente atormentada por el miedo (y así pretenden ser de los vuestros).

57. Si al menos pudiesen encontrar un lugar de refugio o una caverna o algún lugar donde entrar para ocultarse, se darían la vuelta y echarían a correr al mismo.

58. Entre ellos hay quien te difama respecto a (la distribución de) las limosnas. Si se les concede una parte de ello, quedan satisfechos; pero si no se les da nada, son consumidos por la ira.

59. Si tan sólo hubiesen estado satisfechos con lo que Dios y Su Mensajero les habían dado y hubiesen dicho: «¡Dios nos basta! Dios nos concederá más de Su gracia y bondad, así como también lo hará Su Mensajero. En verdad suplicamos a Dios (buscando Su complacencia, sin derecho ni motivo para quejarnos)».

60. La Limosna Prescrita Purificadora *(Zakat)* ha de ser tan sólo para los pobres, los indigentes (aunque los cuales, por amor propio, no dan la impresión de que se encuentren necesitados), los que se encargan de recaudarlas (y administrarlas), aquellos cuyos corazones han de ser ganados (para apoyar la causa de Dios, incluso aquellos de los que hay que prevenir su hostilidad), para liberar a los que están sometidos (por la esclavitud y el cautiverio), para ayudar a aquellos que se hallan oprimidos por la deuda y en la causa de Dios (para exaltar la palabra de Dios, proveer a los guerreros y a los estudiantes y ayudar a los peregrinos) y para el viajero (que necesita ayuda). Esta es una prescripción de Dios. Dios es Omnisciente y Omnisapiente.

61. Entre ellos (los hipócritas) hay quienes perjudican al Profeta y dicen (de él): «Él es todo oídos (escuchando a todo el mundo y dispuesto a creer en ellos)». Di: «Sí, es todo oídos, escuchando lo que es bueno para vosotros; cree en Dios, confía en los creyentes, y es una gran misericordia para aquellos de vosotros que creen». Para aquellos que dañan al Mensajero de Dios, hay un castigo doloroso.

14. Hemos de señalar una vez más que Dios no quiere la incredulidad o el castigo para nadie. A Él solo Le satisface la creencia y el bienestar de Sus siervos. Sin embargo, estas aseveraciones significan que Dios ha reconocido un ámbito de movimiento libre para el libre albedrío humano y, que lo que la persona quiere, Él lo lleva a la existencia a través de dicha persona. Nunca se halla satisfecho con la incredulidad, la hipocresía y la transgresión de Sus siervos; y, para que encuentren la verdadera guía, ha enviado Mensajeros y con ellos ha hecho descender Libros. Tras los Profetas, ha creado a grandes personas que representan Su Religión y se la trasmiten a la gente. A pesar de todo ello, aquellos que se obstinan en la incredulidad y la transgresión merecen un castigo de acuerdo con las leyes que Dios ha establecido para la vida humana. La riqueza y los hijos son causa de preocupación y ansiedad para aquellos que no creen en Dios ni en el Más Allá y que destinan todos sus esfuerzos para la vida de este mundo. Todas sus vidas transcurren intentando ganarse el sustento y criar a sus hijos; pero llevan a cabo sus vidas sin elevados ideales. Nunca piensan en la próxima vida y mueren tal y como vivieron, como incrédulos.

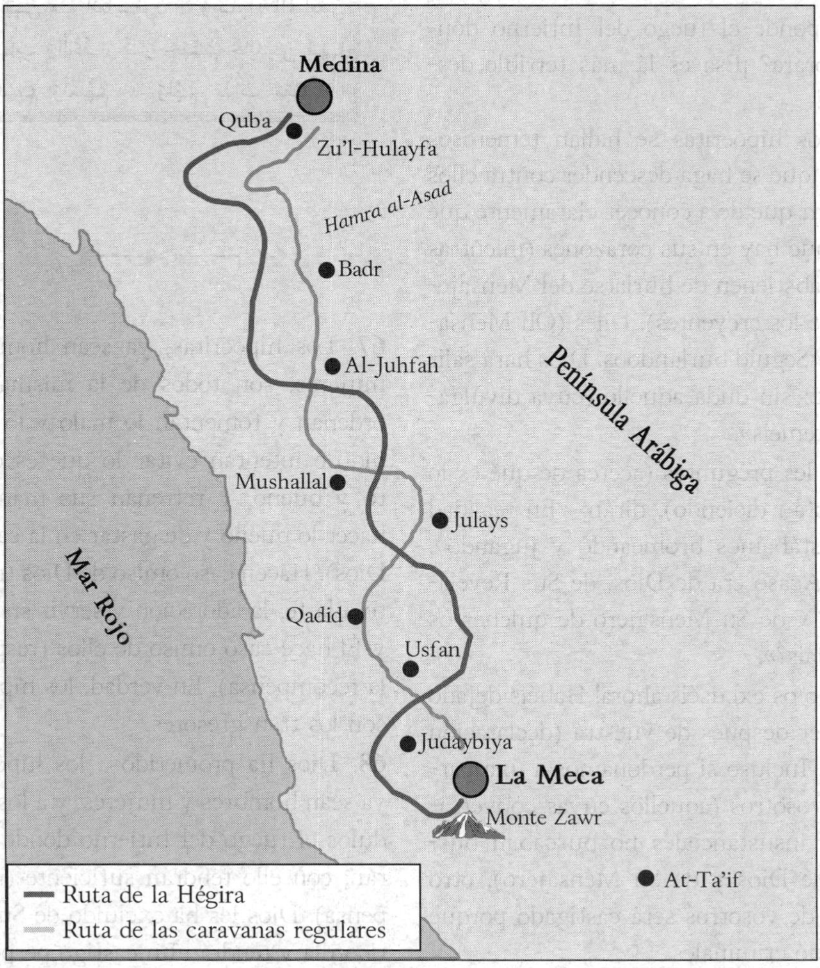

يَحْلِفُونَ بِاللّٰهِ لَكُمْ لِيُرْضُوكُمْ وَاللّٰهُ وَرَسُولُهُ اَحَقُّ
اَنْ يُرْضُوهُ اِنْ كَانُوا مُؤْمِنِينَ ﴿٦٢﴾ اَلَمْ يَعْلَمُوا اَنَّهُ مَنْ
يُحَادِدِ اللّٰهَ وَرَسُولَهُ فَاَنَّ لَهُ نَارَ جَهَنَّمَ خَالِدًا فِيهَا
ذٰلِكَ الْخِزْيُ الْعَظِيمُ ﴿٦٣﴾ يَحْذَرُ الْمُنَافِقُونَ اَنْ تُنَزَّلَ
عَلَيْهِمْ سُورَةٌ تُنَبِّئُهُمْ بِمَا فِي قُلُوبِهِمْ قُلِ اسْتَهْزِؤُا
اِنَّ اللّٰهَ مُخْرِجٌ مَا تَحْذَرُونَ ﴿٦٤﴾ وَلَئِنْ سَاَلْتَهُمْ لَيَقُولُنَّ
اِنَّمَا كُنَّا نَخُوضُ وَنَلْعَبُ قُلْ اَبِاللّٰهِ وَاٰيَاتِهِ وَرَسُولِهِ
كُنْتُمْ تَسْتَهْزِؤُنَ ﴿٦٥﴾ لَا تَعْتَذِرُوا قَدْ كَفَرْتُمْ بَعْدَ
اِيمَانِكُمْ اِنْ نَعْفُ عَنْ طَائِفَةٍ مِنْكُمْ نُعَذِّبْ طَائِفَةً
بِاَنَّهُمْ كَانُوا مُجْرِمِينَ ﴿٦٦﴾ اَلْمُنَافِقُونَ وَالْمُنَافِقَاتُ
بَعْضُهُمْ مِنْ بَعْضٍ يَاْمُرُونَ بِالْمُنْكَرِ وَيَنْهَوْنَ
عَنِ الْمَعْرُوفِ وَيَقْبِضُونَ اَيْدِيَهُمْ نَسُوا اللّٰهَ فَنَسِيَهُمْ
اِنَّ الْمُنَافِقِينَ هُمُ الْفَاسِقُونَ ﴿٦٧﴾ وَعَدَ اللّٰهُ الْمُنَافِقِينَ
وَالْمُنَافِقَاتِ وَالْكُفَّارَ نَارَ جَهَنَّمَ خَالِدِينَ فِيهَا
هِيَ حَسْبُهُمْ وَلَعَنَهُمُ اللّٰهُ وَلَهُمْ عَذَابٌ مُقِيمٌ ﴿٦٨﴾

كَالَّذِينَ

62. Os juran por Dios (Oh creyentes) para complaceros, mientras que es de Dios y Su Mensajero la complacencia que deberían buscar, si en verdad son creyentes.

63. ¿Acaso desconocen que a aquel que se opone a Dios y a Su Mensajero le corresponde el fuego del Infierno donde morará? ¡Esa es la más terrible desgracia!

64. Los hipócritas se hallan temerosos no sea que se haga descender contra ellos un *sura* que dé a conocer claramente qué es lo que hay en sus corazones (mientras no se abstienen de burlarse del Mensajero y de los creyentes). Diles (Oh Mensajero): «Seguid burlándoos. Dios hará salir a la luz sin duda aquello (cuya divulgación) teméis».

65. Si les preguntas (acerca de qué es lo que están diciendo), dirán: «En realidad sólo estábamos bromeando y jugando». Di: «¿Acaso era de Dios, de Sus Revelaciones y de Su Mensajero de quienes os burlabais?».

66. ¡No os excuséis ahora! Habéis dejado de creer después de vuestra (declaración de) fe. Incluso si perdonamos a una parte de vosotros (aquellos cuyas conversaciones insustanciales no buscaban burlarse de Dios y de Su Mensajero), otro grupo de vosotros será castigado porque han sido criminales.

67. Los hipócritas, ya sean hombres y mujeres, son todos de la misma clase: ordenan y fomentan lo malo y lo prohibido e intentan evitar lo que es correcto y bueno, y refrenan sus manos (de hacer lo bueno y de gastar en la causa de Dios). Hacen caso omiso de Dios (respecto a la fe, la adoración y servir su causa) y Él hace caso omiso de ellos (respecto a la recompensa). En verdad, los hipócritas son los transgresores.

68. Dios ha prometido a los hipócritas, ya sean hombres y mujeres, y a los incrédulos el fuego del Infierno donde morarán; con ello tendrán suficiente (recompensa). Dios les ha excluido de Su misericordia y tendrán un castigo perpetuo.

كَالَّذِينَ مِنْ قَبْلِكُمْ كَانُوا اَشَدَّ مِنْكُمْ قُوَّةً وَاَكْثَرَ اَمْوَالاً
وَاَوْلَادًاۜ فَاسْتَمْتَعُوا بِخَلَاقِهِمْ فَاسْتَمْتَعْتُمْ بِخَلَاقِكُمْ
كَمَا اسْتَمْتَعَ الَّذِينَ مِنْ قَبْلِكُمْ بِخَلَاقِهِمْ وَخُضْتُمْ
كَالَّذِى خَاضُواۜ اُولٰٓئِكَ حَبِطَتْ اَعْمَالُهُمْ فِى الدُّنْيَا
وَالْاٰخِرَةِۚ وَاُولٰٓئِكَ هُمُ الْخَاسِرُونَ ﴿٦٩﴾ اَلَمْ يَأْتِهِمْ نَبَاُ
الَّذِينَ مِنْ قَبْلِهِمْ قَوْمِ نُوحٍ وَعَادٍ وَثَمُودَ وَقَوْمِ اِبْرٰهِيمَ
وَاَصْحَابِ مَدْيَنَ وَالْمُؤْتَفِكَاتِۜ اَتَتْهُمْ رُسُلُهُمْ بِالْبَيِّنَاتِۚ فَمَا
كَانَ اللّٰهُ لِيَظْلِمَهُمْ وَلٰكِنْ كَانُوا اَنْفُسَهُمْ يَظْلِمُونَ ﴿٧٠﴾
وَالْمُؤْمِنُونَ وَالْمُؤْمِنَاتُ بَعْضُهُمْ اَوْلِيَاءُ بَعْضٍۘ
يَأْمُرُونَ بِالْمَعْرُوفِ وَيَنْهَوْنَ عَنِ الْمُنْكَرِ وَيُقِيمُونَ
الصَّلٰوةَ وَيُؤْتُونَ الزَّكٰوةَ وَيُطِيعُونَ اللّٰهَ وَرَسُولَهُۜ
اُولٰٓئِكَ سَيَرْحَمُهُمُ اللّٰهُۜ اِنَّ اللّٰهَ عَزِيزٌ حَكِيمٌ ﴿٧١﴾ وَعَدَ
اللّٰهُ الْمُؤْمِنِينَ وَالْمُؤْمِنَاتِ جَنَّاتٍ تَجْرِى مِنْ تَحْتِهَا
الْاَنْهَارُ خَالِدِينَ فِيهَا وَمَسَاكِنَ طَيِّبَةً فِى جَنَّاتِ عَدْنٍۜ
وَرِضْوَانٌ مِنَ اللّٰهِ اَكْبَرُۜ ذٰلِكَ هُوَ الْفَوْزُ الْعَظِيمُ ﴿٧٢﴾

69. Al igual que aquellos pueblos que existieron antes de vosotros (hipócritas e incrédulos) que eran más poderosos que vosotros y con mayor abundancia de riquezas e hijos. Gozaron de su sino (en el mundo) durante un tiempo; y vosotros habéis estado gozando de vuestro sino al igual que los que os antecedieron gozaron del suyo; y os habéis entregado a la frivolidad del mismo modo que los otros lo hicieron. Esos (hipócritas e incrédulos) son aquellos cuyas obras se han echado a perder tanto en este mundo como en el Más Allá, y esos son los perdedores.

70. ¿Es que no les han llegado las historias ejemplares de aquellos que vivieron antes que ellos, el pueblo de Noé, los ‘Ad, los Zamud, el pueblo de Abraham, los moradores de Madian (Midian) y las ciudades derrocadas, Sodoma y Gomorra? Sus Mensajeros vinieron a ellos con las pruebas claras (de la verdad, en las que no creerían). No fue, pues, Dios quien cometió injusticia contra ellos, sino que ellos fueron injustos consigo mismos.

71. Los creyentes, ya sean hombres y mujeres, son protectores, confidentes y ayudantes unos de otros. Ordenan y promueven lo que es correcto y bueno, y prohiben y tratan de evitar lo que es malo, establecen la Oración Prescrita conforme a sus condiciones y pagan la Limosna Prescrita Purificadora. Obedecen a Dios y a Su Mensajero. Son aquellos a los que Dios tratará con misericordia. No cabe duda que Dios es Glorioso poseedor de irresistible poder, Omnisapiente.

72. Dios ha prometido a los creyentes, ya sean hombres y mujeres, Jardines a través de los cuales discurren ríos donde morarán, y hogares benditos en Jardines de perpetua dicha; y mejor (que eso) es que Dios se halla complacido con ellos. Ese es, en verdad, el triunfo supremo.

198 سُورَةُ التَّوْبَةِ ١٩٨

يَٓا اَيُّهَا النَّبِيُّ جَاهِدِ الْكُفَّارَ وَالْمُنَافِق۪ينَ وَاغْلُظْ عَلَيْهِمْۜ
وَمَأْوٰيهُمْ جَهَنَّمُۜ وَبِئْسَ الْمَص۪يرُ ﴿٧٣﴾ يَحْلِفُونَ بِاللّٰهِ
مَا قَالُواۜ وَلَقَدْ قَالُوا كَلِمَةَ الْكُفْرِ وَكَفَرُوا بَعْدَ اِسْلَامِهِمْ
وَهَمُّوا بِمَا لَمْ يَنَالُواۚ وَمَا نَقَمُٓوا اِلَّٓا اَنْ اَغْنٰيهُمُ اللّٰهُ
وَرَسُولُهُ مِنْ فَضْلِه۪ۚ فَاِنْ يَتُوبُوا يَكُ خَيْرًا لَهُمْۚ وَاِنْ
يَتَوَلَّوْا يُعَذِّبْهُمُ اللّٰهُ عَذَابًا اَل۪يمًا فِي الدُّنْيَا وَالْاٰخِرَةِۚ
وَمَا لَهُمْ فِي الْاَرْضِ مِنْ وَلِيٍّ وَلَا نَص۪يرٍ ﴿٧٤﴾ وَمِنْهُمْ
مَنْ عَاهَدَ اللّٰهَ لَئِنْ اٰتٰينَا مِنْ فَضْلِه۪ لَنَصَّدَّقَنَّ وَلَنَكُونَنَّ
مِنَ الصَّالِح۪ينَ ﴿٧٥﴾ فَلَمَّٓا اٰتٰيهُمْ مِنْ فَضْلِه۪ بَخِلُوا بِه۪ وَتَوَلَّوْا
وَهُمْ مُعْرِضُونَ ﴿٧٦﴾ فَاَعْقَبَهُمْ نِفَاقًا ف۪ي قُلُوبِهِمْ اِلٰى يَوْمِ
يَلْقَوْنَهُ بِمَٓا اَخْلَفُوا اللّٰهَ مَا وَعَدُوهُ وَبِمَا كَانُوا يَكْذِبُونَ ﴿٧٧﴾
اَلَمْ يَعْلَمُٓوا اَنَّ اللّٰهَ يَعْلَمُ سِرَّهُمْ وَنَجْوٰيهُمْ وَاَنَّ
اللّٰهَ عَلَّامُ الْغُيُوبِۚ ﴿٧٨﴾ اَلَّذ۪ينَ يَلْمِزُونَ الْمُطَّوِّع۪ينَ
مِنَ الْمُؤْمِن۪ينَ فِي الصَّدَقَاتِ وَالَّذ۪ينَ لَا يَجِدُونَ اِلَّا جُهْدَهُمْ
فَيَسْخَرُونَ مِنْهُمْۜ سَخِرَ اللّٰهُ مِنْهُمْۘ وَلَهُمْ عَذَابٌ اَل۪يمٌ ﴿٧٩﴾

اِسْتَغْفِرْ

73. ¡Oh (Ilustrísimo) Profeta! Combate a los incrédulos y los hipócritas (de un modo acorde al momento y las condiciones)[15], y sé severo con ellos. Su refugio final es el Infierno: ¡cuán funesto destino de llegada!

74. Juran por Dios que no han dicho nada (blasfemo) cuando profirieron en verdad blasfemias (palabras de incredulidad) y sucumbieron en la incredulidad tras haber ingresado en el Islam, y se propusieron e intentaron lo que no podían lograr. ¡Son rencorosos (contra el Islam y el Mensajero) por ninguna otra razón que Dios les enriqueció e (hizo que) Su Mensajero (les enriqueciese) con Su favor y generosidad! Aún así, si se arrepienten, será por su bien; pero si todavía se apartan, Dios les castigará en esta vida y en el Más Allá con un doloroso castigo. No tienen en la Tierra protector ni auxiliador (contra el castigo de Dios).

75. Entre ellos hay quienes prometen a Dios: «En verdad, si Dios nos otorga Su favor y generosidad, (pagaremos la Limosna Prescrita Purificadora) gastaremos la Limosna por Su causa y sin lugar a dudas estaremos entre los rectos».

76. Entonces Dios les concedió de Su gracia y generosidad. Pero se aferraron a ello de un modo miserable y dieron la espalda desviándose (de lo que habían prometido).

77. Así pues, como consecuencia de ello, Él ha hecho que la hipocresía persista en sus corazones (quedando ahí enraizada) hasta el día en que se encuentren con Él (al morir), porque faltaron a Dios en lo que Le habían prometido y porque habitualmente mentían.

78. ¿Es que no saben que Dios conoce lo que mantienen oculto y sus consejos secretos y murmuraciones, y que Dios posee pleno conocimiento de todo Lo Oculto (todo lo que se halla mas allá de la percepción de los seres creados)?

79. Se mofan de los creyentes que dan por la causa de Dios más de lo que les está prescrito dar y de aquellos que no encuentran nada que dar excepto (lo que ganan a través de) su duro esfuerzo y se mofan de ellos. Dios hará que su burla repercuta en ellos y hay un castigo doloroso para ellos[16].

15. La expresión «de un modo acorde al momento y las condiciones» no existe en el texto original del versículo. Sin embargo, en primer lugar, tal y como es mencionado en muchos otros versículos, el Corán distingue entre los oponentes del Islam y los incrédulos, la Gente del Libro y los politeístas, como vemos al principio de este *sura*. Nunca ordena que los infieles y los hipócritas sean tratados de la misma manera. En ocasiones ordena a los musulmanes que les traten con paciencia, a veces con perdón y otras veces pasando por alto su maltrato al Profeta y a los creyentes. En determinados momentos incluso se ruega a los creyentes que conversen con ellos de la mejor manera posible y que les convoquen a la verdad con una exhortación justa y con sabiduría. De suma importancia es saber la clase de incrédulos e hipócritas a tratar y bajo qué condiciones el versículo ordena al Mensajero, y por lo tanto a los musulmanes, que se esfuercen con tesón siendo firmes frente a ellos. Hemos de señalar que las tácticas de combate frente a los incrédulos y contra los hipócritas difieren entre sí. Por ejemplo, ya que los hipócritas son musulmanes en apariencia y son así considerados, los musulmanes no pueden luchar contra ellos mientras obedezcan al gobierno y cumplan sus deberes como ciudadanos. (Véase también el versículo 123, nota número 28).

16. Los versículos revelan lo detestable que es la hipocresía y advierte a la gente contra la misma. El último versículo describe un aspecto típico de la hipocresía. Aquellos que carecen de virtudes dignas de abalanza recriminan a la gente de valía por los méritos que han obtenido. Por ejemplo, tal y como mencionan en el versículo, los que no pueden gastar de sus bienes por el bien de la comunidad y la causa de Dios, intentan criticar a aquellos que lo hacen y les reprochan que lo que están haciendo es aparentar. Los hipócritas, durante la época del Mensajero, acusaban a los creyentes adinerados que donaban grandes cantidades de dinero de que no eran sinceros y de que hacían actos de ostentación, y se burlaban de los creyentes pobres que donaban modestas cantidades de sus exiguos ingresos que obtenían a través del duro trabajo, diciendo «¿Acaso las fortalezas de Bizancio serán destruidas con lo que éstos dan?». Les ridiculizaban haciendo gestos con sus ojos y sus cejas. Ése era el reflejo de la hipocresía que tenían en sus corazones. Actitudes tales como el sarcasmo, la burla y el reproche son mostradas a veces cuando se ve en los otros el mérito que uno carece, demostrando la hipocresía que se tiene en el corazón. A pesar de que no se puede decir que todo el que actúa así es un hipócrita, es cierto que dichas actitudes son propias de los hipócritas.

80. Y tanto si pides (Oh Mensajero) perdón por ellos como si no, aunque pidieras por su perdón setenta veces, Dios no les perdonará. Eso es así ya que no creen en Dios y en Su Mensajero. Dios no guía a la gente transgresora.

81. Aquellos que se rezagaron en oposición al Mensajero de Dios se alegran quedándose en casa y detestan luchar con sus propiedades y personas en la causa de Dios. Dicen: «No marchéis a la guerra con este calor». Di (Oh Mensajero): «El fuego del Infierno es más intenso». ¡Si al menos fuesen capaces de reflexionar y penetrar la esencia de los asuntos para percibir la verdad!

82. Así pues, permíteles que rían un poco y lloren mucho en recompensa por lo que se han ganado.

83. Si Dios te trae de vuelta (de la expedición) y una parte de ellos te pide permiso para marchar a la guerra contigo, diles: «Nunca volveréis a marchar conmigo ni luchareis contra el enemigo en mi compañía. Os complacisteis quedándoos en casa la primera vez, por lo tanto continuad en casa con los que (naturalmente) se han de quedar».

84. Y nunca lleves a cabo la Oración Funeraria por ninguno de ellos cuando mueran y no permanezcas en pie ante su tumba para rezar por él. No cabe duda que no creyeron en Dios y en Su Mensajero y murieron como transgresores.

85. Que ni sus riquezas ni sus hijos te impresionen. Dios sólo quiere castigarles

اِسْتَغْفِرْ لَهُمْ اَوْ لَا تَسْتَغْفِرْ لَهُمْۜ اِنْ تَسْتَغْفِرْ لَهُمْ سَبْعِينَ
مَرَّةً فَلَنْ يَغْفِرَ اللّٰهُ لَهُمْۜ ذٰلِكَ بِاَنَّهُمْ كَفَرُوا بِاللّٰهِ وَرَسُولِهٖۜ وَاللّٰهُ
لَا يَهْدِى الْقَوْمَ الْفَاسِقِينَ ﴿٨٠﴾ فَرِحَ الْمُخَلَّفُونَ بِمَقْعَدِهِمْ
خِلَافَ رَسُولِ اللّٰهِ وَكَرِهُوا اَنْ يُجَاهِدُوا بِاَمْوَالِهِمْ وَاَنْفُسِهِمْ
فِى سَبِيلِ اللّٰهِ وَقَالُوا لَا تَنْفِرُوا فِى الْحَرِّۜ قُلْ نَارُ جَهَنَّمَ اَشَدُّ
حَرًّاۜ لَوْ كَانُوا يَفْقَهُونَ ﴿٨١﴾ فَلْيَضْحَكُوا قَلِيلًا وَلْيَبْكُوا كَثِيرًا
جَزَٓاءً بِمَا كَانُوا يَكْسِبُونَ ﴿٨٢﴾ فَاِنْ رَجَعَكَ اللّٰهُ اِلٰى طَٓائِفَةٍ
مِنْهُمْ فَاسْتَاْذَنُوكَ لِلْخُرُوجِ فَقُلْ لَنْ تَخْرُجُوا مَعِىَ اَبَدًا وَلَنْ
تُقَاتِلُوا مَعِىَ عَدُوًّاۜ اِنَّكُمْ رَضِيتُمْ بِالْقُعُودِ اَوَّلَ مَرَّةٍ فَاقْعُدُوا
مَعَ الْخَالِفِينَ ﴿٨٣﴾ وَلَا تُصَلِّ عَلٰٓى اَحَدٍ مِنْهُمْ مَاتَ اَبَدًا
وَلَا تَقُمْ عَلٰى قَبْرِهٖۜ اِنَّهُمْ كَفَرُوا بِاللّٰهِ وَرَسُولِهٖ وَمَاتُوا وَهُمْ
فَاسِقُونَ ﴿٨٤﴾ وَلَا تُعْجِبْكَ اَمْوَالُهُمْ وَاَوْلَادُهُمْۜ اِنَّمَا يُرِيدُ اللّٰهُ
اَنْ يُعَذِّبَهُمْ بِهَا فِى الدُّنْيَا وَتَزْهَقَ اَنْفُسُهُمْ وَهُمْ كَافِرُونَ ﴿٨٥﴾
وَاِذَٓا اُنْزِلَتْ سُورَةٌ اَنْ اٰمِنُوا بِاللّٰهِ وَجَاهِدُوا مَعَ رَسُولِهِ اسْتَاْذَنَكَ
اُولُوا الطَّوْلِ مِنْهُمْ وَقَالُوا ذَرْنَا نَكُنْ مَعَ الْقَاعِدِينَ ﴿٨٦﴾

de ese modo en esta vida mundana y que sus almas partan siendo incrédulas[17].

86. (Sin lugar a dudas eran incrédulos y nunca quisieron marchar a la guerra por la causa de Dios.) Siempre y cuando se hace descender un *sura* (convocándoles): «Creed en Dios y luchad por la causa de Dios en compañía de Su Mensajero», (incluso) aquellos de entre ellos que pueden (ir a la guerra) te piden dispensa, diciendo: «Déjanos estar con los que se quedan en casa».

17. Véase el versículo 55, nota número 14.

رَضُوا بِاَنْ يَكُونُوا مَعَ الْخَوَالِفِ وَطُبِعَ عَلٰى قُلُوبِهِمْ
فَهُمْ لَا يَفْقَهُونَ ﴿٨٧﴾ لٰكِنِ الرَّسُولُ وَالَّذِينَ اٰمَنُوا مَعَهُ
جَاهَدُوا بِاَمْوَالِهِمْ وَاَنْفُسِهِمْ وَاُولٰٓئِكَ لَهُمُ الْخَيْرَاتُ
وَاُولٰٓئِكَ هُمُ الْمُفْلِحُونَ ﴿٨٨﴾ اَعَدَّ اللّٰهُ لَهُمْ جَنَّاتٍ تَجْرِي
مِنْ تَحْتِهَا الْاَنْهَارُ خَالِدِينَ فِيهَا ذٰلِكَ الْفَوْزُ الْعَظِيمُ ﴿٨٩﴾
وَجَٓاءَ الْمُعَذِّرُونَ مِنَ الْاَعْرَابِ لِيُؤْذَنَ لَهُمْ وَقَعَدَ الَّذِينَ
كَذَبُوا اللّٰهَ وَرَسُولَهُ سَيُصِيبُ الَّذِينَ كَفَرُوا مِنْهُمْ عَذَابٌ
اَلِيمٌ ﴿٩٠﴾ لَيْسَ عَلَى الضُّعَفَٓاءِ وَلَا عَلَى الْمَرْضٰى وَلَا
عَلَى الَّذِينَ لَا يَجِدُونَ مَا يُنْفِقُونَ حَرَجٌ اِذَا نَصَحُوا
لِلّٰهِ وَرَسُولِهِ مَا عَلَى الْمُحْسِنِينَ مِنْ سَبِيلٍ وَاللّٰهُ غَفُورٌ
رَحِيمٌ ﴿٩١﴾ وَلَا عَلَى الَّذِينَ اِذَا مَٓا اَتَوْكَ لِتَحْمِلَهُمْ قُلْتَ
لَٓا اَجِدُ مَٓا اَحْمِلُكُمْ عَلَيْهِ تَوَلَّوْا وَاَعْيُنُهُمْ تَفِيضُ
مِنَ الدَّمْعِ حَزَنًا اَلَّا يَجِدُوا مَا يُنْفِقُونَ ﴿٩٢﴾ اِنَّمَا السَّبِيلُ
عَلَى الَّذِينَ يَسْتَاْذِنُونَكَ وَهُمْ اَغْنِيَٓاءُ رَضُوا بِاَنْ يَكُونُوا
مَعَ الْخَوَالِفِ وَطَبَعَ اللّٰهُ عَلٰى قُلُوبِهِمْ فَهُمْ لَا يَعْلَمُونَ ﴿٩٣﴾

يَعْتَذِرُونَ

87. Se hallan gozosos de quedarse con aquellos (mujeres y niños) que se tienen que rezagar y sus corazones han sido sellados, por lo que no pueden reflexionar ni penetrar en la esencia de los asuntos para alcanzar la verdad.

88. Pero el Mensajero y aquellos creyentes en su compañía se esfuerzan en la causa de Dios con sus riquezas y personas. Esos tendrán los mejores dones y serán de los que se hallan dotados de prosperidad.

89. Dios ha dispuesto para ellos Jardines a través de los cuales discurren ríos donde morarán. Ese es el triunfo supremo.

90. Algunos de los beduinos árabes que exponían verdaderas excusas vinieron (al Mensajero) en búsqueda de dispensa para rezagarse, mientras que los que eran falsos con Dios y Su Mensajero (en su pacto y pretensión de adhesión) se quedaron en casa (sin tomar parte en ninguna expedición). Un duro castigo caerá sobre aquellos que no creen.

91. No incurren en falta aquellos que son demasiado débiles como para ir a la guerra, los enfermos, los que no pueden encontrar los medios (con los que equiparse y mantenerse a sí mismos si van en expedición) siempre y cuando sean sinceros con Dios y Su Mensajero. No puede haber ninguna manera de reprochar a los que son devotos en hacer el bien, conscientes de que Dios les está contemplando. Dios es Indulgente, Compasivo.

92. Ni (puede haber reproche alguno a) aquellos que cuando vinieron ante ti para que les proporcionases monturas, les dijiste: «No puedo encontrar nada en lo que haceros montar», y volvieron con sus ojos inundados de lágrimas por la pena de no encontrar nada que gastar (para prepararse a sí mismos para la expedición).

93. La manera (de reprochar) se halla únicamente abierta contra aquellos que pidieron dispensa para rezagarse aun siendo ricos (capaces de equiparse a sí mismos para la expedición). Se hallan gozosos de quedarse con aquellos (mujeres y niños) que tienen que rezagarse. Dios ha puesto un sello en sus corazones, por lo que no conocen (la verdad y lo que realmente les beneficia).

يَعْتَذِرُونَ اِلَيْكُمْ اِذَا رَجَعْتُمْ اِلَيْهِمْ قُلْ لَا تَعْتَذِرُوا
لَنْ نُؤْمِنَ لَكُمْ قَدْ نَبَّاَنَا اللّٰهُ مِنْ اَخْبَارِكُمْ وَسَيَرَى
اللّٰهُ عَمَلَكُمْ وَرَسُولُهُ ثُمَّ تُرَدُّونَ اِلٰى عَالِمِ الْغَيْبِ
وَالشَّهَادَةِ فَيُنَبِّئُكُمْ بِمَا كُنْتُمْ تَعْمَلُونَ ﴿٩٤﴾ سَيَحْلِفُونَ
بِاللّٰهِ لَكُمْ اِذَا انْقَلَبْتُمْ اِلَيْهِمْ لِتُعْرِضُوا عَنْهُمْ فَاَعْرِضُوا
عَنْهُمْ اِنَّهُمْ رِجْسٌ وَمَاْوٰيهُمْ جَهَنَّمُ جَزَاءً بِمَا كَانُوا
يَكْسِبُونَ ﴿٩٥﴾ يَحْلِفُونَ لَكُمْ لِتَرْضَوْا عَنْهُمْ فَاِنْ تَرْضَوْا
عَنْهُمْ فَاِنَّ اللّٰهَ لَا يَرْضٰى عَنِ الْقَوْمِ الْفَاسِقِينَ ﴿٩٦﴾
اَلْاَعْرَابُ اَشَدُّ كُفْرًا وَنِفَاقًا وَاَجْدَرُ اَلَّا يَعْلَمُوا حُدُودَ
مَا اَنْزَلَ اللّٰهُ عَلٰى رَسُولِهِ وَاللّٰهُ عَلِيمٌ حَكِيمٌ ﴿٩٧﴾ وَمِنَ
الْاَعْرَابِ مَنْ يَتَّخِذُ مَا يُنْفِقُ مَغْرَمًا وَيَتَرَبَّصُ بِكُمُ
الدَّوَائِرَ عَلَيْهِمْ دَائِرَةُ السَّوْءِ وَاللّٰهُ سَمِيعٌ عَلِيمٌ ﴿٩٨﴾ وَمِنَ
الْاَعْرَابِ مَنْ يُؤْمِنُ بِاللّٰهِ وَالْيَوْمِ الْاٰخِرِ وَيَتَّخِذُ مَا
يُنْفِقُ قُرُبَاتٍ عِنْدَ اللّٰهِ وَصَلَوَاتِ الرَّسُولِ اَلَا اِنَّهَا قُرْبَةٌ
لَهُمْ سَيُدْخِلُهُمُ اللّٰهُ فٖى رَحْمَتِهِ اِنَّ اللّٰهَ غَفُورٌ رَحِيمٌ ﴿٩٩﴾

94. Se excusarán ante vosotros (Oh creyentes) cuando regreséis a ellos. Di (a ellos, Oh Mensajero): «No presentéis excusas: nunca os creeremos. Dios nos ha informado (de la verdad) sobre vosotros. Dios observará vuestra (futura) conducta así como también hará el Mensajero, y luego seréis devueltos al Conocedor de Lo Oculto (todo lo que se halla más allá de la percepción de los seres creados) y de lo atestiguado (el reino perceptible) y os hará entender lo que hacíais (y os hará que rindáis cuenta de ello).

95. Cuando vuelvas a ellos, (por miedo al castigo) os jurarán en el Nombre de Dios, (repitiendo sus excusas) para que les dejéis. Así que dejadles y apartaos de ellos. Son abominables, y su refugio final será el Fuego como recompensa por lo que se han ganado.

96. Jurarán ante vosotros para que estéis complacidos con ellos. Pero aunque estéis complacidos con ellos Dios no está complacido con la gente transgresora.

97. Los árabes beduinos son (por naturaleza) más obstinados en la incredulidad y la hipocresía (que los habitantes de la ciudad) y más proclives a que desconozcan los límites prescritos por Dios y lo que ha hecho descender a Su Mensajero. Dios es Omnisciente (de la naturaleza y el estado de Sus siervos), Omnisapiente[18].

98. De entre los árabes beduinos hay quienes toman lo que gastan (como la Limosna Prescrita Purificadora y las contribuciones que se les pide que hagan por la causa de Dios) como un gravamen y esperan que os sobrevenga una desgracia; suya será la desgracia. Dios es Quien todo lo Oye y Omnisapiente.

99. Entre los árabes beduinos hay quienes creen en Dios y en el Día del Juicio Final y toman lo que gastan (como la Limosna Prescrita Purificadora y las contribuciones que se les pide que hagan por la causa de Dios) como un medio para acercarse a Dios y como oraciones del Mensajero (a Dios en su favor). Sin duda alguna, es para ellos un medio de aproximarse a Dios. Dios les admitirá en Su misericordia. En verdad, Dios es Indulgente, Compasivo.

18. Los árabes beduinos eran un pueblo que vivían una vida nómada en el desierto o en los pueblos. Como cultura, y a lo largo de los siglos en su particular estilo de vida, han desarrollado pautas de comportamiento generales, mientras que muchos de ellos, si no todos, eran rudos, obstinados e ignorantes. La mayoría de ellos no tenían tiempo para visitar al Mensajero y escucharle, por lo que era difícil para ellos cambiar su estilo de vida, su cosmovisión y creencias que no habían sido alteradas a lo largo de tantos siglos.

Tenemos que señalar que la historia nos dice que tanto los incrédulos como los hipócritas que vivieron durante la vida del Mensajero fueron los más obstinados de todos los tiempos. Tanto la población de La Meca como la de Medina, aunque extremadamente valientes, eran arrogantes, despiadadas, profundamente devotas de sus antiguas culturas, creencias, estilo de vida y era muy difícil tratar con ellas. Pero el profeta Muhammad —la paz y las bendiciones sean con él— les educó de tal manera que hizo salir de ellos la comunidad más misericordiosa, sabia, virtuosa y conocedora de todos los tiempos. Llegaron a ser conocidos y respetados como los Compañeros y se convirtieron en maestros de todas las generaciones musulmanas del futuro. Esto es uno de los grandes milagros del Mensajero, sin parangón en la historia de la humanidad. Said Nursi escribe lo siguiente:

> Considera con qué rapidez erradicó de su gente el fanático apego que tenían por las costumbres maléficas y salvajes así como por las cualidades inmorales. Contempla cómo equipó y adornó a las diversas poblaciones insensatas, salvajes e indómitas de la península con virtudes dignas de alabanza haciéndoles maestros para el mundo entero, especialmente para las naciones civilizadas. Y además, este dominio no fue externo, sino que conquistó las mentes, los espíritus, los corazones y las almas. Se convirtió en el amado de los corazones, el maestro de las almas, el instructor de los espíritus y su gobernante.
>
> Sabéis que un hábito tan minúsculo como es fumar en una comunidad pequeña solo puede ser erradicado permanentemente por un gobernante poderoso y con gran esfuerzo. Sin embargo, el Profeta erradicó rápidamente los numerosos hábitos arraigados en obsesionadas comunidades de gran entidad con muy poco esfuerzo externo y poder manifiesto. En su lugar, impartió e inculcó excelsas cualidades que pasaron a ser inherentes al ser. Muchos más logros milagrosos se le pueden atribuir. Los que se nieguen a reconocer el testimonio de su bendita era, que se dirijan a la «civilizada» Península Arábiga de hoy en día, con cientos de filósofos, sociólogos y psicólogos y durante cien años se esfuercen. Me gustaría saber si pueden lograr en ese período aunque sea una pequeña fracción de lo que el Profeta logró en tan sólo un año [*The Words*, («Las Palabras»), «The 19th Word» («La 19ª Palabra»), págs. 249-250].

En la lectura y comprensión de los pasajes coránicos que tratan acerca de los incrédulos entre los hipócritas, no se debe olvidar esta cuestión.

وَالسَّابِقُونَ الْاَوَّلُونَ مِنَ الْمُهَاجِرِينَ وَالْاَنْصَارِ وَالَّذِينَ
اتَّبَعُوهُمْ بِاِحْسَانٍ رَضِيَ اللّٰهُ عَنْهُمْ وَرَضُوا عَنْهُ وَاَعَدَّ
لَهُمْ جَنَّاتٍ تَجْرِي تَحْتَهَا الْاَنْهَارُ خَالِدِينَ فِيهَا اَبَدًا ذٰلِكَ
الْفَوْزُ الْعَظِيمُ ﴿١٠٠﴾ وَمِمَّنْ حَوْلَكُمْ مِنَ الْاَعْرَابِ مُنَافِقُونَ
وَمِنْ اَهْلِ الْمَدِينَةِ مَرَدُوا عَلَى النِّفَاقِ لَا تَعْلَمُهُمْ نَحْنُ
نَعْلَمُهُمْ سَنُعَذِّبُهُمْ مَرَّتَيْنِ ثُمَّ يُرَدُّونَ اِلٰى عَذَابٍ عَظِيمٍ ﴿١٠١﴾
وَاٰخَرُونَ اعْتَرَفُوا بِذُنُوبِهِمْ خَلَطُوا عَمَلًا صَالِحًا وَاٰخَرَ
سَيِّئًا عَسَى اللّٰهُ اَنْ يَتُوبَ عَلَيْهِمْ اِنَّ اللّٰهَ غَفُورٌ رَحِيمٌ ﴿١٠٢﴾
خُذْ مِنْ اَمْوَالِهِمْ صَدَقَةً تُطَهِّرُهُمْ وَتُزَكِّيهِمْ بِهَا وَصَلِّ
عَلَيْهِمْ اِنَّ صَلٰوتَكَ سَكَنٌ لَهُمْ وَاللّٰهُ سَمِيعٌ عَلِيمٌ ﴿١٠٣﴾ اَلَمْ
يَعْلَمُوا اَنَّ اللّٰهَ هُوَ يَقْبَلُ التَّوْبَةَ عَنْ عِبَادِهِ وَيَاْخُذُ الصَّدَقَاتِ
وَاَنَّ اللّٰهَ هُوَ التَّوَّابُ الرَّحِيمُ ﴿١٠٤﴾ وَقُلِ اعْمَلُوا فَسَيَرَى اللّٰهُ
عَمَلَكُمْ وَرَسُولُهُ وَالْمُؤْمِنُونَ وَسَتُرَدُّونَ اِلٰى عَالِمِ الْغَيْبِ
وَالشَّهَادَةِ فَيُنَبِّئُكُمْ بِمَا كُنْتُمْ تَعْمَلُونَ ﴿١٠٥﴾ وَاٰخَرُونَ مُرْجَوْنَ
لِاَمْرِ اللّٰهِ اِمَّا يُعَذِّبُهُمْ وَاِمَّا يَتُوبُ عَلَيْهِمْ وَاللّٰهُ عَلِيمٌ حَكِيمٌ ﴿١٠٦﴾

وَالَّذِينَ

100. Los primeros y más destacados (al abrazar el Islam y superar a otros en virtud) entre los Emigrantes y los Ayudantes, y aquellos que les siguieron en devoción haciendo el bien, conscientes de que Dios les está contemplando, Dios se halla complacido con ellos y ellos se encuentran complacidos con Él. Les ha dispuesto Jardines por los cuales discurren ríos donde morarán. Ese es el triunfo supremo[19].

101. Entre los árabes beduinos que residen en vuestros alrededores se dan hipócritas así como entre la población de Medina (a su vez) que han pasado a ser más cautelosos e insidiosos en la hipocresía: tú (Oh Mensajero) no les conoces (a no ser que te informemos de ellos). Nosotros les conocemos a todos (y la amenaza que constituyen). Les castigaremos dos veces, luego serán designados a un tremendo castigo (en el Más Allá).

102. Otros (hay que) reconocen sus pecados: han mezclado una obra buena con otra mala. Puede ser que Dios corresponda su arrepentimiento con perdón. En verdad Dios es Indulgente, Compasivo.

103. Toma de ellos limosna (prescrita o voluntaria) de sus riquezas para que (Oh Mensajero) tal vez les purifiques y les hagas crecer en pureza y en sinceridad, y ruega por ellos. En verdad, tus oraciones son una fuente de alivio para ellos. Dios es Quien todo lo Oye y Omnisapiente.

104. ¿Acaso no saben que Dios es sin duda Quien acepta el arrepentimiento de Sus siervos y acepta lo que es ofrecido en caridad (prescrita o voluntaria) por Su causa y que Dios es sin duda Quien acepta el arrepentimiento y lo corresponde con generoso perdón y recompensa adicional, el Compasivo (en especial hacia Sus siervos creyentes)?

105. Di: «Obrad, y Dios contemplará vuestra obra así como Su Mensajero y los verdaderos creyentes también harán. Seréis llevados de vuelta al Conocedor de Lo Oculto (todo lo que se halla más allá de la percepción de los sentidos) y de lo atestiguado (el reino perceptible), y os hará entender lo que hacíais (y os hará que rindáis cuenta de ello).

106. Y aún así otros (hay, sobre los que) se espera el decreto de Dios: bien los castigará o bien les guiará al arrepentimiento para perdonarles[20]». Dios es Omnisciente, Omnisapiente.

19. Este versículo es más que suficiente para revelar los méritos de los Compañeros del Profeta. Los eruditos musulmanes unánimemente están de acuerdo con que los Compañeros de Muhammad —la paz y las bendiciones sean con él— son las personas más dignas de elogio tras los Profetas. Hemos de señalar aquí que, a pesar de que el Corán emplea la preposición *min* (cuya función lingüística es excluir una parte de un todo) al describir los Jardines en los que todos los creyentes van a ser admitidos, no lo hace en este versículo. Por lo tanto, aunque hay ríos en otros Jardines por los que discurren, los Jardines en los que aquellos serán admitidos tendrán ríos que discurren a lo largo de ellos. Esto significa que tendrán más bendiciones y recompensas que otros.

Según la definición de los estudiosos, un Compañero es «un creyente que vio y escuchó al Mensajero al menos una vez y murió como creyente» (al-Asqalani, 1:7). Los eruditos los han dividido en doce grados o rangos, según su orden de precedencia al aceptar y seguir el Islam, de la siguiente manera: (Algunos Compañeros, particularmente los primeros en aceptar el Islam, se hallan incluidos en muchos de los rangos. Por ejemplo, nueve de los diez Compañeros a los que se les prometió en vida el Paraíso se hallan incluidos en el primer rango y también en el segundo, por lo tanto, cada rango debería considerarse respecto a aquellos que se encuentran incluidos en él particularmente).

- Los Cuatro Califas Rectamente Guiados (Abu Bakr, 'Umar, 'Uzman y 'Ali) y el resto de los diez Compañeros a los que se les prometió el Paraíso mientras aún se hallaban con vida (Zubayr ibn al-'Awwam, Abu 'Ubaydah ibn al-Yarrah, 'Abdurrahman ibn al-'Awf, Talha ibn 'Ubaydullah, Sa'd ibn Abi Waqqas y Sa'id ibn Zayd).
- Aquellos que creyeron antes de la conversión de 'Umar y se reunían secretamente en la casa de Zayd ibn Arqam para escuchar al Mensajero —la paz y las bendiciones sean con él—.
- Aquellos que emigraron a Abisinia.
- Los Ayudantes (Ansar) que juraron fidelidad al Mensajero en al-'Aqaba.
- Los Ayudantes que juraron fidelidad en al-'Aqabah al año siguiente.
- Los Emigrantes que se unieron al Mensajero durante la Hégira antes de su llegada a Medina desde Quba, donde permaneció durante un breve tiempo.
- Los Compañeros que lucharon en Badr.
- Aquellos que emigraron a Medina entre la Batalla de Badr y el Tratado de Judaybiya.
- Los Compañeros que juraron fidelidad bajo un árbol durante la expedición en Judaybiya.
- Aquellos que se convirtieron al Islam y emigraron a Medina después del Tratado de Judaybiya.
- Aquellos que se hicieron musulmanes después de la conquista de La Meca.
- Los niños que vieron al Mensajero en cualquier momento y en cualquier lugar después de la conquista de La Meca (al-Hakim, 22-24).

Algunos comentaristas del Corán sobreentienden de la expresión *Los primeros y más destacados (al abrazar el Islam y superar a otros en virtud) entre los Emigrantes y los Ayudantes* que ésta indica a los primeros dos o tres rangos entre los Emigrantes y los Ayudantes y la expresión *aquellos que les siguieron en devoción haciendo el bien, conscientes de que Dios les está contemplando*, señala a los demás. Pero otros son de la opinión que la preposición *min* traducida como «entre» desempeña aquí una labor explicatoria y por lo tanto, *los Emigrantes y los Ayudantes* se encuentran en aposición con *los primeros y más destacados*. Según estos eruditos, todos los Emigrantes y Ayudantes son los primeros y más destacados del Islam y *aquellos que les siguieron en devoción haciendo el bien, conscientes de que Dios les está contemplando* son las dos generaciones que siguieron a los Compañeros. El Mensajero declaró: «La mejor gente son los que viven en mi época;

luego les sigue los que les sucedan y a continuación les siguen los que les sucedan a éstos. A éstos les sucederá una generación cuyo testimonio a veces será verdadero y a veces falso (al-Bujari, *Fada'il al-Ashab*, 1; Muslim, *Fada'il as-Sahabah*, 212).

20. Existen algunos acontecimientos que operan como criterio decisivo para distinguir claramente una gente de otra y para ayudar a comprender su carácter y sus valores, así como para poder juzgarles. La campaña de Tabuk durante la época del Mensajero fue uno de estos acontecimientos. Muestra explícitamente que se dan diferentes categorías o rangos entre los musulmanes

Tal y como indicamos anteriormente en la nota número 1 (Apéndice 3), básicamente se dan dos clases de musulmanes: Los verdaderos, que creen en lo que se debe de creer, y los falsos que tan sólo son legalmente musulmanes o ciudadanos musulmanes de un estado islámico. Si una persona declara verbalmente la fe y asiste a las oraciones en congregación, especialmente la del Viernes y paga la Limosna Prescrita Purificadora, es considerada pues musulmana. Pero tal persona puede perfectamente ser un hipócrita que en su fuero interno no cree. Por lo tanto, tal y como se indica en los versículos, tres tipos de creyentes aparecen en escena durante la campaña de Tabuk:

- Verdaderos creyentes: Tomaron parte en la campaña por voluntad propia, y si no participaron fue porque no pudieron debido a la falta de medios necesarios, a que se hallaban enfermos o muy débiles. Estos creyentes siempre permanecieron fieles a Dios y a Su Mensajero, e hicieron donaciones cada uno de acuerdo con sus capacidades. Entre dichos creyentes también se dan grados. Algunos superaron a otros abrazando el Islam y sirviéndolo, mientras que otros los siguieron sinceramente y en devoción para hacer el bien.
- Los creyentes que no tomaron parte en la campaña, pero que inmediatamente se arrepintieron; y por lo tanto Dios les perdonó.
- Los creyentes que no participaron en la campaña ni asimismo mostraron arrepentimiento alguno. Sus casos fueron pospuestos hasta el momento en que Dios emita Su juicio sobre ellos. Fueron aquellos citados por el versículo 118 de este *sura*, en el cual se indica que también se arrepintieron con suma sinceridad y fueron perdonados.
- Los hipócritas: No creían en los fundamentos de la fe, pero la declaraban verbalmente. Asistían a las oraciones en congregación de los fieles, en particular la oración del Viernes, a pesar de hacerlo a regañadientes y con pereza, y si eran lo suficientemente ricos como para pagar la Limosna Prescrita Purificadora, así lo hacían. Pero frecuentemente mentían, no dejaban pasar oportunidad alguna para perjudicar al Islam, al Mensajero y a los creyentes. Algunos de ellos eran más astutos e insidiosos en su hipocresía. Pero la sagacidad, perspicacia e inteligencia inigualables del Profeta, así como el hecho de que la Revelación Divina le respaldaba, evitaron que sus planes tuvieran éxito. Sin embargo, ya que no hicieron nada que pudiera clasificarles legalmente como incrédulos o apóstatas, fueron considerados como musulmanes. El Mensajero no reveló su identidad. Tan sólo le habló de ellos a Judayfah ibn al-Yaman. Después de que le fuese prohibido realizar la Oración Funeraria por ellos (9:84), el Mensajero no ofició ninguna a ningún hipócrita tras su fallecimiento. Después del Mensajero, los otros Compañeros, incluyendo a Umar en particular, obraron de igual manera que Judayfah en relación a si la Oración Funeraria debería ser llevada a cabo para una persona o no, y de este modo, si Judayfah no participaba en la Oración Funeraria de alguien, ellos a su vez tampoco participaban.

وَالَّذِينَ اتَّخَذُوا مَسْجِدًا ضِرَارًا وَكُفْرًا وَتَفْرِيقًا بَيْنَ
الْمُؤْمِنِينَ وَإِرْصَادًا لِمَنْ حَارَبَ اللّٰهَ وَرَسُولَهُ مِنْ قَبْلُ
وَلَيَحْلِفُنَّ إِنْ أَرَدْنَا إِلَّا الْحُسْنٰى وَاللّٰهُ يَشْهَدُ إِنَّهُمْ لَكَاذِبُونَ ١٠٧
لَا تَقُمْ فِيهِ أَبَدًا لَمَسْجِدٌ أُسِّسَ عَلَى التَّقْوٰى
مِنْ أَوَّلِ يَوْمٍ أَحَقُّ أَنْ تَقُومَ فِيهِ فِيهِ رِجَالٌ يُحِبُّونَ
أَنْ يَتَطَهَّرُوا وَاللّٰهُ يُحِبُّ الْمُطَّهِّرِينَ ١٠٨ أَفَمَنْ أَسَّسَ
بُنْيَانَهُ عَلٰى تَقْوٰى مِنَ اللّٰهِ وَرِضْوَانٍ خَيْرٌ أَمْ مَنْ
أَسَّسَ بُنْيَانَهُ عَلٰى شَفَا جُرُفٍ هَارٍ فَانْهَارَ بِهِ
فِى نَارِ جَهَنَّمَ وَاللّٰهُ لَا يَهْدِى الْقَوْمَ الظَّالِمِينَ ١٠٩ لَا يَزَالُ
بُنْيَانُهُمُ الَّذِى بَنَوْا رِيبَةً فِى قُلُوبِهِمْ إِلَّا أَنْ تَقَطَّعَ
قُلُوبُهُمْ وَاللّٰهُ عَلِيمٌ حَكِيمٌ ١١٠ إِنَّ اللّٰهَ اشْتَرٰى مِنَ الْمُؤْمِنِينَ
أَنْفُسَهُمْ وَأَمْوَالَهُمْ بِأَنَّ لَهُمُ الْجَنَّةَ يُقَاتِلُونَ فِى سَبِيلِ
اللّٰهِ فَيَقْتُلُونَ وَيُقْتَلُونَ وَعْدًا عَلَيْهِ حَقًّا فِى التَّوْرٰيةِ
وَالْإِنْجِيلِ وَالْقُرْاٰنِ وَمَنْ أَوْفٰى بِعَهْدِهِ مِنَ اللّٰهِ فَاسْتَبْشِرُوا
بِبَيْعِكُمُ الَّذِى بَايَعْتُمْ بِهِ وَذٰلِكَ هُوَ الْفَوْزُ الْعَظِيمُ ١١١

107. Algunos de los hipócritas —que han adoptado una mezquita para la disensión e incredulidad, con la intención de provocar la división entre los creyentes y emplearla como puesto avanzado para colaborar con aquellos que anteriormente han hecho la guerra a Dios y a Su Mensajero— jurarán con toda seguridad: «No queríamos sino el bien (al edificar esta mezquita)», mientras que Dios da testimonio de que son efectivamente mentirosos[21].

108. No lleves a cabo la Oración en esa mezquita. La mezquita que fue fundada bajo la piedad y adoración a Dios desde el primer día (de Medina) es más encomiable para que permanezcas en ella con el fin de llevar a cabo la Oración. En ella hay hombres que aman ser purificados (de todos los defectos espirituales y morales). Dios ama a aquellos que se esfuerzan en purificarse.

109. ¿Quién es mejor, aquél que fundó su edificio (su religión y su mundo personal) sobre la piedad y la adoración a Dios y que busca Su complacencia, o quien lo ha fundado al borde de una orilla que se desmorona por efecto del agua, así que lo arrastra con él hacia el Fuego del Infierno? Dios no guía a la gente malhechora.

110. El edificio (los sistemas, los planes y los modos de vida) que los hipócritas han fundado, nunca dejará de ser una duda y una inquietud en sus corazones (que están abatidos por el miedo y las ansiedades) a menos que sus corazones se fragmenten en pedazos (y ellos mismos mueran)[22]. Dios es Omnisciente (de sus estados mentales y conspiraciones), Omnisapiente (en Cuyo decreto y acto se dan numerosos ejemplos de sabiduría).

111. Dios ha comprado de los creyentes sus personas y sus riquezas porque el Paraíso es para ellos[23]. Se esfuerzan en pos de la causa de Dios, matan y son matados. Esta es una promesa que Dios ha asumido en la Tora, en el Evangelio y en el Corán[24]. ¿Quién podría ser más fiel a su pacto que Dios? ¡Así pues (Oh creyentes), buenas nuevas para vosotros por el pacto que habéis hecho con Él! Ese es, sin duda, el triunfo supremo.

21. Este versículo menciona una cuestión muy importante. A pesar de las advertencias contundentes en el Corán, los musulmanes han sido incapaces de descubrir las conspiraciones de los hipócritas, a excepción de las de la Era de la Felicidad, incluyendo cierto período de la época de los Cuatro Califas Rectamente Guiados. Numerosos actos de hipocresía han sido origen de enormes peligros para los musulmanes.

En su lucha incesante contra el Islam en Medina, los hipócritas construyeron la mezquita que estaba destinada a dividir la comunidad musulmana. Invitaron al Mensajero para que la inaugurara y dirigiese en ella la primera oración. Sin embargo, el Mensajero rehusó hacerlo ya que estaba ocupado con las preparaciones de la campaña de Tabuk.

En dicha ciudad habitaba un hombre llamado Abu 'Amir que había abrazado el cristianismo antes de la emigración del Mensajero a Medina y que deseaba alcanzar la jefatura. Sin embargo, ya que no pudo llegar a cabo sus planes después de que el Mensajero emigrase a Medina, pasó a ser un enemigo del Mensajero y empezó a luchar contra él. Finalmente, se presentó ante al emperador bizantino con la intención de incitarle para enfrentarse a los musulmanes. Construyendo esa mezquita, los hipócritas quisieron emplearla como base para colaborar con dichos enemigos. El Mensajero, que conocía el propósito real de la construcción de la mezquita, ordenó su destrucción a su vuelta de Tabuk.

Un gran número de grupos hipócritas bajo la apariencia del Islam han conspirado contra los musulmanes a lo largo de la historia del Islam. También han desempeñado un importante papel en la aparición de un gran número de sectas heterodoxas. Asimismo son dichos grupúsculos los que causaron la destrucción del Estado Otomano y conspiraron contra los musulmanes a lo largo y ancho del mundo desde aquel entonces. Aunque musulmanes de nombre, pertenecen normalmente a distintas confesiones, son anti-religiosos y son enemigos acérrimos del Islam. Entre ellos, algunos han construido mezquitas y se han infiltrado en organizaciones musulmanas. Es una verdadera lástima que en los últimos siglos pareciera que los musulmanes, en particular, hayan carecido del suficiente discernimiento como para reconocer a dichos individuos.

22. Este versículo describe los mundos internos de los hipócritas en un estilo extraordinariamente figurativo. Todos los sistemas que diseñan, los planes que hacen y los puestos de avanzada que erigen para luchar contra el Islam no son más que una fuente de inquietud y temor para ellos. Fingen ser musulmanes cuando sus corazones no son sino como nidos de culebras y escorpiones. Al ser traidores, siempre se hallan atemorizados. Sienten temor constante de ser descubiertos y de que sus planes sean desvelados. Este miedo oprime sus pechos, es evidente hasta qué punto dicho temor puede ser dañino para sus corazones. Si los grupos hipócritas han tenido éxito hasta cierto punto en sus conspiraciones contra los musulmanes, particularmente en los últimos siglos es porque los musulmanes se han alejado del Islam y han perdido el discernimiento que el Islam les proporciona. No cabe duda que la hipocresía es un calabozo o una prisión para un hipócrita.

23. Es Dios Quien ha creado la humanidad y ha dispuesto todas las condiciones para nuestra vida. Por lo tanto, Él es nuestro Dueño absoluto. Sin embargo, Él nos ha distinguido y honrado con el libre albedrío y, sin abandonarnos para perdernos en la «tierra baldía» del mundo, nos ha informado de las consecuencias que afrontaremos por nuestras acciones.

Ya que la mismísima esencia de la humanidad pertenece a Dios, la parte que a Él Le corresponde de la supuesta riqueza que les pertenece a ellos supone casi el 99'9% de la misma. Por ejemplo, el aire y el agua son dos de los tres elementos básicos para la vida humana. Éstos pertenecen a Dios única y exclusivamente y nada de ellos es propiedad de los seres humanos como resultado de su esfuerzo. Es Dios Quien crea el grano de trigo y Quien le dota de la habilidad para germinar. Es Él Quien crea el aire, el agua, la tierra y la luz solar que son esenciales para su crecimiento y es Él Quien hace que los elementos cooperen entre sí. Asimismo, es Él Quien ha creado a los seres humanos con el poder y la habilidad para obtener el trigo. Por lo tanto, su participación en el pan que hacen del mismo es inferior al 1/1000.

Aunque la humanidad, con su mismísimo ser y su riqueza, pertenece única y exclusivamente a Dios, Dios le ofrece un negocio ventajoso: Él les comprará lo que Él posee y ha depositado en ellos a cambio de su felicidad eterna. También les protege y salva de la preocupación por dichas cosas. Es una oportunidad única a favor de los seres humanos. Sin embargo, nuestra ignorancia y descuido pueden llegar a evitar que aceptemos voluntariamente dicho negocio ventajoso.

Mientras que el Corán menciona primero la riqueza y luego la persona de los seres humanos en los pasajes donde trata sobre esforzarse por la causa de Dios, este versículo da prioridad a los seres humanos, ya que son esos seres los que disfrutarán de la felicidad eterna en el Paraíso [Bediüzzaman Said Nursi, *The Words* («Las Palabras»), «The 6th Word» («La Sexta Palabra»); M. Fethullah Gülen, *Kur'an'dan İdrake Yansıyanlar*, 1:182-183].

24. El versículo nos informa explícitamente de una promesa hecha a los creyentes mencionada en la Tora, el Evangelio y el Corán. Sin embargo, a pesar de que hay muchos pasajes en el Evangelio relativos al Paraíso, a veces bajo el título de «El Reino de los Cielos», tal y como en el versículo «Felices los que son perseguidos por practicar la justicia, porque a ellos les pertenece el Reino de los Cielos» (Mateo, 5:10), y a veces bajo el título de la vida eterna tal y como en el versículo «Y todo aquel que haya dejado casas, hermanos, hermanas, padre, madre, esposa, hijos, tierras por Mi Nombre, lo recibirá cien veces y heredará la vida eterna (*Mateo*, 19:29). La Tora en su forma actual no contiene ninguna promesa explícita del Paraíso. Se halla despojada de cualquier noción relativa a la vida después de la muerte, del Día del Juicio Final, de la recompensa y del castigo Divinos, a pesar de que la creencia en el Más Allá es el segundo pilar de la fe revelada por Dios. Seguramente el original de la Tora contenía pasajes que tenían relación con este pilar. Al ser la actual Tora el producto de una época de la historia judía en la que los judíos pasaron a ser individuos demasiado mundanos, todas las promesas de vida eterna en el Paraíso se interpretaron como un triunfo en esta vida mundana y las descripciones del Paraíso fueron entendidas como descripciones de Palestina. Por ejemplo, en el Corán —48:15—, el Paraíso es descrito como un lugar que ha sido prometido a los piadosos, en el que fluyen ríos de leche o agua pura e impoluta, vino delicioso que no embriaga (jugo de frutas) y de miel pura. Pero en la Tora actual, la tierra con leche y miel (*Deuteronomio, 6:3*) se interpreta como Palestina.

Sin embargo, algunos eruditos judíos contemplan la Resurrección y la vida después de la muerte como «la Decimotercera Fundación» de la religión judía, siendo dicha Decimotercera Fundación la resurrección de los muertos. Lo que viene a continuación es una traducción de Maimónides (Rabbi Moshe ben Maimon), también conocido por el acrónimo de sus iniciales en hebreo, RaMBa'M—, quien escribe sobre dicho tema: «La resurrección de los muertos es una de las fundaciones de Moshe, nuestro Maestro, la paz sea sobre él. No hay fe ni vínculo con la religión judía para aquél que no crea en ello. Pero la resurrección es solo para los justos. Y así los sabios enseñan: "Las lluvias son para los rectos y los pérfidos, y la resurrección de los muertos es únicamente para los rectos"». (Se puede encontrar más información al respecto en: http://members.aol.com/LazerA/13yesodos.html).

اَلتَّٓائِبُونَ الْعَابِدُونَ الْحَامِدُونَ السَّٓائِحُونَ الرَّاكِعُونَ
السَّاجِدُونَ الْاٰمِرُونَ بِالْمَعْرُوفِ وَالنَّاهُونَ
عَنِ الْمُنْكَرِ وَالْحَافِظُونَ لِحُدُودِ اللّٰهِ وَبَشِّرِ الْمُؤْمِنِينَ ١١٢
مَا كَانَ لِلنَّبِيِّ وَالَّذِينَ اٰمَنُٓوا اَنْ يَسْتَغْفِرُوا لِلْمُشْرِكِينَ
وَلَوْ كَانُٓوا اُو۬لِي قُرْبٰى مِنْ بَعْدِ مَا تَبَيَّنَ لَهُمْ اَنَّهُمْ
اَصْحَابُ الْجَحِيمِ ١١٣ وَمَا كَانَ اسْتِغْفَارُ اِبْرٰهِيمَ
لِاَبِيهِ اِلَّا عَنْ مَوْعِدَةٍ وَعَدَهَٓا اِيَّاهُۚ فَلَمَّا تَبَيَّنَ لَهُٓ
اَنَّهُ عَدُوٌّ لِلّٰهِ تَبَرَّاَ مِنْهُۜ اِنَّ اِبْرٰهِيمَ لَاَوَّاهٌ حَلِيمٌ ١١٤
وَمَا كَانَ اللّٰهُ لِيُضِلَّ قَوْمًا بَعْدَ اِذْ هَدٰيهُمْ حَتّٰى يُبَيِّنَ
لَهُمْ مَا يَتَّقُونَۜ اِنَّ اللّٰهَ بِكُلِّ شَيْءٍ عَلِيمٌ ١١٥ اِنَّ اللّٰهَ لَهُ
مُلْكُ السَّمٰوَاتِ وَالْاَرْضِۜ يُحْيِي وَيُمِيتُۜ وَمَا لَكُمْ
مِنْ دُونِ اللّٰهِ مِنْ وَلِيٍّ وَلَا نَصِيرٍ ١١٦ لَقَدْ تَابَ اللّٰهُ
عَلَى النَّبِيِّ وَالْمُهَاجِرِينَ وَالْاَنْصَارِ الَّذِينَ اتَّبَعُوهُ
فِي سَاعَةِ الْعُسْرَةِ مِنْ بَعْدِ مَا كَادَ يَزِيغُ قُلُوبُ
فَرِيقٍ مِنْهُمْ ثُمَّ تَابَ عَلَيْهِمْ اِنَّهُ بِهِمْ رَؤُ۫فٌ رَحِيمٌ ١١٧

وَعَلَى الثَّلٰثَةِ

112. Aquellos que se tornan en arrepentimiento a Dios, los que adoran a Dios, los que Le glorifican, los que viajan (para trasmitir el Mensaje de Dios, estudiar, hacer investigaciones por la causa de Dios o reflexionar sobre los signos de Dios), los que se inclinan por temor a Dios, los que se postran ante Dios en sumisión, los que ordenan y promueven lo que es correcto y bueno y prohíben e intentan evitar el mal y los que guardan los límites establecidos por Dios: dales buenas nuevas a los creyentes.

113. No es propio del Profeta ni de los creyentes pedirle a Dios perdón por los que han atribuido copartícipes a Dios aunque sean parientes próximos, después de haberles aclarado que éstos (murieron como politeístas y por lo tanto) han sido condenados al Fuego Llameante.

114. La plegaria de Abraham por el perdón de su padre fue solo una promesa que le había hecho, pero cuando vio con claridad que era enemigo de Dios, (Abraham) se apartó de él[25]. Abraham era sumamente tierno de corazón, sumamente clemente.

115. Dios no extraviará a la gente después de haberles guiado, sin haberles dejado claro lo que tienen que evitar (para guardarse del extravío)[26]. En verdad, Dios posee pleno conocimiento de todas las cosas.

116. A Dios Le pertenece la soberanía de los Cielos y de la Tierra. Él da la vida y causa la muerte. Y no tenéis, aparte de Dios, a ningún otro protector (que os protegerá y en el cual podéis confiar vuestros asuntos) o un ayudante.

117. Dios sin duda alguna se ha dirigido con misericordia al Profeta, así como a los Emigrantes y Ayudantes que le siguieron en los tiempos difíciles, cuando los corazones de una parte de ellos habían estado a punto de desviarse, pero Dios se dirigió a ellos con misericordia (y les protegió del desvío). En verdad, para ellos Él es Clemente, Compasivo.

25. Es un asunto controvertido el hecho de si Azar, que el Corán menciona como el padre de Abraham, era su verdadero padre o su padrastro. El Corán siempre emplea el término *ab* para él, lo cual puede significar al mismo tiempo su verdadero padre o padre adoptivo. Abraham le prometió que rogaría a Dios perdón por él (19:47). Para cumplir su promesa, pidió perdón por él (26:86). Luego, quedó claro para Abraham que Azar era el enemigo de Dios, y dejó de rezar por su alma. Sin embargo, también leemos en el Corán que hacia el final de su vida, cuando engendró a Ismael (Ismail) y a Isaac (Ishaq), Abraham rezó por sus padres, diciendo: *¡Señor nuestro! Perdóname a mí, y a mis padres* (14:41). El Corán emplea aquí la palabra *walidayn* (padres), no *abawayn*. La palabra *ab* puede querer decir padre real o padre adoptivo, mientras que la palabra *walid*, hace referencia al padre real. Con esto, se concluye que Azar no era el verdadero padre del profeta Abraham —la paz sea sobre él—.

26. Después de haber guiado a un pueblo, Dios nunca permite que se extravíen sin haberles dejado claro qué actitudes resultarán en su extravío. Por lo tanto, los que se desvían del camino recto después de que Dios les haya guiado son aquellos cuyos corazones Dios aparta porque ellos mismos se han apartado del camino recto (61:5) y modifican sus mundos internos, cosmovisión y estilo de vida (13:11).

وَعَلَى الثَّلٰثَةِ الَّذٖينَ خُلِّفُواۜ حَتّٰٓى اِذَا ضَاقَتْ عَلَيْهِمُ
الْاَرْضُ بِمَا رَحُبَتْ وَضَاقَتْ عَلَيْهِمْ اَنْفُسُهُمْ وَظَنُّٓوا
اَنْ لَا مَلْجَاَ مِنَ اللّٰهِ اِلَّٓا اِلَيْهِۜ ثُمَّ تَابَ عَلَيْهِمْ لِيَتُوبُواۜ
اِنَّ اللّٰهَ هُوَ التَّوَّابُ الرَّحٖيمُ ﴿١١٨﴾ يَٓا اَيُّهَا الَّذٖينَ اٰمَنُوا
اتَّقُوا اللّٰهَ وَكُونُوا مَعَ الصَّادِقٖينَ ﴿١١٩﴾ مَا كَانَ لِاَهْلِ
الْمَدٖينَةِ وَمَنْ حَوْلَهُمْ مِنَ الْاَعْرَابِ اَنْ يَتَخَلَّفُوا
عَنْ رَسُولِ اللّٰهِ وَلَا يَرْغَبُوا بِاَنْفُسِهِمْ عَنْ نَفْسِهٖۜ ذٰلِكَ بِاَنَّهُمْ
لَا يُصٖيبُهُمْ ظَمَاٌ وَلَا نَصَبٌ وَلَا مَخْمَصَةٌ فٖى سَبٖيلِ اللّٰهِ
وَلَا يَطَؤُنَ مَوْطِئًا يَغٖيظُ الْكُفَّارَ وَلَا يَنَالُونَ مِنْ عَدُوٍّ
نَيْلًا اِلَّا كُتِبَ لَهُمْ بِهٖ عَمَلٌ صَالِحٌۜ اِنَّ اللّٰهَ لَا يُضٖيعُ
اَجْرَ الْمُحْسِنٖينَۙ ﴿١٢٠﴾ وَلَا يُنْفِقُونَ نَفَقَةً صَغٖيرَةً وَلَا كَبٖيرَةً
وَلَا يَقْطَعُونَ وَادِيًا اِلَّا كُتِبَ لَهُمْ لِيَجْزِيَهُمُ اللّٰهُ اَحْسَنَ
مَا كَانُوا يَعْمَلُونَ ﴿١٢١﴾ وَمَا كَانَ الْمُؤْمِنُونَ لِيَنْفِرُوا كَٓافَّةًۜ
فَلَوْلَا نَفَرَ مِنْ كُلِّ فِرْقَةٍ مِنْهُمْ طَٓائِفَةٌ لِيَتَفَقَّهُوا فِى الدّٖينِ
وَلِيُنْذِرُوا قَوْمَهُمْ اِذَا رَجَعُٓوا اِلَيْهِمْ لَعَلَّهُمْ يَحْذَرُونَ۟ ﴿١٢٢﴾

118. Y (se dirigió en misericordia también) a los tres que se rezagaron y cuyos casos han sido pospuestos (porque no tomaron parte en la campaña de Tabuk): (Sintieron tanto remordimiento que) la Tierra fue demasiado estrecha para ellos a pesar de su vastedad, sus propias almas les parecían sumamente constreñidas y llegaron a percibir plenamente que no existe más refugio de Dios excepto en Él mismo. Entonces, Él se dirigió hacia ellos con misericordia para que pudieran retractarse y recobrar su estado anterior (en el Islam). En verdad, Dios es el Único que verdaderamente corresponde con generoso perdón y recompensa adicional a cambio del arrepentimiento, el Compasivo (especialmente hacia Sus siervos creyentes).

119. ¡Oh vosotros que creéis! Apartaos de la desobediencia a Dios en veneración a Él y piedad y estad en compañía de los veraces (aquellos que también son fieles a su pacto con Dios).

120. No le incumbe a la gente de Medina y a los árabes beduinos de su alrededor que se nieguen a seguir al Mensajero de Dios ni tampoco que se cuiden a sí mismos en mayor medida que cuidar de él. Eso es porque no sufren sed, fatiga o hambre en la causa de Dios, ni dan paso alguno que irrite a los incrédulos, ni obtienen logro alguno sobre el enemigo, sin que por ello se les escriba una buena acción (en sus cuentas). No cabe duda que Dios no deja que se eche a perder la recompensa de aquellos que se dedican a hacer el bien, conscientes de que Dios les está contemplando.

121. Y no gastan cantidad alguna por la causa de Dios, ya sea pequeña o grande, ni cruzan ningún valle (mientras viajaban en la causa de Dios), que no sea registrado (en sus cuentas), para que Dios pueda recompensarles de la mejor manera aquello que solían hacer.

122. Y los creyentes no deberían marchar a la guerra todos juntos. ¿Pero por qué no habría de movilizarse una parte (que se rezagará) de cada comunidad, para adquirir conocimiento profundo y correcto, comprender la religión y poder advertir a su gente cuando regresen para que tal vez así se guarden (de actitudes erróneas)?[27].

27. El Islam es una religión de perfecto equilibrio, en la que cada una de sus partes se halla donde exactamente tiene que estar. A la vez que exhorta a los creyentes a que se movilicen contra una de las dos superpotencias de la época, el Corán no posterga un aspecto muy importante y ordena a la comunidad musulmana que ha de surgir de entre sus miembros individuos excelentemente instruidos en el Islam. Si los combatientes son victoriosos, tal vez se sientan orgullosos y adopten actitudes indeseables en la sociedad; mientras que si son derrotados, esto puede causar en ellos desesperación por el futuro. Por lo tanto precisan de una advertencia por parte de alguien bien instruido en el Islam. En segundo lugar, los miembros del ejército tal vez no tengan tiempo suficiente para aprender los mandamientos de la religión. Ello exige que sea un grupo de eruditos los que les enseñen. Este versículo hace uso de la palabra «tafakkuh» para el grupo que se dispone a instruirse en la religión, lo cual significa penetrar la esencia de los asuntos y obtener una comprensión y un discernimiento profundos y correctos. Solamente dicha gente puede comprender la religión con precisión y a esta gente se les denomina *alfaquies*.

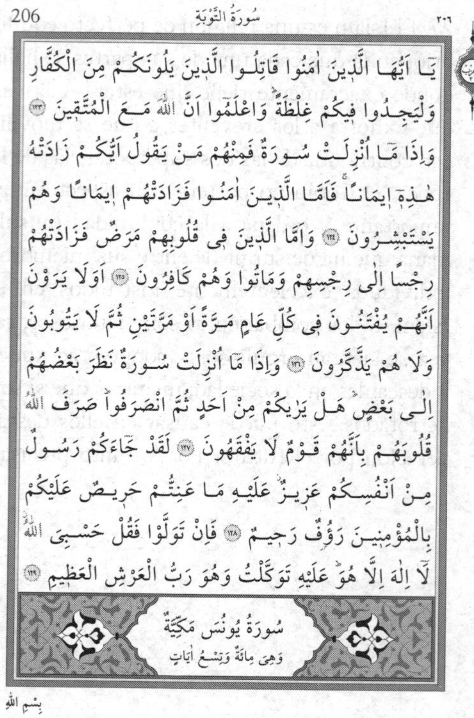

123. ¡Oh vosotros que creéis! Luchad contra los incrédulos que se hallen a vuestro alrededor (y que constituyan una amenaza inmediata para vosotros y para la predicación del Islam) y permitid que encuentren en vosotros severidad[28]. Sabed que Dios se halla con los piadosos devotos que cumplen sus deberes para con Él.

124. Siempre y cuando se hace descender un *sura*, se dan algunos entre ellos (entre los hipócritas) que dicen: «¿A quién de vosotros esto le ha consolidado la fe?»[29]. En cuanto a los que creen, les consolida la fe y se regocijan con lo que haya sido hecho descender y con las buenas nuevas (que reciben de ese modo).

125. Pero en cuanto a aquellos en cuyos corazones hay una enfermedad que (seca la fuente de su vida espiritual, anula su facultad de comprensión y corrompe su carácter), les hace aumentar en inmundicia sobre su inmundicia y mueren siendo incrédulos.

126. ¿Es que no ven que son puestos a prueba una y otra vez cada año (enfrentándose con acontecimientos decisivos y situaciones que les revelan su mundo interno y les recuerdan que han de tornar a Dios en arrepentimiento y que deben enmendarse)? Mas no se arrepienten (y se enmiendan) ni asimismo recapacitan (sobre todo lo que les sobreviene).

127. Siempre y cuando se hace descender un *sura* (y el Mensajero la recita en presencia de los musulmanes), se lanzan una mirada unos a otros (como diciéndose:) «¿Os está viendo alguien?». Y luego se alejan. Dios ha alejado sus corazones (de la verdad) porque son gente que no reflexiona ni intenta entender la verdad.

128. Os ha llegado a vosotros (Oh pueblo) un Mensajero de entre vosotros mismos; le aflige en sumo grado vuestro sufrimiento, le abruma la preocupación por vosotros y rebosa de piedad y compasión para con los creyentes.

129. Pero si se apartan de ti (Oh Mensajero), di: «Dios es suficiente para mí, no hay más deidad que Él. En Él he puesto mi confianza y Él es el Señor del Trono Supremo (el Gobernador y Sustentador absoluto del universo y de toda la creación, Quien la mantiene y la protege)».

28. Existe una correlación entre este versículo y el versículo 73. En el versículo 73, se ordena a los creyentes que se esfuercen vigorosamente (llevando a cabo la *yihad*) contra los incrédulos y los hipócritas y que sean firmes ante ellos. El presente versículo también ordena luchar contra los incrédulos y ser firmes ante ellos. Cuando consideramos ambos versículos juntos, comprendemos que los incrédulos y los hipócritas, contra los cuales ha ordenado al Profeta (y a los creyentes) que luchen con ardor y sean firmes ante ellos, son concretamente aquellos que se hallaban en Medina y en sus aledaños. Del mismo modo que se le ordenó al Mensajero que empezase predicando el Islam con sus familiares más próximos (26:214), es natural que la prioridad en la lucha sea contra aquellos que estén en las inmediaciones y lugares próximos y que constituyen una amenaza inmediata. Esto a su vez fue necesario para que el corazón del Islam se hallase protegido contra cualquier ataque.

Mientras que el versículo 73 ordena llevar a cabo la *yihad* contra los incrédulos y los hipócritas y ser firme ante ellos, este versículo ordena luchar contra los incrédulos únicamente, y ser firme ante ellos. Esto muestra explícitamente la diferencia entre la *yihad* y el combate (*qital*). Al ser los hipócritas contemplados legalmente como musulmanes, no les está permitido a los musulmanes combatirles a no ser que provoquen desorden y disensión y se rebelen contra el orden público. Pero los musulmanes han de llevar a cabo la *yihad* tanto contra los incrédulos como contra los hipócritas.

29. Al principio una persona normalmente cree en los fundamentos de la fe de modo superficial. Pero mientras continúan ordenando su vida siguiendo los dictámenes de su fe, llevando a cabo sus deberes religiosos y adorando con regularidad a Dios, reflexionando sobre los elementos básicos de la fe, basados en la evidencia que toma de la «naturaleza», de los acontecimientos, de su consciencia y de su corazón, aumentando el conocimiento sobre éstos asimismo, por consiguiente, aumentando su desarrollo personal en la comprensión y el conocimiento. Por lo tanto, las verdades de la fe se expanden continuamente en su mente y en su corazón, tal y como un capullo que florece en una flor adornada con pétalos totalmente desarrollados, así su fe se desarrolla constantemente. Imam Rabbani Ahmad al Faruki al-Sirhindi (fallecido en 1624), uno de los más grandes estudiosos y maestros sufíes del Islam originario de la India, dijo: «Prefiero dar a conocer mediante términos sencillos asuntos relativos a la fe, que adquirir miles de placeres espirituales, éxtasis y obrar milagros». Asimismo indicó: «La etapa final de todo viaje espiritual es lograr la percepción completa de las verdades de la fe» [*The Letters* («Las Cartas»), «The 5th Letter» («La Quinta Carta»), 22]. Este conocimiento y percepción hacen que la fe crezca con fuerza y firmeza.

بِسْمِ اللّٰهِ الرَّحْمٰنِ الرَّحِيمِ
الٓرٰ تِلْكَ اٰيَاتُ الْكِتَابِ الْحَكِيمِ ١ اَكَانَ لِلنَّاسِ عَجَبًا
اَنْ اَوْحَيْنَا اِلٰى رَجُلٍ مِنْهُمْ اَنْ اَنْذِرِ النَّاسَ وَبَشِّرِ الَّذِينَ
اٰمَنُوا اَنَّ لَهُمْ قَدَمَ صِدْقٍ عِنْدَ رَبِّهِمْ قَالَ الْكَافِرُونَ
اِنَّ هٰذَا لَسَاحِرٌ مُبِينٌ ٢ اِنَّ رَبَّكُمُ اللّٰهُ الَّذِي خَلَقَ السَّمٰوَاتِ
وَالْاَرْضَ فِي سِتَّةِ اَيَّامٍ ثُمَّ اسْتَوٰى عَلَى الْعَرْشِ يُدَبِّرُ
الْاَمْرَ مَا مِنْ شَفِيعٍ اِلَّا مِنْ بَعْدِ اِذْنِهِ ذٰلِكُمُ اللّٰهُ رَبُّكُمْ
فَاعْبُدُوهُ اَفَلَا تَذَكَّرُونَ ٣ اِلَيْهِ مَرْجِعُكُمْ جَمِيعًا وَعْدَ
اللّٰهِ حَقًّا اِنَّهُ يَبْدَؤُا الْخَلْقَ ثُمَّ يُعِيدُهُ لِيَجْزِيَ الَّذِينَ اٰمَنُوا
وَعَمِلُوا الصَّالِحَاتِ بِالْقِسْطِ وَالَّذِينَ كَفَرُوا لَهُمْ شَرَابٌ
مِنْ حَمِيمٍ وَعَذَابٌ اَلِيمٌ بِمَا كَانُوا يَكْفُرُونَ ٤ هُوَ الَّذِي
جَعَلَ الشَّمْسَ ضِيَاءً وَالْقَمَرَ نُورًا وَقَدَّرَهُ مَنَازِلَ لِتَعْلَمُوا
عَدَدَ السِّنِينَ وَالْحِسَابَ مَا خَلَقَ اللّٰهُ ذٰلِكَ اِلَّا بِالْحَقِّ يُفَصِّلُ
الْاٰيَاتِ لِقَوْمٍ يَعْلَمُونَ ٥ اِنَّ فِي اخْتِلَافِ الَّيْلِ وَالنَّهَارِ وَمَا
خَلَقَ اللّٰهُ فِي السَّمٰوَاتِ وَالْاَرْضِ لَاٰيَاتٍ لِقَوْمٍ يَتَّقُونَ ٦

SURA 10

YUNUS (JONÁS)

Período de La Meca

Este *sura*, que fue revelado en La Meca y consta de ciento nueve versículos, toma su nombre del versículo 98, en el que se relata el incidente relacionado con el pueblo de Jonás. El *sura* en su totalidad aborda los fundamentos de la fe —en particular del Origen Divino del Corán—, y menciona ciertos acontecimientos relativos a las misiones de los profetas Moisés y Noé que guardan relación con los fundamentos de la fe.

En el Nombre de Dios, el Misericordioso, el Compasivo.

1. *Alif. Lam. Ra.* Estas son las Revelaciones incluidas en un Libro lleno de sabiduría.

2. ¿Les resulta sorprendente a la gente que hayamos revelado a un hombre de entre ellos, señalando: «Advierte a la humanidad (de las consecuencias del camino que están siguiendo) y da a los creyentes las buenas nuevas de que tienen una posición segura con su Señor (por su creencia, fidelidad y actos rectos)»?[1]. ¿(Es por eso por lo que) los incrédulos dicen: «No cabe duda de que este (hombre) es un hechicero?».

3. Sin lugar a dudas tu Señor es Dios, Aquel Quien ha creado los Cielos y la Tierra en seis días y luego se ha establecido en el Trono Supremo[2], dirigiendo todos los asuntos (como único Gobernante de la creación). No hay intercesor alguno ante Dios a no ser después de Su venia. Ese es Dios, vuestro Señor. Así pues, adoradle. ¿Es que no vais a reflexionar (sobre esta verdad fundamental) y ser considerados?

4. A Él tendréis todos que retornar: una promesa de Dios que es verídica (y por lo tanto que ocurrirá con certeza). Origina la creación, luego la reanima de nuevo (en otro mundo) para recompensar con equidad a aquellos que creen y hacen actos buenos y rectos. Pero para los que no crean (y mueran como incrédulos) se da una bebida de agua hirviente y un doloroso castigo por haber persistido en la incredulidad.

5. Él es Quien hizo del Sol una luz radiante que ilumina y de la Luna una luz reflejada y determinó las estaciones para que pudierais conocer (cómo calcular) el número de años y medir (el tiempo). Dios no ha creado todo esto si no con la verdad (con sentido, con un propósito definido y sobre fundamentos sólidos de verdad). Establece detalladamente los signos y pruebas (de la verdad) para las personas que buscan conocimiento.

6. En la alternancia de la noche y el día (con sus períodos de acortamiento y alargamiento) y todo aquello que Él ha creado en los Cielos y en la Tierra, sin duda, se dan signos (verdades manifiestas) para la gente que se aparta de la desobediencia a Él en veneración a Él.

---

1. Los versículos iniciales de el *sura* revelan el tema principal que va a ser tratado. Los dos primeros versículos indican que se va a abordar principalmente el Origen Divino del Corán y las pruebas presentadas estarán basadas en la sabiduría. Las pruebas que se extraen del universo, la vida humana, la historia y los acontecimientos como manifestaciones del Nombre Divino del Omnisapiente, se dirigen al intelecto, al pensamiento humano y a su facultad de razonamiento y presenta ante nosotros los diferentes ejemplos de sabiduría que se dan en la creación del ser humano y del universo.

2. Respecto a la creación de los Cielos y de la Tierra en seis días, el significado del Trono Supremo y el establecimiento de Dios por Sí Mismo en dicho Trono, véase el versículo 2:28, nota número 28-29; versículo 7:54 nota número 13; versículo 41 nota número 2.

اِنَّ الَّذِينَ لَا يَرْجُونَ لِقَاءَنَا وَرَضُوا بِالْحَيٰوةِ الدُّنْيَا
وَاطْمَاَنُّوا بِهَا وَالَّذِينَ هُمْ عَنْ اٰيَاتِنَا غَافِلُونَ ﴿٧﴾ اُولٰٓئِكَ
مَاْوٰيهُمُ النَّارُ بِمَا كَانُوا يَكْسِبُونَ ﴿٨﴾ اِنَّ الَّذِينَ اٰمَنُوا
وَعَمِلُوا الصَّالِحَاتِ يَهْدِيهِمْ رَبُّهُمْ بِاِيمَانِهِمْ تَجْرِى
مِنْ تَحْتِهِمُ الْاَنْهَارُ فِى جَنَّاتِ النَّعِيمِ ﴿٩﴾ دَعْوٰيهُمْ فِيهَا
سُبْحَانَكَ اللّٰهُمَّ وَتَحِيَّتُهُمْ فِيهَا سَلَامٌ وَاٰخِرُ دَعْوٰيهُمْ
اَنِ الْحَمْدُ لِلّٰهِ رَبِّ الْعَالَمِينَ ﴿١٠﴾ وَلَوْ يُعَجِّلُ اللّٰهُ لِلنَّاسِ
الشَّرَّ اسْتِعْجَالَهُمْ بِالْخَيْرِ لَقُضِىَ اِلَيْهِمْ اَجَلُهُمْ فَنَذَرُ الَّذِينَ
لَا يَرْجُونَ لِقَاءَنَا فِى طُغْيَانِهِمْ يَعْمَهُونَ ﴿١١﴾ وَاِذَا مَسَّ
الْاِنْسَانَ الضُّرُّ دَعَانَا لِجَنْبِهٖ اَوْ قَاعِدًا اَوْ قَائِمًا فَلَمَّا كَشَفْنَا
عَنْهُ ضُرَّهُ مَرَّ كَاَنْ لَمْ يَدْعُنَا اِلٰى ضُرٍّ مَسَّهُ كَذٰلِكَ زُيِّنَ
لِلْمُسْرِفِينَ مَا كَانُوا يَعْمَلُونَ ﴿١٢﴾ وَلَقَدْ اَهْلَكْنَا الْقُرُونَ
مِنْ قَبْلِكُمْ لَمَّا ظَلَمُوا وَجَاءَتْهُمْ رُسُلُهُمْ بِالْبَيِّنَاتِ وَمَا كَانُوا
لِيُؤْمِنُوا كَذٰلِكَ نَجْزِى الْقَوْمَ الْمُجْرِمِينَ ﴿١٣﴾ ثُمَّ جَعَلْنَاكُمْ
خَلَائِفَ فِى الْاَرْضِ مِنْ بَعْدِهِمْ لِنَنْظُرَ كَيْفَ تَعْمَلُونَ ﴿١٤﴾

وَاِذَا تُتْلٰى

7. Aquellos que no esperan encontrarse con Nosotros y que se hallan gozosos de la vida de este mundo (sin buscar ni mirar más allá) están satisfechos con ello, así como aquellos que hacen caso omiso de Nuestras Revelaciones y Nuestros signos (manifiestos en sus mundos internos y en el mundo externo).

8. Estos son aquellos cuyo refugio final es el Fuego por lo que se han ganado.

9. Sin duda alguna, aquellos que creen y llevan a cabo actos buenos y rectos, su Señor les guiará en virtud de su creencia a un final feliz: los ríos discurrirán a sus pies en Jardines de generosidad y bendición.

10. Allí, su invocación será: «¡Gloria a Ti, Oh Dios! (Te hallas ensalzado por encima de tener defecto alguno y de hacer nada incorrecto». Y su saludo (entre ellos y de Dios y los ángeles) será: «¡Paz!». Y su invocación finalizará con: «¡Toda la alabanza y gratitud son para el Señor de los mundos!».

11. Si Dios hiciera que se precipitara sobre los hombres el mal (que se han ganado) de la misma manera que ellos precipitan (la venida de lo que consideran como) el bien, su plazo se les habría cumplido. Pero abandonamos a aquellos que no esperan encontrarse con Nosotros vagando a ciegas inmersos en su rebelión.

12. Cuando la aflicción sobreviene a (tal) persona, Nos invoca (en cada situación) recostado, sentado o de pie; pero cuando le libramos de su aflicción, continúa como antes como si nunca Nos hubiese invocado por una aflicción que le sobrevino. Por lo tanto, a aquellos derrochadores (que han derrochado sus facultades que Dios les ha dado cometiendo excesos) les es embellecido todo lo que hicieron para que les pareciera atrayente.

13. Sin lugar a dudas, destruimos muchas generaciones anteriores a vosotros, cuando cometieron injusticias (en sus actos, medidas, juicios y en su respuesta a la verdad): los Mensajeros surgidos de entre ellos vinieron a ellos con pruebas claras de la verdad, pero estaba claro que no iban a creer. Así es como recompensamos a los incrédulos criminales dedicados a acumular pecados.

14. Luego, os hicimos sucesores en la Tierra después de ellos para que así podamos contemplar cómo actuáis.

٢٠٩ — اَلْجُزْءُ الْحَادِى عَشَرَ — 209

وَاِذَا تُتْلٰى عَلَيْهِمْ اٰيَاتُنَا بَيِّنَاتٍۙ قَالَ الَّذِينَ لَا يَرْجُونَ
لِقَاءَنَا ائْتِ بِقُرْاٰنٍ غَيْرِ هٰذَٓا اَوْ بَدِّلْهُۜ قُلْ مَا يَكُونُ لِٓى
اَنْ اُبَدِّلَهُ مِنْ تِلْقَٓائِ نَفْسِىۚ اِنْ اَتَّبِعُ اِلَّا مَا يُوحٰٓى
اِلَيَّۚ اِنّٓى اَخَافُ اِنْ عَصَيْتُ رَبّٖى عَذَابَ يَوْمٍ عَظِيمٍ ﴿١٥﴾
قُلْ لَوْ شَٓاءَ اللّٰهُ مَا تَلَوْتُهُ عَلَيْكُمْ وَلَٓا اَدْرٰيكُمْ بِهٖۘ فَقَدْ
لَبِثْتُ فٖيكُمْ عُمُرًا مِنْ قَبْلِهٖۜ اَفَلَا تَعْقِلُونَ ﴿١٦﴾ فَمَنْ
اَظْلَمُ مِمَّنِ افْتَرٰى عَلَى اللّٰهِ كَذِبًا اَوْ كَذَّبَ بِاٰيَاتِهٖۜ
اِنَّهُ لَا يُفْلِحُ الْمُجْرِمُونَ ﴿١٧﴾ وَيَعْبُدُونَ مِنْ دُونِ اللّٰهِ
مَا لَا يَضُرُّهُمْ وَلَا يَنْفَعُهُمْ وَيَقُولُونَ هٰٓؤُلَٓاءِ شُفَعَٓاؤُنَا عِنْدَ
اللّٰهِۜ قُلْ اَتُنَبِّؤُنَ اللّٰهَ بِمَا لَا يَعْلَمُ فِى السَّمٰوَاتِ وَلَا
فِى الْاَرْضِۜ سُبْحَانَهُ وَتَعَالٰى عَمَّا يُشْرِكُونَ ﴿١٨﴾ وَمَا
كَانَ النَّاسُ اِلَّٓا اُمَّةً وَاحِدَةً فَاخْتَلَفُواۜ وَلَوْلَا كَلِمَةٌ
سَبَقَتْ مِنْ رَبِّكَ لَقُضِىَ بَيْنَهُمْ فٖيمَا فٖيهِ يَخْتَلِفُونَ ﴿١٩﴾
وَيَقُولُونَ لَوْلَٓا اُنْزِلَ عَلَيْهِ اٰيَةٌ مِنْ رَبِّهٖۚ فَقُلْ اِنَّمَا
الْغَيْبُ لِلّٰهِ فَانْتَظِرُواۚ اِنّٖى مَعَكُمْ مِنَ الْمُنْتَظِرٖينَ ﴿٢٠﴾

---

15. Cuando Nuestras Revelaciones claras en evidencia y significado son recitadas (y transmitidas) a ellos, esos que no esperan encontrarse con Nosotros dicen (en respuesta a Nuestro Mensajero): «O nos traes otro Corán distinto a éste o altéralo». Di: «No es propio de mi alterarlo por iniciativa propia. Yo únicamente sigo lo que me ha sido revelado. En verdad temo, si desobedezco a mi Señor, el castigo de un Día Horrible».

16. Di (asimismo): «Si Dios lo hubiese dispuesto así, yo no os lo habría recitado ni Él os lo habría dado a conocer. He vivido entre vosotros toda una vida antes de ello (de que me fuese revelado). ¿Es que no vais a razonar y entender?».

17. ¿Quién es más malhechor que aquel que inventa mentiras y se las atribuye a Dios y niega Sus signos (en el universo y en ellos mismos, signos que señalan a Él) y Sus Revelaciones? Con toda certeza los malhechores no prosperarán[3].

18. Adoran, aparte de Dios, cosas o seres que no pueden perjudicarles ni beneficiarles, y dicen: «Estos son nuestros intercesores ante Dios». Di: «¿Vais a informar a Dios de algo que Él no sepa en los Cielos o en la Tierra? ¡Gloria a Él, Quien rotundamente se halla ensalzado por encima de lo que Le atribuyen!».

19. La humanidad (al principio de todo) era una comunidad que seguía un único camino, pero luego discreparon y empezaron a seguir diferentes caminos. Si no hubiese sido por un decreto previamente emitido por tu Señor (postergando el juicio final y decisivo hasta un plazo determinado), en verdad se habría juzgado entre ellos en relación a lo que discrepaban.

20. Dicen: «¿Por qué no se hace descender un signo milagroso (de naturaleza diferente) sobre él de su Señor?». Di, entonces: «Realmente Lo Oculto pertenece sólo a Dios (Él lleva a cabo lo que Su Voluntad dicta y sólo Él sabe lo que el futuro deparará). Por lo tanto, esperad y mirad, pues yo también estoy con vosotros entre aquellos que esperan».

---

3. En cuanto al profeta Muhammad, la paz y las bendiciones sean con él, entre su gente, antes y después de su misión, como evidencia de su Misión Profética, véase el Apéndice número 5.

وَاِذَٓا اَذَقْنَا النَّاسَ رَحْمَةً مِنْ بَعْدِ ضَرَّٓاءَ مَسَّتْهُمْ اِذَا لَهُمْ مَكْرٌ
فٖى اٰيَاتِنَاؕ قُلِ اللّٰهُ اَسْرَعُ مَكْرًاؕ اِنَّ رُسُلَنَا يَكْتُبُونَ مَا تَمْكُرُونَ ﴿٢١﴾
هُوَ الَّذٖى يُسَيِّرُكُمْ فِى الْبَرِّ وَالْبَحْرِؕ حَتّٰٓى اِذَا كُنْتُمْ فِى الْفُلْكِۚ
وَجَرَيْنَ بِهِمْ بِرٖيحٍ طَيِّبَةٍ وَفَرِحُوا بِهَا جَٓاءَتْهَا رٖيحٌ عَاصِفٌ
وَجَٓاءَهُمُ الْمَوْجُ مِنْ كُلِّ مَكَانٍ وَظَنُّٓوا اَنَّهُمْ اُحٖيطَ بِهِمْۙ دَعَوُا
اللّٰهَ مُخْلِصٖينَ لَهُ الدّٖينَۚ لَئِنْ اَنْجَيْتَنَا مِنْ هٰذِهٖ لَنَكُونَنَّ
مِنَ الشَّاكِرٖينَ ﴿٢٢﴾ فَلَمَّٓا اَنْجٰيهُمْ اِذَا هُمْ يَبْغُونَ فِى الْاَرْضِ بِغَيْرِ
الْحَقِّؕ يَٓا اَيُّهَا النَّاسُ اِنَّمَا بَغْيُكُمْ عَلٰٓى اَنْفُسِكُمْۙ مَتَاعَ الْحَيٰوةِ
الدُّنْيَا ثُمَّ اِلَيْنَا مَرْجِعُكُمْ فَنُنَبِّئُكُمْ بِمَا كُنْتُمْ تَعْمَلُونَ ﴿٢٣﴾
اِنَّمَا مَثَلُ الْحَيٰوةِ الدُّنْيَا كَمَٓاءٍ اَنْزَلْنَاهُ مِنَ السَّمَٓاءِ فَاخْتَلَطَ بِهٖ
نَبَاتُ الْاَرْضِ مِمَّا يَاْكُلُ النَّاسُ وَالْاَنْعَامُؕ حَتّٰٓى اِذَٓا اَخَذَتِ
الْاَرْضُ زُخْرُفَهَا وَازَّيَّنَتْ وَظَنَّ اَهْلُهَٓا اَنَّهُمْ قَادِرُونَ عَلَيْهَٓاۙ
اَتٰيهَٓا اَمْرُنَا لَيْلًا اَوْ نَهَارًا فَجَعَلْنَاهَا حَصٖيدًا كَاَنْ لَمْ تَغْنَ
بِالْاَمْسِؕ كَذٰلِكَ نُفَصِّلُ الْاٰيَاتِ لِقَوْمٍ يَتَفَكَّرُونَ ﴿٢٤﴾ وَاللّٰهُ يَدْعُٓوا
اِلٰى دَارِ السَّلَامِؕ وَيَهْدٖى مَنْ يَشَٓاءُ اِلٰى صِرَاطٍ مُسْتَقٖيمٍ ﴿٢٥﴾

لِلَّذٖينَ

21. Cuando permitimos que la gente (incrédula) pruebe un acto de gracia después de que la severidad les haya alcanzado, inmediatamente traman alguna maquinación contra Nuestras Revelaciones. Di: «Dios es más rápido ejecutando Su voluntad (y haciendo que cualquier maquinación repercuta sobre aquellos que la han tramado)». En verdad Nuestros (celestiales) enviados (los ángeles) registran lo que están tramando.

22. Él es Quien os hace ir por tierra y mar. Y cuando os halláis en los barcos, navegan con sus pasajeros con brisa favorable y éstos se regocijan en ellos, hasta que les llega una tempestad, las olas se alzan sobre ellos por todas partes y se dan cuenta de que están rodeados (por la muerte sin ninguna salida), e invocan a Dios, sinceramente creyendo sólo en Él (como única Deidad y como Señor y Soberano): «Si nos salvas de esto, con toda certeza seremos de los agradecidos».

23. Pero una vez que Él les ha salvado, se comportan con rebeldía sobre la Tierra, ofendiendo contra todo derecho. ¡Oh Humanidad! Vuestra rebelión tan sólo se dirige contra vosotros mismos. (Lo que buscáis y obtenéis a través de vuestras ofensas no es más que) el disfrute de la vida presente mundana, luego volveréis a Nosotros y, entonces, os haremos entender lo que hacíais (y os haremos rendir cuentas de ello).

24. La vida presente mundana es así: Hacemos caer agua del cielo que se mezcla con la vegetación del suelo, de la cual comen hombres y animales, hasta que cuando la Tierra se pone sus ornamentos, es embellecida[4] y sus habitantes se creen sus dueños con pleno dominio sobre ella, Nuestra orden viene de noche o de día inesperadamente, y hacemos que se convierta en un campo segado, como si no hubiese florecido el día anterior. Así es como hemos establecido detalladamente los signos (las señales de Nuestro camino y los mandamientos y la guía incluida en el Corán pertinentes) para una gente que reflexiona (sobre ellos y extraen las lecciones necesarias).

25. Y Dios invita a la Morada de Paz (donde disfrutarán de perfecta dicha y seguridad), y guía a quien Su Voluntad dicta al Camino Recto.

4. El Corán es un milagro de la elocuencia. Este versículo no hace más que retratar la imagen de una mujer atractiva y vestida de forma muy esmerada, embellecida con sus ornamentos. De hecho, el mundo es comparado frecuentemente con una mujer infiel y seductora. Haciendo uso de un pronombre femenino para la Tierra, el Corán añade una nueva dimensión a esta comparación. Pero las bellezas y riquezas del mundo físico, al igual que la belleza física de la mujer, son transitorias.

لِلَّذِينَ اَحْسَنُوا الْحُسْنٰى وَزِيَادَةٌ وَلَا يَرْهَقُ وُجُوهَهُمْ قَتَرٌ
وَلَا ذِلَّةٌ اُولٰٓئِكَ اَصْحَابُ الْجَنَّةِ هُمْ فِيهَا خَالِدُونَ ﴿٢٦﴾ وَالَّذِينَ
كَسَبُوا السَّيِّئَاتِ جَزَٓاءُ سَيِّئَةٍ بِمِثْلِهَا وَتَرْهَقُهُمْ ذِلَّةٌ مَا لَهُمْ مِنَ
اللّٰهِ مِنْ عَاصِمٍ كَاَنَّمَٓا اُغْشِيَتْ وُجُوهُهُمْ قِطَعًا مِنَ الَّيْلِ مُظْلِمًا
اُولٰٓئِكَ اَصْحَابُ النَّارِ هُمْ فِيهَا خَالِدُونَ ﴿٢٧﴾ وَيَوْمَ نَحْشُرُهُمْ
جَمِيعًا ثُمَّ نَقُولُ لِلَّذِينَ اَشْرَكُوا مَكَانَكُمْ اَنْتُمْ وَشُرَكَٓاؤُكُمْ
فَزَيَّلْنَا بَيْنَهُمْ وَقَالَ شُرَكَٓاؤُهُمْ مَا كُنْتُمْ اِيَّانَا تَعْبُدُونَ ﴿٢٨﴾ فَكَفٰى
بِاللّٰهِ شَهِيدًا بَيْنَنَا وَبَيْنَكُمْ اِنْ كُنَّا عَنْ عِبَادَتِكُمْ لَغَافِلِينَ ﴿٢٩﴾
هُنَالِكَ تَبْلُوا كُلُّ نَفْسٍ مَٓا اَسْلَفَتْ وَرُدُّٓوا اِلَى اللّٰهِ مَوْلٰيهُمُ
الْحَقِّ وَضَلَّ عَنْهُمْ مَا كَانُوا يَفْتَرُونَ ﴿٣٠﴾ قُلْ مَنْ يَرْزُقُكُمْ
مِنَ السَّمَٓاءِ وَالْاَرْضِ اَمَّنْ يَمْلِكُ السَّمْعَ وَالْاَبْصَارَ وَمَنْ
يُخْرِجُ الْحَيَّ مِنَ الْمَيِّتِ وَيُخْرِجُ الْمَيِّتَ مِنَ الْحَيِّ وَمَنْ يُدَبِّرُ
الْاَمْرَ فَسَيَقُولُونَ اللّٰهُ فَقُلْ اَفَلَا تَتَّقُونَ ﴿٣١﴾ فَذٰلِكُمُ اللّٰهُ رَبُّكُمُ
الْحَقُّ فَمَاذَا بَعْدَ الْحَقِّ اِلَّا الضَّلَالُ فَاَنّٰى تُصْرَفُونَ ﴿٣٢﴾ كَذٰلِكَ
حَقَّتْ كَلِمَتُ رَبِّكَ عَلَى الَّذِينَ فَسَقُوا اَنَّهُمْ لَا يُؤْمِنُونَ ﴿٣٣﴾

26. Para aquellos que hacen el bien, conscientes de que Dios les está contemplando, habrá lo mejor (de las recompensas que Dios ha prometido por los buenos actos) y aún más. Ni mácula ni ignominia cubrirá sus rostros. Son los compañeros del Paraíso, donde morarán.

27. Y para aquellos que han cometido obras malvadas, la recompensa por una obra malvada será un mal equivalente; y la ignominia les cubrirá —no tendrán a nadie que pueda defenderles frente a Dios—, como si sus rostros estuviesen velados con fragmentos de noches oscuras. Esos son los compañeros del Fuego, donde morarán[5].

28. En ese Día, les resucitaremos, les reuniremos a todos juntos y entonces ordenaremos a aquellos que atribuyen copartícipes a Dios: «¡Dirigiros a vuestros lugares, vosotros y vuestros (supuestos) copartícipes (de Dios)!». Entonces, distinguimos entre ellos y los creyentes y les separamos de sus copartícipes. Estos últimos les dirán: «No era a nosotros a los que adorabais.

29. ¡Dios es suficiente como testigo entre nosotros y vosotros: no cabe duda de que ignorábamos vuestra devoción hacia nosotros!».

30. Allí cada alma experimentará lo que hizo antes (en el mundo). Han sido devueltos a Dios, su verdadero Dueño y Señor; y aquellos que habían inventado para adorar en lugar de Dios les habrán fallado.

31. Di: «¿Quién os provee desde el Cielo y la Tierra? ¿Quién es aquel que posee poder absoluto sobre (vuestro) oído y vista? ¿Quién hace surgir lo vivo de lo muerto y lo muerto de lo vivo? ¿Quién dirige todos los asuntos (el universo)?». Dirán: «Es Dios»[6]. Di entonces: «¿Es que no vais a cumplir vuestro deber para con Él con reverencia y temor a Su castigo?».

32. Ese es Dios (Aquel Quien realiza todo eso) vuestro recto Señor, la Verdad Absoluta y Leal. ¿Y qué hay más allá de la verdad sino el extravío?[7] Por lo tanto, ¿cómo es que os apartáis (en diferentes sendas alejadas del Camino Recto)?

33. Así es como la palabra de vuestro Señor ha demostrado ser verdadera respecto a los que pecaron: que no creerán.

5. Dios recompensa un buen acto llevado a cabo con sinceridad multiplicando éste por diez (6:160). La recompensa puede llegar a multiplicarse hasta por setecientos (2:261) o incluso más, según el grado de sinceridad con el que se llevó a cabo, la calidad con la que fue realizado y las condiciones bajo las que fue llevado a cabo. Además de ello, Dios dadivosamente concede más que lo anteriormente citado en el Paraíso solamente de Su gracia. No podemos imaginarnos cómo será esa excelente recompensa, ya que el Paraíso está lleno de generosidades de Dios, generosidades que los ojos nunca han visto, que los oídos nunca han escuchado y que las mentes nunca han concebido. Los creyentes también serán allí favorecidos con la visión de Dios, cuya naturaleza va más allá de nuestro entendimiento y conocimiento en este mundo.

Mientras que Dios corresponde una buena acción con aumentada recompensa, la recompensa por una acción malvada es sólo el equivalente a la misma.

6. Los politeístas de La Meca admitían que Dios era el Creador y el Gobernante del universo pero Le atribuían copartícipes al ordenar sus propias vidas. No aceptaban un poder por encima de ellos que ordenase sus vidas. Fueron ellos los que inventaron deidades para sí mismos y, a pesar de que invistieron a sus falsas deidades con cierto poder, no eran sus deidades las que les gobernaban, sino, como todos los politeístas a lo largo de la historia e incluso hoy en día, eran ellos mismos los que explotaban sus propias deidades para sus propios intereses.

Ha habido, y por supuesto todavía hay, personas que ofrecerán como respuesta «Es Dios» a las preguntas propuestas en este versículo. Pero del mismo modo que no tienen una respuesta definitiva alternativa, citarán algunos puntos y mencionarán algunas hipótesis. Nunca serán capaces de convencerse a sí mismos de la verdad de sus respuestas y sus conciencias no estarán tranquilas con las hipótesis que presenten. Por lo tanto, muchos de ellos se refugian en el agnosticismo. Por esa razón, a pesar de que sus almas carnales intentan ofrecer respuestas diferentes a las preguntas formuladas en el versículo, la respuesta con la que la conciencia de casi todas las personas estaría tranquila, especialmente bajo las condiciones mencionadas en el versículo 22, será «Es Dios». Sin embargo, esta respuesta que mana desde la conciencia, especialmente bajo condiciones particulares, no es la fe. Ya que la fe es confirmación y convicción del corazón (y de la razón), de modo voluntario y libre.

7. La senda verdadera y recta es una, mientras que las sendas erróneas son tan numerosas como gente extraviada hay. Todos los Profetas que aparecieron durante la historia de la humanidad están de acuerdo en los mismos elementos esenciales de la fe, la devoción, la buena conducta y las reglas básicas de la ley. También coinciden en la misma cosmovisión y en la misma perspectiva que poseen sobre las cosas y los acontecimientos. Proporcionaban las mismas respuestas a las mismas preguntas básicas sobre la vida. Cuestiones que todos se preguntan a sí mismos y que los pensadores y filósofos han intentado responder. Preguntas como: «¿Quién soy yo?» «¿Cuál es el significado de la vida y de la muerte y qué exigen éstas de mi?» «¿Quién me ha enviado a este mundo y para qué propósito?» «¿Quién es mi guía en este viaje terrenal?». El hecho de que todos los Profetas hubiesen ofrecido las mismas respuestas a estas preguntas muestra que su fuente es una y la misma. Por lo tanto, sus respuestas han de ser semejantes. Y de hecho así es, las respuestas proporcionadas por todos los Profetas son iguales, mientras que prácticamente todos los filósofos y pensadores han dado diferentes respuestas a estas preguntas. Eso demuestra que la senda de la verdad es una y que está representada por los Profetas y quienes les siguen, mientras que las sendas erróneas son numerosas.

قُلْ هَلْ مِنْ شُرَكَائِكُمْ مَنْ يَبْدَؤُا الْخَلْقَ ثُمَّ يُعِيدُهُ قُلِ اللّٰهُ يَبْدَؤُا
الْخَلْقَ ثُمَّ يُعِيدُهُ فَاَنّٰى تُؤْفَكُونَ ﴿٣٤﴾ قُلْ هَلْ مِنْ شُرَكَائِكُمْ مَنْ
يَهْدٖى اِلَى الْحَقِّ قُلِ اللّٰهُ يَهْدٖى لِلْحَقِّ اَفَمَنْ يَهْدٖى اِلَى الْحَقِّ
اَحَقُّ اَنْ يُتَّبَعَ اَمَّنْ لَا يَهِدّٖى اِلَّا اَنْ يُهْدٰى فَمَا لَكُمْ كَيْفَ
تَحْكُمُونَ ﴿٣٥﴾ وَمَا يَتَّبِعُ اَكْثَرُهُمْ اِلَّا ظَنًّا اِنَّ الظَّنَّ لَا يُغْنٖى
مِنَ الْحَقِّ شَيْـًٔا اِنَّ اللّٰهَ عَلٖيمٌ بِمَا يَفْعَلُونَ ﴿٣٦﴾ وَمَا كَانَ هٰذَا الْقُرْاٰنُ
اَنْ يُفْتَرٰى مِنْ دُونِ اللّٰهِ وَلٰكِنْ تَصْدٖيقَ الَّذٖى بَيْنَ يَدَيْهِ وَتَفْصٖيلَ
الْكِتَابِ لَا رَيْبَ فٖيهِ مِنْ رَبِّ الْعَالَمٖينَ ﴿٣٧﴾ اَمْ يَقُولُونَ افْتَرٰيهُ
قُلْ فَأْتُوا بِسُورَةٍ مِثْلِهٖ وَادْعُوا مَنِ اسْتَطَعْتُمْ مِنْ دُونِ اللّٰهِ اِنْ
كُنْتُمْ صَادِقٖينَ ﴿٣٨﴾ بَلْ كَذَّبُوا بِمَا لَمْ يُحٖيطُوا بِعِلْمِهٖ وَلَمَّا يَأْتِهِمْ
تَأْوٖيلُهُ كَذٰلِكَ كَذَّبَ الَّذٖينَ مِنْ قَبْلِهِمْ فَانْظُرْ كَيْفَ كَانَ عَاقِبَةُ
الظَّالِمٖينَ ﴿٣٩﴾ وَمِنْهُمْ مَنْ يُؤْمِنُ بِهٖ وَمِنْهُمْ مَنْ لَا يُؤْمِنُ بِهٖ وَرَبُّكَ
اَعْلَمُ بِالْمُفْسِدٖينَ ﴿٤٠﴾ وَاِنْ كَذَّبُوكَ فَقُلْ لٖى عَمَلٖى وَلَكُمْ عَمَلُكُمْ
اَنْتُمْ بَرٖيؤُنَ مِمَّا اَعْمَلُ وَاَنَا بَرٖىءٌ مِمَّا تَعْمَلُونَ ﴿٤١﴾ وَمِنْهُمْ مَنْ
يَسْتَمِعُونَ اِلَيْكَ اَفَاَنْتَ تُسْمِعُ الصُّمَّ وَلَوْ كَانُوا لَا يَعْقِلُونَ ﴿٤٢﴾

وَمِنْهُمْ

34. Di: «¿Hay algunos de los (que llamáis) copartícipes (de Dios) que originan la creación, la reproducen y luego la reaniman de nuevo (en otro mundo)?». Di: «Dios origina la creación, la reproduce y luego la reanimará de nuevo. ¿Cómo, entonces, os apartáis de la verdad y elaboráis falsas pretensiones?».

35. Di: «¿Hay alguno de vuestros (supuestos) copartícipes (de Dios) que guía a la verdad?» Di: «Sólo Dios guía hacia la verdad ¿Quién, entonces, es más digno de ser seguido: Aquel Quien guía a la verdad o aquel que no puede encontrar el camino verdadero a no ser que sea guiado? ¿Qué os ocurre, pues, y cómo juzgáis (tan equivocadamente)?».

36. La mayoría de ellos sólo siguen conjeturas. Y sin duda alguna las conjeturas nunca pueden sustituir a la verdad. En verdad, Dios posee pleno conocimiento de todo lo que hacen.

37. Y este Corán no puede ser inventado por alguien para luego atribuírselo a Dios, sino que es (un Libro Divino) que confirma (el Origen Divino y las verdades que aún contienen) las Revelaciones anteriores a él y una explicación de la Esencia de todos los Libros Divinos —en el que no hay duda[8]—, procedente del Señor de los mundos.

38. ¿O acaso indican que él (el Mensajero) se lo ha inventado? Di: «(Si es posible que un mortal se lo invente) entonces, elaborad un *sura* igual y convocad a todo aquél que podáis para que, aparte de Dios, os ayude si sois veraces (en vuestra duda y en la pretensión en la que la basáis)».

39. No (son veraces en su duda y su pretensión), sino que han negado aquello (el Corán) cuyo conocimiento no podían abarcar y cuya exposición (a través del cumplimiento de sus promesas y amenazas) no les ha llegado. Así también hicieron los que les precedieron; negaron (los Libros que les fueron enviados). ¡Contempla cuál fue el final de los malhechores (que juzgaron y actuaron erróneamente)!

40. Entre ellos (el pueblo de La Meca) hay algunos que han creído y que creerán en él, al igual que entre ellos hay algunos que no han creído y que no creerán en él. Tu Señor posee pleno conocimiento de los que provocan desorden y corrupción.

41. (Oh Mensajero) si continúan negándote (respecto al mensaje que traes), di:

«Yo habré de dar cuenta de mis actos, y vosotros, de los vuestros. Os desentendéis de lo que yo hago y me desentiendo de lo que vosotros hacéis».

42. Hay algunos de entre ellos que te prestan atención. Pero, ¿cómo puedes hacer que los sordos oigan si no usan su intelecto para razonar?

---

8. No hay diferencias entre los Libros Divinos —el Corán, la Tora, el Evangelio y otros— respecto a los fundamentos en los que están basados. Así pues, tal y como el profeta Muhammad, —la paz y las bendiciones sean con él— atestigua que todos los Profetas anteriores se hallaban en el camino de Dios y llevaron a cabo sus misiones impuestas sobre ellos por Dios y del mismo modo que la comunidad musulmana da testimonio de que todos aquellos que siguieron correctamente a los Mensajeros anteriores estaban en el camino recto siguiendo a los Profetas, el Corán atestigua que todos los Libros Divinos anteriores fueron revelados por Dios. Los pasajes que se encuentran en las versiones actuales y que son contrarios a los principios básicos de la Religión Divina, principios en los que las misiones de todos los Profetas y todos los Libros Divinos se hallan basados, son sólo interpolaciones y alteraciones producto de la intervención humana. El profeta Muhammad, el Corán y la comunidad musulmana exculpan a todos los Profetas, Libros y comunidades de creyentes anteriores de cualquier acusación que surja de la comprensión y práctica incorrecta de los que les han seguido y de los que se adscriben a ellos.

Otra cuestión que cabe destacar aquí es que todos los Libros Divinos anteriores confirman el Origen Divino del Corán y, además de confirmar a los Mensajeros anteriores, confirman la Misión Profética y la cualidad como Profeta de Muhammad —la paz y las bendiciones sean con él—.

وَمِنْهُمْ مَنْ يَنْظُرُ اِلَيْكَۜ اَفَاَنْتَ تَهْدِى الْعُمْىَ وَلَوْ كَانُوا
لَا يُبْصِرُونَ ﴿٤٣﴾ اِنَّ اللّٰهَ لَا يَظْلِمُ النَّاسَ شَيْـًٔا وَلٰكِنَّ النَّاسَ
اَنْفُسَهُمْ يَظْلِمُونَ ﴿٤٤﴾ وَيَوْمَ يَحْشُرُهُمْ كَاَنْ لَمْ يَلْبَثُوٓا اِلَّا سَاعَةً
مِنَ النَّهَارِ يَتَعَارَفُونَ بَيْنَهُمْۜ قَدْ خَسِرَ الَّذِينَ كَذَّبُوا بِلِقَٓاءِ
اللّٰهِ وَمَا كَانُوا مُهْتَدِينَ ﴿٤٥﴾ وَاِمَّا نُرِيَنَّكَ بَعْضَ الَّذِى نَعِدُهُمْ
اَوْ نَتَوَفَّيَنَّكَ فَاِلَيْنَا مَرْجِعُهُمْ ثُمَّ اللّٰهُ شَهِيدٌ عَلٰى مَا يَفْعَلُونَ ﴿٤٦﴾
وَلِكُلِّ اُمَّةٍ رَسُولٌۚ فَاِذَا جَٓاءَ رَسُولُهُمْ قُضِىَ بَيْنَهُمْ بِالْقِسْطِ
وَهُمْ لَا يُظْلَمُونَ ﴿٤٧﴾ وَيَقُولُونَ مَتٰى هٰذَا الْوَعْدُ اِنْ كُنْتُمْ
صَادِقِينَ ﴿٤٨﴾ قُلْ لَٓا اَمْلِكُ لِنَفْسِى ضَرًّا وَلَا نَفْعًا اِلَّا مَا شَٓاءَ
اللّٰهُۜ لِكُلِّ اُمَّةٍ اَجَلٌۜ اِذَا جَٓاءَ اَجَلُهُمْ فَلَا يَسْتَاْخِرُونَ سَاعَةً وَلَا
يَسْتَقْدِمُونَ ﴿٤٩﴾ قُلْ اَرَاَيْتُمْ اِنْ اَتٰيكُمْ عَذَابُهُ بَيَاتًا اَوْ نَهَارًا مَاذَا
يَسْتَعْجِلُ مِنْهُ الْمُجْرِمُونَ ﴿٥٠﴾ اَثُمَّ اِذَا مَا وَقَعَ اٰمَنْتُمْ بِهٖۜ آٰلْـٰٔنَ وَقَدْ
كُنْتُمْ بِهٖ تَسْتَعْجِلُونَ ﴿٥١﴾ ثُمَّ قِيلَ لِلَّذِينَ ظَلَمُوا ذُوقُوا عَذَابَ
الْخُلْدِۚ هَلْ تُجْزَوْنَ اِلَّا بِمَا كُنْتُمْ تَكْسِبُونَ ﴿٥٢﴾ وَيَسْتَنْبِـُٔونَكَ
اَحَقٌّ هُوَۜ قُلْ اِى وَرَبِّٓى اِنَّهُ لَحَقٌّۚ وَمَٓا اَنْتُمْ بِمُعْجِزِينَ ﴿٥٣﴾

---

43. Entre ellos están los que te miran. Pero, ¿cómo puedes guiar a los ciegos (al camino recto), si carecen de facultad para ver?[9]

44. Sin duda alguna, Dios no es injusto en modo alguno con los seres humanos, sino que son los seres humanos los que son injustos consigo mismos.

45. En el Día en que Dios les haga resucitar y los reúna a todos juntos, les parecerá como si no hubiesen permanecido en el mundo más que un corto período de un día, reconociéndose entre ellos. Sin lugar a dudas, los que niegan (la verdad de) que van a encontrarse con Dios se han arruinado a sí mismos y nunca han estado guiados.

46. Y tanto si te mostramos (Oh Mensajero) el cumplimiento de parte de lo que les hemos prometido como si te hacemos morir (antes de que les ocurra), sigue siendo hacia Nosotros su retorno. Y Dios es testigo de todo lo que hacen.

47. Cada comunidad tiene su Mensajero[10]. Una vez que su Mensajero se presenta, (unos creen en él y otros no, y) es juzgado entre ellos con absoluta justicia y no son tratados injustamente.

48. Y dicen: «¿Cuándo se cumplirá esta promesa si vosotros (Oh creyentes) sois veraces?».

49. Di (Oh Mensajero): «No tengo facultad alguna de dañarme ni de beneficiarme a menos que la Voluntad de Dios así lo dicte. Para cada comunidad se da un período señalado y, cuando acontece el final de su período, no pueden retrasarlo por un espacio de tiempo, por muy breve que sea éste, ni pueden adelantarlo»[11].

50. Di: «¿Habéis considerado qué (podréis hacer) si os llega el castigo de Dios de noche (inesperadamente) o de día (viéndolo venir)? ¿Qué tienen en mente los criminales incrédulos que pretenden adelantar el mismo?».

51. ¿Es que vais a creer acaso tan sólo después de que haya acontecido? (Ese día se os dirá:) «¿(Creéis en ello) ahora, después de que habéis querido (en vuestra desafiante incredulidad) que fuese adelantado?».

52. Luego se dirá a los que fueron injustos (consigo mismos a causa de la incredulidad y los juicios erróneos): «¡Probad el castigo duradero! ¿Acaso se os recompensa por algo que no sea lo que habéis adquirido?».

53. Te preguntan: «¿Es verdad?». Di: «Sí, por mi Señor, ciertamente es la verdad; y no podréis evitarlo».

9. El globo ocular no posee funcionalidad alguna sin la retina. Al contemplar la verdad, la mente es como un globo ocular, y el corazón es como la retina. La luz del corazón se refleja en la mente del mismo modo que la Luna refleja la luz del Sol. La mente sin la luz del corazón queda en tinieblas. El lugar de la fe es el corazón y queda reflejado en la mente. Las dudas que embargan la mente empujan a los individuos a investigar y a basar su fe en un conocimiento establecido. La evidencia proporcionada por el universo y el mundo interno y externo de la humanidad, y presentada por el Corán, opera como una escoba que barre todas las dudas. Por lo tanto, la mente protege a la creencia del corazón de ser acosada por dudas que vienen de todas las direcciones. Si la mente fuese el lugar de la fe en vez del lugar del corazón, la fe estaría expuesta a una variedad de ataques que dañarían la convicción (*Sözler* («Las Palabras»), *Lemaat*, 658).

10. A lo largo de la historia de la humanidad, Dios ha enviado Mensajeros a cada nación —es decir, a cada comunidad que comparte el mismo estilo de vida y cultura y que habla la misma lengua— para transmitirles Su Mensaje. El Mensaje era uno aunque ajustado a algunos detalles sociales y de prácticas rituales para satisfacer las necesidades culturales locales. Después de los Mensajeros, el Mensaje fue gradualmente olvidado o seriamente distorsionado y, entonces, Dios volvió a enviar Profetas para revivir el Mensaje o restaurarlo en su pureza original para que sea practicado en la vida diaria. Sin embargo, llegó un momento en que casi el mundo entero se encontraba sumido en la oscuridad. Habían olvidado el Mensaje de Dios y los seres humanos habían llegado a una situación tal en la que un sólo Mensajero y un Libro sería suficiente para todos ellos; y esto aconteció cuando Dios envió al profeta Muhammad, como el Sello de todos los Profetas y Mensajeros junto al Corán.

Debido a que las religiones anteriores al Islam eran de carácter nacional, sus seguidores tendían a creer que eran el pueblo elegido. Los cristianos sólo reconocían a los Profetas de Israel, mientras que los judíos rechazaban la Misión Profética de Jesús. El Islam indica, sin embargo, que sería una negación de la providencia universal de Dios decir que dichos Mensajeros o Profetas fueron enviados para una sola nación. Según el Corán, Dios es el Señor y Sustentador de todos los Mundos. Del mismo que no discriminaba entre las naciones enviándoles Sus Revelaciones, los musulmanes no hacen distinción alguna entre Sus Mensajeros en lo que a la creencia en ellos se refiere (2:285).

El Islam es la consumación de todas las Religiones Divinas. Al aceptar a los Profetas y las escrituras de todas las naciones, el Islam afirma la unidad y la providencia universal de Dios y la universalidad de la experiencia religiosa, a la vez que reúne a personas de todas las razas y credos en una fe y una hermandad. Es más, el musulmán es el verdadero seguidor de todos los Profetas, incluso de Moisés y Jesús —la paz sea con ellos—. En tal caso, mientras que el término «cristiano» hace referencia a aquel que sigue a Jesucristo y el Judaísmo se ha convertido en la religión racial exclusiva del pueblo judío, el musulmán rechaza el término mahometismo, vocablo usado por los no musulmanes para referirse a ellos. Para entender el Islam como lo hacen sus seguidores, se ha de purgar la palabra mahometano o mahometismo del vocabulario. Etiquetar el Islam como mahometismo es el resultado de establecer una falsa analogía con el Cristianismo. Los musulmanes no adoran a Muhammad tal y como los cristianos son devotos de Jesucristo. Muhammad no es Dios ni tampoco Su reencarnación, ni tan siquiera el hijo de Dios. Nunca pretendió ser más que un hombre que había recibido la Revelación de Dios. No creó el Islam, sino que recibió el Mensaje del Islam y lo comunicó.

11. Para la explicación de *Para cada comunidad se da un período señalado y, cuando acontece el final de su período, no pueden retrasarlo por un espacio de tiempo, por muy breve que sea éste, ni pueden adelantarlo* véase el versículo 7:34, nota número 10.

وَلَوْ اَنَّ لِكُلِّ نَفْسٍ ظَلَمَتْ مَا فِى الْاَرْضِ لَافْتَدَتْ بِهٖۜ
وَاَسَرُّوا النَّدَامَةَ لَمَّا رَاَوُا الْعَذَابَۚ وَقُضِىَ بَيْنَهُمْ بِالْقِسْطِ
وَهُمْ لَا يُظْلَمُونَ ﴿٥٤﴾ اَلَٓا اِنَّ لِلّٰهِ مَا فِى السَّمٰوَاتِ وَالْاَرْضِۜ
اَلَٓا اِنَّ وَعْدَ اللّٰهِ حَقٌّ وَلٰكِنَّ اَكْثَرَهُمْ لَا يَعْلَمُونَ ﴿٥٥﴾ هُوَ
يُحْيٖ وَيُمٖيتُ وَاِلَيْهِ تُرْجَعُونَ ﴿٥٦﴾ يَٓا اَيُّهَا النَّاسُ قَدْ جَٓاءَتْكُمْ
مَوْعِظَةٌ مِنْ رَبِّكُمْ وَشِفَٓاءٌ لِمَا فِى الصُّدُورِ وَهُدًى وَرَحْمَةٌ
لِلْمُؤْمِنٖينَ ﴿٥٧﴾ قُلْ بِفَضْلِ اللّٰهِ وَبِرَحْمَتِهٖ فَبِذٰلِكَ فَلْيَفْرَحُواؕ هُوَ
خَيْرٌ مِمَّا يَجْمَعُونَ ﴿٥٨﴾ قُلْ اَرَاَيْتُمْ مَٓا اَنْزَلَ اللّٰهُ لَكُمْ مِنْ رِزْقٍ
فَجَعَلْتُمْ مِنْهُ حَرَامًا وَحَلَالًاۜ قُلْ آٰللّٰهُ اَذِنَ لَكُمْ اَمْ عَلَى اللّٰهِ
تَفْتَرُونَ ﴿٥٩﴾ وَمَا ظَنُّ الَّذٖينَ يَفْتَرُونَ عَلَى اللّٰهِ الْكَذِبَ يَوْمَ
الْقِيٰمَةِۜ اِنَّ اللّٰهَ لَذُو فَضْلٍ عَلَى النَّاسِ وَلٰكِنَّ اَكْثَرَهُمْ
لَا يَشْكُرُونَۚ ﴿٦٠﴾ وَمَا تَكُونُ فٖى شَاْنٍ وَمَا تَتْلُوا مِنْهُ مِنْ قُرْاٰنٍ
وَلَا تَعْمَلُونَ مِنْ عَمَلٍ اِلَّا كُنَّا عَلَيْكُمْ شُهُودًا اِذْ تُفٖيضُونَ
فٖيهِۜ وَمَا يَعْزُبُ عَنْ رَبِّكَ مِنْ مِثْقَالِ ذَرَّةٍ فِى الْاَرْضِ وَلَا
فِى السَّمَٓاءِ وَلَٓا اَصْغَرَ مِنْ ذٰلِكَ وَلَٓا اَكْبَرَ اِلَّا فٖى كِتَابٍ مُبٖينٍ ﴿٦١﴾

اَلَٓا اِنَّ

---

54. Si cada alma que ha cometido injusticia (por ser incrédula y por lo tanto habiendo sido injusta consigo misma) poseyese todo cuanto hay en la Tierra, en verdad, lo ofrecería como rescate (para salvarse del castigo); y cuando contemplen el castigo, no podrán expresar su arrepentimiento. Se juzgará entre ellos con equidad y no serán tratados injustamente.

55. Sabed bien que a Dios Le pertenece todo cuanto hay en los Cielos y en la Tierra. Sabed bien que la promesa de Dios es sin duda verdadera, pero la mayor parte de ellos no lo saben.

56. Él concede la vida y causa la muerte y vosotros os halláis en el camino de retorno a Él.

57. ¡Oh seres humanos! Os ha llegado una instrucción de vuestro Señor y una cura (de las enfermedades y dudas) que se da en los corazones, y una guía y una misericordia para los creyentes.

58. Di: «Con la gracia y la generosidad de Dios y con Su misericordia: con ello, entonces, se regocijen. Eso es mejor que cuanto puedan atesorar (de bienes mundanos y riquezas)».

59. Di: «¿Habéis considerado la provisión que Dios ha hecho descender[12] sobre vosotros y que habéis considerado (por vuestra propia cuenta y por vuestro propio capricho) algo de ello lícito y algo de ello ilícito?». Di: «¿Os ha concedido Dios la venia o es que estáis inventando (elaborando nuevas leyes provenientes de vosotros mismos) y se lo atribuís a Dios falsamente?».

60. ¿Qué piensan aquellos que falsamente atribuyen (sus propias invenciones) a Dios que será (de su situación) en el Día de la Resurrección? En verdad, Dios es misericordioso y munificente hacia la humanidad, pero la mayoría de ellos no agradecen.

61. Cualquiera que sea tu preocupación (Oh Mensajero) y cualquier discurso de Él que en éste (Corán) recitéis y cualquier acción que hagáis (Oh seres humanos), somos sin duda testigos sobre vosotros cuando os halláis involucrados en ello. Ni el peso de un átomo de lo que hay en la Tierra o en los Cielos pasa desapercibido a tu Señor, y nada hay aún más pequeño o mayor sin que (esté registrado) en un Libro Manifiesto[13].

---

12. El Corán, al hacer referencia a *la provisión que Dios ha hecho descender*, enfatiza que el verdadero origen de la provisión es la Misericordia y la Munificencia de Dios y que proviene de una fuente muy elevada. Hace también referencia al hecho de que casi toda la provisión con la que son mantenidos los seres vivos precisa de lluvia y esa lluvia proviene desde muy alto.

13. Respecto al Libro Manifiesto, véase el *sura* 6:59, nota número 13.

اَلَٓا اِنَّ اَوْلِيَٓاءَ اللّٰهِ لَا خَوْفٌ عَلَيْهِمْ وَلَا هُمْ يَحْزَنُونَ ﴿٦٢﴾
اَلَّذ۪ينَ اٰمَنُوا وَكَانُوا يَتَّقُونَ ﴿٦٣﴾ لَهُمُ الْبُشْرٰى
فِي الْحَيٰوةِ الدُّنْيَا وَفِي الْاٰخِرَةِ لَا تَبْد۪يلَ لِكَلِمَاتِ اللّٰهِ
ذٰلِكَ هُوَ الْفَوْزُ الْعَظ۪يمُ ﴿٦٤﴾ وَلَا يَحْزُنْكَ قَوْلُهُمْ اِنَّ
الْعِزَّةَ لِلّٰهِ جَم۪يعاً هُوَ السَّم۪يعُ الْعَل۪يمُ ﴿٦٥﴾ اَلَٓا اِنَّ لِلّٰهِ
مَنْ فِي السَّمٰوَاتِ وَمَنْ فِي الْاَرْضِ وَمَا يَتَّبِعُ الَّذ۪ينَ
يَدْعُونَ مِنْ دُونِ اللّٰهِ شُرَكَٓاءَ اِنْ يَتَّبِعُونَ اِلَّا الظَّنَّ
وَاِنْ هُمْ اِلَّا يَخْرُصُونَ ﴿٦٦﴾ هُوَ الَّذ۪ي جَعَلَ لَكُمُ الَّيْلَ
لِتَسْكُنُوا ف۪يهِ وَالنَّهَارَ مُبْصِراً اِنَّ ف۪ي ذٰلِكَ لَاٰيَاتٍ
لِقَوْمٍ يَسْمَعُونَ ﴿٦٧﴾ قَالُوا اتَّخَذَ اللّٰهُ وَلَداً سُبْحَانَهُ
هُوَ الْغَنِيُّ لَهُ مَا فِي السَّمٰوَاتِ وَمَا فِي الْاَرْضِ
اِنْ عِنْدَكُمْ مِنْ سُلْطَانٍ بِهٰذَا اَتَقُولُونَ عَلَى اللّٰهِ
مَا لَا تَعْلَمُونَ ﴿٦٨﴾ قُلْ اِنَّ الَّذ۪ينَ يَفْتَرُونَ عَلَى اللّٰهِ الْكَذِبَ
لَا يُفْلِحُونَ ﴿٦٩﴾ مَتَاعٌ فِي الدُّنْيَا ثُمَّ اِلَيْنَا مَرْجِعُهُمْ ثُمَّ
نُذ۪يقُهُمُ الْعَذَابَ الشَّد۪يدَ بِمَا كَانُوا يَكْفُرُونَ ﴿٧٠﴾

62. Has de saber que los amigos (los piadosos siervos) de Dios[14] no tendrán que temer ni se entristecerán.

63. Ellos son aquellos que creen y se apartan de la desobediencia a Dios en veneración a Él y la piedad.

64. Para ellos hay buenas nuevas (de prosperidad) en la vida de este mundo y en el Más Allá. No puede haber cambio alguno en los decretos de Dios. Ese es, en verdad, el triunfo supremo.

65. Que sus palabras no te entristezcan (Oh Mensajero). El poder y la gloria pertenecen totalmente a Dios. Él es Quien todo lo Oye, Omnisapiente.

66. Sabed bien que a Dios Le pertenece todo cuanto hay en los Cielos y sobre la Tierra (Sus criaturas y siervos). Los que invocan, aparte de Dios, (no hacen eso porque han encontrado deidades y señores que pueden ser copartícipes de Dios en Su divinidad y Señorío) siguen a esos copartícipes. Sólo siguen conjeturas (no conocimiento fidedigno) y no hacen más que elaborar suposiciones[15].

67. Él es Quien hizo para vosotros la noche para que podáis descansar en ella y el día para que veáis (y así trabajéis durante el mismo). No cabe duda que en ello se dan signos (manifiestos de la verdad) para las personas que escuchan y prestan atención (a las Revelaciones de Dios y contemplan las cosas y los acontecimientos bajo Su luz).

68. Dicen (los politeístas) que Dios ha tomado para Sí un hijo. Glorificado sea Él; Él es Autosuficiente (se halla más allá de cualquier necesidad). Suyo es todo cuanto hay en los Cielos y en la Tierra. No tenéis autoridad ni evidencia para esto (para esta afirmación). ¿Estáis, entonces, diciendo cosas acerca de Dios que no sabéis (nada al respecto)?

69. Di: «Es cierto que los que inventan mentiras y se las atribuyen a Dios nunca prosperarán».

70. Un breve disfrute de este mundo, luego a Nosotros es su regreso, y luego les haremos probar un severo castigo por haberse negado a creer constantemente (en cualquier verdad transmitida en el Nombre de Dios).

14. Ante todo, todos los creyentes son amigos de Dios, ya que Dios es el protector y confidente de los creyentes, tal y como se menciona en numerosos versículos (2:257; 3:68; 5:55; 6:127; 7:155; 34:41, etc.). Del mismo modo, Satanás y los incrédulos, especialmente los que se hallan más profundamente enraizados en la incredulidad, son amigos y protectores los unos de los otros. Otro aspecto digno de destacar es que los creyentes comparten amistad y se protegen entre sí (3:28; 8:72; 9:71, etc.) del mismo modo que algunos de los incrédulos y alguna Gente del Libro son amigos y protectores los unos de los otros, especialmente contra los creyentes (5:51; 8:73; 45:9, etc.).

Además de dicha noción general en la que Dios es el protector y confidente de los creyentes y que los creyentes son Sus amigos, la palabra original *waliyy* (cuyo plural es *awliya*) posee un significado especial. Los creyentes no están dotados del mismo grado de creencia ni de acción requerida por dicha creencia ni tienen el mismo grado de cercanía a Dios. Algunos de ellos se hallan en posiciones más adelantadas que otros y, por lo tanto, se encuentran más cerca de Dios. En la literatura islámica común, cuando expresamos *waliyy* o *awliya*, es este significado especial el que se emplea. El siguiente versículo aclara este tema permitiéndonos comprender mejor este concepto:

Dios es el Confidente y Guardián de aquellos que creen (en Quien pueden encomendar sus asuntos y en Quien pueden confiar), a los que saca a la luz desde todo tipo de tinieblas (intelectuales, espirituales, sociales, económicas y políticas), manteniéndoles ahí firmemente (2:257).

La función más notoria de Dios como confidente y protector de los creyentes es rescatarlos de los diferentes tipos de tinieblas (intelectual, espiritual, social, económica y política) a la luz. Por lo tanto, aquellos creyentes que hacen todo lo que pueden con máxima sinceridad para que la gente sea rescatada de los diferentes tipos de tinieblas hacia la luz se hallan más cercanos a Dios y son Sus amigos especiales. Esta es la misión principal de los Mensajeros, los Profetas y de aquéllos que les siguen en sus misiones. Esto exige que poseamos conocimiento, la convicción más profunda en los aspectos esenciales de la fe y que vivamos de acuerdo con dichos principios, adorando a Dios con sinceridad, absteniéndonos de los pecados y adquiriendo cualidades y virtudes dignas de alabanza, a la vez que nos dedicamos a la causa de Dios (*Key Concepts in the Practice of Sufism* («Conceptos Clave en la Práctica del Sufismo»), 2:60-65).

15. Es decir, juzgan y hablan según sus caprichos, intereses y valores personales pasajeros.

وَاتْلُ عَلَيْهِمْ نَبَاَ نُوحٍۢ اِذْ قَالَ لِقَوْمِهٖ يَا قَوْمِ اِنْ كَانَ كَبُرَ عَلَيْكُمْ
مَقَامٖى وَتَذْكٖيرٖى بِاٰيَاتِ اللّٰهِ فَعَلَى اللّٰهِ تَوَكَّلْتُ فَاَجْمِعُوا اَمْرَكُمْ
وَشُرَكَٓاءَكُمْ ثُمَّ لَا يَكُنْ اَمْرُكُمْ عَلَيْكُمْ غُمَّةً ثُمَّ اقْضُٓوا اِلَيَّ
وَلَا تُنْظِرُونِ ﴿٧١﴾ فَاِنْ تَوَلَّيْتُمْ فَمَا سَاَلْتُكُمْ مِنْ اَجْرٍۜ اِنْ اَجْرِيَ
اِلَّا عَلَى اللّٰهِۙ وَاُمِرْتُ اَنْ اَكُونَ مِنَ الْمُسْلِمٖينَ ﴿٧٢﴾ فَكَذَّبُوهُ
فَنَجَّيْنَاهُ وَمَنْ مَعَهُ فِى الْفُلْكِ وَجَعَلْنَاهُمْ خَلَٓائِفَ وَاَغْرَقْنَا
الَّذٖينَ كَذَّبُوا بِاٰيَاتِنَاۚ فَانْظُرْ كَيْفَ كَانَ عَاقِبَةُ الْمُنْذَرٖينَ ﴿٧٣﴾
ثُمَّ بَعَثْنَا مِنْ بَعْدِهٖ رُسُلًا اِلٰى قَوْمِهِمْ فَجَٓاؤُهُمْ بِالْبَيِّنَاتِ
فَمَا كَانُوا لِيُؤْمِنُوا بِمَا كَذَّبُوا بِهٖ مِنْ قَبْلُۜ كَذٰلِكَ نَطْبَعُ عَلٰى
قُلُوبِ الْمُعْتَدٖينَ ﴿٧٤﴾ ثُمَّ بَعَثْنَا مِنْ بَعْدِهِمْ مُوسٰى وَهٰرُونَ اِلٰى
فِرْعَوْنَ وَمَلَائِهٖ بِاٰيَاتِنَا فَاسْتَكْبَرُوا وَكَانُوا قَوْمًا مُجْرِمٖينَ ﴿٧٥﴾
فَلَمَّا جَٓاءَهُمُ الْحَقُّ مِنْ عِنْدِنَا قَالُٓوا اِنَّ هٰذَا لَسِحْرٌ مُبٖينٌ ﴿٧٦﴾
قَالَ مُوسٰٓى اَتَقُولُونَ لِلْحَقِّ لَمَّا جَٓاءَكُمْۜ اَسِحْرٌ هٰذَاۜ وَلَا يُفْلِحُ
السَّاحِرُونَ ﴿٧٧﴾ قَالُٓوا اَجِئْتَنَا لِتَلْفِتَنَا عَمَّا وَجَدْنَا عَلَيْهِ اٰبَٓاءَنَا
وَتَكُونَ لَكُمَا الْكِبْرِيَٓاءُ فِى الْاَرْضِۜ وَمَا نَحْنُ لَكُمَا بِمُؤْمِنٖينَ ﴿٧٨﴾

وَقَالَ فِرْعَوْنُ

---

71. Relátales la historia ejemplar de Noé cuando dijo a su gente: «¡Oh pueblo mío! Si mi presencia (entre vosotros) y mi acto de advertir (a vosotros) con las Revelaciones de Dios os ofenden —pues, en Dios deposito mi confianza—. Por lo tanto, reuníos y decidid qué es lo que vais a hacer y (llamad para que os ayuden) a vuestros (supuestos) copartícipes de Dios; y que el asunto no os preocupe y llevad a cabo contra mí (lo que hayáis decidido) sin darme tregua.

72. Luego si os apartáis (del mensaje que os transmito), entonces (sabed que eso no me causará perdida alguna del mismo modo que el que lo aceptéis no hace que obtenga beneficio alguno) no os pido recompensa alguna. Mi recompensa incumbe sólo a Dios y he sido ordenado ser de los musulmanes (aquellos que se someten a Él)».

73. Y a pesar de ello le negaron a él, y por lo tanto, le salvamos en el Arca junto a los que con él estaban, haciéndoles sucesores (para heredar la Tierra) y ahogando a los que habían negado Nuestras Revelaciones y todos los signos (que indicaban Nuestra Existencia y Unidad). ¡Contempla, entonces, cómo han acabado los que habían sido advertidos (pero nunca prestaron atención)!

74. Después, tras él, enviamos Mensajeros a su pueblo y llegaron a ellos con signos claros de la Verdad, pero no creerían lo que solían negar con anterioridad. Por lo tanto, marcamos con un sello los corazones de aquellos que sobrepasan los límites[16].

75. Luego, tras ellos, enviamos a Moisés y a Aarón al Faraón y sus dignatarios con Nuestros signos (milagros para apoyarles), pero pasaron a ser aún más arrogantes (ante Nuestros signos) y (demostraron que) eran gente culpable dedicada a acumular pecados.

76. Cuando la verdad les llegó de Nuestra parte, dijeron: «Esto claramente no es más que pura magia».

77. Moisés dijo: «¿Habláis de la verdad de este modo cuando os ha llegado? ¿Es esto magia? Pero los magos no prosperan».

78. Dijeron: «¿Has venido a nosotros para apartarnos de aquello en lo que hallamos a nuestros antepasados creyendo y para que la suma autoridad en esta tierra os pertenezca a vosotros dos? Nunca creeremos en vosotros dos».

16. Respecto a las historias ejemplares para dichos Mensajeros, véanse los versículos 7:65-102 y sus notas correspondientes.

79. Y dijo el Faraón: «¡Traedme a todos y cada uno de los magos expertos y hábiles!».

80. Cuando los magos vinieron, Moisés les dijo: «Arrojad lo que vayáis a lanzar!».

81. Y cuando hubieron arrojado (lo que tuviesen en sus manos y hubieron dado lugar a un gran acto de magia), Moisés dijo: «Lo que habéis realizado no es sino magia. En verdad, Dios la hará fracasar y demostrará que es falsa. Dios nunca da validez a los actos de aquellos que causan desorden y corrupción ni los establece como rectos.

82. Y Dios demuestra por medio de Sus decretos la verdad como verdadera y hace que triunfe no importa cuán odioso les puede resultar a los incrédulos criminales».

83. (Al principio) tan sólo una joven generación entre su pueblo verdaderamente creyó en Moisés, (ya que) temían que el Faraón y sus dignatarios entre ellos (que habían colaborado con el Faraón para no perder su riqueza) les someterían a persecuciones. El Faraón fue, en verdad, un arrogante tirano en la Tierra y fue, de hecho, de los que cometieron excesos.

84. Y Moisés dijo (dando el más ferviente consejo a su gente): «Si creéis en Dios, depositad vuestra confianza en Él, si sois musulmanes (aquellos quienes se hallan totalmente sometidos a Él)».

85. Invocaron (verbalmente y por medio de sus acciones): «¡En Dios depositamos nuestra confianza! ¡Señor nuestro! ¡No nos hagas objeto de persecución de los malhechores!

86. ¡Y sálvanos por Tu misericordia de la gente incrédula!».

وَقَالَ فِرْعَوْنُ ائْتُونِي بِكُلِّ سَاحِرٍ عَلِيمٍ ﴿٧٩﴾ فَلَمَّا جَاءَ السَّحَرَةُ
قَالَ لَهُمْ مُوسَى أَلْقُوا مَا أَنْتُمْ مُلْقُونَ ﴿٨٠﴾ فَلَمَّا أَلْقَوْا قَالَ
مُوسَى مَا جِئْتُمْ بِهِ السِّحْرُ إِنَّ اللَّهَ سَيُبْطِلُهُ إِنَّ اللَّهَ لَا يُصْلِحُ
عَمَلَ الْمُفْسِدِينَ ﴿٨١﴾ وَيُحِقُّ اللَّهُ الْحَقَّ بِكَلِمَاتِهِ وَلَوْ كَرِهَ
الْمُجْرِمُونَ ﴿٨٢﴾ فَمَا آمَنَ لِمُوسَى إِلَّا ذُرِّيَّةٌ مِنْ قَوْمِهِ
عَلَى خَوْفٍ مِنْ فِرْعَوْنَ وَمَلَئِهِمْ أَنْ يَفْتِنَهُمْ وَإِنَّ فِرْعَوْنَ لَعَالٍ
فِي الْأَرْضِ وَإِنَّهُ لَمِنَ الْمُسْرِفِينَ ﴿٨٣﴾ وَقَالَ مُوسَى يَا قَوْمِ إِنْ
كُنْتُمْ آمَنْتُمْ بِاللَّهِ فَعَلَيْهِ تَوَكَّلُوا إِنْ كُنْتُمْ مُسْلِمِينَ ﴿٨٤﴾ فَقَالُوا
عَلَى اللَّهِ تَوَكَّلْنَا رَبَّنَا لَا تَجْعَلْنَا فِتْنَةً لِلْقَوْمِ الظَّالِمِينَ ﴿٨٥﴾
وَنَجِّنَا بِرَحْمَتِكَ مِنَ الْقَوْمِ الْكَافِرِينَ ﴿٨٦﴾ وَأَوْحَيْنَا إِلَى مُوسَى
وَأَخِيهِ أَنْ تَبَوَّآ لِقَوْمِكُمَا بِمِصْرَ بُيُوتًا وَاجْعَلُوا بُيُوتَكُمْ
قِبْلَةً وَأَقِيمُوا الصَّلَاةَ وَبَشِّرِ الْمُؤْمِنِينَ ﴿٨٧﴾ وَقَالَ مُوسَى رَبَّنَا
إِنَّكَ آتَيْتَ فِرْعَوْنَ وَمَلَأَهُ زِينَةً وَأَمْوَالًا فِي الْحَيَاةِ الدُّنْيَا
رَبَّنَا لِيُضِلُّوا عَنْ سَبِيلِكَ رَبَّنَا اطْمِسْ عَلَى أَمْوَالِهِمْ وَاشْدُدْ
عَلَى قُلُوبِهِمْ فَلَا يُؤْمِنُوا حَتَّى يَرَوُا الْعَذَابَ الْأَلِيمَ ﴿٨٨﴾

87. Y revelamos a Moisés y a su hermano: «Procurad casas para vuestro pueblo en Egipto (como lugares de refugio y reunión por la causa de Dios) y (como una comunidad al completo) haced de vuestras casas lugares donde dirigiros a Dios y estableced la Oración Prescrita de acuerdo a sus condiciones. ¡Y (Oh Moisés) da buenas nuevas a los creyentes!».

88. Moisés rogó a Dios: «¡Señor nuestro! En verdad les has dado al Faraón y a sus dignatarios esplendor y riquezas en la vida de este mundo, y por lo tanto, ¡Señor nuestro! apartan a la gente de Tu camino. ¡Señor nuestro! Destruye sus riquezas y oprime sus corazones ya que no creen hasta que no vean el castigo doloroso».

قَالَ قَدْ اُجِيبَتْ دَعْوَتُكُمَا فَاسْتَقِيمَا وَلَا تَتَّبِعَآنِّ سَبِيلَ
الَّذِينَ لَا يَعْلَمُونَ ﴿٨٩﴾ وَجَاوَزْنَا بِبَنِىٓ اِسْرَٓائِيلَ الْبَحْرَ فَاَتْبَعَهُمْ
فِرْعَوْنُ وَجُنُودُهُ بَغْيًا وَعَدْوًا حَتّٰٓى اِذَٓا اَدْرَكَهُ الْغَرَقُ قَالَ
اٰمَنْتُ اَنَّهُ لَٓا اِلٰهَ اِلَّا الَّذِٓى اٰمَنَتْ بِهِ بَنُوٓا اِسْرَٓائِيلَ وَاَنَا مِنَ
الْمُسْلِمِينَ ﴿٩٠﴾ آٰلْئٰنَ وَقَدْ عَصَيْتَ قَبْلُ وَكُنْتَ مِنَ الْمُفْسِدِينَ ﴿٩١﴾
فَالْيَوْمَ نُنَجِّيكَ بِبَدَنِكَ لِتَكُونَ لِمَنْ خَلْفَكَ اٰيَةً وَاِنَّ كَثِيرًا
مِنَ النَّاسِ عَنْ اٰيَاتِنَا لَغَافِلُونَ ﴿٩٢﴾ وَلَقَدْ بَوَّاْنَا بَنِىٓ اِسْرَٓائِيلَ
مُبَوَّاَ صِدْقٍ وَرَزَقْنَاهُمْ مِنَ الطَّيِّبَاتِ فَمَا اخْتَلَفُوا حَتّٰى
جَٓاءَهُمُ الْعِلْمُ اِنَّ رَبَّكَ يَقْضِى بَيْنَهُمْ يَوْمَ الْقِيٰمَةِ فِيمَا
كَانُوا فِيهِ يَخْتَلِفُونَ ﴿٩٣﴾ فَاِنْ كُنْتَ فِى شَكٍّ مِمَّٓا اَنْزَلْنَٓا
اِلَيْكَ فَسْـَٔلِ الَّذِينَ يَقْرَؤُنَ الْكِتَابَ مِنْ قَبْلِكَ لَقَدْ جَٓاءَكَ
الْحَقُّ مِنْ رَبِّكَ فَلَا تَكُونَنَّ مِنَ الْمُمْتَرِينَ ﴿٩٤﴾ وَلَا تَكُونَنَّ
مِنَ الَّذِينَ كَذَّبُوا بِاٰيَاتِ اللّٰهِ فَتَكُونَ مِنَ الْخَاسِرِينَ ﴿٩٥﴾
اِنَّ الَّذِينَ حَقَّتْ عَلَيْهِمْ كَلِمَتُ رَبِّكَ لَا يُؤْمِنُونَ ﴿٩٦﴾
وَلَوْ جَٓاءَتْهُمْ كُلُّ اٰيَةٍ حَتّٰى يَرَوُا الْعَذَابَ الْاَلِيمَ ﴿٩٧﴾

فَلَوْلَا

89. Dios indicó: «La oración de vosotros dos (Oh Moisés y Aarón) ha sido, de hecho, respondida; por lo tanto (ya que la ejecución de vuestros objetivos depende de vuestro modo de conducta) continuad firmemente en el Camino Recto y no sigáis el camino de los que no tienen conocimiento (de lo correcto e incorrecto) y actúan con ignorancia».

90. Y trajimos a los Hijos de Israel a través del mar, y el Faraón y sus huestes les persiguieron con vehemente insolencia y hostilidad hasta que (fueron abatidos por las aguas del mar que fue abierto para que Moisés y su gente cruzasen y), cuando el ahogo le pilló desprevenido al Faraón, éste exclamó: «He llegado a creer que no hay mas deidad salvo Aquél en Quien creen los Hijos de Israel y soy de los musulmanes (aquellos quienes se hallan totalmente sometidos a Él)».

91. ¿Ahora? (¿Te rindes ahora) cuando antes de esto siempre te rebelabas y eras de los se hallaban involucrados en causar desorden y corrupción?

92. Por lo tanto este día (como recompensa por tu creencia en una situación de desesperación que no te beneficiará en nada en el Más Allá) sólo salvaremos tu cuerpo para que seas un signo para los que vengan después de ti[17]. En verdad, un gran número de personas hace caso omiso de Nuestros Signos (llenos de claras advertencias y lecciones).

93. Y establecimos, en verdad, a los Hijos de Israel en un lugar adecuado para vivir y les proveímos con cosas puras y sanas. No sufrieron las discordias hasta después de haberles llegado el conocimiento (del camino que tenían que seguir y de lo que se encontrarían como resultado de lo que hicieron). En verdad Tu Señor decidirá entre ellos en el Día de la Resurrección acerca de aquello en lo que solían discrepar[18].

94. Y si ahora tenéis alguna duda acerca de la verdad de lo que te hemos hecho descender (respecto a lo que ocurrió entre Moisés y el Faraón) entonces pregunta a los que han leído el Libro (que les fue otorgado) antes de ti. Sin duda alguna, te ha llegado la verdad de Tu Señor, no seas, pues, de los que dudan.

95. Ni tampoco de los que niegan los Signos y Revelaciones de Dios, porque entonces estarás entre los perdedores[19].

96. Aquellos para los que la verdad del decreto de tu Señor (de que morirán como incrédulos e irán al Infierno) ha sido confirmado, no creerán.

97. Aunque incluso se les presenten todas la pruebas, hasta que no vean el doloroso castigo.

---

17. En este versículo sobre el ahogamiento del Faraón, el Corán sugiere lo siguiente:

Todos los faraones creían en la reencarnación, por lo que momificaban sus cuerpos con la esperanza de ser eternos. Por eso, sus cuerpos han sobrevivido hasta la actualidad. Aunque no fue momificado, los restos del cadáver del Faraón, coetáneo a Moisés que persiguió a este profeta y se ahogó con su ejército, fueron encontrados en posición de postración a orillas del Nilo en los últimos años del siglo XIX. Este es un milagro explícito y rotundo del Corán que fue predicho con siglos de antelación en el anterior versículo [*The Words*, («Las Palabras») «The 25th Word», («La 25ª Palabra»), 420; al-Mawdudi, 2, nota 92].

18. El Corán menciona la historia de los Hijos de Israel, que en gran parte está basada en la misión de Moisés, en muchos de sus *suras* ya que esta historia viene acompañada de historias ejemplares para el progreso de todas la naciones y proporciona un indicio de la importancia que tienen los Hijos de Israel en la historia de la humanidad. El Corán aborda su historia cada vez que trata los temas principales del *sura* en el cual es relatada. Por ejemplo, en este *sura*, la historia del profeta Noé —la paz sea con él— es narrada describiendo el desafío a su pueblo, su profunda confianza en Dios y en su misión, y cómo Dios le salvó a él y a los creyentes que estaban en su compañía habiendo aniquilado a los incrédulos y asimismo las historias de los mensajeros Hud, Salih, Lot y Shu'ayb —la paz sea con ellos— son mencionadas en un solo versículo con su final y el motivo por el cual dicho final ocurrió. Sin embargo la historia de los Hijos de Israel es narrada mencionando la dimensión básica del mensaje de Moisés, la derrota final y material del Faraón y sus dignatarios, que se opusieron a dicho mensaje, a la vez que el triunfo final de los Hijos de Israel y el factor principal que llevó a dicho triunfo. La idea principal que subyace bajo todas las historias de este *sura* es la siguiente:

Todos los Mensajeros aparecieron con el mismo mensaje esencial basado en la Unidad Divina, y así Dios les dotó de milagros, signos y evidencias manifiestas para demostrar que eran Mensajeros de Dios. Aquellos que se les opusieron no albergaban nada válido entre manos para justificar su posición. En lugar de eso su posición estaba basada en pura ignorancia, con prejuicios que gobernaban sus intereses mundanos y sus deseos carnales, además de la arrogancia y de los puntos de vista incorrectos. Persiguieron a los Mensajeros y a los creyentes que les acompañaban, pero estos resistieron sus persecuciones, confiándose únicamente a Dios. Al final, los Mensajeros y sus seguidores fueron salvados y triunfaron, mientras que sus oponentes fueron derrotados y se arruinaron a sí mismos. Los creyentes disfrutarán de felicidad eterna en el Paraíso en la otra vida, mientras que los incrédulos sufrirán un castigo sin fin en el Infierno.

Mencionando estas historias desde la perspectiva de este *sura*, Dios consuela al profeta Muhammad —la paz y las bendiciones sean con él— y a sus seguidores, confirmando así su creencia, fortaleciendo su paciencia, recordándoles las características principales de la vida que están destinados a seguir y, finalmente, proporcionándoles una advertencia moderada contra cualquier discordia que pueda surgir entre ellos después de su victoria final frente a sus enemigos.

19. Estos versículos no significan que el Mensajero tuviese alguna duda de su misión, de la revelación que recibió o de las historias

de los Mensajeros anteriores narradas en el Corán. Cuando estos versículos se contemplan a la luz del contexto en el que se desarrollan, el significado es claro, tal y como se puede apreciar:

Al Mensajero de Dios —la paz y las bendiciones sean con él— le entristecían las persecuciones y las burlas que sufrió a manos de los incrédulos que insistían en la incredulidad. A la gente que se obstinaba en rechazar la verdad, que no sabía nada sobre la Revelación y los Mensajeros y que estaba confinada en este mundo con todo su ser, hablaba sobre mundos que estaban más allá del mundo de los sentidos, sobre la Revelación Divina y sobre el contacto con Dios, que está más allá de cualquier concepción, además de otras realidades metafísicas. También les habló de historias acerca de las cuales nunca habían leído ni escuchado nada con anterioridad. Estaba claro el tipo de reacción que tuvo que soportar. No era fácil hablar sobre dichos asuntos, desafiar a enemigos formidables y tercos y declarar que el futuro pertenecería a los creyentes, cuando todavía eran débiles y tan pocos. Pero él relató lo anteriormente citado con total confianza en su misión y sin albergar duda alguna.

Era esencial que los creyentes creyesen con inquebrantable certeza en lo que él decía y en las nuevas que les traía para fortalecerles y aumentar su firmeza. Por lo tanto, dirigiéndose al Mensajero, el Todopoderoso consolaba y robustecía a los creyentes. Y dirigiéndose a quien tenía certeza absoluta sobre lo que recibía de Dios y que se lo transmitía a los demás, también advirtió a los creyentes que no deberían tener duda alguna sobre su fe y que no deberían dejarse influir por la oposición de los incrédulos. También recordó el Mensajero a los creyentes el hecho de que todo lo que les había ocurrido era un indicio de que se hallaban en la misma senda que la que había sido recorrida por naciones anteriores.

El significado de lo que Dios indica aquí es: «Del mismo modo que el Faraón, uno de los tiranos más obstinados de la historia, y sus dignatarios no creyeron, a pesar de que tuvo que creer cuando contempló uno de los castigos terrenales de Dios en un momento en el que creer ya no le beneficiaba, así les ocurrirá a todos aquellos que se resisten al Mensaje de Dios, tendrán que declarar la fe aunque no les sirva ya de nada. Por lo tanto, su incredulidad no debe desalentaros o hacer que vaciléis en la fe. Además, como creyentes, no debéis desalentaros ante la resistencia y el poder de vuestros enemigos, pues Dios es Todopoderoso y os hará triunfar si continuáis en vuestra senda sin vacilar».

فَلَوْلَا كَانَتْ قَرْيَةٌ اٰمَنَتْ فَنَفَعَهَا إيمَانُهَا اِلَّا قَوْمَ يُونُسَ
لَمَّا اٰمَنُوا كَشَفْنَا عَنْهُمْ عَذَابَ الْخِزْيِ فِى الْحَيٰوةِ الدُّنْيَا
وَمَتَّعْنَاهُمْ اِلٰى حِينٍ ﴿٩٨﴾ وَلَوْ شَاءَ رَبُّكَ لَاٰمَنَ مَنْ فِى الْاَرْضِ
كُلُّهُمْ جَمِيعًا اَفَاَنْتَ تُكْرِهُ النَّاسَ حَتّٰى يَكُونُوا مُؤْمِنِينَ ﴿٩٩﴾
وَمَا كَانَ لِنَفْسٍ اَنْ تُؤْمِنَ اِلَّا بِاِذْنِ اللّٰهِ وَيَجْعَلُ الرِّجْسَ
عَلَى الَّذِينَ لَا يَعْقِلُونَ ﴿١٠٠﴾ قُلِ انْظُرُوا مَاذَا فِى السَّمٰوَاتِ
وَالْاَرْضِ وَمَا تُغْنِى الْاٰيَاتُ وَالنُّذُرُ عَنْ قَوْمٍ لَا يُؤْمِنُونَ ﴿١٠١﴾
فَهَلْ يَنْتَظِرُونَ اِلَّا مِثْلَ اَيَّامِ الَّذِينَ خَلَوْا مِنْ قَبْلِهِمْ قُلْ
فَانْتَظِرُوا اِنّى مَعَكُمْ مِنَ الْمُنْتَظِرِينَ ﴿١٠٢﴾ ثُمَّ نُنَجّى رُسُلَنَا
وَالَّذِينَ اٰمَنُوا كَذٰلِكَ حَقًّا عَلَيْنَا نُنْجِ الْمُؤْمِنِينَ ﴿١٠٣﴾ قُلْ يَا اَيُّهَا
النَّاسُ اِنْ كُنْتُمْ فِى شَكٍّ مِنْ دِينِى فَلَا اَعْبُدُ الَّذِينَ تَعْبُدُونَ
مِنْ دُونِ اللّٰهِ وَلٰكِنْ اَعْبُدُ اللّٰهَ الَّذِى يَتَوَفّٰيكُمْ وَاُمِرْتُ اَنْ
اَكُونَ مِنَ الْمُؤْمِنِينَ ﴿١٠٤﴾ وَاَنْ اَقِمْ وَجْهَكَ لِلدّينِ حَنِيفًا
وَلَا تَكُونَنَّ مِنَ الْمُشْرِكِينَ ﴿١٠٥﴾ وَلَا تَدْعُ مِنْ دُونِ اللّٰهِ
مَا لَا يَنْفَعُكَ وَلَا يَضُرُّكَ فَاِنْ فَعَلْتَ فَاِنَّكَ اِذًا مِنَ الظَّالِمِينَ ﴿١٠٦﴾

98. Si al menos hubiese habido una comunidad que creyese (justo cuando el decreto del castigo de Dios hubiese sido emitido) y se beneficiase de su creencia, no habría sido sino el pueblo de Jonás. Cuando creyeron, les retiramos el castigo vergonzoso en la vida de este mundo y les dejamos disfrutar de esta vida por un tiempo[20].

99. Si Tu Señor lo quisiera (y, negándoles su libre albedrío, obligase a la humanidad a creer), todos aquellos que se hallan sobre la Tierra sin duda habrían creído. ¿Obligarías tú, entonces, a la gente hasta que sean creyentes?

100. Ninguna persona va a creer si no es con la venia de Dios. Dios ubicará a aquellos que no usan su razón en un fango de impureza[21].

101. Di: «Considera lo que hay (y lo que ocurre) en los Cielos y la Tierra». Sin embargo, todos esos signos (de la verdad de los fundamentos de la fe) y las advertencias no sirven de nada para la gente que no va a creer.

102. ¿Qué esperan y contemplan sino algo similar a los días de castigo que sobrevinieron a aquellos (incrédulos) que les antecedieron? Di: «Esperad, pues yo soy también de los que esperan».

103. A la sazón, salvamos a nuestros Mensajeros y a aquellos que creyeron (como siempre hicimos con anterioridad). Salvar a los creyentes es un deber que Nos hemos prescrito.

104. Di: «¡Oh seres humanos! Si tenéis alguna duda acerca de mi religión, (sabed que) yo no adoro a aquellos a los que adoráis aparte de Dios, sino que únicamente adoro a Dios, Aquel Quien a todos vosotros hará morir. Se me ha ordenado que sea de los creyentes.

105. (Asimismo se me ha ordenado:) Dirige todo tu ser exclusivamente hacia la Religión verdadera como una persona de fe pura (libre de incredulidad e hipocresía) y no seas nunca de aquellos que atribuyen copartícipes a Dios.

106. Y no invoques, aparte de Dios, a aquello que no te beneficia ni te perjudica; si así lo hicieras, serías de los malhechores, (aquellos que son injustos consigo mismos cometiendo el mal más grande, atribuyendo copartícipes a Dios)».

20. Tal y como ha sido indicado en ocasiones anteriores, al estar Dios más allá del espacio y del tiempo, Su (pre-)decreto significa Su conocimiento de todas las cosas y acontecimientos de antemano. Por lo tanto, la gente no está obligada a hacer algo contra su propio libre albedrío. (Nos vemos obligados a emplear expresiones tales como «pre-decreto» y «de antemano», las cuales implican tiempo, ya que tenemos que trasladar los conceptos de la Divinidad a un ámbito que podamos comprender, ámbito comprendido por el espacio y el tiempo). Por esta razón, el Islam no reconoce el determinismo en la historia humana. Si hablamos de un determinismo establecido por Dios, esto no es más que Dios ha determinado las consecuencias que la gente afrontará a cambio de lo que hayan hecho. La causalidad es una ley establecida por Dios. Ha informado explícitamente de ello a través de los Mensajeros que Él ha enviado y los Libros que ha revelado.

Otra «ley» importante respecto al modo en que Dios actúa y la senda establecida por Él que la gente debe seguir, siguiendo su propio libre albedrío, es que Él puede retirar Su decreto sobre una persona o un pueblo. Esta ley es denominada la ley de la gracia o compasión especiales de Dios. Es igual que los embravecidos rápidos que arrastran a alguien en un curso diferente de un río, por lo tanto, tras el miedo y tras haberse hallado en peligro de ahogarse, se da la seguridad y la misericordia mientras que habría habido gran destrucción en el rumbo del río que uno ha elegido en un principio para remar. Dios, a veces informa a personas o pueblos de lo que les va a sobrevenir, ya sea, a través de sueños verdaderos, presentimientos o de cualquier otra manera. Si el individuo o individuos comprenden esa advertencia e imploran a Dios el perdón, dan limosna y se enmiendan, es entonces cuando Dios puede salvarlos. Un gran número de pueblos a lo largo de la historia, como aquellos de 'Ad, Zamud y la nación del Faraón, merecieron ser destruidos por su persistencia en atribuir copartícipes a Dios, por sus estilos de vida inmorales y por las injusticias y atrocidades que infligían a otra gente a pesar de las advertencias que se les hicieron. Sin embargo, el pueblo del profeta Jonás —la paz sea con él— se tornó a Dios con suma sinceridad y profundo arrepentimiento y se reformó moralmente después de contemplar los signos de su inminente destrucción. Como resultado, Dios mostró Su misericordia y les libró del castigo vergonzoso en esta vida y les permitió disfrutar de la vida durante cierto período. Poniendo énfasis en este punto, el Mensajero de Dios —la paz y las bendiciones sean con él— indicó: «El temor no previene los infortunios, más bien lo hace la plegaria y la caridad» (al-Hindi, Hadiz Nº 3123).

La vida del profeta Jonás —la paz sea con él— se desarrolló ocho siglos antes que la llegada de Jesús a este mundo y fue enviado a Nínive durante los primeros años del Imperio Neoasirio. A pesar de sus años predicando el Mensaje de Dios, su pueblo persistió en atribuir copartícipes a Dios. Hallándose desesperado ante la imposibilidad de que su pueblo creyese, lo abandonó sin haberle sido ordenado por Dios que lo hiciese, creyendo que Dios siempre le protegería y le proveería allá donde estuviese (21:87). De acuerdo con lo que concluimos del Corán (37:140), el barco en el que estaba abordo se hallaba a punto de irse a pique en una tormenta debido al peso de su carga, por lo que los marineros se vieron forzados a aligerarla. Echaron a suertes quién iba a ser arrojado al mar y el destino hizo que le tocase a Jonás por lo que le arrojaron al mar.

Un gran pez se lo tragó. Jonás era un bienamado siervo de Dios que siempre Le glorificaba. Alabó a Dios dentro del pez y pidió que le perdonase. Al final, con el permiso de Dios, el pez lo arrojó fuera de su cuerpo, cerca de la orilla. Cuando Jonás dejó a su gente y los signos del inminente castigo de Dios aparecieron, Le imploraron perdón durante días y Dios retiró el decreto de Su castigo. Jonás regresó a su pueblo y más de cien mil personas creyeron en su mensaje (37:137-148). El sufrimiento de Jonás tuvo que ver con la salvación de su pueblo, ya que todo el infortunio que le ocurre al creyente es el resultado de una transgresión o falta que se ha cometido. Cuando se Le pide perdón a Dios por dichas transgresiones o faltas, esto otorga dos recompensas, una que acontece inmediatamente y la otra que aparece más tarde.

Algunas personas que se acercan al Corán y a los milagros de los Profetas estrictamente desde un modo irracional quieren interpretar el hecho de que Jonás hubiese sido tragado por un pez y luego rescatado por Dios como algo metafórico, cuando en realidad, un acontecimiento similar tuvo lugar siglos después. Un marinero inglés llamado James Bartley cayó al mar mientras pescaba en el barco «Star of East», en agosto de 1891 y fue tragado por una ballena. La ballena fue encontrada muerta dos días más tarde y el pescador extraído de su estómago aún con vida tras haber transcurrido 60 horas (*Urdu Digest*, febrero de 1964, citado en *Tefhim*, 5: 41, nota 82).

21. El Corán atribuye gran importancia a las actividades o facultades intelectuales, todas las cuales son relacionadas con el «corazón». Estas facultades son la reflexión, el razonamiento, la consideración, el conocimiento, la perspicacia y «el oído», etc. Contempla a cualquiera que carezca de dichas facultades como alguien muerto. Ya sean atribuidas al corazón o a distintas facultades, la manera de conservar la vitalidad de dichas facultades es dejar de estar pre-condicionado, abandonar los prejuicios, los puntos de vista incorrectos, las intenciones perversas, las transgresiones, la injusticia, la arrogancia y el egoísmo. Estos son los vicios que evitan que la persona crea. Los últimos dos versículos se complementan mutuamente y facilitan una advertencia moderada al Mensajero de Dios, ya que él deseaba que toda la gente creyese. De hecho, era un deseo tan fuerte en él que le atormentaba casi hasta la muerte haciendo que se entristeciese si no creían (18:6). Este versículo conecta la creencia con el permiso de Dios, el cual lo conecta Él con el hecho de si las facultades intelectuales de las personas estén vivas o no. Aquellos que no hacen uso de sus facultades intelectuales o los que las emplean de manera incorrecta están desprovistos del permiso de Dios para creer.

220 سُورَةُ يُونُسَ ٢٢٠

وَاِنْ يَمْسَسْكَ اللّٰهُ بِضُرٍّ فَلَا كَاشِفَ لَهُٓ اِلَّا هُوَۚ وَاِنْ يُرِدْكَ بِخَيْرٍ فَلَا
رَٓادَّ لِفَضْلِهٖۜ يُصٖيبُ بِهٖ مَنْ يَشَٓاءُ مِنْ عِبَادِهٖۜ وَهُوَ الْغَفُورُ الرَّحٖيمُ ﴿١٠٧﴾ قُلْ
يَٓا اَيُّهَا النَّاسُ قَدْ جَٓاءَكُمُ الْحَقُّ مِنْ رَبِّكُمْۚ فَمَنِ اهْتَدٰى فَاِنَّمَا يَهْتَدٖي
لِنَفْسِهٖۚ وَمَنْ ضَلَّ فَاِنَّمَا يَضِلُّ عَلَيْهَاۚ وَمَٓا اَنَا۬ عَلَيْكُمْ بِوَكٖيلٍۜ ﴿١٠٨﴾ وَاتَّبِعْ
مَا يُوحٰٓى اِلَيْكَ وَاصْبِرْ حَتّٰى يَحْكُمَ اللّٰهُۚ وَهُوَ خَيْرُ الْحَاكِمٖينَ ﴿١٠٩﴾

سُورَةُ هُودٍ مَكِّيَّةٌ
وَهِيَ مِائَةٌ وَثَلَاثٌ وَعِشْرُونَ اٰيَةً

بِسْمِ اللّٰهِ الرَّحْمٰنِ الرَّحٖيمِ

الٓرٰ كِتَابٌ اُحْكِمَتْ اٰيَاتُهُ ثُمَّ فُصِّلَتْ مِنْ لَدُنْ حَكٖيمٍ خَبٖيرٍۙ ﴿١﴾ اَلَّا
تَعْبُدُٓوا اِلَّا اللّٰهَۜ اِنَّنٖي لَكُمْ مِنْهُ نَذٖيرٌ وَبَشٖيرٌۙ ﴿٢﴾ وَاَنِ اسْتَغْفِرُوا رَبَّكُمْ
ثُمَّ تُوبُٓوا اِلَيْهِ يُمَتِّعْكُمْ مَتَاعًا حَسَنًا اِلٰٓى اَجَلٍ مُسَمًّى وَيُؤْتِ
كُلَّ ذٖي فَضْلٍ فَضْلَهُۜ وَاِنْ تَوَلَّوْا فَاِنّٖٓي اَخَافُ عَلَيْكُمْ عَذَابَ
يَوْمٍ كَبٖيرٍ ﴿٣﴾ اِلَى اللّٰهِ مَرْجِعُكُمْۚ وَهُوَ عَلٰى كُلِّ شَيْءٍ قَدٖيرٌ ﴿٤﴾
اَلَٓا اِنَّهُمْ يَثْنُونَ صُدُورَهُمْ لِيَسْتَخْفُوا مِنْهُۜ اَلَا حٖينَ يَسْتَغْشُونَ
ثِيَابَهُمْۙ يَعْلَمُ مَا يُسِرُّونَ وَمَا يُعْلِنُونَۚ اِنَّهُ عَلٖيمٌ بِذَاتِ الصُّدُورِ ﴿٥﴾

وَمَا مِنْ

107. Si Dios te afecta con una aflicción, no hay nadie que pueda liberarte de ella excepto Él. Y si te concede un bien, no hay nadie que pueda impedir Su generosidad. Él lo hace llegar a quien Su Voluntad dicta de entre Sus siervos. Él es el Indulgente, el Compasivo.

108. Di: «¡Oh seres humanos! No cabe duda de que os ha llegado la verdad procedente de vuestro Señor. Todo aquel que, por lo tanto, elija el camino recto no lo seguirá sino en beneficio de sí mismo; y quien elija extraviarse, se extravía en perjuicio de sí mismo. No he sido designado como guardián sobre vosotros a fin de asumir vuestra responsabilidad».

109. Y sigue lo que se te ha revelado y ten paciencia y firmeza en tu camino hasta que Dios dicte Su sentencia. Y Él es el mejor dictando sentencias.

SURA 11

HUD

Período de La Meca

Este *sura* fue revelado en La Meca y contiene 123 versículos. Adquiere su nombre del relato del profeta Hud, la paz sea con él, que tiene especial importancia aquí debido al tema que aborda. Al igual que el *Sura Yunus*, este *sura* trata acerca de los fundamentos de la fe además del Origen Divino del Corán y menciona las historias de los Mensajeros (narradas también en *Sura al-A'raf)*, proporcionando detalles sobre los asuntos principales y las condiciones que prevalecían en la época en la que fue revelada. Ya que el *sura* empieza con los Nombres Divinos del Omnisapiente y el Consciente de todo, los relatos pueden ser enfocados desde esa perspectiva.

En el Nombre de Dios,
el Misericordioso, el Compasivo.

1. *Alif. Lam. Ra.* Un Libro cuyas Revelaciones en versículos han sido hechas firmes (totalmente libres de duda, alteración o invalidación), repletas de sabiduría, dispuestas en secuencias y claramente detalladas. Proviene del Omnisapiente, Consciente de todo.

2. Para que no adoréis a nadie sino a Dios. (Di, Oh Mensajero:) «Sin duda alguna soy un advertidor para vosotros (Oh, pueblo contra las nefastas consecuencias de todas las clases de extravío) y un portador de buenas nuevas (de prosperidad a cambio de la fe y la rectitud)».

3. Y que pidáis perdón a vuestro Señor (por los pecados que habéis cometido hasta ahora), luego tornaros a Él en arrepentimiento y sinceridad para que os haga gozar de una buena vida durante un plazo determinado y conceda Su gracia y munificencia con más abundancia a quien esté más avanzado en virtud y devoción. Pero si os apartáis, entonces, temo para vosotros el castigo de un día terrible.

4. Hacia Dios es vuestro retorno final. Él posee pleno poder sobre todas las cosas.

5. En verdad (los que atribuyen copartícipes a Dios) se inclinan sobre sus pechos (como si fuera en señal de respeto para ti mas en realidad ellos) pretenden ocultar (de Dios la incredulidad y la hostilidad) en sus corazones. Cuando se cubren con sus vestidos (o se ocultan en sus casas detrás de puertas cerradas y ventanas con cortinas) Dios conoce bien lo que guardan oculto en sus pechos y todo lo que revelan. Sin duda alguna Dios posee pleno conocimiento de lo que reposa oculto en los pechos.

وَمَا مِنْ دَٓابَّةٍ فِي الْاَرْضِ اِلَّا عَلَى اللّٰهِ رِزْقُهَا وَيَعْلَمُ
مُسْتَقَرَّهَا وَمُسْتَوْدَعَهَاۜ كُلٌّ فِي كِتَابٍ مُبِينٍ ۝٦ وَهُوَ الَّذِي
خَلَقَ السَّمٰوَاتِ وَالْاَرْضَ فِي سِتَّةِ اَيَّامٍ وَكَانَ عَرْشُهُ
عَلَى الْمَٓاءِ لِيَبْلُوَكُمْ اَيُّكُمْ اَحْسَنُ عَمَلاًۜ وَلَئِنْ قُلْتَ
اِنَّكُمْ مَبْعُوثُونَ مِنْ بَعْدِ الْمَوْتِ لَيَقُولَنَّ الَّذِينَ كَفَرُوا
اِنْ هٰذَٓا اِلَّا سِحْرٌ مُبِينٌ ۝٧ وَلَئِنْ اَخَّرْنَا عَنْهُمُ الْعَذَابَ
اِلٰٓى اُمَّةٍ مَعْدُودَةٍ لَيَقُولُنَّ مَا يَحْبِسُهُۜ اَلَا يَوْمَ يَأْتِيهِمْ لَيْسَ
مَصْرُوفًا عَنْهُمْ وَحَاقَ بِهِمْ مَا كَانُوا بِهِ يَسْتَهْزِؤُنَ ۝٨
وَلَئِنْ اَذَقْنَا الْاِنْسَانَ مِنَّا رَحْمَةً ثُمَّ نَزَعْنَاهَا مِنْهُۚ اِنَّهُ لَيَؤُسٌ
كَفُورٌ ۝٩ وَلَئِنْ اَذَقْنَاهُ نَعْمَٓاءَ بَعْدَ ضَرَّٓاءَ مَسَّتْهُ لَيَقُولَنَّ
ذَهَبَ السَّيِّئَاتُ عَنِّيۜ اِنَّهُ لَفَرِحٌ فَخُورٌۙ ۝١٠ اِلَّا الَّذِينَ
صَبَرُوا وَعَمِلُوا الصَّالِحَاتِۜ اُولٰٓئِكَ لَهُمْ مَغْفِرَةٌ وَاَجْرٌ
كَبِيرٌ ۝١١ فَلَعَلَّكَ تَارِكٌ بَعْضَ مَا يُوحٰٓى اِلَيْكَ وَضَٓائِقٌ
بِهِ صَدْرُكَ اَنْ يَقُولُوا لَوْلَٓا اُنْزِلَ عَلَيْهِ كَنْزٌ اَوْ جَٓاءَ
مَعَهُ مَلَكٌۜ اِنَّمَٓا اَنْتَ نَذِيرٌۜ وَاللّٰهُ عَلٰى كُلِّ شَيْءٍ وَكِيلٌ ۝١٢

6. No hay criatura viva sobre la Tierra cuya provisión no dependa de Dios[1] y Él conoce cada alojamiento y disposición (cada etapa de su vida) y la duración de su estancia y el momento de su transición desde ahí. Todo ello se encuentra en un Libro Manifiesto.

7. Él es Quien ha creado los Cielos y la Tierra en seis días —Su Trono Supremo se hallaba sobre el agua[2]— que os podría poner a prueba y manifestar quién de vosotros es el de mejor conducta. Sin embargo, si dices (a la gente): «(Vuestra debida morada es el Más Allá, donde estaréis en dicha absoluta o sufrimiento según vuestra conducta en este mundo. Por ello) seréis resucitados después de la muerte», aquellos que persisten en la incredulidad dirán: «Esto claramente no es más que un hechizo engañoso».

8. Al ver que postergamos el castigo (con el que les hemos amenazado) hasta un plazo determinado, se sienten seguros de decir (burlándose): «¿Qué es lo que lo impide que ocurra?». En verdad que el Día en que les sobrevenga, no podrá ser apartado de ellos, y aquello de lo que se burlaban les abrumará.

9. Si permitimos al ser humano que pruebe algo de misericordia procedente de Nosotros y luego se la quitamos, pierde toda esperanza y pasa a ser un ingrato (olvidando Nuestros favores hacia él).

10. Y si le hacemos probar el bienestar y la abundancia después de que el infortunio le haya visitado, dice: «¡Todas las aflicciones me han dejado!». Sin duda es propenso a la vana exultación y a la exaltación de sí mismo.

11. A excepción de aquellos perseverantes y pacientes (que no se desesperan ante la aflicción ni se hallan exultantes ni se exaltan a sí mismos con el éxito), y llevan a cabo actos buenos y rectos; para ellos son el perdón y una gran recompensa[3].

12. En esta ocasión puede ser que tú (Oh Mensajero) omitieras alguna parte de lo que te ha sido revelado (tal y como los versículos relacionados con tu Misión Profética) y que tu pecho se oprimiera, debido a que dicen: «¿Por qué no se ha hecho descender algún tesoro a él o un ángel acompañándole (que podamos ver)?». Mas tú no eres sino un advertidor. Es Dios Quien cuida y controla todas las cosas.

1. Dios ha (pre-)decretado la provisión que cada ser vivo consumirá durante la vida que ha establecido para él, y que se ha comprometido a proveerle. Las plantas no tienen poder alguno para moverse de un lugar a otro, en otras palabras, están totalmente sometidas a Dios y su provisión se encuentra preparada bajo ellas. Los animales se ocupan en buscar su provisión que les ha sido (pre-)asignada y cuando son muy jóvenes, son alimentados por sus madres. En cuanto a los seres humanos recién nacidos, su provisión también les es enviada a través de los pechos de sus madres por medio de la Mano de la Misericordia. En el momento en que empiezan a sentirse con suficiente fuerza como para encontrar su propio sustento, trabajan para procurársela. Ningún ser vivo puede obtener más de lo que le ha sido asignado por el Proveedor, ni muere sin haber consumido todo ello.

Es un hecho que aquel que trabaja obtiene su recompensa, mientras que aquel que es perezoso, sufre privaciones. Pero esto no es contrario a la (pre-)asignación de Dios de la provisión de todos los seres. El Destino tiene asimismo en cuenta la causa y el efecto. Esto quiere decir que Dios destina que un efecto particular se haga realidad como resultado de una causa particular. En cualquier caso, Dios se ha comprometido a proveer la provisión vital y esencial para cada ser vivo.

Es también digno de destacar que a pesar de que las explicaciones del Destino y del libre albedrío humano son suficientes para convencer a la razón humana, la cuestión del destino y de la provisión no son cuestiones puramente racionales o científicas. Hay en ellas una profunda dimensión de misterio respecto al Ser Divino que no puede ser percibida por la razón. Se pueden vislumbrar algunos atisbos de ello única y exclusivamente después de haber adquirido un cierto grado de conocimiento de Dios (*ma'rifah)* y de experiencias espirituales. El destino y el libre albedrío humano marcan el punto más remoto de la perfecta creencia y sumisión, y están relacionados con las experiencias y los estados espirituales de los creyentes. La humanidad no ha sido dotada del mecanismo necesario con el que percibir cada asunto relativo a la Esencia Divina. Si ese hubiese sido el caso, la línea divisoria entre Divinidad y humanidad o entre Creador y criatura no existiría. Por lo tanto, asuntos como el Destino y la provisión poseen dimensiones que sólo conciernen a Dios en su condición como dos de Sus misterios y los seres humanos sólo pueden tener conocimiento de ellos en la medida en que es necesario para convencer su razón.

2. Respecto a la creación de los Cielos y de la Tierra, y la naturaleza del Trono Supremo, véase el *sura* 2:28, nota 28; *sura* 7:54, nota 13.

La afirmación *Su Trono Supremo se hallaba sobre el agua* es, bien una continuación de *Él es Quien ha creado los Cielos y la Tierra en seis días*, o bien añade un significado adicional a ello, o posee ambas funciones, lo cual parece que es lo más apropiado respecto a la inigualable elocuencia del Corán. En el primer caso, el significado es *Él es Quien ha creado los Cielos y la Tierra en seis días* y *Su Trono Supremo se hallaba sobre el agua*. Cuando se considera junto a *hemos hecho a partir del agua todo ser vivo* (21:30), este versículo indica el estado en el que los Cielos y la Tierra fueron creados y la Tierra fue dispuesta para la vida, dando a entender que es el agua aquello que subyace en la esencia de todo ser y criatura. Como es bien sabido, el principal elemento de todas las cosas, incluidos los objetos sólidos, es el agua. En una oración recitada por el Mensajero de Dios —la paz y las bendiciones sean con él— se dice: «Glorificado sea Aquel Quien ha colocado tierra encima de un fluido solidificado». Esto significa que las rocas y las montañas fueron formadas como resultado de esta solidificación y su desmoronamiento en partes, acontecido a lo largo del tiempo, formó los estratos del suelo.

En el segundo caso, el significado es: *Él es Quien ha creado los Cielos y la Tierra mientras que Su Trono Supremo se hallaba sobre el agua*. Esto expresa que había agua antes de la creación de los Cielos y de la Tierra. Considerando que el Corán a veces emplea la palabra *ma* (agua) para querer decir fluido y líquido, el agua aquí significa sustancia fluida que era el origen tanto de los Cielos como de la Tierra. Según algunos físicos, esta sustancia es el éter. La Tradición Profética: «La Voluntad y el Favor de Dios se hallaban sobre *ama* y por debajo y por encima del mismo no había aire alguno» (at-Tirmizi, *Tafsîr Hûd*, Nº del hadiz: 3108) dilucida este punto. Es posible que dicho *ama* pudiese ser éter (*Asrın Getirdiği Tereddütler* 1:219).

3. Dios quiere el bien para la humanidad, pero la humanidad incurre en el mal. Para una explicación de ello, véase el Apéndice 7.

أَمْ يَقُولُونَ افْتَرٰيهُ قُلْ فَأْتُوا بِعَشْرِ سُوَرٍ مِثْلِهِ مُفْتَرَيَاتٍ
وَادْعُوا مَنِ اسْتَطَعْتُمْ مِنْ دُونِ اللّٰهِ اِنْ كُنْتُمْ صَادِقِينَ ١٣
فَاِلَّمْ يَسْتَجِيبُوا لَكُمْ فَاعْلَمُوا اَنَّمَا اُنْزِلَ بِعِلْمِ اللّٰهِ وَاَنْ لَا اِلٰهَ
اِلَّا هُوَ فَهَلْ اَنْتُمْ مُسْلِمُونَ ١٤ مَنْ كَانَ يُرِيدُ الْحَيٰوةَ
الدُّنْيَا وَزِينَتَهَا نُوَفِّ اِلَيْهِمْ اَعْمَالَهُمْ فِيهَا وَهُمْ فِيهَا
لَا يُبْخَسُونَ ١٥ اُولٰٓئِكَ الَّذِينَ لَيْسَ لَهُمْ فِي الْاٰخِرَةِ اِلَّا
النَّارُ وَحَبِطَ مَا صَنَعُوا فِيهَا وَبَاطِلٌ مَا كَانُوا يَعْمَلُونَ ١٦
اَفَمَنْ كَانَ عَلٰى بَيِّنَةٍ مِنْ رَبِّهِ وَيَتْلُوهُ شَاهِدٌ مِنْهُ وَمِنْ
قَبْلِهِ كِتَابُ مُوسٰٓى اِمَامًا وَرَحْمَةً اُولٰٓئِكَ يُؤْمِنُونَ بِهِ وَمَنْ
يَكْفُرْ بِهِ مِنَ الْاَحْزَابِ فَالنَّارُ مَوْعِدُهُ فَلَا تَكُ فِي مِرْيَةٍ
مِنْهُ اِنَّهُ الْحَقُّ مِنْ رَبِّكَ وَلٰكِنَّ اَكْثَرَ النَّاسِ لَا يُؤْمِنُونَ ١٧
وَمَنْ اَظْلَمُ مِمَّنِ افْتَرٰى عَلَى اللّٰهِ كَذِبًا اُولٰٓئِكَ يُعْرَضُونَ
عَلٰى رَبِّهِمْ وَيَقُولُ الْاَشْهَادُ هٰٓؤُلَٓاءِ الَّذِينَ كَذَبُوا
عَلٰى رَبِّهِمْ اَلَا لَعْنَةُ اللّٰهِ عَلَى الظَّالِمِينَ ١٨ اَلَّذِينَ يَصُدُّونَ
عَنْ سَبِيلِ اللّٰهِ وَيَبْغُونَهَا عِوَجًا وَهُمْ بِالْاٰخِرَةِ هُمْ كَافِرُونَ ١٩

اُولٰٓئِكَ

13. O bien dicen (sobre el Mensajero): «¿Lo ha inventado (el Corán)?». Di (les): «Entonces, traed diez *sura*s inventados semejantes al mismo (en elocuencia, significado y verdad) y convocad en ayuda vuestra a quienes podáis, aparte de Dios, si sois veraces (en vuestra pretensión y no únicamente ilusos o tan sólo creando excusas para justificar vuestra incredulidad)[4].

14. Y si (aquellos que convocáis en vuestra ayuda) no os pueden responder, sabed que (el Corán) ha sido descendido con el conocimiento de Dios y que no hay más deidad salvo Él. ¿Os someteréis, pues, a Dios como musulmanes?».

15. Todos aquellos que desean la presente vida mundana y sus manifestaciones externas, les recompensaremos por todo lo que han hecho en ella y no estarán privados de su justo merecido.

16. Ellos son los que en el Más Allá no tendrán más que el Fuego. Todo lo que produjeron en él (este mundo) ha desaparecido y todo lo que estaban haciendo es infructuoso, vano.

17. ¿Por lo tanto (acaso podéis comparar a otros con) aquél que se basa en una clara evidencia procedente de su Señor (el Corán) y que es apoyado por un testigo guiado por Él[5], y había sido (revelado) antes del mismo el Libro de Moisés (confirmándolo) como guía y misericordia? Aquellos (que hacen y comprenden la comparación) creen en él (el Corán); pero cualquiera de las distintas partes (que pertenecen a las diferentes naciones y creencias, a sabiendas) no creen[6] en él; El Fuego será su lugar prometido. Y de este modo no debes tener ni la más mínima duda acerca de ello (al ser revelado por Dios). No cabe duda de que es la verdad procedente de tu Señor. Sin embargo, la mayoría de la gente no cree.

18. ¿Quién es más malhechor que aquel que inventa mentiras y se las atribuye a Dios? Esos serán llevados ante su Señor y los testigos dirán: «Aquellos son los que mintieron atribuyéndoselo a su Señor. En verdad, son los malhechores a quienes Dios ha excluido de Su misericordia».

19. Aquellos que apartan a la gente del camino de Dios y pretenden hacerlo tortuoso (deseando distorsionarlo)[7]; y son aquellos que persistentemente no creen en el Más Allá.

4. En una época de la historia en la que la elocuencia era apreciada en gran medida, el Corán de milagrosa exposición fue revelado. Del mismo modo que Dios Todopoderoso concedió a Moisés y a Jesús —la paz sea con ellos— los milagros más adecuados a su época, Él empleó la elocuencia como el más notable aspecto del Corán, el principal milagro del profeta Muhammad —la paz y las bendiciones sean con él—. En el momento de ser revelado el Corán, en primer lugar desafió a los literatos de la península arábiga y luego al resto de la gente a lo largo de los tiempos así como en todo nivel de conocimiento y comprensión hasta el Día del Juicio Final. Respecto a su desafío y algunos aspectos de su carácter milagroso, véase el Apéndice 6.

5. A pesar de que ha habido diferentes puntos de vista respecto a la evidencia y los testigos, lo que significa «evidencia», se puede decir que es el Corán y en cuanto a «testigos», se hace referencia a la persona o personas versadas en los Libros Divinos. Los versículos 3:18, en el que se menciona que Dios, los ángeles y aquellos poseedores de conocimiento dan fe de que no hay más deidad que Él, así como 46:10, en el que se menciona que un testigo —Abdullah ibn Salam— de entre los Hijos de Israel da fe de la Misión Profética de Muhammad y del Origen Divino del Corán, corroboran este significado.

Este significado también es corroborado por el versículo que viene a continuación. Menciona los testigos que dan testimonio frente a los incrédulos el Día del Juicio Final. El versículo 4:41 también menciona a dichos testigos: *¿Qué será, pues, (de la gente en el Día del Juicio Final) cuando traigamos un testigo de cada comunidad (para que preste testimonio contra ellos y que declare que la Religión de Dios les fue comunicada), y te traigamos a ti (Oh Mensajero) como testigo contra todos aquellos (a los que tu Mensaje ha llegado)?* Aunque los testigos aquí mencionados puedan ser los propios Mensajeros enviados a sus pueblos, también confirma el significado de que todo testigo mencionado en el Corán de tal trascendencia es una persona versada ya sea un Profeta o no.

6. La palabra traducida como «incredulidad» es *kufr*, que significa encubrir. Por lo tanto, *kufr* según la terminología islámica, significa encubrir la verdad a sabiendas; es decir, encubrir la verdad bajo la influencia de distintos factores tal y como los deseos carnales, los intereses personales, los prejuicios, los puntos de vista incorrectos, los juicios incorrectos, la arrogancia, las intenciones malvadas e injusticias. En segundo lugar, para juzgar a alguien como *kafir* (incrédulo), las verdades de la fe deben de haberle sido trasmitidas a dicha persona hasta el punto de que, dejado a su libre albedrío y conciencia, pueda elegir entre la creencia y la incredulidad; o dicha persona ha de estar en una posición tal que pueda llevar a cabo las investigaciones necesarias, y por lo tanto siendo consciente de la creencia y de la incredulidad. El término islámico para este acto de trasmitir las verdades de la fe es *tabligh*, que significa trasmitir el Mensaje del modo más completo y claro posible. Aquellos que el Corán condena como incrédulos y como habitantes eternos del Fuego son los individuos a quienes la verdad de la fe les ha sido completamente trasmitida, hasta el punto de que han sido convencidos, aunque, sin embargo, prefieren la incredulidad al hallarse bajo los distintos tipos de influjos anteriormente mencionados.

7. El camino de Dios es un camino recto que ha sido establecido por Él. Lo que los seres humanos han de hacer es conocer bien dicho camino en todos sus aspectos y principios y deducir nuevas reglas respecto a los asuntos secundarios de la ley que estén sujetas a cambio según los lugares y las épocas y en armonía con los principios inalterables de dicho camino. Pero aquellos que no creen en ello y los hipócritas siempre han deseado que dicho camino sea tortuoso, de acuerdo con sus deseos y para servir a sus propios intereses. Por lo tanto, intentar introducir cambios en este camino (el Islam) o hacer que tenga una imagen diferente a la que en realidad tiene para que sus enemigos lo aprueben —son intentos que, a pesar de haber sido intensos o extensos, siempre han sido en vano—, no son más que una traición del camino.

أُولٰٓئِكَ لَمْ يَكُونُوا مُعْجِزِينَ فِي الْاَرْضِ وَمَا كَانَ لَهُمْ
مِنْ دُونِ اللّٰهِ مِنْ اَوْلِيَٓاءَ يُضَاعَفُ لَهُمُ الْعَذَابُ مَا كَانُوا
يَسْتَطِيعُونَ السَّمْعَ وَمَا كَانُوا يُبْصِرُونَ ﴿٢٠﴾ اُولٰٓئِكَ الَّذِينَ
خَسِرُٓوا اَنْفُسَهُمْ وَضَلَّ عَنْهُمْ مَا كَانُوا يَفْتَرُونَ ﴿٢١﴾ لَا جَرَمَ
اَنَّهُمْ فِي الْاٰخِرَةِ هُمُ الْاَخْسَرُونَ ﴿٢٢﴾ اِنَّ الَّذِينَ اٰمَنُوا وَعَمِلُوا
الصَّالِحَاتِ وَاَخْبَتُٓوا اِلٰى رَبِّهِمْ اُولٰٓئِكَ اَصْحَابُ الْجَنَّةِ
هُمْ فِيهَا خَالِدُونَ ﴿٢٣﴾ مَثَلُ الْفَرِيقَيْنِ كَالْاَعْمٰى وَالْاَصَمِّ
وَالْبَصِيرِ وَالسَّمِيعِ هَلْ يَسْتَوِيَانِ مَثَلًا اَفَلَا تَذَكَّرُونَ ﴿٢٤﴾
وَلَقَدْ اَرْسَلْنَا نُوحًا اِلٰى قَوْمِهِ اِنِّي لَكُمْ نَذِيرٌ مُبِينٌ ﴿٢٥﴾
اَنْ لَا تَعْبُدُوا اِلَّا اللّٰهَ اِنِّي اَخَافُ عَلَيْكُمْ عَذَابَ يَوْمٍ اَلِيمٍ ﴿٢٦﴾
فَقَالَ الْمَلَاُ الَّذِينَ كَفَرُوا مِنْ قَوْمِهِ مَا نَرٰيكَ اِلَّا بَشَرًا
مِثْلَنَا وَمَا نَرٰيكَ اتَّبَعَكَ اِلَّا الَّذِينَ هُمْ اَرَاذِلُنَا بَادِيَ الرَّاْيِ
وَمَا نَرٰى لَكُمْ عَلَيْنَا مِنْ فَضْلٍ بَلْ نَظُنُّكُمْ كَاذِبِينَ ﴿٢٧﴾ قَالَ
يَا قَوْمِ اَرَاَيْتُمْ اِنْ كُنْتُ عَلٰى بَيِّنَةٍ مِنْ رَبِّي وَاٰتٰينِي رَحْمَةً
مِنْ عِنْدِهِ فَعُمِّيَتْ عَلَيْكُمْ اَنُلْزِمُكُمُوهَا وَاَنْتُمْ لَهَا كَارِهُونَ ﴿٢٨﴾

20. Aquellos nunca pueden frustrar en la Tierra (todo aquello que la Voluntad de Dios dicta) ni pueden encontrar guardianes aparte de Dios que les puedan proteger de Él. A ellos se les doblará el castigo (en el Más Allá). (Tras haber malgastado las facultades del oído y la vista que Dios les ha concedido), no han podido escuchar (las verdades reveladas) ni han podido tener vista para ver por más tiempo.

21. Esos son los que se han causado infortunio a sí mismos y lo que habían inventado (las falsas deidades para adorar además de Dios) les han abandonado.

22. Sin duda alguna, en el Más Allá serán los más grandes perdedores.

23. En cuanto a los que creen, llevan a cabo actos buenos y rectos, y se han humillado ante su Señor, ellos son los compañeros del Paraíso; allí morarán.

24. Estos dos tipos de personas son como el ciego y sordo y el que ve y oye, ¿Se pueden comparar entre sí? ¿Es que no vais a reflexionar y ser considerados?

25. Y, en verdad, enviamos a Noé a su pueblo como Mensajero (con el mismo mensaje que predicó): «Sin duda alguna, soy para vosotros un manifiesto advertidor (aconsejándoos para vuestro bien):

26. Que no adoréis sino a Dios. En verdad, temo para vosotros el castigo de un Día de tormento».

27. Y los notables que no creyeron de entre su gente dijeron: «No vemos en ti sino a un mortal como nosotros y vemos que sólo te siguen los más humildes de nosotros, sin ninguna opinión digna de consideración; y tampoco vemos que tengas (tú y tus seguidores) superioridad alguna sobre nosotros[8], sino que, os tenemos por mentirosos».

28. Noé señaló: «¡Oh pueblo mío! ¿Qué creéis —si estoy basado en una evidencia clara de mi Señor y Él me ha concedido una gracia[9] de Su Presencia ante la cual habéis permanecido—?, ¿vamos a obligaros a aceptarla si sois reacios a ello?».

8. A lo largo de la historia, es algo común a todos los oponentes incrédulos de la Religión Divina contemplar a los creyentes como personas carentes de conocimiento y reflexión, mientras que se proclaman a sí mismos inteligentes y cultos. Esto es en parte por su arrogancia y orgullo, lo cual es de hecho el reflejo de un complejo de inferioridad del que nunca han podido escapar, y porque el punto de vista de los incrédulos está basado en los bienes materiales, los intereses personales y este mundo efímero, el cual siempre ha sido diferente al punto de vista de los creyentes, establecido por Dios y basado en la creencia y devoción de un Único Dios, creencia en Lo Oculto, en los otros

pilares de la fe y en valores morales universales. El estatus de dichos incrédulos viene dado por su situación y riqueza a la vez que por sus intereses mundanos que les ciegan ante las Verdades Divinas y siempre han actuado con la vanidad y la arrogancia que surge de la riqueza y de la posición que detentaban. Para dichos individuos, la superioridad está basada en la riqueza, los puestos de importancia, la etnia, el color de piel o la constitución física. Sin embargo, al final siempre ha quedado manifiesto que son los creyentes los que poseen el punto de vista verdadero, los que piensan correctamente y los que son realmente superiores a los demás; ya que, para ellos, la superioridad está basada en la consciencia de Dios, en el verdadero conocimiento y en los valores morales.

Para hacer una breve comparación entre las civilizaciones establecidas por los creyentes y los incrédulos, se ha de prestar atención a los siguientes puntos:

> La civilización de los incrédulos se halla en su mayor parte fundada en cinco principios negativos: Está basada en el poder y el poder se inclina hacia la opresión; busca cumplir los intereses individuales, aunque ello cause que la gente se apremie enloquecida en pos de intentar conseguir posesiones; considera la vida como una lucha que produce conflictos internos y externos; unifica a través de separatismos nacionales y/o raciales y alimenta la solidaridad egoísta engullendo los recursos y los territorios de los «otros», engendrando terribles conflictos y esforzándose por satisfacer los novedosos caprichos o deseos desatados (ya sea la satisfacción real o no) y, por lo tanto, embruteciendo los gustos y las aspiraciones de la gente.

La civilización islámica está basada en el derecho (no en el poder) lo cual exige justicia y equilibrio. Promueve la virtud, lo cual estimula el afecto mutuo y el amor. Considera que la vida es ayuda mutua, lo cual lleva a la unidad y a la solidaridad. Unifica a la gente por medio de una religión y un gobierno común, que les lleva a la paz interna, la hermandad, crea una voluntad de defensa propia frente a los enemigos externos y guía a la gente a la verdad. Enaltece a la gente mediante el conocimiento y la perfección moral hacia los más altos niveles de humanidad.

Si comparamos a un creyente con un incrédulo, los siguientes puntos nos llaman la atención:

> Los incrédulos arrogantes y obstinados, como los que (vemos que) se oponen a los Mensajeros son normalmente tiranos semejantes al Faraón. Abusan de sí mismos postrándose en adoración ante las cosas más mezquinas, si lo consideran por su propio bien hacerlo. Son tercos, falaces e inflexibles; y a su vez tan miserables que aceptan la degradación más baja para la obtención de su propio placer. Son inflexibles, pero tan mezquinos como para besar el pie de gente malvada para alcanzar una vil prerrogativa. Son engreídos y autoritarios, pero nunca encuentran ni un solo punto de apoyo en sus propios corazones, son tiranos impotentes y presumidos. Tales individuos no son más que egoístas egocéntricos que se esfuerzan en satisfacer sus deseos materiales y carnales, y perseguir sus intereses personales y ciertos intereses nacionales.
>
> Por otro lado, los creyentes sinceros son siervos devotos de Dios que no se degradan a sí mismos humillándose en adoración ante incluso la más colosal de las criaturas. Son siervos dignos que no adoran con la intención de obtener un beneficio, ni siquiera el Paraíso. Son modestos, afables y gentiles, pero solo se rebajan a sí mismos voluntariamente ante Su Creador y nunca excediendo lo que Él ha permitido. Son conscientes de su debilidad y sus necesidades innatas como seres creados; pero son independientes, ya que el Poseedor Munífico les provee con riqueza. Apoyándose en el infinito poder del Señor, son poderosos. Actúan y luchan puramente con el objetivo de complacer a Dios y por lo tanto ser agraciados con la virtud [The Words («Las Palabras»), «The 12th Word», («La 12ª Palabra»), pág.147].

9. «Evidencia» aquí significa las cosas que confirman el Mensaje Divino, tal y como el Libro Divino, los milagros, la excelente moralidad de los Mensajeros y la misericordia especial que les ha sido concedida. Esta misericordia especial a ellos constituye su Misión Profética, con todos sus atributos, tal y como absoluta certeza en la creencia, veracidad, fiabilidad, inteligencia, conocimiento, recepción de la Revelación y libertad de todo tipo de defectos intelectuales y corporales.

وَيَا قَوْمِ لَٓا اَسْـَٔلُكُمْ عَلَيْهِ مَالاًۜ اِنْ اَجْرِيَ اِلَّا عَلَى اللّٰهِ وَمَٓا اَنَا
بِطَارِدِ الَّذٖينَ اٰمَنُواۜ اِنَّهُمْ مُلَاقُوا رَبِّهِمْ وَلٰكِنّٖٓي اَرٰيكُمْ قَوْمًا
تَجْهَلُونَ ﴿٢٩﴾ وَيَا قَوْمِ مَنْ يَنْصُرُنٖي مِنَ اللّٰهِ اِنْ طَرَدْتُهُمْۜ اَفَلَا
تَذَكَّرُونَ ﴿٣٠﴾ وَلَٓا اَقُولُ لَكُمْ عِنْدٖي خَزَٓائِنُ اللّٰهِ وَلَٓا اَعْلَمُ
الْغَيْبَ وَلَٓا اَقُولُ اِنّٖي مَلَكٌ وَلَٓا اَقُولُ لِلَّذٖينَ تَزْدَرٖٓي
اَعْيُنُكُمْ لَنْ يُؤْتِيَهُمُ اللّٰهُ خَيْرًاۜ اَللّٰهُ اَعْلَمُ بِمَا فٖٓي اَنْفُسِهِمْۚ اِنّٖٓي
اِذًا لَمِنَ الظَّالِمٖينَ ﴿٣١﴾ قَالُوا يَا نُوحُ قَدْ جَادَلْتَنَا فَاَكْثَرْتَ
جِدَالَنَا فَاْتِنَا بِمَا تَعِدُنَٓا اِنْ كُنْتَ مِنَ الصَّادِقٖينَ ﴿٣٢﴾ قَالَ اِنَّمَا
يَاْتٖيكُمْ بِهِ اللّٰهُ اِنْ شَٓاءَ وَمَٓا اَنْتُمْ بِمُعْجِزٖينَ ﴿٣٣﴾ وَلَا يَنْفَعُكُمْ
نُصْحٖٓي اِنْ اَرَدْتُ اَنْ اَنْصَحَ لَكُمْ اِنْ كَانَ اللّٰهُ يُرٖيدُ
اَنْ يُغْوِيَكُمْۜ هُوَ رَبُّكُمْ وَاِلَيْهِ تُرْجَعُونَۜ ﴿٣٤﴾ اَمْ يَقُولُونَ افْتَرٰيهُۜ
قُلْ اِنِ افْتَرَيْتُهُ فَعَلَيَّ اِجْرَامٖي وَاَنَا بَرٖٓيءٌ مِمَّا تُجْرِمُونَۜ ﴿٣٥﴾
وَاُوحِيَ اِلٰى نُوحٍ اَنَّهُ لَنْ يُؤْمِنَ مِنْ قَوْمِكَ اِلَّا مَنْ قَدْ اٰمَنَ
فَلَا تَبْتَئِسْ بِمَا كَانُوا يَفْعَلُونَۚ ﴿٣٦﴾ وَاصْنَعِ الْفُلْكَ بِاَعْيُنِنَا
وَوَحْيِنَا وَلَا تُخَاطِبْنٖي فِي الَّذٖينَ ظَلَمُواۚ اِنَّهُمْ مُغْرَقُونَ ﴿٣٧﴾

وَيَصْنَعُ

29. «¡Oh pueblo mío! No os pido recompensa alguna (por transmitiros el Mensaje); mi recompensa incumbe sólo a Dios. No voy a expulsar a aquellos que creen; ellos están destinados a encontrar a Su Señor (Quien les tratará como deben ser tratados); mientras que os contemplo como gente que actúa con ignorancia.

30. ¡Oh pueblo mío! ¿Quién podría ayudarme ante Dios si los ahuyento? ¿Es que no vais a recapacitar y ser considerados?

31. Y no os digo que poseo los tesoros de Dios, ni que conozco Lo Oculto (lo que depara el futuro), ni digo que soy un ángel, ni voy a decir de aquellos que despreciáis que Dios no les va a dar ningún bien. Dios sabe mejor lo que hay en sus corazones (qué clase de personas son en sus mundos internos). (Si les ahuyento o hablo mal de ellos), en ese caso yo sería en verdad de los malhechores».

32. Señalaron: «¡Oh Noé! Has discutido con nosotros y has prolongado tus argumentos. Deja de discutir con nosotros y, si dices la verdad, haz que caiga sobre nosotros aquello con lo que nos has estado amenazando».

33. Noé indicó: «Sólo Dios puede hacerlo caer sobre vosotros, si Su Voluntad dicta; y no podréis nunca frustrar (Su voluntad).

34. Mi consejo —por mucho que quiera aconsejaros bien— no os servirá de nada si Dios ha querido que seáis y permanezcáis extraviados. Él es vuestro Señor (que os ha creado, os nutre, sostiene y protege) y os halláis en el camino de retorno a Él».

35. ¿Acaso (los idólatras) dicen (de ti, Oh Mensajero): «Lo ha inventado (todas las historias y el Corán que las contiene)». Di: «Si en verdad lo invento, entonces que me sobrevenga el pecado, pero (puesto que estáis calumniándome para excusaros de vuestra persistencia voluntaria en la incredulidad, sabed que) me hallo libre de los pecados que habéis estado cometiendo».

36. Y le fue revelado a Noé (por Nosotros): «Nadie de tu pueblo creerá a excepción de aquellos que ya han creído. Por lo tanto, no te entristezcas por lo que han estado haciendo.

37. Construye el Arca (que te hemos descrito) bajo Nuestra mirada y de acuerdo con Nuestras instrucciones que (te) revelaremos y no implores ante Mí por aquellos que han persistido en la injusticia. Están destinados a ser ahogados».

وَيَصْنَعُ الْفُلْكَ وَكُلَّمَا مَرَّ عَلَيْهِ مَلَاٌ مِنْ قَوْمِهٖ سَخِرُوا مِنْهُ
قَالَ اِنْ تَسْخَرُوا مِنَّا فَاِنَّا نَسْخَرُ مِنْكُمْ كَمَا تَسْخَرُونَ ﴿٣٨﴾
فَسَوْفَ تَعْلَمُونَ مَنْ يَاْتِيهِ عَذَابٌ يُخْزِيهِ وَيَحِلُّ عَلَيْهِ عَذَابٌ
مُقِيمٌ ﴿٣٩﴾ حَتّٰى اِذَا جَٓاءَ اَمْرُنَا وَفَارَ التَّنُّورُ قُلْنَا احْمِلْ فِيهَا
مِنْ كُلٍّ زَوْجَيْنِ اثْنَيْنِ وَاَهْلَكَ اِلَّا مَنْ سَبَقَ عَلَيْهِ الْقَوْلُ
وَمَنْ اٰمَنَ وَمَٓا اٰمَنَ مَعَهُٓ اِلَّا قَلِيلٌ ﴿٤٠﴾ وَقَالَ ارْكَبُوا فِيهَا
بِسْمِ اللّٰهِ مَجْرٰيهَا وَمُرْسٰيهَا اِنَّ رَبِّى لَغَفُورٌ رَحِيمٌ ﴿٤١﴾ وَهِىَ
تَجْرِى بِهِمْ فِى مَوْجٍ كَالْجِبَالِ وَنَادٰى نُوحٌ اِبْنَهُ وَكَانَ فِى
مَعْزِلٍ يَا بُنَىَّ ارْكَبْ مَعَنَا وَلَا تَكُنْ مَعَ الْكَافِرِينَ ﴿٤٢﴾ قَالَ
سَاٰوِى اِلٰى جَبَلٍ يَعْصِمُنِى مِنَ الْمَٓاءِ قَالَ لَا عَاصِمَ الْيَوْمَ
مِنْ اَمْرِ اللّٰهِ اِلَّا مَنْ رَحِمَ وَحَالَ بَيْنَهُمَا الْمَوْجُ فَكَانَ
مِنَ الْمُغْرَقِينَ ﴿٤٣﴾ وَقِيلَ يَٓا اَرْضُ ابْلَعِى مَٓاءَكِ وَيَا سَمَٓاءُ
اَقْلِعِى وَغِيضَ الْمَٓاءُ وَقُضِىَ الْاَمْرُ وَاسْتَوَتْ عَلَى الْجُودِىِّ
وَقِيلَ بُعْدًا لِلْقَوْمِ الظَّالِمِينَ ﴿٤٤﴾ وَنَادٰى نُوحٌ رَبَّهُ فَقَالَ رَبِّ
اِنَّ ابْنِى مِنْ اَهْلِى وَاِنَّ وَعْدَكَ الْحَقُّ وَاَنْتَ اَحْكَمُ الْحَاكِمِينَ ﴿٤٥﴾

38. Entonces, Noé se dispuso a construir el Arca. Cada vez que los notables de su pueblo pasaban por delante, se burlaban de él. Dijo: «Ahora os burláis de nosotros, pero (un día vendrá en el que) llegaréis a entender lo que significa burlarse.

39. Y sabréis a quién va a sobrevenirle el castigo que le humillará y sobre quién descenderá el castigo duradero (en el Más Allá)».

40. (Y así ocurrió) hasta que llegó el momento de Nuestro mandato y la caldera empezó a desbordarse[10]. Dijimos (a Noé): «Embarca en ella a una pareja de cada especie (de criaturas vivas) y a tu familia, a excepción de aquellos para los que ya ha sido emitida Nuestra sentencia, y a aquellos que creen». Y los que creyeron junto a él eran pocos.

41. Noé indicó: «¡Embarcad en ella!» (Y todas las personas y las parejas de criaturas que Dios quiso que se salvasen fueron acomodadas en el Arca). «Que sea en el Nombre de Dios su rumbo y su amarre. Sin duda alguna mi Señor es Indulgente y Compasivo».

42. Y el Arca navegó con ellos entre olas como montañas, y Noé llamó a un hijo suyo que se hallaba aparte. «¡Embárcate con nosotros, hijo mío, y no estés con los incrédulos!».

43. Señaló (su hijo): «Me refugiaré en una montaña que me protegerá de las aguas»[11]. (Noé) dijo: «Hoy no habrá protección alguna del juicio de Dios, excepto para aquél del que tenga misericordia». Y las olas se interpusieron entre ambos, y (el hijo) fue de los ahogados.

44. Y fue dicho: «¡Oh Tierra, trágate tus aguas! ¡Oh Cielo, cesa (tu lluvia)!»[12]. Y las aguas se hicieron descender y (por la voluntad de Dios) el mandato se cumplió. Entonces el Arca se posó en *al-Yudi*, y fue dicho: «¡Fuera con esa gente malhechora!».

45. Noé invocó a su Señor, diciendo: «¡Oh Señor mío! Mi hijo era parte de mi familia (como un creyente), y Tu promesa sin duda es verdadera (para mis familiares creyentes) y Tú eres el Más Justo de los jueces».

10. Existen diferentes comentarios respecto a *fara't-tannur*, que literalmente significa «la caldera desbordada (de agua)». Algunos comentaristas, como Yarir at-Tabari e Ibn Kazir, son de la opinión que la palabra *tannur* también significa superficie de la Tierra; por lo que la expresión significa literalmente que el agua manó de la superficie de la Tierra. Según Ibn Kazir, las aguas desbordadas convirtieron la Tierra en manantiales. Elmalılı Hamdi Yazır, un gran comentarista turco del siglo XX trata sobre dichas opiniones desde un punto de vista lingüístico y llega a la conclusión de que *fara't-tannur* marca el principio de la inundación y, por lo tanto, significa que la caldera del Arca fue calentada para hacer que ésta navegase. Esta expresión hace alusión a la noción de que el Arca de Noé estaba impulsada a vapor. Es este punto el que ha llevado a ciertos comentaristas modernos a pensar que *fara't-tannur* no puede significar que el horno (que funcionaba como una caldera) se desbordara. Afirman que es imposible que una nave impulsada a vapor fuese construida en la época de Noé. Algunos historiadores y científicos tienden a contemplar el Diluvio Universal como una leyenda, sin embargo esto se contradice con los conceptos modernos de la ciencia. La ciencia exige que ello sea investigado. Además, un Arca que pudiese haber acomodado a una o dos parejas de cada animal, o al menos animales domésticos, al mismo tiempo que a la familia de Noé y a los creyentes, por muy pocos que éstos fuesen, y que hubiese podido navegar entre olas como montañas, como se mencionará más adelante en el versículo 42 no podría haber sido un velero o una simple embarcación. Según algunos que basan su teoría en la palabra *fulk*, la palabra original para Arca, *fulk* también significa flota. Por lo tanto, el Arca de Noé era en verdad una flota. Fue construida bajo la «Mirada» de Dios y de acuerdo con Sus instrucciones reveladas. Aunque se trata del milagro de Noé, muestra hasta qué punto la ciencia y la tecnología, especialmente la ingeniería, habían avanzado en la época de dicho Profeta.

11. Esta respuesta es típica de un materialista que no cree en Dios y en Su dominio supremo sobre todo el universo y muestra las características del pueblo de Noé y cuán incrédulos eran.

12. Una palabra ha de ser considerada desde la perspectiva de «¿quién la dijo?», «¿a quién fue dicha?» y «¿por qué fue dicha?». Aquél que pueda ordenarle a la Tierra «¡Tierra, trágate tus aguas!» y al cielo «¡Cielo, cesa (tu lluvia)!» sólo puede ser Aquél que posee dominio absoluto sobre el Cielo y la Tierra. Ese sólo puede ser Dios. Dicho tipo de órdenes dadas por otros que no son Dios serían absurdas. Tanto el Cielo como la Tierra están bajo el dominio de Dios y puesto que Le obedecen solo a Él y operan bajo Su gobierno absoluto, continúan existiendo en orden y en equilibrio. Aunque a veces acontezcan acontecimientos importantes a causa de los pecados y actos malvados del ser humano esto no resulta en la destrucción total de la Tierra ni altera su equilibrio. Cuando su maldad, su incredulidad y su rebelión lleguen al punto en que destruyan totalmente el orden del Cielo y de la Tierra, ese será el Día del Juicio Final.

Este versículo subraya el hecho de que era el cielo el que enviaba la lluvia y la Tierra la que hizo que las aguas se desbordasen. Dicha forma de expresión es significativa desde dos perspectivas: La primera es que el universo al completo obedece a Dios como si fuese un ser consciente. La otra es que el Cielo y la Tierra o, más bien, los ángeles que les representan ante Dios y que están a cargo de los mismos, y otros espíritus que habitan los Cielos se enojaron por la incredulidad y la rebelión de los seres humanos. El versículo 44:29 afirma que ni los Cielos ni la Tierra derramaron lágrimas cuando se ahogó el Faraón y su ejército. Puede ser que tanto el Cielo y la Tierra como lo que en ellos se da sean de algún modo afectados por los pensamientos, creencias, actitudes y acciones de los seres conscientes que viven en la Tierra.

46. (Dios) dijo: «¡Oh Noé! Él (por ser incrédulo) no es de tu familia. Él es uno de aquellos de perversa conducta (encarnada por su incredulidad). Por lo tanto no Me preguntes acerca de aquello de lo que careces de conocimiento. Te prevengo para que no actúes como uno de los ignorantes»[13].

47. (Noé) indicó: «¡Oh Señor mío! Me refugio en Ti de preguntarte aquello de lo que no tengo conocimiento. A no ser que Tú me perdones y tengas misericordia de mí, estaré sin duda entre los perdedores».

48. Le fue dicho: «¡Oh Noé! Desembarca en paz y a salvo con una seguridad procedente de Nosotros y con bendiciones sobre ti y sobre las comunidades (de creyentes) que están contigo (y las que desciendan de ti y ellos). (Habrá también) comunidades (de incrédulos) a las que proveeremos para que disfruten por un tiempo y luego les sobrevendrá procedente de Nosotros un castigo doloroso»[14].

49. Estas son nuevas de algunos acontecimientos ejemplares de lo oculto (un tiempo y un mundo más allá de la percepción de los seres creados) que te revelamos (Oh Mensajero). Ni tú ni tu gente las conocía antes de esto[15]. Así pues (viendo que no hay diferencia sustancial entre las condiciones en las que los Mensajeros llevaron a cabo sus misiones y las reacciones que encontraron), sé paciente (con sus reacciones y su persistencia en la incredulidad). El (feliz) resultado (final) será en favor de los piadosos devotos.

50. Y a (la gente de) ‘Ad, enviamos a su hermano Hud. Les dijo: «¡Oh pueblo mío! Adorad tan sólo a Dios, aparte de Él no tenéis otra deidad. Vosotros sois sólo inventores de falsedad (atribuyéndole copartícipes a Él).

قَالَ يَا نُوحُ اِنَّهُ لَيْسَ مِنْ اَهْلِكَ اِنَّهُ عَمَلٌ غَيْرُ صَالِحٍ
فَلَا تَسْـَٔلْنِ مَا لَيْسَ لَكَ بِهِ عِلْمٌ اِنِّي اَعِظُكَ اَنْ تَكُونَ
مِنَ الْجَاهِلِينَ ﴿٤٦﴾ قَالَ رَبِّ اِنِّي اَعُوذُ بِكَ اَنْ اَسْـَٔلَكَ مَا لَيْسَ
لِي بِهِ عِلْمٌ وَاِلَّا تَغْفِرْ لِي وَتَرْحَمْنِي اَكُنْ مِنَ الْخَاسِرِينَ ﴿٤٧﴾
قِيلَ يَا نُوحُ اهْبِطْ بِسَلَامٍ مِنَّا وَبَرَكَاتٍ عَلَيْكَ وَعَلٰى
اُمَمٍ مِمَّنْ مَعَكَ وَاُمَمٌ سَنُمَتِّعُهُمْ ثُمَّ يَمَسُّهُمْ مِنَّا عَذَابٌ
اَلِيمٌ ﴿٤٨﴾ تِلْكَ مِنْ اَنْبَاءِ الْغَيْبِ نُوحِيهَا اِلَيْكَ مَا كُنْتَ
تَعْلَمُهَا اَنْتَ وَلَا قَوْمُكَ مِنْ قَبْلِ هٰذَا فَاصْبِرْ اِنَّ الْعَاقِبَةَ
لِلْمُتَّقِينَ ﴿٤٩﴾ وَاِلٰى عَادٍ اَخَاهُمْ هُودًا قَالَ يَا قَوْمِ اعْبُدُوا
اللّٰهَ مَا لَكُمْ مِنْ اِلٰهٍ غَيْرُهُ اِنْ اَنْتُمْ اِلَّا مُفْتَرُونَ ﴿٥٠﴾ يَا قَوْمِ
لَا اَسْـَٔلُكُمْ عَلَيْهِ اَجْرًا اِنْ اَجْرِيَ اِلَّا عَلَى الَّذِي فَطَرَنِي
اَفَلَا تَعْقِلُونَ ﴿٥١﴾ وَيَا قَوْمِ اسْتَغْفِرُوا رَبَّكُمْ ثُمَّ تُوبُوا اِلَيْهِ
يُرْسِلِ السَّمَاءَ عَلَيْكُمْ مِدْرَارًا وَيَزِدْكُمْ قُوَّةً اِلٰى قُوَّتِكُمْ
وَلَا تَتَوَلَّوْا مُجْرِمِينَ ﴿٥٢﴾ قَالُوا يَا هُودُ مَا جِئْتَنَا بِبَيِّنَةٍ وَمَا
نَحْنُ بِتَارِكِي اٰلِهَتِنَا عَنْ قَوْلِكَ وَمَا نَحْنُ لَكَ بِمُؤْمِنِينَ ﴿٥٣﴾

اِنْ نَقُولُ

51. ¡Oh pueblo mío! No os pido recompensa alguna (por transmitiros el Mensaje); mi recompensa incumbe sólo a Aquel Quien me creó con un carácter particular. ¿Es que no vais a razonar y entender?

52. ¡Oh pueblo mío! Implorad a vuestro Señor que os perdone (por los pecados que habéis cometido hasta ahora) y tornad a Él en arrepentimiento. Tal vez así Él haga que el cielo llueva sobre vosotros con abundante lluvia y añada fuerza a la vuestra. Así que, no deis vuestras espaldas (a este mensaje que os estoy transmitiendo) como criminales incrédulos».

53. Expresaron: «¡Oh Hud! No nos has traído ninguna prueba clara (un milagro que pruebe que eres un Mensajero). No vamos a abandonar nuestras deidades porque tú lo digas, y lo que es más, no te creemos».

13. El profeta Noé —la paz sea con él— es uno de los cinco Mensajeros más grandes nombrados en el Corán (42:13). Le imploró a Dios que le perdonase a él, a sus padres, a aquellos que creyeron de entre sus familiares y a todos los creyentes, hombres y mujeres (71:28). Antes de que el Diluvio comenzase, tal y como es mencionado anteriormente (versículo 40), Dios le ordenó que llevase en el Arca a aquellos familiares suyos que habían creído y a otros creyentes. Vio a uno de sus hijos alejarse y le invitó a que embarcase. Creía que su hijo era creyente porque no había visto ningún signo de incredulidad en él. Entendemos de su ruego que no tenía conocimiento de que algunos miembros de su familia eran incrédulos. Por esa razón, no imploró por toda su familia, sino por los que de entre ellos habían creído. Se puede concluir fácilmente de dicha oración y de su frase «mi hijo es de mi familia» que él creía que su hijo era creyente. Su hijo aparentemente era un creyente, pero en realidad no era así. No mostró ningún signo de la incredulidad que había albergado en su corazón, por lo que se le consideraba un hipócrita. Esto también es evidente por la respuesta del Todopoderoso: «aquello de lo que careces de conocimiento». En la afirmación original de Noé que se ha traducido como «Señor mío, mi hijo era de mi familia (como un creyente), Tu promesa es sin duda verdadera (para los miembros creyentes de mi familia) y Tú eres el Más Justo de los jueces», las frases que se hallan entre paréntesis (*como un creyente*) y (*para los miembros creyentes de mi familia*) no están ahí pero se sobreentienden. Por lo tanto su propósito al rogar de esa manera era descubrir el designio Divino o la sabiduría en el hecho de que se ahogase una persona que pensaba que era creyente. Dios Todopoderoso le informó de que su hijo no era un creyente, advirtiéndole de no hacer peticiones semejantes en favor de los incrédulos.

A pesar de que es un milagro de la elocuencia, la razón por la cual dicho detalle de la historia de Noé debe estar incluido en el Corán ha de encontrarse en el propósito de la evaluación de las fases ejemplares de las misiones de los Mensajeros. Cuando este *sura* fue revelado, muchas familias de La Meca estaban divididas entre creyentes e incrédulos. A pesar de lo importante que es la relación consanguínea en lo que a ciertos derechos mutuos y asuntos de ley se refiere —tal y como la tutela y la herencia— la relación que emana de la fe es mucho más importante. A pesar de no afectar los asuntos legales como la herencia, constituye la fundación básica sobre la que las relaciones de los creyentes se basan. Las relaciones consanguíneas deben proporcionar un apoyo a ello. Además, una diferencia de fe invalida los derechos legales y las responsabilidades, como por ejemplo la tutela y la herencia. Un hijo incrédulo no puede heredar de padres creyentes y un miembro incrédulo de una familia no puede ser preferido sobre un creyente aunque no pertenezca a dicha familia (58:22).

14. Surge la controversia respecto a si el Diluvio se extendió por toda la Tierra o tan sólo se localizó en una parte de la misma. Lo que podemos entender de este versículo es que el Diluvio tuvo lugar en una parte habitada de la Tierra y que abarcó a toda la gente que existía en la Tierra.

Ha sido señalado con anterioridad (*sura* 7, nota 15) que el Diluvio tuvo lugar en Irak y en las regiones limítrofes. Sin embargo hay algunas diferencias de opinión respecto a la montaña en la que el Arca se posó. Según la Biblia, se trata del monte Ararat. El Corán le llama al-Yudi. Al-Yudi significa «las alturas» y no contradice la afirmación de que fuese el monte Ararat. Por otro lado, hay una montaña localizada al sur del lago Van en Turquía, con una altura de 2114 metros conocida como Monte Yudi. Los miembros de las tribus locales aseguran que el Arca se posó en un punto elevado del Yudi y que sus restos siguen en la cumbre.

El monte Yudi domina la importante planicie mesopotámica y se destaca por los numerosos restos arqueológicos encontrados en el mismo o en sus alrededores. Hay muchas referencias a este monte en la historia antigua. Sennacherib (700 a. de C), el rey asirio, hizo grabar relieves de sí mismo en la roca de una de las laderas de la montaña. Los nestorianos (una congregación cristiana) construyeron varios monasterios alrededor de la montaña, incluyendo uno en la cima conocido como «El Claustro del Arca». Fue destruido por una tormenta de rayos en el 766 d. C. En 1910, Gertrude Bell, exploró el área y encontró una estructura de piedra en la cumbre con la forma de un barco que es conocida por los lugareños como *Sefīne-i Nebi Nuh* («El barco de Noé»). Bell también informó que el 14 de septiembre de cada año cristianos, judíos, musulmanes, sabeos y yazidís se reúnen en la montaña para conmemorar el sacrificio de Noé. En 1949, dos periodistas turcos dijeron haber visto el Arca en dicha montaña, ¡un navío de ciento cincuenta y dos metros de eslora!

Existe otra montaña en Turquía denominada Yudi, localizada a 32 kilómetros del monte Ararat. En su edición del 16 de enero de 1994, el diario *The Observer* (Londres) publicó la noticia de que un equipo de científicos había encontrado el Arca de Noé en dicha montaña. Algunos investigadores, unos musulmanes y otros cristianos, opinan que el término Ararat mencionado en la Biblia no es el nombre de una montaña sino de una región en donde el monte Ararat está localizado, y que el Arca se haya posado sobre al-Yudi o sobre Ararat no se contradice (www.arksearch.com/najudi/htm)

15. Desde un punto de vista, el Corán presenta historias de antiguos pueblos desaparecidos y predice el futuro cercano o lejano. Algunas de sus predicciones son explícitas mientras que otras son implícitas o alusiones. Es imposible contradecir su relato de los acontecimientos históricos. Por lo tanto, lo que predice, o bien se ha hecho realidad o bien se hará realidad a su debido tiempo. Lo que los investigadores deberían hacer es llevar a cabo estudios a la luz del Corán.

Tal y como es señalado en el versículo, fue imposible que el Mensajero de Dios conozca las narraciones de los Profetas y de sus pueblos. Pero, basándose en la Divina Revelación y con suma confianza en su misión, trasmitió historias de naciones desaparecidas y un gran numero de predicciones futuras de importantes acontecimientos. Esto ha constituido un reto para todas las épocas y pueblos, incluido los historiadores y otros investigadores y es una de las pruebas innegables de su Misión Profética.

La región en donde con mayor probabilidad vivieron el profeta Noé y su pueblo.

اِنْ نَقُولُ اِلَّا اعْتَرٰيكَ بَعْضُ اٰلِهَتِنَا بِسُوٓءٍۜ قَالَ اِنّٓى اُشْهِدُ اللّٰهَ
وَاشْهَدُٓوا اَنّٓى بَرٓیٓءٌ مِمَّا تُشْرِكُونَۙ ﴿٥٤﴾ مِنْ دُونِه۪ فَكِيدُونٖى جَمٖيعًا
ثُمَّ لَا تُنْظِرُونِ ﴿٥٥﴾ اِنّٖى تَوَكَّلْتُ عَلَى اللّٰهِ رَبّٖى وَرَبِّكُمْۜ مَا مِنْ دَٓابَّةٍ
اِلَّا هُوَ اٰخِذٌ بِنَاصِيَتِهَاۜ اِنَّ رَبّٖى عَلٰى صِرَاطٍ مُسْتَقٖيمٍ ﴿٥٦﴾ فَاِنْ
تَوَلَّوْا فَقَدْ اَبْلَغْتُكُمْ مَٓا اُرْسِلْتُ بِه۪ٓ اِلَيْكُمْۜ وَيَسْتَخْلِفُ رَبّٖى قَوْمًا
غَيْرَكُمْۚ وَلَا تَضُرُّونَهُ شَيْـًٔاۜ اِنَّ رَبّٖى عَلٰى كُلِّ شَیْءٍ حَفٖيظٌ ﴿٥٧﴾
وَلَمَّا جَٓاءَ اَمْرُنَا نَجَّيْنَا هُودًا وَالَّذٖينَ اٰمَنُوا مَعَهُ بِرَحْمَةٍ مِنَّاۚ
وَنَجَّيْنَاهُمْ مِنْ عَذَابٍ غَلٖيظٍ ﴿٥٨﴾ وَتِلْكَ عَادٌ جَحَدُوا بِاٰيَاتِ
رَبِّهِمْ وَعَصَوْا رُسُلَهُ وَاتَّبَعُٓوا اَمْرَ كُلِّ جَبَّارٍ عَنٖيدٍ ﴿٥٩﴾ وَاُتْبِعُوا
فٖى هٰذِهِ الدُّنْيَا لَعْنَةً وَيَوْمَ الْقِيٰمَةِۜ اَلَٓا اِنَّ عَادًا كَفَرُوا رَبَّهُمْۜ
اَلَا بُعْدًا لِعَادٍ قَوْمِ هُودٍۚ ﴿٦٠﴾ وَاِلٰى ثَمُودَ اَخَاهُمْ صَالِحًاۢ قَالَ يَا قَوْمِ
اعْبُدُوا اللّٰهَ مَا لَكُمْ مِنْ اِلٰهٍ غَيْرُهُۜ هُوَ اَنْشَاَكُمْ مِنَ الْاَرْضِ
وَاسْتَعْمَرَكُمْ فٖيهَا فَاسْتَغْفِرُوهُ ثُمَّ تُوبُٓوا اِلَيْهِۜ اِنَّ رَبّٖى قَرٖيبٌ
مُجٖيبٌ ﴿٦١﴾ قَالُوا يَا صَالِحُ قَدْ كُنْتَ فٖينَا مَرْجُوًّا قَبْلَ هٰذَٓا اَتَنْهٰينَٓا
اَنْ نَعْبُدَ مَا يَعْبُدُ اٰبَٓاؤُنَا وَاِنَّنَا لَفٖى شَكٍّ مِمَّا تَدْعُونَٓا اِلَيْهِ مُرٖيبٍ ﴿٦٢﴾

54. «Lo único que decimos es que alguno de nuestros dioses te ha poseído con un mal». Hud señaló: «Sin duda alguna pongo a Dios por testigo y sed vosotros también testigos de que estoy libre de lo que vosotros asociáis (a Dios como copartícipes).

55. En Su lugar (sólo tengo a Dios como Deidad y Señor). Por lo tanto, ¡Urdid algo todos contra mí sin darme respiro!

56. He puesto mi confianza en Dios, mi Señor y el vuestro. No hay criatura viva que Él no tome por el flequillo y que no esté bajo Su completo control. Sin duda alguna, mi Señor se halla en un camino recto (gobierna toda la existencia y lleva a cabo todos Sus decretos correctamente y con absoluta justicia).

57. Si dais la espalda (al Mensaje que os estoy transmitiendo, sabed que) os he comunicado aquello con lo que he sido enviado a vosotros. Mi Señor hará (si continuáis con vuestro rechazo) que os suceda otro pueblo y no podréis hacerle daño ni lo más mínimo. No cabe duda de que mi Señor vigila y registra todas las cosas».

58. Y cuando Nuestro juicio se hizo efectivo (porque la gente de 'Ad continuó con su rechazo), salvamos a Hud y a los que creyeron con él a partir de una misericordia procedente de Nosotros (con motivo de su fe, rectitud y paciencia). Les salvamos de un duro castigo.

59. Tales fueron la gente de 'Ad. Obstinadamente rechazaron las Revelaciones de su Señor (los signos y milagros que demuestran Su Unidad y otros fundamentos de la fe) y desobedecieron a Sus Mensajeros (rechazando al Mensajero —Hud— que les fue enviado) siguiendo a todo tirano obstinado.

60. Y una maldición fue prorrumpida para perseguirles en la vida de este mundo y también el Día de la Resurrección. ¡La gente de 'Ad ingratamente no creyó en su Señor! ¡Fuera con la gente de 'Ad, pueblo de Hud!

61. Y a (la gente de) Zamud (enviamos a) su hermano Salih (como Mensajero para transmitir el mismo mensaje): ¡Oh pueblo mío! Adorad tan sólo a Dios, aparte de Él no tenéis otra deidad. Él os ha creado de la tierra y os ha establecido en ella, dándoos dignidad y prosperidad. Pedidle perdón (por los pecados que habéis cometido hasta ahora) y tornad a Él en arrepentimiento. Sin duda alguna, mi Señor es Cercano y responde (a la apelación de todos los seres que Le invocan).

62. Dijeron: «¡Oh Salih! Antes de esto, eras una fuente de esperanza entre nosotros. ¿Intentarías, ahora, impedirnos adorar lo que nuestros antepasados solían adorar? En verdad dudamos seriamente en relación a aquello a lo que nos llamas».

قَالَ يَا قَوْمِ اَرَاَيْتُمْ اِنْ كُنْتُ عَلٰى بَيِّنَةٍ مِنْ رَبّ۪ي وَاٰتٰين۪ي مِنْهُ
رَحْمَةً فَمَنْ يَنْصُرُن۪ي مِنَ اللّٰهِ اِنْ عَصَيْتُهُ فَمَا تَز۪يدُونَن۪ي
غَيْرَ تَخْس۪يرٍ ﴿٦٣﴾ وَيَا قَوْمِ هٰذِه۪ نَاقَةُ اللّٰهِ لَكُمْ اٰيَةً فَذَرُوهَا
تَاْكُلْ ف۪ٓي اَرْضِ اللّٰهِ وَلَا تَمَسُّوهَا بِسُٓوءٍ فَيَاْخُذَكُمْ عَذَابٌ
قَر۪يبٌ ﴿٦٤﴾ فَعَقَرُوهَا فَقَالَ تَمَتَّعُوا ف۪ي دَارِكُمْ ثَلٰثَةَ اَيَّامٍ
ذٰلِكَ وَعْدٌ غَيْرُ مَكْذُوبٍ ﴿٦٥﴾ فَلَمَّا جَٓاءَ اَمْرُنَا نَجَّيْنَا
صَالِحًا وَالَّذ۪ينَ اٰمَنُوا مَعَهُ بِرَحْمَةٍ مِنَّا وَمِنْ خِزْيِ يَوْمِئِذٍ
اِنَّ رَبَّكَ هُوَ الْقَوِيُّ الْعَز۪يزُ ﴿٦٦﴾ وَاَخَذَ الَّذ۪ينَ ظَلَمُوا
الصَّيْحَةُ فَاَصْبَحُوا ف۪ي دِيَارِهِمْ جَاثِم۪ينَ ﴿٦٧﴾ كَاَنْ لَمْ
يَغْنَوْا ف۪يهَا اَلَٓا اِنَّ ثَمُودَا۬ كَفَرُوا رَبَّهُمْ اَلَا بُعْدًا لِثَمُودَ ﴿٦٨﴾
وَلَقَدْ جَٓاءَتْ رُسُلُنَٓا اِبْرٰه۪يمَ بِالْبُشْرٰى قَالُوا سَلَامًا
قَالَ سَلَامٌ فَمَا لَبِثَ اَنْ جَٓاءَ بِعِجْلٍ حَن۪يذٍ ﴿٦٩﴾ فَلَمَّا رَآٰ
اَيْدِيَهُمْ لَا تَصِلُ اِلَيْهِ نَكِرَهُمْ وَاَوْجَسَ مِنْهُمْ خ۪يفَةً قَالُوا
لَا تَخَفْ اِنَّٓا اُرْسِلْنَٓا اِلٰى قَوْمِ لُوطٍ ﴿٧٠﴾ وَامْرَاَتُهُ قَٓائِمَةٌ
فَضَحِكَتْ فَبَشَّرْنَاهَا بِاِسْحٰقَ وَمِنْ وَرَٓاءِ اِسْحٰقَ يَعْقُوبَ ﴿٧١﴾

قَالَتْ يَا

63. Dijo: «¡Oh pueblo mío! ¿Qué creéis, si estoy basado en una evidencia clara de mi Señor y Él me ha concedido una gracia de Su Presencia? ¿Quién podría ayudarme ante Dios si Le desobedeciera? No me beneficiaríais sino que aumentaríais mi perdición».

64. «¡Oh pueblo mío! ésta es la hembra de camello de Dios, que es una señal para vosotros (del tipo que deseáis ver antes de creer). Así pues dejadla pastar sola en la Tierra de Dios y no la dañéis, porque si lo hicierais os sobrevendría un inminente castigo».

65. Mas (incapaces de contemplarla como evidencia de la verdad del mensaje de Salih) la degollaron cruelmente. Entonces, indicó (Salih): «Gozad de la vida en vuestras moradas durante tres días más (luego acontecerá vuestra perdición). Esta es una amenaza que no demostrará ser falsa».

66. Y cuando Nuestro juicio se hizo efectivo, salvamos a Salih y a los que creyeron con él a partir de una misericordia procedente de Nosotros (debido a su fe, rectitud y paciencia) de la ignominia de aquel día. No cabe duda de que, tu Señor es Todopoderoso, Glorioso poseedor de irresistible poder.

67. Y la ráfaga espantosa atrapó a los que cometieron el mal más grande (atribuyendo copartícipes a Dios), y aparecieron postrados y sin vida en sus propios hogares,

68. Como si nunca hubiesen vivido allí con prosperidad. La gente de Zamud no creyó en su Señor (y fueron desagradecidos con Sus favores). Por lo tanto, ¡fuera con la gente de Zamud!

69. Y Nuestros enviados (celestiales) vinieron (con forma humana) a Abraham con buenas nuevas. Dijeron: «¡Paz!», y él (devolviéndoles el saludo) dijo: «¡Paz!». Y sin demora alguna les trajo un ternero asado.

70. Pero cuando vio que no tendían sus manos hacia ello, dudó de ellos (considerando su conducta extraña) y se mostró inquieto acerca de ellos[16]. Dijeron: «¡No temas! Hemos sido enviados al pueblo de Lot».

71. Mientras tanto, su (anciana y estéril) esposa, que permanecía de pie, sintió que estaba menstruando (y sonrió)[17]. Y le anunciamos la buena nueva de (el nacimiento de) Isaac y, después de Isaac, la de (su hijo) Jacob.

---

16. De acuerdo con las diferentes tradiciones existentes en donde vivió el profeta Abraham, si un invitado se abstenía de comer la comida que se le ofrecía, esto significaba que dicha persona albergaba malvadas intenciones. Por eso, el profeta Abraham se mostró inquieto acerca de los invitados.

17. La palabra *DaHiQa* significa menstruación y sonrisa a la misma vez. Por lo tanto, Fethullah Gülen y at-Tabatabai, dos renombrados eruditos contemporáneos, son de la opinión que, a pesar de su avanzada edad, desde que ella sintió la menstruación, sonrió con timidez (*Kur'andan İdrake*, 1:196).

قَالَتْ يَا وَيْلَتٰى ءَاَلِدُ وَاَنَا۬ عَجُوزٌ وَهٰذَا بَعْلٖى شَيْخًاۜ اِنَّ هٰذَا
لَشَیْءٌ عَجٖيبٌ ﴿٧٢﴾ قَالُوا اَتَعْجَبٖينَ مِنْ اَمْرِ اللّٰهِ رَحْمَتُ اللّٰهِ
وَبَرَكَاتُهُ عَلَيْكُمْ اَهْلَ الْبَيْتِۜ اِنَّهُ حَمٖيدٌ مَجٖيدٌ ﴿٧٣﴾ فَلَمَّا ذَهَبَ
عَنْ اِبْرٰهٖيمَ الرَّوْعُ وَجَاءَتْهُ الْبُشْرٰى يُجَادِلُنَا فٖى قَوْمِ لُوطٍۜ ﴿٧٤﴾
اِنَّ اِبْرٰهٖيمَ لَحَلٖيمٌ اَوَّاهٌ مُنٖيبٌ ﴿٧٥﴾ يَا اِبْرٰهٖيمُ اَعْرِضْ عَنْ هٰذَاۚ
اِنَّهُ قَدْ جَاءَ اَمْرُ رَبِّكَۚ وَاِنَّهُمْ اٰتٖيهِمْ عَذَابٌ غَيْرُ مَرْدُودٍ ﴿٧٦﴾ وَلَمَّا
جَاءَتْ رُسُلُنَا لُوطًا سٖیءَ بِهِمْ وَضَاقَ بِهِمْ ذَرْعًا وَقَالَ هٰذَا
يَوْمٌ عَصٖيبٌ ﴿٧٧﴾ وَجَاءَهُ قَوْمُهُ يُهْرَعُونَ اِلَيْهِ وَمِنْ قَبْلُ كَانُوا
يَعْمَلُونَ السَّيِّـَٔاتِۜ قَالَ يَا قَوْمِ هٰؤُلَاءِ بَنَاتٖى هُنَّ اَطْهَرُ لَكُمْ
فَاتَّقُوا اللّٰهَ وَلَا تُخْزُونِ فٖى ضَيْفٖىۜ اَلَيْسَ مِنْكُمْ رَجُلٌ رَشٖيدٌ ﴿٧٨﴾
قَالُوا لَقَدْ عَلِمْتَ مَا لَنَا فٖى بَنَاتِكَ مِنْ حَقٍّۚ وَاِنَّكَ لَتَعْلَمُ
مَا نُرٖيدُ ﴿٧٩﴾ قَالَ لَوْ اَنَّ لٖى بِكُمْ قُوَّةً اَوْ اٰوٖى اِلٰى رُكْنٍ شَدٖيدٍ ﴿٨٠﴾
قَالُوا يَا لُوطُ اِنَّا رُسُلُ رَبِّكَ لَنْ يَصِلُوا اِلَيْكَ فَاَسْرِ بِاَهْلِكَ
بِقِطْعٍ مِنَ الَّيْلِ وَلَا يَلْتَفِتْ مِنْكُمْ اَحَدٌ اِلَّا امْرَاَتَكَۜ اِنَّهُ مُصٖيبُهَا
مَا اَصَابَهُمْۜ اِنَّ مَوْعِدَهُمُ الصُّبْحُۜ اَلَيْسَ الصُّبْحُ بِقَرٖيبٍ ﴿٨١﴾

72. Ella dijo: «¡Ay de mí! ¿Daré a luz a un hijo, ahora que soy tan vieja y mi marido es un anciano? ¡En verdad, eso es algo asombroso!».

73. Ellos (los enviados) dijeron: «¿Te asombras de la orden de Dios? ¡La misericordia de Dios y Sus bendiciones sean sobre vosotros, Oh gente de la casa! Sin duda alguna Él es Digno de Alabanza (como Señor vuestro que os provee y provee al resto de los seres, y satisface todas vuestras necesidades), Sublime».

74. Y así cuando la inquietud de Abraham le hubo abandonado y le fueron transmitidas las buenas nuevas, comenzó a discutir con Nuestros enviados para rogar por el pueblo de Lot.

75. Abraham era en verdad sumamente clemente, bondadoso y sumamente sometido a Dios con todo su corazón.

76. «¡Oh Abraham! ¡Cesa en tu empeño! En verdad, la orden de tu Señor ya ha llegado y recibirán un castigo ineludible»[18].

77. Y cuando Nuestros enviados vinieron a Lot, éste se afligió por ellos y se sintió impotente para protegerles y señaló: «¡Este es un día terrible!».

78. Su pueblo se dirigió apresuradamente hacia él, empujados por un deseo perverso, pues habían cometido antes dichas abominaciones. Lot dijo: «¡Oh pueblo mío! Aquí están mis hijas. Son más puras para vosotros (para satisfacer vuestros deseos en el matrimonio). ¡Temed a Dios y no me avergoncéis con respecto a mis huéspedes! ¿No hay entre vosotros un hombre honrado?».

79. Dijeron: «Sabes bien que no poseemos ningún derecho sobre tus hijas; sin duda tú sabes bien lo que queremos».

80. Dijo: «¡Ah! ¡Si tuviera poder para resistir ante vosotros o pudiera recurrir a un firme apoyo!».

81. Ellos (los enviados) dijeron: «¡Oh Lot! Somos los enviados de tu Señor. Ellos no te alcanzarán. Ponte en camino junto a tu familia por la noche y que ninguno de vosotros mire hacia atrás, a excepción de tu mujer, a la cual le alcanzará el mismo castigo que a ellos[19]. El momento designado es la mañana. ¿No está cercana la mañana?».

18. Además de narrar importantes episodios sobre la vida de los Profetas anteriores en conexión con los temas principales de este *sura*, el Corán de milagrosa expresión incluye este episodio sobre la vida de Abraham —la paz sea con él—. Esto sugiere que incluso en medio de las grandes destrucciones siempre hay esperanza para el futuro de la creencia, como la semilla destinada a convertirse en un gran árbol. A pesar de que muchos pueblos fueron destruidos por su empecinada incredulidad, actos malvados, inmoralidad y el malestar y la corrupción que causaron sobre la Tierra, Abraham engendró dos hijos —Ismael e Isaac— de los cuales dos linajes surgirán trayendo Mensajeros, y por cuya gracia la historia de la humanidad entrará en una fase completamente nueva. Por consiguiente, con este episodio de la vida de Abraham —padre de todos los grandes Mensajeros que vendrán tras él— el Corán consuela al Último Mensajero —la paz y las bendiciones sean con él— y a sus Compañeros de las grandes persecuciones que sufrieron a manos de los politeístas de La Meca y da buenas nuevas de una nueva semilla que ya ha germinado bajo la tierra para crecer y convertirse en un árbol magnífico. Esto es veraz y fidedigno para todos los períodos similares hasta el Día de la Resurrección.

19. El hijo de Noé y la esposa de Lot se hallaban entre los incrédulos que fueron destruidos. Esto es una advertencia extremadamente importante para toda la gente. Para alcanzar la salvación, siempre tenemos que refugiarnos en Dios e implorarle para que proteja nuestros corazones de todo tipo de desviación respecto al Camino Recto.

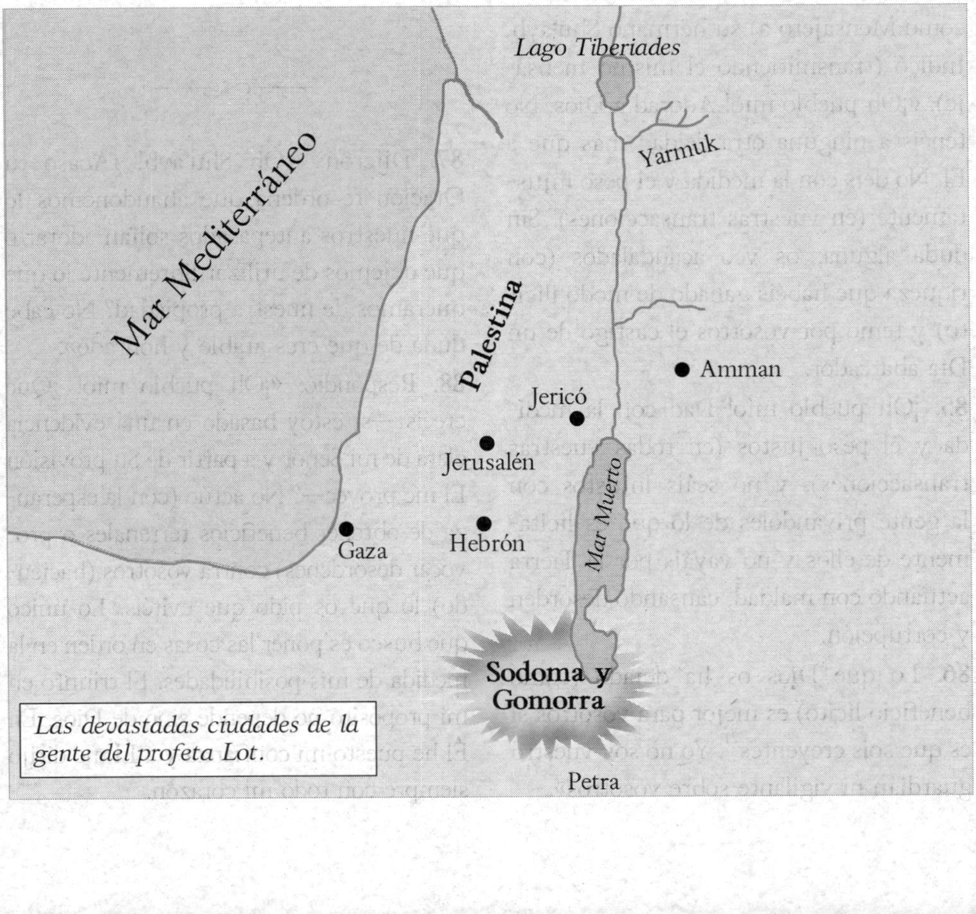

Las devastadas ciudades de la gente del profeta Lot.

82. Y cuando Nuestro juicio se hizo efectivo, las volvimos del revés (a esas ciudades pecaminosas) e hicimos que lloviesen sobre las mismas piedras de arcilla cocida, una tras otra.

83. (Cada piedra) marcada por tu Señor (para cada individuo en particular). Y nunca se hallan lejos de los malhechores (en todos los tiempos y lugares)[20].

84. Y (a la gente de) Midian (enviamos como Mensajero a) su hermano Shu'ayb. Indicó (transmitiendo el mismo mensaje): «¡Oh pueblo mío! Adorad a Dios. No tenéis a ninguna otra deidad más que a Él. No deis con la medida y el peso injustamente (en vuestras transacciones). Sin duda alguna, os veo acaudalados (con riqueza que habéis ganado de modo ilícito) y temo por vosotros el castigo de un Día abarcador.

85. ¡Oh pueblo mío! Dad con la medida y el peso justos (en todas vuestras transacciones), y no seáis injustos con la gente privándoles de lo que es lícitamente de ellos y no vayáis por la Tierra actuando con maldad, causando desorden y corrupción.

86. Lo que Dios os ha dejado (como beneficio lícito) es mejor para vosotros si es que sois creyentes[21]. Yo no soy vuestro guardián ni vigilante sobre vosotros».

فَلَمَّا جَٓاءَ اَمْرُنَا جَعَلْنَا عَالِيَهَا سَافِلَهَا وَاَمْطَرْنَا عَلَيْهَا
حِجَارَةً مِنْ سِجّيلٍ مَنْضُودٍ ﴿٨٢﴾ مُسَوَّمَةً عِنْدَ رَبِّكَ
وَمَا هِيَ مِنَ الظَّالِمينَ بِبَعيدٍ ﴿٨٣﴾ وَاِلٰى مَدْيَنَ اَخَاهُمْ
شُعَيْبًا قَالَ يَا قَوْمِ اعْبُدُوا اللّٰهَ مَا لَكُمْ مِنْ اِلٰهٍ غَيْرُهُ
وَلَا تَنْقُصُوا الْمِكْيَالَ وَالْميزَانَ اِنّ۪ٓي اَرٰيكُمْ بِخَيْرٍ
وَاِنّ۪ٓي اَخَافُ عَلَيْكُمْ عَذَابَ يَوْمٍ مُحيطٍ ﴿٨٤﴾ وَيَا قَوْمِ
اَوْفُوا الْمِكْيَالَ وَالْميزَانَ بِالْقِسْطِ وَلَا تَبْخَسُوا النَّاسَ
اَشْيَٓاءَهُمْ وَلَا تَعْثَوْا فِي الْاَرْضِ مُفْسِدينَ ﴿٨٥﴾ بَقِيَّتُ اللّٰهِ
خَيْرٌ لَكُمْ اِنْ كُنْتُمْ مُؤْمِنينَ وَمَا اَنَا عَلَيْكُمْ بِحَفيظٍ ﴿٨٦﴾
قَالُوا يَا شُعَيْبُ اَصَلٰوتُكَ تَأْمُرُكَ اَنْ نَتْرُكَ مَا يَعْبُدُ اٰبَٓاؤُنَٓا
اَوْ اَنْ نَفْعَلَ ف۪ٓي اَمْوَالِنَا مَا نَشٰٓؤُاۜ اِنَّكَ لَاَنْتَ الْحَليمُ
الرَّشيدُ ﴿٨٧﴾ قَالَ يَا قَوْمِ اَرَاَيْتُمْ اِنْ كُنْتُ عَلٰى بَيِّنَةٍ مِنْ
رَبّ۪ي وَرَزَقَن۪ي مِنْهُ رِزْقًا حَسَنًاۜ وَمَٓا اُر۪يدُ اَنْ اُخَالِفَكُمْ
اِلٰى مَٓا اَنْهٰيكُمْ عَنْهُۜ اِنْ اُر۪يدُ اِلَّا الْاِصْلَاحَ مَا اسْتَطَعْتُۜ
وَمَا تَوْف۪يق۪ٓي اِلَّا بِاللّٰهِۜ عَلَيْهِ تَوَكَّلْتُ وَاِلَيْهِ اُن۪يبُ ﴿٨٨﴾

وَيَا قَوْمِ

87. Dijeron: «¡Oh Shu'ayb! ¿Acaso tu Oración te ordena que abandonemos lo que nuestros antepasados solían adorar o que dejemos de utilizar libremente lo que queramos de nuestra propiedad? No cabe duda de que eres afable y honrado».

88. Respondió: «¡Oh pueblo mío! ¿Qué creéis —si estoy basado en una evidencia clara de mi Señor y a partir de Su provisión Él me provee—? No actúo (con la esperanza de obtener beneficios terrenales o provocar desordenes) contra vosotros (haciendo) lo que os pido que evitéis. Lo único que busco es poner las cosas en orden en la medida de mis posibilidades. El triunfo en mi propósito no depende sino de Dios. En Él he puesto mi confianza y a Él me dirijo siempre con todo mi corazón.

20. La exposición coránica de la destrucción de los pueblos del pasado, especialmente el de Lot, hace referencia a calamidades y desastres que hoy son catalogados como «naturales» y que creemos comprender y atribuimos su origen a la naturaleza. Pareciera como si la gente de Lot hubiese sido destruida por una terrible erupción volcánica, probablemente en conjunción con un severo terremoto. En el lugar en que aquella gente vivió, se hundió la tierra; se podría aseverar que fue totalmente arrasado.

Cualesquiera que fuese la calamidad con la que fueron destruidos, fue Dios Quien ordenó su destrucción y Quien la desencadenó. Pero ya que el mundo es el reino de la sabiduría y los seres humanos están dotados con el libre albedrío, Dios actúa tras el velo de las causas. Los ángeles representan Sus actos en este mundo y actúan como Sus «funcionarios». Cada acontecimiento de la «naturaleza» está conectado a un ángel, hasta el punto que las gotas de lluvia caen debido a un ángel encargado de ello. Nada puede ser atribuido a la suerte, ya que la Voluntad abarcadora de Dios es la que prevalece. Él es Quien crea todo y nada ocurre sin Su control y permiso.

Una de las razones por las cuales Dios actúa en este mundo detrás del velo de las causas, o de las relaciones causa-efecto, es que la razón humana no puede contemplar la belleza suprema en algunos acontecimientos, tales como la muerte, la enfermedad y la desgracia. Si Dios se involucrase directamente en dichos acontecimientos, la gente le atribuiría la fealdad aparente inherente a dichos acontecimientos y cometería fácilmente pecados graves. Pero como Dios tiene misericordia con nosotros, ha puesto las causas entre Él y los acontecimientos, librándonos de sucumbir en dicho error. Los seres humanos atribuyen a ciertas causas, cosas que aparentemente son desagradables, tal y como la muerte, la enfermedad y las desgracias. Pero esto no debe impedirnos que busquemos los propósitos Divinos que se hallan tras dichos acontecimientos para que Le pidamos perdón a Dios por nuestros pecados y Le recemos para recibir bendiciones.

En cuanto a los pueblos mencionados en el Corán, si algo malo abarca a todo el mundo, Dios puede llegar a destruirlos. Sin embargo, en ocasiones contemplamos que, en lugar de los incrédulos, son los creyentes aquellos que son objeto del castigo que aparece en forma de calamidades que inconscientemente se atribuyen a la naturaleza. Esto es así porque los casos más graves y los crímenes de mayor entidad son remitidos y juzgados en los grandes tribunales de justicia, mientras que los de menor entidad se deciden en los tribunales normales. Del mismo modo, los castigos con motivo de una gran parte de los pecados de los incrédulos son pospuestos al Último, Supremo Juicio, mientras que los creyentes son en su mayor parte castigados en este mundo como expiación de sus pecados y sus fallos siguiendo las leyes de la Religión de Dios y de la vida. Sin embargo, tal y como los pueblos mencionados en el Corán, si los pecados y los crímenes cometidos sobrepasan los límites, Dios puede llegar a castigar a los incrédulos en este mundo también.

Dios no discrimina entre el individuo bueno y el malo o entre la persona inocente y la culpable en los desastres y calamidades como resultado de los pecados de la mayoría, tal y como los terremotos o las inundaciones que surgen en forma de destrucción. Dichas calamidades le sobrevienen a todo el mundo, pues forman parte de las pruebas preparadas para nosotros. Somos puestos a prueba en este mundo, en el cual Dios abre la puerta del razonamiento para que Le conozcamos y creamos en Él. Pero al haber concedido el libre albedrío a la humanidad, Él nunca actuará de un modo tal que nos obligue a creer. Si tuviera que escoger entre los creyentes y los incrédulos en cada calamidad, tal acto sería como si hubiese formado Su nombre en el cielo por medio de las estrellas y todo el mundo estaría obligado a creer en Él. Pero lo importante es que cada uno crea en base a su libre albedrío.

A cambio de sufrir dichas calamidades, la gente buena e inocente recibirá una gran recompensa en el Más Allá. Para ellos hay otro tipo de misericordia. Del mismo modo que la propiedad perdida se convierte en una limosna entregada a los pobres, adquiriendo permanencia, su muerte en un desastre puede ser contemplado como un tipo de martirio y por lo tanto puede hacerles ganar una vida eterna y feliz. Por esa razón, el hecho de haber obtenido un gran beneficio perpetuo a partir de una dificultad o tormento relativamente trivial y temporal, tales calamidades son, para ellos, una manifestación de la Misericordia Divina oculta tras la ira. No obstante, ha de hacerse hincapié en el hecho de que Dios a veces emplea dichas calamidades para castigar a la gente por no haber intentado poner en práctica lo que es bueno y evitar lo que es malo. Además, un gran número de personas puede haber participado en algunos pecados llevados a cabo por la mayoría, ya sea activamente, dándoles apoyo directo o indirecto o de cualquier otra manera.

En relación con la historia ejemplar del pueblo de Lot, debemos indicar que como Mensajero de Dios libre de pecado, Lot estaba libre de todo tipo de pecado ya sea de mayor o menor entidad. El mal comportamiento que le es atribuido a Lot en la Biblia (*Génesis*, 19:30-38) no es más que un verdadero y enorme absurdo que se contradice con el mismísimo texto que narra que él y sus hijas, por ser ejemplares en su conducta, fueron salvados de la destrucción que sobrevino al pueblo debido a su inmoralidad sexual.

21. El Islam determina lo lícito y lo ilícito para organizar las relaciones entre las personas. Es extremadamente cuidadoso respecto a lo que tiene que ver con el trato entre la gente, a fin de no cometer injusticias contra los demás, conseguir nuestros objetivos mediante procedimientos lícitos, y abstenerse absolutamente de obtener a través de procedimientos ilícitos tales como el engaño, el interés, la mentira y otros tipos de prácticas corruptas. Aunque, en términos generales, el Islam permite que los precios sean determinados de modo libre y lícito por el mercado, no permite que se vendan las mercancías a un precio extremadamente excesivo respecto al precio del mercado. Prohíbe estrictamente cualquier tipo de engaño o proporcionar medidas y pesos falsos. A pesar de que la gente crea que está beneficiándose al obtener lo deseado de modo ilícito, la verdad es que está perdiendo. Solamente aquel que actúa conforme a las leyes de Dios posee una ventaja, y por lo tanto, es mejor para todo el mundo ser honesto en sus transacciones.

وَيَا قَوْمِ لَا يَجْرِمَنَّكُمْ شِقَاقٖٓى اَنْ يُصٖيبَكُمْ مِثْلُ مَٓا
اَصَابَ قَوْمَ نُوحٍ اَوْ قَوْمَ هُودٍ اَوْ قَوْمَ صَالِحٍۜ وَمَا قَوْمُ
لُوطٍ مِنْكُمْ بِبَعٖيدٍ ﴿٨٩﴾ وَاسْتَغْفِرُوا رَبَّكُمْ ثُمَّ تُوبُٓوا اِلَيْهِۜ اِنَّ
رَبّٖى رَحٖيمٌ وَدُودٌ ﴿٩٠﴾ قَالُوا يَا شُعَيْبُ مَا نَفْقَهُ كَثٖيرًا مِمَّا
تَقُولُ وَاِنَّا لَنَرٰيكَ فٖينَا ضَعٖيفًاۚ وَلَوْلَا رَهْطُكَ لَرَجَمْنَاكَۘ
وَمَٓا اَنْتَ عَلَيْنَا بِعَزٖيزٍ ﴿٩١﴾ قَالَ يَا قَوْمِ اَرَهْطٖٓى اَعَزُّ عَلَيْكُمْ
مِنَ اللّٰهِۜ وَاتَّخَذْتُمُوهُ وَرَٓاءَكُمْ ظِهْرِيًّاۜ اِنَّ رَبّٖى بِمَا تَعْمَلُونَ
مُحٖيطٌ ﴿٩٢﴾ وَيَا قَوْمِ اعْمَلُوا عَلٰى مَكَانَتِكُمْ اِنّٖى عَامِلٌۜ
سَوْفَ تَعْلَمُونَۙ مَنْ يَأْتٖيهِ عَذَابٌ يُخْزٖيهِ وَمَنْ هُوَ كَاذِبٌۜ
وَارْتَقِبُٓوا اِنّٖى مَعَكُمْ رَقٖيبٌ ﴿٩٣﴾ وَلَمَّا جَٓاءَ اَمْرُنَا نَجَّيْنَا
شُعَيْبًا وَالَّذٖينَ اٰمَنُوا مَعَهُ بِرَحْمَةٍ مِنَّا وَاَخَذَتِ الَّذٖينَ
ظَلَمُوا الصَّيْحَةُ فَاَصْبَحُوا فٖى دِيَارِهِمْ جَاثِمٖينَۙ ﴿٩٤﴾ كَاَنْ
لَمْ يَغْنَوْا فٖيهَاۜ اَلَا بُعْدًا لِمَدْيَنَ كَمَا بَعِدَتْ ثَمُودُ ﴿٩٥﴾ وَلَقَدْ
اَرْسَلْنَا مُوسٰى بِاٰيَاتِنَا وَسُلْطَانٍ مُبٖينٍۙ ﴿٩٦﴾ اِلٰى فِرْعَوْنَ
وَمَلَائِ۪هٖ فَاتَّبَعُٓوا اَمْرَ فِرْعَوْنَۚ وَمَٓا اَمْرُ فِرْعَوْنَ بِرَشٖيدٍ ﴿٩٧﴾

89. «¡Oh pueblo mío! Que vuestra oposición hacia mí no os haga cometer pecados para que no os sobrevenga lo mismo que le sobrevino al pueblo de Noé, al pueblo de Hud o al de Salih. Y el pueblo de Lot (que fue sometido al mismo destino) no vivió lejos de vosotros.

90. Implorad a vuestro Señor que os perdone (por los pecados que habéis cometido hasta ahora) y tornaros a Él arrepentidos. Sin duda alguna, mi Señor es Compasivo (especialmente hacia los siervos que se tornan a Él), Aquel Quien se halla lleno de amor».

91. «¡Oh Shu'ayb!» dijeron: «No entendemos mucho de lo que nos dices y te contemplamos en verdad como alguien débil entre nosotros. Y si no hubiera sido por tu tribu (estimada entre nosotros), te habríamos lapidado hasta la muerte. Has de saber que no te tenemos en gran estima como para que poseas poder sobre nosotros».

92. Respondió: «¡Oh pueblo mío! ¿Tenéis en mayor estima a mi tribu que a Dios, a Quien tomáis como algo a lo que se le puede dar la espalda y olvidar? En verdad, mi Señor abarca (con Su Conocimiento y Poder) todo lo que hacéis.

93. ¡Oh pueblo mío! Obrad entonces con todo lo que tengáis en vuestro poder que yo también obro (cumpliendo mi misión). Con el tiempo veréis y conoceréis quién va a ser visitado por un castigo humillante, quién es el que miente y quién va a ser contradicho en su discurso. Esperad y vigilad que yo también vigilaré con vosotros».

94. Y cuando Nuestro juicio se hizo efectivo, salvamos a Shu'ayb y a los que creyeron en su compañía a partir de una misericordia procedente de Nosotros (con motivo de su fe, rectitud y paciencia), y la ráfaga espantosa atrapó a los que actuaron erróneamente hasta arruinarles y aparecieron postrados y sin vida en sus propios hogares.

95. Como si nunca hubiesen vivido ahí con lujo. Por lo tanto, ¡Fuera con (la gente de) Midian, al igual que se hizo con la gente de Zamud!

96. Y en verdad enviamos a Moisés con Nuestros signos claros (milagros para apoyarle) y una autoridad manifiesta (procedente de Nosotros),

97. Al Faraón y a sus dignatarios. Pero ellos (sus dignatarios, su propio pueblo y muchos de los Hijos de Israel) siguieron la orden del Faraón; y la orden del Faraón no era en modo alguno una guía recta y justa (y ningún tirano del carácter del Faraón ha hecho nada diferente)[22].

22. El sutil significado descubierto por el gran intérprete turco del Corán Elmalılı Hamdi Yazır es muy bello. Puesto que el título «el Faraón» se emplea en la primera parte del versículo, el pronombre «él» en referencia a él también se espera en la segunda parte pero apreciamos que el título «el Faraón» se repite, por lo tanto el primer «Faraón» se refiere al tirano egipcio al que Moisés fue enviado, mientras que el segundo «Faraón» es un nombre propio, una denominación que hace referencia a todos los tiranos semejantes al Faraón y a sus gobiernos.

يَقْدُمُ قَوْمَهُ يَوْمَ الْقِيٰمَةِ فَاَوْرَدَهُمُ النَّارَ وَبِئْسَ الْوِرْدُ الْمَوْرُودُ ﴿٩٨﴾
وَاُتْبِعُوا فٖى هٰذِهٖ لَعْنَةً وَيَوْمَ الْقِيٰمَةِ بِئْسَ الرِّفْدُ الْمَرْفُودُ ﴿٩٩﴾
ذٰلِكَ مِنْ اَنْبَٓاءِ الْقُرٰى نَقُصُّهُ عَلَيْكَ مِنْهَا قَٓائِمٌ وَحَصٖيدٌ ﴿١٠٠﴾
وَمَا ظَلَمْنَاهُمْ وَلٰكِنْ ظَلَمُٓوا اَنْفُسَهُمْ فَمَٓا اَغْنَتْ عَنْهُمْ
اٰلِهَتُهُمُ الَّتٖى يَدْعُونَ مِنْ دُونِ اللّٰهِ مِنْ شَيْءٍ لَمَّا جَٓاءَ اَمْرُ
رَبِّكَ وَمَا زَادُوهُمْ غَيْرَ تَتْبٖيبٍ ﴿١٠١﴾ وَكَذٰلِكَ اَخْذُ رَبِّكَ
اِذَٓا اَخَذَ الْقُرٰى وَهِىَ ظَالِمَةٌ اِنَّ اَخْذَهُٓ اَلٖيمٌ شَدٖيدٌ ﴿١٠٢﴾
اِنَّ فٖى ذٰلِكَ لَاٰيَةً لِمَنْ خَافَ عَذَابَ الْاٰخِرَةِ ذٰلِكَ يَوْمٌ
مَجْمُوعٌ لَهُ النَّاسُ وَذٰلِكَ يَوْمٌ مَشْهُودٌ ﴿١٠٣﴾ وَمَا نُؤَخِّرُهُٓ
اِلَّا لِاَجَلٍ مَعْدُودٍ ﴿١٠٤﴾ يَوْمَ يَاْتِ لَا تَكَلَّمُ نَفْسٌ اِلَّا بِاِذْنِهٖ
فَمِنْهُمْ شَقِىٌّ وَسَعٖيدٌ ﴿١٠٥﴾ فَاَمَّا الَّذٖينَ شَقُوا فَفِى النَّارِ لَهُمْ
فٖيهَا زَفٖيرٌ وَشَهٖيقٌ ﴿١٠٦﴾ خَالِدٖينَ فٖيهَا مَا دَامَتِ السَّمٰوَاتُ
وَالْاَرْضُ اِلَّا مَا شَٓاءَ رَبُّكَ اِنَّ رَبَّكَ فَعَّالٌ لِمَا يُرٖيدُ ﴿١٠٧﴾
وَاَمَّا الَّذٖينَ سُعِدُوا فَفِى الْجَنَّةِ خَالِدٖينَ فٖيهَا مَا دَامَتِ
السَّمٰوَاتُ وَالْاَرْضُ اِلَّا مَا شَٓاءَ رَبُّكَ عَطَٓاءً غَيْرَ مَجْذُوذٍ ﴿١٠٨﴾

فَلَا تَكُ

98. Precederá a su pueblo en el Día de la Resurrección y los conducirá al Fuego (como ganado que son llevados a beber agua). ¡Cuán horrible «agua» es este Fuego a la que ser llevado![23]

99. Y una maldición fue prorrumpida para perseguirles en la vida de este mundo y también el Día de la Resurrección. ¡Cuán horrible es el regalo ofrecido!

100. Esto es algo de las historias de algunas ciudades (que fueron destruidas en el pasado). Te las relatamos (Oh Mensajero). Entre ellas, algunas están aún en pie, otras fueron arrasadas como un campo segado.

101. No hemos sido injustos con ellos, sino que ellos lo han sido consigo mismos. Cuando el juicio de tu Señor se hizo efectivo, sus dioses, los que invocaban en lugar de invocar a Dios, no les sirvieron de nada. No hicieron más que aumentar su perdición.

102. Así es como tu Señor agarra cuando agarra a las ciudades que son malhechoras. Su presa es en verdad dolorosa, severa.

103. Sin duda alguna en ello se da un signo (una lección y una advertencia) para aquellos que temen el castigo del Más Allá. Ese es un Día en el que todos los seres humanos serán reunidos, es un Día que sin duda será atestiguado (que será experimentado por todas las criaturas vivas en todo su ser).

104. No lo postergaremos más allá de un plazo ya fijado (por Nosotros).

105. El Día en que esto ocurra, nadie hablará sino con Su venia. De entre aquellos (reunidos juntos), unos son desdichados y otros felices.

106. En cuanto a aquellos que serán desdichados (en dicho Día, a causa de las acciones que se han ganado) se hallarán en el Fuego, donde los gemidos y las lamentaciones serán su destino,

107. Ahí morarán mientras los Cielos y la Tierra permanezcan, salvo que tu Señor así lo disponga. No cabe duda de que tu Señor es el Hacedor Soberano de lo que quiere.

108. Y en cuanto a los felices, (habiendo sido bendecidos por Dios con la fe y con las buenas acciones) estarán en el Paraíso, morarán ahí mientras los Cielos y la Tierra permanezcan, salvo que tu Señor así lo disponga[24], como un regalo ininterrumpido.

23. El versículo compara al Faraón con un pastor ciego y a aquellos que le siguen ciegamente los iguala con un ganado. Por lo tanto, nos previene contra la ciega imitación y no usar nuestro razonamiento y libre albedrío para encontrar y seguir el camino recto. Véase asimismo el versículo 7:179.

24. La expresión *salvo que tu Señor así lo disponga* se halla incluida en los últimos dos versículos para hacer hincapié en que Dios es el (soberano) Hacedor de lo que Él quiere, tal y como se menciona en el versículo 107. Nadie puede obligarle ni Él está obligado a hacer nada. Él hace lo que Su Voluntad dicta. Si hay bendición permanente en el Paraíso, es porque Él lo ha dispuesto así, y si existe el castigo permanente en el Infierno, también es porque Él lo ha querido.

En cuanto a la expresión, *mientras los Cielos y la Tierra permanezcan* es una expresión idiomática en árabe que indica eternidad. En el Día del Juicio Final, la Tierra será transformada en otra Tierra característica de otro mundo en donde también habrán Cielos (14:48).

٢٣٣ اَلْجُزْءُ الثَّانِي عَشَرَ 233

فَلَا تَكُ فِي مِرْيَةٍ مِمَّا يَعْبُدُ هٰٓؤُلَٓاءِۜ مَا يَعْبُدُونَ اِلَّا كَمَا يَعْبُدُ
اٰبَٓاؤُ۬هُمْ مِنْ قَبْلُۜ وَاِنَّا لَمُوَفُّوهُمْ نَصِيبَهُمْ غَيْرَ مَنْقُوصٍ ﴿١٠٩﴾
وَلَقَدْ اٰتَيْنَا مُوسَى الْكِتَابَ فَاخْتُلِفَ فِيهِۜ وَلَوْلَا كَلِمَةٌ
سَبَقَتْ مِنْ رَبِّكَ لَقُضِيَ بَيْنَهُمْۜ وَاِنَّهُمْ لَفِي شَكٍّ مِنْهُ
مُرِيبٍ ﴿١١٠﴾ وَاِنَّ كُلًّا لَمَّا لَيُوَفِّيَنَّهُمْ رَبُّكَ اَعْمَالَهُمْۜ اِنَّهُ بِمَا
يَعْمَلُونَ خَبِيرٌ ﴿١١١﴾ فَاسْتَقِمْ كَمَا اُمِرْتَ وَمَنْ تَابَ مَعَكَ
وَلَا تَطْغَوْاۜ اِنَّهُ بِمَا تَعْمَلُونَ بَصِيرٌ ﴿١١٢﴾ وَلَا تَرْكَنُوا
اِلَى الَّذِينَ ظَلَمُوا فَتَمَسَّكُمُ النَّارُۙ وَمَا لَكُمْ مِنْ دُونِ اللّٰهِ
مِنْ اَوْلِيَٓاءَ ثُمَّ لَا تُنْصَرُونَ ﴿١١٣﴾ وَاَقِمِ الصَّلٰوةَ طَرَفَيِ النَّهَارِ
وَزُلَفًا مِنَ الَّيْلِۜ اِنَّ الْحَسَنَاتِ يُذْهِبْنَ السَّيِّئَاتِۜ ذٰلِكَ ذِكْرٰى
لِلذَّاكِرِينَۚ ﴿١١٤﴾ وَاصْبِرْ فَاِنَّ اللّٰهَ لَا يُضِيعُ اَجْرَ الْمُحْسِنِينَ ﴿١١٥﴾
فَلَوْلَا كَانَ مِنَ الْقُرُونِ مِنْ قَبْلِكُمْ اُولُوا بَقِيَّةٍ يَنْهَوْنَ
عَنِ الْفَسَادِ فِي الْاَرْضِ اِلَّا قَلِيلًا مِمَّنْ اَنْجَيْنَا مِنْهُمْۚ
وَاتَّبَعَ الَّذِينَ ظَلَمُوا مَٓا اُتْرِفُوا فِيهِ وَكَانُوا مُجْرِمِينَ ﴿١١٦﴾
وَمَا كَانَ رَبُّكَ لِيُهْلِكَ الْقُرٰى بِظُلْمٍ وَاَهْلُهَا مُصْلِحُونَ ﴿١١٧﴾

109. Por lo tanto no dudes de cualquier cosa que aquellos (esa gente extraviada) adoran. No adoran sino a lo que adoraban sus antepasados anteriormente. No cabe duda de que se les pagará su parte con creces, sin disminución alguna.

110. Y en verdad concedimos a Moisés el Libro, pero la discordia surgió acerca de ello (de la misma manera que tu pueblo, Oh Mensajero, discrepa del Libro que te estamos revelando. Por lo tanto no te entristezcas). Si no hubiera sido por un decreto ya emitido por tu Señor (posponiendo el Juicio Final decisivo hasta un momento señalado)[25], ya se habría juzgado entre ellos. Y ellos (tu pueblo) dudan seriamente, verdaderamente inseguros, respecto a él (el Corán).

111. Y no cabe duda de que a cada uno de ellos tu Señor le pagará con creces por todos sus actos. Él se halla perfectamente informado de todo lo que hacen.

112. Sigue, pues, lo que es debidamente correcto (en cada asunto de la Religión) tal y como ha sido ordenado (por Dios) y los que, se hallan junto a ti, se han dirigido (a Dios, con fe y arrepentimiento de sus anteriores caminos; que hagan lo mismo). ¡No os rebeléis contra los límites del Camino Recto (Oh creyentes)! En verdad todo aquello que hacen Dios sin duda lo contempla.

113. Y no os inclinéis hacia los malhechores (los que obran contra Sus órdenes o atribuyéndole copartícipes a Dios y los que obran contra la gente violando sus derechos) o el Fuego os alcanzará. No tenéis, aparte de Dios, protectores ni verdaderos amigos (pero si os inclináis hacia los malhechores) no seréis ayudados (por Él).

114. Establece la Oración (Oh Mensajero) al principio y al final del día y durante la vigilia de la noche cerca del día. Sin duda alguna las buenas obras borran las malas[26]. Este es un consejo y un aviso para los considerados que reflexionan.

115. Y ten paciencia y persevera (haciendo el bien, evitando los errores y contra todo tipo de persecución que estás sufriendo por la causa de Dios). No cabe duda de que, Dios nunca deja que se eche a perder la recompensa de aquellos que se dedican a hacer el bien, conscientes de que Dios les está contemplando.

116. ¡Si al menos hubiese habido entre las generaciones que os precedieron (de entre las cuales destruimos algunas) gente con cualidades duraderas (tal y como la fe, el conocimiento, la virtud y las buenas acciones cuyo objetivo fuese lo que permanece con Dios en la vida eterna en el Más Allá y) que advirtiesen contra el desorden y la corrupción en la Tierra! Entre ellos tan sólo unos pocos, incluyendo a aquellos que Nosotros salvamos, hicieron eso. Pero los que obraron mal (los que obran contra Sus órdenes o atribuyéndole copartícipes a Dios y los que obran contra la gente violando sus derechos) se perdieron en la búsqueda de los placeres sin escrúpulos y fueron criminales dedicados a acumular pecados.

117. Y nunca ha sido la manera de tu Señor destruir las ciudades injustamente mientras sus poblaciones eran rectas, dedicadas a enmendarse constantemente y a corregir los asuntos de la sociedad.

---

25. Este decreto es que habrá para el ser humano en la Tierra, donde ha sido elegido como vicerregente para mejorarla, una morada y provisión hasta el Día de la Resurrección (2:36) y que la recompensa por obedecer o desobedecer la Religión será aplazada por lo general hasta el Más Allá.

26. En un sentido, este versículo se refiere a las cinco Oraciones Prescritas aunque no especifica el tiempo de cada una. Las Oraciones que han de ser establecidas al principio y al final del día pueden ser la Oración del Mediodía y la de la Tarde. Si eso es así, lo que significa «día» es la luz del día. La palabra original traducida como «en la vigilia de la noche cerca del día» es *zulef* que es un plural. En árabe el plural ha de incluir al menos tres unidades, por lo que se concluye que la palabra *zulef* se refiere a las tres Oraciones que se establecen durante la noche, es decir la Oración de la Puesta de Sol, de la Noche y del Alba. Aunque este es el significado aparente del versículo, el cual indica cinco Oraciones al día, los tiempos pueden no ser los que se corresponden con las Oraciones Diarias Prescritas. Rezar cinco veces al día les fue prescrito a los musulmanes durante la Ascensión del Mensajero en el undécimo año de su misión. Por lo tanto, los cinco tiempos mencionados en el versículo pueden ser tan solo para el Mensajero, y uno de los tres tiempos de la noche puede ser el momento de *Tahayyud*, la Oración Nocturna que fue prescrita al Mensajero, no el tiempo del alba o los primeros momentos de la mañana.

La Oración Prescrita es el pilar de la Religión y la mejor de las buenas acciones. El que no realiza la Oración Prescrita no puede construir el edificio de la Religión en el fundamento de la fe. Los cimientos en los que un edificio no ha sido construido se pueden descomponer con facilidad. El Mensajero —la paz y las bendiciones sean con él— enseñó que la Oración es como un río que discurre por delante de nuestras casas. Aquel Quien se baña en él cinco veces al día está limpio de cualquier suciedad (que se le pueda haber adherido durante los períodos intermedios). También enseñó que las Oraciones Prescritas sirven como expiación de las incorrecciones menores cometidas durante los tiempos de las mismas (Muslim, «Taharah», 16). El Corán declara que la Oración Prescrita previene a uno de cometer indecencias y otro tipo de actos malvados (29:45). También sirve como arrepentimiento y como medio de pedirle perdón a Dios. Similarmente, cualquier buena acción realizada tras una mala acción puede hacer que la mala acción sea perdonada. Por lo tanto, es muy recomendable que se haga una buena acción después de haber cometido una mala. Por supuesto, eso no significa que podemos hacer voluntariamente un mal mientras que recemos inmediatamente después. Más bien significa que el hecho de obrar el bien, como la Oración Prescrita, después de haber cometido un mal, está establecido para refrenarnos de cometer posteriores acciones incorrectas. Esto es lo que indica la frase *sin duda alguna las buenas obras borran las malas*, que figura en el versículo.

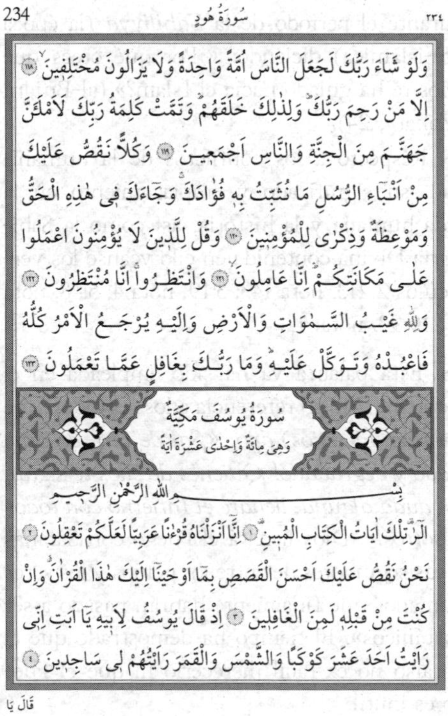
234 سُورَةُ هُودٍ ٢٣٤

وَلَوْ شَاءَ رَبُّكَ لَجَعَلَ النَّاسَ اُمَّةً وَاحِدَةً وَلَا يَزَالُونَ مُخْتَلِفِينَ ﴿١١٨﴾
اِلَّا مَنْ رَحِمَ رَبُّكَ وَلِذٰلِكَ خَلَقَهُمْ وَتَمَّتْ كَلِمَةُ رَبِّكَ لَاَمْلَئَنَّ
جَهَنَّمَ مِنَ الْجِنَّةِ وَالنَّاسِ اَجْمَعِينَ ﴿١١٩﴾ وَكُلًّا نَقُصُّ عَلَيْكَ
مِنْ اَنْبَاءِ الرُّسُلِ مَا نُثَبِّتُ بِهِ فُؤَادَكَ وَجَاءَكَ فِي هٰذِهِ الْحَقُّ
وَمَوْعِظَةٌ وَذِكْرٰى لِلْمُؤْمِنِينَ ﴿١٢٠﴾ وَقُلْ لِلَّذِينَ لَا يُؤْمِنُونَ اعْمَلُوا
عَلٰى مَكَانَتِكُمْ اِنَّا عَامِلُونَ ﴿١٢١﴾ وَانْتَظِرُوا اِنَّا مُنْتَظِرُونَ ﴿١٢٢﴾
وَلِلّٰهِ غَيْبُ السَّمٰوَاتِ وَالْاَرْضِ وَاِلَيْهِ يُرْجَعُ الْاَمْرُ كُلُّهُ
فَاعْبُدْهُ وَتَوَكَّلْ عَلَيْهِ وَمَا رَبُّكَ بِغَافِلٍ عَمَّا تَعْمَلُونَ ﴿١٢٣﴾

سُورَةُ يُوسُفَ مَكِّيَّةٌ
وَهِيَ مِائَةٌ وَاِحْدٰى عَشْرَةَ اٰيَةً

بِسْمِ اللّٰهِ الرَّحْمٰنِ الرَّحِيمِ
الٓرٰ تِلْكَ اٰيَاتُ الْكِتَابِ الْمُبِينِ ﴿١﴾ اِنَّا اَنْزَلْنَاهُ قُرْاٰنًا عَرَبِيًّا لَعَلَّكُمْ تَعْقِلُونَ ﴿٢﴾
نَحْنُ نَقُصُّ عَلَيْكَ اَحْسَنَ الْقَصَصِ بِمَا اَوْحَيْنَا اِلَيْكَ هٰذَا الْقُرْاٰنَ وَاِنْ
كُنْتَ مِنْ قَبْلِهِ لَمِنَ الْغَافِلِينَ ﴿٣﴾ اِذْ قَالَ يُوسُفُ لِاَبِيهِ يَا اَبَتِ اِنِّي
رَاَيْتُ اَحَدَ عَشَرَ كَوْكَبًا وَالشَّمْسَ وَالْقَمَرَ رَاَيْتُهُمْ لِي سَاجِدِينَ ﴿٤﴾

قَالَ يَا

118. Si tu Señor lo hubiese querido así (y retirase el libre albedrío a los seres humanos) habría hecho de la humanidad una sola comunidad (con la misma fe, cosmovisión y modelo de vida). Sin embargo (habiendo tenido libre elección), nunca dejaron de discrepar (y de seguir caminos que se alejan del Camino Recto),

119. A excepción de aquellos con quienes tu Señor ha tenido misericordia (y guía al Camino Recto por los méritos que tienen)[27]. Por eso los ha creado. Y por lo tanto, la palabra de tu Señor habrá sido cumplida: «Llenaré el Fuego con todos aquellos (que así lo merezcan) de entre los genios y los humanos»[28].

120. Todo lo que os relatamos acerca de la narración ejemplar de (las vidas de algunos de los antiguos) Mensajeros es a fin de que hagamos firme tu corazón. En todas esas narraciones te llega la verdad, al igual que una instrucción y un recuerdo para los creyentes.

121. Di a los que no creen: «Haced todo lo que esté en vuestro poder, asimismo nosotros lo estamos haciendo (nuestra tarea).

122. Y esperad que también estamos esperando».

123. A Dios Le pertenece (el dominio absoluto y el pleno conocimiento de) lo oculto de los Cielos y de la Tierra y tan sólo a Él se encomiendan todos los asuntos (para el Juicio Final). Venérale y deposita tu confianza en Él. Tu Señor no desatiende ni hace caso omiso de lo que hacéis.

27. Dios es el Justo y, más que eso, Misericordioso cuya misericordia abarca todas las cosas. Nunca trata injustamente a Sus criaturas o discrimina entre las mismas. En lugar de eso, siempre quiere el bien para ellas. Lo que debemos hacer es utilizar nuestro libre albedrío de modo correcto. Algunas virtudes, como el agradecimiento, la modestia, la humildad, el altruismo, la generosidad, hallarse libre de prejuicios, apartarse de males tales como la mentira, el engaño, tratar injustamente a los demás, las relaciones sexuales ilícitas y similares son como peticiones presentadas a Dios para obtener fe y salvación. Por otro lado, vicios como la injusticia, la arrogancia, los prejuicios, el egoísmo, la mezquindad y dedicarse en cuerpo y alma a los placeres son obstáculos frente a la fe y la salvación. El Mensajero de Dios —la paz y las bendiciones sean con él— respondió a uno de sus compañeros que le preguntó si habría gente que se beneficiaría de dichas buenas acciones durante el período de la *Yahiliyya* (la época pre-islámica) diciendo: «¿Por qué crees que Dios te ha guiado hacia el Islam?» (al-Bujari, «Zakat», 24).

Respecto a los conflictos de la humanidad, su significado y emplazamiento en la vida humana y la historia, así como la Sabiduría Divina contenida en ello véanse los versículos 2:213, nota 143; 3:19, nota 4; 5:48, nota 11; 10:93, nota: 14.

28. Esta palabra ya ha sido empleada en el versículo 7:18 en referencia a los seguidores de Satanás: *Él (Dios) dijo: «¡Sal de ahí, desgraciado y degradado! ¡Quienes de ellos te sigan, sin duda alguna, llenaré el Infierno con todos vosotros!»*. Dios llenará el Fuego con Satanás y sus seguidores de entre los genios y los seres humanos que finalmente habrán pasado a ser «satánicos». El tiempo ha demostrado que el Paraíso no es fácil merecerlo ni que el Fuego es inútil.

SURA 12

YUSUF (JOSÉ)

Período de La Meca

Este *sura,* revelado hacia el final del período de La Meca y que contiene 111 versículos toma su nombre del profeta José, cuya vida y misión narra. A diferencia de otras narraciones sobre otros Mensajeros cuyas diferencias y elementos son relatados en otros *suras*, la historia de José —la paz sea con él— se narra únicamente en este *sura*, de modo completo y en orden cronológico. Este *sura* también nos indica la verdad contenida en los sueños y nos presenta varios principios relativos a cómo servir el Islam a través de la historia de un Mensajero que se convirtió en la persona más importante y más respetada de un país en el que había sido vendido como un esclavo.

En el Nombre de Dios,
el Misericordioso, el Compasivo.

1. *Alif. Lam. Ra.* Estas son las Revelaciones del Libro manifiesto en sí mismo que muestran claramente la verdad.
2. Lo hemos hecho descender como un «qur'an» (discurso) en lengua árabe para que podáis reflexionar (sobre sus significados y sus términos) y comprender[1].
3. Estamos a punto de relatarte (Oh Mensajero) la mejor de las narraciones (del pasado) revelándote este Corán. Antes de esto, en verdad no tenías conocimiento de ello[2].
4. Cuando José le dijo a su padre «¡Oh Padre mío! Veo en un sueño once estrellas[3], y también el Sol y la Luna: les vi postrarse ante mí[4].

1. El Corán —la palabra *qur'an* literalmente significa recitación, algo recitado o discurso— fue revelado en árabe. Al ser una religión universal, el Islam se dirige a la gente, independientemente de la raza, color de piel y la lengua, y abarca asimismo a cualquiera que lo acepta sea cual sea su origen o idioma. Sin embargo, y de modo natural ha de poseer un lenguaje y la lengua árabe es la que ha sido elegida. No obstante, eso de ningún modo significa que los que hablan otros idiomas diferentes al árabe cuando abracen el Islam han de aprender el árabe para ser musulmanes. Saber una lengua es un asunto científico y es diferente que hablarlo o leer libros escritos en dicha lengua. Las instrucciones que se dan en el Corán precisan de nosotros que recitemos el Corán; de este modo, es imprescindible aprender las Oraciones Diarias Prescritas ya que cualquier traducción no puede ser considerada como la recitación exacta. Se espera de cada musulmán que sea capaz de leer (es decir, fonéticamente pronunciar las palabras) el Corán. Pueden aprender a leerlo en un mes, lo cual es uno de los milagros del Corán. No obstante, saber árabe y estudiar y comprender el Corán es un asunto científico. Al igual que un hispanohablante nativo que habla español no necesariamente posee conocimientos de las reglas gramaticales de la lengua española o el español que se estudia en las escuelas como rama de conocimiento, del mismo modo no todo árabe nativo tiene por qué saber el árabe lo suficientemente bien como para entender el Corán. Al igual que no todo el que habla español bien tiene por qué conocer la física, la química o la medicina meramente por el hecho de leer libros en español o por ser capaz de comprender libros escritos en español. Del mismo modo aquel que domina el árabe bien no tiene por qué saber y comprender el Corán. Saber y comprender el Corán es un asunto científico que implica el conocimiento de otras ciencias. Al igual que no todos pueden ser físicos, químicos o historiadores y del mismo modo que cada rama del conocimiento exige un estudio

especial, también hay eruditos del Corán que instruyen a otros en el mismo.

Dios envió a cada Mensajero con la lengua que él y su pueblo hablaban. Por lo tanto, una de las principales razones por las cuales el Corán fue revelado en árabe es que el Mensajero de Dios apareció entre los árabes y la gente a la que el Corán se dirigía eran árabes. Deben haber otras razones, algunas de las cuales podemos conocer y otras no. Una de estas razones puede ser que el árabe es la lengua más apropiada en el reino humano para el Discurso Divino. Dios llama a la gente a reflexionar sobre el hecho de que el Corán fuese revelado en árabe y el hecho de ser en árabe es una dimensión esencial en el Corán.

2. El *sura* Yusuf (José) manifiesta su belleza desde el principio. Podemos entender por qué es denominada la mejor de las narraciones de la siguiente manera:

- Solo el Corán puede contarnos los acontecimientos de la mejor manera. Es decir, que los narra del modo más comprensivo y conciso, y presenta el significado histórico, psicológico, moral y espiritual en toda su extensión de dichos acontecimientos y de cómo se desarrollaron.
- Los acontecimientos no pueden ser contados de un modo más bello en otro libro que no sea en este Corán árabe debido a la belleza y aciertos inherentes del árabe coránico.
- La mejor de las narraciones de las vidas de los Mensajeros previos, que consuelan al profeta Muhammad —la paz y las bendiciones sean con él— y a sus compañeros en La Meca y les ilumina el camino, es aquella que se expone en este *sura*.
- Mientras que casi todas la demás narraciones contienen elementos de destrucción, todas las personas relacionadas con los eventos descritos de este *sura*, llegan a entender sus errores y encuentran la verdad al final.
- Mientras que el resto de narraciones están diseminadas a lo largo de diferentes *sura*s, la narración del *sura* Yusuf es ofrecida por completo y con gran detalle en un solo *sura*.
- En este relato es posible encontrar un análisis minucioso del carácter de la humanidad con sus aspectos negativos y positivos. También se nos presenta el proceso completo de cómo la reforma total de un país es posible desde dentro. Este proceso es tal que iluminará las sendas de los creyentes hasta el Día de la Resurrección.
- La misión del profeta José —la paz sea con él— marca la aparición y los primeros compases en la historia de los descendientes de Isaac, hijo de Abraham. Esta misión marca el camino a los hijos de Israel, descendientes de Jacob, hijo de Isaac y padre de José, para establecerse en Egipto y elevarse en una posición de liderazgo en el mismo. Esta historia se inicia con el profeta José que aparece al principio de su historia y entra en una nueva fase con el profeta Moisés, alcanzando su apogeo con David y Salomón —la paz sea con ellos—.
- La belleza espiritual de José, reflejada en su belleza física y su representación de virtudes tan importantes como la castidad y la devoción en hacer el bien añaden belleza a la narrativa de su vida y de su misión.
- Era imposible para el Mensajero de Dios —la paz y las bendiciones sean con él— que era iletrado, conocer la vida de José, especialmente con los específicos detalles que se narran en el Corán. Por lo tanto, entre las historias acerca de las vidas y las misiones de los Mensajeros, la integridad y percepción de la narrativa de este *sura*, es una de las mayores pruebas de la Misión Profética de Muhammad.

3. La palabra original para «estrellas» (*kawkab*) también significa «planetas». Por eso, deducimos que si la Tierra es incluida, existen doce planetas en realidad aunque sólo se hayan descubierto hasta la actualidad nueve o diez de los mismos. En el sueño, José es simbolizado por la Tierra que, debido al significado que posee como hábitat de la humanidad, es el centro

«espiritual» del Sistema Solar. Se afirma explícitamente en el Corán varias veces que todo lo que hay en los Cielos y en la Tierra, incluido el Sol y la Luna, está sometido a las leyes de Dios para el beneficio de la humanidad (*sura* 13:33; *sura* 16:12; *sura* 31:20).

4. Mientras dormimos con nuestros ojos cerrados, nuestros oídos ensordecidos, nuestra lengua silenciada y nuestros brazos y piernas quietas, ¿cómo podemos, pues, viajar, encontrarnos con gente y hacer tantas cosas durante pocos minutos e incluso segundos? Cuando nos despertamos por la mañana, nos encontramos profundamente influenciados por dichos segundos de aventura breves. Aunque Freud y sus prosélitos atribuyen los sueños al funcionamiento de la mente subconsciente, a los deseos, pensamientos, impulsos y experiencias del pasado, ¿cómo puede esto explicar sueños que informan de un acontecimiento futuro con el cual uno no tiene contacto alguno y nunca ha pensado en ello?

Cuando dormimos nuestros espíritus entran en un mundo de formas ideales o símbolos en el que, hasta cierto punto, el pasado, presente y futuro se combinan sin romper completamente su conexión con el cuerpo. Continúan su conexión a través de una especie de cordón. Como resultado, podemos tener una experiencia relacionada con un acontecimiento pasado o ser testigo de uno futuro. Sin embargo, ya que las cosas existen en dicho mundo de modo ideal o simbólico, el espíritu generalmente recibe símbolos que precisan de interpretación. Por ejemplo, el agua clara en dicho mundo puede corresponderse con el conocimiento en este mundo. Las metáforas, similitudes y parábolas que encontramos en el Corán y los hadices y a veces en los dichos populares, pueden proporcionar claves importantes para interpretar los sueños. Sin embargo, algunos sueños son tan manifiestos y evidentes que no necesitan interpretación.

Los sueños son clasificados en tres tipos. Unos son incluidos en la categoría de «mezcolanza de sueños» (expresión coránica encontrada en el versículo 12:44). En dichos sueños, o bien la imaginación da forma a desviaciones de mal carácter o la mente recuerda un acontecimiento emocionante que ocurrió tiempo atrás y produce una forma nueva y diferente. Los sueños que la persona tiene de tal manera son «sueños mezclados» tal y como se mencionará en los versículos 43 y 44, y desde el 47 al 49 de este *sura*. A pesar de formar una mezcolanza, algunos de estos sueños pueden tener algún significado importante, pero necesitan ser interpretados.

El otro tipo de sueño no tiene nada que ver con el ser subconsciente. Dichos sueños llevan mensajes importantes. O bien son buenas nuevas provenientes de Dios, que nos animan a hacer el bien y nos guían o son advertencias correlacionadas con los actos malvados que hemos cometido o que vamos a cometer. Dichos sueños, que denominamos sueños veraces, son manifiestos e inolvidables. En una narración auténtica, el Mensajero de Dios señala que los sueños veraces son uno de los cuarenta y seis aspectos de la Misión Profética. (Es decir, ya que Mensajero de Dios tiene sueños veraces durante los primeros seis meses de sus 23 años de Misión Profética, los sueños veraces son un tipo de Inspiración Divina). Eso significa que los sueños veraces contienen elementos verídicos.

Diversos descubrimientos científicos o tecnológicos fueron idealizados por primera vez en sueños. Elias Howe, mientras intentaba resolver cómo enhebrar el hilo en una máquina de coser, soñó que había sido hecho prisionero por una tribu que le clavaba lanzas. Desconcertado y acongojado por un miedo espantoso, observó agujeros en las puntas de las lanzas de sus captores. Al despertarse, inmediatamente aplicó lo observado en el sueño e hizo una pequeña «lanza» con un agujero en la punta afilada de la aguja y de ese modo hizo posible la máquina de coser. El físico Niels Bohr, que estaba estudiando las estructuras atómicas, soñó con planetas conectados con el Sol con hilos que giraban alrededor del mismo. Cuando se despertó concibió la similitud que existe entre lo que había soñado y las estructuras atómicas.

قَالَ يَا بُنَيَّ لَا تَقْصُصْ رُءْيَاكَ عَلَىٰ إِخْوَتِكَ فَيَكِيدُوا
لَكَ كَيْدًا إِنَّ الشَّيْطَانَ لِلْإِنْسَانِ عَدُوٌّ مُبِينٌ ٥ وَكَذَٰلِكَ
يَجْتَبِيكَ رَبُّكَ وَيُعَلِّمُكَ مِنْ تَأْوِيلِ الْأَحَادِيثِ وَيُتِمُّ نِعْمَتَهُ
عَلَيْكَ وَعَلَىٰ آلِ يَعْقُوبَ كَمَا أَتَمَّهَا عَلَىٰ أَبَوَيْكَ مِنْ
قَبْلُ إِبْرَاهِيمَ وَإِسْحَاقَ إِنَّ رَبَّكَ عَلِيمٌ حَكِيمٌ ٦ لَقَدْ كَانَ
فِي يُوسُفَ وَإِخْوَتِهِ آيَاتٌ لِلسَّائِلِينَ ٧ إِذْ قَالُوا لَيُوسُفُ
وَأَخُوهُ أَحَبُّ إِلَىٰ أَبِينَا مِنَّا وَنَحْنُ عُصْبَةٌ إِنَّ أَبَانَا لَفِي
ضَلَالٍ مُبِينٍ ٨ اقْتُلُوا يُوسُفَ أَوِ اطْرَحُوهُ أَرْضًا يَخْلُ لَكُمْ
وَجْهُ أَبِيكُمْ وَتَكُونُوا مِنْ بَعْدِهِ قَوْمًا صَالِحِينَ ٩ قَالَ قَائِلٌ
مِنْهُمْ لَا تَقْتُلُوا يُوسُفَ وَأَلْقُوهُ فِي غَيَابَتِ الْجُبِّ يَلْتَقِطْهُ
بَعْضُ السَّيَّارَةِ إِنْ كُنْتُمْ فَاعِلِينَ ١٠ قَالُوا يَا أَبَانَا مَا لَكَ
لَا تَأْمَنَّا عَلَىٰ يُوسُفَ وَإِنَّا لَهُ لَنَاصِحُونَ ١١ أَرْسِلْهُ مَعَنَا غَدًا
يَرْتَعْ وَيَلْعَبْ وَإِنَّا لَهُ لَحَافِظُونَ ١٢ قَالَ إِنِّي لَيَحْزُنُنِي
أَنْ تَذْهَبُوا بِهِ وَأَخَافُ أَنْ يَأْكُلَهُ الذِّئْبُ وَأَنْتُمْ عَنْهُ غَافِلُونَ ١٣
قَالُوا لَئِنْ أَكَلَهُ الذِّئْبُ وَنَحْنُ عُصْبَةٌ إِنَّا إِذًا لَخَاسِرُونَ ١٤

5. Él (Jacob) dijo: «¡Oh hijo mío! No cuentes tu sueño a tus hermanos no vaya a ser que (por envidia) tramen una intriga contra ti. Pues Satanás es un enemigo manifiesto de la humanidad (y puede incitarles a que hagan eso).

6. Así te elegirá tu Señor y te enseñará algún conocimiento del significado eterno de todos los acontecimientos (incluidos los sueños)[5], y completará Su favor sobre ti y sobre la familia de Jacob, como antes lo completó sobre tus antepasados Abraham e Isaac[6]. Sin duda alguna, tu Señor es Omnisciente, Omnisapiente»[7].

7. En verdad que en (esta narración de) José y sus hermanos se dan muchos signos (mensajes) para los buscadores de la Verdad.

8. Cuando ellos (los hermanos dirigiéndose los unos a los otros) dijeron: «Sin duda José y su hermano son más queridos por nuestro padre que nosotros[8], a pesar de que constituimos un fuerte y poderoso grupo (de gran utilidad para él). Sin duda alguna, nuestro padre está evidentemente equivocado».

9. (Uno de ellos dijo:) «Matad a José o expulsadle a una tierra lejana para que la atención de vuestro padre no se dirija más que a vosotros, y tras ello, podéis llegar a ser de nuevo personas rectas».

10. Uno de ellos, exponiendo su opinión dijo: «No matéis a José, sino arrojadlo a las profundidades del pozo (del que tengáis conocimiento), que alguna caravana puede que le recoja. (Hacedlo) Si seriamente pretendéis pasar a la acción».

11. Dijeron (habiendo llegado a un acuerdo acerca de ello) al padre: «¡Padre nuestro! ¿Por qué no nos confías a José con nosotros ya que tenemos buenas intenciones para con él?

12. Permite que salga con nosotros mañana para que se divierta y juegue. En verdad, le cuidaremos bien».

13. Dijo (Jacob): «Me entristece que os lo llevéis con vosotros y temo que un lobo le devore cuando le descuidéis».

14. Dijeron: «Si el lobo le devorara, siendo nosotros una compañía tan fuerte, ¡entonces si que estaríamos perdidos!».

5. Cada cosa y acontecimiento posee un significado interno en el contexto general del universo. Nada existe ni acontece fortuitamente. Cada cosa y acontecimiento es un nudo o una red del tejido general de las cosas y acontecimientos. Es más, Dios tiene un propósito final para la existencia de cada cosa y cada acontecimiento, por lo que ninguna cosa o acontecimiento carece de significado. Portan mensajes para seres conscientes como los seres humanos, los ángeles y los genios. A pesar de que todos los Profetas y diversas personas eminentes y santas pueden tener conocimiento de los significados de los mensajes y acontecimientos y de su propósito, el profeta José, la paz sea con él, detentaba un lugar especial entre ellos.

6. Al igual que la Biblia, el Corán muestra que el profeta Jacob, la paz sea con él, entendió el significado del sueño, y del alcance de todas sus implicaciones, en el que las once estrellas simbolizaron a los hermanos y el Sol y la Luna a los padres. Pero la Biblia relata que el profeta Jacob —la paz sea con él— asumió que el sueño de José era resultado de un profundo deseo y reprendió a José por tener tales clases de sueños (*Génesis*, 37:10). Además, existen otras diferencias importantes entre el relato de la vida de José en el Corán y el que figura en la Biblia.

Es una lástima que la Biblia contenga numerosas acusaciones graves contra los Profetas. Algunas de ellas son peores que la imputación arriba mencionada. Por ejemplo, véase: *Génesis*, 19:30-38; 27; 32:25-31; *II Samuel* 11; *I Reyes* 11.

Si el Corán no hubiese sido revelado, nunca hubiésemos podido estar seguros de si dichos Profetas habían sido sinceros, devotos y agradecidos siervos de Dios. Todos los Profetas anteriores, los Libros que fueron enviados a través de ellos y la religión que trajeron están en deuda con el Corán, con el profeta Muhammad —la paz y las bendiciones sean con él— y con *el Islam* que trajo.

7. Este versículo concluye señalando que Dios es Omnisciente y Omnisapiente, y muestra que dicho *sura* está basado en estos dos nombres y que el profeta José —la paz sea con él— fue favorecido con ellos, pues era particularmente un Profeta sabio y conocedor.

8. De hecho, el profeta Jacob —la paz sea con él— no discriminaba al mostrar amor a sus hijos; pero discernió el potencial que existía en José y el tipo de misión al que iba a estar destinado, por lo que le prestó atención especial.

فَلَمَّا ذَهَبُوا بِهٖ وَاَجْمَعُوا اَنْ يَجْعَلُوهُ فِى غَيَابَتِ الْجُبِّۚ
وَاَوْحَيْنَا اِلَيْهِ لَتُنَبِّئَنَّهُمْ بِاَمْرِهِمْ هٰذَا وَهُمْ لَا يَشْعُرُونَ ﴿١٥﴾
وَجَٓاؤُ۫ اَبَاهُمْ عِشَٓاءً يَبْكُونَۜ ﴿١٦﴾ قَالُوا يَٓا اَبَانَٓا اِنَّا ذَهَبْنَا
نَسْتَبِقُ وَتَرَكْنَا يُوسُفَ عِنْدَ مَتَاعِنَا فَاَكَلَهُ الذِّئْبُۚ وَمَٓا
اَنْتَ بِمُؤْمِنٍ لَنَا وَلَوْ كُنَّا صَادِقِينَ ﴿١٧﴾ وَجَٓاؤُ۫ عَلٰى قَمِيصِهٖ
بِدَمٍ كَذِبٍۜ قَالَ بَلْ سَوَّلَتْ لَكُمْ اَنْفُسُكُمْ اَمْرًاۜ فَصَبْرٌ
جَمِيلٌۜ وَاللّٰهُ الْمُسْتَعَانُ عَلٰى مَا تَصِفُونَ ﴿١٨﴾ وَجَٓاءَتْ
سَيَّارَةٌ فَاَرْسَلُوا وَارِدَهُمْ فَاَدْلٰى دَلْوَهُۜ قَالَ يَا بُشْرٰى هٰذَا
غُلَامٌۜ وَاَسَرُّوهُ بِضَاعَةًۜ وَاللّٰهُ عَلِيمٌ بِمَا يَعْمَلُونَ ﴿١٩﴾ وَشَرَوْهُ
بِثَمَنٍ بَخْسٍ دَرَاهِمَ مَعْدُودَةٍۚ وَكَانُوا فِيهِ مِنَ الزَّاهِدِينَ ﴿٢٠﴾
وَقَالَ الَّذِى اشْتَرٰيهُ مِنْ مِصْرَ لِامْرَاَتِهٖٓ اَكْرِمِى مَثْوٰيهُ
عَسٰٓى اَنْ يَنْفَعَنَٓا اَوْ نَتَّخِذَهُ وَلَدًاۜ وَكَذٰلِكَ مَكَّنَّا لِيُوسُفَ
فِى الْاَرْضِۘ وَلِنُعَلِّمَهُ مِنْ تَأْوِيلِ الْاَحَادِيثِۜ وَاللّٰهُ غَالِبٌ
عَلٰٓى اَمْرِهٖ وَلٰكِنَّ اَكْثَرَ النَّاسِ لَا يَعْلَمُونَ ﴿٢١﴾ وَلَمَّا بَلَغَ
اَشُدَّهُٓ اٰتَيْنَاهُ حُكْمًا وَعِلْمًاۜ وَكَذٰلِكَ نَجْزِى الْمُحْسِنِينَ ﴿٢٢﴾

وَرَاوَدَتْهُ

15. Y así se alejaron junto a él, y decidieron arrojar a José a las profundidades del pozo[9] (cosa que hicieron). Le revelamos: «Ya les recordarás más tarde, sin que sean conscientes, lo que ahora están haciendo (sin que conozcan ni comprendan todo lo que haya ocurrido)».

16. Y al caer la noche, retornaron a su padre, llorando.

17. Dijeron: «¡Padre nuestro! Fuimos a hacer carreras entre nosotros y dejamos a José junto a nuestras cosas y entonces un lobo le devoró. Pero sabemos que no nos vas a creer aunque digamos la verdad».

18. Y trajeron su camisa con sangre falsa. Jacob dijo: «Más bien vuestras almas (que os ordenan el mal) os han tentado a hacer algo malvado. Por lo que (el recurso apropiado para mí) es ser paciente. (Una paciencia que soporta sin queja)[10]. Dios es Aquel Cuya ayuda se implora frente a (la situación) lo que habéis descrito»[11].

19. Y llegó una caravana y enviaron a alguien de ellos para ir a buscar agua. Descendió el cubo (en el pozo). «¡Qué buena fortuna!» exclamó: «¡He aquí un muchacho!» Y lo ocultaron y protegieron con ánimo de venderlo. Dios poseyó pleno conocimiento de lo que hacían.

20. Y lo vendieron por un precio ínfimo —unas pocas monedas de plata—, valorándolo en tan poco.

21. El hombre que lo compró en Egipto dijo a su mujer: «Proporciónale un buen y honorable acogimiento. Tal vez nos sea útil o lo adoptemos como hijo»[12]. Así, establecimos a José en la tierra (Egipto) para que le impartiésemos conocimiento y comprensión de los significados profundos de los acontecimientos, incluidos los sueños. Dios siempre hace prevalecer lo que Su Voluntad dicta; pero la mayoría de la gente no lo sabe (que eso es así).

22. Cuando José alcanzó su plena madurez, le concedimos autoridad con recto y buen juicio y un conocimiento especial[13]. Así es como recompensamos a aquellos que se dedican a hacer el bien, como si contemplasen a Dios.

9. Cuando reflexionamos sobre las razones por las cuales el Corán fue revelado en árabe, deberíamos tener presente que, más que ninguna otra lengua, la pronunciación de las palabras en la lengua árabe concuerda con su significado. En otras palabras, la conjugación de las palabras y la conjugación de los verbos evocan los significados. Por ejemplo en la declaración coránica *¡Oh Tierra, trágate tus aguas!* (11:44), la palabra traducida como «traga» es *ebli'i*, palabra asociada con el acto de tragar. Similarmente, la palabra traducida aquí como «profundidad», *ghay'abah*, evoca el desaparecimiento en las profundidades por su propio sonido, y la palabra que se traduce como «pozo», *yubb*, recuerda al sonido producto de la caída de algo o alguien en un pozo. Es posible encontrar muchos otros ejemplos de esta característica lingüística en el Corán.

10. Vale la pena destacar que Jacob, como Profeta de Dios, nunca se quejó a Dios ni de Dios cuando, aparentemente, perdió a José. Asimismo no gritó ni reprendió a sus hijos, solamente dio a entender que no les había creído. Reaccionó con la máxima serenidad y remitió el asunto a Dios con suma confianza en Él, en Su condición de verdadero Auxiliador de Sus siervos.

Siendo ambos unos Mensajeros que aparecieron en la misma comunidad, las actitudes de Jacob y Moisés son dignas de ser mencionadas. Tal y como se mencionó con anterioridad (7:150), Moisés, al haber recibido las Tablas y haberse enterado que su pueblo había adoptado al becerro como objeto de adoración, regresó con su gente, lleno de ira y tristeza, y les reprendió, diciendo: *«¡Cuán malvado es el camino que habéis seguido después de mi! ¿Acaso habéis descuidado el mandamiento de Dios tan apresuradamente que vais a acelerar vuestra destrucción?»* (7:150). Entonces arrojó al suelo las Tablas, y agarró a su hermano de la cabeza arrastrándole hacia él. La gran diferencia de estas dos actitudes ha de ser buscada en el «infortunio» que cada uno afrontó. Pareció como si el profeta Jacob hubiese perdido a su hijo. Fue Dios Quien le había dado a su hijo como presente y fue Dios Quien se lo llevó. Lo que un padre debe hacer en dicho caso es mostrar la debida paciencia, la cual el profeta Jacob mostró de la mejor de las maneras. Por contra, Moisés se enfrentó a la apostasía tras muchos años durante los cuales los favores de Dios fueron difundidos entre su pueblo y en un momento en que esperaba poder aplicar las leyes de Dios en su comunidad. Por lo tanto, ambos Mensajeros hicieron lo que se esperaba de ellos que hiciesen y nos enseñaron importantes lecciones.

11. Los hijos de Jacob fueron los primeros antepasados de los Hijos de Israel. A pesar de ser hijos de un gran Profeta, como seres humanos, tuvieron algunos rasgos que requerían educación. Sin embargo, debemos señalar que, más tarde, bajo la educación de su padre, fueron capaces de modificar sus rasgos negativos en virtudes.

Dios ha dotado a la humanidad con tres facultades fundamentales: Deseo por el sexo opuesto, la descendencia, el dinero, las ganancias y las comodidades de la vida; la facultad de la ira para protegerse a sí mismos así como finalmente sus valores, y el intelecto. Además, los seres humanos son por naturaleza propensos a fallar, a olvidar, a ser negligentes, inclinados a la disputa, obstinados, egoístas y envidiosos, entre otros rasgos negativos. Al haber sido distinguidos los seres humanos sobre otros seres conscientes, como los ángeles, con el libre albedrío, estos poderes y facultades y estas aparentemente negativas cualidades no han sido restringidas en la Creación. No obstante, para alcanzar la felicidad como ser social, tanto a nivel individual como colectivo, y tanto en este mundo como en el Más Allá, y para alzarse hasta las más elevadas categorías de la humanidad, han de disciplinar estos rasgos según determinados preceptos o canalizarlos para que se conviertan en virtudes. Por ejemplo, la obstinación puede ser canalizada hacia la determinación en lo correcto y en la verdad y la envidia hacia una sana rivalidad en la consecución de las cosas buenas. La felicidad y la perfección de la persona radican en su lucha contra los aspectos negativos de su naturaleza y en restringir dichos aspectos o canalizarlos hacia virtudes adquiriendo distinción con sus buenas cualidades y convirtiéndose en buenos siervos devotos de Dios y miembros al servicio de la sociedad. El último Mensajero de Dios, la paz y las bendiciones sean con él, indicó: «He sido enviado para perfeccionar los patrones y las bellezas del buen carácter» (at-Tabarani, 7:74).

12. Al describir los acontecimientos, el Corán muestra qué clase de personas eran los personajes que estaban involucrados en dicho suceso. Tal y como hemos apreciado en los versículos 19 y 20 el Corán se quejaba acerca de los miembros de la caravana, quienes eran aparentemente personas de extracción baja y sin educación que carecían de discernimiento y no eran conscientes del verdadero valor de las cosas y de las personas. Este versículo muestra, en contraste, la nobleza de la persona que compró a José en Egipto.

13. Las palabras originales *hukm* e *ilm* que se traducen como «recto y buen juicio» y «conocimiento especial» respectivamente, se usan en su forma indefinida. Esto significa que el conocimiento otorgado al profeta José al igual que a otros Profetas es de un tipo característico de los Profetas que no puede ser adquirido a través del estudio. Algunas personas pueden adquirir una parte de ello a través de la purificación de sus pecados y con contacto espiritual con Dios a través de la adoración y la reflexión, tal y como sugiere el versículo, *Así es como recompensamos a aquellos que se dedican a hacer el bien, como si contemplasen a Dios*.

وَرَاوَدَتْهُ الَّتِي هُوَ فِي بَيْتِهَا عَنْ نَفْسِهِ وَغَلَّقَتِ الْاَبْوَابَ
وَقَالَتْ هَيْتَ لَكَ قَالَ مَعَاذَ اللّٰهِ اِنَّهُ رَبّ۪ٓي اَحْسَنَ مَثْوَايَ
اِنَّهُ لَا يُفْلِحُ الظَّالِمُونَ ﴿٢٣﴾ وَلَقَدْ هَمَّتْ بِه۪ وَهَمَّ بِهَا لَوْلَٓا
اَنْ رَاٰ بُرْهَانَ رَبِّه۪ كَذٰلِكَ لِنَصْرِفَ عَنْهُ السُّٓوءَ وَالْفَحْشَٓاءَ
اِنَّهُ مِنْ عِبَادِنَا الْمُخْلَصِينَ ﴿٢٤﴾ وَاسْتَبَقَا الْبَابَ وَقَدَّتْ
قَمِيصَهُ مِنْ دُبُرٍ وَاَلْفَيَا سَيِّدَهَا لَدَا الْبَابِ قَالَتْ
مَا جَزَٓاءُ مَنْ اَرَادَ بِاَهْلِكَ سُٓوءًا اِلَّٓا اَنْ يُسْجَنَ اَوْ عَذَابٌ
اَل۪يمٌ ﴿٢٥﴾ قَالَ هِيَ رَاوَدَتْن۪ي عَنْ نَفْس۪ي وَشَهِدَ شَاهِدٌ
مِنْ اَهْلِهَا اِنْ كَانَ قَم۪يصُهُ قُدَّ مِنْ قُبُلٍ فَصَدَقَتْ وَهُوَ
مِنَ الْكَاذِب۪ينَ ﴿٢٦﴾ وَاِنْ كَانَ قَم۪يصُهُ قُدَّ مِنْ دُبُرٍ فَكَذَبَتْ
وَهُوَ مِنَ الصَّادِق۪ينَ ﴿٢٧﴾ فَلَمَّا رَاٰ قَم۪يصَهُ قُدَّ مِنْ دُبُرٍ قَالَ
اِنَّهُ مِنْ كَيْدِكُنَّ اِنَّ كَيْدَكُنَّ عَظ۪يمٌ ﴿٢٨﴾ يُوسُفُ اَعْرِضْ
عَنْ هٰذَا وَاسْتَغْفِر۪ي لِذَنْبِكِ اِنَّكِ كُنْتِ مِنَ الْخَاطِ۪ينَ ﴿٢٩﴾
وَقَالَ نِسْوَةٌ فِي الْمَد۪ينَةِ امْرَاَتُ الْعَز۪يزِ تُرَاوِدُ فَتٰيهَا
عَنْ نَفْسِه۪ قَدْ شَغَفَهَا حُبًّا اِنَّا لَنَرٰيهَا ف۪ي ضَلَالٍ مُب۪ينٍ ﴿٣٠﴾

23. Y la mujer de la casa en la que vivía quiso disfrutar de él. Echó el cerrojo a las puertas y dijo: «¡Ven, por favor!». Indicó él: «¡Dios me libre! Mi señor (tu marido) me ha dado una buena y honorable acogida. No cabe duda de que los malhechores nunca prosperan».

24. En verdad ella ardía en deseo por él. Y él la habría deseado si no hubiera sido por haber visto ya el argumento y la prueba de su Señor (respecto a la castidad y a la buena conducta, por lo que tan sólo le inquietaba cómo escapar de ella). Lo hicimos de tal manera (le mostramos nuestros argumentos y pruebas) para apartarle del mal y la indecencia. Pues era uno de nuestros siervos dotados de sinceridad y pureza de intención en la fe y en la práctica de Religión[14].

25. Y se precipitaron hacia la puerta y ella desgarró su camisa por detrás y se encontraron en la puerta con su señor (marido). Ella le gritó: «¿Cuál debe ser la recompensa para aquel que ha querido el mal contra tu familia sino la prisión y un castigo doloroso?».

26. Él (José) dijo: «Ella era la que quería disfrutar de mí». Y uno de los presentes, un miembro del hogar dijo: «Si su camisa ha sido desgarrada por delante, ella dice la verdad y él es un mentiroso.

27. Pero si está desgarrada por detrás, ella miente y él dice la verdad».

28. Entonces cuando él (su marido) vio que la camisa estaba desgarrada por detrás (se volvió hacia su mujer) y dijo: «Esto es una astucia de vosotras, mujeres; pues vuestra astucia es enorme».

29. Dijo (a José): «No menciones esto (a nadie)». (A su mujer) dijo: «Pide perdón por tu pecado, en verdad, has cometido un pecado».

30. Las mujeres (que cotilleaban) en la ciudad dijeron: «La mujer del ilustre funcionario ha querido disfrutar de su esclavo. Sin duda alguna, (su deseo por él) ha penetrado en su corazón con amor. Apreciamos que ha perdido totalmente su juicio y se ha extraviado»[15].

14. Cuando Dios excluyó a Satanás de Su Misericordia eternamente, éste le pidió permiso a Dios, para atacar a las personas, pretendiendo que extraviaría a todos exceptuando a los que estén dotados de sinceridad en la fe y practiquen la Religión (15:40; 38:83). Es cierto que el Corán menciona tan solo a los puros y sinceros para los cuales la salvación está garantizada y ésos no son sino los Profetas (37:40, 74, 128). Sin embargo, esto no significa que el resto de la gente se extraviará bajo la influencia de Satanás y perecerá. Lo que significa es que todo el mundo, a excepción de los Profetas, corren el riesgo de ser seducidos por Satanás, por lo cual, tenemos que estar siempre alerta contra la seducción de Satanás y siempre que nos sintamos afectados por él debemos dirigirnos inmediatamente a Dios con arrepentimiento. Los Profetas son, sin embargo, inmaculados y no pueden sufrir la influencia de Satanás. Habiendo vencido a su yo carnal eternamente al emplear siempre su libre albedrío en la dirección correcta, están protegidos por Dios ante cualquier desviación.

Dios ordena la sinceridad, es decir, creer y practicar la Religión sólo por Él. Todo aquello que Dios nos haya ordenado hacer debemos hacerlo porque Dios quiere que lo hagamos y para obtener Su aprobación. Aquellos que actúan de esa manera, que buscan la devoción a Dios imbuidos en una pureza de intenciones y sinceridad son los *mujlis*, los que siempre buscan la sinceridad. En cuanto a los Profetas, ellos son los *mujlas*, aquellos a los que Dios ha favorecido con pureza de intención y sinceridad. Al buscar siempre complacer a Dios y usar su libre albedrío en la dirección que complace a Dios, Dios les ha establecido en el culmen de la sinceridad. El profeta José —la paz sea con él— era uno de esos siervos que el Corán menciona como persona dotada de sinceridad en la fe y en la práctica de la Religión *(mujlas)* y dedicada a hacer el bien como si contemplase a Dios *(muhsin)*.

15. En el idioma árabe, cuando el sujeto es femenino, el verbo a su vez también lo es. Otra regla gramatical es que cualquier nombre que esté en plural es contemplado como femenino. Sin embargo, este versículo, a pesar de que el sujeto —las mujeres— sea femenino y esté en plural, es decir aunque el sujeto esté en forma femenina, el verbo en el texto original está en masculino. Esto significa que cuando existe una gran solidaridad en una comunidad o grupo —aunque sea un grupo de mujeres— ese grupo adquiere poder tradicionalmente albergado por los hombres] [*Lem'alar* («Los Destellos»), pág.161]. Este empleo del verbo significa que existía una fuerte sociedad de mujeres que dominaban la capital de Egipto cuando José se hallaba allí como esclavo.

فَلَمَّا سَمِعَتْ بِمَكْرِهِنَّ اَرْسَلَتْ اِلَيْهِنَّ وَاَعْتَدَتْ لَهُنَّ مُتَّكَاً
وَاٰتَتْ كُلَّ وَاحِدَةٍ مِنْهُنَّ سِكّ۪ينًا وَقَالَتِ اخْرُجْ عَلَيْهِنَّ فَلَمَّا
رَاَيْنَهُ اَكْبَرْنَهُ وَقَطَّعْنَ اَيْدِيَهُنَّ وَقُلْنَ حَاشَ لِلّٰهِ مَا هٰذَا بَشَرًا
اِنْ هٰذَا اِلَّا مَلَكٌ كَر۪يمٌ ﴿٣١﴾ قَالَتْ فَذٰلِكُنَّ الَّذ۪ي لُمْتُنَّن۪ي ف۪يهِ
وَلَقَدْ رَاوَدْتُهُ عَنْ نَفْسِه۪ فَاسْتَعْصَمَ وَلَئِنْ لَمْ يَفْعَلْ مَا اٰمُرُهُ
لَيُسْجَنَنَّ وَلَيَكُونًا مِنَ الصَّاغِر۪ينَ ﴿٣٢﴾ قَالَ رَبِّ السِّجْنُ اَحَبُّ
اِلَيَّ مِمَّا يَدْعُونَن۪ي اِلَيْهِ وَاِلَّا تَصْرِفْ عَنّ۪ي كَيْدَهُنَّ اَصْبُ
اِلَيْهِنَّ وَاَكُنْ مِنَ الْجَاهِل۪ينَ ﴿٣٣﴾ فَاسْتَجَابَ لَهُ رَبُّهُ فَصَرَفَ
عَنْهُ كَيْدَهُنَّ اِنَّهُ هُوَ السَّم۪يعُ الْعَل۪يمُ ﴿٣٤﴾ ثُمَّ بَدَا لَهُمْ مِنْ بَعْدِ
مَا رَاَوُا الْاٰيَاتِ لَيَسْجُنُنَّهُ حَتّٰى ح۪ينٍ ﴿٣٥﴾ وَدَخَلَ مَعَهُ السِّجْنَ
فَتَيَانِ قَالَ اَحَدُهُمَا اِنّ۪ي اَرٰين۪ي اَعْصِرُ خَمْرًا وَقَالَ الْاٰخَرُ اِنّ۪ي
اَرٰين۪ي اَحْمِلُ فَوْقَ رَاْس۪ي خُبْزًا تَاْكُلُ الطَّيْرُ مِنْهُ نَبِّئْنَا بِتَاْو۪يلِه۪
اِنَّا نَرٰيكَ مِنَ الْمُحْسِن۪ينَ ﴿٣٦﴾ قَالَ لَا يَاْت۪يكُمَا طَعَامٌ تُرْزَقَانِه۪ٓ اِلَّا
نَبَّاْتُكُمَا بِتَاْو۪يلِه۪ قَبْلَ اَنْ يَاْتِيَكُمَا ذٰلِكُمَا مِمَّا عَلَّمَن۪ي رَبّ۪ي اِنّ۪ي
تَرَكْتُ مِلَّةَ قَوْمٍ لَا يُؤْمِنُونَ بِاللّٰهِ وَهُمْ بِالْاٰخِرَةِ هُمْ كَافِرُونَ ﴿٣٧﴾

وَاتَّبَعْتُ

31. Cuando ella oyó sus insidiosas murmuraciones, las llamó y les preparó un lugar para reclinarse en un banquete suntuoso. Les dio a cada una de ellas un cuchillo y dijo a (José): «¡Sal ante ellas!». Cuando le vieron, quedaron tan admiradas por él que se cortaron las manos, exclamando: «¡Dios nos libre! Éste no es un mortal, éste no es sino un noble ángel!».

32. Dijo ella: «Éste es aquel por el que me habéis reprobado. Y, de hecho, busqué disfrutar de él, pero mostró resolución en su castidad. Sin embargo, si continúa rechazando lo que le ordeno, será encarcelado y se encontrará entre los humillados».

33. Él, (implorando a Dios) dijo: «¡Señor mío! Prefiero la prisión a lo que ellas me piden, si no apartas su astucia de mí, puede que tienda hacia ellas y me convierta en uno de los ignorantes (que sucumben a dichas tentaciones)»[16].

34. Por lo tanto, su Señor le escuchó y le apartó de su astucia. No cabe duda de que Él es Quien todo lo Oye, Omnisapiente.

35. Se les ocurrió (a los nobles y a su familia), incluso a pesar de haber visto los signos (de la inocencia de José), que debían encarcelarle durante un tiempo.

36. E ingresaron en prisión con él dos jóvenes. Uno de ellos dijo (a José): «Un día soñé que estaba prensando uvas para vino». El otro indicó: «Yo soñé que estaba llevando pan sobre mi cabeza del que comían pájaros». «Infórmanos de su significado. Pues vemos que eres de los dotados con las mejores cualidades».

37. Dijo: «No os llegará la comida que os dan (diariamente) de la cual no os informe previamente. Esto forma parte del conocimiento que mi Señor me ha enseñado. En verdad, he dejado tras de mí la senda de la gente que no tenía fe en Dios (ya que deberían haberla tenido) y que no creen en el Más Allá[17].

16. Estos versículos muestran claramente cómo era la comunidad egipcia. Quedaban vagos y difusos remanentes de la Divina Religión, y los que tenían autoridad hablaban de pecado y de pedir perdón; pero eso ya no era la costumbre. A pesar de que conocían a Dios y tenían cierta creencia en Él, Le atribuían copartícipes. Tal y como sus homólogos actuales en numerosos países, la clase dirigente y la alta sociedad de la capital estaban corruptas. Los hombres se hallaban perdidos en la búsqueda del poder y riquezas, en la preferencia de la reputación por encima de la verdad, en los juicios erróneos, el utilitarismo y el olvido. Mientras que las mujeres se dedicaban al cotilleo, celebraban banquetes, pasatiempos y competían en asuntos mundanos. Disfrutaban del control en sus casas, y sus maridos solo podían reaccionar ante el comportamiento improcedente dando consejo. Las leyes eran ignoradas en favor del interés de la clase dirigente y había injusticia por toda la sociedad.

Fue en dichas circunstancias que el profeta José —la paz sea con él— tuvo éxito en todas las pruebas que le fueron impuestas. A pesar de que era un esclavo de palacio, rechazó la invitación de una mujer noble, rica y bella. Voluntariamente prefirió la cárcel a cometer un pecado. Al final, la clase dirigente tuvo que admitir su inocencia, sabiduría, conocimiento, habilidad de juzgar los asuntos y su cumplimiento de buenos actos.

17. El profeta José —la paz sea con él— como otros Mensajeros de Dios, no perdió la oportunidad de transmitir su mensaje a los que le rodeaban. Nos enseña que debemos emplear todas las oportunidades convenientes para hacer lo mismo.

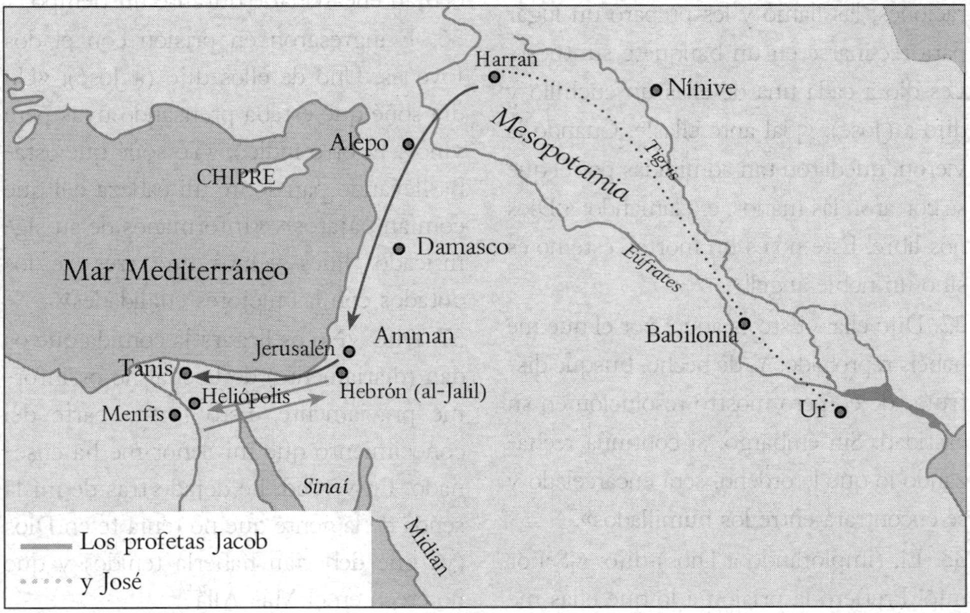

وَاتَّبَعْتُ مِلَّةَ اٰبَٓائ۪ٓي اِبْرٰه۪يمَ وَاِسْحٰقَ وَيَعْقُوبَۜ مَا كَانَ لَنَٓا
اَنْ نُشْرِكَ بِاللّٰهِ مِنْ شَيْءٍۜ ذٰلِكَ مِنْ فَضْلِ اللّٰهِ عَلَيْنَا وَعَلَى
النَّاسِ وَلٰكِنَّ اَكْثَرَ النَّاسِ لَا يَشْكُرُونَ ﴿٣٨﴾ يَا صَاحِبَيِ
السِّجْنِ ءَاَرْبَابٌ مُتَفَرِّقُونَ خَيْرٌ اَمِ اللّٰهُ الْوَاحِدُ الْقَهَّارُ ﴿٣٩﴾
مَا تَعْبُدُونَ مِنْ دُونِه۪ٓ اِلَّٓا اَسْمَٓاءً سَمَّيْتُمُوهَٓا اَنْتُمْ
وَاٰبَٓاؤُكُمْ مَٓا اَنْزَلَ اللّٰهُ بِهَا مِنْ سُلْطَانٍۜ اِنِ الْحُكْمُ اِلَّا لِلّٰهِۜ
اَمَرَ اَلَّا تَعْبُدُٓوا اِلَّٓا اِيَّاهُۜ ذٰلِكَ الدّ۪ينُ الْقَيِّمُ وَلٰكِنَّ اَكْثَرَ
النَّاسِ لَا يَعْلَمُونَ ﴿٤٠﴾ يَا صَاحِبَيِ السِّجْنِ اَمَّٓا اَحَدُكُمَا
فَيَسْق۪ي رَبَّهُ خَمْرًاۚ وَاَمَّا الْاٰخَرُ فَيُصْلَبُ فَتَأْكُلُ الطَّيْرُ
مِنْ رَاْسِه۪ۜ قُضِيَ الْاَمْرُ الَّذ۪ي ف۪يهِ تَسْتَفْتِيَانِۜ ﴿٤١﴾ وَقَالَ
لِلَّذ۪ي ظَنَّ اَنَّهُ نَاجٍ مِنْهُمَا اذْكُرْن۪ي عِنْدَ رَبِّكَۘ فَاَنْسٰيهُ
الشَّيْطَانُ ذِكْرَ رَبِّه۪ فَلَبِثَ فِي السِّجْنِ بِضْعَ سِن۪ينَۜ ﴿٤٢﴾
وَقَالَ الْمَلِكُ اِنّ۪ٓي اَرٰى سَبْعَ بَقَرَاتٍ سِمَانٍ يَأْكُلُهُنَّ سَبْعٌ
عِجَافٌ وَسَبْعَ سُنْبُلَاتٍ خُضْرٍ وَاُخَرَ يَابِسَاتٍۜ يَٓا اَيُّهَا
الْمَلَأُ اَفْتُون۪ي ف۪ي رُءْيَايَ اِنْ كُنْتُمْ لِلرُّءْيَا تَعْبُرُونَ ﴿٤٣﴾

38. He seguido la senda de mis antepasados Abraham, Isaac y Jacob. No debemos asociar nada a Dios. Esto (Sus enseñanzas y Su convocatoria a que creamos en Él sin atribuirle copartícipes) proviene de la gracia y de la generosidad de Dios sobre nosotros y sobre toda la gente. Pero la mayoría de la gente no agradece (a cambio, creyendo firmemente en Su Unidad y adorándole solo a Él).

39. ¡Oh mis dos compañeros de prisión! ¿Acaso es más sensato y mejor muchos diversos señores (a quien atribuirles la creación creyendo en ellos y obedeciéndoles) o Dios, el Único, el Irresistible (con dominio absoluto sobre todo lo que existe)?[18]

40. Lo que adoráis aparte de Él, no son más que nombres que vosotros y vuestros antepasados les habéis inventado. (En el sentido absoluto) el juicio y la autoridad dependen únicamente de Dios. Os ha ordenado que no adoréis a nadie excepto a Él. Esta es la Religión íntegra y verdadera, pero la mayoría de la gente no lo sabe (y actúan con ignorancia).

41. (En cuanto a vuestros sueños,) ¡Oh mis compañeros de prisión! Uno de vosotros ofrecerá de nuevo a su señor (al rey) vino para que beba. En cuanto al otro, será colgado y los pájaros comerán en su cabeza. El asunto que consultabais ya ha sido decidido»[19].

42. Indicó a aquel de los dos que consideraba que iba a salvarse: «Mencióname en presencia de tu señor». Pero Satanás hizo que se le olvidase mencionarle ante su señor y (José) permaneció en prisión durante varios años más.

43. Y el rey[20] dijo un día: «He visto en un sueño a siete vacas gordas siendo devoradas por siete vacas delgadas y siete espigas de grano verdes y otras (siete) secas. «¡Oh cortesanos! Ilustradme sobre mi sueño si sabéis interpretarlos».

18. En cuanto a la Existencia y Unidad de Dios, y la creencia en ambas, véase el Apéndice 8.

19. Los intérpretes del Corán han deducido del versículo que la segunda persona no tuvo un sueño, sino que había mentido. Cuando escuchó el significado de su sueño, admitió que no había tenido un sueño, sino que se lo había inventado. Sin embargo, no le sirvió de nada respecto al resultado. El profeta José —la paz sea con él— dijo: «El asunto que consultabais ya ha sido decidido».

Inventarse o imaginar los sueños no es más que una gran mentira y un grave pecado. Nosotros no soñamos lo que queremos, sino que Dios nos hace soñar, por lo que inventarse los sueños es atribuirle una mentira a Dios. Cuando alguien con conocimiento exacto sobre el significado de los sueños interpreta uno —especialmente si esa persona es un Profeta o alguien cercano a Dios aunque no sea un Profeta— se espera que dicho sueño se haga realidad. Por lo que tenemos que relatar nuestros sueños a aquellos que tienen conocimiento exacto de su significado y no debemos revelar nuestros sueños «malignos». El Mensajero de Dios —la paz y las bendiciones sean con él— nos advierte que cuando tengamos un mal sueño, pidamos a Dios que nos salve de cualquier mal que nos vaya a ocurrir y que concedamos algo en caridad.

20. Este rey lo más probable es que perteneciese a la Dinastía de los Hicsos, dinastía que reinó en Egipto desde el 1.700 a.C al 1.550 a. C. Eran árabes del noroeste o una mezcla árabe-asiática que irrumpieron en Egipto entre el 1.720 y el 1.710 a. C. y sometieron al Reino Medio de Egipto. Designaron como capital la ciudad de Avaris-Tanis situada en el delta del Nilo, en lugar de la capital de Egipto, Tebas. Bajo su hegemonía, que perduró durante un siglo, establecieron un poderoso reino que incluía Siria y Palestina, y mantuvieron la paz y la prosperidad en sus territorios, a lo cual el profeta José contribuyó en gran medida. Introdujeron los carros tirados por caballos y el arco compuesto. Sus triunfantes conquistas fueron promovidas por el empleo a su vez de un tipo de fortificación rectangular de tierra arcillosa empleada como fortaleza. Los arqueólogos, han descubierto restos arqueológicos pertenecientes a estas fortalezas en Jericó, Shechem y Lachish. Los hicsos fueron derrotados por Amasis I en la Batalla de Tanis en 1.550 a. C.

قَالُوا اَضْغَاثُ اَحْلَامٍ وَمَا نَحْنُ بِتَاْوِيلِ الْاَحْلَامِ بِعَالِمِينَ ﴿٤٤﴾
وَقَالَ الَّذِى نَجَا مِنْهُمَا وَادَّكَرَ بَعْدَ اُمَّةٍ اَنَا اُنَبِّئُكُمْ بِتَاْوِيلِهِ
فَاَرْسِلُونِ ﴿٤٥﴾ يُوسُفُ اَيُّهَا الصِّدِّيقُ اَفْتِنَا فِى سَبْعِ بَقَرَاتٍ
سِمَانٍ يَاْكُلُهُنَّ سَبْعٌ عِجَافٌ وَسَبْعِ سُنْبُلَاتٍ خُضْرٍ وَاُخَرَ
يَابِسَاتٍ لَعَلّى اَرْجِعُ اِلَى النَّاسِ لَعَلَّهُمْ يَعْلَمُونَ ﴿٤٦﴾ قَالَ
تَزْرَعُونَ سَبْعَ سِنِينَ دَاَبًا فَمَا حَصَدْتُمْ فَذَرُوهُ فِى سُنْبُلِهِ اِلَّا
قَلِيلًا مِمَّا تَاْكُلُونَ ﴿٤٧﴾ ثُمَّ يَاْتِى مِنْ بَعْدِ ذٰلِكَ سَبْعٌ شِدَادٌ يَاْكُلْنَ
مَا قَدَّمْتُمْ لَهُنَّ اِلَّا قَلِيلًا مِمَّا تُحْصِنُونَ ﴿٤٨﴾ ثُمَّ يَاْتِى مِنْ بَعْدِ
ذٰلِكَ عَامٌ فِيهِ يُغَاثُ النَّاسُ وَفِيهِ يَعْصِرُونَ ﴿٤٩﴾ وَقَالَ الْمَلِكُ
ائْتُونِى بِهِ فَلَمَّا جَاءَهُ الرَّسُولُ قَالَ ارْجِعْ اِلٰى رَبِّكَ فَسْـَٔلْهُ
مَا بَالُ النِّسْوَةِ الّٰتِى قَطَّعْنَ اَيْدِيَهُنَّ اِنَّ رَبّى بِكَيْدِهِنَّ عَلِيمٌ ﴿٥٠﴾
قَالَ مَا خَطْبُكُنَّ اِذْ رَاوَدْتُنَّ يُوسُفَ عَنْ نَفْسِهِ قُلْنَ حَاشَ لِلّٰهِ
مَا عَلِمْنَا عَلَيْهِ مِنْ سُوءٍ قَالَتِ امْرَاَتُ الْعَزِيزِ الْـٰٔنَ حَصْحَصَ
الْحَقُّ اَنَا رَاوَدْتُهُ عَنْ نَفْسِهِ وَاِنَّهُ لَمِنَ الصَّادِقِينَ ﴿٥١﴾ ذٰلِكَ لِيَعْلَمَ
اَنّى لَمْ اَخُنْهُ بِالْغَيْبِ وَاَنَّ اللّٰهَ لَا يَهْدى كَيْدَ الْخَائِنِينَ ﴿٥٢﴾

وَمَا اُبَرِّئُ

44. Dijeron: «Mezcolanzas de imágenes de sueños. Y nosotros no somos entendidos en la interpretación de las imágenes de sueños».

45. Después de todo ese tiempo, de los dos prisioneros, aquel que había sido liberado se acordó (acerca de lo que José le dijo que mencionase) y dijo: «Os informaré de su significado. Así pues dejadme marchar».

46. (Fue a ver a José a la prisión y dijo): «¡José, oh hombre veraz! Ilústranos sobre siete vacas gordas devoradas por siete flacas y siete espigas verdes y otras (siete) secas[21], para que pueda así regresar con la gente (de la corte). Y tal vez así (después de que les diga tu interpretación de los sueños) se enteren (qué clase de hombre eres y qué tipo de injusticia han cometido contigo)».

47. Dijo: «Sembraréis durante siete años como de costumbre, pero lo que hayáis cosechado dejadlo en la espiga a excepción de una pequeña parte que comeréis.

48. A continuación, sucederán otros siete años duros, que consumirán lo que habéis almacenado para ellos salvo un poco que mantendréis almacenado (para ser usado como simiente).

49. Luego, vendrá un año en que la gente será aliviada (con abundancia en lugar de carestía) y en el cual prensarán (fruta para beber, aceite y leche de su ganado)».

50. (Informado del significado de su sueño), el rey dijo: «¡Traédmelo a mí!». Cuando el mensajero (del rey) llegó ante él, José dijo: «Regresa con tu señor y pregúntale que averigüe los hechos del caso en que las mujeres se hicieron cortes en las manos. Sin duda alguna mi Señor posee pleno conocimiento de su astucia (y de mi inocencia)».

51. (El rey reunió a las mujeres ante él y dijo): «¿Qué ocurrió (entre vosotras y José) cuando buscasteis disfrutar de él?». Dijeron: «¡Dios nos libre! No sabemos que haya hecho nada malo». Y la mujer del ministro dijo: «Ahora la verdad ha salido a la luz. Fui yo la que buscó disfrutar de él. Él sin duda es veraz (en lo que dice y ha sido sincero con su señor)».

52. (José fue informado de la declaración de las mujeres y su declaración de inocencia, y explicó por qué había pedido las averiguaciones:) «Esto fue para que supiera (mi anterior señor) que yo no le he traicionado en su ausencia y que Dios nunca guía la intriga de los traidores (hacia el éxito).

21. Los sueños han de ser narrados tal y como acontecieron, y las palabras empleadas para ser narrados son de gran importancia respecto a su significado e interpretación. Por esa razón, el Corán menciona el sueño del Rey con las mismas palabras y en dos lugares diferentes en boca del rey y de su copero.

وَمَٓا اُبَرِّئُ نَفْسٖيۚ اِنَّ النَّفْسَ لَاَمَّارَةٌ بِالسُّٓوءِ اِلَّا مَا رَحِمَ رَبّٖيۜ
اِنَّ رَبّٖي غَفُورٌ رَحٖيمٌ ﴿٥٣﴾ وَقَالَ الْمَلِكُ ائْتُونٖي بِهٖٓ اَسْتَخْلِصْهُ
لِنَفْسٖيۚ فَلَمَّا كَلَّمَهُ قَالَ اِنَّكَ الْيَوْمَ لَدَيْنَا مَكٖينٌ اَمٖينٌ ﴿٥٤﴾ قَالَ
اجْعَلْنٖي عَلٰى خَزَٓائِنِ الْاَرْضِۚ اِنّٖي حَفٖيظٌ عَلٖيمٌ ﴿٥٥﴾ وَكَذٰلِكَ
مَكَّنَّا لِيُوسُفَ فِي الْاَرْضِۚ يَتَبَوَّاُ مِنْهَا حَيْثُ يَشَٓاءُۜ نُصٖيبُ
بِرَحْمَتِنَا مَنْ نَشَٓاءُ وَلَا نُضٖيعُ اَجْرَ الْمُحْسِنٖينَ ﴿٥٦﴾ وَلَاَجْرُ
الْاٰخِرَةِ خَيْرٌ لِلَّذٖينَ اٰمَنُوا وَكَانُوا يَتَّقُونَ ﴿٥٧﴾ وَجَٓاءَ اِخْوَةُ
يُوسُفَ فَدَخَلُوا عَلَيْهِ فَعَرَفَهُمْ وَهُمْ لَهُ مُنْكِرُونَ ﴿٥٨﴾ وَلَمَّا
جَهَّزَهُمْ بِجَهَازِهِمْ قَالَ ائْتُونٖي بِاَخٍ لَكُمْ مِنْ اَبٖيكُمْۚ اَلَا
تَرَوْنَ اَنّٖٓي اُوفِي الْكَيْلَ وَاَنَا خَيْرُ الْمُنْزِلٖينَ ﴿٥٩﴾ فَاِنْ لَمْ تَأْتُونٖي
بِهٖ فَلَا كَيْلَ لَكُمْ عِنْدٖي وَلَا تَقْرَبُونِ ﴿٦٠﴾ قَالُوا سَنُرَاوِدُ
عَنْهُ اَبَاهُ وَاِنَّا لَفَاعِلُونَ ﴿٦١﴾ وَقَالَ لِفِتْيَانِهِ اجْعَلُوا بِضَاعَتَهُمْ
فٖي رِحَالِهِمْ لَعَلَّهُمْ يَعْرِفُونَهَٓا اِذَا انْقَلَبُٓوا اِلٰٓى اَهْلِهِمْ لَعَلَّهُمْ
يَرْجِعُونَ ﴿٦٢﴾ فَلَمَّا رَجَعُٓوا اِلٰٓى اَبٖيهِمْ قَالُوا يَٓا اَبَانَا مُنِعَ
مِنَّا الْكَيْلُ فَاَرْسِلْ مَعَنَٓا اَخَانَا نَكْتَلْ وَاِنَّا لَهُ لَحَافِظُونَ ﴿٦٣﴾

53. Yo no pretendo estar libre de error, pues sin duda alguna el alma humana siempre ordena el mal, salvo que mi Señor tenga misericordia, (lo cual nos salva de cometer actos malvados). No cabe duda de que mi Señor es Indulgente y Compasivo (especialmente hacia Sus siervos creyentes)»[22].

54. El rey dijo: «Traédmelo para que pueda nombrarlo (como mi consejero personal)». Y cuando conversó con él, dijo: «Desde este día ocuparás entre nosotros una posición de gran categoría, establecida y de confianza».

55. Dijo (José): «Destíname al frente de los depósitos del país pues soy un buen custodio con conocimiento»[23].

56. Y así establecimos a José en el país (Egipto) con autoridad. Fue plenamente aceptado ahí, y capaz de llevar a cabo su autoridad en todo lugar que él quisiese. Hacemos objeto de Nuestra misericordia a quien Nuestra Voluntad dicta. No dejamos que se eche a perder la recompensa de aquellos que se dedican a hacer el bien, como si contemplasen a Dios.

57. Con todo, la recompensa del Más Allá es sin duda mejor para aquellos que creen y se apartan de la desobediencia de Dios en veneración a Él y piedad.

58. Y (tras algunos años) los hermanos de José vinieron a Egipto y se presentaron ante él. Él les reconoció (inmediatamente), pero ellos no le reconocieron.

59. Cuando les hubo suministrado sus provisiones dijo: «Traedme (cuando volváis la próxima vez) ese hermano (hermanastro) vuestro por parte de padre. ¿No veis que doy la medida justa y que soy el mejor de los anfitriones?

60. Mas si no me lo traéis a mí, ya no tendré ninguna medida de provisiones para daros, ni se os permitirá más acercaros a mí».

61. Dijeron: «Intentaremos ganárnoslo de su padre, sin duda nos esforzaremos al máximo».

62. (José) dijo a sus siervos: «Poned sus mercancías (con las que han trocado) en sus alforjas de nuevo, para que puedan encontrarlas cuando regresen a su hogar y así van a (estar más ansiosos por) regresar».

63. Y de este modo, cuando regresaron con su padre dijeron: «¡Padre nuestro! Se nos negará cualquier medida (de provisiones a no ser que llevemos a nuestro hermano). Envía, pues, con nosotros a nuestro hermano y así obtendremos la medida. No cabe duda de que cuidaremos bien de él».

22. Estas palabras muestran la profunda devoción de un Profeta hacia Dios Todopoderoso y su declaración de que no es posible que una persona encuentre el camino recto y sea firme en el mismo sin el auxilio especial de Dios. Estas palabras del profeta José, la paz sea con él, se pueden considerar junto a las del Último Mensajero: «Nadie entrará en el Paraíso en virtud de sus propias acciones; ni siquiera yo. Sin embargo, mi Señor me ha abrazado con Su misericordia (al-Bujari, «Riqaq», 18).

23. El profeta José —la paz sea con él— nos enseña importantes lecciones. Tenía un ideal elevado, el cual era transmitir el mensaje eterno de Dios a la gente dondequiera que esté. Tuvo la oportunidad de transmitirlo a sus compañeros de prisión después de que se diesen cuenta de la perfección con la que estaba dotado. Así, para transmitírselo al resto de la gente en primer lugar quiso que su inocencia y carácter fidedigno fuesen abiertamente reconocidos por ellos. En segundo lugar, solicitó un puesto en el que poseía el mejor y más experto conocimiento. En tercer lugar, no pidió el puesto para sí o para obtener ventajas mundanas, sino para poder transmitir su mensaje de la mejor manera posible. Inocencia, virtud, desear lo mejor para todos, hacer el bien, carácter fidedigno, veracidad y conocimiento especial son todos fundamentos de la Misión Profética. Aquellos que están en posición de transmitir el mensaje de Dios en cualquier época y lugar deben intentar dotarse a sí mismos con estas características tanto como sea posible.

قَالَ هَلْ اٰمَنُكُمْ عَلَيْهِ اِلَّا كَمَا اَمِنْتُكُمْ عَلٰى اَخِيهِ
مِنْ قَبْلُ فَاللّٰهُ خَيْرٌ حَافِظًا وَهُوَ اَرْحَمُ الرَّاحِمِينَ ﴿٦٤﴾ وَلَمَّا
فَتَحُوا مَتَاعَهُمْ وَجَدُوا بِضَاعَتَهُمْ رُدَّتْ اِلَيْهِمْ قَالُوا
يَا اَبَانَا مَا نَبْغِي هٰذِهِ بِضَاعَتُنَا رُدَّتْ اِلَيْنَا وَنَمِيرُ اَهْلَنَا
وَنَحْفَظُ اَخَانَا وَنَزْدَادُ كَيْلَ بَعِيرٍ ذٰلِكَ كَيْلٌ يَسِيرٌ ﴿٦٥﴾
قَالَ لَنْ اُرْسِلَهُ مَعَكُمْ حَتّٰى تُؤْتُونِ مَوْثِقًا مِنَ اللّٰهِ لَتَأْتُنَّنِي
بِهِ اِلَّا اَنْ يُحَاطَ بِكُمْ فَلَمَّا اٰتَوْهُ مَوْثِقَهُمْ قَالَ اللّٰهُ
عَلٰى مَا نَقُولُ وَكِيلٌ ﴿٦٦﴾ وَقَالَ يَا بَنِيَّ لَا تَدْخُلُوا مِنْ بَابٍ وَاحِدٍ
وَادْخُلُوا مِنْ اَبْوَابٍ مُتَفَرِّقَةٍ وَمَا اُغْنِي عَنْكُمْ مِنَ اللّٰهِ
مِنْ شَيْءٍ اِنِ الْحُكْمُ اِلَّا لِلّٰهِ عَلَيْهِ تَوَكَّلْتُ وَعَلَيْهِ فَلْيَتَوَكَّلِ
الْمُتَوَكِّلُونَ ﴿٦٧﴾ وَلَمَّا دَخَلُوا مِنْ حَيْثُ اَمَرَهُمْ اَبُوهُمْ
مَا كَانَ يُغْنِي عَنْهُمْ مِنَ اللّٰهِ مِنْ شَيْءٍ اِلَّا حَاجَةً فِي نَفْسِ
يَعْقُوبَ قَضٰيهَا وَاِنَّهُ لَذُو عِلْمٍ لِمَا عَلَّمْنَاهُ وَلٰكِنَّ اَكْثَرَ
النَّاسِ لَا يَعْلَمُونَ ﴿٦٨﴾ وَلَمَّا دَخَلُوا عَلٰى يُوسُفَ اٰوٰى اِلَيْهِ
اَخَاهُ قَالَ اِنِّي اَنَا اَخُوكَ فَلَا تَبْتَئِسْ بِمَا كَانُوا يَعْمَلُونَ ﴿٦٩﴾

فَلَمَّا

64. Dijo: «¿Acaso he de confiároslo a vosotros al igual que os confié a su hermano antes? No obstante, Dios es el Mejor como protector y es el Más Misericordioso de los misericordiosos».

65. Entonces, cuando deshicieron su equipaje, encontraron que su mercancía les había sido devuelta. «Padre», dijeron, «¿que más podríamos desear? He aquí que se nos ha devuelto nuestra mercancía. ¡Por lo tanto podremos de nuevo conseguir provisiones para nuestra familia! Cuidaremos a nuestro hermano y (estando con nosotros), tendremos una carga de camello adicional. Será una ganancia fácil».

66. Él dijo: «Jamás lo enviaré con vosotros a no ser que os comprometáis en el Nombre de Dios a que lo traeréis de vuelta, a no ser que (de un modo insuperable) estéis incapacitados». Así pues, cuando se hubieron comprometido, dijo: «Dios es testigo y vigilante de todo cuanto decimos (y sólo en Él podemos confiar para cumplir nuestros compromisos)».

67. Dijo (a modo de sugerencia cuando estaban a punto de marcharse): «¡Hijos míos, no entréis en la ciudad por una sola puerta (de una vez), sino entrad por diferentes puertas. Aunque no os serviré de nada a vosotros contra lo que la Voluntad de Dios dicte. El juicio y la autoridad, pertenecen solamente a Dios. En Él he puesto mi confianza y todo aquel que habría de confiar debería depositar su confianza en Él».

68. Entraron en la ciudad del modo en que su padre les ordenó aunque esto no les haya servido de nada a ellos contra lo que la Voluntad de Dios ha dictado. No fue sino una necesidad en el alma de Jacob la cual así satisfizo. Pues poseía conocimiento porque se lo habíamos enseñado, pero la mayoría de la gente no sabe (ni actúa de acuerdo al conocimiento proveniente de Dios)[24].

69. Y cuando se presentaron ante José, dio la bienvenida a su hermano, y (tras llevarle aparte) dijo: «En verdad, soy yo, tu hermano, así que no te aflijas por lo que hicieron».

24. No sabemos lo que el Destino nos depara, por lo que debemos actuar según las condiciones aparentes. Si actuamos según las Reglas Divinas, habremos actuado de acuerdo al Destino.

Los hijos de Jacob eran fornidos y tenían buen aspecto. Al entrar en la capital juntos, habían atraído la atención de la gente y del gobierno, por lo que habrían sido expuestos a algún daño. Por esa razón, Jacob aconsejó que entrasen a la ciudad por puertas diferentes para no llamar la atención sobre sí mismos. Esto era lo que tenía que hacer por precaución. Sin embargo, para recordarnos la soberanía absoluta de Dios y el hecho absoluto de que si Él quiere algo, la gente no puede evitar que ocurra, Dios hace hincapié en el dominio de Su Voluntad para hacer ver que aprobó la actitud de Jacob. En su condición de Mensajero de Dios, Jacob, la paz sea con él, era consciente de la relación entre el libre albedrío humano y los actos deseados y la absoluta soberanía de Dios y el Destino.

فَلَمَّا جَهَّزَهُمْ بِجَهَازِهِمْ جَعَلَ السِّقَايَةَ فِى رَحْلِ اَخِيهِ
ثُمَّ اَذَّنَ مُؤَذِّنٌ اَيَّتُهَا الْعِيرُ اِنَّكُمْ لَسَارِقُونَ ﴿٧٠﴾ قَالُوا
وَاَقْبَلُوا عَلَيْهِمْ مَاذَا تَفْقِدُونَ ﴿٧١﴾ قَالُوا نَفْقِدُ صُوَاعَ
الْمَلِكِ وَلِمَنْ جَاءَ بِهِ حِمْلُ بَعِيرٍ وَاَنَا بِهِ زَعِيمٌ ﴿٧٢﴾
قَالُوا تَاللّٰهِ لَقَدْ عَلِمْتُمْ مَا جِئْنَا لِنُفْسِدَ فِى الْاَرْضِ
وَمَا كُنَّا سَارِقِينَ ﴿٧٣﴾ قَالُوا فَمَا جَزَاؤُهُ اِنْ كُنْتُمْ كَاذِبِينَ ﴿٧٤﴾
قَالُوا جَزَاؤُهُ مَنْ وُجِدَ فِى رَحْلِهِ فَهُوَ جَزَاؤُهُ كَذٰلِكَ
نَجْزِى الظَّالِمِينَ ﴿٧٥﴾ فَبَدَاَ بِاَوْعِيَتِهِمْ قَبْلَ وِعَاءِ اَخِيهِ
ثُمَّ اسْتَخْرَجَهَا مِنْ وِعَاءِ اَخِيهِ كَذٰلِكَ كِدْنَا لِيُوسُفَ
مَا كَانَ لِيَأْخُذَ اَخَاهُ فِى دِينِ الْمَلِكِ اِلَّا اَنْ يَشَاءَ اللّٰهُ
نَرْفَعُ دَرَجَاتٍ مَنْ نَشَاءُ وَفَوْقَ كُلِّ ذِى عِلْمٍ عَلِيمٌ ﴿٧٦﴾
قَالُوا اِنْ يَسْرِقْ فَقَدْ سَرَقَ اَخٌ لَهُ مِنْ قَبْلُ فَاَسَرَّهَا يُوسُفُ
فِى نَفْسِهِ وَلَمْ يُبْدِهَا لَهُمْ قَالَ اَنْتُمْ شَرٌّ مَكَانًا وَاللّٰهُ اَعْلَمُ
بِمَا تَصِفُونَ ﴿٧٧﴾ قَالُوا يَا اَيُّهَا الْعَزِيزُ اِنَّ لَهُ اَبًا شَيْخًا
كَبِيرًا فَخُذْ اَحَدَنَا مَكَانَهُ اِنَّا نَرٰيكَ مِنَ الْمُحْسِنِينَ ﴿٧٨﴾

70. Más tarde, cuando les hubo suministrado sus provisiones, puso la copa (que le pertenecía) en la alforja de su hermano (como regalo). Entonces, (cuando ya habían salido de vuelta) un heraldo llamó: «¡Oh vosotros, gente de la caravana! ¡Sin duda sois unos ladrones!».

71. Dijeron, volviéndose hacia ellos (el heraldo y sus asistentes): «¿Qué es lo que echáis en falta?».

72. Ellos dijeron: «Echamos en falta la copa del rey y el que la traiga recibirá una carga de camello (como recompensa)». (Y el heraldo añadió): «Me he comprometido a recobrarla».

73. Dijeron (los hermanos): «¡Por Dios! Sin duda alguna, sabes que no hemos venido a provocar el desorden y la corrupción en esta tierra y que nunca hemos sido ladrones».

74. Dijeron: «¿Cuál, pues, será el castigo si sois mentirosos?».

75. Dijeron: «El castigo por ello es: (la libertad de) aquel en cuya alforja se encuentre (la copa) será su castigo. Así es como recompensamos a los malhechores (que roban)».

76. (Así pues fueron llevados ante José para ser registrados.) Empezó con sus fardos antes que el de su hermano. Luego, sacó la copa del fardo de su hermano. De esa manera, fraguamos un plan para José. Bajo la ley del rey, no podría haber retenido a su hermano, si no lo hubiese querido Dios. Elevamos el rango de quien Nosotros queremos. Por encima de todo aquel que posee conocimiento, hay (siempre) alguien más entendido (hasta llegar a Dios, Quien es el Omnisciente)[25/26].

77. Dijeron (los otros hermanos): «Si ha robado, un hermano suyo robó antes». Pero José (soportó esa falsa acusación en silencio y la) mantuvo en secreto en su alma y no se lo reveló. Dijo (a sí mismo): «Os encontráis en una mala situación (en este momento, y así decís). Dios posee pleno conocimiento (de la verdad) de lo que alegáis».

78. Dijeron: «¡Oh dignatario! Tiene un padre anciano, así que toma a uno de nosotros en su lugar. Vemos que eres de aquellos devotos de una bondad desinteresada».

25. Este versículo contiene las siguientes lecciones:

- Los musulmanes no deben causar corrupción ni disturbios allá donde estén, especialmente cuando se les da alojamiento.
- La palabra original empleada para el término «ley» en la frase «bajo la ley del rey» es *din*: religión. Eso significa que *din* («religión» en el Islam), incluye las leyes que ordenan los asuntos mundanos de las personas.

- Nadie puede pretender tener la última palabra en asuntos de los que no tiene conocimiento absoluto y veraz y siempre ha de considerar que haya alguien con más conocimiento que él. Hay grados de conocimiento que llegan hasta el Conocimiento abarcador de Dios. El conocimiento del Profeta está basado en el Conocimiento y la enseñanza de Dios.
- Al indicar: *Por encima de todo aquel que posee conocimiento, hay (siempre) alguien más entendido* en lugar de «Por encima de todo erudito», el versículo diferencia entre aquellos que tienen alguna noción de conocimiento y aquellos que son eruditos o están versados en conocimiento. Toda esta diferencia se asemeja a la diferencia entre un individuo que enseña ciencia en una escuela y un científico. Bediüzzaman Said Nursi indicó: «Cualquier porción del conocimiento que no ha sido totalmente digerida no debe ser enseñada. Un erudito verdadero y que guía actúa como una oveja, no como un pájaro. La oveja alimenta a sus corderos con su leche, una sustancia totalmente digerida y procesada, mientras que el pájaro alimenta a sus polluelos con lo que ha medio masticado y regurgitado» [*Sözler*, («Las Palabras»), pág.658].

26. Diferentes comentarios han sido hechos sobre el plan mencionado en este versículo. El aspecto esencial del asunto debe ser como sigue a continuación:

El profeta José, la paz sea con él, que disfrutaba de autoridad plena concedida por el rey, introdujo la copa en la alforja de su hermano como regalo, una copa que todo el mundo sabía que pertenecía al rey, y que José mismo utilizaba o que podía haberle sido otorgada como regalo,. Los cortesanos se dieron cuenta de que la copa había desaparecido y, al no haberla encontrado a pesar de haberla buscado, prometieron una carga de grano a quien la encontrase. Al no haber sido encontrada en la corte, los que salieron para buscarla con esperanzas de recibir la recompensa prometida, empezaron a sospechar de las caravanas que habían venido a comprar grano.

Cuando las alforjas de los hijos de Jacob fueron registradas, la copa fue encontrada en la alforja del hermano de José. Tal y como explícitamente se menciona en el versículo 76, esto fue lo que Dios dispuso, no José, para que José pudiese retener a su hermano consigo. A pesar de que José sabía que su hermano había sido inocente, el resultado fue a favor de ambos hermanos y serviría a su causa. El hermano de José tuvo que soportar la acusación tan sólo durante un corto período, del mismo modo que José había soportado una gran calumnia y la prisión durante largo tiempo.

El destino siempre desea el bien para los creyentes. En la senda del bien o del resultado deseado que Dios ha ordenado para ellos, Dios puede someter a los creyentes a las piedras del destino por las transgresiones que hayan cometido. Dichas piedras hacen que sus transgresiones sean olvidadas si se arrepienten y piden perdón a Dios. Los hermanos de José pagaron por el mal que habían cometido en la persona de José siendo acusados de robo y teniendo que abandonar a su hermano en Egipto a pesar del compromiso que tenían con su padre. El siguiente versículo (77) muestra que seguían albergando sentimientos negativos respecto a José, demostrando que merecían una piedra del destino. Sin embargo, al final, todo se tornó en aspectos positivos y buenos para ellos, porque esto les hizo contemplar la verdad, comprender la razón por la cual su padre estaba más preocupado por José así como someterse al juicio de Dios para ellos y para su hermano José, permitiendo que su pecado fuese perdonado. Posteriormente se establecerían en Egipto, ocupando importantes puestos (5:20) y la Religión de Dios prevalecería en dicho lugar durante un tiempo. Fueron Jacob y José —la paz sea con ellos— los que tuvieron que soportar mayores sufrimientos en toda esta historia ya que fueron Mensajeros de Dios encargados de una noble misión.

قَالَ مَعَاذَ اللّٰهِ اَنْ نَأْخُذَ اِلَّا مَنْ وَجَدْنَا مَتَاعَنَا عِنْدَهُٓ اِنَّٓا
اِذًا لَظَالِمُونَ ﴿٧٩﴾ فَلَمَّا اسْتَيْـَٔسُوا مِنْهُ خَلَصُوا نَجِيًّا قَالَ
كَبِيرُهُمْ اَلَمْ تَعْلَمُوٓا اَنَّ اَبَاكُمْ قَدْ اَخَذَ عَلَيْكُمْ مَوْثِقًا
مِنَ اللّٰهِ وَمِنْ قَبْلُ مَا فَرَّطْتُمْ فٖى يُوسُفَ فَلَنْ اَبْرَحَ
الْاَرْضَ حَتّٰى يَأْذَنَ لٖٓى اَبٖٓى اَوْ يَحْكُمَ اللّٰهُ لٖى وَهُوَ
خَيْرُ الْحَاكِمٖينَ ﴿٨٠﴾ اِرْجِعُوٓا اِلٰٓى اَبٖيكُمْ فَقُولُوا يَٓا اَبَانَٓا
اِنَّ ابْنَكَ سَرَقَ وَمَا شَهِدْنَٓا اِلَّا بِمَا عَلِمْنَا وَمَا كُنَّا لِلْغَيْبِ
حَافِظٖينَ ﴿٨١﴾ وَسْـَٔلِ الْقَرْيَةَ الَّتٖى كُنَّا فٖيهَا وَالْعٖيرَ الَّتٖٓى
اَقْبَلْنَا فٖيهَا وَاِنَّا لَصَادِقُونَ ﴿٨٢﴾ قَالَ بَلْ سَوَّلَتْ لَكُمْ
اَنْفُسُكُمْ اَمْرًا فَصَبْرٌ جَمٖيلٌ عَسَى اللّٰهُ اَنْ يَأْتِيَنٖى بِهِمْ
جَمٖيعًا اِنَّهُ هُوَ الْعَلٖيمُ الْحَكٖيمُ ﴿٨٣﴾ وَتَوَلّٰى عَنْهُمْ وَقَالَ
يَٓا اَسَفٰى عَلٰى يُوسُفَ وَابْيَضَّتْ عَيْنَاهُ مِنَ الْحُزْنِ فَهُوَ
كَظٖيمٌ ﴿٨٤﴾ قَالُوا تَاللّٰهِ تَفْتَؤُا تَذْكُرُ يُوسُفَ حَتّٰى تَكُونَ
حَرَضًا اَوْ تَكُونَ مِنَ الْهَالِكٖينَ ﴿٨٥﴾ قَالَ اِنَّمَٓا اَشْكُوا
بَثّٖى وَحُزْنٖٓى اِلَى اللّٰهِ وَاَعْلَمُ مِنَ اللّٰهِ مَا لَا تَعْلَمُونَ ﴿٨٦﴾

يَا بَنِيَّ

79. Dijo: «Que Dios nos libre de tomar a otro distinto que aquel con quien hemos encontrado nuestra mercancía. (Si lo hiciésemos de otra manera,) entonces sin duda seríamos (también) de los malhechores».

80. Entonces, cuando perdieron la esperanza (de que José les entregase a él), se retiraron para consultarse entre sí. El mayor de ellos dijo: «¿Habéis olvidado cómo vuestro padre tomó un solemne compromiso de vosotros en el Nombre de Dios y cómo, antes de ello, fracasasteis respecto a José? Nunca saldré de esta tierra hasta que mi padre me lo permita o hasta que Dios me juzgue (acabando con mi vida o permitiéndome recuperar a mi hermano). Y Él es el Mejor de los jueces».

81. Regresad con vuestro padre y decid: «¡Padre nuestro! Tu hijo ha robado. No atestiguamos (nada) más que lo que sabemos, y no somos guardianes de Lo Oculto[27].

82. Indaga en la ciudad en la que nos hallábamos y en la caravana en la cual hemos venido acá. Sin duda alguna decimos la verdad».

83. (Cuando regresaron con su padre y le comunicaron todo aquello) dijo: «¡No! En lugar de eso, vuestras almas (que os ordenan el mal) os han tentado a hacer algo. (El recurso apropiado para mí, de nuevo) es ser paciente (con una paciencia que soporta sin queja). Tal vez Dios me los devuelva a todos juntos[28]. Es el Omnisciente, el Omnisapiente».

84. Y se alejó de ellos y dijo: «¡Ay de mí, cuan apenado me hallo por José!» Y sus ojos se nublaron de pena. Y refrenaba (cualquier resentimiento contra sus otros hijos sin mostrárselo a ellos)[29].

85. Dijeron: «¡Por Dios! ¡Hasta que te consumas o perezcas no cesarás en tu empeño de mencionar a José!».

86. Dijo: «Sólo revelo mi angustia y mi pena a Dios[30] y yo sé por Dios lo que vosotros no sabéis».

27. Es decir: Sólo juzgamos de acuerdo a lo que vemos, no podíamos haber sabido lo que iba a ocurrir cuando os hemos prometido que íbamos a protegerle y no proclamamos nada de lo que no hayamos sido testigos.

28. En su condición de Mensajero de Dios con profunda perspicacia y sagacidad, el profeta Jacob —la paz sea con él— sintió que se daba un Misterio Divino en todo lo que ocurrió y que los acontecimientos se encaminaban a un buen final. Cuando los acontecimientos comienzan a empeorar, eso significa para los creyentes que creen en Dios sin desviación alguna y con intenciones puras, que el final feliz se acerca. El fin último de la oscuridad es la luz del alba.

29. Lo que el profeta Jacob sintió profundamente por su hijo José era afecto paterno. El afecto es intenso, puro y sublime. Permite que manifestemos el Divino Nombre del Compasivo. Es tan abarcador el cariño de la gente por sus propios hijos que les hace sentir cierto afecto por todos los hijos y criaturas vivas. Pueden convertirse en espejos abarcadores en los que el Divino Nombre del Compasivo se manifiesta.

Asimismo, el afecto es un sentimiento sincero sin segundas intenciones y que no busca nada a cambio. Incluso una de las clases inferiores de los afectos sinceros (como el que sienten los animales por sus crías) muestra que el cariño no busca nada a cambio. Nos dirige hacia los Nombres Divinos el Misericordioso y el Compasivo, y muestra que la senda del afecto lleva hacia la Compasión Divina. Estos dos Nombres Divinos, parecen poseer una luz tan abarcadora y espléndida que abarca a todo el universo, satisfaciendo las necesidades de todos y cada uno para siempre, y asegurándolas contra cualquier hostilidad. Puede iluminar a la gente si comprenden su pobreza y su desamparo con respecto a la Riqueza y el Poder de Dios y, a cambio, Le agradecen por Su infinita Compasión y Misericordia. Esta es la senda de la sincera devoción a Dios y de la humildad.

El remedio por los padecimientos del afecto es la verdad expresada en el concepto: *Dios es el Mejor como protector y es el Más Misericordioso de los misericordiosos* (12:64) [*The Letters* («Las Cartas»), «The 8th Letter» («La Octava Carta»), 1:33-34].

30. Aquellos que soportan gran sufrimiento encuentran el remedio a ello en el sufrimiento mismo. Dicen: «Solía buscar un remedio para mi sufrimiento y comprendí que el remedio de mi sufrimiento es el sufrimiento mismo». Muhammad Lütfi Efendi expresa sentimientos similares de la siguiente manera:

> Solía buscar remedio para mi sufrimiento interno hasta que dijeron:
>
> «El remedio para tu sufrimiento es tu sufrimiento en sí».

Bediüzzaman Said Nursi es uno de aquellos estudiosos que más han escrito respecto a este asunto. Cuando se encontraba desterrado en Barla, un pueblo del suroeste de Turquía, sintió un dolor interno y agudo al hallarse exiliado en una montaña, especialmente en las tardes de otoño, y conforme envejecía. Sufría por estar separado de todos sus seres queridos y sintió que su corazón expresaba con sollozos lo siguiente:

> Oh Señor, soy un extranjero, estoy solo y soy débil,
>
> Impotente, viejo y enfermo y no tengo ninguna elección.
>
> Dios, imploro Tu misericordia y pido Tu perdón.
>
> Y lloro por Tu ayuda desde Tu trono de Gracia.

Justo en ese momento, la luz de la fe, la efusiva gracia del Corán y los favores del Ser Misericordioso vinieron en su ayuda y cambiaron cinco tipos de separación en cinco círculos de cálida compañía. Cuando recitó: *Dios es suficiente para nosotros, ¡cuán excelente Guardián es!* (3:173), su corazón recitó: *Pero si se apartan de ti (Oh Mensajero), di: «Dios es suficiente para mí, no hay más deidad que Él. En Él he puesto mi confianza y Él es el Señor del Trono Supremo (el Gobernador y Sustentador absoluto del universo y de toda la creación, Quien la mantiene y la protege)»* (9:129).

También su alma, que sollozaba y se lamentaba por su terrible pesar, fue persuadida por su intelecto, el cual le expresó:

> Oh desvalido, deja de lamentarte y confía en Dios,
> Pues este lamento es un error que te causa numerosas dificultades;
> Si has encontrado a Aquel Quien te hace sufrir, entonces
> Este sufrimiento se transforma en un presente que te traerá paz y felicidad.
> Por lo tanto, agradece a Dios en lugar de quejarte; pues que sepas que
> Los ruiseñores están contentos con la felicidad de las rosas
> Pero si no Le encuentras, el mundo entero
> Es un lugar de sufrimiento e infortunio.
> Cuando sufres por una responsabilidad mundial,
> ¿Por qué te lamentas por un infortunio insignificante?
> Ven, deposita tu confianza en Dios y sonríe ante el infortunio
> Para que él también sonría, ya que cuando sonríe se atenúa y cambia.

Tras ello, Bediüzzaman citó a Yalulu'd-Din ar-Rumi:

> Preguntó: «¿Acaso no soy (tu Señor)?»
> Y respondiste: «¡Sí!»
> ¿Cómo puede uno agradecerle ese «sí»?
> ¡Sufriendo infortunios!
> ¿Cuál es el misterio de ese «sí»?
> Que tú digas: «Soy el líder del círculo de derviches
> En la morada de la pobreza y la muerte».

Y citó a 'Ata'ullah al-Iskandarani:

> ¿Qué ha encontrado aquel que ha perdido a Dios
> ¿Y qué ha perdido aquel que ha encontrado a Dios?

[*The Letters* («Las Cartas»), «The 6th Letter» («La Sexta Carta»), 1:26-27].

يَا بَنِيَّ اذْهَبُوا فَتَحَسَّسُوا مِنْ يُوسُفَ وَاَخِيهِ وَلَا تَايْـَٔسُوا
مِنْ رَوْحِ اللّٰهِ اِنَّهُ لَا يَايْـَٔسُ مِنْ رَوْحِ اللّٰهِ اِلَّا الْقَوْمُ
الْكَافِرُونَ ﴿٨٧﴾ فَلَمَّا دَخَلُوا عَلَيْهِ قَالُوا يَٓا اَيُّهَا الْعَزِيزُ
مَسَّنَا وَاَهْلَنَا الضُّرُّ وَجِئْنَا بِبِضَاعَةٍ مُزْجٰيةٍ فَاَوْفِ لَنَا
الْكَيْلَ وَتَصَدَّقْ عَلَيْنَا اِنَّ اللّٰهَ يَجْزِي الْمُتَصَدِّقِينَ ﴿٨٨﴾
قَالَ هَلْ عَلِمْتُمْ مَا فَعَلْتُمْ بِيُوسُفَ وَاَخِيهِ اِذْ اَنْتُمْ
جَاهِلُونَ ﴿٨٩﴾ قَالُٓوا ءَاِنَّكَ لَاَنْتَ يُوسُفُ قَالَ اَنَا يُوسُفُ
وَهٰذَٓا اَخِي قَدْ مَنَّ اللّٰهُ عَلَيْنَا اِنَّهُ مَنْ يَتَّقِ وَيَصْبِرْ فَاِنَّ
اللّٰهَ لَا يُضِيعُ اَجْرَ الْمُحْسِنِينَ ﴿٩٠﴾ قَالُوا تَاللّٰهِ لَقَدْ
اٰثَرَكَ اللّٰهُ عَلَيْنَا وَاِنْ كُنَّا لَخَاطِئِينَ ﴿٩١﴾ قَالَ لَا تَثْرِيبَ
عَلَيْكُمُ الْيَوْمَ يَغْفِرُ اللّٰهُ لَكُمْ وَهُوَ اَرْحَمُ الرَّاحِمِينَ ﴿٩٢﴾
اِذْهَبُوا بِقَمِيصِي هٰذَا فَاَلْقُوهُ عَلٰى وَجْهِ اَبِي يَاْتِ
بَصِيرًا وَاْتُونِي بِاَهْلِكُمْ اَجْمَعِينَ ﴿٩٣﴾ وَلَمَّا فَصَلَتِ
الْعِيرُ قَالَ اَبُوهُمْ اِنِّي لَاَجِدُ رِيحَ يُوسُفَ لَوْلَٓا
اَنْ تُفَنِّدُونِ ﴿٩٤﴾ قَالُوا تَاللّٰهِ اِنَّكَ لَفِي ضَلَالِكَ الْقَدِيمِ ﴿٩٥﴾

87. (Una vez más dijo, despidiéndose de sus hijos): «¡Hijos míos! Id e indagad con todo vuestro empeño acerca de José y su hermano y no perdáis la esperanza de la misericordia de Dios, porque nadie jamás pierde su esperanza de la misericordia de Dios, salvo la gente que no cree en Él».

88. Ellos (se dirigieron de vuelta a Egipto y una vez más) se presentaron ante José diciendo: «¡Oh dignatario! La miseria nos ha visitado a nosotros y a nuestra familia y sólo hemos traído mercancías de escaso valor; mas da, pues, la medida justa y sé caritativo con nosotros. En verdad, Dios recompensa a los caritativos».

89. Él dijo: «¿Sabéis lo que hicisteis a José y a su hermano en ese momento cuando actuasteis como si fuerais ignorantes (de lo correcto y lo incorrecto)?».

90. Dijeron: «¿De veras eres tú José?». Él dijo: «Yo soy José y este es mi hermano. Dios en verdad ha sido misericordioso hacia nosotros. Sin duda alguna, todo aquel que se aparta de la desobediencia a Dios en veneración a Él y piedad, y es paciente: con toda seguridad Dios no dejará que se eche a perder la recompensa de aquellos que se dedican a hacer el bien, como si contemplasen a Dios».

91. Respondieron: «¡Por Dios! Dios te ha preferido por encima de nosotros y sin duda fuimos malhechores»[31].

92. Él dijo: «Ningún reproche en este día para vosotros. Que Dios os perdone, pues Él es el Más Misericordioso de todos los misericordiosos[32].

93. Llevaos esta camisa mía y ponedla en el rostro de mi padre y recuperará la vista; y venid luego ante mí con toda vuestra gente».

94. Cuando la caravana (de los hermanos) emprendió el regreso, su padre dijo (a los que le rodeaban): «En verdad, siento la fragancia de José a menos que creáis que chocheo[33]».

95. Dijeron: «¡Por Dios! En verdad sigues inmerso todavía en tu antiguo error».

31. Basándose en la confesión de los hermanos de José, Ziya Paşa, un famoso poeta y político turco que vivió en la segunda mitad de siglo XIX indicó:

> Un día sin duda vendrá cuando el Poder de Dios haga que los transgresores confiesen:
>
> «Dios te ha preferido a ti por encima de nosotros».

32. Es posible contemplar la forma de comportarse de un Profeta en todas las palabras y acciones de José —la paz sea con él—. Su respuesta a los que reconocieron su falta respecto a él fue perdonarles. No les reprochó ni les dejó que se sintiesen culpables. Esta actitud, que es la manifestación de adoptar el modo en que Dios actúa, fue manifestada por el último Mensajero —la paz y las bendiciones sean con él— del mejor y más perfecto modo. Tras veintiún años de persecución por los politeístas de La Meca —los incrédulos más obstinados de la historia que sometieron al Profeta a la humillación, la calumnia, el boicot y todo tipo de tratamiento rudo, quienes intentaron matarle, le forzaron a dejar su tierra, combatieron contra él en numerosas ocasiones y asesinaron a sus más amados Compañeros— el Profeta conquistó La Meca sin derramamiento de sangre. A sus rudos enemigos que esperaban su juicio el día de la conquista, dijo: «Hoy os diré lo que José dijo a sus hermanos: "Ningún reproche en este día para vosotros. Que Dios os perdone pues Él es el Más Misericordioso de los misericordiosos"». Los conquistadores musulmanes manifestaron esta misma actitud muchas veces; actitud que heredaron de los Profetas. Fue Mehmet II quien exhibió el ejemplo más notable de tal nobleza cuando conquistó Estambul y repitió las mismas palabras a los bizantinos que se habían reunido en Hagia Sophia. Les proporcionó la seguridad de respetar sus vidas y sus propiedades y la libertad de vivir de acuerdo a su propia religión. Esa es la senda del Islam.

El Corán enseña importantes lecciones a través de este relato, que es la mejor de las narraciones del pasado. Habiendo sido revelada en La Meca en el tiempo en que los musulmanes sufrían en mayor medida a manos de los politeístas, este *sura*, además de dar a los musulmanes buenas nuevas sobre su victoria final, informa a los politeístas de La Meca que su brutal resistencia contra el profeta Muhammad —la paz y las bendiciones sean con él— no sería diferente al resultado de lo que ocurrió entre José y sus hermanos. Recordaba a ambas partes que los habitantes de La Meca iban a estar obligados a reconocer su error, asegurándoles de que no había razón para temer un castigo por parte del Profeta si acababa siendo victorioso; pues su trato no iba a ser diferente al del profeta José, la paz sea con él.

33. Ha sido mencionado con anterioridad que los milagros de los Profetas marcan el culmen del progreso científico. Se afirmó que los ojos del profeta Jacob se habían nublado, es decir, que sufrían cataratas. Podemos deducir de estos dos últimos versículos que existe una sustancia que elimina impedimentos parecidos a las cataratas de los ojos, y que al igual que las imágenes y los sonidos, los olores también pueden ser transmitidos. El Corán anima a la humanidad a que encuentren dicha sustancia y a que transmita el olor.

Said Nursi respondió a la posible cuestión que surgiría respecto a la percepción del olor de José por parte de Jacob desde lejos:

> Al profeta Ya'qub (Jacob) se le preguntó por qué no había visto a Yusuf (José) en un pozo cercano en Canaan cuando la fragancia de su camisa le alcanzó desde Egipto. Respondió:
>
> «Nuestro estado, especialmente respecto a los milagros, es como el rayo que unas veces es visible y otras veces está oculto. A veces, es como si estuviéramos sentados en el punto más alto con el universo extendido ante nosotros; pero otras veces es como si sólo viésemos lo que está delante de nosotros» [*The Letters* («Las Cartas»), «The 15th Letter» («La 15ª Carta»), 1:72].

Es Dios Quien crea los milagros a manos de los Profetas. Por lo tanto, sin Su venia, ni siquiera los Profetas podrían obrar milagros aunque lo quisiesen.

فَلَمَّٓا اَنْ جَٓاءَ الْبَش۪يرُ اَلْقٰيهُ عَلٰى وَجْهِه۪ فَارْتَدَّ بَص۪يرًاۚ قَالَ
اَلَمْ اَقُلْ لَكُمْ اِنّ۪ٓى اَعْلَمُ مِنَ اللّٰهِ مَا لَا تَعْلَمُونَ ﴿٩٦﴾ قَالُوا
يَٓا اَبَانَا اسْتَغْفِرْ لَنَا ذُنُوبَنَٓا اِنَّا كُنَّا خَاطِ۪ٔينَ ﴿٩٧﴾ قَالَ سَوْفَ
اَسْتَغْفِرُ لَكُمْ رَبّ۪يۜ اِنَّهُ هُوَ الْغَفُورُ الرَّح۪يمُ ﴿٩٨﴾ فَلَمَّا دَخَلُوا
عَلٰى يُوسُفَ اٰوٰٓى اِلَيْهِ اَبَوَيْهِ وَقَالَ ادْخُلُوا مِصْرَ اِنْ شَٓاءَ
اللّٰهُ اٰمِن۪ينَۜ ﴿٩٩﴾ وَرَفَعَ اَبَوَيْهِ عَلَى الْعَرْشِ وَخَرُّوا لَهُ سُجَّدًاۚ
وَقَالَ يَٓا اَبَتِ هٰذَا تَأْو۪يلُ رُءْيَايَ مِنْ قَبْلُۘ قَدْ جَعَلَهَا رَبّ۪ي
حَقًّاۜ وَقَدْ اَحْسَنَ ب۪ٓي اِذْ اَخْرَجَن۪ي مِنَ السِّجْنِ وَجَٓاءَ بِكُمْ
مِنَ الْبَدْوِ مِنْ بَعْدِ اَنْ نَزَغَ الشَّيْطَانُ بَيْن۪ي وَبَيْنَ اِخْوَت۪يۜ اِنَّ
رَبّ۪ي لَط۪يفٌ لِمَا يَشَٓاءُۜ اِنَّهُ هُوَ الْعَل۪يمُ الْحَك۪يمُ ﴿١٠٠﴾ رَبِّ قَدْ
اٰتَيْتَن۪ي مِنَ الْمُلْكِ وَعَلَّمْتَن۪ي مِنْ تَأْو۪يلِ الْاَحَاد۪يثِۚ فَاطِرَ
السَّمٰوَاتِ وَالْاَرْضِ اَنْتَ وَلِيّ۪ فِي الدُّنْيَا وَالْاٰخِرَةِۚ تَوَفَّن۪ي
مُسْلِمًا وَاَلْحِقْن۪ي بِالصَّالِح۪ينَ ﴿١٠١﴾ ذٰلِكَ مِنْ اَنْبَٓاءِ الْغَيْبِ
نُوح۪يهِ اِلَيْكَۚ وَمَا كُنْتَ لَدَيْهِمْ اِذْ اَجْمَعُٓوا اَمْرَهُمْ وَهُمْ
يَمْكُرُونَ ﴿١٠٢﴾ وَمَٓا اَكْثَرُ النَّاسِ وَلَوْ حَرَصْتَ بِمُؤْمِن۪ينَ ﴿١٠٣﴾

وَمَا تَسْـَٔلُهُمْ

96. Pero cuando el portador de la buena nueva llegó (con la camisa de José), Jacob la puso sobre su cara y recuperó la vista. (Acto seguido la caravana de los hermanos llegó). Jacob dijo: «¿No os dije yo que sé por Dios lo que vosotros no sabéis?»[34].

97. (Los hijos de Jacob confesaron lo que habían hecho). Dijeron: «¡Padre nuestro! Pídele a Dios que perdone nuestras pecados porque sin duda hemos pecado».

98. Dijo: «Pediré a Dios que os perdone[35]. En verdad, Él es el Indulgente, el Compasivo.

99. (Cuando la familia de Jacob llegó a Egipto) se presentaron ante José (que había venido a recibirles). Abrazó a sus padres[36], y dijo (dirigiéndose a todos los que habían llegado): «¡Entrad en Egipto, si Dios quiere, en seguridad (libres de temor, privación o aflicción)!».

100. Subió a sus padres al trono y todos se postraron ante José (como signo de lealtad a él). Él dijo: «¡Oh padre mío! Este es el significado de mi sueño de antaño. Mi Señor ha hecho que se haga realidad. Ha sido en verdad misericordioso hacia mí: Me ha librado de la cárcel y os ha trasladado a todos del desierto después de que Satanás hubiese sembrado la discordia entre mis hermanos y yo. Sin duda alguna, mi Señor es sutilmente bondadoso en el modo en que hace todo Su Voluntad dicta. No cabe duda de que Él es Omnisciente, el Omnisapiente.

101. ¡Señor mío! Me has concedido en verdad una parte importante de la soberanía y me has impartido algo del conocimiento del significado interno de todos los acontecimientos (incluido los sueños). Oh Tú, Creador de los Cielos y de la Tierra con sus características propias. Tú eres mi Dueño y Guardián en este mundo y en el Más Allá. Toma mi alma hacia Ti como musulmán y reúneme con los rectos»[37].

102. Estas son nuevas de algunos acontecimientos ejemplares de lo oculto (un tiempo y un mundo más allá de la percepción de los seres creados) que te revelamos (Oh Mensajero). Tú no estabas junto a ellos cuando se pusieron de acuerdo en sus planes y cuando tramaron (contra José).

103. Mas, por mucho que tú lo ansíes, la mayoría de la gente no creerá.

34. Normalmente es el destino de grandes personas como los Profetas que aquellos que se encuentran a su alrededor no sean conscientes de ello ni les puedan comprender, por lo que sufren lejanía a la vez que cercanía física. La cercanía física y la familiaridad producida por ella es como un velo sobre los ojos y los corazones.

35. Respecto al profeta Muhammad —la paz y las bendiciones sean con él— y su comunidad, el Corán declara: *Si, después de haber sido injustos consigo mismos (cometiendo pecados), hubiesen venido a ti y hubiesen pedido perdón a Dios —con el Mensajero pidiéndole a Dios que les perdonase—, habrían encontrado que Dios es Quien corresponde el arrepentimiento de Sus siervos con generoso perdón y recompensa adicional y es Compasivo* (4:64). Asimismo dice: «*...y ruega por ellos. En verdad, tus oraciones son una fuente de alivio para ellos. Dios es Quien todo lo Oye y Omnisapiente*» (9:103). Es de gran importancia que un Profeta ruegue por su comunidad y pida perdón a Dios por sus transgresiones. En primer lugar, su oración es más aceptable para Dios. En segundo lugar, su oración por su comunidad y su ruego a Dios para que les perdone significa que él se halla complacido con ellos. Dios está complacido con aquellos con quienes un Profeta se encuentra complacido, y no rechaza la oración de aquellos con quienes un Profeta se halla complacido. Es por esa razón que los hijos de Jacob pidieron a su padre que rogase y pidiera perdón por sus pecados. Sin embargo, esto no significa que ellos mismos no necesiten pedirle a Dios que les perdone, sino que todo creyente debe pedirle a Dios por sí mismo para que le perdone sus pecados. No obstante, la sincera admisión de nuestros pecados y el mostrar arrepentimiento por ellos, pidiendo a otro que se le considera más cercano a Dios que pida Su perdón por nosotros, especialmente si éste es un Profeta, establece el arrepentimiento.

Cabe destacar que el profeta Jacob pospuso la petición a Dios del perdón de los pecados de sus hijos. La razón de dicha actuación podría ser porque un Profeta no pide ni reza por el perdón de Dios, incluso por sus hijos, sin el permiso de Dios y sin ser plenamente consciente de su estado interno. Tal y como se mencionó con anterioridad (9:144; 11:46), el Todopoderoso prohibió a Noé y a Abraham que pidieran por el perdón de sus parientes cercanos, ya que eran incrédulos. Por lo tanto, para esperar el permiso de Dios y observar a sus hijos, el profeta Jacob pospuso rogar el perdón de Dios.

36. Los intérpretes del Corán opinan que la madre implícita en el término «padres» mencionado en el *sura* era la madrastra de José, que había criado a José y a Benjamín. El empleo aquí de *abawayn* y no de *wālidayn* (para diferenciar estas dos expresiones, véase el *sura* 9, nota 24) para expresar el término «padres» puede indicarlo así.

37. *Toma mi alma hacia Ti como musulmán y reúneme con los justos* marca el final de la historia del profeta José —la paz sea con él—. Esto contiene de un modo realista, la siguiente verdad importante respecto a la vida de los seres humanos, así como buenas nuevas:

Cada Profeta fue enviado con una importante misión, transmitir el Mensaje de Dios. Cuando cumplen su misión, piden la muerte, ya que no hay más significado ni propósito para su vida. Cuando su sueño se hizo realidad, el profeta José pensó que su misión ya había finalizado. De igual modo, cuando ciertos genios creyeron en él en La Meca, el profeta Muhammad —la paz y las bendiciones sean con él— también pensó que su misión había llegado a su fin y que su muerte estaba cercana porque ya habían creído en él algunos seres humanos y algunos genios. Dios tiene un propósito para la creación de cada ser y ha creado a los genios y a la humanidad para que Le adoren. Es más, cada creyente participa en la misión de los Profetas y ha de adecuar su vida de acuerdo con el propósito vital de sus vidas. Cuando ya no queda nada más que cumplir en este propósito, significa que ya no tiene sentido seguir vivo (*El Mensajero de Dios, págs*. 22-23, 79).

En cuanto a las buenas nuevas que este versículo contiene, Said Nursi indicó:

> El placer proporcionado por una historia feliz acaba con profunda tristeza debido a la separación final o muerte. Incluso provoca más tristeza cuando llegamos a saber que la gente involucrada encuentra la separación o la muerte justo después de haber hallado la comodidad y la alegría. Pero el versículo anteriormente mencionado, a pesar de que contempla la muerte de José cuando se convierte en Aziz de Egipto (gran visir o canciller) y se reunió con sus padres y hermanos (el momento más feliz de su vida), lo muestra bajo una perspectiva diferente.
>
> Declara: «Para recibir una alegría mayor, José rogó su muerte a Dios». Eso significa que hay una bendición más atractiva y placentera que la mayor alegría que puede haber en esta vida más allá de la tumba. Teniendo conocimiento de ello, José pidió la muerte, al parecer algo totalmente desagradable, cuando estaba disfrutando de la mayor alegría en este mundo.
>
> Otro beneficio de dicho final es que nos anima a esforzarnos por el Más Allá, donde encontraremos verdadera felicidad y placer. También muestra la ensalzada veracidad de José y anuncia que hasta la condición más gozosa y brillante de esta vida no pudo cautivarle. Más bien, le empujó a que pidiese la muerte y la Vida Futura [Veáse The Letters («Las Cartas»), «The 23rd Letter» («La 23ª Carta»), 2:86-87].

وَمَا تَسْـَٔلُهُمْ عَلَيْهِ مِنْ اَجْرٍۜ اِنْ هُوَ اِلَّا ذِكْرٌ لِلْعَالَمِينَ ﴿١٠٤﴾
وَكَاَيِّـنْ مِنْ اٰيَةٍ فِى السَّـمٰوَاتِ وَالْاَرْضِ يَمُـرُّونَ عَلَيْهَا
وَهُمْ عَنْهَا مُعْرِضُونَ ﴿١٠٥﴾ وَمَا يُؤْمِنُ اَكْثَرُهُمْ بِاللّٰهِ اِلَّا وَهُمْ
مُشْـرِكُونَ ﴿١٠٦﴾ اَفَاَمِنُـوا اَنْ تَاْتِيَهُمْ غَاشِـيَةٌ مِنْ عَذَابِ اللّٰهِ
اَوْ تَاْتِيَهُمُ السَّاعَةُ بَغْتَةً وَهُمْ لَا يَشْعُرُونَ ﴿١٠٧﴾ قُلْ هٰذِهٖ سَبِيلٖٓى
اَدْعُـوا اِلَـى اللّٰهِ عَلٰى بَصِيـرَةٍ اَنَا وَمَنِ اتَّبَعَنٖىۜ وَسُبْحَانَ
اللّٰهِ وَمَـٓا اَنَـا مِنَ الْمُشْـرِكٖينَ ﴿١٠٨﴾ وَمَٓا اَرْسَـلْنَا مِـنْ قَبْلِكَ
اِلَّا رِجَـالًا نُوحٖٓـى اِلَيْهِمْ مِـنْ اَهْلِ الْقُرٰىۜ اَفَلَمْ يَسٖيـرُوا
فِى الْاَرْضِ فَيَنْظُرُوا كَيْفَ كَانَ عَاقِبَةُ الَّذٖينَ مِنْ قَبْلِهِمْۜ
وَلَـدَارُ الْاٰخِرَةِ خَيْـرٌ لِلَّذٖينَ اتَّقَوْاۜ اَفَـلَا تَعْقِلُونَ ﴿١٠٩﴾ حَتّٰٓى
اِذَا اسْـتَيْـَٔسَ الرُّسُلُ وَظَنُّٓوا اَنَّهُمْ قَدْ كُذِبُوا جَٓاءَهُمْ نَصْرُنَاۙ
فَنُجِّىَ مَنْ نَشَٓاءُۜ وَلَا يُرَدُّ بَاْسُنَا عَنِ الْقَوْمِ الْمُجْرِمٖينَ ﴿١١٠﴾
لَقَـدْ كَانَ فٖـى قَصَصِهِـمْ عِبْـرَةٌ لِاُولِـى الْاَلْبَـابِۜ
مَـا كَانَ حَدٖيثًـا يُفْتَـرٰى وَلٰكِنْ تَصْدٖيقَ الَّـذٖى بَيْنَ يَدَيْهِ
وَتَفْصٖيـلَ كُلِّ شَـْيءٍ وَهُـدًى وَرَحْمَةً لِقَـوْمٍ يُؤْمِنُونَ ﴿١١١﴾

---

104. No les pides recompensa alguna a cambio (de transmitirles el Corán). No es sino un mensaje y un recordatorio para todos los seres conscientes.

105. ¡Cuántos signos hay en los Cielos y en la Tierra que pasan por alto, haciendo caso omiso de los signos y no los tienen en consideración!

106. Y la mayoría de ellos ni siquiera creen en Dios sin atribuirles copartícipes a Él[38].

107. ¿Acaso se consideran libres de que les sobrevenga un castigo aplastante de Dios que les envuelva; o de que la Última Hora no les sobrevenga de repente sin darse cuenta (de su venida)?

108. Di (a ellos, Oh Mensajero): «Este es mi camino: Llamo a Dios basándome en una clara evidencia y con conocimiento seguro, tanto yo como los que me siguen. ¡Gloria a Dios (pues Te hallas absolutamente por encima de tener copartícipe alguno)! Y yo no soy de los que atribuyen copartícipes a Dios».

109. Antes de ti no hemos enviado como Mensajeros sino a hombres a los que les revelamos, de entre la población de las ciudades (donde les hicimos crecer). ¿Acaso no han viajado por la Tierra y contemplado cómo han terminado los que vinieron antes que ellos (que persistieron en atribuirle copartícipes a Dios y en cometer maldad y transgresiones)? En verdad, la morada del Más Allá es mejor para aquellos que se apartan de la desobediencia a Dios en veneración a Él y piedad. ¿Es que no vais a razonar y entender?

110. En la medida en que cuando ellos (los primeros Mensajeros, todos los cuales tuvieron que sufrir muchas persecuciones durante largo tiempo) casi habían perdido la esperanza y se han convencido de que fueron negados les llegó Nuestra ayuda. Y salvamos a quien quisimos. Pero nuestro tremendo castigo no puede apartarse de la gente culpable dedicada a acumular pecados.

111. Sin duda alguna, en sus ejemplares narraciones se da una importante lección para la gente de discernimiento. Éste (el Corán, que las contiene) no es un discurso inventado, sino (un Libro Divino revelado como) una confirmación de (la Autoría Divina y de las verdades todavía contenidas por) las Revelaciones anteriores a él, y una explicación de todo, y una guía y misericordia para la gente que cree y creerá.

38. El Corán contempla la atribución de copartícipes a Dios como el más grave de los pecados (31:13) y la creencia en Dios sin atribuirle copartícipes como un medio de la salvación final (6:82). No es fácil librarse de atribuirle copartícipes a Dios, pues se encubre bajo distintas formas y tipos, tales como los siguientes:

- Aceptar a otro creador además de Dios o asociar seres a Él en la creación;
- Atribuir cualquier parte de la creación y de la administración del universo a personas o principios nominales denominados leyes naturales, o a la naturaleza y a las supuestas fuerzas de la naturaleza, a la materia, al espíritu o a cualquier otra cosa;
- Atribuirle a Dios copartícipes en el gobierno de la vida humana;
- Reconocer algunos poderes aparte de Él como la autoridad absoluta para hacer las cosas lícitas o ilícitas;
- Atribuirle a Dios ciertos atributos esenciales de los seres creados, tal y como engendrar o ser engendrado;
- Creer que Dios toma la forma de cualquier ser creado (encarnación) o que cualquier mortal puede unirse a Él y ser parte de Él (unión);
- Atribuir a cualquier ser mortal cualidades que Le pertenecen exclusivamente a Él, tal y como crear, tomar las almas, no tener principio ni final, ser autosuficiente, tener soberanía absoluta, omnipotencia, omnisciencia, omnipresencia, etc.;
- Creer que Él puede tener algunas deficiencias, tal y como impotencia y necesidad;
- Creer que Él tiene un espíritu que penetra en el universo o que el universo es Su manifestación externa (monismo o panteísmo).

En resumen, *no tener conocimiento verdadero de Él* y atribuirle atributos que no Le corresponden, significa asociarle copartícipes a Él. Asimismo, las siguientes falsas creencias a su vez equivalen a asociar copartícipes a Dios:

- Adorar a otro que no sea Él;
- Contemplar que cualquier otro ser aparte de Él tiene poder absoluto para beneficiar o dañar a él mismo o a otros sin Su permiso y sin que Él les capacite para ello e inclinarse ante ellos de una manera que indique adoración o devoción;
- Rezarle a otro ser o poder,
- Querer complacer a otro que no sea Él en cualquier acto de devoción o mediante la práctica de cualquier regla o principio de la Religión;
- Hacer uso de la Religión para beneficios mundanos o propósitos personales, como por ejemplo ser conocido, admirado o alabado.

Por lo tanto, hay un gran número de personas que pretenden tener fe pero no se libran de atribuirle copartícipes a Dios. Esto es un punto muy sutil e importante que requiere gran cuidado.

سُورَةُ الرَّعْدِ مَدَنِيَّةٌ
وَهِىَ ثَلَاثٌ وَأَرْبَعُونَ اٰيَةً

بِسْمِ اللّٰهِ الرَّحْمٰنِ الرَّح۪يمِ

الٓمٓرٰ تِلْكَ اٰيَاتُ الْكِتَابِۜ وَالَّذ۪ٓى اُنْزِلَ اِلَيْكَ مِنْ رَبِّكَ الْحَقُّ
وَلٰكِنَّ اَكْثَرَ النَّاسِ لَا يُؤْمِنُونَ ﴿١﴾ اَللّٰهُ الَّذ۪ى رَفَعَ السَّمٰوَاتِ بِغَيْرِ
عَمَدٍ تَرَوْنَهَا ثُمَّ اسْتَوٰى عَلَى الْعَرْشِ وَسَخَّرَ الشَّمْسَ وَالْقَمَرَۜ
كُلٌّ يَجْر۪ى لِاَجَلٍ مُسَمًّىۜ يُدَبِّرُ الْاَمْرَ يُفَصِّلُ الْاٰيَاتِ لَعَلَّكُمْ بِلِقَٓاءِ
رَبِّكُمْ تُوقِنُونَ ﴿٢﴾ وَهُوَ الَّذ۪ى مَدَّ الْاَرْضَ وَجَعَلَ ف۪يهَا رَوَاسِىَ
وَاَنْهَارًاۜ وَمِنْ كُلِّ الثَّمَرَاتِ جَعَلَ ف۪يهَا زَوْجَيْنِ اثْنَيْنِ يُغْشِى الَّيْلَ
النَّهَارَۜ اِنَّ ف۪ى ذٰلِكَ لَاٰيَاتٍ لِقَوْمٍ يَتَفَكَّرُونَ ﴿٣﴾ وَفِى الْاَرْضِ قِطَعٌ
مُتَجَاوِرَاتٌ وَجَنَّاتٌ مِنْ اَعْنَابٍ وَزَرْعٌ وَنَخ۪يلٌ صِنْوَانٌ وَغَيْرُ صِنْوَانٍ
يُسْقٰى بِمَٓاءٍ وَاحِدٍ۠ وَنُفَضِّلُ بَعْضَهَا عَلٰى بَعْضٍ فِى الْاُكُلِۜ اِنَّ
ف۪ى ذٰلِكَ لَاٰيَاتٍ لِقَوْمٍ يَعْقِلُونَ ﴿٤﴾ وَاِنْ تَعْجَبْ فَعَجَبٌ قَوْلُهُمْ ءَاِذَا
كُنَّا تُرَابًا ءَاِنَّا لَف۪ى خَلْقٍ جَد۪يدٍۜ اُو۬لٰٓئِكَ الَّذ۪ينَ كَفَرُوا بِرَبِّهِمْۚ وَاُو۬لٰٓئِكَ
الْاَغْلَالُ ف۪ٓى اَعْنَاقِهِمْۚ وَاُو۬لٰٓئِكَ اَصْحَابُ النَّارِۚ هُمْ ف۪يهَا خَالِدُونَ ﴿٥﴾

وَيَسْتَعْجِلُونَكَ

SURA 13

AR-RA'D (EL TRUENO)

Período de La Meca

Revelado en La Meca, este *sura* consta de 43 versículos. Toma su nombre de la palabra *ar-Ra'd (el trueno)* que se encuentra en el versículo 13. Al igual que otros *suras* del período de La Meca, aborda asimismo los fundamentos de la fe y las pruebas de la misma que se encuentran en la «naturaleza» y en la humanidad.

En el Nombre de Dios,
el Misericordioso, el Compasivo.

1. *Alif. Lam. Mim. Ra.* Estas son las Revelaciones del Libro; y aquello que ha sido descendido sobre ti desde tu Señor es la verdad, sin embargo, la mayoría de la gente no cree.

2. Dios es Aquel Quien ha elevado los cielos sin pilares que podáis ver[1], y luego se ha establecido en el Trono Supremo[2] e hizo que el Sol y la Luna se sometieran a Su orden, cada uno recorre su trayectoria en un tiempo fijado por Él. Dirige todos los asuntos (como único Gobernante de la creación). Establece con detalle los signos de la Verdad y las relevantes Revelaciones incluidas en el Libro, para que tengáis certeza en el encuentro con vuestro Señor (en el Día del Juicio Final).

3. Él es Quien ha extendido la Tierra y ha ubicado en ella sólidas montañas y ríos y de cada clase de fruto ha creado su pareja[3]. Cubre el día con la noche. Sin duda alguna, en ello se dan signos (manifestando la verdad) para una gente que reflexiona.

4. Y sobre la Tierra hay terrenos colindantes (mas diferentes unos a otros), viñedos, campos cultivados y palmeras datileras que crecen agrupadas con una sola raíz pero permaneciendo en solitario, (todo ello) regado por la misma agua. Sin embargo, siendo sustento, hemos hecho que unos sean preferibles a otros (en ciertos aspectos)[4]. No cabe duda de que en ellos se dan signos de la verdad para una gente que razona y entiende.

5. Y si hay algo que encuentres extraño, qué sorprendente es que digan: «¿Cómo? ¿Después de que nos convirtamos en polvo, vamos a ser (alzados de nuevo) en una nueva creación?». Esos son los que no creen en su Señor, y alrededor de sus cuellos hay collares (con los que son arrastrados hacia el Fuego). Son compañeros del Fuego, donde morarán.

1. Todos los cuerpos celestes se mueven en orden, equilibrio y armonía. Son sostenidos y soportados por pilares invisibles, algunos de los cuales son las fuerzas de repulsión o centrífugas: *¿No habéis considerado que Dios ha puesto todo lo que hay en la Tierra a vuestro servicio y los barcos que surcan el mar bajo Su orden? ¿Y que sostiene el cielo para que no caiga sobre la Tierra a menos que sea con Su permiso? Sin duda alguna, Dios es Piadoso y Compasivo con los seres humanos* (22:65).

En cualquier momento los cielos pueden caer sobre la Tierra. Que el Todopoderoso no permita que esto ocurra es una instancia de la obediencia del universo a Su Palabra. La ciencia moderna explica esto como un equilibrio de fuerzas centrípetas y centrífugas. Lo que es más importante para nosotros, sin embargo, es que concentremos nuestras mentes en esa obediencia y en la Divina Misericordia que mantiene el universo en movimiento, en vez de decidir si seguir las teorías de Newton o de Einstein sobre los términos mecánicos y matemáticos de dicha obediencia (*Fundamentos de la Fe Islámica*, pág. 271).

2. Respecto al significado del Trono Supremo y Dios estableciéndose en él, véanse los versículos 2:28, nota 29 y 7:54, nota 11.

3. Al emplear la expresión «en ella» con el significado de «en la Tierra», este versículo indica que las montañas poseen raíces hundidas en la Tierra. El hecho de que los ríos broten de las montañas muestra cuán maravillosa y milagrosamente las rocas son susceptibles y subyugadas a las órdenes Divinas de la creación. Para los corazones atentos y despiertos esto significa lo siguiente:

Las montañas no pueden ser la fuente real de dichos ríos inmensos pues aunque estuviesen totalmente formadas de agua, sólo podrían abastecer un río durante unos pocos meses. Por citar solo un ejemplo, incluso si todas las montañas de la Tierra estuviesen formadas de agua, no podrían abastecer al río Nilo, un río que tiene miles de kilómetros de longitud y que ha estado discurriendo desde tiempos inmemoriales a través del desierto. También la lluvia, que puede penetrar cerca de un metro bajo el suelo, no puede ser suficiente para tal enorme consumo. No hay ninguna razón ordinaria, causa natural o suerte que pueda explicar las fuentes de dichos ríos y sus afluentes. El Creador Majestuoso los hace fluir de una manera tan maravillosa a partir de un «tesoro» invisible.

Una fuente de uno de los afluentes más importantes del Nilo se encuentra en los montes de Ruanda, mientras que el afluente principal del Tigris inicia su curso en una cueva en Turquía, y uno de los afluentes más importantes del Eúfrates surge desde las estribaciones de una montaña en Diyadin, también en Turquía. Está científicamente establecido que las montañas son rocas solidificadas de materia liquida. Una de las alabanzas del Profeta era: «Glorificado sea Aquel Quien ha colocado tierra encima de un fluido solidificado», da fe de que la formación original de la Tierra es de la siguiente manera: Cierta materia sólida se solidificó por mandato Divino y se convirtió en roca, la cual luego se convirtió en tierra. En otras palabras, la materia liquida era demasiado blanda para poderse establecer encima y la roca era demasiado dura para beneficiarse de ella. Por lo tanto, el Omnisapiente y Compasivo extendió el suelo sobre la roca y la hizo morada para los seres vivos.

(Para más significados de expresiones semejantes véanse los versículos 2:74, nota 78; 50:6-11; 78:6-8, notas 2-3).

4. Contempla el sello que Dios ha puesto en la vida a través del cual una cosa está hecha de muchas cosas y muchas cosas acaban siendo una. Transforma el agua que bebemos en un medio para formar innumerables órganos y sistemas animales. A través de Su Orden, una sola identidad se convierte en «muchas». A la inversa, Él transforma variedades de nutrientes en un solo cuerpo o piel, en un solo sistema o subsistema. Por lo tanto, «muchas» cosas se convierten en una sola identidad. Todo aquel dotado de intelecto, conciencia y

corazón ha de llegar a la conclusión que hacer una identidad simple de muchas y usar una identidad simple para hacer muchas es un sello único del Creador de todas las cosas.

Sobre la superficie de la Tierra observamos los actos originales y llenos de significado de la creación. Esto ocurre con abundancia infinita a la vez que de un modo artístico, bello y perfecto. Todo sucede con total facilidad y perfecto orden y plan; con gran velocidad y sin pérdida de proporción, firmeza o sustancia; con una distribución infinita de especies, de manera conjunta a una infinita belleza en cada individuo. Esos actos ocurren con grandioso ahorro y el más bajo coste inimaginable, a pesar de que todo individuo es inestimable y único mientras existe una gran correspondencia y similitud entre las especies, a pesar de las grandes distancias en el tiempo y el espacio. Están en equilibrio con absoluta variedad, una perfecta individualización de carácter y rasgos generados a través de materiales, estructuras principales y organizaciones similares o incluso las mismas.

El perfecto despliegue de arte a pesar de la abundancia, el perfecto orden a pesar de la absoluta facilidad, la perfecta medida, proporción y firmeza a pesar de la increíble velocidad, la perfecta individualización a pesar de la distribución global, el gran precio y valor a pesar de la enorme economía y la perfecta distinción a pesar de la absoluta mezcla y similitud señala al Uno, el Creador Único (*Maznawi an-Nuriyah*, pág.51).

وَيَسْتَعْجِلُونَكَ بِالسَّيِّئَةِ قَبْلَ الْحَسَنَةِ وَقَدْ خَلَتْ مِنْ قَبْلِهِمُ
الْمَثُلَاتُ وَاِنَّ رَبَّكَ لَذُو مَغْفِرَةٍ لِلنَّاسِ عَلٰى ظُلْمِهِمْ وَاِنَّ
رَبَّكَ لَشَدِيدُ الْعِقَابِ ﴿٦﴾ وَيَقُولُ الَّذِينَ كَفَرُوا لَوْلَٓا اُنْزِلَ
عَلَيْهِ اٰيَةٌ مِنْ رَبِّهِ اِنَّمَٓا اَنْتَ مُنْذِرٌ وَلِكُلِّ قَوْمٍ هَادٍ ﴿٧﴾
اَللّٰهُ يَعْلَمُ مَا تَحْمِلُ كُلُّ اُنْثٰى وَمَا تَغِيضُ الْاَرْحَامُ وَمَا
تَزْدَادُ وَكُلُّ شَيْءٍ عِنْدَهُ بِمِقْدَارٍ ﴿٨﴾ عَالِمُ الْغَيْبِ وَالشَّهَادَةِ
الْكَبِيرُ الْمُتَعَالِ ﴿٩﴾ سَوَٓاءٌ مِنْكُمْ مَنْ اَسَرَّ الْقَوْلَ وَمَنْ
جَهَرَ بِهِ وَمَنْ هُوَ مُسْتَخْفٍ بِالَّيْلِ وَسَارِبٌ بِالنَّهَارِ ﴿١٠﴾
لَهُ مُعَقِّبَاتٌ مِنْ بَيْنِ يَدَيْهِ وَمِنْ خَلْفِهِ يَحْفَظُونَهُ مِنْ اَمْرِ
اللّٰهِ اِنَّ اللّٰهَ لَا يُغَيِّرُ مَا بِقَوْمٍ حَتّٰى يُغَيِّرُوا مَا بِاَنْفُسِهِمْ
وَاِذَٓا اَرَادَ اللّٰهُ بِقَوْمٍ سُوٓءًا فَلَا مَرَدَّ لَهُ وَمَا لَهُمْ مِنْ دُونِهِ
مِنْ وَالٍ ﴿١١﴾ هُوَ الَّذِي يُرِيكُمُ الْبَرْقَ خَوْفًا وَطَمَعًا
وَيُنْشِئُ السَّحَابَ الثِّقَالَ ﴿١٢﴾ وَيُسَبِّحُ الرَّعْدُ بِحَمْدِهِ
وَالْمَلٰٓئِكَةُ مِنْ خِيفَتِهِ وَيُرْسِلُ الصَّوَاعِقَ فَيُصِيبُ بِهَا
مَنْ يَشَٓاءُ وَهُمْ يُجَادِلُونَ فِي اللّٰهِ وَهُوَ شَدِيدُ الْمِحَالِ ﴿١٣﴾

6. Te desafían a que precipites la llegada de lo malo en vez de lo bueno sobre ellos, a pesar de que ya han acontecido antes de ellos numerosos castigos ejemplares. Tu Señor es en verdad generoso en perdón para la humanidad a pesar de su injusticia, y Tu Señor es, sin duda, severo en la retribución.

7. Aquellos que no creen dicen: «¿Por qué no desciende sobre él procedente de Su Señor un signo milagroso (del tipo que deseamos)?». Tú (Oh Mensajero) sólo eres un advertidor y para cada pueblo hay un guía (elegido por Dios).

8. Dios sabe lo que cada hembra lleva (en su vientre con todos sus rasgos desde su concepción hasta su parto, y el futuro que le espera) y lo que los úteros disminuyen y lo que aumentan (cuánto les queda para la gestación y cuánto van a sobrepasar el período medio), cada cosa junto a Él es de una determinada medida.

9. Conocedor de Lo Oculto (todo lo que se halla más allá de la percepción de los sentidos) y de lo atestiguado (el reino perceptible), el Más Grande, el Sumo Transcendente.

10. (Para Él,) el que mantiene su opinión en secreto o el que la declara es igual, así como el que se oculta (y oculta sus planes) bajo la noche y el que se mueve a la luz del día.

11. (Cada persona avanza a través de varios estados antes y después) y por orden de Dios, le acompañan ángeles que se suceden entre sí por delante y por detrás para custodiarle (y registrar sus actos). Dios no cambia la condición de un pueblo a menos que cambie lo que se da en sí mismo[5]. Cuando Dios dispone un mal para un pueblo (como consecuencia de sus actos malvados) no hay manera de evitarlo y no tiene aparte de Él a un protector.

12. Él es Quien expone el relámpago ante vosotros, motivo de temor (de ser golpeado) y de esperanza (por la lluvia) y forma las nubes cargadas (de lluvia)[6].

13. El trueno Le glorifica con Su alabanza (pues Él se halla absolutamente por encima de tener copartícipe alguno y que toda la alabanza sólo Le pertenece a Él exclusivamente) y a su vez hacen los ángeles en temor reverencial a Él. Envía los rayos y golpea con ellos a quien Su Voluntad dicta. Aún así discuten tercamente sobre Dios y (a pesar de toda evidencia de que) Él es severo repeliendo y castigando.

5. A lo largo de todo el s. XIX e incluso del s. XX, la historia de la filosofía occidental, incluyendo el materialismo dialéctico y el historicismo, estaba basada en estas nociones:

- Ya sea en línea o en círculos, la humanidad progresa continuamente hacia un fin definitivo.
- Este progreso depende de las leyes deterministas e inquebrantables de la historia, todas las cuales son totalmente independientes de nosotros. Lo único que podemos hacer es descubrirlas y obedecerlas, ya que si no lo hacemos seremos eliminados.
- Todas las épocas (es decir, primitiva, feudal o capitalista) a través de las que inevitablemente pasamos no han de ser criticadas porque no tenemos más alternativa que pasar por ellas.

Dichos filósofos de la historia sugieren que las presentes condiciones socio-económicas y políticas son inevitables porque han sido dictadas por la naturaleza y la historia, que decretan la supervivencia del más poderoso. Si esta realidad favorece a Occidente, las comunidades que quieran sobrevivir han de admitir el dominio occidental.

El Corán contempla la historia desde una perspectiva totalmente diferente. Ante todo, la contempla desde la perspectiva de principios invariables, mientras que las otras filosofías interpretan los acontecimientos pasados y presentes para formar sus teorías. En segundo lugar, contrariamente al fatalismo de dichas filosofías, el Corán hace hincapié en la libre elección del individuo y su responsabilidad moral.

Según el Corán, sembramos el campo de este mundo o del tiempo presente para recolectar en el futuro cercano (de este mundo) o en el lejano (el Más Allá o la vida eterna). Dado esto, la historia está compuesta de nuestras propias elecciones y no está establecida por una fuerza coercitiva.

El Islam considera que la sociedad está compuesta de individuos conscientes dotados de libre albedrío, y con responsabilidad hacia sí mismos y hacia los demás (Dios, y otras criaturas vivas e inertes). Contempla a la humanidad como el «motor» de la historia. Del mismo modo que, sin excluir el perdón, la misericordia y la ayuda de Dios, la voluntad individual de cada individuo y su comportamiento determinará el resultado de su vida en este mundo y en el Más Allá, el progreso o el declive de una sociedad viene determinado por la voluntad, la cosmovisión y el estilo de vida de sus miembros. Este versículo significa que Dios no va a cambiar el estado de un pueblo a no ser que éste se cambie a sí mismo (sus creencias, su cosmovisión y su modo de vida). En otras palabras, cada sociedad sujeta las riendas de su destino con sus propias manos. Un *hadiz* hace hincapié en esta idea: «Seréis gobernados de acuerdo a cómo seáis (según creáis, viváis y os comportéis)».

6. Aunque a veces veamos una aparente interrupción en los versículos coránicos, lo cierto es que existe una relevancia y continuidad profundas y fundamentales entre ellos. La reflexión en torno a este versículo y a los que preceden y suceden, a la luz de las explicaciones dadas en el *sura* 7, nota 14, revelan cuán bella, significativa, y estrecha relación existe entre los mismos.

لَهُ دَعْوَةُ الْحَقِّ وَالَّذٖينَ يَدْعُونَ مِنْ دُونِهٖ لَا يَسْتَجٖيبُونَ لَهُمْ
بِشَيْءٍ اِلَّا كَبَاسِطِ كَفَّيْهِ اِلَى الْمَاءِ لِيَبْلُغَ فَاهُ وَمَا هُوَ بِبَالِغِهٖ
وَمَا دُعَاءُ الْكَافِرٖينَ اِلَّا فٖى ضَلَالٍ ﴿١٤﴾ وَلِلّٰهِ يَسْجُدُ مَنْ فِى السَّمٰوَاتِ
وَالْاَرْضِ طَوْعًا وَكَرْهًا وَظِلَالُهُمْ بِالْغُدُوِّ وَالْاٰصَالِ ﴿١٥﴾ قُلْ مَنْ
رَبُّ السَّمٰوَاتِ وَالْاَرْضِ قُلِ اللّٰهُ قُلْ اَفَاتَّخَذْتُمْ مِنْ دُونِهٖ اَوْلِيَاءَ
لَا يَمْلِكُونَ لِاَنْفُسِهِمْ نَفْعًا وَلَا ضَرًّا قُلْ هَلْ يَسْتَوِى الْاَعْمٰى
وَالْبَصٖيرُ اَمْ هَلْ تَسْتَوِى الظُّلُمَاتُ وَالنُّورُ اَمْ جَعَلُوا لِلّٰهِ شُرَكَاءَ
خَلَقُوا كَخَلْقِهٖ فَتَشَابَهَ الْخَلْقُ عَلَيْهِمْ قُلِ اللّٰهُ خَالِقُ كُلِّ شَيْءٍ وَهُوَ
الْوَاحِدُ الْقَهَّارُ ﴿١٦﴾ اَنْزَلَ مِنَ السَّمَاءِ مَاءً فَسَالَتْ اَوْدِيَةٌ بِقَدَرِهَا
فَاحْتَمَلَ السَّيْلُ زَبَدًا رَابِيًا وَمِمَّا يُوقِدُونَ عَلَيْهِ فِى النَّارِ ابْتِغَاءَ حِلْيَةٍ
اَوْ مَتَاعٍ زَبَدٌ مِثْلُهُ كَذٰلِكَ يَضْرِبُ اللّٰهُ الْحَقَّ وَالْبَاطِلَ فَاَمَّا الزَّبَدُ
فَيَذْهَبُ جُفَاءً وَاَمَّا مَا يَنْفَعُ النَّاسَ فَيَمْكُثُ فِى الْاَرْضِ كَذٰلِكَ
يَضْرِبُ اللّٰهُ الْاَمْثَالَ ﴿١٧﴾ لِلَّذٖينَ اسْتَجَابُوا لِرَبِّهِمُ الْحُسْنٰى وَالَّذٖينَ
لَمْ يَسْتَجٖيبُوا لَهُ لَوْ اَنَّ لَهُمْ مَا فِى الْاَرْضِ جَمٖيعًا وَمِثْلَهُ مَعَهُ لَافْتَدَوْا
بِهٖ اُولٰئِكَ لَهُمْ سُوءُ الْحِسَابِ وَمَاْوٰيهُمْ جَهَنَّمُ وَبِئْسَ الْمِهَادُ ﴿١٨﴾

اَفَمَنْ

14. La verdadera oración y la verdadera llamada es la que se dirige tan sólo a Él. Aquellos a quienes oran y llaman a otros (a orar), en lugar de a Él, no pueden responderles de ningún modo. (Por lo que aquel que les ora no es) sino como el que alarga sus manos hacia el agua (orando) que ésta llegue a su boca pero nunca llega a ella. La oración de los incrédulos está destinada a echarse a perder.

15. Ante Dios se postra todo lo que hay en los Cielos y en la Tierra voluntariamente o a la fuerza, así como hacen sus sombras por las mañanas y tardes[7].

16. Di: «¿Quién es el Señor de los Cielos y de la Tierra?». Di: «Dios». Di (también): «¿Y tomareis como protectores, aparte de Él, aquellos que no tienen poder para beneficiarse o evitar el mal incluso a sí mismos?». Di: «¿Son el ciego y el que puede ver iguales o son iguales las profundidades de la oscuridad y la luz?». ¿Han asociado a Dios copartícipes que hayan creado el símil de Su creación, por lo que la creación (que ellos han creado y la de Dios) les parece semejante (así que no pueden distinguir al verdadero Creador)? Di: «Dios es el Creador de todas las cosas, y Él es Único, Irresistible (con dominio absoluto sobre todo lo que existe)».

17. Ha hecho descender del cielo agua y cada uno de los ríos que discurren en los valles se llenan y discurren (en abundancia), según su capacidad, y el flujo arrastra una espuma hinchada (sobre su superficie). De lo que funden en el fuego para obtener adornos o utensilios surge una espuma similar. Así presenta Dios una parábola para mostrar la verdad y la falsedad. Así que, en cuanto a la espuma, desaparece como también lo hace toda la escoria, pero lo que es útil para la gente permanece en la Tierra. De esta manera Dios establece parábolas[8].

18. Para aquellos que respondan a (la llamada de) su Señor, hay una hermosa recompensa; y quienes no Le respondan, aunque tuvieran todo lo que hay en la Tierra y otro tanto, lo ofrecerían como rescate (para ser salvados del castigo). Tales son aquellos a quienes pertenece la peor cuenta y su morada final es el Infierno. ¡Cuán funesto lugar de descanso!

7. La variación de la longitud de la sombra según la posición del Sol en relación a la Tierra —alargamiento o contracción— es una imagen bellísima y significativa de cómo la creación se postra en sumisión ante su Creador.

Todo tiene un lugar asignado en el gran diseño del universo, funcionando con magnífica armonía e interconexión. El Sol, la Luna, las estrellas y los cuerpos celestes están interrelacionados entre ellos en un espléndido sistema, siguiendo una ley inalterable y nunca se desvían de su trayectoria establecida. Todo en el mundo, desde los electrones hasta las nebulosas, se rige por sus propias leyes. El nacimiento del ser humano, su crecimiento y vida, y todos los órganos del cuerpo, desde los pequeños tejidos hasta el corazón y el cerebro, también están gobernados por leyes prescritas para ellos. (Una vez más debemos de recordar que lo que llamamos leyes no son más que ciertos principios que hemos deducido observando los acontecimientos «naturales». Son la ejecución de las órdenes o actos de Dios).

Esto es por lo que decimos que el Islam es la religión del universo, puesto que el Islam no es nada más que la obediencia y la sumisión a Dios, el Señor del universo. El Sol, la Luna, la Tierra y el resto de cuerpos celestes son musulmanes al igual que lo es el aire, el agua, el calor, las piedras, los árboles y los animales. Todo lo que hay en la existencia obedece a Dios y está sometido a Sus leyes. Incluso los incrédulos y los ateos son musulmanes, puesto que su existencia corpórea en cada parte de su cuerpo sigue el curso de lo que Dios ha establecido para ellos, desde el nacimiento hasta su muerte y resurrección. Desde este punto de vista, todo aquello o todo aquél que se halle en los Cielos o en la Tierra —ya sea creyente o incrédulo— se postra ante Dios o está sometido a Él voluntariamente o a la fuerza. Es una obligación sin alternativa.

En segundo lugar, tal y como se indica antes en distintos pasajes (*sura* 4:79, nota 18; *sura* 5:40, nota 8; *sura* 6:38, nota 8), Dios posee soberanía absoluta sobre todas las cosas. Decreta tal y como Su Voluntad dicta. A pesar de que estamos dotados de libre albedrío y nos encontramos con los resultados de nuestras intenciones y actos, al haber Él establecido la ley de la causalidad en este mundo corpóreo y haber Él determinado qué causa da lugar a qué efecto o resultado, Su Voluntad absoluta es también la única autoridad de nuestras acciones. Es Dios Aquel Quien establece qué causa (pensamiento, creencia o acción) da lugar a qué resultado, y la humanidad no puede escapar de este marco. En este sentido, todo lo que se halla en los Cielos y en la Tierra se postra ante Él.

8. Las comparaciones y las expresiones de este versículo y de los versículos 12 y 13 son como las que se encuentran en el *sura* 7:54-58. El agua o la lluvia simboliza la Revelación Divina y los valles representan las mentes y los corazones, que difieren en su capacidad de recibir y de beneficiarse de la Revelación. Del mismo modo que las mentes y los corazones o las almas humanas son como valles o lechos de río que reciben lluvia y fluyen de acuerdo a su medida, así también lo es la gente, como materias primas o metal que ha de ser trabajado. Los que trasmiten la Revelación Divina y educan a la gente basándose en ello trabajan las almas humanas para refinarlas y hacerlas como plata, oro, diamante o platino, cada uno según su capacidad. En ambos casos, es decir, respecto al agua que es llevada por el flujo y el metal que es trabajado por el fuego, se dan una espuma y una escoria que afloran a la superficie y que simbolizan el atributo inútil e indeseable que existe de modo innato en el alma humana. Estos elementos han de ser eliminados a través de la educación. La espuma está en la superficie y oscurece el agua que fluye por debajo. La falsedad es como esta espuma. Es por eso que la gente piensa que domina la verdad. Pero sólo es así en apariencia y es engañoso, ya que, al igual que la espuma, la falsedad está destinada a desvanecerse cuando aflora la verdad (17:81). La verdad es permanente y es como el agua que fluye debajo de la espuma y que lleva vida allá donde llega.

19. ¿Acaso el que sabe que lo que te ha sido enviado de tu Señor es la verdad es como aquel que es ciego? Sin duda alguna, sólo la gente de discernimiento reflexiona y es considerada.

20. Aquellos que cumplen el pacto de Dios (responsables del orden del universo y son capaces de establecer la paz, el orden y la armonía en la vida humana) y no rompen la promesa (de que no adorarán a nadie excepto a Dios y cumplirán todas las demás obligaciones resultantes de creer y adorar a un Único Dios);

21. Y aquellos que unen los lazos que Dios ha ordenado que fueran unidos (entre sus parientes como requisito de las relaciones consanguíneas y entre la gente como requisito de la interdependencia humana y social), y tienen temor reverencial a su Señor y temerosos de (enfrentarse a) la peor cuenta.

22. Y aquellos que soportan pacientemente (ante todas las adversidades que se encuentran en la causa de Dios) en el camino donde reside la complacencia eterna de Dios, y establecen la Oración conforme a sus condiciones, gastan de lo que les hemos proveído, en secreto y en público, y repelen el mal con el bien[9]. Tales son aquellos para quien se da la última (y eterna) morada.

23. Jardines de dicha perpetua en los que entrarán, junto con aquellos rectos de entre sus antepasados, esposas y descendientes; y los ángeles vendrán ante ellos por cada puerta (diciendo):

24. «La paz sea sobre vosotros por haber soportado pacientemente. ¡Cuan excelente es la última (y eterna) morada!».

اَفَمَنْ يَعْلَمُ اَنَّمَٓا اُنْزِلَ اِلَيْكَ مِنْ رَبِّكَ الْحَقُّ كَمَنْ هُوَ اَعْمٰىۜ اِنَّمَا
يَتَذَكَّرُ اُولُوا الْاَلْبَابِۙ ﴿١٩﴾ اَلَّذِينَ يُوفُونَ بِعَهْدِ اللّٰهِ وَلَا يَنْقُضُونَ
الْمِيثَاقَۙ ﴿٢٠﴾ وَالَّذِينَ يَصِلُونَ مَٓا اَمَرَ اللّٰهُ بِهٖٓ اَنْ يُوصَلَ وَيَخْشَوْنَ
رَبَّهُمْ وَيَخَافُونَ سُٓوءَ الْحِسَابِۜ ﴿٢١﴾ وَالَّذِينَ صَبَرُوا ابْتِغَٓاءَ وَجْهِ
رَبِّهِمْ وَاَقَامُوا الصَّلٰوةَ وَاَنْفَقُوا مِمَّا رَزَقْنَاهُمْ سِرًّا وَعَلَانِيَةً
وَيَدْرَؤُ۫نَ بِالْحَسَنَةِ السَّيِّئَةَ اُو۬لٰٓئِكَ لَهُمْ عُقْبَى الدَّارِۙ ﴿٢٢﴾ جَنَّاتُ
عَدْنٍ يَدْخُلُونَهَا وَمَنْ صَلَحَ مِنْ اٰبَٓائِهِمْ وَاَزْوَاجِهِمْ وَذُرِّيَّاتِهِمْ
وَالْمَلٰٓئِكَةُ يَدْخُلُونَ عَلَيْهِمْ مِنْ كُلِّ بَابٍۚ ﴿٢٣﴾ سَلَامٌ عَلَيْكُمْ بِمَا
صَبَرْتُمْ فَنِعْمَ عُقْبَى الدَّارِۜ ﴿٢٤﴾ وَالَّذِينَ يَنْقُضُونَ عَهْدَ اللّٰهِ مِنْ بَعْدِ
مِيثَاقِهٖ وَيَقْطَعُونَ مَٓا اَمَرَ اللّٰهُ بِهٖٓ اَنْ يُوصَلَ وَيُفْسِدُونَ فِي الْاَرْضِۙ
اُو۬لٰٓئِكَ لَهُمُ اللَّعْنَةُ وَلَهُمْ سُٓوءُ الدَّارِ ﴿٢٥﴾ اَللّٰهُ يَبْسُطُ الرِّزْقَ لِمَنْ
يَشَٓاءُ وَيَقْدِرُۜ وَفَرِحُوا بِالْحَيٰوةِ الدُّنْيَاۜ وَمَا الْحَيٰوةُ الدُّنْيَا فِي الْاٰخِرَةِ
اِلَّا مَتَاعٌ ﴿٢٦﴾ وَيَقُولُ الَّذِينَ كَفَرُوا لَوْلَٓا اُنْزِلَ عَلَيْهِ اٰيَةٌ مِنْ رَبِّهٖۜ
قُلْ اِنَّ اللّٰهَ يُضِلُّ مَنْ يَشَٓاءُ وَيَهْدٖٓي اِلَيْهِ مَنْ اَنَابَۚ ﴿٢٧﴾ اَلَّذِينَ اٰمَنُوا
وَتَطْمَئِنُّ قُلُوبُهُمْ بِذِكْرِ اللّٰهِۜ اَلَا بِذِكْرِ اللّٰهِ تَطْمَئِنُّ الْقُلُوبُۜ ﴿٢٨﴾

25. Pero aquellos que rompen el compromiso de Dios tras su solemne establecimiento y rompen los lazos que Dios ordenó que fuesen unidos, y causan desorden y corrupción en la Tierra; aquellos son para quienes se da maldición (la exclusión de la misericordia de Dios) y para ellos se da la peor morada.

26. Dios aumenta la provisión a quien Su Voluntad dicta y la escatima (a quien Su Voluntad dicta). Ellos (los incrédulos quienes se han permitido esta vida presente y mundana, olvidando a Dios y el Más Allá) se regocijan de la vida presente y mundana, mientras que la vida presente y mundana no es sino un efímero disfrute comparada con el Más Allá.

27. Aquellos incrédulos dicen: «¿Por qué no ha descendido ningún signo milagroso (del tipo que queremos) de su Señor?». Di (les, Oh Mensajero): «Sin duda, Dios extravía a quien Su Voluntad dicta[10] y dirige hacia Sí Mismo a todo aquel que se torna (a Él incondicionalmente).

28. Aquellos que han creído (y se han consolidado en la creencia), aquellos cuyos corazones hallan reposo y satisfacción en la remembranza y la devoción incondicional a Dios. Que sepáis que es con la remembranza y la devoción incondicional a Dios que los corazones hallan reposo y satisfacción.

---

9. Esta última frase tiene varios significados:

- Cualquier cosa mala que la gente ha hecho o cualquier pecado que ha cometido, eliminan (sus efectos) inmediatamente por el arrepentimiento.
- Ante cualquier cosa mala que hayan hecho, hacen inmediatamente una cosa buena como expiación de ello.
- Rechazan el mal que se les ha hecho, haciendo el bien a aquellos que les han hecho el mal.
- «Cuando se les priva (de algo), dan; y cuando son tratados injustamente, perdonan».

El respetado erudito turco, Fethullah Gülen, escribe lúcidamente sobre este tema:

> Devuelve el bien por el mal y hazle caso omiso al trato descortés. El carácter de un individuo se refleja en su comportamiento. Escoge la tolerancia y sé magnánimo hacia los maleducados.
>
> La característica más distintiva de un alma rebosante de fe es amar todos los tipos de amor que se expresan en los actos y sentir enemistad hacia todas las acciones en las que se expresa la enemistad. Odiarlo todo es señal de enajenación o de identificación con Satanás.
>
> Acepta el modo en cómo te trata Dios. Trata a los demás en la misma medida que Dios lo hace contigo para que así puedas representar la verdad entre ellos y quedar libre del miedo de sentirte sólo, tanto en este mundo como en el próximo (*Perlas de la Sabiduría*, págs.81-82).

También escribe sobre la reflexión de esta cualidad digna de alabanza en la educación:

> La mejora de una comunidad es tan solo posible al elevar las generaciones jóvenes al rango de la humanidad, no destruyendo a los que se separaron del camino del bien. Si no hacemos germinar por todo el país semillas de religión, tradición y conciencia histórica, nuevos elementos malignos aparecerán y crecerán en lugar de aquellos que han sido arrancados (Ibíd., 42)

10. Respecto al hecho de que Dios extravía a quien Su Voluntad dicta véanse el *sura* 2, nota 10; los versículos 26-27, nota 23; el *sura* 6:39, nota 9.

29. Aquellos (cuyos corazones han alcanzado el reposo y la satisfacción,) quienes han creído y hacen actos buenos y rectos; para ellos se da la felicidad más grande y el más bello destino de llegada.

30. Para este fin te hemos enviado como Mensajero entre una comunidad antes de la cual otras (similares) comunidades han surgido y desaparecido, para que les recites (y transmitas) lo que te hemos revelado, mientras que (en su ignorancia) no creen en el Misericordioso. Di: «Él es mi Señor. No hay más deidad que Él. En Él he depositado mi confianza y a Él recurro».

31. Si es que a través de un Libro Divino se moviesen las montañas, o la Tierra se hiciese pedazos o a los muertos se les hiciera hablar (todo sería tan solo a través de este Corán para que los incrédulos se viesen obligados a creer sin tener otra alternativa). Sin duda, a Dios Le pertenece todo el mandato (para decidir qué ocurrirá y cómo será). ¿Acaso los que creen no saben que, si Dios hubiera querido, habría guiado en verdad a toda la humanidad (hacia la fe)? Los incrédulos no dejarán de ser golpeados con severos golpes por lo que han tramado o bien éstos se posarán cerca de sus casas (para afligirles) hasta que la promesa de Dios (de la victoria final del Islam o el Día del Juicio Final) se cumpla[11]. En verdad que Dios no falta a la promesa.

32. Los Mensajeros sin duda fueron objeto de burla antes de ti. No obstante (a pesar de lo que hicieron), concedí una prórroga a los incrédulos; pero luego les agarré (con terribles destrucciones). Entonces, ¡(mira) cómo fue Mi retribución!

الَّذِينَ اٰمَنُوا وَعَمِلُوا الصَّالِحَاتِ طُوبٰى لَهُمْ وَحُسْنُ مَاٰبٍ ٢٩
كَذٰلِكَ اَرْسَلْنَاكَ فِى اُمَّةٍ قَدْ خَلَتْ مِنْ قَبْلِهَا اُمَمٌ لِتَتْلُوَا
عَلَيْهِمُ الَّذِى اَوْحَيْنَا اِلَيْكَ وَهُمْ يَكْفُرُونَ بِالرَّحْمٰنِ قُلْ هُوَ
رَبِّى لَا اِلٰهَ اِلَّا هُوَ عَلَيْهِ تَوَكَّلْتُ وَاِلَيْهِ مَتَابِ ٣٠ وَلَوْ اَنَّ قُرْاٰنًا
سُيِّرَتْ بِهِ الْجِبَالُ اَوْ قُطِّعَتْ بِهِ الْاَرْضُ اَوْ كُلِّمَ بِهِ الْمَوْتٰى
بَلْ لِلّٰهِ الْاَمْرُ جَمِيعًا اَفَلَمْ يَايْـَٔسِ الَّذِينَ اٰمَنُوا اَنْ لَوْ يَشَاءُ اللّٰهُ
لَهَدَى النَّاسَ جَمِيعًا وَلَا يَزَالُ الَّذِينَ كَفَرُوا تُصِيبُهُمْ بِمَا
صَنَعُوا قَارِعَةٌ اَوْ تَحُلُّ قَرِيبًا مِنْ دَارِهِمْ حَتّٰى يَاْتِىَ وَعْدُ اللّٰهِ
اِنَّ اللّٰهَ لَا يُخْلِفُ الْمِيعَادَ ٣١ وَلَقَدِ اسْتُهْزِئَ بِرُسُلٍ مِنْ قَبْلِكَ
فَاَمْلَيْتُ لِلَّذِينَ كَفَرُوا ثُمَّ اَخَذْتُهُمْ فَكَيْفَ كَانَ عِقَابِ ٣٢
اَفَمَنْ هُوَ قَائِمٌ عَلٰى كُلِّ نَفْسٍ بِمَا كَسَبَتْ وَجَعَلُوا لِلّٰهِ شُرَكَاءَ
قُلْ سَمُّوهُمْ اَمْ تُنَبِّؤُنَهُ بِمَا لَا يَعْلَمُ فِى الْاَرْضِ اَمْ بِظَاهِرٍ
مِنَ الْقَوْلِ بَلْ زُيِّنَ لِلَّذِينَ كَفَرُوا مَكْرُهُمْ وَصُدُّوا عَنِ السَّبِيلِ
وَمَنْ يُضْلِلِ اللّٰهُ فَمَا لَهُ مِنْ هَادٍ ٣٣ لَهُمْ عَذَابٌ فِى الْحَيٰوةِ
الدُّنْيَا وَلَعَذَابُ الْاٰخِرَةِ اَشَقُّ وَمَا لَهُمْ مِنَ اللّٰهِ مِنْ وَاقٍ ٣٤

مَثَلُ الْجَنَّةِ

33. ¿Acaso es Él Quien vigila cada alma y lo que ésta obtiene (ha de ser negado o desobedecido)? Sin embargo, atribuyen copartícipes a Dios. Di: «¡Nombradlos (si algo puede ser una deidad meramente por nombrarlo)! ¿Acaso (os atrevéis a) informarle de algo (que existe) sobre la Tierra que Él no sepa? ¿O solamente proferís palabras (sin significado ni referencia a nada existente y real)? Sin duda, a los incrédulos se les ha embellecido sus invenciones para que les parecieran atrayentes y son apartados del camino recto. Aquel a quien Dios extravía no tendrá quien le guíe.

34. Para ellos se da castigo en la vida de este mundo, pero el castigo del Más Allá es más grave y no tienen quien les proteja contra Dios.

11. Esta expresión es sumamente importante para comprender muchos importantes eventos en la historia de la humanidad. Rechazando la Verdad y el camino recto de Dios, los incrédulos continúan inventando nuevas vías y produciendo nuevas cosas para satisfacer sus deseos egoístas. El verbo para expresar sus invenciones, *SaNe'A*, es también la raíz para la palabra *sana'yi'*, que significa industria. A pesar de que el Corán principalmente se refiere aquí con «los incrédulos» a los incrédulos de La Meca, también se refiere a todos los incrédulos hasta el Día del Juicio Final. Los incrédulos nunca han cesado de inventar nuevas vías de lucha contra el Islam, desarrollando nuevos mecanismos para satisfacer sus deseos carnales y explotar los recursos naturales en todo el mundo. Se han esforzado hasta que han construido gigantescas industrias, incluida la industria armamentística. Sin embargo, nunca han dejado de ser afectados por severos golpes por todos los lados como las guerras, incluyendo especialmente las dos Guerras Mundiales de nuestra era. Del mismo modo que los incrédulos de La Meca no cesaron de ser afectados por los golpes hasta el día final de su derrota y rendición ante el Islam, los incrédulos contemporáneos no dejaran de ser golpeados por golpes hasta que acepten el dominio de Dios sobre sus vidas y se sometan a Dios completamente. Si no, al final, el Día del Juicio Final les agarrará severamente.

35. El Paraíso prometido a los piadosos devotos, puede ser asemejado a un jardín a través del cual discurren ríos. Sus frutos y sombras son perpetuos. Este será el resultado final de aquellos que se apartan de la desobediencia a Dios en veneración a Él y piedad, del mismo modo que el resultado final de los incrédulos es el Fuego.

36. Aquellos a quienes les otorgamos el Libro anteriormente se alegran de lo que se te ha descendido. (Algunos porque creen que es la revelación final esperada y algunos porque contiene pasajes que confirman sus Libros y sus Profetas)[12]. Sin embargo, entre esos grupos (que responden ante el Libro), algunos niegan parte de ello (porque revela sus interpolaciones en sus Libros y no sirve a sus intereses). Di (Oh Mensajero): «Tan solo he sido ordenado a adorar a Dios y a no atribuirle copartícipes. Llamo (a toda la gente) a Él y a Él es mi retorno destinado».

37. Y de este modo (como un Libro cuyo mensaje está fundamentado en la creencia y la adoración del Único Dios y que debería por lo tanto ser aceptado por todos aquellos a los que se les concedió el Libro con anterioridad), hemos enviado (este Corán) como un juicio final en lengua árabe. Y, en verdad, si sigues sus deseos y caprichos después de lo que te ha llegado de Conocimiento, no tendrás a nadie que te defienda y proteja frente a Dios.

38. Sin duda alguna, enviamos a otros Mensajeros antes de ti y (como cualquier otro hombre) les dimos esposas e hijos. No fue (el modo) de los Mensajeros obrar milagros (como signo de que son Mensajeros) excepto con el permiso de Dios. Cada período determinado tiene su propia Revelación y ley.

مَثَلُ الْجَنَّةِ الَّت۪ي وُعِدَ الْمُتَّقُونَۜ تَجْر۪ي مِنْ تَحْتِهَا الْاَنْهَارُۜ
اُكُلُهَا دَٓائِمٌ وَظِلُّهَاۜ تِلْكَ عُقْبَى الَّذ۪ينَ اتَّقَوْاۗ وَعُقْبَى الْكَافِر۪ينَ
النَّارُ ﴿٣٥﴾ وَالَّذ۪ينَ اٰتَيْنَاهُمُ الْكِتَابَ يَفْرَحُونَ بِمَٓا اُنْزِلَ اِلَيْكَ
وَمِنَ الْاَحْزَابِ مَنْ يُنْكِرُ بَعْضَهُۜ قُلْ اِنَّمَٓا اُمِرْتُ اَنْ اَعْبُدَ
اللّٰهَ وَلَٓا اُشْرِكَ بِه۪ۜ اِلَيْهِ اَدْعُوا وَاِلَيْهِ مَاٰبِ ﴿٣٦﴾ وَكَذٰلِكَ اَنْزَلْنَاهُ
حُكْمًا عَرَبِيًّاۜ وَلَئِنِ اتَّبَعْتَ اَهْوَٓاءَهُمْ بَعْدَ مَا جَٓاءَكَ مِنَ الْعِلْمِۙ
مَا لَكَ مِنَ اللّٰهِ مِنْ وَلِيٍّ وَلَا وَاقٍ ﴿٣٧﴾ وَلَقَدْ اَرْسَلْنَا رُسُلًا
مِنْ قَبْلِكَ وَجَعَلْنَا لَهُمْ اَزْوَاجًا وَذُرِّيَّةًۜ وَمَا كَانَ لِرَسُولٍ اَنْ
يَأْتِيَ بِاٰيَةٍ اِلَّا بِاِذْنِ اللّٰهِۜ لِكُلِّ اَجَلٍ كِتَابٌ ﴿٣٨﴾ يَمْحُوا اللّٰهُ مَا يَشَٓاءُ
وَيُثْبِتُۚ وَعِنْدَهُٓ اُمُّ الْكِتَابِ ﴿٣٩﴾ وَاِنْ مَا نُرِيَنَّكَ بَعْضَ الَّذ۪ي
نَعِدُهُمْ اَوْ نَتَوَفَّيَنَّكَ فَاِنَّمَا عَلَيْكَ الْبَلَاغُ وَعَلَيْنَا الْحِسَابُ ﴿٤٠﴾
اَوَلَمْ يَرَوْا اَنَّا نَأْتِي الْاَرْضَ نَنْقُصُهَا مِنْ اَطْرَافِهَاۜ وَاللّٰهُ
يَحْكُمُ لَا مُعَقِّبَ لِحُكْمِه۪ۜ وَهُوَ سَر۪يعُ الْحِسَابِ ﴿٤١﴾
وَقَدْ مَكَرَ الَّذ۪ينَ مِنْ قَبْلِهِمْ فَلِلّٰهِ الْمَكْرُ جَم۪يعًاۜ يَعْلَمُ
مَا تَكْسِبُ كُلُّ نَفْسٍۜ وَسَيَعْلَمُ الْكُفَّارُ لِمَنْ عُقْبَى الدَّارِ ﴿٤٢﴾

39. Dios borra lo que Su Voluntad dicta (de las cosas y acontecimientos que ha creado y las leyes que ha establecido) y confirma y establece (lo que Su Voluntad dicta). Con Él está la Madre del Libro[13].

40. Tanto si te mostramos (Oh Mensajero) el cumplimiento de algo de lo que les hemos prometido como si hacemos que mueras (antes de que ocurra), a ti solo te incumbe (como deber y mandamiento Nuestro) transmitir el Mensaje y a Nosotros ajustar cuentas.

41. ¿Es que no ven cómo tratamos con la Tierra cuando reducimos de sus partes periféricas?[14] Dios juzga y (cuando ha juzgado) no hay nadie que pueda revisar Su juicio. Y Él es rápido en ajustar cuentas.

42. Aquellos antes de ellos intrigaron (al igual que sus descendientes lo hacen ahora), pero a Dios pertenecen todas las tramas, (Quien las desbarata y hace valer Su propia voluntad). Sabe lo que cada alma gana (por sus intenciones y actos). Por lo tanto, los incrédulos sabrán para quién es la última y eterna morada.

---

12. Tal y como es indicado en el Corán, en versículos tales como el *sura* 7:159, el *sura* 28:52 y el *sura* 46:10, hubo alguna Gente del Libro que creyó en el Islam durante el período de La Meca y en los primeros años de la Hégira, por ejemplo, como ciertos cristianos de Abisinia y algunos judíos de Medina. Hubo algunos asimismo que aceptaron varios pasajes del Corán porque confirmaban el origen Divino de sus Libros y sus Profetas. Este versículo se refiere a ellos.

13. Los orígenes, las fuentes y las semillas desde los que Dios Todopoderoso da forma a las cosas y/o a los seres con orden perfecto y arte, muestran que están dispuestos de acuerdo a un «libro de principios» contenido en el Conocimiento Divino. Las semillas contienen planes y programas de los seres o las cosas. Para dar un ejemplo más concreto, una semilla contiene o constituye el plan y programa de acuerdo con el cual un árbol va a ser formado y, además, es una miniatura que personifica los Principios Divinos que hacen que el árbol exista y que determina dicho plan y programa. Este plan o programa arquetípico del Árbol de la Creación como un todo, que extiende sus ramas hacia el pasado y el futuro y en el mundo de Lo Oculto, se llama Registro Manifiesto y los Principios Divinos que determinan este plan y programa constituyen lo que el Corán llama la Tabla Suprema Preservada, que está contenida en el Conocimiento Divino (véase también 6:59, nota 13).

La vida de, por ejemplo, una planta o de un árbol desde su germinación bajo la tierra hasta su producción del fruto, es la forma desarrollada de dicha semilla, y esta completa vida con todos sus ciclos está resumida en su fruto, más que en la semilla que contiene cada fruto. Llamamos a esta vida activa de una cosa o un ser vivo Destino Práctico o Libro Manifiesto. Con todas sus cosas y acontecimientos que contiene, el universo tiene su propio Destino Práctico «universal», el cual es el Libro Manifiesto «universal». El Registro Manifiesto que está escrito por el Conocimiento Divino, hace referencia a los orígenes de las cosas y los seres, mientras que el Libro Manifiesto hace referencia a toda su vida y es un cuaderno escrito por el Poder Divino.

A través de los dictados del Registro Manifiesto, es decir, a través del Decreto y las instrucciones del Destino Divino, el Poder Divino emplea átomos para crear o manifestar la cadena de los seres. Cada eslabón de la misma es un signo Suyo, en la página metafórica del tiempo llamada Tabla de Supresión y Confirmación. Por lo tanto, los átomos están establecidos para que se muevan y así los seres sean transferidos desde el mundo de Lo Oculto hasta el mundo material y visible, desde el (Reino del) Conocimiento hasta el (Reino del) Poder.

La Tabla de Supresión y Confirmación es la tabla en la que los acontecimientos y las cosas y/o los seres están inscritos y son eliminados o borrados de acuerdo a los dictados de la Tabla Suprema Preservada contenida en el Conocimiento Divino Eterno. Por lo tanto, muestra un cambio continuo. La Tabla de Supresión y Confirmación, constituye la esencia del tiempo. El tiempo, poderoso río que fluye a lo largo de la existencia, tiene su esencia en la inscripción del Poder Divino de los seres y en la «tinta» que usa.

Del mismo modo, Dios también posee los principios arquetípicos de la vida social humana, todos los cuales son llamados la Madre del Libro. Él establece estos principios y mandamientos o leyes a lo largo de la historia humana según corresponde a las necesidades particulares del tiempo y de la gente a los que concierne. Por esa razón, cada época o período determinado posee su propia Revelación y ley. Dios las reveló con Mensajeros sucesivos, de tal modo que todo ello culminó en el Corán como la forma final del Mensaje Divino.

Por lo tanto, en cuanto a la legislación, el Islam, como mensaje final y consumación de todos los mensajes Divinos, siguió tres vías principales:

- Conservó los mandamientos que ya existían en los Libros anteriores o que prevalecieron en la comunidad en que aparecieron y que no se contradecían con sus principios esenciales.
- Corrigió o enmendó aquellos que no estaban conformes con sus principios.
- Elaboró una nueva legislación.

Al elaborar nueva legislación, consideró tanto los aspectos esenciales e invariables de la vida, como aquellos que cambian a lo largo del tiempo. Respecto a los aspectos cambiantes de la vida, estableció reglas abiertas a revisión a la luz de las nuevas condiciones y de sus fundamentos de la fe, la adoración y la moralidad, así como estableció principios legales para mantener este proceso (véase el *sura* 2: 95). El mismo procedimiento también ha sido seguido en la época del Profeta, durante la cual el Corán fue revelado. Muchos versículos fueron abrogados o anulados por Dios Mismo, ya sea en términos de los mandamientos judiciales que contenía y preservando su redacción; o fueron totalmente eliminados del Corán. Este proceso es llamado *nasj*, y los versículos abrogados son conocidos como *mansuj*, siendo llamados los nuevos que sustituyen a los anteriores *nasij*.

14. Esta expresión tiene distintos significados y connotaciones sugeridas por los intérpretes del Corán. Significa:

- Estamos afligiendo con Nuestro castigo las tierras de los incrédulos, reduciéndoles gradualmente por todos los lados. Sugiere que Arabia está gradualmente siendo conquistada por los musulmanes. También profetiza las posteriores conquistas de los musulmanes al igual que la victoria final de la sumisión devota a Dios a lo largo del mundo.
- Hacemos que la destrucción siga a la prosperidad en la Tierra, la vida después de la muerte, la humillación después de la victoria, la pobreza después de la riqueza, la caída después de la elevación... Así que nadie, ninguna nación, puede estar segura de que Dios no tornará su prosperidad en bajeza.
- Dios gradualmente priva a una tierra, especialmente cerca del momento de su destrucción, de su mejor gente, de sabios, de guías espirituales, de pensadores, de grandes gobernantes y de grandes líderes.
- La Tierra está gradualmente siendo comprimida por los polos.
- Las tierras y las áreas montañosas están siendo erosionadas por el viento y la lluvia, y las áreas costeras por el mar; la tierra cultivable está siendo gradualmente erosionada, convirtiéndose en desierto.

254 سورة الرعد ٢٥٤

وَيَقُولُ الَّذِينَ كَفَرُوا لَسْتَ مُرْسَلًا قُلْ كَفَى بِاللَّهِ
شَهِيدًا بَيْنِي وَبَيْنَكُمْ وَمَنْ عِنْدَهُ عِلْمُ الْكِتَابِ ﴿٤٣﴾

سُورَةُ إِبْرٰهِيمَ مَكِّيَّةٌ
وَهِيَ اثْنَتَانِ وَخَمْسُونَ آيَةً

بِسْمِ اللَّهِ الرَّحْمٰنِ الرَّحِيمِ

الٓرٰ كِتَابٌ أَنْزَلْنَاهُ إِلَيْكَ لِتُخْرِجَ النَّاسَ مِنَ الظُّلُمَاتِ
إِلَى النُّورِ بِإِذْنِ رَبِّهِمْ إِلَى صِرَاطِ الْعَزِيزِ الْحَمِيدِ ﴿١﴾
اللَّهِ الَّذِي لَهُ مَا فِي السَّمٰوَاتِ وَمَا فِي الْأَرْضِ وَوَيْلٌ
لِلْكَافِرِينَ مِنْ عَذَابٍ شَدِيدٍ ﴿٢﴾ الَّذِينَ يَسْتَحِبُّونَ الْحَيٰوةَ
الدُّنْيَا عَلَى الْآخِرَةِ وَيَصُدُّونَ عَنْ سَبِيلِ اللَّهِ وَيَبْغُونَهَا
عِوَجًا أُولٰئِكَ فِي ضَلَالٍ بَعِيدٍ ﴿٣﴾ وَمَا أَرْسَلْنَا مِنْ رَسُولٍ
إِلَّا بِلِسَانِ قَوْمِهِ لِيُبَيِّنَ لَهُمْ فَيُضِلُّ اللَّهُ مَنْ يَشَاءُ وَيَهْدِي
مَنْ يَشَاءُ وَهُوَ الْعَزِيزُ الْحَكِيمُ ﴿٤﴾ وَلَقَدْ أَرْسَلْنَا مُوسَى
بِآيَاتِنَا أَنْ أَخْرِجْ قَوْمَكَ مِنَ الظُّلُمَاتِ إِلَى النُّورِ وَذَكِّرْهُمْ
بِأَيَّامِ اللَّهِ إِنَّ فِي ذٰلِكَ لَآيَاتٍ لِكُلِّ صَبَّارٍ شَكُورٍ ﴿٥﴾

وَإِذْ قَالَ

43. Los incrédulos dicen: «No eres un Mensajero enviado por Dios». Di (les): «Dios basta como testigo entre vosotros y yo y (como testigos) aquellos que tienen verdadero conocimiento del Libro».

SURA 14

IBRAHIM (ABRAHAM)

Período de La Meca

Este *sura*, de 52 versículos, fue revelado en los últimos años del período de La Meca del Islam. Toma su nombre del profeta Abraham —la paz sea con él— cuya oración respecto a La Meca y su futura gente se menciona en los versículos 35-41. En el versículo 5, la misión de Moisés es mencionada al dirigir *a su gente* desde las profundidades de la oscuridad hacia la luz, mientras que en su versículo inicial declara que el Corán fue enviado al profeta Muhammad, la paz y las bendiciones sean con él, para dirigir a la *humanidad* de las profundidades de la oscuridad hacia la luz, haciendo hincapié en la universalidad de su misión.

En el Nombre de Dios, el Misericordioso, el Compasivo.

1. *Alif. Lam. Ra.* (Este es) un Libro que te hemos enviado para que dirijas a la humanidad, con el permiso de su Señor, fuera de todo tipo de oscuridad (intelectual, espiritual, social, económica y política) hacia la luz, hacia el Camino del Glorioso poseedor de irresistible poder, el Digno de Alabanza (Quien provee para ellos y para todos los seres y cubre todas sus necesidades).

2. Dios, a Quien pertenece todo lo que se halla en los Cielos y todo lo que se halla sobre la tierra; y ¡pobre de los incrédulos por un castigo severo!

3. Eligen la vida presente y mundana antes que el Más Allá, y apartan (a la gente) del Camino de Dios e intentan hacerlo parecer tortuoso. Aquellos realmente se han alejado en un extravío irremediable.

4. No hemos enviado a ningún Mensajero sin la lengua de su pueblo para que pueda explicarles (el Mensaje) con claridad. Entonces, Dios extravía a quien Su Voluntad dicta y dirige a quien Su Voluntad dicta[1]. Él es el Glorioso poseedor de irresistible poder, el Omnisapiente.

5. Y, sin duda, hemos enviado a Moisés como Mensajero con Nuestras Revelaciones y signos (milagros para apoyarle) diciendo: «Dirige a tu pueblo desde todo tipo de oscuridad hacia la luz y recuérdales (predicando Nuestro Mensaje) los Días de Dios[2]. Sin duda, en ello hay signos para el que tenga mucha paciencia y perseverancia (en la causa de Dios) y esté sumamente agradecido (a Dios).

1. Respecto al hecho de que Dios extravía y guía a quien Su Voluntad dicta, véanse el *sura* 2, nota 10; versículos 26-27, nota 23; el *sura* 6: 39, nota 9.

2. La expresión *Días de Dios* se refiere a los acontecimientos históricos transcendentales, tal y como las destrucciones de comunidades previas, momentos decisivos de la historia y acontecimientos escatológicos.

وَاِذْ قَالَ مُوسٰى لِقَوْمِهِ اذْكُرُوا نِعْمَةَ اللّٰهِ عَلَيْكُمْ
اِذْ اَنْجٰيكُمْ مِنْ اٰلِ فِرْعَوْنَ يَسُومُونَكُمْ سُوٓءَ الْعَذَابِ
وَيُذَبِّحُونَ اَبْنَٓاءَكُمْ وَيَسْتَحْيُونَ نِسَٓاءَكُمْ وَفٖى ذٰلِكُمْ
بَلَٓاءٌ مِنْ رَبِّكُمْ عَظٖيمٌ ۝٦ وَاِذْ تَاَذَّنَ رَبُّكُمْ لَئِنْ شَكَرْتُمْ
لَاَزٖيدَنَّكُمْ وَلَئِنْ كَفَرْتُمْ اِنَّ عَذَابٖى لَشَدٖيدٌ ۝٧ وَقَالَ
مُوسٰٓى اِنْ تَكْفُرُٓوا اَنْتُمْ وَمَنْ فِى الْاَرْضِ جَمٖيعًا
فَاِنَّ اللّٰهَ لَغَنِىٌّ حَمٖيدٌ ۝٨ اَلَمْ يَأْتِكُمْ نَبَؤُا الَّذٖينَ مِنْ
قَبْلِكُمْ قَوْمِ نُوحٍ وَعَادٍ وَثَمُودَ وَالَّذٖينَ مِنْ بَعْدِهِمْ
لَا يَعْلَمُهُمْ اِلَّا اللّٰهُ جَٓاءَتْهُمْ رُسُلُهُمْ بِالْبَيِّنَاتِ فَرَدُّوا
اَيْدِيَهُمْ فٖٓى اَفْوَاهِهِمْ وَقَالُٓوا اِنَّا كَفَرْنَا بِمَٓا اُرْسِلْتُمْ
بِهٖ وَاِنَّا لَفٖى شَكٍّ مِمَّا تَدْعُونَنَٓا اِلَيْهِ مُرٖيبٍ ۝٩ قَالَتْ
رُسُلُهُمْ اَفِى اللّٰهِ شَكٌّ فَاطِرِ السَّمٰوَاتِ وَالْاَرْضِ
يَدْعُوكُمْ لِيَغْفِرَ لَكُمْ مِنْ ذُنُوبِكُمْ وَيُؤَخِّرَكُمْ اِلٰٓى اَجَلٍ
مُسَمًّى قَالُٓوا اِنْ اَنْتُمْ اِلَّا بَشَرٌ مِثْلُنَا تُرٖيدُونَ
اَنْ تَصُدُّونَا عَمَّا كَانَ يَعْبُدُ اٰبَٓاؤُنَا فَأْتُونَا بِسُلْطَانٍ مُبٖينٍ ۝١٠

6. Y (recuerda) cuando Moisés dijo a su gente: «Recordad el favor de Dios hacia vosotros que os ha salvado del clan del Faraón, quienes os sometían a los más horribles sufrimientos (esclavizándoos con tareas laboriosas como la construcción, el transporte y la agricultura), matando a vuestros hijos y dejando vivir a vuestras mujeres (para más humillación y sufrimiento). En ello hubo una gran prueba de vuestro Señor»[3].

7. Y (recuerda también) cuando vuestro Señor proclamó: «Si sois agradecidos (por Mis favores), sin duda os daré más; pero si sois desagradecidos, sin duda alguna Mi castigo es severo».

8. Y Moisés dijo: «Aunque vosotros y quienquiera que esté en la Tierra seáis incrédulos y desagradecidos, sin duda Dios es Acaudalado y Autosuficiente (como el Dueño de todas las cosas, por lo tanto independiente de toda la creación), el Digno de alabanza (a Quien pertenece toda la alabanza y gratitud)»[4].

9. ¿Acaso no han llegado a vosotros las historias ejemplares de aquellos que os precedieron —el pueblo de Noé, de ‘Ad y de Zamud— y los que les sucedieron? Nadie excepto Dios posee verdadero conocimiento de ellos. Llegaron a ellos sus Mensajeros con signos claros de la verdad, pero se metieron las manos en sus bocas (con sarcasmo e ira, frustrados por no poder refutarles) y dijeron: «Sin duda, no creemos en lo que se os ha enviado y en verdad tenemos serias dudas de aquello a lo que nos invitáis».

10. Sus Mensajeros dijeron: «¿Puede haber alguna duda sobre (la Existencia, la Unidad y la Soberanía absoluta de) Dios, el Originador de los Cielos y de la Tierra? Él os llama para perdonaros vuestros pecados y concederos una prórroga hasta un período determinado por Él (sin destruiros por vuestros pecados)»[5]. Pero dijeron: «No sois más que mortales como nosotros. Queréis apartarnos de lo que nuestros antepasados adoraban. Traernos, pues, una autoridad clara».

3. Para una explicación de este versículo, véase el *sura* 2:49, notas 56-58.

4. Véase el *sura* 1:2, nota 6.

5. En cuanto al hecho de que Dios perdone e indulte a la gente hasta un período determinado por Él, véase el *sura* 10:98, nota 20. Esto muestra que ni un individuo ni un pueblo están sujetos a ningún tipo de determinismo absoluto. Dios Todopoderoso les juzga, juzga sus vidas, las condiciones que les rodean en cuanto a sus propias elecciones, estilos de vida y actos.

قَالَتْ لَهُمْ رُسُلُهُمْ اِنْ نَحْنُ اِلَّا بَشَرٌ مِثْلُكُمْ وَلٰكِنَّ
اللّٰهَ يَمُنُّ عَلٰى مَنْ يَشَٓاءُ مِنْ عِبَادِهِۜ وَمَا كَانَ لَنَٓا اَنْ
نَاْتِيَكُمْ بِسُلْطَانٍ اِلَّا بِاِذْنِ اللّٰهِۜ وَعَلَى اللّٰهِ فَلْيَتَوَكَّلِ
الْمُؤْمِنُونَ ﴿١١﴾ وَمَا لَنَٓا اَلَّا نَتَوَكَّلَ عَلَى اللّٰهِ وَقَدْ هَدٰينَا
سُبُلَنَاۜ وَلَنَصْبِرَنَّ عَلٰى مَٓا اٰذَيْتُمُونَاۜ وَعَلَى اللّٰهِ فَلْيَتَوَكَّلِ
الْمُتَوَكِّلُونَ ﴿١٢﴾ وَقَالَ الَّذٖينَ كَفَرُوا لِرُسُلِهِمْ لَنُخْرِجَنَّكُمْ
مِنْ اَرْضِنَٓا اَوْ لَتَعُودُنَّ فٖى مِلَّتِنَاۜ فَاَوْحٰٓى اِلَيْهِمْ رَبُّهُمْ
لَنُهْلِكَنَّ الظَّالِمٖينَ ﴿١٣﴾ وَلَنُسْكِنَنَّكُمُ الْاَرْضَ مِنْ بَعْدِهِمْۜ
ذٰلِكَ لِمَنْ خَافَ مَقَامٖى وَخَافَ وَعٖيدِ ﴿١٤﴾ وَاسْتَفْتَحُوا
وَخَابَ كُلُّ جَبَّارٍ عَنٖيدٍ ﴿١٥﴾ مِنْ وَرَٓائِهٖ جَهَنَّمُ وَيُسْقٰى
مِنْ مَٓاءٍ صَدٖيدٍ ﴿١٦﴾ يَتَجَرَّعُهُ وَلَا يَكَادُ يُسٖيغُهُ وَيَاْتٖيهِ
الْمَوْتُ مِنْ كُلِّ مَكَانٍ وَمَا هُوَ بِمَيِّتٍۜ وَمِنْ وَرَٓائِهٖ
عَذَابٌ غَلٖيظٌ ﴿١٧﴾ مَثَلُ الَّذٖينَ كَفَرُوا بِرَبِّهِمْ اَعْمَالُهُمْ
كَرَمَادٍ اشْتَدَّتْ بِهِ الرّٖيحُ فٖى يَوْمٍ عَاصِفٍۜ لَا يَقْدِرُونَ
مِمَّا كَسَبُوا عَلٰى شَیْءٍۜ ذٰلِكَ هُوَ الضَّلَالُ الْبَعٖيدُ ﴿١٨﴾

اَلَمْ تَرَ

11. Sus Mensajeros les dijeron: «No somos más que mortales como vosotros, pero Dios ha sido especialmente Misericordioso hacia quien Su Voluntad dicta de entre Sus siervos. Y no nos incumbe traeros autoridad alguna (para nuestra misión), a menos que sea con el permiso de Dios; y por lo tanto es en Dios en Quien los creyentes deben depositar su confianza.

12. ¿Cómo no vamos a depositar nuestra confianza en Dios, en vista de que nos ha dirigido a nuestros caminos (que seguimos)? Por lo tanto, aguantaremos, sin duda, pacientemente cualquier daño que nos hagáis; y que todos aquellos que confían en sí mismos depositen su confianza en Dios».

13. Aquellos incrédulos dijeron a sus Mensajeros: «Sin duda, os expulsaremos de nuestra tierra, a menos que volváis a nuestra fe y nuestro modo de vida». Entonces, Su Señor reveló a Sus Mensajeros: «Sin duda alguna, destruiremos a los malhechores,

14. Y, sin duda alguna, os haremos morar en la tierra después de ellos. Esa es (Mi promesa) para quien Me tema como Dios (Majestuoso y Poderoso), y para quien tema Mi amenaza».

15. Y pidieron (tanto los Mensajeros como los incrédulos) un juicio (a través de una prueba de derecho y poder), y, al final, todo tirano contumaz fue frustrado (se le hizo fallar).

16. Y el Infierno le está esperando y se le hace beber una bebida de pus rezumante[6],

17. Sorbiéndola poco a poco, aunque apenas puede tragarla. La muerte le acosa por todas partes, a pesar de que no puede morir, y un castigo todavía más duro le espera adelante.

18. La parábola de aquellos que no creen en su Señor: todas sus obras son como las cenizas las cuales el viento sopla ferozmente en un día de tormenta (y por lo tanto esparce). No tienen control de nada de lo que han adquirido (para beneficiarse de ello). Ese en verdad es el mayor error y fallo.

6. En particular, algunos comentaristas modernos tienden a considerar metafóricamente casi todas las expresiones que tienen que ver con el Más Allá. Por ejemplo, la *pus rezumante* la interpretan como «agua del más amargo pesar». Eso es porque presuponen que la próxima vida es una vida «espiritual» que será únicamente experimentada con el espíritu. Pero la verdad es diferente. La humanidad será resucitada tanto corpórea como espiritualmente y experimentará la próxima vida de igual manera. No podemos percibir la verdadera naturaleza de esa vida en base a ésta, por lo que el Corán presenta esa vida con expresiones familiares que empleamos en esta vida. Ibn 'Abbas, al interpretar la expresión coránica, *Cada vez que se les provea con frutos (de diverso color, forma, gusto, fragancia y constantemente renovados) de allí, dirán: «Esto es lo que se nos proveyó antes». Ya que lo que les es dado es parecido (a lo que les fue dado tanto en este mundo, y hace poco antes de entrar en los Jardines, conocidos en su forma y color de modo que no se les antojen poco atractivos por desconocimiento de los mismos)* (2:25), dijo que todas la provisiones del Paraíso se parecen a las del mundo, pero son totalmente diferentes. Por ejemplo, hay todo tipo de bebidas y comidas en el Paraíso (las cuales son adecuadas para el mismo), incluido el agua, la leche, la miel, la fruta, etc., que se nos proporciona en este mundo, pero son totalmente únicas en el Más Allá, y no podemos percibir su verdadera naturaleza. Las probaremos tanto corporal como espiritualmente en nuestra existencia que es única en el Más Allá. De modo similar, en el Infierno habrá pus rezumante, agua hirviendo y otros elementos de castigo mencionados en el Corán, pero serán únicos en el Más Allá. Por esa razón, interpretar las recompensas del Paraíso y las formas de castigo del Infierno de modo estrictamente figurativo o metafórico no es correcto. Esto significa «perseguir aquello de lo que no tenemos conocimiento», lo cual está prohibido en el Corán (17:36), y olvidar que «el oído, la vista y el corazón serán llamados a rendir cuentas por ello».

اَلَمْ تَرَ اَنَّ اللّٰهَ خَلَقَ السَّمٰوَاتِ وَالْاَرْضَ بِالْحَقِّ
اِنْ يَشَاْ يُذْهِبْكُمْ وَيَاْتِ بِخَلْقٍ جَدٖيدٍ ﴿١٩﴾ وَمَا ذٰلِكَ
عَلَى اللّٰهِ بِعَزٖيزٍ ﴿٢٠﴾ وَبَرَزُوا لِلّٰهِ جَمٖيعًا فَقَالَ الضُّعَفٰٓؤُا
لِلَّذٖينَ اسْتَكْبَرُوٓا اِنَّا كُنَّا لَكُمْ تَبَعًا فَهَلْ اَنْتُمْ مُغْنُونَ
عَنَّا مِنْ عَذَابِ اللّٰهِ مِنْ شَيْءٍ قَالُوا لَوْ هَدٰينَا اللّٰهُ لَهَدَيْنَاكُمْ
سَوَٓاءٌ عَلَيْنَٓا اَجَزِعْنَٓا اَمْ صَبَرْنَا مَا لَنَا مِنْ مَحٖيصٍ ﴿٢١﴾ وَقَالَ
الشَّيْطَانُ لَمَّا قُضِيَ الْاَمْرُ اِنَّ اللّٰهَ وَعَدَكُمْ وَعْدَ الْحَقِّ
وَوَعَدْتُكُمْ فَاَخْلَفْتُكُمْ وَمَا كَانَ لِيَ عَلَيْكُمْ مِنْ سُلْطَانٍ
اِلَّٓا اَنْ دَعَوْتُكُمْ فَاسْتَجَبْتُمْ لٖي فَلَا تَلُومُونٖي وَلُومُٓوا
اَنْفُسَكُمْ مَٓا اَنَا بِمُصْرِخِكُمْ وَمَٓا اَنْتُمْ بِمُصْرِخِيَّ اِنّٖي
كَفَرْتُ بِمَٓا اَشْرَكْتُمُونِ مِنْ قَبْلُ اِنَّ الظَّالِمٖينَ لَهُمْ
عَذَابٌ اَلٖيمٌ ﴿٢٢﴾ وَاُدْخِلَ الَّذٖينَ اٰمَنُوا وَعَمِلُوا الصَّالِحَاتِ
جَنَّاتٍ تَجْرٖي مِنْ تَحْتِهَا الْاَنْهَارُ خَالِدٖينَ فٖيهَا بِاِذْنِ رَبِّهِمْ
تَحِيَّتُهُمْ فٖيهَا سَلَامٌ ﴿٢٣﴾ اَلَمْ تَرَ كَيْفَ ضَرَبَ اللّٰهُ مَثَلًا كَلِمَةً
طَيِّبَةً كَشَجَرَةٍ طَيِّبَةٍ اَصْلُهَا ثَابِتٌ وَفَرْعُهَا فِي السَّمَٓاءِ ﴿٢٤﴾

19. ¿Acaso no ves que Dios ha creado los Cielos y la Tierra con la verdad (con sentido, con un propósito definido y sobre fundamentos sólidos de verdad)? Si Él quisiera así (para el cumplimiento de Su propósito de la creación), os haría desaparecer y traería una nueva generación (de seres humanos en vuestro lugar).

20. Y eso en verdad no es difícil para Dios.

21. Todos comparecerán ante Dios. Los que eran débiles (en el mundo y que siguieron a los opresores arrogantes en su extravío) dirán a los que eran arrogantes y oprimían a los demás: «Nosotros solíamos seguir vuestro ejemplo. ¿Podéis ahora apartar de nosotros algo del castigo de Dios?». Los otros responderán: «Si Dios nos hubiese guiado (hacia el camino de la salvación), os habríamos guiado a ello. Nos da igual ahora que nos angustiemos o aguantemos pacientemente; ¡no hay escapatoria para nosotros!».

22. Y Satanás dirá, cuando el asunto se decida: «Sin duda, Dios os prometió algo que con toda seguridad se haría realidad. Yo también os prometí, pero os he fallado. Y no tengo ningún poder sobre vosotros, excepto que cuando os llamé, me respondisteis. No me reprochéis, sino reprochaos a vosotros mismos. Yo no puedo responder a vuestro grito de socorro, y vosotros no podéis responder a mi grito de socorro. Rechazo que me hayáis asociado como un copartícipe a Dios (en la creencia o en la adoración) en el pasado». Sin duda, para los malhechores (que han sido injustos consigo mismos y se han arruinado a sí mismos negando a Dios o atribuyéndole copartícipes), se da un castigo doloroso.

23. Pero aquellos que hayan creído y hayan obrado actos buenos y rectos son admitidos en los Jardines por los que discurren ríos en donde morarán, con permiso de Su Señor. Su saludo ahí (entre ellos y de Dios y los ángeles) será: «¡Paz!».

24. ¿No ves cómo Dios presenta una parábola de una buena palabra?: (Una buena palabra es) como un buen árbol, sus raíces se mantienen firmes (en la tierra) y sus ramas en el cielo.

تُؤْتِى اُكُلَهَا كُلَّ حِينٍ بِاِذْنِ رَبِّهَاۜ وَيَضْرِبُ اللّٰهُ الْاَمْثَالَ
لِلنَّاسِ لَعَلَّهُمْ يَتَذَكَّرُونَ ﴿٢٥﴾ وَمَثَلُ كَلِمَةٍ خَبِيثَةٍ كَشَجَرَةٍ
خَبِيثَةٍۨ اجْتُثَّتْ مِنْ فَوْقِ الْاَرْضِ مَا لَهَا مِنْ قَرَارٍ ﴿٢٦﴾
يُثَبِّتُ اللّٰهُ الَّذِينَ اٰمَنُوا بِالْقَوْلِ الثَّابِتِ فِى الْحَيٰوةِ الدُّنْيَا
وَفِى الْاٰخِرَةِۚ وَيُضِلُّ اللّٰهُ الظَّالِمِينَ وَيَفْعَلُ اللّٰهُ مَا يَشَاءُ ﴿٢٧﴾
اَلَمْ تَرَ اِلَى الَّذِينَ بَدَّلُوا نِعْمَتَ اللّٰهِ كُفْرًا وَاَحَلُّوا
قَوْمَهُمْ دَارَ الْبَوَارِۙ ﴿٢٨﴾ جَهَنَّمَۚ يَصْلَوْنَهَاۜ وَبِئْسَ الْقَرَارُ ﴿٢٩﴾
وَجَعَلُوا لِلّٰهِ اَنْدَادًا لِيُضِلُّوا عَنْ سَبِيلِهٖۜ قُلْ تَمَتَّعُوا فَاِنَّ
مَصِيرَكُمْ اِلَى النَّارِ ﴿٣٠﴾ قُلْ لِعِبَادِىَ الَّذِينَ اٰمَنُوا يُقِيمُوا
الصَّلٰوةَ وَيُنْفِقُوا مِمَّا رَزَقْنَاهُمْ سِرًّا وَعَلَانِيَةً مِنْ قَبْلِ
اَنْ يَاْتِىَ يَوْمٌ لَا بَيْعٌ فِيهِ وَلَا خِلَالٌ ﴿٣١﴾ اَللّٰهُ الَّذِى خَلَقَ
السَّمٰوَاتِ وَالْاَرْضَ وَاَنْزَلَ مِنَ السَّمَاءِ مَاءً فَاَخْرَجَ بِهٖ
مِنَ الثَّمَرَاتِ رِزْقًا لَكُمْۚ وَسَخَّرَ لَكُمُ الْفُلْكَ لِتَجْرِىَ
فِى الْبَحْرِ بِاَمْرِهٖۚ وَسَخَّرَ لَكُمُ الْاَنْهَارَۚ ﴿٣٢﴾ وَسَخَّرَ لَكُمُ
الشَّمْسَ وَالْقَمَرَ دَائِبَيْنِۚ وَسَخَّرَ لَكُمُ الَّيْلَ وَالنَّهَارَۚ ﴿٣٣﴾

وَاٰتٰيكُمْ

---

25. Da su fruto en cada estación con permiso de su Señor. Dios muestra parábolas a los seres humanos para que así reflexionen sobre ellas y deduzcan las lecciones necesarias.

26. Y la parábola de una palabra corrupta es como un árbol putrefacto arrancado del suelo que no tiene estabilidad.

27. Dios confirma a los que creen con la palabra verdadera y firme en la vida de este mundo y en el Más Allá; y Dios extravía a los malhechores. Dios hace lo que Su Voluntad dicta[7].

28. ¿Acaso no consideras a aquellos que han cambiado la bendición de Dios (de agradecimiento y fe) por la ingratitud e incredulidad, e hicieron que su pueblo se instalara en la morada de la perdición—

29. El Infierno— en donde entran para arderse? ¡Cuán funesto lugar para instalarse!

30. Atribuyeron rivales a Dios (como deidades, amos y objetos de adoración), por lo que se han desviado (a sí mismos y a otra gente) de Su camino. Di: «Gozad (en este mundo). El final de vuestro viaje es el Fuego».

31. Di a aquellos de Mis siervos que creen que deben de establecer la Oración conforme a sus condiciones y gastar de lo que les hemos proveído (de riqueza, poder, conocimiento, etc.), en secreto y en público (y en la causa de Dios y para los necesitados), antes de que venga un Día en el que no haya comercio ni amistad (que les aportará ningún beneficio).

32. Dios es Aquel Quien ha creado los Cielos y la Tierra, y hace descender agua del cielo, con la cual hace crecer frutos para vuestro sustento. Ha puesto a vuestro servicio los barcos para que, por Su orden, surquen el mar; y ha puesto a vuestro servicio los ríos;

33. Y ha hecho el Sol y la Luna constantes en su curso, (y por lo tanto ha puesto) a vuestro servicio; y ha puesto la noche y el día a vuestro servicio.

7. La buena palabra es cualquier palabra pronunciada y/o cualquier acción realizada única y exclusivamente por Dios y conforme a Sus mandamientos. La mejor palabra es la declaración de fe, la cual es *La ilaha illa-llah* («No hay mas deidad que Dios»).

Es la semilla del Islam plantada en el corazón del creyente al igual que en la tierra. Este árbol crece a través de la práctica y por lo tanto tiene sus ramas en «los mundos celestiales». Constantemente da su fruto de virtud y obras admirables y da lugar al florecimiento de una civilización esplendida, ya que el corazón que está conectado con los mundos elevados siempre recibe el influjo de los regalos Divinos.

La buena palabra o fe es la verdad y, por lo tanto, no puede ser desenraizada del mundo. Está bien establecida y es duradera. Al igual que el agua que fluye bajo la espuma (13:17), produce vida allá por donde pasa y es de gran utilidad para la gente.

La buena palabra, aparte de su significado metafórico, también se usa en su sentido primario y literal. Toda buena palabra, sobre todo cuando está acompañada de buenas acciones, hace que crezcan buenos «árboles» en los corazones (35:10).

Lo que significa la «palabra verdadera y firme» es la verdadera fe. Está establecida y es inalterable. Por lo tanto, los creyentes están firmes en su creencia y conducta. No vacilan entre las distintas corrientes y son firmes, perseverando en sus esfuerzos en el camino de Dios. Por otro lado, los malhechores son los que realizan malas acciones y vacilan en sus pensamientos y se alejan de la verdadera creencia. Cualquier «viento» es suficiente para doblegarles o para desarraigarles.

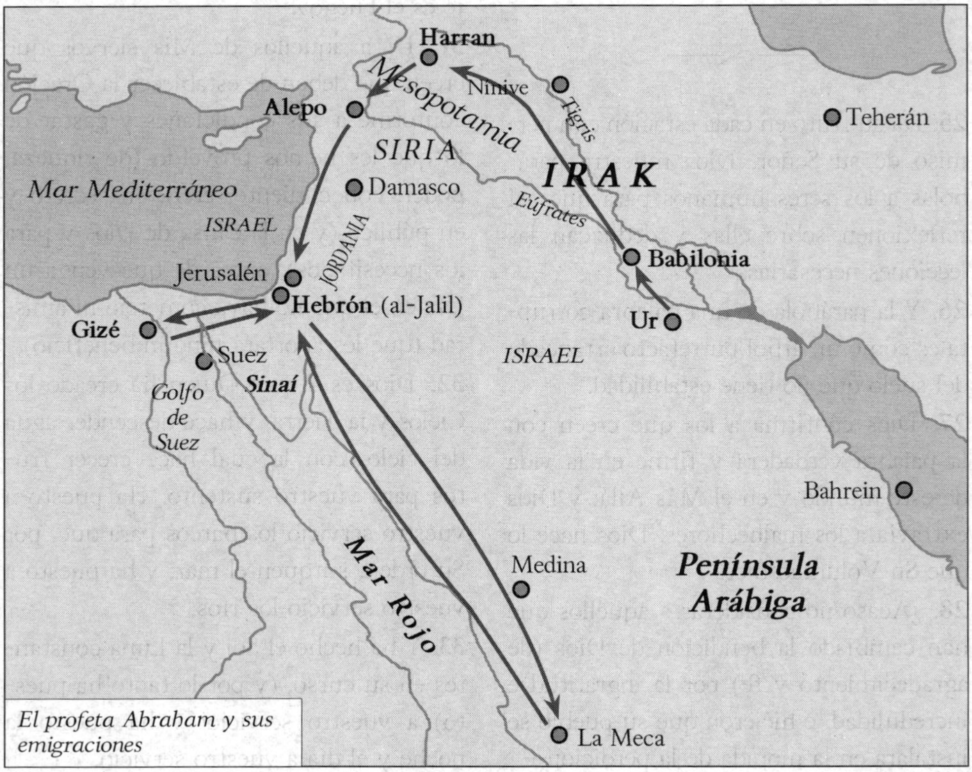

El profeta Abraham y sus emigraciones

وَاٰتٰيكُمْ مِنْ كُلِّ مَا سَاَلْتُمُوهُۜ وَاِنْ تَعُدُّوا نِعْمَتَ اللّٰهِ
لَا تُحْصُوهَاۜ اِنَّ الْاِنْسَانَ لَظَلُومٌ كَفَّارٌ ﴿٣٤﴾ وَاِذْ قَالَ اِبْرٰهِيمُ
رَبِّ اجْعَلْ هٰذَا الْبَلَدَ اٰمِنًا وَاجْنُبْنٖى وَبَنِيَّ اَنْ نَعْبُدَ
الْاَصْنَامَ ﴿٣٥﴾ رَبِّ اِنَّهُنَّ اَضْلَلْنَ كَثٖيرًا مِنَ النَّاسِۚ فَمَنْ
تَبِعَنٖى فَاِنَّهُ مِنّٖىۚ وَمَنْ عَصَانٖى فَاِنَّكَ غَفُورٌ رَحٖيمٌ ﴿٣٦﴾ رَبَّنَا
اِنّٖى اَسْكَنْتُ مِنْ ذُرِّيَّتٖى بِوَادٍ غَيْرِ ذٖى زَرْعٍ عِنْدَ بَيْتِكَ
الْمُحَرَّمِۙ رَبَّنَا لِيُقٖيمُوا الصَّلٰوةَ فَاجْعَلْ اَفْـِٔدَةً مِنَ النَّاسِ
تَهْوٖى اِلَيْهِمْ وَارْزُقْهُمْ مِنَ الثَّمَرَاتِ لَعَلَّهُمْ يَشْكُرُونَ ﴿٣٧﴾
رَبَّنَا اِنَّكَ تَعْلَمُ مَا نُخْفٖى وَمَا نُعْلِنُۜ وَمَا يَخْفٰى عَلَى اللّٰهِ
مِنْ شَيْءٍ فِى الْاَرْضِ وَلَا فِى السَّمَاءِ ﴿٣٨﴾ اَلْحَمْدُ لِلّٰهِ الَّذٖى
وَهَبَ لٖى عَلَى الْكِبَرِ اِسْمٰعٖيلَ وَاِسْحٰقَۜ اِنَّ رَبّٖى لَسَمٖيعُ
الدُّعَاءِ ﴿٣٩﴾ رَبِّ اجْعَلْنٖى مُقٖيمَ الصَّلٰوةِ وَمِنْ ذُرِّيَّتٖىۗ رَبَّنَا
وَتَقَبَّلْ دُعَاءِ ﴿٤٠﴾ رَبَّنَا اغْفِرْ لٖى وَلِوَالِدَيَّ وَلِلْمُؤْمِنٖينَ يَوْمَ
يَقُومُ الْحِسَابُ ﴿٤١﴾ وَلَا تَحْسَبَنَّ اللّٰهَ غَافِلًا عَمَّا يَعْمَلُ
الظَّالِمُونَۜ اِنَّمَا يُؤَخِّرُهُمْ لِيَوْمٍ تَشْخَصُ فٖيهِ الْاَبْصَارُۙ ﴿٤٢﴾

34. Os ha concedido de todo lo que habéis pedido. Si pudieseis contar las bendiciones de Dios, no podríais enumerarlas. La humanidad está, con toda seguridad, inclinada a la maldad (pecados y errores de juicio) y a la ingratitud.

35. Y (recuerda) cuando Abraham rezó: «¡Oh Señor mío! Haz esta tierra (La Meca) segura y protégeme a mí y a mis hijos (a mis hijos y a su descendencia) de adorar a los ídolos.

36. ¡Señor mío! Han causado en verdad que muchos entre la humanidad se extravíen. Así pues, aquel que me siga, verdaderamente es de mí; pero aquel que me desobedezca, sin duda Tú eres Indulgente, Compasivo[8].

37. ¡Oh Señor nuestro! He establecido a parte de mi descendencia (Ismael y sus descendientes) en un valle sin cultivar junto a Tu Casa Sagrada; para que, Señor nuestro, establezcan la Oración; por lo tanto, haz que los corazones de la gente se inclinen hacia ellos y proporciónales productos de la tierra (por tales medios como el comercio) para que puedan ser agradecidos (constantemente desde su corazón, su habla y su acción cumpliendo Tus mandamientos)[9].

38. ¡Oh Señor nuestro! Sin duda, Tú conoces todo lo que mantenemos en secreto y lo que revelamos. No hay nada, ya sea en la Tierra o en el Cielo que se esconda de Dios.

39. Toda la alabanza y gratitud son para Dios, Quien, a pesar de mi vejez, me ha concedido a Ismael y a Isaac. Sin duda, mi Señor es Quien escucha la oración.

40. ¡Oh Señor mío! Hazme alguien que establece la Oración conforme a sus condiciones y (a aquellos que no sean transgresores) de mis descendientes (también)[10]. ¡Señor nuestro, acepta mi oración!

41. ¡Oh Señor nuestro! Perdóname a mí, a mis padres y a todos los creyentes en el Día en el que se les ajustarán las cuentas»[11].

42. Nunca creas que Dios ignora lo que hacen los malhechores. Tan sólo les da una prórroga hasta un Día en el que sus ojos mirarán fijamente (con terror).

8. Respecto a una oración similar del profeta Jesús, la paz sea con él, véase el *sura* 5:118, nota 25.

9. Mientras Abraham, la paz sea con él, dice en el versículo 35 de este *sura*: «Haz esta tierra segura», en 2:126 señala: *Haz de este (baldío valle) una tierra segura*. Esto muestra que hizo la oración en el *sura* 2:126 antes de la oración que aparece en este *sura*. Lo que se puede entender del versículo pertinente, es que hizo que Hagar y su hijo Ismael, se estableciesen en La Meca por orden de Dios y luego

retornó a Palestina. Regresó algo más tarde, y tras haber visto que alguna gente ya se había establecido en el valle de La Meca, el cual iba camino de ser un asentamiento, rezó diciendo: *«¡Señor mío! Haz de este (baldío valle) una tierra segura y provee a sus habitantes de lo que la tierra produce, a aquellos que creen en Dios y en el Día del Juicio Final»* (2:126). Luego, vino una vez más hacia La Meca y construyó la Ka'ba con Ismael e hizo las oraciones mencionadas en 2:127-129. Tras ello, hizo una última visita a La Meca hacia el final de su vida y vio que ya se había convertido en una tierra habitada y dijo las oraciones y súplicas mencionadas en este *sura*, versículo 35-41. Tal vez, vio que había quien adoraba ídolos entre esa gente o estaba preocupado de que apareciese la idolatría, por lo que rogó a Dios que le salvase a él y a su descendencia de ello. Parece ser que estos ruegos y súplicas son las últimas que realizó en La Meca. El profeta Ismael y sus hijos hicieron un hogar de ella y empezaron a aumentar en número. Esto queda explícitamente expresado por el verbo «establecer» en «establecer la Oración» que está en plural, lo cual indica en árabe que el sujeto es por lo menos tres personas.

10. Véase el *sura* 2:124, nota 106.

11. Esta súplica del Profeta Abraham, como uno de los cinco grandes Mensajeros y al que Dios ensalza como una comunidad (16:120) por su consideración con la gente y por ser el antepasado de los profetas Moisés, Jesús y Muhammad, la paz sea sobre todos ellos, ha sido totalmente aceptada por Dios Todopoderoso. Algunos puntos importantes de esta súplica merecen atención especial:

- Cuando él suplica por sí mismo, sus padres y su descendencia, se dirige a Dios Todopoderoso como *Señor mío*, mientras que se dirige a Él como *Señor nuestro* cuando suplica por todos los creyentes. Por lo tanto, nos enseña cómo dirigirnos a Dios.
- Hace hincapié en las Oraciones Prescritas diarias como una de las formas de adoración más importantes, y las considera como la base de la servidumbre a Dios y del propósito de la vida. Eso es así ya que la Oración es, en las palabras del Mensajero de Dios, la paz y las bendiciones sean con él, el pilar del Islam sin el cual el edificio del Islam no puede ser erigido (al-Bayhaqi, *Shu'ab al-Iman*, 3:39).
- Contempla la provisión, o ser proveído por Dios, como la razón para agradecerle a Dios. Es decir, Dios quiere el agradecimiento de la gente cuando les provee. El agradecimiento es tanto la puerta que se abre a la fe como su signo principal. El agradecimiento significa contemplar la fuente de todo lo que tenemos y atribuírsela a su verdadero Dueño. Esto despedaza el ídolo del yo carnal y lleva a uno a creer en Dios y a adorarle tan solo a Él. El placer que Dios ha dispuesto en la provisión —comida, bebida, ropa y otras cosas— sirve para despertar dicho agradecimiento a Dios en la gente.

El profeta Abraham, la paz sea con él, no puede, en su súplica a Dios, incluir a toda su descendencia como aquellos que establecen la Oración. Más bien dice, *de mi descendencia*. Tal y como hacemos referencia en la nota 10 anteriormente mencionada, esto es una alusión a 2:124, que dice: *Recordad que Su Señor puso a prueba a Abraham con mandamientos y experiencias duras (tal y como ser arrojado al Fuego, la destrucción del pueblo de Lot que era pariente suyo y la orden de que sacrificase a su hijo Ismael) que cumplió concienzudamente. Dijo: «Voy a hacer de ti un imán para toda la gente». Él (Abraham) suplicó: «¿(Vas a nombrar imanes) también entre mis descendientes?». (Su Señor) respondió: «(Los nombraré entre aquellos que lo merecen. Pero) Mi alianza no incluye a los malhechores»*. Abraham sabía que no toda su descendencia iba a ser correcta y establecería la Oración. Esto muestra que ser descendiente de una persona que es correcta, incluso si es un Mensajero, no es suficiente para hacerle a uno virtuoso. Nadie puede pretender que pertenece a una gente elegida. Esto también queda explícito en su súplica: *«¡Señor nuestro! Haznos musulmanes, sometidos a Ti y de nuestra descendencia haz una comunidad musulmana, sometida a Ti»* (2:128).

مُهْطِعِينَ مُقْنِعِى رُؤُسِهِمْ لَا يَرْتَدُّ اِلَيْهِمْ طَرْفُهُمْۚ
وَاَفْـِٔدَتُهُمْ هَوَٓاءٌ ﴿٤٣﴾ وَاَنْذِرِ النَّاسَ يَوْمَ يَأْتِيهِمُ الْعَذَابُ
فَيَقُولُ الَّذِينَ ظَلَمُوا رَبَّنَٓا اَخِّرْنَٓا اِلٰٓى اَجَلٍ قَرِيبٍۙ
نُجِبْ دَعْوَتَكَ وَنَتَّبِعِ الرُّسُلَؕ اَوَلَمْ تَكُونُٓوا اَقْسَمْتُمْ
مِنْ قَبْلُ مَا لَكُمْ مِنْ زَوَالٍۙ ﴿٤٤﴾ وَسَكَنْتُمْ فِى مَسَاكِنِ
الَّذِينَ ظَلَمُٓوا اَنْفُسَهُمْ وَتَبَيَّنَ لَكُمْ كَيْفَ فَعَلْنَا بِهِمْ
وَضَرَبْنَا لَكُمُ الْاَمْثَالَ ﴿٤٥﴾ وَقَدْ مَكَرُوا مَكْرَهُمْ وَعِنْدَ
اللّٰهِ مَكْرُهُمْؕ وَاِنْ كَانَ مَكْرُهُمْ لِتَزُولَ مِنْهُ الْجِبَالُ ﴿٤٦﴾
فَلَا تَحْسَبَنَّ اللّٰهَ مُخْلِفَ وَعْدِهِ رُسُلَهُؕ اِنَّ اللّٰهَ عَزِيزٌ
ذُو انْتِقَامٍؕ ﴿٤٧﴾ يَوْمَ تُبَدَّلُ الْاَرْضُ غَيْرَ الْاَرْضِ وَالسَّمٰوَاتُ
وَبَرَزُوا لِلّٰهِ الْوَاحِدِ الْقَهَّارِ ﴿٤٨﴾ وَتَرَى الْمُجْرِمِينَ يَوْمَئِذٍ
مُقَرَّنِينَ فِى الْاَصْفَادِۚ ﴿٤٩﴾ سَرَابِيلُهُمْ مِنْ قَطِرَانٍ وَتَغْشٰى
وُجُوهَهُمُ النَّارُۙ ﴿٥٠﴾ لِيَجْزِىَ اللّٰهُ كُلَّ نَفْسٍ مَا كَسَبَتْؕ
اِنَّ اللّٰهَ سَرِيعُ الْحِسَابِ ﴿٥١﴾ هٰذَا بَلَاغٌ لِلنَّاسِ وَلِيُنْذَرُوا
بِهِ وَلِيَعْلَمُٓوا اَنَّمَا هُوَ اِلٰهٌ وَاحِدٌ وَلِيَذَّكَّرَ اُولُوا الْاَلْبَابِ ﴿٥٢﴾

سورة

43. Apresurándose con temor, con los cuellos extendidos, las cabezas erguidas, la mirada clavada en un punto del que no pueden apartarla y sus corazones vacíos (como si estuviesen llenos de aire).

44. Y advierte a los seres humanos del Día en el que el castigo les sobrevendrá. Entonces los que obraron mal (atribuyendo copartícipes a Dios y cometiendo otros pecados graves) dirán: «¡Señor nuestro! Concédenos un corto plazo para que respondamos a Tu llamada y sigamos a los Mensajeros». (Y su súplica obtendrá la siguiente respuesta) «¿No solíais jurar con antelación que no habría declive ni ruina para vosotros?

45. «Habitasteis las mismas tierras que habitaron quienes fueron injustos consigo mismos (atribuyendo copartícipes a Dios y cometiendo otros pecados graves) y se os mostró claramente qué hicimos con ellos y os dimos ejemplos (para haceros entender la verdad y para que os enmendéis)».

46. Urdieron sus intrigas; pero sus intrigas estaban a disposición de Dios (totalmente abarcadas por Su Conocimiento y Poder), y eso que eran intrigas como para conmocionar montañas.

47. Por lo tanto, no creas que Dios va a faltar a Su promesa a Sus Mensajeros. Sin duda, Dios es Glorioso poseedor de irresistible poder, Infinitamente Capaz de Compensar (todos los males).

48. En el Día en el que la Tierra sea transformada en otra y los Cielos (también), comparecerán todos ante Dios, el Único, Irresistible (con dominio absoluto sobre todo lo que existe).

49. Ese Día, verás a todos los incrédulos criminales encadenados juntos.

50. Vestidos con trajes de alquitrán y sus caras cubiertas por el Fuego,

51. Que Dios recompense a cada alma por lo que se haya ganado. Dios es rápido en ajustar cuentas.

52. Este es un mensaje claro para la humanidad para que sean advertidos por él, y que sepan que Él es un Único Dios, y que la gente de discernimiento reflexione y sea considerada.

SURA 15

AL-HIYR

Período de La Meca

Este *sura* que consiste en 99 versículos fue revelado en La Meca. Su tema principal es la evidencia de la Existencia y la Unidad de Dios y la autoría Divina del Corán. Menciona algunos de los acontecimientos ejemplares de los pueblos de antaño. Toma su título del nombre de la región árabe mencionada en el versículo 80, al-Hiyr, donde el pueblo del profeta Salih vivió.

En el Nombre de Dios,
el Misericordioso, el Compasivo.

1. *Alif. Lam. Ra.* Estas son las Revelaciones del Libro, un Corán claro en sí mismo y que muestra claramente la verdad.

2. Una y otra vez aquellos incrédulos desearán que hubiesen sido musulmanes.

3. Déjales que sigan comiendo y disfrutando y (déjales) que la esperanza (de tener una vida larga y fácil) les distraiga (de considerar su verdadero deber en la vida y su final). Pronto llegarán a conocer (la verdad).

4. Y nunca destruimos ninguna ciudad sin que hubiese un decreto conocido y registrado[1].

5. Ninguna comunidad puede adelantar ni retrasar el final de su plazo[2].

6. Dicen: «¡Oh tú, a quien se le ha hecho descender el Recordatorio (el Libro de consejo, advertencia e instrucciones)! ¡Sin duda alguna, estás loco!

7. ¿Por qué no nos haces descender a los ángeles si eres veraz (en tu afirmación)?».

سُورَةُ الْحِجْرِ مَكِّيَّةٌ
وَهِيَ تِسْعٌ وَتِسْعُونَ اٰيَةً

بِسْمِ اللّٰهِ الرَّحْمٰنِ الرَّح۪يمِ

الٓرٰ تِلْكَ اٰيَاتُ الْكِتَابِ وَقُرْاٰنٍ مُب۪ينٍ ﴿١﴾ رُبَمَا يَوَدُّ الَّذ۪ينَ كَفَرُوا
لَوْ كَانُوا مُسْلِم۪ينَ ﴿٢﴾ ذَرْهُمْ يَأْكُلُوا وَيَتَمَتَّعُوا وَيُلْهِهِمُ الْاَمَلُ
فَسَوْفَ يَعْلَمُونَ ﴿٣﴾ وَمَٓا اَهْلَكْنَا مِنْ قَرْيَةٍ اِلَّا وَلَهَا كِتَابٌ مَعْلُومٌ ﴿٤﴾
مَا تَسْبِقُ مِنْ اُمَّةٍ اَجَلَهَا وَمَا يَسْتَأْخِرُونَ ﴿٥﴾ وَقَالُوا يَٓا اَيُّهَا
الَّذ۪ي نُزِّلَ عَلَيْهِ الذِّكْرُ اِنَّكَ لَمَجْنُونٌ ﴿٦﴾ لَوْ مَا تَأْت۪ينَا بِالْمَلٰٓئِكَةِ
اِنْ كُنْتَ مِنَ الصَّادِق۪ينَ ﴿٧﴾ مَا نُنَزِّلُ الْمَلٰٓئِكَةَ اِلَّا بِالْحَقِّ
وَمَا كَانُٓوا اِذًا مُنْظَر۪ينَ ﴿٨﴾ اِنَّا نَحْنُ نَزَّلْنَا الذِّكْرَ وَاِنَّا لَهُ لَحَافِظُونَ ﴿٩﴾
وَلَقَدْ اَرْسَلْنَا مِنْ قَبْلِكَ ف۪ي شِيَعِ الْاَوَّل۪ينَ ﴿١٠﴾ وَمَا يَأْت۪يهِمْ
مِنْ رَسُولٍ اِلَّا كَانُوا بِه۪ يَسْتَهْزِؤُ۫نَ ﴿١١﴾ كَذٰلِكَ نَسْلُكُهُ ف۪ي قُلُوبِ
الْمُجْرِم۪ينَ ﴿١٢﴾ لَا يُؤْمِنُونَ بِه۪ وَقَدْ خَلَتْ سُنَّةُ الْاَوَّل۪ينَ ﴿١٣﴾
وَلَوْ فَتَحْنَا عَلَيْهِمْ بَابًا مِنَ السَّمَٓاءِ فَظَلُّوا ف۪يهِ يَعْرُجُونَ ﴿١٤﴾
لَقَالُٓوا اِنَّمَا سُكِّرَتْ اَبْصَارُنَا بَلْ نَحْنُ قَوْمٌ مَسْحُورُونَ ﴿١٥﴾

8. No hacemos descender a los ángeles excepto con la verdad (con una razón justa y con sabiduría, no para satisfacer un capricho o una curiosidad vana; y una vez que a los ángeles se les hace descender, el asunto queda decidido, y) entonces no se les concede ningún plazo (más).

9. Sin duda somos Nosotros, Nosotros Quienes hemos hecho descender el Recordatorio en partes y en verdad somos Nosotros su Guardián[3].

10. Sin duda alguna, hemos enviado Mensajeros antes de ti a las comunidades de antaño.

11. Y nunca les vino a ellos un Mensajero del que no se hubiesen burlado.

12. De la misma manera hacemos que (el Corán) pase desatendido a través de los corazones de los criminales incrédulos.

13. No creen en Él: a ciencia cierta, el modelo de vida que los pueblos (pecadores) de antaño ya ha pasado.

14. Incluso si (como un milagro del tipo que quieren) abriésemos para ellos una puerta en el Cielo y se mantuviesen ascendiendo a través de ella todo el tiempo,

15. Dirían: «¡Nuestros ojos están hechizados; más bien, hemos sido hechizados!»[4].

---

1. Es decir, su gente fue debidamente informada de lo que iban a encontrarse como consecuencia del camino que han elegido seguir y el período de plazo que se les había concedido estaba determinado y establecido por Dios.

2. Para una explicación de este versículo, véase el *sura* 7:34, nota 10.

3. El texto del Corán fue preservado de cuatro maneras diferentes durante la vida del Mensajero de Dios, la paz y las bendiciones sean con él:

- El Profeta —la paz y las bendiciones sean con él— tenía todo el texto de los Mensajes Divinos, desde el principio hasta el final, escrito por los escribas de la Revelación.
- Muchos de los Compañeros aprendieron de memoria todo el texto del Corán, palabra por palabra.
- Todos los ilustres Compañeros, sin excepción, habían memorizado al menos algunos fragmentos del Corán, por la mera razón de que era obligatorio para ellos recitarlo durante los actos de adoración.
- Un considerable número de Compañeros que sabían leer y escribir mantuvieron un registro privado del texto del Corán y se convencieron respecto a la pureza de su registro leyéndolo en voz alta al Mensajero, la paz y las bendiciones sean con él.

Se dan numerosos acontecimientos durante la vida del Mensajero que prueban que también había copias de partes del Corán que habían sido reveladas hasta el momento de su registro. Por ejemplo el Profeta, la paz y las bendiciones sean con él, proporcionó a los visitantes de Medina que vinieron a aprender el Islam varias copias de los capítulos del Corán para que las leyesen y las aprendiesen. Por citar un ejemplo, la Tradición que figura en *Sahih* de Muslim («Kitab al-'Imarah», 24) menciona que el Profeta, la paz y las bendiciones sean con él, pidió a Ibn Umar que no tomase consigo el Corán cuando fuese de viaje por miedo a que cayese en manos del enemigo.

Tras la muerte del Profeta, al haber muerto muchos Compañeros que habían memorizado el Corán en la Batalla de Yamamah, 'Umar ibn al-Jattab propuso al califa Abu Bakr que debían de tener una copia «oficial» del Corán, puesto que muchos de los que lo habían memorizado habían muerto como mártires en diferentes batallas. Zayd ibn Zabit, uno de los más destacados eruditos de esa época que habían memorizado el Corán, fue elegido para esa misión. Tras un trabajo meticuloso, Zayd preparó una copia oficial, que fue llamada *Mushaf*.

Durante la época de 'Uzman, el tercer Califa, algunos de los Compañeros solicitaron de él tener nuevas copias del *Mushaf* duplicadas para que pudiesen ser enviadas a las provincias. Por lo tanto, 'Uzman ordenó a Zayd Ibn Zabit, 'Abdu'llah ibn az-Zubayr, Sa'id ibn al-'As, y 'Abdurrahman ibn Hariz ibn Hisham que elaborasen nuevas copias del *Mushaf*.

Según Yalalu'd-din as-Suyuti, un erudito egipcio del siglo XV, fueron elaboradas cinco copias del Corán en tiempos de 'Uzman. Estas excluyen la copia que 'Uzman conservó para sí mismo. Cada una de las ciudades de La Meca, Damasco, Kufah, Basora y Medina recibió una copia.

Al-Kindi (fallecido alrededor de 850 d. de C.) escribió a principios del tercer siglo después de la Hégira que la copia enviada a Damasco todavía se conservaba en Malatya, Turquía. Ibn Batuta (1377 d. de C.) dijo que había visto copias elaboradas a partir de las copias del Corán realizadas bajo el mandato de 'Uzman en Granada, Marrakech, Basora, y otras ciudades.

Ibn Jubayr (fallecido en 1217 d. de C.) vio el manuscrito de Medina en la Mezquita de Medina en el año 1184 d. de C.. Permaneció en Medina hasta que los turcos se lo llevaron en 1915. Se ha informado que esta copia fue trasladada por las autoridades turcas a Estambul. Desde allí llegó a Berlín durante la Primera Guerra Mundial. El Tratado de Versalles, que concluyó dicha guerra, contiene la siguiente cláusula:

> Artículo 246: En un plazo de seis meses desde la puesta en vigor del presente Tratado, Alemania restaurará a Su Majestad, el Rey de Hiyaz, el Corán original del Califa 'Uzman, que fue trasladado de Medina por las autoridades turcas y del que se dice que fue entregado al anterior Emperador William II (Israel, Fred L. [ed.]: *Major Peace Treaties of Modern History*, New York, Chelsea House Pub., 2: 1418).

En cuanto al manuscrito «Imam», que es el nombre usado para la copia que el califa 'Uzman conservó para sí mismo, y que estaba leyendo cuando fue asesinado, los Omeyas se lo llevaron a al-Andalus, de donde fue a parar a Marruecos, según Ibn Batuta, estuvo allí durante el siglo VIII después de la Hégira con marcas de sangre todavía en él. De Marruecos, llegó hasta Samarcanda. Hay actualmente una copia en Tashkent (Uzbekistán). Puede que sea el manuscrito «Imam» o una de las otras copias realizadas en la época de 'Uzman.

La copia llegó a Samarcanda en el 890 después de la Hégira (1485) y permaneció allí hasta 1868. Luego, fue llevada a San Petersburgo por los rusos en 1869, donde permaneció hasta 1917. Un orientalista ruso proporcionó una detallada descripción del mismo, diciendo que muchas páginas estaban dañadas y algunas se hallaban desaparecidas. Cerca de 50 facsímiles de este *mushaf* fueron elaborados por S. Pisareff en 1905. Una copia fue llevada al Sultán Otomano, 'Abdul Hamid, al Shah de Irán, al Emir de Bujara, a Afganistán, a Marruecos y a otras personalidades importantes musulmanas. Una copia puede encontrarse hoy en la biblioteca de la Universidad de Columbia (EE. UU). (*The Muslim World*, Vol. 30 [1940], págs.357-358).

El manuscrito fue luego devuelto a su anterior ubicación y regresó a Tashkent en 1924, donde ha permanecido desde entonces. Aparentemente, las autoridades soviéticas hicieron copias posteriores que han sido obsequiadas en ocasiones a los jefes de estados musulmanes visitantes y a otras personalidades importantes. En 1980, fotocopias de dicho facsímile se reprodujeron en Estados Unidos con un prólogo de dos páginas escrito por M. Hamidullah. Makhdum, el escritor de *History of the Mushaf of 'Uthman in Tashkent* («La historia del Mushaf de 'Uzman en Tashkent»), proporciona un número de razones que apoyan la autenticidad de dicho manuscrito. Aparte de los informes históricos que las apoyan, las razones son las siguientes:

- Que el *Mushaf* fuese escrito con la caligrafía que se usaba en la primera mitad del primer siglo de la Hégira.
- Que estuviese escrito en pergamino de piel de gacela, mientras que las copias del Corán posteriores estaban escritas en hojas de materiales parecidos al papel.
- Que no tuviese signos diacríticos, ya que estos fueron introducidos alrededor de la octava década del primer siglo después de la Hégira. Por lo tanto, el manuscrito fue escrito con anterioridad a ello.
- Que no tuviese los símbolos de las vocales introducidas por Abu'l-Aswad ad-Du'ali, que murió en el año 68 después de la Hégira. Por lo tanto, es anterior a ello. (http://www.muhammad.net/quran/ulumulQuran/004.htm)

En otras palabras: dos de las copias originales del Corán que fueron originalmente elaboradas en la época del califa 'Uzman todavía existen en la actualidad. Su texto y orden puede ser comparado por quien quiera con otra copia del Corán, ya sea impresa o manuscrita y de cualquier lugar o período de la historia, y encontrará que son idénticas.

En resumidas cuentas, Dios Todopoderoso ha preservado el Corán contra cualquier corrupción. El Corán que ahora obra en nuestro poder, en cualquier lugar del mundo, ha permanecido siendo el mismo a lo largo de los últimos catorce siglos sin que exista la más mínima diferencia entre el que era recitado durante los primeros períodos del Islam y cualquier otro que haya sido recitado o impreso en la actualidad en cualquier parte del mundo islámico. (Respecto a la conservación del Corán, véase también el Prólogo, «La recopilación del Corán y su preservación»).

4. Tal y como hemos señalado en algunos pasajes de esta obra (el *sura* 2:7, nota 7; el *sura* 2:22, nota 16; el *sura* 5:115, nota 24), la razón principal de la incredulidad es la arrogancia, el orgullo, la maldad, el juicio erróneo, los puntos de vista incorrectos, la desviación en pensamiento y acción y la complacencia con los deseos carnales. Exigir diferentes tipos de milagros de los Mensajeros es sólo una excusa para permanecer en la incredulidad. En vez de atraer la atención a los milagros, el Corán, tal y como será mencionado posteriormente, llama la atención respecto a las obras y actos de Dios en el universo los cuales son un milagro para aquel que tiene «ojos» con los que ver, «oídos» con los que oír y «corazones» con los que percibir y creer.

Para otra explicación de la incredulidad, de las razones principales de ella y de los argumentos a favor de la creencia en el Corán véase 6:73, nota 15.

16. (Como evidencia para una gente abierta a la creencia) sin duda hemos establecido en el Cielo grandes constelaciones y lo hemos hecho (el Cielo) bello para aquellos que lo contemplan;

17. Y lo hemos hecho seguro contra cualquier maldito Satán rechazado (de la Misericordia de Dios),

18. Excepto aquel que escucha a hurtadillas, y entonces, es perseguido (y destruido) por una estrella fugaz clara a la vista[5].

19. Y la Tierra, la hemos extendido y hemos colocado en ella firmes montañas y hemos hecho que crezca en ella de todo con equilibrio y proporción (y en una cantidad medida);

20. Y hemos proveído en ella medios de subsistencia para vosotros y para aquellos que vosotros no proveéis (tal y como las bestias, pájaros y peces).

21. No se da nada cuyos depósitos (para su vida y mantenimiento) no esté con Nosotros; y no lo enviamos sino con una medida determinada y debida.

22. Y enviamos vientos para fecundar[6] y así hacemos descender agua del Cielo, y os la damos para beber (y utilizarla de otras maneras); vosotros no sois quienes son los guardianes de sus depósitos (bajo la tierra).

23. Sin duda, también somos Nosotros, Nosotros Quienes damos la vida y causamos la muerte, y somos Nosotros los Herederos (somos Nosotros Quienes perduramos después de que los demás hayan fallecido).

24. Y bien conocemos a aquellos de vosotros que se han pasado antes y a aquellos que vendrán más tarde.

25. Y tu Señor, sin duda les resucitará y les reunirá juntos (el Día del Juicio Final). Él es el Omnisapiente, el Omnisciente.

وَلَقَدْ جَعَلْنَا فِى السَّمَاءِ بُرُوجًا وَزَيَّنَّاهَا لِلنَّاظِرِينَ ﴿١٦﴾
وَحَفِظْنَاهَا مِنْ كُلِّ شَيْطَانٍ رَجِيمٍ ﴿١٧﴾ اِلَّا مَنِ اسْتَرَقَ السَّمْعَ
فَاَتْبَعَهُ شِهَابٌ مُبِينٌ ﴿١٨﴾ وَالْاَرْضَ مَدَدْنَاهَا وَاَلْقَيْنَا فِيهَا
رَوَاسِىَ وَاَنْبَتْنَا فِيهَا مِنْ كُلِّ شَيْءٍ مَوْزُونٍ ﴿١٩﴾ وَجَعَلْنَا لَكُمْ
فِيهَا مَعَايِشَ وَمَنْ لَسْتُمْ لَهُ بِرَازِقِينَ ﴿٢٠﴾ وَاِنْ مِنْ شَيْءٍ اِلَّا
عِنْدَنَا خَزَائِنُهُ وَمَا نُنَزِّلُهُ اِلَّا بِقَدَرٍ مَعْلُومٍ ﴿٢١﴾ وَاَرْسَلْنَا الرِّيَاحَ
لَوَاقِحَ فَاَنْزَلْنَا مِنَ السَّمَاءِ مَاءً فَاَسْقَيْنَاكُمُوهُ وَمَا اَنْتُمْ لَهُ
بِخَازِنِينَ ﴿٢٢﴾ وَاِنَّا لَنَحْنُ نُحْيِي وَنُمِيتُ وَنَحْنُ الْوَارِثُونَ ﴿٢٣﴾
وَلَقَدْ عَلِمْنَا الْمُسْتَقْدِمِينَ مِنْكُمْ وَلَقَدْ عَلِمْنَا الْمُسْتَاْخِرِينَ ﴿٢٤﴾
وَاِنَّ رَبَّكَ هُوَ يَحْشُرُهُمْ اِنَّهُ حَكِيمٌ عَلِيمٌ ﴿٢٥﴾ وَلَقَدْ خَلَقْنَا
الْاِنْسَانَ مِنْ صَلْصَالٍ مِنْ حَمَاٍ مَسْنُونٍ ﴿٢٦﴾ وَالْجَانَّ خَلَقْنَاهُ
مِنْ قَبْلُ مِنْ نَارِ السَّمُومِ ﴿٢٧﴾ وَاِذْ قَالَ رَبُّكَ لِلْمَلٰئِكَةِ اِنِّى خَالِقٌ
بَشَرًا مِنْ صَلْصَالٍ مِنْ حَمَاٍ مَسْنُونٍ ﴿٢٨﴾ فَاِذَا سَوَّيْتُهُ وَنَفَخْتُ
فِيهِ مِنْ رُوحِى فَقَعُوا لَهُ سَاجِدِينَ ﴿٢٩﴾ فَسَجَدَ الْمَلٰئِكَةُ كُلُّهُمْ
اَجْمَعُونَ ﴿٣٠﴾ اِلَّا اِبْلِيسَ اَبٰى اَنْ يَكُونَ مَعَ السَّاجِدِينَ ﴿٣١﴾

قَالَ يَا

26. Sin duda, hemos creado al hombre de arcilla seca y sonante, de barro oscuro moldeado.

27. Y a los genios los hemos creado antes, de un fuego abrasador y sin humo que penetra a través de la piel[7].

28. Y (recuerda) cuando tu Señor dijo a los ángeles: «Voy a crear a un mortal de arcilla seca y sonante, de barro oscuro y moldeado».

29. Y cuando lo haya formado en su justa medida e insuflado en él Mi Espíritu, entonces postraos ante él (como señal de respeto a él y de su superioridad)»[8].

30. Entonces, los ángeles se postraron, todos juntos,

31. Sin embargo Iblis no lo hizo; que rechazó hallarse entre aquellos que se postraban[9].

5. La palabra original para constelación —*bury*— significa fortaleza, ciudadela o torre. También significa las constelaciones, que es el nombre de algunos grupos fijos de estrellas. Durante su traslación anual alrededor del Sol, la Tierra pasa a través de este cinturón de constelaciones (comúnmente llamado «Zodiaco»). Ha sido aceptado desde tiempos antiguos que esto ejerce cierto efecto sobre el mundo y aquellos que viven en el mismo. A pesar de que pueda haber cierta verdad en esta afirmación, ello ha sido llevado hasta tal punto que de esta creencia han surgido las artes adivinatorias. El abuso de la astrología ha contribuido también a estas creencias.

En ciertos tipos de adivinación, un contacto entre los adivinos y los genios y/o los demonios tiene efecto. Los genios y/o demonios a veces intentan acceder a los Cielos para escuchar a hurtadillas las conversaciones de los ángeles sobre los seres humanos y su futuro; pero nunca han tenido éxito en ello. Más bien, susurran ciertas cosas a aquellos que tienen contacto con ellos, como si hubiesen sido capaces de escuchar la conversación de los ángeles y como si tuviesen cierta información sobre el futuro. Sin embargo, Dios nunca les permite robar información de los Cielos. Para una explicación más detallada de este punto y de los genios rechazados por medio de meteoros véase 67:5 y la nota correspondiente.

Debemos de añadir aquí que los genios viven más que los seres humanos. También, debido al refinamiento de la materia de la que han sido creados, se pueden mover con mucha más rapidez y comunicarse con aquellos con quien están en contacto con ellos con cierta información de la historia y aquello que ocurre en otros lugares del mundo. Esto también ocurre con los médiums y otros tipos similares de gente. Pero ni los genios ni aquellos como los médiums pueden ser creídos. Los genios incrédulos se proponen engañar a la gente. Por cada verdad que dicen profieren cientos de mentiras. Ninguno de ellos tiene conocimiento verdadero sobre el futuro.

6. Algunos intérpretes del Corán mantienen que esto hace referencia a cómo los vientos fecundan las plantas transportando y diseminando el polen. Esto es cierto. Sin embargo, queda claro en el versículo que los vientos fecundan a través de su acción sobre las nubes, es decir, a través de su papel en la formación de la lluvia. Ibn Jarir at-Tabari (244/839–310/923), una de las figuras más importantes de la jurisprudencia islámica, la historia, y la interpretación coránica, mencionó esto y escribió sobre cómo los vientos fecundan las nubes para que caiga la lluvia.

Algunos científicos han descubierto recientemente que las nubes están cargadas de electricidad y que la lluvia se forma sólo cuando los polos negativos y positivos de las nubes forman un circuito que es provocado a través de los vientos.

Dios hace que la lluvia se mantenga depositada en los depósitos subterráneos naturales. El agua es purificada pasando a través de sales y de tierra y es entregada a los seres vivos para que la beban y la usen de otras maneras.

7. El Corán tiene muchas referencias a la creación del ser humano a partir de la arcilla o de la tierra, ambas hacen referencia a la humilde materia de nuestro origen y al hecho de que el ser humano está compuesto de elementos derivados de la tierra, el aire y el agua. Esto, en parte, significa que el verdadero valor de la humanidad radica en la dimensión inmaterial de su existencia. Respecto a los genios, seres que se parecen a los seres humanos, en tanto en cuanto poseen libre albedrío y facultades de intelecto, ira y lujuria, su origen se cita en el Corán como a partir de un fuego sin humo y que penetra a través de la piel. Algunos interpretan este fuego como algo que se parece a la energía, a los rayos x o el fuego de altas temperaturas que funde (55:16). Los genios son descritos como seres que causaron sedición y derramamiento de sangre sobre la Tierra antes de la creación de la humanidad.

Las siguientes reflexiones, escritas por Bediüzzaman Said Nursi a principios de los años 30 del siglo XX, nos proporcionan una comprensión sobre el origen de los ángeles, los genios y los seres humanos:

> La vida perfecciona la existencia de una cosa, ya que la vida es la base real y la luz de la existencia. La consciencia, a su vez, es la luz de la vida... Al ser la vida y la consciencia tan importantes y prevalecer la armonía perfecta sobre toda la creación, el universo muestra una cohesión firme. Al estar nuestro pequeño planeta rotante lleno de innumerables seres vivos e inteligentes, estos castillos celestiales y estas sublimes constelaciones deben de tener habitantes vivos y conscientes propios de ellos. Del mismo modo que el pez vive en el agua, estos espíritus pueden existir en el calor del Sol. El fuego no consume la luz; más bien hace que la luz sea más brillante. Observamos que el Poder Eterno crea innumerables seres vivos a partir de las sustancias sólidas e inertes y transforma las materias más densas en compuestos sutiles con vida. De ese modo, irradia luz de vida hacia todos los lugares con gran abundancia y provee la mayor parte de las cosas con la luz de la consciencia.
>
> De esto podemos concluir que el Todopoderoso y Omnisapiente no haría esas formas sutiles de materia como luz y éter, cercanas y apropiadas para el espíritu, sin vida y consciencia. Él ha creado innumerables seres animados y conscientes a partir de la luz y de las tinieblas, del éter, del aire e incluso de significados (concebidos) y palabras (proferidas). Del mismo modo que ha creado numerosas especies de animales, también ha creado diferentes criaturas espirituales a partir de las formas sutiles de la materia. Algunas de estas son ángeles, otros son seres espirituales y otros son genios [*The Words* («Las Palabras»), «The 29th Word» («La 29ª Palabra»), pág.528].

Medio siglo después, cerca de 300 especies de animales, casi todas ellas previamente desconocidas, fueron descubiertas viviendo alrededor de las chimeneas hidrotermales que se forman cuando el agua del mar se filtra a través del fondo oceánico y donde los arrecifes son calentados por el magma subyacente que aflora al frío océano. Verena Tunnicliffe escribe:

> Toda clase de vida precisa de energía, y casi toda la vida sobre la Tierra contempla al Sol como la fuente. Pero la energía solar no es el único tipo de energía disponible en la Tierra. Considera la energía que surge del movimiento y de la erupción de la corteza terrestre. Cuando contemplas un volcán activo, estás viendo un escape de calor que ha sido producido por la desintegración radiactiva del interior de la Tierra que surge finalmente a la superficie. ¿Por qué no puede haber comunidades biológicas asociadas al mismo tipo de energía nuclear que mueve continentes y crea montañas? ¿Y por qué no pueden estar comunidades enteras abastecidas por energía química en vez de la solar?
>
> ... La mayor parte de nosotros asocia el escape de calor desde el interior de la Tierra con eventos violentos y condiciones físicas inestables, con temperaturas extremadamente elevadas y con escape de gases tóxicos, circunstancias difícilmente propicias para la vida. Antaño, el concepto de que comunidades biológicas puedan surgir en un entorno geológicamente activo parecía fantástico; hasta que recientemente se supo que algunos organismos sobrevivían sin exposición directa o indirecta a la luz del Sol. Pero dichas comunidades existen y representan unos de los descubrimientos más asombrosos de la biología en el siglo XX. Viven en las profundidades del océano bajo condiciones duras y variables (*American Scientist*, 1995).

Este asombroso descubrimiento contiene indicios de otras realidades que la ciencia ha de considerar. El profeta Muhammad, la paz y las bendiciones sean con él, afirma que los ángeles fueron creados a partir de la luz. Leemos en el Corán que Dios creó al ser humano a partir de arcilla seca, y que luego le hizo *califa* (vicerregente: el que viene después [para gobernar según los mandamientos de Dios]) para este planeta). Muchos intérpretes del Corán han llegado a la conclusión, a partir de esto, que los genios gobernaron la Tierra en el pasado y, luego, fueron sucedidos por los seres humanos.

Comenzando con los indicios anteriormente mencionados, es posible llevar a cabo estudios formales que determinen el valor de dichas conclusiones del siguiente modo:

Dios primero creó la luz (con el significado de *nur* en el Corán) y creó a los seres vivos a partir de ello. El proceso de creación siguió una acumulación gradual y regular de identidades y/o una secuencia de saltos abruptos. El fuego siguió a la luz en el «amasamiento» del universo y luego vino el agua y el suelo cuando le tocó a la tierra existir. Dios diseminó una existencia a partir de otra, combinando, entretejiendo y creando seres vivos apropiados para cada fase de la creación. Cuando la Tierra estuvo en un estado de fuego sin humo, creó las formas de vida apropiadas que en el Corán son llamadas *yinn*. Cuando la tierra se hizo adecuada para la vida, creó las plantas, los animales y los seres humanos. Adornó cada parte y fase del universo con criaturas, incluyendo los seres vivos, apropiados para cada parte y fase. Finalmente, del mismo modo que creó innumerables seres a partir de la luz, el éter, el aire, el fuego, el agua y la tierra, creó también innumerables seres a partir de las palabras habladas e incluso de significados. Dios crea nuestras estaciones o mansiones en el Paraíso y en el Infierno a partir de dichas palabras y actos. En otras palabras, del mismo modo que Él hace que un árbol crezca a partir de una minúscula semilla con partículas de tierra, aire y agua, también puede crear otro mundo a partir de los materiales de este mundo material, incluyendo al Paraíso y al Infierno, adaptándolo o transformándolo para el Más Allá durante las convulsiones del Día del Juicio Final. (Véase también 2:30, notas 31-32.)

8. Tal y como ha sido mencionado con anterioridad, el honor de la humanidad radica en su potencial espiritual. Esto es lo que hace que tengamos el rango más elevado entre las criaturas. Dios se lo atribuye a Sí Mismo diciendo: «Mi Espíritu». El espíritu es la fuente de la vida material y espiritual y, por lo tanto, no es algo material, sino que es algo que viene directamente de Dios. Del mismo modo que Dios menciona elementos básicos tal y como la tierra, la arcilla y el barro como el origen material del ser humano y llama la atención hacia la bajeza de la dimensión material de su existencia, a fin de mostrar dónde radica el verdadero valor de la humanidad, Él menciona el espíritu y se lo atribuye a Sí Mismo. Eso también significa, tal y como Bediüzzaman Said Nursi dice, que el Todopoderoso trazó, por decirlo así, una línea alegórica ante todos Sus Nombres y creó la humanidad. Es decir, todos los Nombres de Dios que han dado existencia a todo el universo, se manifiestan en la humanidad hasta cierto punto. Es por ello por lo que, al contrario de los animales, los seres humanos tienen consciencia, fuerza de voluntad, una capacidad de aprendizaje bien desarrollada, sentimientos complejos, intelecto, facultad de razonamiento, un ego, conciencia del ego y sentimientos de libertad y de independencia.

Los seres humanos también tienen, a diferencia de los ángeles, un alma carnal y la capacidad de progresar espiritualmente como resultado del esfuerzo que llevan a cabo. En resumidas cuentas, es la humanidad el espejo más pulido y perfecto de Dios. Por esa razón es por lo que Dios expresa esta dimensión de la existencia de la humanidad como Su acto de insuflar en ésta a partir de Su espíritu. Este punto está claro en el *sura* 2:31-34; (notas 32-34). Esta expresión de ningún modo puede ser interpretada afirmando que Dios tiene un cuerpo y un espíritu. Dios se dirige a la capacidad de comprensión de los seres humanos. Por lo tanto, describe los asuntos más sutiles y pensamientos más abstractos a través de parábolas, metáforas, símiles, personificaciones y figuras similares. Pero en sus descripciones, el Corán establece para los Nombres y Atributos de Dios las parábolas y comparaciones más elevadas y bellas (16:60). Y no debemos nunca olvidar que nada es semejante a Él (42:11), ya que Él es absolutamente diferente a todas las demás cosas.

9. Iblis no es de los ángeles; pertenece a los genios. Para una explicación detallada, véase el *sura* 2:34, nota 36.

32. (Dios) dijo: «¡Oh Iblis! ¿Qué ocurre contigo que no estás entre aquellos que se han postrado?».

33. (Iblis) dijo: «No me voy a postrar ante un mortal, a quien has creado de arcilla seca y sonante, de barro oscuro moldeado».

34. (Dios) dijo: «Entonces, sal de allí. Sin duda, eres rechazado (de Mi misericordia).

35. Y la maldición estará sobre ti hasta el Día del Juicio Final (como recompensa para ti en el mundo)».

36. (Iblis) dijo: «Entonces, Señor mío, Concédeme una prórroga hasta el Día en que sean resucitados».

37. (Dios) dijo: «Estás entre a los que se les ha concedido una prórroga,

38. (Pero) hasta el Día del tiempo señalado conocido (por Mí) (es decir, el Día del Juicio Final)».

39. (Iblis) dijo: «¡Señor mío![10] Ya que me has permitido rebelarme y extraviarme, en verdad embelleceré (la dimensión mundana y material de la existencia humana y el camino al error) en la Tierra para que les parezca atrayente y, sin duda, haré que todos se rebelen y se extravíen,

40. A excepción de Tus siervos de entre ellos, dotados con la sinceridad en la fe y en Tu adoración».

41. (Dios) dijo: «Este (camino de sinceridad y fe) es un camino recto que Me incumbe (para que les lleve hacia Mí).

42. Mis siervos, sobre los cuales no tendrás autoridad alguna, a excepción de aquellos rebeldes que te sigan siendo rebeldes (contra Mí, como tú lo eres)[11].

43. Para todos aquellos (rebeldes), el Infierno es el lugar prometido.

44. Tiene siete puertas, y con un grupo definido de ellos para cada puerta[12].

قَالَ يَا إِبْلِيسُ مَا لَكَ أَلَّا تَكُونَ مَعَ السَّاجِدِينَ ﴿٣٢﴾ قَالَ
لَمْ أَكُنْ لِأَسْجُدَ لِبَشَرٍ خَلَقْتَهُ مِنْ صَلْصَالٍ مِنْ حَمَإٍ مَسْنُونٍ ﴿٣٣﴾
قَالَ فَاخْرُجْ مِنْهَا فَإِنَّكَ رَجِيمٌ ﴿٣٤﴾ وَإِنَّ عَلَيْكَ اللَّعْنَةَ إِلَىٰ يَوْمِ
الدِّينِ ﴿٣٥﴾ قَالَ رَبِّ فَأَنْظِرْنِي إِلَىٰ يَوْمِ يُبْعَثُونَ ﴿٣٦﴾ قَالَ فَإِنَّكَ
مِنَ الْمُنْظَرِينَ ﴿٣٧﴾ إِلَىٰ يَوْمِ الْوَقْتِ الْمَعْلُومِ ﴿٣٨﴾ قَالَ رَبِّ بِمَا
أَغْوَيْتَنِي لَأُزَيِّنَنَّ لَهُمْ فِي الْأَرْضِ وَلَأُغْوِيَنَّهُمْ أَجْمَعِينَ ﴿٣٩﴾
إِلَّا عِبَادَكَ مِنْهُمُ الْمُخْلَصِينَ ﴿٤٠﴾ قَالَ هَٰذَا صِرَاطٌ عَلَيَّ
مُسْتَقِيمٌ ﴿٤١﴾ إِنَّ عِبَادِي لَيْسَ لَكَ عَلَيْهِمْ سُلْطَانٌ إِلَّا مَنِ
اتَّبَعَكَ مِنَ الْغَاوِينَ ﴿٤٢﴾ وَإِنَّ جَهَنَّمَ لَمَوْعِدُهُمْ أَجْمَعِينَ ﴿٤٣﴾
لَهَا سَبْعَةُ أَبْوَابٍ لِكُلِّ بَابٍ مِنْهُمْ جُزْءٌ مَقْسُومٌ ﴿٤٤﴾ إِنَّ
الْمُتَّقِينَ فِي جَنَّاتٍ وَعُيُونٍ ﴿٤٥﴾ ادْخُلُوهَا بِسَلَامٍ آمِنِينَ ﴿٤٦﴾
وَنَزَعْنَا مَا فِي صُدُورِهِمْ مِنْ غِلٍّ إِخْوَانًا عَلَىٰ سُرُرٍ مُتَقَابِلِينَ ﴿٤٧﴾
لَا يَمَسُّهُمْ فِيهَا نَصَبٌ وَمَا هُمْ مِنْهَا بِمُخْرَجِينَ ﴿٤٨﴾
نَبِّئْ عِبَادِي أَنِّي أَنَا الْغَفُورُ الرَّحِيمُ ﴿٤٩﴾ وَأَنَّ عَذَابِي
هُوَ الْعَذَابُ الْأَلِيمُ ﴿٥٠﴾ وَنَبِّئْهُمْ عَنْ ضَيْفِ إِبْرَاهِيمَ ﴿٥١﴾

45. Los piadosos devotos están, sin duda, en Jardines y manantiales.

46. (Y se les dirá): «¡Entrad en ellos en paz y perfectamente seguros!».

47. Extirparemos lo que haya en sus pechos de rencor y envidia (que hayan sentido entre ellos cuando estaban en este mundo). Como hermanos cara a cara, (y descansan) en elevados lechos.

48. No les aflige sentimiento de fatiga alguno ni se les pide que se vayan.

49. Informa (Oh Mensajero) a Mis siervos, de que, sin duda, Yo soy el Indulgente, el Compasivo.

50. Y Mi castigo, es en verdad el castigo doloroso.

51. Infórmales de los huéspedes de Abraham.

10. La incredulidad obstinada de Satanás es de gran importancia. Él conoce a Dios y sabe que Él es Aquel Quien crea, alimenta, mantiene y cuida a Sus criaturas. También sabe que vendrá un Día cuando a todos los seres conscientes y responsables se les hará rendir cuentas por lo que hayan hecho en esta vida. Sin embargo, su conocimiento no le basta para superar su ego, altanería y obstinación para que pueda creer en Dios y someterse a Sus mandamientos.

11. El Corán describe este acontecimiento respecto a la naturaleza ontológica de la humanidad con palabras y expresiones considerablemente diferentes, desde varios puntos de vista y en muchos de sus *suras*. Esto es así ya que lo importante de un acontecimiento es su significado y las lecciones que enseña. Por ello, el Corán presenta a los personajes y la esencia del acontecimiento en todos los aspectos que corresponden al contexto de cada capítulo. Por eso se precisan distintas palabras y expresiones.

Para otras narraciones de este acontecimiento, similar en ciertos aspectos a la vez que diferente en otros, véanse el *sura* 2:30-34, notas 30-36; y el *sura* 7:11-18, notas 2-3.

12. El Corán emplea siete nombres diferentes para los lugares de castigo en el Más Allá. *Yahannam* (Infierno), *Nar* (Fuego), *Sa'ir* (Llama), *Yahim* (Fuego Llameante), *Hutamah* (Fuego que todo lo consume), *Saqar* (Fuego Abrasador) y *Laza* (Llama Violenta). La mayor parte de ellos, probablemente, son niveles o grados de castigo; cada uno preparado para aquellos que lo merecen y cada uno de ellos con una puerta.

52. Se presentaron ante él y le desearon paz. Abraham dijo: «Sentimos aprensión de vosotros».

53. Dijeron: «No sintáis aprensión. Os traemos la buena nueva de un muchacho que estará dotado de profundo conocimiento.

54. Dijo: «¿Me dais buenas nuevas a pesar de que la vejez me ha llegado? Y, ¿cómo me podéis dar estas buenas nuevas?».

55. Dijeron: «Te traemos las buenas nuevas con la verdad, por lo tanto no seas de aquellos que pierden la esperanza».

56. Él dijo: «¿Y quién puede perder la esperanza de la misericordia de su Señor, sino los que están extraviados?»[13].

57. Él dijo: «Entonces (después de eso), ¿cuál es vuestro interés, Oh vosotros enviados (celestiales)?».

58. Dijeron: «En verdad, hemos sido enviados (para destruir) a un pueblo que son todos criminales,

59. Excepto la familia de Lot, a los que sin duda salvaremos a todos,

60. Salvo a su mujer; sobre la que Dios ha decretado que será de los que se rezagan (y son destruidos)».

61. Y cuando los enviados vinieron a la familia de Lot,

62. Dijo: «Sois gente desconocida (aquí)».

63. Dijeron: «¡No (no tengas miedo)! Hemos venido a ti con respecto a aquello que han disputado persistentemente (la inevitable consecuencia de su modo de vida).

64. Te hemos traído la verdad, y, definitivamente, decimos la verdad.

إِذْ دَخَلُوا عَلَيْهِ فَقَالُوا سَلَامًا قَالَ إِنَّا مِنْكُمْ وَجِلُونَ ﴿٥٢﴾
قَالُوا لَا تَوْجَلْ إِنَّا نُبَشِّرُكَ بِغُلَامٍ عَلِيمٍ ﴿٥٣﴾ قَالَ أَبَشَّرْتُمُونِي
عَلَىٰ أَنْ مَسَّنِيَ الْكِبَرُ فَبِمَ تُبَشِّرُونَ ﴿٥٤﴾ قَالُوا بَشَّرْنَاكَ بِالْحَقِّ
فَلَا تَكُنْ مِنَ الْقَانِطِينَ ﴿٥٥﴾ قَالَ وَمَنْ يَقْنَطُ مِنْ رَحْمَةِ
رَبِّهِ إِلَّا الضَّالُّونَ ﴿٥٦﴾ قَالَ فَمَا خَطْبُكُمْ أَيُّهَا الْمُرْسَلُونَ ﴿٥٧﴾
قَالُوا إِنَّا أُرْسِلْنَا إِلَىٰ قَوْمٍ مُجْرِمِينَ ﴿٥٨﴾ إِلَّا آلَ لُوطٍ إِنَّا
لَمُنَجُّوهُمْ أَجْمَعِينَ ﴿٥٩﴾ إِلَّا امْرَأَتَهُ قَدَّرْنَا إِنَّهَا لَمِنَ الْغَابِرِينَ ﴿٦٠﴾
فَلَمَّا جَاءَ آلَ لُوطٍ الْمُرْسَلُونَ ﴿٦١﴾ قَالَ إِنَّكُمْ قَوْمٌ مُنْكَرُونَ ﴿٦٢﴾
قَالُوا بَلْ جِئْنَاكَ بِمَا كَانُوا فِيهِ يَمْتَرُونَ ﴿٦٣﴾ وَأَتَيْنَاكَ
بِالْحَقِّ وَإِنَّا لَصَادِقُونَ ﴿٦٤﴾ فَأَسْرِ بِأَهْلِكَ بِقِطْعٍ مِنَ اللَّيْلِ
وَاتَّبِعْ أَدْبَارَهُمْ وَلَا يَلْتَفِتْ مِنْكُمْ أَحَدٌ وَامْضُوا حَيْثُ
تُؤْمَرُونَ ﴿٦٥﴾ وَقَضَيْنَا إِلَيْهِ ذَٰلِكَ الْأَمْرَ أَنَّ دَابِرَ هَٰؤُلَاءِ
مَقْطُوعٌ مُصْبِحِينَ ﴿٦٦﴾ وَجَاءَ أَهْلُ الْمَدِينَةِ يَسْتَبْشِرُونَ ﴿٦٧﴾
قَالَ إِنَّ هَٰؤُلَاءِ ضَيْفِي فَلَا تَفْضَحُونِ ﴿٦٨﴾ وَاتَّقُوا اللَّهَ
وَلَا تُخْزُونِ ﴿٦٩﴾ قَالُوا أَوَلَمْ نَنْهَكَ عَنِ الْعَالَمِينَ ﴿٧٠﴾

قَالَ هَٰؤُلَاءِ

65. Por lo tanto, ponte en camino junto a tu familia por la noche, siguiéndoles detrás y que ninguno de vosotros mire hacia atrás; e id adónde se os ha ordenado».

66. Le explicamos claramente este decisivo decreto, que aquellos (la gente pecadora) iban a ser cortados de raíz por la mañana.

67. La población de la ciudad vino llena de alegría ante las noticias (de que algunos bellos huéspedes habían llegado).

68. Lot dijo: «Son mis huéspedes; no me avergoncéis.

69. ¡Tened temor de Dios y no me deshonréis!».

70. Dijeron: «¿No te habíamos prohibido que ofrecieses protección y que intercedieses por nadie en el mundo?».

13. Tal y como el Corán menciona (11:75), y está indicado en otros pasajes (el *sura* 5, nota 25), el profeta Abraham, la paz sea con él, era excepcionalmente clemente y compasivo y se tornaba constantemente con todo su corazón hacia Dios. Al decir *¿Y quién puede perder la esperanza de la misericordia de su Señor, sino los que están extraviados?*, él hace hincapié en la misericordia y el favor particulares de Dios con cada una de Sus criaturas. Como una manifestación de Su ser *ar-Rabbu'r-Rahman* (el Señor Misericordioso), Él abarca a todas Sus criaturas; pero al ser *ar-Rabbu'r-Rahim* (el Señor Compasivo) tiene una misericordia particular y un favor con cada una de ellas. Cada persona tiene su relación particular con Dios y según la naturaleza y la profundidad de esta relación, Dios se inclina favorablemente hacia cada persona y muestra Su misericordia especial para con ésta. Como Señor Compasivo (Proveedor, Educador, Protector) de cada uno, Dios siempre está más cerca de Sus criaturas que lo que ellas están de sí mismas. Cada uno puede construir una relación especial con Dios y tornarse a Él sin necesidad de intermediario, y no se tiene por qué sentir que Dios es como un «padre». El es infinitamente más compasivo con Sus siervos que sus propios padres y percibirle como un padre significa reducir a Dios al nivel de un ser mortal, incapaz y material; mientras que Él es Infinito en todos Sus Atributos, Todopoderoso y Eterno. Él no tiene necesidad alguna y está por encima de tener ningún defecto humano.

71. Lot dijo: «Aquí tenéis a mis hijas (que podéis tomarlas en matrimonio lícitamente) si es lo que os habéis propuesto (hacer algo de esa naturaleza)».

72. ¡Por tu vida (Oh Muhammad)! Vagaban hallándose perdidos en su delirio (de perversión).

73. La ráfaga espantosa les agarró a la salida del sol,

74. La volvimos (la ciudad pecadora) del revés e hicimos llover sobre ellos piedras de arcilla cocida.

75. Sin duda, en ello se dan signos (lecciones y mensajes) para aquellos que puedan leer los signos (y comprender el significado interno de las cosas y de los acontecimientos).

76. Ellos (los vestigios de esas ciudades destruidas) se hallan en un camino que todavía existe.

77. Sin duda, se da en ello un signo manifiesto para los creyentes (de la verdad del decreto de Dios, del camino que Él ordena y al que llama)[14].

78. Y la gente de al-Aykah fueron también malhechores (quienes atribuyeron copartícipes a Dios)[15].

79. Por lo que les infligimos Nuestro castigo (el cual merecieron) y ambas (comunidades pecadoras) vivieron en un camino claro de ver.

80. Y sin duda, los habitantes de al-Hiyr rechazaron a los Mensajeros (negando al Mensajero enviado a ellos).

81. Entonces, les presentamos Nuestros signos (incluso milagros y les enviamos Nuestras Revelaciones), pero se apartaron de ellos en aversión.

82. Tallaban casas en las montañas, sintiéndose seguros (contra cualquier calamidad).

قَالَ هٰٓؤُلَٓاءِ بَنَاتٖٓى اِنْ كُنْتُمْ فَاعِلٖينَۜ ﴿٧١﴾ لَعَمْرُكَ اِنَّهُمْ لَفٖى
سَكْرَتِهِمْ يَعْمَهُونَ ﴿٧٢﴾ فَاَخَذَتْهُمُ الصَّيْحَةُ مُشْرِقٖينَۙ ﴿٧٣﴾ فَجَعَلْنَا
عَالِيَهَا سَافِلَهَا وَاَمْطَرْنَا عَلَيْهِمْ حِجَارَةً مِنْ سِجّٖيلٍۜ ﴿٧٤﴾ اِنَّ
فٖى ذٰلِكَ لَاٰيَاتٍ لِلْمُتَوَسِّمٖينَ ﴿٧٥﴾ وَاِنَّهَا لَبِسَبٖيلٍ مُقٖيمٍ ﴿٧٦﴾
اِنَّ فٖى ذٰلِكَ لَاٰيَةً لِلْمُؤْمِنٖينَۜ ﴿٧٧﴾ وَاِنْ كَانَ اَصْحَابُ الْاَيْكَةِ
لَظَالِمٖينَۙ ﴿٧٨﴾ فَانْتَقَمْنَا مِنْهُمْۘ وَاِنَّهُمَا لَبِاِمَامٍ مُبٖينٍۜ ﴿٧٩﴾ وَلَقَدْ
كَذَّبَ اَصْحَابُ الْحِجْرِ الْمُرْسَلٖينَۙ ﴿٨٠﴾ وَاٰتَيْنَاهُمْ اٰيَاتِنَا فَكَانُوا
عَنْهَا مُعْرِضٖينَۙ ﴿٨١﴾ وَكَانُوا يَنْحِتُونَ مِنَ الْجِبَالِ بُيُوتًا اٰمِنٖينَ ﴿٨٢﴾
فَاَخَذَتْهُمُ الصَّيْحَةُ مُصْبِحٖينَۙ ﴿٨٣﴾ فَمَٓا اَغْنٰى عَنْهُمْ مَا كَانُوا
يَكْسِبُونَۜ ﴿٨٤﴾ وَمَا خَلَقْنَا السَّمٰوَاتِ وَالْاَرْضَ وَمَا بَيْنَهُمَٓا اِلَّا
بِالْحَقِّۜ وَاِنَّ السَّاعَةَ لَاٰتِيَةٌ فَاصْفَحِ الصَّفْحَ الْجَمٖيلَ ﴿٨٥﴾ اِنَّ
رَبَّكَ هُوَ الْخَلَّاقُ الْعَلٖيمُ ﴿٨٦﴾ وَلَقَدْ اٰتَيْنَاكَ سَبْعًا مِنَ الْمَثَانٖى
وَالْقُرْاٰنَ الْعَظٖيمَ ﴿٨٧﴾ لَا تَمُدَّنَّ عَيْنَيْكَ اِلٰى مَا مَتَّعْنَا بِهٖٓ اَزْوَاجًا
مِنْهُمْ وَلَا تَحْزَنْ عَلَيْهِمْ وَاخْفِضْ جَنَاحَكَ لِلْمُؤْمِنٖينَ ﴿٨٨﴾
وَقُلْ اِنّٖٓى اَنَا النَّذٖيرُ الْمُبٖينُۚ ﴿٨٩﴾ كَمَٓا اَنْزَلْنَا عَلَى الْمُقْتَسِمٖينَۙ ﴿٩٠﴾

83. Pero la ráfaga espantosa les agarró por la mañana.

84. Todo (el poder y la riqueza) que habían adquirido no les sirvió de nada[16].

85. No hemos creado los Cielos y la Tierra salvo con la verdad (con sentido, con un propósito definido y sobre fundamentos sólidos de verdad). La Última Hora seguro que va a venir[17]. Por lo tanto, pasa por alto (las faltas de la gente, Oh Mensajero) con una tolerancia generosa[18].

86. Sin duda, tu Señor es el Creador Supremo, el Omnisciente.

87. Y sin duda, te hemos dado los Siete (versículos) Doblemente Repetidos y (basado en ello) el Gran Corán[19].

88. No fuerces la vista hacia lo que hemos dado a algunos grupos de ellos (los incrédulos) para gozar (en la vida de este mundo), ni te entristezcas por ellos (por la actitud que tienen respecto a tu misión); y desciende tus alas (de compasión y protección) sobre los creyentes[20].

89. Y di (a los que vienen a La Meca desde las ciudades vecinas): «Sin duda yo, yo soy el manifiesto advertidor (contra el castigo que va a descender)».

90. Del mismo modo que hemos hecho descender sobre aquellos que dividen,

---

14. El Corán narra acontecimientos históricos desde perspectivas diferentes, en todos sus aspectos, según el propósito que persigue al narrarlos y dentro del marco de su contexto. Respecto a las narraciones de los enviados celestiales que visitaron al profeta Abraham, la paz sea con él, y la destrucción de la gente de Lot, ya mencionados anteriormente, véanse el *sura* 7: 80-84, nota 18; y 11: 69-83, notas 16-19.

15. Algunos comentaristas opinan que la gente de al-Aykah y la gente de Midian son los mismos a los que el profeta Shu'ayb, la paz sea con él, fue enviado como Mensajero y sobre los que ha sido proporcionada información en 7:85-93 (véase la nota 19) y 11: 84-95. Sin embargo, el Corán emplea la expresión «su hermano» para los Mensajeros que fueron enviados a su gente, lo cual significa que tanto ellos como su gente eran de la misma tribu. Emplea la misma expresión al narrar la experiencia de Shu'ayb con la gente de Midian (7: 85), pero al narrar su experiencia con la gente de al-Aykah no lo hace (26: 177). El castigo que la gente de Midian y de al-Aykah sufrieron parece también ser diferente (7:91; 11:94; 26:189). En base a estas diferencias, otros comentaristas opinan que la gente de Midian y al-Aykah eran dos ramas separadas de la misma tribu. El territorio de Madyan (Midian) está situado al noreste de Hiyaz y al sur de Palestina, en la costa del Mar Rojo y el Golfo de 'Aqabah; con parte del territorio extendiéndose hacia el borde norte de la Península de Sinaí. Midian era la capital del territorio y al-Aykah estaba localizada a una distancia de unos cinco días de viaje de la misma. Es posible que al-Aykah estuviese localizada en lo que hoy es 'Aqabah. Su gente tenía las mismas características y cometían los mismos crímenes que la gente de Midian. Por lo tanto, las experiencias de Shu'ayb fueron prácticamente idénticas a lo que ocurrió entre él y los Midianitas. Para más información sobre la gente de al-Aykah véase el *sura* 26:176-191.

16. Para un relato más detallado sobre la gente de Salih, la paz sea con él, véanse el *sura* 7: 73-79, nota 17; y 11:61-68.

17. Dios tiene propósitos definidos para la creación de los Cielos y de la Tierra. Lo mismo ocurre respecto a la destrucción que ha de tener lugar para construir el Más Allá. En esta vida, la humanidad y los genios, los dos tipos de seres conscientes que tienen fuerza de voluntad y que son responsables de sus actos, serán llamados a rendir cuentas por sus vidas mundanas. Por lo tanto, los propósitos de Dios para la creación de los Cielos y de la Tierra solo serán realizados en el Más Allá.

El Señor y Gobernador Majestuoso de este mundo tiene infinita Munificencia y Misericordia e infinito Esplendor y Majestad. Su Munificencia implica dar infinitamente y Su Misericordia entraña un acto de favorecer digno de Él. En cuanto a Su Majestuosidad y Esplendor exigen que se castigue a los que Le faltan al respeto. Ya que tan solo una fracción de minuto de las manifestaciones de estos Atributos está establecida y manifestada en este mundo efímero y esta vida pasajera, debe existir un reino bendito en donde estas manifestaciones puedan ser totalmente cumplidas. Negar dicho reino significa negar la misericordia tan evidente para nosotros; y ello no es más diferente que negar la existencia del Sol que ilumina cada día. La muerte sin resurrección tornaría la compasión en tormento, el amor en aflicción o separación, las bendiciones en maldición vengativa, la razón en un instrumento de desgracia y el placer en dolor. Estos acontecimientos harían que desapareciese la Misericordia de Dios.

El Ser Majestuoso, que manifiesta Su Soberanía en el orden, propósito, justicia y equilibrio del universo, ciertamente mostrará Su favor con los creyentes que buscan la protección de Su Ser como Señor y Soberano, que creen en Su Sabiduría y Justicia y que actúan conforme a ello mediante la fe y la adoración. También tiene que existir un reino de castigo propio de la Majestad y Gloria del Todopoderoso. Los opresores de este mundo mueren con su poder opresivo intacto mientras que los oprimidos están sujetos a humillación. Estos agravios han de remitirse necesariamente a un tribunal supremo donde nunca serán ignorados. De hecho, el castigo es algo establecido incluso en este mundo. Los tormentos que sufrieron los pueblos desobedientes y rebeldes del pasado, muestran que no pueden escapar de cualquier castigo que el Esplendor y la Majestad de Dios Todopoderoso ha elegido aplicar.

El mundo está adornado con muchos objetos hermosos. El Sol y la Luna sirven como sus lámparas, y la superficie del planeta está repleta de las variedades más excelsas de sustento, en un rebosante banquete de abundancia, donde árboles dan frutos como platos que se renuevan varias veces al año. Todo esto muestra la existencia de una gran generosidad y prodigalidad.

Estos tesoros inagotables de Misericordia exigen la existencia de una morada de reposo feliz que contenga todos los objetos deseables. También exigen que quien los disfrute more allí eternamente, sin sufrir el dolor del cese y de la separación. El final del dolor es un tipo de placer y el final del placer es un tipo de dolor. Dado que la Generosidad ilimitada no puede permitirlo, el Paraíso debe de ser eterno y todos sus habitantes han de vivir allí eternamente. La Generosidad y Prodigalidad ilimitada desean otorgar recompensa y bondad infinitas, lo cual requiere gratitud infinita. Por lo tanto, los que han de recibir las bendiciones y agradecer continuamente esta concesión permanente de recompensa han de vivir para siempre. Una pequeña satisfacción, estropeada por su brevedad o cese es incompatible con la ilimitada Generosidad y Prodigalidad.

El Señor de Compasión y de Misericordia infinitas, Quien de manera más compasiva cumple la necesidad más básica de Sus criaturas más bajas del modo más inesperado, Quien responde al más débil grito de socorro de, incluso, su criatura más desconocida, y Quien responde a todas las peticiones, nunca ignorará el mayor deseo y petición de la más destacada de Sus criaturas. La tierna solicitud manifestada en alimentar a los animales débiles y jóvenes muestra que el Señor Soberano del universo ejecuta Su Señorío con infinita Misericordia. ¿Es concebible que dicha Misericordia y Compasión en la ejecución del Señorío rechace la oración de lo más valioso de toda la creación? El ser humano ruega por esa necesidad universal —de inmortalidad y de una vida eterna de felicidad— que todos los habitantes de la creación comparten y en silencio afirman: «Acepta esa suplica, Oh Señor, porque nosotros también lo deseamos».

Vemos cómo los registros de las vidas de todas las flores primaverales y los frutos, las leyes que rigen su formación y las imágenes de sus formas están todas inscritas y preservadas en sus diminutas semillas. La siguiente primavera, esos registros son abiertos —una convocación a pedir cuentas apropiada para ellos— y otro enorme mundo primaveral emerge con absoluto orden y sabiduría. Esto muestra la ejecución poderosa y amplia del Divino Atributo del Preservador. Considerando que el surgimiento de dichos objetos pasajeros, comunes e insignificantes es preservado, ¿cómo puede ser que nuestras acciones no sean preservadas y registradas siendo tan importantes? Dios, Quien es el Preservador y que protege con absoluto orden y equilibrio todo lo que existe, y contempla y considera todas sus consecuencias, tiene todos los actos de Sus siervos registrados y no va a permitir que los actos de Su noble vicerregente, que porta la Verdad Suprema, acaben sin ser contemplados, explicados o pesados en la balanza de la justicia, sin ser castigados o recompensados tal y como se merecen.

18. Basado en esta actitud islámica, Fethullah Gülen escribe lo siguiente:

> Sé tan tolerante que haga que tu corazón se extienda como el océano. Inspírate con fe y amor a los demás. Ofrece una mano a aquellos con problemas y preocúpate por todos.
>
> Aplaude a los bienhechores por su bondad, aprecia a los que tienen corazones y creen y sé generoso hacia los creyentes. Acércate a los que no creen tan delicadamente que su envidia y su odio se tornen buenos sentimientos. Haz renacer a la gente con tu aliento como el Mesías.
>
> Recuerda que viajas por el mejor camino y que sigues a un Guía Exaltado. Debes ser consciente de que cuentas con Su guía por medio de la revelación más perfecta y expresiva. Sé imparcial y equilibrado en tu juicio, pues hay muchos que no tienen estas bendiciones.
>
> Devuelve el bien por mal y hazle caso omiso al trato descortés. El carácter de un individuo se refleja en su comportamiento. Escoge la tolerancia y sé magnánimo hacia los maleducados.
>
> La característica más distintiva de un alma que desborda fe es amar todos los tipos de amor que se expresan en los actos y sentir enemistad hacia todas las acciones en las que se expresa la enemistad. Odiarlo todo es señal de enajenación o de identificación con Satanás.
>
> Acepta el modo en cómo te trata Dios. Trata a los demás en la misma medida que Dios lo hace contigo para que así puedas representar la verdad entre ellos y quedar libre del miedo de sentirte sólo, tanto en este mundo como en el próximo.
>
> Solamente aquellos que no usan el raciocinio, o que han sucumbido a la estupidez absoluta y a los deseos carnales, están convencidos de que los creyentes les pueden perjudicar. Solicita de un maestro espiritual que te conmueva el corazón y te llene los ojos de lágrimas.
>
> Juzga tu valor ante los ojos del Creador, por cuánto espacio Él ocupa en tu corazón y ante la gente, por la manera en que tratas a los demás. No abandones la verdad ni por un momento. Y más aún «sé uno más entre otros hombres y mujeres».
>
> Toma buena nota de cualquier comportamiento que ayude a amar a otros. Y recuérdate a ti mismo que comportarse de esta manera hará que los demás te amen a ti también. Siempre compórtate decentemente y mantente en alerta.
>
> No permitas que tu ser carnal sea árbitro en cualquier contienda, pues su veredicto siempre será que todos, menos tú, son pecadores y miserables. Tal juicio, según la palabra del más veraz de la humanidad, la paz y las bendiciones sean con él, significará tu destrucción. Sé estricto e implacable con tu ser carnal y humilde e indulgente hacia otros.
>
> En suma: Para preservar tu crédito, tu honor y tu amor, ama por la Verdad, odia por la Verdad y sé franco hacia la Verdad (*Perlas de la Sabiduría*, págs. 81-82).

19. La recitación de *al-Fatiha* (el primer capítulo, siendo a la misma vez el capítulo de apertura del Corán y que contiene siete versículos) en todas las Oraciones excepto en la Oración funeraria es obligatoria. Sin ello, la Oración no es válida. Es obligatoria en las primeras dos *rak'as* de las Oraciones prescritas. También ha sido narrado que fue revelada dos veces, al contrario del resto de los *suras*. Es decir, ha sido una recitación revelada y repetida.

Al-Fatiha es como la semilla del Corán o su esencia. El Mensajero de Dios, la paz y las bendiciones sean con él, la describe como la «Madre del Libro» (al-Bujari, «Kitab at-Tafsir», 1). Igual que la semilla en forma de cápsula que contiene todo el árbol que crecerá, este *sura* hace referencia a todos los principios establecidos en el Corán (*Isharatu 'l-Iyaz*, 14).

El Corán tiene un estilo maravillosamente abarcador y un significado tal que un solo *sura* puede contener todo el océano del Corán, en el que el universo está contenido. Un versículo puede abarcar el tesoro de dicho *sura*, como si la mayoría de los versículos fuesen realmente pequeños *suras* y la mayoría de los *suras* fuesen pequeños Coranes. Esta concisión milagrosa es un gran regalo de la Gracia Divina respecto a la guía y a la facilidad. A pesar de que todos necesitamos el Corán, no toda la gente puede leerlo siempre. Por lo tanto, la gente no está despojada de sus bendiciones, ya que cada *sura* puede cumplir las funciones de un pequeño Corán y cada versículo largo las funciones de un pequeño *sura*. Esto también sirve para ayudar a poner en relación los significados de algunas Tradiciones proféticas. Por ejemplo, el hecho de recitar el *Surat al-Ijlas* tres veces, o el *Surat al-Kafirun* cuatro veces, puede proporcionarle a la persona el mérito de haber recitado todo el Corán. Es más, los eruditos están de acuerdo en que el Corán está contenido en el *Sura al-Fatiha*, el cual a su vez está contenido en la *Basmalah* (En el Nombre de Dios, el Misericordioso, el Compasivo).

El Corán contiene referencias a todos los conocimientos necesarios para la humanidad, tal y como explicaciones, aspectos y variedades del conocimiento verdadero, órdenes y prohibiciones, promesas y amenazas, ánimo y disuasión, restricción y guía, historias y parábolas, Conocimiento Divino y órdenes, ciencias «naturales», y las reglas y condiciones para nuestra vida personal, familiar, social, económica, espiritual y del Más Allá. Es más, proporciona a la gente lo que necesita de tal modo que la frase «Toma del Corán lo que quieras, para cualquier necesidad que tengas» ha circulado ampliamente entre los sabios buscadores de la verdad. Sus versículos son tan abarcadores que puede encontrarse en ellos la cura de cualquier dolencia y la respuesta a cualquier necesidad. Esto debe ser así, ya que el Libro que es la guía absoluta para toda la gente perfeccionada que avanza cada día en el camino de Dios, ha de ser de tal calidad [*The Words* («Las Palabras»), «The 25th Word» («La 25ª Palabra»), págs.413-416]. Lo que es importante es conocer cómo aproximarse al Corán, cómo comprenderlo y cómo beneficiarse del mismo.

20. La vida del Mensajero de Dios, la paz y las bendiciones sean con él, era tan sencilla que una vez 'Umar le dijo: «¡Oh Mensajero de Dios! Los reyes duermen en colchones de pluma, mientras que tú estás acostado sobre una dura estera. Eres el Mensajero de Dios y por ello mereces una vida mejor más que nadie». El Mensajero de Dios contestó: «¿No convienes en pensar que los lujos de este mundo deberían ser suyos y aquellos del Más Allá los nuestros?» (al-Bujari, «Tafsir», 287; Muslim, «Talaq», 31).

El Mensajero de Dios como todos los Profetas, no esperaba ninguna recompensa por realizar su misión. Sufrió hambre, sed y pasó otras tantas privaciones. Lo forzaron a exiliarse y fue objeto de asaltos y trampas. Aguantaba todo esto simplemente por la complacencia de Dios y el bien de la humanidad. Abu Hurayra una vez lo vio rezar mientras estaba sentado y le preguntó si estaba enfermo. La respuesta del Mensajero le hizo llorar: «Tengo hambre, Abu Hurayra. El hambre me quita todas las fuerzas para poder levantarme y rezar» (Abu Nu'aym, 7: 107; al-Hindi, 1: 199).

Aunque la mayor parte de sus Compañeros se enriquecieron en los siguientes años, el Mensajero y su familia nunca cambiaron su modo de vida sencilla.

Además de no aceptar ninguna ventaja mundana, el Mensajero de Dios aguantó muchas torturas. Él fue golpeado y dejado sobre la tierra cubierto de polvo a menudo, y sólo Fátima corría en su ayuda. Una vez que estaba siendo golpeado en la Ka'ba, Abu Bakr corrió para ayudarle, gritando a aquellos que le golpeaban: «¿Vais a matar a un hombre porque dice: "Mi Señor es Dios?"» (al-Bujari, «Fada'il as-Sahabah», 5; Ibn Hanbal, 2:205) (*El Mensajero de Dios*, págs.106-107).

Por lo tanto, el significado de declaraciones como *No fuerces la vista hacia lo que hemos dado a algunos grupos de ellos (los incrédulos) para gozar (en la vida de este mundo)*, significa para el Mensajero, la paz y las bendiciones sean con él: Sabemos que nunca lo vas a hacer; estos versículos son, más bien, una advertencia para los otros creyentes. Con la expresión «algunos grupos» *(azway)*, el versículo se refiere a las clases sociales y a las diferencias de clase entre las sociedades no islámicas.

اَلَّذِينَ جَعَلُوا الْقُرْاٰنَ عِضِينَ ﴿٩١﴾ فَوَرَبِّكَ لَنَسْـَٔلَنَّهُمْ اَجْمَعِينَۙ ﴿٩٢﴾
عَمَّا كَانُوا يَعْمَلُونَ ﴿٩٣﴾ فَاصْدَعْ بِمَا تُؤْمَرُ وَاَعْرِضْ
عَنِ الْمُشْرِكِينَ ﴿٩٤﴾ اِنَّا كَفَيْنَاكَ الْمُسْتَهْزِءِينَۙ ﴿٩٥﴾ اَلَّذِينَ
يَجْعَلُونَ مَعَ اللّٰهِ اِلٰهًا اٰخَرَۚ فَسَوْفَ يَعْلَمُونَ ﴿٩٦﴾ وَلَقَدْ نَعْلَمُ
اَنَّكَ يَضِيقُ صَدْرُكَ بِمَا يَقُولُونَۙ ﴿٩٧﴾ فَسَبِّحْ بِحَمْدِ رَبِّكَ
وَكُنْ مِنَ السَّاجِدِينَۙ ﴿٩٨﴾ وَاعْبُدْ رَبَّكَ حَتّٰى يَأْتِيَكَ الْيَقِينُ ﴿٩٩﴾

سُورَةُ النَّحْلِ مَكِّيَّةٌ
وَهِيَ مِائَةٌ وَثَمَانٍ وَعِشْرُونَ اٰيَةً

بِسْمِ اللّٰهِ الرَّحْمٰنِ الرَّح۪يمِ

اَتٰى اَمْرُ اللّٰهِ فَلَا تَسْتَعْجِلُوهُۜ سُبْحَانَهُ وَتَعَالٰى عَمَّا يُشْرِكُونَ ﴿١﴾
يُنَزِّلُ الْمَلٰٓئِكَةَ بِالرُّوحِ مِنْ اَمْرِه۪ عَلٰى مَنْ يَشَٓاءُ مِنْ عِبَادِه۪ٓ اَنْ
اَنْذِرُوا اَنَّهُ لَٓا اِلٰهَ اِلَّٓا اَنَا فَاتَّقُونِ ﴿٢﴾ خَلَقَ السَّمٰوَاتِ وَالْاَرْضَ
بِالْحَقِّۜ تَعَالٰى عَمَّا يُشْرِكُونَ ﴿٣﴾ خَلَقَ الْاِنْسَانَ مِنْ نُطْفَةٍ فَاِذَا هُوَ
خَص۪يمٌ مُب۪ينٌ ﴿٤﴾ وَالْاَنْعَامَ خَلَقَهَاۚ لَكُمْ ف۪يهَا دِفْءٌ وَمَنَافِعُ وَمِنْهَا
تَأْكُلُونَۖ ﴿٥﴾ وَلَكُمْ ف۪يهَا جَمَالٌ ح۪ينَ تُر۪يحُونَ وَح۪ينَ تَسْرَحُونَۖ ﴿٦﴾

وَتَحْمِلُ

91. Aquellos que han roto el Corán en fragmentos (como les place)[21].

92. Por lo tanto, por tu Señor, vamos a pedirles cuentas a todos ellos.

93. Sobre lo que han estado haciendo.

94. Por lo tanto, a partir de ahora, proclama lo que se te ha ordenado trasmitir abiertamente y de una manera enfática y no te preocupes de (lo que) aquellos que atribuyen copartícipes a Dios (dicen y hacen)[22].

95. Nosotros te bastamos contra todos los que se burlan,

96. Aquellos que adoptan alguna deidad junto con Dios. Con el tiempo, llegarán a saber.

97. Sin duda sabemos que tu pecho está constreñido por las cosas (blasfemas) que dicen.

98. Pero glorifica a tu Señor con Su alabanza (proclama que Él se halla absolutamente por encima de tener copartícipe alguno y que toda la alabanza sólo Le pertenece a Él exclusivamente), y sé de los que se postran ante Él (con regularidad en la Oración).

99. Y (continúa) adorando a tu Señor hasta que lo cierto (la muerte) te llegue.

21. La gente solía ir a La Meca por varias razones, tales como el Peregrinaje y el comercio. El Mensajero de Dios, la paz y las bendiciones sean con él, transmitió su mensaje a ellos también. Con la esperanza de evitar que creyesen, algunos incrédulos de La Meca tomaron tabletas de barro con versículos coránicos, que consideraban como obras de magia o poesía, y se las entregaron a dicha gente.

22. Hasta que esta orden llegó, el Mensajero, la paz y las bendiciones sean con él, había estado comunicando el Mensaje Divino secreta y privadamente. Cuando esta orden llegó, empezó a proclamarlo abiertamente y con insistencia.

El esfuerzo constante es una característica esencial de la transmisión del Mensaje y un elemento importante del método profético. Un Profeta está, por así decirlo, obsesionado con la manera en que este deber ha de ser realizado. Preocupándose por esta meta más que por cualquier otra cosa, considera todas las circunstancias y hace todo lo permitido. A lo largo de su vida, el Mensajero de Dios, la paz y las bendiciones sean con él, sufrió por los infortunios de la humanidad. Incesantemente, llamó a la gente al camino de Dios. Durante sus años en La Meca, andaba por las calles y visitaba las ferias anuales cercanas, esperando ayudar a alguien a convertirse. Los insultos, la mofa y la tortura nunca le disuadieron.

SURA 16

AN-NAHL (LA ABEJA)

Período de La Meca

Revelado en La Meca, este *sura* contiene 128 versículos. Su nombre procede del versículo 68, donde las abejas son mencionadas como otro signo milagroso del Poder, el Conocimiento y la Sabiduría de Dios. Hace hincapié en los fundamentos de la fe, el rechazo a la incredulidad y a la atribución de copartícipes a Dios, con muchas pruebas a favor de la creencia y animando a que se realicen ciertas virtudes, como la justicia, hacer el bien y obras generosas, y evitar el mal y los vicios.

En el Nombre de Dios,
el Misericordioso, el Compasivo.

1. La orden de Dios (para la calamidad que golpeará a los incrédulos y su destrucción final en el fin de los tiempos) seguro que vendrá. Por lo tanto (Oh incrédulos), no queráis que se apresure (pidiéndole al Mensajero que la haga venir inmediatamente para ridiculizarla y ponerla en duda). ¡Gloria a Él, Quien absolutamente se halla ensalzado por encima de todo lo que Le atribuyen!

2. Hace descender a los ángeles con el Espíritu (la Revelación que da vida) que procede de Sus órdenes (el reino absolutamente puro e inmaterial) sobre quien Su Voluntad dicta de Sus siervos (diciendo): «Advierte a la gente que no hay más deidad que Yo, por lo tanto apartaros de la desobediencia a Mí en veneración y piedad»[1].

3. Ha creado los Cielos y la Tierra con la verdad (con sentido, con un propósito definido y sobre fundamentos sólidos de verdad). Absolutamente se halla ensalzado por encima de lo que (Le) atribuyen.

4. Ha creado al ser humano de (un principio tan leve como) una mera gota de fluido seminal; y aún así se convierte en un adversario declarado y acérrimo (discutiendo egoístamente en contra de la verdad).

5. Y ha creado rebaños, de los que obtenéis abrigo (prendas de vestir) y otros usos, y de ellos obtenéis (alimentos) para comer.

6. Y os complace cuando las devolvéis a casa (por las tardes) y cuando las sacáis a pastar (por las mañanas).

1. La humanidad, que ha seguido a un gran número de supuestos guías o líderes sólo para extraviarse, ha sido guiada verdaderamente por los Profetas. Estos siervos de Dios fueron creados para una misión especial. Ya eran Profetas en las matrices de sus madres y sus nacimientos fueron extraordinarios. Sus vidas se parecían a sinfonías hermosas, absolutamente armoniosas y equilibradas. Sus palabras semejaban melodías dulces que penetraban en las almas. Toda la existencia, animada o inanimada, les escuchaba. Los árboles y las rocas saludaban al profeta Muhammad, y él les contestaba. Busiri dice en su conocido *Qasida al-Burda*: «Los árboles respondieron postrándose a su llamada». Cuando él los llamó, los árboles vinieron a él. Ambos, seres vivos y objetos inanimados, obtuvieron un propósito por su llegada, la existencia se convirtió en un «cosmos» desde el «caos», y cada cosa se convirtió en una lengua que glorifica a Dios con su alabanza. La armonía extraordinaria del universo ya muestra la Existencia y la Unicidad de Dios. Nada es creado en vano y sin propósito *(El Mensajero de Dios*, pág.34-35).

وَتَحْمِلُ اَثْقَالَكُمْ اِلٰى بَلَدٍ لَمْ تَكُونُوا بَالِغِيهِ اِلَّا
بِشِقِّ الْاَنْفُسِ اِنَّ رَبَّكُمْ لَرَؤُفٌ رَحِيمٌ ﴿٧﴾ وَالْخَيْلَ
وَالْبِغَالَ وَالْحَمِيرَ لِتَرْكَبُوهَا وَزِينَةً وَيَخْلُقُ مَا لَا
تَعْلَمُونَ ﴿٨﴾ وَعَلَى اللّٰهِ قَصْدُ السَّبِيلِ وَمِنْهَا جَائِرٌ
وَلَوْ شَاءَ لَهَدٰيكُمْ اَجْمَعِينَ ﴿٩﴾ هُوَ الَّذِى اَنْزَلَ
مِنَ السَّمَاءِ مَاءً لَكُمْ مِنْهُ شَرَابٌ وَمِنْهُ شَجَرٌ فِيهِ
تُسِيمُونَ ﴿١٠﴾ يُنْبِتُ لَكُمْ بِهِ الزَّرْعَ وَالزَّيْتُونَ وَالنَّخِيلَ
وَالْاَعْنَابَ وَمِنْ كُلِّ الثَّمَرَاتِ اِنَّ فِى ذٰلِكَ لَاٰيَةً لِقَوْمٍ
يَتَفَكَّرُونَ ﴿١١﴾ وَسَخَّرَ لَكُمُ الَّيْلَ وَالنَّهَارَ وَالشَّمْسَ
وَالْقَمَرَ وَالنُّجُومُ مُسَخَّرَاتٌ بِاَمْرِهِ اِنَّ فِى ذٰلِكَ
لَاٰيَاتٍ لِقَوْمٍ يَعْقِلُونَ ﴿١٢﴾ وَمَا ذَرَاَ لَكُمْ فِى الْاَرْضِ
مُخْتَلِفًا اَلْوَانُهُ اِنَّ فِى ذٰلِكَ لَاٰيَةً لِقَوْمٍ يَذَّكَّرُونَ ﴿١٣﴾
وَهُوَ الَّذِى سَخَّرَ الْبَحْرَ لِتَاْكُلُوا مِنْهُ لَحْمًا طَرِيًّا
وَتَسْتَخْرِجُوا مِنْهُ حِلْيَةً تَلْبَسُونَهَا وَتَرَى الْفُلْكَ
مَوَاخِرَ فِيهِ وَلِتَبْتَغُوا مِنْ فَضْلِهِ وَلَعَلَّكُمْ تَشْكُرُونَ ﴿١٤﴾

7. Llevan vuestras cargas a muchas tierras que (de otra manera) no podríais alcanzar sino con gran dificultad. Sin duda, vuestro Señor es Piadoso y Compasivo.

8. Y (ha creado para vosotros) caballos, mulas, asnos para que os sirvan de montura y como adorno (belleza que añaden a vuestro mundo). Y (además de lo que veis y conocéis,) crea otras cosas que no conocéis[2].

9. Con Dios (siendo vuestro Creador) se halla el propósito del camino (al que os guiará y que debéis seguir). Algunos (caminos) son tortuosos (y desviando a aquellos que los sigue). Pero si Dios hubiese querido (imponer Su guía sin otorgar a la gente libertad de elección), os hubiese guiado a todos (a Su camino).

10. Él es Aquel Quien hace descender desde el cielo agua; de ella bebéis y asimismo (beben) los arbustos en los que apacentáis a vuestros ganados.

11. Con ella, hace crecer para vosotros los cereales, los olivos, las palmeras, las vides y toda clase de frutos. Sin duda, en ello se da un signo (manifiesto de la verdad) para la gente que reflexiona.

12. Ha puesto a vuestro servicio la noche y el día, el Sol y la Luna; y las estrellas son sometidas bajo Su orden. Sin duda, en ello se dan signos para la gente que razona y comprende.

13. Y todo lo que ha creado para vosotros en la Tierra de varios colores (y de diversas formas y cualidades). Sin duda, en ello se da un signo para la gente que reflexiona y es considerada.

14. Él es Aquel que ha puesto el mar (a vuestro servicio) para que comáis de él carne fresca y obtengáis de él adornos que poneros. Y contemplas los barcos surcándolo, para que busquéis Su favor y seáis agradecidos (a Él Quien ha creado todo esto).

2. Paralelamente al desarrollo de la vida, Dios crea nuevas cosas para el uso de la humanidad, que contribuyen a nuestra vida, adornándola y enriqueciéndola. Esto incluye tanto las plantas como los animales de las que no somos conscientes en este momento, pero que descubriremos en tiempos posteriores, a la vez que invenciones y productos de los seres humanos que Dios ha creado a partir de nuestras manos. Este versículo también quiere decir que, además de los muchos usos que tienen para los seres humanos, las plantas y los animales, también sirven para hacer despertar su sentido de admiración y su capacidad para apreciar la belleza. La utilidad y la belleza del mundo natural han de despertar los sentimientos más fuertes de dependencia y de deuda, que es la gratitud que los seres humanos deben a Su Creador y al mundo que les rodea.

15. Y ha fijado en la Tierra firmes montañas para que no tiemble con vosotros (con su movimiento), y ríos y caminos para que encontréis vuestro camino.

16. Y (otras) señales; y ellos (la gente) encuentra su camino mediante las estrellas.

17. ¿Acaso Quien crea es como quien no crea? ¿Es que no vais a reflexionar y ser considerados?

18. Si intentaseis contar las bendiciones de Dios, no podríais contarlas. Dios es, en verdad, Perdonador, Compasivo (Quien continúa proveyendo a Sus siervos, a pesar de los pecados que cometen e incluso de su negación a Él).

19. Dios conoce lo que guardáis oculto y lo que reveláis.

20. Pero aquellos a quienes invocan, aparte de Dios, no crean nada, sino que ellos son creados[3].

21. Muertos (están), no vivos (ni pueden dar vida, sino que más bien la necesitan ellos). Y no saben cuándo serán resucitados[4].

22. Vuestro Dios es un Único Dios, pero aquellos que no creen en el Más Allá, sus corazones no quieren reconocer (esta verdad evidente y esencial y muchas otras verdades basadas en ella). Son (demasiado) arrogantes (para aceptar su dependencia del Ser Supremo o que han de rendir cuentas ante Él)[5].

23. Sin duda alguna, Dios conoce todo lo que guardan oculto en sus pechos y todo lo que revelan. No ama a los arrogantes.

24. Cuando se les dice: «¿Qué es lo que vuestro Señor (que os sostiene, os protege y os hace crecer) ha hecho descender

وَاَلْقٰى فِى الْاَرْضِ رَوَاسِىَ اَنْ تَمٖيدَ بِكُمْ وَاَنْهَارًا وَسُبُلاً
لَعَلَّكُمْ تَهْتَدُونَۙ ﴿١٥﴾ وَعَلَامَاتٍۜ وَبِالنَّجْمِ هُمْ يَهْتَدُونَ ﴿١٦﴾
اَفَمَنْ يَخْلُقُ كَمَنْ لَا يَخْلُقُۜ اَفَلَا تَذَكَّرُونَ ﴿١٧﴾ وَاِنْ تَعُدُّوا
نِعْمَةَ اللّٰهِ لَا تُحْصُوهَاۜ اِنَّ اللّٰهَ لَغَفُورٌ رَحٖيمٌ ﴿١٨﴾ وَاللّٰهُ يَعْلَمُ
مَا تُسِرُّونَ وَمَا تُعْلِنُونَ ﴿١٩﴾ وَالَّذٖينَ يَدْعُونَ مِنْ دُونِ اللّٰهِ
لَا يَخْلُقُونَ شَيْـًٔا وَهُمْ يُخْلَقُونَۜ ﴿٢٠﴾ اَمْوَاتٌ غَيْرُ اَحْيَاۤءٍۚ
وَمَا يَشْعُرُونَۙ اَيَّانَ يُبْعَثُونَۚ ﴿٢١﴾ اِلٰهُكُمْ اِلٰهٌ وَاحِدٌۚ فَالَّذٖينَ
لَا يُؤْمِنُونَ بِالْاٰخِرَةِ قُلُوبُهُمْ مُنْكِرَةٌ وَهُمْ مُسْتَكْبِرُونَ ﴿٢٢﴾
لَا جَرَمَ اَنَّ اللّٰهَ يَعْلَمُ مَا يُسِرُّونَ وَمَا يُعْلِنُونَۜ اِنَّهُ
لَا يُحِبُّ الْمُسْتَكْبِرٖينَ ﴿٢٣﴾ وَاِذَا قٖيلَ لَهُمْ مَاذَٓا اَنْزَلَ
رَبُّكُمْۙ قَالُٓوا اَسَاطٖيرُ الْاَوَّلٖينَۙ ﴿٢٤﴾ لِيَحْمِلُٓوا اَوْزَارَهُمْ
كَامِلَةً يَوْمَ الْقِيٰمَةِۙ وَمِنْ اَوْزَارِ الَّذٖينَ يُضِلُّونَهُمْ بِغَيْرِ
عِلْمٍۜ اَلَا سَٓاءَ مَا يَزِرُونَ ﴿٢٥﴾ قَدْ مَكَرَ الَّذٖينَ مِنْ قَبْلِهِمْ
فَاَتَى اللّٰهُ بُنْيَانَهُمْ مِنَ الْقَوَاعِدِ فَخَرَّ عَلَيْهِمُ السَّقْفُ
مِنْ فَوْقِهِمْ وَاَتٰيهُمُ الْعَذَابُ مِنْ حَيْثُ لَا يَشْعُرُونَ ﴿٢٦﴾

ثُمَّ يَوْمَ

(sobre el Mensajero)?». Dicen: «Fábulas de los antiguos».

25. Por lo tanto, cargarán sus propias cargas (de pecado) al completo el Día de la Resurrección y algunas de las cargas de aquellos a quienes ellos, carentes de verdadero conocimiento, hicieron que se extraviasen. ¡Mira ahora! ¡Cuán maligna es la carga que cargan![6]

26. Aquellos que les precedieron (como ellos, que persistieron en la incredulidad, la injusticia y el mal) tramaron (contra los Mensajeros y el Mensaje Divino que trajeron); por lo tanto Dios golpeó lo que habían construido desde sus cimientos, el techo se desplomó sobre ellos desde arriba y el castigo les sobrevino desde donde no se dieron cuenta.

3. Los argumentos que el Corán presenta son aparentemente claros, pero tienen significados profundos. Ya que el Corán pretende dirigir a la gente al camino de Dios, y puesto que la abrumadora mayoría de la gente es siempre de capacidad media, se dirige a ese nivel de comprensión. Sin embargo, nunca priva de conocimiento a los más sabios y a los intelectuales. Este es uno de los aspectos milagrosos del Corán.

Sólo el que puede crear puede ser una deidad digna de ser adorada. Podemos ver claramente que todo lo que hay en el mundo fluye en el espacio y en el tiempo y es variable, y que todas las cosas tienen un principio. El universo mismo fluye en el tiempo y en el espacio y es variable de acuerdo a determinadas leyes. Por lo tanto, lo que posee dichos atributos sólo puede ser algo creado y debe su existencia a algo diferente a sí mismo. Algo creado no puede ser un creador; sino que, más bien ha de tener un Creador. El Creador, obviamente, no puede ser de la misma clase que lo creado, ni puede estar contenido en el espacio y en el tiempo; por lo tanto, ha de ser eterno.

Mediante la capacidad intelectual que Dios nos ha concedido, los seres humanos han sido capaces de realizar grandes descubrimientos e inventos; sin embargo no podemos crear ni siquiera una brizna de hierba. Si los seres humanos, a pesar de ser las criaturas más inteligentes, informadas y poderosas por las ventajas con las que han sido dotadas, no pueden crear ni siquiera una brizna de hierba, y si no podemos dar existencia a un solo átomo o elemento, entonces, no hay nada que el universo contenga que pueda ser el Creador. Por lo tanto, algo creado, ya sea un ser humano, como Jesús, la paz sea con él, un Ángel, una fuerza «natural», un espíritu, un ídolo o cualquier otra cosa no puede ser una deidad digna de ser adorada e invocada.

Aparte de este hecho importante, somos testigos de que todo aquello que se nos proporciona en la «naturaleza» es creado y nos es concedido a cambio de, prácticamente, nada. Sin embargo, tal y como anteriormente se ha mencionado, aunque todos los seres humanos del mundo se reuniesen y uniesen su poder, su conocimiento y su riqueza, no serían capaces de crear ni un solo grano de trigo. Y para que dicha semilla creciese y se convirtiese en trigo, el Sol, la tierra, el aire, el agua y la semilla misma, además de otras innumerables condiciones, han de trabajar al unísono de un modo mesurado. Esto significa que la existencia de algo, por muy pequeño que sea, depende de la existencia de todo el universo. Por lo tanto, aunque se nos haya concedido a cambio de prácticamente nada, el precio de cada cosa que hay en el universo es igual a todo el universo. A pesar de ello, Dios continúa concediéndonos esto a cambio de nada. Cuanto más necesitamos algo, más abundantemente y a más bajo precio Dios nos lo proporciona. Nos da el aire y el agua a cambio de nada. Estos son los dos elementos que necesitamos para vivir. Todos estos hechos, simples en apariencia, son muy importantes y decisivos para demostrar la Existencia y la Unidad de Dios con todos Sus Atributos y Nombres.

4. Ya sea un ser vivo o no, cualquier cosa deificada que no sea Dios sólo puede estar muerta por sí misma. Es decir, necesita de otro poder para poder existir. En otro *sura*, Dios declara: *¿Le atribuyen como copartícipes a aquellos que no han creado nada y que han sido ellos mismos creados, y que no tienen poder para darles ninguna ayuda ni pueden ayudarse a sí mismos? Y si les convocáis a la guía, no os siguen. Es igual que les invoquéis o que permanezcáis callados. Aquellos que deificáis e invocáis aparte de Dios son siervos creados por Dios igual que vosotros. ¡(Si creéis y pretendéis algo diferente) entonces invocadles y que os respondan si sois veraces!* (7:191-194 y véase la nota correspondiente número 46).

Además, este versículo también se refiere a personas tal y como los Profetas, Santos, héroes y otras personas respetadas que los politeístas habían deificado. Muchos ídolos que los politeístas de La Meca y la gente del pasado adoraba, tal y como al-Lat, al-Manat, al-'Uzza, Wad, Suwa, Yaghus, etc., fueron elegidos en memoria de las personas que tenían esos nombres y que vivieron y fueron respetados por sus coetáneos. Más tarde, esa gente fue santificada y luego adorada. Este versículo enfatiza que, por muy grandiosa que sean en realidad o ante la gente, incluso esas personas están ahora muertas y no saben cuándo van a ser resucitadas, no pueden ser de ningún modo deidades dignas de ser adoradas.

5. La negación del Más Allá surge de la negación de la existencia de los reinos metafísicos que se hallan más allá del alcance de los sentidos humanos, la cual generalmente surge de la confianza arrogante de una persona en creer que tienen capacidad de comprender y conocer; o bien surge de la negativa arrogante de rendir cuentas de la vida ante un Ser Superior. Esto significa que la negación del Más Allá, generalmente, implica la negación de un Ser Supremo. Lo contrario también es verdad; es decir, la negación de un Ser Supremo supone la negación del Más Allá. Esto indica un hecho importante: que los fundamentos de la fe se necesitan unos a otros. Aceptar uno exige la aceptación de los demás.

6. *Cada alma gana para su cuenta y ninguna alma soporta ni se le hará soportar con la carga de otra* (6:164), es un principio fundamental en la ley y la tradición islámicas. Eso significa que nadie es responsable del pecado o del crimen de otro si no tiene nada que ver con ello. Sin embargo, según el principio, *aquel que lo causa es como el que lo hace*, aquel que causa algo bueno o malo tiene una responsabilidad y adquiere una recompensa o un castigo de acuerdo a su participación en el acto. En este sentido, el Mensajero de Dios, la paz y las bendiciones sean con él, pronunció el siguiente principio: «Aquel que establece un buen camino en el Islam recibe la recompensa de aquellos que lo sigan, sin ninguna disminución en su recompensa. Aquel que establece un mal camino en el Islam carga con los pecados de aquellos que lo sigan, sin ninguna disminución en su carga» (Muslim, «Zakat», 69; Ibn Maya, «Muqaddimah», 203).

ثُمَّ يَوْمَ الْقِيٰمَةِ يُخْزِيهِمْ وَيَقُولُ اَيْنَ شُرَكَٓائِيَ الَّذِينَ كُنْتُمْ
تُشَٓاقُّونَ فِيهِمْ قَالَ الَّذِينَ اُوتُوا الْعِلْمَ اِنَّ الْخِزْيَ الْيَوْمَ
وَالسُّوٓءَ عَلَى الْكَافِرِينَ ﴿٢٧﴾ اَلَّذِينَ تَتَوَفّٰيهُمُ الْمَلٰٓئِكَةُ ظَالِمٖٓي
اَنْفُسِهِمْ فَاَلْقَوُا السَّلَمَ مَا كُنَّا نَعْمَلُ مِنْ سُوٓءٍ بَلٰٓى اِنَّ
اللّٰهَ عَلِيمٌ بِمَا كُنْتُمْ تَعْمَلُونَ ﴿٢٨﴾ فَادْخُلُٓوا اَبْوَابَ جَهَنَّمَ
خَالِدِينَ فِيهَا فَلَبِئْسَ مَثْوَى الْمُتَكَبِّرِينَ ﴿٢٩﴾ وَقِيلَ لِلَّذِينَ
اتَّقَوْا مَاذَٓا اَنْزَلَ رَبُّكُمْ قَالُوا خَيْرًا لِلَّذِينَ اَحْسَنُوا فِي هٰذِهِ
الدُّنْيَا حَسَنَةٌ وَلَدَارُ الْاٰخِرَةِ خَيْرٌ وَلَنِعْمَ دَارُ الْمُتَّقِينَ ﴿٣٠﴾
جَنَّاتُ عَدْنٍ يَدْخُلُونَهَا تَجْرِي مِنْ تَحْتِهَا الْاَنْهَارُ لَهُمْ فِيهَا
مَا يَشَٓاؤُنَ كَذٰلِكَ يَجْزِي اللّٰهُ الْمُتَّقِينَ ﴿٣١﴾ اَلَّذِينَ تَتَوَفّٰيهُمُ
الْمَلٰٓئِكَةُ طَيِّبِينَ يَقُولُونَ سَلَامٌ عَلَيْكُمُ ادْخُلُوا الْجَنَّةَ
بِمَا كُنْتُمْ تَعْمَلُونَ ﴿٣٢﴾ هَلْ يَنْظُرُونَ اِلَّٓا اَنْ تَأْتِيَهُمُ
الْمَلٰٓئِكَةُ اَوْ يَأْتِيَ اَمْرُ رَبِّكَ كَذٰلِكَ فَعَلَ الَّذِينَ مِنْ قَبْلِهِمْ
وَمَا ظَلَمَهُمُ اللّٰهُ وَلٰكِنْ كَانُٓوا اَنْفُسَهُمْ يَظْلِمُونَ ﴿٣٣﴾ فَاَصَابَهُمْ
سَيِّئَاتُ مَا عَمِلُوا وَحَاقَ بِهِمْ مَا كَانُوا بِهِ يَسْتَهْزِؤُنَ ﴿٣٤﴾

27. Luego, el Día de la Resurrección, Él les deshonrará y dirá: «¿Dónde están (aquellos seres que pretendíais que eran) Mis copartícipes por los cuales solíais oponeros (a los creyentes), desafiando y desobedeciendo (Mi guía)?». Aquellos quienes (durante su vida) fueron dotados de Conocimiento[7] dirán: «Hoy desgracia y mal caen sobre los incrédulos».

28. Aquellos cuyas almas los ángeles se llevan cuando todavía están siendo injustos consigo mismos (atribuyendo falsamente copartícipes a Dios y cometiendo maldades). (Cuando vean el castigo), se someterán totalmente, (diciendo en un intento de excusarse a sí mismos): «No hicimos (no pretendimos hacer) nada malo». (Pero serán respondidos:) «¡No! Sin duda, Dios posee pleno conocimiento de todo lo que estuvisteis haciendo (y de las intenciones que teníais en ello).

29. Entrad, pues, por las puertas del Infierno para morar allí dentro. ¡Cuán maligna es la morada de los arrogantes (aquellos demasiado orgullosos para aceptar la guía de Dios)!».

30. Mientras que se les dice a aquellos que se apartaron de la desobediencia a Dios en veneración a Él y piedad: «¿Qué es lo que ha hecho descender vuestro Señor (sobre el Mensajero)?». Responden: «Aquello que es puramente bueno y que nos es provechoso (en ambos mundos)». Para aquellos que se dedican a hacer el bien en este mundo, conscientes de que Dios les está contemplando, hay bondad, y la morada del Más Allá es en verdad mejor. ¡Cuán excelente es en verdad la morada de los piadosos devotos!

31. Jardines de dicha perpetua en los que entrarán, por los cuales discurren ríos. Ahí tendrán todo lo que deseen. De esa manera Dios recompensa a los piadosos devotos.

32. Aquellos cuyas almas los ángeles toman mientras se hallan en un estado de piedad (libres de mal y adorando únicamente a Dios), diciendo: «¡Que la paz sea con vosotros! Entrad en el Paraíso por lo que habéis estado haciendo».

33. ¿Están (los incrédulos y/o aquellos que atribuyen copartícipes a Dios) esperando a que los ángeles vengan a ellos (a llevarse sus almas o traerles un desastre), o la orden de tu Señor (para juzgarles y abrir el Infierno para ellos)? Así hicieron aquellos que les precedieron. Dios no fue injusto con ellos, sino que ellos fueron injustos consigo mismos.

34. Entonces, les sobrevino las malas consecuencias de lo que solían hacer, y aquello de lo que se burlaban les abrumó.

7. Tal y como es mencionado en numerosos versículos anteriores (2:120, 145; 3:7, 61, 66; 4:157; 6:100, 119, 144; 11:46; 12:68; 16:25), la incredulidad y la atribución de copartícipes a Dios no están conectadas de ninguna manera con el conocimiento, puesto que el conocimiento requiere la creencia. Por lo tanto, debemos de señalar que el conocimiento (*al-ʿilm*) y tener algo de información es diferente. El conocimiento es un producto, como la leche, que es el resultado de muchos procesos en la mente, tal y como la imaginación, la conceptuación, el razonamiento, la investigación, la verificación, el juicio, la adopción, la convicción y la certeza. Existe un tipo de conocimiento que es absolutamente cierto: es el conocimiento enseñado por la Revelación Divina. El Islam acepta la Revelación, la inteligencia (la razón), los sentidos sanos y la investigación científica como medios de conocimiento.

Un erudito debe de proporcionar guía a los demás del mismo modo que las ovejas alimentan a sus crías, no del modo en que lo hacen los pájaros. Las ovejas alimentan sus crías con leche, una sustancia totalmente digerida y procesada; mientras que los pájaros alimentan a sus polluelos con lo que ha sido medio masticado y luego regurgitado (Para la cita de Said Nursi, véase el *sura* 12, nota 25).

وَقَالَ الَّذِينَ اَشْرَكُوا لَوْ شَاءَ اللّٰهُ مَا عَبَدْنَا مِنْ دُونِهِ
مِنْ شَيْءٍ نَحْنُ وَلَا اٰبَاؤُنَا وَلَا حَرَّمْنَا مِنْ دُونِهِ مِنْ شَيْءٍ
كَذٰلِكَ فَعَلَ الَّذِينَ مِنْ قَبْلِهِمْ فَهَلْ عَلَى الرُّسُلِ اِلَّا الْبَلَاغُ
الْمُبِينُ ٣٥ وَلَقَدْ بَعَثْنَا فِي كُلِّ اُمَّةٍ رَسُولًا اَنِ اعْبُدُوا اللّٰهَ
وَاجْتَنِبُوا الطَّاغُوتَ فَمِنْهُمْ مَنْ هَدَى اللّٰهُ وَمِنْهُمْ مَنْ
حَقَّتْ عَلَيْهِ الضَّلَالَةُ فَسِيرُوا فِي الْاَرْضِ فَانْظُرُوا كَيْفَ
كَانَ عَاقِبَةُ الْمُكَذِّبِينَ ٣٦ اِنْ تَحْرِصْ عَلٰى هُدٰيهُمْ فَاِنَّ
اللّٰهَ لَا يَهْدِي مَنْ يُضِلُّ وَمَا لَهُمْ مِنْ نَاصِرِينَ ٣٧ وَاَقْسَمُوا
بِاللّٰهِ جَهْدَ اَيْمَانِهِمْ لَا يَبْعَثُ اللّٰهُ مَنْ يَمُوتُ بَلٰى وَعْدًا
عَلَيْهِ حَقًّا وَلٰكِنَّ اَكْثَرَ النَّاسِ لَا يَعْلَمُونَ ٣٨ لِيُبَيِّنَ لَهُمُ
الَّذِي يَخْتَلِفُونَ فِيهِ وَلِيَعْلَمَ الَّذِينَ كَفَرُوا اَنَّهُمْ كَانُوا
كَاذِبِينَ ٣٩ اِنَّمَا قَوْلُنَا لِشَيْءٍ اِذَا اَرَدْنَاهُ اَنْ نَقُولَ لَهُ كُنْ
فَيَكُونُ ٤٠ وَالَّذِينَ هَاجَرُوا فِي اللّٰهِ مِنْ بَعْدِ مَا ظُلِمُوا
لَنُبَوِّئَنَّهُمْ فِي الدُّنْيَا حَسَنَةً وَلَاَجْرُ الْاٰخِرَةِ اَكْبَرُ لَوْ كَانُوا
يَعْلَمُونَ ٤١ اَلَّذِينَ صَبَرُوا وَعَلٰى رَبِّهِمْ يَتَوَكَّلُونَ ٤٢

وَمَا اَرْسَلْنَا

35. Aquellos que atribuyen copartícipes a Dios dirán: «Si Dios hubiese querido, no habríamos adorado a nadie excepto a Él, ni nosotros, ni nuestros antepasados; tampoco habríamos declarado nada prohibido sin (una orden de) Él». Así hicieron los que vivieron antes que ellos (y atribuyeron copartícipes a Dios como ellos). Pero, entonces, ¿les incumbe algún otro deber a los Mensajeros excepto transmitir el Mensaje con claridad?

36. Y con toda seguridad, hemos alzado de cada comunidad a un Mensajero (para que transmita el Mensaje primordial): «Adorad tan sólo a Dios y apartaros de las falsas deidades y las fuerzas del mal (que instituyen pautas de creencia y gobiernan desafiando a Dios). Entre ellos (las anteriores generaciones) había gente a los que Dios guió del mismo modo que había entre ellos otros que el extravío era su justo merecido. ¡Marchad sobre la Tierra y contemplad cómo han acabado los que negaron (los signos manifiestos de Dios y Sus Mensajeros).

37. Aunque anhelas fervientemente que ellos (toda la humanidad) sean rectamente guiados, Dios, sin duda, no guía a los que ha extraviado (como su justo merecido)[8]. Y no tendrán quien les auxilie (y les defienda contra Dios).

38. Y juran por Dios con sus más solemnes juramentos: «Dios nunca resucitará a quien haya muerto». ¡No! Pero es una promesa (que Él ha establecido) sobre Sí Mismo en verdad, sin embargo la mayoría de la gente no sabe (siendo ignorantes y carentes del deseo de conocimiento de la verdad).

39. (En verdad cumplirá esa promesa y les resucitará) para que les muestre claramente a la gente la verdad de aquello sobre lo que discrepaban y para que aquellos incrédulos sepan que fueron mentirosos.

40. (Resucitar a los muertos, del mismo modo que darles vida en primer lugar, es fácil para Nosotros:) Nuestra palabra para algo cuando lo queremos es simplemente decirle: «¡Sé!», y es[9].

41. Los que emigran (a otra tierra) por la causa de Dios tras haber estado oprimidos por su fe, sin duda les proporcionaremos una buena estancia en este mundo, y su recompensa en el Más Allá es sin duda mayor. ¡Si tan solo (toda la gente) supiera (cuán grande es dicha recompensa)!

42. Aquellos que han perseverado en la paciencia (a través de todas las adversidades) y depositan su confianza en su Señor.

8. Los últimos dos versículos declaran explícitamente que la guía es un regalo de Dios, mientras que el extravío es debido a la persona. Dios no quiere extraviar a nadie, pero la gente prefiere el extravío bajo la influencia de sus almas carnales. Por lo tanto, dichas expresiones deben ser contempladas a la luz de los siguientes versículos: *Dios extravía a los malhechores* (14:27); *Él no extravía sino a los transgresores* (2:26); *Sin duda alguna, los que no creen y cometen injusticias (con la gente apartándoles del Camino de Dios así como con Dios y Sus Mensajeros, ángeles, con todos los creyentes, con todas las criaturas que dan fe de la verdad y con sus propias conciencias, acusándoles de mentir y de engañar), en verdad que Dios no les perdonará ni les guiará a ningún camino, a excepción del camino del Fuego donde morarán para siempre. Y eso es fácil para Dios* (4:168-169).

9. Respecto al significado de estas expresiones y otras similares, véanse el *sura* 2:117, nota 101; y el *sura* 3:47.

Aquí, añadiremos lo siguiente:

El Ser Absolutamente Poderoso crea cosas con la facilidad y la presteza absolutas y sin contacto físico. Crea con una simple orden. Es más, a pesar de que el Todopoderoso Hacedor se halla infinitamente cerca de las criaturas, estas están infinitamente distantes de Él. Además, a pesar de Su Grandeza infinita, no excluye ni la más insignificante de las cosas de la importancia que confiere diseñando y moldeando la creación, ni les priva de la belleza de Su arte. A pesar de la absoluta facilidad que se presencia en la creación, el orden perfecto que se observa en el universo atestigua esta verdad coránica. La siguiente comparación explica cómo esto es posible y sirve para hacerlo más fácilmente comprensivo.

El Sol, cuan espejo denso y sólido del Nombre Divino de «la Luz», está infinitamente cercano a las cosas sobre la Tierra. Es más, está más cercano a éstas que ellas mismas de sí mismas, y tiene un efecto en las mismas de numerosas maneras, por ejemplo a través de su luz y calor. Por el contrario, estas cosas están a millones de kilómetros de distancia y no tienen efecto alguno sobre el Sol de ninguna manera ni pueden pretender ninguna cercanía al mismo. La presencia del Sol, con su luz, calor e imagen inundando todo objeto transparente, grande o pequeño, y su reflejo en las cosas opacas y traslúcidas, el calor y el color que da a cada una y cómo afecta a las cosas prueban este hecho. La magnitud de su luminosidad, es decir, el grado de su brillo, aumenta la capacidad y la comprensión de su efecto penetrante. Debido a la grandeza de su luminosidad, ningún pequeño objeto puede esconderse ni escapar del mismo. Esto significa que la inmensidad y la grandeza del Sol no excluye ni la más insignificante partícula ni la cosa más minúscula de la esfera de su abarcamiento, más bien, todo está incluido en ello. Sólo se manifiesta a sí mismo con permiso de Dios en todas las cosas, desde los átomos hasta los planetas, desde las gotas de lluvia hasta la superficie del vasto océano, con una facilidad y velocidad tal y sobre un área tan enorme que, si imaginásemos que el Sol pudiese actuar por su propia voluntad, tendríamos que suponer que lo lleva a cabo con una mera orden. Un átomo o un planeta son iguales ante su manifestación. El calor y la luz que distribuye sobre la superficie entera del vasto océano también son proporcionados en perfecto orden hasta al más minúsculo de los átomos según su capacidad.

Por lo tanto, podemos claramente ver que el Sol, que es una «burbuja» que emite luz en el «océano» de los Cielos, y un espejo pequeño y sólido de la manifestación del nombre de «la Luz» de Aquel Absolutamente Poderoso, muestra ejemplos de los principios de la verdad. Por lo tanto, creemos, y todos han de creer, con total certeza, como si lo hubiesen presenciado, que el Majestuoso, Quien es la Luz de las Luces, el Iluminador de la Luz, el Determinador de la Luz, es Omnipresente, Quien lo ve todo y se halla infinitamente cerca de todas las cosas a través de Su Conocimiento, Poder y otros Atributos, y que las cosas están infinitamente distantes de Él, y que Él hace las cosas fácilmente y sin ninguna preparación. Crea con una mera orden, y nada grande o pequeño, particular o universal, está excluido de la esfera de Su Poder, y Su Grandeza abarca todas las cosas.

وَمَا اَرْسَلْنَا مِنْ قَبْلِكَ اِلَّا رِجَالاً نُوحٖي اِلَيْهِمْ فَسْـَٔلُوا اَهْلَ
الذِّكْرِ اِنْ كُنْتُمْ لَا تَعْلَمُونَ ﴿٤٣﴾ بِالْبَيِّنَاتِ وَالزُّبُرِ وَاَنْزَلْنَا اِلَيْكَ
الذِّكْرَ لِتُبَيِّنَ لِلنَّاسِ مَا نُزِّلَ اِلَيْهِمْ وَلَعَلَّهُمْ يَتَفَكَّرُونَ ﴿٤٤﴾ اَفَاَمِنَ
الَّذٖينَ مَكَرُوا السَّيِّـَٔاتِ اَنْ يَخْسِفَ اللّٰهُ بِهِمُ الْاَرْضَ اَوْ يَأْتِيَهُمُ
الْعَذَابُ مِنْ حَيْثُ لَا يَشْعُرُونَ ﴿٤٥﴾ اَوْ يَأْخُذَهُمْ فٖي تَقَلُّبِهِمْ
فَمَا هُمْ بِمُعْجِزٖينَ ﴿٤٦﴾ اَوْ يَأْخُذَهُمْ عَلٰى تَخَوُّفٍ فَاِنَّ رَبَّكُمْ
لَرَؤُفٌ رَحٖيمٌ ﴿٤٧﴾ اَوَلَمْ يَرَوْا اِلٰى مَا خَلَقَ اللّٰهُ مِنْ شَيْءٍ يَتَفَيَّؤُا
ظِلَالُهُ عَنِ الْيَمٖينِ وَالشَّمَائِلِ سُجَّدًا لِلّٰهِ وَهُمْ دَاخِرُونَ ﴿٤٨﴾
وَلِلّٰهِ يَسْجُدُ مَا فِي السَّمٰوَاتِ وَمَا فِي الْاَرْضِ مِنْ دَابَّةٍ
وَالْمَلٰٓئِكَةُ وَهُمْ لَا يَسْتَكْبِرُونَ ﴿٤٩﴾ يَخَافُونَ رَبَّهُمْ مِنْ فَوْقِهِمْ
وَيَفْعَلُونَ مَا يُؤْمَرُونَ ﴿٥٠﴾ وَقَالَ اللّٰهُ لَا تَتَّخِذُوا اِلٰهَيْنِ اثْنَيْنِ
اِنَّمَا هُوَ اِلٰهٌ وَاحِدٌ فَاِيَّايَ فَارْهَبُونِ ﴿٥١﴾ وَلَهُ مَا فِي السَّمٰوَاتِ
وَالْاَرْضِ وَلَهُ الدّٖينُ وَاصِبًا اَفَغَيْرَ اللّٰهِ تَتَّقُونَ ﴿٥٢﴾ وَمَا بِكُمْ
مِنْ نِعْمَةٍ فَمِنَ اللّٰهِ ثُمَّ اِذَا مَسَّكُمُ الضُّرُّ فَاِلَيْهِ تَجْـَٔرُونَ ﴿٥٣﴾ ثُمَّ
اِذَا كَشَفَ الضُّرَّ عَنْكُمْ اِذَا فَرٖيقٌ مِنْكُمْ بِرَبِّهِمْ يُشْرِكُونَ ﴿٥٤﴾

43. Antes de ti (Oh Muhammad) no enviamos sino a hombres a los que les revelamos —y si vosotros (Oh gente) no lo sabéis, entonces preguntad a la gente de conocimiento experto (aquellos que tienen conocimiento de las Revelaciones Divinas)—.

44. (Les hemos enviado con) pruebas claras de la verdad y Escrituras. Y a ti te hemos hecho descender el Recordatorio (el Corán) para que expliques a la humanidad lo que se les ha revelado (a través de ti sobre la verdad de su vida presente y futura), y para que reflexionen.

45. ¿Acaso ellos (desafiando a la gracia de Dios), que traman intrigas malvadas, se sienten a salvo y seguros de que Dios no haga que la Tierra les trague o que el castigo no les venga sin que se dieran cuenta de dónde viene?

46. ¿O de que no les agarre en medio de su pavoneo (sobre la tierra con pompa y muestra de dominio) mientras que se hallan indefensos para frustrar a Dios?

47. ¿O de que no les agarre con despilfarro gradual (de riqueza y salud, dándoles tiempo a que se enmienden)? Ya que sin duda, vuestro Señor es Piadoso y Compasivo.

48. ¿No han visto las cosas que Dios ha creado, cómo sus sombras se doblan hacia la derecha y hacia la izquierda, postrándose ante Dios, de la manera más humilde?

49. Ante Dios se postra todo lo que hay en los Cielos y sobre la Tierra de entre las criaturas vivas[10] y los ángeles (igualmente, ya que) no son arrogantes.

50. Temen (los ángeles) a su Señor que está por encima de ellos (es decir, Quien posee poder absoluto sobre ellos) y hacen lo que se les ordena.

51. Dios ha dicho: «No toméis dos (o más) deidades. Él es un Único Dios. Tened, pues temor reverencial a Mí y solo a Mí (y estad a salvo de otros temores que os traerán deshonra)».

52. A Él Le pertenece todo lo que hay en los Cielos y sobre la Tierra y solo a Él Le es debida siempre la obediencia absoluta. ¿Vais entonces a temer y a obedecer con piedad y con la debida veneración a otro diferente a Dios?

53. Cualquier bendición que tengáis, procede de Dios; y cuando sufrís una desgracia, es a Él a quien pedís ayuda.

54. Pero, luego, cuando aparta de vosotros la desgracia, algunos de vosotros atribuyen copartícipes a su Señor (Quien es el único que os sostiene, provee y salva de las calamidades).

10. Respecto al movimiento de las sombras y de la postración de los seres ante Dios Todopoderoso, véase el *sura* 13:15, nota 7.

لِيَكْفُرُوا بِمَا اٰتَيْنَاهُمْ فَتَمَتَّعُوا فَسَوْفَ تَعْلَمُونَ ﴿٥٥﴾ وَيَجْعَلُونَ
لِمَا لَا يَعْلَمُونَ نَصِيبًا مِمَّا رَزَقْنَاهُمْ تَاللّٰهِ لَتُسْـَٔلُنَّ عَمَّا كُنْتُمْ
تَفْتَرُونَ ﴿٥٦﴾ وَيَجْعَلُونَ لِلّٰهِ الْبَنَاتِ سُبْحَانَهُ وَلَهُمْ مَا يَشْتَهُونَ ﴿٥٧﴾
وَاِذَا بُشِّرَ اَحَدُهُمْ بِالْاُنْثٰى ظَلَّ وَجْهُهُ مُسْوَدًّا وَهُوَ كَظِيمٌ ﴿٥٨﴾
يَتَوَارٰى مِنَ الْقَوْمِ مِنْ سُوءِ مَا بُشِّرَ بِهِ اَيُمْسِكُهُ عَلٰى هُونٍ
اَمْ يَدُسُّهُ فِي التُّرَابِ اَلَا سَاءَ مَا يَحْكُمُونَ ﴿٥٩﴾ لِلَّذِينَ
لَا يُؤْمِنُونَ بِالْاٰخِرَةِ مَثَلُ السَّوْءِ وَلِلّٰهِ الْمَثَلُ الْاَعْلٰى وَهُوَ
الْعَزِيزُ الْحَكِيمُ ﴿٦٠﴾ وَلَوْ يُؤَاخِذُ اللّٰهُ النَّاسَ بِظُلْمِهِمْ مَا تَرَكَ
عَلَيْهَا مِنْ دَابَّةٍ وَلٰكِنْ يُؤَخِّرُهُمْ اِلٰى اَجَلٍ مُسَمًّى فَاِذَا جَاءَ
اَجَلُهُمْ لَا يَسْتَاْخِرُونَ سَاعَةً وَلَا يَسْتَقْدِمُونَ ﴿٦١﴾ وَيَجْعَلُونَ
لِلّٰهِ مَا يَكْرَهُونَ وَتَصِفُ اَلْسِنَتُهُمُ الْكَذِبَ اَنَّ لَهُمُ الْحُسْنٰى
لَا جَرَمَ اَنَّ لَهُمُ النَّارَ وَاَنَّهُمْ مُفْرَطُونَ ﴿٦٢﴾ تَاللّٰهِ لَقَدْ اَرْسَلْنَا
اِلٰى اُمَمٍ مِنْ قَبْلِكَ فَزَيَّنَ لَهُمُ الشَّيْطَانُ اَعْمَالَهُمْ فَهُوَ وَلِيُّهُمُ
الْيَوْمَ وَلَهُمْ عَذَابٌ اَلِيمٌ ﴿٦٣﴾ وَمَا اَنْزَلْنَا عَلَيْكَ الْكِتَابَ اِلَّا
لِتُبَيِّنَ لَهُمُ الَّذِي اخْتَلَفُوا فِيهِ وَهُدًى وَرَحْمَةً لِقَوْمٍ يُؤْمِنُونَ ﴿٦٤﴾

وَاللّٰهُ

55. Y así niegan con ingratitud los favores que Dios les ha otorgado. Por lo tanto, disfrutad (Oh politeístas, de los favores que os hemos otorgado), con el tiempo llegaréis a saber (la verdad).

56. Asignan, de lo que les hemos proveído, una porción a las cosas (a deidades inexistentes y «causas» malentendidas, la naturaleza real) de las cuales no tienen conocimiento seguro[11]. Por Dios, sin duda seréis preguntados por aquello que inventabais.

57. Y atribuyen hijas a Dios —¡Gloria a Él (pues se halla por encima de tener hijos)!— y se atribuyen a sí mismos lo que desean (hijos).

58. Cuando a alguno de ellos se le anuncia que ha tenido una niña, su cara se ensombrece, como si estuviese (ahogándose por dentro) con ira reprimida.

59. Se oculta de la gente por el mal (tal y como equivocadamente presupone) de lo que se le ha anunciado. (Por lo tanto debate consigo mismo) si ha de conservarla con deshonor o enterrarla bajo tierra. ¡Mira ahora! ¡Cuán funesto es el juicio que hacen (respecto a Dios, y cuán funesta es la decisión que debaten)!

60. A aquellos que no creen en el Más Allá asigna el peor de los atributos y a Dios asigna el más sublime atributo, Él es el Glorioso poseedor de irresistible poder, el Omnisapiente.

61. Si Dios reprendiera inmediatamente a la gente por sus malas acciones, no dejaría (en la tierra a) ninguna criatura viva (ya que las malas obras de la humanidad harían que la Tierra fuese inhabitable). Pero Él les concede una prórroga hasta un período determinado (por Él). Cuando se cumple su prórroga, no pueden retrasarlo por un momento ni pueden adelantarlo.

62. Atribuyen a Dios lo que detestan (para sí mismos); y todo el tiempo sus lenguas pronuncian la mentira de que (si hubiese otra vida tal y como el Mensajero pretende) la mejor recompensa (el Paraíso) sería para ellos. Sin duda, suyo es (al contrario, solo) el Fuego, y serán los primeros en entrar en él.

63. Por Dios, sin duda hemos enviado Mensajeros a comunidades anteriores a ti (Oh Mensajero); pero Satanás ha embellecido sus obras para que les parecieran atrayentes a (los incrédulos de entre) ellos. Y este día (también, cuando el Corán esté siendo revelado), él es su amigo íntimo, y suyo es el castigo doloroso (en el Día del Juicio Final).

64. Y no te hemos hecho descender el Libro sino para que les expliques a ellos (todas las cuestiones de la fe y la ley) en lo que discrepaban y como guía y misericordia para la gente que creerá y que ya ha creído.

---

11. Este versículo tiene varios significados:

- Para ordenar sus vidas, alguna gente atribuye la creación y la autoridad a cosas o seres que pretenden tener poder (Divino), tal y como ídolos, personas, instituciones, cuerpos celestiales, espíritus, etc.
- Les atribuyen autoridad para hacer lícito lo que es ilícito, e ilícito lo que es lícito respecto a su sustento, a poderes que no sean Dios; sin embargo, su sustento ha sido concedido por Dios.
- Asignan a Dios, del producto y del ganado que Él ha creado, una porción, y dicen: «Este pertenece a Dios» —así dicen— «y esto (el resto) es para nuestras deidades asociadas» (6:136).

وَاللّٰهُ اَنْزَلَ مِنَ السَّمَٓاءِ مَٓاءً فَاَحْيَا بِهِ الْاَرْضَ بَعْدَ مَوْتِهَاۜ اِنَّ
ف۪ي ذٰلِكَ لَاٰيَةً لِقَوْمٍ يَسْمَعُونَ ﴿٦٥﴾ وَاِنَّ لَكُمْ فِي الْاَنْعَامِ لَعِبْرَةًۜ
نُسْق۪يكُمْ مِمَّا ف۪ي بُطُونِه۪ مِنْ بَيْنِ فَرْثٍ وَدَمٍ لَبَنًا خَالِصًا سَٓائِغًا
لِلشَّارِب۪ينَ ﴿٦٦﴾ وَمِنْ ثَمَرَاتِ النَّخ۪يلِ وَالْاَعْنَابِ تَتَّخِذُونَ مِنْهُ سَكَرًا
وَرِزْقًا حَسَنًاۜ اِنَّ ف۪ي ذٰلِكَ لَاٰيَةً لِقَوْمٍ يَعْقِلُونَ ﴿٦٧﴾ وَاَوْحٰى رَبُّكَ
اِلَى النَّحْلِ اَنِ اتَّخِذ۪ي مِنَ الْجِبَالِ بُيُوتًا وَمِنَ الشَّجَرِ وَمِمَّا
يَعْرِشُونَۙ ﴿٦٨﴾ ثُمَّ كُل۪ي مِنْ كُلِّ الثَّمَرَاتِ فَاسْلُك۪ي سُبُلَ رَبِّكِ
ذُلُلًاۜ يَخْرُجُ مِنْ بُطُونِهَا شَرَابٌ مُخْتَلِفٌ اَلْوَانُهُ ف۪يهِ شِفَٓاءٌ لِلنَّاسِۜ
اِنَّ ف۪ي ذٰلِكَ لَاٰيَةً لِقَوْمٍ يَتَفَكَّرُونَ ﴿٦٩﴾ وَاللّٰهُ خَلَقَكُمْ ثُمَّ يَتَوَفّٰيكُمْ
وَمِنْكُمْ مَنْ يُرَدُّ اِلٰٓى اَرْذَلِ الْعُمُرِ لِكَيْ لَا يَعْلَمَ بَعْدَ عِلْمٍ شَيْـًٔاۜ
اِنَّ اللّٰهَ عَل۪يمٌ قَد۪يرٌ ﴿٧٠﴾ وَاللّٰهُ فَضَّلَ بَعْضَكُمْ عَلٰى بَعْضٍ فِي الرِّزْقِۚ
فَمَا الَّذ۪ينَ فُضِّلُوا بِرَٓادّ۪ي رِزْقِهِمْ عَلٰى مَا مَلَكَتْ اَيْمَانُهُمْ فَهُمْ ف۪يهِ
سَوَٓاءٌۜ اَفَبِنِعْمَةِ اللّٰهِ يَجْحَدُونَ ﴿٧١﴾ وَاللّٰهُ جَعَلَ لَكُمْ مِنْ اَنْفُسِكُمْ
اَزْوَاجًا وَجَعَلَ لَكُمْ مِنْ اَزْوَاجِكُمْ بَن۪ينَ وَحَفَدَةً وَرَزَقَكُمْ مِنَ
الطَّيِّبَاتِۜ اَفَبِالْبَاطِلِ يُؤْمِنُونَ وَبِنِعْمَتِ اللّٰهِ هُمْ يَكْفُرُونَۙ ﴿٧٢﴾

65. Dios hace descender del cielo agua y con ella vivifica la Tierra después de su muerte. Sin duda, en ella se da un signo (que manifiesta la verdad) para la gente dispuesta a escuchar (y comprender los discursos del «Libro de la Creación» y la Revelación)[12].

66. Y, sin duda, en el rebaño (que pasta en la Tierra vivificada) se da una lección para vosotros: os damos de lo que contienen sus cuerpos (maravillosamente separado) de entre el quimo y la sangre, leche que es pura y agradable para aquellos que beben[13].

67. Y hay (entre el producto que Dios hace brotar como alimento para vosotros de la tierra revivificada) frutos de las palmeras y de las vides: de ellas obtenéis bebidas embriagantes y alimentos buenos y sanos. Sin duda, en ello se da un signo para la gente que razona y comprende[14].

68. Tu Señor ha inspirado a la abeja (hembra)[15]: «Establece para ti hogares en las montañas, y en los árboles y en aquello que (los seres humanos) construyan y elevan.

69. Luego, come de todos los frutos y regresa con tus cargas, siguiendo los caminos que tu Señor te ha facilitado». De su vientre sale un fluido de color variado, en el que hay salud para los seres humanos. Sin duda en ello hay un signo para la gente que reflexiona[16].

70. Dios os ha creado, y luego toma vuestras almas hacia Él. A algunos de vosotros se les dejará que alcancen la vejez, así que no saben, de lo que sabían antes, nada en absoluto. Sin duda, Dios es Omnisciente, Todopoderoso.

71. Y Dios ha favorecido a algunos de vosotros sobre otros en provisión. A pesar de ello (siendo Nosotros Quienes les proveemos), aquellos que han sido más favorecidos no consienten en compartir su provisión con aquellos (esclavos) que sus manos derechas poseen para que sean iguales a ellos en este sentido. ¿Cómo entonces pueden negar la gracia y generosidad de Dios (y atribuirle copartícipes a Él)?

72. Dios ha hecho para vosotros, de vosotros mismos, compañeros (cónyuges), y ha hecho para vosotros de vuestros compañeros hijos y nietos. Os ha proveído con las cosas buenas y sanas. ¿Creen, entonces, en la falsedad y niegan las bendiciones de Dios?

12. Es Dios Quien revivifica esta vasta Tierra cuando está muerta y seca y en ella manifiesta Su poder, creando cientos de miles de especies, cada una tan extraordinaria como la propia humanidad. Estas criaturas manifiestan el Conocimiento abarcador de Dios en sus infinitas variaciones en la mezcla de sus distintas formas. Las raíces y los troncos secos y petrificados de los árboles y las plantas, al igual que los animales que hibernan, son revivificados y restituidos exactamente como eran. Animales tal y como las moscas y plantas, flores, hierbas, que mueren dejando muchas semillas, son «recreadas» en una forma similar para ser casi idéntica a la original. Las semillas, que externamente parecen tan similares, crecen durante un corto período de tiempo de modo distinto y diferenciado, son conducidas a su pleno vigor con extraordinaria rapidez y facilidad y en orden y armonía absolutos. Sin duda, el Todopoderoso que dispone los asuntos del mundo crea en cada momento del tiempo en la superficie efímera y finita y en las profundidades de la Tierra, numerosos signos, ejemplos e indicios de la resurrección después de la muerte, de la Reunión Suprema y de la Llanura de la Resurrección.

Es Dios Quien, además de crear en todo momento numerosos signos, ejemplos e indicios de la Resurrección y de la vida después de la muerte, pasa a centrar nuestra atención hacia la felicidad eterna, asegurándonos la Resurrección en todos Sus decretos celestiales. Por lo tanto, en todos esos decretos y haciendo que la «naturaleza» hable en numerosas lenguas también se dirige a nuestra facultad de escuchar. Muestra la importancia que le da a la humanidad creándonos de la manera más completa y sutil, el más respetable y valioso fruto del Árbol de la Creación. Se dirige a los seres humanos, permitiéndoles que se pongan en contacto con Él siempre y donde lo deseen y sin intermediario.

13. El Corán narra el proceso de la producción de la leche con gran detalle: la digestión parcial de lo que es ingerido como alimento, su absorción y, luego, un segundo proceso y refinamiento en las glándulas. La leche es un producto sano y agradable para los seres vivos, a pesar de ser una secreción, como otras, y no es esencial para la vida de la madre. A pesar de ser una secreción producida entre el quimo que se halla en los intestinos y la sangre que se halla en las venas, es uno de los alimentos más vitales y útiles para los seres humanos. La narración del Corán acerca del proceso de su producción catorce siglos atrás es una de las numerosísimas pruebas de su origen Divino.

14. Este versículo fue revelado anteriormente a la prohibición de bebidas embriagantes (véase el *sura* 5:90-91, nota 18). Sin embargo, al emplear la expresión *alimentos buenos y sanos* después de las bebidas embriagantes, el hecho de que dichas bebidas no sean *alimentos buenos y sanos* queda implícito. El hecho de que figure después del versículo que describe la leche y su producción, hace que el Corán se refiera a las bebidas embriagantes en correspondencia a los excrementos y la sangre, mientras que la expresión *alimentos buenos y sanos* se corresponde con la leche; preparando así las mentes para la prohibición de las bebidas embriagantes. Haciendo una llamada a la gente para que use su razonamiento respecto a este asunto, les anima a que piensen y a que sean conscientes y razonables a la hora de elegir su comida y bebida.

15. Casi a partir del mismo momento de su nacimiento, un animal parece haber sido educado y le han sido perfeccionadas sus facultades en otro lugar. En unas horas, o días, o meses, puede dirigir su vida según reglas particulares y condiciones. Un gorrión o una abeja son inspirados con la habilidad y la capacidad de integrarse en su ambiente en veinte días, mientras que para realizar lo mismo le llevaría a una persona emplear veinte años de su vida. Esto significa que el deber básico y el papel esencial de un animal no incluyen la búsqueda de perfección a través del aprendi-

zaje, progresar por el conocimiento científico ni rezos para pedir ayuda mostrando su impotencia, sino que su único objetivo es actuar dentro de los límites de sus facultades innatas, este es el modo de adoración especificada para ellos.

Sin embargo, los seres humanos nacen sin saber nada de la vida ni de su ambiente, así que tienen que aprenderlo todo. Ni siquiera veinte años son suficientes para completar ese aprendizaje, debemos seguir aprendiendo hasta morir. Parece que hemos sido enviados aquí con tantas debilidades e inhabilidades que necesitamos más o menos dos años para aprender a andar. Sólo después de tener quince años podemos distinguir lo bueno de lo malo; y sólo viviendo en una sociedad podemos ganar la inteligencia suficiente para poder elegir entre lo que es beneficioso y lo que es perjudicial.

De este modo, el deber esencial e intrínseco de nuestra existencia es buscar la perfección a través del aprendizaje y proclamar nuestra adoración y servidumbre a Dios a través de los rezos y las súplicas. Deberíamos buscar la respuesta a todas las preguntas que vienen a continuación: «¿Mediante la compasión de quién mi vida es tan sabiamente administrada? ¿Mediante la generosidad de quién soy educado tan afectuosamente? ¿Mediante los favores y la benevolencia de quién soy alimentado tan solícitamente?». Entonces lo que tenemos que hacer es rezar y elevar una petición solicitando, en humillación, nuestras necesidades al Proveedor de Necesidades; ya que ninguna de éstas podemos satisfacerlas por nuestra cuenta. Este entendimiento y confesión de impotencia y pobreza se convertirán en dos alas con las cuales podremos volar a los rangos más altos: en definitiva, ser un siervo de Dios [*The Words* («Las Palabras»), «The 23rd Word» («La 23ª Palabra»), págs.331-332].

16. Respecto al diario de una abeja, véase el Apéndice 9.

وَيَعْبُدُونَ مِنْ دُونِ اللّٰهِ مَا لَا يَمْلِكُ لَهُمْ رِزْقًا
مِنَ السَّمٰوَاتِ وَالْاَرْضِ شَيْـًٔا وَلَا يَسْتَطِيعُونَ ﴿٧٣﴾ فَلَا تَضْرِبُوا
لِلّٰهِ الْاَمْثَالَ اِنَّ اللّٰهَ يَعْلَمُ وَاَنْتُمْ لَا تَعْلَمُونَ ﴿٧٤﴾ ضَرَبَ
اللّٰهُ مَثَلًا عَبْدًا مَمْلُوكًا لَا يَقْدِرُ عَلٰى شَيْءٍ وَمَنْ رَزَقْنَاهُ
مِنَّا رِزْقًا حَسَنًا فَهُوَ يُنْفِقُ مِنْهُ سِرًّا وَجَهْرًا هَلْ يَسْتَوُنَ
اَلْحَمْدُ لِلّٰهِ بَلْ اَكْثَرُهُمْ لَا يَعْلَمُونَ ﴿٧٥﴾ وَضَرَبَ اللّٰهُ مَثَلًا
رَجُلَيْنِ اَحَدُهُمَا اَبْكَمُ لَا يَقْدِرُ عَلٰى شَيْءٍ وَهُوَ كَلٌّ
عَلٰى مَوْلٰيهُ اَيْنَمَا يُوَجِّهْهُ لَا يَاْتِ بِخَيْرٍ هَلْ يَسْتَوِي هُوَ
وَمَنْ يَاْمُرُ بِالْعَدْلِ وَهُوَ عَلٰى صِرَاطٍ مُسْتَقِيمٍ ﴿٧٦﴾ وَلِلّٰهِ
غَيْبُ السَّمٰوَاتِ وَالْاَرْضِ وَمَا اَمْرُ السَّاعَةِ اِلَّا كَلَمْحِ
الْبَصَرِ اَوْ هُوَ اَقْرَبُ اِنَّ اللّٰهَ عَلٰى كُلِّ شَيْءٍ قَدِيرٌ ﴿٧٧﴾ وَاللّٰهُ
اَخْرَجَكُمْ مِنْ بُطُونِ اُمَّهَاتِكُمْ لَا تَعْلَمُونَ شَيْـًٔا وَجَعَلَ
لَكُمُ السَّمْعَ وَالْاَبْصَارَ وَالْاَفْئِدَةَ لَعَلَّكُمْ تَشْكُرُونَ ﴿٧٨﴾
اَلَمْ يَرَوْا اِلَى الطَّيْرِ مُسَخَّرَاتٍ فِي جَوِّ السَّمَاءِ
مَا يُمْسِكُهُنَّ اِلَّا اللّٰهُ اِنَّ فِي ذٰلِكَ لَاٰيَاتٍ لِقَوْمٍ يُؤْمِنُونَ ﴿٧٩﴾

وَاللّٰهُ

73. ¿Y adoran, aparte de Dios, a lo que no tiene la propiedad de ninguna provisión en los Cielos y en la Tierra con la que proveerles, ni tienen (aquellos a los que falsamente adoran) ninguna capacidad (para encargarse, aún menos, cumplir dicha tarea)?

74. Por lo tanto no inventéis similitudes con Dios (ni Le asemejéis a otros atribuyéndole copartícipes ya que no hay nada similar a Él). Sin duda, Dios sabe y vosotros no sabéis (la verdad exacta sobre Él y la naturaleza exacta de las cosas).

75. Dios presenta una parábola (de dos hombres, para que podáis entender que la verdadera libertad reside en el servicio de Dios, porque os libera de la servidumbre a cualquier otro): un hombre esclavizado, incapaz de hacer nada por sí mismo, y otro hombre (libre) al cual le hemos proporcionado una buena provisión procedente de Nosotros, de la que gasta en secreto y en público. ¿Son los dos iguales? Toda la alabanza y gratitud es debida a Dios (porque a Él Le pertenece la propiedad absoluta y la disposición de todo el universo); pero la mayoría de ellos no sabe.

76. Y Dios presenta una parábola de (otros) dos hombres: uno de ellos mudo, incapaz de controlar nada (incapaz de responder a ninguna llamada, decidir en ningún asunto o cubrir ninguna necesidad). Es una carga para su dueño. Allá donde le mande, no trae ningún bien. ¿Es igual este hombre a aquel que prescribe el derecho y la justicia y él mismo está en un camino recto?

77. Y a Dios pertenece (el dominio y el conocimiento absoluto de) Lo Oculto de los Cielos y de la Tierra. El asunto de la Hora (del Juicio Final) no será (respecto al Poder Divino) sino como un abrir y cerrar de ojos o más rápido. Sin duda Dios posee pleno poder sobre todas las cosas[17].

78. Dios os ha sacado de las matrices de vuestras madres cuando no sabíais nada, y (para que lleguéis a la perfección a través del conocimiento) os ha dotado con el oído, los ojos y los corazones, para que seáis agradecidos (de corazón, palabra y acción, llevando a cabo Sus mandamientos).

79. ¿Acaso no consideran los pájaros volando en el aire sometidos a la orden de Dios? Nadie les sostiene sino Dios (Quien les ha concedido la facultad de volar). Sin duda, en ello se dan signos (que manifiestan la verdad) para la gente que creerá y profundizará en la fe.

---

17. El Poder Divino es infinito y es un Atributo indispensable del Ser Supremo. Opera como una ley, teniendo la misma relación con todas las cosas, ya sean pequeñas o grandes, pocas o muchas; y opera directamente sobre la dimensión interna de las cosas o el reino metafísico, que está libre de todo obstáculo y de diferencias particulares. Este reino está en contacto directo con el Poder Divino. Para el Poder Divino, es tan fácil crear algo grande como algo pequeño. Por lo tanto, no es más difícil para este Poder destruir el mundo en un instante y volverlo a recrear en una forma nueva en el Día del Juicio Final que darle vida a un insecto en la primavera.

وَاللّٰهُ جَعَلَ لَكُمْ مِنْ بُيُوتِكُمْ سَكَنًا وَجَعَلَ لَكُمْ
مِنْ جُلُودِ الْاَنْعَامِ بُيُوتًا تَسْتَخِفُّونَهَا يَوْمَ ظَعْنِكُمْ وَيَوْمَ
اِقَامَتِكُمْۙ وَمِنْ اَصْوَافِهَا وَاَوْبَارِهَا وَاَشْعَارِهَا اَثَاثًا
وَمَتَاعًا اِلٰى حِينٍ ﴿٨٠﴾ وَاللّٰهُ جَعَلَ لَكُمْ مِمَّا خَلَقَ ظِلَالًا
وَجَعَلَ لَكُمْ مِنَ الْجِبَالِ اَكْنَانًا وَجَعَلَ لَكُمْ سَرَابِيلَ
تَقِيكُمُ الْحَرَّ وَسَرَابِيلَ تَقِيكُمْ بَأْسَكُمْۜ كَذٰلِكَ يُتِمُّ نِعْمَتَهُ
عَلَيْكُمْ لَعَلَّكُمْ تُسْلِمُونَ ﴿٨١﴾ فَاِنْ تَوَلَّوْا فَاِنَّمَا عَلَيْكَ
الْبَلَاغُ الْمُبِينُ ﴿٨٢﴾ يَعْرِفُونَ نِعْمَتَ اللّٰهِ ثُمَّ يُنْكِرُونَهَا
وَاَكْثَرُهُمُ الْكَافِرُونَ ﴿٨٣﴾ وَيَوْمَ نَبْعَثُ مِنْ كُلِّ اُمَّةٍ شَهِيدًا
ثُمَّ لَا يُؤْذَنُ لِلَّذِينَ كَفَرُوا وَلَا هُمْ يُسْتَعْتَبُونَ ﴿٨٤﴾ وَاِذَا
رَاَ الَّذِينَ ظَلَمُوا الْعَذَابَ فَلَا يُخَفَّفُ عَنْهُمْ وَلَا هُمْ
يُنْظَرُونَ ﴿٨٥﴾ وَاِذَا رَاَ الَّذِينَ اَشْرَكُوا شُرَكَٓاءَهُمْ قَالُوا
رَبَّنَا هٰٓؤُلَٓاءِ شُرَكَٓاؤُنَا الَّذِينَ كُنَّا نَدْعُوا مِنْ دُونِكَۚ
فَاَلْقَوْا اِلَيْهِمُ الْقَوْلَ اِنَّكُمْ لَكَاذِبُونَۚ ﴿٨٦﴾ وَاَلْقَوْا
اِلَى اللّٰهِ يَوْمَئِذٍ السَّلَمَ وَضَلَّ عَنْهُمْ مَا كَانُوا يَفْتَرُونَ ﴿٨٧﴾

80. Y (entre Sus bendiciones para vosotros): Dios ha hecho para vosotros de vuestros hogares un lugar de residencia y descanso. Ha hecho de la piel de los rebaños para vosotros (otro tipo de) residencia que encontráis ligera cuando viajáis y cuando os paráis para acampar. De su lana, piel y pelo (os ha provisto con medios para) enseres y agradables comodidades por un período (señalado y efímero).

81. Y (entre otras innumerables bendiciones Suyas) ha hecho para vosotros, de las cosas que ha creado, un refugio del Sol, y concedido refugios en las montañas, y ha hecho (los medios para que tejáis) ropa que os protege del calor (o del frío) e indumentaria (tal y como las cotas de malla) para protegeros de vuestra (mutua) violencia. De esta manera, completa Sus favores sobre vosotros para que os sometáis a Él (y así recibáis el mayor favor de todos).

82. Entonces, si (a pesar de estas bendiciones de Dios y los favores que ha completado sobre ellos a través de esta Revelación) se apartan, a ti sólo te incumbe (Oh Mensajero) transmitir el Mensaje total y claramente.

83. Son plenamente conscientes de los favores de Dios, pero se niegan a reconocerlos (como tales), y la mayoría de ellos son incrédulos obstinados (que voluntaria y obstinadamente atribuyen copartícipes a Dios en la creencia y la adoración).

84. Pero un Día (vendrá) cuando hagamos surgir de cada comunidad un testigo (para testificar contra ellos que la Religión de Dios les fue comunicada), entonces, a los que fueron incrédulos no se les permitirá (exponer sus excusas) ni se les permitirá enmendarse (por ser ya demasiado tarde).

85. Cuando los que persistieron en la maldad (atribuyendo copartícipes a Dios y cometiendo maldad) vean el castigo, no se les mitigará ni se les indultará.

86. Y cuando los que atribuyen copartícipes a Dios vean a sus deidades asociadas (tal y como Profetas, santos y héroes que les tenían como copartícipes de Dios en la adoración y la obediencia absoluta) dirán: «¡Señor nuestro! Estas son nuestras deidades asociadas a quien (Te habíamos atribuido como copartícipes, y) solíamos invocar en lugar de invocarte a Ti (Ellos son los que nos han desviado)». Con lo cual (esos seres) les lanzan la réplica: «¡Sin duda sois mentirosos!».

87. Ese Día, esos (los que habían atribuido copartícipes a Dios) ofrecieron sumisión a Dios (la cual, por arrogancia, solían negar), y lo que solían inventar (por medio de falsas deidades para adorar aparte de Dios) les abandonó y desapareció.

الَّذِينَ كَفَرُوا وَصَدُّوا عَنْ سَبِيلِ اللَّهِ زِدْنَاهُمْ عَذَابًا
فَوْقَ الْعَذَابِ بِمَا كَانُوا يُفْسِدُونَ ٨٨ وَيَوْمَ نَبْعَثُ
فِي كُلِّ أُمَّةٍ شَهِيدًا عَلَيْهِمْ مِنْ أَنْفُسِهِمْ وَجِئْنَا بِكَ شَهِيدًا
عَلَىٰ هَٰؤُلَاءِ ۚ وَنَزَّلْنَا عَلَيْكَ الْكِتَابَ تِبْيَانًا لِكُلِّ شَيْءٍ
وَهُدًى وَرَحْمَةً وَبُشْرَىٰ لِلْمُسْلِمِينَ ٨٩ إِنَّ اللَّهَ يَأْمُرُ
بِالْعَدْلِ وَالْإِحْسَانِ وَإِيتَاءِ ذِي الْقُرْبَىٰ وَيَنْهَىٰ
عَنِ الْفَحْشَاءِ وَالْمُنْكَرِ وَالْبَغْيِ ۚ يَعِظُكُمْ لَعَلَّكُمْ تَذَكَّرُونَ ٩٠
وَأَوْفُوا بِعَهْدِ اللَّهِ إِذَا عَاهَدْتُمْ وَلَا تَنْقُضُوا الْأَيْمَانَ
بَعْدَ تَوْكِيدِهَا وَقَدْ جَعَلْتُمُ اللَّهَ عَلَيْكُمْ كَفِيلًا ۚ إِنَّ اللَّهَ
يَعْلَمُ مَا تَفْعَلُونَ ٩١ وَلَا تَكُونُوا كَالَّتِي نَقَضَتْ غَزْلَهَا
مِنْ بَعْدِ قُوَّةٍ أَنْكَاثًا تَتَّخِذُونَ أَيْمَانَكُمْ دَخَلًا بَيْنَكُمْ
أَنْ تَكُونَ أُمَّةٌ هِيَ أَرْبَىٰ مِنْ أُمَّةٍ ۚ إِنَّمَا يَبْلُوكُمُ اللَّهُ بِهِ ۚ
وَلَيُبَيِّنَنَّ لَكُمْ يَوْمَ الْقِيَامَةِ مَا كُنْتُمْ فِيهِ تَخْتَلِفُونَ ٩٢
وَلَوْ شَاءَ اللَّهُ لَجَعَلَكُمْ أُمَّةً وَاحِدَةً وَلَٰكِنْ يُضِلُّ مَنْ
يَشَاءُ وَيَهْدِي مَنْ يَشَاءُ ۚ وَلَتُسْأَلُنَّ عَمَّا كُنْتُمْ تَعْمَلُونَ ٩٣

وَلَا تَتَّخِذُوا

88. Aquellos que (por sí mismos) no creyeron y apartaron (a otros) del camino de Dios, añadimos castigo sobre su castigo porque solían difundir desorden y corrupción[18].

89. Ese Día, haremos surgir de cada comunidad un testigo de entre ellos (para testificar) contra ellos (de que la Religión de Dios les fue comunicada) y te traeremos (Oh Mensajero) como testigo contra aquellos (a los que tu Mensaje había llegado). Te hemos hecho descender el Libro como exposición de todo (lo relativo a la guía y al error, el conocimiento de lo bueno y de lo malo y la felicidad y la miseria en ambos mundos), como guía y misericordia y buenas nuevas para los musulmanes (aquellos que se han sometido completamente a Dios).

90. Dios prescribe la justicia (y el recto juicio en todos los asuntos), dedicación a las buenas obras y la generosidad hacia los parientes; y prohíbe la indecencia, la maldad y la conducta vil (todas las ofensas contra la Religión, la vida, la propiedad personal, la castidad y la salud de la mente y del cuerpo). ¡Os exhorta (repetidamente) para que reflexionéis y seáis considerados!

91. Y cumplid el compromiso de Dios cuando concertéis el compromiso (y cualquier compromiso que tengáis entre vosotros en el Nombre de Dios) y no rompáis vuestros juramentos tras haberlos confirmado. Sin duda, habéis tomado a Dios como garante. Realmente Dios sabe todo lo que hacéis.

92. Y no seáis como aquella que deshace de nuevo el hilo tras haberlo hilado fuertemente, traicionando (su propio esfuerzo) utilizando vuestros juramentos como un medio de engaño entre vosotros para que seáis una comunidad mayor en número (en poder y en otras cosas mundanas) que la otra[19]. En ello, Dios tan solo os está probando, y en el Día de la Resurrección, con toda seguridad explicará a vosotros todo aquello en lo que discrepáis.

93. Si Dios hubiese querido, habría hecho de vosotros una sola comunidad (con la misma fe y religión). Pero (os ha dado libre albedrío con el resultado de que) extravía a quien Su Voluntad dicta y guía a quien Su Voluntad dicta[20]. Sin duda, tendréis que rendir cuentas de lo que solíais hacer.

18. Este versículo se refiere a los líderes de la incredulidad, particularmente a aquellos que no creen y dirigen a otros a la incredulidad, a la misma vez que se esfuerzan al máximo para evitar que otros sigan el camino de Dios. Así, causan inquietud y corrupción en la sociedad. Por ello, además de su castigo por su incredulidad, sufrirán castigo por evitar que otros accedan al camino de Dios y por causar inquietud y corrupción.

19. Cualquier pacto hecho en el Nombre de Dios significa un pacto de Dios. El pacto de Dios consiste en una «cuerda» de luz tejida con las hebras de la Voluntad, la Sabiduría y el Favor Divinos, y funciona como responsable del orden del universo, siendo capaz de establecer paz, orden y armonía en la vida humana. Tiene que ver con las obligaciones espirituales, morales y sociales que surgen de la creencia y de la adoración de Dios (véanse el *sura* 2:27, nota 24; el *sura* 40, notas 47–48; el *sura* 13:20). También se refiere a todos los pactos y promesas que una persona da a otra en Nombre de Dios. Su meta es el establecimiento de la justicia, el buen juicio, la devoción en hacer el bien, la ayuda mutua en la sociedad, la erradicación del mal, la indecencia y otros actos vergonzosos —tal y como la fornicación, el adulterio, la homosexualidad y otros vicios— incluyendo también la insolencia y las ofensas hechas contra los demás. Por lo tanto, el pacto con Dios obliga al cumplimiento de todas estas obligaciones que surgen de la creencia en Él. El cumplimiento de las mismas es un signo de estar guiado, mientras que la ruptura de las mismas significa extravío y transgresión.

En la vida social, individuos, comunidades y naciones o estados firman diferentes tratados unos con otros bajo ciertas condiciones, y Dios Todopoderoso ordena que se cumplan. Ningún individuo o comunidad, por el mero hecho de su superioridad o de su poder, puede romper dichos tratados y traicionar sus condiciones. Nos está estrictamente prohibido hacer de nuestra religión simplemente un medio para ganar ventajas sobre los demás en nuestras relaciones y acuerdos. Es interesante el hecho de que durante la época del Profeta, los quraishíes tenían tendencia a romper sus tratados con otras tribus cuando una parte más poderosa les ofrecía una alianza. Dichos vicios son, prácticamente la norma de los asuntos internacionales de hoy en día. El Islam ordena unos valores más rigurosos y éticos, puesto que un pacto es vinculante ante la humanidad y ante Dios.

20. Respecto a Dios desviando y guiando a quien Su Voluntad dicta, véanse el *sura* 2, nota 10; 26-27, nota 23; y el *sura* 6:39, nota 8.

94. No hagáis de vuestros juramentos un medio para engañar y hacer injusticia entre vosotros; para que el pie no se os resbale (del camino de la guía) después de haber estado firme (en ello, y otros también pueden ser extraviados por vuestra mala conducta); y deberíais probar los males (resultados) por haber apartado a otros del camino de Dios. Y (en el Más Allá) se da un tremendo castigo para vosotros.

95. Y no vendáis el pacto de Dios por un precio nimio (tal y como la posición social y otros beneficios mundanos). Sin duda lo que se halla con Dios es mejor para vosotros, si al menos supierais.

96. Lo que se halla con vosotros se consume. Sin embargo, lo que se halla con Dios es permanente. Sin duda, a los que perseveren y tengan paciencia (en cumplir los mandamientos de Dios, absteniéndose de los pecados y todas las adversidades en la causa de Dios) retribuiremos su recompensa de acuerdo con lo mejor de lo que solían hacer.

97. Todo aquel que hace actos buenos y rectos, ya sea varón o hembra, y es un creyente, le haremos, sin duda, vivir una vida buena, y con toda seguridad retribuiremos a tales como éstos su recompensa de acuerdo con lo mejor de lo que solían hacer.

98. Por lo tanto cuando recites el Corán (como un acto bueno y recto), busca refugio en Dios de Satanás rechazado (de la

وَلَا تَتَّخِذُوا اَيْمَانَكُمْ دَخَلًا بَيْنَكُمْ فَتَزِلَّ قَدَمٌ بَعْدَ
ثُبُوتِهَا وَتَذُوقُوا السُّوءَ بِمَا صَدَدْتُمْ عَنْ سَبِيلِ اللّٰهِ
وَلَكُمْ عَذَابٌ عَظِيمٌ ﴿٩٤﴾ وَلَا تَشْتَرُوا بِعَهْدِ اللّٰهِ ثَمَنًا
قَلِيلًا اِنَّمَا عِنْدَ اللّٰهِ هُوَ خَيْرٌ لَكُمْ اِنْ كُنْتُمْ تَعْلَمُونَ ﴿٩٥﴾
مَا عِنْدَكُمْ يَنْفَدُ وَمَا عِنْدَ اللّٰهِ بَاقٍ وَلَنَجْزِيَنَّ الَّذِينَ
صَبَرُوا اَجْرَهُمْ بِاَحْسَنِ مَا كَانُوا يَعْمَلُونَ ﴿٩٦﴾ مَنْ عَمِلَ
صَالِحًا مِنْ ذَكَرٍ اَوْ اُنْثٰى وَهُوَ مُؤْمِنٌ فَلَنُحْيِيَنَّهُ حَيٰوةً
طَيِّبَةً وَلَنَجْزِيَنَّهُمْ اَجْرَهُمْ بِاَحْسَنِ مَا كَانُوا يَعْمَلُونَ ﴿٩٧﴾
فَاِذَا قَرَاْتَ الْقُرْاٰنَ فَاسْتَعِذْ بِاللّٰهِ مِنَ الشَّيْطَانِ الرَّجِيمِ ﴿٩٨﴾
اِنَّهُ لَيْسَ لَهُ سُلْطَانٌ عَلَى الَّذِينَ اٰمَنُوا وَعَلٰى رَبِّهِمْ
يَتَوَكَّلُونَ ﴿٩٩﴾ اِنَّمَا سُلْطَانُهُ عَلَى الَّذِينَ يَتَوَلَّوْنَهُ وَالَّذِينَ
هُمْ بِهِ مُشْرِكُونَ ﴿١٠٠﴾ وَاِذَا بَدَّلْنَا اٰيَةً مَكَانَ اٰيَةٍ وَاللّٰهُ
اَعْلَمُ بِمَا يُنَزِّلُ قَالُوا اِنَّمَا اَنْتَ مُفْتَرٍ بَلْ اَكْثَرُهُمْ
لَا يَعْلَمُونَ ﴿١٠١﴾ قُلْ نَزَّلَهُ رُوحُ الْقُدُسِ مِنْ رَبِّكَ بِالْحَقِّ
لِيُثَبِّتَ الَّذِينَ اٰمَنُوا وَهُدًى وَبُشْرٰى لِلْمُسْلِمِينَ ﴿١٠٢﴾

Misericordia de Dios, por sus malas sugerencias y susurros durante la recitación).

99. Sin duda, él no tiene poder sobre aquellos que creen y depositan su confianza en su Señor.

100. Su poder es sólo sobre aquellos que hacen de él un confidente (buscando y tomando en cuanto a su consejo y dirección), y aquellos que atribuyen copartícipes a Dios (en adoración y obediencia).

101. Cuando ponemos una Revelación en lugar de otra Revelación (durante el perfeccionamiento de la Religión y completando Nuestro favor sobre vosotros), —y Dios sabe bien lo que hace descender— dicen: «¡No eres más que un falsario!». No, sino más bien, la mayoría de ellos no saben[21].

102. Di (les a ellos, Oh Mensajero): «(Mi Señor afirma): "El Espíritu de Santidad lo trae de tu Señor con la verdad (encarnando la verdad y con nada falso en él), para que confirme a los que creen (fortaleciéndoles en su fe y su adhesión al camino de Dios) y como guía y buenas nuevas para los musulmanes (aquellos que se han sometido totalmente a Dios)"»[22].

---

21. Respecto a la doctrina de la abrogación (*nasj*) mencionada en este versículo, véanse el *sura* 2:106, nota 95; y el *sura* 13:39, nota 13.

22. Respecto al Espíritu de Santidad, véase 2:87, nota 86. Esto, probablemente, se refiere al Arcángel Gabriel, ya que Gabriel trajo el Corán desde Dios al profeta Muhammad, la paz y las bendiciones sean con él. El hecho de que es llamado Espíritu de Santidad hace referencia a su pureza de cualquier tacha y que el Corán está absolutamente libre de cualquier defecto o duda.

103. Sin duda sabemos que dicen: «Es un ser humano el que le enseña». Pero la lengua de aquel a quien falsamente insinúan es extranjera, mientras que ésta (la del Corán) es una lengua árabe clara[23].

104. Sin duda, aquellos que no crean en las Revelaciones de Dios (y por lo tanto, persistan en la injusticia) Dios no les dirige (al camino de la verdadera prosperidad) y para ellos se da un castigo doloroso.

105. Sólo aquellos que no creen en las Revelaciones de Dios inventan mentiras, aquellos son los mentirosos.

106. Quienquiera que no crea en Dios, después de haber creído —no aquel que esté bajo presión mientras su corazón está firme y satisfecho en la fe, sino quien abra su pecho voluntariamente a la incredulidad— sobre ellos caerá la ira de Dios (Su condena) y se da un tremendo castigo para ellos.

107. Y eso es por haber elegido la vida presente y mundana antes que el Más Allá, y porque Dios no guía a la gente incrédula (al camino de la verdadera prosperidad y al Paraíso).

108. Aquellos son sobre cuyos corazones, oídos y ojos Dios ha establecido un sello, y aquellos son los que hacen caso omiso y son descuidados.

109. No hay duda que en el Más Allá serán absolutamente perdedores.

وَلَقَدْ نَعْلَمُ اَنَّهُمْ يَقُولُونَ اِنَّمَا يُعَلِّمُهُ بَشَرٌ لِسَانُ الَّذٖى
يُلْحِدُونَ اِلَيْهِ اَعْجَمِىٌّ وَهٰذَا لِسَانٌ عَرَبِىٌّ مُبٖينٌ ﴿١٠٣﴾
اِنَّ الَّذٖينَ لَا يُؤْمِنُونَ بِاٰيَاتِ اللّٰهِ لَا يَهْدٖيهِمُ اللّٰهُ
وَلَهُمْ عَذَابٌ اَلٖيمٌ ﴿١٠٤﴾ اِنَّمَا يَفْتَرِى الْكَذِبَ الَّذٖينَ
لَا يُؤْمِنُونَ بِاٰيَاتِ اللّٰهِ وَاُولٰٓئِكَ هُمُ الْكَاذِبُونَ ﴿١٠٥﴾
مَنْ كَفَرَ بِاللّٰهِ مِنْ بَعْدِ اٖيمَانِهٖٓ اِلَّا مَنْ اُكْرِهَ وَقَلْبُهُ
مُطْمَئِنٌّ بِالْاٖيمَانِ وَلٰكِنْ مَنْ شَرَحَ بِالْكُفْرِ صَدْرًا
فَعَلَيْهِمْ غَضَبٌ مِنَ اللّٰهِ وَلَهُمْ عَذَابٌ عَظٖيمٌ ﴿١٠٦﴾
ذٰلِكَ بِاَنَّهُمُ اسْتَحَبُّوا الْحَيٰوةَ الدُّنْيَا عَلَى الْاٰخِرَةِ وَاَنَّ
اللّٰهَ لَا يَهْدِى الْقَوْمَ الْكَافِرٖينَ ﴿١٠٧﴾ اُولٰٓئِكَ الَّذٖينَ طَبَعَ
اللّٰهُ عَلٰى قُلُوبِهِمْ وَسَمْعِهِمْ وَاَبْصَارِهِمْ وَاُولٰٓئِكَ هُمُ
الْغَافِلُونَ ﴿١٠٨﴾ لَا جَرَمَ اَنَّهُمْ فِى الْاٰخِرَةِ هُمُ الْخَاسِرُونَ ﴿١٠٩﴾
ثُمَّ اِنَّ رَبَّكَ لِلَّذٖينَ هَاجَرُوا مِنْ بَعْدِ مَا فُتِنُوا ثُمَّ
جَاهَدُوا وَصَبَرُوٓا اِنَّ رَبَّكَ مِنْ بَعْدِهَا لَغَفُورٌ رَحٖيمٌ ﴿١١٠﴾

يَوْمَ

110. No obstante, sin duda tu Señor se halla con aquellos que emigran después de haber sido sometidos a persecuciones (por su fe) y, a continuación, se esfuerzan en la causa de Dios y soportan con paciencia (todo lo que les sobrevenga); en verdad a cambio de estos (buenos actos), tu Señor es Indulgente y Compasivo.

23. Para inventar excusas, por muy falsas que sean, para rechazar el Mensaje que el profeta Muhammad, la paz y las bendiciones sean con él, trajo, los politeístas de La Meca, a veces, atribuían el Corán al Mensajero, y otras veces a otra persona que aseveraban que se lo había enseñado. Pero su aseveración carecía de fundamento ya que no hacían más que contradecir su propio argumento de que el Mensajero, la paz y las bendiciones sean con él, había inventado el Corán. No tenían en consideración el simple hecho de que la otra persona a la que se referían no era árabe y que hablaba otra lengua. Esto siempre ha ocurrido a lo largo de la historia de la humanidad. Los que rechazaban el Mensaje Divino constantemente inventaban excusas falsas y contradictorias para su rechazo y lo único que conseguían era hacer el ridículo.

يَوْمَ تَأْتِي كُلُّ نَفْسٍ تُجَادِلُ عَنْ نَفْسِهَا وَتُوَفّٰى كُلُّ
نَفْسٍ مَا عَمِلَتْ وَهُمْ لَا يُظْلَمُونَ ﴿١١١﴾ وَضَرَبَ اللّٰهُ مَثَلًا
قَرْيَةً كَانَتْ اٰمِنَةً مُطْمَئِنَّةً يَأْتِيهَا رِزْقُهَا رَغَدًا مِنْ كُلِّ
مَكَانٍ فَكَفَرَتْ بِأَنْعُمِ اللّٰهِ فَأَذَاقَهَا اللّٰهُ لِبَاسَ الْجُوعِ
وَالْخَوْفِ بِمَا كَانُوا يَصْنَعُونَ ﴿١١٢﴾ وَلَقَدْ جَاءَهُمْ رَسُولٌ
مِنْهُمْ فَكَذَّبُوهُ فَأَخَذَهُمُ الْعَذَابُ وَهُمْ ظَالِمُونَ ﴿١١٣﴾
فَكُلُوا مِمَّا رَزَقَكُمُ اللّٰهُ حَلَالًا طَيِّبًا وَاشْكُرُوا نِعْمَتَ
اللّٰهِ إِنْ كُنْتُمْ إِيَّاهُ تَعْبُدُونَ ﴿١١٤﴾ إِنَّمَا حَرَّمَ عَلَيْكُمُ الْمَيْتَةَ
وَالدَّمَ وَلَحْمَ الْخِنْزِيرِ وَمَا أُهِلَّ لِغَيْرِ اللّٰهِ بِهِ فَمَنِ اضْطُرَّ
غَيْرَ بَاغٍ وَلَا عَادٍ فَإِنَّ اللّٰهَ غَفُورٌ رَحِيمٌ ﴿١١٥﴾ وَلَا تَقُولُوا
لِمَا تَصِفُ أَلْسِنَتُكُمُ الْكَذِبَ هٰذَا حَلَالٌ وَهٰذَا حَرَامٌ
لِتَفْتَرُوا عَلَى اللّٰهِ الْكَذِبَ إِنَّ الَّذِينَ يَفْتَرُونَ عَلَى اللّٰهِ
الْكَذِبَ لَا يُفْلِحُونَ ﴿١١٦﴾ مَتَاعٌ قَلِيلٌ وَلَهُمْ عَذَابٌ أَلِيمٌ ﴿١١٧﴾
وَعَلَى الَّذِينَ هَادُوا حَرَّمْنَا مَا قَصَصْنَا عَلَيْكَ
مِنْ قَبْلُ وَمَا ظَلَمْنَاهُمْ وَلٰكِنْ كَانُوا أَنْفُسَهُمْ يَظْلِمُونَ ﴿١١٨﴾

111. (Ten siempre en cuenta) el Día en que cada alma vendrá pidiendo para sí misma y cada una será recompensada íntegramente por lo que ha hecho, y ninguna de ellas será tratada injustamente.

112. Dios presenta una parábola de una ciudad segura y tranquila con su provisión que recibía en abundancia de todas partes. Pero mostró ingratitud a Dios (su gente no creyó y atribuyó su aparente bienestar a otro que no era Dios, por lo que cayeron en el hábito de atribuirle copartícipes en la creencia y en la adoración, y en la vida diaria); y por lo tanto Dios los envolvió con la vestidura del hambre y el miedo por lo que habitualmente habían urdido.

113. Con toda seguridad, un Mensajero de entre ellos les ha llegado, pero le han negado; y, en consecuencia, el castigo les agarró mientras obraban mal.

114. Por lo tanto (Oh gente) comed de lo puro, lícito y bueno que Dios os ha proveído y agradeced Sus favores, si es en verdad a Él a Quien adoráis.

115. Os ha hecho ilícito sólo la carroña, la sangre, la carne de cerdo y la de todo animal que haya sido sacrificado en el nombre de otro que no sea Dios. Pero si alguien se ve obligado por la extrema necesidad a comerlo, a condición de que no codicie (lo que está prohibido) y no exceda (los límites de la necesidad), (entonces no incurrirá en pecado) con toda seguridad Dios es Indulgente y Compasivo.

116. Y no digáis por lo que vuestras lenguas falsamente describen: «Esto es lícito y esto es ilícito», inventando así mentira y atribuyéndosela a Dios. Sin duda, los que inventan mentira y se la atribuyen a Dios no prosperarán.

117. (Su destino es) un breve disfrute (en este mundo) y suyo es un doloroso castigo (en el Más Allá).

118. Y en cuanto a aquellos que son judíos, les hemos hecho ilícito lo que ya te hemos relatado. Nunca hemos sido injustos con ellos, sino que habitualmente fueron injustos consigo mismos[24].

24. Este versículo tiene una conexión con el versículo 114 anterior y los versículos siguientes. Explica cómo Dios prohibió algunas cosas puras y buenas a los judíos, a pesar de que creían. Se refiere al *sura* 4:160-161 y el *sura* 6:146. Por lo tanto, véanse el *sura* 4:160-161; y el *sura* 6:146, notas 31-32.

119. Sin embargo, tu Señor en verdad es —con aquellos que cometan el mal por ignorancia (como ejemplo de derrota por su alma que ordena el mal) y después de esto se arrepientan (inmediatamente al darse cuenta de que lo que han hecho es incorrecto) y se enmienden— sin duda, tu Señor es Indulgente y Compasivo (con una misericordia especial hacia Sus siervos arrepentidos).

120. Abraham fue un líder ejemplar, (cuya dedicación al bien de su comunidad hizo que fuera) como una comunidad, sinceramente obediente a Dios como un hombre de pura fe (libre de cualquier mancha de incredulidad e hipocresía) y no era de los que atribuían copartícipes a Dios[25].

121. Siempre agradecido por Sus favores. Él (Dios) le eligió y le guió a un camino recto (para que él lo siguiese y guiase a los demás).

122. En el mundo le concedimos el bien y, sin duda, será de los justos en el Más Allá.

123. Luego, te hemos revelado (Oh Mensajero): «Sigue el camino de Abraham como alguien de pura fe (libre de incredulidad e hipocresía)» y nunca fue de los que atribuyeron copartícipes a Dios[26].

124. El Sabbat fue impuesto solamente para aquellos que discrepaban al respecto (no para todas las comunidades que habrían de seguir el camino de Abraham)[27]. Tu Señor, sin duda, decidirá entre ellos el Día de la Resurrección sobre aquello en lo que solían discrepar.

125. Llama al camino de tu Señor con sabiduría y buena exhortación, y discute con ellos de la mejor manera posible[28]. Tu Señor sin duda alguna conoce mejor

ثُمَّ اِنَّ رَبَّكَ لِلَّذٖينَ عَمِلُوا السُّٓوءَ بِجَهَالَةٍ ثُمَّ تَابُوا
مِنْ بَعْدِ ذٰلِكَ وَاَصْلَحُٓوا اِنَّ رَبَّكَ مِنْ بَعْدِهَا لَغَفُورٌ رَحٖيمٌ ﴿١١٩﴾
اِنَّ اِبْرٰهٖيمَ كَانَ اُمَّةً قَانِتًا لِلّٰهِ حَنٖيفًا وَلَمْ يَكُ مِنَ الْمُشْرِكٖينَ ﴿١٢٠﴾
شَاكِرًا لِاَنْعُمِهٖ اِجْتَبٰيهُ وَهَدٰيهُ اِلٰى صِرَاطٍ مُسْتَقٖيمٍ ﴿١٢١﴾ وَاٰتَيْنَاهُ
فِى الدُّنْيَا حَسَنَةً وَاِنَّهُ فِى الْاٰخِرَةِ لَمِنَ الصَّالِحٖينَ ﴿١٢٢﴾
ثُمَّ اَوْحَيْنَا اِلَيْكَ اَنِ اتَّبِعْ مِلَّةَ اِبْرٰهٖيمَ حَنٖيفًا وَمَا كَانَ مِنَ
الْمُشْرِكٖينَ ﴿١٢٣﴾ اِنَّمَا جُعِلَ السَّبْتُ عَلَى الَّذٖينَ اخْتَلَفُوا
فٖيهِ وَاِنَّ رَبَّكَ لَيَحْكُمُ بَيْنَهُمْ يَوْمَ الْقِيٰمَةِ فٖيمَا كَانُوا فٖيهِ
يَخْتَلِفُونَ ﴿١٢٤﴾ اُدْعُ اِلٰى سَبٖيلِ رَبِّكَ بِالْحِكْمَةِ وَالْمَوْعِظَةِ
الْحَسَنَةِ وَجَادِلْهُمْ بِالَّتٖى هِىَ اَحْسَنُ اِنَّ رَبَّكَ هُوَ اَعْلَمُ
بِمَنْ ضَلَّ عَنْ سَبٖيلِهٖ وَهُوَ اَعْلَمُ بِالْمُهْتَدٖينَ ﴿١٢٥﴾ وَاِنْ
عَاقَبْتُمْ فَعَاقِبُوا بِمِثْلِ مَا عُوقِبْتُمْ بِهٖ وَلَئِنْ صَبَرْتُمْ
لَهُوَ خَيْرٌ لِلصَّابِرٖينَ ﴿١٢٦﴾ وَاصْبِرْ وَمَا صَبْرُكَ اِلَّا بِاللّٰهِ
وَلَا تَحْزَنْ عَلَيْهِمْ وَلَا تَكُ فٖى ضَيْقٍ مِمَّا يَمْكُرُونَ ﴿١٢٧﴾
اِنَّ اللّٰهَ مَعَ الَّذٖينَ اتَّقَوْا وَالَّذٖينَ هُمْ مُحْسِنُونَ ﴿١٢٨﴾

سُورَةُ

a quién se ha extraviado de Su camino y conoce mejor quiénes son rectamente guiados.

126. Si tenéis que responder a un mal, responded (solamente) en la medida en que os ha sido hecho[29]. Pero si aguantáis pacientemente, eso es en verdad mejor para los pacientes.

127. Aguanta pacientemente. Tu paciencia es sólo por Dios y con Su ayuda; y no te entristezcas por ellos (por su actitud respecto a tu misión), ni te angusties por lo que urden.

128. Sin duda, Dios se halla con quienes se apartan de la desobediencia en veneración a Él y piedad y aquellos que se dedican a hacer el bien, conscientes de que Dios les está contemplando.

25. Además de ser el padre de los grandes Mensajeros, incluidos el profeta Moisés y Jesús, la paz sea con ellos, el profeta Abraham, la paz sea con él, también fue el padre de los quraishíes a través de su hijo Ismael, la paz sea con él. Al igual que los judíos y algunos cristianos que aseveran que él era judío o cristiano, los quraishíes a veces aseveraron que seguían el camino de Abraham, la paz sea con él. El Corán rechaza categóricamente dichas aseveraciones. Abraham, la paz sea con él, no era ni judío ni cristiano ni politeísta. Era un Mensajero de Dios que creía y predicaba Su absoluta Unidad. Era extremadamente compasivo y se dedicaba y deseaba intensamente que la gente fuese guiada. Apareció entre una nación de politeístas y, en solitario, se rebeló contra todo tipo de politeísmo, proclamando la Existencia y la Unidad de Dios y Su absoluto dominio de todos los Cielos y la Tierra y de todo cuanto en ellos hay. Como un solo individuo, predicó la Religión Divina basada en la absoluta Unidad de Dios y la representó. Por todos los aspectos de su persona y su misión, y particularmente por su deseo del bien y la guía de toda la gente, Dios le apreciaba como si fuese una comunidad entera. Bediüzzaman Said Nursi hace la siguiente observación: «Aquel que aspira y se esfuerza por el bien de toda su nación, es en sí una nación».

26. Para una exposición de los asuntos mencionados en estos cuatro últimos versículos, véase el *sura* 2:124-135 y las notas correspondientes 102-111.

27. Respecto al Sabbat y a los que no lo observaron, véanse el *sura* 2:65; el *sura* 4:47, y el *sura* 7:163-166 y las notas correspondientes.

28. El Todopoderoso ordena a Su Mensajero a seguir tres caminos en la predicación de Su Mensaje: llamar a la gente con sabiduría, llamarles con una buena exhortación y discutir del mejor modo posible. Ya que cada uno de estos tres caminos o todos son requeridos para llamar a la gente a la guía de Dios, cualquiera puede ser preferido para llevar a cabo eso. La gente se puede agrupar de tres maneras: los que tienen conocimiento y pueden pensar, la gente común que sigue su «naturaleza» y sus intereses propios, y los que persisten en la incredulidad. Un predicador ha de llamar a la gente del primer grupo con sabiduría, dirigiéndose a su intelecto y explicándole la evidencia; ha de aconsejar al segundo grupo y exhortarles a que sigan la guía de Dios del mejor modo posible; y ha de discutir con el tercer grupo relajadamente para ganarse sus corazones, intentando que no aumenten en incredulidad y enemistad.

29. Para una exposición correspondiente a responder en la medida en que se ha hecho el mal, véase el *sura* 5:45, nota 10.

SURA 17

AL-ISRA'

(EL VIAJE NOCTURNO)

Período de La Meca

Este *sura* contiene 111 versículos. Toma su título de su primer versículo, donde se relata el milagroso Viaje Nocturno del Mensajero desde la Mezquita Sagrada de La Meca hasta el *Masyid Al-Aqsa* en Quds (Jerusalén). El Mensajero de Dios, la paz y las bendiciones sean con él, fue llevado desde ahí, a través de las dimensiones celestiales de la existencia y observó los grandes signos de Dios. Su viaje es conocido como *al-Mi'ray* (la Ascensión). Algunos comentaristas llaman a este *sura Banu Israil* (los Hijos de Israel), porque menciona a los Hijos de Israel entre los versículos 2 y 8 así como entre los versículos 101 y 104. Fue revelado en La Meca cuando ocurrió el *Mi'ray*, hacia el final del período de La Meca. Advierte a los incrédulos y les exhorta a que tomen lecciones de la historia de los Hijos de Israel y de otras comunidades, explicando lo que dirige a la felicidad y lo que dirige a la perdición. Declara ciertos principios generales relacionados con la moralidad y la buena conducta como los fundamentos de la ley que fueron legislados más tarde en Medina para la vida individual y colectiva de los musulmanes. El *sura* aconseja al Mensajero de Dios y a los creyentes que tengan paciencia con todo lo que se encuentren en el camino de Dios.

سُورَةُ الْاِسْرَاءِ مَكِّيَّةٌ
وَهِىَ مِائَةٌ وَاِحْدٰى عَشْرَةَ اٰيَةً

بِسْمِ اللّٰهِ الرَّحْمٰنِ الرَّحٖيمِ

سُبْحَانَ الَّذٖٓى اَسْرٰى بِعَبْدِهٖ لَيْلاً مِنَ الْمَسْجِدِ الْحَرَامِ
اِلَى الْمَسْجِدِ الْاَقْصَا الَّذٖى بَارَكْنَا حَوْلَهُ لِنُرِيَهُ مِنْ اٰيَاتِنَاۜ اِنَّهُ
هُوَ السَّمٖيعُ الْبَصٖيرُ ﴿١﴾ وَاٰتَيْنَا مُوسَى الْكِتَابَ وَجَعَلْنَاهُ هُدًى
لِبَنٖٓى اِسْرَٓائٖلَ اَلَّا تَتَّخِذُوا مِنْ دُونٖى وَكٖيلاًۜ ﴿٢﴾ ذُرِّيَّةَ مَنْ حَمَلْنَا
مَعَ نُوحٍۜ اِنَّهُ كَانَ عَبْدًا شَكُورًا ﴿٣﴾ وَقَضَيْنَٓا اِلٰى بَنٖٓى اِسْرَٓائٖلَ
فِى الْكِتَابِ لَتُفْسِدُنَّ فِى الْاَرْضِ مَرَّتَيْنِ وَلَتَعْلُنَّ عُلُوًّا
كَبٖيرًا ﴿٤﴾ فَاِذَا جَٓاءَ وَعْدُ اُولٰيهُمَا بَعَثْنَا عَلَيْكُمْ عِبَادًا لَنَٓا اُولٖى
بَأْسٍ شَدٖيدٍ فَجَاسُوا خِلَالَ الدِّيَارِۜ وَكَانَ وَعْدًا مَفْعُولاً ﴿٥﴾
ثُمَّ رَدَدْنَا لَكُمُ الْكَرَّةَ عَلَيْهِمْ وَاَمْدَدْنَاكُمْ بِاَمْوَالٍ وَبَنٖينَ
وَجَعَلْنَاكُمْ اَكْثَرَ نَفٖيرًا ﴿٦﴾ اِنْ اَحْسَنْتُمْ اَحْسَنْتُمْ لِاَنْفُسِكُمْ وَاِنْ
اَسَأْتُمْ فَلَهَاۜ فَاِذَا جَٓاءَ وَعْدُ الْاٰخِرَةِ لِيَسُٓؤُا وُجُوهَكُمْ وَلِيَدْخُلُوا
الْمَسْجِدَ كَمَا دَخَلُوهُ اَوَّلَ مَرَّةٍ وَلِيُتَبِّرُوا مَا عَلَوْا تَتْبٖيرًا ﴿٧﴾

En el Nombre de Dios,
el Misericordioso, el Compasivo.

1. Glorificado es Quien llevó a Su siervo en un viaje[1] nocturno desde la Mezquita Sagrada hasta la Mezquita Más Lejana[2], cuyos alrededores hemos bendecido, de modo que podamos mostrarle algunos de Nuestros signos (de las verdades concernientes a Nuestra Divinidad y Señorío). Sin duda, Él es Quien todo lo Oye, todo lo Ve[3].

2. Dimos a Moisés el Libro e hicimos de ello una guía para los Hijos de Israel (ordenándoles): «No toméis, aparte de Mí, protector alguno (en Quien confiar y encomendar vuestros asuntos)»[4].

3. (Eran de entre los) descendientes de los que llevamos (en el Arca) con Noé. Él, sin duda, fue un siervo muy agradecido[5].

4. Decretamos en el Libro para los Hijos de Israel (como consecuencia de su ingratitud y desobediencia al Libro): «Con toda certeza, causaréis corrupción y desorden en la Tierra dos veces y (regocijados con extrema arrogancia) actuaréis con gran insolencia».

5. Por lo tanto, cuando llegó el momento de la primera de las dos, elegimos y enviamos contra vosotros algunos de Nuestros siervos dotados de gran fuerza (para castigaros) e hicieron estragos en la tierra, registrando vuestras casas. Eso era una promesa a ser ejecutada.

6. Más tarde, os dimos el turno otra vez para prevalecer sobre ellos, os reforzamos con recursos y con hijos y os hicimos más poderosos en número (que antes).

7. Si hacéis el bien (conscientes de que Dios os está contemplando) lo hacéis para vosotros mismos; y si hacéis el mal, es asimismo para vosotros mismos. Y por lo tanto, cuando el momento (para el cumplimiento) del segundo decreto llegue, (elegimos nuevos enemigos contra vosotros) para que os deshonren totalmente y que entren en el Templo como entraron otros anteriormente, y que destruyan totalmente todo aquello que conquisten[6].

1. El versículo inicial de este *sura* está relacionado con el milagroso viaje nocturno del Mensajero de Dios desde la Mezquita Sagrada de La Meca hasta el *Masyid al-Aqsa* en Jerusalén. El Mensajero fue llevado desde allí atravesando las dimensiones de la existencia y llegando tan alto como la Presencia de Dios. Esta segunda parte del viaje es llamada Ascensión (*Mi'ray*). Para una explicación, véase el Apéndice 10.

2. La razón por la cual el Corán menciona *Bayt al-Maqdis* en Jerusalén como *Masyid al-Aqsa* (la Mezquita Más Lejana) es porque en el momento de la Revelación era la mezquita (sagrada) más lejana para los musulmanes de Medina. Los musulmanes consideran sagradas tres mezquitas en el mundo y pueden desear viajar para llevar a cabo actos de adoración en dichas mezquitas por la especial recompensa que entraña dicho viaje. Se trata del *Masyid al-Haram* (la Mezquita Sagrada de La Meca, donde está la Ka'ba), el *Masyid an-Nabi* (la Mezquita del Profeta, en Medina) y *Bayt al-Maqdis* (*Masyid al-Aqsa*), en Jerusalén. Estas tres mezquitas son las fuentes de la Religión Divina la cual se basa en la absoluta Unidad de Dios, principalmente predicada y representada por los grandes Mensajeros de Dios, es decir: Abraham, Moisés, Jesús y Muhammad, la paz sea con ellos. La expresión «más lejana» también significa grandeza en rango. Este *sura* fue revelada en La Meca cuando la Mezquita del Profeta en Medina todavía no había sido construida y la Ka'ba estaba llena de ídolos; por ello, los musulmanes se dirigían a esta Mezquita de Jerusalén para sus Oraciones.

3. El pronombre de la expresión, *sin duda Él es Quien todo lo Oye y todo lo Ve,* que hace referencia al punto más lejano de la Ascensión, que consta en el versículo 53 de el *Sura an-Naym*, se puede referir tanto a Dios Todopoderoso como al Profeta, la paz y las bendiciones sean con él.

Si se refiere al Profeta (sin poner en mayúscula las palabras «Él» y «Quien»; *sin duda, él es quien todo lo oye y todo lo ve)* según las reglas de la elocuencia y de la relación del pronombre y su antecedente, el significado es el siguiente: Este viaje, que aparentemente es particular, es realmente tan abarcador y significa un ascenso tan universal que el Profeta, la paz y las bendiciones sean con él, oyó y vio durante el mismo las más grandes verdades y señales de la Divinidad y el Señorío de Dios en la categoría universal. Ningún otro mortal había sido capaz de esto y ningún otro mortal podrá alcanzar jamás dicho nivel. Él percibió, a través de la vista y el oído, como resultado de las manifestaciones de los Nombres Divinos en grados universales tan lejanos como *el árbol del Loto más lejano y la distancia entre las cuerdas de dos arcos (puestos uno al lado del otro) o incluso más cerca (que eso)* (para el significado de estas expresiones véase el *sura* 53:9, 14 y las correspondientes notas 4 y 6). Por lo tanto, con esta frase conclusiva, el versículo describe ese viaje particular como la clave para la comprensión de un viaje (elevado) universal lleno de extraordinarios acontecimientos.

Si, por otro lado, el pronombre en la expresión (poniendo en mayúsculas las letras iniciales de las palabras «Él» y «Quien»), *Ciertamente Él es Quien todo lo Oye y Quien todo lo Ve*, se refiere a Dios Todopoderoso, entonces el significado es el siguiente: Para llamar a un siervo Suyo al viaje hacia Su Presencia y encomendarle una misión, después de haberle hecho ir desde *Masyid al-Haram* hasta el *Masyid al-Aqsa*, donde los Profetas se reúnen, y haciéndole encontrarse con ellos, y mostrando que él es el heredero absoluto e indiscutible de los principios de las religiones de todos los Profetas, tomó a Su siervo a través de las dimensiones tanto internas como externas de Su dominio tan lejos como *el árbol del Loto más lejano y la distancia entre las cuerdas de dos arcos (puestos uno al lado del otro) o incluso más cerca (que eso)*.

El profeta Muhammad, el siervo más amado de Dios, la paz y las bendiciones sean con él, fue con toda certeza un siervo, y el viaje fue una ascensión única. Sin embargo, ya que le había sido encomendada una Confianza conectada con todo el universo, y le fue concedida una luz que iba a cambiar el color del universo y ya que también tenía consigo una llave con la que se abriría la puerta de la felicidad eterna, Dios Todopoderoso se describe a Sí Mismo como Quien oye y ve todas las cosas para que Su sabiduría abarcadora universalmente, integral y abarcadora en la Confianza, la luz y la llave podrían ser observadas y entendidas.

4. La transición desde la mención de la Ascensión hasta las observaciones respecto a la historia de los Hijos de Israel se realiza aquí para subrayar el significado de la correspondencia entre su destino y la historia de otras comunidades. Ya que la historia de los Hijos de Israel, desde su surgimiento sobre la Tierra hasta su ascenso y su subsiguiente declive, es una historia completa, constituyendo un ejemplo para todas las demás comunidades, el Corán se refiere frecuentemente a la misma. Otra razón por la cual el Corán se refiere frecuentemente a la historia de los Hijos de Israel es que éstos continuarán desempeñando un papel importante en la historia de la humanidad y que los musulmanes en particular, tendrán que tratar con ellos hasta el final de los tiempos.

La Ascensión es especialmente significativa respecto a la misión del Mensajero, la paz y las bendiciones sean con él. Tal y como se explica anteriormente en la nota 1, el Mensajero se encontró con muchos Mensajeros anteriores durante la Ascensión, incluido el profeta Moisés, la paz sea con él, y además de haber observado los grandiosos signos de Dios respecto a Su Divinidad y Señorío, él también demostró ser Su signo más grande para todas las dimensiones de la existencia. El Mensajero de Dios, la paz y las bendiciones sean con él, fue mostrado como el heredero de las misiones de todos los Profetas anteriores. Entre las comunidades anteriores, fue principalmente sobre los Hijos de Israel, la gente de Moisés, sobre los que Dios completó Su favor. Por lo tanto, desde la perspectiva de la Misión Profética, Moisés era el que más se parecía al profeta Muhammad, la paz y las bendiciones sean con él. Esto queda claro en los siguientes versículos del Antiguo Testamento y del Corán respectivamente:

> Y el Señor me dijo a mí: «Bien está lo que han dicho. Yo les suscitaré, de en medio de sus hermanos, un Profeta semejante a ti, pondré mis palabras en su boca, y él les dirá todo lo que yo le mande. Si alguno no escucha mis palabras, las que ese profeta pronuncie en mi nombre, yo mismo le pediré cuentas de ello» (*Deuteronomio*, 18:17–19).

Queda claro con este versículo qué lo que se quiere decir por «de en medio de sus hermanos, un Profeta semejante a ti». Se refiere a un Profeta que descenderá del linaje de Ismael, ya que Ismael es el hermano de Isaac, el antepasado de los hijos de Israel. El único Profeta que vino después del profeta Moisés, la paz sea con él, y que se parece a él en muchos aspectos, como por ejemplo por haber traído una ley nueva y por la lucha contra sus enemigos, es el profeta Muhammad, la paz y las bendiciones sean con él. El Corán hace referencia al mismo hecho: *Sin duda os hemos enviado (Oh pueblo) un Mensajero, un testigo en vuestra contra precisamente como enviamos un Mensajero al Faraón* (73:15).

5. Vinculando a los Hijos de Israel con el profeta Noé, la paz sea con él, a quien menciona como un siervo sumamente agradecido, el versículo insinúa que el hecho de que Noé fuera un siervo sumamente agradecido tiene que ver con que los Hijos de Israel hubiesen recibido el Libro como fuente de guía. El agradecimiento y los esfuerzos realizados en la causa de Dios meramente por Él nunca acontecen sin nada a cambio. También advierte que una comunidad honrada por el Libro de Dios como fuente de guía en la vida y que también asegurará el Más Allá, exige agradecimiento. Principalmente, esto significa que es Dios Quien concede las bendiciones que tenemos en la vida. Por lo tanto, debemos creer en Él sin atribuirle copartícipe alguno así como adorarle tan solo a Él. El agradecimiento no beneficia a Dios de ninguna manera, ni la ingratitud Le causa ningún perjuicio. Pero el agradecimiento es indispensable para que la persona y la comunidad alcancen la verdadera moralidad. Mientras que la gente esté agradecida a Dios, Él incrementará Su favor sobre ellos; por contraste, si pasan a ser desagradecidos, entonces Dios les castigará. Este castigo es la consecuencia natural de la ingratitud, ya que significa la corrupción de la vida individual y colectiva.

6. Las advertencias mencionadas con sus razones aparecen en distintos pasajes de la Biblia (*Levítico*, 26:14-39; *Deuteronomio*, 28:15-68; *Salmos*, 106:34-38, 40-41; *Isaías*, 1:4-5, 21-24; 2:6, 8; 8:7; 30:9-10, 12-13; *Jeremías*, 2:5, 7, 20; 3:6, 8-9; *Ezequiel*, 22:3, 6-12, 14-16; *Mateo*, 23:37; 24:2; *Lucas*, 23:28-30).

Por ejemplo, en Isaías 1:4-5 se habla de la corrupción y sus consecuencias:

> ¡Ay, gente pecadora, pueblo tarado de culpa, semilla de malvados, hijos de perdición! Han dejado al Señor, han despreciado al Santo de Israel, se han vuelto de espaldas. ¿Dónde golpearos ya, si seguís contumaces? La cabeza toda está enferma, toda entraña doliente.

Jeremías 5: 1, 7-9 reza lo siguiente:

> Recorred las calles de Jerusalén, mirad bien y enteraos; buscad por sus plazas, a ver si topáis con alguno que practique la justicia, que busque la verdad, y yo la perdonaría... ¿Cómo te voy a perdonar por ello? Tus hijos me dejaron y juraron por el no-dios. Yo los harté, y ellos se hicieron adúlteros, y el lupanar frecuentaron. Son caballos lustrosos y vagabundos: cada cual relincha por la mujer de su prójimo. ¿Y de esto no pediré cuentas? —oráculo del Señor—, ¿de una nación así no me voy a vengar?

Jeremías 5:15-17 y 7:33-34 nos ha hablado de la gente que Dios mandó contra Israel y la magnitud de la destrucción:

> Voy a traer contra vosotros una nación de muy lejos, ¡Oh casa de Israel! —oráculo del Señor—; una nación que no mengua, nación antiquísima aquélla, nación cuya lengua ignoras y no entiendes lo que habla; cuya aljaba es como tumba abierta: todos son valientes. Comerá tu mies y tu pan, comerá a tus hijos e hijas, comerá tus ovejas y vacas, comerá tus viñas e higueras; con la espada destruirá tus plazas fuertes en que confías.
>
> Y los cadáveres de este pueblo servirán de comida a las aves del cielo y a las bestias de la tierra, sin que haya quien las espante. Suspenderé en las ciudades de Judá y en las calles de Jerusalén toda voz de gozo y alegría, la voz del novio y la voz de la novia; porque toda la tierra quedará desolada.

Durante la época del profeta Samuel, la paz sea con él, alrededor del año 1.020 a.C., los Hijos de Israel pudieron establecer un estado unificado bajo el Rey Saúl (Talut) (El Corán, 2:247-51). Durante la época de los profetas David y Salomón la paz sea con ellos, llegaron al apogeo de su poder y magnificencia. Esto duró cerca de un siglo. Pero después de Salomón, la paz sea con él, el desacuerdo y las querellas surgieron, con el resultado de que el estado se dividió en dos reinos: Israel, con Samaria como capital, que abarcaba la parte norte de Palestina y Transjordania; y Judá, que abarcaba la parte sur de Palestina y Edom, con Jerusalén como capital.

Las creencias politeístas y la corrupción moral afectaron al reino de Israel más que al de Judá, y, a pesar de las advertencias de los Profetas y de los grandes esfuerzos de reforma, la gente no se enmendó. Finalmente, los asirios lanzaron una serie de ataques y el cruel rey asirio Sargón, acabó con el reino de Israel en el 721 a.C.

El reino de Judá pudo sobrevivir como tributario de los asirios. Sin embargo, el rey de babilonia Nabucodonosor llevó a cabo un ataque devastador sobre el reino en el 586 a.C. y asoló todas las ciudades del reino, enviando a los judíos al exilio. Jerusalén y el Templo de Salomón fueron totalmente destruidos.

Alguna gente en Judá continuó adhiriéndose a la rectitud y no dejó de llamar a los demás a ello. Posteriormente, por compasión y misericordia, Dios vino a su rescate y el Imperio Babilónico se desplomó. En el 539 a. de C., el emperador persa Ciro conquistó Babilonia, y al año siguiente, permitió a los Hijos de Israel retornar y establecerse otra vez más en su tierra natal. Esto dio lugar a la reconstrucción del Templo de Salomón tras un gran esfuerzo y la recopilación y publicación de los cinco libros del Antiguo Testamento por parte de Esdras. Mientras esto ocurría en el sur y Jerusalén era restaurada, convirtiéndose una vez más en el centro de atención de la religión judaica y su cultura, los Hijos de Israel en el norte de Palestina y Samaria no se beneficiaron de los esfuerzos de reforma de Esdras. En conjunto, los Hijos de Israel no fueron capaces de recuperar la magnificencia de los reinos de David y Salomón, la paz sea con ellos. Sufrieron serios reveses a través de una sucesión de los acontecimientos y tuvieron que padecer las invasiones de Alejandro Magno durante el auge de los griegos. Sin embargo, profundamente impregnados por el espíritu religioso inspirado por Esdras, no fueron desalentados por las medidas opresivas de dichos conquistadores. Más bien, su sufrimiento les llevó a crear un gran movimiento de resistencia conocido como la revuelta macabea. Fueron capaces de establecer su propio estado independiente y religioso, que duró hasta el año 67 a. de C. Las fronteras del estado se expandieron gradualmente hasta el punto en que, durante el transcurso del tiempo, llegó a abarcar todo el territorio que una vez había estado bajo control de los dos reinos israelitas de Judá e Israel.

Finalmente, el fervor moral y religioso que marcó la revuelta macabea empezó a declinar y fue sustituido por la profanidad y la adhesión superficial y mecánica a los ritos religiosos. Aparecieron serias divisiones entre los Hijos de Israel y algunas de ellas invitaron al general romano Pompeyo a atacar Palestina. Pompeyo retornó a Palestina en el año 69 a. de C. y puso fin a la independencia de los Hijos de Israel.

Los líderes religiosos judíos traicionaron a los profetas Zacarías, Juan y Jesús, la paz sea con ellos, que aparecieron en la misma época e intentaron reformarles. El profeta Juan, la paz sea con él, fue de hecho decapitado y su cabeza fue situada a los pies de una joven danzarina por cuyo requerimiento dicho horrible crimen fue cometido. Algunos judíos se opusieron ferozmente al profeta Jesús, la paz sea con él, y presionaron al gobernador romano, Poncio Pilatos para que se le matase. Sin embargo, Dios le salvó.

Poco después, un feroz conflicto surgió entre los Hijos de Israel y los romanos, que culminó en una rebelión abierta de los judíos contra los romanos, en el 64 d. de C. Cuando el gobernador romano fracasó en aplastar dicha rebelión, una gran operación militar de gran escala fue llevada a cabo por el Imperio Romano. La rebelión fue reprimida en el año 70 d. de C., y Tito se apoderó a la fuerza de Jerusalén. Una masacre siguió a ello donde 133.000 personas perdieron sus vidas y 67.000 fueron hechos cautivos y esclavizados. Además de ello, miles fueron llevados a trabajar en las minas de Egipto y otros miles fueron enviados a los anfiteatros y coliseos de diferentes partes del Imperio Romano para enfrentarse a gladiadores o a bestias salvajes, que despedazaron sus cuerpos. Todas las jóvenes bellas fueron entregadas a la lujuria de los conquistadores. Jerusalén, junto con el Templo de Salomón, fue arrasada. Todo esto puso fin al poder de los judíos en Palestina durante 1.800 años (Resumido de al-Mawdudi, 5:9-26).

282 سُورَةُ الْإِسْرَاءِ ٢٨٢

عَسٰى رَبُّكُمْ اَنْ يَرْحَمَكُمْۚ وَاِنْ عُدْتُمْ عُدْنَاۘ وَجَعَلْنَا جَهَنَّمَ
لِلْكَافِرِينَ حَصِيرًا ٨ اِنَّ هٰذَا الْقُرْاٰنَ يَهْدِي لِلَّتِي هِيَ اَقْوَمُ وَيُبَشِّرُ
الْمُؤْمِنِينَ الَّذِينَ يَعْمَلُونَ الصَّالِحَاتِ اَنَّ لَهُمْ اَجْرًا كَبِيرًاۙ ٩
وَاَنَّ الَّذِينَ لَا يُؤْمِنُونَ بِالْاٰخِرَةِ اَعْتَدْنَا لَهُمْ عَذَابًا اَلِيمًا ١٠
وَيَدْعُ الْاِنْسَانُ بِالشَّرِّ دُعَٓاءَهُ بِالْخَيْرِۜ وَكَانَ الْاِنْسَانُ عَجُولًا ١١
وَجَعَلْنَا الَّيْلَ وَالنَّهَارَ اٰيَتَيْنِ فَمَحَوْنَٓا اٰيَةَ الَّيْلِ وَجَعَلْنَٓا اٰيَةَ
النَّهَارِ مُبْصِرَةً لِتَبْتَغُوا فَضْلًا مِنْ رَبِّكُمْ وَلِتَعْلَمُوا عَدَدَ السِّنِينَ
وَالْحِسَابَۜ وَكُلَّ شَيْءٍ فَصَّلْنَاهُ تَفْصِيلًا ١٢ وَكُلَّ اِنْسَانٍ اَلْزَمْنَاهُ
طَٓائِرَهُ فِي عُنُقِهِۜ وَنُخْرِجُ لَهُ يَوْمَ الْقِيٰمَةِ كِتَابًا يَلْقٰيهُ مَنْشُورًا ١٣
اِقْرَاْ كِتَابَكَۜ كَفٰى بِنَفْسِكَ الْيَوْمَ عَلَيْكَ حَسِيبًاۜ ١٤ مَنِ اهْتَدٰى
فَاِنَّمَا يَهْتَدِي لِنَفْسِهِۚ وَمَنْ ضَلَّ فَاِنَّمَا يَضِلُّ عَلَيْهَاۜ وَلَا تَزِرُ
وَازِرَةٌ وِزْرَ اُخْرٰىۜ وَمَا كُنَّا مُعَذِّبِينَ حَتّٰى نَبْعَثَ رَسُولًا ١٥
وَاِذَٓا اَرَدْنَٓا اَنْ نُهْلِكَ قَرْيَةً اَمَرْنَا مُتْرَفِيهَا فَفَسَقُوا فِيهَا فَحَقَّ
عَلَيْهَا الْقَوْلُ فَدَمَّرْنَاهَا تَدْمِيرًا ١٦ وَكَمْ اَهْلَكْنَا مِنَ الْقُرُونِ
مِنْ بَعْدِ نُوحٍۜ وَكَفٰى بِرَبِّكَ بِذُنُوبِ عِبَادِهِ خَبِيرًا بَصِيرًا ١٧

مَنْ كَانَ

8. Se espera que vuestro Señor tenga misericordia de vosotros, pero si volvéis (a vuestros pecados), volveremos (a Nuestro castigo)[7]. Y hemos hecho del Infierno una mazmorra para los incrédulos.

9. Este Corán sin duda guía (en todos los asuntos) a lo que es más justo y recto y da a los creyentes que obran actos buenos y rectos las buenas nuevas de que para ellos hay una gran recompensa.

10. Y que a los que no crean en el Más Allá, para ellos hemos preparado un castigo doloroso.

11. No obstante, el ser humano (a través de sus acciones y de sus palabras) reza y pide por el mal tal y como si rezase y pidiese por el bien. El ser humano es propenso a precipitarse[8].

12. (Al igual que en la vida del ser humano, los «días» y las «noches» se alternan en el mundo también.) Hemos hecho de la noche y del día dos signos (que manifiestan la verdad del Poder, Conocimiento, soberanía absoluta y gracia de Dios sobre vosotros). Hemos ocultado el signo de la noche (haciéndola oscura) y hemos hecho que el signo del día sea iluminador para (que sea, así, un medio para vosotros de) ver[9], para que busquéis el favor de vuestro Señor, y que sepáis el número de años y el cálculo (del tiempo). Todo lo hemos expuesto en detalle.

13. La suerte de cada ser humano, se la hemos amarrado alrededor de su cuello, y el Día de la Resurrección le sacaremos un libro que encontrará abierto.

14. «¡Lee tu libro! Hoy te bastas tú para ajustarte cuentas[10]».

15. Quien siga el camino recto lo sigue tan solo por el bien de su alma; y todo aquel que se extravíe, no se extravía sino tan solo por su mal. Ninguna alma soporta (ni se le hará soportar) con la carga de otra. Nunca castigaremos (a una persona o a una comunidad por el mal que hayan hecho) hasta que no hayamos enviado a un Mensajero (para que dé consejo y advertencia).

16. Y cuando finalmente, queremos destruir una ciudad (que ha merecido destrucción) abandonamos a aquellos de su gente perdidos en la búsqueda de los placeres a sus propios recursos y por lo tanto sobrepasen todos los límites ahí. En consecuencia, la palabra (de castigo) se justifica contra ella y la aniquilamos, reduciéndola a la nada.

17. ¡Cuántas generaciones hemos destruido (de este modo) después de Noé! Tu Señor es suficiente como un Ser Omnisciente y Quien ve los pecados de Sus siervos.

7. Si el segundo castigo mencionado en el versículo anterior aún ha de venir, y el primer castigo se refiere a lo que los asirios, babilonios y los romanos hicieron, entonces, este versículo es la continuación del anterior y se dirige a todos los judíos desde el año 70 d. de C. Si el segundo castigo es el que Tito infligió a Palestina, este versículo se dirige a los judíos de la época del Mensajero y a los que quedan por venir. El Islam, como la última y más perfecta forma de la religión proveniente de Dios y transmitida por el profeta Muhammad fue la gran misericordia de Dios para con ellos y tal y como se menciona en el *sura* 2:89, habían estado implorando la victoria en Medina sobre las tribus de Jazray y Aws, que en aquel entonces eran incrédulas, diciendo: «El último Profeta vendrá y os derrotaremos y destruiremos bajo su liderazgo». Sin embargo, cuando les vino el Mensajero que *le conocían como conocían a sus propios hijos* (2:146), no creyeron en él, excepto unos pocos. A pesar de esto y de su continua negación a creer en el Islam, los judíos han vivido sus años más felices bajo los gobiernos musulmanes, incluyendo particularmente el Estado Otomano. Finalmente, tal y como Dios decretó respecto a los judíos, a pesar de que *la ignominia es lo que les ha correspondido (a los judíos) dondequiera que se encuentren, a menos (que se aferren) a una cuerda de Dios o a una cuerda de otros pueblos* (3:112), siendo mucho más obedientes a los mandamientos de su religión, incluso si muchos de ellos fueron abrogados a la llegada del Islam, que los propios musulmanes al Islam y más respetuosos con su herencia religiosa, y, lo que es más, gracias al apoyo de muchos gobiernos a lo largo del mundo, los judíos han sido capaces de adquirir poder e influencia en muchas partes del mundo y de establecer Israel en Palestina en 1948.

8. A no ser que Dios les informe, los seres humanos no pueden saber cuál es, finalmente, su ventaja y su desventaja. El Corán declara: *Es posible que os disguste algo que sea bueno para vosotros y puede ser que os agrade algo que sea malo para vosotros. Dios sabe y vosotros no sabéis* (2:216). Por esa razón, la gente generalmente desea y pide para sí misma (en palabra y acción) lo que es malo para ellos, creyendo que es para su propio bien. Incluso Le rezan a Dios para obtener ese mal, consciente o inconscientemente, bajo el hechizo de sus almas carnales y sus ambiciones mundanas. También desean lo que creen que es un anticipo y no les gusta lo que creen que es un pago pospuesto. Por eso es por lo que siempre prefieren las ventajas mundanas a las recompensas eternas del Más Allá, que es una de las razones principales de sus errores, incluida la incredulidad. El Corán también llama la atención respecto a este importante punto en varios versículos: *Eligen la vida presente y mundana antes que el Más Allá* (14:3); *Y eso es por haber elegido la vida presente y mundana antes que el Más Allá* (16:107). Esta es la razón por la cual la gente está dispuesta a apresurarse. Los seres humanos, por naturaleza, se precipitan. Como otros atributos negativos, tal y como, la codicia, la envidia, y la obstinación, este atributo está arraigado en la gente por lo que lo pueden canalizar hacia la virtud. El Mensajero, la paz y las bendiciones sean con él, declaraba que la prisa no intencionada viene de Satanás. Sin embargo, también aconseja que no deberíamos posponer hacer el bien y deberíamos mostrar celeridad en las cosas buenas, tal y como realizar las Oraciones Prescritas puntualmente y ayudar a los necesitados.

9. Según Ibn Abbas, el signo de la noche se refiere a la Luna y el signo del día al Sol. Por lo tanto, de las palabras *Hemos ocultado el signo de la noche*, podemos deducir que la Luna emitió luz en el pasado al igual que el Sol lo hace y Dios quitó la luz haciéndola que oscureciese u oscureciéndola. O podemos deducir que el Sistema Solar era una masa única que luego se dividió en el Sol y sus satélites. Este versículo, por lo tanto, narra el pasado de la Luna y hace referencia al destino futuro de los cuerpos celestes.

10. Todo existe en el Conocimiento Divino y está registrado. El Corán llama a este regis-

tro «La Tabla Suprema Preservada» (el *sura* 85:22; el *sura* 13:39, nota 13). Menciona explícitamente que nada nos ocurre sin que Dios lo haya decretado para nosotros (9:51); y no hay criatura viva que se mueva en la Tierra ni pájaro que vuele con sus alas sin que sean comunidades como nosotros. Y Dios no ha descuidado nada en el Libro (el Corán, la Tabla Suprema Preservada) (6:38). A cada cosa le es otorgada su naturaleza e identidad particular, que constituye su existencia destinada y determinada. Por lo tanto, el Poder Divino proporciona a cada naturaleza e identidad existencia externa o testificada junto con las dimensiones o «páginas» metafóricas de tiempo o espacio, y se ramifica en el interior de los mundos de lo atestiguado y de lo oculto, como el Árbol de la Creación.

La Tabla Suprema Preservada es un título para el Conocimiento Divino en cuanto a la creación. También se puede llamar Registro Original y Manifiesto. En el «proceso» de la creación, este registro está duplicado. Su primera y más abarcadora copia o duplicación, que comprende toda la creación, es llamada «Tabla de Supresión y Confirmación» en el Corán. Mientras que el Registro Manifiesto tiene que ver con el origen de las criaturas y los principios de las leyes de la creación, el Libro manifiesto o la Tabla de Supresión y Confirmación es la realidad en el tiempo. El Poder Divino transfiere cosas desde el Registro Manifiesto hasta la Tabla de Supresión y Confirmación. En otras palabras, el Poder Divino dispone las cosas en las «páginas» del tiempo y las adjunta a la cuerda del tiempo sucesivamente. Nada cambia en la Tabla Suprema Preservada, todo está fijo en ella. Pero en el «proceso» de la creación, Dios borra lo que Su Voluntad dispone y confirma y establece lo que Su Voluntad dispone (13:39).

El segundo tipo de duplicación se puede considerar de la siguiente manera:

Después del nacimiento, todos son registrados en el registro civil de su país. De acuerdo con la información que figura en este registro estatal, a todo el mundo se le da un documento de identidad. Del mismo modo, cada uno está registrado en la Tabla Suprema Preservada con todas sus características personales, rasgos especiales y vida futura, hasta el más mínimo detalle. Este registro original de cada individuo está copiado por los ángeles, y la parte que tiene que ver con nuestra vida como seres conscientes e inteligentes está amarrado alrededor de nuestro cuello en un libro invisible tal y como se menciona en el versículo. Durante toda nuestra vida, llevamos a cabo lo que figura en dicho libro. Sin embargo esto de ninguna manera significa que el destino o la predeterminación de la vida de una persona le fuerza a actuar de un modo determinado. Es mejor pensar de la siguiente manera: tú mandas a alguien a un lugar para que haga un trabajo. Previamente, has procurado lo que esta persona necesita durante dicho viaje y le das las instrucciones necesarias para llevar a cabo el trabajo. Puesto que ya sabes de antemano cómo esta persona va a comportarse en cada paso de su viaje, has registrado todos los detalles de su futuro viaje en un cuaderno y lo has colocado en un bolsillo secreto de la chaqueta de dicha persona. La persona en cuestión comienza el viaje sin conocimiento de la existencia de dicho cuaderno y se comporta del modo que quiere durante todo su viaje. Junto a dicha persona, has enviado dos personas de tu plena confianza para seguir a dicha persona adónde vaya y observar lo que dicha persona lleva a cabo, haciendo que registren de modo secreto o que graben en un vídeo lo que esa persona dice o hace y el modo en que lo hace. Cuando dicha persona retorna, comparas el vídeo que ha sido grabado con los contenidos del cuaderno guardados en el bolsillo secreto y compruebas que no existe ni la más mínima diferencia. Tras ello, llamas a esta persona para que rinda cuentas del trabajo que tendría que haber realizado, lo haya hecho o no de acuerdo a tus instrucciones, y le recompensas, castigas o perdonas.

Tal y como en el ejemplo anterior, Dios que conoce todas las cosas de antemano y está más allá del tiempo y del espacio, registra de antemano las vidas de las personas que vienen a este mundo. Los ángeles copian los registros de cada persona y los amarran alrededor de su cuello. Esto es lo que se llama destino. El conocimiento previo de Dios y el registro de todo lo que la gente hará a lo largo de toda su vida de ninguna manera les obliga a llevar a cabo dichas acciones. Más bien, actúan en base a su libre albedrío, haciendo con dicha voluntad lo que quieran. Toda la vida que experimenta una persona está registrada por dos ángeles que son llamados *Kiramun Katibun* (Nobles Escribas). En el Día del Juicio Final los registros de la vida de una persona elaborados por los ángeles serán presentados a dicha persona y le será dicho que lea tal libro.

Estos dos versículos tienen otro significado. La vida de cada persona, su destino y lo que encontrará en ambos mundos dependen de sus propias elecciones y acciones. La palabra original traducida como «destino» en el versículo 13 es *ta'ir*, que significa «pájaro». Los árabes pre-islámicos solían adivinar el futuro según la manera y la dirección en que los pájaros volaban. El Corán rechaza dicha superstición y dichos conceptos de buenos y malos augurios, declarando explícitamente que el futuro de cada persona depende de sus propios actos realizados en base a su libre elección.

مَنْ كَانَ يُرِيدُ الْعَاجِلَةَ عَجَّلْنَا لَهُ فِيهَا مَا نَشَاءُ لِمَنْ نُرِيدُ
ثُمَّ جَعَلْنَا لَهُ جَهَنَّمَ يَصْلٰيهَا مَذْمُومًا مَدْحُورًا ﴿١٨﴾ وَمَنْ اَرَادَ
الْاٰخِرَةَ وَسَعٰى لَهَا سَعْيَهَا وَهُوَ مُؤْمِنٌ فَاُولٰٓئِكَ كَانَ سَعْيُهُمْ
مَشْكُورًا ﴿١٩﴾ كُلًّا نُمِدُّ هٰٓؤُلَٓاءِ وَهٰٓؤُلَٓاءِ مِنْ عَطَٓاءِ رَبِّكَ وَمَا
كَانَ عَطَٓاءُ رَبِّكَ مَحْظُورًا ﴿٢٠﴾ اُنْظُرْ كَيْفَ فَضَّلْنَا بَعْضَهُمْ
عَلٰى بَعْضٍ وَلَلْاٰخِرَةُ اَكْبَرُ دَرَجَاتٍ وَاَكْبَرُ تَفْضِيلًا ﴿٢١﴾
لَا تَجْعَلْ مَعَ اللّٰهِ اِلٰهًا اٰخَرَ فَتَقْعُدَ مَذْمُومًا مَخْذُولًا ﴿٢٢﴾
وَقَضٰى رَبُّكَ اَلَّا تَعْبُدُٓوا اِلَّٓا اِيَّاهُ وَبِالْوَالِدَيْنِ اِحْسَانًا اِمَّا
يَبْلُغَنَّ عِنْدَكَ الْكِبَرَ اَحَدُهُمَٓا اَوْ كِلَاهُمَا فَلَا تَقُلْ لَهُمَٓا
اُفٍّ وَلَا تَنْهَرْهُمَا وَقُلْ لَهُمَا قَوْلًا كَرِيمًا ﴿٢٣﴾ وَاخْفِضْ
لَهُمَا جَنَاحَ الذُّلِّ مِنَ الرَّحْمَةِ وَقُلْ رَبِّ ارْحَمْهُمَا كَمَا
رَبَّيَانٖى صَغٖيرًا ﴿٢٤﴾ رَبُّكُمْ اَعْلَمُ بِمَا فٖى نُفُوسِكُمْ اِنْ تَكُونُوا
صَالِحٖينَ فَاِنَّهُ كَانَ لِلْاَوَّابٖينَ غَفُورًا ﴿٢٥﴾ وَاٰتِ ذَا الْقُرْبٰى حَقَّهُ
وَالْمِسْكٖينَ وَابْنَ السَّبٖيلِ وَلَا تُبَذِّرْ تَبْذٖيرًا ﴿٢٦﴾ اِنَّ الْمُبَذِّرٖينَ
كَانُٓوا اِخْوَانَ الشَّيَاطٖينِ وَكَانَ الشَّيْطَانُ لِرَبِّهٖ كَفُورًا ﴿٢٧﴾

18. Todo aquel que desee tan solo las ganancias inmediatas (de esta vida transitoria), de buena gana concedemos de ello tanto como nos place a quien Nuestra Voluntad dispone. Luego, le destinamos al Infierno, donde se quemará, deshonrado y repudiado.

19. Sin embargo todo aquel que quiera el Más Allá y se esfuerce por ello del modo en que debe de esforzarse, siendo un creyente, entonces para aquellos (que obren así) su esfuerzo será reconocido con agradecimiento y recompensa.

20. A cada uno le proporcionamos —a éstos y a aquellos— de los obsequios de tu Señor (en el mundo); los obsequios de tu Señor no están limitados.

21. Mira cómo hemos hecho que algunos de ellos superen a otros (en dones mundanos y en virtudes); sin embargo, el Más Allá, será mayor en grados y mayor en excelencia[11].

22. No establezcas otras deidades junto a Dios, o te encontrarás deshonrado y abandonado.

23. Tu Señor ha decretado que adoréis tan solo a Él y que tratéis a los padres con la mejor amabilidad. Si uno de ellos o ambos alcanza la vejez durante tu vida, no les digas «¡Uf!» (como indicación de queja o impaciencia) ni les apartes. Y siempre dirígete a ellos con palabras cariñosas.

24. Desciéndeles el ala de la humildad por misericordia, y di: «¡Señor mío, ten misericordia de ellos ya que ellos cuidaron de mí durante mi infancia!».

25. Vuestro Señor conoce bien lo que se halla en vuestras almas (respecto a todos los asuntos, incluyendo lo que pensáis sobre vuestros padres). Si sois rectos (en vuestros pensamientos y actos), entonces sin duda Él es Indulgente con aquellos que se tornan a Él en humilde contrición[12].

26. Y da lo que es suyo por derecho al pariente, así como al pobre y al viajero; y no despilfarres (tu riqueza) insensatamente.

27. Sin duda los despilfarradores son los hermanos de los satanes; y Satanás es siempre desagradecido con su Señor.

11. ¿Por qué Dios no dota a Sus siervos con igualdad? ¿Por qué crea algunos de ellos ciegos, incapacitados o afligidos de otros modos, y hace algunos de Sus siervos superar a otros en asuntos mundanos?

En primer lugar, Dios es el Soberano. Es el Señor de los reinos terrenales y espirituales de la existencia. Él quiere y crea lo que se halla en ellos como Su Voluntad dicta: *Bendito y Supremo es Aquel en Cuya Mano está la Soberanía; y posee pleno poder sobre todas las cosas* (67:1). Nadie participa en Su Soberanía y nadie puede intervenir en lo que Él crea excepto del modo en el que Él quiere y de la medida que Él quiera.

Es Dios Quien ha creado todas las cosas y todos los seres y Quien provee a ellos. Es Dios Quien nos concede nuestra naturaleza humana. No Le hemos dado nada a Dios, pero Él nos ha dado todo sin haberlo merecido. ¿Qué pretensión o derecho tenemos, pues, sobre cualquier cosa? No tenemos ningún derecho a imputarle la injusticia, ya que la injusticia es no entregar lo que es debido. Tampoco Le podemos cuestionar. Podemos preguntar dichas preguntas única y exclusivamente para conocer Su sabiduría en la creación y en la provisión de Sus siervos de una manera que parece desigual. Él está absolutamente libre de cometer ninguna injusticia, ya que Él es Quien concede todas las cosas que tenemos y que usamos.

En segundo lugar, no podemos saber qué condiciones son para nuestro propio bien, y todos somos responsables en proporción a nuestras capacidades. No es posible para nosotros decidir si ser rico o pobre, sano o discapacitado, es algo bueno para nosotros. El verdadero criterio para decidir si algo es bueno o malo es la vida después de la muerte o lo que encontremos en el Más Allá. Dios puede privar a un individuo de algo que éste valora, pero otorgarle a dicho individuo múltiples recompensas por dicha pérdida en el Más Allá. A través de dicha pérdida, Dios nos hace sentir nuestra necesidad, incapacidad y pobreza respecto a Él. De ese modo, hace que nos tornemos a Él con una sinceridad más profunda, un corazón más lleno y nos hace más dignos de Su bendición y favor. Por lo tanto, nuestra pérdida aparente es, en realidad, una ganancia.

En tercer lugar, hay muchos grados en las cosas mundanas, si observamos e investigamos lo que nos rodea, nos daremos cuenta de que hay muchas cosas y gente diferente a nosotros, inferior o peor a nuestro juicio, con los que no querríamos cambiarnos de sitio; del mismo modo que puede haber otros que, en base a nuestra opinión errónea o envidia de algún tipo, querríamos cambiarnos de sitio con ellos. Por lo tanto, todos debemos de aceptar nuestro lugar con sinceridad. Del mismo modo que hay diferencias surgidas en la creación, también hay diferencias causadas por los propios seres humanos. Las diferencias que surgen en la creación son las causas de las distintas profesiones que uno puede seguir en su vida. Estas son indispensables para la vida social de la humanidad. Por otra parte, nadie supera a los demás en todos los aspectos y todos superamos y somos superados por otros en uno o más aspectos.

En cuarto lugar, las posesiones materiales no han de ser contempladas necesariamente como buenas o malas en sí mismas. Dios, a veces otorga seguridad y felicidad materiales a aquellos que Se lo ruegan; pero a veces Él no las concede. La verdad es que hay un bien en todo lo que Dios otorga, sea riqueza o pobreza. Para el individuo fiel que hace buenas acciones y da en caridad algo de lo que le ha sido otorgado, la riqueza es un medio de bondad. Sin embargo, si la fe del individuo es débil y si éste se ha extraviado del camino de los actos rectos y la caridad entonces la riqueza se convierte en un medio de maldad. Igualmente, para alguien que ha abandonado el camino de la buena acción, la pobreza puede ser un medio de incredulidad, determinando que cada día tal persona se rebela interna o externamente contra Dios. Aquellos que no someten su corazón, mente y alma totalmente a Dios, o aquellos que no intentan obrar sinceramente de acuerdo con las enseñanzas del Islam, encontrarán que cualquier nivel de riqueza que posean se convertirá en un medio de miseria, una prueba severa y exigente: *Y sabed que vuestros bienes y vuestros hijos son una prueba y una tentación, y que Dios es Aquel con Quien se halla una tremenda recompensa* (8:28).

No es la pobreza o la riqueza en sí misma la que es buena; sino el estado de la mente que ha disciplinado (y ha triunfado sobre) el alma carnal (*nafs*) y que ha puesto su mirada en la vida eterna. El camino más seguro para que la persona pueda agradar a Dios, es comprender que todo lo que Dios concede es concedido para que la persona llegue a la perfección del mejor modo posible. Sea cuales sean las circunstancias de la gente, éstos han de esforzarse en cumplir sus deberes ante el Creador y la creación. La mejor actitud a adoptar ante todas las circunstancias de este mundo, que solo es una parada en el camino hacia nuestro destino eterno, está expresada en este breve poema:

> Acepto, Señor mío, lo que me viene de Ti,
> Porque todo lo que me viene de Ti es para mi bien;
> Ya venga un traje de honor o un sudario,
> Una afilada espina o una rosa fresca y dulce.
> Si viene con Tu bendición, viene para mi bien.
> (*Preguntas y respuestas sobre la Fe Islámica*, 1:51-52).

12. Acerca del cuidado de los padres por parte de los hijos y la obligación filial de éstos, Bediüzzaman Said Nursi escribe lo siguiente:

> El afecto paternal hacia los hijos es una de las realidades sublimes de la vida mundana y, en cambio, la gratitud filial hacia los padres es un deber urgente y arduo. Los padres sacrifican sus vidas con amor por sus hijos, y si esto es así, lo que recae sobre un hijo que no haya perdido su humanidad y no haya sido transformado en un monstruo de ingratitud, es mostrar sincero respeto hacia sus padres, servirles voluntariamente e intentar ganar su aprobación. Con respecto al respeto filial y al servicio, los tíos y las tías son como los padres.
>
> Debemos ser conscientes de lo vergonzoso y de lo poco escrupuloso que es cansarse de la existencia de los padres ancianos y desear y esperar su muerte. Debemos saber esto y comprender qué gran injusticia es para nosotros desear el fin de las vidas de aquellos que sacrificaron las suyas por nosotros.
>
> ¡Has de saber, Oh amigo que te quejas de lo escaso que es tu sustento! Que sepas que los familiares incapacitados que consideras insoportables en tu casa son, de hecho, medios de bendición y abundancia. Nunca te quejes de que apenas puedes ganarte la vida (que tus medios de subsistencia son limitados); ya que si no fuese por la bendición y la abundancia derramada sobre ti a través de ellos, tendrías que enfrentarte a más dificultades para ganarte la vida. Esta es una realidad innegable.
>
> De hecho, tal y como es contemplado por toda la existencia, cuando el Creador Generoso, Majestuoso, Quien es infinitamente misericordioso, compasivo, amable y munífico, envía hijos al mundo, los envía con su sustento, que provee con abundancia a través de los pechos de las madres. Del mismo modo, envía en forma de bendiciones y abundancia invisible y material el sustento de los ancianos, que son como niños, pero aún más dignos y necesitados de compasión que los niños. Él no proporciona sustento a la gente mezquina y codiciosa.
>
> La verdad expresada en los versículos, Sin duda Dios es Proveedor, Señor de todo poder, Sumamente Fuerte (51:58); y ¡Cuántas criaturas vivas se dan que no portan su propio sustento (depositado), mas Dios les provee, y en verdad os provee a vosotros! (29:60), es proclamada abiertamente por criaturas vivas de toda clase a través del lenguaje de sus disposiciones. Por lo tanto, no solamente el sustento de los familiares ancianos, sino también el de las mascotas, tal y como los gatos, que han sido creados para ser amigos del ser humano, y que normalmente se alimentan de la comi-

da de los seres humanos, es enviado en forma de bendición.

Un ser humano es la criatura más estimada, noble y digna de respeto de todas. Entre los seres humanos, los creyentes son los más perfectos. Entre los creyentes, los ancianos indefensos son los más dignos y necesitados de respeto y de compasión. Entre los ancianos, los familiares cercanos merecen más afecto, amor y servicio que los demás. Entre los familiares cercanos, nuestros padres son los confidentes más sinceros y de los compañeros más íntimos. Por lo tanto, los padres son un medio inestimable de bendiciones y misericordia en una casa y además, tal y como se declara en un hadiz, Si no fuera por los ancianos encorvados (debido a la vejez) caerían sobre vosotros calamidades (al-'Ayluni, 2:163), también son un medio importante para evitar las calamidades.

Siendo esto así, ¡ten cuidado! Si a nuestros padres les ha sido destinada larga vida, ciertamente, también nosotros envejeceremos. Si no mostramos el debido respeto hacia nuestros padres, entonces, de acuerdo con la regla de que uno es recompensado o castigado de acuerdo con sus acciones, nuestros hijos tampoco nos respetarán. Es más, si consideramos nuestra vida después de la muerte seriamente, es una provisión muy valiosa para esta vida ganarse la aprobación de nuestros padres sirviéndoles en esta vida. Si amamos la vida en este mundo, también tenemos que complacerles para tener una vida placentera. Si, al contrario, les consideramos inaguantables y rompemos sus corazones que fácilmente se ofenden deseando su muerte, seremos objetos de la amenaza coránica Él (de ese modo) incurre la pérdida de este mundo y del Más Allá (22:11). Por lo tanto, si deseas la misericordia del Misericordioso has de mostrar misericordia con aquellos de tu hogar que te han sido encomendados por Dios [The Letters, («Las Cartas»), «The 21st Letter» («La 21ª Carta»), 2:53-56].

284 سورة الإسراء ٢٨٤

وَإِمَّا تُعْرِضَنَّ عَنْهُمُ ابْتِغَاءَ رَحْمَةٍ مِنْ رَبِّكَ تَرْجُوهَا فَقُلْ لَهُمْ
قَوْلًا مَيْسُورًا ٢٨ وَلَا تَجْعَلْ يَدَكَ مَغْلُولَةً إِلَى عُنُقِكَ وَلَا
تَبْسُطْهَا كُلَّ الْبَسْطِ فَتَقْعُدَ مَلُومًا مَحْسُورًا ٢٩ إِنَّ رَبَّكَ يَبْسُطُ
الرِّزْقَ لِمَنْ يَشَاءُ وَيَقْدِرُ إِنَّهُ كَانَ بِعِبَادِهِ خَبِيرًا بَصِيرًا ٣٠
وَلَا تَقْتُلُوا أَوْلَادَكُمْ خَشْيَةَ إِمْلَاقٍ نَحْنُ نَرْزُقُهُمْ وَإِيَّاكُمْ إِنَّ
قَتْلَهُمْ كَانَ خِطْئًا كَبِيرًا ٣١ وَلَا تَقْرَبُوا الزِّنَى إِنَّهُ كَانَ فَاحِشَةً
وَسَاءَ سَبِيلًا ٣٢ وَلَا تَقْتُلُوا النَّفْسَ الَّتِي حَرَّمَ اللَّهُ إِلَّا بِالْحَقِّ وَمَنْ
قُتِلَ مَظْلُومًا فَقَدْ جَعَلْنَا لِوَلِيِّهِ سُلْطَانًا فَلَا يُسْرِفْ فِي الْقَتْلِ إِنَّهُ
كَانَ مَنْصُورًا ٣٣ وَلَا تَقْرَبُوا مَالَ الْيَتِيمِ إِلَّا بِالَّتِي هِيَ أَحْسَنُ
حَتَّى يَبْلُغَ أَشُدَّهُ وَأَوْفُوا بِالْعَهْدِ إِنَّ الْعَهْدَ كَانَ مَسْؤُلًا ٣٤
وَأَوْفُوا الْكَيْلَ إِذَا كِلْتُمْ وَزِنُوا بِالْقِسْطَاسِ الْمُسْتَقِيمِ ذَلِكَ خَيْرٌ
وَأَحْسَنُ تَأْوِيلًا ٣٥ وَلَا تَقْفُ مَا لَيْسَ لَكَ بِهِ عِلْمٌ إِنَّ السَّمْعَ
وَالْبَصَرَ وَالْفُؤَادَ كُلُّ أُولَئِكَ كَانَ عَنْهُ مَسْؤُلًا ٣٦ وَلَا
تَمْشِ فِي الْأَرْضِ مَرَحًا إِنَّكَ لَنْ تَخْرِقَ الْأَرْضَ وَلَنْ تَبْلُغَ
الْجِبَالَ طُولًا ٣٧ كُلُّ ذَلِكَ كَانَ سَيِّئُهُ عِنْدَ رَبِّكَ مَكْرُوهًا ٣٨

ذَلِكَ مِمَّا

28. Pero si has de apartarte de ellos (de los que están necesitados, porque tú mismo lo estás, y) buscando la misericordia de tu Señor con esperanza, entonces (al menos) habla con ellos dulce y amablemente.

29. No mantengas la mano atada a tu cuello (con tacañería), ni la extiendas sin ningún límite; si no te quedarás reprochado y despojado.

30. Sin duda, tu Señor aumenta la provisión a quien Su Voluntad dicta y la escatima (a quien Su Voluntad dicta). Realmente, Él se halla perfectamente informado de Sus siervos y les ve bien[13].

31. No matéis a vuestros hijos por miedo a la pobreza. Somos Nosotros quienes les proveemos y a vosotros también. Matarles es sin duda un pecado grave[14].

32. No os acerquéis a cualquier relación sexual ilícita. Sin duda es algo vergonzoso e indecente y un mal camino (que lleva a la corrupción individual y social)[15].

33. No matéis a ningún alma que Dios ha prohibido excepto por una causa justa. Si alguien ha sido matado injusta e intencionadamente, hemos concedido a su heredero (como defensor de sus derechos) la autoridad (de reclamar el talión y daños o perdonar de manera absoluta). Pero que (el heredero) no exceda los límites legítimos al matar (tomando represalias). Sin duda, ha sido auxiliado (suficientemente por las previsiones y procedimientos de la Ley)[16].

34. Y no os acerquéis a la propiedad del huérfano excepto de la mejor manera (tal y como para mejorarla o aumentarla) hasta que alcance la mayoría de edad y sea fuerte. Cumplid el compromiso. Sin duda se pedirá cuenta del compromiso (el Día del Juicio Final, se os imputará la responsabilidad de vuestro compromiso).

35. Cuando midáis, dad la medida completa y pesad con una balanza exacta y precisa. Esto está bien y (hacer eso es) lo mejor a largo plazo.

36. No sigáis aquello de lo que no tenéis conocimiento (de si es bueno o malo) y apartaros de las afirmaciones y conjeturas infundadas. Sin duda el oído, la vista y el corazón; cada uno de éstos está sujeto a ser cuestionado acerca de ello (eres responsable, rendirás cuentas de cada uno de ellos el Día del Juicio Final)[17].

37. No te pavonees en la Tierra con altanera jactancia; pues nunca podrás partir la Tierra (por muy fuerte que pises con tu pie) ni alcanzarás la altura de las montañas (por mucho vigor que emplees para impresionar).

38. Lo malo de todo esto es detestable ante tu Señor.

---

13. Como todo lo demás, la provisión para cada persona ha sido predeterminada por Dios, y nadie puede obtener más que la provisión que ha sido establecida para él, ni tampoco se puede morir sin haberla consumido. La provisión básica de cada ser vivo —la provisión mínima y suficiente para su supervivencia— está garantizada por Dios con tal de que dicho ser dependa de Él en todos los aspectos. La obtención de cualquier provisión añadida que será necesaria por ciertas circunstancias, tal y como los hábitos, depende del esfuerzo personal.

Dios no prohíbe trabajar o esforzarse, ni tampoco quiere que Sus siervos se contenten con la provisión básica. Más bien, les anima a que hagan esfuerzos declarando que *Y que el ser humano sólo tiene aquello por lo que trabaja* (53:39), y desea que Sus siervos ganen de manera lícita para que lo gasten en la causa de Dios, por la causa del Islam y para el bien de los demás. Ha creado a los seres humanos como vicerregentes para que mejoren la Tierra, la compartan, distribuyan su provisión con justicia y que Le den gracias. Aquel que gana por medios lícitos, es agradecido y ayuda a los demás es mejor ante Dios que aquel que se contenta con la provisión básica. Aunque el ascetismo se recomienda para mantener las apetencias bajo control y, de esa manera, poder avanzar hacia la perfección espiritual, la ganancia lícita, gastar en el sustento de uno mismo, de su familia y en la causa de Dios, siendo agradecido, sin entregarse a lujos, sin consumir en extremo y sin estimular los apetitos, es más recomendable que el ascetismo. Lo que Dios prohíbe es la avaricia, ganar de modo ilícito, perseguir los intereses de uno mismo, acumular riqueza, la tacañería y no ayudar a los necesitados. También prohíbe que se tome la vida de este mundo como meta de nuestro trabajo y ganancia.

Respecto a la avaricia, Said Nursi escribe lo siguiente:

> La avaricia demuestra sus malas consecuencias a través del mundo de los seres animados, tanto a nivel de las especies como a nivel particular de los individuos. Por otra parte, buscar la provisión de modo lícito, mientras se deposita la confianza en Dios, es un camino para alcanzar la tranquilidad y demuestra sus buenas consecuencias en todas partes. Por ejemplo, en los reinos animal y humano, sólo los jóvenes que demuestran su confianza en Dios a través de su debilidad e incapacidad reciben en gran medida su provisión correcta y deliciosa desde los tesoros de la Compasión Divina, poniendo a sus padres y a otros adultos a su servicio. Mientras tanto los animales adultos que se abalanzan con avidez sobre su provisión sólo pueden obtener bazofia a cambio de un gran esfuerzo. Es más interesante reflexionar sobre el hecho de que cuanto más poderosos sean los animales con más dificultad obtienen su alimento y con intervalos más grandes que los demás.
>
> La avaricia es una fuente de humillación y pérdida. Hay muchos ejemplos de personas avariciosas que han sido abocadas a la perdición hasta tal punto que la idea de que «el avaricioso está siempre sometido a decepción y pérdida» puede encontrarse en muchísimos proverbios y es una verdad universalmente aceptada. Siendo ese el caso, si amamos la riqueza no debemos de buscarla con impaciencia si no con satisfacción, para que podamos ganarla abundantemente [The Letters («Las Cartas»), «The 22nd Letter» («La 22ª Carta»), 2: 70-71].

El Islam exhorta a la asistencia y la solidaridad mutuas y ordena a los musulmanes que den cierta cantidad de su riqueza a los necesitados, llamado *Zakat*. Lo que sigue es un fragmento importante de lo que Said Nursi escribe sobre *Zakat*:

> La causa de todas las revoluciones y de la corrupción social, así como el origen de

todas las perdiciones morales, son estas dos actitudes:

La primera: «Me da igual si otros se mueren de hambre siempre y cuando mi estómago esté lleno».

La segunda: «Debes trabajar para que yo pueda comer».

El comportamiento que perpetúa estas dos actitudes es la preponderancia de la usura o el interés por un lado y el abandono del Zakat por otro. El único remedio para estas dos terribles enfermedades sólo puede ser proporcionado a través de la puesta en práctica del Zakat como principio y deber universal y la prohibición del interés. El Zakat es un pilar fundamental, no solo para los individuos y las comunidades particulares sino para toda la humanidad si queremos vivir una vida feliz. La humanidad normalmente se divide en dos clases: la elite y la gente común. Solo la obligación del Zakat puede hacer que surja compasión y generosidad de la elite respecto a la gente común, y respeto de la gente común hacia la elite. En ausencia del Zakat, lo que la gente común recibe de la elite es opresión y crueldad, y lo que surge de la gente común hacia la elite es rencor y rebelión. Eso produce una lucha constante, y una oposición constante entre dos clases, dando lugar a una confrontación entre el trabajo y el capital, tal y como ocurrió en Rusia a principios de siglo [The Letters («Las Cartas»), «The 22nd Letter» («La 22ª Carta»), 2:74].

14. Está claro que el Islam prohíbe el asesinato de niños, ya sea después de su nacimiento o antes (aborto) por razones económicas u otras razones. Hoy en día se fomenta el control de la natalidad, aparentemente por razones económicas, especialmente en los países pobres; pero la verdad es que está diseñado para prevenir un aumento de la población en dichos países. El aumento de la población nunca puede ser un obstáculo para el desarrollo económico ni causa de pobreza. Al contrario, la población es la fuerza de trabajo de una nación. Muchos de los países ricos del mundo, tal y como Alemania, Inglaterra, Francia, Holanda, Bélgica, Italia, Japón tienen una gran densidad de población. Lo que la gente ha de hacer, tal y como al-Mawdudi dice (5:39, nota 31), es no gastar su energía en reducir el número de bocas que han de ser alimentadas. Más bien, lo que deben de hacer es dedicar su energía a labores constructivas que llevarán a un aumento de la producción de la riqueza.

15. La palabra traducida como relación sexual ilícita es *zina*, una palabra que significa todo tipo de relaciones sexuales entre un hombre y una mujer que no son marido y mujer y tiene el significado tanto de «adulterio» como el de «fornicación» en español. El Corán no sólo prohíbe la relación sexual ilícita, sino que también ordena que sea impedida diciendo, *no os acerquéis*. Del mismo modo que la comunidad musulmana está obligada a tomar medidas para prevenir la relación sexual ilícita en la sociedad, los individuos han de prevenir todo lo que pueda llevar a ello. El Islam, con las reglas que ha introducido y el adiestramiento moral que ofrece, busca cerrar las puertas de la relación sexual ilícita, además de la de otros males.

16. Respecto a la visión que tiene el Islam sobre la vida, quitar la vida de alguien injustamente y el talión, véanse el *sura* 2: 178, nota 131, el *sura* 2:179, 194, nota 140; el *sura* 5:31, 32, 45, nota 10.

El Islam, además del asesinato y cualquier otro modo de matar injusto, también prohíbe el suicidio. La persona no es dueña de sí misma y no tiene derecho a tratarse a sí misma del modo que quiera. Nuestros cuerpos, almas y vidas pertenecen a Dios y son sagrados. Alguna gente intenta justificar la eutanasia. Sin embargo, tenemos que considerar el hecho de que estamos en el mundo para mejorarlo de acuerdo a las leyes de Dios y prepararnos para otro mundo, haciéndolo un terreno fértil para el Más Allá; cualquier desgracia que los creyentes sufren, hace que uno o más pecados suyos sean perdonados. El dolor que el creyente sufre en su muerte es también un medio para obtener perdón. Dios ha otorgado a cada persona la facultad para soportar hasta cierto punto, y cuando su dolor es insoportable, o bien se desmaya o deja de sentirlo. Por lo tanto, los juristas musulmanes deberían abordar el tema de la eutanasia con mucho cuidado a la luz del Islam.

Hay muchas maneras en las que un individuo puede exceder los límites legítimos quitando la vida de alguien en represalia. Por ejemplo, matar a alguien que no sea el asesino real, segar la vida de otra persona además de la vida del asesino, someter al asesino a tortura, mutilar el cuerpo y hacer daño a los familiares son algunos de los ejemplos de rebasar los límites.

Es la autoridad legal quien ejecuta el talión. La gente no puede intentar restituir sus derechos por ellos mismos sin primero acudir a un tribunal.

17. El Islam decreta que la gente ha de ser guiada por el conocimiento en lugar de la conjetura y las afirmaciones carentes de base. Las fuentes o los medios de conocimiento son tres: informes verídicos (la Revelación Divina y los informes auténticos que provienen del Mensajero, la paz y las bendiciones sean con él, y los informes proporcionados por gente veraz), la razón y nuestros cinco (saludables) sentidos. Un creyente ha de aceptar el informe verídico; pero puede estudiar su significado y extraer ciertas conclusiones del mismo si tiene autoridad para ello. Los datos percibidos por la razón y los cinco sentidos pueden ser verdaderos o falsos, o pueden precisar de investigación adicional.

Rechazar la Revelación Divina y los informes auténticos que provienen de los Profetas significa restringir el alcance del conocimiento exclusivamente a lo que se obtiene a través de la razón, los cincos sentidos y las experiencias relativas al mundo visible y sensorial. Sin embargo, hay muchas dimensiones de la existencia y hay innumerables cosas y seres fuera del mundo visible, por lo que restringir el conocimiento a este mundo en nombre del conocimiento científico hace que el conocimiento (o la ciencia) admita su ignorancia de otras dimensiones de la existencia o permanezca agnóstica. También, la ciencia no puede negar dichas dimensiones, simplemente porque la negación es una conclusión que ha de ser basada en la investigación. Por lo tanto, la ciencia ha de ser capaz de probar la inexistencia de las dimensiones que niega. Por eso, el ateismo, al rechazar la existencia de los seres que no podemos ver tal y como Satanás, los ángeles y los genios, no es de ningún modo una actitud científica. Sólo es una aseveración o alegación carente de base, o incluso dogmatismo.

La ciencia no puede excusarse a sí misma atribuyendo la aceptación de dichos seres a la creencia. El Islam afirma que la creencia debe de estar basada en el conocimiento o por lo menos corroborada por el mismo, y de ninguna manera ha de ser incompatible con el conocimiento. Por lo tanto, aceptar la existencia de Dios y de seres como los ángeles y los genios no es dogmatismo, sino una actitud científica. Hay criterios científicos que apoyan la aceptación de su existencia. En primer lugar, aunque nuestros cinco sentidos no puedan percibir dichas verdades, Dios en realidad ha otorgado a la humanidad otros sentidos con los que pueden percibirlos. Más de 100.000 Profetas fueron capaces de emplear sus sentidos, nunca mintieron respecto a sus vidas y fueron seguidos por innumerables personas, y millones de santos, y nos han informado de su existencia. Además de eso, millones de personas han tenido experiencias similares. En segundo lugar, la negación de la Revelación Divina como fuente de conocimiento significa acusar a todos los Profetas y santos, cuya veracidad ha sido testificada y aceptada, de ser los mentirosos más viles de la historia de la humanidad y significa también declarar a los mil millones de seguidores como locos que siguen ciegamente a mentirosos. Es más, para citar tan sólo un ejemplo de veracidad entre innumerables ejemplos, tanto en el Corán como en los hadices del Mensajero, la paz y las bendiciones sean con él, hay muchas predicciones que han sido probadas. Las que aún quedan por ser probadas, lo serán en su momento preciso. Hay muchos hechos científicos que han sido descubiertos o serán descubiertos junto a los desarrollos en la ciencia que son por sí solos suficientes para establecer la verdad de la Revelación Divina.

ذٰلِكَ مِمَّا اَوْحٰى اِلَيْكَ رَبُّكَ مِنَ الْحِكْمَةِ وَلَا تَجْعَلْ مَعَ اللّٰهِ
اِلٰهًا اٰخَرَ فَتُلْقٰى فٖى جَهَنَّمَ مَلُومًا مَدْحُورًا ﴿٣٩﴾ اَفَاَصْفٰيكُمْ رَبُّكُمْ
بِالْبَنٖينَ وَاتَّخَذَ مِنَ الْمَلٰٓئِكَةِ اِنَاثًا اِنَّكُمْ لَتَقُولُونَ قَوْلًا عَظٖيمًا ﴿٤٠﴾
وَلَقَدْ صَرَّفْنَا فٖى هٰذَا الْقُرْاٰنِ لِيَذَّكَّرُوا وَمَا يَزٖيدُهُمْ اِلَّا نُفُورًا ﴿٤١﴾
قُلْ لَوْ كَانَ مَعَهُ اٰلِهَةٌ كَمَا يَقُولُونَ اِذًا لَابْتَغَوْا اِلٰى ذِى الْعَرْشِ
سَبٖيلًا ﴿٤٢﴾ سُبْحَانَهُ وَتَعَالٰى عَمَّا يَقُولُونَ عُلُوًّا كَبٖيرًا ﴿٤٣﴾ تُسَبِّحُ لَهُ
السَّمٰوَاتُ السَّبْعُ وَالْاَرْضُ وَمَنْ فٖيهِنَّ وَاِنْ مِنْ شَيْءٍ اِلَّا يُسَبِّحُ
بِحَمْدِهٖ وَلٰكِنْ لَا تَفْقَهُونَ تَسْبٖيحَهُمْ اِنَّهُ كَانَ حَلٖيمًا غَفُورًا ﴿٤٤﴾
وَاِذَا قَرَاْتَ الْقُرْاٰنَ جَعَلْنَا بَيْنَكَ وَبَيْنَ الَّذٖينَ لَا يُؤْمِنُونَ بِالْاٰخِرَةِ
حِجَابًا مَسْتُورًا ﴿٤٥﴾ وَجَعَلْنَا عَلٰى قُلُوبِهِمْ اَكِنَّةً اَنْ يَفْقَهُوهُ وَفٖى
اٰذَانِهِمْ وَقْرًا وَاِذَا ذَكَرْتَ رَبَّكَ فِى الْقُرْاٰنِ وَحْدَهُ وَلَّوْا عَلٰٓى اَدْبَارِهِمْ
نُفُورًا ﴿٤٦﴾ نَحْنُ اَعْلَمُ بِمَا يَسْتَمِعُونَ بِهٖٓ اِذْ يَسْتَمِعُونَ اِلَيْكَ وَاِذْ
هُمْ نَجْوٰٓى اِذْ يَقُولُ الظَّالِمُونَ اِنْ تَتَّبِعُونَ اِلَّا رَجُلًا مَسْحُورًا ﴿٤٧﴾
اُنْظُرْ كَيْفَ ضَرَبُوا لَكَ الْاَمْثَالَ فَضَلُّوا فَلَا يَسْتَطٖيعُونَ سَبٖيلًا ﴿٤٨﴾
وَقَالُوٓا ءَاِذَا كُنَّا عِظَامًا وَرُفَاتًا ءَاِنَّا لَمَبْعُوثُونَ خَلْقًا جَدٖيدًا ﴿٤٩﴾

39. Todo esto es (parte) de la Sabiduría que tu Señor te ha revelado (Oh Mensajero). (Como la fuente y la base de toda sabiduría) no establezcas junto a Dios otras deidades, o serás arrojado al Infierno, repudiado y rechazado[18].

40. ¿Entonces os ha distinguido vuestro Señor (Oh incrédulos) prefiriendo para vosotros hijos y tomando para Sí Mismo de entre los ángeles, hijas? Sin duda, proferís algo feo y horrendo.

41. Hemos expuesto (las verdades) de distintas maneras en este Corán, para que reflexionen y sean considerados, pero todo esto no hace más que aumentarles (a los incrédulos) en aversión (a la verdad).

42. Di: «Si hubiera, como aseveran, otras deidades aparte de Él, sin duda buscarían un camino hacia el Maestro del Trono Supremo (el dominio de la creación)»[19].

43. Gloria a Él, pues se halla absolutamente ensalzado, infinitamente por encima de todo lo que dicen.

44. Los siete Cielos y la Tierra y todo lo que se halla en ellos Le glorifican. No hay nada que no Le glorifique con Su alabanza (proclamando que Él es el Único Dios sin igual ni copartícipe y que toda la alabanza y la gratitud Le pertenece exclusivamente a Él)[20], pero no comprendéis Su glorificación (asociáis copartícipes a Dios). Sin embargo Él es (a pesar de lo que Sus siervos han merecido de Él) Clemente e Indulgente.

45. Cuando recitas el Corán ponemos un velo invisible entre tú y aquellos que no creen en el Más Allá (los cuales, haciéndose los sordos y ciegos a la glorificación de la creación a su Creador, se hacen incapaces de dicha creencia).

46. Y sobre sus corazones hemos colocado velos (por causa de su mala intención, injusticia y arrogancia) que les impiden entenderlo (el Corán); y en sus oídos pesadez. Cuando haces mención de tu Señor en el Corán como el Único (el Ser Divino Único), dan la espalda con aversión.

47. Nosotros conocemos bien lo que desean oír cuando te escuchan y que, cuando se reúnen secretamente, estos malhechores dicen (el uno al otro): «No seguís sino a un hombre hechizado»[21].

48. Contempla qué extrañas comparaciones inventan sobre ti. Todos se han extraviado y ahora no pueden encontrar un camino (hacia la verdad).

49. Y dicen: «¡Qué! ¿Es que cuando nos hayamos convertido en huesos y partículas de polvo se nos resucitará a una nueva creación?».

18. El Islam tiene como meta desarrollar a los seres humanos, de ser potencialmente humanos a serlo verdaderamente y por lo tanto perfeccionarles. Desarrolla el carácter humano de la mejor manera. Las partes de la Sabiduría que el Corán enumera entre los versículos 22 y 39 y que comienzan y finalizan con la prohibición absoluta de atribuirle copartícipes a Dios de ninguna manera en Su Divinidad y Señorío, son importantes para desarrollar el carácter y hacer crecer a los miembros de la sociedad musulmana. Podemos resumirlas de la siguiente manera:

- No establezcas otras deidades junto a Dios.
- Tu Señor ha decretado que no adores sino tan solo a Él.
- Trata a los padres con la mayor amabilidad.
- Da lo que es suyo por derecho a los familiares, a los indigentes y a los viajeros; y no despilfarres (tu riqueza) insensatamente.
- No mantengas la mano atada a tu cuello (con tacañería), ni la extiendas sin ningún límite.
- No matéis a vuestros hijos por miedo a la pobreza.
- No os acerquéis a cualquier relación sexual ilícita.
- No matéis a ningún alma que Dios ha prohibido excepto por una causa justa.
- No os acerquéis a la propiedad del huérfano excepto de la mejor manera (tal y como para mejorarla o aumentarla) hasta que alcance la mayoría de edad y sea fuerte. Cumplid el compromiso.
- Cuando midáis, dad la medida completa y pesad con una balanza exacta y precisa.
- No sigáis aquello de lo que no tenéis conocimiento (de si es bueno o malo) y apartaros de las afirmaciones y conjeturas infundadas.
- No te pavonees en la Tierra con altanera jactancia.
- No establezcas junto a Dios otras deidades, o serás arrojado al Infierno, repudiado y rechazado.

Antes de proceder a promulgar las leyes que regulan la vida de la sociedad musulmana, el Corán tiene como meta instruir a los miembros de dicha sociedad de tal manera que las leyes puedan ser aplicadas sin tener que recurrir a la fuerza. Es más, el Corán educa a los miembros de la sociedad musulmana de un modo tan perfecto que, en la época del Profeta, antes de que dichas leyes existiesen, los creyentes le pidieron al Profeta que rezase a Dios Todopoderoso para que dichas leyes fuesen promulgadas. Por ejemplo, antes de que el Corán ordenase a las mujeres musulmanas cubrirse, ya le habían solicitado al Mensajero que exigiese que las mujeres se cubriesen. La gente de aquella época estaba convencida de la necesidad de dicha ley. En otro ejemplo, al Profeta también se le pidió que se prohibiese el alcohol antes de que haya sido prohibido.

También cabe destacar aquí que todos los mencionados mandamientos judiciales, que fueron revelados durante el período de La Meca de la Misión del Profeta, finalizan, además de con la prohibición de atribuir copartícipes a Dios, mencionando la sabiduría o el razonamiento de su revelación, o con palabras de ánimo o disuasión. Cuando los mismos mandamientos judiciales fueron revelados en Medina, donde los musulmanes estaban organizados en sociedad, generalmente finalizaban con promesas o amenazas a cambio de, respectivamente, seguirlos o desobedecerlos, o con las penas legales que hubiesen de ser administradas a quien cometiese dichas prohibiciones.

Para los significados de la sabiduría en su sentido especial, véase el *sura* 2, notas 108 y 159.

19. Es un hecho muy manifiesto que el universo, tan armonioso, coherente, equilibrado y que claramente precisa de un conocimiento, una voluntad y un poder absolutos y abarcadores ha de tener un Creador y un Controlador. Por lo tanto, el ateísmo no es más que un dogma, incluso el dogma más incomprensible de todos los tiempos.

En cuanto a atribuirle copartícipes a Dios para dividir los poderes de Dios y Sus actos entre diferentes deidades, una de las razones básicas es el desconocimiento de Dios con Sus Atributos. La perfecta armonía, coherencia y equilibrio que se observa en el universo claramente demuestran que no puede haber más de una deidad o señor con los mismos atributos. El hecho de no tener principio o fin, ser eterno y no estar abarcado por el tiempo y el espacio, son atributos indispensables de la Divinidad. Obviamente, no puede haber dos seres que con estos atributos existan a la vez. Además, tener un principio o un fin exige ser creado en un determinado momento y que haya alguien o algo que le haya creado. La verdad, no obstante, es que Dios existe eternamente sin haber sido creado.

Si, a pesar de los manifiestos hechos que hemos establecido aquí, imaginamos que hay más de una deidad, entonces, esas deidades, deberían de ser independientes unas de otras o una de ellas tendría que ser el Dios verdadero, mientras que las otras estarían subordinadas al mismo. En el primer caso, simplemente es inconcebible, que muchas deidades soberanas e independientes concurran en todos los asuntos para que el universo pudiese tener su perfecta armonía, coherencia y equilibro. Si hubiese una multiplicidad de deidades, habría conflictos y discordias a cada paso. Además, es el absurdo más absoluto que hubiese deidades soberanas e independientes múltiples con los mismos atributos, es decir con conocimiento, voluntad y poder absolutos.

En el segundo caso, mientras existe un Dios Independiente, Soberano, Omnisciente, Poseedor de Voluntad y Todopoderoso no sería más que fantasía concebir dioses subordinados. Si existiesen dichos dioses, desearían e intentarían ser los señores del universo ellos mismos, o al menos participar en la creación y administración de cosas. El orden y el funcionamiento del universo también contradicen esto. Es evidente que todo el universo está interconectado con todo lo demás y que todas las fuerzas del universo están establecidas para colaborar incluso para que una simple brizna de hierba exista y crezca. En conclusión, no hay nada en el universo más manifiesto que la existencia de un Único, Omnisciente, Poseedor de Voluntad, Todopoderoso e Independiente, Soberano Dios a Quien el Corán nos presenta.

20. Los últimos dos versículos expresan de modo sucinto lo que hemos intentado explicar en la nota anterior. Ya que la Divinidad debe ser, y es, absolutamente libre de cómo los politeístas la imaginan, y Dios, la Única Deidad, se halla infinitamente por encima de tener copartícipes o alguna similitud con el universo creado y con todo lo que haya en él que declara esta verdad. Al ser Dios Quien crea, sostiene, mantiene y administra todo el universo con todo lo que en ello hay, todas las alabanzas Le son debidas a Él y, por lo tanto, toda la creación Le alaba a Él exclusivamente. Mientras que los seres creyentes y conscientes Le alaban —verbalmente, activamente y de memoria— los cuerpos de todos los seres también Le alaban a través de la satisfacción de sus necesidades y la satisfacción de sus sentidos y facultades.

21. Este versículo explica la razón por la cual Dios coloca un velo invisible entre el Mensajero y los incrédulos, y establece velos en sus corazones y pesadez en sus oídos. No escucharon la recitación del Corán por parte del Mensajero para aprender la verdad. Más bien, le escucharon con la esperanza de encontrar algo que apoye su negación. Luego se reunirían todos en secreto para consultar entre ellos cómo refutar de manera eficaz el Mensaje del Profeta y evitar que la gente crea en él.

50. Di: «Ya sea que os convirtáis en piedra o hierro,

51. O cualquier otra sustancia creada que, en vuestra mente, es mayor (en su resistencia a ser creada)». Entonces dirán: «¿Quién nos resucitará?» Di: «Aquel Quien os ha creado al principio con una individualidad única». Sacudirán las cabezas hacia ti (con asombro y burla) y dirán: «¿Cuándo ocurrirá eso?». Di: «Tal vez pronto,

52. En el Día en el que os llame y Le respondáis con (palabras de) Su alabanza, pensando que habéis permanecido (en la Tierra) sino poco tiempo»[22].

53. Y di a Mis siervos que siempre deberían hablar (incluso cuando discutan con los demás) con lo que es mejor. Satanás siempre está listo para sembrar la discordia entre ellos. Ya que Satanás en realidad es un enemigo manifiesto para el ser humano.

54. Vuestro Señor os conoce mejor (y lo que os merecéis). Si Él quiere, tiene misericordia de vosotros (la cual es pura gracia); y si Su Voluntad dicta, os castiga (la cual es pura justicia). No te hemos enviado (Oh Mensajero) como un guardián sobre ellos y responsable de ellos; (tú eres tan solo un advertidor)[23].

55. Y tu Señor conoce mejor todo lo que se halla en los Cielos y sobre la Tierra. Sin duda, hemos exaltado a algunos Profetas sobre otros (algunos en un sentido absoluto y otros en algunos aspectos); y a David, le concedimos los Salmos[24].

56. Di: «¡Invocad a aquellos (ángeles, seres humanos y genios) que pretendéis que son deidades aparte de Dios! No tienen poder alguno para quitaros ninguna aflicción ni pueden realizar ningún cambio en vuestras condiciones».

57. Aquellos a quienes invocan ellos mismos buscan un medio para acercarse a su Señor, cada uno intentando estar cerca de Él, esperando Su misericordia y temiendo Su castigo[25]. El castigo de tu Señor sin duda ha de ser temido y evitado.

58. No hay ninguna ciudad que no destruyamos antes del Día de la Resurrección (como consecuencia del estilo de vida de sus habitantes y de acuerdo con las leyes que hemos establecido para las vidas de las comunidades) o castiguemos con un severo castigo (igual que la disensión, corrupción y la invasión extranjera): todo está inscrito en el Libro (eterno)[26].

286 سُورَةُ الْاِسْرَاءِ ٢٨٦

قُلْ كُونُوا حِجَارَةً اَوْ حَدِيدًا ﴿٥٠﴾ اَوْ خَلْقًا مِمَّا يَكْبُرُ
فِى صُدُورِكُمْ فَسَيَقُولُونَ مَنْ يُعِيدُنَا قُلِ الَّذِى فَطَرَكُمْ اَوَّلَ
مَرَّةٍ فَسَيُنْغِضُونَ اِلَيْكَ رُؤُسَهُمْ وَيَقُولُونَ مَتٰى هُوَ قُلْ عَسٰى
اَنْ يَكُونَ قَرِيبًا ﴿٥١﴾ يَوْمَ يَدْعُوكُمْ فَتَسْتَجِيبُونَ بِحَمْدِهِ وَتَظُنُّونَ
اِنْ لَبِثْتُمْ اِلَّا قَلِيلًا ﴿٥٢﴾ وَقُلْ لِعِبَادِى يَقُولُوا الَّتِى هِىَ اَحْسَنُ
اِنَّ الشَّيْطَانَ يَنْزَغُ بَيْنَهُمْ اِنَّ الشَّيْطَانَ كَانَ لِلْاِنْسَانِ عَدُوًّا
مُبِينًا ﴿٥٣﴾ رَبُّكُمْ اَعْلَمُ بِكُمْ اِنْ يَشَاْ يَرْحَمْكُمْ اَوْ اِنْ يَشَاْ
يُعَذِّبْكُمْ وَمَا اَرْسَلْنَاكَ عَلَيْهِمْ وَكِيلًا ﴿٥٤﴾ وَرَبُّكَ اَعْلَمُ بِمَنْ
فِى السَّمٰوَاتِ وَالْاَرْضِ وَلَقَدْ فَضَّلْنَا بَعْضَ النَّبِيِّنَ عَلٰى بَعْضٍ
وَاٰتَيْنَا دَاوُدَ زَبُورًا ﴿٥٥﴾ قُلِ ادْعُوا الَّذِينَ زَعَمْتُمْ مِنْ دُونِهِ
فَلَا يَمْلِكُونَ كَشْفَ الضُّرِّ عَنْكُمْ وَلَا تَحْوِيلًا ﴿٥٦﴾ اُولٰئِكَ
الَّذِينَ يَدْعُونَ يَبْتَغُونَ اِلٰى رَبِّهِمُ الْوَسِيلَةَ اَيُّهُمْ اَقْرَبُ وَيَرْجُونَ
رَحْمَتَهُ وَيَخَافُونَ عَذَابَهُ اِنَّ عَذَابَ رَبِّكَ كَانَ مَحْذُورًا ﴿٥٧﴾
وَاِنْ مِنْ قَرْيَةٍ اِلَّا نَحْنُ مُهْلِكُوهَا قَبْلَ يَوْمِ الْقِيٰمَةِ
اَوْ مُعَذِّبُوهَا عَذَابًا شَدِيدًا كَانَ ذٰلِكَ فِى الْكِتَابِ مَسْطُورًا ﴿٥٨﴾

وَمَا مَنَعَنَا

22. Respecto a los argumentos sobre la Resurrección, véase el Apéndice 11.

23. Nadie, incluido el Profeta puede juzgar quién va a ir al Paraíso o al Infierno. Es solamente Dios Quien conoce plenamente a todos los seres, en cuanto a quién merece la felicidad o el castigo en el Más Allá. Todo lo que los seres humanos pueden decir, basándose en las enseñanzas del Corán, es qué tipo de gente merece la misericordia y qué tipo de gente merece el castigo. Nadie puede saber o decir si una persona en particular será tratada con misericordia o será castigada.

Aunque Dios, siendo el Omnisapiente y el Justo, ha establecido condiciones para ir al Paraíso y ha establecido claramente qué tipo de credo y de acciones hacen merecer el Infierno, nadie puede obligar a Dios a hacer nada ni puede pretender hacerlo, como los Mu'tazilitas y Shi'ah hacen, que Dios está obligado a admitir a aquellos que creen y hacen buenas acciones en el Paraíso mientras que los otros irán al Infierno. Dios no está obligado a hacer nada porque Dios posee libertad absoluta para hacer lo que Su Voluntad dicta. Su admisión de los creyentes en el Paraíso es por pura misericordia Suya, y nadie puede merecer el Paraíso tan sólo por sus propias acciones; mientras que enviar a los incrédulos al Infierno es por pura justicia. Al contemplar los juicios y actos de Dios, debemos de tomar en consideración Sus Nombres y Atributos en conjunto.

24. Este versículo explica un principio Divino de haber elegido a los Profetas. Dios conoce bien todo lo que se halla en los Cielos y sobre la Tierra con las características y habilidades de cada cosa y también conoce mejor que nadie quién es merecedor de la Misión Profética. Sin embargo, los politeístas de La Meca intentaron encontrar excusas para rechazar el Mensaje Divino transmitido por el profeta Muhammad, la paz y las bendiciones sean con él. Aseveraron falsamente que el Mensaje tendría que haber sido dado a Walid ibn Mugira de La Meca, o Abu Mas'ud Urwah ibn Mas'ud, el jefe de la tribu Zaqif de Taif (43:31), aunque Dios sabe mejor a quién conceder Su Mensaje (6:124). También aseveraron que el Profeta no debía necesitar comer, beber ni andar en las calles, o sea que debería de ser un ángel. El Corán menciona dichas falsas objeciones y responde a ellas en diferentes versículos. Al mencionar a David en particular en este versículo, el Corán manifiesta que incluso un rey con un gran reino que vivió en un palacio y tuvo numerosas esposas e hijos puede ser elegido como Profeta de Dios, al cual exaltó sobre otros muchos Profetas en ciertos aspectos. Por lo tanto, Muhammad, la paz y las bendiciones sean con él, como ser humano que comía, bebía y estaba casado, y no un ángel, puede ser un Profeta, incluso puede ser el más grande de todos los Profetas.

Este versículo también hace referencia a un importante punto respecto a la evaluación de la Misión Profética y de los Profetas. Tanto en el pasado como en el presente, alguna gente había tendido a contemplar al Profeta tan sólo como un medio de transmisión de la Revelación Divina, sin ninguna distinción de carácter. Sin embargo, al comenzar dirigiéndose al Mensajero de Dios de una manera afectuosa, *Tu Señor conoce mejor todo lo que se halla en los Cielos y sobre la Tierra*, el versículo hace hincapié en que ser un Profeta exige ciertas cualidades y distinciones que le hacen digno de ello, y que Dios conoce mejor quién es digno de la Misión Profética y a quién concede Su Mensaje.

Por la frase *Sin duda, hemos exaltado a algunos Profetas sobre otros (algunos en un sentido absoluto y otros en algunos aspectos)* el versículo sugiere que el Mensajero de Dios es uno de aquellos que ha sido exaltado sobre los demás. Entre los profetas Noé, Abraham, Moisés, Jesús y Muhammad —la paz sea con ellos— son los más importantes. El profeta Muhammad, cuya misión es universal y permanente hasta el Día de la Resurrección, es el más grande de todos. Vale la pena mencionar aquí lo que dijo al respecto Said Nursi:

> Muchos libros de historia y biografías describen la conducta y características del Profeta. Sin embargo, su persona espiritual y la naturaleza sagrada de su ser son tan sublimes e ilustres que aquellas de sus

cualidades explicadas en los libros de historia y biografía no pueden describir su elevado rango. Ya que, de acuerdo con la regla de «aquel que lo causa es como el que lo hace», las recompensas de todas las oraciones de los musulmanes son añadidas a las cuentas de sus perfecciones desde el día que él declaró su Misión Profética (hasta el final de los tiempos). Cada día él recibe incontables invocaciones por parte de los musulmanes así como la infinita misericordia de Dios, y con una infinita capacidad de recibir. Más aún, ya que él es resultado de la creación y el fruto más perfecto, así como el amado e intérprete del Creador del universo, su verdadera naturaleza y la verdad de sus perfecciones no pueden ser contenidas en las cualidades humanas registradas en los libros de historia y biografía. Sin duda la talla moral y la importancia de aquel a quien los arcángeles Gabriel y Miguel sirvieron como edecanes durante la Batalla de Badr no puede ser apreciada en el incidente de un hombre quien regateó el precio de un caballo con un beduino en el mercado, llamando a Huzayfa para que sea su testigo en el trato.

Por lo tanto, para evitar caer en el error, debemos apartar nuestra atención de las cualidades humanas comunes del santo Profeta, la paz y las bendiciones sean con él, y enfocarnos en su verdadera naturaleza e ilustre persona espiritual en su rango de Mensajero. De otra forma, corremos el riesgo de mostrarle una falta de respeto o levantar incertidumbres sobre su persona. Para entender este punto, consideremos la siguiente analogía:

Suponga que un hueso de dátil plantado brota y se convierte en un árbol alto y productivo creciendo hacia arriba y hacia afuera; o que un polluelo salga del huevo que incubó un pavo real, crezca como un hermoso pavo real, y, adornado con la Pluma del Poder Divino, crezca aún más grande y más hermoso. El hueso de dátil y el huevo poseen cualidades, propiedades, y elementos equilibrados con precisión, pero estos no son tan sorprendentes y significantes como los del árbol y el pavo real que salieron de ellos. Dado esto, mientras se describen las cualidades del hueso de dátil y del huevo junto con las del árbol y del pavo real, las cualidades de cada uno deben ser distinguidas de tal forma que cualquiera que siga la descripción la encuentre razonable. Si no se hace esto (por ejemplo, reclamar que un hueso de dátil —y no el árbol— produce miles de dátiles, o que el huevo es —en sí— el príncipe de las aves), la gente será dirigida a la contradicción y la negación.

La naturaleza humana del más noble Mensajero de Dios, la paz y las bendiciones sean con él, debe ser parecida a la del hueso de dátil o a la del huevo, pero su verdadera naturaleza, iluminada por la Misión Profética, es como el árbol de Tuba o el Ave del Paraíso. Además, Su verdadera naturaleza continúa creciendo de manera más y más perfecta. Dado esto, cuando pensamos en tan exaltada persona negociando con un beduino en el mercado, él debía mirar en él a su ilustre naturaleza esencial, al que montó a *Buraq* y *Rafraf* durante la Ascensión, quien dejó a Gabriel atrás, y llegó ante la Divina Presencia (Véase Apéndice 10 acerca de *Mi'ray*). De otra forma, uno corre el riesgo de mostrar insuficiente respeto o fallar al convencer a nuestra alma conectada al mundo de su verdadera naturaleza [*The Letters* («Las Cartas»), «The 19th Letter» («La 19ª Carta»), 1:110-111].

Respecto a la superioridad de algunos Profetas en relación a otros (en algunos aspectos o sentidos), véase el *sura* 4:164, nota 33.

25. Este versículo rechaza categóricamente la pretensión de deificación de otro ser aparte de Dios, incluidos los Profetas, los ángeles y los seres santos entre los seres humanos y los genios, los cuales ellos mismos creyeron en un Único Dios e intentaron seguir Sus mandamientos, buscando medios de acercarse a Él, esperando Su Misericordia y temiendo Su castigo. Otros seres, tal y como Satanás, los diablos, los genios incrédulos y la gente satánica, a los cuales se les ha atribuido divinidad, sus cuerpos también obedecen a Dios incondicionalmente y ellos mismos ofrecerán sumisión absoluta a Dios en el Más Allá para obtener el perdón Divino.

26. Respecto al Libro y lo que está inscrito en ello, véanse el *sura* 6:59, nota 13; el *sura* 13:39, nota 12; y en este *sura*, nota 10.

وَمَا مَنَعَنَا اَنْ نُرْسِلَ بِالْاٰيَاتِ اِلَّا اَنْ كَذَّبَ بِهَا الْاَوَّلُونَۜ
وَاٰتَيْنَا ثَمُودَ النَّاقَةَ مُبْصِرَةً فَظَلَمُوا بِهَاۜ وَمَا نُرْسِلُ بِالْاٰيَاتِ
اِلَّا تَخْوِيفًا ﴿٥٩﴾ وَاِذْ قُلْنَا لَكَ اِنَّ رَبَّكَ اَحَاطَ بِالنَّاسِۜ وَمَا
جَعَلْنَا الرُّءْيَا الَّت۪ي اَرَيْنَاكَ اِلَّا فِتْنَةً لِلنَّاسِ وَالشَّجَرَةَ
الْمَلْعُونَةَ فِي الْقُرْاٰنِۜ وَنُخَوِّفُهُمْۙ فَمَا يَز۪يدُهُمْ اِلَّا طُغْيَانًا
كَب۪يرًا ﴿٦٠﴾ وَاِذْ قُلْنَا لِلْمَلٰٓئِكَةِ اسْجُدُوا لِاٰدَمَ فَسَجَدُوا اِلَّٓا
اِبْل۪يسَۜ قَالَ ءَاَسْجُدُ لِمَنْ خَلَقْتَ ط۪ينًاۚ ﴿٦١﴾ قَالَ اَرَاَيْتَكَ
هٰذَا الَّذ۪ي كَرَّمْتَ عَلَيَّۘ لَئِنْ اَخَّرْتَنِ اِلٰى يَوْمِ الْقِيٰمَةِ
لَاَحْتَنِكَنَّ ذُرِّيَّتَهُٓ اِلَّا قَل۪يلًا ﴿٦٢﴾ قَالَ اذْهَبْ فَمَنْ تَبِعَكَ
مِنْهُمْ فَاِنَّ جَهَنَّمَ جَزَٓاؤُ۬كُمْ جَزَٓاءً مَوْفُورًا ﴿٦٣﴾ وَاسْتَفْزِزْ
مَنِ اسْتَطَعْتَ مِنْهُمْ بِصَوْتِكَ وَاَجْلِبْ عَلَيْهِمْ بِخَيْلِكَ
وَرَجِلِكَ وَشَارِكْهُمْ فِي الْاَمْوَالِ وَالْاَوْلَادِ وَعِدْهُمْۜ وَمَا
يَعِدُهُمُ الشَّيْطَانُ اِلَّا غُرُورًا ﴿٦٤﴾ اِنَّ عِبَاد۪ي لَيْسَ لَكَ عَلَيْهِمْ
سُلْطَانٌۜ وَكَفٰى بِرَبِّكَ وَك۪يلًا ﴿٦٥﴾ رَبُّكُمُ الَّذ۪ي يُزْج۪ي لَكُمُ
الْفُلْكَ فِي الْبَحْرِ لِتَبْتَغُوا مِنْ فَضْلِه۪ۜ اِنَّهُ كَانَ بِكُمْ رَح۪يمًا ﴿٦٦﴾

59. Nada Nos impide enviar los milagros (que exigen como prueba en apoyo de la afirmación del Mensajero de que ha sido designado por Dios) excepto que (muchas de entre las) antiguas generaciones los rechazaron como falsos (y fueron destruidas). Hemos otorgado a Zamud la camella como un signo visible (milagro), pero fueron injustos con respecto a ella. No enviamos (Nuestras) Revelaciones sino para advertir (y hacerles conscientes de una posible destrucción, y del castigo eterno).

60. Y (recuerda) cuando te dijimos (como advertencia) que tu Señor abarca a toda la humanidad (con Su Conocimiento y Poder). No hemos hecho la visión que te hemos mostrado (durante la Ascensión) sino como una prueba para la humanidad para que se enmienden, y (de la misma manera, hemos mencionado) en el Corán el Árbol Maldito (el árbol del Infierno, absolutamente fuera de la esfera de la Misericordia Divina). Y les advertimos, exhortándoles a ser temerosos y enmendarse; pero eso solo les aumenta en gran insolencia y rebelión[27].

61. Y (recuerda otro ejemplo de arrogancia e insubordinación) cuando dijimos a los ángeles: «¡Postraros ante Adán!», se postraron, pero *Iblis* no lo hizo, y dijo: «¿Voy a postrarme ante alguien que has creado de arcilla?».

62. Dijo: «¿Ves a aquel que has honrado sobre mí? Sin duda, si me concedes una prórroga hasta el Día de la Resurrección, sin duda sojuzgaré a sus descendientes, a todos salvo unos pocos».

63. (Dios) dijo: «¡Sal de allí! Quienquiera de ellos que te siga, sin duda el Infierno será la recompensa para todos vosotros, una abundante recompensa.

64. Suscita con tu (seductora) voz a quien puedas de entre ellos y marcha sobre ellos con tu caballería y tu infantería, y asóciate a ellos en su riqueza y en sus hijos y hazles promesas». Y Satanás les promete nada más que engaño[28].

65. Pero en cuanto a Mis (sinceros y devotos) siervos, no tendrás ninguna autoridad sobre ellos». Tu Señor es suficiente como guardián que protege (como Aquel en Quien confiar y a Quien todos los asuntos se remiten).

66. Vuestro Señor (Oh seres humanos) es Quien causa los barcos surcar para vosotros los mares, para que busquéis Su favor[29]. Sin duda, Él es Compasivo hacia vosotros.

27. Cuando el Mensajero de Dios, la paz y las bendiciones sean con él, regresó de su Ascensión, narró a los habitantes de La Meca lo que había presenciado durante su viaje milagroso. Había trascendido las dimensiones corporales de la existencia y había visto las formas que las creencias, acciones y palabras de la gente asumen en el Más Allá. A pesar de que el Paraíso y el Infierno todavía existen en forma de «semillas», esperan ser expandidos en sus formas eternas, expansión que tendrá lugar durante la Resurrección. Las creencias, acciones y palabras de la gente proporcionan los ladrillos de sus moradas en el Paraíso o en el Infierno. Por ejemplo, una palabra de agradecimiento o de alabanza tal y como *alhamdulillah* (Toda la alabanza es para Dios) es devuelta a la persona que la profiere en forma de una manzana en el Paraíso. La gente a veces ve en sus sueños formas similares a las que sus creencias, acciones y palabras asumen en el Más Allá. Por lo tanto, durante la Ascensión, el Mensajero de Dios vio ejemplos de muchas de las formas, de la gente que tiene dichas creencias y que realizan dichas acciones. El árbol maldito mencionado en el Corán, como árbol totalmente excluido de la Misericordia de Dios, es el árbol de *Zaqqum* (37:62-67; 44:42-46; 56:51-54). Es un árbol amargo que crece en el Infierno y del cual la gente del Infierno comerá. Ciertamente, esto es una consecuencia de algunas de las acciones de los incrédulos y constituye una de las formas de tormento en el Infierno. Lejos de proveer sustento, proporciona dolor y tormento como alimento para los la gente del Infierno.

El Mensajero, la paz y las bendiciones sean con él, relató a la gente de La Meca todo lo que había visto durante la Ascensión. Aunque el Mensajero mostró signos claros e innegables de su milagroso viaje, los incrédulos le contradijeron tercamente y persistieron a sabiendas en su incredulidad. Al igual que otros milagros y verdades, la Ascensión, en todos sus aspectos, fue una prueba para la gente. Sin embargo, debemos de señalar que el Todopoderoso no crea milagros ni prueba a la gente para extraviarles. La gente se extravía por su propia arrogancia y obstinación, y su insistencia en mantenerse en su camino, a pesar de las verdades más manifiestas.

28. Satanás seduce a la gente de diversas maneras. Así como, en particular, susurra en los corazones de la gente y con su voz, la cual los que se hallan cerca pueden oír, también les seduce con sonidos semejantes a la música obscena y a las llamadas a la desobediencia a Dios. Además de su descendencia, Satanás tiene ejércitos bien equipados tanto entre los genios como entre los seres humanos, y se asocia con la gente en la riqueza que adquieren y gastan de modo ilícito y en los hijos que no han sido criados debidamente según los mandamientos de Dios. Hace constantemente promesas falsas y engañosas a la gente. Les engaña con ambiciones a largo plazo, metas mundanas y falsas expectativas (Respecto a la descripción de Satanás, véase también el *sura* 7:17, nota 2).

29. Dios ha creado el mar como tesoro de bendiciones y como un camino hacia las bendiciones en ultramar. Para beneficiarse de él, ha inspirado a la gente que construya barcos. Al haber hecho que los Mensajeros fuesen los portadores de Su Mensaje y la vanguardia del conocimiento tecnológico y científico, enseñó al profeta Noé, la paz sea con él, a construir un barco.

288 سُورَةُ الْاِسْرَاءِ ٢٨٨

وَاِذَا مَسَّكُمُ الضُّرُّ فِى الْبَحْرِ ضَلَّ مَنْ تَدْعُونَ اِلَّا اِيَّاهُ
فَلَمَّا نَجّٰيكُمْ اِلَى الْبَرِّ اَعْرَضْتُمْ وَكَانَ الْاِنْسَانُ كَفُورًا ﴿٦٧﴾
اَفَاَمِنْتُمْ اَنْ يَخْسِفَ بِكُمْ جَانِبَ الْبَرِّ اَوْ يُرْسِلَ عَلَيْكُمْ
حَاصِبًا ثُمَّ لَا تَجِدُوا لَكُمْ وَكِيلًا ﴿٦٨﴾ اَمْ اَمِنْتُمْ اَنْ يُعِيدَكُمْ
فِيهِ تَارَةً اُخْرٰى فَيُرْسِلَ عَلَيْكُمْ قَاصِفًا مِنَ الرِّيحِ فَيُغْرِقَكُمْ
بِمَا كَفَرْتُمْ ثُمَّ لَا تَجِدُوا لَكُمْ عَلَيْنَا بِهٖ تَبِيعًا ﴿٦٩﴾ وَلَقَدْ
كَرَّمْنَا بَنٖى اٰدَمَ وَحَمَلْنَاهُمْ فِى الْبَرِّ وَالْبَحْرِ وَرَزَقْنَاهُمْ
مِنَ الطَّيِّبَاتِ وَفَضَّلْنَاهُمْ عَلٰى كَثٖيرٍ مِمَّنْ خَلَقْنَا تَفْضٖيلًا ﴿٧٠﴾
يَوْمَ نَدْعُوا كُلَّ اُنَاسٍ بِاِمَامِهِمْ فَمَنْ اُوتِىَ كِتَابَهُ بِيَمٖينِهٖ
فَاُولٰئِكَ يَقْرَؤُنَ كِتَابَهُمْ وَلَا يُظْلَمُونَ فَتٖيلًا ﴿٧١﴾ وَمَنْ كَانَ
فٖى هٰذِهٖ اَعْمٰى فَهُوَ فِى الْاٰخِرَةِ اَعْمٰى وَاَضَلُّ سَبٖيلًا ﴿٧٢﴾
وَاِنْ كَادُوا لَيَفْتِنُونَكَ عَنِ الَّذٖى اَوْحَيْنَا اِلَيْكَ لِتَفْتَرِىَ
عَلَيْنَا غَيْرَهُ وَاِذًا لَاتَّخَذُوكَ خَلٖيلًا ﴿٧٣﴾ وَلَوْلَا اَنْ ثَبَّتْنَاكَ
لَقَدْ كِدْتَ تَرْكَنُ اِلَيْهِمْ شَيْـًٔا قَلٖيلًا ﴿٧٤﴾ اِذًا لَاَذَقْنَاكَ ضِعْفَ
الْحَيٰوةِ وَضِعْفَ الْمَمَاتِ ثُمَّ لَا تَجِدُ لَكَ عَلَيْنَا نَصٖيرًا ﴿٧٥﴾

وَاِنْ كَادُوا

67. Cuando el peligro os sobreviene en el mar, todo lo que invocáis (como poderes para que os ayuden) os abandonan y desaparecen salvo Dios únicamente. Pero cuando os lleva a salvo a la tierra, os apartáis de Él. Sin duda, el ser humano es siempre desagradecido.

68. ¿Os sentís seguros de que Él no vaya a hacer que una parte de la tierra (caiga sobre vosotros y) os trague, u os envíe una tormenta de arena? Entonces, no encontrareis a ningún guardián protector para vosotros.

69. ¿U os sentís seguros de que no os vaya a hacer regresar (al mar) otra vez y que no va a enviar sobre vosotros una tempestad enfurecida ahogándoos porque no creéis en ingratitud? Entonces, no encontráis a nadie que os apoye contra Nosotros.

70. Sin duda, hemos honrado a los hijos de Adán (con muchas distinciones): Hemos sostenido su viaje por la tierra y el mar proveyendo para ellos (sus sustentos) de las cosas puras y saludables y les hemos preferido con un ascenso particular por encima de muchos de aquellos que hemos creado.

71. El Día en el que llamemos a cada comunidad humana con su líder: A todo aquel (que haya seguido a un líder hacia la fe verdadera y la rectitud y la responsabilidad en el Más Allá) le será dado su Registro (de su vida) en su mano derecha; esos leerán su Registro con satisfacción y no se les infligirá ni lo más mínimo de injusticia.

72. Todo aquel que es ciego en este (mundo) (que no hayan seguido ningún camino hacia la fe, la rectitud y la responsabilidad en el Más Allá), estará ciego en el Más Allá y aún más extraviado del camino (que lleva hacia el perdón Divino y la satisfacción eterna)[30].

73. Sin duda han buscado tentarte (Oh Mensajero) para que te apartaras de lo que te hemos revelado para que inventaras otra cosa contra Nosotros. Y entonces (si lo hubieses hecho), te habrían considerado como un amigo digno de confianza.

74. Si no te hubiésemos hecho totalmente firme (en lo que te hemos revelado), te habrías inclinado hacia ellos un poco.

75. En ese caso, te habríamos hecho probar doble castigo en la vida y doble castigo después de la muerte, y no habrías encontrado a nadie que te ayude contra Nosotros[31].

30. Tal y como el Corán explícitamente declara (6:38), todos los seres creados viven en comunidades, y Dios, Quien no deja a las abejas o las hormigas sin una reina, no deja a los seres humanos sin un verdadero líder. Por lo tanto a lo largo de la historia, ha enviado a cada comunidad un Mensajero y les ha concedido un Libro a los más destacados de entre ellos tal y como Abraham, Moisés, Jesús y Muhammad, la paz sea con ellos. Después de los Mensajeros, Él ha enviado a Profetas siguiendo sus pasos, y después del Último Mensajero, Muhammad, la paz y las bendiciones sean con él, ha creado a sabios y a guías que han cumplido la misión de los Profetas, excepto que ellos no recibieron Revelación. Ello es así ya que, a diferencia de los Libros anteriores, el Corán ha permanecido intacto sin el más mínimo cambio o interpolación.

Dios ha honrado a los seres humanos con atributos y habilidades particulares tal y como el intelecto, la naturaleza consciente y el corazón (el intelecto espiritual). Sin embargo, a pesar de que el Libro Divino es un líder (11:17) cada ser humano no es capaz de entenderlo debidamente o deducir de ellos los principios del gobierno de la vida humana en cada época y bajo todas las condiciones. Por eso, Dios ha favorecido a algunas personas con guías perfectos, a saber los Profetas y aquellos que son leales a Dios y quienes son veraces en lo que dicen y hacen, y los santos que dan testimonio, quienes han contemplado las Divinas verdades ocultas, de cuya existencia dan fe con sus vidas y los rectos en todos sus actos y declaraciones, y aquellos que se dedican a hacer actos buenos y rectos (4:69). Nos ha ordenado que Le recemos en cada *rak'ah* de las Oraciones diarias Prescritas (en *Sura al-Fatiha*, 1:6-7) para que nos guíe al Camino Recto, como el camino de aquellos a los que ha favorecido, mencionados por Él en el *sura* 4:69. Por lo tanto, lo que una persona debe hacer, si no tiene la habilidad necesaria o la pureza para comprender el Libro de Dios como es debido y deducir del mismo y de la Sunna Profética las reglas necesarias para ordenar su vida de acuerdo a la Voluntad de Dios y guiar a otros, es no ser ciego ante la verdad, sino encontrar un verdadero líder. Dios ha prometido que Él guiará a aquellos que se esfuercen por seguirle a cualquiera de los caminos que llevan al Camino Recto (29:69). El que intente encontrar este Camino sinceramente, sin duda encontrará lo que busca.

31. El Mensajero de Dios, la paz y las bendiciones sean con él, se sometió completamente a Dios y cumplió su misión única y exclusivamente porque Dios se lo ordenó. Nunca recurrió a comprometerse para tener éxito ni nunca se desvió de Su camino.

Cuando comenzó a predicar su Mensaje, tuvo que enfrentarse a una severa oposición, pero siempre se enfrentó a la oposición con una sonrisa en los labios. Permaneció firme sin dejarse intimidar por el criticismo y la coacción. Cuando la gente se dio cuenta que las amenazas habían fracasado en aterrorizarle y que el más severo trato de su persona y de sus seguidores no hacía que se moviesen ni una pulgada, empezaron a utilizar otros trucos contra él, pero que también estaban destinados a fracasar.

Una delegación de dignatarios de Quraish, su tribu, visitó al Profeta, la paz y las bendiciones sean con él, e intentó sobornarle ofreciéndole toda la gloria mundana que pudiesen imaginar. Le dijeron: «Si quieres poseer riqueza, te conseguiremos todo lo que desees; si aspiras a tener honor y poder, estamos dispuestos a jurarte fidelidad como rey nuestro; si se te antoja la belleza, podrás tener en tus manos las más bellas jóvenes que te plazcan».

Quisieron comprometerle, aunque no haya abandonado su misión. Los términos eran extremadamente tentadores para cualquier mortal ordinario; pero no tenían significado alguno ante el gran Profeta, quien respondió:

> No quiero riqueza ni poder. He sido enviado por Dios como advertidor a la humanidad. Os transmito Su mensaje. Si lo aceptáis, tendréis felicidad y alegría en esta vida y una dicha eterna en la próxima.

Si rechazáis la Palabra de Dios, Dios decidirá entre vosotros y yo.

En otra ocasión le dijo a su tío, el cual debido a la presión de los líderes de Arabia estaba intentando persuadirle de que abandonase su misión: «¡Oh tío! Aunque pusierais el Sol en mi mano derecha y la Luna en la izquierda, nunca dejaría de predicar la causa. Nunca renunciaré. O bien Le complace a Dios hacerlo triunfar o perezco en el intento» (Ibn Hisham, 2:285).

Los incrédulos de la época del Profeta eran los más obstinados e implacables incrédulos de todas las épocas, e igualmente así eran los hipócritas. Pero el Mensajero, la paz y las bendiciones sean con él, nunca se inclinó a comprometerse con ninguno de ellos. Ni siquiera consideró la idea, con la gracia y la ayuda de Dios. En palabras de Said Nursi:

> Mientras predicaba y llamaba a su gente a la verdad, el Profeta manifestaba tal resolución, firmeza y valor que nunca dudó ni vaciló. Y esto fue posible incluso ante la hostilidad de los poderes y las religiones del entorno, así como la de su propia gente, tribu e incluso su tío. Retó con éxito al mundo, haciendo así al Islam superior a todas las demás religiones y sistemas. Esto prueba que ninguna otra persona puede igualarlo en su predicación y llamada a la humanidad al mensaje de la verdad.
>
> Su fe era tan extraordinariamente firme y segura, tan milagrosamente perseverante, y tan elevada y clarificadora del mundo que ninguna idea ni creencia, filosofía de los eruditos ni enseñanzas de los líderes espirituales, prevalecientes, engendraron duda alguna dentro de él. Pese a la oposición y hostilidad de estos, no pudieron hacerlo dudar o sentirse ansioso por esta causa. Además, todos los santos, principalmente sus Compañeros, se habían beneficiado con su fe, la cual ellos admitieron ser la del grado más alto [*The Letters* («Las Cartas»), «The 19th Letter» («La 19ª Carta»), 1:267].

El versículo también enseña que para que la gente pueda superar las tramas de los incrédulos necesitan con urgencia la ayuda y el soporte de Dios. Sin ello, nadie puede tener éxito.

76. Sin duda, han buscado inquietarte en la tierra (en la que naciste) para desterrarte de ella; pero entonces, ellos mismos no se quedarán en ella después de ti sino por poco tiempo.

77. (Ese ha sido Nuestro) camino con todos aquellos que enviamos (como Mensajeros) antes de ti. Nunca encontrarás alteración alguna en Nuestro camino[32].

78. Establece la Oración conforme a sus condiciones, desde la puesta del sol hasta la oscuridad de la noche y (observa) la recitación del Corán al amanecer (la Oración del Amanecer). Sin duda la recitación del Corán al amanecer es atestiguada (por los ángeles y toda la creación que despiertan en un nuevo día)[33].

79. Y durante alguna parte de la noche, despiértate para velar en ella (a través de la Oración y de la recitación del Corán) como adoración supererogatoria para ti[34], que así tu Señor te haga resucitar en una estación gloriosa y digna de alabanza (de cercanía a Él y te dé permiso para interceder con Él como Su Voluntad dicta por Sus siervos en el Más Allá).

80. Y di: «¡Señor mío! Hazme entrar de una manera sincera y fiel a la verdad, y hazme salir de una manera sincera y fiel a la verdad y concédeme de Tu Presencia un apoyo firme, una prueba poderosa»[35].

81. Y di: «La verdad ha venido y la falsedad se ha desvanecido. Sin duda, la falsedad siempre tiene que desvanecerse por su propia naturaleza».

82. Hacemos descender el Corán en partes; es una curación y una misericordia para los creyentes, aunque en cuanto a los incrédulos esto no hace más que aumentar su perdición.

83. Cuando favorecimos al ser humano (a uno desagradecido) con comodidad y satisfacción, se aparta y se mantiene

وَاِنْ كَادُوا لَيَسْتَفِزُّونَكَ مِنَ الْاَرْضِ لِيُخْرِجُوكَ مِنْهَا وَاِذًا
لَا يَلْبَثُونَ خِلَافَكَ اِلَّا قَلِيلًا ﴿٧٦﴾ سُنَّةَ مَنْ قَدْ اَرْسَلْنَا قَبْلَكَ
مِنْ رُسُلِنَا وَلَا تَجِدُ لِسُنَّتِنَا تَحْوِيلًا ﴿٧٧﴾ اَقِمِ الصَّلٰوةَ لِدُلُوكِ
الشَّمْسِ اِلٰى غَسَقِ الَّيْلِ وَقُرْاٰنَ الْفَجْرِ اِنَّ قُرْاٰنَ الْفَجْرِ
كَانَ مَشْهُودًا ﴿٧٨﴾ وَمِنَ الَّيْلِ فَتَهَجَّدْ بِهٖ نَافِلَةً لَكَ عَسٰٓى اَنْ
يَبْعَثَكَ رَبُّكَ مَقَامًا مَحْمُودًا ﴿٧٩﴾ وَقُلْ رَبِّ اَدْخِلْنِى مُدْخَلَ
صِدْقٍ وَاَخْرِجْنِى مُخْرَجَ صِدْقٍ وَاجْعَلْ لِى مِنْ لَدُنْكَ
سُلْطَانًا نَصِيرًا ﴿٨٠﴾ وَقُلْ جَٓاءَ الْحَقُّ وَزَهَقَ الْبَاطِلُ اِنَّ الْبَاطِلَ
كَانَ زَهُوقًا ﴿٨١﴾ وَنُنَزِّلُ مِنَ الْقُرْاٰنِ مَا هُوَ شِفَٓاءٌ وَرَحْمَةٌ
لِلْمُؤْمِنِينَ وَلَا يَزِيدُ الظَّالِمِينَ اِلَّا خَسَارًا ﴿٨٢﴾ وَاِذَٓا اَنْعَمْنَا عَلَى
الْاِنْسَانِ اَعْرَضَ وَنَاٰ بِجَانِبِهٖ وَاِذَا مَسَّهُ الشَّرُّ كَانَ يَؤُسًا ﴿٨٣﴾
قُلْ كُلٌّ يَعْمَلُ عَلٰى شَاكِلَتِهٖ فَرَبُّكُمْ اَعْلَمُ بِمَنْ هُوَ اَهْدٰى
سَبِيلًا ﴿٨٤﴾ وَيَسْـَٔلُونَكَ عَنِ الرُّوحِ قُلِ الرُّوحُ مِنْ اَمْرِ رَبِّى
وَمَٓا اُوتِيتُمْ مِنَ الْعِلْمِ اِلَّا قَلِيلًا ﴿٨٥﴾ وَلَئِنْ شِئْنَا لَنَذْهَبَنَّ
بِالَّذِٓى اَوْحَيْنَٓا اِلَيْكَ ثُمَّ لَا تَجِدُ لَكَ بِهٖ عَلَيْنَا وَكِيلًا ﴿٨٦﴾

arrogantemente al margen (de cualquier pensamiento de Nosotros). Pero cuando un mal le afecta siempre es desesperado.

84. Di: «Cada uno actúa de acuerdo con su propio carácter (constituido por su credo, su cosmovisión y disposición), y tu Señor conoce mejor quién es mejor dirigido en su camino».

85. Te preguntan por el espíritu. Di: «El espíritu procede de la Orden de mi Señor[36], y del conocimiento, se os ha sido concedido tan solo un poco».

86. (Tú no eres, tal y como los incrédulos aseveran, el autor del Corán. Somos Nosotros Quienes lo revelamos en su totalidad) Si hubiésemos querido, podríamos habernos llevado lo que te hemos revelado (borrándolo de los corazones y de la memoria de ti y de los que lo han memorizado, y de cualquier registro escrito del mismo). Entonces, no encontrarías ningún guardián protector contra Nosotros (que te ayudase a reclamarlo o recuperarlo).

---

32. El versículo alude y da buenas nuevas de la emigración del Mensajero a Medina. Para el significado y la importancia de la emigración (*Hégira*) para aquellos que siguen una causa sagrada, véase el *sura* 19, nota 10.

Ya que la emigración tiene un importante papel en la predicación del Mensaje Divino y en las misiones y vidas de aquellos que la llevan a cabo, las personas que forzaron a sus Mensajeros a dejar su tierra natal son destruidas o expuestas a calamidades o bien vencidas por el Mensajero, la paz y las bendiciones sean con él, y sus nuevos seguidores. No pudieron permanecer por largo tiempo en su anterior país. Por lo tanto, el versículo 76 da buenas nuevas de que aquellos que forzaron al Mensajero, la paz y las bendiciones sean con él, a dejar La Meca serán destruidos después de su partida. Y así ocurrió. Los destacados opositores del Islam en La Meca fueron matados en la Batalla de Badr, dos años después de la emigración del Mensajero, y La Meca fue conquistada seis años más tarde.

33. Este versículo alude a las cinco Oraciones diarias Prescritas y al tiempo de cada Oración. La puesta del sol significa que el Sol ha pasado su cenit e indica la Oración del Mediodía, después de la Oración del Mediodía viene la Oración de la Tarde. Inmediatamente después de la puesta de sol y después de que la noche caiga completamente se llevan a cabo respectivamente las Oraciones del Atardecer y de entrado el Atardecer. El versículo específicamente menciona la Oración del Amanecer por su importancia y llama la atención a la recitación del Corán durante ese momento. El Mensajero, bajo Revelación Divina, solía alargar su recitación durante la Oración del Amanecer. Además, la recitación en ese momento es más efectiva en nuestros corazones.

A pesar de que la Oración fue prescrita en los primeros días del Islam, sólo fueron establecidas como cinco Oraciones diarias durante la Ascensión. El *sura* que comienza con la descripción de este milagroso viaje contiene dicha prescripción.

A pesar de que el Corán menciona algunos pilares de la Oración, tal y como la inclinación y la postración, no especifica todos los pilares y otros actos ni describe el modo en que debe de ser realizada. El Mensajero, la paz y las bendiciones sean con él, llevó a cabo la Oración tal y como Dios le enseñó y declaró: «Estableced la Oración del modo en que me veis estableciéndola (al-Bujari, «Salah», 70; Muslim, «Nikah», 5). Por lo tanto, igual que otras formas de adoración, el modo de establecer la Oración depende completamente de la Sunna.

34. Cada ocasión de la Oración no es solamente la apertura de un momento decisivo importante, sino también un espejo de cómo la Divinidad dispone de poder y un espejo de la generosidades Divinas universales en dicha disposición. Se nos ha ordenado realizar las Oraciones Prescritas en dichos momentos determinados para que adoremos y glorifiquemos más al Todopoderoso, Único y Majestuoso y para que Le agradezcamos todas las bondades que han sido acumuladas entre las dos ocasiones, lo cual es el significado de las Oraciones Prescritas. Bediüzzaman Said Nursi escribe sobre el significado de los tiempos específicos de las Oraciones diarias:

> La sucesión del día y la noche es como la manecilla que marca los segundos, los años de la vida de una persona representan la manecilla que marca los minutos y las etapas de la vida del hombre es la manecilla que marca las horas, así como las ciclos del universo no es más que la manecilla que marca los días. Cada uno de éstos se asemeja al otro y son imprescindibles de manera recíproca.
>
> Ejemplos que aclaran lo anteriormente expuesto son:

La hora de *Fayr* (amanecer o mañana temprana), la cual es designada para la Oración del Amanecer, nos recuerda el inicio de la primavera y la salida del hombre del útero materno, o incluso el primer día de los seis en los que han sido creados los Cielos y la Tierra. Es un recuerdo para el hombre para que medite en estas horas de Sabiduría Divina sobre cómo Dios dispone maravillosamente de Su Poder.

La hora de *Duhr* (inmediatamente después del mediodía) se asemeja al punto medio del verano, a la consecución de la adolescencia o asimismo el período de la creación de la humanidad incluido en la historia del mundo. Esto también señala las manifestaciones compasivas y abundantes bendiciones de Dios en estos eventos y períodos de tiempo.

La hora del *Asr* (tarde) se asemeja al otoño y la vejez; representa asimismo la Época de la Felicidad, el tiempo en que vivió el Último Profeta, Muhammad, la paz sea con él. También nos recuerda los actos Divinos y los favores del Compasivo.

La hora de *Magrib* (atardecer) no es sino como el ocaso de la mayoría de las criaturas al final del otoño, y la muerte de los individuos así como la muerte de toda la humanidad al final de los tiempos. De esta manera, nos advierte de la destrucción del mundo al principio de la Resurrección, y también nos enseña cómo entender la manifestación de la Majestad de Dios así como nos despierta de un profundo sueño de descuido.

En cuanto a la hora de *Isha* (anochecer) es un recuerdo de cómo el mundo de la oscuridad cubre todos los objetos del día con su velo negro y el invierno cubre la superficie de la tierra muerta con su blanco velo. Y es además un recuerdo de las obras incompletas de los seres humanos fallecidos así como del olvido total de dichas obras. Es más, nos recuerda la inevitable y completa decadencia de este mundo, el cual es un sitio de pruebas. Por lo tanto, isha declara los actos impresionantes de Aquel Todopoderoso de Majestuosidad.

La noche nos trae a la memoria el invierno, la tumba y la vida del Más Allá —Mundo Intermedio— y nos recuerda además la necesidad del espíritu del ser humano en relación a la misericordia del Misericordioso.

Respecto a la hora de *at-Tahayyud* —la Oración nocturna—, nos recuerda y advierte de cuán necesaria será esta Oración como luz en la oscuridad de la tumba. Nos recuerda las dádivas infinitas del verdadero Otorgador y nos demuestra que el verdadero Otorgador es merecedor de todas las alabanzas.

La siguiente mañana es un tiempo que señala a la Resurrección, o la mañana que sigue a la destrucción del mundo. Como es razonable, necesario y cierto que la mañana siga a la noche, la primavera venga después del invierno, de la misma manera, la mañana de la Resurrección seguirá a la muerte.

Ahora entendemos que cada una de las cinco ocasiones de las Oraciones es el inicio de un momento decisivo vital y un recordatorio de grandes revoluciones o momentos decisivos en la vida del universo. A través de los increíbles dones diarios del Poder del Eternamente Bienamado, las ocasiones de las Oraciones nos recuerdan los milagros del Poder Divino y los dones de la Misericordia Divina que se encuentran en cada año, cada era, y cada época. Por lo tanto, las Oraciones Prescritas, las cuales son una necesidad innata y un firme fundamento de la adoración, y un deber incuestionable del ser humano, son muy apropiadas y adecuadas para dichas ocasiones [The Words («Las Palabras»), «The 9th Word» («La 9ª Palabra»), págs.58-59].

35. Esta oración, enseñada al Mensajero por Dios indica que el momento a emigrar a Medina estaba muy cercano. Según algunos, Dios se la enseñó al Mensajero, la paz y las bendiciones sean con él, cuando se acercaba a Medina durante la Hégira. Era una práctica y recomendación del Mensajero, la paz y las bendiciones sean con él, recitar esta oración cuando entraba y salía de un lugar. También nos instruye de qué manera debemos de entrar y salir de un sitio.

36. Respecto al espíritu, véase Apéndice 12.

اِلَّا رَحْمَةً مِنْ رَبِّكَ اِنَّ فَضْلَهُ كَانَ عَلَيْكَ كَبِيرًا ﴿٨٧﴾ قُلْ لَئِنِ
اجْتَمَعَتِ الْاِنْسُ وَالْجِنُّ عَلٰى اَنْ يَاْتُوا بِمِثْلِ هٰذَا الْقُرْاٰنِ
لَا يَاْتُونَ بِمِثْلِهِ وَلَوْ كَانَ بَعْضُهُمْ لِبَعْضٍ ظَهِيرًا ﴿٨٨﴾ وَلَقَدْ
صَرَّفْنَا لِلنَّاسِ فِي هٰذَا الْقُرْاٰنِ مِنْ كُلِّ مَثَلٍ فَاَبٰى اَكْثَرُ
النَّاسِ اِلَّا كُفُورًا ﴿٨٩﴾ وَقَالُوا لَنْ نُؤْمِنَ لَكَ حَتّٰى تَفْجُرَ
لَنَا مِنَ الْاَرْضِ يَنْبُوعًا ﴿٩٠﴾ اَوْ تَكُونَ لَكَ جَنَّةٌ مِنْ نَخِيلٍ
وَعِنَبٍ فَتُفَجِّرَ الْاَنْهَارَ خِلَالَهَا تَفْجِيرًا ﴿٩١﴾ اَوْ تُسْقِطَ السَّمَاءَ
كَمَا زَعَمْتَ عَلَيْنَا كِسَفًا اَوْ تَاْتِيَ بِاللّٰهِ وَالْمَلٰئِكَةِ قَبِيلًا ﴿٩٢﴾
اَوْ يَكُونَ لَكَ بَيْتٌ مِنْ زُخْرُفٍ اَوْ تَرْقٰى فِي السَّمَاءِ وَلَنْ
نُؤْمِنَ لِرُقِيِّكَ حَتّٰى تُنَزِّلَ عَلَيْنَا كِتَابًا نَقْرَؤُهُ قُلْ سُبْحَانَ
رَبّٖي هَلْ كُنْتُ اِلَّا بَشَرًا رَسُولًا ﴿٩٣﴾ وَمَا مَنَعَ النَّاسَ
اَنْ يُؤْمِنُوا اِذْ جَاءَهُمُ الْهُدٰى اِلَّا اَنْ قَالُوا اَبَعَثَ اللّٰهُ بَشَرًا
رَسُولًا ﴿٩٤﴾ قُلْ لَوْ كَانَ فِي الْاَرْضِ مَلٰئِكَةٌ يَمْشُونَ مُطْمَئِنّٖينَ
لَنَزَّلْنَا عَلَيْهِمْ مِنَ السَّمَاءِ مَلَكًا رَسُولًا ﴿٩٥﴾ قُلْ كَفٰى بِاللّٰهِ
شَهٖيدًا بَيْنٖي وَبَيْنَكُمْ اِنَّهُ كَانَ بِعِبَادِهٖ خَبٖيرًا بَصٖيرًا ﴿٩٦﴾

وَمَنْ يَهْدِ

87. Pero (estás favorecido con) una gran misericordia especial de tu Señor. Su favor sobre ti es en verdad grande.

88. Di: «Sin duda, si la humanidad y los genios se reuniesen para producir algo similar a este Corán, nunca serían capaces de hacerlo, aunque se respaldaran mutuamente con ayuda y apoyo».

89. Sin duda, hemos expuesto de diversas maneras para la humanidad en este Corán todo tipo de parábolas y comparaciones (para ayudarles a entender la verdad), sin embargo la mayoría de la gente rechaza aceptar cualquier cosa menos la incredulidad.

90. Dicen al Mensajero: «No vamos a creer en ti hasta que hagas que un manantial brote para nosotros en este tierra (la cual carece de agua).

91. O que tengas un jardín de palmeras y vides y hagas que broten caudalosos ríos entre ellas;

92. O que el cielo caiga sobre nosotros en trozos tal y como has afirmado (que podría ocurrir), o que traigas a Dios y a los ángeles como testigo (ante nosotros, probando la verdad de tu mensaje);

93. O que tengas una casa de oro; o que asciendas al cielo. Pero tampoco íbamos a creer entonces en tu ascensión hasta que nos hicieras descender (del cielo) un libro que pudiésemos leer». Di (Oh Mensajero): «Gloria a mi Señor (Quien absolutamente se halla ensalzado por encima de todo lo que concebís sobre Él) ¿No soy yo sino un mortal enviado como un Mensajero?».

94. Qué ha impedido a la gente a creer cuando les ha llegado la vía excepto el haber dicho: «¿Ha mandado Dios a un mortal como Mensajero?».

95. Di: «Si los ángeles hubiesen andado por la Tierra como si fuese su morada, entonces sin duda habríamos hecho descender sobre ellos un ángel del cielo como Mensajero».

96. Di: «Dios es suficiente como testigo entre yo y vosotros. Sin duda Él se halla perfectamente informado de Sus siervos y les ve bien».

وَمَنْ يَهْدِ اللّٰهُ فَهُوَ الْمُهْتَدِۚ وَمَنْ يُضْلِلْ فَلَنْ تَجِدَ لَهُمْ اَوْلِيَٓاءَ
مِنْ دُونِه۪ۜ وَنَحْشُرُهُمْ يَوْمَ الْقِيٰمَةِ عَلٰى وُجُوهِهِمْ عُمْيًا
وَبُكْمًا وَصُمًّاۜ مَأْوٰيهُمْ جَهَنَّمُۜ كُلَّمَا خَبَتْ زِدْنَاهُمْ سَعِيرًا ﴿٩٧﴾
ذٰلِكَ جَزَٓاؤُ۬هُمْ بِاَنَّهُمْ كَفَرُوا بِاٰيَاتِنَا وَقَالُٓوا ءَاِذَا كُنَّا عِظَامًا
وَرُفَاتًا ءَاِنَّا لَمَبْعُوثُونَ خَلْقًا جَد۪يدًا ﴿٩٨﴾ اَوَلَمْ يَرَوْا اَنَّ اللّٰهَ
الَّذ۪ي خَلَقَ السَّمٰوَاتِ وَالْاَرْضَ قَادِرٌ عَلٰٓى اَنْ يَخْلُقَ مِثْلَهُمْ
وَجَعَلَ لَهُمْ اَجَلًا لَا رَيْبَ ف۪يهِۜ فَاَبَى الظَّالِمُونَ اِلَّا كُفُورًا ﴿٩٩﴾
قُلْ لَوْ اَنْتُمْ تَمْلِكُونَ خَزَٓائِنَ رَحْمَةِ رَبّ۪ٓي اِذًا لَاَمْسَكْتُمْ
خَشْيَةَ الْاِنْفَاقِۜ وَكَانَ الْاِنْسَانُ قَتُورًا ﴿١٠٠﴾ وَلَقَدْ اٰتَيْنَا مُوسٰى
تِسْعَ اٰيَاتٍ بَيِّنَاتٍ فَسْـَٔلْ بَن۪ٓي اِسْرَٓائ۪يلَ اِذْ جَٓاءَهُمْ فَقَالَ لَهُ
فِرْعَوْنُ اِنّ۪ي لَاَظُنُّكَ يَا مُوسٰى مَسْحُورًا ﴿١٠١﴾ قَالَ لَقَدْ عَلِمْتَ
مَٓا اَنْزَلَ هٰٓؤُ۬لَٓاءِ اِلَّا رَبُّ السَّمٰوَاتِ وَالْاَرْضِ بَصَٓائِرَۚ وَاِنّ۪ي
لَاَظُنُّكَ يَا فِرْعَوْنُ مَثْبُورًا ﴿١٠٢﴾ فَاَرَادَ اَنْ يَسْتَفِزَّهُمْ مِنَ الْاَرْضِ
فَاَغْرَقْنَاهُ وَمَنْ مَعَهُ جَم۪يعًاۙ ﴿١٠٣﴾ وَقُلْنَا مِنْ بَعْدِه۪ لِبَن۪ٓي اِسْرَٓائ۪يلَ
اسْكُنُوا الْاَرْضَ فَاِذَا جَٓاءَ وَعْدُ الْاٰخِرَةِ جِئْنَا بِكُمْ لَف۪يفًاۜ ﴿١٠٤﴾

97. Aquel a quien Dios guía, entonces él es quien está rectamente guiado, pero a quien Él extravía, no encontrarás, aparte de Él, guardianes (que les puedan proteger y ayudar). Les resucitaremos y les reuniremos el Día de la Resurrección postrados boca abajo sobre sus rostros, ciegos, sordos y mudos. Su refugio es el Infierno. Siempre que (les parezca que su tormento) va a remitir (porque se hallan acostumbrados al mismo), les aumentaremos en (su sufrimiento en su) fuego llameante.

98. Esa será su recompensa por no haber creído en Nuestras Revelaciones y signos (que manifiestan la verdad) y haber dicho: «¡Qué! ¿Es que cuando nos hayamos convertido en huesos y partículas de polvo se nos resucitará a una nueva creación?».

99. ¿Es que nunca consideran que Dios ha creado los Cielos y la Tierra (una creación que es mucho mayor que la creación de los seres humanos y que eso nunca Le ha cansado) es capaz de crearlos (a los muertos) de nuevo a su propia semejanza? Y les ha señalado un plazo sobre el cual no hay duda; pero los incrédulos rehusan aceptar cualquier cosa menos la incredulidad.

100. Di: «Si poseyerais los tesoros de la Misericordia de mi Señor, los retendríais por miedo a gastarlos (en la causa de Dios y como sustento para los necesitados)». Sin duda, el ser humano es siempre mezquino.

101. Sin duda, dimos a Moisés nueve claros signos (milagros)[37]. Por lo tanto, pregunta a los Hijos de Israel (qué ocurrió a pesar de dichos milagros): cuando vino a ellos (y pidió al Faraón que permitiese que los Hijos de Israel abandonasen Egipto con él, incluso después de haberles mostrado esos milagros) el Faraón le dijo: «En serio, Oh Moisés, en serio te considero alguien hechizado».

102. (Moisés) dijo: «Sabes con seguridad que sólo el Señor de los Cielos y de la Tierra ha hecho descender estos (signos) como aperturas al discernimiento y perspicacia. Y en serio, Oh Faraón, en serio te considero alguien que está condenado a la perdición».

103. Entonces el Faraón quiso desterrarles de la tierra (de Egipto) y destruirles, pero hicimos que él y todo quien se hallaba con él se ahogasen[38].

104. Y después de eso, dijimos a los Hijos de Israel: «Habitad ahora seguros en la tierra (que Dios ha decretado para vosotros y os ha ordenado que entréis). Pero cuando el momento (para el cumplimiento) del último decreto venga, os traeremos como una multitud mezclada (reunidos de naciones dispares)[39].

---

37. Esto, de nuevo, es como respuesta a las demandas de los politeístas de La Meca, que querían que el Mensajero de Dios obrase milagros. Dios concedió a Moisés nueve milagros como claros signos de la verdad de su mensaje; pero a pesar de ello el Faraón y su gente persistió en la incredulidad. Algunos de estos milagros son mencionados en el *sura* 7:133: *De este modo, (para que reflexionasen y fuesen considerados) hicimos descender sobre ellos inundaciones y (plagas de) langostas y alimañas, ranas y (agua que se tornó en) sangre: signos distintos unos de otros.* Los otros tres eran la Vara; la mano blanca y radiante de Moisés, y la derrota de la magia de los magos. Además realizó otros milagros, tal y como hacer que surgiese agua de una roca golpeándolo con su vara y devolver una vaca a la vida golpeándola con un hueso de su pata. Sin embargo, los nueve milagros mencionados en el versículo son los que fueron mostrados al Faraón y a su gente en particular. A pesar de estos milagros el Faraón y su gente persistieron en la incredulidad. Por lo tanto, los incrédulos no son sinceros exigiendo milagros. Los exigen solo para causar problemas a los Profetas. Sabían bien que los Profetas no mentían cuando declaraban su Misión Profética. Existieron muchas pruebas irrefutables que mostraron la sinceridad de los Profetas, su veracidad, fiabilidad, inteligencia e infalibilidad. Sin embargo, cuando la gente persistió en la incredulidad tercamente, a pesar de los milagros que habían exigido y que les fueron mostrados, por lo general recibieron lo que se merecían.

Siendo el último Libro Divino válido hasta el Día del Juicio Final, y como un libro que nos sirve en una época en la que la humanidad en gran medida se ha inclinado hacia la razón, las ciencias y la exploración del universo, el Corán llama frecuentemente e insistentemente a la gente a reflexionar y a estudiar los fenómenos «naturales» e históricos de las comunidades humanas. Por esa razón, excepto en algunos puntos tal y como la Ascensión y la división de la Luna, el Mensajero de Dios, la paz y las bendiciones sean con él, no obró milagros que fuesen visibles a todos durante el período de La Meca de su misión, cuando predicaba los pilares de la fe. Más bien, obró la mayoría de estos milagros en Medina para cubrir una necesidad. Estos milagros fueron realizados cuando no existía otra manera de resolver un problema, tal y como la abundancia milagrosa de comida y agua, poca comida y agua pasando a ser suficiente para mucha gente o agua brotando de entre sus dedos. El Corán es su mayor y más permanente milagro, y es el mayor milagro que haya sido realizado por todos los Profetas.

38. El Corán está lleno de noticias sobre futuros eventos, algunos de los cuales menciona explícitamente, tal y como la victoria de los bizantinos sobre los sasánidas (30:2-3), la conquista de La Meca por los creyentes (48:27), y otros que están implícitos. En el versículo 76 mencionado anteriormente, el Corán amenaza a los politeístas de La Meca que intentaban expulsar al Mensajero de La Meca diciendo: *Sin duda, han buscado inquietarte de la tierra (en la que naciste) para desterrarte de ella; pero entonces, ellos mismos no se quedarán en ella después de ti sino por poco tiempo.*

Reforzó esta amenaza añadiendo que Dios siempre castiga a aquellos que expulsan a los Profetas de sus hogares destruyéndoles: *(Ese ha sido Nuestro) camino con todos aquellos que enviamos (como Mensajeros) antes de ti. Nunca encontrarás alteración alguna en Nuestro camino* (17:77). El versículo 103 consolida dicha amenaza con un ejemplo importante de la historia y sugiere que aquellos que forzaron al Mensajero a abandonar La Meca serán pronto destruidos. Esto ocurrió dos años después de la emigración del Mensajero a Medina en la Batalla de Badr, en el que 70 de los más destacados habitantes de La Meca fueron matados; y seis años más tarde, el Mensajero conquistó La Meca.

39. El original de la afirmación, *cuando el momento (para el cumplimiento) del último decreto que venga*, es el mismo que figura en el versículo 7 anterior, que expresa la segunda ascensión y declive de los Hijos de Israel (narrada a su vez en la nota 6 anterior). Esto debe de referirse a la última fase del segundo declive cuando acabaron dispersos a lo largo del mundo como consecuencia de sus acciones y su reunión de nuevo en Palestina para establecer un estado en 1948.

Sin embargo, como la palabra traducida como *último decreto* también significa el Día del Juicio Final, la afirmación les amenaza con una perdición después de que se reúnan por última vez y con el inevitable final de que serán cuestionados en el Más Allá por todo lo que hicieron en el mundo. Por lo tanto, el versículo es un milagroso resumen sucinto de la historia de los Hijos de Israel.

292 سُورَةُ الْإِسْرَاءِ ٢٩٢

وَبِالْحَقِّ اَنْزَلْنَاهُ وَبِالْحَقِّ نَزَلَ وَمَا اَرْسَلْنَاكَ اِلَّا مُبَشِّرًا وَنَذِيرًا ﴿١٠٥﴾
وَقُرْاٰنًا فَرَقْنَاهُ لِتَقْرَاَهُ عَلَى النَّاسِ عَلٰى مُكْثٍ وَنَزَّلْنَاهُ تَنْزِيلاً ﴿١٠٦﴾ قُلْ
اٰمِنُوا بِهٖ اَوْ لَا تُؤْمِنُوا اِنَّ الَّذِينَ اُوتُوا الْعِلْمَ مِنْ قَبْلِهٖ اِذَا يُتْلٰى عَلَيْهِمْ
يَخِرُّونَ لِلْاَذْقَانِ سُجَّدًا ﴿١٠٧﴾ وَيَقُولُونَ سُبْحَانَ رَبِّنَا اِنْ كَانَ وَعْدُ
رَبِّنَا لَمَفْعُولاً ﴿١٠٨﴾ وَيَخِرُّونَ لِلْاَذْقَانِ يَبْكُونَ وَيَزِيدُهُمْ خُشُوعًا ﴿١٠٩﴾
قُلِ ادْعُوا اللّٰهَ اَوِ ادْعُوا الرَّحْمٰنَ اَيًّا مَا تَدْعُوا فَلَهُ الْاَسْمَاءُ
الْحُسْنٰى وَلَا تَجْهَرْ بِصَلَاتِكَ وَلَا تُخَافِتْ بِهَا وَابْتَغِ بَيْنَ ذٰلِكَ
سَبِيلاً ﴿١١٠﴾ وَقُلِ الْحَمْدُ لِلّٰهِ الَّذِى لَمْ يَتَّخِذْ وَلَدًا وَلَمْ يَكُنْ لَهُ
شَرِيكٌ فِى الْمُلْكِ وَلَمْ يَكُنْ لَهُ وَلِىٌّ مِنَ الذُّلِّ وَكَبِّرْهُ تَكْبِيرًا ﴿١١١﴾

سُورَةُ الْكَهْفِ مَكِّيَّةٌ
وَهِىَ مِائَةٌ وَعَشْرُ اٰيَاتٍ

بِسْمِ اللّٰهِ الرَّحْمٰنِ الرَّحِيمِ
اَلْحَمْدُ لِلّٰهِ الَّذِى اَنْزَلَ عَلٰى عَبْدِهِ الْكِتَابَ وَلَمْ يَجْعَلْ لَهُ عِوَجًا ﴿١﴾ قَيِّمًا لِيُنْذِرَ
بَاْسًا شَدِيدًا مِنْ لَدُنْهُ وَيُبَشِّرَ الْمُؤْمِنِينَ الَّذِينَ يَعْمَلُونَ الصَّالِحَاتِ اَنَّ لَهُمْ
اَجْرًا حَسَنًا ﴿٢﴾ مَاكِثِينَ فِيهِ اَبَدًا ﴿٣﴾ وَيُنْذِرَ الَّذِينَ قَالُوا اتَّخَذَ اللّٰهُ وَلَدًا ﴿٤﴾

مَا لَهُمْ

105. Es con la verdad que hemos hecho descender (este Corán, encarnando la verdad y es para siempre invulnerable a la falsedad), y es con la verdad que ha descendido. No te hemos enviado sino como portador de buenas nuevas (de prosperidad a cambio de la fe y la rectitud) y como un advertidor (contra las malas consecuencias del extravío).

106. Y (es) un Corán que hemos dividido en partes con claridad para que lo recites y se lo transmitas a la gente con deliberación (para que puedan asimilarlo). Lo hemos hecho descender en sucesivas Revelaciones (cada una correspondiendo perfectamente con su momento y su propósito más amplio).

107. Di: «Creáis en él o no creáis». Sin duda aquellos que estaban dotados antes de ello con conocimiento (de la verdad y de la Revelación y las enseñanzas Divinas, y que aún siguen dicho conocimiento), caen postrados sobre sus rostros cuando el Corán les es recitado.

108. Dicen: «Gloria a nuestro Señor. Sin duda la promesa de nuestro Señor con toda seguridad se cumplirá».

109. Y caen postrados sobre sus rostros, llorando, y esto les aumenta en humildad y un sentimiento de temor reverencial[40].

110. Di: «Invocadle como *Allah* (Dios) o invocadle como *ar-Rahman* (el Misericordioso). Con cualquier Nombre que Le invoquéis, a Él pertenecen todos los Nombres Más Bellos»[41]. Y no hagas la Oración en voz demasiado alta ni en voz demasiado baja, sino sigue un término medio[42].

111. Y di: «Toda la alabanza y la gratitud son para Dios Quien no ha tomado a un hijo ni tiene copartícipe en la Soberanía (el dominio y la propiedad de toda la creación), ni (hallándose ensalzado por encima de toda necesidad y suficiencia) tiene un guardián frente a la necesidad y la debilidad. Y ensálzale en Su inconmensurable grandeza.

40. Cuando aquellos que estaban dotados con conocimiento de la verdad, de la Revelación y de las enseñanzas Divinas, de entre la Gente del Libro y otros, recitan o escuchan el Corán, comprenden inmediatamente que pertenece a Dios y no pueden evitar caer postrados sobre sus rostros ante Dios. Cuando ven que lo que Dios prometió respecto al advenimiento del profeta Muhammad, la paz y las bendiciones sean con él, y otros importantes eventos, tal y como el envío del Último Libro, el cual ha llegado como el Corán, todos se cumplieron, una vez más se postran ante Dios con más humildad y con un sentimiento de temor reverencial ante Él.

41. Dios Todopoderoso tiene muchos nombres incluidos en el Corán y que fueron enseñados por el Mensajero, la paz y las bendiciones sean con él. Son los Nombres Más Bellos en el sentido de que son Títulos y Atributos que Dios usa para describirse a Sí Mismo y Sus actos y están absolutamente libres de todo defecto porque Dios es absolutamente perfecto y lo que hace y decreta es absolutamente bueno y libre de cualquier imperfección. *Allah* (Dios) y *ar-Rahman* (el Misericordioso) son Sus Nombres propios por los que ningún otro ser puede ser llamado. Para más explicaciones sobre los Nombres, sobre Dios y sobre el Misericordioso, véase *al-Fatiha*, notas 2-4.

42. No debemos alzar la voz demasiado alta ni hablar en voz baja durante la invocación. El Corán ordena: *Recuerda y menciona a tu Señor en ti mismo (en las profundidades de tu corazón) con humildad y temor, sin alzar la voz, por la mañana y por la tarde* (7:205). En nuestra Oración (*Salat*), debemos recitar en voz lo suficientemente alta como para que podamos escuchar claramente nuestra propia voz o nuestra propia recitación. Era la práctica del Profeta que debemos seguir durante las Oraciones del Amanecer, de la Tarde y del Atardecer (del Anochecer). El Corán ha de ser recitado en voz lo suficientemente alta por el imán para que los que están detrás de él puedan escucharlo, mientras que las Oraciones del Mediodía y de la Tarde, se han de recitar con un tono de voz que sólo la persona que está rezando puede escucharse a sí misma.

SURA 18

AL-KAHF (LA CUEVA)

Período de La Meca

Este *sura* fue revelado durante el período de La Meca de la Misión del Profeta en un momento en el que los politeístas habían empezado a incrementar su oposición a la predicación del Islam. Buscando una manera para detener dicha predicación, los habitantes de La Meca se pusieron en contacto con la Gente del Libro para obtener de ellos preguntas que pudieran hacerle al Mensajero. Este *sura* fue aparentemente revelado como respuesta a las preguntas sobre la Gente de la Cueva, la historia de Moisés y al-Jadr y Zu'l-Qarnayn. También contiene la parábola de dos amigos que poseían viñedos. Este *sura* obtiene su título del versículo noveno en el que la Gente de la Cueva es mencionada. Consta de 110 versículos.

En el Nombre de Dios,
el Misericordioso, el Compasivo.

1. Toda la alabanza y la gratitud son para Dios, Quien ha revelado a Su siervo el Libro, y no ha puesto en él tortuosidad alguna (por lo que está libre de contradicción e inconsistencia y de cualquier cosa que ofenda la verdad y la rectitud).

2. (Lo ha hecho) infaliblemente recto para advertir contra un severo castigo proveniente de Él y anunciar a los creyentes que hacen actos buenos y rectos las buenas nuevas de que para ellos se da una excelente recompensa (el Paraíso).

3. En donde morarán para siempre.

4. Y para advertir a aquellos que dicen: «Dios ha tomado un hijo»[1].

1. Está claro que en los primeros años del Islam, algunos judíos y cristianos apoyaron a los politeístas de La Meca en sus hostilidades. El *sura* anterior acaba declarando que Dios no ha tomado ningún hijo y este *sura* comienza declarando la misma verdad. Declarando que Dios no ha tomado ningún hijo, lo que el Corán dice es que Dios no tiene descendencia y rechaza categóricamente a los politeístas que aseveran que Dios ha tomado a los ángeles como hijas, los cristianos que afirman que Jesús es el hijo de Dios y la pretensión de que Esdras es el hijo de Dios.

Como es generalmente aceptado por los comentaristas coránicos, los Compañeros de la Cueva, cuya historia ejemplar será narrada en los siguientes versículos, eran seguidores monoteístas de Jesús. El hecho de que el *sura* comenzase rechazando la noción de la paternidad Divina puede que signifique subrayar la verdad de este punto de vista.

مَا لَهُمْ بِهٖ مِنْ عِلْمٍ وَلَا لِاٰبَٓائِهِمْ كَبُرَتْ كَلِمَةً تَخْرُجُ
مِنْ اَفْوَاهِهِمْ اِنْ يَقُولُونَ اِلَّا كَذِبًا ﴿٥﴾ فَلَعَلَّكَ بَاخِعٌ
نَفْسَكَ عَلٰٓى اٰثَارِهِمْ اِنْ لَمْ يُؤْمِنُوا بِهٰذَا الْحَدِيثِ اَسَفًا ﴿٦﴾
اِنَّا جَعَلْنَا مَا عَلَى الْاَرْضِ زِينَةً لَهَا لِنَبْلُوَهُمْ اَيُّهُمْ اَحْسَنُ
عَمَلًا ﴿٧﴾ وَاِنَّا لَجَاعِلُونَ مَا عَلَيْهَا صَعِيدًا جُرُزًا ﴿٨﴾
اَمْ حَسِبْتَ اَنَّ اَصْحَابَ الْكَهْفِ وَالرَّقِيمِ كَانُوا مِنْ اٰيَاتِنَا
عَجَبًا ﴿٩﴾ اِذْ اَوَى الْفِتْيَةُ اِلَى الْكَهْفِ فَقَالُوا رَبَّنَا اٰتِنَا
مِنْ لَدُنْكَ رَحْمَةً وَهَيِّئْ لَنَا مِنْ اَمْرِنَا رَشَدًا ﴿١٠﴾ فَضَرَبْنَا
عَلٰٓى اٰذَانِهِمْ فِي الْكَهْفِ سِنِينَ عَدَدًا ﴿١١﴾ ثُمَّ بَعَثْنَاهُمْ لِنَعْلَمَ
اَيُّ الْحِزْبَيْنِ اَحْصٰى لِمَا لَبِثُوا اَمَدًا ﴿١٢﴾ نَحْنُ نَقُصُّ عَلَيْكَ
نَبَاَهُمْ بِالْحَقِّ اِنَّهُمْ فِتْيَةٌ اٰمَنُوا بِرَبِّهِمْ وَزِدْنَاهُمْ هُدًى ﴿١٣﴾
وَرَبَطْنَا عَلٰى قُلُوبِهِمْ اِذْ قَامُوا فَقَالُوا رَبُّنَا رَبُّ السَّمٰوَاتِ
وَالْاَرْضِ لَنْ نَدْعُوَا مِنْ دُونِهٖٓ اِلٰهًا لَقَدْ قُلْنَٓا اِذًا شَطَطًا ﴿١٤﴾
هٰٓؤُلَٓاءِ قَوْمُنَا اتَّخَذُوا مِنْ دُونِهٖٓ اٰلِهَةً لَوْلَا يَأْتُونَ عَلَيْهِمْ
بِسُلْطَانٍ بَيِّنٍ فَمَنْ اَظْلَمُ مِمَّنِ افْتَرٰى عَلَى اللّٰهِ كَذِبًا ﴿١٥﴾

5. De eso no tienen ningún conocimiento (en el que basar tal afirmación) ni tampoco sus antepasados. ¡Cuán espantosa palabra (es dicha afirmación que) sale de sus bocas![2] Sin duda, no dicen nada más que mentiras.

6. Mas, puede ser que tú (Oh Muhammad) te atormentes a ti mismo hasta la muerte con pena, siguiéndoles, si no creen en este Mensaje[3].

7. Hemos hecho de todo lo que hay sobre la Tierra un adorno para ella (atrayente para la humanidad) para que les probemos (demostrándoselo a ellos mismos) cuál de ellos es el mejor en conducta.

8. Sin duda, reducimos todo lo que hay sobre ella a un árido montón de polvo (y lo haremos cuando el plazo de la prueba acabe).

9. ¿O consideras a la Gente de la Cueva y la Inscripción[4] como algo extraño entre Nuestros signos (que manifiestan la verdad, demasiado extraordinario como para creer)?

10. (Los acontecimientos llegaron hasta un punto que) cuando los jóvenes[5] se refugiaron en una cueva y dijeron: «¡Señor nuestro! ¡Concédenos misericordia de Tu Presencia y lo que es correcto y bueno en este asunto nuestro!».

11. Entonces corrimos un velo sobre sus oídos (haciendo que cayesen en un profundo sueño) en la cueva durante un número de años.

12. Luego, les despertamos (y dividiéndoles en dos grupos, discutieron sobre cuánto tiempo habían permanecido en dicho estado). Quisimos dar a entender cuál de los dos grupos era (más consciente del tiempo y los acontecimientos en ello, y por lo tanto) mejor en calcular el período de tiempo durante el cual habían permanecido (en dicho estado).

13. Somos Nosotros Quienes te relatamos su historia ejemplar con verdad. Fueron jóvenes que creyeron en su Señor y les aumentamos en guía (por lo que se adhirieron a la verdad más fielmente).

14. Y reforzamos sus corazones, (y llegó un momento) en que se alzaron (contra la asociación de copartícipes a Dios y otras injusticias en la sociedad) y proclamaron: «Nuestro Señor es el Señor de los Cielos y de la Tierra, nunca invocaremos a otra deidad aparte de Él. Si lo hiciéramos, habríamos proferido una atrocidad (una monstruosa incredulidad).

15. Este pueblo nuestro ha adoptado deidades aparte de Él, a pesar de que no pueden presentar ninguna autoridad clara para ellos. ¿Y quién es más malhechor que aquel que inventa mentiras contra Dios?».

2. La palabra original traducida como *antepasados* significa padres, a su vez, pero también denota a los Padres de la Iglesia que establecieron los credos cristianos. El empleo de *palabra* en *Cuán espantosa palabra (es dicha afirmación que) sale de sus bocas*, también hace alusión a ello. Esos Padres no basaron su pretensión de que Jesús era el hijo de Dios en ningún conocimiento, y sus seguidores trágicamente no han hecho nada más que imitarles ciegamente. Su afirmación son meras palabras proferidas por ignorancia y basadas en mitos.

Tal y como se indicó en la nota 1 anterior, el versículo también rechaza la aseveración de los politeístas de que Dios ha tomado a los ángeles como hijas.

3. Cualquier Profeta, en cierto modo, no piensa nada más que en cómo llevar a cabo su misión. Para ello, considera todas las circunstancias y hace todo lo permitido. Muchos Profetas vivieron y murieron sólo con un puñado de gente, o menos, que había aceptado su Mensaje. Sin embargo, no se desanimaron, flaquearon o recurrieron a medios no permitidos por Dios, tal y como la violencia, el terror y el engaño, a pesar de haber sufrido todo tipo de dificultades y las torturas más despiadadas. Cada Profeta transmitió el Mensaje a su gente sin cansarse o desanimarse. Las severas reacciones de la gente no impidieron que los Profetas llevaran a cabo su deber.

La comunicación del Mensaje Divino era la característica más esencial del Mensajero de Dios, la paz y las bendiciones sean con él. Estamos preocupados siempre que estamos hambrientos o sedientos, o cuando tenemos dificultades al respirar; pero él se preocupaba cuando pasaba un día en el que no encontrase a nadie al que pudiese transmitir el Mensaje Divino. No había nadie más en La Meca al que no hubiese invitado en público o en privado al camino de Dios. Había llamado a algunos, tal y como Abu Yahl, que era extremadamente terco, por lo menos cincuenta veces. Estaba tan preocupado por la guía de la gente y tan físicamente dolido por la incredulidad que Dios le aconsejó en este versículo que tuviese cuidado con su salud.

4. Según algunos de los comentaristas del Corán, *ar-Raqim* (traducida aquí como *Inscripción*) es el nombre de la región en donde la Cueva está localizada. Otros piensan que se trata del epitafio que fue colocado en la Cueva como monumento a la Gente de la Cueva.

5. La palabra empleada para indicar «joven» (*fata*) tiene un significado especial en la literatura islámica. Su forma en infinitivo *futuwwah* significa juventud y caballerosidad, y es una mezcla de virtudes tal y como la energía, el vigor revolucionario, el heroísmo, la generosidad, la munificencia, la modestia, la castidad, la veracidad, la lealtad, la misericordia, el conocimiento, la humildad y la piedad.

Futuwwah también significa carácter altruista con el que se disfruta ayudando a los demás y no deseando ningún mal a nadie. Es una dimensión importante de la buena conducta y un significativo aspecto de la humanidad.

Derivada de *fata*, que significa joven, *futuwwah* se ha convertido en símbolo de la rebelión contra todo tipo de mal, y de la servidumbre sincera a Dios como el camino para alcanzar la verdadera libertad.

Algunos han resumido las descripciones elaboradas para *futuwwah* en las siguientes virtudes cardinales, además de las anteriormente mencionadas:

- Perdonar cuando se puede castigar.
- Preservar la afabilidad y actuar afablemente cuando nos hallamos enojados.
- Desear el bien para todos incluido los propios enemigos y hacer el bien.
- Ser siempre considerado respecto al bienestar y a la felicidad de los demás primero, incluso cuando nos hallamos necesitados.

Los signos de ser un *fata* (un joven caballeroso) son que su espíritu, el cual fue creado con el potencial para aceptar la Unidad Divina y el Islam, posee suma convicción de la Unidad Divina y les incita a vivir de acuerdo con los requerimientos de dicha convicción, y que sin ser cautivados por los deseos carnales o corporales, viven una vida pura, espiritual y siempre deseando complacer a Dios en todos los actos, pensamientos y sentimientos. No es posible para aquel que no puede librarse de las tentaciones de su alma carnal, de Satanás, de los deseos carnales, del amor a este mundo o del apego a la vida mundana, escalar hacia la cima de *futuwwah* (Véase *Key Concepts*, 1: 81-83).

وَاِذِ اعْتَزَلْتُمُوهُمْ وَمَا يَعْبُدُونَ اِلَّا اللّٰهَ فَأْوُۤا اِلَى الْكَهْفِ
يَنْشُرْ لَكُمْ رَبُّكُمْ مِنْ رَحْمَتِهٖ وَيُهَيِّئْ لَكُمْ مِنْ اَمْرِكُمْ
مِرْفَقًا ١٦ وَتَرَى الشَّمْسَ اِذَا طَلَعَتْ تَزَاوَرُ عَنْ كَهْفِهِمْ
ذَاتَ الْيَمِينِ وَاِذَا غَرَبَتْ تَقْرِضُهُمْ ذَاتَ الشِّمَالِ وَهُمْ
فِى فَجْوَةٍ مِنْهُ ذٰلِكَ مِنْ اٰيَاتِ اللّٰهِ مَنْ يَهْدِ اللّٰهُ فَهُوَ الْمُهْتَدِ
وَمَنْ يُضْلِلْ فَلَنْ تَجِدَ لَهُ وَلِيًّا مُرْشِدًا ١٧ وَتَحْسَبُهُمْ
اَيْقَاظًا وَهُمْ رُقُودٌ وَنُقَلِّبُهُمْ ذَاتَ الْيَمِينِ وَذَاتَ الشِّمَالِ
وَكَلْبُهُمْ بَاسِطٌ ذِرَاعَيْهِ بِالْوَصِيدِ لَوِ اطَّلَعْتَ عَلَيْهِمْ
لَوَلَّيْتَ مِنْهُمْ فِرَارًا وَلَمُلِئْتَ مِنْهُمْ رُعْبًا ١٨ وَكَذٰلِكَ
بَعَثْنَاهُمْ لِيَتَسَاءَلُوا بَيْنَهُمْ قَالَ قَائِلٌ مِنْهُمْ كَمْ لَبِثْتُمْ
قَالُوا لَبِثْنَا يَوْمًا اَوْ بَعْضَ يَوْمٍ قَالُوا رَبُّكُمْ اَعْلَمُ بِمَا
لَبِثْتُمْ فَابْعَثُوا اَحَدَكُمْ بِوَرِقِكُمْ هٰذِهٖ اِلَى الْمَدِينَةِ
فَلْيَنْظُرْ اَيُّهَا اَزْكٰى طَعَامًا فَلْيَأْتِكُمْ بِرِزْقٍ مِنْهُ وَلْيَتَلَطَّفْ
وَلَا يُشْعِرَنَّ بِكُمْ اَحَدًا ١٩ اِنَّهُمْ اِنْ يَظْهَرُوا عَلَيْكُمْ
يَرْجُمُوكُمْ اَوْ يُعِيدُوكُمْ فِى مِلَّتِهِمْ وَلَنْ تُفْلِحُوا اِذًا اَبَدًا ٢٠

وَكَذٰلِكَ

16. (Los acontecimientos llegaron hasta un punto que tuvieron que dejar su sociedad. Hablaron sobre lo que deberían de hacer y llegaron a la siguiente conclusión:) «Y ahora que os habéis alejado de ellos y de todo aquello que adoran en lugar de Dios, entonces buscad refugio en la cueva. Vuestro Señor extenderá sobre vosotros algo de Su misericordia y dispondrá para vosotros en vuestro asunto comodidad y apoyo».

17. (Entraron en la Cueva y cayeron en un profundo sueño). Habrías visto que el Sol, cuando salía, se desplazaba desde su Cueva hacia la derecha y, al ponerse, se alejaba de ellos la izquierda, mientras estaban en una oquedad espaciosa en la Cueva. Esto es uno de los signos de Dios[6]. Aquel a quien Dios guía, entonces tan solo él es quien está rectamente guiado, pero a quien Él extravía, nunca encontrarás para él un amigo o guardián para que le guíe al camino recto.

18. Habrías pensado que estaban despiertos aunque estaban dormidos. Les hicimos darse la vuelta a la derecha y a la izquierda, y su perro estaba tendido con las patas delanteras extendidas en el umbral. Si les hubieses encontrado de improviso, te habrías apartado de ellos huyendo y sin duda te habrías hallado lleno de miedo de ellos[7/8].

19. Siendo así su estado, les despertamos para que empezaran a preguntarse unos a otros. Uno de ellos dijo: «¿Cuánto tiempo habéis permanecido?». Ellos (algunos de ellos) respondieron: «Hemos permanecido un día o parte de un día». Otros dijeron: «Vuestro Señor sabe mejor cuánto habéis permanecido. Ahora (tenemos que ocuparnos de nuestra hambre. Por lo tanto) enviad a uno de vosotros con esta moneda vuestra a la ciudad: que mire cuál alimento es más puro allí (y más lícito) y que nos traiga una provisión del mismo. Pero que se comporte con sumo cuidado y cautelosa cortesía, y de ninguna manera haga a alguien saber de vosotros.

20. Sin duda, si os encuentran os lapidarán hasta la muerte u os harán que volváis a su modo de creencia y de vida a la fuerza; entonces nunca más obtendréis prosperidad de aquí en adelante»[9].

6. La ubicación de la Cueva era de tal manera que Dios protegió a los jóvenes de la luz del Sol, de que la piel cambiase de tono y de que sus ropas se desintegrasen. A pesar de que permanecieron dormidos en la Cueva durante muchos años, cuando despertaron, nada de ellos había cambiado; ni siquiera les había crecido la barba. Esto muestra que entraron en un estado de sueño semejante al de la muerte o que Dios preservó sus cuerpos de cualquier cambio. Esta situación, sea cual sea el argumento correcto, debería de ser investigada por la ciencia, ya que puede haber algunos factores beneficiosos ocultos en este acontecimiento. El hecho de que permaneciesen dormidos durante tanto tiempo sin sufrir ninguna alteración en su apariencia es un signo excepcional de Dios.

7. Se puede entender de este versículo que sus ojos estaban abiertos. El Todopoderoso hizo que se dieran la vuelta a la izquierda y a la derecha evitando que se les formasen escaras en el cuerpo y de la eventual descomposición de sus cuerpos y sus ropas. Dicho movimiento evitó que los cuerpos fuesen débiles y lánguidos. La visión de un número de gente acostada, con sus ojos abiertos —gente que repetidamente da la vuelta dentro de una cueva en un área montañosa y quienes está protegidos por un perro— sin duda era un espectáculo aterrador. Por lo tanto, era muy probable que hubiese otros factores que causasen temor a los que les viesen.

8. ¿Quiénes eran estos jóvenes y dónde tuvo lugar su experiencia? Antes de pasar a responder esta pregunta, debemos de recordar que el Corán no es un libro de historia, sino que narra eventos ejemplares del pasado de la manera más adecuada para guiar a la gente hacia los pilares de la Religión y establecer dichos pilares en las mentes y en los corazones de la gente. No menciona generalmente los nombres de la gente involucrada ni designa el tiempo y el lugar. Semejantes acontecimientos pueden haber tenido lugar en otros lugares y en otros tiempos.

Según narrativas considerablemente más fiables, al propagarse el Mensaje de Jesús, la paz sea con él, por tierras vecinas, seis jóvenes romanos de clase noble de la región de Siria y Jordania, abandonaron la adoración de los ídolos, aceptando a Dios como única Deidad y su Verdadero Señor. Ocurrió durante los años en que los seguidores de la creencia de Jesús eran sometidos a torturas y persecuciones. El emperador Trajano (98-117 d. C.) emitió un decreto por el que cualquier seguidor de Jesús debería de ser juzgado como traidor y sentenciado a muerte. Mientras visitaba esa región, esos seis jóvenes proclamaron abiertamente y sin temor su fe en su presencia, diciendo que el Señor de los Cielos y de la Tierra es su Único y Verdadero Señor. El emperador les dio tres días de prórroga para volver a su antigua fe, pero consiguieron abandonar la ciudad en el año 112 d. C. Un pastor de un pueblo cercano se unió a ellos con su perro que les siguió hasta la cueva a pesar de los esfuerzos para disuadirle. Se refugiaron en una profunda cueva con el perro sentado a su entrada, y pronto cayeron en un profundo sueño.

Hay diferentes opiniones respecto a qué cueva fue en la que se refugiaron. En 1963, cerca de la aldea Rayib, a 80 km. de Amman, la capital de Jordania, una cueva fue excavada. Cuando dicha cueva fue descubierta, Rafiq Wafa al-Duyani escribió su libro titulado *Iktishafu Kahfi Ahl al-Kahf* («El Descubrimiento de la Cueva de la Gente de la Cueva»). Se comprobó que dicha cueva y sus terrenos adyacentes coincidían con la descripción coránica.

Debido al hecho de que surgieron preguntas sobre la Gente de la Cueva entre algunos judíos durante la época del Profeta, algunos comentaristas, igual que Ibn Kazir, presentan otra opinión por la cual la Gente de la Cueva vivió durante la época de Jesús, la paz sea con él, aunque algún acontecimiento similar pudo haber tenido lugar también después de Jesús. Existen muchas cuevas en el mundo de las que se afirma que era la de la Gente de la Cueva. Tal y como hemos dicho con anterioridad, el Corán no es un libro de historia y cita los acontecimientos ejemplares del pasado por sus propósitos principales. Por lo tanto lo que es importante es que debemos extraer lecciones deseadas de los mismos.

9. Ya que el Corán nunca está interesado en los acontecimientos por sí mismos, no continuó narrando lo que luego ocurrió en la ciudad. Pero las palabras usadas permiten al lector adivinar qué pudo haber ocurrido.

Era una época en la que la Cristiandad había sido ya aceptada como credo oficial del Imperio Romano, y los cristianos estaban ferozmente divididos respecto a la cuestión de la vida después de la muerte. Mucha gente rechazaba creer en el Más Allá, al menos en lo que concierne a una resurrección corporal. El emperador estaba ansioso por encontrar alguna manera por la que pudiese persuadir a dicha gente a abandonar esa negación. Estaba tan preocupado por el tema que en una ocasión le pidió fervientemente a Dios que mostrase un signo milagroso que pudiera hacer a la gente creer en la resurrección corporal y en el Más Allá. Bajo dichas circunstancias la Gente de la Cueva despertó de su sueño. Según las narraciones, aquel que fue enviado a la ciudad fue a comprar pan y pagó con una moneda de plata antigua. Se originó un altercado al intentar dicha persona pagar con una moneda antigua de hacía 300 años, lo que atrajo a una muchedumbre. La muchedumbre, asombrada, llevó al hombre al gobernador. Las cosas que vio en la ciudad confundieron al joven, pues todo había cambiado. La ciudad que tuvieron que abandonar era ahora una ciudad cristiana, y el Cristianismo se había convertido en el credo oficial del Imperio. El joven contó su historia al gobernador (y según otra narración al emperador Teodosio el Joven, 418-450 d. C.). Muy impresionado, el gobernador (o el emperador) siguió al joven a la cueva seguido de una muchedumbre. Viendo que las palabras del joven eran verdaderas, se maravillaron del poder y de la providencia Divinas. En aquel momento, Dios tomó las almas de la Gente de la Cueva y la creencia en la resurrección después de la muerte, un asunto que había provocado discusiones entre la gente durante muchos años, quedó firmemente implantada en los corazones de la gente.

وَكَذٰلِكَ اَعْثَرْنَا عَلَيْهِمْ لِيَعْلَمُوا اَنَّ وَعْدَ اللّٰهِ حَقٌّ وَاَنَّ
السَّاعَةَ لَا رَيْبَ فِيهَاۚ اِذْ يَتَنَازَعُونَ بَيْنَهُمْ اَمْرَهُمْ فَقَالُوا
ابْنُوا عَلَيْهِمْ بُنْيَانًاۜ رَبُّهُمْ اَعْلَمُ بِهِمْۜ قَالَ الَّذِينَ غَلَبُوا
عَلٰى اَمْرِهِمْ لَنَتَّخِذَنَّ عَلَيْهِمْ مَسْجِدًا ﴿٢١﴾ سَيَقُولُونَ ثَلٰثَةٌ رَابِعُهُمْ
كَلْبُهُمْۚ وَيَقُولُونَ خَمْسَةٌ سَادِسُهُمْ كَلْبُهُمْ رَجْمًا بِالْغَيْبِۚ
وَيَقُولُونَ سَبْعَةٌ وَثَامِنُهُمْ كَلْبُهُمْۜ قُلْ رَبّٖى اَعْلَمُ بِعِدَّتِهِمْ
مَا يَعْلَمُهُمْ اِلَّا قَلِيلٌۜ فَلَا تُمَارِ فِيهِمْ اِلَّا مِرَاءً ظَاهِرًاۖ وَلَا
تَسْتَفْتِ فِيهِمْ مِنْهُمْ اَحَدًا ﴿٢٢﴾ وَلَا تَقُولَنَّ لِشَايْءٍ اِنّٖى
فَاعِلٌ ذٰلِكَ غَدًاۙ ﴿٢٣﴾ اِلَّا اَنْ يَشَاءَ اللّٰهُۘ وَاذْكُرْ رَبَّكَ اِذَا نَسِيتَ
وَقُلْ عَسٰى اَنْ يَهْدِيَنِ رَبّٖى لِاَقْرَبَ مِنْ هٰذَا رَشَدًا ﴿٢٤﴾
وَلَبِثُوا فٖى كَهْفِهِمْ ثَلٰثَ مِائَةٍ سِنِينَ وَازْدَادُوا تِسْعًا ﴿٢٥﴾
قُلِ اللّٰهُ اَعْلَمُ بِمَا لَبِثُواۚ لَهُ غَيْبُ السَّمٰوَاتِ وَالْاَرْضِۜ
اَبْصِرْ بِهٖ وَاَسْمِعْۜ مَا لَهُمْ مِنْ دُونِهٖ مِنْ وَلِيٍّۘ وَلَا يُشْرِكُ
فٖى حُكْمِهٖ اَحَدًا ﴿٢٦﴾ وَاتْلُ مَا اُوحِيَ اِلَيْكَ مِنْ كِتَابِ
رَبِّكَۚ لَا مُبَدِّلَ لِكَلِمَاتِهٖ وَلَنْ تَجِدَ مِنْ دُونِهٖ مُلْتَحَدًا ﴿٢٧﴾

21. Y de esa manera, les revelamos a la gente para que pudiesen saber que la promesa de Dios es verdadera y que no pueden dudar sobre (la venida de) la Última Hora[10]. Cuando ellos (la gente) discutieron sobre este asunto, dijeron: «Edificad una construcción sobre ellos (para ocultarles y dejarles descansar). Su Señor les conoce bien». Los que prevalecieron (en el asunto largamente discutido) dijeron: «Sin duda, levantaremos sobre ellos un lugar de adoración»[11].

22. (En vez de reflexionar sobre la lección que se ha de aprender sobre la Gente de la Cueva, la gente concentró su interés sobre los detalles del acontecimiento). Algunos dirán que eran tres, siendo el perro el cuarto; otros dirán que eran cinco y el perro el sexto, conjeturando al azar sobre (algo relativo a) Lo Oculto. Aun otros dirán: «Eran siete y el perro era el octavo». Di (Oh Mensajero): «Mi Señor conoce mejor su número; no son sino pocos que conocen (la verdad sobre) ellos». Por lo tanto no discutas sobre ellos y conténtate con lo que es obvio (a ti a través de la Revelación), ni preguntes a alguno de ellos (que discuten incluso entre ellos) para que te den una opinión sobre ellos[12/13].

23. Y no digas sobre nada (que intentas): «Lo haré mañana».

24. Sin (añadir) «Si Dios quiere»[14]. Y recuérdale y menciónale (inmediatamente) si te olvidas (de hacerlo cuando expreses una intención para el futuro). Y di: «Espero que mi Señor me guíe hacia lo que está más cerca de la conducta correcta que esto (mi olvido)[15].

25. Permanecieron en la cueva 300 años (solares) a los que se añaden nueve (años lunares).

26. Di: «Dios sabe mejor cuánto tiempo permanecieron. A Él Le pertenece (el domino absoluto y el pleno conocimiento de) lo oculto de los Cielos y de la Tierra[16]. ¡Qué perfecta es Su vista y qué perfecto es Su oído! Y aparte de Él, no tienen a ningún guardián, y no asigna a nadie ninguna parte en Su autoridad absoluta.

27. Recita (y enseña) lo que te ha sido revelado del Libro de tu Señor. No hay nadie que pueda cambiar Sus palabras (sea lo que los incrédulos digan o deseen), y nunca encontrarás, aparte de Él, refugio alguno.

10. La experiencia de la Gente de la Cueva es importante de dos maneras: Una es que Dios ha prometido que hará triunfar a aquellos que creen en Él con sinceridad y que se esfuerzan en Su camino, ayudando a que Su Palabra prevalezca, aunque sean débiles y estén oprimidos al principio. Esto es un asunto sobre el que la gente ha estado discutiendo desde la época de Adán, y por el que la Gente de la Cueva se alzó contra un gobernante y su gente. Mientras la Gente de la Cueva permaneció en la Cueva, su resistencia en pos de su fe acabó en victoria. El segundo punto es el caso del hombre cuya experiencia es narrada en el *sura* 2:259, el cual permaneció muerto durante 100 años y luego fue resucitado por Dios como signo para su gente (para que pudiesen comprender cómo les había creado y cómo les iba a resucitar después de su muerto) la experiencia de la Gente de la Cueva se convirtió en un signo manifiesto de la venida de la Última Hora y de la Resurrección, sobre lo que había habido una feroz polémica, hasta que despertaron.

11. A pesar de este manifiesto signo, algunos no dejaron de dudar en la Resurrección y en la vida después de la muerte, e incluso manifestaron su negación, o al menos sus dudas, sobre Dios diciendo «Su Señor» no «Nuestro Señor». Esto muestra que si uno no tiene una sincera intención en creer, puede negarse a ello incluso ante los milagros.

12. Este versículo muestra que en el momento de la revelación de este *sura* había un número de historias circulando sobre la Gente de la Cueva entre la Gente del Libro, es decir los cristianos y los judíos, los cuales habían incitado a los politeístas de La Meca para que preguntasen al Mensajero, la paz y las bendiciones sean con él. En vez de concentrarse en las lecciones que dicho acontecimiento enseña, sólo discutían sobre detalles como el número de jóvenes y cuánto tiempo permanecieron en la Cueva. Los que dijeron que eran tres, siendo el cuarto de ellos el perro, o que eran cinco, siendo el sexto el perro o que eran siete, siendo el octavo el perro eran la Gente del Libro. El versículo no ha de equivocarnos por el hecho de emplear un tiempo que expresa futuro cercano. Indica el hecho de que la gente continuará discutiendo sobre su número del mismo modo que discutieron sobre ello después de la muerte de la Gente de la Cueva. El Corán ordena a los creyentes que estén principalmente concentrados en las lecciones extraídas y que no pregunten a nadie de la Gente del Libro sobre estos asuntos.

Hay un punto sutil respecto al número de jóvenes que había en la cueva en esta narración coránica. Naturalmente, no está prohibido investigar dichos detalles siempre que no se restrinjan los acontecimientos históricos únicamente a los detalles. El versículo 19, que nos informa de la conversación entre los jóvenes respecto a cuánto tiempo permanecieron en la cueva, menciona a alguien que preguntó cuánto tiempo habían estado allí y a dos grupos expresando sus opiniones. Emplea el plural para referirse a sendos grupos. En árabe, el plural se aplica al menos a tres personas; por lo tanto podemos concluir que había dos grupos de al menos tres personas, además de la persona que planteó la pregunta, que hacen que sean siete la Gente de la Cueva con el perro siendo el octavo. Además, en el versículo 22 no critica a aquellos que dijeron que eran siete y siendo el perro el octavo de conjeturar al azar sobre (algo relativo a) Lo Oculto, mientras critica a los otros que dicen que eran tres o a otros que decían que eran cinco.

13. Al narrar la experiencia de la Gente de la Cueva, el Corán también disipa la falsa creencia de que la complejidad aparente de las relaciones causales que la gente llama «leyes de la naturaleza» es inalterable. Lo que llamamos leyes de la naturaleza son, de hecho, los modos habituales en los que Dios deja que las cosas ocurran. Él no está constreñido por dichas leyes. Él puede hacer que alguien quede dormido por cientos de años y hacerle despertar, evitando que dicho largo período tenga efecto alguno en la edad, apariencia o salud de dicha persona.

Las razones de por qué Dios ha creado leyes naturales y causas

En la próxima vida, el Reino del Poder, Dios ejecutará Su Voluntad directamente sin la «intervención» de causas, por lo que todo ocurrirá instantáneamente. El Nombre Divino, el Omnisapiente, exige que en este mundo, que es el Reino de la Sabiduría, el Poder Divino opere detrás de velos de causas y leyes. Las siguientes razones pueden ser aducidas para ello:

- Los opuestos están mezclados en este mundo: la verdad con la falsedad, la luz con la oscuridad, lo bueno con lo malo, lo blanco con lo negro. En este mundo, Dios prueba a la humanidad, en cuya naturaleza están arraigadas la inclinación hacia lo bueno y hacia lo malo, para señalar si empleamos nuestro libre albedrío y otras facultades nuestras en el camino de la verdad y la bondad o no, y para que nuestro potencial se desarrolle y alcancemos la humanidad perfecta. Para ello, la Sabiduría Divina exige que el velo de las causas y de las leyes figure ante las operaciones del Poder Divino. Si Dios lo hubiese querido, podría hacer que los planetas fuesen observables por nosotros con Sus «Manos» o hacer que fuesen administrados por ángeles que pudiésemos ver abiertamente, por lo que no hablaríamos de leyes de las causas como la gravedad. O, a fin de comunicar Sus Mandamientos, podría, en vez de enviar Profetas, hablar directa e individualmente a cada persona; o para hacernos creer en Su Existencia y Unidad podría escribir Su Nombre con las estrellas en los cielos. Pero, en dicho caso, la existencia terrenal humana carecería de sentido.
- Del mismo modo que las dos caras de un espejo, la existencia tiene dos aspectos y dimensiones, uno visible y material, el reino de los opuestos y (en la mayoría de los casos) de las imperfecciones, y el reino espiritual que es transparente, puro y perfecto. En la dimensión material, se pueden dar acontecimientos y fenómenos que se presentan como desagradables ante los seres humanos. Los que no pueden percibir la Sabiduría Divina detrás de todas las cosas pueden ir tan lejos como para criticar al Todopoderoso por dichos eventos y fenómenos desagradables. Para evitarlo, Dios ha hecho que las leyes naturales y las causas sean un velo que cubra Sus actos. Por ejemplo, para que la gente no critique a Dios ni a Su ángel de la muerte por la pérdida de sus seres queridos o por su propia muerte, Dios ha establecido entre Él y el fenómeno de la muerte (entre otros «agentes» o «causas») enfermedades o desastres «naturales».

  Asimismo, debido a la imperfección esencial de este mundo de prueba, la gente encuentra y sufre muchas deficiencias y defectos. En términos absolutos, lo que Dios hace y decreta es bueno, bello y justo. La injusticia, la fealdad y el mal surgen de los errores y de los abusos de la humanidad. Por ejemplo, un tribunal puede emitir una sentencia injusta sobre ti; pero has de saber que es el Destino el que ha permitido dicho juicio a causa de un crimen que ha permanecido oculto. Lo que le ocurre a la gente es generalmente debido a ser injustos consigo mismos, un mal que han llevado a cabo. Sin embargo, los que carecen de razonamiento y juicio acertados necesarios para comprender la Sabiduría Divina que subyace tras los acontecimientos y los fenómenos, pueden atribuir la aparente fealdad o el mal, las imperfecciones y los defectos que experimentan, en esta vida mundana, directamente a Dios. Pero Dios está libre de cualquier tipo de defecto o imperfección.

  Por lo tanto, para evitar que la gente atribuya a Dios la fealdad y la maldad que encuentran en esta vida, Su Gloria y Grandeza han precisado que las causas y leyes naturales sean un velo ante Sus actos mientras que la creencia en Su Unidad precisa que ningún tipo de poder creativo debería ser atribuido a dichas causas y leyes.
- Si Dios Todopoderoso actuase en el mundo directamente, sin la «intervención» de las causas y las leyes, la humanidad no habría estado motivada ni posibilitada para desarrollar el conocimiento científico y vivir libre de temores y ansiedades. Gracias al hecho de que Dios actúa detrás de las causas y leyes naturales los seres humanos son capaces de observar y estudiar los patrones de los fenómenos. De otro modo, cada acontecimiento sería percibido como un milagro. La regula-

ridad dentro del flujo y la mutabilidad de los acontecimientos y de los fenómenos hacen que sean comprensibles para nosotros, por lo tanto despertando en nosotros el deseo de cuestionarnos y reflexionar. Este es el factor principal del establecimiento de las ciencias. Por esta misma razón podemos, hasta cierto punto, planear y disponer nuestros asuntos con antelación. ¡Considérese qué complicada sería la vida si no tuviésemos ni idea de si el Sol iba a salir mañana!

- Dios tiene belleza y perfección absoluta. Todos Sus Nombres son absolutamente bellos sin defecto alguno. Si Él manifiesta Sus Nombres y Atributos directamente, sin la «intervención» de las causas y las leyes, no podríamos ser capaz de soportarlos, y más que eso, perdidos en estas manifestaciones, no podríamos conocerle a Él. Es imposible para nosotros conocer a algo que es infinito. Solamente poniendo un límite a las cosas podemos conocerlas. El Todopoderoso manifiesta Sus Nombres, Atributos y Perfecciones detrás de las causas y las leyes, y en grados dentro de los límites del tiempo y del espacio, para que el mundo y la vida puedan tener una regularidad con la cual podemos construir una conexión a través de la percepción y la reflexión. La manifestación gradual de los Nombres y Atributos Divinos es también una razón de nuestra curiosidad y reflexión sobre los mismos.

Estos cuatro puntos constituyen algunas de las razones de por qué Dios actúa a través de la «intervención» de las causas y leyes naturales.

14. A pesar de que los seres humanos son libres de planear para el futuro y están dotados con las dotes necesarias para hacer lo que planean, lo que van a llevar a cabo en el futuro o incluso en el presente, no depende exclusivamente de su fuerza de voluntad. Hay muchos factores que han de tomarse en consideración. Nadie conoce si va a poder hacer lo que ha planeado y pretendido hacer. De hecho, nadie sabe qué es lo que deparará ni siquiera un minuto más tarde. Ni tampoco nadie tiene poder absoluto para hacer todo lo que quiere. Además, no sabemos a ciencia cierta si lo que queremos hacer es por nuestro propio bien. Por lo tanto, debemos hacer lo que deberíamos hacer de acuerdo con la Voluntad de Dios y Sus órdenes, tomando las medidas necesarias y haciendo las preparaciones pertinentes, depositar nuestra confianza en Dios y luego referir a Dios si nuestra intención será realizada o no.

15. Esta parte del versículo no ha de considerarse únicamente en conexión con el anterior. A pesar de que es evidente que exige que, en caso de que olvidásemos referir el cumplimiento de nuestras intenciones futuras a Su Voluntad absoluta, deberíamos mencionarle a Dios cuando recordamos, este versículo ha de ser contemplado en un sentido más general a la luz de las siguientes y otras similares declaraciones Divinas:

> *Y no seáis como aquellos que se olvidan de Dios y por lo tanto Dios les ha hecho olvidarse de sí mismos* (59:19).
>
> *Aquellos que se apartan de la desobediencia a Dios en veneración a Él y piedad: cuando una incitación de Satanás les desazona, se hallan conscientes de Dios y Le recuerdan y entonces, poseen claro discernimiento* (7:201).
>
> *Recuerda y menciona a tu Señor en ti mismo (en las profundidades de tu corazón) con humildad y temor, sin alzar la voz, por la mañana y por la tarde. Y no seas de los negligentes* (7:205).

16. Según algunos comentaristas, la Gente de la Cueva se refugió en la Cueva en el año 112 d. C. durante el gobierno de Trajano. Aducen que la declaración coránica *Dios sabe mejor cuánto tiempo permanecieron* es una confirmación de que permanecieron 300 años (solares), con 9 más para los años lunares, es decir,300 años solares o 309 años lunares, y que se trata de una afirmación que responde a aquellos que presentan opiniones diferentes. Sin embargo, Dios conoce mejor la verdad ya que, *a Él Le pertenece (el domino absoluto y el pleno conocimiento de) lo oculto de los Cielos y de la Tierra*. Debemos permanecer concentrados en las lecciones que extraemos de los acontecimientos históricos y no distraernos con los detalles cuyo conocimiento no nos ayudará a aprender o aplicar dichas lecciones.

وَاصْبِرْ نَفْسَكَ مَعَ الَّذِينَ يَدْعُونَ رَبَّهُمْ بِالْغَدٰوةِ وَالْعَشِيِّ
يُرِيدُونَ وَجْهَهُ وَلَا تَعْدُ عَيْنَاكَ عَنْهُمْ تُرِيدُ زِينَةَ الْحَيٰوةِ الدُّنْيَا
وَلَا تُطِعْ مَنْ اَغْفَلْنَا قَلْبَهُ عَنْ ذِكْرِنَا وَاتَّبَعَ هَوٰيهُ وَكَانَ اَمْرُهُ
فُرُطًا ﴿٢٨﴾ وَقُلِ الْحَقُّ مِنْ رَبِّكُمْ فَمَنْ شَٓاءَ فَلْيُؤْمِنْ وَمَنْ شَٓاءَ
فَلْيَكْفُرْ اِنَّٓا اَعْتَدْنَا لِلظَّالِمِينَ نَارًا اَحَاطَ بِهِمْ سُرَادِقُهَا وَاِنْ
يَسْتَغِيثُوا يُغَاثُوا بِمَٓاءٍ كَالْمُهْلِ يَشْوِي الْوُجُوهَ بِئْسَ الشَّرَابُ
وَسَٓاءَتْ مُرْتَفَقًا ﴿٢٩﴾ اِنَّ الَّذِينَ اٰمَنُوا وَعَمِلُوا الصَّالِحَاتِ اِنَّا
لَا نُضِيعُ اَجْرَ مَنْ اَحْسَنَ عَمَلًا ﴿٣٠﴾ اُولٰٓئِكَ لَهُمْ جَنَّاتُ عَدْنٍ
تَجْرِي مِنْ تَحْتِهِمُ الْاَنْهَارُ يُحَلَّوْنَ فِيهَا مِنْ اَسَاوِرَ مِنْ ذَهَبٍ
وَيَلْبَسُونَ ثِيَابًا خُضْرًا مِنْ سُنْدُسٍ وَاِسْتَبْرَقٍ مُتَّكِـِٔينَ فِيهَا
عَلَى الْاَرَٓائِكِ نِعْمَ الثَّوَابُ وَحَسُنَتْ مُرْتَفَقًا ﴿٣١﴾ وَاضْرِبْ لَهُمْ
مَثَلًا رَجُلَيْنِ جَعَلْنَا لِاَحَدِهِمَا جَنَّتَيْنِ مِنْ اَعْنَابٍ وَحَفَفْنَاهُمَا
بِنَخْلٍ وَجَعَلْنَا بَيْنَهُمَا زَرْعًا ﴿٣٢﴾ كِلْتَا الْجَنَّتَيْنِ اٰتَتْ اُكُلَهَا
وَلَمْ تَظْلِمْ مِنْهُ شَيْـًٔا وَفَجَّرْنَا خِلَالَهُمَا نَهَرًا ﴿٣٣﴾ وَكَانَ لَهُ ثَمَرٌ
فَقَالَ لِصَاحِبِهِ وَهُوَ يُحَاوِرُهُ اَنَا اَكْثَرُ مِنْكَ مَالًا وَاَعَزُّ نَفَرًا ﴿٣٤﴾

وَدَخَلَ

28. Y mantente paciente con aquellos que invocan a su Señor por la mañana y por la tarde, anhelando Su «Faz» (es decir, encontrarse con Él en el Más Allá y Su complacencia eterna). No quites tus ojos de ellos deseando los encantos de esta vida, y no prestes atención a aquel cuyo corazón hemos hecho que haga caso omiso de Nuestra remembranza, quien sigue sus deseos y caprichos y cuyo asunto excede todos los límites (de lo que es correcto y decente)[17].

29. Y di: «La verdad de tu Señor (ha venido en este Corán)». Entonces, todo aquel que quiera (creer), que crea; y todo aquel que quiera (no creer) que no crea. Sin duda, hemos preparado para los malhechores un Fuego cuyas llamas alzadas como paredes les cercarán. Si piden agua se les dará un agua como metal fundido que escalda sus rostros. ¡Cuán terrible bebida y cuán maligno lecho sobre el que descansar!

30. Sin duda, aquellos que crean y hagan actos buenos y rectos, no dejamos que se eche a perder la recompensa de aquellos que se dedican a hacer el bien, conscientes de que Dios les está contemplando.

31. Aquellos son ellos para quienes son los Jardines de dicha perpetua a través de los cuales discurren ríos; donde estarán adornados con brazaletes de oro y vestirán con trajes verdes de seda pura y rico brocado, estarán recostados sobre los tronos[18]. ¡Cuán excelente recompensa y cuán bello lecho sobre el que descansar!

32. Preséntales la parábola de dos hombres: a uno de los cuales dimos dos viñedos que cercamos con palmeras, y ubicamos entre ellos un sembrado.

33. Cada uno de los dos viñedos dieron su cosecha, sin mengua de nada. También hicimos brotar entre los dos un arroyo.

34. Por lo tanto el hombre tuvo frutos (en abundancia) y dijo un día a su compañero cuando conversaba con él: «Tengo más riqueza que tú y soy más poderoso en mano de obra (hijos y los que trabajan para mí)».

17. El Mensajero de Dios, la paz y las bendiciones sean con él, casi se atormentaba a sí mismo hasta la muerte con la pena por aquellos que rechazaban la fe en el Corán. La prosperidad de la gente en ambos mundos radica en la fe en el Corán y su rechazo resultaría en su perdición. Por eso, sin mostrar ninguna señal de cansancio, llamó a la gente a ello. Sin embargo, los jefes de La Meca le ofrecieron que se desligase de los «humildes» creyentes como condición para su participación en sus círculos de enseñanza. El Mensajero rechazó categóricamente dichas exigencias. Este versículo condena dichas exigencias y expresa enfáticamente que ningún seguidor del Corán puede rechazar a un creyente.

18. En el pasado, los reyes solían ponerse brazaletes o bandas en los brazos y trajes de seda pura y brocado. Lo que la gente generalmente desea en cuanto a la felicidad mundana es dicha prosperidad regia. Por lo tanto el versículo presenta un disfrute en el Paraíso en términos de dicha prosperidad, que es lo más elevado que la gente puede imaginarse. Sin embargo, el versículo puede ser considerado con su significado literal sin olvidar que los trajes mencionados son particulares del Paraíso.

وَدَخَلَ جَنَّتَهُ وَهُوَ ظَالِمٌ لِنَفْسِهِ قَالَ مَا اَظُنُّ اَنْ تَبِيدَ هٰذِهِ اَبَدًا ﴿٣٥﴾
وَمَا اَظُنُّ السَّاعَةَ قَائِمَةً وَلَئِنْ رُدِدْتُ اِلٰى رَبّٖى لَاَجِدَنَّ خَيْرًا
مِنْهَا مُنْقَلَبًا ﴿٣٦﴾ قَالَ لَهُ صَاحِبُهُ وَهُوَ يُحَاوِرُهُ اَكَفَرْتَ بِالَّذٖى
خَلَقَكَ مِنْ تُرَابٍ ثُمَّ مِنْ نُطْفَةٍ ثُمَّ سَوّٰيكَ رَجُلًا ﴿٣٧﴾ لٰكِنَّا هُوَ
اللّٰهُ رَبّٖى وَلَا اُشْرِكُ بِرَبّٖى اَحَدًا ﴿٣٨﴾ وَلَوْلَا اِذْ دَخَلْتَ جَنَّتَكَ
قُلْتَ مَا شَاءَ اللّٰهُ لَا قُوَّةَ اِلَّا بِاللّٰهِ اِنْ تَرَنِ اَنَا اَقَلَّ مِنْكَ مَالًا
وَوَلَدًا ﴿٣٩﴾ فَعَسٰى رَبّٖى اَنْ يُؤْتِيَنِ خَيْرًا مِنْ جَنَّتِكَ وَيُرْسِلَ عَلَيْهَا
حُسْبَانًا مِنَ السَّمَاءِ فَتُصْبِحَ صَعٖيدًا زَلَقًا ﴿٤٠﴾ اَوْ يُصْبِحَ مَاؤُهَا
غَوْرًا فَلَنْ تَسْتَطٖيعَ لَهُ طَلَبًا ﴿٤١﴾ وَاُحٖيطَ بِثَمَرِهٖ فَاَصْبَحَ يُقَلِّبُ
كَفَّيْهِ عَلٰى مَا اَنْفَقَ فٖيهَا وَهِيَ خَاوِيَةٌ عَلٰى عُرُوشِهَا وَيَقُولُ
يَا لَيْتَنٖى لَمْ اُشْرِكْ بِرَبّٖى اَحَدًا ﴿٤٢﴾ وَلَمْ تَكُنْ لَهُ فِئَةٌ يَنْصُرُونَهُ
مِنْ دُونِ اللّٰهِ وَمَا كَانَ مُنْتَصِرًا ﴿٤٣﴾ هُنَالِكَ الْوَلَايَةُ لِلّٰهِ الْحَقِّ هُوَ
خَيْرٌ ثَوَابًا وَخَيْرٌ عُقْبًا ﴿٤٤﴾ وَاضْرِبْ لَهُمْ مَثَلَ الْحَيٰوةِ الدُّنْيَا
كَمَاءٍ اَنْزَلْنَاهُ مِنَ السَّمَاءِ فَاخْتَلَطَ بِهٖ نَبَاتُ الْاَرْضِ فَاَصْبَحَ
هَشٖيمًا تَذْرُوهُ الرِّيَاحُ وَكَانَ اللّٰهُ عَلٰى كُلِّ شَيْءٍ مُقْتَدِرًا ﴿٤٥﴾

35. Entró en su viñedo siendo injusto consigo mismo (en su vana altivez). Y dijo: «No creo que esto perezca nunca.

36. Ni tampoco creo que la Última Hora nunca venga. Y si (viniese y) fuese llevado a mi Señor, sin duda encontraré algo incluso mejor que esto como un recurso»[19].

37. Su compañero le dijo mientras discutía con él: «¿Acaso (expresando dicha ingratitud) no crees en Él Quien te creó de la tierra, y luego de una mera gota de fluido seminal, y luego te dio la forma de un hombre perfecto?

38. Sin embargo (por mi parte, yo creo que) Él es Dios, mi Señor y no Le atribuyo ningún copartícipe a mi Señor.

39. Si al menos hubieses dicho al entrar en tu viñedo: "Que sea lo que Dios quiera (sin duda ha acontecido y sin duda acontecerá); no hay más fuerza (para lograr algo) excepto con Dios". Aunque me veas con menor riqueza y descendencia que tú (no tengo ninguna queja en absoluto, ya que es Dios Quien hace como Su Voluntad dicta y Él es Compasivo hacia Sus siervos).

40. Es muy posible que mi Señor me dé algo mejor que tu viñedo y envíe sobre él (tu viñedo) una calamidad desde el cielo, para que se convierta en un terreno árido.

41. O su agua se hunda profundamente en el terreno, para que jamás puedas volver a buscarla».

42. Y (así ocurrió que) su cosecha fue arruinada y empezó a retorcerse las manos con pesar por todo lo que había gastado en ella, mientras que ahora todo estaba arruinado sobre sus espalderas y decía: «¡Ojalá no hubiese atribuido a alguien a mi Señor como copartícipe!».

43. Y no tuvo, aparte de Dios, a nadie, ningún grupo de hombres, para que le ayudase ni él pudo ser de ninguna ayuda a sí mismo.

44. Por lo que es por eso que, todo poder para proteger pertenece a Dios, el Leal. Él es Quien concede la mejor y la más bella recompensa y el mejor y el más bello fin.

45. Y preséntales la parábola de la vida presente y mundana: (es) como agua que hacemos descender del cielo y la vegetación de la tierra se mezcla con ella (floreciendo abundantemente). Luego, se convierte en rastrojo seco que los vientos dispersan. Dios es absolutamente capaz de hacer todas las cosas[20].

19. Este es el típico estado de ánimo de la gente mundana. Atribuyen todo lo que tienen en esta vida a sí mismos. Por ello, no quieren que otros, como los pobres o necesitados, participen en ello. Están tan engreídos por sus objetos mundanos que se engañan a sí mismos creyendo que Dios es su Señor en particular y que está dispuesto a recibirles bajo cualquier circunstancia. Dicha gente generalmente son ignorantes presuntuosos de toscas maneras.

20. Tras la experiencia de la Gente de la Cueva, la parábola de los dos hombres es importante en dos aspectos. Uno es que un movimiento religioso basado en la sinceridad, el altruismo, la abnegación y la confianza en Dios generalmente requiere donaciones por parte de Sus seguidores. Aunque dichos seguidores no tengan una considerable riqueza, prefieren la continuación del movimiento para una vida próspera. Este movimiento generalmente encuentra una violenta oposición por parte de aquellos que están en el poder y por la clase social que se permite excesos y es acaudalada. Con el único deseo de vivir de un modo lujoso, los ricos no están dispuestos a aceptar un poder sobre ellos que interfiera en su modo de ganar y gastar, por lo que prefieren una vida fuera del ámbito de la Religión Divina. Tan grande es su éxito y sus logros según ellos que identifican su prosperidad con la felicidad del Paraíso y no pueden ver alguna razón verdadera para esforzarse en pos del Paraíso en el Más Allá.

Otro punto al que la parábola llama nuestra atención es que entre aquellos que dirigen el movimiento de fe, o más bien aquellos que toman parte del mismo en los estadios tardíos y que no han soportado ninguna desgracia, puede aparecer algunos que han probado las riquezas de este mundo y están apegados a la vida mundana a expensas de los objetivos del movimiento religioso de fe. Tal gente atribuye sus logros a sus propias habilidades, ignorando conscientemente a Dios como el único Dador de todo lo que poseen. Olvidan la gratitud y gradualmente adquieren una vida mundana próspera como único propósito en su existencia, olvidándose del Más Allá. Cuando se les recuerda el Paraíso se hallan en un estado anímico en el que contemplan su prosperidad mundana como idéntica al Paraíso o, incluso peor, se consideran a sí mismos como los únicos que merecen el Paraíso. Este es el estadio en el que una civilización fundada sobre los pilares de un movimiento religioso empieza a decaer. Por lo tanto, mencionando la parábola de los dos hombres, el Corán tanto insta a los creyentes a gastar en la causa de Dios, para reformarse a sí mismos y a la sociedad, como les advierte a ellos y a otros creyentes, quienes han conseguido llevar el movimiento al estadio de fundar una civilización, en contra de la corrupción que ocurre cuando se es derrotado por los encantos del mundo.

اَلْمَالُ وَالْبَنُونَ زِينَةُ الْحَيٰوةِ الدُّنْيَاۚ وَالْبَاقِيَاتُ الصَّالِحَاتُ
خَيْرٌ عِنْدَ رَبِّكَ ثَوَابًا وَخَيْرٌ اَمَلًا ﴿٤٦﴾ وَيَوْمَ نُسَيِّرُ الْجِبَالَ وَتَرَى
الْاَرْضَ بَارِزَةًۙ وَحَشَرْنَاهُمْ فَلَمْ نُغَادِرْ مِنْهُمْ اَحَدًاۚ ﴿٤٧﴾ وَعُرِضُوا
عَلٰى رَبِّكَ صَفًّاۜ لَقَدْ جِئْتُمُونَا كَمَا خَلَقْنَاكُمْ اَوَّلَ مَرَّةٍۘ بَلْ
زَعَمْتُمْ اَلَّنْ نَجْعَلَ لَكُمْ مَوْعِدًا ﴿٤٨﴾ وَوُضِعَ الْكِتَابُ فَتَرَى
الْمُجْرِمِينَ مُشْفِقِينَ مِمَّا فِيهِ وَيَقُولُونَ يَا وَيْلَتَنَا مَالِ هٰذَا
الْكِتَابِ لَا يُغَادِرُ صَغِيرَةً وَلَا كَبِيرَةً اِلَّٓا اَحْصٰيهَاۚ وَوَجَدُوا
مَا عَمِلُوا حَاضِرًاۜ وَلَا يَظْلِمُ رَبُّكَ اَحَدًاۚ ﴿٤٩﴾ وَاِذْ قُلْنَا لِلْمَلٰٓئِكَةِ
اسْجُدُوا لِاٰدَمَ فَسَجَدُٓوا اِلَّٓا اِبْلِيسَۜ كَانَ مِنَ الْجِنِّ فَفَسَقَ
عَنْ اَمْرِ رَبِّهٖۜ اَفَتَتَّخِذُونَهُ وَذُرِّيَّتَهُٓ اَوْلِيَٓاءَ مِنْ دُونٖى وَهُمْ لَكُمْ
عَدُوٌّۜ بِئْسَ لِلظَّالِمِينَ بَدَلًا ﴿٥٠﴾ مَٓا اَشْهَدْتُهُمْ خَلْقَ السَّمٰوَاتِ
وَالْاَرْضِ وَلَا خَلْقَ اَنْفُسِهِمْۖ وَمَا كُنْتُ مُتَّخِذَ الْمُضِلّٖينَ
عَضُدًا ﴿٥١﴾ وَيَوْمَ يَقُولُ نَادُوا شُرَكَٓائِيَ الَّذٖينَ زَعَمْتُمْ فَدَعَوْهُمْ
فَلَمْ يَسْتَجٖيبُوا لَهُمْ وَجَعَلْنَا بَيْنَهُمْ مَوْبِقًا ﴿٥٢﴾ وَرَاَ الْمُجْرِمُونَ
النَّارَ فَظَنُّٓوا اَنَّهُمْ مُوَاقِعُوهَا وَلَمْ يَجِدُوا عَنْهَا مَصْرِفًاۚ ﴿٥٣﴾

وَلَقَدْ

46. La riqueza y los hijos son un adorno de esta vida presente y mundana, pero los actos buenos y rectos (basados en la fe) que perduran, son mejores ante tu Señor en traer recompensa y mejores para anhelar.

47. (Ten en cuenta que) el Día en que pongamos a andar las montañas, veas a la tierra allanada, y les resucitemos y les reunamos a todos juntos (todos aquellos que están contentos consigo mismos y engañados por los encantos de este mundo) sin excluir a ninguno de ellos.

48. Son presentados ante tu Señor (a Quien desatendieron en el mundo) todos alineados (sin la discriminación de estatus o riqueza como en el mundo y les es dicho): «Ahora, en verdad habéis venido a Nosotros (despojados de todas las cosas mundanas) como os creamos al principio; aunque solíais suponer que no os habíamos designado una reunión con Nosotros».

49. Y el Registro (de las acciones de cada individuo) está puesto en su sitio; y verás a los incrédulos criminales llenos de terror por lo que se halla en ello y dirán: «¡Ay de nosotros! ¿Qué es este Registro? ¡No excluye nada, ya sea pequeño o grande, sin ser contado!». Encontraron todo lo que hicieron enfrentándose con ellos (en las formas propias del Más Allá) y tu Señor no es injusto con nadie.

50. Y (recordad) cuando les dijimos a los ángeles: «¡Postraos ante Adán!», y todos se postraron, pero Iblis no lo hizo. Era de los genios (creado antes del ser humano de un fuego sin humo y abrasador) y pecó contra la orden de su Señor[21]. ¿Le tomaréis a él y a su descendencia como guardianes (en quien confiar y a quien remitir vuestros asuntos) en vez de a Mí, cuando ellos son un enemigo vuestro? ¡Cuán maligno canje para los malhechores!

51. No les he hecho (a Iblis y a su descendencia) testigos de la creación de los Cielos y de la Tierra, ni de la creación de sí mismos, ni jamás he tomado (hallándome absolutamente más allá de necesidad alguna) como ayudantes a aquellos que extravían (a los seres humanos)[22].

52. El Día (vendrá cuando) Él dirá: «Ahora llamad a todos aquellos a los que aseverabais que eran Mis copartícipes». Entonces les invocarán, pero no les responderán y pondremos un abismo insalvable entre ellos.

53. Y los criminales incrédulos verán el Fuego y sabrán con certeza que se caerán con toda seguridad en él y no hallarán modo de escapar de él.

21. Esto significa que Satanás no era uno de los ángeles, ya que el Corán abiertamente declara, puesto que los ángeles no tienen pecados, hacen siempre lo que Dios ordena y nunca Le desobedecen (16:49-50; 66:6). Satanás pertenece a la especie de los genios, los cuales, igual que los seres humanos, tienen libre albedrío y pueden obedecer o desobedecer a Dios.

Si se pregunta por qué Dios le ordenó a Iblis que se postrase ante Adán, la paz sea con él, después de haber dado la misma orden a los ángeles, la respuesta es: La postración de los ángeles fue una acción que indicaba que afirmaban el grado de conocimiento y superioridad de Adán y el hecho de que merecía la vicerregencia sobre la Tierra. Entre los ángeles, hay algunos que se encargan de la vida sobre la Tierra y ayudan a los seres humanos en muchos aspectos de sus vidas. Por lo tanto, su postración también significa que Dios les ordenó que ayudasen a los seres humanos a llevar a cabo nuestra labor en la Tierra. Dichos ángeles son también los representantes de las criaturas terrenales ante la Presencia de Dios, y lo seres humanos son los amos de estas criaturas. Satanás, que pertenecía a la clase de los genios, es una criatura terrenal que tiene ciertos deberes respecto a la humanidad. Cuando nuestro Profeta, la paz y las bendiciones sean con él, recibió un juramento de lealtad de los genios en el valle de Batn an-Najla, quiso que apareciesen ante su comunidad con su propia forma o de otra forma que fuese agradable, no bajo forma de animales dañinos. También advirtió a su comunidad diciendo: «Cuando veáis una alimaña en vuestra casa, decirle tres veces: "¡Por Dios, sal de aquí!". Porque puede que sea uno de los genios amigos. Si no sale, entonces no es un genio y está permitido matarlo porque es dañino». Los genios que ofrecieron juramento de lealtad al Mensajero de Dios, la paz y las bendiciones sean con él, le prometieron: «Si tu comunidad recita la *basmala* (la formula *En [con] el Nombre de Dios, el Misericordioso, el Compasivo*) antes de hacer cualquier cosa y cubren los platos, no tocaremos su comida ni su bebida». No sabemos cómo comen nuestra comida y beben de nuestra bebida. Otra Tradición dice: «(Cuando hagáis vuestras necesidades) no os limpiéis con huesos ni con piezas de estiércol seco, porque es alguna de las comidas de nuestros hermanos genios» (at-Tirmizi, «Tahara», 14; al-Bujari, «Manaqib al-Ansar», 32; Muslim, «Salam», 139, 140). Todas estas Tradiciones muestran que hay una relación importante entre los humanos y los genios y esta relación es un requerimiento de la vida humana en la Tierra, que es la razón por la cual Dios ordenó a Satanás a que se postrase ante Adán. Pero rehusó y, a pesar de estar eternamente excluido de la Misericordia de Dios, le ha sido dado una prórroga hasta el Día del Juicio Final para que los seres humanos sean probados en la Tierra, y se le ha concedido la habilidad de susurrar a los seres humanos para extraviarnos.

El versículo también menciona la descendencia de Satanás. Esto puede significar, bien que Satanás tiene una mujer y engendra hijos o bien, tal y como se ha mencionado en el *sura* 17:64, que tiene una parte en los hijos de los seres humanos, o ambas cosas. Algunos seres humanos se convierten en alguien parecido a Satanás.

22. ¿Qué derecho tienen *Iblis* y su descendencia —satanás (demonios)— en ser tomados como guardianes a los que los seres humanos han de obedecer y referir sus asuntos en vista de que ellos mismos son seres creados en necesidad absoluta de Dios y no sus propios dueños? Ni las personas diabólicas ni los genios, de hecho, ningún ser creado, tiene derecho a imponer sus reglas y puntos de vista sobre los demás. Dicho ser no es ni si quiera su propio dueño ni desempeña ningún papel en su creación, la elección de su familia, hermanos y hermanas, lugar y fecha de su nacimiento y muerte, su color de piel o su físico. Por lo tanto, nadie tiene derecho alguno a imponer sus reglas y sus puntos de vista sobre los demás.

وَلَقَدْ صَرَّفْنَا فِي هٰذَا الْقُرْاٰنِ لِلنَّاسِ مِنْ كُلِّ مَثَلٍۜ وَكَانَ
الْاِنْسَانُ اَكْثَرَ شَيْءٍ جَدَلًا ﴿٥٤﴾ وَمَا مَنَعَ النَّاسَ اَنْ يُؤْمِنُوا
اِذْ جَٓاءَهُمُ الْهُدٰى وَيَسْتَغْفِرُوا رَبَّهُمْ اِلَّٓا اَنْ تَأْتِيَهُمْ سُنَّةُ
الْاَوَّلِينَ اَوْ يَأْتِيَهُمُ الْعَذَابُ قُبُلًا ﴿٥٥﴾ وَمَا نُرْسِلُ الْمُرْسَلِينَ
اِلَّا مُبَشِّرِينَ وَمُنْذِرِينَۚ وَيُجَادِلُ الَّذِينَ كَفَرُوا بِالْبَاطِلِ
لِيُدْحِضُوا بِهِ الْحَقَّ وَاتَّخَذُٓوا اٰيَاتِي وَمَٓا اُنْذِرُوا هُزُوًا ﴿٥٦﴾
وَمَنْ اَظْلَمُ مِمَّنْ ذُكِّرَ بِاٰيَاتِ رَبِّهِ فَاَعْرَضَ عَنْهَا وَنَسِيَ
مَا قَدَّمَتْ يَدَاهُۜ اِنَّا جَعَلْنَا عَلٰى قُلُوبِهِمْ اَكِنَّةً اَنْ يَفْقَهُوهُ وَفِٓي
اٰذَانِهِمْ وَقْرًاۜ وَاِنْ تَدْعُهُمْ اِلَى الْهُدٰى فَلَنْ يَهْتَدُٓوا اِذًا اَبَدًا ﴿٥٧﴾
وَرَبُّكَ الْغَفُورُ ذُو الرَّحْمَةِۜ لَوْ يُؤَاخِذُهُمْ بِمَا كَسَبُوا لَعَجَّلَ
لَهُمُ الْعَذَابَۜ بَلْ لَهُمْ مَوْعِدٌ لَنْ يَجِدُوا مِنْ دُونِهِ مَوْئِلًا ﴿٥٨﴾
وَتِلْكَ الْقُرٰٓى اَهْلَكْنَاهُمْ لَمَّا ظَلَمُوا وَجَعَلْنَا لِمَهْلِكِهِمْ
مَوْعِدًا ﴿٥٩﴾ وَاِذْ قَالَ مُوسٰى لِفَتٰيهُ لَٓا اَبْرَحُ حَتّٰٓى اَبْلُغَ
مَجْمَعَ الْبَحْرَيْنِ اَوْ اَمْضِيَ حُقُبًا ﴿٦٠﴾ فَلَمَّا بَلَغَا مَجْمَعَ
بَيْنِهِمَا نَسِيَا حُوتَهُمَا فَاتَّخَذَ سَبِيلَهُ فِي الْبَحْرِ سَرَبًا ﴿٦١﴾

54. Sin duda hemos establecido de distintas maneras para los seres humanos en este Corán toda clase de parábolas y comparaciones (para ayudarles a entender la verdad) pero el ser humano es, por encima de todo, dado a la discusión.

55. ¿Y qué es lo que impide a los seres humanos creer mientras que les ha llegado la guía y pedir perdón a Su Señor; a menos que sea porque siguen el camino de la gente (pecadora) de antaño como si quisiesen que les sobreviniese el mismo destino, o que el castigo (en el cual no creían pero pidieron a su Profeta, con burla, que hiciese que les sobreviniese) venga y se enfrente a ellos? (Entonces, en verdad, no tendrían oportunidad de implorar perdón ni esperanza para el alivio).

56. No hemos enviado a los Mensajeros (como portadores de castigo) sino como portadores de buenas nuevas (de prosperidad a cambio de la fe y de la rectitud) y advertidores (contra las malas consecuencias del extravío), mientras que aquellos que no creen disputan basándose en la falsedad para refutar de ese modo la verdad; y ponen Mis Revelaciones y aquello (el castigo) de lo que se les ha advertido en ridículo.

57. ¿Quién es más injusto que aquél al que se le ha recordado las Revelaciones y los signos de su Señor, aun así se aparta de ellos y se olvida de todo lo que sus manos han anticipado (para el Juicio Final en la vida futura)? Sin duda, sobre sus corazones hemos colocado velos (por causa de su mala intención, injusticia y arrogancia, las cuales les han provocado que pierdan la capacidad de creer) por lo que no comprenden (el Corán con fe y entendimiento) y en sus oídos, una pesadez (por lo que no oyen el Corán). Y si los llamas a la guía, nunca la aceptarán incluso entonces.

58. Tu Señor es el Indulgente, poseedor de infinita Misericordia. Si les reprendiese inmediatamente por lo que han ganado, sin duda les habría precipitado el castigo. Sin embargo, para ellos se da un plazo establecido, más allá del cual nunca encontrarán ninguna forma de escaparse (del castigo de Dios).

59. Y (ese fue el caso con) todas aquellas ciudades que destruimos cuando insistieron en la injusticia. Sin duda hemos señalado un plazo establecido para su destrucción.

60. (Ahora relátales, Oh Mensajero, la experiencia de Moisés): Cuando Moisés dijo a su (joven) sirviente: «No voy a dejar (de viajar) hasta que llegue a la confluencia de los dos mares, aunque tenga que caminar durante años».

61. Cuando llegaron a la confluencia de los dos (mares), se olvidaron de su pescado y éste emprendió su camino extraordinariamente a través del mar como si estuviera en un canal subterráneo.

فَلَمَّا جَاوَزَا قَالَ لِفَتٰيهُ اٰتِنَا غَدَٓاءَنَاۘ لَقَدْ لَقِينَا مِنْ سَفَرِنَا هٰذَا
نَصَبًا ﴿٦٢﴾ قَالَ اَرَاَيْتَ اِذْ اَوَيْنَٓا اِلَى الصَّخْرَةِ فَاِنّ۪ي نَسِيتُ
الْحُوتَۘ وَمَٓا اَنْسَانٖيهُ اِلَّا الشَّيْطَانُ اَنْ اَذْكُرَهُۚ وَاتَّخَذَ سَب۪يلَهُ
فِي الْبَحْرِۗ عَجَبًا ﴿٦٣﴾ قَالَ ذٰلِكَ مَا كُنَّا نَبْغِۗ فَارْتَدَّا عَلٰٓى اٰثَارِهِمَا
قَصَصًاۙ ﴿٦٤﴾ فَوَجَدَا عَبْدًا مِنْ عِبَادِنَٓا اٰتَيْنَاهُ رَحْمَةً مِنْ عِنْدِنَا
وَعَلَّمْنَاهُ مِنْ لَدُنَّا عِلْمًا ﴿٦٥﴾ قَالَ لَهُ مُوسٰى هَلْ اَتَّبِعُكَ
عَلٰٓى اَنْ تُعَلِّمَنِ مِمَّا عُلِّمْتَ رُشْدًا ﴿٦٦﴾ قَالَ اِنَّكَ لَنْ تَسْتَط۪يعَ
مَعِيَ صَبْرًا ﴿٦٧﴾ وَكَيْفَ تَصْبِرُ عَلٰى مَا لَمْ تُحِطْ بِه۪ خُبْرًا ﴿٦٨﴾ قَالَ
سَتَجِدُن۪ٓي اِنْ شَٓاءَ اللّٰهُ صَابِرًا وَلَٓا اَعْص۪ي لَكَ اَمْرًا ﴿٦٩﴾ قَالَ فَاِنِ
اتَّبَعْتَن۪ي فَلَا تَسْـَٔلْن۪ي عَنْ شَيْءٍ حَتّٰٓى اُحْدِثَ لَكَ مِنْهُ ذِكْرًا ﴿٧٠﴾
فَانْطَلَقَاࣞ حَتّٰٓى اِذَا رَكِبَا فِي السَّف۪ينَةِ خَرَقَهَاۜ قَالَ اَخَرَقْتَهَا
لِتُغْرِقَ اَهْلَهَاۚ لَقَدْ جِئْتَ شَيْـًٔا اِمْرًا ﴿٧١﴾ قَالَ اَلَمْ اَقُلْ اِنَّكَ
لَنْ تَسْتَط۪يعَ مَعِيَ صَبْرًا ﴿٧٢﴾ قَالَ لَا تُؤَاخِذْن۪ي بِمَا نَس۪يتُ وَلَا
تُرْهِقْن۪ي مِنْ اَمْر۪ي عُسْرًا ﴿٧٣﴾ فَانْطَلَقَاࣞ حَتّٰٓى اِذَا لَقِيَا غُلَامًا فَقَتَلَهُۙ
قَالَ اَقَتَلْتَ نَفْسًا زَكِيَّةً بِغَيْرِ نَفْسٍۜ لَقَدْ جِئْتَ شَيْـًٔا نُكْرًا ﴿٧٤﴾

قَالَ اَلَمْ

62. Por lo tanto, cuando habían pasado adelante, Moisés dijo a su sirviente: «Tráenos nuestro desayuno, sin duda hemos soportado mucha fatiga en éste nuestro viaje».

63. (El sirviente) dijo: «¡Será posible! Al dirigirnos a esa roca para descansar, se me olvidó el pescado, —y nadie sino Satanás hizo que me olvidase mencionarlo (a ti)— y éste emprendió su camino hacia el mar extraordinariamente».

64. (Moisés) dijo: «¡Esto es lo que estábamos buscando!». Por lo tanto volvieron sobre sus pasos.

65. Y así encontraron (ahí) a uno de Nuestros siervos al que le habíamos concedido una misericordia (especial) procedente de Nosotros y al que habíamos enseñado un conocimiento especial desde Nuestra Presencia[23].

66. Moisés le dijo: «¿Puedo seguirte para que me enseñes algo del conocimiento de la guía que se te ha enseñado?».

67. Dijo: «Nunca serás capaz de tener paciencia estando en mi compañía.

68. ¿Cómo podrías tener paciencia con algo que nunca has abarcado con tu conocimiento?».[24]

69. (Moisés) dijo: «Me hallarás paciente, si Dios quiere y me lo permite, y no te desobedeceré en nada».

70. (Al-Jadr) explicó: «Bueno, si me sigues no me preguntes por nada (de lo que haga) hasta que yo mismo te lo mencione».

71. Así partieron[25] hasta que embarcaron en un barco y él (Al-Jadr) hizo un agujero en ello. (Moisés) dijo: «¿Lo has hecho para ahogar a su gente (los que lo usen)? Sin duda has cometido algo grave».

72. Dijo: «¿No te dije que nunca podrías ser capaz de tener paciencia estando en mi compañía?».

73. (Moisés) dijo: «No me reprendas por mi olvido ni me sobrecargues en mi asunto (en lo que pides de mí)».

74. Entonces, se pusieron a andar hasta que se encontraron con un joven, él (Al-Jadr) lo mató. (Moisés) dijo: «¿Has matado a un alma inocente (sin que sea en justa represalia) sin que él haya matado a alguien? ¡Sin duda has hecho algo horrible!».

23. Como sabemos, el profeta Moisés, la paz sea con él, es uno de los cinco grandes Mensajeros (42:13) a los que Dios concedió un Libro como una guía para todos los aspectos de las vidas de las personas. Tal y como el último Mensajero de Dios, la paz y las bendiciones sean con él, declaró, una vez alguien de la comunidad de Moisés le preguntó si existía algún siervo de Dios a quien se le hubiese dado más conocimiento que a él. El Todopoderoso le informó que existía uno de Sus siervos al que se le había dado una misericordia especial y un conocimiento especial desde Su Presencia (al-Bujari, «Kitab at-Tafsir», 18).

Esto significa que el conocimiento de ese siervo no era de la clase que todo el mundo puede poseer. Incluso el profeta Moisés, la paz sea con él, no lo tenía. En informes del profeta Muhammad, la paz y las bendiciones sean con él, ese siervo era llamado al-Jadr o al-Jidr. Al-Jadr, que debe haber sido un título dado a él, que significa «el verde» y da a entender «vida». Tal y como se menciona en la nota 2:120 de Bediüzzaman Said Nursi, la vida humana consiste en cinco grados, y al-Jadr posee el segundo grado de vida, por lo cual está libre hasta cierto punto de las necesidades de nuestra vida. Él puede estar presente en diferentes lugares al mismo tiempo. La reanimación del pescado que había sido cocinado supone la misión especial de al-Jadr y representa la vida permanente.

La existencia no sólo consiste en el mundo visible y material. Más allá de eso, tal y como las apariciones en espejos colocados uno enfrente del otro, hay muchos otros mundos o dimensiones de la existencia, siendo cada uno más refinado que el otro. A pesar de que aceptamos que Moisés, la paz sea con él, y su sirviente viajaron sobre la Tierra hasta llegar a un punto donde se unían dos mares, este viaje tuvo un aspecto espiritual y, por lo tanto, fue como un viaje espiritual hacia Dios. Por lo tanto, el punto que Moisés y su joven sirviente alcanzaron significa la confluencia del mundo material y espiritual. La reanimación del pescado sugiere que ya habían entrado en el ámbito de al-Jadr, donde todas las cosas permanecen eternamente vivas en cierta manera. Este viaje es sin duda un viaje muy agotador. Para lograr parte del conocimiento que le había sido especialmente otorgado a al-Jadr, Moisés tuvo que realizar dicho viaje, un viaje que se corresponde con el viaje espiritual hacia Dios Todopoderoso.

Según algunos informes del Mensajero de Dios, la paz y las bendiciones sean con él, el joven y virtuoso sirviente (*fata*, para el significado del mismo véase la nota 5 de este *sura*) era Yusha (Josué) hijo de Nun, que posteriormente sucedería al profeta Moisés, la paz sea con él.

24. Estos versículos afirman que el conocimiento enseñado a al-Jadr no es de la clase del que se había enseñado a Moisés hasta este punto. Esto era así ya que el profeta Moisés, la paz sea con él, era un Mensajero cuya misión era guiar o dirigir a la gente a una vida acorde con los mandamientos de Dios. Es decir, fue el líder o guía de (su) gente sobre la Tierra. Era responsable de su guía y se trataba de una gente con distinto grado de inteligencia y comprensión. Guiar a la gente en la vida y enseñarles cómo vivir de acuerdo con los mandamientos de Dios para complacerle es la más grande misión y el conocimiento inherente es de lo más valioso e importante. En cuanto a al-Jadr, aunque no ha sido establecido si era un Profeta o una persona santa, Dios se refiere a él con la primera forma del plural del nombre cuando le menciona (uno de *Nuestros* siervos al que le habíamos concedido una misericordia —especial— procedente de *Nosotros* y al que habíamos enseñado un conocimiento especial desde *Nuestra* Presencia, versículo 65 mencionado anteriormente) y al emplear al-Jadr la misma forma al explicar sus acciones (versículo 81 que aparecerá más adelante) y refiriéndolas a Dios (versículo 82), sugiere que, aunque no sea en el sentido especial del concepto, era también un Mensajero o enviado con una misión especial. Sin embargo, tenía un conocimiento sobre determinadas cosas que examinaremos más adelante. Esto no le interesa a la

mayor parte de la gente y no les es obligatorio aprenderlo. Por esa razón, no era un defecto por parte de Moisés, la paz sea con él, no tener dicho conocimiento. Tampoco el hecho de que al-Jadr tuviese dicho conocimiento significa que fuera superior a Moisés, la paz sea con él. El profeta Muhammad, la paz y las bendiciones sean con él, vierte luz sobre este asunto, diciendo: «Al-Jadr dijo a Moisés: "Tengo un tipo de conocimiento que tú no tienes y tú tienes un tipo de conocimiento que yo no tengo"» (al-Bujari, «Kitab at-Tafsir», 18).

25. Es muy interesante saber que no se menciona al joven sirviente de Moisés después de que Moisés se encontrase con al-Jadr, y que fueron solamente ellos dos los que realizaron ese misterioso viaje. Cuando tenemos en cuenta la experiencia de Moisés en su totalidad y la identidad de al-Jadr, junto al conocimiento que le había sido concedido, podemos concluir que dicho viaje no tuvo lugar en el reino corpóreo. Mucha gente puede tener experiencias semejantes a sueños cuando está despierta, las cuales son llamadas *mushahadah* (visión, testimonio). El espíritu entra en el mundo incorpóreo de las «formas», «ideas» o «símbolos» (*'al-'Alam al-Mizal*), y tiene una visión de algunas realidades. Esta visión se parece a sueños reales, con la excepción de que los sueños son experimentados cuando se está durmiendo, mientras que la gente que tiene dichas visiones o experiencias las tienen cuando están despiertos. Al igual que los sueños, la *mushahadah* es bastante breve. Aunque pueda haber otra gente cerca de la persona que está teniendo dicha experiencia o visión no permanecen ignorantes de ello. Por esa razón, mientras Moisés y al-Jadr emprendieron dicho misterioso viaje, el joven sirviente de Moisés no les acompañó aunque estaba con ellos.

Por lo tanto, el viaje de Moisés y al-Jadr se parecía a la visión espiritual ya descrita. Sin embargo, Dios favorece incluso a los creyentes normales y corrientes con dichas visiones. De este modo, Moisés y al-Jadr pueden haber realizado dicho viaje misterioso en el mundo corpóreo de las formas o ideas tanto espiritual como corporalmente. Sus cuerpos obtuvieron temporalmente el grado o el refinamiento de los cuerpos astrales, formas energéticas o envoltura del espíritu (véase el Apéndice 12). Existe parecido entre este viaje y la Ascensión del profeta Muhammad, la paz y las bendiciones sean con él, al igual que el hecho de que Jesús haya sido elevado a los Cielos. La diferencia es que este viaje tal vez fuese hecho en el mundo de las ideas y de las formas. El profeta Muhammad, la paz y las bendiciones sean con él, llevó a cabo una Ascensión en todas las elevadas dimensiones o reinos de existencia con su espíritu y cuerpo, este último se refinó hasta tal punto que casi era idéntico al cuerpo «astral» del espíritu. Después de la Ascensión él prefirió volver al mundo para continuar guiando a la gente y continuar la predicación del Islam. En cuanto al profeta Jesús, la paz sea con él, puesto que su misión como Mensajero había acabado, fue llevado de este mundo en espíritu y permaneció en los «Cielos» donde había sido elevado (Dios es el Más Sabio).

قَالَ اَلَمْ اَقُلْ لَكَ اِنَّكَ لَنْ تَسْتَطِيعَ مَعِىَ صَبْرًا ﴿٧٥﴾ قَالَ اِنْ
سَاَلْتُكَ عَنْ شَيْءٍ بَعْدَهَا فَلَا تُصَاحِبْنِى قَدْ بَلَغْتَ مِنْ لَدُنِّى
عُذْرًا ﴿٧٦﴾ فَانْطَلَقَا حَتّٰى اِذَا اَتَيَا اَهْلَ قَرْيَةٍ اسْتَطْعَمَا اَهْلَهَا
فَاَبَوْا اَنْ يُضَيِّفُوهُمَا فَوَجَدَا فِيهَا جِدَارًا يُرِيدُ اَنْ يَنْقَضَّ
فَاَقَامَهُ قَالَ لَوْ شِئْتَ لَتَّخَذْتَ عَلَيْهِ اَجْرًا ﴿٧٧﴾ قَالَ هٰذَا فِرَاقُ
بَيْنِى وَبَيْنِكَ سَاُنَبِّئُكَ بِتَاْوِيلِ مَا لَمْ تَسْتَطِعْ عَلَيْهِ صَبْرًا ﴿٧٨﴾
اَمَّا السَّفِينَةُ فَكَانَتْ لِمَسَاكِينَ يَعْمَلُونَ فِى الْبَحْرِ فَاَرَدْتُ
اَنْ اَعِيبَهَا وَكَانَ وَرَاءَهُمْ مَلِكٌ يَاْخُذُ كُلَّ سَفِينَةٍ غَصْبًا ﴿٧٩﴾
وَاَمَّا الْغُلَامُ فَكَانَ اَبَوَاهُ مُؤْمِنَيْنِ فَخَشِينَا اَنْ يُرْهِقَهُمَا طُغْيَانًا
وَكُفْرًا ﴿٨٠﴾ فَاَرَدْنَا اَنْ يُبْدِلَهُمَا رَبُّهُمَا خَيْرًا مِنْهُ زَكٰوةً وَاَقْرَبَ
رُحْمًا ﴿٨١﴾ وَاَمَّا الْجِدَارُ فَكَانَ لِغُلَامَيْنِ يَتِيمَيْنِ فِى الْمَدِينَةِ
وَكَانَ تَحْتَهُ كَنْزٌ لَهُمَا وَكَانَ اَبُوهُمَا صَالِحًا فَاَرَادَ رَبُّكَ
اَنْ يَبْلُغَا اَشُدَّهُمَا وَيَسْتَخْرِجَا كَنْزَهُمَا رَحْمَةً مِنْ رَبِّكَ وَمَا
فَعَلْتُهُ عَنْ اَمْرِى ذٰلِكَ تَاْوِيلُ مَا لَمْ تَسْطِعْ عَلَيْهِ صَبْرًا ﴿٨٢﴾
وَيَسْـَٔلُونَكَ عَنْ ذِى الْقَرْنَيْنِ قُلْ سَاَتْلُوا عَلَيْكُمْ مِنْهُ ذِكْرًا ﴿٨٣﴾

75. Dijo: «¿No te dije que nunca podrías ser capaz de tener paciencia estando en mi compañía?».

76. (Moisés) dijo: «Si te pregunto sobre algo después de esto, no me tengas en tu compañía. Ya has recibido (plena) excusa por mi parte».

77. Por lo tanto, partieron hasta que se encontraron con la gente de una ciudad a los que pidieron comida, pero se negaron a darles hospitalidad. Ahí encontraron un muro que estaba a punto de venirse abajo y (al-Jadr) lo restauró. (Moisés) dijo: «Si quisieras, podrías haber recibido un pago por ello».

78. (Al-Jadr) dijo: «Este es el momento de la separación entre tú y yo. Voy a decirte el significado de aquello con lo que no has podido tener paciencia.

79. En cuanto al barco, pertenecía a unos pobres que trabajaban en el mar y quise estropearlo porque había un rey que les perseguía y que se apropiaba de todos los barcos a la fuerza.

80. En cuanto al joven, sus padres eran creyentes y temimos que les oprimiera con rebelión e incredulidad.

81. Por lo que quisimos que su Señor les diera a cambio uno mejor que él en pureza y más afectuoso (hacia sus padres).

82. Y en cuanto al muro, pertenecía a dos niños huérfanos de la ciudad y debajo del mismo había un tesoro que les pertenecía. Su padre había sido un hombre recto; por lo que tu Señor quiso que llegasen a la madurez y pudieran sacar su tesoro como una misericordia de tu Señor. No hice esto (ninguna de las acciones que presenciaste) por mí mismo. Este es el significado de todo (aquellos acontecimientos) con lo que no pudiste tener paciencia»[26/27].

83. Y te preguntan (Oh Mensajero) sobre Zu'l-Qarnayn[28]. Di: «Voy a recitaros una mención sobre él (citando al Todopoderoso)».

26. Cada acontecimiento que tiene lugar en la vida tiene un significado aparente, una razón relacionada con la gente que está involucrada en el mismo y un significado y una razón verdaderas concerniente al Destino Divino. El Destino tiene en cuenta a toda la creación y los acontecimientos desde la época de Adán, la paz sea con él, hasta el Día del Juicio Final a la vez que a cada persona y acontecimiento. Nunca es injusto con nadie: siempre hace justicia, y esta justicia hace hincapié en la misericordia. Cualquier cosa buena que nos llega, es por Misericordia Divina, aunque la persona tenga una parte muy pequeña en la misma; pero todo el sufrimiento que se sufre es completamente debido a nuestros propios errores. Sin embargo, el Todopoderoso perdona todos los errores de Sus siervos y nunca se apresura a castigar. Da un plazo para que la gente se enmiende. Pero si castiga a un siervo, es realmente lo que el siervo absolutamente merece. Tal y como Said Nursi nos recuerda, un tribunal puede emitir una sentencia contra nosotros por un crimen que no hemos cometido y cometer una injusticia; pero el Destino permite que dicha sentencia nos afecte por otro crimen que cometimos en el pasado y que permaneció desconocido.

Deducimos de la experiencia del profeta Moisés con al-Jadr, la paz sea con ellos, que la visión de este último está conectada con las razones y significados internos de los acontecimientos. Pero nosotros juzgamos según las razones aparentes. Esto no significa que no estamos obligados a investigar la verdad; pero no podemos juzgar según las expectativas futuras. Incluso si tenemos conocimiento previo de algo que tendrá lugar en el futuro, esto no puede ser la base de nuestro juicio. Por esta razón, estos acontecimientos, como se ha mencionado anteriormente, puede que hayan ocurrido en el mundo de las formas o ideas en el que el profeta Moisés, la paz sea con él, viajó en compañía de al-Jadr. Según las reglas religiosas y las leyes que Dios ha establecido para nuestra vida mundana, Moisés hizo bien al realizar sus objeciones, pero lo que hacía al-Jadr no era incorrecto, su misión estaba relacionada con el mundo del Destino. Dios puede que haya querido enseñar a Moisés la verdadera naturaleza del Destino y el verdadero significado de los acontecimientos, la mayoría de los cuales la gente es incapaz de comprender. Todo lo que Dios hace es justicia absoluta, y toda la gente obtiene lo que se merece. Es más, Dios es el Compasivo y pasa por alto muchos de los errores de Sus siervos (42:30, 34).

27. Narrando la experiencia que tuvo el profeta Moisés con al-Jadr, tras la historia de la Gente de la Cueva y las huertas de los dos hombres, el Corán sugiere que para un movimiento religioso de fe, la profundidad espiritual y el descubrimiento del significado interior de la existencia y de los acontecimientos son fundamentales.

28. Hay diferentes puntos de vista respecto a la identidad de Zu'l-Qarnayn. No es de gran importancia quién fue realmente en la historia. Lo que es importante es lo que el Corán quiere enseñar con dicha narración.

Al igual que al-Jadir, no es cierto si Zu'l-Qarnayn fue un Profeta o no, sin embargo, la referencia que hace Dios a Sí Mismo con la primera forma del plural del nombre al narrar Su conversación con él (versículo 86 que aparecerá abajo), se puede considerar como una alusión de que Zu'l-Qarnayn tenía una misión especial. La expresión de la Revelación Divina con la palabra «di» también sugiere a la Misión Profética, siempre que no se use para significar inspiración. Cuando se expresa con el verbo «revelar», puede sugerir que se trata de un Mensajero, un Profeta o un santo. Por ejemplo, en la revelación de Dios a una abeja (16:68), se refiere a una guía y dirección Divinas, mientras que se trata de una inspiración cuando es enviada a alguien como la madre de Moisés, que no era ni Profeta ni Mensajero (28:7). Sin embargo, lo que está claro respecto a Zu'l-Qarnayn, tal y como narró 'Ali, el amado Compañero del Profeta y el cuarto Califa, es que fue un siervo recto de Dios, que amaba a Dios y que era amado por Él (Yazır, 5:3279).

302 سُورَةُ الْكَهْفِ ٣٠٢

إِنَّا مَكَّنَّا لَهُ فِي الْأَرْضِ وَآتَيْنَاهُ مِنْ كُلِّ شَيْءٍ سَبَبًا ﴿٨٤﴾ فَأَتْبَعَ
سَبَبًا ﴿٨٥﴾ حَتَّىٰ إِذَا بَلَغَ مَغْرِبَ الشَّمْسِ وَجَدَهَا تَغْرُبُ فِي عَيْنٍ
حَمِئَةٍ وَوَجَدَ عِنْدَهَا قَوْمًا قُلْنَا يَا ذَا الْقَرْنَيْنِ إِمَّا أَنْ تُعَذِّبَ وَإِمَّا
أَنْ تَتَّخِذَ فِيهِمْ حُسْنًا ﴿٨٦﴾ قَالَ أَمَّا مَنْ ظَلَمَ فَسَوْفَ نُعَذِّبُهُ ثُمَّ يُرَدُّ
إِلَىٰ رَبِّهِ فَيُعَذِّبُهُ عَذَابًا نُكْرًا ﴿٨٧﴾ وَأَمَّا مَنْ آمَنَ وَعَمِلَ صَالِحًا فَلَهُ
جَزَاءً الْحُسْنَىٰ وَسَنَقُولُ لَهُ مِنْ أَمْرِنَا يُسْرًا ﴿٨٨﴾ ثُمَّ أَتْبَعَ سَبَبًا ﴿٨٩﴾
حَتَّىٰ إِذَا بَلَغَ مَطْلِعَ الشَّمْسِ وَجَدَهَا تَطْلُعُ عَلَىٰ قَوْمٍ لَمْ نَجْعَلْ
لَهُمْ مِنْ دُونِهَا سِتْرًا ﴿٩٠﴾ كَذَٰلِكَ وَقَدْ أَحَطْنَا بِمَا لَدَيْهِ خُبْرًا ﴿٩١﴾ ثُمَّ
أَتْبَعَ سَبَبًا ﴿٩٢﴾ حَتَّىٰ إِذَا بَلَغَ بَيْنَ السَّدَّيْنِ وَجَدَ مِنْ دُونِهِمَا قَوْمًا
لَا يَكَادُونَ يَفْقَهُونَ قَوْلًا ﴿٩٣﴾ قَالُوا يَا ذَا الْقَرْنَيْنِ إِنَّ يَأْجُوجَ وَمَأْجُوجَ
مُفْسِدُونَ فِي الْأَرْضِ فَهَلْ نَجْعَلُ لَكَ خَرْجًا عَلَىٰ أَنْ تَجْعَلَ
بَيْنَنَا وَبَيْنَهُمْ سَدًّا ﴿٩٤﴾ قَالَ مَا مَكَّنِّي فِيهِ رَبِّي خَيْرٌ فَأَعِينُونِي بِقُوَّةٍ
أَجْعَلْ بَيْنَكُمْ وَبَيْنَهُمْ رَدْمًا ﴿٩٥﴾ آتُونِي زُبَرَ الْحَدِيدِ حَتَّىٰ إِذَا سَاوَىٰ
بَيْنَ الصَّدَفَيْنِ قَالَ انْفُخُوا حَتَّىٰ إِذَا جَعَلَهُ نَارًا قَالَ آتُونِي أُفْرِغْ
عَلَيْهِ قِطْرًا ﴿٩٦﴾ فَمَا اسْطَاعُوا أَنْ يَظْهَرُوهُ وَمَا اسْتَطَاعُوا لَهُ نَقْبًا ﴿٩٧﴾

قَالَ هٰذَا

84. Sin duda, le hemos establecido con poder en la tierra, y para todas las cosas (que rectamente propuso) le dimos un camino (los medios justos apropiados para fines justos).

85. Y siguió un camino tal,

86. Hasta que, cuando alcanzó donde se pone el Sol, encontró que éste se ponía en un manantial de agua caliente, negra y turbia[29], y cerca encontró a una gente. Dijimos: «¡Oh Zu'l-Qarnayn! Puedes castigarles o puedes tratarles con amabilidad (¿Cuál camino vas a elegir?)».

87. Dijo: «En cuanto a aquel que es injusto (no creyendo en Dios o atribuyéndole copartícipes y oprimiendo a los demás), le castigaremos; y después será devuelto a su Señor, y Él le castiga de un modo indescriptible.

88. Pero en cuanto a aquel que cree y hace actos buenos y rectos, para él se da una recompensa de lo mejor y le hablaremos una palabra fácil de Nuestra orden (le encargaremos con tareas fáciles)».

89. Luego siguió otro camino,

90. Hasta que, cuando alcanzó donde salía el Sol, y lo encontró saliendo sobre una gente para quienes no les hemos proveído refugio contra ello.

91. Así fue (así era su estado y la majestuosidad de Zu'l-Qarnayn). Sin duda abarcamos todo respecto a él en Nuestro conocimiento[30].

92. Luego siguió otro camino,

93. Hasta que, cuando alcanzó (un lugar) entre dos montañas elevadas como barreras, encontró delante de ellas una gente que apenas comprendían una palabra.

94. Dijeron: «¡Oh Zu'l-Qarnayn! Gog y Magog[31] causan desorden en esta tierra. ¿Te pagamos un tributo para que establezcas una barrera entre ellos y nosotros?».

95. Dijo: «Aquello en lo que me ha establecido mi Señor (el poder que me ha otorgado en esta tierra) es mejor (que lo que me ofrecéis). Por lo tanto, ayudadme con fuerza (mano de obra), y estableceré una muralla sólida entre vosotros y ellos.

96. Traedme bloques de hierro». Y cuando había llenado (el espacio entre) las dos empinadas laderas de las montañas, dijo: «(Encended un fuego y) soplad vuestros fuelles». Finalmente, cuando lo había hecho (resplandecer rojo como el) fuego, dijo: «Traedme cobre fundido para verterlo encima».

97. Y ellos (Gog y Magog) ya no pudieron superarla ni excavar su camino a través (de la barrera).

29. El Corán, que fue revelado hace catorce siglos y es válido hasta el Día del Juicio Final, persigue cuatro propósitos fundamentales: busca establecer en las mentes y los corazones la Existencia y la Unidad de Dios, la Misión Profética, la Resurrección corporal, la adoración de Dios y la justicia. Se dirige a todos los tiempos y lugares así como a todos los niveles de comprensión. Es un hecho aceptado que la gente de entendimiento medio de cada comunidad y de cada época constituye su gran mayoría. Por lo tanto, para guiar a todo el mundo hacia la verdad y sus propósitos básicos, el Corán considera el nivel de dicha mayoría que sigue generalmente las percepciones visuales. Sin embargo, esto no significa que ignore la existencia de las personas de conocimiento. Por ello, emplea tales estilos que una persona común con un intelecto medio puede beneficiarse del Corán, mientras que los eminentes científicos, independientemente del campo de la ciencia que sean expertos, también puede beneficiarse del mismo. A veces emplea un lenguaje simbólico y frecuentemente recurre a metáforas, alegorías, comparaciones y parábolas. Los que están versados en el conocimiento (3:7) saben cómo abordar el Corán y beneficiarse del mismo, y llegan a la conclusión de que el Corán es la Palabra de Dios.

Por lo tanto, con la frase *donde se pone el Sol, encontró que éste se ponía en un manantial de agua caliente, negra y turbia,* el Corán quiere decir que Zu'l-Qarnayn recorrió una gran distancia hacia el este y que marchó hasta el punto donde (probablemente) vio un mar o un océano aparecer como un manantial. La descripción del mar o el océano como *un manantial de agua caliente, negra y turbia* sugiere que alcanzó hasta aquel punto en los días más calurosos del verano cuando la evaporación llegaba a su cúlmen.

Las expresiones *donde se pone el Sol* y *donde salía el Sol* (véase el versículo 90 del *sura*) también denotan que Zu'l-Qarnayn hizo largas expediciones militares hacia el este y hacia el oeste.

30. Los versículos 89-91 indican que Zu'l-Qarnayn se dirigió hacia el este, y, conquistando una tierra tras otra, alcanzó el territorio más remoto del aquel entonces mundo civilizado. Los que vivían en dicho territorio eran gente primitiva que no tenía ropa ni edificios con los que protegerse del Sol. Dios Todopoderoso no nos informa de cómo Zu'l-Qarnayn les trató. Sin embargo, se deduce de dichos versículos que, al ser Zu'l-Qarnayn un amado siervo de Dios y un justo y recto conquistador dotado de todo tipo de medios justos apropiados para fines justos, les habría invitado al camino recto y pueden haber llevado a cabo algunos avances en aras de la civilización. Las observaciones de algunos escritores occidentales sobre el poder transformador del Islam nos pueden dar una clave a este respecto.

A continuación, figuran algunas impresiones de la influencia del Islam sobre los nativos africanos escritas por un occidental del siglo XIX:

> «En cuanto a los efectos del Islam que fue abrazado por primera vez por una tribu de raza negra, ¿puede haber, a simple vista, alguna duda razonable? El politeísmo desapareció casi al instante; la hechicería, con sus males añadidos, gradualmente se desvaneció; el sacrificio humano se quedó en el pasado. La elevación general de la moral es más señalada; los nativos comienzan por primera vez en su historia a vestirse y lo hacen con esmero. La suciedad inmunda es sustituida por un poco de acercamiento a la limpieza personal; la hospitalidad se hace un deber religioso; la embriaguez, en lugar de la norma, se hace una excepción comparativamente rara. La castidad fue considerada como una de las más altas virtudes del hombre. La ociosidad que degrada esa elevación, da marcha atrás. Las ofensas son de ahí en adelante medidas por un código escrito en vez del capricho arbitrario de un jefe, —como todos aceptarán— que es de una importancia enorme en el progreso de una tribu. Las mezquitas dan una idea de la arquitectura más elevada que cualquier raza negra había tenido hasta enton-

ces. Una sed por la literatura fue creada y también por las obras de ciencia y filosofía así como por los comentarios del Corán» (al-Ezzati, citado por B. Smith, *Muhammad and Muhammadanism*, págs.111-112, 117-118, 231).

Isaac Taylor, quien realizó un discurso en el Congreso de la Iglesia Anglicana, relata cómo el Islam cambia a las personas que lo aceptan:

> Cuando el mahometanismo [un nombre inadecuado dado por algunos occidentales como resultado de una incorrecta comparación del Islam con el Cristianismo – Ali Ünal] es abrazado, el paganismo, el fetichismo, el infanticidio y la brujería desaparecen. La suciedad es reemplazada por la limpieza y el nuevo converso adquiere dignidad personal y amor propio. Las danzas impúdicas y la relación sexual promiscua cesan. La castidad femenina es recompensada como una virtud. La laboriosidad reemplaza a la pereza. La licencia es sustituida por la ley. El orden y la sobriedad prevalecen. La enemistad mortal, la crueldad con los animales y los esclavos son erradicadas. El Islam barre toda la corrupción y las supersticiones. El Islam fue una revolución contra las polémicas vacías... Dio esperanza al esclavo, hermandad a los seres humanos y reconocimiento de los hechos fundamentales de la naturaleza humana. Las virtudes que el Islam inculca son la abstinencia de bebidas alcohólicas, la limpieza, la castidad, la justicia, la fortaleza, el coraje, la benevolencia, la hospitalidad, la veracidad y la resignación... El Islam predica una hermandad práctica, la igualdad social de todos los musulmanes. La esclavitud no es una parte del credo islámico. La poligamia es un asunto más complicado. Moisés no lo prohibió, fue practicado por David y no es algo directamente prohibido en el Nuevo Testamento. Muhammad limitó la práctica libre de la poligamia. Es una excepción más que una regla... En la resignación a la Voluntad de Dios, la templanza, la castidad, la veracidad y la hermandad de los creyentes, (los musulmanes) establecen de ese modo para los demás un patrón que bien deberíamos seguir. El Islam abolió la ebriedad, los juegos de azar y la prostitución, las tres maldiciones de las tierras cristianas. El Islam ha hecho más para la civilización que el Cristianismo. La conquista de un tercio de la Tierra por su credo (el de Muhammad) fue un milagro (Ezzati, 235-237).

31. Gog y Magog (*Ya'yuy* y *Ma'yuy* en el Corán) también son mencionados en la Biblia (*Genesis*, 10:2; *Crónicas*, 1:5; *Ezequiel*, 38:2; 39:6; *Apocalipsis*, 20:8). Fueron tribus salvajes que habitaron la región noreste de Asia. Realizaban constantemente incursiones contra las tierras civilizadas invadiendo a los pueblos primitivos que encontraban en su camino. Se creyó que los mogoles que invadieron las tierras musulmanas y llegaron hasta Europa central en los siglos XII y XIII eran Gog y Magog tanto por parte de los musulmanes como de los europeos. El Corán afirma que la muralla que Zu'l-Qarnayn construyó se derrumbará y que dicha gente invadirá el mundo civilizado una vez más antes del fin de los tiempos (18:98; 21:96). Los informes del Mensajero de Dios, la paz y las bendiciones sean con él, consideran dicha invasión como uno de los signos de la cercanía de la Última Hora. Bediuzzaman Said Nursi indica que al igual que las langostas que vuelan en enormes enjambres y luego, tras destruir los sembrados y las plantas, desaparecen, Gog y Magog son los pueblos salvajes que invaden el mundo civilizado en determinados momentos y que luego desaparecen [*Şualar* («Los Rayos»), págs.453-454].

قَالَ هٰذَا رَحْمَةٌ مِنْ رَبِّى فَإِذَا جَاءَ وَعْدُ رَبِّى جَعَلَهُ دَكَّاءَ وَكَانَ وَعْدُ
رَبِّى حَقًّا ﴿٩٨﴾ وَتَرَكْنَا بَعْضَهُمْ يَوْمَئِذٍ يَمُوجُ فِى بَعْضٍ وَنُفِخَ فِى الصُّورِ
فَجَمَعْنَاهُمْ جَمْعًا ﴿٩٩﴾ وَعَرَضْنَا جَهَنَّمَ يَوْمَئِذٍ لِلْكَافِرِينَ عَرْضًا ﴿١٠٠﴾
اَلَّذِينَ كَانَتْ اَعْيُنُهُمْ فِى غِطَاءٍ عَنْ ذِكْرِى وَكَانُوا لَا يَسْتَطِيعُونَ
سَمْعًا ﴿١٠١﴾ اَفَحَسِبَ الَّذِينَ كَفَرُوا اَنْ يَتَّخِذُوا عِبَادِى مِنْ دُونِى اَوْلِيَاءَ
اِنَّا اَعْتَدْنَا جَهَنَّمَ لِلْكَافِرِينَ نُزُلًا ﴿١٠٢﴾ قُلْ هَلْ نُنَبِّئُكُمْ بِالْاَخْسَرِينَ
اَعْمَالًا ﴿١٠٣﴾ اَلَّذِينَ ضَلَّ سَعْيُهُمْ فِى الْحَيٰوةِ الدُّنْيَا وَهُمْ يَحْسَبُونَ
اَنَّهُمْ يُحْسِنُونَ صُنْعًا ﴿١٠٤﴾ اُولٰئِكَ الَّذِينَ كَفَرُوا بِاٰيَاتِ رَبِّهِمْ وَلِقَائِهِ
فَحَبِطَتْ اَعْمَالُهُمْ فَلَا نُقِيمُ لَهُمْ يَوْمَ الْقِيٰمَةِ وَزْنًا ﴿١٠٥﴾ ذٰلِكَ جَزَاؤُهُمْ
جَهَنَّمُ بِمَا كَفَرُوا وَاتَّخَذُوا اٰيَاتِى وَرُسُلِى هُزُوًا ﴿١٠٦﴾ اِنَّ الَّذِينَ اٰمَنُوا
وَعَمِلُوا الصَّالِحَاتِ كَانَتْ لَهُمْ جَنَّاتُ الْفِرْدَوْسِ نُزُلًا ﴿١٠٧﴾ خَالِدِينَ
فِيهَا لَا يَبْغُونَ عَنْهَا حِوَلًا ﴿١٠٨﴾ قُلْ لَوْ كَانَ الْبَحْرُ مِدَادًا لِكَلِمَاتِ رَبِّى
لَنَفِدَ الْبَحْرُ قَبْلَ اَنْ تَنْفَدَ كَلِمَاتُ رَبِّى وَلَوْ جِئْنَا بِمِثْلِهِ مَدَدًا ﴿١٠٩﴾
قُلْ اِنَّمَا اَنَا بَشَرٌ مِثْلُكُمْ يُوحٰى اِلَىَّ اَنَّمَا اِلٰهُكُمْ اِلٰهٌ وَاحِدٌ فَمَنْ كَانَ
يَرْجُوا لِقَاءَ رَبِّهِ فَلْيَعْمَلْ عَمَلًا صَالِحًا وَلَا يُشْرِكْ بِعِبَادَةِ رَبِّهِ اَحَدًا ﴿١١٠﴾

98. Zu'l-Qarnayn dijo: «Esta es una misericordia de mi Señor. Pero cuando el momento de la promesa de mi Señor llegue, la arrasará; y la promesa de mi Señor es siempre verdadera».

99. Ese Día, dejaremos que la gente choque como las olas unos sobre otros[32], y la Trompeta se hará sonar y, entonces, les reuniremos a todos juntos.

100. Ese Día, pondremos el Infierno ante los incrédulos, a plena vista.

101. Aquellos cuyos ojos están velados a Mi Libro y a cualquier remembranza de Mí, y quienes no pueden soportar escuchar(los).

102. ¿Acaso los incrédulos consideran que pueden tomar (con razón y justificadamente) a uno de Mis siervos como guardianes (para poseerles y protegerles) aparte de Mí? Sin duda, hemos preparado el Infierno como una morada para los incrédulos.

103. Di: «¿Queréis que os informemos sobre quiénes son los grandes perdedores respecto a sus obras?

104. Aquellos cuyo esfuerzo ha sido en vano en este mundo (porque fue dirigido solamente a fines mundanos por lo que también será inútil en el Más Allá) mas ellos mismos consideraban que estaban haciendo el bien»[33].

105. Aquellos son los que no creyeron en los signos y las Revelaciones de su Señor y en el encuentro con Él. Por consiguiente, sus obras han sido en vano y en el Día de la Resurrección, no estableceremos ni la Balanza para ellos.

106. Esa será su recompensa —el Infierno— porque no han creído y se han burlado de Mis signos, Revelaciones, y de Mis Mensajeros.

107. Sin duda para aquellos que creen y hacen actos buenos y rectos, tienen, como morada, los Jardines del más alto nivel del Paraíso.

108. Morarán ahí, sin desear ningún cambio de situación de ahí.

109. Di: «Si todos los mares fueran tinta para escribir las palabras de mi Señor (los actos, decretos y manifestaciones de todos Sus Nombres y Atributos), los mares se agotarían antes de que las palabras de mi Señor se agotasen, incluso si trajésemos otro tanto además de ello».

110. Di: «No soy sino un mortal como vosotros, pero me ha sido revelado que vuestro Señor es el Dios Único. Así pues, todo aquel que espera con anhelo el encuentro con su Señor, que haga actos buenos y rectos y que no atribuya copartícipe alguno en la adoración a su Señor».

32. Está claro que Zu'l-Qarnayn realizó grandes conquistas hacia el oeste, este y el norte a lo largo del mundo civilizado, llegando a los límites «naturales» tal y como el mar y los desiertos y las cadenas montañosas. Narrando sus conquistas después de la narración del viaje de Moisés con al-Jadr, que a su vez sigue a la historia de la Gente de la Cueva y las huertas de los dos hombres, el Corán se refiere a un resultado «natural». Lo que es más importante que esto es que un movimiento de fe puede y debe ser representado por gente perfecta y recta. En particular, aquellos que lo han dirigido después del último Profeta, la paz y las bendiciones sean con él, han de ser verdaderos y perfectos sucesores de la misión de los Mensajeros, con excepción de que ellos mismos no son Profetas y no recibieron la Revelación que les ha sido descendida a los Profetas.

También hubo diferentes opiniones respecto a dónde estaba localizada la muralla que Zu'l-Qarnayn construyó. Algunos han sugerido que fue construida en las montañas en una cadena montañosa entre el Mar Caspio y el Mar Negro. Mientras que otros sugieren que la muralla era la Puerta de Hierro cerca de Bujara, que se hallaba entre Transoxiana y Mongolia. Otros sugieren que se trata de la Gran Muralla China.

Lo que es de interés en este sentido es que se trataba de una barrera que impidió a las agresivas tribus de Gog y Magog atacar el mundo civilizado. Durante siglos no existieron dichas barreras. Sin embargo, si los últimos asaltos de Gog y Magog no fue la invasión mogola de gran parte del mundo musulmán y de Europa central durante el siglo XIII, entonces, tal y como el Corán sugiere (versículo 99 de este *sura* y el *sura* 21:96) y los informes proféticos indican, el mundo civilizado presenciará la mayor destrucción de toda la historia de la humanidad en algún momento del futuro. Si comprendemos que la palabra *sadd* (barrera), del versículo 94, también significa barrera espiritual, es posible pensar que con anterioridad a esta última destrucción habrá sido erigida una barrera espiritual.

Algunas Tradiciones Proféticas afirman que memorizar (y recitar cada viernes) diez versículos del principio y el final de este *sura* protege de la corrupción y de los males del *Dayyal* (el Anticristo en la tradición cristiana), ya se trate del individuo o de la personalidad colectiva o movimiento que se espera que aparezca hacia el final de los tiempos y que intentará erradicar el Islam de la vida social de los musulmanes (Muslim «Salat al-Musafirin», 257). Por lo tanto, las historias narradas en este *sura* han de tener una relevancia cercana a ciertas implicaciones respecto a los acontecimientos mundiales que se espera que ocurran antes del fin de los tiempos.

33. Este versículo contiene una gran amenaza y varias advertencias. Antes que nada, si una persona piensa que está haciendo el bien, no significa que está realmente haciéndolo. Lo que es bueno es aquello que es aceptable por Dios y, por consiguiente, lo que Dios ha declarado que es bueno. Por lo tanto, hacer el bien depende del conocimiento, es decir, de conocer lo que agrada a Dios en cada caso, y hacerlo de la manera que Él lo aprueba. Esto precisa que se tenga conocimiento, perspicacia, sagacidad y habilidad para distinguir el bien en todos los casos o seguir un verdadero guía que tenga dichas características.

La primera parte de este versículo tiene varios significados.

- Los incrédulos y/o politeístas pueden hacer algunas cosas útiles para la vida mundana. Pero el hecho de que sean útiles respecto al Más Allá depende de su verdadera creencia. Por lo que todo lo que los incrédulos y/o politeístas hacen con toda seguridad se echará a perder respecto al Más Allá.
- Si hay verdaderos creyentes que forman una comunidad formidable y se esfuerzan en la causa de Dios, cualquier cosa que los incrédulos hagan para derrotarles sin duda será en vano.
- A lo largo de la historia, los incrédulos han detentado alguna vez superioridad sobre los creyentes. Sin embargo, el final siempre pertenece a los creyentes.

SURA 19

MARYAM (MARÍA)

Período de La Meca

Este *sura* fue revelado justo antes de que la mayoría de los musulmanes de La Meca llegasen a Abisinia para escapar de la persecución de los politeístas de La Meca en el quinto año de la misión del Mensajero. En aquel momento, un rey monoteísta reinaba en Abisinia. Los quraishíes enviaron a ‘Abdullah ibn Rabi‘ah y a ‘Amr ibn al-‘As al rey para conseguir el retorno de los refugiados. El rey preguntó a los musulmanes sobre su fe y sobre su punto de vista sobre Jesús, la paz sea con él, y su madre, María. Ya‘far ibn Abi Talib, jefe de los refugiados musulmanes, le respondió recitando los primeros treinta y cinco versículos de este *sura*.

El *sura* empieza con la mención del profeta Juan, la paz sea con él, y continúa relatando hechos sobre María y el profeta Jesús. Luego, menciona al profeta Abraham, la paz sea con él, cuya vida pasó emigrando y sugiere que el camino del Último Mensajero de Dios, la paz y las bendiciones sean con él, no iba a ser diferente al de los anteriores Profetas. Critica enérgicamente las duras reacciones de los politeístas de La Meca y finaliza dando buenas nuevas a los creyentes de que Dios pondrá en los corazones de la gente amor por ellos y que mucha gente se convertirá al Islam.

Este *sura* toma el nombre de María y consta de 98 versículos.

En el Nombre de Dios,
el Misericordioso, el Compasivo.

1. *Kaf. Ha. Ya. ‘Ayn. Sad.*

2. Una mención de la Misericordia de tu Señor hacia Su siervo Zacarías.

3. Cuando invocó a su Señor en secreto,

304 سُورَةُ مَرْيَمَ ٣٠٤

سُورَةُ مَرْيَمَ مَكِّيَّةٌ
وَهِيَ ثَمَانٍ وَتِسْعُونَ آيَةً

بِسْمِ اللّٰهِ الرَّحْمٰنِ الرَّح۪يمِ

كٓهٰيٰعٓصٓ ﴿١﴾ ذِكْرُ رَحْمَتِ رَبِّكَ عَبْدَهُ زَكَرِيَّا ﴿٢﴾ اِذْ نَادٰى
رَبَّهُ نِدَٓاءً خَفِيًّا ﴿٣﴾ قَالَ رَبِّ اِنّ۪ي وَهَنَ الْعَظْمُ مِنّ۪ي وَاشْتَعَلَ
الرَّأْسُ شَيْبًا وَلَمْ اَكُنْ بِدُعَٓائِكَ رَبِّ شَقِيًّا ﴿٤﴾ وَاِنّ۪ي خِفْتُ
الْمَوَالِيَ مِنْ وَرَٓاء۪ي وَكَانَتِ امْرَاَت۪ي عَاقِرًا فَهَبْ ل۪ي مِنْ
لَدُنْكَ وَلِيًّا ﴿٥﴾ يَرِثُن۪ي وَيَرِثُ مِنْ اٰلِ يَعْقُوبَ وَاجْعَلْهُ رَبِّ
رَضِيًّا ﴿٦﴾ يَا زَكَرِيَّٓا اِنَّا نُبَشِّرُكَ بِغُلَامٍ اسْمُهُ يَحْيٰى لَمْ
نَجْعَلْ لَهُ مِنْ قَبْلُ سَمِيًّا ﴿٧﴾ قَالَ رَبِّ اَنّٰى يَكُونُ ل۪ي غُلَامٌ
وَكَانَتِ امْرَاَت۪ي عَاقِرًا وَقَدْ بَلَغْتُ مِنَ الْكِبَرِ عِتِيًّا ﴿٨﴾
قَالَ كَذٰلِكَ قَالَ رَبُّكَ هُوَ عَلَيَّ هَيِّنٌ وَقَدْ خَلَقْتُكَ
مِنْ قَبْلُ وَلَمْ تَكُ شَيْـًٔا ﴿٩﴾ قَالَ رَبِّ اجْعَلْ ل۪ٓي اٰيَةً قَالَ اٰيَتُكَ
اَلَّا تُكَلِّمَ النَّاسَ ثَلٰثَ لَيَالٍ سَوِيًّا ﴿١٠﴾ فَخَرَجَ عَلٰى قَوْمِه۪
مِنَ الْمِحْرَابِ فَاَوْحٰٓى اِلَيْهِمْ اَنْ سَبِّحُوا بُكْرَةً وَعَشِيًّا ﴿١١﴾

يَا يَحْيٰى

4. Diciendo: «¡Señor mío! Mis huesos se han debilitado y mi cabello brilla con las canas por la vejez y, Señor mío, nunca he sido privado y desdichado en mi súplica hacia Ti.

5. Me preocupo por (cómo) mis parientes (actuarán respecto a la continuación de mi misión y a la protección del futuro de María), y mi mujer es estéril. Así que concédeme un sucesor de Tu gracia.

6. Quien sea mi heredero (en mi deber) y heredero (del camino recto) de la familia de Jacob; y hazle, Señor mío, alguien con quien Tú estés complacido»[1].

7. (Los ángeles le llamaron en Nombre de Dios:) «¡Oh Zacarías! Te damos las buenas nuevas de un hijo cuyo nombre será

Yahya (Juan). Nadie antes de él ha recibido ese nombre».

8. Dijo: «¡Señor mío! ¿Cómo tendré un hijo siendo mi mujer estéril y habiendo llegado yo a la vejez?».

9. (El ángel) respondió (mencionando a Dios): «Así será. Tu Señor dice: "Es fácil para Mí, ya que una vez te creé de la nada"».

10. (Zacarías) suplicó: «¡Señor mío! Concédeme una señal clara». Dios dijo: «Tu señal es que no serás capaz de hablar a la gente durante tres noches».

11. Por lo tanto él apareció ante su gente desde el santuario y les indicó (por señas): «Glorificad a vuestro Señor por la mañana y por la tarde».

---

1. El profeta Zacarías, la paz sea con él, recitó la oración mencionada en estos versículos, ya que no pudo ver que nadie de sus parientes fuese capaz de sucederle en su deber de predicar del Mensaje de Dios y salvaguardar el futuro de María, de cuya tutela se había encargado.

Al mencionar el discurso de una persona, Dios no lo hace palabra por palabra en su sentido literal; pues no narra un evento simplemente como si fuese un historiador o un observador. Más bien, considera cuáles son las intenciones y los sentimientos del hablante y las partes del discurso que la persona no pueda pronunciar. Al narrar un acontecimiento, lo considera desde su significado, sus causas y las lecciones que proporciona a la vez que las circunstancias bajo las cuales tuvo lugar y la intención, situación y posición de los principales actores del mismo. Por esa razón, podemos encontrar el mismo acontecimiento o discurso narrado con diferentes palabras y desde distintas perspectivas en el Corán, según el tema que se esté tratando y el contexto en que se encuentre.

La oración del profeta Zacarías se menciona en 3:38 así: *Señor mío, concédeme de Tu gracia una buena y recta descendencia*, de lo que se desprende que pidió un sucesor de su propia familia y, por lo tanto, pidió un hijo, ya que no tenía ninguno todavía. Nos podrías preguntar por qué Zacarías, la paz sea con él, pidió un sucesor de su familia. La respuesta es que *Dios sabe mejor en quién ubica Su Mensaje* (6:124) y *Dios hizo puro a Adán, a Noé, a la Familia de Abraham y a la Familia de Imran, escogiéndolos de entre toda la humanidad como descendientes los unos de los otros* (3:33-34). Es imposible que el profeta Zacarías, la paz sea con él, no fuese consciente de ello, por lo que sabía que el sucesor de su progenie sería alguien que descendería de la casa de Jacob (Véase también el *sura* 3:34, nota 7).

يَا يَحْيٰى خُذِ الْكِتَابَ بِقُوَّةٍ وَاٰتَيْنَاهُ الْحُكْمَ صَبِيًّا ﴿١٢﴾
وَحَنَانًا مِنْ لَدُنَّا وَزَكٰوةً وَكَانَ تَقِيًّا ﴿١٣﴾ وَبَرًّا بِوَالِدَيْهِ وَلَمْ
يَكُنْ جَبَّارًا عَصِيًّا ﴿١٤﴾ وَسَلَامٌ عَلَيْهِ يَوْمَ وُلِدَ وَيَوْمَ يَمُوتُ
وَيَوْمَ يُبْعَثُ حَيًّا ﴿١٥﴾ وَاذْكُرْ فِي الْكِتَابِ مَرْيَمَ اِذِ انْتَبَذَتْ
مِنْ اَهْلِهَا مَكَانًا شَرْقِيًّا ﴿١٦﴾ فَاتَّخَذَتْ مِنْ دُونِهِمْ حِجَابًا
فَاَرْسَلْنَا اِلَيْهَا رُوحَنَا فَتَمَثَّلَ لَهَا بَشَرًا سَوِيًّا ﴿١٧﴾ قَالَتْ
اِنّ۪ي اَعُوذُ بِالرَّحْمٰنِ مِنْكَ اِنْ كُنْتَ تَقِيًّا ﴿١٨﴾ قَالَ اِنَّمَا اَنَا
رَسُولُ رَبِّكِ لِاَهَبَ لَكِ غُلَامًا زَكِيًّا ﴿١٩﴾ قَالَتْ اَنّٰى يَكُونُ
لِي غُلَامٌ وَلَمْ يَمْسَسْنِي بَشَرٌ وَلَمْ اَكُ بَغِيًّا ﴿٢٠﴾ قَالَ كَذٰلِكِ
قَالَ رَبُّكِ هُوَ عَلَيَّ هَيِّنٌ وَلِنَجْعَلَهُ اٰيَةً لِلنَّاسِ وَرَحْمَةً
مِنَّا وَكَانَ اَمْرًا مَقْضِيًّا ﴿٢١﴾ فَحَمَلَتْهُ فَانْتَبَذَتْ بِهِ مَكَانًا
قَصِيًّا ﴿٢٢﴾ فَاَجَاءَهَا الْمَخَاضُ اِلٰى جِذْعِ النَّخْلَةِ قَالَتْ
يَا لَيْتَن۪ي مِتُّ قَبْلَ هٰذَا وَكُنْتُ نَسْيًا مَنْسِيًّا ﴿٢٣﴾ فَنَادٰيهَا
مِنْ تَحْتِهَا اَلَّا تَحْزَن۪ي قَدْ جَعَلَ رَبُّكِ تَحْتَكِ سَرِيًّا ﴿٢٤﴾
وَهُزّ۪ي اِلَيْكِ بِجِذْعِ النَّخْلَةِ تُسَاقِطْ عَلَيْكِ رُطَبًا جَنِيًّا ﴿٢٥﴾

12. (Juan nació y, cuando creció, le ordenamos:) «¡Oh Juan! Aférrate firmemente al Libro (la Tora) con (toda tu) fuerza». Y le concedimos autoridad con recto y buen juicio (una comprensión correcta de la Ley de Dios) cuando todavía era un niño;

13. Y (el regalo de) compasión de Nuestra Presencia, y pureza. Era muy piadoso y recto,

14. Y obediente a sus padres; y nunca fue ni revoltoso ni rebelde.

15. Por lo tanto, la paz sea sobre él el día en que nació, el día de su muerte y el día en que sea resucitado.

16. Y menciona, en el Libro, a María[2]. Se retiró de su familia a una cámara (en el Templo) que da al este (para dedicarse a la adoración y reflexión).

17. Así, se mantuvo aislada de la gente. Luego, le enviamos a ella Nuestro Espíritu, y se apareció ante ella en forma de un hombre perfecto[3].

18. Ella dijo: «Me refugio de ti en el Misericordioso, si eres alguien piadoso, devoto».

19. Él respondió: «Yo solo soy un mensajero de tu Señor para ser un medio (del regalo de Dios) para ti de un niño puro».

20. Ella dijo: «¿Cómo podría tener un niño, en vista de que ningún mortal jamás me ha tocado, y nunca he sido incasta?».

21. Él dijo (mencionando a Dios): «Así será. Tu Señor dice: "Es fácil para Mí; y (tú tendrás un niño) para que hagamos de él un signo para los seres humanos (de Nuestro Poder a causa de su nacimiento) y una misericordia de Nosotros (debido a que es un Mensajero). Es un asunto ya decretado».

22. Así pues, lo concibió y se retiró con él a un lugar distante.

23. Y los dolores del parto le condujeron al tronco de una palmera. Dijo: «¡Ojalá hubiese muerto antes de esto, y hubiese sido una cosa olvidada, totalmente olvidada!».

24. (Una voz) la llamó por debajo de ella: «¡No te entristezcas! Tu Señor ha puesto un arroyo a tus pies.

25. Y sacude hacia ti el tronco de la palmera: caerán dátiles maduros y frescos sobre ti»[4].

2. El Corán presenta a María como una de las dos mujeres ejemplares antes de la llegada del profeta Muhammad, la paz y las bendiciones sean con él (66:12). El profeta Muhammad la menciona como una de las cuatro grandes mujeres siendo las otras 'Asya, la mujer del Faraón, Jadiya, la primera esposa del Profeta, y Fátima, su hija (al-Bujari, «Anbiya», 45).

María era perfectamente casta, devota y piadosa. Su madre la consagró al servicio del Templo. Empleaba todo su tiempo en dicho servicio y en la adoración a Dios. Solía rezar, postrarse, agradecer y sentir la inspiración de los ángeles en su corazón. Dios la eligió como la virgen madre del profeta Jesús, la paz sea con él, que fue distinguida entre los Profetas por su gran espiritualidad (Véase también el *sura* 3:35-37, 42-48).

3. Tal y como se explica en el Apéndice 12, el espíritu es la fuente de la vida espiritual y física. Por esa razón, se emplea en el Corán para describir tanto la Revelación como el ángel de la Revelación (Gabriel). La designación del ángel como espíritu se hace porque los ángeles son espirituales.

Respecto a la identidad del espíritu que aparece ante María en forma de un hombre perfecto, la mayoría de los intérpretes del Corán opinan que se trataba del Arcángel Gabriel, el ángel de la Revelación, la paz sea con él. Hay distintos argumentos para apoyar esto, entre los que figuran que el Corán menciona a Gabriel como *Espíritu de la Santidad* (16:102) y *Espíritu Digno de Confianza* (26:193). En el versículo 19 del *sura*, el espíritu se presenta a sí mismo como un mensajero o enviado del Señor. El Corán también menciona a Gabriel como noble e ilustre mensajero (69:40). El mismo acontecimiento, u otros aspectos del mismo, son mencionados en el *Surat Al 'Imran*, 3:45-47. Estos versículos mencionan a ángeles en vez de a un solo ángel. Esto significa que Gabriel vino a María como medio para concederle el regalo de un hijo, mientras que los otros ángeles vinieron a ella con las buenas nuevas de dicho hijo.

A pesar de las opiniones de muchos intérpretes del Corán respecto a la identidad del espíritu anteriormente mencionado, algunos sostienen el punto de vista de que puede ser otro ser mencionado en otros lugares distintos del Corán con el nombre de Espíritu, y sobre cuya identidad hay una explicación en el *sura* 70, nota 1.

Hay informes en los Evangelios de que, más tarde, la Virgen María se casó con José, el carpintero, y le dio hijos e hijas. Sin embargo, al contrario de algunos protestantes que leen dichas narraciones de modo literal y argumentan que María dio a luz a otros hijos, los católicos los leen metafóricamente y creen que continuó siendo una virgen. Es más probable que una mujer casta como María, que dio a luz a un gran Profeta como Jesús, la paz sea con él, sin intervención de padre alguno, no se casase luego con un hombre.

El versículo indica que los seres espirituales pueden adoptar formas visibles. Pero el Corán no hace referencia a la moderna necromancia que algunas personas «civilizadas» practican para ponerse en contacto con los espíritus de los muertos; ya que, en realidad, son espíritus malignos que se hacen pasar por personas muertas. No obstante, esta forma era conocida por algunos santos, como Muhyi'd-din ibn al-'Arabi, que podía comunicarse con los buenos espíritus a voluntad, entablar contacto y tener relaciones con ellos.

4. Mientras algunos comentaristas son de la opinión que la persona que llamó a María fue el Espíritu, otros argumentan que dicha persona fue el niño recién nacido, que el riachuelo brotó repentinamente y que la palmera, que se había secado, reverdeció otra vez, volviendo a dar dátiles frescos y maduros. No podemos negar que dichos milagros pudiesen haber ocurrido durante el nacimiento de un Profeta, pues han sido narrados muchos milagros que tuvieron lugar durante el nacimiento del profeta Muhammad. Cualquiera que sea la opinión correcta, y se hubiese convertido dicho lugar de repente en un lugar apacible con un manantial o no, lo que nos da a conocer el versículo 23:50 es que el lugar donde María se retiró era un lugar elevado, tranquilo y en el que fluía un manantial.

26. Así que come, bebe y que se te alegren tus ojos. Si vieses a alguna persona, di (por señas): «He hecho voto de silencio al Misericordioso, por lo que no puedo hablar con ningún ser humano hoy».

27. Regresó con su gente, llevándole. Exclamaron: «¡Oh María! ¡Sin duda has hecho una cosa inesperada y extraña!

28. ¡Oh hermana de Aarón![5] Tu padre nunca ha sido un hombre malvado ni tu madre fue incasta».

29. María lo señaló (al bebé, queriendo decir que deberían preguntarle). Gritaron: «¿Cómo vamos a hablar con aquel que está en la cuna, un bebé?».

30. (El bebé) dijo: «Sin duda soy *'abdullah* (un siervo de Dios)[6]. Él (ya ha decretado que) me va a dar el Libro (el Evangelio) y hacer de mí un Profeta.

31. Y me ha hecho bendito (y un medio de Sus bendiciones para la gente) dondequiera que esté, y Él me ha encomendado la Oración (*Salat*) y la Limosna Purificadora Prescrita (*Zakat*, y que encomiende lo mismo a los demás) mientras viva[7].

32. Y (me ha hecho) obediente hacia mi madre, y no me ha hecho revoltoso ni rebelde.

33. Por lo tanto, la paz sea sobre mí en el día en que nací, el día de mi muerte y el día en que seré resucitado».

34. Ese era Jesús, el hijo de María, en palabras de la verdad sobre la cual (los judíos y los cristianos) han dudado (y discutido entre ellos y con los demás).

فَكُلِى وَاشْرَبِى وَقَرِّى عَيْنًا فَاِمَّا تَرَيِنَّ مِنَ الْبَشَرِ اَحَدًا فَقُولِى
اِنِّى نَذَرْتُ لِلرَّحْمٰنِ صَوْمًا فَلَنْ اُكَلِّمَ الْيَوْمَ اِنْسِيًّا ﴿٢٦﴾ فَاَتَتْ
بِهٖ قَوْمَهَا تَحْمِلُهُ قَالُوا يَا مَرْيَمُ لَقَدْ جِئْتِ شَيْـًٔا فَرِيًّا ﴿٢٧﴾
يَا اُخْتَ هٰرُونَ مَا كَانَ اَبُوكِ امْرَاَ سَوْءٍ وَمَا كَانَتْ اُمُّكِ
بَغِيًّا ﴿٢٨﴾ فَاَشَارَتْ اِلَيْهِ قَالُوا كَيْفَ نُكَلِّمُ مَنْ كَانَ فِى الْمَهْدِ
صَبِيًّا ﴿٢٩﴾ قَالَ اِنِّى عَبْدُ اللّٰهِ اٰتٰينِىَ الْكِتَابَ وَجَعَلَنِى نَبِيًّا ﴿٣٠﴾
وَجَعَلَنِى مُبَارَكًا اَيْنَ مَا كُنْتُ وَاَوْصَانِى بِالصَّلٰوةِ وَالزَّكٰوةِ
مَا دُمْتُ حَيًّا ﴿٣١﴾ وَبَرًّا بِوَالِدَتِى وَلَمْ يَجْعَلْنِى جَبَّارًا شَقِيًّا ﴿٣٢﴾
وَالسَّلَامُ عَلَىَّ يَوْمَ وُلِدْتُ وَيَوْمَ اَمُوتُ وَيَوْمَ اُبْعَثُ حَيًّا ﴿٣٣﴾
ذٰلِكَ عِيسَى ابْنُ مَرْيَمَ قَوْلَ الْحَقِّ الَّذِى فِيهِ يَمْتَرُونَ ﴿٣٤﴾
مَا كَانَ لِلّٰهِ اَنْ يَتَّخِذَ مِنْ وَلَدٍ سُبْحَانَهُ اِذَا قَضٰى اَمْرًا فَاِنَّمَا
يَقُولُ لَهُ كُنْ فَيَكُونُ ﴿٣٥﴾ وَاِنَّ اللّٰهَ رَبِّى وَرَبُّكُمْ فَاعْبُدُوهُ هٰذَا
صِرَاطٌ مُسْتَقِيمٌ ﴿٣٦﴾ فَاخْتَلَفَ الْاَحْزَابُ مِنْ بَيْنِهِمْ فَوَيْلٌ
لِلَّذِينَ كَفَرُوا مِنْ مَشْهَدِ يَوْمٍ عَظِيمٍ ﴿٣٧﴾ اَسْمِعْ بِهِمْ وَاَبْصِرْ
يَوْمَ يَأْتُونَنَا لٰكِنِ الظَّالِمُونَ الْيَوْمَ فِى ضَلَالٍ مُبِينٍ ﴿٣٨﴾

وَاَنْذِرْهُمْ

35. No es propio de Dios tomar ningún hijo. ¡Gloria a Él (pues está por encima de hacer dichas cosas)! Cuando decreta una cosa, solo dice: «¡Sé!», y es.

36. «Sin duda, Dios es mi Señor y vuestro Señor, por lo tanto adoradle a Él. Este es un camino recto (a seguir)».

37. Y sin embargo, las partes (los judíos y los cristianos) discreparon entre ellos (sobre él). ¡Pobres, entonces, de aquellos que no creen por el encuentro de un terrible Día!

38. ¡Que bien oirán y que bien verán el Día en que comparezcan ante Nosotros (la verdad que intentan ocultar o apartar se hará clara para ellos)! Pero hoy (no les servirá para nada a) los malhechores, estarán en un obvio extravío.

5. Era costumbre entre los Hijos de Israel dar a sus hijos nombres de gente famosa o vincular a sus hijos con nombres de sus ancestros célebres. María era una descendiente del profeta Aarón, la paz sea con él, por lo que la gente la llamaba hermana de Aarón.

6. Es de esperar que emergieran distintas opiniones sobre la persona que había nacido sin un padre y de una virgen casta. Por ello, no mucho después de que hubiese sido elevado de la Tierra, algunos declararon erróneamente a Jesús, la paz sea con él, ser Dios Mismo, mientras que otros pretendieron que Jesús era Su hijo, siendo su virtuosa madre la madre de Dios, aunque también narraron que se casó con otro hombre después de haber dado a luz a Jesús y que tuvo otros muchos hijos. Al hacer que Jesús hablase cuando era un bebé en la cuna, el Todopoderoso le hizo que primero proclamase que era un siervo de Dios, y que advirtiese así contra posibles desviaciones. Tal y como en la profesión de fe islámica predicada por el profeta Muhammad, la paz y las bendiciones sean con él, la cual es «Atestiguo que no hay más deidad que Dios y atestiguo que Muhammad es Su siervo y Mensajero», se menciona primero la condición de ser un siervo y luego ser un Mensajero de Muhammad, de la misma manera el profeta Jesús, la paz sea con él, hace hincapié en que, ante todo, es un siervo de Dios y uno de Sus Profetas.

7. Todos los Profetas vinieron con los mismos fundamentos de fe, adoración, moralidad y comportamiento. La única diferencia radicaba en algunas leyes secundarias que dependían de la época y las condiciones cambiantes. Al igual que otros Profetas, el profeta Jesús, la paz sea con él, también mencionó la Unidad Divina, los Libros Divinos, el Mensaje, las Oraciones Prescritas y la Limosna Prescrita Purificadora como fundamentos principales de su misión.

39. Por lo tanto, advierte a la gente de la venida del Día de la angustia y del arrepentimiento, cuando todo habrá sido decidido. Pues (incluso ahora) hacen caso omiso y no creen.

40. Sin duda tan sólo Nosotros heredaremos la Tierra y todo lo que viva en ella; y a Nosotros todos serán devueltos.

41. Y menciona a Abraham en el Libro. Fue sin duda un hombre sincero y veraz, un Profeta.

42. Cuando dijo a su padre[8]: «¡Oh padre mío! ¿Por qué adoras lo que no oye ni ve, ni puede servirte de nada?

43. ¡Oh padre mío! En verdad me ha llegado un conocimiento (de la verdad) tal que a ti nunca te ha llegado, por lo tanto, sígueme y te guiaré a un camino llano y recto.

44. ¡Oh padre mío! No adores a Satanás (obedeciendo sus insinuaciones para adorar ídolos). Satanás es siempre rebelde contra el Misericordioso.

45. ¡Oh padre mío! Temo de verdad que te sobrevenga un castigo del Misericordioso y que entonces seas un amigo íntimo de Satanás (y un instrumento en su mano)».

46. Su padre dijo: «¿Te has apartado de mis deidades, Oh Abraham? ¡Si no desistes, sin duda haré que seas lapidado! ¡Ahora, aléjate de mí durante largo tiempo!»

47. Él dijo: «La paz sea contigo. Pediré perdón para ti a mi Señor. Sin duda Él ha sido siempre misericordioso conmigo.

وَاَنْذِرْهُمْ يَوْمَ الْحَسْرَةِ اِذْ قُضِيَ الْاَمْرُۢ وَهُمْ فِي غَفْلَةٍ وَهُمْ
لَا يُؤْمِنُونَ ﴿٣٩﴾ اِنَّا نَحْنُ نَرِثُ الْاَرْضَ وَمَنْ عَلَيْهَا وَاِلَيْنَا يُرْجَعُونَ ﴿٤٠﴾
وَاذْكُرْ فِي الْكِتَابِ اِبْرٰهِيمَ اِنَّهُ كَانَ صِدّيقًا نَبِيًّا ﴿٤١﴾ اِذْ قَالَ
لِاَبِيهِ يَٓا اَبَتِ لِمَ تَعْبُدُ مَا لَا يَسْمَعُ وَلَا يُبْصِرُ وَلَا يُغْنِي عَنْكَ
شَيْـًٔا ﴿٤٢﴾ يَٓا اَبَتِ اِنّي قَدْ جَٓاءَنِي مِنَ الْعِلْمِ مَا لَمْ يَاْتِكَ فَاتَّبِعْنِٓي
اَهْدِكَ صِرَاطًا سَوِيًّا ﴿٤٣﴾ يَٓا اَبَتِ لَا تَعْبُدِ الشَّيْطَانَ اِنَّ الشَّيْطَانَ
كَانَ لِلرَّحْمٰنِ عَصِيًّا ﴿٤٤﴾ يَٓا اَبَتِ اِنّٓي اَخَافُ اَنْ يَمَسَّكَ عَذَابٌ
مِنَ الرَّحْمٰنِ فَتَكُونَ لِلشَّيْطَانِ وَلِيًّا ﴿٤٥﴾ قَالَ اَرَاغِبٌ اَنْتَ
عَنْ اٰلِهَتِي يَٓا اِبْرٰهِيمُ لَئِنْ لَمْ تَنْتَهِ لَاَرْجُمَنَّكَ وَاهْجُرْنِي مَلِيًّا ﴿٤٦﴾
قَالَ سَلَامٌ عَلَيْكَ سَاَسْتَغْفِرُ لَكَ رَبّي اِنَّهُ كَانَ بِي حَفِيًّا ﴿٤٧﴾
وَاَعْتَزِلُكُمْ وَمَا تَدْعُونَ مِنْ دُونِ اللّٰهِ وَاَدْعُوا رَبّي عَسٰٓى اَلَّٓا
اَكُونَ بِدُعَٓاءِ رَبّي شَقِيًّا ﴿٤٨﴾ فَلَمَّا اعْتَزَلَهُمْ وَمَا يَعْبُدُونَ مِنْ دُونِ
اللّٰهِ وَهَبْنَا لَهُٓ اِسْحٰقَ وَيَعْقُوبَ وَكُلًّا جَعَلْنَا نَبِيًّا ﴿٤٩﴾ وَوَهَبْنَا
لَهُمْ مِنْ رَحْمَتِنَا وَجَعَلْنَا لَهُمْ لِسَانَ صِدْقٍ عَلِيًّا ﴿٥٠﴾ وَاذْكُرْ
فِي الْكِتَابِ مُوسٰٓى اِنَّهُ كَانَ مُخْلَصًا وَكَانَ رَسُولًا نَبِيًّا ﴿٥١﴾

48. Y me alejaré de (todos) vosotros y de todo lo que adoráis e invocáis aparte de Dios. Invoco tan solo a mi Señor; espero que no sea privado y desdichado en mi súplica hacia mi Señor».

49. Después de que se hubiera alejado de ellos y de todo lo que adoraban aparte de Dios, le concedimos a Isaac (como hijo) y a Jacob (como nieto)[9], y a cada uno de ellos le hicimos Profeta.

50. Les concedimos (muchos otros regalos) de Nuestra Misericordia, y les dimos un renombre verdadero y noble[10].

51. Y menciona a Moisés en el Libro. Fue alguien elegido, dotado de perfecta sinceridad y pureza de intención en la fe y en la práctica de la Religión, y fue un Mensajero y un Profeta[11].

8. Respecto al padre de Abraham, véanse el *sura* 6:74, nota 14, el *sura* 9:114, nota 24.

9. Tal y como es sabido, el profeta Jacob era el hijo de Isaac y nieto del profeta Abraham, la paz sea con él. Abraham tenía otro hijo, Ismael, la paz sea con él. La razón por la cual el Corán menciona a Jacob aquí es que este *sura*, al igual que los dos *suras* anteriores, *al-Isra'* y *al-Kahf*, hace frecuente referencia a la Gente del Libro —los judíos y los cristianos— sobre asuntos principales. Los judíos son descendientes de los doce hijos del profeta Jacob.

10. El Corán menciona al profeta Abraham, la paz sea con él, aquí particularmente para consolar a los musulmanes por su emigración a Abisinia y para preparar sus corazones para una posible y permanente emigración. Fethullah Gülen, (1941-), un renombrado erudito turco, escribe lo siguiente sobre la emigración:

> La emigración es un fenómeno importante en la historia de la humanidad. Además de su relación en sentido general con el establecimiento de civilizaciones, tiene una importancia especial en relación a los «santos», quienes se dedican a llevar la luz a lo largo del mundo.
>
> En primer lugar, cada individuo es un viajero y, en cierto sentido, un emigrante. Su viaje empieza en el mundo de los espíritus y continúa a lo largo de estaciones en el útero materno, en la niñez, la juventud, la vejez, la tumba y, de ahí, a un mundo completamente nuevo. A pesar de que cada persona es única entre millones de personas, cada individuo nace solo, vive su propia vida, tiene que soportar su propia muerte y será resucitado solo. Del mismo modo, cada una de las personas de gran envergadura que a lo largo de la historia han guiado a la humanidad, empezaron su misión sagrada como una sola persona, y diseminaron la luz de la antorcha que llevaban, iluminando los corazones de los demás, inculcando esperanza y fe en sus seguidores y transformando las tierras que estuvieron cubiertas de tinieblas en tierras de luz. Cada uno de estos guías tuvo que emigrar de un lugar a otro por dicha causa.
>
> La fe, la emigración y el esfuerzo en la causa de Dios son los tres pilares de una única y sagrada verdad. Son tres «grifos» de una fuente de la que el agua de la vida fluye para que la gente beba, permitiéndoles transmitir su mensaje sin cansarse y, cuando la oposición es demasiado formidable como para ser superada, partir hacia una nueva tierra, sin tener en cuenta su hogar, propiedades y familia.
>
> Cada nueva idea o mensaje siempre ha encontrado oposición cuando ha surgido, y aquellos que lo han presentado normalmente han sido bienvenidos en nuevos lugares en los que sus pasados eran desconocidos. En cada movimiento de renacimiento, anterior a una emigración, se dan dos fases de gran importancia. En la primera fase, la persona con una causa desarrolla su carácter, se desborda su fe y se inflama por su amor, y superándose a sí mismo, se convierte en un apasionado siervo de la verdad. Durante esa fase, lucha contra las tentaciones de su alma carnal para establecer su auténtico carácter espiritual. Esta fase se llama «yihad mayor» (al-yihad al-akbar). Tras ello, emerge llegando a una segunda fase para irradiar las luces de la fe al mundo alrededor suyo. Esta fase es, en verdad, la puerta hacia la emigración.
>
> La emigración no debería ser entendida únicamente en el sentido material. Más bien, una persona experimenta la emigración a lo largo de su vida en sentido espiritual. Cada interna transformación espiritual o intelectual, desde la indolencia hasta la acción, desde la decadencia hasta la renovación personal, desde el sofoco en la atmósfera de lo pecaminoso hasta la exaltación del reino del espíritu, puede ser considerada como una emigración. Creo firmemente que sólo aquellos que han podido realizar esta emigración interna pueden encontrar en sí mismos la fuerza y la resolución para dejar sus casas y familias en pos de un ideal sublime.
>
> La emigración en sus dos dimensiones, espiritual y material, fue primeramente representada por los grandes Profetas,

Abraham, Lot, Moisés y Jesús, la paz sea sobre ellos, quienes brillaron como soles en el horizonte de la humanidad, y en su función y significado más comprensivo fue realizada por el más grande de todos ellos, es decir por el profeta Muhammad, la paz y las bendiciones sean con él, quien es el orgullo de la humanidad. La puerta a la emigración ha sido abierta para todos aquellos que han seguido sus pasos.

La emigración en pos de la verdad es algo tan santo que la comunidad de personas santas que rodeaba al último Profeta, la paz y las bendiciones sean con él, y que sacrificaron sus almas por la causa en la que creyeron, son encomiados por Dios (desde entonces fueron llamados) como los «Emigrantes». La importancia de esto se puede contemplar en el hecho de que el principio de la era sagrada de esta santa comunidad no está marcado por el nacimiento del Profeta, por la primera Revelación, por tales victorias como Badr o por la conquista de La Meca, sino por la emigración a Medina.

Los creyentes devotos que emigraron por la causa de un sublime ideal, siempre sentirán profundamente la presión del ideal que les empujó a emigrar y a formar su vida de acuerdo con dicho ideal. En segundo lugar, serán liberados de un criticismo potencial respecto a los errores que pudiesen haber cometido durante su niñez o juventud. En su propia tierra, dichos creyentes son, probablemente, recordados y criticados por sus faltas del pasado, y por ello, tienen poca influencia sobre la gente. En las tierras a las que emigraron, serán conocidos por su brillo espiritual, sus ideas puras, sus intenciones puras y sus extraordinarios sacrificios. Por estas y otras razones, siempre han sido los emigrantes los que han cambiado el curso de la historia y han comenzado nuevas eras en la vida de la humanidad.

Toynbee, el renombrado historiador británico, menciona veintisiete civilizaciones fundadas por pueblos nómadas o migratorios. Nadie puede superar a dichos pueblos tan dinámicos. No están acostumbrados a la comodidad y al desahogo, y están dispuestos a sacrificar todo lo mundano. Están acostumbrados a todas las privaciones y siempre están listos allá donde la causa exige que se vaya [*Towards the Lost Paradise* («Hacia el Paraíso Perdido»), págs. 94-97].

11. Respecto a la distinción entre un Mensajero y un Profeta, véase el *sura* 3:81, nota 16.

وَنَادَيْنَاهُ مِنْ جَانِبِ الطُّورِ الْأَيْمَنِ وَقَرَّبْنَاهُ نَجِيًّا ﴿٥٢﴾ وَوَهَبْنَا لَهُ
مِنْ رَحْمَتِنَا أَخَاهُ هَارُونَ نَبِيًّا ﴿٥٣﴾ وَاذْكُرْ فِي الْكِتَابِ إِسْمَاعِيلَ
إِنَّهُ كَانَ صَادِقَ الْوَعْدِ وَكَانَ رَسُولًا نَبِيًّا ﴿٥٤﴾ وَكَانَ يَأْمُرُ أَهْلَهُ
بِالصَّلَاةِ وَالزَّكَاةِ وَكَانَ عِنْدَ رَبِّهِ مَرْضِيًّا ﴿٥٥﴾ وَاذْكُرْ فِي الْكِتَابِ
إِدْرِيسَ إِنَّهُ كَانَ صِدِّيقًا نَبِيًّا ﴿٥٦﴾ وَرَفَعْنَاهُ مَكَانًا عَلِيًّا ﴿٥٧﴾ أُولَٰئِكَ
الَّذِينَ أَنْعَمَ اللَّهُ عَلَيْهِمْ مِنَ النَّبِيِّينَ مِنْ ذُرِّيَّةِ آدَمَ وَمِمَّنْ حَمَلْنَا
مَعَ نُوحٍ وَمِنْ ذُرِّيَّةِ إِبْرَاهِيمَ وَإِسْرَائِيلَ وَمِمَّنْ هَدَيْنَا وَاجْتَبَيْنَا
إِذَا تُتْلَىٰ عَلَيْهِمْ آيَاتُ الرَّحْمَٰنِ خَرُّوا سُجَّدًا وَبُكِيًّا ﴿٥٨﴾ فَخَلَفَ
مِنْ بَعْدِهِمْ خَلْفٌ أَضَاعُوا الصَّلَاةَ وَاتَّبَعُوا الشَّهَوَاتِ فَسَوْفَ
يَلْقَوْنَ غَيًّا ﴿٥٩﴾ إِلَّا مَنْ تَابَ وَآمَنَ وَعَمِلَ صَالِحًا فَأُولَٰئِكَ يَدْخُلُونَ
الْجَنَّةَ وَلَا يُظْلَمُونَ شَيْئًا ﴿٦٠﴾ جَنَّاتِ عَدْنٍ الَّتِي وَعَدَ الرَّحْمَٰنُ
عِبَادَهُ بِالْغَيْبِ إِنَّهُ كَانَ وَعْدُهُ مَأْتِيًّا ﴿٦١﴾ لَا يَسْمَعُونَ فِيهَا لَغْوًا
إِلَّا سَلَامًا وَلَهُمْ رِزْقُهُمْ فِيهَا بُكْرَةً وَعَشِيًّا ﴿٦٢﴾ تِلْكَ الْجَنَّةُ الَّتِي
نُورِثُ مِنْ عِبَادِنَا مَنْ كَانَ تَقِيًّا ﴿٦٣﴾ وَمَا نَتَنَزَّلُ إِلَّا بِأَمْرِ رَبِّكَ لَهُ
مَا بَيْنَ أَيْدِينَا وَمَا خَلْفَنَا وَمَا بَيْنَ ذَٰلِكَ وَمَا كَانَ رَبُّكَ نَسِيًّا ﴿٦٤﴾

السجدة

رَبُّ السَّمَاوَاتِ

52. Le llamamos desde la ladera derecha del monte Sinaí[12], y le acercamos para hablarle en privado.

53. De Nuestra misericordia, le concedimos a su hermano Aarón como Profeta.

54. También menciona a Ismael en el Libro. Era alguien que siempre fue fiel a su promesa y fue un Mensajero, un Profeta.

55. Solía ordenar a su gente la Oración y la Limosna Prescrita Purificadora y fue alguien con quien su Señor estaba complacido.

56. Y menciona a Idris en el Libro. Fue sin duda un hombre sincero y veraz, un Profeta.

57. Y le alzamos a una elevada estación[13].

58. Estos son algunos de los Profetas, —a los cuales Dios ha conferido Sus bendiciones (de la Escritura, la Misión Profética, la autoridad con recto y buen juicio)— de entre los descendientes de Adán y aquellos que llevamos (en el Arca) con Noé, y de entre la descendencia de Abraham e Israel (Jacob), y aquellos a los que guiamos y escogimos. Cuando se les recitaba las Revelaciones del Misericordioso, caerían postrados llorando[14].

59. Después, le sucedieron generaciones que desatendieron y abandonaron la Oración y siguieron (sus) lujurias, (abandonando el servicio en la causa de Dios). Encontrarán la perdición (como su justo merecido)[15].

60. Excepto aquellos que se arrepienten, creen y obran actos buenos y rectos. Aquellos entrarán en el Paraíso y no se les infligirá ninguna injusticia.

61. Jardines de dicha perpetua que el Misericordioso ha prometido a Sus siervos sin que los hayan visto (más allá de la percepción y el conocimiento de los siervos). Su promesa con toda seguridad se cumplirá.

62. En donde no oirán una conversación vana, sino tan solo paz (satisfacción y seguridad). Y ahí tendrán su sustento mañana y tarde.

63. Ese es el Paraíso que haremos heredar a aquellos de Nuestros siervos piadosos devotos (como suyo eternamente).

64. (En respuesta a un intervalo en la llegada de la Revelación, Gabriel explicó:) «No descendemos sino por orden de tu Señor. A Él pertenece todo lo que se halla delante de nosotros y todo lo que se halla detrás de nosotros, y todo lo que se halla en medio (de todo el tiempo, el espacio y, todo lo que hacemos en todo momento y lugar). Y tu Señor nunca es olvidadizo (por lo tanto no temas que Él pueda olvidarte)».

12. En su camino hacia Egipto desde Midian, el profeta Moisés, la paz sea con él, vio un fuego mientras pasaba por el sur del monte Sinaí. Al acercarse a éste, escuchó una voz que le llamaba: «¡Oh Moisés, soy tu Señor!». Esa voz vino desde la ladera este del monte, es decir a la derecha de donde se hallaba Moisés, ya que estaba frente al monte.

13. La mayoría de los intérpretes del Corán piensan que Idris, la paz sea con él, fue el Profeta que vivió antes de Noé, la paz sea con él, conocido como Enoch en la Biblia. Según la Biblia, Enoch engendró a Matusalén cuando tenía 65 años y anduvo con Dios tras haber engendrado a Matusalén durante 300 años. Luego, Dios se le llevó. El Talmud añade que cuando la gente se corrompió antes de Noé, la paz sea con él, un ángel vino a Enoch que había vivido recluido, para traerle la orden de su Señor de que enseñase a la gente el camino que debían seguir. La gente aceptó su enseñanza y les gobernó durante 353 años con justicia, durante los cuales Dios vertió Sus generosidades sobre la gente (H. Plano, *The Talmud Selections* —«Selecciones de Talmud»—, págs.18-21, citado por al-Mawdudi, 5:163, nota 33).

Muchos sostienen que el hecho de que Idris, la paz sea con él, fuese alzado a una elevada estación significa que Dios le concedió una alta posición. Sin embargo, Bediüzzaman Said Nursi dice que la vida tiene cinco grados y que el tercer grado se manifiesta en las vidas de los profetas Jesús e Idris, quienes viven en los Cielos con sus cuerpos. Sus cuerpos no fueron limitados por las necesidades de la vida humana y adquirieron un tipo de refinamiento y luminosidad hasta la categoría de cuerpos astrales y un tipo de vida angélico [*The Letters* («Las Cartas»), «The 1st Letter» («La 1ª Carta»), 1:2].

Escritores y eruditos tales como Seyyed Hussain Nasr establecen una conexión entre Idris, la paz sea con él, siendo alzado a una elevada estación (en los Cielos) y la teoría de que vivió en Irak y que la astronomía realizó grandes adelantos durante su vida. Este conocimiento astronómico fue luego transmitido a aquellos que estuvieron en el Arca de Noé, y fue luego abusado por la gente de Irak en posteriores siglos para adorar a los cuerpos celestes. Tal y como se sabe, cuando el profeta Abraham, la paz sea con él, empezó su misión en Irak, la gente adoraba a los cuerpos celestes. Tales escritores y eruditos también señalan la diferencia básica que existe entre los puntos de vista del Islam y los puntos de vista modernos de la humanidad y su relación con Dios. En la leyenda de Prometeo, que proporciona la base de la visión moderna de la humanidad y su relación con Dios, y que se desarrolló en el occidente durante y después del Renacimiento, Prometeo fue castigado por los dioses por haber robado parte del fuego sagrado para concedérselo a la humanidad. Sin embargo, Dios elevó al profeta Idris, la paz sea con él, el cual fue el padre de la astronomía y llevó la luz del Paraíso o el mensaje a la humanidad, hasta los Cielos.

14. Para versículos similares sobre éstos y otros Profetas, véase el *sura* 6:87-89.

15. El versículo llama la atención al hecho de que desatender y abandonar la Oración, lo cual causa o está acompañado de seguir algunas de las lujurias mencionadas en el *sura* 3:14 —mujeres, los hijos, (acumulados) tesoros de oro y plata, los caballos de raza, los rebaños y los cultivos— es la razón principal de la corrupción de las generaciones que vinieron después de los Profetas. Si consideramos este versículo, junto al versículo 29:45 *Sin duda, la Oración refrena de todo lo que sea indecente y vergonzoso, y todo lo que sea malvado*, el asunto quedará más claro. Deberíamos tener en cuenta que es Satanás quien invita a la gente a las indecencias y las maldades (24:21). Desatender la Oración, tal y como podemos comprobar, es la causa principal de la sumisión a Satanás.

رَبُّ السَّمٰوَاتِ وَالْاَرْضِ وَمَا بَيْنَهُمَا فَاعْبُدْهُ وَاصْطَبِرْ
لِعِبَادَتِهٖۜ هَلْ تَعْلَمُ لَهُ سَمِيًّا ﴿٦٥﴾ وَيَقُولُ الْاِنْسَانُ ءَاِذَا مَا مِتُّ
لَسَوْفَ اُخْرَجُ حَيًّا ﴿٦٦﴾ اَوَلَا يَذْكُرُ الْاِنْسَانُ اَنَّا خَلَقْنَاهُ
مِنْ قَبْلُ وَلَمْ يَكُ شَيْـًٔا ﴿٦٧﴾ فَوَرَبِّكَ لَنَحْشُرَنَّهُمْ وَالشَّيَاطِينَ ثُمَّ
لَنُحْضِرَنَّهُمْ حَوْلَ جَهَنَّمَ جِثِيًّاۚ ﴿٦٨﴾ ثُمَّ لَنَنْزِعَنَّ مِنْ كُلِّ شِيعَةٍ
اَيُّهُمْ اَشَدُّ عَلَى الرَّحْمٰنِ عِتِيًّاۚ ﴿٦٩﴾ ثُمَّ لَنَحْنُ اَعْلَمُ بِالَّذِينَ هُمْ
اَوْلٰى بِهَا صِلِيًّا ﴿٧٠﴾ وَاِنْ مِنْكُمْ اِلَّا وَارِدُهَاۚ كَانَ عَلٰى رَبِّكَ
حَتْمًا مَقْضِيًّاۚ ﴿٧١﴾ ثُمَّ نُنَجِّى الَّذِينَ اتَّقَوْا وَنَذَرُ الظَّالِمِينَ فِيهَا
جِثِيًّا ﴿٧٢﴾ وَاِذَا تُتْلٰى عَلَيْهِمْ اٰيَاتُنَا بَيِّنَاتٍ قَالَ الَّذِينَ كَفَرُوا
لِلَّذِينَ اٰمَنُوٓا اَيُّ الْفَرِيقَيْنِ خَيْرٌ مَقَامًا وَاَحْسَنُ نَدِيًّا ﴿٧٣﴾ وَكَمْ
اَهْلَكْنَا قَبْلَهُمْ مِنْ قَرْنٍ هُمْ اَحْسَنُ اَثَاثًا وَرِءْيًا ﴿٧٤﴾ قُلْ مَنْ
كَانَ فِى الضَّلَالَةِ فَلْيَمْدُدْ لَهُ الرَّحْمٰنُ مَدًّاۚ حَتّٰٓى اِذَا رَاَوْا
مَا يُوعَدُونَ اِمَّا الْعَذَابَ وَاِمَّا السَّاعَةَۜ فَسَيَعْلَمُونَ مَنْ هُوَ
شَرٌّ مَكَانًا وَاَضْعَفُ جُنْدًا ﴿٧٥﴾ وَيَزِيدُ اللّٰهُ الَّذِينَ اهْتَدَوْا هُدًىۜ
وَالْبَاقِيَاتُ الصَّالِحَاتُ خَيْرٌ عِنْدَ رَبِّكَ ثَوَابًا وَخَيْرٌ مَرَدًّا ﴿٧٦﴾

65. (Él es) el Señor de los Cielos y de la Tierra y de todo lo que se halla entre ambos; por lo tanto, adórale tan solo a él y sé constante y paciente en Su adoración. ¿Conoces a alguien cuyo nombre merezca ser mencionado junto al Suyo (como Deidad y Señor para adorar)?

66. Y (a pesar de esto, aquel incrédulo) humano dice: «¿Acaso una vez que esté muerto seré resucitado?».

67. ¿Es que (ese ser) humano no tiene en cuenta que le creamos antes, cuando no era nada?»

68. Y así, por tu Señor, que les resucitaremos y les reuniremos a todos juntos, así como a los diablos (de los seres humanos y de los genios a quienes solían seguir,) ante Nosotros, y luego con toda seguridad les amontonaremos sobre sus rodillas en grupos en torno al Infierno.

69. Después, sin duda arrancaremos de cada grupo de la misma creencia a los más obstinadamente rebeldes contra el Misericordioso.

70. Sin duda, Nosotros sabemos mejor quiénes son los que merecen (antes que otros) ser arrojados al Infierno para abrasarse allí.

71. No hay nadie entre vosotros (Oh seres humanos) que no vaya a llegar a éste. Ese es un decreto establecido que tu Señor se ha comprometido a cumplir.

72. Luego, salvaremos a aquellos que se aparten de la desobediencia a Él en veneración y piedad y dejaremos en ello a los malhechores (que atribuyen copartícipes a Dios y Le niegan), humillados de rodillas[16].

73. Cuando Nuestras Revelaciones, claras como pruebas y en significado, son recitadas (y transmitidas) a ellos, aquellos que persisten en la incredulidad dicen a los que creen: «¿Cuál de las dos partes (vosotros o nosotros) es superior en estatus con moradas más impresionantes y es más imponente como compañía?».

74. Y aun así, ¡cuántas generaciones hemos destruido antes de ellos que eran superiores en relación a las posesiones y a la apariencia externa!

75. Di: «Todo aquel que esté perdido en el error, por mucho que el Misericordioso añadiera (a su riqueza y por mucho que prolongase su vida), cuando se enfrenten a lo que les fue prometido —ya sea el castigo (aquí en este mundo) o la Última Hora— llegarán a saber quién es peor en posición y es más débil en fuerzas.

76. Dios fortalece en guía a aquellos que han buscado y han encontrado la guía. Los actos buenos y rectos de mérito perpetuo son mejores ante tu Señor en recompensa y en resultado[17].

16. La existencia del Paraíso aumenta el sufrimiento del Infierno, y la existencia del Infierno aumenta la dicha del Paraíso. Por lo tanto, todo el mundo irá al Infierno para que de este modo los creyentes puedan contemplar su horror y ser más agradecidos a Dios porque no les ha condenado a su castigo. Aquellos que lo merezcan, serán arrojados al Fuego y abandonados allí, mientras que los creyentes que no hayan sido sentenciados a abrasarse, nunca entrarán allí. Algunos de ellos ni siquiera oirán su sonido (21:102).

17. Los seres humanos tienen inclinación a precipitarse en tomar decisiones basándose en las condiciones presentes. Los politeístas de La Meca argumentaban que tenían casas más bellas y más ricamente amuebladas y que eran de posición más elevada y de compañía más poderosa por lo que su camino o creencia debía ser la verdadera. El mismo argumento fue propuesto por muchos en el mundo para rebajar al Islam.

Como musulmanes, a veces cometemos el mismo error comenzando con el mismo argumento para criticar a los musulmanes. Sin embargo, el criterio principal para juzgar y comparar la creencia con la incredulidad o el Islam con otras religiones es el Más Allá. En los versículos anteriores, el Corán se refiere a este punto y llama la atención al hecho de que si los musulmanes realmente siguen el camino de Dios en los pasos del Mensajero de Dios, la paz y las bendiciones sean con él, la superioridad de los incrédulos en número y posesiones no les salvará de su sentencia final. Los musulmanes apenas han tenido rival durante once siglos desde la época del Mensajero, la paz y las bendiciones sean con él. Unos pocos siglos de declive no pueden ser el criterio para hacer un juicio verdadero. Los que vivan lo suficiente verán lo que el futuro deparará y el juicio final en el Más Allá mostrará la verdad con toda su claridad.

اَفَرَاَيْتَ الَّذٖى كَفَرَ بِاٰيَاتِنَا وَقَالَ لَاُوتَيَنَّ مَالًا وَوَلَدًا ﴿٧٧﴾
اَطَّلَعَ الْغَيْبَ اَمِ اتَّخَذَ عِنْدَ الرَّحْمٰنِ عَهْدًا ﴿٧٨﴾ كَلَّا سَنَكْتُبُ
مَا يَقُولُ وَنَمُدُّ لَهُ مِنَ الْعَذَابِ مَدًّا ﴿٧٩﴾ وَنَرِثُهُ مَا يَقُولُ
وَيَاْتٖينَا فَرْدًا ﴿٨٠﴾ وَاتَّخَذُوا مِنْ دُونِ اللّٰهِ اٰلِهَةً لِيَكُونُوا لَهُمْ
عِزًّا ﴿٨١﴾ كَلَّا سَيَكْفُرُونَ بِعِبَادَتِهِمْ وَيَكُونُونَ عَلَيْهِمْ ضِدًّا ﴿٨٢﴾
اَلَمْ تَرَ اَنَّا اَرْسَلْنَا الشَّيَاطٖينَ عَلَى الْكَافِرٖينَ تَؤُزُّهُمْ اَزًّا ﴿٨٣﴾
فَلَا تَعْجَلْ عَلَيْهِمْ اِنَّمَا نَعُدُّ لَهُمْ عَدًّا ﴿٨٤﴾ يَوْمَ نَحْشُرُ
الْمُتَّقٖينَ اِلَى الرَّحْمٰنِ وَفْدًا ﴿٨٥﴾ وَنَسُوقُ الْمُجْرِمٖينَ
اِلٰى جَهَنَّمَ وِرْدًا ﴿٨٦﴾ لَا يَمْلِكُونَ الشَّفَاعَةَ اِلَّا مَنِ اتَّخَذَ عِنْدَ
الرَّحْمٰنِ عَهْدًا ﴿٨٧﴾ وَقَالُوا اتَّخَذَ الرَّحْمٰنُ وَلَدًا ﴿٨٨﴾ لَقَدْ
جِئْتُمْ شَيْـًٔا اِدًّا ﴿٨٩﴾ تَكَادُ السَّمٰوَاتُ يَتَفَطَّرْنَ مِنْهُ وَتَنْشَقُّ
الْاَرْضُ وَتَخِرُّ الْجِبَالُ هَدًّا ﴿٩٠﴾ اَنْ دَعَوْا لِلرَّحْمٰنِ وَلَدًا ﴿٩١﴾
وَمَا يَنْبَغٖى لِلرَّحْمٰنِ اَنْ يَتَّخِذَ وَلَدًا ﴿٩٢﴾ اِنْ كُلُّ مَنْ
فِى السَّمٰوَاتِ وَالْاَرْضِ اِلَّا اٰتِى الرَّحْمٰنِ عَبْدًا ﴿٩٣﴾ لَقَدْ
اَحْصٰيهُمْ وَعَدَّهُمْ عَدًّا ﴿٩٤﴾ وَكُلُّهُمْ اٰتٖيهِ يَوْمَ الْقِيٰمَةِ فَرْدًا ﴿٩٥﴾

اِنَّ الَّذٖينَ

77. ¿Has considerado alguna vez a aquel que no cree en Nuestras Revelaciones y dice (con insolencia): «(Digas lo que digas, me mantendré como soy, ya que) se me dará riqueza e hijos?».

78. ¿Es que ha adquirido conocimiento de Lo Oculto, o ha hecho algún pacto (particular o privado) con el Misericordioso?

79. ¡No, de verdad! Pero registraremos lo que dice y le cargaremos (con su consecuencia) como un castigo siempre creciente.

80. Y heredaremos de él lo que diga, y vendrá a Nosotros completamente solo (desprovisto de riqueza y de hijos)[18].

81. Han adoptado deidades aparte de Dios para que puedan ser (un medio de) poder y gloria para ellos.

82. ¡No, de verdad! Aquellos (a los que han deificado, seres como los ángeles, los genios, los Profetas y los héroes, etc.) rechazarán su adoración a ellos y se pondrán en su contra (el Día del Juicio Final).

83. ¿Es que no ves que enviamos a los demonios sobre los incrédulos (por su incredulidad) y los impelen (hacia el pecado y a toda clase de mal) con fuerte impulso?

84. Por lo tanto, no te apresures contra ellos (para que sus días y la persecución de la que te hacen objeto acaben pronto), pues señalamos para ellos cierto número (establecido) (de días, el tiempo asignado como su prórroga).

85. (Llegará) un Día en el que reunamos a los piadosos devotos como huéspedes honrados del Misericordioso (en el Paraíso).

86. Y conduciremos a los criminales incrédulos al Infierno como ganado sediento.

87. (Aquellos que han adoptado deidades para que puedan interceder con Dios por ellos han de saber que) nadie tendrá derecho a intercesión excepto quien tenga un pacto con el Misericordioso (en virtud de la calidad de su fe y adoración y de su cercanía a Él).

88. Y algunos dicen: «El Misericordioso ha adoptado para Sí un hijo».

89. Sin duda (en tal aseveración) habéis presentado algo monstruoso,

90. —Los Cielos están a punto de desgarrarse, la Tierra de partirse por la mitad y las montañas de desmoronarse—

91. Porque atribuyen un hijo al Misericordioso.

92. Y no es propio del Misericordioso tomar para Sí un hijo.

93. No hay nadie en los Cielos y en la Tierra que no se presente ante el Misericordioso como un siervo[19].

94. Con toda seguridad, Él les conoce y registra, y los ha enumerado con exactitud (habiendo establecido para cada ser un particular servicio o deber y habiendo determinado para cada uno una vida y provisión).

95. Y cada uno de ellos aparecerá ante Él el Día de la Resurrección, completamente solo (desprovisto de todo lo mundano, hijos y familia, amigos y auxiliadores).

---

18. La posesión de riqueza e hijos de una persona depende de las leyes que el Todopoderoso ha establecido sin discriminación entre creencia e incredulidad. Empleando la frase «No, de verdad», en el versículo 79, el Corán rechaza la pretensión de que la insistencia en la incredulidad trae riqueza e hijos; no dice que los incrédulos no pueden tener eso. Sin embargo, además de que la incredulidad es algo totalmente malo, insistir en ella a causa de la riqueza e hijos de alguien puede causarle desgracias en el mundo. Es más, la incredulidad significa Infierno en el espíritu aunque la persona disfrute de lujos materiales. La aparente alegría de los incrédulos no es más que su intento de apaciguar su infelicidad interna y su resuelto engaño de sí mismo. Por contra, la credulidad y la satisfacción espiritual hacen que experimentemos el Paraíso en el corazón aunque carezcamos de bienes materiales.

19. A todo le ha sido asignado un lugar en el orden del universo, que funciona de modo magnífico. Tanto el Sol, como la Luna, las estrellas y otros cuerpos celestes se encuentran entretejidos en un sistema espléndido, que sigue leyes inalterables, y nunca se desvían de su curso dispuesto. Por lo tanto, todos son siervos de Dios —aquellos sometidos a Él consciente o inconscientemente— del mismo modo que el aire, el agua, el calor, las piedras, los árboles, los animales y todo lo que existe obedece a Dios y está sometido a Sus leyes. Incluso los incrédulos y los ateos están «sometidos», por lo que se refiere a su existencia corporal, ya que cada parte de sus cuerpos sigue el curso que Dios ha establecido para ello, desde su nacimiento hasta su muerte y disolución. Es más, nunca pueden escapar del ámbito de la Voluntad y el Poder de Dios incluso en el reino en el que se les ha permitido que ejerzan su libre albedrío. Dios ha establecido qué consecuencias tendrán por sus actos. No toman parte alguna en su venida al mundo y su partida del mismo ni cuándo, dónde y en qué familia van a nacer. Nunca pueden determinar su estructura física ni su color de piel. Por lo tanto, las cosas y los seres en el universo sólo pueden vivir dentro de los límites que Dios ha determinado para ellos. Finalmente, todos aparecerán ante Dios en total sumisión en el Día del Juicio Final.

إِنَّ الَّذِينَ آمَنُوا وَعَمِلُوا الصَّالِحَاتِ سَيَجْعَلُ لَهُمُ الرَّحْمٰنُ وُدًّا ﴿٩٦﴾
فَإِنَّمَا يَسَّرْنَاهُ بِلِسَانِكَ لِتُبَشِّرَ بِهِ الْمُتَّقِينَ وَتُنْذِرَ بِهِ قَوْمًا لُدًّا ﴿٩٧﴾ وَكَمْ
اَهْلَكْنَا قَبْلَهُمْ مِنْ قَرْنٍ هَلْ تُحِسُّ مِنْهُمْ مِنْ اَحَدٍ اَوْ تَسْمَعُ لَهُمْ رِكْزًا ﴿٩٨﴾

سُورَةُ طٰهٰ مَكِّيَّةٌ
وَهِيَ مِائَةٌ وَخَمْسٌ وَثَلَاثُونَ اٰيَةً

بِسْمِ اللّٰهِ الرَّحْمٰنِ الرَّحِيمِ
طٰهٰ ﴿١﴾ مَا اَنْزَلْنَا عَلَيْكَ الْقُرْاٰنَ لِتَشْقٰى ﴿٢﴾ اِلَّا تَذْكِرَةً لِمَنْ
يَخْشٰى ﴿٣﴾ تَنْزِيلًا مِمَّنْ خَلَقَ الْاَرْضَ وَالسَّمٰوَاتِ الْعُلٰى ﴿٤﴾
اَلرَّحْمٰنُ عَلَى الْعَرْشِ اسْتَوٰى ﴿٥﴾ لَهُ مَا فِي السَّمٰوَاتِ وَمَا فِي
الْاَرْضِ وَمَا بَيْنَهُمَا وَمَا تَحْتَ الثَّرٰى ﴿٦﴾ وَاِنْ تَجْهَرْ بِالْقَوْلِ
فَاِنَّهُ يَعْلَمُ السِّرَّ وَاَخْفٰى ﴿٧﴾ اَللّٰهُ لَا اِلٰهَ اِلَّا هُوَ لَهُ الْاَسْمَاءُ
الْحُسْنٰى ﴿٨﴾ وَهَلْ اَتٰيكَ حَدِيثُ مُوسٰى ﴿٩﴾ اِذْ رَاٰ نَارًا فَقَالَ
لِاَهْلِهِ امْكُثُوا اِنِّي اٰنَسْتُ نَارًا لَعَلِّي اٰتِيكُمْ مِنْهَا بِقَبَسٍ اَوْ
اَجِدُ عَلَى النَّارِ هُدًى ﴿١٠﴾ فَلَمَّا اَتٰيهَا نُودِيَ يَا مُوسٰى ﴿١١﴾
اِنِّي اَنَا رَبُّكَ فَاخْلَعْ نَعْلَيْكَ اِنَّكَ بِالْوَادِ الْمُقَدَّسِ طُوًى ﴿١٢﴾

96. Sin duda, aquellos que creen y hacen actos buenos y rectos, el Misericordioso les concederá amor (en los corazones de los habitantes de los Cielos y muchos sobre la Tierra para que sean bien recibidos a lo largo de la creación, por muy débiles y pocos que sean ahora).

97. Lo hacemos (este Corán) en tu lengua y fácil (de recitar y entender) para que des buenas nuevas a los piadosos devotos y adviertas, así, a la gente que son dados a discusión.

98. Y, ¡cuántas generaciones hemos destruido antes de ellos! ¿Puedes sentir (la existencia) de tan solo uno de ellos u oyes algún murmullo de ellos?

SURA 20

TA. HA

Período de La Meca

Este *sura* contiene 135 versículos y fue revelado en La Meca. Comienza consolando al Mensajero de Dios, la paz y las bendiciones sean con él. Como en casi todos los *suras* del período de La Meca, trata de los fundamentos de la Religión de Dios predicada por todos los Profetas. Dedica casi todo su contenido a la misión y experiencias del profeta Moisés, la paz sea con él, porque son extremadamente importantes para la predicación y el futuro del Islam. Consuela a los musulmanes, que sufrían grandes persecuciones a manos de los politeístas de La Meca, mencionando la victoria de Moisés sobre los magos y sobre el Faraón. También les advierte contra cualquier tipo de extravío, presentando como ejemplo la época en que los Hijos de Israel comenzaron a adorar el becerro de oro elaborado por uno de ellos poco después de que Moisés se fuese al monte Sinaí a recibir la Tora.

Algunos comentaristas mantienen que a pesar de que *Ta. Ha* está constituida por dos letras separadas, significa el Perfecto Ser Humano, mientras que *Ya-Sin* (el título del *sura* 36) significa el ser humano.

En el Nombre de Dios,
el Misericordioso, el Compasivo.

1. *Ta. Ha.*

2. No hacemos descender el Corán sobre ti para que sufras aflicción (en tu deber de transmitírselo a la gente);

3. Sino tan solo como un recordatorio para quien tenga temor reverencial a Dios en su corazón (por lo que tiene el potencial de alcanzar la fe).

4. Una revelación paulatina de Aquel Quien ha creado la Tierra y los Cielos elevados.

5. El Misericordioso, Quien se ha establecido en el Trono[1].
6. Suyo es todo lo que se halla en los Cielos, sobre la Tierra, lo que se halla entre ellos y lo que se halla bajo la tierra.
7. Si dices algo en voz alta (o lo guardas para ti), Él sin duda conoce lo secreto así como (lo que guardes como) lo más recóndito.
8. Dios: no hay más deidad salvo Él. Suyos son los Nombres Más Bellos[2].
9. ¿Te ha llegado el relato de Moisés?[3]
10. (Estaba viajando con su familia en el desierto) cuando vio un fuego y dijo a su familia: «¡Esperad aquí! En verdad distingo un fuego a lo lejos. Quizás pueda traeros un tizón de ello o encontrar guía por el fuego»[4].
11. Entonces, cuando se acercó al fuego, fue llamado por su nombre: «¡Oh Moisés!
12. En verdad soy Yo, Yo soy tu Señor. Así que quítate las sandalias, pues estás en el valle sagrado de Tuwa[5].

---

1. Respecto al Trono y Dios estableciéndose en él, véanse el *sura* 7:54, nota 13; y el *sura* 11:7, nota 2. Este versículo, junto a los tres que le siguen, enfatiza el dominio absoluto y la Unicidad de Dios como Señor de la creación.

2. Respecto a los Nombres Más Bellos de Dios, véanse el *sura* 7:180, nota 44, y el *sura* 17:110, nota 41.

3. Aparte de las referencias al profeta Moisés, la paz sea con él, en los *suras* revelados con anterioridad, la narración de este *sura* desde este versículo hasta el 98 es la explicación coránica más temprana de la historia de Moisés como tal.

4. Esto ocurrió en el desierto del Sinaí mientras Moisés volvía con su familia desde Midian, donde había pasado de ocho a diez años, hacia Egipto, o cuando buscaba un lugar apropiado para residir. Era una noche fría y necesitaron fuego para calentarse y una luz para continuar su camino. Debieron de haberse perdido en el desierto en la oscuridad de la noche.

5. Quitarse las sandalias o zapatos se hace en la Presencia de Dios. La condición sagrada del valle hace referencia al hecho de que es donde la Presencia de Dios se manifestó a Moisés, la paz sea con él. Sin embargo, debería citarse que, del mismo modo que algunos momentos son por sí mismos sagrados, —si esta condición sagrada no es por su condición de ser momentos de ciertos tipos de adoración— algunos lugares sobre la Tierra pueden poseer una condición sagrada por ciertas razones que van más allá de nuestra comprensión —siempre y cuando no sea por el hecho de que sean lugares donde ocurren ciertas manifestaciones Divinas—.

Tal y como se menciona en el *Surat al-Qasas* (28), el Todopoderoso llamó al profeta Moisés desde detrás de un árbol (28-30). Este tipo de llamada Divina es uno de los tres tipos de Revelación Divina. El Corán clarifica que Dios habla a un ser humano desde detrás de un velo, poniendo un significado en el corazón del ser humano (como tipo especial de revelación) o enviando un ángel (42:51). Un Profeta está seguro de que aquel que le habla por detrás de un velo o pone un significado en su corazón es Dios. Por lo tanto el Corán no menciona ninguna reacción de Moisés, la paz sea con él, cuando Dios le llamó. Un Profeta que recibe la Revelación ha sido previamente preparado para ello. El Corán menciona que Dios le concedió al profeta Moisés conocimiento, perspicacia y buen juicio años antes de haber recibido esta primera Revelación y que era una persona dedicada a hacer el bien como si contemplase a Dios (28:14).

وَاَنَا اخْتَرْتُكَ فَاسْتَمِعْ لِمَا يُوحٰى ﴿١٣﴾ اِنَّنِي اَنَا اللّٰهُ لَا اِلٰهَ اِلَّا
اَنَا فَاعْبُدْنِي وَاَقِمِ الصَّلٰوةَ لِذِكْرِي ﴿١٤﴾ اِنَّ السَّاعَةَ اٰتِيَةٌ اَكَادُ
اُخْفِيهَا لِتُجْزٰى كُلُّ نَفْسٍ بِمَا تَسْعٰى ﴿١٥﴾ فَلَا يَصُدَّنَّكَ عَنْهَا
مَنْ لَا يُؤْمِنُ بِهَا وَاتَّبَعَ هَوٰيهُ فَتَرْدٰى ﴿١٦﴾ وَمَا تِلْكَ بِيَمِينِكَ
يَا مُوسٰى ﴿١٧﴾ قَالَ هِيَ عَصَايَ اَتَوَكَّؤُا عَلَيْهَا وَاَهُشُّ بِهَا عَلٰى
غَنَمِي وَلِيَ فِيهَا مَاٰرِبُ اُخْرٰى ﴿١٨﴾ قَالَ اَلْقِهَا يَا مُوسٰى ﴿١٩﴾
فَاَلْقٰيهَا فَاِذَا هِيَ حَيَّةٌ تَسْعٰى ﴿٢٠﴾ قَالَ خُذْهَا وَلَا تَخَفْ
سَنُعِيدُهَا سِيرَتَهَا الْاُولٰى ﴿٢١﴾ وَاضْمُمْ يَدَكَ اِلٰى جَنَاحِكَ
تَخْرُجْ بَيْضَاءَ مِنْ غَيْرِ سُوءٍ اٰيَةً اُخْرٰى ﴿٢٢﴾ لِنُرِيَكَ مِنْ اٰيَاتِنَا
الْكُبْرٰى ﴿٢٣﴾ اِذْهَبْ اِلٰى فِرْعَوْنَ اِنَّهُ طَغٰى ﴿٢٤﴾ قَالَ رَبِّ اشْرَحْ
لِي صَدْرِي ﴿٢٥﴾ وَيَسِّرْ لِي اَمْرِي ﴿٢٦﴾ وَاحْلُلْ عُقْدَةً مِنْ لِسَانِي ﴿٢٧﴾
يَفْقَهُوا قَوْلِي ﴿٢٨﴾ وَاجْعَلْ لِي وَزِيرًا مِنْ اَهْلِي ﴿٢٩﴾ هٰرُونَ اَخِي ﴿٣٠﴾
اُشْدُدْ بِهِ اَزْرِي ﴿٣١﴾ وَاَشْرِكْهُ فِي اَمْرِي ﴿٣٢﴾ كَيْ نُسَبِّحَكَ
كَثِيرًا ﴿٣٣﴾ وَنَذْكُرَكَ كَثِيرًا ﴿٣٤﴾ اِنَّكَ كُنْتَ بِنَا بَصِيرًا ﴿٣٥﴾ قَالَ قَدْ
اُوتِيتَ سُؤْلَكَ يَا مُوسٰى ﴿٣٦﴾ وَلَقَدْ مَنَنَّا عَلَيْكَ مَرَّةً اُخْرٰى ﴿٣٧﴾

اِذْ اَوْحَيْنَا

13. Te he elegido (para que seas Mi Mensajero), así que escucha lo que se te revelará.

14. Sin duda soy Yo, Yo soy Dios. No hay más deidad que Yo. Venérame, pues, y establece la Oración conforme a sus condiciones para recordarme[6].

15. Sin duda, la Última Hora seguro que vendrá (de improviso. Es una verdad tan grandiosa que) mantengo oculto todo para que cada alma se esfuerce por lo que se esfuerza (y logre su justa recompensa por ello).

16. No dejes que nadie que no cree en ella y (en su lugar) sigue sus propios deseos y caprichos, te desvíe de (creer en ella y predicar la verdad sobre) ella; si no, perecerás[7].

17. ¿Qué es eso que tienes en la diestra, Moisés?».

18. Dijo: «Es mi vara. Me apoyo en ella, y con ella vareo las hojas para mi rebaño, y tengo otros usos para ella».

19. (Dios) dijo: «¡Arrójala, Oh Moisés!».

20. Así que la arrojó y, en seguida se convirtió en una serpiente grande, que se deslizaba rápidamente.

21. (Dios) dijo: «¡Tómala y no temas! La restituiremos a su estado anterior.

22. Ahora, pon tu mano (derecha) bajo tu costado: saldrá brillante, blanca y sin defecto como otro signo (milagroso),

23. Para que te mostremos algunos de Nuestros grandes signos milagrosos.

24. Ve al Faraón, ya que se ha rebelado».

25. (Moisés) dijo: «¡Señor mío! Expande para mí mi pecho.

26. Haz mi tarea fácil para mí.

27. Desata cualquier nudo de mi lengua (para hacer mi discurso más fluido).

28. Para que entiendan mi discurso claramente.

29. Y designa a un ministro (ayudante) para mí de mi familia:

30. Aarón, mi hermano.

31. Confirma mi fuerza con él,

32. Y que comparta mi tarea.

33. Para que Te glorifiquemos mucho,

34. Y Te mencionemos y recordemos abundantemente.

35. Sin duda, Tú estás siempre viéndonos y observándonos[8].

36. (Dios) dijo: «Tu ruego ha sido concedido, Moisés.

37. Y sin duda conferimos Nuestro favor sobre ti en otra ocasión anterior.

6. Se menciona la Oración además de la adoración —a pesar de que la Oración es un tipo de adoración— debido a su importancia como el principal modo de adoración.

7. El Islam es la Religión Divina predicada por todos los Profetas con pequeñas diferencias en asuntos legales según la época y las condiciones, una religión que universalmente fue perfeccionada a través del profeta Muhammad, la paz y las bendiciones sean con él. Está basado en cuatro fundamentos sobre los que el Corán gravita. El primero y más importante de estos es la creencia en la Existencia y la Unidad de Dios. Este es el fundamento que fue transmitido primero al profeta Moisés, la paz sea con él. A pesar de que la creencia en la Resurrección y en el Más Allá ocupa el segundo lugar de importancia, la relación de Dios, como deidad y Señor, y Sus siervos, como creados y mantenidos, exige la adoración por parte de Sus siervos; por lo tanto, la adoración, otro de los fundamentos en cuestión, es mencionada después de la creencia en la Existencia y la Unidad de Dios en los versículos anteriores. La justicia a nivel individual y colectivo es una dimensión de la adoración, y el versículo 16 hace referencia a ello. En otras palabras, la creencia en la Resurrección y en el Más Allá, que es el propósito final o último de la existencia del mundo y de la humanidad y la vida humana mundana, es el segundo fundamento del Islam. El cuarto fundamento es la Misión Profética, el cual es requerido por la condición de que Dios es el Señor de toda la creación y el Creador de la misma. Si Dios no se hubiese dado a conocer a Sus siervos conscientes ni les hubiese informado del propósito de haber creado el universo y la humanidad y lo que Él espera de ellos, y si no hubiese designado a un líder en la humanidad para que comunicase todo esto, Su creación hubiese sido ininteligible. Por lo tanto, el propósito de Dios de crear todo el universo y la humanidad exige la Misión Profética o el hecho de enviar Profetas. En conclusión, Dios menciona estos cuatro fundamentos en la primera Revelación que envió al profeta Moisés, la paz sea con él.

8. El profeta Moisés, la paz sea con él, creció en el palacio del Faraón. El término «Faraón» es un título con el que eran llamados los reyes de los coptos en el antiguo Egipto. Tal y como se menciona en varios versículos del Corán, este Faraón persiguió a los Hijos de Israel. Al intentar proteger a uno de su gente contra un egipcio, Moisés causó accidentalmente la muerte de una persona. Al escuchar que estaba siendo perseguido por los funcionarios, Moisés se fue a Midian. Tras permanecer ahí ocho o diez años, se dirigía hacia Egipto, cuando recibió la Revelación Divina. Ahora tenía que dirigirse al palacio del Faraón con una importante y difícil misión. Por lo que pidió a su Señor que le expandiera el pecho para que pueda tener gran paciencia con las dificultades que pudiese encontrar procedentes del Faraón y de su clan y para poder comprender en su totalidad la Religión de Dios y lo que a Él le complace. También le preguntó que aumentase su facultad del habla y que permitiese a su hermano, Aarón, un desenvuelto orador, que compartiese su misión como Mensajero. Su propósito era adorar, exaltar, glorificar y mencionar a Dios lo máximo posible.

Al decir *Tú estás siempre viéndonos y observándonos*, el profeta Moisés, la paz sea con él, a pesar de ser un Profeta, presenta su debilidad como un ser humano mortal ante el Todopoderoso y su necesidad de ayuda como siervo ante la Corte Divina como medio de intercesión.

إِذْ اَوْحَيْنَٓا اِلٰٓى اُمِّكَ مَا يُوحٰىۙ ﴿٣٨﴾ اَنِ اقْذِفٖيهِ فِي التَّابُوتِ فَاقْذِفٖيهِ
فِي الْيَمِّ فَلْيُلْقِهِ الْيَمُّ بِالسَّاحِلِ يَأْخُذْهُ عَدُوٌّ لٖي وَعَدُوٌّ لَهُۜ وَاَلْقَيْتُ
عَلَيْكَ مَحَبَّةً مِنّٖيۚ وَلِتُصْنَعَ عَلٰى عَيْنٖيۢ ﴿٣٩﴾ اِذْ تَمْشٖٓي اُخْتُكَ
فَتَقُولُ هَلْ اَدُلُّكُمْ عَلٰى مَنْ يَكْفُلُهُۜ فَرَجَعْنَاكَ اِلٰٓى اُمِّكَ كَيْ تَقَرَّ
عَيْنُهَا وَلَا تَحْزَنَۜ وَقَتَلْتَ نَفْسًا فَنَجَّيْنَاكَ مِنَ الْغَمِّ وَفَتَنَّاكَ فُتُونًاۜ
فَلَبِثْتَ سِنٖينَ فٖٓي اَهْلِ مَدْيَنَ ثُمَّ جِئْتَ عَلٰى قَدَرٍ يَا مُوسٰى ﴿٤٠﴾
وَاصْطَنَعْتُكَ لِنَفْسٖيۚ ﴿٤١﴾ اِذْهَبْ اَنْتَ وَاَخُوكَ بِاٰيَاتٖي وَلَا تَنِيَا فٖي
ذِكْرٖيۚ ﴿٤٢﴾ اِذْهَبَٓا اِلٰى فِرْعَوْنَ اِنَّهُ طَغٰىۚ ﴿٤٣﴾ فَقُولَا لَهُ قَوْلًا لَيِّنًا
لَعَلَّهُ يَتَذَكَّرُ اَوْ يَخْشٰى ﴿٤٤﴾ قَالَا رَبَّنَٓا اِنَّنَا نَخَافُ اَنْ يَفْرُطَ عَلَيْنَٓا
اَوْ اَنْ يَطْغٰى ﴿٤٥﴾ قَالَ لَا تَخَافَٓا اِنَّنٖي مَعَكُمَٓا اَسْمَعُ وَاَرٰى ﴿٤٦﴾
فَأْتِيَاهُ فَقُولَٓا اِنَّا رَسُولَا رَبِّكَ فَاَرْسِلْ مَعَنَا بَنٖٓي اِسْرَٓائٖيلَ وَلَا
تُعَذِّبْهُمْۜ قَدْ جِئْنَاكَ بِاٰيَةٍ مِنْ رَبِّكَۜ وَالسَّلَامُ عَلٰى مَنِ اتَّبَعَ
الْهُدٰى ﴿٤٧﴾ اِنَّا قَدْ اُوحِيَ اِلَيْنَٓا اَنَّ الْعَذَابَ عَلٰى مَنْ كَذَّبَ
وَتَوَلّٰى ﴿٤٨﴾ قَالَ فَمَنْ رَبُّكُمَا يَا مُوسٰى ﴿٤٩﴾ قَالَ رَبُّنَا الَّذٖٓي اَعْطٰى
كُلَّ شَيْءٍ خَلْقَهُ ثُمَّ هَدٰى ﴿٥٠﴾ قَالَ فَمَا بَالُ الْقُرُونِ الْاُولٰى ﴿٥١﴾

38. Inspiramos a tu madre aquello que se le debía inspirar, diciendo:

39. “Pon al niño en una cesta y arrójala al río, entonces el río la arrojará a la orilla: alguien que es tanto Mi enemigo como su enemigo (el Faraón, que había decidido matar a todos los hijos recién nacidos de los Hijos de Israel) le recogerá». He derramado sobre ti (Oh Moisés) un amor de Mí (protegiéndote, así que el amor hacia ti se despertó en los corazones de la gente que te vio), y así que fuiste criado bajo Mi mirada.

40. Cuando tu hermana (por instrucciones de tu madre, sabiendo que habías sido aceptado en la familia del Faraón) fue y dijo: «¿Queréis que os encuentre a alguien que podrá amamantarle?». Por lo tanto (fuimos Nosotros Quienes hicimos que nadie fuese capaz de amamantarte) te devolvimos a tu madre para que se alegrara y olvidase su tristeza. Y (mucho más tarde) mataste a un hombre (no teniendo la intención de hacerlo), así que te salvamos del (consiguiente) problema y te sometimos a pruebas (de distintos tipos y grados para perfeccionarte). Permaneciste durante años entre la gente de Midian y luego lograste la (cualidad de mente y espíritu) esperada y decretada para ti, Oh Moisés.

41. Y te he elegido para Mí (y te he preparado para Mi servicio).

42. Id, tú y tu hermano, con Mis milagrosos signos (que te he proporcionado), y nunca desatendáis Mi remembranza y recordarles (a otros) de Mí.

43. Id, los dos, al Faraón pues él se ha rebelado sumamente.

44. Mas habladle con palabras dulces, así que reflexione y sea considerado o sienta temor reverencial (hacia Mí y actúe con humildad)[9]».

45. Dijeron: «¡Señor nuestro! Tememos que actúe precipitadamente con respecto a nosotros (y que no nos permita completar nuestra predicación) o que se haga (más) tiránico».

46. Dijo: «¡No temáis! Sin duda, estoy con vosotros oyendo y viendo.

47. Id a él y decir: “Somos, sin duda, Mensajeros de tu Señor (que te ha creado y te mantiene), así que deja a los Hijos de Israel marchar con nosotros y no les causes sufrir (por más tiempo). Sin duda, hemos venido a ti con una prueba manifiesta de tu Señor. Y la paz (el éxito, la seguridad y el triunfo) es sobre quien siga Su guía.

48. Sin duda, se nos ha revelado que (sólo) el castigo es sobre quien niega y se aparte (de la llamada de Dios)"».

49. (Cuando hablaron con el Faraón tal y como Dios les ordenó) el Faraón dijo: «¿Quién es vuestro Señor, Oh Moisés?».

50. (Moisés) dijo: «Nuestro Señor es Aquel Quien crea todo y Aquel Quien dota a cada cosa con su carácter particular y, luego, lo dirige (al cumplimiento de la meta y el propósito de su existencia)».

51. (El Faraón) dijo: «¿Entonces cuál es la situación de las generaciones anteriores (que ya han desaparecido)? ¿Cómo son recompensadas por sus creencias y actos?».

9. El modo probable de la frase *así que reflexione* al igual que otras frases que frecuentemente se mencionan en el Corán, nunca implica duda alguna por parte de Dios. Más bien, hace referencia a la intención o esperanza con la que los Mensajeros (y otros interpelados) han de abordar su misión.

قَالَ عِلْمُهَا عِنْدَ رَبِّى فِى كِتَابٍ لَا يَضِلُّ رَبِّى وَلَا يَنْسَى ﴿٥٢﴾
اَلَّذِى جَعَلَ لَكُمُ الْاَرْضَ مَهْدًا وَسَلَكَ لَكُمْ فِيهَا سُبُلًا وَاَنْزَلَ
مِنَ السَّمَاءِ مَاءً فَاَخْرَجْنَا بِهِ اَزْوَاجًا مِنْ نَبَاتٍ شَتّٰى ﴿٥٣﴾
كُلُوا وَارْعَوْا اَنْعَامَكُمْ اِنَّ فِى ذٰلِكَ لَاٰيَاتٍ لِاُولِى النُّهٰى ﴿٥٤﴾
مِنْهَا خَلَقْنَاكُمْ وَفِيهَا نُعِيدُكُمْ وَمِنْهَا نُخْرِجُكُمْ تَارَةً اُخْرٰى ﴿٥٥﴾
وَلَقَدْ اَرَيْنَاهُ اٰيَاتِنَا كُلَّهَا فَكَذَّبَ وَاَبٰى ﴿٥٦﴾ قَالَ اَجِئْتَنَا
لِتُخْرِجَنَا مِنْ اَرْضِنَا بِسِحْرِكَ يَا مُوسٰى ﴿٥٧﴾ فَلَنَاْتِيَنَّكَ بِسِحْرٍ
مِثْلِهِ فَاجْعَلْ بَيْنَنَا وَبَيْنَكَ مَوْعِدًا لَا نُخْلِفُهُ نَحْنُ وَلَا اَنْتَ
مَكَانًا سُوًى ﴿٥٨﴾ قَالَ مَوْعِدُكُمْ يَوْمُ الزِّينَةِ وَاَنْ يُحْشَرَ النَّاسُ
ضُحًى ﴿٥٩﴾ فَتَوَلّٰى فِرْعَوْنُ فَجَمَعَ كَيْدَهُ ثُمَّ اَتٰى ﴿٦٠﴾ قَالَ لَهُمْ
مُوسٰى وَيْلَكُمْ لَا تَفْتَرُوا عَلَى اللّٰهِ كَذِبًا فَيُسْحِتَكُمْ بِعَذَابٍ
وَقَدْ خَابَ مَنِ افْتَرٰى ﴿٦١﴾ فَتَنَازَعُوا اَمْرَهُمْ بَيْنَهُمْ وَاَسَرُّوا
النَّجْوٰى ﴿٦٢﴾ قَالُوا اِنْ هٰذَانِ لَسَاحِرَانِ يُرِيدَانِ اَنْ يُخْرِجَاكُمْ
مِنْ اَرْضِكُمْ بِسِحْرِهِمَا وَيَذْهَبَا بِطَرِيقَتِكُمُ الْمُثْلٰى ﴿٦٣﴾ فَاَجْمِعُوا
كَيْدَكُمْ ثُمَّ ائْتُوا صَفًّا وَقَدْ اَفْلَحَ الْيَوْمَ مَنِ اسْتَعْلٰى ﴿٦٤﴾

قَالُوا يَا

52. (Moisés) respondió: «El conocimiento de ellos se halla con Mi Señor en un Registro. Mi Señor nunca yerra y olvida».

53. Él Quien os ha hecho de la Tierra una cuna y ha trazado en ella caminos para vosotros, y hace descender agua del cielo, y produce mediante ella parejas de distintas plantas.

54. Comed de ello, y apacentad vuestros rebaños. Sin duda en todo esto hay signos (manifestando la verdad) para la gente de pensamiento acertado e imparcial.

55. De ella (la tierra) os creamos y a ella os devolvemos, y de ella os sacaremos en una segunda ocasión.

56. Sin duda, mostramos al Faraón Nuestros signos, todos ellos (incluidos los que concedimos particularmente a Moisés), pero él los negó y rehusó (creer).

57. Dijo: «¡Moisés! ¿Has venido para expulsarnos de nuestra tierra con tu magia?

58. Entonces, sin duda presentaremos ante ti una magia igual. Así que fija un encuentro entre nosotros y tú, al que no faltemos en un lugar abierto y llano, conveniente (para ambos)».

59. (Moisés) dijo: «El encuentro será el Día de la Fiesta, y que la gente sea reunida por la mañana»[10].

60. El Faraón entonces se retiró, y (se propuso) movilizar todos sus recursos, luego se presentó (en el encuentro fijado).

61. Moisés les dijo (avisándoles antes de que fuese demasiado tarde para advertirles): «¡Ay de vosotros! No inventéis mentiras contra Dios (como falsamente describir Sus manifiestas pruebas como magia, pretendiendo falsamente que Su mensaje para vosotros es para expulsaros de vuestra tierra, y adoptando otras deidades aparte de Él), si no, os destruirá con un tremendo castigo. Quien invente una mentira estará condenado».

62. (La advertencia de Moisés influyó en algunos de los magos) entonces empezaron a debatir el asunto entre ellos. (Con lo cual, los hombres del Faraón intervinieron y) hablaron con ellos secretamente.

63. Dijeron: «En verdad, esos dos hombres son magos decididos a expulsaros de vuestra tierra con su magia y acabar con vuestro modo de vida ejemplar.

64. Por lo tanto, reunid vuestros recursos, y venid en filas ordenadas (con una fuerza unida y organizada), pues quien sea hoy superior habrá triunfado»[11].

10. La decisión del profeta Moisés fue muy importante. Al fijar un encuentro cuando todo el mundo pudiese estar presente en un día especial, un día en el que estarían de un diferente humor, manifestó su plena confianza en su mensaje y misión. Además con ello propinaría un gran golpe al Faraón, a su prestigio y creencia, y tendría oportunidad de anunciar su mensaje ante toda la gente con pruebas innegables y visibles.

11. La historia es una narración de pautas y significados recurrentes en acontecimientos en distintos momentos. El encuentro aquí mencionado es la batalla recurrente entre la verdad y la falsedad, la justicia y la tiranía. El Corán presenta los acontecimientos de tal modo que no solamente podemos seguir claramente la línea de los acontecimientos que se despliegan, sino que podemos comprender la importancia del significado que conllevan, las causas de las consecuencias y las maneras y los motivos de la gente que participan en ellos.

El Islam nunca tiene como meta humillar o destrozar a la gente; más bien su meta es exaltarles. Por esa razón el profeta Moisés, la paz sea con él, hizo un discurso influyente a sus opositores, advirtiéndoles. A través de los anteriores esfuerzos del profeta José, la paz sea con él, la verdadera Religión de Dios, el Islam, había empezado a predominar en Egipto. Por lo tanto, cuando Moisés, la paz sea con él, empezó su misión, todavía podían encontrarse vestigios de dicha religión entre la gente. Tal y como se puede entender de los milagros concedidos a Moisés, la paz sea con él, y dado a que los milagros concedidos a cada Profeta están relacionados con la rama de la ciencia o de la técnica más desarrollada en dicha época, la química o alquimia era sumamente importante en aquel entonces. Los magos eran los científicos y los intelectuales más destacados de aquella época. Dirigiéndose a ellos (y a otras personas) en el versículo 61, el profeta Moisés, la paz sea con él, que conocía Egipto muy bien, cumplió su misión principal de transmitir el Mensaje Divino a la vez que advertirles contra una posible calamidad. Su discurso tuvo la influencia que se esperaba sobre los magos e hizo que surgiese una diferencia de opiniones entre ellos. Sin embargo, como siempre ocurre en la historia, el Faraón y sus hombres intervinieron e intentaron eliminar dicha diferencia. Intentaron animar a los magos diciendo que Moisés y Aarón, la paz sea sobre ellos, eran magos igual que ellos y les alarmaron y provocaron diciendo que Moisés pretendió expulsar a la gente de su propia tierra y abolir su modo de vida, y continuaron haciendo promesas atractivas a ellos. Leemos dichas promesas en el *sura* 7:113-114 y en el *sura* 26:41-42: El Faraón prometió: «*(Si sois los vencedores), estaréis entre los más cercanos a mí*».

قَالُوا يَا مُوسٰى اِمَّا اَنْ تُلْقِيَ وَاِمَّا اَنْ نَكُونَ اَوَّلَ مَنْ اَلْقٰى ﴿٦٥﴾
قَالَ بَلْ اَلْقُواۚ فَاِذَا حِبَالُهُمْ وَعِصِيُّهُمْ يُخَيَّلُ اِلَيْهِ مِنْ سِحْرِهِمْ اَنَّهَا
تَسْعٰى ﴿٦٦﴾ فَاَوْجَسَ فٖى نَفْسِهٖ خٖيفَةً مُوسٰى ﴿٦٧﴾ قُلْنَا لَا تَخَفْ
اِنَّكَ اَنْتَ الْاَعْلٰى ﴿٦٨﴾ وَاَلْقِ مَا فٖى يَمٖينِكَ تَلْقَفْ مَا صَنَعُواۜ
اِنَّمَا صَنَعُوا كَيْدُ سَاحِرٍۜ وَلَا يُفْلِحُ السَّاحِرُ حَيْثُ اَتٰى ﴿٦٩﴾ فَاُلْقِيَ
السَّحَرَةُ سُجَّدًا قَالُوا اٰمَنَّا بِرَبِّ هٰرُونَ وَمُوسٰى ﴿٧٠﴾ قَالَ اٰمَنْتُمْ لَهُ
قَبْلَ اَنْ اٰذَنَ لَكُمْۜ اِنَّهُ لَكَبٖيرُكُمُ الَّذٖى عَلَّمَكُمُ السِّحْرَۚ فَلَاُقَطِّعَنَّ
اَيْدِيَكُمْ وَاَرْجُلَكُمْ مِنْ خِلَافٍ وَلَاُصَلِّبَنَّكُمْ فٖى جُذُوعِ النَّخْلِۘ
وَلَتَعْلَمُنَّ اَيُّنَا اَشَدُّ عَذَابًا وَاَبْقٰى ﴿٧١﴾ قَالُوا لَنْ نُؤْثِرَكَ عَلٰى مَا جَاءَنَا
مِنَ الْبَيِّنَاتِ وَالَّذٖى فَطَرَنَا فَاقْضِ مَا اَنْتَ قَاضٍۜ اِنَّمَا تَقْضٖى هٰذِهِ
الْحَيٰوةَ الدُّنْيَاۜ ﴿٧٢﴾ اِنَّا اٰمَنَّا بِرَبِّنَا لِيَغْفِرَ لَنَا خَطَايَانَا وَمَا اَكْرَهْتَنَا
عَلَيْهِ مِنَ السِّحْرِۜ وَاللّٰهُ خَيْرٌ وَاَبْقٰى ﴿٧٣﴾ اِنَّهُ مَنْ يَاْتِ رَبَّهُ مُجْرِمًا
فَاِنَّ لَهُ جَهَنَّمَۜ لَا يَمُوتُ فٖيهَا وَلَا يَحْيٰى ﴿٧٤﴾ وَمَنْ يَاْتِهٖ مُؤْمِنًا قَدْ
عَمِلَ الصَّالِحَاتِ فَاُولٰٓئِكَ لَهُمُ الدَّرَجَاتُ الْعُلٰىۙ ﴿٧٥﴾ جَنَّاتُ عَدْنٍ
تَجْرٖى مِنْ تَحْتِهَا الْاَنْهَارُ خَالِدٖينَ فٖيهَاۜ وَذٰلِكَ جَزٰٓؤُا مَنْ تَزَكّٰىۜ ﴿٧٦﴾

65. Ellos (los magos) dijeron: «Moisés, arrojas tú primero o arrojamos nosotros».

66. Él dijo: «¡No, arrojad vosotros primero!» Y en seguida, por efecto de su magia, sus cuerdas y varas le parecieron que reptaban.

67. Entonces Moisés sintió cierta aprensión (de que la gente fuese influenciada por la magia de los magos)[12].

68. Dijimos: «¡No temas! ¡Tú sin duda, eres el superior!

69. Arroja lo que tienes en la diestra: se tragará todo lo que ellos han tramado. Lo que han tramado son tan solo artimañas de hechicero. Y un hechicero nunca puede prosperar haga lo que haga».

70. Y entonces (ocurrió, y) los magos cayeron postrados. Proclamaron: «¡Creemos en el Señor de Aarón y de Moisés!».

71. (El Faraón) dijo: «¿Creéis en Él antes de que yo os dé permiso? ¡Veo que él (Moisés) es vuestro maestro que os ha enseñado la magia! Haré que os amputen las manos y los pies opuestos y que seáis crucificados en troncos de palmera, y sabréis quién de nosotros (el Señor de Aarón y Moisés o yo) es más severo en castigar y (cuyo castigo es) más duradero»[13].

72. Ellos dijeron: «Nunca te preferiremos a las pruebas claras (manifestando la verdad) que se nos han presentado, ni a Quien nos ha creado. Por lo tanto, decreta lo que decretas: tú solo puedes decretar por la vida de este mundo.

73. Sin duda creímos en nuestro Señor y (esperamos) que Él perdone nuestros pecados y la hechicería a la que nos has obligado. Dios es el Mejor (dando recompensa) y el Más Perdurable».

74. Quien comparece ante su Señor como un criminal incrédulo, sin duda para él habrá el Infierno: donde no morirá ni vivirá.

75. Mientras que, quien comparece ante Él como un creyente que ha obrado actos buenos y rectos, para él habrán altos rangos y elevadas estaciones,

76. Jardines de dicha perpetua a través de los cuales discurren ríos donde morarán. Esa es la recompensa del que alcanza la pureza.

12. Cuando los magos arrojaron sus cuerdas y varas, éstas le parecieron al profeta Moisés, la paz sea con él, como si cientos de serpientes reptaran por el suelo. Esto es lo que el versículo 7:116 describe: *Y cuando arrojaron (sea lo que fuere lo que tuviesen en sus manos para realizar hechizos) hechizaron los ojos de la gente (es decir, les atemorizaron y les engañaron) y elaboraron una magia grandísima*. Esto causó cierta aprensión en el corazón de Moisés, el cual temió que hubiesen sido influidos por dicha hechicería. Sin embargo, el milagro que Dios le otorgó mostraría que dicha hechicería no tenía nada que ver con la verdad y con toda seguridad iba a ser derrotada ante dicho milagro.

13. La reacción del Faraón es la reacción de todos los dictadores a lo largo de la historia. Nimrod y sus hombres mostraron la misma reacción ante el profeta Abraham, la paz sea con él. Cuando fueron derrotados con un argumento intelectual, le arrojaron al fuego. Los magos que empezaron a mostrar sus habilidades declarando que iban a triunfar por el honor y el poder del Faraón (26:44) fueron capaces de distinguir entre la hechicería y la verdad. Vieron que lo que el profeta Moisés, la paz sea con él, había hecho no era hechicería y que el honor y el poder del Faraón no servían para nada, por lo que acabaron creyendo. No obstante el Faraón rehusó creer incluso ante la realidad que le fue mostrada con total claridad. El evento tuvo lugar ante una gran muchedumbre, por lo que era probable que entre aquellos también hubiese gente que había creído y otros que sintieron que una luz en nombre de la fe aparecía en su corazón. Esto era lo que el Faraón temía. No podía aceptar la derrota y sintió que su soberanía estaba en entredicho si la gente creía, por lo que recurrió a amenazas y masacres.

Este versículo muestra otro aspecto de la dictadura. Los dictadores quieren que la gente haga lo que ellos les ordenen. Se ven a sí mismos como la única autoridad para decidir lo que la gente ha de creer y no ha de creer, lo que ha de pensar y lo que no ha de pensar. Es decir, intentan mandar incluso en sus mentes y corazones.

Los milagros concedidos a cada Profeta eran de la misma naturaleza que las ciencias y las artes desarrolladas en su época. Cada Profeta superaba el nivel de dicha ciencia y arte a través de los milagros que obraba. La experiencia de Moisés con el Faraón también reveló que, además de tener destacadas virtudes, los representantes y predicadores del Islam también han de superar a otros en conocimiento.

وَلَقَدْ اَوْحَيْنَٓا اِلٰى مُوسٰٓى اَنْ اَسْرِ بِعِبَادٖى فَاضْرِبْ لَهُمْ طَرٖيقًا
فِى الْبَحْرِ يَبَسًاۙ لَا تَخَافُ دَرَكًا وَلَا تَخْشٰى ﴿٧٧﴾ فَاَتْبَعَهُمْ
فِرْعَوْنُ بِجُنُودِهٖ فَغَشِيَهُمْ مِنَ الْيَمِّ مَا غَشِيَهُمْؕ ﴿٧٨﴾ وَاَضَلَّ
فِرْعَوْنُ قَوْمَهُ وَمَا هَدٰى ﴿٧٩﴾ يَا بَنٖٓى اِسْرَٓائٖلَ قَدْ اَنْجَيْنَاكُمْ
مِنْ عَدُوِّكُمْ وَوَاعَدْنَاكُمْ جَانِبَ الطُّورِ الْاَيْمَنَ وَنَزَّلْنَا عَلَيْكُمُ
الْمَنَّ وَالسَّلْوٰى ﴿٨٠﴾ كُلُوا مِنْ طَيِّبَاتِ مَا رَزَقْنَاكُمْ وَلَا تَطْغَوْا فٖيهِ
فَيَحِلَّ عَلَيْكُمْ غَضَبٖىۚ وَمَنْ يَحْلِلْ عَلَيْهِ غَضَبٖى فَقَدْ هَوٰى ﴿٨١﴾
وَاِنّٖى لَغَفَّارٌ لِمَنْ تَابَ وَاٰمَنَ وَعَمِلَ صَالِحًا ثُمَّ اهْتَدٰى ﴿٨٢﴾
وَمَٓا اَعْجَلَكَ عَنْ قَوْمِكَ يَا مُوسٰى ﴿٨٣﴾ قَالَ هُمْ اُولَٓاءِ عَلٰٓى
اَثَرٖى وَعَجِلْتُ اِلَيْكَ رَبِّ لِتَرْضٰى ﴿٨٤﴾ قَالَ فَاِنَّا قَدْ فَتَنَّا قَوْمَكَ
مِنْ بَعْدِكَ وَاَضَلَّهُمُ السَّامِرِيُّ ﴿٨٥﴾ فَرَجَعَ مُوسٰٓى اِلٰى قَوْمِهٖ غَضْبَانَ
اَسِفًاۚ قَالَ يَا قَوْمِ اَلَمْ يَعِدْكُمْ رَبُّكُمْ وَعْدًا حَسَنًاۜ اَفَطَالَ عَلَيْكُمُ
الْعَهْدُ اَمْ اَرَدْتُمْ اَنْ يَحِلَّ عَلَيْكُمْ غَضَبٌ مِنْ رَبِّكُمْ فَاَخْلَفْتُمْ
مَوْعِدٖى ﴿٨٦﴾ قَالُوا مَٓا اَخْلَفْنَا مَوْعِدَكَ بِمَلْكِنَا وَلٰكِنَّا حُمِّلْنَٓا
اَوْزَارًا مِنْ زٖينَةِ الْقَوْمِ فَقَذَفْنَاهَا فَكَذٰلِكَ اَلْقَى السَّامِرِيُّ ﴿٨٧﴾

فَاَخْرَجَ

77. Revelamos a Moisés: «Parte con Mis siervos de noche y (cuando llegues al borde del mar con el Faraón y su ejército persiguiéndote) ábreles un camino seco para ellos con tu vara a través del mar y no necesitáis tener miedo de ser alcanzado (por el Faraón) o ahogaros en el mar».

78. Entonces, el Faraón les persiguió con sus huestes armadas, y fueron arrollados por el mar hasta ser completamente destruidos.

79. El Faraón había extraviado a su pueblo (y finalmente les llevó a la destrucción). No les había guiado (a la verdad o a la prosperidad)[14].

80. ¡Oh Hijos de Israel! Os hemos salvado de vuestro enemigo; y hemos hecho un pacto con vosotros a través de Moisés en la ladera derecha del monte Sinaí (y os hemos concedido la Tora); y hemos hecho descender sobre vosotros el maná y las codornices (para sustentaros en el desierto).

81. (Dijimos): Comed de las cosas buenas y sanas que os hemos proveído; pero sin excederos (siendo despilfarradores, ingratos, por ganancias ilícitas y semejantes). Si no, Mi ira (condena) sobrevendrá con justicia sobre vosotros, y aquel sobre quien Mi condena sobreviene, en verdad ha sucumbido en la ruina[15].

82. Mas, sin duda, soy Indulgente hacia quien se arrepiente y cree y obra actos buenos y rectos, y de ahí en adelante se mantiene en el camino recto.

83. (Cuando Moisés vino a nuestra cita en el monte Sinaí para recibir la Tora, le preguntamos) «Moisés, ¿qué te ha hecho dejar a tu gente atrás con tanta prisa?».

84. Respondió: «Están siguiendo mis pasos; y me he apresurado para llegar ante Ti para que estés complacido conmigo».

85. (Dios) dijo: «Entonces (has de saber que) hemos puesto a prueba a tu pueblo en tu ausencia, y el Samiri les ha extraviado»[16].

86. Entonces Moisés regresó a su pueblo airado y apenado. Dijo: «¡Pueblo mío! ¿No os prometió vuestro Señor una justa promesa (de que os concedería la Tora para vuestra felicidad en ambos mundos, y os establecería en la tierra cuyos alrededores Él bendijo)? ¿Es que el tiempo fijado (durante mi ausencia) os ha parecido muy largo o habéis querido que una condena de vuestro Señor cayese sobre vosotros por lo que habéis faltado a vuestra promesa hacia mí?».

87. Dijeron: «No hemos faltado a nuestra promesa hacia ti voluntariamente (a propósito), sino que fuimos cargados con cargas de ornamentos (pecaminosos) del pueblo (de Egipto) y los hemos arrojado (para deshacernos de ellos), del mismo modo que el Samiri los arrojó (al fuego)».

---

14. Respecto a los acontecimientos que tuvieron lugar durante el encuentro de Moisés y los magos y el Éxodo, véanse el *sura* 7:127-135; el *sura* 10:75-90.

15. Respecto a los detalles de los acontecimientos y las advertencias de los eventos mencionados en los versículos 80 y 81, véanse el *sura* 2:51, 57 y 61, y las notas 67 y 73; el *sura* 7:142, nota 30.

16. El Antiguo Testamento menciona que fue el profeta Aarón, la paz sea con él, el que hizo la efigie de un becerro para que los Hijos de Israel la adorasen (Éxodo, 32:4, 24). Mientras que, en realidad, el profeta Aarón, la paz sea con él, era el hermano mayor de Moisés con el que compartía su misión. Él, de hecho, hizo lo que pudo para prevenir la adoración del becerro. El Corán afirma claramente que el que hizo el becerro era un hombre llamado as-Samiri.

El artículo (al-) antes de Samiri y el sufijo (i) al final de la palabra que denota el caso sugiere que el nombre pertenecía a un lugar llamado Samir. Sin embargo, algunos orientalistas y escritores cristianos que afirman que Samaria era la capital del Reino de Israel establecida en el 925 a. C., intentan acusar a nuestro Profeta, la paz y las bendiciones sean con él, de ignorancia como si fuese autor del Corán. La mismísima Biblia refuta esta acusación carente de base. Leemos en I Reyes 16:24, que el Rey Omri compró la colina de Samaria a un hombre llamado Shemer y construyó la ciudad de Samaria sobre dicha colina llamándola Shemer. Por lo tanto Samaria ya existía antes de Moisés, la paz sea con él, como nombre de dicha colina. Puede ser que Samiri fuese originario de dicho territorio o que descendiese del linaje de Shemer. Otro punto a ser considerado es que los sumerios vivían en Irak antes de la época del profeta Abraham, la paz sea con él. Hubo emigraciones desde esta región hacia Egipto. Por ejemplo, los Hicsos que gobernaron Egipto durante la época del profeta José, la paz sea con él, habían emigrado desde Siria. Por lo tanto, es posible que el Samiri descendiese de una tribu sumeria que hubiese emigrado a Egipto.

También es posible que el nombre del propio Samiri fuese «Aarón» y que luego los escribas de la Tora le confundiesen con el profeta Aarón, la paz sea con él.

La Biblia, desafortunadamente, se contradice a sí misma atribuyendo la elaboración del becerro al profeta Aarón, la paz sea con él. Leemos en Éxodo, 32:27-28, que Dios ordenó «a todo hombre matar a su hermano (que hubiese adorado al becerro), y todo hombre matase a su compañero, y todo hombre matase a su vecino y los Hijos de Leví lo hicieron, sucumbiendo aquel día alrededor de tres mil hombres». El profeta Aarón, la paz sea con él, no figura entre los que fueron matados. Según Éxodo, 32:32-33, el profeta Moisés, la paz sea con él, rezó a Dios para que perdonase a su gente y borrase su nombre de Su libro y Dios respondió que borraría el nombre de todo aquel que hubiese pecado contra Él de Su libro. Queda claro en Números 18:5-7 que Dios no borró el nombre de Aarón de Su libro, en lugar de ello le favoreció a él y a sus hijos con el deber de encargarse del santuario y el altar para que Su ira no cayese más sobre los Hijos de Israel (al-Mawdudi, 5: 217-218, nota 69).

٣١٧ اَلْجُزْءُ السَّادِسَ عَشَرَ 317

فَاَخْرَجَ لَهُمْ عِجْلاً جَسَدًا لَهُ خُوَارٌ فَقَالُوا هٰذَٓا اِلٰهُكُمْ وَاِلٰهُ
مُوسٰى فَنَسِیَ ﴿٨٨﴾ اَفَلَا يَرَوْنَ اَلَّا يَرْجِعُ اِلَيْهِمْ قَوْلاً وَلَا
يَمْلِكُ لَهُمْ ضَرًّا وَلَا نَفْعًا ﴿٨٩﴾ وَلَقَدْ قَالَ لَهُمْ هٰرُونُ مِنْ
قَبْلُ يَا قَوْمِ اِنَّمَا فُتِنْتُمْ بِهٖ وَاِنَّ رَبَّكُمُ الرَّحْمٰنُ فَاتَّبِعُونِى
وَاَطِيعُٓوا اَمْرِى ﴿٩٠﴾ قَالُوا لَنْ نَبْرَحَ عَلَيْهِ عَاكِفِينَ حَتّٰى
يَرْجِعَ اِلَيْنَا مُوسٰى ﴿٩١﴾ قَالَ يَا هٰرُونُ مَا مَنَعَكَ اِذْ رَاَيْتَهُمْ
ضَلُّٓوا ﴿٩٢﴾ اَلَّا تَتَّبِعَنِ اَفَعَصَيْتَ اَمْرِى ﴿٩٣﴾ قَالَ يَبْنَؤُمَّ لَا تَاْخُذْ
بِلِحْيَتِى وَلَا بِرَاْسِى اِنِّى خَشِيتُ اَنْ تَقُولَ فَرَّقْتَ بَيْنَ بَنِٓى
اِسْرَٓائِلَ وَلَمْ تَرْقُبْ قَوْلِى ﴿٩٤﴾ قَالَ فَمَا خَطْبُكَ يَا سَامِرِىُّ ﴿٩٥﴾
قَالَ بَصُرْتُ بِمَا لَمْ يَبْصُرُوا بِهٖ فَقَبَضْتُ قَبْضَةً مِنْ اَثَرِ
الرَّسُولِ فَنَبَذْتُهَا وَكَذٰلِكَ سَوَّلَتْ لِى نَفْسِى ﴿٩٦﴾ قَالَ
فَاذْهَبْ فَاِنَّ لَكَ فِى الْحَيٰوةِ اَنْ تَقُولَ لَا مِسَاسَ وَاِنَّ
لَكَ مَوْعِدًا لَنْ تُخْلَفَهُ وَانْظُرْ اِلٰٓى اِلٰهِكَ الَّذِى ظَلْتَ
عَلَيْهِ عَاكِفًا لَنُحَرِّقَنَّهُ ثُمَّ لَنَنْسِفَنَّهُ فِى الْيَمِّ نَسْفًا ﴿٩٧﴾ اِنَّمَا
اِلٰهُكُمُ اللّٰهُ الَّذِى لَٓا اِلٰهَ اِلَّا هُوَ وَسِعَ كُلَّ شَىْءٍ عِلْمًا ﴿٩٨﴾

88. Y entonces él les trajo un becerro, dándole forma (a partir de los ornamentos fundidos) de un cuerpo (que emitía un sonido como) mugiendo. Entonces dijeron (algunos de ellos a otros): «Esta es nuestra deidad y la deidad de Moisés, pero él lo ha olvidado».

89. ¿Es que no veían en absoluto que no podía (incluso) devolverles ni una palabra (como respuesta), y que no tenía poder alguno para dañarles ni beneficiarles?

90. Y sin duda les había dicho Aarón antes de que Moisés retornase (advirtiéndoles): «¡Oh pueblo mío! Estáis siendo sólo puestos a prueba con esto (este ídolo para comprobar la calidad de vuestra comprensión y fe). En realidad vuestro Señor es Misericordioso (Quien es más indulgente). ¡Seguidme, pues, y obedeced mis órdenes!».

91. Pero dijeron: «De ninguna manera dejaremos de adorarlo hasta que Moisés regrese a nosotros».

92. (Tras haber regresado y sin conocimiento de la advertencia de Aarón, Moisés) dijo: «¡Oh Aarón! ¿Qué te impidió, cuando les has visto que se extraviaban,

93. Seguirme? ¿Has desobedecido entonces mi orden?»[17].

94. Aarón dijo: «¡Oh Hijo de mi madre! ¡No me agarres por la barba ni por la cabeza! Temía que dijeras: "Has causado división entre los Hijos de Israel e hiciste caso omiso de mi palabra"»[18].

95. (Moisés se dirigió al Samiri) y dijo: «¿Qué pasa contigo, Samiri (que has llevado a cabo una cosa monstruosa)?».

96. Él respondió: «He visto algo que ellos no pudieron ver, así que he tomado un puñado (de tierra) del rastro del mensajero y la arrojé en los ornamentos fundidos: de esta manera mi alma me ha incitado a hacer»[19].

97. (Moisés) dijo: «¡Vete, entonces! (La sentencia) sobre ti es que en esta vida presente, digas "¡No me toques!" (para advertir a la gente de que no se aproximen a ti); y sin duda para ti se da una promesa (de castigo) que no podrás evitar. Mira ahora a tu deidad a cuya adoración te entregaste: ¡con toda seguridad la quemaremos y esparciremos lo que queda de ella por el mar!

98. «(¡Oh pueblo mío!) Vuestra única deidad es Dios, aparte de Quien no hay más deidad. Abarca todas las cosas con Su Conocimiento».

17. Antes de partir al monte Sinaí, el profeta Moisés, la paz sea con él, designó a Aarón como representante suyo ante su gente diciendo: «Ocupa mi lugar entre mi comunidad (actúa para reformarles y para corregir los asuntos) y no sigas la senda de los que provocan el desorden y la corrupción» (7:142).

18. Tal y como hemos expuesto en otra parte con anterioridad (el *sura* 7, nota 35; el *sura* 15, nota 11; el *sura* 19, nota 1), mientras narraba un acontecimiento en distintos lugares, el Corán trata los distintos aspectos del acontecimiento según el tema en cuestión. Por lo tanto aquí sólo cita parte de la respuesta de Aarón a Moisés, la paz sea con él, *Temía que dijeras: "Has causado división entre los Hijos de Israel e hiciste caso omiso de mi palabra"*. Esto no significa que Aarón no hizo nada. Según nos informa el *sura* 7:150, hizo todo lo que pudo para prohibir el error fundamental en que su gente había caído, pero casi le matan. Por lo que Aarón, la paz sea con él, consciente de la delicadeza de la situación, no actuó, a fin de no causar división entre ellos, lo cual probablemente habría llevado a un derramamiento de sangre. Esperó la vuelta de Moisés, que se había ausentado durante un corto período de tiempo.

19. ¿Cómo deberíamos entender estas palabras del Samiri?

La gente del antiguo Egipto eran agricultores que adoraban al ganado además de a otras deidades principales. Los Hijos de Israel habían sido influenciados por ello. Esta influencia se manifestaba en la adoración a esta estatua del becerro, por lo que el Corán lo describe de esta manera: *Debido a su incredulidad, se les hizo beber a sus corazones (el amor a) el becerro (no dejando espacio alguno para la fe)* (2:93). Tenían una inclinación hacia la idolatría y hacia adoptar imágenes como deidades, lo cual queda manifiesto cuando le pidieron a Moisés, la paz sea con él, que les hiciese un ídolo al encontrar a otra gente adorando ídolos durante su marcha por el desierto tras su partida de Egipto: *E hicimos cruzar a los Hijos de Israel a través del mar, y se presentaron ante un pueblo entregado a la devoción de unos ídolos que tenían (propios de ellos). Dijeron: «¡Oh Moisés, haz para nosotros una deidad al igual que ellos tienen deidades!»* (7:138).

Alguna gente tiene características o habilidades excepcionales, tal y como la telepatía, la necromancia, la habilidad de ponerse en contacto con los genios, y la habilidad de actuar como si de un médium se tratasen. Ellos pueden llevar a cabo logros que a otros les parece extraordinarios y a ellos mismos les gusta añadir cierto misterio a sus logros. Pero debido a la altanería y el engreimiento originados por sus logros y por el abuso de las habilidades que Dios les ha dado, Él hace que sus habilidades constituyan un medio de extravío gradual para ellos.

El Samiri tenía la habilidad de fundir minerales y elaborar estatuas. Intencionadamente construyó una efigie de un becerro para extraviar a los Hijos de Israel e hizo que emitiese un sonido por medio de ciertos agujeros colocados en dicha efigie.

El Corán presenta el asunto del becerro como prueba y tentación para los Hijos de Israel. Al decir el Samiri: *He visto algo que ellos no pudieron ver, así que he tomado un puñado (de tierra) del rastro del mensajero y la arrojé en los ornamentos fundidos*, es simplemente una mentira de Samiri para añadir una dimensión espiritual misteriosa a alguna de las habilidades que poseía o que creía que poseía, y en realidad, a lo que había hecho. Debería haber intentado excusarse a sí mismo por lo que había hecho.

كَذٰلِكَ نَقُصُّ عَلَيْكَ مِنْ اَنْبَاۤءِ مَا قَدْ سَبَقَۚ وَقَدْ اٰتَيْنَاكَ
مِنْ لَدُنَّا ذِكْرًاۚ ﴿٩٩﴾ مَنْ اَعْرَضَ عَنْهُ فَاِنَّهُ يَحْمِلُ يَوْمَ الْقِيٰمَةِ وِزْرًا ﴿١٠٠﴾
خَالِدِينَ فِيهِۜ وَسَاۤءَ لَهُمْ يَوْمَ الْقِيٰمَةِ حِمْلًاۙ ﴿١٠١﴾ يَوْمَ يُنْفَخُ
فِي الصُّورِ وَنَحْشُرُ الْمُجْرِمِينَ يَوْمَئِذٍ زُرْقًاۚ ﴿١٠٢﴾ يَتَخَافَتُونَ
بَيْنَهُمْ اِنْ لَبِثْتُمْ اِلَّا عَشْرًا ﴿١٠٣﴾ نَحْنُ اَعْلَمُ بِمَا يَقُولُونَ اِذْ يَقُولُ
اَمْثَلُهُمْ طَرِيقَةً اِنْ لَبِثْتُمْ اِلَّا يَوْمًا ﴿١٠٤﴾ وَيَسْـَٔلُونَكَ عَنِ الْجِبَالِ
فَقُلْ يَنْسِفُهَا رَبِّي نَسْفًاۙ ﴿١٠٥﴾ فَيَذَرُهَا قَاعًا صَفْصَفًاۙ ﴿١٠٦﴾ لَا تَرٰى
فِيهَا عِوَجًا وَلَاۤ اَمْتًا ﴿١٠٧﴾ يَوْمَئِذٍ يَتَّبِعُونَ الدَّاعِيَ لَا عِوَجَ لَهُۚ
وَخَشَعَتِ الْاَصْوَاتُ لِلرَّحْمٰنِ فَلَا تَسْمَعُ اِلَّا هَمْسًا ﴿١٠٨﴾
يَوْمَئِذٍ لَا تَنْفَعُ الشَّفَاعَةُ اِلَّا مَنْ اَذِنَ لَهُ الرَّحْمٰنُ وَرَضِيَ لَهُ
قَوْلًا ﴿١٠٩﴾ يَعْلَمُ مَا بَيْنَ اَيْدِيهِمْ وَمَا خَلْفَهُمْ وَلَا يُحِيطُونَ بِهِ
عِلْمًا ﴿١١٠﴾ وَعَنَتِ الْوُجُوهُ لِلْحَيِّ الْقَيُّومِۜ وَقَدْ خَابَ مَنْ حَمَلَ
ظُلْمًا ﴿١١١﴾ وَمَنْ يَعْمَلْ مِنَ الصَّالِحَاتِ وَهُوَ مُؤْمِنٌ فَلَا يَخَافُ
ظُلْمًا وَلَا هَضْمًا ﴿١١٢﴾ وَكَذٰلِكَ اَنْزَلْنَاهُ قُرْاٰنًا عَرَبِيًّا وَصَرَّفْنَا
فِيهِ مِنَ الْوَعِيدِ لَعَلَّهُمْ يَتَّقُونَ اَوْ يُحْدِثُ لَهُمْ ذِكْرًا ﴿١١٣﴾

فَتَعَالَى

99. Así es como te contamos (Oh Mensajero) alguno de los acontecimientos ejemplares que ocurrieron en el pasado. De hecho, te hemos dado un Recordatorio (un libro de conocimiento e instrucciones) de Nuestra Presencia.

100. Quien se aparte de él, sin duda, el Día de la Resurrección llevará una carga,

101. Cargándola para siempre. ¡Cuán maligna carga es la suya el Día de la Resurrección!

102. Ese Día, la Trompeta será sonada y haremos que resuciten y reuniremos a los incrédulos criminales que tendrán los ojos en blanco (de terror y fatiga).

103. Susurran entre ellos: «Sólo estuvisteis en un mundo diez (días)».

104. Somos Nosotros Quienes tenemos conocimiento completo de lo que hablan cuando el más perspicaz de ellos diga: «Sólo estuvisteis un día».

105. Te preguntarán (Oh Mensajero) sobre (lo que ocurrirá con) las montañas (el Día del Juicio Final). Di: «Mi Señor las reducirá a polvo y dispersará.

106. Y la dejará (la Tierra) como una desolada llanura.

107. No veréis en ella ni curvas ni nada escarpado.

108. Ese Día, todos seguirán la Voz convocadora francamente sin ningún desvío, y todas las voces se humillarán ante el Misericordioso y no escucharás nada más que un silencioso murmullo.

109. Ese Día, no servirá la intercesión excepto la de quien sea autorizado por el Misericordioso y con aquellas palabras esté complacido.

110. Conoce lo que les espera a Sus siervos (especialmente el Día del Juicio) y todo cuanto (de las intenciones, palabras o acciones) han dejado atrás, mientras que ellos no pueden abarcarle con su conocimiento.

111. Y (ese Día) todos los rostros se humillarán ante el Viviente, el Subsistente (por el Cual, todo lo demás subsiste). Y con toda seguridad, ha fracasado aquel cuya carga es la injusticia.

112. Mientras que todo aquel que obre actos buenos y rectos, siendo creyente, no necesita tener miedo de ser agraviado ni privado (de su justa recompensa).

113. Y así lo hicimos descender como un *qur'an* (un discurso) en árabe y hemos expuesto en él advertencias en diversos contextos y desde distintas perspectivas, para que se aparten de la desobediencia a Nosotros en veneración a Nosotros y piedad o les incite al recuerdo y la consideración.

114. ¡Absolutamente ensalzado sea Dios, el Supremo Soberano, la Verdad Absoluta y Leal! No te apresures (Oh Mensajero) con (la recepción y memorización de cualquier Revelación incluida en) el Corán antes de que se te haya revelado por completo, sino di: «¡Señor mío! ¡Auméntame en conocimiento!».

115. Sin duda, hicimos una alianza con Adán (y le prohibimos que se acercase a un árbol del Jardín); pero actuó de manera olvidadiza. No hallamos en él resolución (en ese momento).

116. Y cuando dijimos a los ángeles: «¡Postraros ante Adán!», todos se postraron. Sin embargo Iblis no lo hizo; se negó.

117. Entonces dijimos: «Oh Adán, sin duda este es un enemigo para ti y para tu esposa; por lo tanto no le dejes que os expulse a los dos del Jardín, para que no seáis desgraciados.

118. Sin duda se te provee que en él no pasarás hambre ni desnudez.

119. Y que no padecerás sed allí ni sufrirás el ardor del Sol».

120. Pero Satanás le hizo una malvada sugerencia, diciendo: «¡Oh Adán! ¿Quieres que te conduzca al árbol de la vida eterna y a un reino que nunca decaerá?».

121. Ambos comieron de él, por lo tanto sus partes pudendas (y todos los impulsos aparentemente malvados en su creación) se les reveló, y ambos comenzaron a cubrirse con hojas del Jardín. Adán desobedeció a su Señor y sucumbió en el error.

122. A partir de entonces, su Señor le escogió (por Su favor), aceptó su arrepentimiento y confirió Su guía sobre él.

فَتَعَالَى اللّٰهُ الْمَلِكُ الْحَقُّۚ وَلَا تَعْجَلْ بِالْقُرْاٰنِ مِنْ قَبْلِ اَنْ
يُقْضٰٓى اِلَيْكَ وَحْيُهُۘ وَقُلْ رَبِّ زِدْنِى عِلْمًا ﴿١١٤﴾ وَلَقَدْ عَهِدْنَٓا
اِلٰٓى اٰدَمَ مِنْ قَبْلُ فَنَسِىَ وَلَمْ نَجِدْ لَهُ عَزْمًا ﴿١١٥﴾ وَاِذْ قُلْنَا
لِلْمَلٰٓئِكَةِ اسْجُدُوا لِاٰدَمَ فَسَجَدُٓوا اِلَّٓا اِبْلِيسَۜ اَبٰى ﴿١١٦﴾ فَقُلْنَا
يَٓا اٰدَمُ اِنَّ هٰذَا عَدُوٌّ لَكَ وَلِزَوْجِكَ فَلَا يُخْرِجَنَّكُمَا مِنَ
الْجَنَّةِ فَتَشْقٰى ﴿١١٧﴾ اِنَّ لَكَ اَلَّا تَجُوعَ فِيهَا وَلَا تَعْرٰى ﴿١١٨﴾
وَاَنَّكَ لَا تَظْمَؤُا فِيهَا وَلَا تَضْحٰى ﴿١١٩﴾ فَوَسْوَسَ اِلَيْهِ الشَّيْطَانُ
قَالَ يَٓا اٰدَمُ هَلْ اَدُلُّكَ عَلٰى شَجَرَةِ الْخُلْدِ وَمُلْكٍ لَا يَبْلٰى ﴿١٢٠﴾
فَاَكَلَا مِنْهَا فَبَدَتْ لَهُمَا سَوْاٰتُهُمَا وَطَفِقَا يَخْصِفَانِ
عَلَيْهِمَا مِنْ وَرَقِ الْجَنَّةِۘ وَعَصٰٓى اٰدَمُ رَبَّهُ فَغَوٰى ﴿١٢١﴾
ثُمَّ اجْتَبٰيهُ رَبُّهُ فَتَابَ عَلَيْهِ وَهَدٰى ﴿١٢٢﴾ قَالَ اهْبِطَا مِنْهَا
جَمِيعًا بَعْضُكُمْ لِبَعْضٍ عَدُوٌّۚ فَاِمَّا يَأْتِيَنَّكُمْ مِنّ۪ى هُدًى
فَمَنِ اتَّبَعَ هُدَاىَ فَلَا يَضِلُّ وَلَا يَشْقٰى ﴿١٢٣﴾ وَمَنْ اَعْرَضَ
عَنْ ذِكْرٖى فَاِنَّ لَهُ مَعِيشَةً ضَنْكًا وَنَحْشُرُهُ يَوْمَ الْقِيٰمَةِ
اَعْمٰى ﴿١٢٤﴾ قَالَ رَبِّ لِمَ حَشَرْتَنٖٓى اَعْمٰى وَقَدْ كُنْتُ بَصِيرًا ﴿١٢٥﴾

123. Él dijo: «¡Descended ambos de allí, todos juntos (con Satanás, y de hoy en adelante viviréis una vida), siendo algunos de vosotros enemigos de otros. Si te viene de Mí una guía (como un Libro a través de un Mensajero), entonces todo aquel que siga Mi guía (y se torne a Mí con fe y adoración) no se extraviará ni será desgraciado.

124. Pero en cuanto a aquel que se aparte de Mi remembranza (y del Libro), suya será una vida agobiante y le haremos resucitar ciego el Día de la Resurrección»[20].

125. Dice: «¡Señor mío! ¿Por qué me has resucitado ciego cuando solía ver (en mi vida del mundo)?».

20. Respecto a los acontecimientos y las verdades descritas desde el versículo 115 en adelante, véanse el *sura* 2:30-39, notas 30-44; el *sura* 7:11-27, notas 3-4. Aquí podemos añadir los siguientes puntos:

- La prohibición de acercarse a un árbol del Jardín no era una prohibición incluida en la *Shari'ah* o Ley Religiosa. Era una prohibición y una instrucción que concernía a la vida de Adán, la paz sea con él, y a su esposa. Estaba claro que el propósito de dicha prohibición era evitar sufrir hambre, desnudez, sed y el calor del Sol. Por lo tanto la consecuencia o retribución por no prestar atención a dicha prohibición era la exposición a estas clases de sufrimiento.
- El versículo revela que el deseo por la eternidad, el apasionado deseo por el sexo opuesto (especialmente hacia las mujeres por parte de los hombres) y el reino mundano están, por lo menos, entre las pasiones o los apetitos seductores para los seres humanos hasta tal punto que les causan abundantes sufrimientos.
- El Corán menciona a Adán, la paz sea con él, como habiendo sido elegido y perdonado después de su error para que no albergemos ningún sentimiento negativo contra Adán, la paz sea con él. También nos enseña que tenemos que arrepentirnos inmediatamente y pedir perdón en cuanto hayamos pecado o errado.
- La Biblia, culpa desafortunadamente a Eva más que a Adán por su error (Génesis, 3:1-6). Según la Biblia Eva incitó a Adán a comer del árbol prohibido. Esto hizo que los judíos y los cristianos contemplasen a la mujer como un ser maldito durante muchos siglos. En contraste, el Corán nos dice que Satanás se acercó a Adán y le engañó. Esto revela una importante verdad que los hombres han sido generalmente los responsables del extravío de las mujeres y no al revés.

126. (Dios) dijo: «Así es. Nuestras Revelaciones vinieron a ti pero hiciste caso omiso de ellas, por lo tanto hoy se te hará caso omiso».

127. Así retribuimos a quien sea derrochador (de las facultades que Dios le ha dado), y cometa excesos y no crea en las Revelaciones de su Señor. Y en realidad, el castigo en el Más Allá es más severo y duradero.

128. ¿Es que no es una guía para ellos cuántas generaciones hemos destruido antes que ellos en cuyas moradas en ruinas pasean (en la actualidad)? Sin duda, en ello se dan signos (manifestando la verdad) para la gente de discernimiento.

129. Si no hubiera sido por un decreto ya emitido por tu Señor[21] y por un plazo ya designado (por Él), el juicio (contra ellos) habría sido ya emitido y ejecutado.

130. Por lo tanto, sé paciente (Oh Mensajero) con lo que digan y glorifica a tu Señor con Su alabanza antes de la salida del sol y antes de su puesta, y glorifícale durante algunas horas de la noche —así como glorifícale (a Él) al acabar el día— para que obtengas la complacencia de Dios y te halles contento (con lo que Dios ha decretado para ti).

131. No fuerces la vista hacia lo que hemos dado a algunos grupos entre ellos como disfrute (en esta vida mundana), el esplendor de esta vida presente y mundana, para ponerles a prueba con ello. El sustento de tu Señor (los favores que Él ha conferido a ti aquí y en el Más Allá) es mejor y más duradero.

132. Ordena a tu familia y a tu comunidad establecer la Oración y sé diligente en su práctica. No te pedimos que Nos proveas; más bien, somos Nosotros

320 سُورَةُ طٰهٰ ٣٢٠

قَالَ كَذٰلِكَ اَتَتْكَ اٰيَاتُنَا فَنَسِيتَهَاۚ وَكَذٰلِكَ الْيَوْمَ تُنْسٰى ﴿١٢٦﴾ وَكَذٰلِكَ
نَجْزٖى مَنْ اَسْرَفَ وَلَمْ يُؤْمِنْ بِاٰيَاتِ رَبِّهٖۜ وَلَعَذَابُ الْاٰخِرَةِ
اَشَدُّ وَاَبْقٰى ﴿١٢٧﴾ اَفَلَمْ يَهْدِ لَهُمْ كَمْ اَهْلَكْنَا قَبْلَهُمْ مِنَ الْقُرُونِ
يَمْشُونَ فٖى مَسَاكِنِهِمْۜ اِنَّ فٖى ذٰلِكَ لَاٰيَاتٍ لِاُو۬لِى النُّهٰى ﴿١٢٨﴾
وَلَوْلَا كَلِمَةٌ سَبَقَتْ مِنْ رَبِّكَ لَكَانَ لِزَامًا وَاَجَلٌ مُسَمًّىۜ ﴿١٢٩﴾
فَاصْبِرْ عَلٰى مَا يَقُولُونَ وَسَبِّحْ بِحَمْدِ رَبِّكَ قَبْلَ طُلُوعِ الشَّمْسِ
وَقَبْلَ غُرُوبِهَاۚ وَمِنْ اٰنَاۤئِ الَّيْلِ فَسَبِّحْ وَاَطْرَافَ النَّهَارِ لَعَلَّكَ
تَرْضٰى ﴿١٣٠﴾ وَلَا تَمُدَّنَّ عَيْنَيْكَ اِلٰى مَا مَتَّعْنَا بِهٖۤ اَزْوَاجًا مِنْهُمْ
زَهْرَةَ الْحَيٰوةِ الدُّنْيَا لِنَفْتِنَهُمْ فٖيهِۜ وَرِزْقُ رَبِّكَ خَيْرٌ وَاَبْقٰى ﴿١٣١﴾
وَاْمُرْ اَهْلَكَ بِالصَّلٰوةِ وَاصْطَبِرْ عَلَيْهَاۜ لَا نَسْـَٔلُكَ رِزْقًاۜ نَحْنُ
نَرْزُقُكَۜ وَالْعَاقِبَةُ لِلتَّقْوٰى ﴿١٣٢﴾ وَقَالُوا لَوْلَا يَأْتٖينَا بِاٰيَةٍ مِنْ رَبِّهٖۜ
اَوَلَمْ تَأْتِهِمْ بَيِّنَةُ مَا فِى الصُّحُفِ الْاُولٰى ﴿١٣٣﴾ وَلَوْ اَنَّاۤ اَهْلَكْنَاهُمْ
بِعَذَابٍ مِنْ قَبْلِهٖ لَقَالُوا رَبَّنَا لَوْلَاۤ اَرْسَلْتَ اِلَيْنَا رَسُولًا فَنَتَّبِعَ
اٰيَاتِكَ مِنْ قَبْلِ اَنْ نَذِلَّ وَنَخْزٰى ﴿١٣٤﴾ قُلْ كُلٌّ مُتَرَبِّصٌ فَتَرَبَّصُواۚ
فَسَتَعْلَمُونَ مَنْ اَصْحَابُ الصِّرَاطِ السَّوِيِّ وَمَنِ اهْتَدٰى ﴿١٣٥﴾

سُورَةُ الْاَنْبِيَاءِ

Quienes te proveemos. (Por lo que toda tu adoración es en beneficio tuyo.) Y el (deseable) resultado está a favor de la piedad y rectitud.

133. Y dicen: «¡Si al menos nos trajese un signo (un milagro) de su Señor!». ¿Es que no ha llegado a ellos (como un milagro suficiente) una Clara Evidencia de (la verdad) que contienen las anteriores Escrituras?[22].

134. Si les hubiésemos destruido con un castigo antes de ello (antes de que la Evidencia llegara a ellos), sin duda habrían dicho: «¡Señor nuestro! Si al menos nos hubieses enviado un Mensajero, hubiéramos seguido Tus Revelaciones antes de ser humillados y deshonrados».

135. Di: «¡Todos (nosotros y vosotros) se hallan en espera (de lo que el futuro deparará), así que continua esperando! Pronto llegaréis a saber quiénes han sido los seguidores del camino llano y quiénes han sido rectamente guiados (y por lo tanto a quién se le ha cumplido sus esperanzas)».

---

21. El decreto es lo que fue proclamado durante la caída de Adán del Jardín: *Tendréis en la Tierra una morada y provisión hasta un tiempo determinado* (7:24).

22. ¿Es que no es un milagro suficiente para ellos el hecho de que les llegase un Mensajero predicho en las anteriores Escrituras y cuyas características se encontraban en las mismas? El Mensajero, a pesar de ser iletrado, vino a ellos con un Libro que contenía todas las verdades respecto a la creencia y adoración correctas y principios eternos para una buena vida, que también se encontraban en las anteriores Escrituras Divinas. Este Libro también explica lo que les ocurrió a los pueblos que pidieron a su Mensajero milagros similares.

SURA 21

AL-ANBIYA' (LOS PROFETAS)

Período de La Meca

Este *sura*, que contiene 112 versículos, fue revelado a finales del período de La Meca durante la misión del Mensajero. Explica el «camino llano» mencionado al final del *Sura Ta. Ha*. Da respuestas a las objeciones planteadas por los politeístas de La Meca respecto al credo del Islam, proporciona apoyo a dicho credo así como relata ciertos episodios de las vidas de cierto número de Profetas anteriores. Acaba mencionando que el Islam, con su fe, adoración, moralidad y vida individual y colectiva, es la religión que Dios ha elegido para la humanidad y la cual les ha transmitido a través de todos los Profetas.

سُورَةُ الْأَنْبِيَاءِ مَكِّيَّةٌ
وَهِيَ مِائَةٌ وَاثْنَتَا عَشْرَةَ آيَةً

بِسْمِ اللّٰهِ الرَّحْمٰنِ الرَّحِيمِ

اِقْتَرَبَ لِلنَّاسِ حِسَابُهُمْ وَهُمْ فِي غَفْلَةٍ مُعْرِضُونَ ۝١ مَا يَأْتِيهِمْ
مِنْ ذِكْرٍ مِنْ رَبِّهِمْ مُحْدَثٍ اِلَّا اسْتَمَعُوهُ وَهُمْ يَلْعَبُونَ ۝٢
لَاهِيَةً قُلُوبُهُمْ وَاَسَرُّوا النَّجْوَى الَّذِينَ ظَلَمُوا هَلْ هٰذَا اِلَّا
بَشَرٌ مِثْلُكُمْ اَفَتَأْتُونَ السِّحْرَ وَاَنْتُمْ تُبْصِرُونَ ۝٣ قَالَ رَبِّي
يَعْلَمُ الْقَوْلَ فِي السَّمَاءِ وَالْاَرْضِ وَهُوَ السَّمِيعُ الْعَلِيمُ ۝٤
بَلْ قَالُوا اَضْغَاثُ اَحْلَامٍ بَلِ افْتَرٰيهُ بَلْ هُوَ شَاعِرٌ فَلْيَأْتِنَا بِاٰيَةٍ
كَمَا اُرْسِلَ الْاَوَّلُونَ ۝٥ مَا اٰمَنَتْ قَبْلَهُمْ مِنْ قَرْيَةٍ اَهْلَكْنَاهَا
اَفَهُمْ يُؤْمِنُونَ ۝٦ وَمَا اَرْسَلْنَا قَبْلَكَ اِلَّا رِجَالًا نُوحِي اِلَيْهِمْ
فَسْـَٔلُوا اَهْلَ الذِّكْرِ اِنْ كُنْتُمْ لَا تَعْلَمُونَ ۝٧ وَمَا جَعَلْنَاهُمْ
جَسَدًا لَا يَأْكُلُونَ الطَّعَامَ وَمَا كَانُوا خَالِدِينَ ۝٨ ثُمَّ صَدَقْنَاهُمُ
الْوَعْدَ فَاَنْجَيْنَاهُمْ وَمَنْ نَشَاءُ وَاَهْلَكْنَا الْمُسْرِفِينَ ۝٩
لَقَدْ اَنْزَلْنَا اِلَيْكُمْ كِتَابًا فِيهِ ذِكْرُكُمْ اَفَلَا تَعْقِلُونَ ۝١٠

En el Nombre de Dios,
el Misericordioso, el Compasivo.

1. Se ha acercado el momento en que los seres humanos han de rendir cuentas, pero hacen caso omiso de ello, hallándose perdidos en cosas mundanas y en la despreocupación[1].

2. Cada vez que les llega una nueva Revelación de su Señor para advertirles e iluminarles, la escuchan jugueteando,

3. Con corazones entregados a placeres pasajeros. Sin embargo, los que cometen injusticias, especialmente atribuyéndole copartícipes a Dios, hablan entre sí en gran secreto: «¿No es éste sino un mortal como vosotros? ¿Cederéis entonces a la magia a sabiendas cuando lo veis?».

4. (El Mensajero) dice (en respuesta): «Mi Señor conoce toda palabra dicha en el Cielo y en la Tierra. Él es Quien todo lo Oye, Omnisciente».

5. (Confusos sobre a cuál fuente deberían atribuir el Corán) dicen: «No, pero Muhammad ofrece algunas mezcolanzas de imágenes de sueños que tiene. ¡No, sino que se inventa todo esto! No, sino que es un poeta. ¡Si es veraz en su afirmación, que llegue a nosotros con un signo (un milagro), del mismo modo que los anteriores Mensajeros fueron enviados con milagros!».

6. Ninguno de los pueblos anteriores a ellos que destruimos creyeron (a pesar de que los Mensajeros vinieron a ellos con milagros). ¿Estos creerán entonces?

7. No hemos enviado como Mensajeros antes de ti (Oh Muhammad) a nadie más que a hombres a los que revelamos. Por lo tanto (Oh seres humanos) preguntad a los que tienen un conocimiento experto (de las Revelaciones Divinas), si no sabéis.

8. Ni les hicimos cuerpos que no necesitaban alimentarse por lo que no comerían como los demás; ni fueron inmortales.

9. Les prometimos ayuda y victoria y cumplimos Nuestra promesa: les salvamos a ellos y a los que quisimos (los creyentes)[2], y destruimos a aquellos que malgastaron sus facultades otorgadas por Dios y cometieron excesos.

10. Ahora hacemos descender a vosotros (Oh gente de La Meca y Oh toda la humanidad) un Libro que contiene aquello a lo que tenéis que prestar atención en esta vida para vuestro honor y felicidad. ¿Acaso no vais a razonar y entender?

---

1. El conocimiento del Día del Juicio Final sólo pertenece a Dios, y el Día del Juicio Final puede sobrevenir en cualquier momento de modo inesperado. Si consideramos cuántos siglos han transcurrido desde que esta advertencia fue revelada con respecto a la Última Hora, la cual aún no ha llegado, en comparación con la vida del mundo y de la humanidad sobre la Tierra, el período es bastante breve. Una persona que dice a media tarde que la noche está cerca, está diciendo la verdad. Además, el ajuste de cuentas para todos comenzará justo después de su muerte y nada es más próximo a un individuo que la muerte.

2. Véanse el *sura* 10:103; y el *sura* 37:171-173.

وَكَمْ قَصَمْنَا مِنْ قَرْيَةٍ كَانَتْ ظَالِمَةً وَاَنْشَاْنَا بَعْدَهَا قَوْمًا اٰخَرِينَ ﴿١١﴾
فَلَمَّا اَحَسُّوا بَاْسَنَا اِذَا هُمْ مِنْهَا يَرْكُضُونَ ﴿١٢﴾ لَا تَرْكُضُوا
وَارْجِعُوا اِلٰى مَا اُتْرِفْتُمْ فِيهِ وَمَسَاكِنِكُمْ لَعَلَّكُمْ تُسْـَٔلُونَ ﴿١٣﴾
قَالُوا يَا وَيْلَنَا اِنَّا كُنَّا ظَالِمِينَ ﴿١٤﴾ فَمَا زَالَتْ تِلْكَ دَعْوٰيهُمْ حَتّٰى
جَعَلْنَاهُمْ حَصِيدًا خَامِدِينَ ﴿١٥﴾ وَمَا خَلَقْنَا السَّمَاءَ وَالْاَرْضَ
وَمَا بَيْنَهُمَا لَاعِبِينَ ﴿١٦﴾ لَوْ اَرَدْنَا اَنْ نَتَّخِذَ لَهْوًا لَاتَّخَذْنَاهُ
مِنْ لَدُنَّا اِنْ كُنَّا فَاعِلِينَ ﴿١٧﴾ بَلْ نَقْذِفُ بِالْحَقِّ عَلَى الْبَاطِلِ
فَيَدْمَغُهُ فَاِذَا هُوَ زَاهِقٌ وَلَكُمُ الْوَيْلُ مِمَّا تَصِفُونَ ﴿١٨﴾ وَلَهُ مَنْ
فِي السَّمٰوَاتِ وَالْاَرْضِ وَمَنْ عِنْدَهُ لَا يَسْتَكْبِرُونَ عَنْ عِبَادَتِهِ
وَلَا يَسْتَحْسِرُونَ ﴿١٩﴾ يُسَبِّحُونَ الَّيْلَ وَالنَّهَارَ لَا يَفْتُرُونَ ﴿٢٠﴾
اَمِ اتَّخَذُوا اٰلِهَةً مِنَ الْاَرْضِ هُمْ يُنْشِرُونَ ﴿٢١﴾ لَوْ كَانَ فِيهِمَا
اٰلِهَةٌ اِلَّا اللّٰهُ لَفَسَدَتَا فَسُبْحَانَ اللّٰهِ رَبِّ الْعَرْشِ عَمَّا يَصِفُونَ ﴿٢٢﴾
لَا يُسْـَٔلُ عَمَّا يَفْعَلُ وَهُمْ يُسْـَٔلُونَ ﴿٢٣﴾ اَمِ اتَّخَذُوا مِنْ دُونِهِ
اٰلِهَةً قُلْ هَاتُوا بُرْهَانَكُمْ هٰذَا ذِكْرُ مَنْ مَعِيَ وَذِكْرُ مَنْ
قَبْلِي بَلْ اَكْثَرُهُمْ لَا يَعْلَمُونَ الْحَقَّ فَهُمْ مُعْرِضُونَ ﴿٢٤﴾

وَمَا

11. ¡Cuántas comunidades que cometieron el mal más grande (atribuyendo copartícipes a Dios) y, por lo tanto fueron injustas consigo mismas hemos destruido, e hicimos surgir otro pueblo tras ellas!

12. Cuando sintieron venir Nuestro tremendo castigo, quisieron escapar inmediatamente de él.

13. «¡No intentéis escapar, sino volved a todo aquello (la comodidad y el desahogo) en el que os habíais perdido sin escrúpulos y a vuestras casas, para que seáis llamados por los pobres y necesitados o para pediros valiosos consejos!».

14. Sólo pudieron gritar: «¡Ay de nosotros! ¡Fuimos en realidad malhechores!».

15. Sus gritos no cesaron hasta que les dejamos como mies segada y una pila de cenizas.

16. No hemos creado los Cielos, la Tierra y todo lo que se halla entre ellos como un juego y disfrute para Nosotros.

17. Si hubiésemos querido encontrar una distracción (sin crear los Cielos y la Tierra y todo lo que se halla entre ellos), la habríamos encontrado en Nuestra Presencia, si fuéramos a hacerlo así.

18. No, sino que arrojamos la verdad sobre la falsedad y ella rompe la cabeza de la última, y contempla, se desvanece. Por lo tanto, ¡ay de vosotros por toda la falsedad que Le atribuís a Dios!

19. A Él pertenece lo que se halla en los Cielos y en la Tierra. Y aquellos (los ángeles) que están con Él, nunca dejan de adorarle por su orgullo ni se cansan adorándole.

20. Le glorifican noche y día (proclamando que se halla absolutamente por encima de cualquier defecto o necesidad de copartícipes, o de hacer cosas sin sentido) y nunca muestran cansancio ni pierden el fervor.

21. ¿Acaso los politeístas (perdieron la esperanza de los Cielos y) adoptaron deidades de la Tierra, (y creen) que (dichas deidades) pueden resucitar a los muertos?

22. Pero el hecho es que si hubiese habido en los Cielos y en la Tierra otras deidades aparte de Dios, ambos (reinos) sin duda alguna se habrían convertido en ruinas. ¡Glorificado sea Dios, Señor del Supremo Trono, que se halla absolutamente por encima de todo lo que Le atribuyen!

23. Él no puede ser llamado a dar cuentas por lo que hace, pero sus falsas deidades (que han adoptado de entre los seres conscientes) habrán de dar cuentas.

24. ¿Acaso han adoptado deidades aparte de Él? Di: «Si es así, ¡presentad vuestra prueba! Pero, mirad, aquí está el Libro al que aquellos que me acompañan siguen y los Libros que siguieron los que me precedieron (y lo que se hace hincapié en todos ellos es que no hay más deidad aparte de Él)». Pero la mayoría de ellos no tiene nada que hacer con el conocimiento para que conozcan la verdad, y por eso se apartan de ello con aversión.

وَمَا اَرْسَلْنَا مِنْ قَبْلِكَ مِنْ رَسُولٍ اِلَّا نُوحٖٓي اِلَيْهِ اَنَّهُ
لَٓا اِلٰهَ اِلَّٓا اَنَا فَاعْبُدُونِ ﴿٢٥﴾ وَقَالُوا اتَّخَذَ الرَّحْمٰنُ وَلَدًا
سُبْحَانَهُ بَلْ عِبَادٌ مُكْرَمُونَۙ ﴿٢٦﴾ لَا يَسْبِقُونَهُ بِالْقَوْلِ وَهُمْ
بِاَمْرِه۪ يَعْمَلُونَ ﴿٢٧﴾ يَعْلَمُ مَا بَيْنَ اَيْد۪يهِمْ وَمَا خَلْفَهُمْ
وَلَا يَشْفَعُونَۙ اِلَّا لِمَنِ ارْتَضٰى وَهُمْ مِنْ خَشْيَتِه۪ مُشْفِقُونَ ﴿٢٨﴾
وَمَنْ يَقُلْ مِنْهُمْ اِنّ۪ٓي اِلٰهٌ مِنْ دُونِه۪ فَذٰلِكَ نَجْز۪يهِ جَهَنَّمَۜ
كَذٰلِكَ نَجْزِي الظَّالِم۪ينَ ﴿٢٩﴾ اَوَلَمْ يَرَ الَّذ۪ينَ كَفَرُٓوا اَنَّ
السَّمٰوَاتِ وَالْاَرْضَ كَانَتَا رَتْقًا فَفَتَقْنَاهُمَاۜ وَجَعَلْنَا
مِنَ الْمَٓاءِ كُلَّ شَيْءٍ حَيٍّۜ اَفَلَا يُؤْمِنُونَ ﴿٣٠﴾ وَجَعَلْنَا فِي الْاَرْضِ
رَوَاسِيَ اَنْ تَم۪يدَ بِهِمْۖ وَجَعَلْنَا ف۪يهَا فِجَاجًا سُبُلًا لَعَلَّهُمْ
يَهْتَدُونَ ﴿٣١﴾ وَجَعَلْنَا السَّمَٓاءَ سَقْفًا مَحْفُوظًاۚ وَهُمْ عَنْ اٰيَاتِهَا
مُعْرِضُونَ ﴿٣٢﴾ وَهُوَ الَّذ۪ي خَلَقَ الَّيْلَ وَالنَّهَارَ وَالشَّمْسَ
وَالْقَمَرَۜ كُلٌّ ف۪ي فَلَكٍ يَسْبَحُونَ ﴿٣٣﴾ وَمَا جَعَلْنَا لِبَشَرٍ
مِنْ قَبْلِكَ الْخُلْدَۜ اَفَاۜئِنْ مِتَّ فَهُمُ الْخَالِدُونَ ﴿٣٤﴾ كُلُّ نَفْسٍ
ذَٓائِقَةُ الْمَوْتِۜ وَنَبْلُوكُمْ بِالشَّرِّ وَالْخَيْرِ فِتْنَةًۜ وَاِلَيْنَا تُرْجَعُونَ ﴿٣٥﴾

25. Nunca hemos enviado a ningún Mensajero antes de ti salvo que le reveláramos que no hay más deidad sino Yo, así pues, ¡venérame tan solo a Mí!

26. Pero algunos dicen: «El Compasivo ha tomado para Sí un hijo». ¡Glorificado sea Él (pues se halla por encima de hacer tales cosas)! Más bien, aquellos (los ángeles a quienes consideran hijos de Dios) no son sino Sus siervos honrados.

27. Dicen solo lo que Él les ha dicho y lo que les permite decir, y obran por Su orden.

28. Sabe lo que hay ante ellos y lo que hay tras ellos (lo que hay en su futuro y en su pasado, lo que ellos conocen y lo que les está oculto); y no pueden interceder más que por Sus siervos creyentes con aquellos con los que Él está complacido. Y ellos mismos se estremecen por el temor reverencial hacia Él.

29. Si alguno de ellos intentara decir: «Yo soy una deidad aparte de Él», le retribuiríamos con el Infierno. De esta manera retribuimos a semejantes malhechores.

30. ¿Es que aquellos que no creen nunca consideran que los Cielos y la Tierra eran al principio un todo y luego los dividimos en identidades separadas y que hemos creado a cada ser vivo de agua?[3] ¿Es que aún no van a creer?

31. Hemos establecido en la Tierra firmes montañas para que no les sacuda con su movimiento y hemos hecho en ella amplias sendas para que puedan encontrar su camino.

32. Hemos establecido el Cielo como un manto protegido (contra el colapso, y la ascensión de los diablos). Pero se apartan de todos esos signos (de la verdad manifiesta) en el universo.

33. Él es Quien ha creado la noche y el día, el Sol y la Luna. Cada uno (de dichos cuerpos celestes) flota[4] en su órbita.

34. No hemos concedido la vida eterna a ningún ser humano antes de ti (Oh Mensajero); así que si tú mueres, ¿van a vivir ellos para siempre?

35. Cada alma (persona)[5] con toda seguridad probará la muerte, y os ponemos a prueba con las malas y las buenas cosas (de la vida) poniéndoos a prueba (para que vuestro verdadero carácter y rango se muestren). De hecho, estáis en el camino de vuelta hacia Nosotros (para finalmente ser traídos a Nuestra Presencia).

3. Cada versículo del Corán tiene un significado externo e interno, y límites y un punto de comprensión, además de ramas y ramificaciones. Cada frase, palabra, letra y punto diacrítico tiene muchos aspectos. Cada persona que lo escucha recibe su parte a través de una puerta diferente.

Para la gente con conocimiento que no ha estudiado la ciencia moderna, *un todo* en el versículo significa que cuando los Cielos estaban claros y sin nubes, y la Tierra estaba seca, sin vida e incapaz de darla, Dios abrió los Cielos con lluvia y el suelo con vegetación y crea todos los seres vivos mediante un tipo de unión y fecundación por medio de agua. Comprenden que todas las cosas son obra del Todopoderoso poseedor de Majestad, que la superficie de la Tierra no es más que Su pequeño jardín y que las nubes que cubren la capa del Cielo son esponjas para regarlo. Se postran ante la grandeza de Su Poder.

Para los exigentes eruditos, significa: «Al principio los Cielos y la Tierra constituían una masa informe, cada uno consistía en materia "amasada" sin productos ni criaturas. El Omnisapiente Creador los separó y extendió, otorgando a cada uno una linda y beneficiosa forma, haciendo de ellos los orígenes de criaturas multiformes y adornadas». Estos eruditos están llenos de admiración por Su Sabiduría absoluta.

Los científicos modernos entienden que el sistema solar era como una nube de gases o estaba fusionado como una «masa». Entonces, el Todopoderoso y Autosuficiente lo extendió y colocó los planetas en sus respectivas posiciones; o bien, la masa de gases empezó a enfriarse debido al movimiento extremadamente rápido. El Todopoderoso dejó el Sol donde estaba y trajo la Tierra aquí. Diseminando tierra sobre su superficie, regándola con la lluvia e iluminándola con luz solar, hizo el mundo habitable y nos colocó en él. Estos científicos están a salvo de la ciénaga del naturalismo y declaran: «Creo en Dios, el Uno, el Único».

Otro significado que este versículo presenta a los científicos modernos es: El universo era sólo una forma de éter, una materia penetrante (que algunos creen que es hidrógeno, uno de los dos átomos necesarios para constituir el agua). Dios hizo del éter una fuente de átomos de lo que creó todas las cosas y colocó todo en ese «océano» de éter [*The Words* («Las Palabras»), «The 25th Word» («La 25ª Palabra»), págs.411-412, «The 31st Word» («La 31ª Palabra»), págs.587-588].

4. Los verbos *SaBaHa* y *YaRa* (36:38) significan flotar y discurrir en el agua respectivamente y los términos que el Corán emplea para el movimiento de los cuerpos celestes sugieren que el espacio no está vacío sino que más bien está lleno de una materia penetrante. Bediüzzaman Said Nursi enfatiza el hecho de que el espacio consiste en éter y se refiere al mismo como «el océano del Cielo» [*The Words*, («Las Palabras»), The 31st Word («La 31ª Palabra»), págs.587-588].

5. El término *nafs* (espíritu, ego) se emplea en el Corán en varios, pero similares, significados complementarios. Primeramente, significa el ser de una persona o de una cosa. Con este significado también se emplea para Dios (3:28; 5:116).

Su segundo significado es la sustancia y esencia que es la fuente de la vida física en un ser humano o la dimensión o el aspecto del espíritu que es la base de la vida física animal y humana (6:93).

En su tercer significado, como la base de la vida física o mundana de los seres humanos, es la esencia o sustancia que es consciente de las necesidades de la vida, que exige y prueba los placeres y anima a la persona a cubrir dichas necesidades y experimentar dichos placeres. En un sentido, se trata de la sustancia que incita a la persona a cometer el mal (12:53). El *nafs* puede y ha de ser adiestrado. Cuando se adiestra, puede ser elevado desde el rango de ser una sustancia que ordena el mal o ser un alma que ordena el mal, al rango de ser un alma en reposo con fe y adoración a Dios (89:27-28).

En su otro sentido más abarcador, es la naturaleza humana o la persona individual (4:1).

324 سُورَةُ الْاَنْبِيَاۤءِ ٣٢٤

وَاِذَا رَاٰكَ الَّذِينَ كَفَرُوا اِنْ يَتَّخِذُونَكَ اِلَّا هُزُوًاۜ
اَهٰذَا الَّذِى يَذْكُرُ اٰلِهَتَكُمْۚ وَهُمْ بِذِكْرِ الرَّحْمٰنِ هُمْ
كَافِرُونَ ﴿٣٦﴾ خُلِقَ الْاِنْسَانُ مِنْ عَجَلٍۜ سَاُرِيكُمْ اٰيَاتِى
فَلَا تَسْتَعْجِلُونِ ﴿٣٧﴾ وَيَقُولُونَ مَتٰى هٰذَا الْوَعْدُ اِنْ كُنْتُمْ
صَادِقِينَ ﴿٣٨﴾ لَوْ يَعْلَمُ الَّذِينَ كَفَرُوا حِينَ لَا يَكُفُّونَ
عَنْ وُجُوهِهِمُ النَّارَ وَلَا عَنْ ظُهُورِهِمْ وَلَا هُمْ
يُنْصَرُونَ ﴿٣٩﴾ بَلْ تَأْتِيهِمْ بَغْتَةً فَتَبْهَتُهُمْ فَلَا يَسْتَطِيعُونَ
رَدَّهَا وَلَا هُمْ يُنْظَرُونَ ﴿٤٠﴾ وَلَقَدِ اسْتُهْزِئَ بِرُسُلٍ
مِنْ قَبْلِكَ فَحَاقَ بِالَّذِينَ سَخِرُوا مِنْهُمْ مَا كَانُوا بِهٖ
يَسْتَهْزِؤُنَ ﴿٤١﴾ قُلْ مَنْ يَكْلَؤُكُمْ بِالَّيْلِ وَالنَّهَارِ مِنَ
الرَّحْمٰنِۜ بَلْ هُمْ عَنْ ذِكْرِ رَبِّهِمْ مُعْرِضُونَ ﴿٤٢﴾ اَمْ
لَهُمْ اٰلِهَةٌ تَمْنَعُهُمْ مِنْ دُونِنَاۜ لَا يَسْتَطِيعُونَ نَصْرَ
اَنْفُسِهِمْ وَلَا هُمْ مِنَّا يُصْحَبُونَ ﴿٤٣﴾ بَلْ مَتَّعْنَا هٰؤُلَاۤءِ
وَاٰبَاۤءَهُمْ حَتّٰى طَالَ عَلَيْهِمُ الْعُمُرُۜ اَفَلَا يَرَوْنَ اَنَّا نَأْتِى
الْاَرْضَ نَنْقُصُهَا مِنْ اَطْرَافِهَاۜ اَفَهُمُ الْغَالِبُونَ ﴿٤٤﴾

قُلْ اِنَّمَا

36. Cuando aquellos que persistentemente no creen te ven, no te hacen sino un objeto de burla (diciéndose los unos a los otros): «¿Este es el que habla en contra de vuestros dioses?». (No pueden soportar oír que sus falsas deidades sean negadas.) Y sin embargo, son ellos mismos quienes niegan el Libro del Misericordioso (Quien les ha creado y les abraza con misericordia, sin considerar esto como un crimen).

37. El ser humano, por naturaleza, es impaciente como si estuviese creado deprisa (esta es la razón por la cual pregunta con sorna cuándo va a venir el castigo con el que se le amenaza). Pronto os voy a mostrar la verdad de Mis amenazas, por lo que no Me pidáis que las apresure.

38. Sin embargo preguntan insistentemente: «Después de todo, ¿cuándo se cumplirá esta amenaza? (¡Respondednos, Oh vosotros que creéis en ello) si sois gente de la verdad!».

39. ¡Si al menos supieran aquellos que persisten en la incredulidad el momento cuando no serán capaces de desviar el Fuego de sus rostros y de sus espaldas, y nunca serán auxiliados contra ello!

40. Pero les sobrevendrá de repente y les dejará mudos. No serán capaces de desviarlo ni se les dará un plazo para escapar.

41. En verdad se burlaron de los Mensajeros que te precedieron (Oh Mensajero), pero aquello de lo que hacían objeto de burla abrumó a los que se mofaban de los Mensajeros (para humillarles).

42. Di: «¿Quién podría protegeros noche y día del Misericordioso, si Él quisiera castigaros?». Y todavía, se apartan del Libro de su Señor con aversión.

43. ¿O es que tienen realmente deidades aparte de Nosotros que les defienden? Ellas (esas supuestas deidades) no pueden ayudarse ni a sí mismas ni pueden encontrar ayuda ni amistad por parte Nuestra.

44. La verdad es que hemos proveído a aquellos (pecadores politeístas) y sus antepasados que disfruten de la vida, por lo que pasaron largo tiempo con comodidad y seguridad. (Por eso creen que siempre vivirán en prosperidad) ¿Es que no ven cómo tratamos con la Tierra cuando la reducimos de sus partes periféricas?[6] Así que, ¿pueden ser realmente los vencedores?

6. Respecto a la reducción de la Tierra de sus partes periféricas, véase el *sura* 13:41, nota 14.

قُلْ اِنَّمَا اُنْذِرُكُمْ بِالْوَحْيِۘ وَلَا يَسْمَعُ الصُّمُّ الدُّعَٓاءَ اِذَا
مَا يُنْذَرُونَ ﴿٤٥﴾ وَلَئِنْ مَسَّتْهُمْ نَفْحَةٌ مِنْ عَذَابِ رَبِّكَ لَيَقُولُنَّ
يَا وَيْلَنَٓا اِنَّا كُنَّا ظَالِمِينَ ﴿٤٦﴾ وَنَضَعُ الْمَوَازِينَ الْقِسْطَ
لِيَوْمِ الْقِيٰمَةِ فَلَا تُظْلَمُ نَفْسٌ شَيْـٔاًۜ وَاِنْ كَانَ مِثْقَالَ حَبَّةٍ
مِنْ خَرْدَلٍ اَتَيْنَا بِهَاۜ وَكَفٰى بِنَا حَاسِبِينَ ﴿٤٧﴾ وَلَقَدْ اٰتَيْنَا
مُوسٰى وَهٰرُونَ الْفُرْقَانَ وَضِيَٓاءً وَذِكْراً لِلْمُتَّقِينَۙ ﴿٤٨﴾ اَلَّذِينَ
يَخْشَوْنَ رَبَّهُمْ بِالْغَيْبِ وَهُمْ مِنَ السَّاعَةِ مُشْفِقُونَ ﴿٤٩﴾
وَهٰذَا ذِكْرٌ مُبَارَكٌ اَنْزَلْنَاهُۜ اَفَاَنْتُمْ لَهُ مُنْكِرُونَ۟ ﴿٥٠﴾ وَلَقَدْ
اٰتَيْنَٓا اِبْرٰهِيمَ رُشْدَهُ مِنْ قَبْلُ وَكُنَّا بِهٖ عَالِمِينَۚ ﴿٥١﴾ اِذْ قَالَ
لِاَبِيهِ وَقَوْمِهٖ مَا هٰذِهِ التَّمَاثِيلُ الَّتِٓي اَنْتُمْ لَهَا عَاكِفُونَ ﴿٥٢﴾
قَالُوا وَجَدْنَٓا اٰبَٓاءَنَا لَهَا عَابِدِينَ ﴿٥٣﴾ قَالَ لَقَدْ كُنْتُمْ
اَنْتُمْ وَاٰبَٓاؤُكُمْ فٖي ضَلَالٍ مُبٖينٍ ﴿٥٤﴾ قَالُٓوا اَجِئْتَنَا بِالْحَقِّ
اَمْ اَنْتَ مِنَ اللَّاعِبِينَ ﴿٥٥﴾ قَالَ بَلْ رَبُّكُمْ رَبُّ السَّمٰوَاتِ
وَالْاَرْضِ الَّذٖي فَطَرَهُنَّۘ وَاَنَا عَلٰى ذٰلِكُمْ مِنَ الشَّاهِدِينَ ﴿٥٦﴾
وَتَاللّٰهِ لَاَكٖيدَنَّ اَصْنَامَكُمْ بَعْدَ اَنْ تُوَلُّوا مُدْبِرٖينَ ﴿٥٧﴾

45. Di: «Os advierto sólo en base a la Revelación (en la que no hay duda alguna). Pero los sordos no oyen la llamada por mucho que se les advierta».

46. Y sin embargo, si tan solo les alcanza un soplo del castigo de tu Señor[7], con toda seguridad gritarán: «¡Ay de nosotros, fuimos en verdad malhechores!».

47. Estableceremos balanzas de absoluta justicia el Día de la Resurrección, y a ninguna persona se le infligirá ni lo más mínimo de injusticia. Aunque sea siquiera una acción del peso de un grano de mostaza, la traeremos para pesarla. Bastamos Nosotros como Quienes ajustan cuentas.

48. Concedimos a Moisés y a Aarón el Criterio (el Libro que distingue entre la verdad y la falsedad) e hicimos de ello una luz (que guía) y un recordatorio para los piadosos devotos.

49. Tienen gran temor reverencial hacia su Señor aunque no Le vean (y esté más allá de su percepción) y tiemblan con el pensamiento de la Última Hora.

50. Y éste (el Corán) también es un Recordatorio lleno de bendiciones que hacemos descender. ¿Entonces vais a rechazarlo?

51. En verdad, antes de esto, concedimos a Abraham discreción y su particular conciencia de la verdad; y le conocíamos muy bien (en todos los aspectos de su carácter).

52. Dijo a su padre y a su pueblo: «¿Qué son esas imágenes a las que sois tan sinceramente devotos?».

53. Dijeron: «Encontramos a nuestros antepasados adorándolas».

54. Dijo: «Pues es cierto que tanto vosotros como vuestros antepasados estaban en un error obvio».

55. Preguntaron: «¿Es verdad lo que nos estás proclamando o estás bromeando?».

56. Respondió: «¡No! Sin embargo, vuestro Señor es el Señor de los Cielos y de la Tierra, Quien los ha creado a cada uno con sus características particulares, y yo soy testigo de esta verdad».

57. Y (tomó una decisión:) «¡Por Dios! Sin duda alguna voy a urdir un plan contra vuestros ídolos en cuanto volváis las espaldas y os marchéis».

7. Bediüzzaman Said Nursi cita este versículo como uno de los ejemplos típicos de la elocuencia milagrosa del Corán. A fin de indicar la severidad del castigo de Dios, la oración hace referencia a la cantidad mínima o el grado ligero de ello. Como la oración al completo expresa esta nimiedad, todas sus partes deberían reforzar dicho significado.

Las palabras «si tan solo» (*la-in*) significan incertidumbre y, por lo tanto, conlleva un mínimo (del castigo). El verbo *massa* significa tocar ligeramente, lo cual también significa nimiedad. *Nafhatun* (un soplo) es meramente un soplo de aire. Por su significado y su uso sin el artículo definido, y por lo tanto, indicando indeterminación, esta palabra subraya de nuevo la nimiedad. El partitivo *min* da a entender una parte o una porción, lo cual expresa escasez. La palabra *'azab* (castigo) es más débil en significado si se compara con *nakal* (castigo ejemplar) e *'iqab* (castigo severo) y denota un castigo más ligero. El uso de *Rabb* (Señor, Proveedor, Sustentador, Protector), sugiere afecto en vez de (por ejemplo) Abrumador, Irresistible o Infinitamente Capaz de Compensar, también expresa nimiedad.

Por lo tanto, si un ligero soplo de castigo tiene dicho efecto, deberíamos considerar cuán severo puede ser el castigo Divino. Vemos en esta corta oración un ejemplo de cómo las partes del Corán están relacionadas unas con otras y se complementan en el significado. Este ejemplo demuestra cómo el Corán elige las palabras y la sabiduría en elegirlas [*The Words*, («Las Palabras»), «The 25th Word» («La 25ª Palabra»), pág.392].

58. ¡Y luego los rompió a todos en pedazos excepto al que ellos consideraban mayor, para que pudieran volverse a él (para preguntar qué había pasado)!

59. Exclamaron: «¿Quién ha hecho todo esto a nuestras deidades? Es, en verdad, uno de los peores malhechores».

60. Algunos dijeron: «Hemos oído a un joven mencionarlos, quien es llamado Abraham».

61. Dijeron: «Entonces traedlo ante la gente para que puedan dar testimonio contra él».

62. «¡Abraham!», preguntaron, «¿Has sido tú quien ha hecho esto a nuestras deidades?».

63. Respondió: «Más bien (algún hacedor) debe haberlo hecho; este es el mayor de ellos. ¡Preguntadles, pues, si es que pueden hablar!».

64. Se volvieron a su naturaleza consciente la cual despertó a la verdad y dijeron (entre ellos): «¡Sois (somos); vosotros (nosotros) quienes sois (somos) los malhechores!».

65. Pero, después, (bajo la influencia de los mismos factores que les hicieron ser incrédulos) volvieron a sumirse en su forma anterior de creencia y dijeron a Abraham: «Sabes muy bien que estos (estas imágenes) son incapaces de hablar».

66. (Abraham) dijo: «¿Entonces adoráis, en vez de a Dios, a aquello que no puede beneficiaros de ninguna manera ni dañaros?».

فَجَعَلَهُمْ جُذَاذًا اِلَّا كَبِيرًا لَهُمْ لَعَلَّهُمْ اِلَيْهِ يَرْجِعُونَ ﴿٥٨﴾
قَالُوا مَنْ فَعَلَ هٰذَا بِاٰلِهَتِنَا اِنَّهُ لَمِنَ الظَّالِمِينَ ﴿٥٩﴾ قَالُوا
سَمِعْنَا فَتًى يَذْكُرُهُمْ يُقَالُ لَهُ اِبْرٰهِيمُ ﴿٦٠﴾ قَالُوا فَاْتُوا
بِهِ عَلٰى اَعْيُنِ النَّاسِ لَعَلَّهُمْ يَشْهَدُونَ ﴿٦١﴾ قَالُوا ءَاَنْتَ
فَعَلْتَ هٰذَا بِاٰلِهَتِنَا يَا اِبْرٰهِيمُ ﴿٦٢﴾ قَالَ بَلْ فَعَلَهُ كَبِيرُهُمْ
هٰذَا فَسْـَٔلُوهُمْ اِنْ كَانُوا يَنْطِقُونَ ﴿٦٣﴾ فَرَجَعُوا
اِلٰى اَنْفُسِهِمْ فَقَالُوا اِنَّكُمْ اَنْتُمُ الظَّالِمُونَ ﴿٦٤﴾ ثُمَّ نُكِسُوا
عَلٰى رُؤُسِهِمْ لَقَدْ عَلِمْتَ مَا هٰؤُلَاءِ يَنْطِقُونَ ﴿٦٥﴾ قَالَ
اَفَتَعْبُدُونَ مِنْ دُونِ اللّٰهِ مَا لَا يَنْفَعُكُمْ شَيْـًٔا وَلَا يَضُرُّكُمْ ﴿٦٦﴾
اُفٍّ لَكُمْ وَلِمَا تَعْبُدُونَ مِنْ دُونِ اللّٰهِ اَفَلَا تَعْقِلُونَ ﴿٦٧﴾
قَالُوا حَرِّقُوهُ وَانْصُرُوا اٰلِهَتَكُمْ اِنْ كُنْتُمْ فَاعِلِينَ ﴿٦٨﴾
قُلْنَا يَا نَارُ كُونِى بَرْدًا وَسَلَامًا عَلٰى اِبْرٰهِيمَ ﴿٦٩﴾ وَاَرَادُوا
بِهِ كَيْدًا فَجَعَلْنَاهُمُ الْاَخْسَرِينَ ﴿٧٠﴾ وَنَجَّيْنَاهُ وَلُوطًا
اِلَى الْاَرْضِ الَّتِى بَارَكْنَا فِيهَا لِلْعَالَمِينَ ﴿٧١﴾ وَوَهَبْنَا
لَهُ اِسْحٰقَ وَيَعْقُوبَ نَافِلَةً وَكُلًّا جَعَلْنَا صَالِحِينَ ﴿٧٢﴾

وَجَعَلْنَاهُمْ

67. ¡Vergüenza os debería de dar y a todo lo que adoráis en vez de Dios! ¿Acaso no vais a razonar y entender?»

68. Dijeron: «¡Quemadle y proteger así a vuestras deidades, si es que realmente queréis hacer algo!».

69. Ordenamos: «¡Oh fuego, sé frío y apacible para Abraham!»[8].

70. Intrigaron para destruirle, pero les frustramos, haciendo de ellos los peores perdedores.

71. Le salvamos a él y a Lot (que creyó en él) guiándoles a la tierra (de Damasco, incluida Palestina) en la que hemos creado muchas bendiciones para todo el mundo.

72. Le conferimos a Isaac, y como regalo adicional, a Jacob (como nieto), y a ambos hicimos rectos.

8. Este versículo contiene tres puntos sutiles:

Primero: Al igual que cada elemento en la naturaleza, el Fuego realiza una labor bajo las órdenes de Dios. No quemó a Abraham, la paz sea con él, porque Dios le ordenó que no lo hiciese.

Segundo: Un tipo de calor quema a través del frío. A través de la frase, *Sé apacible*, Dios Todopoderoso ordenó al frío: «No le quemes». Un intérprete del Corán señala lo siguiente: «Si no hubiese dicho "sé apacible", le habría quemado con su frío». El fuego puede simultáneamente quemar y ser frío. La ciencia ha descubierto un fuego llamado «calor blanco» que no irradia calor, sino que, más bien, atrae el calor que le rodea y hace que el área circundante sea suficientemente fría como para congelar líquidos y quemarles con su frío. (El Infierno que contiene distintos grados y tipos de fuego, puede poseer también este tipo de frío intenso).

Tercero: Del mismo modo que existe una sustancia inmaterial como la fe y una armadura como el Islam, que aparta los efectos del Fuego del Infierno y evita que nos dañe, debe existir una sustancia física que protegerá y prevendrá de los efectos del Fuego. Del mismo modo que el fuego no quemó el cuerpo de Abraham o sus ropas, los seres humanos pueden elaborar una armadura similar para protegerse contra el Fuego.

Por lo tanto, este versículo sugiere:

> ¡Oh pueblo de Abraham! Sed como Abraham para que vuestras ropas sean vuestra protección contra el fuego, vuestro peor enemigo, en ambos mundos. Cubrir vuestros espíritus con la fe para que sea una armadura contra el Fuego del Infierno. Es más, la Tierra contiene sustancias que os protegerá del mal del fuego. Buscadlas, extraerlas y cubriros con las mismas.

Como un punto importante en nuestro progreso, la humanidad ha descubierto sustancias resistentes al fuego. Pero véase qué elevado, magnífico y bello es el vestido que este versículo indica, una prenda que será tejida en el telar de la pureza de la fe y de la sumisión a Dios y que no será rasgada por toda la eternidad [*The Words* («Las Palabras»), «The 20th Word» («La 20ª Palabra»), pág.273].

وَجَعَلْنَاهُمْ اَئِمَّةً يَهْدُونَ بِاَمْرِنَا وَاَوْحَيْنَا اِلَيْهِمْ فِعْلَ
الْخَيْرَاتِ وَاِقَامَ الصَّلٰوةِ وَاِيتَاءَ الزَّكٰوةِ وَكَانُوا لَنَا عَابِدِينَ ﴿٧٣﴾
وَلُوطًا اٰتَيْنَاهُ حُكْمًا وَعِلْمًا وَنَجَّيْنَاهُ مِنَ الْقَرْيَةِ الَّتِى
كَانَتْ تَعْمَلُ الْخَبَائِثَ اِنَّهُمْ كَانُوا قَوْمَ سَوْءٍ فَاسِقِينَ ﴿٧٤﴾
وَاَدْخَلْنَاهُ فِى رَحْمَتِنَا اِنَّهُ مِنَ الصَّالِحِينَ ﴿٧٥﴾ وَنُوحًا
اِذْ نَادٰى مِنْ قَبْلُ فَاسْتَجَبْنَا لَهُ فَنَجَّيْنَاهُ وَاَهْلَهُ
مِنَ الْكَرْبِ الْعَظِيمِ ﴿٧٦﴾ وَنَصَرْنَاهُ مِنَ الْقَوْمِ الَّذِينَ كَذَّبُوا
بِاٰيَاتِنَا اِنَّهُمْ كَانُوا قَوْمَ سَوْءٍ فَاَغْرَقْنَاهُمْ اَجْمَعِينَ ﴿٧٧﴾
وَدَاوُدَ وَسُلَيْمٰنَ اِذْ يَحْكُمَانِ فِى الْحَرْثِ اِذْ نَفَشَتْ
فِيهِ غَنَمُ الْقَوْمِ وَكُنَّا لِحُكْمِهِمْ شَاهِدِينَ ﴿٧٨﴾ فَفَهَّمْنَاهَا
سُلَيْمٰنَ وَكُلًّا اٰتَيْنَا حُكْمًا وَعِلْمًا وَسَخَّرْنَا مَعَ دَاوُدَ
الْجِبَالَ يُسَبِّحْنَ وَالطَّيْرَ وَكُنَّا فَاعِلِينَ ﴿٧٩﴾ وَعَلَّمْنَاهُ
صَنْعَةَ لَبُوسٍ لَكُمْ لِتُحْصِنَكُمْ مِنْ بَاْسِكُمْ فَهَلْ اَنْتُمْ
شَاكِرُونَ ﴿٨٠﴾ وَلِسُلَيْمٰنَ الرِّيحَ عَاصِفَةً تَجْرِى بِاَمْرِهِ
اِلَى الْاَرْضِ الَّتِى بَارَكْنَا فِيهَا وَكُنَّا بِكُلِّ شَىْءٍ عَالِمِينَ ﴿٨١﴾

73. E hicimos de ellos líderes que dirigían a la gente siguiendo Nuestra orden, y les revelamos que obraran actos buenos, y que establecieran la Oración conforme a sus condiciones y que pagasen la Limosna Purificadora Prescrita. Eran siervos Nuestros dedicados a adorarnos con suma sinceridad.

74. Y a Lot, también (le hicimos un líder), a quien le concedimos autoridad con recto y buen juicio, y (revelamos) conocimiento y le salvamos de la gente de la ciudad que eran dados a los actos de corrupción. Sin duda, eran gente perversa perdida en la transgresión.

75. Le abarcamos con Nuestra Misericordia; sin duda era de los justos.

76. Y a Noé, también. Nos invocó mucho antes (de Abraham), y respondimos a su oración y le salvamos a él y (a aquellos de) su familia y gente (que creyeron en él) de la gran calamidad.

77. Le ayudamos a que se pusiera a salvo de la gente que negaba Nuestras Revelaciones. Sin duda, era gente perversa, por lo que ahogamos a todos.

78. (De entre aquellos que hicimos líderes estaban) David y Salomón. Los dos en una ocasión juzgaron un caso en relación con un campo en el que las ovejas de otra gente se habían introducido de noche. Vigilábamos y dábamos testimonio de su juicio.

79. Hicimos a Salomón comprender el caso con más claridad. A cada uno de ellos concedimos autoridad con recto y buen juicio y conocimiento (respecto a la misión y de acuerdo con la época y las condiciones de cada uno)[9]. Y sometimos las montañas, así como los pájaros, a que Nos glorificaran junto con David[10]. Somos Nosotros Quienes hacemos todas estas cosas.

80. Y le enseñamos el arte de hacer cotas de malla de hierro para que os protejan de la violencia de guerra. ¿Sois, entonces, (realmente gente que son) agradecidos?

81. Y al servicio de Salomón pusimos el viento tormentoso que corría por orden suya para llevarle a la tierra en que hemos creado bendiciones (para la gente)[11]. Tenemos pleno conocimiento de todas las cosas (con su verdadera naturaleza y en todos sus aspectos).

9. Según los informes, Salomón, la paz sea con él, juzgó que el propietario del campo debería poseer temporalmente las ovejas y beneficiarse de su leche, lana y corderos recién nacidos. Mientras tanto, el campo iba a ser confiado al propietario de las ovejas para que lo cultivase y lo restaurase a su condición anterior. David, la paz sea con él, aprobó dicho dictamen.

Este versículo no dice nada respecto al juicio de David. La frase *A cada uno de ellos concedimos autoridad con recto y buen juicio y conocimiento (respecto a la misión y de acuerdo con la época y las condiciones de cada uno)* elimina cualquier equivocación con respecto a él. Sin embargo, sugiere que el juicio de Salomón era más certero.

Una Tradición Profética mencionada en el *Sahih al-Bujari* («I'tisam», 21) establece el siguiente principio jurídico: «Si un juez hace todo lo posible para llegar a una sentencia correcta, adquiere dos recompensas cuando el veredicto es correcto y una cuando yerra». El versículo apoya esto y deja claro que los dos jueces que han emitido veredictos diferentes en el mismo caso reciben una recompensa, siempre y cuando hubiesen hecho todo lo posible con sinceridad para juzgar en un asunto en que no hay una sentencia clara y específica en el Corán y en la Sunna.

10. El versículo hace referencia a que Dios Todopoderoso dio a las glorificaciones de David una fuerza, y una resonancia y un agradable tono tales que extasiaron a las montañas. Al igual que un sistema de sonido enorme, cada montaña formó un círculo alrededor del principal recitador, David, la paz sea con él, y repitió sus glorificaciones. Esto es una realidad, ya que las montañas que tienen cuevas pueden «hablar». Si declaras ante una montaña: «Glorificado sea Dios», la montaña devolverá su eco. Al haber Dios Todopoderoso concedido esa habilidad a las montañas, se puede desarrollar.

Dios concedió a David, la paz sea con él, la Misión Profética y el Califato de modo excepcional. Por lo tanto, hizo que esa semilla de habilidad floreciese como un milagro con su abarcadora Misión Profética y una magnífica soberanía, haciendo que las grandes montañas le siguiesen como soldados, estudiantes o discípulos. Bajo su dirección y en su lengua, glorificaban al Creador Majestuoso y repetían lo que dijese.

En la actualidad, debido a los avances de las comunicaciones, un gran comandante puede dispersar un gran ejército a través de montañas repitiendo su declaración «Glorificado sea Dios» a la vez, haciendo que las montañas hablen y resuenen con dichas palabras. Si un comandante normal y corriente puede hacerlo, un magnífico comandante de Dios Todopoderoso puede hacer que las montañas pronuncien y reciten glorificaciones a Dios. Es más, cada montaña tiene una personalidad colectiva y una identidad corporativa y ofrece glorificaciones y devoción de acuerdo con la misma. Del mismo modo que cada montaña, a través del eco, glorifica en la lengua de la humanidad, también glorifica al Creador Majestuoso en su lengua particular [*The Words* («Las Palabras»), *The 20th Word* («La 20ª Palabra»), pág.271].

11. Salomón recorrió la distancia que normalmente hubiese tardado dos meses en caminar en dos pasos volando por el aire (34:12). Esto sugiere que la humanidad puede y debe esforzarse para viajar por el aire. Dios Todopoderoso dice aquí: «Uno de Mis siervos no obedeció sus deseos carnales y le hice montar en el aire. Si abandonáis la pereza y os beneficiáis debidamente de algunas de Mis leyes en la naturaleza, también podréis montar en el aire» [*The Words* («Las Palabras»), *The 20th Word* («La 20ª Palabra»), págs.267-268].

وَمِنَ الشَّيَاطِينِ مَنْ يَغُوصُونَ لَهُ وَيَعْمَلُونَ عَمَلاً
دُونَ ذٰلِكَ وَكُنَّا لَهُمْ حَافِظِينَ ﴿٨٢﴾ وَاَيُّوبَ اِذْ نَادٰى
رَبَّهُ اَنّ۪ي مَسَّنِيَ الضُّرُّ وَاَنْتَ اَرْحَمُ الرَّاحِم۪ينَ ﴿٨٣﴾
فَاسْتَجَبْنَا لَهُ فَكَشَفْنَا مَا بِه۪ مِنْ ضُرٍّ وَاٰتَيْنَاهُ اَهْلَهُ
وَمِثْلَهُمْ مَعَهُمْ رَحْمَةً مِنْ عِنْدِنَا وَذِكْرٰى لِلْعَابِد۪ينَ ﴿٨٤﴾
وَاِسْمٰع۪يلَ وَاِدْر۪يسَ وَذَا الْكِفْلِ كُلٌّ مِنَ الصَّابِر۪ينَ ﴿٨٥﴾
وَاَدْخَلْنَاهُمْ ف۪ي رَحْمَتِنَا اِنَّهُمْ مِنَ الصَّالِح۪ينَ ﴿٨٦﴾
وَذَا النُّونِ اِذْ ذَهَبَ مُغَاضِبًا فَظَنَّ اَنْ لَنْ نَقْدِرَ عَلَيْهِ
فَنَادٰى فِي الظُّلُمَاتِ اَنْ لَٓا اِلٰهَ اِلَّٓا اَنْتَ سُبْحَانَكَ
اِنّ۪ي كُنْتُ مِنَ الظَّالِم۪ينَ ﴿٨٧﴾ فَاسْتَجَبْنَا لَهُ وَنَجَّيْنَاهُ
مِنَ الْغَمِّ وَكَذٰلِكَ نُنْجِي الْمُؤْمِن۪ينَ ﴿٨٨﴾ وَزَكَرِيَّٓا اِذْ
نَادٰى رَبَّهُ رَبِّ لَا تَذَرْن۪ي فَرْدًا وَاَنْتَ خَيْرُ الْوَارِث۪ينَ ﴿٨٩﴾
فَاسْتَجَبْنَا لَهُ وَوَهَبْنَا لَهُ يَحْيٰى وَاَصْلَحْنَا لَهُ
زَوْجَهُ اِنَّهُمْ كَانُوا يُسَارِعُونَ فِي الْخَيْرَاتِ
وَيَدْعُونَنَا رَغَبًا وَرَهَبًا وَكَانُوا لَنَا خَاشِع۪ينَ ﴿٩٠﴾

وَالَّت۪ي

82. Y de los genios y los demonios eran algunos que buceaban para él (para extraer piedras preciosas del mar) y llevaban a cabo otros trabajos además[12], y Nosotros les vigilábamos (para evitar que le desobedeciesen)[13/14].

83. Y (menciona a) Job (de entre aquellos a los que hicimos líderes): invocó a su Señor, diciendo: «Sin duda, la aflicción me ha visitado (y ya no puedo adorarte como debo); y Tú eres el Más Misericordioso de los misericordiosos».

84. Respondimos su oración y eliminamos todas las aflicciones que había sufrido, devolviéndole su familia y otro tanto junto con ellos como una misericordia de Nosotros y como un recordatorio para aquellos dedicados a Nuestra adoración[15/16].

85. (Menciona también a) Ismael, Idris y Zu'l-Kifl[17] (entre los líderes). Todos fueron hombres de fortaleza y paciencia.

86. Les abarcamos a ellos con Nuestra misericordia. Fueron de entre la gente de suma rectitud.

87. Y (también menciona a) *Zu'n-Nun* (Jonás). Se apartó enojado (de su gente, quienes persistentemente no creyeron y no prestaban atención alguna a sus advertencias) y estaba seguro de que no íbamos a restringir (su vida) a él. Pero finalmente gritó en los velos de la oscuridad (que se formaron en el vientre del pez, el mar y en la noche oscura y lluviosa): «¡No hay más deidad que Tú! Gloria a Ti (pues estás absolutamente por encima de tener cualquier defecto). Sin duda he sido de los malhechores (quienes fueron injustos consigo mismos)».

88. Respondimos su llamada también y le salvamos de la calamidad. Así salvamos a los creyentes[18].

89. (Menciona también a) Zacarías. Cuando invocó a su Señor, diciendo: «¡Señor mío! ¡No me dejes abandonar el mundo sin heredero, pues Tú eres el Mejor de los herederos!»[19].

90. Y también respondimos a su llamada y le conferimos a Juan y curamos a su mujer para él para (que pudiese) concebir un hijo. Sin duda, estos (tres) solían apresurarse a realizar actos buenos como si compitiesen entre ellos, e invocarnos con anhelo esperanzado y ansia temerosa. Y eran sumamente humildes ante Nosotros.

12. Hicieron para él santuarios y figuras (de objetos animados) y tallas, al igual que cuencos como estanques y calderas construidas en el suelo (34:13).

13. Este versículo menciona que el profeta Salomón, la paz sea con él, hizo que los genios, diablos y los espíritus malignos le obedeciesen. Evitó su mal y los empleó para trabajos beneficiosos. Este versículo sugiere que los genios, seres conscientes y habitantes de la Tierra que siguen en importancia a los seres humanos, pueden servirnos y pueden ser contactados. A los diablos también se les puede hacer que sirvan voluntariamente o a la fuerza. Dios Todopoderoso hizo que obedeciesen a un siervo que obedecía Sus mandamientos. Este versículo significa: «¡Oh seres humanos! He hecho obedecer a los genios y a los diablos, incluso a los más malvados, a un siervo que Me obedeció. Si os sometéis a Mis órdenes, la mayor parte de las criaturas, incluido los genios y los diablos, se someterán a vosotros».

Estos versículos marcan el punto más alto de las ciencias ocultas y sobrenaturales que tienen que ver con los acontecimientos paranormales y que tienen apariencia de ser una mezcla entre el arte y la ciencia. Nos alientan a que sometamos y empleemos a dichos seres por medio del Corán para protegernos de su maldad.

Pero el Corán no hace referencia a la moderna necromancia que algunas personas «civilizadas» practican para ponerse en contacto con los espíritus de los muertos; ya que, en realidad, son espíritus malignos que se hacen pasar por personas muertas. No obstante, esta forma era conocida por algunos santos como Muhyi'd-din ibn al-'Arabi, que podía comunicarse con los buenos espíritus a voluntad, entablar contacto y tener relaciones con ellos.

14. David, la paz sea con él, era un Profeta al que le fue dada una Divina Escritura (los Salmos) y es encomiado en el Corán por su devoción sincera y profunda a Dios (38:17-20). Incluso siendo un rey, llevaba una vida simple, viviendo de su propio trabajo. Era tan consciente de Dios que lloraba mucho y ayunaba en días alternativos. Nuestro Profeta recomendó este tipo de ayuno para algunos Compañeros que preguntaron cuál era el tipo de ayuno supererogatorio más gratificante (al-Bujari, «Tahayyud» 7, «Sawm» 59; Muslim, «Siyam» 182).

Desafortunadamente la Biblia atribuye algunos actos pecaminosos a los profetas David y a Salomón (II Samuel, 11 y I Reyes, 11:1-8). También se los atribuye al profeta Lot. Es inconcebible que estos santos Profetas hubiesen cometido los graves pecados que se les han atribuido.

Si el Corán no hubiese sido revelado, no habríamos estado seguros de si los Profetas habían sido siervos sinceros, devotos y agradecidos de Dios. El Corán exonera a Jesús, la paz sea con él, de los errores de sus seguidores que le deificaron y de su propia gente que niega su Misión Profética, explicando que Dios no tiene hijos ni hijas. También exonera a los Profetas israelitas y no israelitas de sus supuestos «pecados» mencionados en la Biblia. Presenta a Jesús como un espíritu de Dios que fue insuflado en la Virgen María; a Abraham como un amigo íntimo de Dios; a Moisés como alguien que habló con Dios; a David como un siervo sincero de Dios, un Mensajero y un Califa; y a Salomón como un rey y un Profeta que Le rezaba con humildad. A pesar de haber sido el mayor y más poderoso de los reyes que jamás hubiese existido, el profeta Salomón, la paz sea con él, siempre fue un siervo humilde de Dios hasta su muerte.

15. La veracidad, la honradez, la habilidad de comunicar los mandamientos de Dios, la inteligencia y la infalibilidad son elementos esenciales de la Misión Profética. Son atributos poseídos por todos y cada uno de los Profetas.

Todos los teólogos musulmanes también están de acuerdo en que los Profetas no tenían defectos físicos y mentales. Del mismo modo que eran extraordinariamente atractivos en personalidad y conducta, también eran elegantes y encantadores en su apariencia física. Eran perfectos en la estructura corporal.

Los Profetas deben estar libres de defectos corporales, para que su apariencia no repugne a nadie. Explicando la Divina Sabiduría contenida en el hecho de que el profeta Muhammad viviese hasta los 63 años, Said Nursi escribe lo siguiente:

> Los creyentes están religiosamente obligados a amar y respetar al Mensajero de Dios, la paz sea con él, hasta el grado más elevado y a seguirle en cada mandamiento sin sentir ninguna aversión a ninguno de sus aspectos. Por esa razón, Dios no permitió que viviese hasta el molesto y humillante período de la senectud, enviándole a la «más elevada morada» al alcanzar los 63 años de edad [*The Letters* («Las Cartas») 2, págs.84-85].

Por lo tanto, del mismo modo que es una aseveración infundada el hecho de que el profeta Moisés, la paz sea con él, tenía un impedimento del habla, algunas alegaciones sobre la aflicción del profeta Job también son infundadas. Tal y como puede deducirse de los versículos coránicos, y tal y como se menciona en la Biblia (Job, 2:7), Job estaba afectado por una enfermedad de la piel que le causaba úlceras dolorosas desde la planta de sus pies hasta su cabeza. Pero las alegaciones de que había gusanos que vivían en sus úlceras o abscesos, o que procedía de los mismos un olor repugnante que hacía que la gente se apartase de él, son totalmente carentes de fundamento. Si la gente le dejó fue, probablemente, por su pobreza posterior. Al principio, era un siervo de Dios rico y agradecido. Luego, perdió su riqueza y sus hijos o su familia le abandonaron. Sin embargo, como un Profeta, no podía haber tenido ninguna apariencia repulsiva o detestable. Su rostro, al menos, debía de estar exento de dichas llagas. Su cuerpo tampoco podría despedir un olor repugnante. Contrariamente al relato de la Biblia en el que maldijo el día en que nació (Job, 3:1) y que maldijo abiertamente a Dios (Job, 7:20-21) justificándose a sí mismo en vez de a Dios (Job, 32: 2), el profeta Job, la paz sea con él, soportó sus aflicciones durante años sin objeción alguna, y rezó la siguiente oración: *Sin duda, la aflicción me ha visitado (y ya no puedo adorarte como debo); y Tú eres el Más Misericordioso de los misericordiosos* (21:83). Dios contestó a su oración y eliminó su aflicción devolviéndole su familia (que había perdido) y otro tanto junto a ellos.

16. Al haber sido afligido por numerosas laceraciones durante largo tiempo, el profeta Job, la paz sea con él, temió que su deber de adoración sufriese, por lo que no rezó para su propio bienestar, sino por su adoración: *Sin duda, la aflicción me ha visitado (y ya no puedo adorarte como debo); y Tú eres el Más Misericordioso de los misericordiosos* (21:83). Dios Todopoderoso aceptó su sincera, desinteresada y devota súplica del modo más milagroso. Concedió a Job, la paz sea con él, una salud perfecta e hizo que se manifestase en él todo tipo de compasión.

La súplica de Job contiene importantes lecciones para nosotros:

> Paralelamente a las heridas físicas y a las enfermedades de Job, la paz sea con él, nosotros poseemos enfermedades espirituales. Si nuestro ser interno se volviese hacia fuera, apareceríamos más lacerados y enfermos que Job, la paz sea con él. Por cada transgresión que hemos cometido y cada duda que entra en nuestra mente, una herida es infligida en nuestro corazón y en nuestro espíritu.
>
> Las heridas de Job, la paz sea con él, eran de una naturaleza tal que amenazaban su breve vida mundana; pero nuestras heridas internas amenazan nuestra vida infinitamente larga y eterna. Necesitamos la súplica de Job, la paz sea con él, miles de veces más que él mismo.
>
> El pecado, cuando penetra en el corazón, lo oscurece hasta extinguir la luz de la fe. Cada pecado posee un camino que lleva hacia la incredulidad. A no ser que dicho pecado sea rápidamente aniquilado buscando el perdón de Dios, se transformará de gusano en serpiente que carcomerá el corazón.
>
> En segundo lugar, la vida es refinada, perfeccionada y reforzada a través de los desastres y las enfermedades, y cumple su propio propósito. La vida llevada de modo

monótono con desahogo y comodidad es práctícamente idéntica a la inexistencia.

En tercer lugar, este mundo es el lugar de la prueba, y la morada de servicio. No es el lugar del placer y de la recompensa por los hechos realizados aquí en la causa de Dios. Por lo tanto, la enfermedad y la desgracia —mientras no afecten la fe y se puedan soportar con paciencia— se ajustan al servicio y la adoración, e incluso la refuerzan. Al hacer dichas desgracias que cada hora de adoración equivalga a un día, se debe estar agradecido en vez de quejarse.

La adoración de hecho consta de dos tipos, positiva y negativa. Lo que quiere decir por positiva es obvio. Respecto a la adoración negativa, es cuando se está afligido por la desgracia o la enfermedad y uno percibe su propia debilidad e impotencia y se vuelve a Dios Compasivo buscando refugio en Él, meditando sobre Él y rogándole, de tal modo que se Le adora de un modo tan puro que la hipocresía no puede penetrar. Si pacientemente se soporta la desgracia reflexionando sobre la recompensa que acompaña a la misma y se agradece, cada hora que pasa cuenta como un día entero de adoración. La vida breve de alguien se hace más larga. Hay incluso casos en que un solo minuto equivale a un día entero de adoración.

La facultad de paciencia concedida a una persona por Dios Todopoderoso es adecuada para cada desgracia a no ser que se malgaste en temores infundados. Pero a través del predominio de la falsa ilusión, el descuido e imaginar que esta vida efímera es eterna, una persona puede malgastar la facultad de su paciencia en el pasado o en el futuro. Cuando la paciencia malgastada no es igual a las desgracias del presente, entonces la persona empieza a quejarse. Es como si —¡Dios no lo quiera!— se quejase de Dios Todopoderoso a la gente.

En resumen, del mismo modo que la gratitud aumenta la bondad Divina, la queja también aumenta la desgracia, despojando toda ocasión para la compasión.

En cuarto lugar, la verdadera desgracia que es dañina es la que afecta a la Religión. Se debe buscar en todo momento refugio en la Corte Divina de las desgracias en materia de Religión y rogar por ayuda. Pero las desgracias que no afectan a la Religión no son realmente desgracias. Algunas son advertencias del Misericordioso. Si un pastor lanza una piedra a sus ovejas cuando entran en el pasto de otro, estas entienden que la piedra era para advertirles de no cometer una acción peligrosa. Llenas de gratitud, se dan la vuelta. Del mismo modo hay muchas desgracias aparentes que son advertencias Divinas y amonestaciones; otras hacen que los pecados sean perdonados; y otras despiertan a la gente del sueño de la negligencia, recordándoles su impotencia y debilidad humana y, por lo tanto, ofreciéndoles una forma de paz. La enfermedad considerada como una variedad de desgracia no es de hecho una desgracia, si no, como ya se ha dicho, un favor procedente de Dios y un medio de purificación.

El profeta Job, la paz sea con él, no oró por el bienestar de su alma, sino que buscó la cura con el propósito de adorar, ya que la enfermedad le impediría llevar a cabo su recuerdo de Dios con la lengua y meditar sobre Dios con el corazón. Nosotros también debemos tener como primer propósito, cuando hacemos una súplica curar las heridas internas y espirituales originadas por el pecado.

Respecto a las enfermedades físicas, debemos buscar refugio cuando impidan nuestra adoración; pero debemos buscar refugio de modo humilde y suplicante, no protestando o siendo quejumbrosos. Si aceptamos a Dios como nuestro Señor, debemos resignarnos con todo lo que Él nos da como una manifestación de Su Señorío. Suspirar y quejarse de una manera que da a entender nuestra objeción al Destino y Decreto Divinos es un modo de criticar el Destino Divino y una acusación contra la compasión de Dios. Aquel que encuentra defecto en la misericordia de Dios, inevitablemente será despojado de ella. La persona que cuando es afligida por la calamidad responde a ello con protestas y quejas, lo único que hace es acrecentar su calamidad. [Resumido de *Lem'alar* («Destellos»), págs.8-11].

17. No es posible decir nada definitivo sobre la identidad del profeta *Zu'l-Kifl*, la paz sea con él. Abu'l-'Ala al-Mawdudi indica que *Zu'l-Ki-*

fl no es un nombre, sino un título igual que *Zu'n-Nun*, empleado para el profeta Jonás, la paz sea con él, que significa «el compañero del pez». Según él, *Zu'l-Kifl* significa «un hombre de gran sino» y se usa para exaltar su persona y su elevado grado en el Más Allá. Al igual que al-Mawdudi, el profesor turco Suad Yıldırım piensa que posiblemente se trata del profeta Ezequiel, la paz sea con él, que fue uno de los Hijos de Israel expulsados de Jerusalén a Babilonia. Vivió y llevó a cabo su misión llamando a la gente a Dios en la tierra de los caldeos, a orillas del río Chebar, aproximadamente entre 594-572 a. C.

18. La súplica del profeta Yunus (Jonás), hijo de Matta, la paz sea con nuestro Profeta y con él, es la más poderosa de las súplicas y el medio más efectivo para que sea aceptada la oración por Dios. La esencia de la historia de Jonás, la paz sea con él, es la siguiente:

> Fue arrojado al mar y tragado por un gran pez. El mar estaba embravecido, la noche turbulenta y oscura y sus esperanzas agotadas. Pero fue en dicha situación cuando su súplica se convirtió en un medio rápido de salvación. El secreto del poder de su súplica es el siguiente:
>
> En dicha situación, todas las causas fueron suspendidas, ya que Jonás, la paz sea con él, sólo pudo ser salvado por Aquel Cuya orden pudiese someter al pez, al mar, a la noche y al cielo. La noche, el mar y el pez se unieron contra él. Únicamente Aquel cuya orden pudiese someter a esos tres, podía llevarle a la orilla de la salvación. Aunque toda la creación se convirtiese en sus siervos y auxiliadores, hubiese sido inútil. Las causas carecen de efecto real y creativo. Por lo tanto, al ver Jonás, la paz sea con él, con el ojo de la certeza que no había más refugio que en el Creador de las causas y al percibir claramente la misericordia especial de Dios con cada ser bajo la luz de su fe en la Unidad Divina, su súplica fue súbitamente capaz de someter a la noche, al mar y al pez. A través de su sustancial fe en la Unidad de Dios y Su absoluta Soberanía a lo largo del universo, el vientre del pez se convirtió en un submarino para él y el agitado mar, que en su magnificencia parecía un volcán en erupción, se convirtió en una llanura serena y un lugar de excursión agradable. Otra vez, a través de la luz de su fe, la superficie del cielo se despejó de todas las nubes y la Luna apareció sobre su cabeza como una lámpara. Al final, alcanzó la orilla de salvación y contempló el favor de Dios con claridad.
>
> Ahora estamos en una situación cien veces más imponente que aquella en la que Jonás, la paz sea con él, se encontró. Nuestra noche es el futuro. Cuando contemplamos nuestro futuro con el ojo de la negligencia, es cien veces más oscuro y más horrible que la noche de Jonás. Nuestro mar es esta Tierra que gira en el espacio. Cada ola de este mar lleva consigo mil cadáveres y es, por lo tanto, mil veces más aterradora que su mar. Nuestro pez son los deseos maliciosos de nuestra alma carnal, que lucha para destruir los fundamentos de la vida eterna. Este pez es mil veces más dañino que el suyo. Su pez podía destruir una vida de cien años de duración, mientras que el nuestro busca destruir una vida que es eterna. Siendo esta nuestra situación real, deberíamos, a imitación de Jonás, la paz sea con él, buscar refugio en el Creador de las causas y debemos decir:
>
> ¡No hay más deidad que Tú! Gloria a Ti. Sin duda he sido de los malhechores y debemos entender con total certeza que solo Él puede protegernos del daño del futuro, de este mundo y de las tentaciones de las almas carnales unidas contra nosotros por nuestra negligencia y extravío. Puesto que el futuro está sometido a Su orden, el mundo a Su autoridad y nuestra alma a Su dirección. [Resumido de *Lem'alar* («Destellos»), págs. 5-7)].

19. La conclusión de este versículo no es diferente a la de la primera parte de la súplica de Zacarías, si no que la confirma. Dios Todopoderoso normalmente actúa por detrás del velo de la causalidad de este mundo, que es el reino de la sabiduría y la prueba. Por lo tanto el significado es: «Creo plenamente que Tú eres el Mejor de los herederos, por lo que espero que me favorezcas con un heredero recto», y es, también, similar a la súplica de Job al pedir la misericordia de Dios y acabar su súplica diciendo: «Tú eres el Más Misericordioso de los misericordiosos».

وَالَّتٖى اَحْصَنَتْ فَرْجَهَا فَنَفَخْنَا فٖيهَا مِنْ رُوحِنَا
وَجَعَلْنَاهَا وَابْنَهَا اٰيَةً لِلْعَالَمٖينَ ﴿٩١﴾ اِنَّ هٰذِهٖ اُمَّتُكُمْ
اُمَّةً وَاحِدَةً وَاَنَا رَبُّكُمْ فَاعْبُدُونِ ﴿٩٢﴾ وَتَقَطَّعُوا
اَمْرَهُمْ بَيْنَهُمْ كُلٌّ اِلَيْنَا رَاجِعُونَ ﴿٩٣﴾ فَمَنْ يَعْمَلْ
مِنَ الصَّالِحَاتِ وَهُوَ مُؤْمِنٌ فَلَا كُفْرَانَ لِسَعْيِهٖ
وَاِنَّا لَهُ كَاتِبُونَ ﴿٩٤﴾ وَحَرَامٌ عَلٰى قَرْيَةٍ اَهْلَكْنَاهَا
اَنَّهُمْ لَا يَرْجِعُونَ ﴿٩٥﴾ حَتّٰى اِذَا فُتِحَتْ يَاْجُوجُ
وَمَاْجُوجُ وَهُمْ مِنْ كُلِّ حَدَبٍ يَنْسِلُونَ ﴿٩٦﴾ وَاقْتَرَبَ
الْوَعْدُ الْحَقُّ فَاِذَا هِىَ شَاخِصَةٌ اَبْصَارُ الَّذٖينَ
كَفَرُوا يَا وَيْلَنَا قَدْ كُنَّا فٖى غَفْلَةٍ مِنْ هٰذَا بَلْ
كُنَّا ظَالِمٖينَ ﴿٩٧﴾ اِنَّكُمْ وَمَا تَعْبُدُونَ مِنْ دُونِ اللّٰهِ
حَصَبُ جَهَنَّمَ اَنْتُمْ لَهَا وَارِدُونَ ﴿٩٨﴾ لَوْ كَانَ هٰؤُلَاۤءِ
اٰلِهَةً مَا وَرَدُوهَا وَكُلٌّ فٖيهَا خَالِدُونَ ﴿٩٩﴾ لَهُمْ
فٖيهَا زَفٖيرٌ وَهُمْ فٖيهَا لَا يَسْمَعُونَ ﴿١٠٠﴾ اِنَّ الَّذٖينَ
سَبَقَتْ لَهُمْ مِنَّا الْحُسْنٰى اُولٰۤئِكَ عَنْهَا مُبْعَدُونَ ﴿١٠١﴾

---

91. Y (menciona) a esa bendita mujer que dio el mejor ejemplo de la salvaguardia de su castidad[20]. Insuflamos en ella Nuestro espíritu[21] e hicimos de ella y de su hijo signos milagrosos (de Nuestro Poder e incomparable modo de hacer las cosas) para todos los mundos.

92. Por lo tanto, esta comunidad vuestra (que todos los Mensajeros y sus seguidores han formado) es una sola comunidad de la misma fe, y Yo soy vuestro Señor (Quien os crea, sustenta y protege)[22]; así que adoradme a Mí solamente.

93. Pero la gente se dividió y discrepó entre sí respecto a la Religión. Pero todos han de retornar a Nosotros (para rendir cuentas por todo lo que hicieron).

94. Todo aquel que haga cualquier acto de bondad y rectitud, siendo un verdadero creyente, su esfuerzo no quedará sin recompensa en ingratitud. Registramos cada buena acción suya en su favor (sin que quede descuidada ni lo más mínimo).

95. Es inconcebible que una comunidad, cuya destrucción hemos decretado (por su incredulidad y pecados irremediables) pudiera regresar a la fe (ni que una comunidad que hayamos destruido no vuelva a Nosotros y, por lo tanto, retorne otra vez al mundo para que puedan creer y hacer buenas obras)[23].

96. Finalmente, un día llegará cuando Gog y Magog sean soltados y se precipitarán por todas las colinas[24].

97. Y la verdadera promesa de la Última Hora se acercó; y contempla, los ojos de aquellos que obstinadamente no creen miran fijamente con horror, exclamando: «¡Ay de nosotros! En realidad hemos vivido en despreocupación y en el olvido de esto. ¡Ay! ¡Hemos sido verdaderamente malhechores (hemos sido injustos con nosotros mismos)!».

98. «Vosotros y todas las cosas que deificáis y adoráis aparte de Dios no son más que leña para el Infierno. Con toda seguridad llegaréis allí».

99. Si aquellos (falsos objetos de su adoración) hubiesen sido verdaderamente deidades, no habrían llegado allí. Cada uno de ellos morará ahí.

100. Los gemidos serán su destino allí y (nada en beneficio suyo) serán capaces de oír ahí (como recompensa por su sordera intencionada respecto a la Revelación Divina en el mundo).

101. Pero en verdad respecto a aquellos a quienes ya se ha promulgado el mejor decreto de Nosotros, se mantendrán apartados de él (el Infierno).

---

20. La razón por la cual el Corán menciona a María junto a los Profetas, a pesar de que ella no era una profetisa, es por la grandeza y el honor excepcionales de María, y por el propósito de presentar a Jesús, la paz sea con él, en su identidad real (humana).

21. Respecto a Dios insuflando Su Espíritu en María para concebir a Jesús y en el cuerpo de Adán, a quien dio forma a partir del barro, para que pudiera llegar al mundo, y sobre el significado de su acto de insuflar Su Espíritu, véanse el *sura* 4:171, nota 34; el *sura* 15:29, nota 8.

22. Habiendo mencionado a muchos Profetas con el sufrimiento que tuvieron que soportar y del que fueron aliviados por Dios y habiendo mencionado el aspecto distinguido del carácter y la misión de cada uno de ellos, el Corán declara que el profeta Muhammad, la paz y las bendiciones sean con él, no trajo una religión diferente; y, por lo tanto, todos los Profetas y sus seguidores, desde el primer día de la historia de la humanidad sobre la Tierra hasta el Día del Juicio Final, constituyen una sola comunidad, con Dios como Señor, el Único digno de ser adorado. El fundamento básico de esta fe y el punto básico de unión entre los creyentes, que es el elemento básico contra la desunión entre ellos, es creer en Dios como la única Deidad, Señor y Soberano de toda la creación, incluida, por supuesto, la humanidad, y adorarle tan sólo a Él.

23. El versículo contiene los tres significados mencionados. Mientras el versículo 94 menciona al siervo creyente, este versículo habla de una comunidad. Esto sugiere que la corrupción es como una enfermedad contagiosa y los individuos generalmente se extravían a imitación de otros en una comunidad. La destrucción total llega como resultado de la corrupción que abarca casi a todos o al menos a la mayor parte de la comunidad. Esto muestra la importancia de la reforma o las mejoras sociales.

24. Respecto a Gog y Magog y a su invasión del mundo civilizado justo antes del fin de los tiempos, véase el *sura* 18:98-99, nota 30-31.

330 سُورَةُ الْأَنْبِيَاءِ ٣٣٠

لَا يَسْمَعُونَ حَسِيسَهَا وَهُمْ فِي مَا اشْتَهَتْ أَنْفُسُهُمْ
خَالِدُونَ ﴿١٠٢﴾ لَا يَحْزُنُهُمُ الْفَزَعُ الْأَكْبَرُ وَتَتَلَقَّاهُمُ الْمَلَائِكَةُ
هَٰذَا يَوْمُكُمُ الَّذِي كُنْتُمْ تُوعَدُونَ ﴿١٠٣﴾ يَوْمَ نَطْوِي السَّمَاءَ
كَطَيِّ السِّجِلِّ لِلْكُتُبِ كَمَا بَدَأْنَا أَوَّلَ خَلْقٍ نُعِيدُهُ وَعْدًا
عَلَيْنَا إِنَّا كُنَّا فَاعِلِينَ ﴿١٠٤﴾ وَلَقَدْ كَتَبْنَا فِي الزَّبُورِ مِنْ بَعْدِ
الذِّكْرِ أَنَّ الْأَرْضَ يَرِثُهَا عِبَادِيَ الصَّالِحُونَ ﴿١٠٥﴾ إِنَّ
فِي هَٰذَا لَبَلَاغًا لِقَوْمٍ عَابِدِينَ ﴿١٠٦﴾ وَمَا أَرْسَلْنَاكَ إِلَّا رَحْمَةً
لِلْعَالَمِينَ ﴿١٠٧﴾ قُلْ إِنَّمَا يُوحَىٰ إِلَيَّ أَنَّمَا إِلَٰهُكُمْ إِلَٰهٌ وَاحِدٌ
فَهَلْ أَنْتُمْ مُسْلِمُونَ ﴿١٠٨﴾ فَإِنْ تَوَلَّوْا فَقُلْ آذَنْتُكُمْ
عَلَىٰ سَوَاءٍ وَإِنْ أَدْرِي أَقَرِيبٌ أَمْ بَعِيدٌ مَا تُوعَدُونَ ﴿١٠٩﴾
إِنَّهُ يَعْلَمُ الْجَهْرَ مِنَ الْقَوْلِ وَيَعْلَمُ مَا تَكْتُمُونَ ﴿١١٠﴾ وَإِنْ
أَدْرِي لَعَلَّهُ فِتْنَةٌ لَكُمْ وَمَتَاعٌ إِلَىٰ حِينٍ ﴿١١١﴾ قَالَ رَبِّ احْكُمْ
بِالْحَقِّ وَرَبُّنَا الرَّحْمَٰنُ الْمُسْتَعَانُ عَلَىٰ مَا تَصِفُونَ ﴿١١٢﴾

سُورَةُ الْحَجِّ مَدَنِيَّةٌ
وَهِيَ ثَمَانٍ وَسَبْعُونَ آيَةً

بِسْمِ اللَّهِ

102. No oirán incluso el más leve ruido suyo y morarán en lo que sus almas desean (disfrutándolo al máximo).

103. Incluso el gran terror (la segunda vez que suena la Trompeta) no les causará ninguna preocupación y los ángeles les recibirán saludándoles: «Este es vuestro día, el día que se os había prometido».

104. El Día en el que enrollaremos los Cielos como se enrollan los rollos escritos. Volveremos a crear la creación tan fácilmente como la originamos al principio[25]. Esto es una promesa vinculante para Nosotros y, sin duda, cumplimos lo que prometemos.

105. Hemos (registrado en la Tabla Suprema Preservada y a continuación hemos) registrado en los Salmos, después de la Tora que Mis siervos rectos heredarán la Tierra[26].

106. Sin duda en esto (en el Corán) hay una explicación (de todas las verdades necesarias) para los siervos de Dios dedicados a Su adoración.

107. No te hemos enviado (Oh Muhammad) sino como una misericordia inigualable para todos los mundos[27].

108. Di: «Sólo se me ha revelado que vuestro Señor es el Único Dios. ¿Os haréis entonces musulmanes (sometiéndoos completamente a Él)?».

109. Si todavía se apartan, di: «Os he trasmitido todo lo que os debo trasmitir y os he advertido por igual. Pero no sé si aquello con lo que sois amenazados (ya sea la destrucción o el Juicio Final) está cerca o lejos.

110. Sin duda, Él sabe todo lo que se dice abiertamente, del mismo modo que sabe todo lo que mantenéis oculto (incluso vuestras intenciones secretas).

111. No sé sino el plazo que se os haya dado sea una prueba para vosotros (un plazo para que podáis mostrar vuestro merecimiento de Su castigo) y disfrute por algún tiempo».

112. (El Mensajero) dijo (en conclusión): «¡Señor mío! Juzga (entre mí y esos incrédulos) con la verdad (y permite que la verdad se manifieste plenamente). Nuestro Señor es el Misericordioso, Aquel cuya ayuda siempre se busca contra todo lo que falsamente atribuís (a Él y a mí)».

25. Dios revive esta vasta Tierra cuando está muerta y seca, mostrando Su poder brotando innumerables especies de criaturas, cada una tan extraordinaria como la propia humanidad. Muestra Su Conocimiento abarcador de las infinitas variaciones de dichas criaturas en la compleja mezcla de todas sus formas distintas. Dios hace que la atención de Sus siervos se dirija hacia la felicidad eterna, asegurándoles la Resurrección en Sus decretos celestiales y haciendo visible el esplendor de Su condición como su Señor y Educador. Hace que todas Sus criaturas colaboren unas con otras, girando en la órbita de Su Orden y Voluntad, y haciendo que unas ayuden a otras en sumisión a Él.

Nos muestra nuestra valía creándonos como el fruto más comprensivo, sutil y valioso del Árbol de la Creación, dirigiéndose directamente a nosotros y sometiendo todas las cosas a nosotros. ¿Acaso un Ser tan Compasivo, Poderoso, Sabio y Omnisciente no puede llevar a cabo la Resurrección, reunir a Sus criaturas y devolvernos la vida? ¿Acaso no puede Él instaurar la Suprema Corte y el Paraíso y el Infierno? Dichas ideas son inconcebibles.

En realidad, el Todopoderoso que Dispone todos los asuntos de este mundo crea constantemente en su superficie finita y efímera numerosos signos, ejemplos e indicaciones de la Reunión Suprema y el Lugar en el que esto tendrá lugar. Cada primavera vemos innumerables especies de animales y plantas reunidas en pocos días y luego dispersadas. Todas las raíces de los árboles y de las plantas, al igual que ciertos animales, reviven y vuelven a ser tal y como eran. Otros animales vuelven a ser creados en formas casi idénticas. Las semillas que tan semejantes parecen, crecen rápidamente convirtiéndose en entidades distintas y diferenciadas, al ser llevadas a su pleno vigor con su extraordinaria rapidez y facilidad, y en absoluto orden y armonía. ¿Cómo algo puede ser difícil para Aquel Quien hace esto? ¿Cómo Aquel Quien creó los Cielos y la Tierra en «seis días» no puede ser capaz de resucitar a la humanidad con una sola ráfaga?

Imaginad que un escritor talentoso pudiese escribir numerosos libros en una hoja enorme de papel en una sola hora, sin error u omisión, plenamente y en el mejor estilo. Si alguien os dice que podría escribir su propio libro de memoria incluso aunque hubiese caído en el agua y se hubiese perdido, ¿cómo se puede decir que no puede hacerlo? O pensad en un soberano que, para mostrar su poder y advertir a sus vasallos, mueve montañas por una orden, cambia su país y transforma el mar en tierra seca. Imaginad que una roca grande bloquea el camino de los visitantes que vayan a visitar a este rey. Si alguien dice que el soberano puede apartar la roca por una orden, ¿diríais que no podría hacerlo? O imaginad a alguien que reúne un gran ejército y se os dice que va a convocarles para que desfilen en batallones a la llamada de una trompeta tras haberles hecho romper filas para que se fuesen a descansar. Si los batallones forman en filas disciplinadas, ¿responderíais con incredulidad? Si así lo hicieseis, vuestro error sería enorme [*The Words* («Las Palabras»), «The 10th Word» («La 10ª Palabra»), pág. 96].

26. Respecto a la Tabla Suprema Preservada, véanse el *sura* 6:59, nota 13; el *sura* 13:39, nota 13; el *sura* 17, nota 10.

Este versículo puede comprenderse mejor cuando se toma en consideración junto al versículo 24:55: Dios ha prometido a aquellos de vosotros que creen y hacen actos buenos y rectos que con toda seguridad Él los autorizará como vicerregentes en la Tierra (en lugar de los que están en el poder actualmente), exactamente como autorizó a aquellos (de las mismas cualidades) que les precedieron, y que, sin duda, establecerá con firmeza para ellos su Religión, la cual (ha elegido y) ha aprobado para ellos, y sustituirá su estado actual de miedo por la seguridad (de modo que puedan practicar su Religión libre y completamente, y en paz). Ellos Me adoran solamente a Mí, no asociándome a nadie a Mí como copartícipes (en creencia, adoración, y autoridad para ordenar su vida). Los siervos rectos a los que se les ha prometido que finalmente heredarán el mundo son aquellos que combinan la rectitud con la devoción en la adoración exclusiva de Dios, tal y como se mencionará en el próximo versículo.

27. Este versículo expone la misión de nuestro Profeta con toda claridad. Su misión tiene dos aspectos principales: uno para la creación y la vida de todo el universo y otro para la gente desde su época hasta la Última Hora.

Con respecto al anterior aspecto de su misión, el profeta Muhammad, la paz y las bendiciones sean con él, es tanto la semilla del Árbol de la Creación y su fruto más ilustre y perfecto, del cual Dios declara: «Si no fuera por ti no habría creado los mundos» (al-'Ayluni, 2:232), y el espejo o el medio a través del cual se da la manifestación de Dios Misericordioso y a través del cual los favores de Su Misericordia alcanzan a toda la creación. Según la terminología sufí, es el primero y el más destacado o el más grandioso Hombre Universal. Con respecto al segundo aspecto de su misión, el aspecto religioso de la misma, él es el medio para los individuos y las comunidades que le sigan para alcanzar la felicidad eterna y es el poseedor del rango de intercesión más abarcador en el Más Allá. En otras palabras, él es el espejo o el medio por el cual los favores particulares de Dios Compasivo alcanzan a cada criatura. No hay otra vía más que la de él para alcanzar la salvación eterna.

SURA 22

AL-HAYY (EL PEREGRINAJE)

Período de Medina

Está comúnmente aceptado que este *sura* comenzó a ser revelado en La Meca y fue completado en Medina. Consta de 78 versículos.

Este *sura* critica a los politeístas de La Meca por su insistencia ciega y deliberada en atribuirle copartícipes a Dios y muestra las contradicciones de sus credos. Advierte a los creyentes, que puedan vacilar y no perseverar a través de algunas de las dificultades que la aceptación de una nueva fe conlleva naturalmente. Asimismo, el *sura* permite a los creyentes establecer una resistencia armada ante el continuo hostigamiento de los habitantes de La Meca y sus amenazas contra la seguridad de los musulmanes en Medina.

بِسْمِ اللّٰهِ الرَّحْمٰنِ الرَّح۪يمِ
يَٓا اَيُّهَا النَّاسُ اتَّقُوا رَبَّكُمْۚ اِنَّ زَلْزَلَةَ السَّاعَةِ شَيْءٌ
عَظ۪يمٌ ﴿١﴾ يَوْمَ تَرَوْنَهَا تَذْهَلُ كُلُّ مُرْضِعَةٍ عَمَّٓا اَرْضَعَتْ
وَتَضَعُ كُلُّ ذَاتِ حَمْلٍ حَمْلَهَا وَتَرَى النَّاسَ سُكَارٰى
وَمَا هُمْ بِسُكَارٰى وَلٰكِنَّ عَذَابَ اللّٰهِ شَد۪يدٌ ﴿٢﴾ وَمِنَ
النَّاسِ مَنْ يُجَادِلُ فِي اللّٰهِ بِغَيْرِ عِلْمٍ وَيَتَّبِعُ كُلَّ شَيْطَانٍ
مَر۪يدٍ ﴿٣﴾ كُتِبَ عَلَيْهِ اَنَّهُ مَنْ تَوَلَّاهُ فَاَنَّهُ يُضِلُّهُ وَيَهْد۪يهِ
اِلٰى عَذَابِ السَّع۪يرِ ﴿٤﴾ يَٓا اَيُّهَا النَّاسُ اِنْ كُنْتُمْ ف۪ي رَيْبٍ
مِنَ الْبَعْثِ فَاِنَّا خَلَقْنَاكُمْ مِنْ تُرَابٍ ثُمَّ مِنْ نُطْفَةٍ ثُمَّ
مِنْ عَلَقَةٍ ثُمَّ مِنْ مُضْغَةٍ مُخَلَّقَةٍ وَغَيْرِ مُخَلَّقَةٍ لِنُبَيِّنَ
لَكُمْۜ وَنُقِرُّ فِي الْاَرْحَامِ مَا نَشَٓاءُ اِلٰٓى اَجَلٍ مُسَمًّى ثُمَّ
نُخْرِجُكُمْ طِفْلًا ثُمَّ لِتَبْلُغُٓوا اَشُدَّكُمْۚ وَمِنْكُمْ مَنْ يُتَوَفّٰى
وَمِنْكُمْ مَنْ يُرَدُّ اِلٰٓى اَرْذَلِ الْعُمُرِ لِكَيْلَا يَعْلَمَ
مِنْ بَعْدِ عِلْمٍ شَيْـًٔاۜ وَتَرَى الْاَرْضَ هَامِدَةً فَاِذَٓا اَنْزَلْنَا عَلَيْهَا
الْمَٓاءَ اهْتَزَّتْ وَرَبَتْ وَاَنْبَتَتْ مِنْ كُلِّ زَوْجٍ بَه۪يجٍ ﴿٥﴾

En el Nombre de Dios,
el Misericordioso, el Compasivo.

1. ¡Oh seres humanos! Apartaos de la desobediencia a Dios en veneración a Él y piedad y entrad bajo Su protección. (No olvidéis nunca que) la violenta convulsión de la Última Hora es una cosa imponente.

2. El Día en que todos lo veáis, toda madre que amamante abandonará a su bebé en terror y toda hembra embarazada se deshará de su carga. Verás a toda la gente como si hubiesen perdido el juicio, mientras, de hecho, están en sus cabales. Esto es porque el castigo de Dios es extremadamente severo.

3. Entre la gente, están aquellos que discuten sobre Dios sin ningún conocimiento verdadero y siguen a todo diablo corrupto, rebelde y malicioso.

4. Se ha decretado sobre él (Satanás) que quien le adopte como guardián, sin duda le extravía y le guía al castigo del Fuego Llameante.

5. ¡Oh seres humanos! Si dudáis de la Resurrección (considerad que) os hemos creado de tierra (al principio cuando no había nada de vuestra existencia como seres humanos), y el origen material de cada uno de vosotros es la tierra. Luego, (os hemos creado) de una gota de líquido (seminal), a continuación de un coágulo adherido (a la pared del útero), después, de un pedazo en parte formado y en parte informe, y diferenciado e indiferenciado, y de esta manera aclaramos para vosotros (la realidad de la Resurrección)[1]. Y causamos lo que queremos (que venga al mundo) que se pose en las matrices por un tiempo determinado. Luego, os hacemos salir como bebés (dependientes), luego (os proveemos de todo lo que es necesario y apropiado) para que alcancéis vuestra edad de plena fortaleza. Algunos de vosotros mueren (durante dicho período de crecimiento y después) y otros quedan reducidos al más miserable estado de vejez, dejando de saber después de haber sabido algo. (Como otra prueba de la Resurrección y otro signo para comprenderlo) ves la tierra seca y sin vida, y de repente, cuando hacemos caer agua (conocida y bendita) sobre ella, se agita, se hincha y hace brotar todo par de vegetación agradable.

---

1. Respecto a los estadios completos del desarrollo del embrión humano que el Corán nos enseñó catorce siglos atrás, y que la moderna ciencia de la embriología ha descubierto recientemente, véase el *sura* 23:12-14.

Como en otros versículos (por ejemplo, el *sura* 21:104 y la nota 25 correspondiente), el Corán trae a nuestra atención la primera creación como analogía de la Resurrección. También menciona, como signo y prueba de ello, la creación del ser humano, comenzando con los elementos en la tierra, el aire, el agua y continuando con los estadios del desarrollo en el útero materno. En realidad debe ser mucho más fácil para la razón aceptar que un ser que no era antes algo totalmente desconocido en la existencia, y que luego fue creado en etapas con materiales que no tienen ningún parecido a él, sea, por el mismo Poder Creativo, resucitado después de la muerte.

ذٰلِكَ بِاَنَّ اللّٰهَ هُوَ الْحَقُّ وَاَنَّهُ يُحْيِ الْمَوْتٰى وَاَنَّهُ عَلٰى كُلِّ
شَيْءٍ قَدِيرٌ ۙ ﴿٦﴾ وَاَنَّ السَّاعَةَ اٰتِيَةٌ لَا رَيْبَ فِيهَا ۙ وَاَنَّ اللّٰهَ يَبْعَثُ
مَنْ فِي الْقُبُورِ ﴿٧﴾ وَمِنَ النَّاسِ مَنْ يُجَادِلُ فِي اللّٰهِ بِغَيْرِ عِلْمٍ
وَلَا هُدًى وَلَا كِتَابٍ مُنِيرٍ ۙ ﴿٨﴾ ثَانِيَ عِطْفِهِ لِيُضِلَّ عَنْ سَبِيلِ
اللّٰهِ لَهُ فِي الدُّنْيَا خِزْيٌ وَنُذِيقُهُ يَوْمَ الْقِيٰمَةِ عَذَابَ الْحَرِيقِ ﴿٩﴾
ذٰلِكَ بِمَا قَدَّمَتْ يَدَاكَ وَاَنَّ اللّٰهَ لَيْسَ بِظَلَّامٍ لِلْعَبِيدِ ﴿١٠﴾ وَمِنَ
النَّاسِ مَنْ يَعْبُدُ اللّٰهَ عَلٰى حَرْفٍ فَاِنْ اَصَابَهُ خَيْرٌ اطْمَاَنَّ بِهِ
وَاِنْ اَصَابَتْهُ فِتْنَةٌ انْقَلَبَ عَلٰى وَجْهِهِ خَسِرَ الدُّنْيَا وَالْاٰخِرَةَ
ذٰلِكَ هُوَ الْخُسْرَانُ الْمُبِينُ ﴿١١﴾ يَدْعُوا مِنْ دُونِ اللّٰهِ
مَا لَا يَضُرُّهُ وَمَا لَا يَنْفَعُهُ ذٰلِكَ هُوَ الضَّلَالُ الْبَعِيدُ ﴿١٢﴾ يَدْعُوا
لَمَنْ ضَرُّهُ اَقْرَبُ مِنْ نَفْعِهِ لَبِئْسَ الْمَوْلٰى وَلَبِئْسَ الْعَشِيرُ ﴿١٣﴾
اِنَّ اللّٰهَ يُدْخِلُ الَّذِينَ اٰمَنُوا وَعَمِلُوا الصَّالِحَاتِ جَنَّاتٍ
تَجْرِي مِنْ تَحْتِهَا الْاَنْهَارُ اِنَّ اللّٰهَ يَفْعَلُ مَا يُرِيدُ ﴿١٤﴾ مَنْ كَانَ
يَظُنُّ اَنْ لَنْ يَنْصُرَهُ اللّٰهُ فِي الدُّنْيَا وَالْاٰخِرَةِ فَلْيَمْدُدْ بِسَبَبٍ
اِلَى السَّمَاءِ ثُمَّ لْيَقْطَعْ فَلْيَنْظُرْ هَلْ يُذْهِبَنَّ كَيْدُهُ مَا يَغِيظُ ﴿١٥﴾

وَكَذٰلِكَ

6. Y por lo tanto, Dios es Aquel Quien es la Verdad Absoluta y Leal, y Él da la vida a los muertos y Él posee poder absoluto sobre todas las cosas.

7. Y la Última Hora seguro que llegará, no hay duda de ello. Y Dios sin duda resucitará a todos los que están en las tumbas.

8. Aún así, entre la gente hay algunos que discuten sobre Dios sin tener verdadero conocimiento, o guía verdadera[2] o un Libro (Divino) iluminador.

9. Continúan discutiendo arrogantemente para desviar a la gente del camino de Dios[3]. Para ellos se da deshonra en este mundo y en el Día de la Resurrección les haremos probar el castigo del Fuego abrasador.

10. «Este castigo es el resultado de lo que has (cometido y) adelantado con tus propias manos, y Dios nunca es injusto con Sus siervos en lo más mínimo».

11. Entre la gente hay también muchos que adoran a Dios en el límite (de la fe) esperando tan solo beneficios mundanos. Si algún bien le sobreviene, está satisfecho con ello, pero si una prueba le aflige, se aparta totalmente revirtiendo a la incredulidad. Él (de ese modo) sufre la pérdida de este mundo y del Más Allá. Esta es en realidad la pérdida obvia.

12. Invoca, aparte de Dios, a aquello que no puede dañarle ni beneficiarle. Esto es en realidad el extravío irremediable.

13. Incluso invoca al ser que es más probable que le haga más daño que beneficio. ¡Cuán maligno patrón y cuán maligno asociado!

14. Sin duda, Dios admitirá a aquellos que creen y hacen actos buenos y rectos en los Jardines a través de los cuales discurren ríos. Sin duda Dios hace lo que Su Voluntad dicta.

15. Quien crea que Dios no va a ayudar al Mensajero a la victoria en el mundo y a la prosperidad en el Más Allá, entonces que remueva cielo y tierra para evitar dicha ayuda. Que extienda una cuerda hacia el cielo (para evitar que la ayuda de Dios y la Revelación no le lleguen) y que luego corte la cuerda para descender sin destrozarse. Que luego vea si sus ardides van a serle de alguna ayuda y (si puede) acabar con lo que le encoleriza.

---

2. Este versículo cita tres fuentes en las que se debe uno basar para tener un conocimiento correcto de Dios. Éstas son: (i) el conocimiento adquirido a través del estudio y de la reflexión sobre la creación a la luz de la Revelación y a través de las disciplinas de la vía espiritual; (ii) la verdadera guía que es referida a la Divina Revelación o inspiración o la guía de cualquiera de los mencionados en 4:69; y (iii) el Libro Divino, que ilumina las mentes y los corazones.

3. Zamajshari, el autor de *al-Kashshaf*, dice que aquellos mencionados en los versículos 8 y 9 que discuten sobre Dios son los corruptos, rebeldes y malvados diablos mencionados en el versículo 3 y aquellos que discuten en el versículo 3 son los que les siguen.

وَكَذٰلِكَ اَنْزَلْنَاهُ اٰيَاتٍ بَيِّنَاتٍۙ وَاَنَّ اللّٰهَ يَهْدٖى مَنْ يُرٖيدُ ﴿١٦﴾
اِنَّ الَّذٖينَ اٰمَنُوا وَالَّذٖينَ هَادُوا وَالصَّابِـٖٔينَ وَالنَّصَارٰى
وَالْمَجُوسَ وَالَّذٖينَ اَشْرَكُوٓاۗ اِنَّ اللّٰهَ يَفْصِلُ بَيْنَهُمْ يَوْمَ
الْقِيٰمَةِۜ اِنَّ اللّٰهَ عَلٰى كُلِّ شَيْءٍ شَهٖيدٌ ﴿١٧﴾ اَلَمْ تَرَ اَنَّ اللّٰهَ
يَسْجُدُ لَهُ مَنْ فِى السَّمٰوَاتِ وَمَنْ فِى الْاَرْضِ وَالشَّمْسُ
وَالْقَمَرُ وَالنُّجُومُ وَالْجِبَالُ وَالشَّجَرُ وَالدَّوَٓابُّ وَكَثٖيرٌ
مِنَ النَّاسِۜ وَكَثٖيرٌ حَقَّ عَلَيْهِ الْعَذَابُۜ وَمَنْ يُهِنِ اللّٰهُ فَمَا
لَهُ مِنْ مُكْرِمٍۜ اِنَّ اللّٰهَ يَفْعَلُ مَا يَشَٓاءُ ﴿١٨﴾ هٰذَانِ خَصْمَانِ
اخْتَصَمُوا فٖى رَبِّهِمْۘ فَالَّذٖينَ كَفَرُوا قُطِّعَتْ لَهُمْ ثِيَابٌ
مِنْ نَارٍۜ يُصَبُّ مِنْ فَوْقِ رُؤُسِهِمُ الْحَمٖيمُۚ ﴿١٩﴾ يُصْهَرُ بِهٖ
مَا فٖى بُطُونِهِمْ وَالْجُلُودُۜ ﴿٢٠﴾ وَلَهُمْ مَقَامِعُ مِنْ حَدٖيدٍ ﴿٢١﴾
كُلَّمَٓا اَرَادُوٓا اَنْ يَخْرُجُوا مِنْهَا مِنْ غَمٍّ اُعٖيدُوا فٖيهَا وَذُوقُوا
عَذَابَ الْحَرٖيقِۚ ﴿٢٢﴾ اِنَّ اللّٰهَ يُدْخِلُ الَّذٖينَ اٰمَنُوا وَعَمِلُوا
الصَّالِحَاتِ جَنَّاتٍ تَجْرٖى مِنْ تَحْتِهَا الْاَنْهَارُ يُحَلَّوْنَ
فٖيهَا مِنْ اَسَاوِرَ مِنْ ذَهَبٍ وَلُؤْلُؤًاۜ وَلِبَاسُهُمْ فٖيهَا حَرٖيرٌ ﴿٢٣﴾

16. Es ante dicha rabia y maldad que enviamos el Corán con mensajes claros en significado y contenido y como signos manifiestos de la verdad; y Dios guía a quien Su Voluntad dispone.

17. Aquellos que creen de verdad (en Dios y siguen a Muhammad), y aquellos que se hicieron judíos, los sabeos, los cristianos, los zoroástricos y los que atribuyen copartícipes a Dios (sin tener ninguna relación con ninguna religión divinamente inspirada)[4], sin duda Dios juzgará entre ellos en el Día de la Resurrección. Dios es Testigo sobre todas las cosas.

18. ¿No consideras que todo lo que hay en los Cielos y todo lo que hay sobre la Tierra se postra ante Dios, tal y como lo hace el Sol, la Luna, las estrellas, las montañas, los árboles y las bestias y tal y como lo hacen muchos de entre los seres humanos?[5] Pero muchos otros están condenados al castigo merecidamente. A quien Dios humilla nadie le puede honrar. Sin duda, Dios hace lo que Su Voluntad dicta[6].

19. Estos son dos grupos opuestos (aquellos que se postran ante Dios y aquellos que no lo hacen. A pesar de que haya diferencias de perspectiva entre cada grupo) discuten sobre (la verdad relativa a) su Señor. En cuanto a los que no creen (los que categóricamente niegan a Dios o los que Le atribuyen copartícipes en Sus Atributos o autoridad como Señor) seguro que se les cortarán trajes de fuego, con agua hirviendo derramándose sobre sus cabezas,

20. Con los cuales todo lo que está dentro de sus cuerpos, así como sus pieles, es derretido.

21. También para ellos hay azotes y mazas de hierro.

22. Siempre que en su angustia pretendan salir del Fuego, serán devueltos a él (y les será dicho): «¡Probad el castigo del Fuego abrasador!».

23. (Por otro lado) Dios admitirá a aquellos que crean y hagan actos buenos y rectos en los Jardines a través de los cuales discurren ríos, adornados allí con brazaletes de oro y perlas y allí sus vestidos serán de seda[7].

4. Este versículo menciona tres grupos esenciales de la fe. El primer grupo incluye a los verdaderos creyentes que siguen al profeta Muhammad, la paz y las bendiciones sean con él. Ellos son también los verdaderos herederos de todos los Profetas anteriores.

El segundo grupo está compuesto de cuatro subgrupos:

Entre los judíos hay algunos que han reducido su Religión revelada por Dios a una religión nacional o tribal y a Dios en un dios que pertenece exclusivamente a una raza. También han negado la vida eterna y han reducido la felicidad eterna a la felicidad mundana en la supuesta «tierra prometida». Además, han alterado la Ley Divina.

Los sabeos fueron tanto aquellos que pretendían seguir al profeta Juan, la paz sea con él, como aquellos que adoraban cuerpos celestes; pero pretendían seguir la religión de los profetas Seth y Enoch, la paz sea sobre ellos. Ambos grupos vivieron en el norte del actual Irak.

Los cristianos mencionados aquí son aquellos que, aun siguiendo al profeta Jesús, la paz sea con él, mancillaron la fe de Jesús atribuyéndole un hijo a Dios, o pretendiendo que Jesús era la encarnación de Dios y atribuyeron divinidad a la Virgen María y al Espíritu Santo, que actuó como medio del regalo de Dios que fue el hijo que tuvo María. También importaron otras doctrinas paganas a su religión.

El término zoroástricos se refiere a los adoradores del fuego de Persia. Creían en dos deidades separadas: una deidad de luz y bondad y una deidad de oscuridad y maldad. Pretendían ser seguidores de Zoroastro.

El Corán considera a los judíos y a los cristianos como Gente del Libro. El Mensajero de Dios y los Compañeros, basándose en este versículo, también trataron a los sabeos y a los zoroástricos como Gente del Libro.

El tercer grupo consiste en los politeístas que no siguen ningún Libro Divino o Profeta y que a pesar de muchos de entre ellos creen en Dios en cierto modo como Creador del universo, han adoptado y adoran a otras muchas deidades que, generalmente, son representadas por ídolos o estatuas.

5. La razón por la cual muchos seres humanos son mencionados específicamente, a pesar de que se les incluye entre aquellos que están sobre la Tierra, es que todos los seres humanos se postran ante Dios en el sentido de que no pueden escapar a las leyes de «la naturaleza» o de la creación de Dios y el funcionamiento del universo en muchos aspectos, tales como su venida a este mundo y su partida del mismo, el modo en que funcionan sus cuerpos, la designación de sus familias y razas, y su físico, etc. Sin embargo, muchos de entre los seres humanos se postran ante Dios por voluntad propia. Creen en Él, Le adoran y viven de acuerdo con Sus mandamientos.

6. Dios Todopoderoso es absolutamente libre en Su voluntad y actos. Sin embargo, en Sus dictámenes sobre los seres humanos, considera sus elecciones, sus actos y sus intenciones. Tal y como hemos mencionado con regularidad en estas notas, respecto a la Voluntad absoluta de Dios y a Su relación con la voluntad humana y los dictámenes sobre los seres humanos, los versículos *No cabe duda que la Tierra pertenece a Dios y hace que la hereden aquellos de Sus siervos que Su Voluntad dicta* (7:128) y *Mis siervos rectos heredarán la tierra* (21:105), constituyen un buen ejemplo. Entendemos que la voluntad de Dios toma en consideración las elecciones y los actos libres de los seres humanos cuando Él decreta algo respecto a ellos.

7. Respecto a un versículo similar y a su explicación, véase el *sura* 18:31, nota 17.

24. Han sido guiados a (creer y a declarar) la más pura de las palabras[8]; y han sido guiados al camino del Digno de Alabanza (diciendo y haciendo sólo lo que es digno de alabanza).

25. Aquellos que no creen y apartan (a otros) del camino de Dios y (a los creyentes de visitar) la Mezquita Sagrada, la cual hemos establecido como un lugar de adoración para todos (los creyentes) por igual, tanto para aquellos que moran ahí (en La Meca) como aquellos que vienen de fuera; al que busque desviarse del camino recto allí por injusticia deliberada, hacemos que pruebe un castigo doloroso.

26. Recuerda cuando asignamos a Abraham el emplazamiento de la Casa (la Ka'ba) como lugar de adoración (ordenándole): «No Me atribuyas ningún copartícipe a Mí de ninguna manera, y mantén Mi Casa pura (de cualquier impureza espiritual o material) para aquellos que girarán alrededor de ella en devoción y aquellos que permanecerán en Oración ante ella y aquellos que se inclinarán y se postrarán en adoración.

27. Públicamente proclama (la obligación de) la Peregrinación para toda la humanidad, para que vengan a ti a pie y en camellos flacos, viniendo desde todos los puntos remotos.

28. Para que atestigüen todos los beneficios (espirituales, sociales y económicos) que les aguarden y que ofrezcan durante los días conocidos y establecidos los animales de sacrificio que Él les ha proveído, pronunciando sobre ellos el Nombre de Dios. Comed de su carne y alimentad a los afligidos y a los pobres.

29. Después de eso, que se arreglen (cortándose el pelo, quitándose el *ihram* [las vestimentas del *Hayy*], tomando un

وَهُدُوٓا اِلَى الطَّيِّبِ مِنَ الْقَوْلِۚ وَهُدُوٓا اِلٰى صِرَاطِ
الْحَمٖيدِ ﴿٢٤﴾ اِنَّ الَّذٖينَ كَفَرُوا وَيَصُدُّونَ عَنْ سَبٖيلِ اللّٰهِ
وَالْمَسْجِدِ الْحَرَامِ الَّذٖى جَعَلْنَاهُ لِلنَّاسِ سَوَٓاءًۨ الْعَاكِفُ
فٖيهِ وَالْبَادِۜ وَمَنْ يُرِدْ فٖيهِ بِاِلْحَادٍ بِظُلْمٍ نُذِقْهُ
مِنْ عَذَابٍ اَلٖيمٍ ﴿٢٥﴾ وَاِذْ بَوَّأْنَا لِاِبْرٰهٖيمَ مَكَانَ الْبَيْتِ
اَنْ لَا تُشْرِكْ بٖى شَيْـًٔا وَطَهِّرْ بَيْتِىَ لِلطَّٓائِفٖينَ وَالْقَٓائِمٖينَ
وَالرُّكَّعِ السُّجُودِ ﴿٢٦﴾ وَاَذِّنْ فِى النَّاسِ بِالْحَجِّ يَأْتُوكَ
رِجَالًا وَعَلٰى كُلِّ ضَامِرٍ يَأْتٖينَ مِنْ كُلِّ فَجٍّ عَمٖيقٍۙ ﴿٢٧﴾
لِيَشْهَدُوا مَنَافِعَ لَهُمْ وَيَذْكُرُوا اسْمَ اللّٰهِ فٖٓى اَيَّامٍ
مَعْلُومَاتٍ عَلٰى مَا رَزَقَهُمْ مِنْ بَهٖيمَةِ الْاَنْعَامِۚ فَكُلُوا
مِنْهَا وَاَطْعِمُوا الْبَٓائِسَ الْفَقٖيرَۘ ﴿٢٨﴾ ثُمَّ لْيَقْضُوا تَفَثَهُمْ
وَلْيُوفُوا نُذُورَهُمْ وَلْيَطَّوَّفُوا بِالْبَيْتِ الْعَتٖيقِ ﴿٢٩﴾
ذٰلِكَۗ وَمَنْ يُعَظِّمْ حُرُمَاتِ اللّٰهِ فَهُوَ خَيْرٌ لَهُ عِنْدَ رَبِّهٖۜ
وَاُحِلَّتْ لَكُمُ الْاَنْعَامُ اِلَّا مَا يُتْلٰى عَلَيْكُمْ فَاجْتَنِبُوا
الرِّجْسَ مِنَ الْاَوْثَانِ وَاجْتَنِبُوا قَوْلَ الزُّورِۙ ﴿٣٠﴾

حُنَفَٓاءَ

baño, cortándose las uñas, etc.) y cumplan los votos (si han hecho alguno y que completen otros actos del Peregrinación) y den vueltas alrededor de la Casa más Antigua y Honorable en devoción[9].

30. Todo esto (es lo que Dios ha ordenado respecto al *Hayy*). Por lo tanto quien venera las cosas sagradas de Dios, encontrará que es lo mejor para él ante su Señor. El ganado se os ha hecho lícito (para sacrificar y comida) excepto lo que ya se os ha mencionado (como ilícito). Por lo tanto, evitad el abominable mal de la idolatría y evitad toda palabra de falsedad (nunca digáis, consideréis o legisléis nada contrario a los mandamientos revelados respecto a lo lícito y a lo ilícito)[10].

8. Lo que quiere decirse en este versículo es que dicha gente cree y declara *No hay más deidad que Dios* y solamente profieren algo puro tal y como la declaración de fe, mencionar a Dios, dar consejo por Dios, recitar el Corán, etc. Se apartan de toda conversación vana, inútil o inapropiada.

9. Los últimos dos versículos mencionan ciertos actos prescritos del *Hayy*, algunos de los cuales ya han sido mencionados en el *sura* 2:196-203.

Al llegar al *miqat* (el lugar determinado para declarar el estado *ihram*), los peregrinos deben afeitarse, cortarse las uñas, realizar *gusl* o *wudu*, y ponerse algún perfume. Los hombres se ponen su atuendo especial de *Hayy*, el cual es también llamado *ihram*, ya que este es el comienzo y el símbolo de estar bajo el estado de *ihram*. No existe un atuendo especial para las mujeres más que el más modesto vestido que cubre el cuerpo ligeramente de la cabeza a los pies (salvo las manos y los pies). Los candidatos a ser peregrinos pueden ofrecer una Oración de dos *rak'as* y declarar su intención de realizar *Hayy* o *Umra*, o *Hayy* y *Umra* juntos, o *Umra*). Vestir el *ihram* y declarar la intención para *Hayy* o *Umra* son elementos esenciales de los ritos de la Peregrinación, y los ritos no son válidos sin estos dos elementos.

Cuando se está bajo el estado de *ihram*, los peregrinos deben evitar las relaciones sexuales y todo aquello que conduzca a ello, participar en disputas o en discusiones sin sentido, el matrimonio o unirse a otros en matrimonio, para los hombres usar cualquier tipo de ropa con costuras o zapatos que cubran el pie por debajo de los tobillos, cubrirse la cabeza o (tanto para los hombres como las mujeres) cubrirse el rostro, ponerse perfume, cortar su cabello o sus uñas, participar en la caza de animales, o cortar árboles o pasto dentro de los Límites Sagrados de La Meca.

Antes de la salida del sol en el día del *'Id al-Aza* (la Fiesta del Sacrificio), los peregrinos que hayan realizado sus deberes de *wakfah* (permanecer durante un tiempo) en 'Arafat durante la tarde del noveno día de *Zul Hiyya* (en la víspera del día de la Fiesta) y en al-Muzdalifa, a la siguiente noche, deben retornar a Mina después de reunir algunas piedras en al-Muzdalifa. Después de la salida del sol, los peregrinos deben arrojar siete piedras a *Yamrat al-'Aqaba*. Entonces, ofrecen su sacrificio, se cortan el cabello, se quitan el *ihram*, y regresan a su vida normal —con la excepción de tener relaciones sexuales con su esposa—.

Luego, se dirigen a la Ka'ba para realizar la *tawaf* obligatoria de la Visita, una parte esencial del *Hayy*. Llevar a cabo esta *tawaf* el primer día del *'Id al-Aza* es recomendable, pero uno puede llevarlo a cabo los otros dos días siguientes. Después de esta *tawaf*, si ambos peregrinos (marido y mujer) se han cortado ya el pelo y han salido del estado del *ihram*, entonces las relaciones sexuales son permitidas. Si los peregrinos están realizando *Hayy Tamattu'* (la combinación de *Hayy* y *Umra* con una pausa entre ellas), deben llevar a cabo un *sa'y* después de esta *tawaf*. Aquellos que están realizando el *Hayy Qiran* (la combinación de *Umra* y *Hayy* en un estado de *ihram*) o *Ifrad*, (el *Hayy* únicamente), no han de hacer este segundo *sa'y*, si realizaron el *tawaf* y el *sa'y* al llegar a La Meca.

Los peregrinos deben ahora regresar a Mina y pasar los tres días del *'Id al-Aza* ahí. Después del mediodía del segundo y el tercer día (undécimo y duodécimo días de Zul-Hiyya), arrojan siete piedras a cada una de las tres *Yamrahs*, empezando por la *Yamrat al-Ula*, luego la *Yamrat al-Wusta* y luego *Yamrat al-Aqabah*. Exaltan a Dios cada vez que arrojan y después de arrojar piedras a las dos primeras *Yamrahs*, rezan por sí mismos, sus padres y para todos los musulmanes. Si quieren permanecer en Mina durante el cuarto día del *'Id al-Aza*, arrojan piedras a las *Yamrahs* antes del mediodía.

Tras retornar a La Meca, los peregrinos que retornarán a su tierra natal, deben realizar la *tawaf* de despedida. Tras ello, es recomendable que vayan al pozo de Zamzam y beban tanta agua como les sea posible. Luego van hacia al-Multazim, frotan sus rostros y pechos contra él, agarrándose de la cubierta de la Ka'ba, rezan y suplican.

10. Este versículo se refiere a los mandamientos que prohíben comer la carroña, la sangre derramada (no la que queda en las venas o en los órganos tal y como el hígado y el bazo), la carne de cerdo, que es abominable e impura, o lo que es inmoral por haber sido sacrificado en un nombre diferente al de Dios (o sin pronunciar el Nombre de Dios sobre ello) (Véase el *sura* 6:145, nota 31; el *sura* 16:115). Los animales o tipos de carne que son prohibidas no son solamente estos. Las cosas prohibidas mencionadas en estos dos versículos se refieren solamente a los animales domésticos, o sea el ganado bovino y ovino. Basándose en la Revelación, el Mensajero de Dios, la paz y las bendiciones sean con él, nos ha informado de que también hay otros animales que están prohibidos comer.

Junto al Corán, la Sunna del Mensajero, es otra fuente básica de los mandamientos Divinos en el Islam. Ello incluye todo lo relacionado con los mandamientos religiosos, todo lo que el Mensajero, la paz y las bendiciones sean con él, hubiese dicho, hecho o aquellas acciones de sus Compañeros que aprobó. La Sunna sirve como fuente de legislación para ordenar y prohibir; determina los principios relativos al establecimiento de las obligaciones y necesidades religiosas; y determina lo que es lícito o ilícito. Nunca debe de olvidarse que la Sunna está también basada en la Revelación Divina. El Mensajero *no habla por sí mismo, por su propio deseo. Eso (que os transmite) no es sino una Revelación que se le reveló a él* (53:3-4).

Como respuesta a la pregunta de si el *wudu* podía llevarse a cabo con agua del mar, el Mensajero declaró: «Un mar es aquel cuyas aguas son limpias y cuyos animales muertos está permitido comer» (Abu Dawud, «Taharah», 41; at-Tirmizi, «Taharah», 52). Esto ha proporcionado la base para muchas resoluciones. Una de ellas es que el Corán generalmente prohíbe comer carne de animales que han muerto de manera natural y que no han sido matados según las leyes islámicas. La Sunna, sin embargo, da explicaciones acerca de esta regla general (el mandamiento), permitiendo el consumo de carne de animales marinos que hubiesen muerto en el agua.

٣٣٥ الجزء السابع عشر 335

حنفاء لله غير مشركين به ومن يشرك بالله فكأنما خر
من السماء فتخطفه الطير او تهوي به الريح في مكان سحيق ﴿٣١﴾
ذلك ومن يعظم شعائر الله فانها من تقوى القلوب ﴿٣٢﴾
لكم فيها منافع الى اجل مسمى ثم محلها الى البيت
العتيق ﴿٣٣﴾ ولكل امة جعلنا منسكا ليذكروا اسم الله
على ما رزقهم من بهيمة الانعام فالهكم اله واحد فله
اسلموا وبشر المخبتين ﴿٣٤﴾ الذين اذا ذكر الله وجلت
قلوبهم والصابرين على ما اصابهم والمقيمي الصلوة ومما
رزقناهم ينفقون ﴿٣٥﴾ والبدن جعلناها لكم من شعائر الله
لكم فيها خير فاذكروا اسم الله عليها صواف فاذا وجبت
جنوبها فكلوا منها واطعموا القانع والمعتر كذلك
سخرناها لكم لعلكم تشكرون ﴿٣٦﴾ لن ينال الله لحومها
ولا دماؤها ولكن يناله التقوى منكم كذلك سخرها لكم
لتكبروا الله على ما هديكم وبشر المحسنين ﴿٣٧﴾ ان الله
يدافع عن الذين امنوا ان الله لا يحب كل خوان كفور ﴿٣٨﴾

31. Sed creyentes de pura fe en Dios, sin atribuirle copartícipe alguno a Él. Quien atribuye copartícipes a Dios es como si hubiese caído del cielo y las aves de presa salvajes se lo llevan o el viento le arrastrase a un profundo acantilado distante (haciéndole pedazos)[11].

32. Esto (es la verdad misma). Y quien venera los símbolos públicos y los rituales establecidos por Dios (tal y como las Oraciones de *Yumu'a* e *'Id*, la llamada a la Oración, el Sacrificio y los ritos de la Peregrinación) sin duda, es por verdadera piedad y conciencia de Dios en sus corazones.

33. Hay beneficios para vosotros en ellos (los animales de sacrificio, cuyo ofrecimiento en la causa de Dios está entre los símbolos públicos y rituales del Islam) hasta el plazo designado (de su sacrifico). Luego el último lugar adonde serán llevados para el sacrificio (durante el *Hayy*) es en los sagrados recintos de la Casa Más Antigua y Honorable.

34. Para cada comunidad creyente, hemos establecido el sacrificio como un acto de adoración a ser realizado en un determinado tiempo y lugar. Por lo tanto, han de pronunciar el Nombre de Dios sobre lo que les hemos proveído como ganado (al sacrificarlo). Y (tened en cuenta que) vuestro Dios es Dios Único, así que someteos tan solo a Él totalmente. Y da buenas nuevas a los siervos profundamente devotos y humildes.

35. Aquellos cuyos corazones tiemblan de temor reverencial cuando Dios es mencionado; que siempre son pacientes ante cualquier mal que les sobrevenga; que siempre establecen la Oración conforme a sus condiciones; y que gastan (en la causa de Dios y por los necesitados) de aquello que les hemos proveído.

36. Y el ganado (incluyendo especialmente a los camellos); hemos establecido su sacrificio como uno de los símbolos públicos y rituales establecidos por Dios para vosotros, en los que hay mucho bien para vosotros. Cuando (los camellos) se pongan en fila para ser sacrificados, pronunciad el Nombre de Dios sobre ellos. Cuando caigan sobre sus costados y mueran del todo listos para ser comidos, comed de su carne y alimentad a los pobres que (no piden y) viven satisfechos y aquellos que piden con debida humildad. (Es por los propósitos y beneficios mencionados, y basándose en los principios mencionados que) hemos puesto a los animales de sacrificio a vuestro servicio, para que deis gracias a Dios[12].

37. (Tomad en consideración que) ni su carne ni su sangre alcanza a Dios, sino que solamente vuestra piedad y vuestra conciencia de Dios Le llegan de vosotros. (Es por los propósitos y beneficios mencionados, y basándose en los principios mencionados que) hemos puesto a los animales de sacrificio a vuestro servicio, para que exaltéis a Dios por haberos guiado (a la creencia, adoración y obediencia correctas a Él). Da las buenas nuevas a aquellos que se dedican a hacer el bien, conscientes de que Dios les está contemplando.

38. Sin duda, Dios defiende firmemente a aquellos que creen. Sin duda alguna, Dios no ama a los traidores ingratos.

---

11. Considerando el sumamente elocuente símil que el versículo contiene, podemos dar más explicaciones acerca del mismo de la siguiente manera:

Sed creyentes de pura fe en Dios, sin atribuirle copartícipe alguno a Él. Quien atribuye copartícipe a Dios es como si hubiese caído del cielo (las alturas o la cima de la verdadera humanidad) y las aves de presa salvajes (de todas las fuerzas desviadas humanas y satánicas) se lo llevan y lo emplean cada uno para su propio beneficio o el viento (de lujurias, caprichos y acontecimientos) le arrastrase a un profundo acantilado distante de extravío (haciéndole pedazos).

12. Estos versículos establecen los principios de la ofrenda de animales como sacrificio y elimina algunos malentendidos al respecto que circulaban ampliamente en la época pre-islámica.

Ofrecer un sacrificio (una oveja, una cabra y para siete personas un camello, una vaca o un buey) incumbe (*wayib*) a cada musulmán adulto que posea el *nisab* (valor necesario de riqueza). La diferencia entre tener que pagar *Zakat* y ofrecer un sacrificio es que *Zakat* debe ser pagado si la persona ha poseído los bienes o el dinero durante un año, mientras que el sacrificio debe ser ofrecido si la persona posee dicha riqueza por un día. El sacrificio debe hacerse en cualquiera de los tres primeros días del *'Id al-Aza*.

El Sacrificio Durante el *Hayy*. Para los peregrinos que llevan a cabo *Hayy Qiran* y *Hayy Tamattu*, quien deje de hacer cualquier acto necesario (es decir, arrojar las piedras, ponerse el *ihram* desde un *miqat*, o llevar a cabo *sa'y*), o viole cualquier restricción mayor de *ihram* o la santidad de *Haram* (recintos sagrados de) La Meca, debe hacer un sacrificio.

Animales de sacrificio. El animal de sacrificio más común es la oveja o la cabra. Las vacas y los camellos también pueden ser ofrecidos en sacrificio. Los peregrinos han de sacrificar un camello si llevan a cabo el *tawaf* en un estado de impureza ritual mayor (*yunub*) o cuando están menstruando o con el sangrado del posparto. Si han tenido relaciones sexuales con su esposa después de pasar el 9 de *Zul Hiyya* en 'Arafat y antes de cortarse el pelo; o si han hecho voto de ofrecer un camello como sacrificio.

Condiciones para el sacrificio. El animal a ser sacrificado ha de cumplir las siguientes condiciones:

Si es una oveja, ha de ser de un año de edad o tan rolliza y sana como una oveja de un año de edad si es mayor de seis meses. Un camello ha de tener al menos cinco años de edad. La vaca, dos años de edad y la cabra, un año de edad.

El animal ha de estar sano y sin defectos (es decir, no debe de ser tuerto, cojo, sarnoso, demasiado delgado o débil).

Tiempo de la ofrenda. El sacrificio ha de ser hecho en un momento determinado según consta a continuación:

Se esté realizando el *Hayy* o no, el sacrificio ha de ser ofrecido durante cualquiera de los primeros tres días de *'Id al-Aza*.

El sacrificio realizado cumpliendo un voto, una expiación de pecados o llevando a cabo un acto supererogatorio de adoración puede ser ofrecido en cualquier momento del año.

Lugar de la ofrenda. El sacrificio que será ofrecido durante el *Hayy*, ya sea necesario (*wayib*) o voluntario, ha de ofrecerse dentro de los sagrados recintos de La Meca.

Quién debe sacrificar al animal. Aquel que mata al animal ha de ser un musulmán o una persona que pertenece a la Gente del Libro (es decir, un cristiano o un judío). Ha de recitar *Bismillah* antes de realizar el sacrificio, ya que la carne del animal degollado por un ateo, un agnóstico, un apóstata o el que intencionadamente no recita *Bismillah*, no puede ser comida.

Consumo de la carne del animal sacrificado. Dios ordena a los musulmanes que se coman la carne de los animales que han sacrificado: *Comed de su carne y alimentad a los pobres que (no piden y) viven satisfechos y aquellos que piden con debida humildad* (22:36). Se aconseja comer un tercio, dar un tercio a los pobres y otro tercio a los amigos y familiares. Aparentemente, estos mandamientos se aplican tanto a los sacrificios obligatorios como a los supererogatorios. Sin embargo, uno no debe de comer la carne de un animal que ha sido sacrificado para cumplir un voto, ya que todo ello ha de ser distribuido entre los pobres y los necesitados.

La piel del animal puede ser usada como alfombra o de otra manera después de ser curtida o puede ser dada en caridad. Sin embargo, no puede ser vendida.

اُذِنَ لِلَّذ۪ينَ يُقَاتَلُونَ بِاَنَّهُمْ ظُلِمُواۜ وَاِنَّ اللّٰهَ عَلٰى نَصْرِهِمْ
لَقَد۪يرٌۙ ﴿٣٩﴾ اَلَّذ۪ينَ اُخْرِجُوا مِنْ دِيَارِهِمْ بِغَيْرِ حَقٍّ اِلَّٓا
اَنْ يَقُولُوا رَبُّنَا اللّٰهُۜ وَلَوْلَا دَفْعُ اللّٰهِ النَّاسَ بَعْضَهُمْ بِبَعْضٍ
لَهُدِّمَتْ صَوَامِعُ وَبِيَعٌ وَصَلَوَاتٌ وَمَسَاجِدُ يُذْكَرُ ف۪يهَا
اسْمُ اللّٰهِ كَث۪يرًاۜ وَلَيَنْصُرَنَّ اللّٰهُ مَنْ يَنْصُرُهُۜ اِنَّ اللّٰهَ لَقَوِيٌّ
عَز۪يزٌ ﴿٤٠﴾ اَلَّذ۪ينَ اِنْ مَكَّنَّاهُمْ فِي الْاَرْضِ اَقَامُوا الصَّلٰوةَ
وَاٰتَوُا الزَّكٰوةَ وَاَمَرُوا بِالْمَعْرُوفِ وَنَهَوْا عَنِ الْمُنْكَرِۜ
وَلِلّٰهِ عَاقِبَةُ الْاُمُورِ ﴿٤١﴾ وَاِنْ يُكَذِّبُوكَ فَقَدْ كَذَّبَتْ قَبْلَهُمْ
قَوْمُ نُوحٍ وَعَادٌ وَثَمُودُۙ ﴿٤٢﴾ وَقَوْمُ اِبْرٰه۪يمَ وَقَوْمُ لُوطٍۙ ﴿٤٣﴾
وَاَصْحَابُ مَدْيَنَۚ وَكُذِّبَ مُوسٰى فَاَمْلَيْتُ لِلْكَافِر۪ينَ ثُمَّ
اَخَذْتُهُمْۚ فَكَيْفَ كَانَ نَك۪يرِ ﴿٤٤﴾ فَكَاَيِّنْ مِنْ قَرْيَةٍ اَهْلَكْنَاهَا
وَهِيَ ظَالِمَةٌ فَهِيَ خَاوِيَةٌ عَلٰى عُرُوشِهَا وَبِئْرٍ مُعَطَّلَةٍ
وَقَصْرٍ مَش۪يدٍ ﴿٤٥﴾ اَفَلَمْ يَس۪يرُوا فِي الْاَرْضِ فَتَكُونَ لَهُمْ
قُلُوبٌ يَعْقِلُونَ بِهَٓا اَوْ اٰذَانٌ يَسْمَعُونَ بِهَاۚ فَاِنَّهَا لَا تَعْمَى
الْاَبْصَارُ وَلٰكِنْ تَعْمَى الْقُلُوبُ الَّت۪ي فِي الصُّدُورِ ﴿٤٦﴾

وَيَسْتَعْجِلُونَكَ

39. A los creyentes contra los cuales se hace la guerra se les ha dado permiso para que luchen en respuesta por haber sido tratados injustamente. Sin duda, Dios tiene poder absoluto para ayudarles a la victoria.

40. Aquellos que han sido expulsados de sus hogares contra todo derecho, por ninguna otra razón más que por decir «Nuestro Señor es Dios». Si no fuese porque Dios repele alguna gente por medio de otras, los monasterios, iglesias, sinagogas y mezquitas, donde Dios es regularmente adorado y Su Nombre es en gran medida mencionado, habrían sido demolidos (con el resultado de que Dios ya no sería adorado y la Tierra se haría inhabitable). Sin duda alguna Dios ayuda a todo aquel que ayuda a Su causa. Sin duda, Dios es Fuerte, Glorioso poseedor de irresistible poder.

41. Son los creyentes quienes, si les damos autoridad en la Tierra, sin duda alguna establecen la Oración conforme a sus condiciones, pagan completamente la Limosna Prescrita Purificadora, ordenan y promueven lo correcto y lo bueno así como prohíben y tratan de prevenir el mal. Con Dios se da el resultado de todos los asuntos[13].

42. Si te niegan (Oh Mensajero, respecto al Mensaje que les comunicas, has de saber que) antes que ellos, la gente de Noé, de ‘Ad y de Zamud también negaron (a los Mensajeros que les fueron enviados a cada una).

43. Así hizo también el pueblo de Abraham y el pueblo de Lot;

44. Y los moradores de Midian. Y Moisés también fue negado (por el Faraón y su clan). Cada vez que concedí un plazo a los incrédulos y luego les agarré (cuando persistieron en la incredulidad y las injusticias), ¡cuán impresionante fue Mi repudiación!

45. Cuántas ciudades hemos destruido por haberse entregado a la injusticia; y ahora yacen en ruinas con sus techos hundidos, sus fuentes y pozos abandonados y sus imponentes y elevados castillos derrumbados.

46. ¿Es que nunca viajan por la tierra (y ven todas estas escenas con un ojo que les permita aprender) para que puedan tener corazones con los que razonar (y llegar a la verdad) u oídos con los que oír (la llamada de Dios)? Porque en realidad, no son los ojos los que son ciegos, sino los corazones que están en sus pechos los que son ciegos[14].

13. Casi todos los eruditos están de acuerdo en que el versículo 39, que fue revelado durante el primer año después de la Hégira, es el primer versículo del Corán referente al combate de los creyentes. Fue revelado para permitir a los creyentes combatir en defensa propia contra aquellos que les declarasen la guerra. Junto a los siguientes dos versículos, expone las razones y la sabiduría, en la concesión de este permiso, además del resultado que los creyentes esperan en caso de victoria. También contiene algunas advertencias mencionadas por alusión.

Es interesante que estos versículos que permiten a los creyentes luchar y los versículos 2:190-195 que les ordenan combatir cuando sea inevitable, se encuentran en el Corán en el mismo contexto que el *Hayy*. Esto sugiere que lo que hay detrás de este permiso y la orden contenida en los versículos 2:190-195 es la necesidad de poner fin a la atribución de copartícipes a Dios en La Meca, y particularmente en la Ka'ba, y, por lo tanto, purificarla de todos los ídolos y de la idolatría. La atribución de copartícipes a Dios de cualquier modo es lo que hay detrás del desorden que existe en la Tierra. El versículo 2:193 plantea el propósito final de la transmisión de la religión de Dios: No debe haber más desorden ni corrupción proveniente de la atribución de copartícipes a Dios y la autoridad para organizar la vida ha de reconocerse que pertenece únicamente a Dios. Además de ser el *Hayy* una señal de la purificación de la Ka'ba de ídolos y de la idolatría, y el lugar del dominio final de la religión de Dios, también lo es de la consumación de todos los modos y formas de adoración que se pueden encontrar en el Islam. Es más, simboliza el orden de la vida mundana según los requerimientos del Más Allá y es un ensayo de los acontecimientos que ocurrirán allí mismo.

Estos versículos también nos recuerdan los siguientes hechos y principios relativos al permiso para combatir:

La guerra no es un elemento esencial del Islam. Dios quiere que no haya otro que sea adorado aparte de Él. Sólo Su autoridad es absoluta y ningún otro poder tiene derecho a ejercer dominio absoluto sobre Sus criaturas. Sus Mensajeros vinieron a la gente para transmitir este Mensaje. A lo largo de la historia de la humanidad, los poderes mundanos que ejercieron autoridad sobre la gente de modo incorrecto, o que causaron injusticia y sedición en el mundo, rehusaron dar una respuesta positiva a la llamada de Dios. Y lo que es peor, intentaron evitar que otros la aceptasen así como torturaron y mataron a aquellos que transmitían el Mensaje de Dios y aquellos que lo aceptaban. El último Mensajero, la paz y las bendiciones sean con él, y sus seguidores también encontraron la misma reacción brutal y fueron forzados a abandonar su tierra natal sin que les fuese permitido llevarse ninguna propiedad. No se les permitió ni siquiera vivir pacíficamente y con seguridad en Medina y fueron frecuentemente importunados. También fueron frustrados todos sus intentos de visitar La Meca y la Ka'ba. Fueron bajo dichas circunstancias cuando se les dio a los creyentes el permiso de luchar en defensa propia.

Mientras las fuerzas irreligiosas y tiránicas prevalezcan en una tierra, a los creyentes no se les permitirá ordenar sus vidas de acuerdo con los mandamientos de Dios. Tampoco se les permitirá creer y adorar a Dios Único, disfrutar de la libertad de su fe y practicarla. El versículo es claro en este sentido: *Aquellos que han sido expulsados de sus hogares contra todo derecho, por ninguna otra razón más que por decir «Nuestro Señor es Dios»*. Dichas fuerzas no están satisfechas con la usurpación de los derechos humanos básicos. Clausurarán o destruirán todos los edificios en los que Dios es adorado. La historia es un manifiesto testigo de ello.

Si los creyentes van a disfrutar de autoridad sobre la Tierra, nunca han de actuar del mismo modo que las fuerzas tiránicas arriba descritas. Han de cumplir con el deber de adorar a Dios, el cual les aparta de todo tipo de mal y lleva a la perfección espiritual y moral. También han de pagar la Limosna Purificadora Prescrita que purificará sus corazones del amor por la riqueza y que eliminará toda diferencia de clase en la sociedad, estableciendo, por lo tanto, justicia, equilibrio y paz sociales. Más aun, deberán de apoyar, promover y divulgar todo acto de bien y evitar todo acto de mal. Esto significa que los creyentes nunca pueden establecer objetivos mundanos o personales en el combate, como la conquista o la colonización de tierras, el sometimiento de los pueblos, el logro de riqueza o la usurpación de la propiedad de los demás.

14. La palabra traducida aquí como «razonar (y llegar a la verdad)» es *'aql*. Literalmente significa tomar refugio, mantenerse firme a algo, sujetar y preservar. Como facultad, se describe como el poder espiritual que preserva a los seres humanos a través del conocimiento y les impide que sean arrastrados a lo largo de los caminos de perdición.

Sin embargo, el Corán emplea la palabra *'aql* no como una facultad separada, sino como una función o acto del corazón. Por lo tanto, el verbo se emplea en dos formas (*'A-Qa-La – ya'qilu–*) *'aqlan* y *'taaqqul*. Eso significa pensar, deducir o inferir y, por lo tanto, llegar a una conclusión a través del corazón.

Según la terminología coránica el «corazón» quiere decir el aspecto espiritual del corazón, que constituye el centro de todas las emociones y facultades (intelectuales y espirituales), tal y como la percepción, la consciencia, la sensación, el razonamiento y la fuerza de voluntad.

La naturaleza real del individuo se encuentra en su corazón. Es en relación a este aspecto espiritual o intelectual de la existencia por el que uno puede conocer, percibir o comprender. El espíritu es la esencia y la dimensión interior de esta facultad, y el alma (*nafs*) es su centro.

Dios se dirige a nuestro corazón, el cual asume responsabilidades. Es el corazón el que se eleva a través de la verdadera guía o se rebaja a través de la desviación y es el corazón el que es ensalzado o humillado. El corazón es también el «espejo pulido» en el que el conocimiento Divino se refleja.

El corazón o intelecto espiritual, si podemos llamarle de este modo, tiene una conexión intrínseca con su equivalente biológico. La naturaleza de esta conexión ha sido objeto de discusión por parte de los filósofos y los sabios islámicos a lo largo de los siglos. Sea cual sea la naturaleza de esta conexión, no cabe la menor duda de que existe una conexión estrecha entre el corazón biológico y el «espiritual», el cual es una facultad Divina, y es el centro de la verdadera humanidad y la fuente de todos los sentimientos y emociones humanas.

En el Corán, en las ciencias religiosas, en la moralidad, en la literatura y en el sufismo, la palabra «corazón» quiere decir el corazón espiritual. Creencia, conocimiento y amor a Dios y deleite espiritual son objetivos a ser logrados por dicha facultad Divina.

Dios toma en consideración el corazón de la persona. Trata a los seres humanos de acuerdo con la calidad de sus corazones, puesto que el corazón es baluarte de muchos elementos vitales para la vida espiritual del creyente y de la humanidad: la razón, el conocimiento, el conocimiento de Dios, las intenciones, la creencia, la sabiduría y la cercanía a Dios Todopoderoso. Si el corazón está vivo, todos estos elementos y facultades lo están; si el corazón está muerto, es difícil para dichos elementos y facultades que se mantengan vivos.

La creencia es la vida del corazón, la adoración es la sangre que fluye por sus venas. La reflexión, la auto-supervisión y la autocrítica son los fundamentos de su permanencia. El corazón de un incrédulo está muerto, el corazón del creyente que no adora está muriéndose; pero el corazón del creyente que adora y no se somete a la autorreflexión, el autocontrol o la autocrítica está expuesto a muchos peligros y enfermedades espirituales (*Key Concepts*, págs. 22-27).

Un corazón tiene dos ventanas abiertas al mundo exterior: el oído y el ojo espiritual. Es el corazón el que oye el Mensaje Divino con su oído y el que ve los signos de Dios con su ojo. Si un corazón es ciego o muerto, aunque la persona vea y oiga con sus ojos y oídos, es ciega y sorda espiritualmente y también lo es para Dios (Véanse también el *sura* 2:7, nota 7; el *sura* 6:36, nota 7, el *sura* 10:100, nota 21).

وَيَسْتَعْجِلُونَكَ بِالْعَذَابِ وَلَنْ يُخْلِفَ اللّٰهُ وَعْدَهُ وَاِنَّ يَوْمًا
عِنْدَ رَبِّكَ كَاَلْفِ سَنَةٍ مِمَّا تَعُدُّونَ ﴿٤٧﴾ وَكَاَيِّنْ مِنْ قَرْيَةٍ
اَمْلَيْتُ لَهَا وَهِىَ ظَالِمَةٌ ثُمَّ اَخَذْتُهَا وَاِلَىَّ الْمَصِيرُ ﴿٤٨﴾
قُلْ يَا اَيُّهَا النَّاسُ اِنَّمَا اَنَا لَكُمْ نَذِيرٌ مُبِينٌ ﴿٤٩﴾ فَالَّذِينَ
اٰمَنُوا وَعَمِلُوا الصَّالِحَاتِ لَهُمْ مَغْفِرَةٌ وَرِزْقٌ كَرِيمٌ ﴿٥٠﴾
وَالَّذِينَ سَعَوْا فِى اٰيَاتِنَا مُعَاجِزِينَ اُولٰئِكَ اَصْحَابُ
الْجَحِيمِ ﴿٥١﴾ وَمَا اَرْسَلْنَا مِنْ قَبْلِكَ مِنْ رَسُولٍ وَلَا نَبِىٍّ
اِلَّا اِذَا تَمَنّٰى اَلْقَى الشَّيْطَانُ فِى اُمْنِيَّتِهِ فَيَنْسَخُ اللّٰهُ
مَا يُلْقِى الشَّيْطَانُ ثُمَّ يُحْكِمُ اللّٰهُ اٰيَاتِهِ وَاللّٰهُ عَلِيمٌ حَكِيمٌ ﴿٥٢﴾
لِيَجْعَلَ مَا يُلْقِى الشَّيْطَانُ فِتْنَةً لِلَّذِينَ فِى قُلُوبِهِمْ مَرَضٌ
وَالْقَاسِيَةِ قُلُوبُهُمْ وَاِنَّ الظَّالِمِينَ لَفِى شِقَاقٍ بَعِيدٍ ﴿٥٣﴾
وَلِيَعْلَمَ الَّذِينَ اُوتُوا الْعِلْمَ اَنَّهُ الْحَقُّ مِنْ رَبِّكَ فَيُؤْمِنُوا
بِهِ فَتُخْبِتَ لَهُ قُلُوبُهُمْ وَاِنَّ اللّٰهَ لَهَادِ الَّذِينَ اٰمَنُوا اِلَى
صِرَاطٍ مُسْتَقِيمٍ ﴿٥٤﴾ وَلَا يَزَالُ الَّذِينَ كَفَرُوا فِى مِرْيَةٍ مِنْهُ
حَتّٰى تَأْتِيَهُمُ السَّاعَةُ بَغْتَةً اَوْ يَأْتِيَهُمْ عَذَابُ يَوْمٍ عَقِيمٍ ﴿٥٥﴾

---

47. Te desafían a que adelantes para ellos el castigo de Dios (con el que han sido amenazados). Hazles saber que Dios nunca falta en cumplir Su promesa; pero un día con tu Señor es como mil años de vuestro cálculo[15].

48. (Que no te pidan que adelantes Nuestro castigo para ellos.) A cuántas ciudades que se entregaron a la maldad les concedí un plazo; pero luego las agarré (mientras persistían en la incredulidad y en las injusticias); y a Mí es el retorno.

49. Di (Oh Mensajero): «¡Oh gente! (No soy un hombre que pueda hacer lo que quiera ni lo que vosotros queráis) Soy solo un manifiesto advertidor enviado a vosotros».

50. Por lo tanto para aquellos que creen y hacen actos buenos y rectos hay un perdón (que acarreará bendiciones imprevistas) y una provisión honorable y generosa (en el Más Allá).

51. En cuanto a aquellos que luchan contra Nuestras Revelaciones, buscando frustrarlas y anularlas, serán los compañeros del Fuego Abrasador.

52. Nunca enviamos a un Mensajero o Profeta antes de ti sin que cuando recitase (las Revelaciones de Dios a la gente), Satanás haría insinuaciones (sobre dichas Revelaciones provocando que la gente las malinterpretase de muchos modos incorrectos en vez de hacerlo del modo correcto). Pero Dios abroga cualquier insinuación que puede hacer Satanás y luego confirma y establece Sus Revelaciones. Dios es Omnisciente y Omnisapiente.

53. Hace de las insinuaciones de Satanás una prueba para aquellos que en el centro de su corazón tienen una enfermedad (que extingue la facultad de su comprensión y corrompe su carácter) y que tienen corazones endurecidos. Los malhechores de hecho se han alejado de la verdad y están en un profundo cisma.

54. Mientras que aquellos a los que se les han dado el conocimiento (de la verdad) saben (con una mayor certeza) que lo que Dios revela es la verdad misma, y ellos creen en ella y sus corazones se someten a Él en suma humildad. Dios, sin duda alguna, guía al camino recto a aquellos que creen con sinceridad.

55. Mientras que aquellos que persisten en la incredulidad no cesarán de tener dudas sobre ella (la Revelación) hasta que la Última Hora les sobrevenga de repente o les llegue el castigo de un día yermo (cuando toda esperanza se convierta en desesperación y tras el cual no habrá ninguna noche en la que descansar).

15. Este versículo hace referencia a ciertos hechos importantes desde el punto de vista de la astrofísica y de la sociología de la historia.

En primer lugar, llama la atención a la relatividad del tiempo. Un tiempo o una duración que la gente percibe como largo puede ser muy corto ante Dios. Además, Dios Todopoderoso no considera el tiempo tal y como la gente lo hace. Él no está contenido por el tiempo y el espacio, y Su Sabiduría que dirige las cosas y los acontecimientos considera cada cosa y acontecimiento como una entidad individual y como una parte indispensable del tejido general de la creación y de la historia. Como cada cosa en el universo tiene una relación intrínseca no sólo con cada individuo sino también con el universo a la vez, del mismo modo, cada acontecimiento en la vida humana está interrelacionado con los demás acontecimientos individualmente y con toda la historia. Los seres humanos no pueden entender dicha relación en su totalidad; no pueden conocer el pasado con perfección y percibir el presente de modo completo, tampoco pueden anticipar el futuro bien. La rueda del universo y de la historia no se mueve de acuerdo a los deseos humanos.

En segundo lugar, un día para la humanidad es lo mismo que tarda la Tierra en rotar sobre su propio eje. La Tierra tiene otro día que consiste en su rotación alrededor del Sol. Este día dura 365 días según la medida del día para los seres humanos. Del mismo modo, los demás planetas y todos los sistemas, al igual que el Sistema Solar, tienen un día que es específico de cada uno. Esto significa que el concepto de día difiere según los planetas y los sistemas.

En tercer lugar, Dios ha establecido ciertas leyes respecto a la vida social humana. Juzga a una comunidad según sus creencias, su cosmovisión y la conducta de, al menos, la mayoría. Por lo tanto, existen épocas y eras en la historia de la humanidad y eras de fundación, surgimiento, caída y declive para las comunidades y las civilizaciones. Por consiguiente, podemos considerar toda la vida de un estado, una comunidad o una civilización como un solo día. Los cambios más importantes en la historia de la humanidad normalmente suelen ocurrir una vez cada mil años. Este versículo hace referencia a ese hecho también.

338 سُورَةُ الْحَجِّ ٣٣٨

اَلْمُلْكُ يَوْمَئِذٍ لِلّٰهِ يَحْكُمُ بَيْنَهُمْ فَالَّذِينَ اٰمَنُوا
وَعَمِلُوا الصَّالِحَاتِ فِي جَنَّاتِ النَّعِيمِ ﴿٥٦﴾ وَالَّذِينَ
كَفَرُوا وَكَذَّبُوا بِاٰيَاتِنَا فَاُولٰٓئِكَ لَهُمْ عَذَابٌ مُهِينٌ ﴿٥٧﴾
وَالَّذِينَ هَاجَرُوا فِي سَبِيلِ اللّٰهِ ثُمَّ قُتِلُوٓا اَوْ مَاتُوا
لَيَرْزُقَنَّهُمُ اللّٰهُ رِزْقًا حَسَنًا وَاِنَّ اللّٰهَ لَهُوَ خَيْرُ الرَّازِقِينَ ﴿٥٨﴾
لَيُدْخِلَنَّهُمْ مُدْخَلًا يَرْضَوْنَهُ وَاِنَّ اللّٰهَ لَعَلِيمٌ حَلِيمٌ ﴿٥٩﴾
ذٰلِكَ وَمَنْ عَاقَبَ بِمِثْلِ مَا عُوقِبَ بِهِ ثُمَّ
بُغِيَ عَلَيْهِ لَيَنْصُرَنَّهُ اللّٰهُ اِنَّ اللّٰهَ لَعَفُوٌّ غَفُورٌ ﴿٦٠﴾
ذٰلِكَ بِاَنَّ اللّٰهَ يُولِجُ الَّيْلَ فِي النَّهَارِ وَيُولِجُ النَّهَارَ
فِي الَّيْلِ وَاَنَّ اللّٰهَ سَمِيعٌ بَصِيرٌ ﴿٦١﴾ ذٰلِكَ بِاَنَّ اللّٰهَ
هُوَ الْحَقُّ وَاَنَّ مَا يَدْعُونَ مِنْ دُونِهِ هُوَ الْبَاطِلُ
وَاَنَّ اللّٰهَ هُوَ الْعَلِيُّ الْكَبِيرُ ﴿٦٢﴾ اَلَمْ تَرَ اَنَّ اللّٰهَ اَنْزَلَ
مِنَ السَّمَٓاءِ مَٓاءً فَتُصْبِحُ الْاَرْضُ مُخْضَرَّةً اِنَّ
اللّٰهَ لَطِيفٌ خَبِيرٌ ﴿٦٣﴾ لَهُ مَا فِي السَّمٰوَاتِ وَمَا
فِي الْاَرْضِ وَاِنَّ اللّٰهَ لَهُوَ الْغَنِيُّ الْحَمِيدُ ﴿٦٤﴾

اَلَمْ تَرَ

56. Ese Día, la autoridad absoluta pertenece exclusivamente a Dios. Él juzga (a toda la gente y distingue) entre ellos. Por consiguiente, aquellos que creen y hacen actos buenos y rectos estarán en Jardines de bondad y bendición.

57. En cuanto a aquellos que no creen y niegan Nuestras Revelaciones, para ellos habrá un castigo vergonzoso y humillante.

58. Aquellos que emigran por la causa de Dios, y luego sean matados (por la causa de Dios) o mueren, Dios sin duda les proveerá con un sustento bueno y sano. Sin duda, Dios es el Mejor de los proveedores con el supremo rango de provisión.

59. Con toda seguridad, les admitirá en un lugar con el cual estarán satisfechos. Sin duda, Dios es Omnisciente, Clemente.

60. Así será. Y aquel que responda a un mal que se le haya hecho en la medida de dicho mal, y luego sea sujeto de nuevo a opresión, Dios sin duda le ayudará. En verdad, Dios es Perdonador (pasa por alto las faltas de Sus siervos), Indulgente[16].

61. Así (hará Él) ya que Dios hace que la noche se convierta en día y hace que el día se convierta en noche, y Dios es Quien todo lo Oye y todo lo Ve[17].

62. Así (hará Él) porque Dios es Aquel Quien es la Verdad Absoluta y todo lo que ellos (los incrédulos) deifican e invocan en lugar de (o aparte de) Él es pura falsedad; y porque Dios es Aquel Quien es Excelso, Grande.

63. ¿No consideras que Dios hace descender del cielo agua, y contempla, la tierra verdea? Sin duda, Dios es Sutil (que penetra las dimensiones más diminutas de todas las cosas y cumple lo que Su Voluntad dicta de maneras que no son totalmente tangibles), Consciente de todo.

64. A Él Le pertenece todo lo que está en los Cielos y sobre la Tierra. Sin duda, Dios es Acaudalado y Autosuficiente (absolutamente independiente de toda la creación), el Digno de Alabanza (Quien provee a todos ellos como su Señor)[18].

16. El Islam permite el talión en caso de haber sido tratado injustamente como un principio de ley, ya que la justicia exige que los valores inviolables tengan el mismo respeto y se les aplique el talión (2:194). Sin embargo, en muchos de sus versículos (2:237, 41:34, 42:40 y 42:43), el Corán aconseja a los individuos que perdonen el mal que se les haya hecho e incluso que lo rechacen con lo que es mejor, y les advierte de no exceder los límites del talión (17:33).

Sin embargo, debemos recordar que al individuo se le insta a perdonar cualquier injusticia cometida contra él. No obstante nadie puede perdonar la injusticia realizada a una comunidad o a sus valores sagrados. Del mismo modo que la comunidad o el gobierno no tiene autoridad para perdonar en nombre de un individuo, ningún individuo tiene derecho a perdonar en el nombre de una comunidad. Pero el Corán también advierte a la comunidad respecto a exceder los límites a la hora de repeler un ataque y le advierte de que se mantengan en los límites de la piedad (2:194).

El versículo 60, del que aquí se habla, indica por *Dios sin duda le ayudará* lo mismo que en el versículo 33 del *sura* 17: *Si alguien ha sido matado injusta e intencionadamente, hemos concedido a su heredero (como defensor de sus derechos) la autoridad (de reclamar el talión y daños o perdonar de manera absoluta). Pero que (el heredero) no exceda los límites legítimos al matar (tomando represalias). Sin duda, ha sido auxiliado (suficientemente por las previsiones y procedimientos de la Ley).* En el caso de una comunidad que es atacada, también significa que Dios la ayuda contra el atacante de la misma manera que ayudó a los creyentes en la Batalla de Badr enviando ángeles o de otra manera (8:9-12).

Respecto al versículo que acaba mencionando a Dios como Perdonador, es similar al siguiente: *Por lo tanto, ante aquel que se vea compelido por una necesidad perentoria (y sea llevado a cometer lo prohibido) sin inclinarse a propósito hacia el pecado, no cabe duda de que Dios es Indulgente, Compasivo* (5:3). Esto significa que incluso si cualquier acto que es llevado a cabo en nombre de la represalia es un mal en sí mismo y de sí mismo, si la continuación de la vida humana por medio de la justicia requiere de ello, Dios entonces perdonará a la persona que lo cometa.

17. Algo similar a esta idea existe en el *Surat Âl 'Imran* (3:27). Por lo tanto, también tiene el mismo significado que el que existe en el versículo y debe ser considerado junto con el versículo que viene justo antes de éste: *Di: «¡Oh Dios, Señor absoluto de todo dominio! Otorgas dominio a quien Tu Voluntad dicta y se lo arrebatas a quien Tu Voluntad dicta. Ensalzas y honras a quien Tu Voluntad dicta y humillas a quien Tu Voluntad dicta. Todo el bien obra en Tu mano. Sin duda posees pleno poder sobre todas las cosas* (3:26). Podemos también considerar esto junto con el versículo: *Tales (históricos y azarosos) días los alternamos entre la gente por turnos para que Dios señale a los que (verdaderamente) creen y elija de entre vosotros a algunos que den fe de la verdad (con sus vidas)* (3:140). Dios gobierna en el universo, y tal y como hace que la noche y el día se sigan y ocasiona la luz del día después de la oscuridad de la noche, también convierte la noche oscura de los oprimidos en un día radiante para ellos, y el día radiante de los opresores en una noche oscura para ellos. Cada noche es seguida por un día, y cada invierno es seguido por la primavera.

18. Para una mención de las obras de Dios en el mundo de los seres humanos y los mundos de otras criaturas u otras partes del universo, o Sus relaciones con ellos véase el *sura* 7:57-58, nota 14.

اَلَمْ تَرَ اَنَّ اللّٰهَ سَخَّرَ لَكُمْ مَا فِى الْاَرْضِ وَالْفُلْكَ تَجْرِى
فِى الْبَحْرِ بِاَمْرِهٖ وَيُمْسِكُ السَّمَٓاءَ اَنْ تَقَعَ عَلَى الْاَرْضِ
اِلَّا بِاِذْنِهٖ اِنَّ اللّٰهَ بِالنَّاسِ لَرَؤُ۫فٌ رَح۪يمٌ ﴿٦٥﴾ وَهُوَ الَّذ۪ٓى
اَحْيَاكُمْ ثُمَّ يُم۪يتُكُمْ ثُمَّ يُحْي۪يكُمْ اِنَّ الْاِنْسَانَ لَكَفُورٌ ﴿٦٦﴾
لِكُلِّ اُمَّةٍ جَعَلْنَا مَنْسَكًا هُمْ نَاسِكُوهُ فَلَا يُنَازِعُنَّكَ
فِى الْاَمْرِ وَادْعُ اِلٰى رَبِّكَ اِنَّكَ لَعَلٰى هُدًى مُسْتَق۪يمٍ ﴿٦٧﴾
وَاِنْ جَادَلُوكَ فَقُلِ اللّٰهُ اَعْلَمُ بِمَا تَعْمَلُونَ ﴿٦٨﴾ اَللّٰهُ يَحْكُمُ
بَيْنَكُمْ يَوْمَ الْقِيٰمَةِ ف۪يمَا كُنْتُمْ ف۪يهِ تَخْتَلِفُونَ ﴿٦٩﴾ اَلَمْ
تَعْلَمْ اَنَّ اللّٰهَ يَعْلَمُ مَا فِى السَّمَٓاءِ وَالْاَرْضِ اِنَّ ذٰلِكَ
ف۪ى كِتَابٍ اِنَّ ذٰلِكَ عَلَى اللّٰهِ يَس۪يرٌ ﴿٧٠﴾ وَيَعْبُدُونَ مِنْ دُونِ
اللّٰهِ مَا لَمْ يُنَزِّلْ بِه۪ سُلْطَانًا وَمَا لَيْسَ لَهُمْ بِه۪ عِلْمٌ وَمَا
لِلظَّالِم۪ينَ مِنْ نَص۪يرٍ ﴿٧١﴾ وَاِذَا تُتْلٰى عَلَيْهِمْ اٰيَاتُنَا بَيِّنَاتٍ
تَعْرِفُ ف۪ى وُجُوهِ الَّذ۪ينَ كَفَرُوا الْمُنْكَرَ يَكَادُونَ يَسْطُونَ
بِالَّذ۪ينَ يَتْلُونَ عَلَيْهِمْ اٰيَاتِنَا قُلْ اَفَاُنَبِّئُكُمْ بِشَرٍّ
مِنْ ذٰلِكُمْ اَلنَّارُ وَعَدَهَا اللّٰهُ الَّذ۪ينَ كَفَرُوا وَبِئْسَ الْمَص۪يرُ ﴿٧٢﴾

65. ¿Acaso no consideras que Dios ha hecho todo lo que está sobre la Tierra para que os sirva, y los barcos que surcan el mar por Su orden? Y sostiene el Cielo para que no caiga sobre la Tierra a menos que sea por Su permiso. Sin duda Dios es Piadoso y Compasivo con la gente.

66. Es Él Quien os ha dado la vida, después os hace morir, luego os resucitará de nuevo. Sin embargo, el ser humano es verdaderamente ingrato.

67. Para cada comunidad, hemos asignado un sistema integral de adoración el cual deben observar. Por lo tanto, no dejes a aquellos (que siguen sus propios sistemas) que te lleven a discusiones acerca de este asunto, sino continúa llamando a la gente a tu Señor. Sin duda alguna estás en el camino recto que conduce a la pura guía[19].

68. Si discuten contigo, solamente di: «Dios sabe bien lo que estáis haciendo. (Se me pedirá cuentas de mis actos, y a vosotros, de los vuestros. Sois libres de todo lo que hago, y soy libre de todo lo que hacéis)».

69. Dios juzgará entre vosotros el Día de la Resurrección acerca de lo que solíais discrepar.

70. Acaso no sabes que Dios sabe con toda seguridad todo lo que se halla en los Cielos y sobre la Tierra (incluyendo todo lo que ocurre en ellos). Todos están registrados en un Libro. Esto (guardar el registro de todos ellos) es de hecho fácil para Dios.

71. Y sin embargo, adoran, aparte de Dios, a las cosas para las cuales Él no ha enviado ninguna autorización, ni se basan en el verdadero conocimiento (a la hora de aseverar que pueden haber copartícipes aparte de Él). Los malhechores no tendrán ningún auxiliador (para protegerlos del castigo de Dios).

72. Cuando Nuestras Revelaciones, claras como evidencia y en significado son recitadas (y comunicadas) a ellos, notas la pura repugnancia y la negación en los rostros de aquellos que no creen; estaban a punto de abalanzarse sobre aquellos que comunican Nuestras Revelaciones a ellos. Di: «Entonces, ¿queréis que os diga algo peor que lo que ahora consideráis repugnante? ¡El Fuego! Dios lo ha prometido a aquellos que no creen. ¡Cuán maligno destino de llegada!».

19. La Religión con la cual todos los Profetas vinieron es la misma y está de acuerdo con los fundamentos de la fe o los credos, la adoración, los principios de la buena moralidad, y las prescripciones de lo lícito y lo ilícito. Sin embargo, hay diferencias en ciertos asuntos secundarios que están dispuestos a cambios según el tiempo y las condiciones. Esto es lo que quiere decir con el versículo:

> *Para cada (comunidad a la que fue enviado un Mensajero con un Libro) hemos asignado un modo de vida y un sistema integral (que contiene los principios de dicho camino y de cómo seguirlo). Si Dios hubiera querido, habría hecho de vosotros una única comunidad (siguiendo el mismo camino y el mismo sistema bajo las mismas condiciones a lo largo de la historia); pero (Él lo habría querido, en otras circunstancias) para poneros a prueba en lo que os ha otorgado (y someteros de ese modo a la ley del progreso). Esforzaos, pues, juntos, como si compitieseis haciendo buenas obras. Hacia Dios es el retorno de todos vosotros, y os hará entender (la verdad) sobre aquello en lo que discrepabais* (5:48).

También hay diferencias en la manera de observar la adoración. El sistema de adoración prescrito por Dios para el Islam comunicado por el Último Mensajero, la paz y las bendiciones sean con él, es el último y perfeccionado (5:3), ya que es universal y dirigido a toda la humanidad. El versículo, *A partir de entonces (en esta Revelación concluyente), te hemos establecido en un estilo de vida (Shari'ah) basado en la Religión, así pues síguelo y no sigas las lujurias y los caprichos de aquellos que desconozcan (la Guía Divina)* (45:18), está relacionado tanto con el versículo 5:48 como con éste. Así que los musulmanes no deben permitir que otros les lleven a discusiones relacionadas acerca de este asunto. Su sistema de adoración y estilo de vida son perfectos. Lo que se espera que el Mensajero y sus seguidores hagan es continuar llamando a la gente a Dios con todas sus fuerzas.

340 سُورَةُ الْحَجِّ ٣٤٠

يَٓا اَيُّهَا النَّاسُ ضُرِبَ مَثَلٌ فَاسْتَمِعُوا لَهُۜ اِنَّ الَّذٖينَ تَدْعُونَ
مِنْ دُونِ اللّٰهِ لَنْ يَخْلُقُوا ذُبَابًا وَلَوِ اجْتَمَعُوا لَهُۜ وَاِنْ يَسْلُبْهُمُ
الذُّبَابُ شَيْـًٔا لَا يَسْتَنْقِذُوهُ مِنْهُۜ ضَعُفَ الطَّالِبُ وَالْمَطْلُوبُ ﴿٧٣﴾
مَا قَدَرُوا اللّٰهَ حَقَّ قَدْرِهٖۜ اِنَّ اللّٰهَ لَقَوِيٌّ عَزٖيزٌ ﴿٧٤﴾ اَللّٰهُ يَصْطَفٖى
مِنَ الْمَلٰٓئِكَةِ رُسُلًا وَمِنَ النَّاسِۜ اِنَّ اللّٰهَ سَمٖيعٌ بَصٖيرٌۚ ﴿٧٥﴾ يَعْلَمُ
مَا بَيْنَ اَيْدٖيهِمْ وَمَا خَلْفَهُمْۜ وَاِلَى اللّٰهِ تُرْجَعُ الْاُمُورُ ﴿٧٦﴾
يَٓا اَيُّهَا الَّذٖينَ اٰمَنُوا ارْكَعُوا وَاسْجُدُوا وَاعْبُدُوا رَبَّكُمْ
وَافْعَلُوا الْخَيْرَ لَعَلَّكُمْ تُفْلِحُونَۚ ﴿٧٧﴾ وَجَاهِدُوا فِى اللّٰهِ
حَقَّ جِهَادِهٖۜ هُوَ اجْتَبٰيكُمْ وَمَا جَعَلَ عَلَيْكُمْ فِى الدّٖينِ
مِنْ حَرَجٍۜ مِلَّةَ اَبٖيكُمْ اِبْرٰهٖيمَۜ هُوَ سَمّٰيكُمُ الْمُسْلِمٖينَ
مِنْ قَبْلُ وَفٖى هٰذَا لِيَكُونَ الرَّسُولُ شَهٖيدًا عَلَيْكُمْ وَتَكُونُوا
شُهَدَٓاءَ عَلَى النَّاسِۚ فَاَقٖيمُوا الصَّلٰوةَ وَاٰتُوا الزَّكٰوةَ
وَاعْتَصِمُوا بِاللّٰهِۜ هُوَ مَوْلٰيكُمْۚ فَنِعْمَ الْمَوْلٰى وَنِعْمَ النَّصٖيرُ ﴿٧٨﴾

سُورَةُ الْمُؤْمِنُونَ مَكِّيَّةٌ
وَهِىَ مِائَةٌ وَثَمَانِىَ عَشْرَةَ اٰيَةً

بِسْمِ اللّٰهِ

---

73. ¡Oh seres humanos! Se da una parábola, así que prestad atención a ésta: Aquellos a quienes, aparte de Dios, deificáis e invocáis nunca podrán crear ni una mosca, aunque todos se reunieran para hacerlo. Y si una mosca les arrebata algo, no pueden recuperarlo de ella. ¡Impotente es efectivamente el que pide, y (así es) aquel del que se ha pedido!

74. No tienen ningún juicio verídico de Dios como exige Su condición de ser Dios. Sin duda alguna Dios es Firme, Glorioso poseedor de poder irresistible.

75. Dios elige a los Mensajeros de entre los ángeles así como de entre los seres humanos (así que todos son seres creados que no tienen parte alguna en la Divinidad en absoluto). Con toda seguridad Dios es Aquél que todo lo Oye, todo lo Ve.

76. Él sabe lo que hay ante ellos y lo que hay tras ellos (lo que hay en su futuro y en su pasado, lo que ellos conocen y lo que les está oculto). Todos los asuntos son en última instancia referidos a Dios (y todo lo que Él quiere ocurre).

77. ¡Oh vosotros que creéis! Inclinaros y postraros, (así realizad la Oración), y cumplid todos los demás deberes vuestros de adoración hacia vuestro Señor, y cumplid (todas las demás órdenes de vuestra Religión, todas las cuales son) buenas, de modo que podáis prosperar[20].

78. Esforzaros en la causa de Dios y solamente por Él (contra Sus enemigos para elevar Su palabra, y contra Satanás y vuestras almas carnales que ordenan el mal), de una forma digna de tal esfuerzo[21]. Él os ha elegido (especialmente para esta tarea)[22] y no ha impuesto ninguna dificultad sobre vosotros en la Religión[23]. Este es el camino de vuestro padre Abraham. Dios os nombró musulmanes anteriormente[24], y en este Libro, que el Mensajero (más noble) puede ser un testigo para vosotros (en cuanto a los caminos que seguís), y que vosotros podéis ser testigos para la gente. Así que estableced la Oración conforme a sus condiciones, pagad la Limosna Purificadora Prescrita, y manteneros firmes a Dios. Él es vuestro Dueño y Guardián. ¡Cuán excelente Guardián y Dueño es y cuán excelente Ayudante es!

20. Esta es la única manera en la cual alguien puede esperar prosperar, especialmente en el Más Allá. Sin embargo, todos los deberes de adoración y las órdenes de la *Shari'ah* son para agradecer a Dios por Sus generosidades que ya nos ha concedido; no se realizan para recibir Sus recompensas futuras. Pero solamente de Su Compasión, Dios los ha hecho una razón para perdonarnos y admitirnos en el Paraíso. Aunque debíamos pasar cada segundo de nuestra vida adorándole a Él, no podríamos cumplir nuestro deber de agradecimiento por, por ejemplo, nuestros ojos. No debemos limitar los favores de Dios a lo que nos ha proveído. La naturaleza, con todo lo que se halla en ella, la vida, la familia, el medioambiente, el amor, la compasión, la creencia, y muchas otras cosas también están incluidas en Sus favores. Nuestras necesidades básicas de la vida se dan a nosotros gratuitamente, mientras que otras son prácticamente gratis. Así pues, nadie puede prosperar en el Más Allá a menos que Dios tenga misericordia de él, y su aceptación en el Paraíso es solamente por Su Compasión. Ha hecho la fe y el cumplimiento de nuestros deberes de adoración una razón para que recibamos Su Compasión.

21. Acerca del significado y las clases de esfuerzo hecho en la causa de Dios (*yihad*), véase 2:218, nota 147.

22. Al-Mawdudi indica:

> De toda la humanidad, los creyentes son elegidos para la tarea mencionada en este versículo. El mismo asunto también es mencionado en otros lugares en el Corán: *... hemos hecho de vosotros una comunidad intermedia, para que deis testimonio de la gente (respecto a los caminos que siguen) y para que el (más noble) Mensajero dé testimonio de vosotros* (2:143). (Para una explicación de este versículo, véase el *Sura* 2, nota 113 en este estudio.) *(¡Oh Comunidad de Muhammad!) Sois la mejor comunidad jamás antes alumbrada para (el bien de) la humanidad; ordenáis y promovéis activamente lo que es correcto y bueno así como prohibís y tratáis de evitar lo que es malo y (así obráis porque) creéis en Dios* (3:110).
>
> Es quizás pertinente señalar aquí que este es uno de los varios versículos que establecen la excelencia de los Compañeros del Profeta. El versículo también aclara cuán equivocada es esa gente que es propensa a lanzar ataques contra los Compañeros. Es muy obvio que este versículo identifica directamente a los Compañeros como aquellos elegidos por Dios y, además, alaba indirectamente a otros miembros de la *Umma* (al-Mawdudi, 6:71, nota: 129).

23. El Islam no contiene nada que obstaculice el crecimiento de la cultura y la civilización (en las maneras aprobadas por Dios); no impide la vida práctica humana, u obstruye el progreso intelectual. Ni tiene trabas forjadas por teólogos, sacerdotes o abogados, como las que fueron importadas a religiones anteriores. Sus principios de fe son absolutamente claros, y sus mandamientos concernientes a la adoración y la vida son significativos y prácticos. También contiene exenciones especiales para los que deberían ser excusados. Evita todos los rituales complicados o sistemas de tabúes, los cuales imponen restricciones indebidas a la vida humana diaria.

24. *Y cuando Abraham, junto con Ismael, erigieron los cimientos de la Casa (dijeron en Oración): «¡Señor nuestro! Acepta (este servicio) de nosotros. Sin duda Tú eres Quien todo lo Oye, Omnisapiente. ¡Señor nuestro! Haznos musulmanes, sometidos a Ti y de nuestra descendencia haz una comunidad musulmana, sometida a Ti...»* (2:127-28).

Abraham legó e impuso esta sumisión a sus hijos (Ismael e Isaac) y a (su nieto) Jacob, diciendo: «Hijos míos, Dios ha elegido para vosotros (entre diferentes modos de fe y vida) la Religión (del Islam, basada en la sumisión a Él y la exención absoluta de cualquier tipo de atribución de copartícipes a Él). Por lo tanto, aseguraos de que no morís sin ser musulmanes (aquellos que se someten exclusivamente a Él)». Acaso fuisteis (Oh Hijos de Israel, de Jacob) testigos cuando la muerte le llegó a Jacob (para que podáis proclamar que él legó y ordenó una religión diferente a la de Abraham, para daros a vosotros mismos una excusa para rehusar el Islam), cuando le dijo a sus hijos: «¿Qué adoraréis cuando ya no esté?». Contestaron: «Adoraremos a tu Dios y al Dios de tus padres, Abraham, Ismael e Isaac, el Dios Único; y somos musulmanes sometidos a Él» (2:132-33).

بِسْمِ اللّٰهِ الرَّحْمٰنِ الرَّحِيمِ
قَدْ اَفْلَحَ الْمُؤْمِنُونَ (١) اَلَّذٖينَ هُمْ فٖى صَلَاتِهِمْ خَاشِعُونَ (٢)
وَالَّذٖينَ هُمْ عَنِ اللَّغْوِ مُعْرِضُونَ (٣) وَالَّذٖينَ هُمْ لِلزَّكٰوةِ
فَاعِلُونَ (٤) وَالَّذٖينَ هُمْ لِفُرُوجِهِمْ حَافِظُونَ (٥) اِلَّا
عَلٰى اَزْوَاجِهِمْ اَوْ مَا مَلَكَتْ اَيْمَانُهُمْ فَاِنَّهُمْ غَيْرُ مَلُومٖينَ (٦)
فَمَنِ ابْتَغٰى وَرَٓاءَ ذٰلِكَ فَاُولٰٓئِكَ هُمُ الْعَادُونَ (٧)
وَالَّذٖينَ هُمْ لِاَمَانَاتِهِمْ وَعَهْدِهِمْ رَاعُونَ (٨) وَالَّذٖينَ هُمْ
عَلٰى صَلَوَاتِهِمْ يُحَافِظُونَ (٩) اُولٰٓئِكَ هُمُ الْوَارِثُونَ (١٠) اَلَّذٖينَ
يَرِثُونَ الْفِرْدَوْسَ هُمْ فٖيهَا خَالِدُونَ (١١) وَلَقَدْ خَلَقْنَا الْاِنْسَانَ
مِنْ سُلَالَةٍ مِنْ طٖينٍ (١٢) ثُمَّ جَعَلْنَاهُ نُطْفَةً فٖى قَرَارٍ مَكٖينٍ (١٣)
ثُمَّ خَلَقْنَا النُّطْفَةَ عَلَقَةً فَخَلَقْنَا الْعَلَقَةَ مُضْغَةً فَخَلَقْنَا
الْمُضْغَةَ عِظَامًا فَكَسَوْنَا الْعِظَامَ لَحْمًا ثُمَّ اَنْشَاْنَاهُ خَلْقًا
اٰخَرَ فَتَبَارَكَ اللّٰهُ اَحْسَنُ الْخَالِقٖينَ (١٤) ثُمَّ اِنَّكُمْ بَعْدَ ذٰلِكَ
لَمَيِّتُونَ (١٥) ثُمَّ اِنَّكُمْ يَوْمَ الْقِيٰمَةِ تُبْعَثُونَ (١٦) وَلَقَدْ خَلَقْنَا
فَوْقَكُمْ سَبْعَ طَرَٓائِقَ وَمَا كُنَّا عَنِ الْخَلْقِ غَافِلٖينَ (١٧)

SURA 23

AL-MU'MINUN (LOS CREYENTES)

Período de La Meca

Este *sura* toma su título, «los creyentes», de la mención de los creyentes que son elogiados por su superioridad moral en el comienzo mismo del *sura*. Fue revelado en La Meca cuando la persecución cometida por los incrédulos de La Meca aumentaba. Consta de 118 versículos.

El *sura* comienza mencionando ciertas características morales de los creyentes. Sigue indicando las señales intrínsecas en la creación del ser humano y del universo para llamar la atención a la Existencia y la Unidad de Dios. Después, se dan episodios importantes de las experiencias de varios Mensajeros anteriores y de su gente para enfatizar que no había nada atípico sobre las reacciones de los incrédulos de La Meca, y también que las enseñanzas que el profeta Muhammad, la paz y las bendiciones sean con él, comunicó eran iguales que aquellas comunicadas por los Mensajeros anteriores. Relatando las experiencias de algunos de los Mensajeros anteriores, el Corán también pretende recalcar que la victoria final pertenecerá siempre a los creyentes. Luego, el *sura* nos recuerda ciertos principios importantes relacionados con la vida humana. El *sura* concluye advirtiendo a los incrédulos que se enfrentarán a un severo ajuste de cuentas en el Más Allá.

En el Nombre de Dios,
el Misericordioso, el Compasivo.

1. Prósperos son de verdad los creyentes.

2. En su Oración son humildes y totalmente sumisos (siendo abrumados por el temor reverencial y la majestad de Dios).

3. Siempre se apartan de lo que es inútil y frívolo y evitan los mismos.

4. Están en un esfuerzo continuo para dar limosnas y purificarse a sí mismos y a su riqueza.

5. Rigurosamente protegen sus partes pudendas, y su castidad y modestia,

6. Salvo con sus cónyuges o (como un permiso para los hombres) aquellas (doncellas) de quienes poseen sus diestras, ya que con respecto a ellas están libres de culpa.

7. Pero todo aquél que busque más allá de eso, tales son aquellos que exceden los límites (establecidos por Dios)[1].

8. Son fieles a sus confianzas (que Dios, la sociedad o un individuo deposita a su cargo) y a sus promesas (entre ellos y Dios u otras personas o la sociedad).

9. Siempre salvaguardan sus Oraciones (incluyendo todos los ritos que las constituyen).

10. Aquellos (ilustres) son los herederos,

11. Quienes heredarán el nivel más alto del Paraíso. Allí dentro morarán para siempre[2].

12. Creamos al ser humano (en el comienzo mismo) de un extracto especialmente tamizado de barro[3].

13. Después lo establecimos en un óvulo fertilizado en un lugar seguro.

14. Luego creamos del óvulo fertilizado un coágulo adherido (a la pared del útero), y (más tarde en orden) creamos del coágulo adherido un pedazo, y creamos los huesos de ese pedazo, y revestimos los huesos en carne. Luego lo hicimos convertirse en otra creación. Tan Santo y Supremo es Dios, el Creador Quien crea todas las cosas en la mejor y más apropiada forma y posee el supremo rango de la creatividad[4].

15. Entonces, después de todo esto, seguro que vais a morir.

16. Después de eso, sin duda alguna vais a ser, el Día de la Resurrección, resucitados.

17. De hecho, hemos creado sobre vosotros siete cielos, una capa sobre la otra, y siete caminos (para que se muevan los ángeles, para que desciendan las órdenes de Dios, y para que los actos de los seres conscientes asciendan). No somos inconscientes de la creación y de lo que creamos (con todos los aspectos de sus vidas)[5].

---

1. Estos últimos tres versículos establecen principios importantes sobre la vida familiar de una persona:

El Islam enfatiza la castidad y la modestia, pero nunca ordena el celibato o la vida monástica. Permite a la gente satisfacer sus deseos y necesidades de una manera legítima.

Un hombre debe guardar sus partes pudendas a excepción de ante su esposa y doncellas a las cuales legítimamente posee, mientras que una mujer deber hacer lo mismo salvo con su marido.

El versículo, *todo aquél que busque más allá de eso, tales son aquellos que exceden los límites (establecidos por Dios)*, prohíbe todas las formas de las relaciones sexuales, salvo las dos especificadas en el versículo anterior, incluyendo la homosexualidad, y la zoofilia. Imam Malik e Imam Shafi'i también considera la masturbación una manera de buscar algo más allá de lo lícito.

Algunos comentaristas del Corán citan este versículo como una prueba de la prohibición de *mut'a*, (matrimonio temporal). De hecho, un *mut'a* no es un matrimonio normal y legal ni una relación con una esclava que posee alguien. Ninguna de las leyes relacionadas con el matrimonio legal, por ejemplo el divorcio, al período de espera (*'idda*), o la pensión alimenticia (*nafaqa*), son aplicables a ello. En *mut'a*, no hay divorcio; una vez que se pague la cantidad de dinero fijada y termine el tiempo asignado, no hay derechos, deberes, ninguna ley sucesoria, ni un proceso de divorcio. La única ley que se aplica en este caso es que la mujer debe esperar un período de 45 días antes de iniciar otro *mut'a*, mientras que el hombre puede tener uno inmediatamente, aunque esté casado o tenga otro *mut'a*.

A pesar de que es importante el argumento de los comentaristas de que estos versículos prohíben *mut'a*, es registrado en las colecciones del *hadiz* que el *mut'a* fue prohibido rotunda y decisivamente en la Conquista de La Meca (Muslim, «Nikah», 22). Este *sura* fue revelado durante el período de La Meca de la Misión del Profeta. A pesar de esta prohibición decisiva, solamente algunos Compañeros, que puede que no hubieran oído de su prohibición por el Mensajero, la paz y las bendiciones sean con él, continuaron pensando que era lícito. Pero limitaron su legitimidad a circunstancias muy excepcionales. Ibn 'Abbas, quien fue registrado como uno de aquellos Compañeros, se aclaró a sí mismo y dijo: «Quise decir algo similar a lo que dijo Dios cuando Él permitió comer la carne de animales muertos y del cerdo en extrema necesidad» (al-Yassas, 2:147).

En la jurisprudencia chiíta hay muchas contradicciones respecto a las personas con quienes se puede realizar *mut'a*. En una de las colecciones más auténticas de *hadiz* chiítas, *Usul al-Kafi*, en el Volumen quinto, página 462, la primera narración declara que no se le recomienda *mut'a* a una chica virgen porque esto les trae vergüenza a sus padres. Además, Imam Abu Abdullah (Yafar as-Sadiq) dice: «No contraigas *mut'a* con una mujer musulmana, ya que hacerlo la humilla» (*Kitab at-Tahzib*, 1:253; *al-Istibsar*, 3:143). Según otra narración, *mut'a* sólo se puede contraer con una persona creyente (*al-Kafi*, 5:454) mientras que en la otra se declara que no se puede hacer *mut'a* con las mujeres musulmanas; sino que sólo se permite hacerlo con mujeres judías o cristianas. En otra fidedigna colección de *hadiz* chiíta, *Bihar al-Anwar*, (103:340), se declara que es ilícito hacer *mut'a* con una mujer casada o una mujer que cumpla las condiciones para contraer matrimonio.

Imam 'Ali es uno de los Compañeros destacados que declaró que el *mut'a* es ilícito (al-Bujari, «Nikah», 31; Muslim, «Nikah», 29-31). Los eruditos chiítas también registraron que 'Ali declaró su ilegitimidad, aunque luego dijeron que él cometió *taqiyya* (disimulo) (*Kitab at-Tahzib*, 7:253; *al-Istibsar*, 3:142).

No sería correcto decir que fue 'Umar quien prohibió el *mut'a*. Lo que 'Umar hizo era hacer cumplir la prohibición (Ibn Maya, «Nikah», 44:196).

2. Los primeros nueve versículos exponen las cualidades de los verdaderos creyentes. Estas cualidades sirven como evidencia en apoyo de la afirmación que alguien es un verdadero creyente, y que los creyentes que tienen estas cualidades inevitablemente prosperarán en ambos mundos. El Mensajero de Dios, la paz y las bendiciones sean con él, declaró: «Hay diez versículos que se me han revelado que si alguien los sigue, seguro que entrará en el Paraíso». Luego recitó los primeros diez versículos de este *sura* (at-Tirmizi, «Kitab at-Tafsir», 24).

3. El versículo implica: Creamos al ser humano (en el comienzo mismo) de un extracto especialmente tamizado de barro y posteriormente, creamos a cada ser humano de los elementos minerales, vegetales y animales producidos en extractos de barro y los cuales constituyen el sustento para formar el esperma y el óvulo.

4. La traducción literal de la frase traducida aquí como, *el Creador Quien crea todas las cosas en la mejor y más apropiada forma y posee el supremo rango de la creatividad*, es «el Mejor de los creadores». Frases como por ejemplo, *el Mejor de los creadores*, o *el Más Misericordioso de los misericordiosos*, o *el Mejor de los proveedores* no sugieren la existencia de otros creadores o misericordiosos o proveedores comparables con Dios. Más bien, como Bediüzzaman Said Nursi explica, señalan los máximos o perfectos rangos de las manifestaciones de los atributos de crear, tener misericordia, y proveer. Por lo tanto, estas frases significan que Él es el Creador Majestuoso que tiene el supremo rango o el grado más hermoso de crear; el Misericordioso que tiene el supremo o perfecto rango de la Misericordia; y un Proveedor que tiene el supremo o perfecto rango de proveer.

En segundo lugar, tales frases como, *el Mejor de los creadores* no sugieren una pluralidad de creadores. Más bien, significan que Dios es el Creador Quien crea todas las cosas en la mejor y más apropiada manera. Versículos como, *Aquel Quien hace excelente todo lo que crea* (32:7) tienen el mismo significado.

En tercer lugar, tales frases como, *el Mejor de los creadores*, *el Mejor de los jueces*, y, *el Mejor de los proveedores*, no comparan los actos y los Atributos de Dios que se manifiestan en el universo con los de las criaturas, que manifiestan solamente sus reflexiones indefinidas. Todo cuanto tienen los seres es un regalo de Dios (vemos porque Dios es Aquél que todo lo Ve, y oímos porque Él es Aquél que todo lo Oye). Todas las perfecciones (relativas) compartidas por la humanidad, los ángeles y los genios son solamente manifestaciones borrosas en relación con las Suyas, las cuales son incomparables.

La gente, especialmente los equivocados, no puede tener juicio verídico de Dios como exige Su derecho (de ser Dios), y normalmente hacen caso omiso de Él. Por ejemplo, un soldado respeta a su cabo, pero es inconsciente del rey cuando agradece al cabo por cualquier cosa. Tal soldado debe ser advertido: «El rey es más grandioso que tu cabo, así que debes agradecer al rey». En realidad, todo viene en última instancia del rey; el cabo es solamente un enviado. La orden majestuosa del rey no se puede comparar con la del cabo. El único propósito para la advertencia, la cual contiene una comparación, es advertir al soldado —quien prefiere al cabo en gratitud— contra olvidarse de la gratitud que debe al rey.

Del mismo modo, los medios por los cuales se alcanza algo, así como la naturaleza y las causas, ciegan a la gente despreocupada ante el Verdadero Dador de Generosidades. Atribuyen las generosidades que reciben a los medios aparentes y a la naturaleza, y dan creatividad a las causas, como si fueran las verdaderas fuentes o agentes, y las alaban y agradecen. Esto es un camino a atribuir copartícipes a Dios, y así el Corán advierte: Dios Todopoderoso es más grandioso y un Creador y Proveedor mucho mejor (en realidad significa que Él es el único Creador y Proveedor). Consideradle y agradecedle a Él.

Finalmente, las comparaciones se pueden hacer entre las cosas realmente existentes, posibles, o incluso imaginadas. La gente puede imaginar infinitos grados en la esencia de los Nombres y Atributos Divinos. Dios Todopoderoso tiene, sin embargo, el más alto, el más perfecto, y el más hermoso de todos los grados que Sus Nombres y Atributos se cree que tienen. El universo demuestra esto. Su descripción de todos Sus Nombres como el mejor o más bello, como en el versículo: *Suyos son los Nombres Más Bellos* (20:8), subraya este hecho [*The Words* («Las Palabras»), «The 32nd Word» («La 32ª Palabra»), págs.631-632].

5. La frase, *creación y de lo que creamos (con todos los aspectos de sus vidas)*, demuestra claramente que la creación está basada en Conocimiento, Voluntad y Poder absolutos. Así pues, sin duda alguna tiene un propósito y un significado y lleva mensajes incontables. Ninguna presunta deidad, ni la naturaleza, ni las causas materiales, o cualquier noción, como la coincidencia o la necesidad, tienen parte alguna en su nacimiento o su continuación.

وَاَنْزَلْنَا مِنَ السَّمَاءِ مَاءً بِقَدَرٍ فَاَسْكَنَّاهُ فِى الْاَرْضِ وَاِنَّا
عَلٰى ذَهَابٍ بِهٖ لَقَادِرُونَ ١٨ فَاَنْشَاْنَا لَكُمْ بِهٖ جَنَّاتٍ مِنْ نَخِيلٍ
وَاَعْنَابٍ لَكُمْ فِيهَا فَوَاكِهُ كَثِيرَةٌ وَمِنْهَا تَاْكُلُونَ ١٩ وَشَجَرَةً
تَخْرُجُ مِنْ طُورِ سَيْنَاءَ تَنْبُتُ بِالدُّهْنِ وَصِبْغٍ لِلْاٰكِلِينَ ٢٠
وَاِنَّ لَكُمْ فِى الْاَنْعَامِ لَعِبْرَةً نُسْقِيكُمْ مِمَّا فِى بُطُونِهَا وَلَكُمْ
فِيهَا مَنَافِعُ كَثِيرَةٌ وَمِنْهَا تَاْكُلُونَ ٢١ وَعَلَيْهَا وَعَلَى الْفُلْكِ
تُحْمَلُونَ ٢٢ وَلَقَدْ اَرْسَلْنَا نُوحًا اِلٰى قَوْمِهٖ فَقَالَ يَا قَوْمِ اعْبُدُوا
اللّٰهَ مَا لَكُمْ مِنْ اِلٰهٍ غَيْرُهُ اَفَلَا تَتَّقُونَ ٢٣ فَقَالَ الْمَلَؤُا الَّذِينَ
كَفَرُوا مِنْ قَوْمِهٖ مَا هٰذَا اِلَّا بَشَرٌ مِثْلُكُمْ يُرِيدُ اَنْ يَتَفَضَّلَ
عَلَيْكُمْ وَلَوْ شَاءَ اللّٰهُ لَاَنْزَلَ مَلٰئِكَةً مَا سَمِعْنَا بِهٰذَا فِى اٰبَائِنَا
الْاَوَّلِينَ ٢٤ اِنْ هُوَ اِلَّا رَجُلٌ بِهٖ جِنَّةٌ فَتَرَبَّصُوا بِهٖ حَتّٰى حِينٍ ٢٥
قَالَ رَبِّ انْصُرْنِى بِمَا كَذَّبُونِ ٢٦ فَاَوْحَيْنَا اِلَيْهِ اَنِ اصْنَعِ
الْفُلْكَ بِاَعْيُنِنَا وَوَحْيِنَا فَاِذَا جَاءَ اَمْرُنَا وَفَارَ التَّنُّورُ فَاسْلُكْ
فِيهَا مِنْ كُلٍّ زَوْجَيْنِ اثْنَيْنِ وَاَهْلَكَ اِلَّا مَنْ سَبَقَ عَلَيْهِ الْقَوْلُ
مِنْهُمْ وَلَا تُخَاطِبْنِى فِى الَّذِينَ ظَلَمُوا اِنَّهُمْ مُغْرَقُونَ ٢٧

فَاِذَا اسْتَوَيْتَ

---

18. Enviamos agua desde el Cielo con una medida fijada por Nosotros, y la depositamos en la Tierra. Con toda seguridad somos capaces de retirarla[6].

19. Y con ello, hacemos crecer para vosotros jardines de palmeras datileras y viñedos, en donde se dan abundantes y diversas frutas para vosotros, y de los cuales coméis y obtenéis algo de vuestro sustento,

20. Así como un árbol que crece en el monte Sinaí y en sus alrededores[7], que da aceite y un tipo de condimento para todos los que comen.

21. Y en el ganado (que se alimenta con la hierba que Dios hace brotar por el agua que envía), se da una lección para vosotros. Os damos esa bebida (de leche) que está dentro de sus cuerpos; y tenéis muchas otras ventajas en ellos; y de ellos obtenéis el alimento.

22. Y sobre ellos (en la tierra) y en los barcos (en el mar) sois transportados.

23. En realidad, enviamos a Noé a su gente como Mensajero, y él dijo: «¡Oh pueblo mío! Adorad tan sólo a Dios: aparte de Él no tenéis otra deidad. ¿Entonces no vais a apartaros de la desobediencia a Él en veneración a Él y piedad?».

24. Los destacados incrédulos de entre su gente reaccionaron, diciendo (entre ellos y el uno al otro): «Este es solamente un mortal como vosotros. Sólo desea ganar superioridad sobre vosotros. Si Dios hubiera querido (enviarnos a un Mensajero para transmitir Su Mensaje), sin duda alguna habría enviado ángeles (para comunicar Su Mensaje). Además, nunca hemos oído algo como esto de nuestros antepasados de antaño.

25. No es sino un hombre en quien se da locura, así que contempladle durante algún tiempo (para ver) si se recuperará».

26. Noé rogó: «¡Señor mío, ayúdame porque me han negado!».

27. Acto seguido, le revelamos a él: «Construye el Arca (que te hemos descrito) bajo Nuestra mirada y de acuerdo con Nuestras instrucciones que (te) revelaremos. Luego, finalmente cuando llegue el momento de Nuestro mandato y la caldera empiece a desbordarse, embarca en ella a una pareja de cada animal, así como a tu familia, a excepción de aquellos para los cuales ya ha sido emitida Nuestra sentencia (de destrucción). No implores ante Mí por aquellos que han persistido en la injusticia. Están destinados a ser ahogados.

6. En varios versículos, el Corán dirige la atención al agua. Este versículo puede que se haya referido a la precipitación estacional y el agua que Dios depositó en la Tierra durante la creación del universo. Dios proveyó la Tierra de agua en una cantidad conocida y medida que sería suficiente para las necesidades de la Tierra para todos los tiempos venideros. El agua así provista es acumulada en los huecos de la Tierra, que dan origen a los mares, lagos y aguas subterráneas. Es esta acumulación de agua la que se hace alternar durante varias estaciones y con los vientos. La fuente original del agua continúa siendo distribuida a través de la lluvia, de las montañas cubiertas por la nieve, los ríos, los manantiales y los pozos. Esta misma acumulación de agua entra en el proceso de la creación y en la composición de una variedad de cosas. Luego también se convierte en parte del viento y, finalmente, vuelve a la misma fuente original de agua. Así que, desde el comienzo de los tiempos hasta el presente, la cantidad total de agua ni ha aumentado ni ha disminuido en el mundo, ni en la cantidad de una sola gota.

La distribución del agua a través de las lluvias depende de la Voluntad Divina, y hay cambios en esa distribución debido a muchos ejemplos de la Sabiduría Divina. Además, ya que no podemos saber exactamente el tiempo de la lluvia antes de que aparezcan sus señales, y la lluvia es una de las encarnaciones más importantes de la Misericordia Divina, el Todopoderoso nos recuerda de vez en cuando qué bendición tan grande es la lluvia mediante la sequía, y nos llama a rogar por ella.

Lo que es más asombroso es que esa agua está compuesta de dos gases, a saber, el hidrógeno y el oxígeno, los cuales fueron emitidos solamente una vez en tal cantidad y en las medidas exactas, permitiendo la producción de una enorme cantidad de agua; esto continúa llenando los mares y los océanos, sin ningún suministro nuevo añadido. Entonces, ¿quién es Aquel que evita que el hidrógeno y el oxígeno se mezclen, aunque ambos gases se encuentran en el mundo? ¿Quién es Aquel que evita que suceda esta mezcla, con el resultado de que ni una gota de agua se haya añadido al depósito original de agua? También sabemos que el agua se evapora en el aire. Una vez más, ¿quién es Aquel que evita que los dos gases se separen después de esta evaporación? ¿Los ateos, materialistas y naturalistas tienen respuestas a estas preguntas? ¿O acaso puede ser todo esto explicado de modo satisfactorio por aquellos que creen en múltiples deidades, que creen que hay distintas deidades para el viento y el agua, y para el calor y el frío? (Extraído en parte de al-Mawdudi, 6:90, nota 17.) Para otra característica asombrosa del agua, véase el *sura* 2:74, nota 78.

7. El árbol mencionado aquí es el olivo. El Corán lo menciona como un árbol que crece en las tierras alrededor del monte Sinaí; el monte Sinaí puede que haya sido su hábitat natural o el lugar en donde las mejores aceitunas fueron producidas, por lo menos cuando el versículo fue revelado.

فَاِذَا اسْتَوَيْتَ اَنْتَ وَمَنْ مَعَكَ عَلَى الْفُلْكِ فَقُلِ الْحَمْدُ لِلّٰهِ
الَّذٖي نَجّٰينَا مِنَ الْقَوْمِ الظَّالِمٖينَ ﴿٢٨﴾ وَقُلْ رَبِّ اَنْزِلْنٖي مُنْزَلًا
مُبَارَكًا وَاَنْتَ خَيْرُ الْمُنْزِلٖينَ ﴿٢٩﴾ اِنَّ فٖي ذٰلِكَ لَاٰيَاتٍ وَاِنْ كُنَّا
لَمُبْتَلٖينَ ﴿٣٠﴾ ثُمَّ اَنْشَاْنَا مِنْ بَعْدِهِمْ قَرْنًا اٰخَرٖينَ ﴿٣١﴾ فَاَرْسَلْنَا فٖيهِمْ
رَسُولًا مِنْهُمْ اَنِ اعْبُدُوا اللّٰهَ مَا لَكُمْ مِنْ اِلٰهٍ غَيْرُهُ اَفَلَا تَتَّقُونَ ﴿٣٢﴾
وَقَالَ الْمَلَاُ مِنْ قَوْمِهِ الَّذٖينَ كَفَرُوا وَكَذَّبُوا بِلِقَاءِ الْاٰخِرَةِ
وَاَتْرَفْنَاهُمْ فِي الْحَيٰوةِ الدُّنْيَا مَا هٰذَا اِلَّا بَشَرٌ مِثْلُكُمْ يَاْكُلُ مِمَّا
تَاْكُلُونَ مِنْهُ وَيَشْرَبُ مِمَّا تَشْرَبُونَ ﴿٣٣﴾ وَلَئِنْ اَطَعْتُمْ بَشَرًا مِثْلَكُمْ
اِنَّكُمْ اِذًا لَخَاسِرُونَ ﴿٣٤﴾ اَيَعِدُكُمْ اَنَّكُمْ اِذَا مِتُّمْ وَكُنْتُمْ تُرَابًا
وَعِظَامًا اَنَّكُمْ مُخْرَجُونَ ﴿٣٥﴾ هَيْهَاتَ هَيْهَاتَ لِمَا تُوعَدُونَ ﴿٣٦﴾
اِنْ هِيَ اِلَّا حَيَاتُنَا الدُّنْيَا نَمُوتُ وَنَحْيَا وَمَا نَحْنُ بِمَبْعُوثٖينَ ﴿٣٧﴾
اِنْ هُوَ اِلَّا رَجُلٌ افْتَرٰى عَلَى اللّٰهِ كَذِبًا وَمَا نَحْنُ لَهُ بِمُؤْمِنٖينَ ﴿٣٨﴾
قَالَ رَبِّ انْصُرْنٖي بِمَا كَذَّبُونِ ﴿٣٩﴾ قَالَ عَمَّا قَلٖيلٍ لَيُصْبِحُنَّ
نَادِمٖينَ ﴿٤٠﴾ فَاَخَذَتْهُمُ الصَّيْحَةُ بِالْحَقِّ فَجَعَلْنَاهُمْ غُثَاءً فَبُعْدًا
لِلْقَوْمِ الظَّالِمٖينَ ﴿٤١﴾ ثُمَّ اَنْشَاْنَا مِنْ بَعْدِهِمْ قُرُونًا اٰخَرٖينَ ﴿٤٢﴾

28. Luego, cuando te embarcas en el Arca, tú y los que están contigo, di: “Toda la alabanza y gratitud son para Dios, Quien nos ha salvado de la gente malhechora”.

29. Y ruega: “Señor mío, déjame desembarcar en un lugar bendecido (en paz y seguridad y) con bendiciones de Ti. Eres el Mejor en hacer a la gente desembarcar en paz y seguridad[8]”».

30. Seguramente en esa (historia ejemplar) se dan signos (que manifiestan la verdad); y con toda seguridad, siempre ponemos a prueba (a la gente)[9].

31. Posteriormente, después de ellos, creamos otra generación.

32. Con el tiempo, enviamos entre ellos a un Mensajero de entre sí mismos (con el mensaje): «Adorad solamente a Dios; no tenéis ninguna deidad aparte de Él. ¿Entonces no vais a apartaros de la desobediencia a Él en veneración a Él y piedad?»

33. Los destacados de entre su gente —que no creyeron y rechazaron el encuentro del Más Allá, y a los cuales concedimos la comodidad y el desahogo en la vida de este mundo— dijeron: «Este es solamente un mortal como vosotros, come de lo que coméis, y bebe de lo que bebéis.

34. Si obedecéis a un mortal como vosotros mismos, entonces sin duda alguna seréis los perdedores.

35. ¿Os promete que, después de que hayáis muerto y os hayáis convertido en puro polvo y huesos, vais a ser resucitados (a una nueva vida)?

36. Quimérico, totalmente quimérico, es lo que os ha prometido.

37. No hay vida más allá de nuestra vida presente y mundana. Algunos de nosotros se mueren (mientras que nacen otros,) y así continúa la vida; y no seremos resucitados.

38. Él no es nada más que un hombre, inventando mentiras atribuyéndolas a Dios; y no vamos a creer en él».

39. Finalmente, el Mensajero invocó: «¡Señor mío, ayúdame porque me niegan!».

40. (Dios) dijo: «Dentro de poco, seguro que estarán arrepentidos».

41. Así, por consiguiente, la espantosa ráfaga los agarró como un juicio de Dios con justicia e inevitablemente, y los hicimos como los restos de plantas muertas llevadas por una inundación y dejadas en la costa una vez que el agua baje. ¡Que se aleje la gente malhechora!

42. Posteriormente, después de ellos, creamos nuevas generación (sucesivas).

---

8. Para un relato detallado de los acontecimientos mencionados acerca de la misión del profeta Noé, la paz sea con él, especialmente el desbordamiento de la caldera, y el Arca, véase el *sura* 11:25-48 y las notas correspondientes 10-14.

9. Uno de los ejemplos más importantes de la sabiduría de poner a la gente a prueba por parte de Dios es que los seres humanos necesitan ser educados, madurados y perfeccionados, y que desarrollando sus mentes, corazones, y potencial, pueden ascender de ser seres humanos potenciales a ser verdaderos y perfeccionados seres humanos. Mediante la prueba del ser humano, se purifica la vida, crece, y se enriquece. En resumen, con esta prueba, los seres humanos alcanzan el rango o la posición de poder cumplir la función de la vicerregencia en la Tierra. En esta prueba, sin la guía de la Religión que Dios transmitió a través de los Profetas para guiar al ser humano, el éxito no es posible. Sin embargo, la Religión es también un medio de esta prueba.

مَا تَسْبِقُ مِنْ أُمَّةٍ أَجَلَهَا وَمَا يَسْتَأْخِرُونَ ﴿٤٣﴾ ثُمَّ أَرْسَلْنَا رُسُلَنَا
تَتْرَا كُلَّمَا جَاءَ أُمَّةً رَسُولُهَا كَذَّبُوهُ فَأَتْبَعْنَا بَعْضَهُمْ بَعْضًا
وَجَعَلْنَاهُمْ أَحَادِيثَ فَبُعْدًا لِقَوْمٍ لَا يُؤْمِنُونَ ﴿٤٤﴾ ثُمَّ أَرْسَلْنَا مُوسَىٰ
وَأَخَاهُ هَارُونَ بِآيَاتِنَا وَسُلْطَانٍ مُبِينٍ ﴿٤٥﴾ إِلَىٰ فِرْعَوْنَ وَمَلَئِهِ
فَاسْتَكْبَرُوا وَكَانُوا قَوْمًا عَالِينَ ﴿٤٦﴾ فَقَالُوا أَنُؤْمِنُ لِبَشَرَيْنِ مِثْلِنَا
وَقَوْمُهُمَا لَنَا عَابِدُونَ ﴿٤٧﴾ فَكَذَّبُوهُمَا فَكَانُوا مِنَ الْمُهْلَكِينَ ﴿٤٨﴾
وَلَقَدْ آتَيْنَا مُوسَى الْكِتَابَ لَعَلَّهُمْ يَهْتَدُونَ ﴿٤٩﴾ وَجَعَلْنَا ابْنَ مَرْيَمَ
وَأُمَّهُ آيَةً وَآوَيْنَاهُمَا إِلَىٰ رَبْوَةٍ ذَاتِ قَرَارٍ وَمَعِينٍ ﴿٥٠﴾ يَا أَيُّهَا
الرُّسُلُ كُلُوا مِنَ الطَّيِّبَاتِ وَاعْمَلُوا صَالِحًا إِنِّي بِمَا تَعْمَلُونَ
عَلِيمٌ ﴿٥١﴾ وَإِنَّ هَٰذِهِ أُمَّتُكُمْ أُمَّةً وَاحِدَةً وَأَنَا رَبُّكُمْ فَاتَّقُونِ ﴿٥٢﴾
فَتَقَطَّعُوا أَمْرَهُمْ بَيْنَهُمْ زُبُرًا كُلُّ حِزْبٍ بِمَا لَدَيْهِمْ فَرِحُونَ ﴿٥٣﴾
فَذَرْهُمْ فِي غَمْرَتِهِمْ حَتَّىٰ حِينٍ ﴿٥٤﴾ أَيَحْسَبُونَ أَنَّمَا نُمِدُّهُمْ بِهِ
مِنْ مَالٍ وَبَنِينَ ﴿٥٥﴾ نُسَارِعُ لَهُمْ فِي الْخَيْرَاتِ بَلْ لَا يَشْعُرُونَ ﴿٥٦﴾
إِنَّ الَّذِينَ هُمْ مِنْ خَشْيَةِ رَبِّهِمْ مُشْفِقُونَ ﴿٥٧﴾ وَالَّذِينَ هُمْ
بِآيَاتِ رَبِّهِمْ يُؤْمِنُونَ ﴿٥٨﴾ وَالَّذِينَ هُمْ بِرَبِّهِمْ لَا يُشْرِكُونَ ﴿٥٩﴾

وَالَّذِينَ

43. (Lo que ha pasado a todas esas generaciones muestra que) ninguna comunidad nunca puede adelantar el final de su plazo, ni puede retrasarlo (una vez que haya sido decidido por Dios, por su creencia y estilos de vida)[10].

44. Enviamos a Nuestros Mensajeros uno después del otro (cada uno a una generación). Siempre que su Mensajero viniera a una comunidad, lo negaron, y, por consiguiente, hicimos a cada comunidad seguir la otra a su desastre, y los redujimos a simples cuentos del pasado. ¡Que se aleje la gente que no cree!

45. Después de todos estos Mensajeros (enviados a las últimas generaciones que ahora están desaparecidas), enviamos a Moisés y a su hermano, Aarón, como Mensajeros con Nuestros signos claros (milagros para apoyarles) y una autoridad manifiesta (de Nosotros),

46. Al Faraón y a sus dignatarios. Pero fueron arrogantes (frente a estos signos), y demostraron que eran una gente altanera, vanagloriosa.

47. Dijeron: «¿Creeremos en dos mortales como nosotros mismos, mientras que su gente (la gente de Moisés y Aarón) nos sirve en humildad y obediencia?».

48. Los negaron, y, finalmente fueron de aquellos que fueron destruidos.

49. (Después de su destrucción) concedimos a Moisés el Libro, de modo que su gente pudiera seguir el camino recto.

50. Hicimos del Hijo de María y de su madre un signo milagroso (de Nuestro Señorío y Poder), y les proveímos a ellos de refugio en un sitio elevado, cómodo y seguro, y con una fuente (de agua).

51. ¡Oh vosotros Mensajeros! Comed de las generosidades puras y sanas (de Dios), y siempre actuad rectamente. Tengo pleno conocimiento de todo lo que hacéis.

52. Esta comunidad vuestra es una sola comunidad de la misma fe, y Soy vuestro Señor (Quien os crea, sustenta, y protege); así que, tenedme temor reverencial solamente a Mí, y cumplid vuestro deber hacia Mí en piedad.

53. Sin embargo la gente, dividiéndose en grupos, discreparon entre ellos en cuanto a la Religión, cada grupo se alegra con orgullo por la parte que tiene.

54. Así que (si ellos, a pesar de toda la evidencia que presentamos en apoyo de la verdad del Mensaje que tú, Oh Mensajero, estás comunicando a ellos, todavía rechazan aceptarla), déjalos solos, inmersos en su ignorancia y despreocupación, hasta un tiempo señalado.

55. ¿Piensan que por toda la riqueza e hijos de los que proveímos a ellos,

56. Nos apresuramos a colmarles de todos los tipos de bien? No, pero no comprenden (la realidad del asunto).

57. Mientras que en cuanto a aquellos que viven en temor reverencial debido a la reverencia profunda hacia su Señor,

58. Quienes tienen una fe renovada y siempre fortalecida en los signos y las Revelaciones de su Señor,

59. Quienes nunca atribuyen copartícipes a su Señor,

---

10. Para una explicación de este versículo véase el *sura* 7:34, nota 10.

٣٤٥ الْجُزْءُ الثَّامِنَ عَشَرَ 345

وَالَّذِينَ يُؤْتُونَ مَا اٰتَوْا وَقُلُوبُهُمْ وَجِلَةٌ اَنَّهُمْ اِلٰى رَبِّهِمْ رَاجِعُونَ ٦٠
اُولٰٓئِكَ يُسَارِعُونَ فِى الْخَيْرَاتِ وَهُمْ لَهَا سَابِقُونَ ٦١
وَلَا نُكَلِّفُ نَفْسًا اِلَّا وُسْعَهَا وَلَدَيْنَا كِتَابٌ يَنْطِقُ بِالْحَقِّ وَهُمْ
لَا يُظْلَمُونَ ٦٢ بَلْ قُلُوبُهُمْ فِى غَمْرَةٍ مِنْ هٰذَا وَلَهُمْ اَعْمَالٌ
مِنْ دُونِ ذٰلِكَ هُمْ لَهَا عَامِلُونَ ٦٣ حَتّٰٓى اِذَٓا اَخَذْنَا مُتْرَفِيهِمْ
بِالْعَذَابِ اِذَا هُمْ يَجْـَٔرُونَ ٦٤ لَا تَجْـَٔرُوا الْيَوْمَ اِنَّكُمْ مِنَّا
لَا تُنْصَرُونَ ٦٥ قَدْ كَانَتْ اٰيَاتِى تُتْلٰى عَلَيْكُمْ فَكُنْتُمْ عَلٰٓى اَعْقَابِكُمْ
تَنْكِصُونَ ٦٦ مُسْتَكْبِرِينَ بِهِ سَامِرًا تَهْجُرُونَ ٦٧ اَفَلَمْ يَدَّبَّرُوا
الْقَوْلَ اَمْ جَٓاءَهُمْ مَا لَمْ يَأْتِ اٰبَٓاءَهُمُ الْاَوَّلِينَ ٦٨ اَمْ لَمْ يَعْرِفُوا
رَسُولَهُمْ فَهُمْ لَهُ مُنْكِرُونَ ٦٩ اَمْ يَقُولُونَ بِهِ جِنَّةٌ بَلْ جَٓاءَهُمْ
بِالْحَقِّ وَاَكْثَرُهُمْ لِلْحَقِّ كَارِهُونَ ٧٠ وَلَوِ اتَّبَعَ الْحَقُّ اَهْوَٓاءَهُمْ
لَفَسَدَتِ السَّمٰوَاتُ وَالْاَرْضُ وَمَنْ فِيهِنَّ بَلْ اَتَيْنَاهُمْ بِذِكْرِهِمْ فَهُمْ
عَنْ ذِكْرِهِمْ مُعْرِضُونَ ٧١ اَمْ تَسْـَٔلُهُمْ خَرْجًا فَخَرَاجُ رَبِّكَ خَيْرٌ
وَهُوَ خَيْرُ الرَّازِقِينَ ٧٢ وَاِنَّكَ لَتَدْعُوهُمْ اِلٰى صِرَاطٍ مُسْتَقِيمٍ ٧٣
وَاِنَّ الَّذِينَ لَا يُؤْمِنُونَ بِالْاٰخِرَةِ عَنِ الصِّرَاطِ لَنَاكِبُونَ ٧٤

60. Quienes hacen lo que hacen, y dan lo que dan, en caridad y por la causa de Dios, con sus corazones temblando al pensar que seguramente se tornarán a su Señor (permaneciendo ansiosos, porque no están seguros de si Dios aceptará sus actos de ellos y estará complacido con ellos)[11],

61. Son aquellos (ilustres) quienes se apresuran a realizar todo tipo de actos virtuosos, y están en una competencia virtuosa el uno con el otro en realizarlos.

62. (Nadie, especialmente aquellos incrédulos, debería pensar que hay algo sobrehumano requerido de la humanidad. Porque) no cargamos a ninguna alma sino dentro de sus capacidades, y con Nosotros está un registro que dice la verdad (sobre los actos, pensamientos, y las intenciones de cada individuo). De ningún modo se les hará injusticia.

63. El hecho es que los corazones de aquellos incrédulos son completamente ignorantes y despreocupados de todo esto, y aparte de esto, tienen algunos actos malvados que los cometen por costumbre (que les impiden ver y aceptar la verdad),

64. Hasta el tiempo en el que (les) agarramos con el castigo, aquellos de ellos que se han perdido en la búsqueda de placeres. Entonces empezarán a gemir por ayuda.

65. «Dejad de gemir por ayuda hoy; ¡no vais a recibir ninguna ayuda de Nosotros!

66. Sabéis que Mis Revelaciones solían ser recitadas a vosotros, sin embargo solíais dar media vuelta en aversión,

67. Comportándoos con arrogancia, y diciendo absurdos (sobre el Mensajero y la Religión que él comunica) en vuestras conversaciones nocturnas».

68. ¿Han reflexionado alguna vez sobre esta Palabra (de Dios), o les ha venido algo (totalmente nuevo en la historia humana) que nunca ha venido a sus antepasados de antaño?

69. ¿O acaso ignoran a su Mensajero, y así lo rechazan?

70. ¿O dicen que se da locura en él? No, él les ha traído la verdad, pero la mayoría de ellos muestran desdén hacia la verdad.

71. Si la verdad siguiera sus deseos y caprichos, los Cielos y la Tierra y todos los que viven en ellos habrían sido arruinados. Sin embargo, les hemos traído lo que deben prestar atención en la vida por su honor y felicidad, y se apartan de lo que les traerá honor y felicidad[12].

72. ¿O acaso (Oh Mensajero) pides algún pago de ellos? Sin embargo, la recompensa de tu Señor es la mejor y para el bien de todo el mundo. Él es el Proveedor, con el máximo rango de proveer, y es el Mejor de los proveedores con el supremo rango de provisión.

73. Y con toda certeza, los estás llamando a un camino recto,

74. Mientras que aquellos que no creen en el Más Allá están muy extraviados del Camino.

---

11. Este es el estado de un verdadero creyente. Como se ha indicado en un *hadiz*, un verdadero creyente reza, ayuna, y paga el *Zakat*, y todavía teme si Dios aceptará sus actos o no, perdonarle y estar complacido con él (at-Tirmizi, «Kitab at-Tafsir», 4; Ibn Maya, «Kitab az-Zuhd», 20). Uno de los mejores ejemplos a ese respecto es Umar ibn al-Jattab. A pesar de su gran cuidado en practicar el Islam y sus servicios excepcionales en la causa de Dios, él dijo, cerca del tiempo de su muerte: «Si puedo rendir cuentas el Día del Juicio Final teniendo actos buenos y malvados por igual, esto será suficiente para mí». Hasan al-Basri también dice: «Un creyente obedece pero todavía tiene miedo, mientras que un hipócrita no obedece y no tiene miedo» (al-Mawdudi, 6:108-109, nota 54).

12. Casi todos los incrédulos a lo largo de la historia quienes se opusieron a los Mensajeros o la verdad que trajeron de Dios no basaron su oposición en ninguna verdad. Porque Dios es la Absoluta Verdad, y lo que Él ordena o establece es la verdad misma. El ejemplo más claro de esto es el universo con lo que se halla en él.

Vemos claramente que en su totalidad, y en todas sus partes individuales, el universo manifiesta un orden evidente y una armonía extraordinaria. Todo lo que se halla en ello está medido tan exactamente y es tan proporcionado que anuncia *no hay más deidad sino Dios*; es Él Quien ha fijado esta medida y ha hecho todas las cosas bien equilibradas y exactamente en proporción la una con la otra.

La relación mutua entre todas las cosas y el arte perfecto manifestado en todas y cada una, la conexión entre todas las cosas, tales como, por ejemplo, los ojos de una abeja y de una hormiga, y el Sol y el sistema solar, demuestran que Aquel Quien creó el cielo con las estrellas es igual que Aquel Quien creó la abeja y la hormiga y sus células. En el lenguaje de todas sus criaturas, el universo demuestra el hecho que *no hay más deidad sino Dios*.

Las partículas o los átomos más diminutos de un compuesto, así como los compuestos uno dentro del otro, son colocados según tales cálculos delicados que, por ejemplo, todos los átomos o partículas en el ojo se correlacionan con otros átomos del ojo y con todos los sistemas y las células corporales. Si un átomo estuviera mal colocado, la existencia no sería posible, o una anormalidad o una anomalía sería el resultado. Sabemos que cuando solamente una célula en el cuerpo humano, de casi cien mil billones de células, funciona mal, como en el cáncer, el resultado puede ser la muerte del cuerpo entero.

La disposición exhaustiva de una especie, y la distribución amplia de ciertas especies, tales como los pájaros y peces, muestran que el Creador de un ser vivo es el Creador de la especie entera. La Pluma que dibuja las líneas de la cara de un individuo, y así identifica o individualiza a esa persona, tiene que ser capaz de ver todas las caras al mismo tiempo para hacer a cada una única. Si no, la individualización sería imposible. Esto requiere que el Creador de un individuo sea el Creador de la familia humana y las especies.

Todas las cosas están medidas en proporciones exactas. También, para dar un ejemplo más simple, ya que casi todo el mundo haya tenido una visión o un indicio del futuro en sueños indica que en el universo prevalece un Destino Universal, un Poder Determinante poseedor de Conocimiento absoluto, Voluntad, y Sabiduría que predeterminan todas las cosas. Esto niega la coincidencia. Por otra parte, todas las semillas y plantas o árboles totalmente maduros muestran este Destino universal o Poder Determinante. Debido a este Destino exhaustivo, todas las cosas están ordenadas y sirven perfectamente a propósitos predeterminados y evidentes según la forma, características y capacidades de cada cosa. Consideren el cuerpo humano, con todas sus características y miembros. Cada uno se ha construido y se ha formado según su propósito, así significando el Destino que ha determinado estos propósitos y la estructura. Según el plan del Destino, el Poder «pone por escrito» los significados establecidos y guardados por el Conocimiento. El Destino que ha planificado todas las cosas de antemano y el Destino que registra las historias de la vida de todas las cosas señalan la existencia necesaria de Él, la Pluma del Destino y el Decreto de Quien ha trazado los contornos de todas las cosas.

Todos estos hechos son solamente algunos de los hechos universales innumerables que demuestran la Existencia y la Unidad de un Único Creador, un Administrador, y un Soberano, así como prueban que no es posible que diversas manos se entrometan en el universo, sea para su existencia o para su mantenimiento. Todo el mundo debe reconocer que es mucho más fácil para un Creador crear todas las cosas que para muchos creadores crear una cosa. La intromisión de muchas manos ciegas en crear algo solamente aumenta la ceguera. Por ejemplo, si la creación de una abeja no fuera atribuida al Poder de un Ser Necesariamente Existente, todas las cosas que existen deberían haber tomado parte en su existencia. La creación de una partícula diminuta o un pelo, si se atribuye a muchos agentes, como las causas materiales, sería tan difícil como la creación de una montaña. Un comandante puede organizar y dirigir a una compañía militar mucho mejor que los soldados mismos o varios comandantes. Las causas materiales aparentes no tienen ninguna conciencia o voluntad, y la mayoría está sujeta a las «leyes» nominales (no materiales), las cuales se perciben solamente después de que los efectos se ocasionen. Comparado con sus causas, los efectos son extraordinarios y manifiestan un arte magnífico. Por ejemplo, la formación de una célula y su relación con el resto de las células y el cuerpo son tan complejas que requiere mucho más conocimiento, habilidad, voluntad exhaustiva y poder para crearla que lo que puede ser encontrado en todos los miembros de la creación. Solo un Creador con Poder ilimitado puede ser el verdadero agente. Las causas y los medios materiales son solamente excusas que permiten a los seres humanos contemplar que haya un cierto espacio para la mediación humana. Hablamos de las causas y los medios materiales porque la mayoría de la gente no puede distinguir la belleza y la sabiduría detrás de los acontecimientos, y se quejan de Dios y se oponen a Él. Para desviar tales quejas de Dios, se dan las causas como un velo intermedio (entre la gente y los actos de Dios). Sin embargo, aquellos que contemplan la verdadera belleza y sabiduría en los acontecimientos saben la verdad de lo que está pasando. En resumen, la Dignidad y Grandeza de Dios exigen causas y medios aparentes para prevenir las quejas y ocultar, de aquellos que razonen de manera superficial, la intervención de la Mano del Poder en ciertas cosas y asuntos aparentemente insignificantes o viles. Al mismo tiempo, la Unidad y la Gloria de Dios exigen que estas causas aparentes no tengan ninguna parte en la creación o la disposición de las cosas. De hecho, lo que llamamos «leyes» son las manifestaciones del Conocimiento, la Orden y la Voluntad Divinos.

La humanidad es la parte más competente de la creación, la más eminente de las causas que está equipada con la consciencia y el libre albedrío. Sin embargo, nuestro papel, incluso en nuestras propias acciones, es muy pequeño. Teniendo en cuenta esto, ¿qué parte pueden tener los objetos inanimados en la creación y en el funcionamiento del universo?

En resumen, la existencia y el mantenimiento del universo demuestran claramente que todas las cosas están basadas en una verdad absoluta que viene de Aquel Quien es la Verdad Absoluta. Si la verdad, que es responsable del orden, la armonía, y la proporción magníficas en el universo, hubiera seguido los deseos, los caprichos, o incluso el intelecto de la humanidad, entonces hace mucho tiempo que el universo entero habría sido arruinado. Cuando el ser humano trata de ordenar la vida, vemos que solamente resultan desorden y caos, como la historia fue testigo. La armonía, la felicidad, el orden, y la proporción exigen conocimiento universal; esto debe abarcar todo el universo, con todas sus partes y la humanidad, en todos sus aspectos, hasta el ser de cada persona, así como todo el tiempo, con el pasado, el presente y el futuro. Está claro que los seres humanos no pueden hacer esto.

وَلَوْ رَحِمْنَاهُمْ وَكَشَفْنَا مَا بِهِمْ مِنْ ضُرٍّ لَلَجُّوا فِي طُغْيَانِهِمْ
يَعْمَهُونَ ﴿٧٥﴾ وَلَقَدْ أَخَذْنَاهُمْ بِالْعَذَابِ فَمَا اسْتَكَانُوا لِرَبِّهِمْ
وَمَا يَتَضَرَّعُونَ ﴿٧٦﴾ حَتَّى إِذَا فَتَحْنَا عَلَيْهِمْ بَابًا ذَا عَذَابٍ
شَدِيدٍ إِذَا هُمْ فِيهِ مُبْلِسُونَ ﴿٧٧﴾ وَهُوَ الَّذِي أَنْشَأَ لَكُمُ
السَّمْعَ وَالْأَبْصَارَ وَالْأَفْئِدَةَ قَلِيلًا مَا تَشْكُرُونَ ﴿٧٨﴾ وَهُوَ
الَّذِي ذَرَأَكُمْ فِي الْأَرْضِ وَإِلَيْهِ تُحْشَرُونَ ﴿٧٩﴾ وَهُوَ الَّذِي
يُحْيِي وَيُمِيتُ وَلَهُ اخْتِلَافُ اللَّيْلِ وَالنَّهَارِ أَفَلَا تَعْقِلُونَ ﴿٨٠﴾
بَلْ قَالُوا مِثْلَ مَا قَالَ الْأَوَّلُونَ ﴿٨١﴾ قَالُوا أَإِذَا مِتْنَا وَكُنَّا
تُرَابًا وَعِظَامًا أَإِنَّا لَمَبْعُوثُونَ ﴿٨٢﴾ لَقَدْ وُعِدْنَا نَحْنُ وَآبَاؤُنَا
هَذَا مِنْ قَبْلُ إِنْ هَذَا إِلَّا أَسَاطِيرُ الْأَوَّلِينَ ﴿٨٣﴾ قُلْ لِمَنِ
الْأَرْضُ وَمَنْ فِيهَا إِنْ كُنْتُمْ تَعْلَمُونَ ﴿٨٤﴾ سَيَقُولُونَ لِلَّهِ قُلْ
أَفَلَا تَذَكَّرُونَ ﴿٨٥﴾ قُلْ مَنْ رَبُّ السَّمَاوَاتِ السَّبْعِ وَرَبُّ
الْعَرْشِ الْعَظِيمِ ﴿٨٦﴾ سَيَقُولُونَ لِلَّهِ قُلْ أَفَلَا تَتَّقُونَ ﴿٨٧﴾ قُلْ
مَنْ بِيَدِهِ مَلَكُوتُ كُلِّ شَيْءٍ وَهُوَ يُجِيرُ وَلَا يُجَارُ عَلَيْهِ
إِنْ كُنْتُمْ تَعْلَمُونَ ﴿٨٨﴾ سَيَقُولُونَ لِلَّهِ قُلْ فَأَنَّى تُسْحَرُونَ ﴿٨٩﴾

بَلْ أَتَيْنَاهُمْ

75. Si tenemos misericordia de ellos y quitamos de ellos el perjuicio que los aflige, con toda seguridad persistirán en su rebelión, vagando ciegamente.

76. Pues de hecho, los hemos agarrado con el castigo (de la escasez); y sin embargo, no se han sometido a su Señor, ni Le invocan humildemente.

77. Finalmente, les abrimos una puerta del severo castigo; y contempla, se encuentran hundidos en pura desesperación y pena[13].

78. Él es Quien ha creado para vosotros la facultad de oír, y los ojos, y los corazones (para entender, sentir y percibir)[14]. Apenas estáis agradecidos.

79. Él es Quien os ha creado y ha hecho crecer en la Tierra, y ante Él seréis reunidos.

80. Él es Quien da la vida y causa la muerte, y la alternancia de la noche y el día (con sus períodos de acortamiento y alargamiento) que ocurre en obediencia a Él (y para los propósitos que Él ha establecido). ¿Entonces, no vais a razonar y entender (que no puede haber otra deidad aparte de Dios)?

81. (En vez de emplear su razón,) hablan como la anterior gente (incrédula) habló.

82. Dicen: «¡Qué! ¿Después de que hayamos muerto y nos hayamos convertido en polvo y huesos, seremos resucitados entonces?

83. Se nos prometió ya tales cosas, a nosotros y a nuestros antepasados. Éstas no son más que las fábulas de los antiguos».

84. Di: «¿A quién pertenece la Tierra y todo lo que vive en ella? ¡(Contadme,) si tenéis algún conocimiento!».

85. No pudieron sino reconocer: «A Dios[15]». Di: «¿Entonces, no vais a reflexionar y ser considerados?»[16].

86. Di: «¿Quién es el Señor de los siete Cielos y el Señor del Trono Supremo (Aquel Quien gobierna todo el universo y sustenta todos los que viven en él)?».

87. No pudieron sino reconocer: «Éstos pertenecen a Dios también». Di: «¿Entonces no vais a apartaros de la desobediencia a Dios en veneración a Él y piedad?».

88. Di: «¿En la Mano de Quién está la propiedad y el dominio absolutos de todas las cosas, y Aquel Quien protege y da asilo, mientras que contra Él no hay asilo y para Sí Mismo nunca necesita protección? (Contadme,) si tenéis algún conocimiento».

89. No pudieron sino reconocer: «Sólo Dios». Di: «¿Entonces cómo podéis ser engañados así?»[17].

13. Según se ha relatado en al-Bujari («Kitab al-Istisgha», 2), cuando el Mensajero de Dios, la paz y las bendiciones sean con él, se encontró con una oposición severa y dura, rogó a Dios: «Oh Dios, ayúdame contra ellos con una escasez de siete años como ayudaste a José con una escasez de siete años». Por consiguiente, una escasez severa envolvió a la gente de La Meca, hasta tal punto que tuvieron que comer carroña. Los versículos 75 y 76 se refieren a esta escasez, mientras que el versículo 77 se refiere a la muerte como la puerta abierta o el camino que conduce al castigo severo del Más Allá.

14. Oír y ver son dos sentidos importantes con los cuales la gente percibe el mundo externo y a través de los cuales aprende. Lo que reciben del mundo externo se convierte en conocimiento por el corazón (*fuad*), el cual, en español, se puede también traducir como, «la mente». El Corán utiliza la facultad de oír como un sustantivo singular, mientras que la facultad de ver y la del corazón son nombres en plural. La razón por la que el Corán emplea el singular para la facultad de oír mientras que las otras son plurales es que se refiere a la Revelación, o a Dios, como la fuente del conocimiento que viene mediante los oídos. Sin embargo, las percepciones visuales que la gente tiene, y su manera de entender e interpretarlas a través de los corazones o las mentes, puede ser diferente entre personas, y los objetos que ven los ojos y los materiales que se utilizarán por los corazones para formar conocimiento son infinitamente abundantes.

15. Cualquier persona que está interesada en el verdadero conocimiento y la facultad de pensamiento no puede sino reconocer que el universo con lo que se halla en él se ha creado y pertenece a Dios exclusivamente como Su creación, a menos que tenga prejuicios o que sea resueltamente obstinada, o que hayan algunos otros factores, tales como la arrogancia, la maldad, y el egocentrismo, los cuales le impiden creer.

16. Si es Dios Quien ha creado la Tierra y a todo aquel que se halla sobre ella, y Quien tiene la autoridad absoluta sobre ellos como su Amo y Señor, entonces, ¿por qué no los resucitaría después de su muerte si Él lo quiere así? ¿Acaso Aquel Quien ha creado la Tierra y a todo aquel que se halla sobre ella, y Aquel Quien tiene el poder absoluto de crear algo de la nada, y Aquel Quien da la muerte, no puede resucitar a los muertos?

17. A primera vista, parece como si todas estas preguntas se hubieran hecho a aquellos que tienen algún conocimiento del Único Dios Quien crea y gobierna el universo, pero todavía atribuyen copartícipes a Él al ordenar sus vidas. Sin embargo, las respuestas exigidas dependen del conocimiento. Esto significa que el verdadero conocimiento —el conocimiento adquirido con un estudio objetivo del universo— debe concluir inevitablemente que sólo hay un Único Dios Quien crea y gobierna todo el universo, y tiene la autoridad absoluta sobre todas las cosas. Así que lo que tienen que hacer los seres humanos es someterse a Él al gobernar sus vidas también. Como el verdadero conocimiento confirma esto, cualquier persona que escuche el mensaje del universo y la voz de su conciencia también reconocerá la misma verdad. Pero si están engañados por falsas esperanzas, deseos carnales, arrogancia, egoísmo, ignorancia, predisposiciones y prejuicios ideológicos o cuasi-religiosos, la gente puede seguir caminos que les engañen en su lugar.

بَلْ اَتَيْنَاهُمْ بِالْحَقِّ وَاِنَّهُمْ لَكَاذِبُونَ ﴿٩٠﴾ مَا اتَّخَذَ اللّٰهُ
مِنْ وَلَدٍ وَمَا كَانَ مَعَهُ مِنْ اِلٰهٍ اِذًا لَذَهَبَ كُلُّ اِلٰهٍ بِمَا خَلَقَ
وَلَعَلَا بَعْضُهُمْ عَلٰى بَعْضٍ سُبْحَانَ اللّٰهِ عَمَّا يَصِفُونَ ﴿٩١﴾
عَالِمِ الْغَيْبِ وَالشَّهَادَةِ فَتَعَالٰى عَمَّا يُشْرِكُونَ ﴿٩٢﴾ قُلْ رَبِّ
اِمَّا تُرِيَنِّى مَا يُوعَدُونَ ﴿٩٣﴾ رَبِّ فَلَا تَجْعَلْنِى فِى الْقَوْمِ
الظَّالِمِينَ ﴿٩٤﴾ وَاِنَّا عَلٰى اَنْ نُرِيَكَ مَا نَعِدُهُمْ لَقَادِرُونَ ﴿٩٥﴾
اِدْفَعْ بِالَّتِى هِىَ اَحْسَنُ السَّيِّئَةَ نَحْنُ اَعْلَمُ بِمَا يَصِفُونَ ﴿٩٦﴾
وَقُلْ رَبِّ اَعُوذُ بِكَ مِنْ هَمَزَاتِ الشَّيَاطِينِ ﴿٩٧﴾ وَاَعُوذُ بِكَ
رَبِّ اَنْ يَحْضُرُونِ ﴿٩٨﴾ حَتّٰى اِذَا جَاءَ اَحَدَهُمُ الْمَوْتُ قَالَ
رَبِّ ارْجِعُونِ ﴿٩٩﴾ لَعَلّٰى اَعْمَلُ صَالِحًا فِيمَا تَرَكْتُ كَلَّا اِنَّهَا
كَلِمَةٌ هُوَ قَائِلُهَا وَمِنْ وَرَائِهِمْ بَرْزَخٌ اِلٰى يَوْمِ يُبْعَثُونَ ﴿١٠٠﴾ فَاِذَا
نُفِخَ فِى الصُّورِ فَلَا اَنْسَابَ بَيْنَهُمْ يَوْمَئِذٍ وَلَا يَتَسَاءَلُونَ ﴿١٠١﴾
فَمَنْ ثَقُلَتْ مَوَازِينُهُ فَاُولٰئِكَ هُمُ الْمُفْلِحُونَ ﴿١٠٢﴾ وَمَنْ
خَفَّتْ مَوَازِينُهُ فَاُولٰئِكَ الَّذِينَ خَسِرُوا اَنْفُسَهُمْ فِى جَهَنَّمَ
خَالِدُونَ ﴿١٠٣﴾ تَلْفَحُ وُجُوهَهُمُ النَّارُ وَهُمْ فِيهَا كَالِحُونَ ﴿١٠٤﴾

90. El hecho es que hemos transmitido a ellos la verdad, pero con toda seguridad son los mentirosos (en sus aseveraciones, negación de los pilares de la fe, y contra sí mismos).

91. Dios nunca ha adoptado a un hijo, ni hay deidad alguna junto con Él; si no, no cabe duda de que cada deidad habría buscado independencia absoluta con sus criaturas bajo su autoridad, y sin duda habrían intentado dominar una a la otra. Glorificado sea Dios, se halla absolutamente por encima de lo que Le atribuyen a Él,

92. El Conocedor de Lo Oculto (todo lo que se halla más allá de la percepción de los sentidos) y del atestiguado (el reino perceptible), y absolutamente exaltado es Él por encima de todo lo que Le atribuyen como copartícipes.

93. Di: «Señor mío, si me dejas presenciar el cumplimiento de lo que se ha prometido a ellos (para sufrir),

94. ¡Entonces, no me incluyas, mi Señor, entre aquella gente malhechora!».

95. Sin duda alguna, somos absolutamente capaces de dejarte presenciar el cumplimiento de lo que les hemos prometido para que sufran (y salvarte de ello).

96. (Sin embargo lo que puedan decir o hacer) rechaza el mal (hecho a ti y cometido contra tu misión) con lo mejor (de lo que puedes hacer)[18]. Sabemos de la mejor manera todo lo que atribuyen falsamente a Nosotros.

97. Y di: «¡Señor mío! Busco refugio en Ti de las incitaciones y las provocaciones de los demonios (de los genios y de la humanidad, especialmente en mis relaciones con la gente, mientras estoy realizando mi misión).

98. Busco refugio en Ti, Señor mío, para que no estén presentes conmigo».

99. (Aquellos que persisten en sus maneras malvadas no dejarán de atribuir falsamente a Dios, y reaccionando contra ti duramente) hasta que cuando la muerte ocurra a uno de ellos, y entonces él implora: «¡Oh Señor mío! Por favor, déjame regresar a la vida,

100. Que pueda actuar rectamente con respecto a todo lo que he dejado en el mundo». ¡No, nunca! Es simplemente una palabra que pronuncia una y otra vez. Ante ellos (que están muertos) se da un mundo intermedio (de la tumba, donde permanecerán) hasta el Día en el que serán resucitados[19].

101. Entonces, cuando la Trompeta (de la Resurrección) se hace sonar, ya no habrá ningún lazo de parentesco entre ellos (el cual no servirá de nada), ni preguntarán uno por el otro (ya que todo el mundo estará demasiado absorto en su propio apuro para pensar en otros).

102. (Instaladas son las balanzas,) y aquel cuya balanza (de buenas acciones) tenga gran peso, esos serán los que prosperen.

103. Pero aquellos cuyas balanzas (de buenas acciones) sean ligeras, esos serán los que se hayan arruinado a sí mismos, morando en el Infierno.

104. El Fuego abrasará sus rostros, sus labios estando desplazados y sus mandíbulas sobresaliendo.

---

18. Como esta orden está relacionada con la manera de rechazar el mal hecho a un musulmán personalmente, también esta relacionada con cómo los musulmanes deben responder a los males cometidos mientras están practicando el Islam e intentando comunicarlo a otros. No podemos actuar con sentimientos de venganza; no podemos seguir nuestros deseos y actuar de la manera que deseamos. Lo que hagamos debe ser para el fin de servir a la causa del Islam de la mejor manera posible y para ganar los corazones de otros a su favor.

19. La tumba es un mundo intermedio entre este mundo y el siguiente. Los muertos permanecen allí hasta el Día de la Resurrección. El Mensajero, la paz y las bendiciones sean con él, dice que la tumba o es un jardín de entre los Jardines del Paraíso, o un abismo de entre los abismos del Infierno (at-Tirmizi, «Sifat al-Qiyamah», 26). Los actos de los seres humanos toman formas en el mundo de la tumba propias de él, y los muertos viven una vida que se parece o a la vida del Paraíso o la del Infierno, cada uno según su rango.

Después del entierro, el espíritu espera en el mundo intermedio entre éste y el Más Allá. Aunque el cuerpo se descompone, sus partículas esenciales (llamadas *'ayb az-zanab*, que significa literalmente el cóccix, en un *hadiz*) no se descomponen. No sabemos si *'ayb az-zanab* son los genes de una persona u otra cosa. Sin tener en cuenta esta ambigüedad, sin embargo, el espíritu continúa sus relaciones con el cuerpo a través de *'ayb az-zanab*. Dios hará esta parte, la cual está formada de las partículas esenciales del cuerpo, los átomos, o todas las demás partículas suyas ya dispersadas en la tierra, conducente a la vida eterna durante la destrucción final y la reconstrucción del universo. Él también utilizará *'ayb az-zanab* para recrearnos el Día del Juicio Final.

El mundo intermedio es el reino donde el espíritu siente el «aliento» de la dicha del Paraíso o del castigo del Infierno. Si llevamos una vida virtuosa en el mundo, nuestros buenos actos (por ejemplo, oraciones, recitaciones, obras de caridad) aparecerán como compañeros amables. También, las ventanas hacia las escenas celestiales estarán abiertas para nosotros, y nuestra tumba será como un jardín del Paraíso. Sin embargo, si todavía permanecen algunos de nuestros pecados no perdonados, sin tener en cuenta cuán virtuosos éramos, podemos sufrir cierto castigo en el mundo intermedio hasta que merezcamos el Paraíso. Los incrédulos que se permitieron pecar serán encontrados por sus actos, que tomarán las formas de malos compañeros y alimañas. Contemplarán escenas del Infierno, y sus tumbas serán como un abismo del Infierno.

Los mártires disfrutan de un grado más alto de vida en la tumba que los que no son mártires y han muerto. Como los mártires han sacrificado su vida en Su camino, no sienten las punzadas de la muerte ni saben que están muertos. En su lugar, se consideran trasladados a un mundo mejor, y disfrutan de la felicidad perfecta. Por otra parte, los muertos saben que están muertos (aunque sus espíritus son eternos), y aquellos que creyeron e hicieron actos rectos entre ellos experimentan un menor grado de placer en la vida intermedia que el gozado por los mártires.

La muerte es un cambio de residencia y una liberación de los deberes mundanos; el espíritu está libre. La muerte no es aniquilación en la inexistencia. Este grado de vida ha sido establecido claramente por los hechos que se han observado repetidas veces; por ejemplo, los espíritus de algunas personas devotas aparecen en sus formas (materiales) humanas y son vistos por los que tienen sagacidad en las verdades ocultas. Otra prueba es la capacidad del difunto de comunicarse con nosotros mientras estemos soñando o despiertos.

Casi todo el mundo, a excepción de los Profetas, que son libres de pecado, puede sufrir en la tumba hasta cierto punto, por los pecados que no se perdonan mientras estaban en el mundo. Sin embargo, justo como cualquier sufrimiento en el mundo sirve de un medio de perdón para los creyentes, cualquier sufrimiento en la tumba también hace que algunos de sus pecados sean perdonados. Si todavía hay pecados que no se han perdonado, entonces el sufrimiento que esta persona tendrá que experimentar en otros mundos del Más Allá —tales como el Lugar de Suprema Reunión; la Balanza, que es el mundo donde los registros de los actos de los seres humanos estarán expuestos y distribuidos; el Puente y las Alturas (véase el *sura* 7:46, nota 12)— servirán de purgatorio.

105. «¿No fueron recitadas Mis Revelaciones a vosotros, y las solíais negar?»

106. Dirán: «¡Señor nuestro! Nuestra desgracia (que nosotros mismos provocamos sobre nosotros mismos) triunfó sobre nosotros, y somos gente perdida en error.

107. ¡Señor nuestro! Sácanos de este (sufrimiento). Después, si alguna vez volvemos al mal, de hecho seremos malhechores».

108. «¡Marchaos a ello! ¡No os dirijáis por más tiempo a Mí!

109. Había entre Mis siervos una parte que rogaría, "¡Señor nuestro! Hemos creído, así que perdónanos, y ten misericordia de nosotros, ya que Tú eres el Mejor de los misericordiosos".

110. Solíais burlaros de ellos, hasta tal punto que vuestras hostilidades hacia ellos os hicieron olvidaros de Mi remembranza, y persististeis simplemente en reírse de ellos.

111. Pero mirad, hoy les he recompensado por lo que aguantaron con paciencia, de modo que son aquellos que son triunfantes».

112. (Dios) dice: «¿Cuántos años habéis permanecido en la Tierra?».

113. Dicen: «Hemos permanecido un día o alguna parte de un día. Pregúntalo a los que puedan llevar la cuenta de esto».

114. Él dice: «¡Habéis permanecido solamente un rato, si tan solo hubierais sabido (cuán corto iba a ser, y actuar en consecuencia)!

115. ¿O habéis pensado que os hemos creado en vano, y que deberíais dedicar todo vuestro tiempo al disfrute y entretenimiento, y que no seríais retornados a Nosotros?».

أَلَمْ تَكُنْ آيَاتِي تُتْلَىٰ عَلَيْكُمْ فَكُنتُم بِهَا تُكَذِّبُونَ ﴿١٠٥﴾ قَالُوا رَبَّنَا
غَلَبَتْ عَلَيْنَا شِقْوَتُنَا وَكُنَّا قَوْمًا ضَالِّينَ ﴿١٠٦﴾ رَبَّنَا أَخْرِجْنَا مِنْهَا
فَإِنْ عُدْنَا فَإِنَّا ظَالِمُونَ ﴿١٠٧﴾ قَالَ اخْسَئُوا فِيهَا وَلَا تُكَلِّمُونِ ﴿١٠٨﴾
إِنَّهُ كَانَ فَرِيقٌ مِّنْ عِبَادِي يَقُولُونَ رَبَّنَا آمَنَّا فَاغْفِرْ لَنَا وَارْحَمْنَا
وَأَنتَ خَيْرُ الرَّاحِمِينَ ﴿١٠٩﴾ فَاتَّخَذْتُمُوهُمْ سِخْرِيًّا حَتَّىٰ أَنسَوْكُمْ
ذِكْرِي وَكُنتُم مِّنْهُمْ تَضْحَكُونَ ﴿١١٠﴾ إِنِّي جَزَيْتُهُمُ الْيَوْمَ بِمَا
صَبَرُوا أَنَّهُمْ هُمُ الْفَائِزُونَ ﴿١١١﴾ قَالَ كَمْ لَبِثْتُمْ فِي الْأَرْضِ عَدَدَ
سِنِينَ ﴿١١٢﴾ قَالُوا لَبِثْنَا يَوْمًا أَوْ بَعْضَ يَوْمٍ فَاسْأَلِ الْعَادِّينَ ﴿١١٣﴾ قَالَ
إِن لَّبِثْتُمْ إِلَّا قَلِيلًا لَّوْ أَنَّكُمْ كُنتُمْ تَعْلَمُونَ ﴿١١٤﴾ أَفَحَسِبْتُمْ أَنَّمَا
خَلَقْنَاكُمْ عَبَثًا وَأَنَّكُمْ إِلَيْنَا لَا تُرْجَعُونَ ﴿١١٥﴾ فَتَعَالَى اللَّهُ الْمَلِكُ
الْحَقُّ لَا إِلَٰهَ إِلَّا هُوَ رَبُّ الْعَرْشِ الْكَرِيمِ ﴿١١٦﴾ وَمَن يَدْعُ مَعَ اللَّهِ
إِلَٰهًا آخَرَ لَا بُرْهَانَ لَهُ بِهِ فَإِنَّمَا حِسَابُهُ عِندَ رَبِّهِ إِنَّهُ لَا يُفْلِحُ
الْكَافِرُونَ ﴿١١٧﴾ وَقُل رَّبِّ اغْفِرْ وَارْحَمْ وَأَنتَ خَيْرُ الرَّاحِمِينَ ﴿١١٨﴾

سُورَةُ النُّورِ مَدَنِيَّةٌ
وَهِيَ أَرْبَعٌ وَسِتُّونَ آيَةً

بِسْمِ اللَّهِ

116. Absolutamente ensalzado es Dios, el Soberano Supremo, la Verdad Absoluta y Leal. No hay más deidad sino Él, el Señor del Trono Supremo de la Nobleza y Munificencia[20].

117. Quien asevera la existencia de otra deidad para adorar junto con Dios, para la cual es inconcebible que él tenga cualquier evidencia, con toda seguridad se le rendirá cuentas por su Señor. Sin duda los incrédulos no prosperarán.

118. Di: «Oh Señor mío, perdóname y ten misericordia de mí (trátame siempre con Tu perdón y misericordia), ya que Tú eres el Mejor de los misericordiosos».

20. Sobre el Trono Supremo, véanse el *sura* 2:28, nota 28; el *sura* 7:54, nota: 13; el *sura* 17:42, nota 19.

بِسْمِ اللّٰهِ الرَّحْمٰنِ الرَّح۪يمِ
سُورَةٌ اَنْزَلْنَاهَا وَفَرَضْنَاهَا وَاَنْزَلْنَا ف۪يهَٓا اٰيَاتٍ بَيِّنَاتٍ لَعَلَّكُمْ تَذَكَّرُونَ ﴿١﴾
اَلزَّانِيَةُ وَالزَّان۪ي فَاجْلِدُوا كُلَّ وَاحِدٍ مِنْهُمَا مِائَةَ جَلْدَةٍ وَلَا تَأْخُذْكُمْ
بِهِمَا رَأْفَةٌ ف۪ي د۪ينِ اللّٰهِ اِنْ كُنْتُمْ تُؤْمِنُونَ بِاللّٰهِ وَالْيَوْمِ الْاٰخِرِ وَلْيَشْهَدْ
عَذَابَهُمَا طَٓائِفَةٌ مِنَ الْمُؤْمِن۪ينَ ﴿٢﴾ اَلزَّان۪ي لَا يَنْكِحُ اِلَّا زَانِيَةً اَوْ
مُشْرِكَةً وَالزَّانِيَةُ لَا يَنْكِحُهَٓا اِلَّا زَانٍ اَوْ مُشْرِكٌ وَحُرِّمَ ذٰلِكَ عَلَى
الْمُؤْمِن۪ينَ ﴿٣﴾ وَالَّذ۪ينَ يَرْمُونَ الْمُحْصَنَاتِ ثُمَّ لَمْ يَأْتُوا بِاَرْبَعَةِ
شُهَدَٓاءَ فَاجْلِدُوهُمْ ثَمَان۪ينَ جَلْدَةً وَلَا تَقْبَلُوا لَهُمْ شَهَادَةً اَبَدًا
وَاُو۬لٰٓئِكَ هُمُ الْفَاسِقُونَ ﴿٤﴾ اِلَّا الَّذ۪ينَ تَابُوا مِنْ بَعْدِ ذٰلِكَ وَاَصْلَحُوا
فَاِنَّ اللّٰهَ غَفُورٌ رَح۪يمٌ ﴿٥﴾ وَالَّذ۪ينَ يَرْمُونَ اَزْوَاجَهُمْ وَلَمْ يَكُنْ لَهُمْ
شُهَدَٓاءُ اِلَّٓا اَنْفُسُهُمْ فَشَهَادَةُ اَحَدِهِمْ اَرْبَعُ شَهَادَاتٍ بِاللّٰهِ اِنَّهُ لَمِنَ
الصَّادِق۪ينَ ﴿٦﴾ وَالْخَامِسَةُ اَنَّ لَعْنَتَ اللّٰهِ عَلَيْهِ اِنْ كَانَ مِنَ الْكَاذِب۪ينَ ﴿٧﴾
وَيَدْرَؤُا عَنْهَا الْعَذَابَ اَنْ تَشْهَدَ اَرْبَعَ شَهَادَاتٍ بِاللّٰهِ اِنَّهُ لَمِنَ الْكَاذِب۪ينَ ﴿٨﴾
وَالْخَامِسَةَ اَنَّ غَضَبَ اللّٰهِ عَلَيْهَٓا اِنْ كَانَ مِنَ الصَّادِق۪ينَ ﴿٩﴾
وَلَوْلَا فَضْلُ اللّٰهِ عَلَيْكُمْ وَرَحْمَتُهُ وَاَنَّ اللّٰهَ تَوَّابٌ حَك۪يمٌ ﴿١٠﴾

SURA 24

AN-NUR (LA LUZ)

Período de Medina

El *Surat an-Nur* fue revelado en el sexto año de la *Hégira* después de la campaña contra la tribu de Banu al-Mustaliq. Consta de 64 versículos. En el contexto de declarar la castidad y la inocencia de 'A'isha, la esposa del Profeta, frente a una campaña desagradable de calumnia contra ella, establece los castigos para las relaciones sexuales ilícitas y la calumnia. El *sura* también contiene reglas acerca de las relaciones entre ambos sexos, y los miembros de una familia y una sociedad, así como habla de las relaciones entre el Profeta, la paz y las bendiciones sean con él, y sus esposas y otros creyentes. Explica claramente ciertos valores éticos que deban ser observados en la vida social, así como indica normas de la vestimenta de las mujeres.

En el Nombre de Dios, el Misericordioso, el Compasivo.

1. (Este es) un *sura* que hemos enviado y hecho obligatorio (el cumplimiento de las reglas en éste); y en él, hemos enviado claras explicaciones (de la verdad sobre la creencia y la incredulidad) e instrucciones (sobre la vida humana), de modo que reflexionéis y seáis considerados.

2. La fornicadora y el fornicador[1]; flagelad a cada uno de ellos con cien azotes;[2/3] y no permitáis que la compasión para ellos os refrene de cumplir la ley de Dios, si verdaderamente creéis en Dios y el Día del Juicio Final[4]; y permitid que un grupo de los creyentes den testimonio de su castigo[5].

3. Un fornicador (alguien conocido por su vicio en relaciones sexuales ilícitas) no debe casarse sino con quien sea fornicadora (una mujer conocida por su vicio en relaciones sexuales ilícitas) o con una idólatra; y una fornicadora solamente puede casarse con un fornicador o un idólatra. Actuar de otra manera está prohibido a los creyentes[6].

4. Aquellos que acusan a las mujeres castas y honorables (de relaciones sexuales ilícitas) pero no tienen cuatro testigos varones (quienes darán testimonio de que vieron personalmente el acto en el momento de ser cometido): flageladles con ochenta azotes, y ya no aceptéis su testimonio desde entonces. De hecho son transgresores,

5. Excepto aquellos de ellos que se arrepienten después de eso y se enmienden. Ya que Dios es Indulgente, Compasivo[7].

6. En cuanto a aquellos que acusen a sus propias esposas de adulterio pero no tengan ningún testigo excepto ellos mismos, tal persona debe dar testimonio cuatro veces jurando por Dios en cada juramento que él está verdaderamente diciendo la verdad.

7. Y la quinta vez, que la maldición de Dios sea sobre él si él está mintiendo.

8. Sin embargo el castigo será evitado de la esposa si ella da testimonio cuatro veces jurando por Dios en cada juramento que sin duda el hombre está mintiendo,

9. Y la quinta vez, que la ira (condena) de Dios sea sobre ella si el hombre está diciendo la verdad[8].

10. Si no fuera por la gracia y el favor de Dios sobre vosotros, y Su misericordia, y que Dios es Aquel Quien abre un camino al arrepentimiento y lo corresponde con generoso perdón y recompensa adicional, y Omnisapiente, (no podríais resolver vuestros problemas justo y sabiamente)[9].

---

1. El Corán utiliza el mismo término, *zina*, para la fornicación y el adulterio. Estén las parejas casadas o no, el Corán considera cada tipo de la relación sexual ilícita *zina*. Sin embargo, distingue entre los castigos que se infligirán.

El adulterio y la fornicación se consideran pecados en todas las religiones. La Biblia ordena la pena de muerte para el adúltero y la adúltera (*Levítico*, 20:10; *Deuteronomio*, 22:22). Sin embargo, la definición coránica del adulterio es muy diferente que la definición bíblica. *Zina*, según el Corán, es la relación de un hombre y una mujer, estén casados o no, fuera del matrimonio. La Biblia considera solamente la relación fuera del matrimonio de una mujer casada como adulterio (*zina*) (*Levítico*, 20:10; *Deuteronomio*, 22:22; *Proverbios*, 6:20-35; 7:1-27).

Según la definición bíblica, si un hombre casado duerme con una mujer soltera, este es simplemente un caso de fornicación. Si un hombre duerme con una mujer soltera no se considera un crimen en absoluto, sin tomar en consideración si el hombre tiene una esposa o no. La orden del Talmud relacionada con este caso es lo siguiente:

Si uno seduce a una virgen, no desposada, y se acuesta con ella, le pagará la dote, y la tomará por mujer. Si el padre de ella no quiere dársela, el seductor pagará el dinero de la dote de las vírgenes (*Éxodo* 22:15-16), la cual es cincuenta siclos de plata que se pagará al padre de la virgen (*Deuteronomio* 22:28-29). Sin embargo, si la virgen es una hija de un sacerdote (rabino), el hombre debe ser colgado hasta que se muera, mientras que la muchacha debe ser quemada viva (*Everyman's Talmud*, 319-320).

El mandamiento judaico es casi idéntico al código hindú. Pero, en el Hinduismo, si la muchacha pertenece a una casta más alta y el hombre es de una más baja, la muchacha debería ser expulsada de su hogar y los miembros del hombre amputados (*Dharma Shastra*, capítulo 8, págs. 365-366). Si la chica es una brahmána, el castigo es quemar al hombre vivo (*Ibíd.*, 377).

Según la Biblia (ley judaica), el crimen del adulterio es cometido solamente cuando un hombre duerme con una mujer casada. En este caso, el hombre es considerado un adúltero, esté casado o no, y la mujer es considerada una adúltera. En resumen, el adulterio es cualquier acto sexual ilícito que implica a una mujer casada. La relación fuera del matrimonio de un hombre casado no es un crimen en la Biblia. La razón por la cual es así, según la *Enciclopedia Judaica*, es que la esposa era considerada posesión de su marido y adulterio significaba una violación de su derecho exclusivo sobre ella; la esposa, como la posesión del marido, no tenía tales derechos sobre él (Jeffrey H. Togay, *Adultery*, *Enciclopedia Judaica*, 2, col. 313. También, véase a Judith Plaskow, *Standing Again at Sinai: Judaism from a Feminist Perspective*, págs.170-177.)

Es decir, si un hombre tiene una relación sexual con una mujer casada, está violando la propiedad de otro hombre y, por lo tanto, debe ser castigado.

Actualmente, en Israel, si un hombre casado tiene una relación fuera del matrimonio con una mujer soltera, sus hijos nacidos de esa mujer son considerados legítimos. Pero si una mujer casada tiene una relación con otro hombre, esté casado o no, los hijos que tiene con ese hombre son ilegítimos y está prohibido para ellos casarse con cualquier otro judío, excepto los conversos y tales otros hijos ilegítimos. Esta prohibición es transmitida hasta los descendientes de los hijos durante diez generaciones, hasta que la mancha del adulterio se haya debilitado presumiblemente (Lesley Hazleton, *Israeli Women, The Reality Behind the Myths* («Mujeres israelíes, La realidad detrás de los mitos»), págs. 41-42). Otras condiciones legales bíblicas con respecto a las relaciones sexuales ilícitas son las siguientes:

> Si un hombre se acuesta maritalmente con una mujer que es una sierva perteneciente a otro, sin que haya sido rescatada ni liberada, será él castigado, pero no con pena de muerte, pues ella no era libre (Levítico, 19:20).
>
> Si una joven virgen está prometida a un hombre y otro hombre la encuentra en la ciudad y se acuesta con ella, los sacaréis a los dos a la puerta de esa ciudad y los apedrearéis hasta que mueran: a la joven por no haber pedido socorro en la ciudad, y al hombre por haber violado a la mujer de su prójimo. Así harás desaparecer el mal de en medio de ti. Pero si ha sido en el campo donde el hombre ha encontrado a la joven prometida, y la ha forzado y se ha acostado con ella, sólo morirá el hombre que se acostó con ella (Deuteronomio, 22:23-25).

En el Cristianismo contemporáneo, sin embargo, aunque el Antiguo Testamento es aceptado junto con el Nuevo Testamento como Escritura canónica, si las relaciones sexuales ocurren entre un hombre soltero y una mujer soltera, es ciertamente un pecado, pero no se considera una ofensa que requiera castigo. Sin embargo, si alguna o ambas parejas están casadas, su relación sexual es considerada una ofensa que requiere castigo. Aún así, lo que hace el acto un pecado es la violación del contrato matrimonial, en lugar del mero hecho del acto ilícito. La única consecuencia legal de tal acto es que la esposa del hombre culpable puede conseguir una separación de él acusándole a su marido de infidelidad. El caso es el mismo con un hombre cuya esposa ha cometido relaciones sexuales fuera del matrimonio. Además, el marido también tiene el derecho a reivindicar daños del hombre que sometió a su esposa al adulterio.

El moderno sistema legal de occidente con respecto a esta pregunta se basa en conceptos cristianos. Según estas leyes, la fornicación como máximo es considerada como una tacha, pero no una ofensa que requiera castigo, a menos que una parte haya recurrido al uso de la fuerza. En cuanto a tener relación sexual con la pareja casada de otra persona, la parte ofendida sólo puede entablar pleito de divorcio contra la parte culpable.

Por otra parte, el Islam considera cualquier acto sexual ilícito un crimen en sí. Si tal acto es cometido por una persona casada, la ofensa es más severa. La gravedad es debido al hecho de que una persona casada todavía recurre a las manera ilícitas para satisfacer sus deseos sexuales mientras que puede satisfacerlos de maneras lícitas, es decir dentro del matrimonio.

El acto de sexo ilícito se considera por el Islam un crimen, el cual si no se toma ningunas medidas para refrenarlo, ataca la misma raíz de la personalidad humana, la familia y la sociedad. Tanto la supervivencia de la raza humana como la continuidad de la existencia colectiva humana hacen imprescindible que las relaciones sexuales entre hombres y mujeres estén limitadas sólo a sus formas lícitas. Como comer y beber no se permiten por sí mismos por un individuo sano, sino más bien para la continuación de la vida, así pues, también, el deseo sexual se ha concedido al ser humano para continuar nuestra existencia sobre la Tierra. Por lo tanto, el placer en su satisfacción es un tipo de anticipo, no es el objetivo en sí. Para proteger al ser humano contra los efectos perjudiciales del sexo ilícito, el Islam no se limita solamente a las sanciones legales. También pretende, mediante los valores espirituales, morales y sociales que promueve y los principios que ha establecido, cerrar casi totalmente la puerta al adulterio y a la fornicación, mientras que da cabida al libre albedrío del ser humano. Los seres humanos son puestos a prueba en este mundo para desarrollar sus capacidades innatas y para mejorar el mundo según los estándares que ha establecido Dios; y así ganar un grado de perfección digno de la vida eterna de dicha (En su mayor parte citado de al-Mawdudi, 6:149-159).

Además de inculcar en nuestros corazones el amor y el miedo a Dios juntos y al mismo tiempo, darnos una conciencia de la vida eterna, la cual se vivirá en el Paraíso o en el Infierno, y perfeccionar sus seguidores espiritual y moralmente a la misma vez, el Islam toma medidas para hacer el matrimonio fácil y conveniente de modo que las generaciones no sean desconcertadas por el sexo ilícito. También, si cualquier parte en un matrimonio encuentra a la otra incompatible, esa parte puede recurrir al divorcio.

El Islam también pretende eliminar los factores que incitan o provocan a la gente a las relaciones sexuales ilegítimas, o los que ofrecen oportunidades para involucrarse en ello. Prohíbe todo tipo de obscenidad, así como la reunión de los sexos de manera libre, ordenando a las mujeres cubrirse y prohibiendo ostentar sus encantos en público. También ordena a los miembros de ambos sexos bajar su mirada cuando se encuentran.

El Islam pretende purificar las personas individuales y la sociedad. La persona y la sociedad que intenta animar y permitir es como un cuerpo sano; quien se involucra en crímenes como las relaciones sexuales ilícitas, asesinato, hurto y robo —justo como un órgano gangrenoso o un cáncer en el cuerpo— es un daño y un peligro para las personas individuales y la sociedad. Justo como se busca primero la prevención y luego el tratamiento para cada enfermedad del cuerpo, así pues, también, el Islam pretende prevenir el crimen, y para lo que no se ha prevenido, prescribe y aplica un método específico de respuesta. (Para una discusión detallada del código penal islámico, véanse el *sura* 2, nota 131; el *sura* 4, nota 6.)

2. El castigo legislado para un hombre o una mujer que fornica es cien azotes. La palabra original empleada para el azote es *yaldah*, derivada del *yild*, que significa piel. Así que todos los lingüistas y los comentaristas del Corán la consideran que significa que el efecto de la flagelación debe ser limitado a la piel y, por lo tanto, no debe cortar la carne. El azote que se utilizará debe ser mediano, ni demasiado grueso ni muy fino, y el acto de flagelación debe ser de intensidad mediana. El califa 'Umar, que Dios esté complacido con él, solía decir al encargado de flagelación: «Flagela de tal manera que tu axila no se revele» (al-Yassas, 3:45).

Otras condiciones de la flagelación se pueden encontrar en libros de la ley islámica.

3. Como se ha señalado anteriormente, el castigo de cien azotes es aplicado a las personas solteras que son culpables de la relación sexual ilícita. Esto es evidente de los versículos coránicos relacionados, incluyendo el que se discute aquí. Los primeros versículos sobre el sexo ilícito son aquellos que se hallan en el *Surat an-Nisa'*: *Respecto a aquellas de vuestras mujeres que cometan una indecencia (o sea, relaciones sexuales ilícitas) que cuatro*

varones testigos de entre vosotros (que las hayan visto cometiendo el acto) testifiquen contra ellas (en el plazo de un mes en las ciudades y seis meses en las zonas rurales). Si dan testimonio, confinad a dichas mujeres en sus casas hasta que la muerte se las lleve o Dios les provea una salida. Cuando dos de entre vosotros lo hayan cometido, castigadles reprendiéndoles y pegándoles; pero si tienen cargo de conciencia, se arrepienten y se enmiendan, dejadles. Indudablemente es Dios Quien acepta el arrepentimiento y lo corresponde con generoso perdón, el Compasivo (4: 15-16).

Cuando estos dos versículos fueron revelados, como un paso hacia la prohibición y prevención decisivas de cualquier tipo de relaciones sexuales ilícitas, el Islam prescribió que las partes culpables de tales actos deberían ser reprendidas y pegadas, y que las mujeres deberían ser confinadas en sus casas para prevenir la prostitución. La declaración, *o Dios les provea una salida*, insinúa que la nueva legislación vendría sobre este tema. Esta nueva legislación era la orden de azotar a las partes solteras con un azote 100 veces, mientras que el castigo para las partes casadas fue establecido por la Sunna.

El Islam ha instituido ciertas condiciones para establecer el hecho del crimen de *zina* (adulterio y fornicación), el cual está luego sujeto a castigo. Estas condiciones también se pueden encontrar en libros relacionados. Por ejemplo, véase al-Mawdudi, 6:166-173.

4. Dios advierte a los creyentes contra cualquier compasión inmerecida que puede impedirles cumplir los castigos que Él ha legislado. Nadie puede ser más compasivo hacia cualquier criatura que su Creador.

Es verdad que todas las cosas en el universo hablan de la compasión y prometen compasión, y debido a esto, el universo se puede considerar una sinfonía de compasión. Los seres humanos tienen una responsabilidad de mostrar compasión a todos los seres; este es un requisito de ser humano. Cuanto más una persona muestra compasión, tanto más está ensalzada; mientras que cuanto más se recurre a la maldad, opresión, y crueldad, tanto más está deshonrada y humillada, y acumula vergüenza.

Hemos oído del Profeta, la paz y las bendiciones sean con él, cómo la compasión permitió a una prostituta entrar en el camino al Paraíso porque, por compasión, dio agua a un pobre perro que se moría de sed; mientras que otra mujer fue condenada a entrar en el camino hacia los tormentos del Infierno por haber dejado a un gato morir de hambre (al-Bujari, «al-Anbiya», 54).

Sin embargo, la compasión, como todo lo demás, debe ser equilibrada. Podemos ver un ejemplo de cuánto equilibrio se da en el agua que bebemos. El oxígeno y el hidrógeno, cuando están mezclados en la proporción apropiada, forman una de las sustancias más vitales para la vida. Sin embargo, cuando esta proporción cambia, cada elemento reasume su identidad original y combustible. Asimismo, es de gran importancia repartir la cantidad de compasión y saber quién la merece. La compasión hacia un lobo abre su apetito, y no ser satisfecho con lo que se ha recibido, exige aún más. La compasión hacia un rebelde le hace más agresivo, animando al rebelde que atente contra otros. No sería apropiado tener compasión por una persona quien obtiene placer sádico en envenenar a otros. Así que debemos ubicar la compasión en el sitio adecuado, y nunca debemos alegar ser más compasivos que el Más Compasivo.

Si alguien altera las leyes de Dios en consideración a la posición social del culpable, este es sin duda el peor tipo de ofensa. El Mensajero, la paz y las bendiciones sean con él, declaró: «¡Oh gente! Una de las razones por la que algunas comunidades antes de vosotros perecieron es que cuando una persona respetable de la comunidad cometió hurto, la gente lo perdonó y castigó a otros por su debilidad» (al-Bujari, «Hudud», 11; Muslim, «Hudud», 8).

5. El castigo por *zina* se debe ejecutar en público ante, por lo menos, cuatro personas. La ventaja principal de hacerlo así es impedir que los que tienen autoridad actúen con dureza o indulgencia indebidas. Tal condición asegura la ejecución del castigo según exige la Ley. También despierta en el culpable una sensación de vergüenza, y ayuda a disuadirlo de la repetición del mismo crimen, así como sirve de lección para otros.

6. Un hombre o una mujer creyente no puede casarse con una mujer o un hombre que es conocido por su vicio de *zina*; es decir, una persona que se ha castigado por este crimen y, después de eso no se ha arrepentido ni se enmendó, la cual es moralmente disoluta y no hace caso del mal implicado en este crimen. Actuar de otra manera no puede ser compatible con la fe. Así, es obvio que esta prescripción se refiere a los que persistan en sus caminos malvados, pero no a los que se arrepienten y se enmienden después de un cierto desliz. Por lo tanto, si alguien que ha cometido un acto sexual ilícito en el pasado más tarde se casa, esto no significa que la relación entre los cónyuges es ilícita. Eso depende de si el pecador se ha arrepentido verdaderamente y se abstiene de cometer el mismo crimen otra vez o no.

Este versículo de ninguna manera sugiere que un musulmán sexualmente desviado pueda casarse con un politeísta, o que tal matrimonio es legítimo. Más bien, el propósito del versículo es enfatizar que la relación sexual ilícita es un acto extremadamente malvado y que un musulmán culpable de ello ya no es digno de tener relaciones matrimoniales con la gente de buen carácter en la sociedad musulmana.

7. Este mandamiento se refiere también a los casos donde una mujer acusa a un hombre del acto sexual ilícito. La gravedad del castigo, así como el requisito de cuatro testigos, mientras dos testigos se consideran suficientes en el resto de los pleitos criminales y civiles, demuestra la importancia del asunto y se pone como objetivo prevenir conversaciones vanas y cotilleos sobre el honor y la castidad de la gente. El Islam condena seriamente el acto sexual ilícito y la acusación infundada de otros. Aunque se observe que alguien realmente comete el acto sexual ilícito, no hay que hacerlo público. Esto evita el aumento de la corrupción. Si cuatro personas observan el acto, o si uno (un marido o una esposa) puede tener a cuatro testigos (que hayan observado el acto), pueden comunicar el asunto a las autoridades interesadas, pero todavía no deben hacerlo público. El Islam se pone como objetivo asegurar personas puras y una sociedad pura.

Debe también señalar aquí que desde un punto de vista legal, todo el mundo es inocente hasta que se demuestre lo contrario; así pues, también, cada mujer debe ser considerada casta y honorable.

Si alguien se arrepienta y se enmienda después de acusar a una mujer casta del acto sexual ilícito sin tener a cuatro testigos del acto ilícito, entonces a éste ya no se considera un transgresor. Sin embargo, esto no anula el castigo prescrito de 80 azotes, y ningún testimonio no será aceptado de tal persona nunca más.

8. Este procedimiento se llama *li'an* (juramento condenatorio y el acto de maldecir mutuamente). Cuando un hombre acusa a su esposa de adulterio, tal persona debe dar testimonio cuatro veces jurando por Dios. La quinta vez debe invocar que la maldición de Dios sea sobre sí mismo si está mintiendo.

Si un hombre acusa a su esposa o repudia la paternidad de un hijo, la esposa tiene el derecho de buscar la intervención del tribunal y hacer que su marido haga tal juramento. En este sentido, sus derechos son iguales a los de su marido.

Algunos casos de *li'an* ocurrieron durante la época del Mensajero, la paz y las bendiciones sean con él. Él primero mencionó la orden que Dios había dado al marido y añadió: «¿Eres consciente de que el castigo de

Dios en el Más Allá es mucho más grave que el de esta vida?». El marido dio una respuesta afirmativa, aunque la esposa negó totalmente la acusación, entonces el Mensajero invitó a ambos que hicieran un juramento. Primero el marido se levantó y juró cuatro veces que su acusación era verdad. Mientras tanto, el Mensajero, la paz y las bendiciones sean con él, les advirtió repetidamente: «Dios sabe que uno de vosotros es ciertamente un mentiroso. ¿No se va a arrepentir ninguno de vosotros?». Antes de que el marido dijera que si mentía la ira de Dios recaería sobre él, aquellos que estaban presentes allí le dijeron: «Teme a Dios. El castigo en esta vida es más leve que el de la siguiente. Este quinto juramento provocará el castigo de Dios sobre ti». El marido juró por quinta vez sin vacilar.

La esposa hizo el mismo procedimiento. Antes del quinto juramento, lo dudó un poco, pero concluyó: «No traeré la eterna deshonra a mi tribu». Dicho eso, juró por última vez.

El Mensajero, efectuó una separación entre ellos y decidió que el niño que la mujer recientemente concibió debiera ser conocido como su hijo, no como el hijo de su marido (al-Bujari, «Kitab at-Tafsir, Surat an-Nur», 3). El marido y el niño no podrían heredar uno de otro. El niño y su madre heredarían uno del otro. Además nadie podría acusarla de ser infiel o a su niño de ser ilegítimo.

Si el marido que acusó a su esposa de adulterio se abstiene de jurar, estará encarcelado hasta que confiese que él ha hecho una falsa acusación; y cuando él lo hace, estará castigado con el castigo de la falsa acusación (*qazf*), el cual se ha mencionado en el versículo 4 anteriormente. Si la esposa rechaza jurar, ella estará encarcelada hasta que jure o confiese que ha cometido adulterio. Si confiesa, recibe el castigo del adulterio.

9. Este versículo nos recuerda que la Religión (y la ley) que Dios ha elegido para nosotros y transmitido a nosotros a través de Su Mensajero se basan en el generoso Perdón, Munificencia, Compasión y Sabiduría de Dios.

11. Sin duda aquellos que inventaron y levantaron la calumnia (contra 'A'isha, la esposa del Mensajero) son un grupo de entre vosotros. Sin embargo, no consideréis este incidente un mal para vosotros; más bien, es bueno para vosotros[10]. (En cuanto a los calumniadores,) cada uno de ellos ha acumulado pecado en proporción con su parte en esta culpa, y aquel que tiene la mayor parte en ella[11] sufrirá un inmenso castigo.

12. Cuando supisteis esto, ¿por qué los hombres creyentes y las mujeres creyentes no tuvieron buena opinión del otro[12] y declararon: «¡Esta es obviamente una calumnia!»?

13. ¿Por qué no nombraron cuatro testigos (para apoyar la acusación)? Ahora que no han nombrado testigos, de hecho son los mentirosos ante Dios.

14. Si no fuera por la gracia y el favor de Dios sobre vosotros, y Su misericordia en el mundo y en el Más Allá, sin duda alguna un tremendo castigo os habría aquejado a vosotros (que os habéis involucrado en rumores que circulaban), a causa de lo que os permitisteis.

15. Solo pensad cómo os alegraba recibirlo con vuestras lenguas entre vosotros, y decíais con vuestras bocas algo sobre el cual no teníais ningún conocimiento. Lo considerasteis una bagatela, mientras que ante Dios era muy grave.

16. ¿Por qué no dijisteis, cuando lo supisteis, «No somos quien para hablar de esto. ¡Glorificado eres Tú (Oh Dios)! Esta es una formidable calumnia.»?

17. Dios os advierte para que no repitáis algo igual, si sois (verdaderamente) creyentes.

إِنَّ الَّذِينَ جَاؤُ بِالْاِفْكِ عُصْبَةٌ مِنْكُمْ لَا تَحْسَبُوهُ شَرًّا لَكُمْ بَلْ
هُوَ خَيْرٌ لَكُمْ لِكُلِّ امْرِئٍ مِنْهُمْ مَا اكْتَسَبَ مِنَ الْاِثْمِ وَالَّذ۪ي
تَوَلّٰى كِبْرَهُ مِنْهُمْ لَهُ عَذَابٌ عَظ۪يمٌ ﴿١١﴾ لَوْلَٓا اِذْ سَمِعْتُمُوهُ ظَنَّ
الْمُؤْمِنُونَ وَالْمُؤْمِنَاتُ بِاَنْفُسِهِمْ خَيْرًا وَقَالُوا هٰذَٓا اِفْكٌ مُب۪ينٌ ﴿١٢﴾
لَوْلَا جَاؤُ عَلَيْهِ بِاَرْبَعَةِ شُهَدَٓاءَ فَاِذْ لَمْ يَأْتُوا بِالشُّهَدَٓاءِ فَاُو۬لٰٓئِكَ
عِنْدَ اللّٰهِ هُمُ الْكَاذِبُونَ ﴿١٣﴾ وَلَوْلَا فَضْلُ اللّٰهِ عَلَيْكُمْ وَرَحْمَتُهُ
فِي الدُّنْيَا وَالْاٰخِرَةِ لَمَسَّكُمْ ف۪ي مَٓا اَفَضْتُمْ ف۪يهِ عَذَابٌ عَظ۪يمٌ ﴿١٤﴾
اِذْ تَلَقَّوْنَهُ بِاَلْسِنَتِكُمْ وَتَقُولُونَ بِاَفْوَاهِكُمْ مَا لَيْسَ لَكُمْ بِه۪
عِلْمٌ وَتَحْسَبُونَهُ هَيِّنًا وَهُوَ عِنْدَ اللّٰهِ عَظ۪يمٌ ﴿١٥﴾ وَلَوْلَٓا اِذْ
سَمِعْتُمُوهُ قُلْتُمْ مَا يَكُونُ لَنَٓا اَنْ نَتَكَلَّمَ بِهٰذَا سُبْحَانَكَ هٰذَا
بُهْتَانٌ عَظ۪يمٌ ﴿١٦﴾ يَعِظُكُمُ اللّٰهُ اَنْ تَعُودُوا لِمِثْلِه۪ٓ اَبَدًا اِنْ كُنْتُمْ
مُؤْمِن۪ينَ ﴿١٧﴾ وَيُبَيِّنُ اللّٰهُ لَكُمُ الْاٰيَاتِ وَاللّٰهُ عَل۪يمٌ حَك۪يمٌ ﴿١٨﴾
اِنَّ الَّذ۪ينَ يُحِبُّونَ اَنْ تَش۪يعَ الْفَاحِشَةُ فِي الَّذ۪ينَ اٰمَنُوا لَهُمْ
عَذَابٌ اَل۪يمٌ فِي الدُّنْيَا وَالْاٰخِرَةِ وَاللّٰهُ يَعْلَمُ وَاَنْتُمْ لَا تَعْلَمُونَ ﴿١٩﴾
وَلَوْلَا فَضْلُ اللّٰهِ عَلَيْكُمْ وَرَحْمَتُهُ وَاَنَّ اللّٰهَ رَؤُ۫فٌ رَح۪يمٌ ﴿٢٠﴾

يَٓا اَيُّهَا

18. Él expone claramente a vosotros Sus instrucciones y las señales de Su camino. Dios es Omnisciente, Omnisapiente.

19. Aquellos que desean que la indecencia debe ser divulgada entre aquellos que creen, con toda seguridad para ellos hay un castigo doloroso en el mundo y en el Más Allá. Dios sabe (la precisa verdad y la naturaleza de todos los asuntos), mas vosotros no sabéis.

20. ¡Si no fuera por la gracia y el favor de Dios sobre vosotros, y Su misericordia, y que Dios es Piadoso, Compasivo (especialmente hacia Sus siervos creyentes, qué consecuencias terribles tales males habrían causado en vuestra comunidad)!

10. En el quinto año de la *Hégira*, el movimiento islámico dirigido por el Mensajero había llegado a un punto donde todos sus adversarios se dieron cuenta de que ya no podrían desarraigarlo sólo a base de fuerza. Las tribus hostiles habían formado un frente unido bajo la dirección de Quraish y habían asediado Medina con un ejército grande en la Batalla del Foso, la cual ocurrió el quinto año de la *Hégira*. Cuando tuvieron que retirarse después de un asedio de cuatro semanas, el Mensajero, la paz y las bendiciones sean con él, declaró: «Desde ahora, nosotros marcharemos sobre ellos; ya no podrán atacarnos» (al-Bujari, «Maghazi», 29).

El movimiento islámico derivó su fuerza principal de sus valores espirituales y morales y el carácter sin tacha de sus seguidores. Así pues, dirigido especialmente por los hipócritas en Medina, el enemigo comenzó a recurrir a las campañas crueles e injustas contra los musulmanes. Tales conspiraciones primero se manifestaron con ocasión del matrimonio del Mensajero con Zaynab bint al-Yahsh, la esposa divorciada de Zayd ibn Harizah, quien era el esclavo liberado del Mensajero; este acontecimiento está mencionado en *Surat al-Ahzab* (33:36-38) y será tratado cuando es estudiado ese *sura*. Los esfuerzos aunados para manchar el carácter absolutamente puro del Mensajero de Dios, la paz y las bendiciones sean con él, resultaron inútiles; así esta vez, levantaron calumnias contra 'A'isha, la pura y querida esposa del Mensajero.

A la vuelta de una expedición hacia la tribu Banu Mustaliq el sexto año de la *Hégira*, 'A'isha, que había acompañado al Mensajero, la paz y las bendiciones sean con él, durante esa expedición, sin darse cuenta fue dejada atrás cuando el ejército musulmán se movió desde el lugar donde había acampado. Después de pasar varias horas a solas, la encontró Safwan ibn al-Mu'attal, uno de los Emigrantes que participó en la Batalla de Badr, cuyo deber era cerciorarse de que nada y nadie se quedara atrás. 'A'isha montó a su camello, y se reincorporaron al ejército en el siguiente campamento. Esto dio ocasión a los enemigos de suscitar un escándalo intencionado, el cual fue conducido por 'Abdullah ibn Ubayy ibn Salul, el jefe de los hipócritas en Medina.

Mientras los musulmanes preserven su fuerza y solidaridad moral y espiritual, lo que el enemigo haga para derrotarles terminará solamente en traer el bien a los musulmanes. Así que los acontecimientos que parecen ser malvados al principio resultarán ser buenos para ellos. El acontecimiento de la calumnia contra 'A'isha, la Madre de los Creyentes, resultó ser una ocasión en la cual los musulmanes una vez más podían comprender la verdadera fuente de su poder, para aumentar su solidaridad, para adquirir experiencia y conocimiento adicional para llevar el movimiento hacia adelante, así como llegar a saber lo que deben pensar de sus hermanos y hermanas de Religión, y cómo deben comportarse mutuamente. Este acontecimiento también sirvió para la revelación de muchas nuevas leyes sobre las relaciones mutuas de los musulmanes.

11. Esto refiere a 'Abdu'llah ibn Ubayy ibn Salul, el jefe de los hipócritas.

12. Esta expresión se puede también traducir como «cuando supisteis esto, ¿por qué los hombres y las mujeres musulmanes no tuvieron buena opinión de *su propia gente*?». Un creyente es un espejo para otro creyente. Ya que la creencia es una luz que ilumina la mente y el corazón de un creyente, y la cual le enseña cómo reaccionar ante los acontecimientos, también evita que un creyente cometa actos malvados e indecentes; así, cada creyente debe pensar bien de otro creyente. Los creyentes no pueden pensar de otros creyentes de una manera que sea diferente de cómo piensan de sí mismos. Todos los creyentes forman un solo cuerpo; cada creyente es una encarnación de los valores representados por otros creyentes.

يَٓا اَيُّهَا الَّذ۪ينَ اٰمَنُوا لَا تَتَّبِعُوا خُطُوَاتِ الشَّيْطَانِۜ وَمَنْ يَتَّبِعْ
خُطُوَاتِ الشَّيْطَانِ فَاِنَّهُ يَأْمُرُ بِالْفَحْشَٓاءِ وَالْمُنْكَرِۜ وَلَوْلَا فَضْلُ
اللّٰهِ عَلَيْكُمْ وَرَحْمَتُهُ مَا زَكٰى مِنْكُمْ مِنْ اَحَدٍ اَبَدًاۙ وَلٰكِنَّ اللّٰهَ
يُزَكّ۪ي مَنْ يَشَٓاءُۜ وَاللّٰهُ سَم۪يعٌ عَل۪يمٌ ﴿٢١﴾ وَلَا يَأْتَلِ اُو۬لُوا الْفَضْلِ
مِنْكُمْ وَالسَّعَةِ اَنْ يُؤْتُٓوا اُو۬لِي الْقُرْبٰى وَالْمَسَاك۪ينَ وَالْمُهَاجِر۪ينَ
ف۪ي سَب۪يلِ اللّٰهِۖ وَلْيَعْفُوا وَلْيَصْفَحُواۜ اَلَا تُحِبُّونَ اَنْ يَغْفِرَ اللّٰهُ
لَكُمْۜ وَاللّٰهُ غَفُورٌ رَح۪يمٌ ﴿٢٢﴾ اِنَّ الَّذ۪ينَ يَرْمُونَ الْمُحْصَنَاتِ
الْغَافِلَاتِ الْمُؤْمِنَاتِ لُعِنُوا فِي الدُّنْيَا وَالْاٰخِرَةِۖ وَلَهُمْ عَذَابٌ
عَظ۪يمٌۙ ﴿٢٣﴾ يَوْمَ تَشْهَدُ عَلَيْهِمْ اَلْسِنَتُهُمْ وَاَيْد۪يهِمْ وَاَرْجُلُهُمْ بِمَا
كَانُوا يَعْمَلُونَ ﴿٢٤﴾ يَوْمَئِذٍ يُوَفّ۪يهِمُ اللّٰهُ د۪ينَهُمُ الْحَقَّ وَيَعْلَمُونَ
اَنَّ اللّٰهَ هُوَ الْحَقُّ الْمُب۪ينُ ﴿٢٥﴾ اَلْخَب۪يثَاتُ لِلْخَب۪يث۪ينَ وَالْخَب۪يثُونَ
لِلْخَب۪يثَاتِۚ وَالطَّيِّبَاتُ لِلطَّيِّب۪ينَ وَالطَّيِّبُونَ لِلطَّيِّبَاتِۚ اُو۬لٰٓئِكَ
مُبَرَّؤُ۫نَ مِمَّا يَقُولُونَۜ لَهُمْ مَغْفِرَةٌ وَرِزْقٌ كَر۪يمٌ ﴿٢٦﴾ يَٓا اَيُّهَا
الَّذ۪ينَ اٰمَنُوا لَا تَدْخُلُوا بُيُوتًا غَيْرَ بُيُوتِكُمْ حَتّٰى تَسْتَأْنِسُوا
وَتُسَلِّمُوا عَلٰٓى اَهْلِهَاۜ ذٰلِكُمْ خَيْرٌ لَكُمْ لَعَلَّكُمْ تَذَكَّرُونَ ﴿٢٧﴾

21. ¡Oh vosotros que creéis! No sigáis los pasos de Satanás. Quien siga los pasos de Satanás, (que sepa bien que) Satanás llama insistentemente a todos a lo que es indecente y vergonzoso, y todo lo que es malvado. Si no fuera por la gracia y el favor de Dios sobre vosotros, y Su misericordia, ninguno de vosotros habría logrado pureza; sin embargo Dios purifica a quien Su Voluntad dispone. Dios es Quien todo lo Oye, Omnisciente[13].

22. Aquellos de entre vosotros que son honrados con recursos que no juren que ya no darán más a los parientes, a los necesitados, y a los que han emigrado en la causa de Dios (aunque aquellos ricos sufren daños a manos de éstos). Más bien, que perdonen y se abstengan. ¿No queréis que Dios os perdone? Dios es Indulgente, Compasivo.

23. Aquellos que acusen falsamente a las mujeres castas, quienes son ignorantes de las maneras tortuosas de corrupción y que son creyentes, son malditos en el mundo y en el Más Allá, y para ellos se da un tremendo castigo.

24. El Día en el que sus propias lenguas y manos y pies darán testimonio todos contra ellos con respecto a lo que hacían.

25. Ese Día, Dios les retribuirá del todo su justo merecido, y llegarán a saber que Dios es la Verdad Absoluta y Leal (a Quien nada es oculto, y Quien hace toda la verdad manifiesta).

26. (En principio,) las mujeres perversas son para los hombres perversos, y los hombres perversos son para las mujeres perversas; justo como las mujeres buenas y puras son para los hombres buenos y puros, y los hombres buenos y puros son para las mujeres buenas y puras. (A causa de su pureza y castidad que provienen de la fe,) los últimos son inocentes de todo lo que las malas lenguas puedan atribuirles. Para ellos se da perdón y una provisión honorable y abundante.

27. ¡Oh vosotros que creéis! No entréis en las viviendas que no sean las vuestras hasta que hayáis asegurado el permiso de sus residentes y que les hayáis saludado con paz. Hacerlo así es bueno y apropiado para vosotros, de modo que seáis considerados (de buenas maneras y de cortesía apropiada).

13. Nadie, incluso los Mensajeros de Dios, la paz sea con ellos, pueden lograr la pureza —pureza en el pensamiento, la creencia, la intención, y la acción— solamente en base a las aptitudes y los esfuerzos individuales. En el mejor de los casos, lo que una persona puede hacer es desear sinceramente la pureza y dirigir todos sus esfuerzos para lograr este fin. Dios se halla consciente de cualquier persona que tenga intenciones sinceras y quien intenta lograr la pureza, y es Él Quien permite a la gente lograr la pureza y permanecer pura. El ser humano tiene tendencia al mal, la indecencia, y los errores, y su alma carnal fácilmente puede ser derrotada por Satanás. Por lo tanto, todos nosotros no hallamos endeudados con Dios solamente por cualquiera de nuestros pensamientos y actos buenos. Es por esta razón que por cuarta vez en el *sura*, Dios nos recuerda el hecho que, si no fuera por Su gracia y favor, y Su misericordia sobre nosotros, habríamos sido arruinados. Una vez el Mensajero, la paz y las bendiciones sean con él, declaró: «Nadie puede entrar en el Paraíso por sus propios actos». Cuando se le preguntó si esto era verdad incluso para él, dijo que si no fuera por la Misericordia de Dios la Cual lo abrazó, él tampoco podría entrar (al-Bujari, «Riqaq», 18).

فَاِنْ لَمْ تَجِدُوا فِيهَا اَحَدًا فَلَا تَدْخُلُوهَا حَتّٰى يُؤْذَنَ لَكُمْ
وَاِنْ قِيلَ لَكُمُ ارْجِعُوا فَارْجِعُوا هُوَ اَزْكٰى لَكُمْ وَاللّٰهُ بِمَا
تَعْمَلُونَ عَلِيمٌ ﴿٢٨﴾ لَيْسَ عَلَيْكُمْ جُنَاحٌ اَنْ تَدْخُلُوا بُيُوتًا
غَيْرَ مَسْكُونَةٍ فِيهَا مَتَاعٌ لَكُمْ وَاللّٰهُ يَعْلَمُ مَا تُبْدُونَ وَمَا
تَكْتُمُونَ ﴿٢٩﴾ قُلْ لِلْمُؤْمِنِينَ يَغُضُّوا مِنْ اَبْصَارِهِمْ وَيَحْفَظُوا
فُرُوجَهُمْ ذٰلِكَ اَزْكٰى لَهُمْ اِنَّ اللّٰهَ خَبِيرٌ بِمَا يَصْنَعُونَ ﴿٣٠﴾
وَقُلْ لِلْمُؤْمِنَاتِ يَغْضُضْنَ مِنْ اَبْصَارِهِنَّ وَيَحْفَظْنَ
فُرُوجَهُنَّ وَلَا يُبْدِينَ زِينَتَهُنَّ اِلَّا مَا ظَهَرَ مِنْهَا وَلْيَضْرِبْنَ
بِخُمُرِهِنَّ عَلٰى جُيُوبِهِنَّ وَلَا يُبْدِينَ زِينَتَهُنَّ اِلَّا لِبُعُولَتِهِنَّ
اَوْ اٰبَٓائِهِنَّ اَوْ اٰبَٓاءِ بُعُولَتِهِنَّ اَوْ اَبْنَٓائِهِنَّ اَوْ اَبْنَٓاءِ بُعُولَتِهِنَّ
اَوْ اِخْوَانِهِنَّ اَوْ بَنٖٓى اِخْوَانِهِنَّ اَوْ بَنٖٓى اَخَوَاتِهِنَّ اَوْ نِسَٓائِهِنَّ
اَوْ مَا مَلَكَتْ اَيْمَانُهُنَّ اَوِ التَّابِعِينَ غَيْرِ اُولِى الْاِرْبَةِ
مِنَ الرِّجَالِ اَوِ الطِّفْلِ الَّذِينَ لَمْ يَظْهَرُوا عَلٰى عَوْرَاتِ
النِّسَٓاءِ وَلَا يَضْرِبْنَ بِاَرْجُلِهِنَّ لِيُعْلَمَ مَا يُخْفِينَ مِنْ زِينَتِهِنَّ
وَتُوبُٓوا اِلَى اللّٰهِ جَمِيعًا اَيُّهَ الْمُؤْمِنُونَ لَعَلَّكُمْ تُفْلِحُونَ ﴿٣١﴾

وَاَنْكِحُوا

28. Entonces, si no encontráis a nadie en ellas, no entréis hasta que tengáis permiso para entrar. Si os piden que regreséis, entonces regresad (sin sentiros ofendidos). Es una manera más pura para vosotros. Dios posee pleno conocimiento de todo lo que hacéis[14].

29. No incurrís en falta si entráis en las viviendas deshabitadas que os sirvan. (Pero siempre tened en cuenta que) Dios sabe lo que reveláis (de actos o intenciones) y lo que guardáis en secreto.

30. Di a los hombres creyentes que contengan su mirada (de mirar a las mujeres con las cuales es lícito casarse, y de las partes pudendas de otras), y guarden sus partes pudendas y castidad[15]. Esto es lo que es más puro para ellos. Dios se halla perfectamente consciente de todo lo que hacen.

31. Y di a las mujeres creyentes que ellas (también) contengan su mirada (de mirar a los hombres con los cuales es lícito casarse, y de las partes pudendas de otros), y guardan sus partes pudendas[16], y que no deberían ostentar sus encantos salvo lo que se revela por sí mismo[17]; y que bajen sus velos hasta por encima de los pechos[18], y (diles) que no ostenten sus encantos a nadie excepto a sus maridos, o sus padres (incluso abuelos y tíos, paternos y maternos), o los padres de sus maridos, o sus hijos, o los hijos de sus maridos (los suyos y sus hijastros y nietos), o sus hermanos (y hermanos de leche y hermanastros), o los hijos de sus hermanos, o los hijos de sus hermanas, o las mujeres musulmanas y las mujeres de buena conducta con quien tienen relación, o aquellas (esclavas) de quienes poseen sus diestras, o sirvientes a su servicio libres del deseo sexual, o niños que son todavía inconscientes de la feminidad. Tampoco deberían patalear con sus pies (es decir, actuar de tal manera para) llamar la atención a sus encantos (y despertar la pasión de los hombres). Y, Oh creyentes, dirigiros a Dios todos juntos en arrepentimiento para que podáis lograr la verdadera prosperidad.

14. En el período pre-islámico de *Yahiliyya*, la gente irrumpía en las casas de cada uno sin pedir permiso o sin saludar a los residentes con paz, diciendo solamente: «¡Buenos días!» o «¡Buenas tardes!». El Islam ordenó que todo el mundo tiene derecho a su intimidad en sus propias casas, y que nadie podría entrar en la casa de otra persona sin asegurar el consentimiento previo de los residentes. El Islam también ordenó que la manera más apropiada de saludar uno al otro es decir, «La paz sea contigo». Se requiere pedir permiso para entrar incluso en las casas de sus parientes. El Mensajero, la paz y las bendiciones sean con él, indicó que una persona no debe pedir permiso más de tres veces. Si no hay respuesta, el hipotético visitante debe irse.

El Islam también prohibió mirar furtivamente en las casas de otra gente, mirar en ellas desde fuera, y leer las cartas de la gente sin permiso. También es ilícito escuchar las conversaciones que ocurren en la casa de otra persona.

15. Esto significa no sólo que alguien debe tener en cuenta su castidad, sino también de ostentar sus partes pudendas. Las partes del cuerpo que están prohibidas ostentar para los hombres es la parte entre el ombligo y la rodilla ambos inclusive. Un hombre no debe ostentar esta parte de su cuerpo ante cualquier persona que no sea su esposa. También debe evitar estar desnudo, incluso cuando esté solo, por respeto a los ángeles (at-Tirmizi, «Adab», 42).

16. Una mujer no debe ostentar cualquier parte de su cuerpo con excepción de las manos, los pies y el rostro ante los hombres con quienes puede casarse. Según algunos eruditos, debe cubrir su rostro también, excepto los ojos. No está obligada a cubrir su cara mientras realice los ritos de *Hayy*, o cuando esté ante un tribunal o durante el contrato matrimonial. Ni puede una mujer ponerse ropas tan finas, ajustadas o transparentes, quedando su cuerpo expuesto, revelando sus rasgos corporales. En cuanto a las partes del cuerpo que le es obligado mantener cubiertas ante otras mujeres de fe, de buen carácter y castidad, estas consisten en la parte inferior del cuerpo, entre el ombligo y la rodilla. También debe cubrirse en presencia de las mujeres disolutas, justo como debe cubrirse ante los hombres con quienes puede casarse.

17. Lo que quiere decir con el vocablo *encantos* que no deben ser ostentados son las partes del cuerpo de la mujer donde se llevan puestos los adornos, tales como orejas, muñecas y tobillos. Como éstos no deberían ser ostentados en presencia de otros que aquellos mencionados en el versículo, especialmente cuando se llevan puestos adornos, las mujeres no deberían tampoco mostrar ningún adorno que utilizan para hacerse parecer atractivas, por ejemplo ropas llamativas, joyas y maquillaje.

Los eruditos interpretan que la declaración, *lo que se revela por sí mismo*, significa que las mujeres no deben ostentar intencionadamente su belleza y encantos. Sin embargo a veces puede que la ropa externa, por ejemplo, sea llevada por el viento, causando que se quede algo expuesto. No obstante, una mujer creyente debe tomar precauciones contra tales ocasiones. Algunos eruditos sostienen que lo que quiere decir con esta declaración —*lo que se revela por sí mismo*— es ropa como un velo, los guantes, y pañuelo; y las partes del cuerpo que está permitido mantener descubiertas, a saber, las manos, pies y ojos, y su rostro, en casos de necesidad, y los adornos que llevan puestos sobre ellos.

18. En el período pre-islámico de *Yahiliyya*, las mujeres usaron cintas para mantener el pelo recogido en un moño en la parte posterior de su cabeza, por tanto dejando al descubierto su cuello y la parte superior de sus pechos. Con este versículo, el Corán las ordenó ponerse su pañuelo de tal manera que cubriera su cabeza y pechos. Cuando esta orden fue comunicada a las mujeres creyentes en la época del Mensajero, se quitaron inmediatamente sus ropas y velos transparentes e hicieron los velos del material tupido, poniéndoselos de una manera que cubrieron totalmente su cabeza y pechos (Abu Dawud, «Kitab al-Libas», 32).

وَاَنْكِحُوا الْاَيَامٰى مِنْكُمْ وَالصَّالِحٖينَ مِنْ عِبَادِكُمْ وَاِمَائِكُمْ
اِنْ يَكُونُوا فُقَرَاءَ يُغْنِهِمُ اللّٰهُ مِنْ فَضْلِهٖ وَاللّٰهُ وَاسِعٌ عَلٖيمٌ ﴿٣٢﴾
وَلْيَسْتَعْفِفِ الَّذٖينَ لَا يَجِدُونَ نِكَاحًا حَتّٰى يُغْنِيَهُمُ اللّٰهُ مِنْ فَضْلِهٖ
وَالَّذٖينَ يَبْتَغُونَ الْكِتَابَ مِمَّا مَلَكَتْ اَيْمَانُكُمْ فَكَاتِبُوهُمْ اِنْ
عَلِمْتُمْ فٖيهِمْ خَيْرًا وَاٰتُوهُمْ مِنْ مَالِ اللّٰهِ الَّذٖى اٰتٰيكُمْ وَلَا تُكْرِهُوا
فَتَيَاتِكُمْ عَلَى الْبِغَاءِ اِنْ اَرَدْنَ تَحَصُّنًا لِتَبْتَغُوا عَرَضَ الْحَيٰوةِ
الدُّنْيَا وَمَنْ يُكْرِهْهُنَّ فَاِنَّ اللّٰهَ مِنْ بَعْدِ اِكْرَاهِهِنَّ غَفُورٌ رَحٖيمٌ ﴿٣٣﴾
وَلَقَدْ اَنْزَلْنَا اِلَيْكُمْ اٰيَاتٍ مُبَيِّنَاتٍ وَمَثَلًا مِنَ الَّذٖينَ خَلَوْا مِنْ
قَبْلِكُمْ وَمَوْعِظَةً لِلْمُتَّقٖينَ ﴿٣٤﴾ اَللّٰهُ نُورُ السَّمٰوَاتِ وَالْاَرْضِ
مَثَلُ نُورِهٖ كَمِشْكٰوةٍ فٖيهَا مِصْبَاحٌ اَلْمِصْبَاحُ فٖى زُجَاجَةٍ
اَلزُّجَاجَةُ كَاَنَّهَا كَوْكَبٌ دُرِّيٌّ يُوقَدُ مِنْ شَجَرَةٍ مُبَارَكَةٍ زَيْتُونَةٍ
لَا شَرْقِيَّةٍ وَلَا غَرْبِيَّةٍ يَكَادُ زَيْتُهَا يُضٖيءُ وَلَوْ لَمْ تَمْسَسْهُ
نَارٌ نُورٌ عَلٰى نُورٍ يَهْدِى اللّٰهُ لِنُورِهٖ مَنْ يَشَاءُ وَيَضْرِبُ اللّٰهُ
الْاَمْثَالَ لِلنَّاسِ وَاللّٰهُ بِكُلِّ شَيْءٍ عَلٖيمٌ ﴿٣٥﴾ فٖى بُيُوتٍ اَذِنَ اللّٰهُ
اَنْ تُرْفَعَ وَيُذْكَرَ فٖيهَا اسْمُهُ يُسَبِّحُ لَهُ فٖيهَا بِالْغُدُوِّ وَالْاٰصَالِ ﴿٣٦﴾

32. Casad a aquellos solteros de entre vosotros (sea hombre o mujer) y a aquellos de vuestros esclavos y vuestras esclavas que sean rectos (y que sean aptos para el matrimonio). Si son pobres, Dios les concederá suficiencia de Su generosidad. Dios es Quien Abarca en Su misericordia, Omnisciente[19].

33. Dejad a aquellos que no se puedan permitir casarse que permanezcan castos hasta que Dios les conceda suficiencia de Su generosidad[20]. Y si alguno de ellos de quienes poseen vuestras diestras quiere firmar un contrato con vosotros para pagar su libertad, haced este contrato con ellos si sabéis que son honestos (y capaces de ganarse la vida sin mendicidad y ser buenos y libres ciudadanos)[21]. Ayudadles de la riqueza de Dios la cual Él os ha concedido. Y no obliguéis a vuestras esclavas a prostituirse para buscar los beneficios (efímeros) de la vida de este mundo mientras que ellas desean permanecer castas. Si alguien las obliga a prostituirse, pues Dios será Indulgente, Compasivo hacia ellas después de que hayan estado sujetas a tal coacción.

34. De hecho, os hemos enviado Revelaciones que demuestran la verdad claramente e iluminan vuestro camino, y ejemplos (de las historias) de aquellos que os antecedieron, y una instrucción para los piadosos devotos.

35. Dios es la Luz de los Cielos y de la Tierra. El ejemplo de Su Luz es como un nicho en donde hay una lámpara; la lámpara está en un cristal, y el cristal, brillando como una estrella radiante parecida a una perla, encendida del aceite de un bendito olivo que no es del este ni del oeste. El aceite casi da luz de sí mismo aunque ningún fuego lo toque. ¡Luz sobre luz! Dios guía a Su Luz a quien Su Voluntad dispone. Dios presenta parábolas para la gente. Dios posee pleno conocimiento de todas las cosas[22].

36. (Esta luz puede ser obtenida mejor, y aquellos dirigidos a ella se encuentran) en algunas casas (que generalmente están ocultas a los ojos de la gente y) para las cuales Dios ha ofrecido una manera para que sean construidas y apreciadas, y para que Su Nombre sea mencionado e invocado allí dentro; en ellas, Le glorifican por la mañana y por la tarde.

19. Esta no es una orden obligatoria, ya que el matrimonio depende de la selección de un individuo. Sin embargo, si una persona quiere casarse pero no tiene oportunidad de casarse, aquellos responsables de ellos entre sus familiares o, en caso de que se queden sin familiares, el estado deben organizar su matrimonio.

20. El Mensajero de Dios, la paz y las bendiciones sean con él, dijo: «¡Oh gente joven! Aquellos de entre vosotros que pueden casarse deben hacerlo, porque esto os ayudará a mantener vuestra mirada apartada y facilitará preservar vuestra castidad. Quien no tiene la oportunidad de casarse, que ayune; ya que el ayuno mitiga la pasión sexual» (al-Bujari, «Kitab an-Nikah», 2). También dijo: «Hay tres tipos de musulmanes a los cuales Dios ayudará: aquel que se casa para preservar su castidad; aquel que firma un contrato para pagar su libertad e intenta sinceramente pagar la cantidad; y aquel que viaja en el camino de Dios para la *yihad* (at-Tirmizi, «Fadail al-Yihad», 20).

21. Tales tipos de contratos también conciernen a los prisioneros de guerra.

Aquí considero útil citar de Fethullah Gülen con respecto a los aspectos resumidos de un sistema social islámico:

> Las responsabilidades encomendadas a los estados modernos son aquellas a las que el Islam hace referencia en la sociedad y las clasifica, en orden de importancia, como «absolutamente necesarias, relativamente necesarias y dignas de cumplir». El Corán incluye los siguientes pasajes: «¡Oh vosotros que creéis! Compareced en total sumisión ante Dios, todos vosotros» 2:208; «¡Oh vosotros que creéis! Dad (en la causa de Dios y a los necesitados) de las cosas puras y saludables que habéis obtenido y de lo que hemos hecho surgir para vosotros de la Tierra» (2:267); «Respecto a aquellas de vuestras mujeres que cometan una indecencia (o sea, relaciones sexuales ilícitas) que cuatro varones testigos de entre vosotros (que las hayan visto cometiendo el acto) testifiquen contra ellas (en el plazo de un mes en las ciudades y seis meses en las zonas rurales)» (4:15); «Dios os ordena que devolváis lo que se os encomendó (incluido los deberes y cargos públicos y profesionales) a sus dueños por derecho propio; y que cuando juzguéis entre la gente, lo hagáis con justicia» (4:58); «¡Oh vosotros que creéis! Sed defensores y abanderados de la justicia, dando testimonio de la verdad por Dios, aunque vaya en contra de vosotros mismos, o de vuestros padres o parientes» (4:135); «Y si (los enemigos) se inclinan por la paz, inclínate tú también y encomiéndate a Dios» (8:61); «¡Oh vosotros que creéis! Si algún transgresor os trae las nuevas (que requiere tomar medidas), verificadlas cuidadosamente (antes de que creáis y actuéis con respecto a las mismas), no sea que en la ignorancia perjudiquéis un pueblo y después os arrepintáis de lo que habéis hecho» (49:6); «Si dos grupos de creyentes luchan entre sí, haced las paces entre ellos (y actuad puntualmente)» (49:9). En resumen, el Corán rige a toda la comunidad y le asigna casi todas las responsabilidades confiadas a los estados modernos.
>
> La gente coopera los unos con los otros en el momento en el que comparten las responsabilidades y establecen los fundamentos necesarios para ejecutarlos. El gobierno esta compuesto de todos estos fundamentos y de esta manera el Islam recomienda un gobierno basado en el contrato social. La gente elige a los administradores y establece un consejo para debatir los asuntos comunes que les incumben. La sociedad en su totalidad también participa en la auditoria de la administración. Concretamente durante el gobierno de los cuatro primeros Califas (632-661) los principios fundamentales de un gobierno mencionados anteriormente —incluyendo la libertad de elección— fueron plenamente observados. El sistema político fue transformado en sultanato después de la muerte de 'Ali, el cuarto califa, debido a conflictos internos y a las condiciones imperantes en aquel tiempo. A diferencia del califato, el poder en el sultanato pasó a manos de la familia del sultán

y aunque no siguieron celebrándose elecciones libres las sociedades mantuvieron otros principios.

El Islam es una religión global. Está basada en la creencia de un Único Dios, como el Creador, Señor, Sustentador y Administrador del universo. El Islam es la religión del universo en su totalidad, es decir, el universo entero obedece las leyes otorgadas por Dios y por lo tanto todo en el universo es «musulmán» y obedece a Dios sometiéndose a sus leyes. Incluso si una persona se niega a creer en Dios o practica otra religión ineludiblemente es un musulmán en lo que respecta a su existencia corpórea. Su vida entera, desde la etapa embrionaria hasta que pasa a ser polvo tras la muerte, cada tejido de sus músculos y cada extremidad de su cuerpo sigue el curso prescrito por la ley de Dios. De esta manera en el Islam, Dios, la naturaleza y la humanidad no son distantes entre sí, ni tampoco son ajenos el uno del otro. Es Dios Quien se da a conocer a la humanidad a través de la naturaleza y la humanidad en sí y la naturaleza y la humanidad son dos libros de creación a través de los cuales cada palabra de Dios es conocida. Esto conduce a la humanidad a observar lo que la rodea y constatar que pertenece al mismo Señor, al cual todo Le pertenece en esencia, por lo que nada en el universo le es ajeno. La compasión, amor y servicio (de un musulmán) no se circunscriben a gente de una raza, color o etnia en particular. El Profeta resumió esto con la siguiente orden, «¡Oh siervos de Dios, sed hermanos y —hermanas—!».

Un concepto aparte pero de igual importancia es que el Islam reconoce todas las religiones anteriores, acepta a todos los Profetas y Libros enviados a diferentes personas y en diferentes épocas de la historia. No únicamente los acepta, sino que considera la creencia en ellos como un principio esencial de ser musulmán. Al hacerlo reconoce la unidad básica de todas las religiones. Un musulmán es al mismo tiempo un verdadero seguidor de Moisés, David, Jesús y de todos los demás Profetas hebreos, la paz sea con todos ellos. Esta creencia explica por qué ambos, cristianos y judíos, gozaron de sus derechos religiosos bajo el gobierno de los gobiernos islámicos a lo largo de la historia.

El sistema social islámico busca instituir una virtuosa sociedad y de esta manera ganar la complacencia de Dios. Reconoce los derechos y no la imposición mediante la fuerza como la base de una vida social. La hostilidad es inaceptable y las relaciones deben estar basadas en la creencia, el amor, el respeto mutuo, la ayuda y el entendimiento en lugar del conflicto y moverse tan solo por intereses personales. La educación social anima a la gente a perseguir nobles objetivos e ideales y a esforzarse en pos de la perfección, no solo hacer realidad sus propios deseos. El derecho llama a la unidad, la virtud proporciona ayuda mutua y solidaridad y la creencia asegura la hermandad. Anima al alma a llegar a la perfección trayendo la felicidad a ambos mundos, aquí y en el Más Allá. («A Comparative Approach to Islam and Democracy» (Un Enfoque Comparativo entre el Islam y la Democracia), SAIS Revisión, Volumen XXI, No. 2 Verano-Otoño 2001, págs. 136-137)

22. Este versículo es uno de los versículos ambiguos y alegóricos del Corán. Tiene profundos significados sobre los cuales se han hecho muchas interpretaciones.

En primer lugar, debe ser recordado que la Esencia de Dios o el Ser Divino Mismo no puede ser sabida, ya que no hay nada comparable a Él, y Él se halla infinitamente más allá de lo que concebimos de Él. Debido a esto, el Corán nos presenta Sus Actos, y elabora alegorías para dar cierto «conocimiento (*ma'rifah*)» de Él con Sus Atributos y Nombres. Los Actos conducen a los Nombres, y los Nombres conducen a los Atributos.

Como sabemos, la luz aparece de sí misma y hace otros objetos visibles. También significa la existencia, la iluminación y el conocimiento, en contraste con la inexistencia, la oscuridad y la ignorancia. Así pues, el versículo insinúa que Dios es Aquel Único Quien existe de Sí Mismo y por Sí Mismo, absolutamente independiente de todos los demás. Lo que existe aparte de Él depende de Él para nacer y subsistir.

En segundo lugar, (la) Luz es uno de los Nombres de Dios. Todas las luces en el universo son manifestaciones de este Nombre. Así pues, el versículo significa que es Dios Quien ha creado la luz e ilumina todo lo que se halla en el universo.

En tercer lugar, como se ha insinuado en la conclusión del versículo, el conocimiento es la luz y es la fuente de la iluminación intelectual. Todo el conocimiento tiene su fuente en el Conocimiento de Dios. Con respecto a Dios, Su Existencia y Conocimiento son, en un sentido, idénticos. Aunque no haya nadie consciente de Él, Él se conoce a Sí Mismo. Algunos eruditos musulmanes, como Bediüzzaman Said Nursi, piensan que la existencia termina en Su Conocimiento o proviene del mismo. Así que, como se ha señalado anteriormente, el conocimiento es luz. Es también a través del conocimiento que una persona puede lograr la verdadera fe que ilumina corazones. Por lo tanto, el *verdadero* conocimiento proporciona guía para la gente, y su fuente principal es la Revelación. La verdadera iluminación es posible mediante la Revelación, y cualquier información que va en contra de la Revelación es la oscuridad y causa oscuridad.

Como se ha mencionado anteriormente, la Esencia de Dios no puede ser sabida, ya que Él no es comparable a cualquier cosa en el universo, y Él es Infinito o Ilimitado. Sólo podemos obtener cierto conocimiento de Él a través de Sus Obras o Actos, los cuales se manifiestan detrás del velo de la causalidad, o «las leyes de la naturaleza», que son, en realidad, los títulos de Sus maneras de actuar o ejecutar los acontecimientos del universo, y el universo mismo. De este modo, la metáfora de la lámpara, el cristal, y el cristal que brilla como una estrella radiante parecida a una perla significa este velo.

La metáfora indica la electricidad moderna y las lámparas eléctricas; algunos intérpretes modernos del Corán, especialmente, piensan que este versículo sugiere la electricidad. En realidad, como sabemos, la energía es comprendida a través de sus efectos, y la energía eléctrica se utiliza para la iluminación a través de una bombilla. El cristal, la lámpara, el cristal o la estrella radiante parecida a una perla, cuando se consideran juntos, trae a la memoria la imagen de una lámpara eléctrica. Como la energía eléctrica se ve e ilumina por medio de las bombillas, la Luz Divina se manifiesta a través de Sus efectos y por medio del velo mencionado anteriormente de la misma forma. Así, la energía puede servir como un ejemplo de tener cierto conocimiento de la Luz Divina.

En el pasado, la luz se obtenía principalmente de las lámparas encendidas con el aceite de oliva, y la lámpara más brillante era la que fue encendida con el aceite de un olivo que creció en un lugar abierto y elevado, recibiendo los rayos del Sol no sólo por la mañana sino también por la tarde y durante todo el día. Así pues, la declaración, *no es del este ni del oeste*, insinúa la intensidad de la luz obtenida de una lámpara encendida del aceite de tales olivos, ya que no está restringida en ninguna dirección. También sugiere que la Luz de Dios no se emite de alguna materia ni pertenece al universo. Es meta-universal o metafísico y, por lo tanto, brilla intensamente por sí misma sin necesidad de fuego para encenderse. También, la Revelación como la fuente del conocimiento y el Islam, a los cuales ha formado, no pertenecen a nadie sino a Dios. Estas son una luz pura de Dios que ilumina las mentes y los corazones de los seres humanos.

رِجَالٌ لَا تُلْهِيهِمْ تِجَارَةٌ وَلَا بَيْعٌ عَنْ ذِكْرِ اللّٰهِ وَاِقَامِ الصَّلٰوةِ
وَاِيتَاءِ الزَّكٰوةِ يَخَافُونَ يَوْمًا تَتَقَلَّبُ فِيهِ الْقُلُوبُ وَالْاَبْصَارُ ٣٧
لِيَجْزِيَهُمُ اللّٰهُ اَحْسَنَ مَا عَمِلُوا وَيَزِيدَهُمْ مِنْ فَضْلِهِ وَاللّٰهُ يَرْزُقُ
مَنْ يَشَاءُ بِغَيْرِ حِسَابٍ ٣٨ وَالَّذِينَ كَفَرُوا اَعْمَالُهُمْ كَسَرَابٍ
بِقِيعَةٍ يَحْسَبُهُ الظَّمْاٰنُ مَاءً حَتّٰى اِذَا جَاءَهُ لَمْ يَجِدْهُ شَيْـًٔا وَوَجَدَ
اللّٰهَ عِنْدَهُ فَوَفّٰيهُ حِسَابَهُ وَاللّٰهُ سَرِيعُ الْحِسَابِ ٣٩ اَوْ كَظُلُمَاتٍ
فِي بَحْرٍ لُجِّيٍّ يَغْشٰيهُ مَوْجٌ مِنْ فَوْقِهِ مَوْجٌ مِنْ فَوْقِهِ سَحَابٌ
ظُلُمَاتٌ بَعْضُهَا فَوْقَ بَعْضٍ اِذَا اَخْرَجَ يَدَهُ لَمْ يَكَدْ يَرٰيهَا وَمَنْ
لَمْ يَجْعَلِ اللّٰهُ لَهُ نُورًا فَمَا لَهُ مِنْ نُورٍ ٤٠ اَلَمْ تَرَ اَنَّ اللّٰهَ يُسَبِّحُ
لَهُ مَنْ فِي السَّمٰوَاتِ وَالْاَرْضِ وَالطَّيْرُ صَٓافَّاتٍ كُلٌّ قَدْ عَلِمَ
صَلَاتَهُ وَتَسْبِيحَهُ وَاللّٰهُ عَلِيمٌ بِمَا يَفْعَلُونَ ٤١ وَلِلّٰهِ مُلْكُ السَّمٰوَاتِ
وَالْاَرْضِ وَاِلَى اللّٰهِ الْمَصِيرُ ٤٢ اَلَمْ تَرَ اَنَّ اللّٰهَ يُزْجِي سَحَابًا ثُمَّ
يُؤَلِّفُ بَيْنَهُ ثُمَّ يَجْعَلُهُ رُكَامًا فَتَرَى الْوَدْقَ يَخْرُجُ مِنْ خِلَالِهِ
وَيُنَزِّلُ مِنَ السَّمَٓاءِ مِنْ جِبَالٍ فِيهَا مِنْ بَرَدٍ فَيُصِيبُ بِهِ مَنْ يَشَٓاءُ
وَيَصْرِفُهُ عَنْ مَنْ يَشَٓاءُ يَكَادُ سَنَا بَرْقِهِ يَذْهَبُ بِالْاَبْصَارِ ٤٣

يُقَلِّبُ

37. Los hombres (distinguidos) a quienes ni el comercio ni la compraventa (ni cualquier otra preocupación mundana) pueden desviar de la remembranza de Dios, y establecer la Oración conforme a todas sus condiciones, y pagar la Limosna Purificadora Prescrita; temen un Día en el cual todos los corazones y ojos estarán torcidos[23].

38. Dios les recompensará conforme a lo mejor de todo lo que han hecho, y les dará todavía más de Su generosidad (es decir, más que lo que merecen). Dios proporciona de manera inconmensurable a quien Su Voluntad dispone[24].

39. En cuanto a los incrédulos, todos sus actos son como un espejismo en el desierto, el cual el sediento cree que es agua hasta que llegue allí, sólo encontrará que no era nada; en vez de eso, encuentra a Dios allí cerca, y Él ajustará su cuenta por completo. Dios es rápido en ajustar cuentas.

40. O sus actos son como los velos de oscuridad que cubren completamente un mar abismal hasta sus profundidades, cubiertos por una ola sobre otra, sobre las cuales está una nube: los velos de oscuridad apilados uno sobre otro, de manera que cuando tiende la mano, apenas puede verlo. A quien Dios no ha designado ninguna luz, no tiene ninguna luz[25].

41. Acaso no contemplas que todo lo que se halla en los Cielos y en la Tierra, y los pájaros que vuelan alineados con alas desplegadas glorifican a Dios. Cada uno sabe la manera de su plegaria y glorificación. Dios posee pleno conocimiento de todo lo que hacen.

42. A Dios Le pertenece la soberanía de los Cielos y de la Tierra; y a Dios es el retorno.

43. Acaso no contemplas que Dios mueve suavemente las nubes, luego las une, (completando la formación de un circuito entre ellas,)[26] y después las convierte en una masa densa, y por consiguiente ves las gotas de lluvia salir de en medio de ellas. Él envía granizo de las (nubes) como montañas cargadas de nieve del Cielo, y golpea a quien Su Voluntad dispone con él, y lo esquiva de quien Su Voluntad dispone. El resplandor del relámpago casi quita la vista[27].

23. Aunque muchos comentaristas del Corán han interpretado que la palabra *casas* en el versículo 36 significara mezquitas, entenderla con el significado de las casas las cuales los creyentes construyen donde mencionan a Dios, estudian Su religión y sirven a Su causa es más apropiado. El término *casas* está utilizado en la forma indefinida. Las mezquitas no son indefinidas, así que no se ocultan a la vista de la gente. Además, *Dios ha ofrecido una manera para que sean construidas y apreciadas, y para que Su Nombre sea mencionado e invocado allí dentro* sugiere que son construidas o se construirán en un tiempo en el que los creyentes sean perseguidos estrictamente y se enfrenten a presión inmensa a la hora de disfrutar de su Religión y servir a la causa de Dios. Además, los creyentes se reúnen en las mezquitas cinco veces al día para glorificar a Dios, no sólo por la mañana y por la tarde. En las casas mencionadas en este versículo, los creyentes distinguidos dedicados a la causa de Dios, que no están desviados de la remembranza de Dios por sus ocupaciones mundanas ni por el comercio, se reúnen para glorificar a Dios y para elevar Su Nombre.

Cuando estos versículos se consideran en vista de lo que dijo Dios a Moisés y a Aarón, la paz sea con ellos, en el *sura* 10:87, entonces su verdadero significado estará más claro:

> *Y revelamos a Moisés y a su hermano: «Procurad casas para vuestro pueblo en Egipto (como lugares de refugio y reunión por la causa de Dios) y (como una comunidad al completo) haced de vuestras casas lugares donde dirigiros a Dios y estableced la Oración Prescrita conforme a sus condiciones. ¡Y (Oh Moisés) da buenas nuevas a los creyentes!».*

24. Como Dios es Independiente, Aquel Quien hace lo que Su Voluntad dispone, nunca está obligado a hacer algo según los actos y deseos de la gente, incluyendo recompensar lo bueno o castigar lo malo. Sin embargo, debido a Su Justicia absoluta, recompensa a la gente que cree y hace buenos actos que son aceptables por Él, y castiga a otros que no creen y hacen actos malvados. Es decir, Él trata a la gente según se merece. Pero a la misma vez es el Compasivo, Indulgente y Proveedor. Así que, Él pasa por alto y perdona a Sus siervos muchos de sus pecados, y recompensa a los creyentes con más de lo que se merecen. Esto no significa que Él trata a todos los creyentes de la misma manera. Los creyentes varían de grados, según la profundidad de su fe, la multiplicidad de sus actos, su sinceridad en la fe y su cumplimiento de buenos actos, su pureza de intención, su profundidad de dedicación, y su contribución a la causa de Dios. Como todos estos factores causan variaciones en las recompensas de Dios a ellos, Dios también está libre de recompensar a quien Su Voluntad dispone como Su Voluntad dispone, una vez que Él haya concedido a cada uno su merecido.

25. Las parábolas o comparaciones presentadas aquí ilustran el estado de incrédulos. Sus actos, aunque parece que les traerán cierto beneficio en el mundo durante algún tiempo, les aumentarán en nada más que perdición y sufrimiento en el mundo y en el Más Allá. Además, mientras que hayan creyentes cuyas mentes y corazones han sido iluminados por la Luz de Dios y que se esfuerzan sinceramente por Su causa, hagan lo que hagan los incrédulos para intentar pararlos o impedir la difusión de esta Luz, los creyentes serán en última instancia victoriosos. Lo que los incrédulos llaman iluminación es simplemente oscuridad sobre oscuridad, así que están embelesados por velos de oscuridad, y no pueden encontrar su camino hacia la verdadera salvación y el éxito.

26. Para una explicación de esta declaración, véase el *sura* 15:22, nota 6.

27. Este versículo explica las disposiciones Divinas curiosas en enviar la lluvia y el granizo de las nubes acumuladas, el cual está entre los milagros del Señorío Divino y las manifestaciones más curiosas de Su Miseri-

cordia. Mientras que los átomos de la nube están dispersados en la atmósfera, se reúnen para formar una nube por orden de Dios, justo como un ejército dispersado se reúne por el toque de la trompeta. Luego, como las pequeñas tropas que vienen de diversas direcciones para formar un ejército, Dios une las nubes para facilitar la terminación de un circuito eléctrico entre ellas. Hace esas nubes acumuladas, cargadas con lluvia o nieve o granizo, verter el agua de la vida a todos los seres vivos en la Tierra.

La lluvia no cae por sí misma. Más bien, se envía porque viene para ciertos propósitos y según la necesidad. Cuando la atmósfera está clara y no se ve ninguna nube, las formas como montañas de las nubes, acumuladas como una gran nube, se reúnen porque Aquel Quien conoce todos los seres vivos y sus necesidades las reúne para enviar la lluvia. Estos acontecimientos sugieren varios Nombres Divinos: el Todopoderoso, Omnisapiente, Aquel Quien Dispone todo, Aquel Quien Ordena todo, el Educador, el Ayudante, y el Revivificador.

يُقَلِّبُ اللّٰهُ الَّيْلَ وَالنَّهَارَۜ اِنَّ فٖى ذٰلِكَ لَعِبْرَةً لِاُو۬لِى الْاَبْصَارِ ﴿٤٤﴾
وَاللّٰهُ خَلَقَ كُلَّ دَٓابَّةٍ مِنْ مَٓاءٍۚ فَمِنْهُمْ مَنْ يَمْشٖى عَلٰى بَطْنِهٖۚ وَمِنْهُمْ
مَنْ يَمْشٖى عَلٰى رِجْلَيْنِۚ وَمِنْهُمْ مَنْ يَمْشٖى عَلٰٓى اَرْبَعٍۜ يَخْلُقُ
اللّٰهُ مَا يَشَٓاءُۜ اِنَّ اللّٰهَ عَلٰى كُلِّ شَيْءٍ قَدٖيرٌ ﴿٤٥﴾ لَقَدْ اَنْزَلْنَٓا اٰيَاتٍ
مُبَيِّنَاتٍۜ وَاللّٰهُ يَهْدٖى مَنْ يَشَٓاءُ اِلٰى صِرَاطٍ مُسْتَقٖيمٍ ﴿٤٦﴾ وَيَقُولُونَ
اٰمَنَّا بِاللّٰهِ وَبِالرَّسُولِ وَاَطَعْنَا ثُمَّ يَتَوَلّٰى فَرٖيقٌ مِنْهُمْ مِنْ بَعْدِ ذٰلِكَۜ
وَمَٓا اُو۬لٰٓئِكَ بِالْمُؤْمِنٖينَ ﴿٤٧﴾ وَاِذَا دُعُٓوا اِلَى اللّٰهِ وَرَسُولِهٖ لِيَحْكُمَ
بَيْنَهُمْ اِذَا فَرٖيقٌ مِنْهُمْ مُعْرِضُونَ ﴿٤٨﴾ وَاِنْ يَكُنْ لَهُمُ الْحَقُّ يَأْتُٓوا
اِلَيْهِ مُذْعِنٖينَۜ ﴿٤٩﴾ اَفٖى قُلُوبِهِمْ مَرَضٌ اَمِ ارْتَابُٓوا اَمْ يَخَافُونَ
اَنْ يَحٖيفَ اللّٰهُ عَلَيْهِمْ وَرَسُولُهُۜ بَلْ اُو۬لٰٓئِكَ هُمُ الظَّالِمُونَ ﴿٥٠﴾ اِنَّمَا
كَانَ قَوْلَ الْمُؤْمِنٖينَ اِذَا دُعُٓوا اِلَى اللّٰهِ وَرَسُولِهٖ لِيَحْكُمَ بَيْنَهُمْ
اَنْ يَقُولُوا سَمِعْنَا وَاَطَعْنَاۜ وَاُو۬لٰٓئِكَ هُمُ الْمُفْلِحُونَ ﴿٥١﴾ وَمَنْ
يُطِعِ اللّٰهَ وَرَسُولَهُ وَيَخْشَ اللّٰهَ وَيَتَّقْهِ فَاُو۬لٰٓئِكَ هُمُ الْفَٓائِزُونَ ﴿٥٢﴾
وَاَقْسَمُوا بِاللّٰهِ جَهْدَ اَيْمَانِهِمْ لَئِنْ اَمَرْتَهُمْ لَيَخْرُجُنَّۜ قُلْ
لَا تُقْسِمُواۚ طَاعَةٌ مَعْرُوفَةٌۜ اِنَّ اللّٰهَ خَبٖيرٌ بِمَا تَعْمَلُونَ ﴿٥٣﴾

44. Dios alterna la noche y el día. En verdad que en ello se da una lección para aquellos que son capaces de ver.

45. Dios ha creado a cada criatura viva de agua[28]. Entre ellos están algunos que se mueven sobre sus vientres, y algunos que se mueven sobre dos piernas, y algunos que se mueven sobre cuatro. Dios crea lo que Su Voluntad dispone. Sin duda Dios posee pleno poder sobre todas las cosas.

46. Sin duda, hemos enviado Revelaciones que demuestran la verdad claramente e iluminan vuestro camino. Dios guía a quien Su Voluntad dispone a un camino recto.

47. Dicen, «Hemos creído en Dios y en el Mensajero, y hemos prometido obediencia (a ambos)», pero entonces, después de eso un grupo entre ellos se aparta (contradiciendo su declaración por sus actitudes y actos). Tales no son creyentes.

48. Cuando se les llama a Dios y a Su Mensajero de modo que el Mensajero juzgue entre ellos, ves cómo un grupo entre ellos se aparta en aversión.

49. Si el derecho está de su parte, vienen de buena gana aceptándolo.

50. ¿Acaso hay una enfermedad en sus corazones (que corrompe su voluntad y carácter)? ¿O les asaltaron las dudas? ¿O temen que Dios y Su Mensajero traten de manera injusta a ellos? No, la verdad es que ellos mismos son malhechores.

51. La única expresión de los (verdaderos) creyentes, cuando se les llama a Dios y a Su Mensajero de modo que el Mensajero juzgue entre ellos, es: «Hemos oído y obedecemos». Tales son aquellos que son los prósperos[29].

52. Quien obedece a Dios y a Su Mensajero, y esté abrumado por el temor reverencial a Dios y se aparte de la desobediencia a Él en veneración a Él y piedad, tales son de hecho los que son triunfantes.

53. (Los hipócritas) juran por Dios solemnemente que si les ordenas, con toda seguridad se marcharían (a luchar en la causa de Dios). Diles: «No juréis. Lo que se espera de vosotros es obediencia de manera adecuada, eminentemente. (Así que debéis hacer lo que hacen otros creyentes, y por lo tanto, os marcharéis cuando se os ordena hacerlo sin gestos que indican exageración y afectación)». Dios se halla perfectamente informado de todo lo que hacéis.

28. Un significado de este versículo es que el material primario en la creación es algo fluido —éter, hidrógeno, o una nube grande, una enorme nebulosa, o una masa de gas caliente, u otra cosa. Según esto, Dios hizo del éter una fuente de los átomos de los cuales Él creó todas las cosas, y ha colocado todas las cosas en el «océano» del éter. Otro significado es que el agua misma fue constituida por dos gases. Sus vapores se elevan de la Tierra, se condensan y luego vuelven como lluvia para formar o preparar un ambiente adecuado para la vida.

Para más explicaciones, véanse el *sura* 2:74, nota 78; el *sura* 21:30, nota 3; el *sura* 23:18, nota 6.

29. Para las prescripciones similares sobre creer en Dios y Su Mensajero, y obedecerles, y sinceramente someterse a sus juicios, véase el *sura* 4:60-65: El versículo 65, especialmente, es significativo en este sentido: *¡Pero no! Por tu Señor que no creerán (verdaderamente) a no ser que hagan de ti un juez en todo litigio que surja entre ellos, no encuentren en sí mismos ni la más mínima aflicción en lo que resuelvas y se sometan por completo.*

La Mezquita del Profeta en Medina a finales del siglo XIX (Una reproducción por R. Yazdani de una fotografía de los archivos del Palacio Yildiz en Estambul).

قُلْ اَطِيعُوا اللّٰهَ وَاَطِيعُوا الرَّسُولَ فَاِنْ تَوَلَّوْا فَاِنَّمَا عَلَيْهِ
مَا حُمِّلَ وَعَلَيْكُمْ مَا حُمِّلْتُمْ وَاِنْ تُطِيعُوهُ تَهْتَدُوا وَمَا
عَلَى الرَّسُولِ اِلَّا الْبَلَاغُ الْمُبِينُ ﴿٥٤﴾ وَعَدَ اللّٰهُ الَّذِينَ اٰمَنُوا مِنْكُمْ
وَعَمِلُوا الصَّالِحَاتِ لَيَسْتَخْلِفَنَّهُمْ فِى الْاَرْضِ كَمَا اسْتَخْلَفَ
الَّذِينَ مِنْ قَبْلِهِمْ وَلَيُمَكِّنَنَّ لَهُمْ دِينَهُمُ الَّذِى ارْتَضٰى لَهُمْ
وَلَيُبَدِّلَنَّهُمْ مِنْ بَعْدِ خَوْفِهِمْ اَمْنًا يَعْبُدُونَنِى لَا يُشْرِكُونَ بِى
شَيْـًٔا وَمَنْ كَفَرَ بَعْدَ ذٰلِكَ فَاُولٰٓئِكَ هُمُ الْفَاسِقُونَ ﴿٥٥﴾ وَاَقِيمُوا
الصَّلٰوةَ وَاٰتُوا الزَّكٰوةَ وَاَطِيعُوا الرَّسُولَ لَعَلَّكُمْ تُرْحَمُونَ ﴿٥٦﴾
لَا تَحْسَبَنَّ الَّذِينَ كَفَرُوا مُعْجِزِينَ فِى الْاَرْضِ وَمَاْوٰيهُمُ النَّارُ
وَلَبِئْسَ الْمَصِيرُ ﴿٥٧﴾ يَٓا اَيُّهَا الَّذِينَ اٰمَنُوا لِيَسْتَاْذِنْكُمُ الَّذِينَ
مَلَكَتْ اَيْمَانُكُمْ وَالَّذِينَ لَمْ يَبْلُغُوا الْحُلُمَ مِنْكُمْ ثَلٰثَ مَرَّاتٍ
مِنْ قَبْلِ صَلٰوةِ الْفَجْرِ وَحِينَ تَضَعُونَ ثِيَابَكُمْ مِنَ الظَّهِيرَةِ
وَمِنْ بَعْدِ صَلٰوةِ الْعِشَاءِ ثَلٰثُ عَوْرَاتٍ لَكُمْ لَيْسَ عَلَيْكُمْ
وَلَا عَلَيْهِمْ جُنَاحٌ بَعْدَهُنَّ طَوَّافُونَ عَلَيْكُمْ بَعْضُكُمْ
عَلٰى بَعْضٍ كَذٰلِكَ يُبَيِّنُ اللّٰهُ لَكُمُ الْاٰيَاتِ وَاللّٰهُ عَلِيمٌ حَكِيمٌ ﴿٥٨﴾

وَاِذَا بَلَغَ

54. Di: «Obedeced a Dios y obedeced al Mensajero»[30]. Sin embargo (Oh gente), si os apartáis del Mensajero, (entonces que sepáis que) lo que le corresponde es solamente con lo que está encargado, y lo que os corresponde es con lo que estáis encargados. Sin embargo, si obedecéis, seréis guiados (a la verdad). Lo que le corresponde al Mensajero es nada más que comunicar el Mensaje completa y claramente.

55. Dios ha prometido a aquellos de vosotros que creen y hacen actos buenos y rectos que con toda seguridad Él los autorizará como vicerregentes en la Tierra (en lugar de aquellos que están en el poder actualmente), exactamente como autorizó a aquellos (de las mismas cualidades) que les precedieron, y que, sin duda, establecerá con firmeza para ellos su Religión, la cual (ha elegido y) ha aprobado para ellos, y sustituirá su estado actual de miedo por la seguridad (de modo que puedan practicar su Religión libre y completamente, y en paz). Ellos Me adoran solamente a Mí, no asociándome a nadie a Mí como copartícipes (en creencia, adoración y autoridad para ordenar su vida). Quien se vuelva ingrato después de eso, tales son de hecho los transgresores.

56. Estableced la Oración conforme a sus condiciones, y pagad la Limosna Purificadora Prescrita, y obedeced al Mensajero para que os muestre misericordia (para que se os conceda una vida buena y virtuosa en el mundo, y una felicidad eterna en el Más Allá)[31].

57. No te creas que aquellos que no creen pueden frustrar (Nuestra voluntad) en la Tierra. Su refugio final es el Fuego: ¡cuán funesto destino de llegada!

58. ¡Oh vosotros que creéis! (Incluso) aquellos de quienes poseen vuestras diestras (como esclavos), así como aquellos de vosotros (vuestros hijos) que todavía no han llegado a la pubertad, pidan vuestros permiso (antes de entrar en vuestros cuartos particulares) en tres momentos (del día) antes de la Oración de la Mañana, y cuando os quitéis vuestra ropa al mediodía para descansar, y después de la Oración de la Noche. Estos son vuestros tres momentos de intimidad. Aparte de estas ocasiones, no incurrís en falta ni ellos, si entran sin permiso; seguro que circularán alrededor de vosotros, algunos de vosotros atienden a otros. Así que, Dios hace claras para vosotros (las instrucciones en) las Revelaciones. Dios es Omnisciente, Omnisapiente.

30. Esta declaración, como otras parecidas (por ejemplo, el anterior versículo 47), establece que el Mensajero, la paz y las bendiciones sean con él, ordena y prohíbe en asuntos que no están incluidos en el Corán, y, por lo tanto, se refiere a la Sunna como una fuente aparte de los mandamientos islámicos, aparte de ser el primer intérprete del Corán. Si no, habría dicho: «Obedeced a Dios y al Mensajero», sin repetir la orden, *obedeced*, antes del Mensajero (Para una explicación detallada, véase 4:59, nota 13).

31. Establecer la Oración, pagar la Limosna Purificadora Prescrita, y obedecer al Mensajero absolutamente en todos los aspectos de su misión (adhesión a la Sunna) son las condiciones más importantes para cumplir para merecer la promesa de Dios mencionada en el versículo anterior y para merecer el estado prometido.

La Mezquita del Profeta en Medina a finales del siglo XIX (Una reproducción por R. Yazdani de una fotografía de los archivos del Palacio Yildiz en Estambul).

وَإِذَا بَلَغَ الْأَطْفَالُ مِنْكُمُ الْحُلُمَ فَلْيَسْتَأْذِنُوا كَمَا
اسْتَأْذَنَ الَّذِينَ مِنْ قَبْلِهِمْ كَذَٰلِكَ يُبَيِّنُ اللَّهُ لَكُمْ
آيَاتِهِ وَاللَّهُ عَلِيمٌ حَكِيمٌ ﴿٥٩﴾ وَالْقَوَاعِدُ مِنَ النِّسَاءِ
اللَّاتِي لَا يَرْجُونَ نِكَاحًا فَلَيْسَ عَلَيْهِنَّ جُنَاحٌ
أَنْ يَضَعْنَ ثِيَابَهُنَّ غَيْرَ مُتَبَرِّجَاتٍ بِزِينَةٍ وَأَنْ يَسْتَعْفِفْنَ
خَيْرٌ لَهُنَّ وَاللَّهُ سَمِيعٌ عَلِيمٌ ﴿٦٠﴾ لَيْسَ عَلَى الْأَعْمَىٰ
حَرَجٌ وَلَا عَلَى الْأَعْرَجِ حَرَجٌ وَلَا عَلَى الْمَرِيضِ
حَرَجٌ وَلَا عَلَىٰ أَنْفُسِكُمْ أَنْ تَأْكُلُوا مِنْ بُيُوتِكُمْ
أَوْ بُيُوتِ آبَائِكُمْ أَوْ بُيُوتِ أُمَّهَاتِكُمْ أَوْ بُيُوتِ إِخْوَانِكُمْ
أَوْ بُيُوتِ أَخَوَاتِكُمْ أَوْ بُيُوتِ أَعْمَامِكُمْ أَوْ بُيُوتِ عَمَّاتِكُمْ
أَوْ بُيُوتِ أَخْوَالِكُمْ أَوْ بُيُوتِ خَالَاتِكُمْ أَوْ مَا مَلَكْتُمْ
مَفَاتِحَهُ أَوْ صَدِيقِكُمْ لَيْسَ عَلَيْكُمْ جُنَاحٌ أَنْ تَأْكُلُوا
جَمِيعًا أَوْ أَشْتَاتًا فَإِذَا دَخَلْتُمْ بُيُوتًا فَسَلِّمُوا
عَلَىٰ أَنْفُسِكُمْ تَحِيَّةً مِنْ عِنْدِ اللَّهِ مُبَارَكَةً طَيِّبَةً
كَذَٰلِكَ يُبَيِّنُ اللَّهُ لَكُمُ الْآيَاتِ لَعَلَّكُمْ تَعْقِلُونَ ﴿٦١﴾

59. Y cuando vuestros hijos lleguen a la pubertad, que pidan permiso (siempre que desean entrar en vuestros cuartos particulares), exactamente como aquellos (que ya han llegado a la misma edad) antes de ellos lo piden. Así que, Dios hace claras para vosotros (las instrucciones en) las Revelaciones. Dios es Omnisciente, Omnisapiente.

60. Las mujeres de edad avanzada, que hayan pasado la edad de tener hijos y ya no sientan cualquier deseo sexual, no incurren en ninguna falta si se quitan su ropa externa sin hacer exhibición de sus encantos. Pero aun así, es mejor para ellas abstenerse de esto. Dios es Aquél Quien todo lo Oye, Omnisciente.

61. No incurren en falta los ciegos, ni los lisiados, ni los enfermos (por comer para satisfacer solamente su necesidad sin causar ningún daño y derroche, en la casa de alguien sano y pudiente), y ni asimismo vosotros, que (en caso de necesidad y sin previa invitación), comáis en la casa de vuestro cónyuge y vuestros hijos, o en las casas de vuestros padres, o en las casas de vuestras madres, o en las casas de vuestros hermanos, o en las casas de vuestras hermanas, o en las casas de vuestros tíos paternos, o en las casas de vuestras tías paternas, o en las casas de vuestros tíos maternos, o en las casas de vuestras tías maternas, o en las casas de las cuales seáis responsables, o en las casas de cualquier amigo íntimo vuestro (que serían felices veros comer con toda libertad en su hogar). No incurrís en falta si coméis juntos o por separado. Sin embargo cuando entráis en alguna de estas casas, saludad uno al otro con un saludo bendito, puro y bueno señalado por Dios. Así que, Dios hace claras para vosotros (las instrucciones en) las Revelaciones, de modo que podáis razonar y entender[32].

32. Al pensar acerca de esta instrucción, podemos considerar la importancia que el Islam atribuye a la ayuda mutua, la solidaridad, y la hermandad, las cuales aspira a establecer entre los musulmanes.

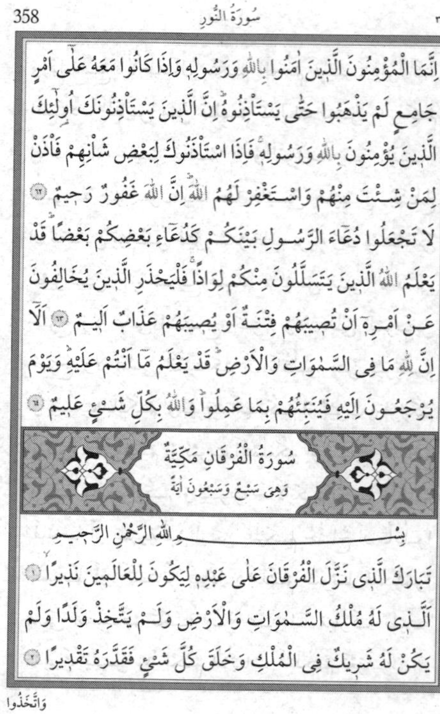

62. Solamente aquellos son los verdaderos creyentes que creen en Dios y Su Mensajero, y que, cuando están con él por una causa colectiva, no se van a menos que hayan obtenido su permiso. Sin duda, aquellos que piden tu permiso, son ellos quienes creen verdaderamente en Dios y Su Mensajero. Así que, si te piden permiso para algún asunto suyo, da permiso a quien quieras de ellos, y pide perdón de Dios por ellos. Sin duda, Dios es Indulgente, Compasivo[33].

63. No tratéis la llamada y el rezo del Mensajero para vosotros como vuestra llamada y rezo de uno para el otro. De hecho, Dios conoce bien a aquellos de vosotros que subrepticiamente se escabullen, poniéndose a cubierto uno detrás de otro. Así pues, que aquellos que vayan contra la orden del Mensajero tengan cuidado de que para que una prueba amarga[34] no les sobrevenga o un castigo doloroso les aflija.

64. ¡Cuidado! a Dios Le pertenece todo lo que se halla en los Cielos y en la Tierra. Él conoce bien dónde os encontráis (y de qué os ocupáis). Y (a Él pertenece) el Día cuando los seres humanos serán devueltos a Él, entonces les hará entender todo lo que hicieron (en el mundo). Dios posee pleno conocimiento de todas las cosas.

---

33. Cuando los musulmanes o aquellos interesados de entre ellos son llamados por una causa colectiva, siempre deben responder a la llamada y no marcharse sin el permiso del gobernante/líder o el administrador. Si alguno de ellos tiene una razón para marcharse, la razón debe ser verdadera y válida, y no deben salir sin permiso. El administrador o líder tiene todo el derecho a conceder o negar el permiso el cual se ha pedido, a su discreción.

34. La prueba que sobrevendrá a los que se oponen a las órdenes del Mensajero, la paz y las bendiciones sean con él, y, después de él, a las de sus sucesores, tiene muchas formas o aspectos, tales como el yugo de los gobernadores injustos y opresivos, la disensión o el desorden y la guerra civil, la degeneración moral, y la pérdida del poder.

SURA 25

AL-FURQAN (EL CRITERIO)

Período de La Meca

Este *sura* toma su título de la palabra *al-Furqan* (el Criterio) en el primero de sus 77 versículos. El *sura* fue revelado a mediados del período de La Meca. Anula las dudas que fueron expresadas por los politeístas de La Meca acerca del origen Divino del Corán, y la Misión Profética de Muhammad, la paz y las bendiciones sean con él. También presenta la excelencia moral de los creyentes con respecto a sus enemigos, y declara que el Mensaje Divino eleva a sus seguidores intelectualmente, moralmente y espiritualmente.

En el Nombre de Dios,
el Misericordioso, el Compasivo.

1. Bendito y Supremo es Él Quien envía el Criterio (que distingue entre la verdad y la falsedad) en partes a Su siervo para que sea un advertidor a todos los seres conscientes (contra las consecuencias del extravío),

2. Él a Quien pertenece la soberanía de los Cielos y de la Tierra; y no ha adoptado a ningún hijo, ni tiene algún copartícipe (en Su dominio o algún aspecto de ser Dios); y Él crea todas las cosas y determina su destino[1].

---

1. Como se ha explicado en varios lugares en este estudio (el *sura* 4:79, nota 18; el *sura* 6:59, nota 13; el *sura* 7:173, nota 43; el *sura* 11:6, nota 1; el *sura* 13:39, nota 13; el *sura* 17:14, nota 10, y el Apéndice 7), hay varios aspectos del destino. Aquí, el destino significa una medida cierta y exacta, una forma y un tamaño; los potenciales, los atributos, las características, y las obligaciones o funciones que son propios de un ser; los límites de su crecimiento y desarrollo; así como todos los demás detalles que pertenecen a él y su vida.

وَاتَّخَذُوا مِنْ دُونِهٖٓ اٰلِهَةً لَا يَخْلُقُونَ شَيْـًٔا وَهُمْ يُخْلَقُونَ
وَلَا يَمْلِكُونَ لِاَنْفُسِهِمْ ضَرًّا وَلَا نَفْعًا وَلَا يَمْلِكُونَ
مَوْتًا وَلَا حَيٰوةً وَلَا نُشُورًا ﴿٣﴾ وَقَالَ الَّذٖينَ كَفَرُٓوا اِنْ
هٰذَٓا اِلَّٓا اِفْكٌ افْتَرٰيهُ وَاَعَانَهُ عَلَيْهِ قَوْمٌ اٰخَرُونَ فَقَدْ جَٓاؤُ
ظُلْمًا وَزُورًا ﴿٤﴾ وَقَالُٓوا اَسَاطٖيرُ الْاَوَّلٖينَ اكْتَتَبَهَا فَهِيَ
تُمْلٰى عَلَيْهِ بُكْرَةً وَاَصٖيلًا ﴿٥﴾ قُلْ اَنْزَلَهُ الَّذٖى يَعْلَمُ
السِّرَّ فِى السَّمٰوَاتِ وَالْاَرْضِ اِنَّهُ كَانَ غَفُورًا رَحٖيمًا ﴿٦﴾
وَقَالُوا مَالِ هٰذَا الرَّسُولِ يَاْكُلُ الطَّعَامَ وَيَمْشٖى
فِى الْاَسْوَاقِ لَوْلَٓا اُنْزِلَ اِلَيْهِ مَلَكٌ فَيَكُونَ مَعَهُ نَذٖيرًا ﴿٧﴾
اَوْ يُلْقٰٓى اِلَيْهِ كَنْزٌ اَوْ تَكُونُ لَهُ جَنَّةٌ يَاْكُلُ مِنْهَا وَقَالَ
الظَّالِمُونَ اِنْ تَتَّبِعُونَ اِلَّا رَجُلًا مَسْحُورًا ﴿٨﴾ اُنْظُرْ كَيْفَ
ضَرَبُوا لَكَ الْاَمْثَالَ فَضَلُّوا فَلَا يَسْتَطٖيعُونَ سَبٖيلًا ﴿٩﴾
تَبَارَكَ الَّذٖٓى اِنْ شَٓاءَ جَعَلَ لَكَ خَيْرًا مِنْ ذٰلِكَ جَنَّاتٍ
تَجْرٖى مِنْ تَحْتِهَا الْاَنْهَارُ وَيَجْعَلْ لَكَ قُصُورًا ﴿١٠﴾
بَلْ كَذَّبُوا بِالسَّاعَةِ وَاَعْتَدْنَا لِمَنْ كَذَّبَ بِالسَّاعَةِ سَعٖيرًا ﴿١١﴾

3. Sin embargo algunos optan por tomar, aparte de Dios, deidades que no crean nada sino que son creados, y no tienen ningún poder de evitar daño de ellos mismos, o incluso beneficiar a sí mismos (de modo que puedan perjudicar o beneficiar a sus adoradores), y no tienen ningún poder sobre la muerte, ni sobre la vida, ni sobre la resurrección[2].

4. Aquellos incrédulos dicen: «Este (Corán) es solamente una invención la cual él (Muhammad) mismo ha inventado, y algunos otros le han ayudado con ella, así que han producido un mal y una falsedad».

5. También dicen: «(Consiste en) solamente fábulas de los antiguos las cuales él tiene escritas. Se las están leyendo a él a primera hora de las mañanas y de las tardes (mientras la gente está en casa)[3]».

6. Di: «(Es un Libro lleno de conocimiento, revela muchos secretos tales como ningún ser humano no podría descubrir de ninguna manera:) Aquél Quien sabe todos los secretos en los Cielos y en la Tierra lo envía (para enseñaros algunos de estos secretos y guiaros en vuestra vida para que podáis lograr felicidad en ambos mundos). Sin duda Él es Indulgente, Compasivo».

7. También dicen: «¿Qué clase de Mensajero es éste? Come y se pasea por los mercados (como cualquier mortal). ¿Por qué un ángel no es enviado a él de modo que pueda actuar como advertidor en su compañía (y ayudarle para persuadir a la gente)?».

8. O: «¿Por qué un tesoro no es arrojado sobre él desde el Cielo (de modo que ya no necesitaría pasearse por los mercados para ganarse la vida)?». O: «¿Por qué no tiene un huerto (concedido a él milagrosamente) del cual obtenga su alimento?». Y así estos malhechores dicen (a los creyentes): «¡Sólo estáis siguiendo a un hombre hechizado!».

9. Mira de qué forma tan rara inventan comparaciones de ti. Se extraviaron tanto que ya no pueden encontrar un camino (a la verdad).

10. Bendito y Supremo es Él Quien, si Él quiere, puede concederte (Oh Mensajero) mejor que todo lo que (proponen) —jardines a través de los cuales discurren ríos— y concederte palacios.

11. Pero niegan la Última Hora (y por eso inventan tales pretextos por haber negado tu llamada. Sin embargo,) hemos preparado un Fuego para todo aquel que niegue la Última Hora.

2. Todas las criaturas, incluyendo los seres humanos, aunque están dotados de facultades y potenciales mejor desarrollados que otras criaturas, son básicamente débiles. Los seres humanos no tienen ningún poder de decidir si nacerán o no; mantener sus vidas; decidir sobre sus atributos físicos; elegir la fecha y el lugar de su nacimiento o muerte; decidir quién será parte de sus familias; ni determinar lo que es perjudicial o beneficioso para ellos. Ni tienen control sobre el funcionamiento de los Cielos y de la Tierra, ni siquiera sobre sus propios cuerpos, tampoco pueden controlar sus necesidades vitales, tales como hambre, sed y sueño. Incluso si todos los seres humanos se reunieran y fueran apoyados por todos los demás seres, no podrían crear incluso una brizna de hierba.

Si el ser humano es débil y está limitado a tal grado, entonces no hay otra clase de ser mortal que puede ser dueño, creador o gobernador del hombre o de sí mismo. Solamente Aquél Quien posee pleno conocimiento del universo en su totalidad, con todo lo que se halla en ello, incluyendo la relación de cada cosa con todo lo demás y con el universo como un todo, y un conocimiento de cada ser con todas sus particularidades y necesidades, y Quien tiene poder absoluto de crear, mientras que Él mismo no es creado, y para hacer o evitar daño y beneficiar, e imponer la muerte, dar la vida y resucitar a los muertos, puede ser el Creador, Dueño, y Gobernador de todos los seres, incluso del ser humano.

3. Tales aseveraciones infundadas no son diferentes de las que levantan los orientalistas contra el Corán. La única diferencia es que aquellos que hicieron estas aseveraciones durante la época del Profeta, la paz y las bendiciones sean con él, eran más honestos que sus homólogos contemporáneos. A diferencia de los orientalistas actuales, nunca han afirmado que el Mensajero, la paz y las bendiciones sean con él, había aprendido la esencia de su enseñanza de Bahira, a quien él conoció en su niñez durante sus viajes. Ni afirmaron que haya sido educado por los eruditos cristianos y judíos durante estos mismos viajes. Tenían plena conciencia de que el Mensajero, la paz y las bendiciones sean con él, hizo estos viajes durante su niñez y juventud junto con las caravanas, y también sabían que los que estaban con él habrían refutado tales afirmaciones. Además, el Mensajero, la paz y las bendiciones sean con él, declaró su Misión Profética muchos años después de sus viajes. Entre muchas objeciones falsas que pusieron, también aseveraron que, cuando la gente estaba en casa, alguna gente relativamente bien informada en La Meca le recitaría en secreto algunos libros antiguos de modo que él podría tener estas ideas escritas, y luego comunicando éstas a la gente durante el día. Nadie creyó nunca estas afirmaciones infundadas. Incluso aquellos que las inventaron no creyeron verdaderamente en ellas, y pronto empezaron a hacer muchas otras aseveraciones.

إِذَا رَأَتْهُمْ مِنْ مَكَانٍ بَعِيدٍ سَمِعُوا لَهَا تَغَيُّظًا وَزَفِيرًا ﴿١٢﴾
وَإِذَا أُلْقُوا مِنْهَا مَكَانًا ضَيِّقًا مُقَرَّنِينَ دَعَوْا هُنَالِكَ
ثُبُورًا ﴿١٣﴾ لَا تَدْعُوا الْيَوْمَ ثُبُورًا وَاحِدًا وَادْعُوا ثُبُورًا
كَثِيرًا ﴿١٤﴾ قُلْ أَذَٰلِكَ خَيْرٌ أَمْ جَنَّةُ الْخُلْدِ الَّتِي وُعِدَ
الْمُتَّقُونَ كَانَتْ لَهُمْ جَزَاءً وَمَصِيرًا ﴿١٥﴾ لَهُمْ فِيهَا
مَا يَشَاءُونَ خَالِدِينَ كَانَ عَلَىٰ رَبِّكَ وَعْدًا مَسْئُولًا ﴿١٦﴾
وَيَوْمَ يَحْشُرُهُمْ وَمَا يَعْبُدُونَ مِنْ دُونِ اللَّهِ فَيَقُولُ
أَأَنْتُمْ أَضْلَلْتُمْ عِبَادِي هَٰؤُلَاءِ أَمْ هُمْ ضَلُّوا السَّبِيلَ ﴿١٧﴾
قَالُوا سُبْحَانَكَ مَا كَانَ يَنْبَغِي لَنَا أَنْ نَتَّخِذَ مِنْ دُونِكَ
مِنْ أَوْلِيَاءَ وَلَٰكِنْ مَتَّعْتَهُمْ وَآبَاءَهُمْ حَتَّىٰ نَسُوا الذِّكْرَ
وَكَانُوا قَوْمًا بُورًا ﴿١٨﴾ فَقَدْ كَذَّبُوكُمْ بِمَا تَقُولُونَ فَمَا
تَسْتَطِيعُونَ صَرْفًا وَلَا نَصْرًا وَمَنْ يَظْلِمْ مِنْكُمْ نُذِقْهُ
عَذَابًا كَبِيرًا ﴿١٩﴾ وَمَا أَرْسَلْنَا قَبْلَكَ مِنَ الْمُرْسَلِينَ إِلَّا
إِنَّهُمْ لَيَأْكُلُونَ الطَّعَامَ وَيَمْشُونَ فِي الْأَسْوَاقِ وَجَعَلْنَا
بَعْضَكُمْ لِبَعْضٍ فِتْنَةً أَتَصْبِرُونَ وَكَانَ رَبُّكَ بَصِيرًا ﴿٢٠﴾

وَقَالَ الَّذِينَ

12. Cuando el Fuego los ve (incluso) desde un lugar lejano, lo oirán propagarse con furia y crepitar[4].

13. Y cuando son arrojados, encadenados juntos, en un lugar estrecho en él, allí rogarán para ser extinguidos.

14. (Entonces se les dirá) «Hoy, no rogaréis para morir una sola vez; en su lugar, rogaréis para morir muchas veces (pero no servirá de nada)».

15. Di (Oh Mensajero): «¿Es esto mejor para preferir o el Jardín de la vida eterna, el cual se ha prometido a los piadosos devotos?». Esto será una recompensa para ellos y un destino final.

16. Para ellos, habrá en esto todo lo que desean, morarán (en ello)[5]. Esto es una promesa que seguro que tu Señor la cumplirá.

17. Un Día (vendrá) cuando Dios los reunirá juntos (a todos los incrédulos), y todos aquellos a los que adoran (aparte de Dios: los ángeles, los Profetas, los santos, y otros, y los ídolos), y les preguntará: «¿Erais vosotros quienes extraviasteis a estos siervos Míos, o ellos mismos se apartaron del camino recto?».

18. Dirán: «¡Gloria a Ti! No era propio de nosotros tomar amigos aparte de Ti (así que no tenían ningún derecho de tomarnos como tal y hacernos objetos de su adoración). Sin embargo (la verdad es que, de Tu gracia) colmaste a ellos y a sus antepasados de comodidad en la vida, pero ellos (siendo ingratos) se olvidaron de toda la remembranza Tuya (e hicieron caso omiso del Mensaje de advertencia que Tus Mensajeros les han traído). Eran gente (perversa y) condenada a perdición».

19. (Dios dirá:) «Así que os han negado (que los adoráis falsamente) en todo lo que afirmáis sobre ellos, y no podéis conjurar (vuestro debido castigo) ni obtener alguna ayuda (de aquellos a quienes deificasteis y adorasteis falsamente en el mundo)». (¡Oh gente!) Quien cometa el mal más grande (atribuyendo copartícipes a Dios), le haremos probar un enorme castigo.

20. (Oh Mensajero!) Nunca enviamos algún Mensajero antes de ti sin que comiera y se paseara por los mercados (para satisfacer sus necesidades). Os hacemos (Oh seres humanos) ser un medio de prueba uno para el otro. ¿Demostraréis buena paciencia y perseverancia (frente a Nuestros decretos, y permanecer firmes en Nuestro camino)? Tu Señor es Aquél Quien todo lo Ve.

4. Aunque algunos comentaristas consideran la frase, *el Fuego los ve*, una descripción metafórica, puede que sea literal y signifique que el Infierno no está desprovisto de la vida y de la conciencia. En el versículo 65 de el *Surat al-'Ankabut* (29), se indica que, *la morada del Más Allá está verdaderamente viva*. No podemos medir esa vida en términos y escalas que conocemos en este mundo. Ya que este mundo es la morada de Sabiduría, donde Dios obra detrás del velo de la materia y la causalidad. Sin embargo el Más Allá será la morada del Poder, donde Dios obrará sin ningún velo.

Según se ha relatado por at-Tabarani de Abu Umamah, el Mensajero, la paz y las bendiciones sean con él, declaró: «Quien me atribuye alguna palabra que no dijera, que se prepare para su lugar entre los dos ojos del Infierno». Cuando se le ha preguntado si el Infierno tenía ojos, él recitó este versículo y añadió: «Si no tuviera ojos, ¿cómo podría ver?» (Yazır, 5:3576).

5. El Paraíso es la morada de la pureza absoluta, y los creyentes entrarán allí después de lograr pureza pasando por todos los reinos del Más Allá. Estos reinos servirán como un medio de purificación hasta que sean aptos para el Paraíso. Así que allí desearán solamente las cosas que se espera que alguien absolutamente puro desee, y las cuales se encontrarán en el Paraíso de acuerdo con la aprobación de Dios.

21. Aquellos quienes (siendo incrédulos) no esperan encontrarse con Nosotros (en el Más Allá) dicen: «¿Por qué no son enviados ángeles sobre nosotros, o (por qué) no vemos a nuestro Señor?». Sin duda, están demasiado arrogantes de sí mismos (exigiendo lo imposible para ellos), y sobrepasan todos los límites (en su atrevimiento).

22. El Día cuando ven a los ángeles, no habrá ningunas buenas nuevas ese Día para los criminales incrédulos, y gritarán a los ángeles con miedo: «¡No os acerquéis a nosotros!».

23. Y nos volveremos a tratar todos los (supuestamente buenos) actos que hicieron (en el mundo), y los reduciremos a todos a partículas de polvo dispersadas por todos lados.

24. Mientras que los compañeros del Paraíso, ese Día, habrán designado para ellos la mejor morada y el lugar más bello de reposo.

25. En ese Día, el Cielo se desgarrará con las nubes (que lo cubren), y a los ángeles se hará descender majestuosamente.

26. La soberanía ese Día absolutamente pertenecerá al Compasivo (la cual entonces ejercerá sin el velo intermediario de causa y efecto)[6]. Será un día duro para los incrédulos.

27. Ese Día, el malhechor morderá sus manos, diciendo (en remordimiento), «Oh, ojalá hubiera tomado un camino en compañía del Mensajero.

28. ¡Oh, ay de mí! ¡Ojalá no hubiera tomado a tal persona como amigo!

29. De hecho, me extravió del Recordatorio (el Corán) una vez que me hubiera venido. Satanás ha demostrado ser un traidor del ser humano».

30. Y el Mensajero dice: «¡Señor mío! Sin duda mi gente ha hecho de este Corán algo digno de ninguna atención».

361 اَلْجُزْءُ التَّاسِعَ عَشَرَ ٣٦١

وَقَالَ الَّذِينَ لَا يَرْجُونَ لِقَاءَنَا لَوْلَا اُنْزِلَ عَلَيْنَا الْمَلٰئِكَةُ
اَوْ نَرٰى رَبَّنَا لَقَدِ اسْتَكْبَرُوا فٖى اَنْفُسِهِمْ وَعَتَوْ عُتُوًّا كَبٖيرًا ﴿٢١﴾
يَوْمَ يَرَوْنَ الْمَلٰئِكَةَ لَا بُشْرٰى يَوْمَئِذٍ لِلْمُجْرِمٖينَ وَيَقُولُونَ
حِجْرًا مَحْجُورًا ﴿٢٢﴾ وَقَدِمْنَا اِلٰى مَا عَمِلُوا مِنْ عَمَلٍ فَجَعَلْنَاهُ
هَبَاءً مَنْثُورًا ﴿٢٣﴾ اَصْحَابُ الْجَنَّةِ يَوْمَئِذٍ خَيْرٌ مُسْتَقَرًّا وَاَحْسَنُ
مَقٖيلًا ﴿٢٤﴾ وَيَوْمَ تَشَقَّقُ السَّمَاءُ بِالْغَمَامِ وَنُزِّلَ الْمَلٰئِكَةُ
تَنْزٖيلًا ﴿٢٥﴾ اَلْمُلْكُ يَوْمَئِذٍ الْحَقُّ لِلرَّحْمٰنِ وَكَانَ يَوْمًا
عَلَى الْكَافِرٖينَ عَسٖيرًا ﴿٢٦﴾ وَيَوْمَ يَعَضُّ الظَّالِمُ عَلٰى يَدَيْهِ يَقُولُ
يَا لَيْتَنٖى اتَّخَذْتُ مَعَ الرَّسُولِ سَبٖيلًا ﴿٢٧﴾ يَا وَيْلَتٰى لَيْتَنٖى
لَمْ اَتَّخِذْ فُلَانًا خَلٖيلًا ﴿٢٨﴾ لَقَدْ اَضَلَّنٖى عَنِ الذِّكْرِ بَعْدَ
اِذْ جَاءَنٖى وَكَانَ الشَّيْطَانُ لِلْاِنْسَانِ خَذُولًا ﴿٢٩﴾ وَقَالَ الرَّسُولُ
يَا رَبِّ اِنَّ قَوْمِى اتَّخَذُوا هٰذَا الْقُرْاٰنَ مَهْجُورًا ﴿٣٠﴾ وَكَذٰلِكَ
جَعَلْنَا لِكُلِّ نَبِىٍّ عَدُوًّا مِنَ الْمُجْرِمٖينَ وَكَفٰى بِرَبِّكَ هَادِيًا
وَنَصٖيرًا ﴿٣١﴾ وَقَالَ الَّذٖينَ كَفَرُوا لَوْلَا نُزِّلَ عَلَيْهِ الْقُرْاٰنُ
جُمْلَةً وَاحِدَةً كَذٰلِكَ لِنُثَبِّتَ بِهٖ فُؤَادَكَ وَرَتَّلْنَاهُ تَرْتٖيلًا ﴿٣٢﴾

31. Así que, para cada Profeta, hemos hecho un (grupo) enemigo de entre los criminales incrédulos dedicados a acumular pecado. Sin embargo tu Señor es suficiente como un guía (a la verdad y a las mejores medidas a tomar) y un ayudante (contra las conjuras y prácticas de tus enemigos).

32. Aquellos incrédulos dicen (a modo de otro argumento falso para la incredulidad): «¿Por qué el Corán no se ha enviado a él todo a la vez?». (Lo enviamos en partes) de modo que podamos (grabarlo en tu mente y) establecer tu corazón con él, y lo estamos transmitiendo claramente y paulatinamente (una parte apoya a la otra, y proporcionando guía e instrucción para las ocasiones que surgen).

6. El Nombre atributivo de Dios que se emplea en este versículo y el cual se ha traducido como el Misericordioso es *ar-Rahman*. Como se ha explicado a la hora de interpretar la *Basmala* justo al principio de este estudio, no es posible traducir *ar-Rahman* en su significado exacto en otra lengua. Implica la manifestación global y universal de Dios a través del universo y, aunque está derivada de *rahmah* (misericordia), e implica Aquél Quien da la vida, mantiene, suministra y provee a todos los seres de las capacidades necesarias, también se refiere a Dios como el Majestuoso y es, por lo tanto, el origen de los Atributos de Majestad de Dios, tales como Aquél Quien Obliga, el Irresistible de majestad suprema, el Glorioso poseedor de irresistible poder, y Aquél Quien Castiga. Por esta razón, Su acto de castigar también está incluido en Su Misericordia. La pura misericordia de Dios, que se requiere recompensa, perdón y compasión, es requerida por Su ser *ar-Rahim* (el Compasivo) o es la manifestación del mismo. Esto explica la razón por la cual *el Misericordioso* es preferido en este versículo. En el Más Allá, Dios se manifestará ante todo como *ar-Rahman* (el Misericordioso), el Majestuoso Quien recompensa y castiga a partir de misericordia. Como *ar-Rahman*, ejercerá Su Voluntad sin el velo intermediario de causa y efecto o cualquier ley (como la ejerce en el mundo). Por eso, se dice que el Más Allá es la morada del Poder, mientras que el mundo es la morada de la Sabiduría.

33. Y asimismo, nunca vienen a ti con cualquier argumento (falso) (para mofarse de ti y provocarte) sin que proporcionemos a ti la verdad (para contestar a sus falsos argumentos) y una exposición mejor (la cual posibilita y aumenta el entendimiento)[7].

34. Aquellos que serán reunidos en el Infierno sobre sus rostros: tales representan el lado malvado en rango, y están más alejados del camino recto.

35. (Ejemplos de la historia:) Sin duda concedimos a Moisés el Libro y designamos a su hermano, Aarón, con él como un ayudante.

36. Luego dijimos: «Id a la gente que niega Nuestros signos (en el universo y en ellos mismos que señalan Nuestra Existencia y Unidad). Luego (después de que hayan sido advertidos), los destruimos completamente.

37. Y la gente de Noé, cuando negaron (a Noé y, de ese modo, negaron) a los Mensajeros, los ahogamos, e hicimos de ellos un signo (de advertencia e instrucción) para el ser humano. Tenemos preparado un castigo doloroso para los malhechores.

38. Y a (las tribus) 'Ad y Zamud, y la gente de ar-Rass[8], y muchas otras generaciones que vivieron entre éstas (y a la gente de Noé).

39. A cada uno (de ellos) explicamos la verdad de maneras diversas y con ejemplos de advertencia (de la historia), y a cada uno (de ellos) aniquilamos completamente.

40. Y (en La Meca, quienes ahora persisten en la incredulidad) sin duda se encontraron en la tierra (del profeta Lot), sobre la cual se hizo llover una lluvia de mal. ¿Acaso nunca lo han visto (con sus ojos

362 سُورَةُ الْفُرْقَانِ ٣٦٢

وَلَا يَأْتُونَكَ بِمَثَلٍ اِلَّا جِئْنَاكَ بِالْحَقِّ وَاَحْسَنَ تَفْسِيرًا ﴿٣٣﴾
اَلَّذِينَ يُحْشَرُونَ عَلٰى وُجُوهِهِمْ اِلٰى جَهَنَّمَ اُولٰٓئِكَ شَرٌّ
مَكَانًا وَاَضَلُّ سَبِيلًا ﴿٣٤﴾ وَلَقَدْ اٰتَيْنَا مُوسَى الْكِتَابَ
وَجَعَلْنَا مَعَهُٓ اَخَاهُ هٰرُونَ وَزِيرًا ﴿٣٥﴾ فَقُلْنَا اذْهَبَٓا اِلَى
الْقَوْمِ الَّذِينَ كَذَّبُوا بِاٰيَاتِنَا فَدَمَّرْنَاهُمْ تَدْمِيرًا ﴿٣٦﴾ وَقَوْمَ
نُوحٍ لَمَّا كَذَّبُوا الرُّسُلَ اَغْرَقْنَاهُمْ وَجَعَلْنَاهُمْ لِلنَّاسِ
اٰيَةً وَاَعْتَدْنَا لِلظَّالِمِينَ عَذَابًا اَلِيمًا ﴿٣٧﴾ وَعَادًا وَثَمُودَا
وَاَصْحَابَ الرَّسِّ وَقُرُونًا بَيْنَ ذٰلِكَ كَثِيرًا ﴿٣٨﴾ وَكُلًّا
ضَرَبْنَا لَهُ الْاَمْثَالَ وَكُلًّا تَبَّرْنَا تَتْبِيرًا ﴿٣٩﴾ وَلَقَدْ اَتَوْا
عَلَى الْقَرْيَةِ الَّتِٓي اُمْطِرَتْ مَطَرَ السَّوْءِ اَفَلَمْ يَكُونُوا
يَرَوْنَهَا بَلْ كَانُوا لَا يَرْجُونَ نُشُورًا ﴿٤٠﴾ وَاِذَا رَاَوْكَ اِنْ
يَتَّخِذُونَكَ اِلَّا هُزُوًا اَهٰذَا الَّذِي بَعَثَ اللّٰهُ رَسُولًا ﴿٤١﴾ اِنْ
كَادَ لَيُضِلُّنَا عَنْ اٰلِهَتِنَا لَوْلَٓا اَنْ صَبَرْنَا عَلَيْهَا وَسَوْفَ
يَعْلَمُونَ حِينَ يَرَوْنَ الْعَذَابَ مَنْ اَضَلُّ سَبِيلًا ﴿٤٢﴾ اَرَاَيْتَ
مَنِ اتَّخَذَ اِلٰهَهُ هَوٰيهُ اَفَاَنْتَ تَكُونُ عَلَيْهِ وَكِيلًا ﴿٤٣﴾

أَمْ تَحْسَبُ

para tener en cuenta)? No, no tienen ninguna esperanza de ser resucitados después de la muerte (y así que no hacen caso a ninguna advertencia).

41. Cada vez que te vean (Oh Mensajero), se burlan de ti (diciendo): «¿Es éste a quien Dios ha enviado como Mensajero?

42. De hecho, casi nos habría extraviado de nuestras deidades, si no hubiéramos perseverado en nuestra adhesión a ellas». Pero con el tiempo, cuando vean el castigo (prometido), llegarán a saber quién era aquel que se extravió del camino recto.

43. ¿Consideras alguna vez a aquel quien ha tomado sus deseos y caprichos como su deidad?[9] ¿Entonces serías un guardián sobre él (y, de ese modo, asumir la responsabilidad de dirigirlo)?

7. Said Nursi explica ciertos aspectos inimitables del Corán así:

A pesar de que el Corán fue revelado por partes durante más de veinte años para satisfacer diferentes necesidades y propósitos, posee una armonía perfecta, tal y como si hubiese sido revelado de una sola vez.

Aunque el Corán fue revelado a lo largo de más de veinte años en diferentes ocasiones, sus partes se apoyan mutuamente de tal manera que parece que hayan sido reveladas en una sola ocasión.

A pesar de que el Corán aconteció como respuesta a diferentes y reiteradas cuestiones, sus fragmentos se encuentran tan unidos y son tan armoniosos que se asemeja a la respuesta a una sola pregunta.

A pesar de que el Corán surgió para juzgar distintos casos y acontecimientos, muestra un orden tan perfecto que es como si fuese un juicio emitido en un solo caso o acontecimiento.

Aunque el Corán fue revelado por Cortesía Divina en diversos estilos para satisfacer a innumerables personas que tuvieron y tienen diferentes niveles de comprensión, talante y temperamento, sus partes muestran una similitud, correspondencia y fluidez tan bellas que es como si estuviese dirigido a un solo nivel de comprensión y temperamento.

A pesar de que el Corán habla a una infinita diversidad de personas, distantes unas de otras en tiempo, espacio y carácter, posee un modo de explicación tan fluido, un estilo tan puro, un modo tan claro de descripción que es como si se dirigiese a un grupo homogéneo y cada grupo pensase que se está dirigiendo específicamente al mismo.

Aunque el Corán fue revelado para posibilitar la orientación gradual de diferentes personas con varios propósitos, posee una franqueza tan perfecta, un equilibrio tan delicado y un orden tan bello que es como si persiguiese un solo propósito [The Words («Las Palabras»), «The 25th Word» («La 25ª Palabra»), pág.433].

8. No tenemos ningún conocimiento exacto sobre la identidad de la gente de ar-Rass. *Ar-rass* significa un pozo. Algunos eruditos piensan que era el nombre de un río. Algunos otros señalan que una ciudad de ese nombre existe hasta el día de hoy en la provincia central árabe de al-Qasim. Parece que ha sido habitada por los descendientes de la tribu nabatea de Zamud (at-Tabari) (*The Message of the Qur'an* («El Mensaje del Corán»), pág.554, nota 33). Otra opinión es que esa gente fue llamada *gente de ar-Rass* porque tiraron a un pozo al Mensajero, la paz sea con él, que fue enviado a ellos.

9. Deificar los deseos y caprichos significa perseguir los deseos y caprichos a toda costa y hacer la satisfacción de ellos el objetivo de la vida. El obstáculo más grande para creer en Dios o ser devoto a Su Religión es el alma carnal de una persona que le incita a luchar por la satisfacción de sus deseos, de manera lícita o ilícita. El Mensajero de Dios, la paz y las bendiciones sean con él, advirtió: «De todas las falsas deidades que son adoradas bajo el cielo, la peor ante Dios es el yo carnal que ordena el mal de una persona» (at-Tabarani, vol. 8, número del *hadiz*: 7502).

44. ¿O piensas que la mayoría de ellos (verdaderamente) oyen o razonan y entienden? No son más que como ganado (que sigue sólo sus instintos). No, son más inconscientes del camino recto (y, por lo tanto, necesitan ser guiados más que el ganado).

45. ¿Has considerado a tu Señor, cómo extiende la sombra? Si Él quisiera, sin duda la haría inmóvil, pero hemos hecho el Sol su guía.

46. Y luego (como sale el Sol), la descorremos paulatinamente hacia Nosotros[10].

47. Y Aquél Quien ha hecho la noche una cubierta para vosotros, y el sueño un descanso. Y ha hecho el día un período para despertarse a la vida y dispersarse (para ganarse el sustento diario).

48. Y Él es Quien envía los vientos (misericordiosos) como buenas nuevas antes de Su misericordia. Y hacemos descender el agua pura desde el Cielo,

49. Así reanimamos a través de ella una tierra muerta y la damos para beber a muchos seres entre Nuestra creación, a las bestias así como a los seres humanos.

50. Sin duda la distribuimos entre ellos (sin privar a ninguno) de modo que puedan recordar y así ser considerados. Sin embargo la mayoría de los seres humanos rechazan obstinadamente hacer cualquier cosa excepto mostrar ingratitud.

51. Si hubiéramos querido, sin duda alguna habríamos podido enviar un advertidor a cada ciudad.

52. (Sin embargo hemos querido, en su lugar, que fueras el último Mensajero cuya misión es universal.) Así que no hagas caso a (los deseos de) los incrédulos, pero dedícate a un esfuerzo grandísimo contra ellos por medio de él (el Corán).

اَمْ تَحْسَبُ اَنَّ اَكْثَرَهُمْ يَسْمَعُونَ اَوْ يَعْقِلُونَ اِنْ هُمْ اِلَّا
كَالْاَنْعَامِ بَلْ هُمْ اَضَلُّ سَبِيلاً ﴿٤٤﴾ اَلَمْ تَرَ اِلٰى رَبِّكَ كَيْفَ
مَدَّ الظِّلَّ وَلَوْ شَٓاءَ لَجَعَلَهُ سَاكِنًا ثُمَّ جَعَلْنَا الشَّمْسَ عَلَيْهِ
دَلِيلاً ﴿٤٥﴾ ثُمَّ قَبَضْنَاهُ اِلَيْنَا قَبْضًا يَسِيرًا ﴿٤٦﴾ وَهُوَ الَّذٖى جَعَلَ
لَكُمُ الَّيْلَ لِبَاسًا وَالنَّوْمَ سُبَاتًا وَجَعَلَ النَّهَارَ نُشُورًا ﴿٤٧﴾
وَهُوَ الَّذٖٓى اَرْسَلَ الرِّيَاحَ بُشْرًا بَيْنَ يَدَىْ رَحْمَتِهٖ وَاَنْزَلْنَا
مِنَ السَّمَٓاءِ مَٓاءً طَهُورًا ﴿٤٨﴾ لِنُحْيِىَ بِهٖ بَلْدَةً مَيْتًا وَنُسْقِيَهُ
مِمَّا خَلَقْنَٓا اَنْعَامًا وَاَنَاسِىَّ كَثٖيرًا ﴿٤٩﴾ وَلَقَدْ صَرَّفْنَاهُ بَيْنَهُمْ
لِيَذَّكَّرُوا فَاَبٰٓى اَكْثَرُ النَّاسِ اِلَّا كُفُورًا ﴿٥٠﴾ وَلَوْ شِئْنَا لَبَعَثْنَا
فٖى كُلِّ قَرْيَةٍ نَذٖيرًا ﴿٥١﴾ فَلَا تُطِعِ الْكَافِرٖينَ وَجَاهِدْهُمْ بِهٖ
جِهَادًا كَبٖيرًا ﴿٥٢﴾ وَهُوَ الَّذٖى مَرَجَ الْبَحْرَيْنِ هٰذَا عَذْبٌ
فُرَاتٌ وَهٰذَا مِلْحٌ اُجَاجٌ وَجَعَلَ بَيْنَهُمَا بَرْزَخًا وَحِجْرًا
مَحْجُورًا ﴿٥٣﴾ وَهُوَ الَّذٖى خَلَقَ مِنَ الْمَٓاءِ بَشَرًا فَجَعَلَهُ نَسَبًا
وَصِهْرًا وَكَانَ رَبُّكَ قَدٖيرًا ﴿٥٤﴾ وَيَعْبُدُونَ مِنْ دُونِ اللّٰهِ مَا
لَا يَنْفَعُهُمْ وَلَا يَضُرُّهُمْ وَكَانَ الْكَافِرُ عَلٰى رَبِّهٖ ظَهٖيرًا ﴿٥٥﴾

53. Y es Él Quien ha hecho discurrir las dos grandes masas de agua, una dulce y sabrosa, y la otra salada y amarga; y ha establecido una barrera y un límite insuperable que las mantiene aisladas[11].

54. Y es Él Quien de un líquido ha creado al ser humano y lo ha convertido (un varón y una hembra y, a través de ellos,) en una población por ascendencia y matrimonio. Y tu Señor es Todopoderoso[12].

55. Con todo, (los politeístas) adoran, aparte de Dios, a lo que ni puede beneficiarlos ni dañarlos. El incrédulo es siempre propenso a hacer causa común (es decir, apoyar a todo el mundo y cada movimiento) contra su Señor.

10. Estos versículos, hasta el versículo 50, llaman la atención a los actos de Dios en el universo como evidencia de Su Existencia, Su Unidad, Su autoridad absoluta sobre la creación, y la resurrección después de la muerte.

Como sabemos, el alargamiento y el acortamiento de la sombra dependen del movimiento y la posición de la Tierra con respecto al Sol. Si no hubiera sombra, o si las sombras fueran inmóviles, ni la vida ni la vegetación sería posible en la Tierra. La vida en la Tierra requiere el calor y la luz del Sol, pero la exposición constante a su calor y luz destruiría todas las cosas. Para más explicación sobre las sombras, véanse el *sura* 13:15, nota 7; el *sura* 16:49.

La declaración, *la descorremos paulatinamente hacia Nosotros*, expresa el hecho que nada desaparece en la inexistencia. Cada cosa y cada acontecimiento terminan «en» Dios o vuelven «a» Él.

Como se ha explicado en la interpretación de los versículos de el *sura* 7:55-58 (nota 14), el Corán menciona fenómenos «naturales» junto con los acontecimientos sociológicos y aquellos que pertenecen a la vida espiritual humana de tal manera que uno proporciona ejemplo para el otro. Así, detrás del significado aparente de estos versículos sobre las sombras y el Sol como su guía, se da la insinuación que la sombra oscura de la ignorancia y la incredulidad dependen del Sol de guía en cuanto al alargamiento y acortamiento. Mientras este Sol se eleva, las sombras de la ignorancia y de la incredulidad desaparecen gradualmente (no repentinamente). Así que, si los musulmanes quieren que estas sombras desaparezcan, deben apoyar el Sol de guía, el cual ha aparecido de manera definitiva y universal en la persona del profeta Muhammad, la paz y las bendiciones sean con él.

11. Donde un río grande desemboca en el mar, podemos encontrar el fenómeno descrito aquí. Hay fuentes de agua dulce en varios sitios en diversos mares donde el agua dulce permanece aislada del agua salada. Seydi Ali Reis, un almirante turco del siglo XVI, menciona en su obra, *Mir'at al-Mamalik*, un sitio tal en el Golfo Pérsico. Él escribe que encontró fuentes de agua dulce bajo el agua salada del mar, y sacó agua potable de allí para su tripulación (al-Mawdudi, 7:32, nota 68).

El científico marino francés Jacques Cousteau descubrió que el mar Mediterráneo y el Océano Atlántico tienen distintas composiciones químicas y biológicas. Después de realizar investigaciones submarinas en el Estrecho de Gibraltar para estudiar este fenómeno, concluyó que inesperadas fuentes de agua dulce brotan de las costas del sur y el norte de Gibraltar. Estas aguas vierten una a la otra con un ángulo de 45 grados, formando un dique recíproco que actúa como las púas de un peine. Debido a este hecho, el Mediterráneo y el Océano Atlántico no pueden entremezclarse.

Además de este significado, los comentaristas del Corán también derivan de este versículo un significado que es aplicable a todos los pares de «mares» o reinos, es decir, el espiritual y material, el metafórico y real, los reinos del espíritu humano y el yo carnal, y del Señorío y la servidumbre. También son incluidas las esferas de la creencia y la incredulidad, la rectitud y la transgresión, la necesidad y la contingencia, así como este mundo y el Más Allá (incluyendo este mundo visible, corpóreo y todos los mundos ocultos).

12. Justo como el agua dulce puede existir al lado del agua salada y amarga, el ser humano también forma una población por la combinación de dos sexos, el varón y la hembra. Se parecen en la naturaleza y la composición, pero son diferentes en la psicología y ciertas características fisiológicas. Es por la unión de estos dos géneros que Dios ha creado lazos familiares, creando el amor y la compasión uno hacia el otro, y ha multiplicado las poblaciones humanas.

وَمَا اَرْسَلْنَاكَ اِلَّا مُبَشِّرًا وَنَذِيرًا ﴿٥٦﴾ قُلْ مَا اَسْـَٔلُكُمْ عَلَيْهِ
مِنْ اَجْرٍ اِلَّا مَنْ شَاءَ اَنْ يَتَّخِذَ اِلٰى رَبِّهِ سَبِيلًا ﴿٥٧﴾ وَتَوَكَّلْ
عَلَى الْحَيِّ الَّذِى لَا يَمُوتُ وَسَبِّحْ بِحَمْدِهِ وَكَفٰى بِهِ
بِذُنُوبِ عِبَادِهِ خَبِيرًا ﴿٥٨﴾ اَلَّذِى خَلَقَ السَّمٰوَاتِ وَالْاَرْضَ
وَمَا بَيْنَهُمَا فِى سِتَّةِ اَيَّامٍ ثُمَّ اسْتَوٰى عَلَى الْعَرْشِ اَلرَّحْمٰنُ
فَسْـَٔلْ بِهِ خَبِيرًا ﴿٥٩﴾ وَاِذَا قِيلَ لَهُمُ اسْجُدُوا لِلرَّحْمٰنِ قَالُوا
وَمَا الرَّحْمٰنُ اَنَسْجُدُ لِمَا تَأْمُرُنَا وَزَادَهُمْ نُفُورًا ﴿٦٠﴾ تَبَارَكَ
الَّذِى جَعَلَ فِى السَّمَاءِ بُرُوجًا وَجَعَلَ فِيهَا سِرَاجًا
وَقَمَرًا مُنِيرًا ﴿٦١﴾ وَهُوَ الَّذِى جَعَلَ الَّيْلَ وَالنَّهَارَ خِلْفَةً لِمَنْ
اَرَادَ اَنْ يَذَّكَّرَ اَوْ اَرَادَ شُكُورًا ﴿٦٢﴾ وَعِبَادُ الرَّحْمٰنِ الَّذِينَ
يَمْشُونَ عَلَى الْاَرْضِ هَوْنًا وَاِذَا خَاطَبَهُمُ الْجَاهِلُونَ
قَالُوا سَلَامًا ﴿٦٣﴾ وَالَّذِينَ يَبِيتُونَ لِرَبِّهِمْ سُجَّدًا وَقِيَامًا ﴿٦٤﴾
وَالَّذِينَ يَقُولُونَ رَبَّنَا اصْرِفْ عَنَّا عَذَابَ جَهَنَّمَ اِنَّ عَذَابَهَا
كَانَ غَرَامًا ﴿٦٥﴾ اِنَّهَا سَاءَتْ مُسْتَقَرًّا وَمُقَامًا ﴿٦٦﴾ وَالَّذِينَ
اِذَا اَنْفَقُوا لَمْ يُسْرِفُوا وَلَمْ يَقْتُرُوا وَكَانَ بَيْنَ ذٰلِكَ قَوَامًا ﴿٦٧﴾

وَالَّذِينَ

56. Sin embargo, no te hemos enviado (Oh Mensajero) sino como un portador de buenas nuevas y un advertidor; (no eres responsable de su extravío o pecado).

57. Di: «No os pido compensación alguna por ello (por trasmitiros el Mensaje), salvo que quien quiera pueda tomar un camino que lleva a su Señor»[13].

58. Pon tu confianza en el Viviente Quien no muere, y glorifícalo con Su alabanza (manifestando que Él se halla absolutamente por encima de tener cualquier copartícipe y que toda la alabanza solo Le pertenece a Él). Él es suficiente como Aquél Quien se halla perfectamente consciente de los pecados de Sus siervos.

59. Él Quien ha creado los Cielos y la Tierra y todo lo que se halla entre ellos en seis días, y a continuación se estableció en el Supremo Trono[14]. Él es el Misericordioso (poseedor de Voluntad, Poder, y Conocimiento absolutos), así que pregunta a Él acerca de ello (la verdad sobre Él y la creación) como el Omnisciente (y pregunta a Él lo que preguntarás).

60. Cuando se les dice, «Postraros ante el Misericordioso (para expresar vuestra sumisión a Él)», ellos dicen: «¿Qué es el Misericordioso? ¿Nos postraremos ante lo que nos ordenas?». Tu llamada sólo los aumenta en (su arrogante) aversión.

61. Bendito y Supremo es Él Quien ha establecido en el Cielo grandes constelaciones, y ha colocado en él una lámpara[15] (grande, radiante) y una Luna que brilla.

62. Es Él Quien ha designado la noche y el día que se sucedieran uno al otro, proporcionando un signo para quien desea reflexionar y por lo tanto ser considerado, o desea estar agradecido.

63. Los (verdaderos) siervos del Misericordioso son ellos quienes se mueven en la Tierra con delicadeza y humildemente, y cuando los ignorantes e imprudentes se dirigen a ellos (con insolencia o vulgaridad, como corresponde a su ignorancia e insensatez), responden con (palabras de) paz (sin entablar hostilidad con ellos);

64. Y (aquellos verdaderos siervos del Misericordioso son ellos) quienes pasan (alguna parte de) la noche (en adoración) postrándose ante su Señor y estando de pie;

65. Y quienes ruegan (sea después de las Oraciones o en otros tiempos): «¡Señor nuestro! Protégenos del castigo del Infierno; su castigo es sin duda tormento constante:

66. ¡Cuán maléfico es esto de hecho como una estación final y una morada permanente!»;

67. Y quienes, cuando gastan (para sí mismos y para las necesidades de otros), son ni derrochadores ni mezquinos, y (son conscientes de que) hay un término medio entre aquellos (dos extremos)[16];

---

13. Uno de los propósitos básicos del envío de los Profetas por Dios y la orden de la *yihad* del Islam y la comunicación del Islam a la gente es demostrar a la gente el camino que lleva a Dios y quitar los obstáculos en este camino o aquellos entre Dios y quienes desean llegar a Él.

14. Para una explicación de esta frase, véanse el *sura* 2:28, nota 28; el *sura* 7:54, nota 13; el *sura* 11:7, nota 2.

15. Representando el Sol como una lámpara, el Corán insinúa un significado específico: este mundo es un palacio, y su contenido es el alimento y las necesidades de la vida para la humanidad y otros seres vivos. El Sol es una lámpara que ilumina este palacio. Haciendo la magnificencia del Hacedor y los favores del Creador comprensibles de esta manera, la frase proporciona una prueba para la Unidad de Dios y declara que el Sol (el cual algunos politeístas de aquel tiempo consideraron como la deidad más importante y más brillante) era un objeto sin vida, una lámpara sometida en beneficio de los seres vivos.

Así que, este versículo trata del Sol y de la Luna no en su propio nombre, sino en Nombre de su Creador, y de una manera que llama nuestra atención a la Unidad del Creador así como Sus actos y Sus favores al ser humano. Los estilos vívidos y extraordinarios del Corán a veces encantaron incluso a los beduinos con sólo una frase; entonces se postrarían incluso antes de ser musulmanes. Una vez, la declaración, *Por lo tanto, a partir de ahora, proclama lo que se te ha ordenado trasmitir abiertamente y de una manera enfática* (15: 94), (la cual, en el árabe original, consiste en solamente tres palabras), engendró esta misma reacción. Cuando se le ha preguntado si se ha hecho un musulmán, el hombre así afectado, contestó: «No. Me postro ante la elocuencia de la frase» [*The Words* («Las Palabras»), «The 25th Word» («La 25ª Palabra»), pág.400; al-Alusi, 14:85].

16. El gasto debe ser para cubrir una necesidad, o satisfacer un deseo para la belleza lícita. Comer para mantener la vida es una necesidad; comer hasta saciarse —a condición de evitar el exceso— es una necesidad; comer alimentos agradables satisface el deseo para la belleza. Gastar para satisfacer una necesidad es obligatorio; satisfacer una necesidad es recomendable, mientras que la satisfacción del deseo para la belleza puede ser inofensiva, según las condiciones generales de la comunidad y los ingresos de la persona. Gastar para obtener una vida fácil mientras que la mayoría de los musulmanes necesitan es derroche.

Gastar en cosas ilícitas, no importa la cantidad, y gastar excesivamente en cosas lícitas, en el sentido que se gaste más de lo que se puede gastar o se aspira a una vida lujosa, también se incluye bajo la idea de prodigalidad. En cuanto a la mezquindad, esto significa gastar muy poco en las necesidades de una persona y de su familia, aunque tiene suficientes recursos, o la negación a gastar en caridad o por la causa del Islam.

68. Y quienes no invocan ninguna otra deidad junto a Dios, y no matan a ningún alma —lo cual Dios ha prohibido— excepto por derecho (por causa justa y después de un debido proceso), y no cometen el acto sexual ilícito. Quien cometa alguno de estos se enfrentará a un castigo severo.

69. Su castigo será mayor el Día de la Resurrección, y allí morará en ignominia[17],

70. Excepto aquél que abandona su camino en arrepentimiento y cree (sin atribuir copartícipes a Dios), y hace actos buenos y rectos, tales son los (anteriores) actos malvados de quien Dios borrará y registrará hechos virtuosos en su lugar (y cuyas facultades que permitieron los actos malvados Él cambiará en las que permiten los actos virtuosos). Dios es Indulgente, Compasivo.

71. Quien se arrepiente y hace actos buenos y rectos (y quien, por lo tanto, haya demostrado que ha abandonado sus maneras malvadas por las buenas) sin duda tal persona ha retornado a Dios con verdadero arrepentimiento.

72. Y (aquellos verdaderos siervos del Misericordioso son ellos) quienes no participan en cualquier vanidad o falsedad o dan testimonio a éstas, (y que no consideran cualquier cosa verdad a menos que sepan que lo es a ciencia cierta), y cuando se encuentran con cualquier cosa vana e inútil, pasan por ello con dignidad;

73. Y quienes, cuando se les recuerda de las Revelaciones de su Señor (y Sus signos en la creación así como en su mundo interno, como base de consejo o enseñanza o discusión), no permanecen impasibles frente a ellas como si son sordos y ciegos;

74. Y quienes dicen: «¡Señor nuestro! Concédenos que nuestros cónyuges y descen-

وَالَّذٖينَ لَا يَدْعُونَ مَعَ اللّٰهِ اِلٰهًا اٰخَرَ وَلَا يَقْتُلُونَ النَّفْسَ
الَّتٖى حَرَّمَ اللّٰهُ اِلَّا بِالْحَقِّ وَلَا يَزْنُونَ وَمَنْ يَفْعَلْ ذٰلِكَ
يَلْقَ اَثَامًا ﴿٦٨﴾ يُضَاعَفْ لَهُ الْعَذَابُ يَوْمَ الْقِيٰمَةِ وَيَخْلُدْ فٖيهٖ
مُهَانًا ﴿٦٩﴾ اِلَّا مَنْ تَابَ وَاٰمَنَ وَعَمِلَ عَمَلًا صَالِحًا فَاُولٰٓئِكَ
يُبَدِّلُ اللّٰهُ سَيِّاٰتِهِمْ حَسَنَاتٍ وَكَانَ اللّٰهُ غَفُورًا رَحٖيمًا ﴿٧٠﴾
وَمَنْ تَابَ وَعَمِلَ صَالِحًا فَاِنَّهُ يَتُوبُ اِلَى اللّٰهِ مَتَابًا ﴿٧١﴾
وَالَّذٖينَ لَا يَشْهَدُونَ الزُّورَ وَاِذَا مَرُّوا بِاللَّغْوِ مَرُّوا كِرَامًا ﴿٧٢﴾
وَالَّذٖينَ اِذَا ذُكِّرُوا بِاٰيَاتِ رَبِّهِمْ لَمْ يَخِرُّوا عَلَيْهَا صُمًّا
وَعُمْيَانًا ﴿٧٣﴾ وَالَّذٖينَ يَقُولُونَ رَبَّنَا هَبْ لَنَا مِنْ اَزْوَاجِنَا
وَذُرِّيَّاتِنَا قُرَّةَ اَعْيُنٍ وَاجْعَلْنَا لِلْمُتَّقٖينَ اِمَامًا ﴿٧٤﴾ اُولٰٓئِكَ
يُجْزَوْنَ الْغُرْفَةَ بِمَا صَبَرُوا وَيُلَقَّوْنَ فٖيهَا تَحِيَّةً وَسَلَامًا ﴿٧٥﴾
خَالِدٖينَ فٖيهَا حَسُنَتْ مُسْتَقَرًّا وَمُقَامًا ﴿٧٦﴾ قُلْ مَا يَعْبَؤُا بِكُمْ
رَبّٖى لَوْلَا دُعَاؤُكُمْ فَقَدْ كَذَّبْتُمْ فَسَوْفَ يَكُونُ لِزَامًا ﴿٧٧﴾

سُورَةُ الشُّعَرَاءِ مَكِّيَّةٌ
وَهِىَ مِائَتَانِ وَسَبْعٌ وَعِشْرُونَ اٰيَةً

dientes sean un medio de felicidad para nosotros, y permítenos dirigir a otros en piedad (para ser un medio de la promoción de la piedad y la virtud)».

75. Tales (ilustres) serán recompensados con la mansión más elevada (en el Paraíso) por su constancia (en su obediencia a Dios y en Su causa a pesar de todas las dificultades y persecuciones), y allí serán recibidos con un saludo de bienvenida y de paz,

76. Para habitar allí dentro. ¡Cuán excelente es esto como una estación final y una morada permanente!

77. Di: «Mi Señor no tendría afecto a vosotros si no fuera por vuestra oración[18]. Ahora que habéis negado (Su Mensaje), el inevitable castigo se adherirá a vosotros».

17. Es cierto que Dios no perdona que se Le atribuya copartícipes. Castigará eternamente solamente a aquellos que Le niegan o Le asocian copartícipes. Sin embargo, perdona los pecados menores a éstos a quien Su Voluntad quiera (a todo aquél que Él haya guiado al arrepentimiento y la rectitud, por Su gracia pura o como resultado de la elección por parte de la persona del arrepentimiento y la rectitud debido a su libre albedrío) (4: 48). Matar a una persona injustamente y cometer el acto sexual ilícito, entonces, son pecados que no son tan graves como la atribución de copartícipes a Dios.

Considerando que este *sura* fue revelado en La Meca, el castigo mencionado en el versículo 68 por los crímenes en cuestión puede que se refiera a su castigo en este mundo, en lugar de en el Más Allá. Si Él quiere así, puede castigar la atribución de copartícipes a Él en el mundo de muchas maneras, por ejemplo enviando aflicciones, derrotas, enfermedades, la destrucción total, y desastres. (Los castigos por matar a una persona injustamente y por cometer el acto sexual ilícito en el mundo fueron establecidos más adelante en Medina. Para estos castigos, véanse el *sura* 2:178-179, nota 131; 194-95, nota 140; el *sura* 5:45, nota 10; el *sura* 22:60, nota 16; el *sura* 24:2-3, nota 1-6. Sin embargo, el castigo en el Más Allá por estos crímenes capitales es siempre mayor.

El arrepentimiento no se protege contra el castigo impuesto por la ley mundana, mientras que Dios puede perdonar al arrepentido en el Más Allá.

18. La fe requiere la oración como un medio de éxito y perfección, y nuestra esencia la necesita con urgencia, como se ha explicado por Said Nursi:

> Si la gente dice que rezan muchas veces sin embargo sus oraciones no son respondidas a pesar de la evidencia del versículo, *Rogad a Mí, (y) os contestaré* (40:60) entonces decirles que una oración contestada no necesariamente significa que haya sido aceptada. Hay una respuesta para cada oración. Sin embargo, aceptar una oración y darle lo que es solicitado depende de la Sabiduría del Todopoderoso. Suponer que un niño enfermo le pide a un doctor cierta medicina. El doctor le puede dar lo que el niño pidió, algo mejor o quizá nada. Todo esto depende de cómo la medicina afectará al niño. Del mismo modo, el Todopoderoso, Quién es Aquél que todo lo Oye y todo lo Ve, responde la oración de Su siervo y cambia su soledad en el placer de Su compañía. Pero Su respuesta no depende del deseo del individuo; sino según Su Sabiduría. Él da lo que es solicitado, lo que es mejor o nada en absoluto.
>
> Además, la oración es una forma de devoción y ésta será recompensada en el Más Allá. En esencia, las oraciones no se emplean para propósitos mundanos; sino que estos objetivos son las causas para la oración. Por ejemplo, las rogativas para la lluvia son una especie de adoración que es ocasionada por la carencia de lluvia. Si la lluvia es el único objetivo de la oración, entonces la oración no es aceptable, ya que no es sincero o no busca ganar el placer de Dios u obtener Su aprobación. La puesta del Sol determina el tiempo para la Oración de la tarde, mientras los eclipses solares y lunares ocasionan dos clases particulares de adoración. Ya que tales eclipses son dos medios de manifestar la Majestad Divina, el Todopoderoso llama a Sus siervos para realizar una forma especial de adoración para estas ocasiones. La Oración no tiene nada que ver con provocar el final de un eclipse, ya que su final ha sido establecido con anterioridad por los astrónomos. El mismo argumento se aplica a la sequía y a otras calamidades, ya que todos estos acontecimientos dan lugar a ciertos tipos de oración. En ciertos momentos nos damos cuenta mejor de cuán impotentes somos y por lo tanto sentimos la necesidad de buscar refugio en la elevada Presencia del Único Absolutamente Poderoso, mediante la Oración y la plegaria. Si una situación mala no es paliada a pesar de las numerosas oraciones, no digas que tu oración no ha sido aceptada; más bien, di que el momento de rezar no ha llegado aún.

Dios elimina desastres debido a Su Gracia y Munificencia interminables. El final de un acontecimiento marca el final de la oración para aquella ocasión especial.

Debemos buscar el amor de Dios a través de la adoración, afirmar nuestra pobreza y debilidad innatas en nuestras oraciones, y buscar refugio en Él a través de las oraciones. No debemos interferir en Su Señorío, sino dejarlo todo a Su Voluntad y confiar en Su Sabiduría. Además, no debemos dudar de Su Misericordia.

Cada criatura ofrece su única alabanza y adoración a Dios. Lo que alcanza la Corte de Dios desde el universo es, de hecho, una especie de oración. Algunos seres, como las plantas y los animales, rezan a través del lenguaje de su potencial para alcanzar una forma completa y luego mostrar y manifestar ciertos Nombres Divinos —por ejemplo, las semillas de una planta se convierte naturalmente en las plantas, y el semen y los óvulos de animales se convierten naturalmente en animales—. Como tienen este potencial, su disposición natural de desarrollarse es, en lo esencial, una oración. Haciendo así, afirman la manifestación de los Nombres Divinos tales como el Sustentador y Aquél Quien da forma.

Otro tipo de oración es expresada en el lenguaje de las necesidades naturales. Todas las criaturas vivas piden al Absolutamente Generoso satisfacer sus necesidades vitales ya que ellos mismos no pueden conseguirlas. Otra clase de la oración se hace en el lenguaje de la impotencia completa. Una criatura viva en difíciles circunstancias busca refugio en su Protector Invisible con una verdadera súplica y se dirige a su Señor Compasivo. Estas tres clases de oraciones son siempre aceptables, a no ser que no sean de algún modo obstaculizadas.

El cuarto tipo de la oración es aquella empleada por la humanidad y se divide en dos categorías: activa y por predisposición la primera; verbal y con el corazón la segunda categoría. Por ejemplo, actuar de acuerdo con las causas es una oración activa. Cumplir con las causas y los objetivos es una preparación para requerir la aprobación de Dios, ya que las causas por sí mismas no nos pueden llevar al resultado —tan sólo puede hacerlo Dios—. Como ejemplo de la oración activa podemos citar aquí arar la Tierra; es como llamar a la puerta del tesoro de la Compasión de Dios. Tal oración es normalmente aceptable, ya que es una súplica al Divino Nombre del Generoso.

La segunda categoría de la oración, hecha con el lenguaje y el corazón, es la más corriente. Esto significa pedirle con todo nuestro corazón a Dios algo que no podemos conseguir y expresarlo con palabras. Su aspecto más importante y su fruto y recompensa más dulce y perfecto es saber que Dios nos oye, es consciente de lo que está en nuestro corazón, Su Poder se extiende por todas partes, Él puede satisfacer todos los deseos y nos ayuda en nuestra debilidad e insuficiencia.

Nunca debemos abandonar la oración, ya que es la llave del Tesoro de la Compasión y los medios para tener las puertas abiertas al Poder Infinito. Debemos agarrarnos a Ello y ascender a los rangos más elevados de la humanidad siendo el más favorecido y superior miembro de la creación incluyendo todas las oraciones del universo en nuestras oraciones. Debemos decir, en nombre de todos los seres: Tan sólo de Ti buscamos ayuda (1:5), y convertirnos en un bello modelo para toda la creación [The Words («Las Palabras»), «The 23rd Word» («La 23ª Palabra»), págs. 333-334].

366 سُورَةُ الشُّعَرَاءِ ٣٦٦

بِسْمِ اللّٰهِ الرَّحْمٰنِ الرَّح۪يمِ
طٰسٓمٓ ﴿١﴾ تِلْكَ اٰيَاتُ الْكِتَابِ الْمُب۪ينِ ﴿٢﴾ لَعَلَّكَ بَاخِعٌ نَفْسَكَ اَلَّا
يَكُونُوا مُؤْمِن۪ينَ ﴿٣﴾ اِنْ نَشَأْ نُنَزِّلْ عَلَيْهِمْ مِنَ السَّمَٓاءِ اٰيَةً فَظَلَّتْ
اَعْنَاقُهُمْ لَهَا خَاضِع۪ينَ ﴿٤﴾ وَمَا يَأْت۪يهِمْ مِنْ ذِكْرٍ مِنَ الرَّحْمٰنِ
مُحْدَثٍ اِلَّا كَانُوا عَنْهُ مُعْرِض۪ينَ ﴿٥﴾ فَقَدْ كَذَّبُوا فَسَيَأْت۪يهِمْ اَنْبٰٓؤُا
مَا كَانُوا بِه۪ يَسْتَهْزِؤُ۫نَ ﴿٦﴾ اَوَلَمْ يَرَوْا اِلَى الْاَرْضِ كَمْ اَنْبَتْنَا ف۪يهَا
مِنْ كُلِّ زَوْجٍ كَر۪يمٍ ﴿٧﴾ اِنَّ ف۪ي ذٰلِكَ لَاٰيَةً وَمَا كَانَ اَكْثَرُهُمْ
مُؤْمِن۪ينَ ﴿٨﴾ وَاِنَّ رَبَّكَ لَهُوَ الْعَز۪يزُ الرَّح۪يمُ ﴿٩﴾ وَاِذْ نَادٰى رَبُّكَ
مُوسٰٓى اَنِ ائْتِ الْقَوْمَ الظَّالِم۪ينَ ﴿١٠﴾ قَوْمَ فِرْعَوْنَ اَلَا يَتَّقُونَ ﴿١١﴾
قَالَ رَبِّ اِنّ۪ٓي اَخَافُ اَنْ يُكَذِّبُونِ ﴿١٢﴾ وَيَض۪يقُ صَدْر۪ي وَلَا
يَنْطَلِقُ لِسَان۪ي فَاَرْسِلْ اِلٰى هٰرُونَ ﴿١٣﴾ وَلَهُمْ عَلَيَّ ذَنْبٌ فَاَخَافُ
اَنْ يَقْتُلُونِ ﴿١٤﴾ قَالَ كَلَّا فَاذْهَبَا بِاٰيَاتِنَٓا اِنَّا مَعَكُمْ مُسْتَمِعُونَ ﴿١٥﴾
فَأْتِيَا فِرْعَوْنَ فَقُولَٓا اِنَّا رَسُولُ رَبِّ الْعَالَم۪ينَ ﴿١٦﴾ اَنْ اَرْسِلْ مَعَنَا
بَن۪ٓي اِسْرَٓائ۪يلَ ﴿١٧﴾ قَالَ اَلَمْ نُرَبِّكَ ف۪ينَا وَل۪يدًا وَلَبِثْتَ ف۪ينَا مِنْ عُمُرِكَ
سِن۪ينَ ﴿١٨﴾ وَفَعَلْتَ فَعْلَتَكَ الَّت۪ي فَعَلْتَ وَاَنْتَ مِنَ الْكَافِر۪ينَ ﴿١٩﴾

قَالَ فَعَلْتُهَٓا

SURA 26

AS-SHU'ARA (LOS POETAS)

Período de La Meca

Este *sura de* 227 versículos toma su nombre de la palabra *shu'ara* (poetas) en el versículo 224. Rechaza la aseveración de los de La Meca que el Mensajero, la paz y las bendiciones sean con él, era un poeta y que el Corán era la obra de un poeta (la gente de La Meca asociaban a los poetas con los genios, y los consideraron como semejantes a los adivinos). El *sura* fue revelado a mediados del período de La Meca, cuando los incrédulos lanzaron una campaña de oposición violenta al Mensaje Divino, usando un pretexto u otro. Contesta a estos pretextos, y presenta las pruebas para la verdad del Mensaje, la cual abunda en el universo y en la historia de las comunidades precedentes.

En el Nombre de Dios,
el Misericordioso, el Compasivo.

1. *Ta. Sin. Mim.*

2. Éstas son las Revelaciones del Libro claro en sí mismo y que demuestra la verdad claramente.

3. Parece que (Oh Mensajero) te atormentarás en extremo con la pena porque rechazan creer.

4. Si queremos, podemos enviar sobre ellos una señal (convincente) desde el Cielo, de modo que serán obligados a inclinar sus cuellos ante ello (en humildad)[1].

5. Cada vez que una nueva Revelación llega a ellos del Misericordioso (para advertir e iluminarlos), solamente se apartan de ella en aversión.

6. Así han negado obstinadamente (este Mensaje). Sin embargo pronto llegarán a entender qué era de lo que se burlaban.

7. ¿Acaso no han considerado la Tierra, cuántas de cada clase noble hemos creado allí en parejas?

8. Sin duda en esto se da un signo, pero la mayoría de ellos no son creyentes.

9. Y sin duda, tu Señor es de hecho el Glorioso poseedor de poder irresistible (capaz de castigar a quien vaya en contra de Su Gloria), el Compasivo (especialmente hacia Sus siervos creyentes).

10. (Recuerda) cuando tu Señor llamó a Moisés, diciendo: «Ve a la gente malhechora,

11. La gente del Faraón. ¿No van a abandonar su camino por miedo a Mí y tomar el camino de la piedad?».

12. Moisés contestó: «¡Señor mío! Temo que me nieguen,

13. Y mi pecho se contraerá (de manera que no pueda demostrar la perseverancia y tolerancia necesarias), y mi lengua no estará libre (para transmitir Tu Mensaje con la fluidez debida), así que designa a Aarón como Mensajero junto a mí.

14. También tienen una acusación de crimen contra mí[2], temo que me maten (y no me dejen transmitir Tu Mensaje)».

15. (Dios) dijo: «¡De hecho, no es así! Marcharos, después, vosotros, con Nuestras pruebas milagrosas (con las cuales te he proporcionado)[3]. Sin duda estaremos con todos vosotros (vosotros y ellos), escuchando atentamente (a todo lo que ocurrirá entre vosotros).

16. Así que, iros, ambos, al Faraón y decirle: «Hemos venido con un mensaje del Señor de los mundos (Aquél Quien ha creado y sustenta todo):

17. ¡Deja a los Hijos de Israel ir con nosotros!».

18. (Cuando Moisés comunicó su mensaje, el Faraón) dijo: «¿No te hemos criado entre nosotros (en nuestro palacio) cuando eras un niño? ¡Pasaste muchos años de tu vida entre nosotros!

19. Luego has cometido ese acto atroz tuyo que hiciste[4], (probando de tal modo que) eres de hecho uno de los ingratos».

---

1. Si Dios quisiera, Él podría, por ejemplo, escribir Su Nombre en la superficie de los Cielos con las estrellas o, tal y como Él hizo el monte Sinaí elevarse sobre los Hijos de Israel para obligarles a que cumpliesen su compromiso (2:63), podría obligar a la gente a que crea de alguna manera. Sin embargo, las señales que Él proporciona en la creación y las vidas de los seres humanos, así como por medio de los Profetas, son totalmente suficientes para aquel que no ha sido vencido ni superado por la arrogancia, el pecado, el juicio erróneo, y los deseos carnales; si Dios proporcionara una señal más evidente, ésta no significaría sino la negación del libre albedrío del ser humano y anular el propósito de las pruebas que nos son impuestas.

Dios ha dotado a los seres humanos con distinguidas facultades y nos ha honrado con libre albedrío. Él nos ha creado asimismo con una disposición de creer y adorar. Por otra parte, tal y como el universo entero y nuestra composición física proporcionan múltiples señales de la Existencia y la Unidad de Dios, cada ser humano tiene numerosas experiencias a lo largo de su vida que asimismo proporcionan certeza a su conciencia sobre esta semejante verdad primordial. Además, Dios envió a numerosos Profetas a lo largo de la historia, cuyo carácter y vida, junto con los numerosos milagros que Dios dispuso en sus manos, fueron una señal innegable para la verdad del Mensaje de Dios. En resumen, Dios abre todas las puertas a la fe para la razón y la conciencia humanas. Sin embargo, Él nunca obliga a los seres humanos a que crean, porque esto se hallaría en contradicción con la dignidad del libre albedrío. La incredulidad no surge como producto de una carencia de suficientes señales, sino a partir de la arrogancia, el pecado, el juicio erróneo, un apego al mundo y a los beneficios mundanos, o deseos carnales del ser humano. Esto queda aclarado en la historia de numerosos pueblos que rechazaron creer, aun cuando el milagro que pidieron a su Profeta que realizara se les había sido mostrado, y que por consiguiente fueron destruidos posteriormente. (Por ejemplo, véase el *sura* 7:73-79)

2. Este versículo hace referencia a la época (véase el *sura* 28:15) en que Moisés, la paz sea con él, accidentalmente mató a un egipcio, que lo incitó para que saliera de Egipto hacia Midian.

3. Para estas señales, véase el *sura* 7:106, 108, 130-135.

4. Esto es una referencia a la muerte accidental de un copto a manos de Moisés, la paz sea con él, que había luchado con un israelita (28:15).

قَالَ فَعَلْتُهَا إِذًا وَأَنَا مِنَ الضَّالِّينَ ﴿٢٠﴾ فَفَرَرْتُ مِنْكُمْ لَمَّا خِفْتُكُمْ
فَوَهَبَ لِي رَبِّي حُكْمًا وَجَعَلَنِي مِنَ الْمُرْسَلِينَ ﴿٢١﴾ وَتِلْكَ
نِعْمَةٌ تَمُنُّهَا عَلَيَّ أَنْ عَبَّدْتَ بَنِي إِسْرَائِيلَ ﴿٢٢﴾ قَالَ فِرْعَوْنُ وَمَا
رَبُّ الْعَالَمِينَ ﴿٢٣﴾ قَالَ رَبُّ السَّمٰوَاتِ وَالْأَرْضِ وَمَا بَيْنَهُمَا
إِنْ كُنْتُمْ مُوقِنِينَ ﴿٢٤﴾ قَالَ لِمَنْ حَوْلَهُ أَلَا تَسْتَمِعُونَ ﴿٢٥﴾ قَالَ
رَبُّكُمْ وَرَبُّ آبَائِكُمُ الْأَوَّلِينَ ﴿٢٦﴾ قَالَ إِنَّ رَسُولَكُمُ الَّذِي أُرْسِلَ
إِلَيْكُمْ لَمَجْنُونٌ ﴿٢٧﴾ قَالَ رَبُّ الْمَشْرِقِ وَالْمَغْرِبِ وَمَا بَيْنَهُمَا
إِنْ كُنْتُمْ تَعْقِلُونَ ﴿٢٨﴾ قَالَ لَئِنِ اتَّخَذْتَ إِلٰهًا غَيْرِي لَأَجْعَلَنَّكَ
مِنَ الْمَسْجُونِينَ ﴿٢٩﴾ قَالَ أَوَلَوْ جِئْتُكَ بِشَيْءٍ مُبِينٍ ﴿٣٠﴾ قَالَ فَأْتِ
بِهِ إِنْ كُنْتَ مِنَ الصَّادِقِينَ ﴿٣١﴾ فَأَلْقٰى عَصَاهُ فَإِذَا هِيَ ثُعْبَانٌ
مُبِينٌ ﴿٣٢﴾ وَنَزَعَ يَدَهُ فَإِذَا هِيَ بَيْضَاءُ لِلنَّاظِرِينَ ﴿٣٣﴾ قَالَ لِلْمَلَإِ
حَوْلَهُ إِنَّ هٰذَا لَسَاحِرٌ عَلِيمٌ ﴿٣٤﴾ يُرِيدُ أَنْ يُخْرِجَكُمْ مِنْ أَرْضِكُمْ
بِسِحْرِهِ فَمَاذَا تَأْمُرُونَ ﴿٣٥﴾ قَالُوا أَرْجِهْ وَأَخَاهُ وَابْعَثْ فِي الْمَدَائِنِ
حَاشِرِينَ ﴿٣٦﴾ يَأْتُوكَ بِكُلِّ سَحَّارٍ عَلِيمٍ ﴿٣٧﴾ فَجُمِعَ السَّحَرَةُ
لِمِيقَاتِ يَوْمٍ مَعْلُومٍ ﴿٣٨﴾ وَقِيلَ لِلنَّاسِ هَلْ أَنْتُمْ مُجْتَمِعُونَ ﴿٣٩﴾

20. (Moisés) dijo: «Cometí ese acto de manera involuntaria cuando no sabía (que terminaría de la manera que lo hizo).

21. Entonces huí[5] de vosotros cuando temí (vivir junto) a vosotros (por más tiempo), mas (desde entonces) mi Señor me ha concedido recto y buen juicio, y me ha hecho uno de Sus Mensajeros.

22. En cuanto a ese favor del que tú te mofas de mí: (se debe al hecho de) que tú has esclavizado a los Hijos de Israel».

23. (El Faraón) dijo: «¿Cuál (y quién) es ése, "el Señor de los mundos"?».

24. (Moisés) contestó: «El Señor (Creador, Sustentador, y Único Soberano) de los Cielos y de la Tierra y todo lo que se halla entre ellos, si al menos (os dejarais) convencer!».

25. (El Faraón) dijo a aquellos de su alrededor: «¿Acaso no oís (lo que él está diciendo)?».

26. (Moisés) continuó: «Vuestro Señor, y el Señor de vuestros antepasados».

27. (El Faraón) exclamó: «¡Contemplad! No cabe duda de que este Mensajero vuestro que os ha sido enviado a vosotros es un loco».

28. (Moisés) prosiguió: «Él es el Señor del oriente y el occidente y de todo lo que se halla entre ellos, ¡si al menos razonarais y entendierais!».

29. (El Faraón) amenazó: «Si tú, (Oh Moisés,) adoptas cualquier deidad aparte de mí (para la adoración, y a la que ofrecer tu rezo y sacrificios, así como buscar ayuda en ella), sin duda te haré uno de aquellos encarcelados»[6].

30. (Moisés) dijo: «¿Aunque te haya traído algo claro (que demuestra que estoy expresando la verdad)?».

31. (El Faraón) contestó: «Entonces, ¡preséntalo si tú eres veraz (en tu afirmación)!».

32. Acto seguido, Moisés arrojó su vara, y era manifiestamente una serpiente.

33. Y sacó su mano (derecha) (de su axila, donde la había puesto), y acto seguido apareció blanca y brillante ante los que miraban.

34. (El Faraón) señaló a los dirigentes de su derredor: «Este es en verdad un mago instruido y experto,

35. Que quiere expulsaros de vuestra tierra por medio de su magia. Por lo tanto, ¿qué es lo que (me) aconsejáis (hacer)?».

36. Dijeron: «Rétenle a él y a su hermano durante algún tiempo y (mientras tanto) envía heraldos a todas las ciudades,

37. Para traer a tu presencia a todo mago conocedor y experto».

38. Así pues los magos fueron congregados (para competir con Moisés) en la ocasión designada en un día (que se hizo) bien conocido (para todos),[7]

39. Y se le dijo a la gente: «¿Acaso no os reuniréis (y asistiréis también)?

---

5. *Firar*, que significa literalmente escapar o huir, se utiliza en la literatura sufi musulmana para indicar el viaje desde lo creado al Creador, y de tal modo una escapatoria del confinamiento de la adoración a uno mismo para «derretirse» en los rayos de la Verdad. El versículo *huid hacia (refugiaros en) Dios* (51:50), que revela a un creyente que viaja con el corazón y el espíritu, hace referencia a esta acción del corazón, el intelecto espiritual.

Cuanto más alejada se halle la gente de la atmósfera sofocante de la corporalidad y de la dimensión carnal de su existencia, más cercanos se hallan de Dios, y más respeto se tendrán a sí mismos. Escuchemos por parte del profeta Moisés, la paz sea con él, un devoto fiel en la puerta de la Verdad, acerca de cómo es recompensado uno que huye y toma refugio en Dios: *Entonces huí de vosotros cuando temí (vivir junto) a vosotros (por más tiempo), mas (desde entonces) mi Señor me ha concedido recto y buen juicio, y me ha hecho uno de Sus Mensajeros*. El profeta Moisés, la paz sea con él, indica que la senda a la alegría espiritual y al encuentro con Dios, el camino a la vicerregencia Divina y a la cercanía a Él, transcurre por una etapa de huída.

Las personas normales y corrientes huyen de las agitaciones de la vida y de la fealdad del pecado, guareciéndose en el perdón y el favor de Dios. Declaran o reflexionan sobre el significado de: *Oh Señor mío, perdóname y ten misericordia de mí (tráteme siempre con Tu perdón y misericordia), ya que Tú eres el Mejor de los misericordiosos* (23:118). Buscan el refugio de Dios en completa sinceridad, diciendo: «Me refugio en Ti del mal que he hecho» (at-Tirmizi, «Da'awat» 15).

Aquellos distinguidos por su piedad y proximidad a Dios huyen de sus propias cualidades menores a los Atributos Divinos; se evaden desde el acto de sentir con sus sentidos externos a discernir y observar con el corazón; huyen de la adoración ceremonial a su dimensión más íntima, y de los sentimientos carnales a las sensaciones espirituales. Esto es a lo que se hace referencia en: «Oh Dios, me refugio en Tu aprobación de Tú cólera, y en Tú perdón de Tú castigo» (Muslim, «Salah», 222).

Los más adelantados en conocimiento y en amor de Dios y piedad huyen de los Atributos hacia el Ser o la Esencia Divinos, y de la Verdad a la Verdad misma. Dicen: «Me refugio en Ti de Ti» (Ibíd.); y muestran siempre temor reverencial a Dios (véase *Key Concepts*, 1:13-14).

6. El Faraón proclamó que él era el señor más grande de todos aquellos bajo su dominio (79:24). Él gobernó sobre ellos del modo en que deseó y dispuso. No obstante, cuando el profeta Moisés, la paz sea con él, proclamó que Dios era el Señor de toda la creación, incluyendo al Faraón mismo y sus hombres y antepasados, el Faraón percibió que su gobierno había sido desafiado. Así pues, como todo dictador efectúa, recurrió a las amenazas. Aunque Moisés, la paz sea con él, proclamó a Dios como Señor (Creador, Sustentador, y Soberano) de toda la creación, no fue sino en este punto que el Faraón declaró su supuesta divinidad. Él debe haber entendido que la Divinidad y el Señorío no pueden ser considerados por separado y tan solo aquel que posee divinidad puede ser señor. Sin embargo, a pesar de su aseveración de la divinidad, el Faraón en persona y los coptos adoraban a

numerosas deidades (7:127). Así pues, él debe haber empleado el concepto de deidad en el sentido de que era el único amo y señor de Egipto, dominio en donde se consideraba a sí mismo dotado con autoridad absoluta.

El Señorío exige obediencia, mientras que la Divinidad requiere devoción. Ya que Dios es la Deidad de toda la creación, Único, Quien posee Conocimiento, Voluntad, y Poder absolutos y perfectos, y Quien merece ser adorado en exclusiva, Quien tiene derecho a recibir todas las clases de ofrendas en forma de sacrificios y Cuya ayuda es buscada, el Señorío absoluto asimismo Le pertenece a Él. Su autoridad y soberanía supremas sobre el universo de acuerdo con su condición como su Señor (su Creador, Sustentador, y Soberano), Uno Quien posee conocimiento completo del universo en su totalidad así como de cada cosa o ser específico, y Voluntad y Poder absolutos para hacer cualquier cosa que Él quiera, la soberanía absoluta en el reino humano a su vez Le pertenece a Él. Sin embargo, mientras que el resto de los seres, a excepción de los genios y los seres humanos, Le obedecen decididamente, porque no están dotados con ningún libre albedrío, a los seres humanos y los genios se les permite cierto espacio para el ejercicio de su libre albedrío.

7. Véase el *sura* 20:59.

لَعَلَّنَا نَتَّبِعُ السَّحَرَةَ اِنْ كَانُوا هُمُ الْغَالِبِينَ ﴿٤٠﴾ فَلَمَّا جَٓاءَ السَّحَرَةُ
قَالُوا لِفِرْعَوْنَ اَئِنَّ لَنَا لَاَجْرًا اِنْ كُنَّا نَحْنُ الْغَالِبِينَ ﴿٤١﴾ قَالَ نَعَمْ
وَاِنَّكُمْ اِذًا لَمِنَ الْمُقَرَّبِينَ ﴿٤٢﴾ قَالَ لَهُمْ مُوسٰى اَلْقُوا مَٓا اَنْتُمْ
مُلْقُونَ ﴿٤٣﴾ فَاَلْقَوْا حِبَالَهُمْ وَعِصِيَّهُمْ وَقَالُوا بِعِزَّةِ فِرْعَوْنَ اِنَّا لَنَحْنُ
الْغَالِبُونَ ﴿٤٤﴾ فَاَلْقٰى مُوسٰى عَصَاهُ فَاِذَا هِيَ تَلْقَفُ مَا يَأْفِكُونَ ﴿٤٥﴾
فَاُلْقِيَ السَّحَرَةُ سَاجِدِينَ ﴿٤٦﴾ قَالُٓوا اٰمَنَّا بِرَبِّ الْعَالَمِينَ ﴿٤٧﴾ رَبِّ
مُوسٰى وَهٰرُونَ ﴿٤٨﴾ قَالَ اٰمَنْتُمْ لَهُ قَبْلَ اَنْ اٰذَنَ لَكُمْ اِنَّهُ لَكَبِيرُكُمُ
الَّذ۪ي عَلَّمَكُمُ السِّحْرَ فَلَسَوْفَ تَعْلَمُونَ لَاُقَطِّعَنَّ اَيْدِيَكُمْ
وَاَرْجُلَكُمْ مِنْ خِلَافٍ وَلَاُصَلِّبَنَّكُمْ اَجْمَع۪ينَ ﴿٤٩﴾ قَالُوا لَا ضَيْرَ
اِنَّٓا اِلٰى رَبِّنَا مُنْقَلِبُونَ ﴿٥٠﴾ اِنَّا نَطْمَعُ اَنْ يَغْفِرَ لَنَا رَبُّنَا خَطَايَانَٓا
اَنْ كُنَّٓا اَوَّلَ الْمُؤْمِن۪ينَ ﴿٥١﴾ وَاَوْحَيْنَٓا اِلٰى مُوسٰٓى اَنْ اَسْرِ بِعِبَاد۪ٓي
اِنَّكُمْ مُتَّبَعُونَ ﴿٥٢﴾ فَاَرْسَلَ فِرْعَوْنُ فِي الْمَدَٓائِنِ حَاشِر۪ينَ ﴿٥٣﴾ اِنَّ
هٰٓؤُ۬لَٓاءِ لَشِرْذِمَةٌ قَل۪يلُونَ ﴿٥٤﴾ وَاِنَّهُمْ لَنَا لَغَٓائِظُونَ ﴿٥٥﴾ وَاِنَّا لَجَم۪يعٌ
حَاذِرُونَ ﴿٥٦﴾ فَاَخْرَجْنَاهُمْ مِنْ جَنَّاتٍ وَعُيُونٍ ﴿٥٧﴾ وَكُنُوزٍ وَمَقَامٍ
كَر۪يمٍ ﴿٥٨﴾ كَذٰلِكَۜ وَاَوْرَثْنَاهَا بَن۪ٓي اِسْرَٓائ۪يلَ ﴿٥٩﴾ فَاَتْبَعُوهُمْ مُشْرِق۪ينَ ﴿٦٠﴾

فَلَمَّا

40. Esperamos que triunfen los magos y los seguiremos (en su religión)»[8].

41. Y así pues los magos comparecieron ante el Faraón y le dijeron: «Debemos tener, sin duda, una retribución si salimos victoriosos, ¿no es así?»

42. (El Faraón) respondió: «Sí, y estaréis entre los más cercanos a mi».

43. Moisés les indicó a ellos (los magos): «¡Arrojad lo que vayáis a arrojar!».

44. Así pues arrojaron sus cuerdas y sus varas, diciendo: «Por la fuerza y la gloria del Faraón, seremos sin duda alguna los vencedores».

45. Después de eso, Moisés arrojó su vara, y ¡Contempla! Y engulló sus falsas estratagemas.

46. Los magos se tiraron al suelo, postrándose,

47. Y dijeron: «¡Hemos llegado a creer en el Señor de los Mundos,

48. El Señor de Moisés y de Aarón!».

49. (El Faraón) dijo: «¡Cómo! ¿Creéis en Él antes de que yo os dé permiso? No cabe duda de que él es vuestro guía, quien os ha enseñado magia. Pero con el tiempo, sin duda llegareis a saber. Os haré cortar vuestras manos y vuestros pies de manera alterna y luego os crucificaré a todos juntos».

50. Respondieron: «No se da perjuicio (en aquello con lo que tú nos amenazas). En verdad, a nuestro Señor (verdadero y eterno) hemos de volver.

51. Ardientemente deseamos que nuestro Señor nos perdone nuestros pecados pues somos los primeros en creer».

52. (Los acontecimientos llegaron hasta tal punto que) revelamos a Moisés: «Parte con Mis siervos por la noche; en verdad, seréis perseguidos».

53. Entonces el Faraón envió heraldos a las ciudades (con la intención de movilizar a sus tropas),

54. (Diciendo:) «Esa gente no es sino un grupo de miserables;

55. Y (olvidándose de su inferioridad en número y poder), nos han ofendido (y así pues, han provocado nuestra cólera).

56. En cuanto a nosotros, no cabe duda de que somos una hueste numerosa, siempre en guardia»[9].

57. De este modo Nosotros los forzamos a abandonar (todo aquello de lo que habían gozado de) jardines y fuentes,

58. Y tesoros, excelentes viviendas, y noble posición.

59. Las cosas sucedieron de ese modo, e hicimos que los Hijos de Israel les sobrevivieran a ellos y heredaran (la misma clase de generosidades)[10].

60. En la salida del sol, el Faraón partió en su búsqueda.

---

8. Los hombres del Faraón animaron a los magos a que superaran a Moisés, la paz sea con él, con la esperanza de impedir que el Mensaje de Moisés, no tuviera influencia en la gente.

9. La propaganda del Faraón revela los miedos profundamente arraigados que él intentaba ocultar con el pretexto de la audacia. Por un lado, él movilizaba destacamentos desde todos los rincones del país, y por otro, él señalaba que los Hijos de Israel eran unos incompetentes. De hecho, intentaba evitar que la gente viera que un soberano poderoso como él sentía temor por un pueblo que él y sus antepasados habían estado persiguiendo a lo largo de los tiempos.

10. Esto es una referencia a la victoria final de un pueblo avasallado, los Hijos de Israel, y a su fundación de un gran estado y civilización durante la época de los profetas David y Salomón, la paz sea con ellos. Estos versículos hacen referencia a cómo los acontecimientos terminaron, con los versículos siguientes procediendo a narrar la historia del Faraón y de su ejército, consignado como un ejemplo para la humanidad.

61. Cuando las dos huestes se divisaron, los compañeros de Moisés dijeron: «¡Se nos han adelantado sin duda!».

62. Él contestó: «En verdad que no. Mi Señor se halla sin duda alguna conmigo; Él me guiará (a la liberación)»[11].

63. Revelamos a Moisés: «Golpea el mar con tu vara». Acto seguido el mar se dividió en dos, y cada parte llegó a ser como una montaña elevada.

64. Trajimos a los otros (el Faraón y su ejército) cerca del mismo punto.

65. Y Nosotros salvamos a Moisés y a todos aquellos que se hallaban con él.

66. Luego, provocamos que se ahogaran los otros[12].

67. No cabe duda de que en aquello (que ocurrió entre Moisés y el Faraón) se da una señal (una gran e importante lección). La mayor parte de ellos (el pueblo del Faraón) no eran creyentes.

68. Y no cabe duda de que tu Señor es en verdad Glorioso poseedor de irresistible poder (capaz de castigar a todo aquel que vaya en contra de Su gloria), el Compasivo (especialmente hacia Sus siervos creyentes)[13].

69. Ahora recítales a ellos esta historia ejemplar de Abraham.

70. Cuando él le dijo a su padre y a su gente: «¿Qué es aquello que estáis adorando?»[14].

71. Dijeron: «Adoramos ídolos; y (aun cuando son elaborados con madera y piedra) siempre somos devotos de ellos (pues son nuestras deidades)».

72. (Abraham) dijo: «¿Os oyen cuando los invocáis?

73. ¿O acaso os favorecen (cuando los adoráis), u os perjudican (cuando no los adoráis)?».

٣٦٩ اَلْجُزْءُ التَّاسِعَ عَشَرَ 369

فَلَمَّا تَرَاءَ الْجَمْعَانِ قَالَ اَصْحَابُ مُوسٰى اِنَّا لَمُدْرَكُونَ ﴿٦١﴾
قَالَ كَلَّا اِنَّ مَعِىَ رَبّ۪ى سَيَهْد۪ينِ ﴿٦٢﴾ فَاَوْحَيْنَا اِلٰى مُوسٰى
اَنِ اضْرِبْ بِعَصَاكَ الْبَحْرَ فَانْفَلَقَ فَكَانَ كُلُّ فِرْقٍ كَالطَّوْدِ
الْعَظ۪يمِ ﴿٦٣﴾ وَاَزْلَفْنَا ثَمَّ الْاٰخَر۪ينَ ﴿٦٤﴾ وَاَنْجَيْنَا مُوسٰى وَمَنْ مَعَهُ
اَجْمَع۪ينَ ﴿٦٥﴾ ثُمَّ اَغْرَقْنَا الْاٰخَر۪ينَ ﴿٦٦﴾ اِنَّ ف۪ى ذٰلِكَ لَاٰيَةً وَمَا
كَانَ اَكْثَرُهُمْ مُؤْمِن۪ينَ ﴿٦٧﴾ وَاِنَّ رَبَّكَ لَهُوَ الْعَز۪يزُ الرَّح۪يمُ ﴿٦٨﴾
وَاتْلُ عَلَيْهِمْ نَبَاَ اِبْرٰه۪يمَ ﴿٦٩﴾ اِذْ قَالَ لِاَب۪يهِ وَقَوْمِه۪ مَا تَعْبُدُونَ ﴿٧٠﴾
قَالُوا نَعْبُدُ اَصْنَامًا فَنَظَلُّ لَهَا عَاكِف۪ينَ ﴿٧١﴾ قَالَ هَلْ يَسْمَعُونَكُمْ
اِذْ تَدْعُونَ ﴿٧٢﴾ اَوْ يَنْفَعُونَكُمْ اَوْ يَضُرُّونَ ﴿٧٣﴾ قَالُوا بَلْ وَجَدْنَا
اٰبَاءَنَا كَذٰلِكَ يَفْعَلُونَ ﴿٧٤﴾ قَالَ اَفَرَاَيْتُمْ مَا كُنْتُمْ تَعْبُدُونَ ﴿٧٥﴾
اَنْتُمْ وَاٰبَاؤُكُمُ الْاَقْدَمُونَ ﴿٧٦﴾ فَاِنَّهُمْ عَدُوٌّ ل۪ى اِلَّا رَبَّ
الْعَالَم۪ينَ ﴿٧٧﴾ اَلَّذ۪ى خَلَقَن۪ى فَهُوَ يَهْد۪ينِ ﴿٧٨﴾ وَالَّذ۪ى هُوَ
يُطْعِمُن۪ى وَيَسْق۪ينِ ﴿٧٩﴾ وَاِذَا مَرِضْتُ فَهُوَ يَشْف۪ينِ ﴿٨٠﴾ وَالَّذ۪ى
يُم۪يتُن۪ى ثُمَّ يُحْي۪ينِ ﴿٨١﴾ وَالَّذ۪ى اَطْمَعُ اَنْ يَغْفِرَ ل۪ى خَط۪يـَٔت۪ى
يَوْمَ الدّ۪ينِ ﴿٨٢﴾ رَبِّ هَبْ ل۪ى حُكْمًا وَاَلْحِقْن۪ى بِالصَّالِح۪ينَ ﴿٨٣﴾

74. Contestaron: «Mas hallamos que nuestros antepasados obraban igual»[15].

75. (Abraham) dijo: «¿Así pues, habéis considerado lo que habéis estado adorando,

76. Vosotros y todos vuestros antepasados que os antecedieron?

77. Estimo que ellos (todos los que adoráis) son mis enemigos,[16] pero el Señor de los mundos no lo es:

78. Él Quien me ha creado y por lo tanto me guía (a todo aquello que sea en mi beneficio en este mundo y el siguiente),

79. Y Él es Quien me proporciona alimento y bebida;

80. Y Quien, cuando caigo enfermo, me sana.

81. Y Quien me hará morir y entonces me concederá la vida de nuevo.

82. Y Quien, espero, me perdonará mis pecados en el Día del Juicio Final[17].

83. ¡Señor mío! Concédeme un recto y buen juicio, y reúneme con los rectos».

11. Cuando el profeta Muhammad, la paz y las bendiciones sean con él, se ocultó junto a su amigo, Abu Bakr, en la cueva de Zawr durante su emigración a Medina, aquellos quienes le persiguieron de entre los habitantes de La Meca estuvieron muy cerca de ellos, hasta tal punto que se detuvieron frente a la entrada de la cueva. Preocupado por la vida del Mensajero, la paz y las bendiciones sean con él, Abu Bakr le comentó: «Oh Mensajero de Dios, nos han alcanzado». El Mensajero, la paz y las bendiciones sean con él, contestó: *«No te entristezcas. Sin lugar a dudas Dios se halla con nosotros»* (9:40). Las reacciones del Último Mensajero de Dios y del profeta Moisés, la paz sea con ellos, son en esencia iguales, aunque puedan haber diferencias significativas y sutiles entre ellos.

El profeta Moisés, la paz sea con él, habló por cuenta propia, lo que demuestra que él tenía liderazgo absoluto sobre su comunidad, mientras que el profeta Muhammad, la paz y las bendiciones sean con él, habló en nombre de sí mismo y de su compañero. Esto significa que compartió su liderazgo con su comunidad. Esta es la razón por la cual el Corán se dirige a la comunidad de musulmanes al completo cuando el asunto tiene relación con el cumplimiento de las responsabilidades públicas llevadas a cabo por los estados modernos. Compartir responsabilidades, la ayuda, la solidaridad, y la consulta mutuas son esenciales en Islam. Las palabras del profeta Muhammad, la paz y las bendiciones sean con él, asimismo demuestran la grandeza de Abu Bakr y su proximidad al Mensajero.

En segundo lugar, el profeta Moisés, la paz sea con él, habló acerca de Dios como «mi Señor», lo que sugiere que su relación con Dios fuera específica de sí mismo, mientras que el profeta Muhammad, la paz y las bendiciones sean con él, habló de Él como Dios, el Nombre propio del Ser Divino, un Nombre que contiene el significado de todos Sus otros Nombres. Por lo tanto, la relación del profeta Muhammad con Él era universal y representativa de todos los seres conscientes. Esto a su vez muestra que su misión era universal.

En tercer lugar, el profeta Moisés, la paz sea con él, empleó el (cercano) tiempo verbal del futuro para expresar la ayuda esperada de Dios, pero el profeta Muhammad, la paz y las bendiciones sean con él, empleó el presente, diciendo: *Sin lugar a dudas Dios se halla con nosotros*. Esta diferencia implica que la relación del profeta Muhammad con Dios y sus expectativas de Dios son eternas.

Finalmente, no debe pasarse por alto que esta comparación se da entre dos de los más grandes Mensajeros de Dios, y hace referencia a la misión y la grandeza particular de cada uno de ellos.

12. Para una narración más detallada de los acontecimientos narrados aquí, véanse el *sura* 7:103-137; el *sura* 10:75-93; el *sura* 20:9-79.

13. Estos últimos dos versículos se refieren de nuevo a los versículos 8 y 9, y expresan la misma verdad con las mismas palabras. Amenazan a aquellos que persisten obstinadamente en la incredulidad y la maldad y que intentan impedir la propagación del Mensaje de Dios, mientras que consuelan y animan a los creyentes. El hecho de que los incrédulos son habitualmente superiores en número no debe engañarnos. Siempre y cuando los creyentes sean firmes en la causa de Dios y ayuden a Su causa, el final feliz les pertenecerá a ellos, ya sea en este mundo y, decididamente, en el Más Allá. Pues nada puede evitar que Dios castigue a quien Su voluntad dispone, mientras que al mismo tiempo Él es Compasivo hacia los creyentes.

14. Para Azar, el padre de Abraham, su pueblo, y su creencia, véanse el *sura* 6:74, nota 16; el *sura* 9:114, nota 25.

15. Ésta es la naturaleza humana típica. Es realmente muy difícil que los seres humanos abandonen ideas y costumbres establecidas.

La gente tiende a no pensar demasiado acerca de si lo que está haciendo es racional o no, o se basa en cierta verdad. El Islam proporciona la libertad al pensamiento humano, libera a la mente humana de prejuicios y de la ciega imitación, y explica la verdad en toda su claridad, teniendo como objetivo eliminar todos los obstáculos que puedan establecerse ante la libre elección humana. A. Cressy Morrison, anterior director de la Academia de Ciencias de Nueva York, llama la atención a este aspecto de la naturaleza humana:

> ... casi todos los requisitos exactos para la vida no podrían aparecer en un planeta y al mismo tiempo por casualidad. El tamaño de la Tierra, la distancia al Sol, la temperatura y los vivificantes rayos del Sol, el grosor de la corteza terrestre, la cantidad de agua, la cuantía de anhídrido carbónico, el volumen de nitrógeno, la aparición del hombre y su supervivencia —todos señalan a un orden más allá del caos, a un diseño y un propósito, así como señalan al hecho de que, según las leyes inexorables de las matemáticas, todo lo anteriormente citado no podría ocurrir por casualidad al mismo tiempo en un planeta con una probabilidad de uno entre mil millones. Cuando los hechos son tan abrumadores, y en el momento que reconocemos, tal y como debemos, los atributos de nuestras mentes que no son materiales, ¿acaso es posible hacer alarde de la evidencia y considerar la probabilidad de uno entre mil millones que nosotros y todo lo demás seamos el fruto de la casualidad?
>
> Existen 999.999.999 ocasiones frente a una, en relación a una creencia de que todas las cosas acontecen por casualidad. La ciencia no negará los hechos según lo indicado; los matemáticos convendrán que los datos y cifras son correctos. Ahora nos enfrentamos a la resistencia obstinada de la mente humana, que es reacia a abandonar ideas fijas. Los antiguos griegos sabían que la Tierra era una esfera, pero no fue sino dos mil años después que los hombres (occidentales) se convencieron de que este hecho es cierto.
>
> Las nuevas ideas encuentran oposición, afrontan intentos de ponerlas en ridículo así como abusos, pero la verdad perdura y se verifica. (Morrison, 99-100)

16. Estos ídolos son enemigos en relación a que cuando uno los adora, su adoración será la perdición en ambos mundos, y niegan esta adoración de ellos y se oponen a esa persona en el Día del Juicio Final.

17. Todos y cada uno, incluso los Profetas, se hallan en necesidad de la Misericordia y el Perdón de Dios. El Mensajero de Dios, la paz y las bendiciones sean con él, solía rezar:

> Oh Dios, te pido satisfacción en la desgracia, vivir en paz tras la muerte, el placer de contemplar Tu Faz y el deseo de encontrarme contigo. Busco refugio en Ti de ser injusto con los demás y de que sean injustos conmigo, de mostrar animosidad y de padecer la animosidad, y de incurrir en falta o de cometer pecados imperdonables. Si me dejas a mí mismo, me dejas en estado de debilidad, necesidad, pecaminosidad y error. Dependo sólo de Tu Misericordia. Perdona, pues, todos mis pecados, ya que sólo Tú puedes hacerlo. Acepta mi arrepentimiento, pues, Tú eres el Perdonador y el Compasivo (Ibn Hanbal, 5:191)

Esta invocación no significa que el Mensajero de Dios, la paz y las bendiciones sean con él, se halle en pecado; en su lugar, demuestra su profunda devoción a Dios y su sentido de la responsabilidad. Él se consideró a sí mismo como un siervo normal y corriente de Dios. Una vez el Mensajero, la paz y las bendiciones sean con él, declaró: «Nadie puede entrar en el Paraíso por sus propios actos». Cuando se le preguntó si esto era verdad incluso para él, dijo que si no fuera por la Misericordia de Dios la Cual lo abrazó, él tampoco podría entrar (al-Bujari, «Riqaq», 18)

El Mensajero de Dios, la paz y las bendiciones sean con él, pedía a Dios que le perdonase al menos setenta veces al día. Es una característica loable de un Profeta el que éste se considere a sí mismo como falible. La gente nunca puede indicar que un Profeta haya cometido un pecado, puesto que la infalibilidad es uno de los fundamentos de la Misión Profética, mas al mismo tiempo, todos los Profetas destacaban por su humildad.

370 سُورَةُ الشُّعَرَاءِ ٣٧٠

وَاجْعَلْ لِي لِسَانَ صِدْقٍ فِي الْاٰخِرِينَ ﴿٨٤﴾ وَاجْعَلْنِي مِنْ وَرَثَةِ
جَنَّةِ النَّعِيمِ ﴿٨٥﴾ وَاغْفِرْ لِاَبِي اِنَّهُ كَانَ مِنَ الضَّٓالِّينَ ﴿٨٦﴾ وَلَا تُخْزِنِي
يَوْمَ يُبْعَثُونَ ﴿٨٧﴾ يَوْمَ لَا يَنْفَعُ مَالٌ وَلَا بَنُونَ ﴿٨٨﴾ اِلَّا مَنْ اَتَى اللّٰهَ
بِقَلْبٍ سَلِيمٍ ﴿٨٩﴾ وَاُزْلِفَتِ الْجَنَّةُ لِلْمُتَّقِينَ ﴿٩٠﴾ وَبُرِّزَتِ الْجَحِيمُ
لِلْغَاوِينَ ﴿٩١﴾ وَقِيلَ لَهُمْ اَيْنَ مَا كُنْتُمْ تَعْبُدُونَ ﴿٩٢﴾ مِنْ دُونِ اللّٰهِ هَلْ
يَنْصُرُونَكُمْ اَوْ يَنْتَصِرُونَ ﴿٩٣﴾ فَكُبْكِبُوا فِيهَا هُمْ وَالْغَاوُنَ ﴿٩٤﴾ وَجُنُودُ
اِبْلِيسَ اَجْمَعُونَ ﴿٩٥﴾ قَالُوا وَهُمْ فِيهَا يَخْتَصِمُونَ ﴿٩٦﴾ تَاللّٰهِ اِنْ كُنَّا
لَفِي ضَلَالٍ مُبِينٍ ﴿٩٧﴾ اِذْ نُسَوِّيكُمْ بِرَبِّ الْعَالَمِينَ ﴿٩٨﴾ وَمَا اَضَلَّنَا
اِلَّا الْمُجْرِمُونَ ﴿٩٩﴾ فَمَا لَنَا مِنْ شَافِعِينَ ﴿١٠٠﴾ وَلَا صَدِيقٍ حَمِيمٍ ﴿١٠١﴾
فَلَوْ اَنَّ لَنَا كَرَّةً فَنَكُونَ مِنَ الْمُؤْمِنِينَ ﴿١٠٢﴾ اِنَّ فِي ذٰلِكَ لَاٰيَةً
وَمَا كَانَ اَكْثَرُهُمْ مُؤْمِنِينَ ﴿١٠٣﴾ وَاِنَّ رَبَّكَ لَهُوَ الْعَزِيزُ الرَّحِيمُ ﴿١٠٤﴾
كَذَّبَتْ قَوْمُ نُوحٍ الْمُرْسَلِينَ ﴿١٠٥﴾ اِذْ قَالَ لَهُمْ اَخُوهُمْ نُوحٌ اَلَا
تَتَّقُونَ ﴿١٠٦﴾ اِنِّي لَكُمْ رَسُولٌ اَمِينٌ ﴿١٠٧﴾ فَاتَّقُوا اللّٰهَ وَاَطِيعُونِ ﴿١٠٨﴾
وَمَا اَسْـَٔلُكُمْ عَلَيْهِ مِنْ اَجْرٍ اِنْ اَجْرِيَ اِلَّا عَلٰى رَبِّ الْعَالَمِينَ ﴿١٠٩﴾
فَاتَّقُوا اللّٰهَ وَاَطِيعُونِ ﴿١١٠﴾ قَالُوا اَنُؤْمِنُ لَكَ وَاتَّبَعَكَ الْاَرْذَلُونَ ﴿١١١﴾

قَالَ وَمَا

84. Y concédeme la más verdadera y virtuosa notoriedad entre la posteridad[18].

85. Y hazme uno de los herederos del Jardín de la generosidad y de las bendiciones[19].

86. Y perdona a mi padre, porque él se encuentra entre aquellos que se han extraviado[20].

87. Y no me deshonres en el Día en que toda la gente será resucitada.

88. El Día en el que la riqueza no será de utilidad, ni asimismo la descendencia,

89. Pero tan solo él (prosperará) quien comparecerá ante Dios con un corazón recto (libre de todas las clases de incredulidad, de hipocresía, y de asociación de copartícipes a Dios)».

90. Y el Paraíso (en ese Día) será traído cerca para los piadosos, devotos de Dios;

91. Y el Fuego Llameante será expuesto ante aquellos que se rebelaron (contra Dios) y se extraviaron[21].

92. Serán preguntados: «¿Donde están todos aquellos (ídolos o seres humanos adorados, ángeles, o genios) que solíais adorar,

93. Aparte de Dios? ¿Os pueden ayudar, o incluso ayudarse a sí mismos?».

94. A continuación serán arrojados al Infierno de cabeza, unos sobre otros, ellos (los ídolos), y los rebeldes (quienes los adoran).

95. Y a su vez, los ejércitos de *Iblis*, todos juntos.

96. Culpándose entre sí allí, ellos (los rebeldes) dirán (a los otros):

97. «Por Dios, no cabe duda de que estamos perdidos en un error obvio,

98. Cuando os consideramos iguales (en adoración y obediencia) al Señor de los mundos.

99. No han sido sino los criminales incrédulos (los más destacados en la asociación de copartícipes a Dios) quienes nos llevaron al extravío.

100. Y ahora no tenemos a nadie que interceda (por nosotros),

101. Ni cualquier amigo íntimo.

102. ¡Si al menos tuviéramos una segunda oportunidad (en el mundo), entonces podríamos hallarnos entre los creyentes!».

103. No cabe duda de que en aquello (que ocurrió entre Abraham y su pueblo), se da una señal (una importante y gran lección). La mayoría de ellos no eran creyentes.

104. Y no cabe duda de que tu Señor es en verdad Glorioso poseedor de irresistible poder (capaz de castigar a todo aquel que vaya en contra de Su gloria), el Compasivo (especialmente hacia Sus siervos creyentes).

105. La gente de Noé, negaron a (Noé y, de ese modo, negaron a todos) los Mensajeros.

106. (Recuerda) cuando su hermano, Noé, les indicó (por medio de una advertencia oportuna): «¿Acaso no vais a apartaros de la desobediencia a Dios en veneración a Él y piedad, y buscareis refugio con Su protección?

107. No cabe duda de que soy un Mensajero para vosotros, digno de confianza.

108. Por lo tanto apartaos de la desobediencia a Dios en veneración a Él y obedecedme.

109. No os pido recompensa alguna (por transmitiros el Mensaje); mi recompensa incumbe sólo al Señor de los Mundos[22].

110. Por lo tanto apartaos de la desobediencia a Dios en veneración a Él y obedecedme».

111. Respondieron: «¿Creeremos en ti, cuando los más humildes (entre la gente) te siguen?»[23].

---

18. El Corán declara que Dios concedió a los profetas Zacarías, Juan, Jesús, Abraham, Moisés, y Aarón, la paz sea con todos ellos, el más auténtico y virtuoso renombre entre la gente (19:50). Esto significa que Él hizo de ellos (y el resto de los Profetas) excepcionales ejemplos a seguir en cuanto a creencia, pensamiento, y conducta. El ejemplo que dieron continuó favoreciendo a las posteriores generaciones inculcándoles que hicieran el bien. En virtud de esto, los Profetas continúan aumentando sus recompensas, porque «aquel que causa (que permite algo) es como aquel que lo hace». El Mensajero de Dios, la paz y las bendiciones sean con él, declaró: «Los que establezcan una buena senda en el Islam recibirán la recompensa de quienes la sigan, sin que sufran merma alguna en su recompensa. Y los que establezcan una mala senda en el Islam recibirán la carga del pecado de quienes la sigan, sin que sufran merma alguna en su carga (Muslim, «Zakat», 69).

19. La razón por la que pedimos ser herederos del Paraíso es que: (1) La herencia es el modo más sencillo de ganancia, un modo que no requiere ningún trabajo, así que solicitar disfrutar del Paraíso significa que estamos diciendo, «Te pido, Oh Señor mío, que me ubique en el Paraíso por medio de Tu Gracia pura, porque no puedo merecerla por mis actos». (2) Hay un lugar previamente asignado para cada uno de nosotros en el Paraíso y el Infierno. Si alguien muere e ingresa en el Infierno, la gente del Paraíso hereda el lugar de dicha persona.

20. El profeta Abraham, la paz sea con él, rogó por Azar porque había prometido a su padre que rezaría por él (19:47). Pero cuando Dios le informó que Azar era un enemigo de Dios, condenado al castigo eterno porque había asociado copartícipes a Dios, Abraham dejó de rezar por él (9:114). Dios declaró: *No es propio del Profeta ni de los creyentes pedirle a Dios perdón por los que han atribuido copartícipes a Dios aunque sean parientes próximos, después de haberles aclarado que éstos (murieron como politeístas y por lo tanto) han sido condenados al Fuego Llameante* (9:113).

21. El Paraíso y el Infierno son dos frutas que crecen en la punta de una rama que se desarrolla a partir del Árbol de la Creación en la lejana eternidad, dos destinos opuestos a lo largo de la cadena de la existencia. Estos destinos están situados en los extremos opuestos de la cadena: aquel infame en el extremo inferior, y el luminoso y sublime en el extremo superior.

El Paraíso y el Infierno son dos depósitos para el flujo de acontecimientos mundanos y los productos de la Tierra, todos estos elaborados por sus habitantes conscientes. Son dos estanques que recogen el flujo de dos corrientes, una corriente que lleva lo malvado y vil mientras que la otra porta lo bueno y puro. El Paraíso es el lugar en donde el Favor y la Misericordia Divinos se manifiestan por sí mismos, mientras que el Infierno es el lugar en donde se exhiben la «Cólera» y el Temor Divinos. El Misericordioso y el Majestuoso se manifiesta a Sí Mismo (con Sus Nombres y Atributos) allá donde Su Voluntad disponga. La existencia de la fruta es tan evidente como la existencia de la rama; la existencia del destino es tan evidente como la existencia de la cadena, la existencia del depósito es tan evidente como la del producto, el estanque es tan evidente como la corriente, y el lugar de la manifestación es tan evidente como la existencia de la Misericordia y de la Cólera (Divinas) [*The Letters* («Las Cartas»), «The First Letter» («La Primera Carta»), 6-8].

22. La veracidad y la comunicación del Mensaje de Dios son dos de los fundamentos de la Misión Profética, los otros son la honradez, la inteligencia, la infalibilidad, y verse libre de todo defecto corporal y mental. Éstos se hallan presentes en cada Mensajero.

La veracidad es la piedra angular de la Misión Profética. No fueron pronunciadas por ellos jamás mentiras o engaños algunos, de manera explícita o tácita. La segunda cualidad de la Misión Profética es *amanah*, una palabra árabe que significa veracidad y que se deriva de la misma raíz que *mu'min* (creyente). Ser un creyente implica ser una persona digna de confianza. Todos los Profetas fueron los mejores creyentes y por lo tanto modelos perfectos del carácter fidedigno. Para subrayar este principio, Dios resume las historias de cinco Profetas en este *sura* empleando las mismas declaraciones: *No cabe duda de que soy un Mensajero para vosotros, digno de confianza* (107, 125, 143, 162, 178).

Mu'min es también un Nombre Divino, porque Dios es el supremo *Mu'min*, la fuente de seguridad y fiabilidad. Depositamos nuestra confianza en Él, confiamos en Él, y nos encomendamos a Él. Él distinguió a los Profetas por su carácter fidedigno, y nuestra conexión a Él por medio de los Profetas se basa enteramente en su carácter fidedigno y fiabilidad.

La tercera cualidad de la Misión Profética es la comunicación del Mensaje Divino. Dios manifestó Su Misericordia y Compasión para con la humanidad por medio de los Mensajeros. No esperaban recompensa alguna por realizar su misión. Sufrieron hambre, sed, y otras dificultades varias. Muchos de ellos fueron forzados a exiliarse y pasaron a ser el objetivo de numerosas agresiones y engaños, e incluso muchos de ellos fueron asesinados. Soportaron todo esto simplemente por la complacencia de Dios y el bien de la humanidad.

Los Mensajeros nunca pensaron en ningún beneficio material, recompensa espiritual, o incluso el Paraíso, se esforzaron tan solo por la complacencia de Dios y el hecho de ver a la humanidad dirigiéndose a la verdad. Imam Busiri expresa en un lenguaje explícito el altruismo, la sinceridad, y la paciencia del Mensajero de Dios, la paz y las bendiciones sean con él: «Las montañas de oro desearían correr a ambos lados de él, pero él rechazó».

Aquellos que se sienten responsables de servir en la causa del Islam en cada época deben ser dignos de confianza y comunicar el Mensaje de Dios sin esperar ninguna recompensa de los demás.

23. Para una explicación detallada de la actitud de los líderes de entre el pueblo de Noé, la paz sea con él, véase el *sura* 11:27, nota 8.

قَالَ وَمَا عِلْمِى بِمَا كَانُوا يَعْمَلُونَۚ ﴿١١٢﴾ اِنْ حِسَابُهُمْ اِلَّا
عَلٰى رَبّ۪ى لَوْ تَشْعُرُونَۚ ﴿١١٣﴾ وَمَٓا اَنَا۬ بِطَارِدِ الْمُؤْمِن۪ينَۚ ﴿١١٤﴾ اِنْ اَنَا۬ اِلَّا نَذ۪يرٌ
مُب۪ينٌۜ ﴿١١٥﴾ قَالُوا لَئِنْ لَمْ تَنْتَهِ يَا نُوحُ لَتَكُونَنَّ مِنَ الْمَرْجُوم۪ينَۜ ﴿١١٦﴾
قَالَ رَبِّ اِنَّ قَوْم۪ى كَذَّبُونِۚ ﴿١١٧﴾ فَافْتَحْ بَيْن۪ى وَبَيْنَهُمْ فَتْحًا وَنَجِّن۪ى
وَمَنْ مَعِىَ مِنَ الْمُؤْمِن۪ينَ ﴿١١٨﴾ فَاَنْجَيْنَاهُ وَمَنْ مَعَهُ فِى الْفُلْكِ
الْمَشْحُونِۚ ﴿١١٩﴾ ثُمَّ اَغْرَقْنَا بَعْدُ الْبَاق۪ينَۜ ﴿١٢٠﴾ اِنَّ ف۪ى ذٰلِكَ لَاٰيَةًۜ وَمَا
كَانَ اَكْثَرُهُمْ مُؤْمِن۪ينَ ﴿١٢١﴾ وَاِنَّ رَبَّكَ لَهُوَ الْعَز۪يزُ الرَّح۪يمُۚ ﴿١٢٢﴾ كَذَّبَتْ
عَادٌۨ الْمُرْسَل۪ينَۚ ﴿١٢٣﴾ اِذْ قَالَ لَهُمْ اَخُوهُمْ هُودٌ اَلَا تَتَّقُونَۚ ﴿١٢٤﴾ اِنّ۪ى
لَكُمْ رَسُولٌ اَم۪ينٌۙ ﴿١٢٥﴾ فَاتَّقُوا اللّٰهَ وَاَط۪يعُونِۚ ﴿١٢٦﴾ وَمَٓا اَسْـَٔلُكُمْ عَلَيْهِ
مِنْ اَجْرٍۚ اِنْ اَجْرِىَ اِلَّا عَلٰى رَبِّ الْعَالَم۪ينَۜ ﴿١٢٧﴾ اَتَبْنُونَ بِكُلِّ
ر۪يعٍ اٰيَةً تَعْبَثُونَۙ ﴿١٢٨﴾ وَتَتَّخِذُونَ مَصَانِعَ لَعَلَّكُمْ تَخْلُدُونَۚ ﴿١٢٩﴾
وَاِذَا بَطَشْتُمْ بَطَشْتُمْ جَبَّار۪ينَۚ ﴿١٣٠﴾ فَاتَّقُوا اللّٰهَ وَاَط۪يعُونِۚ ﴿١٣١﴾
وَاتَّقُوا الَّذ۪ٓى اَمَدَّكُمْ بِمَا تَعْلَمُونَۚ ﴿١٣٢﴾ اَمَدَّكُمْ بِاَنْعَامٍ وَبَن۪ينَۙ ﴿١٣٣﴾
وَجَنَّاتٍ وَعُيُونٍۚ ﴿١٣٤﴾ اِنّ۪ٓى اَخَافُ عَلَيْكُمْ عَذَابَ يَوْمٍ عَظ۪يمٍۜ ﴿١٣٥﴾
قَالُوا سَوَٓاءٌ عَلَيْنَٓا اَوَعَظْتَ اَمْ لَمْ تَكُنْ مِنَ الْوَاعِظ۪ينَۙ ﴿١٣٦﴾

112. (Noé) dijo: «¿Qué conocimiento podría tener yo sobre a lo que se dedicaban (antes de que pasaran a ser creyentes)?

113. En verdad que su ajuste de cuentas tan solo Le incumbe a mi Señor; ¡si tan solo pudierais entenderlo![24]

114. Y no se espera de mí que rechace a los creyentes.

115. Soy tan solo un manifiesto advertidor (responsable de ningún otro deber que no sea el deber de advertir)».

116. Dijeron: «Si no desistes, Oh Noé, serás lapidado sin duda hasta la muerte en suma abyección».

117. (Tras épocas de lucha,)[25] él dijo (en súplica): «¡Señor mío! En verdad, mi gente me ha negado.

118. Por lo tanto juzga entre yo y ellos una separación decisiva (y eterna), y sálvame a mí y a los creyentes en mi compañía».

119. Así pues le salvamos a él y a aquellos que estaban con él en el Arca cargada.

120. Y a continuación, después de su salvación, provocamos que se ahogara el resto[26].

121. No cabe duda de que en aquello (que ocurrió entre Noé y su pueblo), se da una señal (una importante y gran lección). La mayoría de ellos no eran creyentes.

122. Y no cabe duda de que tu Señor es en verdad el Glorioso poseedor de irresistible poder (capaz de castigar a todo aquel que vaya en contra de Su Gloria), el Compasivo (especialmente hacia Sus siervos creyentes).

123. (La tribu) Ad negó a (Hud y, de ese modo, negó a todos) los Mensajeros.

124. (Recuerda) cuando su hermano Hud, les indicó (por medio de una advertencia oportuna): «¿Acaso no vais a apartaros de la desobediencia a Dios en veneración a Él, y buscareis refugio con Su protección?

125. No cabe duda de que soy un Mensajero para vosotros, digno de confianza.

126. Por lo tanto apartaos de la desobediencia a Dios en veneración a Él y obedecedme.

127. No os pido recompensa alguna (por transmitiros el Mensaje); mi recompensa incumbe sólo al Señor de los Mundos.
128. ¿Vais a continuar construyendo en cada lugar elevado edificios monumentales por diversión y ostentación;
129. Y edificando para vosotros mismos grandes castillos, (como si) esperarais que pudierais vivir para siempre;
130. Y cuando atacáis y arrebatáis (a los demás y a sus mercancías), atacáis y arrebatáis cual tiranos?
131. Por lo tanto apartaos de la desobediencia a Dios en veneración a Él y obedecedme.
132. Apartaos de la desobediencia a Él, Quien os ha proveído generosamente de (todo lo que) sabéis;
133. Generosamente os proveyó de rebaños, manadas y niños,
134. Y jardines y fuentes.
135. En verdad, temo para vosotros el castigo de un Día terrible».
136. Respondieron: «Nos da igual que prediques, o que no seas de los que predican.

---

24. Es decir, un creyente no puede ser una persona despreciable y desdeñable. Lo que el profeta Noé, la paz sea con él, está diciendo aquí es: «Tú podrás considerarlos como las personas más despreciables debido a algunos de los actos que habían hecho antes de creer, pero no puedo albergar ningún conocimiento sobre estos actos. Además, la creencia elimina todo aquello abandonado en el pasado. Ni tampoco puedo cuestionar cualquiera de sus actos. Ni puedo saber si creen en mí debido a motivos ocultos, tales como obtener ventajas materiales. Además, no soy responsable de juzgar sus intenciones. Es tan solo Dios Quien conoce las intenciones de todos y les hará rendir cuentas». El profeta Noé, la paz sea con él, tan solo podría juzgar a la gente de acuerdo con lo que ésta expresaba verbalmente, no podía basarse lo que verdaderamente se hallaba en sus corazones, ni asimismo en su pasado.

25. El profeta Noé, la paz sea con él, permaneció entre su pueblo durante 950 años (29:14).

26. Para una narración detallada del Arca y el destino de Noé, la paz sea con él, y el de su pueblo, véase el *sura* 11:25-48 y las notas correspondientes 8-14.

137. Esto (lo que realizamos) es el modelo de conducta de (todos nuestros) predecesores.

138. Y (por lo tanto) no vamos a hallarnos sujetos a ningún castigo».

139. De este modo negaron y, en consecuencia, los destruimos. No cabe duda de que en aquello (que ocurrió entre Hud y su pueblo), se da una señal (una importante y gran lección). La mayoría de ellos no eran creyentes.

140. Y no cabe duda de que tu Señor es en verdad el Glorioso poseedor de irresistible poder (capaz de castigar a todo aquel que vaya en contra de Su Gloria), el Compasivo (especialmente hacia Sus siervos creyentes).

141. (La tribu) Zamud negó a (Salih y, de ese modo, negaron a todos) los Mensajeros.

142. (Recuerda) cuando su hermano, Salih, les indicó (por medio de una advertencia oportuna): «¿Acaso no vais a apartaros de la desobediencia a Dios en veneración a Él, y buscareis refugio con Su protección?

143. No cabe duda de que soy un Mensajero para vosotros, digno de confianza.

144. Por lo tanto apartaos de la desobediencia a Dios en veneración a Él y obedecedme.

145. No os pido recompensa alguna (por transmitiros el Mensaje); mi recompensa incumbe sólo al Señor de los Mundos.

146. ¿(Pensáis acaso) que se os dejará a salvo para siempre en lo que se halla aquí ante Nosotros,

147. Entre jardines y fuentes,

اِنْ هٰذَٓا اِلَّا خُلُقُ الْاَوَّلِينَ (١٣٧) وَمَا نَحْنُ بِمُعَذَّبِينَ (١٣٨) فَكَذَّبُوهُ
فَاَهْلَكْنَاهُمْ اِنَّ فِى ذٰلِكَ لَاٰيَةً وَمَا كَانَ اَكْثَرُهُمْ مُؤْمِنِينَ (١٣٩)
وَاِنَّ رَبَّكَ لَهُوَ الْعَزِيزُ الرَّحِيمُ (١٤٠) كَذَّبَتْ ثَمُودُ الْمُرْسَلِينَ (١٤١)
اِذْ قَالَ لَهُمْ اَخُوهُمْ صَالِحٌ اَلَا تَتَّقُونَ (١٤٢) اِنِّى لَكُمْ
رَسُولٌ اَمِينٌ (١٤٣) فَاتَّقُوا اللّٰهَ وَاَطِيعُونِ (١٤٤) وَمَٓا اَسْـَٔلُكُمْ عَلَيْهِ
مِنْ اَجْرٍ اِنْ اَجْرِىَ اِلَّا عَلٰى رَبِّ الْعَالَمِينَ (١٤٥) اَتُتْرَكُونَ فِى مَا
هٰهُنَٓا اٰمِنِينَ (١٤٦) فِى جَنَّاتٍ وَعُيُونٍ (١٤٧) وَزُرُوعٍ وَنَخْلٍ طَلْعُهَا
هَضِيمٌ (١٤٨) وَتَنْحِتُونَ مِنَ الْجِبَالِ بُيُوتًا فَارِهِينَ (١٤٩) فَاتَّقُوا اللّٰهَ
وَاَطِيعُونِ (١٥٠) وَلَا تُطِيعُٓوا اَمْرَ الْمُسْرِفِينَ (١٥١) اَلَّذِينَ يُفْسِدُونَ
فِى الْاَرْضِ وَلَا يُصْلِحُونَ (١٥٢) قَالُٓوا اِنَّمَٓا اَنْتَ مِنَ الْمُسَحَّرِينَ (١٥٣)
مَٓا اَنْتَ اِلَّا بَشَرٌ مِثْلُنَا فَاْتِ بِاٰيَةٍ اِنْ كُنْتَ مِنَ الصَّادِقِينَ (١٥٤)
قَالَ هٰذِهِ نَاقَةٌ لَهَا شِرْبٌ وَلَكُمْ شِرْبُ يَوْمٍ مَعْلُومٍ (١٥٥)
وَلَا تَمَسُّوهَا بِسُٓوءٍ فَيَاْخُذَكُمْ عَذَابُ يَوْمٍ عَظِيمٍ (١٥٦) فَعَقَرُوهَا
فَاَصْبَحُوا نَادِمِينَ (١٥٧) فَاَخَذَهُمُ الْعَذَابُ اِنَّ فِى ذٰلِكَ لَاٰيَةً وَمَا
كَانَ اَكْثَرُهُمْ مُؤْمِنِينَ (١٥٨) وَاِنَّ رَبَّكَ لَهُوَ الْعَزِيزُ الرَّحِيمُ (١٥٩)

كَذَّبَتْ

148. Campos de cereales, y palmeras de dátiles con cargadas espatas (de dátiles);

149. Y que vosotros (continuareis) labrando hábilmente moradas en las montañas?

150. Por lo tanto apartaos de la desobediencia a Dios en veneración a Él y obedecedme;

151. Y no sigáis las instrucciones de aquellos que despilfarran (las facultades otorgadas por Dios) y cometen excesos,

152. Aquellos que causan desorden y corrupción en la Tierra, sin poner orden.

153. Respondieron: «Tú eres tan solo uno de aquellos hechizados.

154. Tú no eres sino un mortal como nosotros, así que origina una señal si tú eres veraz (en tu afirmación de la Misión Profética)».

155. (Salih) dijo: «Esta es una camella;[27] un día es para ella para que beba, y un día es para vosotros para que obtengáis agua.

156. No la dañéis para que no os sobrevenga el castigo de un día terrible».

157. Mas (tras cierto tiempo, no pudiendo aguantar por más tiempo,) cruelmente la sacrificaron, y después pasaron a estar arrepentidos,

158. Ya que el castigo (espeluznante) les sobrevino. No cabe duda de que en aquello (que ocurrió entre Salih y su pueblo), se da una señal (una importante y gran lección). La mayoría de ellos no eran creyentes.

159. Y no cabe duda de que tu Señor es en verdad el Glorioso poseedor de irresistible poder (capaz de castigar a todo aquel que vaya en contra de Su Gloria), es el Compasivo (especialmente hacia Sus siervos creyentes).

27. Para la camella, véanse el *sura* 7:73, nota 17; el *sura* 11:64.

كَذَّبَتْ قَوْمُ لُوطٍ الْمُرْسَلِينَ ۚ ﴿١٦٠﴾ اِذْ قَالَ لَهُمْ اَخُوهُمْ لُوطٌ اَلَا
تَتَّقُونَ ۚ ﴿١٦١﴾ اِنّ۪ي لَكُمْ رَسُولٌ اَم۪ينٌ ۙ ﴿١٦٢﴾ فَاتَّقُوا اللّٰهَ وَاَط۪يعُونِ ۚ ﴿١٦٣﴾
وَمَٓا اَسْـَٔلُكُمْ عَلَيْهِ مِنْ اَجْرٍ ۚ اِنْ اَجْرِيَ اِلَّا عَلٰى رَبِّ الْعَالَم۪ينَ ۚ ﴿١٦٤﴾
اَتَأْتُونَ الذُّكْرَانَ مِنَ الْعَالَم۪ينَ ۙ ﴿١٦٥﴾ وَتَذَرُونَ مَا خَلَقَ لَكُمْ رَبُّكُمْ
مِنْ اَزْوَاجِكُمْ ۜ بَلْ اَنْتُمْ قَوْمٌ عَادُونَ ﴿١٦٦﴾ قَالُوا لَئِنْ لَمْ تَنْتَهِ يَا لُوطُ
لَتَكُونَنَّ مِنَ الْمُخْرَج۪ينَ ﴿١٦٧﴾ قَالَ اِنّ۪ي لِعَمَلِكُمْ مِنَ الْقَال۪ينَ ۜ ﴿١٦٨﴾
رَبِّ نَجِّن۪ي وَاَهْل۪ي مِمَّا يَعْمَلُونَ ﴿١٦٩﴾ فَنَجَّيْنَاهُ وَاَهْلَهُٓ اَجْمَع۪ينَ ۙ ﴿١٧٠﴾
اِلَّا عَجُوزًا فِي الْغَابِر۪ينَ ۚ ﴿١٧١﴾ ثُمَّ دَمَّرْنَا الْاٰخَر۪ينَ ۚ ﴿١٧٢﴾ وَاَمْطَرْنَا
عَلَيْهِمْ مَطَرًا ۚ فَسَٓاءَ مَطَرُ الْمُنْذَر۪ينَ ﴿١٧٣﴾ اِنَّ ف۪ي ذٰلِكَ لَاٰيَةً ۜ وَمَا كَانَ
اَكْثَرُهُمْ مُؤْمِن۪ينَ ﴿١٧٤﴾ وَاِنَّ رَبَّكَ لَهُوَ الْعَز۪يزُ الرَّح۪يمُ ۚ ﴿١٧٥﴾ كَذَّبَ
اَصْحَابُ لْـَٔيْكَةِ الْمُرْسَل۪ينَ ۚ ﴿١٧٦﴾ اِذْ قَالَ لَهُمْ شُعَيْبٌ اَلَا تَتَّقُونَ ۚ ﴿١٧٧﴾
اِنّ۪ي لَكُمْ رَسُولٌ اَم۪ينٌ ۙ ﴿١٧٨﴾ فَاتَّقُوا اللّٰهَ وَاَط۪يعُونِ ۚ ﴿١٧٩﴾ وَمَٓا اَسْـَٔلُكُمْ
عَلَيْهِ مِنْ اَجْرٍ ۚ اِنْ اَجْرِيَ اِلَّا عَلٰى رَبِّ الْعَالَم۪ينَ ۜ ﴿١٨٠﴾ اَوْفُوا الْكَيْلَ
وَلَا تَكُونُوا مِنَ الْمُخْسِر۪ينَ ۚ ﴿١٨١﴾ وَزِنُوا بِالْقِسْطَاسِ الْمُسْتَق۪يمِ ۚ ﴿١٨٢﴾
وَلَا تَبْخَسُوا النَّاسَ اَشْيَٓاءَهُمْ وَلَا تَعْثَوْا فِي الْاَرْضِ مُفْسِد۪ينَ ۚ ﴿١٨٣﴾

160. El pueblo de Lot negó a (Lot y, de ese modo, negó a todos) los Mensajeros.

161. (Recuerda) cuando su hermano, Lot, les indicó (por medio de una advertencia oportuna): «¿Acaso no vais a apartaros de la desobediencia a Dios en veneración a Él, y buscareis refugio con Su protección?

162. No cabe duda de que soy un Mensajero para vosotros, digno de confianza.

163. Por lo tanto apartaos de la desobediencia a Dios en veneración a Él y obedecedme.

164. No os pido recompensa alguna (por transmitiros el Mensaje); mi recompensa incumbe sólo al Señor de los Mundos.

165. ¡Cómo! ¿Acaso, de todos los pueblos del mundo, os acercáis a los hombres (con lujuria),

166. Y dejáis a un lado aquello que vuestro Señor ha creado (y establecido lícito) para vosotros en vuestras esposas? ¡No, de verdad! Sois un pueblo que excede todos los límites (de la decencia)».

167. Respondieron: «Si no desistes, sin duda serás expulsado (de nuestra tierra)».

168. (Lot) dijo: «Soy en verdad alguien que aborrece vuestra práctica».

169. (Y él rogó:) «¡Señor mío! Sálvame a mí y a mi familia[28] de (las consecuencias de) aquello que han estado haciendo».

170. Así pues, le salvamos a él y a su familia, a todos ellos,

171. A excepción de una anciana mujer, que se hallaba entre aquellos que se rezagaron (y fueron destruidos)[29].

172. A continuación aniquilamos a los demás.

173. Vertimos sobre ellos una (destructiva) lluvia (de piedras). ¡Cuán maligna era la lluvia de aquellos que habían sido advertidos![30]

174. No cabe duda de que en aquello (que ocurrió entre Lot y su pueblo), se da una señal (una importante y gran lección). La mayoría de ellos no eran creyentes.

175. Y no cabe duda de que tu Señor es en verdad el Glorioso poseedor de irresistible poder (capaz de castigar a todo aquel que vaya en contra de Su Gloria), el Compasivo (especialmente hacia Sus siervos creyentes).

176. Los habitantes de al-Aykah[31] negaron a (Shu'ayb y, de ese modo, negaron a todos) los Mensajeros.

177. (Recuerda) cuando Shu'ayb, les indicó (por medio de una advertencia oportuna): «¿Acaso no vais a apartaros de la desobediencia a Dios en veneración a Él, y buscareis refugio con Su protección?

178. No cabe duda de que soy un Mensajero para vosotros, digno de confianza.

179. Por lo tanto apartaos de la desobediencia a Dios en veneración a Él y obedecedme.

180. No os pido recompensa alguna (por transmitiros el Mensaje); mi recompensa incumbe sólo al Señor de los Mundos.

181. Dad con la medida justa (en todas vuestras transacciones), y no seáis de aquellos que (mediante el engaño así como dando menos) causan pérdidas a los demás.

182. Y pesad con una balanza justa, exacta.

183. No seáis injustos con la gente privándoles de lo que es lícitamente de ellos y no vayáis por la Tierra actuando con maldad, causando desorden y corrupción.

---

28. El profeta Lot, la paz sea con él, rezó por él y su familia tan solo porque su familia había aceptado su Mensaje y se habían sometido a Dios (51:36).

29. El versículo hace referencia a la esposa del profeta Lot, que no creyó en él y quien se puso de parte de la gente malvada (11:81).

30. Para otras narraciones del pueblo del profeta Lot, véanse el *sura* 7:80-84, nota 18; el *sura* 11:77-83, nota 18; y el *sura* 15:61-77.

31. Para la identidad del pueblo de al-Aykah, véase el *sura* 15, nota 15.

184. Apartaos de la desobediencia a Él en veneración a Él, Quien os ha creado a vosotros y a todas las generaciones anteriores».

185. Respondieron: «Tú eres tan solo uno de los que están hechizados.

186. Tú no eres sino un mortal como nosotros, y nos hemos convencido de que tú eres sin duda uno de los mentirosos.

187. Así pues, haz que caigan sobre nosotros pedazos del Cielo, si eres veraz en tu afirmación (de estar dotado con la Misión Profética)».

188. (Shu'ayb) dijo: «Mi Señor conoce bien todo aquello que vosotros hacéis». (Y de este modo él remitió su asunto a Dios).

189. Mas lo negaron y, en consecuencia, el castigo del Día que ensombrece[32] les sobrevino. Era en verdad el castigo de un día terrible.

190. No cabe duda de que en aquello (que ocurrió entre Shu'ayb y su pueblo), se da una señal (una importante y gran lección). La mayoría de ellos no eran creyentes.

191. Y no cabe duda de que tu Señor es en verdad el Glorioso poseedor de irresistible poder (capaz de castigar a todo aquel que vaya en contra de Su Gloria), el Compasivo (especialmente hacia Sus siervos creyentes).

192. Éste (Corán) es en verdad el Libro del Señor de los mundos siendo descendido por Él (por partes).

193. El Espíritu Digno de Confianza[33] lo desciende,

وَاتَّقُوا الَّذِي خَلَقَكُمْ وَالْجِبِلَّةَ الْأَوَّلِينَ ﴿١٨٤﴾ قَالُوا إِنَّمَا أَنْتَ
مِنَ الْمُسَحَّرِينَ ﴿١٨٥﴾ وَمَا أَنْتَ إِلَّا بَشَرٌ مِثْلُنَا وَإِنْ نَظُنُّكَ
لَمِنَ الْكَاذِبِينَ ﴿١٨٦﴾ فَأَسْقِطْ عَلَيْنَا كِسَفًا مِنَ السَّمَاءِ إِنْ كُنْتَ
مِنَ الصَّادِقِينَ ﴿١٨٧﴾ قَالَ رَبِّي أَعْلَمُ بِمَا تَعْمَلُونَ ﴿١٨٨﴾ فَكَذَّبُوهُ
فَأَخَذَهُمْ عَذَابُ يَوْمِ الظُّلَّةِ إِنَّهُ كَانَ عَذَابَ يَوْمٍ عَظِيمٍ ﴿١٨٩﴾
إِنَّ فِي ذَٰلِكَ لَآيَةً وَمَا كَانَ أَكْثَرُهُمْ مُؤْمِنِينَ ﴿١٩٠﴾ وَإِنَّ رَبَّكَ
لَهُوَ الْعَزِيزُ الرَّحِيمُ ﴿١٩١﴾ وَإِنَّهُ لَتَنْزِيلُ رَبِّ الْعَالَمِينَ ﴿١٩٢﴾ نَزَلَ
بِهِ الرُّوحُ الْأَمِينُ ﴿١٩٣﴾ عَلَىٰ قَلْبِكَ لِتَكُونَ مِنَ الْمُنْذِرِينَ ﴿١٩٤﴾
بِلِسَانٍ عَرَبِيٍّ مُبِينٍ ﴿١٩٥﴾ وَإِنَّهُ لَفِي زُبُرِ الْأَوَّلِينَ ﴿١٩٦﴾ أَوَلَمْ يَكُنْ
لَهُمْ آيَةً أَنْ يَعْلَمَهُ عُلَمَاءُ بَنِي إِسْرَائِيلَ ﴿١٩٧﴾ وَلَوْ نَزَّلْنَاهُ عَلَىٰ
بَعْضِ الْأَعْجَمِينَ ﴿١٩٨﴾ فَقَرَأَهُ عَلَيْهِمْ مَا كَانُوا بِهِ مُؤْمِنِينَ ﴿١٩٩﴾
كَذَٰلِكَ سَلَكْنَاهُ فِي قُلُوبِ الْمُجْرِمِينَ ﴿٢٠٠﴾ لَا يُؤْمِنُونَ بِهِ حَتَّىٰ
يَرَوُا الْعَذَابَ الْأَلِيمَ ﴿٢٠١﴾ فَيَأْتِيَهُمْ بَغْتَةً وَهُمْ لَا يَشْعُرُونَ ﴿٢٠٢﴾
فَيَقُولُوا هَلْ نَحْنُ مُنْظَرُونَ ﴿٢٠٣﴾ أَفَبِعَذَابِنَا يَسْتَعْجِلُونَ ﴿٢٠٤﴾
أَفَرَأَيْتَ إِنْ مَتَّعْنَاهُمْ سِنِينَ ﴿٢٠٥﴾ ثُمَّ جَاءَهُمْ مَا كَانُوا يُوعَدُونَ ﴿٢٠٦﴾

مَا أَغْنَىٰ

194. En tu corazón, de modo que tú puedas ser uno de los advertidores (a quienes se les ha confiado la Revelación Divina),

195. En clara lengua árabe.

196. Ha estado sin duda (prefigurada) en las Escrituras anteriores.

197. ¿Acaso no es suficiente evidencia para ellos que los eruditos de los Hijos de Israel lo sepan (que sea así)?

198. Mas si lo hubiéramos hecho descender sobre alguno de los no árabes,

199. Y él lo hubiera recitado a ellos, aún así no habría creído en él[34].

200. Así pues (debido a su persistencia testaruda en la incredulidad e injusticia) hemos provocado que (el Corán) pase desapercibido a través de los corazones de los incrédulos criminales:

201. (A pesar de pruebas irrefutables de su verdad,) no creerán en ello hasta que contemplen el castigo doloroso[35].

202. Y así, les sobrevendrá de repente, cuando no se daban cuenta (y con apenas conocimiento) de su venida.

203. Entonces indican: «¿Se nos concederá cierto plazo (de modo que podamos reformarnos?)».

204. ¿(Siendo de esta manera,) acaso aún desean Nuestro castigo que sea adelantado?[36]

205. Has considerado que, si los dejamos gozar de la vida durante muchos (más) años (algo que desearán desesperadamente cuando hagan frente al castigo),

206. Y el castigo que les fue prometido les sobreviene después de esto,

---

32. No existe en ningún pasaje del Corán o los *Hadices* referencia alguna a la explicación de la identidad del *Día que ensombrece*. Puede que haya sido una oscura nube que se cernía sobre al-Aykah y que desde la cual se vertió una «lluvia de calamidades» sobre ellos; o puede que sea una referencia a las oscuras tinieblas que acompañan a las erupciones volcánicas y los terremotos.

33. El Espíritu Digno de Confianza es el Arcángel Gabriel, como queda indicado explícitamente en, *quien sea enemigo de Gabriel (ha de saber que) él es aquel que hace descender el Corán en tu corazón con el permiso de Dios (no por él mismo)* (2:97). Dios lo menciona aquí como digno de confianza con la intención de recalcar que no puede darse cabida a la duda sobre la legitimidad y autenticidad del Corán. Como se puede discernir claramente de los versículos anteriores acerca de los Mensajeros, así como de los versículos 221-226 que seguirán a continuación e indican que los genios o los diablos nunca pueden ejercer efecto alguno sobre el profeta Muhammad, la paz y las bendiciones sean con él, este *sura* hace hincapié en la veracidad de los Mensajeros y en el hecho de que no hay nada que pueda interferir en modo alguno en la Revelación Divina.

34. Los habitantes de La Meca afirmaron en ocasiones que el profeta Muhammad, la paz y las bendiciones sean con él, compuso por sí mismo el Corán. Pero todas sus aseveraciones no eran sino pretextos para no creer. Incluso si alguien que no fuese árabe lo hubiese traído en una lengua árabe tan clara y elocuente, aún así no habrían creído y habrían ofrecido simplemente nuevos pretextos.

35. Esto hace referencia a la muerte para cada incrédulo y una calamidad en el mundo para algunas comunidades, y a la destrucción final del mundo de todos los incrédulos que la atestigüen.

36. Los incrédulos no creyeron que todo castigo con el que fueron amenazados llegaría a sobrevenirles, y así pues, con mofa le dijeron a Mensajero, la paz y las bendiciones sean con él, que trajera el castigo sin dilación.

مَا اَغْنٰى عَنْهُمْ مَا كَانُوا يُمَتَّعُونَؕ ﴿٢٠٧﴾ وَمَا اَهْلَكْنَا مِنْ قَرْيَةٍ اِلَّا لَهَا
مُنْذِرُونَۗ ﴿٢٠٨﴾ ذِكْرٰى وَمَا كُنَّا ظَالِمِينَ ﴿٢٠٩﴾ وَمَا تَنَزَّلَتْ بِهِ الشَّيَاطِينُ ﴿٢١٠﴾
وَمَا يَنْبَغِى لَهُمْ وَمَا يَسْتَطِيعُونَؕ ﴿٢١١﴾ اِنَّهُمْ عَنِ السَّمْعِ لَمَعْزُولُونَؕ ﴿٢١٢﴾
فَلَا تَدْعُ مَعَ اللّٰهِ اِلٰهًا اٰخَرَ فَتَكُونَ مِنَ الْمُعَذَّبِينَۚ ﴿٢١٣﴾ وَاَنْذِرْ
عَشِيرَتَكَ الْاَقْرَبِينَۙ ﴿٢١٤﴾ وَاخْفِضْ جَنَاحَكَ لِمَنِ اتَّبَعَكَ
مِنَ الْمُؤْمِنِينَۚ ﴿٢١٥﴾ فَاِنْ عَصَوْكَ فَقُلْ اِنّٖى بَرٖٓیءٌ مِمَّا تَعْمَلُونَۚ ﴿٢١٦﴾
وَتَوَكَّلْ عَلَى الْعَزِيزِ الرَّحِيمِۙ ﴿٢١٧﴾ اَلَّذٖى يَرٰيكَ حٖينَ تَقُومُۙ ﴿٢١٨﴾ وَتَقَلُّبَكَ
فِى السَّاجِدِينَ ﴿٢١٩﴾ اِنَّهُ هُوَ السَّمِيعُ الْعَلِيمُ ﴿٢٢٠﴾ هَلْ اُنَبِّئُكُمْ عَلٰى
مَنْ تَنَزَّلُ الشَّيَاطِينُۜ ﴿٢٢١﴾ تَنَزَّلُ عَلٰى كُلِّ اَفَّاكٍ اَثٖيمٍۙ ﴿٢٢٢﴾ يُلْقُونَ
السَّمْعَ وَاَكْثَرُهُمْ كَاذِبُونَؕ ﴿٢٢٣﴾ وَالشُّعَرَٓاءُ يَتَّبِعُهُمُ الْغَاوُنَؕ ﴿٢٢٤﴾ اَلَمْ تَرَ
اَنَّهُمْ فٖى كُلِّ وَادٍ يَهٖيمُونَۙ ﴿٢٢٥﴾ وَاَنَّهُمْ يَقُولُونَ مَا لَا يَفْعَلُونَۙ ﴿٢٢٦﴾
اِلَّا الَّذٖينَ اٰمَنُوا وَعَمِلُوا الصَّالِحَاتِ وَذَكَرُوا اللّٰهَ كَثٖيرًا وَانْتَصَرُوا
مِنْ بَعْدِ مَا ظُلِمُواؕ وَسَيَعْلَمُ الَّذٖينَ ظَلَمُٓوا اَىَّ مُنْقَلَبٍ يَنْقَلِبُونَ ﴿٢٢٧﴾

سُورَةُ النَّمْلِ مَكِّيَّةٌ
وَهِىَ ثَلَاثٌ وَتِسْعُونَ اٰيَةً

207. No les servirá de nada a ellos en absoluto (que sus vidas en perpetuo deleite fueran prolongadas).

208. Nunca hemos destruido a ninguna comunidad salvo que tenga advertidores (que les han sido enviados),

209. Para recordarlos y amonestarlos. Nunca hemos sido injustos.

210. No son los demonios los que han hecho descender esto (el Libro).

211. No es ni (permitido ni apropiado) para ellos, ni se encuentra en su poder (hacer eso).

212. En verdad les es completamente prohibido incluso escucharlo (durante su Revelación)[37].

213. Por lo tanto, nunca adoptes a cualquier otra deidad para ser invocada aparte de Dios, para que no pases a ser como aquellos condenados al castigo.

214. Y (Oh Mensajero) advierte a tus parientes más cercanos[38].

215. Y despliega tus alas (para proporcionar cuidado y cobijo) sobre los creyentes que te siguen (practicando en sus vidas los mandamientos de Dios).

216. Mas si te desobedecen (tus parientes, rechazando tu convocatoria; o aquellos que han llegado a creer recientemente, sin renunciar a su modo de vida anterior), entonces diles (a ellos): «Me hallo libre de (cualquier responsabilidad de) lo que vosotros hacéis»[39].

217. Y (sin tener en cuenta ningún tipo de poder terrenal en la ejecución de tu misión,) deposita tu confianza en el Glorioso poseedor de irresistible poder (capaz de hacer todo lo que Él quiera), el Compasivo (especialmente hacia Sus siervos creyentes),[40]

218. Él Quien te ve cuando tú te levantas (para rezar, y en la preparación para realizar Nuestros comandos),

219. Así como contempla tus enérgicos esfuerzos en la postración entre aquellos que se postran (para poder cumplir tu obligación de servidumbre y ayudar a los creyentes a reformar sus vidas).

220. Sin duda alguna, Él es Aquél Quien todo lo Oye, el Omnisapiente.

221. (¡Oh pueblo!) ¿Debería acaso informaros sobre quién descienden los demonios?

222. Descienden sobre todos aquellos propensos a urdir falsedades, propensos a pecar.

223. Ellos (los demonios) prestan oído con avidez (a las conversaciones de los ángeles, y susurran a cada impostor perdido en el pecado, como si recibieran algo); mas ellos (los demonios y sus secuaces pecaminosos por igual) son mentirosos en la mayoría de sus palabras[41].

224. En cuanto a los poetas, tan solo los extraviados los siguen.

225. Acaso no ves que vagan confusos a través de todos los valles (de falsedades, de pensamientos, y de corrientes).

226. Y dicen lo que ellos mismos no hacen[42].

227. A excepción de aquellos que creen y hacen actos buenos y rectos, y recuerdan a Dios en gran medida, y se justifican cuando han sido perjudicados[43]. Los malhechores llegarán a saber con cuán (enorme) revés serán derribados.

---

37. De todo cuanto se pueda aseverar sobre la revelación del Corán, a los demonios nunca les fue permitido escuchar una sola palabra del mismo a partir del momento en que el Arcángel Gabriel recibió la Revelación de Dios y la transmitió al Mensajero de Dios, la paz y las bendiciones sean con él, y hasta que el Mensajero, la paz y las bendiciones sean con él, la había asimilado y memorizado completamente. Para una información adicional sobre las tentativas de los demonios o los diablos por ascender al Cielo y su expulsión del mismo, véanse el *sura* 15:18, nota 5; el *sura* 67:5, nota 4.

38. Que el Mensajero, la paz y las bendiciones sean con él, estuviera libre de pecado no significa que él no fuera responsable de cumplir las órdenes de Dios y de evitar Sus prohibiciones. Por otra parte, no hay consideración o exención especial para él o su familia. Es más, el Mensajero ocupa el primer lugar de aquellos responsables de efectuar los mandamientos de Dios, y comenzó a comunicar el Mensaje de Dios en primer lugar a su familia. Igualmente, él empleó siempre a miembros de su familia y su tribu en las tareas más peligrosas y nunca les mostró ningún favor indebido. Esto es una lección y una advertencia muy importantes para los líderes y los administradores musulmanes.

Cuando este versículo fue revelado, el Mensajero de Dios, la paz y las bendiciones sean con él, invitó a sus parientes más cercanos a la asistencia de una comida. 'Ali más adelante narró el acontecimiento:

> El Mensajero de Dios invitó a sus familiares a su casa. Después de la comida, se dirigió a ellos: «Dios ha ordenado que yo advierta a mis parientes más cercanos. Vosotros sois la tribu de mis familiares más allegados. No seré capaz de hacer nada por vosotros en el Más Allá a menos que vosotros proclaméis que no hay más deidad que Dios». Al final de su discurso, preguntó quién le apoyaría. Entonces, yo era un muchacho endeble. Cuando nadie respondió, dejé a un lado la jarra que tenía en mi mano y declaré: «¡Yo te apoyaré, Oh Mensajero de Dios!». El Mensajero repitió la llamada tres veces, y cada vez tan sólo yo le contesté (Ibn Hanbal, 1:159).

En cierta ocasión que el Mensajero, la paz y las bendiciones sean con él, ascendía el monte Safa y convocando a cada tribu del Quraish por su nombre, les transmitió el Mensaje de Dios y les previno de Su castigo (Muslim, «al-Iman», 355).

El Mensajero de Dios, la paz y las bendiciones sean con él, sufrió hambre, sed y pasó otras tantas privaciones. Lo forzaron a exiliarse y fue objeto de asaltos y trampas. Aguantaba todo esto simplemente por la complacencia de Dios y el bien de la humanidad. Abu Huraira una vez lo vio rezar mientras estaba sentado y le preguntó si estaba enfermo. La respuesta del Mensajero le hizo llorar: «Tengo hambre, Abu Huraira. El hambre me quita todas las fuerzas para poder levantarme y rezar» (Muslim, «Ashribah», 140).

Aunque la mayor parte de sus Compañeros se enriquecieron en los siguientes años, el Mensajero y su familia nunca cambiaron su modo de vida sencilla. Fátima, la única hija que le quedaba, hacía todas las tareas de la casa sola. Una vez, cuando los cautivos fueron distribuidos en Medina, ella pidió una sirvienta a su padre. Él contestó:

> Oh hija mía. No puedo concederte nada antes de satisfacer las necesidades del pueblo de *Suffah*. Sin embargo, déjame que te enseñe algo que es mejor para ti que poseer una sirvienta. Cuando tú te vayas a la cama, di: «La gloria sea con Dios, toda la alabanza es para Dios, Dios es el Más Grande» 33 veces. (Algunas Tradiciones señalan que la última frase ha de recitarse 34 veces.) Esto es mejor para tu próxima vida. (al-Bujari, «Fada'il as-Sahabah», 9)

Un día él la vio llevando una pulsera (o un collar, según otra versión) y le advirtió: «¡Oh hija mía!, ¿quieres que la gente diga que mi hija lleva puesta una pulsera del Fuego del Infierno? ¡Quítatelo inmediatamente!». Fátima lo vendió y compró un esclavo con el dinero que recibió e inmediatamente lo emancipó (an-Nasa'i, «Zinah», 39).

39. Los actos, los estilos de vida, y la conducta de los miembros de la familia de un dirigente y de sus parientes en particular, y asimismo los de sus seguidores, pueden favorecer al mismo o ir en contra suya. Cada acción malvada por su parte hace de la posición del líder mucho más difícil frente a las masas. Por esta razón, un dirigente no puede defender sus actos malvados a través del parentesco. Lo que es más, el líder debe declarar haberse librado de sus actos malvados.

40. Merece la pena observar que este *sura* comienza declarando que Dios es el Glorioso poseedor de irresistible poder y el Compasivo (versículo 9), y continúa relatando las experiencias de algunos Mensajeros, que concluyen con la declaración de los mismos Nombres Divinos. Una vez más los menciona y convoca al Mensajero de Dios para que confíe en Él, Quien posee dichos Nombres. Esto supone que Dios puede castigar a todo aquel que vaya en contra de Su Gloria, mientras que Él es Compasivo hacia los creyentes y, por lo tanto, protege al Mensajero, la paz y las bendiciones sean con él, frente a sus opositores. A su vez sugiere que los creyentes deberían ser honrados y enérgicos ante los incrédulos y compasivos entre sí.

41. Los demonios o los genios intentan alzarse hacia los Cielos para escuchar las conversaciones de los ángeles, pero se les previene de ello. Sin embargo, susurran algunas cosas a sus secuaces de entre los seres humanos como si estos recibieran algo. Además, puesto que son más refinados en materia que los seres humanos, su dimensión temporal es diferente y se desplazan mucho más rápidamente en el tiempo y el espacio que lo que los seres humanos podrían hacer. Esta es la razón por la cual pueden adquirir cierta información que a los seres humanos les es imposible. Agregan muchas mentiras a esa información y las susurran a aquellos que pueden oírlos, como adivinos, médium, brujos, etc. para engañarles y embaucarles a ellos y a los demás y separar a la gente, en concreto los esposos, entre sí. Esto queda expresado en un *hadiz* registrado por al-Bujari en su *Sahih*. Cuando se le preguntó acerca de los magos y los adivinos, el Mensajero de Dios, la paz y las bendiciones sean con él, contestó que no eran nada. Cuando se le dijo que en ocasiones dicen la verdad, el Mensajero explicó: «Los genios susurran esta verdad a sus amigos, y forjan una historia a partir de ello agregando numerosas falsedades a la misma» (al-Bujari, «Bad'u'l-Jalq», 6).

42. En la época pre-islámica de la Ignorancia, la gente creía que los poetas mantenían determinados contactos con espíritus maléficos. Los politeístas de La Meca en ocasiones afirmaron que el Mensajero de Dios, la paz y las bendiciones sean con él, era uno de estos

poetas y que, por lo tanto, había recibido el Corán a partir de estos espíritus. Dios declara que el Mensajero se halla absolutamente libre de cualquier contacto con espíritus malvados y que el Corán es íntegramente Su Palabra. El Mensajero, la paz y las bendiciones sean con él, era alguien que no ha sido mancillado por pecado alguno, mientras que aquellos que establecían contacto con espíritus maléficos eran gente que había sucumbido al pecado. Al igual que los demonios que a ellos les susurraron, aquellos que se relacionaban con estos espíritus malignos eran a su vez mentirosos, pero el Mensajero, la paz y las bendiciones sean con él, era absolutamente veraz en cada palabra que él pronunció. Los poetas que tenían contacto con los demonios vagaron sin rumbo en cada valle de tendencias (literarias), jugaron con las palabras, siguieron cada pensamiento y filosofía falsos, se vieron arrastrados por sus impulsos, carecieron de coherencia y lógica en sus afirmaciones, y no siguieron ningún patrón establecido auténtico en sus refranes, pensamientos, o acciones. Sin embargo, del mismo modo que el Mensajero, la paz y las bendiciones sean con él, no tenía relación alguna con tales actos o comportamientos, el Corán está a su vez absolutamente libre de conexión o relación alguna con las elocuciones de los poetas. Por otra parte, mientras que no fue sino la comunidad extraviada, es decir, los politeístas de La Meca, quienes se opusieron al Mensajero, y quienes siguieron a los poetas, los Compañeros que creyeron en el Mensajero y lo siguieron se hallaban caracterizados por su enaltecido carácter y conducta así como estaban dotados de virtudes loables. Asimismo, los poetas relataron actos que los Compañeros no llegaron a hacer ni cometer. No había coherencia alguna entre sus dichos y sus acciones, mientras que el Mensajero, la paz y las bendiciones sean con él, y sus Compañeros predicaron lo que practicaron, y practicaron lo que predicaron.

43. Este versículo hace cuatro excepciones a la condena colectiva de los poetas. Los poetas que (i) creen en los fundamentos de la fe; (ii) obran actos buenos y rectos requeridos por su fe; (iii) nunca se olvidan de Dios, llevan a cabo sus Oraciones, y menciona a Dios constantemente; y (iv) jamás han empleado su capacidad literaria para fines pecaminosos o para cualquier objetivo reconvenido por el Islam, respaldan la verdad y la defienden siempre que sea atacada. Siempre que sea necesario, ellos utilizan su talento poético para defender al Islam y a los musulmanes, y para oponerse a la opresión y a los opresores.

بِسْمِ اللّٰهِ الرَّحْمٰنِ الرَّحِيمِ
طٰسٓ تِلْكَ اٰيَاتُ الْقُرْاٰنِ وَكِتَابٍ مُبِينٍ ۙ ﴿١﴾ هُدًى وَبُشْرٰى لِلْمُؤْمِنِينَ ۙ ﴿٢﴾
اَلَّذِينَ يُقِيمُونَ الصَّلٰوةَ وَيُؤْتُونَ الزَّكٰوةَ وَهُمْ بِالْاٰخِرَةِ هُمْ
يُوقِنُونَ ﴿٣﴾ اِنَّ الَّذِينَ لَا يُؤْمِنُونَ بِالْاٰخِرَةِ زَيَّنَّا لَهُمْ اَعْمَالَهُمْ فَهُمْ
يَعْمَهُونَ ﴿٤﴾ اُولٰٓئِكَ الَّذِينَ لَهُمْ سُٓوءُ الْعَذَابِ وَهُمْ فِي الْاٰخِرَةِ
هُمُ الْاَخْسَرُونَ ﴿٥﴾ وَاِنَّكَ لَتُلَقَّى الْقُرْاٰنَ مِنْ لَدُنْ حَكِيمٍ عَلِيمٍ ﴿٦﴾
اِذْ قَالَ مُوسٰى لِاَهْلِهِٓ اِنّٖٓي اٰنَسْتُ نَارًاۜ سَاٰتِيكُمْ مِنْهَا بِخَبَرٍ
اَوْ اٰتِيكُمْ بِشِهَابٍ قَبَسٍ لَعَلَّكُمْ تَصْطَلُونَ ﴿٧﴾ فَلَمَّا جَٓاءَهَا نُودِيَ
اَنْ بُورِكَ مَنْ فِي النَّارِ وَمَنْ حَوْلَهَاۜ وَسُبْحَانَ اللّٰهِ رَبِّ الْعَالَمِينَ ﴿٨﴾
يَا مُوسٰٓى اِنَّهُٓ اَنَا اللّٰهُ الْعَزِيزُ الْحَكِيمُ ۙ ﴿٩﴾ وَاَلْقِ عَصَاكَۜ فَلَمَّا رَاٰهَا
تَهْتَزُّ كَاَنَّهَا جَٓانٌّ وَلّٰى مُدْبِرًا وَلَمْ يُعَقِّبْۜ يَا مُوسٰى لَا تَخَفْ اِنّٖي
لَا يَخَافُ لَدَيَّ الْمُرْسَلُونَ ﴿١٠﴾ اِلَّا مَنْ ظَلَمَ ثُمَّ بَدَّلَ حُسْنًا بَعْدَ
سُٓوءٍ فَاِنّٖي غَفُورٌ رَحِيمٌ ﴿١١﴾ وَاَدْخِلْ يَدَكَ فِي جَيْبِكَ تَخْرُجْ بَيْضَٓاءَ
مِنْ غَيْرِ سُٓوءٍ فِي تِسْعِ اٰيَاتٍ اِلٰى فِرْعَوْنَ وَقَوْمِهِۜ اِنَّهُمْ كَانُوا قَوْمًا
فَاسِقِينَ ﴿١٢﴾ فَلَمَّا جَٓاءَتْهُمْ اٰيَاتُنَا مُبْصِرَةً قَالُوا هٰذَا سِحْرٌ مُبِينٌ ﴿١٣﴾

وَجَحَدُوا

SURA 27

AN-NAML (LA HORMIGA)

Período de La Meca

Revelado en el período intermedio de La Meca, este *sura* posee 93 versículos, y su nombre procede de la palabra árabe *al-naml* (la hormiga), que aparece en el versículo 18. Recalca que tan solo aquellos que aceptan las verdades expuestas en el Corán y ordenan sus vidas de acuerdo con los mandamientos de Dios pueden verdaderamente beneficiarse de esta Revelación. Uno de los obstáculos principales al adoptar la senda del Corán es la negación del Más Allá, que por lo general hace de dicha persona ser irresponsable y esclava de sus deseos carnales. Este *sura* ofrece ejemplos de la historia de los que se opusieron obstinadamente al Mensaje de Dios y de aquellos que lo aceptaron —el profeta Salomón, la paz sea con él, y la Reina de Saba, a pesar de que eran los soberanos más poderosos de su tiempo. Expone numerosas verdades que dan testimonio de la Unicidad de Dios y el Más Allá y, con cierto número de preguntas, establece la falsedad del politeísmo.

En el Nombre de Dios,
el Misericordioso, el Compasivo.

1. *Ta. Sin.* Éstas son las Revelaciones del Corán, (y) un Libro claro en sí mismo y manifiestamente demostrando la verdad[1];

2. Guía y buenas nuevas para los creyentes,

3. Quienes establecen la Oración conforme a sus condiciones, pagan la Limosna Prescrita Purificadora, y en el Más Allá, tienen certeza de fe.

4. En cuanto a los que no creen en el Más Allá, hemos embellecido en verdad sus actos para que les parecieran atrayentes (debido a su incredulidad)[2], y de este modo vagan con preocupación (en relación con sus vidas mundanas, con corazones insensibilizados).

5. Ésos son aquellos a los que les aguarda el peor de los castigos (en el mundo y en el Más Allá), y serán los mayores perdedores en el Más Allá (pues serán abandonados sin actos buenos expedidos para ser aceptados)[3].

6. Y a ti (Oh Mensajero) el Corán está siendo transmitido desde la Presencia de Aquel Omnisapiente, Omnisciente[4].

7. (Recuerda y relátales a ellos) cuando Moisés (mientras viajaba por el desierto vio un fuego y) dijo a su familia: «Distingo un fuego a lo lejos. (Esperad aquí,) os traeré de allí cierta información (sobre donde nos hallamos y el camino que hemos de tomar), o al menos os traeré un tizón de modo que podáis (encender un fuego y) calentaros».

8. Cuando llegó ante ello, una voz le llamó: «Bendito sea aquél que se halla en el fuego y los que están alrededor del mismo; y Gloria a Dios (más allá de tener semejanza alguna con lo creado), el Señor de los mundos[5].

9. «¡Oh Moisés! Soy Yo, Dios, el Glorioso poseedor de irresistible poder, el Omnisapiente.

10. Ahora, arroja tu vara». (Él la arrojó, y) cuando la vio (como una gran serpiente) deslizarse (rápidamente) como una serpiente pequeña, se dio media vuelta para huir, y no volvió. «Oh Moisés, no tengas ningún miedo. Los Mensajeros (aquellos que gozan de cercanía hacia Mí y, por lo tanto, a la seguridad absoluta) no tienen (alguna razón para tener) miedo en Mi Presencia.

11. Tan solo aquellos que han obrado mal (deben temer). Pero si (ellos se arrepienten y) substituyen dicho mal por el bien, sin duda alguna soy Indulgente, Compasivo.

12. Pon tu mano (derecha) en tu costado: saldrá brillante, blanca y sin defecto. Es (una) entre las nueve señales (milagros[6] para ti que les mostrarás) al Faraón y a su pueblo. No cabe duda de que son una gente transgresora».

13. Mas cuando Nuestras señales (milagrosas) les llegaron a ellos a plena vista y suficientemente claras para abrir sus ojos a la verdad, dijeron: «Esto claramente no es nada más que hechicería».

---

1. El Corán menciona un Registro Manifiesto (36:12), y en varios de sus versículos (tales como 6:59, 10:61, y 11:6) hace referencia a un Libro Manifiesto (para las explicaciones de ambos términos, véanse los versículos 6:59, nota 13; 13:39, nota 13; 17:14, nota 10). En otros de sus versículos (5:11; 12:1; 26:2; 28:2), se refiere a un Libro claro en sí mismo y que demuestra claramente la verdad.

El Registro Manifiesto es el Registro Original que comprende las formas originales de todo aquello por venir a la existencia y de cada acontecimiento por suceder, en el Conocimiento Divino, junto con las causas y las leyes que las acompañan. En cuanto al Libro Manifiesto, es el Libro de la Creación poniendo de manifiesto todo aquello registrado en el Registro Manifiesto o en el Registro Original que la Voluntad Divina desea traer al reino de la creación, y en el cual todo en la creación se está registrando, hasta las expresiones y los actos de cada ser humano y de los genios. Puede aseverarse que el Corán, al que se hace referencia como el Libro claro en sí mismo y que demuestra claramente la verdad, es idéntico al Registro Manifiesto con respecto a la existencia eterna de ambos en el Conocimiento de Dios, e idéntico al Libro Manifiesto con respecto a su existencia en el reino de la creación. Sin embargo, el Corán es a su vez diferente de ambos. Es diferente del Registro Manifiesto en relación con el hecho de que mientras que el Registro Manifiesto existe en el Conocimiento Divino o es incluso idéntico al mismo en cierto sentido, el Corán también está relacionado con el Discurso Divino. En cuanto a su diferencia del Libro Manifiesto, el Corán se deriva o ha sido revelado a partir del Atributo de Discurso de Dios, y es un Libro que se lee y se archiva en escritura, mientras que el Libro Manifiesto es el Libro de la Creación que emana de los Atributos Divinos de la Voluntad y el Poder. (Dios es el Más Sabio.)

2. El hecho de que Dios embellezca sus actos para que le parezcan atrayentes a ciertos individuos significa que, como resultado de las

leyes y las normas por Él establecidas para la vida humana y la naturaleza de la incredulidad, aquellos que no siguen la Religión de Dios son por lo general arrogantes y aprueban sus propios actos, mientras que los verdaderos creyentes son siempre autocríticos, temerosos acerca de que puedan lograr aquello que es necesario efectuar para obtener la aprobación de Dios.

Algunos versículos indican que Satán embellece sus actos para que les parezcan atrayentes a los incrédulos. Lo que hace Satán es susurrar a los seres humanos, incitándoles a que cometan un acto malvado que él intenta pasar por bueno. Él no posee poder alguno para obligarles a que hagan algo.

3. En el Más Allá, la gente se encontrará en diversos niveles, tal y como se hallan en el mundo, según su nivel de creencia o incredulidad, sus buenos o malos actos, su sinceridad al realizar estos actos, sus sacrificios a lo largo del camino de Dios, o sus esfuerzos de apartar a los individuos de dicho camino. Debido a esto, el Paraíso y el Infierno albergarán estaciones para los individuos en cada nivel.

4. Debido a esto, el Corán es la encarnación de la sabiduría y el conocimiento perfectos.

5. Tal y como aparece indicado en el *Surat al-Qasas* (28), Dios Todopoderoso convocó a Moisés, la paz sea con él, desde detrás de un árbol (28:30). Explicamos en la quinta nota de el *sura* 20 que este tipo de convocatoria Divina es uno de los tres tipos de Revelación Divina. El Corán aclara que Dios se dirige a los seres humanos bien tras un velo, bien ubicando el significado en el corazón (siendo una clase especial de Revelación), o bien enviando a un ángel (42:51). Con la intención de no proporcionar argumento alguno para el antropomorfismo, así como para subrayar la importancia del acontecimiento singular, el Corán emplea la expresión, *Gloria a Dios, el Señor de los mundos*, que significa Dios se halla absolutamente por encima de cualquier semejanza con lo creado.

El valle en el cual este acontecimiento tuvo lugar fue el «Valle sagrado de Tuwa» en Sinaí (en relación al componente sagrado de este valle, véase el versículo 20:12, nota 5). Dios bendijo al profeta Moisés, la paz sea con él, (quien estaba ante el fuego cuando ocurrió este evento) otorgándole la Misión Profética y Su Palabra, y a su vez bendijo a su familia (quien estaba alrededor del fuego) debido a Moisés. Él asimismo bendijo la región alrededor de este lugar, que es la región de Damasco, incluyendo Palestina; en este lugar Él ha ofrecido numerosas bendiciones para toda la gente (7: 137; 17:1; 21:71, 81). Ha bendecido a su vez a los Profetas y a sus seguidores que han vivido en esta región (así como en otras regiones).

6. Para las nueve señales, véanse el *sura* 7:133; el *sura* 17:101, nota 37.

وَجَحَدُوا بِهَا وَاسْتَيْقَنَتْهَا اَنْفُسُهُمْ ظُلْمًا وَعُلُوًّا فَانْظُرْ كَيْفَ
كَانَ عَاقِبَةُ الْمُفْسِدِينَ ﴿١٤﴾ وَلَقَدْ اٰتَيْنَا دَاوُدَ وَسُلَيْمٰنَ عِلْمًا وَقَالَا
الْحَمْدُ لِلّٰهِ الَّذٖى فَضَّلَنَا عَلٰى كَثٖيرٍ مِنْ عِبَادِهِ الْمُؤْمِنٖينَ ﴿١٥﴾
وَوَرِثَ سُلَيْمٰنُ دَاوُدَ وَقَالَ يَٓا اَيُّهَا النَّاسُ عُلِّمْنَا مَنْطِقَ
الطَّيْرِ وَاُوتٖينَا مِنْ كُلِّ شَيْءٍ اِنَّ هٰذَا لَهُوَ الْفَضْلُ الْمُبٖينُ ﴿١٦﴾
وَحُشِرَ لِسُلَيْمٰنَ جُنُودُهُ مِنَ الْجِنِّ وَالْاِنْسِ وَالطَّيْرِ فَهُمْ
يُوزَعُونَ ﴿١٧﴾ حَتّٰٓى اِذَٓا اَتَوْا عَلٰى وَادِ النَّمْلِ قَالَتْ نَمْلَةٌ يَٓا اَيُّهَا
النَّمْلُ ادْخُلُوا مَسَاكِنَكُمْ لَا يَحْطِمَنَّكُمْ سُلَيْمٰنُ وَجُنُودُهُ
وَهُمْ لَا يَشْعُرُونَ ﴿١٨﴾ فَتَبَسَّمَ ضَاحِكًا مِنْ قَوْلِهَا وَقَالَ
رَبِّ اَوْزِعْنٖٓى اَنْ اَشْكُرَ نِعْمَتَكَ الَّتٖٓى اَنْعَمْتَ عَلَيَّ وَعَلٰى
وَالِدَيَّ وَاَنْ اَعْمَلَ صَالِحًا تَرْضٰيهُ وَاَدْخِلْنٖى بِرَحْمَتِكَ
فٖى عِبَادِكَ الصَّالِحٖينَ ﴿١٩﴾ وَتَفَقَّدَ الطَّيْرَ فَقَالَ مَا لِيَ لَٓا اَرَى
الْهُدْهُدَ اَمْ كَانَ مِنَ الْغَٓائِبٖينَ ﴿٢٠﴾ لَاُعَذِّبَنَّهُ عَذَابًا شَدٖيدًا
اَوْ لَاَاذْبَحَنَّهُٓ اَوْ لَيَأْتِيَنّٖى بِسُلْطَانٍ مُبٖينٍ ﴿٢١﴾ فَمَكَثَ غَيْرَ بَعٖيدٍ
فَقَالَ اَحَطْتُ بِمَا لَمْ تُحِطْ بِهٖ وَجِئْتُكَ مِنْ سَبَاٍ بِنَبَاٍ يَقٖينٍ ﴿٢٢﴾

14. Las rechazaron por mera iniquidad y altivez, aunque sus conciencias se hallaran convencidas de su condición verdadera. Así pues, contempla cómo acabaron aquellos dados a sembrar el desorden y la corrupción.

15. (Por otra parte, salvamos a los Hijos de Israel que los Faraones habían perseguido durante siglos, y les concedimos un gran triunfo. Y con el tiempo,) conferimos el conocimiento (especial) a David y Salomón. Ambos solían agradecer y elogiar a Dios, diciendo: «Toda la alabanza y la gratitud son para Dios, Quien nos ha favorecido más que muchos de Sus siervos creyentes»[7].

16. Salomón sucedió a David. Él diría (mencionando con gratitud los favores de Dios hacia él): «¡Oh pueblo! Nos ha sido enseñada la lengua de los pájaros,[8] y nos ha sido concedido (una determinada parte) de todo (aquello que Dios provee a Sus siervos). Esto es en verdad un favor manifiesto.

17. Un día sus ejércitos de genios, hombres y pájaros fueron reunidos ante Salomón (bajo su orden), y se les hizo marchar bajo control completo,

18. Hasta que, cuando alcanzaron un valle de hormigas, una de las hormigas dijo: «¡Oh hormigas! Entrad en vuestras viviendas con el fin de que Salomón y su ejército no os aplasten sin que se den cuenta».

19. Sonriendo ante las palabras de ella (sumido en humilde regocijo ante los favores de Dios hacia él), él dijo: «¡Señor mío! Inspírame y guíame de modo que pueda agradecerte Tu favor que Tú me has conferido a mí y a mis padres, y para que pueda actuar con gran rectitud de un modo que Te complacerá; e inclúyeme (de Tu Misericordia) entre Tus rectos siervos».

20. (En otra ocasión,) él pasó revista a los pájaros y dijo: «¿Cómo es que no puedo ver a la abubilla? ¿O es que acaso se halla entre los ausentes?

21. Infligiré sin duda un castigo severo sobre ella, o quizás incluso la mate, a menos que comparezca ante mí con una razón convincente (para explicar su ausencia)».

22. Poco después, la abubilla regresó y dijo: «He obtenido (cierta información importante) que tú no posees, y he venido ante ti desde Saba[9] con noticias fiables.

7. David y Salomón, la paz sea con ellos, son de los grandes Mensajeros de Dios, a cada uno de los cuales Dios distinguió con numerosos favores especiales. En primer lugar, ambos eran Profetas portadores del Mensaje. Dios concedió el Califato a David y el reino a Salomón, la paz sea con ambos. A ambos les fue concedido conocimiento especial, sabiduría, buen juicio y capacidad de distinguir entre lo correcto e incorrecto (21:79). Las montañas y los pájaros glorificaron a Dios con David, la paz sea con él; le fue enseñado cómo fundir el hierro y elaborar armaduras, mientras que Salomón, la paz sea con él, podía emplear a los genios y a los diablos, entender la lengua de los pájaros y de las hormigas, y viajar sobre el viento. A pesar de todas estas bendiciones, estos Profetas seguían siendo intachablemente humildes. David se ganaba su vida mediante el trabajo manual. Atribuyeron a Dios todo aquello que gozaron. Así pues, reconocieron que el hecho de ser más favorecidos con respecto a muchos de los siervos creyentes de Dios, no era una bendición que habían merecido o cierto privilegio en el que regocijarse y del que sentirse orgulloso; más bien, lo percibieron como los medios con los que eran puestos a prueba, que precisan de alabanza y gratitud.

8. Los versículos, *nos ha sido enseñada la lengua de los pájaros* (27:16) y los *pájaros se reunieron* (38:19), indican que Dios Todopoderoso concedió al profeta Salomón, la paz sea con él, el conocimiento de la lengua de los pájaros y de la lengua de sus capacidades (cómo podrían ser beneficiosos), así como señalan la alabanza de David hacia Dios por medio de los pájaros. Dado esto, y asimismo teniendo en cuenta que la Tierra es una mesa puesta del Misericordioso, dispuesta en nuestro honor, la mayoría de los animales y los pájaros que se benefician de esta mesa pueden servirnos. Dios emplea animales pequeños, como abejas y gusanos de seda, mediante la guía de Su inspiración especial, para beneficiar la humanidad.

Si pudiéramos descubrir cómo hacer uso de otros pájaros y animales, muchas especies podrían ser empleadas en tareas importantes, tal y como las especies animales domesticadas lo son. De este modo, los versículos mencionados demuestran el supremo propósito de subyugar y sacar provecho de los pájaros. Al precisar el más grande objetivo en este campo, los versículos instan a la humanidad hacia el mismo.

En los mismos versículos, el Dios Todopoderoso indica:

> Para que su infalibilidad siendo un Profeta, y su justicia como soberano no se dañen, Yo hice subyugar a uno de vuestros prójimos, que se hallaba sometido por completo a Mí, las enormes criaturas en Mi Reino y las hice hablar. Puse a su servicio la mayor parte de Mis huestes y animales. He confiado a cada uno de vosotros la Verdad Suprema que los Cielos y la Tierra evitaron asumir, y os he dotado con el potencial de gobernar en la Tierra según Mis órdenes. Por lo tanto, debéis rendiros a Aquel en Cuya Mano se encuentran las riendas de todas las criaturas. Esto hará que Sus criaturas se rindan a vosotros, de modo que podáis emplearlas en Nombre de Quien sostiene sus riendas y así alzaros a una posición digna de vuestro potencial. La mayoría de los pájaros pueden ser un amigo íntimo o un siervo obediente, como la abubilla de Salomón. Pueden entreteneros y conduciros con entusiasmo hacia las perfecciones y los logros de los cuales sois capaces, en lugar de haceros caer desde la posición requerida por vuestra humanidad, como lo hacen las diversiones inútiles. [*The Words* («Las Palabras»), «The 20th Word» («La 20ª Palabra»), pág. 272].

9. Saba era la célebre nación comerciante de la Arabia meridional, que dominaron dicha zona geográfica durante casi 1.000 años, desde el año 1.100 a. C. hasta el año 115 a. C. Su capital era Ma'arib, situada a 88 kilómetros al nordeste de San'a, la actual capital de Yemen. Controlaron el comercio y las rutas comerciales establecidas entre África oriental, la India, el Extremo Oriente y Arabia con países y regiones como Egipto, Siria, Grecia, y Roma. Asimismo, habían desarrollado un excelente sistema de irrigación que se extendió a lo largo y ancho del país con diques y presas. Sus tierras eran extraordinariamente fértiles y de vegetación exuberante. Esto explica su opulencia. Los historiadores griegos la catalogaron como la nación más rica del mundo (al-Mawdudi, 7:151, nota 29).

اِنّى وَجَدْتُ امْرَاَةً تَمْلِكُهُمْ وَاُوتِيَتْ مِنْ كُلِّ شَيْءٍ وَلَهَا
عَرْشٌ عَظِيمٌ ﴿٢٣﴾ وَجَدْتُهَا وَقَوْمَهَا يَسْجُدُونَ لِلشَّمْسِ مِنْ
دُونِ اللّٰهِ وَزَيَّنَ لَهُمُ الشَّيْطَانُ اَعْمَالَهُمْ فَصَدَّهُمْ عَنِ السَّبِيلِ
فَهُمْ لَا يَهْتَدُونَ ﴿٢٤﴾ اَلَّا يَسْجُدُوا لِلّٰهِ الَّذى يُخْرِجُ الْخَبْءَ
فِى السَّمٰوَاتِ وَالْاَرْضِ وَيَعْلَمُ مَا تُخْفُونَ وَمَا تُعْلِنُونَ ﴿٢٥﴾ اَللّٰهُ
لَٓا اِلٰهَ اِلَّا هُوَ رَبُّ الْعَرْشِ الْعَظِيمِ ﴿٢٦﴾ قَالَ سَنَنْظُرُ اَصَدَقْتَ
اَمْ كُنْتَ مِنَ الْكَاذِبِينَ ﴿٢٧﴾ اِذْهَبْ بِكِتَابى هٰذَا فَاَلْقِهْ اِلَيْهِمْ
ثُمَّ تَوَلَّ عَنْهُمْ فَانْظُرْ مَاذَا يَرْجِعُونَ ﴿٢٨﴾ قَالَتْ يَٓا اَيُّهَا الْمَلَؤُا
اِنّى اُلْقِىَ اِلَىَّ كِتَابٌ كَرِيمٌ ﴿٢٩﴾ اِنَّهُ مِنْ سُلَيْمٰنَ وَاِنَّهُ بِسْمِ اللّٰهِ
الرَّحْمٰنِ الرَّحِيمِ ﴿٣٠﴾ اَلَّا تَعْلُوا عَلَىَّ وَاْتُونى مُسْلِمِينَ ﴿٣١﴾ قَالَتْ
يَٓا اَيُّهَا الْمَلَؤُا اَفْتُونى فى اَمْرى مَا كُنْتُ قَاطِعَةً اَمْرًا حَتّٰى
تَشْهَدُونِ ﴿٣٢﴾ قَالُوا نَحْنُ اُولُوا قُوَّةٍ وَاُولُوا بَاْسٍ شَدِيدٍ وَالْاَمْرُ
اِلَيْكِ فَانْظُرى مَاذَا تَاْمُرِينَ ﴿٣٣﴾ قَالَتْ اِنَّ الْمُلُوكَ اِذَا دَخَلُوا
قَرْيَةً اَفْسَدُوهَا وَجَعَلُوا اَعِزَّةَ اَهْلِهَا اَذِلَّةً وَكَذٰلِكَ يَفْعَلُونَ ﴿٣٤﴾
وَاِنّى مُرْسِلَةٌ اِلَيْهِمْ بِهَدِيَّةٍ فَنَاظِرَةٌ بِمَ يَرْجِعُ الْمُرْسَلُونَ ﴿٣٥﴾

فَلَمَّا

23. Hallé allí a una mujer que los rige, una a quien se le ha concedido todo (aquello que se espera que una gobernante tenga), y quien posee un magnífico trono.

24. Sin embargo, los encontré a ella y a su gente postrándose ante el Sol en lugar de ante Dios. Satán ha embellecido sus actos para que les parecieran atrayentes, y los ha apartado así del camino (único y recto), así que no son rectamente guiados,

25. De modo que no se postran ante Dios, Quien saca a la luz aquello que se oculta en los Cielos y la Tierra (Quien saca a la luz de la existencia todas las cosas y los seres en los Cielos y la Tierra del velo de la inexistencia), y sabe lo que mantenéis en secreto y lo que reveláis.

26. Dios, no hay más deidad sino Él, el Señor del Supremo Trono»[10].

27. (Salomón) dijo: «Veremos si tú estás diciendo la verdad o eres de los mentirosos.

28. Ve con esta carta mía, y déjala ante ellos; a continuación apártate de ellos y contempla cómo tratarán de ello entre sí, y regresa»[11].

29. Ella (la Reina, cuando la carta le llegó) dijo: «¡Oh nobles! Contemplad, una honorable carta me ha sido entregada.

30. Procede de Salomón, y es: "En el Nombre de Dios, el Misericordioso, el Compasivo.

31. No os mostréis desafiantes ante mí, sino acudid hacia mí en sumisión"».

32. ¡Oh nobles! Permitidme tener vuestro consejo en esta materia. (Vosotros bien sabéis que) nunca tomo una decisión acerca de una cuestión a menos que estéis presentes conmigo».

33. Dijeron: «Disponemos de gran poder y gran audacia pero suya es la decisión, así que considera pues lo que usted ordenará».

34. Ella dijo: «Cuando los reyes entran en un país, causan la destrucción y la corrupción en el mismo, y humillan a los más nobles (de sus habitantes). Esto es lo que ellos realmente llevan a cabo.

35. Ahora les enviaré un presente y veré con qué (respuesta) vuelven los enviados».

10. Engañados por Satán y vencidos por sus deseos carnales, numerosas personas se apartan del Camino Recto, viviendo toda su vida en extravío. No pueden encontrar la más grande y clara verdad, una verdad que incluso un pájaro conoce con certeza. El Corán llama la atención sobre este hecho en otro versículo a su vez: *(No sabía qué hacer con el cadáver de su hermano.) Entonces, Dios envió un cuervo que se puso a escarbar la tierra para hacerle ver cómo podría ocultar el cadáver de su hermano. (Al verlo) exclamó: «¡Ay de mí! ¿Es que no soy capaz de ser como este cuervo y enterrar el cadáver de mi hermano?». Y quedó angustiado por el remordimiento* (5: 31).

Said Nursi nos recuerda este hecho en numerosos pasajes de sus obras, como por ejemplo:

> Además, nuestra naturaleza y nuestro ser espiritual demuestran que hemos sido creados para adorar a Dios. En cuanto a nuestras facultades físicas y nuestra capacidad para vivir aquí, nos hallamos en peor situación que los gorriones. Mas por lo que se refiere a nuestro conocimiento, entendiendo de nuestras necesidades, y la súplica y adoración, que son necesarias para nuestra vida espiritual y la vida del Más Allá, somos el rey y comandante de todas las criaturas vivas.
>
> ¡Oh alma mía! Si tú consideras este mundo como tu propósito supremo y obras en pos de ello, tú seguirás siendo tan solo un soldado sin más control sobre tus asuntos que un gorrión. Pero si te diriges hacia el Más Allá, considerando este mundo como un campo para ser sembrado, una preparación para el otro mundo, y actúas en consecuencia, pasarás a ser el regente del reino animal, un suplicante de Dios Todopoderoso así como Su huésped favorecido o complacido en este mundo. Tú puedes elegir cualquiera de las dos opciones. Así pues ruega por la guía y el éxito en Su Camino del Más Misericordioso de los Misericordiosos. [*The Words* («Las Palabras»), «The 5th Word» («La Quinta Palabra»), págs.29–30].
>
> Tu potencial te hace superior a todos los animales. Pero incluso un gorrión puede llevar a cabo un trabajo mejor que tú en lo que se refiere a satisfacer sus necesidades diarias. ¿Por qué no entiendes que tu deber como ser humano es trabajar en pos de la vida verdadera y eterna? ¡No eres un animal! La mayoría de tus preocupaciones mundanas no son sino materias triviales e inútiles de las cuales no obtienes en absoluto beneficio alguno. Y lo que es más, dejando a un lado los aspectos más esenciales, tú pasas tu tiempo adquiriendo inútil información como si te quedaran miles de años por vivir.
>
> En cuanto a la dimensión física y mundana de tu ser, no puedes competir con una abeja o un gorrión, eres más débil que una mosca o una araña, y no puedes lograr lo que ellos pueden. En cuanto al segundo aspecto de tu ser, sin embargo, puedes sobrepasar las montañas, la Tierra, y los Cielos, pues puedes llevar una carga que ellos no pueden. De tal modo, tus actos tienen un mayor impacto que los suyos. Cuando obras algo bueno o construyes algo, esto se extiende tan solo hasta donde tu mano y tu fuerza llegan. Mas tus actos malos y destructivos son agresivos y extensos.
>
> Hemos sido creados en el mejor patrón. Si nos centramos en esta vida mundana somos bastante inferiores que un gorrión, aunque poseemos facultades bastante más desarrolladas que cualquier animal. (Así pues, nuestro deber en el mundo es encontrar a Dios, llegar a conocerle a Él y tan solo adorarlo a Él) [*The Words* («Las Palabras»), «The 23th Word» («La 23ª Palabra»), págs.335–336].

11. Aunque debiéramos creer en la declaración verbal de una persona, la abubilla perjudicó su reputación en relación con su carácter fidedigno al cometer una falta grave. Desertó del ejército sin permiso. El Corán pide que cualquier declaración de un pecador sea probada (aquel que sea conocido por sus transgresiones de los límites establecidos por Dios), y que nadie intente llevar a cabo nada basado en la declaración de tal persona 49: 6).

٣٧٩ اَلْجُزْءُ التَّاسِعَ عَشَرَ 379

فَلَمَّا جَٓاءَ سُلَيْمٰنَ قَالَ اَتُمِدُّونَنِ بِمَالٍۘ فَمَٓا اٰتٰينِيَ اللّٰهُ خَيْرٌ مِمَّٓا
اٰتٰيكُمْۚ بَلْ اَنْتُمْ بِهَدِيَّتِكُمْ تَفْرَحُونَ ﴿٣٦﴾ اِرْجِعْ اِلَيْهِمْ فَلَنَاْتِيَنَّهُمْ
بِجُنُودٍ لَا قِبَلَ لَهُمْ بِهَا وَلَنُخْرِجَنَّهُمْ مِنْهَٓا اَذِلَّةً وَهُمْ صَاغِرُونَ ﴿٣٧﴾
قَالَ يَٓا اَيُّهَا الْمَلَؤُا اَيُّكُمْ يَاْتِينِي بِعَرْشِهَا قَبْلَ اَنْ يَاْتُونِي مُسْلِمِينَ ﴿٣٨﴾
قَالَ عِفْرِيتٌ مِنَ الْجِنِّ اَنَا اٰتِيكَ بِه۪ قَبْلَ اَنْ تَقُومَ مِنْ مَقَامِكَۚ وَاِنّ۪ي
عَلَيْهِ لَقَوِيٌّ اَم۪ينٌ ﴿٣٩﴾ قَالَ الَّذ۪ي عِنْدَهُ عِلْمٌ مِنَ الْكِتَابِ اَنَا اٰتِيكَ
بِه۪ قَبْلَ اَنْ يَرْتَدَّ اِلَيْكَ طَرْفُكَۜ فَلَمَّا رَاٰهُ مُسْتَقِرًّا عِنْدَهُ قَالَ هٰذَا
مِنْ فَضْلِ رَبّ۪يۗ لِيَبْلُوَن۪ٓي ءَاَشْكُرُ اَمْ اَكْفُرُۜ وَمَنْ شَكَرَ فَاِنَّمَا يَشْكُرُ
لِنَفْسِه۪ۚ وَمَنْ كَفَرَ فَاِنَّ رَبّ۪ي غَنِيٌّ كَر۪يمٌ ﴿٤٠﴾ قَالَ نَكِّرُوا لَهَا عَرْشَهَا
نَنْظُرْ اَتَهْتَد۪ٓي اَمْ تَكُونُ مِنَ الَّذ۪ينَ لَا يَهْتَدُونَ ﴿٤١﴾ فَلَمَّا جَٓاءَتْ
ق۪يلَ اَهٰكَذَا عَرْشُكِۜ قَالَتْ كَاَنَّهُ هُوَۚ وَاُو۫تٖينَا الْعِلْمَ مِنْ قَبْلِهَا وَكُنَّا
مُسْلِم۪ينَ ﴿٤٢﴾ وَصَدَّهَا مَا كَانَتْ تَعْبُدُ مِنْ دُونِ اللّٰهِۜ اِنَّهَا كَانَتْ
مِنْ قَوْمٍ كَافِر۪ينَ ﴿٤٣﴾ ق۪يلَ لَهَا ادْخُلِي الصَّرْحَۚ فَلَمَّا رَاَتْهُ حَسِبَتْهُ لُجَّةً
وَكَشَفَتْ عَنْ سَاقَيْهَاۜ قَالَ اِنَّهُ صَرْحٌ مُمَرَّدٌ مِنْ قَوَار۪يرَۜ قَالَتْ رَبِّ
اِنّ۪ي ظَلَمْتُ نَفْس۪ي وَاَسْلَمْتُ مَعَ سُلَيْمٰنَ لِلّٰهِ رَبِّ الْعَالَم۪ينَ ﴿٤٤﴾

36. Cuando él (el enviado con el presente) llegó ante Salomón, él (Salomón) dijo: «¿Procuráis ayudarme con riquezas? Aquello que Dios me ha concedido (la Misión Profética, el Reino, y la riqueza) es mucho más y mejor que todo lo que os ha concedido. Tan solo (tal gente como) vosotros sois quienes os regocijaríais con este regalo vuestro.

37. Regresa de nuevo junto a aquellos (quienes te enviaron, e infórmales que, si no vienen ante nosotros en sumisión), marcharemos sin duda sobre ellos con ejércitos a los que no podrán oponerse. No cabe duda de que los expulsaremos de allí, en deshonra, y serán humillados»[12].

38. (Cuando Salomón supo del viaje de la Reina, la cual, habiendo recibido su mensaje, decidió visitarle en Jerusalén,) dijo (a su consejo): «¡Oh nobles! ¿Quién entre vosotros puede traerme su trono antes de que ella venga ante mí en sumisión?».

39. Alguien fuerte y astuto entre los genios dijo: «Puedo traérselo antes de que tú te levantes de tu consejo. Tengo sin duda alguna la fuerza y la habilidad para hacerlo y soy digno de confianza».

40. Y uno que tenía cierto conocimiento del Libro dijo: «Puedo traértelo en un abrir y cerrar de ojos». Cuando Salomón vio el trono ante su presencia, dijo: «Éste es por medio de la gracia pura de mi Señor Quien puede probarme ya sea si agradezco o actúo con ingratitud. Todo aquel que agradece, agradece tan solo por (el bien de) su propia alma; y todo aquel que actúa con ingratitud, (permítele que se dé por enterado que) mi Señor es sin lugar a dudas Acaudalado y Autosuficiente, Munificente»[13].

41. Él dijo: «Disimulad su trono, y veamos si ella puede encontrar la guía o si sigue siendo una de aquellos que no son guiados»[14].

42. Cuando ella (la Reina) llegó a su presencia, la preguntaron: «¿Es tu trono así?». Ella dijo: «Es como si fuera igual. Nos proveyeron del conocimiento (sobre la magnificencia de la soberanía y el poder extraordinario de Salomón) antes de todo esto (que hemos visto aquí), y ya habíamos decidido someternos».

43. Mientras que lo que ella había estado adorando aparte de Dios la mantuvo apartada (del Camino Recto); pues ella perteneció a un pueblo incrédulo[15].

44. Se le dijo (a ella): «Entre en el palacio». Cuando ella lo contempló, pensó que el mismo era un estanque de agua y se descubrió sus pantorrillas (con la intención de sostener sus ropajes por encima del agua). Él (Salomón) dijo: «Esto es un palacio pavimentado con cristal». (Tras haber llegado a la conclusión que Salomón debe ser en verdad un Profeta,) ella dijo: «Señor mío, me he agraviado sin duda alguna (al adorar deidades falsas). Mas ahora me someto, en la compañía de Salomón, a Dios, el Señor de los mundos»[16/17].

12. El Corán jamás tolera la movilización de los ejércitos con la intención de marchar sobre otros o con el propósito de ocupar sus territorios con motivo de razones terrenales. Asimismo prohíbe el derramamiento de sangre, las matanzas, y la expoliación. En resumen, condena todas las clases de imperialismo. Lo que divulga de la Reina de Saba en el versículo 34 es de la misma trascendencia. Así pues, la amenaza de Salomón hacia la gente de Saba no se trataba de una amenaza semejante a una agresión bélica. Aparece de forma bastante clara en los versículos que, como Mensajero, Salomón nunca fue orgulloso de sus riquezas o de su reino, y jamás depositaba siquiera su vista en la riqueza o las tierras de los demás. Su única preocupación era comprobar que la fe verdadera era abrazada por más gente, para que así pudieran lograr la felicidad verdadera en ambos mundos, o que los demás deban someterse al sistema basado en una gran rectitud y justicia en todas sus dimensiones. Todos deben gozar de la libertad de los grilletes de la servidumbre a los sistemas opresivos humanos, y así pues los obstáculos ubicados entre ellos y su único Creador y Sustentador por dichos sistemas deben ser eliminados de modo que puedan inclinarse por una opción libre.

13. El versículo describe el maravilloso acontecimiento por el cual se trajo el trono de la Reina de Saba a la corte de Salomón. El versículo sugiere que los objetos se puedan transportar a lo largo de largas distancias, ya sea en su forma corpórea-física, o mediante sus imágenes. De hecho, Dios Todopoderoso concedió esto sobre Salomón como milagro, quien fue honrado con dignidad real así como con la Misión Profética Divina, para que así él pudiera mantener su infalibilidad y su justicia siendo personalmente informado de todas las regiones en su extenso reino, contemplar las condiciones de sus súbditos, y escuchar sus problemas en sus audiencias.

Eso significa que si confiamos en Dios Todopoderoso y Le suplicamos a Él en la lengua de nuestros potenciales, tal y como el profeta Salomón lo hizo en la lengua de su infalibilidad, y si nuestros actos se ajustan a sus leyes en el universo y con las que atrae su favor, el mundo puede convertirse como una población para nosotros. El trono de la Reina se encontraba en Yemen, mas fue visto en (Jerusalén, en la región de) Damasco, físicamente o como imagen, al igual que las formas de la gente alrededor del mismo, que fueron vistas y oídas.

Este versículo sugiere el transporte de formas y la transmisión de los sonidos a lo largo de largas distancias. En realidad, dice: «Oh soberanos. Si deseáis impartir la justicia perfecta, intentad contemplar y conocer vuestros reinos en todos sus detalles, tal y como hizo Salomón. Tan solo alzándose a dicho nivel puede un soberano justo, que aprecia a sus súbditos, ser salvado de ser considerado responsable. Tan solo de este modo puede impartir la justicia perfecta». Lo que Dios Todopoderoso está indicando aquí es:

> Oh humanidad. Conferí a Mi siervo un vasto reino. Con la intención de que él imparta la justicia perfecta a lo largo y ancho del mismo, Yo le permití que supiera lo que acontecía en el mismo. Puesto que he creado a cada individuo con una capacidad de gobernar conforme a Mis órdenes, también le he concedido, como requisito de Mi sabi-

duría, el potencial de explorar la faz de la Tierra y comprender lo que se halla en ella. Aunque cada individuo no pueda alcanzar este propósito, la humanidad, en su condición de especie, puede realizarlo. Si no pueden lograrlo físicamente, pueden hacerlo espiritualmente, como los santos. Por lo tanto, podéis sacar provecho de esta gran bendición. Venga, y dejadme contemplar que lo hacéis. Cumplid con vuestras obligaciones de adoración. Esforzaos de una manera tal que transforméis la superficie de la Tierra en un jardín, de modo que podáis ver cada parte de ella, y oíd los sonidos de cada rincón de la misma. Preste atención al decreto del Misericordioso: *Él es Quien ha hecho que la Tierra se someta a vosotros (como si fuera un animal dócil), para que marchéis sobre sus hombros (altiplanicies) y comáis de Su provisión; pero (tened en cuenta que) a Él será la Resurrección* (67:15)

De este modo, el versículo mencionado arriba marca el supremo propósito en la transmisión de imágenes y de sonidos, que constituye uno de los últimos progresos más significativos de la ciencia y de la tecnología, y anima a la humanidad en pos de dicho propósito adelantado. (*The Words* («Las Palabras»), «The 20th Word» («La Vigésima Palabra»), págs. 270.)

El profeta Salomón, la paz sea con él, era un Profeta y un rey. Puesto que él se había sometido por completo a la Voluntad de Dios, tan solo le preocupó la justicia absoluta y el bien de la gente en ambos mundos. Por lo tanto, él utilizó cualquier aptitud y favor que Dios le había concedido en Su camino y por el bien de la gente. Pero otros reyes y/o gobiernos, entre los que se incluyen los «democráticos» gobiernos modernos que defienden la justicia así como los derechos y las libertades humanas fundamentales, han utilizado a lo largo de la historia, y continúan utilizando actualmente, todas las facultades que poseen, en gran medida de la manera que la Reina de Saba describió en el versículo 34: *Cuando los reyes entran en un país, causan la destrucción y la corrupción en el mismo, y humillan a los más nobles (de sus habitantes). Esto es lo que ellos realmente llevan a cabo.*

14. La Reina y su pueblo adoraban al Sol; de este modo, su trono bien pudo haber sido adornado con las imágenes o las figuras pertenecientes a su fe, y que mostraban dicha creencia. El profeta Salomón, deseó disimularlo, probablemente borrando la iconografía del mismo y adornándolo con las inscripciones y las imágenes asociadas a la Religión Divina. Obrando de esta manera, Salomón, la paz sea con él, promovió su conversión.

15. La Reina no adoraba el Sol como resultado de una elección premeditada o con motivo de la testarudez por su parte, sino tan solo como consecuencia de una tradición. Ella nació en un pueblo incrédulo y creció contemplando que en su tierra natal el Sol era adorado. No obstante, ella no estaba dotada de un carácter insistente en la perdición debido a motivos tales como la arrogancia, la subordinación a los deseos carnales, o la terquedad. Cuando tuvo noticias acerca de la regencia y el gobierno del profeta Salomón, comenzó a asimilar la verdad.

16. Aquello que la Reina atestiguó en referencia al carácter, el comportamiento, y el reino de Salomón, la paz sea con él, fue suficiente para que ella llegara a la conclusión que él no podía ser sino un Mensajero de Dios y le permitió entender todo aquello que él había llevado a término a partir de su fe y misión. Ésta es la razón por la cual ella no vaciló en aceptar la fe verdadera y pasó a ser musulmana.

17. La narración bíblica de la historia de Salomón, la paz sea con él, y la Reina de Saba (*2 Crónicas* 9:1-12) es diferente de aquella encontrada en el Corán en numerosos aspectos.

Sin embargo, las tradiciones rabínicas de los judíos relatan la historia en unos términos y detalles que se asemejan en mayor medida a la versión coránica, a excepción del hecho de que asimismo se dan calumnias contra Salomón, la paz sea con él, en los textos rabínicos.

El Corán ha restituido a sus honrados cargos y posiciones legítimas a Salomón, y al resto de los Profetas israelitas, contra quienes muchas acusaciones similares se encuentran en la Biblia.

380 سُورَةُ النَّمْلِ ٣٨٠

وَلَقَدْ اَرْسَلْنَٓا اِلٰى ثَمُودَ اَخَاهُمْ صَالِحًا اَنِ اعْبُدُوا
اللّٰهَ فَاِذَا هُمْ فَرِيقَانِ يَخْتَصِمُونَ ﴿٤٥﴾ قَالَ يَا قَوْمِ
لِمَ تَسْتَعْجِلُونَ بِالسَّيِّئَةِ قَبْلَ الْحَسَنَةِ لَوْلَا تَسْتَغْفِرُونَ
اللّٰهَ لَعَلَّكُمْ تُرْحَمُونَ ﴿٤٦﴾ قَالُوا اطَّيَّرْنَا بِكَ وَبِمَنْ مَعَكَ
قَالَ طَٓائِرُكُمْ عِنْدَ اللّٰهِ بَلْ اَنْتُمْ قَوْمٌ تُفْتَنُونَ ﴿٤٧﴾ وَكَانَ
فِى الْمَدِينَةِ تِسْعَةُ رَهْطٍ يُفْسِدُونَ فِى الْاَرْضِ وَلَا
يُصْلِحُونَ ﴿٤٨﴾ قَالُوا تَقَاسَمُوا بِاللّٰهِ لَنُبَيِّتَنَّهُ وَاَهْلَهُ ثُمَّ
لَنَقُولَنَّ لِوَلِيِّهِ مَا شَهِدْنَا مَهْلِكَ اَهْلِهِ وَاِنَّا لَصَادِقُونَ ﴿٤٩﴾
وَمَكَرُوا مَكْرًا وَمَكَرْنَا مَكْرًا وَهُمْ لَا يَشْعُرُونَ ﴿٥٠﴾
فَانْظُرْ كَيْفَ كَانَ عَاقِبَةُ مَكْرِهِمْ اَنَّا دَمَّرْنَاهُمْ وَقَوْمَهُمْ
اَجْمَعِينَ ﴿٥١﴾ فَتِلْكَ بُيُوتُهُمْ خَاوِيَةً بِمَا ظَلَمُوا اِنَّ
فِى ذٰلِكَ لَاٰيَةً لِقَوْمٍ يَعْلَمُونَ ﴿٥٢﴾ وَاَنْجَيْنَا الَّذِينَ
اٰمَنُوا وَكَانُوا يَتَّقُونَ ﴿٥٣﴾ وَلُوطًا اِذْ قَالَ لِقَوْمِهِ اَتَاْتُونَ
الْفَاحِشَةَ وَاَنْتُمْ تُبْصِرُونَ ﴿٥٤﴾ اَئِنَّكُمْ لَتَاْتُونَ الرِّجَالَ
شَهْوَةً مِنْ دُونِ النِّسَٓاءِ بَلْ اَنْتُمْ قَوْمٌ تَجْهَلُونَ ﴿٥٥﴾

فَمَا كَانَ

45. Y enviamos sin duda a los Zamud a su hermano Salih (con el mensaje): «Tan solo adorad a Dios». (Cuando transmitió el mensaje,) se dividieron en dos grupos en conflicto una con la otra.

46. Él (Salih) les dijo (a ellos): «¡Oh pueblo mío! ¿Por qué intentáis apresurar la llegada (sobre vosotros) del mal en lugar del bien? ¿Por qué no buscáis el perdón de Dios para vuestros pecados y así se os pueda mostrar misericordia (para que se os conceda una vida buena y virtuosa en el mundo y una felicidad eterna en el Más Allá)?».

47. Dijeron: «Auguramos un mal de ti y de los que se hallan contigo». (Salih) contestó: «Aquello que describís como augurio no es sino (algo ordenado) por Dios. Pero lo cierto es que vosotros sois un pueblo que está siendo puesto a prueba»[18].

48. Había nueve cabecillas en la ciudad, que provocaban el desorden y la corrupción en el país en vez de poner orden.

49. Dijeron, jurando en el Nombre de Dios: «Sin duda alguna, nos abalanzaremos sin previo aviso sobre él y su familia por la noche y los mataremos a todos. No cabe duda de que entonces diremos a sus herederos que no fuimos testigos de la destrucción de su familia (ni de Salih mismo); decimos sin lugar a dudas la verdad».

50. Y así pues tramaron un ardid, y pusimos en verdad Nuestra voluntad en acción (para darles su merecido), mientras no eran conscientes.

51. ¡Así pues, contempla cuál fue el fin de su ardid! Los destruimos completamente a ellos y a su gente, a todos juntos.

52. Aquellas, pues, son sus casas, yaciendo todo en ruinas totales porque se hallaban en la perdición por su maldad. No cabe duda de que en esto se da una señal (una lección importante) para una gente que busca conocimiento[19].

53. Y salvamos a aquellos que creyeron y se apartaron de la desobediencia a Dios en veneración a Él y piedad.

54. Asimismo enviamos a Lot como Mensajero. Él advirtió a su gente: «¿Cometeréis esa indecencia repugnante a plena vista (de todos)?

55. ¡Cómo! ¿Continuaréis acercándoos con lujuria a los hombres en lugar de a las mujeres? Vosotros sois en verdad un pueblo ignorante sin sentido (de la decencia y de aquello que es correcto e incorrecto).

18. Los pueblos a quienes fueron enviados los Mensajeros por lo general acusan a los Mensajeros de causarles males. Dios envió a los Mensajeros (i) para iluminar el camino de la humanidad; (ii) para guiarlos hacia el servicio de Dios; (iii) para enseñarles las leyes de Dios; (iv) para ser ejemplos a seguir por su parte en sus vidas; (v) para establecer el equilibrio entre la vida material y espiritual, la razón y el alma, este mundo y el siguiente, así como la indulgencia y la abstinencia; y (vi) ser testigos de Dios de modo que la gente no pueda aducir desconocimiento en el Más Allá (*The Messenger of God* («El Mensajero de Dios»), págs.23-32). Ellos fueron sin duda los maestros y educadores perfectos. Un ser humano no es sino como un material en bruto, sin procesar, que necesita ser trabajado; cada uno de ellos posee el potencial de desarrollarse. Los Mensajeros desarrollaron este potencial de modo que pudieran alzarse a la categoría de la perfección. Las pruebas y los ensayos son una dimensión y un requisito imprescindibles de esta educación. Por lo tanto, Dios pone a prueba a los individuos de maneras muy diversas y sobre un gran número de asuntos; podemos considerar los mismos como dotados de un carácter bueno o malo.

Cuando un Mensajero llegó ante un pueblo, fueron puestos a prueba de maneras diversas. El Corán declara: *Y no hemos enviado a ninguna ciudad Profeta alguno sin haber hecho probar a su gente la miseria y el padecimiento para que (despertasen de la despreocupación y) fuesen humildes (rogándonos el perdón y tornándose a la verdad)* (7:94). Esto es a su vez cierto y verdadero para un ser humano o una comunidad que ha aceptado recientemente la Religión de Dios. Sin embargo, muchos pueblos a lo largo de la historia han acusado a sus Profetas de ser la causa de dichos males, mientras que ellos se atribuyeron a sí mismos todo aquello de bien que les favorecía, tal y como se desprende del versículo 7:131: *Cuando la prosperidad les llegaba, decían: «Esto no es sino para nosotros y porque lo merecemos»; pero si les sobrevenía algún mal lo atribuían al (supuesto) mal augurio de Moisés y de los que con él se hallaban. ¡Cuidado! Su augurio (ya sea malo o bueno) fue decretado por Dios; sin embargo, la mayoría de ellos no lo sabían (por ser ignorantes del verdadero conocimiento).*

La respuesta de Salih es la misma que aparece en los versículos (17:13-14): *El destino de cada ser humano, se lo hemos amarrado alrededor de su cuello, y el Día de la Resurrección le sacaremos un libro que encontrará abierto. «¡Lee tu libro! Hoy te bastas tú para ajustarte cuentas».* Para una explicación detallada, véase la nota 10 correspondiente.

19. Para otras narraciones de la historia de Salih y de su pueblo, véanse el *sura* 7:73-79; el *sura* 11:61-68; el *sura* 26:141-159.

فَمَا كَانَ جَوَابَ قَوْمِه۪ٓ اِلَّٓا اَنْ قَالُٓوا اَخْرِجُٓوا اٰلَ لُوطٍ
مِنْ قَرْيَتِكُمْۚ اِنَّهُمْ اُنَاسٌ يَتَطَهَّرُونَ ﴿٥٦﴾ فَاَنْجَيْنَاهُ وَاَهْلَهُٓ
اِلَّا امْرَاَتَهُۘ قَدَّرْنَاهَا مِنَ الْغَابِر۪ينَ ﴿٥٧﴾ وَاَمْطَرْنَا عَلَيْهِمْ
مَطَرًاۚ فَسَٓاءَ مَطَرُ الْمُنْذَر۪ينَ ﴿٥٨﴾ قُلِ الْحَمْدُ لِلّٰهِ وَسَلَامٌ
عَلٰى عِبَادِهِ الَّذ۪ينَ اصْطَفٰىۜ آٰللّٰهُ خَيْرٌ اَمَّا يُشْرِكُونَۜ ﴿٥٩﴾
اَمَّنْ خَلَقَ السَّمٰوَاتِ وَالْاَرْضَ وَاَنْزَلَ لَكُمْ مِنَ السَّمَٓاءِ
مَٓاءًۚ فَاَنْبَتْنَا بِه۪ حَدَٓائِقَ ذَاتَ بَهْجَةٍۚ مَا كَانَ لَكُمْ
اَنْ تُنْبِتُوا شَجَرَهَاۜ ءَاِلٰهٌ مَعَ اللّٰهِۜ بَلْ هُمْ قَوْمٌ يَعْدِلُونَۜ ﴿٦٠﴾
اَمَّنْ جَعَلَ الْاَرْضَ قَرَارًا وَجَعَلَ خِلَالَهَٓا اَنْهَارًا
وَجَعَلَ لَهَا رَوَاسِيَ وَجَعَلَ بَيْنَ الْبَحْرَيْنِ حَاجِزًاۜ ءَاِلٰهٌ
مَعَ اللّٰهِۜ بَلْ اَكْثَرُهُمْ لَا يَعْلَمُونَۜ ﴿٦١﴾ اَمَّنْ يُج۪يبُ الْمُضْطَرَّ
اِذَا دَعَاهُ وَيَكْشِفُ السُّٓوءَ وَيَجْعَلُكُمْ خُلَفَٓاءَ الْاَرْضِۜ
ءَاِلٰهٌ مَعَ اللّٰهِۜ قَل۪يلًا مَا تَذَكَّرُونَۜ ﴿٦٢﴾ اَمَّنْ يَهْد۪يكُمْ
ف۪ي ظُلُمَاتِ الْبَرِّ وَالْبَحْرِ وَمَنْ يُرْسِلُ الرِّيَاحَ بُشْرًا بَيْنَ
يَدَيْ رَحْمَتِه۪ۜ ءَاِلٰهٌ مَعَ اللّٰهِۜ تَعَالَى اللّٰهُ عَمَّا يُشْرِكُونَۜ ﴿٦٣﴾

56. Pero la única contestación de su pueblo no fue nada más que decir (recíprocamente): «Expulsa a la familia de Lot (así como a Lot) de vuestro país. Son una gente que se hacen pasar a sí mismos como puros!».

57. A la sazón los salvamos a él y a su familia, a excepción de su esposa. Decretamos que ella debería estar entre aquellos que se rezagaron (y fueron destruidos).

58. Vertimos sobre ellos una (destructiva) lluvia (de piedras). ¡Cuán maligna era la lluvia de aquellos que habían sido advertidos![20]

59. Di: «Toda la alabanza y la gratitud son para Dios, y la paz sea con aquellos de Sus siervos a los que Él ha elegido (y hecho puros)». ¿No es, pues, Dios mucho mejor que todo aquello que Le atribuyen como copartícipes (a Él)?

60. ¿Acaso no es sino Aquel Quien ha creado los Cielos y la Tierra, y hace descender el agua del Cielo para vosotros? —Hacemos crecer con ello jardines repletos de belleza y encanto: no está en vuestro poder hacer crecer sus árboles. ¿Existe otra deidad aparte de Dios? No, pero ellos son una gente que se ha desviado alejándose (de la verdad)—.

61. ¿Acaso no es sino Aquel Quien ha hecho de la Tierra una morada permanente, y ha hecho los ríos fluir en sus hendiduras, y ha establecido para la misma firmes montañas, y ha ubicado una barrera entre las dos grandes masas de agua?[21] ¿Existe otra deidad aparte de Dios? No, sino que la mayoría de ellos no saben.

62. ¿Acaso no es sino Aquel Quien contesta al desamparado en peligro cuando Le ruega a Él, y elimina la aflicción de él, y (Quien) os ha hecho (Oh humanidad) vicerregentes de la Tierra (para mejorarla y gobernar sobre ella según los mandamientos de Dios)? ¿Existe otra deidad aparte de Dios? ¡Cuán poco reflexionáis!

63. ¿Acaso no es sino Aquel Quien os guía a través de los velos de la oscuridad de la tierra y del mar, y Quien envía los (misericordiosos) vientos como buenas nuevas antes de Su Misericordia? ¿Existe otra deidad aparte de Dios? Ensalzado absolutamente se halla Él por encima de todo aquello que Le atribuyen como copartícipes.

20: Para otras narraciones de la historia del profeta Lot, la paz sea con él, y su pueblo, véanse el *sura* 7:80-84; el *sura* 11:77-83; el *sura* 15:58-76; el *sura* 21:74-75; el *sura* 26:160-174.

21. Para una explicación de la barrera entre las dos grandes masas de agua, véase el *sura* 25:53, nota 11.

اَمَّنْ يَبْدَؤُا الْخَلْقَ ثُمَّ يُعِيدُهُ وَمَنْ يَرْزُقُكُمْ مِنَ السَّمَاءِ
وَالْاَرْضِ ءَاِلٰهٌ مَعَ اللّٰهِ قُلْ هَاتُوا بُرْهَانَكُمْ اِنْ كُنْتُمْ صَادِقِينَ ﴿٦٤﴾
قُلْ لَا يَعْلَمُ مَنْ فِي السَّمٰوَاتِ وَالْاَرْضِ الْغَيْبَ اِلَّا اللّٰهُ
وَمَا يَشْعُرُونَ اَيَّانَ يُبْعَثُونَ ﴿٦٥﴾ بَلِ ادَّارَكَ عِلْمُهُمْ فِي الْاٰخِرَةِ
بَلْ هُمْ فِي شَكٍّ مِنْهَا بَلْ هُمْ مِنْهَا عَمُونَ ﴿٦٦﴾ وَقَالَ الَّذِينَ
كَفَرُوا ءَاِذَا كُنَّا تُرَابًا وَاٰبَاؤُنَا اَئِنَّا لَمُخْرَجُونَ ﴿٦٧﴾ لَقَدْ وُعِدْنَا
هٰذَا نَحْنُ وَاٰبَاؤُنَا مِنْ قَبْلُ اِنْ هٰذَا اِلَّا اَسَاطِيرُ الْاَوَّلِينَ ﴿٦٨﴾
قُلْ سِيرُوا فِي الْاَرْضِ فَانْظُرُوا كَيْفَ كَانَ عَاقِبَةُ الْمُجْرِمِينَ ﴿٦٩﴾
وَلَا تَحْزَنْ عَلَيْهِمْ وَلَا تَكُنْ فِي ضَيْقٍ مِمَّا يَمْكُرُونَ ﴿٧٠﴾
وَيَقُولُونَ مَتٰى هٰذَا الْوَعْدُ اِنْ كُنْتُمْ صَادِقِينَ ﴿٧١﴾ قُلْ عَسٰى
اَنْ يَكُونَ رَدِفَ لَكُمْ بَعْضُ الَّذِي تَسْتَعْجِلُونَ ﴿٧٢﴾ وَاِنَّ رَبَّكَ
لَذُو فَضْلٍ عَلَى النَّاسِ وَلٰكِنَّ اَكْثَرَهُمْ لَا يَشْكُرُونَ ﴿٧٣﴾ وَاِنَّ
رَبَّكَ لَيَعْلَمُ مَا تُكِنُّ صُدُورُهُمْ وَمَا يُعْلِنُونَ ﴿٧٤﴾ وَمَا مِنْ غَائِبَةٍ
فِي السَّمَاءِ وَالْاَرْضِ اِلَّا فِي كِتَابٍ مُبِينٍ ﴿٧٥﴾ اِنَّ هٰذَا الْقُرْاٰنَ
يَقُصُّ عَلٰى بَنِي اِسْرَائِيلَ اَكْثَرَ الَّذِي هُمْ فِيهِ يَخْتَلِفُونَ ﴿٧٦﴾

وَاِنَّهُ

64. ¿Acaso no es sino Aquel Quien origina la creación al principio y después la reproduce,[22] y Quien os provee del Cielo y de la Tierra? ¿Existe otra deidad aparte de Dios? Di: «Presentad vuestra prueba, si sois veraces!».

65. Di: «Nadie en los Cielos y en la Tierra conoce Lo Oculto (todo lo que se halla más allá de la percepción de los sentidos), mas tan solo Dios lo conoce. Ni ellos (ni sus deidades falsas) saben cuándo (el mundo será destruido y) serán resucitados (después de su muerte)»[23].

66. ¡No, de verdad! Su conocimiento no alcanza el Más Allá (puesto que han anhelado únicamente la vida terrenal y han desperdiciado sus facultades de aprendizaje en búsqueda del conocimiento mundano)[24]. No, de verdad, pues (a pesar de hallarse informados acerca de ello con la Revelación) permanecen en duda sobre ello. No, de verdad, puesto que permanecen ciegos ante (todos los argumentos acerca de) ello.

67. Aquellos que persisten obstinadamente en la incredulidad dicen: «¡Cómo! ¿Acaso es cuando nosotros nos hayamos convertido en polvo, es entonces cuando nosotros y nuestros antepasados seremos resucitados (a una nueva vida)?

68. Sin duda nos han amenazado con esto antes, a nosotros y a nuestros antepasados. ¡Estas no son sino fábulas de los antiguos!».

69. Di: «Marchad sobre la Tierra y contemplad cómo han acabado los criminales incrédulos!».

70. No te aflijas por ellos (debido a su respuesta negativa hacia tu misión), ni te desesperes debido a todo lo que traman (para desautorizar tu misión y apartar a la gente del camino de Dios).

71. Asimismo dicen: «(Así pues dinos) ¿Cuándo se cumplirá esta amenaza, si eres veraz?».

72. Di: «Bien puede ser que parte de lo que pedís que se apresure ya se haya acercado tras vosotros».

73. En verdad, tu Señor es misericordioso y munificente hacia la humanidad, mas la mayoría de ellos no dan gracias[25].

74. Tu Señor sabe sin duda todo lo que guardan oculto en sus pechos y todo lo que revelan[26].

75. No hay nada oculto (de ellos tal y como de todas las criaturas) en el Cielo o sobre la Tierra sino que se halla en un Libro Manifiesto[27].

76. Este Corán sin lugar a dudas explica a los Hijos de Israel la mayor parte de los asuntos sobre los cuales discrepan[28].

22. La vida es la más grandiosa prueba de la Unidad de Dios así como la fuente de la generosidad de Dios, la más sutil manifestación de Su Compasión, y el más delicado ornamento oculto de Su arte. La vida es tan misteriosa y sutil que incluso la vida de las plantas, la categoría vital más simple, así como el desarrollo biológico de una semilla en los inicios de una forma de vida vegetal, todavía no son del todo comprendidos. Aunque tal acontecimiento hoy en día sea considerado corriente, ha seguido siendo un misterio desde la época de Adán, la paz sea con él, porque la mente humana continúa siendo incapaz de llegar a entender la naturaleza de la vida.

La vida, en sus aspectos externos o materiales e internos o inmateriales, es pura. Mientras que el Poder Divino emplea por lo general las causas naturales para crear todas las demás cosas, para que los seres humanos, incapaces de discernir la Sabiduría Divina en algunos acontecimientos, no Le atribuyan a Él aquello que consideran ingrato. Así pues, la vida es un regalo directo de Dios Todopoderoso. A.C. Morrison ha escrito al respecto:

> La vida es una escultora y da forma a todas las cosas vivientes; una artista que diseña cada hoja de cada árbol, que colorea las flores, la manzana, el bosque, y el plumaje del pájaro del paraíso. La vida es como un músico que ha enseñado a cada pájaro a cantar su canción de amor y a los insectos a comunicarse entre sí con la música de sus numerosísimos sonidos.
>
> La vida ha proporcionado tan solo al hombre el dominio de las vibraciones combinadas de sonido y ha proporcionado el material para su producción.
>
> La vida es una ingeniera, porque ha diseñado las patas del saltamontes y la pulga, los músculos coordinados, los ligamentos y las articulaciones, el corazón que late incansablemente, el sistema nervioso de cada animal, y el completo sistema circulatorio de cada ser vivo.
>
> La vida es una química que proporciona sabor a nuestras frutas y especias y concede perfume a la rosa. La vida sintetiza nuevas sustancias que la Naturaleza todavía no ha proporcionado para el equilibrio de sus procesos y la destrucción de la vida invasora... La química de la vida es sublime, puesto que no sólo hace que los rayos solares operen para transformar el agua y el ácido carbónico en madera y azúcar, sino que, al hacer eso, libera oxígeno de modo que los animales puedan tener el aliento de la vida.
>
> La vida es una historiadora, ya que ha escrito su historia página a página, a lo largo de las épocas, dejando su testimonio sobre las rocas, una autobiografía que aguarda tan solo la correcta interpretación.
>
> La vida protege sus creaciones mediante la abundancia de alimento en el huevo y prepara a muchos de sus infantes para la vida activa después del nacimiento, o por medio de la maternidad consciente, almacenando el alimento como parte de los preparativos de su juventud. La vida produce la leche que da la vida para cubrir las necesidades inmediatas, pronosticando esta necesidad y preparándose para los acontecimientos que están por venir.
>
> La materia no ha hecho más que lo que sus leyes han decretado. Los átomos y las moléculas obedecen los dictados de la afinidad química, de la fuerza de la gravedad, de las influencias de la temperatura, y de los impulsos eléctricos. La materia no posee iniciativa alguna, pero la vida trae a la existencia nuevos diseños y estructuras maravillosas.
>
> Lo que la vida es, ningún hombre todavía lo ha llegado a entender; no tiene peso alguno o dimensiones... La Naturaleza no creó vida; las rocas ígneas y el mar sin sal no reunieron los requisitos necesarios. La gravedad es una característica de la materia; la electricidad hoy en día creemos que es materia por sí misma; los rayos del Sol y de las estrellas pueden ser desviados por la gravedad y parecen hallarse relacionados con la misma. El hombre está aprendiendo las dimensiones del átomo y midiendo su energía inmovilizada, pero la vida es ilusoria, como lo es el espacio. ¿Por qué?
>
> La vida es esencial y es el único medio por el cual la materia puede alcanzar el entendimiento. La vida es la única fuen-

te de conciencia, y ésta, por sí sola, hace posible el conocimiento de las obras de Dios las cuales nosotros, aunque medio ciegos, sabemos que son buenas. (Morrison, págs.31-36)

Al igual que la vida, la muerte a su vez prueba y demuestra la Existencia y la Unidad de Dios. Por ejemplo, al mostrar la imagen, la luz y la reflexión del Sol, las burbujas que se forman en un río de gran caudal, el relucir con el Sol, así como los objetos transparentes que relucen sobre la faz de la Tierra, dan testimonio de la existencia del Sol. A pesar de la desaparición ocasional de las burbujas (por ejemplo, cuando pasan por debajo de un puente), la espléndida continuación de las manifestaciones del Sol y la exhibición ininterrumpida de su luz en las sucesivas burbujas da testimonio de las imágenes del Sol, las luces que aparecen y desaparecen, resplandecen y se van apagando y después se renuevan, provienen de un Sol perpetuo, solitario que se manifiesta a sí mismo desde lo alto. Por lo tanto, por su aspecto, estas burbujas resplandecientes dan fe de la existencia del Sol, y desapareciendo y dejando de existir, exhiben su continuación y unidad.

Del mismo modo, los seres en flujo continuo atestiguan con su existencia y vida la Existencia y la Unidad necesarias del Ser Necesariamente Existente. Dan testimonio de Su Unidad, Permanencia, y Eternidad con su decaimiento y muerte. Criaturas hermosas, delicadas que son renovadas e incorporadas junto con la alternancia del día y la noche, del verano y el invierno, y el paso del tiempo demuestran la Existencia, la Unidad, y la Permanencia del Único Eterno con una exhibición continua de belleza. Su decaimiento y muerte, junto con las causas aparentes de sus vidas, demuestran que las causas (materiales o naturales) son tan solo velos. Este hecho prueba de manera decisiva que estas artes, inscripciones y manifestaciones son las artes constantemente renovadas, las inscripciones cambiantes, y los espejos móviles de Aquel Más Bello de Majestad.

23. El conocimiento absoluto de Lo Oculto o de todo aquello que reposa más allá de la percepción humana se da únicamente con Dios. Aquellos que poseen cierto conocimiento parcial de ello, como los Profetas, pueden poseerlo tan solo por medio de ser enseñado por Dios. Este propósito es de gran trascendencia en referencia a la Existencia y la Unidad de Dios así como Su absoluta Soberanía sobre la creación. Incluso la humanidad, dotada de las más grandiosas facultades para aprender, no puede adquirir de manera perfecta el conocimiento exacto del pasado, de lo que está sucediendo en el presente, o asimismo en el futuro. Por otra parte, la capacidad humana es también insuficiente para tener un conocimiento completo y exacto de sí mismo. No puede discernir donde reside su provecho o su perjuicio. Además, de acuerdo con lo declarado en el versículo anterior, cada ser vivo necesita sustento, y es Dios Quien nos lo provee. Está claro que nada, incluyendo a la humanidad, ha determinado sus propias necesidades y cómo éstas han de ser satisfechas. Habrá de ser Uno Quien posee pleno conocimiento de cada ser, de todas sus necesidades, y cómo éstas han de ser satisfechas, y Quien posee pleno poder para diseñar el entorno «natural» como una tienda de comestibles de la cual los seres vivos puedan procurarse su sustento. Todos estos hechos explican por qué los seres humanos no pueden establecer sus vidas exactamente como deberían ser ordenadas, basadas en la justicia absoluta y en pos de su provecho, incluso en este mundo. Cuando la vida en el Más Allá se toma en consideración, son totalmente incapaces de decidir lo que deben hacer. Así pues debe haber un Ser Quien posee completo y exacto conocimiento de cada miembro de la humanidad; Quien conoce donde reside el provecho y el perjuicio de cada uno así como el pasado, el presente, y el futuro; Quien tiene conocimiento de la realidad oculta que subyace las dimensiones observables e inobservables de la existencia y de los acontecimientos; así como de la futura vida eterna. En breve, como cualquier

otro ser, un ser humano se encuentra en necesidad absoluta de Dios. Ya que es Dios Quien informa a la humanidad de todas estas cosas por medio de la Misión Profética, nos hallamos en una necesidad absoluta de los Mensajeros y los Libros Divinos.

24. Véase el *sura* 53:29-30.

25. Si Dios concede cierto plazo a la gente, a pesar de su obstinada insistencia respecto a asociarle copartícipes a Él así como a las fechorías que cometen, esto se debe a Su munificencia para con la humanidad. Aunque debemos valorar esto y agradecerlo a cambio (reconociendo Sus generosidades y viviendo una vida de fe y obediencia a Él), muchos insisten en la incredulidad y la desobediencia.

26. Es decir, el hecho de posponer Su castigo no se debe a que Él no sea consciente de su estado, puesto que Él conoce incluso aquello que mantienen oculto en sus pechos. Asimismo, puede haber corazones con predisposición a creer, por lo que se les debe conceder cierto plazo. Por otra parte, Él es plenamente consciente de todas y cada una de las intrigas que tramen. Una vez más, aquello que los seres humanos mantienen ocultos en sus pechos no es siempre igual que lo que revelan. Pero Dios sabe todo lo que yace en sus pechos y lo que revelan. Así pues, todo cuanto Dios decreta y lleva a cabo es lo que absolutamente requiere ser decretado y llevado a cabo, y es a su vez colmado de sabiduría.

27. Para el Libro Manifiesto, véanse este *sura*, versículo 1, nota 1 así como el *sura* 6:59, nota 13; el *sura* 13:39, nota 13.

28. Los Hijos de Israel y posteriormente los cristianos han discrepado en numerosos asuntos tales como la Divinidad, el profeta Salomón, María y Jesús, y muchos otros aspectos referentes a otros Profetas. El Corán ha aclarado la verdad, en particular en los asuntos de particular trascendencia concernientes a la fe y a sus fundamentos.

وَاِنَّهُ لَهُدًى وَرَحْمَةٌ لِلْمُؤْمِنِينَ ﴿٧٧﴾ اِنَّ رَبَّكَ يَقْضِي بَيْنَهُمْ
بِحُكْمِهِ وَهُوَ الْعَزِيزُ الْعَلِيمُ ﴿٧٨﴾ فَتَوَكَّلْ عَلَى اللّٰهِ اِنَّكَ عَلَى الْحَقِّ
الْمُبِينِ ﴿٧٩﴾ اِنَّكَ لَا تُسْمِعُ الْمَوْتٰى وَلَا تُسْمِعُ الصُّمَّ الدُّعَاءَ
اِذَا وَلَّوْا مُدْبِرِينَ ﴿٨٠﴾ وَمَا اَنْتَ بِهَادِي الْعُمْيِ عَنْ ضَلَالَتِهِمْ
اِنْ تُسْمِعُ اِلَّا مَنْ يُؤْمِنُ بِاٰيَاتِنَا فَهُمْ مُسْلِمُونَ ﴿٨١﴾ وَاِذَا وَقَعَ
الْقَوْلُ عَلَيْهِمْ اَخْرَجْنَا لَهُمْ دَابَّةً مِنَ الْاَرْضِ تُكَلِّمُهُمْ
اَنَّ النَّاسَ كَانُوا بِاٰيَاتِنَا لَا يُوقِنُونَ ﴿٨٢﴾ وَيَوْمَ نَحْشُرُ مِنْ كُلِّ اُمَّةٍ
فَوْجًا مِمَّنْ يُكَذِّبُ بِاٰيَاتِنَا فَهُمْ يُوزَعُونَ ﴿٨٣﴾ حَتّٰى اِذَا جَٓاؤُ قَالَ
اَكَذَّبْتُمْ بِاٰيَاتِي وَلَمْ تُحِيطُوا بِهَا عِلْمًا اَمَّاذَا كُنْتُمْ تَعْمَلُونَ ﴿٨٤﴾
وَوَقَعَ الْقَوْلُ عَلَيْهِمْ بِمَا ظَلَمُوا فَهُمْ لَا يَنْطِقُونَ ﴿٨٥﴾ اَلَمْ يَرَوْا
اَنَّا جَعَلْنَا الَّيْلَ لِيَسْكُنُوا فِيهِ وَالنَّهَارَ مُبْصِرًا اِنَّ فِي ذٰلِكَ لَاٰيَاتٍ
لِقَوْمٍ يُؤْمِنُونَ ﴿٨٦﴾ وَيَوْمَ يُنْفَخُ فِي الصُّورِ فَفَزِعَ مَنْ فِي السَّمٰوَاتِ
وَمَنْ فِي الْاَرْضِ اِلَّا مَنْ شَٓاءَ اللّٰهُ وَكُلٌّ اَتَوْهُ دَاخِرِينَ ﴿٨٧﴾
وَتَرَى الْجِبَالَ تَحْسَبُهَا جَامِدَةً وَهِيَ تَمُرُّ مَرَّ السَّحَابِ
صُنْعَ اللّٰهِ الَّذِي اَتْقَنَ كُلَّ شَيْءٍ اِنَّهُ خَبِيرٌ بِمَا تَفْعَلُونَ ﴿٨٨﴾

77. Y, sin duda, es guía (en todos los asuntos) y misericordia (colmada de bendiciones) para los creyentes.

78. En verdad, tu Señor juzgará entre ellos (los creyentes y los incrédulos) según Su decreto. Él es el Glorioso poseedor de irresistible poder, el Omnisapiente.

79. Así pues deposita tu confianza en Dios. Tú permaneces sin duda en la verdad, que es clara y segura.

80. En verdad que tú no puedes hacer que los muertos oigan, ni tampoco que el sordo escuche la llamada una vez que han dado la espalda, alejándose.

81. Ni puedes guiar a los ciegos fuera de su error. No puedes hacer escuchar a nadie salvo aquellos que (al ser imparciales, están dispuestos a) creer en Nuestras Revelaciones y señales (en el mundo externo, así como también en su mundo interno), y están (por lo tanto) preparados para someterse (a la verdad).

82. Cuando el momento en el que el cumplimiento de la palabra (del castigo) sobre ellos llegue, para ellos haremos surgir a una criatura viva de la Tierra que les hablará acerca de que la gente no posee certeza alguna de la fe en Nuestras señales y Revelaciones[29].

83. Un Día (llegará) en el que alzaremos y reuniremos de cada comunidad a una multitud de aquellos que negaron Nuestras Revelaciones y señales (que establecen la verdad de todos los fundamentos de la fe), y se les hará formar en grupos (y se les conducirá al emplazamiento del ajuste de cuentas),

84. Hasta que lleguen allí, momento en el cual Él les dirá: «¿Negasteis de Mis Revelaciones y señales, incluso sin haber tenido conocimiento completo y cierto sobre ellas? Si esto no es así, ¿qué estabais haciendo?».

85. La palabra (del castigo) será cumplida contra ellos porque fueron injustos (incluyendo, en especial, asociando copartícipes a Dios). No podrán entonces (ser capaces de) pronunciar (una sola palabra como excusa o defensa).

86. ¿Acaso no han visto que hemos creado la noche de modo que pudieran descansar durante la misma, y el día para que pudieran ver (y trabajar durante el mismo)? No cabe duda de que en esto se dan señales para la gente que creerá.

87. En el Día en el que la Trompeta sea sonada,[30] todos cuantos se hallen en los Cielos y todos cuantos se hallen sobre la

Tierra serán sobrecogidos por la conmoción y el pavor, a excepción de los que Dios quiera eximir. Todos vendrán a Su Presencia, en suma humillación.

88. Contemplas las montañas, pensando en ellas que se encuentran firmemente fijadas, pero en realidad (se hallan en constante movimiento y) transcurren (con el movimiento de la Tierra) como el transcurrir de las nubes. (Y de este modo serán desmenuzadas en el Día del Juicio Final, para adquirir la forma que es particular al otro mundo.) Ésta es la pauta de Dios Quien todo lo ha perfeccionado. En verdad que Dios se halla perfectamente informado de todo lo que hacéis.

---

29. Algunas Tradiciones han sido divulgadas sobre este versículo y especialmente, sobre la criatura viva a la cual se hará surgir en el fin de los tiempos. Al respecto han sido expresadas varias opiniones. Lo esencial del asunto es lo siguiente:

En concreto por medio de los progresos científicos, Dios manifestará Sus señales en el mundo exterior y en el mundo interior de los mismos individuos, hasta que quede claro para las personas que el Corán es verdadero. Es decir, con todos sus rasgos característicos, la humanidad y el universo emergerán como una colección de pruebas relacionadas con la verdad de todo cuanto el Corán declara, pero hallándose absortos en la satisfacción de sus deseos carnales y engañados por los logros con los que Dios los favorecerá, la gente insistirá obstinadamente en la incredulidad y en el pecado. Con toda probabilidad fomentarán el crecimiento así como el daño entre sí de pequeñas especies animales (microscópicas) u objetos móviles (seres mecánicos) de diversas clases. Llegará a ser más evidente que, tanto si la gente cree como si no, todo esto se debe a la incredulidad, los pecados, y a llevar una vida inmoral, disipada.

30. En relación a la Trompeta y al acto de ser sonada, véanse el *sura* 2, nota 31; el *sura* 6:73, nota 14; el *sura* 39:68, nota 22. La Trompeta se hará sonar en dos ocasiones. El acto de ser sonada que se menciona en este versículo es concretamente el segundo —toque— que hará que los muertos se alcen de sus tumbas, miren a su alrededor con pavor y conmoción, y se apresuren hacia la Presencia de Dios en suma humillación. En cuanto a aquellos a los que Dios eximirá del pavor de ese Día cuando la Trompeta se haga sonar, véase el *sura* 21:101-103, y el versículo 89, que aparecerá a continuación en este *sura*. Serán aquellos que comparecerán en el Día del Juicio Final con el bien (libre de pecados) y a quienes el decreto del supremo bien se les ha sido encomendado desde Dios. Sin embargo, todos, sin excepción, serán llevados a Su Presencia, pero los distinguidos siervos de suma sinceridad serán eximidos de ser preguntados (37:128).

384 سُورَةُ النَّمْلِ ٣٨٤

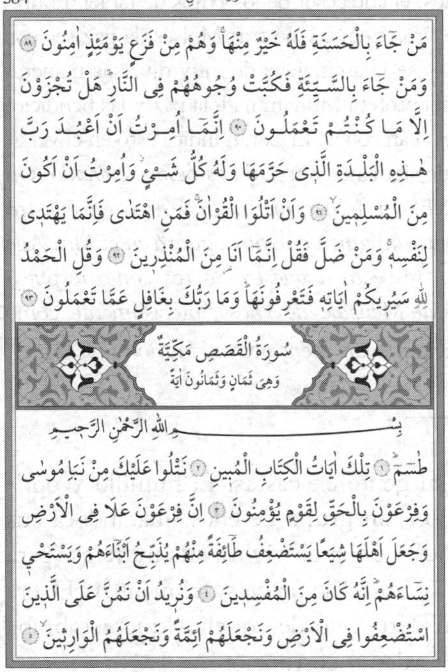
مَنْ جَاءَ بِالْحَسَنَةِ فَلَهُ خَيْرٌ مِنْهَا وَهُمْ مِنْ فَزَعٍ يَوْمَئِذٍ اٰمِنُونَ ﴿٨٩﴾
وَمَنْ جَاءَ بِالسَّيِّئَةِ فَكُبَّتْ وُجُوهُهُمْ فِي النَّارِ هَلْ تُجْزَوْنَ
اِلَّا مَا كُنْتُمْ تَعْمَلُونَ ﴿٩٠﴾ اِنَّمَا اُمِرْتُ اَنْ اَعْبُدَ رَبَّ
هٰذِهِ الْبَلْدَةِ الَّذ۪ي حَرَّمَهَا وَلَهُ كُلُّ شَيْءٍ وَاُمِرْتُ اَنْ اَكُونَ
مِنَ الْمُسْلِم۪ينَ ﴿٩١﴾ وَاَنْ اَتْلُوَا الْقُرْاٰنَ فَمَنِ اهْتَدٰى فَاِنَّمَا يَهْتَد۪ي
لِنَفْسِه۪ وَمَنْ ضَلَّ فَقُلْ اِنَّمَا اَنَا مِنَ الْمُنْذِر۪ينَ ﴿٩٢﴾ وَقُلِ الْحَمْدُ
لِلّٰهِ سَيُر۪يكُمْ اٰيَاتِه۪ فَتَعْرِفُونَهَا وَمَا رَبُّكَ بِغَافِلٍ عَمَّا تَعْمَلُونَ ﴿٩٣﴾

سُورَةُ الْقَصَصِ مَكِّيَّةٌ
وَهِيَ ثَمَانٍ وَثَمَانُونَ اٰيَةً

بِسْمِ اللّٰهِ الرَّحْمٰنِ الرَّح۪يمِ

طسۤمۤ ﴿١﴾ تِلْكَ اٰيَاتُ الْكِتَابِ الْمُب۪ينِ ﴿٢﴾ نَتْلُوا عَلَيْكَ مِنْ نَبَاِ مُوسٰى
وَفِرْعَوْنَ بِالْحَقِّ لِقَوْمٍ يُؤْمِنُونَ ﴿٣﴾ اِنَّ فِرْعَوْنَ عَلَا فِي الْاَرْضِ
وَجَعَلَ اَهْلَهَا شِيَعًا يَسْتَضْعِفُ طَائِفَةً مِنْهُمْ يُذَبِّحُ اَبْنَاءَهُمْ وَيَسْتَحْي۪
نِسَاءَهُمْ اِنَّهُ كَانَ مِنَ الْمُفْسِد۪ينَ ﴿٤﴾ وَنُر۪يدُ اَنْ نَمُنَّ عَلَى الَّذ۪ينَ
اسْتُضْعِفُوا فِي الْاَرْضِ وَنَجْعَلَهُمْ اَئِمَّةً وَنَجْعَلَهُمُ الْوَارِث۪ينَ ﴿٥﴾

وَنُمَكِّنَ

89. Todo aquel que comparezca (en el Día del Juicio Final) con el bien (y purificado de pecados) obtendrá algo todavía mejor que su valor, y aquellos serán quienes se hallarán a salvo de cualquier conmoción y pavor en ese Día.

90. Pero todo aquel que comparezca con el mal (imperdonable), aquellos serán arrojados sobre sus rostros en el Fuego. «¿Acaso no sois retribuidos sino por todo cuanto solíais hacer?».

91. (Di, Oh Mensajero:) «Me ha sido ordenado adorar tan solo al Señor de esta ciudad (La Meca, en donde el primer lugar de culto dedicado a Dios fue construido y), la cual Él ha consagrado, y a Quien todas las cosas pertenecen. Y me ha sido ordenado ser de los musulmanes (aquellos que someten a Él en todas Sus órdenes).

92. Y (me ha sido ordenado) recitar el Corán (para transmitir Sus mensajes). Todo aquel, por lo tanto, que escoja seguir el camino recto, lo sigue pero por (el bien de) su alma. Y si cualquiera anhela extraviarse, di: «No soy sino uno de los Mensajeros enviados para advertir».

93. Asimismo di: «Toda la alabanza y la gratitud son para Dios. Pronto Él os mostrará Sus señales (las cuales probarán que todo cuanto Él ha decretado es verdad), y llegaréis a conocerlas». Su Señor nunca descuida ni hace caso omiso de lo que vosotros hacéis.

SURA 28

AL-QASAS (LA NARRACIÓN)

Período de La Meca

Este *sura* de 88 versículos fue revelado en La Meca. Toma su título de la palabra *qasas* que aparece en el versículo vigésimo quinto. Aborda de nuevo la vida y la misión del profeta Moisés, y a su vez contiene las buenas nuevas para el Mensajero de Dios, la paz y las bendiciones sean con él, y los creyentes.

La historia de los Hijos de Israel es un ejemplo de por sí para la historia de la humanidad y las civilizaciones. Por otra parte, más que cualquier otro Profeta, el profeta Moisés, se asemejaba al Mensajero de Dios, la paz y las bendiciones sean con él, de muchas maneras (por ejemplo, aportando una nueva ley y luchando contra sus enemigos). Esta es la razón por la cual el Corán lo menciona con frecuencia.

Los siguientes versículos del Antiguo Testamento, prometen la venida del profeta Muhammad, la paz y las bendiciones sean con él, y llaman la atención ante las semejanzas entre él y el profeta Moisés, la paz sea con él:

> Y el Señor me dijo a mí: «Bien está lo que han dicho. Yo les suscitaré, de en medio de sus hermanos, un Profeta semejante a ti, pondré Mis palabras en su boca, y él les dirá todo lo que Yo le mande. Si alguno no escucha Mis palabras, las que ese Profeta pronuncie en Mi nombre, Yo Mismo le pediré cuentas de ello. (*Deuteronomio*, 18:17-19)

Es evidente en estos versículos que, *entre sus hermanos un Profeta semejante a ti* significa un Profeta del linaje de Ismael, ya que Ismael era el hermano de Isaac, la paz sea con ellos, el antecesor de los Hijos de Israel. El único Profeta que vino tras Moisés, la paz sea con él, y se le asemejaba de muy diversas maneras es el profeta Muhammad, la paz y las bendiciones sean con él. El Corán indica esto en el versículo siguiente: *Sin duda os hemos enviado (Oh pueblo) un Mensajero, un testigo en vuestra contra (alguien que atestiguará en el Más Allá con respecto a vuestros actos como respuesta al Mensaje de Dios), precisamente como enviamos un Mensajero al Faraón* (73: 15).

En el Nombre de Dios,
el Misericordioso, el Compasivo.

1. *Ta. Sin. Mim.*

2. Éstas son las Revelaciones del Libro, claro en sí mismo y claramente mostrando la verdad.

3. Ahora te transmitimos con la verdad algunos de los ejemplares acontecimientos que acaecieron entre Moisés y el Faraón, para los individuos que creerán y aquellos que profundizarán en la fe.

4. El Faraón se convirtió en un tirano arrogante en el país (de Egipto) y dividió a su gente en castas. Él humilló y oprimió a un grupo de ellos, matando a sus hijos y dejando vivir a sus mujeres (para más humillación y sufrimiento). Él era sin duda uno de aquellos que sembraba desorden y corrupción.

5. Pero pretendimos conceder Nuestro favor sobre aquellos que fueron humillados y oprimidos en el país, y hacer de ellos líderes ejemplares (para guiar a la gente en el camino de Dios, y guiarlos en sus vidas), y hacerlos herederos (de la gloria del Faraón, y del país en el cual originamos bendiciones para la gente);

385 اَلْجُزْءُ الْعِشْرُونَ ٣٨٥

وَنُمَكِّنَ لَهُمْ فِى الْاَرْضِ وَنُرِىَ فِرْعَوْنَ وَهَامَانَ
وَجُنُودَهُمَا مِنْهُمْ مَا كَانُوا يَحْذَرُونَ ﴿٦﴾ وَاَوْحَيْنَٓا
اِلٰٓى اُمِّ مُوسٰٓى اَنْ اَرْضِعِيهِۚ فَاِذَا خِفْتِ عَلَيْهِ فَاَلْقِيهِ فِى الْيَمِّ
وَلَا تَخَافِى وَلَا تَحْزَنِىۚ اِنَّا رَٓادُّوهُ اِلَيْكِ وَجَاعِلُوهُ
مِنَ الْمُرْسَلِينَ ﴿٧﴾ فَالْتَقَطَهُٓ اٰلُ فِرْعَوْنَ لِيَكُونَ لَهُمْ عَدُوًّا
وَحَزَنًاۜ اِنَّ فِرْعَوْنَ وَهَامَانَ وَجُنُودَهُمَا كَانُوا خَاطِئِينَ ﴿٨﴾
وَقَالَتِ امْرَاَتُ فِرْعَوْنَ قُرَّتُ عَيْنٍ لِى وَلَكَۜ لَا تَقْتُلُوهُۗ
عَسٰٓى اَنْ يَنْفَعَنَٓا اَوْ نَتَّخِذَهُ وَلَدًا وَهُمْ لَا يَشْعُرُونَ ﴿٩﴾
وَاَصْبَحَ فُؤٰادُ اُمِّ مُوسٰى فَارِغًاۜ اِنْ كَادَتْ لَتُبْدِى بِهٖ
لَوْلَٓا اَنْ رَبَطْنَا عَلٰى قَلْبِهَا لِتَكُونَ مِنَ الْمُؤْمِنِينَ ﴿١٠﴾
وَقَالَتْ لِاُخْتِهٖ قُصِّيهِۘ فَبَصُرَتْ بِهٖ عَنْ جُنُبٍ وَهُمْ
لَا يَشْعُرُونَۙ ﴿١١﴾ وَحَرَّمْنَا عَلَيْهِ الْمَرَاضِعَ مِنْ قَبْلُ فَقَالَتْ
هَلْ اَدُلُّكُمْ عَلٰٓى اَهْلِ بَيْتٍ يَكْفُلُونَهُ لَكُمْ وَهُمْ لَهُ
نَاصِحُونَ ﴿١٢﴾ فَرَدَدْنَاهُ اِلٰٓى اُمِّهٖ كَىْ تَقَرَّ عَيْنُهَا وَلَا تَحْزَنَ
وَلِتَعْلَمَ اَنَّ وَعْدَ اللّٰهِ حَقٌّ وَلٰكِنَّ اَكْثَرَهُمْ لَا يَعْلَمُونَۚ ﴿١٣﴾

6. Y establecerlos en el país con poder, y permitir que el Faraón y Haman[1] así como los ejércitos de ambos experimenten aquello que han temido de ellos (de la gente que ellos habían oprimido)[2].

7. Inspiramos a la madre de Moisés, diciendo: «Amamántalo (durante un tiempo, sin preocuparte por su vida), luego cuando tengas motivo para temer por él, ponlo en el río, y no temas ni te aflijas. No cabe duda de que te lo devolveremos y lo haremos uno de Nuestros Mensajeros».

8. A continuación, la familia del Faraón lo recogió para tan solo ser un adversario y un motivo de aflicción para ellos. En verdad el Faraón, Haman y sus ejércitos eran por costumbre injustos (pecaminosos en su trato con las personas y, en especial, con los Hijos de Israel).

9. La esposa del Faraón dijo (a él): «(Aquí se halla un niño que) será un medio de felicidad para mí y para ti. No le mates. Quizá demostrará que nos sea útil, o podemos adoptarlo como hijo». No se daban cuenta (de cómo los acontecimientos eran preparados, y de cómo su resultado se tornará en fin).

10. Un vacío creció en el corazón de la madre de Moisés, y ella casi habría revelado todo acerca de él (con la esperanza de que se lo devolvieran) si no hubiéramos fortalecido su corazón de modo que ella pudiera tener fe (en Nuestra promesa).

11. Ella le dijo a su hermana: «Síguelo (subrepticiamente)». Así pues lo contemplaba desde lejos, cuando las otras personas no se daban cuenta.

12. Habíamos prohibido las nodrizas para él desde un principio (de modo que él rechazara la leche de las nodrizas llamadas por la Reina para amamantarlo). Entonces su hermana (quien pudo conseguir entrar en palacio) dijo: «¿Queréis que os encuentre una familia que lo amamantará para vosotros y tendrán cuidado de él?».

13. Y de este modo lo hicimos regresar con su madre, para que se alegrara y olvidase su tristeza, y para que ella pudiera conocer con certeza que la promesa de Dios era cierta. Mas la mayoría de la gente no lo saben.

1. Haman ha de ser, en lugar de un nombre propio, Ha-Amen, es decir, el título otorgado al sumo sacerdote en el culto de Amón, culto que era predominante en el Antiguo Egipto. Él, poseedor de dicho título, era la segunda persona más poderosa tras el Faraón y sirvió al mismo como su principal consejero (Asad, pág.590, nota 6).

Otro razonamiento proviene del físico francés Maurice Bucaille, que asevera que el nombre de Haman aparece en algunas antiguas inscripciones egipcias, en particular una en el Hofmuseum de Viena (en la actualidad Naturhistorisches Museum Wien («el Museo de Historia Natural de Viena») («Aegyptische Inschriften», I34, pág. 130), y es enumerada en el diccionario de los nombres personales egipcios del historiador alemán Hermann Ranke como *Vorsteher der Steinbrucharbeiter* u «operario jefe de los trabajadores de cantera».

2. Después de que Dios estableció al profeta José, la paz sea con él, en Egipto, junto a la familia de Jacob, la paz sea con él, los Hijos de Israel alcanzaron puestos de importancia en dicha nación antigua. Dios designó de entre ellos a Profetas y administradores de alto rango, y los hizo ser hombres libres, dueños y señores de sus propios asuntos (5:20). Así pues el Faraón y sus dirigentes temieron que existiera la posibilidad de que pudieran recuperar su anterior condición, expulsarlos de sus puestos y ocupaciones gubernamentales e incluso desterrarlos de Egipto, y abolir su religión-estado y su estilo de vida (20:63). Esta es la razón por la cual mataron a sus hijos y perdonaron la vida a sus mujeres para emplearlas y forzarlas a casarse con nativos de Egipto. Debieron haber llevado a cabo una forma de genocidio.

وَلَمَّا بَلَغَ اَشُدَّهُ وَاسْتَوٰى اٰتَيْنَاهُ حُكْمًا وَعِلْمًا وَكَذٰلِكَ نَجْزِى
الْمُحْسِنِينَ ﴿١٤﴾ وَدَخَلَ الْمَدِينَةَ عَلٰى حِينِ غَفْلَةٍ مِنْ اَهْلِهَا فَوَجَدَ
فِيهَا رَجُلَيْنِ يَقْتَتِلَانِ هٰذَا مِنْ شِيعَتِهِ وَهٰذَا مِنْ عَدُوِّهِ فَاسْتَغَاثَهُ
الَّذِى مِنْ شِيعَتِهِ عَلَى الَّذِى مِنْ عَدُوِّهِ فَوَكَزَهُ مُوسٰى فَقَضٰى عَلَيْهِ
قَالَ هٰذَا مِنْ عَمَلِ الشَّيْطَانِ اِنَّهُ عَدُوٌّ مُضِلٌّ مُبِينٌ ﴿١٥﴾ قَالَ رَبِّ
اِنِّى ظَلَمْتُ نَفْسِى فَاغْفِرْ لِى فَغَفَرَ لَهُ اِنَّهُ هُوَ الْغَفُورُ الرَّحِيمُ ﴿١٦﴾
قَالَ رَبِّ بِمَا اَنْعَمْتَ عَلَىَّ فَلَنْ اَكُونَ ظَهِيرًا لِلْمُجْرِمِينَ ﴿١٧﴾
فَاَصْبَحَ فِى الْمَدِينَةِ خَائِفًا يَتَرَقَّبُ فَاِذَا الَّذِى اسْتَنْصَرَهُ
بِالْاَمْسِ يَسْتَصْرِخُهُ قَالَ لَهُ مُوسٰى اِنَّكَ لَغَوِىٌّ مُبِينٌ ﴿١٨﴾ فَلَمَّا
اَنْ اَرَادَ اَنْ يَبْطِشَ بِالَّذِى هُوَ عَدُوٌّ لَهُمَا قَالَ يَا مُوسٰى اَتُرِيدُ
اَنْ تَقْتُلَنِى كَمَا قَتَلْتَ نَفْسًا بِالْاَمْسِ اِنْ تُرِيدُ اِلَّا اَنْ تَكُونَ
جَبَّارًا فِى الْاَرْضِ وَمَا تُرِيدُ اَنْ تَكُونَ مِنَ الْمُصْلِحِينَ ﴿١٩﴾
وَجَاءَ رَجُلٌ مِنْ اَقْصَا الْمَدِينَةِ يَسْعٰى قَالَ يَا مُوسٰى اِنَّ الْمَلَاَ
يَأْتَمِرُونَ بِكَ لِيَقْتُلُوكَ فَاخْرُجْ اِنِّى لَكَ مِنَ النَّاصِحِينَ ﴿٢٠﴾ فَخَرَجَ
مِنْهَا خَائِفًا يَتَرَقَّبُ قَالَ رَبِّ نَجِّنِى مِنَ الْقَوْمِ الظَّالِمِينَ ﴿٢١﴾

وَلَمَّا

14. Cuando Moisés alcanzó su plena mayoría de edad así como la madurez, le concedimos recto y buen juicio, y conocimiento especial. Así recompensamos a aquellos dedicados a hacer el bien, como si contemplasen a Dios.

15. (Un día salió del palacio en donde vivía y) entró en la ciudad en un momento en el que su gente no se dio cuenta de él, y encontró allí a dos hombres que luchaban, uno de su propio pueblo y el otro de sus enemigos (los coptos). Aquel que era de su gente le pidió ayuda frente al otro, quien era de sus enemigos. Por lo tanto Moisés le golpeó con su puño y causó su muerte (de manera involuntaria). Él dijo: «Esto (la enemistad y la lucha) es la obra de Satán. Sin duda él es manifiestamente un enemigo engañoso».

16. Él dijo (en súplica): «¡Señor mío! En verdad he sido injusto conmigo mismo así que perdóname». Y así Él lo perdonó. Él es sin duda alguna el Único Quien es el Indulgente, el Compasivo (especialmente hacia Sus siervos creyentes y arrepentidos).

17. «¡Señor mío!» dijo Moisés, «Si tanto me has bendecido Tú con favores, yo jamás seré un partidario de los malhechores»[3].

18. Ahora, al amanecer, él se hallaba en la ciudad, inquieto y alerta. Y el hombre que había solicitado su ayuda el día anterior (apareció) y pidió a gritos una vez más ayuda. Moisés le dijo: «No cabe duda de que tú eres, obviamente, un exaltado ingobernable».

19. Pero entonces, cuando él estaba a punto de abalanzarse sobre el hombre que era enemigo de ambos, él (el israelita que pensó que Moisés lo atacaría porque lo había regañado seriamente) dijo: «¿Moisés, pretendes matarme de la misma manera que ayer mataste a una persona? ¡Tú deseas tan solo convertirte en un tirano en este país; no deseas ser de aquellos que ponen orden!».

20. A continuación un hombre (de la corte real) vino corriendo desde el extremo más lejano de la ciudad (donde se hallaba la corte) y dijo: «Moisés, ahora los dirigentes están deliberando sobre tu caso para condenarte a muerte, así que sal de la ciudad. No cabe duda de que soy uno de aquellos que te desean con sinceridad el bien».

21. Así pues abandonó la ciudad, inquieto y mirando alrededor. Él dijo (en súplica): «¡Señor mío, sálvame de este pueblo malhechor!».

---

3. Algunos comentaristas del Corán han tomado en consideración este compromiso de Moisés, la paz sea con él, dotándolo de un significado que podría ser que Moisés decidiera abandonar el palacio del Faraón para siempre con la intención de evitar hacer cualquier cosa que fuera de ayuda para el Faraón, ya que su gobierno era despótico. Dios ordena en el Corán: *Y no os inclinéis hacia los malhechores (los que obran contra Sus órdenes o atribuyéndole copartícipes a Dios y los que obran contra la gente violando sus derechos) o el Fuego os alcanzará. No tenéis, aparte de Dios, protectores ni verdaderos amigos (pero si os inclináis hacia los malhechores) no seréis ayudados (por Él)* (11:113).

وَلَمَّا تَوَجَّهَ تِلْقَاءَ مَدْيَنَ قَالَ عَسٰى رَبّ۪ٓي اَنْ يَهْدِيَن۪ي
سَوَٓاءَ السَّب۪يلِ ﴿٢٢﴾ وَلَمَّا وَرَدَ مَٓاءَ مَدْيَنَ وَجَدَ عَلَيْهِ اُمَّةً
مِنَ النَّاسِ يَسْقُونَۘ وَوَجَدَ مِنْ دُونِهِمُ امْرَاَتَيْنِ تَذُودَانِۚ قَالَ
مَا خَطْبُكُمَاۜ قَالَتَا لَا نَسْق۪ي حَتّٰى يُصْدِرَ الرِّعَٓاءُ وَاَبُونَا
شَيْخٌ كَب۪يرٌ ﴿٢٣﴾ فَسَقٰى لَهُمَا ثُمَّ تَوَلّٰٓى اِلَى الظِّلِّ فَقَالَ رَبِّ
اِنّ۪ي لِمَٓا اَنْزَلْتَ اِلَيَّ مِنْ خَيْرٍ فَق۪يرٌ ﴿٢٤﴾ فَجَٓاءَتْهُ اِحْدٰيهُمَا
تَمْش۪ي عَلَى اسْتِحْيَٓاءٍۘ قَالَتْ اِنَّ اَب۪ي يَدْعُوكَ لِيَجْزِيَكَ
اَجْرَ مَا سَقَيْتَ لَنَاۜ فَلَمَّا جَٓاءَهُ وَقَصَّ عَلَيْهِ الْقَصَصَۙ قَالَ
لَا تَخَفْ۠ نَجَوْتَ مِنَ الْقَوْمِ الظَّالِم۪ينَ ﴿٢٥﴾ قَالَتْ اِحْدٰيهُمَا
يَٓا اَبَتِ اسْتَاْجِرْهُۘ اِنَّ خَيْرَ مَنِ اسْتَاْجَرْتَ الْقَوِيُّ الْاَم۪ينُ ﴿٢٦﴾
قَالَ اِنّ۪ٓي اُر۪يدُ اَنْ اُنْكِحَكَ اِحْدَى ابْنَتَيَّ هَاتَيْنِ
عَلٰٓى اَنْ تَاْجُرَن۪ي ثَمَانِيَ حِجَجٍۚ فَاِنْ اَتْمَمْتَ عَشْرًا فَمِنْ
عِنْدِكَۚ وَمَٓا اُر۪يدُ اَنْ اَشُقَّ عَلَيْكَۜ سَتَجِدُن۪ٓي اِنْ شَٓاءَ اللّٰهُ
مِنَ الصَّالِح۪ينَ ﴿٢٧﴾ قَالَ ذٰلِكَ بَيْن۪ي وَبَيْنَكَۜ اَيَّمَا الْاَجَلَيْنِ
قَضَيْتُ فَلَا عُدْوَانَ عَلَيَّۜ وَاللّٰهُ عَلٰى مَا نَقُولُ وَك۪يلٌ ﴿٢٨﴾

22. Ya que se hallaba en camino hacia Midian (el más cercano territorio libre del dominio egipcio), él dijo: «Espero que mi Señor me guiará en el camino recto (para evitar ser capturado por las tropas egipcias)».

23. Cuando llegó a los pozos de Midian, se encontró allí con un grupo de personas que abrevaban sus rebaños, y halló, aparte de ellos, a dos mujeres (doncellas) que mantenían alejado su rebaño. Él dijo: «¿Qué os ocurre?». Las dos (mujeres) dijeron: «No podemos abrevar nuestro rebaño hasta que los pastores retiren a sus rebaños. (Somos nosotras quienes hacemos este trabajo porque) nuestro padre es un hombre de avanzada edad».

24. Moisés abrevó su rebaño en lugar de ellas, y después se retiró a la sombra y dijo (en súplica): «¡Señor mío! ¡Me hallo sin duda alguna necesitado de cualquier bien que Tú puedas hacer descender para mí!».

25. Tras ello, una de las dos (doncellas) se le acercó, caminando con recato,[4] y le dijo: «Mi padre te invita, a fin de que él pueda recompensarte por haber abrevado a nuestro rebaño en nuestro lugar». Así que cuando se presentó ante él[5] y le narró toda su historia, él dijo: «¡No te preocupes más! Ahora te hallas a salvo de la gente opresora y malhechora».

26. Una de las dos hijas dijo: «Padre, dale un empleo, puesto que el mejor a quien tú podrías dar empleo ha de ser alguien fuerte y digno de confianza (como él es)».

27. (El padre) dijo a Moisés: «Deseo casar a una de estas dos hijas mías contigo si me sirves durante ocho años (según el calendario lunar). Mas si cumplieras diez años, eso sería un acto de gracia por tu parte. No pretendo imponerte dificultad alguna. Tú hallarás que soy, si Dios quiere, de los rectos»[6].

28. (Moisés) contestó: «Que así sea entre tú y yo. Cualquiera de los dos plazos que cumpla, no se dará hostilidad en mi contra. Dios es Garante sobre lo que decimos».

4. 'Umar ibn al-Jattab, el segundo Califa, que Dios esté complacido con él, comentó respecto a esta oración: «Ella vino, caminando con pudor, con su rostro cubierto con parte de su indumentaria externa, a diferencia de las mujeres indecorosas que son propensas a perder el tiempo y entretenerse por la noche, quienes desvergonzadamente encuentran su camino por todas partes, y quienes siempre se hallan en disposición de salir afuera» (al-Alusi, 19:64).

5. Aunque existen algunas opiniones que indican que el hombre de avanzada edad que recibió y acogió como huésped a Moisés, la paz sea con él, fue el profeta Shu'ayb, la paz sea con él, muchos eruditos tales como 'Abdullah ibn Abbas, Hasan al-Basri y Said ibn al-Yubayr así como comentaristas del Corán tales como Ibn Yarir at-Tabari e Ibn Kazir, no son de la misma opinión. La Biblia y las fuentes de referencia judías no proporcionan cierta información sobre su identidad. De lo que si hay una unánime certeza es que se trataba de hombre creyente de gran rectitud.

6. Este versículo sugiere que el hombre que dio empleo a Moisés, la paz sea con él, era alguien perspicaz. Él debió haberse dado cuenta cuán valioso y prometedor era Moisés. Asimismo él debió percatarse que necesitaría un período de educación espiritual para la misión que desempeñaría en el futuro. Su proposición ha de considerarse desde esta perspectiva. En cierta ocasión el Mensajero de Dios señaló que cada Profeta, incluyéndose a sí mismo, pastoreó y apacentó ganados durante cierto tiempo (al-Bujari, «Iyarah», 2).

فَلَمَّا قَضٰى مُوسَى الْاَجَلَ وَسَارَ بِاَهْلِه۪ٓ اٰنَسَ مِنْ جَانِبِ
الطُّورِ نَارًاۚ قَالَ لِاَهْلِهِ امْكُثُٓوا اِنّ۪ٓى اٰنَسْتُ نَارًا لَعَلّ۪ٓى
اٰتٖيكُمْ مِنْهَا بِخَبَرٍ اَوْ جَذْوَةٍ مِنَ النَّارِ لَعَلَّكُمْ تَصْطَلُونَ ﴿٢٩﴾
فَلَمَّٓا اَتٰيهَا نُودِىَ مِنْ شَاطِئِ الْوَادِ الْاَيْمَنِ فِى الْبُقْعَةِ
الْمُبَارَكَةِ مِنَ الشَّجَرَةِ اَنْ يَا مُوسٰٓى اِنّ۪ٓى اَنَا اللّٰهُ رَبُّ
الْعَالَم۪ينَۙ ﴿٣٠﴾ وَاَنْ اَلْقِ عَصَاكَۜ فَلَمَّا رَاٰهَا تَهْتَزُّ كَاَنَّهَا جَٓانٌّ
وَلّٰى مُدْبِرًا وَلَمْ يُعَقِّبْۜ يَا مُوسٰٓى اَقْبِلْ وَلَا تَخَفْ۠ اِنَّكَ
مِنَ الْاٰمِن۪ينَ ﴿٣١﴾ اُسْلُكْ يَدَكَ ف۪ى جَيْبِكَ تَخْرُجْ بَيْضَٓاءَ
مِنْ غَيْرِ سُٓوءٍۘ وَاضْمُمْ اِلَيْكَ جَنَاحَكَ مِنَ الرَّهْبِ فَذَانِكَ
بُرْهَانَانِ مِنْ رَبِّكَ اِلٰى فِرْعَوْنَ وَمَلَا۬ئِه۪ۜ اِنَّهُمْ كَانُوا قَوْمًا
فَاسِق۪ينَ ﴿٣٢﴾ قَالَ رَبِّ اِنّ۪ى قَتَلْتُ مِنْهُمْ نَفْسًا فَاَخَافُ
اَنْ يَقْتُلُونِ ﴿٣٣﴾ وَاَخ۪ى هٰرُونُ هُوَ اَفْصَحُ مِنّ۪ى لِسَانًا
فَاَرْسِلْهُ مَعِىَ رِدْءًا يُصَدِّقُن۪ىۘ اِنّ۪ٓى اَخَافُ اَنْ يُكَذِّبُونِ ﴿٣٤﴾
قَالَ سَنَشُدُّ عَضُدَكَ بِاَخ۪يكَ وَنَجْعَلُ لَكُمَا سُلْطَانًا فَلَا
يَصِلُونَ اِلَيْكُمَا بِاٰيَاتِنَاۚ اَنْتُمَا وَمَنِ اتَّبَعَكُمَا الْغَالِبُونَ ﴿٣٥﴾

فَلَمَّا

29. Cuando Moisés había cumplido el plazo y viajaba con su familia (en el desierto), él distinguió un fuego en la dirección del Monte (Sinaí). Le dijo a su familia: «¡Esperad aquí! Distingo un fuego a lo lejos; os traeré de allí cierta información (sobre donde nos hallamos y el camino que hemos de tomar), o al menos os traeré un tizón de modo que podáis (encender un fuego y) calentaros».

30. Cuando se acercaba al fuego, lo llamaron desde la ladera derecha del valle en la tierra bendita, desde el árbol: «¡Oh Moisés! No cabe duda de que soy Yo, Yo soy Dios, el Señor de los mundos[7].

31. Arroja tu vara. (Él la arrojó, y) cuando la vio (como una gran serpiente) deslizarse (rápidamente) como una serpiente pequeña, se dio media vuelta para huir, y no volvió. «Oh Moisés, adelántate y no tengas ningún miedo. Tú (elegido como Mensajero) eres en verdad de aquellos que se hallan en seguridad[8].

32. Pon tu mano (derecha) en tu costado: saldrá brillante, blanca y sin defecto. Estas son dos pruebas de tu Misión Profética) de tu Señor (para ti que les mostraras) al Faraón y a sus dirigentes. No cabe duda de que son una gente transgresora».

33. (Moisés) dijo: «¡Señor mío! Maté a una persona de ellos, así pues temo que me maten (y no me dejen transmitir Tu Mensaje).

34. Y mi hermano Aarón —es uno más elocuente en el discurso que yo, así que (designándolo a su vez como Mensajero,) envíalo conmigo como ayudante para confirmar mi veracidad, pues en verdad temo que me nieguen».

35. Él dijo: «Te fortaleceremos por medio de tu hermano y os investiremos a ambos con poder y autoridad;[9] y ellos no podrán alcanzaros (con cualquier daño que pretendan haceros) con motivo del temor reverencial de Nuestras señales (milagros). Vosotros dos, y todos aquellos que os sigan, serán los vencedores».

---

7. Para una explicación de aquello que es relatado en este versículo, véase el *sura* 27:8, nota 5.

8. Véase también el *sura* 27:10, nota 11.

9. Según lo indicado en la continuación del versículo, esto debe hacer referencia a los milagros concedidos al profeta Moisés, la paz sea con él, a las calamidades que Dios hizo sobrevenir al Faraón y a su pueblo, una tras otra, así como otros milagros de Moisés (véase el *sura* 7:133-134). Puede a su vez hacer referencia a aquellos que les creerán y seguirán.

فَلَمَّا جَاءَهُمْ مُوسٰى بِاٰيَاتِنَا بَيِّنَاتٍ قَالُوا مَا هٰذَا اِلَّا
سِحْرٌ مُفْتَرًى وَمَا سَمِعْنَا بِهٰذَا فِى اٰبَائِنَا الْاَوَّلِينَ ﴿٣٦﴾
وَقَالَ مُوسٰى رَبِّى اَعْلَمُ بِمَنْ جَاءَ بِالْهُدٰى مِنْ عِنْدِهِ
وَمَنْ تَكُونُ لَهُ عَاقِبَةُ الدَّارِ اِنَّهُ لَا يُفْلِحُ الظَّالِمُونَ ﴿٣٧﴾
وَقَالَ فِرْعَوْنُ يَا اَيُّهَا الْمَلَاُ مَا عَلِمْتُ لَكُمْ مِنْ اِلٰهٍ
غَيْرِى فَاَوْقِدْ لِى يَا هَامَانُ عَلَى الطِّينِ فَاجْعَلْ لِى
صَرْحًا لَعَلِّى اَطَّلِعُ اِلٰى اِلٰهِ مُوسٰى وَاِنِّى لَاَظُنُّهُ
مِنَ الْكَاذِبِينَ ﴿٣٨﴾ وَاسْتَكْبَرَ هُوَ وَجُنُودُهُ فِى الْاَرْضِ
بِغَيْرِ الْحَقِّ وَظَنُّوا اَنَّهُمْ اِلَيْنَا لَا يُرْجَعُونَ ﴿٣٩﴾ فَاَخَذْنَاهُ
وَجُنُودَهُ فَنَبَذْنَاهُمْ فِى الْيَمِّ فَانْظُرْ كَيْفَ كَانَ عَاقِبَةُ
الظَّالِمِينَ ﴿٤٠﴾ وَجَعَلْنَاهُمْ اَئِمَّةً يَدْعُونَ اِلَى النَّارِ وَيَوْمَ
الْقِيٰمَةِ لَا يُنْصَرُونَ ﴿٤١﴾ وَاَتْبَعْنَاهُمْ فِى هٰذِهِ الدُّنْيَا
لَعْنَةً وَيَوْمَ الْقِيٰمَةِ هُمْ مِنَ الْمَقْبُوحِينَ ﴿٤٢﴾ وَلَقَدْ اٰتَيْنَا
مُوسَى الْكِتَابَ مِنْ بَعْدِ مَا اَهْلَكْنَا الْقُرُونَ الْاُولٰى
بَصَائِرَ لِلنَّاسِ وَهُدًى وَرَحْمَةً لَعَلَّهُمْ يَتَذَكَّرُونَ ﴿٤٣﴾

36. Cuando Moisés llegó ante ellos (el Faraón y sus dirigentes) con Nuestras señales manifiestas, dijeron: «Esto (aquello que tú muestras y sometes a prueba como milagros para probar tu Misión Profética) no es más que hechicería simulada. Y nunca oímos esto (la llamada[10] a Aquel a Quien tú llamas el Señor de los mundos) en la época de nuestros antepasados de antaño».

37. (Moisés) dijo: «Mi Señor conoce de la mejor manera posible a quién ha venido con la verdadera guía procedente de Él, y a quién la suprema morada de felicidad pertenecerá (en el mundo y en el Más Allá). No cabe duda de que los malhechores no prosperan (ni alcanzan sus objetivos)».

38. El Faraón (se dirigió a los dirigentes y) dijo: «¡Oh nobles! No sé que tenéis otra deidad aparte de mí[11]. Bien, pues, Oh Haman, prende fuego (al horno) para mí, para cocer ladrillos, y edifícame una torre elevada de modo que pueda echarle un vistazo al Dios de Moisés, aunque pienso sin lugar a dudas que él es un mentiroso».

39. Pasó a ser más arrogante en sus dominios, él y sus huestes, contra todo derecho, y pensaron que nunca serían traídos de vuelta a Nosotros (para el juicio).

40. Así que los agarramos a él y a sus huestes, y los arrojamos al mar. ¡Contemplad entonces cómo han acabado los malhechores!

41. Hicimos de ellos líderes (modelos ejemplares) del extravío que incitaban (a aquellos que los seguirían) al Fuego. Y (aun cuando emplean a un gran número en su servicio en este mundo) en el Día de la Resurrección no serán ayudados.

42. Provocamos que una maldición les persiguiera en este mundo (y les incrementara en pecado debido a su condición de líderes del extravío, engañando a aquellos que los siguieron), y en el Día de la Resurrección se hallarán entre los desdeñados (aquellos privados por completo de la Misericordia de Dios).

43. Y en verdad, después de que hubiéramos destruido esas generaciones (malhechoras) anteriores, concedimos a Moisés el Libro (la Tora) como luces de discernimiento y sagacidad para la gente, y como guía y misericordia, con el fin de que puedan reflexionar y ser considerados.

10. Véase el *sura* 20:47-53; 26:23-29.

11. Para la aseveración del Faraón en relación a la divinidad, véase el *sura* 26:29, nota 6.

وَمَا كُنْتَ بِجَانِبِ الْغَرْبِيِّ اِذْ قَضَيْنَآ اِلٰى مُوسَى الْاَمْرَ
وَمَا كُنْتَ مِنَ الشَّاهِدِينَۙ ﴿٤٤﴾ وَلٰكِنَّآ اَنْشَاْنَا قُرُونًا فَتَطَاوَلَ
عَلَيْهِمُ الْعُمُرُۚ وَمَا كُنْتَ ثَاوِيًا فٖٓي اَهْلِ مَدْيَنَ تَتْلُوا
عَلَيْهِمْ اٰيَاتِنَاۙ وَلٰكِنَّا كُنَّا مُرْسِلٖينَ ﴿٤٥﴾ وَمَا كُنْتَ بِجَانِبِ
الطُّورِ اِذْ نَادَيْنَا وَلٰكِنْ رَحْمَةً مِنْ رَبِّكَ لِتُنْذِرَ قَوْمًا
مَٓا اَتٰيهُمْ مِنْ نَذٖيرٍ مِنْ قَبْلِكَ لَعَلَّهُمْ يَتَذَكَّرُونَ ﴿٤٦﴾
وَلَوْلَٓا اَنْ تُصٖيبَهُمْ مُصٖيبَةٌ بِمَا قَدَّمَتْ اَيْدٖيهِمْ فَيَقُولُوا
رَبَّنَا لَوْلَٓا اَرْسَلْتَ اِلَيْنَا رَسُولًا فَنَتَّبِعَ اٰيَاتِكَ وَنَكُونَ
مِنَ الْمُؤْمِنٖينَ ﴿٤٧﴾ فَلَمَّا جَٓاءَهُمُ الْحَقُّ مِنْ عِنْدِنَا قَالُوا لَوْلَٓا
اُوتِيَ مِثْلَ مَٓا اُوتِيَ مُوسٰىۜ اَوَلَمْ يَكْفُرُوا بِمَٓا اُوتِيَ
مُوسٰى مِنْ قَبْلُۚ قَالُوا سِحْرَانِ تَظَاهَرَاۗ وَقَالُٓوا اِنَّا بِكُلٍّ
كَافِرُونَ ﴿٤٨﴾ قُلْ فَاْتُوا بِكِتَابٍ مِنْ عِنْدِ اللّٰهِ هُوَ اَهْدٰى
مِنْهُمَٓا اَتَّبِعْهُ اِنْ كُنْتُمْ صَادِقٖينَ ﴿٤٩﴾ فَاِنْ لَمْ يَسْتَجٖيبُوا لَكَ
فَاعْلَمْ اَنَّمَا يَتَّبِعُونَ اَهْوَٓاءَهُمْۜ وَمَنْ اَضَلُّ مِمَّنِ اتَّبَعَ هَوٰيهُ
بِغَيْرِ هُدًى مِنَ اللّٰهِۜ اِنَّ اللّٰهَ لَا يَهْدِي الْقَوْمَ الظَّالِمٖينَ ﴿٥٠﴾

وَلَقَدْ

44. (Todo cuanto te hemos expresado sobre Moisés y el Libro concedido a él es una Revelación que te revelamos a ti, Oh Muhammad, puesto que) tú no estabas presente en el lugar ubicado en la ladera occidental (del valle) cuando Nosotros decretamos el mandamiento (la Tora) a Moisés, ni tampoco fuiste un testigo (de lo que sucedió allí).

45. Mas (tras ellos) creamos a numerosas generaciones, y largas fueron en verdad las edades que pasaron. (La información que proporcionas sobre ellos es asimismo la que te revelamos a ti, de la misma manera que lo que tú narras acerca de lo que sucedió en relación con Moisés en Midian es a su vez una Revelación. Puesto que) tampoco moraste entre el pueblo de Midian con el fin de que les transmitas (al pueblo de La Meca) nuestras Revelaciones (acerca de lo qué Moisés hizo en Midian), sino que hemos estado enviando Mensajeros (para transmitir Nuestras Revelaciones).

46. Y tampoco te hallabas presente en la ladera del monte Sinaí cuando llamamos (a Moisés), mas (te revelamos todo esto a ti) como una misericordia de tu Señor de modo que puedas advertir a un pueblo a quien ningún advertidor antes de ti se ha presentado, con el fin de que puedan reflexionar y ser considerados.

47. (Te hemos enviado como Mensajero) con el fin de que no digan cuando un desastre les sobreviene (en el mundo o en el Más Allá) debido a lo que ellos mismos han anticipado con sus propias manos, «¡Señor nuestro! Si al menos nos hubieras enviado a un Mensajero, habríamos seguido Tus Revelaciones y habríamos sido de entre los creyentes».

48. Y sin embargo, ahora que la verdad ha llegado ante ellos por Nuestra parte (a través de un Mensajero), todavía dicen (como excusa en relación con haber negado al mismo), «¿Por qué no le ha sido concedido algo semejante a lo que se le había concedido a Moisés (de una sola vez)?»[12]. «¿Acaso no rechazaron creer previamente en lo que había sido concedido a Moisés?[13] Dijeron al respeto: «Ambas no son sino hechicería, apoyándose mutuamente». Asimismo dijeron: «No creemos en ninguna de ellas».

49. Diles (a ellos): «Entonces haced traer otro Libro procedente de Dios, la cual habría de ofrecer una guía mejor que cualquiera de estas dos, con el fin de que pueda seguirlo, si sois veraces (en vuestra aseveración de que ambas no son sino hechicería)».

50. Si ellos no pueden responder, entonces has de saber que simplemente se encuentran siguiendo sus deseos y caprichos. ¿Quién puede hallarse más extraviado que aquel que siga sus deseos y caprichos, privado de toda la guía de Dios? No cabe duda de que Dios no guía a la gente dada a la maldad y a la injusticia.

---

12. Esto hace referencia a la objeción interpuesta por los politeístas de La Meca: *¿Por qué el Corán no se ha enviado a él todo a la vez?* (25:32) La Tora fue concedida a Moisés, la paz sea con él, como Libro completo.

13. Los politeístas de La Meca rechazaron la Misión Profética, las Revelaciones y todos los Libros Divinos revelados, tal y como se indica en: *Aquellos que no creen dicen: «No creeremos en este Corán, ni en cualquier (Mensaje) que vino antes de él»* (34:31).

وَلَقَدْ وَصَّلْنَا لَهُمُ الْقَوْلَ لَعَلَّهُمْ يَتَذَكَّرُونَ ﴿٥١﴾ اَلَّذِينَ اٰتَيْنَاهُمُ
الْكِتَابَ مِنْ قَبْلِهِ هُمْ بِهِ يُؤْمِنُونَ ﴿٥٢﴾ وَاِذَا يُتْلٰى عَلَيْهِمْ قَالُوا
اٰمَنَّا بِهِ اِنَّهُ الْحَقُّ مِنْ رَبِّنَا اِنَّا كُنَّا مِنْ قَبْلِهِ مُسْلِمِينَ ﴿٥٣﴾
اُولٰئِكَ يُؤْتَوْنَ اَجْرَهُمْ مَرَّتَيْنِ بِمَا صَبَرُوا وَيَدْرَؤُنَ
بِالْحَسَنَةِ السَّيِّئَةَ وَمِمَّا رَزَقْنَاهُمْ يُنْفِقُونَ ﴿٥٤﴾ وَاِذَا سَمِعُوا
اللَّغْوَ اَعْرَضُوا عَنْهُ وَقَالُوا لَنَا اَعْمَالُنَا وَلَكُمْ اَعْمَالُكُمْ
سَلَامٌ عَلَيْكُمْ لَا نَبْتَغِى الْجَاهِلِينَ ﴿٥٥﴾ اِنَّكَ لَا تَهْدِى مَنْ
اَحْبَبْتَ وَلٰكِنَّ اللّٰهَ يَهْدِى مَنْ يَشَاءُ وَهُوَ اَعْلَمُ بِالْمُهْتَدِينَ ﴿٥٦﴾
وَقَالُوا اِنْ نَتَّبِعِ الْهُدٰى مَعَكَ نُتَخَطَّفْ مِنْ اَرْضِنَا اَوَلَمْ
نُمَكِّنْ لَهُمْ حَرَمًا اٰمِنًا يُجْبٰى اِلَيْهِ ثَمَرَاتُ كُلِّ شَيْءٍ رِزْقًا
مِنْ لَدُنَّا وَلٰكِنَّ اَكْثَرَهُمْ لَا يَعْلَمُونَ ﴿٥٧﴾ وَكَمْ اَهْلَكْنَا
مِنْ قَرْيَةٍ بَطِرَتْ مَعِيشَتَهَا فَتِلْكَ مَسَاكِنُهُمْ لَمْ تُسْكَنْ
مِنْ بَعْدِهِمْ اِلَّا قَلِيلاً وَكُنَّا نَحْنُ الْوَارِثِينَ ﴿٥٨﴾ وَمَا كَانَ رَبُّكَ
مُهْلِكَ الْقُرٰى حَتّٰى يَبْعَثَ فِى اُمِّهَا رَسُولاً يَتْلُوا عَلَيْهِمْ
اٰيَاتِنَا وَمَا كُنَّا مُهْلِكِى الْقُرٰى اِلَّا وَاَهْلُهَا ظَالِمُونَ ﴿٥٩﴾

51. No cabe duda de que les hemos transmitido a ellos la Palabra (un versículo tras otro, y un capítulo tras otro, por su bien) de modo que puedan reflexionar y ser considerados.

52. Aquellos a quienes concedimos el Libro con anterioridad creen en ello[14].

53. Cuando les es recitado, dicen: «Creemos en él. Es sin duda alguna la verdad proveniente de nuestro Señor. Incluso antes de esto, ya nos hallábamos sometidos (a la Voluntad Divina)».

54. A éstos les será concedida su recompensa doblemente porque han permanecido con firmeza (en el seguimiento de su religión, libre de falsedad, y de este modo hallándose por encima de cualquier prejuicio que creer así como siguiendo al Corán y a Muhammad); y rechazan el mal con el bien, así como a partir de lo que hemos proporcionado para ellos (de la abundancia, el conocimiento, el poder, etc.), que gastan (en la causa de Dios y para los necesitados, y puramente por la complacencia de Dios sin poner a los demás bajo obligación).

55. Cuando escuchan cualquier conversación vana (infructuosa o agresiva), se apartan de ella, sin corresponderla, y dicen (a aquellos que participan en la misma): «Nosotros habremos de dar cuenta de nuestros actos, y vosotros, de los vuestros. ¡La paz sea con vosotros! No pretendemos relacionarnos con los ignorantes (ésos inconscientes de Dios, de la guía verdadera y de lo correcto e incorrecto)».

56. Tú no puedes guiar a la verdad a quien quieras, tan solo Dios guía a quien Su Voluntad dicta. Él sabe mejor quiénes son guiados (y propensos a la guía).

57. Dicen: «Si siguiéramos esta Guía en tu compañía, nos aniquilarían en nuestra tierra». Mas, ¿acaso no hemos establecido para ellos un santuario seguro al cual, como sustento por Nuestra parte, productos de todas las clases son traídos? Pero la mayoría de ellos no saben (que somos Nosotros Quienes les protegemos y les proveemos, y creen infundadamente que es su adoración de los ídolos que atrae a otras tribus árabes a La Meca para comerciar, y que los protegen de ser atacados por esas tribus).

58. ¡Cuántas comunidades hemos destruido que se regocijaban insolentemente con motivo de su riqueza! Ésas son sus moradas, a excepción de por unas pocas personas durante un breve período de tiempo, nunca han sido habitadas tras ellos. Seremos siempre Nosotros Quienes permaneceremos como herederos (Quienes permanecen como Inmortales cuando todo lo demás ha perecido).

59. Con todo, vuestro Señor nunca destruye las comunidades sin haber hecho alzar en primer lugar a un Mensajero en su ciudad central que les transmita Nuestros mensajes. Nunca destruimos las comunidades, salvo aquellas en las que sus habitantes sean malhechores (quienes asocian copartícipes a Dios y son dadas a cometer numerosas injusticias).

---

14. Esto no significa que toda la Gente del Libro creía en realidad en el Corán. Este versículo hace referencia a algunos de entre la Gente del Libro que creyeron en él durante el período de La Meca de la misión del profeta Muhammad, la paz y las bendiciones sean con él.

وَمَا اُوتِيتُمْ مِنْ شَيْءٍ فَمَتَاعُ الْحَيٰوةِ الدُّنْيَا وَزِينَتُهَا وَمَا
عِنْدَ اللّٰهِ خَيْرٌ وَاَبْقٰى اَفَلَا تَعْقِلُونَ ﴿٦٠﴾ اَفَمَنْ وَعَدْنَاهُ وَعْدًا
حَسَنًا فَهُوَ لَاقِيهِ كَمَنْ مَتَّعْنَاهُ مَتَاعَ الْحَيٰوةِ الدُّنْيَا ثُمَّ هُوَ
يَوْمَ الْقِيٰمَةِ مِنَ الْمُحْضَرِينَ ﴿٦١﴾ وَيَوْمَ يُنَادِيهِمْ فَيَقُولُ اَيْنَ
شُرَكَائِيَ الَّذِينَ كُنْتُمْ تَزْعُمُونَ ﴿٦٢﴾ قَالَ الَّذِينَ حَقَّ عَلَيْهِمُ
الْقَوْلُ رَبَّنَا هٰٓؤُلَٓاءِ الَّذِينَ اَغْوَيْنَا اَغْوَيْنَاهُمْ كَمَا غَوَيْنَا تَبَرَّاْنَٓا
اِلَيْكَ مَا كَانُٓوا اِيَّانَا يَعْبُدُونَ ﴿٦٣﴾ وَقِيلَ ادْعُوا شُرَكَٓاءَكُمْ
فَدَعَوْهُمْ فَلَمْ يَسْتَجِيبُوا لَهُمْ وَرَاَوُا الْعَذَابَ لَوْ اَنَّهُمْ كَانُوا
يَهْتَدُونَ ﴿٦٤﴾ وَيَوْمَ يُنَادِيهِمْ فَيَقُولُ مَاذَٓا اَجَبْتُمُ الْمُرْسَلِينَ ﴿٦٥﴾
فَعَمِيَتْ عَلَيْهِمُ الْاَنْبَٓاءُ يَوْمَئِذٍ فَهُمْ لَا يَتَسَٓاءَلُونَ ﴿٦٦﴾
فَاَمَّا مَنْ تَابَ وَاٰمَنَ وَعَمِلَ صَالِحًا فَعَسٰٓى اَنْ يَكُونَ مِنَ
الْمُفْلِحِينَ ﴿٦٧﴾ وَرَبُّكَ يَخْلُقُ مَا يَشَٓاءُ وَيَخْتَارُ مَا كَانَ لَهُمُ
الْخِيَرَةُ سُبْحَانَ اللّٰهِ وَتَعَالٰى عَمَّا يُشْرِكُونَ ﴿٦٨﴾ وَرَبُّكَ يَعْلَمُ
مَا تُكِنُّ صُدُورُهُمْ وَمَا يُعْلِنُونَ ﴿٦٩﴾ وَهُوَ اللّٰهُ لَٓا اِلٰهَ اِلَّا هُوَ لَهُ
الْحَمْدُ فِي الْاُولٰى وَالْاٰخِرَةِ وَلَهُ الْحُكْمُ وَاِلَيْهِ تُرْجَعُونَ ﴿٧٠﴾

قُلْ اَرَاَيْتُمْ

60. Todo cuanto se os concede (del mundo) no es sino para el disfrute pasajero de la vida presente y mundana y de sus ornamentos, mientras que lo que Dios alberga para vosotros (como recompensa por vuestros buenos actos, y los cuales Él os dará por encima de vuestro merecido) es mucho mejor y más duradero. ¿No vais a razonar y entender?

61. ¿Acaso es, pues, aquel a quien hemos hecho una promesa justa (perdón y Paraíso) que obtendrá, igual a aquel a quien permitimos disfrutar durante una época de las buenas cosas de la vida presente y mundana, pero el cual se hallará, en el Día de la Resurrección, entre aquellos que serán procesados (para el castigo)?

62. En ese Día, Dios les llamará y les dirá: «¿Dónde están ahora ésos (seres, cosas, y poderes) que vosotros afirmasteis eran Mis copartícipes?».

63. Aquellos (que dirigieron a otros a la asociación de copartícipes a Dios, y) contra los cuales el dictamen del castigo de Dios será aplicado dirán: «¡Señor nuestro! Aquellos que extraviamos, los extraviamos del mismo modo que nosotros mismos nos hallamos extraviados (nos imitaron por medio de su libre albedrío, nosotros nunca los obligamos a hacerlo). Ahora, en Tu Presencia, declaramos nuestra inocencia (de su adopción de nosotros como copartícipes Tuyos). No era a nosotros a quienes adoraban. (En lugar de eso, adoraban a sus propias almas carnales)».

64. Y les será indicado (a aquellos que los asociaron como copartícipes a Dios): «Pedid ayuda, pues, en este momento a vuestras deidades asociadas!». Y las invocarán, mas no les contestarán; y contemplarán el castigo delante de ellos. ¡Si al menos hubiesen seguido la guía recta!

65. En ese Día, Dios los llamará (una vez más) y les preguntará: «¿Cómo respondisteis a los Mensajeros?».

66. En tal Día, (todos los medios y las maneras de hallar) la información será ensombrecida, y ellos no podrán (incluso) preguntar entre sí.

67. Pero en cuanto a aquellos que se arrepienten, creen y llevan a cabo actos buenos y rectos, pueden esperar hallarse entre los que alcancen prosperidad.

68. Tu Señor crea lo que Su Voluntad dicta, y elige y decreta (para Sus siervos) cualquier forma de vida que Su Voluntad dicta. No tienen ninguna libertad de elección (en lo que respecta a lo que Dios ha elegido y ha ordenado). Alabado sea Él, y Ensalzado infinitamente por encima de su asociación de copartícipes con Él.

69. Tu Señor sabe todo lo que guardan oculto en sus pechos y todo lo que revelan.

70. Él es Dios; no hay más deidad sino Él (tan solo a Él se Le debe la adoración). (Ya que todas las bellezas, perfecciones, los talentos y los favores provienen esencialmente de Él,) a Él son toda la alabanza y la gratitud en el principio y en el final (de cada logro, en el mundo y en el Más Allá). Tan solo Suyo es el juicio y la autoridad, y a Él seréis devueltos.

قُلْ اَرَاَيْتُمْ اِنْ جَعَلَ اللّٰهُ عَلَيْكُمُ الَّيْلَ سَرْمَدًا اِلٰى يَوْمِ
الْقِيٰمَةِ مَنْ اِلٰهٌ غَيْرُ اللّٰهِ يَاْتِيكُمْ بِضِيَاءٍ اَفَلَا تَسْمَعُونَ ﴿٧١﴾
قُلْ اَرَاَيْتُمْ اِنْ جَعَلَ اللّٰهُ عَلَيْكُمُ النَّهَارَ سَرْمَدًا اِلٰى يَوْمِ
الْقِيٰمَةِ مَنْ اِلٰهٌ غَيْرُ اللّٰهِ يَاْتِيكُمْ بِلَيْلٍ تَسْكُنُونَ فِيهِ اَفَلَا
تُبْصِرُونَ ﴿٧٢﴾ وَمِنْ رَحْمَتِهِ جَعَلَ لَكُمُ الَّيْلَ وَالنَّهَارَ لِتَسْكُنُوا
فِيهِ وَلِتَبْتَغُوا مِنْ فَضْلِهِ وَلَعَلَّكُمْ تَشْكُرُونَ ﴿٧٣﴾ وَيَوْمَ
يُنَادِيهِمْ فَيَقُولُ اَيْنَ شُرَكَاءِىَ الَّذِينَ كُنْتُمْ تَزْعُمُونَ ﴿٧٤﴾
وَنَزَعْنَا مِنْ كُلِّ اُمَّةٍ شَهِيدًا فَقُلْنَا هَاتُوا بُرْهَانَكُمْ
فَعَلِمُوا اَنَّ الْحَقَّ لِلّٰهِ وَضَلَّ عَنْهُمْ مَا كَانُوا يَفْتَرُونَ ﴿٧٥﴾
اِنَّ قَارُونَ كَانَ مِنْ قَوْمِ مُوسٰى فَبَغٰى عَلَيْهِمْ وَاٰتَيْنَاهُ
مِنَ الْكُنُوزِ مَا اِنَّ مَفَاتِحَهُ لَتَنُوأُ بِالْعُصْبَةِ اُولِى الْقُوَّةِ
اِذْ قَالَ لَهُ قَوْمُهُ لَا تَفْرَحْ اِنَّ اللّٰهَ لَا يُحِبُّ الْفَرِحِينَ ﴿٧٦﴾
وَابْتَغِ فِيمَا اٰتٰيكَ اللّٰهُ الدَّارَ الْاٰخِرَةَ وَلَا تَنْسَ نَصِيبَكَ
مِنَ الدُّنْيَا وَاَحْسِنْ كَمَا اَحْسَنَ اللّٰهُ اِلَيْكَ وَلَا تَبْغِ
الْفَسَادَ فِى الْاَرْضِ اِنَّ اللّٰهَ لَا يُحِبُّ الْمُفْسِدِينَ ﴿٧٧﴾

71. Di: «¿Habéis considerado en alguna ocasión que si Dios hiciera la noche perpetua sobre vosotros hasta el Día de la Resurrección, no habría otra Deidad que no fuera Dios Quien os puede traer la luz? ¿No vais entonces a prestar oído (a la verdad y a prestar atención)?».

72. Di: «¿Habéis considerado en alguna ocasión que si Dios hiciera el día perpetuo sobre vosotros hasta el Día de la Resurrección, no habría otra Deidad que no fuera Dios Quien os puede traer la noche, en la que descansaríais? ¿No vais entonces a prestar oído (a la verdad y a prestar atención)?».

73. Es a partir de Su Misericordia que Él ha creado para vosotros la noche y el día de modo que podáis descansar (durante la noche) y busquéis en Su generosidad (durante el día), y que podáis dar gracias (a Él por ambos).

74. Un Día vendrá y Dios llamará a aquellos que atribuyen copartícipes a Él diciendo: «¿Dónde están ahora ésos (seres, cosas, y poderes) que vosotros afirmasteis eran Mis copartícipes?».

75. Y traeremos de cada comunidad a un testigo (el Mensajero enviado a ellos), y diremos (a aquellos que rechazaron a los Mensajeros): «¡Presentad una prueba (en relación con vuestra aseveración de que Dios posee copartícipes)!». Entonces sabrán que toda la verdad reside junto con Dios y que es tan solo Dios Quien posee el derecho absoluto (a la Divinidad y al Señorío); y todas (las falsas deidades) que inventaron aparte de Dios les fallarán.

76. Qarun (Qorah) era uno de los miembros del pueblo de Moisés, mas él los traicionó y oprimió[15]. Le habíamos concedido tesoros de una grandiosidad tal que las llaves de los mismos no serían sino una carga demasiado pesada para un conjunto de hombres fornidos. Incluso su pueblo le advirtió: «No te regocijes en tu riqueza; no cabe duda de que Dios no ama a aquellos que se regocijan.

77. Tan solo busca, por medio de lo que Dios te ha concedido, la morada del Más Allá (al gastar en limosnas y otras buenas causas), sin olvidarte de tu parte (que Dios ha designado) en este mundo[16]. Haz el bien a los demás pues Dios te ha hecho bien a ti (por medio de Su Gracia pura). No busques la corrupción y el daño en la Tierra, ya que Dios no ama a aquellos que causan la corrupción y daños».

15. La historia de Qarun (en la Biblia, Coré) es otro de los argumentos y razonamientos frente a la excusa de los incrédulos de La Meca que, si tuvieran que seguir el Corán en la compañía del Mensajero, serían aniquilados completamente en su tierra (versículo 57). Aquellos que profirieron esta excusa eran comerciantes adinerados, prestamistas ricos, y usureros de La Meca. Su única preocupación era maximizar sus ganancias monetarias y mantener su lujosa vida. En cuanto a la gente normal y corriente, muchos de ellos contemplaban a los adinerados como sus modelos a imitar. Deseaban pasar a ser como ellos y llevar una vida similar.

Qarun, a pesar de ser un israelita, se había aliado con el Faraón, convirtiéndose en uno de sus cortesanos más íntimos. Asimismo, ya que él era uno de los tres opositores que expresaban con más ahínco su disconformidad hacia Moisés, la paz sea con él, el Corán lo menciona junto al Faraón y Haman como aquellos que oprimieron a la gente y a quienes Moisés, la paz sea con él, fue enviado con las señales de Dios (milagros) y una clara autoridad (40:23-24). Esto demuestra que Qarun había traicionado a su gente y se había convertido en un representante del enemigo que deseó destruir a los Hijos de Israel. Debido a su traición, alcanzó una elevada posición en la corte del Faraón.

16. Dios ha designado para cada ser vivo una determinada fracción de la providencia en el mundo, que será suficiente para el mantenimiento de la vida de dicho ser vivo. Llega a los árboles y a las plantas por sí misma, ya que los organismos vegetales carecen de sentido, voluntad, o poder para obtenerla. Los bebés la reciben casi sin esfuerzo alguno, pues son a su vez incapaces de valerse por sí mismos. Como un ser vivo consciente crece en fortaleza e independencia, ha de trabajar para obtener su sustento. Pero lo que es de importancia para los seres humanos es que han de obtenerlo por medios legales. El Islam, aun cuando no prohíbe poseer riquezas, aconseja una vida moderada. Ordena que cierta cantidad de las riquezas (*Zakat*) sea desembolsada en la causa de Dios y para los necesitados, y anima a los adinerados a que gasten en mayor medida en obras de caridad y en otras buenas causas. Asimismo ordena enérgicamente que el dinero sea ganado de manera legal y se gaste lícitamente.

قَالَ اِنَّمَٓا اُوتٖيتُهُ عَلٰى عِلْمٍ عِنْدٖيۜ اَوَلَمْ يَعْلَمْ اَنَّ اللّٰهَ
قَدْ اَهْلَكَ مِنْ قَبْلِهٖ مِنَ الْقُرُونِ مَنْ هُوَ اَشَدُّ مِنْهُ قُوَّةً
وَاَكْثَرُ جَمْعًاۜ وَلَا يُسْـَٔلُ عَنْ ذُنُوبِهِمُ الْمُجْرِمُونَ ﴿٧٨﴾ فَخَرَجَ
عَلٰى قَوْمِهٖ فٖي زٖينَتِهٖۜ قَالَ الَّذٖينَ يُرٖيدُونَ الْحَيٰوةَ الدُّنْيَا
يَا لَيْتَ لَنَا مِثْلَ مَٓا اُوتِيَ قَارُونُۙ اِنَّهُ لَذُو حَظٍّ عَظٖيمٍ ﴿٧٩﴾
وَقَالَ الَّذٖينَ اُوتُوا الْعِلْمَ وَيْلَكُمْ ثَوَابُ اللّٰهِ خَيْرٌ لِمَنْ اٰمَنَ
وَعَمِلَ صَالِحًاۚ وَلَا يُلَقّٰيهَٓا اِلَّا الصَّابِرُونَ ﴿٨٠﴾ فَخَسَفْنَا بِهٖ
وَبِدَارِهِ الْاَرْضَ فَمَا كَانَ لَهُ مِنْ فِئَةٍ يَنْصُرُونَهُ مِنْ دُونِ
اللّٰهِۗ وَمَا كَانَ مِنَ الْمُنْتَصِرٖينَ ﴿٨١﴾ وَاَصْبَحَ الَّذٖينَ تَمَنَّوْا
مَكَانَهُ بِالْاَمْسِ يَقُولُونَ وَيْكَاَنَّ اللّٰهَ يَبْسُطُ الرِّزْقَ لِمَنْ يَشَٓاءُ
مِنْ عِبَادِهٖ وَيَقْدِرُۚ لَوْلَٓا اَنْ مَنَّ اللّٰهُ عَلَيْنَا لَخَسَفَ بِنَاۜ وَيْكَاَنَّهُ
لَا يُفْلِحُ الْكَافِرُونَ ﴿٨٢﴾ تِلْكَ الدَّارُ الْاٰخِرَةُ نَجْعَلُهَا لِلَّذٖينَ
لَا يُرٖيدُونَ عُلُوًّا فِي الْاَرْضِ وَلَا فَسَادًاۜ وَالْعَاقِبَةُ لِلْمُتَّقٖينَ ﴿٨٣﴾
مَنْ جَٓاءَ بِالْحَسَنَةِ فَلَهُ خَيْرٌ مِنْهَاۚ وَمَنْ جَٓاءَ بِالسَّيِّئَةِ فَلَا
يُجْزَى الَّذٖينَ عَمِلُوا السَّيِّئَاتِ اِلَّا مَا كَانُوا يَعْمَلُونَ ﴿٨٤﴾

اِنَّ الَّذٖي

78. Él dijo: «Todo esto me ha sido concedido tan solo en virtud de cierto conocimiento que poseo»[17]. ¿Acaso él no sabía que Dios había destruido entre las generaciones que le precedieron a hombres que le superaban en poder y riqueza amasada? De hecho, los criminales dedicados a acumular pecados no son cuestionados acerca de los mismos (antes de que sean destruidos de modo que puedan defenderse a sí mismos).

79. (Qorah) ostentó ante su pueblo con gran pompa. Aquellos que se interesaron únicamente por la vida de este mundo dijeron: «¡Ah, si al menos tuviéramos lo mismo que ha sido concedido a Qorah! En verdad, él es alguien de una enorme buena fortuna!».

80. Mas aquellos a quienes se les ha sido concedido (verdadero) conocimiento[18] dijeron: «¡Pobre de vosotros! La recompensa de Dios para cualquiera que crea y lleve a cabo actos buenos y rectos es en gran medida mejor. Pero nadie más salvo quienes son pacientes (quienes perseveran en la adversidad, y en la obediencia a Dios así como en evitar los pecados) pueden alcanzarla».

81. Entonces hicimos que la Tierra se lo tragara a él y a su morada. No había, pues, ejército que le asistiera frente a Dios, ni fue él por sí mismo (para todas sus posesiones) capaz de venir en su propia ayuda.

82. Y al día siguiente, aquellos que habían anhelado hallarse en su lugar el día anterior comenzaron a decir: «¡Pobres de nosotros! (Nos habíamos olvidado que) Dios aumenta la provisión a aquellos de Sus siervos que Su Voluntad dispone, y la escatima (a quien Su Voluntad dispone). Si Dios no hubiese sido misericordioso con nosotros, Él habría hecho que fuésemos tragados a su vez. ¡Pobres de nosotros! (ya que habíamos olvidado que) los incrédulos no prosperan».

83. En cuanto a la morada en el Más Allá, la conferiremos a aquellos que no ansían el poder altivo en la Tierra ni causan corrupción y desorden. El fin (verdaderamente conveniente) es para los piadosos devotos.

84. Todo aquel que comparece ante Dios con un buen acto obtendrá algo mejor que eso, y todo aquel que comparece con un acto malvado; aquellos que cometen actos malvados no serán retribuidos sino con aquello que han cometido[19].

17. Ésta es una actitud típica de la ingratitud y la arrogancia humanas. Los seres humanos atribuyen generalmente sus logros a sí mismos, a una cierta ventaja en el conocimiento, el poder, la inteligencia, y las aptitudes. En consecuencia, todas estas ventajas y, en verdad, todo cuanto Dios ha concedido a los seres humanos y con ellos sus logros pasan a ser una forma de sucumbir en la perdición eterna.

18. Es de gran importancia el hecho de que el Corán indica que aquellos que buscan la vida mundana son tan solo gente ignorante. En otro versículo (53:29-30), los presenta dotados de escaso conocimiento, el cual se centra únicamente en el mundo terrenal: *Así que aléjate de aquellos que se apartan de Nuestro Libro y recuerdo, y no desean nada más que la vida de este mundo. Así es la suma de su conocimiento.* En ambos versículos, dicho versículo y el versículo 80 en este *sura*, el término conocimiento se emplea con el artículo definido; indica el conocimiento revelado. Así pues, lo que el Corán acepta como conocimiento es, en primer lugar, conocimiento revelado, un conocimiento conferido por Dios sobre la Divinidad y conocimiento sobre la Religión. Aquellos que poseen dicho conocimiento anhelan por Dios y por aquello que ha sido dispuesto para ellos en el Más Allá.

19. Otro versículo cita: *Todo aquel que comparezca ante Dios con un buen acto obtendrá en recompensa diez veces el mismo acto de bien y quien comparezca con un acto malvado no será recompensado sino con lo mismo; y a nadie se le infligirá ninguna injusticia* (6:160). Sin embargo, la recompensa de un buen acto no se circunscribe a tan solo diez veces el mismo bien. Dios multiplica para quien Él quiere tanto como Su Voluntad dispone, por Su Gracia y de acuerdo con la sinceridad de quien ha obrado el bien, así como teniendo en cuenta el momento y las condiciones en las cuales se llevó a cabo.

إِنَّ الَّذى فَرَضَ عَلَيْكَ الْقُرْاٰنَ لَرَٓادُّكَ اِلٰى مَعَادٍ قُلْ رَبّٓى اَعْلَمُ مَنْ
جَٓاءَ بِالْهُدٰى وَمَنْ هُوَ فى ضَلَالٍ مُبينٍ ﴿٨٥﴾ وَمَا كُنْتَ تَرْجُٓوا اَنْ يُلْقٰٓى
اِلَيْكَ الْكِتَابُ اِلَّا رَحْمَةً مِنْ رَبِّكَ فَلَا تَكُونَنَّ ظَهيرًا لِلْكَافِرينَ ﴿٨٦﴾
وَلَا يَصُدُّنَّكَ عَنْ اٰيَاتِ اللّٰهِ بَعْدَ اِذْ اُنْزِلَتْ اِلَيْكَ وَادْعُ اِلٰى رَبِّكَ
وَلَا تَكُونَنَّ مِنَ الْمُشْرِكينَ ﴿٨٧﴾ وَلَا تَدْعُ مَعَ اللّٰهِ اِلٰهًا اٰخَرَ لَٓا اِلٰهَ اِلَّا
هُوَ كُلُّ شَيْءٍ هَالِكٌ اِلَّا وَجْهَهُ لَهُ الْحُكْمُ وَاِلَيْهِ تُرْجَعُونَ ﴿٨٨﴾

سُورَةُ الْعَنْكَبُوتِ مَكِّيَّةٌ
وَهِىَ تِسْعٌ وَسِتُّونَ اٰيَةً

بِسْمِ اللّٰهِ الرَّحْمٰنِ الرَّحيمِ

الٓمٓ ﴿١﴾ اَحَسِبَ النَّاسُ اَنْ يُتْرَكُٓوا اَنْ يَقُولُٓوا اٰمَنَّا وَهُمْ
لَا يُفْتَنُونَ ﴿٢﴾ وَلَقَدْ فَتَنَّا الَّذينَ مِنْ قَبْلِهِمْ فَلَيَعْلَمَنَّ اللّٰهُ الَّذينَ
صَدَقُوا وَلَيَعْلَمَنَّ الْكَاذِبينَ ﴿٣﴾ اَمْ حَسِبَ الَّذينَ يَعْمَلُونَ
السَّيِّـَٔاتِ اَنْ يَسْبِقُونَا سَٓاءَ مَا يَحْكُمُونَ ﴿٤﴾ مَنْ كَانَ يَرْجُوا
لِقَٓاءَ اللّٰهِ فَاِنَّ اَجَلَ اللّٰهِ لَاٰتٍ وَهُوَ السَّميعُ الْعَليمُ ﴿٥﴾ وَمَنْ
جَاهَدَ فَاِنَّمَا يُجَاهِدُ لِنَفْسِهٖ اِنَّ اللّٰهَ لَغَنِيٌّ عَنِ الْعَالَمينَ ﴿٦﴾

85. Sin duda alguna, Aquel Quien te ha encomendado (Oh Mensajero) el (deber de transmitir el) Corán, sin duda te traerá de vuelta al cumplimiento de la promesa (se te hará regresar al hogar que te obligaron abandonar conferido con la victoria)[20]. Di: «Mi Señor conoce mejor quién posee la guía (verdadera) y quién se halla perdido en un claro error».

86. Tú no esperabas que este Libro te fuera revelado; mas te está siendo revelado como una misericordia de tu Señor, así que no prestes ayuda alguna a los incrédulos.

87. Y nunca permitas que te desvíen de transmitir las Revelaciones de Dios después de que hayan sido reveladas a ti. Invoca (a la gente) a tu Señor, y no seas de aquellos que asocian copartícipes a Dios.

88. No ruegues a otra deidad junto con Dios[21]. No hay más deidad que Él. Todo es perecedero (y por lo tanto está pereciendo) a excepción de Su «Faz» (Su eterno Ser, y lo que se lleva a cabo en la búsqueda de Su complacencia)[22/23]. Tan solo Suyo es el juicio y la autoridad, y a Él seréis devueltos.

---

20. Diversos comentarios se han elaborado sobre este versículo. Sin embargo, debe ser relacionado con la promesa de Dios a *aquellos que fueron humillados y oprimidos en el país*, y, por lo tanto, con los versículos 5 y 6 de este *sura*: *Pero pretendimos conceder Nuestro favor sobre aquellos que fueron humillados y oprimidos en el país, y hacer de ellos líderes ejemplares (para guiar a la gente en el camino de Dios, y guiarlos en sus vidas), y hacerlos herederos (de la gloria del Faraón, y del país en el cual originamos bendiciones para la gente); y establecerlos en el país con poder...* Cuando este *sura* fue revelado, musulmanes en La Meca estaban siendo perseguidos de manera brutal. Por lo tanto, el versículo insinúa que el Mensajero y los musulmanes se verán forzados a abandonar La Meca y regresarán a la misma victoriosos, lo cual significa que el Corán será completado para ser su guía durante toda su vida.

21. Tales declaraciones, que abordan una prohibición efectuada al Mensajero de Dios, la paz y las bendiciones sean con él, no significan en modo alguno que él puede hallarse tentado en prestar cierta ayuda a los incrédulos, que les permita a éstos desviarlo de la transmisión de las Revelaciones de Dios, o asimismo rogar a otra deidad junto con Dios, sino más bien, subrayan la importancia del asunto mencionado y describen la senda que él y sus sucesores han de seguir para cumplir su misión. Para el Mensajero, la paz y las bendiciones sean con él, particularmente, también significan: «Nunca se espera de ti que hagas eso».

22. El significado de la palabra traducida literalmente aquí como *Su Faz* es el «El mismísimo Dios como Aquel con Misericordia infinita, Quien contempla, oye y habla, y a Quien cada ser se dirige por sus necesidades». Dios

jamás puede ser concebido como Aquel Quien se asemeja a los seres creados. Tales palabras como *mano* o *faz* han de ser tomadas en cuenta como expresiones metafóricas para algunos de Sus Atributos. Cuando es utilizada para los seres humanos, la *faz* es la parte del cuerpo con la que una persona mira hacia fuera a las demás, y a la que se halla destinada la comunicación con los demás. Por lo tanto, representa a la persona. En cuanto al Ser Divino, la *faz* significa que «Él es Aquel con Misericordia infinita que se torna a la creación con la contemplación, el oído, la misericordia y el sustento, a Quien cada ser puede dirigirse para el cumplimiento de sus necesidades».

23. En este punto, una pregunta ha de plantearse: ¿Acaso *Todo es perecedero (y por lo tanto está pereciendo) a excepción de Su «Faz»* (28:88) incluye también el Paraíso y el Infierno, así como a sus moradores?

Said Nursi lleva a cabo la siguiente explicación en respuesta a esta pregunta:

> Numerosos eruditos, santos, y personas de profundo conocimiento y perspicacia, considerados todos como individuos de una gran valía, han discutido este tema. Algunos de ellos mantienen que los habitantes del mundo permanente no son incluidos en el contexto del versículo, mientras que otros sostienen que dicha gente experimentará asimismo la aniquilación, si bien es cierto que durante un breve período no la sentirán. Aunque algunos otros argumentan que toda la existencia —a excepción de Dios— perecerá de manera permanente, esto no puede ser así, ya que la Esencia Divina y los Atributos y los Nombres de Dios son permanentes. Así pues, los seres permanentes en el Mundo de la Permanencia no pueden experimentar la aniquilación absoluta, porque son las manifestaciones de los inalterables Atributos y Nombres de Dios y los espejos en los cuales se reflejan.
>
> En este momento desearía mencionar brevemente dos puntos relacionados con este asunto:
>
> Primer punto: El Todopoderoso es de manera rotunda Omnipotente, y de este modo la creación y la destrucción son fáciles para Él a la par. Él puede aniquilar o volver a crear toda la creación en un instante. Además, la inexistencia absoluta no puede existir, porque se da un Conocimiento abarcador. Ya que todo es contenido o posee una clase de existencia o una forma ideal circunscrita en el Conocimiento Divino infinito, no hay lugar para la inexistencia. Dentro del círculo que abarca el Conocimiento Divino, la inexistencia relativa es, esencialmente, un simbólico velo que refleja las manifestaciones del Conocimiento Divino.
>
> Algunos individuos de profundo entendimiento han empleado el término «arquetipos» para tales formas ideales de existencia. De acuerdo con esto, dirigirse a la inexistencia significa despojarnos de un atuendo externo (el cuerpo) y regresar al círculo de la existencia espiritual, o la existencia en el Conocimiento Divino. Es decir, aquello que perece abandonando su cuerpo físico se enfunda un cuerpo espiritual y, abandonando el círculo donde el Poder (Divino) opera, se incorpora al círculo del Conocimiento (Divino).
>
> Segundo punto: Mientras que nada puede existir por sí mismo, la existencia de todo depende de Dios. Puesto que una cosa existe como manifestación de los Nombres Divinos permanentes, posee pues una permanente y sublime realidad debido a su acto de reflejar el Nombre Divino, lo cual provocó su existencia. El versículo, Todo es perecedero (y por lo tanto está pereciendo) a excepción de Su «Faz» (28:88), es esgrimido cual espada que cercena en los individuos todo aquello que no sea Dios (por ejemplo, el mundo, la carne, y las vanidades de la vida). De este modo, todo aquello que una persona albergue o lleve a cabo por Dios no queda circunscrito en el significado de este versículo.
>
> En suma, si la gente encuentra a Dios y actúa tan solo por Él, no se habrá dejado nada para ser incluido en el significado de, Todo es perecedero (y por lo tanto está pereciendo) a excepción de Su «Faz». Así pues, si desean hacer que sus actos sean eternos y ser recompensados con permanente felicidad, han de buscar a Dios y vivir por Él y Su Complacencia. [Véase *The Letters* («Las Cartas»), «The 15th Letter» («La 15ª Carta»), págs.80-82].

SURA 29

AL 'ANKABUT (LA ARAÑA)

Período de La Meca

Este *sura*, que abarca 69 versículos, fue revelado en La Meca en un momento en el que los creyentes se hallaban sometidos a severas persecuciones. Toma su nombre de la palabra *al-ankabut* («la araña») que aparece en el versículo 41, indicando la debilidad de las falsas creencias, y animando a los creyentes a que exhiban paciencia y resistencia. El *sura*, que a su vez amenaza a los insurrectos politeístas con un fin funesto para ellos, expone argumentos irrefutables para la Unicidad de Dios y el Más Allá.

En el Nombre de Dios,
el Misericordioso, el Compasivo.

1. *Alif. Lam. Mim.*

2. ¿Acaso la gente piensa que se les dejará (a sí mismos en tranquilidad) tan sólo con decir «Creemos» y no se les pondrá a prueba?

3. Sin duda alguna pusimos a prueba a aquellos que los precedieron. (Esta es Nuestra senda inalterable) de modo que Dios sin duda distinga a aquellos que prueban su veracidad (en su profesión de fe), y Él sin duda distinga a aquellos que prueban su falsedad[1].

4. ¿O aquellos que cometen actos malvados (y persiguen a los creyentes) piensan que pueden frustrarnos y escapar de Nuestro castigo? ¡Cuán maléfico es el juicio que han logrado!

5. Todo aquel que espera encontrarse con Dios: el plazo designado por Dios (para su encuentro) vendrá sin duda. Él es Quien todo lo Oye, el Omnisapiente[2].

6. Y todo aquel que se esfuerza (frente a su alma carnal que ordena el mal así como frente a Satán, para llegar a ser un buen musulmán y resistir todas las persecuciones en la causa de Dios) se esfuerza tan solo por el bien de su propia alma. No cabe duda de que Dios es Autosuficiente, en absoluta independencia de todos los mundos.

1. Véase el *sura* 2:155-157 y las notas correspondientes 121 y 122.

2. Dios es Aquel Quien escucha lo que la gente pronuncia abiertamente o en su interior, y Él los conoce con todo detalle en cada estado, todas sus intenciones y actos, y junto con todo lo que revelan y todo lo que mantienen oculto. Nada escapa a Su Conocimiento. Mencionar a Dios en este versículo empleando estos dos Nombres implica, por un lado, buenas nuevas a aquellos que sean sinceros en su creencia y expectativas, y por otro lado, una advertencia a aquellos que no sean sinceros, así como a los incrédulos.

وَالَّذِينَ اٰمَنُوا وَعَمِلُوا الصَّالِحَاتِ لَنُكَفِّرَنَّ عَنْهُمْ سَيِّـَٔاتِهِمْ
وَلَنَجْزِيَنَّهُمْ اَحْسَنَ الَّذِى كَانُوا يَعْمَلُونَ ۝٧ وَوَصَّيْنَا
الْاِنْسَانَ بِوَالِدَيْهِ حُسْنًا وَاِنْ جَاهَدَاكَ لِتُشْرِكَ بِى مَا لَيْسَ
لَكَ بِهِ عِلْمٌ فَلَا تُطِعْهُمَا اِلَىَّ مَرْجِعُكُمْ فَاُنَبِّئُكُمْ بِمَا كُنْتُمْ
تَعْمَلُونَ ۝٨ وَالَّذِينَ اٰمَنُوا وَعَمِلُوا الصَّالِحَاتِ لَنُدْخِلَنَّهُمْ
فِى الصَّالِحِينَ ۝٩ وَمِنَ النَّاسِ مَنْ يَقُولُ اٰمَنَّا بِاللّٰهِ فَاِذَٓا
اُوذِىَ فِى اللّٰهِ جَعَلَ فِتْنَةَ النَّاسِ كَعَذَابِ اللّٰهِ وَلَئِنْ جَٓاءَ
نَصْرٌ مِنْ رَبِّكَ لَيَقُولُنَّ اِنَّا كُنَّا مَعَكُمْ اَوَلَيْسَ اللّٰهُ بِاَعْلَمَ بِمَا
فِى صُدُورِ الْعَالَمِينَ ۝١٠ وَلَيَعْلَمَنَّ اللّٰهُ الَّذِينَ اٰمَنُوا وَلَيَعْلَمَنَّ
الْمُنَافِقِينَ ۝١١ وَقَالَ الَّذِينَ كَفَرُوا لِلَّذِينَ اٰمَنُوا اتَّبِعُوا
سَبِيلَنَا وَلْنَحْمِلْ خَطَايَاكُمْ وَمَا هُمْ بِحَامِلِينَ مِنْ خَطَايَاهُمْ
مِنْ شَیْءٍ اِنَّهُمْ لَكَاذِبُونَ ۝١٢ وَلَيَحْمِلُنَّ اَثْقَالَهُمْ وَاَثْقَالًا
مَعَ اَثْقَالِهِمْ وَلَيُسْـَٔلُنَّ يَوْمَ الْقِيٰمَةِ عَمَّا كَانُوا يَفْتَرُونَ ۝١٣
وَلَقَدْ اَرْسَلْنَا نُوحًا اِلٰى قَوْمِهِ فَلَبِثَ فِيهِمْ اَلْفَ سَنَةٍ
اِلَّا خَمْسِينَ عَامًا فَاَخَذَهُمُ الطُّوفَانُ وَهُمْ ظَالِمُونَ ۝١٤

فَاَنْجَيْنَاهُ

7. Aquellos que creen y (al esforzarse con ahínco en ser buenos musulmanes) obran actos buenos y rectos, les suprimiremos sin duda sus malvados actos, y no cabe duda de que los recompensaremos de acuerdo con lo mejor de lo que solían hacer.

8. (Como requisito para ser buenos musulmanes) hemos impuesto al ser humano que sea bueno y bondadoso con sus padres; pero si se esfuerzan en hacerte asociar Conmigo cualquier cosa como copartícipe, sobre la cual es imposible que tengas conocimiento alguno, no les obedezcas. Hacia Mí es vuestro regreso, así que os haré entender lo que vosotros hacíais (y os convocaré para que deis cuenta de ello).

9. Aquellos que creen y obran actos buenos y rectos, los incluiremos sin duda entre los rectos (quienes ingresan en el Paraíso).

10. Entre la gente hay algunos que expresan, «Creemos en Dios», pero cuando (tal persona) se la somete a persecución (por su confesión de fe en Dios), éstos interpretan la persecución a manos de la gente como el castigo de Dios (y reniegan de su fe); pero si una victoria proviene de su Señor (para los creyentes), (tales individuos) dirán sin duda, «En verdad hemos estado siempre con vosotros». ¿O (acaso piensan que) Dios no se halla perfectamente informado de lo que se halla en los pechos de todas las criaturas (que Él ha creado)?

11. Dios distinguirá sin duda a aquellos que verdaderamente creen, y distinguirá sin duda a los hipócritas.

12. Aquellos que no creen dicen a aquellos que creen: «Si seguís nuestro camino (de la religión y de la vida), cargaremos vuestros pecados sobre nosotros», mas no pueden cargar sobre ellos nada de sus pecados. Son en verdad mentirosos.

13. No cabe duda de que tendrán que portar sus propias cargas, y otras cargas junto con las suyas;[3] y, sin duda, ellos serán convocados para que rindan cuentas en el Día de la Resurrección de aquello en lo que se hallaban afanados en urdir (contra Dios y otras verdades de la fe).

14. En verdad, enviamos a Noé a su pueblo (como Mensajero), y permaneció entre ellos mil años menos cincuenta años; y al final, el Diluvio les sobrevino pues eran malhechores (quienes persistieron en asociar copartícipes a Dios y cometer graves injusticias).

---

3. Las cargas que estas personas habrán de llevar además de las suyas son las cargas de aquellos que han engañado (16:25), y de aquellos que siguen la senda maléfica que han establecido. El Mensajero de Dios, la paz y las bendiciones sean con él, declaró: «Aquellos que establezcan una buena senda en el Islam recibirán la recompensa de quienes la sigan, sin que sufran merma alguna en su recompensa. Y aquellos que establezcan una mala senda en el Islam recibirán la carga del pecado de quienes la sigan, sin que sufran merma alguna en su carga (Muslim, «Zakat», 69; Ibn Maya, «Muqaddima», 203).

فَاَنْجَيْنَاهُ وَاَصْحَابَ السَّفِينَةِ وَجَعَلْنَاهَا اٰيَةً لِلْعَالَمِينَ ١٥
وَاِبْرٰهِيمَ اِذْ قَالَ لِقَوْمِهِ اعْبُدُوا اللّٰهَ وَاتَّقُوهُ ذٰلِكُمْ خَيْرٌ
لَكُمْ اِنْ كُنْتُمْ تَعْلَمُونَ ١٦ اِنَّمَا تَعْبُدُونَ مِنْ دُونِ اللّٰهِ
اَوْثَانًا وَتَخْلُقُونَ اِفْكًا اِنَّ الَّذٖينَ تَعْبُدُونَ مِنْ دُونِ اللّٰهِ
لَا يَمْلِكُونَ لَكُمْ رِزْقًا فَابْتَغُوا عِنْدَ اللّٰهِ الرِّزْقَ وَاعْبُدُوهُ
وَاشْكُرُوا لَهُ اِلَيْهِ تُرْجَعُونَ ١٧ وَاِنْ تُكَذِّبُوا فَقَدْ كَذَّبَ
اُمَمٌ مِنْ قَبْلِكُمْ وَمَا عَلَى الرَّسُولِ اِلَّا الْبَلَاغُ الْمُبٖينُ ١٨
اَوَلَمْ يَرَوْا كَيْفَ يُبْدِئُ اللّٰهُ الْخَلْقَ ثُمَّ يُعٖيدُهُ اِنَّ
ذٰلِكَ عَلَى اللّٰهِ يَسٖيرٌ ١٩ قُلْ سٖيرُوا فِى الْاَرْضِ
فَانْظُرُوا كَيْفَ بَدَاَ الْخَلْقَ ثُمَّ اللّٰهُ يُنْشِئُ النَّشْاَةَ
الْاٰخِرَةَ اِنَّ اللّٰهَ عَلٰى كُلِّ شَيْءٍ قَدٖيرٌ ٢٠ يُعَذِّبُ مَنْ يَشَاءُ
وَيَرْحَمُ مَنْ يَشَاءُ وَاِلَيْهِ تُقْلَبُونَ ٢١ وَمَا اَنْتُمْ بِمُعْجِزٖينَ
فِى الْاَرْضِ وَلَا فِى السَّمَاءِ وَمَا لَكُمْ مِنْ دُونِ اللّٰهِ
مِنْ وَلِيٍّ وَلَا نَصٖيرٍ ٢٢ وَالَّذٖينَ كَفَرُوا بِاٰيَاتِ اللّٰهِ وَلِقَائِهٖ
اُولٰئِكَ يَئِسُوا مِنْ رَحْمَتٖى وَاُولٰئِكَ لَهُمْ عَذَابٌ اَلٖيمٌ ٢٣

15. Con todo, lo salvamos a él y a aquellos que se hallaban junto a él en el Arca, e hicimos de este acontecimiento una señal ejemplar (colmada de lecciones) para toda la gente (que ha de venir después).

16. Y a Abraham, asimismo, (Nosotros lo enviamos como Mensajero). Él dijo a su pueblo (en la transmisión de este mensaje): «Adorad tan solo a Dios y apartaos de la desobediencia a Él en veneración a Él y piedad. Hacerlo de esta manera es lo mejor para vosotros, si al menos supierais (la verdad del asunto).

17. Adoráis tan solo ídolos en lugar de Dios, y de este modo no urdís sino una mera falsedad (deificando algunas cosas y seres como esos que les es imposible ser Deidad). Sin duda aquellos (los seres a los cuales deificáis y levantáis en su honor estatuas, y los ídolos)[4] que adoráis en lugar de Dios sin lugar a dudas no albergan poder para proveeros; así pues, buscad todo vuestro sustento de Dios, así como adoradlo y serle agradecidos a Él. A Él seréis devueltos».

18. Si negáis a Nuestro Mensajero, sabed que numerosas comunidades anteriores a vosotros negaron (a los Mensajeros enviados a ellos, mas su negación no les sirvió de nada). Lo que le corresponde al Mensajero es nada más que comunicar el Mensaje completa y claramente.

19. ¿Es que no han considerado cómo Dios origina la creación al principio, y después la reproduce? Esto es en verdad fácil para Dios.

20. Di: «Marchad sobre la Tierra y contemplad cómo Dios originó la creación. A continuación Dios hará surgir la otra (segunda) creación (con la forma del Más Allá)[5]. Dios posee en verdad pleno poder sobre todas las cosas.

21. (Él hará surgir el Más Allá, donde) Él castiga a quien Su Voluntad dicta y tiene misericordia con quien Su Voluntad dispone[6]. A Él seréis devueltos.

22. No podréis frustrarlo (en la ejecución de Su Voluntad, incluso si penetráis las profundidades) en la Tierra o en el Cielo. Y no tenéis a nadie que os proteja, ni nadie que os ayude, a excepción de Dios[7].

23. Aquellos que no crean en las señales de Dios (en el universo y en sí mismos) y en Sus Revelaciones, y en el encuentro con Él (en el Más Allá), no tienen esperanzas ni expectativas algunas de una parte de Mi Misericordia (Dios les ha prohibido el Paraíso). Y para ellos hay un doloroso castigo[8].

4. El pronombre empleado en el versículo y traducido como *aquellos* es el pronombre empleado para los seres vivos. Así pues esto demuestra que, como en todas las sociedades politeístas, los ídolos o las estatuas representaron habitualmente algunos seres que la gente respetó y que poco después fueron ensalzados y deificados, como por ejemplo los ángeles, los genios, los Profetas, los héroes o los estadistas. El profeta Abraham, la paz sea con él, menciona a estos seres representados por ídolos así como a los ídolos mismos. Las generaciones posteriores comenzaron a olvidar a los seres cuyas estatuas fueron levantadas para su deificación, y no hicieron sino deificar y adorar las estatuas en sí. Sin embargo, además de algunos seres, la gente personificaría numerosos poderes o cosas, tales como los espíritus y las «fuerzas de la naturaleza», y atribuyen el poder de Dios y Sus actos a numerosas deidades falsas o adoptarían un gran número de deidades, a los cuales asignarían un acto o un poder Divinos. Debemos observar que el paganismo o la idolatría no han cesado. Continúa bajo un gran número de formas explícitas o implícitas.

5. Para una explicación de esta afirmación y de la afirmación, *Dios origina la creación al principio, y la reproduce*, en el versículo anterior, véase el *sura* 21:104, nota 25. Mientras que este versículo (20) aborda la creación inicial del universo en toda su extensión y de la resurrección después de la muerte, el anterior debe abordar el proceso ininterrumpido y eternamente renovador de la creación (véase el *sura* 55:29, nota 11), y los acontecimientos relacionados con perecer (en invierno) y renacer (en primavera) que acontecen cada año.

6. Este versículo indica la Voluntad absoluta, la Justicia y la Compasión especial de Dios, según lo explicado en varios pasajes (*sura* 4:79, nota 18; *sura* 15, nota 17; *sura* 17:54, nota 23; *sura* 24:38, nota 24).

7. Este versículo por un lado despierta el miedo de la humanidad para desalentarnos de la rebelión contra Dios, y por otro nos abraza, convocando a la humanidad a Dios al recordarnos que es tan solo Dios Quien puede protegernos y ayudarnos en todo caso.

8. Los versículos 18-23 son alusiones implícitas a los incrédulos de La Meca así como a toda la humanidad mediante la narración de Abraham. De aquí en adelante el Corán procederá relatando el encuentro de Abraham con su pueblo.

فَمَا كَانَ جَوَابَ قَوْمِهِ إِلَّا أَنْ قَالُوا اقْتُلُوهُ أَوْ حَرِّقُوهُ
فَأَنْجٰيهُ اللّٰهُ مِنَ النَّارِ إِنَّ فِي ذٰلِكَ لَاٰيَاتٍ لِقَوْمٍ
يُؤْمِنُونَ ﴿٢٤﴾ وَقَالَ إِنَّمَا اتَّخَذْتُمْ مِنْ دُونِ اللّٰهِ أَوْثَانًا
مَوَدَّةَ بَيْنِكُمْ فِي الْحَيٰوةِ الدُّنْيَا ثُمَّ يَوْمَ الْقِيٰمَةِ يَكْفُرُ
بَعْضُكُمْ بِبَعْضٍ وَيَلْعَنُ بَعْضُكُمْ بَعْضًا وَمَأْوٰيكُمُ
النَّارُ وَمَا لَكُمْ مِنْ نَاصِرِينَ ﴿٢٥﴾ فَاٰمَنَ لَهُ لُوطٌ وَقَالَ
إِنِّي مُهَاجِرٌ إِلٰى رَبِّي إِنَّهُ هُوَ الْعَزِيزُ الْحَكِيمُ ﴿٢٦﴾
وَوَهَبْنَا لَهُ إِسْحٰقَ وَيَعْقُوبَ وَجَعَلْنَا فِي ذُرِّيَّتِهِ النُّبُوَّةَ
وَالْكِتَابَ وَاٰتَيْنَاهُ أَجْرَهُ فِي الدُّنْيَا وَإِنَّهُ فِي الْاٰخِرَةِ
لَمِنَ الصَّالِحِينَ ﴿٢٧﴾ وَلُوطًا إِذْ قَالَ لِقَوْمِهِ إِنَّكُمْ لَتَأْتُونَ
الْفَاحِشَةَ مَا سَبَقَكُمْ بِهَا مِنْ أَحَدٍ مِنَ الْعَالَمِينَ ﴿٢٨﴾
أَئِنَّكُمْ لَتَأْتُونَ الرِّجَالَ وَتَقْطَعُونَ السَّبِيلَ وَتَأْتُونَ
فِي نَادِيكُمُ الْمُنْكَرَ فَمَا كَانَ جَوَابَ قَوْمِهِ إِلَّا
أَنْ قَالُوا ائْتِنَا بِعَذَابِ اللّٰهِ إِنْ كُنْتَ مِنَ الصَّادِقِينَ ﴿٢٩﴾
قَالَ رَبِّ انْصُرْنِي عَلَى الْقَوْمِ الْمُفْسِدِينَ ﴿٣٠﴾

وَلَمَّا

24. Pero la respuesta de su pueblo (de Abraham) fue decir tan solo: «Matadlo, o quemadlo» mas Dios lo salvó del fuego (que encendieron para quemarle). Sin duda alguna en esto se hallan señales (lecciones importantes) para la gente que creerá y que profundizará en la fe.

25. Él (Abraham) les dijo: «Habéis adoptado ídolos para ser adorados en lugar de Dios, por ninguna otra razón que no sea poseer un lazo de unión y afecto entre vosotros tan solo en la vida de este mundo. Pero entonces, en el Día de la Resurrección, negareis los unos a los otros (desentendiéndose de cualquier relación entre vosotros), y os maldeciréis mutuamente[9]. Vuestro refugio final será el Fuego, y no tendréis quien os ayude.

26. Lot creyó en él, y él (Abraham) dijo: «Me hallo emigrando hacia mi Señor (abandonando mi tierra y mi pueblo por un lugar en donde puedo practicar mi Religión). No cabe duda de que Él es el Glorioso poseedor de irresistible poder (todo aquel a quien Él ayuda no puede ser rebajado, y todo aquel a quien Él protege no cae), el Omnisapiente (en todo cuanto Él lleva a cabo y decreta se dan muchos ejemplos de sabiduría).

27. Concedimos sobre él (un hijo) a Isaac y (un nieto) Jacob, y establecimos que la Misión Profética y la Revelación del Libro continuara entre su descendencia, y le concedimos su recompensa en este mundo, asimismo;[10] y él se halla en verdad entre los rectos en el Más Allá.

28. Y a Lot, asimismo (lo enviamos como Mensajero). Él dijo (a su pueblo en la transmisión de este mensaje): «En verdad vosotros (los hombres de esta comunidad entera) cometéis una indecencia tal que ningún pueblo en todo el mundo ha cometido jamás antes que vosotros.

29. ¿(Después de tales advertencias severas de Dios,) ¿Continuareis acercándoos a los hombres (con lujuria), abordando (a los viajeros) en el camino (especialmente viajeros masculinos), y cometiendo actos réprobos en vuestras asambleas?». La respuesta de su pueblo fue tan solo decir (burlándose de él y desafiándolo): «Haz que nos sobrevenga el castigo de Dios con el cual tú nos amenazas, si tú eres veraz!».

30. Él (Lot) dijo (a modo de súplica): «Señor mío, ayúdame contra este pueblo que se ha dado a cometer y sembrar corrupción».

9. La negación mencionada en el versículo es similar a la que se encuentra en los versículos: *¡No, de verdad! Aquellos (a los que han deificado, seres como los ángeles, los genios, los Profetas y los héroes, etc.) rechazarán su adoración de ellos y se pondrán en su contra (el Día del Juicio Final)* (19: 82).

En aquel entonces cuando aquellos que eran seguidos (en este mundo como patriarcas, líderes y jefes y amados como tan sólo a Dios se Le debe de amar) se desentienden de los que les siguieron y se declaran a sí mismos inocentes de sus actos malvados, contemplan el castigo y se rompen las relaciones entre ellos (2:166).

Y la maldición es semejante a la que se menciona en los versículos: *(Dios) dice: «¡Ingresar en compañía de las comunidades de genios y seres humanos que entraron antes que vosotros en el Fuego!». Cada vez que una comunidad entra en el Fuego, maldice a su comunidad-hermana (que la precedió); hasta tal punto que, cuando todas hayan coincidido allí, una tras otra, las que vinieron al final dirán de las que vinieron antes: «¡Señor nuestro! ¡Esos son los que nos extraviaron: dales, pues, un doble castigo en el Fuego!». (Dios) dirá: «Cada una tendrá el doble (ya que las que ingresaron al principio se desviaron a sí mismas y desviaron a otras, y las que ingresaron posteriormente se desviaron a sí mismas e imitaron ciegamente a las otras) pero no lo sabéis». A continuación, las que precedieron dirán a las posteriores: «¡No sois de ninguna manera superiores a nosotros; por lo tanto, probad el castigo por todo aquello (los pecados) que os habéis afanado en lograr (a través de vuestras creencias y obras)!»* (7:38-39).

10. Dios puso a prueba al profeta Abraham, la paz sea con él, por medio de enormes pruebas, y él las cumplió todas, soportando muchas dificultades simplemente por la complacencia de Dios. Así pues Dios hizo de él un líder para la gente y a su vez designó a líderes entre sus descendientes (2:124). Él purificó su linaje familiar de forma absoluta (3:33), y les concedió (incluyendo a la progenie de Ismael, procedente de él, así como la de Isaac) un poderoso dominio tanto en el reino material como en el espiritual (4:54). Dios asimismo concedió a Abraham, la paz sea con él, una buena y bendita vida en el mundo después de su emigración por Su complacencia (16:122).

وَلَمَّا جَاءَتْ رُسُلُنَا اِبْرٰهٖيمَ بِالْبُشْرٰىۙ قَالُوا اِنَّا
مُهْلِكُوا اَهْلِ هٰذِهِ الْقَرْيَةِۚ اِنَّ اَهْلَهَا كَانُوا ظَالِمٖينَ ﴿٣١﴾
قَالَ اِنَّ فٖيهَا لُوطًاۜ قَالُوا نَحْنُ اَعْلَمُ بِمَنْ فٖيهَاۘ
لَنُنَجِّيَنَّهُ وَاَهْلَهُ اِلَّا امْرَاَتَهُۘ كَانَتْ مِنَ الْغَابِرٖينَ ﴿٣٢﴾
وَلَمَّا اَنْ جَاءَتْ رُسُلُنَا لُوطًا سٖیءَ بِهِمْ وَضَاقَ
بِهِمْ ذَرْعًا وَقَالُوا لَا تَخَفْ وَلَا تَحْزَنْ۠ اِنَّا مُنَجُّوكَ
وَاَهْلَكَ اِلَّا امْرَاَتَكَ كَانَتْ مِنَ الْغَابِرٖينَ ﴿٣٣﴾ اِنَّا
مُنْزِلُونَ عَلٰى اَهْلِ هٰذِهِ الْقَرْيَةِ رِجْزًا مِنَ السَّمَاءِ
بِمَا كَانُوا يَفْسُقُونَ ﴿٣٤﴾ وَلَقَدْ تَرَكْنَا مِنْهَا اٰيَةً بَيِّنَةً
لِقَوْمٍ يَعْقِلُونَ ﴿٣٥﴾ وَاِلٰى مَدْيَنَ اَخَاهُمْ شُعَيْبًاۙ فَقَالَ
يَا قَوْمِ اعْبُدُوا اللّٰهَ وَارْجُوا الْيَوْمَ الْاٰخِرَ وَلَا تَعْثَوْا
فِى الْاَرْضِ مُفْسِدٖينَ ﴿٣٦﴾ فَكَذَّبُوهُ فَاَخَذَتْهُمُ الرَّجْفَةُ
فَاَصْبَحُوا فٖى دَارِهِمْ جَاثِمٖينَ ﴿٣٧﴾ وَعَادًا وَثَمُودَا۬
وَقَدْ تَبَيَّنَ لَكُمْ مِنْ مَسَاكِنِهِمْ وَزَيَّنَ لَهُمُ الشَّيْطَانُ
اَعْمَالَهُمْ فَصَدَّهُمْ عَنِ السَّبٖيلِ وَكَانُوا مُسْتَبْصِرٖينَۙ ﴿٣٨﴾

31. Y por eso, cuando Nuestros enviados (celestiales) llegaron ante Abraham con las buenas nuevas (del nacimiento de Isaac),[11] le dijeron: «Vamos a destruir a la gente de esa tierra, porque su gente es malhechora (quienes sobrepasan todos los límites de la decencia)».

32. Él dijo: «Pero Lot también está allí». Respondieron: «Sabemos muy bien quién está allí. Lo salvaremos sin duda a él y a su familia (permitiendo que salgan del lugar), a excepción de su esposa, que (como ha sido decretado) se encuentra entre aquellos que se rezagarán (y serán destruidos)».

33. Y cuando Nuestros Mensajeros llegaron ante Lot, se mostró preocupado por su parte y se sintió impotente para protegerlos. Dijeron: «No te preocupes, ni te aflijas. Vamos a salvarte a ti y a tu familia, a excepción de tu esposa, que (como ha sido decretado) se halla entre aquellos que se rezagarán (y serán destruidos).

34. Vamos a hacer caer sobre la gente de esta comunidad un castigo del Cielo porque persistentemente han sido transgresores (de todos los límites de la decencia y la ecuanimidad)».

35. No cabe duda de que hemos dejado atrás una clara señal para una gente que razonará y entenderá.

36. Y a Midian enviamos a su hermano, Shu'ayb (como Mensajero), y él dijo (a ellos en la transmisión de este mensaje): «¡Oh pueblo mío! Adorad tan solo a Dios y permaneced preparados para el Día del Juicio Final (con ciertas expectativas de que se os pedirá rendir cuentas de todos vuestros actos en el mundo), no vayáis por la Tierra actuando con maldad, causando desorden y corrupción».

37. Mas le negaron a él, y en consecuencia una espeluznante catástrofe les sobrevino, y aparecieron postrados (y sin vida) en sus propios hogares.

38. Y los Ad y los Zamud; (su sino) os es manifestado a partir de sus viviendas (todavía en ruinas). Satán embelleció sus actos (malvados) para que les parecieran atrayentes, y de ese modo los hizo extraviarse del camino recto,[12] a pesar de que eran inteligentes (lo suficiente como para ver la verdad).

---

11. Véase el *sura* 11:69-71.

12. Satán tan solo puede intentar suscitar una inclinación al mal dentro del corazón de una persona así como convencerlos de que el hecho al cual han sido suscitados es una buena cosa. Él no tiene poder alguno para forzar a una persona a hacer algo. Una persona sigue lo que Satán proclama sobre su libre albedrío y la influencia que ejerce en ellos sus deseos carnales o intereses materiales, la arrogancia o ciertos prejuicios raciales, ideológicos, o religiosos. La capacidad de contemplar la verdad de una persona no es por lo general suficiente para sí misma para seguir la verdad, a menos que se vea libre de la influencia de tales factores de perdición.

وَقَارُونَ وَفِرْعَوْنَ وَهَامَانَ وَلَقَدْ جَاءَهُمْ مُوسٰى
بِالْبَيِّنَاتِ فَاسْتَكْبَرُوا فِي الْاَرْضِ وَمَا كَانُوا سَابِقِينَ ﴿٣٩﴾
فَكُلًّا اَخَذْنَا بِذَنْبِهِ فَمِنْهُمْ مَنْ اَرْسَلْنَا عَلَيْهِ حَاصِبًا
وَمِنْهُمْ مَنْ اَخَذَتْهُ الصَّيْحَةُ وَمِنْهُمْ مَنْ خَسَفْنَا بِهِ
الْاَرْضَ وَمِنْهُمْ مَنْ اَغْرَقْنَا وَمَا كَانَ اللّٰهُ لِيَظْلِمَهُمْ
وَلٰكِنْ كَانُوا اَنْفُسَهُمْ يَظْلِمُونَ ﴿٤٠﴾ مَثَلُ الَّذِينَ
اتَّخَذُوا مِنْ دُونِ اللّٰهِ اَوْلِيَاءَ كَمَثَلِ الْعَنْكَبُوتِ
اِتَّخَذَتْ بَيْتًا وَاِنَّ اَوْهَنَ الْبُيُوتِ لَبَيْتُ الْعَنْكَبُوتِ
لَوْ كَانُوا يَعْلَمُونَ ﴿٤١﴾ اِنَّ اللّٰهَ يَعْلَمُ مَا يَدْعُونَ مِنْ
دُونِهِ مِنْ شَيْءٍ وَهُوَ الْعَزِيزُ الْحَكِيمُ ﴿٤٢﴾ وَتِلْكَ
الْاَمْثَالُ نَضْرِبُهَا لِلنَّاسِ وَمَا يَعْقِلُهَا اِلَّا الْعَالِمُونَ ﴿٤٣﴾
خَلَقَ اللّٰهُ السَّمٰوَاتِ وَالْاَرْضَ بِالْحَقِّ اِنَّ فِي ذٰلِكَ
لَاٰيَةً لِلْمُؤْمِنِينَ ﴿٤٤﴾ اُتْلُ مَا اُوحِيَ اِلَيْكَ مِنَ الْكِتَابِ
وَاَقِمِ الصَّلٰوةَ اِنَّ الصَّلٰوةَ تَنْهٰى عَنِ الْفَحْشَاءِ
وَالْمُنْكَرِ وَلَذِكْرُ اللّٰهِ اَكْبَرُ وَاللّٰهُ يَعْلَمُ مَا تَصْنَعُونَ ﴿٤٥﴾

وَلَا تُجَادِلُوا

39. Y Qorah, Faraón, y Haman; en verdad Moisés se presentó ante ellos con las pruebas claras de la verdad, pero eran arrogantes y opresores en la tierra. Con todo no pudieron dejar atrás (Nuestro castigo).

40. Agarramos a cada uno de ellos (de las comunidades mencionadas), por sus pecados. Entre ellos se hallan aquellos sobre quienes enviamos un huracán (de piedras); y entre ellos se encuentran aquellos que una ráfaga espantosa les sobrevino; y entre ellos se encuentra aquel que hicimos ser tragado por la Tierra; y entre ellos se encuentran aquellos que Dios hizo que se ahogaran[13]. Dios nunca sería injusto con ellos, sino que lo fueron ellos consigo mismos.

41. La parábola de aquellos que adoptan a otros como protectores en lugar de Dios (en quienes confiar sus asuntos) es como la de una araña: ¡Ha hecho para sí misma una morada, y la más frágil de las moradas es sin duda alguna la morada de la araña[14]. ¡Si al menos supieran esto!

42. Dios conoce sin duda alguna lo que ellos deifican e invocan aparte de Él, y que el hecho de que obren así no está basado en ninguna verdad. Él es el Glorioso poseedor de irresistible poder (Quien nunca acepta a ningún copartícipe en Divinidad, Señorío y Soberanía), el Omnisapiente (en Cuya creación y gobierno se dan numerosos ejemplos de sabiduría).

43. Estas parábolas las presentamos a la gente (de modo que puedan ver la verdad y enmendarse). Pero ninguno razona para entender (su significado y propósito verdaderos) a excepción de los eruditos.

44. Él ha creado los Cielos y la Tierra con la verdad (de manera significativa, y para un propósito definido, y sobre sólidos fundamentos de verdad). No cabe duda de que en esto se da una señal para los creyentes[15].

45. Recita y transmíteles a ellos lo que se te ha revelado del Libro, y establece la Oración conforme a sus condiciones. Sin duda, la Oración refrena de todo lo que sea indecente y vergonzoso, y todo lo que sea malvado. La remembranza de Dios es sin duda alguna la más grandiosa (de todas las clases de adoración, y no se restringe a la Oración). Dios sabe todo lo que hacéis.

13. Aquellos sobre quienes Dios envió un huracán de piedras fueron los Ad, que fueron destruidos en un tormenta de arena que duró siete noches y ocho días (7:72; 11:58; 23:27; 26:120; 69:7), y el pueblo de Lot, la paz sea con él, sobre el cual una terrible lluvia de piedras fue enviada (7:84; 11:82-83; 15:73-74). Aquellos a quienes la ráfaga espantosa les aconteció fueron los miembros de la tribu de Zamud (7:78; 11:67; 15:83; 69:6), y los pueblos de Shu'ayb, (7:91; 11:94; 26:189). A quien Dios hizo que se lo tragara la Tierra fue Qorah (28:81), y aquellos que Dios hizo que se ahogaran fueron el pueblo de Noé, (7:64; 11:42-44), así como el Faraón, Haman, y sus ejércitos (10:90; 20:77-78; 26:65-66).

14. Esta comparación tiene, de hecho, dos significados: (1) Todo aquel que confía en algo aparte de Dios, es como si él confiara o tomara refugio en una tela de araña. (2) Una tela de araña está formada de numerosos hilos finos, que a pesar de todo apresan fácilmente a criaturas débiles, como las moscas; los incrédulos pueden atrapar fácilmente a la gente que es tan débil como la mosca en lo que respecta a espíritu y fuerza de voluntad. Las trampas que construyen contienen muchos hilos para atrapar a sus víctimas, tales como el apego a la comodidad, la pasión por el dinero y el poder, la lujuria, el egocentrismo, los prejuicios raciales, etc.

15. El Corán reitera que tan solo aquellos que creen o se disponen a creer pueden asimilar el significado y los propósitos en la creación así como las señales de Dios en ella. Esto es de gran importancia en relación con los siguientes ejemplos, de acuerdo con lo expuesto por Said Nursi:

> El valor del hierro (o cualquier otro material) con el cual una obra de arte es elaborada es distinto del valor que el arte expresa por sí mismo. A veces el material y la obra de arte pueden tener el mismo valor, o la obra puede ser más estimable que el material del cual fue hecha o viceversa. Por ejemplo, una antigüedad puede valer una gran cantidad de dinero, a pesar de que el material con la que fue elaborada no vale mucho. Si llevamos esta pieza a un anticuario, nos pagan por su verdadero precio, ya que es una obra de arte de un famoso artista. Sin embargo, si llevamos el mismo objeto a un herrero, lo puede comprar por el valor de un simple trozo de metal hierro.
>
> Similarmente cada persona es una obra de arte única, sin precio, realizada por Dios Omnipotente. Somos los milagros más delicados y llenos de gracia de Su Poder, y los seres creados para manifestar todos Sus Nombres e Inscripciones en forma de especimenes en miniatura del universo. Si somos iluminados con la creencia, estas inscripciones significativas se hacen visibles. Los creyentes manifiestan estas inscripciones a través de su unión con el Creador, ya que el Arte Divino contenido en cada persona es revelado por afirmaciones tales como: «Soy la obra del Creador Majestuoso, la criatura y el objeto de Su Piedad y Munificencia».
>
> Por ende, y porque ganamos valor en proporción a cuánto mejor reflejamos este arte, nos movemos desde la insignificancia (en términos materiales) hasta acabar siendo seres elevados por encima de todas las criaturas. Nos comunicamos con Dios, somos Sus invitados en la Tierra, y nos hacemos dignos del Paraíso.
>
> Sin embargo, si la incredulidad se arraiga en nosotros, todas las manifestaciones de los Nombres Divinos son ocultadas por las tinieblas, y así carecen de la expresión. ¿Si el artista es desconocido, cómo pueden ser los aspectos que expresan el valor de su arte identificados? Así los ejemplos más significativos del sublime arte y las elevadas inscripciones están ocultados. En términos materiales, los incrédulos atribuyen tal arte e inscripciones a las causas triviales, a la naturaleza y la posibilidad, de ese modo reducen estos diamantes brillantes a un sencillo cristal. Tal gente no es más significativa que ninguna otra entidad material que está condenada a una vida pasajera y agobiante y ellos no son mejores que el animal más impotente, necesitado y afligido al animal que finalmente se hará polvo. La incredulidad destruye nuestra naturaleza transformando nuestros diamantes en carbón.
>
> Así como la fe es una luz que ilumina a los seres humanos y revela todos los mensajes inscritos en su ser por el Todopoderoso, también ilumina el universo y retira la oscuridad del pasado y del futuro. Exhibe todas las cosas y los seres en su verdadera valía proveniente de su conexión con su Creador. Pero la incredulidad los muestra tan solo como entidades físicas que se desplazan hacia la inexistencia eterna [Véase *The Words* («Las Palabras»), «23rd Word» («La 23ª Palabra»), pág.328].

وَلَا تُجَادِلُوٓا اَهْلَ الْكِتَابِ اِلَّا بِالَّت۪ي هِيَ اَحْسَنُۗ
اِلَّا الَّذ۪ينَ ظَلَمُوا مِنْهُمْ وَقُولُوٓا اٰمَنَّا بِالَّذ۪ٓي اُنْزِلَ
اِلَيْنَا وَاُنْزِلَ اِلَيْكُمْ وَاِلٰهُنَا وَاِلٰهُكُمْ وَاحِدٌ وَنَحْنُ لَهُ
مُسْلِمُونَ ﴿٤٦﴾ وَكَذٰلِكَ اَنْزَلْنَٓا اِلَيْكَ الْكِتَابَۜ فَالَّذ۪ينَ
اٰتَيْنَاهُمُ الْكِتَابَ يُؤْمِنُونَ بِه۪ۚ وَمِنْ هٰٓؤُلَٓاءِ مَنْ يُؤْمِنُ بِه۪ۜ
وَمَا يَجْحَدُ بِاٰيَاتِنَٓا اِلَّا الْكَافِرُونَ ﴿٤٧﴾ وَمَا كُنْتَ تَتْلُوا
مِنْ قَبْلِه۪ مِنْ كِتَابٍ وَلَا تَخُطُّهُ بِيَم۪ينِكَ اِذًا لَارْتَابَ
الْمُبْطِلُونَ ﴿٤٨﴾ بَلْ هُوَ اٰيَاتٌ بَيِّنَاتٌ ف۪ي صُدُورِ الَّذ۪ينَ
اُو۫تُوا الْعِلْمَۜ وَمَا يَجْحَدُ بِاٰيَاتِنَٓا اِلَّا الظَّالِمُونَ ﴿٤٩﴾ وَقَالُوا
لَوْلَٓا اُنْزِلَ عَلَيْهِ اٰيَاتٌ مِنْ رَبِّه۪ۜ قُلْ اِنَّمَا الْاٰيَاتُ عِنْدَ
اللّٰهِۜ وَاِنَّمَٓا اَنَا۬ نَذ۪يرٌ مُب۪ينٌ ﴿٥٠﴾ اَوَلَمْ يَكْفِهِمْ اَنَّٓا اَنْزَلْنَا
عَلَيْكَ الْكِتَابَ يُتْلٰى عَلَيْهِمْۜ اِنَّ ف۪ي ذٰلِكَ لَرَحْمَةً
وَذِكْرٰى لِقَوْمٍ يُؤْمِنُونَ ﴿٥١﴾ قُلْ كَفٰى بِاللّٰهِ بَيْن۪ي وَبَيْنَكُمْ
شَه۪يدًاۚ يَعْلَمُ مَا فِي السَّمٰوَاتِ وَالْاَرْضِۜ وَالَّذ۪ينَ
اٰمَنُوا بِالْبَاطِلِ وَكَفَرُوا بِاللّٰهِ اُو۬لٰٓئِكَ هُمُ الْخَاسِرُونَ ﴿٥٢﴾

46. No discutáis con aquellos a los que se les otorgó el Libro salvo de la mejor manera, a menos que sean aquellos de entre ellos que son dados a la injusticia (y, por lo tanto, no están dispuestos a argumentos corteses)[16]. Decidles (a ellos): «Creemos en lo que nos ha sido descendido y en lo que ha sido descendido a vosotros, y vuestro Dios y nuestro Dios es uno y el mismo. Somos musulmanes sometidos por completo a Él».

47. Es de esta manera (por el principio de la sumisión a Dios, y como confirmación de todos los Libros y Profetas anteriores) que Nosotros hemos hecho descender el Libro sobre vosotros. Así pues, aquellos a quienes les fue concedido el Libro con anterioridad (y son sinceros con respecto a la Revelación Divina) creen en ello, y entre ésos (la gente de La Meca, a su vez), se dan algunos que creen en el mismo. Nadie podría oponerse y rechazar Nuestras Revelaciones salvo los incrédulos (aquellos que las cubren con falsedad a sabiendas).

48. Tú (Oh Mensajero) no has leído ningún libro antes que éste (la Revelación de este Corán), ni has escrito uno con tu mano derecha (o izquierda). De otra manera, aquellos que han intentado siempre rebatir la verdad habrían podido tener una razón para dudar (de él).

49. (El Corán) es de hecho evidente en sí mismo, las esclarecedoras Revelaciones (reveladas por Dios, y así pues capaces de impresionarse) en los corazones de aquellos dotados con conocimiento. Nadie se les opone o los rechaza a excepción de los malhechores (aquellos que no pueden ser determinados con la justicia y por eso, actúan arrogantemente en respuesta a ellos).

50. Dicen: «¿Por qué no han sido enviadas ciertas señales milagrosas sobre él por parte de su Señor?». Di: «Las señales milagrosas se dan tan solo en la Voluntad y en el Poder de Dios. Soy tan solo un manifiesto advertidor (sin libertad y sin poder para llevar a cabo lo que yo desee)».

51. ¿No es suficiente para ellos (como señal milagrosa) que te hemos hecho descender el Libro que les es recitado? No cabe duda de que en el mismo se da una gran misericordia y el recordatorio (instructivo) para una gente que cree.

52. Di: «Dios es suficiente como testigo entre yo y vosotros. Él sabe todo cuanto hay en los Cielos y sobre la Tierra. En cuanto a aquellos que crean en la falsedad y no crean en Dios (rechazando Su Revelación y Mensajero), son los perdedores (quienes se han arruinado a sí mismos)».

---

16. Este versículo, que debe haber sido revelado durante la migración a Abisinia, enseña a los musulmanes cómo han de comportarse hacia la Gente del Libro. De hecho, este comportamiento es el talante general con el que los musulmanes han de comportarse en su relación con los seguidores de otras creencias. Deben transmitir el Islam con palabras delicadas y de una manera moderada. Si, sin embargo, aquellos a los que nos dirigimos reaccionan bruscamente, entonces los musulmanes deben evitar la discusión con ellos (Véanse el *sura* 16:125, nota 29; el *sura* 22:67-68).

وَيَسْتَعْجِلُونَكَ بِالْعَذَابِ وَلَوْلَا اَجَلٌ مُسَمًّى لَجَٓاءَهُمُ الْعَذَابُ
وَلَيَأْتِيَنَّهُمْ بَغْتَةً وَهُمْ لَا يَشْعُرُونَ ﴿٥٣﴾ يَسْتَعْجِلُونَكَ بِالْعَذَابِ
وَاِنَّ جَهَنَّمَ لَمُحِيطَةٌ بِالْكَافِرِينَ ﴿٥٤﴾ يَوْمَ يَغْشٰيهُمُ الْعَذَابُ
مِنْ فَوْقِهِمْ وَمِنْ تَحْتِ اَرْجُلِهِمْ وَيَقُولُ ذُوقُوا مَا كُنْتُمْ تَعْمَلُونَ ﴿٥٥﴾
يَا عِبَادِيَ الَّذِينَ اٰمَنُوا اِنَّ اَرْضٖي وَاسِعَةٌ فَاِيَّايَ فَاعْبُدُونِ ﴿٥٦﴾
كُلُّ نَفْسٍ ذَٓائِقَةُ الْمَوْتِ ثُمَّ اِلَيْنَا تُرْجَعُونَ ﴿٥٧﴾ وَالَّذِينَ اٰمَنُوا
وَعَمِلُوا الصَّالِحَاتِ لَنُبَوِّئَنَّهُمْ مِنَ الْجَنَّةِ غُرَفًا تَجْرٖي
مِنْ تَحْتِهَا الْاَنْهَارُ خَالِدٖينَ فٖيهَا نِعْمَ اَجْرُ الْعَامِلٖينَ ﴿٥٨﴾
اَلَّذٖينَ صَبَرُوا وَعَلٰى رَبِّهِمْ يَتَوَكَّلُونَ ﴿٥٩﴾ وَكَاَيِّنْ مِنْ دَٓابَّةٍ
لَا تَحْمِلُ رِزْقَهَا اَللّٰهُ يَرْزُقُهَا وَاِيَّاكُمْ وَهُوَ السَّمٖيعُ الْعَلٖيمُ ﴿٦٠﴾
وَلَئِنْ سَاَلْتَهُمْ مَنْ خَلَقَ السَّمٰوَاتِ وَالْاَرْضَ وَسَخَّرَ الشَّمْسَ
وَالْقَمَرَ لَيَقُولُنَّ اللّٰهُ فَاَنّٰى يُؤْفَكُونَ ﴿٦١﴾ اَللّٰهُ يَبْسُطُ الرِّزْقَ لِمَنْ
يَشَٓاءُ مِنْ عِبَادِهٖ وَيَقْدِرُ لَهُ اِنَّ اللّٰهَ بِكُلِّ شَيْءٍ عَلٖيمٌ ﴿٦٢﴾ وَلَئِنْ
سَاَلْتَهُمْ مَنْ نَزَّلَ مِنَ السَّمَٓاءِ مَٓاءً فَاَحْيَا بِهِ الْاَرْضَ مِنْ بَعْدِ
مَوْتِهَا لَيَقُولُنَّ اللّٰهُ قُلِ الْحَمْدُ لِلّٰهِ بَلْ اَكْثَرُهُمْ لَا يَعْقِلُونَ ﴿٦٣﴾

وَمَا هٰذِهِ

53. Te desafían a que apresures el castigo (con el cual son amenazados por Dios). Si no hubiera sido por el plazo designado por Dios, el castigo les habría sobrevenido (ya)[17]. Y les sobrevendrá de repente, cuando no se den cuenta.

54. Te desafían a que apresures el castigo (con el cual son amenazados por Dios). El Infierno rodeará sin duda alguna a los incrédulos (con las razones por las cuales entran en el mismo,[18] y seguro que les contendrá en el mismo).

55. En ese Día, el sufrimiento los abrumará por encima suyo y por debajo de sus pies, y (Dios) les dirá a ellos: «Probad ahora lo que solíais hacer (en el mundo)!».

56. ¡Oh siervos Míos que creéis (pero que se os impide vivir según vuestra creencia)! Mi Tierra es vasta, así que adoradme tan solo a Mí[19].

57. Cada alma seguro que probará la muerte,[20] y entonces seréis devueltos a Nosotros.

58. Aquellos que creen y obran actos buenos y rectos, los alojaremos sin duda en mansiones nobles y elevadas en el Paraíso a través del cual discurren los ríos, en el que morarán. ¡Cuán excelente es la recompensa de aquellos que obran siempre buenos actos!

59. Son pacientes (frente a las adversidades que sufren en pos de la adoración solamente a Dios), y en su Señor depositan su confianza (sin esperar ayuda alguna de cualquier otro poder o autoridad).

60. ¡Cuántas criaturas vivas se dan que no portan su propio sustento (depositado), mas Dios les provee,[21] y en verdad os provee a vosotros! Él es Quien todo lo Oye, el Omnisapiente![22]

61. Si tú les preguntas, «¿Quién es Aquel que ha creado los Cielos y la Tierra, y ha hecho someterse al Sol y a la Luna a Su orden (de ese modo sustentando la vida)?» dirán sin duda, «Dios». ¿Cómo es que entonces aquellos (quienes se oponen a esta Revelación) se apartaron de la verdad y proclamaron aseveraciones falsas?

62. Dios aumenta la provisión a aquellos de Sus siervos que Su Voluntad dispone, y la escatima (a quien Su Voluntad dispone). No cabe duda de que Dios posee pleno conocimiento de todas las cosas.

63. Si tú les preguntas, «¿Quién es Aquel que hace descender el agua del Cielo, y revivifica con ella la Tierra tras su muerte?» dirán sin duda, «Dios». Di (tú, también): «Toda la alabanza y la gratitud son para Dios». Pero la mayoría de ellos no razonan (para saber la verdad y distinguirla de la falsedad).

---

17. Para una explicación adicional así como versículos similares, véanse el *sura* 7:34, nota 10; el *sura* 10:98, nota 20; el *sura* 18:58.

18. Es decir, la incredulidad y los actos malvados son razones para entrar en el Infierno, y los incrédulos con toda seguridad entrarán en el mismo. En segundo lugar, como la fe lleva en sí misma la semilla del Paraíso, la incredulidad porta la semilla del Infierno y es, de hecho, una manifestación del Infierno en el corazón de los incrédulos.

19. Es decir, vosotros podéis ir en búsqueda de otro lugar y emigrar allí, donde podréis adorarme sin asociarme a Mí copartícipe alguno.

20. Para comentarios adicionales, véase el *sura* 21:35, nota 5.

21. Para una explicación de la provisión de Dios a las criaturas, véase el *sura* 11:6, nota 1.

22. Es decir, vosotros no tenéis motivo alguno por el que temer por vuestro sustento cuando emigréis a otra tierra para poder vivir de acuerdo con vuestra fe. Existen numerosas criaturas que no almacenan con ellas su sustento para el futuro ni lo portan con ellos. Del mismo modo que Dios las provee, Él también os provee y continuará haciéndolo así, ya que Él escucha todas las peticiones que Le son remitidas y conoce todas las necesidades de Sus criaturas.

64. La vida presente y mundana no es sino diversión y juego,[23] pero la morada del Más Allá está verdaderamente viva[24]. Si al menos supieran.

65. Cuando embarcan en un barco (y se hallan envueltos en un peligro), invocan a Dios creyendo tan solo sinceramente en Él (como la única Deidad, el Señor, y el Soberano). ¡Mas cuando Él los lleva a salvo a la tierra, contempla, comienzan de nuevo a asociar copartícipes a Dios![25]

66. Y que den muestras de ingratitud por todo aquello que les hemos concedido, y que se den al placer de la vida mundana; mas llegarán a saber.

67. ¿Acaso no consideran que hemos establecido (a ellos en) un santuario seguro mientras que la gente sufre estragos alrededor suyo? ¿(Cómo entonces) creen en falsedad y (dan muestras de una ingratitud tal que) no creen en la más grande bendición de Dios (del Corán y del Islam)?

68. ¿Quién es más malhechor que aquel que inventa mentiras y se las atribuye a Dios y niega la verdad cuando ha comparecido ante él? ¿Acaso no hay una morada en el Infierno para los incrédulos?

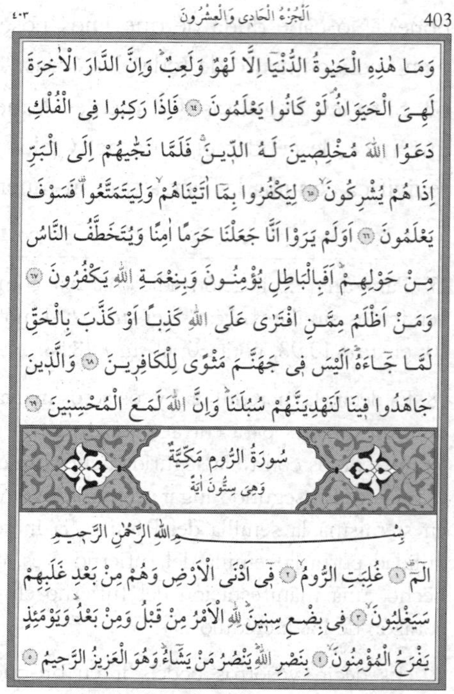
الجزء الحادي والعشرون ٤٠٣ 403

وَمَا هٰذِهِ الْحَيٰوةُ الدُّنْيَا اِلَّا لَهْوٌ وَلَعِبٌ وَاِنَّ الدَّارَ الْاٰخِرَةَ
لَهِيَ الْحَيَوَانُ لَوْ كَانُوا يَعْلَمُونَ ﴿٦٤﴾ فَاِذَا رَكِبُوا فِي الْفُلْكِ
دَعَوُا اللّٰهَ مُخْلِصِينَ لَهُ الدِّينَ فَلَمَّا نَجّٰيهُمْ اِلَى الْبَرِّ
اِذَا هُمْ يُشْرِكُونَ ﴿٦٥﴾ لِيَكْفُرُوا بِمَا اٰتَيْنَاهُمْ وَلِيَتَمَتَّعُوا فَسَوْفَ
يَعْلَمُونَ ﴿٦٦﴾ اَوَلَمْ يَرَوْا اَنَّا جَعَلْنَا حَرَمًا اٰمِنًا وَيُتَخَطَّفُ النَّاسُ
مِنْ حَوْلِهِمْ اَفَبِالْبَاطِلِ يُؤْمِنُونَ وَبِنِعْمَةِ اللّٰهِ يَكْفُرُونَ ﴿٦٧﴾
وَمَنْ اَظْلَمُ مِمَّنِ افْتَرٰى عَلَى اللّٰهِ كَذِبًا اَوْ كَذَّبَ بِالْحَقِّ
لَمَّا جَاءَهُ اَلَيْسَ فِي جَهَنَّمَ مَثْوًى لِلْكَافِرِينَ ﴿٦٨﴾ وَالَّذِينَ
جَاهَدُوا فِينَا لَنَهْدِيَنَّهُمْ سُبُلَنَا وَاِنَّ اللّٰهَ لَمَعَ الْمُحْسِنِينَ ﴿٦٩﴾

سُورَةُ الرُّومِ مَكِّيَّةٌ
وَهِيَ سِتُّونَ اٰيَةً

بِسْمِ اللّٰهِ الرَّحْمٰنِ الرَّحِيمِ
الٓمٓ ﴿١﴾ غُلِبَتِ الرُّومُ ﴿٢﴾ فِي اَدْنَى الْاَرْضِ وَهُمْ مِنْ بَعْدِ غَلَبِهِمْ
سَيَغْلِبُونَ ﴿٣﴾ فِي بِضْعِ سِنِينَ لِلّٰهِ الْاَمْرُ مِنْ قَبْلُ وَمِنْ بَعْدُ وَيَوْمَئِذٍ
يَفْرَحُ الْمُؤْمِنُونَ ﴿٤﴾ بِنَصْرِ اللّٰهِ يَنْصُرُ مَنْ يَشَاءُ وَهُوَ الْعَزِيزُ الرَّحِيمُ ﴿٥﴾

69. Aquellos (por otra parte) que se esfuerzan por Nuestra causa, los guiaremos sin duda a Nuestros caminos (que hemos establecido para conducirlos a la salvación). No cabe duda de que Dios se halla con aquellos que se dedican a hacer el bien, conscientes de que Dios les está contemplando.

---

23. Para una información más detallada acerca de «la vida presente y mundana», véase el *sura* 6, nota 5.

24. Para la condición de estar viva de la morada del Más Allá, véase el *sura* 25:12, nota 4.

25. Esta realidad no sólo se restringe a cuando uno afronta un peligro en el mar. El peligro en el mar es una metáfora empleada para las condiciones arriesgadas en las que nos vemos inmersos. Casi todo el mundo experimenta esto varias veces en su vida. En tales condiciones la gente, ya sean ateos, agnósticos o politeístas descubren a Dios en las profundidades de su conciencia, e invocan tan solo a Dios, sin recordar incluso a otros supuestos deidades o poderes. Así pues su negación de Dios o la asociación de copartícipes a Él es la negación de su interna profesión de Dios e implica contradicción en sí mismos.

SURA 30

AR-RUM
(LOS ROMANOS BIZANTINOS)

Período de La Meca

Este *sura de* 60 versículos fue revelado a mediados del período de La Meca. Toma su título de los bizantinos mencionados en el segundo versículo. Los bizantinos eran cristianos que creyeron en Dios sin adorar a los ídolos. Esta es la razón por la cual los musulmanes en La Meca se sentían cercanos a ellos, mientras que la tribu pagana Quraish simpatizaba con los persas, que pensaron que reivindicaría su oposición a la creencia en un Único Dios. En un momento en el que los musulmanes eran una minoría muy pequeña sujeta a la persecución en La Meca, este *sura* los consoló prediciendo la inesperada victoria de los romanos contra los persas solo nueve años después de una gran derrota. Por esta predicción, el *sura* también insinúa la futura victoria de los musulmanes, la cual ocurriría pronto. Además, este *sura* presenta múltiples pruebas a favor de la fe en un Único Dios y el Más Allá, y contra el politeísmo.

En el Nombre de Dios,
el Misericordioso, el Compasivo.

1. *Alif. Lam. Mim.*
2. Los romanos bizantinos fueron derrotados,
3. En las tierras más cercanas; pero, después de su derrota, serán victoriosos,
4. Dentro de unos pocos (nueve) años —a Dios Le pertenece el mandato (el juicio y la autoridad absolutos) antes y después (de cualquier acontecimiento) a la misma vez— y en el momento (cuando los romanos sean victoriosos), los creyentes se alegrarán,
5. Debido a la ayuda de Dios que los conduce a la victoria. Él ayuda a quien Su Voluntad dicta a la victoria. Él es Glorioso poseedor de irresistible poder, el Compasivo (especialmente hacia Sus siervos creyentes).

وَعْدَ اللّٰهِ لَا يُخْلِفُ اللّٰهُ وَعْدَهُ وَلٰكِنَّ اَكْثَرَ النَّاسِ لَا يَعْلَمُونَ ﴿٦﴾
يَعْلَمُونَ ظَاهِرًا مِنَ الْحَيٰوةِ الدُّنْيَا وَهُمْ عَنِ الْاٰخِرَةِ
هُمْ غَافِلُونَ ﴿٧﴾ اَوَلَمْ يَتَفَكَّرُوا فٖى اَنْفُسِهِمْ مَا خَلَقَ اللّٰهُ
السَّمٰوَاتِ وَالْاَرْضَ وَمَا بَيْنَهُمَا اِلَّا بِالْحَقِّ وَاَجَلٍ مُسَمًّى
وَاِنَّ كَثٖيرًا مِنَ النَّاسِ بِلِقَاۤئِ رَبِّهِمْ لَكَافِرُونَ ﴿٨﴾ اَوَلَمْ
يَسٖيرُوا فِى الْاَرْضِ فَيَنْظُرُوا كَيْفَ كَانَ عَاقِبَةُ الَّذٖينَ
مِنْ قَبْلِهِمْ كَانُوا اَشَدَّ مِنْهُمْ قُوَّةً وَاَثَارُوا الْاَرْضَ وَعَمَرُوهَا
اَكْثَرَ مِمَّا عَمَرُوهَا وَجَاۤءَتْهُمْ رُسُلُهُمْ بِالْبَيِّنَاتِ فَمَا كَانَ
اللّٰهُ لِيَظْلِمَهُمْ وَلٰكِنْ كَانُوا اَنْفُسَهُمْ يَظْلِمُونَ ﴿٩﴾ ثُمَّ كَانَ
عَاقِبَةَ الَّذٖينَ اَسَاۤؤُا السُّوۤاٰى اَنْ كَذَّبُوا بِاٰيَاتِ اللّٰهِ وَكَانُوا بِهَا
يَسْتَهْزِؤُنَ ﴿١٠﴾ اَللّٰهُ يَبْدَؤُا الْخَلْقَ ثُمَّ يُعٖيدُهُ ثُمَّ اِلَيْهِ تُرْجَعُونَ ﴿١١﴾
وَيَوْمَ تَقُومُ السَّاعَةُ يُبْلِسُ الْمُجْرِمُونَ ﴿١٢﴾ وَلَمْ يَكُنْ
لَهُمْ مِنْ شُرَكَاۤئِهِمْ شُفَعَۤؤُا وَكَانُوا بِشُرَكَاۤئِهِمْ كَافِرٖينَ ﴿١٣﴾
وَيَوْمَ تَقُومُ السَّاعَةُ يَوْمَئِذٍ يَتَفَرَّقُونَ ﴿١٤﴾ فَاَمَّا الَّذٖينَ
اٰمَنُوا وَعَمِلُوا الصَّالِحَاتِ فَهُمْ فٖى رَوْضَةٍ يُحْبَرُونَ ﴿١٥﴾

وَاَمَّا

6. (Esta es) la promesa de Dios. Dios nunca falla a Su promesa, pero la mayoría de la gente no lo saben (ya que no tienen ningún conocimiento verdadero sobre Dios)[1].

7. Conocen solamente (lo que llega a sus sentidos desde) el aspecto externo de la vida de este mundo, pero son despreocupados e inconscientes (de lo que se halla más allá de él y) del Más Allá.

8. ¿Acaso no reflexionan sobre sí mismos (aunque sea una vez)? Dios no ha creado los Cielos y la Tierra y todo lo que se halla entre ellos salvo con la verdad (de manera significativa, y para un propósito definido, y sobre sólidos fundamentos de verdad), y por un plazo determinado. Pero sin duda alguna muchos de entre la gente no creen en el encuentro con su Señor.

9. ¿Nunca han viajado por la Tierra y han visto cómo han acabado aquellos que les precedieron (quienes tampoco han creído obstinadamente en Nuestras señales) antes de ellos? Tenían más poder que ellos. Cultivaron la tierra y la excavaron (por los minerales y las fuentes de agua), y la urbanizaron más y mejor que éstos hicieron. Y, con el tiempo, sus Mensajeros les llegaron a ellos con pruebas claras de la verdad (la cual rechazaron para su propio desastre). Dios nunca sería injusto con ellos, pero fueron ellos mismos quienes eran injustos consigo mismos.

10. Por lo tanto, el resultado para aquellos que estaban perdidos en el mal era funesto, ya que negaron las Revelaciones y signos de Dios, y se burlaban de ellos.

11. Dios origina la creación al principio, y luego la reproduce[2] (y devolverá la vida en el Más Allá), y luego seréis devueltos a Él.

12. Cuando llegue la Última Hora y el Juicio Final esté establecido, los criminales incrédulos estarán hundidos en la desesperación.

13. No tendrán ningún intercesor entre los seres los cuales atribuían (como copartícipes a Dios), y ya no creerán en ellos como copartícipes de Dios.

14. Cuando llegue la Última Hora (y el Juicio Final esté establecido); ese Día, todo el mundo estará separado uno del otro.

15. En cuanto a aquellos que creen y hacen actos buenos y rectos, serán honrados y se les hará felices en un Jardín agradable.

1. Estos versículos contienen predicciones importantes. Algunos devotos eruditos han llegado a muchas predicciones basadas en éstos. Por ejemplo, según lo relatado por Abu Hayyan, un comentarista originario de al-Andalus, en su obra *Bahr al-Muhit*, Abu al-Hakam ibn al-Barrayan predijo la recuperación de Jerusalén por los musulmanes de los cruzados en el año 1187 d. C. con su fecha exacta. Sin embargo, lo que está claro para todo el mundo en estos versículos es que los romanos bizantinos que fueron derrotados por los persas vencerían a ellos dentro de nueve años y el mismo año, los musulmanes se alegrarían por la victoria que les sería concedida por Dios (Yazır, 6:3802-3803).

En el año 615 d. C., cuando algunos musulmanes eran forzados, por la persecución a la cual se enfrentaron en La Meca, a emigrar a Abisinia, los persas obtuvieron una victoria sobre los romanos en la guerra que había comenzado en el año 613 d. C. La victoria fue tan grande que la destrucción total del Imperio Bizantino parecía inminente. El *sura* pronunció de manera decisiva que dentro de nueve años a partir de entonces, los romanos derrotarían a los persas. La guerra continuó y los persas avanzaron hasta Constantinopla (Estambul hoy en día), la capital de los bizantinos, en el año 617 d. C. Nadie pensó que los bizantinos podrían convertir la derrota en la victoria tan pronto en el futuro; cuando estos versículos fueron revelados, los paganos de La Meca se burlaron de ellos y de los musulmanes por creer en ellos.

Sin embargo, en 622 d. C., solo nueve años después del principio de esta guerra, la suerte de la batalla empezó a cambiar a favor de los bizantinos. En ese año, el Mensajero de Dios, la paz y las bendiciones sean con él, también emigró a Medina. En el año 624 d. C., otra vez nueve años después de la victoria decisiva de los persas, los bizantinos obtuvieron la primera victoria sobre ellos y destruyeron el lugar de nacimiento de Zoroastro en Azerbaiyán. También este año los musulmanes fueron victoriosos en la Batalla de Badr contra los politeístas de La Meca. Cuando los bizantinos derrotaron totalmente a los persas en el año 627 d. C., los musulmanes ganaron la Batalla del Foso, y el siguiente año firmaron el Tratado de Judaybiya, el cual el Corán describe como una «victoria manifiesta» (48:1); éste abrió la puerta a la expansión libre del Islam. En este mismo año se atestiguó el encarcelamiento y la muerte del rey persa, y la entrada del Mensajero en La Meca para un peregrinaje menor.

2. Acerca del acto de originar la creación por parte de Dios y luego recrearla o reproducirla, véanse el *sura* 21:104, nota 25; el *sura* 55:29, nota 11. También véase el *sura* 29:19-20, nota 5.

وَاَمَّا الَّذِينَ كَفَرُوا وَكَذَّبُوا بِاٰيَاتِنَا وَلِقَاۤئِ الْاٰخِرَةِ فَاُولٰۤئِكَ
فِي الْعَذَابِ مُحْضَرُونَ ﴿١٦﴾ فَسُبْحَانَ اللّٰهِ حِينَ تُمْسُونَ
وَحِينَ تُصْبِحُونَ ﴿١٧﴾ وَلَهُ الْحَمْدُ فِي السَّمٰوَاتِ وَالْاَرْضِ
وَعَشِيًّا وَحِينَ تُظْهِرُونَ ﴿١٨﴾ يُخْرِجُ الْحَيَّ مِنَ الْمَيِّتِ
وَيُخْرِجُ الْمَيِّتَ مِنَ الْحَيِّ وَيُحْيِ الْاَرْضَ بَعْدَ مَوْتِهَا
وَكَذٰلِكَ تُخْرَجُونَ ﴿١٩﴾ وَمِنْ اٰيَاتِهِ اَنْ خَلَقَكُمْ مِنْ تُرَابٍ
ثُمَّ اِذَا اَنْتُمْ بَشَرٌ تَنْتَشِرُونَ ﴿٢٠﴾ وَمِنْ اٰيَاتِهِ اَنْ خَلَقَ لَكُمْ
مِنْ اَنْفُسِكُمْ اَزْوَاجًا لِتَسْكُنُوا اِلَيْهَا وَجَعَلَ بَيْنَكُمْ
مَوَدَّةً وَرَحْمَةً اِنَّ فِي ذٰلِكَ لَاٰيَاتٍ لِقَوْمٍ يَتَفَكَّرُونَ ﴿٢١﴾
وَمِنْ اٰيَاتِهِ خَلْقُ السَّمٰوَاتِ وَالْاَرْضِ وَاخْتِلَافُ اَلْسِنَتِكُمْ
وَاَلْوَانِكُمْ اِنَّ فِي ذٰلِكَ لَاٰيَاتٍ لِلْعَالِمِينَ ﴿٢٢﴾ وَمِنْ اٰيَاتِهِ
مَنَامُكُمْ بِالَّيْلِ وَالنَّهَارِ وَابْتِغَاۤؤُكُمْ مِنْ فَضْلِهِ اِنَّ فِي
ذٰلِكَ لَاٰيَاتٍ لِقَوْمٍ يَسْمَعُونَ ﴿٢٣﴾ وَمِنْ اٰيَاتِهِ يُرِيكُمُ
الْبَرْقَ خَوْفًا وَطَمَعًا وَيُنَزِّلُ مِنَ السَّمَاۤءِ مَاۤءً فَيُحْيِي بِهِ
الْاَرْضَ بَعْدَ مَوْتِهَا اِنَّ فِي ذٰلِكَ لَاٰيَاتٍ لِقَوْمٍ يَعْقِلُونَ ﴿٢٤﴾

16. Sin embargo aquellos que no creen y niegan Nuestras Revelaciones y el último encuentro (con Nosotros) en el Más Allá, tales estarán procesados para el castigo (en el Infierno).

17. Así que glorificad a Dios cuando llegáis a la noche y cuando llegáis a la mañana,

18. —Y (declarad que) toda la alabanza y la gratitud en los Cielos y en la Tierra son para Él— y por la tarde, y cuando llegáis al mediodía[3].

19. Él crea a lo vivo de lo muerto, y crea a lo muerto de lo vivo, y revivifica la Tierra después de su muerte. Es de esta manera (que Él revivifica la Tierra muerta) que seréis resucitados[4].

20. Y entre Sus signos está que os ha creado de la tierra, y desde (entonces), os habéis convertido en una población humana dispersada extensamente.

21. Y entre Sus signos está que ha creado para vosotros, de vosotros mismos, compañeras para que os inclinéis hacia ellas y encontréis reposo en ellas, y ha originado amor y ternura entre vosotros. Sin duda en esto se dan signos para la gente que reflexiona.

22. Y entre Sus signos está la creación de los Cielos y de la Tierra, y la diversidad de vuestros idiomas y colores. Sin duda en esto se dan signos en realidad para la gente que tiene conocimiento (de los hechos en la creación, y que no tiene prejuicios).

23. Y entre Sus signos está vuestro acto de dormir por la noche y el día, y vuestro acto de buscar (los sustentos) de Su munificencia. No cabe duda de que en esto se dan signos para la gente que escucha (a los mensajes de Dios en la creación, y Su provisión a toda la creación).

24. Y entre Sus signos está que os expone el relámpago ante vosotros, motivo de temor (de ser golpeado) y de esperanza (por la lluvia), y que Él hace descender agua del cielo, y revivifica con ella la Tierra después de su muerte. No cabe duda de que en esto se dan signos para la gente que razona y comprende.

3. Aunque el acto de glorificar a Dios o proclamar Su condición de ser absolutamente libre de cualquier defecto o copartícipe no se restringe a ciertos momentos, la mayoría de los comentaristas sugieren que estos dos últimos versículos especifican los tiempos de las Oraciones diarias. Sobre el significado de estos momentos y su especificación, véase el *sura* 17:78-79, notas 33-34.

La glorificación es saber y declarar que Dios se halla por encima de tener cualquier atributo que nunca son propios de Él, tal y como tener defectos; tener copartícipes; engendrar o ser engendrado; unión (es decir con alguna criatura); y encarnación (es decir adoptando cualquier forma de presentación o representación de Sí Mismo). Alabarle a Dios significa conocer y declararle a Él con los Atributos que Le pertenecen y que son propios de Él, y agradecerle.

Es Dios Quien ha creado los Cielos y la Tierra y todo lo que se halla en ellos y entre los mismos, y Quien ha designado muchas cosas en ellos al servicio del ser humano; toda la alabanza y la gratitud son para Él. Por otra parte, todo lo que se halla en los Cielos y en la Tierra alaba a Él, cada uno en su propia lengua o en la lengua de su carácter.

4. Este versículo, el cual menciona acontecimientos concretos en la naturaleza, también insinúa que Dios a veces hace nacer a un creyente en una familia no creyente, o un incrédulo en una familia creyente; y que Él puede causar finalmente a un creyente apostatar por sus pecados, o a un incrédulo volver al redil del Islam solamente por Su gracia o debido a algunos de los buenos actos de esa persona. Al mencionar el acto de resucitar a los muertos como análogo a revivificar la Tierra muerta, también sugiere que el acto de resucitar a una persona no creyente «muerta» por parte de Dios (6:122) es análogo a revivificar la Tierra muerta. Para tales analogías insinuadas en el Corán, véase el *sura* 7:55-58, nota 14.

25. Y entre Sus signos está que el Cielo y la Tierra se mantienen firmes (subsistiendo) por Su Orden[5]. Al final, cuando Él os llama de la Tierra (con una sola llamada especial), entonces (inmediatamente) vais a salir.

26. A Él pertenece todo lo que se halla en los Cielos y sobre la Tierra. Todos son obedientes a Él sirviéndole de manera humilde[6].

27. Él es Quien origina la creación al principio y luego la reproduce (en el mundo), y devolverá la vida (en el Más Allá): y esto (la reproducción y devolver la vida) es más fácil para Él[7]. Cualquier atributo de sublimidad que haya (como existencia, vida, autoridad, conocimiento, munificencia, y poder, etc.) en los Cielos y en la Tierra es Suyo en sumo grado, y Él es Glorioso poseedor de irresistible poder, Omnisapiente.

28. Él presenta una parábola de vosotros mismos: ¿Consideráis para aquellos, quienes están bajo vuestra posesión y autoridad (los esclavos o animales), una parte en lo que os hemos proveído, de modo que vosotros y ellos tengan partes iguales en ello, y les respetéis con reverencia como respetáis con reverencia uno al otro?[8] Así que, exponemos detalladamente los signos (de Nuestra Unidad) para la gente que razona y comprende.

29. ¡No, de verdad! Aquellos que cometen (el gran) mal (atribuyendo copartícipes a Dios) siguen solamente sus propios deseos y caprichos, sin (basarse en cualquier) conocimiento. ¿Quién tiene poder para dirigirle a quien Dios ha extraviado (a causa de seguir solamente sus deseos y caprichos)? Y tales no tienen a nadie para que les ayude (a la salvación).

406 سُورَةُ الرُّومِ

وَمِنْ اٰيَاتِه۪ٓ اَنْ تَقُومَ السَّمَٓاءُ وَالْاَرْضُ بِاَمْرِه۪ۜ ثُمَّ اِذَا
دَعَاكُمْ دَعْوَةً مِنَ الْاَرْضِ اِذَٓا اَنْتُمْ تَخْرُجُونَ ﴿٢٥﴾ وَلَهُ مَنْ
فِي السَّمٰوَاتِ وَالْاَرْضِۜ كُلٌّ لَهُ قَانِتُونَ ﴿٢٦﴾ وَهُوَ الَّذ۪ي
يَبْدَؤُا الْخَلْقَ ثُمَّ يُع۪يدُهُ وَهُوَ اَهْوَنُ عَلَيْهِۜ وَلَهُ الْمَثَلُ
الْاَعْلٰى فِي السَّمٰوَاتِ وَالْاَرْضِۚ وَهُوَ الْعَز۪يزُ الْحَك۪يمُ ﴿٢٧﴾
ضَرَبَ لَكُمْ مَثَلًا مِنْ اَنْفُسِكُمْۜ هَلْ لَكُمْ مِنْ مَا مَلَكَتْ
اَيْمَانُكُمْ مِنْ شُرَكَٓاءَ ف۪ي مَا رَزَقْنَاكُمْ فَاَنْتُمْ ف۪يهِ سَوَٓاءٌ
تَخَافُونَهُمْ كَخ۪يفَتِكُمْ اَنْفُسَكُمْۜ كَذٰلِكَ نُفَصِّلُ الْاٰيَاتِ
لِقَوْمٍ يَعْقِلُونَ ﴿٢٨﴾ بَلِ اتَّبَعَ الَّذ۪ينَ ظَلَمُٓوا اَهْوَٓاءَهُمْ بِغَيْرِ
عِلْمٍۚ فَمَنْ يَهْد۪ي مَنْ اَضَلَّ اللّٰهُۜ وَمَا لَهُمْ مِنْ نَاصِر۪ينَ ﴿٢٩﴾
فَاَقِمْ وَجْهَكَ لِلدّ۪ينِ حَن۪يفًاۜ فِطْرَتَ اللّٰهِ الَّت۪ي فَطَرَ النَّاسَ
عَلَيْهَاۜ لَا تَبْد۪يلَ لِخَلْقِ اللّٰهِۜ ذٰلِكَ الدّ۪ينُ الْقَيِّمُۙ وَلٰكِنَّ
اَكْثَرَ النَّاسِ لَا يَعْلَمُونَۙ ﴿٣٠﴾ مُن۪يب۪ينَ اِلَيْهِ وَاتَّقُوهُ وَاَق۪يمُوا
الصَّلٰوةَ وَلَا تَكُونُوا مِنَ الْمُشْرِك۪ينَۙ ﴿٣١﴾ مِنَ الَّذ۪ينَ فَرَّقُوا
د۪ينَهُمْ وَكَانُوا شِيَعًاۜ كُلُّ حِزْبٍ بِمَا لَدَيْهِمْ فَرِحُونَ ﴿٣٢﴾

وَاِذَا مَسَّ

30. Así que permanece firme con todo tu ser en la Religión (del Islam) como alguien de pura fe (libre de incredulidad, politeísmo e hipocresía). Éste es el patrón original perteneciente a Dios en el cual ha originado al ser humano. Ningún cambio puede haber en la creación de Dios. Ésta es la Religión siempre verdadera y recta, pero la mayoría de la gente no lo saben[9].

31. (Permanece firme con todo tu ser, tú y los creyentes en tu compañía, en la Religión siempre verdadera y recta) dirigiéndoos en devoción solo a Él, y apartaos de la desobediencia a Él en veneración a Él y piedad, y estableced la Oración conforme a sus condiciones; y no seáis de aquellos que atribuyen copartícipes (a Él),

32. Aquellos que han dividido su religión (mientras que deben aceptarla en su totalidad), y se dividieron en diversos grupos (siguiendo a diferentes guías a la falsedad), cada grupo se alegra por lo que (la porción) tiene.

---

5. Dios es el Ser Todopoderoso Quien puede hacer lo que quiera por solo la orden de «¡Sé!». Sin embargo, en el reino corpóreo, Él actúa detrás del velo de la causa y el efecto o el curso habitual de los hechos; es decir, Su ejercicio de Sus decretos o voluntad en el reino corpóreo suscita en nuestras mentes algunas nociones que llamamos las «leyes naturales». Así pues, esta declaración significa que el Cielo y la Tierra se mantienen firmes y subsisten por las leyes que se promulgan del reino puro de Sus órdenes que se originan de Sus atributos de Poder y Voluntad.

6. Sobre la obediencia de todos los seres a Dios, véase el *sura* 3:83, nota 16.

7. Todo es igual de fácil para Dios. Así que el uso de *más fácil* en el versículo es desde el punto de vista de la comprensión y percepción de los seres humanos. La reproducción, o devolver la vida a algo, es con toda certeza más fácil que la creación original. Así que, este versículo se dirige a aquellos que ven la destrucción final del mundo y su reconstrucción como imposible, y significa que si alguien puede inventar u originar algo, puede reproducirlo más fácilmente. Por lo tanto, destruir el mundo y reconstruirlo de ninguna manera puede ser difícil para Dios, Quien lo creó.

8. Esta comparación es muy significativa. Básicamente, lo que poseemos pertenece a Dios, y nuestra parte en su adquisición es mínima. Por ejemplo, para producir una sola manzana, debe haber una semilla de manzana, la cual toda la humanidad no podría producir aunque se reuniese, y casi el universo entero (incluyendo el Sol, el aire, el agua y la tierra) debe cooperar en una manera perfectamente medida. Ninguno de éstos está en nuestro poder de crear o controlar. Nuestra parte en una manzana es solamente nuestro esfuerzo que empleamos en su crecimiento y cosecha, y es Dios Quien nos ha dotado con el poder y la capacidad necesarios, y con nuestro cuerpo. Nuestra parte en cualquier máquina que hagamos no es más que esto. La materia prima que utilizamos en la fabricación de ello, y su utilidad en la producción o la fabricación, así como las «leyes» físicas y/o químicas que están implicadas en su producción, pertenecen solamente a Dios. Por otra parte, es Él Quien nos ha dotado con la capacidad de aprender y de hacer cosas. A pesar de este hecho claro, nunca aceptamos que otros tienen alguna parte en nuestro derecho a la posesión y al uso de tales máquinas o instrumentos. Pero Dios es el único Creador y el Dueño de todas las cosas en el universo, incluyendo a nosotros, sin que otra persona tenga parte en su creación o propiedad. Sin embargo, aceptando muchas otras fuerzas, tales como los ángeles, o algunas personas importantes, o «la naturaleza», o «fuerzas y leyes naturales», o hasta ellos mismos, mucha gente Le atribuye copartícipes a Él en Divinidad o autoridad con respecto al reinado del universo y el orden de la vida humana. Este es el más grande de las maldades e injusticias, y expresiones de ignorancia.

9. Para una explicación de este versículo, véase Apéndice 13.

33. Cuando la aflicción sobreviene a la gente, invocan a su Señor dirigiéndose a Él en arrepentimiento; luego, nada más les favorece con una muestra de la misericordia de Él, algunos de ellos Le atribuyen copartícipes a su Señor, (Quien les creó, y les sustenta y cuida).

34. Así (se comportan) con la ingratitud incrédula por todo lo que les hemos concedido. Entonces, ¡disfrutad (durante algún tiempo de los favores mundanos que Él os ha concedido), pero con el tiempo llegaréis a saber!

35. ¿O acaso les hemos hecho descender una autorización que habla a favor de su atribución de copartícipes a Él?

36. Cuando favorecemos a la gente con una muestra de la misericordia, se alegran con ello (sin pensar en Él Quien se lo concede). Sin embargo si algún mal les sobreviene por lo que sus manos anticiparon, entonces pierden inmediatamente toda la esperanza.

37. Acaso nunca han considerado que Dios aumenta la provisión a quien Su Voluntad dispone, y la escatima (a quien Su Voluntad dispone). Sin duda en esto se dan signos para la gente que creerá y que profundizará en la fe.

38. Y entonces dale sus derechos[10] a los parientes, así como al indigente y al viajero. Eso es lo mejor para aquellos que busquen la «Faz» de Dios (Su aprobación y complacencia); y aquellos son los prósperos.

39. Lo que dais a la gente en usura con la esperanza de que pueda volver a vosotros aumentado a través de los bienes de (otra) gente, no aumentará ante Dios. Mientras que lo que dais en caridad buscando la «Faz» de Dios (Su aprobación

وَاِذَا مَسَّ النَّاسَ ضُرٌّ دَعَوْا رَبَّهُمْ مُنِيبِينَ اِلَيْهِ ثُمَّ اِذَا اَذَاقَهُمْ
مِنْهُ رَحْمَةً اِذَا فَرِيقٌ مِنْهُمْ بِرَبِّهِمْ يُشْرِكُونَ ﴿٣٣﴾ لِيَكْفُرُوا بِمَا
اٰتَيْنَاهُمْ فَتَمَتَّعُوا فَسَوْفَ تَعْلَمُونَ ﴿٣٤﴾ اَمْ اَنْزَلْنَا عَلَيْهِمْ سُلْطَانًا
فَهُوَ يَتَكَلَّمُ بِمَا كَانُوا بِهِ يُشْرِكُونَ ﴿٣٥﴾ وَاِذَا اَذَقْنَا النَّاسَ
رَحْمَةً فَرِحُوا بِهَا وَاِنْ تُصِبْهُمْ سَيِّئَةٌ بِمَا قَدَّمَتْ اَيْدِيهِمْ
اِذَا هُمْ يَقْنَطُونَ ﴿٣٦﴾ اَوَلَمْ يَرَوْا اَنَّ اللّٰهَ يَبْسُطُ الرِّزْقَ لِمَنْ
يَشَاءُ وَيَقْدِرُ اِنَّ فِي ذٰلِكَ لَاٰيَاتٍ لِقَوْمٍ يُؤْمِنُونَ ﴿٣٧﴾ فَاٰتِ
ذَا الْقُرْبٰى حَقَّهُ وَالْمِسْكِينَ وَابْنَ السَّبِيلِ ذٰلِكَ خَيْرٌ لِلَّذِينَ
يُرِيدُونَ وَجْهَ اللّٰهِ وَاُولٰئِكَ هُمُ الْمُفْلِحُونَ ﴿٣٨﴾ وَمَا اٰتَيْتُمْ
مِنْ رِبًا لِيَرْبُوَا فِي اَمْوَالِ النَّاسِ فَلَا يَرْبُوا عِنْدَ اللّٰهِ وَمَا اٰتَيْتُمْ
مِنْ زَكٰوةٍ تُرِيدُونَ وَجْهَ اللّٰهِ فَاُولٰئِكَ هُمُ الْمُضْعِفُونَ ﴿٣٩﴾
اَللّٰهُ الَّذِي خَلَقَكُمْ ثُمَّ رَزَقَكُمْ ثُمَّ يُمِيتُكُمْ ثُمَّ يُحْيِيكُمْ هَلْ
مِنْ شُرَكَائِكُمْ مَنْ يَفْعَلُ مِنْ ذٰلِكُمْ مِنْ شَيْءٍ سُبْحَانَهُ وَتَعَالٰى
عَمَّا يُشْرِكُونَ ﴿٤٠﴾ ظَهَرَ الْفَسَادُ فِي الْبَرِّ وَالْبَحْرِ بِمَا كَسَبَتْ
اَيْدِي النَّاسِ لِيُذِيقَهُمْ بَعْضَ الَّذِي عَمِلُوا لَعَلَّهُمْ يَرْجِعُونَ ﴿٤١﴾

y complacencia), para aquellos se da aumento (de recompensa) multiplicado[11].

40. Dios es Quien os crea, luego os sustenta (suministrándoos), luego os hace morir, y luego os resucitará. ¿Acaso hay alguien entre los copartícipes que atribuís (a Dios) que hace cualquier cosa de eso? ¡Gloria a Él, y Él se halla infinitamente Ensalzado por encima de todo lo que Le atribuyen (a Él)!

41. La corrupción y el desorden han aparecido en la Tierra y en el mar debido a lo que las manos de la gente han (hecho y) ganado (de actos malvados). Así que les hace probar la consecuencia de algo de lo que han hecho, de modo que puedan (tener en cuenta, arrepentirse y reformarse, y así) dirigirse (al camino recto)[12].

10. Es muy significativo que el Corán emplea las palabras «sus derechos» para la parte que se debe dar a los necesitados de la riqueza que alguien tiene. Significa que ya que es Dios Quien suministra a todos, la parte que los ricos deben dar a los necesitados básicamente pertenece a los necesitados. Dios concede esta parte a los ricos para los pobres; indicando a los ricos la orden de dar, Él abre una puerta a través de la cual pueden ganar méritos para su vida eterna y establece un puente entre la gente en la sociedad, por lo tanto crea medios de ayuda mutua y solidaridad. Así que quien no da a los necesitados la parte que debe dar ha usurpado su parte.

11. El Islam nunca pretende favorecer a la hipocresía o a los hipócritas. Así pues antes de establecer una ley, primero educa y prepara los corazones y las mentes a su favor o en contra de ella. Esta es la razón por la cual los Compañeros del Profeta pudieron aceptar fácilmente cualquier mandamiento cuando fue revelado. Con este propósito, el Islam siguió una manera paulatina en establecer su código legal. En La Meca, preparó los corazones y las mentes para sus futuros mandamientos judiciales. Por ejemplo, en el *sura* 17:22-39, expuso muchas normas solo como valores morales; más tarde muchas de éstas se convertirían en leyes en Medina. También siguió una manera paulatina en prohibir los vicios establecidos tales como beber alcohol y las transacciones con interés. Este versículo es el primero que se reveló en pos de la prohibición decisiva de las transacciones con interés, con la intención de alentar a los musulmanes para que lo evitaran. Alguna gente daría regalos o cosas similares a la otra, especialmente los comerciantes y prestamistas; esto no fue hecho con una intención pura, sino con la esperanza o intención de que pudiese volver a ellos, aumentado en valor. Es decir, aquellos que recibieron estos «regalos» los utilizarían en su comercio para transacciones lucrativas, y devuelven los «regalos» con la cantidad o valor adicional al dueño original.

12. Todas las convulsiones y males sociales, las guerras injustas, las corrupciones, la contaminación medioambiental, y catástrofes similares surgen de la rebelión humana contra Dios y Su Religión. Dios ha establecido la vida humana en el hecho de que esta rebelión humana causa tales calamidades. La sabiduría básica detrás de esto es que el ser humano será despertado a la verdad y, enmendándose, se dirigirá a Dios en fe y obediencia. Pero, desafortunadamente, el número de gente que percibe esto es muy limitado. Especialmente, el materialismo científico y la filosofía materialista hacen esta opinión casi imposible y atribuyen cada cosa a la «naturaleza» o crearse a sí mismo.

42. Di: «Viajad por la Tierra y contemplad cómo han acabado aquellos que vivieron antes de vosotros. La mayoría de ellos (obstinadamente) atribuían copartícipes (a Dios)».

43. Permanece firme, entonces, con todo tu ser, en la Religión siempre verdadera y recta antes de que venga un Día que Dios no eliminará (de ellos) y nadie puede impedir que lo traiga. Ese Día, serán divididos.

44. Quien no crea, carga con su incredulidad en su contra. Mientras aquellos que (creen y) hacen actos buenos y rectos, hacen provisiones para sí mismos (de una vida feliz y eterna),

45. Porque Él (Dios) recompensará a aquellos que creen y hacen actos buenos y rectos de Su munificencia. Él no ama a los incrédulos.

46. Entre Sus Signos está que Él envía los vientos misericordiosos como buenas nuevas de modo que Él pueda favoreceros con una muestra de Su misericordia, y que los barcos puedan navegar por Su orden (según las leyes que ha establecido), y que podáis buscar Su munificencia, y que (en reconocimiento de todos estos favores Suyos) podáis ser agradecidos (a Él).

47. De hecho, enviamos antes de ti (Oh Mensajero, a otros) Mensajeros, cada uno a su propia gente, y les llegaron a ellos con pruebas claras (de la verdad de la Unidad y Soberanía de Dios). Entonces, vengamos a aquellos incrédulos dedicados a acumular pecado. Nos hemos obligado a salvar a los creyentes.

قُلْ سِيرُوا فِى الْاَرْضِ فَانْظُرُوا كَيْفَ كَانَ عَاقِبَةُ الَّذِينَ
مِنْ قَبْلُ كَانَ اَكْثَرُهُمْ مُشْرِكِينَ ﴿٤٢﴾ فَاَقِمْ وَجْهَكَ لِلدِّينِ الْقَيِّمِ
مِنْ قَبْلِ اَنْ يَاْتِىَ يَوْمٌ لَا مَرَدَّ لَهُ مِنَ اللّٰهِ يَوْمَئِذٍ يَصَّدَّعُونَ ﴿٤٣﴾
مَنْ كَفَرَ فَعَلَيْهِ كُفْرُهُ وَمَنْ عَمِلَ صَالِحًا فَلِاَنْفُسِهِمْ يَمْهَدُونَ ﴿٤٤﴾
لِيَجْزِىَ الَّذِينَ اٰمَنُوا وَعَمِلُوا الصَّالِحَاتِ مِنْ فَضْلِهِ اِنَّهُ
لَا يُحِبُّ الْكَافِرِينَ ﴿٤٥﴾ وَمِنْ اٰيَاتِهِ اَنْ يُرْسِلَ الرِّيَاحَ مُبَشِّرَاتٍ
وَلِيُذِيقَكُمْ مِنْ رَحْمَتِهِ وَلِتَجْرِىَ الْفُلْكُ بِاَمْرِهِ وَلِتَبْتَغُوا مِنْ
فَضْلِهِ وَلَعَلَّكُمْ تَشْكُرُونَ ﴿٤٦﴾ وَلَقَدْ اَرْسَلْنَا مِنْ قَبْلِكَ رُسُلًا اِلٰى
قَوْمِهِمْ فَجَاؤُهُمْ بِالْبَيِّنَاتِ فَانْتَقَمْنَا مِنَ الَّذِينَ اَجْرَمُوا وَكَانَ حَقًّا
عَلَيْنَا نَصْرُ الْمُؤْمِنِينَ ﴿٤٧﴾ اَللّٰهُ الَّذِى يُرْسِلُ الرِّيَاحَ فَتُثِيرُ سَحَابًا
فَيَبْسُطُهُ فِى السَّمَاءِ كَيْفَ يَشَاءُ وَيَجْعَلُهُ كِسَفًا فَتَرَى الْوَدْقَ
يَخْرُجُ مِنْ خِلَالِهِ فَاِذَا اَصَابَ بِهِ مَنْ يَشَاءُ مِنْ عِبَادِهِ اِذَا هُمْ
يَسْتَبْشِرُونَ ﴿٤٨﴾ وَاِنْ كَانُوا مِنْ قَبْلِ اَنْ يُنَزَّلَ عَلَيْهِمْ مِنْ قَبْلِهِ
لَمُبْلِسِينَ ﴿٤٩﴾ فَانْظُرْ اِلٰى اٰثَارِ رَحْمَتِ اللّٰهِ كَيْفَ يُحْيِ الْاَرْضَ
بَعْدَ مَوْتِهَا اِنَّ ذٰلِكَ لَمُحْيِ الْمَوْتٰى وَهُوَ عَلٰى كُلِّ شَيْءٍ قَدِيرٌ ﴿٥٠﴾

وَلَئِنْ

48. Dios es Aquel Quien envía los vientos misericordiosos, de modo que hagan moverse a las nubes, y Él las extiende en el cielo de la manera que Él quiera, y las hace partículas agregadas, y, ¡ves la lluvia salir de entre ellas! Cuando Él la ha hecho caer sobre tales de Sus siervos que Su Voluntad dispone, se alegran,

49. Aunque hace un rato, justo antes de que fuese enviada sobre ellos, estaban desesperados.

50. Contempla, entonces, las impresiones de la Misericordia de Dios, cómo revivifica la Tierra después de su muerte: con toda certeza entonces es Él Quien resucitará a los muertos (en una manera similar). Él posee pleno poder sobre todas las cosas[13].

13. El Corán presenta varias pruebas con respecto a la Resurrección. Por ejemplo, para grabar en el corazón humano la maravilla de lo que realizará el Todopoderoso en el Más Allá, y para preparar la mente humana para aceptar y entenderlo, el Corán presenta la maravilla de lo que Él realiza aquí en el mundo. Da ejemplos de los actos abarcadores de Dios en el macrocosmo y, a veces, presenta Su disposición total del macrocosmo, normocosmo, y microcosmo (el universo, la humanidad, y los átomos, respectivamente). El versículo 13:2 es un ejemplo de esto.

El Corán presenta el fenómeno de la creación del universo, lo cual define como la primera creación (56:62), mientras que describe la resurrección como la segunda creación (53:47), para demostrar la Resurrección. También dirige nuestra atención a nuestro propio origen para este mismo propósito (22:5; 23:13-16).

Al establecer analogías entre la Resurrección y los actos de Dios en este mundo, el Corán se refiere a veces a los hechos que Dios realizará en el Más Allá de tal manera que estamos convencidos de ellos, señalando semejanzas a lo que observamos aquí. También demuestra Sus hechos similares en el mundo y hace comparaciones entre ellos y la Resurrección. Un ejemplo de ello es el *sura* 36:78-81.

El Corán compara la Resurrección al rejuvenecimiento o renacimiento de la primavera de la Tierra después de su muerte en invierno. Así como los innumerables ejemplos de la muerte y el renacimiento o la renovación que se atestiguan constantemente en la naturaleza y en nuestros propios cuerpos, una muerte y un renacimiento total se repiten cada año. Durante el invierno, un blanco «velo» cubre la mayoría de la Tierra. La naturaleza ya se ha puesto pálida y demuestra pocas señales de vida. Los árboles se parecen nada más que a los huesos duros. Las hierbas se decoloran, las flores se marchitan, los pájaros migratorios se van, y los insectos y reptiles desaparecen.

Pero el invierno no es eterno, porque es seguido por un renacimiento general. Cuando empieza a hacer calor, los árboles empiezan a echar brotes y, vistiéndose sus galas, se presentan ante el Testigo Eterno. La tierra crece, y las hierbas y flores empiezan a florecer en todas partes. Las semillas que cayeron en la tierra el otoño anterior han germinado y, aniquilándose, empiezan a crecer en nuevas formas de vida sin sufrir la más mínima confusión. Todas estas nuevas cosas son parecidas (pero no idénticas) a aquellas que nacieron el año anterior. En resumen, la naturaleza aparece ante nosotros con todo su esplendor y sus mejores galas. La resurrección de los muertos el Día del Juicio Final será muy parecida a esto (41:39; 71:17-18;75:36-40).

وَلَئِنْ اَرْسَلْنَا رِيحًا فَرَاَوْهُ مُصْفَرًّا لَظَلُّوا مِنْ بَعْدِهٖ يَكْفُرُونَ ﴿٥١﴾
فَاِنَّكَ لَا تُسْمِعُ الْمَوْتٰى وَلَا تُسْمِعُ الصُّمَّ الدُّعَٓاءَ اِذَا
وَلَّوْا مُدْبِرِينَ ﴿٥٢﴾ وَمَٓا اَنْتَ بِهَادِ الْعُمْىِ عَنْ ضَلَالَتِهِمْۜ اِنْ
تُسْمِعُ اِلَّا مَنْ يُؤْمِنُ بِاٰيَاتِنَا فَهُمْ مُسْلِمُونَ ﴿٥٣﴾ اَللّٰهُ الَّذٖى
خَلَقَكُمْ مِنْ ضَعْفٍ ثُمَّ جَعَلَ مِنْ بَعْدِ ضَعْفٍ قُوَّةً ثُمَّ جَعَلَ
مِنْ بَعْدِ قُوَّةٍ ضَعْفًا وَشَيْبَةًۜ يَخْلُقُ مَا يَشَٓاءُۚ وَهُوَ الْعَلٖيمُ
الْقَدٖيرُ ﴿٥٤﴾ وَيَوْمَ تَقُومُ السَّاعَةُ يُقْسِمُ الْمُجْرِمُونَ مَا لَبِثُوا
غَيْرَ سَاعَةٍۜ كَذٰلِكَ كَانُوا يُؤْفَكُونَ ﴿٥٥﴾ وَقَالَ الَّذٖينَ اُوتُوا
الْعِلْمَ وَالْاٖيمَانَ لَقَدْ لَبِثْتُمْ فٖى كِتَابِ اللّٰهِ اِلٰى يَوْمِ الْبَعْثِۘ
فَهٰذَا يَوْمُ الْبَعْثِ وَلٰكِنَّكُمْ كُنْتُمْ لَا تَعْلَمُونَ ﴿٥٦﴾ فَيَوْمَئِذٍ
لَا يَنْفَعُ الَّذٖينَ ظَلَمُوا مَعْذِرَتُهُمْ وَلَا هُمْ يُسْتَعْتَبُونَ ﴿٥٧﴾
وَلَقَدْ ضَرَبْنَا لِلنَّاسِ فٖى هٰذَا الْقُرْاٰنِ مِنْ كُلِّ مَثَلٍۜ وَلَئِنْ
جِئْتَهُمْ بِاٰيَةٍ لَيَقُولَنَّ الَّذٖينَ كَفَرُٓوا اِنْ اَنْتُمْ اِلَّا مُبْطِلُونَ ﴿٥٨﴾
كَذٰلِكَ يَطْبَعُ اللّٰهُ عَلٰى قُلُوبِ الَّذٖينَ لَا يَعْلَمُونَ ﴿٥٩﴾ فَاصْبِرْ
اِنَّ وَعْدَ اللّٰهِ حَقٌّ وَلَا يَسْتَخِفَّنَّكَ الَّذٖينَ لَا يُوقِنُونَ ﴿٦٠﴾

51. Pero si enviamos un viento abrasador (sobre su tierra), y la ven (cargada de polvo) marchita, empiezan, justo después de esta (alegría), a mostrar ingratitud incrédula (como si Dios estuviera obligado a tratarles siempre con misericordia y que no fuera Dios Quien sustenta a ellos).

52. En verdad que tú no puedes hacer que los muertos oigan, ni tampoco que el sordo escuche la llamada una vez que han dado la espalda, alejándose.

53. Ni puedes guiar a los ciegos fuera de su error. No puedes hacer escuchar a nadie salvo aquellos que (siendo capaces de reflexionar sin prejuicios) creen en Nuestras Revelaciones y señales (en el mundo externo, así como también en su mundo interno), y están (por lo tanto) preparados para someterse (a la verdad).

54. Dios es Aquel Quien os crea en un estado de debilidad, y luego os da fuerza después de la debilidad, y luego, después de un período de fortaleza, ordena debilidad (de la vejez) y el pelo cano. Crea como Su Voluntad dicta. Él es Omnisapiente, Todopoderoso.

55. Cuando llegue la Última Hora y el Juicio Final esté establecido, los criminales incrédulos juran que permanecieron en el mundo nada más que un corto tiempo (del día). Así constantemente habían dado la espalda de la verdad (dependiendo siempre de su percepción sensorial, razonamiento falso y conocimiento defectuoso).

56. Sin embargo aquellos que fueron dotados con conocimiento (de la verdad) y fe dicen: «Ciertamente, habéis permanecido hasta el Día de Resurrección según cómo Dios decretó en Su Libro (de Creación y Vida). Y ahora éste es el Día de Resurrección, pero estabais (de manera persistente) rechazando el verdadero conocimiento (de ello).

57. Ese Día, sus excusas no les servirán de nada a los malhechores (quienes negaron a Dios o atribuyeron copartícipes a Él), ni se les permitirá enmendarse (y ofrecer disculpas para escapar del castigo).

58. Sin duda, hemos mostrado para el ser humano en este Corán todo tipo de parábolas y comparaciones (para ayudarles a entender la verdad). Aunque les presentas un milagro (del tipo que desean), aquellos que (no prestan atención a estas parábolas y comparaciones, y obstinadamente) no creen dirán ciertamente (a los creyentes): «Estáis buscando solamente un camino falso».

59. Así Dios sella los corazones de aquellos que no tienen ningún (afecto al) conocimiento.

60. Así que ten paciencia; no cabe duda de que la promesa de Dios (que Él ayudará a los creyentes a la victoria) es verdad. Y no dejes que aquellos que carecen de certeza (de esta verdad) afecten a tu firmeza[14].

---

14. El *sura* comenzó con la promesa de Dios que Él ayudaría a los creyentes a la victoria y que se alegrarían. Termina con la reiteración de esta promesa, reforzando la firmeza del Mensajero, la paz y las bendiciones sean con él, y de los creyentes frente a las duras reacciones de los incrédulos.

سُورَةُ لُقْمٰنَ مَكِّيَّةٌ
وَهِيَ أَرْبَعٌ وَثَلَاثُونَ اٰيَةً

بِسْمِ اللّٰهِ الرَّحْمٰنِ الرَّح۪يمِ

الٓمٓ ﴿١﴾ تِلْكَ اٰيَاتُ الْكِتَابِ الْحَك۪يمِ ﴿٢﴾ هُدًى وَرَحْمَةً لِلْمُحْسِن۪ينَ ﴿٣﴾
اَلَّذ۪ينَ يُق۪يمُونَ الصَّلٰوةَ وَيُؤْتُونَ الزَّكٰوةَ وَهُمْ بِالْاٰخِرَةِ هُمْ يُوقِنُونَ ﴿٤﴾
اُو۬لٰٓئِكَ عَلٰى هُدًى مِنْ رَبِّهِمْ وَاُو۬لٰٓئِكَ هُمُ الْمُفْلِحُونَ ﴿٥﴾ وَمِنَ
النَّاسِ مَنْ يَشْتَر۪ي لَهْوَ الْحَد۪يثِ لِيُضِلَّ عَنْ سَب۪يلِ اللّٰهِ بِغَيْرِ عِلْمٍ
وَيَتَّخِذَهَا هُزُوًا اُو۬لٰٓئِكَ لَهُمْ عَذَابٌ مُه۪ينٌ ﴿٦﴾ وَاِذَا تُتْلٰى عَلَيْهِ
اٰيَاتُنَا وَلّٰى مُسْتَكْبِرًا كَاَنْ لَمْ يَسْمَعْهَا كَاَنَّ ف۪ٓي اُذُنَيْهِ وَقْرًا فَبَشِّرْهُ
بِعَذَابٍ اَل۪يمٍ ﴿٧﴾ اِنَّ الَّذ۪ينَ اٰمَنُوا وَعَمِلُوا الصَّالِحَاتِ لَهُمْ جَنَّاتُ
النَّع۪يمِ ﴿٨﴾ خَالِد۪ينَ ف۪يهَا وَعْدَ اللّٰهِ حَقًّا وَهُوَ الْعَز۪يزُ الْحَك۪يمُ ﴿٩﴾
خَلَقَ السَّمٰوَاتِ بِغَيْرِ عَمَدٍ تَرَوْنَهَا وَاَلْقٰى فِي الْاَرْضِ رَوَاسِيَ
اَنْ تَم۪يدَ بِكُمْ وَبَثَّ ف۪يهَا مِنْ كُلِّ دَٓابَّةٍ وَاَنْزَلْنَا مِنَ السَّمَٓاءِ مَٓاءً
فَاَنْبَتْنَا ف۪يهَا مِنْ كُلِّ زَوْجٍ كَر۪يمٍ ﴿١٠﴾ هٰذَا خَلْقُ اللّٰهِ فَاَرُون۪ي
مَاذَا خَلَقَ الَّذ۪ينَ مِنْ دُونِه۪ بَلِ الظَّالِمُونَ ف۪ي ضَلَالٍ مُب۪ينٍ ﴿١١﴾

وَلَقَدْ

SURA 31

LUQMAN

Período de La Meca

Este *sura* que consta de 34 versículos fue revelado en La Meca. Comienza afirmando la sabiduría del Corán, y ofrece perlas de la sabiduría narradas por Luqman. También menciona algunas virtudes de los creyentes; presenta la prueba del Poder y la Unidad de Dios; acentúa la necesidad esencial de los seres humanos de la Religión de Dios; y termina indicando que algunos asuntos no pueden ser conocidos por el ser humano.

En el Nombre de Dios,
el Misericordioso, el Compasivo.

1. *Alif. Lam. Mim.*

2. Estas son las Revelaciones del Libro lleno de sabiduría,

3. Una guía y misericordia para aquellos que se dedican a hacer el bien, y conscientes de que Dios les está contemplando.

4. Establecen la Oración conforme a sus condiciones, y pagan lo que se les debe a los necesitados de sus pertenencias, y en el Más Allá tienen certeza de fe.

5. Aquellos se hallan en la verdadera guía (que tiene su origen en este Libro) de su Señor; y son aquellos dotados de prosperidad.

6. Entre la gente se halla quien paga por los cuentos vanos y conversaciones que desvían para extraviar a la gente del (Corán, que es el) camino de Dios, sin conocimiento, y se burla de él (el Corán). Para dicho (hombre), hay un vergonzoso y humillante castigo.

7. Cuando Nuestras Revelaciones se recitan a tal persona, se aparta de manera arrogante como si no las hubiera oído, como si hubiera pesadez en sus oídos. Entonces dale las buenas nuevas de un castigo doloroso.

8. En contraste con esto, aquellos que creen y hacen actos buenos y rectos, para ellos hay Jardines de generosidad y bendición,

9. En el que morarán. Ésta es una promesa de Dios en verdad. Él es el Glorioso poseedor de irresistible poder, el Omnisapiente.

10. Él ha creado los Cielos sin pilares que podáis ver[1]; y ha establecido montañas firmes en la Tierra para que no pueda sacudiros con su movimiento, y ha dispersado sobre ella toda clase de criaturas vivas. También enviamos agua desde el cielo, y hacemos cada noble clase de vegetación rica (en color, olor, sabor, y fruta) crecer en la Tierra en parejas.

11. Esta es la creación de Dios; ahora demostradme qué es lo que otros aparte de Él han creado. No, de verdad; pero los malhechores (quienes niegan a Dios o atribuyen copartícipes a Él) están perdidos en un extravío evidente.

1. Para una explicación de esta declaración, véase el *sura* 13:2, nota 1.

وَلَقَدْ اٰتَيْنَا لُقْمٰنَ الْحِكْمَةَ اَنِ اشْكُرْ لِلّٰهِ وَمَنْ يَشْكُرْ فَاِنَّمَا يَشْكُرُ
لِنَفْسِهٖ وَمَنْ كَفَرَ فَاِنَّ اللّٰهَ غَنِيٌّ حَمِيدٌ ﴿١٢﴾ وَاِذْ قَالَ لُقْمٰنُ لِابْنِهٖ
وَهُوَ يَعِظُهُ يَا بُنَيَّ لَا تُشْرِكْ بِاللّٰهِ اِنَّ الشِّرْكَ لَظُلْمٌ عَظِيمٌ ﴿١٣﴾
وَوَصَّيْنَا الْاِنْسَانَ بِوَالِدَيْهِ حَمَلَتْهُ اُمُّهُ وَهْنًا عَلٰى وَهْنٍ
وَفِصَالُهُ فِي عَامَيْنِ اَنِ اشْكُرْ لِي وَلِوَالِدَيْكَ اِلَيَّ الْمَصِيرُ ﴿١٤﴾
وَاِنْ جَاهَدَاكَ عَلٰى اَنْ تُشْرِكَ بِي مَا لَيْسَ لَكَ بِهٖ عِلْمٌ فَلَا
تُطِعْهُمَا وَصَاحِبْهُمَا فِي الدُّنْيَا مَعْرُوفًا وَاتَّبِعْ سَبِيلَ مَنْ
اَنَابَ اِلَيَّ ثُمَّ اِلَيَّ مَرْجِعُكُمْ فَاُنَبِّئُكُمْ بِمَا كُنْتُمْ تَعْمَلُونَ ﴿١٥﴾
يَا بُنَيَّ اِنَّهَا اِنْ تَكُ مِثْقَالَ حَبَّةٍ مِنْ خَرْدَلٍ فَتَكُنْ
فِي صَخْرَةٍ اَوْ فِي السَّمٰوَاتِ اَوْ فِي الْاَرْضِ يَأْتِ بِهَا اللّٰهُ
اِنَّ اللّٰهَ لَطِيفٌ خَبِيرٌ ﴿١٦﴾ يَا بُنَيَّ اَقِمِ الصَّلٰوةَ وَاْمُرْ بِالْمَعْرُوفِ وَانْهَ
عَنِ الْمُنْكَرِ وَاصْبِرْ عَلٰى مَا اَصَابَكَ اِنَّ ذٰلِكَ مِنْ عَزْمِ الْاُمُورِ ﴿١٧﴾
وَلَا تُصَعِّرْ خَدَّكَ لِلنَّاسِ وَلَا تَمْشِ فِي الْاَرْضِ مَرَحًا
اِنَّ اللّٰهَ لَا يُحِبُّ كُلَّ مُخْتَالٍ فَخُورٍ ﴿١٨﴾ وَاقْصِدْ فِي مَشْيِكَ
وَاغْضُضْ مِنْ صَوْتِكَ اِنَّ اَنْكَرَ الْاَصْوَاتِ لَصَوْتُ الْحَمِيرِ ﴿١٩﴾

12. Ciertamente concedimos sabiduría[2] a Luqman[3], y dijimos: «Da gracias a Dios». Quien da gracias a Dios, da gracias solo por (el bien de) su propia alma; y quien es desagradecido, sin duda Dios es Acaudalado y Autosuficiente (absolutamente independiente de toda la creación), Digno de Alabanza.

13. (Recuerda) cuando Luqman dijo a su hijo a modo de consejo e instrucción: «¡Mi querido hijo! No atribuyas copartícipes a Dios. Sin duda alguna atribuir copartícipes a Dios es un mal tremendo».

14. Hemos impuesto al ser humano con respecto a sus padres: su madre lo ha portado en el vientre molestia tras molestia, y su destete fue en dos años. (Así que, Oh ser humano,) agradéceme a Mí y a tus padres. A Mí es el último retorno.

15. Pero si te fuerzan a hacerte atribuirme a Mí algo del cual no tienes ciertamente ningún conocimiento (y el cual es absolutamente contrario al Conocimiento), no les obedezcas. Aún así, trátales con amabilidad y consideración debida respecto a (la vida de) este mundo. Sigue el camino de quien se ha dirigido a Mí con suma sinceridad y se ha dedicado a buscar Mi complacencia. Entonces (Oh todos los seres humanos), hacia Mí es vuestro retorno, y entonces haré que entendáis todo lo que hacíais (y os llamaré a rendir cuentas).

16. «¡Mi querido hijo! Sea bueno o malo, si un acto tiene el peso de solo una semilla de mostaza, y aunque esté ocultado en una roca, en los Cielos o en la Tierra, Dios lo saca a la luz (para el juicio). Con toda seguridad Dios es Sutil (que penetra las dimensiones más diminutas de todas las cosas), el Consciente.

17. ¡Mi querido hijo! Establece la Oración conforme a sus condiciones, ordena y promueve lo que es correcto y bueno, y prohíbe y trata de evitar lo que es malo, y aguanta pacientemente lo que puede acontecerte. Ciertamente (todo) esto está entre las cosas muy meritorias que requieren gran resolución para cumplir.

18. No vuelvas la cara a la gente en orgullo desdeñoso, ni te muevas en la Tierra de manera arrogante. Sin duda Dios no ama al orgulloso y fanfarrón.

19. Sé modesto en tu comportamiento, y baja tu voz. Con seguridad, la más repugnante de las voces es el rebuzno de burros».

---

2. Para una explicación de la sabiduría, véase el *sura* 2:129, nota 108 y el versículo 269, nota 159.

3. Luqman es uno de las tres personas —las otras dos son Zu'l-Qarnayn y Uzayr— mencionadas en el Corán sobre las cuales no está claro si eran Profetas o no. Luqman era muy conocido en Arabia antes del advenimiento del Islam por su sabiduría y madurez espiritual. Algunas tradiciones dicen que era de Abisinia y vivió en Egipto (al-Mawdudi, *Tafhim*, «*Sura* Luqman», nota 17). Según algunas otras tradiciones, el profeta Ayyub (Job) y vivió tanto tiempo que vio al profeta Dawud (David) y al profeta Yunus (Jonás), la paz sea con ellos (Yazır, 6:3842).

أَلَمْ تَرَوْا أَنَّ اللَّهَ سَخَّرَ لَكُمْ مَا فِي السَّمَاوَاتِ وَمَا فِي الْأَرْضِ
وَأَسْبَغَ عَلَيْكُمْ نِعَمَهُ ظَاهِرَةً وَبَاطِنَةً ۗ وَمِنَ النَّاسِ مَنْ يُجَادِلُ
فِي اللَّهِ بِغَيْرِ عِلْمٍ وَلَا هُدًى وَلَا كِتَابٍ مُنِيرٍ ﴿٢٠﴾ وَإِذَا قِيلَ
لَهُمُ اتَّبِعُوا مَا أَنْزَلَ اللَّهُ قَالُوا بَلْ نَتَّبِعُ مَا وَجَدْنَا عَلَيْهِ
آبَاءَنَا ۚ أَوَلَوْ كَانَ الشَّيْطَانُ يَدْعُوهُمْ إِلَىٰ عَذَابِ السَّعِيرِ ﴿٢١﴾
وَمَنْ يُسْلِمْ وَجْهَهُ إِلَى اللَّهِ وَهُوَ مُحْسِنٌ فَقَدِ اسْتَمْسَكَ
بِالْعُرْوَةِ الْوُثْقَىٰ ۗ وَإِلَى اللَّهِ عَاقِبَةُ الْأُمُورِ ﴿٢٢﴾ وَمَنْ كَفَرَ
فَلَا يَحْزُنْكَ كُفْرُهُ ۚ إِلَيْنَا مَرْجِعُهُمْ فَنُنَبِّئُهُمْ بِمَا عَمِلُوا ۚ
إِنَّ اللَّهَ عَلِيمٌ بِذَاتِ الصُّدُورِ ﴿٢٣﴾ نُمَتِّعُهُمْ قَلِيلًا ثُمَّ نَضْطَرُّهُمْ
إِلَىٰ عَذَابٍ غَلِيظٍ ﴿٢٤﴾ وَلَئِنْ سَأَلْتَهُمْ مَنْ خَلَقَ السَّمَاوَاتِ
وَالْأَرْضَ لَيَقُولُنَّ اللَّهُ ۚ قُلِ الْحَمْدُ لِلَّهِ ۚ بَلْ أَكْثَرُهُمْ لَا يَعْلَمُونَ ﴿٢٥﴾
لِلَّهِ مَا فِي السَّمَاوَاتِ وَالْأَرْضِ ۚ إِنَّ اللَّهَ هُوَ الْغَنِيُّ الْحَمِيدُ ﴿٢٦﴾
وَلَوْ أَنَّمَا فِي الْأَرْضِ مِنْ شَجَرَةٍ أَقْلَامٌ وَالْبَحْرُ يَمُدُّهُ مِنْ
بَعْدِهِ سَبْعَةُ أَبْحُرٍ مَا نَفِدَتْ كَلِمَاتُ اللَّهِ ۗ إِنَّ اللَّهَ عَزِيزٌ حَكِيمٌ ﴿٢٧﴾
مَا خَلْقُكُمْ وَلَا بَعْثُكُمْ إِلَّا كَنَفْسٍ وَاحِدَةٍ ۗ إِنَّ اللَّهَ سَمِيعٌ بَصِيرٌ ﴿٢٨﴾

أَلَمْ تَرَ

20. ¿No contempláis que Dios ha hecho servir a vosotros todo lo que se halla en los Cielos y todo lo que se halla sobre la Tierra, y ha colmado a vosotros de Sus favores, externos e internos? Sin embargo, entre la gente se dan algunos que discuten sobre Dios sin tener ningún conocimiento verdadero o ninguna guía verdadera, o un iluminante Libro Divino[4].

21. Cuando se les dice a tal gente seguir lo que Dios ha hecho descender, ellos dicen: «¡No, seguiremos aquello (las tradiciones, costumbres, creencias, y prácticas) en lo que encontramos a nuestros antepasados». ¿Aunque Satanás los está invitando al castigo del Fuego (sugiriendo a ellos el camino de sus antepasados)?

22. (La verdad es que) quien somete todo su ser a Dios y se dedica a hacer el bien, consciente de que Dios le está contemplando, de hecho se ha aferrado al asidero más firme e irrompible. Y a Dios se remiten todos los asuntos (y todo lo que Él dispone, ocurre).

23. Además quien no cree, no dejes que su incredulidad te aflija. A Nosotros es su retorno final, y les haremos entender todo lo que hicieron (y les llamaremos a rendir cuentas por ello). Ciertamente Dios posee pleno conocimiento de lo que reposa oculto en los pechos.

24. Vamos a (continuar a) proveer a ellos para que se diviertan durante algún tiempo (en esta vida); luego los obligaremos a un castigo riguroso.

25. Si les preguntarías quién ha creado los Cielos y la Tierra, dirían ciertamente, «Dios». Di: «Toda la alabanza y la gratitud son para Dios», (viendo que incluso aquellos que atribuyen copartícipes a Dios se ven obligados a reconocerle como el Creador; este reconocimiento de hecho destruye las bases del politeísmo)[5]. Sin embargo la mayoría de ellos no saben (lo que ese reconocimiento suyo implica).

26. A Dios pertenece lo que se halla en los Cielos y sobre la Tierra (sobre lo cual tiene la autoridad completa y exclusiva; y, por lo tanto, solo Él es Quien debe ser adorado y nadie más). Dios es Acaudalado y Autosuficiente (absolutamente independiente de toda la creación), Digno de Alabanza (a Quien toda la alabanza y gratitud pertenecen y se Le deben).

27. Si fueran todos los árboles en la Tierra cálamos, y todos los mares (fueran tinta), con siete mares más añadidos a ello, las palabras de Dios (Sus decretos, los actos de todos Sus Nombres y Atributos manifestados como Sus Mandamientos, y los acontecimientos y las criaturas que crea) no se agotarían escribiendo. Sin duda Dios es el Glorioso poseedor de irresistible poder (a Quien nadie puede frustrar, y a Quien nada puede cansar), el Omnisapiente.

28. Vuestra creación y vuestra resurrección no son sino como (la creación y la resurrección) de un solo alma[6]. Ciertamente Dios es Aquel Quien todo lo Oye, todo lo Ve.

---

4. Sobre el conocimiento y la guía, véase el *sura* 22:8, nota 2.

5. Ser el Creador significa poseer la creación, tener la exclusiva autoridad para juzgar y administrar, y merecer la adoración. Por otra parte, como solamente hay Un Creador, Él no puede tener ninguna necesidad de tener un copartícipe en la administración de lo que ha creado, o para compartir Su autoridad sobre ello. Así pues, esta única realidad destruye los fundamentos de cualquier otra ideología o sistema que atribuye copartícipes a Dios en su posición de ser la única Deidad que merece la adoración y obediencia, en su Señorío y soberanía sobre la creación. Aunque ciertos sistemas modernos del pensamiento y el materialismo científico intentan encontrar una fuente para la creación, tales esfuerzos son solamente ideológicos y artificiales. De hecho, deben reconocer la existencia del Único Creador; y, en realidad, muchos o la mayoría de ellos reconocen esto, consciente o inconscientemente, sin embargo insisten obstinadamente en decir lo contrario. Por otra parte, algunos piensan que el reconocimiento del Creador es la «solución más fácil». No obstante es la negación de Él la cual equivale a intentar evadirse de la realidad y refugiarse en lo que es psicológicamente más fácil. Es también una estratagema del atrevimiento y arrogancia humanas, para evitar una responsabilidad moral muy arraigada, y para adaptarse con el temperamento cultural del tiempo, que es el orgullo de la autonomía humana sin restricción en todas las esferas de la vida, algo que no es verdadero ni es creíble, y las consecuencias del cual para el ambiente moral, socioeconómico y físico que habitamos resultan catastróficas.

6. El Eterno Poder Divino es esencial para la Esencia Divina; es un atributo imprescindible de la Divinidad. Cualquier limitación de la capacidad sobre Dios es inconcebible, porque este presupondría la existencia de dos contrarios en el Ser Infinito. Desde que esto es imposible, y ya que la impotencia no puede ocurrir en la Esencia Divina, nada puede afectar al Poder Divino. Como la impotencia no puede existir en el Poder Divino, no puede tener ningún grado, ya que tales grados de la existencia, atributos y potencialidades de una cosa ocurren solamente por medio de la intervención de los contrarios. Los grados de la temperatura ocurren debido a la intervención del frío, y los grados de belleza existen debido a la intervención de la fealdad. El caso es el mismo con todas las cualidades en el universo. Las cosas y los seres contingentes contienen contrarios, porque no existen básicamente de sí mismos y ninguna cualidad pura es esencial para su existencia. Ya que el mundo de contingencias contiene grados y graduaciones, está sujeto al cambio y a la transformación.

Puesto que el Eterno Poder Divino no contiene grados, es igualmente fácil para Él crear u originar las partículas y galaxias. La resurrección de todos los seres humanos es tan fácil para el Poder Divino como resucitar a una persona, y crear toda la primavera es tan fácil como crear una flor. Si la creación o la resurrección fuera atribuida a las causas, crear una flor sería tan difícil como crear la primavera. Sin embargo, si hay solo un Único Creador, para Él, crear todas las cosas es tan fácil como crear una cosa.

Como un ejemplo, el Sol es un ser, pero es universal por sus efectos sobre cada cosa en la Tierra. Todo funciona como si fuera un trono para el Sol. El Sol se manifiesta en todos los objetos con todos sus atributos, y así abarca todo lo que se enfrente con él; con todos o muchos de sus atributos se manifiesta en un solo objeto y en todos los objetos simultáneamente, y así que está presente con todos o muchos de sus atributos en cada artículo.

El Ser Más Santo es absolutamente trascendente y libre de materia, tiempo, y espacio, y se halla exaltado y exento por encima de cualquier restricción, así como de la oscuridad de la densidad y concisión. Sus Atributos son exhaustivos. Nada puede escaparse u ocultarse de Su manifestación con todos sus Atributos, especialmente Su Voluntad universal, Poder absoluto, y Conocimiento abarcador. Nada es difícil para Él.

La luz ilimitada y la reflexión inmaterial del Sol le hacen más cercano a cada cosa y a cada ser que sí mismo, aunque todas las cosas están lejos de él. De la misma manera, el Ser Todopoderoso se halla infinitamente cercano a todas las cosas e infinitamente capaz de hacer cualquier cosa que Él quiera con respecto a ellas [*The Words* («Las Palabras»), «The 16th and 29th Word» «La 16ª Palabra y 29ª Palabra», págs. 210-211, 542-545 respectivamente].

أَلَمْ تَرَ أَنَّ اللّٰهَ يُولِجُ الَّيْلَ فِى النَّهَارِ وَيُولِجُ النَّهَارَ فِى الَّيْلِ
وَسَخَّرَ الشَّمْسَ وَالْقَمَرَ كُلٌّ يَجْرِى اِلٰٓى اَجَلٍ مُسَمًّى وَاَنَّ اللّٰهَ
بِمَا تَعْمَلُونَ خَبِيرٌ ﴿٢٩﴾ ذٰلِكَ بِاَنَّ اللّٰهَ هُوَ الْحَقُّ وَاَنَّ مَا يَدْعُونَ
مِنْ دُونِهِ الْبَاطِلُ وَاَنَّ اللّٰهَ هُوَ الْعَلِيُّ الْكَبِيرُ ﴿٣٠﴾ اَلَمْ تَرَ اَنَّ الْفُلْكَ
تَجْرِى فِى الْبَحْرِ بِنِعْمَتِ اللّٰهِ لِيُرِيَكُمْ مِنْ اٰيَاتِهِ اِنَّ فِى ذٰلِكَ
لَاٰيَاتٍ لِكُلِّ صَبَّارٍ شَكُورٍ ﴿٣١﴾ وَاِذَا غَشِيَهُمْ مَوْجٌ كَالظُّلَلِ دَعَوُا
اللّٰهَ مُخْلِصِينَ لَهُ الدِّينَ فَلَمَّا نَجّٰيهُمْ اِلَى الْبَرِّ فَمِنْهُمْ مُقْتَصِدٌ
وَمَا يَجْحَدُ بِاٰيَاتِنَٓا اِلَّا كُلُّ خَتَّارٍ كَفُورٍ ﴿٣٢﴾ يَٓا اَيُّهَا النَّاسُ اتَّقُوا
رَبَّكُمْ وَاخْشَوْا يَوْمًا لَا يَجْزِى وَالِدٌ عَنْ وَلَدِهِ وَلَا مَوْلُودٌ هُوَ
جَازٍ عَنْ وَالِدِهِ شَيْـًٔا اِنَّ وَعْدَ اللّٰهِ حَقٌّ فَلَا تَغُرَّنَّكُمُ الْحَيٰوةُ الدُّنْيَا
وَلَا يَغُرَّنَّكُمْ بِاللّٰهِ الْغَرُورُ ﴿٣٣﴾ اِنَّ اللّٰهَ عِنْدَهُ عِلْمُ السَّاعَةِ وَيُنَزِّلُ
الْغَيْثَ وَيَعْلَمُ مَا فِى الْاَرْحَامِ وَمَا تَدْرِى نَفْسٌ مَاذَا تَكْسِبُ
غَدًا وَمَا تَدْرِى نَفْسٌ بِاَىِّ اَرْضٍ تَمُوتُ اِنَّ اللّٰهَ عَلِيمٌ خَبِيرٌ ﴿٣٤﴾

سُورَةُ السَّجْدَةِ مَكِّيَّةٌ
وَهِىَ ثَلَاثُونَ اٰيَةً

29. ¿Acaso no consideráis que Dios hace que la noche ingrese en el día y que el día ingrese en la noche (y hace que cada uno se alargue o se acorte), y que hizo que el Sol y la Luna se sometieran a Su orden (para serviros), cada uno recorre su trayectoria en un tiempo fijado (por Él)? Y Dios sin duda alguna se halla perfectamente informado de todo lo que hacéis.

30. Eso (es así) porque Dios es Aquel Quien es la Verdad Absoluta y Leal (Cuyos decretos y actos son todos verdades y están en armonía absoluta el uno con el otro), y todo lo que invocan (como deidades) aparte de Él es pura falsedad; y porque Dios es Aquel Quien es Excelso, Grande.

31. ¿Acaso no consideráis que los barcos surcan el mar por el favor de Dios, así que Él puede mostraros algunos de Sus signos? En verdad que en ello se dan signos (para conocerle a través de Su Munificencia, Conocimiento, Poder, Sabiduría y modo de actuar) para todos los que sean muy pacientes (en la adversidad) y muy agradecidos (por Sus favores).

32. Cuando las olas les abruman como un manto (de nubes oscuras), invocan a Dios sinceramente creyendo solo en Él (como la única Deidad, Señor y Soberano). Pero cuando les lleva seguros a la tierra, algunos de ellos son tibios, dudando entre la fe y la incredulidad. Ninguno se opone o rechaza Nuestros signos (adrede) a menos que sea pérfido, desagradecido.

33. ¡Oh seres humanos! Apartaos de la desobediencia a vuestro Señor en veneración a Él para merecer Su protección, y temed un Día cuando ningún padre podrá hacer algo por su hijo, ni un hijo podrá hacer algo por su padre, en absoluto. La promesa (del Juicio Final) de Dios es con toda certeza verdad. Entonces, no dejéis que la vida presente y mundana os engañe, ni dejéis que cualquier engañador (incluido especialmente Satanás) os engañe (en vuestras concepciones) sobre Dios.

34. Con Dios se halla el conocimiento de (cuándo llegará) la Última Hora. Él hace descender la lluvia (justo en el momento y lugar que solo Él conoce), y solo Él sabe lo que está en los úteros. Ningún alma sabe lo que recogerá mañana, y ningún alma sabe en qué lugar morirá[7]. Sin duda Dios es Omnisciente y Consciente de todo.

7. Este versículo explica cinco cosas de las cuales solo Dios tiene conocimiento exacto. Aunque el tiempo de la lluvia se puede pronosticar hasta cierto punto, no es nada más que un pronóstico que pueda ser hecho después de que hayan aparecido los signos de la lluvia y, por lo tanto, no es presciencia. La declaración con relación a lo que se halla en los úteros no se relaciona simplemente con el sexo del embrión en el útero, sino también con sus futuros rasgos físicos, con sus capacidades innatas y carácter, y con la cuestión de si va a nacer, y si nace, qué papel desempeñará en la vida, etc.

Según lo señalado en la nota 3 de el *sura* 3:3, es muy significativo que el Corán elogia a los creyentes antes que nada por su fe en Lo Oculto (*ghayb*). Esto significa que la existencia no está restringida a lo percibido y lo observado. Este reino corpóreo es, según las medidas propias de él, la manifestación de lo oculto e inobservable, y es solo uno de los numerosos reinos. La verdad o la realidad completa de cada fenómeno en este mundo se halla en el mundo de Lo Oculto. Así pues, mencionando cinco cosas incluidas en Lo Oculto en este versículo, el Corán llama nuestra atención al Conocimiento absoluto y abarcador de Dios con respecto al conocimiento limitado del ser humano. La existencia humana es restringida en muchos aspectos. Los seres humanos no tienen ningún dominio sobre el funcionamiento de ni siquiera sus propios cuerpos, aún menos sobre el mundo en su totalidad. No pueden evitar tener hambre y sed; no tienen ninguna parte en la elección de sus padres, o el tiempo y el lugar de su nacimiento, ni de su físico o la estructura física; tampoco saben cuándo y dónde morirán. Además, no tienen ningún conocimiento del futuro y, en la mayoría de los casos, no pueden adquirir verdadero conocimiento del pasado o incluso del presente. Pero como la creación es un conjunto con todas sus partes interrelacionadas, el tiempo y el espacio también consta de un conjunto cuyas partes se relacionan una con la otra. Cada acontecimiento en el reino humano no es independiente de quien lo haga, o del tiempo o del lugar cuándo y dónde ocurre, o incluso del pasado y del futuro. Entonces, ¿cómo puede un ser quien carece del conocimiento exacto de sí mismo, de los otros miembros de su género, del tiempo y del espacio, con todas sus partes, y de su ambiente, con su relación con otras partes del universo, atribuirse orden o tener autoridad sobre su vida, así como sobre las vidas de otros, o atreverse a ordenar el mundo según su propia voluntad? Puesto que esta es la verdad del asunto, es solamente Dios Quien posee pleno conocimiento de todas las cosas, de todo el tiempo y lugar, y de cada ser con todas sus relaciones con otros, con el tiempo y el espacio. Así que, es solamente Dios Quien puede tener, y Quien tiene, el derecho a ordenar la vida de todas las criaturas.

بِسْمِ اللَّهِ الرَّحْمَٰنِ الرَّحِيمِ
الٓمٓ ﴿١﴾ تَنزِيلُ الْكِتَابِ لَا رَيْبَ فِيهِ مِن رَّبِّ الْعَالَمِينَ ﴿٢﴾
أَمْ يَقُولُونَ افْتَرَاهُ ۚ بَلْ هُوَ الْحَقُّ مِن رَّبِّكَ لِتُنذِرَ قَوْمًا مَّا أَتَاهُم
مِّن نَّذِيرٍ مِّن قَبْلِكَ لَعَلَّهُمْ يَهْتَدُونَ ﴿٣﴾ اللَّهُ الَّذِي خَلَقَ
السَّمَاوَاتِ وَالْأَرْضَ وَمَا بَيْنَهُمَا فِي سِتَّةِ أَيَّامٍ ثُمَّ اسْتَوَىٰ
عَلَى الْعَرْشِ ۖ مَا لَكُم مِّن دُونِهِ مِن وَلِيٍّ وَلَا شَفِيعٍ ۚ أَفَلَا
تَتَذَكَّرُونَ ﴿٤﴾ يُدَبِّرُ الْأَمْرَ مِنَ السَّمَاءِ إِلَى الْأَرْضِ ثُمَّ يَعْرُجُ
إِلَيْهِ فِي يَوْمٍ كَانَ مِقْدَارُهُ أَلْفَ سَنَةٍ مِّمَّا تَعُدُّونَ ﴿٥﴾ ذَٰلِكَ
عَالِمُ الْغَيْبِ وَالشَّهَادَةِ الْعَزِيزُ الرَّحِيمُ ﴿٦﴾ الَّذِي أَحْسَنَ
كُلَّ شَيْءٍ خَلَقَهُ ۖ وَبَدَأَ خَلْقَ الْإِنسَانِ مِن طِينٍ ﴿٧﴾ ثُمَّ جَعَلَ
نَسْلَهُ مِن سُلَالَةٍ مِّن مَّاءٍ مَّهِينٍ ﴿٨﴾ ثُمَّ سَوَّاهُ وَنَفَخَ فِيهِ
مِن رُّوحِهِ ۖ وَجَعَلَ لَكُمُ السَّمْعَ وَالْأَبْصَارَ وَالْأَفْئِدَةَ ۚ قَلِيلًا
مَّا تَشْكُرُونَ ﴿٩﴾ وَقَالُوا أَإِذَا ضَلَلْنَا فِي الْأَرْضِ أَإِنَّا لَفِي
خَلْقٍ جَدِيدٍ ۚ بَلْ هُم بِلِقَاءِ رَبِّهِمْ كَافِرُونَ ﴿١٠﴾ ۞ قُلْ يَتَوَفَّاكُم
مَّلَكُ الْمَوْتِ الَّذِي وُكِّلَ بِكُمْ ثُمَّ إِلَىٰ رَبِّكُمْ تُرْجَعُونَ ﴿١١﴾

وَلَوْ تَرَىٰ

SURA 32

AS-SAYDA (LA POSTRACIÓN)

Período de La Meca

Este *sura*, que consiste en 30 versículos, fue revelado en La Meca. Toma su título del versículo 15, que indica que los creyentes se postran al oír las Revelaciones. Habla del origen Divino del Corán, y menciona la creación del ser humano para llamar la atención a la segunda creación en el Más Allá, y al fin de ambos aquellos que creen y no creen en los signos y las Revelaciones de Dios. También informa de cómo fueron guiados los Hijos de Israel a través de un Libro Divino similar concedido al profeta Moisés, la paz sea con él. El *sura* termina con buenas nuevas para los creyentes con respecto a las recompensas que les esperan en el Más Allá.

En el Nombre de Dios,
el Misericordioso, el Compasivo.

1. *Alif. Lam. Mim.*

2. (Este es) el Libro que, no cabe duda de que, está siendo enviado en partes por el Señor de los mundos.

3. ¿O ellos dicen: «Lo ha inventado él (Muhammad)»? No, más bien, es la verdad de tu Señor, para que puedas advertir a un pueblo a quien ningún advertidor ha venido antes de ti (durante un largo intervalo en el cual ningún Mensajero apareció), para que sean guiados (para encontrar y seguir el Camino Recto)[1].

4. Dios es Aquel Quien ha creado los Cielos y la Tierra y todo lo que se halla entre ellos en seis días, luego se estableció en el Trono Supremo[2]. No tenéis, aparte de Él, a ningún guardián (a quien podáis remitir el significado y resultado finales de vuestros asuntos), ni intermediario alguno (quien, sin Su permiso, puede causar cualquier cosa útil que os alcance)[3]. ¿Es que no vais a reflexionar y ser considerados?

5. Él dirige el asunto desde el Cielo hacia la Tierra; luego el asunto asciende a Él en un día, el cual consta de mil años según vuestro cómputo[4].

6. Él es, el Conocedor de Lo Oculto (de todo lo que se halla más allá de la percepción de los sentidos) y lo atestiguado (el reino percibido), el Glorioso poseedor de irresistible poder, el Compasivo:

7. Aquel Quien hace excelente todo lo que crea; y Aquel Quien creó al ser humano de arcilla;

8. Luego hizo su reproducción dependiente de un extracto del líquido despreciable[5];

9. Luego lo formó en su justa medida, e insufló en él de Su Espíritu[6]; y Él designó para vosotros (la facultad de) oír y ver, y corazones (para el entendimiento, el sentimiento y la perspicacia). ¡Apenas estáis agradecidos!

10. Todavía dicen: «¡Cómo! Cuando nos (muramos y) perdamos en la tierra, ¿seremos creados de nuevo?». No, (realmente no consideran ser creado de nuevo imposible; más bien,) no creen en el encuentro con su Señor[7].

11. Di: «El Ángel de la Muerte quien está encargado de tomar vuestras almas tomará vuestras almas; luego seréis retornados a vuestro Señor[8]».

---

1. Deduciendo de *Nunca castigaremos (a una persona o a una comunidad por el mal que hayan hecho) hasta que no hayamos enviado a un Mensajero (para que dé consejo y advertencia)* (17:15), algunos eruditos musulmanes sostienen que alguien que no haya oído el Nombre de Dios o las enseñanzas del Islam será «excusado», a menos que sea una persona malhechora e injusta. Dios, como Su Voluntad dicta, recompensa a tal gente por el bien que ha hecho, y ellos disfrutan de las bendiciones del Paraíso.

Hay otros eruditos, sin embargo, que opinan que el ser humano está creado con una capacidad de encontrar al Creador utilizando la razón, aunque no podamos saber Sus Nombres o Atributos. Podemos también encontrarlo en nuestra conciencia. Un beduino una vez llegó ante el Profeta y explicó cómo había llegado a creer: «Los excrementos del camello señalan la existencia de un camello. Las huellas en la arena nos avisan de un viajero. El cielo con sus estrellas, la Tierra con sus montañas y valles, y el mar con sus olas; ¿acaso no señalan al Hacedor, Todopoderoso, Conocedor, Sabio, y Bondadoso?». Como él había logrado la fe en Dios por deducción lógica, no podemos subestimar el papel de la razón y la reflexión en la fe. Así que, la exención del castigo indicado en el *sura* 17:15 significa que a menos que haya sido enviado un Mensajero, a nadie puede ser responsable por no cumplir los otros pilares de la fe y por no vivir una vida en debida sumisión total a Dios. Dios emplea a Mensajeros para transmitir Sus mandamientos, distinguiendo lo bueno y lo malo, y no deja a los seres humanos errar debido al juicio y la experiencia falibles del ser humano.

2. Sobre la creación de los Cielos y de la Tierra en seis días y el establecimiento de Dios en el Trono Supremo, véanse el *sura* 2:29, nota, 28; el *sura* 7:54, nota 11.

3. *Shafi'* (traducido como intermediario) significa alguien que intercede, y generalmente significa alguien que suplica a Dios de parte de la gente. Sin embargo, está claro en este versículo que esta frase está relacionada solamente con asuntos mundanos. También queda claro que los paganos que no creyeron en el Más Allá nunca pensarían en la intercesión con respecto a la vida después de la muerte. Por lo tanto, esta frase aquí significa cualquier agente o principio intermediario que actúen entre el ser humano y el origen de cualquier cosa que les sirva. Los seres humanos habían adoptado algunas de sus supuestas deidades para que actuaran como intermediarios entre Dios y ellos mismos para sus asuntos mundanos. El versículo rotundamente rechaza una creencia tal como ésta, así como el efecto creativo de cualquier causa material o inmaterial en la creación o el gobierno del universo. Las causas materiales y lo que llamamos «fuerzas y leyes naturales» son solamente títulos que damos a las ejecuciones de Sus órdenes por Dios, o las obras de Sus Nombres. Es Dios Quien crea, administra, mantiene y suministra.

4. El Sol está más cerca de nosotros que nosotros mismos. Su luz trasciende al «corazón» de todas las cosas en el mundo y se manifiesta allí mismo, a menos que intervenga un obstáculo. Igualmente, Dios, libre de todas las restricciones

de materia, tiempo y espacio, se halla infinitamente más cerca de nosotros que nosotros mismos, pero nos hallamos infinitamente lejos de Él. Así que este versículo nos expresa la proximidad infinita de Dios a nosotros con respecto a nuestra distancia infinita de Él. También insinúa el hecho de que podemos acercarnos a Él solamente por si Él nos acerca a Él.

En segundo lugar, el origen de todas las cosas y cada asunto o acontecimiento en el mundo es el reino puro y celestial. Así que lo que quiere decir por *Cielo* en este versículo no es el cielo, sino los reinos puros y espirituales donde Dios actúa y ejecuta Su Voluntad sin ningún velo o ninguna causa material. Todos los decretos con relación al mundo se promulgan desde estos reinos.

En tercer lugar, según lo indicado en la nota 13 de el *sura* 7:54, el Corán emplea la palabra *día* no sólo en el sentido de nuestro día normal, sino también como unidad de tiempo y período. Mientras que este versículo menciona un día que equivale a 1.000 años según nuestro cómputo, otro versículo menciona un día de 50.000 años (70:4). Esto demuestra que el concepto de *día* es relativo. El mundo no consiste solamente en nuestro mundo o el universo visible. Más bien, hay mundos o dimensiones uno dentro de otro. Como el tiempo o la duración de un día son diferentes en el mundo de los sueños, así pues, también, es diferente en los mundos del espíritu e imaginación y el de las formas inmateriales, en otros reinos espirituales.

En cuarto lugar, el versículo puede también referirse al hecho de que los períodos de 1.000 años son generalmente momentos decisivos en la historia humana. (También véase el *sura* 55:29, nota 11.)

5. El célebre científico, Maurice Bucaille, comenta este versículo:

> La palabra árabe, traducida aquí por la palabra «quintaesencia (extracción)», es *sulalah*. Significa «algo extraído, la esencia de una cosa, o la mejor parte de una cosa». En cualquier manera que se traduzca, se refiere a una parte de un conjunto.
>
> La fertilización del óvulo y la reproducción son producidas por una célula que está muy alargada: sus dimensiones se miden en diez milésimas de milímetro. En condiciones normales (se calcula que en un centímetro cúbico de esperma, se dan 25 millones de espermatozoide que, bajo condiciones normales, tiene una eyaculación de varios centímetros cúbicos), sólo una célula entre varias decenas de millones producidas por un hombre penetrará realmente el óvulo; una gran cantidad se queda atrás y nunca completa el viaje desde la vagina hasta el óvulo, pasando a través del útero y de las trompas de Falopio. Es, por lo tanto, una parte infinitesimal del extracto de un líquido cuya composición es muy compleja que cumple realmente con su función.
>
> Por consiguiente, es difícil no quedarse asombrado por la concordancia entre el texto del Corán y el conocimiento científico que poseemos hoy en día sobre este fenómeno (*The Bible, the Qur'an and Science* «La Biblia, el Corán y la Ciencia», pág.216).

6. Para el significado de la insuflación de Dios de Su Espíritu, véanse el *sura* 2:31-34, notas 32-34; el *sura* 15: 29, nota 8.

7. Aquellos que viven una vida disoluta dirigida por sus deseos carnales y que están perdidos en acumular pecados no les gustará rendir cuentas por sus vidas. Esto es lo que se halla detrás de su rechazo del Más Allá.

8. El versículo 39:42 dice que Dios toma las almas, mientras que los versículos 6:61 y 16:28 dicen que los enviados y los ángeles de Dios las toman, respectivamente. Aprendemos de este versículo que el Ángel de la Muerte realiza esta tarea. Estos versículos, por supuesto, no se contradicen. Es en última instancia Dios Quien hace que la gente muera, pero de la sabiduría, ha encargado al Ángel de la Muerte con esta tarea, y él tiene ayudantes.

Otro punto que hay que mencionar es que a veces Dios Mismo toma las almas de algunos de Sus siervos, y a veces el Ángel de la Muerte realiza esta tarea, sin mandar a sus ayudantes. Esto es según el grado espiritual de la persona: si es un creyente, un hipócrita, o un creyente pecador.

وَلَوْ تَرٰى اِذِ الْمُجْرِمُونَ نَاكِسُوا رُؤُسِهِمْ عِنْدَ رَبِّهِمْ رَبَّنَا
اَبْصَرْنَا وَسَمِعْنَا فَارْجِعْنَا نَعْمَلْ صَالِحًا اِنَّا مُوقِنُونَ ﴿١٢﴾
وَلَوْ شِئْنَا لَاٰتَيْنَا كُلَّ نَفْسٍ هُدٰيهَا وَلٰكِنْ حَقَّ الْقَوْلُ
مِنّ۪ى لَاَمْلَئَنَّ جَهَنَّمَ مِنَ الْجِنَّةِ وَالنَّاسِ اَجْمَع۪ينَ ﴿١٣﴾
فَذُوقُوا بِمَا نَس۪يتُمْ لِقَاءَ يَوْمِكُمْ هٰذَا اِنَّا نَس۪ينَاكُمْ وَذُوقُوا
عَذَابَ الْخُلْدِ بِمَا كُنْتُمْ تَعْمَلُونَ ﴿١٤﴾ اِنَّمَا يُؤْمِنُ بِاٰيَاتِنَا الَّذ۪ينَ
اِذَا ذُكِّرُوا بِهَا خَرُّوا سُجَّدًا وَسَبَّحُوا بِحَمْدِ رَبِّهِمْ وَهُمْ
لَا يَسْتَكْبِرُونَ ﴿١٥﴾ تَتَجَافٰى جُنُوبُهُمْ عَنِ الْمَضَاجِعِ يَدْعُونَ
رَبَّهُمْ خَوْفًا وَطَمَعًا وَمِمَّا رَزَقْنَاهُمْ يُنْفِقُونَ ﴿١٦﴾ فَلَا تَعْلَمُ نَفْسٌ
مَا اُخْفِىَ لَهُمْ مِنْ قُرَّةِ اَعْيُنٍ جَزَاءً بِمَا كَانُوا يَعْمَلُونَ ﴿١٧﴾
اَفَمَنْ كَانَ مُؤْمِنًا كَمَنْ كَانَ فَاسِقًا لَا يَسْتَوُنَ ﴿١٨﴾ اَمَّا
الَّذ۪ينَ اٰمَنُوا وَعَمِلُوا الصَّالِحَاتِ فَلَهُمْ جَنَّاتُ الْمَاْوٰى
نُزُلًا بِمَا كَانُوا يَعْمَلُونَ ﴿١٩﴾ وَاَمَّا الَّذ۪ينَ فَسَقُوا فَمَاْوٰيهُمُ
النَّارُ كُلَّمَا اَرَادُوا اَنْ يَخْرُجُوا مِنْهَا اُع۪يدُوا ف۪يهَا وَق۪يلَ
لَهُمْ ذُوقُوا عَذَابَ النَّارِ الَّذ۪ى كُنْتُمْ بِه۪ تُكَذِّبُونَ ﴿٢٠﴾

12. Si tan solo pudieses ver a aquellos criminales incrédulos cuando bajan las cabezas ante su Señor (suplicando): «¡Señor nuestro! Ahora hemos visto y oído (la verdad y estamos dispuestos a ser obedientes). Así que retórnanos (al mundo): ciertamente haremos actos buenos y rectos. Ahora estamos seguros (de la verdad)».

13. (Esto es nada más que un deseo inútil.) Si hubiéramos querido, habríamos dado a cada alma su guía (la ruta a la salvación propia de él); pero (muchos eligen la incredulidad, y) la palabra de Mí resultó que era verdad que llenaría con toda seguridad el Infierno con los genios y los seres humano, todos juntos[9].

14. «Así que (vosotros elegisteis y seguisteis el camino de la incredulidad en el mundo a pesar de Nuestras advertencias), probad el castigo porque actuasteis en inconsciente despreocupación de (el encuentro que os he concertado para) este Día. Somos (ahora) inconscientes y despreocupados de vosotros. Probad el castigo permanente por lo que solíais hacer».

15. Solamente ellos (verdaderamente) creen en Nuestros signos y Revelaciones quienes, cuando se les mencionan (a modo de consejo e instrucción), caen postrados, y glorifican a su Señor con Su alabanza, y no se comportan de manera arrogante.

16. Sus costados abandonan sus camas por la noche, llamando a su Señor temiendo (por Su castigo) y esperando (Su perdón, tolerancia, y complacencia), y de lo que les hemos proveído (de la riqueza, el conocimiento, el poder, etc.) gastan (para sustentar a los necesitados y en la causa de Dios, solamente por la complacencia de Dios y sin poner a otros bajo obligación).

17. Ningún alma sabe qué medios de felicidad se mantienen en secreto (reservado) para ellos como recompensa de lo que hicieron.

18. Entonces, ¿es aquel que es un creyente parecido a aquel que es un transgresor? No son iguales.

19. En cuanto a aquellos que creen y hacen actos buenos y rectos, para ellos se dan los Jardines de Refugio y de Morada, como una bienvenida (de Dios, a cambio de) por lo que hicieron.

20. Sin embargo en cuanto a los que exceden (los límites establecidos por Dios en creencia y acción), su refugio y morada es el Fuego. Cada vez que desean salir de ello, serán devueltos a él, y se les dirá, «Probad el castigo del Fuego el cual solíais negar».

---

9. Como seres dotados con el libre albedrío y los mecanismos especiales, los genios y los seres humanos son responsables de sus libres elecciones. Debido a esto, Dios no les obliga a que elijan una cierta manera de vida. Por lo tanto, de la misma forma que Él no les impone la guía, también les ha explicado las causas de la guía y el extravío. Por ejemplo, Él decretó y declaró que no guiaría a aquellos perdidos en la maldad y la injusticia (3:86; 5:51; 6:144; 9:19, etc.) y en pecado (5:108; 9:24, etc.), y aquellos que han elegido voluntariosamente el camino de la incredulidad (5:67; 9:37, etc.). Es decir, una insistencia obstinada y con prejuicios en la incredulidad, la maldad, la injusticia y la trasgresión impide que alguien crea. También declaró que aquellos con quienes llenaría el Infierno serían Satanás, su progenie, y sus seguidores (38:85). Como ha creado al ser humano con una predisposición a la creencia y nos ha equipado con mecanismos necesarios, también ha enviado a Mensajeros a cada nación durante toda la historia para llamar a la gente a Su camino y advertirles de las consecuencias de sus malos actos, y les enseñó abiertamente el camino a la verdad con signos perfectamente claros.

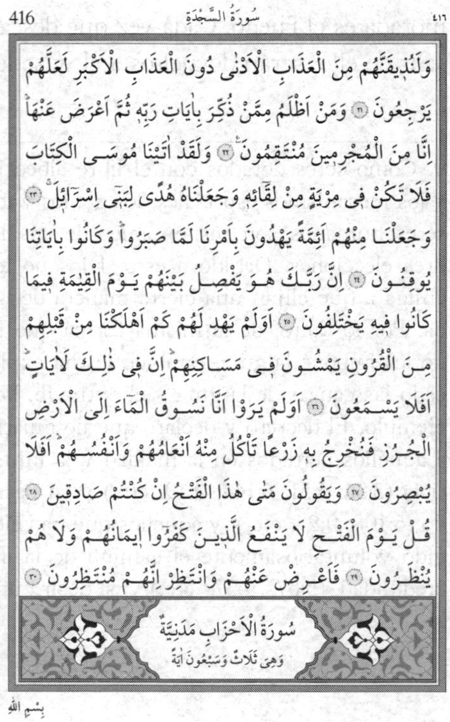
416 سُورَةُ السَّجْدَةِ ٤١٦

وَلَنُذِيقَنَّهُمْ مِنَ الْعَذَابِ الْاَدْنٰى دُونَ الْعَذَابِ الْاَكْبَرِ لَعَلَّهُمْ
يَرْجِعُونَ ﴿٢١﴾ وَمَنْ اَظْلَمُ مِمَّنْ ذُكِّرَ بِاٰيَاتِ رَبِّهِ ثُمَّ اَعْرَضَ عَنْهَا
اِنَّا مِنَ الْمُجْرِمِينَ مُنْتَقِمُونَ ﴿٢٢﴾ وَلَقَدْ اٰتَيْنَا مُوسَى الْكِتَابَ
فَلَا تَكُنْ فِي مِرْيَةٍ مِنْ لِقَائِهِ وَجَعَلْنَاهُ هُدًى لِبَنِي اِسْرَٓائِلَ ﴿٢٣﴾
وَجَعَلْنَا مِنْهُمْ اَئِمَّةً يَهْدُونَ بِاَمْرِنَا لَمَّا صَبَرُوا وَكَانُوا بِاٰيَاتِنَا
يُوقِنُونَ ﴿٢٤﴾ اِنَّ رَبَّكَ هُوَ يَفْصِلُ بَيْنَهُمْ يَوْمَ الْقِيٰمَةِ فِيمَا
كَانُوا فِيهِ يَخْتَلِفُونَ ﴿٢٥﴾ اَوَلَمْ يَهْدِ لَهُمْ كَمْ اَهْلَكْنَا مِنْ قَبْلِهِمْ
مِنَ الْقُرُونِ يَمْشُونَ فِي مَسَاكِنِهِمْ اِنَّ فِي ذٰلِكَ لَاٰيَاتٍ
اَفَلَا يَسْمَعُونَ ﴿٢٦﴾ اَوَلَمْ يَرَوْا اَنَّا نَسُوقُ الْمَٓاءَ اِلَى الْاَرْضِ
الْجُرُزِ فَنُخْرِجُ بِهِ زَرْعًا تَاْكُلُ مِنْهُ اَنْعَامُهُمْ وَاَنْفُسُهُمْ اَفَلَا
يُبْصِرُونَ ﴿٢٧﴾ وَيَقُولُونَ مَتٰى هٰذَا الْفَتْحُ اِنْ كُنْتُمْ صَادِقِينَ ﴿٢٨﴾
قُلْ يَوْمَ الْفَتْحِ لَا يَنْفَعُ الَّذِينَ كَفَرُوا اِيمَانُهُمْ وَلَا هُمْ
يُنْظَرُونَ ﴿٢٩﴾ فَاَعْرِضْ عَنْهُمْ وَانْتَظِرْ اِنَّهُمْ مُنْتَظِرُونَ ﴿٣٠﴾

سُورَةُ الْاَحْزَابِ مَدَنِيَّةٌ
وَهِيَ ثَلَاثٌ وَسَبْعُونَ اٰيَةً

بِسْمِ اللّٰهِ

21. No obstante (antes del gran castigo), con toda seguridad les haremos probar las clases inferiores de castigo (en el mundo), de modo que puedan (arrepentirse de su camino) y retornar.

22. ¿Quién es más malhechor que aquel que se le ha recordado (repetidamente) las Revelaciones y los signos de su Señor, sin embargo se aparta de ellos en aversión? Sin duda alguna recompensaremos a los criminales (dedicados a acumular pecados).

23. Y sin duda concedimos a Moisés el Libro (como te estamos enviando el Corán), así que no tengas dudas de su llegada a ti (de tu Señor, y tu último encuentro con Él en el Más Allá). Y lo hicimos (el Libro que concedimos a Moisés) una guía para los Hijos de Israel.

24. Y mientras que hayan permanecido pacientes (en la adversidad que se enfrentaron en el camino de Dios), y que hayan tenido certeza de la fe en Nuestras Revelaciones, designamos entre ellos a líderes que guían por Nuestra orden.

25. Sin duda vuestro Señor juzgará entre ellos el Día de la Resurrección con respecto a los asuntos en los cuales (posteriormente) no estaban de acuerdo (y en los cuales siguen discrepando)[10].

26. ¿No es (suficiente como un medio de) guía para ellos (los incrédulos) cuántas generaciones hemos destruido antes de ellos, entre cuyas viviendas viajan? Sin duda en esto se dan signos. ¿Todavía no van a escuchar (y prestar atención a las advertencias reveladas directamente y en estos signos)?

27. ¿Acaso no consideran que dirigimos la lluvia a la tierra seca (desprovista de vegetación), y hacemos crecer con ella cosechas, de las cuales sus ganados y ellos mismos comen? ¿Todavía no van a ver (la verdad)?

28. En lugar de ello, dicen (desafiando): «¿Cuándo acontecerá este juicio (el que hará todo aparecer en toda su claridad), si sois veraces (en vuestras amenazas)?».

29. Di: «El día del juicio (cuando todo aparecerá en toda su claridad)[11], su fe (entonces) no les servirá de nada a aquellos que no crean (ahora), ni se les concederá un plazo».

30. Así que déjales (no hagas caso lo que hacen y piensan), y espera (por el juicio que va a venir); ellos, también, lo están esperando.

10. El método de guía del Corán es muy significativo. Mientras que el versículo 24 insinúa la victoria futura de los musulmanes en un momento en el que sufrieron persecuciones en La Meca, el versículo 25 implícitamente los advierte de ciertos conflictos internos parecidos que podrían surgir más adelante entre ellos cuando sean victoriosos sobre sus enemigos.

11. Este día es el día en el que la muerte o una calamidad inevitable o una guerra, en las cuales serán matados, les acontecerá.

SURA 33

AL-AHZAB (LOS CONFEDERADOS)

Período de Medina

Este *sura* de 73 versículos fue revelado en el quinto año del período de Medina, y adquiere su nombre del versículo 20, donde la palabra *ahzab* (los confederados) se da, refiriéndose a las fuerzas aliadas enemigas que asediaron Medina. El *sura* se centra en la Batalla del Foso, que resultó de ese asedio, y la campaña contra el Banu Qurayzah que siguió a la batalla. Además, el *sura* introduce leyes relacionadas con el matrimonio y el divorcio; describe nuevas regulaciones con respecto a la ley sucesoria, la vida familiar islámica y habla de la relación entre el Profeta, la paz y las bendiciones sean con él, y sus esposas y la comunidad islámica. También suprime una forma de adopción que había sido una costumbre establecida en el período pre-islámico.

بِسْمِ اللّٰهِ الرَّحْمٰنِ الرَّحِيمِ

يَا اَيُّهَا النَّبِىُّ اتَّقِ اللّٰهَ وَلَا تُطِعِ الْكَافِرِينَ وَالْمُنَافِقِينَ
اِنَّ اللّٰهَ كَانَ عَلِيمًا حَكِيمًا ﴿١﴾ وَاتَّبِعْ مَا يُوحٰى اِلَيْكَ
مِنْ رَبِّكَ اِنَّ اللّٰهَ كَانَ بِمَا تَعْمَلُونَ خَبِيرًا ﴿٢﴾ وَتَوَكَّلْ
عَلَى اللّٰهِ وَكَفٰى بِاللّٰهِ وَكِيلًا ﴿٣﴾ مَا جَعَلَ اللّٰهُ لِرَجُلٍ
مِنْ قَلْبَيْنِ فِى جَوْفِهِ وَمَا جَعَلَ اَزْوَاجَكُمُ الّٰئِى تُظَاهِرُونَ
مِنْهُنَّ اُمَّهَاتِكُمْ وَمَا جَعَلَ اَدْعِيَاءَكُمْ اَبْنَاءَكُمْ ذٰلِكُمْ قَوْلُكُمْ
بِاَفْوَاهِكُمْ وَاللّٰهُ يَقُولُ الْحَقَّ وَهُوَ يَهْدِى السَّبِيلَ ﴿٤﴾
اُدْعُوهُمْ لِاٰبَائِهِمْ هُوَ اَقْسَطُ عِنْدَ اللّٰهِ فَاِنْ لَمْ تَعْلَمُوا
اٰبَاءَهُمْ فَاِخْوَانُكُمْ فِى الدِّينِ وَمَوَالِيكُمْ وَلَيْسَ عَلَيْكُمْ
جُنَاحٌ فِيمَا اَخْطَاْتُمْ بِهِ وَلٰكِنْ مَا تَعَمَّدَتْ قُلُوبُكُمْ وَكَانَ
اللّٰهُ غَفُورًا رَحِيمًا ﴿٥﴾ اَلنَّبِىُّ اَوْلٰى بِالْمُؤْمِنِينَ مِنْ اَنْفُسِهِمْ
وَاَزْوَاجُهُ اُمَّهَاتُهُمْ وَاُولُوا الْاَرْحَامِ بَعْضُهُمْ اَوْلٰى بِبَعْضٍ
فِى كِتَابِ اللّٰهِ مِنَ الْمُؤْمِنِينَ وَالْمُهَاجِرِينَ اِلَّا اَنْ تَفْعَلُوا
اِلٰى اَوْلِيَائِكُمْ مَعْرُوفًا كَانَ ذٰلِكَ فِى الْكِتَابِ مَسْطُورًا ﴿٦﴾

En el Nombre de Dios,
el Misericordioso, el Compasivo.

1. ¡Oh Profeta (más ilustre)! Cumple tu deber hacia Dios en suma veneración a Él y la piedad, y no hagas caso (a las propuestas) de los incrédulos e hipócritas. Con toda seguridad Dios es Omnisciente, Omnisapiente[1].

2. Sigue lo que es revelado a ti de tu Señor. Dios es sin duda se halla perfectamente informado de todo lo que hacéis.

3. Y deposita tu confianza en Dios. Dios es suficiente como Aquel en Quien confiar (y a Quien remitir todos los asuntos).

4. Dios no ha hecho para ningún hombre dos corazones dentro de su cuerpo (uno que sea asignado a creer en Él y Su adoración, y el otro a creer en otros y su adoración). Ni ha hecho a vuestras esposas a quienes declaráis ilícitas para vosotros empleando contra ellas la expresión «Sé para mí como la espalda de mi madre» (queriendo decir que os divorciáis de ellas[2]), vuestras madres (en realidad). Tampoco ha hecho a vuestros hijos adoptados vuestros hijos (en realidad)[3]. Aquellas son solamente expresiones que pronunciáis con vuestras bocas, mientras que Dios dice la verdad y guía al camino recto.

5. Llamadles (a los niños que habéis adoptado) por sus (verdaderos) padres: hacerlo así es más justo ante Dios. Si no sabéis quiénes son sus padres, entonces (son) vuestros hermanos de religión y vuestros protegidos (así que observad los deberes de fraternidad entre vosotros y ellos). Sin embargo, no tenéis culpa debido a los errores que podéis cometer involuntariamente (al nombrarlos), pero lo que vuestros corazones han premeditado (es muy importante). Dios es Indulgente y Compasivo.

6. El Profeta tiene más derecho sobre los creyentes que lo que tienen sobre sí mismos, y (viendo que él es como un padre para ellos) sus esposas son (como) sus madres[4]. Aquellos que son parientes de sangre tienen mayor derecho (en herencia y caridad) uno sobre el otro según el Libro de Dios que otros creyentes y los Emigrantes, salvo que debéis (no obstante) actuar amablemente hacia vuestros amigos (y legarles algo de vuestros bienes)[5]. Es lo que está escrito en el Libro (del Decreto de Dios).

---

1. Los musulmanes tuvieron que sufrir muchas dificultades después de la Batalla de Uhud. Un grupo de las tribus de Adal y al-Qarah, que eran aparentemente de la misma ascendencia ancestral que la tribu Quraish y que vivieron cerca de La Meca, llegó ante el Mensajero de Dios, la paz y las bendiciones sean con él, y, declarando que habían aceptado el Islam, pidieron que les diera algunos profesores. El Mensajero, la paz y las bendiciones sean con él, eligió a seis Compañeros para que fueran con ellos. Al llegar a la tierra de la tribu de Huzail, el grupo se paró y los Compañeros se pusieron a descansar. De repente, un grupo de los miembros de la tribu de Huzail les atacó y martirizó a cuatro de ellos, entregando a Hubaib ibn ‘Adiyy y Zaid ibn Dasinna al Quraish para que les ejecutaran. El mismo año, 40 (según otro informe, 70) profesores musulmanes fueron pedidos por el jefe de Banu Amir para que enseñara el Corán a una tribu de Nayd y fueron martirizados cerca del Pozo de Ma‘unah.

El año siguiente, al Mensajero de Dios, la paz y las bendiciones sean con él, informaron que la tribu de Banu Asad hacía preparaciones para luchar contra Medina, y envió un ejército de 150 soldados para combatirlos, bajo el mando de Abu Salamah.

La tribu judía Banu Nadir era, en principio, el aliado declarado de los musulmanes en Medina. Sin embargo, sus miembros intrigaron en secreto con los paganos de La Meca y con los hipócritas de Medina. Hasta intentaron matar al Profeta mientras él los visitaba, quebrantando toda norma de hospitalidad así como su tratado. El Mensajero les pidió que cambiaran su posición estratégica, unos cinco kilómetros al sur de Medina, y estuvieron de acuerdo en hacerlo así. Pero cuando Abdullah ibn Ubayy, el jefe de los hipócritas, les prometió ayuda en caso de batalla, los Banu Nadir se mostraron reacios. El ejército musulmán los sitió en sus fortalezas. Los Banu Nadir, al ver que ni los politeístas de La Meca ni los hipócritas de Medina se molestaron en ayudarles, abandonaron la ciudad. Estaban consternados pero se les perdonó la vida. Tenían diez días para abandonar la ciudad, la mayoría, junto con sus familias y todo lo que podían llevar, y muchos de ellos se unieron a sus hermanos en Siria y los otros en Jaybar (Ibn Hisham, 3:47-49, 190-192).

Mientras volvían de Uhud, Abu Sufyan había desafiado a los musulmanes con una revancha en Badr para el año siguiente. Pero cuando llegó la hora designada, le falló el valor. En un ardid para salvar las apariencias, envió a Nuaym ibn Masud (entonces un incrédulo) a Medina para que hiciera correr el rumor de que los quraishíes estaban haciendo grandes preparativos de guerra y juntaban un ejército enorme e invencible. Sin embargo, cuando el Profeta llegó a Badr con un ejército de mil quinientos guerreros, no había ningún enemigo. Permanecieron durante ocho días allí, esperando el temible encuentro; pero como no hubo ninguna señal de que apareciera el ejército quraishí, volvieron a Medina. Esta campaña se llamaba Badr al-Sughra (la pequeña Badr).

En 627, se le comunicó al Mensajero que las tribus del desierto, Anmar y Sa'laba, habían decidido atacar Medina. Él fue a Zat al-Riqa' con cuatrocientos guerreros y al escuchar que las tribus enemigas habían huido, regresó a Medina. (Ibíd., 3:213). El mismo año, el Mensajero, la paz y las bendiciones sean con él, marchó sobre la gente de Duwmat al-Yandal, la cual vivió en la frontera entre Arabia y Siria. Esta gente había atacado a los comerciantes musulmanes y los había robado anteriormente. Cuando el ejército musulmán se encontró con ellos, huyeron y el territorio se quedó bajo el control musulmán.

Era durante estos días difíciles que un grupo de los líderes de Quraish, bajo la dirección de Abu Sufyan vino a Medina y, junto con Abdullah ibn Ubayy ibn Salul, el líder de los hipócritas, ofreció al Mensajero, la paz y las bendiciones sean con él, su ayuda si él no se opondría su adoración de sus ídolos y que declarase que estos ídolos tuvieran un derecho de intercesión con Dios. El Mensajero, la paz y las bendiciones sean con él, rotundamente rechazó esta propuesta. Este versículo fue revelado con respecto a este acontecimiento (az-Zamajshari).

2. Esto se refiere a una costumbre pre-islámica entre los árabes paganos. Un marido diría a su esposa, «De aquí en adelante eres para mí como la espalda de mi madre», y así se prohibiría a sí mismo las relaciones conyugales con su esposa. Esto equivalía a un divorcio irrevocable, pero una mujer divorciada de esta manera no podría casarse otra vez. La desaprobación contundente del Corán aquí fue el primer paso para abolir esta costumbre, pronto seguida por su abolición categórica en *Surat al-Muyadilah*.

3. En el período pre-islámico, se consideraba que los hijos adoptivos y acogidos tenían la misma personalidad jurídica que hijos biológicos. Esta costumbre tenía otras implicaciones, particularmente el hijo adoptivo tenía el mismo estatus dentro de los grados prohibidos del matrimonio como niño biológico. El Islam abolió esta práctica y declaró que la adopción no tiene ningún efecto legal. (Un padre no podría casarse con la ex-esposa de su hijo biológico, ni un hijo adoptivo podría casarse con la ex-esposa de su padre biológico. La ampliación de esa prohibición a los hijos adoptivos es la ocasión específica de la abolición de la costumbre.)

4. La relación descrita en el versículo es por supuesto que una relación espiritual sin implicaciones legales, con la excepción de que las esposas del Profeta fueron eternamente prohibidas a otros creyentes. Según lo relatado por al-Bujari («Iman», 8) y Muslim («Iman», 70), el Profeta, la paz y las bendiciones sean con él, dijo: «Ninguno de vosotros es un verdadero creyente a menos que yo sea más estimado para él que su padre, y sus hijos, y toda la humanidad». Un creyente debe preferir al Profeta a su propia persona y al resto de la gente en todos los asuntos, incluyendo el amor y la protección; y deben considerar las decisiones del Profeta, la paz y las bendiciones sean con él, superiores a las suyas.

5. Después de la *Hégira*, el Mensajero de Dios, la paz y las bendiciones sean con él, había unido a los creyentes en la fraternidad, declarando a uno entre los Emigrantes como hermano de otro entre los Ayudantes (los musulmanes de Medina), hasta un punto que podrían incluso heredar uno del otro. Este versículo abolió esta práctica, pero reiteró la fraternidad de fe entre los creyentes. Sin embargo, permitió que los creyentes legaran una cierta proporción (a un máximo, según lo estipulado por el Profeta, la paz y las bendiciones sean con él, un tercio de la totalidad) de su riqueza de maneras legales, incluyendo, por supuesto, ayudaran a sus hermanos y hermanas de fe.

وَاِذْ اَخَذْنَا مِنَ النَّبِيّٖنَ مٖيثَاقَهُمْ وَمِنْكَ وَمِنْ نُوحٍ وَاِبْرٰهٖيمَ
وَمُوسٰى وَعٖيسَى ابْنِ مَرْيَمَ وَاَخَذْنَا مِنْهُمْ مٖيثَاقًا غَلٖيظًا ۙ ﴿٧﴾
لِيَسْـَٔلَ الصَّادِقٖينَ عَنْ صِدْقِهِمْ وَاَعَدَّ لِلْكَافِرٖينَ عَذَابًا اَلٖيمًا ﴿٨﴾
يَٓا اَيُّهَا الَّذٖينَ اٰمَنُوا اذْكُرُوا نِعْمَةَ اللّٰهِ عَلَيْكُمْ اِذْ جَٓاءَتْكُمْ
جُنُودٌ فَاَرْسَلْنَا عَلَيْهِمْ رٖيحًا وَجُنُودًا لَمْ تَرَوْهَا وَكَانَ اللّٰهُ
بِمَا تَعْمَلُونَ بَصٖيرًا ﴿٩﴾ اِذْ جَٓاؤُ۫كُمْ مِنْ فَوْقِكُمْ وَمِنْ اَسْفَلَ مِنْكُمْ
وَاِذْ زَاغَتِ الْاَبْصَارُ وَبَلَغَتِ الْقُلُوبُ الْحَنَاجِرَ وَتَظُنُّونَ بِاللّٰهِ
الظُّنُونَا ﴿١٠﴾ هُنَالِكَ ابْتُلِيَ الْمُؤْمِنُونَ وَزُلْزِلُوا زِلْزَالًا شَدٖيدًا ﴿١١﴾
وَاِذْ يَقُولُ الْمُنَافِقُونَ وَالَّذٖينَ فٖي قُلُوبِهِمْ مَرَضٌ مَا وَعَدَنَا
اللّٰهُ وَرَسُولُهُٓ اِلَّا غُرُورًا ﴿١٢﴾ وَاِذْ قَالَتْ طَٓائِفَةٌ مِنْهُمْ يَٓا اَهْلَ
يَثْرِبَ لَا مُقَامَ لَكُمْ فَارْجِعُوا ۚ وَيَسْتَاْذِنُ فَرٖيقٌ مِنْهُمُ النَّبِيَّ
يَقُولُونَ اِنَّ بُيُوتَنَا عَوْرَةٌ ۛ وَمَا هِيَ بِعَوْرَةٍ ۚ اِنْ يُرٖيدُونَ اِلَّا
فِرَارًا ﴿١٣﴾ وَلَوْ دُخِلَتْ عَلَيْهِمْ مِنْ اَقْطَارِهَا ثُمَّ سُئِلُوا الْفِتْنَةَ
لَاٰتَوْهَا وَمَا تَلَبَّثُوا بِهَٓا اِلَّا يَسٖيرًا ﴿١٤﴾ وَلَقَدْ كَانُوا عَاهَدُوا
اللّٰهَ مِنْ قَبْلُ لَا يُوَلُّونَ الْاَدْبَارَ ۜ وَكَانَ عَهْدُ اللّٰهِ مَسْـُٔولًا ﴿١٥﴾

قُلْ لَنْ

7. Y (recuerda) cuando tomamos de los Profetas su palabra, y de ti (Oh Muhammad), y de Noé, de Abraham, de Moisés, y de Jesús, hijo de María, tomamos de ellos una palabra solemne,

8. De modo que Él pueda preguntar a los veraces sobre su veracidad (y todo lo que fue confiado a ellos)[6]; y Él ha preparado un castigo doloroso para los incrédulos.

9. ¡Oh vosotros que creéis! Recordad el favor de Dios sobre vosotros cuando las huestes (del enemigo) vinieron sobre vosotros, y Nosotros enviamos contra ellos un viento violento (que congela) y huestes (celestiales) que no pudisteis ver. Y Dios vio todo lo que hicisteis[7].

10. (Recordad) cuando vinieron sobre vosotros desde encima vuestro (desde el este), y desde debajo de vosotros (desde el oeste), y cuando (vuestros) ojos estaban sin brillo, y (vuestros) corazones llegaron a la garganta, y (aquellos de débil fe entre) vosotros abrigabais pensamientos inútiles sobre Dios[8].

11. Allí (en medio de esas circunstancias) los creyentes fueron puestos a prueba, y fueron sacudidos con un golpe tremendo.

12. Y (recordad) cuando los hipócritas y aquellos en cuyos corazones había una enfermedad (justo en ese momento en la situación en la que estaban,) decían: «Dios y Su Mensajero no nos prometieron sino el engaño[9]».

13. Y cuando un grupo entre ellos dijo: «¡Oh gente de Yazrib![10] No podéis resistir al enemigo (aquí); por lo tanto, regresad (a vuestras casas)». Y otro grupo entre ellos pidió el permiso del Profeta diciendo, «Sin duda nuestras casas están expuestas (al ataque)», aunque (en realidad) no lo estaban. No desearon nada más que huir.

14. Ahora si ellos (y sus casas) hubieran sido invadidos desde todos los lados (de la ciudad), y se les hubiera pedido abandonar (su fe), con toda seguridad habrían hecho así sino con poca vacilación.

15. Sin embargo antes de eso (jurando lealtad al Mensajero de Dios) habían hecho una alianza con Dios, que nunca darían la espalda (frente al enemigo). Por las alianzas hechas con Dios ciertamente se pedirá cuentas.

6. El compromiso que Dios hizo con los Profetas, a excepción de los Mensajeros, fue que se halla en el versículo:

Y cuando Dios concertó un pacto con los Profetas: «Os he dado el Libro y la Sabiduría. A continuación, vendrá a vosotros un Mensajero que confirmará lo que ya poseéis (de las Revelaciones Divinas). Vais a creer en él y ayudarle» (3:81). Pero este versículo menciona otra alianza que fue hecha particularmente con los cinco Profetas y Mensajeros más grandes de todos, concretamente el profeta Muhammad, la paz y las bendiciones sean con él, y los profetas Noé, Abraham, Moisés y Jesús, la paz sea con ellos. Cuando se considera que estos cinco Mensajeros eran también aquellos a quienes Dios concedió la Shari'ah —la colección de todas las leyes Divinas para gobernar la vida humana en el mundo— que permitió que la Religión de Dios sea aplicada completamente y permitió que sea observada sin dar lugar a cualquier desviación (42:13), esta alianza debe ser entendida como su misión de comunicar y establecer el Mensaje de Dios completamente y realizar la eterna unidad de todos los creyentes, según lo declarado en el versículo: *Por lo tanto, esta comunidad vuestra (que todos los Mensajeros y sus seguidores han formado) es una sola comunidad de la misma fe, y Yo soy vuestro Señor (Quien os crea, sustenta y protege); así que adoradme a Mí solamente* (21: 92).

En cuanto a preguntar a los veraces sobre (lo que fue confiado a) su veracidad, hay dos aspectos, como se da en los versículos: *Y (recuerda) cuando Dios dirá: «¿Jesús, hijo de María, eres tú aquel que le ha dicho a la gente: "Tomadme a mí y a mi madre como deidades aparte de Dios?", y él responderá: "¡Gloria a Ti! (Pues Tú estás por encima de tener copartícipe alguno o tener necesidad o deficiencia alguna). ¡A mí no me pertenece decir aquello a lo que no tengo derecho! Si lo hubiera dicho, Tú ya lo sabrías. Tú sabes lo que hay en mí pero yo no sé lo que hay en Ti. Con toda certeza, Tú y sólo Tú tienes conocimiento de Lo Oculto (de todo lo que se halla más allá de la percepción de los seres creados)* (5:116); y, *Preguntaremos a aquellos a quienes se les enviaron Mensajeros (sobre cómo les respondieron) y, sin duda, preguntaremos a aquellos que fueron enviados con Nuestro Mensaje (respecto al deber de transmitirlo y cómo su pueblo reaccionó ante el mismo)* (7:6). Así que «los veraces» aquí se refiere a los Profetas y a los creyentes que les juraron lealtad y permanecieron fieles a su lealtad.

7. En 627, un grupo de los judíos expulsados de Banu Nadir fueron a La Meca. Ahí se encontraron con los quraishíes, les instaron a que continuaran la lucha, y les prometieron su ayuda y apoyo. Después estos judíos fueron a las tribus Ghafatan y Qays Aylan y prometiéndoles ayuda, también los alentaron a luchar contra el Mensajero. Estas intrigas resultaron en una gran confederación contra los musulmanes por parte de los politeístas de La Meca, las tribus del desierto de Arabia Central, los judíos (tanto los expulsados como los que aún eran residentes) en Medina y los hipócritas. Los dos últimos constituyeron una quinta columna en Medina.

Cuando el Mensajero fue informado de este encuentro de la confederación de tropas contra los musulmanes a través de sus servicios de inteligencia, consultó a sus Compañeros. La opinión unánime de todos era quedarse en Medina y luchar desde allí. Salman al-Farisi sugirió cavar un foso alrededor de la ciudad. Llevó seis días de febril trabajo construir este foso. El Mensajero dividió a los musulmanes en grupos de diez y les ordenó competir entre ellos. Era una tarea difícil, no había mucho tiempo, y la hambruna se extendía por todas partes. Pero aún así todos los Compañeros trabajaron con entusiasmo. Para no sentir el hambre, cada uno sujetó una piedra alrededor de su estómago. El Mensajero, la paz y las bendiciones sean con él, excavó junto con ellos y sujetó dos piedras alrededor de su estómago. Mantuvo el control de la ciudad muy estricto de modo que ninguna noticia de los preparativos debería llegar al enemigo.

Los aliados avanzaron hacia Medina con la esperanza de aniquilar a los musulmanes en una batalla a campo abierto. Sin embargo, enfrentarse con esta nueva estrategia fue el primer golpe para ellos. Con unos veinte mil soldados acamparon cerca del foso. Los habitantes de Medina no tenían más de tres mil soldados. Además, los quintacolumnistas de la tribu judía Banu Qurayza y los infiltrados de los hipócritas ya habían contactado con el enemigo.

El Mensajero, una vez más, demostró su sagacidad y su genio militar: Posicionó a los soldados dentro de la ciudad de modo que pudieran proteger sus casas frente los posibles ataques de Banu Qurayza.

Mientras la guerra continuaba con intercambios de saetas y proyectiles de piedra, el Mensajero emprendía tentativas diplomáticas con la intención de dividir a los Aliados. Esta estratagema tuvo éxito y la disensión creció entonces entre ellos (Ibn Hisham, 3:240-242).

El Mensajero, gracias al monte Sal que se encontraba detrás de la ciudad y protegía a ésta en su retaguardia, había ordenado que un paso estrecho sea abierto en el foso defensivo pues Él contaba con que los jinetes de Quraish más adelantados intentarían cruzar por allí. Y esto es lo que sucedió, que algunos de los más renombrados guerreros quraishíes intentaron cruzar este punto para entablar combate individual. 'Ali, que Dios esté complacido con él, el yerno y el primo del Mensajero, mató a tres de ellos, que desalentó al enemigo de cualquier nueva tentativa.

El sitio se prolongó durante veintisiete días. Los musulmanes soportaron con gran sufrimiento la hambruna, el frío, la lluvia interminable de flechas y proyectiles de piedra, las tentativas de cruzar el foso mediante ataques concentrados y traiciones e intrigas dentro de Medina. El Corán describe esta situación en los siguientes versículos.

Casi cuatro semanas más tarde, durante las cuales el enemigo estuvo desmoralizado a causa de su fracaso y los creyentes demostraban su paciencia y lealtad, vino del este una ráfaga penetrante de aire helado. Dios asimismo envió huestes de ángeles. (Sobre los ángeles enviados por parte de Dios y su propósito, véanse los *suras* 3:124-127; 8:9-10,12) Las tiendas de los enemigos fueron arrancadas de cuajo, sus fuegos fueron apagados, y la arena y la lluvia azotaba sus rostros. Aterrorizados por los portentos en contra de ellos, y ya divididos por la discordia, se retiraron pronto.

La Batalla del Foso fue la última tentativa quraishí para destruir el Islam y los musulmanes.

8. Algunos pensaban que los incrédulos serían victoriosos e invadirían Medina; otros pensaban que el Islam sería derrotado de forma aplastante; y aún otros pensaban que la incredulidad pre-islámica volvería, o abrigaron otros pensamientos negativos.

9. Como el Corán prometió en varios de sus versículos que el Islam sería victorioso y prevalecería sobre todas las demás creencias, el Mensajero, la paz y las bendiciones sean con él, también hizo promesas similares a partir del primer día de su mensaje. Incluso durante la excavación del foso, dijo: «Me han sido dadas las llaves de Persia. Dios es el Más Grande. Me han sido dadas las llaves de Bizancio» (Ibn Hisham, 3:235-236; *al-Bidayah*, 4:123).

10. El Mensajero de Dios, la paz y las bendiciones sean con él, cambió el nombre de Yazrib en Medina después de la *Hégira*. Al continuar llamando a Medina como Yazrib, los hipócritas mostraban su incredulidad interior y esperanza del fracaso de la misión del Mensajero.

قُلْ لَنْ يَنْفَعَكُمُ الْفِرَارُ اِنْ فَرَرْتُمْ مِنَ الْمَوْتِ اَوِ الْقَتْلِ وَاِذًا
لَا تُمَتَّعُونَ اِلَّا قَليلًا ﴿١٦﴾ قُلْ مَنْ ذَا الَّذى يَعْصِمُكُمْ مِنَ اللّٰهِ
اِنْ اَرَادَ بِكُمْ سُوٓءًا اَوْ اَرَادَ بِكُمْ رَحْمَةً وَلَا يَجِدُونَ لَهُمْ
مِنْ دُونِ اللّٰهِ وَلِيًّا وَلَا نَصيرًا ﴿١٧﴾ قَدْ يَعْلَمُ اللّٰهُ الْمُعَوِّقينَ مِنْكُمْ
وَالْقَٓائِلينَ لِاِخْوَانِهِمْ هَلُمَّ اِلَيْنَا وَلَا يَأْتُونَ الْبَأْسَ اِلَّا قَليلًا ﴿١٨﴾
اَشِحَّةً عَلَيْكُمْ فَاِذَا جَٓاءَ الْخَوْفُ رَاَيْتَهُمْ يَنْظُرُونَ اِلَيْكَ تَدُورُ
اَعْيُنُهُمْ كَالَّذى يُغْشٰى عَلَيْهِ مِنَ الْمَوْتِ فَاِذَا ذَهَبَ الْخَوْفُ
سَلَقُوكُمْ بِاَلْسِنَةٍ حِدَادٍ اَشِحَّةً عَلَى الْخَيْرِ اُولٰٓئِكَ لَمْ يُؤْمِنُوا
فَاَحْبَطَ اللّٰهُ اَعْمَالَهُمْ وَكَانَ ذٰلِكَ عَلَى اللّٰهِ يَسيرًا ﴿١٩﴾ يَحْسَبُونَ
الْاَحْزَابَ لَمْ يَذْهَبُوا وَاِنْ يَأْتِ الْاَحْزَابُ يَوَدُّوا لَوْ اَنَّهُمْ
بَادُونَ فِى الْاَعْرَابِ يَسْـَٔلُونَ عَنْ اَنْبَٓائِكُمْ وَلَوْ كَانُوا فيكُمْ
مَا قَاتَلُٓوا اِلَّا قَليلًا ﴿٢٠﴾ لَقَدْ كَانَ لَكُمْ فى رَسُولِ اللّٰهِ اُسْوَةٌ
حَسَنَةٌ لِمَنْ كَانَ يَرْجُوا اللّٰهَ وَالْيَوْمَ الْاٰخِرَ وَذَكَرَ اللّٰهَ كَثيرًا ﴿٢١﴾
وَلَمَّا رَاَ الْمُؤْمِنُونَ الْاَحْزَابَ قَالُوا هٰذَا مَا وَعَدَنَا اللّٰهُ وَرَسُولُهُ
وَصَدَقَ اللّٰهُ وَرَسُولُهُ وَمَا زَادَهُمْ اِلَّا اِيمَانًا وَتَسْليمًا ﴿٢٢﴾

16. Di: «La huida no os servirá de nada si huís de la muerte o de ser matado (en la batalla). Da igual cuánto viváis, no está permitido disfrutar de la vida más que un poco tiempo (solo hasta vuestra hora señalada)».

17. Di: «¿Quién puede impedir a Dios de ello, si Él quiere un mal para vosotros, o si Él quiere una misericordia para vosotros?». No encontrarán para sí mismos, aparte de Dios, ni guardián ni ayudante.

18. Con toda certeza Dios conoce a aquellos de vosotros que están empeñados en desviar (a otros de luchar), así como a aquellos (siendo hipócritas) que dicen a sus hermanos, «(Dejad de arriesgar vuestra vida, así que) venid y uniros a nosotros», y no entran en lucha (de la batalla) salvo un poco,

19. Siendo muy mezquinos (al unirse a vosotros, y renuentes en ayudaros en la causa de Dios). Así que cuando (el peligro amenaza en la batalla y) viene el miedo, los ves (Oh Mensajero) mirándote (por ayuda), sus ojos poniéndose en blanco (por terror) como los ojos de alguien que está en trance de muerte. Pero una vez que (la batalla disminuye y) el miedo se aparta, os atacan con sus lenguas afiladas, siendo avaros para (una parte de) los bienes de ello (los botines de la victoria). Aquellos nunca (verdaderamente) han creído; y, por lo tanto, Dios ha hecho reducirse sus actos a la nada. Esto es muy fácil para Dios.

20. (Tienen tanto miedo que) piensan que los Confederados (realmente) no se han retirado. Si los Confederados vinieran una vez más, preferirían estar entre los beduinos en los desiertos y preguntar por las noticias de vosotros (que permanecer en Medina y enfrentarse a la batalla). Aunque estuvieran entre vosotros, lucharían poco.

21. Sin duda tenéis en el Mensajero de Dios un ejemplo excelente a seguir para quien anhela a Dios y el Día del Juicio Final, y recuerda y menciona a Dios en gran medida[11].

22. Cuando los (verdaderos) creyentes vieron a los Confederados ante ellos, dijeron: «Esto es lo que nos prometieron Dios y Su Mensajero, y Dios y Su Mensajero dicen la verdad». Esto tan solo ha incrementado su fe y sumisión[12].

11. El Islam es la religión universal la cual abarca la vida humana en su totalidad, y el Mensajero de Dios, la paz y las bendiciones sean con él, da un ejemplo perfecto para seguir en todos los aspectos de la vida. Él dio este ejemplo como un guía espiritual, un profesor de mentes, un modelo perfecto de la moralidad, un educador, un presidente, un comandante, un diplomático, y un marido, padre, amigo, vecino, y como un ser humano individual entre otros seres humanos. El historiador francés, Lamartine, dice:

> Nunca un hombre ha establecido para sí mismo, voluntaria o involuntariamente, un objetivo más sublime, puesto que el objetivo era sobrehumano: Socavar las supersticiones que se han interpuesto entre el ser humano y su Creador, hacer a los seres humanos conocer a Dios e interceder con Dios por los seres humanos; restaurar la idea racional y sagrada de la divinidad en medio del caos de dioses materiales y desfigurados de la idolatría entonces existente. Nunca un hombre ha acometido un trabajo tan fuera del alcance del poder humano con medios tan débiles, pues en la concepción y la ejecución de semejante empresa no tenía otro instrumento que a sí mismo y la única ayuda que un puñado de hombres que vivían en los confines de un desierto. Por último, nunca un hombre ha logrado una revolución de semejante envergadura y duración en el mundo. Pues en menos de dos siglos tras haber aparecido, el Islam reinó religiosa y militarmente sobre toda Arabia, y conquistó en Nombre de Dios Persia, Jorasán, el Oeste de la India, Siria, Abisinia, todas las tierras conocidas del Norte de África, numerosas islas del Mediterráneo, España y parte de la Galia.
>
> Si la grandeza del propósito, los pocos medios e increíbles resultados son los tres criterios del genio humano, ¿quién se atreve a comparar cualquier gran hombre con Muhammad? Los hombres más famosos solamente desarrollaron armas, leyes e imperios. Si algo fundaron, no eran más que poderes materiales que frecuentemente se desmoronaron ante sus ojos. Este hombre no sólo cambió ejércitos, legislaciones, imperios, gentes y dinastías, sino millones de seres humanos en un tercio del entonces mundo conocido. Más incluso que eso, cambió altares, dioses, religiones, ideas, creencias y almas. Sobre la base de un Libro, cuyas letras se han convertido en ley, formó una nacionalidad espiritual que ha mezclado a gente de todas las lenguas y razas. Ha dejado en nosotros la imborrable característica de la nacionalidad musulmana, el odio a los falsos dioses y la pasión por el Único Dios inmaterial. Este patriotismo vengador contra la profanación del Cielo formó la virtud de los seguidores de Muhammad: la conquista de un tercio de la Tierra por parte de su credo fue su milagro.
>
> La idea de la Unidad de Dios proclamada en medio de las ya agotadas fabulosas teogonías era en sí un milagro de tal envergadura que, su sola declaración hecha por sus labios destruyó todos los antiguos templos de ídolos e iluminó con su luz un tercio del mundo. Su vida, sus meditaciones, su heroica revolución contra las supersticiones de su país, y su valor en la lucha contra la furia de la idolatría; su determinación al resistir durante trece años en La Meca... Su predicación incesante, sus guerras contra la incertidumbre, la fe en su propósito y su confianza sobrehumana en Dios en momentos de desgracia, su paciencia para conseguir la victoria, su ambición completamente dedicada a una idea y de ninguna manera orientada a ensalzar un determinado imperio; su rezo incesante, su conversación mística con Dios, su muerte y su triunfo después de la muerte; todo esto no atestigua más que una convicción firme... Y fue esta convicción la que le dio el poder de restaurar un credo. Este credo era dual, la Unidad de Dios y Su inmaterialidad; lo primero dice lo que Dios es; y lo segundo lo que no es.
>
> Filósofo, orador, apóstol, legislador, guerrero, conquistador de ideas, restaurador de dogmas racionales, de un culto sin imágenes; fundador de veinte estados terrenales y un estado espiritual, ese es Muhammad. Respecto a los criterios por los cuales la grandeza humana puede ser medida, pode-

mos preguntarnos: ¿Existe algún hombre más eminente que él? (*Histoire de la Turquie*, 2:276-277)

12. Puesto que los hipócritas se dedicaron solamente a los beneficios mundanos y juzgaron todo según las circunstancias aparentes, cuando se encontraron sitiados en el centro del Islam, pensaron que las promesas de Dios y Su Mensajero, la paz y las bendiciones sean con él, acerca de los éxitos futuros del Islam eran un engaño. Sin embargo, los verdaderos creyentes eran bien conscientes de la manera en la cual actúa Dios y del hecho de que Dios no les prometió éxito a menos que deberían hacer algo a cambio. Sabían que Dios no les dejaría tranquilos solamente porque han profesado, «Hemos creído», sin ponerles a prueba. Sin duda alguna puso a prueba a aquellos que les habían precedido. Esta era su manera inalterable; esto fue hecho de modo que pudiera distinguir con certeza a los que resultaron ser fieles en su profesión de fe, y de modo que pudiera distinguir con certeza a los mentirosos (29:2-3). Ciertamente les pondría a prueba con algo de miedo y de hambre, y la pérdida de riqueza, vidas y beneficios. Las buenas nuevas eran para aquellos que, cuando les aconteció una calamidad, dijeron: «*Sin duda pertenecemos a Dios (como criaturas y siervos Suyos) y en verdad a Él hemos de retornar*» (2:155-157) y actuaron consecuentemente. Con toda certeza recompensaría a aquellos que tuvieron éxito en la prueba y les hizo victoriosos. La Batalla del Foso una vez más demostró que Dios y Su Mensajero, la paz y las bendiciones sean con él, cumplen con sus promesas.

مِنَ الْمُؤْمِنِينَ رِجَالٌ صَدَقُوا مَا عَاهَدُوا اللّٰهَ عَلَيْهِ فَمِنْهُمْ
مَنْ قَضٰى نَحْبَهُ وَمِنْهُمْ مَنْ يَنْتَظِرُ وَمَا بَدَّلُوا تَبْدِيلًا ٢٣
لِيَجْزِيَ اللّٰهُ الصَّادِقِينَ بِصِدْقِهِمْ وَيُعَذِّبَ الْمُنَافِقِينَ اِنْ شَاءَ
اَوْ يَتُوبَ عَلَيْهِمْ اِنَّ اللّٰهَ كَانَ غَفُورًا رَحِيمًا ٢٤ وَرَدَّ اللّٰهُ
الَّذِينَ كَفَرُوا بِغَيْظِهِمْ لَمْ يَنَالُوا خَيْرًا وَكَفَى اللّٰهُ الْمُؤْمِنِينَ
الْقِتَالَ وَكَانَ اللّٰهُ قَوِيًّا عَزِيزًا ٢٥ وَاَنْزَلَ الَّذِينَ ظَاهَرُوهُمْ
مِنْ اَهْلِ الْكِتَابِ مِنْ صَيَاصِيهِمْ وَقَذَفَ فِي قُلُوبِهِمُ
الرُّعْبَ فَرِيقًا تَقْتُلُونَ وَتَأْسِرُونَ فَرِيقًا ٢٦ وَاَوْرَثَكُمْ
اَرْضَهُمْ وَدِيَارَهُمْ وَاَمْوَالَهُمْ وَاَرْضًا لَمْ تَطَؤُهَا وَكَانَ اللّٰهُ
عَلٰى كُلِّ شَيْءٍ قَدِيرًا ٢٧ يَا اَيُّهَا النَّبِيُّ قُلْ لِاَزْوَاجِكَ اِنْ كُنْتُنَّ
تُرِدْنَ الْحَيٰوةَ الدُّنْيَا وَزِينَتَهَا فَتَعَالَيْنَ اُمَتِّعْكُنَّ وَاُسَرِّحْكُنَّ
سَرَاحًا جَمِيلًا ٢٨ وَاِنْ كُنْتُنَّ تُرِدْنَ اللّٰهَ وَرَسُولَهُ وَالدَّارَ
الْاٰخِرَةَ فَاِنَّ اللّٰهَ اَعَدَّ لِلْمُحْسِنَاتِ مِنْكُنَّ اَجْرًا عَظِيمًا ٢٩
يَا نِسَاءَ النَّبِيِّ مَنْ يَأْتِ مِنْكُنَّ بِفَاحِشَةٍ مُبَيِّنَةٍ يُضَاعَفْ
لَهَا الْعَذَابُ ضِعْفَيْنِ وَكَانَ ذٰلِكَ عَلَى اللّٰهِ يَسِيرًا ٣٠

وَمَنْ يَقْنُتْ

23. Entre los creyentes se dan hombres (de gran valor) que han sido fieles a su alianza con Dios: entre ellos se dan aquellos que han cumplido con su promesa (permaneciendo firmes hasta la muerte), y aquellos que están esperando (su cumplimiento). Nunca han cambiado en modo alguno.

24. Por lo tanto, Dios recompensará a los veraces por haber sido fieles a su alianza, y castigará a los hipócritas si Él quiere, o dirigirse a ellos de manera indulgente y aceptar su arrepentimiento (si se arrepienten). En verdad que Dios es Indulgente y Compasivo[13].

25. Dios repelió a aquellos que no creían aún furiosos sin ganar ningún bien. Dios fue suficiente para los creyentes en los enfrentamientos. En verdad que Dios es Todopoderoso, Glorioso poseedor de irresistible poder.

26. Y derribó de sus fortalezas a aquellos de la Gente del Libro que les habían apoyado (los Confederados en su ataque contra Medina), e infundió terror en sus corazones: algunos de ellos matasteis, y a otros tomasteis como prisioneros de guerra.

27. Y os hizo herederos de sus tierras, sus moradas, y sus posesiones, y una tierra (Jaybar) donde nunca habéis puesto el pie. Sin duda, Dios posee pleno poder sobre todas las cosas[14].

28. ¡Oh Profeta (más ilustre)! Di a tus esposas: «Si deseáis la vida mundana y presente y sus encantos, entonces venid y dejadme hacer provisión necesaria para vosotras (a cambio del divorcio)[15], y os dejo libres con una esplendida liberación.

29. Pero si deseáis a Dios y a Su Mensajero, y la morada del Más Allá, entonces es un hecho que Dios ha preparado una tremenda recompensa para aquellas de entre vosotras que actúan de una buena manera, conscientes de que Dios las está contemplando[16]».

30. ¡Oh esposas del Profeta! Si alguna de vosotras cometiera un acto manifiestamente pecaminoso, el castigo sería el doble para ella. Esto es fácil para Dios.

13. El versículo sutilmente insinúa que el castigo de Dios depende de Su Voluntad: si Él quiere, castiga a los que lo merecen, pero puede perdonarles también. Pero si cualquiera de Sus siervos retorna a Él con verdadero arrepentimiento, Él lo acepta. La conclusión del versículo mencionando a Dios como Indulgente, Compasivo enfatiza Su perdón y, por lo tanto, anima a Sus siervos pecadores e incluso a los hipócritas a retornar a Él en la fe y el arrepentimiento verdaderos y enmendarse con la esperanza de ser perdonados.

14. Después de que los Confederados que sitiaron Medina durante cuatro semanas fueran vencidos y volvieran a su casa, el Mensajero centró su atención en Banu Qurayza, que había traicionado su acuerdo con el Mensajero y se alió con los quraishíes. Según el tratado, deberían haber defendido la ciudad contra cualquier ataque extranjero, junto con los musulmanes. Y también concedieron asilo a los líderes de Banu Nadir como Huyay ibn Ajtab quien había sido expulsado de Medina y siguió conspirando contra los musulmanes.

Apenas el Mensajero había regresado de esta batalla, entonces ordenó a sus Compañeros marchar sobre la tribu Banu Qurayza bajo la orden de Dios (al-Bujari, «Maghazi», 30). Asimismo ordenó que montaran su tienda de batalla frente a su fortaleza. Si le hubieran solicitado el perdón él se lo habría concedido pero prefirieron resistirse. El Mensajero los asedió durante veinticinco días. Al final preguntaron por los términos de rendición (Ibn Hisham, 3:101, 249-251).

15. Cuando un marido decide separarse de su esposa, no puede tomar nada de lo que haya otorgado a su mujer como dote nupcial durante el matrimonio (4:20), también debe haber una provisión para ella según su nivel de vida durante el período de espera —de tres menstruaciones— señalado por Dios (2:228, 241).

16. El profeta Muhammad personifica el papel de padre y marido perfecto. Él era tan amable y tolerante con sus mujeres que ellas no podían concebir sus vidas sin él y tampoco quisieron vivir apartadas de él.

El Mensajero hablaba de los asuntos con sus mujeres. Seguramente él no necesitaba su consejo, ya que fue conducido por la Revelación. Sin embargo, quería enseñar a su nación que los hombres musulmanes debían consultar a sus mujeres. Eso era una idea bastante radical en su tiempo, que incluso hoy en día lo es en muchas partes del mundo. Comenzó a enseñar a su gente a través de su propia relación con sus mujeres (al-Bujari, «Shurut», 15).

Cuando la gente musulmana de Medina lograron salir de la pobreza total, la cual sufrieron durante años, algunas de sus mujeres (que eran cuatro en aquel entonces) le preguntaron: «¿No podríamos vivir un poco mejor como los otros musulmanes?».

El Mensajero de Dios, la paz y las bendiciones sean con él, entró en un período de decadencia física. El Mensajero vio lo que pasaba, pero sólo dijo: «No puedo permitirme lo que ellas quieren» (Muslim, «Talaq», 34-35).

No es fácil merecer estar junto con el Mensajero, la paz y las bendiciones sean con él, en este mundo y en el Más Allá. Las otras podrían salvarse simplemente realizando sus obligaciones, pero aquellas que estaban en el mismo centro del Islam tenían que tener más dedicación, de modo que ninguna debilidad apareciera en el centro. Había ventajas en ser la esposa del Profeta, pero estas ventajas traían responsabilidades y riesgos potenciales. El Mensajero las preparaba como ejemplos para todas las mujeres musulmanas del presente y del futuro. Él estaba especialmente preocupado de que ellas disfrutaran de la recompensa por sus buenas acciones en este mundo y así estar incluidas en: «*Consumisteis en vuestra vida mundana vuestra (parte de) cosas puras, sanas, y gozasteis de ellas completamente (sin considerar el Más Allá, y de este modo habéis tomado en el mundo la recompensa de todos vuestros buenos actos)*» (46:20).

Así, estas mujeres especiales fueron sometidas a una gran prueba. El Mensajero permitió que ellas eligieran su pobre casa o los lujos de este mundo. Si ellas elegían el mundo, él les daría todo lo que quisieran a ellas y luego anularía su matrimonio con ellas. Si elegían a Dios y a Su Mensajero, tenían que ser felices con sus vidas. Eso era una peculiaridad de su familia. Ya que esta familia era única, sus miembros tenían que ser únicos. El cabeza de familia fue elegido, como lo fueron las mujeres y los niños.

El Mensajero primero llamó a 'Aisha y le dijo: «Quiero hablar de algo contigo. Debes hablar con tus padres antes de tomar una decisión». Después recitó los versículos mencionados anteriormente. Su decisión fue exactamente lo esperado de la hija sincera de un padre sincero: «Oh Mensajero de Dios, ¿necesito hablarlo con mis padres? Juro por Dios que elijo a Dios y a Su Mensajero» (Muslim, «Talaq», 35).

'Aisha nos cuenta lo que pasó después: «El Mensajero recibió la misma respuesta de todas sus mujeres. Nadie expresó alguna opinión diferente. Todas ellas dijeron lo que yo había dicho».

وَمَنْ يَقْنُتْ مِنْكُنَّ لِلّٰهِ وَرَسُولِهٖ وَتَعْمَلْ صَالِحًا نُؤْتِهَا
اَجْرَهَا مَرَّتَيْنِۙ وَاَعْتَدْنَا لَهَا رِزْقًا كَرِيمًا ﴿٣١﴾ يَا نِسَاءَ النَّبِيِّ
لَسْتُنَّ كَاَحَدٍ مِنَ النِّسَاءِ اِنِ اتَّقَيْتُنَّ فَلَا تَخْضَعْنَ بِالْقَوْلِ
فَيَطْمَعَ الَّذٖى فٖى قَلْبِهٖ مَرَضٌ وَقُلْنَ قَوْلًا مَعْرُوفًاۚ ﴿٣٢﴾
وَقَرْنَ فٖى بُيُوتِكُنَّ وَلَا تَبَرَّجْنَ تَبَرُّجَ الْجَاهِلِيَّةِ الْاُولٰى
وَاَقِمْنَ الصَّلٰوةَ وَاٰتٖينَ الزَّكٰوةَ وَاَطِعْنَ اللّٰهَ وَرَسُولَهُۜ
اِنَّمَا يُرٖيدُ اللّٰهُ لِيُذْهِبَ عَنْكُمُ الرِّجْسَ اَهْلَ الْبَيْتِ
وَيُطَهِّرَكُمْ تَطْهٖيرًاۚ ﴿٣٣﴾ وَاذْكُرْنَ مَا يُتْلٰى فٖى بُيُوتِكُنَّ
مِنْ اٰيَاتِ اللّٰهِ وَالْحِكْمَةِۜ اِنَّ اللّٰهَ كَانَ لَطٖيفًا خَبٖيرًا۟ ﴿٣٤﴾
اِنَّ الْمُسْلِمٖينَ وَالْمُسْلِمَاتِ وَالْمُؤْمِنٖينَ وَالْمُؤْمِنَاتِ
وَالْقَانِتٖينَ وَالْقَانِتَاتِ وَالصَّادِقٖينَ وَالصَّادِقَاتِ
وَالصَّابِرٖينَ وَالصَّابِرَاتِ وَالْخَاشِعٖينَ وَالْخَاشِعَاتِ
وَالْمُتَصَدِّقٖينَ وَالْمُتَصَدِّقَاتِ وَالصَّٓائِمٖينَ وَالصَّٓائِمَاتِ
وَالْحَافِظٖينَ فُرُوجَهُمْ وَالْحَافِظَاتِ وَالذَّاكِرٖينَ اللّٰهَ
كَثٖيرًا وَالذَّاكِرَاتِ اَعَدَّ اللّٰهُ لَهُمْ مَغْفِرَةً وَاَجْرًا عَظٖيمًا ﴿٣٥﴾

31. Pero si cualquiera de vosotras obedece fervientemente a Dios y a Su Mensajero y hace actos buenos y rectos, le daremos a ella el doble de la recompensa; y hemos preparado para ella una provisión honorable y espléndida (en el Paraíso).

32. ¡Oh esposas del Profeta! Vosotras no sois como las otras mujeres, a condición de que os apartéis de la desobediencia a Dios en veneración a Él y piedad (y, por lo tanto, actuéis conscientes de vuestro estatus especial). Así que (aún más que otras mujeres creyentes) no seáis tan consentidas en vuestro discurso (cuando os dirigís a los hombres), para que no sea provocado el deseo de aquel que en su corazón haya una enfermedad, sino hablad de una manera honorable.

33. Y (preferid) permanecer en vuestros hogares (a menos que haya una necesidad. Si salís por alguna necesidad,) no salgáis ostentando vuestros encantos como (las mujeres solían hacer) en los tiempos antiguos de la Ignorancia. Y estableced la Oración conforme a sus condiciones, y pagad la Limosna Purificadora Prescrita, y obedeced a Dios y a Su Mensajero (en lo que ordenan). Dios solo quiere eliminar de vosotras, Oh miembros de la casa (del Profeta)[17], todo lo que sea detestable, y purificaros hasta la suma pureza.

34. Tened en cuenta y estudiad lo que se recita en vuestros hogares de las Revelaciones y de la Sabiduría (la cual especialmente incluye la Sunna de Su Mensajero). Sin duda Dios es Sutil (que penetra la parte más recóndita del corazón y la mente de los seres humanos), Consciente de todo.

35. Sin duda alguna todos los hombres y todas las mujeres que se someten a Dios (la sumisión de los cuales es atestiguada por sus palabras y actos), y todos los hombres verdaderamente creyentes y todas las mujeres verdaderamente creyentes, y todos los hombres sumamente obedientes y todas las mujeres sumamente obedientes, y todos los hombres y todas las mujeres honestos y veraces en su discurso (y fieles a sus promesas en sus actos), y todos los hombres y todas mujeres que perseveran (en obediencia a Dios en tiempos difíciles), y todos los hombres y todas las mujeres humildes (en la mente y en el corazón ante Dios), y todos los hombres y todas las mujeres que dan en limosna (y en la causa de Dios), y todos los hombres y todas las mujeres que ayunan (como un acto de devoción obligatorio o recomendado), y todos los hombres y todas las mujeres que guardan su castidad (y evitan exponer sus partes pudendas), y todos los hombres y todas las mujeres que recuerdan y mencionan a Dios en gran medida; para (todos) ellos, Dios ha preparado el perdón (para otorgar bendiciones imprevistas) y una tremenda recompensa.

17. Según lo declarado en un *hadiz*, Fátima, la hija del Mensajero, y su marido 'Ali ibn Abi Talib (el cuarto Califa), y sus hijos Hasan y Husayn también son incluidos en la familia del Profeta (Muslim, «Fadail as-Sahaba», 37, 61).

36. Cuando Dios y Su Mensajero han decretado un asunto, no le corresponde a un hombre creyente y una mujer creyente tener una opción en la medida en que ellos mismos se hallan implicados[18]. Quien desobedece a Dios y a Su Mensajero está perdido en un extravío evidente.

37. (Recuerda) cuando tú (Oh Mensajero) dijiste a aquel a quien Dios ha favorecido (guiándole al Islam y con compañía cercana al Profeta), y a quien has favorecido (con amable tratamiento, consideración especial y liberación): «Mantén a tu esposa junto a ti y ten miedo de Dios (con respecto a tu tratamiento hacia ella)». Ocultabas dentro de ti lo que Dios (ya había decretado y) sin duda alguna sacaría a la luz: te preocupabas de que la gente (pudiera reaccionar de una manera dañina a su fe), mientras que Dios tiene más derecho a que Le temas (para que no yerres en el cumplimiento de Sus órdenes). Así pues, cuando Zayd había llegado al fin de su unión con ella (y ella había terminado su período de espera después del divorcio), te unimos con ella en matrimonio, para que no haya culpa (o impedimento legal) para los creyentes por lo que se refiere a (su casamiento con) las esposas de aquellos que llamaron sus hijos (aunque no lo eran en realidad), cuando los últimos hayan llegado al fin de su unión con ellas. Y la orden de Dios debe ser cumplida[19].

38. No hay impedimento para el Profeta con respecto a lo que Dios ha ordenado y hecho legítimo para él. Esta era la manera de Dios con aquellos (Profetas) anteriores. La orden de Dios es un decreto determinado (en las medidas debidas para cada cosa, acontecimiento e individuo).

وَمَا كَانَ لِمُؤْمِنٍ وَلَا مُؤْمِنَةٍ اِذَا قَضَى اللّٰهُ وَرَسُولُهُ اَمْرًا اَنْ
يَكُونَ لَهُمُ الْخِيَرَةُ مِنْ اَمْرِهِمْ وَمَنْ يَعْصِ اللّٰهَ وَرَسُولَهُ فَقَدْ
ضَلَّ ضَلَالًا مُبِينًا ﴿٣٦﴾ وَاِذْ تَقُولُ لِلَّذٖى اَنْعَمَ اللّٰهُ عَلَيْهِ وَاَنْعَمْتَ
عَلَيْهِ اَمْسِكْ عَلَيْكَ زَوْجَكَ وَاتَّقِ اللّٰهَ وَتُخْفٖى فٖى نَفْسِكَ
مَا اللّٰهُ مُبْدٖيهِ وَتَخْشَى النَّاسَ وَاللّٰهُ اَحَقُّ اَنْ تَخْشٰيهُ فَلَمَّا قَضٰى
زَيْدٌ مِنْهَا وَطَرًا زَوَّجْنَاكَهَا لِكَيْ لَا يَكُونَ عَلَى الْمُؤْمِنٖينَ
حَرَجٌ فٖى اَزْوَاجِ اَدْعِيَائِهِمْ اِذَا قَضَوْا مِنْهُنَّ وَطَرًا وَكَانَ اَمْرُ اللّٰهِ
مَفْعُولًا ﴿٣٧﴾ مَا كَانَ عَلَى النَّبِيِّ مِنْ حَرَجٍ فٖيمَا فَرَضَ اللّٰهُ لَهُ سُنَّةَ
اللّٰهِ فِى الَّذٖينَ خَلَوْا مِنْ قَبْلُ وَكَانَ اَمْرُ اللّٰهِ قَدَرًا مَقْدُورًا ﴿٣٨﴾
اَلَّذٖينَ يُبَلِّغُونَ رِسَالَاتِ اللّٰهِ وَيَخْشَوْنَهُ وَلَا يَخْشَوْنَ اَحَدًا
اِلَّا اللّٰهَ وَكَفٰى بِاللّٰهِ حَسٖيبًا ﴿٣٩﴾ مَا كَانَ مُحَمَّدٌ اَبَا اَحَدٍ
مِنْ رِجَالِكُمْ وَلٰكِنْ رَسُولَ اللّٰهِ وَخَاتَمَ النَّبِيّٖنَ وَكَانَ اللّٰهُ بِكُلِّ
شَيْءٍ عَلٖيمًا ﴿٤٠﴾ يَا اَيُّهَا الَّذٖينَ اٰمَنُوا اذْكُرُوا اللّٰهَ ذِكْرًا كَثٖيرًا ﴿٤١﴾
وَسَبِّحُوهُ بُكْرَةً وَاَصٖيلًا ﴿٤٢﴾ هُوَ الَّذٖى يُصَلّٖى عَلَيْكُمْ وَمَلٰٓئِكَتُهُ
لِيُخْرِجَكُمْ مِنَ الظُّلُمَاتِ اِلَى النُّورِ وَكَانَ بِالْمُؤْمِنٖينَ رَحٖيمًا ﴿٤٣﴾

تَحِيَّتُهُمْ

39. (Los Profetas son aquellos) quienes transmiten los Mensajes de Dios y tienen temor reverencial a Él; y no tienen temor reverencial sino tan solo a Él. Dios basta como Aquel Quien ajusta y establece las cuentas (de Sus siervos).

40. (Oh creyentes, sabed que) Muhammad no es el padre de ningún hombre entre vosotros, sino él es el Mensajero de Dios y el Sello de los Profetas[20]. Dios posee pleno conocimiento de todas las cosas.

41. ¡Oh vosotros que creéis! Recordad e invocad a Dios en gran medida,

42. Y glorificadle a Él (puesto que Él se halla por encima de todos los defectos y de tener copartícipes) por la mañana y por la tarde (día y noche)![21]

43. Él es Quien (a cambio de vuestra remembranza de Él) confiere Sus bendiciones especiales sobre vosotros, con Sus ángeles (que ruegan y piden Su perdón para vosotros), para llevaros fuera de la oscuridad (de todas sus clases, intelectual, espiritual, social, económica y política) a la luz (y manteneros firmes en esto). Él es Compasivo hacia los creyentes.

---

18. Esto significa la sumisión absoluta a la Ley Islámica, y la regla de la Ley. Puesto que la Ley Islámica se basa principalmente en las reglas establecidas por Dios en el Corán y la Sunna del Mensajero, cada individuo es igual ante ella, y nadie puede imponer sus propias decisiones o ideas a otros. Así que el Islam ha traído la igualdad y libertad absolutas al ser humano y nos ha salvado de la sumisión o esclavitud a las elecciones y decisiones de otros. Es Dios Quien crea a los seres humanos y Él es, por lo tanto, nuestro dueño. Los seres humanos no pueden incluso reivindicar propiedad sobre sí mismos, pues no son ellos quienes se han creado a sí mismos o quienes se mantienen o suministran a sí mismos. La servidumbre, o la sumisión a Dios, significa estar libre de todas las clases de esclavitud a los poderes creados, incluyendo el alma carnal humana, el cual invita siempre al ser humano al mal que está en contra de nuestro deber.

19. Las acciones y las normas de conducta del Mensajero constituyen, como sus dichos, la segunda fuente de la Ley o la constitución islámica. Sus Compañeros heredaron y transmitieron lo que observaron mientras que él vivía entre ellos, mientras que sus esposas narraron y transmitieron las reglas y normas de la vida personal y familiar islámicas. Esta pesada responsabilidad requirió que tuviera esposas de diversos temperamentos, educación y carácter. Muchos de los asuntos religiosos y las reglas fueron narrados por estas mujeres, conocidas como las Esposas Puras.

Zayd ibn Hariza era el esclavo emancipado y criado del Mensajero, a quien llamó «mi hijo», según las costumbres de la época antes de que la adopción fuera suprimida legalmente. El Mensajero, la paz y las bendiciones sean con él, había pedido que Zaynab bint Yahsh, una señora «noble» de la tribu del Mensajero, se casara con este antiguo esclavo para demostrar en acción que la gente no debe juzgar a otros por su color o estatus social. Sin embargo, su matrimonio no duró mucho. Zayd, dándose cuenta del carácter sublime de su mujer, admitió que era espiritual e intelectualmente inferior a ella. Así pues, al final se separó de ella. Según lo indicado en: *Te unimos con ella en matrimonio*, Dios ordenó a Su Mensajero, la paz y las bendiciones sean con él, casarse con Zaynab. Esto era sumamente difícil para el Mensajero porque según las costumbres entonces existentes, los hijos «adoptivos» se consideraban como si fueran verdaderos hijos, y Zayd, como se ha mencionado arriba, era su esclavo emancipado y criado. Pero Dios quiso que esta costumbre fuera suprimida y primero lo puso en práctica a través de Su Mensajero, la paz y las bendiciones sean con él. El Mensajero se preocupaba de que la gente pudiera sacar conclusiones incorrectas y pensar cosas impropias de él si realizara tal acción, y esto, por lo tanto, dañaría su fe. Pero una ficción «legal» establecida debía eternamente ser suprimida, y Dios quiso que una costumbre tan establecida fuera suprimida por las acciones de Su Mensajero, porque solamente entonces podría tener el efecto deseado sobre la gente. Así que, el Mensajero no tenía otra alternativa que obedecer el decreto de Dios, como lo hizo siempre.

20. El versículo insinúa que aquellos del rango superior y de la responsabilidad sienten un afecto paternal hacia los subordinados. Si son líderes espirituales, Profetas, o santos, por ejemplo, su compasión y afecto excederán mucho más que los de un padre. Como

la gente los verá como un padre, pueden considerarlo incorrecto para tal gente casarse con una de sus mujeres. Para eliminar esta ilusión, el Corán nos dice que: «La Misericordia Divina hace al Profeta tener mucho afecto por vosotros. Debido a su posición como vuestro líder, sois como sus hijos. Pero como él no es vuestro padre biológico, él puede casarse con una de vuestras mujeres. Su llamada a vosotros "mis hijos" no significa que legalmente sois sus hijos».

El versículo también contiene una predicción implícita, la cual, por supuesto, resultó ser verdadera. Es que el Mensajero de Dios, la paz y las bendiciones sean con él, no tendría un hijo varón que sobreviviera y que lo sucediera. Sería sucedido por una hija, y su descendencia continuaría a través de ella. Como se sabe, el linaje del Mensajero continuó por Fátima, su querida hija, quien solo le sobrevivió de entre sus hijos.

21. Todas las palabras de la alabanza y glorificación de Dios —alabarle con Sus Atributos Perfectos de Poder y Majestad, Belleza y Sublimidad, y declarar que Él absolutamente se halla por encima de tener cualquier defecto o atributo negativo compartido por la creación, o por encima de hacer cosas inútiles, si alguien pronuncia estas palabras verbalmente o las dice silenciosamente en su corazón— se conocen como *zikr* (remembranza de Dios). Así pues, la glorificación de Él también se incluye en el significado de *zikr*. Además de esto, leer, reflexionar, estudiar para aumentar el conocimiento de Dios, y conversar sobre Él con otros, también se incluyen en el concepto de *zikr*.

En un *hadiz qudsi* (una Tradición que el significado de la cual Dios inspiró directamente en el corazón del Mensajero), el Mensajero narró: «Dios dice: "Yo soy para Mi siervo lo que él espera de Mí, Yo estoy con él cuando Me recuerda. Si él Me recuerda en su corazón, Yo Lo recuerdo a él; si él Me recuerda en una reunión, Yo lo menciono en una reunión que es mejor que la suya; si él se acerca a Mí un palmo, Yo Me acerco a él la distancia de un brazo, si él se acerca a Mí la distancia de un brazo, Yo Me acerco a él una braza; y si él viene a Mí caminando, Yo corro hacia él con (gran) velocidad"» (Bujari, «Tawhid,» 50; Muslim, «Zikr,» 2).

Dios ha conferido una distinción especial a aquellos que Lo recuerdan. El Mensajero, la paz y las bendiciones sean con él, dijo: «Los devotos han superado todo». Ellos preguntaron: «¿Quiénes son esas excepcionales personas, Oh Mensajero de Dios?». Él respondió: «Aquellos hombres y aquellas mujeres quienes recuerdan a Dios incesantemente» (Muslim, «Zikr,» 2). Esa es la gente quien está realmente viva. Abu Musa relató que el Mensajero dijo: «La semejanza entre una casa donde Dios es mencionado y en la que no lo es, es como la semejanza entre una persona viva y una persona muerta». (Bujari, «Da'awat,» 66) Muyahid, uno de los primeros intérpretes del Corán, explicó: «Una persona no puede ser llamada uno de "aquellos hombres y aquellas mujeres quienes recuerdan a Dios incesantemente" a menos que él o ella recuerde a Dios en todas las ocasiones, de pie, sentado, o acostado» (como se ha declarado en 3:191).

Asistir a las reuniones o círculos de *zikr* es loable, como es señalado por el siguiente hadiz: Ibn 'Umar relató: «El Profeta, la paz sea con él, dijo: "Cuando pasen por un jardín del Paraíso, obtengan provecho de él". Los Compañeros preguntaron: "¿Qué son los jardines del Paraíso, Oh Mensajero de Dios?". El Profeta respondió: "Las reuniones o los círculos de *zikr*. Hay algunos ángeles de Dios que van en búsqueda de tales reuniones de *zikr*, y cuando las encuentran se mantienen alrededor de ellas"» (Muslim, «Zikr,» 39).

423 اَلْجُزْءُ الثَّانِى وَالْعِشْرُونَ ٤٢٣

تَحِيَّتُهُمْ يَوْمَ يَلْقَوْنَهُ سَلَامٌ وَاَعَدَّ لَهُمْ اَجْرًا كَرِيمًا ﴿٤٤﴾
يَا اَيُّهَا النَّبِىُّ اِنَّا اَرْسَلْنَاكَ شَاهِدًا وَمُبَشِّرًا وَنَذِيرًا ﴿٤٥﴾ وَدَاعِيًا
اِلَى اللّٰهِ بِاِذْنِهِ وَسِرَاجًا مُنِيرًا ﴿٤٦﴾ وَبَشِّرِ الْمُؤْمِنِينَ بِاَنَّ لَهُمْ
مِنَ اللّٰهِ فَضْلاً كَبِيرًا ﴿٤٧﴾ وَلَا تُطِعِ الْكَافِرِينَ وَالْمُنَافِقِينَ
وَدَعْ اَذٰيهُمْ وَتَوَكَّلْ عَلَى اللّٰهِ وَكَفٰى بِاللّٰهِ وَكِيلاً ﴿٤٨﴾
يَا اَيُّهَا الَّذِينَ اٰمَنُوا اِذَا نَكَحْتُمُ الْمُؤْمِنَاتِ ثُمَّ طَلَّقْتُمُوهُنَّ
مِنْ قَبْلِ اَنْ تَمَسُّوهُنَّ فَمَا لَكُمْ عَلَيْهِنَّ مِنْ عِدَّةٍ تَعْتَدُّونَهَا
فَمَتِّعُوهُنَّ وَسَرِّحُوهُنَّ سَرَاحًا جَمِيلاً ﴿٤٩﴾ يَا اَيُّهَا النَّبِىُّ اِنَّا
اَحْلَلْنَا لَكَ اَزْوَاجَكَ الّٰتِى اٰتَيْتَ اُجُورَهُنَّ وَمَا مَلَكَتْ
يَمِينُكَ مِمَّا اَفَاءَ اللّٰهُ عَلَيْكَ وَبَنَاتِ عَمِّكَ وَبَنَاتِ عَمَّاتِكَ
وَبَنَاتِ خَالِكَ وَبَنَاتِ خَالَاتِكَ الّٰتِى هَاجَرْنَ مَعَكَ
وَامْرَاَةً مُؤْمِنَةً اِنْ وَهَبَتْ نَفْسَهَا لِلنَّبِىِّ اِنْ اَرَادَ النَّبِىُّ
اَنْ يَسْتَنْكِحَهَا خَالِصَةً لَكَ مِنْ دُونِ الْمُؤْمِنِينَ قَدْ عَلِمْنَا
مَا فَرَضْنَا عَلَيْهِمْ فِى اَزْوَاجِهِمْ وَمَا مَلَكَتْ اَيْمَانُهُمْ
لِكَيْلَا يَكُونَ عَلَيْكَ حَرَجٌ وَكَانَ اللّٰهُ غَفُورًا رَحِيمًا ﴿٥٠﴾

44. El Día cuando se encuentran con Él, su saludo (de aquellos que les dará la bienvenida será), «¡Paz!» (la promesa de seguridad eterna del castigo). Y Él ha preparado para ellos una recompensa honorable y espléndida.

45. ¡Oh Profeta (más ilustre)! Sin duda te hemos enviado (con la Misión Profética) como un testigo (de la verdad durante toda tu vida, y durante tu testimonio el Día del Juicio Final para tu comunidad acerca de sus actos), y como un portador de buenas nuevas (de la prosperidad a cambio de la fe y la rectitud) y advertidor (contra las consecuencias del extravío);

46. Y como alguien quien llama (a toda la humanidad y los genios) a Dios con Su permiso, y una lámpara que difunde luz (iluminando las mentes y los corazones, y mostrando el camino a aquellos que siguen esa luz)[22].

47. Y (así que) da a los creyentes las buenas nuevas de que, sin duda alguna, para ellos se da una gran munificencia de Dios (además de lo que hayan merecido por su fe y buenas acciones).

48. Y haz caso omiso de (las propuestas de) los incrédulos y los hipócritas, y no te preocupes por los sufrimientos que te causan, y deposita tu confianza en Dios. Dios es suficiente como Aquel en Quien confiar y a Quien remitir todos los asuntos.

49. ¡Oh vosotros que creéis! Cuando habéis hecho un contrato matrimonial con alguna de las mujeres creyentes (incluyendo a aquellas que son de la Gente del Libro), y después las divorciéis antes de que las hayáis tocado, no tenéis ningún motivo para pedir que observen algún período de espera para vosotros. Haced una cierta provisión para ellas y dejadlas de buena manera[23].

50. ¡Oh Profeta (más ilustre)! Hemos hecho legítimo para ti a tus esposas a quienes has pagado ya su dote nupcial, así como las que tu diestra posee de entre las cautivas de guerra que Dios te ha concedido, y las hijas de tus tíos paternos y tías paternas, y las hijas de tus tíos maternos y tías maternas, que han emigrado (a Medina) por la causa de Dios como tú hiciste; y cualquier mujer creyente que se ofrezca al Profeta (de buen grado, sin exigir ninguna dote nupcial), si el Profeta desea casarse con ella —una regla (de privilegio) para ti exclusivamente, no para los creyentes (en general)[24]— (ya hemos decretado e) hicimos conocido lo que hemos impuesto sobre ellos con respecto a sus esposas y las que sus diestras poseen[25]. (Este privilegio excepcional[26] es) para que no haya ningún obstáculo para ti (en cumplir tu misión debido a las relaciones matrimoniales)[27]. Dios es Indulgente, Compasivo.

---

22. El Corán describe el Sol como una lámpara y la Luna como un objeto brillante (que refleja luz) situado en los Cielos (sobre esta descripción y su significado, véase el *sura* 25:61, nota 15). Este versículo presenta al Mensajero de Dios, la paz y las bendiciones sean con él, mediante la comparación de una lámpara (brillante) que difunde luz. Esto insinúa que el profeta Muhammad, la paz y las bendiciones sean con él, es un sol en el cielo de la humanidad y los genios, que iluminan sus mundos y por medio del cual pueden encontrar su camino. El hecho de que el Corán emplea para el Mensajero la palabra (lámpara) usada para el Sol, así como la frase *que difunde luz* o *brillante* la cual utiliza para la Luna, sugiere que el Mensajero, la paz y las bendiciones sean con él, tiene una luz muy brillante; y aunque él ha absorbido esta luz, es de hecho de Dios, Quien es la fuente de todas las luces. Como se sabe, la Luna obtiene su luz del Sol. El Mensajero, la paz y las bendiciones sean con él, es como el Sol con respecto a su resplandor, y como la Luna con respecto a la fuente de su luz.

23. Si ocurre el divorcio mencionado en el versículo antes de que se haya determinado cualquier dote nupcial, el marido debe hacer provisión según sus posibilidades. Si ocurre después de que una dote nupcial ya se haya designado, la mitad de lo que se haya designado se debe dar a la mujer divorciada. Sin embargo, la mujer puede establecer una exoneración y renunciar a la dote nupcial, o el hombre puede remitir y pagar la cantidad total. (Véase el *sura* 2:236-237.)

24. Sobre los mandamientos judiciales con respecto a las mujeres con quienes los hombres musulmanes pueden casarse legalmente, véase el *sura* 4:22-25, notas 7-9.

25. Sobre estos mandamientos judiciales, véanse el *sura* 2:221; el *sura* 4:3-4, notas 2-3.

26. Debido a su misión, hay algunas reglas excepcionales para el Profeta, la paz y las bendiciones sean con él. A diferencia de otros hombres creyentes, le era permitido casarse con una mujer creyente que le vendría sin exigir ninguna dote nupcial. Mientras que el resto de los hombres musulmanes podrían casarse con las hijas de sus tíos y tías, hayan emigrado o no, al Profeta, la paz y las bendiciones sean con él, le fue permitido casarse con cualquiera de entre ellas a condición de que hubieran emigrado. Había otras excepciones que eran solo pertinentes al Mensajero, la paz y las bendiciones sean con él: por ejemplo, la Oración de *Tahayyud* (en el último tercio o la última parte de la noche) fue prescrita para el Profeta, la paz y las bendiciones sean con él, hasta su muerte; esta es solamente supererogatoria para los demás musulmanes. Como otros Profetas, su herencia no se podía compartir por sus «herederos» sino fue utilizada como limosna para la comunidad musulmana. Comer de *Zakat* fue prohibido para él y para su familia, mientras que todos otros musulmanes necesitados podrían comer de ella. El permiso para él de casarse hasta con nueve mujeres era también excepcional para él, mientras que otros musulmanes pueden tener solo cuatro mujeres juntas en el matrimonio. Mientras que el resto de los hombres musulmanes pueden casarse hasta su muerte, al Mensajero de Dios, la paz y las bendiciones sean con él, le fue prohibido casarse después de un cierto momento en su vida, según es indicado en el versículo 52 de este *sura*.

27. Estas condiciones especiales no fueron introducidas debido a una necesidad de mujeres, sino solamente debido al papel que desempeñaron las mujeres en el cumplimiento de la misión

del Mensajero. El Islam tiene reglas específicas para las mujeres, y muchas de esas reglas pueden ser aprendidas solamente de las profesoras y que se podrían preguntar al Mensajero sólo por las mujeres que tenían relaciones estrechas con él. Así que las razones de sus matrimonios múltiples son varias. Sin embargo, todas ellas están relacionadas con su papel como líder de la comunidad musulmana y su responsabilidad para guiar a los nuevos musulmanes hacia las normas y los valores del Islam.

Cuando Muhammad, la paz y las bendiciones sean con él, tenía 25 años, —15 años antes de que haya empezado su Misión Profética—, se casó con Jadiya, su primera esposa. Vivió con ella aproximadamente 25 años, y después de su muerte, vivió cerca de seis años sin una esposa. Considerando el ambiente cultural, el clima y otras circunstancias más, como su juventud, es muy sorprendente que fuese conocido por su castidad perfecta, por su integridad y por su honradez. Después de recibir la Misión Profética, sus enemigos no dudaron en levantar calumnias contra él, pero ninguno de ellos se atrevió a inventar algo sobre él relacionado con este asunto. Aunque a sus enemigos les sea muy difícil aceptar esto, durante estos años, no pueden encontrar ningún defecto en su carácter moral. Cuando empezó a casarse con otras mujeres cumpliendo la orden de Dios, ya tenía 53 años, edad en la que el interés y el deseo por el matrimonio disminuyen en gran medida especialmente en Arabia donde la gente envejece relativamente antes, y cuando, especialmente en esos días, la esperanza media de vida de la gente era inferior.

Algunos matrimonios fueron contraídos por razones específicas, por ejemplo:

- Entre sus esposas había mujeres jóvenes, de mediana edad y mayores, las necesidades y las normas de la ley islámica se podían demostrar en relación con las diferentes etapas y experiencias de su vida. Y estas normas primero se aplicaban en la casa del Profeta, la paz y las bendiciones sean con él, y después pasaban a los demás musulmanes a través de sus mujeres.
- Cada mujer era de un clan o de una tribu diferente y esto le permitía al Profeta, la paz y las bendiciones sean con él, establecer una relación de parentesco y afinidad a lo largo de la rápida expansión de la comunidad musulmana. Esto también le permitía establecer una fidelidad muy profunda entre los musulmanes, de ese modo se creaba un ambiente de igualdad y fraternidad de la manera más práctica y en base a la Religión.
- Cada mujer, tanto en vida del Profeta, la paz y las bendiciones sean con él, como después de su fallecimiento, demostró ser un gran beneficio en pro del Islam. Ellas transmitieron su mensaje y lo explicaron a los miembros de su clan. De esa manera todos los musulmanes aprendían el Corán, las Tradiciones, *tafsir* (las interpretaciones y los comentarios coránicos), *fiqh* (la jurisprudencia islámica), y así se hacían conscientes de toda la esencia y el espíritu del Islam.
- A través de sus matrimonios el Profeta, la paz y las bendiciones sean con él, estableció lazos de parentesco por toda Arabia. Esto le dio la libertad de moverse y de ser aceptado por todos los miembros de cada familia. Como le consideraban alguien de su familia, no dudaban en ir a verlo en persona y preguntarle cosas, tanto sobre esta vida como sobre la otra. Las tribus también se beneficiaron mucho de su proximidad a él: se consideraban afortunadas y estaban orgullosas de esta relación, los Omeyas —a través de Umm Habiba—, los Hachemitas —a través de Zaynab bint Yahsh—, y los Bani Majzum —a través de Umm Salama—.
- Es también un hecho muy de notar de que todas las esposas del Profeta (excepto 'A'isha y Mariya) eran viudas o divorciadas, así subrayando la importancia y el cuidado que necesita ser dado a las mujeres solitarias en la sociedad islámica, en contraste con la norma entonces común de repudiarlas a una vida de indigencia.

تُرْجِي مَنْ تَشَاءُ مِنْهُنَّ وَتُؤْوِي إِلَيْكَ مَنْ تَشَاءُ وَمَنِ ابْتَغَيْتَ
مِمَّنْ عَزَلْتَ فَلَا جُنَاحَ عَلَيْكَ ذَٰلِكَ أَدْنَىٰ أَنْ تَقَرَّ
أَعْيُنُهُنَّ وَلَا يَحْزَنَّ وَيَرْضَيْنَ بِمَا آتَيْتَهُنَّ كُلُّهُنَّ وَاللَّهُ يَعْلَمُ
مَا فِي قُلُوبِكُمْ وَكَانَ اللَّهُ عَلِيمًا حَلِيمًا ﴿٥١﴾ لَا يَحِلُّ لَكَ
النِّسَاءُ مِنْ بَعْدُ وَلَا أَنْ تَبَدَّلَ بِهِنَّ مِنْ أَزْوَاجٍ وَلَوْ أَعْجَبَكَ
حُسْنُهُنَّ إِلَّا مَا مَلَكَتْ يَمِينُكَ وَكَانَ اللَّهُ عَلَىٰ كُلِّ شَيْءٍ
رَقِيبًا ﴿٥٢﴾ يَا أَيُّهَا الَّذِينَ آمَنُوا لَا تَدْخُلُوا بُيُوتَ النَّبِيِّ
إِلَّا أَنْ يُؤْذَنَ لَكُمْ إِلَىٰ طَعَامٍ غَيْرَ نَاظِرِينَ إِنَاهُ وَلَٰكِنْ إِذَا
دُعِيتُمْ فَادْخُلُوا فَإِذَا طَعِمْتُمْ فَانْتَشِرُوا وَلَا مُسْتَأْنِسِينَ
لِحَدِيثٍ إِنَّ ذَٰلِكُمْ كَانَ يُؤْذِي النَّبِيَّ فَيَسْتَحْيِي مِنْكُمْ وَاللَّهُ
لَا يَسْتَحْيِي مِنَ الْحَقِّ وَإِذَا سَأَلْتُمُوهُنَّ مَتَاعًا فَاسْأَلُوهُنَّ
مِنْ وَرَاءِ حِجَابٍ ذَٰلِكُمْ أَطْهَرُ لِقُلُوبِكُمْ وَقُلُوبِهِنَّ وَمَا
كَانَ لَكُمْ أَنْ تُؤْذُوا رَسُولَ اللَّهِ وَلَا أَنْ تَنْكِحُوا أَزْوَاجَهُ
مِنْ بَعْدِهِ أَبَدًا إِنَّ ذَٰلِكُمْ كَانَ عِنْدَ اللَّهِ عَظِيمًا ﴿٥٣﴾ إِنْ
تُبْدُوا شَيْئًا أَوْ تُخْفُوهُ فَإِنَّ اللَّهَ كَانَ بِكُلِّ شَيْءٍ عَلِيمًا ﴿٥٤﴾

لَا جُنَاحَ

51. Puedes rechazar a cualquiera entre ellas (las que se ofrecen a ti de buen grado) que quieras, y aceptar a quien quieras, así como puedes diferir el turno de visita a alguna de ellas (tus esposas) que quieras, y tomar a quien quieras[28]. No tienes culpa si das prioridad a una a quien diferiste antes. Esto será mejor para que estén contentas, y no se aflijan (cuando están diferidas), y que todas estarán contentas con tu tratamiento hacia ellas. Dios sabe (Oh gente) lo que se da en vuestros corazones. Dios es de hecho Omnisciente, Clemente.

52. Otras mujeres (que aquellas recientemente mencionadas, y aquellas que ya están casadas contigo[29]) no serán lícitas para ti tomarlas; ni (viendo que ellas —tus esposas— han preferido a Dios y a Su Mensajero a los encantos del mundo,) está permitido para ti cambiarlas por otras esposas, aunque su belleza te agradaría, excepto aquellas que tu diestra posea. Dios siempre observa todas las cosas.

53. ¡Oh vosotros que creéis! No entréis en los cuartos del Profeta (en su casa) a menos que os haya dado permiso, (y cuando estéis invitados) a comer, sin esperar el momento oportuno (cuando se servirá la comida). Más bien, cuando estéis invitados, entrad (en sus cuartos privados) en el momento oportuno; y cuando terminéis de comer, marcharos. No os quedéis por mera charla. Esto le causa molestia al Profeta, y es cohibido (para pedir) de vosotros (que os vayáis). Pero Dios no tiene miedo a (enseñaros) la verdad. Cuando preguntéis algo de ellas (sus esposas), preguntadles detrás de una cortina. Hacer así es más puro para vuestros corazones y para sus corazones. No es para vosotros causar daño al Mensajero de Dios, así como es ilícito para vosotros para siempre casarse con sus viudas después de él. Esto (casamiento con sus viudas) sería una gravedad ante Dios.

54. Reveléis algo o lo ocultéis en secreto, (sabed) que sin duda Dios posee pleno conocimiento de todas las cosas.

28. Es posible que este versículo tenga los dos significados dados (es decir, está relacionado con el tratamiento del Profeta hacia las mujeres quienes se ofrecerían a él, y el turno de las atenciones conyugales para sus esposas). El Islam ordena a un marido que tenga más de una esposa ser justo en sus relaciones con ellas y observar un turno estricto en las atenciones conyugales para sus esposas. Como esto es difícil, le sugiere estar satisfecho con una esposa (4:3). Sin embargo, ya que el Mensajero, la paz y las bendiciones sean con él, tenía muchos propósitos sabios para sus matrimonios, algunos de los cuales se han mencionado en la nota anterior, no estaba obligado a observar esta responsabilidad. Pero, según lo relatado por 'A'isha en los libros de hadices (Abu Dawud, «Nikah», 39; at-Tirmizi, «Nikah», 42), él no mostró ninguna negligencia en observarla durante su vida. Aunque el versículo le permite la libertad de preferir o diferir de visitar a alguna de sus esposas, también le ofrece una manera de no afligirlas y hacer a todas felices. Si había pospuesto visitar a alguna de ellas, podría darle prioridad la próxima vez.

29. Esta prohibición está relacionada con otras mujeres que aquellas mencionadas en el versículo 50. Sin embargo, ya que el versículo fue revelado cuando el Mensajero, la paz y las bendiciones sean con él, ya había tenido nueve esposas, también le prohíbe casarse otra vez. Esto insinúa que los propósitos de sus matrimonios ya se han cumplido.

لَا جُنَاحَ عَلَيْهِنَّ فِى اٰبَآئِهِنَّ وَلَٓا اَبْنَٓائِهِنَّ وَلَٓا اِخْوَانِهِنَّ
وَلَٓا اَبْنَٓاءِ اِخْوَانِهِنَّ وَلَٓا اَبْنَٓاءِ اَخَوَاتِهِنَّ وَلَا نِسَٓائِهِنَّ
وَلَا مَا مَلَكَتْ اَيْمَانُهُنَّۚ وَاتَّقٖينَ اللّٰهَۜ اِنَّ اللّٰهَ كَانَ عَلٰى كُلِّ
شَيْءٍ شَهٖيدًا ﴿٥٥﴾ اِنَّ اللّٰهَ وَمَلٰٓئِكَتَهُ يُصَلُّونَ عَلَى النَّبِيِّۜ
يَٓا اَيُّهَا الَّذٖينَ اٰمَنُوا صَلُّوا عَلَيْهِ وَسَلِّمُوا تَسْلٖيمًا ﴿٥٦﴾
اِنَّ الَّذٖينَ يُؤْذُونَ اللّٰهَ وَرَسُولَهُ لَعَنَهُمُ اللّٰهُ فِى الدُّنْيَا
وَالْاٰخِرَةِ وَاَعَدَّ لَهُمْ عَذَابًا مُهٖينًا ﴿٥٧﴾ وَالَّذٖينَ يُؤْذُونَ
الْمُؤْمِنٖينَ وَالْمُؤْمِنَاتِ بِغَيْرِ مَا اكْتَسَبُوا فَقَدِ احْتَمَلُوا
بُهْتَانًا وَاِثْمًا مُبٖينًا ﴿٥٨﴾ يَٓا اَيُّهَا النَّبِيُّ قُلْ لِاَزْوَاجِكَ وَبَنَاتِكَ
وَنِسَٓاءِ الْمُؤْمِنٖينَ يُدْنٖينَ عَلَيْهِنَّ مِنْ جَلَابٖيبِهِنَّۜ ذٰلِكَ اَدْنٰٓى
اَنْ يُعْرَفْنَ فَلَا يُؤْذَيْنَۜ وَكَانَ اللّٰهُ غَفُورًا رَحٖيمًا ﴿٥٩﴾ لَئِنْ
لَمْ يَنْتَهِ الْمُنَافِقُونَ وَالَّذٖينَ فٖى قُلُوبِهِمْ مَرَضٌ وَالْمُرْجِفُونَ
فِى الْمَدٖينَةِ لَنُغْرِيَنَّكَ بِهِمْ ثُمَّ لَا يُجَاوِرُونَكَ فٖيهَٓا اِلَّا قَلٖيلًاۚ ﴿٦٠﴾
مَلْعُونٖينَۚ اَيْنَ مَا ثُقِفُوٓا اُخِذُوا وَقُتِّلُوا تَقْتٖيلًا ﴿٦١﴾ سُنَّةَ اللّٰهِ
فِى الَّذٖينَ خَلَوْا مِنْ قَبْلُۚ وَلَنْ تَجِدَ لِسُنَّةِ اللّٰهِ تَبْدٖيلًا ﴿٦٢﴾

55. No tienen culpa (las esposas del Profeta, si hablan sin una cortina) con sus padres (incluso abuelos y tíos, paternos y maternos), o sus hijos (incluso nietos), o sus hermanos, o hijos de sus hermanos, o hijos de sus hermanas, o las mujeres musulmanas y las mujeres de la buena conducta con quien tienen relación, o las (doncellas) de quienes poseen sus diestras. Apartaros (Oh esposas del Profeta) de la desobediencia a Dios en veneración a Él y piedad (observando esta orden así como todas Sus otras órdenes). En verdad que Dios es testigo de todas las cosas.

56. No cabe duda de que Dios y Sus ángeles bendicen al Profeta (siempre Él le trata con Su misericordia especial, con los ángeles rogando a Él para que le conceda la estación más sublime de alabanza con Él, y para la victoria decisiva de su Religión). O vosotros que creéis, invocad las bendiciones de Dios sobre él, y rogad a Dios para que le conceda Su paz, saludándole con el mejor saludo. (Amadle y seguidle con suma sinceridad y fidelidad, y dedicaros a su camino con sumisión perfecta)[30].

57. Los que afrentan a Dios y a Su Mensajero (por desacato para Él en palabras y actos y para Su Mensajero y valores islámicos), ciertamente Dios los maldice (los excluye de Su misericordia) en este mundo y en el Más Allá, y Él ha preparado para ellos un vergonzoso y humillante castigo[31].

58. Y aquellos que afrentan a los creyentes y a las creyentes sin que hayan hecho algo malo para merecerlo, sin duda se han cargado con una calumnia y un flagrante pecado[32].

59. ¡Oh Profeta (más ilustre)! Di a Tus esposas y tus hijas, así como a las mujeres (las esposas y las hijas) de los creyentes, que se pongan sobre sí mismas alguna parte de su ropa externa (cuando estén fuera de sus hogares y cuando estén ante los hombres con los cuales no está prohibido casarse por ser consanguíneos)[33]. Esto es mejor y más conveniente para que sean reconocidas (y respetadas por su dignidad y decoro) y que no sean acosadas[34]. En verdad que Dios es Indulgente y Compasivo[35].

60. Sin lugar a duda, si los hipócritas y aquellos que tienen una enfermedad en sus corazones, y aquellos alarmistas en la Ciudad (dados a difundir falsos rumores para armar alboroto en el corazón de la Comunidad Islámica) no desisten, con toda seguridad te incitaremos contra ellos, y entonces no podrán permanecer en ello como tus vecinos sino tan solo poco tiempo,

61. Excluidos de la Misericordia de Dios para siempre; y dondequiera que sean encontrados, serán agarrados, y matados todos sin excepción[36].

62. (Esta era) la manera de Dios con todos aquellos que precedieron. Nunca encontrarás cambio alguno en la manera de Dios.

---

30. Invocar las bendiciones de Dios y la paz para el Mensajero de Dios, por lo menos una vez en la vida es un deber para cada musulmán. Y hacerlo cada vez que se mencione su nombre es un acto muy recomendable. Según las escuelas Shafi'i y Hanbali, es obligatorio en la última sentada de cada Oración (*Salah*) después de *tashahhud*, sin el cual la Oración no es aceptable. Según otras escuelas, es *sunna*.

Invocar las bendiciones de Dios y la paz para el Mensajero de Dios es un vínculo entre él y los creyentes. Su responsabilidad era sumamente seria, y siempre él está preocupado por los musulmanes individualmente y colectivamente, incluso después de su muerte. Así que invocar las bendiciones de Dios y la paz para él como un deber religioso no estaba restringido a su vida. Realizando este acto, rezamos por nosotros mismos también, porque estamos estableciendo una conexión importante con él y rogando a Dios a través de él para que nos ayude con nuestras responsabilidades religiosas.

Por la prescripción del Mensajero debemos incluir a su familia e incluso a su descendencia a la hora de invocar las bendiciones de Dios y la paz sobre él.

Esta prescripción de invocar las bendiciones de Dios y la paz sobre él está vigente incluso después de su muerte, hasta el Día del Juicio Final, significa que rezar por los muertos es un acto religioso válido y puede ayudarles.

31. La palabra original (que hemos traducido como «afrentar») es *aza*. Se utiliza principalmente para expresar cualquier palabra que ofende a otra persona. Así que el versículo nos advierte sobre cualquier palabra impropia que podemos pronunciar sobre Dios y Su Mensajero, y los valores islámicos. El versículo también prohíbe cualquier acto irrespetuoso hacia Dios y Su Mensajero, y los valores islámicos.

32. Si alguien dice algo sobre un creyente con el cual el creyente no estará contento, esto es hablar mal de dicha persona, el cual el Corán prohíbe decisivamente. Si alguien dice algo sobre un creyente que sea falso, esto es una calumnia. Además de prohibir tal acto de hablar sobre los creyentes, el versículo también prohíbe cualquier habla o acto impropio que ofendan a un creyente.

Antes de la prescripción de la flagelación con cien azotes (24:2), el Corán había ordenado el castigo de los fornicadores reprendiéndoles y pegándoles (4:16). Sin embargo, esto fue abrogado por la prescripción de la flagelación. Por lo tanto, ofender a un creyente con palabras impropias está prohibido en todo caso. Y, de este modo, el permiso de ofenderles o afrentarles que este versículo da en caso de que hayan hecho algún mal se refiere a cualquier acto que la ley lo castigaría de esta manera; tal castigo solo puede ser aplicado por las autoridades legales.

Mientras que el Corán prohíbe afrentar a cualquier creyente sin que haya hecho algún mal para merecerlo, de manera decisiva prohíbe ofender al Mensajero de Dios, la paz y las bendiciones sean con él, sin especificar ninguna excepción, y considera ofenderlo como si alguien haya ofendido a Dios Todopoderoso. Esto demuestra que el Mensajero era infalible y que está libre de cualquier imperfección.

33. El versículo significa que las mujeres deben cubrir sus cabezas y partes superiores de sus cuerpos. Algunos eruditos concluyen que deben también cubrir sus caras excepto los ojos.

34. Hay dos ejemplos importantes de la sabiduría en la orden de cubrirse para las mujeres musulmanas. Las mujeres musulmanas son las mujeres que merecen respeto y que deben ser protegidas de cualquier ofensa o acoso. El velo demuestra que son musulmanas, decentes, y libres (no doncellas), y exige la protección contra cualquier acoso. Aunque nadie puede afirmar que una mujer que no utiliza algún velo desea llamar la atención de hombres a sí misma, es una realidad indudable y frecuentemente atestiguada que una mujer que muestra sus encantos se expone a sí misma a la atención indeseada.

35. A pesar de todas las aseveraciones contrarias en el mundo moderno, Dios, Quien relaciona la prescripción de cubrirse para las mujeres con Su perdón y compasión infinitos, está declarado explícitamente que es de compasión hacia las mujeres.

36. Esto es, como se señalará en el versículo siguiente, el fin al que los hipócritas se enfrentarán, como consecuencia de la sedición que causan en la sociedad.

426 سُورَةُ الْاَحْزَابِ ٤٢٦

يَسْـَٔلُكَ النَّاسُ عَنِ السَّاعَةِ قُلْ اِنَّمَا عِلْمُهَا عِنْدَ اللّٰهِ
وَمَا يُدْرِيكَ لَعَلَّ السَّاعَةَ تَكُونُ قَرِيبًا ﴿٦٣﴾ اِنَّ اللّٰهَ لَعَنَ الْكَافِرِينَ
وَاَعَدَّ لَهُمْ سَعِيرًا ﴿٦٤﴾ خَالِدِينَ فِيهَا اَبَدًا لَا يَجِدُونَ وَلِيًّا وَلَا
نَصِيرًا ﴿٦٥﴾ يَوْمَ تُقَلَّبُ وُجُوهُهُمْ فِي النَّارِ يَقُولُونَ يَا لَيْتَنَا
اَطَعْنَا اللّٰهَ وَاَطَعْنَا الرَّسُولَا ﴿٦٦﴾ وَقَالُوا رَبَّنَا اِنَّا اَطَعْنَا سَادَتَنَا
وَكُبَرَاءَنَا فَاَضَلُّونَا السَّبِيلَا ﴿٦٧﴾ رَبَّنَا اٰتِهِمْ ضِعْفَيْنِ مِنَ الْعَذَابِ
وَالْعَنْهُمْ لَعْنًا كَبِيرًا ﴿٦٨﴾ يَا اَيُّهَا الَّذِينَ اٰمَنُوا لَا تَكُونُوا كَالَّذِينَ
اٰذَوْا مُوسٰى فَبَرَّاَهُ اللّٰهُ مِمَّا قَالُوا وَكَانَ عِنْدَ اللّٰهِ وَجِيهًا ﴿٦٩﴾
يَا اَيُّهَا الَّذِينَ اٰمَنُوا اتَّقُوا اللّٰهَ وَقُولُوا قَوْلًا سَدِيدًا ﴿٧٠﴾
يُصْلِحْ لَكُمْ اَعْمَالَكُمْ وَيَغْفِرْ لَكُمْ ذُنُوبَكُمْ وَمَنْ يُطِعِ
اللّٰهَ وَرَسُولَهُ فَقَدْ فَازَ فَوْزًا عَظِيمًا ﴿٧١﴾ اِنَّا عَرَضْنَا الْاَمَانَةَ
عَلَى السَّمٰوَاتِ وَالْاَرْضِ وَالْجِبَالِ فَاَبَيْنَ اَنْ يَحْمِلْنَهَا وَاَشْفَقْنَ
مِنْهَا وَحَمَلَهَا الْاِنْسَانُ اِنَّهُ كَانَ ظَلُومًا جَهُولًا ﴿٧٢﴾ لِيُعَذِّبَ اللّٰهُ
الْمُنَافِقِينَ وَالْمُنَافِقَاتِ وَالْمُشْرِكِينَ وَالْمُشْرِكَاتِ وَيَتُوبَ
اللّٰهُ عَلَى الْمُؤْمِنِينَ وَالْمُؤْمِنَاتِ وَكَانَ اللّٰهُ غَفُورًا رَحِيمًا ﴿٧٣﴾

سُورَةُ

63. La gente te pregunta acerca de la Última Hora (cuándo acontecerá). Di: «El conocimiento de ello se halla solo con Dios». A pesar de que sabéis, la Última Hora puede que se acerque.

64. Sin duda alguna Dios ha maldecido (eternamente ha excluido de Su Misericordia) a los incrédulos, y ha preparado para ellos el Fuego,

65. En el que morarán para siempre. No encontrarán ni a guardián ni ayudante.

66. El Día cuando sus caras se darán la vuelta una y otra vez en el Fuego, exclamarán, «¡Ay de nosotros! ¡Ojala hubiéramos obedecido a Dios y hubiéramos obedecido al Mensajero!».

67. Y dirán: «¡Señor nuestro! Sin duda obedecimos a nuestros jefes y a nuestros mayores, y nos hicieron seguir un camino engañoso.

68. ¡Señor nuestro! Hazlos sufrir el castigo doble, y maldícelos con una maldición tremenda (para que sean totalmente excluidos, absolutamente y eternamente, de Tu Misericordia)!».

69. ¡Oh vosotros que creéis! No seáis como aquellos (entre los Hijos de Israel) que afrentaron a Moisés, y (que seáis considerados que) Dios demostró su inocencia de todo lo que alegaron contra él. Él era de gran honor ante Dios[37].

70. ¡Oh vosotros que creéis! Actuad en veneración a Dios y piedad, sin hacer cualquier cosa que provoque Su castigo, y siempre decid palabras verdaderas, apropiadas y acertadas,

71. Que Él haga vuestros actos buenos y rectos y os perdone vuestros pecados. Quien obedece a Dios y a Su Mensajero sin duda ha logrado un triunfo formidable.

72. Ofrecimos la Confianza a los Cielos, y a la Tierra, y las montañas, pero no se atrevieron a cargar con ella, y tenían miedo de ella (tenían miedo de no poder cumplir su responsabilidad), pero el ser humano la ha emprendido; él es de hecho propenso a hacer gran mal y juzgar mal, y actuar por pura ignorancia[38].

73. (Como consecuencia de la elección de cada individuo) Dios castigará a los hipócritas, hombres y mujeres, y aquellos hombres y aquellas mujeres que atribuyen copartícipes a Dios, y se dirigirá a los creyentes, hombres y mujeres, con perdón (y compasión, a cambio de su arrepentimiento por cualquier mal que hacen). En verdad que Dios es Indulgente y Compasivo[39].

37. Esta advertencia vino con respecto al matrimonio del Mensajero con Zaynab, la Madre de los Creyentes. Los hipócritas y algunos de fe débil hablaron de manera impropia sobre este acontecimiento y sobre el Mensajero, la paz y las bendiciones sean con él, en relación con ello. Las mismas clases de palabras ofensivas fueron pronunciadas sobre el profeta Moisés, la paz sea con él. Como el profeta Moisés estaba absolutamente libre de cualquier ofensa aseverada contra él, el Mensajero de Dios, la paz y las bendiciones sean con él, está también absolutamente libre de cualquier alegación similar. Según se ha indicado en los versículos 57 y 58, y las notas 31 y 32 anteriores, cualquier palabra ofensiva pronunciada contra el Mensajero, la paz y las bendiciones sean con él, es como si esté pronunciada contra Dios, porque él es infalible y libre de cualquier imperfección.

38. Para el significado de la Confianza, véase el Apéndice 14.

39. Concluyendo con el énfasis en el hecho de que Dios es Indulgente y Compasivo, este versículo indica que de Su Perdón y Compasión, Dios apoyará a los creyentes y les posibilitará seguir el camino recto porque han elegido ese camino e intentan seguirlo. También aceptará su arrepentimiento cuando se arrepientan de sus pecados, y les perdonará sus defectos siguiendo Su camino. El versículo también anima a los hipócritas y a aquellos que atribuyen copartícipes a Dios a no hundirse en la desesperación y a enmendarse, retornando a Dios en su lugar.

سُورَةُ سَبَإٍ مَكِّيَّةٌ
وَهِىَ أَرْبَعٌ وَخَمْسُونَ اٰيَةً

بِسْمِ اللّٰهِ الرَّحْمٰنِ الرَّحِيمِ

اَلْحَمْدُ لِلّٰهِ الَّذِى لَهُ مَا فِى السَّمٰوَاتِ وَمَا فِى الْاَرْضِ وَلَهُ
الْحَمْدُ فِى الْاٰخِرَةِ وَهُوَ الْحَكِيمُ الْخَبِيرُ ١ يَعْلَمُ مَا يَلِجُ
فِى الْاَرْضِ وَمَا يَخْرُجُ مِنْهَا وَمَا يَنْزِلُ مِنَ السَّمَاءِ وَمَا يَعْرُجُ فِيهَا
وَهُوَ الرَّحِيمُ الْغَفُورُ ٢ وَقَالَ الَّذِينَ كَفَرُوا لَا تَأْتِينَا السَّاعَةُ
قُلْ بَلٰى وَرَبِّى لَتَأْتِيَنَّكُمْ عَالِمِ الْغَيْبِ لَا يَعْزُبُ عَنْهُ مِثْقَالُ ذَرَّةٍ
فِى السَّمٰوَاتِ وَلَا فِى الْاَرْضِ وَلَا اَصْغَرُ مِنْ ذٰلِكَ وَلَا اَكْبَرُ
اِلَّا فِى كِتَابٍ مُبِينٍ ٣ لِيَجْزِىَ الَّذِينَ اٰمَنُوا وَعَمِلُوا الصَّالِحَاتِ
اُولٰٓئِكَ لَهُمْ مَغْفِرَةٌ وَرِزْقٌ كَرِيمٌ ٤ وَالَّذِينَ سَعَوْ فِى اٰيَاتِنَا
مُعَاجِزِينَ اُولٰٓئِكَ لَهُمْ عَذَابٌ مِنْ رِجْزٍ اَلِيمٌ ٥ وَيَرَى الَّذِينَ
اُوتُوا الْعِلْمَ الَّذِى اُنْزِلَ اِلَيْكَ مِنْ رَبِّكَ هُوَ الْحَقَّ وَيَهْدِى
اِلٰى صِرَاطِ الْعَزِيزِ الْحَمِيدِ ٦ وَقَالَ الَّذِينَ كَفَرُوا هَلْ نَدُلُّكُمْ
عَلٰى رَجُلٍ يُنَبِّئُكُمْ اِذَا مُزِّقْتُمْ كُلَّ مُمَزَّقٍ اِنَّكُمْ لَفِى خَلْقٍ جَدِيدٍ ٧

SURA 34

SABA' (SABA)

Período de La Meca

Este sura, revelado en La Meca en los primeros años de la revelación del Islam, consta de 54 versículos y tomó su título del versículo 15, en el cual la civilización de Saba está mencionada. Esta civilización fue fundada en Yemen y era famosa por sus ciudades con abundante vegetación, sistemas de presas y actividad comercial. Una reina de esta tierra, que se menciona en el *Surat an-Naml* en el contexto de sus experiencias con el profeta Salomón, la paz sea con él, se hizo musulmana (para la información detallada, véase el *sura* 27:22-44, notas 10-17). Este *sura* en su mayor parte hace hincapié en los pilares de la fe, tales como la Unidad Divina, la vida después de la muerte, y la Misión Profética. Mencionando la civilización de *Saba*, con su magnificencia y final trágico, y los favores que Dios concedió a los profetas David y Salomón, la paz sea con ellos, este *sura* nos advierte que los favores de Dios vienen como un resultado de seguir Sus mandamientos para la vida humana y de agradecerlo constantemente a cambio de Sus favores. Agradecer significa reconocer que todos nuestros logros pertenecen a Dios, sintiéndonos agradecidos a cambio de ellos, y obedeciendo Sus mandamientos.

En el Nombre de Dios,
el Misericordioso, el Compasivo.

1. Toda la alabanza y la gratitud son para Dios, a Quien pertenece todo lo que se halla en los Cielos y sobre la Tierra (porque es Él Quien los ha creado y los sustenta); y son para Él toda la alabanza y la gratitud en el Más Allá (ya que es solo Él Quien lo fundará como una morada eterna para Sus siervos). Él es Omnisapiente, Omnisciente.

2. Él sabe lo que entra en la Tierra y lo que sale de ella, y lo que se desciende del Cielo y lo que asciende a él. Él es Compasivo e Indulgente.

3. Los incrédulos dicen: «La Última Hora no nos sobrevendrá». Di: «¡No, de verdad! Por mi Señor —y Él es el Conocedor de Lo Oculto— con toda seguridad os sobrevendrá». Ni algo del peso de un átomo que se halla en los Cielos o en la Tierra se escapa de Él, ni cualquier cosa más pequeña que eso, o más grande, sino que está (registrada) en un Libro Manifiesto[1].

4. (Es así, para) que Él pueda recompensar a aquellos que creen y hacen actos buenos y rectos. Son ellos para quienes hay perdón (para otorgar bendiciones imprevistas) y una provisión honorable y abundante,

5. Mientras que aquellos que luchan contra Nuestras Revelaciones, intentando frustrar y anularlas, para aquellos (que se apartaron de su Señor) se da un castigo doloroso y repugnante (ganado por sus propios actos repugnantes).

6. Aquellos a quienes el conocimiento (de la verdad) se ha concedido saben bien que lo que se ha enviado a ti de tu Señor (el Corán) es la verdad (y lo que declara de la vida después de la muerte es, por lo tanto, la verdad también), y que guía al Camino del Glorioso poseedor de irresistible poder, Digno de Alabanza.

7. Sin embargo los incrédulos dicen (burlándose): «¿Queréis que os enseñemos a un hombre que os informará de que después de que os hayáis dispersado enteramente en polvo, vosotros, aun así, seréis recreados?

1. Sobre el Libro Manifiesto, véanse el *sura* 6:59, nota 13; el *sura* 13:39, nota 13; el *sura* 17:14, nota 10; el *sura* 27:1, nota 1.

اَفْتَرٰى عَلَى اللّٰهِ كَذِبًا اَمْ بِه۪ جِنَّةٌ بَلِ الَّذ۪ينَ لَا يُؤْمِنُونَ بِالْاٰخِرَةِ
فِي الْعَذَابِ وَالضَّلَالِ الْبَع۪يدِ ﴿٨﴾ اَفَلَمْ يَرَوْا اِلٰى مَا بَيْنَ
اَيْد۪يهِمْ وَمَا خَلْفَهُمْ مِنَ السَّمَٓاءِ وَالْاَرْضِ اِنْ نَشَأْ نَخْسِفْ
بِهِمُ الْاَرْضَ اَوْ نُسْقِطْ عَلَيْهِمْ كِسَفًا مِنَ السَّمَٓاءِ اِنَّ ف۪ي
ذٰلِكَ لَاٰيَةً لِكُلِّ عَبْدٍ مُن۪يبٍ ﴿٩﴾ وَلَقَدْ اٰتَيْنَا دَاوُ۫دَ مِنَّا فَضْلًا
يَا جِبَالُ اَوِّب۪ي مَعَهُ وَالطَّيْرَ وَاَلَنَّا لَهُ الْحَد۪يدَ ﴿١٠﴾ اَنِ اعْمَلْ
سَابِغَاتٍ وَقَدِّرْ فِي السَّرْدِ وَاعْمَلُوا صَالِحًا اِنّ۪ي بِمَا تَعْمَلُونَ
بَص۪يرٌ ﴿١١﴾ وَلِسُلَيْمٰنَ الرّ۪يحَ غُدُوُّهَا شَهْرٌ وَرَوَاحُهَا شَهْرٌ
وَاَسَلْنَا لَهُ عَيْنَ الْقِطْرِ وَمِنَ الْجِنِّ مَنْ يَعْمَلُ بَيْنَ يَدَيْهِ بِاِذْنِ
رَبِّه۪ وَمَنْ يَزِغْ مِنْهُمْ عَنْ اَمْرِنَا نُذِقْهُ مِنْ عَذَابِ السَّع۪يرِ ﴿١٢﴾
يَعْمَلُونَ لَهُ مَا يَشَٓاءُ مِنْ مَحَار۪يبَ وَتَمَاث۪يلَ وَجِفَانٍ كَالْجَوَابِ
وَقُدُورٍ رَاسِيَاتٍ اِعْمَلُٓوا اٰلَ دَاوُ۫دَ شُكْرًا وَقَل۪يلٌ مِنْ عِبَادِيَ
الشَّكُورُ ﴿١٣﴾ فَلَمَّا قَضَيْنَا عَلَيْهِ الْمَوْتَ مَا دَلَّهُمْ عَلٰى مَوْتِه۪ٓ
اِلَّا دَٓابَّةُ الْاَرْضِ تَأْكُلُ مِنْسَاَتَهُ فَلَمَّا خَرَّ تَبَيَّنَتِ الْجِنُّ
اَنْ لَوْ كَانُوا يَعْلَمُونَ الْغَيْبَ مَا لَبِثُوا فِي الْعَذَابِ الْمُه۪ينِ ﴿١٤﴾

لَقَدْ كَانَ

8. ¿Acaso inventa algo falso atribuyéndolo a Dios, o tiene alguna locura?». ¡No! (La verdad es que) aquellos que no creen en el Más Allá están atormentados (de mente y corazón) y están perdidos en un extravío.

9. ¿Nunca consideran que es el Cielo y la Tierra que están (extendidos) delante y detrás de ellos (así que están totalmente e ineludiblemente rodeados dentro de Su Reino)? Si queremos, podemos hacer que la Tierra los trague, o hacer que los pedazos desde el Cielo caigan sobre ellos. En verdad que en ello se da un signo para cada siervo de Dios a quien (siendo sincero en la búsqueda de la verdad) se tornará (a Él) en contrición.

10. Con toda seguridad, honramos a David con un gran favor de Nosotros: «¡Oh montañas! ¡Alabad a Dios con él, y los pájaros también![2]». Y también hicimos el hierro flexible para él:

11. (De modo que obedeciera la orden) «Haz largas cotas de malla (para cubrir la mayor parte del cuerpo), y ordena con cuidado la secuencia (de acciones en el proceso)». Y (Oh familia y seguidores de David,) haced actos buenos y rectos. Sin duda veo muy bien todo lo que hacéis[3].

12. Y a Salomón, hicimos (sumiso) el viento: su recorrido de la mañana abarcó la distancia de un viaje de un mes (a paso normal), y su recorrido de la tarde, un viaje de un mes[4]. E hicimos el cobre fundido fluir para él (como una fuente)[5]. Entre los genios estaban algunos que, por el permiso de su Señor, trabajaron bajo su orden. Quien de ellos se apartó de Nuestra orden (desobedeciéndole), le haríamos probar el castigo de un fuego abrasador[6].

13. Hicieron para él lo que él deseaba, santuarios y figuras (de objetos inanimados), y esculturas, así como cuencos como estanques y calderas empotrados en la Tierra. «¡Trabajad, Oh familia de David, en gratitud a Mí!» Pocos están verdaderamente agradecidos entre Mis siervos.

14. Luego, cuando ejecutamos Nuestro decreto de su muerte, nada los demostró que (los genios que habían estado trabajando en las tareas que les asignó) él estaba muerto, salvo que una criatura reptante de la Tierra había estado royendo su bastón (hasta que se rompió). Entonces, cuando él se cayó al suelo, los genios se enteraron claramente que si hubieran sabido Lo Oculto, no habrían continuado en el trabajo atormentador que les humilló[7].

2. Para una explicación, véase el *sura* 21:79, nota 10.

3. Es una orden para dar las gracias a cambio de los favores de Dios, y una advertencia para utilizar todos los favores de Dios, tales como la capacidad de hacer la cota de malla de hierro, dentro de los límites establecidos por Dios y para los fines legítimos.

4. Véase el *sura* 21:81, nota 11. A pesar del hecho de que las condiciones normalmente cambian, el viento mantuvo su velocidad cada día por la mañana y por la tarde para Salomón, la paz sea con él.

5. Los versículos, *también hicimos el hierro flexible para él* (10), e *hicimos el cobre fundido fluir para él (como una fuente)* (12), señalan que ablandar el hierro y fundir el cobre para utilizar en la fabricación de diversas herramientas son dos de las munificencias más grandes de Dios para el ser humano, reveladas por dos de Sus Mensajeros. También señalan las virtudes de esos dos Mensajeros. Ablandar el hierro, fundir el cobre, y extraer minerales es el origen, la fuente y la base de la industria pesada. Estos favores fueron concedidos a dos grandes Profetas, quienes gobernaron según los mandamientos de Dios, y éstos se han convertido en la base de la mayoría de las industrias que responden a nuestras necesidades hoy.

Dotando a dos de Sus Profetas, que fueron líderes espirituales y temporales, con artesanía e industria, Dios anima al ser humano hacia la artesanía y la industria. En estos versículos, Dios Todopoderoso sugiere lo siguiente, como Said Nursi explica:

> Doté a dos de Mis siervos quienes obedecieron a Mis mandamientos religiosos con tal habilidad que uno pudo fundir el hierro en cualquier forma y luego utilizarlo como una fuente importante de poder para su gobierno, y el otro pudo fabricar muchas cosas del cobre fundido. Ya que éstos son posibles y que el hierro y el cobre tienen gran importancia para vuestra vida social, tal sabiduría y habilidad serán concedidas a vosotros si obedecéis a Mis órdenes de la creación, Mis leyes de la naturaleza. Al final lo lograréis [*The Words*, («Las Palabras») «The 20th Word» («La Vigésima Palabra»), pág. 269].

Ablandando el hierro y fundiendo el cobre, el ser humano ha alcanzado gran progreso industrial y poder material. Estos versículos dirigen nuestra atención hacia esta verdad. Estos versículos no sólo advirtieron a los pueblos anteriores, que no comprendieron su importancia, sino también advierten a la gente negligente de hoy.

6. Como los genios son creados del fuego, se entiende que están castigados con algo del fuego.

7. Se entiende que una criatura reptante de la Tierra (¿o una termita?) había estado royendo al bastón de Salomón desde dentro del mismo. Debe haber tardado mucho tiempo para roer un bastón hasta que se rompiera. Si los genios hubieran sabido Lo Oculto (más allá del alcance de la percepción de un ser creado), habrían sido conscientes de esto. Este versículo puede también referirse en sentido figurado al hecho que el reino de Salomón ha sido mucho tiempo «roído» desde el interior por algunas organizaciones secretas. Los genios tampoco han sido conscientes de este.

لَقَدْ كَانَ لِسَبَإٍ فِى مَسْكَنِهِمْ اٰيَةٌ جَنَّتَانِ عَنْ يَمِينٍ وَشِمَالٍ
كُلُوا مِنْ رِزْقِ رَبِّكُمْ وَاشْكُرُوا لَهُ بَلْدَةٌ طَيِّبَةٌ وَرَبٌّ غَفُورٌ ﴿١٥﴾
فَاَعْرَضُوا فَاَرْسَلْنَا عَلَيْهِمْ سَيْلَ الْعَرِمِ وَبَدَّلْنَاهُمْ بِجَنَّتَيْهِمْ
جَنَّتَيْنِ ذَوَاتَىْ اُكُلٍ خَمْطٍ وَاَثْلٍ وَشَيْءٍ مِنْ سِدْرٍ قَلِيلٍ ﴿١٦﴾
ذٰلِكَ جَزَيْنَاهُمْ بِمَا كَفَرُوا وَهَلْ نُجَازٰى اِلَّا الْكَفُورَ ﴿١٧﴾
وَجَعَلْنَا بَيْنَهُمْ وَبَيْنَ الْقُرَى الَّتِى بَارَكْنَا فِيهَا قُرًى ظَاهِرَةً
وَقَدَّرْنَا فِيهَا السَّيْرَ سِيرُوا فِيهَا لَيَالِىَ وَاَيَّامًا اٰمِنِينَ ﴿١٨﴾
فَقَالُوا رَبَّنَا بَاعِدْ بَيْنَ اَسْفَارِنَا وَظَلَمُوا اَنْفُسَهُمْ فَجَعَلْنَاهُمْ
اَحَادِيثَ وَمَزَّقْنَاهُمْ كُلَّ مُمَزَّقٍ اِنَّ فِى ذٰلِكَ لَاٰيَاتٍ لِكُلِّ
صَبَّارٍ شَكُورٍ ﴿١٩﴾ وَلَقَدْ صَدَّقَ عَلَيْهِمْ اِبْلِيسُ ظَنَّهُ فَاتَّبَعُوهُ
اِلَّا فَرِيقًا مِنَ الْمُؤْمِنِينَ ﴿٢٠﴾ وَمَا كَانَ لَهُ عَلَيْهِمْ مِنْ سُلْطَانٍ
اِلَّا لِنَعْلَمَ مَنْ يُؤْمِنُ بِالْاٰخِرَةِ مِمَّنْ هُوَ مِنْهَا فِى شَكٍّ
وَرَبُّكَ عَلٰى كُلِّ شَيْءٍ حَفِيظٌ ﴿٢١﴾ قُلِ ادْعُوا الَّذِينَ زَعَمْتُمْ
مِنْ دُونِ اللّٰهِ لَا يَمْلِكُونَ مِثْقَالَ ذَرَّةٍ فِى السَّمٰوَاتِ وَلَا
فِى الْاَرْضِ وَمَا لَهُمْ فِيهِمَا مِنْ شِرْكٍ وَمَا لَهُ مِنْهُمْ مِنْ ظَهِيرٍ ﴿٢٢﴾

15. De hecho, se daba un signo para tomar (una lección importante) para la gente de Saba de su morada[8], dos jardines (encantadores y muy grandes), a la derecha y a la izquierda. «Consumid de la provisión que vuestro Señor os ha concedido, agradeciéndole: una tierra más próspera y un Señor Indulgente».

16. Pero se apartaron (de agradecer hacia los pecados de lujo y hacia la falta de moderación de manera desconsiderada). Entonces enviamos sobre ellos el diluvio de (aguas sueltas de) las presas, y convertimos sus dos (encantadores) jardines en un par de jardines que dan productos amargos, tamariscos, y escasos árboles de loto.

17. Así, los recompensamos por su (pecado que se origina en persistente) ingratitud. ¿Acaso castigamos alguna vez a cualquiera que no sea el ingrato?

18. Habíamos establecido entre ellos y las tierras que bendijimos (Palestina y Damasco, con grandes bendiciones para su gente) muchas ciudades que estaban a la vista de ambas, y habíamos establecido las distancias del viaje (entre ellas para comodidad y seguridad): «¡Viajad ahí por la noche o de día en seguridad!».

19. Pero (esta comodidad y seguridad les mimaron, y) dijeron: «¡Señor nuestro! ¡Haz las distancias entre nuestros viajes más largas!»[9], y fueron injustos consigo mismos (cometiendo pecados). Así que hicimos que se convirtiesen en una de las leyendas (para que circulase entre las generaciones posteriores sobre el lejano pasado), y les dispersamos por todos lados en grupos[10]. En verdad que en ello se dan signos (lecciones importantes) para los individuos que son muy pacientes y persistentes (en obediencia a Dios y en la adversidad por Él), y muy agradecidos (por Sus favores).

20. *Iblis* acertó sin duda alguna en su conjetura (sobre el ser humano) en lo que (la gente de Saba) hicieron. (Él los llamó, y) ellos lo siguieron, todos excepto un grupo de verdaderos creyentes[11].

21. Y sin embargo, él no tenía ninguna autoridad sobre ellos (para obligarles a que hagan cualquier cosa)[12], excepto en lo que (poniendo a prueba al ser humano a través de él) distinguimos a aquellos que crean verdaderamente en el Más Allá de aquellos que tienen dudas con respecto a ello. Tu Señor vigila y registra todas las cosas.

22. Di: «Invocad a aquellos (cosas o seres) que creéis que son deidades aparte de Dios: no tienen ninguna propiedad o autoridad sobre (cualquier cosa) del peso de un átomo, se halle en los Cielos o sobre la Tierra (de modo que pudieran beneficiaros con eso o evitar de vosotros cualquier daño), ni tienen alguna parte en (el gobierno de) ellos, ni Él (Dios) tiene cualquier ayudante de entre ellos.

8. Sobre la gente de Saba, véase el *sura* 27, nota 9; y la nota 10 de abajo.

9. Esto era como la petición de los Hijos de Israel por los productos de la tierra cuando fueron proveídos de maná y codornices por Dios en el desierto (2:57). Dijeron: *«Moisés, ya no vamos a soportar una sola clase de alimento. Pide a tu Señor por nosotros que haga brotar para nosotros todo lo que la tierra produce —sus legumbres, sus pepinos, sus cereales, sus lentejas y sus cebollas—». Él (Moisés) respondió: «¿Tomaréis lo que es más bajo a cambio de lo que es mejor?* (2:61) (Para una explicación, véase el *sura* 2, notas 72-73.) No estaban satisfechos con lo que había proporcionado Dios para ellos, y en lugar de agradecer a Dios, mimados por la riqueza, se permitieron pecar.

10. La gente de Saba que gobernó en la Arabia meridional durante casi 1.000 años desde alrededor de 1100 a. C. hasta alrededor de 115 a. C. Su capital era Ma'arib. Controlaron el comercio entre la India, África oriental, el Extremo Oriente, y Arabia con Egipto, Siria, Grecia, y Roma. Además de esto, tenían un sistema de irrigación excelente esparcido a lo largo y ancho del país con presas. Su tierra era excepcionalmente fértil y exuberante. Entre sus tierras y Siria, había ciudades localizadas muy cerca una a la otra y los viajeros podrían viajar en esta área extensa con seguridad. Como se entiende de la relación entre el profeta Salomón, la paz sea con él, y la Reina de Saba, en su época, la Religión Divina encontró un camino a su tierra, aunque habían adorado el Sol anteriormente (27:22-44). Sin embargo, más tarde se extraviaron y su vida próspera los condujo a los pecados sin arrepentimiento. Hicieron caso omiso de las advertencias de los Profetas enviados a ellos. Al final, merecieron un castigo severo. Las presas y los sistemas de irrigación se derrumbaron, y sus ciudades y tierras fértiles fueron inundadas por los diluvios y se convirtieron en tierras yermas. La gente se dispersó por toda la Arabia en grupos pequeños, y la civilización de Saba existió solamente en leyendas que circularon entre la gente.

11. Sobre la conjetura de *Iblis* con respecto al ser humano, véase el *sura* 15:39-40: *(Iblis) dijo: «¡Señor mío! Ya que me has permitido rebelarme y extraviarme, en verdad embelleceré (la dimensión mundana y material de la existencia humana y el camino al error) en la Tierra para que les parezca atrayente y, sin duda, haré que todos se rebelen y se extravíen, a excepción de Tus siervos de entre ellos, dotados con la sinceridad en la fe y en Tu adoración»*; 4:119: *«Sin duda les extraviaré»*; y 7:17: *Entonces, les abordaré por delante y por detrás, por la derecha y por la izquierda. Y a la mayor parte de ellos no les encontrarás agradecidos».*

12. Para declaraciones similares y una explicación, véanse el *sura* 14:22; el *sura* 15:39-42, y nota 10.

وَلَا تَنْفَعُ الشَّفَاعَةُ عِنْدَهُٓ اِلَّا لِمَنْ اَذِنَ لَهُۜ حَتّٰٓى اِذَا فُزِّعَ
عَنْ قُلُوبِهِمْ قَالُوا مَاذَاۙ قَالَ رَبُّكُمْۜ قَالُوا الْحَقَّۚ وَهُوَ الْعَلِيُّ
الْكَب۪يرُ ﴿٢٣﴾ قُلْ مَنْ يَرْزُقُكُمْ مِنَ السَّمٰوَاتِ وَالْاَرْضِۜ قُلِ
اللّٰهُۙ وَاِنَّٓا اَوْ اِيَّاكُمْ لَعَلٰى هُدًى اَوْ ف۪ي ضَلَالٍ مُب۪ينٍ ﴿٢٤﴾
قُلْ لَا تُسْـَٔلُونَ عَمَّٓا اَجْرَمْنَا وَلَا نُسْـَٔلُ عَمَّا تَعْمَلُونَ ﴿٢٥﴾
قُلْ يَجْمَعُ بَيْنَنَا رَبُّنَا ثُمَّ يَفْتَحُ بَيْنَنَا بِالْحَقِّۜ وَهُوَ
الْفَتَّاحُ الْعَل۪يمُ ﴿٢٦﴾ قُلْ اَرُونِيَ الَّذ۪ينَ اَلْحَقْتُمْ بِه۪ شُرَكَٓاءَ
كَلَّاۜ بَلْ هُوَ اللّٰهُ الْعَز۪يزُ الْحَك۪يمُ ﴿٢٧﴾ وَمَٓا اَرْسَلْنَاكَ اِلَّا كَٓافَّةً
لِلنَّاسِ بَش۪يرًا وَنَذ۪يرًا وَلٰكِنَّ اَكْثَرَ النَّاسِ لَا يَعْلَمُونَ ﴿٢٨﴾
وَيَقُولُونَ مَتٰى هٰذَا الْوَعْدُ اِنْ كُنْتُمْ صَادِق۪ينَ ﴿٢٩﴾ قُلْ لَكُمْ
م۪يعَادُ يَوْمٍ لَا تَسْتَأْخِرُونَ عَنْهُ سَاعَةً وَلَا تَسْتَقْدِمُونَ ﴿٣٠﴾
وَقَالَ الَّذ۪ينَ كَفَرُوا لَنْ نُؤْمِنَ بِهٰذَا الْقُرْاٰنِ وَلَا بِالَّذ۪ي
بَيْنَ يَدَيْهِۜ وَلَوْ تَرٰٓى اِذِ الظَّالِمُونَ مَوْقُوفُونَ عِنْدَ
رَبِّهِمْۚ يَرْجِعُ بَعْضُهُمْ اِلٰى بَعْضٍ الْقَوْلَۚ يَقُولُ الَّذ۪ينَ
اسْتُضْعِفُوا لِلَّذ۪ينَ اسْتَكْبَرُوا لَوْلَٓا اَنْتُمْ لَكُنَّا مُؤْمِن۪ينَ ﴿٣١﴾

قَالَ الَّذ۪ينَ

23. Además, ninguna intercesión (para el cumplimiento de cualquier petición, o para la realización de cualquier acto) servirá de nada ante Él, salvo que se haga para él (y por él) a quien Él permite[13]. Aún, cuando el pavor y el temor reverencial (que sienten los ángeles ante las órdenes de Dios, la intercesión de los cuales aquellos politeístas esperan) se eliminan de sus corazones, (otros ángeles) preguntan: «¿Qué ha ordenado vuestro Señor?». Contestan: «La verdad (que es siempre e inalterablemente verdad)[14]. Él es Aquel Quien es Excelso, Grande.

24. Di: «¿Quién es Aquel que os provee a vosotros de los Cielos y de la Tierra?». Di: «¡Es Dios! Sin duda entonces, o nosotros (quienes creen en Su Unidad como Deidad, Señor, y Soberano Supremo) seguimos o vosotros (quienes atribuyen copartícipes a Él en Su Divinidad, Señorío, y Soberanía) seguís la verdadera guía o estamos en un extravío evidente».

25. Di: «(Si consideráis que cometemos un mal en creer y adorar a un Único Dios, entonces sabed que) no se os pedirá cuentas por lo que hemos hecho, ni se nos pedirá cuentas por lo que hacéis vosotros».

26. Di: «Nuestro Señor nos reunirá a todos juntos, y luego juzgará entre nosotros con verdad y nos separará. Él es Aquel Quien juzga entre los seres humanos con verdad y los separa, el Omnisciente»[15].

27. Di: «¡Enseñadme esos seres que habéis unido con Él como copartícipes, (de modo que yo pueda ver si cualesquiera entre ellos merecen adoración!) ¡No! (¡No podéis hacerlo porque es imposible!) Pero solo Él es Dios, Glorioso poseedor de irresistible poder (Quien nunca necesita o admite ningún copartícipe), Omnisapiente (la Sabiduría Divina de Quien rechaza la coparticipación con Él)».

28. No te hemos enviado sino a toda la humanidad como un portador de buenas nuevas (de la prosperidad para la fe y la rectitud) y un advertidor (contra las consecuencias del extravío). Pero la mayoría de los seres humanos no saben (esto, ni comprenden qué gran bendición es para ellos).

29. Dicen: «¿Cuándo se cumplirá esta promesa (de juicio), si sois veraces (en vuestra afirmación)?».

30. Di: «Tenéis la promesa de un Día el cual ni podéis aplazarlo por un solo momento ni adelantarlo».

31. Aquellos que no creen dicen: «No creeremos en este Corán, ni en cualquier (Mensaje) que vino antes de él». ¡Si pudieses ver cuando tales malhechores se les hace presentarse ante su Señor, echándose la culpa el uno al otro! Aquellos que (en el mundo) estaban oprimidos (y no se opusieron a estar oprimidos, humillados, y engañados) dicen a aquellos que actuaban en arrogancia y oprimieron a otros: «Si no fuera por vosotros, habríamos sido verdaderos creyentes».

---

13. Los politeístas aseveraron que creyeron en los ídolos y algunos seres tales como los ángeles, pensando que podrían interceder con Dios para el cumplimiento de sus deseos. El versículo rotundamente rechaza esto.

14. Los ángeles son los siervos de Dios a los cuales emplea en muchas tareas. Según se ha explicado en la nota 31 de el *sura* 2:30, ningún acontecimiento en el universo se puede concebir sin la función de los ángeles. Hay ángeles que representan o son responsables de cada acontecimiento en el universo y cada especie en la Tierra. También contemplan los actos de Dios con asombro y admiración y Le presentan la glorificación y adoración que hace cada especie de la creación en el lenguaje de su temperamento. Los ángeles son de diversas categorías. Así que, aquellos de los que el versículo nos habla a los cuales se pregunta por lo que Dios ha ordenado deben ser de gran categoría. Reciben las órdenes de Dios, y cuando el pavor y el temor reverencial que sienten mientras que están recibiendo esas órdenes, otros ángeles les preguntan por lo que Dios ha ordenado. Todos los ángeles realizan lo que Dios les ordena (21:27). No pueden hacer cualquier cosa de motu proprio y no pueden interceder con Dios o rogar a Él por cualquiera que quieran.

15. Los modos en los versículos 24, 25 y 26 son los modos que hay que preferir en comunicar la verdad a otros. Aunque el Mensajero de Dios, la paz y las bendiciones sean con él, sigue claramente la guía recta, y está seguro de esto, le es ordenado decir, *o nosotros seguimos o vosotros seguís la verdadera guía o estamos en un extravío evidente*. En el versículo 25, él reconoce que, según los politeístas, puede que los creyentes estén equivocados, pero él no acusa a los politeístas, a quienes se dirige, de ningún pecado. Y, en el versículo 26, él remite el asunto al juicio de Dios.

قَالَ الَّذِينَ اسْتَكْبَرُوا لِلَّذِينَ اسْتُضْعِفُوا اَنَحْنُ صَدَدْنَاكُمْ
عَنِ الْهُدٰى بَعْدَ اِذْ جَٓاءَكُمْ بَلْ كُنْتُمْ مُجْرِمِينَ ﴿٣٢﴾ وَقَالَ
الَّذِينَ اسْتُضْعِفُوا لِلَّذِينَ اسْتَكْبَرُوا بَلْ مَكْرُ الَّيْلِ وَالنَّهَارِ
اِذْ تَاْمُرُونَنَٓا اَنْ نَكْفُرَ بِاللّٰهِ وَنَجْعَلَ لَهُٓ اَنْدَادًاۜ وَاَسَرُّوا النَّدَامَةَ
لَمَّا رَاَوُا الْعَذَابَۜ وَجَعَلْنَا الْاَغْلَالَ فٖٓي اَعْنَاقِ الَّذِينَ كَفَرُواۜ
هَلْ يُجْزَوْنَ اِلَّا مَا كَانُوا يَعْمَلُونَ ﴿٣٣﴾ وَمَٓا اَرْسَلْنَا فٖي قَرْيَةٍ
مِنْ نَذٖيرٍ اِلَّا قَالَ مُتْرَفُوهَٓاۙ اِنَّا بِمَٓا اُرْسِلْتُمْ بِهٖ كَافِرُونَ ﴿٣٤﴾
وَقَالُوا نَحْنُ اَكْثَرُ اَمْوَالًا وَاَوْلَادًاۙ وَمَا نَحْنُ بِمُعَذَّبٖينَ ﴿٣٥﴾
قُلْ اِنَّ رَبّٖي يَبْسُطُ الرِّزْقَ لِمَنْ يَشَٓاءُ وَيَقْدِرُ وَلٰكِنَّ اَكْثَرَ النَّاسِ
لَا يَعْلَمُونَۚ ﴿٣٦﴾ وَمَٓا اَمْوَالُكُمْ وَلَٓا اَوْلَادُكُمْ بِالَّتٖي تُقَرِّبُكُمْ
عِنْدَنَا زُلْفٰٓى اِلَّا مَنْ اٰمَنَ وَعَمِلَ صَالِحًاۘ فَاُو۬لٰٓئِكَ لَهُمْ جَزَٓاءُ
الضِّعْفِ بِمَا عَمِلُوا وَهُمْ فِي الْغُرُفَاتِ اٰمِنُونَ ﴿٣٧﴾ وَالَّذٖينَ
يَسْعَوْنَ فٖٓي اٰيَاتِنَا مُعَاجِزٖينَ اُو۬لٰٓئِكَ فِي الْعَذَابِ مُحْضَرُونَ ﴿٣٨﴾
قُلْ اِنَّ رَبّٖي يَبْسُطُ الرِّزْقَ لِمَنْ يَشَٓاءُ مِنْ عِبَادِهٖ وَيَقْدِرُ لَهُۜ
وَمَٓا اَنْفَقْتُمْ مِنْ شَيْءٍ فَهُوَ يُخْلِفُهُۚ وَهُوَ خَيْرُ الرَّازِقٖينَ ﴿٣٩﴾

32. Los arrogantes opresores replican a aquellos que estaban oprimidos: «¡Cómo! ¿Os impedimos (a la fuerza) seguir la guía después de que os hubiera alcanzado? ¡No, sino vosotros mismos erais los criminales (dedicados a acumular pecados)!

33. Los que estaban oprimidos y humillados dicen a los arrogantes (quienes los oprimieron): «¡No! Más bien, (era vuestra) conspiración noche y día (que nos alejó de la guía), constantemente nos ordenabais blasfemar contra Dios y atribuir rivales a Él». Cuando todos se encuentren con el castigo, no podrán expresar su arrepentimiento. Pondremos collares alrededor de los cuellos de los incrédulos (y tenerlos en el Fuego). ¿Acaso habrán sido recompensados por cualquier cosa que no sea lo que solían hacer?

34. Nunca enviamos a un advertidor a cualquier ciudad pero aquellos de su gente que se habían perdido en la búsqueda de placeres sin escrúpulo reaccionaron, diciendo: «Sin duda no creemos en ello con lo que habéis sido enviados».

35. Y dijeron: «Somos más abundantes (que vosotros) en riqueza e hijos, y así que no somos (aquellos) que serán castigados (como nos contáis que sucederá en el Más Allá)».

36. Di: «Con toda seguridad mi Señor Dios aumenta la provisión a aquellos de Sus siervos que Su Voluntad dispone, y la escatima (a quien Su Voluntad dispone); pero la mayoría de la gente no lo saben».

37. Y ni vuestra riqueza ni vuestros hijos es lo que os acercará a Nosotros; pero solamente aquel que cree y hace actos buenos y rectos (puede acercarse a Nosotros). Y son aquellos cuya recompensa por sus actos es multiplicada, y morarán en las mansiones altas y elevadas (del Paraíso), y seguros (de cualquier sufrimiento),

38. Mientras que aquellos que luchan contra Nuestras Revelaciones, intentando frustrarlas, tales serán procesados para el castigo (en el Infierno).

39. Di: «Con toda seguridad mi Señor Dios aumenta la provisión a aquellos de Sus siervos que Su Voluntad dispone, y la escatima (a quien Su Voluntad dispone). Lo que gastáis (por la causa de Dios y como limosna), Él lo corresponderá. Él es el Mejor de los proveedores con el supremo rango de provisión».

40. Y un Día (vendrá y) Él los reunirá (aquellos que luchan contra Nuestras Revelaciones y aquellos seres o cosas que adoraban en el mundo) a todos juntos, y preguntará a los ángeles, «¿Erais vosotros a quienes solían adorar ellos (dentro de vuestro conocimiento y según vuestra voluntad)?».

41. Contestarán: «¡Alabado seas Tú (en que Te hallas absolutamente por encima de tener copartícipes). ¡Solamente Tú eres nuestro Guardián (a Quien adoramos,) teniendo ninguna relación con ellos! Más bien, ellos adoraban a los genios; la mayoría de ellos creyeron en ellos (en los genios como los seres que merecen la adoración)[16].

42. Así pues, este Día, no tendréis ningún poder uno sobre el otro para beneficiar o dañar. Y diremos a aquellos que constantemente han cometido mal (siguiendo caminos engañosos): «¡Probad el castigo del Fuego, (la existencia de) lo que solíais negar!».

43. Cuando Nuestras Revelaciones, claras como evidencia y en significado, se les recitan (los politeístas de La Meca), dicen: «Este es solamente un hombre que quiere impediros lo que vuestros antepasados adoraban». También hablan (del Corán): «Esto no es nada sino una invención atribuida falsamente a Dios». Aquellos que no creen hablan de la verdad cuando les ha llegado (desafiando tercamente a su claridad): «Obviamente no es nada más que hechicería».

44. Pero no les concedimos ningún libro que estudiaran (de modo que se

432 سُورَةُ سَبَإٍ ٤٣٢

وَيَوْمَ يَحْشُرُهُمْ جَمِيعًا ثُمَّ يَقُولُ لِلْمَلٰٓئِكَةِ اَهٰٓؤُلَٓاءِ اِيَّاكُمْ كَانُوا
يَعْبُدُونَ ﴿٤٠﴾ قَالُوا سُبْحَانَكَ اَنْتَ وَلِيُّنَا مِنْ دُونِهِمْ بَلْ كَانُوا
يَعْبُدُونَ الْجِنَّ اَكْثَرُهُمْ بِهِمْ مُؤْمِنُونَ ﴿٤١﴾ فَالْيَوْمَ لَا يَمْلِكُ
بَعْضُكُمْ لِبَعْضٍ نَفْعًا وَلَا ضَرًّا وَنَقُولُ لِلَّذِينَ ظَلَمُوا ذُوقُوا
عَذَابَ النَّارِ الَّتِي كُنْتُمْ بِهَا تُكَذِّبُونَ ﴿٤٢﴾ وَاِذَا تُتْلٰى عَلَيْهِمْ اٰيَاتُنَا
بَيِّنَاتٍ قَالُوا مَا هٰذَٓا اِلَّا رَجُلٌ يُرِيدُ اَنْ يَصُدَّكُمْ عَمَّا كَانَ يَعْبُدُ
اٰبَٓاؤُكُمْ وَقَالُوا مَا هٰذَٓا اِلَّٓا اِفْكٌ مُفْتَرًى وَقَالَ الَّذِينَ كَفَرُوا
لِلْحَقِّ لَمَّا جَٓاءَهُمْ اِنْ هٰذَٓا اِلَّا سِحْرٌ مُبِينٌ ﴿٤٣﴾ وَمَٓا اٰتَيْنَاهُمْ
مِنْ كُتُبٍ يَدْرُسُونَهَا وَمَٓا اَرْسَلْنَٓا اِلَيْهِمْ قَبْلَكَ مِنْ نَذِيرٍ ﴿٤٤﴾
وَكَذَّبَ الَّذِينَ مِنْ قَبْلِهِمْ وَمَا بَلَغُوا مِعْشَارَ مَٓا اٰتَيْنَاهُمْ فَكَذَّبُوا
رُسُلِي فَكَيْفَ كَانَ نَكِيرِ ﴿٤٥﴾ قُلْ اِنَّمَٓا اَعِظُكُمْ بِوَاحِدَةٍ اَنْ
تَقُومُوا لِلّٰهِ مَثْنٰى وَفُرَادٰى ثُمَّ تَتَفَكَّرُوا مَا بِصَاحِبِكُمْ مِنْ جِنَّةٍ اِنْ
هُوَ اِلَّا نَذِيرٌ لَكُمْ بَيْنَ يَدَيْ عَذَابٍ شَدِيدٍ ﴿٤٦﴾ قُلْ مَا سَاَلْتُكُمْ
مِنْ اَجْرٍ فَهُوَ لَكُمْ اِنْ اَجْرِيَ اِلَّا عَلَى اللّٰهِ وَهُوَ عَلٰى كُلِّ
شَيْءٍ شَهِيدٌ ﴿٤٧﴾ قُلْ اِنَّ رَبِّي يَقْذِفُ بِالْحَقِّ عَلَّامُ الْغُيُوبِ ﴿٤٨﴾

قُلْ جَٓاءَ

atreverían a fingir ser capaces de distinguir entre la escritura verdadera y falsa). Ni les enviamos a un advertidor antes de ti (de modo que se atreverían a fingir ser capaces de distinguirte como un falsificador y hechicero).

45. Muchos de los que vivieron antes de ellos también negaron la verdad. Éstos no han conseguido un décimo de lo que concedimos a aquellos (del conocimiento, así como poder y medios); sin embargo, negaron a Mis Mensajeros; ¡entonces cuán abrumadora era Mi repudiación hacia ellos!

46. Di: «Os exhorto a una cosa: calmaros todos y apartaros solamente por Dios, junto con otra persona o solo, y luego reflexionad (en este asunto, dejando todos vuestros prejuicios de lado). No hay ninguna locura en vuestro compañero (Mensajero de Dios). Él es solamente un advertidor (enviado) a vosotros antes de un castigo severo».

47. Di: «(No os pido recompensa alguna, sin embargo, aún así) lo que podáis pensar que os pida a modo de recompensa, es vuestro. Mi recompensa incumbe sólo a Dios. Él es de hecho un testigo sobre todas las cosas».

48. Di: «Sin duda mi Señor envía la verdad, arrojándola (contra la falsedad para destruirla). (Mi Señor:) Solamente Él es Conocedor de todo Lo Oculto (todo lo que se halla más allá de la percepción humana)».

---

16. A lo largo de la historia la mayor parte de los paganos adoraban a los ángeles a los que consideraban buenos espíritus de los cuales esperaban beneficio, y los genios como espíritus malignos contra los cuales buscaban protección. Sin embargo, ya que en muchos casos esta gente se extravió bajo la influencia de los genios, en realidad adoraban a los genios mientras que pensaron que adoraban a los ángeles; los genios les extraviaron. La mayoría de ellos también atribuyeron divinidad a los genios, ya que los consideraron seres capaces de causarles daño y, por lo tanto, debían ser adorados para que ellos fueran protegidos contra su mal.

49. Di: «La verdad ha venido (y se ha manifestado); y la falsedad no puede originar (algo, aunque sus seguidores intenten hacerlo resistir), ni puede restaurar cualquier cosa (de lo que ha perdido)».

50. Di: «Si me extraviara, sería en perjuicio de mí mismo (y por mí mismo). Y si estoy rectamente guiado, es debido a lo que me está revelando mi Señor. Él es Aquel Quien todo lo Oye, Cercano».

51. ¡Si pudieses ver cuando tiemblan de terror (de la muerte), sin alguna forma de escapar, y son agarrados desde muy cerca![17]

52. Dicen: «¡Hemos creído en él (el Corán)!». ¿Pero cómo pueden esperar llegar a la fe y a la salvación desde tan lejos[18],

53. (Y) mientras que no creían ciertamente en él antes? Han estado dirigiéndose a Lo Oculto (el Más Allá) desde lejos[19] (con palabras totalmente falsas, y sin base alguna en conocimiento verdadero).

قُلْ جَاءَ الْحَقُّ وَمَا يُبْدِئُ الْبَاطِلُ وَمَا يُعِيدُ ﴿٤٩﴾ قُلْ اِنْ ضَلَلْتُ فَاِنَّمَا
اَضِلُّ عَلٰى نَفْسِى وَاِنِ اهْتَدَيْتُ فَبِمَا يُوحٖى اِلَىَّ رَبّٖى اِنَّهُ سَمٖيعٌ
قَرٖيبٌ ﴿٥٠﴾ وَلَوْ تَرٰى اِذْ فَزِعُوا فَلَا فَوْتَ وَاُخِذُوا مِنْ مَكَانٍ قَرٖيبٍ ﴿٥١﴾
وَقَالُوا اٰمَنَّا بِهٖ وَاَنّٰى لَهُمُ التَّنَاوُشُ مِنْ مَكَانٍ بَعٖيدٍ ﴿٥٢﴾ وَقَدْ كَفَرُوا بِهٖ
مِنْ قَبْلُ وَيَقْذِفُونَ بِالْغَيْبِ مِنْ مَكَانٍ بَعٖيدٍ ﴿٥٣﴾ وَحٖيلَ بَيْنَهُمْ وَبَيْنَ
مَا يَشْتَهُونَ كَمَا فُعِلَ بِاَشْيَاعِهِمْ مِنْ قَبْلُ اِنَّهُمْ كَانُوا فٖى شَكٍّ مُرٖيبٍ ﴿٥٤﴾

سُورَةُ فَاطِرٍ مَكِّيَّةٌ
وَهِىَ خَمْسٌ وَاَرْبَعُونَ اٰيَةً

بِسْمِ اللّٰهِ الرَّحْمٰنِ الرَّحٖيمِ

اَلْحَمْدُ لِلّٰهِ فَاطِرِ السَّمٰوَاتِ وَالْاَرْضِ جَاعِلِ الْمَلٰئِكَةِ رُسُلًا
اُولٖى اَجْنِحَةٍ مَثْنٰى وَثُلٰثَ وَرُبَاعَ يَزٖيدُ فِى الْخَلْقِ مَا يَشَاءُ اِنَّ اللّٰهَ
عَلٰى كُلِّ شَىْءٍ قَدٖيرٌ ﴿١﴾ مَا يَفْتَحِ اللّٰهُ لِلنَّاسِ مِنْ رَحْمَةٍ فَلَا مُمْسِكَ
لَهَا وَمَا يُمْسِكْ فَلَا مُرْسِلَ لَهُ مِنْ بَعْدِهٖ وَهُوَ الْعَزٖيزُ الْحَكٖيمُ ﴿٢﴾
يَا اَيُّهَا النَّاسُ اذْكُرُوا نِعْمَتَ اللّٰهِ عَلَيْكُمْ هَلْ مِنْ خَالِقٍ غَيْرُ اللّٰهِ
يَرْزُقُكُمْ مِنَ السَّمَاءِ وَالْاَرْضِ لَا اِلٰهَ اِلَّا هُوَ فَاَنّٰى تُؤْفَكُونَ ﴿٣﴾

54. Y una barrera se ha puesto entre ellos y para lo que deseaban (en el mundo), como se hizo con la gente parecida a ellos antes. Sin duda alguna se hallaban (perdidos) en duda desesperada.

17. Esta declaración expresa, en relación con el versículo anterior, el cual dice que Dios es Cercano, la proximidad infinita de Dios a los seres humanos. Él está más cerca de nosotros que nosotros mismos. Un ser vivo es agarrado en el momento de la muerte desde dentro de sí mismo.

18. Esto significa que en el momento de su muerte, un ser humano está sumamente cerca del Más Allá y lejos del mundo. Ya no hay alguna forma de escapar o volver, así que no es posible para un incrédulo, quien vivió muy lejos de la fe, que llegue a la fe.

19. Esto significa que un ser humano está sumamente lejos del mundo en el momento de su muerte cuando está al borde de ser trasladado al Más Allá. También insinúa que mientras estaba en el mundo, estaba lejos del Más Allá. Esta distancia significa la distancia entre la incredulidad y el Más Allá y surge de la propia incredulidad.

SURA 35

AL-FATIR (EL ORIGINADOR)

Período de La Meca

Revelado a mediados del período de La Meca del Islam, este *sura* que consiste en 45 versículos toma su título del primer versículo donde Dios Todopoderoso está presentado como *al-Fatir* (el Originador). También se llama *Surat al-Mala'ikah*. Los asuntos principales tratados en el *sura* son la Unidad de Dios, el Más Allá y la Misión Profética de Muhammad, la paz y las bendiciones sean con él. El *sura* presenta pruebas para estos tres pilares de la fe y llama la atención a las munificencias de Dios.

En el Nombre de Dios,
el Misericordioso, el Compasivo.

1. Toda la alabanza y la gratitud son para Dios, el Originador de los Cielos y de la Tierra (cada uno con características especiales y principios ordenados), Quien designa a los ángeles como mensajeros (que comunican Sus órdenes) que tienen alas, dos, o tres, o cuatro (o más)[1]. Aumenta la creación de lo que Su Voluntad dicta[2]. Con toda seguridad Dios posee pleno poder sobre todas las cosas.

2. Lo que Dios abre para los seres humanos de (los tesoros de) Su Misericordia, nadie puede retener; y lo que Él retiene, nadie puede liberar. Él es Glorioso poseedor de irresistible poder (a Quien nadie puede impedir que haga lo que Su Voluntad dicta), Omnisapiente (en cada acto de Quien se dan muchos ejemplos de sabiduría).

3. ¡Oh seres humanos! ¡Recordad y reflexionad en los favores de Dios sobre vosotros! ¿Acaso hay algún Creador, aparte de Dios, que provea a vosotros del Cielo y de la Tierra? ¡No hay más deidad sino Él! ¿Cómo, entonces, estáis apartados de la verdad y hacéis afirmaciones falsas?

---

1. Sobre la existencia de los ángeles y su condición de ser portadores de las órdenes y mensajes de Dios, véanse el *sura* 2, notas 31, 36, 40; el *sura* 11:83, nota 20; el *sura* 15:27, nota 7.

Lo que el versículo quiere decir por las alas de los ángeles es su velocidad, poder y las tareas que realizan. Sus alas no están limitadas a cuatro. El Mensajero de Dios, la paz y las bendiciones sean con él, dice que durante su Ascensión, vio al Arcángel Gabriel con 600 alas, y que Gabriel le dijo que él había visto a Israfil con 12.000 alas, solo una de las cuales llenó el espacio entre los Cielos y la Tierra (al-Qurtubi).

2. Esto significa que el proceso de la creación de Dios es continuo aumentando en alcance, gama, y variedad. También significa que Él no sólo crea para cumplir un propósito, sino también para la perfección. Debido a esto, Él crea lo que Él crea en la mejor forma y manera, la más hermosa y determinada.

4. Si te niegan (Oh Mensajero), aun así los Mensajeros fueron negados antes de ti. (Así que no te aflijas:) a Dios se remiten todos los asuntos finalmente (y lo que Él dispone, ocurre).

5. ¡Oh seres humanos! (Sabed bien que) la promesa de Dios (del Último Juicio) sin duda es verdad; así que no dejéis que la vida presente y mundana os engañe, ni dejéis a cualquier engañador (incluso especialmente a Satanás) que os engañe en (vuestros conceptos) sobre Dios.

6. Ciertamente Satanás es un enemigo de vosotros, así que tratadle como enemigo (no lo sigáis, y sed conscientes contra él). Él llama a sus seguidores solo para que sean compañeros del Fuego.

7. Aquellos que persisten en la incredulidad, para ellos se da un castigo severo. En cuanto a los que creen y hacen actos buenos y rectos, para ellos se da el perdón (para otorgar bendiciones imprevistas) y una formidable recompensa.

8. ¿Es alguien cuyos actos malvados son embellecidos para que le parecieran atrayentes así que él los considera buenos (como aquel que sigue la guía de Dios)? Dios extravía a quien Su Voluntad dicta y guía a quien Su Voluntad dicta[3]. Así que no te dejes perecer en amargos remordimientos por ellos (porque rechazan la fe). Sin duda Dios posee pleno conocimiento de todo lo que hacen.

9. Dios es Aquel Quien hace descender los vientos misericordiosos, de modo que hagan las nubes moverse, y las dirigimos por una tierra muerta y (de ese modo) revivificamos la Tierra después de su muerte (con la lluvia llevada dentro de las nubes por el viento). Sin embargo la Resurrección sucederá.

434 سُورَةُ فَاطِرٍ ٤٣٤

وَاِنْ يُكَذِّبُوكَ فَقَدْ كُذِّبَتْ رُسُلٌ مِنْ قَبْلِكَ وَاِلَى اللّٰهِ تُرْجَعُ الْاُمُورُ ٤
يَٓا اَيُّهَا النَّاسُ اِنَّ وَعْدَ اللّٰهِ حَقٌّ فَلَا تَغُرَّنَّكُمُ الْحَيٰوةُ الدُّنْيَا
وَلَا يَغُرَّنَّكُمْ بِاللّٰهِ الْغَرُورُ ٥ اِنَّ الشَّيْطَانَ لَكُمْ عَدُوٌّ فَاتَّخِذُوهُ
عَدُوًّا اِنَّمَا يَدْعُوا حِزْبَهُ لِيَكُونُوا مِنْ اَصْحَابِ السَّعِيرِ ٦ اَلَّذِينَ
كَفَرُوا لَهُمْ عَذَابٌ شَدِيدٌ وَالَّذِينَ اٰمَنُوا وَعَمِلُوا الصَّالِحَاتِ
لَهُمْ مَغْفِرَةٌ وَاَجْرٌ كَبِيرٌ ٧ اَفَمَنْ زُيِّنَ لَهُ سُٓوءُ عَمَلِهِ فَرَاٰهُ حَسَنًا
فَاِنَّ اللّٰهَ يُضِلُّ مَنْ يَشَٓاءُ وَيَهْدِي مَنْ يَشَٓاءُ فَلَا تَذْهَبْ نَفْسُكَ
عَلَيْهِمْ حَسَرَاتٍ اِنَّ اللّٰهَ عَلِيمٌ بِمَا يَصْنَعُونَ ٨ وَاللّٰهُ الَّذِٓي اَرْسَلَ
الرِّيَاحَ فَتُثِيرُ سَحَابًا فَسُقْنَاهُ اِلٰى بَلَدٍ مَيِّتٍ فَاَحْيَيْنَا بِهِ الْاَرْضَ
بَعْدَ مَوْتِهَا كَذٰلِكَ النُّشُورُ ٩ مَنْ كَانَ يُرِيدُ الْعِزَّةَ فَلِلّٰهِ الْعِزَّةُ
جَمِيعًا اِلَيْهِ يَصْعَدُ الْكَلِمُ الطَّيِّبُ وَالْعَمَلُ الصَّالِحُ يَرْفَعُهُ وَالَّذِينَ
يَمْكُرُونَ السَّيِّئَاتِ لَهُمْ عَذَابٌ شَدِيدٌ وَمَكْرُ اُو۬لٰٓئِكَ هُوَ يَبُورُ ١٠
وَاللّٰهُ خَلَقَكُمْ مِنْ تُرَابٍ ثُمَّ مِنْ نُطْفَةٍ ثُمَّ جَعَلَكُمْ اَزْوَاجًا
وَمَا تَحْمِلُ مِنْ اُنْثٰى وَلَا تَضَعُ اِلَّا بِعِلْمِهِ وَمَا يُعَمَّرُ مِنْ مُعَمَّرٍ
وَلَا يُنْقَصُ مِنْ عُمُرِهِٓ اِلَّا فِي كِتَابٍ اِنَّ ذٰلِكَ عَلَى اللّٰهِ يَسِيرٌ ١١

وَمَا يَسْتَوِي

10. Quien busca poder y gloria debe saber que todo el poder y la gloria es para Dios (así que debe pedirlos solo de Él). Solo a Él asciende la palabra pura (como la fuente de poder y gloria), y la acción buena y recta (acompañándola) la eleva[4]. Pero aquellos que discurren acciones malvadas, para ellos se da un castigo severo, y su conjura seguramente resultará en nada.

11. (Oh seres humanos:) Dios os creó de la tierra (al principio, y el origen material de cada de uno de vosotros es también la tierra), y luego de una gota del líquido (seminal), y después Él os ha formado en parejas (como cualquiera de los dos sexos, haciéndoos compañeros el uno del otro). Y ninguna hembra queda encinta o da a luz, excepto con Su conocimiento. A todo aquel de larga vida le ha sido concedida una larga vida, y a todo aquel que no ha vivido una larga vida le ha sido designada una vida más corta, está registrado en un Libro. Sin duda eso es fácil para Dios.

---

3. Dios posee dos clases de Voluntad. Una es Su Decreto (pre-eterno) con respecto a la creación, incluyendo seres responsables y conscientes. Esta Voluntad, llamada *Mashiah*, es absoluta con respecto a las cosas y a los seres inconscientes, mientras que toma en consideración la voluntad (futura) de los seres responsables y conscientes. Es decir, Dios sabe de antemano de qué manera utilizarán esos seres su libre albedrío y decreta en consecuencia. La otra Voluntad de Dios (*Iradah*) implica lo que Él exige de Sus siervos y denota esas cosas con lo que esté complacido. En este versículo, *Dios extravía a quien Su Voluntad dicta* significa que Él deja perderse a los que elijan seguir a Satanás y los escrúpulos de su alma carnal, con el resultado que siguen sus caprichos e ideas personales y cometen hechos malvados que, aunque no se basan en verdadero conocimiento, les parecen buenos a ellos. En cuanto a, *guía a quien Su Voluntad dicta*, esto denota a aquellos que elijan resistir las tentaciones de Satanás y su alma carnal, y en su lugar siguen la guía que Dios hace descender por los Profetas, y ven bueno todo lo que decreta Dios.

4. *La palabra pura* es, antes que nada, la Declaración de la Unidad Divina, a saber, *no hay más deidad sino Dios*. Las declaraciones de otros pilares de la fe y todas las otras palabras puras y veraces se basan en esta Palabra. Sin las acciones buenas y rectas que se requiere, esta declaración sigue siendo sola una aserción. Solamente las acciones buenas y rectas la hacen totalmente aceptable ante Dios y la hacen dar fruta pura y sana (14:25). Otras puras palabras y declaraciones aprobadas por Dios asimismo llegan a ser aceptables ante Dios por medio de las buenas acciones que son exigidas. Además, cualquier aserción o declaración se convierte en la fe verdadera y está establecida en el corazón por las buenas acciones que son exigidas por ello.

وَمَا يَسْتَوِى الْبَحْرَانِ هٰذَا عَذْبٌ فُرَاتٌ سَائِغٌ شَرَابُهُ وَهٰذَا
مِلْحٌ اُجَاجٌ وَمِنْ كُلٍّ تَأْكُلُونَ لَحْمًا طَرِيًّا وَتَسْتَخْرِجُونَ
حِلْيَةً تَلْبَسُونَهَا وَتَرَى الْفُلْكَ فِيهِ مَوَاخِرَ لِتَبْتَغُوا
مِنْ فَضْلِهِ وَلَعَلَّكُمْ تَشْكُرُونَ ﴿١٢﴾ يُولِجُ الَّيْلَ فِى النَّهَارِ
وَيُولِجُ النَّهَارَ فِى الَّيْلِ وَسَخَّرَ الشَّمْسَ وَالْقَمَرَ كُلٌّ
يَجْرِى لِاَجَلٍ مُسَمًّى ذٰلِكُمُ اللّٰهُ رَبُّكُمْ لَهُ الْمُلْكُ وَالَّذِينَ
تَدْعُونَ مِنْ دُونِهِ مَا يَمْلِكُونَ مِنْ قِطْمِيرٍ ﴿١٣﴾ اِنْ تَدْعُوهُمْ
لَا يَسْمَعُوا دُعَاءَكُمْ وَلَوْ سَمِعُوا مَا اسْتَجَابُوا لَكُمْ وَيَوْمَ
الْقِيٰمَةِ يَكْفُرُونَ بِشِرْكِكُمْ وَلَا يُنَبِّئُكَ مِثْلُ خَبِيرٍ ﴿١٤﴾
يَا اَيُّهَا النَّاسُ اَنْتُمُ الْفُقَرَاءُ اِلَى اللّٰهِ وَاللّٰهُ هُوَ الْغَنِىُّ الْحَمِيدُ ﴿١٥﴾
اِنْ يَشَأْ يُذْهِبْكُمْ وَيَأْتِ بِخَلْقٍ جَدِيدٍ ﴿١٦﴾ وَمَا ذٰلِكَ
عَلَى اللّٰهِ بِعَزِيزٍ ﴿١٧﴾ وَلَا تَزِرُ وَازِرَةٌ وِزْرَ اُخْرٰى وَاِنْ تَدْعُ
مُثْقَلَةٌ اِلٰى حِمْلِهَا لَا يُحْمَلْ مِنْهُ شَيْءٌ وَلَوْ كَانَ ذَا قُرْبٰى
اِنَّمَا تُنْذِرُ الَّذِينَ يَخْشَوْنَ رَبَّهُمْ بِالْغَيْبِ وَاَقَامُوا الصَّلٰوةَ
وَمَنْ تَزَكّٰى فَاِنَّمَا يَتَزَكّٰى لِنَفْسِهِ وَاِلَى اللّٰهِ الْمَصِيرُ ﴿١٨﴾

12. Ni son parecidos los dos mares (grandes masas de agua): éste es dulce y sabroso, y agradable de beber, pero aquél, salado y amargo. Obtenéis de ambos carne fresca (para vuestro alimento), y piedras preciosas para llevar como ornamento. Y ves los barcos surcando (ambas clases de agua), de modo que podáis buscar (vuestro sustento) de Su generosidad, y que podáis agradecerle[5].

13. Él hace que la noche ingrese en el día y que el día ingrese en la noche (y hace que cada uno se alargue o se acorte), y que hizo que el Sol y la Luna se sometieran a Su orden (para serviros), cada uno recorre su trayectoria en un tiempo fijado (por Él). Así es Dios, vuestro Señor —Suya es la Soberanía (la propiedad y el dominio absolutos de todas las cosas)— mientras que aquellos que deifiquéis e invoquéis, aparte de Él, no poseen ni la película del hueso de un dátil.

14. Si los invocáis, no oyen vuestra llamada; y aunque oyeran, no serían capaces de responder a vosotros. Y el Día de la Resurrección, negarán que les hayáis asociado (con Dios). Y nadie puede informaros (y, de tal modo, conduciros a entender la verdad) como Aquel Consciente de todo.

15. ¡Oh seres humanos! Todos sois pobres ante Dios y absolutamente Le necesitáis a Él, mientras que Él es Acaudalado y Autosuficiente (absolutamente independiente de la creación), Digno de Alabanza (como vuestro Señor, Quien provee a vosotros y a todos los demás seres, satisfaciendo todas vuestras necesidades)[6].

16. Si Él quiere (para que se cumpla Su propósito en la creación), puede eliminaros y traer una nueva generación (en vuestro lugar, quien reconocerá su pobreza y alabar a Dios a cambio de Sus favores).

17. Sin duda no es difícil para Dios.

18. Y ningún alma, como portadora de la carga, porta (ni se le hará portar) la carga de otra; y si alguien que está agobiado por su carga llama (al otro para que le ayude) a llevarla, nada de ella será llevada por aquel otro, aunque sea algún pariente suyo[7]. Puedes advertir (de una manera provechosa) solamente a aquellos que tienen temor reverencial a su Señor aunque no Le vean (más allá de su percepción), y que establecen la Oración conforme a sus condiciones. Y quien purifica (de sus ideas o acciones malas), purifica solamente por el bien de su propia alma. Y hacia Dios es el retorno.

5. El Corán llama nuestra atención a las dos clases de mares (y a grandes masas de agua similares) en algunos otros versículos (por ejemplo, 25:53). El origen material del universo es una sola materia, a saber éter (véanse el *sura* 2:29, nota 8; el *sura* 11, nota 2); y todas las cosas en el universo están compuestas básicamente de cuatro sustancias: hidrógeno, oxígeno, carbón y nitrógeno. A pesar de la simplicidad del origen, hay una variedad casi infinita de criaturas en el universo. Por otra parte, todos los seres humanos son creados, originariamente, de la tierra. El origen biológico de cada ser humano —esperma del masculino y óvulo de la hembra— también está compuesto de las mismas sustancias, y tanto los hombres como las mujeres todos los padres se alimentan de la misma. Sin embargo hay un abismo entre los seres humanos en muchos aspectos. Esta variedad infinita en la semejanza aparente claramente demuestra a Dios y Su libertad absoluta, y está basada en muchos ejemplos de sabiduría.

6. Fethullah Gülen amplía esta idea:

> Suyo es el poder, por el cual somos poderosos.
> Somos muy conocidos por Su Nombre o fama.
> Vamos más allá de cumbres y seguimos en nuestro camino;
> Vencemos todas las dificultades con facilidad.
> No poseemos nada mundano sino somos absolutamente ricos,
> Y somos de aspecto digno y respetable por Su Dignidad.
> Seguimos el camino de reflexión, así que
> Lo que existe es una fuente de conocimiento de Dios para nosotros.
>
> [*Key Concepts* («Conceptos Clave»), 1:172]

Lo siguiente es un extracto de Said Nursi sobre la misma idea:

> Tu percepción y reconocimiento de tu pobreza esencial te dirige al Nombre Divino el Misericordioso, por el Cual encuentras el tesoro inagotable. Tu percepción y reconocimiento de tu impotencia esencial te dirige al Nombre Divino el Todopoderoso, por el Cual encuentras la verdadera fuente del poder. Puedes purificarte considerando que tu existencia se halla en el reconocimiento de tu inexistencia esencial. Considerarte a ti mismo autoexistente, te hace caer en el abismo más oscuro de la inexistencia. Es decir confiar en tu existencia personal y, así, no hacer caso del Verdadero Creador, hace que tu existencia personal efímera sea ahogada en la oscuridad infinita de la inexistencia. Pero si abandonas el orgullo y el egoísmo y reconoces que eres solamente un espejo en el cual el Verdadero Creador se manifiesta, consigues la existencia infinita. El que descubre al Ser Necesario, las manifestaciones de Cuyos Nombres hacen a todas las cosas existir, se considera que ha encontrado todo [The Words («Las Palabras»), «The 26th Word» («La 26ª Palabra»), pág.493].

7. De la misma manera que a nadie se le hace responsable del crimen de otro, nadie puede cargarse con el pecado de otro. Esto es inconcebible desde el punto de vista de la Religión (y de la ley), y por el hecho de que cada ser estará preocupado solamente por su propia alma en el Más Allá. Así que, la doctrina del «pecado original», con el cual todo el ser humano supuestamente está cargado debido al «desliz» de Adán, la paz sea con él, y Eva, es totalmente sin fundamento y contrario a este principio fundamental de la Religión (y de la ley); es decir, la responsabilidad y la recompensa correspondiente son intransferibles. En segundo lugar, como nadie puede ser cargado con la carga de otro, ni puede ser absuelto de cualquier crimen o pecado que aquel ha cometido por el sufrimiento de otra persona, la cristiana «doctrina de la expiación» es infundada. Por otra parte, Dios no obligó a Adán, la paz sea con él, y a Eva a comer del árbol prohibido para encarnarse a Sí Mismo en un hijo humano o crearlo de Sí Mismo; ni condenó o condenaría a Jesús, la paz sea con él, para que sufriera grandes dolores y probara la muerte, aunque fuera temporalmente. Eso es también totalmente contrario a la Divinidad como se ha enseñado por la(s) Religión(es) Divina(s).

وَمَا يَسْتَوِي الْاَعْمٰى وَالْبَصِيرُ ﴿١٩﴾ وَلَا الظُّلُمَاتُ وَلَا النُّورُ ﴿٢٠﴾
وَلَا الظِّلُّ وَلَا الْحَرُورُ ﴿٢١﴾ وَمَا يَسْتَوِي الْاَحْيَاۤءُ وَلَا الْاَمْوَاتُ
اِنَّ اللّٰهَ يُسْمِعُ مَنْ يَشَاۤءُ وَمَاۤ اَنْتَ بِمُسْمِعٍ مَنْ فِي الْقُبُورِ ﴿٢٢﴾
اِنْ اَنْتَ اِلَّا نَذِيرٌ ﴿٢٣﴾ اِنَّاۤ اَرْسَلْنَاكَ بِالْحَقِّ بَشِيرًا وَنَذِيرًا وَاِنْ
مِنْ اُمَّةٍ اِلَّا خَلَا فِيهَا نَذِيرٌ ﴿٢٤﴾ وَاِنْ يُكَذِّبُوكَ فَقَدْ كَذَّبَ الَّذِينَ
مِنْ قَبْلِهِمْ جَاۤءَتْهُمْ رُسُلُهُمْ بِالْبَيِّنَاتِ وَبِالزُّبُرِ وَبِالْكِتَابِ
الْمُنِيرِ ﴿٢٥﴾ ثُمَّ اَخَذْتُ الَّذِينَ كَفَرُوا فَكَيْفَ كَانَ نَكِيرِ ﴿٢٦﴾ اَلَمْ
تَرَ اَنَّ اللّٰهَ اَنْزَلَ مِنَ السَّمَاۤءِ مَاۤءً فَاَخْرَجْنَا بِهِ ثَمَرَاتٍ مُخْتَلِفًا
اَلْوَانُهَا وَمِنَ الْجِبَالِ جُدَدٌ بِيضٌ وَحُمْرٌ مُخْتَلِفٌ اَلْوَانُهَا
وَغَرَابِيبُ سُودٌ ﴿٢٧﴾ وَمِنَ النَّاسِ وَالدَّوَاۤبِّ وَالْاَنْعَامِ مُخْتَلِفٌ
اَلْوَانُهُ كَذٰلِكَ اِنَّمَا يَخْشَى اللّٰهَ مِنْ عِبَادِهِ الْعُلَمٰۤؤُا اِنَّ اللّٰهَ عَزِيزٌ
غَفُورٌ ﴿٢٨﴾ اِنَّ الَّذِينَ يَتْلُونَ كِتَابَ اللّٰهِ وَاَقَامُوا الصَّلٰوةَ وَاَنْفَقُوا
مِمَّا رَزَقْنَاهُمْ سِرًّا وَعَلَانِيَةً يَرْجُونَ تِجَارَةً لَنْ تَبُورَ ﴿٢٩﴾
لِيُوَفِّيَهُمْ اُجُورَهُمْ وَيَزِيدَهُمْ مِنْ فَضْلِهِ اِنَّهُ غَفُورٌ شَكُورٌ ﴿٣٠﴾

وَالَّذِي

19. No son iguales el ciego y el que puede ver;

20. Tampoco lo son las profundidades de la oscuridad y la luz;

21. Ni la sombra y el calor abrasador;

22. Y ni son iguales los vivos y los muertos. Sin duda Dios hace oír a quien Su Voluntad dicta; y no eres quien va a hacer oír a aquellos que están en las tumbas[8].

23. Eres solo un advertidor (no responsable de que sean guiados).

24. Sin duda, te hemos enviado como Mensajero con la verdad, como un portador de buenas nuevas (de la prosperidad a cambio de la fe y la rectitud) y un advertidor (contra las consecuencias del extravío); y nunca ha habido una comunidad sin que haya vivido un advertidor entre ellos.

25. Si te niegan, aun así han negado aquellos que les precedieron (a quienes un Mensajero fue enviado). Sus Mensajeros vinieron a ellos con las pruebas claras (de su Misión Profética), Escrituras (llenas de sabiduría y consejo), y el Libro ilustrando (sus mentes y corazones) e iluminando (su camino[9]).

26. Entonces les agarré a aquellos que insistieron en la incredulidad. ¡Cuán abrumador era Mi repudiación hacia ellos!

27. ¿Acaso no ves que Dios hace descender agua del cielo? Luego producimos con ella productos de varios colores (formas y sabores); y en las montañas están las vetas de color blanco y rojo, de varios colores (debido a la flora o la variedad de piedra y roca), así como negro;

28. Y asimismo los seres humanos, y las bestias, y los ganados, sus colores son diversos. De todos Sus siervos, solamente aquellos que poseen el verdadero conocimiento tienen temor reverencial a Dios[10]. Sin duda Dios es Glorioso poseedor de irresistible poder, Indulgente.

29. Aquellos que recitan el Libro de Dios (y, así, glorifican, elogian, y ensalzan a Dios, y declaran Su Unidad absoluta)[11], y establecen la Oración conforme a sus condiciones, y gastan de lo que les hemos proveído (en la causa de Dios y para los necesitados), en secreto y públicamente, esperen un comercio que nunca se echará a perder.

30. Porque Dios les pagará sus recompensas plenamente, y les dará aún todavía de Su generosidad. Con toda seguridad Él es Indulgente, Aquel Quien corresponde (la apelación de todos los seres que Le invocan).

8. Las comparaciones en los versículos que van del 19 al 22 se refieren implícitamente a la diferencia entre la fe y la incredulidad con sus características y consecuencias, y entre los creyentes y los incrédulos. La fe significa vista, perspicacia, luz, conocimiento, y vida o estar vivo; mientras que la incredulidad es ceguera, oscuridad sobre oscuridad, ignorancia, y estar muerto. Así que, la fe da a un creyente serenidad, tranquilidad, y paz de corazón; mientras que la incredulidad es la causa del estrés, descontento e infelicidad.

9. Es decir, algunos de los Mensajeros, como el profeta David, la paz sea con él, vinieron con Escrituras llenas de sabiduría y consejo, y algunos como los profetas Noé, Abraham, Moisés, Jesús y Muhammad, la paz sea con todos ellos, con el Libro ilustrativo. Además, el Libro también contuvo lo que estaba en las Escrituras.

10. Es decir, solamente aquellos que son imparciales y sin prejuicios pueden tener verdadero conocimiento o el conocimiento de la verdad. La señal de alguien que tiene tal conocimiento es la fe sincera en Dios y temor reverencial a Él. Tal gente puede entender verdadera y profundamente lo que significan realmente tales fenómenos en la creación y sentir el respeto profundo hacia Dios, y la necesidad y el deseo de adorarlo.

11. Glorificar a Dios significa creer, reconocer y declarar que Dios es absolutamente libre de tener cualquier defecto o atributo propios de la creación, y se halla más allá de todo ello, por ejemplo engendrar y ser engendrado, morir, sentir alguna necesidad y, por lo tanto, tener copartícipes o ayudantes. En resumen, glorificar significa saber y declarar lo que Dios no es y no puede ser. Alabar a Dios significa creer, reconocer y declarar que Dios tiene todos los atributos de la perfección y, por lo tanto, se merece alabanza, agradecimiento y adoración. Es decir, alabar significa saber y declarar qué y quién es Dios, y mencionarle así, con los atributos de la perfección que son exclusivamente Suyos. Ensalzar a Dios significa creer, reconocer y declarar que Dios es infinita y absolutamente grande y no puede haber ninguno comparable con Él, y que Él se halla infinitamente más allá de lo que podemos concebir de Él. Glorificamos, alabamos y ensalzamos a Él y declaramos Su Unidad absoluta después de las Oraciones diarias.

31. Lo que te revelamos del Libro es la verdad, confirmando (el origen Divino de) las Revelaciones (y las verdades que todavía contiene) anteriores a él. Sin duda Dios se halla perfectamente informado de Sus siervos y ve (a ellos) bien.

32. Luego (después de cada Mensajero), hemos hecho a aquellos de Nuestros siervos a quienes elegimos herederos del Libro (para que lo conserven y enseñen, y asegurar su práctica en la vida cotidiana). Sin embargo, entre ellos están aquellos quienes (al cumplir su deber como herederos del Libro,) son injustos consigo mismos (a causa de ciertos defectos y pecados), y entre ellos están aquellos que siguen un camino moderado, y entre ellos están aquellos quienes, con el permiso de Dios, son los primeros en hacer buenos actos. Esto (ser elegido como herederos del Libro) es el gran favor.

33. (Por lo tanto) entrarán en Jardines de dicha eterna, allí dentro adornados con brazaletes de oro y de perlas, y su ropa ahí será de seda[12].

34. Y dirán: «Toda la alabanza y la gratitud son para Dios, Quien ha eliminado la pena de nosotros (tal como habíamos sufrido hasta que fuimos admitidos aquí). Sin duda nuestro Señor es Indulgente, Aquel Quien corresponde (la gratitud de Sus siervos),

35. Quien, de Su gracia, nos ha hecho acomodar en la morada de la residencia eterna, en donde ningún trabajo nos toca, y en donde ningún cansancio nos aflige»[13].

36. En cuanto a los que no creen, para ellos se da el fuego del Infierno: no serán condenados a la muerte de modo que puedan morir (y así sean aliviados), ni su sufrimiento será aliviado para ellos. Así recompensamos a cada ingrato que no cree.

وَالَّذٖى اَوْحَيْنَا اِلَيْكَ مِنَ الْكِتَابِ هُوَ الْحَقُّ مُصَدِّقًا
لِمَا بَيْنَ يَدَيْهِ اِنَّ اللّٰهَ بِعِبَادِهٖ لَخَبٖيرٌ بَصٖيرٌ ﴿٣١﴾ ثُمَّ اَوْرَثْنَا
الْكِتَابَ الَّذٖينَ اصْطَفَيْنَا مِنْ عِبَادِنَا فَمِنْهُمْ ظَالِمٌ لِنَفْسِهٖ
وَمِنْهُمْ مُقْتَصِدٌ وَمِنْهُمْ سَابِقٌ بِالْخَيْرَاتِ بِاِذْنِ اللّٰهِ ذٰلِكَ
هُوَ الْفَضْلُ الْكَبٖيرُ ﴿٣٢﴾ جَنَّاتُ عَدْنٍ يَدْخُلُونَهَا يُحَلَّوْنَ
فٖيهَا مِنْ اَسَاوِرَ مِنْ ذَهَبٍ وَلُؤْلُؤًا وَلِبَاسُهُمْ فٖيهَا حَرٖيرٌ ﴿٣٣﴾
وَقَالُوا الْحَمْدُ لِلّٰهِ الَّذٖى اَذْهَبَ عَنَّا الْحَزَنَ اِنَّ رَبَّنَا
لَغَفُورٌ شَكُورٌ ﴿٣٤﴾ اَلَّذٖى اَحَلَّنَا دَارَ الْمُقَامَةِ مِنْ فَضْلِهٖ
لَا يَمَسُّنَا فٖيهَا نَصَبٌ وَلَا يَمَسُّنَا فٖيهَا لُغُوبٌ ﴿٣٥﴾ وَالَّذٖينَ
كَفَرُوا لَهُمْ نَارُ جَهَنَّمَ لَا يُقْضٰى عَلَيْهِمْ فَيَمُوتُوا وَلَا
يُخَفَّفُ عَنْهُمْ مِنْ عَذَابِهَا كَذٰلِكَ نَجْزٖى كُلَّ كَفُورٍ ﴿٣٦﴾ وَهُمْ
يَصْطَرِخُونَ فٖيهَا رَبَّنَا اَخْرِجْنَا نَعْمَلْ صَالِحًا غَيْرَ الَّذٖى
كُنَّا نَعْمَلُ اَوَلَمْ نُعَمِّرْكُمْ مَا يَتَذَكَّرُ فٖيهِ مَنْ تَذَكَّرَ وَجَاۤءَكُمُ
النَّذٖيرُ فَذُوقُوا فَمَا لِلظَّالِمٖينَ مِنْ نَصٖيرٍ ﴿٣٧﴾ اِنَّ اللّٰهَ عَالِمُ
غَيْبِ السَّمٰوَاتِ وَالْاَرْضِ اِنَّهُ عَلٖيمٌ بِذَاتِ الصُّدُورِ ﴿٣٨﴾

37. Y allí dentro gritarán en voz alta: «¡Oh Señor nuestro! ¡Sácanos fuera para que podamos hacer el bien, (actos rectos), no lo que (el mal) solíamos hacer antes!». «¿No os concedimos una vida bastante larga para quienquiera que reflexionaría y sería considerado para que reflexione y sea considerado? Además, un advertidor vino a vosotros (para advertir contra este castigo). Probad entonces (las consecuencias de vuestra despreocupación); ya que los malhechores no tienen a nadie que les ayude (contra él)».

38. Dios es sin duda el Conocedor de Lo Oculto de los Cielos y de la Tierra. Y Sin duda, Él posee pleno conocimiento de lo que reposa oculto en los pechos (así que os trata según vuestras creencias e intenciones).

12. Para una explicación, véase el *sura* 18:31, nota 17.

13. El Corán suele distinguir a tres grupos de gente, a saber los incrédulos (incluyendo a los hipócritas) que son condenados al castigo en el Infierno; los creyentes cuyo bien supera su mal; y los creyentes que son los primeros en hacer buenos actos (por ejemplo, el *sura* 56:7-11). De este modo algunos comentaristas han deducido que el versículo 32 hace la misma clasificación, y se refiere con *aquellos que son injustos consigo mismos*, como hace el Corán en muchos de sus versículos, a los incrédulos e hipócritas, y con *aquellos que siguen un camino moderado*, a los creyentes que han mezclado sus actos rectos con los malos (véase el *sura* 9:102). Por lo tanto, aquellos que se le ha prometido Jardines de la dicha eterna en el siguiente versículo (33) son aquellos que son los primeros en hacer buenos actos, y para el segundo grupo, *puede ser que Dios corresponda su arrepentimiento con perdón* (9:102).

Sin embargo, como se ha señalado por algunos comentaristas, este versículo es sobre la herencia del Corán y de aquellos a quienes Dios ha elegido especialmente de entre Sus siervos para este deber. La herencia del Corán (el Libro) significa conservarlo, enseñarlo y practicarlo en la vida cotidiana (5:44). Así que, desde que esta herencia tiene importancia especial, este versículo la enfatiza y distingue entre aquellos entre los musulmanes, o la Comunidad de Muhammad, la paz y las bendiciones sean con él, elegida para este deber. No son, sin embargo, todos de la misma calidad y grado. Entre ellos están aquellos que son injustos consigo mismos a causa de ciertos defectos y pecados (por supuesto, no por la incredulidad, la hipocresía, o la atribución de copartícipes a Él); aquellos que siguen un camino moderado, es decir, aquellos que no pueden dedicarse completamente a este deber; y aquellos que, estando dedicados completamente, se adelantan a todos los demás. Así pues, a condición de que sirvan al Corán y continúen aprendiéndolo, enseñándolo, y practicándolo en la vida cotidiana, todos estos tres grupos serán perdonados por Dios y admitidos al Paraíso.

El Mensajero de Dios, la paz y las bendiciones sean con él, legó el Corán y a su familia, incluyendo a su descendencia, a su Comunidad (Muslim, «Fadail as-Sahaba», 37). Esto significa que, antes que nada, su familia y descendencia deben y servirán al Corán. Sin embargo, esta Tradición también da la buena nueva que aquellos que sirvan el Corán, aunque no pertenecen a su descendencia de sangre, son (espiritualmente) incluidos en ellos, al igual que Salman al-Farisi. Ya que el Mensajero, la paz y las bendiciones sean con él, declaró: «Salman es de nosotros, de la Familia del Profeta» (Canan, 12:370).

هو الذي جعلكم خلائف في الأرض فمن كفر فعليه كفره
ولا يزيد الكافرين كفرهم عند ربهم إلا مقتا ولا يزيد
الكافرين كفرهم إلا خسارا ﴿٣٩﴾ قل أرأيتم شركاءكم الذين
تدعون من دون الله أروني ماذا خلقوا من الأرض أم لهم
شرك في السماوات أم آتيناهم كتابا فهم على بينت منه بل
إن يعد الظالمون بعضهم بعضا إلا غرورا ﴿٤٠﴾ إن الله يمسك
السماوات والأرض أن تزولا ولئن زالتا إن أمسكهما
من أحد من بعده إنه كان حليما غفورا ﴿٤١﴾ وأقسموا بالله جهد
أيمانهم لئن جاءهم نذير ليكونن أهدى من إحدى الأمم
فلما جاءهم نذير ما زادهم إلا نفورا ﴿٤٢﴾ استكبارا في الأرض
ومكر السيئ ولا يحيق المكر السيئ إلا بأهله فهل ينظرون إلا
سنت الأولين فلن تجد لسنت الله تبديلا ولن تجد لسنت الله
تحويلا ﴿٤٣﴾ أولم يسيروا في الأرض فينظروا كيف كان عاقبة
الذين من قبلهم وكانوا أشد منهم قوة وما كان الله ليعجزه
من شيء في السماوات ولا في الأرض إنه كان عليما قديرا ﴿٤٤﴾

ولو يؤاخذ

39. Él es Quien os ha hecho vicerregentes en la Tierra[14]. Así que quien no cree (en ingratitud, rechazando esta verdad y atribuyendo los actos de Dios a otros aparte de Él), carga con su incredulidad en su contra. La incredulidad de los incrédulos no les aumenta ante su Señor en nada más que la abominación; y la incredulidad de los incrédulos no les aumenta en nada más que la pérdida.

40. Di: «¿Habéis considerado a aquellos (seres y cosas) que asociáis con Dios y, aparte de Dios, los invocáis? Demostradme qué es lo que han creado de la tierra. ¿O acaso tienen una parte en (el proceso de la creación en) los cielos?». ¿O hemos concedido a esa gente un Libro para que estuvieran basados en una evidencia clara de él (en atribuir copartícipes a Dios)? ¡No! Más bien, los malhechores no se prometen nada sino el engaño.

41. Sin duda solo Dios sostiene los Cielos y la Tierra, para que no dejen de ser. Si empiezan a caerse, no hay nadie que podría sostenerlos (si Él los dejara caerse. Que Él no los deja caerse, a pesar de toda la maldad de Sus siervos, porque) Él es Clemente (que no se apresura a castigar los errores de Sus siervos), Indulgente.

42. Juraron por Dios con sus juramentos más solemnes que si un advertidor viniera a ellos, sin duda seguirían su guía más que cualquiera de las comunidades (a quien un advertidor vino). Sin embargo, ahora que un advertidor ha venido a ellos, esto los ha aumentado en nada más que la aversión,

43. Siendo más arrogantes en la tierra y tramando intrigas malvadas. Sin embargo una intriga malvada no abruma a nadie sino a sus propios autores. Así pues, ¿pueden esperar otra cosa que el curso de (los hechos y los resultados que les sobrevinieron a) la gente de los antiguos tiempos (a quien Dios destruyó)? Nunca encontrarás cambio alguno en la manera de Dios; nunca encontrarás alteración alguna en la manera de Dios[15].

44. ¿Nunca han viajado por la Tierra, que puedan ver cómo han acabado aquellos que les precedieron (que no han creído obstinadamente en Nuestras señales)? Tenían más poder que ellos. Sin embargo, no hay nada que se halle en los Cielos o sobre la Tierra que pueda frustrar a Dios (en Sus decretos). Sin duda Él es Omnisciente, Todopoderoso.

---

14. Sobre la vicerregencia, véase el *sura* 2:31, nota 32.

15. Esto significa que la manera en la cual Dios Todopoderoso trata a la gente a cambio de seguir el mismo camino es evidente. Dios nunca incurre en un error, nunca se olvida, no es negligente, y nunca puede ser sobornado; siempre hace lo que es verdad y sabio. Su decreto nunca puede ser apartado de su meta, ni ser pospuesto, ni evadido. Sin duda alguna, su camino es siempre recto (11:56).

45. Si Dios reprendiera a la gente por cualquier mal que cometan (y acumulara a su cuenta), no dejaría en la Tierra a ninguna criatura viva. Pero Él les concede plazo hasta un período señalado (por Él). Cuando el final de su período llegue (Él trata a cada uno como Su Voluntad dicta, según su merecido), porque sin duda Él contempla a Sus siervos bien.

SURA 36

YA.SIN (YA-SIN)

Período de La Meca

Este *sura*, que consta de 83 versículos, fue revelado a mediados del período de La Meca. Toma su título del primer versículo, que es uno de los versículos más cortos del Corán, y que, según algunos, implícitamente significa «un ser humano». Trata, empleando diversas discusiones, de tres de los pilares de la fe, a saber la Unidad Divina, la vida después de la muerte, y la Misión Profética. El Mensajero de Dios, la paz y las bendiciones sean con él, declaró que este *sura* es el corazón del Corán (at-Tirmizi, «Zawab al-Qur'an»,7) porque despierta los corazones «muertos» a la vida. Él también aconsejó su recitación a la persona agonizante que está en su lecho de muerte.

En el Nombre de Dios,
el Misericordioso, el Compasivo.

1. *Ya. Sin.*

2. Por el Sabio Corán,

3. Eres de hecho uno de los Mensajeros (encargados de transmitir el Mensaje Divino),

4. En un camino recto.

5. (Este es) el Libro que está siendo descendido por el Glorioso poseedor de irresistible poder, el Compasivo,

٤٣٩ اَلْجُزْءُ الثَّانِي وَالْعِشْرُونَ 439

وَلَوْ يُؤَاخِذُ اللّٰهُ النَّاسَ بِمَا كَسَبُوا مَا تَرَكَ عَلٰى ظَهْرِهَا مِنْ دَٓابَّةٍ وَلٰكِنْ
يُؤَخِّرُهُمْ اِلٰٓى اَجَلٍ مُسَمًّىۚ فَاِذَا جَٓاءَ اَجَلُهُمْ فَاِنَّ اللّٰهَ كَانَ بِعِبَادِه۪ بَص۪يرًا ٤٥

سُورَةُ يٰسٓ مَكِّيَّةٌ
وَهِيَ ثَلَاثٌ وَثَمَانُونَ اٰيَةً

بِسْمِ اللّٰهِ الرَّحْمٰنِ الرَّح۪يمِ

يٰسٓ ١ وَالْقُرْاٰنِ الْحَك۪يمِ ٢ اِنَّكَ لَمِنَ الْمُرْسَل۪ينَ ٣
عَلٰى صِرَاطٍ مُسْتَق۪يمٍ ٤ تَنْز۪يلَ الْعَز۪يزِ الرَّح۪يمِ ٥ لِتُنْذِرَ
قَوْمًا مَٓا اُنْذِرَ اٰبَٓاؤُ۬هُمْ فَهُمْ غَافِلُونَ ٦ لَقَدْ حَقَّ الْقَوْلُ عَلٰٓى
اَكْثَرِهِمْ فَهُمْ لَا يُؤْمِنُونَ ٧ اِنَّا جَعَلْنَا ف۪ٓي اَعْنَاقِهِمْ اَغْلَالًا
فَهِيَ اِلَى الْاَذْقَانِ فَهُمْ مُقْمَحُونَ ٨ وَجَعَلْنَا مِنْ بَيْنِ اَيْد۪يهِمْ
سَدًّا وَمِنْ خَلْفِهِمْ سَدًّا فَاَغْشَيْنَاهُمْ فَهُمْ لَا يُبْصِرُونَ ٩
وَسَوَٓاءٌ عَلَيْهِمْ ءَاَنْذَرْتَهُمْ اَمْ لَمْ تُنْذِرْهُمْ لَا يُؤْمِنُونَ ١٠
اِنَّمَا تُنْذِرُ مَنِ اتَّبَعَ الذِّكْرَ وَخَشِيَ الرَّحْمٰنَ بِالْغَيْبِۚ فَبَشِّرْهُ
بِمَغْفِرَةٍ وَاَجْرٍ كَر۪يمٍ ١١ اِنَّا نَحْنُ نُحْيِ الْمَوْتٰى وَنَكْتُبُ
مَا قَدَّمُوا وَاٰثَارَهُمْۜ وَكُلَّ شَيْءٍ اَحْصَيْنَاهُ ف۪ٓي اِمَامٍ مُب۪ينٍ ١٢

6. Para que puedas advertir a un pueblo cuyos antepasados (cercanos) no fueron advertidos, y que es, por lo tanto, indiferente (a la verdad y la falsedad).

7. La palabra (del juicio de Dios) sin duda resultó ser verdad contra la mayor parte de ellos (los seres humanos, desde el primer día)[1], ya que ellos no creen.

8. Hemos puesto sin duda cadenas alrededor de los cuellos (de los incrédulos entre tu gente), hasta sus barbillas, de modo que sus cabezas son alzadas[2].

9. Y hemos establecido una barrera ante ellos y una barrera detrás de ellos, y (por lo tanto) los hemos cubierto (por todos lados), por lo que no pueden ver[3].

10. Así pues, es igual para ellos si los adviertes o no los adviertes; (aunque es tu misión advertirlos, y la haces sin ningún descuido) no van a creer[4].

11. Puedes advertir (provechosamente) solamente a aquel que (no tiene prejuicios y) sigue el Mensaje y siente temor reverencial del Misericordioso, aunque no Le vea (más allá de su percepción). Entonces, dale las buenas nuevas del perdón y de una provisión honorable y abundante.

12. No cabe duda de que somos Nosotros Quienes resucitaremos a los muertos; y registramos lo que adelantan (al Más Allá) y lo que dejan atrás (de lo bueno y lo malo). Todo hemos registrado y guardado en un Registro Manifiesto[5].

---

1. Para una explicación, véase el *sura* 32:13, nota 9.

2. Esto es una alegoría que se refiere a la gente que decididamente tienen prejuicios y son demasiado arrogantes para creer. También indica que ellos nunca reflexionan en sí mismos, su ser, o su composición física, que les permitiría llegar a reconocer los signos de Dios en ellos y a continuación creer.

3. La comparación aquí simboliza la condición en la que se hallan los incrédulos obstinados. Como son demasiado arrogantes para reflexionar en su existencia sin prejuicios; asimismo, tampoco pueden observar el universo alrededor de ellos de ninguna manera que sea beneficiosa. Como si se encontraran envueltos por los velos de la oscuridad, no pueden observar su ambiente que es lleno de signos que señalan la Existencia y la Unidad de Dios. Su ceguera viene de arrogancia y del hecho de que sus corazones están tan muertos que han perdido la capacidad de creer. Así que, aunque estudian la «naturaleza» y son especialistas en muchas ciencias, esta información solamente les aumenta en ignorancia sobre Dios y la suprema verdad en la que está basado el universo.

4. La gente crea o no, los Mensajeros son encargados con la comunicación del Mensaje de Dios con todas sus pruebas. Esto es así porque, *con la intención de que aquel que pereciese lo hiciese con una clara evidencia (de que merecía perecer por seguir lo falso) y que aquel que sobreviviese lo hiciese con una clara evidencia (de que merecía sobrevivir por su devoción a la verdad)* (8:42), y de modo que la gente no pueda tener ninguna excusa ante Dios en el Más Allá. Los Mensajeros no sólo lo comunicaron verbalmente, sino también lo practicaron completamente en sus vidas y lo explicaron. Es decir, probaron su verdad practicándola o con sus propias vidas.

Dios informa al Mensajero, la paz y las bendiciones sean con él, de antemano que algunos no creerán para consolarlo e informarle que él debe concentrarse sobre todo en los que no tienen prejuicios, cuyos corazones no están muertos, y que, por lo tanto, no son ciegos ni sordos espiritualmente.

5. Sobre el significado del Registro Manifiesto y la diferencia entre registrar y guardar los hechos de la gente en él, y registrándolos durante el curso de su vida, véanse el *sura* 6:59, nota 13; el *sura* 13:39, nota 13; el *sura* 17:14, nota 10.

وَاضْرِبْ لَهُمْ مَثَلًا اَصْحَابَ الْقَرْيَةِ اِذْ جَٓاءَهَا الْمُرْسَلُونَ ﴿١٣﴾
اِذْ اَرْسَلْنَٓا اِلَيْهِمُ اثْنَيْنِ فَكَذَّبُوهُمَا فَعَزَّزْنَا بِثَالِثٍ فَقَالُوا
اِنَّٓا اِلَيْكُمْ مُرْسَلُونَ ﴿١٤﴾ قَالُوا مَٓا اَنْتُمْ اِلَّا بَشَرٌ مِثْلُنَا
وَمَٓا اَنْزَلَ الرَّحْمٰنُ مِنْ شَيْءٍ اِنْ اَنْتُمْ اِلَّا تَكْذِبُونَ ﴿١٥﴾
قَالُوا رَبُّنَا يَعْلَمُ اِنَّٓا اِلَيْكُمْ لَمُرْسَلُونَ ﴿١٦﴾ وَمَا عَلَيْنَٓا اِلَّا
الْبَلَاغُ الْمُبِينُ ﴿١٧﴾ قَالُوا اِنَّا تَطَيَّرْنَا بِكُمْ لَئِنْ لَمْ تَنْتَهُوا
لَنَرْجُمَنَّكُمْ وَلَيَمَسَّنَّكُمْ مِنَّا عَذَابٌ اَلِيمٌ ﴿١٨﴾ قَالُوا طَٓائِرُكُمْ
مَعَكُمْ اَئِنْ ذُكِّرْتُمْ بَلْ اَنْتُمْ قَوْمٌ مُسْرِفُونَ ﴿١٩﴾ وَجَٓاءَ
مِنْ اَقْصَا الْمَدِينَةِ رَجُلٌ يَسْعٰى قَالَ يَا قَوْمِ اتَّبِعُوا الْمُرْسَلِينَ ﴿٢٠﴾
اِتَّبِعُوا مَنْ لَا يَسْـَٔلُكُمْ اَجْرًا وَهُمْ مُهْتَدُونَ ﴿٢١﴾ وَمَا لِيَ
لَٓا اَعْبُدُ الَّذٖى فَطَرَنٖى وَاِلَيْهِ تُرْجَعُونَ ﴿٢٢﴾ ءَاَتَّخِذُ مِنْ دُونِهٖٓ
اٰلِهَةً اِنْ يُرِدْنِ الرَّحْمٰنُ بِضُرٍّ لَا تُغْنِ عَنّٖى شَفَاعَتُهُمْ شَيْـًٔا
وَلَا يُنْقِذُونِ ﴿٢٣﴾ اِنّٖٓى اِذًا لَفٖى ضَلَالٍ مُبٖينٍ ﴿٢٤﴾ اِنّٖٓى اٰمَنْتُ
بِرَبِّكُمْ فَاسْمَعُونِ ﴿٢٥﴾ قٖيلَ ادْخُلِ الْجَنَّةَ قَالَ يَا لَيْتَ قَوْمٖى
يَعْلَمُونَ ﴿٢٦﴾ بِمَا غَفَرَ لٖى رَبّٖى وَجَعَلَنٖى مِنَ الْمُكْرَمٖينَ ﴿٢٧﴾

وَمَٓا اَنْزَلْنَا

13. Exponles a ellos, por una parábola, (la historia de) la gente de esa ciudad, cuando llegaron los Mensajeros allí[6]:

14. Cuando primero les enviamos a dos (Mensajeros) y los negaron, los reforzamos con un tercero, y dijeron: «Sin duda somos Mensajeros enviados a vosotros (con el Mensaje de Dios)».

15. Dijeron: «Vosotros no sois sino mortales como nosotros. El Misericordioso nunca ha hecho descender nada (por el Libro, como afirmáis vosotros). No decís más que mentiras».

16. (Los Mensajeros) dijeron: «Nuestro Señor sabe que somos sin duda Mensajeros enviados a vosotros.

17. Y a nosotros sólo nos incumbe la transmisión (del Mensaje de Dios) completa y claramente (no obligamos la fe)».

18. Dijeron: «Auguramos un mal de vosotros. Si no renunciáis, sin duda os lapidaremos, y con toda seguridad un castigo doloroso os afligirá a manos de nosotros».

19. (Los Mensajeros) dijeron: «Aquello que describís como augurio, se halla con vosotros. ¿Cómo? ¿(Lo consideráis un mal augurio) ser recordado (de la verdad) y amonestado? ¡No, de verdad! Más bien, sois un pueblo que comete excesos y derrochador de vuestras facultades otorgadas por Dios».

20. Un hombre vino corriendo desde el extremo más lejano de la ciudad[7] y dijo: «¡Oh pueblo mío! Seguid a aquellos que han sido enviados (a vosotros como Mensajeros de Dios).

21. Seguid a aquellos que no piden de vosotros ninguna recompensa (por su servicio), y son rectamente guiados.

22. ¿Y qué razón tengo para no adorar a Quien me ha creado con una naturaleza propia a mí, y a Quien todos vosotros (así como yo) retornaremos (para rendir cuentas de nuestras vidas)?

23. ¿Tendría, aparte de Él, deidades cuya intercesión (que vosotros afirmáis que pueden hacer por nosotros) no me servirá de nada, si el Misericordioso decreta un daño para mí, ni pueden liberarme?

24. ¡De hecho, si hiciera así, estaría en un error obvio!

25. Pero sin duda, he creído en (el Señor Quien es, en realidad,) el Señor de todos vosotros, así que escuchadme (atentamente)!».

26. (Pero le mataron, y esta palabra de bienvenida) se le dijo a él: «¡Entra en el Paraíso!»[8]. Él dijo: «¡Ojalá que mi gente supiera,

27. Que mi Señor me ha perdonado y me ha hecho uno de aquellos a los que honró (con los favores particulares)!».

---

6. Aunque hayan diversas opiniones sobre qué tierra es ésta y quiénes son los Mensajeros enviados a ellos, el Corán y el Hadiz no se pronuncian en este sentido. Así que, lo importante es la instrucción que el Corán da por este acontecimiento ejemplar. No es posible aceptar las especulaciones que la tierra o la ciudad era Antioquia y los Mensajeros eran los discípulos enviados por Jesús, la paz sea con él. El versículo 29 nos informa que la ciudad por consiguiente fue destruida con una ráfaga, como las tierras de muchos pueblos antiguos que rechazaron a los Mensajeros fueron destruidas, mientras que no se ha establecido históricamente que Antioquia sufrió tal destrucción después de Jesús, la paz sea con él. Aunque algunos comentaristas han considerado la destrucción mencionada metafóricamente, el estilo y la redacción de los versículos es similar a ésas que emplea el Corán para la destrucción de muchos pueblos antiguos.

7. Estas mismas palabras son empleadas sobre el hombre quien informó al profeta Moisés, la paz sea con él, de los planes para agarrarle (28:20). Según es sugerido por el versículo 28:20, este hombre perteneció al palacio y mantuvo su fe en secreto. Por lo tanto, el hombre que acudió en ayuda de los Mensajeros puede que haya sido alguien de un cargo administrativo, alguien que ya había creído en los Mensajeros y había guardado su fe en secreto hasta entonces.

8. Muchos entre los comentaristas sostienen que el Paraíso mencionado aquí es el Paraíso en donde Dios admitirá a Sus siervos creyentes y rectos en el Más Allá. El versículo nos informa que este hombre valiente, que dio su apoyo total a los Mensajeros y consecuentemente fue martirizado, será admitido al Paraíso, en donde será favorecido especialmente. Sin embargo, puede que el versículo con el Paraíso también se refiera al lugar parecido al Paraíso en el Mundo Intermedio (de la tumba) (*Barzaj*).

28. No hemos enviado sobre su gente después de él ninguna hueste (de ángeles) desde el cielo (para destruirlos): tampoco es Nuestra manera de enviarlo así.

29. ¡No era sino solo una ráfaga, ¡y contempla! Fueron destruidos[9].

30. ¡Pobre de los siervos (de Dios que faltan a Su servicio)! Cada vez que les ha aparecido a ellos un Mensajero, no hicieron nada más que burlarse de él.

31. Acaso no consideran cuántas generaciones hemos destruido antes de ellos; nunca vuelven a ellos (ni a su vida mundana).

32. Al contrario, cada generación, todas sin excepción, comparecerán ante Nosotros (por el juicio)[10].

33. Una señal clara para ellos (la Unidad y el Señorío de Dios) es la tierra muerta: La revivificamos y producimos de ella granos, y (siguiendo los procesos preparatorios necesarios) comen de ellos.

34. Y hemos puesto allí jardines de palmeras datileras y viñedos, y hemos hecho manantiales brotar en ella,

35. De modo que puedan comer de la fruta de todo (lo que produce Él) —y no hicieron todo esto con sus propias manos—. ¿No van a agradecer entonces?

36. ¡Glorificado sea Él (que Él se halla por encima de tener par o copartícipe), Quien ha creado los pares todos juntos de lo que produce la Tierra, así como de sí mismos, y de lo que no conocen[11].

وَمَٓا اَنْزَلْنَا عَلٰى قَوْمِه۪ مِنْ بَعْدِه۪ مِنْ جُنْدٍ مِنَ السَّمَٓاءِ
وَمَا كُنَّا مُنْزِل۪ينَ ﴿٢٨﴾ اِنْ كَانَتْ اِلَّا صَيْحَةً وَاحِدَةً فَاِذَا هُمْ
خَامِدُونَ ﴿٢٩﴾ يَا حَسْرَةً عَلَى الْعِبَادِۚ مَا يَأْت۪يهِمْ مِنْ رَسُولٍ
اِلَّا كَانُوا بِه۪ يَسْتَهْزِؤُنَ ﴿٣٠﴾ اَلَمْ يَرَوْا كَمْ اَهْلَكْنَا قَبْلَهُمْ
مِنَ الْقُرُونِ اَنَّهُمْ اِلَيْهِمْ لَا يَرْجِعُونَ ﴿٣١﴾ وَاِنْ كُلٌّ لَمَّا
جَم۪يعٌ لَدَيْنَا مُحْضَرُونَ ﴿٣٢﴾ وَاٰيَةٌ لَهُمُ الْاَرْضُ الْمَيْتَةُۚ
اَحْيَيْنَاهَا وَاَخْرَجْنَا مِنْهَا حَبًّا فَمِنْهُ يَأْكُلُونَ ﴿٣٣﴾ وَجَعَلْنَا
ف۪يهَا جَنَّاتٍ مِنْ نَخ۪يلٍ وَاَعْنَابٍ وَفَجَّرْنَا ف۪يهَا مِنَ الْعُيُونِ ﴿٣٤﴾
لِيَأْكُلُوا مِنْ ثَمَرِه۪ وَمَا عَمِلَتْهُ اَيْد۪يهِمْۜ اَفَلَا يَشْكُرُونَ ﴿٣٥﴾
سُبْحَانَ الَّذ۪ي خَلَقَ الْاَزْوَاجَ كُلَّهَا مِمَّا تُنْبِتُ الْاَرْضُ وَمِنْ
اَنْفُسِهِمْ وَمِمَّا لَا يَعْلَمُونَ ﴿٣٦﴾ وَاٰيَةٌ لَهُمُ الَّيْلُۚ نَسْلَخُ مِنْهُ
النَّهَارَ فَاِذَا هُمْ مُظْلِمُونَ ﴿٣٧﴾ وَالشَّمْسُ تَجْر۪ي لِمُسْتَقَرٍّ لَهَاۜ
ذٰلِكَ تَقْد۪يرُ الْعَز۪يزِ الْعَل۪يمِۜ ﴿٣٨﴾ وَالْقَمَرَ قَدَّرْنَاهُ مَنَازِلَ حَتّٰى
عَادَ كَالْعُرْجُونِ الْقَد۪يمِ ﴿٣٩﴾ لَا الشَّمْسُ يَنْبَغ۪ي لَهَٓا اَنْ تُدْرِكَ
الْقَمَرَ وَلَا الَّيْلُ سَابِقُ النَّهَارِۜ وَكُلٌّ ف۪ي فَلَكٍ يَسْبَحُونَ ﴿٤٠﴾

37. Otra señal clara para ellos es la noche: Retiramos el día de ella, y contempla, están sumergidos en la oscuridad.

38. Y el Sol discurre la órbita designada para él durante un período hacia su última morada, para la estabilidad (del sistema)[12]. Esta es la determinación medida del Glorioso poseedor de irresistible poder (al decreto omnipotente de Quien es sometido el universo entero), Omnisapiente.

39. Y para la Luna, hemos fijado mansiones hasta que vuelva como una vieja hoja de palma marchita.

40. No es propio del Sol alcanzar a la Luna, ni la noche adelantarse al día. Todos (los cuerpos celestes y sistemas) están en una órbita (determinada para cada uno).

9. Aunque algunos versículos (3:124-125; 8:9; 33:9) declaran que Dios Todopoderoso envió huestes de ángeles e invisibles huestes desde el cielo, vinieron para los fines positivos e importantes, a saber, animar y reforzar a los creyentes en su lucha contra la gente incrédula e injusta, y para aclamar su victoria. Dios no envía huestes para destruir a la gente malvada y criminal; más bien, los destruye con una catástrofe. Los tres ángeles que envió antes de la destrucción de la gente del profeta Lot, la paz sea con él, no eran «una hueste» y tenían otros propósitos, como darle buenas nuevas a Abraham del nacimiento de Isaac, la paz sea con ellos. El pueblo de Lot fue destruido con una ráfaga y una lluvia de piedras, aunque Dios empleó estos ángeles en esta tarea, también es Su manera de emplear ángeles en cada acontecimiento en el universo.

10. Los dos últimos versículos rechazan de manera decisiva cualquier doctrina o aseveración, tal y como la reencarnación, que afirma que la gente pecadora continuará volviendo al mundo en nuevos y diversos cuerpos hasta que purifiquen sus almas. En vez de volver, los versículos indican de forma explícita que se presentarán ante Dios para ser juzgados. Los versículos también rechazan la doctrina chiíta *ray'ah*, que afirma que alguna gente opresiva —especialmente los que oprimieron a los miembros de la Casa del Mensajero— y sus víctimas volverán al mundo antes del fin del mundo de modo que las víctimas se vengarán de sus opresores.

11. Todos los seres vivos o inanimados tienen una pareja; podemos ver la oposición y la complementariedad en todas las cosas y seres creados, sea en cualidades físicas, químicas, morales, o psicológicas. Los descubrimientos recientes con respecto a la complementariedad y oposición entre partículas subatómicas pueden ser un ejemplo de clases de parejas que no vemos directamente; habrá muchos más ejemplos de «pareja» de los cuales seguimos siendo ignorantes.

12. La forma original de esta declaración consta de cuatro palabras. La frase traducida como «la órbita designada para él durante un período hacia su última morada, para la estabilidad (del sistema)» es, *li-mustaqarrin laha*. *Mustaqarr* significa curso u órbita, estabilidad, y el lugar y el tiempo de la estabilidad; la preposición *li* indica razón o propósito («para»), el curso de un movimiento («en o a lo largo de»), y la destinación («a» o «hacia »). Así que la frase *li-mustaqarrin laha* señala cuatro hechos con relación al Sol o su sistema: se mueve durante un cierto período (designado), a lo largo de una órbita designada para él, hacia su última morada, para la estabilidad del sistema. Entendemos de la declaración en su contexto que el Sol no es inmóvil y tiene una función vital en el orden universal.

En recientes décadas, los astrónomos solares han podido observar que el Sol, en realidad, no es inmóvil. Tiembla y se agita y suena continuamente como un golpe del gong. Estas vibraciones del Sol revelan la información vital sobre el interior profundo del Sol, sus estratos ocultos, y dicha información afecta los cálculos de la edad del universo. También, saber exactamente cómo gira el Sol internamente es importante para evaluar la teoría de la relatividad general de Einstein. Igual que muchos otros descubrimientos significativos en astronomía, este descubrimiento sobre el Sol era totalmente inesperado. Descubriendo el Sol que tiembla y suena, algunos astrónomos han comentado que es como si el Sol fuera una orquesta sinfónica, con todos los instrumentos que se tocan simultáneamente. Todas las vibraciones se combinan ocasionalmente para producir una oscilación neta en la superficie solar que es miles de veces más fuerte que cualquier vibración individual (Bartusiac, M., págs. 61-68).

Comentando respecto a este versículo coránico varias décadas antes de este descubrimiento totalmente inesperado en astronomía, Said Nursi escribió en *Muhakemat* («Los Razonamientos»), págs. 68-69:

Como la palabra *tayri* («discurre») señala a un estilo, la frase *li-mustaqarrin laha* «la órbita designada para él durante un período hacia su última morada, para la estabilidad (del sistema)» demuestra una realidad. El Sol, como un buque construido de oro, viaja y flota en el océano de los cielos que consta de éter y definido en un *hadiz* como «onda extendida y estirada». Aunque tiembla y se agita en su curso u órbita, ya que los seres humanos lo ven moverse, el Corán emplea la palabra *viajar* o *flotar*. Sin embargo, puesto que el origen de la fuerza de la gravedad es movimiento, el Sol se mueve y tiembla en su órbita. Con esta vibración, que es el motivo principal de su movimiento figurado, sus satélites son atraídos por él y se preservan de caerse y de dispersarse. Cuando un árbol tiembla, su fruta se cae. Pero cuando el Sol tiembla y se agita, su fruta —los satélites— son preservados de caerse.

Una vez más la sabiduría requiere que el Sol se mueva y viaje en su trono móvil —su curso u órbita— en compañía de sus soldados —sus satélites—. Ya que el Poder Divino ha hecho todo móvil y no ha condenado nada al reposo o la inmovilidad absoluta. La Misericordia Divina no permite que se condene nada a la inercia que es el primo de la muerte. Así que, el Sol está libre; puede viajar a condición de que obedezca las leyes de Dios y no altera la libertad de otras. Así pues, puede viajar realmente; o su viaje puede ser figurado también. Sin embargo, lo importante según el Corán es el orden universal (o del Sistema Solar), el motivo principal del cual es el Sol y su movimiento. A través del Sol, la estabilidad y el orden del sistema son asegurados.

وَاٰيَةٌ لَهُمْ اَنَّا حَمَلْنَا ذُرِّيَّتَهُمْ فِي الْفُلْكِ الْمَشْحُونِ ﴿٤١﴾ وَخَلَقْنَا
لَهُمْ مِنْ مِثْلِهِ مَا يَرْكَبُونَ ﴿٤٢﴾ وَاِنْ نَشَاْ نُغْرِقْهُمْ فَلَا صَرِيخَ
لَهُمْ وَلَا هُمْ يُنْقَذُونَ ﴿٤٣﴾ اِلَّا رَحْمَةً مِنَّا وَمَتَاعًا اِلٰى حِينٍ ﴿٤٤﴾
وَاِذَا قِيلَ لَهُمُ اتَّقُوا مَا بَيْنَ اَيْدِيكُمْ وَمَا خَلْفَكُمْ لَعَلَّكُمْ
تُرْحَمُونَ ﴿٤٥﴾ وَمَا تَأْتِيهِمْ مِنْ اٰيَةٍ مِنْ اٰيَاتِ رَبِّهِمْ اِلَّا كَانُوا
عَنْهَا مُعْرِضِينَ ﴿٤٦﴾ وَاِذَا قِيلَ لَهُمْ اَنْفِقُوا مِمَّا رَزَقَكُمُ اللّٰهُ قَالَ
الَّذِينَ كَفَرُوا لِلَّذِينَ اٰمَنُوا اَنُطْعِمُ مَنْ لَوْ يَشَاءُ اللّٰهُ اَطْعَمَهُ اِنْ
اَنْتُمْ اِلَّا فِي ضَلَالٍ مُبِينٍ ﴿٤٧﴾ وَيَقُولُونَ مَتٰى هٰذَا الْوَعْدُ اِنْ
كُنْتُمْ صَادِقِينَ ﴿٤٨﴾ مَا يَنْظُرُونَ اِلَّا صَيْحَةً وَاحِدَةً تَأْخُذُهُمْ
وَهُمْ يَخِصِّمُونَ ﴿٤٩﴾ فَلَا يَسْتَطِيعُونَ تَوْصِيَةً وَلَا اِلٰى اَهْلِهِمْ
يَرْجِعُونَ ﴿٥٠﴾ وَنُفِخَ فِي الصُّورِ فَاِذَا هُمْ مِنَ الْاَجْدَاثِ
اِلٰى رَبِّهِمْ يَنْسِلُونَ ﴿٥١﴾ قَالُوا يَا وَيْلَنَا مَنْ بَعَثَنَا مِنْ مَرْقَدِنَا
هٰذَا مَا وَعَدَ الرَّحْمٰنُ وَصَدَقَ الْمُرْسَلُونَ ﴿٥٢﴾ اِنْ كَانَتْ
اِلَّا صَيْحَةً وَاحِدَةً فَاِذَا هُمْ جَمِيعٌ لَدَيْنَا مُحْضَرُونَ ﴿٥٣﴾ فَالْيَوْمَ
لَا تُظْلَمُ نَفْسٌ شَيْـًٔا وَلَا تُجْزَوْنَ اِلَّا مَا كُنْتُمْ تَعْمَلُونَ ﴿٥٤﴾

اِنَّ اَصْحَابَ

41. Otra señal para ellos es que portamos sus generaciones en el barco cargado (con ellas y su carga, pero sostenido en el agua, sin hundirse).

42. Y hemos creado para ellos los semejantes de ello (para el viaje terrenal) en los cuales montan[13].

43. Si queremos, los hacemos ahogarse, y no hay apoyo ninguno para ellos (contra Nuestra voluntad), ni pueden ser rescatados (de ahogarse),

44. A menos que por una misericordia de Nosotros y (Nuestro permiso para ellos) para disfrutar de la vida durante algún tiempo más hasta un período (determinado)[14].

45. Cuando se les dice: «Cuidaros de lo que se halla ante vosotros y detrás de vosotros y guardaros de lo mismo (de los pecados imperdonables y del castigo que traerán en este mundo o el Más Allá, y que trajeron en el pasado cuando los pueblos anteriores los cometieron), para que se os tenga misericordia (una vida buena y virtuosa en esta vida y la felicidad eterna en el Más Allá)».

46. Sin embargo, cuando les llegue algún signo de entre los signos de su Señor (una Revelación de entre Sus Revelaciones), se apartan de ello en repulsión.

47. Y cuando se les dice: «Gastad (por los necesitados) de lo que ha proporcionado Dios para vosotros», aquellos que no creen dicen a los creyentes, «¿Nosotros alimentaremos entonces a los que Dios podría alimentar si Él quisiera? Estáis perdidos en un extravío evidente».

48. Y dicen (intentando burlándose): «Entonces, ¿cuándo es esta promesa (de Resurrección y Juicio), si sois veraces?».

49. Deberían esperar solamente una sola ráfaga que los agarre sin darse cuenta en ese mismo momento que están disputando (de manera despreocupada entre sí sobre sus intereses mundanos)[15].

50. Entonces no podrán incluso legar, (tan repentinamente la ráfaga los agarrará que) ni podrán volver a sus familias.

51. Y la Trompeta se hará sonar, y contempla, desde las tumbas corren hacia su Señor.

52. Gritarán: «¡Ay de nosotros! ¿Quién nos ha levantado de nuestro lugar de reposo?[16] ¡(Hemos llegado a saber que) esto es lo que ha prometido el Misericordioso, y que los Mensajeros dijeron la verdad!».

53. No es sino una sola ráfaga, y contempla, todos (estarán levantados y) serán comparecidos juntos ante Nosotros (para el juicio).

54. Ese Día, a ninguna alma no se le infligirá ni lo más mínimo de injusticia, y no seréis recompensados por cualquier cosa sino por lo que solíais hacer.

---

13. La mayoría de los comentaristas han entendido que lo que significa «el barco cargado» en el versículo 41 es el Arca del profeta Noé, la paz sea con él. Aunque este significado se puede incluir en el versículo, cuando se considera junto con este versículo (42) y los similares tales como 40:80 y 43:12, podemos deducir que también menciona los barcos como medios de transporte marítimo y otros medios y animales de transporte tanto en el mar como en la tierra.

14. El período es o el final de la vida (pre-) determinado para cada persona por Dios, o el plazo concedido a los malhechores de modo que puedan abandonar su camino y aceptar la dirección verdadera.

15. Este versículo llama la atención al hecho de que los incrédulos, especialmente los que son ricos entre ellos, están ocupados generalmente en asuntos mundanos en suma despreocupación de las amonestaciones de Dios. Esto causa muchas calamidades, tales como guerras y convulsiones sociales, para afligirles en el mundo, y la Última Hora también vendrá sobre ellos cuando están inmersos en tales discusiones.

16. Esta declaración demuestra dos hechos con relación a la vida en la tumba. El primero es, comparado con el pavor de la Resurrección y el Lugar de la Reunión Suprema y el castigo en el Infierno, el sufrimiento en la tumba será como un sueño atormentado por pesadillas. El otro es: ʻAli, el cuarto califa, que Dios esté complacido con él, dice que la vida del mundo es sueño, y los seres humanos se despertarán al morir. Así que, desde el punto de vista de las verdades de la fe y las verdades acerca de la creación y la vida, la vida mundana es como sueño. Cuando la gente muere, su vista y percepción serán mucho más agudas (50:22). Comparado con la vida eterna del otro mundo, la vida en la tumba es como un ensueño mientras se duerme. Todas las verdades serán manifestadas en toda su claridad en el Más Allá.

اِنَّ اَصْحَابَ الْجَنَّةِ الْيَوْمَ فٖى شُغُلٍ فَاكِهُونَ (٥٥) هُمْ
وَاَزْوَاجُهُمْ فٖى ظِلَالٍ عَلَى الْاَرَآئِكِ مُتَّكِؤُنَ (٥٦) لَهُمْ فٖيهَا
فَاكِهَةٌ وَلَهُمْ مَا يَدَّعُونَ (٥٧) سَلَامٌ قَوْلًا مِنْ رَبٍّ رَحٖيمٍ (٥٨)
وَامْتَازُوا الْيَوْمَ اَيُّهَا الْمُجْرِمُونَ (٥٩) اَلَمْ اَعْهَدْ اِلَيْكُمْ
يَا بَنٖى اٰدَمَ اَنْ لَا تَعْبُدُوا الشَّيْطَانَ اِنَّهُ لَكُمْ عَدُوٌّ مُبٖينٌ (٦٠)
وَاَنِ اعْبُدُونٖى هٰذَا صِرَاطٌ مُسْتَقٖيمٌ (٦١) وَلَقَدْ اَضَلَّ مِنْكُمْ
جِبِلًّا كَثٖيرًا اَفَلَمْ تَكُونُوا تَعْقِلُونَ (٦٢) هٰذِهٖ جَهَنَّمُ الَّتٖى كُنْتُمْ
تُوعَدُونَ (٦٣) اِصْلَوْهَا الْيَوْمَ بِمَا كُنْتُمْ تَكْفُرُونَ (٦٤) اَلْيَوْمَ
نَخْتِمُ عَلٰى اَفْوَاهِهِمْ وَتُكَلِّمُنَا اَيْدٖيهِمْ وَتَشْهَدُ اَرْجُلُهُمْ
بِمَا كَانُوا يَكْسِبُونَ (٦٥) وَلَوْ نَشَاءُ لَطَمَسْنَا عَلٰى اَعْيُنِهِمْ
فَاسْتَبَقُوا الصِّرَاطَ فَاَنّٰى يُبْصِرُونَ (٦٦) وَلَوْ نَشَاءُ لَمَسَخْنَاهُمْ
عَلٰى مَكَانَتِهِمْ فَمَا اسْتَطَاعُوا مُضِيًّا وَلَا يَرْجِعُونَ (٦٧) وَمَنْ
نُعَمِّرْهُ نُنَكِّسْهُ فِى الْخَلْقِ اَفَلَا يَعْقِلُونَ (٦٨) وَمَا عَلَّمْنَاهُ
الشِّعْرَ وَمَا يَنْبَغٖى لَهُ اِنْ هُوَ اِلَّا ذِكْرٌ وَقُرْاٰنٌ مُبٖينٌ (٦٩)
لِيُنْذِرَ مَنْ كَانَ حَيًّا وَيَحِقَّ الْقَوْلُ عَلَى الْكَافِرٖينَ (٧٠)

55. Sin duda los compañeros del Paraíso en ese Día estarán en distracciones felices disfrutando de las bendiciones (del Paraíso que Dios les concederá de manera abundante de Su gracia, a cambio de sus buenos actos).

56. Ellos y sus cónyuges están en la sombra agradable (seguros de cualquier tiempo inquietante), recostándose en los tronos.

57. Comerán allí la fruta (de sus buenos actos en el mundo), y tendrán lo que desean[17].

58. «¡Paz!» es la palabra (de bienvenida para ellos y de seguridad de cualquier apuro) del Señor Compasivo (hacia Sus siervos creyentes).

59. «¡Y vosotros, Oh incrédulos criminales! ¡Manteneros aparte este día!

60. ¿Acaso no hice un pacto con vosotros, Oh hijos de Adán, que no deberíais adorar a Satanás —realmente, es un enemigo manifiesto para vosotros—,

61. Y que deberíais adorarme solamente a Mí? Esto es un camino recto (para vosotros a seguir)».

62. Sin embargo él sin duda ha hecho a grandes multitudes de vosotros perderse. ¿No deberíais razonar y prestar atención?

63. Esto es el Infierno, con el cual fuisteis amenazados (repetidamente)[18].

64. Entrad en él este Día para abrasaros porque no creísteis persistentemente.

65. Este Día, cerraremos sus bocas con un sello, y sus manos hablarán con Nosotros, y sus pies atestiguarán lo que han ganado (en el mundo)[19].

66. Si hubiéramos querido, sin duda alguna podríamos tapar sus ojos, y correrían por todos lados para el camino recto. Entonces, ¿cómo podrían ver su camino?[20]

67. Si hubiéramos querido, podríamos fijarlos en sus lugares (inmovilizados en donde están), incapaces de adelantarse o volverse.

68. A todo aquel que hacemos tener una vida larga, podemos también invertir su naturaleza (de modo que vuelva a la debilidad tras la fortaleza, a la ignorancia detrás el conocimiento, al olvido tras el recuerdo). ¿Acaso no van a razonar y prestar atención?

69. No le hemos enseñado poesía (al Mensajero); además, no es propio de él[21]. Esto no es sino un Recordatorio (que enseña y advierte), un Corán recitado y transmitido (de Dios), que es claro en sí mismo y demuestra la verdad claramente.

70. Para que el Mensajero pueda advertir con ello a aquellos que están (verdaderamente) vivos (y que pueden razonar, ver y oír la verdad), y que la palabra (del Juicio Divino después de la evidencia y advertencia) se cumpla contra los incrédulos.

---

17. La versión original de la declaración, *disfrutando de las bendiciones (del Paraíso que Dios les concederá de manera abundante de Su gracia, a cambio de sus buenos actos)* en el versículo 55 anterior es *fakihun*, que significa literalmente «disfrutando de las frutas». Un significado similar se da en este versículo, donde se menciona la palabra *fakihah* (literalmente significa «fruta»). Esto demuestra uno de los aspectos milagrosos del estilo del Corán. Es decir, el versículo 54 ha mencionado que los seres humanos serán recompensados por lo que hacen en el mundo. Como se sabe, la fruta denota el último resultado de la vida de un árbol o, metafóricamente, el resultado de un esfuerzo. De este modo, los versículos 55 y 57 significan que los actos de los individuos en el mundo están sembrados como las semillas en el campo del Más Allá. Cada semilla buena se convertirá en un árbol con muchas frutas, por la gracia de Dios, según su valor, variando con la persona y según el grado de su rectitud y la sinceridad con la cual está sembrada. Las bendiciones del Paraíso serán esas «frutas». Pero, por la gracia pura, Dios concederá a la gente mucho más de lo que merecen, así que tendrán lo que desean y piden.

18. El Corán nos amenaza en varias ocasiones con el Infierno y nos previene contra él. Dios hizo la primera advertencia cuando Satanás rechazó postrarse ante Adán, la paz sea con él, después de la creación del mismo, y se le permitió intentar seducir al ser humano hasta el fin de los tiempos: *Mis siervos, sobre los cuales no tendrás autoridad alguna, a excepción de aquellos rebeldes que te sigan siendo rebeldes (contra Dios, como tú lo eres). Para todos aquellos (rebeldes), el Infierno es el lugar prometido. Tiene siete puertas, y con un grupo definido de ellos para cada puerta* (15:42-44).

El Corán hace muchas reiteraciones similares. No es solamente el Libro de ley, oración, sabiduría, adoración, y servidumbre a Dios, sino también de órdenes, invitaciones, invocaciones, reflexión, buenas nuevas y advertencias. Es un libro sagrado que contiene libros para todas nuestras necesidades espirituales: un libro celestial que, como una biblioteca sagrada, contiene numerosos libros de los cuales todos los santos, gente eminentemente veraz, todos los eruditos purificados y expertos, y ésos expertos en el conocimiento de Dios han obtenido sus propios caminos específicos, y que ilumina cada camino y contesta a las necesidades de sus seguidores. Es por el hecho de que todas las enseñanzas del Corán necesitan la reiteración para explicarse y establecerse en la mente y los corazones de la gente que el Corán tiene muchas declaraciones reiteradas. Sin embargo, en la mayoría de los casos, son de tal tipo que explican verdades desde varios puntos de vista y en diversos estilos según diversas condiciones, épocas, casos y audiencias. El Corán llama este estilo *tasrif*.

19. Este versículo tiene dos significados o dos aspectos de su significado. El primero es que ya que el Más Allá será la morada donde todas las cosas estarán vivas (29: 64; 25:12, nota 4), las partes del cuerpo de la gente actuarán como testigo a favor de ellos o en su contra. El segundo, las creencias y los actos de cada

individuo se reflejan en sus partes del cuerpo, y la gente perspicaz puede incluso discernir sus impresiones en este mundo.

20. Este versículo significa que Dios ha dotado al ser humano con la capacidad y órganos necesarios para ver la verdad. Pero la gente incrédula ha perdido esta capacidad y ha hecho estos órganos ineficaces, y así es como si fueran ciegos y no pudieran encontrar el camino recto.

21. Además del juicio del Corán sobre los poetas (y la poesía) en 26:224-227, y las explicaciones relacionadas en las notas 42 y 43, podemos añadir aquí lo siguiente con respecto al porqué de no ser propia del Mensajero de Dios la poesía, la paz y las bendiciones sean con él, según explicó Said Nursi:

> Ya que el sabio Corán abarca verdades infinitas brillantes y elevadas, está libre de las fantasías de la mayoría de la poesía así como es superior a ellas. El Corán de la expresión milagrosa no es poesía porque, a pesar de su orden perfecto, expone el Libro de la belleza y el orden del universo en sus estilos bien ordenados; por lo tanto, estar libre de restricciones (poéticas) permite a cada versículo conectar con otros versículos en un contexto abarcador. Tales conexiones dan al significado de sus diversos versículos una relación mutua.
>
> Por lo tanto, hay miles de «Coránes» dentro del Corán, siendo cada uno adoptado por diversos caminos o escuelas en el Islam. Por ejemplo, el *Surat al-Ijlas* contiene un tesoro del conocimiento de la Unidad Divina proporcionado por 36 maneras de leer el *Surat al-Ijlas* (véase el sura 112, nota 4). Esto es comparable al modo en que cada estrella, al parecer al azar, extiende (como si de un centro se tratase) una línea de conexión a cada estrella en su alrededor. De manera más evidente, estos versículos se interrelacionan uno con el otro de la misma manera que todas las células y órganos en un cuerpo se interrelacionan entre sí. Tal red indica la relación oculta entre todas las criaturas. Esta es la misma relación como se encuentra entre los versículos del Corán. Así que no puede diseñarse según el sistema humano de la poesía. Reflexiona en el orden perfecto en el desorden aparente, y aprende algo. Entiende un significado de: *No le hemos enseñado poesía; además, no es propio de él.*
>
> Entiende también del significado de no es propio de él que la poesía tiende a adornar hechos insignificantes y aburridos con imágenes grandiosas e imaginaciones para hacerlas atractivas. Pero las verdades coránicas son tan grandiosas y sublimes, muy brillantes y espléndidas, que las imágenes poéticas incluso más grandes y más brillantes aparecen aburridas e insignificantes [*The Words* («Las Palabras»), «The 13th Word» («La 13ª Palabra»), págs. 156-157].

اَوَلَمْ يَرَوْا اَنَّا خَلَقْنَا لَهُمْ مِمَّا عَمِلَتْ اَيْدٖينَٓا اَنْعَامًا فَهُمْ لَهَا مَالِكُونَ ﴿٧١﴾
وَذَلَّلْنَاهَا لَهُمْ فَمِنْهَا رَكُوبُهُمْ وَمِنْهَا يَاْكُلُونَ ﴿٧٢﴾ وَلَهُمْ فٖيهَا
مَنَافِعُ وَمَشَارِبُۜ اَفَلَا يَشْكُرُونَ ﴿٧٣﴾ وَاتَّخَذُوا مِنْ دُونِ
اللّٰهِ اٰلِهَةً لَعَلَّهُمْ يُنْصَرُونَۜ ﴿٧٤﴾ لَا يَسْتَطٖيعُونَ نَصْرَهُمْۙ وَهُمْ لَهُمْ
جُنْدٌ مُحْضَرُونَ ﴿٧٥﴾ فَلَا يَحْزُنْكَ قَوْلُهُمْۘ اِنَّا نَعْلَمُ مَا يُسِرُّونَ
وَمَا يُعْلِنُونَ ﴿٧٦﴾ اَوَلَمْ يَرَ الْاِنْسَانُ اَنَّا خَلَقْنَاهُ مِنْ نُطْفَةٍ فَاِذَا هُوَ
خَصٖيمٌ مُبٖينٌ ﴿٧٧﴾ وَضَرَبَ لَنَا مَثَلًا وَنَسِيَ خَلْقَهُۜ قَالَ مَنْ يُحْيِ
الْعِظَامَ وَهِيَ رَمٖيمٌ ﴿٧٨﴾ قُلْ يُحْيٖيهَا الَّذٖٓي اَنْشَاَهَٓا اَوَّلَ مَرَّةٍۜ وَهُوَ
بِكُلِّ خَلْقٍ عَلٖيمٌۙ ﴿٧٩﴾ اَلَّذٖي جَعَلَ لَكُمْ مِنَ الشَّجَرِ الْاَخْضَرِ
نَارًا فَاِذَٓا اَنْتُمْ مِنْهُ تُوقِدُونَ ﴿٨٠﴾ اَوَلَيْسَ الَّذٖي خَلَقَ السَّمٰوَاتِ
وَالْاَرْضَ بِقَادِرٍ عَلٰٓى اَنْ يَخْلُقَ مِثْلَهُمْۜ بَلٰى وَهُوَ الْخَلَّاقُ
الْعَلٖيمُ ﴿٨١﴾ اِنَّمَٓا اَمْرُهُٓ اِذَٓا اَرَادَ شَيْـًٔا اَنْ يَقُولَ لَهُ كُنْ فَيَكُونُ ﴿٨٢﴾
فَسُبْحَانَ الَّذٖي بِيَدِهٖ مَلَكُوتُ كُلِّ شَيْءٍ وَاِلَيْهِ تُرْجَعُونَ ﴿٨٣﴾

سُورَةُ الصَّافَّاتِ مَكِّيَّةٌ
وَهِيَ مِائَةٌ وَاثْنَتَانِ وَثَمَانُونَ اٰيَةً

71. ¿No han considerado cómo (como signos de Nuestro Señorío), entre aquello que Nuestras Manos han creado y formado, hemos creado ganado para ellos, y que los poseen?

72. Los hemos hecho sumisos a ellos, de modo que entre ellos encuentran sus monturas y de ellos obtienen su alimento.

73. Y tienen muchas otras ventajas en ellos y (diversas) cosas para beber. ¿Entonces no serán agradecidos?

74. Sin embargo han adoptado deidades para adorar aparte de Dios, (esperando) que puedan recibir apoyo (de ellos).

75. Ellos (las falsas deidades) no pueden ayudarles; más bien, (los adoradores) son una hueste (de apoyo) para ellos (las deidades falsas, y todos comparecerán para el castigo en el Día del Juicio Final)[22].

76. Por lo tanto no dejes que sus palabras (ofensivas) (contra Dios y contra ti) te aflijan (Oh Mensajero). Conocemos sin duda lo que guardan en secreto (de habla o actos) y lo que revelan.

77. ¿Acaso no ha considerado el ser humano que lo hemos creado de (un principio tan leve como) una gota del líquido (seminal)? Sin embargo, se convierte en un adversario declarado y acérrimo (disputando de manera egoísta contra la verdad).

78. Y propone una comparación para Nosotros, olvidándose de su propio origen y creación, diciendo «¿Quién dará vida a estos huesos mientras que se han descompuesto?».

79. Di: «Aquel Quien lo produjo al principio les dará la vida. Él posee pleno conocimiento de cada (forma y modo y posibilidad de) creación (y de todas las cosas que Él ha creado, Él sabe cada detalle en cada dimensión del tiempo y espacio)»[23].

80. Él es Aquel Quien ha hecho para vosotros el fuego del árbol verde, y contempla, encendéis el fuego con ello[24].

81. ¿Acaso no es capaz de crear Aquel Quien ha creado los Cielos y la Tierra (de los huesos descompuestos) algo semejante a ellos (los huesos de los cuales se han descompuesto bajo la tierra)?[25] Por supuesto que sí es, pues Él es el Creador Supremo, Omnisciente.

82. Cuando Él decreta que sea algo, Le basta decir «¡Sé!» y (en el mismísimo momento) es.

83. Así pues, Glorificado sea Él en Cuya Mano está el dominio absoluto de todas las cosas[26], y a Quien todos seréis retornados.

22. Los politeístas adoptan muchas deidades con la esperanza de que esos supuestos dioses puedan ayudarles con sus asuntos mundanos. Entre ellos están los ídolos, diablos, algunas fuerzas invisibles tales como espíritus «buenos» o «malos», los ángeles, alguna gente poderosa o devota, y los Profetas, etc. Sin embargo, no piensan ni entienden que son ellos mismos, quienes los elevan a la posición de divinidad y les sirven como hueste. Ellos y sus ídolos tallados de piedra o madera, los diablos, y todas las personas crueles tiranas o poderosas quienes son rebeldes contra Dios serán reunidos para el castigo en el Día del Juicio Final.

23. Es decir, Dios tiene innumerables maneras de creación, así que Él puede crear y recrear de cualquier manera que Él quiera. Por otra parte, Él posee pleno conocimiento de todas las cosas que ha creado. Nunca se Le olvida nada. Así pues, Aquel Quien creó al principio de la nada, cuando no había nada para copiar, del cual podría encontrar conocimiento, ¿acaso no puede recrear?

24. Este versículo tiene un significado muy sutil. Explica cómo Dios puede dar vida a un hueso putrefacto, y sugiere que Dios produce cosas inesperadas de sus contrarios, o de las cosas de las cuales nos parece imposible que los contrarios podrían ser producidos. Según los comentaristas clásicos, lo que quiere decir con el «árbol verde» mencionado aquí —un árbol fresco en el cual todavía se halla agua— son los árboles de Marh y 'Afar, los cuales crecen en el Desierto Arábigo y de los cuales la gente enciende el fuego. El versículo, según algunos comentaristas contemporáneos, también se refiere al petróleo. Como se sabe, el petróleo es formado de las plantas putrefactas, que eran una vez verdes. Antiguamente, la gente en países tales como Azerbaiyán utilizó el petróleo que fluyó por la tierra sin saber que era petróleo. Es posible que pudiera haber una relación entre esto y adoración del fuego. También es un hecho que Arabia Saudí, que era una vez rica en vegetación, ahora es un país rico en petróleo. En resumen, Dios crea como quiera las cosas de sus contrarios.

25. Es decir, Él crea cada ser humano de una materia tan simple como una gota del líquido seminal. También crea muchas cosas casi de la nada. Es también Aquel Quien ha creado los Cielos y la Tierra, cuya creación es algo mayor que la creación de la humanidad (40:57). Así que Él puede crear o recrear lo semejante de los seres humanos de los huesos putrefactos. El Mensajero de Dios, la paz y las bendiciones sean con él, ha dicho que una materia esencial en el cuerpo humano no se descompone. Dios recreará un ser humano de esta materia.

26. La versión original de «el dominio absoluto de todas las cosas» es *malakut*. Como la verdadera existencia y el origen de una palabra se hallan en su significado invisible, mientras que la palabra compuesta por letras sirve simplemente para representarla, así pues, la existencia de cada cosa y acontecimiento en el universo se encuentra en su esencia inmaterial, la cual es pura e ilimitada por la materia. Esta existencia esencial tiene grados de manifestación. Uno de los reinos puros e inmateriales donde ocurre una manifestación de cierto grado se llama el Reino de la Soberanía Pura (*Malakut*). Cuando Dios actúa en el mundo material y visible detrás del velo de la causalidad (sobre la razón del porqué hacerlo así, véase el *sura* 18:22, nota 13), Él actúa en el Reino de la Soberanía Pura sin ningún velo. Así que, Su discurso u orden en este reino es idéntico a Su acto de crear, que es inmediato. Este acto de creación ocurre generalmente dentro del mundo material en un proceso gradual o se transfiere al mismo. Sin embargo, es también tan rápido en este mundo que nos sentimos como si ocurriera en un solo momento.

Para poder comprender el acto de crear de Dios o hacer todo con una sola orden, podemos considerar el sistema operativo de los ordenadores y el acto de escribir «verbalmente» con los ordenadores. El sistema operativo de ordenadores consiste en órdenes y las palabras hechas al presionar en teclas se muestran en la pantalla. Como esto, el acto de crear o hacer de Dios consiste en órdenes o, en otras palabras, el Discurso Divino funciona como el Poder, o el Poder funciona con el Discurso (Dios es el Más Sabio).

SURA 37

AS-SAFFAT (AQUELLOS ALINEADOS EN FILAS)

Período de La Meca

Este *sura* de 182 versículos fue revelado en la última etapa del período medio de La Meca en el cual el Mensajero de Dios, la paz y las bendiciones sean con él, y sus Compañeros fueron perseguidos duramente. Toma su título del primer versículo. Empieza mencionando algunos de los ángeles que son responsables de ciertas funciones y sigue mencionando los genios, rechazando la afirmación pagana de que son las hijas de Dios. El *sura* luego destaca la vida después de la muerte y el Juicio Final. Más tarde, ciertos episodios de las vidas de algunos Mensajeros se mencionan y la victoria para los creyentes es prometida.

En el Nombre de Dios,

el Misericordioso, el Compasivo.

1. Por aquellos (los ángeles) alineados en filas;

2. (Algunos) que ahuyentan en reprobación,

3. (Y otros) recitando el Recordatorio (revelado de Dios)[1],

4. Con toda seguridad vuestro Señor es Uno:

5. El Señor de los Cielos y la Tierra y todo lo que hay entre ambos, y el Señor de todos los estes[2].

6. Hemos adornado en efecto el cielo más bajo (el cielo del mundo) con un ornamento —las estrellas—.

بِسْمِ اللَّهِ الرَّحْمَٰنِ الرَّحِيمِ
وَالصَّافَّاتِ صَفًّا ﴿١﴾ فَالزَّاجِرَاتِ زَجْرًا ﴿٢﴾ فَالتَّالِيَاتِ ذِكْرًا ﴿٣﴾
إِنَّ إِلَٰهَكُمْ لَوَاحِدٌ ﴿٤﴾ رَبُّ السَّمَاوَاتِ وَالْأَرْضِ وَمَا بَيْنَهُمَا وَرَبُّ
الْمَشَارِقِ ﴿٥﴾ إِنَّا زَيَّنَّا السَّمَاءَ الدُّنْيَا بِزِينَةٍ الْكَوَاكِبِ ﴿٦﴾ وَحِفْظًا
مِنْ كُلِّ شَيْطَانٍ مَارِدٍ ﴿٧﴾ لَا يَسَّمَّعُونَ إِلَى الْمَلَإِ الْأَعْلَىٰ وَيُقْذَفُونَ
مِنْ كُلِّ جَانِبٍ ﴿٨﴾ دُحُورًا وَلَهُمْ عَذَابٌ وَاصِبٌ ﴿٩﴾ إِلَّا مَنْ خَطِفَ
الْخَطْفَةَ فَأَتْبَعَهُ شِهَابٌ ثَاقِبٌ ﴿١٠﴾ فَاسْتَفْتِهِمْ أَهُمْ أَشَدُّ خَلْقًا أَمْ مَنْ
خَلَقْنَا إِنَّا خَلَقْنَاهُمْ مِنْ طِينٍ لَازِبٍ ﴿١١﴾ بَلْ عَجِبْتَ وَيَسْخَرُونَ ﴿١٢﴾
وَإِذَا ذُكِّرُوا لَا يَذْكُرُونَ ﴿١٣﴾ وَإِذَا رَأَوْا آيَةً يَسْتَسْخِرُونَ ﴿١٤﴾ وَقَالُوا
إِنْ هَٰذَا إِلَّا سِحْرٌ مُبِينٌ ﴿١٥﴾ أَإِذَا مِتْنَا وَكُنَّا تُرَابًا وَعِظَامًا أَإِنَّا
لَمَبْعُوثُونَ ﴿١٦﴾ أَوَآبَاؤُنَا الْأَوَّلُونَ ﴿١٧﴾ قُلْ نَعَمْ وَأَنْتُمْ دَاخِرُونَ ﴿١٨﴾
فَإِنَّمَا هِيَ زَجْرَةٌ وَاحِدَةٌ فَإِذَا هُمْ يَنْظُرُونَ ﴿١٩﴾ وَقَالُوا يَا وَيْلَنَا هَٰذَا
يَوْمُ الدِّينِ ﴿٢٠﴾ هَٰذَا يَوْمُ الْفَصْلِ الَّذِي كُنْتُمْ بِهِ تُكَذِّبُونَ ﴿٢١﴾ احْشُرُوا
الَّذِينَ ظَلَمُوا وَأَزْوَاجَهُمْ وَمَا كَانُوا يَعْبُدُونَ ﴿٢٢﴾ مِنْ دُونِ اللَّهِ
فَاهْدُوهُمْ إِلَىٰ صِرَاطِ الْجَحِيمِ ﴿٢٣﴾ وَقِفُوهُمْ إِنَّهُمْ مَسْئُولُونَ ﴿٢٤﴾

7. Y para protegerlo contra cada diablo persistente en altanera rebelión.

8. No pueden oír nada de la Asamblea Suprema (de los ángeles de los cielos), y (siempre que intentan oír) se convierten en blanco de proyectiles de todas las direcciones,

9. (Son) rechazados; y para ellos se da un castigo eterno,

10. Y si acaso alguno roba algo a hurtadillas, es perseguido (y destruido) por una penetrante estrella fugaz[3].

11. Así que pregúntales a ellos (los politeístas): «¿Son más formidables en estructura o los que hemos creado (los cielos y los ángeles en ellos)?». En realidad, los hemos creado (los seres humanos) de una arcilla pegajosa.

12. Consideras todos los actos de Dios maravillosos, y su negación, extraña; pero continúan burlándose (del Mensaje de Dios y Su Mensajero).
13. Y cuando son advertidos (de las verdades Divinas, y amonestados por Sus Revelaciones), no prestan ninguna atención.
14. Cuando ven una evidencia extraordinaria (de la verdad, un milagro), lo ponen en ridículo (y llaman a otros para que hagan lo mismo).
15. Y dicen, «Ésta no es nada más que una hechicería.
16. ¡Cómo! ¿Después de que hayamos muerto y nos hayamos convertido en polvo y huesos, seremos resucitados entonces?
17. ¿Y nuestros padres de antaño también?».
18. Di: «Sí, de verdad, y seréis muy humillados».
19. Será solamente un solo grito que asusta, y entonces contempla, están mirando fijamente (aterrorizados),
20. Diciendo: «¡Ay de nosotros! ¡Este es el Día del Juicio!».
21. (Y se les dirá): «Este es el Día del Juicio y Distinción (entre la verdad y la falsedad, entre los rectos y pecadores, el Día) que negabais».
22. (Dios ordena a los ángeles:) «¡Reunir a todos aquellos que cometieron el mal más grande (obstinadamente asociando copartícipes a Dios), y a sus compañeros (diabólicos), y a todo lo que adoraban (de ídolos, y los rebeldes entre los seres humanos y los genios),
23. Aparte de Dios, y conducidlos al camino del Fuego Ardiente!
24. Y detenedlos allí, porque deben ser interrogados (con respecto a sus actos en el mundo)».

---

1. La opinión más extendida con respecto a los ángeles mencionados en estos versículos es que son los ángeles que acompañan al Arcángel Gabriel, que fue encargado con traer gradualmente el Corán al Mensajero de Dios, la paz y las bendiciones sean con él. Esos ángeles se alinearon en filas a lo largo del camino mientras Gabriel, la paz sea con él, trajo la Revelación al Mensajero, la paz y las bendiciones sean con él, y algunos de ellos alejaron a los diablos que intentaron arrebatar partes de la Revelación. Algunos estaban sentados alrededor del Mensajero, la paz y las bendiciones sean con él, con el mismo propósito. Entre aquellos estaban los asistentes de Gabriel, que transmitieron Revelaciones al Mensajero, la paz y las bendiciones sean con él (véase el *sura* 72:28). Hay muchas Revelaciones que no se han incluido en el Corán sino vinieron para explicarlo y constituyen la base de la Sunna. También hay ángeles que glorifican a Dios en filas, y recitan la Revelación o partes del Corán, a veces al Mensajero o alrededor suyo, la paz y las bendiciones sean con él. (Para los versículos con significados similares, véanse el *sura* 2:97; el *sura* 26:194; el *sura* 80:16; el *sura* 72:28; el *sura* 37:166.)

2. Este versículo enfatiza el hecho de que es Dios Quien tiene autoridad y control absolutos sobre el universo entero. Por *los estes*, indica la forma esférica de los planetas y sus rotaciones, los «estes» indica muchas dimensiones: cualquier punto en la Tierra está al este con respecto al que está al oeste del mismo; por lo tanto, el concepto del «este» es diferente en cada lugar en la Tierra, así está formando un conjunto de los «estes». Por otra parte, se dan 180 puntos desde donde sale el Sol en un hemisferio; es decir, el Sol sale en un lugar solamente dos días al año, así se dan 360

puntos por toda la Tierra. Por lo tanto, este versículo es también indicio de los meridianos así como de dimensiones infinitas, de la relatividad del espacio y de la forma esférica de planetas, así como la rotación de la Tierra.

3. Particularmente en la época pre-islámica, la profecía o la adivinación estaban muy extendidas entre los árabes, como lo está hoy por todo el mundo. Los diablos intentaron ascender a los cielos y escuchar las conversaciones de los ángeles sobre las verdades Divinas y algunos acontecimientos futuros, y si podrían arrebatar algo, lo transportarían a los adivinos con los cuales tenían relaciones, añadiendo muchas cosas falsas también. Intentaron hacer lo mismo cuando la Revelación comenzó a ser revelada al Mensajero de Dios, la paz y las bendiciones sean con él. Pero Dios no permitió que hicieran así; y si cualquiera entre ellos arrebatara algo de los ángeles, fue destruido por los proyectiles. Los diablos nunca han dejado de intentar a ascender a los cielos; pero en cada tentativa que hicieron, fueron rechazados, y si alguno puede obtener algo de los ángeles, entonces son destruidos. (Para los versículos con significados similares, véanse el *sura* 15:16-18, nota 5; el *sura* 26:212; el *sura* 67:5, nota 4; el *sura* 72:9.)

مَا لَكُمْ لَا تَنَاصَرُونَ ﴿٢٥﴾ بَلْ هُمُ الْيَوْمَ مُسْتَسْلِمُونَ ﴿٢٦﴾ وَأَقْبَلَ
بَعْضُهُمْ عَلَىٰ بَعْضٍ يَتَسَاءَلُونَ ﴿٢٧﴾ قَالُوا إِنَّكُمْ كُنتُمْ تَأْتُونَنَا
عَنِ الْيَمِينِ ﴿٢٨﴾ قَالُوا بَل لَّمْ تَكُونُوا مُؤْمِنِينَ ﴿٢٩﴾ وَمَا كَانَ لَنَا عَلَيْكُم
مِّن سُلْطَانٍ بَلْ كُنتُمْ قَوْمًا طَاغِينَ ﴿٣٠﴾ فَحَقَّ عَلَيْنَا قَوْلُ رَبِّنَا إِنَّا
لَذَائِقُونَ ﴿٣١﴾ فَأَغْوَيْنَاكُمْ إِنَّا كُنَّا غَاوِينَ ﴿٣٢﴾ فَإِنَّهُمْ يَوْمَئِذٍ فِي الْعَذَابِ
مُشْتَرِكُونَ ﴿٣٣﴾ إِنَّا كَذَٰلِكَ نَفْعَلُ بِالْمُجْرِمِينَ ﴿٣٤﴾ إِنَّهُمْ كَانُوا إِذَا قِيلَ
لَهُمْ لَا إِلَٰهَ إِلَّا اللَّهُ يَسْتَكْبِرُونَ ﴿٣٥﴾ وَيَقُولُونَ أَئِنَّا لَتَارِكُو آلِهَتِنَا
لِشَاعِرٍ مَّجْنُونٍ ﴿٣٦﴾ بَلْ جَاءَ بِالْحَقِّ وَصَدَّقَ الْمُرْسَلِينَ ﴿٣٧﴾ إِنَّكُمْ
لَذَائِقُو الْعَذَابِ الْأَلِيمِ ﴿٣٨﴾ وَمَا تُجْزَوْنَ إِلَّا مَا كُنتُمْ تَعْمَلُونَ ﴿٣٩﴾
إِلَّا عِبَادَ اللَّهِ الْمُخْلَصِينَ ﴿٤٠﴾ أُولَٰئِكَ لَهُمْ رِزْقٌ مَّعْلُومٌ ﴿٤١﴾ فَوَاكِهُ
وَهُم مُّكْرَمُونَ ﴿٤٢﴾ فِي جَنَّاتِ النَّعِيمِ ﴿٤٣﴾ عَلَىٰ سُرُرٍ مُّتَقَابِلِينَ ﴿٤٤﴾
يُطَافُ عَلَيْهِم بِكَأْسٍ مِّن مَّعِينٍ ﴿٤٥﴾ بَيْضَاءَ لَذَّةٍ لِّلشَّارِبِينَ ﴿٤٦﴾
لَا فِيهَا غَوْلٌ وَلَا هُمْ عَنْهَا يُنزَفُونَ ﴿٤٧﴾ وَعِندَهُمْ قَاصِرَاتُ
الطَّرْفِ عِينٌ ﴿٤٨﴾ كَأَنَّهُنَّ بَيْضٌ مَّكْنُونٌ ﴿٤٩﴾ فَأَقْبَلَ بَعْضُهُمْ
عَلَىٰ بَعْضٍ يَتَسَاءَلُونَ ﴿٥٠﴾ قَالَ قَائِلٌ مِّنْهُمْ إِنِّي كَانَ لِي قَرِينٌ ﴿٥١﴾

يَقُولُ أَئِنَّكَ

25. «Pero, ¿qué os pasa que no os ayudáis mutuamente (para escapar del castigo)?».

26. Sin embargo, ese Día estarán totalmente sometidos (sin la mínima muestra de arrogancia).

27. Y se vuelven uno hacia el otro, intercambiando palabras (de culpa) el uno con el otro.

28. Ellos (los que fueron conducidos) dicen (a los líderes): «Erais vosotros quienes veníais a nosotros fingiendo (pretendiendo tener buenas intenciones para con nosotros y ofreciendo la falsedad como la verdad)».

29. Ellos (los líderes) dicen: «¡No! Más bien, vosotros mismos no erais creyentes (sin la inclinación e intención alguna de creer).

30. Y no tuvimos ningún poder sobre vosotros (para obligaros a creer). Sin embargo vosotros mismos erais una gente rebelde.

31. Así que, la palabra (del castigo) de nuestro Señor se cumplió contra nosotros. (En justicia) con toda seguridad vamos a probarlo.

32. Pues (aunque no sea por el poder de obligaros, si) os engañamos (y os hicimos rebelar), porque indudablemente nosotros mismos nos habíamos perdido en error».

33. Así pues, ese Día, estarán asociados juntos en (sufrir) el castigo.

34. Así es cómo trataremos a los criminales incrédulos.

35. Porque cuando se les fue dicho que no hay más deidad sino Dios, pondrían ser más arrogantes y lo rechazarían.

36. Y dirían, «¿Dejaremos a nuestras deidades por un poeta loco?».

37. ¡No! Más bien, él ha traído (a vosotros) la verdad y confirma a aquellos (Mensajeros) que fueron enviados (antes de él).

38. No cabe duda de que vais a probar este castigo doloroso (a causa de vuestra actitud y actos),

39. Y vosotros no seréis recompensados sino por lo que hacíais.

40. Pero no así los siervos de Dios dotados con sinceridad en la fe y que practican la Religión.

41. Para aquellos, se da (en el Paraíso) una provisión preparada especialmente:

42. Frutas (como la recompensa de su vida mundana); y serán honrados altamente,

43. En Jardines de generosidad y bendición,

44. Sentados en tronos, cara a cara.

45. Una copa se pasará entre ellos con una bebida de un manantial que derrama y puro:

46. Clara y deliciosa para aquellos que la beben,

47. Libre de cualquier efecto embriagador o daño; y no padecerán embriaguez de ella.

48. Y con ellos estarán cónyuges puros y de ojos recatados (cuyas miradas están fijas sólo en sus cónyuges), con ojos muy hermosos,

49. (Como libre de cualquier fealdad, e) intactas, como si fueran los huevos ocultados (de avestruz).

50. Se dirigirán el uno al otro, permitiéndose en charla amistosa.

51. Uno de ellos habla así: «Tenía un compañero íntimo,

يَقُولُ اَئِنَّكَ لَمِنَ الْمُصَدِّقِينَ ﴿٥٢﴾ ءَاِذَا مِتْنَا وَكُنَّا تُرَابًا وَعِظَامًا
ءَاِنَّا لَمَدِينُونَ ﴿٥٣﴾ قَالَ هَلْ اَنْتُمْ مُطَّلِعُونَ ﴿٥٤﴾ فَاطَّلَعَ فَرَاٰهُ
فِى سَوَٓاءِ الْجَحِيمِ ﴿٥٥﴾ قَالَ تَاللّٰهِ اِنْ كِدْتَ لَتُرْدِينِ ﴿٥٦﴾ وَلَوْلَا
نِعْمَةُ رَبِّى لَكُنْتُ مِنَ الْمُحْضَرِينَ ﴿٥٧﴾ اَفَمَا نَحْنُ بِمَيِّتِينَ ﴿٥٨﴾
اِلَّا مَوْتَتَنَا الْاُولٰى وَمَا نَحْنُ بِمُعَذَّبِينَ ﴿٥٩﴾ اِنَّ هٰذَا لَهُوَ الْفَوْزُ
الْعَظِيمُ ﴿٦٠﴾ لِمِثْلِ هٰذَا فَلْيَعْمَلِ الْعَامِلُونَ ﴿٦١﴾ اَذٰلِكَ خَيْرٌ
نُزُلًا اَمْ شَجَرَةُ الزَّقُّومِ ﴿٦٢﴾ اِنَّا جَعَلْنَاهَا فِتْنَةً لِلظَّالِمِينَ ﴿٦٣﴾
اِنَّهَا شَجَرَةٌ تَخْرُجُ فِى اَصْلِ الْجَحِيمِ ﴿٦٤﴾ طَلْعُهَا كَاَنَّهُ رُؤُسُ
الشَّيَاطِينِ ﴿٦٥﴾ فَاِنَّهُمْ لَاٰكِلُونَ مِنْهَا فَمَالِؤُنَ مِنْهَا الْبُطُونَ ﴿٦٦﴾
ثُمَّ اِنَّ لَهُمْ عَلَيْهَا لَشَوْبًا مِنْ حَمِيمٍ ﴿٦٧﴾ ثُمَّ اِنَّ مَرْجِعَهُمْ
لَاِلَى الْجَحِيمِ ﴿٦٨﴾ اِنَّهُمْ اَلْفَوْا اٰبَٓاءَهُمْ ضَٓالِّينَ ﴿٦٩﴾ فَهُمْ
عَلٰٓى اٰثَارِهِمْ يُهْرَعُونَ ﴿٧٠﴾ وَلَقَدْ ضَلَّ قَبْلَهُمْ اَكْثَرُ الْاَوَّلِينَ ﴿٧١﴾
وَلَقَدْ اَرْسَلْنَا فِيهِمْ مُنْذِرِينَ ﴿٧٢﴾ فَانْظُرْ كَيْفَ كَانَ عَاقِبَةُ
الْمُنْذَرِينَ ﴿٧٣﴾ اِلَّا عِبَادَ اللّٰهِ الْمُخْلَصِينَ ﴿٧٤﴾ وَلَقَدْ نَادٰينَا نُوحٌ
فَلَنِعْمَ الْمُجِيبُونَ ﴿٧٥﴾ وَنَجَّيْنَاهُ وَاَهْلَهُ مِنَ الْكَرْبِ الْعَظِيمِ ﴿٧٦﴾

52. El cual me preguntaba, «¿De verdad eres de aquellos que confirman la verdad (de lo que se nos enseña sobre el Juicio Final)?

53. Después de que nos muramos y que hayamos convertido en polvo y huesos, ¿seremos de verdad (resucitados y) se nos rendirá cuentas?».

54. Él (el que habla) dirá: «¿Queréis mirar (en el Infierno para verlo)?».

55. Él mirará hacia abajo y lo verá en medio del Fuego Ardiente.

56. Él dirá: «¡Por Dios, me habrías hecho casi fallecer!

57. Si no fuera por la gracia de mi Señor, sin duda estaría entre aquellos procesados (en la Llama para el castigo)».

58. (Entonces, volviéndose a sus compañeros, él dirá:) «¿Ya no debemos experimentar la muerte, no?

59. Excepto la muerte anterior (que experimentamos al dejar el mundo); y no seremos castigados.

60. (¡Entonces) sin duda alguna ese es el triunfo supremo!».

61. Entonces, deja a aquellos que se esfuercen (por un objetivo) que se esfuercen por algo parecido a esto.

62. ¿Es esto mejor como una bienvenida, o el árbol de *Zaqqum*?

63. Lo hemos hecho (ese árbol) un medio de prueba[4] y castigo para los malhechores (quienes atribuyen copartícipes a Dios).

64. Es un árbol que crece en pleno Fuego Ardiente.

65. Sus frutas son como las cabezas de los demonios[5].

66. Así pues, con toda seguridad comerán de ello y se llenarán la barriga con lo mismo.

67. Luego, para ellos habrá agua hirviente (para mezclarse con el *zaqqum* en sus cuerpos).

68. Y más tarde, con toda seguridad volverán al Fuego Ardiente otra vez[6].

69. Sin duda encontraron a sus antepasados en el camino falso.

70. Y todavía, se apresuran (tras ellos) siguiendo sus pasos.
71. De hecho, la mayor parte de aquellos (las comunidades) que vivieron antes de ellos se extraviaron,
72. Aunque habíamos enviado advertidores entre ellos (con Nuestra guía).
73. Así que contempla cómo han acabado aquellos que fueron advertidos (pero no prestaron atención),
74. Excepto los siervos de Dios, dotados con sinceridad en la fe y que practican la Religión.
75. Y Noé (solo un siervo y advertidor) había pedido ayuda a Nosotros[7], y ¡qué excelente somos en responder (la invocación)!
76. Salvamos a él y a (sus verdaderos seguidores de entre) su familia y gente del tremendo dolor.

---

4. Sobre el árbol de *Zaqqum* y su condición de ser como medio de prueba, véase el *sura* 17:60, nota 27.

5. Comparamos generalmente seres hermosos con los ángeles, como las mujeres que vieron al profeta José, la paz sea con él, le compararon con un ángel noble (12:31); al contrario, comparamos seres feos con los demonios. Sin embargo, puede haber muchos otros puntos de semejanza entre la fruta del árbol de *Zaqqum* y las cabezas de demonios. Por ejemplo, este árbol crecerá de las semillas sembradas por los malos actos cometidos por la gente en el Infierno, los actos que fueron incitados por Satanás. El Corán menciona los actos —tales como las sustancias embriagantes, los juegos de azar, los sacrificios a todo lo que sea un ídolo en lugares consagrados para ofrendas a otro que no sea Dios y la práctica pagana de las flechas adivinatorias y prácticas similares como un mal abominable obra de Satanás (5:90). Por lo tanto, es muy normal que tales actos crecerán en árboles parecidos a los demonios y darán fruta que se parece a las cabezas de los demonios.

6. Después de comer se necesita beber agua. La gente del Infierno comerá de la fruta del árbol de *Zaqqum* y saldrá del Fuego Ardiente a otra área del Infierno para beber. Pero su bebida será el agua hirviente que estará mezclada con las frutas de *Zaqqum*, y cortará en pedazos los intestinos (47:15). Luego, tendrán que volver al Fuego como su vivienda, y su castigo seguirá así.

Las descripciones coránicas sobre el Paraíso y el Infierno no se pueden considerar meramente metáforas. El Paraíso, con todas sus bendiciones, y el Infierno con todos sus elementos de castigo, serán el resultado de la creencia y de los actos de los seres humanos en el mundo. Por eso la gente vivirá en ellos con sus espíritus, almas carnales y cuerpos; como si estuvieran en el mundo pero en una manera específica del otro mundo; sin embargo las almas carnales de la gente del Paraíso estarán perfectamente purificadas. Said Nursi proporciona la instrucción útil sobre este punto:

> *Si se pregunta*: «¿Qué relación tiene el alma carnal humano o el ego, y el cuerpo defectuoso, cambiante, inestable y apesadumbrado, con la eternidad y el Paraíso? Los placeres elevados del espíritu seguramente deben ser suficientes. ¿Por qué habrá una resurrección corporal para los placeres corporales?» la respuesta es:
>
> La tierra, a pesar de su oscuridad y densidad cuando es comparada con el agua, el aire y la luz, es el medio y la fuente de todas las obras del arte Divino. Por lo tanto, es de alguna manera superior en significado a otros elementos. El ego humano o el alma carnal, a pesar de su densidad, es comprensivo, y con tal de que esté purificado, puede obtener un cierto tipo de superioridad por encima de otros sentidos

y facultades. Asimismo, el cuerpo es un espejo más comprensivo y diverso para las manifestaciones de los Nombres Divinos, y está dotado de los instrumentos para pesar y medir el contenido de todos los tesoros Divinos. Por ejemplo, si el sentido del gusto de la lengua no fuera el origen de todas las variedades de alimento y bebida, no podríamos experimentarlos, reconocerlos o medirlos. Además, el cuerpo también contiene los instrumentos necesarios para experimentar y reconocer la mayoría de las manifestaciones de los Nombres Divinos, así como las facultades para experimentar los placeres infinitamente variados y diversos.

El Hacedor del universo quiere dar a conocer todos los tesoros de Su Misericordia y todas las manifestaciones de Sus Nombres, así como permitirnos experimentar todas Sus generosidades. Por lo tanto, como el mundo de la felicidad eterna es un estanque inmenso al cual la inundación de esta vida discurre, como es una exposición extensa de lo que produce el telar del universo, y como es el almacén eterno de las cosechas producidas en el campo de este mundo (material), entonces él se parecerá a este mundo y vida mundana hasta cierto punto. El Omnisapiente, Compasivo y Justo Hacedor dará placeres propios de cada órgano corporal como recompensa por su deber, servicio y adoración. Pensar de otra manera sería contrario a Su Sabiduría, Justicia y Compasión [*The Words* («Las Palabras»), «The 28th Word» («La 28ª Palabra»), págs. 515-516].

7. Para la invocación de Noé, véanse el *sura* 54:10 y el *sura* 71:26.

77. E hicimos a su descendencia perdurar (en la Tierra).
78. Y dejamos para él entre los que van a aparecer después (hasta fin de los tiempos, este recuerdo y remembranza de él y su Mensaje):
79. «La paz sea con Noé entre todos los seres»[8].
80. Así recompensamos a aquellos que se dedican a hacer el bien, como si contemplasen a Dios.
81. No cabe duda de que él era uno de Nuestros siervos verdaderamente creyentes.
82. En cuanto a los otros (quienes se opusieron a él), los hicimos ahogarse.
83. Sin duda Abraham era de aquellos que siguieron el mismo camino que el suyo.
84. Él se tornó a su Señor con un corazón sano y puro (de cualquier rastro de la falta de sinceridad de la fe).
85. (Recuerda) cuando él dijo a su padre y a su gente, «¿Qué es lo que adoráis?
86. ¿Es una invención a la que os dedicáis, adorando deidades aparte de Dios?
87. Así que, ¿qué pensáis acerca del Señor de los mundos (que os atrevéis a hacerlo de este modo)?».
88. Más tarde, (cuando estaba invitado a participar en las ceremonias religiosas de la gente en un día festivo) echó una mirada a las estrellas;
89. Y dijo: «En verdad estoy enfermo»[9].
90. Entonces ellos (los otros) se apartaron de él y salieron.
91. En seguida se acercó a sus deidades, y dijo: «¿No vais a comer (de las ofrendas puestas ante vosotros)?
92. ¿Qué os pasa que no habláis?».
93. Entonces él se dirigió hacia ellos, golpeándolos con su mano derecha (con todas sus fuerzas).

وَجَعَلْنَا ذُرِّيَّتَهُ هُمُ الْبَاقِينَ ﴿٧٧﴾ وَتَرَكْنَا عَلَيْهِ فِي الْاٰخِرِينَ ﴿٧٨﴾
سَلَامٌ عَلٰى نُوحٍ فِي الْعَالَمِينَ ﴿٧٩﴾ اِنَّا كَذٰلِكَ نَجْزِي الْمُحْسِنِينَ ﴿٨٠﴾
اِنَّهُ مِنْ عِبَادِنَا الْمُؤْمِنِينَ ﴿٨١﴾ ثُمَّ اَغْرَقْنَا الْاٰخَرِينَ ﴿٨٢﴾ وَاِنَّ
مِنْ شِيعَتِهِ لَاِبْرٰهِيمَ ﴿٨٣﴾ اِذْ جَاءَ رَبَّهُ بِقَلْبٍ سَلِيمٍ ﴿٨٤﴾ اِذْ قَالَ
لِاَبِيهِ وَقَوْمِهِ مَاذَا تَعْبُدُونَ ﴿٨٥﴾ اَئِفْكًا اٰلِهَةً دُونَ اللّٰهِ تُرِيدُونَ ﴿٨٦﴾
فَمَا ظَنُّكُمْ بِرَبِّ الْعَالَمِينَ ﴿٨٧﴾ فَنَظَرَ نَظْرَةً فِي النُّجُومِ ﴿٨٨﴾
فَقَالَ اِنِّي سَقِيمٌ ﴿٨٩﴾ فَتَوَلَّوْا عَنْهُ مُدْبِرِينَ ﴿٩٠﴾ فَرَاغَ اِلٰى اٰلِهَتِهِمْ
فَقَالَ اَلَا تَاْكُلُونَ ﴿٩١﴾ مَا لَكُمْ لَا تَنْطِقُونَ ﴿٩٢﴾ فَرَاغَ عَلَيْهِمْ ضَرْبًا
بِالْيَمِينِ ﴿٩٣﴾ فَاَقْبَلُوا اِلَيْهِ يَزِفُّونَ ﴿٩٤﴾ قَالَ اَتَعْبُدُونَ مَا تَنْحِتُونَ ﴿٩٥﴾
وَاللّٰهُ خَلَقَكُمْ وَمَا تَعْمَلُونَ ﴿٩٦﴾ قَالُوا ابْنُوا لَهُ بُنْيَانًا فَاَلْقُوهُ
فِي الْجَحِيمِ ﴿٩٧﴾ فَاَرَادُوا بِهِ كَيْدًا فَجَعَلْنَاهُمُ الْاَسْفَلِينَ ﴿٩٨﴾
وَقَالَ اِنِّي ذَاهِبٌ اِلٰى رَبِّي سَيَهْدِينِ ﴿٩٩﴾ رَبِّ هَبْ لِي
مِنَ الصَّالِحِينَ ﴿١٠٠﴾ فَبَشَّرْنَاهُ بِغُلَامٍ حَلِيمٍ ﴿١٠١﴾ فَلَمَّا بَلَغَ مَعَهُ السَّعْيَ
قَالَ يَا بُنَيَّ اِنِّي اَرٰى فِي الْمَنَامِ اَنِّي اَذْبَحُكَ فَانْظُرْ مَاذَا تَرٰى قَالَ
يَا اَبَتِ افْعَلْ مَا تُؤْمَرُ سَتَجِدُنِي اِنْ شَاءَ اللّٰهُ مِنَ الصَّابِرِينَ ﴿١٠٢﴾

فَلَمَّا

94. Entonces, la otra gente se dirigió hacia él apresuradamente.
95. Él dijo: «¿Vosotros adoráis las cosas que vosotros mismos habéis tallado,
96. Mientras que es Dios Quien ha creado a vosotros y todo lo que hacéis?»[10].
97. (Consultaron entre ellos y) dijeron: «Construidle una pira y lanzadle en las llamas ardientes!».
98. Así intentaron intrigar contra él (para destruirlo), pero les hicimos los más bajos[11].
99. Y él dijo: «Ahora voy a mi Señor (para marcharme de mi patria solamente por Su complacencia, en total convicción de que) Él me dirigirá (a una tierra donde seré capaz de adorarle a Él libremente)».

100. (Y él rezó): «Señor mío, concédeme a mí (un regalo de un hijo que será) uno de los rectos».
101. Por lo tanto le dimos las buenas nuevas de un hijo (quien crecería como alguien) afable y paciente.
102. Luego, cuando (su hijo) creció junto a él hasta la edad de esforzarse (para las necesidades de la vida), él dijo: «¡Oh mi querido hijo! Soñé que debo ofrecerte como sacrificio. ¡Así que piénsalo y dime tu opinión!». Él dijo (sin vacilar): «¡Oh mi querido padre! Haz como se te ha ordenado[12]. Me encontrarás, por la voluntad de Dios, de los que muestran firme paciencia (en obedecer las órdenes de Dios)[13].

---

8. El profeta Adán, la paz sea con él, era el primer ser humano (junto con su esposa, Eva) en la Tierra y el primer Profeta. Aunque él transmitió el Mensaje de Dios por primera vez, su misión estaba, en un sentido, restringida a sus hijos. Sin embargo, cuando el profeta Noé, la paz sea con él, vino, el ser humano ya se había multiplicado y dividido en muchas tribus. Él vino a una comunidad que consistía en muchos grupos para reunirlos alrededor del Mensaje de Dios, y luchó contra el politeísmo y las injusticias. A pesar de sus esfuerzos, que duraron 950 años, poca gente creyó en él, mientras que el resto fue castigado por Dios en el Diluvio Universal. El ser humano empezó una nueva vida después de este acontecimiento. Esto demuestra cuán obstinada y corrupta la gente era durante la época de Noé y cuán difícil era la misión de Noé. Si no fuera por Noé, la paz sea con él, y sus esfuerzos continuos para reformar a la gente, el mundo habría sido destruido en aquel entonces. Así que todas las generaciones posteriores del ser humano, los genios y todos los demás seres en el mundo están endeudados con el profeta Noé, la paz sea con él, por la continuidad de la existencia en el mundo. Es por eso que Noé, la paz sea con él, merece y recibe saludos con paz, una fama honrada y agradecimientos de todos los seres existentes en el mundo. El Corán utiliza este tipo de saludo para él solamente. Aunque también envía saludos a los Mensajeros que se mencionarán más adelante, no menciona la frase *entre todos los seres*.

9. Abraham, la paz sea con él, no estaba físicamente enfermo, pero la pena que él sentía debido a la falsedad de su gente le atormentaba. Estaba decidido a decirles la verdad de una manera convincente. Una vez, para evitar participar en sus ceremonias, les dijo que se sentía mal y, después de que se fueran, él hizo pedazos sus ídolos. La gente pensó que realmente estaba enfermo, pero lo que él quería decir era que se sentía extremadamente molesto debido a sus ídolos a los cuales adoraban.

10. Esto significa que es Dios Quien nos crea y nos permite hacer cosas. Él nos ha concedido la voluntad y el poder de modo que podamos desear algo y realizarlo. Sin embargo, es Él Quien crea y da existencia externa a lo que hacemos. Nuestra ejecución de un acto no significa que este acto debe suceder. Si no fuera por Su acto de creación, nosotros no podríamos hacer nada. Somos hacedores o agentes, mientras que Dios es el Creador. Si no tuviéramos ninguna capacidad de hacer algo y Dios no creara nuestros actos, entonces nuestro libre albedrío no tendría sentido y no tendríamos ninguna responsabilidad de nuestros actos.

11. Para una explicación más detallada de este acontecimiento, véase el *sura* 21:51-70.

12. Esto demuestra explícitamente que lo que Abraham soñó, la paz sea con él, como un Profeta era una Orden Divina revelada.

13. Aunque las versiones actuales de la Biblia registran que el hijo que Dios ordenó a

Abraham sacrificar era Isaac (*Génesis*, 22:2), este hijo era realmente Ismael, el hermano mayor de Isaac, la paz sea con ellos. El Corán describe al muchacho aquí con los términos de *afabilidad* y *paciencia* (37: 101; 21:85), pero presenta a Isaac, la paz sea con él, como un muchacho erudito, por lo tanto enfatizándole como una persona de profundo conocimiento (15:53). Isaac, la paz sea con él, nació de Sara, cuando ella era demasiado mayor para dar a luz a un niño (11:71-72; *Génesis*, 21). Ismael, la paz sea con él, nació de Hagar y, por la orden de Dios, Abraham, la paz sea con él, dejó a ellos en el lugar en donde La Meca está situada hoy en día. Años después, construyó la Ka'ba con Ismael, la paz sea con él. Su intento de sacrificar a Ismael por la orden de Dios ocurrió en Mina, cerca de La Meca, donde se ofrecen los sacrificios durante la peregrinación.

El versículo de la Biblia (*Génesis*, 22:2) que indica que Dios ordenó a Abraham sacrificar a Isaac, la paz sea sobre ellos, contradice varios otros versículos de la Biblia. Este versículo menciona que cuando esta orden fue dada a Abraham, Isaac era su único hijo, la paz sea sobre ellos. Sin embargo, según *Génesis*, 21:5, cuando nació Isaac, Abraham tenía 100 años; y según *Génesis*, 16:16, Ismael nació cuando Abraham tenía 86 años, la paz sea sobre todos ellos. Entonces, según la Biblia, cuando Isaac nació, Ismael era un joven de 14 años, la paz sea sobre ellos. Esto demuestra claramente que cuando a Abraham le fue ordenado sacrificar a su «único hijo» se le ordenaba sacrificar a Ismael, la paz sea sobre ellos. Y el siguiente versículo coránico (112) deja muy claro que Isaac nació años después de Ismael, la paz sea sobre ellos. Así que este acuerdo entre el Corán y la Biblia —junto con el acuerdo mutuo que cuando Dios ordenó a Abraham, la paz sea con él, sacrificar a su único hijo, él tenía solamente un hijo— es suficiente para hacer la verdad evidente.

La parte más convincente de la evidencia no textual que Dios ordenó a Abraham sacrificar a Ismael, pero no a Isaac, la paz sea con todos ellos, es que este acontecimiento trascendental, el sacrificio de un niño substituido por un carnero, se celebra en el Islam, —ya que hay pruebas de que fue celebrado también en la Arabia pre-islámica por los descendientes de Ismael—.

فَلَمَّا اَسْلَمَا وَتَلَّهُ لِلْجَبِينِ ﴿١٠٣﴾ وَنَادَيْنَاهُ اَنْ يَا اِبْرٰهِيمُ ﴿١٠٤﴾
قَدْ صَدَّقْتَ الرُّءْيَاۚ اِنَّا كَذٰلِكَ نَجْزِى الْمُحْسِنِينَ ﴿١٠٥﴾
اِنَّ هٰذَا لَهُوَ الْبَلٰٓؤُا الْمُبِينُ ﴿١٠٦﴾ وَفَدَيْنَاهُ بِذِبْحٍ عَظِيمٍ ﴿١٠٧﴾
وَتَرَكْنَا عَلَيْهِ فِى الْاٰخِرِينَ ﴿١٠٨﴾ سَلَامٌ عَلٰٓى اِبْرٰهِيمَ ﴿١٠٩﴾
كَذٰلِكَ نَجْزِى الْمُحْسِنِينَ ﴿١١٠﴾ اِنَّهُ مِنْ عِبَادِنَا الْمُؤْمِنِينَ ﴿١١١﴾
وَبَشَّرْنَاهُ بِاِسْحٰقَ نَبِيًّا مِنَ الصَّالِحِينَ ﴿١١٢﴾ وَبَارَكْنَا عَلَيْهِ
وَعَلٰٓى اِسْحٰقَۜ وَمِنْ ذُرِّيَّتِهِمَا مُحْسِنٌ وَظَالِمٌ لِنَفْسِهِ مُبِينٌ ﴿١١٣﴾
وَلَقَدْ مَنَنَّا عَلٰى مُوسٰى وَهٰرُونَۚ ﴿١١٤﴾ وَنَجَّيْنَاهُمَا وَقَوْمَهُمَا
مِنَ الْكَرْبِ الْعَظِيمِۚ ﴿١١٥﴾ وَنَصَرْنَاهُمْ فَكَانُوا هُمُ الْغَالِبِينَۚ ﴿١١٦﴾
وَاٰتَيْنَاهُمَا الْكِتَابَ الْمُسْتَبِينَۚ ﴿١١٧﴾ وَهَدَيْنَاهُمَا الصِّرَاطَ
الْمُسْتَقِيمَۚ ﴿١١٨﴾ وَتَرَكْنَا عَلَيْهِمَا فِى الْاٰخِرِينَ ﴿١١٩﴾ سَلَامٌ
عَلٰى مُوسٰى وَهٰرُونَ ﴿١٢٠﴾ اِنَّا كَذٰلِكَ نَجْزِى الْمُحْسِنِينَ ﴿١٢١﴾
اِنَّهُمَا مِنْ عِبَادِنَا الْمُؤْمِنِينَ ﴿١٢٢﴾ وَاِنَّ اِلْيَاسَ لَمِنَ الْمُرْسَلِينَۜ ﴿١٢٣﴾
اِذْ قَالَ لِقَوْمِهٓ اَلَا تَتَّقُونَ ﴿١٢٤﴾ اَتَدْعُونَ بَعْلًا وَتَذَرُونَ
اَحْسَنَ الْخَالِقِينَۙ ﴿١٢٥﴾ اَللّٰهَ رَبَّكُمْ وَرَبَّ اٰبَٓائِكُمُ الْاَوَّلِينَ ﴿١٢٦﴾

103. Más tarde, cuando ambos se habían sometido a la voluntad de Dios, y Abraham lo había tendido sobre el lado de su frente,

104. (Justo en ese momento) le dijimos a él: «¡Oh Abraham!

105. Ya has cumplido con el sueño (el cual probó tu obediencia leal a la orden; así que no tienes que ofrecer a tu hijo como sacrificio). Así recompensamos aquellos que se dedican a hacer el bien, como si contemplasen a Dios».

106. Contempla, de hecho todo esto era una prueba clara.

107. Y le redimimos con un sacrificio de enorme valor[14].

108. Y dejamos para él entre los que van a aparecer después (hasta fin de los tiempos, este recuerdo y remembranza de él y su Mensaje):

109. «La paz sea con Abraham».

110. Así recompensamos a aquellos que se dedican a hacer el bien, como si contemplasen a Dios.

111. No cabe duda de que él era uno de Nuestros siervos verdaderamente creyentes.

112. Le dimos las buenas nuevas de Isaac que sería un Profeta entre los rectos.

113. Colmamos a él (Ismael) y a Isaac de Nuestras bendiciones; y entre la descendencia de ambos, estuvieron aquellos que se dedican a hacer el bien, conscientes de que Dios les está contemplando, y aquellos que fueron manifiestamente injustos consigo mismos (cometiendo pecado).

114. Sin duda concedimos Nuestro favor también a Moisés y Aarón;

115. Y salvamos a ellos y a su gente del tremendo desastre (de la esclavitud y persecución);

116. Y les ayudamos, así que fueron los vencedores;

117. Y les concedimos a ambos (Moisés y Aarón) el manifiesto Libro[15] (el cual explicó los asuntos que eran secretos, y el cual la gente necesitó para la felicidad de su vida en ambos mundos).

118. Les enseñamos el Camino Recto (permitiéndoles seguirlo en cada asunto sin cualquier desviación),

119. Y dejamos para ellos entre los que van a aparecer después (hasta fin de los tiempos, este recuerdo y remembranza de ellos y su Mensaje):

120. «La paz sea con Moisés y Aarón».

121. Así recompensamos a aquellos que se dedican a hacer el bien, como si contemplasen a Dios.

122. No cabe duda de que aquellos dos eran de Nuestros siervos verdaderamente creyentes.

123. Y sin duda Ilyas (Elías) era uno de los Mensajeros.

124. (Recuerda) cuando dijo a su pueblo: «¿No os vais a apartar de la desobediencia a Dios en veneración a Él y piedad?

125. ¿Continuaréis invocando a Ba'l[16] (como deidad), y negaréis al Creador Quien crea todas las cosas en la mejor y más apropiada forma y posee el rango supremo de la creatividad,

126. Dios, vuestro Señor y el Señor de vuestros antepasados?».

---

14. Dios nunca quiere que los seres humanos sean ofrecidos como sacrificio, aunque es una virtud para los seres humanos sacrificarse por Su complacencia por fines lícitos y de maneras legítimas. Se dan muchos ejemplos de la sabiduría implícitos en la orden de Dios al profeta Abraham, la paz sea con él, para ofrecer a su hijo como sacrificio. Abraham, la paz sea con él, tenía un carácter muy grande dotado de gran potencial que le permitió ser el origen de un santo linaje de Profetas. Era muy compasivo, generoso y sometido sinceramente a Dios. Estaba muy preocupado por la felicidad de su gente, tanto en este mundo como en el Más Allá particularmente. Sin embargo, para que este potencial sea desarrollado, Dios pone a una persona a prueba, aunque esta persona sea un Profeta. Triunfar en estas pruebas requiere que no haya ningún obstáculo en el corazón que evite a una persona acercarse a Dios. Estos obstáculos (véase el *sura* 3:14) pueden ser físicos o emocionales hacia otra persona, los hijos, (acumulados) tesoros de oro y plata, los caballos de raza (o, en tiempos modernos, coches), los rebaños y los cultivos (o, en tiempos modernos, todo tipo de negocio), así como puestos o posiciones. Así que los verdaderos creyentes en Dios pueden sentir amor hacia tales cosas solamente por su amor de Dios y según su relación con Dios. No pueden enamorarse de cualquiera de éstos: *Dios no ha hecho para ningún hombre dos corazones dentro de su cuerpo (uno que sea asignado a creer en Él y Su adoración, y el otro a creer en otros y su adoración)* (33:4). Así que Dios puso a prueba a Abraham, la paz sea con él, con mandamientos severos y experiencias terribles (tales como ser lanzado a un fuego, la destrucción de la gente del profeta Lot, la paz sea con él, el cual era su pariente, estar obligado a dejar a su patria y familia, y ser ordenado sacrificar a su hijo, Ismael, la paz sea con él), que todas las cuales ha cumplido meticulosamente: *«Voy a hacer de ti un imán para toda la gente». Él (Abraham) suplicó: «¿(Vas a nombrar imanes) también entre mis descendientes?». (Su Señor) respondió: «(Los nombraré entre aquellos que lo merecen. Pero) Mi alianza no incluye a los malhechores»* (2:124).

Obedeciendo sin vacilar a la orden de Dios, Abraham e Ismael, la paz sea con ellos, fueron recompensados grandemente. Dios hizo a Abraham, la paz sea con él, un imán (líder) para los seres humanos y padre de muchos grandes Mensajeros que vendrían después de él. Y Él recompensó a Ismael, la paz sea con él, haciéndole el origen de un santo linaje que finalmente dio origen al más grandioso de la creación, el profeta Muhammad, la paz y las bendiciones sean con él.

15. Aunque el Libro fue dado a Moisés, debido al hecho de que su hermano, Aarón, la paz sea con ellos, compartió su misión (20:32), el versículo menciona el Libro como concedido a ambos.

16. «Ba'l» significa literalmente maestro, señor o jefe. Los antiguos pueblos semíticos llamaron a una de sus deidades así y lo adoraban junto con «su esposa», Astartés. Durante el período de los Jueces, la mayoría de entre los Hijos de Israel comenzó a adorarlos: «Abandonaron al Señor, Dios de sus padres, que los había sacado de la tierra de Egipto, y siguieron a otros dioses de los pueblos de alrededor; se postraron ante ellos, irritaron al Señor; dejaron al Señor y sirvieron a Baal y a las Astartés» (Jueces, 2:12-13). Esta desviación reapareció después de la muerte del profeta Salomón, la paz sea con él. El profeta Ilyas, la paz sea con él, que también es mencionado en el Corán (6:85) y se piensa que es el personaje bíblico Elías, creció en la misma época, durante el reinado del rey Ajab en Israel, quien era conocido por sus injusticias (Libro Primero de Los Reyes, 17-21), y el rey Joram en Judá (Libro Segundo de las Crónicas, 21). Él luchó contra esta desviación, inmoralidades e injusticias.

فَكَذَّبُوهُ فَاِنَّهُمْ لَمُحْضَرُونَ ﴿١٢٧﴾ اِلَّا عِبَادَ اللّٰهِ الْمُخْلَصِينَ ﴿١٢٨﴾
وَتَرَكْنَا عَلَيْهِ فِى الْاٰخِرِينَ ﴿١٢٩﴾ سَلَامٌ عَلٰٓى اِلْ يَاسِينَ ﴿١٣٠﴾
اِنَّا كَذٰلِكَ نَجْزِى الْمُحْسِنِينَ ﴿١٣١﴾ اِنَّهُ مِنْ عِبَادِنَا الْمُؤْمِنِينَ ﴿١٣٢﴾
وَاِنَّ لُوطًا لَمِنَ الْمُرْسَلِينَ ﴿١٣٣﴾ اِذْ نَجَّيْنَاهُ وَاَهْلَهُٓ اَجْمَعِينَ ﴿١٣٤﴾
اِلَّا عَجُوزًا فِى الْغَابِرِينَ ﴿١٣٥﴾ ثُمَّ دَمَّرْنَا الْاٰخَرِينَ ﴿١٣٦﴾
وَاِنَّكُمْ لَتَمُرُّونَ عَلَيْهِمْ مُصْبِحِينَ ﴿١٣٧﴾ وَبِالَّيْلِ اَفَلَا تَعْقِلُونَ ﴿١٣٨﴾
وَاِنَّ يُونُسَ لَمِنَ الْمُرْسَلِينَ ﴿١٣٩﴾ اِذْ اَبَقَ اِلَى الْفُلْكِ الْمَشْحُونِ ﴿١٤٠﴾
فَسَاهَمَ فَكَانَ مِنَ الْمُدْحَضِينَ ﴿١٤١﴾ فَالْتَقَمَهُ الْحُوتُ وَهُوَ
مُلِيمٌ ﴿١٤٢﴾ فَلَوْلَٓا اَنَّهُ كَانَ مِنَ الْمُسَبِّحِينَ ﴿١٤٣﴾ لَلَبِثَ فِى
بَطْنِهِٓ اِلٰى يَوْمِ يُبْعَثُونَ ﴿١٤٤﴾ فَنَبَذْنَاهُ بِالْعَرَاءِ وَهُوَ سَقِيمٌ ﴿١٤٥﴾
وَاَنْبَتْنَا عَلَيْهِ شَجَرَةً مِنْ يَقْطِينٍ ﴿١٤٦﴾ وَاَرْسَلْنَاهُ اِلٰى مِائَةِ اَلْفٍ
اَوْ يَزِيدُونَ ﴿١٤٧﴾ فَاٰمَنُوا فَمَتَّعْنَاهُمْ اِلٰى حِينٍ ﴿١٤٨﴾ فَاسْتَفْتِهِمْ
اَلِرَبِّكَ الْبَنَاتُ وَلَهُمُ الْبَنُونَ ﴿١٤٩﴾ اَمْ خَلَقْنَا الْمَلٰٓئِكَةَ اِنَاثًا
وَهُمْ شَاهِدُونَ ﴿١٥٠﴾ اَلَٓا اِنَّهُمْ مِنْ اِفْكِهِمْ لَيَقُولُونَ ﴿١٥١﴾ وَلَدَ
اللّٰهُ وَاِنَّهُمْ لَكَاذِبُونَ ﴿١٥٢﴾ اَصْطَفَى الْبَنَاتِ عَلَى الْبَنِينَ ﴿١٥٣﴾

مَا لَكُمْ

127. Pero le negaron a él, y así que con toda seguridad comparecerán (para el juicio).

128. Excepto los siervos de Dios, dotados con sinceridad en la fe y que practican la Religión.

129. Y dejamos para él entre los que van a aparecer después (hasta fin de los tiempos, este recuerdo y remembranza de él y su Mensaje):

130. «La paz sea con Il-Yasin[17]».

131. Así recompensamos a aquellos que se dedican a hacer el bien, como si contemplasen a Dios.

132. No cabe duda de que era de Nuestros siervos verdaderamente creyentes.

133. Y sin duda Lot era uno de los Mensajeros.

134. (Recuerda) cuando Nosotros (le ordenamos salir de la tierra de pecadores y) rescatamos a él y a su familia todos juntos,

135. Excepto una vieja mujer entre aquellos que se rezagaron,

136. Entonces aniquilamos a otros.

137. En realidad, pasáis por ellos (las ruinas de sus viviendas) por la mañana (en vuestras rutas comerciales),

138. Y por la noche. ¿No vais a reflexionar y prestar atención?

139. Y Jonás era sin duda uno de los Mensajeros,

140. (Recuerda) cuando él se marchó como un esclavo fugitivo en un barco completamente cargado[18];

141. Y entonces él echó a suertes (consintiéndolo), y fue uno de los que perdieron.

142. (Lo tiraron al mar, y) el pez grande lo tragó, mientras era acusado (por su conciencia).

143. Si no hubiera sido alguien fue alguien que glorificó siempre a Dios (declarándole a Él hallarse absolutamente por encima de tener defecto o copartícipe alguno)[19],

144. Sin duda habría permanecido en su vientre (sirviéndole como su tumba) hasta el Día en el que todos serán resucitados (de entre los muertos).

145. Pero causamos que se le arrojase a una costa desierta, enfermo como estaba;

146. E hicimos brotar una calabacera sobre él.

147. Y le enviamos una vez más (a su gente, que eran) cien mil; más bien, solían aumentar.

148. Y creyeron en él (esta vez); y por eso, (perdonándoles,) les permitimos que disfrutaran de la vida durante un período asignado a ellos.

149. Así que, pregúntales (Oh Mensajero): ¿Vuestro Señor tiene hijas pero los hijos son asignados a ellos?

150. ¿O acaso creamos a los ángeles de sexo femenino y ellos fueron testigos?

151. Cuidado, es sin duda una de sus invenciones que dicen,

152. «Dios ha engendrado». Con toda certeza son mentirosos.

153. ¿Es que Él (hizo discriminación sexual y así) eligió a hijas antes que hijos, no?

---

17. Generalmente se admite que Ilyas también fue pronunciado como Il-Yasin, o puede que Il-Yasin sea otro nombre por el cual el profeta Ilyas, la paz sea con él, fue llamado.

18. Para una explicación detallada de la historia de Jonás, véase el *sura* 10, nota 20.

19. Como Mensajero de Dios, el profeta Jonás, la paz se con él, siempre alabó y glorificó a Dios. Particularmente, él Lo glorificó mientras estaba en el vientre del pez. Para su glorificación y su significado, véase el *sura* 21:87, nota 18.

154. ¿Qué os pasa? ¿Cómo podéis juzgar así?
155. ¿Todavía no vais a reflexionar y ser considerados?
156. ¿O tenéis una autoridad clara (de evidencia)?
157. ¡Si es así, presentad vuestro libro (el cual), si sois veraces en vuestra aseveración, (debe haber venido de Dios)!
158. Y han inventado un parentesco entre Él y los genios (para justificar su adoración a los genios), mientras que los genios saben perfectamente que ellos (son creados y sustentados por Dios y) con toda seguridad van a comparecer (ante Él para el juicio)[20].
159. ¡Glorificado sea Él, Quien se halla absolutamente por encima de todo lo que Le atribuyen!
160. Pero los siervos de Dios dotados con sinceridad en la fe y que practican la Religión no obran así.
161. Con toda seguridad, vosotros y aquellos que adoráis,
162. No podéis hacer que nadie se desvíe con respecto a Dios,
163. Excepto aquellos que han adoptado voluntariosamente el camino hacia el Fuego Ardiente.
164. (Los ángeles a los que atribuyen ser hijas de Dios dicen): «No hay ninguno entre nosotros sin que tenga su deber y posición asignados,
165. Y sin duda somos aquellos que nos alineamos en filas (siempre que esperamos las órdenes de Dios);
166. Y con toda certeza somos los que Lo glorifican (declarando que Él se halla por encima de tener cualquier defecto y copartícipe)».
167. (Los politeístas) sin duda solían decir:

مَا لَكُمْ كَيْفَ تَحْكُمُونَ ١٥٤ أَفَلَا تَذَكَّرُونَ ١٥٥ أَمْ لَكُمْ سُلْطَانٌ مُبِينٌ ١٥٦
فَأْتُوا بِكِتَابِكُمْ إِنْ كُنْتُمْ صَادِقِينَ ١٥٧ وَجَعَلُوا بَيْنَهُ وَبَيْنَ الْجِنَّةِ نَسَبًا
وَلَقَدْ عَلِمَتِ الْجِنَّةُ إِنَّهُمْ لَمُحْضَرُونَ ١٥٨ سُبْحَانَ اللَّهِ عَمَّا يَصِفُونَ ١٥٩
إِلَّا عِبَادَ اللَّهِ الْمُخْلَصِينَ ١٦٠ فَإِنَّكُمْ وَمَا تَعْبُدُونَ ١٦١ مَا أَنْتُمْ عَلَيْهِ بِفَاتِنِينَ ١٦٢
إِلَّا مَنْ هُوَ صَالِ الْجَحِيمِ ١٦٣ وَمَا مِنَّا إِلَّا لَهُ مَقَامٌ مَعْلُومٌ ١٦٤ وَإِنَّا لَنَحْنُ
الصَّافُّونَ ١٦٥ وَإِنَّا لَنَحْنُ الْمُسَبِّحُونَ ١٦٦ وَإِنْ كَانُوا لَيَقُولُونَ ١٦٧ لَوْ أَنَّ
عِنْدَنَا ذِكْرًا مِنَ الْأَوَّلِينَ ١٦٨ لَكُنَّا عِبَادَ اللَّهِ الْمُخْلَصِينَ ١٦٩ فَكَفَرُوا
بِهِ فَسَوْفَ يَعْلَمُونَ ١٧٠ وَلَقَدْ سَبَقَتْ كَلِمَتُنَا لِعِبَادِنَا الْمُرْسَلِينَ ١٧١ إِنَّهُمْ
لَهُمُ الْمَنْصُورُونَ ١٧٢ وَإِنَّ جُنْدَنَا لَهُمُ الْغَالِبُونَ ١٧٣ فَتَوَلَّ عَنْهُمْ حَتَّىٰ
حِينٍ ١٧٤ وَأَبْصِرْهُمْ فَسَوْفَ يُبْصِرُونَ ١٧٥ أَفَبِعَذَابِنَا يَسْتَعْجِلُونَ ١٧٦
فَإِذَا نَزَلَ بِسَاحَتِهِمْ فَسَاءَ صَبَاحُ الْمُنْذَرِينَ ١٧٧ وَتَوَلَّ عَنْهُمْ حَتَّىٰ
حِينٍ ١٧٨ وَأَبْصِرْ فَسَوْفَ يُبْصِرُونَ ١٧٩ سُبْحَانَ رَبِّكَ رَبِّ الْعِزَّةِ عَمَّا
يَصِفُونَ ١٨٠ وَسَلَامٌ عَلَى الْمُرْسَلِينَ ١٨١ وَالْحَمْدُ لِلَّهِ رَبِّ الْعَالَمِينَ ١٨٢

سُورَةُ صٓ مَكِّيَّةٌ
وَهِيَ ثَمَانٍ وَثَمَانُونَ آيَةً

168. «Si hubiéramos tenido un Recordatorio de lo que aquellos que vivieron antes de nosotros tuvieron,
169. Entonces habríamos sido ciertamente siervos de Dios dotados con sinceridad en la fe y que practican la Religión».
170. Sin embargo (ahora que el Corán ha venido a ellos) no creen en él; así que llegarán a saber.
171. En verdad Nuestra palabra (de promesa) ya ha sido declarada respecto a Nuestros siervos enviados con Nuestro Mensaje (de guía y advertencia):
172. Que sin duda serán ayudados a la victoria,
173. Y sin duda Nuestra hueste (la hueste de los verdaderos creyentes), con toda certeza son los vencedores.

174. Así que apártate de ellos por un tiempo (no hagas caso de lo que hacen y dicen);

175. Y mírales y contempla (a qué fin les llevará su negación), así como ellos también lo contemplarán.

176. ¿O intentan precipitar Nuestro castigo (que les acontezca inmediatamente)?

177. Pero cuando esto desciende abarcándolos, entonces la mañana de los que están advertidos será funesta.

178. Y no hagas caso de lo que dicen y hacen por un tiempo.

179. Y míralos y contempla (cómo será el final de todo el mundo), así como ellos también lo contemplarán.

180. ¡Glorificado sea tu Señor, el Señor de poder y gloria Quien se halla por encima de todo que Le atribuyen!

181. Y la paz sea con los Mensajeros.

182. Y toda la alabanza y la gratitud son para Dios, el Señor de los mundos.

---

20. Según es insinuado en el *sura* 2:30, los genios precedieron al ser humano en la Tierra y gobernaron allí, así que estaban totalmente conscientes del Mensaje Divino. El Mensajero de Dios, la paz y las bendiciones sean con él, también fue enviado a los genios. Esta es la razón por la cual saben bien qué tipo de relación debe haber y hay entre Dios y Sus criaturas.

SURA 38

SAD

Período de La Meca

Este *sura* que consta de 88 versículos toma su título de la letra abreviada o sola *sad* en el primer versículo. Fue revelado a mediados del período de La Meca del Islam, después de la conversión de 'Umar Ibn al-Jattab, que Dios esté complacido con él. Advierte a aquellos que se oponen a la predicación del Mensajero, la paz y las bendiciones sean con él. Llama a obedecer al Mensajero, y da ejemplos de las experiencias de los Mensajeros anteriores.

بِسْمِ اللّٰهِ الرَّحْمٰنِ الرَّحِيمِ

صٓ وَالْقُرْاٰنِ ذِى الذِّكْرِۜ ﴿١﴾ بَلِ الَّذِينَ كَفَرُوا فِى عِزَّةٍ وَشِقَاقٍ ﴿٢﴾
كَمْ اَهْلَكْنَا مِنْ قَبْلِهِمْ مِنْ قَرْنٍ فَنَادَوْا وَلَاتَ حِينَ مَنَاصٍ ﴿٣﴾
وَعَجِبُوا اَنْ جَاۤءَهُمْ مُنْذِرٌ مِنْهُمْ وَقَالَ الْكَافِرُونَ هٰذَا سَاحِرٌ كَذَّابٌ ﴿٤﴾
اَجَعَلَ الْاٰلِهَةَ اِلٰهًا وَاحِدًا اِنَّ هٰذَا لَشَیْءٌ عُجَابٌ ﴿٥﴾ وَانْطَلَقَ الْمَلَاُ
مِنْهُمْ اَنِ امْشُوا وَاصْبِرُوا عَلٰۤى اٰلِهَتِكُمْ اِنَّ هٰذَا لَشَیْءٌ يُرَادُ ﴿٦﴾
مَا سَمِعْنَا بِهٰذَا فِى الْمِلَّةِ الْاٰخِرَةِ اِنْ هٰذَا اِلَّا اخْتِلَاقٌ ﴿٧﴾ ءَاُنْزِلَ
عَلَيْهِ الذِّكْرُ مِنْ بَيْنِنَا بَلْ هُمْ فِى شَكٍّ مِنْ ذِكْرِى بَلْ لَمَّا يَذُوقُوا
عَذَابِ ﴿٨﴾ اَمْ عِنْدَهُمْ خَزَاۤئِنُ رَحْمَةِ رَبِّكَ الْعَزِيزِ الْوَهَّابِ ﴿٩﴾
اَمْ لَهُمْ مُلْكُ السَّمٰوَاتِ وَالْاَرْضِ وَمَا بَيْنَهُمَا فَلْيَرْتَقُوا
فِى الْاَسْبَابِ ﴿١٠﴾ جُنْدٌ مَا هُنَالِكَ مَهْزُومٌ مِنَ الْاَحْزَابِ ﴿١١﴾ كَذَّبَتْ
قَبْلَهُمْ قَوْمُ نُوحٍ وَعَادٌ وَفِرْعَوْنُ ذُو الْاَوْتَادِ ﴿١٢﴾ وَثَمُودُ وَقَوْمُ لُوطٍ
وَاَصْحَابُ لْـَٔيْكَةِ اُولٰۤئِكَ الْاَحْزَابُ ﴿١٣﴾ اِنْ كُلٌّ اِلَّا كَذَّبَ الرُّسُلَ
فَحَقَّ عِقَابِ ﴿١٤﴾ وَمَا يَنْظُرُ هٰۤؤُلَاۤءِ اِلَّا صَيْحَةً وَاحِدَةً مَا لَهَا
مِنْ فَوَاقٍ ﴿١٥﴾ وَقَالُوا رَبَّنَا عَجِّلْ لَنَا قِطَّنَا قَبْلَ يَوْمِ الْحِسَابِ ﴿١٦﴾

اِصْبِرْ

En el Nombre de Dios,
el Misericordioso, el Compasivo.

1. *Sad*. (Juro) por el glorioso Corán que porta el Recordatorio (con la guía a la verdad y la advertencia, que eres quien ha sido enviado para transmitir la Religión de Dios).

2. Sin embargo, aquellos que no creyeron están perdidos en vanagloria y oposición.

3. Destruimos antes de ellos muchas generaciones (quienes persistieron también voluntariosamente en la incredulidad y oposición). (Al final) pidieron auxilio, pero justo cuando era demasiado tarde para que el castigo (que habían ganado) sea cancelado.

4. Consideran extraña la llegada de un advertidor de entre ellos, y los incrédulos dicen: «Este hombre no es sino un hechicero, un impostor (quien hace invenciones en la atribución a Dios).

5. ¡Cómo! ¿Ha convertido todas las deidades en un Único Dios? ¡De verdad, es una cosa muy extraña!».

6. Los líderes entre ellos andaban para incitar uno al otro: «Adelante, permaneced constante a vuestras deidades. Sin duda esto (a lo que llama este hombre) es lo mismo que es deseado ciertamente (deliberadamente trazado por él y aquellos que lo siguen)[1].

7. No hemos oído hablar de esto en recientes sistemas de fe. Esto no es más que una invención[2].

8. ¿De entre todos nosotros el Recordatorio se ha enviado a él?». ¡No! Más bien (a causa de su vanagloria), están perdidos en dudas sobre Mi Recordatorio. ¡No, de verdad! Todavía no han probado Mi castigo (de modo que puedan abandonar su arrogancia y reconocer la verdad)[3].

9. ¿Acaso poseen y controlan los tesoros de la Misericordia de tu Señor, el Glorioso poseedor de irresistible poder, el Dador, (que se atreven a oponerse a que eres elegido como el Mensajero)?

10. ¿O poseen la soberanía de los Cielos y la Tierra y todo lo que se halla entre ellos? Entonces que asciendan a los Cielos por las cuerdas (y mira si pueden impedir que el Mensaje te sea enviado).

11. No son nada más que un grupo desordenado de las partes (desunidas) que esperan una derrota (tan cierta como la derrota de las hordas de los tiempos antiguos que rechazaron a los Mensajeros y se rebajaron completamente).

12. Antes de ellos, la gente de Noé negó (a su Mensajero), y la gente de Ad, y Faraón con las fortalezas formidables.

13. Y también la gente de Zamud y Lot, y la gente de al-Aykah. Aquellos son las hordas (de tiempos antiguos).

14. Todos y cada uno han negado a los Mensajeros (enviados a ellos) y, por lo tanto, Mi justo castigo fue su justo e inevitable merecido.

15. Estos esperan una sola ráfaga, que tolerará ningún retraso (para darles plazo).

16. Sin embargo, dicen: «¡Señor nuestro! Precipita sobre nosotros nuestra parte antes del Día de Juicio Final!».

---

1. Como la gente destacada entre la gente de Noé, la paz sea con él, quien reaccionó ante su llamada, diciendo, «*Solo desea ganar superioridad sobre vosotros*» (23:24), los politeístas más destacados de La Meca aseveraron que lo que el Mensajero de Dios, la paz y las bendiciones sean con él, deseó con su llamada, y aquellos que le siguieron, era el liderazgo y un alto cargo en La Meca.

2. Cuando 'Umar se hizo musulmán, la camarilla principal de Quraish se puso furiosa. Pensaron que el Mensajero, la paz y las bendiciones sean con él, y los que le siguieron desearon el liderazgo en La Meca y, por lo tanto, pensaron que su posición fue amenazada por su llamada. Dirigido por Abu Yahl, fueron a Abu Talib, el tío del Mensajero, y sugirieron que el Mensajero, la paz y las bendiciones sean con él, continuara siguiendo su propia Religión pero dejara de predicarla. El Mensajero de Dios, la paz y las bendiciones sean con él, respondió a esta propuesta: «¡Oh mi tío! Sé y les llamo a una palabra que si lo pronuncian, no sólo los otros árabes sino también otros pueblos les seguirán». Siendo incapaces de discutir esa palabra, preguntaron qué era. El Mensajero, la paz y las bendiciones sean con él, respondió: «No hay más deidad sino Dios». Reaccionaron muy fuertemente: «No hemos oído hablar de esto en recientes sistemas de fe. Esto no es más que una invención» (at-Tirmizi, «Tafsir», 39).

3. Aunque los castigos Divinos que aparecen en el mundo hacen a algunos reconocer la verdad, la mayor parte de los incrédulos la reconocen generalmente en el momento de la muerte, o cuando el castigo llega en la forma de destrucción total. Sin embargo, este reconocimiento no les sirve de nada, justo como su reconocimiento durante la destrucción final del mundo no les beneficiará lo más mínimo.

اِصْبِرْ عَلٰى مَا يَقُولُونَ وَاذْكُرْ عَبْدَنَا دَاوُدَ ذَا الْاَيْدِۚ اِنَّهُ اَوَّابٌ ﴿١٧﴾
اِنَّا سَخَّرْنَا الْجِبَالَ مَعَهُ يُسَبِّحْنَ بِالْعَشِيِّ وَالْاِشْرَاقِۙ ﴿١٨﴾ وَالطَّيْرَ
مَحْشُورَةًۜ كُلٌّ لَهُ اَوَّابٌ ﴿١٩﴾ وَشَدَدْنَا مُلْكَهُ وَاٰتَيْنَاهُ الْحِكْمَةَ وَفَصْلَ
الْخِطَابِ ﴿٢٠﴾ وَهَلْ اَتٰيكَ نَبَؤُا الْخَصْمِۢ اِذْ تَسَوَّرُوا الْمِحْرَابَۙ ﴿٢١﴾
اِذْ دَخَلُوا عَلٰى دَاوُدَ فَفَزِعَ مِنْهُمْ قَالُوا لَا تَخَفْۚ خَصْمَانِ بَغٰى
بَعْضُنَا عَلٰى بَعْضٍ فَاحْكُمْ بَيْنَنَا بِالْحَقِّ وَلَا تُشْطِطْ وَاهْدِنَا
اِلٰى سَوَاءِ الصِّرَاطِ ﴿٢٢﴾ اِنَّ هٰذَا اَخ۪ي لَهُ تِسْعٌ وَتِسْعُونَ نَعْجَةً
وَلِيَ نَعْجَةٌ وَاحِدَةٌ فَقَالَ اَكْفِلْنِيهَا وَعَزَّنِي فِي الْخِطَابِ ﴿٢٣﴾
قَالَ لَقَدْ ظَلَمَكَ بِسُؤَالِ نَعْجَتِكَ اِلٰى نِعَاجِهِۜ وَاِنَّ كَث۪يرًا مِنَ الْخُلَطَٓاءِ
لَيَبْغ۪ي بَعْضُهُمْ عَلٰى بَعْضٍ اِلَّا الَّذ۪ينَ اٰمَنُوا وَعَمِلُوا الصَّالِحَاتِ
وَقَل۪يلٌ مَا هُمْۜ وَظَنَّ دَاوُدُ اَنَّمَا فَتَنَّاهُ فَاسْتَغْفَرَ رَبَّهُ وَخَرَّ رَاكِعًا
وَاَنَابَ ﴿٢٤﴾ فَغَفَرْنَا لَهُ ذٰلِكَۜ وَاِنَّ لَهُ عِنْدَنَا لَزُلْفٰى وَحُسْنَ مَاٰبٍ ﴿٢٥﴾
يَا دَاوُدُ اِنَّا جَعَلْنَاكَ خَل۪يفَةً فِي الْاَرْضِ فَاحْكُمْ بَيْنَ النَّاسِ بِالْحَقِّ
وَلَا تَتَّبِعِ الْهَوٰى فَيُضِلَّكَ عَنْ سَب۪يلِ اللّٰهِۜ اِنَّ الَّذ۪ينَ يَضِلُّونَ
عَنْ سَب۪يلِ اللّٰهِ لَهُمْ عَذَابٌ شَد۪يدٌ بِمَا نَسُوا يَوْمَ الْحِسَابِۚ ﴿٢٦﴾

17. Aguanta pacientemente todo lo que digan, y recuerda a Nuestro siervo David, poderoso (en su glorificación de Dios, en el conocimiento, en el reino y en la lucha). Sin duda él era quien se tornaba siempre a Dios en contrición.

18. Sometimos las montañas para glorificar (a su Señor) junto con él por la tarde y por la mañana luminosa,

19. Y los pájaros reunidos: todos se tornaron a Él (en devoción y glorificación).

20. Fortalecimos su reino, y le concedimos sabiduría y el discurso decisivo (para informar, convencer y dirigir).

21. Ahora, ¿te ha llegado el informe de los litigantes, cuando treparon por la pared a la cámara real?

22. Cuando aparecieron ante David, se sorprendió. Dijeron: «¡No te asustes! (Somos) dos partes litigantes: una parte violó el derecho de la otra. Así que juzga entre nosotros con la verdad; no seas injusto; y dirígenos al camino llano».

23. (Uno de ellos explicó el caso): «Este es mi hermano: tiene noventa y nueve ovejas, y yo tengo solo una. Entonces él dijo, "Cédemelo a mí", y él me dominó por (su fuerza de) discurso».

24. David dijo: «Indudablemente ha sido injusto contigo queriendo añadir tu única oveja a sus propias ovejas. Realmente hay muchos que son socios comerciales que violan derechos mutuamente, excepto los que creen y hacen actos buenos y rectos; y ¡qué pocos son!». David llegó a entender que lo habíamos puesto a prueba, así que él pidió a su Señor que le perdonase, y cayó al suelo en postración, y se dirigió a Dios en contrición.

25. Así se lo perdonamos. Sin duda poseyó proximidad a Nosotros, y un lugar excelente de retorno final.

26. ¡Oh David! Te hemos nombrado como vicerregente en la Tierra (para gobernar según Nuestros mandamientos); entonces, juzga entre la gente con la verdad, y no sigas tus deseos e inclinaciones personales, para que no te hagan extraviarte del camino de Dios. Sin duda, los que se desvían del camino de Dios, para ellos hay un castigo severo porque se han olvidado del Día de Juicio Final[4].

4. Lo esencial de la prueba que Dios puso a David debe ser de modo siguiente:

Todos los Mensajeros fueron enviados para transmitir el Mensaje de Dios a la gente. Sin embargo, cada uno tenía una misión particular dentro de esta misión general según las demandas y las condiciones del tiempo, y por lo tanto estuvo dotado de una capacidad especial propia de él. Por ejemplo, Dios nombró al profeta Abraham como líder (*imán*), a David como vicerregente (*califa*), y a Salomón como rey (*malik*), la paz sea sobre todos ellos. Sin embargo, antes de que fueran nombrados para tales deberes particulares, cada uno tuvo que pasar una prueba ardua.

Dios puso a prueba a Abraham, la paz sea con él, con mandamientos severos y experiencias terribles (tales como ser lanzado a un fuego, la destrucción de la gente del profeta Lot, la paz sea con él, el cual era su pariente, estar obligado a dejar a su patria y familia, y ser ordenado sacrificar a su hijo, Ismael, la paz sea con él), que todas las cuales ha cumplido meticulosamente, Él lo nombró *imán* (el que dirige a la gente en todos los asuntos). Él puso a prueba al profeta David, la paz sea con él, mencionado en los versículos 21-24 en este *sura*; y cuando David, la paz sea con él, tuvo éxito, Él lo nombró como *califa* (vicerregente: el que juzga y gobierna según los mandamientos de Dios). Él también puso a prueba al profeta Salomón, la paz sea con él, como se mencionará en el versículo 34 de este *sura*; y cuando Salomón, la paz sea con él, tuvo éxito, Él le hizo un rey investido con gran poder. Debemos señalar que el imanato, el califato (vicerregencia) y el reino son todas misiones específicas dentro de la misión abarcadora de la Misión Profética. Podemos deducir de este hecho que cualquier prueba que un Mensajero en particular tuvo que pasar era propia de la misión para la cual había sido elegido. Así que la prueba del profeta David, la paz sea con él, era la de juzgar entre la gente.

Si los litigantes que se presentaron ante David, la paz sea con él, trepando por las altas paredes de su cámara real eran los ángeles que aparecieron en forma de seres humanos o no, lo que pensó David de lo que se equivocó debe ser juzgar antes de escuchar a ambas partes. Cuando escuchó al que se quejó de su hermano (hermano de religión o socio comercial), o David sintió en sí mismo que este hombre debe ser veraz o algún otro signo le convenció de que el hombre hablara la verdad, o quizás su juicio estaba basado en la compasión que David sintió hacia él; de todas formas, David, la paz sea con él, pronunció el juicio antes de escuchar a la otra parte. Luego él llegó a entender que Dios lo había puesto a prueba y pensó que se equivocó. Puesto que él era un Mensajero, tornándose siempre a Dios en la devoción sincera, otra vez se tornó a Él en contrición y pidió perdón. Dios lo perdonó, que significó que David, la paz sea con él, había pasado la prueba, y entonces designó a David vicerregente.

El versículo 20 indica que Dios favoreció a David, la paz sea con él, con, además de otras bendiciones, el poder de discurso para clarificar todos los asuntos perfectamente y convencer a su audiencia. Es muy significativo que el que presenta una queja sobre su hermano había dicho que el otro le había dominado por (su fuerza de) discurso (versículo 23). Así pues, con esta prueba, Dios debe haber advertido a David, la paz sea con él, del discurso poderoso a la hora de juzgar entre la gente. El Mensajero de Dios, la paz y las bendiciones sean con él, llama nuestra atención a este punto: «Soy un hombre mortal como vosotros. Venís a mí para que juzgue los asuntos entre vosotros. Es posible que alguno de vosotros sea más convincente que otros, y yo juzgo a su favor según lo que escucho. (Así que cada uno debe decir la verdad). Porque si juzgo a favor de alguien contra el derecho de su hermano, que sepa que le he cedido un tizón del fuego del Infierno» (al-Bujari, «Shahadah», 27; Muslim, «'Aqdiyah», 5).

27. No hemos creado los Cielos y la Tierra y todo lo que se halla entre ellos inútilmente (de modo que la gente piense que están en libertad para actuar cada uno según sus propios deseos e inclinaciones). Esa es mera conjetura de los incrédulos. ¡Pobre de aquellos incrédulos por el Fuego!

28. ¿Acaso (piensan que) tratamos a los que creen y hacen actos buenos y rectos igual que a los que causan desorden y corrupción en la Tierra, o (que) tratamos a los piadosos devotos igual que a los desvergonzados y disolutos?

29. Este es un Libro, el cual te enviamos, lleno de bendiciones, de modo que ellos (todos los seres conscientes y responsables) puedan reflexionar sobre sus versículos, y que la gente de discernimiento pueda reflexionar en ello y ser considerada.

30. Concedimos a David (quien era perfectamente recto en su Califato), a Salomón. ¡Cuán excelente siervo era Salomón! Sin duda él era quien se tornaba siempre a Dios en contrición[5].

31. Una vez, por la tarde, se presentaron ante él caballos de raza (adiestrados para la lucha en la causa de Dios, tranquilos mientras estén parados, y rápidos al correr).

32. (Después de observarlos por un tiempo,) dijo: «En realidad mi amor por estos caballos es (no de parte de ellos, sino) porque sirven para recordar a mi Señor (y transmitir Su Nombre a otras tierras)». Y los caballos fueron ocultados por el velo de la distancia.

33. (Ordenó): «Traédmelos de nuevo. Luego, él almohazó sus patas y cuellos[6].

وَمَا خَلَقْنَا السَّمَاءَ وَالْأَرْضَ وَمَا بَيْنَهُمَا بَاطِلًا ذَٰلِكَ ظَنُّ الَّذِينَ
كَفَرُوا فَوَيْلٌ لِلَّذِينَ كَفَرُوا مِنَ النَّارِ ٢٧ أَمْ نَجْعَلُ الَّذِينَ آمَنُوا
وَعَمِلُوا الصَّالِحَاتِ كَالْمُفْسِدِينَ فِي الْأَرْضِ أَمْ نَجْعَلُ الْمُتَّقِينَ
كَالْفُجَّارِ ٢٨ كِتَابٌ أَنْزَلْنَاهُ إِلَيْكَ مُبَارَكٌ لِيَدَّبَّرُوا آيَاتِهِ وَلِيَتَذَكَّرَ
أُولُو الْأَلْبَابِ ٢٩ وَوَهَبْنَا لِدَاوُودَ سُلَيْمَانَ نِعْمَ الْعَبْدُ إِنَّهُ أَوَّابٌ ٣٠
إِذْ عُرِضَ عَلَيْهِ بِالْعَشِيِّ الصَّافِنَاتُ الْجِيَادُ ٣١ فَقَالَ إِنِّي أَحْبَبْتُ
حُبَّ الْخَيْرِ عَنْ ذِكْرِ رَبِّي حَتَّىٰ تَوَارَتْ بِالْحِجَابِ ٣٢ رُدُّوهَا
عَلَيَّ فَطَفِقَ مَسْحًا بِالسُّوقِ وَالْأَعْنَاقِ ٣٣ وَلَقَدْ فَتَنَّا سُلَيْمَانَ وَأَلْقَيْنَا
عَلَىٰ كُرْسِيِّهِ جَسَدًا ثُمَّ أَنَابَ ٣٤ قَالَ رَبِّ اغْفِرْ لِي وَهَبْ لِي
مُلْكًا لَا يَنْبَغِي لِأَحَدٍ مِنْ بَعْدِي إِنَّكَ أَنْتَ الْوَهَّابُ ٣٥ فَسَخَّرْنَا
لَهُ الرِّيحَ تَجْرِي بِأَمْرِهِ رُخَاءً حَيْثُ أَصَابَ ٣٦ وَالشَّيَاطِينَ كُلَّ
بَنَّاءٍ وَغَوَّاصٍ ٣٧ وَآخَرِينَ مُقَرَّنِينَ فِي الْأَصْفَادِ ٣٨ هَٰذَا عَطَاؤُنَا
فَامْنُنْ أَوْ أَمْسِكْ بِغَيْرِ حِسَابٍ ٣٩ وَإِنَّ لَهُ عِنْدَنَا لَزُلْفَىٰ وَحُسْنَ
مَآبٍ ٤٠ وَاذْكُرْ عَبْدَنَا أَيُّوبَ إِذْ نَادَىٰ رَبَّهُ أَنِّي مَسَّنِيَ الشَّيْطَانُ
بِنُصْبٍ وَعَذَابٍ ٤١ ارْكُضْ بِرِجْلِكَ هَٰذَا مُغْتَسَلٌ بَارِدٌ وَشَرَابٌ ٤٢

وَوَهَبْنَا

34. Sin duda, pusimos a prueba a Salomón y pusimos un cuerpo sin vida sobre su trono. Luego, se tornó (a Dios) en contrición.

35. Él suplicó: «Señor mío, perdóname, y concédeme un reino que nadie pueda heredar después de mí[7]. Sin duda Tú eres el Dador».

36. (Aceptamos su súplica y) sometimos el viento a su servicio, así que corrió suavemente por su orden dondequiera que quiso;[8]

37. Y en cuanto a los demonios (diablos), (los hicimos sumisos a él) cada albañil (en la Tierra) y buceador (para extraer piedras preciosas del mar)[9];

38. Y a otros (de los genios rebeldes) ligados con collares y cadenas[10].

39. «Este es Nuestro regalo, así que concede (de ello), o retén (de ello), sin cuentas que saldar (que pueda disminuirse o que se te rendirá cuentas por ello)».
40. Sin duda poseyó proximidad a Nosotros, y un lugar excelente del retorno final.
41. Y recuerda a Nuestro siervo, Job, cuando llamó a su Señor: «Sin duda Satán me ha hecho sufrir y padecer mucho»[11].
42. (Le dijimos:) «Golpea la tierra con tu pie: aquí está el agua fresca para lavarse y para beber»[12].

---

5. El Corán menciona la función o los deberes básicos de un Mensajero en el versículo 2:151 del modo siguiente:

Igualmente os hemos enviado un Mensajero de entre vosotros mismos, que os recita Nuestras Revelaciones, os purifica (de falsas creencias, faltas y todo tipo de impurezas), os instruye en el Libro y la Sabiduría y os instruye en lo que no sabéis.

El término «imanato» se utiliza en el sentido de guiar a la gente a la verdad en todos los asuntos, especialmente en los asuntos meramente religiosos, y conduciéndoles en la vida; el «califato» es empleado en el sentido de juzgar, particularmente entre la gente con la verdad; mientras que el «reino» se utiliza en el sentido de disfrutar de la autoridad o soberanía temporal en sumo grado; todos éstos son incluidos en las funciones de la Misión Profética cuando el tiempo y las condiciones los requieren. El imanato no requiere un califato o un reino, tampoco cada califa, rey o soberano es un *imán* en todos los asuntos. Sin embargo, el califato y el reino ambos requieren el sometimiento y la lealtad de la gente. Por lo tanto ni el califato ni el reino referido por el Corán es igual que el absolutismo. Es significativo que el Mensajero de Dios, la paz y las bendiciones sean con él, emigró a Medina después de que los musulmanes le jurasen lealtad en Medina, y sintió la necesidad de renovar esta lealtad antes de intentar realizar ciertas tareas importantes. Además, él nunca omitió consultar con sus Compañeros, los ciudadanos del estado musulmán en su época, en todos los asuntos sociales y políticos. El Islam insiste en la necesidad de la consulta o un gobierno consultivo, y la libertad de opinión en todos los asuntos sociales y políticos. En la historia de los Hijos de Israel, el período de fundación de un gobierno o tener califas o reyes comenzó después de la demanda de los Hijos de Israel a tener un comandante-rey para luchar contra sus enemigos (2:246-247). En su historia, el profeta Moisés era un Mensajero e Imán, David era un Mensajero y Califa, y Salomón era Mensajero y Rey, la paz sea con todos ellos.

6. El profeta Salomón, la paz sea con él, era un Profeta y un rey. Pero nada del mundo, incluso estos caballos de raza, criados y entrenados para luchar en la causa de Dios, nunca le impidió recordar a Dios, porque el recuerdo de Dios es la cosa más importante. Él amó todas las cosas por Dios o debido a su amor hacia Dios. Así que estos tres versículos, que vienen después del versículo que indica que Salomón, la paz sea con él, era quien se tornaba siempre a Dios en devoción, enfatizan la profunda devoción de Salomón a Dios a pesar de ser un poderoso rey.

7. Cuando consideramos la prueba del profeta Salomón, la paz sea con él, desde el punto de vista de su rezo subsiguiente y el hecho de que, según lo explicado en la nota 4 anterior, un Mensajero es puesto a prueba con respecto al aspecto particular de su Misión Profética, además de considerar una Tradición Profética relacionada con ese acontecimiento, podemos concluir que la prueba por la cual pasó el profeta Salomón, la paz sea con él, debe ser relacionada con su reino.

El profeta Abraham, la paz sea con él, pidió a Dios que le concediera un hijo (37:100). Dios aceptó su invocación y le concedió a Ismael cuando él era un anciano. Entonces Abraham fue puesto a prueba con la orden de ofrecer a Ismael como sacrificio, la paz sea con ambos. Cuando tuvo éxito en esto, Dios le concedió a Isaac, la paz sea con él, y muchos nietos. El profeta Abraham, la paz sea con él, demostró que su deseo de un hijo era debido a su deseo de la continuación de su misión. Igualmente, el profeta Zacarías, la paz sea con él, también rogó por un hijo (19:5-6), y también fue puesto a prueba al contemplar el martirio de su hijo, el profeta Juan, la paz sea con él, ante él. Cuanto mayor un favor es, mayor es la responsabilidad y el sufrimiento que resulta. Según lo señalado por alguna gente, el profeta Salomón deseó que su reino continuara por medio de su descendencia, y según lo relatado del Mensajero de Dios para tener hijos que lucharían por la causa de Dios (al-Bujari, «Anbiya», 40). Esto era, por supuesto, porque él deseó ganar espirituales recompensas ininterrumpidas mediante su descendencia, y de modo que la Soberanía Divina en el reino humano pudiera continuar sin disminuir. Sin embargo, la voluntad de Dios era diferente. Cómo y por quién la gente debe ser gobernada depende de qué clase de gobierno y gobernante merecen, como consecuencia de su nivel espiritual, moral e intelectual en la observancia del Islam. Así que el cuerpo sin vida puesto sobre su trono podría ser el cuerpo de uno de sus hijos, o del hijo que deseaba que le sucediera. Después de lo cual, el profeta Salomón rogó a Dios que si pudiera concederle tal reino que, a través del cual, podría servirle a Él hasta tal punto de que toda su descendencia habría servido si lo hubieran sucedido, y nadie más podría servirlo con el reino hasta ese punto. Ya que esto significó que podría haber sana competición en el servicio de Dios, y ya que él era perfectamente sincero en su súplica —pidió tal reino solamente por el servicio de Dios— su súplica fue aceptada.

8. Para las declaraciones similares y una explicación, véanse el *sura* 21:81, nota 11; el *sura* 34:12.

9. Véanse el *sura* 21:82, nota 12; el *sura* 34:13.

10. Estos collares y cadenas deben ser de una clase propia de los genios.

11. En cuanto al sufrimiento de Job y su súplica a Dios, véase el *sura* 21:83-84, notas 15-16.

Para cualquier acontecimiento que va a ocurrir, para una cosa que va a nacer y desaparecer, y para una bendición o una aflicción que sufrirá una persona, hay dos causas: una es aparente y visible, o sea material; la otra verdadera e invisible. La primera causa se relaciona con el mundo material con los seres en ello y los seres humanos mismos, mientras que la segunda se relaciona con Dios. Dios permite que algo bueno o malo le acontezca a una persona o debido a la creencia o incredulidad de esa persona; acciones e intenciones buenas o malas; o simplemente como una bendición o daño para ellos, o ponerla a prueba o hacerle subir a altos rangos. Como todas las demás causas aparentes y materiales, Satán es también una causa para que los seres humanos actúen. Como todas las demás causas materiales, tampoco tiene ningún efecto creativo en cualquier cosa que va a ocurrir. Así pues, el acto de atribuir su aflicción a Satanás por parte del profeta Job como causa se puede considerar como la calificación del profeta Moisés de la enemistad y la lucha que causó la muerte de alguien como la obra de Satanás, o que Satanás y otros genios pueden causar realmente algunas enfermedades en el cuerpo humano. La segunda alternativa requiere investigación médica.

Otro punto que debe ser mencionado aquí es que aunque los Profetas son impecables, éste no les impide considerarse como teniendo defectos y falsos, o pedir perdón a Dios. Como son extremadamente conscientes de sus deberes y su relación con Dios, pidieron el perdón de Dios mucho más que otra gente. El Mensajero de Dios, la paz y las bendiciones sean con él, dice: «Pido perdón de Dios y me torno a Él en arrepentimiento (según al-Bujari, «Da'awat», 3) más de setenta veces, (o según Muslim, «Zikr», 41, cien veces al día)».

12. El profeta Job, la paz sea con él, debe haber sufrido una enfermedad de la piel. Cuando él golpeó la tierra con su pie, Dios hizo brotar un manantial. Cuando se lavó con esta agua y bebió de ella, su enfermedad se le curó, por la voluntad de Dios.

وَوَهَبْنَا لَهُٓ اَهْلَهُ وَمِثْلَهُمْ مَعَهُمْ رَحْمَةً مِنَّا وَذِكْرٰى لِاُو۬لِى الْاَلْبَابِ ﴿٤٣﴾
وَخُذْ بِيَدِكَ ضِغْثًا فَاضْرِبْ بِهٖ وَلَا تَحْنَثْ اِنَّا وَجَدْنَاهُ صَابِرًا
نِعْمَ الْعَبْدُ اِنَّهُٓ اَوَّابٌ ﴿٤٤﴾ وَاذْكُرْ عِبَادَنَٓا اِبْرٰهٖيمَ وَاِسْحٰقَ
وَيَعْقُوبَ اُو۬لِى الْاَيْدٖى وَالْاَبْصَارِ ﴿٤٥﴾ اِنَّٓا اَخْلَصْنَاهُمْ بِخَالِصَةٍ
ذِكْرَى الدَّارِ ﴿٤٦﴾ وَاِنَّهُمْ عِنْدَنَا لَمِنَ الْمُصْطَفَيْنَ الْاَخْيَارِ ﴿٤٧﴾
وَاذْكُرْ اِسْمٰعٖيلَ وَالْيَسَعَ وَذَا الْكِفْلِ وَكُلٌّ مِنَ الْاَخْيَارِ ﴿٤٨﴾
هٰذَا ذِكْرٌ وَاِنَّ لِلْمُتَّقٖينَ لَحُسْنَ مَاٰبٍ ﴿٤٩﴾ جَنَّاتِ عَدْنٍ مُفَتَّحَةً لَهُمُ
الْاَبْوَابُ ﴿٥٠﴾ مُتَّكِـٖٔينَ فٖيهَا يَدْعُونَ فٖيهَا بِفَاكِهَةٍ كَثٖيرَةٍ وَشَرَابٍ ﴿٥١﴾
وَعِنْدَهُمْ قَاصِرَاتُ الطَّرْفِ اَتْرَابٌ ﴿٥٢﴾ هٰذَا مَا تُوعَدُونَ لِيَوْمِ
الْحِسَابِ ﴿٥٣﴾ اِنَّ هٰذَا لَرِزْقُنَا مَا لَهُ مِنْ نَفَادٍ ﴿٥٤﴾ هٰذَا وَاِنَّ
لِلطَّاغٖينَ لَشَرَّ مَاٰبٍ ﴿٥٥﴾ جَهَنَّمَ يَصْلَوْنَهَا فَبِئْسَ الْمِهَادُ ﴿٥٦﴾
هٰذَا فَلْيَذُوقُوهُ حَمٖيمٌ وَغَسَّاقٌ ﴿٥٧﴾ وَاٰخَرُ مِنْ شَكْلِهٖٓ اَزْوَاجٌ ﴿٥٨﴾
هٰذَا فَوْجٌ مُقْتَحِمٌ مَعَكُمْ لَا مَرْحَبًا بِهِمْ اِنَّهُمْ صَالُوا النَّارِ ﴿٥٩﴾
قَالُوا بَلْ اَنْتُمْ لَا مَرْحَبًا بِكُمْ اَنْتُمْ قَدَّمْتُمُوهُ لَنَا فَبِئْسَ الْقَرَارُ ﴿٦٠﴾
قَالُوا رَبَّنَا مَنْ قَدَّمَ لَنَا هٰذَا فَزِدْهُ عَذَابًا ضِعْفًا فِى النَّارِ ﴿٦١﴾

43. Le concedimos su familia y otro tanto junto con ellos como misericordia de Nosotros, y como un recordatorio (con guía e instrucción) para la gente de discernimiento.

44. (También le dijimos): «Toma un haz de juncos y golpea con ello: no rompas tu juramento»[13]. Sin duda, lo encontramos lleno de paciencia y constancia. ¡Cuán excelente siervo era! Sin duda él era quien se tornaba siempre a Dios en contrición.

45. Y recuerda a Nuestros siervos, Abraham e Isaac y Jacob, dotados de poder (en obediencia a Dios y hacer buenos actos), y perspicacia (para distinguir la verdad en cosas y acontecimientos).

46. Los hicimos perfectamente puros y sinceros en virtud de una característica más pura: su constante recuerdo de la Morada (del Más Allá).

47. Están ante Nuestra vista entre los perfectamente purificados, elegidos y verdaderamente buenos.

48. Y también recuerda a Ismael y al-Yasa'a (Isaías)[14], y Zu'l-Kifl[15]. Cada uno de ellos es de los verdaderamente buenos.

49. Todo esto es un recuerdo (de la excelencia de aquellos que hemos mencionado, y una instrucción para la gente). Para los piadosos devotos, hay una morada excelente de retorno:

50. Jardines de dicha eterna que sus puertas están completamente abiertas a ellos,

51. En los cuales se recostarán (en los tronos), pidiendo allí muchas frutas y bebidas.

52. Y con ellos estarán cónyuges puros y de ojos recatados, muy iguales (cuyas miradas están fijas sólo en sus cónyuges).

53. Esto es lo que os ha sido prometido para el Día del Juicio Final.

54. Con toda seguridad esta es Nuestra provisión (para vosotros), sin disminución (ni fin) en ello.

55. Todo esto (es para aquellos piadosos devotos); pero para los rebeldes se da una mala morada de retorno:

56. El Infierno, donde entrarán para abrasarse. ¡Cuán maligno lecho es!

57. Esto (es pues para ellos), así que lo prueben: agua hirviente y líquido intensamente frío y oscuro.

58. Y junto con eso, otro (tormento) de una naturaleza similar.

59. «(¡Oh rebeldes!) ¡Aquí está la multitud de gente que se precipitaron ciegamente a pecar en vuestra compañía (mientras se hallaban en el mundo, y

ahora se precipitarán a entrar en el Fuego junto con vosotros)!» (Los rebeldes lloran gritando:) «¡No sean bienvenidos! Sin duda entrarán en el Fuego para abrasarse».
60. Ellos (quienes habían seguido ciegamente) dicen: «¡No! ¡Más bien vosotros, no seáis bienvenidos! Sois vosotros quienes prepararon esto para nosotros (desde el mundo)!». Entonces, ¡cuán maligna morada es!
61. Y dicen (suplicando): «¡Señor nuestro! ¡A quien preparó esto para nosotros, auméntale su castigo doblándolo en el Fuego!».

---

13. Mientras estaba enfermo, el profeta Job, la paz sea con él, juró por Dios que si Dios le devolviera la salud, castigaría a su esposa con azotes porque ella había cometido un error. Dios le reveló que podría cumplir con su voto golpeándole con un haz de (tantos) juncos (como la cantidad de azotes con lo cual juró castigarla). Hay una regla en la Shari‘ah: si el culpable está tan enfermo que no hay alguna posibilidad de recuperación, o si es demasiado viejo, debe ser golpeado solamente una vez con una rama con tantas ramitas como la cantidad de los azotes con los cuales el culpable debe ser castigado, o con una escoba con el mismo número de pajas, para cumplir con los requisitos formales de la Ley.

14. Al-Yasa‘a, quien está mencionado también en el *sura* 6:86, es muy probable que sea Isaías, la paz sea con él, en la Biblia. Sucedió al profeta Ilyas (Elías), la paz sea con él, y se opuso resistentemente contra la adoración del ídolo Ba‘l en Israel. Sin embargo, después de su muerte, la idolatría y los males reaparecieron en Israel, y esto fue seguido por ataques de los asirios. Después de una serie de ataques, el cruel rey asirio, Sargon, puso fin al reino de Israel en 721 a. C.

15. Sobre Zu’l-Kifl, véase el *sura* 21:85, nota 17.

وَقَالُوا مَا لَنَا لَا نَرٰى رِجَالًا كُنَّا نَعُدُّهُمْ مِنَ الْاَشْرَارِ ﴿٦٢﴾ اَتَّخَذْنَاهُمْ
سِخْرِيًّا اَمْ زَاغَتْ عَنْهُمُ الْاَبْصَارُ ﴿٦٣﴾ اِنَّ ذٰلِكَ لَحَقٌّ تَخَاصُمُ اَهْلِ
النَّارِ ﴿٦٤﴾ قُلْ اِنَّمَا اَنَا مُنْذِرٌ وَمَا مِنْ اِلٰهٍ اِلَّا اللّٰهُ الْوَاحِدُ الْقَهَّارُ ﴿٦٥﴾
رَبُّ السَّمٰوَاتِ وَالْاَرْضِ وَمَا بَيْنَهُمَا الْعَزِيزُ الْغَفَّارُ ﴿٦٦﴾ قُلْ هُوَ
نَبَؤٌا عَظِيمٌ ﴿٦٧﴾ اَنْتُمْ عَنْهُ مُعْرِضُونَ ﴿٦٨﴾ مَا كَانَ لِيَ مِنْ عِلْمٍ بِالْمَلَاِ
الْاَعْلٰى اِذْ يَخْتَصِمُونَ ﴿٦٩﴾ اِنْ يُوحٰى اِلَيَّ اِلَّا اَنَّمَا اَنَا نَذِيرٌ مُبِينٌ ﴿٧٠﴾
اِذْ قَالَ رَبُّكَ لِلْمَلٰٓئِكَةِ اِنّي خَالِقٌ بَشَرًا مِنْ طِينٍ ﴿٧١﴾ فَاِذَا سَوَّيْتُهُ
وَنَفَخْتُ فِيهِ مِنْ رُوحي فَقَعُوا لَهُ سَاجِدينَ ﴿٧٢﴾ فَسَجَدَ الْمَلٰٓئِكَةُ
كُلُّهُمْ اَجْمَعُونَ ﴿٧٣﴾ اِلَّا اِبْليسَ اِسْتَكْبَرَ وَكَانَ مِنَ الْكَافِرينَ ﴿٧٤﴾
قَالَ يَٓا اِبْليسُ مَا مَنَعَكَ اَنْ تَسْجُدَ لِمَا خَلَقْتُ بِيَدَيَّ اَسْتَكْبَرْتَ
اَمْ كُنْتَ مِنَ الْعَالينَ ﴿٧٥﴾ قَالَ اَنَا خَيْرٌ مِنْهُ خَلَقْتَني مِنْ نَارٍ وَخَلَقْتَهُ
مِنْ طينٍ ﴿٧٦﴾ قَالَ فَاخْرُجْ مِنْهَا فَاِنَّكَ رَجيمٌ ﴿٧٧﴾ وَاِنَّ عَلَيْكَ
لَعْنَتي اِلٰى يَوْمِ الدّينِ ﴿٧٨﴾ قَالَ رَبِّ فَاَنْظِرْني اِلٰى يَوْمِ يُبْعَثُونَ ﴿٧٩﴾
قَالَ فَاِنَّكَ مِنَ الْمُنْظَرينَ ﴿٨٠﴾ اِلٰى يَوْمِ الْوَقْتِ الْمَعْلُومِ ﴿٨١﴾
قَالَ فَبِعِزَّتِكَ لَاُغْوِيَنَّهُمْ اَجْمَعينَ ﴿٨٢﴾ اِلَّا عِبَادَكَ مِنْهُمُ الْمُخْلَصينَ ﴿٨٣﴾

قَالَ

62. Y (los rebeldes) dicen: «¿Qué nos pasa que no podemos ver a los hombres (los pobres y los creyentes débiles) a quienes solíamos contar entre los malvados,

63. De quienes solíamos mofarnos? ¿O es que (están aquí con nosotros, pero) nuestros ojos no los han visto (justo como pasamos de ellos con desprecio en el mundo)?».

64. Así, en verdad, será la discusión mutua de la gente del Fuego.

65. Di: «Soy solamente un advertidor. No hay más deidad sino Dios, Aquel (Quien no tiene ningún par o parecido o que sea comparable a Él), el Irresistible (con dominio absoluto sobre todo lo que existe).

66. El Señor de los Cielos y la Tierra y todo lo que se halla entre ellos, el Glorioso poseedor de irresistible poder, Perdonador».

67. Di: «Este (Corán) es un mensaje supremo.

68. Os apartáis de él en aversión.

69. No tengo ningún conocimiento de la Suprema Asamblea (en los Cielos) cuando estaban discutiendo[16].

70. (Sigo solamente lo que es revelado a mí y) es revelado a mí que soy solamente un manifiesto advertidor».

71. (Recuerda) cuando tu Señor dijo a los ángeles: «Voy a crear a un mortal de arcilla (para nombrarlo en la Tierra vicerregente).

72. Cuando lo haya formado completamente e insuflado en él Mi Espíritu[17], entonces postraos ante él (como señal de respeto a él y de su superioridad)».

73. Entonces los ángeles se postraron, todos juntos[18],

74. Sin embargo *Iblis* no, (desafiando a la orden explícita de Dios a él); él fue arrogante y se manifestó como un incrédulo.

75. (Dios) dijo: «¡Oh *Iblis*! ¿Qué te impide que te postres ante el ser que he creado con Mis dos Manos?[19] ¿Eres demasiado orgulloso (para doblegarse ante cualquier ser creado desafiando a Mi orden), o eres (de aquellos que se consideran) muy elevado en honor (que no se le puede ordenar postrarse ante cualquier persona)?

76. (*Iblis*) contestó: «Soy mejor que él. Tú me has creado del fuego y a él, Tú has creado de arcilla[20]».

77. (Dios) dijo: «Entonces sal de allí; no cabe duda de que eres aquel eternamente rechazado (de Mi Misericordia).

78. Y Mi maldición está sobre ti hasta el Día del Juicio Final».

79. Él dijo: «Señor mío, concédeme una moratoria hasta el Día en que sean resucitados!».

80. (Dios) dijo: «Estás entre a los que se les ha concedido una moratoria,

81. Hasta el Día del Tiempo Señalado[21]».

82. (*Iblis*) dijo: Entonces (juro) por Tu Gloria, sin duda alguna los haré a todos rebelarse y extraviarse,

83. Excepto a Tus siervos entre ellos, que están dotados de sinceridad en la fe y que Te adoran».

---

16. Esta declaración enfatiza que el Mensajero, la paz y las bendiciones sean con él, no tenía ningún conocimiento de los acontecimientos que ocurren en los Cielos entre los ángeles o entre Dios y los ángeles, excepto por la Revelación. Por ejemplo, no habría podido tener ningún conocimiento de las cosas que ocurrieron entre Dios, los ángeles e *Iblis* (Satanás), con respecto a la creación y el nombramiento del ser humano como vicerregente en la Tierra, el cual será mencionado en los siguientes versículos.

17. Acerca del acto de insuflar por parte de Dios de Su Espíritu en el ser humano, véase el *sura* 15:29, nota 7.

18. Sobre la vicerregencia del ser humano y la postración de los ángeles ante él, véase el *sura* 2:30-34, notas 30-35.

19. En el *sura* 36:71, Dios Todopoderoso dice que Él ha creado muchas cosas y seres con *Sus Manos*. Sin embargo, en este versículo, Él indica que ha creado a la humanidad con *Sus dos Manos*. La mano significa poder. Por lo tanto, mencionar *dos Manos* en este versículo tiene dos significados importantes: uno es que Dios ha creado al ser humano en la forma perfecta, como el mejor patrón de la creación; el otro es que el ser humano tiene dos dimensiones, espiritual y material, en su existencia. El versículo 71 se refiere al origen material del ser humano (arcilla), mientras que el versículo 72 se refiere a su verdadero valor, que se encuentra en la dimensión espiritual de su existencia.

20. Según *Iblis*, la fuente del honor y la bondad es el origen físico o la materia. Su actitud es típica del materialismo y representa una falta de la comprensión correcta. Él vio solamente el origen material del ser humano y negó la dimensión espiritual que se originó en ser insuflado a partir del Espíritu de Dios.

Otro punto que hay que mencionar aquí es que *Iblis* juzgó la orden de Dios según su propio conocimiento y comprensión, y se opuso a Su orden explícita basándose en su propio juicio. Demostró que, por arrogancia, cumpliría con las órdenes de Dios solamente cuando se conforman con su deseo o comprensión, no porque creyó todas estas órdenes por ser verdades en sí mismas y que deben ser obedecidas. Así que, ¿acaso aquellos que actúan de la misma manera son conscientes de quién es al que siguen y de quién son discípulos?

21. Este tiempo es la destrucción total del mundo, una época hasta la cual los seres humanos seguirán llevando la responsabilidad de cumplir con las órdenes de Dios.

٤٥٧ الْجُزْءُ الثَّالِثُ وَالْعِشْرُونَ 457

قَالَ فَالْحَقُّ وَالْحَقَّ اَقُولُ ﴿٨٤﴾ لَاَمْلَـَٔنَّ جَهَنَّمَ مِنْكَ وَمِمَّنْ تَبِعَكَ مِنْهُمْ
اَجْمَع۪ينَ ﴿٨٥﴾ قُلْ مَٓا اَسْـَٔلُكُمْ عَلَيْهِ مِنْ اَجْرٍ وَمَٓا اَنَا۬ مِنَ الْمُتَكَلِّف۪ينَ ﴿٨٦﴾
اِنْ هُوَ اِلَّا ذِكْرٌ لِلْعَالَم۪ينَ ﴿٨٧﴾ وَلَتَعْلَمُنَّ نَبَاَهُ بَعْدَ ح۪ينٍ ﴿٨٨﴾

سُورَةُ الزُّمَرِ مَكِّيَّةٌ
وَهِيَ خَمْسٌ وَسَبْعُونَ اٰيَةً

بِسْمِ اللّٰهِ الرَّحْمٰنِ الرَّح۪يمِ

تَنْز۪يلُ الْكِتَابِ مِنَ اللّٰهِ الْعَز۪يزِ الْحَك۪يمِ ﴿١﴾ اِنَّٓا اَنْزَلْنَٓا اِلَيْكَ
الْكِتَابَ بِالْحَقِّ فَاعْبُدِ اللّٰهَ مُخْلِصًا لَهُ الدّ۪ينَ ﴿٢﴾ اَلَا لِلّٰهِ الدّ۪ينُ
الْخَالِصُ وَالَّذ۪ينَ اتَّخَذُوا مِنْ دُونِه۪ٓ اَوْلِيَٓاءَ مَا نَعْبُدُهُمْ اِلَّا
لِيُقَرِّبُونَٓا اِلَى اللّٰهِ زُلْفٰى اِنَّ اللّٰهَ يَحْكُمُ بَيْنَهُمْ ف۪ي مَا هُمْ ف۪يهِ
يَخْتَلِفُونَ اِنَّ اللّٰهَ لَا يَهْد۪ي مَنْ هُوَ كَاذِبٌ كَفَّارٌ ﴿٣﴾ لَوْ اَرَادَ اللّٰهُ
اَنْ يَتَّخِذَ وَلَدًا لَاصْطَفٰى مِمَّا يَخْلُقُ مَا يَشَٓاءُ سُبْحَانَهُ هُوَ اللّٰهُ
الْوَاحِدُ الْقَهَّارُ ﴿٤﴾ خَلَقَ السَّمٰوَاتِ وَالْاَرْضَ بِالْحَقِّ يُكَوِّرُ
الَّيْلَ عَلَى النَّهَارِ وَيُكَوِّرُ النَّهَارَ عَلَى الَّيْلِ وَسَخَّرَ الشَّمْسَ
وَالْقَمَرَ كُلٌّ يَجْر۪ي لِاَجَلٍ مُسَمًّى اَلَا هُوَ الْعَز۪يزُ الْغَفَّارُ ﴿٥﴾

84. (Dios) dijo: «(Lo que hago y ordeno es) la verdad misma, y la verdad es lo que hablo:

85. Sin duda llenaré el Infierno contigo (y los de tu clase), y aquellos (del ser humano) que te siguen, todos juntos».

86. Di (Oh Mensajero): «No pido de vosotros recompensa alguna para esto (comunicar el Corán a vosotros), y no soy de los que pretenden ser lo que no son realmente y hacen invenciones de sí mismos.

87. Este (Corán) es solamente un Recordatorio (de guía y advertencia) para todos los seres conscientes.

88. Sin duda llegaréis a saber lo que informa después de un tiempo (según lo señalado para vosotros)».

SURA 39

AZ-ZUMAR (LOS GRUPOS)

Período de La Meca

Revelado a mediados del período de La Meca, cuando las persecuciones a los creyentes se habían intensificado, este *sura* que consta de 75 versículos toma su título de la palabra *zumar* (los grupos) que se dan en los versículos 71 y 73. Expone las señales de la Unidad de Dios en el mundo natural y enfatiza la absurdidad de atribuir copartícipes a Él. Se refiere indirectamente a la emigración para los creyentes los cuales sufrían muchas dificultades a la hora de adorar a Dios en su tierra natal. Declara que no habrá ninguna reconciliación entre la creencia en la Unidad de Dios y atribuir copartícipes a Él. También nos recuerda el otro mundo, donde la gente verá el resultado de sus actos en este mundo.

En el Nombre de Dios,
el Misericordioso, el Compasivo.

1. (Este es) el Libro que se envía en partes por Dios, el Glorioso poseedor de irresistible poder, el Omnisapiente.

2. Te hemos hecho descender el Libro con la verdad (encarnándola, y con nada falso en él); así que adora a Dios, siendo sincero en tu fe en Él, y practicando la Religión solamente por la complacencia de Dios.

3. ¡Cuidado! Toda la fe sincera, adoración y obediencia son exclusivamente para Dios. Sin embargo, aquellos que adoptan, aparte de Él, a otros (los ángeles, los genios o los seres humanos) como protectores y confidentes (para confiar sus asuntos) dicen: «Los adoramos por ninguna otra razón que pueden aproximarnos a Dios». Dios juzgará entre ellos (entre aquellos que adoran y obedecen a Dios exclusivamente y aquellos que atribuyen copartícipes a Él) en relación con todo lo que discrepan. Dios no guía a nadie quien sea un mentiroso resuelto e ingrato.

4. Si Dios hubiera querido adoptar a un hijo, sin duda alguna habría podido elegir a cualquiera que quisiera de todo lo que ha creado. ¡Glorificado sea Él (Quien se halla por encima de tener un hijo)! Él es Dios, el Único, el Irresistible (con dominio absoluto sobre todo lo que existe).

5. Él ha creado los Cielos y la Tierra con la verdad (de manera significativa, y con un propósito definitivo, y sobre fundamentos sólidos de la verdad). Envuelve la noche alrededor del día, y envuelve el día alrededor de la noche (hasta que uno cubre al otro totalmente)[1]. Y Él hizo sumisos el Sol y la Luna (a Su orden), cada uno sigue su órbita por un período señalado (por Él). ¡Tened cuidado! Él es el Glorioso poseedor de irresistible poder (capaz de castigar a los que se Le oponen), el Perdonador (Quien perdona a los que se tornan a Él en arrepentimiento).

1. Esta es una comparación muy sutil, que se refiere a que la Tierra es redonda y a las diferencias en los tiempos de la salida y la puesta del sol. Como un turbante envuelto alrededor de la cabeza hasta que se cubre totalmente, Dios envuelve líneas de la noche y del día alrededor de cada uno, alrededor de la Tierra, hasta que se cubren mutuamente.

خَلَقَكُمْ مِنْ نَفْسٍ وَاحِدَةٍ ثُمَّ جَعَلَ مِنْهَا زَوْجَهَا وَاَنْزَلَ
لَكُمْ مِنَ الْاَنْعَامِ ثَمَانِيَةَ اَزْوَاجٍ يَخْلُقُكُمْ فِى بُطُونِ اُمَّهَاتِكُمْ
خَلْقًا مِنْ بَعْدِ خَلْقٍ فِى ظُلُمَاتٍ ثَلٰثٍ ذٰلِكُمُ اللّٰهُ رَبُّكُمْ لَهُ
الْمُلْكُ لَٓا اِلٰهَ اِلَّا هُوَ فَاَنّٰى تُصْرَفُونَ ﴿٦﴾ اِنْ تَكْفُرُوا فَاِنَّ اللّٰهَ
غَنِىٌّ عَنْكُمْ وَلَا يَرْضٰى لِعِبَادِهِ الْكُفْرَ وَاِنْ تَشْكُرُوا يَرْضَهُ
لَكُمْ وَلَا تَزِرُ وَازِرَةٌ وِزْرَ اُخْرٰى ثُمَّ اِلٰى رَبِّكُمْ مَرْجِعُكُمْ
فَيُنَبِّئُكُمْ بِمَا كُنْتُمْ تَعْمَلُونَ اِنَّهُ عَلِيمٌ بِذَاتِ الصُّدُورِ ﴿٧﴾ وَاِذَا
مَسَّ الْاِنْسَانَ ضُرٌّ دَعَا رَبَّهُ مُنِيبًا اِلَيْهِ ثُمَّ اِذَا خَوَّلَهُ نِعْمَةً مِنْهُ
نَسِىَ مَا كَانَ يَدْعُوا اِلَيْهِ مِنْ قَبْلُ وَجَعَلَ لِلّٰهِ اَنْدَادًا لِيُضِلَّ
عَنْ سَبِيلِهِ قُلْ تَمَتَّعْ بِكُفْرِكَ قَلِيلًا اِنَّكَ مِنْ اَصْحَابِ النَّارِ ﴿٨﴾
اَمَّنْ هُوَ قَانِتٌ اٰنَاءَ الَّيْلِ سَاجِدًا وَقَائِمًا يَحْذَرُ الْاٰخِرَةَ
وَيَرْجُوا رَحْمَةَ رَبِّهِ قُلْ هَلْ يَسْتَوِى الَّذِينَ يَعْلَمُونَ وَالَّذِينَ
لَا يَعْلَمُونَ اِنَّمَا يَتَذَكَّرُ اُولُوا الْاَلْبَابِ ﴿٩﴾ قُلْ يَا عِبَادِ الَّذِينَ
اٰمَنُوا اتَّقُوا رَبَّكُمْ لِلَّذِينَ اَحْسَنُوا فِى هٰذِهِ الدُّنْيَا حَسَنَةٌ وَاَرْضُ
اللّٰهِ وَاسِعَةٌ اِنَّمَا يُوَفَّى الصَّابِرُونَ اَجْرَهُمْ بِغَيْرِ حِسَابٍ ﴿١٠﴾

قُلْ

6. Él os ha creado de un solo ser humano, y luego Él ha creado de ello a su compañera;[2] y ha enviado para vosotros ocho cabezas de ganado en parejas[3]. Os crea en las matrices de vuestras madres, un acto y fase de la creación después de otro[4], en tres velos de oscuridad[5]. Este es Dios, vuestro Señor verdadero (Aquel Quien os crea y sustenta): A Él pertenece la soberanía (propiedad y dominio absolutos de todas las cosas). No hay ninguna deidad sino Él. Entonces, ¿cómo es que os apartáis (en diferentes clases de creencia)?

7. Si no creéis en Él (siendo ingratos), todavía sin duda Dios es absolutamente independiente de vosotros. No está satisfecho con la ingratitud e incredulidad de Sus siervos; mientras que si sois agradecidos (y creéis), está satisfecho con ello de vosotros. Y ningún alma, como portadora de la carga, porta (ni se le hará portar) la carga de otra. Entonces, hacia vuestro Señor es el retorno de todos vosotros, de modo que os hará entender todo lo que hacíais (y os hará rendir cuentas por ello). Sin duda, Dios posee pleno conocimiento de lo que reposa oculto en los pechos.

8. Cuando una aflicción sobreviene al ser humano, invoca a su Señor (en contrición); luego cuando le concede un favor, se olvida por lo que rogó a Él antes, atribuye rivales a Dios de modo que él (mismo se extravía y) extravía (a otros) de Su camino. Di (a tal persona): «¡Disfruta de tu vida en tu incredulidad por algún tiempo! Seguro que eres uno de los compañeros del Fuego».

9. ¿Es aquel que adora a Dios con devoción en las vigilias de la noche, postrándose y estando de pie, quien teme al Más Allá y espera la misericordia de su Señor (comparable al otro)? Di: «¿Acaso son iguales los que saben y los que no saben?[6]». Solamente la gente de discernimiento reflexionará (sobre la distinción entre el conocimiento y la ignorancia, y la obediencia a Dios y la desobediencia,) y será considerada.

10. Di (citándome a Mí): «Oh Mis siervos que creen: apartaos de la desobediencia a vuestro Señor en veneración a Él y piedad. Para aquellos que se dedican a hacer el bien en este mundo, conscientes de que Dios les está contemplando, se da bondad (a modo de recompensa). Y la Tierra de Dios es vasta (para poder adorarle a Él)[7]. Aquellos que son pacientes (perseverando en la adversidad, adorando a Dios, y absteniéndose de los pecados) sin duda recibirán su recompensa sin medida».

2. Para una explicación, véase el *sura* 4:1, nota 1.

3. Ocho cabezas de ganado en parejas (véase el *sura* 6:143-144): dos de ganado ovino, dos de ganado caprino, y del mismo modo hay dos de camellos y dos de bovinos. La frase *ha enviado* significa que están entre las generosidades de Dios que Él ha concedido de los tesoros que posee. En otra ocasión (15:21), Él indica: *No se da nada cuyos depósitos (para su vida y mantenimiento) no esté con Nosotros; y no lo enviamos sino con una medida determinada y debida.*

4. *Un acto y fase de la creación después de otro*, se refiere a las etapas que un embrión atraviesa en la matriz. Estas son explicadas en el *sura* 22:5: *Luego, (os hemos creado) de una gota de líquido (seminal), a continuación de un coágulo adherido (a la pared del útero), después, de un pedazo en parte formado y en parte informe, y diferenciado e indiferenciado*; y en el *sura* 23:14: *Luego creamos del óvulo fertilizado un coágulo adherido (a la pared del útero), y (más tarde en orden) creamos del coágulo adherido un pedazo, y creamos los huesos de ese pedazo, y revestimos los huesos en carne. Luego lo hicimos convertirse en otra creación.*

5. Tres velos de la oscuridad deben ser la pared abdominal anterior, la pared uterina, y la membrana amniótica. Aunque hay otras interpretaciones de esta declaración, la que está presentada aquí les parece la más lógica a los embriólogos modernos desde un punto de vista embriológico.

6. Aunque el versículo declara la verdad general que el conocimiento y la ignorancia no pueden ser iguales, y los que saben y los que no saben nunca son iguales, aquí llama especial atención al hecho de que aquellos que tienen verdadero conocimiento de Dios y actúan en consecuencia, y aquellos que carecen del conocimiento de Él y, por lo tanto, no creen en Él o Le atribuyen copartícipes a Él, no pueden ser iguales. Cualquier conocimiento basado en el conocimiento de Dios es verdadero conocimiento, y en ambos mundos, les es beneficioso a los que lo tengan. Sin embargo, alguien que carece del (verdadero) conocimiento de Dios, y no puede encontrar un punto de confirmación en su corazón a través de cualquier conocimiento que obtiene del mundo externo y el mundo interno que añade a su fe o la fortalece, es ignorante. Y aunque se haya absorbido miles de ramas de la ciencia, su ignorancia está sólo compuesta de esa ciencia. (También véase el *sura* 33:72; Apéndice 14.)

7. Esta declaración existe en el Corán para recordarnos la importancia de la emigración por la causa de Dios, y para animar a los creyentes hacia ello, o para preparar sus corazones para ello. (Véase el *sura* 4:97; el *sura* 29:56.)

قُلْ اِنّ۪ٓي اُمِرْتُ اَنْ اَعْبُدَ اللّٰهَ مُخْلِصاً لَهُ الدّ۪ينَۙ ١١ وَاُمِرْتُ لِاَنْ
اَكُونَ اَوَّلَ الْمُسْلِم۪ينَ ١٢ قُلْ اِنّ۪ٓي اَخَافُ اِنْ عَصَيْتُ رَبّ۪ي عَذَابَ
يَوْمٍ عَظ۪يمٍ ١٣ قُلِ اللّٰهَ اَعْبُدُ مُخْلِصاً لَهُ د۪ين۪يۙ ١٤ فَاعْبُدُوا مَا شِئْتُمْ
مِنْ دُونِه۪ۜ قُلْ اِنَّ الْخَاسِر۪ينَ الَّذ۪ينَ خَسِرُٓوا اَنْفُسَهُمْ وَاَهْل۪يهِمْ
يَوْمَ الْقِيٰمَةِۜ اَلَا ذٰلِكَ هُوَ الْخُسْرَانُ الْمُب۪ينُ ١٥ لَهُمْ مِنْ فَوْقِهِمْ
ظُلَلٌ مِنَ النَّارِ وَمِنْ تَحْتِهِمْ ظُلَلٌۜ ذٰلِكَ يُخَوِّفُ اللّٰهُ بِه۪ عِبَادَهُۜ
يَا عِبَادِ فَاتَّقُونِ ١٦ وَالَّذ۪ينَ اجْتَنَبُوا الطَّاغُوتَ اَنْ يَعْبُدُوهَا
وَاَنَابُٓوا اِلَى اللّٰهِ لَهُمُ الْبُشْرٰىۚ فَبَشِّرْ عِبَادِۙ ١٧ اَلَّذ۪ينَ يَسْتَمِعُونَ
الْقَوْلَ فَيَتَّبِعُونَ اَحْسَنَهُۜ اُولٰٓئِكَ الَّذ۪ينَ هَدٰيهُمُ اللّٰهُ وَاُولٰٓئِكَ هُمْ
اُولُوا الْاَلْبَابِ ١٨ اَفَمَنْ حَقَّ عَلَيْهِ كَلِمَةُ الْعَذَابِۜ اَفَاَنْتَ تُنْقِذُ
مَنْ فِي النَّارِۚ ١٩ لٰكِنِ الَّذ۪ينَ اتَّقَوْا رَبَّهُمْ لَهُمْ غُرَفٌ مِنْ فَوْقِهَا
غُرَفٌ مَبْنِيَّةٌۙ تَجْر۪ي مِنْ تَحْتِهَا الْاَنْهَارُۜ وَعْدَ اللّٰهِۜ لَا يُخْلِفُ اللّٰهُ
الْم۪يعَادَ ٢٠ اَلَمْ تَرَ اَنَّ اللّٰهَ اَنْزَلَ مِنَ السَّمَٓاءِ مَٓاءً فَسَلَكَهُ يَنَاب۪يعَ
فِي الْاَرْضِ ثُمَّ يُخْرِجُ بِه۪ زَرْعاً مُخْتَلِفاً اَلْوَانُهُ ثُمَّ يَه۪يجُ فَتَرٰيهُ
مُصْفَرّاً ثُمَّ يَجْعَلُهُ حُطَاماًۜ اِنَّ ف۪ي ذٰلِكَ لَذِكْرٰى لِاُو۬لِي الْاَلْبَابِ ٢١

11. Di: «Se me ha ordenado que adorara a Dios, ser sincero en la fe en Él y practicar la Religión exclusivamente por Él.

12. Y se me ha ordenado ser el primer musulmán (en la fe y la sumisión a lo que se me ha ordenado que comunicara a vosotros)».

13. Di: «Temo, si desobedezco a mi Señor, el castigo de un Día imponente».

14. Di: «Adoro a Dios, siendo sincero en la fe en Él y practicando la Religión exclusivamente por Él.

15. (¡En cuanto a aquellos de vosotros que rechazan mi llamada,) adorad entonces a lo que queráis aparte de Él (estáis prevenidos de las consecuencias)!». Di: «Sin duda los perdedores son aquellos que se arruinarán a sí mismos y a sus familias el Día de la Resurrección». ¡Cuidado! Esta es, realmente, la pérdida evidente.

16. Para ellos se darán capas oscuras del Fuego sobre ellos, y capas oscuras debajo de ellos. Con esto Dios advierte a Sus siervos. Oh Mis siervos, apartaos de la desobediencia a Mí en veneración a Mí y piedad (y así mereced Mi protección contra ello).

17. En cuanto a los que se apartan de falsas deidades y de las fuerzas del mal (que instituyen pautas de creencia y gobiernan desafiando a Dios) —más allá de adorarlas— y se tornan hacia Dios en contrición, para ellos se dan buenas nuevas. Así que dales buenas nuevas a Mis siervos,

18. Los cuales, cuando oyen un discurso, siguen lo mejor de ello (de la mejor manera posible, e incluso buscan lo mejor y más recto)[8]. Aquellos son a los que Dios ha guiado, y aquellos son gente de discernimiento.

19. ¿Es él, contra quien la palabra del castigo (de Dios) se ha justificado y se ha observado (comparable con aquel quien será recompensado con el Paraíso)? ¿Podrías, entonces, librar a quien está en el Fuego?

20. Pero aquellos que se apartan de la desobediencia a Dios en veneración a Él y piedad, para ellos se dan mansiones elevadas construidas una encima de otra, debajo de las cuales discurren ríos. (Esta es) la promesa de Dios: Dios nunca falta en cumplir Su promesa.

21. ¿Acaso no has considerado que Dios hace descender agua del cielo, y lo dirige en los manantiales en la Tierra para que brote ahí; luego hace crecer con ello productos de varios colores; luego los marchita de modo que los veas marchitos; después los convierte en rastrojo. En esto, seguro que se da un recordatorio para la gente de discernimiento.

---

8. El ser humano, por nuestra naturaleza primordial, busca lo bueno y lo correcto. Cuando una persona encuentra lo bueno y lo correcto y lo malo y lo incorrecto, tiende a preferir lo bueno y lo correcto. Y cuando alguien se encuentra entre lo bueno y lo correcto, y el mejor o el más correcto, entonces tiende a seguir el último. Es virtuoso seguir lo más bueno o incluso lo mejor, pero alguien en una congregación o comunidad no debe criticar a otros que siguen lo bueno y lo correcto solamente porque no siguen lo mejor o lo más correcto.

أَفَمَنْ شَرَحَ اللّٰهُ صَدْرَهُ لِلْإِسْلَامِ فَهُوَ عَلٰى نُورٍ مِنْ رَبِّهِۜ فَوَيْلٌ
لِلْقَاسِيَةِ قُلُوبُهُمْ مِنْ ذِكْرِ اللّٰهِۜ أُولٰٓئِكَ فٖى ضَلَالٍ مُبٖينٍ ﴿٢٢﴾
اَللّٰهُ نَزَّلَ اَحْسَنَ الْحَدٖيثِ كِتَابًا مُتَشَابِهًا مَثَانِيَۗ تَقْشَعِرُّ مِنْهُ
جُلُودُ الَّذٖينَ يَخْشَوْنَ رَبَّهُمْۚ ثُمَّ تَلٖينُ جُلُودُهُمْ وَقُلُوبُهُمْ
اِلٰى ذِكْرِ اللّٰهِۜ ذٰلِكَ هُدَى اللّٰهِ يَهْدٖى بِهٖ مَنْ يَشَٓاءُۜ وَمَنْ يُضْلِلِ
اللّٰهُ فَمَا لَهُ مِنْ هَادٍ ﴿٢٣﴾ اَفَمَنْ يَتَّقٖى بِوَجْهِهٖ سُٓوءَ الْعَذَابِ يَوْمَ
الْقِيٰمَةِۜ وَقٖيلَ لِلظَّالِمٖينَ ذُوقُوا مَا كُنْتُمْ تَكْسِبُونَ ﴿٢٤﴾ كَذَّبَ
الَّذٖينَ مِنْ قَبْلِهِمْ فَاَتٰيهُمُ الْعَذَابُ مِنْ حَيْثُ لَا يَشْعُرُونَ ﴿٢٥﴾
فَاَذَاقَهُمُ اللّٰهُ الْخِزْيَ فِى الْحَيٰوةِ الدُّنْيَاۚ وَلَعَذَابُ الْاٰخِرَةِ
اَكْبَرُ لَوْ كَانُوا يَعْلَمُونَ ﴿٢٦﴾ وَلَقَدْ ضَرَبْنَا لِلنَّاسِ فٖى هٰذَا
الْقُرْاٰنِ مِنْ كُلِّ مَثَلٍ لَعَلَّهُمْ يَتَذَكَّرُونَۚ ﴿٢٧﴾ قُرْاٰنًا عَرَبِيًّا غَيْرَ
ذٖى عِوَجٍ لَعَلَّهُمْ يَتَّقُونَ ﴿٢٨﴾ ضَرَبَ اللّٰهُ مَثَلًا رَجُلًا فٖيهِ
شُرَكَٓاءُ مُتَشَاكِسُونَ وَرَجُلًا سَلَمًا لِرَجُلٍۜ هَلْ يَسْتَوِيَانِ مَثَلًاۜ
اَلْحَمْدُ لِلّٰهِۚ بَلْ اَكْثَرُهُمْ لَا يَعْلَمُونَ ﴿٢٩﴾ اِنَّكَ مَيِّتٌ وَاِنَّهُمْ
مَيِّتُونَ ﴿٣٠﴾ ثُمَّ اِنَّكُمْ يَوْمَ الْقِيٰمَةِ عِنْدَ رَبِّكُمْ تَخْتَصِمُونَ ﴿٣١﴾

فَمَنْ اَظْلَمُ

22. ¿Es él (a quien sirve de lección los actos de Dios en el universo, y así) el pecho de quien Dios expandió al Islam, de modo que siga una luz de su Señor (comparable con alguien cuyo corazón está cerrado totalmente a cualquier remembranza de Dios y, por lo tanto, al Islam)? ¡Pobre de aquellos cuyos corazones son endurecidos contra la remembranza de Dios (y que no aprenden nada de Sus señales y Revelaciones)! Esos están perdidos en un error obvio.

23. Dios hace descender por partes la mejor de las palabras como un Libro totalmente coherente en sí y cuyas afirmaciones se corroboran, explican y se refieren las unas a las otras. Las pieles de los que tienen temor reverencial hacia su Señor se estremecen (al oírlo y entenderlo). Luego, sus pieles y corazones se sosiegan con la Remembranza de Dios (el Corán). Esa es la guía de Dios con la cual Él guía a quien Su Voluntad dicta. Y aquel a quien Dios extravía no tendrá quien le guíe[9].

24. ¿Es él quien (arrojado en el Fuego sobre su rostro con las manos encadenadas alrededor de su cuello,) intenta guardarse con su cara (intentando mantenerlo lejos) del castigo funesto el Día de la Resurrección (comparable con alguien que estará a salvo del castigo ese Día)? Se les dirá a los malhechores: «¡Probad (este Día) lo que solíais ganar (en el mundo)!».

25. Aquellos que les precedieron negaron (la Revelación), y así que el castigo les sobrevino sin que se diesen cuenta de dónde vino.

26. Así, Dios les hizo probar la desgracia en la vida de este mundo, pero el castigo del Más Allá es mayor. ¡Si al menos supieran!

27. Sin duda, hemos presentado para el ser humano en este Corán todas las clases de parábolas y comparaciones, de modo que pueda reflexionar y ser considerado.

28. Es un Corán en árabe sin sinuosidad alguna (libre de cualquier contradicción y nada que ofende a la verdad, la rectitud y la razón), de modo que puedan apartarse de la desobediencia a Dios en veneración a Él y piedad (para merecer Su protección).

29. Dios presenta una parábola: un hombre que está empleado por muchos socios que discuten continuamente el uno con el otro, y otro hombre empleado por sólo una persona: ¿tienen semejanza el uno con el otro? Toda la alabanza y la gratitud son para Dios (el Único Señor Soberano de la creación). Sin embargo, la mayoría de la gente no tienen ningún conocimiento (del significado de esta verdad)[10].

30. No cabe duda de que morirás (algún día), y sin duda ellos (también) morirán.
31. Entonces, en el Día de la Resurrección, os presentaréis en la Presencia de vuestro Señor como litigantes.

---

9. Con su estilo, la recitación, los asuntos que trata, sus promesas y sus amenazas, el Corán causa a la persona que lo lea o escuche temblar. Despierta en los corazones una veneración profunda para sí mismo y para su Autor, Dios Todopoderoso, a la vez. Además de esta majestuosidad, es también tan agradable a todos los sentidos y facultades que inspira calma y serenidad. Satisface corazones y mentes y soluciona todos los problemas intelectuales y espirituales. Así pues, cualquier persona sin prejuicios y quien tiene tendencia a creer en Dios Todopoderoso no puede dejar de sentirse impresionada por el Corán.

Como el Corán y su Autor, los íntimos siervos de Dios —los Profetas y los santos— también tienen cierta clase de majestuosidad y gracia, cada uno según su grado. Sin embargo, su majestuosidad, la cual en primer lugar impresionará a otros a su alrededor, abarca una gracia acogedora. Así que, cada uno siente temor reverencial en su primer encuentro con un Profeta o santo, y luego es su gracia la que los atrae. Esta impresión y sensación que primero es presentada por el Corán, y nuestra satisfacción con ella, es un gran favor y guía de Dios. Alguien que no siente ningún temor reverencial o satisfacción ante el Corán es quien ha perdido la capacidad innata de creer.

10. Si todas las cosas no se atribuyen al Todopoderoso con respecto a la creación y administración, un número infinito de deidades, todas esencialmente opuestas, pero simultáneamente idénticas, debe ser reconocido. Debido a la interrelación de todas las cosas y el carácter esencial de la Divinidad, su número aumentaría estando en proporción con el número de las partículas y los compuestos que se encuentran en la creación.

Por ejemplo, una deidad que crea una abeja o una uva debe ser capaz de gobernar e influenciar todos los elementos en el universo, ya que una abeja o una uva es una miniatura de la creación. Así que solo hay sitio para Aquel Necesariamente Existente. Si las cosas se atribuyen a sí mismas, cada partícula diminuta sería una deidad —una deidad que tiene todos los Nombres y Atributos de Dios Todopoderoso, porque tener estos Nombres y Atributos es un requisito de ser una deidad.

Una sola fruta producida por mucha gente requiere tantas herramientas como para cultivar un árbol con abundante fruta. Igualmente, los instrumentos, las máquinas, y las fábricas requeridas para equipar a un ejército serían iguales a la hora de equipar a un solo soldado. La diferencia es sólo cualitativa, y la dificultad que se presenta de ser producido por mucha gente hará su producción casi imposible. Así que el universo rechaza más de un Creador y Administrador, y su testimonio a su solo Creador es más manifiesto, más radiante, más claro, y más expresivo que su testimonio a su propia existencia. Aunque alguien pueda negar la existencia del universo, como hicieron los sofistas, la existencia del Único, Quien es poderoso sobre todas las cosas, no puede ser negada.

En resumen, si las cosas innumerablemente múltiples no se atribuyen a una fuente, entonces, además de tener que atribuir una cosa a las cosas innumerablemente múltiples, habría una multitud de dificultades (tanto como la existencia de las cosas) en explicar el asunto. Así pues, la facilidad evidente y extraordinaria de crear muchas especies distribuidas por todo el mundo debe, por lo tanto, ser de la Unidad de su Creador.

فَمَنْ اَظْلَمُ مِمَّنْ كَذَبَ عَلَى اللّٰهِ وَكَذَّبَ بِالصِّدْقِ
اِذْ جَٓاءَهُ اَلَيْسَ فِى جَهَنَّمَ مَثْوًى لِلْكَافِرِينَ ٣٢ وَالَّذٖى
جَٓاءَ بِالصِّدْقِ وَصَدَّقَ بِهٖٓ اُولٰٓئِكَ هُمُ الْمُتَّقُونَ ٣٣
لَهُمْ مَا يَشَٓاؤُنَ عِنْدَ رَبِّهِمْ ذٰلِكَ جَزٰٓؤُا الْمُحْسِنٖينَ ٣٤
لِيُكَفِّرَ اللّٰهُ عَنْهُمْ اَسْوَاَ الَّذٖى عَمِلُوا وَيَجْزِيَهُمْ اَجْرَهُمْ
بِاَحْسَنِ الَّذٖى كَانُوا يَعْمَلُونَ ٣٥ اَلَيْسَ اللّٰهُ بِكَافٍ
عَبْدَهُ وَيُخَوِّفُونَكَ بِالَّذٖينَ مِنْ دُونِهٖ وَمَنْ يُضْلِلِ اللّٰهُ
فَمَا لَهُ مِنْ هَادٍ ٣٦ وَمَنْ يَهْدِ اللّٰهُ فَمَا لَهُ مِنْ مُضِلٍّ
اَلَيْسَ اللّٰهُ بِعَزٖيزٍ ذِى انْتِقَامٍ ٣٧ وَلَئِنْ سَاَلْتَهُمْ مَنْ خَلَقَ
السَّمٰوَاتِ وَالْاَرْضَ لَيَقُولُنَّ اللّٰهُ قُلْ اَفَرَاَيْتُمْ مَا تَدْعُونَ
مِنْ دُونِ اللّٰهِ اِنْ اَرَادَنِىَ اللّٰهُ بِضُرٍّ هَلْ هُنَّ كَاشِفَاتُ
ضُرِّهٖٓ اَوْ اَرَادَنٖى بِرَحْمَةٍ هَلْ هُنَّ مُمْسِكَاتُ رَحْمَتِهٖ
قُلْ حَسْبِىَ اللّٰهُ عَلَيْهِ يَتَوَكَّلُ الْمُتَوَكِّلُونَ ٣٨ قُلْ يَا قَوْمِ
اعْمَلُوا عَلٰى مَكَانَتِكُمْ اِنّٖى عَامِلٌ فَسَوْفَ تَعْلَمُونَ ٣٩
مَنْ يَاْتٖيهِ عَذَابٌ يُخْزٖيهِ وَيَحِلُّ عَلَيْهِ عَذَابٌ مُقٖيمٌ ٤٠

32. ¿Quién, entonces, es más malhechor que aquel que inventa mentiras contra Dios y niega la verdad cuando le llega? ¿Acaso no hay en el Infierno una morada para los incrédulos?

33. En cuanto a aquel que ha venido con la verdad y aquel que la ha confirmado, aquellos son los piadosos devotos.

34. Para ellos se da lo que deseen en la Presencia de su Señor[11]. Esa es la recompensa de aquellos que se dedican a hacer el bien, conscientes de que Dios les está contemplando.

35. Ya que Dios borrará (incluso) lo peor de lo que hicieron antes, y les recompensará de acuerdo con lo mejor de lo que solían hacer[12].

36. ¿Acaso no es suficiente Dios para Su siervo? Sin embargo intentan asustarte con aquellos (a quienes deifican y adoran) aparte de Dios. Aquel a quien Dios extravía no tendrá quien le guíe.

37. Y a quien Dios guía, no hay quien puede extraviarlo. ¿Acaso no es Dios Glorioso poseedor de irresistible poder, Infinitamente Capaz de Compensar?

38. En realidad, si les preguntas quién ha creado los Cielos y la Tierra, sin duda alguna dirán, «Dios». Di: «¿Habéis, entonces, considerado alguna vez qué es lo que invocáis aparte de Dios? Si Dios decreta un daño para mí, ¿son aquellos que pueden eliminar Su daño (de mí)? O si Él decreta una misericordia para mí, ¿son aquellos que pueden retenerla?». Di: «Dios es suficiente para mí. En Él aquellos que confían (y saben el valor y el significado de depositar su confianza) depositan su confianza.

39. Di: «¡Oh mi gente! Haced todo lo que podáis dentro de vuestro poder, sin duda yo (también) estoy haciendo (el trabajo pedido de mí). Con el tiempo llegaréis a saber,

40. Quiénes son aquellos sobre quienes (en el mundo) sobrevendrá un castigo que les humillará, y sobre quienes caerá un castigo eterno (en el Más Allá)».

11. Para una explicación, véase el *sura* 25:16, nota 5.

12. Dios borrará su incredulidad anterior o su acto de atribuir copartícipes a Dios y los recompensará según sus mejores actos en el Islam. Dios borrará los pecados graves que cometieron antes de haber alcanzado la verdadera piedad y rectitud y la consciencia de que constantemente Dios les está contemplando, y los recompensará según sus mejores actos que hacen a partir de entonces.

41. No cabe duda de que te hemos hecho descender el Libro con la verdad para el ser humano (encarnando la verdad, y con nada falso en él). Así que, aquel que elija ir por buen camino, es por el bien de su propia alma; y aquel que elija extraviarse, se extravía en perjuicio de sí mismo. Tú no eres quien ha sido nombrado guardián para ellos (para asumir su responsabilidad de que vayan por buen camino).

42. Dios toma los espíritus en el momento de la muerte (de las almas), y en su sueño aquellos (de los) que no han muerto. Por lo tanto Él retiene (los espíritus de) aquellos para quienes ha decretado la muerte, y al resto hace volver (a sus cuerpos para que sigan vivos) por un período señalado por Él. Sin duda en ello se dan signos (lecciones importantes) para la gente que pueda reflexionar en ello y ser considerados[13].

43. ¡Cómo! (Después de no haber reconocido que Dios es la única Autoridad sobre el universo que no necesita nada) ¿adoptaron para sí mismos, aparte de Dios, intercesores (a quienes se les supone capaces de intervenir por sus almas o incluso en el funcionamiento del universo)? Di: «¿Por qué, aunque no tienen ninguna parte en el dominio de cualquier cosa ni (como los ídolos) algún sentimiento o inteligencia?».

44. Di: «A Dios pertenece exclusivamente toda la autoridad de interceder (conceda a algún ser el permiso de interceder con Él o no)[14]. A Él solamente pertenece la soberanía de los Cielos y la Tierra. Entonces, seréis retornados a Él».

45. Cuando es mencionado Dios como Uno (y único Dios), los corazones de los que no creen en el Más Allá se contraen en aversión; pero cuando aquellos (a quienes adoran) aparte de Él son mencionados, eso les llena de alegría.

46. Di: «¡Oh Dios, Aquel Quien ha creado los Cielos y la Tierra, Conocedor de Lo Oculto (todo lo que se halla más allá de la percepción de los sentidos) y de lo atestiguado (el reino percibido)! Tú eres Quien juzgará entre Tus siervos en relación con todo lo que discrepan».

47. Aunque aquellos que hacen el mal más grande (atribuyendo copartícipes a Dios y negándose a creer en el Más Allá) hubieran poseído todo lo que se halla en la Tierra y otro tanto, sin duda lo ofrecerían como rescate para escaparse del castigo funesto el Día de la Resurrección. Algo les hará frente proveniente de Dios, con lo cual nunca contaron.

إِنَّا أَنْزَلْنَا عَلَيْكَ الْكِتَابَ لِلنَّاسِ بِالْحَقِّ فَمَنِ اهْتَدَى
فَلِنَفْسِهِ وَمَنْ ضَلَّ فَإِنَّمَا يَضِلُّ عَلَيْهَا وَمَا أَنْتَ عَلَيْهِمْ
بِوَكِيلٍ ﴿٤١﴾ اللَّهُ يَتَوَفَّى الْأَنْفُسَ حِينَ مَوْتِهَا وَالَّتِي
لَمْ تَمُتْ فِي مَنَامِهَا فَيُمْسِكُ الَّتِي قَضَى عَلَيْهَا الْمَوْتَ
وَيُرْسِلُ الْأُخْرَى إِلَى أَجَلٍ مُسَمًّى إِنَّ فِي ذَلِكَ لَآيَاتٍ
لِقَوْمٍ يَتَفَكَّرُونَ ﴿٤٢﴾ أَمِ اتَّخَذُوا مِنْ دُونِ اللَّهِ شُفَعَاءَ قُلْ
أَوَلَوْ كَانُوا لَا يَمْلِكُونَ شَيْئًا وَلَا يَعْقِلُونَ ﴿٤٣﴾ قُلْ لِلَّهِ
الشَّفَاعَةُ جَمِيعًا لَهُ مُلْكُ السَّمَاوَاتِ وَالْأَرْضِ ثُمَّ إِلَيْهِ
تُرْجَعُونَ ﴿٤٤﴾ وَإِذَا ذُكِرَ اللَّهُ وَحْدَهُ اشْمَأَزَّتْ قُلُوبُ الَّذِينَ
لَا يُؤْمِنُونَ بِالْآخِرَةِ وَإِذَا ذُكِرَ الَّذِينَ مِنْ دُونِهِ إِذَا هُمْ
يَسْتَبْشِرُونَ ﴿٤٥﴾ قُلِ اللَّهُمَّ فَاطِرَ السَّمَاوَاتِ وَالْأَرْضِ عَالِمَ
الْغَيْبِ وَالشَّهَادَةِ أَنْتَ تَحْكُمُ بَيْنَ عِبَادِكَ فِي مَا كَانُوا
فِيهِ يَخْتَلِفُونَ ﴿٤٦﴾ وَلَوْ أَنَّ لِلَّذِينَ ظَلَمُوا مَا فِي الْأَرْضِ
جَمِيعًا وَمِثْلَهُ مَعَهُ لَافْتَدَوْا بِهِ مِنْ سُوءِ الْعَذَابِ يَوْمَ
الْقِيَامَةِ وَبَدَا لَهُمْ مِنَ اللَّهِ مَا لَمْ يَكُونُوا يَحْتَسِبُونَ ﴿٤٧﴾

وَبَدَا لَهُمْ

13. Este versículo llama nuestra atención a un número de hechos importantes, incluyendo los siguientes:

- No es el espíritu humano sino el alma humana lo que muere. El alma (*nafs*) es, en un sentido, el mismo ser humano y, por lo tanto, abarca el espíritu; y en otro aspecto, es el centro o mecanismo de la vida mundana. En cuanto al espíritu, es la fuente tanto de la vida corporal como espiritual. Tiene una existencia independiente del cuerpo, y sigue viviendo después de la muerte.
- El alma humana tiene varias dimensiones. Estas dimensiones son mencionadas por los eruditos como el espíritu humano, el espíritu animal, y el espíritu vegetal. El espíritu humano también tiene dimensiones que se describen como el espíritu que cree en Dios y Le adora (los espíritus de los creyentes) y el espíritu que todo el mundo tiene, el cual piensa, aprende, ama, etc.
- La muerte y el sueño son idénticos en que durante ambos, Dios toma el espíritu. Sin embargo, en la muerte, Dios no devuelve el espíritu al cuerpo, así que hace morir al alma; mientras que durante el sueño, Él toma el espíritu, pero lo devuelve si no ha ordenado la muerte para el alma. Así pues, en la muerte, el espíritu deja el cuerpo totalmente; pero durante el sueño, no lo deja totalmente y, por lo tanto, continúa su relación con el cuerpo. Si el cuerpo todavía tiene cierto grado de vida durante el sueño, es porque todavía hay una relación, por muy débil que sea, entre el cuerpo y el espíritu durante el sueño.
- La muerte es cuando el espíritu deja el cuerpo totalmente y comienza otra clase de vida, la cual se llama la vida intermedia (de la tumba) entre este mundo y el Más Allá. Las condiciones de esta vida son determinadas por la creencia y los hechos de la persona en el mundo. El espíritu todavía tiene una relación con su cuerpo a través de una parte de él que no se descompone debajo de la tierra.

14. Para un significado similar de la intercesión, véase el *sura* 34:23, nota 13. Aquí se da también una referencia a la petición a Dios para que acepte nuestras oraciones por algunos de Sus siervos quienes son honrados con el permiso de interceder por ellos.

48. Los actos malvados que cometieron (por su cuenta) se les harán claros, y de lo que solían burlarse (el castigo prometido de Dios) los abrumará.

49. Cuando una aflicción sobreviene a una persona, él Nos invoca (para que le salvemos). Luego, cuando (por pura gracia) le concedimos un favor de Nuestra parte, dice: «Se me ha concedido esto sólo en virtud de cierto conocimiento que tengo». ¡No, de verdad! Más bien, esto (el favor concedido al ser humano) es una prueba, pero la mayoría de la gente no lo saben.

50. Aquellos que vivieron antes de ellos (y adoptaron la misma actitud, y siguieron un camino parecido) lo dijeron (también)[15]; pero todo lo que consiguieron (en el mundo) no les sirvió de nada.

51. Los malvados resultados de lo que hicieron recayeron sobre ellos. Así que los malvados resultados de lo que han hecho recaerán sobre aquellos (las nuevas generaciones) que hacen el mal también. Y nunca serán capaces de frustrar (Nuestra voluntad).

52. ¿Todavía no saben que Dios aumenta la provisión a quien Su Voluntad dispone y escatima (a quien Su Voluntad dispone)? En verdad que en ello se dan signos (de la verdad clara) para los individuos que creerán y que profundizarán en la fe.

53. Di: «(Dios te da esperanza): "¡Oh Mis siervos que han derrochado (sus oportunidades y facultades otorgadas por Dios) contra (el bien de) sus propias almas! No perdáis la esperanza de la Misericordia de Dios. Dios sin duda perdona todos los pecados. Él es en verdad el Indulgente, el Compasivo[16]"».

وَبَدَا لَهُمْ سَيِّئَاتُ مَا كَسَبُوا وَحَاقَ بِهِمْ مَا كَانُوا بِهِ
يَسْتَهْزِؤُنَ ﴿٤٨﴾ فَاِذَا مَسَّ الْاِنْسَانَ ضُرٌّ دَعَانَاۘ ثُمَّ اِذَا خَوَّلْنَاهُ
نِعْمَةً مِنَّاۙ قَالَ اِنَّمَا اُوتِيتُهُ عَلٰى عِلْمٍۜ بَلْ هِيَ فِتْنَةٌ وَلٰكِنَّ
اَكْثَرَهُمْ لَا يَعْلَمُونَ ﴿٤٩﴾ قَدْ قَالَهَا الَّذِينَ مِنْ قَبْلِهِمْ فَمَا اَغْنٰى
عَنْهُمْ مَا كَانُوا يَكْسِبُونَ ﴿٥٠﴾ فَاَصَابَهُمْ سَيِّئَاتُ مَا كَسَبُواۜ
وَالَّذِينَ ظَلَمُوا مِنْ هٰٓؤُلَٓاءِ سَيُصِيبُهُمْ سَيِّئَاتُ مَا كَسَبُواۙ
وَمَا هُمْ بِمُعْجِزِينَ ﴿٥١﴾ اَوَلَمْ يَعْلَمُٓوا اَنَّ اللّٰهَ يَبْسُطُ الرِّزْقَ
لِمَنْ يَشَٓاءُ وَيَقْدِرُۜ اِنَّ فِي ذٰلِكَ لَاٰيَاتٍ لِقَوْمٍ يُؤْمِنُونَ ﴿٥٢﴾
قُلْ يَا عِبَادِيَ الَّذِينَ اَسْرَفُوا عَلٰٓى اَنْفُسِهِمْ لَا تَقْنَطُوا
مِنْ رَحْمَةِ اللّٰهِۜ اِنَّ اللّٰهَ يَغْفِرُ الذُّنُوبَ جَمِيعًاۜ اِنَّهُ هُوَ الْغَفُورُ
الرَّحِيمُ ﴿٥٣﴾ وَاَنِيبُٓوا اِلٰى رَبِّكُمْ وَاَسْلِمُوا لَهُ مِنْ قَبْلِ اَنْ
يَاْتِيَكُمُ الْعَذَابُ ثُمَّ لَا تُنْصَرُونَ ﴿٥٤﴾ وَاتَّبِعُٓوا اَحْسَنَ
مَٓا اُنْزِلَ اِلَيْكُمْ مِنْ رَبِّكُمْ مِنْ قَبْلِ اَنْ يَاْتِيَكُمُ الْعَذَابُ
بَغْتَةً وَاَنْتُمْ لَا تَشْعُرُونَۙ ﴿٥٥﴾ اَنْ تَقُولَ نَفْسٌ يَا حَسْرَتٰى
عَلٰى مَا فَرَّطْتُ فِي جَنْبِ اللّٰهِ وَاِنْ كُنْتُ لَمِنَ السَّاخِرِينَۙ ﴿٥٦﴾

54. Tornaros a vuestro Señor en contrición y someteros a Él absolutamente antes de que el castigo os sobrevenga a vosotros (cuando será demasiado tarde, y un reconocimiento de la fe ya no os servirá de nada); ya que después (de esto), no seréis apoyados[17].

55. Seguid de la mejor manera posible lo que os ha sido descendido de vuestro Señor, antes de que el castigo os sobrevenga a vosotros de repente, sin que os deis cuenta (de su venida),

56. Para que ningún alma diga, «¡Ay de mí que no he cumplido mi deber hacia Dios, y de hecho estaba entre los que se burlaban (de la verdad)!».

15. Esta es una referencia a Qorah. Véase el *sura* 28:78, nota 17.

16. Este versículo, antes que nada, contiene una gran buena nueva, en la cual declara que no hay pecado imperdonable. Es decir, aunque alguien no cree en Dios o atribuye copartícipes a Él, o alguien que sea un ateo o materialista, Dios lo perdona a condición de que se arrepienta y crea en Él. En segundo lugar, Dios perdona a cualquier pecador que Él quiera, a menos que no crea en Él (o en cualquier otro pilar de la fe), o atribuya copartícipes a Él (4:48). Sin embargo, aunque Él puede perdonar a quien Su Voluntad dicta, ha hecho su perdón dependiente del arrepentimiento y la enmienda, como será señalado en el siguiente versículo. Así que este versículo, el cual contiene la promesa más grande en el Corán, es seguido por advertencias sucesivas. Este es uno de los ejemplos más significativos del método coránico de advertir y animar, y disuade a la gente de abandonarse a los malos caminos inspirando confianza en sí mismos sobre la Compasión infinita de Dios.

17. Los dos últimos versículos establecen tres principios esenciales acerca de la fe:

- Dios puede perdonar a quien Su Voluntad dicta; pero en efecto, ha hecho su perdón dependiente del arrepentimiento y la enmienda.
- Para la salvación eterna, la creencia y la sumisión son necesarias a la vez. Hay una diferencia entre ser un creyente y ser un musulmán. Hay dos aspectos de ser un musulmán. Uno es que si alguien confirma sinceramente los fundamentos de la fe, es un creyente y se espera que viva según las normas del Islam. Un verdadero creyente y un musulmán es quien confirma sinceramente los fundamentos de la fe y cumple con los mandamientos del Islam. El otro aspecto es que una persona se considera musulmán según la ley si esta persona no declara cualquier cosa contraria a la fe y no observa algunos actos islámicos, tales como, particularmente, la observación de la Oración de Yumu'ah (viernes) en una mezquita y pagar la Limosna Prescrita Purificadora (*Zakat*). Aunque tal persona puede ser un hipócrita, él o ella debe ser tratado como un musulmán por la ley.
- El castigo mencionado en el versículo 54 puede ser el castigo en el Más Allá, o el que causa que el arrepentimiento no sirva de nada (40:85). Cuando aparecen las muestras decisivas de la muerte, o cuando el castigo de Dios, después de que muchas advertencias (tales como las que les sobrevinieron a mucha gente de antaño), vengan, el arrepentimiento de la incredulidad o la atribución de copartícipes a Dios, y creer, no se aceptará.

57. O (para que no) diga (por excusa inválida): «¡Si Dios me hubiera guiado, habría estado seguramente entre los piadosos devotos!».

58. O (para que no) diga, cuando vea el castigo: «¡Si hubiera tenido una segunda oportunidad (para vivir), así que pudiera ser de aquellos que se dedican a hacer el bien, conscientes de que Dios les está contemplando!».

59. (Sin embargo Dios contestará): «¡No, de verdad! Mis Revelaciones y signos (de la verdad) vinieron a ti, pero los negaste y fuiste más arrogante (para no confirmarlos), y demostraste ser uno de los incrédulos».

60. El Día de la Resurrección, verás a aquellos que inventaron mentiras atribuyendo copartícipes a Dios con sus rostros ensombrecidos por pena y vergüenza. ¿Acaso no hay en el Infierno una morada para aquellos (demasiado) arrogantes (para creer)?

61. Pero Dios salvará (del Infierno) a aquellos que se apartan de la desobediencia a Dios en veneración a Él y piedad, en virtud de lo que han alcanzado (siguiendo el camino de Dios). El mal nunca les tocará, ni se afligirán[18].

62. Dios es el Creador de todas las cosas, y Él es el Guardián (con el poder de disponer) sobre todas las cosas.

63. Son Suyas las llaves de (los tesoros de) los Cielos y de la Tierra. Así que aquellos que no creen en las Revelaciones de Dios y los signos (de la verdad), tales son los perdedores[19].

أَوْ تَقُولَ لَوْ أَنَّ اللَّهَ هَدَانِي لَكُنتُ مِنَ الْمُتَّقِينَ ﴿٥٧﴾
أَوْ تَقُولَ حِينَ تَرَى الْعَذَابَ لَوْ أَنَّ لِي كَرَّةً فَأَكُونَ
مِنَ الْمُحْسِنِينَ ﴿٥٨﴾ بَلَىٰ قَدْ جَاءَتْكَ آيَاتِي فَكَذَّبْتَ بِهَا
وَاسْتَكْبَرْتَ وَكُنتَ مِنَ الْكَافِرِينَ ﴿٥٩﴾ وَيَوْمَ الْقِيَامَةِ
تَرَى الَّذِينَ كَذَبُوا عَلَى اللَّهِ وُجُوهُهُم مُّسْوَدَّةٌ ۚ أَلَيْسَ
فِي جَهَنَّمَ مَثْوًى لِّلْمُتَكَبِّرِينَ ﴿٦٠﴾ وَيُنَجِّي اللَّهُ الَّذِينَ اتَّقَوْا
بِمَفَازَتِهِمْ لَا يَمَسُّهُمُ السُّوءُ وَلَا هُمْ يَحْزَنُونَ ﴿٦١﴾ اللَّهُ
خَالِقُ كُلِّ شَيْءٍ ۖ وَهُوَ عَلَىٰ كُلِّ شَيْءٍ وَكِيلٌ ﴿٦٢﴾ لَّهُ مَقَالِيدُ
السَّمَاوَاتِ وَالْأَرْضِ ۗ وَالَّذِينَ كَفَرُوا بِآيَاتِ اللَّهِ أُولَٰئِكَ
هُمُ الْخَاسِرُونَ ﴿٦٣﴾ قُلْ أَفَغَيْرَ اللَّهِ تَأْمُرُونِّي أَعْبُدُ أَيُّهَا
الْجَاهِلُونَ ﴿٦٤﴾ وَلَقَدْ أُوحِيَ إِلَيْكَ وَإِلَى الَّذِينَ مِن قَبْلِكَ
لَئِنْ أَشْرَكْتَ لَيَحْبَطَنَّ عَمَلُكَ وَلَتَكُونَنَّ مِنَ الْخَاسِرِينَ ﴿٦٥﴾
بَلِ اللَّهَ فَاعْبُدْ وَكُن مِّنَ الشَّاكِرِينَ ﴿٦٦﴾ وَمَا قَدَرُوا اللَّهَ حَقَّ
قَدْرِهِ وَالْأَرْضُ جَمِيعًا قَبْضَتُهُ يَوْمَ الْقِيَامَةِ وَالسَّمَاوَاتُ
مَطْوِيَّاتٌ بِيَمِينِهِ ۚ سُبْحَانَهُ وَتَعَالَىٰ عَمَّا يُشْرِكُونَ ﴿٦٧﴾

وَنُفِخَ

64. Di: «¿(Siendo esto la verdad) todavía me llamáis a adorar a otro aparte de Dios, Oh ignorantes?».

65. En realidad se te ha revelado a ti así como a aquellos (los Mensajeros) enviados antes de ti: «Si atribuyes copartícipes a Dios, tu esfuerzo resultará vano, y estarás con toda seguridad entre los perdedores.

66. Más bien: adora solamente a Dios, y sé de entre los agradecidos[20]».

67. No tienen ningún juicio verídico sobre Dios tal como Su Divinidad requiere, y (así como Su Poder y Soberanía) la Tierra entera estará en su Puño el Día de la Resurrección, y los Cielos estarán enrollados en Su Mano Derecha[21]. ¡Glorificado sea Él Quien se halla por encima de todo que Le atribuyen!

18. Hay creyentes e incrédulos —es decir, gente buena y mala, los rectos y los pecadores— uno al lado del otro en el mundo. Igualmente, el bien y el mal son intrínsecos al ser humano y existen juntos. Así que una educación verdadera y fructífera requiere no sólo dar ánimos, despertar el deseo, y promesas, sino también la disuasión, la advertencia y las amenazas. Esta es la manera del Corán. Anima al ser humano que haga el bien y promete la recompensa de Dios, el triunfo y la felicidad eterna, así como advirtiendo y amenazando el castigo de Dios. Según lo visto en los versículos que siguen al versículo 53, el Corán disuade a la gente de pecar con las declaraciones más poderosas inmediatamente después de entusiasmarles con gran esperanza y ánimo.

19. Dios tiene dos sistemas diferentes de leyes: las que gobiernan el universo, incluyendo los aspectos de la vida humana independientemente del ser humano (las cuales son signos de la verdad de Dios, y que las llamamos equivocadamente las «leyes de la naturaleza» —estas son el tema de las ciencias naturales—); y la otra es la Religión. Ambas requieren la obediencia. Los resultados por la segunda se difieren generalmente al Más Allá, mientras que las recompensas de la obediencia o desobediencia a la primera generalmente acontecen en esta vida. Por ejemplo, la recompensa por la paciencia es éxito, mientras que el castigo por la indolencia es privación. La industria produce la abundancia, y la firmeza nos trae la victoria. Así pues ser un musulmán sincero creyente requiere obediencia a ambas leyes. Cuando los musulmanes, además de sus faltas en la vida religiosa, descuidan cumplir con los requisitos de la obediencia a las leyes de Dios de la vida y del universo (los signos de la verdad de Dios), son los perdedores en el mundo con respecto a aquellos incrédulos que las han obedecido. Sin embargo, aquellos (incrédulos) que rechazan las Revelaciones de Dios (que son también signos de la verdad de Dios) serán perdedores eternos, así como se perderán en el Más Allá.

20. Todo lo que tenemos es un favor de Dios, así que la verdadera humanidad requiere ser siempre agradecido a Él. La humanidad de alguien se encuentra en la gratitud por cualquier bien que recibe, y el reconocimiento de sus defectos, faltas, errores y pecados, y estar arrepentido de ellos, se encuentra en el acto de intentar enmendarse. En la terminología coránica, la incredulidad y la ingratitud se derivan de la misma raíz. Así que la ingratitud conduce a la incredulidad, mientras que la gratitud causa a la creencia.

21. Como está claro en, *Y Suya es la Soberanía el día en que la Trompeta se haga sonar. Conocedor de Lo Oculto (todo lo que se halla más allá de la percepción de los seres creados) y de lo atestiguado (el reino percibido). Él es Omnisapiente, Omnisciente* (6:73), el *Puño* y la *Mano Derecha* se refieren al poder y dominio absolutos de Dios sobre el universo entero. Dios actúa en el mundo detrás del velo simbólico de la causalidad por sabiduría, pero Él ejercerá Su dominio absoluto sobre el universo entero el Día del Juicio Final sin ningún velo.

وَنُفِخَ فِي الصُّورِ فَصَعِقَ مَنْ فِي السَّمٰوَاتِ وَمَنْ
فِي الْاَرْضِ اِلَّا مَنْ شَاءَ اللّٰهُ ثُمَّ نُفِخَ فِيهِ اُخْرٰى فَاِذَا هُمْ
قِيَامٌ يَنْظُرُونَ ﴿٦٨﴾ وَاَشْرَقَتِ الْاَرْضُ بِنُورِ رَبِّهَا وَوُضِعَ
الْكِتَابُ وَجِيءَ بِالنَّبِيِّنَ وَالشُّهَدَاءِ وَقُضِيَ بَيْنَهُمْ بِالْحَقِّ وَهُمْ
لَا يُظْلَمُونَ ﴿٦٩﴾ وَوُفِّيَتْ كُلُّ نَفْسٍ مَا عَمِلَتْ وَهُوَ اَعْلَمُ
بِمَا يَفْعَلُونَ ﴿٧٠﴾ وَسِيقَ الَّذِينَ كَفَرُوا اِلٰى جَهَنَّمَ زُمَرًا حَتّٰى
اِذَا جَاؤُهَا فُتِحَتْ اَبْوَابُهَا وَقَالَ لَهُمْ خَزَنَتُهَا اَلَمْ يَأْتِكُمْ
رُسُلٌ مِنْكُمْ يَتْلُونَ عَلَيْكُمْ اٰيَاتِ رَبِّكُمْ وَيُنْذِرُونَكُمْ لِقَاءَ
يَوْمِكُمْ هٰذَا قَالُوا بَلٰى وَلٰكِنْ حَقَّتْ كَلِمَةُ الْعَذَابِ
عَلَى الْكَافِرِينَ ﴿٧١﴾ قِيلَ ادْخُلُوا اَبْوَابَ جَهَنَّمَ خَالِدِينَ فِيهَا
فَبِئْسَ مَثْوَى الْمُتَكَبِّرِينَ ﴿٧٢﴾ وَسِيقَ الَّذِينَ اتَّقَوْا رَبَّهُمْ
اِلَى الْجَنَّةِ زُمَرًا حَتّٰى اِذَا جَاؤُهَا وَفُتِحَتْ اَبْوَابُهَا وَقَالَ
لَهُمْ خَزَنَتُهَا سَلَامٌ عَلَيْكُمْ طِبْتُمْ فَادْخُلُوهَا خَالِدِينَ ﴿٧٣﴾
وَقَالُوا الْحَمْدُ لِلّٰهِ الَّذِي صَدَقَنَا وَعْدَهُ وَاَوْرَثَنَا الْاَرْضَ
نَتَبَوَّاُ مِنَ الْجَنَّةِ حَيْثُ نَشَاءُ فَنِعْمَ اَجْرُ الْعَامِلِينَ ﴿٧٤﴾

68. La Trompeta se hará sonar, y así todos cuantos se hallen en los Cielos y todos cuantos se hallen sobre la Tierra caerán muertos, salvo aquellos que Dios quiera eximir. Luego se hará sonar por segunda vez, y contempla, todos han estado erguidos, contemplando (con esperanza)[22].

69. Y la Tierra (alterada de cómo era) estará brillante y claramente visible de manera completa por la Luz de su Señor[23], y el Registro (de los actos de los seres responsables dotados del libre albedrío) estará extendido, y los Profetas y los Testigos serán presentados, y se juzgará entre ellos (los seres conscientes y responsables) con la verdad (acerca de aquello en lo que solían discrepar)[24], y no se les hará injusticia.

70. Y a cada alma íntegramente se le concederá que (bueno o malo) haya hecho (en el mundo); y, de hecho, Él posee pleno conocimiento de todo lo que lo hacen.

71. Aquellos que no creen (y que mueren incrédulos) serán dirigidos al Infierno en grupos. Cuando finalmente llegan allí, sus puertas serán abiertas inmediatamente y sus guardianes les preguntarán: «¿Es que no os han llegado los Mensajeros de entre vosotros, recitándoos las Revelaciones de vuestro Señor y advirtiéndoos de este Día con el cual sin duda alguna os encontraríais?». Contestarán: «¡Sí, de verdad!». Pero la Palabra del castigo (de Dios) sobre los incrédulos[25] se cumplió.

72. Se les dirá: «Entrad a través de las puertas del Infierno, para morar allí». ¡Cuán funesta morada es la de aquellos (demasiado) arrogantes (para creer)!

73. Aquellos que se apartan de la desobediencia a su Señor en veneración a Él y piedad serán dirigidos al Paraíso en grupos. Cuando finalmente llegan allí, sus puertas serán abiertas (por pura gracia de Dios), y sus guardianes les darán la bienvenida diciendo: «¡La paz sea sobre vosotros! ¡Bien por vosotros y estáis purificados (de los malos residuos del pecado, y librados de todo sufrimiento), así que entrad en (el Paraíso) para morar!».

74. Y ellos dicen: «¡Toda la alabanza y la gratitud son para Dios, Quien ha cumplido con Su promesa hacia nosotros, y nos ha hecho herederos de esta tierra (de dicha), de modo que podamos morar en el Paraíso como nos plazca!». Entonces: ¡cuán excelente es la recompensa de los hacedores (de buenos actos en obediencia y devoción a Dios)!

22. El Corán menciona tres resultados del toque de la Trompeta. (1) *La Trompeta se hará sonar, y así todos cuantos se hallen en los Cielos y todos cuantos se hallen sobre la Tierra caerán muertos, salvo aquellos que Dios quiera eximir* (39:68). (2) *Luego se hará sonar por segunda vez, y contempla, todos han estado erguidos, contemplando (con esperanza)* (39:68). (3) *En el Día en el que la Trompeta sea sonada, todos cuantos se hallen en los Cielos y todos cuantos se hallen sobre la Tierra serán sobrecogidos por la conmoción y el pavor, a excepción de los que Dios quiera eximir. Todos vendrán a Su Presencia, en suma humillación* (27:87). *Y la Trompeta se hará sonar, y contempla, desde las tumbas corren hacia su Señor* (36:51).

Si consideramos los resultados del toque de la Trompeta, podríamos deducir que se hará sonar tres veces. Sin embargo, la segunda parte de este versículo dice que *se hará sonar por segunda vez, y contempla, todos han estado erguidos* y el versículo 36:51 indica que con el toque de la Trompeta, *los muertos corren de las tumbas hacia su Señor*. Aprendemos del versículo 27:87 que *En el Día en el que la Trompeta sea sonada, todos cuantos se hallen en los Cielos y todos cuantos se hallen sobre la Tierra serán sobrecogidos por la conmoción y el pavor, a excepción de los que Dios quiera eximir. Todos vendrán a Su Presencia, en suma humillación*. Así que se entiende de los versículos 27:87, 36:51 y la segunda parte de este versículo (39:68) que los muertos serán levantados de sus tumbas, la mayoría de la gente estarán afligidas por terror, y todos correrán hacia su Señor tras el mismo toque de la Trompeta. En conclusión, podemos decir que la Trompeta se hará sonar dos veces.

En cuanto a aquellos que Dios quiera eximir de caer muerto como un resultado del toque de la Trompeta, no está claro quiénes serán. Sin embargo, si consideramos los versículos 37:58-59 y 44:56, los cuales declaran que los creyentes prueban la muerte solamente una vez mientras que los incrédulos la prueban dos veces (40:11), pueden ser los espíritus de los creyentes que ya han muerto. El verdadero conocimiento se encuentra siempre con Dios, Omnisciente.

23. El Día de Resurrección, la Tierra será transformada en otra Tierra, así como los Cielos; todos comparecen ante Dios, el Único, Irresistible (14:48). Es decir, no habrá nada oculto, toda la verdad llegará a ser conocida claramente, y todo el mundo contemplará claramente las consecuencias de sus actos.

24. Los Profetas se presentarán para atestiguar que comunicaron el Mensaje de Dios y explicarán cómo respondió su gente a su llamada; y algunos puros y rectos (los testigos) serán presentados para atestiguar con respecto a la comunicación del Mensaje de Dios por los Profetas y a la reacción de la gente a ella. (Véanse el *sura* 4:41; el *sura* 7:6)

25. *La palabra del castigo* contra los incrédulos, a la cual el Corán se refiere en varios versículos (por ejemplo el *sura* 27:82, 85), es la palabra que el Todopoderoso pronunció cuando Él decretó que el ser humano viviría en la Tierra: *Pero aquellos que no crean y nieguen Nuestros signos (los versículos del Libro de la guía revelado así como las señales de su mundo interno y externo que prueban Mi Existencia y Unidad y otros pilares de la fe) serán los compañeros del Fuego, donde morarán* (2:39).

75. Y tú (Oh Mensajero) contemplarás a los ángeles rodeando el Trono Supremo (de Dios), glorificando a su Señor con Su alabanza. Se ha juzgado entre ellos con la verdad y justicia, y se dirá (por toda la gente del Paraíso): «Toda la alabanza y la gratitud son para Dios, el Señor de los mundos!».

SURA 40

AL-MU'MIN (EL CREYENTE)

Período de La Meca

Este *sura* que consta de 85 versículos toma su nombre del versículo 28 que menciona, de entre el clan del Faraón, a un creyente distinguido que apoyó al profeta Moisés, la paz sea con él. El *sura* también se llama *al-Ghafir* (Perdonador), el Nombre Divino mencionado en el versículo 3. Fue revelado después de *Surat az-Zumar* (el *sura* anterior), cuando los politeístas de La Meca intensificaron sus persecuciones contra los creyentes hasta tal punto que intrigaban para matar al Mensajero de Dios, la paz y las bendiciones sean con él. El *sura* les reprocha su reacción, que era tan severa como la reacción del Faraón a Moisés, la paz sea con él, y recuerda a ellos y a los creyentes del hecho de que, aunque sea muy severa y dura su reacción al Mensaje Divino, el triunfo de los creyentes es inevitable. El *sura* también relata finalmente cómo apareció y apoyó a Moisés un creyente importante de entre el clan del Faraón, quien ocultó su fe, en un momento muy crítico.

En el Nombre de Dios,
el Misericordioso, el Compasivo.

1. *Ha. Mim.*

2. (Este es) el Libro que se envía en partes por Dios, el Glorioso poseedor de irresistible poder, el Omnisciente.

466 سُورَةُ الزُّمَرِ ٤٦٦

وَتَرَى الْمَلٰئِكَةَ حَافّينَ مِنْ حَوْلِ الْعَرْشِ يُسَبِّحُونَ بِحَمْدِ
رَبِّهِمْ وَقُضِىَ بَيْنَهُمْ بِالْحَقِّ وَقِيلَ الْحَمْدُ لِلّٰهِ رَبِّ الْعَالَمِينَ ﴿٧٥﴾

سُورَةُ الْمُؤْمِنِ مَكِّيَّةٌ
وَهِىَ خَمْسٌ وَثَمَانُونَ اٰيَةً

بِسْمِ اللّٰهِ الرَّحْمٰنِ الرَّحِيمِ

حٰمٓ ﴿١﴾ تَنْزِيلُ الْكِتَابِ مِنَ اللّٰهِ الْعَزِيزِ الْعَلِيمِ ﴿٢﴾ غَافِرِ الذَّنْبِ وَقَابِلِ
التَّوْبِ شَدِيدِ الْعِقَابِ ذِى الطَّوْلِ لَٓا اِلٰهَ اِلَّا هُوَ اِلَيْهِ الْمَصِيرُ ﴿٣﴾
مَا يُجَادِلُ فٖى اٰيَاتِ اللّٰهِ اِلَّا الَّذٖينَ كَفَرُوا فَلَا يَغْرُرْكَ تَقَلُّبُهُمْ
فِى الْبِلَادِ ﴿٤﴾ كَذَّبَتْ قَبْلَهُمْ قَوْمُ نُوحٍ وَالْاَحْزَابُ مِنْ بَعْدِهِمْ
وَهَمَّتْ كُلُّ اُمَّةٍ بِرَسُولِهِمْ لِيَاْخُذُوهُ وَجَادَلُوا بِالْبَاطِلِ لِيُدْحِضُوا
بِهِ الْحَقَّ فَاَخَذْتُهُمْ فَكَيْفَ كَانَ عِقَابِ ﴿٥﴾ وَكَذٰلِكَ حَقَّتْ
كَلِمَتُ رَبِّكَ عَلَى الَّذٖينَ كَفَرُوا اَنَّهُمْ اَصْحَابُ النَّارِ ﴿٦﴾ اَلَّذٖينَ
يَحْمِلُونَ الْعَرْشَ وَمَنْ حَوْلَهُ يُسَبِّحُونَ بِحَمْدِ رَبِّهِمْ وَيُؤْمِنُونَ بِهٖ
وَيَسْتَغْفِرُونَ لِلَّذٖينَ اٰمَنُوا رَبَّنَا وَسِعْتَ كُلَّ شَيْءٍ رَحْمَةً وَعِلْمًا
فَاغْفِرْ لِلَّذٖينَ تَابُوا وَاتَّبَعُوا سَبٖيلَكَ وَقِهِمْ عَذَابَ الْجَحٖيمِ ﴿٧﴾

رَبَّنَا

3. El Perdonador de pecados, y Aquel Quien acepta el arrepentimiento; sin embargo severo en la retribución, y es ilimitado en Su generosidad. No hay más deidad sino Él. A Él será el retorno[1].

4. Sólo aquellos que no creen obstinadamente discuten sobre las Revelaciones y signos (en la creación, la vida humana, y la historia). Pero que no te engañe su pavoneo por las ciudades con pompa y dominio aparente.

5. Antes de ellos, la gente de Noé negó (las Revelaciones y los signos de Dios), e hicieron lo mismo las comunidades que vinieron después de ellos (y que se han mencionado en el Corán). Cada comunidad conspiró contra el Mensajero enviado a ellos, para capturarlo (después matarle o expulsarle), y ellos lucharon (contra el Mensaje de Dios) con falsedad, para invalidar la verdad; pero luego Yo los agarré, y (contemplad) ¡cómo era Mi retribución!

6. Y así la palabra de su Señor resultó ser verdad contra los incrédulos, que sin duda alguna son los compañeros del Fuego.

7. Aquellos (ángeles) que portan el Trono Supremo (de Dios), y otros alrededor de ello[2] glorifican a su Señor con Su alabanza[3]; y creen en Él (como la Única Deidad, Señor, y Soberano de toda la creación), y piden Su perdón para aquellos (entre Su creación) que creen, diciendo: «¡Señor nuestro! Abarcas todas las cosas con misericordia y conocimiento (teniendo conocimiento perfecto de la necesidad de cada criatura, y contestando esta necesidad con misericordia), así que perdona a aquellos que se arrepienten (de sus pecados) y que siguen Tu camino, y protégelos del castigo del Fuego Ardiente.

---

1. Esta es una discusión perfectamente equilibrada que anima a la gente a que crea y haga actos buenos y rectos así como a abstenerse de la incredulidad o atribución de copartícipes a Dios o cualquier transgresión. El versículo infunde gran esperanza mencionando que Dios perdona pecados y acepta el arrepentimiento, y así llama a la gente a arrepentirse y enmendarse. También disuade a la gente de cometer cualquier pecado imperdonable, como la incredulidad o atribución de copartícipes a Dios, a menos que se arrepienta de ello y crea. Luego, mencionando que Dios es ilimitado en Su generosidad y el Único Dios, ante Cuya Presencia comparecerán todos los seres humanos, les exhorta a que crean y hagan actos buenos y rectos para que puedan recibir la provisión abundante de Dios (véase el *sura* 39:61, nota 18) en ambos mundos.

2. Sobre la naturaleza y los deberes de los ángeles, véanse el *sura* 2:30, nota 31; sobre el Trono Supremo de Dios: el *sura* 7:54, nota 13; el *sura* 11:7, nota 2; el *sura* 17:42, nota 19, y el *sura* 69:17, nota 8. Portar el Trono Supremo significa, en cierto sentido, cumplir con las órdenes Divinas emitidas de Su absoluta Soberanía sobre el universo. En cuanto a aquellos que están alrededor del Trono Supremo mencionados en el versículo, deben ser los ángeles que tienen mayor proximidad a Dios en categoría.

3. Para la glorificación de Dios con Su alabanza, véase el *sura* 35:29, nota 11. El versículo sugiere que aquellos (ángeles) portando el Trono Supremo de Dios cumplen con Sus órdenes en tal perfección que demuestran que Dios se halla absolutamente por encima de albergar defecto alguno y copartícipe y que Él es Aquel para Quien absolutamente es la alabanza.

8. ¡Señor nuestro! Admítelos en los Jardines de dicha perpetua que les has prometido, y a aquellos que son rectos de entre sus antepasados, y a sus cónyuges, y su descendencia. Sin duda alguna eres el Glorioso poseedor de irresistible poder, Omnisapiente.

9. Y protégelos contra (cometer) actos malvados (y las consecuencias de eso en el Día del Juicio Final). A quien proteges contra los males ese Día, has tenido con toda seguridad misericordia de él; y ese es el triunfo supremo».

10. En cuanto a aquellos que no creen obstinadamente (y mueren incrédulos), se proclama a ellos (mientras están en el Infierno): «La "aversión" de Dios hacia vosotros es mayor que vuestra (actual) aversión hacia vosotros mismos y hacia cada uno (debido a que sois la causa del castigo que sufrís), porque solíais ser llamados a la fe pero constantemente rechazasteis creer[4]».

11. Dirán: «¡Señor nuestro! Nos has hecho morir dos veces, y nos has dado la vida dos veces[5], así que (estamos totalmente convencidos de la verdad de todo lo que nos has informado, y) reconocemos nuestros pecados (de incredulidad). ¿Se da, entonces, alguna manera de salir (de modo que podamos creer y hacer actos buenos y rectos)?».

12. Esto (que os encontráis en el Infierno) es así porque cuando el Único Dios es invocado, rechazáis obstinadamente creer, sin embargo cuando se atribuyen copartícipes a Él, creéis[6]. Entonces (hagáis lo que hagáis), el juicio se encuentra con Dios, Aquel Quien es Excelso, Grande.

13. Él es Quien os demuestra Sus signos (en el universo así como en vosotros

رَبَّنَا وَاَدْخِلْهُمْ جَنَّاتِ عَدْنٍ الَّتِى وَعَدْتَهُمْ وَمَنْ صَلَحَ
مِنْ اٰبَآئِهِمْ وَاَزْوَاجِهِمْ وَذُرِّيَّاتِهِمْ اِنَّكَ اَنْتَ الْعَزِيزُ
الْحَكِيمُ ﴿٨﴾ وَقِهِمُ السَّيِّـَٔاتِ وَمَنْ تَقِ السَّيِّـَٔاتِ يَوْمَئِذٍ
فَقَدْ رَحِمْتَهُ وَذٰلِكَ هُوَ الْفَوْزُ الْعَظِيمُ ﴿٩﴾ اِنَّ الَّذِينَ
كَفَرُوا يُنَادَوْنَ لَمَقْتُ اللّٰهِ اَكْبَرُ مِنْ مَقْتِكُمْ اَنْفُسَكُمْ
اِذْ تُدْعَوْنَ اِلَى الْاِيمَانِ فَتَكْفُرُونَ ﴿١٠﴾ قَالُوا رَبَّنَا
اَمَتَّنَا اثْنَتَيْنِ وَاَحْيَيْتَنَا اثْنَتَيْنِ فَاعْتَرَفْنَا بِذُنُوبِنَا فَهَلْ
اِلٰى خُرُوجٍ مِنْ سَبِيلٍ ﴿١١﴾ ذٰلِكُمْ بِاَنَّهُ اِذَا دُعِىَ اللّٰهُ وَحْدَهُ
كَفَرْتُمْ وَاِنْ يُشْرَكْ بِهِ تُؤْمِنُوا فَالْحُكْمُ لِلّٰهِ الْعَلِىِّ الْكَبِيرِ ﴿١٢﴾
هُوَ الَّذِى يُرِيكُمْ اٰيَاتِهِ وَيُنَزِّلُ لَكُمْ مِنَ السَّمَاءِ رِزْقًا
وَمَا يَتَذَكَّرُ اِلَّا مَنْ يُنِيبُ ﴿١٣﴾ فَادْعُوا اللّٰهَ مُخْلِصِينَ لَهُ
الدِّينَ وَلَوْ كَرِهَ الْكَافِرُونَ ﴿١٤﴾ رَفِيعُ الدَّرَجَاتِ ذُوالْعَرْشِ
يُلْقِى الرُّوحَ مِنْ اَمْرِهِ عَلٰى مَنْ يَشَاءُ مِنْ عِبَادِهِ لِيُنْذِرَ
يَوْمَ التَّلَاقِ ﴿١٥﴾ يَوْمَ هُمْ بَارِزُونَ لَا يَخْفٰى عَلَى اللّٰهِ
مِنْهُمْ شَىْءٌ لِمَنِ الْمُلْكُ الْيَوْمَ لِلّٰهِ الْوَاحِدِ الْقَهَّارِ ﴿١٦﴾

mismos, vuestra vida, y en la historia, que señalan a Su Unidad), y envía provisión para vosotros desde el cielo. Pero nadie reflexiona y es considerado excepto aquellos que (sin tener ningún prejuicio) se tornan a Dios en contrición.

14. Así que (Oh creyentes,) invocad sólo a Dios, siendo sinceros en vuestra fe en Él, y practicando la Religión solamente por Su complacencia, no importa cuán odioso les puede resultar a los incrédulos.

15. Él se halla por encima de todos los grados, Dueño del Trono Supremo. Él transmite el Espíritu (la Revelación que da vida, desde el reino inmaterial) de Su orden a quien Su Voluntad dicta de Sus siervos, para advertir (a los seres conscientes y responsables) del Día de

Encuentro (cuando Sus siervos se encontrarán con Él).

16. El Día cuando resucitarán (de la muerte), siendo nada de ellos oculto a Dios. ¿De quién es la Soberanía absoluta ese Día? Es de Dios, el Único, el Irresistible (con dominio absoluto sobre todo lo que existe).

---

4. Los incrédulos tendrán aversión hacia sí mismos porque son ellos quienes les hicieron sufrir el castigo del Infierno. Sin embargo, la incredulidad o la atribución de copartícipes a Dios es un pecado muy grave hacia Dios, al universo entero que atestigua a Dios y otros pilares de la fe e innumerables creyentes, desde el principio de la vida consciente hasta el Día del Juicio Final, que provoca la «ira» y la «aversión» de Dios, la cual es mucho más grande que la aversión de los incrédulos hacia sí mismos. Así pues, este versículo expresa realmente cuán asquerosa es la incredulidad y la atribución de copartícipes a Dios.

5. La muerte significa la separación del espíritu del cuerpo, o que existan el cuerpo y el espíritu por separado. Antes de que cada ser venga al mundo, las partículas destinadas para constituir su cuerpo existen en el Conocimiento de Dios y están esparcidas por toda la «naturaleza». El Corán llama esta condición «muerte» (véase el *sura* 2:28; nota 27). Luego Dios da vida a un cuerpo en la matriz «insuflando» en ello su espíritu. Este es el primer caso de dar vida. Después de eso, cada alma, o ser vivo compuesto de espíritu y cuerpo, prueba la muerte por el acto de tomar el espíritu del cuerpo por parte de Dios, o empleando el Ángel de la Muerte o los ayudantes de este ángel (véase el *sura* 32:11, nota 8). Dios revivificará a cada persona muerta el Día de la Resurrección. Es decir, restaurará los cuerpos según las condiciones de la vida del Más Allá y les devolverá los espíritus. Este es el segundo caso de la vida. El Corán declara que los creyentes prueban la muerte solamente una vez (véanse el *sura* 37:58; el *sura* 44:56), así que podemos deducir que los creyentes morirán una vez, pero se les dará la vida dos veces. Sin embargo, este versículo nos relata que Dios hará a la gente del Infierno morir dos veces y les revivificará dos veces. Así que la muerte y la resurrección mencionadas en este versículo con respecto a la gente del Infierno deben ser de alguna manera diferentes. Cuando consideramos el versículo 39:68, que declara, *La Trompeta se hará sonar, y así todos cuantos se hallen en los Cielos y todos cuantos se hallen sobre la Tierra caerán muertos, salvo aquellos que Dios quiera eximir. Luego se hará sonar por segunda vez, y contempla, todos han estado erguidos, contemplando (con esperanza)* (véase también la nota 22 sobre este versículo), podemos entender que los espíritus de los incrédulos morirán en el primer toque de la Trompeta, y después serán resucitados otra vez para ser devueltos a sus cuerpos restaurados. Para concluir, la primera muerte que prueban es su partida del mundo, y la segunda muerte es su muerte espiritual. Los espíritus de los creyentes estarán exentos de esto. Por lo tanto, diciendo que Dios hace a la gente del Infierno morir dos veces, el versículo está refiriéndose a su partida del mundo y a su muerte espiritual durante la destrucción final del mundo, y por Su acto de darles la vida dos veces, está refiriéndose a la resurrección de su espíritu y su resucitación el Día de la Resurrección. (Dios es el Más Sabio.)

6. Esto significa que la excusa que la gente del Infierno propondrá en el Infierno (mencionado en el versículo anterior) es infundada. Su incredulidad no surge a raíz de su ignorancia de la verdad, sino de su rechazo intencional de ella por otras razones.

17. En ese Día, cada alma será recompensada por lo que ha ganado; ninguna injusticia (no se hará a nadie) ese Día. Dios es rápido en ajustar cuentas.

18. Adviértelos del Día que se acerca, cuando los corazones llegarán a la garganta, ahogándolos. Los malhechores no tendrán ningún amigo íntimo, ni algún intercesor que se le preste atención.

19. Dios conoce las traiciones de los ojos y todo lo que ocultan los pechos.

20. Dios juzga con la verdad, mientras que aquellos a quienes invocan aparte de Él no juzgan en absoluto. Sin duda Dios es Aquel Quien todo lo Oye, todo lo Ve[7].

21. ¿Nunca han viajado por la Tierra, que puedan ver cómo han acabado aquellos (que no han creído obstinadamente en Nuestras señales) antes de ellos? Tenían más poder que ellos y eran mejores en dejar huellas en la Tierra. Entonces Dios los agarró por sus pecados, y no tenían a nadie para que les protegiera contra Dios.

22. Esto era porque los Mensajeros enviados a ellos les llegaron con pruebas claras de la verdad, pero no creyeron obstinadamente; y así Dios los agarró. Sin lugar a dudas Dios es Sumamente Poderoso y severo castigando.

23. Sin duda enviamos a Moisés con signos claros de Nosotros (incluyendo milagros para apoyarle), y una autoridad manifiesta,

اَلْيَوْمَ تُجْزٰى كُلُّ نَفْسٍ بِمَا كَسَبَتْ لَا ظُلْمَ الْيَوْمَ
اِنَّ اللّٰهَ سَرِيعُ الْحِسَابِ ﴿١٧﴾ وَاَنْذِرْهُمْ يَوْمَ الْاٰزِفَةِ
اِذِ الْقُلُوبُ لَدَى الْحَنَاجِرِ كَاظِمِينَ مَا لِلظَّالِمِينَ
مِنْ حَمِيمٍ وَلَا شَفِيعٍ يُطَاعُ ﴿١٨﴾ يَعْلَمُ خَائِنَةَ الْاَعْيُنِ
وَمَا تُخْفِي الصُّدُورُ ﴿١٩﴾ وَاللّٰهُ يَقْضِي بِالْحَقِّ وَالَّذِينَ يَدْعُونَ
مِنْ دُونِهِ لَا يَقْضُونَ بِشَيْءٍ اِنَّ اللّٰهَ هُوَ السَّمِيعُ الْبَصِيرُ ﴿٢٠﴾
اَوَلَمْ يَسِيرُوا فِي الْاَرْضِ فَيَنْظُرُوا كَيْفَ كَانَ عَاقِبَةُ
الَّذِينَ كَانُوا مِنْ قَبْلِهِمْ كَانُوا هُمْ اَشَدَّ مِنْهُمْ قُوَّةً وَاٰثَارًا
فِي الْاَرْضِ فَاَخَذَهُمُ اللّٰهُ بِذُنُوبِهِمْ وَمَا كَانَ لَهُمْ مِنَ اللّٰهِ
مِنْ وَاقٍ ﴿٢١﴾ ذٰلِكَ بِاَنَّهُمْ كَانَتْ تَاْتِيهِمْ رُسُلُهُمْ بِالْبَيِّنَاتِ
فَكَفَرُوا فَاَخَذَهُمُ اللّٰهُ اِنَّهُ قَوِيٌّ شَدِيدُ الْعِقَابِ ﴿٢٢﴾ وَلَقَدْ
اَرْسَلْنَا مُوسٰى بِاٰيَاتِنَا وَسُلْطَانٍ مُبِينٍ ﴿٢٣﴾ اِلٰى فِرْعَوْنَ
وَهَامَانَ وَقَارُونَ فَقَالُوا سَاحِرٌ كَذَّابٌ ﴿٢٤﴾ فَلَمَّا جَاءَهُمْ
بِالْحَقِّ مِنْ عِنْدِنَا قَالُوا اقْتُلُوا اَبْنَاءَ الَّذِينَ اٰمَنُوا مَعَهُ
وَاسْتَحْيُوا نِسَاءَهُمْ وَمَا كَيْدُ الْكَافِرِينَ اِلَّا فِي ضَلَالٍ ﴿٢٥﴾

وَقَالَ

24. Al Faraón, y Haman, y Qorah, pero ellos dijeron: «¡(Este hombre es) un hechicero, un mentiroso!».

25. Cuando les trajo la verdad desde Nuestra Presencia (tan claramente que no podrían negarla), dijeron: «Matad a los hijos de aquellos que creen (y permanecen) junto con él y dejad vivir a sus mujeres (para más humillación y sufrimiento)». Pero la conspiración de los incrédulos seguro que fracasará.

7. En el juicio, el acto de oír y de ver son esenciales. Se espera que quien puede juzgar justamente vea u oiga (de fuentes fidedignas) todo con respecto al caso que está juzgando. Es solamente Dios Quien tiene la vista y el oído completos de todas las cosas. Así que solamente Él tiene derecho a juzgar, y solamente Él puede juzgar con la justicia perfecta. El juicio también requiere el conocimiento de lo correcto e incorrecto. Una vez más es solamente Dios Quien tiene pleno conocimiento de todas las cosas y, por lo tanto, pleno conocimiento de lo correcto e incorrecto. Así pues el juicio absoluto exclusivamente pertenece a Él.

وَقَالَ فِرْعَوْنُ ذَرُونِى اَقْتُلْ مُوسٰى وَلْيَدْعُ رَبَّهُۚ اِنِّى اَخَافُ
اَنْ يُبَدِّلَ دِينَكُمْ اَوْ اَنْ يُظْهِرَ فِى الْاَرْضِ الْفَسَادَ ﴿٢٦﴾
وَقَالَ مُوسٰى اِنِّى عُذْتُ بِرَبِّى وَرَبِّكُمْ مِنْ كُلِّ مُتَكَبِّرٍ
لَا يُؤْمِنُ بِيَوْمِ الْحِسَابِ ﴿٢٧﴾ وَقَالَ رَجُلٌ مُؤْمِنٌ مِنْ اٰلِ
فِرْعَوْنَ يَكْتُمُ اِيمَانَهُ اَتَقْتُلُونَ رَجُلًا اَنْ يَقُولَ رَبِّىَ اللّٰهُ
وَقَدْ جَاءَكُمْ بِالْبَيِّنَاتِ مِنْ رَبِّكُمْۜ وَاِنْ يَكُ كَاذِبًا فَعَلَيْهِ كَذِبُهُۚ
وَاِنْ يَكُ صَادِقًا يُصِبْكُمْ بَعْضُ الَّذِى يَعِدُكُمْۜ اِنَّ اللّٰهَ لَا
يَهْدِى مَنْ هُوَ مُسْرِفٌ كَذَّابٌ ﴿٢٨﴾ يَا قَوْمِ لَكُمُ الْمُلْكُ
الْيَوْمَ ظَاهِرِينَ فِى الْاَرْضِۘ فَمَنْ يَنْصُرُنَا مِنْ بَاْسِ اللّٰهِ اِنْ
جَاءَنَاۜ قَالَ فِرْعَوْنُ مَا اُرِيكُمْ اِلَّا مَا اَرٰى وَمَا اَهْدِيكُمْ
اِلَّا سَبِيلَ الرَّشَادِ ﴿٢٩﴾ وَقَالَ الَّذِى اٰمَنَ يَا قَوْمِ اِنِّى اَخَافُ
عَلَيْكُمْ مِثْلَ يَوْمِ الْاَحْزَابِ ﴿٣٠﴾ مِثْلَ دَاْبِ قَوْمِ نُوحٍ وَعَادٍ
وَثَمُودَ وَالَّذِينَ مِنْ بَعْدِهِمْۜ وَمَا اللّٰهُ يُرِيدُ ظُلْمًا لِلْعِبَادِ ﴿٣١﴾
وَيَا قَوْمِ اِنِّى اَخَافُ عَلَيْكُمْ يَوْمَ التَّنَادِ ﴿٣٢﴾ يَوْمَ تُوَلُّونَ مُدْبِرِينَۚ
مَا لَكُمْ مِنَ اللّٰهِ مِنْ عَاصِمٍۚ وَمَنْ يُضْلِلِ اللّٰهُ فَمَا لَهُ مِنْ هَادٍ ﴿٣٣﴾

26. El Faraón dijo (a sus dignatarios): «¡Dejadme que mate a Moisés, y dejadlo que llame a su Señor! Temo que altere vuestra religión (sustituyéndola por la suya), o que cause desorden en el país».

27. Moisés dijo: «En verdad que busco refugio en mi Señor, Quien es tu Señor también, de cada arrogante que no cree en el Día del Juicio Final».

28. (Justo en ese momento) un hombre creyente de entre el clan (y el Consejo) del Faraón, quien hasta entonces había ocultado su fe, (se presentó y) dijo: «¿Mataríais a un hombre solamente porque declara: "¡Mi señor es Dios!", mientras que en realidad él ha venido a vosotros con las pruebas claras de su Señor? Si es un mentiroso, entonces su mentira será (considerada) contra él; pero si es quien dice la verdad (en sus proclamaciones), entonces algo de lo que os amenaza os sobrevendrá. No cabe duda de que Dios no dirige (ni a la verdad ni a cualquier éxito) a quien (traspasando todos los límites) es derrochador (de sus facultades otorgadas por Dios), y mentiroso.

29. ¡Oh mi gente! Disfrutáis del dominio hoy, siendo predominantes en la Tierra; pero ¿quién podría ayudarnos contra el castigo de Dios, si esto nos aconteciera?». El Faraón dijo (a su gente): «Os enseñaría solamente lo que veo (como lo que hace falta realizar), y os guío solamente al camino recto (a seguir)».

30. Pero aquel que creyó dijo: «¡Oh mi gente! Temo en verdad para vosotros un día (del desastre) como el de las comunidades (que, antes de vosotros, también negaron a los Mensajeros enviados a ellos);

31. Como lo que les ha sucedido a la gente de Noé, de 'Ad, y de Zamud, y otras que vinieron después de ellos; y Dios nunca desea ningún mal para (Sus) siervos.

32. ¡Oh mi gente! Temo en verdad para vosotros el Día de las Llamadas (el Día cuando la gente estará llamando a gritos pidiendo ayuda en vano el uno al otro, y maldiciendo el uno al otro en sufrimiento)[8];

33. El Día cuando vais a (esforzaros en pura desesperación) para dar la vuelta y huir (del Fuego), no teniendo a nadie para protegeros contra (el castigo de) Dios. A quien Dios extravía, no tendrá guía.

8. Para llamadas a gritos como estas y otras entre la gente en el Más Allá, véanse el *sura* 7:44-50; el *sura* 34:31-33; y el *sura* 37:21-33.

وَلَقَدْ جَاءَكُمْ يُوسُفُ مِنْ قَبْلُ بِالْبَيِّنَاتِ فَمَا زِلْتُمْ
فِي شَكٍّ مِمَّا جَاءَكُمْ بِهِ حَتَّى إِذَا هَلَكَ قُلْتُمْ لَنْ يَبْعَثَ
اللهُ مِنْ بَعْدِهِ رَسُولًا كَذَلِكَ يُضِلُّ اللهُ مَنْ هُوَ مُسْرِفٌ
مُرْتَابٌ ﴿٣٤﴾ الَّذِينَ يُجَادِلُونَ فِي آيَاتِ اللهِ بِغَيْرِ سُلْطَانٍ
أَتَاهُمْ كَبُرَ مَقْتًا عِنْدَ اللهِ وَعِنْدَ الَّذِينَ آمَنُوا كَذَلِكَ
يَطْبَعُ اللهُ عَلَى كُلِّ قَلْبِ مُتَكَبِّرٍ جَبَّارٍ ﴿٣٥﴾ وَقَالَ فِرْعَوْنُ
يَا هَامَانُ ابْنِ لِي صَرْحًا لَعَلِّي أَبْلُغُ الْأَسْبَابَ ﴿٣٦﴾
أَسْبَابَ السَّمَوَاتِ فَأَطَّلِعَ إِلَى إِلَهِ مُوسَى وَإِنِّي
لَأَظُنُّهُ كَاذِبًا وَكَذَلِكَ زُيِّنَ لِفِرْعَوْنَ سُوءُ عَمَلِهِ وَصُدَّ
عَنِ السَّبِيلِ وَمَا كَيْدُ فِرْعَوْنَ إِلَّا فِي تَبَابٍ ﴿٣٧﴾ وَقَالَ
الَّذِي آمَنَ يَا قَوْمِ اتَّبِعُونِ أَهْدِكُمْ سَبِيلَ الرَّشَادِ ﴿٣٨﴾
يَا قَوْمِ إِنَّمَا هَذِهِ الْحَيَاةُ الدُّنْيَا مَتَاعٌ وَإِنَّ الْآخِرَةَ هِيَ
دَارُ الْقَرَارِ ﴿٣٩﴾ مَنْ عَمِلَ سَيِّئَةً فَلَا يُجْزَى إِلَّا مِثْلَهَا
وَمَنْ عَمِلَ صَالِحًا مِنْ ذَكَرٍ أَوْ أُنْثَى وَهُوَ مُؤْمِنٌ
فَأُولَئِكَ يَدْخُلُونَ الْجَنَّةَ يُرْزَقُونَ فِيهَا بِغَيْرِ حِسَابٍ ﴿٤٠﴾

وَيَا قَوْمِ

34. Y (reflexionad que) José os trajo las verdades manifiestas antes, pero nunca dejasteis de dudar en cuanto a lo que él os trajo. Sin embargo, cuando finalmente murió, dijisteis que Dios ya no enviaría más un Mensajero después de él[9]. Así que Dios desvía a quien (traspasando todos los límites) es derrochador (de sus facultades otorgadas por Dios), constantemente duda (sin razón).

35. Aquellos que obstinadamente discuten sobre los signos y las Revelaciones de Dios sin ninguna autoridad que les haya alcanzado. Es grave y detestable ante Dios y los que creen. Por lo tanto, Dios sella el corazón de cada arrogante tirano».

36. El Faraón dijo: «¡Oh Haman! Constrúyeme una torre elevada de modo que pueda lograr las maneras,

37. Las maneras de (escudriñar) los Cielos, y que pueda echar un vistazo al Dios de Moisés, aunque pienso que sin duda él es un mentiroso». Así le parecían embellecidos sus actos malvados al Faraón, y fue extraviado del camino (recto). Y la intriga del Faraón terminó en nada más que la destrucción.

38. Y aquel quien creyó dijo (continuando sus advertencias): «¡Oh mi gente! Seguidme de modo que pueda dirigiros al camino de la guía recta.

39. ¡Oh mi gente! La vida de este mundo es sólo un disfrute (transitorio), mientras que el Más Allá es en realidad la morada permanente.

40. Quien haga un mal no estará recompensado excepto con el semejante de ello; mientras que quien haga actos buenos y rectos —sea un hombre o una mujer— y es un creyente, tal persona entrará en el Paraíso, siendo proveído allí sin medida.

9. Es decir, los egipcios nativos no fueron sinceros en su actitud hacia los Mensajeros. No creyeron en el profeta José, la paz sea con él, durante su vida; pero cuando se murió, por lo menos parecían, a coste de contradecirse, reconocer su Misión Profética y presentaron un respeto tan grande y extraordinario que las generaciones posteriores presentaron esto como una excusa para su rechazo de cualquier nuevo Mensajero enviado por Dios.

وَيَا قَوْمِ مَا لِى اَدْعُوكُمْ اِلَى النَّجٰوةِ وَتَدْعُونَنِى
اِلَى النَّارِ ﴿٤١﴾ تَدْعُونَنِى لِاَكْفُرَ بِاللّٰهِ وَاُشْرِكَ بِهٖ مَا لَيْسَ
لِى بِهٖ عِلْمٌ وَاَنَا اَدْعُوكُمْ اِلَى الْعَزِيزِ الْغَفَّارِ ﴿٤٢﴾ لَا جَرَمَ
اَنَّمَا تَدْعُونَنِى اِلَيْهِ لَيْسَ لَهُ دَعْوَةٌ فِى الدُّنْيَا وَلَا
فِى الْاٰخِرَةِ وَاَنَّ مَرَدَّنَا اِلَى اللّٰهِ وَاَنَّ الْمُسْرِفِينَ هُمْ
اَصْحَابُ النَّارِ ﴿٤٣﴾ فَسَتَذْكُرُونَ مَا اَقُولُ لَكُمْ وَاُفَوِّضُ
اَمْرِى اِلَى اللّٰهِ اِنَّ اللّٰهَ بَصِيرٌ بِالْعِبَادِ ﴿٤٤﴾ فَوَقٰيهُ اللّٰهُ
سَيِّـَٔاتِ مَا مَكَرُوا وَحَاقَ بِاٰلِ فِرْعَوْنَ سُوٓءُ الْعَذَابِ ﴿٤٥﴾
اَلنَّارُ يُعْرَضُونَ عَلَيْهَا غُدُوًّا وَعَشِيًّا وَيَوْمَ تَقُومُ السَّاعَةُ
اَدْخِلُوٓا اٰلَ فِرْعَوْنَ اَشَدَّ الْعَذَابِ ﴿٤٦﴾ وَاِذْ يَتَحَاجُّونَ
فِى النَّارِ فَيَقُولُ الضُّعَفٰٓؤُا لِلَّذِينَ اسْتَكْبَرُوٓا اِنَّا كُنَّا
لَكُمْ تَبَعًا فَهَلْ اَنْتُمْ مُغْنُونَ عَنَّا نَصِيبًا مِنَ النَّارِ ﴿٤٧﴾
قَالَ الَّذِينَ اسْتَكْبَرُوٓا اِنَّا كُلٌّ فِيهَٓا اِنَّ اللّٰهَ قَدْ حَكَمَ
بَيْنَ الْعِبَادِ ﴿٤٨﴾ وَقَالَ الَّذِينَ فِى النَّارِ لِخَزَنَةِ جَهَنَّمَ
ادْعُوا رَبَّكُمْ يُخَفِّفْ عَنَّا يَوْمًا مِنَ الْعَذَابِ ﴿٤٩﴾

41. ¡Oh mi gente! ¡Cómo es que me llamáis al Fuego mientras que yo os llamo a la salvación!

42. Me llamáis de modo que no debería creer en Dios y asociarle copartícipes a Él, de los cuales no tengo ningún conocimiento seguro; y yo os llamo al Glorioso poseedor de irresistible poder (Capaz de destruir a quien se rebele contra Él), el Perdonador (Quien perdona a quien se torne a Él en arrepentimiento).

43. Sin duda me llamáis a alguien que no tiene ningún título (para ser llamado) en el mundo, o en el Más Allá; hacia Dios será nuestro retorno, y aquellos que (traspasando todos los límites) son derrochadores (de sus facultades otorgadas por Dios) serán compañeros del Fuego.

44. Pronto recordaréis todo lo que yo os digo ahora. En cuanto a mí, confío mi asunto a Dios (en total sumisión). Sin lugar a duda Dios contempla a Sus siervos bien».

45. Así que Dios lo amparó de los males que intrigaron (contra él)[10], mientras que un castigo más funesto arrolló al clan (la corte y la aristocracia militar) del Faraón:

46. El Fuego: serán expuestos a ello por la mañana y por la tarde; y cuando llega la Última Hora (y el Juicio se establece, se ordena): «Arrojad al clan del Faraón en el castigo más severo[11]».

47. Contempla, cómo discutirán el uno con el otro en el Fuego; así que los débiles (los que obedecieron ciegamente a los líderes de la incredulidad) dirán a aquellos que actuaron con arrogancia y que oprimieron (a otros): «Sin duda éramos vuestros seguidores; ahora pues, ¿podéis librarnos (aunque sea) de una parte del Fuego?».

48. Aquellos que fueron arrogantes (y que oprimieron a otros) dirán: «¡Todos estamos en esto (Fuego)! Dios ha juzgado de hecho entre los siervos (y todo debe enfrentarse a un juicio y llevarse su merecido)».

49. Aquellos que están en el Fuego gritarán a los guardianes del Infierno: «Apelad a vuestro Señor que alivie el castigo para nosotros durante un día (por lo menos)[12]».

10. Como se puede entender de los versículos, el creyente que apareció en un momento muy crítico para apoyar a Moisés, la paz sea con él, contra las intrigas del Faraón debe haber sido una persona poderosa entre los dignatarios y la elite gobernante del Faraón. Había ocultado con éxito su fe. Luego, cuando el Faraón estaba a punto de atentar contra la vida de Moisés, la paz sea con él, él se presentó y le dio apoyo total. Actuó como un ayudante de Moisés junto a Aarón, la paz sea con ellos, y probablemente debido a su estatus, el Faraón no pudo causarle ningún daño, ya que sus intrigas secretas resultaron en nada por el apoyo de Dios. Al final, el Faraón, su elite gobernante, y el ejército se ahogaron en el mar, mientras que Moisés, la paz sea con él, y su gente dejaron Egipto con éxito.

11. Este versículo establece explícitamente que el castigo en la tumba, el mundo intermedio entre esto y el siguiente, es verdadero. Este castigo también se relaciona con el acto de abrasarse en el Fuego. Sin embargo, el castigo del Fuego para el Faraón y su familia en la tumba está en forma de ser expuesto a ello por la mañana y por la tarde; mientras que en el Infierno, estará en forma de quemarse continuamente.

12. Según algunos comentaristas, «un día» significa una pequeña porción de tiempo.

قَالُوا اَوَلَمْ تَكُ تَأْتِيكُمْ رُسُلُكُمْ بِالْبَيِّنَاتِ قَالُوا بَلٰى
قَالُوا فَادْعُوا وَمَا دُعٰٓؤُا الْكَافِرِينَ اِلَّا فِى ضَلَالٍ ﴿٥٠﴾
اِنَّا لَنَنْصُرُ رُسُلَنَا وَالَّذِينَ اٰمَنُوا فِى الْحَيٰوةِ
الدُّنْيَا وَيَوْمَ يَقُومُ الْاَشْهَادُ ﴿٥١﴾ يَوْمَ لَا يَنْفَعُ
الظَّالِمِينَ مَعْذِرَتُهُمْ وَلَهُمُ اللَّعْنَةُ وَلَهُمْ سُٓوءُ الدَّارِ ﴿٥٢﴾
وَلَقَدْ اٰتَيْنَا مُوسَى الْهُدٰى وَاَوْرَثْنَا بَنٖٓى اِسْرَٓائِلَ
الْكِتَابَ ﴿٥٣﴾ هُدًى وَذِكْرٰى لِاُولِى الْاَلْبَابِ ﴿٥٤﴾ فَاصْبِرْ
اِنَّ وَعْدَ اللّٰهِ حَقٌّ وَاسْتَغْفِرْ لِذَنْبِكَ وَسَبِّحْ بِحَمْدِ
رَبِّكَ بِالْعَشِىِّ وَالْاِبْكَارِ ﴿٥٥﴾ اِنَّ الَّذِينَ يُجَادِلُونَ
فٖٓى اٰيَاتِ اللّٰهِ بِغَيْرِ سُلْطَانٍ اَتٰيهُمْ اِنْ فٖى صُدُورِهِمْ
اِلَّا كِبْرٌ مَا هُمْ بِبَالِغٖيهِ فَاسْتَعِذْ بِاللّٰهِ اِنَّهُ هُوَ السَّمٖيعُ
الْبَصٖيرُ ﴿٥٦﴾ لَخَلْقُ السَّمٰوَاتِ وَالْاَرْضِ اَكْبَرُ
مِنْ خَلْقِ النَّاسِ وَلٰكِنَّ اَكْثَرَ النَّاسِ لَا يَعْلَمُونَ ﴿٥٧﴾
وَمَا يَسْتَوِى الْاَعْمٰى وَالْبَصٖيرُ وَالَّذِينَ اٰمَنُوا وَعَمِلُوا
الصَّالِحَاتِ وَلَا الْمُسٖٓيءُ قَلٖيلًا مَا تَتَذَكَّرُونَ ﴿٥٨﴾

اِنَّ السَّاعَةَ

50. (Los guardianes) dirán: «¿No os han llegado los Mensajeros enviados a vosotros con las pruebas claras (de la verdad)?». Dirán, «En verdad que sí». (Los guardianes entonces) dirán: «¡Entonces apelad (como queráis)!». Pero la apelación de los incrédulos seguro que resultará inútil.

51. Con toda certeza, ayudamos a Nuestros Mensajeros, y a aquellos que creen, en la vida de este mundo y el Día en que los Testigos se presentarán (para atestiguar con respecto a la respuesta de la gente a los Mensajeros)[13].

52. El Día cuando sus excusas no servirán de nada a los malhechores, y para ellos se da maldición (eternamente serán excluidos de la misericordia de Dios), y para ellos se da la funesta morada.

53. Con toda certeza, concedimos a Moisés la guía, e hicimos a los Hijos de Israel los herederos del Libro (después de Moisés),

54. Como guía (para todos a seguir en su vida), y un recordatorio (con enseñanza y advertencia) para la gente de discernimiento (entre ellos).

55. Así que ten paciencia (Oh Mensajero, con todo lo que hacen), porque sin lugar a duda la promesa de Dios (que Él ayuda siempre a Sus Mensajeros y a los creyentes) es verdad; y pide perdón por tus pecados[14]; y glorifica a tu Señor con Su alabanza[15] por la tarde y por la mañana.

56. Aquellos que discuten sobre los signos y las Revelaciones de Dios sin ninguna autoridad que les haya alcanzado[16], (hacen así porque) en sus pechos tienen un anhelo de superioridad, la cual no lograrán. Pero refúgiate en Dios (de sus intrigas). Sin duda Él es Aquél Quien todo lo Oye, todo lo Ve.

57. Sin duda la creación de los Cielos y de la Tierra es algo mayor que la creación de la humanidad, pero la mayoría de los seres humanos no saben (esta verdad)[17].

58. No son iguales el ciego y el que puede ver, ni (son iguales) los que creen y hacen actos buenos y rectos, y los malhechores. ¡Apenas reflexionáis y sois considerados!

13. Véanse el *sura* 4:41; el *sura* 39:69, nota 24.

14. La infalibilidad es una cualidad imprescindible de la Misión Profética. Así que todos los Profetas son infalibles en el sentido que no cometen pecados o desobedecen las órdenes de Dios. Aquí, Dios recuerda a los creyentes un hecho importante al cual debemos prestar atención en el camino hacia Él. Lo que incumbe a aquellos que creen en Dios, y que se esfuerzan para lograr el nivel de ordenar su vida según las normas establecidas en Su Libro, es tener paciencia, pedir perdón por sus pecados, y como será indicado en el versículo, estar ocupado con Su glorificación y alabanza.

15. Sobre el significado de la glorificar y alabar a Dios, véase el *sura* 35:29, nota 11.

16. En muchos otros versículos, tales como el versículo 35 de este *sura*, el Corán llama atención al hecho de que los que hablan de los signos y las Revelaciones de Dios deben tener un permiso o una autoridad que les haya alcanzado. Es decir, los signos y las Revelaciones de Dios son asuntos que conciernen a Él y a Su Religión. Así que hablar de Dios requiere el conocimiento definitivo de Él, el cual se puede adquirir solamente a través de la Revelación y los Mensajeros. Hablar de la Religión de Dios requiere el conocimiento experto sobre ella y su fuente es ante todo, otra vez, Dios y la Revelación. Por lo tanto, aquellos que discuten sobre Dios y Su Religión sin basar su información en el conocimiento suficiente y experto del Corán y el Mensajero de Dios, la paz y las bendiciones sean con él, se incluyen en las amenazas que se hallan en estos versículos.

17. Este versículo tiene varios significados, como los siguientes:

- Muchos seres humanos consideran imposible su resurrección en el Más Allá. Sin embargo, su creación no es más fácil que su resurrección. Lo que es más, Dios ha creado los Cielos y la Tierra, y los destruirá y recreará el Día de la Resurrección. Su creación no es más fácil que la creación del ser humano. Así que no es de ninguna manera difícil para Aquel Quien ha creado los Cielos y la Tierra resucitar o recrear a los seres humanos.
- Los seres humanos no tienen ningún derecho de arrogarse superioridad ante los signos y las Revelaciones de Dios. Son totalmente impotentes ante Dios, Quien ha creado los Cielos y la Tierra, así que lo que se espera de ellos es someterse a Él conscientes de su debilidad y la grandeza ilimitada de Dios. Los Cielos están llenos de los seres espirituales conscientes que son mucho más poderosos que los seres humanos. A pesar de esto, y a pesar de su tamaño inmenso, los Cielos y la Tierra se han sometido voluntariamente a las órdenes de Dios. ¿Qué les pasa a los seres humanos que pretenden superioridad ante los signos y las Revelaciones de Dios?
- Dios ha hecho al ser humano Su vicerregente en la Tierra y nos ha dotado de muchas capacidades de modo que podamos realizar logros grandes y asombrosos. Sin embargo, los más grandes de esos logros no son nada comparados con la creación de los Cielos y la Tierra por parte de Dios con todo lo que se halla en ellos. Así pues nuestros logros nunca deben llevar a los seres humanos a ser fanfarrones y arrogarse superioridad frente a los signos y las Revelaciones de Dios. Más bien, debemos someternos a las órdenes de Dios y vivir de acuerdo con ellas.

اِنَّ السَّاعَةَ لَاٰتِيَةٌ لَا رَيْبَ فِيهَا وَلٰكِنَّ اَكْثَرَ النَّاسِ
لَا يُؤْمِنُونَ ﴿٥٩﴾ وَقَالَ رَبُّكُمُ ادْعُونِى اَسْتَجِبْ لَكُمْ
اِنَّ الَّذِينَ يَسْتَكْبِرُونَ عَنْ عِبَادَتِى سَيَدْخُلُونَ جَهَنَّمَ
دَاخِرِينَ ﴿٦٠﴾ اَللّٰهُ الَّذِى جَعَلَ لَكُمُ الَّيْلَ لِتَسْكُنُوا
فِيهِ وَالنَّهَارَ مُبْصِرًا اِنَّ اللّٰهَ لَذُو فَضْلٍ عَلَى النَّاسِ
وَلٰكِنَّ اَكْثَرَ النَّاسِ لَا يَشْكُرُونَ ﴿٦١﴾ ذٰلِكُمُ اللّٰهُ رَبُّكُمْ
خَالِقُ كُلِّ شَيْءٍ لَا اِلٰهَ اِلَّا هُوَ فَاَنّٰى تُؤْفَكُونَ ﴿٦٢﴾
كَذٰلِكَ يُؤْفَكُ الَّذِينَ كَانُوا بِاٰيَاتِ اللّٰهِ يَجْحَدُونَ ﴿٦٣﴾
اَللّٰهُ الَّذِى جَعَلَ لَكُمُ الْاَرْضَ قَرَارًا وَالسَّمَاءَ بِنَاءً
وَصَوَّرَكُمْ فَاَحْسَنَ صُوَرَكُمْ وَرَزَقَكُمْ مِنَ الطَّيِّبَاتِ
ذٰلِكُمُ اللّٰهُ رَبُّكُمْ فَتَبَارَكَ اللّٰهُ رَبُّ الْعَالَمِينَ ﴿٦٤﴾ هُوَ
الْحَيُّ لَا اِلٰهَ اِلَّا هُوَ فَادْعُوهُ مُخْلِصِينَ لَهُ الدِّينَ
اَلْحَمْدُ لِلّٰهِ رَبِّ الْعَالَمِينَ ﴿٦٥﴾ قُلْ اِنِّى نُهِيتُ اَنْ اَعْبُدَ
الَّذِينَ تَدْعُونَ مِنْ دُونِ اللّٰهِ لَمَّا جَاءَنِىَ الْبَيِّنَاتُ
مِنْ رَبِّى وَاُمِرْتُ اَنْ اُسْلِمَ لِرَبِّ الْعَالَمِينَ ﴿٦٦﴾

59. La Última Hora con toda certeza llegará; de eso no cabe duda. Sin embargo, la mayoría de los seres humanos no creen[18].

60. Vuestro Señor ha dicho: «Rogadme a Mí, (y) os contestaré[19]». Aquellos que son demasiado arrogantes para adorarme a Mí entrarán en el Infierno humillados.

61. Él es Quien hizo para vosotros la noche para que podáis descansar en ella y el día para que veáis (y así trabajéis durante el mismo). En realidad, Dios es misericordioso y munificente para los seres humanos, sin embargo la mayoría de ellos no dan gracias.

62. Tal es Dios, vuestro Señor (Aquel Quien os crea, y mantiene y suministra), el Creador de todas las cosas. No hay más deidad sino Él. Entonces, ¿cómo es que os apartasteis de la verdad (y adoptasteis falsas deidades para adorar)?

63. Así es: aquellos que rechazan obstinadamente los signos y las Revelaciones de Dios son apartados de la verdad.

64. Dios es Quien ha hecho la Tierra como una morada fija, y el Cielo un manto, y os ha dado forma y ha perfeccionado vuestras formas, y os provee de cosas puras y sanas. Entonces Bendito y Supremo es Dios, el Señor de los mundos.

65. Él es Viviente; no hay más deidad sino Él. Así que rogadle a Él, siendo sinceros en vuestra fe en Él y practicando la Religión solamente por Él. Toda la alabanza y la gratitud son para Dios, el Señor de los mundos.

66. Di: «Me ha sido prohibido adorar a aquellos que vosotros invocáis aparte de Dios mientras que las pruebas claras (de la verdad) me han llegado de mi Señor, y se me ha ordenado someterme totalmente al Señor de los mundos».

18. Los dos últimos versículos insinúan que el bien y el mal pueden ser distinguidos perfectamente solamente en el Más Allá. Así pues, sin el Más Allá, ni el bien ni el mal recibirán la recompensa justa y completa debida a ellos. Esto es contrario a la moralidad. Esto es la razón por la cual la creencia en el Más Allá es uno de los fundamentos más básicos de la moralidad y de una vida social sana. Pero solamente aquellos que creen y, por lo tanto, pueden ver, o aquellos que no se han cegado a la verdad, pueden comprender esto.

19. Acerca del ruego y la respuesta de Dios a ello, véase el *sura* 25:77, nota 18.

67. Él es Quien os ha creado de la tierra, luego de una gota del líquido (seminal), a continuación de un coágulo adherido (a la pared del útero); luego os trae (al mundo) como un bebé, luego (ordena que) alcanzáis vuestra (edad de) plena fortaleza, después de eso (vivís suficiente tiempo para) envejecerse —aunque hay algunos de vosotros que se les causa morir antes (de llegar a la vejez)— y que alcanzáis un plazo señalado por Él, de modo que podáis razonar y entender (la verdad).

68. Él es Quien da la vida y causa la muerta; y cuando Él decreta que sea algo, Le basta decir «¡Sé!» y es.

69. ¿No has considerado a aquellos que discuten sobre los signos y las Revelaciones de Dios, cómo se apartaron (en diferentes clases de creencia)?

70. Han negado el Libro (el Corán) y todo (de guía y sabiduría) lo que hemos enviado con Nuestros Mensajeros. Así pues, con el tiempo llegarán a saber.

71. Cuando las cadenas están alrededor de sus cuellos, y los grilletes (alrededor de sus piernas). Estarán arrastrados,

72. En el agua hirviente, luego en el Fuego estarán abrasados.

73. Luego se les dirá: «¿Dónde están aquellos a quienes atribuisteis Divinidad (o Señorío, o Soberanía absoluta),

74. Aparte de Dios? (¿Dónde están ahora aquellos cuya ayuda esperabais?)». Dirán: «Nos han fallado; o más bien, no invocábamos ante ninguna cosa (verdadera) (que tuviera parte en Divinidad, o Señorío, o Soberanía absoluta)». Así Dios extravía a los incrédulos (aquellos que desatienden voluntariamente la verdad y rechazan creer en ella).

هُوَ الَّذٖى خَلَقَكُمْ مِنْ تُرَابٍ ثُمَّ مِنْ نُطْفَةٍ ثُمَّ مِنْ عَلَقَةٍ
ثُمَّ يُخْرِجُكُمْ طِفْلاً ثُمَّ لِتَبْلُغُوا اَشُدَّكُمْ ثُمَّ لِتَكُونُوا
شُيُوخًا وَمِنْكُمْ مَنْ يُتَوَفّٰى مِنْ قَبْلُ وَلِتَبْلُغُوا اَجَلاً مُسَمًّى
وَلَعَلَّكُمْ تَعْقِلُونَ ﴿٦٧﴾ هُوَ الَّذٖى يُحْيٖ وَيُمٖيتُ فَاِذَا قَضٰى
اَمْرًا فَاِنَّمَا يَقُولُ لَهُ كُنْ فَيَكُونُ ﴿٦٨﴾ اَلَمْ تَرَ اِلَى الَّذٖينَ
يُجَادِلُونَ فٖى اٰيَاتِ اللّٰهِ اَنّٰى يُصْرَفُونَ ﴿٦٩﴾ اَلَّذٖينَ كَذَّبُوا
بِالْكِتَابِ وَبِمَا اَرْسَلْنَا بِهٖ رُسُلَنَا فَسَوْفَ يَعْلَمُونَ ﴿٧٠﴾
اِذِ الْاَغْلَالُ فٖى اَعْنَاقِهِمْ وَالسَّلَاسِلُ يُسْحَبُونَ ﴿٧١﴾
فِى الْحَمٖيمِ ثُمَّ فِى النَّارِ يُسْجَرُونَ ﴿٧٢﴾ ثُمَّ قٖيلَ لَهُمْ اَيْنَ
مَا كُنْتُمْ تُشْرِكُونَ ﴿٧٣﴾ مِنْ دُونِ اللّٰهِ قَالُوا ضَلُّوا عَنَّا بَلْ
لَمْ نَكُنْ نَدْعُوا مِنْ قَبْلُ شَيْـًٔا كَذٰلِكَ يُضِلُّ اللّٰهُ الْكَافِرٖينَ ﴿٧٤﴾
ذٰلِكُمْ بِمَا كُنْتُمْ تَفْرَحُونَ فِى الْاَرْضِ بِغَيْرِ الْحَقِّ وَبِمَا
كُنْتُمْ تَمْرَحُونَ ﴿٧٥﴾ اُدْخُلُوا اَبْوَابَ جَهَنَّمَ خَالِدٖينَ فٖيهَا
فَبِئْسَ مَثْوَى الْمُتَكَبِّرٖينَ ﴿٧٦﴾ فَاصْبِرْ اِنَّ وَعْدَ اللّٰهِ حَقٌّ فَاِمَّا
نُرِيَنَّكَ بَعْضَ الَّذٖى نَعِدُهُمْ اَوْ نَتَوَفَّيَنَّكَ فَاِلَيْنَا يُرْجَعُونَ ﴿٧٧﴾

وَلَقَدْ

75. Esto (Su acto de extraviaros y vuestro castigo) es porque vosotros os regocijasteis con arrogancia en la Tierra sin (tener en cuenta los límites del) derecho, y porque actuabais de manera arbitraria en vuestro regocijo.

76. Ahora entrad por las puertas del Infierno para morar allí. ¡Cuán maligna morada es la de aquellos (demasiado) arrogantes (para reconocer la verdad)!

77. Así pues, ten paciencia (Oh Mensajero), porque con toda seguridad la promesa de Dios es verdadera. Si te dejamos ver algo de lo que les hemos prometido, o si te hacemos morir (antes de que los acontezca), todavía a Nosotros se tornarán.

وَلَقَدْ اَرْسَلْنَا رُسُلاً مِنْ قَبْلِكَ مِنْهُمْ مَنْ قَصَصْنَا عَلَيْكَ
وَمِنْهُمْ مَنْ لَمْ نَقْصُصْ عَلَيْكَ وَمَا كَانَ لِرَسُولٍ اَنْ يَأْتِيَ
بِاٰيَةٍ اِلَّا بِاِذْنِ اللّٰهِ فَاِذَا جَاءَ اَمْرُ اللّٰهِ قُضِيَ بِالْحَقِّ وَخَسِرَ
هُنَالِكَ الْمُبْطِلُونَ ۝٧٨ اَللّٰهُ الَّذِي جَعَلَ لَكُمُ الْاَنْعَامَ لِتَرْكَبُوا
مِنْهَا وَمِنْهَا تَأْكُلُونَ ۝٧٩ وَلَكُمْ فِيهَا مَنَافِعُ وَلِتَبْلُغُوا
عَلَيْهَا حَاجَةً فِي صُدُورِكُمْ وَعَلَيْهَا وَعَلَى الْفُلْكِ
تُحْمَلُونَ ۝٨٠ وَيُرِيكُمْ اٰيَاتِهِ فَاَيَّ اٰيَاتِ اللّٰهِ تُنْكِرُونَ ۝٨١
اَفَلَمْ يَسِيرُوا فِي الْاَرْضِ فَيَنْظُرُوا كَيْفَ كَانَ عَاقِبَةُ
الَّذِينَ مِنْ قَبْلِهِمْ كَانُوا اَكْثَرَ مِنْهُمْ وَاَشَدَّ قُوَّةً وَاٰثَارًا
فِي الْاَرْضِ فَمَا اَغْنٰى عَنْهُمْ مَا كَانُوا يَكْسِبُونَ ۝٨٢ فَلَمَّا
جَاءَتْهُمْ رُسُلُهُمْ بِالْبَيِّنَاتِ فَرِحُوا بِمَا عِنْدَهُمْ مِنَ الْعِلْمِ
وَحَاقَ بِهِمْ مَا كَانُوا بِهِ يَسْتَهْزِؤُنَ ۝٨٣ فَلَمَّا رَاَوْا بَأْسَنَا
قَالُوا اٰمَنَّا بِاللّٰهِ وَحْدَهُ وَكَفَرْنَا بِمَا كُنَّا بِهِ مُشْرِكِينَ ۝٨٤
فَلَمْ يَكُ يَنْفَعُهُمْ اِيمَانُهُمْ لَمَّا رَاَوْا بَأْسَنَا سُنَّتَ اللّٰهِ
الَّتِي قَدْ خَلَتْ فِي عِبَادِهِ وَخَسِرَ هُنَالِكَ الْكَافِرُونَ ۝٨٥

78. En realidad, enviamos a Mensajeros antes de ti; entre ellos están aquellos de los que ya te hemos mencionado, y entre ellos están aquellos de los que no te hemos mencionado. No es propio de un Mensajero hacer un milagro excepto por el permiso de Dios. Luego, cuando la orden de Dios es emitida, se juzga con la verdad y justicia, y aquellos inventores de mentiras (quienes atribuyen copartícipes a Dios y se esfuerzan en refutar la verdad) van a perder y arruinarse.

79. Dios es Quien ha hecho los ganados (a vuestro servicio), para que utilicéis algunos de ellos para montar, y de ellos obtenéis alimento.

80. Y tenéis (muchos más) beneficios en ellos, que podéis lograr por ellos una cierta necesidad que sentís en vuestros pechos, y sois portados encima de ellos (por tierra) y en los barcos (por mar)[20].

81. Os demuestra Sus signos (de modo que sean manifiestos a vuestros sentidos y comprensión). Entonces, ¿cuál de los signos de Dios negáis?

82. ¿Nunca han viajado por la Tierra, que puedan ver cómo han acabado aquellos que les precedieron (que no han creído obstinadamente en Nuestras señales)? Eran más que ellos y tenían más poder y eran mejores en dejar huellas en la Tierra, pero todo lo que habían ganado no les sirvió de nada (frente al disgusto de Dios).

83. Cuando sus Mensajeros vinieron a ellos con verdades manifiestas, eligieron permanecer en placer y orgullo solamente en el conocimiento (restringido y superficial) que tenían (sobre la vida mundana y los medios para gozar de ella), y de lo que se burlaban (el castigo prometido de Dios) les abrumó[21].

84. Luego cuando vieron Nuestro tremendo castigo, exclamaron: «¡Hemos creído en Dios como Único y hemos rechazado todo lo que Le atribuíamos (a Él)!».

85. Pero su fe cuando vieron realmente Nuestro tremendo castigo no les sirvió de nada: (es decir) la manera de Dios (de tratar a los seres humanos, es una manera) que siempre ha estado en vigor para Sus siervos. Así que los incrédulos se han perdido todos juntos.

20. El término «ganados» incluye ovejas, cabras, vacas, bueyes y camellos. Todos son comestibles, y los camellos también se utilizan para montar. Son especialmente útiles para viajar a sitios lejanos. Las hembras de estos animales nos proveen de leche, mientras que la piel de todos se puede utilizar. Además, la lana o el pelo de algunos, tales como ovejas, cabras y camellos, son también útiles. La gente se beneficia de los camellos como montura de muchas maneras, para transportar sus mercancías sobre ellos y viajar en ellos. Antiguamente, los camellos también fueron utilizados en batallas. También véase el *sura* 36:72-73.

21. Este versículo se refiere aparentemente a los tiempos modernos. La gente moderna está contenta con la vida mundana y pasa su vida entera buscando los medios para encontrar el posible placer más grande en la vida mundana. Admiran los logros científicos y tecnológicos y los dedican solamente a los placeres mundanos, por ignorancia y negligencia completas de la otra vida. Buscar placeres mundanos causa la competición despiadada en el uso de los recursos materiales y conflictos interminables, incluyendo guerras mundiales. Estos acontecimientos son obviamente castigos tremendos de Dios. Sin embargo, parece que, estando involucrada en el materialismo científico, la gente moderna no aprende de estos acontecimientos.

سُورَةُ فُصِّلَتْ مَكِّيَّةٌ
وَهِىَ أَرْبَعٌ وَخَمْسُونَ آيَةً

بِسْمِ اللّٰهِ الرَّحْمٰنِ الرَّحِيمِ

حٰمٓ ١ تَنْزِيلٌ مِنَ الرَّحْمٰنِ الرَّحِيمِ ٢ كِتَابٌ فُصِّلَتْ اٰيَاتُهُ قُرْاٰنًا
عَرَبِيًّا لِقَوْمٍ يَعْلَمُونَ ٣ بَشِيرًا وَنَذِيرًا فَاَعْرَضَ اَكْثَرُهُمْ فَهُمْ
لَا يَسْمَعُونَ ٤ وَقَالُوا قُلُوبُنَا فٖى اَكِنَّةٍ مِمَّا تَدْعُونَا اِلَيْهِ وَفٖى
اٰذَانِنَا وَقْرٌ وَمِنْ بَيْنِنَا وَبَيْنِكَ حِجَابٌ فَاعْمَلْ اِنَّنَا عَامِلُونَ ٥
قُلْ اِنَّمَا اَنَا بَشَرٌ مِثْلُكُمْ يُوحٰى اِلَىَّ اَنَّمَا اِلٰهُكُمْ اِلٰهٌ وَاحِدٌ فَاسْتَقٖيمُوا
اِلَيْهِ وَاسْتَغْفِرُوهُ وَوَيْلٌ لِلْمُشْرِكٖينَ ٦ اَلَّذٖينَ لَا يُؤْتُونَ الزَّكٰوةَ
وَهُمْ بِالْاٰخِرَةِ هُمْ كَافِرُونَ ٧ اِنَّ الَّذٖينَ اٰمَنُوا وَعَمِلُوا الصَّالِحَاتِ
لَهُمْ اَجْرٌ غَيْرُ مَمْنُونٍ ٨ قُلْ اَئِنَّكُمْ لَتَكْفُرُونَ بِالَّذٖى خَلَقَ
الْاَرْضَ فٖى يَوْمَيْنِ وَتَجْعَلُونَ لَهُ اَنْدَادًا ذٰلِكَ رَبُّ الْعَالَمٖينَ ٩
وَجَعَلَ فٖيهَا رَوَاسِىَ مِنْ فَوْقِهَا وَبَارَكَ فٖيهَا وَقَدَّرَ فٖيهَا اَقْوَاتَهَا فٖى
اَرْبَعَةِ اَيَّامٍ سَوَاءً لِلسَّائِلٖينَ ١٠ ثُمَّ اسْتَوٰى اِلَى السَّمَاءِ وَهِىَ دُخَانٌ
فَقَالَ لَهَا وَلِلْاَرْضِ ائْتِيَا طَوْعًا اَوْ كَرْهًا قَالَتَا اَتَيْنَا طَائِعٖينَ ١١

فَقَضٰيهُنَّ

SURA 41

FUSSILAT (CLARAMENTE EXPLICADO)

Período de La Meca

Este *sura* que consta de 54 versículos fue revelado en La Meca después de la conversión de Hamza, el tío del Profeta, y antes de la conversión de 'Umar, que Dios esté complacido con ambos. Adquiere su título de la palabra *fussilat* en el tercer versículo, que significa «dispuesto en orden y claramente explicado». También se llama *Ha-Mim Saydah*, significando «la postración de *Ha-Mim*». Menciona algunos atributos del Corán y algunos de los propósitos de su revelación. También describe la naturaleza de la Misión Profética y la Revelación. Llama la atención a las pruebas de la Unidad Divina en el universo, el final trágico de alguna gente de antaño que negó la Revelación de Dios, y las recompensas concedidas a los creyentes.

En el Nombre de Dios,
el Misericordioso, el Compasivo.

1. *Ha. Mim.*

2. (Este es) el Libro que se envía en partes por el Misericordioso (Quien abraza a todos los seres con Su Misericordia), el Compasivo (Quien tiene misericordia especial para los creyentes):

3. Un Libro cuyos mensajes han sido claramente explicados y aclarados, y cuyos versículos están en secuencia ordenada; un Corán (Recitación) en árabe para una gente que tiene conocimiento (y así puede apreciar excelencia en el uso de la lengua);

4. (Siendo enviado) como un portador de buenas nuevas (de la recompensa por la fe y la rectitud); y un advertidor (contra las consecuencias del extravío)[1]. Sin embargo la mayoría (de la gente de La Meca) se aparta, y no presta atención a ello (siendo reacia por dentro, y sorda a su excelencia).

5. Dicen: «Nuestros corazones están envueltos en cubiertas contra aquello a lo que nos llamas, y en nuestros oídos se da pesadez, y entre nosotros y tú se da un velo. Así que toma medidas (por ejemplo lo que está en tu poder), como tomamos medidas (tal como lo que queramos)».

6. Di: «Soy solamente un mortal como vosotros. Pero se me ha revelado que vuestro Dios es el Uno y Único Dios. Así pues seguid el camino recto hacia Él (en creencia y obediencia correctas), y pedid Su perdón (por vuestros pecados)». ¡Pobre de aquellos que atribuyen copartícipes (a Él),

7. Aquellos que no gastan de su riqueza (como limosna para los pobres y necesitados), y que son incrédulos en el Más Allá!

8. Pero aquellos que creen y hacen actos buenos y rectos, sin duda para ellos se da una recompensa, constante y sin medida».

9. Di: «¿Es que (atribuís copartícipes a Él y, por lo tanto,) no creéis en Aquel Quien ha creado la Tierra en dos días[2], y (a causa de esa incredulidad) atribuís rivales a Él (como deidades, señores y objetos de adoración)?». Ése es el Señor de los mundos.

10. Ha fijado en ella (la Tierra) montañas firmes que se elevan por encima de ella, y ha concedido bendiciones allí, y ha determinado sus provisiones en la medida debida (para que sea obtenida) en cuatro períodos, de una manera para satisfacer las necesidades vitales de todas las cosas y los seres, que piden su provisión de Él.

11. Y ha dirigido (Su Conocimiento, Voluntad, Poder y Favor) al Cielo cuando estaba como una nube (de gases), y ha ordenado al Cielo y la Tierra, «¡Venid ambos, voluntariamente o a la fuerza!». Dijeron: «Hemos venido a obedecer voluntariamente[3]».

---

1. Los versículos del 2 al 4 mencionan algunos atributos del Corán, como los siguientes:

(1) No puede ser imitado. (2) Es un Libro. (3) Ha sido enviado en partes. (4) Además de sus otros atributos, la Misericordia y la Compasión de Dios se reflejan en el Corán y, por lo tanto, es una misericordia para toda la creación y especialmente para los creyentes. (5) Sus versículos están dispuestos en orden sin ninguna confusión y claramente explicados. (6) Es un Libro que es y debe ser recitado verdaderamente. (7) Está en árabe y, por lo tanto, el árabe es un aspecto esencial de él. (8) Especialmente aquella gente que tiene suficiente conocimiento de la lengua puede distinguir fácilmente sus aspectos como un Libro. (9) Da buenas nuevas de un futuro brillante y una felicidad eterna a aquellos que creen y hacen actos buenos y rectos. (10) Advierte a los extraviados contra las consecuencias de su camino (Suat Yıldırım, pág.476).

La revelación del Corán en árabe no es incompatible con su mensaje universal. Fue en La Meca en el período inicial de su misión donde el Mensajero de Dios, la paz sea con él, declaró que su mensaje estaba predestinado a todo el mundo: *«¡Oh seres humanos! Con toda certeza, soy para todos vosotros el Mensajero de Dios, a Quien pertenece la soberanía de los Cielos y de la Tierra»* (7:158); *Di: «Dios, testigo entre yo y vosotros. Y a mí me ha sido revelado este Corán para así advertiros a vosotros y a quienquiera que le llegue»* (6:19).

2. Según lo indicado en el *sura* 7, nota 11, el concepto de día (*yawm*) en el Corán es una unidad relativa de tiempo. Así que puede significar aquí dos etapas o épocas, una que se refiere a la separación primitiva de la materia de la creación en el Cielo y la Tierra (21:30), y la otra, a la formación de la Tierra y a prepararla para la vida (el *sura* 13:3; el *sura* 79:30-33).

3. Algunos investigadores modernos (por ejemplo, Nurbaki, págs.13-24) entienden de este versículo lo siguiente:

El Corán señala que hay una cierta dificultad en la cooperación entre la Tierra y el cielo. Como se sabe, las moléculas y los átomos en la atmósfera intentan escaparse al espacio mientras que la Tierra intenta atraerlos y mantenerlos. Para la formación de una atmósfera, los movimientos que conducen a la fuerza de las moléculas que se escapan tienen que ser compensados por la fuerza de la gravedad de la Tierra. Esto es una condición casi imposible de cumplir. Desde el punto de vista de la geofísica, estas condiciones extremadamente difíciles requieren el mantenimiento de tres tipos importantes de equilibrio: (i) la temperatura atmosférica, (ii) la fuerza de la gravedad proporcionada por parte de la Tierra, y (iii) no violación de este equilibrio por varias energías radiantes que llegan del espacio. El Corán expresa todos estos hechos con las frases, *¡Venid ambos, voluntariamente o a la fuerza! Dijeron: «Hemos venido a obedecer voluntariamente»*. Que las condiciones casi imposibles han sido cumplidas solamente por el Poder de Dios es indicado por la frase anterior.

12. Así que Él ha dado forma (a las nubes de elementos gaseosos que en aquel entonces existieron en lugar del cielo) siete cielos en dos días, e inspiró en cada cielo sus tareas. Y adornamos el cielo más bajo (el cielo del mundo) con las lámparas (estrellas), y guardamos (contra cada diablo que intentaría robar la información de Lo Oculto de los ángeles)[4]. Esta es la determinación medida del Glorioso poseedor de poder irresistible, el Omnisciente[5].

13. Si se apartan en aversión, di (a ellos): «Os he advertido de un castigo que sobreviene como el relámpago (que les sobrevino a las tribus) de Ad y Zamud».

14. Cuando los Mensajeros (enviados a cada una de las tribus) vinieron a ellos (con todas las pruebas de la verdad) de todas las maneras, predicando: «¡Adorad tan sólo a Dios!» dijeron: «Si hubiera deseado nuestro Señor (enviarnos Mensajeros para advertirnos), sin duda habría enviado ángeles. Así que no creemos en lo que (afirmáis que) ha sido enviado con vosotros».

15. Ahora, en cuanto a los de ‘Ad: Actuaron con arrogancia y de manera opresiva en el país contra todo derecho, y dijeron: «¿Quién puede ser superior a nosotros en poder?». ¿Acaso no han visto que Dios, Quien los creó, es superior a ellos en poder? Y persistieron en rechazar Nuestras señales y Revelaciones manifiestas.

16. Así enviamos sobre ellos un furioso huracán durante días de desastre, y así les hicimos probar el castigo de ignominia en la vida de este mundo, mientras que el castigo del Más Allá es más humillante. Y no serán ayudados (para evitarlo).

17. En cuanto a (la tribu de) Zamud: Les demostramos (el camino recto de) la guía,

٤٧٧ ٱلْجُزْءُ الرَّابِعُ وَالْعِشْرُونَ 477

فَقَضٰيهُنَّ سَبْعَ سَمٰوَاتٍ فى يَوْمَيْنِ وَاَوْحٰى فى كُلِّ سَمَاءٍ
اَمْرَهَاۜ وَزَيَّنَّا السَّمَاءَ الدُّنْيَا بِمَصَابيحَۗ وَحِفْظًاۜ ذٰلِكَ تَقْدِيرُ
الْعَزِيزِ الْعَليمِ ﴿١٢﴾ فَاِنْ اَعْرَضُوا فَقُلْ اَنْذَرْتُكُمْ صَاعِقَةً مِثْلَ
صَاعِقَةِ عَادٍ وَثَمُودَۜ ﴿١٣﴾ اِذْ جَاءَتْهُمُ الرُّسُلُ مِنْ بَيْنِ اَيْديهِمْ
وَمِنْ خَلْفِهِمْ اَلَّا تَعْبُدُوا اِلَّا اللّٰهَۜ قَالُوا لَوْ شَاءَ رَبُّنَا لَاَنْزَلَ
مَلٰئِكَةً فَاِنَّا بِمَا اُرْسِلْتُمْ بِهٖ كَافِرُونَ ﴿١٤﴾ فَاَمَّا عَادٌ فَاسْتَكْبَرُوا
فِى الْاَرْضِ بِغَيْرِ الْحَقِّ وَقَالُوا مَنْ اَشَدُّ مِنَّا قُوَّةًۜ اَوَلَمْ يَرَوْا اَنَّ
اللّٰهَ الَّذى خَلَقَهُمْ هُوَ اَشَدُّ مِنْهُمْ قُوَّةًۜ وَكَانُوا بِاٰيَاتِنَا يَجْحَدُونَ ﴿١٥﴾
فَاَرْسَلْنَا عَلَيْهِمْ ريحًا صَرْصَرًا فى اَيَّامٍ نَحِسَاتٍ لِنُذيقَهُمْ
عَذَابَ الْخِزْىِ فِى الْحَيٰوةِ الدُّنْيَاۜ وَلَعَذَابُ الْاٰخِرَةِ اَخْزٰى
وَهُمْ لَا يُنْصَرُونَ ﴿١٦﴾ وَاَمَّا ثَمُودُ فَهَدَيْنَاهُمْ فَاسْتَحَبُّوا الْعَمٰى
عَلَى الْهُدٰى فَاَخَذَتْهُمْ صَاعِقَةُ الْعَذَابِ الْهُونِ بِمَا كَانُوا يَكْسِبُونَۚ ﴿١٧﴾
وَنَجَّيْنَا الَّذينَ اٰمَنُوا وَكَانُوا يَتَّقُونَ ﴿١٨﴾ وَيَوْمَ يُحْشَرُ اَعْدَاءُ
اللّٰهِ اِلَى النَّارِ فَهُمْ يُوزَعُونَ ﴿١٩﴾ حَتّٰى اِذَا مَا جَاؤُهَا شَهِدَ
عَلَيْهِمْ سَمْعُهُمْ وَاَبْصَارُهُمْ وَجُلُودُهُمْ بِمَا كَانُوا يَعْمَلُونَ ﴿٢٠﴾

pero prefirieron la ceguera frente a la guía. Así que entonces el castigo de humillación como el relámpago los agarró por lo que estuvieron ganando para sí mismos.

18. Y salvamos a aquellos que creyeron y quienes, sintiendo el temor reverencial a Dios y venerándole a Él, evitaron habitualmente pecar.

19. Y (recuerda) el día cuando los enemigos de Dios serán levantados (de sus tumbas) y reunidos por el Fuego: se les conducirá (al emplazamiento del ajuste de cuentas) en filas,

20. Cuando llegan allí, sus oídos, y sus ojos, y sus pieles atestiguarán en contra de ellos en cuanto a todo lo que hicieron de manera habitual.

4. Para una explicación, véase el *sura* 15:16-18, nota 5; el *sura* 37:6-7, nota 3; el *sura* 67:5, nota 4.

5. Para la creación de los Cielos y de la Tierra, y el significado de los siete cielos, véase el *sura* 2:29, nota 28.

وَقَالُوا لِجُلُودِهِمْ لِمَ شَهِدْتُمْ عَلَيْنَا قَالُوا اَنْطَقَنَا اللّٰهُ الَّذٖى
اَنْطَقَ كُلَّ شَيْءٍ وَهُوَ خَلَقَكُمْ اَوَّلَ مَرَّةٍ وَاِلَيْهِ تُرْجَعُونَ ﴿٢١﴾
وَمَا كُنْتُمْ تَسْتَتِرُونَ اَنْ يَشْهَدَ عَلَيْكُمْ سَمْعُكُمْ وَلَا اَبْصَارُكُمْ
وَلَا جُلُودُكُمْ وَلٰكِنْ ظَنَنْتُمْ اَنَّ اللّٰهَ لَا يَعْلَمُ كَثٖيرًا مِمَّا تَعْمَلُونَ ﴿٢٢﴾
وَذٰلِكُمْ ظَنُّكُمُ الَّذٖى ظَنَنْتُمْ بِرَبِّكُمْ اَرْدٰيكُمْ فَاَصْبَحْتُمْ
مِنَ الْخَاسِرٖينَ ﴿٢٣﴾ فَاِنْ يَصْبِرُوا فَالنَّارُ مَثْوًى لَهُمْ وَاِنْ يَسْتَعْتِبُوا
فَمَا هُمْ مِنَ الْمُعْتَبٖينَ ﴿٢٤﴾ وَقَيَّضْنَا لَهُمْ قُرَنَاءَ فَزَيَّنُوا لَهُمْ
مَا بَيْنَ اَيْدٖيهِمْ وَمَا خَلْفَهُمْ وَحَقَّ عَلَيْهِمُ الْقَوْلُ فٖى اُمَمٍ
قَدْ خَلَتْ مِنْ قَبْلِهِمْ مِنَ الْجِنِّ وَالْاِنْسِ اِنَّهُمْ كَانُوا خَاسِرٖينَ ﴿٢٥﴾
وَقَالَ الَّذٖينَ كَفَرُوا لَا تَسْمَعُوا لِهٰذَا الْقُرْاٰنِ وَالْغَوْا فٖيهِ لَعَلَّكُمْ
تَغْلِبُونَ ﴿٢٦﴾ فَلَنُذٖيقَنَّ الَّذٖينَ كَفَرُوا عَذَابًا شَدٖيدًا وَلَنَجْزِيَنَّهُمْ
اَسْوَاَ الَّذٖى كَانُوا يَعْمَلُونَ ﴿٢٧﴾ ذٰلِكَ جَزَاءُ اَعْدَاءِ اللّٰهِ النَّارُ
لَهُمْ فٖيهَا دَارُ الْخُلْدِ جَزَاءً بِمَا كَانُوا بِاٰيَاتِنَا يَجْحَدُونَ ﴿٢٨﴾
وَقَالَ الَّذٖينَ كَفَرُوا رَبَّنَا اَرِنَا الَّذَيْنِ اَضَلَّانَا مِنَ الْجِنِّ
وَالْاِنْسِ نَجْعَلْهُمَا تَحْتَ اَقْدَامِنَا لِيَكُونَا مِنَ الْاَسْفَلٖينَ ﴿٢٩﴾

اِنَّ الَّذٖينَ

21. Preguntarán a sus pieles, «¿Por qué habéis atestiguado en contra de nosotros?». Contestarán: «Dios Quien hace a todo hablar nos ha hecho hablar[6]». Es Quien ha creado a vosotros al principio, y a Quien todos seréis retornados.

22. No intentasteis velaros (mientras estabais cometiendo pecados) sin tener en cuenta que vuestros oídos, o vuestros ojos, o vuestras pieles un día atestiguarían en contra de vosotros. Además, creísteis que Dios no sabía la mayor parte de lo que hicisteis de manera habitual[7].

23. Es esa suposición vuestra que abrigasteis sobre vuestro Señor que os hizo caer en la perdición, y así fuisteis de entre los perdedores.

24. Si lo aguantan (o no lo aguantan), todavía el Fuego será una morada eterna para ellos. Si piden un favor (para salvarse de él, o no lo piden), todavía no son de aquellos que serán favorecidos (y salvados).

25. (A cambio de su acto de preferir la incredulidad y pecaminosidad a la creencia y piedad) les hemos asignado camaradas (de carácter satánico, no honrado) que embellecen sus (actos) anteriores y sus (intenciones) actuales para que les parezcan atrayentes a ellos. Y la palabra (la condena del castigo que sobrevino) sobre las comunidades de los genios y el ser humano antes de ellos (quienes fueron santurrones de la misma manera) también les sobrevino. Sin duda son los perdedores.

26. Aquellos que no creen dicen: «No escuchéis este Corán, y haced ruido (durante su recitación) de modo que podáis prevalecer sobre él».

27. Pero haremos sin duda a aquellos que no crean probar un severo castigo, y sin duda les recompensaremos por lo peor de lo que suelen hacer[8].

28. Esta es la recompensa de los enemigos de Dios: el Fuego. Allí tendrán la morada eterna, como recompensa meritoria por rechazar obstinadamente Nuestras señales y Revelaciones.

29. Aquellos que no creen dirán (al entrar en el Fuego): «¡Señor nuestro! ¡Demuéstranos a aquellos de los genios y del ser humano que nos han extraviado, de modo que podamos pisotearlos, y serán de los más humillados!».

6. Según lo señalado en el versículo *La morada del Más Allá está verdaderamente viva* (29:64), y según lo explicado en la nota 4 del *sura* 25:12, el Corán declara que todas las cosas en la Morada del Más Allá estarán vivas. Así que cada parte del ser humano atestiguará a su favor o en su contra. La restricción del testimonio a la piel en el versículo 21 es porque la piel es la frontera entre una criatura viva y el mundo alrededor de ella; es también el punto de contacto físico entre la criatura y otras criaturas y el mundo. Por lo tanto, es el lugar de todo el contacto, ya sea bueno o malo. Si, según lo implicado aquí, es también el medio donde se registra todo contacto (nosotros sabemos en esta vida solamente los extremos del contacto que dejan cicatrices en la piel), entonces la piel es un testigo ideal.

7. Diciendo, *creísteis que Dios no sabía* la mayor parte de *lo que hicisteis de manera habitual*, en vez de, *creísteis que Dios no sabía* todo *lo que hicisteis de manera habitual*, significa que ellos creyeron en Dios como el Ser Supremo con conocimiento, pero actuaron imprudentemente como si no hubieran aceptado que Dios tuviera ningún conocimiento de la mayor parte de lo que solían hacer, o que realmente no creyeron en la naturaleza abarcadora del Conocimiento de Dios.

8. Lo peor de lo que hacen los incrédulos es ciertamente la incredulidad; así pues antes que nada, Dios los castigará por su incredulidad. El versículo pretende disuadir encarecidamente a los incrédulos.

إِنَّ الَّذِينَ قَالُوا رَبُّنَا اللّٰهُ ثُمَّ اسْتَقَامُوا تَتَنَزَّلُ عَلَيْهِمُ
الْمَلٰٓئِكَةُ اَلَّا تَخَافُوا وَلَا تَحْزَنُوا وَاَبْشِرُوا بِالْجَنَّةِ الَّتِى
كُنْتُمْ تُوعَدُونَ ﴿٣٠﴾ نَحْنُ اَوْلِيَآؤُكُمْ فِى الْحَيٰوةِ الدُّنْيَا
وَفِى الْاٰخِرَةِ وَلَكُمْ فِيهَا مَا تَشْتَهٖٓى اَنْفُسُكُمْ وَلَكُمْ
فِيهَا مَا تَدَّعُونَ ﴿٣١﴾ نُزُلًا مِنْ غَفُورٍ رَحِيمٍ ﴿٣٢﴾ وَمَنْ
اَحْسَنُ قَوْلًا مِمَّنْ دَعَٓا اِلَى اللّٰهِ وَعَمِلَ صَالِحًا وَقَالَ
اِنَّنِى مِنَ الْمُسْلِمِينَ ﴿٣٣﴾ وَلَا تَسْتَوِى الْحَسَنَةُ وَلَا السَّيِّئَةُ
اِدْفَعْ بِالَّتِى هِىَ اَحْسَنُ فَاِذَا الَّذِى بَيْنَكَ وَبَيْنَهُ عَدَاوَةٌ
كَاَنَّهُ وَلِىٌّ حَمِيمٌ ﴿٣٤﴾ وَمَا يُلَقّٰيهَٓا اِلَّا الَّذِينَ صَبَرُوا
وَمَا يُلَقّٰيهَٓا اِلَّا ذُو حَظٍّ عَظِيمٍ ﴿٣٥﴾ وَاِمَّا يَنْزَغَنَّكَ
مِنَ الشَّيْطَانِ نَزْغٌ فَاسْتَعِذْ بِاللّٰهِ اِنَّهُ هُوَ السَّمِيعُ الْعَلِيمُ ﴿٣٦﴾
وَمِنْ اٰيَاتِهِ الَّيْلُ وَالنَّهَارُ وَالشَّمْسُ وَالْقَمَرُ لَا تَسْجُدُوا
لِلشَّمْسِ وَلَا لِلْقَمَرِ وَاسْجُدُوا لِلّٰهِ الَّذِى خَلَقَهُنَّ اِنْ
كُنْتُمْ اِيَّاهُ تَعْبُدُونَ ﴿٣٧﴾ فَاِنِ اسْتَكْبَرُوا فَالَّذِينَ عِنْدَ
رَبِّكَ يُسَبِّحُونَ لَهُ بِالَّيْلِ وَالنَّهَارِ وَهُمْ لَا يَسْـَٔمُونَ ﴿٣٨﴾

30. En cuanto a aquellos que dicen, «Nuestro Señor es Dios», y después siguen el Camino Recto (en su creencia, pensamiento, y actos) sin desviación, los ángeles descienden sobre ellos de vez en cuando (en el mundo, como camaradas protectores, y en el Más Allá, con el mensaje): «No temáis ni os aflijáis, sino regocijaros por las buenas nuevas del Paraíso que os ha sido prometido.

31. Somos vuestros camaradas y ayudantes que tienen buenas intenciones para con vosotros en el Más Allá, así como lo hemos sido en la vida del mundo. Vosotros tendréis allí todo cuanto vuestras almas deseen, y vosotros tendréis allí todo aquello que deseéis.

32. Un regalo de bienvenida por parte de Aquel Indulgente, Compasivo»[9].

33. ¿Quién es mejor en discurso que aquel que llama a Dios y hace actos buenos y rectos, y dice: «No cabe duda de que soy de los musulmanes (sometidos completamente a Él)?».

34. La bondad y la maldad nunca pueden ser iguales. Rechaza el mal de la manera más buena (o mejor)[10]. A continuación contempla: aquel entre el cual y tú había enemistad se ha convertido en un amigo íntimo.

35. Y no se permite a nadie alcanzarlo (tal gran virtud) salvo aquellos que sean pacientes (en las adversidades y frente a las tentaciones de sus almas y Satanás), y no se permite a nadie lograrlo salvo aquellos quienes tienen una gran parte en perfecciones y virtudes humanas.

36. Y si una instigación de Satanás te solivianta (mientras llevas a cabo tu misión, durante tu adoración o en el transcurso de tu vida cotidiana), busca refugio en Dios. Él es Aquél Quien todo lo Oye, Omnisciente.

37. Y la noche y el día, y el Sol y la Luna (todos los fenómenos y objetos que vosotros contempláis en el universo) se hallan entre Sus señales (que dirigen a Su Unidad absoluta). No os postréis en adoración al Sol o a la Luna, sino postraos en adoración a Dios, Quien los ha creado, si es en verdad Aquel a Quien vosotros adoráis.

38. Si son demasiado arrogantes (como para adorar únicamente a Dios), es un hecho que aquellos que se hallan en Presencia de tu Señor (los ángeles y Sus siervos sinceros de entre la humanidad así como los genios), Le glorifican únicamente a Él de noche y de día, y son incansables (en esto).

---

9. Puesto que el Paraíso es un lugar de pureza absoluta y aquellos que entren en el mismo lo harán completamente purificados, el Paraíso se hallará repleto de bendiciones puras con las cuales sus residentes se encontrarán completamente satisfechos.

10. Es decir, rechaza la falsedad con la verdad; no apliques el perjuicio a cambio de perjuicio, y sigue el camino recto adoptando las medidas correctas para lograr un objetivo justo. Este es un principio fundamental de la conducta islámica y de la predicación del Islam. Asimismo, se espera que un individuo musulmán perdone lo que se ha cometido contra él individualmente, y responder de la mejor manera en cuanto a conducta.

وَمِنْ اٰيَاتِه۪ٓ اَنَّكَ تَرَى الْاَرْضَ خَاشِعَةً فَاِذَٓا اَنْزَلْنَا عَلَيْهَا
الْمَٓاءَ اهْتَزَّتْ وَرَبَتْۜ اِنَّ الَّذ۪ٓى اَحْيَاهَا لَمُحْيِ الْمَوْتٰىۜ اِنَّهُ
عَلٰى كُلِّ شَيْءٍ قَد۪يرٌ ﴿٣٩﴾ اِنَّ الَّذ۪ينَ يُلْحِدُونَ ف۪ٓى اٰيَاتِنَا
لَا يَخْفَوْنَ عَلَيْنَاۜ اَفَمَنْ يُلْقٰى فِى النَّارِ خَيْرٌ اَمْ مَنْ يَاْت۪ٓى
اٰمِنًا يَوْمَ الْقِيٰمَةِۜ اِعْمَلُوا مَا شِئْتُمْۙ اِنَّهُ بِمَا تَعْمَلُونَ بَص۪يرٌ ﴿٤٠﴾
اِنَّ الَّذ۪ينَ كَفَرُوا بِالذِّكْرِ لَمَّا جَٓاءَهُمْۚ وَاِنَّهُ لَكِتَابٌ عَز۪يزٌۙ ﴿٤١﴾
لَا يَاْت۪يهِ الْبَاطِلُ مِنْ بَيْنِ يَدَيْهِ وَلَا مِنْ خَلْفِه۪ۜ تَنْز۪يلٌ مِنْ حَك۪يمٍ
حَم۪يدٍ ﴿٤٢﴾ مَا يُقَالُ لَكَ اِلَّا مَا قَدْ ق۪يلَ لِلرُّسُلِ مِنْ قَبْلِكَۜ
اِنَّ رَبَّكَ لَذُو مَغْفِرَةٍ وَذُو عِقَابٍ اَل۪يمٍ ﴿٤٣﴾ وَلَوْ جَعَلْنَاهُ قُرْاٰنًا
اَعْجَمِيًّا لَقَالُوا لَوْلَا فُصِّلَتْ اٰيَاتُهُۜ ءَاَعْجَمِيٌّ وَعَرَبِيٌّۜ قُلْ هُوَ
لِلَّذ۪ينَ اٰمَنُوا هُدًى وَشِفَٓاءٌۜ وَالَّذ۪ينَ لَا يُؤْمِنُونَ ف۪ٓى اٰذَانِهِمْ وَقْرٌ
وَهُوَ عَلَيْهِمْ عَمًىۜ اُو۬لٰٓئِكَ يُنَادَوْنَ مِنْ مَكَانٍ بَع۪يدٍ ﴿٤٤﴾ وَلَقَدْ
اٰتَيْنَا مُوسَى الْكِتَابَ فَاخْتُلِفَ ف۪يهِۜ وَلَوْلَا كَلِمَةٌ سَبَقَتْ
مِنْ رَبِّكَ لَقُضِيَ بَيْنَهُمْۜ وَاِنَّهُمْ لَف۪ى شَكٍّ مِنْهُ مُر۪يبٍ ﴿٤٥﴾ مَنْ عَمِلَ
صَالِحًا فَلِنَفْسِه۪ وَمَنْ اَسَٓاءَ فَعَلَيْهَاۜ وَمَا رَبُّكَ بِظَلَّامٍ لِلْعَب۪يدِ ﴿٤٦﴾

اِلَيْهِ

39. Y entre Sus señales se halla esto: vosotros veis la Tierra quieta y árida; pero cuando Nosotros hacemos descender el agua sobre ella, se mueve y se hincha (con vida). Aquél Quien la revivifica es sin duda alguna el Único Quien resucitará a los muertos. Sin lugar a dudas Él posee pleno poder sobre todas las cosas.

40. No cabe duda de que aquellos que se desvían del camino recto en relación con Nuestras señales (en naturaleza y vida) y Revelaciones[11] no se ocultan de Nosotros. ¿Quién se encuentra en un estado mejor, aquel que es arrojado al Fuego del Infierno, o aquel que llegue seguro en el Día de la Resurrección? Haced lo que os plazca, sin duda alguna Él contempla bien todo lo que vosotros hacéis.

41. Aquellos que no creen en este Recordatorio (el Corán) cuando viene a ellos (se hallan entre aquellos que serán arrojados al Fuego del Infierno). Pues, sin duda alguna, es un Libro glorioso, invencible.

42. La falsedad jamás puede tener acceso al mismo, ya sea por delante o por detrás (ya sea por los argumentos y talantes fundamentados en las filosofías modernas, o por ataques del pasado basados en Escrituras anteriores)[12]; (es) el Libro que se ha hecho descender en partes por parte del Omnisapiente, Digno de Alabanza (a Quien toda la alabanza y la gratitud pertenecen).

43. Lo que se te dice (¡Oh Mensajero!) no es sino aquello que les fue dicho (por los incrédulos) a los Mensajeros anteriores a ti. Tu Señor es en verdad Aquel Quien dispone indulgencia, y Quien dispone la dolorosa pena merecida.

44. Si hubiéramos hecho que fuera un Corán en lengua extranjera, ellos (quienes ahora lo rechazan) habrían dicho sin duda alguna: «¡Si tan sólo sus mensajes hubiesen sido claramente explicados y aclarados! ¿Por qué una lengua extranjera, y un árabe (para hablarla a los árabes)?». Di: «(No es un Libro cuyo poder o propósito sea reducido por una lengua). Para aquellos que creen, es una guía y curación (para sus corazones y mentes, y todos sus sentidos). Pero en cuanto a aquellos que no creen, en sus oídos se da la pesadez, y es imperceptible a ellos. Ellos son (como aquellos que están siendo) llamados desde lejos (por lo que la llamada no alcanza su oído y su vista).

45. Sin duda alguna, Nosotros concedimos a Moisés el Libro, y los puntos de

vista discrepantes surgieron acerca del mismo (tal y como tu pueblo, Oh Mensajero, pronuncia diversas cosas concernientes al Libro que te estamos revelando). Si no hubiera sido por un decreto ya emitido por Tu Señor (que pospone el dictamen final y decisivo hasta un plazo de tiempo determinado), habría sido juzgado en verdad entre ellos[13]. Ellos se hallan (sin embargo) en dudosa incertidumbre sobre él (sobre el Corán y su actitud respecto al mismo).

46. Todo aquel que lleva a cabo actos buenos y rectos, lo hace por el bien de su propia alma; y todo aquel que comete el mal, lo hace en perjuicio de sí mismo. Tu Señor nunca es injusto con Sus siervos en lo más mínimo.

---

11. La desviación del camino recto en referencia a las señales de Dios en la naturaleza y la vida puede ocurrir de muchas maneras. Por ejemplo, hacer de cualquiera de estas señales —el Sol, la Luna, las estrellas, o cualquier ser humano o genio— un objeto de adoración, o usarlos como un medio de negar a Dios como su Creador y su Soberano, tal y como el acercamiento moderno del materialismo científico lleva a cabo, son dos maneras de desviación. La desviación concerniente a las Revelaciones o las Escrituras Divinas puede también acontecer de numerosas maneras. Algunas de estas maneras se fundamentan en la tergiversación de su significado, abusando de ellas para las ventajas mundanas, efectuando alteraciones en ellas, o interpretándolas arbitrariamente sin basarse en un conocimiento válido.

12. Said Nursi lo explica de este modo:

> Si contempláis el Corán desde un corazón recto, observareis que sus seis lados son tan brillantes y transparentes que ninguna oscuridad y extravío, duda y sospecha, o engaño pueden penetrarlo. Ni asimismo se da una grieta a través de la cual tales cosas podrían infiltrarse en el ámbito de su pureza. Sobre el mismo se halla el sello del aspecto milagroso, debajo se da la prueba y la evidencia, detrás del mismo su punto de apoyo —la pura Revelación Divina—, delante de él se encuentra la felicidad en este mundo y el siguiente, a su derecha la razón humana que se pregunta sobre su verdad y asegura su confirmación, y a su izquierda, se halla la llamada a la conciencia humana para atestiguar su verdad y asegurar su sumisión. En el interior del Corán se da la guía pura del Misericordioso, y en el exterior se da la luz de la fe [Véase The Words, («Las Palabras»), «The 22nd Word», («La 22ª Palabra»), pág. 321].

13. El decreto en cuestión es el que se encuentra en los versículos 2:36, y 7:24: *Habrá para vosotros en la Tierra donde has sido designado ya como vicerregente una morada y provisión hasta un tiempo determinado.*

إِلَيْهِ يُرَدُّ عِلْمُ السَّاعَةِ وَمَا تَخْرُجُ مِنْ ثَمَرَاتٍ مِنْ اَكْمَامِهَا
وَمَا تَحْمِلُ مِنْ اُنْثٰى وَلَا تَضَعُ اِلَّا بِعِلْمِهِ وَيَوْمَ يُنَادِيهِمْ
اَيْنَ شُرَكَائِى قَالُوا اٰذَنَّاكَ مَا مِنَّا مِنْ شَهِيدٍ ﴿٤٧﴾ وَضَلَّ عَنْهُمْ
مَا كَانُوا يَدْعُونَ مِنْ قَبْلُ وَظَنُّوا مَا لَهُمْ مِنْ مَحِيصٍ ﴿٤٨﴾
لَا يَسْـَٔمُ الْاِنْسَانُ مِنْ دُعَاءِ الْخَيْرِ وَاِنْ مَسَّهُ الشَّرُّ فَيَـُٔوسٌ
قَنُوطٌ ﴿٤٩﴾ وَلَئِنْ اَذَقْنَاهُ رَحْمَةً مِنَّا مِنْ بَعْدِ ضَرَّاءَ مَسَّتْهُ
لَيَقُولَنَّ هٰذَا لِى وَمَا اَظُنُّ السَّاعَةَ قَائِمَةً وَلَئِنْ رُجِعْتُ
اِلٰى رَبّٖى اِنَّ لِى عِنْدَهُ لَلْحُسْنٰى فَلَنُنَبِّئَنَّ الَّذِينَ كَفَرُوا
بِمَا عَمِلُوا وَلَنُذِيقَنَّهُمْ مِنْ عَذَابٍ غَلِيظٍ ﴿٥٠﴾ وَاِذَا اَنْعَمْنَا
عَلَى الْاِنْسَانِ اَعْرَضَ وَنَا بِجَانِبِهِ وَاِذَا مَسَّهُ الشَّرُّ
فَذُو دُعَاءٍ عَرِيضٍ ﴿٥١﴾ قُلْ اَرَاَيْتُمْ اِنْ كَانَ مِنْ عِنْدِ اللّٰهِ ثُمَّ كَفَرْتُمْ
بِهِ مَنْ اَضَلُّ مِمَّنْ هُوَ فِى شِقَاقٍ بَعِيدٍ ﴿٥٢﴾ سَنُرِيهِمْ اٰيَاتِنَا
فِى الْاٰفَاقِ وَفِى اَنْفُسِهِمْ حَتّٰى يَتَبَيَّنَ لَهُمْ اَنَّهُ الْحَقُّ
اَوَلَمْ يَكْفِ بِرَبِّكَ اَنَّهُ عَلٰى كُلِّ شَيْءٍ شَهِيدٌ ﴿٥٣﴾ اَلَا اِنَّهُمْ
فِى مِرْيَةٍ مِنْ لِقَاءِ رَبِّهِمْ اَلَا اِنَّهُ بِكُلِّ شَيْءٍ مُحِيطٌ ﴿٥٤﴾

47. A Él solamente se refiere el conocimiento de la Última Hora. Y ningún fruto surge de sus envolturas, y ninguna hembra queda encinta o da a luz, si no es con Su conocimiento. Y en el Día en el que Él les convocará: «¿Dónde están ahora aquellos (que vosotros afirmasteis y proclamasteis como) copartícipes Míos?», no cabe duda que dirán: «Proclamamos ante Ti que no hay ninguno entre nosotros que pueda atestiguar (esa afirmación falsa)».

48. Y aquellos que (adoptaron como deidades e) invocaron con anterioridad les fallarán sin duda alguna; así sabrán a ciencia cierta que no hay escapatoria para ellos.

49. El ser humano nunca se cansa de pedir (lo que él presume es) su propio bien, pero si el mal le sobreviene, entonces pierde toda la esperanza y se descorazona[14].

50. Y, en verdad, si (por Nuestra Gracia) le permitimos experimentar una misericordia de Nosotros después de que le haya sobrevenido una desgracia, él dice sin duda alguna: «Esto es tan sólo mi merecido (y puedo disponer del mismo como me plazca), y no pienso que acontecerá la Última Hora (por lo que habría de ser llamado a rendir cuentas por ello). Aún en el caso de que (acontezca, y) deba ser retornado mi Señor, hallaré sin duda alguna junto a Él lo mejor (porque considero que siempre soy merecedor de lo mejor)». Sin duda, haremos que aquellos que no creen entiendan todo lo que hacen (y los llamaremos para rendir cuentas), y sin duda, haremos que prueben un castigo riguroso.

51. Cuando concedemos favores al ser humano, éste se retira y se aparta (de su Señor); y cuando el mal le sobreviene, entonces recurre a prolongadas súplicas.

52. Di: «Dime, si (el Corán) es de Dios, y después de (saber) que no habéis creído en él, entonces, ¿quién se halla más extraviado que aquel que se encuentra en una profunda disidencia (separándose de la verdad)?».

53. Les demostraremos Nuestras señales manifiestas (pruebas) en los horizontes del universo y dentro de sí mismos, hasta que les será patente que (el Corán) es sin duda alguna la verdad[15]. ¿Acaso no es suficiente (como prueba) que tu Señor es testigo sobre todas las cosas (del mismo modo que a Él lo atestiguan todas las cosas)?[16]

54. ¡Cuidado! Se hallan en duda (intencionada) acerca del encuentro con Dios (porque vanamente esperan escaparse de rendir cuentas por sus actos y, por lo tanto, rechazan creer en el Corán). ¡Cuidado! Él es Aquel Quien abarca todas las cosas (en Su Conocimiento y Poder).

---

14. Esto es típico de aquel que no cree en Dios como el Creador de todo lo bueno y malo, y en el Destino Divino. Puesto que tales personas enfocan y dedican su vida mundana a la búsqueda de sus disfrutes, y atribuyen todo a su propio conocimiento y capacidades según la «ley» de la causa y el efecto, cuando sienten que ya no existen más medios de cualquier tipo para lograr algo, pasan a estar completamente desesperadas. En cambio, un creyente nunca pierde la esperanza porque cree que es Dios Quien también crea los medios con los que alcanzar algo, y Él puede crear siempre nuevos medios cuando uno de ellos falle. Los creyentes también saben a ciencia cierta que Dios es el creador de todas las cosas, incluyendo lo bueno y lo malo, y que el mal es un resultado de sus propias preferencias. Por ello, cuando no pueden lograr algo, o piensan que han incurrido en una equivocación en intentar lograrlo, o que Dios no dispone que lo posean porque no es adecuado que lo logren.

15. Esta oración tiene varias implicaciones, como las siguientes:

- Los politeístas de La Meca atestiguarán sin duda alguna que las buenas nuevas del Corán y del Mensajero, la paz y las bendiciones sean con él, para el futuro resultarán verdaderas. A su vez, el resto de los acontecimientos futuros establecerán la verdad del Corán y la llamada del Mensajero, la paz y las bendiciones sean con él, de modo que los incrédulos de La Meca lo confesarán.
- Los progresos de las ciencias «naturales» y de las ciencias que estudian la fisiología humana probarán los fundamentos de la fe islámica, especialmente la Existencia y Unidad de Dios. Por lo tanto casi todos los seres humanos tendrán que confesar la verdad del Corán y la Misión Profética del profeta Muhammad, la paz y las bendiciones sean con él.
- Además de las ciencias, la historia futura, a nivel mundial, demostrará patentemente que el Corán es la verdad, y la promesa indicada en el *sura* 24:55 resultará ser verdad para los creyentes hacia el final de los tiempos, como lo fue para los creyentes durante la época del Mensajero.

16. Es decir, Dios ve, oye y es consciente de todas las cosas y acontecimientos. Todas las cosas y acontecimientos a su vez dan testimonio de Él como su Creador, Deidad, Señor (Sustentador, Protector), Proveedor y Soberano únicos. En cada cosa y acontecimiento hay obras manifiestas que señalan a Él con Sus Nombres y Atributos. Para aquel cuyo corazón no está inerte o sellado, cuyos ojos no están cegados, y cuyos oídos no se encuentran ensordecidos hacia la verdad debido a los prejuicios, los pecados, las maldades y la arrogancia, Él es más manifiesto que todo lo demás.

482 سُورَةُ الشُّورٰى ٤٨٢

سُورَةُ الشُّورٰى مَكِّيَّةٌ
وَهِيَ ثَلَاثٌ وَخَمْسُونَ اٰيَةً

بِسْمِ اللّٰهِ الرَّحْمٰنِ الرَّحِيمِ

حٰمٓ ۝١ عٓسٓقٓ ۝٢ كَذٰلِكَ يُوحٓى اِلَيْكَ وَاِلَى الَّذِينَ مِنْ قَبْلِكَۙ اللّٰهُ
الْعَزِيزُ الْحَكِيمُ ۝٣ لَهُ مَا فِي السَّمٰوَاتِ وَمَا فِي الْاَرْضِۜ وَهُوَ
الْعَلِيُّ الْعَظِيمُ ۝٤ تَكَادُ السَّمٰوَاتُ يَتَفَطَّرْنَ مِنْ فَوْقِهِنَّ وَالْمَلٰٓئِكَةُ
يُسَبِّحُونَ بِحَمْدِ رَبِّهِمْ وَيَسْتَغْفِرُونَ لِمَنْ فِي الْاَرْضِۜ اَلَٓا اِنَّ اللّٰهَ
هُوَ الْغَفُورُ الرَّحِيمُ ۝٥ وَالَّذِينَ اتَّخَذُوا مِنْ دُونِهٓ اَوْلِيَٓاءَ اللّٰهُ حَفِيظٌ
عَلَيْهِمْۘ وَمَٓا اَنْتَ عَلَيْهِمْ بِوَكِيلٍ ۝٦ وَكَذٰلِكَ اَوْحَيْنَٓا اِلَيْكَ قُرْاٰنًا عَرَبِيًّا
لِتُنْذِرَ اُمَّ الْقُرٰى وَمَنْ حَوْلَهَا وَتُنْذِرَ يَوْمَ الْجَمْعِ لَا رَيْبَ فِيهِۜ فَرِيقٌ
فِي الْجَنَّةِ وَفَرِيقٌ فِي السَّعِيرِ ۝٧ وَلَوْ شَٓاءَ اللّٰهُ لَجَعَلَهُمْ اُمَّةً وَاحِدَةً
وَلٰكِنْ يُدْخِلُ مَنْ يَشَٓاءُ فِي رَحْمَتِهِۜ وَالظَّالِمُونَ مَا لَهُمْ مِنْ وَلِيٍّ
وَلَا نَصِيرٍ ۝٨ اَمِ اتَّخَذُوا مِنْ دُونِهٓ اَوْلِيَٓاءَۚ فَاللّٰهُ هُوَ الْوَلِيُّ وَهُوَ
يُحْيِي الْمَوْتٰىۘ وَهُوَ عَلٰى كُلِّ شَيْءٍ قَدِيرٌۜ ۝٩ وَمَا اخْتَلَفْتُمْ فِيهِ
مِنْ شَيْءٍ فَحُكْمُهُٓ اِلَى اللّٰهِۜ ذٰلِكُمُ اللّٰهُ رَبِّي عَلَيْهِ تَوَكَّلْتُۗ وَاِلَيْهِ اُنِيبُ ۝١٠

فَاطِرُ السَّمٰوَاتِ

SURA 42

ASH-SHURA (LA CONSULTA)

Período de La Meca

Revelado en La Meca, el nombre de este *sura* de 53 versículos proviene de la palabra «consulta» que aparece en el versículo 38. La consulta es uno de los principios más importantes de la vida social islámica. Este *sura* se centra en la Revelación y el hecho de que todos los Mensajeros vinieron con las mismas verdades y las predicaron. Advierte a aquellos que se les oponen y da buenas nuevas a los creyentes.

En el Nombre de Dios,
el Misericordioso, el Compasivo.

1. *Ha. Mim.*

2. *'Ayn. Sin. Qaf.*

3. Así pues: Él te revela a ti tal y como (Él hizo) a aquellos (a quienes Él eligió como Mensajeros) antes de ti, (siendo como Él es) Dios, el Glorioso poseedor de irresistible poder, Omnisapiente.

4. Suyo es todo lo que se halla en los Cielos y todo lo que se halla sobre la Tierra. Y Él es Aquel Quien es Excelso, Grande.

5. Los Cielos están a punto de desgarrarse desde lo alto de ellos (debido a la majestuosidad de la Revelación); y los ángeles glorifican a su Señor con Su alabanza, y ruegan para (que Él establezca un modo de guía para) aquellos en la Tierra, y para el perdón (de aquellos que lo siguen). ¡Cuidado! No cabe duda de que Dios es Aquel Quien es Indulgente, Compasivo[1].

6. En cuanto a aquellos que adoptan como guardianes y confidentes para sí mismos a otros aparte de Dios (a los cuales confían sus asuntos, de tal modo que asocian copartícipes a Él): Dios siempre les observa a ellos (manteniendo un registro de sus actos). Tú no eres un guardián sobre ellos (responsable de su conducta).

7. Y así pues: (tal y como revelamos estas verdades a los Mensajeros antes de ti), te revelamos un Corán (una Recitación) en árabe de modo que puedas advertir a la madre de todas las ciudades y aquellos de sus alrededores,[2] y advertir del Día de la Reunión, sobre (la venida de) el cual no hay ninguna duda. Un grupo estará en el Paraíso, y el otro en el Fuego[3].

8. Si Dios hubiese querido, Él sin duda alguna habría hecho de ellos una sola comunidad (de la misma fe y estilo de vida), mas Él admite a quien Su Voluntad dicta en Su Misericordia. En cuanto a los malhechores, no poseen un guardián (para protegerlos), ni un auxiliador[4].

9. ¡Cómo! ¿Acaso han adoptado como guardianes y confidentes para sí mismos a otros aparte de Dios (a los cuales confían sus asuntos, de tal modo que asocian copartícipes a Él)? Más bien, Dios es Aquel Quien es el verdadero Guardián, y Él resucitará a los muertos, y posee pleno poder sobre todas las cosas.

10. «Sea lo que sea que discrepéis, el dictamen final acerca de ello se halla con Dios. Tal es Dios, mi Señor: en Él deposito mi confianza, y a Él me torno en devoción».

---

1. Estos versículos iniciales hacen referencia a la Revelación. Como expresión, significan la comunicación de Dios de Sus mensajes a Sus Profetas y Mensajeros de una manera especial, la naturaleza exacta de la cual no podemos conocer. Tal y como será mencionado en el versículo 51 en este *sura*, y como fue explicado antes en el *sura* 20, nota 5, la Revelación tiene lugar de tres maneras. Dios habla o comunica un mensaje a un Profeta ya sea tras un velo, ya sea ubicando el significado del mismo en el corazón del Profeta (como una clase especial de Revelación); o asimismo enviando un ángel. Un Profeta está seguro de que Aquel Quien le habla tras un velo o ubica un significado en su corazón es Dios.

Es debido al compromiso y la majestuosidad de la Revelación que los Cielos casi se desgarran desde lo alto de ellos cuando la transportan al Profeta. El hecho de casi desgarrarse desde lo alto implica que la Revelación se revela desde el «reino» más sublime, o elevado; hay trayectorias a lo largo de las cuales se porta la Revelación de Dios, a lo largo de las cuales los ángeles se mueven; y los actos de los seres conscientes ascienden a Dios (23:17). La sublimidad y la elevación no son, por supuesto, de una clase material o física. Y según lo explicado en el *sura* 37:1-3, nota 1, algunos ángeles acompañaron al Arcángel Gabriel, que trajo el Corán gradualmente al Mensajero de Dios, la paz y las bendiciones sean con él. Esos ángeles se alinearon en filas a lo largo del camino de Gabriel, la paz sea con él, y ahuyentaron a diablos que intentaron arrebatar partes de la Revelación. Algunos de entre de ellos, como los ayudantes de Gabriel, trajeron Revelaciones al Mensajero, la paz y bendiciones sean con él, que no eran del Corán. Los eruditos musulmanes llaman a las Revelaciones que constituyen el Corán «la Revelación recitada». Las Revelaciones que denominan «la Revelación no recitada» y no se incluyen en el Corán, aparecieron ya sea para explicar el Corán o establecer nuevos mandamientos y dirigir al Mensajero, la paz y las bendiciones sean con él, así como a los creyentes en materias nuevas. La *Sunna*, como las declaraciones verbales, los actos,y las confirmaciones del Mensajero de Dios, la paz y las bendiciones sean con él, se basan en estas Revelaciones. El Mensajero dice: «¡Cuidado! He recibido el Corán y su símil [es decir, mi *Sunna*] junto con él» (Abu Dawud, «Sunna», 5).

2. Al Mensajero de Dios, la paz y las bendiciones sea con él, le fue ordenado comenzar su misión con sus parientes más cercanos (26:214), y a continuación advertir a todos los habitantes de La Meca (en este versículo) y todo el pueblo árabe (en este versículo y el *sura* 41:3) y después a todos los seres conscientes (toda la humanidad y genios) (el *sura* 38:87; el *sura* 21:107).

3. La segunda parte del versículo es de la misma trascendencia que los versículos 103 y 105 en el *Sura Hud*: *Ese es un Día en el que todos los seres humanos serán reunidos... De entre aquellos (reunidos juntos), unos son desdichados y otros felices*.

4. Para una explicación más detallada, véase el *sura* 5:48, nota 11. Asimismo, Dios admite en Su Misericordia (los posee y protege, especialmente contra el castigo eterno) a aquellos que no sean malhechores. En cuanto a los malhechores (aquellos que niegan a Dios o Le asocian copartícipes y cometen injusticias en vida), Él los excluye de Su Misericordia.

فَاطِرُ السَّمٰوَاتِ وَالْاَرْضِۜ جَعَلَ لَكُمْ مِنْ اَنْفُسِكُمْ اَزْوَاجًا
وَمِنَ الْاَنْعَامِ اَزْوَاجًاۚ يَذْرَؤُكُمْ فِيهِۜ لَيْسَ كَمِثْلِهِ شَيْءٌۚ
وَهُوَ السَّمِيعُ الْبَصِيرُ ﴿١١﴾ لَهُ مَقَالِيدُ السَّمٰوَاتِ وَالْاَرْضِۚ
يَبْسُطُ الرِّزْقَ لِمَنْ يَشَاءُ وَيَقْدِرُۜ اِنَّهُ بِكُلِّ شَيْءٍ عَلِيمٌ ﴿١٢﴾
شَرَعَ لَكُمْ مِنَ الدِّينِ مَا وَصّٰى بِهِ نُوحًا وَالَّذٓى اَوْحَيْنَٓا
اِلَيْكَ وَمَا وَصَّيْنَا بِهٓ اِبْرٰهِيمَ وَمُوسٰى وَعِيسٰٓى اَنْ اَقِيمُوا
الدِّينَ وَلَا تَتَفَرَّقُوا فِيهِۜ كَبُرَ عَلَى الْمُشْرِكِينَ مَا تَدْعُوهُمْ
اِلَيْهِۜ اَللّٰهُ يَجْتَبٓى اِلَيْهِ مَنْ يَشَٓاءُ وَيَهْدٓى اِلَيْهِ مَنْ يُنِيبُ ﴿١٣﴾
وَمَا تَفَرَّقُٓوا اِلَّا مِنْ بَعْدِ مَا جَٓاءَهُمُ الْعِلْمُ بَغْيًا بَيْنَهُمْۜ
وَلَوْلَا كَلِمَةٌ سَبَقَتْ مِنْ رَبِّكَ اِلٰٓى اَجَلٍ مُسَمًّى لَقُضِيَ
بَيْنَهُمْۜ وَاِنَّ الَّذِينَ اُورِثُوا الْكِتَابَ مِنْ بَعْدِهِمْ لَفٖى شَكٍّ
مِنْهُ مُرِيبٍ ﴿١٤﴾ فَلِذٰلِكَ فَادْعُۚ وَاسْتَقِمْ كَمَٓا اُمِرْتَۚ وَلَا تَتَّبِعْ
اَهْوَٓاءَهُمْۚ وَقُلْ اٰمَنْتُ بِمَٓا اَنْزَلَ اللّٰهُ مِنْ كِتَابٍۚ وَاُمِرْتُ
لِاَعْدِلَ بَيْنَكُمْۜ اَللّٰهُ رَبُّنَا وَرَبُّكُمْۜ لَنَٓا اَعْمَالُنَا وَلَكُمْ اَعْمَالُكُمْۜ
لَا حُجَّةَ بَيْنَنَا وَبَيْنَكُمْۜ اَللّٰهُ يَجْمَعُ بَيْنَنَاۚ وَاِلَيْهِ الْمَصِيرُۜ ﴿١٥﴾

11. El Originador de los Cielos y de la Tierra (cada uno con características particulares y principios ordenados); ha hecho para vosotros, de vosotros mismos, a compañeros, al igual que del ganado parejas (de su propia clase): por estos medios os multiplica a vosotros (y al ganado). No hay nada en absoluto que se asemeje a Él[5]. Él es Quien todo lo Oye, Quien todo lo Ve.

12. Suyas son las llaves de (los tesoros de) los Cielos y de la Tierra. Él aumenta la provisión a quien Su Voluntad dicta, y la escatima (a quien Su Voluntad dicta). Él posee sin duda alguna pleno conocimiento de todas las cosas.

13. De la Religión (que Él ha establecido para la humanidad y revelado a través de Sus Mensajeros a lo largo de la historia), Él ha establecido para vosotros como estilo de vida lo que dispuso para Noé, y aquello que te revelamos a ti, y lo que dispusimos a Abraham, y Moisés, y Jesús, (ordenando): «Estableced la Religión, y no os dividáis en grupos opuestos con relación a la misma»[6]. Aquello a lo que llamas a las personas resulta difícil para aquellos que asocian copartícipes a Dios. Dios escoge a quien Su Voluntad dicta y los reúne (en la fe y en obediencia) hacia Sí, y Él dirige hacia Sí a todo aquel que se torna a Él en devoción.

14. Y (quienes siguen los caminos anteriores) no fueron divididos (en grupos opuestos) hasta después de que el conocimiento llegara a ellos (acerca del camino que deben seguir y lo que ello compromete, y solamente) debido a la recelosa rivalidad e insolencia entre sí mismos. Si no hubiera sido por un decreto ya emitido por Tu Señor (que concede un plazo a la gente y que pospone el dictamen final y decisivo) hasta un período determinado, habría sido juzgado en verdad entre ellos. En verdad aquellos que (han sucedido a esos grupos opuestos y) heredaron el Libro se encuentran inmersos en dudosa incertidumbre sobre ello[7].

15. Por lo tanto (Oh Mensajero), llama a la gente a eso (el estilo de vida que Dios ha establecido para vosotros). Persevera en aquello que es exactamente correcto (en cada materia) tal y como eres ordenado (por Dios). No sigas sus deseos y caprichos (quienes siguen otros caminos, incluyendo los seguidores de las Escrituras anteriores), y di: «Creo en todo Libro que Dios ha hecho descender; y se me ordena que fomente la equidad entre vosotros (sin discriminación de raza o categoría por nacimiento, y asimismo con relación a la riqueza o el poder). Dios es nuestro Señor y vuestro Señor. Nosotros daremos cuenta de nuestros actos, y vosotros, de vuestros actos: (no permitas que haya) ninguna disensión entre nosotros y vosotros. Dios nos reunirá a todos juntos (y resolverá cualquier diferencia entre nosotros y vosotros). A Él es el retorno[8]».

5. Esta breve declaración subraya que Dios no es de la misma clase que lo creado, por lo tanto, se encuentra más allá de todos los conceptos humanos relativos a Él. Por lo tanto Él no tiene compañero alguno, nada se asemeja a Él, ni engendra, ni ha sido engendrado. Nada —ni la materia, ni el espacio o el tiempo— pueden restringirlo o contenerlo. Y esta es la razón por la cual Sus Atributos —Su Oído, Vista, Conocimiento, Voluntad, Poder, Creación, y así sucesivamente— se encuentran también más allá de cualquier cosa que podemos concebir.

6. Este versículo posee numerosas consecuencias, como las siguientes:

- La Religión que Dios ha creado y designado para la humanidad a lo largo de la historia es una, así como la misma. Tiene los mismos fundamentos de la fe, de la adoración, de la conducta y de la moralidad.
- Entre los Profetas, Dios eligió a algunos como Mensajeros; y entre los Mensajeros, Él distinguió a cinco dotados de un grado particular: Noé, Abraham, Moisés, Jesús, y Muhammad, la paz y las bendiciones sean con ellos. Él estableció para cada uno de ellos principios de la conducta en vida, además de los pilares de la fe, de la adoración y de la moralidad. Estos principios, que conforman un estilo de vida (Ley), en lo esencial son iguales, aunque se dan algunas diferencias entre ellos en cuestiones secundarias, como podemos entender del versículo 5:48 (y de la nota correspondiente 11). Cuando el Último Mensajero, la paz y las bendiciones sean con él, vino, su Ley abarcó todas las Leyes anteriores con ciertos cambios (con relación a cómo la Ley Islámica abordó las anteriores, véase el *sura* 2:106, nota 95).
- En la terminología islámica, la Ley es denominada *Shari'ah*, y se utiliza para el aspecto práctico de la Religión.
- El versículo utiliza el término *disponer* con relación a las Leyes prescritas para Noé, Abraham, Moisés y Jesús, la paz y las bendiciones sean con ellos, pero utiliza el verbo *revelar*, para el Último Mensajero, la paz sea con él. *Disponer* implica un firme consejo y concede especial importancia a ciertas cosas. Por esto, y en relación con el estilo de vida dispuesto para Noé, Abraham, Moisés y Jesús, la paz y las bendiciones sean con ellos, algunas materias tenían especial importancia según la época y peculiaridades particulares a cada uno de ellos. Sin embargo, el uso de *revelar* para el estilo de vida impuesto al Último Mensajero, la paz y las bendiciones sean con él, implica que todos los aspectos del mismo —incluyendo aquellos que existen en el Corán y aquellos establecidos por la *Sunna* del Mensajero, la paz sea con él— fueron revelados por Dios y son de importancia universal.
- El versículo primero menciona al profeta Noé y continúa hablando del Último Mensajero, y a continuación el resto de importantes Mensajeros. El motivo de ello es que el profeta Noé, la paz sea con él, es el primer Mensajero a quien una Ley integral para gobernar la vida fue dispuesta, y el Último Mensajero, la paz y las bendiciones sean con él, son los más grandiosos de todos; y el estilo de vida revelado a él es universal e incluye a todos los anteriores. Contemplamos un orden similar en el

sura 33:7: *Y (recuerda) cuando tomamos de los Profetas su palabra, y de ti (Oh Muhammad), y de Noé, de Abraham, de Moisés y de Jesús, hijo de María, tomamos de ellos una palabra solemne*. Este primer versículo menciona a todos los Profetas, aludiendo particularmente a los cinco más grandes de entre ellos, comenzando con el último, debido a su condición preponderante sobre los otros así como porque la Religión de Dios alcanzó universalidad con él.

- Preservar y obedecer la Ley es imprescindible para establecer la Religión y preservarla de distorsiones, cambios y alteraciones. La Ley posee el mismo propósito para la Religión que la piel tiene para el cuerpo humano. La razón principal por la que la Religión perdió su originalidad y pureza después de los profetas Noé, Abraham, Moisés y Jesús, la paz y las bendiciones sean con ellos, es que la gente hizo caso omiso de la Ley o la descuidó, la modificó, o la desobedeció. La negligencia o la desobediencia a la Ley es también una de las razones básicas de las divisiones internas entre las comunidades de los Mensajeros después de ellos, y de las desviaciones atestiguadas relacionadas con los fundamentos de la fe.

7. Este versículo se refiere principalmente a la Gente del Libro, los discípulos de Moisés y Jesús, la paz sea con ellos. Su incertidumbre acerca de su Libro significa que algunos de ellos albergan serias dudas sobre su condición como Libro Divino y/o sobre que algunos pasajes sean realmente de Dios, mientras que algunos otros dudan si se ha preservado y se ha transmitido a ellos en su condición original, e incluso otros se encuentran inmersos en la incertidumbre al respecto. Para el decreto que ya ha sido emitido por Dios, véanse el *sura* 2:36 y el *sura* 7:24.

8. Este versículo es de una trascendencia similar al versículo 3:64: *Di (a ellos Oh Mensajero): «Oh Gente del Libro, convenid a una palabra común entre nosotros y vosotros: Adoremos únicamente a Dios, sin atribuirle copartícipe alguno y no nos tomemos unos a otros por señores en vez de Dios». Si (aún así) se apartan, decid: «Sed testigos de que somos musulmanes (sometidos exclusivamente a Él)»*. Véase la nota correspondiente 12.

وَالَّذ۪ينَ يُحَٓاجُّونَ فِى اللّٰهِ مِنْ بَعْدِ مَا اسْتُجِيبَ لَهُ
حُجَّتُهُمْ دَاحِضَةٌ عِنْدَ رَبِّهِمْ وَعَلَيْهِمْ غَضَبٌ وَلَهُمْ
عَذَابٌ شَد۪يدٌ ﴿١٦﴾ اَللّٰهُ الَّذ۪ٓى اَنْزَلَ الْكِتَابَ بِالْحَقِّ
وَالْم۪يزَانَۜ وَمَا يُدْر۪يكَ لَعَلَّ السَّاعَةَ قَر۪يبٌ ﴿١٧﴾ يَسْتَعْجِلُ
بِهَا الَّذ۪ينَ لَا يُؤْمِنُونَ بِهَاۚ وَالَّذ۪ينَ اٰمَنُوا مُشْفِقُونَ مِنْهَاۙ
وَيَعْلَمُونَ اَنَّهَا الْحَقُّۜ اَلَٓا اِنَّ الَّذ۪ينَ يُمَارُونَ فِى السَّاعَةِ
لَف۪ى ضَلَالٍ بَع۪يدٍ ﴿١٨﴾ اَللّٰهُ لَط۪يفٌ بِعِبَادِه۪ يَرْزُقُ مَنْ يَشَٓاءُۚ
وَهُوَ الْقَوِىُّ الْعَز۪يزُ ﴿١٩﴾ مَنْ كَانَ يُر۪يدُ حَرْثَ الْاٰخِرَةِ
نَزِدْ لَهُ ف۪ى حَرْثِه۪ۚ وَمَنْ كَانَ يُر۪يدُ حَرْثَ الدُّنْيَا نُؤْتِه۪
مِنْهَا وَمَا لَهُ فِى الْاٰخِرَةِ مِنْ نَص۪يبٍ ﴿٢٠﴾ اَمْ لَهُمْ شُرَكٰٓؤُا
شَرَعُوا لَهُمْ مِنَ الدّ۪ينِ مَا لَمْ يَأْذَنْ بِهِ اللّٰهُۜ وَلَوْلَا كَلِمَةُ
الْفَصْلِ لَقُضِىَ بَيْنَهُمْۜ وَاِنَّ الظَّالِم۪ينَ لَهُمْ عَذَابٌ اَل۪يمٌ ﴿٢١﴾
تَرَى الظَّالِم۪ينَ مُشْفِق۪ينَ مِمَّا كَسَبُوا وَهُوَ وَاقِعٌ بِهِمْۜ
وَالَّذ۪ينَ اٰمَنُوا وَعَمِلُوا الصَّالِحَاتِ ف۪ى رَوْضَاتِ الْجَنَّاتِۚ
لَهُمْ مَا يَشَٓاؤُ۫نَ عِنْدَ رَبِّهِمْۜ ذٰلِكَ هُوَ الْفَضْلُ الْكَب۪يرُ ﴿٢٢﴾

ذٰلِكَ الَّذ۪ى

16. Y en cuanto a aquellos que discuten en relación con Dios (que desafían Su Señorío, o luchan contra Su Religión) después de que haya sido aceptada Su llamada (y Su Religión haya sido reconocida como verdadera), su disensión es inválida ante su Señor, y (Su) cólera (condenación) les sobreviene, y para ellos se da un castigo severo.

17. Dios es Aquel Quien ha hecho descender el Libro con verdad y con la Balanza, (exponiendo la verdad y lo que es correcto en todas las materias). Y qué sabes tú, la Última Hora puede que se halle próxima.

18. Aquellos que no creen en ella (burlonamente) piden que ésta sea precipitada; mientras que aquellos que creen tienen temor reverencial de ella, y saben que es verdad (que con seguridad acontecerá). ¡Cuidado! Aquellos que cuestionan en relación con la Última Hora se han alejado en un extravío irremediable.

19. Dios es Misericordioso con Sus siervos. Él concede el sustento a quien Su Voluntad dicta (del modo y en el grado que Él quiere); y Él es Todopoderoso y Glorioso poseedor de irresistible poder.

20. Todo aquel que desea (y se esfuerza en ganar) la cosecha del Más Allá, Nosotros le aumentaremos su cosecha; y todo aquel que desea la cosecha del mundo, se lo concedemos de ésa, mas no posee ninguna parte en el Más Allá[9].

21. ¿O acaso tienen copartícipes con Dios que han prescrito para ellos en la Religión lo que no ha permitido Dios (y así juzgan y actúan como ellos desean)? Si no hubiera sido por un decreto ya emitido (que pospone el dictamen final y decisivo hasta un plazo de tiempo determinado), habría sido juzgado en verdad entre ellos. No cabe duda de que para los malhechores se da un castigo doloroso.

22. Verás a los malhechores (quienes se atreven a establecer un estilo de vida en nombre de la Religión aparte del de Dios) abatidos por el miedo a causa de lo que han ganado, y les sobrevendrá inevitablemente. En cuanto a aquellos que creen y hacen actos buenos y rectos, estarán en los prados exuberantes de los Jardines. Tendrán todo aquello que desean preparado en la Presencia de Dios. Ése es en verdad el gran favor.

9. Los dos versículos anteriores explican dos principios importantes en el sustento de los seres vivos. Uno es que Dios crea a todos los seres vivos y determina sus necesidades y la manera en que les son proporcionadas. El otro principio es que Él otorga a aquellos que tengan como objetivo el Más Allá más de lo que merecen, pero proporciona a aquellos que tengan como objetivo este mundo una cierta cantidad de provisiones mundanas, sin parte alguna en el Más Allá. Esto implica que es imposible para alguien codicioso de las provisiones mundanas obtener todo en el mundo y sentirse complacido con ello. Por lo tanto uno no debe aspirar a este mundo, sino enfocarse en la cosecha del Más Allá, mientras que no descuida el trabajo para su propio sustento (Véase el versículo 28:77, nota 16).

ذٰلِكَ الَّذٖى يُبَشِّرُ اللّٰهُ عِبَادَهُ الَّذٖينَ اٰمَنُوا وَعَمِلُوا الصَّالِحَاتِ
قُلْ لَٓا اَسْـَٔلُكُمْ عَلَيْهِ اَجْرًا اِلَّا الْمَوَدَّةَ فِى الْقُرْبٰى وَمَنْ يَقْتَرِفْ
حَسَنَةً نَزِدْ لَهُ فٖيهَا حُسْنًا اِنَّ اللّٰهَ غَفُورٌ شَكُورٌ ﴿٢٣﴾ اَمْ يَقُولُونَ
افْتَرٰى عَلَى اللّٰهِ كَذِبًا فَاِنْ يَشَاِ اللّٰهُ يَخْتِمْ عَلٰى قَلْبِكَ وَيَمْحُ
اللّٰهُ الْبَاطِلَ وَيُحِقُّ الْحَقَّ بِكَلِمَاتِهٖ اِنَّهُ عَلٖيمٌ بِذَاتِ الصُّدُورِ ﴿٢٤﴾
وَهُوَ الَّذٖى يَقْبَلُ التَّوْبَةَ عَنْ عِبَادِهٖ وَيَعْفُوا عَنِ السَّيِّـَٔاتِ وَيَعْلَمُ
مَا تَفْعَلُونَ ﴿٢٥﴾ وَيَسْتَجٖيبُ الَّذٖينَ اٰمَنُوا وَعَمِلُوا الصَّالِحَاتِ
وَيَزٖيدُهُمْ مِنْ فَضْلِهٖ وَالْكَافِرُونَ لَهُمْ عَذَابٌ شَدٖيدٌ ﴿٢٦﴾ وَلَوْ
بَسَطَ اللّٰهُ الرِّزْقَ لِعِبَادِهٖ لَبَغَوْا فِى الْاَرْضِ وَلٰكِنْ يُنَزِّلُ بِقَدَرٍ
مَا يَشَٓاءُ اِنَّهُ بِعِبَادِهٖ خَبٖيرٌ بَصٖيرٌ ﴿٢٧﴾ وَهُوَ الَّذٖى يُنَزِّلُ الْغَيْثَ
مِنْ بَعْدِ مَا قَنَطُوا وَيَنْشُرُ رَحْمَتَهُ وَهُوَ الْوَلِىُّ الْحَمٖيدُ ﴿٢٨﴾
وَمِنْ اٰيَاتِهٖ خَلْقُ السَّمٰوَاتِ وَالْاَرْضِ وَمَا بَثَّ فٖيهِمَا مِنْ دَٓابَّةٍ
وَهُوَ عَلٰى جَمْعِهِمْ اِذَا يَشَٓاءُ قَدٖيرٌ ﴿٢٩﴾ وَمَٓا اَصَابَكُمْ مِنْ مُصٖيبَةٍ
فَبِمَا كَسَبَتْ اَيْدٖيكُمْ وَيَعْفُوا عَنْ كَثٖيرٍ ﴿٣٠﴾ وَمَٓا اَنْتُمْ بِمُعْجِزٖينَ
فِى الْاَرْضِ وَمَا لَكُمْ مِنْ دُونِ اللّٰهِ مِنْ وَلِىٍّ وَلَا نَصٖيرٍ ﴿٣١﴾

23. Ese que es de aquello que Dios da las buenas nuevas a Sus siervos que creen y hacen actos buenos y rectos. Di: «No os pido recompensa alguna por ello (para transmitir la Religión de Dios a vosotros, la cual traerá este favor), pero (os pido) que améis a mis parientes cercanos (con motivo de mi misión)»[10]. Todo aquel que consigue un buen acto, Nosotros le incrementaremos el bien por ello. Dios es sin duda alguna Indulgente, Aquel Quien corresponde (la gratitud de Sus siervos).

24. ¡Cómo! ¿Acaso dicen que él (el Mensajero) ha inventado una falsedad atribuyéndola a Dios? Si Él quiere, Él puede sellar tu corazón (así que no podrías recitarles nada de la Revelación. Pero lo que transmites a ellos son Nuestras Revelaciones). Y Dios elimina la falsedad, y confirma la verdad por Sus decretos. No cabe duda de que Dios posee pleno conocimiento de lo que reposa oculto en los pechos.

25. Él es Quien acepta el arrepentimiento de Sus siervos y perdona los actos malvados, y Él conoce todo lo que vosotros hacéis.

26. Él responde con la aceptación a (la adoración y la súplica de) aquellos que creen y hacen actos buenos y rectos, y les concede de Su generosidad más (de lo que ellos pidieron). Sin embargo, en cuanto a los incrédulos, para ellos se da un castigo severo.

27. Si Dios siempre proveyera a (todos) Sus siervos en gran abundancia, habrían excedido con toda certeza todos los límites en la Tierra; pero Él envía en su debida medida como Su Voluntad dispone. Realmente, Él se halla perfectamente informado de Sus siervos y les ve bien.

28. Él es Quien hace caer la lluvia, provechosa de todas las maneras para rescatar (a ellos) después de que hayan perdido toda esperanza, y dispersa Su Misericordia por todas partes (a cada ser). Él es Quien es el Guardián y Digno de alabanza.

29. Entre Sus obras manifiestas se encuentra la creación de los Cielos y de la Tierra, y que ha dispersado en ambos a criaturas vivas. Y Él posee pleno poder de reunirlos juntos cuando Su Voluntad dispone[11].

30. Toda aflicción que os acontece, es debida a lo que han ganado vuestras manos;[12] mas, Él pasa por alto muchos (de los males que cometéis).

31. No podéis frustrar en la Tierra (la Voluntad de Dios). No tenéis, aparte de Dios, ni guardián (en quien podéis confiar vuestros asuntos) ni ayudante.

10. Todo el amor es esencialmente para Dios, y el resto de amores deben ser por Él; e incluso el amor por el Mensajero, la paz y las bendiciones sean con él, es esencialmente por Dios. Si no, el amor hacia cualquier otro ser, sin considerar a Dios o la relación de ese ser con Dios, puede conducir a la perdición, como el amor de muchos cristianos hacia Jesús, la paz sea con él, que les ha hecho deificarlo, y el amor de muchos chiítas hacia 'Ali, que ha conducido a muchos de ellos, de manera trágica, a desacreditar a una inmensa mayoría de Compañeros y de su querida esposa, 'Aisha. La razón por la que el Mensajero de Dios, la paz y las bendiciones sean con él, pide a su comunidad a amar a sus parientes cercanos, incluyendo su familia en particular ('Ali, Fátima, Hasan y Husayn — siendo los dos últimos sus nietos por parte de Fátima y de 'Ali) era debido al gran servicio que ellos y sus descendientes proveerán al Islam hasta el Día del Juicio Final.

11. De acuerdo con un gran número de intérpretes clásicos del Corán, tales como Muyahid, e intérpretes contemporáneos, como Fethullah Gülen, es más apropiado entender de este versículo que existen criaturas corpóreas, incluso conscientes como las de la Tierra, en algunas otras partes de los Cielos. En el futuro, la humanidad podrá viajar hasta esos lugares, y en cualquier punto de los Cielos o de la Tierra, podrán reunirse con dichas criaturas.

12. En principio, cada uno logra lo que se merece. Sin embargo, una aflicción que acontece al creyente debido a sus pecados o faltas causa, si el creyente se arrepiente, que tal pecado sea perdonado, siendo una nueva puerta abierta a una nueva recompensa. Sin embargo, aquellos que sufrieron los sufrimientos más grandes han sido los Profetas y sus verdaderos sucesores sirviendo en la causa de Dios; y las aflicciones que sobrevienen a tal gente pecaminosa hacen que los Profetas sean promovidos continuamente a rangos más y más elevados.

32. Y entre Sus obras manifiestas se hallan los barcos surcando el mar como colinas (flotantes).

33. Si Él quiere, calma el viento, y así reposan inmóviles en su superficie. No cabe duda de que en ello se dan señales para los individuos que son muy pacientes y persistentes (en la adversidad para Su causa) y muy agradecidos (por Sus favores)[13].

34. O Él los hace (los barcos) hundirse debido a lo que (los viajeros) han ganado; mas, Él pasa por alto muchos (de sus males).

35. Aquellos que discuten con respecto a Nuestras señales y Revelaciones deben saber que no tienen (ninguna escapatoria, ni) ningún lugar de refugio.

36. Todo cuanto se os concede no es sino para el disfrute pasajero de la vida presente y mundana, mas aquello que Dios guarda para vosotros en el Más Allá es mucho mejor y más duradero para aquellos que creen y depositan su confianza en su Señor:

37. Aquellos que evitan los pecados graves y los actos indecentes y vergonzozos (que en verdad son incluidos entre los pecados graves),[14] y cuando se enfadan, incluso entonces perdonan (en lugar de tomar represalias de cualquier clase);

38. Y aquellos que contestan a la llamada de Su Señor y Le obedecen (en Sus órdenes y prohibiciones), y establecen la Oración conforme a sus condiciones; y cuyos asuntos se dan mediante consulta entre ellos mismos;[15] y quienes gastan de lo que les proveemos (para proporcionar sustento para los necesitados, y en la causa de Dios);

وَمِنْ اٰيٰتِهِ الْجَوَارِ فِى الْبَحْرِ كَالْاَعْلَامِ ٣٢ اِنْ يَشَاْ يُسْكِنِ الرِّيحَ
فَيَظْلَلْنَ رَوَاكِدَ عَلٰى ظَهْرِهِ اِنَّ فِى ذٰلِكَ لَاٰيَاتٍ لِكُلِّ صَبَّارٍ شَكُورٍ ٣٣
اَوْ يُوبِقْهُنَّ بِمَا كَسَبُوا وَيَعْفُ عَنْ كَثِيرٍ ٣٤ وَيَعْلَمَ الَّذِينَ يُجَادِلُونَ
فِى اٰيَاتِنَا مَا لَهُمْ مِنْ مَحِيصٍ ٣٥ فَمَا اُوتِيتُمْ مِنْ شَيْءٍ فَمَتَاعُ
الْحَيٰوةِ الدُّنْيَا وَمَا عِنْدَ اللّٰهِ خَيْرٌ وَاَبْقٰى لِلَّذِينَ اٰمَنُوا وَعَلٰى رَبِّهِمْ
يَتَوَكَّلُونَ ٣٦ وَالَّذِينَ يَجْتَنِبُونَ كَبَائِرَ الْاِثْمِ وَالْفَوَاحِشَ وَاِذَا مَا
غَضِبُوا هُمْ يَغْفِرُونَ ٣٧ وَالَّذِينَ اسْتَجَابُوا لِرَبِّهِمْ وَاَقَامُوا الصَّلٰوةَ
وَاَمْرُهُمْ شُورٰى بَيْنَهُمْ وَمِمَّا رَزَقْنَاهُمْ يُنْفِقُونَ ٣٨ وَالَّذِينَ اِذَا
اَصَابَهُمُ الْبَغْىُ هُمْ يَنْتَصِرُونَ ٣٩ وَجَزٰؤُا سَيِّئَةٍ سَيِّئَةٌ مِثْلُهَا فَمَنْ
عَفَا وَاَصْلَحَ فَاَجْرُهُ عَلَى اللّٰهِ اِنَّهُ لَا يُحِبُّ الظَّالِمِينَ ٤٠ وَلَمَنِ
انْتَصَرَ بَعْدَ ظُلْمِهِ فَاُولٰئِكَ مَا عَلَيْهِمْ مِنْ سَبِيلٍ ٤١ اِنَّمَا السَّبِيلُ
عَلَى الَّذِينَ يَظْلِمُونَ النَّاسَ وَيَبْغُونَ فِى الْاَرْضِ بِغَيْرِ الْحَقِّ
اُولٰئِكَ لَهُمْ عَذَابٌ اَلِيمٌ ٤٢ وَلَمَنْ صَبَرَ وَغَفَرَ اِنَّ ذٰلِكَ لَمِنْ عَزْمِ
الْاُمُورِ ٤٣ وَمَنْ يُضْلِلِ اللّٰهُ فَمَا لَهُ مِنْ وَلِيٍّ مِنْ بَعْدِهِ وَتَرَى
الظَّالِمِينَ لَمَّا رَاَوُا الْعَذَابَ يَقُولُونَ هَلْ اِلٰى مَرَدٍّ مِنْ سَبِيلٍ ٤٤

وَتَرٰيهُمْ

39. Y aquellos que, cuando una agresión injusta inflige a (cualquiera de) ellos, se defienden a sí mismos y entre sí (para terminar la agresión).

40. La recompensa de un acto malvado puede solamente ser un mal igual a éste; pero todo aquel que perdone y establezca la reconciliación, su recompensa depende de Dios. No cabe duda de que Él no ama a los malhechores[16].

41. Pero todo aquel que se defienda y restituya su derecho (de manera legal) después de que él haya sido agraviado, contra tales individuos no hay manera (de reprochar y tomar represalias).

42. La manera (de reprochar y tomar represalias) es solamente contra aquellos que son injustos con la gente y se comportan de manera rebelde en la Tierra, afrentando todo derecho. Para dichos individuos se da un castigo doloroso.

43. Pero, en verdad, todo aquel que tiene paciencia y perdona (el mal cometido contra él), sin duda alguna eso está entre las cosas meritorias que requieren gran resolución.

44. A todo aquel que (debido a su elección) Dios desvía, no tendrá por más tiempo a ningún guardián (para ayudarle y apoyarle). Contemplarás a los malhechores, cuando vean el castigo, decir: «¿Existe algún modo de volver atrás (al mundo para que nosotros pasemos a ser individuos rectos)?».

---

13. Cuando una aflicción sobreviene a los creyentes, muestran paciencia; cuando se les favorece con algo bueno, dan gracias a Dios. En cualquier caso, ganan la recompensa.

14. Para los pecados graves, véase el *sura* 4:31, nota 11. «Los actos indecentes y vergonzosos» denotan generalmente actos tales como fornicación, adulterio, prostitución y homosexualidad.

15. La consulta es la primera condición para llegar a la decisión correcta. Las decisiones a las que se llega sin la debida reflexión ni una adecuada consideración comúnmente fracasan. Los individuos que dependen solamente de sí mismos y están desvinculados de los demás sin importarles las opiniones ajenas, aunque sean genios, están al borde del error, en comparación con aquellos que ofrecen y reciben opiniones. (Véase *Perlas de la Sabiduría*, pág. 83).

El sistema consultivo es tan importante en el Islam que Dios elogia la primera comunidad musulmana ejemplar como una comunidad cuyos asuntos fueron conducidos mediante la consulta. Éste pasa a ser más patente cuando nos percatamos que el Profeta, la paz y las bendiciones sean con él, condujo a esta primera comunidad, quien nunca pronunció discurso alguno por sí mismo o por capricho, sino que pronunció solamente sobre aquello que le fue revelado por Dios (53:2-3); Dios considera la consulta tan importante que Él pidió a Su Mensajero, la paz y las bendiciones sean con él, practicarla con sus Compañeros (3:159). Incluso después del revés que sufrieron los musulmanes en la Batalla de Uhud (en el año 625), debido a la desobediencia de los algunos Compañeros de las órdenes del Profeta, Dios le comunicó que promoviera la consulta. El Profeta, la paz y las bendiciones sean con él, y sus sucesores rectamente guiados siguieron siempre el principio de la consulta.

La consulta establece numerosos asuntos entre los musulmanes. Los jueces que no pueden decidir casos emplean la consulta para alcanzar un veredicto, basándose en el Corán y la Sunna, haciéndolo así similar al *iytihad* (deduciendo nuevas Leyes mediante el razonamiento basado en el Corán y la Sunna) y a *qiyas* (analogía). Asimismo, cualquier castigo de una naturaleza secundaria que no se mencione explícitamente en el Corán y la Sunna puede ser pronunciado después de consultar a autorizados juristas musulmanes.

16. El Corán insiste en la justicia y la igualdad de los derechos, y que los valores inviolables precisan igual respeto y el talión. Por lo tanto el Corán permite corresponder el mal que ha sido cometido contra nuestra persona si el talión es posible. (Para una explicación más detallada, véanse los versículos 2:178-179, 194, notas 131, 140; 5:31, 45, notas 6, 10.) Sin embargo, puesto que una persona agraviada puede ser tentada fácilmente a exceder los límites en el talión, en los lugares en donde el Corán menciona el permiso de la ley del talión como principio legal, también advierte frente a exceder dichos límites y llama la atención a la belleza y a la importancia del perdón, exhortando a los individuos que perdonen cualquier fechoría infligida sobre ellos (Véase el *sura* 22:60, nota 16).

وَتَرٰيهُمْ يُعْرَضُونَ عَلَيْهَا خَاشِعِينَ مِنَ الذُّلِّ يَنْظُرُونَ
مِنْ طَرْفٍ خَفِيٍّ وَقَالَ الَّذِينَ اٰمَنُوا اِنَّ الْخَاسِرِينَ الَّذِينَ
خَسِرُوا اَنْفُسَهُمْ وَاَهْلِيهِمْ يَوْمَ الْقِيٰمَةِ اَلَاۤ اِنَّ الظَّالِمِينَ
فِي عَذَابٍ مُقِيمٍ ﴿٤٥﴾ وَمَا كَانَ لَهُمْ مِنْ اَوْلِيَاۤءَ يَنْصُرُونَهُمْ
مِنْ دُونِ اللّٰهِ وَمَنْ يُضْلِلِ اللّٰهُ فَمَا لَهُ مِنْ سَبِيلٍ ﴿٤٦﴾
اِسْتَجِيبُوا لِرَبِّكُمْ مِنْ قَبْلِ اَنْ يَأْتِيَ يَوْمٌ لَا مَرَدَّ لَهُ
مِنَ اللّٰهِ مَا لَكُمْ مِنْ مَلْجَاٍ يَوْمَئِذٍ وَمَا لَكُمْ مِنْ نَكِيرٍ ﴿٤٧﴾ فَاِنْ
اَعْرَضُوا فَمَا اَرْسَلْنَاكَ عَلَيْهِمْ حَفِيظًا اِنْ عَلَيْكَ اِلَّا الْبَلَاغُ
وَاِنَّا اِذَا اَذَقْنَا الْاِنْسَانَ مِنَّا رَحْمَةً فَرِحَ بِهَا وَاِنْ تُصِبْهُمْ
سَيِّئَةٌ بِمَا قَدَّمَتْ اَيْدِيهِمْ فَاِنَّ الْاِنْسَانَ كَفُورٌ ﴿٤٨﴾ لِلّٰهِ مُلْكُ
السَّمٰوَاتِ وَالْاَرْضِ يَخْلُقُ مَا يَشَاۤءُ يَهَبُ لِمَنْ يَشَاۤءُ اِنَاثًا
وَيَهَبُ لِمَنْ يَشَاۤءُ الذُّكُورَ ﴿٤٩﴾ اَوْ يُزَوِّجُهُمْ ذُكْرَانًا وَاِنَاثًا
وَيَجْعَلُ مَنْ يَشَاۤءُ عَقِيمًا اِنَّهُ عَلِيمٌ قَدِيرٌ ﴿٥٠﴾ وَمَا كَانَ
لِبَشَرٍ اَنْ يُكَلِّمَهُ اللّٰهُ اِلَّا وَحْيًا اَوْ مِنْ وَرَاۤئِ حِجَابٍ
اَوْ يُرْسِلَ رَسُولًا فَيُوحِيَ بِاِذْنِهِ مَا يَشَاۤءُ اِنَّهُ عَلِيٌّ حَكِيمٌ ﴿٥١﴾

45. Los contemplarás traídos ante ello (el Infierno) amedrentados y humillados por la deshonra, y mirando a su alrededor con mirada furtiva. Y aquellos que creen dirán: «Aquellos son los verdaderos perdedores que se han arruinado a sí mismos y a sus familias en el Día de la Resurrección». Cuidado: los malhechores se hallan en un castigo duradero.

46. Y sin lugar a dudas no tendrán ningún guardián para ayudarles aparte de Dios (tan sólo Él es el Guardián con poder para ayudar a Sus siervos, tal y como Su Voluntad dicta). A todo aquel que Dios extravía, ya no puede tener un camino (a la guía y a la felicidad eterna).

47. Contestad a la llamada de vuestro Señor antes de que acontezca sobre vosotros un Día que Dios no eliminará (de ellos) y nadie puede impedir que Él lo haga llegar. Vosotros no tendréis ningún refugio en ese Día, ni poder de negación (de cualquiera de vuestros pecados o vuestra identidad).

48. Pero (no te aflijas) si se apartan en aversión (de tu llamada, Oh Mensajero): No te hemos enviado (como Mensajero) para ser su protector (para prevenir que obren de manera incorrecta o asumir la responsabilidad de ellos). Lo que te incumbe a ti no es sino transmitir (el mensaje de Dios) completamente. En verdad, cuando favorecemos al ser humano con una muestra de la misericordia, éste se regocija en ello (sin ni siquiera pensar en expresarle gratitud a Aquel Quien lo favoreció). Pero si un mal le acontece debido a lo que han anticipado sus manos, entonces el ser humano es sin duda alguna desagradecido.

49. A Dios Le pertenece la soberanía de los Cielos y de la Tierra. Él crea lo que Su Voluntad dispone. Él concede a quien Él quiere hijas, y concede a quien Él quiere hijos.

50. O Él los mezcla, a los hijos y a las hijas (concedidos a quien Su Voluntad dicta); y hace estéril a quien Su Voluntad dicta. Él es sin duda Omnisciente, Todopoderoso.

51. No es propio de ningún mortal que Dios le hable a menos que sea por Revelación o tras un velo, o enviando a un mensajero (ángel) para revelar, por Su venia, lo que Su Voluntad dispone (revelar)[17]. No cabe duda de que Él es Aquel Quien es Excelso, Omnisapiente.

17. Cada ser humano posee el potencial de que Dios se le dirija. Sin embargo, para utilizar este potencial, dicho individuo tiene que haber logrado cierto grado de pureza espiritual e intelectual. Los Profetas estaban dotados con la más elevada categoría de dicha pureza. La alocución especial de Dios a los Profetas se llama *wahy* (Revelación). La Revelación acontece de tres maneras. La primera es que Dios ubica de inmediato el significado de la misma en el corazón del Profeta y éste sabe que dicho significado proviene de Dios. Ésta es la primera manera mencionada en el versículo como *por Revelación*.

La segunda manera o forma por la que la Revelación acontece es que Dios habla a un ser humano tras un velo, de la misma manera que se dirigió al profeta Moisés, la paz sea con él, en el valle de Tuwa, tras un árbol; o como en el monte Sinaí, donde Moisés, la paz sea con él, escuchó la alocución de Dios tras un velo, la identidad del cual no conocemos. La tercera manera es que Dios envía un ángel para transmitir Su mensaje al Profeta. El Corán fue revelado al Mensajero de Dios, la paz y las bendiciones sean con él, de esta manera. El Arcángel Gabriel se lo trajo. El Mensajero, la paz y las bendiciones sean con él, lo vio y escuchó su discurso.

Una persona puede también recibir el mensaje de Dios en sueños. Si un Profeta recibe tal mensaje en sus sueños, es a su vez una Revelación. Una persona normal y corriente puede también tener sueños verdaderos con los cuales pueda recibir cierto significado del Todopoderoso. Tales sueños requieren a veces una interpretación, pero a menudo son lo bastante claros como para no necesitar de la misma. Los significados o los mensajes que un creyente normal y corriente recibe en sueños verdaderos se denominan las «buenas nuevas» según una Tradición profética (al-Bujari, «Ta'bir» 5).

Dios también revela o inspira a los animales (16:68). Esto es un conocimiento ya sea constante e intrínseco a ellos, depositado en su interior, o una constante orientación o guía de Dios (véase el Apéndice 9).

52. Y así, (en los modos indicados) te hemos revelado un espíritu de Nuestra orden (el Mensaje vivificante, el Corán). No habrías sabido (en otras circunstancias) lo que era el Libro (con todo el conocimiento que contiene y el estilo de vida que establece), y lo que era la fe (tal como se encuentra descrita por el Libro y con todos sus principios, requerimientos e implicaciones). Pero lo hemos creado una luz con la que guiamos a quienes Nuestra Voluntad dicta de entre Nuestros siervos. Y con toda certeza tú, (por la guía de Dios) guías a (las personas) al camino recto,

53. Al camino de Dios, a Quien pertenece lo que se halla en los Cielos y sobre la Tierra. Y a Dios se remiten todos los asuntos.

SURA 43

AZ-ZUJRUF (LOS ADORNOS)

Período de La Meca

Constando de 89 versículos, este *sura* fue revelado en La Meca en los años finales del período de La Meca, cuando los politeístas fraguaban conjuras con la intención de asesinar al Mensajero de Dios, la paz y las bendiciones sean con él. Toma su nombre del versículo 35, donde aparece la palabra *zujruf*. Se centra en algunos de los fundamentos de la fe, a saber, la Unidad de Dios, la Misión Profética, y la vida después de la muerte; y rechaza ciertas creencias falsas ligadas a la ignorancia, tales como atribuir hijas a Dios. Menciona asimismo ciertos episodios de la vida de los profetas Abraham y Moisés, la paz sea con ellos, con la intención de instar a los politeístas a que renuncien en su asociación de copartícipes a Dios. Finalmente, los advierte acerca del fin que les aguarda en el Más Allá.

488 سُورَةُ الشُّورٰى ٤٨٨

وَكَذٰلِكَ اَوْحَيْنَا اِلَيْكَ رُوحًا مِنْ اَمْرِنَاۜ مَا كُنْتَ تَدْرٖى مَا الْكِتَابُ
وَلَا الْاٖيمَانُ وَلٰكِنْ جَعَلْنَاهُ نُورًا نَهْدٖى بِهٖ مَنْ نَشَاءُ مِنْ عِبَادِنَاۜ
وَاِنَّكَ لَتَهْدٖٓى اِلٰى صِرَاطٍ مُسْتَقٖيمٍۙ ﴿٥٢﴾ صِرَاطِ اللّٰهِ الَّذٖى لَهُ
مَا فِى السَّمٰوَاتِ وَمَا فِى الْاَرْضِۜ اَلَٓا اِلَى اللّٰهِ تَصٖيرُ الْاُمُورُ ﴿٥٣﴾

سُورَةُ الزُّخْرُفِ مَكِّيَّةٌ
وَهِىَ تِسْعٌ وَثَمَانُونَ اٰيَةً

بِسْمِ اللّٰهِ الرَّحْمٰنِ الرَّحٖيمِ

حٰمٓ ﴿١﴾ وَالْكِتَابِ الْمُبٖينِۙ ﴿٢﴾ اِنَّا جَعَلْنَاهُ قُرْءٰنًا عَرَبِيًّا لَعَلَّكُمْ
تَعْقِلُونَۚ ﴿٣﴾ وَاِنَّهُ فٖٓى اُمِّ الْكِتَابِ لَدَيْنَا لَعَلِىٌّ حَكٖيمٌۜ ﴿٤﴾
اَفَنَضْرِبُ عَنْكُمُ الذِّكْرَ صَفْحًا اَنْ كُنْتُمْ قَوْمًا مُسْرِفٖينَ ﴿٥﴾
وَكَمْ اَرْسَلْنَا مِنْ نَبِىٍّ فِى الْاَوَّلٖينَ ﴿٦﴾ وَمَا يَاْتٖيهِمْ
مِنْ نَبِىٍّ اِلَّا كَانُوا بِهٖ يَسْتَهْزِؤُنَ ﴿٧﴾ فَاَهْلَكْنَٓا اَشَدَّ مِنْهُمْ بَطْشًا
وَمَضٰى مَثَلُ الْاَوَّلٖينَ ﴿٨﴾ وَلَئِنْ سَاَلْتَهُمْ مَنْ خَلَقَ السَّمٰوَاتِ
وَالْاَرْضَ لَيَقُولُنَّ خَلَقَهُنَّ الْعَزٖيزُ الْعَلٖيمُۙ ﴿٩﴾ اَلَّذٖى جَعَلَ لَكُمُ
الْاَرْضَ مَهْدًا وَجَعَلَ لَكُمْ فٖيهَا سُبُلًا لَعَلَّكُمْ تَهْتَدُونَۚ ﴿١٠﴾

وَالَّذٖى

En el Nombre de Dios,
el Misericordioso, el Compasivo.

1. *Ha. Mim.*

2. Por el Libro claro en sí mismo y demuestra la verdad claramente,

3. Lo hemos hecho una Recitación (un Corán) en árabe de modo que podáis razonar (y entenderla y la sabiduría en su revelación).

4. Se halla sin duda alguna en la Madre de los Libros con Nosotros, ensalzada, firme y decisiva[1].

5. ¿Acaso retiraremos este recordatorio de vosotros (y dejaremos que os las arreglés solos), porque sois una gente derrochadora (de vuestras facultades otorgadas por Dios y que cometéis excesos)?

6. Cuántos Profetas enviamos para transmitir Nuestro mensaje entre los pueblos anteriores,

7. Y nunca apareció entre ellos un Profeta del que no se burlaran.

8. Destruimos por lo tanto a pueblos más poderosos que éstos en cuanto a habilidad y las historias ejemplares de las mismas (los pueblos destruidos) han sido ya relatadas.

9. Si les preguntas quién ha creado los Cielos y la Tierra, dirán sin duda alguna (en respuesta), «El Único Glorioso poseedor de irresistible poder, el Omnisciente, los ha creado».

10. Aquel Quien ha hecho de la Tierra una cuna para vosotros, y ha fijado en ella los caminos para vosotros de modo que podáis hallar vuestra senda.

---

1. La Madre de los Libros también se denomina la Tabla Suprema Preservada (85:22; para la naturaleza y el significado de la Tabla Suprema Preservada, véanse el *sura* 6:59, nota 13; el *sura* 13:39, nota 13; el *sura* 17:14, nota 10). El Corán existe originalmente en la Madre de los Libros, que existe junto con Dios. El Corán se encuentra tan elevado y ensalzado, tan firme e insondable en la Madre de los Libros que nadie puede alcanzarlo o entenderlo en todo momento. Sin embargo, Dios lo reveló al Mensajero, la paz y las bendiciones sean con él, como Libro en lengua árabe de modo que la gente pudiera leerlo, así como estudiarlo y entender por qué ha sido revelado. Es decir, el Todopoderoso posee un sublime propósito muy importante para hacerlo descender como un Libro que sea comprensible a la razón humana, y debemos reflexionar en este propósito y actuar en consecuencia. Puesto que el Corán fue revelado a partir de la Madre de los Libros, que se halla en una forma que es infinitamente elevada e impenetrable para la razón humana, es descrito como «La Condescendencia Divina para la mente humana».

Verdaderamente, el Corán de milagrosa exposición enseña y explica numerosas verdades profundas y sutiles de una manera tan directa y clara que es común a la manera habitual de ver las cosas, y no ofende los sentimientos humanos habituales. Ni asimismo se presenta frente a opiniones que por lo general son sostenidas. Del mismo modo que decidimos emplear palabras apropiadas cuando nos dirigimos a un niño, así pues realiza del mismo modo el Corán eligiendo un estilo que sea apropiado para el nivel de aquellos a los que se dirige, y el hecho de realizar alocuciones en las que se emplean alegorías, parábolas y comparaciones, hace que las verdades y los Misterios Divinos más difíciles, los cuales incluso las mentes de los grandes filósofos de ideas profundas no podrán comprender de otra manera, sean comprensibles para las personas normales y corrientes, ya sepan leer y escribir o sean analfabetas.

وَالَّذٖى نَزَّلَ مِنَ السَّمَٓاءِ مَٓاءً بِقَدَرٍۚ فَاَنْشَرْنَا بِهٖ بَلْدَةً مَيْتًاۚ
كَذٰلِكَ تُخْرَجُونَ ﴿١١﴾ وَالَّذٖى خَلَقَ الْاَزْوَاجَ كُلَّهَا وَجَعَلَ
لَكُمْ مِنَ الْفُلْكِ وَالْاَنْعَامِ مَا تَرْكَبُونَۙ ﴿١٢﴾ لِتَسْتَوُ۫ا عَلٰى ظُهُورِهٖ
ثُمَّ تَذْكُرُوا نِعْمَةَ رَبِّكُمْ اِذَا اسْتَوَيْتُمْ عَلَيْهِ وَتَقُولُوا
سُبْحَانَ الَّذٖى سَخَّرَ لَنَا هٰذَا وَمَا كُنَّا لَهُ مُقْرِنٖينَۙ ﴿١٣﴾
وَاِنَّٓا اِلٰى رَبِّنَا لَمُنْقَلِبُونَ ﴿١٤﴾ وَجَعَلُوا لَهُ مِنْ عِبَادِهٖ جُزْءًاۜ
اِنَّ الْاِنْسَانَ لَكَفُورٌ مُبٖينٌۜ ﴿١٥﴾ اَمِ اتَّخَذَ مِمَّا يَخْلُقُ بَنَاتٍ
وَاَصْفٰيكُمْ بِالْبَنٖينَۜ ﴿١٦﴾ وَاِذَا بُشِّرَ اَحَدُهُمْ بِمَا ضَرَبَ
لِلرَّحْمٰنِ مَثَلًا ظَلَّ وَجْهُهُ مُسْوَدًّا وَهُوَ كَظٖيمٌ ﴿١٧﴾ اَوَمَنْ
يُنَشَّؤُا فِى الْحِلْيَةِ وَهُوَ فِى الْخِصَامِ غَيْرُ مُبٖينٍ ﴿١٨﴾ وَجَعَلُوا
الْمَلٰٓئِكَةَ الَّذٖينَ هُمْ عِبَادُ الرَّحْمٰنِ اِنَاثًاۜ اَشَهِدُوا خَلْقَهُمْۜ
سَتُكْتَبُ شَهَادَتُهُمْ وَيُسْـَٔلُونَ ﴿١٩﴾ وَقَالُوا لَوْ شَٓاءَ الرَّحْمٰنُ
مَا عَبَدْنَاهُمْۜ مَا لَهُمْ بِذٰلِكَ مِنْ عِلْمٍۗ اِنْ هُمْ اِلَّا يَخْرُصُونَۜ ﴿٢٠﴾
اَمْ اٰتَيْنَاهُمْ كِتَابًا مِنْ قَبْلِهٖ فَهُمْ بِهٖ مُسْتَمْسِكُونَ ﴿٢١﴾ بَلْ قَالُٓوا
اِنَّا وَجَدْنَٓا اٰبَٓاءَنَا عَلٰٓى اُمَّةٍ وَاِنَّا عَلٰٓى اٰثَارِهِمْ مُهْتَدُونَ ﴿٢٢﴾

11. Y Quien hace caer el agua del Cielo en una medida; y revivificamos una tierra yerma con la misma. Aún así seréis (resucitados de entre los muertos y) sacados (de vuestras tumbas).

12. Y Quien ha creado todas las parejas (de todas las cosas)[2]; y ha proveído para vosotros barcos y ganado en los que montar,

13. De tal modo que os sentéis sobre sus lomos en seguridad, (y) a continuación recordéis y reflexionéis el favor de vuestro Señor cuando vosotros os estableceréis con seguridad en ellos, y digáis: «Glorificado sea Aquel Quien ha subyugado esto para nuestro uso. Nunca habríamos sido capaces (de lograr esto por nuestros medios).

14. Y no cabe duda de que es a nuestro Señor a Quien retornaremos»[3].

15. No obstante Le atribuyen a Él (la paternidad de) algunos entre Sus siervos. Obviamente, el ser humano es en verdad desagradecido.

16. ¡Cómo! ¿Acaso Él ha adoptado para Sí a hijas de todo lo que Él crea, y os ha «honrado» con hijos?

17. Cuando a cualquiera de ellos se le da las noticias del nacimiento de lo que él acepta como apropiado para el Misericordioso, su cara se ensombrece, ahogándose en la cólera.

18. ¡Cómo! ¿(Voy a tener una hija,) una que será criada entre adornos, e incapaz de explicarse con claridad en debate?

19. Y aunque han considerado los ángeles, los cuales son ellos mismos los siervos del Misericordioso, hembras (a quienes juzgan con poca valía, considerándoles como sus hijas). ¿Fueron testigos de su creación? Este testimonio suyo será registrado, y se les llamará para que rindan cuentas (por esta falsedad en el Más Allá).

20. A su vez dicen: «Si hubiera querido el Misericordioso, no les habríamos adorado (a nuestras deidades, incluyendo a los ángeles)». No tienen conocimiento alguno de eso (la relación de la Voluntad Divina y el libre albedrío y los actos del ser humano). En verdad, juzgan y hablan tan sólo de acuerdo con sus propias suposiciones e intereses.

21. ¿O acaso les concedimos un Libro antes de esto (Corán), y por lo tanto aferrándose al mismo (y se encuentran adorando sus deidades falsas por medio de su autoridad)?

22. ¡No, en absoluto! (En verdad, su único argumento es que) dicen: «Hallamos a nuestros antepasados siguiendo cierta religión, y seguimos sus pasos».

---

2. Para la creación en parejas, véase el *sura* 36:36, nota 11.

3. Recitar esta declaración de alabanza y de glorificación cuando estaba sentado en cualquier montura era una práctica del Profeta, la paz y las bendiciones sean con él, y, por lo tanto, nos incumbe como acto de *Sunna*.

23. Del mismo modo, nunca enviamos un advertidor a una comunidad antes de ti que aquellos de su pueblo que habían sucumbido a la búsqueda de placeres sin escrúpulos no reaccionaran, diciendo: «Hallamos a nuestros antepasados siguiendo una religión, y seguimos sin duda alguna sus pasos».

24. Él (quien fue enviado para advertirlos) dijo: «¡Cómo! ¿Aun cuando he venido a vosotros con una guía[4] mejor que lo que habéis hallado a vuestros antepasados seguir?». Dijeron: «Sin lugar a dudas no creemos en aquello con lo que habéis sido enviados».

25. Por lo tanto, infligimos Nuestro justo castigo sobre ellos. Así que contempla: ¿Cómo han acabado aquellos que negaron (a los Mensajeros de Dios)?

26. Y (recuerda) cuando Abraham (quien rechazó seguir ciegamente el camino de sus antepasados) dijo a su padre y a su pueblo: «Me hallo en verdad libre de todo lo que vosotros adoráis.

27. Adoro tan solo a Quien me ha originado con una individualidad única, y Él me guiará (a la verdad y a la felicidad eterna)».

28. Y Él la dejó como una Palabra que perdurará entre aquellos que vendrían después de él, de modo que puedan retornar (desde adorar deidades falsas a la adoración de un Único Dios).

29. En verdad he permitido que éstos (pueblo de La Meca), tal y como había permitido a sus antepasados, gocen de sus vidas hasta el momento en el que la verdad y un Mensajero vinieron a ellos, aclarando la verdad (y encarnándola en cada elemento de su vida y carácter).

490 سُورَةُ الزُّخْرُفِ ٤٩٠

وَكَذٰلِكَ مَا اَرْسَلْنَا مِنْ قَبْلِكَ فِي قَرْيَةٍ مِنْ نَذِيرٍ اِلَّا قَالَ
مُتْرَفُوهَا اِنَّا وَجَدْنَا اٰبَاءَنَا عَلٰى اُمَّةٍ وَاِنَّا عَلٰى اٰثَارِهِمْ مُقْتَدُونَ ﴿٢٣﴾
قَالَ اَوَلَوْ جِئْتُكُمْ بِاَهْدٰى مِمَّا وَجَدْتُمْ عَلَيْهِ اٰبَاءَكُمْ قَالُوا
اِنَّا بِمَا اُرْسِلْتُمْ بِهِ كَافِرُونَ ﴿٢٤﴾ فَانْتَقَمْنَا مِنْهُمْ فَانْظُرْ كَيْفَ
كَانَ عَاقِبَةُ الْمُكَذِّبِينَ ﴿٢٥﴾ وَاِذْ قَالَ اِبْرٰهِيمُ لِاَبِيهِ وَقَوْمِهِ اِنَّنِي
بَرَاءٌ مِمَّا تَعْبُدُونَ ﴿٢٦﴾ اِلَّا الَّذِي فَطَرَنِي فَاِنَّهُ سَيَهْدِينِ ﴿٢٧﴾
وَجَعَلَهَا كَلِمَةً بَاقِيَةً فِي عَقِبِهِ لَعَلَّهُمْ يَرْجِعُونَ ﴿٢٨﴾ بَلْ مَتَّعْتُ
هٰؤُلَاءِ وَاٰبَاءَهُمْ حَتّٰى جَاءَهُمُ الْحَقُّ وَرَسُولٌ مُبِينٌ ﴿٢٩﴾ وَلَمَّا
جَاءَهُمُ الْحَقُّ قَالُوا هٰذَا سِحْرٌ وَاِنَّا بِهِ كَافِرُونَ ﴿٣٠﴾ وَقَالُوا
لَوْلَا نُزِّلَ هٰذَا الْقُرْاٰنُ عَلٰى رَجُلٍ مِنَ الْقَرْيَتَيْنِ عَظِيمٍ ﴿٣١﴾
اَهُمْ يَقْسِمُونَ رَحْمَتَ رَبِّكَ نَحْنُ قَسَمْنَا بَيْنَهُمْ مَعِيشَتَهُمْ
فِي الْحَيٰوةِ الدُّنْيَا وَرَفَعْنَا بَعْضَهُمْ فَوْقَ بَعْضٍ دَرَجَاتٍ لِيَتَّخِذَ
بَعْضُهُمْ بَعْضًا سُخْرِيًّا وَرَحْمَتُ رَبِّكَ خَيْرٌ مِمَّا يَجْمَعُونَ ﴿٣٢﴾
وَلَوْلَا اَنْ يَكُونَ النَّاسُ اُمَّةً وَاحِدَةً لَجَعَلْنَا لِمَنْ يَكْفُرُ
بِالرَّحْمٰنِ لِبُيُوتِهِمْ سُقُفًا مِنْ فِضَّةٍ وَمَعَارِجَ عَلَيْهَا يَظْهَرُونَ ﴿٣٣﴾

وَلِبُيُوتِهِمْ

30. Mas ahora la verdad ha venido a ellos, y dicen: «Esta es hechicería y no creemos en ella».

31. A su vez dicen: «¡Si al menos este Corán hubiese sido hecho descender sobre un hombre de relevante posición de las dos (principales) ciudades!»[5].

32. ¿Acaso son ellos quienes distribuyen la misericordia de Tu Señor (de modo que puedan designar a quien desean como Mensajero para recibir el Libro)? ¿(Y lo que es más, cómo pretenden valorar a unos por encima de otros tan sólo teniendo en cuenta su riqueza o posición social, cuando) somos a su vez Nosotros Quienes distribuimos sus medios de sustento entre ellos en la vida de este mundo, y elevamos a algunos de ellos sobre otros en categoría, de modo que puedan aprovechar la ayuda del otro? Pero la misericordia de Tu Señor (en particular, la Misión Profética,) es mejor que lo que acumulan (en esta vida).

33. Y si no fuera porque toda la gente pasaría a ser una comunidad (alrededor de la incredulidad)[6], habríamos proveído para todo aquel que no cree en el Misericordioso techos de plata para sus casas, y las escaleras (de plata) por las que subir,

---

4. La Religión con la cual todo Mensajero vino era totalmente verdadera y la mejor en cuanto a la guía, mientras que cualquier religión o fe basada en asociar copartícipes a Dios o la negación de Él es esencialmente falsa y desprovista de cualquier guía. Sin embargo, puede haber algunos elementos verdaderos en cualquier religión o doctrina falsa. Por lo tanto, la razón por la cual los advertidores utilizaron la expresión *guía mejor* era tanto un medio de razonamiento y persuasión, como hacer referencia a esos elementos de la verdad que se pueden encontrar en cualquier religión.

5. Esta objeción típica explica los estándares para la grandeza de la gente desprovista de la guía Divina. De acuerdo con éstos, la grandeza reside en riqueza, cargo y posición social. Sin embargo, ante Dios, los más honrados y grandiosos son aquellos destacados por su piedad y rectitud (49:13).

En cuanto a las principales ciudades, hace referencia a La Meca y Ta'if.

6. Esto no se debe asumir que significa que la gente puede realizar una unión pacífica en incredulidad y llevar una vida pacífica sin ninguna disensión o conflicto. La palabra original para la comunidad es *umma*, que significa la comunidad basada alrededor de cierta creencia o doctrina. Por lo tanto, a lo que el versículo llama nuestra atención es el peligro y la posibilidad de que toda la gente tienda hacia la incredulidad debido a una vida cómoda.

34. Y puertas (de plata) para sus casas, y sofás (de plata) en los que recostarse,

35. Y a su vez adornos de oro (y de otras alhajas)[7]. Con todo esto no es nada sino el disfrute (efímero) de la vida presente y mundana. Y el Más Allá con Su Señor se halla solamente para los piadosos devotos.

36. Todo aquel que ignora tercamente la remembranza del Misericordioso (y vive como si Él no existiera siempre contemplándolo), Nosotros le asignamos un diablo[8], quien se convierte en su más íntimo camarada.

37. Tales diablos los apartan sin duda alguna del camino (de la verdad). Aún así piensan (ellos mismos) que son rectamente guiados[9].

38. Pero al final, cuando venga el susodicho a Nosotros (en el Día de Juicio), él dice (a su camarada): «Ah, si al menos hubiese habido entre nosotros la distancia de los dos estes[10]. ¡Cuán maligno camarada!».

39. «No os servirá de nada hoy (este remordimiento después de la muerte). Pues fuisteis injustos (en el mundo), y sufriréis el castigo juntos».

40. ¿(Aunque esto es la verdad y quede patente para ti, Oh Mensajero,) puedes hacer que el sordo oiga o guiar al ciego y a aquel que se ha perdido en un error obvio?

41. Y si te llevamos lejos de ellos, y entonces nosotros infligiremos un castigo sobre ellos;

وَلِبُيُوتِهِمْ اَبْوَابًا وَسُرُرًا عَلَيْهَا يَتَّكِؤُنَ ﴿٣٤﴾ وَزُخْرُفًا وَاِنْ كُلُّ
ذٰلِكَ لَمَّا مَتَاعُ الْحَيٰوةِ الدُّنْيَا وَالْاٰخِرَةُ عِنْدَ رَبِّكَ لِلْمُتَّقِينَ ﴿٣٥﴾
وَمَنْ يَعْشُ عَنْ ذِكْرِ الرَّحْمٰنِ نُقَيِّضْ لَهُ شَيْطَانًا فَهُوَ لَهُ
قَرِينٌ ﴿٣٦﴾ وَاِنَّهُمْ لَيَصُدُّونَهُمْ عَنِ السَّبِيلِ وَيَحْسَبُونَ اَنَّهُمْ
مُهْتَدُونَ ﴿٣٧﴾ حَتّٰى اِذَا جَاءَنَا قَالَ يَا لَيْتَ بَيْنِى وَبَيْنَكَ بُعْدَ
الْمَشْرِقَيْنِ فَبِئْسَ الْقَرِينُ ﴿٣٨﴾ وَلَنْ يَنْفَعَكُمُ الْيَوْمَ اِذْ ظَلَمْتُمْ
اَنَّكُمْ فِى الْعَذَابِ مُشْتَرِكُونَ ﴿٣٩﴾ اَفَاَنْتَ تُسْمِعُ الصُّمَّ
اَوْ تَهْدِى الْعُمْىَ وَمَنْ كَانَ فِى ضَلَالٍ مُبِينٍ ﴿٤٠﴾ فَاِمَّا نَذْهَبَنَّ
بِكَ فَاِنَّا مِنْهُمْ مُنْتَقِمُونَ ﴿٤١﴾ اَوْ نُرِيَنَّكَ الَّذِى وَعَدْنَاهُمْ فَاِنَّا
عَلَيْهِمْ مُقْتَدِرُونَ ﴿٤٢﴾ فَاسْتَمْسِكْ بِالَّذِى اُوحِىَ اِلَيْكَ اِنَّكَ
عَلٰى صِرَاطٍ مُسْتَقِيمٍ ﴿٤٣﴾ وَاِنَّهُ لَذِكْرٌ لَكَ وَلِقَوْمِكَ وَسَوْفَ
تُسْئَلُونَ ﴿٤٤﴾ وَسْئَلْ مَنْ اَرْسَلْنَا مِنْ قَبْلِكَ مِنْ رُسُلِنَا اَجَعَلْنَا
مِنْ دُونِ الرَّحْمٰنِ اٰلِهَةً يُعْبَدُونَ ﴿٤٥﴾ وَلَقَدْ اَرْسَلْنَا مُوسٰى
بِاٰيَاتِنَا اِلٰى فِرْعَوْنَ وَمَلَائِهِ فَقَالَ اِنِّى رَسُولُ رَبِّ الْعَالَمِينَ ﴿٤٦﴾
فَلَمَّا جَاءَهُمْ بِاٰيَاتِنَا اِذَا هُمْ مِنْهَا يَضْحَكُونَ ﴿٤٧﴾

42. O te dejamos contemplar (en el curso de tu vida) el cumplimiento de lo que les hemos prometido: (de cualquier manera) Nosotros tenemos pleno poder sobre ellos.

43. Así pues, aférrate en lo que se te revela. Te hallas sin duda alguna en un camino recto (en todos los aspectos)[11].

44. En verdad, (el Corán) es un Recordatorio para ti y para tu pueblo, en el que reside tu honor y felicidad (en ambos mundos). Y a vosotros (todo el pueblo) se os preguntará (sobre cómo era entendido y cómo era vivido).

45. Y pregunta (a sus seguidores verdaderos acerca de) aquellos de Nuestros Mensajeros a los que enviamos antes de ti: ¿Acaso hemos permitido en cualquier momento que sean adoradas deidades aparte del Misericordioso?[12]

46. Sin duda alguna, enviamos a Moisés al Faraón y a sus dignatarios con Nuestras señales claras (milagros que muestran que somos la Única Deidad y el Único Señor a Quien adorar), y él dijo: «Soy un Mensajero del Señor de los mundos».

47. Pero cuando él se presentó ante ellos con Nuestras señales claras (milagros), a continuación las ridiculizaron.

---

7. Los versículos 33-35 advierten contra el hecho de que el lujo puede conducir a la gente a la adoración de sí mismo, a la indulgencia en deseos mundanos, a la ingratitud hacia Dios y, por lo tanto, a la incredulidad.

8. El diablo mencionado en el versículo, tal y como aparece en los versículos 41:25 y 19:83, puede ser de los genios o de la humanidad. En todo caso, los seres humanos y los genios «diablos», o diablos satánicos, siempre aparecen próximos a los incrédulos o a aquellos que ignoran tercamente la Existencia de Dios y la consciencia de Dios de lo que realizan, viviendo una vida según sus propios deseos. Así pues, el proverbio, «dime con quién andas y te diré quién eres», es muy acertado.

9. La guía recta o verdadera es la guía del Corán. Así pues, a pesar de lo rectamente guiados que puedan considerarse que sean aquellos que sigan otros caminos, en realidad, se han alejado de la verdad. El Corán advierte seriamente a tales individuos en el *sura* 18:103-104: *Di: «¿Queréis que os informemos sobre quiénes son los grandes perdedores respecto a sus obras? Aquellos cuyo esfuerzo ha sido inútil en este mundo (porque fue dirigido solamente a fines mundanos por lo que también será inútil en el Más Allá) mas ellos mismos consideraban que estaban haciendo el bien».* (Véase la nota correspondiente 32).

10. Esta frase es sumamente típica, y sugiere que la Tierra posee una forma esférica. Como sabemos, el punto donde el Sol se pone en un hemisferio, es de hecho, el mismo punto por donde sale en otro hemisferio; y por lo tanto, la puesta del sol es un hecho relativo. Lo que se indica aquí es que la distancia entre el este y el oeste es una distancia imposible de cruzar.

11. Estos versículos llegaron en un momento en el que los creyentes se encontraban extremadamente débiles y desprotegidos en La Meca, y los líderes de los quraishíes tramaban asesinar al Mensajero de Dios, la paz y las bendiciones sean con él. Si el Mensajero hubiese muerto, Dios habría infligido un rotundo castigo sobre los politeístas de La Meca. Sin embargo, Él lo alejó de ellos permitiéndole emigrar a Medina para perfeccionar el Islam y para completar Su favor sobre los creyentes, e infligió Su castigo sobre sus líderes más obstinados en la Batalla de Badr, permitiendo a Su Mensajero, la paz y las bendiciones sean con él, atestiguar el cumplimiento de Su promesa a él y a los demás. Así pues, según lo indicado en el versículo 43, lo que incumbe al creyente es siempre aferrarse a la Religión de Dios siguiendo los pasos de Su Mensajero, la paz y las bendiciones sean con él, con convicción y confianza perfectas en su verdad y el Poder absoluto de Dios, y dejarle a Él el cumplimiento del resultado.

12. El Misericordioso (*ar-Rahman*) es el Nombre atributivo que es particular al Ser Divino y exclusivo (el *sura* 1:1, nota 4; el *sura* 17:110).

48. Mostramos a ellos una señal tras otra, cada una mayor que la anterior, y los agarramos con (diversas formas de) castigo[13] de modo que puedan retornar (del camino que siguieron).

49. (Siempre que los agarramos con un castigo) dirían (a Moisés): «¡Oh Hechicero! Ruega a Tu Señor por nosotros en virtud del compromiso que Él ha establecido con vosotros (que eliminará de nosotros la aflicción si creemos); pues aceptaremos sin duda alguna la guía recta».

50. Mas cuando eliminamos el castigo de ellos, faltaron entonces a su promesa.

51. El Faraón efectuó esta proclamación entre su pueblo: «¡Oh pueblo mío! ¿Acaso el dominio de Egipto no me pertenece a mí, así como estos ríos que discurren a mis pies? ¿No veréis, pues, la verdad?

52. ¿Y, no soy mejor yo que este hombre, que es despreciable y apenas puede expresarse con claridad?

53. (Si él es veraz en su afirmación) ¿por qué no caen sobre él (desde el cielo) pulseras de oro, o por qué no vienen junto a él los ángeles (para apoyarlo en su causa)?».

54. De este modo subestimó a su pueblo y los degradó, y ellos le obedecieron. Sin duda alguna, eran una gente dada a la transgresión[14].

55. Por lo tanto, finalmente, cuando provocaron Nuestra condena, infligimos el castigo sobre ellos, y los hicimos ahogarse a todos juntos.

56. Así que hicimos de ellos una cosa del pasado, y un precedente (al entrar en el Fuego), y un ejemplo para las generaciones posteriores.

57. Y cuando el Hijo de María (Jesús) ha sido presentado como un ejemplo

492 سُورَةُ الزُّخْرُفِ ٤٩٢

وَمَا نُرِيهِمْ مِنْ اٰيَةٍ اِلَّا هِىَ اَكْبَرُ مِنْ اُخْتِهَا وَاَخَذْنَاهُمْ
بِالْعَذَابِ لَعَلَّهُمْ يَرْجِعُونَ ﴿٤٨﴾ وَقَالُوا يَٓا اَيُّهَ السَّاحِرُ ادْعُ
لَنَا رَبَّكَ بِمَا عَهِدَ عِنْدَكَ اِنَّنَا لَمُهْتَدُونَ ﴿٤٩﴾ فَلَمَّا كَشَفْنَا
عَنْهُمُ الْعَذَابَ اِذَا هُمْ يَنْكُثُونَ ﴿٥٠﴾ وَنَادٰى فِرْعَوْنُ فٖى قَوْمِهٖ
قَالَ يَا قَوْمِ اَلَيْسَ لٖى مُلْكُ مِصْرَ وَهٰذِهِ الْاَنْهَارُ تَجْرٖى
مِنْ تَحْتٖى اَفَلَا تُبْصِرُونَ ﴿٥١﴾ اَمْ اَنَا۬ خَيْرٌ مِنْ هٰذَا الَّذٖى
هُوَ مَهٖينٌ وَلَا يَكَادُ يُبٖينُ ﴿٥٢﴾ فَلَوْلَٓا اُلْقِىَ عَلَيْهِ اَسْوِرَةٌ
مِنْ ذَهَبٍ اَوْ جَٓاءَ مَعَهُ الْمَلٰٓئِكَةُ مُقْتَرِنٖينَ ﴿٥٣﴾ فَاسْتَخَفَّ
قَوْمَهُ فَاَطَاعُوهُ اِنَّهُمْ كَانُوا قَوْمًا فَاسِقٖينَ ﴿٥٤﴾ فَلَمَّٓا اٰسَفُونَا
انْتَقَمْنَا مِنْهُمْ فَاَغْرَقْنَاهُمْ اَجْمَعٖينَ ﴿٥٥﴾ فَجَعَلْنَاهُمْ سَلَفًا
وَمَثَلًا لِلْاٰخِرٖينَ ﴿٥٦﴾ وَلَمَّا ضُرِبَ ابْنُ مَرْيَمَ مَثَلًا اِذَا
قَوْمُكَ مِنْهُ يَصِدُّونَ ﴿٥٧﴾ وَقَالُٓوا ءَاٰلِهَتُنَا خَيْرٌ اَمْ هُوَ
مَا ضَرَبُوهُ لَكَ اِلَّا جَدَلًا بَلْ هُمْ قَوْمٌ خَصِمُونَ ﴿٥٨﴾ اِنْ
هُوَ اِلَّا عَبْدٌ اَنْعَمْنَا عَلَيْهِ وَجَعَلْنَاهُ مَثَلًا لِبَنٖٓى اِسْرَٓائٖيلَ ﴿٥٩﴾
وَلَوْ نَشَٓاءُ لَجَعَلْنَا مِنْكُمْ مَلٰٓئِكَةً فِى الْاَرْضِ يَخْلُفُونَ ﴿٦٠﴾

وَاِنَّهُ

(del Poder y de la Unidad de Dios, y como refutación de su deificación por muchos cristianos), tu pueblo se da la vuelta con desdén;

58. Y dicen, «¿Acaso son nuestras deidades mejores o es él?». Lo exponen a ti nada más que para la disputa. En verdad, es un pueblo contencioso[15].

59. Sin duda Él (Jesús) no era sino un siervo (devoto de Dios), que favorecimos (con la Misión Profética), e hicimos de él un milagroso ejemplo para los Hijos de Israel (para seguir y enmendarse).

60. Si hubiésemos querido, habríamos hecho de algunos de entre vosotros ángeles, sucediéndose unos a otros sobre la Tierra[16].

13. Para las clases de castigo que Dios infligió al Faraón y a su pueblo, véase el *sura* 7:130-133.

14. Como se puede entender de los versículos, el Faraón comenzó a temer realmente al profeta Moisés, la paz sea con él, y a preocuparse acerca de lo que sucedería. Así pues, para asegurar su trono, él envió heraldos entre la gente para consolidar su obediencia a él. Él les recordó su dominio absoluto sobre Egipto, insinuando que la gente llevara sus vidas en su tierra tan solo por su generosidad. Por lo tanto, únicamente podían ser sus siervos. Por otra parte, intentó deshonrar a Moisés, la paz sea con él, ante sus ojos recordándoles que éste perteneció a una clase inferior —los Hijos de Israel, que les habían servido durante largo tiempo—. También afirmó que Moisés, la paz sea con él, no podría expresarse claramente, aunque esto no era cierto. No había impedimento alguno en el discurso de Moisés, tal y como se ha afirmado desconsideradamente (Véanse el *sura* 20, nota 8; el *sura* 21:84, nota 15). El Faraón engañó a su pueblo, y éste le obedeció ciegamente, a pesar de que durante años han sido testigos de la verdad de manera clara. Su obediencia no se debía a que creyeran en las proclamaciones del Faraón, sino más bien a que eran un pueblo predispuesto a un estilo de vida disipado e indecente, el cual no reconocía regla alguna con el que disciplinar su comportamiento. A su vez, temieron al Faraón, pues él podría quitarles la vida. De tal modo le siguieron y compartieron con él su rebelión frente a Dios y su tratamiento cruel infligido a Moisés, la paz sea con él, y a sus seguidores.

15. Un gran número de destacados politeístas en La Meca tendieron a utilizar el hecho de que Jesús, la paz sea con él, fue deificado por muchos cristianos como pretexto para su politeísmo, y particularmente su adoración de los ángeles. Pero cuando el Corán dilucidó la identidad de Jesús, dejando claro que él era solamente un ser humano que adoraba a Dios, esto no fue de su agrado y optaron por continuar utilizando el hecho de que numerosos cristianos le deificaran como un argumento que ratifica su politeísmo. «Adoramos a los ángeles, mientras que los cristianos adoran a un ser humano. Por lo tanto nuestras deidades son mejores que las suyas».

16. Esto también se indica para rebatir la deificación de los ángeles. El Corán advierte que siendo un ser humano, Jesús, podía resucitar a los muertos y dar vida a algunas figuras de arcilla, mas él llevó a cabo tales actos con el permiso de Dios; y él era un ser humano que había sido creado, alguien responsable de adorar a Dios, lo cual hizo. Los politeístas de La Meca pensaron que únicamente los ángeles podrían llevar a cabo las cosas extraordinarias que Jesús, la paz sea con él, y otros Profetas hicieron con el permiso de Dios. De hecho, de entre los seres humanos los creyentes son los más virtuosos y ensalzados en categoría que los ángeles; los destacados de entre ellos, tales como los Profetas, son más distinguidos que el más grandioso de los ángeles; y los comunes y corrientes entre los creyentes son más destacados que sus homólogos entre los ángeles. Los seres humanos poseen voluntad, es decir, libertad de elección, la cual los ángeles no poseen. Por lo tanto, los ángeles no pueden ascender a su categoría. Esta es pues la razón de que Dios disponga que la humanidad, no así los ángeles, habiten la Tierra como vicerregentes, como una enorme gracia al ser humano, para mejorarla y vivir sobre ella según Su Voluntad; y eligió a los Profetas de entre ellos. Por lo tanto, no hay necesidad alguna de buscar la virtud y los logros en otras criaturas, pues es la humanidad la que ha sido dotada con el potencial de lograr las más grandiosas virtudes y logros que cualquier ser creado puede alcanzar. Y este hecho categóricamente refuta la deificación de los ángeles y la adoración de los mismos por los seres humanos.

61. Sin lugar a dudas él (Jesús, traído a este mundo sin padre, y al que se le han concedido milagros tales como la resurrección de los muertos,) es un medio de conocimiento de la Última Hora; así pues, no tengas duda alguna con relación a la misma, y seguidme a Mí (para lograr la felicidad eterna en la otra vida). Este es un camino recto.

62. Y nunca permitáis que Satanás os extravía (del Camino Recto). No cabe duda de que él es un enemigo manifiesto.

63. Cuando Jesús vino con verdades manifiestas (y milagros), él dijo: «He venido a vosotros con la Sabiduría (las verdades y los fundamentos de la fe y de la vida recta), de modo que pueda aclararos aquello en lo que discrepáis (las materias que requieren la aclaración para vuestro bien en ambos mundos). Por lo tanto apartaros de la desobediencia a Dios en veneración a Él y piedad, y obedecedme.

64. No cabe duda de que Dios es Aquel Quien es mi Señor así como vuestro Señor, así que adoradlo (tan sólo a Él). Esto es un camino recto».

وَاِنَّهُ لَعِلْمٌ لِلسَّاعَةِ فَلَا تَمْتَرُنَّ بِهَا وَاتَّبِعُونِۜ هٰذَا صِرَاطٌ
مُسْتَقٖيمٌ ﴿٦١﴾ وَلَا يَصُدَّنَّكُمُ الشَّيْطَانُۚ اِنَّهُ لَكُمْ عَدُوٌّ
مُبٖينٌ ﴿٦٢﴾ وَلَمَّا جَٓاءَ عٖيسٰى بِالْبَيِّنَاتِ قَالَ قَدْ جِئْتُكُمْ
بِالْحِكْمَةِ وَلِاُبَيِّنَ لَكُمْ بَعْضَ الَّذٖى تَخْتَلِفُونَ فٖيهِۚ فَاتَّقُوا
اللّٰهَ وَاَطٖيعُونِ ﴿٦٣﴾ اِنَّ اللّٰهَ هُوَ رَبّٖى وَرَبُّكُمْ فَاعْبُدُوهُۜ هٰذَا
صِرَاطٌ مُسْتَقٖيمٌ ﴿٦٤﴾ فَاخْتَلَفَ الْاَحْزَابُ مِنْ بَيْنِهِمْۚ فَوَيْلٌ
لِلَّذٖينَ ظَلَمُوا مِنْ عَذَابِ يَوْمٍ اَلٖيمٍ ﴿٦٥﴾ هَلْ يَنْظُرُونَ اِلَّا
السَّاعَةَ اَنْ تَاْتِيَهُمْ بَغْتَةً وَهُمْ لَا يَشْعُرُونَ ﴿٦٦﴾ اَلْاَخِلَّٓاءُ
يَوْمَئِذٍ بَعْضُهُمْ لِبَعْضٍ عَدُوٌّ اِلَّا الْمُتَّقٖينَۜ ﴿٦٧﴾ يَا عِبَادِ
لَا خَوْفٌ عَلَيْكُمُ الْيَوْمَ وَلَٓا اَنْتُمْ تَحْزَنُونَۚ ﴿٦٨﴾ اَلَّذٖينَ
اٰمَنُوا بِاٰيَاتِنَا وَكَانُوا مُسْلِمٖينَۚ ﴿٦٩﴾ اُدْخُلُوا الْجَنَّةَ اَنْتُمْ
وَاَزْوَاجُكُمْ تُحْبَرُونَ ﴿٧٠﴾ يُطَافُ عَلَيْهِمْ بِصِحَافٍ مِنْ ذَهَبٍ
وَاَكْوَابٍۚ وَفٖيهَا مَا تَشْتَهٖيهِ الْاَنْفُسُ وَتَلَذُّ الْاَعْيُنُۚ وَاَنْتُمْ
فٖيهَا خَالِدُونَۚ ﴿٧١﴾ وَتِلْكَ الْجَنَّةُ الَّتٖٓى اُورِثْتُمُوهَا
بِمَا كُنْتُمْ تَعْمَلُونَ ﴿٧٢﴾ لَكُمْ فٖيهَا فَاكِهَةٌ كَثٖيرَةٌ مِنْهَا تَاْكُلُونَ ﴿٧٣﴾

65. Sin embargo, los grupos (que surgieron y mantuvieron opiniones discrepantes u opuestas relacionadas con él y sus enseñanzas) sucumbieron en el desacuerdo entre sí. Así pues, pobre de aquellos que cometen el mal más grande (corrompiendo sus enseñanzas) debido al castigo de un Día doloroso.

66. ¿Acaso (aquellos que persisten en incredulidad y actos malvados) no esperan sino la Última Hora, (esperando) que les sobrevenga de repente, siendo inconscientes e indiferentes con respecto a ello?

67. Aquellos que son amigos íntimos (en el mundo) serán enemigos entre sí en ese Día, a excepción de aquellos piadosos devotos. (Oirán:)

68. «¡Oh siervos Míos! ¡Nada habréis de temer hoy, ni os afligiréis!

69. (Vosotros) quienes habéis creído en Mis señales y Revelaciones, y os habéis sometido a Mí por completo (como musulmanes).

70. Entrad en el Paraíso, vosotros y vuestras esposas (creyentes), siendo satisfechos».

71. Las bandejas y copas de oro se pasarán entre ellos; y allí se dará todo lo que las almas desean, y aquello en lo que los ojos se deleitan:[17] «Y allí vosotros morareis.

72. Este es el Paraíso que es vuestra herencia,[18] a cambio de lo que solíais hacer (en el mundo).

73. En ello se da para vosotros fruta (de todas las clases) en abundancia, para comer ahí».

---

17. Véase el *sura* 41:31-32, nota 9.

18. Con rescpecto a la herencia del Paraíso, véase el *sura* 26:85, nota 19.

74. Pero los criminales incrédulos morarán en el castigo del Infierno.

75. Éste no les será disminuido, y allí se hallan desesperados (de cualquier misericordia y esperanza de escapar).

76. No fuimos injustos con ellos, mas son los malhechores (quienes fueron injustos consigo mismos).

77. Gritarán (al principal guardián del Infierno): «¡Oh Malik! ¡Que tu Señor acabe con nosotros!». Él dice: «¡Vosotros con toda seguridad vais a permanecer (allí)!».

78. Os hemos traído la verdad, sin duda alguna, pero la mayoría de vosotros sois reacios a la verdad.

79. ¿O acaso se han decidido por un plan (contra ti, Oh Mensajero)? Pero Nosotros Nos hemos decidido ya por un «plan» (contra ellos).

80. ¿O piensan que no oímos sus secretos (que susurran solamente a sí mismos,) y sus consejos secretos? En verdad sí lo hacemos, y Nuestros mensajeros (ángeles) están junto a ellos, registrando.

81. Di: «Si el Misericordioso tuviera un hijo, sería yo el primero en adorarle».

82. Glorificado sea el Señor de los Cielos y de la Tierra, el Señor del Trono Supremo,[19] (ensalzado) por encima de todo aquello que Le atribuyen (a Él en ignorancia y falsedad).

494 سُورَةُ الزُّخْرُفِ ٤٩٤

اِنَّ الْمُجْرِمِينَ فِى عَذَابِ جَهَنَّمَ خَالِدُونَۚ ﴿٧٤﴾ لَا يُفَتَّرُ عَنْهُمْ وَهُمْ
فِيهِ مُبْلِسُونَۚ ﴿٧٥﴾ وَمَا ظَلَمْنَاهُمْ وَلٰكِنْ كَانُوا هُمُ الظَّالِمِينَ ﴿٧٦﴾
وَنَادَوْا يَا مَالِكُ لِيَقْضِ عَلَيْنَا رَبُّكَۜ قَالَ اِنَّكُمْ مَاكِثُونَ ﴿٧٧﴾ لَقَدْ
جِئْنَاكُمْ بِالْحَقِّ وَلٰكِنَّ اَكْثَرَكُمْ لِلْحَقِّ كَارِهُونَ ﴿٧٨﴾ اَمْ اَبْرَمُوا اَمْرًا
فَاِنَّا مُبْرِمُونَۚ ﴿٧٩﴾ اَمْ يَحْسَبُونَ اَنَّا لَا نَسْمَعُ سِرَّهُمْ وَنَجْوٰيهُمْۜ
بَلٰى وَرُسُلُنَا لَدَيْهِمْ يَكْتُبُونَ ﴿٨٠﴾ قُلْ اِنْ كَانَ لِلرَّحْمٰنِ وَلَدٌۗ
فَاَنَا اَوَّلُ الْعَابِدِينَ ﴿٨١﴾ سُبْحَانَ رَبِّ السَّمٰوَاتِ وَالْاَرْضِ رَبِّ
الْعَرْشِ عَمَّا يَصِفُونَ ﴿٨٢﴾ فَذَرْهُمْ يَخُوضُوا وَيَلْعَبُوا حَتّٰى يُلَاقُوا
يَوْمَهُمُ الَّذٖى يُوعَدُونَ ﴿٨٣﴾ وَهُوَ الَّذٖى فِى السَّمَاۤءِ اِلٰهٌ وَفِى
الْاَرْضِ اِلٰهٌۜ وَهُوَ الْحَكٖيمُ الْعَلٖيمُ ﴿٨٤﴾ وَتَبَارَكَ الَّذٖى لَهُ مُلْكُ
السَّمٰوَاتِ وَالْاَرْضِ وَمَا بَيْنَهُمَاۚ وَعِنْدَهُ عِلْمُ السَّاعَةِۚ وَاِلَيْهِ
تُرْجَعُونَ ﴿٨٥﴾ وَلَا يَمْلِكُ الَّذٖينَ يَدْعُونَ مِنْ دُونِهِ الشَّفَاعَةَ اِلَّا
مَنْ شَهِدَ بِالْحَقِّ وَهُمْ يَعْلَمُونَ ﴿٨٦﴾ وَلَئِنْ سَاَلْتَهُمْ مَنْ خَلَقَهُمْ
لَيَقُولُنَّ اللّٰهُ فَاَنّٰى يُؤْفَكُونَۙ ﴿٨٧﴾ وَقٖيلِهٖ يَا رَبِّ اِنَّ هٰۤؤُلَاۤءِ قَوْمٌ
لَا يُؤْمِنُونَۘ ﴿٨٨﴾ فَاصْفَحْ عَنْهُمْ وَقُلْ سَلَامٌۜ فَسَوْفَ يَعْلَمُونَ ﴿٨٩﴾

سُورَةُ

83. Así que déjalos que se hundan en el disfrute y la distracción hasta el Día que les ha sido prometido.

84. Y es Él Quien es Dios en los Cielos (merecedor en exclusiva de la adoración), y Dios en la Tierra (merecedor en exclusiva de la adoración). Él es el Omnisapiente, Omnisciente.

85. Bendito y Supremo es Él, a Quien pertenece la soberanía de los Cielos y de la Tierra, y todo lo que se halla entre ellos; y con Él se halla el conocimiento de la Última Hora. Y a Él seréis retornados.

86. Aquellos que (deificáis y a continuación) invocáis aparte de Dios no tienen ningún poder y permiso de interceder (con Dios en cualquiera de los dos mundos); solamente aquellos que atestiguan la verdad (de la Unidad absoluta de Dios en Divinidad, Señorío, y Soberanía), y que tienen conocimiento (de la verdad, lo tendrán).

87. Si les preguntas quién les ha creado, dirán con toda certeza, «Dios». Entonces, ¿cómo es que se apartan de la verdad y efectúan afirmaciones falsas?

88. (Dios oye sin duda alguna a Su Mensajero cuando) él dice: «¡Oh Señor mío! No cabe duda de que ellos son una gente que no creen».

89. Aún así, abstente de ellos y perdónales, y (cuando te pongas en camino di: «¡La paz (sea con vosotros)!». Con el tiempo, llegarán a saber.

19. Para el Trono Supremo, véase el *sura* 7:54, nota 13.

SURA 44

AD-DUJAN (EL HUMO)

Período de La Meca

Este *sura de* 59 versículos fue revelado en La Meca a finales del período de La Meca. Su nombre proviene de la palabra *dujan* (humo) que aparece en el versículo 10. Advierte a los enemigos obstinados del Mensajero, la paz y las bendiciones sean con él, de los castigos que pudieran sobrevenirles, y les recuerda cómo y por qué se ahogaron el Faraón y su ejército en el mar. A su vez se centra en la autoría Divina del Corán, en Dios Quien es el Creador y el Señor únicos del universo entero y, por lo tanto, el Único a Quien adorar. Concluye con la mención del fin último de los creyentes y de sus enemigos.

سُورَةُ الدُّخَانِ مَكِّيَّةٌ
وَهِيَ تِسْعٌ وَخَمْسُونَ اٰيَةً

بِسْمِ اللّٰهِ الرَّحْمٰنِ الرَّح۪يمِ

حٰمٓ ﴿١﴾ وَالْكِتَابِ الْمُب۪ينِ ﴿٢﴾ اِنَّٓا اَنْزَلْنَاهُ ف۪ي لَيْلَةٍ مُبَارَكَةٍ اِنَّا كُنَّا
مُنْذِر۪ينَ ﴿٣﴾ ف۪يهَا يُفْرَقُ كُلُّ اَمْرٍ حَك۪يمٍ ﴿٤﴾ اَمْرًا مِنْ عِنْدِنَا اِنَّا
كُنَّا مُرْسِل۪ينَ ﴿٥﴾ رَحْمَةً مِنْ رَبِّكَ اِنَّهُ هُوَ السَّم۪يعُ الْعَل۪يمُ ﴿٦﴾
رَبِّ السَّمٰوَاتِ وَالْاَرْضِ وَمَا بَيْنَهُمَا اِنْ كُنْتُمْ مُوقِن۪ينَ ﴿٧﴾
لَٓا اِلٰهَ اِلَّا هُوَ يُحْي۪ وَيُم۪يتُ رَبُّكُمْ وَرَبُّ اٰبَٓائِكُمُ الْاَوَّل۪ينَ ﴿٨﴾
بَلْ هُمْ ف۪ي شَكٍّ يَلْعَبُونَ ﴿٩﴾ فَارْتَقِبْ يَوْمَ تَأْتِي السَّمَٓاءُ بِدُخَانٍ
مُب۪ينٍ ﴿١٠﴾ يَغْشَى النَّاسَ هٰذَا عَذَابٌ اَل۪يمٌ ﴿١١﴾ رَبَّنَا اكْشِفْ عَنَّا
الْعَذَابَ اِنَّا مُؤْمِنُونَ ﴿١٢﴾ اَنّٰى لَهُمُ الذِّكْرٰى وَقَدْ جَٓاءَهُمْ رَسُولٌ
مُب۪ينٌ ﴿١٣﴾ ثُمَّ تَوَلَّوْا عَنْهُ وَقَالُوا مُعَلَّمٌ مَجْنُونٌ ﴿١٤﴾ اِنَّا كَاشِفُوا
الْعَذَابِ قَل۪يلًا اِنَّكُمْ عَٓائِدُونَ ﴿١٥﴾ يَوْمَ نَبْطِشُ الْبَطْشَةَ الْكُبْرٰى
اِنَّا مُنْتَقِمُونَ ﴿١٦﴾ وَلَقَدْ فَتَنَّا قَبْلَهُمْ قَوْمَ فِرْعَوْنَ وَجَٓاءَهُمْ رَسُولٌ
كَر۪يمٌ ﴿١٧﴾ اَنْ اَدُّٓوا اِلَيَّ عِبَادَ اللّٰهِ اِنّ۪ي لَكُمْ رَسُولٌ اَم۪ينٌ ﴿١٨﴾

En el Nombre de Dios,
el Misericordioso, el Compasivo.

1. *Ha. Mim.*

2. Por el Libro claro en sí mismo y demuestra la verdad claramente.

3. Lo hicimos descender en una noche repleta de bendiciones; sin duda alguna siempre hemos estado advirtiendo (a la humanidad desde su creación).

4. En esa noche cada asunto es identificado y diferenciado para sabios propósitos,

5. Como una orden dada por Nuestra Presencia. Con toda certeza siempre hemos estado enviando a Mensajeros (de entre los ángeles y los seres humanos para transmitir Nuestros decretos y Nuestra guía),

6. Como una misericordia de Tu Señor; sin duda Él es Quien todo lo Oye, el Omnisciente[1].

7. El Señor de los Cielos y de la Tierra y todo lo que se halla entre ellos, si no hicierais más que buscar la certeza (sobre el Mensajero y el Libro que él trae).

8. No hay más deidad que Él, Quien da la vida y causa la muerte: Vuestro Señor y el Señor de vuestros antepasados[2].

9. Aún así (no desean certeza; en lugar de ello) se encuentran en una duda irrecuperable, perdidos en el disfrute y la distracción de la vida mundana.

10. Entonces espera (Oh Mensajero) el día en que la voluntad del Cielo produzca un humo visible,

11. El cual envolverá a la gente (a la que hace exclamar): «Esto es un castigo doloroso[3].

12. ¡Señor nuestro! Elimina este castigo de nosotros, pues ahora somos creyentes verdaderos».

13. Cómo es posible para ellos un recordatorio (tal que su profesión de fe podría ser verdad), en vista de que les ha llegado un Mensajero que aclaraba la verdad (y encarnándola en cada elemento de su vida y carácter),

14. Pero se apartan de él y dicen (acerca de él): «Alguien enseñado por otros, un loco»[4].

15. Eliminaremos el castigo durante un (breve período de) tiempo, mas volveréis (a vuestras anteriores formas de incredulidad, cuyo resultado es un castigo eterno).

16. En el día en que Nosotros agarraremos con la presa más poderosa[5]. Infligiremos en verdad el castigo.

17. Antes de ellos, sin duda alguna pusimos a prueba al pueblo del Faraón, cuando les llegó a un noble Mensajero,

18. Diciendo: «¡Entregadme a mí a los siervos de Dios![6] Soy un Mensajero digno de confianza enviado a vosotros (por Dios)».

---

1. Cuando consideramos estos versículos junto con los de *Surat al-Qadr* (número 97), podemos deducir que mencionan la práctica inalterable de Dios desde el principio del universo. Esta práctica tiene dos aspectos: uno para la vida de todas las criaturas; y el otro para la guía de la humanidad y de los genios. Aunque no conocemos, ni podemos conocer, su naturaleza exacta, todas las cosas y los asuntos o los acontecimientos tienen, en el Conocimiento de Dios, una existencia eterna. Esta es la existencia de las cosas y de los acontecimientos en su totalidad o universalidad. Dios dispone que una cosa en concreto exista o que un acontecimiento particular acontezca, y Él decreta para ellos sus propias identidades particulares. Podemos describir dicho proceso como cada cosa y acontecimiento siendo identificados con su naturaleza particular por el Destino Divino mencionado en el versículo 15:21: *No se da nada cuyos depósitos (para su vida y mantenimiento) no esté con Nosotros; y no lo enviamos sino con una medida determinada y debida*. El destino traslada este acontecimiento o cosa al reino del Poder Divino, y el Poder Divino lo crea según las medidas determinadas por el Destino. Esta creación es denominada *fatr*, una creación de acuerdo con un cierto sistema o basada en él, y el conjunto de las cualidades otorgadas a una cosa o un ser en particular se le llama su *fitrah*.

Como podemos deducir de los versículos tratados, cada año posee una identidad y una importancia particulares en la historia global del universo por lo general y en la de la humanidad en particular, y se da una noche especial a lo largo de cada año en la cual cada cosa o ser que Dios ha dispuesto que surja a la existencia, y cada acontecimiento a tener lugar durante ese año, se identifica o se particulariza y se transfiere desde el Conocimiento Divino a la disposición del Poder Divino. Como se puede entender de otros versículos relevantes, tales como 97:1 y 2:185, donde se indica que el Corán ha sido descendido en la Noche del Destino (o del Poder y la Medida), y durante el mes sagrado del Ramadán, esta noche es la Noche del Destino (o del Poder y la Medida). Puesto que tal noche acontece en el mes sagrado del Ramadán, de acuerdo con el año lunar, que es 11 días más corto que el año solar, cualquier noche del año solar puede ser dicha noche una vez cada 354 años. (Debemos tener en cuenta siempre que todas las explicaciones relacionadas con Dios tienen lugar con respecto a nosotros, o desde nuestra perspectiva, y según nuestras medidas en nuestra relación con Él. En cuanto a Dios Mismo, Él se encuentra más allá de todas las restricciones y medidas del tiempo y el espacio).

Lo que los versículos significan, en lo que respecta a la advertencia y la guía de los seres humanos, es que a lo largo de la historia, Dios envió Mensajeros e hizo descender Escrituras reveladas. El Corán ha sido descendido de dos maneras, una en su totalidad, y la otra por partes. Los intérpretes del Corán dicen que el Corán fue enviado en su totalidad desde la Tabla

Suprema Preservada al Cielo del mundo, o *Bayt al-Ma'mur*. Desconocemos la naturaleza de esta *Bayt* (casa), y cómo el Corán ha sido descendido a la misma o al cielo del mundo. Sin embargo, teniendo en cuenta los versículos abordados aquí (1 a 6 del presente *sura*), se puede afirmar que ya que cada Libro Divino fue identificado con su naturaleza particular en su totalidad, o transferido en su totalidad desde el conocimiento de Dios o la Tabla Suprema Preservada o la Madre de los Libros (véanse el *sura* 43:4; el *sura* 6:59, nota 13; el *sura* 13:39, nota 13; el *sura* 17:14, nota 10; el *sura* 85:22), el Corán también fue identificado en su totalidad en la misma fuente original o trasladado desde la misma en la Noche del Destino (o del Poder y la Medida).

Como se puede concluir a partir de el *sura* 97:4, los Mensajeros que son mencionados en el quinto versículo como enviados son los ángeles responsables de los acontecimientos que ocurren en el universo así como esos eventos que ocurren en la vida de todos los seres, ambos por igual, incluyendo esos ángeles encargados de acarrear el Libro Divino a los Profetas (es decir Gabriel y sus ayudantes), y los Mensajeros humanos enviados para la guía de la humanidad.

El versículo sexto indica que todo cuanto Dios decreta es una misericordia para los seres, incluyendo a la humanidad. Es una manifestación de Su condición como *ar-Rahman* (el Misericordioso) o *ar-Rahim* (el Compasivo). (Para el significado de estos títulos, y la diferencia entre ellos, véase el *sura* 1, notas 4-5.)

2. Las descripciones de Dios Todopoderoso en los versículos 7 y 8 significan que no hay nada más en el universo que crea, sustenta, y provoca la muerte; y, por lo tanto, no se da cosa o ser que merezca ser adorado a excepción de Dios, y no existe cosa o ser exceptuando a Dios que pueda dar las órdenes que deberíamos obedecer para ordenar nuestra vida.

3. Cuando los politeístas de La Meca insistieron obstinadamente en su politeísmo y en el cruel trato al Mensajero de Dios y a los creyentes, el Mensajero, la paz y las bendiciones sean con él, rogó a Dios para que le ayudara enviando algo semejante a la sequía que había afligido a los egipcios durante la época del profeta José, la paz sea con él, para que de esta manera llegaran a creer. Dios aceptó su plegaria, y una sequía y una hambruna rigurosas se abatieron sobre los habitantes de La Meca. Debido a esto, se sentían como si el cielo estuviera lleno de humo o de niebla.

De acuerdo con lo indicado en ciertas Tradiciones proféticas, el humo también hace referencia a otro castigo de Dios que afligirá casi todos los individuos incrédulos y hará que los creyentes se sienten igual que si hubiesen sufrido la gripe hacia el final de los tiempos, y ésta será una muestra de la proximidad de la Última Hora. A su vez, también puede indicar el «humo» del materialismo filosófico y científico en el que se ha sumido un gran número de personas en el mundo, y que ha afectado hasta cierto punto a los creyentes también; o puede significar el «humo» producido por el armamento moderno y los efectos colaterales de las guerras mundiales; o castigos similares que se manifestarán en el futuro.

4. Esta difamación y otras similares fueron pronunciadas contra el Mensajero de Dios, la paz y las bendiciones sean con él, por sus más inflexibles opositores de La Meca, y las mismas han sido repetidas por numerosos orientalistas y materialistas en épocas recientes.

5. Los versículos fluyen de una manera tal que el «humo» es indicado en todos los significados mencionados en la nota 3 anterior. Por lo tanto el día mencionado en este versículo y la presa bien puede estar refiriéndose a la Batalla de Badr, en donde casi todos los principales enemigos del Mensajero fueron matados, así como a las más grandes calamidades y guerras que ocurrirán hacia el final de los tiempos; y finalmente, puede hacer referencia al Día del Juicio Final, en donde los incrédulos serán arrojados al Infierno.

6. El profeta Moisés, la paz sea con él, mencionaba a los Hijos de Israel como *los siervos de Dios* y les recordaba al Faraón y a su pueblo que los habían esclavizado de manera injusta, a pesar de que eran meramente ellos mismos siervos de Dios, que, tal y como lo es toda la gente, fueron enviados al mundo con la libertad otorgada por su Creador, Dios.

وَاَنْ لَا تَعْلُوا عَلَى اللّٰهِۚ اِنّ۪ٓي اٰت۪يكُمْ بِسُلْطَانٍ مُب۪ينٍۚ ﴿١٩﴾ وَاِنّ۪ي عُذْتُ
بِرَبّ۪ي وَرَبِّكُمْ اَنْ تَرْجُمُونِۘ ﴿٢٠﴾ وَاِنْ لَمْ تُؤْمِنُوا ل۪ي فَاعْتَزِلُونِ ﴿٢١﴾
فَدَعَا رَبَّهُٓ اَنَّ هٰٓؤُلَٓاءِ قَوْمٌ مُجْرِمُونَ ﴿٢٢﴾ فَاَسْرِ بِعِبَاد۪ي لَيْلًا
اِنَّكُمْ مُتَّبَعُونَۙ ﴿٢٣﴾ وَاتْرُكِ الْبَحْرَ رَهْوًاۜ اِنَّهُمْ جُنْدٌ مُغْرَقُونَ ﴿٢٤﴾
كَمْ تَرَكُوا مِنْ جَنَّاتٍ وَعُيُونٍۙ ﴿٢٥﴾ وَزُرُوعٍ وَمَقَامٍ كَر۪يمٍۙ ﴿٢٦﴾
وَنَعْمَةٍ كَانُوا ف۪يهَا فَاكِه۪ينَۙ ﴿٢٧﴾ كَذٰلِكَ۠ وَاَوْرَثْنَاهَا قَوْمًا اٰخَر۪ينَ ﴿٢٨﴾
فَمَا بَكَتْ عَلَيْهِمُ السَّمَٓاءُ وَالْاَرْضُ وَمَا كَانُوا مُنْظَر۪ينَ۟ ﴿٢٩﴾
وَلَقَدْ نَجَّيْنَا بَن۪ٓي اِسْرَٓائ۪يلَ مِنَ الْعَذَابِ الْمُه۪ينِۙ ﴿٣٠﴾ مِنْ فِرْعَوْنَۜ
اِنَّهُ كَانَ عَالِيًا مِنَ الْمُسْرِف۪ينَ ﴿٣١﴾ وَلَقَدِ اخْتَرْنَاهُمْ عَلٰى عِلْمٍ
عَلَى الْعَالَم۪ينَۚ ﴿٣٢﴾ وَاٰتَيْنَاهُمْ مِنَ الْاٰيَاتِ مَا ف۪يهِ بَلٰٓؤٌا مُب۪ينٌ ﴿٣٣﴾
اِنَّ هٰٓؤُلَٓاءِ لَيَقُولُونَۙ ﴿٣٤﴾ اِنْ هِيَ اِلَّا مَوْتَتُنَا الْاُو۫لٰى وَمَا نَحْنُ
بِمُنْشَر۪ينَ ﴿٣٥﴾ فَاْتُوا بِاٰبَٓائِنَٓا اِنْ كُنْتُمْ صَادِق۪ينَ ﴿٣٦﴾ اَهُمْ خَيْرٌ
اَمْ قَوْمُ تُبَّعٍۙ وَالَّذ۪ينَ مِنْ قَبْلِهِمْۜ اَهْلَكْنَاهُمْۘ اِنَّهُمْ كَانُوا مُجْرِم۪ينَ ﴿٣٧﴾
وَمَا خَلَقْنَا السَّمٰوَاتِ وَالْاَرْضَ وَمَا بَيْنَهُمَا لَاعِب۪ينَ ﴿٣٨﴾
مَا خَلَقْنَاهُمَٓا اِلَّا بِالْحَقِّ وَلٰكِنَّ اَكْثَرَهُمْ لَا يَعْلَمُونَ ﴿٣٩﴾

اِنَّ يَوْمَ

19. Y no os exaltéis a vosotros mismos desafiando orgullosamente a Dios (desobedeciendo Su orden, y así rechazando mi Misión Profética). No cabe duda de que he venido a vosotros con una autoridad manifiesta.

20. He buscado refugio en mi Señor, Quien es sin duda también vuestro Señor, de vuestras intenciones de lapidarme hasta la muerte.

21. ¡Si vosotros no creéis en mí, entonces apartaos de mí (dejadme ir)!».

22. A continuación invocó a su Señor: «Ésta es en verdad una gente culpable dedicada a acumular pecados»».

23. A la sazón (su Señor lo ordenó): «Parte con Mis siervos por la noche. Con seguridad seréis perseguidos.

24. Y ahora deja el mar en calma (tal y como estaba cuando se dividió para vosotros), porque son una multitud destinada a ser ahogada».

25. ¡Cuántos jardines y fuentes dejaron atrás!

26. ¡Y campos de cereales, y viviendas excelentes, y posiciones elevadas, honrosas!

27. ¡Y otras comodidades de la vida, de las cuales solían disfrutar!

28. ¡Así fue! E hicimos a otra gente herederos (de las generosidades que gozaron)[7].

29. Y ni el cielo ni la Tierra derramaron lágrimas por ellos, ni se les concedió un plazo (cuando el castigo fue su merecido).

30. Y en verdad, libramos a los Hijos de Israel de las humillantes persecuciones,

31. Del Faraón. Él era en verdad un tirano arrogante que se entregaba a los excesos.

32. Y con conocimiento (deliberadamente, y para un propósito conocido por Nosotros) los elegimos (a los Hijos de Israel) por encima del resto de pueblos (de su tiempo).

33. Y (como favor) Nosotros les concedimos un gran número de señales (milagros), en las cuales había una prueba manifiesta[8].

34. A pesar de todo, este pueblo (politeísta de La Meca) dice con énfasis:

35. «No hay nada más allá de nuestra primera muerte,[9] y no seremos resucitados.

36. Si vosotros sois veraces (al afirmar que los muertos serán resucitados a una nueva vida), entonces devolved la vida a nuestros antepasados».

37. ¡Cómo! ¿Son mejores (en riqueza y poder), o lo fueron acaso el pueblo de Tubba'[10] y los otros (esos que Nosotros destruimos) antes que ellos? Los destruimos, porque eran criminales incrédulos dedicados a acumular pecados[11].

38. No hemos creado los Cielos y la Tierra y todo cuanto se halla entre ellos por mero juego y diversión.

39. Los hemos creado tan solo con la verdad (de manera significativa, y con un propósito definitivo, y sobre fundamentos sólidos de la verdad), pero la mayoría de la gente no lo saben.

7. Para una explicación detallada de las experiencias de Moisés con el Faraón y sus hombres, véanse el *sura* 20:43-79; el *sura* 26:10-68 y el *sura* 28:36-40.

8. El trato por parte de Dios a un pueblo es por su bien y se encauza hacia su educación. Esto requiere a veces recompensas y en ocasiones el castigo. La recompensa y el castigo, ambos por igual, contienen los favores y las tribulaciones que requieren gratitud y paciencia. La dinastía faraónica había oprimido durante muchos años a los Hijos de Israel, y esto había hecho que desarrollaran numerosos complejos y una actitud de esclavitud. Así pues, con la intención de hacerlos despertar hacia la libertad y de que desarrollen el carácter necesario para vivir como un pueblo libre según los mandamientos de Dios, Dios los favoreció con muchos milagros tanto en Egipto como tras el Éxodo. Sin embargo, tal y como cada favor y bendición extraordinaria, esos milagros también contuvieron una prueba. Ya que cada milagro indiscutiblemente convence a la gente de las Verdades Divinas proclamadas por los Profetas, negarlas no trae como consecuencia sino el castigo ruinoso.

9. Para la primera muerte y en caso de que vaya a haber una segunda o no, véase el Apéndice 11, y el *sura* 40:11, nota 5.

10. Tubba' fue el título empleado por los gobernantes de Himyar, que vivieron en Yemen. El pueblo de Himyar era una tribu de Saba que gobernó en el sur de Arabia durante casi 1.000 años, entre el 1100 a. C. y el 115 a. C. (Para el pueblo de Saba, véanse el *sura* 27, nota 9; el *sura* 34, nota 10.) La dinastía de Tubba' subió al poder en 115 a. C. en Yemen y sobrevivió hasta el 300 d. C. Su historia circuló entre los árabes en forma de leyenda.

11. El versículo significa que es muy probable que cualquier pueblo que no crea en el Más Allá sucumba en toda clase de pecados. Esto sucederá porque son desprovistos de cualquier sanción espiritual que los apartará del mal. La creencia en el Más Allá o la Resurrección es muy importante para la vida individual y colectiva por muchas razones, como aparecen descritas más abajo por Said Nursi:

> Los niños representan un cuarto de la humanidad. No pueden comprender la muerte, que a ellos les debe parecer como una tragedia tremenda, si no es mediante la idea del Paraíso, que espiritualmente consolida sus naturalezas débiles y frágiles. Les proporciona la esperanza de vivir alegremente, a pesar de la vulnerabilidad de su naturaleza, que pueden romper a llorar fácilmente. Teniendo el Paraíso presente, pueden decir: «Mi hermana pequeña o mi amigo han muerto y se han convertido en un pájaro en el Paraíso. Ella está jugando allí y está gozando de una vida mejor».
>
> Los ancianos componen otro cuarto del género humano. Pueden soportar la muerte tan sólo creyendo en el Más Allá, que los consuela en cierta medida del inminente fin de esta vida a la cual se hallan tan unidos, para su exclusión de su mundo encantador. La esperanza de la vida eterna les permite hacer frente al dolor y a la desesperación que surgen a partir de las expectativas de la muerte y la separación, a pesar de su temperamento y su espíritu frágiles.
>
> La gente joven son el motivo principal y la base de la vida social. Solamente el pensamiento del Infierno les permite controlar la energía tempestuosa de sensaciones y pasiones así como apartar sus espíritus

tempestuosos de la tendencia destructiva y de la opresión desviándolos para servir el interés colectivo. Sin este miedo, y embriagados de la energía de la juventud, seguirían el principio de «el poder da la razón» y darían rienda suelta a sus pasiones. Esto haría cambiar al mundo transformándolo en un Infierno para los débiles e impotentes, y haría descender a la vida humana hasta el nivel de bestias.

La familia es el núcleo comprensivo de nuestra vida mundana, nuestro recurso más primordial, y el Paraíso, hogar, y castillo de nuestra felicidad terrenal. El hogar de cada persona es su propio mundo en miniatura. La vitalidad y la felicidad de nuestros hogares y familias dependen del respeto sincero y devoto, de la amabilidad verdadera, y de una abnegada compasión. Todo esto, a su vez, depende de la amistad y el compañerismo eternos, un enlace inmortal, así como la creencia que las sentimientos entre los padres y los hijos, hermanos y hermanas, y maridos y esposas, serán eternos.

Si la realidad y la verdad de la Resurrección, y todas las consecuencias de la misma, se eliminan del estado humano, el significado del ser humano —tan ensalzado, vital, e importante dentro de la creación— disminuye como el de un cadáver que sirve de alimento a los microbios. Dejad a aquellos que abordan la vida ordenada de la humanidad, su moralidad, y la sociedad se centren en esta materia. ¿Si la Resurrección es negada, con qué llenarán el vacío resultante, y cómo curarán las heridas profundas? [*The Words* («Las Palabras»), «The 10th Word» («La 10ª Palabra»), págs. 109-110].

40. No cabe duda de que el Día del Juicio y la Distinción (entre la verdad y la falsedad, y los rectos y los pecaminosos) es el tiempo asignado para todos ellos,

41. El Día en el que ningún guardián no le servirá de nada a alguien sustentado y protegido, y ninguno será auxiliado,

42. A excepción de aquellos por quienes Dios tendrá compasión[12]. No cabe duda de que Él es el Glorioso poseedor de irresistible poder (de Cuyo castigo nadie puede escapar), el Compasivo (especialmente hacia Sus siervos creyentes).

43. (Aquí está) el árbol de *Zaqqum*,[13]

44. El alimento de aquel propenso al pecado:

45. Como latón fundido; hervirá en sus vientres,

46. Como el hervor del agua caliente.

47. «(Oh Ángeles del Infierno!) ¡Apresadle (al pecador) y arrastradlo en medio del Fuego Llameante!

48. A continuación verted sobre su cabeza agua hirviente como castigo.

49. ¡Pruébalo! (Tan solo a tu propio juicio) eras poderoso, honorable y noble.

50. ¡Y esto (que ahora estáis sufriendo) es aquello de lo que vosotros solíais dudar!»

51. (En contraste con esto,) sin duda alguna aquellos piadosos devotos, estarán en una posición absolutamente segura (de cualquier mal),

52. En medio de jardines y de fuentes (del Paraíso),

53. Vestidos en fina seda y brocados de seda, (sentados) unos frente a otros.

54. Así será. Y asignaremos para ellos a doncellas puras, de ojos más hermosos.

55. Allí, pedirán cada clase de fruto en seguridad (de cualquier daño).

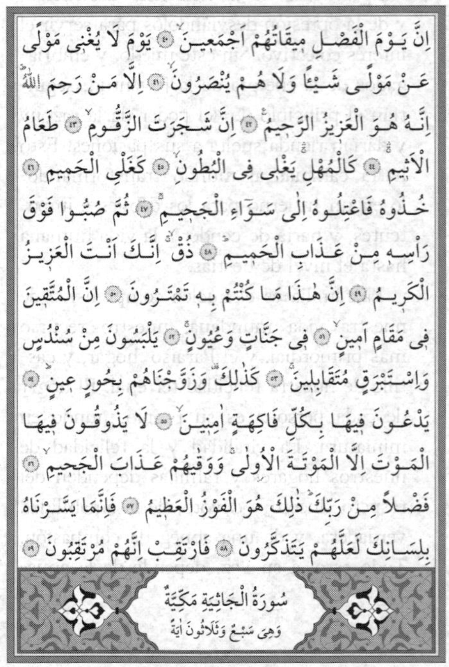
الْجُزْءُ الْخَامِسُ وَالْعِشْرُونَ ٤٩٧ 497

إِنَّ يَوْمَ الْفَصْلِ مِيقَاتُهُمْ أَجْمَعِينَ ﴿٤٠﴾ يَوْمَ لَا يُغْنِي مَوْلًى
عَنْ مَوْلًى شَيْئًا وَلَا هُمْ يُنْصَرُونَ ﴿٤١﴾ إِلَّا مَنْ رَحِمَ اللَّهُ
إِنَّهُ هُوَ الْعَزِيزُ الرَّحِيمُ ﴿٤٢﴾ إِنَّ شَجَرَتَ الزَّقُّومِ ﴿٤٣﴾ طَعَامُ
الْأَثِيمِ ﴿٤٤﴾ كَالْمُهْلِ يَغْلِي فِي الْبُطُونِ ﴿٤٥﴾ كَغَلْيِ الْحَمِيمِ ﴿٤٦﴾
خُذُوهُ فَاعْتِلُوهُ إِلَىٰ سَوَاءِ الْجَحِيمِ ﴿٤٧﴾ ثُمَّ صُبُّوا فَوْقَ
رَأْسِهِ مِنْ عَذَابِ الْحَمِيمِ ﴿٤٨﴾ ذُقْ إِنَّكَ أَنْتَ الْعَزِيزُ
الْكَرِيمُ ﴿٤٩﴾ إِنَّ هَٰذَا مَا كُنْتُمْ بِهِ تَمْتَرُونَ ﴿٥٠﴾ إِنَّ الْمُتَّقِينَ
فِي مَقَامٍ أَمِينٍ ﴿٥١﴾ فِي جَنَّاتٍ وَعُيُونٍ ﴿٥٢﴾ يَلْبَسُونَ مِنْ سُنْدُسٍ
وَإِسْتَبْرَقٍ مُتَقَابِلِينَ ﴿٥٣﴾ كَذَٰلِكَ وَزَوَّجْنَاهُمْ بِحُورٍ عِينٍ ﴿٥٤﴾
يَدْعُونَ فِيهَا بِكُلِّ فَاكِهَةٍ آمِنِينَ ﴿٥٥﴾ لَا يَذُوقُونَ فِيهَا
الْمَوْتَ إِلَّا الْمَوْتَةَ الْأُولَىٰ وَوَقَاهُمْ عَذَابَ الْجَحِيمِ ﴿٥٦﴾
فَضْلًا مِنْ رَبِّكَ ذَٰلِكَ هُوَ الْفَوْزُ الْعَظِيمُ ﴿٥٧﴾ فَإِنَّمَا يَسَّرْنَاهُ
بِلِسَانِكَ لَعَلَّهُمْ يَتَذَكَّرُونَ ﴿٥٨﴾ فَارْتَقِبْ إِنَّهُمْ مُرْتَقِبُونَ ﴿٥٩﴾

سُورَةُ الْجَاثِيَةِ مَكِّيَّةٌ
وَهِيَ سَبْعٌ وَثَلَاثُونَ آيَةً

56. No probarán la muerte allí, exceptuando la primera muerte (al abandonar el mundo); y Él los ha preservado del castigo del Fuego Llameante,

57. Como gracia de tu Señor. Ése es el triunfo supremo.

58. Por lo tanto (para permitirte con relación a este triunfo), hemos hecho este Corán fácil de entender revelándolo en tu propia lengua, de modo que puedan recordar y ser considerados (y ordenar sus vidas de acuerdo con el mismo).

59. Entonces espera (Oh Mensajero), y contempla (cómo reaccionan y qué les deparará); están esperando a su vez (ver qué deparará a tu misión).

12. Tal pueblo es piadoso devoto que cree en todas las señales y Revelaciones de Dios, y se ha sometido a Él por completo (en el Islam) (43:67, 69).

13. Para el árbol de *Zaqqum*, véase el *sura* 17:60, nota 27.

بِسْمِ اللَّهِ الرَّحْمَٰنِ الرَّحِيمِ
حمٓ ﴿١﴾ تَنزِيلُ الْكِتَابِ مِنَ اللَّهِ الْعَزِيزِ الْحَكِيمِ ﴿٢﴾ إِنَّ فِي السَّمَاوَاتِ
وَالْأَرْضِ لَآيَاتٍ لِّلْمُؤْمِنِينَ ﴿٣﴾ وَفِي خَلْقِكُمْ وَمَا يَبُثُّ مِن دَابَّةٍ
آيَاتٌ لِّقَوْمٍ يُوقِنُونَ ﴿٤﴾ وَاخْتِلَافِ اللَّيْلِ وَالنَّهَارِ وَمَا أَنزَلَ اللَّهُ
مِنَ السَّمَاءِ مِن رِّزْقٍ فَأَحْيَا بِهِ الْأَرْضَ بَعْدَ مَوْتِهَا وَتَصْرِيفِ الرِّيَاحِ
آيَاتٌ لِّقَوْمٍ يَعْقِلُونَ ﴿٥﴾ تِلْكَ آيَاتُ اللَّهِ نَتْلُوهَا عَلَيْكَ بِالْحَقِّ ۖ فَبِأَيِّ
حَدِيثٍ بَعْدَ اللَّهِ وَآيَاتِهِ يُؤْمِنُونَ ﴿٦﴾ وَيْلٌ لِّكُلِّ أَفَّاكٍ أَثِيمٍ ﴿٧﴾ يَسْمَعُ
آيَاتِ اللَّهِ تُتْلَىٰ عَلَيْهِ ثُمَّ يُصِرُّ مُسْتَكْبِرًا كَأَن لَّمْ يَسْمَعْهَا ۖ فَبَشِّرْهُ
بِعَذَابٍ أَلِيمٍ ﴿٨﴾ وَإِذَا عَلِمَ مِنْ آيَاتِنَا شَيْئًا اتَّخَذَهَا هُزُوًا ۚ أُولَٰئِكَ لَهُمْ
عَذَابٌ مُّهِينٌ ﴿٩﴾ مِّن وَرَائِهِمْ جَهَنَّمُ ۖ وَلَا يُغْنِي عَنْهُم مَّا كَسَبُوا شَيْئًا
وَلَا مَا اتَّخَذُوا مِن دُونِ اللَّهِ أَوْلِيَاءَ ۖ وَلَهُمْ عَذَابٌ عَظِيمٌ ﴿١٠﴾ هَٰذَا
هُدًى ۖ وَالَّذِينَ كَفَرُوا بِآيَاتِ رَبِّهِمْ لَهُمْ عَذَابٌ مِّن رِّجْزٍ أَلِيمٌ ﴿١١﴾
اللَّهُ الَّذِي سَخَّرَ لَكُمُ الْبَحْرَ لِتَجْرِيَ الْفُلْكُ فِيهِ بِأَمْرِهِ وَلِتَبْتَغُوا
مِن فَضْلِهِ وَلَعَلَّكُمْ تَشْكُرُونَ ﴿١٢﴾ وَسَخَّرَ لَكُم مَّا فِي السَّمَاوَاتِ وَمَا
فِي الْأَرْضِ جَمِيعًا مِّنْهُ ۚ إِنَّ فِي ذَٰلِكَ لَآيَاتٍ لِّقَوْمٍ يَتَفَكَّرُونَ ﴿١٣﴾

قُل لِّلَّذِينَ

SURA 45

AL-YAZIYAH (LA ARRODILLADA)

Período de La Meca

Este *sura de* 37 versículos fue revelado a finales del período de La Meca. El título del misma proviene de la palabra *al-yaziyah* que aparece en el versículo 28. En sus versículos iniciales, el *sura* centra nuestra atención en las señales de Dios en el universo para los creyentes, para aquellos que busquen certeza, y para aquellos que utilicen su razón. A continuación, cita un gran número de favores otorgados por Dios a la humanidad de modo que puedan reflexionar y aceptar la guía del Corán. Continúa contando de nuevo algunos acontecimientos de la historia de los Hijos de Israel. Finalmente, presenta el fin que aguarda a los creyentes e incrédulos.

En el Nombre de Dios,
el Misericordioso, el Compasivo.

1. *Ha. Mim.*

2. (Este es) el Libro que se envía en partes por Dios, el Glorioso poseedor de irresistible poder, el Omnisapiente.

3. En los Cielos y en la Tierra, hay en verdad señales (claras) para los creyentes (que indican la Existencia, Unidad y Señorío de Dios);

4. Y en vuestra creación y en Su diseminación (de las innumerables clases) de criaturas vivas (a lo largo y ancho de la Tierra), se dan las señales (claras) para una gente que busca la certeza de la fe (en su Existencia, Unicidad y Señorío);

5. Y en la alternación de la noche y el día (con sus períodos de acortamiento y alargamiento), y en la provisión (lluvia) que Dios hace descender del cielo y por ella revivifica la Tierra después de su muerte, y en Su cambio de dirección de los vientos —(en todo esto) se dan señales (claras) para una gente que pueda razonar y entender—[1].

6. Ésas son las Revelaciones de Dios que os recitamos a vosotros (por medio de Gabriel) con la verdad. ¿En qué otra declaración creerán, pues, si no es en Dios y en Sus Revelaciones?[2]

7. ¡Pobre de todo aquel que persiste en inventar falsedades, propenso al pecado!

8. Él oye las Revelaciones de Dios recitadas a él, mas persiste en la incredulidad altivamente, como si él no las hubiera oído. Así pues dale las buenas nuevas de un castigo doloroso[3].

9. Cuando llegue a saber de algunas de Nuestras señales (ya sea en el universo o en el Corán), se burla de ellas[4]. Para aquellos se da un castigo humillante.

10. Delante de ellos se encuentra el Infierno; y todo lo que han obtenido (de este mundo) no les servirá de nada a ellos, ni tampoco les servirán aquellos que (aparte de Dios, y desafiándole a Él) han adoptado como guardianes (en quienes confiar sus asuntos). Para aquellos se da un tremendo castigo.

11. Éste (Corán) es la guía, y para aquellos que no crean en las señales y las Revelaciones de Su Señor, se da un castigo doloroso de una clase detestable (causado por sus actos detestables).

12. Dios es Quien ha puesto el mar a vuestro servicio haciéndolo sumiso (a Su orden), de modo que los barcos puedan surcarlo por Su mandato, y que vosotros podáis buscar de Su generosidad, y que (a cambio) podáis dar gracias.

13. Él también ha puesto a vuestro servicio todo lo que se halla en los Cielos y todo lo que se halla sobre la Tierra, todo es de Él (un regalo de Su Gracia). No cabe duda de que en esto se dan señales (claras) para una gente que reflexiona.

---

1. El versículo 3 indica que aquello que es manifestado a la vista por medio del universo es suficiente para permitir la fe, pues los creyentes contemplan los Cielos y la Tierra repletos de las señales manifiestas de la Existencia, la Unidad y el Señorío de Dios. Sin embargo, el versículo 4 nos insta a estudiar las partes de la creación o el universo. Cuando estudiamos nuestra existencia y la existencia y la vida de los animales en la Tierra, nuestra fe se fortalece y se convierte en certeza. Bediüzzaman Said Nursi nos recuerda que para consolidar nuestra fe, debemos reflexionar por lo general en el mundo externo (los Cielos y la Tierra), pero hemos de ser más minuciosos y perspicaces cuando estudiamos nuestra propia creación y estructura.

El tercer versículo utiliza la palabra *creyentes*; esto difiere del empleo de la frase, *aquellos que creen*. Esta forma denota a aquellos que han alcanzado la fe y en cuyos corazones ha sido establecida la fe. La frase *aquellos que creen* hace referencia a aquellos que han reconocido la fe. Cuando el Corán emplea el verbo *creer* en el tiempo verbal del presente simple, que en el idioma árabe denota los actos expresados en castellano por los tiempos verbales correspondientes al presente continuo y al presente simple, esto significa que nos hallamos viajando en la fe. Este viaje continúa hasta que se haya establecido en el corazón. Con el tiempo, esta fe continúa fortaleciéndose y se convierte en certeza (*yaqin*). La certeza también posee grados: los cuales son certeza que surge del conocimiento, certeza que proviene de la observación, y certeza que aparece a partir de la experiencia directa. Según una inmensa mayoría de estudiosos, la certeza de las verdades de la fe que surgen de la experiencia directa se puede lograr en el Más Allá. Ya que el acto de viajar o desarrollar en la certeza continúa a lo largo de la vida, el Corán la utiliza habitualmente en la forma verbal y en el presente simple (del árabe). El cuarto versículo de este *sura* también utiliza la forma verbal en dicho tiempo. Así pues, cuanto más nos estudiamos a nosotros mismos y a otras criaturas en la Tierra, aún más confirmamos a ciencia cierta las verdades de la fe.

En cuanto al versículo quinto, insta a los individuos a enfocar y abordar algunos fenómenos importantes en la vida del universo mediante su razón o intelecto, y los impulsa a reflexionar sobre ellos, razonar acerca de ellos, e intentar entenderlos junto con su significado y funciones en la compleja red de la creación y de la vida. Tal enfoque, y estudio de estos fenómenos conduce a la gente que puede utilizar su razón de un modo apropiado para poder distinguir entre la verdad y la falsedad, y entre aquello que es bueno y en su beneficio y aquello maléfico y en su perjuicio. Esta es una categoría más adelantada, la cual podemos lograr mediante la certeza de la fe. Sin la fe y la certeza, la razón por sí sola no puede alzar a nadie a la categoría donde esta distinción puede ser realizada. La persona que ha escalado posiciones hasta el rango donde la razón o el intelecto iluminados por la certeza de la fe pueden ser utilizados de una manera apropiada, puede percibir fácilmente que lo que el Corán dice es absolutamente cierto y verdadero; y no contemplan conflicto alguno entre la Revelación o el conocimiento fidedigno (el Corán y la Sunna) y la razón, o entre la Religión y la ciencia (no así el cientificismo). Si en ocasiones pareciera que se da un conflicto, esta clase de razón o de intelecto puede reconciliarlo correctamente. Said Nursi hace referencia a este hecho cuando dice, «Si el conocimiento relatado y la razón entran en conflicto, se prefiere la razón, a condición de que la razón sea la clase de razón (iluminada íntegramente por la Revelación)» (*Muhakemat*, pág. 13).

Al hacer referencia a los creyentes (individuos de creencia), el tercer versículo da a entender que un individuo puede poseer una perspectiva general del universo que le permite alcanzar la fe. Por el contrario, los versículos cuarto y quinto mencionan respectivamente a gente que busca la certeza y a gente que utiliza su razón, sugiriendo así que un estudio detallado de la existencia y de los fenómenos existenciales es importante para alcanzar la certeza y hacer uso de la razón correctamente.

Debemos precisar aquí que el reconocimiento y la profesión son esenciales para la fe, a menos que haya un categórico obstáculo religiosamente aceptado. Aunque la certeza es un grado más profundo en la fe, no puede ser fe (*iman*) a menos que el reconocimiento y la profesión de la misma la acompañen, pues ha habido numerosa gente cuya conciencia se ha convencido de las verdades de la fe, a pesar de que han rechazado creer a sabiendas y de modo obstinado. El versículo, *Las rechazaron a partir de su mera iniquidad y altivez, aunque sus conciencias se hallaran convencidas de su condición verdadera* (27:14), hace referencia a esto.

2. El término original (coránico) traducido como señal, Revelación y versículo es *ayah*. Esto significa que los Cielos y la Tierra y todos los fenómenos contenidos en ellos son señales manifiestas para las verdades de la fe. Los versículos o las Revelaciones coránicas son expresiones verbales de las señales del universo. En otras palabras, cada término coránico (*sura*, versículo, oración, frase, palabra y letra) tiene su equivalente en el universo. Si el universo es un palacio, el Corán es, además de sus numerosos aspectos, el Libro que lo describe. Es por esto que los eruditos musulmanes afirman que el universo es el Libro Creado, o el Libro de la Creación y el Corán es el Libro Revelado, o el Libro de la Revelación. Así pues, el estudio del universo o la creación, que ha dado lugar a numerosas disciplinas científicas, no se puede separar del estudio del Corán. Esta es la razón por la cual no existe conflicto alguno entre el Corán y los hechos científicos establecidos. Aquel que puede entender exactamente el universo o los principios científicos puede comprender los fundamentos principales de la Religión. Lo mismo se puede aseverar como cierto para la historia y los acontecimientos históricos así como para entenderlos correctamente. En el futuro, las disciplinas científicas llevarán a cabo cada vez más avances y descubrimientos que superarán a los anteriores. Así pues, como musulmanes, debemos ubicarnos en un lugar prominente por delante de otros con relación al estudio de la creación, la historia y los acontecimientos históricos, y de este modo podemos descubrir la correlación entre el Corán y el universo y la historia, y presentar el Corán y el Islam en el lenguaje científico o asimismo el Libro de la Creación y la historia o los acontecimientos.

3. A pesar de que cada cosa y cada fenómeno en el universo sea una señal clara de la Existencia, la Unicidad, la Creatividad y el Señorío de Dios, y de Sus otras cualidades, tales como Poder, Conocimiento, Sabiduría y Voluntad, a pesar de que el Corán que nos traduce dichos fenómenos a nosotros de la manera más convincente, y a pesar de que el Mensajero de Dios y el resto de anteriores Profetas han establecido patentemente este hecho con su carácter y milagros, se dan aquellos que afirman y proclaman de otra manera totalmente opuesta y equivocada e insisten en la incredulidad. Esta es la más grande de las difamaciones y de los pecados. Por otra parte, tal persona sucumbe fácilmente en el pecado y, por lo tanto, será retribuida con un castigo doloroso.

4. Este versículo hace referencia a aquellos que posean cierto conocimiento de los fenómenos de la Creación en el universo o de algunos hechos científicos, y a aquellos que tengan un determinado conocimiento del Corán y del Islam. Puesto que son derrotados por su arrogancia y pecaminosidad, tienden a recurrir a la burla y el desprestigio del Corán y el Islam, o a recurrir a sus principios o preceptos, siendo unos medios despreciables y, por lo tanto, se disponen para sí mismos un castigo humillante.

قُلْ لِلَّذِينَ آمَنُوا يَغْفِرُوا لِلَّذِينَ لَا يَرْجُونَ أَيَّامَ اللَّهِ لِيَجْزِيَ
قَوْمًا بِمَا كَانُوا يَكْسِبُونَ ﴿١٤﴾ مَنْ عَمِلَ صَالِحًا فَلِنَفْسِهِ وَمَنْ
أَسَاءَ فَعَلَيْهَا ثُمَّ إِلَىٰ رَبِّكُمْ تُرْجَعُونَ ﴿١٥﴾ وَلَقَدْ آتَيْنَا بَنِي
إِسْرَائِيلَ الْكِتَابَ وَالْحُكْمَ وَالنُّبُوَّةَ وَرَزَقْنَاهُمْ مِنَ الطَّيِّبَاتِ
وَفَضَّلْنَاهُمْ عَلَى الْعَالَمِينَ ﴿١٦﴾ وَآتَيْنَاهُمْ بَيِّنَاتٍ مِنَ الْأَمْرِ
فَمَا اخْتَلَفُوا إِلَّا مِنْ بَعْدِ مَا جَاءَهُمُ الْعِلْمُ بَغْيًا بَيْنَهُمْ
إِنَّ رَبَّكَ يَقْضِي بَيْنَهُمْ يَوْمَ الْقِيَامَةِ فِيمَا كَانُوا فِيهِ يَخْتَلِفُونَ ﴿١٧﴾
ثُمَّ جَعَلْنَاكَ عَلَىٰ شَرِيعَةٍ مِنَ الْأَمْرِ فَاتَّبِعْهَا وَلَا تَتَّبِعْ أَهْوَاءَ
الَّذِينَ لَا يَعْلَمُونَ ﴿١٨﴾ إِنَّهُمْ لَنْ يُغْنُوا عَنْكَ مِنَ اللَّهِ شَيْئًا
وَإِنَّ الظَّالِمِينَ بَعْضُهُمْ أَوْلِيَاءُ بَعْضٍ وَاللَّهُ وَلِيُّ الْمُتَّقِينَ ﴿١٩﴾
هَٰذَا بَصَائِرُ لِلنَّاسِ وَهُدًى وَرَحْمَةٌ لِقَوْمٍ يُوقِنُونَ ﴿٢٠﴾
أَمْ حَسِبَ الَّذِينَ اجْتَرَحُوا السَّيِّئَاتِ أَنْ نَجْعَلَهُمْ كَالَّذِينَ
آمَنُوا وَعَمِلُوا الصَّالِحَاتِ سَوَاءً مَحْيَاهُمْ وَمَمَاتُهُمْ سَاءَ
مَا يَحْكُمُونَ ﴿٢١﴾ وَخَلَقَ اللَّهُ السَّمَاوَاتِ وَالْأَرْضَ بِالْحَقِّ
وَلِتُجْزَىٰ كُلُّ نَفْسٍ بِمَا كَسَبَتْ وَهُمْ لَا يُظْلَمُونَ ﴿٢٢﴾

14. Di a aquellos que creen que deben perdonar a aquellos que no esperan la llegada de los Días de Dios (cuando Él hará que entiendan lo que su incredulidad significa)[5], en vista de que Él recompensará a las personas de acuerdo con lo que hayan ganado.

15. Todo aquel que lleve a cabo un acto bueno y recto, es por (el bien de) su propia alma; y todo aquel que cometa el mal, es en perjuicio de sí mismo. Después de eso (en todos los acontecimientos), es a Tu Señor a Quien retornaréis.

16. No cabe duda que otorgamos a los Hijos de Israel el Libro, y la autoridad para juzgar (mediante el Libro), y la Misión Profética; y les proveímos de cosas puras y sanas, y los enaltecimos por encima del resto de pueblos (de su época).

17. Y les concedimos pruebas claras relacionadas con los asuntos y las prescripciones de la Religión; y tan sólo fue después de que todo este conocimiento les llegó que discreparon entre sí mismos por medio de una rivalidad y una insolencia recelosas. Tu Señor juzgará sin duda entre ellos en el Día de la Resurrección en relación con lo que solían discrepar.

18. A partir de entonces (en esta Revelación concluyente), te hemos establecido en un estilo de vida (*Shari'ah*) basado en la Religión,[6] así pues síguelo y no sigas los deseos y los caprichos de aquellos que desconozcan (la Guía Divina).

19. No cabe duda de que no os servirán de nada frente a Dios. Y los malhechores (quienes, por sus deseos y caprichos, siguen otros caminos que difieren del que Dios te ha establecido) son sin lugar a dudas guardianes los unos de los otros, mientras que Dios es el guardián de los piadosos devotos.

20. Este (Corán, el cual enseña el modo de vida que Dios ha prescrito) es percepción y perspicacia (hacia la verdad) para la humanidad, así como guía y misericordia para la gente que busca la certeza de la fe.

21. ¡Cómo! ¿Acaso creen quienes cometen actos malvados que los tratamos de igual manera que aquellos que creen y hacen actos buenos y rectos por lo que se refiere a su vida y su muerte? ¡Cuán maligno es su juicio!

22. Dios ha creado los Cielos y la Tierra con la verdad (de manera significativa, y con un propósito definitivo, y sobre fundamentos sólidos de la verdad y encarnándola), y de este modo cada alma puede ser recompensada por lo que ha ganado (en este mundo), y a nadie se le infligirá ninguna injusticia.

---

5. Los creyentes no deben actuar de la misma manera que sus oponentes, rebajándose a su categoría ínfima para responder a sus ataques de modo semejante, sino que más bien, deben preservar su dignidad.

6. Algunos piensan y afirman que la *Shari'ah* consiste en la recopilación de las Leyes islámicas (sociales, económicas y políticas). Sin embargo, estas Leyes fueron establecidas en Medina, y este *sura* fue revelado en La Meca. El *Sura Shura* (número 42), que menciona la *Shari'ah* en su versículo 13, también fue revelado en La Meca. Así pues, la *Shari'ah* es el aspecto práctico de la Religión del Islam, y a su vez incluye las normas de adoración.

اَفَرَاَيْتَ مَنِ اتَّخَذَ اِلٰهَهُ هَوٰيهُ وَاَضَلَّهُ اللّٰهُ عَلٰى عِلْمٍ وَخَتَمَ
عَلٰى سَمْعِهٖ وَقَلْبِهٖ وَجَعَلَ عَلٰى بَصَرِهٖ غِشَاوَةًۜ فَمَنْ يَهْدٖيهِ مِنْ بَعْدِ
اللّٰهِۜ اَفَلَا تَذَكَّرُونَ ﴿٢٣﴾ وَقَالُوا مَا هِىَ اِلَّا حَيَاتُنَا الدُّنْيَا نَمُوتُ وَنَحْيَا
وَمَا يُهْلِكُنَٓا اِلَّا الدَّهْرُۚ وَمَا لَهُمْ بِذٰلِكَ مِنْ عِلْمٍۚ اِنْ هُمْ اِلَّا يَظُنُّونَ ﴿٢٤﴾
وَاِذَا تُتْلٰى عَلَيْهِمْ اٰيَاتُنَا بَيِّنَاتٍ مَا كَانَ حُجَّتَهُمْ اِلَّٓا اَنْ قَالُوا ائْتُوا
بِاٰبَٓائِنَٓا اِنْ كُنْتُمْ صَادِقٖينَ ﴿٢٥﴾ قُلِ اللّٰهُ يُحْيٖيكُمْ ثُمَّ يُمٖيتُكُمْ ثُمَّ يَجْمَعُكُمْ
اِلٰى يَوْمِ الْقِيٰمَةِ لَا رَيْبَ فٖيهِ وَلٰكِنَّ اَكْثَرَ النَّاسِ لَا يَعْلَمُونَۙ ﴿٢٦﴾
وَلِلّٰهِ مُلْكُ السَّمٰوَاتِ وَالْاَرْضِۜ وَيَوْمَ تَقُومُ السَّاعَةُ يَوْمَئِذٍ يَخْسَرُ
الْمُبْطِلُونَ ﴿٢٧﴾ وَتَرٰى كُلَّ اُمَّةٍ جَاثِيَةًۜ كُلُّ اُمَّةٍ تُدْعٰٓى اِلٰى كِتَابِهَاۜ
اَلْيَوْمَ تُجْزَوْنَ مَا كُنْتُمْ تَعْمَلُونَ ﴿٢٨﴾ هٰذَا كِتَابُنَا يَنْطِقُ عَلَيْكُمْ بِالْحَقِّۜ
اِنَّا كُنَّا نَسْتَنْسِخُ مَا كُنْتُمْ تَعْمَلُونَ ﴿٢٩﴾ فَاَمَّا الَّذٖينَ اٰمَنُوا وَعَمِلُوا
الصَّالِحَاتِ فَيُدْخِلُهُمْ رَبُّهُمْ فٖى رَحْمَتِهٖۜ ذٰلِكَ هُوَ الْفَوْزُ الْمُبٖينُ ﴿٣٠﴾
وَاَمَّا الَّذٖينَ كَفَرُواۜ اَفَلَمْ تَكُنْ اٰيَاتٖى تُتْلٰى عَلَيْكُمْ فَاسْتَكْبَرْتُمْ وَكُنْتُمْ
قَوْمًا مُجْرِمٖينَ ﴿٣١﴾ وَاِذَا قٖيلَ اِنَّ وَعْدَ اللّٰهِ حَقٌّ وَالسَّاعَةُ لَا رَيْبَ فٖيهَا
قُلْتُمْ مَا نَدْرٖى مَا السَّاعَةُۙ اِنْ نَظُنُّ اِلَّا ظَنًّا وَمَا نَحْنُ بِمُسْتَيْقِنٖينَ ﴿٣٢﴾

وَبَدَا لَهُمْ

23. ¿Acaso has considerado alguna vez a aquel que ha adoptado sus deseos y caprichos como su deidad,[7] y a quien Dios (por lo tanto) ha extraviado a pesar de que él posea conocimiento (de la guía y de la perdición), y ha sellado su oído y su corazón, y cubierto su vista? ¿Quién, entonces, puede dirigirlo después de que Dios (lo ha extraviado)? ¿Acaso no reflexionareis, pues, y seréis considerados?

24. Y dicen: «No hay nada más que nuestra vida en este mundo. Algunos de nosotros mueren, mientras que otros continúan viviendo; y nada nos hace fallecer sino el Tiempo (los procesos de la decadencia y decrepitud)». Pero no poseen conocimiento alguno (seguro y verdadero) sobre esto (la naturaleza y el significado verdadero de la vida y de la muerte, y la vida después de ésta). Siguen meramente sus conjeturas.

25. Cuando Nuestras Revelaciones, claras como evidencia y en significado son recitadas (y transmitidas) a ellos, carecen de cualquier argumento que no sea expresar: «Devolved la vida a nuestros antepasados, si sois veraces en vuestra afirmación».

26. Di: «Dios os da la vida, luego os causa la muerte, a continuación Él os reunirá juntos para el Día de la Resurrección, sobre (la venida de) el cual no hay ninguna duda. Mas la mayoría de la gente no saben (hallándose satisfecha con conjeturas limitadas y suposiciones ignorantes).

27. A Dios Le pertenece la soberanía de los Cielos y de la Tierra[8]. En el Día en el que la Última Hora acontezca (y el Juicio se establezca), en ese Día, aquellos que inventaron y siguieron las falsedades se arruinarán en la perdición;

28. Y contemplarás a cada comunidad reunida y arrodillada (en temor). Se llamará a cada comunidad a su registro de actos (para dar cuentas de lo que hizo en el mundo). «Este Día seréis recompensados por lo que solíais hacer.

29. Este es Nuestro Libro (el registro de vuestros actos que preparamos), diciendo la verdad frente a vosotros. Sin duda alguna, hemos hecho transcribir todo lo que solíais hacer (en el mundo)».

30. Así pues: en cuanto a aquellos que creyeron e hicieron actos buenos y rectos, su Señor los admitirá en (el Paraíso, el cual es la encarnación de) Su Misericordia. Ése es el triunfo obvio.

31. En cuanto a aquellos que no creyeron (habrá esta reprobación): «¿Acaso Mis Revelaciones no os fueron recitadas a vosotros (en verdad, recitadas en varias ocasiones) pero vosotros en vuestra arrogancia las despreciasteis, y demostrasteis ser un pueblo dedicado a acumular pecados?

32. Cuando fue proclamado que la promesa de Dios es verdad, y que no hay duda sobre la venida de la Última Hora, dijistéis: "No podemos hacernos idea de la Última Hora; pensamos que es tan solo una suposición. No nos hallamos convencidos en absoluto (de ello)"».

---

7. Para una explicación más detallada, véase el *sura* 25:43, nota 9.

8. Estos versículos indican patentemente que la creencia en Dios requiere la creencia en los otros pilares de la fe. Teniendo conocimiento de este hecho, los materialistas, a los cuales los versículos hacen referencia, niegan la existencia de Dios. Sin embargo, aunque la negación es una conclusión y, por lo tanto, tiene que estar basada en la evidencia, su negación no se basa en evidencia alguna; por lo tanto, es una mera aseveración sin conocimiento verdadero. Sin embargo, el universo entero, con lo que se encuentra en el mismo, da testimonio manifiestamente de la Existencia de Dios. Cualquier persona cuyo corazón, ojos y oídos no se hayan sellado debido a los prejuicios, los deseos, la vanidad, las fechorías, o cualquier otra causa de la incredulidad no puede sino admitir esta verdad. Sin embargo, según lo indicado en el versículo anterior 23, nadie puede hacer nada con respecto a aquel cuyos sentidos hayan sido sellados.

33. Los actos malvados que cometieron (ahora) pasaron a serles evidentes, y aquello de lo que solían burlarse (el castigo prometido de Dios) los ha abrumado.
34. Y será dicho: «Hacemos caso omiso de vosotros hoy (así que no esperéis el perdón y favor), pues vosotros hacíais caso omiso del encuentro de este vuestro día, y vuestro refugio (eterno) será el Fuego, y no tendréis quien os auxilie».
35. Eso es porque vosotros solíais mofaros de todas las señales y Revelaciones de Dios, y la vida mundana os engañó». Y por lo tanto este Día, no serán sacados del mismo (el Fuego), y (no se aceptará ninguna súplica de ellos para regresar al mundo; y por lo tanto) ya no podrán enmendarse.
36. Y toda la alabanza y la gratitud son para Dios, el Señor de los Cielos y el Señor de la Tierra, el Señor de los mundos.
37. Y a Él Le pertenecen la grandeza y la soberanía en los Cielos y la Tierra, y es el Glorioso poseedor de irresistible poder, Omnisapiente.

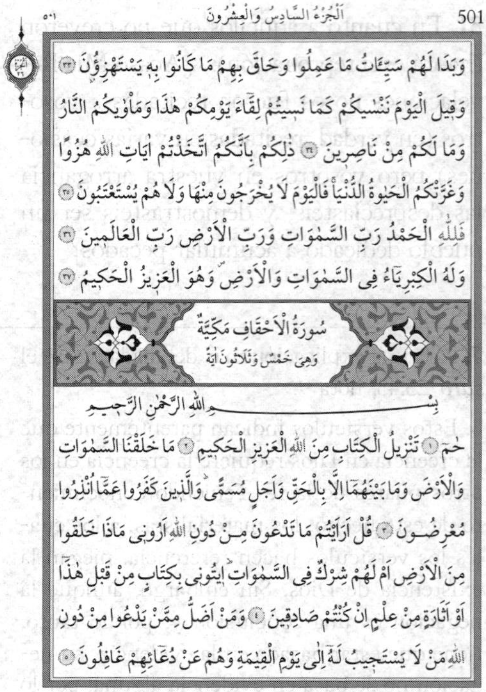
٥٠١ الْجُزْءُ السَّادِسُ وَالْعِشْرُونَ 501

وَبَدَا لَهُمْ سَيِّئَاتُ مَا عَمِلُوا وَحَاقَ بِهِمْ مَا كَانُوا بِهِ يَسْتَهْزِءُونَ ٣٣
وَقِيلَ الْيَوْمَ نَنْسَاكُمْ كَمَا نَسِيتُمْ لِقَاءَ يَوْمِكُمْ هٰذَا وَمَأْوَاكُمُ النَّارُ
وَمَا لَكُمْ مِنْ نَاصِرِينَ ٣٤ ذٰلِكُمْ بِأَنَّكُمُ اتَّخَذْتُمْ آيَاتِ اللّٰهِ هُزُوًا
وَغَرَّتْكُمُ الْحَيٰوةُ الدُّنْيَا فَالْيَوْمَ لَا يُخْرَجُونَ مِنْهَا وَلَا هُمْ يُسْتَعْتَبُونَ ٣٥
فَلِلّٰهِ الْحَمْدُ رَبِّ السَّمٰوَاتِ وَرَبِّ الْأَرْضِ رَبِّ الْعَالَمِينَ ٣٦
وَلَهُ الْكِبْرِيَاءُ فِي السَّمٰوَاتِ وَالْأَرْضِ وَهُوَ الْعَزِيزُ الْحَكِيمُ ٣٧

سُورَةُ الْأَحْقَافِ مَكِّيَّةٌ
وَهِيَ خَمْسٌ وَثَلَاثُونَ آيَةً

بِسْمِ اللّٰهِ الرَّحْمٰنِ الرَّحِيمِ
حٰمٓ ١ تَنْزِيلُ الْكِتَابِ مِنَ اللّٰهِ الْعَزِيزِ الْحَكِيمِ ٢ مَا خَلَقْنَا السَّمٰوَاتِ
وَالْأَرْضَ وَمَا بَيْنَهُمَا إِلَّا بِالْحَقِّ وَأَجَلٍ مُسَمًّى وَالَّذِينَ كَفَرُوا عَمَّا أُنْذِرُوا
مُعْرِضُونَ ٣ قُلْ أَرَأَيْتُمْ مَا تَدْعُونَ مِنْ دُونِ اللّٰهِ أَرُونِي مَاذَا خَلَقُوا
مِنَ الْأَرْضِ أَمْ لَهُمْ شِرْكٌ فِي السَّمٰوَاتِ اِئْتُونِي بِكِتَابٍ مِنْ قَبْلِ هٰذَا
أَوْ أَثَارَةٍ مِنْ عِلْمٍ إِنْ كُنْتُمْ صَادِقِينَ ٤ وَمَنْ أَضَلُّ مِمَّنْ يَدْعُوا مِنْ دُونِ
اللّٰهِ مَنْ لَا يَسْتَجِيبُ لَهُ إِلٰى يَوْمِ الْقِيٰمَةِ وَهُمْ عَنْ دُعَائِهِمْ غَافِلُونَ ٥

SURA 46

AL-AHQAF (DUNAS MOLDEADAS POR EL VIENTO)

Período de La Meca

Revelado a finales del período de La Meca, este *sura de* 35 versículos adopta su título de la palabra *al-ahqaf* que aparece en el versículo 21, y cuyo significado es «dunas», aunque a su vez es una denominación geográfica de la parte meridional de la Península Arábiga. Este *sura* advierte a todos aquellos que persistan obstinadamente en sus maneras malvadas y desafíen a la Religión de la verdad, recordándolos el fin trágico del pueblo de ‘Ad. Presenta algunas de las pruebas concretas de la Misión Profética del profeta Muhammad, la paz y las bendiciones sean con él. A su vez menciona la conversión al Islam de algunos genios que escucharon algunas partes del Corán, y que entonces comenzaron a intentar dirigir a su pueblo.

En el Nombre de Dios,
el Misericordioso, el Compasivo.

1. *Ha. Mim.*
2. (Este es) el Libro que se envía en partes por Dios, el Glorioso poseedor de irresistible poder, el Omnisapiente.
3. Hemos creado los Cielos y la Tierra tan solo con la verdad (de manera significati-

va, y con un propósito definitivo, y sobre fundamentos sólidos de la verdad), y por un plazo determinado. Pero aquellos que no creen se apartan de aquel (Día del Juicio Final)[1] sobre el cual son advertidos.

4. Di: «¿Acaso no consideráis qué son aquellos a los que (vosotros deificáis e) invocáis aparte de Dios? Mostradme lo que han creado de la Tierra. ¿O acaso poseen una parte en (la creación y el mantenimiento de) los Cielos? Traedme un Libro (revelado) antes de éste (el Corán), o algún remanente del conocimiento (preservado y transmitido de manera exacta)[2], si sois veraces (en vuestras afirmaciones)».

5. ¿Quién se halla más extraviado que aquel que invoca, aparte de Dios, a aquellos que no le responderán hasta el Día de la Resurrección, y son (manifiestamente) inconscientes y despreocupados de su invocación?

1. Esto significa que el Día del Juicio Final es el fin del plazo determinado por Dios para este universo (material); una de las verdades en las cuales se basa la creación; y uno de los propósitos importantes para la creación de la Tierra.

2. El Corán nunca hace una causa de polémica si el verdadero conocimiento es lo que ha revelado Dios, o el conocimiento revelado. Reta siempre a sus adversarios a exponer el conocimiento acertado o confirmado para su negación. La negación posee dos formas o clases: una es la «aceptación de la inexistencia» o rechazo deliberado; y la otra no es sino la mera «no aceptación». Ésta última es la duda. Puede ser eliminada con pruebas y testimonios, con tal de que no sea una actitud premeditada; si es una actitud intencionada, después se convierte en un juicio. En cuanto a la primera, es una conclusión, un juicio, que se debe basar en la evidencia o el conocimiento. Por ejemplo, afirmar que no hay Dios, que Dios nunca ha enviado un Profeta o un Libro, que no existe el Más Allá, que Dios tiene algunos copartícipes, o asimismo que las cosas se forman por sí mismas —a saber, que las causas las han originado, o la naturaleza lo requiere (que sea así)— todas estas afirmaciones no son sino conclusión y juicio, y por lo tanto, han de basarse en la evidencia y el conocimiento. Cualquier aseveración o conclusión que no se base en dicha evidencia y conocimiento debe ser rechazada. Sin embargo, cualquiera que sea su forma, la negación (premeditada) no se puede basar en ningún conocimiento y evidencia, y no es sino una objeción, un repudio y un rechazo arbitrarios, y por lo tanto, son argumentos sin ningún peso. Los musulmanes deben seguir el Corán como réplica a las tendencias de la negación, y han de aceptar la Revelación como la primera fuente de saber verdadera, sin sentir turbación alguna.

Cualquier afirmación de la objetividad en este tema es, esencialmente, subjetividad. El razonamiento objetivo significa el juicio subjetivo, pero el juicio «subjetivo» quiere decir ponerse de parte de los oponentes o de aquellos que niegan la verdad y seguir así una temporal incredulidad, puesto que empieza con la propuesta: Permítenos que no aceptemos la Existencia de Dios, o de la Revelación, o del Más Allá, y así sucesivamente. Así pues, es incredulidad temporal y tomar partido de la negación de la verdad. Por lo tanto, lo que debe hacer aquel que niega es falsificar todas las pruebas sobre las cuales los pilares de la fe se fundamentan; pero esto es imposible. Mientras que una sola prueba es suficiente para la determinación de la existencia de algo, probar su inexistencia no es del todo posible. En conclusión, no hay, y no puede haber, evidencia alguna en la cual la negación pueda basarse; es, pues, mera conjetura, y una aserción infundada.

6. Cuando todo el mundo sea resucitado y reunido todo para el juicio, ellos (a quienes invocaron) serán sus enemigos, y repudiarán su adoración.

7. Cuando Nuestras Revelaciones, claras como evidencia y en significado son recitadas (y transmitidas) a ellos, aquellos que no creen dicen acerca de la verdad cuando ésta les alcanza: «Esto claramente no es nada más que hechicería»[3].

8. ¿O acaso dicen, «Él (el Mensajero) lo ha inventado (el Corán)»? Di: «Si lo he inventado, vosotros no tenéis poder alguno para ayudarme frente a Dios. Él conoce muy bien todo aquello en lo que os halláis ocupados en inventar relacionado con ello (el Corán). Él basta como Testigo entre yo y vosotros. Él es Indulgente, Compasivo.

9. No soy el primero (ya sea en mi persona o en el mensaje que he traído) entre los Mensajeros, y (siendo un ser humano) desconozco (a menos que Dios me informe) qué (sucederá en el futuro en el mundo y, por lo tanto, qué) se me hará a mí y a vosotros. Sigo tan solo aquello que me es revelado, y soy solamente un manifiesto advertidor».

10. Di: «¿Habéis tenido en cuenta que si este Corán es de Dios, y que a su vez vosotros no creéis en el mismo cuando un testigo (como muchos) de entre los Hijos de Israel (aquellos que tenían conocimiento de la Revelación) había dado testimonio a su semejante y (también) había creído, mientras que vosotros sois demasiado arrogantes para creer: (no es esto una clara desviación y mal)? No cabe duda de que Dios no guía a los malhechores»[4].

وَاِذَا حُشِرَ النَّاسُ كَانُوا لَهُمْ اَعْدَاءً وَكَانُوا بِعِبَادَتِهِمْ كَافِرِينَ ﴿٦﴾
وَاِذَا تُتْلٰى عَلَيْهِمْ اٰيَاتُنَا بَيِّنَاتٍ قَالَ الَّذِينَ كَفَرُوا لِلْحَقِّ لَمَّا
جَاءَهُمْ هٰذَا سِحْرٌ مُبِينٌ ﴿٧﴾ اَمْ يَقُولُونَ افْتَرٰيهُ قُلْ اِنِ افْتَرَيْتُهُ
فَلَا تَمْلِكُونَ لِي مِنَ اللّٰهِ شَيْـًٔا هُوَ اَعْلَمُ بِمَا تُفِيضُونَ فِيهِ كَفٰى
بِهِ شَهِيدًا بَيْنِي وَبَيْنَكُمْ وَهُوَ الْغَفُورُ الرَّحِيمُ ﴿٨﴾ قُلْ مَا كُنْتُ
بِدْعًا مِنَ الرُّسُلِ وَمَا اَدْرِي مَا يُفْعَلُ بِي وَلَا بِكُمْ اِنْ اَتَّبِعُ
اِلَّا مَا يُوحٰى اِلَيَّ وَمَا اَنَا اِلَّا نَذِيرٌ مُبِينٌ ﴿٩﴾ قُلْ اَرَاَيْتُمْ اِنْ كَانَ
مِنْ عِنْدِ اللّٰهِ وَكَفَرْتُمْ بِهِ وَشَهِدَ شَاهِدٌ مِنْ بَنِي اِسْرَاۤئِيلَ عَلٰى مِثْلِهِ
فَاٰمَنَ وَاسْتَكْبَرْتُمْ اِنَّ اللّٰهَ لَا يَهْدِي الْقَوْمَ الظَّالِمِينَ ﴿١٠﴾ وَقَالَ
الَّذِينَ كَفَرُوا لِلَّذِينَ اٰمَنُوا لَوْ كَانَ خَيْرًا مَا سَبَقُونَا اِلَيْهِ وَاِذْ
لَمْ يَهْتَدُوا بِهِ فَسَيَقُولُونَ هٰذَا اِفْكٌ قَدِيمٌ ﴿١١﴾ وَمِنْ قَبْلِهِ كِتَابُ
مُوسٰى اِمَامًا وَرَحْمَةً وَهٰذَا كِتَابٌ مُصَدِّقٌ لِسَانًا عَرَبِيًّا لِيُنْذِرَ
الَّذِينَ ظَلَمُوا وَبُشْرٰى لِلْمُحْسِنِينَ ﴿١٢﴾ اِنَّ الَّذِينَ قَالُوا رَبُّنَا اللّٰهُ
ثُمَّ اسْتَقَامُوا فَلَا خَوْفٌ عَلَيْهِمْ وَلَا هُمْ يَحْزَنُونَ ﴿١٣﴾ اُولٰۤئِكَ
اَصْحَابُ الْجَنَّةِ خَالِدِينَ فِيهَا جَزَاءً بِمَا كَانُوا يَعْمَلُونَ ﴿١٤﴾

وَوَصَّيْنَا

11. Aquellos que no creen dicen acerca de aquellos que creen (como otro pretexto para su rechazo de la fe en el Corán): «Si éste (el Corán) hubiera sido algo bueno y útil, esa gente no nos habría adelantado al aceptarlo». Y ya que ellos (habiéndolo rechazado) no han encontrado la guía con el mismo, dicen: «Esto es una invención de los tiempos antiguos».

12. (Así afirman a pesar del hecho que) antes de esto, se daba el Libro de Moisés como una guía y misericordia (para los Hijos de Israel); y esto (el Corán) es un Libro que confirma (la verdad en las anteriores Escrituras) y revelado en árabe para advertir a aquellos que cometen el mal, y como buena nueva para aquellos que se dedican a hacer el bien, conscientes de que Dios les está contemplando.

13. No cabe duda de que aquellos que profesan, «Nuestro Señor es Dios», y después siguen el Camino Recto (en su creencia, pensamiento, y actos), ellos no tendrán ningún miedo, ni se afligirán.

14. Son los compañeros del Paraíso, en el que morarán como recompensa por lo que solían hacer.

---

3. Su afirmación de que el Corán no es sino hechicería es, en verdad, un reconocimiento de que no es parte del discurso humano normal y corriente y es algo extraordinario.

4. A modo de continuación del argumento propuesto en el versículo anterior, este versículo significa que el Mensajero de Dios, la paz y las bendiciones sean con él, está diciendo, en efecto: «No soy el primero ni soy diferente entre los Mensajeros. Muchos vinieron antes de mí con los Libros similares al Corán en relación con las enseñanzas que contenían. Uno de estos Libros era la Tora, que fue concedida a Moisés, la paz sea con él. Y un gran número de eruditos entre los Hijos de Israel creyeron en ella. Pero vosotros, al carecer de conocimiento exacto de los Libros Divinos y de la Misión Profética, os atrevéis a no creer en su semejante —el Corán—. Entonces ¿no es ésto una clara desviación, el mal, y el juicio erróneo?».

15. Ahora (entre los buenos actos) hemos impuesto al ser humano el mejor trato a sus padres. Su madre lo portó con dolor, y con dolor ella le concibió. El embarazo y su amamantamiento (hasta ser destetado) son treinta meses[5], hasta que finalmente haya alcanzado su plena madurez[6] y llegado a la cuarentena, él dice: «¡Señor Mío! Inspírame a mí que sea agradecido por todos Tus favores (vida, salud, sustento, fe, sumisión, y muchos más) que Tú me has concedido a mí y a mis padres, y para que haga actos buenos y rectos, con los cuales Te hallarás complacido; y concédeme una descendencia recta (de modo que me traten rectamente, tal y como me comporto con mis padres). He tornado hacia Ti, y soy uno de aquellos que se han sometido a Ti».

16. Tales son aquellos de quienes aceptaremos (sus buenos actos de una forma que les recompensa de acuerdo con) lo mejor de lo que llevaron a cabo en todo momento, y cuyos actos malvados pasaremos por alto, (y los incluiremos) entre los compañeros del Paraíso. Esta es una promesa verdadera que se les ha dado (aquí en el mundo).

17. Mas (hay) quien dice a sus padres (quienes lo llaman a la rectitud y a la fe): «¡Uff! (¡Estoy harto de vosotros!) ¿Acaso me amenazáis con que seré resucitado de entre los muertos (a una nueva vida y juicio), mientras que numerosas generaciones me han antecedido a mí (y hasta ahora ni una sola persona ha sido resucitada)?». Y ambos ruegan a Dios por la ayuda (en la guía de su hijo, y le dicen): «¡Pobre de ti! ¡Cree! ¡La promesa de Dios es sin duda alguna verdad!». Pero él dice: «¡Todo esto no son sino fábulas de los antiguos!».

وَوَصَّيْنَا الْاِنْسَانَ بِوَالِدَيْهِ اِحْسَانًا حَمَلَتْهُ اُمُّهُ كُرْهًا وَوَضَعَتْهُ كُرْهًا
وَحَمْلُهُ وَفِصَالُهُ ثَلٰثُونَ شَهْرًا حَتّٰى اِذَا بَلَغَ اَشُدَّهُ وَبَلَغَ اَرْبَع۪ينَ
سَنَةً قَالَ رَبِّ اَوْزِعْن۪ٓى اَنْ اَشْكُرَ نِعْمَتَكَ الَّت۪ٓى اَنْعَمْتَ عَلَيَّ وَعَلٰى
وَالِدَيَّ وَاَنْ اَعْمَلَ صَالِحًا تَرْضٰيهُ وَاَصْلِحْ ل۪ى ف۪ى ذُرِّيَّت۪ىۚ اِنّ۪ى
تُبْتُ اِلَيْكَ وَاِنّ۪ى مِنَ الْمُسْلِم۪ينَ ﴿١٥﴾ اُو۬لٰٓئِكَ الَّذ۪ينَ نَتَقَبَّلُ عَنْهُمْ
اَحْسَنَ مَا عَمِلُوا وَنَتَجَاوَزُ عَنْ سَيِّـَٔاتِهِمْ ف۪ٓى اَصْحَابِ الْجَنَّةِ وَعْدَ
الصِّدْقِ الَّذ۪ى كَانُوا يُوعَدُونَ ﴿١٦﴾ وَالَّذ۪ى قَالَ لِوَالِدَيْهِ اُفٍّ لَكُمَٓا
اَتَعِدَانِن۪ٓى اَنْ اُخْرَجَ وَقَدْ خَلَتِ الْقُرُونُ مِنْ قَبْل۪ى وَهُمَا يَسْتَغ۪يثَانِ
اللّٰهَ وَيْلَكَ اٰمِنْۗ اِنَّ وَعْدَ اللّٰهِ حَقٌّۚ فَيَقُولُ مَا هٰذَٓا اِلَّٓا اَسَاط۪يرُ
الْاَوَّل۪ينَ ﴿١٧﴾ اُو۬لٰٓئِكَ الَّذ۪ينَ حَقَّ عَلَيْهِمُ الْقَوْلُ ف۪ٓى اُمَمٍ قَدْ خَلَتْ
مِنْ قَبْلِهِمْ مِنَ الْجِنِّ وَالْاِنْسِۜ اِنَّهُمْ كَانُوا خَاسِر۪ينَ ﴿١٨﴾ وَلِكُلٍّ
دَرَجَاتٌ مِمَّا عَمِلُواۚ وَلِيُوَفِّيَهُمْ اَعْمَالَهُمْ وَهُمْ لَا يُظْلَمُونَ ﴿١٩﴾
وَيَوْمَ يُعْرَضُ الَّذ۪ينَ كَفَرُوا عَلَى النَّارِۜ اَذْهَبْتُمْ طَيِّبَاتِكُمْ
ف۪ى حَيَاتِكُمُ الدُّنْيَا وَاسْتَمْتَعْتُمْ بِهَاۚ فَالْيَوْمَ تُجْزَوْنَ عَذَابَ الْهُونِ
بِمَا كُنْتُمْ تَسْتَكْبِرُونَ فِى الْاَرْضِ بِغَيْرِ الْحَقِّ وَبِمَا كُنْتُمْ تَفْسُقُونَ ﴿٢٠﴾

18. Estos son aquellos sobre los cuales la palabra (del castigo de Dios) fue justamente su merecido (tal y como es circunscrita) entre las comunidades (similares) de genios y de la humanidad antes de ellos. Son sin duda alguna aquellos que se hallan arruinados en la perdición.

19. Para todos (los individuos y los grupos) habrán grados de su propiedad, según lo que ellos han hecho, y así Dios les retribuirá debidamente por sus actos, y no se les hará injusticia.

20. En ese Día, aquellos que no creen serán traídos al Fuego (y se les dirá): «Consumisteis en vuestra vida mundana vuestra (parte de) cosas puras, sanas, y gozasteis de ellas completamente (sin considerar el Más Allá, y de este modo habéis tomado en el mundo la recompensa de todos vuestros buenos actos)[7]. Así que en este Día, sois retribuidos con el castigo de la degradación debido a vuestra arrogancia desdeñosa en la Tierra contra todo derecho, y debido a vuestra trasgresión (de los límites fijados por Dios)».

5. El versículo 2:233 indica que (si así lo desean) las madres pueden amamantar a sus niños durante dos años completos; y el versículo 31:14 expresa lo mismo, que su destete acontece a los dos años. De este modo, cuando la declaración de que el embarazo y el amamantamiento de un niño que abarcan 30 meses se considera junto a estos versículos, se entiende que el período más breve para dar a luz a un niño es de 6 meses. Es decir, una madre puede dar a luz a un bebé sano en 6 meses. Así pues, si una mujer da a luz en el final del sexto mes de su embarazo, no se puede considerar que ella haya cometido el crimen del adulterio.

6. La mayoría de edad o la madurez (física) plenas se dan, en su primer estadio, entre los 15 y los 20 años. La etapa intermedia acontece entre los 30-33 años, y la edad en la que se supone que alcanzamos plena madurez intelectual y espiritual es a los 40 años. Es extraño que la gente modifique su creencia y su modo de vida tras la cuarentena.

7. Según lo indicado en una Tradición profética, existe un lugar previamente asignado para cada uno tanto en el Paraíso como en el Infierno. Si un individuo muere e ingresa finalmente en el Infierno, los habitantes del Paraíso heredan su lugar en el Paraíso. Así pues, Dios previamente ha asignado para todo aquel cosas puras y sanas para consumir. Si un individuo no cree en el Más Allá y escoge consumir toda su parte de las cosas puras y sanas en el mundo, Dios le concede de éstas a cambio de sus buenas acciones. Dicho individuo no tendrá parte alguna en el Más Allá. El versículo también señala que Dios nunca permite que cualquier acto bueno se eche a perder. Él recompensa incluso a un incrédulo en este mundo por sus buenos actos. Pero un creyente debe tener como objetivo el Más Allá, sin descuidar el trabajo para su sustento en el mundo.

21. Haz mención de (Hud) el hermano de ‘Ad: él advirtió a su pueblo en al-Ahqaf —tal y como en verdad los advertidores vinieron y fueron antes y después de él (para advertir a sus pueblos)— diciendo: «No adoréis sino a Dios. Temo sin duda para vosotros el castigo de un día imponente».

22. Dijeron: «¿Has venido a nosotros para hacernos alejar de nuestras deidades? Si eres veraz en tus afirmaciones, entonces tráenos aquello con lo que nos estás amenazando».

23. Él dijo: «El conocimiento (de cuándo vendrá) está solamente con Dios. Os transmito a vosotros aquello con lo que he sido enviado como Mensajero, mas contemplo que sois un pueblo que actúa ignorantemente».

24. A la sazón (como los acontecimientos se desarrollaron), lo vieron (aquello con lo que habían sido amenazados) como una nube densa en el cielo que avanzaba hacia sus valles, y dijeron: «Esto es una nube que nos trae la lluvia». No; es lo que vosotros (burlonamente) habéis pedido que se precipitara: un viento que porta un castigo doloroso,

25. Que con toda seguridad devastará todo por mandato de Su Señor. Y pasaron a estar en tal estado que nada podía contemplarse a excepción de sus moradas. Así recompensamos a la gente culpable dedicada a acumular pecados.

26. Sin duda alguna, les habíamos concedido un poder y una prosperidad (en la Tierra) tales como no os hemos concedido a vosotros (Oh Quraish), y les habíamos dotado de (la facultad de) oír, y los ojos así como los corazones (todas las facultades de percepción, externas e internas). Pero ni sus oídos, ni sus ojos, ni sus corazones, les sirvieron de nada, pues rechazaron obstinadamente las señales y las Revelaciones de Dios, y aquello de lo que solían burlarse los abrumó.

27. Sin duda alguna, hemos destruido numerosas comunidades que se hallaban a vuestro alrededor, y (antes de ello) habíamos expuesto las señales y las Revelaciones de diversas maneras, de modo que puedan retornar (de sus caminos erróneos).

28. ¿Así pues, por qué aquellos que adoptaron deidades aparte de Dios, como una manera de aproximarse (a Dios), no les ayudaron (frente el castigo de Dios)? Todo lo contrario, les fallaron. Ése fue (el resultado final de) su falsedad y todo cuanto solían inventar (difamaciones contra Dios).

وَاذْكُرْ اَخَا عَادٍۜ اِذْ اَنْذَرَ قَوْمَهُ بِالْاَحْقَافِ وَقَدْ خَلَتِ النُّذُرُ مِنْ
بَيْنِ يَدَيْهِ وَمِنْ خَلْفِهٓ اَلَّا تَعْبُدُٓوا اِلَّا اللّٰهَۜ اِنّٓى اَخَافُ عَلَيْكُمْ
عَذَابَ يَوْمٍ عَظِيمٍ ﴿٢١﴾ قَالُٓوا اَجِئْتَنَا لِتَاْفِكَنَا عَنْ اٰلِهَتِنَاۚ فَاْتِنَا
بِمَا تَعِدُنَٓا اِنْ كُنْتَ مِنَ الصَّادِقِينَ ﴿٢٢﴾ قَالَ اِنَّمَا الْعِلْمُ عِنْدَ
اللّٰهِۘ وَاُبَلِّغُكُمْ مَٓا اُرْسِلْتُ بِهٖ وَلٰكِنّٓى اَرٰيكُمْ قَوْمًا تَجْهَلُونَ ﴿٢٣﴾
فَلَمَّا رَاَوْهُ عَارِضًا مُسْتَقْبِلَ اَوْدِيَتِهِمْۙ قَالُوا هٰذَا عَارِضٌ
مُمْطِرُنَاۜ بَلْ هُوَ مَا اسْتَعْجَلْتُمْ بِهٖۜ رِيحٌ فِيهَا عَذَابٌ اَلِيمٌۙ ﴿٢٤﴾
تُدَمِّرُ كُلَّ شَيْءٍ بِاَمْرِ رَبِّهَا فَاَصْبَحُوا لَا يُرٰٓى اِلَّا مَسَاكِنُهُمْۜ
كَذٰلِكَ نَجْزِى الْقَوْمَ الْمُجْرِمِينَ ﴿٢٥﴾ وَلَقَدْ مَكَّنَّاهُمْ فِيمَٓا اِنْ
مَكَّنَّاكُمْ فِيهِ وَجَعَلْنَا لَهُمْ سَمْعًا وَاَبْصَارًا وَاَفْـِٔدَةًۘ فَمَٓا اَغْنٰى
عَنْهُمْ سَمْعُهُمْ وَلَٓا اَبْصَارُهُمْ وَلَٓا اَفْـِٔدَتُهُمْ مِنْ شَيْءٍ اِذْ كَانُوا
يَجْحَدُونَ بِاٰيَاتِ اللّٰهِ وَحَاقَ بِهِمْ مَا كَانُوا بِهٖ يَسْتَهْزِؤُنَ ﴿٢٦﴾
وَلَقَدْ اَهْلَكْنَا مَا حَوْلَكُمْ مِنَ الْقُرٰى وَصَرَّفْنَا الْاٰيَاتِ لَعَلَّهُمْ
يَرْجِعُونَ ﴿٢٧﴾ فَلَوْلَا نَصَرَهُمُ الَّذِينَ اتَّخَذُوا مِنْ دُونِ اللّٰهِ قُرْبَانًا
اٰلِهَةًۜ بَلْ ضَلُّوا عَنْهُمْۚ وَذٰلِكَ اِفْكُهُمْ وَمَا كَانُوا يَفْتَرُونَ ﴿٢٨﴾

وَاِذْ صَرَفْنَا

وَاِذْ صَرَفْنَٓا اِلَيْكَ نَفَرًا مِنَ الْجِنِّ يَسْتَمِعُونَ الْقُرْاٰنَۚ فَلَمَّا حَضَرُوهُ
قَالُٓوا اَنْصِتُواۚ فَلَمَّا قُضِيَ وَلَّوْا اِلٰى قَوْمِهِمْ مُنْذِرٖينَ ﴿٢٩﴾ قَالُوا
يَا قَوْمَنَٓا اِنَّا سَمِعْنَا كِتَابًا اُنْزِلَ مِنْ بَعْدِ مُوسٰى مُصَدِّقًا لِمَا بَيْنَ يَدَيْهِ
يَهْدٓي اِلَى الْحَقِّ وَاِلٰى طَرٖيقٍ مُسْتَقٖيمٍ ﴿٣٠﴾ يَا قَوْمَنَٓا اَجٖيبُوا دَاعِيَ
اللّٰهِ وَاٰمِنُوا بِهٖ يَغْفِرْ لَكُمْ مِنْ ذُنُوبِكُمْ وَيُجِرْكُمْ مِنْ عَذَابٍ اَلٖيمٍ ﴿٣١﴾
وَمَنْ لَا يُجِبْ دَاعِيَ اللّٰهِ فَلَيْسَ بِمُعْجِزٍ فِي الْاَرْضِ وَلَيْسَ
لَهُ مِنْ دُونِهٖٓ اَوْلِيَٓاءُۜ اُولٰٓئِكَ فٖي ضَلَالٍ مُبٖينٍ ﴿٣٢﴾ اَوَلَمْ يَرَوْا اَنَّ
اللّٰهَ الَّذٖي خَلَقَ السَّمٰوَاتِ وَالْاَرْضَ وَلَمْ يَعْيَ بِخَلْقِهِنَّ بِقَادِرٍ
عَلٰٓى اَنْ يُحْيِيَ الْمَوْتٰىۜ بَلٰٓى اِنَّهُ عَلٰى كُلِّ شَيْءٍ قَدٖيرٌ ﴿٣٣﴾ وَيَوْمَ يُعْرَضُ
الَّذٖينَ كَفَرُوا عَلَى النَّارِۜ اَلَيْسَ هٰذَا بِالْحَقِّۜ قَالُوا بَلٰى وَرَبِّنَاۜ قَالَ
فَذُوقُوا الْعَذَابَ بِمَا كُنْتُمْ تَكْفُرُونَ ﴿٣٤﴾ فَاصْبِرْ كَمَا صَبَرَ اُولُوا
الْعَزْمِ مِنَ الرُّسُلِ وَلَا تَسْتَعْجِلْ لَهُمْۜ كَاَنَّهُمْ يَوْمَ يَرَوْنَ مَا يُوعَدُونَ
لَمْ يَلْبَثُٓوا اِلَّا سَاعَةً مِنْ نَهَارٍۜ بَلَاغٌۚ فَهَلْ يُهْلَكُ اِلَّا الْقَوْمُ الْفَاسِقُونَ ﴿٣٥﴾

سُورَةُ مُحَمَّدٍ مَدَنِيَّةٌ
وَهِيَ ثَمَانٍ وَثَلَاثُونَ اٰيَةً

29. Dirigimos un grupo de genios hacia ti con la intención de que escuchen el Corán (mientras que tú lo recitabas). Cuando se hallaban ya presentes ante él, dijeron (entre sí): «¡Guardad silencio y escuchad!». Cuando la recitación acabó, regresaron a su comunidad como advertidores[8].

30. Dijeron: «¡Oh pueblo nuestro! Hemos escuchado un Libro que ha sido enviado después de Moisés, confirmando (el origen Divino así como las verdades que son todavía contenidas por) las Revelaciones anteriores al mismo[9]: él guía hacia la verdad y hacia un camino recto (en todas las materias).

31. ¡Oh pueblo nuestro! Responded (afirmativamente) a aquel que os llama a Dios, y creed en él. Dios os perdonará vuestros pecados (que habéis cometido hasta ahora), y os librará de un castigo doloroso.

32. Aquel que no responda (afirmativamente) a aquél que os llama a Dios, éste no puede frustrar (la voluntad de Dios) en la Tierra, y ningún guardián tendrá aparte de Dios (una vez que Dios lo repudie)[10]; Aquellos (que ansían obrar así) se hallan en un obvio error».

33. ¿Acaso no han considerado (los incrédulos) que en verdad Dios, Quien ha creado los Cielos y la Tierra, y nunca se ha fatigado en su creación, puede sin lugar a dudas resucitar a los muertos? Así lo es; Él posee pleno poder sobre todas las cosas.

34. En ese Día, aquellos que no creen serán traídos al Fuego (se les preguntará): «¿No es esto cierto?». Dirán: «¡Sí, con toda certeza, por nuestro Señor!». Él (Dios) dirá: «¡Probad el castigo en el cual vosotros solíais no creer!».

35. Así pues, sé paciente (Oh Mensajero, con respecto a su rechazo de la fe y con todo cuanto hacen), del mismo modo que eran pacientes aquellos dotados de firmeza y resolución entre los Mensajeros[11], y no intentes precipitar (el juicio sobre) ellos. El Día en el que contemplen aquello con lo que se les amenaza, (se sentirán) como si no hubieran permanecido (en el mundo) a excepción de un breve período del día. Ha sido transmitido el mensaje. Entonces, ¿acaso no será destruida sino aquella gente que excede los límites (en la creencia y la acción)?

8. Esto sucedió en Batn an-Najlah, en las afueras de La Meca, mientras que el Mensajero de Dios, la paz y las bendiciones sean con él, efectuaba la Oración en su retorno a La Meca de su viaje a Ta'if.

9. Como se puede entender del marco de referencia de los genios que el Corán fue revelado después de Moisés, la paz sea con él, sin mencionar a Jesús, la paz sea con él, y al Evangelio, ellos estaban entre los seguidores de la fe de Moisés, la paz sea con él, y la Tora.

10. Después de este acontecimiento, los genios llegaron ante el Mensajero, la paz y las bendiciones sean con él, en grupos, uno tras otro.

La palabra *yinn* (genios) significa literalmente algo oculto o velado a la visión. Los genios son una especie de seres invisibles. En el Corán, hay un breve capítulo llamado Yinn (número 72). El profeta Muhammad fue enviado a ellos también y muchos de entre ellos creyeron en él.

Los genios son seres conscientes encargados de las obligaciones Divinas. Recientes descubrimientos en la biología aclararon que Dios creó seres propios de cada reino en el universo (véase el *sura* 2:30, nota 31). Los genios fueron creados antes del profeta Adán, la paz sea con él, y Eva, y fueron responsables de cultivar y mejorar el mundo. Aunque Dios luego los suplantó con la humanidad, Él no eximió a los genios de las obligaciones religiosas.

Como los ángeles, los genios se mueven extremadamente rápido; no están limitados por las restricciones del tiempo y el espacio dentro del cual nos movemos. Sin embargo, ya que el espíritu es más activo y más rápido que los genios, una persona que vive en el nivel de la vida del espíritu, que puede ir más allá de los límites de la materia y los confines del tiempo y el espacio, puede sobrepasar a los genios en velocidad y actividad (véase el *sura* 27:38-40). (Para la información detallada sobre los genios y su relación con el género humano, véase *Fundamentos de la Fe Islámica*, págs. 77-83.)

11. De acuerdo con un gran número de eruditos, basando sus conclusiones en el *sura* 42:13, esos Mensajeros son Noé, Abraham, Moisés, Jesús, y finalmente, el profeta Muhammad, la paz y las bendiciones sean con ellos.

بِسْمِ اللّٰهِ الرَّحْمٰنِ الرَّحِيمِ

الَّذِينَ كَفَرُوا وَصَدُّوا عَنْ سَبِيلِ اللّٰهِ اَضَلَّ اَعْمَالَهُمْ ﴿١﴾ وَالَّذِينَ اٰمَنُوا
وَعَمِلُوا الصَّالِحَاتِ وَاٰمَنُوا بِمَا نُزِّلَ عَلٰى مُحَمَّدٍ وَهُوَ الْحَقُّ مِنْ رَبِّهِمْ
كَفَّرَ عَنْهُمْ سَيِّـَٔاتِهِمْ وَاَصْلَحَ بَالَهُمْ ﴿٢﴾ ذٰلِكَ بِاَنَّ الَّذِينَ كَفَرُوا اتَّبَعُوا
الْبَاطِلَ وَاَنَّ الَّذِينَ اٰمَنُوا اتَّبَعُوا الْحَقَّ مِنْ رَبِّهِمْ كَذٰلِكَ يَضْرِبُ اللّٰهُ
لِلنَّاسِ اَمْثَالَهُمْ ﴿٣﴾ فَاِذَا لَقِيتُمُ الَّذِينَ كَفَرُوا فَضَرْبَ الرِّقَابِ حَتّٰى
اِذَا اَثْخَنْتُمُوهُمْ فَشُدُّوا الْوَثَاقَ فَاِمَّا مَنًّا بَعْدُ وَاِمَّا فِدَاءً حَتّٰى تَضَعَ
الْحَرْبُ اَوْزَارَهَا ذٰلِكَ وَلَوْ يَشَاءُ اللّٰهُ لَانْتَصَرَ مِنْهُمْ وَلٰكِنْ لِيَبْلُوَا
بَعْضَكُمْ بِبَعْضٍ وَالَّذِينَ قُتِلُوا فِي سَبِيلِ اللّٰهِ فَلَنْ يُضِلَّ اَعْمَالَهُمْ ﴿٤﴾
سَيَهْدِيهِمْ وَيُصْلِحُ بَالَهُمْ ﴿٥﴾ وَيُدْخِلُهُمُ الْجَنَّةَ عَرَّفَهَا لَهُمْ ﴿٦﴾ يَا اَيُّهَا
الَّذِينَ اٰمَنُوا اِنْ تَنْصُرُوا اللّٰهَ يَنْصُرْكُمْ وَيُثَبِّتْ اَقْدَامَكُمْ ﴿٧﴾ وَالَّذِينَ
كَفَرُوا فَتَعْسًا لَهُمْ وَاَضَلَّ اَعْمَالَهُمْ ﴿٨﴾ ذٰلِكَ بِاَنَّهُمْ كَرِهُوا مَا اَنْزَلَ
اللّٰهُ فَاَحْبَطَ اَعْمَالَهُمْ ﴿٩﴾ اَفَلَمْ يَسِيرُوا فِي الْاَرْضِ فَيَنْظُرُوا كَيْفَ
كَانَ عَاقِبَةُ الَّذِينَ مِنْ قَبْلِهِمْ دَمَّرَ اللّٰهُ عَلَيْهِمْ وَلِلْكَافِرِينَ اَمْثَالُهَا ﴿١٠﴾
ذٰلِكَ بِاَنَّ اللّٰهَ مَوْلَى الَّذِينَ اٰمَنُوا وَاَنَّ الْكَافِرِينَ لَا مَوْلٰى لَهُمْ ﴿١١﴾

اِنَّ اللّٰهَ

SURA 47

MUHAMMAD

Período de Medina

Siendo una de las primeras Revelaciones de Medina, este *sura de* 38 versículos toma título del nombre del profeta Muhammad, la paz y las bendiciones sean sobre él, a quien se menciona en el segundo versículo. Trata de asuntos tales como el combate, el trato de los prisioneros de guerra, la distribución del botín de guerra, así como del fin último que aguarda a los creyentes y los incrédulos.

En el Nombre de Dios,
el Misericordioso, el Compasivo.

1. Aquellos que no creen y apartan (a los demás) del camino de Dios —Dios hará todos sus actos vanos—[1].

2. Mientras que aquellos que creen y hacen actos buenos y rectos, quienes creen en aquello que se ha enviado a Muhammad —y es la verdad de su Señor— que Él suprimirá sus actos malvados (que de otro modo impedirían el logro de sus objetivos en ambos mundos), y rectificará completamente los corazones y mejorará sus condiciones (en este mundo y en el siguiente)[2].

3. Eso es porque aquellos que no creen siguen falsedad (en su creencia, pensamientos y acciones), mientras que aquellos que creen siguen la verdad de su Señor[3]. Así pues, Dios expone a la gente sus ejemplos.

4. Entonces, cuando os enfrentéis a aquellos incrédulos en la guerra, golpeadlos en sus cuellos (sin darles la oportunidad de que os derroten). Finalmente, cuando los hayáis dominado suficientemente, (sin continuar luchando) trabad una firme ligadura de cautiverio en ellos. A continuación libéralos o como un favor sin exigir nada a cambio, o como rescate (que puede consistir en un intercambio recíproco de prisioneros de guerra), de modo que se depongan las armas y la guerra llegue a un final. Eso (es el mandato de Dios). Si Dios lo hubiese querido, Él (Mismo) los castigaría sin duda alguna, mas (Él os ordena luchar) para probaros, unos por medio de otros. En cuanto a aquellos que caen muertos en la causa de Dios, Él nunca hará sus actos vanos.

5. (Es más,) Él los guiará (a la consecución de su meta en ambos mundos) y mejorará sus condiciones[4],

6. Y Él les admitirá en el Paraíso que se les dará a conocer a ellos completamente.

7. ¡Oh vosotros que creéis! Si vosotros ayudáis a Dios (en Su causa, esforzándoos en la misma), Él os ayudará y hará firmes vuestros pies (de modo que seáis firmes en Su causa y en última instancia victoriosos).

8. Pero aquellos que no creen: la ruina y la perdición son para ellos, y Él hará todos sus actos vanos.

9. Esta es la razón por la cual son reacios a lo que Dios ha hecho descender, y por lo tanto Él hace que sus actos se echen a perder.

10. ¿Acaso no han viajado por la Tierra y no han contemplado cómo han acabado aquellos que les antecedieron (y persistieron en asociar copartícipes a Él, así como en todas las clases de transgresión)? Dios trajo la devastación completa sobre ellos; y a los incrédulos (ahora) les aguarda un sino similar.

11. Esto es así ya que Dios es sin lugar a dudas el Guardián de aquellos que creen, mas aquellos que no creen no tienen ningún guardián (aceptable ante Dios y que pueda ayudarles ante Él).

---

1. Es decir, todos sus esfuerzos para prevenir la difusión del Islam serán en vano. En segundo lugar, a pesar de que sus buenos actos puedan serles provechosos en el mundo, esto no significará nada en el Más Allá porque no tuvieron como objetivo la vida del Más Allá y buscaron tan solo los bienes de la vida mundana.

2. La fe sincera y obrar actos buenos y rectos según los requisitos de la fe nos hace poseer un corazón recto, sincero y satisfecho. Dios lleva a tal persona a las decisiones justas, lo dirige a pensamientos adecuados y a las buenas acciones, que como contrapartida provocan que dicha persona profundice en la fe y sinceridad. El círculo virtuoso que de este modo se forma conducirá a los creyentes a lograr sus objetivos (islámicos) en el mundo así como a la felicidad eterna en el Más Allá.

3. La falsedad mencionada aquí es cualquier sistema de creencia, pensamiento o acción que no se basa en la Revelación, sino en los deseos y los caprichos humanos con los cuales no se adecuan, o incluso contradicen las maneras de actuación de Dios en el universo, que incorrectamente denominamos «leyes de la naturaleza», y las leyes morales que Él ha establecido para la vida en el mundo. Sin embargo, la verdad es el sistema de creencias, pensamientos y acciones que se basa en la Revelación Divina y, por lo tanto, conforme con las leyes que Dios ha establecido para el funcionamiento del universo y de la vida humana en la Tierra. Así pues, tal y como hemos mencionado anteriormente, Dios posee dos recopilaciones de Leyes, una para gobernar la vida humana y el universo, y la otra destinada a la vida religiosa. Ambas requieren obediencia: las consecuencias de la obediencia o la desobediencia a la primera se dan principalmente en este mundo, mientras que el resultado de obedecer o desobedecer a la segunda tiene lugar en este mundo y en el Más Allá, pero sobre todo en el Más Allá. Los creyentes deben someterse a ambas.

4. Este versículo hace referencia principalmente a las condiciones de aquellos que cayeron muertos en la causa de Dios, aunque hace cierta referencia al mundo también. Es decir, Dios nunca deja que los sacrificios realizados en Su causa se frustren. Tales acciones contribuyen a la realización del objetivo por parte de aquellos que llevan a cabo dichos sacrificios en el mundo. El martirio es uno de los más grandes sacrificios realizados por la causa de Dios. Los mártires anhelan ensalzar la Palabra de Dios y ganar la aprobación y la complacencia de Dios; Dios permite ensalzar Su palabra, se complace con los mártires, los libra del sufrimiento en los mundos del Más Allá, y los perdona.

٥٠٧ اَلْجُزْءُ السَّادِسُ وَالْعِشْرُونَ 507

اِنَّ اللّٰهَ يُدْخِلُ الَّذِينَ اٰمَنُوا وَعَمِلُوا الصَّالِحَاتِ جَنَّاتٍ تَجْرِى
مِنْ تَحْتِهَا الْاَنْهَارُۜ وَالَّذِينَ كَفَرُوا يَتَمَتَّعُونَ وَيَاْكُلُونَ كَمَا تَاْكُلُ
الْاَنْعَامُ وَالنَّارُ مَثْوًى لَهُمْ ﴿١٢﴾ وَكَاَيِّنْ مِنْ قَرْيَةٍ هِىَ اَشَدُّ قُوَّةً مِنْ
قَرْيَتِكَ الَّتِى اَخْرَجَتْكَۚ اَهْلَكْنَاهُمْ فَلَا نَاصِرَ لَهُمْ ﴿١٣﴾ اَفَمَنْ كَانَ
عَلٰى بَيِّنَةٍ مِنْ رَبِّهٖ كَمَنْ زُيِّنَ لَهُ سُوٓءُ عَمَلِهٖ وَاتَّبَعُوٓا اَهْوَٓاءَهُمْ ﴿١٤﴾
مَثَلُ الْجَنَّةِ الَّتِى وُعِدَ الْمُتَّقُونَۜ فِيهَٓا اَنْهَارٌ مِنْ مَٓاءٍ غَيْرِ اٰسِنٍۚ وَاَنْهَارٌ
مِنْ لَبَنٍ لَمْ يَتَغَيَّرْ طَعْمُهُۚ وَاَنْهَارٌ مِنْ خَمْرٍ لَذَّةٍ لِلشَّارِبِينَۚ وَاَنْهَارٌ مِنْ
عَسَلٍ مُصَفًّىۜ وَلَهُمْ فِيهَا مِنْ كُلِّ الثَّمَرَاتِ وَمَغْفِرَةٌ مِنْ رَبِّهِمْۜ كَمَنْ
هُوَ خَالِدٌ فِى النَّارِ وَسُقُوا مَٓاءً حَمِيمًا فَقَطَّعَ اَمْعَٓاءَهُمْ ﴿١٥﴾ وَمِنْهُمْ
مَنْ يَسْتَمِعُ اِلَيْكَۚ حَتّٰٓى اِذَا خَرَجُوا مِنْ عِنْدِكَ قَالُوا لِلَّذِينَ اُوتُوا
الْعِلْمَ مَاذَا قَالَ اٰنِفًاۗ اُولٰٓئِكَ الَّذِينَ طَبَعَ اللّٰهُ عَلٰى قُلُوبِهِمْ وَاتَّبَعُوٓا
اَهْوَٓاءَهُمْ ﴿١٦﴾ وَالَّذِينَ اهْتَدَوْا زَادَهُمْ هُدًى وَاٰتٰيهُمْ تَقْوٰيهُمْ ﴿١٧﴾
فَهَلْ يَنْظُرُونَ اِلَّا السَّاعَةَ اَنْ تَاْتِيَهُمْ بَغْتَةًۚ فَقَدْ جَٓاءَ اَشْرَاطُهَاۚ فَاَنّٰى
لَهُمْ اِذَا جَٓاءَتْهُمْ ذِكْرٰيهُمْ ﴿١٨﴾ فَاعْلَمْ اَنَّهُ لَٓا اِلٰهَ اِلَّا اللّٰهُ وَاسْتَغْفِرْ
لِذَنْبِكَ وَلِلْمُؤْمِنِينَ وَالْمُؤْمِنَاتِۜ وَاللّٰهُ يَعْلَمُ مُتَقَلَّبَكُمْ وَمَثْوٰيكُمْ ﴿١٩﴾

12. Dios admitirá a aquellos que creen y hacen actos buenos y rectos en los Jardines, a través de los cuales discurren los ríos. En cuanto a aquellos que no creen, disfrutan y consumen (las generosidades de Dios) del mismo modo que los ganados consumen (sin considerar Quién se las ha otorgado a ellos, y qué se espera que hagan a cambio, así como la vida que está por venir); y el Fuego será su morada (apropiada para ellos).

13. ¡Cuántas comunidades han sido más poderosas (y más abundantes en riqueza) que tu comunidad, que te ha desterrado (Oh Mensajero)! Las destruimos y no tuvieron a nadie que les auxiliara (contra Nosotros).

14. ¿Es, entonces, aquel que está (basándose) sobre una evidencia clara de Tu Señor como aquel cuyos actos malvados son embellecidos para que le parecieran atrayentes, y (aquellos que) siguen sus deseos y caprichos?

15. Una analogía del Paraíso que se les promete a aquellos piadosos devotos es ésta: En el mismo se dan ríos de incorruptible agua (en cuanto al sabor, el olor y el color); y ríos de leche cuyo sabor nunca cambia; y ríos de delicioso vino[5] para aquellos que se deleitan bebiendo; y ríos de miel clara y pura. Y en éste se encuentran también frutos de cada clase para ellos, así como el perdón de Tu Señor (que traerá bendiciones imprevistas)[6]. (¿Acaso son aquellos que gozarán de todo esto) como esos que morarán en el Fuego y se les ofrecerá agua hirviendo para beber, de modo que desgarra sus intestinos?

16. Entre ellos (el pueblo de Medina) están algunos que te prestan oído, pero cuando abandonan tu presencia, preguntan (con arrogancia y burla) a aquellos que se les ha dado (algún) conocimiento (de las verdades de la Religión): «¿Qué es lo que ha dicho ahora mismo?». Éstos son aquellos cuyos corazones Dios ha sellado, y que siguen sus deseos y caprichos.

17. En cuanto a aquellos que han aceptado la guía de Dios, Él los consolida en la guía (con un conocimiento y una sumisión más profundos), y les concede piedad y protección frente a pecar.

18. ¿Acaso (quienes persisten en la incredulidad y actos malvados) no esperan sino la Última Hora (esperando) que les sobrevenga a ellos de improviso? Ahora, en verdad, sus presagios ya han llegado[7]. Mas, ¿de qué les servirá recordar la advertencia cuando la Última Hora (ya) les haya sobrevenido?

19. Así pues, que sepas (considera) que no hay más deidad que Dios, y pide perdón por tus pecados[8], y para los hombres y las mujeres creyentes. Dios sabe desde qué estado (interno) y condición (social) hasta qué estado y condición os movéis y moveréis, y en qué estado y condición os detendréis.

5. El vino siendo una de las bendiciones del Paraíso no es de una clase que causa embriaguez, e indica la perfección del placer que las bebidas del Paraíso ofrecerán.

6. Todo en el Más Allá será peculiar a las condiciones de ese mundo. Pero de acuerdo con lo indicado en el *sura* 2:25, todo se asemejará en nombre, forma y color a sus equivalentes en este mundo, a pesar de que esta semejanza será solamente en nombre, forma y color de modo que sus habitantes no perderán su apetito debido a que se les presente un alimento desconocido. Su sabor y olor o el placer que proporcionarán serán totalmente intrínsecos a ese mundo, y cada vez que estas generosidades sean presentadas a los habitantes del Paraíso, serán renovadas.

7. Solamente Dios conoce el momento exacto de la Última Hora, pero ésta posee numerosos presagios que demuestran que su llegada es segura. El advenimiento del Mensajero de Dios como el último y universal Mensajero o el Sello de los Profetas, la paz y las bendiciones sean con él, fue el primer y más grandioso presagio de su llegada.

8. Para la infalibilidad de los Profetas y el perdón solicitado por parte del Mensajero por sus «pecados» véase el *sura* 48:2, y la nota correspondiente 2.

وَيَقُولُ الَّذِينَ اٰمَنُوا لَوْلَا نُزِّلَتْ سُورَةٌ فَاِذَٓا اُنْزِلَتْ سُورَةٌ
مُحْكَمَةٌ وَذُكِرَ فِيهَا الْقِتَالُ رَاَيْتَ الَّذِينَ فِى قُلُوبِهِمْ
مَرَضٌ يَنْظُرُونَ اِلَيْكَ نَظَرَ الْمَغْشِيِّ عَلَيْهِ مِنَ الْمَوْتِ
فَاَوْلٰى لَهُمْ ﴿٢٠﴾ طَاعَةٌ وَقَوْلٌ مَعْرُوفٌ فَاِذَا عَزَمَ الْاَمْرُ فَلَوْ
صَدَقُوا اللّٰهَ لَكَانَ خَيْرًا لَهُمْ ﴿٢١﴾ فَهَلْ عَسَيْتُمْ اِنْ تَوَلَّيْتُمْ
اَنْ تُفْسِدُوا فِى الْاَرْضِ وَتُقَطِّعُوٓا اَرْحَامَكُمْ ﴿٢٢﴾ اُولٰٓئِكَ
الَّذِينَ لَعَنَهُمُ اللّٰهُ فَاَصَمَّهُمْ وَاَعْمٰٓى اَبْصَارَهُمْ ﴿٢٣﴾ اَفَلَا
يَتَدَبَّرُونَ الْقُرْاٰنَ اَمْ عَلٰى قُلُوبٍ اَقْفَالُهَا ﴿٢٤﴾ اِنَّ الَّذِينَ
ارْتَدُّوا عَلٰٓى اَدْبَارِهِمْ مِنْ بَعْدِ مَا تَبَيَّنَ لَهُمُ الْهُدَى
الشَّيْطَانُ سَوَّلَ لَهُمْ وَاَمْلٰى لَهُمْ ﴿٢٥﴾ ذٰلِكَ بِاَنَّهُمْ قَالُوا
لِلَّذِينَ كَرِهُوا مَا نَزَّلَ اللّٰهُ سَنُطِيعُكُمْ فِى بَعْضِ الْاَمْرِ وَاللّٰهُ
يَعْلَمُ اِسْرَارَهُمْ ﴿٢٦﴾ فَكَيْفَ اِذَا تَوَفَّتْهُمُ الْمَلٰٓئِكَةُ يَضْرِبُونَ
وُجُوهَهُمْ وَاَدْبَارَهُمْ ﴿٢٧﴾ ذٰلِكَ بِاَنَّهُمُ اتَّبَعُوا مَٓا اَسْخَطَ
اللّٰهَ وَكَرِهُوا رِضْوَانَهُ فَاَحْبَطَ اَعْمَالَهُمْ ﴿٢٨﴾ اَمْ حَسِبَ
الَّذِينَ فِى قُلُوبِهِمْ مَرَضٌ اَنْ لَنْ يُخْرِجَ اللّٰهُ اَضْغَانَهُمْ ﴿٢٩﴾

وَلَوْ نَشَٓاءُ

20. Aquellos que creen (esperan con ansia un nuevo *sura* que transmita el conocimiento de las verdades Divinas y de los nuevos mandamientos de Dios que se haga descender, y) dicen: «¡Si al menos se hiciera descender un nuevo *sura*!». Mas cuando un *sura* decisivo ha sido descendido en el cual se alude a luchar (claramente como deber prescrito), contemplas a aquellos en cuyos corazones se da una enfermedad mirándote con una mirada de alguien que está en trance de muerte. ¡Eso es, en verdad, lo que se espera de ellos!

21. (En tanto que, lo que se espera de los verdaderos creyentes que hagan en respuesta a cualquier orden Divina es rendir) obediencia y una palabra apropiada. Así pues, si fueran fieles a Dios cuando se ha determinado el mandato (y los insta a hacer lo que su compromiso con Dios les requiere de ellos), sería sin duda alguna bueno para ellos.

22. ¿Pero acaso se espera de vosotros (Oh hipócritas) que faltéis a vuestra promesa y que os apartéis (de los mandamientos de Dios), y provoquéis el desorden y la corrupción en la Tierra, y cortéis los lazos de parentesco?

23. Tales son aquellos a quienes Dios ha maldecido (excluido de Su Misericordia), y de este modo Él los ha ensordecido y ha cegado sus ojos (a la verdad).

24. ¿Acaso no reflexionan con seriedad acerca del Corán, o es que se dan cerrojos en sus corazones (que son intrínsecos a ellos, de modo que sean como sordos y ciegos, e incapaces de entender la verdad)?[9]

25. No cabe duda de que aquellos que han dado la espalda como apóstatas después de que la guía (de Dios) se hizo clara para ellos, Satanás los ha seducido; él ha implantado en ellos ambiciones mundanas a largo plazo.

26. Esta es la razón por la cual han dicho a aquellos que son reacios a lo que ha hecho descender Dios: «Os seguiremos en ciertos asuntos». Dios sabe sus secretos[10].

27. Así pues, ¿cómo (será) cuando los ángeles tomen sus almas al morir, golpeando sus rostros y sus espaldas?

28. Esto es así porque han seguido aquello que provoca la cólera de Dios (condena), y son reacios a aquello que Lo complace, y de este modo Él ha hecho que todos sus actos (buenos anteriores) se echara a perder.

29. ¿O acaso piensan aquellos en cuyos corazones se da una enfermedad que Dios no sacará a la luz su rencor (contra la Religión Divina y sus seguidores)?

9. Las personas mencionadas son los hipócritas que se hallan entre los creyentes. La hipocresía surge a partir de una enfermedad emplazada en el centro del corazón que seca la fuente de la vida espiritual, extinguiendo la facultad de entendimiento, y corrompiendo el carácter (véase el *sura* 2:10). La razón principal para que el sentido «espiritual» del oído acabe sucumbiendo en la sordera, o el sentido «espiritual» de la vista disipándose en ceguera, es esta enfermedad en el corazón: *Porque en realidad, no son los ojos que son ciegos, sino los corazones que están en sus pechos los que son ciegos* (22:46). Así pues, el versículo 24 en este *sura* también interpreta el versículo anterior al mismo, explicando la razón por la cual Dios ensordece los oídos y ciega los ojos. Los cerrojos en el corazón deben ser aquellos ubicados en los sentidos o las facultades del corazón, tales como el oído, la vista, el pensamiento, el entendimiento, etc. (Asimismo, véase el versículo 26 y la correspondiente nota 10 a continuación.)

10. La obediencia al alma carnal en sus deseos y alimentar ambiciones mundanas a largo plazo nos provoca que temamos a la muerte, que vacilemos en la consecución de los mandamientos de Dios, particularmente aquellos relacionados con el combate. Y esto causa la muerte del corazón (intelecto espiritual), la ceguera del ojo del corazón, y la sordera del oído del corazón. Este versículo explica la razón verdadera relacionada con la muerte espiritual mencionada en los versículos anteriores. A su vez ofrece información sobre los acuerdos secretos contra los creyentes que fueron establecidos entre los hipócritas en Medina y los incrédulos (de La Meca), que también son descritos en el anterior versículo 9 como reacios a lo que Dios hace descender.

وَلَوْ نَشَٓاءُ لَاَرَيْنَاكَهُمْ فَلَعَرَفْتَهُمْ بِسِيمٰيهُمْ وَلَتَعْرِفَنَّهُمْ
فٖى لَحْنِ الْقَوْلِ وَاللّٰهُ يَعْلَمُ اَعْمَالَكُمْ ﴿٣٠﴾ وَلَنَبْلُوَنَّكُمْ حَتّٰى
نَعْلَمَ الْمُجَاهِدٖينَ مِنْكُمْ وَالصَّابِرٖينَ وَنَبْلُوَا اَخْبَارَكُمْ ﴿٣١﴾
اِنَّ الَّذٖينَ كَفَرُوا وَصَدُّوا عَنْ سَبٖيلِ اللّٰهِ وَشَٓاقُّوا الرَّسُولَ
مِنْ بَعْدِ مَا تَبَيَّنَ لَهُمُ الْهُدٰى لَنْ يَضُرُّوا اللّٰهَ شَيْـًٔا وَسَيُحْبِطُ
اَعْمَالَهُمْ ﴿٣٢﴾ يَٓا اَيُّهَا الَّذٖينَ اٰمَنُٓوا اَطٖيعُوا اللّٰهَ وَاَطٖيعُوا
الرَّسُولَ وَلَا تُبْطِلُٓوا اَعْمَالَكُمْ ﴿٣٣﴾ اِنَّ الَّذٖينَ كَفَرُوا وَصَدُّوا
عَنْ سَبٖيلِ اللّٰهِ ثُمَّ مَاتُوا وَهُمْ كُفَّارٌ فَلَنْ يَغْفِرَ اللّٰهُ لَهُمْ ﴿٣٤﴾
فَلَا تَهِنُوا وَتَدْعُٓوا اِلَى السَّلْمِ وَاَنْتُمُ الْاَعْلَوْنَ وَاللّٰهُ مَعَكُمْ
وَلَنْ يَتِرَكُمْ اَعْمَالَكُمْ ﴿٣٥﴾ اِنَّمَا الْحَيٰوةُ الدُّنْيَا لَعِبٌ وَلَهْوٌ وَاِنْ
تُؤْمِنُوا وَتَتَّقُوا يُؤْتِكُمْ اُجُورَكُمْ وَلَا يَسْـَٔلْكُمْ اَمْوَالَكُمْ ﴿٣٦﴾
اِنْ يَسْـَٔلْكُمُوهَا فَيُحْفِكُمْ تَبْخَلُوا وَيُخْرِجْ اَضْغَانَكُمْ ﴿٣٧﴾
هَٓا اَنْتُمْ هٰٓؤُلَٓاءِ تُدْعَوْنَ لِتُنْفِقُوا فٖى سَبٖيلِ اللّٰهِ فَمِنْكُمْ مَنْ يَبْخَلُ
وَمَنْ يَبْخَلْ فَاِنَّمَا يَبْخَلُ عَنْ نَفْسِهٖ وَاللّٰهُ الْغَنِيُّ وَاَنْتُمُ الْفُقَرَٓاءُ
وَاِنْ تَتَوَلَّوْا يَسْتَبْدِلْ قَوْمًا غَيْرَكُمْ ثُمَّ لَا يَكُونُٓوا اَمْثَالَكُمْ ﴿٣٨﴾

30. Si Nosotros lo hubiésemos querido, te los habríamos demostrado, y los habrías reconocido por sus marcas (visibles en sus rostros). Pero los reconoces ciertamente por la falsa entonación y ritmo de su forma de hablar. Dios sabe (Oh seres humanos) vuestros actos (y por qué y cómo los hacéis).

31. Y no cabe duda de que os pondremos a prueba de modo que distingamos a aquellos de entre vosotros que se esfuerza con ahínco (con sus bienes y sus personas en la causa de Dios), y a aquellos que son firmes (en Su Camino y pacientes ante las adversidades), así como pondremos a prueba vuestro registro (de afirmaciones y actos para la verdad y cualidad)[11].

32. Aquellos que no creen y apartan (a la gente) del camino de Dios, y desafían al Mensajero después de que la guía (de Dios) se hizo clara para ellos —ellos nunca podrán perjudicar (la causa de) Dios, y Él hará que sus actos se echen a perder.

33. ¡Oh vosotros que creéis! Obedeced a Dios (en todos Sus mandamientos) y obedeced al Mensajero (en su cumplimiento de los mandamientos de Dios y en sus propias directrices), y no permitáis que vuestros actos se echen a perder[12].

34. Aquellos que no creen y apartan (a la gente) del camino de Dios, y a continuación mueren como incrédulos, Dios nunca los perdonará.

35. Así pues (cuando estáis en guerra con el enemigo) no sed pusilánimes y no imploréis la paz (la cual os supondrá humillación) cuando lleváis ventaja. (Tened en cuenta siempre que) Dios se halla con vosotros, y Él nunca disminuirá la recompensa de vuestros buenos actos.

36. La vida presente y mundana no es sino un disfrute y una distracción. Si verdaderamente creéis y os apartáis de la desobediencia a Dios en veneración a Él y piedad, Él os concederá vuestras recompensas, y no os pedirá vuestra riqueza.

37. Si Él la pidiera de vosotros y os presionara (para concederla), vosotros la codiciaríais y retendríais, y Él sacaría a la luz vuestros (reprimidos) resentimientos[13].

38. Vosotros sois sin lugar a dudas aquellos llamados a gastar (de vuestra riqueza) en la causa de Dios; con todo, entre vosotros se encuentran algunos que son avaros. Pero todo aquel que es avaro lo es privando a su propia alma. Dios es Acaudalado y Autosuficiente (absolutamente independiente de cualquier necesidad), y vosotros sois los pobres (necesitados de Él). Si os apartáis (de la fe y la piedad verdaderas), Él reemplazará en vuestro lugar por otro pueblo, y así pues, ellos no serán como vosotros.

11. Es decir, Dios distinguirá entre Sus siervos y juzgará sus actos, ya sean correctos o incorrectos y retribuirá cada tipo de acto.

12. El hecho de que nuestros actos se echen a perder acontece como consecuencia de la ostentación, la hipocresía, la apostasía, la oposición a Dios y a Su Mensajero, la paz y las bendiciones sean con él, y mediante la realización de algo que anule una buena acción, tal y como hablar durante la Oración.

13. Dios ha implantado en la humanidad numerosos impulsos, algunos de los cuales son aparentemente viles. Sin embargo, una educación adecuada hace que éstos sean canalizados en virtudes. Por ejemplo, la enemistad se canaliza en enemistad hacia nuestra propia alma carnal con la intención de adiestrarla, y la envidia en emular a otros en sus virtudes. De hecho, estos impulsos han sido concedidos a la humanidad para este fin, es decir, canalizarlos en las virtudes que nos harán crecer espiritual y moralmente.

سُورَةُ الْفَتْحِ مَدَنِيَّةٌ
وَهِيَ تِسْعٌ وَعِشْرُونَ آيَةً

بِسْمِ اللَّهِ الرَّحْمَٰنِ الرَّحِيمِ

إِنَّا فَتَحْنَا لَكَ فَتْحًا مُبِينًا ﴿١﴾ لِيَغْفِرَ لَكَ اللَّهُ مَا تَقَدَّمَ مِنْ ذَنْبِكَ وَمَا
تَأَخَّرَ وَيُتِمَّ نِعْمَتَهُ عَلَيْكَ وَيَهْدِيَكَ صِرَاطًا مُسْتَقِيمًا ﴿٢﴾ وَيَنْصُرَكَ
اللَّهُ نَصْرًا عَزِيزًا ﴿٣﴾ هُوَ الَّذِي أَنْزَلَ السَّكِينَةَ فِي قُلُوبِ الْمُؤْمِنِينَ
لِيَزْدَادُوا إِيمَانًا مَعَ إِيمَانِهِمْ وَلِلَّهِ جُنُودُ السَّمَاوَاتِ وَالْأَرْضِ وَكَانَ
اللَّهُ عَلِيمًا حَكِيمًا ﴿٤﴾ لِيُدْخِلَ الْمُؤْمِنِينَ وَالْمُؤْمِنَاتِ جَنَّاتٍ تَجْرِي
مِنْ تَحْتِهَا الْأَنْهَارُ خَالِدِينَ فِيهَا وَيُكَفِّرَ عَنْهُمْ سَيِّئَاتِهِمْ وَكَانَ
ذَٰلِكَ عِنْدَ اللَّهِ فَوْزًا عَظِيمًا ﴿٥﴾ وَيُعَذِّبَ الْمُنَافِقِينَ وَالْمُنَافِقَاتِ
وَالْمُشْرِكِينَ وَالْمُشْرِكَاتِ الظَّانِّينَ بِاللَّهِ ظَنَّ السَّوْءِ عَلَيْهِمْ دَائِرَةُ
السَّوْءِ وَغَضِبَ اللَّهُ عَلَيْهِمْ وَلَعَنَهُمْ وَأَعَدَّ لَهُمْ جَهَنَّمَ وَسَاءَتْ
مَصِيرًا ﴿٦﴾ وَلِلَّهِ جُنُودُ السَّمَاوَاتِ وَالْأَرْضِ وَكَانَ اللَّهُ عَزِيزًا
حَكِيمًا ﴿٧﴾ إِنَّا أَرْسَلْنَاكَ شَاهِدًا وَمُبَشِّرًا وَنَذِيرًا ﴿٨﴾ لِتُؤْمِنُوا
بِاللَّهِ وَرَسُولِهِ وَتُعَزِّرُوهُ وَتُوَقِّرُوهُ وَتُسَبِّحُوهُ بُكْرَةً وَأَصِيلًا ﴿٩﴾

إِنَّ الَّذِينَ

SURA 48

AL-FATH (LA VICTORIA)

Período de Medina

Este sura fue revelado en Medina en el sexto año posterior a la *Hégira*, en ocasión del Tratado de Judaybiya entre la ciudad-estado musulmana de Medina y los politeístas de La Meca. Posee 29 versículos y su título proviene de la palabra *al-fath* (victoria) que aparece en el primer versículo. Menciona esta victoria, después critica las actitudes de los hipócritas, continúa con otras promesas a los musulmanes, y finaliza mencionando ciertas virtudes importantes de la comunidad musulmana.

En el Nombre de Dios,
el Misericordioso, el Compasivo.

1. No cabe duda de que te hemos concedido una victoria manifiesta (que es una puerta abierta a otras victorias),[1]

2. Para que Dios te perdone (Oh Mensajero) tus pecados del pasado y aquellos por venir[2], y complete Su favor sobre ti[3], y te dirija (a la constancia) en un camino recto (que conduce a la complacencia de Dios contigo y a la felicidad eterna)[4];

3. Y para que Dios te ayude a una gloriosa y poderosa victoria,

4. Él es Quien hizo descender Su (regalo de) paz interior y consuelo en los corazones de los creyentes, de modo que añadan fe sobre su fe. A Dios Le pertenecen los ejércitos de los Cielos y de la Tierra[5]; y Dios es Omnisciente, Omnisapiente.

5. Y para que Él admita a los hombres creyentes y las mujeres creyentes en los jardines a través de los cuales discurren ríos, donde morarán; y que borre sus actos malvados. Esto es un triunfo supremo ante Dios,

6. Y para que Él castigue a los hombres hipócritas y a las mujeres hipócritas, así como los hombres y las mujeres que asocian copartícipes a Dios, quienes abrigan siempre pensamientos malvados acerca de Dios[6]. Suya será la maligna rueda de destino. Dios los ha destinado a un castigo severo, los ha excluido eternamente de Su Misericordia, y ha preparado para ellos el Infierno. ¡Cuán funesto destino de llegada!

7. A Dios Le pertenecen los ejércitos de los Cielos y de la Tierra. Dios es el Glorioso poseedor de irresistible poder, Omnisapiente.

8. Te hemos enviado sin duda como Mensajero, como un testigo (de la verdad del Islam y a la falsedad de otros caminos, y como un testigo de los actos de la gente en ambos mundos); y como portador de buenas nuevas (de prosperidad a cambio de la fe y la rectitud); y como un advertidor (contra las consecuencias del extravío);

9. Y para que vosotros (Oh seres humanos y genios) creáis en Dios y en Su Mensajero (y apoyéis Su causa); y tengáis a Dios en la más alta estima; y glorificadlo a Él a primera hora de la mañana y por la tarde (es decir, día y noche).

---

1. Este versículo aborda el Tratado de Judaybiya. Después de la Batalla del Foso (el *sura* 33:9-25; notas 7-12), el Mensajero, la paz y las bendiciones sean con él, comunicó a sus Compañeros que había tenido una visión (sueño) en la cual ellos entrarían dentro de poco en la Mezquita Sagrada de La Meca en seguridad. Sus Compañeros, especialmente los Emigrantes se mostraron encantados. Durante ese año, el año 627 d. C., el Profeta, la paz y las bendiciones sean con él, partió hacia La Meca junto a 1.400/1.500 personas con sus atuendos de peregrinos.

Informados de este acontecimiento, los quraishíes se armaron a sí mismos y a las tribus vecinas para mantener a los musulmanes fuera de La Meca. Los musulmanes se detuvieron en Judaybiya, a 20 kilómetros de La Meca. Los intercambios de enviados tuvieron lugar.

Finalmente el Mensajero envió a ‘Uzman ibn al-Affan, el cual tenía poderosos familiares entre los quraishíes. Aunque ‘Uzman vino a negociar, los quraishíes lo capturaron. Al no llegar a la hora prevista, corrieron rumores de que le habían matado. En ese momento, el Profeta, sentado bajo un árbol, hizo jurar a sus Compañeros que se mantendrían unidos y que lucharían hasta la muerte.

En aquel momento de tensión, una nube de polvo apareció en la distancia. Resultó ser una delegación de los de La Meca dirigida por Suhayl ibn Amr. Finalmente, los quraishíes accedieron a hacer una tregua y se firmó el Tratado de Judaybiya.

Bajo dicho tratado, el Profeta y sus seguidores podrían hacer la peregrinación al año siguiente, no este año, para lo cual los habitantes de La Meca desalojarían la ciudad por tres días. El tratado también estipulaba una tregua de diez años; que la gente y las tribus podrían unirse o aliarse con quienes quisieran; y que los individuos o subordinados quraishíes que desertasen a Medina, serían devueltos. Esta última condición no era recíproca y, por lo tanto, había oposición a la misma en el campamento musulmán. Sin embargo, fue de poca importancia. Los musulmanes devueltos a La Meca no solían renunciar al Islam. Muy al contrario, serían elementos de cambio en La Meca.

El Corán llamó al Tratado de Judaybiya «victoria manifiesta»: *No cabe duda de que te hemos concedido una victoria manifiesta* (48:1). Se comprobó que era cierto por varias razones, entre ellas:

- Al firmar este tratado tras varios años de conflicto, los quraishíes admitieron que los musulmanes eran sus iguales. Al ver a los de La Meca hacer tratos con el Profeta como su igual y como gobernante, una oleada de conversos fluyó hacia Medina desde toda Arabia.
- Muchos quraishíes se beneficiaron de la paz resultante al reflexionar finalmente sobre lo que estaba pasando. Quraishíes destacados como Jalid ibn Walid, ‘Amr ibn al-‘As y ‘Uzman ibn Talha, famosos por sus habilidades militares y políticas, aceptaron el Islam.

- Los quraishíes consideraban la Kaba como propiedad exclusiva de ellos, por lo que solicitaban de sus visitantes que les pagasen un tributo. Al no someter el peregrinaje de los musulmanes a dicho tributo, los quraishíes acabaron, sin darse cuenta, con dicho monopolio. Las tribus beduinas comprendieron que los quraishíes no tenían derecho alguno a alegar propiedad en exclusiva.
- En aquel entonces había hombres y mujeres musulmanes viviendo en La Meca. No todos en Medina sabían quiénes eran. Si se hubiese entablado una batalla en La Meca, el ejército musulmán victorioso habría matado a alguno de ellos. Esto hubiese provocado una gran angustia personal, a la vez que el martirio o la identificación de los musulmanes quienes habían estado ocultando su fe en secreto. Este tratado previno tal desastre.
- El Profeta, la paz y las bendiciones sean con él, realizó la peregrinación menor al siguiente año. La afirmación: «No hay más deidad que Dios y Muhammad es Su Mensajero», sonó por toda La Meca. Los quraishíes, acampados en la colina de Abu Qubays, oyeron este presagio de la próxima victoria del Islam. Esta fue, de hecho, la confirmación de Dios de la visión que dio a Su Mensajero.
- El tratado le permitía al Mensajero establecer relaciones diplomáticas con otros. Sus vecinos, además de otras tribus árabes, estaban impresionados por la creciente fuerza del estado musulmán. El Mensajero asimismo envió cartas a los reyes y jefes de las tribus vecinas invitándoles a abrazar el Islam.
- Los musulmanes se expandieron por toda Arabia y comunicaron el Mensaje del Islam. Mientras que durante los primeros 19 años, desde el comienzo de la misión del Profeta hasta el Tratado de Judaybiya, solamente unas miles de personas abrazaron el Islam, durante los dos años posteriores al Tratado más de 5.000 personas se convirtieron.
- Durante el período de armisticio, los musulmanes obtuvieron nuevas victorias tales como la conquista de al-Jaybar.
- Los musulmanes cumplieron fielmente las cláusulas del tratado. Sin embargo, una tribu aliada de los quraishíes no lo hizo así. La tribu Banu Bakr atacó a la tribu Banu Juda que se habían aliado al Profeta. Por lo tanto en diciembre de 629, el Mensajero marchó con un ejército de diez mil hombres contra La Meca, capturándola sin apenas resistencia el primer día del nuevo año. La Kaba fue purificada de ídolos y, en los dos días siguientes, los habitantes de La Meca abrazaron el Islam.

Así pues, este versículo demostró ser otro milagro manifiesto del Corán.

2. Antes de proceder a explicar la infalibilidad de los Profetas, debemos precisar que, como será indicado en el versículo anterior, los pecados mencionados aquí son los pecados cometidos por los creyentes, no el Mensajero mismo, la paz y las bendiciones sean con él. Como en muchos otros versículos, Dios se dirige a los creyentes a través de la persona del Mensajero, la paz y las bendiciones sean con él. Sin embargo, el Mensajero también tiene una parte en esta alocución. Debe ser entendido teniendo en cuenta la explicación siguiente:

La infalibilidad en el sentido de carecer de pecado es un atributo necesario de los Profetas. Su infalibilidad es un hecho basado en la razón y la tradición. Esta cualidad se requiere por varios motivos.

- En primer lugar, los Profetas vinieron para transmitir el Mensaje de Dios. Si comparamos este Mensaje con el agua pura o con la luz (13:17, 24:35), el Arcángel Gabriel —quien lo trajo— y el Profeta —quien lo comunicó— también deben ser absolutamente puros. Si no fuera así, su impureza contaminaría el Mensaje. Cada error es una impureza, una mancha oscura en el corazón. Los corazones o las almas de Gabriel y del Profeta se parecen a espejos pulidos que reflejan la Revelación Divina a la gente, una fuente en la cual las personas sacian su sed con el agua pura y Divina.

Cualquier punto negro en el espejo absorbería un rayo de aquella luz; una sola gota de barro volvería el agua turbia. Por consiguiente, los Profetas no serían capaces de entregar el Mensaje al completo. Sin embargo, ellos lo transmitieron perfectamente, tal y como fue declarado en el *sura* 5:3, 67.

- En segundo lugar, los Profetas enseñan a su gente todas las órdenes y los principios de la creencia y la conducta. Para que la gente aprenda su religión en su pureza y verdad prístina y tan perfectamente como sea posible para asegurar su felicidad y prosperidad en ambos mundos, los Profetas deben representar y luego presentar la Revelación sin falta o defecto. Esta es su función como guías y buenos ejemplos a seguir (33:21; 60:4,6). Un Profeta puede hacer o decir sólo aquello que ha sido autorizado por Dios. Si no pudiera, tendría que arrepentirse incluso más allá de su presente vida.
- En tercer lugar, el Corán ordena que los creyentes obedezcan las órdenes y las prohibiciones del Profeta, sin ninguna excepción y enfatiza que cuando Dios y Su Mensajero han decretado un asunto, no le corresponde a un hombre creyente y una mujer creyente tener dudas respecto a ello (33:36). Además advierte a los creyentes que lo que les incumbe a los creyentes, cuando Dios y Su Mensajeroemite un juicio, es: «Hemos oído y obedecemos» (24:51). La obediencia absoluta a un Profeta significa que todas sus órdenes y prohibiciones son correctas e irreprochables.

Entonces, ¿cómo podemos evaluar algunos versículos que mencionan el perdón de los Profetas?

La Misión Profética es un favor tan grande que todos los Profetas soportaban todo tipo de dificultades, mientras realizaban el deber de dar las gracias a Dios y siempre se preocupaban por no haberle adorado lo suficientemente. El profeta Muhammad a menudo imploraba a Dios de la siguiente manera: «¡Gloria a Ti! Nosotros no hemos sido capaces de conocerte como requiere Tu conocimiento, Oh el Conocido. ¡Gloria a Ti! Nosotros no hemos sido capaces de adorarte como Tu adoración requiere, Oh el Adorado».

Los versículos coránicos que son a veces entendidos —equivocadamente— como reprimenda para ciertos Profetas por algunas faltas suyas o mostrar que ellos buscan el perdón de Dios por algún pecado que cometieron, deben ser considerados desde este punto de vista. Además, el perdón de Dios no siempre significa que un pecado haya sido cometido. Las palabras coránicas *afw* (indulgencia) y *maghfira* (perdón) también significan un favor y bondad especial, así como la bendición Divina, en el caso de haberse aliviado o pasado por alto un deber religioso, como reza en los versículos siguientes:

> *Por lo tanto, ante aquel que se vea compelido por una necesidad perentoria (y sea llevado a cometer lo prohibido) sin inclinarse a propósito hacia el pecado, no cabe duda de que Dios es Indulgente, Compasivo* (5:3).
>
> *Pero si [...] no encontráis agua, recurrid a la tierra pura y pasárosla ligeramente por vuestra cara y manos (y brazos incluidos los codos). Es cierto que Dios es Aquel Quien concede remisión, Indulgente* (4:43).

Además, los pecados (lapsos con respecto a los Profetas) y el perdón tienen diferentes tipos y grados. Estos son: desobedecer mandamientos religiosos y su perdón implícito; desobedecer las leyes de Dios sobre la creación y la vida y su perdón implícito; y desobedecer las reglas de los buenos modales o la cortesía y el perdón del mismo. Un cuarto tipo, que no es un pecado, implica no hacer algo tan perfectamente como sea posible lo que es requerido por el amor a Dios y la proximidad a Él. Algunos Profetas pueden haber hecho esto, pero estos actos no pueden ser considerados pecados según la definición común.

3. Véase el *sura* 5:3, nota 1.

4. Así como con la alocución en la primera parte del versículo relacionada con el perdón de los pecados, esta alocución también es, como se apreciará en el versículo 20, para los creyentes por medio de la persona del Mensajero, la paz y las bendiciones sean con él, aunque él también posee una parte en ella con respecto a su categoría como Mensajero y en su condición de persona más cercana a Dios, y por lo tanto, con respecto a su relación con Dios.

5. Algunos de los ejércitos de los Cielos y la Tierra son ángeles así como todas las fuerzas y leyes en el universo que la ciencia moderna incorrectamente denomina «fuerzas y leyes de la naturaleza».

6. El versículo menciona a los hipócritas antes que a los politeístas. Esta es la razón por la cual el daño que los hipócritas provocan a los musulmanes es peor que el causado por los politeístas y, por lo tanto, se hallarán en la más baja categoría del Fuego (4:145). Albergar pensamientos malvados acerca de Dios no significa sino tener cualquier pensamiento malvado sobre Dios que es indecoroso acerca de Él. Aquí, en particular significa el pensamiento de que Dios no ayudará a los creyentes y no hará el Islam victorioso, y que, por lo tanto, lo que Él ha prometido es, —¡Dios no lo quiera!— una mentira.

10. Aquellos que te juran lealtad (Oh Mensajero), juran lealtad tan solo a Dios. La «Mano» de Dios se encuentra sobre sus manos[7]. Así pues, todo aquel que rompe su juramento, rompe su juramento tan solo en perjuicio de sí mismo; y todo aquel que cumple lo que ha jurado a Dios, Él le concederá una tremenda recompensa.

11. Aquellos de entre los beduinos que (no respondieron a tu llamada para participar en la campaña de la Peregrinación Menor) se rezagaron te dirán (como excusa): «Nuestras posesiones y familias nos mantuvieron ocupados, así que pide a Dios por nuestro perdón». Hablan con sus lenguas aquello que no se encuentra en sus corazones. Di (a ellos): «¿Quién puede interceder por vosotros con Dios si Él dispone un daño para vosotros o si Él dispone un beneficio para vosotros? (Cualquiera que sea la excusa que ofrezcáis, considerad que) Dios se halla perfectamente informado de todo lo que hacéis»[8].

12. En verdad, vosotros pensasteis que el Mensajero y los creyentes nunca regresarían con sus familias (desde la Campaña), y este pensamiento era embellecido para que os pareciera atrayente en vuestros corazones, y albergasteis un pensamiento malvado (que Dios no ayudaría a los creyentes y serían derrotados). Vosotros (al pensar de esta manera habéis demostrado ser y así pues) sois un pueblo despreciable y condenado a perecer.

13. Todo aquel que no cree (y no confía) en Dios y Su Mensajero: así pues hemos preparado sin duda un Fuego Llameante para los incrédulos.

إِنَّ الَّذِينَ يُبَايِعُونَكَ إِنَّمَا يُبَايِعُونَ اللَّهَ يَدُ اللَّهِ فَوْقَ أَيْدِيهِمْ
فَمَنْ نَكَثَ فَإِنَّمَا يَنْكُثُ عَلَى نَفْسِهِ وَمَنْ أَوْفَى بِمَا عَاهَدَ
عَلَيْهُ اللَّهَ فَسَيُؤْتِيهِ أَجْرًا عَظِيمًا ﴿١٠﴾ سَيَقُولُ لَكَ الْمُخَلَّفُونَ
مِنَ الْأَعْرَابِ شَغَلَتْنَا أَمْوَالُنَا وَأَهْلُونَا فَاسْتَغْفِرْ لَنَا يَقُولُونَ
بِأَلْسِنَتِهِمْ مَا لَيْسَ فِي قُلُوبِهِمْ قُلْ فَمَنْ يَمْلِكُ لَكُمْ
مِنَ اللَّهِ شَيْئًا إِنْ أَرَادَ بِكُمْ ضَرًّا أَوْ أَرَادَ بِكُمْ نَفْعًا بَلْ
كَانَ اللَّهُ بِمَا تَعْمَلُونَ خَبِيرًا ﴿١١﴾ بَلْ ظَنَنْتُمْ أَنْ لَنْ يَنْقَلِبَ
الرَّسُولُ وَالْمُؤْمِنُونَ إِلَى أَهْلِيهِمْ أَبَدًا وَزُيِّنَ ذَلِكَ
فِي قُلُوبِكُمْ وَظَنَنْتُمْ ظَنَّ السَّوْءِ وَكُنْتُمْ قَوْمًا بُورًا ﴿١٢﴾ وَمَنْ
لَمْ يُؤْمِنْ بِاللَّهِ وَرَسُولِهِ فَإِنَّا أَعْتَدْنَا لِلْكَافِرِينَ سَعِيرًا ﴿١٣﴾
وَلِلَّهِ مُلْكُ السَّمَاوَاتِ وَالْأَرْضِ يَغْفِرُ لِمَنْ يَشَاءُ وَيُعَذِّبُ
مَنْ يَشَاءُ وَكَانَ اللَّهُ غَفُورًا رَحِيمًا ﴿١٤﴾ سَيَقُولُ الْمُخَلَّفُونَ
إِذَا انْطَلَقْتُمْ إِلَى مَغَانِمَ لِتَأْخُذُوهَا ذَرُونَا نَتَّبِعْكُمْ يُرِيدُونَ
أَنْ يُبَدِّلُوا كَلَامَ اللَّهِ قُلْ لَنْ تَتَّبِعُونَا كَذَلِكُمْ قَالَ اللَّهُ مِنْ قَبْلُ
فَسَيَقُولُونَ بَلْ تَحْسُدُونَنَا بَلْ كَانُوا لَا يَفْقَهُونَ إِلَّا قَلِيلًا ﴿١٥﴾

14. A Dios Le pertenece la soberanía de los Cielos y de la Tierra; Él perdona, a quien Su Voluntad dicta y castiga a quien Su Voluntad dicta. Dios es Indulgente, Compasivo[9].

15. Cuando vosotros (Oh creyentes) partís para (la campaña militar durante la cual ellos piensan que seguramente vais a) tomar botines de guerra, aquellos que se rezagaron (antes) dirán: «Permítenos que vayamos con vosotros». Desean alterar el decreto de Dios. Di (a ellos): «De ningún modo vendréis con nosotros. Tal (decisión) con respecto a vosotros es lo que declaró Dios antes». Entonces dirán: «Más bien, tenéis envidia de nosotros». Pero el hecho es que carecen de discernimiento y comprensión, a excepción de muy poco[10].

7. Esta declaración posee dos significados importantes. Ya que la obediencia al Mensajero, la paz y las bendiciones sean con él, significa lo mismo que obediencia a Dios (4:80), y su acto de arrojar al enemigo significa lo mismo que el acto de arrojar de Dios (8:17), la mano del Mensajero que está sobre la mano que él sujeta en lealtad representa la Mano de Dios. (En relación con Dios la «mano» o cualquier otro término semejante es metafórico). El otro significado es que Dios ayuda a aquellos que juran lealtad al Mensajero. Así pues, aquí «Mano» significa Poder.

8. Este versículo y el siguiente hacen referencia a los árabes del desierto que no atendieron a la llamada del Mensajero, la paz y las bendiciones sean con él, para participar en la Campaña de *'Umra* (Peregrinación Menor) que efectuaron en el sexto año después de la *Hégira*, pensando que los quraishíes exterminarían a los musulmanes y no podrían regresar de nuevo a Medina.

9. Este versículo es significativo para entender el perdón y el castigo de Dios. En primer lugar, Él lleva a cabo lo que Su Voluntad dispone y de este modo no puede ser cuestionado en relación con Su voluntad y Sus actos. Sin embargo, Él nunca lleva a cabo cualquier cosa que sea injusto; Él perdona muchos de los pecados de Sus siervos a menos que no crean y/o asocien copartícipes a Él; y muestra compasión especial hacia ellos. Así pues, la conclusión del versículo mencionándole a Él como Indulgente, Compasivo (Aquel Quien posee compasión particular hacia Sus siervos) es un gran consuelo y fuente de esperanza para los siervos que tiemblan ante Su Majestad. Esto se subraya en la primera parte del versículo.

10. Después del Tratado de Judaybiya, los creyentes tomaron varias tribus bajo control, y conquistaron Jaybar. Una vez que los árabes hipócritas del desierto contemplaron a los musulmanes conquistar a todos sus enemigos, desearon participar en la Campaña de Jaybar con la esperanza de ganar botines de guerra. Sin embargo, Dios decretó que solamente aquellos que habían participado en la Campaña de la Peregrinación Menor podrían participar en esta campaña. Así pues fueron dejados desprovistos de los botines de guerra que tanto habían anhelado.

16. Di a aquellos de los habitantes del desierto que se rezagaron: «Pronto seréis llamados (a luchar) contra un pueblo de gran poder militar; entonces o vais a combatir contra ellos o se someterán a Dios y se convertirán en musulmanes. Si obedecéis, Dios os concederá una hermosa recompensa; pero si os apartáis, tal y como antes os apartasteis, Él os castigará con un castigo doloroso»[11].

17. No incurre en falta el ciego, ni el cojo, ni el enfermo (por no ir a una guerra en la causa de Dios). Todo aquel que obedece a Dios y a Su Mensajero (en los deberes religiosos con los que es encargado y puede realizar), Dios lo admitirá en los Jardines a través de los cuales discurren ríos. Pero todo aquel que se aparta, Él lo castigará con un castigo doloroso.

18. Dios estuvo sin duda alguna complacido con los creyentes cuando te juraron lealtad debajo del árbol. Él sabía lo que había en sus corazones (la sincera intención y la lealtad a la causa de Dios) y, por lo tanto, Él hizo descender (el regalo de) paz interior y consuelo sobre ellos, y los recompensó con una victoria cercana,

19. Y muchos botines de guerra que tomarán[12]. Y Dios es el Glorioso poseedor de irresistible poder, Omnisapiente.

20. Dios os ha prometido abundantes botines de guerra que vosotros tomaréis más adelante[13], y estos os ha concedido Él como recompensa actual (por vuestra obediencia y pureza de intención)[14]. Y Él ha retirado de vosotros las manos de (otros hostiles) pueblos de modo que sea una señal para los creyentes (respecto a la verdad de su camino y de las promesas que Dios les ha hecho), y que Él os dirija (con firmeza) a un camino recto.

قُلْ لِلْمُخَلَّفِينَ مِنَ الْأَعْرَابِ سَتُدْعَوْنَ إِلَىٰ قَوْمٍ أُولِي بَأْسٍ
شَدِيدٍ تُقَاتِلُونَهُمْ أَوْ يُسْلِمُونَ ۖ فَإِنْ تُطِيعُوا يُؤْتِكُمُ اللَّهُ أَجْرًا
حَسَنًا ۖ وَإِنْ تَتَوَلَّوْا كَمَا تَوَلَّيْتُمْ مِنْ قَبْلُ يُعَذِّبْكُمْ عَذَابًا أَلِيمًا ﴿١٦﴾
لَيْسَ عَلَى الْأَعْمَىٰ حَرَجٌ وَلَا عَلَى الْأَعْرَجِ حَرَجٌ وَلَا
عَلَى الْمَرِيضِ حَرَجٌ ۗ وَمَنْ يُطِعِ اللَّهَ وَرَسُولَهُ يُدْخِلْهُ جَنَّاتٍ
تَجْرِي مِنْ تَحْتِهَا الْأَنْهَارُ ۖ وَمَنْ يَتَوَلَّ يُعَذِّبْهُ عَذَابًا أَلِيمًا ﴿١٧﴾
لَقَدْ رَضِيَ اللَّهُ عَنِ الْمُؤْمِنِينَ إِذْ يُبَايِعُونَكَ تَحْتَ الشَّجَرَةِ
فَعَلِمَ مَا فِي قُلُوبِهِمْ فَأَنْزَلَ السَّكِينَةَ عَلَيْهِمْ وَأَثَابَهُمْ فَتْحًا
قَرِيبًا ﴿١٨﴾ وَمَغَانِمَ كَثِيرَةً يَأْخُذُونَهَا ۗ وَكَانَ اللَّهُ عَزِيزًا حَكِيمًا ﴿١٩﴾
وَعَدَكُمُ اللَّهُ مَغَانِمَ كَثِيرَةً تَأْخُذُونَهَا فَعَجَّلَ لَكُمْ هَٰذِهِ وَكَفَّ
أَيْدِيَ النَّاسِ عَنْكُمْ ۚ وَلِتَكُونَ آيَةً لِلْمُؤْمِنِينَ وَيَهْدِيَكُمْ صِرَاطًا
مُسْتَقِيمًا ﴿٢٠﴾ وَأُخْرَىٰ لَمْ تَقْدِرُوا عَلَيْهَا قَدْ أَحَاطَ اللَّهُ بِهَا ۚ
وَكَانَ اللَّهُ عَلَىٰ كُلِّ شَيْءٍ قَدِيرًا ﴿٢١﴾ وَلَوْ قَاتَلَكُمُ الَّذِينَ كَفَرُوا
لَوَلَّوُا الْأَدْبَارَ ثُمَّ لَا يَجِدُونَ وَلِيًّا وَلَا نَصِيرًا ﴿٢٢﴾ سُنَّةَ اللَّهِ
الَّتِي قَدْ خَلَتْ مِنْ قَبْلُ ۖ وَلَنْ تَجِدَ لِسُنَّةِ اللَّهِ تَبْدِيلًا ﴿٢٣﴾

21. Y aún así existen otros (botines) los cuales no habéis tenido la posibilidad de adquirir y a pesar de ello Dios ha abarcado (en Su Conocimiento y Poder, y os los concederá). Dios posee sin lugar a dudas pleno poder sobre todas las cosas.

22. Si los incrédulos (de La Meca) hubieran combatido contra vosotros (en lugar de firmar el tratado con vosotros en Judaybiya), habrían dado la espalda huyendo; y entonces no habrían encontrado a ningún guardián protector o auxiliador (para rescatarlos).

23. Es el camino de Dios el que ha continuado (siempre) desde el pasado;[15] nunca encontrarás cambio alguno en el camino de Dios.

11. Se dan numerosas predicciones en este *sura*, como por ejemplo, que:

- Dios ayudaría a los creyentes y los favorecería con grandes victorias;
- Los que se rezagaron en la Campaña de la Peregrinación Menor intentarían disculparse con pretextos falsos;
- Desearían participar en la campaña contra Jaybar que habría de tener lugar siguiendo el Tratado de Judaybiya, con la intención de tomar botines de guerra;
- Los musulmanes tendrían que luchar contra tribus o estados poderosos en el futuro;
- Los musulmanes habrían de tomar abundantes botines de guerra en batallas que acontecerían en el futuro;
- El Mensajero, la paz y las bendiciones sean con él, y sus Compañeros, que Dios esté complacido de ellos, visitarían la Kaba en seguridad, terminando así la Peregrinación Menor un año después de que lo hubieran planificado;
- Dios completaría su favor sobre el Mensajero, la paz y las bendiciones sean con él;
- El Islam continuaría prosperando de manera tan poderosa y rápida que maravillaría a los musulmanes y a otros.

Todas estas predicciones se hicieron realidad en un plazo de tiempo muy breve.

El pueblo mencionado en este versículo debe ser una de las tribus árabes politeístas que habitaban en Hiyaz o las regiones vecinas; algunas de estas tribus son mencionadas en *Surat at-Tawba*. Los musulmanes tuvieron que ofrecerles dos alternativas, o tendrían que resignarse a luchar o convertirse en musulmanes. Lo más probable es que haga referencia a las tribus Zaqif y Hawazin, contra las cuales el Mensajero de Dios, la paz y las bendiciones sean con él, tuvo que luchar tras la Conquista de La Meca para detener sus ataques.

12. El versículo menciona la lealtad que los cerca de 1.400-1.500 creyentes juraron al Mensajero, la paz y las bendiciones sean con él, en Judaybiya. Cuando los rumores que afirmaban que 'Uzman ibn Affan —quien había sido enviado a La Meca para negociar la intención de los musulmanes de efectuar la Peregrinación Menor— había sido asesinado empezaron a circular, el Mensajero de Dios instó a los creyentes en su compañía a que le juraran lealtad y juraran defenderse a sí mismos a pesar de la posibilidad de que puedan caer muertos. Habían venido con la intención de visitar la Kaba y efectuar la Peregrinación Menor. Sin embargo, cuando se encontraron con la reacción inesperada y sentían que su causa se hallaba bajo una gran amenaza, se unieron alrededor del Mensajero, la paz y las bendiciones sean con él, como si de un solo cuerpo se tratase. No tenían otra intención que no fuera la de servir a la causa de Dios para ganar Su aprobación y complacencia. Dios estuvo complacido con la pureza de intenciones y la fidelidad en sus corazones. Así pues, Él los favoreció con una victoria en un futuro próximo: es decir, la conquista de Jaybar y abundantes botines de guerra.

13. Los abundantes botines de guerra prometidos son los botines que los musulmanes habrían de adquirir en las batallas que tuvieron que luchar después de la Batalla de Jaybar.

14. La recompensa actual concedida a los musulmanes no es sino los botines de guerra que adquirieron en la Batalla de Jaybar.

15. Este camino es el que se indica en (4:141): *...y Dios nunca permitirá a los incrédulos encontrar un camino (de triunfo) sobre los (verdaderos) creyentes*, y en (3:139):*...seréis siempre superiores si sois (verdaderos) creyentes*.

24. Y Él es Quien retiró sus manos de vosotros y vuestras manos de ellos en el valle de La Meca, después de que Él os hubiera concedido la victoria sobre ellos[16]. Sin duda alguna Él contempla bien todo lo que vosotros hacéis.

25. (Dios los derrotó ya que) son aquellos que no han creído y que os impidieron (visitar) la Mezquita Sagrada y (no permitieron que) las ofrendas alcanzaran su destino. Y si no hubiera habido (en La Meca) hombres y mujeres creyentes a los que vosotros no conocíais y, por lo tanto, podíais haberles arrollado, y así algo indeseado os podría afligir por su causa (por lo que vosotros hicisteis) sin saberlo, (Dios no habría retirado vuestras manos de la lucha. Sin embargo retiró vuestras manos) de modo que Él pueda admitir a Su Misericordia a quien Su Voluntad dispone (perdonando a los creyentes en La Meca, y permitiendo a muchos de entre los habitantes de La Meca que abrazaran el Islam con el tiempo). Si ellos (los creyentes y los incrédulos en La Meca) se hubieran separado claramente, habríamos castigado sin duda alguna a aquellos incrédulos que se hallaban entre ellos con un castigo doloroso.

26. Cuando aquellos incrédulos abrigaban en sus corazones un fiero fanatismo (proveniente de la egolatría, el tribalismo y la enemistad), el fanatismo específico de la Época de la Ignorancia, Dios hizo descender Su (regalo de) paz interior y consuelo en Su Mensajero y en los creyentes, y uniéndolos a la Palabra de fe, piedad y reverencia a Dios. Eran los más dignos de ella y se merecieron más la misma. Y Dios posee pleno conocimiento de todas las cosas.

وَهُوَ الَّذٖى كَفَّ اَيْدِيَهُمْ عَنْكُمْ وَاَيْدِيَكُمْ عَنْهُمْ بِبَطْنِ مَكَّةَ
مِنْ بَعْدِ اَنْ اَظْفَرَكُمْ عَلَيْهِمْ وَكَانَ اللّٰهُ بِمَا تَعْمَلُونَ بَصٖيرًا ﴿٢٤﴾
هُمُ الَّذٖينَ كَفَرُوا وَصَدُّوكُمْ عَنِ الْمَسْجِدِ الْحَرَامِ وَالْهَدْىَ
مَعْكُوفًا اَنْ يَبْلُغَ مَحِلَّهُ وَلَوْلَا رِجَالٌ مُؤْمِنُونَ وَنِسَاءٌ
مُؤْمِنَاتٌ لَمْ تَعْلَمُوهُمْ اَنْ تَطَؤُهُمْ فَتُصٖيبَكُمْ مِنْهُمْ مَعَرَّةٌ
بِغَيْرِ عِلْمٍ لِيُدْخِلَ اللّٰهُ فٖى رَحْمَتِهٖ مَنْ يَشَاءُ لَوْ تَزَيَّلُوا لَعَذَّبْنَا
الَّذٖينَ كَفَرُوا مِنْهُمْ عَذَابًا اَلٖيمًا ﴿٢٥﴾ اِذْ جَعَلَ الَّذٖينَ كَفَرُوا
فٖى قُلُوبِهِمُ الْحَمِيَّةَ حَمِيَّةَ الْجَاهِلِيَّةِ فَاَنْزَلَ اللّٰهُ سَكٖينَتَهُ
عَلٰى رَسُولِهٖ وَعَلَى الْمُؤْمِنٖينَ وَاَلْزَمَهُمْ كَلِمَةَ التَّقْوٰى
وَكَانُوا اَحَقَّ بِهَا وَاَهْلَهَا وَكَانَ اللّٰهُ بِكُلِّ شَىْءٍ عَلٖيمًا ﴿٢٦﴾
لَقَدْ صَدَقَ اللّٰهُ رَسُولَهُ الرُّؤْيَا بِالْحَقِّ لَتَدْخُلُنَّ الْمَسْجِدَ
الْحَرَامَ اِنْ شَاءَ اللّٰهُ اٰمِنٖينَ مُحَلِّقٖينَ رُؤُسَكُمْ وَمُقَصِّرٖينَ
لَا تَخَافُونَ فَعَلِمَ مَا لَمْ تَعْلَمُوا فَجَعَلَ مِنْ دُونِ ذٰلِكَ
فَتْحًا قَرٖيبًا ﴿٢٧﴾ هُوَ الَّذٖى اَرْسَلَ رَسُولَهُ بِالْهُدٰى وَدٖينِ
الْحَقِّ لِيُظْهِرَهُ عَلَى الدّٖينِ كُلِّهٖ وَكَفٰى بِاللّٰهِ شَهٖيدًا ﴿٢٨﴾

27. Dios sin duda alguna ha confirmado la visión para Su Mensajero como verdad (y la cumplirá sin lugar a dudas) en realidad[17]: en verdad vosotros entrareis en la Mezquita Sagrada, si Dios quiere[18], en suma seguridad, con vuestras cabezas afeitadas o vuestro pelo recortado[19], y no tendréis nada que temer. Pero Él sabe siempre lo que vosotros no sabéis, y (por lo tanto, sin permitir que vosotros ingreséis en la Mezquita este año,) os ha concedido una victoria cercana antes de esto[20].

28. Él es Quien ha enviado a Su Mensajero con la guía Divina y la Religión de la verdad para que Él haga prevalecerla sobre todas las religiones[21]. Dios basta como testigo (para la verdad de Su promesa y la misión de Su Mensajero).

16. Esta victoria es la que acaeció cuando los habitantes de La Meca no pudieron hacer nada a los musulmanes que habían venido para la Peregrinación Menor, y regresaron sanos y salvos junto a sus familias, a pesar de las expectativas de los hipócritas. Asimismo, los habitantes de La Meca tuvieron que reconocer a Medina como una ciudad-estado semejante a la suya, y los musulmanes aseguraron la Peregrinación Menor para el año siguiente. La tregua firmada también les preparó el terreno para comunicar el Islam en circunstancias de paz y, en consecuencia, numerosas personas se convirtieron. Todos estos progresos terminaron dos años más tarde, en la Conquista de La Meca, la decisiva victoria sin derramamiento de sangre del Islam.

17. Para esta visión, véase la nota 1 en este *sura*.

18. *Si Dios quiere*, posee tres significados aquí:

- Vuestra entrada en la Mezquita Sagrada, como el resto de los acontecimientos en el universo y en vuestras vidas, ocurrirá por Voluntad de Dios, no por tu voluntad o la de los politeístas de La Meca. Así pues, no preguntéis al Mensajero, la paz y las bendiciones sean con él, por qué a vosotros no se os ha permitido entrar este año.
- El versículo nos enseña que lo que pensamos o hemos decidido hacer en el futuro, debemos referirlo siempre a la Voluntad de Dios y decir: «Nosotros haremos o intentaremos hacerlo si es la Voluntad de Dios» (Véase el *sura* 18:23).
- Algunos pueden morir antes de su momento para entrar en la Mezquita o no podrán unirse a los musulmanes que irán a visitarla.

19. Durante la Peregrinación, los hombres afeitan sus cabezas totalmente o se cortan el pelo como señal del cumplimiento de la Peregrinación, ya sea la mayor o la menor. Tener las cabezas afeitadas es más gratificante. Las mujeres, por su parte, tienen solamente algo de su pelo cortado. Así pues esta declaración significa que los musulmanes cumplirán en suma seguridad la Peregrinación menor y la visión del Mensajero se hará realidad.

20. Esta victoria debe ser el Tratado de Judaybiya, que demostró ser finalmente una victoria manifiesta. (Véase anteriormente, el versículo 1, nota 1.)

21. Para una explicación más detallada, véase el *sura* 9:33, nota 9.

مُحَمَّدٌ رَسُولُ اللّٰهِ وَالَّذِينَ مَعَهُ اَشِدَّاءُ عَلَى الْكُفَّارِ رُحَمَاءُ بَيْنَهُمْ
تَرٰيهُمْ رُكَّعًا سُجَّدًا يَبْتَغُونَ فَضْلاً مِنَ اللّٰهِ وَرِضْوَانًا سِيمَاهُمْ
فِى وُجُوهِهِمْ مِنْ اَثَرِ السُّجُودِ ذٰلِكَ مَثَلُهُمْ فِى التَّوْرٰيةِ وَمَثَلُهُمْ
فِى الْاِنْجِيلِ كَزَرْعٍ اَخْرَجَ شَطْـَٔهُ فَاٰزَرَهُ فَاسْتَغْلَظَ فَاسْتَوٰى
عَلٰى سُوقِهِ يُعْجِبُ الزُّرَّاعَ لِيَغِيظَ بِهِمُ الْكُفَّارَ وَعَدَ اللّٰهُ الَّذِينَ
اٰمَنُوا وَعَمِلُوا الصَّالِحَاتِ مِنْهُمْ مَغْفِرَةً وَاَجْرًا عَظِيمًا ﴿٢٩﴾

سُورَةُ الْحُجُرَاتِ مَدَنِيَّةٌ
وَهِىَ ثَمَانِىَ عَشْرَةَ اٰيَةً

بِسْمِ اللّٰهِ الرَّحْمٰنِ الرَّحِيمِ

يَا اَيُّهَا الَّذِينَ اٰمَنُوا لَا تُقَدِّمُوا بَيْنَ يَدَىِ اللّٰهِ وَرَسُولِهِ وَاتَّقُوا اللّٰهَ
اِنَّ اللّٰهَ سَمِيعٌ عَلِيمٌ ﴿١﴾ يَا اَيُّهَا الَّذِينَ اٰمَنُوا لَا تَرْفَعُوا اَصْوَاتَكُمْ فَوْقَ
صَوْتِ النَّبِىِّ وَلَا تَجْهَرُوا لَهُ بِالْقَوْلِ كَجَهْرِ بَعْضِكُمْ لِبَعْضٍ اَنْ تَحْبَطَ
اَعْمَالُكُمْ وَاَنْتُمْ لَا تَشْعُرُونَ ﴿٢﴾ اِنَّ الَّذِينَ يَغُضُّونَ اَصْوَاتَهُمْ عِنْدَ رَسُولِ
اللّٰهِ اُولٰئِكَ الَّذِينَ امْتَحَنَ اللّٰهُ قُلُوبَهُمْ لِلتَّقْوٰى لَهُمْ مَغْفِرَةٌ وَاَجْرٌ عَظِيمٌ ﴿٣﴾
اِنَّ الَّذِينَ يُنَادُونَكَ مِنْ وَرَاءِ الْحُجُرَاتِ اَكْثَرُهُمْ لَا يَعْقِلُونَ ﴿٤﴾

وَلَوْ اَنَّهُمْ

29. Muhammad es el Mensajero de Dios; y aquellos que se hallan en su compañía son firmes e inflexibles frente a los incrédulos, y compasivos entre sí. Vosotros los contempláis (constantes en la Oración) inclinándose y postrándose, buscando el favor de Dios y Su complacencia y aprobación. Sus señales se encuentran en sus rostros, marcados por la postración[22]. Esta es su descripción en la Tora; y su descripción en el Evangelio: como una semilla que ha echado su brote, después lo ha consolidado, y a continuación se ha levantado firmemente en su tallo, deleitando a los sembradores (con alegría y maravilla), que con ellos llena a los incrédulos de ira[23]. Dios ha prometido a todos aquellos de entre ellos que creen y hacen actos buenos y rectos el perdón (que traerá bendiciones imprevistas) y una tremenda recompensa.

22. Es decir, el hecho de que son creyentes se puede discernir en sus caras. Su fe se refleja en su estilo de vida y en su aspecto exterior, incluyendo especialmente sus rostros.

23. Aunque es difícil encontrar estas descripciones en las versiones actuales de la Tora y del Evangelio, las citas siguientes demuestran que existieron definitivamente en sus originales:

> Dijo: El Señor vino del Sinaí, brilló para ellos desde Seír; resplandeció desde el monte Parán. Con él las miríadas de Cadés, Ley de fuego en su diestra para ellos. Tú que amas a los antepasados, todos los santos están en tu mano. Y ellos, postrados a tus pies, cargados están de tus palabras (*Deuteronomio*, 33:2-3).

> También decía: «El Reino de Dios es como un hombre que echa el grano en la tierra; duerma o se levante, de noche o de día, el grano brota y crece, sin que él sepa cómo. La tierra da el fruto por sí misma; primero hierba, luego espiga, después trigo abundante en la espiga. Y cuando el fruto lo admite, enseguida se le mete la hoz, porque ha llegado la siega». Decía también: «¿Con qué compararemos el Reino de Dios o con qué parábola lo expondremos? Es como un grano de mostaza que, cuando se siembra en la tierra, es más pequeña que cualquier semilla que se siembra en la tierra; pero una vez sembrada, crece y se hace mayor que todas las hortalizas y echa ramas tan grandes que las aves del cielo anidan a su sombra». Y les anunciaba la Palabra con muchas parábolas como éstas, según podían entenderle (*Marcos*, 4:26-33)

SURA 49

AL-HUYURAT (LAS HABITACIONES PRIVADAS)

Período de Medina

Revelado en Medina y constando de 18 versículos, este *sura* adopta su nombre de la palabra *huyurat* (habitaciones privadas) la cual aparece en el versículo 4. Hace referencia a cómo los creyentes deben comportarse hacia el Mensajero, la paz y las bendiciones sean con él, y entre sí. Establece principios importantes acerca de cómo ocuparse de cualquier informe que recibamos, las luchas internas en una comunidad musulmana, los juicios a los individuos y el rechazo al racismo. A su vez se centra en la diferencia existente entre la fe verdadera y someterse a una autoridad musulmana (o ser musulmán externamente o ante la Ley).

En el Nombre de Dios,
el Misericordioso, el Compasivo.

1. ¡Oh vosotros que creéis! No os adelantéis en presencia de Dios y de Su Mensajero[1]. Apartaos de la desobediencia a Dios en veneración a Él y piedad. No cabe duda de que Dios es Quien todo lo Oye, Omnisciente.

2. ¡Oh vosotros que creéis! No alcéis vuestras voces por encima de la voz del Profeta, ni habléis en voz alta al dirigiros a él, tal y como hablaríais en voz alta entre vosotros, para que vuestros buenos actos sean en vano sin daros cuenta de ello[2].

3. Aquellos que bajan el tono de sus voces en presencia del Mensajero de Dios, son aquellos cuyos corazones Dios ha puesto a prueba y examinado para la piedad y la veneración a Él. Para ellos se da perdón (que traerá recompensas imprevistas) y una tremenda recompensa.

4. Aquellos que te llaman en voz alta desde detrás de las habitaciones privadas (que compartes con tus esposas), la mayor parte de ellos no razona ni entiende (y, por lo tanto, carecen de buenas maneras).

1. Todo cuanto Dios y Su Mensajero desean y decretan en una cuestión, los creyentes deben aceptarlo y obedecerlo. Los creyentes deben adoptar siempre el Corán y la Sunna como el estándar al cual deben ajustarse en sus pensamientos y acciones. Asimismo, deben mostrar sumo respeto a Dios y Su Mensajero, la paz y las bendiciones sean con él.

2. La obediencia al Mensajero, la paz y las bendiciones sean con él, en todos sus veredictos significa obediencia a Dios, y la fe en Dios y su obediencia a Él requieren obediencia incondicional al Mensajero. Además, ya que cualquier decidida falta de respeto hacia él equivale a la incredulidad, puede causar que todos los buenos actos de un individuo sean en vano. Esto es así tanto durante la vida del Profeta como después de su muerte. Hay algunos actos que, a pesar de que no equivalen a la incredulidad en sí, llevan el riesgo de causar la incredulidad. Alzar nuestra voz o cualquier otra acción que no surja de una decidida falta de respeto no quiere decir o señalar la incredulidad, a pesar de que puede provocar que el buen acto realizado con la palabra o la acción se eche a perder. (Véase también el *sura* 24:62-63 y las notas correspondientes 33 y 34.)

وَلَوْ اَنَّهُمْ صَبَرُوا حَتّٰى تَخْرُجَ اِلَيْهِمْ لَكَانَ خَيْرًا لَهُمْۜ وَاللّٰهُ غَفُورٌ
رَح۪يمٌ ﴿٥﴾ يَٓا اَيُّهَا الَّذ۪ينَ اٰمَنُٓوا اِنْ جَٓاءَكُمْ فَاسِقٌ بِنَبَاٍ فَتَبَيَّنُٓوا
اَنْ تُص۪يبُوا قَوْمًا بِجَهَالَةٍ فَتُصْبِحُوا عَلٰى مَا فَعَلْتُمْ نَادِم۪ينَ ﴿٦﴾
وَاعْلَمُٓوا اَنَّ ف۪يكُمْ رَسُولَ اللّٰهِۜ لَوْ يُط۪يعُكُمْ ف۪ي كَث۪يرٍ مِنَ الْاَمْرِ
لَعَنِتُّمْ وَلٰكِنَّ اللّٰهَ حَبَّبَ اِلَيْكُمُ الْا۪يمَانَ وَزَيَّنَهُ ف۪ي قُلُوبِكُمْ وَكَرَّهَ
اِلَيْكُمُ الْكُفْرَ وَالْفُسُوقَ وَالْعِصْيَانَۜ اُو۬لٰٓئِكَ هُمُ الرَّاشِدُونَۙ ﴿٧﴾ فَضْلًا
مِنَ اللّٰهِ وَنِعْمَةًۜ وَاللّٰهُ عَل۪يمٌ حَك۪يمٌ ﴿٨﴾ وَاِنْ طَٓائِفَتَانِ مِنَ الْمُؤْمِن۪ينَ
اقْتَتَلُوا فَاَصْلِحُوا بَيْنَهُمَاۚ فَاِنْ بَغَتْ اِحْدٰيهُمَا عَلَى الْاُخْرٰى فَقَاتِلُوا
الَّت۪ي تَبْغ۪ي حَتّٰى تَف۪ٓيءَ اِلٰٓى اَمْرِ اللّٰهِۚ فَاِنْ فَٓاءَتْ فَاَصْلِحُوا بَيْنَهُمَا
بِالْعَدْلِ وَاَقْسِطُواۜ اِنَّ اللّٰهَ يُحِبُّ الْمُقْسِط۪ينَ ﴿٩﴾ اِنَّمَا الْمُؤْمِنُونَ
اِخْوَةٌ فَاَصْلِحُوا بَيْنَ اَخَوَيْكُمْ وَاتَّقُوا اللّٰهَ لَعَلَّكُمْ تُرْحَمُونَ۟ ﴿١٠﴾
يَٓا اَيُّهَا الَّذ۪ينَ اٰمَنُوا لَا يَسْخَرْ قَوْمٌ مِنْ قَوْمٍ عَسٰٓى اَنْ يَكُونُوا
خَيْرًا مِنْهُمْ وَلَا نِسَٓاءٌ مِنْ نِسَٓاءٍ عَسٰٓى اَنْ يَكُنَّ خَيْرًا مِنْهُنَّۚ
وَلَا تَلْمِزُٓوا اَنْفُسَكُمْ وَلَا تَنَابَزُوا بِالْاَلْقَابِۜ بِئْسَ الِاسْمُ
الْفُسُوقُ بَعْدَ الْا۪يمَانِۚ وَمَنْ لَمْ يَتُبْ فَاُو۬لٰٓئِكَ هُمُ الظَّالِمُونَ ﴿١١﴾

5. Si (en vez de gritarte para que salgas a su encuentro) hubieran sido pacientes hasta que salierais a su encuentro, habría sido sin duda alguna mejor para ellos (por lo que se refiere a las maneras debidas a ti por su parte). Sin embargo, Dios es Indulgente, Compasivo (especialmente hacia Sus siervos creyentes, y puede perdonar la descortesía que emerge de la ignorancia)[3].

6. ¡Oh vosotros que creéis! Si algún transgresor os trae nuevas (que requieren tomar medidas), verificadlas cuidadosamente (antes de que creáis y actuéis con respecto a las mismas), no sea que en la ignorancia perjudiquéis un pueblo y después os arrepintáis de lo que habéis hecho[4].

7. Considerad siempre que el Mensajero de Dios se encuentra entre vosotros (de modo que tenéis el deber de referirle decisiones)[5]. Si él os siguiera en numerosos asuntos de interés público, os hallaríais sin duda en apuro (y sufriríais pérdida)[6]. Mas Dios os ha hecho amar la fe (Oh creyentes) y la ha embellecido para que os pareciera atrayente en vuestros corazones, y Él os ha hecho detestable a vosotros la incredulidad, la transgresión y la rebelión. Aquellos son los que se hallan rectamente guiados (en creencia, pensamiento y acción),

8. Como una gracia de Dios y como un favor. Dios es Omnisciente, Omnisapiente.

9. Si dos grupos de creyentes luchan entre sí, haced las paces entre ellos (y actuad inmediatamente). Pero si uno de ellos usurpa agresivamente los derechos del otro, entonces luchad todos contra el grupo agresor hasta que éste cumpla el decreto de Dios (respecto al asunto). Si cumplen, entonces haced las paces entre ellos con justicia y sed escrupulosamente ecuánimes. Dios ama sin duda a los escrupulosamente ecuánimes.

10. Los creyentes no son sino hermanos, así que haced las paces entre vuestros hermanos; y apartaos de la desobediencia a Dios en veneración a Él y piedad (particularmente en vuestros deberes entre vosotros como hermanos), para que así os sea mostrada misericordia (concediéndoos una vida buena, virtuosa en el mundo como individuos y como comunidad, y una felicidad eterna en el Más Allá)[7].

11. ¡Oh vosotros que creéis! No permitáis que cierta gente entre vosotros se burle de otra gente; puede ser que estos últimos sean mejores que los anteriores. Ni permitáis que algunas mujeres se burlen de otras mujeres; puede ser que estas últimas sean mejores que las anteriores. Ni tampoco os difaméis los unos a los otros (y provoquéis lo mismo para vosotros mismos en represalia); ni os insultéis mutuamente con apodos (que vuestros hermanos y vuestras hermanas detestan). Maléfico es llamar con nombres de soez significado después de (que aquellos que han sido llamados así hayan aceptado) la fe (obrar así no es sino sustituir una señal de fe por una señal de la transgresión). Todo aquel que (hace eso y después) no se torna a Dios en arrepentimiento (desistiendo de obrar así), ésos son en verdad malhechores.

---

3. El tipo de tratamiento hacia el Mensajero de Dios, la paz y las bendiciones sean con él, que se menciona en los dos versículos anteriores es diferente del tipo de trato condenado en los primeros tres versículos. El primero se refiere a cualquier descortesía que surge de la ignorancia, mientras que el segundo hace referencia a la falta de respeto al Mensajero, la paz y las bendiciones sean con él, y tratarse a uno mismo como hallándose a la par con él, o considerando que las opiniones de uno poseen el mismo valor que las suyas. Mientras que el último puede provocar que los buenos actos de uno sean en vano y perezcan, el primero es perdonable. Sin embargo, tales acciones, condenadas tan manifiestamente por este versículo, no deben ser repetidas.

4. El principio establecido en este versículo tras los mandatos relacionados con el comportamiento hacia el Mensajero, la paz y las bendiciones sean con él, requiere la atención en muchos aspectos, como por ejemplo los siguientes:

- En otro versículo (17:36), Dios ordena: *No sigáis aquello de lo que no tenéis conocimiento (de si es bueno o malo) y apartaros de las afirmaciones y conjeturas infundadas. Sin duda el oído, la vista y el corazón; cada uno de éstos está sujeto a ser cuestionado acerca de ello (eres responsable, rendirás cuentas de cada uno de ellos el Día del Juicio Final).* Así pues, un musulmán no puede juzgar nada sin conocimiento verdadero o confirmado sobre ello. Especialmente en los asuntos que requieren responsabilidad y que tienen que ver con las relaciones sociales, los musulmanes deben tener extremo cuidado de que se hallan actuando en base a cierto conocimiento. Este conocimiento debe basarse en informes de testigos presenciales, o en informes verdaderos, verificados y nunca tener en cuenta conjeturas, opiniones individuales o informes falsos. Tal y como será decretado en el posterior versículo 12, un musulmán no puede albergar una mala opinión de otros musulmanes.
- Un individuo que, a pesar de ser creyente, miente, se ha demostrado que es un difamador, o se ha atestiguado que ha cometido alguna de las acciones prohibidas de modo decisivo no puede ser escuchado en un tribunal de justicia; y la declaración de tal persona no es aceptable.
- De acuerdo con este versículo, los eruditos del *Hadiz* desarrollaron una ciencia muy importante y significativa, denominada ciencia de *yarh* y de *ta'dil*, la ciencia de establecer si aquel que relata dichos, actos y confirmaciones del Profeta es digno de confianza o no. Esto debe ser aplicable a todos los asuntos y campos, especialmente los relacionados con las relaciones sociales y los procesos judiciales.
- Todos y cada uno de nosotros somos considerados dignos de confianza hasta que una trasgresión tal como la mentira, la difamación o cometer cualquier acción decisivamente prohibida haya sido establecida por nuestra parte.

5. A su vez, en concreto, véase el *sura* 4:59, 64-65, 83, nota 13.

6. Esto no significa que el Mensajero de Dios, la paz y las bendiciones sean con él, no debe consultar con sus Compañeros en los asuntos de gobierno. Más bien, la consulta es esencial para el gobierno islámico y fue impuesta sobre el Mensajero, la paz y las bendiciones sean con él (3:159). Si consideramos que este mandato fue reiterado inmediatamente después de la Batalla de Uhud, y que una de las razones del revés temporal en esa batalla surgió de la aceptación (a regañadientes) del Mensajero de la decisión para salir a hacer frente al enemigo, que se dio tras una consulta pero que se oponía a su opinión, entonces la importancia de la consulta se hace más patente (véase el *sura* 3:159, nota 31). Sin embargo, si existe algo contrario a los principios fundamentales de la fe y de la acción, no puede ser propuesta para discusión; y si el Mensajero, la paz y las bendiciones sean con él, ha decidido definitivamente sobre un tema, éste no debe ser discutido.

7. Los últimos dos versículos significan que todos los creyentes son hermanos y hermanas, quienes son responsables unos de otros en esta relación. Insinúa que puede haber peleas, incluso luchas, entre los hermanos, que algunas veces pueden surgir de la rivalidad y la envidia. Aunque peleen y luchen unos con otros, todavía son hermanos y hermanas, y la hermandad requiere paz. Si, a pesar del hecho de que no puede haber enemistad entre ellos, dos grupos de creyentes discuten o luchan mutuamente, los otros creyentes, que son sus hermanos y hermanas, deben reconciliarlos inmediatamente y hacer las paces entre ellos según exige tal relación. Cuando se hayan reconciliado y hecho las paces, deben ser meticulosos al actuar según los preceptos de la justicia. Ya que las peleas entre los hermanos y las hermanas normalmente surgen de la rivalidad y; por lo tanto, dispensar justicia con gran cuidado es particularmente importante.

La hermandad es muy importante para la vida individual y social de los creyentes. En particular, su prosperidad en el mundo y la superioridad contra sus enemigos dependen de la fe y de esta relación. Si se enfrentan unos con otros y se dividen en grupos rivales, es inevitable que se debilitarán y serán derrotados por sus enemigos. Por esta razón, el Corán y el Mensajero de Dios, la paz y las bendiciones sean con él, han hecho mucho hincapié en la importancia de la hermandad. El Mensajero de Dios solía exigir la lealtad de los creyentes en base a las condiciones por las cuales tenían que realizar las Oraciones Prescritas, pagar la Limosna Prescrita Purificadora, y desearles el bien a los creyentes. También dijo: «Maldecir a un musulmán es una transgresión, y pelearse con él equivale a la incredulidad» (al-Bujari, «Iman», 36). En otra ocasión, dijo: «Un musulmán es un hermano de otro musulmán. Nunca es injusto con él ni lo desprovee de su apoyo. No hay una ofensa más grande para un musulmán que despreciar a su hermano musulmán» (al-Bujari, «Adab», 57-58; Muslim, «Birr», 28-34). También dijo: «Los creyentes son como un sólo cuerpo amándose y demostrándose misericordia mutuamente. (Precisamente como todo el cuerpo sufre algún sufrimiento en cualquier parte del mismo), así también, todos los creyentes sufrirán por el sufrimiento de un creyente» (al-Bujari, «Adab», 122; Muslim, «Birr», 66). [Para la importancia de la hermandad y cómo se puede realizar y preservar, véase Said Nursi, *Lem'alar* («Destellos»), «20. Lem'a» («20º Destello»)].

516 سُورَةُ الْحُجُرَاتِ ٥١٦

يَا اَيُّهَا الَّذِينَ اٰمَنُوا اجْتَنِبُوا كَثِيرًا مِنَ الظَّنِّ اِنَّ بَعْضَ الظَّنِّ
اِثْمٌ وَلَا تَجَسَّسُوا وَلَا يَغْتَبْ بَعْضُكُمْ بَعْضًا اَيُحِبُّ اَحَدُكُمْ
اَنْ يَاْكُلَ لَحْمَ اَخِيهِ مَيْتًا فَكَرِهْتُمُوهُ وَاتَّقُوا اللّٰهَ اِنَّ اللّٰهَ تَوَّابٌ
رَحِيمٌ ﴿١٢﴾ يَا اَيُّهَا النَّاسُ اِنَّا خَلَقْنَاكُمْ مِنْ ذَكَرٍ وَاُنْثٰى وَجَعَلْنَاكُمْ
شُعُوبًا وَقَبَائِلَ لِتَعَارَفُوا اِنَّ اَكْرَمَكُمْ عِنْدَ اللّٰهِ اَتْقٰيكُمْ اِنَّ اللّٰهَ
عَلِيمٌ خَبِيرٌ ﴿١٣﴾ قَالَتِ الْاَعْرَابُ اٰمَنَّا قُلْ لَمْ تُؤْمِنُوا وَلٰكِنْ قُولُوا
اَسْلَمْنَا وَلَمَّا يَدْخُلِ الْاِيمَانُ فِى قُلُوبِكُمْ وَاِنْ تُطِيعُوا اللّٰهَ
وَرَسُولَهُ لَا يَلِتْكُمْ مِنْ اَعْمَالِكُمْ شَيْئًا اِنَّ اللّٰهَ غَفُورٌ رَحِيمٌ ﴿١٤﴾
اِنَّمَا الْمُؤْمِنُونَ الَّذِينَ اٰمَنُوا بِاللّٰهِ وَرَسُولِهِ ثُمَّ لَمْ يَرْتَابُوا
وَجَاهَدُوا بِاَمْوَالِهِمْ وَاَنْفُسِهِمْ فِى سَبِيلِ اللّٰهِ اُولٰئِكَ هُمُ
الصَّادِقُونَ ﴿١٥﴾ قُلْ اَتُعَلِّمُونَ اللّٰهَ بِدِينِكُمْ وَاللّٰهُ يَعْلَمُ مَا فِى
السَّمٰوَاتِ وَمَا فِى الْاَرْضِ وَاللّٰهُ بِكُلِّ شَيْءٍ عَلِيمٌ ﴿١٦﴾ يَمُنُّونَ
عَلَيْكَ اَنْ اَسْلَمُوا قُلْ لَا تَمُنُّوا عَلَيَّ اِسْلَامَكُمْ بَلِ اللّٰهُ يَمُنُّ
عَلَيْكُمْ اَنْ هَدٰيكُمْ لِلْاِيمَانِ اِنْ كُنْتُمْ صَادِقِينَ ﴿١٧﴾ اِنَّ اللّٰهَ
يَعْلَمُ غَيْبَ السَّمٰوَاتِ وَالْاَرْضِ وَاللّٰهُ بَصِيرٌ بِمَا تَعْمَلُونَ ﴿١٨﴾

سُورَةُ

12. ¡Oh vosotros que creéis! Evitad mucha sospecha, pues alguna sospecha es un grave pecado (propenso al castigo de Dios)[8]; y no os espiéis (mutuamente)[9], ni os difaméis (uno en contra del otro). ¿A alguno de vosotros le gustaría comer la carne de su hermano muerto?[10] ¡Lo aborreceríais! Apartaos de la desobediencia a Dios en veneración a Él y piedad. Sin duda Dios es Quien en verdad corresponde el arrepentimiento con un perdón generoso y una recompensa adicional, el Compasivo (especialmente hacia Sus siervos creyentes).

13. ¡Oh seres humanos! En verdad que os hemos creado de un varón y una hembra, os hemos convertido en tribus y familias para que os podáis conocer mutuamente (y así establecer relaciones mutuas y cooperativas, no para que os enorgullezcáis en vuestras diferencias de raza o categoría social, y hagáis enemigos). Sin duda el más noble, el más honorable de vosotros ante Dios es aquél que es el mejor en la piedad, la rectitud y la reverencia hacia Dios. Sin duda Dios es Omnisapiente, el Consciente de todo[11].

14. (Algunos de) los habitantes del desierto (beduinos) dicen: «Creemos». Di (les a ellos): «No habéis creído. Más bien, (deberíais) decir, "Nos hemos sometido (al gobierno del Islam)", pues la fe no ha entrado aún en vuestros corazones»[12]. Pero, si obedecéis a Dios y a Su Mensajero, Él no disminuirá nada de la recompensa de vuestros (buenos) actos[13]. Sin duda Dios es Indulgente, Compasivo.

15. Sólo aquellos son los creyentes que verdaderamente creyeron en Dios (como la Única Deidad, Señor y Soberano), y (creyeron en) Su Mensajero (incluyendo todo lo que ha traído de Dios), y luego nunca han dudado (de la verdad de lo que han atestiguado), y se esfuerzan con su riqueza y personas en la causa de Dios. Aquellos son los veraces y sinceros (en su profesión de fe).

16. (Si aquellos habitantes del desierto insisten todavía en creerse verdaderos creyentes), di: «¿Es que Le enseñaríais a Dios (cuán devotos sois verdaderamente) a vuestra Religión, mientras que Dios conoce todo lo que se halla en los Cielos y en la Tierra?». Dios posee pleno conocimiento de todas las cosas.

17. Intentan ponerte bajo una obligación para con ellos como si te hubiesen hecho un favor a ti de que se han sometido (al gobierno del Islam). Di: «No consideréis ser musulmanes como un favor hacia mí (ni tratéis de ponerme bajo una obligación. La Religión no me pertenece a mí, sino tan sólo a Dios.) Es en verdad Dios Quien os ha conferido un favor, dado que os ha mostrado el camino hacia la fe —si sois veraces (en vuestra profesión de ser musulmanes, aquellos que se han sometido a Dios)».

18. Sin duda Dios conoce lo oculto de los Cielos y de la Tierra (todo lo que está más allá de la percepción humana y el conocimiento en ellos). Y todo aquello que hacéis Dios sin duda lo contempla.

---

8. El *sura*, que comienza y continúa con la mención de las cosas injuriosas para las relaciones sociales en una comunidad musulmana, ahora menciona a las más comunes entre ellas como la burla, la difamación, llamar a los demás con apodos ofensivos y ser malpensado o sospechar de una manera malvada de los musulmanes. Así que la sospecha que el versículo prohíbe y condena por ser un grave pecado es la sospecha malvada de los musulmanes. Si evitamos la sospecha tanto como sea posible, podemos preservarnos de tal sospecha que es pecaminosa. Ser malpensado o sospechar de una manera malvada de un hermano o una hermana musulmanes significa la sospecha malvada sobre sí mismo. Un musulmán es el espejo de otro musulmán, así que cualquiera que tenga una sospecha malvada sobre un musulmán está sencillamente reflejando su propio estado interior. El versículo 24:12 declara que la opinión de un musulmán acerca de otros musulmanes es, en realidad, la opinión de sí mismo.

El Islam ordena absolutamente que abriguemos la buena opinión acerca de Dios y Su Mensajero, la paz y las bendiciones sean con él. Dios declara: «Hacia Mi siervo Yo soy como Mi siervo piensa de Mí» (al-Bujari, «Tawhid», 15; Muslim, «Tawba», 1).

9. El Corán prohíbe con resolución espiar y revelar los secretos y las vidas privadas de las personas y ordena guardar secreto de cualquier defecto y acto pecaminoso que uno haya visto en un musulmán. Tampoco un gobierno musulmán puede espiar a las personas para ver si están cometiendo un pecado o un crimen, a menos que una prueba decisiva haya establecido que están cometiendo algo en contra de orden público y de los demás. Asimismo, espiar en las casas, abrir y leer cartas que pertenezcan a otros y escuchar las conversaciones de otras personas están prohibidos.

10. Said Nursi escribe acerca de cómo esta declaración condena la difamación y reprime a los difamadores como sigue:

- Esta declaración reprime a los difamadores con seis grados de reprimenda y los refrena de este pecado con seis grados de severidad:
- El *hamzah*, que marca la forma interrogativa (y aquí se traduce como un condicional) al comienzo de la oración, está incluido por todas las palabras del versículo, para que cada una de ellas lleve un acento interrogativo.
- Por lo tanto, al principio el *hamzah* pregunta en sí: «¿Acaso no tenéis inteligencia alguna, con la cual preguntáis y respondéis, de modo que no podéis percibir qué abominable es esta cosa?».
- La segunda palabra, *amor*, pregunta a través de *hamzah*: «¿Acaso vuestro corazón, con el cual amáis u odiáis, está tan arruinado que os encanta algo tan repugnante como la difamación?».
- La tercera frase, *alguno de vosotros*, pregunta: «¿Qué le ha sucedido a vuestro sentido de la naturaleza y la responsabilidad de la sociedad y la civilización que os atrevéis a aceptar algo tan pernicioso para la vida social?».

- En cuarto lugar, la expresión, *comer la carne*, pregunta: «¿Qué le ha sucedido a vuestro sentido de humanidad que estáis haciendo pedazos con vuestros dientes a vuestro amigo como animales salvajes?».
- En quinto lugar, la expresión, *de vuestro hermano*, pregunta: «¿Acaso no tenéis compasión humana, ningún lazo de parentesco, que hincáis vuestros dientes en alguna persona inocente a quien estáis ligados por numerosos lazos de hermandad? ¿Acaso no tenéis inteligencia que mordéis vuestros propios miembros con vuestros dientes, de una manera tan insensible?».
- En sexto lugar, la palabra, *muerto*, pregunta: «¿Dónde está vuestra conciencia? ¿Acaso vuestra naturaleza es tan corrupta que cometéis un acto tan repugnante como comer la carne de vuestro hermano muerto que merece mucho respeto?».

De acuerdo, entonces, con el significado completo del versículo y las indicaciones de cada una de estas palabras, la calumnia y la difamación son repugnantes para la inteligencia, para el corazón, la humanidad, la conciencia, la naturaleza humana, la Religión, y la hermandad social. Como veis, entonces, el versículo condena la difamación en seis grados de una manera muy concisa y exacta y refrena a las personas de ésta por medio de seis maneras milagrosas.

La difamación es un arma vergonzosa y muy comúnmente usada por las personas enemistadas, envidiosas y obstinadas; ningún ser humano honorable y sin amor propio se degradaría al recurrir a un arma tan vil.

La difamación consiste en hablar sobre una persona ausente de una manera que la repugnaría y la enojaría si estuviera presente y lo oyera. Si las palabras dichas son ciertas, esa es la difamación; si no lo son, es difamación y calumnia y por lo tanto, es un pecado doblemente detestable.

La difamación se puede permitir en muy pocas circunstancias particulares:

- Una persona que ha sido ultrajada puede presentar una queja formal ante algún oficial, para que con su ayuda se pueda reparar la injusticia y restaurar la justicia.
- Si una persona que considera la colaboración o el matrimonio con otra llega para pediros consejo, y vosotros le decís, de manera desinteresada y únicamente por su beneficio, y para aconsejarle apropiadamente, sin ningún otro motivo: «No trates con esa persona; será una desventaja para ti».
- Si una persona dice sólo de manera objetiva, y no para exponerse a la desgracia o la notoriedad, «Ese lisiado fue a tal o tal lugar».
- Si la persona que ha sido criticada es un pecador obvio y desvergonzado; es decir, lejos de estar avergonzado por eso, se enorgullece por los pecados que comete; si se deleita en su mal y comete abiertamente los pecados.

En estos casos particulares, la difamación se puede permitir, ya que se hizo desinteresadamente y únicamente por la verdad y el interés colectivo. De otra manera, la difamación es como un fuego que consume los buenos actos del modo en que una llama consume la madera.

Si alguien ha difamado o la ha escuchado con gusto, debería buscar el perdón de Dios, diciendo: «Oh Dios, perdóname a mí y a aquel al que difamé» y cuando se encuentra con la persona de quien habló mal, debería decirle: «¡Perdóname!» (*Las Cartas*, «22ª Carta», 2:76-78).

11. El racismo es uno de los problemas más graves de nuestra época. Cuando el Mensajero surgió como Profeta, dicho racismo era corriente en La Meca en forma de tribalismo. Los quraishíes se consideraban a sí mismos (en particular) y los árabes (en general) superiores al resto de la gente. El Mensajero vino con el Mensaje Divino y proclamó: «Ningún árabe es superior a un no árabe y nadie de la raza blanca es superior a alguien de la raza ne-

gra» (Ibn Hanbal, 5:441). Y dijo: «Incluso si fuese un musulmán abisinio de color el que gobernase a los musulmanes, éste debería ser obedecido» (Muslim, «Imarah», 37).

El Mensajero erradicó el racismo y la discriminación basada en la raza con tanto éxito que, por ejemplo, 'Umar dijo una vez de Bilal, quien era de raza negra: «Bilal es nuestro amo y fue emancipado por nuestro amo Abu Bakr» (Ibn Hayar, 1:165). Una vez Abu Zarr se enfadó tanto con Bilal que le insultó y le dijo: «¡Hijo de negra!». Bilal fue al Mensajero y le contó llorando el incidente. El Mensajero le reprochó a Abu Zarr diciéndole: «¿Todavía tienes restos de la Yahiliyya?». Lleno de arrepentimiento, Abu Zarr se tiró al suelo y dijo: «No voy a levantar mi cabeza (queriendo decir que no se levantaría) hasta que no ponga Bilal su pie sobre la misma y pase por encima de ella». Bilal le perdonó y se reconciliaron (al-Bujari, «Iman», 22).

Zayd ibn Hariza, un esclavo de color liberado por el Mensajero, era el hijo adoptivo de éste antes de que la Revelación prohibiese dicha adopción. El Profeta le casó con Zaynab bint Yash, una de las más nobles musulmanas árabes. Además de eso, nombró a Zayd comandante del ejército enviado contra el Imperio Bizantino, aun figurando en el mismo Compañeros tan destacados como Abu Bakr, 'Umar, Yafar ibn Abu Talib (el primo del Mensajero) y Jalid ibn Walid (el comandante invencible de la época) (Muslim, «Fada'il as-Sahabah», 63).

Nombró al hijo de Zayd, Usama, para dirigir el ejército que formó justo antes de morir. Figurando en el mismo Compañeros tan destacados como Abu Bakr, 'Umar, Jalid, Abu Ubayda, Talha y Zubayr. Esto estableció en los corazones y mentes de los musulmanes que la superioridad no era por la raza o la sangre, sino por la rectitud y la devoción a Dios.

Durante su califato, 'Umar pagó a Usama un salario más elevado que el de su propio hijo, Abdullah. Cuando su hijo preguntó el porqué, 'Umar respondió: «Lo hago porque sé que el Mensajero amaba a su padre más que a mí y porque amaba a Usama más que a ti» (Ibn Sa'd, 4:70).

12. Ser un musulmán tiene tres aspectos: Uno es creer en todos los fundamentos de la fe islámica y someterse a Dios y a Su Mensajero incondicionalmente llevando a cabo las órdenes del Islam. Esto es ser un musulmán sincero. El segundo es aceptar la soberanía del gobierno islámico o ser un musulmán según la ley. Esto requiere una declaración verbal de fe, uniéndose a la congregación musulmana en la Oración, y pagando la Limosna Prescrita Purificadora *(az-Zakat)*, y no hacer nada abiertamente que invalide la declaración de fe. Una persona así puede ser un hipócrita, pero es tratada como un musulmán por la ley. El tercero sólo es la sumisión al gobierno islámico. Los Beduinos mencionados en el versículo eran musulmanes del tercer tipo.

13. Esto tiene tres significados:

- Si verdaderamente creéis y obedecéis a Dios y a Su Mensajero, la paz y las bendiciones sean con él, Él no disminuirá nada en la recompensa de vuestros actos en el mundo y, especialmente, en el Más Allá.
- Si continuáis obedeciéndole a Dios y a Su Mensajero en sumisión al estado musulmán, nunca quedaréis sin recompensa por vuestros servicios en el mundo.
- Si un incrédulo virtuoso que no tiene demasiados prejuicios o no es demasiado arrogante para creer lleva a cabo buenos actos complaciendo a Dios y no es injusto con los demás, Dios normalmente le recompensa o favorece con la fe. Un hombre le preguntó al Mensajero de Dios: «¿Nuestros actos en *Yahiliyya* serán recompensados?». El Mensajero respondió: «Dios os otorgó el Islam por aquellos actos vuestros» (al-Bujari, «Adab», 16; Muslim, «Iman», 194).

517 اَلْجُزْءُ السَّادِسُ وَالْعِشْرُونَ ٥١٧

سُورَةُ قٓ مَكِّيَّةٌ
وَهِىَ خَمْسٌ وَاَرْبَعُونَ اٰيَةً

بِسْمِ اللّٰهِ الرَّحْمٰنِ الرَّح۪يمِ

قٓ وَالْقُرْاٰنِ الْمَج۪يدِ ۚ ﴿١﴾ بَلْ عَجِبُٓوا اَنْ جَٓاءَهُمْ مُنْذِرٌ مِنْهُمْ فَقَالَ
الْكَافِرُونَ هٰذَا شَيْءٌ عَج۪يبٌ ﴿٢﴾ ءَاِذَا مِتْنَا وَكُنَّا تُرَابًا ۚ ذٰلِكَ رَجْعٌ بَع۪يدٌ ﴿٣﴾
قَدْ عَلِمْنَا مَا تَنْقُصُ الْاَرْضُ مِنْهُمْ ۚ وَعِنْدَنَا كِتَابٌ حَف۪يظٌ ﴿٤﴾
بَلْ كَذَّبُوا بِالْحَقِّ لَمَّا جَٓاءَهُمْ فَهُمْ ف۪ٓي اَمْرٍ مَر۪يجٍ ﴿٥﴾ اَفَلَمْ يَنْظُرُٓوا اِلَى
السَّمَٓاءِ فَوْقَهُمْ كَيْفَ بَنَيْنَاهَا وَزَيَّنَّاهَا وَمَا لَهَا مِنْ فُرُوجٍ ﴿٦﴾ وَالْاَرْضَ
مَدَدْنَاهَا وَاَلْقَيْنَا ف۪يهَا رَوَاسِيَ وَاَنْبَتْنَا ف۪يهَا مِنْ كُلِّ زَوْجٍ بَه۪يجٍ ﴿٧﴾ تَبْصِرَةً
وَذِكْرٰى لِكُلِّ عَبْدٍ مُن۪يبٍ ﴿٨﴾ وَنَزَّلْنَا مِنَ السَّمَٓاءِ مَٓاءً مُبَارَكًا فَاَنْبَتْنَا بِه۪
جَنَّاتٍ وَحَبَّ الْحَص۪يدِ ﴿٩﴾ وَالنَّخْلَ بَاسِقَاتٍ لَهَا طَلْعٌ نَض۪يدٌ ﴿١٠﴾
رِزْقًا لِلْعِبَادِ وَاَحْيَيْنَا بِه۪ بَلْدَةً مَيْتًا ۚ كَذٰلِكَ الْخُرُوجُ ﴿١١﴾ كَذَّبَتْ قَبْلَهُمْ
قَوْمُ نُوحٍ وَاَصْحَابُ الرَّسِّ وَثَمُودُ ﴿١٢﴾ وَعَادٌ وَفِرْعَوْنُ وَاِخْوَانُ لُوطٍ ﴿١٣﴾
وَاَصْحَابُ الْاَيْكَةِ وَقَوْمُ تُبَّعٍ ۚ كُلٌّ كَذَّبَ الرُّسُلَ فَحَقَّ وَع۪يدِ ﴿١٤﴾
اَفَعَي۪ينَا بِالْخَلْقِ الْاَوَّلِ ۚ بَلْ هُمْ ف۪ي لَبْسٍ مِنْ خَلْقٍ جَد۪يدٍ ﴿١٥﴾

SURA 50

QAF

Período de La Meca

Revelado en La Meca, muy probablemente en el año cuarto o quinto del período de La Meca, el nombre de este *sura* de 45 versículos proviene de la letra *Qaf* en el primer versículo. Menciona muchos fenómenos en el universo que indican a Dios, y luego se centra en el Más Allá. También presenta episodios de las vidas de los pueblos que fueron destruidos en épocas anteriores. El Mensajero de Dios frecuentemente leía este *sura* durante las Oraciones de los días festivos religiosos y algunas veces durante la Oración de la mañana.

En el Nombre de Dios,
el Misericordioso, el Compasivo.

1. *Qaf*[1]. Por el Corán más sublime. (En verdad, a pesar de lo que dicen, te lo hemos enviado para advertirle a la gente de que serán resucitados para rendir cuentas de sus vidas.)

2. Pero consideran extraño que un advertidor haya venido de entre ellos, y los incrédulos dicen: «¡Esto es algo extraño!

3. ¿Cuando hemos muerto y nos hemos convertido en polvo (dices que, seremos resucitados de entre los muertos)? ¡Ese es un regreso improbable!».

4. Conocemos con seguridad lo que la Tierra corroe de ellos (hasta la partícula más diminuta); con Nosotros hay un libro registrando y preservando (incorruptiblemente)[2].

5. Más bien, ellos han negado la verdad cuando les ha llegado (y lo hicieron tan obstinada y persistentemente), por lo que se hallan en un estado calamitoso (totalmente confundidos para explicar su rechazo, y evitar la aceptación de los demás).

6. Pero ellos, entonces, ¿nunca observan el cielo encima de ellos (para meditar sobre Nuestro Conocimiento y Poder; y reflexionar) cómo lo hemos construido y adornado, y que en él no hay grietas?

7. Y la Tierra —la hemos extendido, y establecido allí firmes montañas, e hicimos que crecieran allí cada par encantador de especies vegetales.

8. (Todo esto es un medio de) perspicacia y recuerdo para cada siervo (de Dios) que desea a dirigirse a Él con arrepentimiento.

9. Y enviamos desde el cielo agua bendita con la que hicimos crecer jardines y granos para cosechar,

10. Y datileras elevadas y majestuosas con sus frutos arracimados,

11. Como provisión para los siervos. Y hemos revivificado con ello una tierra muerta: aún así los muertos serán resucitados y saldrán (de sus tumbas).

12. Antes de ellos el pueblo de Noé negaba, también los compañeros de ar-Rass, y el Zamud;

13. Y 'Ad, y el Faraón[3], y el pueblo entre los que fue enviado Lot como Mensajero[4];

14. Y los compañeros de al-Aykah, y el pueblo de Tubba'[5]. Cada uno de ellos negó a los Mensajeros y Mi amenaza fue debidamente cumplida.

15. ¿Es que mostramos faltas y hastío en la primera creación (para que no seamos capaces de repetir la creación tras su destrucción?) Más bien, (sabiendo que podría ser así) se han metido en un embrollo (de pensamiento y argumento) sobre una nueva creación (tras la destrucción de la antigua).

---

1. La información se dio en la nota 1 del primer versículo de *Surat al-Baqara* sobre *Huruf al-Muqatta'at*, las letras disyuntivas, individuales o abreviadas que llegan al comienzo de algunos *suras*. *Qaf* es una de ellas. Se puede agregar que *Qaf* implica elevación y puede que se refiera al Corán.

2. Los incrédulos aseveran que los cuerpos muertos se mezclan con el polvo, se convierten en polvo, y que por lo tanto es inconcebible que se pueda saber y distinguir a quién pertenecen las partículas (de polvo) y es imposible reconstruir cuerpos individuales. El Corán responde que Dios conoce todas las cosas hasta las partículas más mínimas, y cada acontecimiento en el universo hasta el movimiento de las partículas. Todo está registrado en un libro que está registrando, preservando y está protegido de cualquier alteración.

3. El versículo menciona solamente al Faraón, sin ninguna referencia a su aristocracia y gente. Esto es porque como dictador el Faraón fue responsable de su rechazo y fue casi tan pecaminoso como todos ellos juntos.

4. El original de esta oración es *los hermanos de Lot*. En muchos versículos, el Corán presenta a los Mensajeros como hermanos de su pueblo porque cada uno fue elegido entre su gente y por lo tanto eran de la misma raza que ellos y hablaban el mismo idioma. Subrayando este punto aquí para Lot, la paz sea con él, y su pueblo es para recordarnos que cualquier relación con un Mensajero que no está basada en la fe nunca puede salvar a nadie de perecer a menos que se crea.

5. Véase, sobre los compañeros de al-Aykah, el *sura* 15:78, nota 15, y sobre el pueblo de Tubba', 44:37, nota 10.

518 سُورَةُ قٓ ٥١٨

وَلَقَدْ خَلَقْنَا الْاِنْسَانَ وَنَعْلَمُ مَا تُوَسْوِسُ بِهٖ نَفْسُهُ وَنَحْنُ اَقْرَبُ اِلَيْهِ
مِنْ حَبْلِ الْوَرِيدِ ﴿١٦﴾ اِذْ يَتَلَقَّى الْمُتَلَقِّيَانِ عَنِ الْيَمِينِ وَعَنِ الشِّمَالِ
قَعِيدٌ ﴿١٧﴾ مَا يَلْفِظُ مِنْ قَوْلٍ اِلَّا لَدَيْهِ رَقِيبٌ عَتِيدٌ ﴿١٨﴾ وَجَاءَتْ سَكْرَةُ
الْمَوْتِ بِالْحَقِّ ذٰلِكَ مَا كُنْتَ مِنْهُ تَحِيدُ ﴿١٩﴾ وَنُفِخَ فِى الصُّورِ
ذٰلِكَ يَوْمُ الْوَعِيدِ ﴿٢٠﴾ وَجَاءَتْ كُلُّ نَفْسٍ مَعَهَا سَائِقٌ وَشَهِيدٌ ﴿٢١﴾
لَقَدْ كُنْتَ فِى غَفْلَةٍ مِنْ هٰذَا فَكَشَفْنَا عَنْكَ غِطَاءَكَ فَبَصَرُكَ الْيَوْمَ
حَدِيدٌ ﴿٢٢﴾ وَقَالَ قَرِينُهُ هٰذَا مَا لَدَىَّ عَتِيدٌ ﴿٢٣﴾ اَلْقِيَا فِى جَهَنَّمَ كُلَّ
كَفَّارٍ عَنِيدٍ ﴿٢٤﴾ مَنَّاعٍ لِلْخَيْرِ مُعْتَدٍ مُرِيبٍ ﴿٢٥﴾ اَلَّذِى جَعَلَ مَعَ اللّٰهِ
اِلٰهًا اٰخَرَ فَاَلْقِيَاهُ فِى الْعَذَابِ الشَّدِيدِ ﴿٢٦﴾ قَالَ قَرِينُهُ رَبَّنَا مَا اَطْغَيْتُهُ
وَلٰكِنْ كَانَ فِى ضَلَالٍ بَعِيدٍ ﴿٢٧﴾ قَالَ لَا تَخْتَصِمُوا لَدَىَّ وَقَدْ قَدَّمْتُ
اِلَيْكُمْ بِالْوَعِيدِ ﴿٢٨﴾ مَا يُبَدَّلُ الْقَوْلُ لَدَىَّ وَمَا اَنَا بِظَلَّامٍ لِلْعَبِيدِ ﴿٢٩﴾
يَوْمَ نَقُولُ لِجَهَنَّمَ هَلِ امْتَلَاْتِ وَتَقُولُ هَلْ مِنْ مَزِيدٍ ﴿٣٠﴾ وَاُزْلِفَتِ
الْجَنَّةُ لِلْمُتَّقِينَ غَيْرَ بَعِيدٍ ﴿٣١﴾ هٰذَا مَا تُوعَدُونَ لِكُلِّ اَوَّابٍ حَفِيظٍ ﴿٣٢﴾
مَنْ خَشِىَ الرَّحْمٰنَ بِالْغَيْبِ وَجَاءَ بِقَلْبٍ مُنِيبٍ ﴿٣٣﴾ اُدْخُلُوهَا
بِسَلَامٍ ذٰلِكَ يَوْمُ الْخُلُودِ ﴿٣٤﴾ لَهُمْ مَا يَشَاؤُنَ فِيهَا وَلَدَيْنَا مَزِيدٌ ﴿٣٥﴾

وَكَمْ اَهْلَكْنَا

16. Sin duda, Nosotros que hemos creado al ser humano, y conocemos qué sugestiones le hace su alma. Estamos más cerca de él que su vena yugular.

17. Recuerda que los dos ángeles que registran (nombrados para registrar sus palabras y actos), sentados a la derecha y a la izquierda, reciben y registran.

18. Ni una palabra pronuncia pero hay un vigilante siempre presente junto a él.

19. Y el estupor de la muerte llega en verdad (siendo el decreto establecido de Dios para la vida). Es decir, (Oh ser humano), lo que estabas tratando de escaparse.

20. Y (a su tiempo) sonará la Trompeta. Este es el Día en el que la amenaza de Dios se cumplirá.

21. Y cada persona llegará (ante la Suprema Corte) con un (ángel) guiándolo, y un (ángel) atestiguando.

22. «En verdad hiciste caso omiso de esto, y ahora hemos descorrido tu velo, así que hoy tu visión es aguda.»

23. Y el (ángel que atestigua) que lo acompaña dice: «Esto es (su registro) lo que mantengo preparado conmigo».

24. (La sentencia está dictada): «Vosotros dos, arrojad al Infierno a todo aquel persistente en la incredulidad, obstinado (rechazando la verdad),

25. Quien impide que se haga el bien (impidiéndoselo a sí mismo y a los demás), y quien excedan todos los límites (de lo correcto y la decencia), y quien esté inmerso en las dudas e inculque dudas (en los demás);

26. Que establezca otra deidad aparte de Dios: así que arrojadlo en el severo castigo».

27. Su compañero (el diablo que lo acompañaba en el mundo y lo sedujo al mal) dirá: «¡Señor nuestro! No hice que se rebelara y transgrediera, él solo estaba muy extraviado».

28. Dios dirá: «No discutáis (unos con otros) en Mi Presencia. Os he advertido antes (sobre este Día).

29. Y el decreto[6] procedente de Mí no se cambiará, y de ninguna manera soy injusto con (Mis) siervos».

30. Ese Día le diremos al Infierno: «¿Estás lleno (hasta los bordes)?», y dirá éste: «¿Hay (todavía) más (por venir)?[7]».

31. Y el Paraíso será acercado a los piadosos devotos; (ya) no está lejos.

32. «Esto es lo que se os ha prometido para todos los que son penitentes, cuidadosos en cumplir con sus deberes (para con Dios).

33. Todo aquel que tuvo temor reverencial del Misericordioso aunque oculto (más allá de su percepción), y haya venido con un corazón arrepentido y devoto.

34. «Ahora entrad allí en paz (seguros de cualquier problema o aflicción. Este es el Día de la inmortalidad.»

35. Allí habrá para ellos todo lo que deseen, y en Nuestra Presencia hay más todavía[8].

6. Este decreto declara que Dios Todopoderoso pondrá en el Infierno a aquellos que sigan a Satán y no crean o asocien copartícipes a Dios (17:63; 32:13). Para las disputas que tendrán lugar en el Infierno entre Satán o los demonios y la gente del Infierno y entre los incrédulos malhechores y aquellos que los siguen, véanse los *suras*: 38:85; 34:31-33; 37:50-57; 40:47-52.

7. Todas las cosas estarán vivas en el Más Allá (29:64), así que el Infierno hablará allí (25:12, nota 4). Esta pregunta y respuesta es para enfatizar que el Infierno puede abarcar a todos aquellos que se lo merecen. Ya que finalmente se llenará hasta el borde (32:13).

8. Dios Todopoderoso declara: «He preparado para Mis siervos rectos en el Paraíso tantas bendiciones que ni los ojos las han visto, ni los oídos las han oído, ni las mentes jamás las han concebido» (al-Bujari, «Tawhid», 35; Muslim, «Yannah», 4-5).

٥١٩ اَلْجُزْءُ السَّادِسُ وَالْعِشْرُونَ 519

وَكَمْ اَهْلَكْنَا قَبْلَهُمْ مِنْ قَرْنٍ هُمْ اَشَدُّ مِنْهُمْ بَطْشًا فَنَقَّبُوا فِى الْبِلَادِۜ
هَلْ مِنْ مَحِيصٍ ﴿٣٦﴾ اِنَّ فِى ذٰلِكَ لَذِكْرٰى لِمَنْ كَانَ لَهُ قَلْبٌ اَوْ
اَلْقَى السَّمْعَ وَهُوَ شَهِيدٌ ﴿٣٧﴾ وَلَقَدْ خَلَقْنَا السَّمٰوَاتِ وَالْاَرْضَ
وَمَا بَيْنَهُمَا فِى سِتَّةِ اَيَّامٍۗ وَمَا مَسَّنَا مِنْ لُغُوبٍ ﴿٣٨﴾ فَاصْبِرْ عَلٰى مَا
يَقُولُونَ وَسَبِّحْ بِحَمْدِ رَبِّكَ قَبْلَ طُلُوعِ الشَّمْسِ وَقَبْلَ الْغُرُوبِۚ ﴿٣٩﴾
وَمِنَ الَّيْلِ فَسَبِّحْهُ وَاَدْبَارَ السُّجُودِ ﴿٤٠﴾ وَاسْتَمِعْ يَوْمَ يُنَادِ الْمُنَادِ
مِنْ مَكَانٍ قَرِيبٍۙ ﴿٤١﴾ يَوْمَ يَسْمَعُونَ الصَّيْحَةَ بِالْحَقِّۜ ذٰلِكَ يَوْمُ
الْخُرُوجِ ﴿٤٢﴾ اِنَّا نَحْنُ نُحْيٖ وَنُمِيتُ وَاِلَيْنَا الْمَصِيرُۙ ﴿٤٣﴾ يَوْمَ تَشَقَّقُ
الْاَرْضُ عَنْهُمْ سِرَاعًاۜ ذٰلِكَ حَشْرٌ عَلَيْنَا يَسِيرٌ ﴿٤٤﴾ نَحْنُ اَعْلَمُ بِمَا
يَقُولُونَ وَمَا اَنْتَ عَلَيْهِمْ بِجَبَّارٍ فَذَكِّرْ بِالْقُرْاٰنِ مَنْ يَخَافُ وَعِيدِ ﴿٤٥﴾

سُورَةُ الذَّارِيَاتِ مَكِّيَّةٌ
وَهِىَ سِتُّونَ اٰيَةً

بِسْمِ اللّٰهِ الرَّحْمٰنِ الرَّحِيمِ
وَالذَّارِيَاتِ ذَرْوًاۙ ﴿١﴾ فَالْحَامِلَاتِ وِقْرًاۙ ﴿٢﴾ فَالْجَارِيَاتِ يُسْرًاۙ ﴿٣﴾
فَالْمُقَسِّمَاتِ اَمْرًاۙ ﴿٤﴾ اِنَّمَا تُوعَدُونَ لَصَادِقٌۙ ﴿٥﴾ وَاِنَّ الدِّينَ لَوَاقِعٌۜ ﴿٦﴾

36. ¿Cuántas generaciones hemos destruido antes de ellos que eran más poderosas que éstas en valor, e invadieron otras tierras. Pero, ¿había algún lugar para escapar (para ellos cuando se cumplió el plazo del castigo de Dios? ¿Lo hay)?
37. Sin duda en esto hay un recordatorio advertidor para todo aquel que tenga un corazón (que esté vivo en verdad), y que presta oído (al que transmite este recordatorio), con ojos capaces de ver bien.
38. Sin duda creamos los Cielos y la Tierra y todo lo que se halla entre ellos en seis días, y nada de fatiga Nos afectó[9].
39. Así que (con plena confianza en Nuestra promesa y Poder) aguanta con paciencia lo que dicen ellos y glorifica a tu Señor con Su alabanza antes de la salida y la puesta del sol.
40. Y durante (alguna parte de) la noche, también, glorifícalo, y tras las postraciones[10].
41. Y espera con oídos capaces de oír para el Día cuando el Convocador llame desde un lugar cercano[11];
42. El Día cuando oirán en verdad la Ráfaga (como un decreto predeterminado de Dios que debe suceder). Ese es el Día de la llegada (cuando los muertos serán resucitados de sus tumbas).
43. Sin duda somos Nosotros Quienes damos vida y causamos la muerte, y hacia Nosotros es el retorno.
44. Ese Día, la Tierra será desgarrada lejos de ellos, y, saliendo ellos precipitadamente de ella (llegarán a la reunión). Esa será una reunión fácil para Nosotros.
45. Conocemos mejor lo que dicen, y tú (Oh Mensajero) no eres alguien que los obligue (a la fe). Así que recuérdale y adviértele por el Corán al que teme Mi amenaza.

---

9. Esta declaración rechaza categóricamente la afirmación bíblica de que Dios necesitó descansar el séptimo día, una aseveración que anula de manera eficaz la idea de un Dios Omnipotente.

10. En el versículo 39 son ordenadas la Oración de la mañana, las Oraciones del mediodía y de la tarde, y en el versículo 40 las Oraciones del atardecer y de la noche. La glorificación después de las postraciones se refiere a las Oraciones supererogatorias después de las prescritas (excepto las Oraciones de la mañana y de la tarde), y recitar palabras de glorificación *(Subhan Allah)*, alabanza *(al-hamdu li'llah)*, y ensalzamiento *(Allahu akbar)*. El Mensajero aconsejó vehementemente recitar estas frases 33 veces cada una después de cada Oración Prescrita.

11. El Convocador es el Arcángel Israfil que hará sonar la Trompeta. Lo que se quiso decir con «un lugar cercano» es que todos en el mundo oirán el sonido de la Trompeta como si estuviera sonando justo al lado de ellos.

SURA 51

AZ-ZARIYAT

(AQUELLOS QUE ESPARCEN)

Período de La Meca

Revelado en La Meca cuando comenzaron las persecuciones de los creyentes por parte de los quraishíes, el nombre de este *sura* de 60 versículos proviene de la palabra *az-zariyat* (aquellos que esparcen) en el primer versículo. Se centra en el Más Allá y la Unicidad de Dios, y advierte a los incrédulos, haciéndoles recordar lo que les sucedió a muchos pueblos anteriores que obstinadamente habían persistido en la incredulidad y la maldad.

En el Nombre de Dios,
el Misericordioso, el Compasivo.

1. Por aquellos que (como los vientos) esparcen por todas partes;

2. Y aquellos que (como las nubes) portan pesadas cargas:

3. Y aquellos que (como los barcos) se deslizan con una comodidad fácil;

4. Y aquellos que (ángeles) distribuyen por orden (de Dios, Su provisión de lluvia y otras innumerables bendiciones)[1]:

5. Lo que os es prometido es sin duda alguna cierto:

6. El Último Juicio con toda seguridad va a tener lugar.

---

1. En el versículo, Dios Todopoderoso llama la atención a todas las causas materiales y/o fuerzas que emplea para llevar a cabo Sus órdenes en la Tierra, en el aire, y en el mar (es decir, por todo el universo), y por lo tanto jura por los ángeles responsables de las mismas. Como se explicó en el *sura* 2, nota 31, lo que sucede en el universo sucede a través de los ángeles que son responsables de esa acción. Los ángeles son de diferentes clases o rangos. Reciben las órdenes de Dios y por Su orden distribuyen la provisión y otras bendiciones de Dios.

وَالسَّمَاءِ ذَاتِ الْحُبُكِ ﴿٧﴾ اِنَّكُمْ لَفِى قَوْلٍ مُخْتَلِفٍ ﴿٨﴾ يُؤْفَكُ عَنْهُ
مَنْ اُفِكَ ﴿٩﴾ قُتِلَ الْخَرَّاصُونَ ﴿١٠﴾ اَلَّذِينَ هُمْ فِى غَمْرَةٍ سَاهُونَ ﴿١١﴾
يَسْـَٔلُونَ اَيَّانَ يَوْمُ الدِّينِ ﴿١٢﴾ يَوْمَ هُمْ عَلَى النَّارِ يُفْتَنُونَ ﴿١٣﴾
ذُوقُوا فِتْنَتَكُمْ هٰذَا الَّذِى كُنْتُمْ بِهِ تَسْتَعْجِلُونَ ﴿١٤﴾ اِنَّ الْمُتَّقِينَ
فِى جَنَّاتٍ وَعُيُونٍ ﴿١٥﴾ اٰخِذِينَ مَا اٰتٰيهُمْ رَبُّهُمْ اِنَّهُمْ كَانُوا قَبْلَ ذٰلِكَ
مُحْسِنِينَ ﴿١٦﴾ كَانُوا قَلِيلاً مِنَ الَّيْلِ مَا يَهْجَعُونَ ﴿١٧﴾ وَبِالْاَسْحَارِ هُمْ
يَسْتَغْفِرُونَ ﴿١٨﴾ وَفِى اَمْوَالِهِمْ حَقٌّ لِلسَّائِلِ وَالْمَحْرُومِ ﴿١٩﴾ وَفِى
الْاَرْضِ اٰيَاتٌ لِلْمُوقِنِينَ ﴿٢٠﴾ وَفِى اَنْفُسِكُمْ اَفَلَا تُبْصِرُونَ ﴿٢١﴾
وَفِى السَّمَاءِ رِزْقُكُمْ وَمَا تُوعَدُونَ ﴿٢٢﴾ فَوَرَبِّ السَّمَاءِ وَالْاَرْضِ
اِنَّهُ لَحَقٌّ مِثْلَ مَا اَنَّكُمْ تَنْطِقُونَ ﴿٢٣﴾ هَلْ اَتٰيكَ حَدِيثُ ضَيْفِ
اِبْرٰهِيمَ الْمُكْرَمِينَ ﴿٢٤﴾ اِذْ دَخَلُوا عَلَيْهِ فَقَالُوا سَلَامًا قَالَ سَلَامٌ قَوْمٌ
مُنْكَرُونَ ﴿٢٥﴾ فَرَاغَ اِلٰى اَهْلِهِ فَجَاءَ بِعِجْلٍ سَمِينٍ ﴿٢٦﴾ فَقَرَّبَهُ اِلَيْهِمْ
قَالَ اَلَا تَأْكُلُونَ ﴿٢٧﴾ فَاَوْجَسَ مِنْهُمْ خِيفَةً قَالُوا لَا تَخَفْ وَبَشَّرُوهُ
بِغُلَامٍ عَلِيمٍ ﴿٢٨﴾ فَاَقْبَلَتِ امْرَاَتُهُ فِى صَرَّةٍ فَصَكَّتْ وَجْهَهَا وَقَالَتْ
عَجُوزٌ عَقِيمٌ ﴿٢٩﴾ قَالُوا كَذٰلِكِ قَالَ رَبُّكِ اِنَّهُ هُوَ الْحَكِيمُ الْعَلِيمُ ﴿٣٠﴾

قَالَ فَمَا

7. Por el cielo lleno de caminos adornados (por el movimiento de los ángeles y los objetos celestes, por el envío de las órdenes de Dios, y la ascensión de las diversas súplicas de los seres conscientes con el habla, el acto o la necesidad):

8. Sin duda tenéis puntos de vista contradictorios (sobre el Corán y de qué manera describirlo).

9. Cualquiera que haya sido engañado con relación a él (el Corán) (primero) se engaña a sí mismo (alejándose del camino correcto en el pensamiento, la creencia y la acción)[2].

10. Que sean alejados de la misericordia de Dios los mentirosos que se basan en suposiciones,

11. Quienes definitivamente hacen caso omiso (de la verdad) en un abismo de ignorancia.

12. Preguntan: «¿Cuándo es el Día del Juicio Final?».

13. El Día en el que serán atormentados sobre el Fuego.

14. «Probad vuestro tormento (que os habéis buscado vosotros mismos). ¡Esto es lo que (burlándose) pediríais que se apresurara!»

15. En cuanto a los piadosos devotos: ellos estarán en los jardines y las fuentes,

16. Tomando todo cuanto les concede su Señor. Ya que estaban, antes de eso, dedicados a cumplir las órdenes de Dios, conscientes de que Dios les estaba contemplando.

17. Solían dormir sólo un poco durante la noche (casi nunca se perdían la Oración de *Tahayyud*).

18. Y a temprana hora del amanecer, imploraban el perdón de Dios.

19. Y en su riqueza los pobres (que tenían que mendigar) y los indigentes (que no mendigaban por vergüenza) tenían su parte correspondiente (un derecho que cumplían alegremente).

20. Sobre la Tierra hay signos (claros) de la Unicidad de Dios como Señor y Soberano) para aquellos que buscan certeza;

21. Y también en vosotros mismos. ¿No veréis entonces (la verdad)?

22. Y en los cielos está vuestra provisión, y lo que se os prometió[3].

23. Luego, por el Señor de los Cielos y de la Tierra, esta (promesa) es (una realidad transmitida a vosotros) igual que (es una verdad que) vosotros habláis.

24. ¿Ha llegado a ti el relato de los honorables invitados de Abraham?

25. Ellos se presentaron ante él y le saludaron en paz. Él dijo (devolviendo su saludo) «¡Paz!» (y pensó): Gente desconocida.

26. Se retiró con su familia y trajo un (asado de) ternero gordo.

27. Lo colocó delante de ellos, y dijo: «¿No comeréis?».

28. (Cuando vio que no comían) sintió aprensión por ellos[4]. Dijeron: «¡No sientas aprensión!». Le dieron las buenas nuevas (del nacimiento de) un hijo que iba a estar dotado de un profundo conocimiento.

29. Luego avanzó su esposa, gimiendo y se golpeó la frente, diciendo: «¿Cómo voy a tener un hijo, (siendo) una vieja mujer estéril?».

30. Ellos dijeron: «Así lo ha decretado tu Señor. Sin duda Él es Omnisapiente, Omnisciente».

---

2. Hay una unidad en la multiplicidad de la creación. Como difieren todas las demás cosas y seres, así difieren los seres humanos unos de otros en muchas maneras. Todas las demás cosas y seres, a pesar de su infinita multiplicidad, obedecen a un Único Dios, Señor y Soberano, y esta es la razón por la cual se da una armonía magnífica en el universo. Así que los seres (la humanidad y los genios) dotados del libre albedrío y responsables de sus elecciones deben creer y obedecer al mismo Dios Único si desean armonía en sus vidas individuales y sociales. Esto no significa que deben ser uniformes y estandarizados en sus opiniones. Hay muchos campos en los que una diferencia de opiniones y elecciones es necesaria, pero hay algunos otros campos en los que deben estar unificados. Por ejemplo, deben creer en un Único Dios y deben estar unidos en la creencia de otros fundamentos de la fe; y deben adorar al mismo Dios Único, obedeciendo Sus leyes para ordenar sus vidas. Algunas de estas leyes son esenciales para la vida humana, sin tener en cuenta el tiempo y el lugar, y son por lo tanto inmutables, mientras que otras son variables según el tiempo, el lugar y las condiciones.

3. Es decir, todo lo que tenemos como provisión es el favor de Dios, y por su sublimidad y valor, el Corán declara que ha descendido desde el Cielo. Además, ya que la Tierra es revivificada con la lluvia después de su muerte y todo lo que obtenemos de la tierra necesita lluvia, el Corán algunas veces emplea la lluvia para dar a entender la provisión. Con respecto a lo que se quiso decir con *lo que se os prometió*, es todo lo que Dios concederá como recompensa por los buenos actos de Sus siervos, incluyendo, en particular, el Paraíso. Ya que estas recompensas son puramente los favores de Dios, son sublimes y por lo tanto tienen su origen en el Cielo, o ya que el cielo sugiere sublimidad, el Corán nos dice que su origen es el Cielo.

4. Si un invitado se abstenía de comer la comida que se le ofreció, significaba que tenía una mala intención.

قَالَ فَمَا خَطْبُكُمْ اَيُّهَا الْمُرْسَلُونَ ٣١ قَالُوا اِنَّا اُرْسِلْنَا اِلٰى قَوْمٍ
مُجْرِمِينَ ٣٢ لِنُرْسِلَ عَلَيْهِمْ حِجَارَةً مِنْ طِينٍ ٣٣ مُسَوَّمَةً عِنْدَ
رَبِّكَ لِلْمُسْرِفِينَ ٣٤ فَاَخْرَجْنَا مَنْ كَانَ فِيهَا مِنَ الْمُؤْمِنِينَ ٣٥
فَمَا وَجَدْنَا فِيهَا غَيْرَ بَيْتٍ مِنَ الْمُسْلِمِينَ ٣٦ وَتَرَكْنَا فِيهَا اٰيَةً
لِلَّذِينَ يَخَافُونَ الْعَذَابَ الْاَلِيمَ ٣٧ وَفِي مُوسٰى اِذْ اَرْسَلْنَاهُ اِلٰى
فِرْعَوْنَ بِسُلْطَانٍ مُبِينٍ ٣٨ فَتَوَلّٰى بِرُكْنِهِ وَقَالَ سَاحِرٌ اَوْ مَجْنُونٌ ٣٩
فَاَخَذْنَاهُ وَجُنُودَهُ فَنَبَذْنَاهُمْ فِي الْيَمِّ وَهُوَ مُلِيمٌ ٤٠ وَفِي عَادٍ
اِذْ اَرْسَلْنَا عَلَيْهِمُ الرِّيحَ الْعَقِيمَ ٤١ مَا تَذَرُ مِنْ شَيْءٍ اَتَتْ عَلَيْهِ اِلَّا
جَعَلَتْهُ كَالرَّمِيمِ ٤٢ وَفِي ثَمُودَ اِذْ قِيلَ لَهُمْ تَمَتَّعُوا حَتّٰى حِينٍ ٤٣
فَعَتَوْا عَنْ اَمْرِ رَبِّهِمْ فَاَخَذَتْهُمُ الصَّاعِقَةُ وَهُمْ يَنْظُرُونَ ٤٤
فَمَا اسْتَطَاعُوا مِنْ قِيَامٍ وَمَا كَانُوا مُنْتَصِرِينَ ٤٥ وَقَوْمَ نُوحٍ مِنْ قَبْلُ
اِنَّهُمْ كَانُوا قَوْمًا فَاسِقِينَ ٤٦ وَالسَّمَاءَ بَنَيْنَاهَا بِاَيْدٍ وَاِنَّا لَمُوسِعُونَ ٤٧
وَالْاَرْضَ فَرَشْنَاهَا فَنِعْمَ الْمَاهِدُونَ ٤٨ وَمِنْ كُلِّ شَيْءٍ خَلَقْنَا
زَوْجَيْنِ لَعَلَّكُمْ تَذَكَّرُونَ ٤٩ فَفِرُّوا اِلَى اللّٰهِ اِنّ۪ي لَكُمْ مِنْهُ نَذِيرٌ
مُبِينٌ ٥٠ وَلَا تَجْعَلُوا مَعَ اللّٰهِ اِلٰهًا اٰخَرَ اِنّ۪ي لَكُمْ مِنْهُ نَذِيرٌ مُبِينٌ ٥١

31. Él (Abraham) dijo: «Entonces (después de eso), ¿cuál es vuestro interés, Oh vosotros enviados (celestiales)?».

32. Dijeron: «En verdad, hemos sido enviados a un pueblo que son todos criminales,

33. Para que podamos enviarles piedras de arcilla cocida,

34. Marcadas en la Presencia de tu Señor para (la destrucción del) pueblo derrochador (de las facultades que Dios les ha dado y) cometiendo excesos».

35. Hemos sacado (de allí) a aquellos que eran creyentes;

36. Pero no encontramos allí sino una única casa de musulmanes (aquellos sometidos totalmente a Dios).

37. Dejamos allí una clara señal (de la verdad de los Mensajes de Dios) para aquellos que temen el doloroso castigo[5].

38. Y en (la vivencia ejemplar de) Moisés también (hay una clara señal): Le enviamos como Mensajero al Faraón con una evidente autoridad.

39. Pero el Faraón rechazó (Nuestro Mensaje), junto con sus huestes, y dijo. «(Moisés es o) un hechicero o un loco».

40. Así que lo agarramos a él y a sus huestes, y los arrojamos al mar. Y se recriminaba y arrepentía (demasiado tarde, cuando se estaba ahogando).

41. Y en (la historia ilustrativa de la de tribu de) ‘Ad también (hay una clara señal), cuando les enviamos el viento devastador.

42. Nada que tocara perdonó, sino que lo hizo cual cenizas.

43. Y en (la historia ilustrativa de la tribu de) Zamud también (hay una clara señal), cuando (se les dio respiro y) se les dijo: «¡Disfrutad la vida por un corto tiempo!».

44. Pero se rebelaron contra el decreto de su Señor, así que el rayo (junto con la ráfaga) los agarró, incluso mientras estaban mirando.

45. No fueron capaces de levantarse (aún menos escapar al castigo), ni fueron capaces de recibir ayuda.

46. (Y habíamos destruido) antes el pueblo de Noé. Eran un pueblo que transgredía (los límites de Dios).

47. Y el cielo[6], lo hemos construido con firmeza, y sin duda Nosotros somos Quienes tenemos un enorme poder, y seguimos expandiéndolo[7].

48. Y la Tierra, la hemos expandido (cual lecho), y cuán excelente somos al expandirla.

49. Y todas las cosas las hemos creado en parejas, para que podáis reflexionar y ser considerados.

50. «Así pues, huid hacia (refugiaros en) Dios. Sin duda soy un manifiesto advertidor para vosotros procedente de Él.

51. Y no establezcáis otra deidad aparte de Dios. Sin duda soy un manifiesto advertidor para vosotros procedente de Él».

---

5. Para más explicaciones, véanse 11:69-83; 15:51-77 y las notas correspondientes.

6. Después de las descripciones de algunos acontecimientos ejemplares del pasado, este versículo es una continuación del versículo 22.

7. La expansión del universo, de la cual nos informó el Corán hace muchos siglos, es el descubrimiento más imponente de la ciencia moderna. Hoy es un concepto firmemente establecido y el único debate se centra alrededor de la manera en que esto sucede.

كَذٰلِكَ مَا اَتَى الَّذِينَ مِنْ قَبْلِهِمْ مِنْ رَسُولٍ اِلَّا قَالُوا سَاحِرٌ اَوْ مَجْنُونٌ ﴿٥٢﴾
اَتَوَاصَوْا بِهِ بَلْ هُمْ قَوْمٌ طَاغُونَ ﴿٥٣﴾ فَتَوَلَّ عَنْهُمْ فَمَا اَنْتَ بِمَلُومٍ ﴿٥٤﴾
وَذَكِّرْ فَاِنَّ الذِّكْرٰى تَنْفَعُ الْمُؤْمِنِينَ ﴿٥٥﴾ وَمَا خَلَقْتُ الْجِنَّ وَالْاِنْسَ اِلَّا
لِيَعْبُدُونِ ﴿٥٦﴾ مَا اُرِيدُ مِنْهُمْ مِنْ رِزْقٍ وَمَا اُرِيدُ اَنْ يُطْعِمُونِ ﴿٥٧﴾ اِنَّ اللّٰهَ هُوَ
الرَّزَّاقُ ذُو الْقُوَّةِ الْمَتِينُ ﴿٥٨﴾ فَاِنَّ لِلَّذِينَ ظَلَمُوا ذَنُوبًا مِثْلَ ذَنُوبِ اَصْحَابِهِمْ
فَلَا يَسْتَعْجِلُونِ ﴿٥٩﴾ فَوَيْلٌ لِلَّذِينَ كَفَرُوا مِنْ يَوْمِهِمُ الَّذِي يُوعَدُونَ ﴿٦٠﴾

سُورَةُ الطُّورِ مَكِّيَّةٌ
وَهِيَ تِسْعٌ وَاَرْبَعُونَ اٰيَةً

بِسْمِ اللّٰهِ الرَّحْمٰنِ الرَّحِيمِ
وَالطُّورِ ﴿١﴾ وَكِتَابٍ مَسْطُورٍ ﴿٢﴾ فِي رَقٍّ مَنْشُورٍ ﴿٣﴾ وَالْبَيْتِ
الْمَعْمُورِ ﴿٤﴾ وَالسَّقْفِ الْمَرْفُوعِ ﴿٥﴾ وَالْبَحْرِ الْمَسْجُورِ ﴿٦﴾
اِنَّ عَذَابَ رَبِّكَ لَوَاقِعٌ ﴿٧﴾ مَا لَهُ مِنْ دَافِعٍ ﴿٨﴾ يَوْمَ تَمُورُ السَّمَاءُ
مَوْرًا ﴿٩﴾ وَتَسِيرُ الْجِبَالُ سَيْرًا ﴿١٠﴾ فَوَيْلٌ يَوْمَئِذٍ لِلْمُكَذِّبِينَ ﴿١١﴾
اَلَّذِينَ هُمْ فِي خَوْضٍ يَلْعَبُونَ ﴿١٢﴾ يَوْمَ يُدَعُّونَ اِلٰى نَارِ
جَهَنَّمَ دَعًّا ﴿١٣﴾ هٰذِهِ النَّارُ الَّتِي كُنْتُمْ بِهَا تُكَذِّبُونَ ﴿١٤﴾

اَفَسِحْرٌ

52. De manera similar, ningún Mensajero llegó ante los pueblos que vivieron antes que ellos sin que le dijeran (de manera parecida): «Un hechicero o un loco».

53. ¿Han legado esto unos a otros (a manera de respuesta)? En verdad eran un pueblo rebelde.

54. Así que, apártate de la discusión con ellos, y no serás culpado (por hacer esto).

55. Pero recuérdales y adviérteles, pues recordar y advertir son beneficiosos para los creyentes[8].

56. No he creado a los genios y a los seres humanos sino para que (Me conozcan y) Me adoren (exclusivamente)[9].

57. No les exijo provisión, ni les exijo que deberían alimentarme.

58. Sin duda Dios es Proveedor, Señor de todo poder, Sumamente Fuerte.

59. Así que con toda seguridad aquellos que cometen el mal más grande (a saber, no creer y adorar a Dios o asociarle copartícipes a Él en adoración), tendrán su parte (del castigo) como la parte de sus compañeros (de antaño que fueron destruidos). Entonces, que no Me pidan que lo adelante.

60. Entonces, pobres de aquellos que no creen a causa de su Día con el que son amenazados.

8. La discusión no sirve para nada a la hora de comunicar el Mensaje. Lo que es importante y se debería hacer es comunicar y predicar la verdad en el estilo apropiado. Otra cosa que se debería señalar aquí es que al predicar la verdad o el Mensaje Divino los creyentes no se deberían descuidar, pensando que ya creen, y sus necesidades se deberían tomar en consideración. Todos necesitan recordar.

9. Este versículo expresa el propósito Divino para la creación. Mientras todas las demás cosas y seres adoran y obedecen a Dios de cualquier manera, sólo los genios y la humanidad, dotados del libre albedrío, tienen la capacidad de adorarle y obedecerle o no adorarle y obedecerle. Aún así, ya que es Dios Quien crea y mantiene, solo Él merece ser adorado. También Él es Quien les pedirá cuentas a los seres conscientes por sus vidas, y esta es la razón por la cual solo Dios debe ser adorado. La adoración y la obediencia al Único Dios asegurarán la justicia y la armonía en las vidas de los genios y los seres humanos. Adorar a Dios implica el conocimiento y Su amor. Bediuzzaman Said Nursi escribe:

La creencia en Dios es el propósito más elevado y el resultado más sublime, y el rango más elevado de la humanidad es el conocimiento de Él que se encuentra en esta creencia. La felicidad más radiante y la generosidad más dulce para los genios y los seres humanos es el amor de Dios contenido en el conocimiento de Dios. La alegría más pura del espíritu humano y la delicia más auténtica del corazón humano es el éxtasis espiritual contenido dentro del amor de Dios. Toda la verdadera felicidad, la alegría pura, las generosidades dulces, y los placeres completos están contenidos dentro del conocimiento y el amor de Dios. Aquellos que verdaderamente conocen y aman a Dios pueden recibir infinita felicidad, generosidades, iluminación, y entender los misterios infinitos. Aquellos que no conocen y aman a Dios, están afectados por el misterio espiritual y material, el dolor y el temor. Si a alguna persona se le permitiera gobernar este mundo, a pesar de ser impotente, miserable, y estar indefensa entre las demás personas sin propósito en este mundo, ¿cuál sería el verdadero valor de esto?

Las personas que no reconocen a su Dueño y descubren su Maestro son miserables y están desconcertadas. Pero aquellas que sí lo hacen, buscando refugio en Su Misericordia y confiando en Su Poder, ven este mundo desolado transformado en un lugar de descanso y felicidad, y un lugar de intercambio para el Más Allá. (*Las Cartas*, «La 20ª Carta», 2:2)

SURA 52

AT-TUR (EL MONTE SINAÍ)

Período de La Meca

Revelado en La Meca, el nombre de este *sura* de 49 versículos proviene de la palabra *at-Tur* (el Monte) en el primer versículo. Trata de las reacciones confusas de los politeístas de La Meca ante la revelación del Corán y de cómo se pusieron en ridículo. Enfatiza la verdad del Día del Juicio Final en el que los incrédulos serán castigados mientras que los creyentes serán recompensados con el Paraíso. También llama la atención ante la destrucción que puede sobrevenirles a aquellos que obstinadamente se resisten a la verdad.

En el Nombre de Dios,
el Misericordioso, el Compasivo.

1. Por el Monte (Sinaí),

2. Y por un Libro inscrito,

3. En pergaminos desplegados,

4. Y por *Bayt al-Ma'mur* (la Casa continuamente frecuentada),

5. Y por el manto (del cielo) levantado en lo alto,

6. Y por el mar que se mantuvo lleno (y listo para desbordarse),

7. El castigo de tu Señor sin duda sucederá[1].

8. No hay nadie que pueda evitarlo.

9. Ese Día el cielo será sacudido violentamente;

10. Y las montañas se moverán con un movimiento espantoso.

11. Pobres, entonces, ese Día de aquellos que niegan (el Mensaje y los Mensajeros de Dios),

12. Aquellos que habitualmente están jugando, absortos (en vanidades):

13. Ese Día serán empujados violentamente al fuego del Infierno.

14. «Este es el Fuego que solíais negar.

1. El Corán llama nuestra atención a muchos fenómenos importantes en el universo, la vida humana y la historia para enfatizar el advenimiento inevitable del Día del Juicio Final. De la misma manera como la creación del universo, los cambios y las convulsiones se han experimentado, y los cambios de los días, los meses, las estaciones, los años, y los siglos atestiguan la llegada del Día del Juicio Final, también los Libros revelados a través de toda la historia humana nos informan de su decisivo acontecimiento. La ciencia también testifica esto [Véase Ali Ünal, *The Resurrection and the Afterlife* («La Resurrección y el Más Allá»), 57-94]. Por lo tanto, por el Monte, el Corán se refiere al monte Sinaí, en donde el profeta Moisés, la paz sea con él, recibió la Tora, y el otro monte (el monte an-Nur) en donde el profeta Muhammad, la paz y las bendiciones sean con él, comenzó a recibir el Corán. Por los Libros inscritos, se refiere a los Libros revelados de Dios, como la Tora y el Corán. Los Libros inscritos también pueden significar los registros de los actos en donde los actos de los seres humanos son registrados y se desplegarán el Día del Juicio Final. *Bayt al-Ma'mur* se refiere tanto a la Kaba, que continuamente ha sido visitada por los seres humanos y los ángeles, como a su homólogo en el reino celestial que continuamente es visitado y circunvalado por los ángeles. También se refiere a la revelación del Corán, en la que según algunos, el Corán fue enviado primero de manera completa (Véase el *sura* 44, nota 1). El cielo se desgarrará el Día del Juicio Final y todos los mares o la masa de agua sobre la Tierra se les hará desbordarse. Así que todos los fenómenos referidos en estos seis versículos aluden al Día del Juicio Final, y por esto, los juramentos hechos en ellos terminan con la declaración de su advenimiento inevitable y ya destinado.

15. ¿Esto es hechicería (pues solíais burlarse de la Revelación como hechicería), o es que no veis (así que, para vosotros, es algo ilusorio)?

16. ¡Sufrid su calor ahora! Soportarlo pacientemente, o no lo soportéis pacientemente, es lo mismo para vosotros. Sólo sois recompensados por todo lo que solíais hacer (en el mundo)».

17. Los piadosos devotos, sin duda estarán en los Jardines y la dicha.

18. Disfrutando todo lo que su Señor les concederá (por Su gracia y en recompensa por sus buenos actos); y su Señor los ha protegido del castigo del Fuego Llameante.

19. «Comed y bebed hasta hartaros por todo lo que solíais hacer (en el mundo)».

20. Se recostarán en sus tronos dispuestos; y les hemos asignado puras doncellas, de ojos hermosos.

21. Aquellos que han creído y su descendencia los han seguido en la fe, los uniremos con su descendencia (aunque la fe de estos últimos no sea del mismo grado que la de los primeros), y no disminuiremos en nada la recompensa de sus actos (porque están unidos con su descendencia). Cada persona disfrutará según lo que ha ganado[2].

أَفَسِحْرٌ هَٰذَآ أَمْ أَنتُمْ لَا تُبْصِرُونَ ١٥ ٱصْلَوْهَا فَٱصْبِرُوٓا۟ أَوْ
لَا تَصْبِرُوا۟ سَوَآءٌ عَلَيْكُمْ إِنَّمَا تُجْزَوْنَ مَا كُنتُمْ تَعْمَلُونَ ١٦
إِنَّ ٱلْمُتَّقِينَ فِى جَنَّٰتٍ وَنَعِيمٍ ١٧ فَٰكِهِينَ بِمَآ ءَاتَىٰهُمْ رَبُّهُمْ
وَوَقَىٰهُمْ رَبُّهُمْ عَذَابَ ٱلْجَحِيمِ ١٨ كُلُوا۟ وَٱشْرَبُوا۟ هَنِيٓـًٔۢا بِمَا
كُنتُمْ تَعْمَلُونَ ١٩ مُتَّكِـِٔينَ عَلَىٰ سُرُرٍ مَّصْفُوفَةٍ وَزَوَّجْنَٰهُم
بِحُورٍ عِينٍ ٢٠ وَٱلَّذِينَ ءَامَنُوا۟ وَٱتَّبَعَتْهُمْ ذُرِّيَّتُهُم بِإِيمَٰنٍ أَلْحَقْنَا
بِهِمْ ذُرِّيَّتَهُمْ وَمَآ أَلَتْنَٰهُم مِّنْ عَمَلِهِم مِّن شَىْءٍ كُلُّ ٱمْرِئٍۭ بِمَا
كَسَبَ رَهِينٌ ٢١ وَأَمْدَدْنَٰهُم بِفَٰكِهَةٍ وَلَحْمٍ مِّمَّا يَشْتَهُونَ ٢٢
يَتَنَٰزَعُونَ فِيهَا كَأْسًا لَّا لَغْوٌ فِيهَا وَلَا تَأْثِيمٌ ٢٣ وَيَطُوفُ
عَلَيْهِمْ غِلْمَانٌ لَّهُمْ كَأَنَّهُمْ لُؤْلُؤٌ مَّكْنُونٌ ٢٤ وَأَقْبَلَ بَعْضُهُمْ
عَلَىٰ بَعْضٍ يَتَسَآءَلُونَ ٢٥ قَالُوٓا۟ إِنَّا كُنَّا قَبْلُ فِىٓ أَهْلِنَا مُشْفِقِينَ ٢٦
فَمَنَّ ٱللَّهُ عَلَيْنَا وَوَقَىٰنَا عَذَابَ ٱلسَّمُومِ ٢٧ إِنَّا كُنَّا مِن قَبْلُ
نَدْعُوهُ إِنَّهُۥ هُوَ ٱلْبَرُّ ٱلرَّحِيمُ ٢٨ فَذَكِّرْ فَمَآ أَنتَ بِنِعْمَتِ رَبِّكَ
بِكَاهِنٍ وَلَا مَجْنُونٍ ٢٩ أَمْ يَقُولُونَ شَاعِرٌ نَّتَرَبَّصُ بِهِۦ رَيْبَ
ٱلْمَنُونِ ٣٠ قُلْ تَرَبَّصُوا۟ فَإِنِّى مَعَكُم مِّنَ ٱلْمُتَرَبِّصِينَ ٣١

22. Y los proveeremos con frutas y carne, una comida tras otra, tal y como deseen.

23. Allí se pasarán una copa de mano en mano en donde no hay (una bebida que incita a) falsa y vana conversación ni pecado.

24. Y allí criados se moverán alrededor suyo atendiéndolos, (tan puros) como perlas ocultas.

25. Algunos de ellos se moverán más cerca de los demás, preguntando (sobre sus asuntos en el mundo y cómo fueron admitidos en el Paraíso).

26. Ellos dicen: «Solíamos estar en verdad, cuando nos hallábamos entre nuestras familias, muy inquietos antes (muy cuidadosos y alertas por la guía y la vi-

da eterna de los miembros de nuestra familia).

27. Luego Dios nos otorgó Su favor, y nos protegió del castigo del fuego abrasador que penetra la piel.

28. Solíamos adorarle e invocarle tan solo a Él antes. Seguramente Él es el Benevolente, el Compasivo (especialmente hacia Sus siervos creyentes)».

29. Así que (Oh Mensajero, sigue) predicando y recordando; por la gracia de Dios, que no eres un adivino, ni un loco.

30. ¿O dicen (de él): «Un poeta (poseído por un genio). Esperamos para él alguna calamidad venidera»?

31. Di: «Esperad, pues estoy esperando con vosotros (aunque yo espero un resultado diferente)».

---

2. Dios unirá a los padres con su descendencia creyente en el Paraíso, aunque la fe y los actos de su descendencia no sean del mismo rango que el de ellos. Esta será otra bendición para los creyentes. Sin embargo, no todos disfrutarán el Paraíso en el mismo grado, aunque estarán juntos en el mismo lugar. Cada persona lo disfrutará según el grado de su fe y actos propios.

El versículo también sugiere que, como se señaló en 56:10-14, particularmente al comienzo de un nuevo movimiento de fe, aquellos que alcanzan la fe en primer lugar son generalmente más valorados ante Dios y serán los primeros en disfrutar el Paraíso. Han dejado atrás a los demás en la fe y han apoyado la causa de Dios en un momento que apoyarla era lo más difícil, sin considerar ninguna ventaja mundana, y por lo tanto sufrieron privaciones más grandes que los que les siguieron.

32. ¿Sus mentes los instan a tales (absurdas falsedades), o son un pueblo (con la costumbre de ser) rebelde y atroz?

33. ¿O dicen: «Él lo forja (y luego Le atribuye el Corán a Dios)?». ¡No, de verdad! Más bien, (hacen tales aseveraciones porque) no tienen voluntad para creer.

34. (Si realmente creen que un Libro así puede ser forjado) entonces, hagan un Discurso como él, si son veraces (en sus aseveraciones).

35. ¿O fueron creados sin nada de lo que les precedió (o de algo diferente a la materia básica de toda la creación, así que saben cosas que otros no saben), o son los creadores (de ellos mismos, para que puedan mantenerse y ser libres en sus actos)?

36. ¿O crearon los Cielos y la Tierra (de modo que su soberanía les pertenezca)? ¡No, de verdad! Más bien, no tienen cierto conocimiento (sobre la creación, la humanidad y los hechos básicos concernientes a ellos).

37. ¿O están los tesoros de tu Señor a su disposición (para que provean a la creación como quieran, y elegir a quien quieran como Mensajero y enviarle el Libro que quieran)? ¿O se les ha dado autoridad sobre ellos (para que puedan convencer a Dios de modo que les envíe un Mensaje y un Mensajero que sea apropiado a sus intereses)?

38. ¿O tienen una escalera por la que (habiendo subido al cielo) oyen por casualidad (los secretos del cielo, confirmando su actitud contra el Mensajero y el Corán)? Entonces que aquel que escucha a escondidas presente alguna clara autoridad (para probar lo que asevera haber oído).

39. ¿O (vosotros en vuestra locura Le atribuís hijos, para que) para Él haya hijas (a

أَمْ تَأْمُرُهُمْ أَحْلَامُهُمْ بِهَٰذَا أَمْ هُمْ قَوْمٌ طَاغُونَ ﴿٣٢﴾ أَمْ يَقُولُونَ تَقَوَّلَهُ بَلْ
لَا يُؤْمِنُونَ ﴿٣٣﴾ فَلْيَأْتُوا بِحَدِيثٍ مِثْلِهِ إِنْ كَانُوا صَادِقِينَ ﴿٣٤﴾ أَمْ خُلِقُوا
مِنْ غَيْرِ شَيْءٍ أَمْ هُمُ الْخَالِقُونَ ﴿٣٥﴾ أَمْ خَلَقُوا السَّمَاوَاتِ وَالْأَرْضَ
بَلْ لَا يُوقِنُونَ ﴿٣٦﴾ أَمْ عِنْدَهُمْ خَزَائِنُ رَبِّكَ أَمْ هُمُ الْمُصَيْطِرُونَ ﴿٣٧﴾
أَمْ لَهُمْ سُلَّمٌ يَسْتَمِعُونَ فِيهِ فَلْيَأْتِ مُسْتَمِعُهُمْ بِسُلْطَانٍ مُبِينٍ ﴿٣٨﴾ أَمْ لَهُ
الْبَنَاتُ وَلَكُمُ الْبَنُونَ ﴿٣٩﴾ أَمْ تَسْأَلُهُمْ أَجْرًا فَهُمْ مِنْ مَغْرَمٍ مُثْقَلُونَ ﴿٤٠﴾
أَمْ عِنْدَهُمُ الْغَيْبُ فَهُمْ يَكْتُبُونَ ﴿٤١﴾ أَمْ يُرِيدُونَ كَيْدًا فَالَّذِينَ كَفَرُوا
هُمُ الْمَكِيدُونَ ﴿٤٢﴾ أَمْ لَهُمْ إِلَٰهٌ غَيْرُ اللَّهِ سُبْحَانَ اللَّهِ عَمَّا يُشْرِكُونَ ﴿٤٣﴾
وَإِنْ يَرَوْا كِسْفًا مِنَ السَّمَاءِ سَاقِطًا يَقُولُوا سَحَابٌ مَرْكُومٌ ﴿٤٤﴾ فَذَرْهُمْ
حَتَّىٰ يُلَاقُوا يَوْمَهُمُ الَّذِي فِيهِ يُصْعَقُونَ ﴿٤٥﴾ يَوْمَ لَا يُغْنِي عَنْهُمْ كَيْدُهُمْ
شَيْئًا وَلَا هُمْ يُنْصَرُونَ ﴿٤٦﴾ وَإِنَّ لِلَّذِينَ ظَلَمُوا عَذَابًا دُونَ ذَٰلِكَ وَلَٰكِنَّ
أَكْثَرَهُمْ لَا يَعْلَمُونَ ﴿٤٧﴾ وَاصْبِرْ لِحُكْمِ رَبِّكَ فَإِنَّكَ بِأَعْيُنِنَا وَسَبِّحْ
بِحَمْدِ رَبِّكَ حِينَ تَقُومُ ﴿٤٨﴾ وَمِنَ اللَّيْلِ فَسَبِّحْهُ وَإِدْبَارَ النُّجُومِ ﴿٤٩﴾

سُورَةُ النَّجْمِ مَكِّيَّةٌ
وَهِيَ اثْنَتَانِ وَسِتُّونَ آيَةً

بِسْمِ اللَّهِ

quienes vosotros desdeñáis neciamente), mientras que para vosotros hay hijos?

40. ¿O es que tú (Oh Mensajero) les pides una recompensa (por transmitirles la Religión de Dios) para que sean aplastados bajo las deudas?

41. ¿O ellos tienen el conocimiento de Lo Oculto (y la Tabla Suprema Preservada) para que anoten los decretos (determinando todos los acontecimientos, y estipulando un modo de vida para que lo sigan los demás)?

42. ¿O intentan tramar (para atraparte y así derrotar tu misión)? Aún así son aquellos que no creen los que están atrapados (en tal trama, porque se privan de las bendiciones de Dios en ambos mundos).

43. ¿O tienen una deidad aparte de Dios (a quien, en vano, esperan que les sustente, ayude y proteja)? Gloria a Él (pues se halla absolutamente ensalzado) por encima de los copartícipes que Le atribuyen.

44. (Tan obstinados son al rechazar la verdad que) si vieran caer un pedazo de cielo (sobre ellos), dirían: «¡Esto es (sólo) un cúmulo de nubes!». (Ya que ellos no pueden concebir que eso puede ser un castigo por su negación obstinada).

45. Así que, déjalos hasta que se enfrentarán a su Día en el que caerán muertos por el golpe que recibirán.

46. El Día en el que su trama no les servirá de nada, ni se les ayudará.

47. Y sin duda para los que cometen el mal más grande (a través de la incredulidad o de atribuir copartícipes a Dios y resistirse a la transmisión de Su Religión), hay otro castigo además de ese, pero la mayoría de ellos no lo saben[3].

48. Así que espera pacientemente el juicio de tu Señor, pues estás bajo Nuestra Mirada (bajo Nuestro cuidado y protección); y glorifica a tu Señor con Su alabanza cuando te levantes (a rezar);

49. Y por la noche también glorifícalo, y en la puesta de las estrellas.

3. El Día mencionado en el versículo 45 se puede referir al día en el que los líderes de la incredulidad sufrirán la muerte en una guerra (como los líderes de los quraishíes fueron matados en la Batalla de Badr) o en otra catástrofe, o en la destrucción total del mundo. Así que *otro castigo* mencionado en el versículo 47 es la clase de castigo que se les hará sufrir en el mundo para que se puedan arrepentir, y el castigo en la tumba que sufrirán hasta el Día de la Resurrección.

SURA 53

AN-NAYM (LA ESTRELLA)

Período de La Meca

Revelado en La Meca, el nombre de este *sura* de 62 versículos deriva de la palabra *an-naym* (la estrella) en el primer versículo. El Mensajero de Dios, la paz y las bendiciones sean con él, lo recitaba en su totalidad a los creyentes y los politeístas de La Meca en la Kaba. Les advierte a los politeístas sobre su actitud hacia el Corán. Les recuerda que todas sus creencias están basadas en meras suposiciones, mientras que aquellos que siguen el Camino Recto son los que creen y adoran al Único Dios, Quien es el Dueño de todo el universo. También enfatiza que la Religión que el Mensajero de Dios comunica no es una nueva e inventada en la historia de la humanidad, y amenaza a los politeístas con el Día del Juicio Final, que no cabe duda que llegará.

بِسْمِ اللّٰهِ الرَّحْمٰنِ الرَّح۪يمِ

وَالنَّجْمِ اِذَا هَوٰىۙ ﴿١﴾ مَا ضَلَّ صَاحِبُكُمْ وَمَا غَوٰىۚ ﴿٢﴾ وَمَا يَنْطِقُ
عَنِ الْهَوٰىۜ ﴿٣﴾ اِنْ هُوَ اِلَّا وَحْيٌ يُوحٰىۙ ﴿٤﴾ عَلَّمَهُ شَد۪يدُ الْقُوٰىۙ ﴿٥﴾
ذُو مِرَّةٍۜ فَاسْتَوٰىۙ ﴿٦﴾ وَهُوَ بِالْاُفُقِ الْاَعْلٰىۜ ﴿٧﴾ ثُمَّ دَنَا فَتَدَلّٰىۙ ﴿٨﴾
فَكَانَ قَابَ قَوْسَيْنِ اَوْ اَدْنٰىۚ ﴿٩﴾ فَاَوْحٰٓى اِلٰى عَبْدِه۪ مَٓا اَوْحٰىۜ ﴿١٠﴾
مَا كَذَبَ الْفُؤَادُ مَا رَاٰى ﴿١١﴾ اَفَتُمَارُونَهُ عَلٰى مَا يَرٰى ﴿١٢﴾ وَلَقَدْ رَاٰهُ
نَزْلَةً اُخْرٰىۙ ﴿١٣﴾ عِنْدَ سِدْرَةِ الْمُنْتَهٰى ﴿١٤﴾ عِنْدَهَا جَنَّةُ الْمَأْوٰىۜ ﴿١٥﴾
اِذْ يَغْشَى السِّدْرَةَ مَا يَغْشٰىۙ ﴿١٦﴾ مَا زَاغَ الْبَصَرُ وَمَا طَغٰى ﴿١٧﴾
لَقَدْ رَاٰى مِنْ اٰيَاتِ رَبِّهِ الْكُبْرٰى ﴿١٨﴾ اَفَرَاَيْتُمُ اللَّاتَ وَالْعُزّٰىۙ ﴿١٩﴾
وَمَنٰوةَ الثَّالِثَةَ الْاُخْرٰى ﴿٢٠﴾ اَلَكُمُ الذَّكَرُ وَلَهُ الْاُنْثٰى ﴿٢١﴾ تِلْكَ اِذًا
قِسْمَةٌ ض۪يزٰى ﴿٢٢﴾ اِنْ هِيَ اِلَّٓا اَسْمَٓاءٌ سَمَّيْتُمُوهَٓا اَنْتُمْ وَاٰبَٓاؤُ۬كُمْ
مَٓا اَنْزَلَ اللّٰهُ بِهَا مِنْ سُلْطَانٍۜ اِنْ يَتَّبِعُونَ اِلَّا الظَّنَّ وَمَا تَهْوَى
الْاَنْفُسُۚ وَلَقَدْ جَٓاءَهُمْ مِنْ رَبِّهِمُ الْهُدٰىۜ ﴿٢٣﴾ اَمْ لِلْاِنْسَانِ مَا تَمَنّٰىۘ ﴿٢٤﴾
فَلِلّٰهِ الْاٰخِرَةُ وَالْاُولٰى۟ ﴿٢٥﴾ وَكَمْ مِنْ مَلَكٍ فِي السَّمٰوَاتِ لَا تُغْن۪ي
شَفَاعَتُهُمْ شَيْـًٔا اِلَّا مِنْ بَعْدِ اَنْ يَأْذَنَ اللّٰهُ لِمَنْ يَشَٓاءُ وَيَرْضٰى ﴿٢٦﴾

En el Nombre de Dios,
el Misericordioso, el Compasivo.

1. Por la estrella cuando se pone,

2. Vuestro Compañero (el Mensajero) no se ha extraviado no ha adoptado un camino equivocado (en la creencia y la acción).

3. No habla por sí mismo, por su propio deseo;

4. Eso (que os transmite) no es sino una Revelación que se le reveló a él[1].

5. Uno de fuerza contundente (Gabriel) la ha enseñado;

6. Uno firme, con habilidad para penetrar y perfeccionar en espíritu, surgió con todo su esplendor[2],

7. Cuando estaba en lo más alto del horizonte[3].

8. Luego, se acercó más y más,

9. Así estaba (tan cerca que sólo había quedado la distancia entre) las cuerdas de dos arcos (puestos uno al lado del otro) o incluso más cerca (que eso).

10. Y le reveló a Su siervo lo que le reveló[4].

11. El corazón no contradecía lo que él veía (con sus ojos)[5].

12. ¿Entonces discutiréis con él acerca de lo que vio?

13. Sin duda lo vio durante un segundo descenso,

14. Por el árbol del Loto del límite más lejano[6],

15. Cerca está el Jardín del Refugio y la Morada.

16. Mientras tanto lo que estaba cubriendo el árbol del Loto lo estaba cubriendo[7].

17. La vista (del Mensajero) no se apartó (para que mirara a cualquier otra parte y viera algo diferente), ni se equivocó (para que pudiera haber visto una ilusión).

18. En verdad, vio a alguna entre las señales más grandes de Su Señor[8].

19. (Comparado con aquello,) ¿habéis considerado al-Lat y al-Uzza?

20. Y el otro, el tercer (ídolo), al-Manat: ¿(qué cosas son estas que inventáis)?

21. ¿Para vosotros los varones y para Él las hembras?

22. ¡En verdad ese es un compartimiento injusto![9]

23. Ellos (vuestras deidades falsas) no son nada más que nombres inventados que vosotros y vuestros antepasados han inventado; Dios no mandó autoridad para ellos. Sólo siguen la conjetura y lo que ellos mismos codiciaron después. Pero ahora sin duda les ha llegado una guía proveniente de su Señor (Quien los ha creado, y los sustenta).

24. ¿O el ser humano conseguirá lo que se le antoje?[10]

25. Pero (todo lo que el ser humano desea, sea para servir a su elevado bien, o para servir a sus deseos carnales) a Dios Le pertenecen la (vida) futura y la (vida) anterior[11].

26. Cuántos ángeles hay en los Cielos (incluso suponiendo que intercedieran por un ser humano) cuya intercesión no sirve de nada excepto después de que Dios le haya dado permiso a quien Su Voluntad dicta (para que interceda por quien Su Voluntad dicta) y esté complacido con él.

---

1. Como se mencionó en la introducción de este *sura*, el Mensajero de Dios, la paz y las bendiciones sean con él, la recitaba en su totalidad a los creyentes y los politeístas en la Kaba. Los politeístas estaban tratando de encontrar excusas por su rechazo al Corán y el Mensajero, y discutían cómo debían tildarlos. Así que los versículos eliminan todas las dudas y confusión que estaban tratando de formar sobre el origen Divino del Corán y la Misión Profética del profeta Muhammad, la paz y las bendiciones sean con él.

En muchos versículos Dios jura por los objetos en el universo. Este *sura* comienza con un juramento por la estrella. Esto tiene muchas insinuaciones. Por *la estrella*, se refiere a todos los objetos celestiales y, jurando por ella cuando se pone, insinúa que ningún objeto celestial puede ser una deidad para adorar (Véase 6:76, nota 16). Como se sabe, los politeístas de La Meca también adoraban a algunos objetos celestiales, incluyendo, en particular, la estrella de Sirio (versículo 49 en este *sura*). También sugiere que, desde el momento en el que la estrella se pone es el tiempo en que amanece, el día o el sol de la verdad (Islam) está a punto salir. La Ascensión del Mensajero de Dios, la paz y las bendiciones sean con él, algunos aspectos de la cual son mencionados en este *sura*, también puede ser simbolizado por esto.

La palabra traducida como *estrella* también significa pasaje, y según algunos, también se refiere a que el Corán ha sido revelado en pasajes. Así que el versículo significa, *Por el pasaje (del Corán) cuando desciende (es enviado).*

2. Los versículos posiblemente se refieren a fenómenos importantes que están relacionados entre sí. El que se describe en el versículo se puede referir al Arcángel Gabriel y al profeta Muhammad, la paz y las bendiciones sean con él. El significado que se le da en la interpretación se refiere a Gabriel. En su referencia al Mensajero, el significado del versículo es: *Y al recibir el Corán, el Mensajero ha obtenido la perfección total y la posición más grandiosa*.

3. El Arcángel Gabriel solía aparecerse ante el Mensajero de Dios de diferentes formas. El Mensajero la paz y las bendiciones sean con él, lo vio en su forma original dos veces, la primera cuando descendió del monte Nur después de

recibir la primera Revelación, y luego, como se mencionó en el versículo 13, durante el regreso del Mensajero desde la Ascensión. Por lo tanto este versículo se refiere a su primera visión del Arcángel Gabriel. Cuando se emplea para referirse al Mensajero, insinúa su grandeza.

4. Estos versículos, como los anteriores, tratan tanto de la transmisión de la Revelación por Gabriel al Mensajero, como del encuentro del Mensajero con Dios durante la Ascensión, un acontecimiento que sucedió más allá de todas las dimensiones. En el caso anterior, el versículo 8 significa que el Arcángel Gabriel «descendió» de su posición en el cielo y se acercó al Mensajero, la paz y las bendiciones sean con él, que estaba en la Tierra. En el último caso, significa que Dios manifestó Su cercanía al Mensajero y lo atrajo hacia Él, y el Mensajero ascendió hacia Él, lo bastante alto para encontrarse con Él. Este encuentro, que significa la cercanía sin igual del Mensajero a Dios, se expresa en el versículo 9 como «la cercanía entre las cuerdas de dos arcos puestos uno al lado del otro». Esta comparación señala el límite insuperable entre el reino de la contingencia (creación) y el «reino» infinito de la Necesidad Absoluta (el Creador). El Mensajero de Dios, la paz y las bendiciones sean con él, llegó al punto más elevado que puede llegar un ser creado. Durante la Ascensión, Dios prescribió las cinco Oraciones diarias, así que estos versículos también sugieren la importancia de la Oración Prescrita. Por esta razón, la Oración contiene el significado de la Ascensión y es considerada como la Ascensión de cada creyente que la lleva a cabo. Un creyente puede realizar la ascensión según su capacidad en la Oración, una ocasión en la que un creyente se halla más cerca de Dios.

5. La palabra original traducida como «el corazón» es *fuad*. Es el centro o el sentido central del corazón (espiritual). El corazón posee los sentidos del oído y de la vista, y lo que percibe o comprende cualquier percepción recibida por el corazón a través de sus sentidos del oído y de la vista es *fuad*.

6. Este árbol significa el insuperable límite infinito entre el «reino» de la Necesidad Absoluta (Divinidad), y el reino de la contingencia (lo creado).

7. Lo que cubría el árbol del Loto era la Luz de Dios y su brillo desbordante.

8. No se sabe con certeza lo que fueron estas grandes señales. Dios hizo viajar a Su Mensajero, la paz y las bendiciones sean con él, por las dimensiones más elevadas de la creación durante la Ascensión para que pudiera ver algunas de Sus señales (17:1). Se entiende que estas señales son de las que sólo pueden percibir a través de la vista, y lo más grandioso de la creación, la paz y las bendiciones sean con él, estuvo favorecido con su visión. El lenguaje humano es sencillamente inadecuado para expresar estas señales de tal manera que seríamos capaces de percibirlas de manera exacta.

9. Al-Lat, al-Uzza, y al-Manat eran tres de los más «grandes» ídolos de los politeístas de La Meca. Es muy interesante que estos tres ídolos fueran considerados mujeres y tuvieran nombres femeninos. Ya que eran imágenes o representaciones de algunos ángeles o poderes angelicales en opinión de los politeístas y ya que los politeístas consideraban a los ángeles mujeres o hijas de Dios, los llamaban con nombres femeninos. Pero ellos despreciaban a las mujeres y no deseaban tener hijas, aún así Le atribuían mujeres a Dios. Como se explicó en la nota 25 del *sura* 4:117, la razón por la cual elegían a sus deidades de entre las mujeres era porque no querían que éstas tuvieran ninguna autoridad sobre ellos, además, tendían a dominar incluso a sus deidades y a usarlas para la realización de sus ambiciones mundanas.

10. Por ejemplo, ¿elegirán los seres humanos a cualquiera o cualquier cosa que deseen como deidades? ¿Y querrán que Dios acepte a los ángeles como intermediarios con Él de parte de ellos? ¿Y accederá Dios a todo esto?

11. Es Dios Quien ha creado el universo y la humanidad. Nadie tiene elección en cuanto a llegar a este mundo o no, cuándo y dónde nace, o en qué familia llegará al mundo, cuándo se irá del mundo, ni en la determinación de su color de piel, raza, físico o sexo. Por lo tanto también es Dios Quien ha establecido las condiciones de la vida en el mundo y la ley de la causalidad (lo que les sucede a los seres humanos como resultado de sus acciones), y también es Él Quien ha establecido qué acto traerá una recompensa o castigo en el Más Allá. En resumen, a los seres humanos no se les ha dado una libertad o una autonomía absolutas.

اِنَّ الَّذٖينَ لَا يُؤْمِنُونَ بِالْاٰخِرَةِ لَيُسَمُّونَ الْمَلٰٓئِكَةَ تَسْمِيَةَ الْاُنْثٰى ﴿٢٧﴾
وَمَا لَهُمْ بِهٖ مِنْ عِلْمٍۜ اِنْ يَتَّبِعُونَ اِلَّا الظَّنَّۚ وَاِنَّ الظَّنَّ لَا يُغْنٖى مِنَ
الْحَقِّ شَيْـًٔاۚ ﴿٢٨﴾ فَاَعْرِضْ عَنْ مَنْ تَوَلّٰى عَنْ ذِكْرِنَا وَلَمْ يُرِدْ اِلَّا
الْحَيٰوةَ الدُّنْيَاۜ ﴿٢٩﴾ ذٰلِكَ مَبْلَغُهُمْ مِنَ الْعِلْمِۜ اِنَّ رَبَّكَ هُوَ اَعْلَمُ
بِمَنْ ضَلَّ عَنْ سَبٖيلِهٖ وَهُوَ اَعْلَمُ بِمَنِ اهْتَدٰى ﴿٣٠﴾ وَلِلّٰهِ مَا فِى
السَّمٰوَاتِ وَمَا فِى الْاَرْضِۙ لِيَجْزِىَ الَّذٖينَ اَسَٓاؤُا بِمَا عَمِلُوا
وَيَجْزِىَ الَّذٖينَ اَحْسَنُوا بِالْحُسْنٰىۚ ﴿٣١﴾ اَلَّذٖينَ يَجْتَنِبُونَ كَبَٓائِرَ الْاِثْمِ
وَالْفَوَاحِشَ اِلَّا اللَّمَمَۜ اِنَّ رَبَّكَ وَاسِعُ الْمَغْفِرَةِۜ هُوَ اَعْلَمُ بِكُمْ
اِذْ اَنْشَاَكُمْ مِنَ الْاَرْضِ وَاِذْ اَنْتُمْ اَجِنَّةٌ فٖى بُطُونِ اُمَّهَاتِكُمْۚ فَلَا
تُزَكُّٓوا اَنْفُسَكُمْۜ هُوَ اَعْلَمُ بِمَنِ اتَّقٰىۚ ﴿٣٢﴾ اَفَرَاَيْتَ الَّذٖى تَوَلّٰىۙ ﴿٣٣﴾
وَاَعْطٰى قَلٖيلًا وَاَكْدٰى ﴿٣٤﴾ اَعِنْدَهُ عِلْمُ الْغَيْبِ فَهُوَ يَرٰى ﴿٣٥﴾ اَمْ لَمْ
يُنَبَّاْ بِمَا فٖى صُحُفِ مُوسٰىۙ ﴿٣٦﴾ وَاِبْرٰهٖيمَ الَّذٖى وَفّٰىۙ ﴿٣٧﴾ اَلَّا تَزِرُ
وَازِرَةٌ وِزْرَ اُخْرٰىۙ ﴿٣٨﴾ وَاَنْ لَيْسَ لِلْاِنْسَانِ اِلَّا مَا سَعٰىۙ ﴿٣٩﴾ وَاَنَّ
سَعْيَهُ سَوْفَ يُرٰىۖ ﴿٤٠﴾ ثُمَّ يُجْزٰيهُ الْجَزَٓاءَ الْاَوْفٰىۙ ﴿٤١﴾ وَاَنَّ اِلٰى رَبِّكَ
الْمُنْتَهٰىۙ ﴿٤٢﴾ وَاَنَّهُ هُوَ اَضْحَكَ وَاَبْكٰىۙ ﴿٤٣﴾ وَاَنَّهُ هُوَ اَمَاتَ وَاَحْيَاۙ ﴿٤٤﴾

وَاَنَّهُ

27. Aquellos que no creen en el Más Allá son los que llaman a los ángeles (a quienes consideran hijas de Dios) con nombres femeninos.

28. No tienen conocimiento sobre esto. No siguen nada más que suposiciones, y éstas nunca pueden sustituir nada de la verdad.

29. Así que aléjate de aquellos que se apartan de Nuestro Libro y remembranza, y no desean nada más que la vida de este mundo.

30. Así es la suma de su conocimiento (limitado por los deseos del momento, y las falsedades que han heredado sin pensar y se acostumbraron, limitado por la capa externa de las cosas). Sin duda tu Señor conoce mejor al que se extravió, y conoce mejor a aquel que es recto (siguiendo el Camino Recto de su Señor).

31. A Dios Le pertenece todo cuanto hay en los Cielos y la Tierra, y (ya que conoce mejor al que se extravió y al que sigue el camino recto) recompensará a los que hacen el mal con lo que han hecho, y recompensará a los que hacen el bien con la mejor recompensa.

32. Aquellos que evitan los pecados graves y los actos indecentes y vergonzosos (los cuales en realidad están incluidos en los pecados graves), incurriendo solamente en faltas pequeñas[12], sin duda tu Señor posee un amplio perdón. Os conoce bien cuando os origina de (las partículas de) tierra, y cuando estáis ocultos (fetos) en las matrices de vuestras madres. Así que no os consideréis puros (libres de pecado; es vano justificarse). Él conoce mejor al que se aparta de la desobediencia a Dios en veneración a Él y piedad.

33. ¿Has considerado al que se aparta (de tu llamada)?

34. Les ha dado un poco (a los necesitados), pues es severo (en no dar).

35. ¿Tiene conocimiento de Lo Oculto, y por lo tanto ve (lo que sucederá en el futuro)?

36. ¿O no ha sido informado de todo (aquello que se ha de seguir y) estaba en los Manuscritos de Moisés,

37. Y de Abraham que cumplió su cometido (cumpliendo todos sus obligaciones a la perfección)?

38. Que ninguna alma, como portadora de carga, porta (y se le hace portar) la carga de otra.

39. Y que el ser humano sólo tiene aquello por lo que trabaja,

40. Y su trabajo será presentado para que se vea[13].

41. Y luego será retribuido por ello con un íntegro pago.

42. Y en tu Señor todo termina.

43. Y Él es Quien (por Su Voluntad, Poder, y creación) hace reír y llorar.

44. Y Él es Quien causa la muerte y da vida.

---

12. Para los pecados graves véanse 2:194, nota 140; 4:31, nota 11, y para los actos indecentes y vergonzosos véase 4:25, nota 9. Los actos indecentes, como las relaciones sexuales ilícitas y la homosexualidad están en realidad incluidos en los pecados graves. Son mencionados por separado porque Dios nos advierte especialmente sobre ellos. Para entender mejor este versículo y el significado de *faltas pequeñas*, se debería considerar junto o a la luz del versículo: *Son asimismo aquellos que cuando cometen una indecencia o son injustos consigo mismos (por haber cometido cualquier tipo de acto pecaminoso), recuerdan inmediatamente a Dios y Le imploran perdón para que les perdone sus pecados —porque, ¿quién perdona los pecados sino Dios?— y no persisten a sabiendas en (el mal) que han cometido* (3:135).

13. *El Día en que cada alma encontrará ante sí todo el bien exhibido y todo el mal que haya hecho...* (3:30).

وَاَنَّهُ خَلَقَ الزَّوْجَيْنِ الذَّكَرَ وَالْاُنْثٰى ﴿٤٥﴾ مِنْ نُطْفَةٍ اِذَا تُمْنٰى ﴿٤٦﴾
وَاَنَّ عَلَيْهِ النَّشْاَةَ الْاُخْرٰى ﴿٤٧﴾ وَاَنَّهُ هُوَ اَغْنٰى وَاَقْنٰى ﴿٤٨﴾ وَاَنَّهُ هُوَ
رَبُّ الشِّعْرٰى ﴿٤٩﴾ وَاَنَّهُ اَهْلَكَ عَادًا الْاُولٰى ﴿٥٠﴾ وَثَمُودَا فَمَا اَبْقٰى ﴿٥١﴾
وَقَوْمَ نُوحٍ مِنْ قَبْلُ اِنَّهُمْ كَانُوا هُمْ اَظْلَمَ وَاَطْغٰى ﴿٥٢﴾ وَالْمُؤْتَفِكَةَ
اَهْوٰى ﴿٥٣﴾ فَغَشّٰيهَا مَا غَشّٰى ﴿٥٤﴾ فَبِاَيِّ اٰلَاۤءِ رَبِّكَ تَتَمَارٰى ﴿٥٥﴾
هٰذَا نَذِيرٌ مِنَ النُّذُرِ الْاُولٰى ﴿٥٦﴾ اَزِفَتِ الْاٰزِفَةُ ﴿٥٧﴾ لَيْسَ لَهَا مِنْ
دُونِ اللّٰهِ كَاشِفَةٌ ﴿٥٨﴾ اَفَمِنْ هٰذَا الْحَدِيثِ تَعْجَبُونَ ﴿٥٩﴾ وَتَضْحَكُونَ
وَلَا تَبْكُونَ ﴿٦٠﴾ وَاَنْتُمْ سَامِدُونَ ﴿٦١﴾ فَاسْجُدُوا لِلّٰهِ وَاعْبُدُوا ﴿٦٢﴾

سُورَةُ الْقَمَرِ مَكِّيَّةٌ
وَهِيَ خَمْسٌ وَخَمْسُونَ اٰيَةً

بِسْمِ اللّٰهِ الرَّحْمٰنِ الرَّحِيمِ

اِقْتَرَبَتِ السَّاعَةُ وَانْشَقَّ الْقَمَرُ ﴿١﴾ وَاِنْ يَرَوْا اٰيَةً يُعْرِضُوا وَيَقُولُوا
سِحْرٌ مُسْتَمِرٌّ ﴿٢﴾ وَكَذَّبُوا وَاتَّبَعُوا اَهْوَاۤءَهُمْ وَكُلُّ اَمْرٍ مُسْتَقِرٌّ ﴿٣﴾
وَلَقَدْ جَاۤءَهُمْ مِنَ الْاَنْبَاۤءِ مَا فِيهِ مُزْدَجَرٌ ﴿٤﴾ حِكْمَةٌ بَالِغَةٌ فَمَا
تُغْنِ النُّذُرُ ﴿٥﴾ فَتَوَلَّ عَنْهُمْ يَوْمَ يَدْعُ الدَّاعِ اِلٰى شَيْءٍ نُكُرٍ ﴿٦﴾

45. Y Él crea las parejas, el varón y la hembra,

46. De una gota de fluido (seminal) cuando es eyaculada.

47. Y la segunda creación también Le pertenece a Él;

48. Y Él es Quien concede abundante riqueza y es suficiente (para todas las necesidades con Su provisión).

49. Y sin duda Él es el Señor de Sirio[14].

50. Y destruyó a la antigua (tribu de) ‘Ad[15],

51. Y a la (tribu de) Zamud; no perdonó a ningún (criminal incrédulo) entre ellos;

52. Y antes el pueblo de Noé; sin duda fueron más injustos y rebeldes.

53. (También destruyó) las ciudades derrocadas (del pueblo de Lot);

54. Así que las cubrió lo que las cubría.

55. Entonces, ¿sobre cuál de los dones de tu Señor discutes?[16]

56. Y este (Mensajero) es un advertidor como los advertidores de antaño.

57. Esa (la Última Hora) que no cabe duda que se acercará, se ha acercado.

58. Nadie aparte de Dios puede revelarla (o eliminar el espanto y el sufrimiento que ésta acarrea).

59. ¿Estimáis entonces extraño este Discurso (que posibilita vuestra salvación eterna)?

60. ¿Y reís y no lloráis (considerando vuestra obstinación e inmoralidad),

61. Además de entreteneros (con diversión y juegos)?

62. Más bien: postraros ante Dios (en sumisión) y adoradle (para que pueda protegeros del espanto y el sufrimiento de la Última Hora).

14. Sirio es la estrella más brillante en el cielo. Muchos árabes la adoraban durante la Época de la Ignorancia y la atribuían fenómenos celestiales, como por ejemplo la lluvia. El Corán rechaza esto categóricamente y declara que es Dios Quien creó a Sirio, Quien la hace perdurar, y le da su luz.

15. La anterior tribu de ‘Ad era el pueblo del profeta Hud. La posterior tribu de ‘Ad estaba integrada por los descendientes de los creyentes que habían sobrevivido a la destrucción.

16. La justicia es indiscutiblemente buena en sí misma y absolutamente necesaria para la vida humana. Por lo tanto la destrucción de varios pueblos que eran obstinados en hacer el mal fue su justo merecido; es un don o una generosidad de Dios para con la humanidad.

SURA 54

AL-QAMAR (LA LUNA)

Período de La Meca

Este *sura* de 55 versículos, revelado cinco años antes de la *Hégira*, obtiene su nombre de la palabra *al-Qamar* («la Luna») en el primer versículo. Menciona la división de la Luna por un gesto del Mensajero de Dios, la paz y las bendiciones sean con él, y contiene, con el fin de advertir a los incrédulos y consolar a los creyentes, las breves descripciones del pueblo de Noé, de 'Ad y Zamud y los pueblos de Lot, la paz sea con él, y el Faraón. La división de la Luna por un gesto del Mensajero de Dios alude a la autoridad absoluta de Dios sobre el universo, así como también el hecho de que es Dios Quien realmente controla y mantiene el universo detrás de todas las causas aparentes, y señala el fin inevitable del mundo.

En el Nombre de Dios,
el Misericordioso, el Compasivo.

1. La Última Hora se ha acercado, y la Luna se ha dividido[1].

2. Siempre que ven un milagro, se alejan de él con aversión y dicen: «Esto es hechicería como muchas otras, una tras otra».

3. Y negaron (la Misión Profética y cualquier señal que el Profeta les haya mostrado), y siguieron sus lujurias y caprichos. No obstante cada asunto tiene su hora señalada (y así ellos llegarán a saber la verdad).

4. Y sin duda alguna ya les habrán llegado registros (del Más Allá y de los pueblos antiguos) en donde hay abundante advertencia para disuadirlos (de sus caminos).

5. Todo esto (que está incluido en el Corán) es sabiduría consumada, pero las advertencias no sirven de nada (para estas personas).

6. (En vista de que rechazan tu llamada) apártate de ellos. El Día llegará cuando el convocador llame[2] (a todas las personas) a algo excepcionalmente terrible.

---

1. El sorprendente y maravilloso fenómeno de la división de la Luna, que sucedió en Mina cinco años antes de la *Hégira*, causado por un ademán del Mensajero de Dios, la paz y las bendiciones sean con él, fue un claro milagro del Mensajero, y una clara señal de la verdad de que sucedería la Resurrección, de la cual el Mensajero estaba anunciando. La gran esfera de la Luna se había partido en dos partes distintas delante de los mismos ojos de la gente presente. Las dos partes se habían separado y alejado tan lejos una de otra que, para los observadores, una parte había aparecido a un lado de la montaña y la otra al otro lado. A continuación, en un instante, las dos se volvieron a juntar.

Los incrédulos lo describieron como una ilusión mágica y persistieron en su negación. Tales personas no creerán como resultado de la admonición, ni aprenderán las lecciones de la historia, ni afirmarán la fe después de atestiguar las señales claras con sus ojos.

El versículo declara que la Luna se dividió cuando se aproximó el Día del Juicio Final. Esto es porque el tiempo desde el advenimiento del profeta Muhammad, la paz y las bendiciones sean con él, hasta la destrucción del mundo se conoce como el Fin de los Tiempos. El Mensajero mismo dice que su tiempo en la vida del mundo es como la caída de la tarde en un día (al-Bujari, «Iyarah», 8).

Said Nursi escribe sobre este manifiesto milagro del Mensajero, la paz y las bendiciones sean con él, de la siguiente manera:

Algunos preguntan por qué este milagro no fue registrado y transmitido en la historia de otros pueblos. Aunque hay serios estudios mostrando que fue visto por algunos en países tales como la India, y que fue registrado, estimamos útil mencionar los siguientes puntos concernientes al acontecimiento como una respuesta a la pregunta.

- Tales objeciones surgen de considerar la división de la Luna como si fuera un evento natural, mientras que fue un milagro. Un milagro es creado por Dios para probar con resolución la Misión Profética de Sus Mensajeros a sus oponentes, así que no es necesario que los demás lo vean. Este milagro fue principalmente mostrado a los politeístas de La Meca y ocurrió ante un grupo de personas para convencerlas de la Misión Profética de Muhammad. Ocurrió momentáneamente cuando la gente estaba durmiendo; obstáculos tales como la llovizna, las nubes y las diferencias de tiempo evitaron que otros lo vieran.
- La obstinación de los no creyentes contemporáneos de Muhammad es bien conocida y registrada. Cuando el Corán anunció este acontecimiento en la Luna se ha dividido en dos, ningún incrédulo se atrevió a contradecirlo. Si ellos no hubieran visto este evento, hubieran usado este versículo como un pretexto para atacar al Profeta de manera más considerable. Pero nada en las biografías del Profeta o los libros de historia sugiere que ellos lo negaron. Su reacción fue tan solo decir que era magia obra del Profeta y añadieron que si las caravanas de La Meca en otros lugares lo habían visto, verdaderamente había sucedido; de lo contrario, el Profeta los había hechizado. Pero cuando las caravanas llegaron a la mañana siguiente desde Yemen y otros lugares, anunciaron que ellos habían visto este milagro, los no creyentes respondieron: «¡La magia del huérfano de Abu Talib ha afectado incluso a los cielos!» (Ya que el milagro fue creado para los politeístas de La Meca, Dios Todopoderoso permitió que sus caravanas lo vieran también).
- La mayoría de los principales eruditos concienzudos dedicados a la investigación, tales como Sa'du'd-Din at-Taftazani, concluyeron que, la división de la Luna es mutawatir. Esto significa que ha sido transmitido a través de las generaciones de un grupo veraz a otro, y que los que lo han transmitido forman tal vasta comunidad que son incapaces de estar de acuerdo con una mentira. Es igual de cierto como el paso del cometa Haley hace mil años, o la existencia de la isla de Ceilán en el pasado, cuando se desconocía su localización, de los que se tenía noticia, aunque no habían sido vistos.
- Los Profetas hacen milagros para probar su Misión Profética y para convencer a los que niegan, no para imponer la fe. Por eso, cada milagro es mostrado para convencer a aquellos que sí escuchan la afirmación de la Misión Profética. Si forzaran a todos y a cada uno a creer en ellos, la Sabiduría del Omnisapiente, el propósito Divino para crearnos con libre albedrío y enviar la religión, la cual supone que el terreno esté preparado para la aceptación voluntaria de la mente, serían violadas. Así que, si el Creador Omnisapiente hubiera dejado la Luna dividida durante varias horas para que todos pudieran verla y registrarla en sus registros históricos, habría sido tan sólo otro evento astronómico en lugar de un evento único de Mensaje de Muhammad o una evidencia de su Misión Profética.
- Algunos argumentan que si este evento realmente ocurrió, las crónicas históricas chinas, japoneses y americanas lo mencionarían. Pero cómo podrían haberlo visto si, junto con otros obstáculos, en países europeos tales como España e Inglaterra (todos envueltos en brumas de ignorancia) apenas era el atardecer, de día en América, y por la mañana en China y Japón.

- Este milagro no es un acontecimiento ordinario que ocurrió debido a ciertas causas en particular o de forma aleatoria por lo que sería criticado en base a la ley de causa y efecto. Es más, el Omnisapiente, Creador del Sol y de la Luna lo hizo un evento extraordinario para confirmar la Misión Profética de Su Mensajero y confirmar su declaración.

De las muchas evidencias de dicho acontecimiento, mencionaremos sólo seis, ya que estas seis tienen la fuerza de un consenso séxtuplo:

- Los Compañeros, todos ellos gente de veracidad y justicia, están de acuerdo en que tuvo lugar.
- Todos los exigentes intérpretes coránicos han acordado que la división de la Luna indica que un ademán de Muhammad ocasionó este evento.
- Todos los veraces narradores y eruditos de *hadiz* narraron este acontecimiento a través de varios canales auténticos de transmisión.
- Toda la gente de verdad, santidad, inspiración y descubrimiento espiritual testifican que este evento tuvo lugar.
- Los más destacados teólogos y los doctos eruditos confirman este evento, a pesar de sus diferencias de opiniones en otras cuestiones.
- La comunidad de Muhammad, donde una auténtica Tradición Profética declara que nunca se puede estar de acuerdo en un error, acepta su acontecimiento.

Estas seis evidencias prueban claramente la división de la Luna. (Los Milagros del profeta Muhammad [*The Letters* («Las Cartas»), «The 19th Word» «La 19ª Carta, págs.223-226].

Algunos comentaristas modernos aseveran que el versículo se refiere al hecho de que la Luna se dividirá antes de la destrucción del mundo. Sin embargo, el segundo versículo rechaza esta aseveración. Las señales que aparezcan antes de la destrucción del mundo probarán con resolución que el Día del Juicio Final ha llegado y este es el momento en el que el mundo será destruido. Pero el segundo versículo dice claramente que los incrédulos reaccionaron ante la división de la Luna reclamando que era hechicería, y mostraron la misma reacción ante muchas señales similares. Hasan al-Basri y 'Ata ibn ar-Rabah, que afirmaron que la Luna se partiría antes de la destrucción del mundo, no negaron el hecho de que ocurra este milagro como evidencia de la Misión Profética de Muhammad, la paz y las bendiciones sean con él, en La Meca.

Se declara en algunos versículos (por ejemplo 17:59) que Dios no permitió que Su Mensajero obrara un milagro porque los primeros pueblos habían negado los milagros que habían pedido que les mostraran Sus Mensajeros, y así merecieron su destrucción. Sin embargo, la división de la Luna no fue un milagro que los incrédulos le habían pedido que obrara el Mensajero para que creyeran en él. El Mensajero les mostró este milagro para probar Su Misión Profética.

2. El convocador y la convocación significan la convocación de la Trompeta para la resurrección de los muertos y su reunión en la Llanura de la Reunión Suprema.

خُشَّعًا اَبْصَارُهُمْ يَخْرُجُونَ مِنَ الْاَجْدَاثِ كَاَنَّهُمْ جَرَادٌ مُنْتَشِرٌ ۝٧
مُهْطِعِينَ اِلَى الدَّاعِ يَقُولُ الْكَافِرُونَ هٰذَا يَوْمٌ عَسِرٌ ۝٨ كَذَّبَتْ
قَبْلَهُمْ قَوْمُ نُوحٍ فَكَذَّبُوا عَبْدَنَا وَقَالُوا مَجْنُونٌ وَازْدُجِرَ ۝٩ فَدَعَا
رَبَّهُ اَنّ۪ي مَغْلُوبٌ فَانْتَصِرْ ۝١٠ فَفَتَحْنَا اَبْوَابَ السَّمَاءِ بِمَاءٍ مُنْهَمِرٍ ۝١١
وَفَجَّرْنَا الْاَرْضَ عُيُونًا فَالْتَقَى الْمَاءُ عَلٰى اَمْرٍ قَدْ قُدِرَ ۝١٢
وَحَمَلْنَاهُ عَلٰى ذَاتِ اَلْوَاحٍ وَدُسُرٍ ۝١٣ تَجْر۪ي بِاَعْيُنِنَا جَزَاءً لِمَنْ
كَانَ كُفِرَ ۝١٤ وَلَقَدْ تَرَكْنَاهَا اٰيَةً فَهَلْ مِنْ مُدَّكِرٍ ۝١٥ فَكَيْفَ كَانَ
عَذَاب۪ي وَنُذُرِ ۝١٦ وَلَقَدْ يَسَّرْنَا الْقُرْاٰنَ لِلذِّكْرِ فَهَلْ مِنْ مُدَّكِرٍ ۝١٧
كَذَّبَتْ عَادٌ فَكَيْفَ كَانَ عَذَاب۪ي وَنُذُرِ ۝١٨ اِنَّا اَرْسَلْنَا عَلَيْهِمْ ر۪يحًا
صَرْصَرًا ف۪ي يَوْمِ نَحْسٍ مُسْتَمِرٍّ ۝١٩ تَنْزِعُ النَّاسَ كَاَنَّهُمْ اَعْجَازُ
نَخْلٍ مُنْقَعِرٍ ۝٢٠ فَكَيْفَ كَانَ عَذَاب۪ي وَنُذُرِ ۝٢١ وَلَقَدْ يَسَّرْنَا الْقُرْاٰنَ
لِلذِّكْرِ فَهَلْ مِنْ مُدَّكِرٍ ۝٢٢ كَذَّبَتْ ثَمُودُ بِالنُّذُرِ ۝٢٣ فَقَالُوا اَبَشَرًا
مِنَّا وَاحِدًا نَتَّبِعُهُ اِنَّا اِذًا لَف۪ي ضَلَالٍ وَسُعُرٍ ۝٢٤ ءَاُلْقِيَ الذِّكْرُ عَلَيْهِ
مِنْ بَيْنِنَا بَلْ هُوَ كَذَّابٌ اَشِرٌ ۝٢٥ سَيَعْلَمُونَ غَدًا مَنِ الْكَذَّابُ
الْاَشِرُ ۝٢٦ اِنَّا مُرْسِلُوا النَّاقَةِ فِتْنَةً لَهُمْ فَارْتَقِبْهُمْ وَاصْطَبِرْ ۝٢٧

وَنَبِّئْهُمْ

7. Con las miradas bajas, saldrán de sus tumbas como si fueran langostas desparramadas (en confusión).

8. Apresurándose (con obediencia) hacia el convocador. Los incrédulos dirán: «Este es un día difícil».

9. Antes de ellos el pueblo de Noé negó: negaron a Nuestro siervo, y dijeron: «¡Este es un loco!». Y le reprocharon (con insolencia y evitaron que predicara).

10. Así que rezó a su Señor, diciendo: «¡Me han vencido, ayúdame!».

11. Así que abrimos las puertas del cielo, con el agua derramándose;

12. E hicimos a la Tierra derramar manantiales, así las aguas (del cielo y la Tierra) se combinaron para (el cumplimiento de) un asunto ya decretado.

13. Y le llevamos sobre (una construcción de) tablas de madera y clavos,

14. Surcando (a través del agua) bajo Nuestra Mirada como una recompensa para aquel que había sido (injustamente) rechazado con ingratitud.

15. Y en verdad dejamos (el Arca) como una señal (de la verdad)[3], entonces, ¿hay alguno que recuerde y preste atención?

16. ¡Pero contemplad lo (severo) que fue Mi castigo y (cuán ciertas) Mis advertencias!

17. Y en verdad (revelándolo a través del lenguaje humano) hemos hecho fácil el Corán para la remembranza (de Dios, y prestar atención), entonces, ¿hay alguno que recuerde y preste atención?[4]

18. La (tribu de) 'Ad también negó (a su Mensajero), entonces contemplad lo (severo) que fue Mi castigo y (cuán ciertas) Mis advertencias:

19. Enviamos sobre ellos un furioso huracán durante cierta época de desastre duradero;

20. Arrancando gente como si fueran troncos de palmeras desarraigadas.

21. ¡Pero contemplad lo (severo) que fue Mi castigo y (cuán ciertas) Mis advertencias!

22. Y en verdad (revelándolo a través del lenguaje humano) hemos hecho fácil el Corán para la remembranza (de Dios, y prestar atención), entonces, ¿hay alguno que recuerde y preste atención?

23. La (tribu de) Zamud también negó todas las advertencias (que se les dio).

24. Dijeron: ¿Es que seguiremos a un mortal solo de entre nosotros? ¡Entonces en verdad estaríamos perdidos en un error y una locura extraños!

25. ¿La Remembranza y el Recordatorio son (enviados) a él de entre nosotros? No. Más bien, él es un mentiroso presuntuoso (alguien aseverando superioridad sobre nosotros)».

26. (Le contamos a su Mensajero): «Pronto sabrán quién es el mentiroso presuntuoso.

27. Sin duda enviaremos una camella como una prueba para ellos (en respuesta a su petición insistente de que les muestres un milagro). Así que vigílalos (y observa lo que hacen), y soporta con paciencia (su mala conducta hacia ti).

---

3. Esto demuestra que los restos del Arca de Noé todavía estaban presentes y podían ser contemplados cuando este *sura* fue revelado. Imam al-Bujari, Ibn Yarir at-Tabari, Ibn Abi Hatem y 'Abdu'r-Razzaq informan de parte de Qatadah que los musulmanes que conquistaron Irak la vieron en *al-Yudi* (sobre el monte al-Yudi véase la nota 14 de 11:48). También puede sugerir que permanecerá para que la gente sea capaz de encontrarla como una lección.

4. Es decir, Dios reveló el Corán a través del lenguaje humano para que la gente pudiera entenderlo. Aunque el Corán tiene profundidades insondables de significado, tiene tales estilos que satisface a todos, desde el más común hasta el más avanzado en las ciencias. Lo que es necesario para todos es reconocer los fundamentos de la fe y una buena vida, para que incluso la gente corriente pueda obtener del Corán en qué deben creer y lo que deben hacer para obtener felicidad eterna, y puedan extraer lecciones necesarias. Sin embargo, esto de ninguna manera significa que todos puedan entender perfectamente todo el Corán leyéndolo solamente o estudiando una traducción del mismo.

وَنَبِّئْهُمْ اَنَّ الْمَاءَ قِسْمَةٌ بَيْنَهُمْ كُلُّ شِرْبٍ مُحْتَضَرٌ ﴿٢٨﴾ فَنَادَوْا
صَاحِبَهُمْ فَتَعَاطٰى فَعَقَرَ ﴿٢٩﴾ فَكَيْفَ كَانَ عَذَابِى وَنُذُرِ ﴿٣٠﴾ اِنَّا اَرْسَلْنَا
عَلَيْهِمْ صَيْحَةً وَاحِدَةً فَكَانُوا كَهَشِيمِ الْمُحْتَظِرِ ﴿٣١﴾ وَلَقَدْ يَسَّرْنَا
الْقُرْاٰنَ لِلذِّكْرِ فَهَلْ مِنْ مُدَّكِرٍ ﴿٣٢﴾ كَذَّبَتْ قَوْمُ لُوطٍ بِالنُّذُرِ ﴿٣٣﴾
اِنَّا اَرْسَلْنَا عَلَيْهِمْ حَاصِبًا اِلَّا اٰلَ لُوطٍ نَجَّيْنَاهُمْ بِسَحَرٍ ﴿٣٤﴾ نِعْمَةً مِنْ
عِنْدِنَا كَذٰلِكَ نَجْزِى مَنْ شَكَرَ ﴿٣٥﴾ وَلَقَدْ اَنْذَرَهُمْ بَطْشَتَنَا فَتَمَارَوْا
بِالنُّذُرِ ﴿٣٦﴾ وَلَقَدْ رَاوَدُوهُ عَنْ ضَيْفِهِ فَطَمَسْنَا اَعْيُنَهُمْ فَذُوقُوا
عَذَابِى وَنُذُرِ ﴿٣٧﴾ وَلَقَدْ صَبَّحَهُمْ بُكْرَةً عَذَابٌ مُسْتَقِرٌّ ﴿٣٨﴾ فَذُوقُوا
عَذَابِى وَنُذُرِ ﴿٣٩﴾ وَلَقَدْ يَسَّرْنَا الْقُرْاٰنَ لِلذِّكْرِ فَهَلْ مِنْ مُدَّكِرٍ ﴿٤٠﴾
وَلَقَدْ جَاءَ اٰلَ فِرْعَوْنَ النُّذُرُ ﴿٤١﴾ كَذَّبُوا بِاٰيَاتِنَا كُلِّهَا فَاَخَذْنَاهُمْ
اَخْذَ عَزِيزٍ مُقْتَدِرٍ ﴿٤٢﴾ اَكُفَّارُكُمْ خَيْرٌ مِنْ اُولٰئِكُمْ اَمْ لَكُمْ بَرَاءَةٌ
فِى الزُّبُرِ ﴿٤٣﴾ اَمْ يَقُولُونَ نَحْنُ جَمِيعٌ مُنْتَصِرٌ ﴿٤٤﴾ سَيُهْزَمُ الْجَمْعُ
وَيُوَلُّونَ الدُّبُرَ ﴿٤٥﴾ بَلِ السَّاعَةُ مَوْعِدُهُمْ وَالسَّاعَةُ اَدْهٰى وَاَمَرُّ ﴿٤٦﴾
اِنَّ الْمُجْرِمِينَ فِى ضَلَالٍ وَسُعُرٍ ﴿٤٧﴾ يَوْمَ يُسْحَبُونَ فِى النَّارِ
عَلٰى وُجُوهِهِمْ ذُوقُوا مَسَّ سَقَرَ ﴿٤٨﴾ اِنَّا كُلَّ شَىْءٍ خَلَقْنَاهُ بِقَدَرٍ ﴿٤٩﴾

28. E infórmales que el agua se tiene que compartir entre ella y ellos; quien la comparta estará presente junto al agua cuando sea su turno para beber[5].

29. Pero (sin guardar turno) ellos (intrigaron para asesinar la camella y) llamaron a su compañero (uno de los nueve cabecillas); y así se atrevió (con el acto malvado), y la mató cruelmente.

30. Y contemplad lo (severo) que fue Mi castigo y (cuán ciertas) Mis advertencias:

31. Enviamos sobre ellos una única Ráfaga, y se volvieron cascajos secos de arbustos usados como forraje para el ganado.

32. Y en verdad (revelándolo a través del lenguaje humano) hemos hecho fácil el Corán para la remembranza (de Dios, y prestar atención), entonces, ¿hay alguno que recuerde y preste atención?

33. Y el pueblo de Lot negó también todas las advertencias (que se les dio).

34. Enviamos un huracán de piedras sobre ellos, salvo a la familia de Lot: los salvamos a temprana hora del amanecer,

35. Como una gracia proveniente de Nosotros. Así recompensamos a los que dan gracias.

36. Lot en verdad les había advertido Nuestro agarre, pero ellos negaron las advertencias.

37. Lo habían acosado (con frecuentes idas y venidas) para abusar de sus invitados[6], y Nosotros les cegamos sus ojos: ¡Probad Mi castigo y (las consecuencias de) Mis advertencias!

38. El castigo decretado sin duda les sobrevino a temprana hora del amanecer.

39. ¡Así que probad Mi castigo y (las consecuencias de) Mis advertencias!

40. Y en verdad (revelándolo a través del lenguaje humano) hemos hecho fácil el Corán para la remembranza (de Dios, y prestar atención), entonces, ¿hay alguno que recuerde y preste atención?

41. Y las advertencias sin duda también llegaron al clan del Faraón,

42. Quien negó todos Nuestros mensajes y signos (incluyendo los milagros que se les mostraron); y al fin, los agarramos a la manera de Aquel Glorioso poseedor de irresistible poder, el Omnipotente.

43. ¿Ahora vuestros incrédulos (Oh gente de La Meca) son mejores y más poderosos que aquellos (cuyas historias hemos relatado)? ¿O se da una exención (del castigo escrito) para vosotros en las Escrituras?

44. ¿O dicen: «¿Somos una hueste unida e invencible?».

45. (Pero que sepan que) las huestes serán aplastadas, y se volverán de espaldas y huirán[7].

46. En verdad, la Última Hora es su hora señalada (para su recompensa completa), y la Última Hora será más dolorosa y amarga.

47. Los criminales incrédulos estarán en un extravío total (del Paraíso) y arderán en el Fuego Llameante.

48. Ese Día serán arrastrados en el Fuego boca abajo: «¡Probad el contacto del Infierno!».

49. Sin duda alguna hemos creado todas y cada una de las cosas en una medida (precisa).

5. Con respecto a la camella y el agua que se tiene que compartir, véanse el *sura* 7:73-77, nota 17, el *sura* 11:64-65, y el *sura* 26:155-157.

6. Sobre los invitados del profeta Lot y la destrucción de su pueblo, véanse el *sura* 11:69-83, el *sura* 15:51-77, y el *sura* 26:160-175, y las notas correspondientes. El Antiguo Testamento también registra que los ojos de las personas que se precipitaron hacia la casa de Lot para abusar de sus invitados —invitados que en realidad eran ángeles con la apariencia de seres humanos— estaban cegados (*Génesis*, 19:9-11).

7. Cuando este versículo fue revelado, los musulmanes eran pocos y débiles. Algunos de ellos habían tenido que emigrar a Abisinia para escapar de las persecuciones. Pero no pasaron más de 10 años antes de que sus poderosos enemigos fueran derrotados completamente en la Batalla de Badr. Setenta de sus líderes cayeron muertos y los demás huyeron del campo de batalla, dejando muchos prisioneros de guerra.

وَمَا أَمْرُنَا إِلَّا وَاحِدَةٌ كَلَمْحٍ بِالْبَصَرِ ﴿٥٠﴾ وَلَقَدْ أَهْلَكْنَا
أَشْيَاعَكُمْ فَهَلْ مِنْ مُدَّكِرٍ ﴿٥١﴾ وَكُلُّ شَيْءٍ فَعَلُوهُ
فِي الزُّبُرِ ﴿٥٢﴾ وَكُلُّ صَغِيرٍ وَكَبِيرٍ مُسْتَطَرٌ ﴿٥٣﴾ إِنَّ الْمُتَّقِينَ
فِي جَنَّاتٍ وَنَهَرٍ ﴿٥٤﴾ فِي مَقْعَدِ صِدْقٍ عِنْدَ مَلِيكٍ مُقْتَدِرٍ ﴿٥٥﴾

سُورَةُ الرَّحْمٰنِ مَكِّيَّةٌ
وَهِيَ ثَمَانٍ وَسَبْعُونَ آيَةً

بِسْمِ اللّٰهِ الرَّحْمٰنِ الرَّحِيمِ

الرَّحْمٰنُ ﴿١﴾ عَلَّمَ الْقُرْآنَ ﴿٢﴾ خَلَقَ الْإِنْسَانَ ﴿٣﴾ عَلَّمَهُ الْبَيَانَ ﴿٤﴾
الشَّمْسُ وَالْقَمَرُ بِحُسْبَانٍ ﴿٥﴾ وَالنَّجْمُ وَالشَّجَرُ يَسْجُدَانِ ﴿٦﴾
وَالسَّمَاءَ رَفَعَهَا وَوَضَعَ الْمِيزَانَ ﴿٧﴾ أَلَّا تَطْغَوْا فِي الْمِيزَانِ ﴿٨﴾
وَأَقِيمُوا الْوَزْنَ بِالْقِسْطِ وَلَا تُخْسِرُوا الْمِيزَانَ ﴿٩﴾ وَالْأَرْضَ
وَضَعَهَا لِلْأَنَامِ ﴿١٠﴾ فِيهَا فَاكِهَةٌ وَالنَّخْلُ ذَاتُ الْأَكْمَامِ ﴿١١﴾
وَالْحَبُّ ذُو الْعَصْفِ وَالرَّيْحَانُ ﴿١٢﴾ فَبِأَيِّ آلَاءِ رَبِّكُمَا
تُكَذِّبَانِ ﴿١٣﴾ خَلَقَ الْإِنْسَانَ مِنْ صَلْصَالٍ كَالْفَخَّارِ ﴿١٤﴾ وَخَلَقَ
الْجَانَّ مِنْ مَارِجٍ مِنْ نَارٍ ﴿١٥﴾ فَبِأَيِّ آلَاءِ رَبِّكُمَا تُكَذِّبَانِ ﴿١٦﴾

رَبُّ الْمَشْرِقَيْنِ

50. Y Nuestra orden no es otra cosa que una única (orden), como el parpadeo de un ojo[8].

51. Hemos destruido a muchos pueblos como vosotros (que se hallaban en la maldad, algunos de cuyas historias hemos relatado y otras no). Entonces, ¿hay alguno que recuerde y preste atención (y por lo tanto creerá en Dios y seguirá Su Religión)?

52. Y todo lo que hicieron se halla (registrado) en (sus) cuadernos (de actos).

53. Todo aquello pequeño o grande está anotado.

54. Y los piadosos devotos estarán en los Jardines y junto a los ríos;

55. En la reunión de honor y lealtad ante la Presencia del Soberano Omnipotente.

8. Para una declaración y explicación coránicas similares, véase 36:82-83, nota 26.

SURA 55

AR-RAHMAN (EL MISERICORDIOSO)

Período de La Meca

Revelado en La Meca, el nombre de este *sura* de 78 versículos proviene de *ar-Rahman* («el Misericordioso»), que constituye el primer versículo. A lo largo de toda la misma se menciona que las manifestaciones de Dios son un resultado de Su condición de ser Misericordioso. Como se explicó en la nota 4 del *Sura al-Fatiha*, el término «el Misericordioso» designa al Ser Divino como el Único con infinita misericordia, Quien abraza toda la creación con misericordia, gracia y favor, incluyendo a la humanidad, sin ninguna discriminación entre los creyentes y los incrédulos, y como Aquel Quien da vida, mantiene, provee y dota a todos con las capacidades necesarias para cada uno. Dios ha creado el universo a partir de la misericordia personificada por Su Nombre el Misericordioso y como la manifestación de la misma.

En el Nombre de Dios,
el Misericordioso, el Compasivo.

1. El Misericordioso.

2. Ha enseñado el Corán (a la humanidad y, a través de ellos, a los genios)[1];

3. Ha creado al ser humano;

4. Le ha enseñado el habla[2].

5. El Sol y la Luna se dan por un exacto cálculo (del Misericordioso)[3].

6. Y las estrellas y los árboles ambos se postran (ante Dios con perfecta sumisión a Sus leyes).

7. Y el cielo; Él lo ha hecho elevado (por encima de la Tierra), y ha establecido el equilibrio.

8. Para que no podáis exceder (los límites con respecto a) el equilibrio.
9. Y cumplid el equilibrio con total equidad, y no lo alteréis[4].
10. Y la Tierra; la ha extendido y la ha provisto para los seres vivos.
11. Allí se dan frutos (de varias clases), y datileras con racimos envainados;
12. Y también granos, con hojas y tallos (para usar como forraje), y hierba perfumada.
13. Entonces, (Oh seres humanos y genios) ¿cuál de los favores de vuestro Señor negaréis?[5]
14. Ha creado al ser humano de arcilla sonante como la del alfarero;
15. Y ha creado a los genios de (una llama que funde de) fuego sin humo[6].
16. Entonces, (Oh seres humanos y genios) ¿cuál de los favores de vuestro Señor negaréis?

---

1. El Corán, como la manifestación más grande de la Misericordia de Dios, es la encarnación del Camino Recto que conduce a la felicidad en el mundo y en el Más Allá. Es por medio del Corán que tenemos conocimiento de Dios y lo que nos pide hacer para que pueda estar complacido con nosotros. El propósito de la creación del universo y la humanidad ha sido universalmente revelado en el Corán. Este *sura* nos recuerda los favores de Dios y pregunta *¿cuál de los favores de vuestro Señor negaréis?* Cuando el Mensajero de Dios se la recitó a los genios, respondieron: «No negamos ninguno de Tus favores. Toda la alabanza y la gratitud son para Ti». En agradecimiento de esto, el Mensajero narró esto a sus Compañeros (at-Tirmizi, «Tafsir ar-Rahman», 55).

El hecho de que el Corán fue enseñado significa que el Corán consiste en el conocimiento total. Como los pétalos de una rosa, el conocimiento de todas las cosas existe en los grados y todos pueden obtener este conocimiento de él, según su capacidad, pureza de intención y grado de sumisión a él.

2. Enseñar el Corán, crear la humanidad, dotarlos con la habilidad para hablar, y enseñarles cómo hablar mediante la inspiración del lenguaje en ellos está entre las bendiciones más grandes de Dios y las manifestaciones de Su ser Misericordioso. El habla es un proceso muy complicado, que sucede en el mismo instante que el pensamiento. A través del habla la gente se hace conocer. Cómo han existido los lenguajes y han sido diversificados, es un misterio. Nadie sabe cómo sucedió esto, aunque hay muchas teorías diferentes. Sin embargo, Dios declara que hizo conocer todas las cosas a Adán y le enseñó sus nombres (1:31). Por lo tanto, el lenguaje también es un don directo de Dios.

3. Un célebre científico, A. Cressy Morrison, desarrolla esta idea del cálculo exacto:

> La Tierra rota sobre su eje en veinticuatro horas o alrededor de mil seiscientos kilómetros por hora. Supongamos que gire a ciento cincuenta kilómetros por hora. ¿Por qué no puede ocurrir algo así? Nuestros días y noches en ese caso serían diez veces tan largos como ahora. El Sol caliente del verano entonces quemaría nuestra vegetación a lo largo de cada día y cada brote se congelaría en una noche. El Sol, la fuente de toda vida, tiene una temperatura en la superficie de 6650 grados centígrados, y nuestra Tierra está bastante más lejos para que su «fuego eterno» nos caliente en exceso. Si la temperatura sobre la Tierra hubiera cambiado alrededor de cincuenta grados en el promedio de un solo año, toda la vegetación habría muerto y el hombre junto con ella, o se hubiera carbonizado o congelado. La Tierra viaja alrededor del Sol a treinta kilómetros por segundo. Si la velocidad de dicha revolución hubie-

ra sido, digamos, a seis o a cuarenta kilómetros por segundo, estaríamos demasiado lejos o cerca del Sol para que nuestra forma de vida existiera.

Como todos sabemos, las estrellas varían en tamaño. Una es tan grande que si fuera nuestro Sol, la órbita de la Tierra estaría millones de kilómetros dentro de su superficie. Las estrellas varían en el tipo de radiación. Muchos de sus rayos serían mortales para cada forma conocida de vida. La intensidad y el volumen de esta radiación es en cualquier parte puede ser menor que la de nuestro Sol o diez mil veces más grande... Pero nuestro Sol es adecuado para nuestra vida entre millones de otros que no lo son.

La Tierra está inclinada en un ángulo de veintitrés grados. Esto nos da nuestras estaciones. Si no hubiera estado inclinada, los polos estarían en un eterno crepúsculo. El vapor de agua del océano se movería de norte a sur, apilando continentes de hielo y dejando posiblemente un desierto entre el ecuador y el hielo. Los ríos glaciales erosionarían y rugirían a través de los cañones en el lecho cubierto de sal del océano para formar lagunas temporales de salmuera. El peso de la masa increíblemente enorme de hielo apretaría los polos, haciendo que nuestro ecuador sobresalga o erupcione o al menos mostrara la necesidad de «un nuevo cinturón». El descenso del océano expondría nuevas áreas de tierra enormes y disminuiría las precipitaciones en todas las partes del mundo, con espantosos resultados.

La Luna está a 386.242 kilómetros, y las mareas dos veces al día habitualmente son un recuerdo suave de su presencia. Las mareas del océano alcanzan una altura de 15 metros en algunos lugares, e incluso la corteza de la Tierra se inclina dos veces al día hacia fuera varios centímetros por la atracción de la Luna. Todo parece tan regular que no entendemos en modo alguno el enorme poder que eleva toda la extensión del océano varios metros y dobla la corteza de la Tierra, aparentemente tan sólida. Si nuestra Luna estuviera a 80.000 kilómetros en lugar de su actual y respetable distancia, nuestras mareas serían tan enormes que dos veces al día todas las tierras bajas de los continentes estarían sumergidas por una corriente de agua tan enorme que incluso las montañas pronto serían erosionadas, y probablemente ningún continente podría haber surgido desde las profundidades lo suficientemente rápido como para existir hoy. La Tierra se resquebrajaría por dichos movimientos y las mareas en el aire crearían huracanes diariamente.

(En suma), debe haber en la naturaleza alguna forma de dirección inteligente. Si esto es cierto, entonces debe haber un propósito (Morrison, 13-18).

4. Mencionando el equilibrio en tres versículos sucesivos, el Corán también muestra la importancia atribuida a él. Declara claramente que hay un equilibrio muy sensible en la creación y las relaciones entre sus partes. La maravillosa armonía observada en el universo y su mantenimiento se debe a su equilibrio calculado muy sensible. También es indispensable para la vida humana, tanto individual como socialmente. Su manifestación social es la justicia. Con respecto a la educación y la perfección humanas, este equilibrio requiere que a todo se le de su debida importancia en la vida, y que las facultades básicas o impulsos de ira, deseo o apetito y razón sean entrenados, disciplinados y empleados para desarrollarlos en las virtudes del coraje caballeroso, la moderación, la castidad y la sabiduría (para una explicación detallada, véase el *sura* 2, notas 23, 39, y 113).

5. Este versículo señala que no solamente la humanidad sino también los genios tienen una parte en los beneficios de los favores mencionados anteriormente y en aquellos que serán mencionados en los versículos por venir.

6. El Corán tiene muchas referencias a la creación de la humanidad de arcilla, que significa su origen material humilde y el hecho de que el cuerpo está compuesto de elementos que salen de la tierra, el aire y el agua. Esto también implica que el verdadero valor de los seres humanos yace en las dimensiones inmateriales de su existencia.

Los dos últimos versículos también se pueden referir al origen inicial de la humanidad y los genios y las fases que la tierra atravesó durante el proceso de su creación o formación. Como se declaró en la nota 7 del *sura* 15, el proceso de la creación pudo haber seguido una acumulación gradual y regular de identidades y/o una secuencia de saltos abruptos. Él extiende una existencia a través de otra, combinando y entretejiendo, y los seres vivos creados apropiados para cada fase de la creación. Cuando la Tierra estuvo en un estado de fuego sin humo, Él creó formas de vida apropiadas, que el Corán llama los genios. Gobernaron la Tierra antes que la humanidad. Cuando el mundo se volvió apropiado para las formas de vida actuales y visibles, creó plantas y animales (apropiados), y finalmente seres humanos.

El versículo 14 también sugiere que en el principio la Tierra estaba seca y árida y por lo tanto no era apropiada para la vida. Entonces Dios la revivificó, preparándola para la vida por medio de la lluvia que envió desde la dirección del cielo. Esto se repite continuamente cada año. Tal y como con el primer ser humano sobre la Tierra, las partículas que forman cada cuerpo humano también inicialmente salen de la tierra seca e inerte.

رَبُّ الْمَشْرِقَيْنِ وَرَبُّ الْمَغْرِبَيْنِۚ ﴿١٧﴾ فَبِاَيِّ اٰلَٓاءِ رَبِّكُمَا تُكَذِّبَانِ ﴿١٨﴾
مَرَجَ الْبَحْرَيْنِ يَلْتَقِيَانِۙ ﴿١٩﴾ بَيْنَهُمَا بَرْزَخٌ لَا يَبْغِيَانِۚ ﴿٢٠﴾ فَبِاَيِّ اٰلَٓاءِ
رَبِّكُمَا تُكَذِّبَانِ ﴿٢١﴾ يَخْرُجُ مِنْهُمَا اللُّؤْلُؤُ وَالْمَرْجَانُۚ ﴿٢٢﴾ فَبِاَيِّ اٰلَٓاءِ
رَبِّكُمَا تُكَذِّبَانِ ﴿٢٣﴾ وَلَهُ الْجَوَارِ الْمُنْشَاٰتُ فِي الْبَحْرِ كَالْاَعْلَامِۚ ﴿٢٤﴾
فَبِاَيِّ اٰلَٓاءِ رَبِّكُمَا تُكَذِّبَانِ ﴿٢٥﴾ كُلُّ مَنْ عَلَيْهَا فَانٍۚ ﴿٢٦﴾ وَيَبْقٰى وَجْهُ
رَبِّكَ ذُو الْجَلَالِ وَالْاِكْرَامِۚ ﴿٢٧﴾ فَبِاَيِّ اٰلَٓاءِ رَبِّكُمَا تُكَذِّبَانِ ﴿٢٨﴾ يَسْـَٔلُهُ
مَنْ فِي السَّمٰوَاتِ وَالْاَرْضِۜ كُلَّ يَوْمٍ هُوَ فِي شَاْنٍۚ ﴿٢٩﴾ فَبِاَيِّ اٰلَٓاءِ
رَبِّكُمَا تُكَذِّبَانِ ﴿٣٠﴾ سَنَفْرُغُ لَكُمْ اَيُّهَ الثَّقَلَانِۚ ﴿٣١﴾ فَبِاَيِّ اٰلَٓاءِ رَبِّكُمَا
تُكَذِّبَانِ ﴿٣٢﴾ يَا مَعْشَرَ الْجِنِّ وَالْاِنْسِ اِنِ اسْتَطَعْتُمْ اَنْ تَنْفُذُوا
مِنْ اَقْطَارِ السَّمٰوَاتِ وَالْاَرْضِ فَانْفُذُواۜ لَا تَنْفُذُونَ اِلَّا بِسُلْطَانٍۚ ﴿٣٣﴾
فَبِاَيِّ اٰلَٓاءِ رَبِّكُمَا تُكَذِّبَانِ ﴿٣٤﴾ يُرْسَلُ عَلَيْكُمَا شُوَاظٌ مِنْ نَارٍ وَنُحَاسٌ
فَلَا تَنْتَصِرَانِۚ ﴿٣٥﴾ فَبِاَيِّ اٰلَٓاءِ رَبِّكُمَا تُكَذِّبَانِ ﴿٣٦﴾ فَاِذَا انْشَقَّتِ السَّمَٓاءُ
فَكَانَتْ وَرْدَةً كَالدِّهَانِۚ ﴿٣٧﴾ فَبِاَيِّ اٰلَٓاءِ رَبِّكُمَا تُكَذِّبَانِ ﴿٣٨﴾ فَيَوْمَئِذٍ
لَا يُسْـَٔلُ عَنْ ذَنْبِهٖٓ اِنْسٌ وَلَا جَٓانٌّۚ ﴿٣٩﴾ فَبِاَيِّ اٰلَٓاءِ رَبِّكُمَا تُكَذِّبَانِ ﴿٤٠﴾

17. Él es el Señor de los dos estes y el Señor de los dos oestes[7].

18. Entonces, (Oh seres humanos y genios) ¿cuál de los favores de vuestro Señor negaréis?

19. Ha dejado que fluyan las dos grandes masas de agua, que se juntan.

20. (Pero) entre ellas hay una barrera, la cual no traspasan (y así no se fusionan)[8].

21. Entonces, (Oh seres humanos y genios) ¿cuál de los favores de vuestro Señor negaréis?

22. Salen de ellas perlas y coral.

23. Entonces, (Oh seres humanos y genios) ¿cuál de los favores de vuestro Señor negaréis?

24. Suyos son los barcos construidos (por la inspiración de Dios y surcan) en el mar (con las velas desplegadas), elevados como montañas[9].

25. Entonces, (Oh seres humanos y genios) ¿cuál de los favores de vuestro Señor negaréis?

26. Todo lo que se halla en la Tierra es perecedero;

27. Pero permanece para siempre la «Faz» de tu Señor, Aquel de Majestad y Munificencia[10].

28. Entonces, (Oh seres humanos y genios) ¿cuál de los favores de vuestro Señor negaréis?

29. Todo lo que se halla en los Cielos y sobre la Tierra Le suplica (en sus necesidades). Cada (momento de cada) día se halla en una nueva manifestación (con todos Sus Atributos y Nombres, como el Ser Divino)[11].

30. Entonces, (Oh seres humanos y genios) ¿cuál de los favores de vuestro Señor negaréis?

31. (Con el tiempo) resolveremos vuestros asuntos, ¡Oh vosotras, dos clases más honorables de las criaturas (de la Tierra dotadas de importantes facultades y por lo tanto tienen pesadas responsabilidades)![12]

32. Entonces, (Oh seres humanos y genios) ¿cuál de los favores de vuestro Señor negaréis?

33. ¡Oh vosotros, asamblea de genios y seres humanos! Si sois capaces de atravesar e ir más allá de las regiones esféricas de los Cielos y la Tierra, entonces atravesadlas. No atravesaréis salvo con una autoridad (espiritual y científica)[13].

34. Entonces, (Oh seres humanos y genios) ¿cuál de los favores de vuestro Señor negaréis?

35. Se os enviará a ambos una llama de fuego (para arder) y un humo (para ahogarse), entonces no os ayudaréis mutuamente (por seguridad o refugio)[14].

36. Entonces, (Oh seres humanos y genios) ¿cuál de los favores de vuestro Señor negaréis?

37. ¡Y finalmente cuando el cielo se desgarre, y se vuelva rosado como el cuero rojo!

38. Entonces, (Oh seres humanos y genios) ¿cuál de los favores de vuestro Señor negaréis?[15]

39. Ese Día ni a los seres humanos ni a los genios se les preguntará acerca de sus pecados (para saber si son pecaminosos o no).

40. Entonces, (Oh seres humanos y genios) ¿cuál de los favores de vuestro Señor negaréis?

---

7. Este versículo enfatiza el hecho de que es Dios Quien posee autoridad y control absolutos sobre todo el universo. Por *los dos estes* y *los dos oestes*, el Corán puede sugerir los puntos de salida y puesta del sol en los días más largos y más cortos del año, entre los que están estos 178 puntos, que es a lo que se refiere el versículo 37:5. También puede sugerir que el Sol sale en un hemisferio mientras se pone en otro, de esta manera tiene dos puntos de salida y puesta en todo el mundo. Además, también indica que el Sol sale y se pone en el mismo lugar dos días en un año.

8. Para una explicación, véase 25:53, nota 11.

9. Es Dios Quien ha creado los mares, dotando al agua con el poder de elevar objetos sólidos, y Aquel Quien le ha enseñado a la humanidad cómo construir barcos.

10. Said Nursi desarrolla de manera elocuente acerca de este versículo:

> Las imágenes del Sol reflejadas en las burbujas que flotan sobre un río y el mar, así como también en las cosas transparentes sobre la Tierra, atestiguan al Sol. Estas imágenes desaparecen cuando se pone el sol o un río entra en un túnel, y aparecen nuevas cuando sale el sol o el río emerge del túnel. Estos fenómenos testifican la permanencia de la luz del Sol y demuestran que estas imágenes son el reflejo de un único Sol. Su existencia prueba la existencia del Sol; su desaparición y reaparición demuestran que sólo hay un Sol permanente.
>
> De manera similar, junto con la alternancia del día y de la noche, las estaciones y los años, los seres hermosos se renuevan, y las bellas criaturas son reemplazadas mientras se «ponen», mientras sus semejantes «salen». De esta manera la existencia de las criaturas prueba la existencia del Ser Necesariamente Existente, mientras que su desaparición, junto con las causas de su existencia y su reemplazo con nuevas criaturas atestiguan Su Permanencia, Eternidad y Unicidad.
>
> La desaparición de las causas y sus efectos, junto con la sucesión de los años y los siglos y el hecho de que sean seguidos por cosas similares, testifican que las causas y sus efectos son creados por propósitos sutiles. Todos estos bellos seres que vienen sucesivamente son criaturas del Majestuoso, Benévolo y Hermoso, Cuyos Nombres son hermosos y sagrados. Tal actividad testifica que son Sus obras cambiantes, espejos movedizos, y huellas y sellos sucesivos [Véase *al-Mathnawi an-Nuriyah*, «The First Treatise» («El Primer Tratado»), 13-14].
>
> Como nada puede existir por sí solo, la existencia de todas las cosas depende absolutamente de Dios. Ya que existe como una manifestación de los Nombres Divinos permanentes, tiene una realidad permanente y sublime que emana de su reflejo del Nombre Divino que la hizo ser. Así que este

versículo es una espada que libera a la gente de aquello que no es Dios (por ejemplo, el mundo, la carne y las vanidades de la vida). De esta manera lo que la gente tiene o hace por Dios no está incluido en el significado de este versículo.

Si la gente encuentra a Dios y actúa solamente por Él, no habrá quedado nada para incluir en el significado de *Todo lo que se halla en la Tierra es perecedero*. Así que si quieren (hacerse eternos y) tener sus actos recompensados con la felicidad permanente, deben buscar a Dios y vivir por Él y por Su complacencia [*The Letters* («Las Cartas»), «La 15ª Carta», 82].

11. Siguiendo la física newtoniana clásica y bajo la fascinación de los desarrollos en la ciencia, los físicos del siglo XIX aseveraron que podían explicar cada fenómeno en el universo. E. Dubois Reymond, en un encuentro celebrado en memoria de Leibniz en la Academia Prusiana en 1880, fue un poco más humilde: «Han permanecido siete enigmas en el universo, tres de los cuales aún somos incapaces de resolver: La naturaleza esencial de la materia y la fuerza, la esencia y el origen del movimiento y la naturaleza de la conciencia. Tres de los restantes que podemos resolver, aunque con grandes dificultades, son: El origen de la vida, el orden en el universo y el propósito aparente por él, y el origen del pensamiento y el lenguaje. Con respecto al séptimo, no podemos decir nada sobre él. Es el libre albedrío individual» (A. Adivar, 282).

El mundo subatómico turbó a todos los científicos. Este mundo y la «cosmología cuántica» que presentó, más que ser un montón o una colección de cosas concretas, están creadas de cinco elementos: la masa del electrón en el campo donde ocurre una acción (M), la masa del protón (m), la carga eléctrica que estos dos elementos portan, la energía cuántica (h) —la cantidad de energía remanente durante el suceso de la acción— y la velocidad inmutable de la luz (c). Estos cinco elementos del universo se pueden reducir más incluso a las ondas de acción o energía que viajan a través del espacio en diminutos paquetes o cuanto. Ya que los cuantos requeridos para una acción son particulares a ésta y existen independientemente de los cuantos requeridos para la acción anterior, se vuelve imposible predecir el estado exacto del universo. Si el universo está en el estado T1 ahora, no se puede predecir que será el mismo en el tiempo T2. Paul Renteln, profesor asistente de física en la Universidad del Estado de California, escribe:

> Los físicos modernos viven en dos mundos diferentes. En un mundo podemos predecir la posición futura y el momento de una partícula si conocemos su posición y momento actual. Este es el mundo de la física clásica, incluyendo la física descrita por la teoría de la gravedad de Einstein, la teoría general de la relatividad. En el segundo mundo es imposible predecir la posición exacta y el momento de una partícula. Este es el mundo probabilístico y subatómico de la mecánica cuántica. La relatividad general y la mecánica cuántica son dos grandes pilares que forman la base de la física del siglo XX, y aún así sus preceptos asumen dos clases diferentes de universo (American Scientist, Noviembre-Diciembre, 1991, pág.508).

La naturaleza real de este mundo subatómico y los acontecimientos que suceden en él hacen posible construir una teoría para describirlos, porque no se pueden observar. Una razón de ser no observable es que, como Renteln escribe en un intento de proponer una teoría que llama gravedad cuántica para reconciliar los dos mundos diferentes de la física clásica y cuántica, «los acontecimientos suceden a una escala mucho más pequeña que cualquier reino aún explorado por la física experimental. Es tan sólo cuando las partículas se aproximan a alrededor de 10^{-35} metros que sus interacciones gravitatorias han de ser descritas en los mismos términos de la mecánica cuántica que adoptamos para entender las demás fuerzas de la naturaleza. Esta distancia es 1024 veces más pequeña que el diámetro de un átomo, lo que significa que la escala característica de la gravedad cuántica guarda la misma proporción de tamaño con un átomo como la de éste con el sistema solar. Probar estas pequeñas distancias requeriría un acelerador de partículas 1015 veces más poderoso que el Supercolisionador Superconductor.

Investigaciones posteriores sugieren que el electrón es más que una nube de campo energético que fluctúa alrededor de un núcleo. El núcleo mismo parece estar compuesto de dos componentes más pequeños: protones y neutrones. Sin embargo, en la década de los 60 del siglo XX, los físicos Murray Gell-Mann y George Zweig confirmaron en experimentos que los protones y los neutrones estaban compuestos incluso de partículas más elementales, que Gell-Mann llamó «quarks». Los quarks no se pueden ver, no sólo porque son demasiado pequeños, sino también porque no parecen estar «todos allí».

Los quarks se describen mejor como espirales de energía dinámica, que significa que la materia sólida no es para nada sólida, en su nivel fundamental. Cualquier cosa que tengáis en la mano y que parezca sólida, es realmente una retícula de energía, temblorosa y reluciente, vibrando millones de veces cada segundo como miles de millones de partículas fundamentales que giran y dan vueltas en un baile eterno. En su nivel más fundamental, todo es energía unida por fuerzas de un poder increíble.

Esto no es todo lo que nos hace ser incapaces de predecir incluso el futuro más cercano del universo. Según las teorías de Werner Heisenberg, en el momento en el que podemos saber dónde está una partícula o qué rápido está viajando, no podemos saber ambas cosas. Esto es porque el mismo acto de medir las partículas altera su conducta. Medir la velocidad de la partícula cambia su posición, y medir su posición cambia su velocidad. Sin embargo, lo impredecible en el mundo subatómico no cambia nada en nuestro mundo cotidiano y predecible. Todo funciona según las leyes básicas de la física newtoniana clásica. (*Groping in the Light* («Yendo a tientas en la Luz»), 1990, págs. 11-17).

¿Por qué esto es así y cómo debería ser nuestro punto de vista sobre el mundo y los acontecimientos? Los científicos que creen en la Existencia de Dios y Su creación del universo sugieren que la creación no fue un único acontecimiento. Es decir, Dios no creó el universo como un solo acto y luego lo dejó operar según las leyes que estableció. Más bien, la creación es un acto continuo *(creatio continua)*. En otras palabras, más o menos como el movimiento de la energía o la electricidad y su iluminación a nuestro mundo por medio de bombillas, la existencia continuamente viene de Dios, y regresa y perece en Él. A través de la manifestación de todos Sus Nombres, Dios continuamente crea, aniquila y recrea el universo. Algunos santos eruditos medievales musulmanes, como Muhyi'd-Din ibn al-'Arabi y Mawlana Yalalu'd-Din ar-Rumi, llamaron a estas parejas de actos el ciclo continuo de llegar a existir y morir. A causa de la velocidad increíble de este movimiento, el universo parece uniforme y continuo. Ar-Rumi asemeja esto a la rotación de un palo sobre un extremo del cual está fija una luz. Cuando gira velozmente, la luz en el extremo del palo parece ser un círculo de luz. Los investigadores modernos lo asemejan a la proyección de una película en la pantalla. Una tira de película está compuesta de numerosos fotogramas, pero la película es proyectada en la pantalla, apareciendo como un fotograma sin dividir y completo. Por lo tanto, el universo experimenta incesantemente la aparición y la desaparición, o perece y se recrea, pero tenemos la impresión que continúa existiendo sin ninguna interrupción.

En consecuencia, todas las criaturas necesitan incesantemente a Dios durante toda su vida, cuando llegan a existir y para continuar existiendo. Así que Dios Todopoderoso se manifiesta constantemente con Todos Sus Atributos y Nombres, que tienen su origen en Sus Cualidades Esenciales como Dios. Todas las criaturas existen porque Él crea; satisfacen sus necesidades porque Él es el Proveedor y el Munífico; ellas continúan existiendo porque Él es Subsistente y Mantenedor.

(Para otro importante significado de este versículo, véase la nota siguiente).

12. La palabra original de «momento» en el versículo 29 es *yawm*, el primer significado es día. Así que toda la creación consiste en dos días, siendo uno toda la vida de este universo visible, y el otro el Más Allá. Cuando la palabra *yawm* es empleada con el significado de «un día», la segunda parte del versículo 29 sugiere que Dios se manifiesta con todos Sus Atributos y Nombres en el mundo de una manera particular a este mundo, y se manifestará en el otro mundo de una manera propia de éste. En este mundo, el cual es el mundo de la sabiduría, las criaturas viven una vida según sus condiciones, y la humanidad y los genios, los seres responsables, siembran aquí para cosechar en el Más Allá. Pero en el otro mundo, Él les pedirá cuenta por sus actos en el mundo y los recompensará en consecuencia. Este mundo es el mundo del esfuerzo, mientras que el otro es el mundo de la remuneración.

13. Este versículo declara que es posible viajar e incluso ir más allá de las regiones o capas de los Cielos y la Tierra. El Mensajero de Dios logró esto con su cuerpo y espíritu, lo cual llamamos *Ascensión*, y demostró que es posible para cada uno llevarlo a cabo en espíritu. El versículo también sugiere que puede ser posible hacer este viaje por medio de una autoridad (conocimiento científico). Sin embargo, no puede ser posible ir más allá de los Cielos por medio de la ciencia. Sin embargo, el versículo también puede sugerir que las dimensiones inmateriales de la existencia pueden ser descubiertas y establecidas «científicamente». La palabra *aqtar*, que hemos traducido como regiones esféricas, significa regiones o capas con un diámetro, y por lo tanto regiones esféricas.

14. Dios no permite a ningún genio que tenga malas intenciones subir a los Cielos para obtener algo de la conversación de los ángeles; más bien los destruye (el *sura* 15:16-18, nota 5; el *sura* 26:212, nota 37; el *sura* 37:10, nota 3; el *sura* 67:5, nota 4). Sin embargo, la gente santa puede ascender a los Cielos en espíritu. El versículo también puede estar prediciendo armas de fuego, bombas y misiles modernos.

15. Aunque a la gente no le guste la muerte, es la liberación de los sufrimientos del mundo y una puerta a la vida eterna en donde la gente recibirá la recompensa por sus actos en el mundo. Además, como la justicia de Dios, Su Compasión también se manifestará con toda Su infinidad en el Más Allá. Así que el advenimiento del Día del Juicio Final será una bendición o un favor en este sentido; su anuncio también es una bendición para las personas en las que esto las insta a la autocrítica. El pensamiento de obtener lo que uno merece, sin que se oculte ninguna acción, evita a las personas que cometan malas acciones (Para una explicación detallada de los beneficios o la creencia en el Más Allá, véase 44:37, nota 11).

41. Los criminales incrédulos serán reconocidos por sus marcas (especialmente en sus rostros), y serán agarrados por los flequillos y los pies.

42. Entonces, (Oh seres humanos y genios) ¿cuál de los favores de vuestro Señor negaréis?

43. Este es el Infierno, el que los criminales incrédulos niegan.

44. Recorrerán entre (el fuego de) él y el agua caliente e hirviente.

45. Entonces, (Oh seres humanos y genios) ¿cuál de los favores de vuestro Señor negaréis?

46. Pero para aquel que vive en temor reverencial a su Señor, siendo consciente siempre de que Dios le está contemplando y de comparecer ante su Señor (en el Más Allá), habrá dos Jardines[16].

47. Entonces, (Oh seres humanos y genios) ¿cuál de los favores de vuestro Señor negaréis?

48. Teniendo en ellos árboles con ramas espesas y extendidas.

49. Entonces, (Oh seres humanos y genios) ¿cuál de los favores de vuestro Señor negaréis?

50. En ellos se dan dos fuentes que fluyen.

51. Entonces, (Oh seres humanos y genios) ¿cuál de los favores de vuestro Señor negaréis?

52. En ellos se da toda clase de frutos en pares[17].

53. Entonces, (Oh seres humanos y genios) ¿cuál de los favores de vuestro Señor negaréis?

54. Recostándose sobre lechos forrados con brocado de seda, y los frutos de los dos Jardines al alcance.

532 سُورَةُ الرَّحْمٰنِ ٥٣٢

يُعْرَفُ الْمُجْرِمُونَ بِسِيمٰيهُمْ فَيُؤْخَذُ بِالنَّوَاصِي وَالْأَقْدَامِ ﴿٤١﴾
فَبِأَيِّ آلَاءِ رَبِّكُمَا تُكَذِّبَانِ ﴿٤٢﴾ هٰذِهِ جَهَنَّمُ الَّتِي يُكَذِّبُ بِهَا
الْمُجْرِمُونَ ﴿٤٣﴾ يَطُوفُونَ بَيْنَهَا وَبَيْنَ حَمِيمٍ آنٍ ﴿٤٤﴾ فَبِأَيِّ آلَاءِ
رَبِّكُمَا تُكَذِّبَانِ ﴿٤٥﴾ وَلِمَنْ خَافَ مَقَامَ رَبِّهِ جَنَّتَانِ ﴿٤٦﴾ فَبِأَيِّ آلَاءِ
رَبِّكُمَا تُكَذِّبَانِ ﴿٤٧﴾ ذَوَاتَا أَفْنَانٍ ﴿٤٨﴾ فَبِأَيِّ آلَاءِ رَبِّكُمَا تُكَذِّبَانِ ﴿٤٩﴾
فِيهِمَا عَيْنَانِ تَجْرِيَانِ ﴿٥٠﴾ فَبِأَيِّ آلَاءِ رَبِّكُمَا تُكَذِّبَانِ ﴿٥١﴾ فِيهِمَا
مِنْ كُلِّ فَاكِهَةٍ زَوْجَانِ ﴿٥٢﴾ فَبِأَيِّ آلَاءِ رَبِّكُمَا تُكَذِّبَانِ ﴿٥٣﴾ مُتَّكِئِينَ
عَلَىٰ فُرُشٍ بَطَائِنُهَا مِنْ إِسْتَبْرَقٍ وَجَنَى الْجَنَّتَيْنِ دَانٍ ﴿٥٤﴾
فَبِأَيِّ آلَاءِ رَبِّكُمَا تُكَذِّبَانِ ﴿٥٥﴾ فِيهِنَّ قَاصِرَاتُ الطَّرْفِ
لَمْ يَطْمِثْهُنَّ إِنْسٌ قَبْلَهُمْ وَلَا جَانٌّ ﴿٥٦﴾ فَبِأَيِّ آلَاءِ رَبِّكُمَا تُكَذِّبَانِ ﴿٥٧﴾
كَأَنَّهُنَّ الْيَاقُوتُ وَالْمَرْجَانُ ﴿٥٨﴾ فَبِأَيِّ آلَاءِ رَبِّكُمَا تُكَذِّبَانِ ﴿٥٩﴾
هَلْ جَزَاءُ الْإِحْسَانِ إِلَّا الْإِحْسَانُ ﴿٦٠﴾ فَبِأَيِّ آلَاءِ رَبِّكُمَا
تُكَذِّبَانِ ﴿٦١﴾ وَمِنْ دُونِهِمَا جَنَّتَانِ ﴿٦٢﴾ فَبِأَيِّ آلَاءِ رَبِّكُمَا
تُكَذِّبَانِ ﴿٦٣﴾ مُدْهَامَّتَانِ ﴿٦٤﴾ فَبِأَيِّ آلَاءِ رَبِّكُمَا تُكَذِّبَانِ ﴿٦٥﴾
فِيهِمَا عَيْنَانِ نَضَّاخَتَانِ ﴿٦٦﴾ فَبِأَيِّ آلَاءِ رَبِّكُمَا تُكَذِّبَانِ ﴿٦٧﴾

فِيهِمَا

55. Entonces, (Oh seres humanos y genios) ¿cuál de los favores de vuestro Señor negaréis?

56. En ellos, hay cónyuges puros de ojos recatados (cuyas miradas están fijas sólo en sus cónyuges), a quienes ningún hombre o genio ha tocado antes.

57. Entonces, (Oh seres humanos y genios) ¿cuál de los favores de vuestro Señor negaréis?

58. Como rubíes y coral (parecerán, con rara belleza y brillo).

59. Entonces, (Oh seres humanos y genios) ¿cuál de los favores de vuestro Señor negaréis?

60. ¿Acaso la recompensa de la excelencia (al obedecer a Dios) es otra cosa que la excelencia?

61. Entonces, (Oh seres humanos y genios) ¿cuál de los favores de vuestro Señor negaréis?

62. Y además de estos dos, hay aún otros dos Jardines más[18].

63. Entonces, (Oh seres humanos y genios) ¿cuál de los favores de vuestro Señor negaréis?

64. Completamente verde oscuro.

65. Entonces, (Oh seres humanos y genios) ¿cuál de los favores de vuestro Señor negaréis?

66. En ellos se dan manantiales manando.

67. Entonces, (Oh seres humanos y genios) ¿cuál de los favores de vuestro Señor negaréis?

---

16. Estas personas son mencionadas en el siguiente *sura* del Corán, *Surat al-Waqi'ah,* como aquellos que son los primeros en la fe y los buenos actos, y sirven en la causa de Dios, y por lo tanto Dios les hizo estar cerca de Sí Mismo.

17. Con respecto a los frutos en pares, algunos dicen que serán frutos de la misma clase que los del mundo y los frutos propios del Paraíso. Sin embargo, si consideramos que el versículo 50 menciona dos fuentes, y el versículo 54 menciona los frutos de los Jardines, podemos proponer la opinión de que una de las fuentes y uno de los pares de frutos pertenecerán a uno de los Jardines, y el otro pertenecerá al otro Jardín. Sin embargo, es Dios Quien conoce la naturaleza exacta de ambos.

18. Estos dos Jardines serán concedidos a las personas de felicidad y prosperidad, a quienes se les dará su Registro en sus manos derechas.

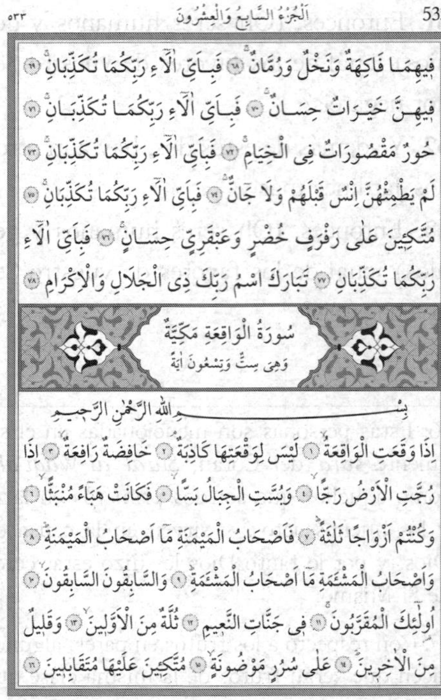
533 اَلْجُزْءُ السَّابِعُ وَالْعِشْرُونَ ٥٣٣

فِيهِمَا فَاكِهَةٌ وَنَخْلٌ وَرُمَّانٌ ﴿٦٨﴾ فَبِاَيِّ اٰلَاۤءِ رَبِّكُمَا تُكَذِّبَانِ ﴿٦٩﴾
فِيهِنَّ خَيْرَاتٌ حِسَانٌ ﴿٧٠﴾ فَبِاَيِّ اٰلَاۤءِ رَبِّكُمَا تُكَذِّبَانِ ﴿٧١﴾
حُورٌ مَقْصُورَاتٌ فِى الْخِيَامِ ﴿٧٢﴾ فَبِاَيِّ اٰلَاۤءِ رَبِّكُمَا تُكَذِّبَانِ ﴿٧٣﴾
لَمْ يَطْمِثْهُنَّ اِنْسٌ قَبْلَهُمْ وَلَا جَانٌّ ﴿٧٤﴾ فَبِاَيِّ اٰلَاۤءِ رَبِّكُمَا تُكَذِّبَانِ ﴿٧٥﴾
مُتَّكِئِينَ عَلٰى رَفْرَفٍ خُضْرٍ وَعَبْقَرِيٍّ حِسَانٍ ﴿٧٦﴾ فَبِاَيِّ اٰلَاۤءِ
رَبِّكُمَا تُكَذِّبَانِ ﴿٧٧﴾ تَبَارَكَ اسْمُ رَبِّكَ ذِى الْجَلَالِ وَالْاِكْرَامِ ﴿٧٨﴾

سُورَةُ الْوَاقِعَةِ مَكِّيَّةٌ
وَهِىَ سِتٌّ وَتِسْعُونَ اٰيَةً

بِسْمِ اللّٰهِ الرَّحْمٰنِ الرَّحِيمِ

اِذَا وَقَعَتِ الْوَاقِعَةُ ﴿١﴾ لَيْسَ لِوَقْعَتِهَا كَاذِبَةٌ ﴿٢﴾ خَافِضَةٌ رَافِعَةٌ ﴿٣﴾ اِذَا
رُجَّتِ الْاَرْضُ رَجًّا ﴿٤﴾ وَبُسَّتِ الْجِبَالُ بَسًّا ﴿٥﴾ فَكَانَتْ هَبَاۤءً مُنْبَثًّا ﴿٦﴾
وَكُنْتُمْ اَزْوَاجًا ثَلٰثَةً ﴿٧﴾ فَاَصْحَابُ الْمَيْمَنَةِ مَاۤ اَصْحَابُ الْمَيْمَنَةِ ﴿٨﴾
وَاَصْحَابُ الْمَشْئَمَةِ مَاۤ اَصْحَابُ الْمَشْئَمَةِ ﴿٩﴾ وَالسَّابِقُونَ السَّابِقُونَ ﴿١٠﴾
اُولٰۤئِكَ الْمُقَرَّبُونَ ﴿١١﴾ فِى جَنَّاتِ النَّعِيمِ ﴿١٢﴾ ثُلَّةٌ مِنَ الْاَوَّلِينَ ﴿١٣﴾ وَقَلِيلٌ
مِنَ الْاٰخِرِينَ ﴿١٤﴾ عَلٰى سُرُرٍ مَوْضُونَةٍ ﴿١٥﴾ مُتَّكِئِينَ عَلَيْهَا مُتَقَابِلِينَ ﴿١٦﴾

68. En ellos se dan frutos, datileras y granados.

69. Entonces, (Oh seres humanos y genios) ¿cuál de los favores de vuestro Señor negaréis?

70. En ellos se dan doncellas de carácter bueno y hermosas.

71. Entonces, (Oh seres humanos y genios) ¿cuál de los favores de vuestro Señor negaréis?

72. Doncellas puras asignadas por ellos en pabellones apartados.

73. Entonces, (Oh seres humanos y genios) ¿cuál de los favores de vuestro Señor negaréis?

74. A quienes ningún hombre o genio ha tocado antes.

75. Entonces, (Oh seres humanos y genios) ¿cuál de los favores de vuestro Señor negaréis?

76. (La gente de esos Jardines están) recostándose sobre almohadones verdes, y colchones lujosos y hermosos.

77. Entonces, (Oh seres humanos y genios) ¿cuál de los favores de vuestro Señor negaréis?

78. Bendito y Supremo es el Nombre de tu Señor, Aquel de Majestad y Munificencia.

SURA 56

AL-WAQI'AH (EL ACONTECIMIENTO INEVITABLE)

Período de La Meca

Este *sura* de 96 versículos fue revelado en La Meca y su nombre proviene de la palabra *al-waqi'ah* en el primer versículo. Menciona algunos acontecimientos que sucederán durante la destrucción del mundo, y los tres grupos que formarán las personas en el Más Allá, según su creencia y actos en el mundo. También presenta algunas pruebas de la Existencia y la Unicidad de Dios y algunas características del Corán.

En el Nombre de Dios,
el Misericordioso, el Compasivo.

1. Cuando el Acontecimiento inevitable suceda,

2. No existe negación de su acontecer-

3. Humillando a algunos y exaltando a otros;

4. Cuando la Tierra sea sacudida con un estremecimiento violento;

5. Y las montañas se hagan añicos y se desmenucen,

6. Así que se convierten en polvo desparramado;

7. Vosotros (todos los seres conscientes y responsables) seréis divididos en tres grupos.

8. De esta manera: la gente de la Derecha (la gente de la felicidad y la prosperidad, que reciben sus Registros en sus manos derechas): ¡Cuán feliz y próspera es la gente de la Derecha!
9. Y la gente de la Izquierda (la gente de la desdicha, que recibirá sus Registros en sus manos izquierdas): ¡Cuán desdichada es la gente de la Izquierda!
10. Y los primeros (en la fe y los buenos actos, y sirviendo en la causa de Dios) serán los primeros (al recibir y disfrutar la misericordia de Dios).
11. Aquellos son los que se hallan más cercanos a Dios[1],
12. En los Jardines abundantes en generosidad y bendiciones.
13. Bastante gente de ellos se hallan entre los primeros (en haber abrazado la Religión de Dios);
14. Y unos pocos de las últimas (generaciones)[2].
15. (Serán sentados) en tronos alineados (incrustados de oro y piedras preciosas),
16. Recostándose en ellos, uno frente al otro.

1. La cercanía a Dios significa trascender corporalmente y adquirir la espiritualidad perfeccionada, y de este modo alcanzar la proximidad a Dios. Depende de la verdadera fe y se puede adquirir haciendo lo que Dios ha decretado como bueno y recto. Los deberes obligatorios y supererogatorios, llevados a cabo con la debida conciencia que corresponde, son como alas de luz que llevan a uno hacia los «Cielos» de la infinidad. Un viajero hacia Dios entra en nuevos corredores que conducen a la eternidad sobre las alas de los deberes supererogatorios, y es consciente de ser recompensado con nuevos dones Divinos, que engendran un deseo incluso más grande para hacer los deberes obligatorios y supererogatorios. Alguien que despertó a esta verdad siente en su conciencia el amor de Dios en proporción directa a su amor por Dios. Dios declara:

> Mi siervo no puede acercarse a Mí a través de algo más loable que la realización de las obligaciones que le he impuesto. Aparte de aquellas obligaciones, él sigue acercándose a Mí por actos supererogatorios de adoración, hasta que Yo le ame. Cuando le amo, seré los oídos con los que él oiga, los ojos con los que él vea, las manos con las que agarre y los pies con los que ande (al-Bujari, «Riqaq», 38).

Es decir, tal creyente es dirigido a actuar por la Voluntad Divina.

2. Como se sugirió en el *sura* 52:21 y se explicó en la nota 2 de este versículo, en concreto al comienzo de un nuevo movimiento de fe establecido por los Profetas y sus verdaderos sucesores, aquellos que obtuvieron primero la fe generalmente son más valorados ante Dios y serán los primeros en disfrutar el Paraíso. Han dejado atrás a los demás en el hecho de creer y apoyar la causa de Dios en un momento en el que apoyar era lo más difícil, y por lo tanto sufrieron las dificultades más grandes que aquellos que los siguieron. Normalmente son más sinceros en su fe y más devotos de Dios y Su causa. Pocas personas pueden alcanzar su rango de entre las últimas generaciones. Esto también se indica en el versículo 9:100, que da el rango más elevado a los primeros entre los Emigrantes y los Ayudantes. El Mensajero de Dios dijo que los mejores entre su Comunidad son sus Compañeros, y luego aquellos que aparecieron entre la primera generación que los siguió y aquellos entre la segunda generación. Esto es, por supuesto, cuando las virtudes de alguien son consideradas en términos generales. También puede haber en las últimas generaciones aquellos que dejan atrás a los virtuosos de las generaciones anteriores en ciertas virtudes particulares. Pero en términos generales, los mejores de todas las generaciones son los Compañeros del Profeta, y luego la segunda generación que los siguió y la tercera generación que siguió a la anterior.

يَطُوفُ عَلَيْهِمْ وِلْدَانٌ مُخَلَّدُونَ ﴿١٧﴾ بِاَكْوَابٍ وَاَبَارِيقَ وَكَاْسٍ
مِنْ مَعِينٍ ﴿١٨﴾ لَا يُصَدَّعُونَ عَنْهَا وَلَا يُنْزِفُونَ ﴿١٩﴾ وَفَاكِهَةٍ مِمَّا يَتَخَيَّرُونَ ﴿٢٠﴾
وَلَحْمِ طَيْرٍ مِمَّا يَشْتَهُونَ ﴿٢١﴾ وَحُورٌ عِينٌ ﴿٢٢﴾ كَاَمْثَالِ اللُّؤْلُؤِ
الْمَكْنُونِ ﴿٢٣﴾ جَزَاءً بِمَا كَانُوا يَعْمَلُونَ ﴿٢٤﴾ لَا يَسْمَعُونَ فِيهَا
لَغْوًا وَلَا تَاْثِيمًا ﴿٢٥﴾ اِلَّا قِيلًا سَلَامًا سَلَامًا ﴿٢٦﴾ وَاَصْحَابُ الْيَمِينِ
مَا اَصْحَابُ الْيَمِينِ ﴿٢٧﴾ فِي سِدْرٍ مَخْضُودٍ ﴿٢٨﴾ وَطَلْحٍ مَنْضُودٍ ﴿٢٩﴾
وَظِلٍّ مَمْدُودٍ ﴿٣٠﴾ وَمَاءٍ مَسْكُوبٍ ﴿٣١﴾ وَفَاكِهَةٍ كَثِيرَةٍ ﴿٣٢﴾
لَا مَقْطُوعَةٍ وَلَا مَمْنُوعَةٍ ﴿٣٣﴾ وَفُرُشٍ مَرْفُوعَةٍ ﴿٣٤﴾ اِنَّا اَنْشَاْنَاهُنَّ اِنْشَاءً ﴿٣٥﴾
فَجَعَلْنَاهُنَّ اَبْكَارًا ﴿٣٦﴾ عُرُبًا اَتْرَابًا ﴿٣٧﴾ لِاَصْحَابِ الْيَمِينِ ﴿٣٨﴾
ثُلَّةٌ مِنَ الْاَوَّلِينَ ﴿٣٩﴾ وَثُلَّةٌ مِنَ الْاٰخِرِينَ ﴿٤٠﴾ وَاَصْحَابُ الشِّمَالِ مَا
اَصْحَابُ الشِّمَالِ ﴿٤١﴾ فِي سَمُومٍ وَحَمِيمٍ ﴿٤٢﴾ وَظِلٍّ مِنْ يَحْمُومٍ ﴿٤٣﴾
لَا بَارِدٍ وَلَا كَرِيمٍ ﴿٤٤﴾ اِنَّهُمْ كَانُوا قَبْلَ ذٰلِكَ مُتْرَفِينَ ﴿٤٥﴾ وَكَانُوا
يُصِرُّونَ عَلَى الْحِنْثِ الْعَظِيمِ ﴿٤٦﴾ وَكَانُوا يَقُولُونَ اَئِذَا مِتْنَا وَكُنَّا
تُرَابًا وَعِظَامًا ءَاِنَّا لَمَبْعُوثُونَ ﴿٤٧﴾ اَوَاٰبَاؤُنَا الْاَوَّلُونَ ﴿٤٨﴾ قُلْ اِنَّ
الْاَوَّلِينَ وَالْاٰخِرِينَ ﴿٤٩﴾ لَمَجْمُوعُونَ اِلٰى مِيقَاتِ يَوْمٍ مَعْلُومٍ ﴿٥٠﴾

ثُمَّ اِنَّكُمْ

17. Se moverán alrededor suyo jóvenes inmortales[3],

18. Con copas, jarras y una copa de una fuente clara,

19. De la cual no resulta ningún dolor de cabeza, ni intoxicación de la mente;

20. Y con los frutos que elijan,

21. Y con la carne de las aves que deseen;

22. Y (habrá) doncellas puras de ojos más hermosos,

23. Como perlas mantenidas ocultas (en sus nácares).

24. Una recompensa para todo (lo bueno) que solían hacer.

25. No oirán allí ni la conversación vana ni el discurso acusador;

26. (Oirán) sólo el discurso (deseando) paz y seguridad después de la paz y la seguridad.

27. Y la gente de la Derecha (la gente de la felicidad y la prosperidad que recibirá sus Registros en sus manos derechas): ¡Cuán feliz y próspera es la gente de la Derecha!

28. En medio de cerezos cargados de frutas,

29. Y plátanos con frutas apiladas en lo alto,

30. Y la sombra muy extendida,

31. Y el agua manando (y fluyendo constantemente),

32. Y los frutos (de cada clase) abundantes,

33. No se disminuye ni se les prohíbe;

34. Y (con ellos estarán sus) cónyuges ennoblecidas con la belleza y la perfección espiritual[4/5]:

35. Las hemos creado en una nueva creación;

36. Y las hemos hecho vírgenes,

37. Llenas de amor por sus maridos, y de la misma edad[6],

38. Para la gente de la Derecha (la gente de la felicidad y la prosperidad):

39. Bastante gente de ellos se hallan entre los primeros (en haber abrazado la Religión de Dios);

40. Y bastante gente de ellos se hallan entre las últimas (generaciones).

41. Y la gente de la Izquierda (que recibirá sus Registros en sus manos izquierdas): ¡Cuán desdichada es la gente de la Izquierda!

42. En medio del viento abrasador y el agua caliente e hirviente,

43. Y la sombra del humo negro,

44. (Una sombra) ni fresca ni agradable.

45. En verdad, antes de eso, estaban perdidos en el exceso de los placeres (sin escrúpulos morales);
46. Y persistían en cometer el pecado más grave (de incredulidad o asociar copartícipes a Dios y negar el Más Allá).
47. Y decían: ¿Es que después de que hayamos muerto y nos hayamos convertido en polvo y huesos, realmente se nos resucitará de entre los muertos?
48. ¿Y también a nuestros antepasados de antaño?»
49. Di: «Aquellos de antaño y aquellos de tiempos posteriores,
50. Todos serán reunidos en una hora señalada el Día conocido».

---

3. Estos jóvenes serán los niños que murieron antes de llegar a la pubertad. Según muchos eruditos, los hijos de los incrédulos también serán admitidos en el Paraíso y servirán a la gente del Paraíso (al-Qurtubi).

4. Estas son las mujeres que murieron como musulmanas y serán admitidas en el Paraíso. Estarán junto a sus esposos, los cuales serán admitidos en el Paraíso como ellas.

5. Todas las bendiciones del Paraíso mencionadas hasta aquí, así como también los sufrimientos del Infierno que serán citados abajo, están en una forma indefinida. Esto significa que aunque todas esas bendiciones y sufrimientos estén citados en el Corán en términos, y sean presentados en el Paraíso en formas, que conocemos aquí en este mundo, serán diferentes en carácter o naturaleza; su naturaleza será característica del otro mundo. Es imposible que nosotros los imaginemos en su verdadera naturaleza (véase 2:25, y nota 21).

6. Ser de la misma edad significa que los cónyuges serán de edades similares entre sí, o que los hombres serán de la misma edad entre sí y las mujeres también. Una Tradición Profética dice que los hombres serán de 33 años y las mujeres de 18 años en el Paraíso, en donde no habrá envejecimiento (at-Tirmizi, «Sifat al-Yannah», 12; Ibn Hanbal, 2:295).

51. Entonces: Oh vosotros que os habéis extraviado (del Camino Recto), quienes negáis (el Más Allá),

52. Seguramente comeréis del árbol de *Zaqqum*;

53. Y llenaréis vuestros vientres con él.

54. Luego beberéis del agua caliente e hirviente;

55. Beberéis como bebe el camello rabioso por la sed.

56. Esta será su bienvenida en el Día del Juicio.

57. Nosotros somos Quienes os hemos creado. Así que, ¿no confirmaréis como verdad (lo que os hemos transmitido como verdad)?[7]

58. ¿Habéis considerado el semen que eyaculáis?

59. ¿Sois vosotros quien lo crea, o somos Nosotros[8] el Creador?

60. También somos Nosotros Quienes decretamos la muerte entre vosotros[9], y no podemos ser vencidos,

61. Así que podemos reemplazaros (con nuevas generaciones como vosotros), y crearos en un nuevo modo y forma de existencia que no conocéis[10].

62. Pues sin duda conocéis a la primera creación (cómo fuisteis creados), entonces, ¿no deberíais reflexionar (y anticipar la segunda creación)?

63. ¿Alguna vez habéis considerado la semilla que sembráis (en la tierra)?

64. ¿Sois vosotros los que la hacéis crecer, o somos Nosotros Quienes la hacemos crecer?[11]

ثُمَّ إِنَّكُمْ أَيُّهَا الضَّالُّونَ الْمُكَذِّبُونَ ﴿٥١﴾ لَآكِلُونَ مِنْ شَجَرٍ
مِنْ زَقُّومٍ ﴿٥٢﴾ فَمَالِئُونَ مِنْهَا الْبُطُونَ ﴿٥٣﴾ فَشَارِبُونَ عَلَيْهِ مِنَ الْحَمِيمِ ﴿٥٤﴾
فَشَارِبُونَ شُرْبَ الْهِيمِ ﴿٥٥﴾ هَٰذَا نُزُلُهُمْ يَوْمَ الدِّينِ ﴿٥٦﴾ نَحْنُ
خَلَقْنَاكُمْ فَلَوْلَا تُصَدِّقُونَ ﴿٥٧﴾ أَفَرَأَيْتُمْ مَا تُمْنُونَ ﴿٥٨﴾ أَأَنْتُمْ
تَخْلُقُونَهُ أَمْ نَحْنُ الْخَالِقُونَ ﴿٥٩﴾ نَحْنُ قَدَّرْنَا بَيْنَكُمُ الْمَوْتَ وَمَا
نَحْنُ بِمَسْبُوقِينَ ﴿٦٠﴾ عَلَىٰ أَنْ نُبَدِّلَ أَمْثَالَكُمْ وَنُنْشِئَكُمْ فِي مَا
لَا تَعْلَمُونَ ﴿٦١﴾ وَلَقَدْ عَلِمْتُمُ النَّشْأَةَ الْأُولَىٰ فَلَوْلَا تَذَكَّرُونَ ﴿٦٢﴾
أَفَرَأَيْتُمْ مَا تَحْرُثُونَ ﴿٦٣﴾ أَأَنْتُمْ تَزْرَعُونَهُ أَمْ نَحْنُ الزَّارِعُونَ ﴿٦٤﴾
لَوْ نَشَاءُ لَجَعَلْنَاهُ حُطَامًا فَظَلْتُمْ تَفَكَّهُونَ ﴿٦٥﴾ إِنَّا لَمُغْرَمُونَ ﴿٦٦﴾
بَلْ نَحْنُ مَحْرُومُونَ ﴿٦٧﴾ أَفَرَأَيْتُمُ الْمَاءَ الَّذِي تَشْرَبُونَ ﴿٦٨﴾ أَأَنْتُمْ
أَنْزَلْتُمُوهُ مِنَ الْمُزْنِ أَمْ نَحْنُ الْمُنْزِلُونَ ﴿٦٩﴾ لَوْ نَشَاءُ جَعَلْنَاهُ
أُجَاجًا فَلَوْلَا تَشْكُرُونَ ﴿٧٠﴾ أَفَرَأَيْتُمُ النَّارَ الَّتِي تُورُونَ ﴿٧١﴾
أَأَنْتُمْ أَنْشَأْتُمْ شَجَرَتَهَا أَمْ نَحْنُ الْمُنْشِئُونَ ﴿٧٢﴾ نَحْنُ جَعَلْنَاهَا
تَذْكِرَةً وَمَتَاعًا لِلْمُقْوِينَ ﴿٧٣﴾ فَسَبِّحْ بِاسْمِ رَبِّكَ الْعَظِيمِ ﴿٧٤﴾
فَلَا أُقْسِمُ بِمَوَاقِعِ النُّجُومِ ﴿٧٥﴾ وَإِنَّهُ لَقَسَمٌ لَوْ تَعْلَمُونَ عَظِيمٌ ﴿٧٦﴾

65. Si hubiéramos querido, sin duda la convertiríamos en broza, y luego vosotros no dejaríais de exclamar:

66. «En verdad estamos en una gran pérdida (con nuestro dinero, tiempo y esfuerzos despilfarrados).

67. Más bien, quedamos totalmente privados (de nuestro sustento)».

68. ¿Habéis considerado alguna vez el agua que bebéis?

69. ¿Sois vosotros los que la hacen descender de la nube o somos Nosotros Quienes la hacemos descender?

70. Si hubiéramos querido, la haríamos amarga y salada. Entonces, ¿no deberíais dar gracias?[12]

71. ¿Habéis considerado alguna vez el fuego que encendéis?

72. ¿Sois vosotros los que crean el árbol para encender, o somos Nosotros Quienes lo creamos?[13]
73. Lo hemos hecho algo para reflexionar (en Nuestra obra y Nuestra gracia haciendo la creación útil y hermosa), y una comodidad (especialmente) para los habitantes (y los viajeros) en el desierto.
74. Por lo tanto, glorifica el Nombre de tu Señor, el Supremo (declarando que Él se halla absolutamente por encima de tener defecto alguno y copartícipes).
75. Juro por las ubicaciones de las estrellas (y su caída),
76. Es en verdad un gran juramento, si tan solo lo supieráis[14].

7. Es decir: «Os hemos creado a vosotros, y os mantenemos en el mundo, y os causaremos la muerte. También os conocemos y sabemos lo que hacéis y lo tenemos registrado. Por otra parte, no os hemos creado en vano; sois seres responsables. Por lo tanto, ¿por qué no confirmáis Nuestra declaración de que os resucitaremos de entre los muertos para una vida nueva y eterna?

8. El uso de la forma plural del pronombre y el verbo para el Ser Divino es para reforzar Su Grandeza y dominio absoluto sobre la creación.

9. Es decir, no morís al azar, o a instancia de otro poder, o como un fin natural de vuestra vida. Nosotros hemos decretado la muerte y os hacemos morir como una dimensión significativa de vuestra vida hasta la eternidad.

10. A través de la muerte, Dios continuamente renueva y refresca el mundo y prepara un mundo nuevo y eterno. Así que la muerte, al ser un cambio de mundos solamente, nos libera de las dificultades de la vida, que gradualmente se vuelven más difíciles por la vejez. Nos libera de la vida mundana, que es una turbulenta, sofocante y estrecha mazmorra de espacio, y nos admite en el amplio círculo de la Misericordia de Aquel Eternamente Amado, en donde disfrutaremos una vida agradable y eterna sin sufrimiento. Dios crea el otro mundo de nuestros actos en este mundo, así que debemos enviar allí buenos actos para ser dignos de una vida feliz allí.

11. Es obvio que el crecimiento de una semilla sembrada bajo la tierra requiere la habilidad de la semilla para germinar y crecer, y la cooperación con ella en las proporciones correctas de la tierra, el Sol, el aire y la lluvia. Esta cooperación evidentemente puede ser creada solamente por un Conocimiento, el Cual conozca todos estos elementos y cómo deberían cooperar para que crezca una semilla, y una Voluntad, la Cual decrete esta cooperación, y un Poder, el Cual sea capaz de lograr todo eso. Nadie más que el Ser Todopoderoso, Omnisapiente y Omnisciente puede hacer eso. Y un Ser así no tiene necesidad de copartícipes y que la posibilidad de que este Ser tenga copartícipes es absolutamente inimaginable.

12. Todo lo que Dios nos concede es bendición y gracia puras. Así que debemos estarle siempre agradecidos, y si algunas veces nos concede menos de lo que necesitamos e incluso nos priva de nuestra provisión necesaria, nunca debemos quejarnos de Él; más bien debemos quejarnos a Él de nosotros mismos, Dios algunas veces concede menos para probarnos y algunas veces para hacernos recordar la importancia de la provisión para nosotros y que Él es Aquel Quien nos provee. Algunas veces ocurre que nos concede menos para castigarnos por nuestros pecados que han causado la privación y nos advierte que nos arrepintamos y nos enmendemos. Por lo tanto cualquier cosa que decreta para nosotros es por nuestro propio bien, y por lo tanto se requiere dar las gracias.

13. El origen de casi todas las clases de combustible, incluyendo el petróleo, es la madera y/o las plantas, directa o indirectamente, a través de la descomposición bajo la tierra. Este versículo particularmente se refiere a los árboles de Marj y 'Afar, que crecen en el desierto arábigo y con los cuales la gente enciende fuego (Véase el *sura* 36:80, nota 24).

14. Los intérpretes modernos del Corán afirman que por las ubicaciones de las estrellas, el Corán alude a los quasares y los agujeros negros en el universo. Estas son las ubicaciones de estrellas que hasta la fecha fueron encontradas en el universo. Los quasares almacenan increíbles cantidades de energía, suficiente como para formar galaxias (grupos de miles de millones de estrellas). Con respecto a los agujeros negros, se forman como resultado de la muerte de una estrella. No pueden ser vistos pero se reconocen por el hecho de que devoran toda la radiación y las estrellas que pasan cerca, y causan una emisión indirecta de rayos gamma y rayos x, y por el hecho de que el tiempo repentinamente se dilata en su cercanía. Estas ubicaciones de estrellas son regiones de shock o colapso gravitacionales y funcionan como equilibrio en el universo.

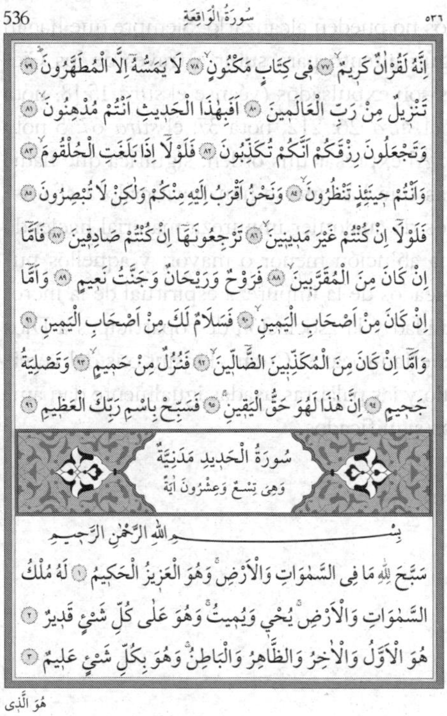
536 سُورَةُ الْوَاقِعَةِ ٥٣٦

إِنَّهُ لَقُرْآنٌ كَرِيمٌ ﴿٧٧﴾ فِي كِتَابٍ مَكْنُونٍ ﴿٧٨﴾ لَا يَمَسُّهُ إِلَّا الْمُطَهَّرُونَ ﴿٧٩﴾
تَنْزِيلٌ مِنْ رَبِّ الْعَالَمِينَ ﴿٨٠﴾ أَفَبِهَٰذَا الْحَدِيثِ أَنْتُمْ مُدْهِنُونَ ﴿٨١﴾
وَتَجْعَلُونَ رِزْقَكُمْ أَنَّكُمْ تُكَذِّبُونَ ﴿٨٢﴾ فَلَوْلَا إِذَا بَلَغَتِ الْحُلْقُومَ ﴿٨٣﴾
وَأَنْتُمْ حِينَئِذٍ تَنْظُرُونَ ﴿٨٤﴾ وَنَحْنُ أَقْرَبُ إِلَيْهِ مِنْكُمْ وَلَٰكِنْ لَا تُبْصِرُونَ ﴿٨٥﴾
فَلَوْلَا إِنْ كُنْتُمْ غَيْرَ مَدِينِينَ ﴿٨٦﴾ تَرْجِعُونَهَا إِنْ كُنْتُمْ صَادِقِينَ ﴿٨٧﴾ فَأَمَّا
إِنْ كَانَ مِنَ الْمُقَرَّبِينَ ﴿٨٨﴾ فَرَوْحٌ وَرَيْحَانٌ وَجَنَّتُ نَعِيمٍ ﴿٨٩﴾ وَأَمَّا
إِنْ كَانَ مِنْ أَصْحَابِ الْيَمِينِ ﴿٩٠﴾ فَسَلَامٌ لَكَ مِنْ أَصْحَابِ الْيَمِينِ ﴿٩١﴾
وَأَمَّا إِنْ كَانَ مِنَ الْمُكَذِّبِينَ الضَّالِّينَ ﴿٩٢﴾ فَنُزُلٌ مِنْ حَمِيمٍ ﴿٩٣﴾ وَتَصْلِيَةُ
جَحِيمٍ ﴿٩٤﴾ إِنَّ هَٰذَا لَهُوَ حَقُّ الْيَقِينِ ﴿٩٥﴾ فَسَبِّحْ بِاسْمِ رَبِّكَ الْعَظِيمِ ﴿٩٦﴾

سُورَةُ الْحَدِيدِ مَدَنِيَّةٌ
وَهِيَ تِسْعٌ وَعِشْرُونَ آيَةً

بِسْمِ اللَّهِ الرَّحْمَٰنِ الرَّحِيمِ
سَبَّحَ لِلَّهِ مَا فِي السَّمَاوَاتِ وَالْأَرْضِ وَهُوَ الْعَزِيزُ الْحَكِيمُ ﴿١﴾ لَهُ مُلْكُ
السَّمَاوَاتِ وَالْأَرْضِ يُحْيِي وَيُمِيتُ وَهُوَ عَلَىٰ كُلِّ شَيْءٍ قَدِيرٌ ﴿٢﴾
هُوَ الْأَوَّلُ وَالْآخِرُ وَالظَّاهِرُ وَالْبَاطِنُ وَهُوَ بِكُلِّ شَيْءٍ عَلِيمٌ ﴿٣﴾

هُوَ الَّذِي

77. Sin lugar a duda es un Corán (recitado) muy honorable,

78. En un Libro bien protegido[15].

79. Nadie salvo los purificados pueden alcanzarlo (para obtener el conocimiento que contiene. Y nadie salvo aquellos purificados de impurezas materiales y espirituales deberían tocarlo)[16].

80. Es un Libro enviado en partes por el Señor de los mundos.

81. ¿Es este el Discurso que tenéis en poca estima?

82. ¿Y os ganáis la vida negándolo?

83. Entonces, ¿cómo es que no lo hacéis, cuando el alma llega a la garganta (de un hombre moribundo),

84. Mientras estáis mirando,

85. Y mientras Nosotros estamos más cerca de él (el hombre moribundo) de lo que estáis vosotros, pero no veis (eso)?

86. Entonces, ¿cómo es que no lo hacéis, si no sois dependientes de Nosotros (sujetos a Nuestra voluntad),

87. (Cómo es que) no restituís el alma (de ese hombre moribundo), si sois veraces (en vuestra aseveración)?

88. Ahora, si él (el hombre moribundo) es de aquellos que se hallan más cercanos a Dios,

89. Entonces (hay para él) comodidad en el alivio eterno (de todas las clases de dificultades y penas), y abundancia, y un Jardín de generosidad y bendición.

90. Si él es de la gente de la Derecha (la gente de la felicidad y la prosperidad que recibirá sus Registros en sus manos derechas),

91. Entonces «La paz sea contigo» (será lo que oirás siempre) de la gente de la Derecha.

92. Pero si él es uno de aquellos que negaron (Nuestro Mensaje y Nuestros Mensajeros), quien se extravió (del Camino Recto),

93. Entonces su entretenimiento es el agua hirviente,

94. Y abrasarse en un Fuego Llameante.

95. Sin duda este (Corán) es la verdad cierta.

96. Por lo tanto, glorifica el Nombre de tu Señor, el Supremo (declarando que Él se halla ensalzado por encima de cualquier falsedad).

15. Este Libro es la Tabla Suprema Preservada (85:22). Sobre la Tabla Suprema Preservada, véanse el *sura* 6:59, nota 13; el *sura* 13:39 nota 13; el *sura* 17:14, nota 10.

16. Este versículo expresa una realidad y una orden. Al expresar una realidad, significa que nadie más que los purificados (los ángeles y los seres humanos a quienes Dios purificó, como los Profetas) pueden alcanzar el Libro bien protegido (la Tabla Suprema Preservada) para obtener algún conocimiento que esté contenido en él. Tales seres como los demonios no pueden alcanzarlo. Siempre que hagan algún intento para subir a través de los Cielos son expulsados (véanse el *sura* 15:18, nota 5; el *sura* 26: 212, nota 37; el *sura* 67: 5 nota 4). Al expresar una orden, significa que nadie más que los que se han purificado a sí mismos de cualquier impureza material haciendo una ablución menor o mayor, y aquellos purificados de la impureza espiritual de la incredulidad y la asociación de copartícipes a Dios deberían tocar el Corán. La sintaxis del versículo y las palabras usadas igualmente dan ambos significados.

SURA 57

AL-HADID (EL HIERRO)

Período de Medina

Revelado en Medina, muy posiblemente cuatro o cinco años después de la *Hégira*, este *sura* tiene 29 versículos y su nombre proviene de la palabra *al-hadid* («hierro») en el versículo 25. Trata de la absoluta soberanía de Dios, la necesidad del sacrificio en la causa de Dios y la naturaleza pasajera de los placeres mundanos. Promete la victoria a los musulmanes y la derrota a los incrédulos, y reitera que la creencia en los Profetas anteriores requiere creer en el profeta Muhammad como el último Profeta universal.

En el Nombre de Dios,
el Misericordioso, el Compasivo.

1. Todo lo que se halla en los Cielos y sobre la Tierra glorifica a Dios[1]; y Él es el Glorioso poseedor de irresistible poder, el Omnisapiente.

2. A Él Le pertenece la soberanía de los Cielos y de la Tierra. Él da la vida y causa la muerte. Posee pleno poder sobre todas las cosas.

3. Él es el Primero, el Último, el Externo y el Interno. Posee pleno conocimiento de todas las cosas[2].

1. Es decir, todas las cosas, con su existencia, sus vidas, mantenimiento y funciones, demuestran que Dios se halla absolutamente por encima de tener defecto alguno o copartícipe alguno en Su Divinidad, Señorío y Soberanía. Incluso los cuerpos de los incrédulos muestran esta realidad. Como se explicó en la nota 31 de la 2:30, para cada especie de la creación hay un ángel que los gobierna y los representa ante la Presencia de Dios, y presenta a la Corte Divina sus glorificaciones y plegarias realizadas de una manera propia de ellos. Y, como se declaró en el *sura* 17:44, cada cosa y ser glorifican y alaban a Dios en un lenguaje que nosotros no entendemos.

2. Un *hadíz* explica esta parte del versículo de la siguiente manera:

> Dios mío, eres el Primero, no hay nada que Te preceda: eres el Último, no hay nadie que Te sobreviva; eres el Externo, no hay nadie que Te abarque; eres el Interno, no hay nadie que sea más penetrante que Tú (Muslim, «Zikr», Nº de Hadiz: 2713).

Dios es Eterno con todo lo que está delante o detrás de Él. No Lo contiene el tiempo ni el lugar. La existencia visible es la manifestación de Sus Nombres y asimismo el origen o la fuente de toda la creación, que es invisible y espiritual, también está contenida en Su Conocimiento. Así que Dios abarca a toda la creación en Su Conocimiento y Poder, y Él Mismo es eterno.

هُوَ الَّذٖى خَلَقَ السَّمٰوَاتِ وَالْاَرْضَ فٖى سِتَّةِ اَيَّامٍ ثُمَّ اسْتَوٰى
عَلَى الْعَرْشِۜ يَعْلَمُ مَا يَلِجُ فِى الْاَرْضِ وَمَا يَخْرُجُ مِنْهَا وَمَا
يَنْزِلُ مِنَ السَّمَٓاءِ وَمَا يَعْرُجُ فٖيهَاۜ وَهُوَ مَعَكُمْ اَيْنَ مَا كُنْتُمْۜ وَاللّٰهُ
بِمَا تَعْمَلُونَ بَصٖيرٌ ﴿٤﴾ لَهُ مُلْكُ السَّمٰوَاتِ وَالْاَرْضِۜ وَاِلَى اللّٰهِ
تُرْجَعُ الْاُمُورُ ﴿٥﴾ يُولِجُ الَّيْلَ فِى النَّهَارِ وَيُولِجُ النَّهَارَ فِى الَّيْلِۜ
وَهُوَ عَلٖيمٌ بِذَاتِ الصُّدُورِ ﴿٦﴾ اٰمِنُوا بِاللّٰهِ وَرَسُولِهٖ وَاَنْفِقُوا مِمَّا
جَعَلَكُمْ مُسْتَخْلَفٖينَ فٖيهِۜ فَالَّذٖينَ اٰمَنُوا مِنْكُمْ وَاَنْفَقُوا لَهُمْ اَجْرٌ
كَبٖيرٌ ﴿٧﴾ وَمَا لَكُمْ لَا تُؤْمِنُونَ بِاللّٰهِۚ وَالرَّسُولُ يَدْعُوكُمْ لِتُؤْمِنُوا
بِرَبِّكُمْ وَقَدْ اَخَذَ مٖيثَاقَكُمْ اِنْ كُنْتُمْ مُؤْمِنٖينَ ﴿٨﴾ هُوَ الَّذٖى يُنَزِّلُ
عَلٰى عَبْدِهٖٓ اٰيَاتٍ بَيِّنَاتٍ لِيُخْرِجَكُمْ مِنَ الظُّلُمَاتِ اِلَى النُّورِۜ
وَاِنَّ اللّٰهَ بِكُمْ لَرَؤُفٌ رَحٖيمٌ ﴿٩﴾ وَمَا لَكُمْ اَلَّا تُنْفِقُوا فٖى سَبٖيلِ اللّٰهِ
وَلِلّٰهِ مٖيرَاثُ السَّمٰوَاتِ وَالْاَرْضِۜ لَا يَسْتَوٖى مِنْكُمْ مَنْ اَنْفَقَ مِنْ
قَبْلِ الْفَتْحِ وَقَاتَلَۜ اُو۬لٰٓئِكَ اَعْظَمُ دَرَجَةً مِنَ الَّذٖينَ اَنْفَقُوا مِنْ بَعْدُ
وَقَاتَلُواۜ وَكُلًّا وَعَدَ اللّٰهُ الْحُسْنٰىۜ وَاللّٰهُ بِمَا تَعْمَلُونَ خَبٖيرٌ ﴿١٠﴾ مَنْ
ذَا الَّذٖى يُقْرِضُ اللّٰهَ قَرْضًا حَسَنًا فَيُضَاعِفَهُ لَهُ وَلَهُٓ اَجْرٌ كَرٖيمٌ ﴿١١﴾

4. Él es Aquel Quien ha creado los Cielos y la Tierra en seis días, luego se estableció en el Trono[3]. Conoce todo lo que entra a la tierra (como la lluvia y las semillas) y todo lo que sale de ella (como la humedad y las formas de vida vegetal y animal) y todo lo que desciende del cielo (como la lluvia, la luz y los ángeles) y todo lo que asciende a ella (como el vapor y las súplicas). Y Él se halla con vosotros dondequiera que estéis. Y todo aquello que hacéis Dios sin duda lo contempla.

5. A Él Le pertenece la soberanía de los Cielos y de la Tierra. A Dios se remiten finalmente todos los asuntos (y todo lo que Su Voluntad dicta ocurrirá).

6. Él hace que la noche ingrese en el día y que el día ingrese en la noche (y hace que cada uno se alargue o se acorte). Y posee pleno conocimiento de lo que reposa (oculto) en los pechos.

7. Creed en Dios y Su Mensajero y gastad (en la causa de Dios) de todo lo que os ha confiado, aquellos entre vosotros que creen y gastan (en la causa de Dios), para ellos se da una gran recompensa.

8. ¿Qué ocurre con vosotros que no creéis en Dios (como su condición Divina lo requiere), cuando el Mensajero os llame para creer en vuestro Señor (Quien os ha creado y os sustenta) y en verdad os ha tomado vuestro compromiso[4], si sois verdaderos creyentes?

9. Él es Quien envía a Su siervo Revelaciones como pruebas claras para sacaros de todas las clases de oscuridad hacia la luz. Sin duda Él es Piadoso y Compasivo hacia vosotros.

10. ¿Qué ocurre con vosotros que no gastáis en la causa de Dios, cuando es de Dios la herencia de los Cielos y de la Tierra?[5] No son iguales entre vosotros aquellos que gastan antes de que llegue la victoria y luchan (por Dios, y aquellos que no lo hacen): están dotados del rango más elevado que aquellos que gastan después de que llegue la victoria y luchan posteriormente. Sin embargo a todos Dios les ha prometido lo mejor (Paraíso). Dios se halla perfectamente informado de todo lo que hacéis[6].

11. Cualquiera que Le concede a Dios un buen préstamo, Dios lo devolverá multiplicado (a su crédito), y tendrá una recompensa honorable y generosa (además)[7].

3. Para una explicación de esta declaración, véase 7:54, nota 13.

4. Este compromiso era que debían obedecer las órdenes de Dios y Su Mensajero, y gastar en la causa de Dios, ya sea en tiempos de comodidad o dificultades, apoyar y promover el bien, prohibir y tratar de evitar el mal y luchar en el camino de Dios sin temer la recriminación de nadie.

5. Se gaste o no en la causa de Dios, dios Todopoderoso es el último heredero de lo que tenemos, ya que nos ha concedido lo que poseemos. Él es el Dueño real de todas las cosas. Tiene registrado todo lo que hacemos, gastemos o no, así que nos recompensará por eso.

6. Aunque ambas clases de personas mencionadas en el versículo pueden ser admitidas en el Paraíso por su fe y buenos actos, todos disfrutarán el Paraíso según el grado de su fe, lealtad a Dios y Su causa y el valor de sus buenos actos.

7. Gastar en la causa de Dios es como darle un préstamo a Dios. Dios lo devuelve multiplicado y, además, con una recompensa añadida.

يَوْمَ تَرَى الْمُؤْمِنِينَ وَالْمُؤْمِنَاتِ يَسْعٰى نُورُهُمْ بَيْنَ اَيْدِيهِمْ
وَبِاَيْمَانِهِمْ بُشْرٰيكُمُ الْيَوْمَ جَنَّاتٌ تَجْرِى مِنْ تَحْتِهَا الْاَنْهَارُ
خَالِدِينَ فِيهَاۜ ذٰلِكَ هُوَ الْفَوْزُ الْعَظِيمُۚ ﴿١٢﴾ يَوْمَ يَقُولُ الْمُنَافِقُونَ
وَالْمُنَافِقَاتُ لِلَّذِينَ اٰمَنُوا انْظُرُونَا نَقْتَبِسْ مِنْ نُورِكُمْ قِيلَ ارْجِعُوا
وَرَاءَكُمْ فَالْتَمِسُوا نُورًاۜ فَضُرِبَ بَيْنَهُمْ بِسُورٍ لَهُ بَابٌۜ بَاطِنُهُ فِيهِ
الرَّحْمَةُ وَظَاهِرُهُ مِنْ قِبَلِهِ الْعَذَابُۜ ﴿١٣﴾ يُنَادُونَهُمْ اَلَمْ نَكُنْ مَعَكُمْۜ
قَالُوا بَلٰى وَلٰكِنَّكُمْ فَتَنْتُمْ اَنْفُسَكُمْ وَتَرَبَّصْتُمْ وَارْتَبْتُمْ وَغَرَّتْكُمُ
الْاَمَانِىُّ حَتّٰى جَاءَ اَمْرُ اللّٰهِ وَغَرَّكُمْ بِاللّٰهِ الْغَرُورُ ﴿١٤﴾ فَالْيَوْمَ
لَا يُؤْخَذُ مِنْكُمْ فِدْيَةٌ وَلَا مِنَ الَّذِينَ كَفَرُواۜ مَاْوٰيكُمُ النَّارُۜ هِىَ
مَوْلٰيكُمْۜ وَبِئْسَ الْمَصِيرُ ﴿١٥﴾ اَلَمْ يَاْنِ لِلَّذِينَ اٰمَنُوا اَنْ تَخْشَعَ
قُلُوبُهُمْ لِذِكْرِ اللّٰهِ وَمَا نَزَلَ مِنَ الْحَقِّۙ وَلَا يَكُونُوا كَالَّذِينَ اُوتُوا
الْكِتَابَ مِنْ قَبْلُ فَطَالَ عَلَيْهِمُ الْاَمَدُ فَقَسَتْ قُلُوبُهُمْۜ وَكَثِيرٌ مِنْهُمْ
فَاسِقُونَ ﴿١٦﴾ اِعْلَمُوا اَنَّ اللّٰهَ يُحْيِ الْاَرْضَ بَعْدَ مَوْتِهَاۜ قَدْ بَيَّنَّا
لَكُمُ الْاٰيَاتِ لَعَلَّكُمْ تَعْقِلُونَ ﴿١٧﴾ اِنَّ الْمُصَّدِّقِينَ وَالْمُصَّدِّقَاتِ
وَاَقْرَضُوا اللّٰهَ قَرْضًا حَسَنًا يُضَاعَفُ لَهُمْ وَلَهُمْ اَجْرٌ كَرِيمٌ ﴿١٨﴾

وَالَّذِينَ

12. Ese Día verás a los hombres y a las mujeres creyentes (conducidos velozmente hacia el Paraíso) con su luz brillando delante de ellos y en sus manos derechas[8]. «¡Buenas nuevas para vosotros hoy! Jardines a través de los cuales discurren ríos, (en los que entraréis) para morar allí dentro. Este en verdad es el triunfo supremo».

13. Ese Día los hombres y las mujeres hipócritas les dirán a los que creen: «Esperadnos para que podamos tener algo de vuestra luz». Se les dirá: «Regresad, (si podéis al mundo en donde esa luz se obtenía), y buscad luz (a través de vuestros actos que hicisteis allí)». Justo entonces una pared de separación será puesta entre ellos, con una puerta en la misma (a través de la cual los hipócritas, a fin de aumentar su remordimiento, observarán el estado de los creyentes). La parte interior de la pared (que separará los creyentes de los hipócritas); allí habrá misericordia (de la felicidad eterna), y fuera de la misma estará el castigo (de la sentencia eterna).

14. Ellos (los hipócritas) les gritarán a los creyentes: «¿No estábamos con vosotros en el mundo?». Ellos responderán: «¡Es cierto! Pero vosotros (deliberadamente) os pusisteis en el camino de la tentación, y vacilasteis y dudasteis (esperando acontecimientos para elegir de qué lado estar y no asumir quedarse junto a la verdad del Islam), y las falsas expectativas (de que un día la Religión de Dios sería derrotada) os engañó, hasta que el decreto de Dios (de muerte) llegó a vosotros; y el engañador (Satanás) os engañó (con los conceptos equivocados) sobre Dios.

15. Y este Día no se aceptará ningún rescate de vosotros, ni de aquellos que no creen. Vuestro refugio final es el Fuego; ese es vuestro refugio apropiado para vosotros. ¡Cuán funesto destino de llegada!».

16. ¿Acaso no ha llegado aún el momento para aquellos que creen que sus corazones se deberían ablandar con humildad y sumisión (a Dios para luchar en Su causa) ante la Remembranza de Dios (el Corán) y lo que ha descendido de la verdad (las enseñanzas Divinas)? ¿Y (acaso no ha llegado aún el momento) que no deberían ser como aquellos a los que se les dio antes el Libro? Ha pasado mucho tiempo por ellos (después de recibir el Libro) y así sus corazones se han endurecido; y muchos entre ellos (han sido) transgresores.

17. Que sepáis que Dios revivifica la Tierra después de su muerte (y puede revivir los corazones deteriorados de la misma manera). En verdad hemos aclarado las señales y las Revelaciones (para posibilitar tal renacimiento y) para que vosotros podáis razonar y entender.

18. Aquellos hombres y mujeres que dan limosna (gastando de su riqueza en los deberes prescritos y supererogatorios de dar limosna), y Le conceden un buen préstamo a Dios (gastando en Su causa o para los necesitados), lo devolverá multiplicado a su crédito, y además tendrán una recompensa honorable y generosa[9].

---

8. Esta es la luz que los creyentes envían desde el mundo a través de sus buenos actos. Cuanto más actos hay y más sinceramente los hagan, más grande y brillante es la luz que producirán. Como se entiende del versículo, los creyentes avanzarán hacia el Paraíso por el lado derecho, mientras, como se entiende del siguiente versículo, los hipócritas (y los incrédulos), que recibirán sus registros de actos en sus manos izquierdas, avanzarán hacia el Infierno por el lado izquierdo se rezagarán por estar envueltos en la oscuridad producida por su incredulidad, hipocresía y malos actos.

9. El versículo 16 es una advertencia contra el endurecimiento de los corazones ante las enseñanzas Divinas y la Remembranza de Dios, y un recordatorio de la importancia de esforzarse en la causa de Dios. Una de las razones más importantes de este endurecimiento es familiarizarse con la Revelación y las enseñanzas Divinas reveladas y el paso del tiempo tras la Revelación. Otra razón importante es cometer pecados (transgresión) a través de la indiferencia a las advertencias de Dios. Por lo tanto es necesario estar constantemente alerta a este endurecimiento y siempre buscar medios para ablandar el corazón. Como se señaló en los versículos 17 y 18, precisamente como Dios revivifica cualquier tierra con la lluvia después de su muerte, y esto se repite cada año, también puede revivificar los corazones muertos o aparentemente muertos con las Revelaciones claras, siempre que permanezcamos leales a Dios y Su Religión llevando a cabo las órdenes de Dios, evitando la transgresión y gastando en Su causa.

٥٣٩ اَلْجُزْءُ السَّابِعُ وَالْعِشْرُونَ 539

وَالَّذٖينَ اٰمَنُوا بِاللّٰهِ وَرُسُلِهٖۤ اُولٰٓئِكَ هُمُ الصِّدّٖيقُونَ ۗ وَالشُّهَدَٓاءُ
عِنْـدَ رَبِّهِـمْ ۗ لَهُمْ اَجْرُهُمْ وَنُورُهُمْ ۗ وَالَّذٖيـنَ كَفَرُوا وَكَذَّبُوا
بِاٰيَاتِنَـا اُولٰٓئِكَ اَصْحَـابُ الْجَحٖيمِ ۟ ﴿١٩﴾ اِعْلَمُوٓا اَنَّمَا الْحَيٰوةُ
الدُّنْيَـا لَعِـبٌ وَلَهْـوٌ وَزٖينَـةٌ وَتَفَاخُـرٌ بَيْنَكُـمْ وَتَكَاثُـرٌ
فِى الْاَمْوَالِ وَالْاَوْلَادِ ۗ كَمَثَلِ غَيْثٍ اَعْجَبَ الْكُفَّارَ نَبَاتُهُ ثُمَّ
يَهٖيجُ فَتَرٰيهُ مُصْفَرًّا ثُمَّ يَكُونُ حُطَامًا ۗ وَفِى الْاٰخِرَةِ عَذَابٌ
شَدٖيدٌ ۙ وَمَغْفِرَةٌ مِنَ اللّٰهِ وَرِضْوَانٌ ۗ وَمَا الْحَيٰوةُ الدُّنْيَٓا اِلَّا مَتَاعُ
الْغُـرُورِ ﴿٢٠﴾ سَـابِقُوٓا اِلٰى مَغْفِرَةٍ مِنْ رَبِّكُـمْ وَجَنَّةٍ عَرْضُهَا
كَعَرْضِ السَّمَٓاءِ وَالْاَرْضِ ۙ اُعِدَّتْ لِلَّذٖينَ اٰمَنُوا بِاللّٰهِ وَرُسُلِهٖ ۗ
ذٰلِكَ فَضْلُ اللّٰهِ يُؤْتٖيهِ مَنْ يَشَـٓاءُ ۗ وَاللّٰهُ ذُوالْفَضْلِ الْعَظٖيمِ ﴿٢١﴾
مَٓا اَصَابَ مِـنْ مُصٖيبَةٍ فِى الْاَرْضِ وَلَا فٖىٓ اَنْفُسِـكُمْ اِلَّا
فٖى كِتَابٍ مِنْ قَبْلِ اَنْ نَبْرَاَهَا ۗ اِنَّ ذٰلِكَ عَلَى اللّٰهِ يَسٖيرٌ ۚ ﴿٢٢﴾
لِكَيْلَا تَاْسَـوْا عَلٰى مَا فَاتَكُمْ وَلَا تَفْرَحُوا بِمَٓا اٰتٰيكُمْ ۗ وَاللّٰهُ
لَا يُحِـبُّ كُلَّ مُخْتَالٍ فَخُـورٍ ۙ ﴿٢٣﴾ اَلَّذٖينَ يَبْخَلُونَ وَيَاْمُرُونَ
النَّـاسَ بِالْبُخْلِ ۗ وَمَـنْ يَتَوَلَّ فَاِنَّ اللّٰهَ هُوَ الْغَنِىُّ الْحَمٖيدُ ﴿٢٤﴾

19. Aquellos que creen en Dios y Sus Mensajeros (aquellos cuyas acciones prueban su profesión de fe), son, ante su Señor, los leales y los veraces (hacia Dios en lo que hacen y dicen) y los testigos (que han dado testimonio de la verdad con sus vidas). Tienen su recompensa (particular) y su luz (particular). Pero aquellos que no creen y niegan Nuestras señales manifiestas y Revelaciones, serán los compañeros del Fuego Llameante.

20. Que sepáis que la vida presente y mundana[10] tan solo es un juego, la conversación vana y ostentación, la jactancia mutua entre vosotros y la competencia en la riqueza y los hijos; es como cuando cae la lluvia y la vegetación que crece por medio de ella complace a los granjeros, (pero) luego se seca y la ves ponerse amarilla, y a continuación se vuelve paja; y en el Más Allá hay un severo castigo, pero también (se da) el perdón de Dios y Su complacencia (que son eternos); mientras que la vida presente y mundana es tan sólo un placer pasajero de engaño.

21. Y (en lugar de competir por las cosas de este mundo) competid unos con otros por el perdón de vuestro Señor, y hacia un Jardín cuya inmensidad es como la inmensidad del Cielo y de la Tierra, preparado para aquellos que creen verdaderamente en Dios y en Sus Mensajeros. Esa es la generosidad de Dios, la cual concede a quien Su Voluntad dicta. Dios es de una generosidad enorme[11].

22. Ninguna aflicción ocurre sobre la Tierra (como la sequía, el hambre y los terremotos) o en vuestras propias personas (como enfermedades, daños en vuestra propiedad, o la pérdida de seres queridos), salvo que sea registrada en un Libro antes de que la creamos; hacer esto sin duda es fácil para Dios[12].

23. Así que no podéis afligiros por lo que habéis perdido, ni regocijaros por lo que Dios os ha concedido: Dios no ama a nadie orgulloso y jactancioso[13].

24. Aquellos que actúan mezquinamente (al gastar de lo que Dios les ha concedido) e instan a los otros a ser mezquinos: todo aquel que se aparta (de llevar a cabo la orden de Dios de gastar en Su causa y para los necesitados), pues sin duda Dios es Acaudalado y Autosuficiente (absolutamente independiente de todas Sus criaturas) y Digno de Alabanza (como Señor vuestro que os provee y provee al resto de los seres).

10. La expresión traducida como *la vida presente y mundana* significa también los elementos básicos o atributos de la vida actual. Así que con esta expresión el Corán denota, más que el mundo, la vida que pertenece a la dimensión corporal o material de la existencia humana. De otra manera el mundo es el campo para sembrar y cosechar en el Más Allá, y también es el lugar en donde se manifiestan los Nombres de Dios.

11. El versículo 3:133 dice: *Y apresuraos, como si compitieseis entre vosotros, al perdón de vuestro Señor y a un Jardín tan espacioso como los Cielos y la Tierra preparado para los piadosos devotos*. La promesa en ese versículo es para los que mantienen sus obligaciones con Dios y evitan todos los tipos de pecados mediante la piedad y la adoración a Dios. De este modo podemos concluir que aquellos que en verdad creen en Dios y Sus Mensajeros, a quienes menciona este versículo, son los piadosos devotos, aquellos que creen y mantienen sus obligaciones con Dios y evitan los pecados mediante la veneración a Él.

Un punto importante en ambos versículos que ha de ser apreciado es que el perdón precede al Paraíso porque el Paraíso es el lugar de la pureza perfecta y nadie puede entrar en él sin el perdón de Dios. Así que antes de entrar al Paraíso, Dios limpiará o purificará a la gente del Paraíso de todos sus pecados mediante Su pura gracia y las dificultades que tendrán que sufrir desde la resurrección hasta las puertas del Paraíso también servirán como un medio de purificación.

12. Es decir, registrar tales actos por Su Eterno Conocimiento y mantenerlos registrados, y luego darles vida con Su Poder para muchos propósitos sabios, —como castigar a los pecadores como lo merecen, advertirles de su fin, perdonar los pecados de los creyentes o promover a rangos más altos a la gente libre de pecado— es absolutamente fácil para Dios.

El versículo también incluye un consuelo para la gente afligida. Con tal que la lección haya sido aprendida, cuando consideramos cualquier desgracia a la luz del Destino Divino, o como una aplicación del Destino Divino, podemos encontrar descanso y no sentir la necesidad de quejarnos de esto. El siguiente versículo lo corrobora.

13. Tenemos libre albedrío, se nos ordena seguir las obligaciones religiosas y no podemos atribuirle a Dios nuestros pecados. Tenemos libre albedrío para que nuestras almas carnales rebeldes no se consideren libres de las consecuencias de sus pecados atribuyéndolos al Destino. El Destino existe para que las personas piadosas no se atribuyan a sí mismas sus buenos actos y de esta manera se vuelvan orgullosas. El Destino existe para que los que tengan éxito y los adinerados no estén orgullosos de su éxito y riqueza.

La desgracia pasada y (presente) se debería considerar a la luz del Destino para que no nos aflijamos por lo que nos ha sobrevenido y lo que no hemos sido capaces de obtener. El futuro, junto con los pecados y las cuestiones de responsabilidad, se deberían remitir al libre albedrío humano. Es decir, deberíamos hacer lo que debemos hacer por un resultado deseado, y evitar la negligencia, los errores y los pecados. Esto reconcilia los extremos del fatalismo y el rechazo del papel del Destino en nuestras acciones.

لَقَدْ اَرْسَلْنَا رُسُلَنَا بِالْبَيِّنَاتِ وَاَنْزَلْنَا مَعَهُمُ الْكِتَابَ
وَالْمِيزَانَ لِيَقُومَ النَّاسُ بِالْقِسْطِۚ وَاَنْزَلْنَا الْحَدِيدَ فِيهِ بَأْسٌ
شَدِيدٌ وَمَنَافِعُ لِلنَّاسِ وَلِيَعْلَمَ اللّٰهُ مَنْ يَنْصُرُهُ وَرُسُلَهُ
بِالْغَيْبِۜ اِنَّ اللّٰهَ قَوِيٌّ عَزِيزٌ ﴿٢٥﴾ وَلَقَدْ اَرْسَلْنَا نُوحًا وَاِبْرٰهِيمَ
وَجَعَلْنَا فِي ذُرِّيَّتِهِمَا النُّبُوَّةَ وَالْكِتَابَ فَمِنْهُمْ مُهْتَدٍۚ
وَكَثِيرٌ مِنْهُمْ فَاسِقُونَ ﴿٢٦﴾ ثُمَّ قَفَّيْنَا عَلٰٓى اٰثَارِهِمْ بِرُسُلِنَا
وَقَفَّيْنَا بِعِيسَى ابْنِ مَرْيَمَ وَاٰتَيْنَاهُ الْاِنْجِيلَ وَجَعَلْنَا
فِي قُلُوبِ الَّذِينَ اتَّبَعُوهُ رَاْفَةً وَرَحْمَةًۜ وَرَهْبَانِيَّةًۨ ابْتَدَعُوهَا
مَا كَتَبْنَاهَا عَلَيْهِمْ اِلَّا ابْتِغَٓاءَ رِضْوَانِ اللّٰهِ فَمَا رَعَوْهَا
حَقَّ رِعَايَتِهَاۚ فَاٰتَيْنَا الَّذِينَ اٰمَنُوا مِنْهُمْ اَجْرَهُمْۚ وَكَثِيرٌ
مِنْهُمْ فَاسِقُونَ ﴿٢٧﴾ يَٓا اَيُّهَا الَّذِينَ اٰمَنُوا اتَّقُوا اللّٰهَ وَاٰمِنُوا
بِرَسُولِهِ يُؤْتِكُمْ كِفْلَيْنِ مِنْ رَحْمَتِهِ وَيَجْعَلْ لَكُمْ نُورًا
تَمْشُونَ بِهِ وَيَغْفِرْ لَكُمْۜ وَاللّٰهُ غَفُورٌ رَحِيمٌۙ ﴿٢٨﴾ لِئَلَّا يَعْلَمَ
اَهْلُ الْكِتَابِ اَلَّا يَقْدِرُونَ عَلٰى شَيْءٍ مِنْ فَضْلِ اللّٰهِ وَاَنَّ
الْفَضْلَ بِيَدِ اللّٰهِ يُؤْتِيهِ مَنْ يَشَٓاءُۜ وَاللّٰهُ ذُو الْفَضْلِ الْعَظِيمِ ﴿٢٩﴾

سُورَةُ

25. Sin duda hemos enviado a Nuestros Mensajeros con verdades manifiestas (y pruebas claras de que son Mensajeros), y hemos enviado con ellos el Libro y la Balanza para que (las relaciones entre) los seres humanos puedan vivir en equidad. Y hemos enviado hierro[14] en el cual hay un poder severo y beneficios para la humanidad, para que Dios pueda distinguir a los que ayudan (a la causa de) Dios y Sus Mensajeros, aunque no Le vean. Sin duda Dios es Fuerte, Glorioso poseedor de un poder irresistible[15].

26. Sin duda alguna enviamos como Mensajeros a Noé y Abraham, y establecimos en su linaje la Misión Profética y el Libro. Entre ellos (su descendencia) se han hallado aquellos que siguieron su guía recta, pero muchos entre ellos han sido transgresores.

27. Después de eso, enviamos, siguiendo sus pasos, a otros de Nuestros Mensajeros, y enviamos a Jesús hijo de María, y le concedimos el Evangelio, y ubicamos en los corazones de aquellos que le siguieron ternura y misericordia. Y el monacato, lo inventaron ellos— Nosotros no se los prescribimos— sólo para buscar la complacencia de Dios, pero ellos no lo han cumplido como lo requiere su práctica[16]. Así que concedimos su recompensa a aquellos de entre ellos que verdaderamente han creído, pero muchos de entre ellos han sido transgresores.

28. ¡Oh vosotros que creéis! Apartaos de la desobediencia a Dios en veneración a Él y piedad, y creed verdaderamente en Su Mensajero (Muhammad). Él os concederá el doble de Su misericordia (una por creer en todos los Profetas anteriores y una por el Último Profeta), y asignará para vosotros una luz para moverse (en el Camino Recto en este mundo, conduciendo al Paraíso en el Más Allá), y os perdonará. Dios el Indulgente, Compasivo[17].

29. (Esto se os contó a vosotros así) que la gente del Libro debería saber que no pueden determinar o restringir nada de la gracia de Dios, (y ni ellos ni los musulmanes serán capaces de conseguir nada de ella a menos que crean en Muhammad junto con todos los Profetas anteriores), y que toda la gracia está en la Mano de Dios, Él se la concede a quien Su Voluntad dicta. Dios es de una generosidad enorme.

14. Enviar hierro significa lo mismo que enviar ganado en 39:6; el hierro es una de las grandes generosidades de Dios que ha otorgado de los tesoros que tiene con Él, como se declaró en 15:21: *No se da nada cuyos depósitos (para su vida y mantenimiento) no esté con Nosotros; y no lo enviamos sino con una medida determinada y debida.*

15. El hierro es quizás la materia más importante para la tecnología. Es asimismo nuestra material más elemental ya que es el núcleo de la Tierra. Por lo tanto, este versículo puede que se refiera a los orígenes de la Tierra. Además, el hierro es necesariamente indispensable para elaborar armas para luchar por la causa de Dios a fin de ensalzar Su Palabra y para erradicar la injusticia.

Desde otro punto de vista, este versículo es muy importante al valorar una sociedad y un gobierno sanos. Los Mensajeros son líderes de la humanidad nombrados por Dios, que siempre los guió a la verdad y los condujo en todos los aspectos de la vida a lo largo de toda la historia de la humanidad. El Libro es la compilación del conocimiento, las instrucciones y las leyes esenciales para su felicidad en ambos mundos. La Balanza es el criterio para obtener lo que es correcto en la creencia, el pensamiento y la acción, y también para realizar justicia en la vida humana individual y social (véase el *sura* 55:7-9, nota 4). El hierro simboliza la fuerza o el poder en la vida social humana. Sin el Libro, el hierro (la fuerza) destruye la justicia y crea la injusticia. Sin la Balanza, el hierro abusa del Libro según sus propios beneficios. Sin el hierro, el Libro y la Balanza no son suficientes para formar una sociedad y un gobierno rectos. Said Nursi comenta: «Los principios de la sabiduría y las leyes de la verdad no surten efecto en la gente común a menos que lo primero esté combinado con las leyes del estado y lo último con el poder» [*The Letters* («Las Cartas»), «Semillas de la Verdad», 2:306].

16. El Islam no aprueba el monacato. Se dice que no hay monacato en el Islam. El monacato para la Comunidad musulmana es esforzarse en el camino de Dios. El Islam no aprueba apartarse de la gente y la vida para conseguir la perfección por uno mismo. Más bien llama a sus seguidores a estar entre la gente y trabajar por su bienestar y considerar la perfección individual junto con la perfección de los demás. Aunque algunos miembros de las órdenes sufíes islámicas han practicado el retiro o la reclusión para el aprendizaje individual y la perfección, lo han hecho solamente durante un breve tiempo limitado y consideraron estar entre la gente para trabajar por su perfección siendo el rango más grandioso.

17. Aunque algunos intérpretes hayan creído que este versículo se dirige a la Gente del Libro, está dirigido a los musulmanes, aunque sin excluir a los primeros para animarles a que crean en el Último Profeta, la paz y las bendiciones sean con él. Mientras los judíos rechazan creer en los Mensajeros Jesús y Muhammad, la paz sea con ellos, que llegaron después de los Mensajeros enviados a ellos, y los cristianos rechazan creer en el Último Mensajero de Dios, Muhammad, la paz y las bendiciones sean con él, los musulmanes creen en todos los Profetas. Así que las últimas desviaciones de la Gente del Libro nunca deberían hacer que los musulmanes tengan alguna opinión negativa sobre alguno de los Mensajeros anteriores y sus verdaderos seguidores.

541 اَلْجُزْءُ الثَّامِنُ وَالْعِشْرُونَ ٥٤١

سُورَةُ الْمُجَادَلَةِ مَدَنِيَّةٌ
وَهِىَ اثْنَتَانِ وَعِشْرُونَ اٰيَةً

بِسْمِ اللّٰهِ الرَّحْمٰنِ الرَّح۪يمِ

قَدْ سَمِعَ اللّٰهُ قَوْلَ الَّت۪ى تُجَادِلُكَ ف۪ى زَوْجِهَا وَتَشْتَك۪ٓى اِلَى اللّٰهِ
وَاللّٰهُ يَسْمَعُ تَحَاوُرَكُمَاۜ اِنَّ اللّٰهَ سَم۪يعٌ بَص۪يرٌ ﴿١﴾ اَلَّذ۪ينَ يُظَاهِرُونَ
مِنْكُمْ مِنْ نِسَٓائِهِمْ مَا هُنَّ اُمَّهَاتِهِمْۜ اِنْ اُمَّهَاتُهُمْ اِلَّا الّٰٓـ۪ٔى وَلَدْنَهُمْۜ
وَاِنَّهُمْ لَيَقُولُونَ مُنْكَرًا مِنَ الْقَوْلِ وَزُورًاۜ وَاِنَّ اللّٰهَ لَعَفُوٌّ غَفُورٌ ﴿٢﴾
وَالَّذ۪ينَ يُظَاهِرُونَ مِنْ نِسَٓائِهِمْ ثُمَّ يَعُودُونَ لِمَا قَالُوا فَتَحْر۪يرُ رَقَبَةٍ
مِنْ قَبْلِ اَنْ يَتَمَٓاسَّاۜ ذٰلِكُمْ تُوعَظُونَ ب۪هِۜ وَاللّٰهُ بِمَا تَعْمَلُونَ خَب۪يرٌ ﴿٣﴾
فَمَنْ لَمْ يَجِدْ فَصِيَامُ شَهْرَيْنِ مُتَتَابِعَيْنِ مِنْ قَبْلِ اَنْ يَتَمَٓاسَّاۚ فَمَنْ
لَمْ يَسْتَطِعْ فَاِطْعَامُ سِتّ۪ينَ مِسْك۪ينًاۜ ذٰلِكَ لِتُؤْمِنُوا بِاللّٰهِ وَرَسُولِه۪ۜ
وَتِلْكَ حُدُودُ اللّٰهِۜ وَلِلْكَافِر۪ينَ عَذَابٌ اَل۪يمٌ ﴿٤﴾ اِنَّ الَّذ۪ينَ يُحَٓادُّونَ
اللّٰهَ وَرَسُولَهُ كُبِتُوا كَمَا كُبِتَ الَّذ۪ينَ مِنْ قَبْلِهِمْ وَقَدْ اَنْزَلْنَٓا اٰيَاتٍ
بَيِّنَاتٍۜ وَلِلْكَافِر۪ينَ عَذَابٌ مُه۪ينٌۚ ﴿٥﴾ يَوْمَ يَبْعَثُهُمُ اللّٰهُ جَم۪يعًا فَيُنَبِّئُهُمْ
بِمَا عَمِلُواۜ اَحْصٰيهُ اللّٰهُ وَنَسُوهُۜ وَاللّٰهُ عَلٰى كُلِّ شَيْءٍ شَه۪يدٌ ﴿٦﴾

SURA 58

AL-MUYADILAH

(LA MUJER QUE DISCUTE)

Período de Medina

Este *sura* que consiste en 22 versículos, fue revelado en Medina, muy posiblemente después de la Batalla del Foso en el año quinto después de la *Hégira*. Su nombre proviene del primer versículo, en donde se relata la discusión de una mujer ante el Mensajero para resolver un problema entre ella y su marido. Decisivamente suprime la costumbre pre-islámica de una forma de divorcio que tenía lugar cuando un hombre le decía a su mujer: «De ahora en adelante eres para mí como la espalda de mi madre». Denuncia a los hipócritas por albergar consejos secretos contra el Mensajero y prohíbe a los creyentes tomar como guardianes a los que Dios ha condenado al castigo eterno. Finalmente, ordena que se apoye a la Religión de Dios.

En el Nombre de Dios,
el Misericordioso, el Compasivo.

1. Dios en verdad ha oído (y aceptado) las palabras de la mujer que discute contigo con respecto a su marido y refiere su queja a Dios. Dios oye el diálogo entre vosotros[1]. Sin duda Dios es Aquel Quien todo lo Oye y todo lo Ve[2].

2. Aquellos entre vosotros que declaren que sus mujeres son ilícitas para ellos empleando contra ellas la expresión «Sé para mí como la espalda de mi madre», (deberían saber que) sus esposas no son sus madres. Sus madres no son sino las mujeres que les dieron a luz. Estos hombres sin duda alguna dicen una palabra abominada (por la Shari'ah) y una falsedad. Aún así Dios sin duda es Perdonador (pasa por alto los errores de Sus siervos), el Indulgente.

3. Aquellos que declaren que sus esposas son ilícitas para ellos (empleando contra ellas esa expresión abominada) y luego deseen retractarse de lo que han dicho deben liberar un esclavo antes de que ellos (los cónyuges) se toquen. Esto es lo que se os insta a hacer. Y Dios se halla perfectamente informado de lo que hacéis (así que no busquéis eludir este acto de penitencia y expiación por vuestra equivocación).

4. Cualquiera que no encuentre (medios para hacer esto), que ayune dos meses (lunares) consecutivos antes de que (los cónyuges) se toquen. Y el que no sea capaz de hacerlo, (su penitencia será) alimentar sesenta indigentes (con dos comidas). Esto es para que perfeccionéis vuestra fe en Dios y Su Mensajero (para que creáis en la verdad de lo que Dios ha ordenado y Su Mensajero transmitido a vosotros, y viváis en consecuencia. Estos son los límites de Dios. Y para los incrédulos hay un castigo doloroso.

5. Aquellos que se opongan a Dios y Su Mensajero (en el cumplimiento de los límites de Dios) seguramente serán humillados (en el mundo) exactamente como aquellos (que hacían lo mismo) fueron humillados antes que ellos. Sin duda alguna hemos enviado Revelaciones claras (para guiaros a la felicidad en ambos mundos). Y para los incrédulos hay un castigo humillante[3].

6. El día en el que Dios los resucite a todos de entre los muertos, y les haga entender verdaderamente todo lo que hicieron (en el mundo, y los llame a rendir cuentas): Dios lo ha tenido registrado, aunque lo hayan olvidado. Dios es testigo de todas las cosas.

---

1. Aquí se hace referencia a una costumbre preislámica entre los árabes paganos. Un marido le decía a su esposa: «De aquí en adelante eres para mí como la espalda de mi madre», de esta manera se prohibía a sí mismo las relaciones conyugales con ella. Esto significaba un divorcio irrevocable, pero a una mujer divorciada de esta manera no se le permitía volverse a casar. En *Surat al-Ahzab* (versículo 4), que fue revelado antes de este *sura*, el Corán dio el primer paso hacia la abolición de esta costumbre (era llamada *zihar*), y declaraba que una mujer, cuyo marido le había pronunciado que era como la espalda de su madre, de ninguna manera era su madre en realidad. Aws ibn Samit, de la tribu Aws, entre los musulmanes de Medina, estaba enojado con su mujer por alguna razón, y declaró que ella era ilícita para él como la espalda de su madre. Más tarde, se arrepintió de haber hecho esto, pero según la costumbre, no le fue posible regresar con su mujer. Así que ella, Hawlah bint Za'labah, apeló al Mensajero de Dios y le contó el caso. Agregó que sus hijos habían crecido y vivía sola con su marido. Así que si su marido la hubiera dejado, ella se habría quedado sola sin nadie que la protegiera, y agregó que su marido estaría de acuerdo en volver a aceptarla como su mujer. Durante su conversación con el Mensajero, Dios reveló este versículo y el siguiente con respecto al mismo tema, aboliendo con resolución y de manera permanente la costumbre pagana.

2. El versículo termina: «Dios es Aquel Quien todo lo Oye y todo lo Ve». Dios oye todo, incluso la conversación entre una mujer y el Mensajero, la paz y las bendiciones sean con él, sobre un asunto particular, personal y privado entre ella y su marido. Una mujer es generalmente más compasiva que un hombre, y es una fuente de cuidado y ternura que inspira la abnegación. Como un requerimiento de Su ser Compasivo, Dios Todopoderoso oyó su queja y lo consideró un asunto de gran importancia a través de Su Nombre, la Verdad. En eso expresa un principio universal con respecto a un acontecimiento particular, podemos darnos cuenta de que Aquel Quien Oye y Ve y pondera un incidente particular y menor debe oír, ver y ponderar todas las cosas. Alguien que reclama Señorío sobre el universo debe ser consciente de los problemas de cualquier criatura que ha sido perjudicada y oye sus llantos, ya que alguien que no puede hacerlo no puede ser el Señor. De esta manera, siendo Dios Aquel Quien todo lo Oye y todo lo Ve establece estas dos verdades poderosas. [*The Words* («Las Palabras»), «La 25ª Palabra», pág. 446].

3. El versículo es lo suficientemente claro advirtiendo que las comunidades que se oponen a Dios y Su(s) Mensajero(s) en su régimen de vida, aquellos que no cumplen las reglas que han establecido, inevitablemente sufrirán humillación (manifestada como destrucción total o parcial a través de las calamidades «naturales», guerras internas o externas, hambre, sequía, y peste, etc.), y lo que les espera a aquellos que obstinadamente las rechazan en el Más Allá es un castigo mucho más humillante y vergonzoso (en el Infierno).

7. ¿No habéis considerado que Dios conoce todo lo que se halla en los Cielos y todo lo que se halla sobre la Tierra? No hay un consejo secreto entre tres personas sin que Él sea el cuarto de ellas, no entre cinco sin que Él sea el sexto de ellas, ni más ni menos salvo que Él esté con ellas dondequiera que puedan estar. Luego Él hará que entiendan verdaderamente todo lo que hacen (y las llamará a rendir cuentas) el Día de la Resurrección. Sin duda Dios posee pleno conocimiento de todas las cosas.

8. ¿No habéis considerado a los que se les prohibió albergar consejos secretos, y aún así volvieron a lo que se les había prohibido, y albergaron consejos secretos para cometer pecados (como por ejemplo beber alcohol, jugar y evitar la Oración), y por (instar unos a otros a) la ofensa y la desobediencia al Mensajero (en sus órdenes y prohibiciones). (Son estas mismas personas quienes) cuando llegan a ti, te saludan con un saludo que Dios nunca te ha enseñado y con el que nunca te ha saludado[4], y se dicen uno a otro (con burla): «¿Por qué Dios no nos castiga por lo que decimos (si Muhammad es en verdad Su Profeta)?». El Infierno les será suficiente, ellos entrarán a él para abrasarse. ¡Cuán funesto destino de llegada!

9. ¡Oh vosotros que creéis! Si albergáis consejos secretos, no alberguéis consejos secretos para cometer pecados, o para (instar unos a otros a) la ofensa y la desobediencia al Mensajero; sino que albergad consejos para la piedad, la rectitud y la devoción[5]. Apartaos de la desobediencia a Dios en veneración a Él y piedad, ante Quien os reuniréis.

10. Los consejos secretos (albergados por otras razones) son solamente (una provo-

542 سُورَةُ الْمُجَادَلَةِ ٥٤٢

أَلَمْ تَرَ أَنَّ اللّٰهَ يَعْلَمُ مَا فِي السَّمٰوٰتِ وَمَا فِي الْاَرْضِ مَا يَكُونُ
مِنْ نَجْوٰى ثَلٰثَةٍ اِلَّا هُوَ رَابِعُهُمْ وَلَا خَمْسَةٍ اِلَّا هُوَ سَادِسُهُمْ
وَلَا اَدْنٰى مِنْ ذٰلِكَ وَلَا اَكْثَرَ اِلَّا هُوَ مَعَهُمْ اَيْنَ مَا كَانُوا ثُمَّ
يُنَبِّئُهُمْ بِمَا عَمِلُوا يَوْمَ الْقِيٰمَةِ اِنَّ اللّٰهَ بِكُلِّ شَيْءٍ عَلِيمٌ ٧ اَلَمْ تَرَ
اِلَى الَّذِينَ نُهُوا عَنِ النَّجْوٰى ثُمَّ يَعُودُونَ لِمَا نُهُوا عَنْهُ وَيَتَنَاجَوْنَ
بِالْاِثْمِ وَالْعُدْوَانِ وَمَعْصِيَتِ الرَّسُولِ وَاِذَا جَاؤُكَ حَيَّوْكَ بِمَا
لَمْ يُحَيِّكَ بِهِ اللّٰهُ وَيَقُولُونَ فِي اَنْفُسِهِمْ لَوْلَا يُعَذِّبُنَا اللّٰهُ بِمَا نَقُولُ
حَسْبُهُمْ جَهَنَّمُ يَصْلَوْنَهَا فَبِئْسَ الْمَصِيرُ ٨ يَا اَيُّهَا الَّذِينَ اٰمَنُوا
اِذَا تَنَاجَيْتُمْ فَلَا تَتَنَاجَوْا بِالْاِثْمِ وَالْعُدْوَانِ وَمَعْصِيَتِ الرَّسُولِ
وَتَنَاجَوْا بِالْبِرِّ وَالتَّقْوٰى وَاتَّقُوا اللّٰهَ الَّذِي اِلَيْهِ تُحْشَرُونَ ٩
اِنَّمَا النَّجْوٰى مِنَ الشَّيْطَانِ لِيَحْزُنَ الَّذِينَ اٰمَنُوا وَلَيْسَ بِضَارِّهِمْ
شَيْـًٔا اِلَّا بِاِذْنِ اللّٰهِ وَعَلَى اللّٰهِ فَلْيَتَوَكَّلِ الْمُؤْمِنُونَ ١٠ يَا اَيُّهَا
الَّذِينَ اٰمَنُوا اِذَا قِيلَ لَكُمْ تَفَسَّحُوا فِي الْمَجَالِسِ فَافْسَحُوا
يَفْسَحِ اللّٰهُ لَكُمْ وَاِذَا قِيلَ انْشُزُوا فَانْشُزُوا يَرْفَعِ اللّٰهُ الَّذِينَ اٰمَنُوا
مِنْكُمْ وَالَّذِينَ اُوتُوا الْعِلْمَ دَرَجَاتٍ وَاللّٰهُ بِمَا تَعْمَلُونَ خَبِيرٌ ١١

يَا اَيُّهَا

cación) de Satanás, para que pueda causar tristeza a los creyentes; sin embargo no puede dañarlos en nada si no es por permiso de Dios; y que los creyentes depositen su confianza en Dios.

11. ¡Oh vosotros que creéis! Cuando se os diga: «Haced sitio en las reuniones (unos a otros y a los recién llegados)», haced sitio. Dios hará sitio para vosotros (en Su gracia y Paraíso). Y cuando se os diga: «Levantaos (y dejad la reunión)», levantaos. Dios alzará (en grados) a aquellos de entre vosotros que verdaderamente creen (y actúan en consecuencia), y en grados a los que se les concedió el conocimiento (especialmente de los asuntos religiosos)[6]. Sin duda Dios se halla perfectamente informado de todo lo que hacéis.

4. Generalmente los judíos incrédulos y los hipócritas en Medina, en lugar de decir las palabras de saludo como ordenó Dios (24:61), empleaban y pronunciaban la palabra *salam* («paz») de una manera indistinguible de *sam* (muerte). También desahogaban su fastidio empleando expresiones ambiguas en sus conversaciones. Empleaban palabras con doble sentido, una inocente y otra ofensiva, o cambiaban la pronunciación de las expresiones usadas por los Compañeros (véase el *sura* 2:104, nota 94). El versículo se refiere a su enemistad y a la de los hipócritas que se mostraba de tales maneras.

5. Los creyentes perseguían la piedad y la devoción, y por lo tanto la aprobación y la complacencia de Dios. Así que, si los creyentes van juntos privada o públicamente, ellos obran de esta manera tan solo para hablar y resolver asuntos en la piedad y la devoción, y sus conversaciones se conducen alrededor de estos valores. Además, como se señaló en 4:114, *No hay nada bueno en sus consejos secretos a excepción de aquel que exhorta a que se realicen actos de caridad, tratos equitativos y bondadosos, asuntos honestos o reconciliar a dos personas. Todo aquél que lo lleve a cabo buscando la complacencia de Dios, a él le concederemos una tremenda recompensa.*

6. El mérito no se busca sólo hallándose en la reunión de un erudito o un guía espiritual. El mérito reside en la fe y el conocimiento. De este modo, se debería buscar las reuniones de los eruditos y/o guías sólo con la intención de visitarlos por Dios y con su permiso, y sólo para aumentar la fe y el conocimiento. Cuando (el verdadero) conocimiento, que conduce a la piedad más excelsa, una mejor vida religiosa, y de la cual se benefician otros, está unido con la fe, Dios elevará a su dueño en muchos rangos.

12. ¡Oh vosotros que creéis! Cuando intentáis consultar al Mensajero en privado, ofreced algo como limosna (a los necesitados) antes de vuestra consulta. Eso es mejor para vosotros y más puro. No obstante si no encontráis (medios para hacer esto), Dios entonces sin duda es Indulgente y Compasivo.

13. ¿Acaso teméis ofrecer algo como limosna antes de vuestra consulta (con él)? (Si es así) y no lo habéis hecho, y Dios se ha dirigido a vosotros con perdón, entonces estableced la Oración conforme a sus condiciones, pagad la Limosna Purificadora Prescrita, y obedeced a Dios y a Su Mensajero. Dios se halla perfectamente informado de todo lo que hacéis[7].

14. ¿No habéis considerado a aquellos que tienen por confidentes y protectores a una gente que Dios ha condenado al castigo? Ellos no son de vosotros (Oh creyentes) ni de los otros (a quienes tienen por confidentes y protectores). Juran en falso (que son de vosotros), mientras que saben (que es una mentira).

15. Dios ha preparado para ellos un severo castigo. Malvado es, en verdad, lo que llevan a cabo por costumbre.

16. Toman sus juramentos para cubrirse (para ocultar sus fechorías y a ellos mismos de la acusación), y apartar (a la gente) del camino de Dios. Por lo tanto para ellos hay un castigo humillante.

17. Ni su riqueza ni sus hijos les servirá de nada contra Dios. Son compañeros del Fuego: en donde morarán.

يَا اَيُّهَا الَّذٖينَ اٰمَنُوا اِذَا نَاجَيْتُمُ الرَّسُولَ فَقَدِّمُوا بَيْنَ يَدَيْ نَجْوٰيكُمْ
صَدَقَةًۜ ذٰلِكَ خَيْرٌ لَكُمْ وَاَطْهَرُۜ فَاِنْ لَمْ تَجِدُوا فَاِنَّ اللّٰهَ غَفُورٌ رَحٖيمٌ ﴿١٢﴾
ءَاَشْفَقْتُمْ اَنْ تُقَدِّمُوا بَيْنَ يَدَيْ نَجْوٰيكُمْ صَدَقَاتٍۜ فَاِذْ لَمْ تَفْعَلُوا
وَتَابَ اللّٰهُ عَلَيْكُمْ فَاَقٖيمُوا الصَّلٰوةَ وَاٰتُوا الزَّكٰوةَ وَاَطٖيعُوا اللّٰهَ
وَرَسُولَهُۜ وَاللّٰهُ خَبٖيرٌ بِمَا تَعْمَلُونَ ﴿١٣﴾ اَلَمْ تَرَ اِلَى الَّذٖينَ تَوَلَّوْا
قَوْمًا غَضِبَ اللّٰهُ عَلَيْهِمْۜ مَا هُمْ مِنْكُمْ وَلَا مِنْهُمْۙ وَيَحْلِفُونَ
عَلَى الْكَذِبِ وَهُمْ يَعْلَمُونَ ﴿١٤﴾ اَعَدَّ اللّٰهُ لَهُمْ عَذَابًا شَدٖيدًاۜ اِنَّهُمْ
سَاءَ مَا كَانُوا يَعْمَلُونَ ﴿١٥﴾ اِتَّخَذُوا اَيْمَانَهُمْ جُنَّةً فَصَدُّوا عَنْ سَبٖيلِ
اللّٰهِ فَلَهُمْ عَذَابٌ مُهٖينٌ ﴿١٦﴾ لَنْ تُغْنِيَ عَنْهُمْ اَمْوَالُهُمْ وَلَا اَوْلَادُهُمْ
مِنَ اللّٰهِ شَيْـًٔاۜ اُولٰٓئِكَ اَصْحَابُ النَّارِۜ هُمْ فٖيهَا خَالِدُونَ ﴿١٧﴾ يَوْمَ يَبْعَثُهُمُ
اللّٰهُ جَمٖيعًا فَيَحْلِفُونَ لَهُ كَمَا يَحْلِفُونَ لَكُمْ وَيَحْسَبُونَ اَنَّهُمْ
عَلٰى شَيْءٍۜ اَلَا اِنَّهُمْ هُمُ الْكَاذِبُونَ ﴿١٨﴾ اِسْتَحْوَذَ عَلَيْهِمُ الشَّيْطَانُ
فَاَنْسٰيهُمْ ذِكْرَ اللّٰهِۜ اُولٰٓئِكَ حِزْبُ الشَّيْطَانِۜ اَلَا اِنَّ حِزْبَ الشَّيْطَانِ
هُمُ الْخَاسِرُونَ ﴿١٩﴾ اِنَّ الَّذٖينَ يُحَادُّونَ اللّٰهَ وَرَسُولَهُٓ اُولٰٓئِكَ
فِي الْاَذَلّٖينَ ﴿٢٠﴾ كَتَبَ اللّٰهُ لَاَغْلِبَنَّ اَنَا وَرُسُلٖيۜ اِنَّ اللّٰهَ قَوِيٌّ عَزٖيزٌ ﴿٢١﴾

18. El Día en el que Dios los resucite de entre los muertos, Le jurarán como (ahora) te juran a ti. Imaginan que alcanzarán algún estatus (a través de sus juramentos). Que sepáis que no son sino mentirosos.

19. Satanás los ha sometido y por lo tanto hizo que se olvidaran de la remembranza de Dios. Aquellos son el partido de Satanás. Que sepáis que el partido de Satanás, ellos son los perdedores (los arruinados a sí mismos).

20. Aquellos que se oponen a Dios y a Su Mensajero, sin duda estarán entre los más humillados.

21. Dios ha decretado: «Sin duda prevaleceré, Yo y Mis Mensajeros». Sin duda Dios es el Fuerte, el Glorioso poseedor de poder irresistible.

7. Está claro que este versículo fue revelado para formar y educar a los creyentes en sus relaciones con el Mensajero, la paz y las bendiciones sean con él. Algunas personas frecuentemente apelaban al Mensajero, la paz y las bendiciones sean con él, en privado con respecto a sus asuntos, algunas con la esperanza de acercarse a él, e incluso algunas otras para aparentar estar cerca de él. Como el Mensajero, la paz y las bendiciones sean con él, no rechazaba a nadie, esto le causaba muchos problemas; y ya que la mayoría de los que apelaban a él eran de los ricos, ello les causaba dolor a los pobres. Para formar y educar a los creyentes y hacerlos más sinceros en sus relaciones con él, y para purificar sus corazones, el Corán les ordenó gastar algo en caridad antes de apelar a él. Cuando esta orden había surtido el efecto deseado, Dios la anuló. Sin embargo, todavía retiene su espíritu, significado e importancia al educar a la gente en sus relaciones con los líderes de los musulmanes.

22. Nunca encontrarás a una persona que verdaderamente cree en Dios y el Día del Juicio Final que ame a aquellos que se oponen a Dios y a Su Mensajero, aunque sean sus (propios padres), hijos, hermanos (y hermanas) y su clan[8]. Aquellos (son) los que en cuyos corazones Dios ha inscrito la fe y los ha fortalecido con un espíritu Suyo (que es la fuente de su vigor espiritual e iluminación intelectual). Y los admitirá en los Jardines a través de los cuales discurren ríos, en donde morarán. Dios está complacido con ellos y ellos están complacidos con Él. Aquellos son el partido de Dios. Que sepáis que el partido de Dios son aquellos que son los prósperos.

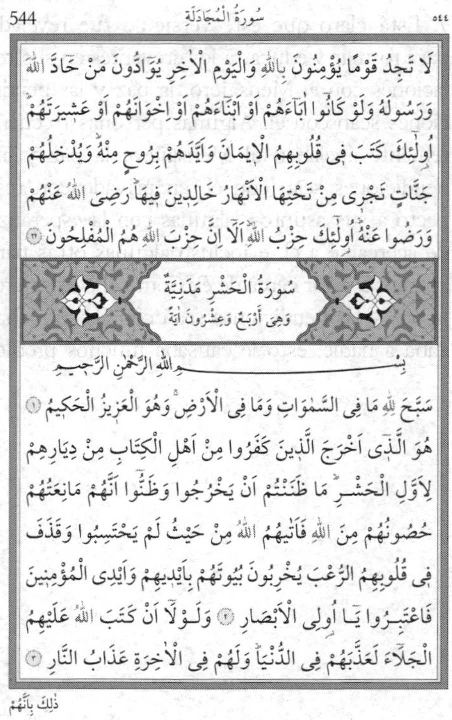

544 سُورَةُ الْمُجَادَلَةِ ٥٤٤

لَا تَجِدُ قَوْمًا يُؤْمِنُونَ بِاللّٰهِ وَالْيَوْمِ الْاٰخِرِ يُوَآدُّونَ مَنْ حَآدَّ اللّٰهَ
وَرَسُولَهُ وَلَوْ كَانُوا اٰبَآءَهُمْ اَوْ اَبْنَآءَهُمْ اَوْ اِخْوَانَهُمْ اَوْ عَشِيرَتَهُمْ
اُولٰٓئِكَ كَتَبَ فِى قُلُوبِهِمُ الْاِيمَانَ وَاَيَّدَهُمْ بِرُوحٍ مِنْهُ وَيُدْخِلُهُمْ
جَنَّاتٍ تَجْرِى مِنْ تَحْتِهَا الْاَنْهَارُ خَالِدِينَ فِيهَا رَضِىَ اللّٰهُ عَنْهُمْ
وَرَضُوا عَنْهُ اُولٰٓئِكَ حِزْبُ اللّٰهِ اَلَآ اِنَّ حِزْبَ اللّٰهِ هُمُ الْمُفْلِحُونَ ﴿٢٢﴾

سُورَةُ الْحَشْرِ مَدَنِيَّةٌ
وَهِىَ أَرْبَعٌ وَعِشْرُونَ اٰيَةً

بِسْمِ اللّٰهِ الرَّحْمٰنِ الرَّحِيمِ

سَبَّحَ لِلّٰهِ مَا فِى السَّمٰوَاتِ وَمَا فِى الْاَرْضِ وَهُوَ الْعَزِيزُ الْحَكِيمُ ﴿١﴾
هُوَ الَّذِىٓ اَخْرَجَ الَّذِينَ كَفَرُوا مِنْ اَهْلِ الْكِتَابِ مِنْ دِيَارِهِمْ
لِاَوَّلِ الْحَشْرِ مَا ظَنَنْتُمْ اَنْ يَخْرُجُوا وَظَنُّوٓا اَنَّهُمْ مَانِعَتُهُمْ
حُصُونُهُمْ مِنَ اللّٰهِ فَاَتٰيهُمُ اللّٰهُ مِنْ حَيْثُ لَمْ يَحْتَسِبُوا وَقَذَفَ
فِى قُلُوبِهِمُ الرُّعْبَ يُخْرِبُونَ بُيُوتَهُمْ بِاَيْدِيهِمْ وَاَيْدِى الْمُؤْمِنِينَ
فَاعْتَبِرُوا يَٓا اُولِى الْاَبْصَارِ ﴿٢﴾ وَلَوْلَآ اَنْ كَتَبَ اللّٰهُ عَلَيْهِمُ
الْجَلَآءَ لَعَذَّبَهُمْ فِى الدُّنْيَا وَلَهُمْ فِى الْاٰخِرَةِ عَذَابُ النَّارِ ﴿٣﴾

ذٰلِكَ بِاَنَّهُمْ

SURA 59

AL-HASHR (LA REUNIÓN)

Período de Medina

Revelado en Medina, muy posiblemente en el año cuarto después de la *Hégira*, este *sura* consta de 24 versículos. Su nombre proviene de la palabra *hashr* en el segundo versículo, que significa reunir gente para enviarla a algún sitio. El *sura* trata del encuentro de los musulmanes con la tribu judía de Banu Nadir y menciona las conspiraciones de los hipócritas en alianza con algunos judíos. Da instrucciones a la distribución de los botines de guerra obtenidos del enemigo sin luchar. También les aconseja a los creyentes ser siempre piadosos y devotos, y describe a Dios con algunos de Sus Atributos.

8. Como señaló Hamdi Yazır al interpretar este versículo, esta declaración coránica se debería entender en la luz o considerada junto con el *sura* 60:8-9. Dios nunca les prohíbe a los creyentes ser buenos y caritativos con los demás, aunque estos últimos sean incrédulos o hipócritas. Siempre ordena el bien y la justicia. Así que lo que está prohibido en este versículo con respecto al amor es que un creyente no puede amar a un incrédulo o a los seguidores de otras religiones falsas por su incredulidad o falsa creencia. Los creyentes no pueden preferir las relaciones sanguíneas por encima de las relaciones creadas por la fe. Esto significa que el Corán rechaza categóricamente el racismo. También prohíbe amar y tomar por amigos a aquellos que luchan contra los musulmanes por su Religión y traten de violar los derechos más fundamentales de los seres humanos, particularmente el derecho a creer en Dios y a obedecer Sus órdenes.

En el Nombre de Dios,
el Misericordioso, el Compasivo.

1. Todo lo que se halla en los Cielos y sobre la Tierra glorifica a Dios y Él es el Glorioso poseedor de irresistible poder, el Omnisapiente.

2. Él es Quien expulsó a aquellos que no creían de entre la Gente del Libro de sus hogares (fortificados) como la primera reunión (de ellos por castigo y desterrándolos del centro del Islam). No pensabais que se irían (tan fácilmente), como creían que sus fortalezas los protegerían contra Dios. Pero (la voluntad de) Dios les sobrevino desde donde no habían contado (que vendría): Infundió terror en sus corazones. Y por lo tanto ellos estaban destruyendo sus hogares con sus propias manos, así como con las manos de los creyentes[1]. Entonces, aprended una lección, Oh gente de perspicacia.

3. Si no hubiera sido porque Dios había decretado el destierro para ellos, sin duda los habría castigado (con la muerte y la expropiación) en este mundo. Y para ellos en el Más Allá se da el castigo del Fuego.

1. Cuando el Mensajero de Dios, la paz y las bendiciones sean con él, emigró a Medina, firmó un pacto con las tribus judías que vivían allí. El pacto estipulaba que los judíos permanecerían neutrales en las hostilidades entre los musulmanes y los quraishíes paganos, pero si había un ataque en Medina, defenderían la ciudad junto con los musulmanes. Sin embargo las tribus judías no tenían intención de cumplir con su tratado. Durante la Batalla de Badr apoyaron a los politeístas de La Meca; después alentaron abiertamente a la tribu Quraish y a las otras tribus árabes a unirse contra los musulmanes. También colaboraron con los hipócritas quienes en apariencia eran una parte integrada del cuerpo político musulmán.

Para sabotear la divulgación del Islam empezaron a avivar las llamas de la antigua animosidad entre Aws y Jazray, dos tribus musulmanas de Medina. Kab ibn Ashraf, el jefe de Banu Nadir, fue a La Meca y recitó elegías conmovedoras en memoria de los hombres asesinados de La Meca en Badr para provocar a la tribu Quraish a nuevas hostilidades. Él también calumnió a los musulmanes y satirizó al Profeta en sus poemas.

La violación de las tribus judías para con las obligaciones del acuerdo rebasó todos los límites razonables. Unos meses después de la Batalla de Badr, una mujer musulmana fue tratada indecentemente por unos judíos de Banu Qaynuqa, la tribu judía con mayor animadversión hacia los musulmanes. Durante la pelea que tuvo lugar a continuación, un musulmán y un judío fueron asesinados. Cuando el Mensajero les reprochó por esa conducta vergonzosa y les recordó las obligaciones de su trato, los judíos lo amenazaron diciéndole: «Que no te engañe el hecho de haber encontrado con unos hombres que no tienen conocimientos militares. Tuviste suerte. Si combates con nosotros, vas a saber que somos hombres de guerra».

Al final, el Mensajero atacó al Banu Qaynuqa, los derrotó y los desterró a los alrededores de Medina. Además, bajo orden del Mensajero, Muhammad ibn Maslama mató a Kab ibn Ashraf y acabó con sus actividades sediciosas.

En cuanto a la tribu judía Banu Nadir, sus miembros intrigaron en secreto con los paganos de La Meca y con los hipócritas de Medina para destruir la comunidad musulmana de una vez por todas. Hasta intentaron matar al Profeta mientras él los visitaba, quebrantando toda norma de hospitalidad así como su trato. El Mensajero les pidió que cambiaran su posición estratégica, unos cinco kilómetros al sur de Medina, y estuvieron de acuerdo en hacerlo así. Pero cuando Abdullah ibn Ubayy, el jefe de los hipócritas, les prometió ayuda en caso de batalla, los Banu Nadir se mostraron reacios.

El ejército musulmán los sitió en sus fortalezas. Los Banu Nadir, al ver que ni los politeístas de La Meca ni los hipócritas de Medina se molestaron en ayudarles, abandonaron la ciudad. Estaban consternados pero se les perdonó la vida. Tenían diez días para abandonar la ciudad, la mayoría, junto con sus familias y todo lo que podían llevar, y muchos de ellos se unieron a sus hermanos en Siria y los otros en Jaybar (Ibn Hisham, 3:47-49, 190-192).

ذٰلِكَ بِاَنَّهُمْ شَٓاقُّوا اللّٰهَ وَرَسُولَهُ وَمَنْ يُشَٓاقِّ اللّٰهَ فَاِنَّ اللّٰهَ
شَدِيدُ الْعِقَابِ ﴿٤﴾ مَا قَطَعْتُمْ مِنْ لِينَةٍ اَوْ تَرَكْتُمُوهَا قَٓائِمَةً
عَلٰٓى اُصُولِهَا فَبِاِذْنِ اللّٰهِ وَلِيُخْزِيَ الْفَاسِقِينَ ﴿٥﴾ وَمَٓا اَفَٓاءَ اللّٰهُ
عَلٰى رَسُولِهِ مِنْهُمْ فَمَٓا اَوْجَفْتُمْ عَلَيْهِ مِنْ خَيْلٍ وَلَا رِكَابٍ وَلٰكِنَّ
اللّٰهَ يُسَلِّطُ رُسُلَهُ عَلٰى مَنْ يَشَٓاءُ وَاللّٰهُ عَلٰى كُلِّ شَيْءٍ قَدِيرٌ ﴿٦﴾
مَٓا اَفَٓاءَ اللّٰهُ عَلٰى رَسُولِهِ مِنْ اَهْلِ الْقُرٰى فَلِلّٰهِ وَلِلرَّسُولِ
وَلِذِي الْقُرْبٰى وَالْيَتَامٰى وَالْمَسَاكِينِ وَابْنِ السَّبِيلِ كَيْ لَا يَكُونَ
دُولَةً بَيْنَ الْاَغْنِيَٓاءِ مِنْكُمْ وَمَٓا اٰتٰيكُمُ الرَّسُولُ فَخُذُوهُ
وَمَا نَهٰيكُمْ عَنْهُ فَانْتَهُوا وَاتَّقُوا اللّٰهَ اِنَّ اللّٰهَ شَدِيدُ الْعِقَابِ ﴿٧﴾
لِلْفُقَرَٓاءِ الْمُهَاجِرِينَ الَّذِينَ اُخْرِجُوا مِنْ دِيَارِهِمْ وَاَمْوَالِهِمْ
يَبْتَغُونَ فَضْلًا مِنَ اللّٰهِ وَرِضْوَانًا وَيَنْصُرُونَ اللّٰهَ وَرَسُولَهُ
اُولٰٓئِكَ هُمُ الصَّادِقُونَ ﴿٨﴾ وَالَّذِينَ تَبَوَّؤُ الدَّارَ وَالْاِيمَانَ
مِنْ قَبْلِهِمْ يُحِبُّونَ مَنْ هَاجَرَ اِلَيْهِمْ وَلَا يَجِدُونَ فِي صُدُورِهِمْ
حَاجَةً مِمَّٓا اُوتُوا وَيُؤْثِرُونَ عَلٰٓى اَنْفُسِهِمْ وَلَوْ كَانَ بِهِمْ
خَصَاصَةٌ وَمَنْ يُوقَ شُحَّ نَفْسِهِ فَاُولٰٓئِكَ هُمُ الْمُفْلِحُونَ ﴿٩﴾

4. Esto es porque desafiaron y se opusieron a Dios y a Su Mensajero. Cualquiera que desafíe y se oponga a Dios entonces sin duda Dios es severo castigando.

5. Cualquier palmera (suya) que hayáis podido talar o hayáis dejado en pie en sus raíces[2], fue por el permiso de Dios y para que pudiera deshonrar a los transgresores.

6. En cuanto a lo que de ellos Dios otorgó como botines de guerra a Su Mensajero; y no espoleasteis a ningún caballo o camello para ello, mas Dios le da a Su Mensajero dominio sobre quien Su Voluntad dicta. Dios posee pleno poder sobre todas las cosas.

7. Lo que Dios le ha otorgado a Su Mensajero como botines de guerra de las gentes de los pueblos: (un quinto) Le pertenece a Dios, y al Mensajero, y a sus parientes cercanos, huérfanos, indigentes y los viajeros (que carecen de medios para continuar un viaje), para que no se convierta en una fortuna circulante entre los ricos de vosotros[3]. Todo lo que el Mensajero os da aceptadlo con gusto, y todo lo que os prohíbe, absteneos de ello. Apartaos de la desobediencia a Dios en veneración a Él y piedad. Sin duda Dios es severo castigando.

8. También es para los pobres Emigrantes, que han sido expulsados de sus hogares y sus propiedades, buscando la aceptación de Dios y Su aprobación y complacencia, y que ayudan a (la causa de) Dios y Su Mensajero. Aquellos son los veraces (en su profesión de fe y lealtad a sus órdenes).

9. Aquellos quienes, antes de su llegada, tenían su morada (en Medina), la preparan como un hogar para el Islam y la fe, aman a aquellos que emigran hacia ellos por Dios, y en sus corazones no envidian lo que se les ha dado, y (en verdad) los prefieren por encima de ellos mismos, aunque la pobreza sea su propio destino[4]. (También tienen una parte en estos botines de guerra). Todo aquel que esté protegido contra la avaricia de su propia alma; aquellos son los verdaderamente prósperos.

2. Dios les permitió a los musulmanes talar los árboles durante su sitio de la Banu Nadir para facilitar la operación. Sin embargo, excepto por tales exigencias militares estrictas, el Profeta constantemente prohibió la destrucción de los árboles y cultivos. La mención especial del Corán sobre este incidente durante la lucha contra la Banu Nadir se debe referir a su exención extraordinaria.

3. Para una explicación de esta distribución, véase el *sura* 8:41, nota 8. El principio expuesto en la frase *que no se convierta en una fortuna circulante entre los ricos de vosotros*, es muy importante y es una característica básica de la economía islámica y la justicia social. El Islam le ordena a la gente a que se esfuerce y sea trabajadora, no recomienda mendigar. Sin embargo, es un hecho que debido a las facilidades y capacidades humanas, la gente varía en su poder adquisitivo y su riqueza. Pero en el Islam no debería haber gente extremadamente rica mientras hay gente indigente. Por lo tanto a través de las órdenes, como la Limosna Prescrita Purificadora y recomendada como una recompensa para el ayuno que se rompe voluntariamente o que no se puede cumplir debido a la extrema vejez o la enfermedad permanente, para los juramentos quebrantados, y las acciones ilícitas como decirle a una esposa: «De aquí en adelante para mí eres como la espalda de mi madre», (véase el *sura* 58:1, nota 1), se busca una amplia distribución de la riqueza como sea posible, para que el nivel de vida sea equilibrado en la comunidad.

4. Estos versículos nos cuentan (y nos recuerdan) qué cualidades loables tenían los *Muhayirun* («Emigrantes») y los *Ansar* («Ayudantes, los musulmanes de Medina») y su grado en esas cualidades.

10. Y todos aquellos que llegan después de ellos (y siguen sus pasos) rezan: «¡Oh Señor Nuestro! Perdónanos a nosotros y a nuestros hermanos (y hermanas) en la Religión que nos han precedido en la fe, y no dejes que nuestros corazones alberguen ninguna hostilidad contra ninguno de los creyentes. ¡Oh Señor Nuestro! Tú eres el Indulgente, el Compasivo (especialmente hacia Tus siervos creyentes)[5].

11. ¿No habéis considerado a aquellos que son hipócritas? Ellos les dicen a sus hermanos que no creen de entre la Gente del Libro: «Si sois expulsados (de Medina), sin duda nosotros nos iremos con vosotros, y nunca obedeceremos a nadie que esté en vuestra contra. Si os hacen la guerra, sin duda alguna nosotros os ayudaremos». Dios atestigua que en verdad son mentirosos[6].

12. Ya que si ellos en verdad son expulsados, nunca se irán con ellos, y si les hacen la guerra, nunca los ayudarán. Incluso suponiendo que los ayuden (en tal eventualidad), sin duda alguna darán la espalda en la lucha, y por lo tanto no recibirían ayuda (de ninguna parte, y serían destruidos por su traición manifiesta hacia los musulmanes).

13. El terror hacia vosotros que albergan en sus corazones es más intenso que el temor a Dios. Esto es porque son un pueblo que carece de entendimiento y no puede comprender la verdad.

14. Nunca lucharán en vuestra contra como un grupo unido (en alianza con los hipócritas, con los judíos de Jaybar y otros), a menos que estén dentro de fortalezas fortificadas o tras altas murallas. Dura es su discordia beligerante entre ellos (excepto cuando no se aliaron de manera oportunista en la guerra contra vosotros). Crees

546 سُورَةُ الْحَشْرِ ٥٤٦

وَالَّذِينَ جَاؤُ مِنْ بَعْدِهِمْ يَقُولُونَ رَبَّنَا اغْفِرْ لَنَا وَلِاِخْوَانِنَا
الَّذِينَ سَبَقُونَا بِالْاِيمَانِ وَلَا تَجْعَلْ فِى قُلُوبِنَا غِلاًّ لِلَّذِينَ
اٰمَنُوا رَبَّنَا اِنَّكَ رَؤُفٌ رَحِيمٌ ﴿١٠﴾ اَلَمْ تَرَ اِلَى الَّذِينَ نَافَقُوا
يَقُولُونَ لِاِخْوَانِهِمُ الَّذِينَ كَفَرُوا مِنْ اَهْلِ الْكِتَابِ لَئِنْ
اُخْرِجْتُمْ لَنَخْرُجَنَّ مَعَكُمْ وَلَا نُطِيعُ فِيكُمْ اَحَدًا اَبَدًا وَاِنْ
قُوتِلْتُمْ لَنَنْصُرَنَّكُمْ وَاللّٰهُ يَشْهَدُ اِنَّهُمْ لَكَاذِبُونَ ﴿١١﴾ لَئِنْ
اُخْرِجُوا لَا يَخْرُجُونَ مَعَهُمْ وَلَئِنْ قُوتِلُوا لَا يَنْصُرُونَهُمْ
وَلَئِنْ نَصَرُوهُمْ لَيُوَلُّنَّ الْاَدْبَارَ ثُمَّ لَا يُنْصَرُونَ ﴿١٢﴾ لَاَنْتُمْ
اَشَدُّ رَهْبَةً فِى صُدُورِهِمْ مِنَ اللّٰهِ ذٰلِكَ بِاَنَّهُمْ قَوْمٌ
لَا يَفْقَهُونَ ﴿١٣﴾ لَا يُقَاتِلُونَكُمْ جَمِيعًا اِلَّا فِى قُرًى مُحَصَّنَةٍ
اَوْ مِنْ وَرَاءِ جُدُرٍ بَاْسُهُمْ بَيْنَهُمْ شَدِيدٌ تَحْسَبُهُمْ جَمِيعًا
وَقُلُوبُهُمْ شَتّٰى ذٰلِكَ بِاَنَّهُمْ قَوْمٌ لَا يَعْقِلُونَ ﴿١٤﴾ كَمَثَلِ
الَّذِينَ مِنْ قَبْلِهِمْ قَرِيبًا ذَاقُوا وَبَالَ اَمْرِهِمْ وَلَهُمْ عَذَابٌ
اَلِيمٌ ﴿١٥﴾ كَمَثَلِ الشَّيْطَانِ اِذْ قَالَ لِلْاِنْسَانِ اكْفُرْ فَلَمَّا كَفَرَ
قَالَ اِنِّى بَرِىءٌ مِنْكَ اِنِّى اَخَافُ اللّٰهَ رَبَّ الْعَالَمِينَ ﴿١٦﴾

فَكَانَ

que están unidos, sin embargo en realidad sus corazones están en desacuerdo unos con otros: Esto es porque son un pueblo que no razona (y no llegan a entender las situaciones a las que se enfrentan).

15. Precisamente como aquellos (judíos de Banu Qaynuqa‘) que, poco antes que ellos (los judíos de la Banu Nadir), probaron el mal resultado de sus propios actos, y (en el Más Allá) para ellos (también) se da un doloroso castigo.

16. (Los hipócritas los han engañado) precisamente como Satanás, cuando le dice al ser humano: «¡No creas en Dios!». Luego cuando no cree, le dice (al ser humano): «¡Sin duda me he librado de ti, ya que con toda seguridad Le temo a Dios, el Señor de los mundos!»[7].

5. El Califa 'Umar entendió de estos versículos que los botines de guerra ganados sin luchar son para todos los musulmanes, incluyendo los Emigrantes, los Ayudantes y aquellos que los sucedan en los últimos siglos. Su punto de vista ha sido aprobado de manera general por parte de los otros Compañeros.

6. Como se explicó en la anterior nota 1, cuando el Mensajero de Dios les pidió a los judíos de la tribu Banu Nadir que dejaran su posición estratégica, aproximadamente cinco kilómetros al sur de Medina, y se fueran de la ciudad, Abdullah ibn Ubayy ibn Salul, el jefe de los hipócritas, prometió ayudar a la tribu Banu Nadir en caso de guerra. Sin embargo, cuando el ejército musulmán los sitió en sus fortalezas, ni los politeístas de La Meca ni los hipócritas de Medina se atrevieron a ayudarlos.

7. Los hipócritas prometieron ayudar a los judíos de la tribu Banu Nadir y los provocaron para que pelearan contra el Mensajero. Pero cuando la lucha comenzó, los hipócritas no hicieron nada. Sus costumbres son como las de Satanás. Les hace promesas a los seres humanos, los llama a que no crean o cometan pecados, pero cuando han hecho lo que los instaba a hacer, se retira y se burla de ellos. Realmente, no tiene poder alguno para que se cumplan sus promesas. Antes de que comenzara la Batalla de Badr, Satán le dijo al ejército de La Meca: *«Hoy ningún poder entre los hombres podrá venceros y, en verdad, que estoy de vuestro lado». Pero cuando las dos huestes se avistaron, se dio media vuelta y salió huyendo diciendo: «En verdad, me desentiendo de vosotros, porque veo lo que no veis. No cabe duda que temo a Dios»* (8:48). Ha percibido que el ejército musulmán estaba apoyado por los ángeles, y al temer recibir un golpe severo, prefirió huir. Sus palabras *En verdad, me desentiendo de vosotros* y *No cabe duda que temo a Dios* eran sólo excusas por su huida.

فَكَانَ عَاقِبَتَهُمَا اَنَّهُمَا فِى النَّارِ خَالِدَيْنِ فِيهَاۜ وَذٰلِكَ جَزٰٓؤُا
الظَّالِمِينَ ﴿١٧﴾ يَٓا اَيُّهَا الَّذِينَ اٰمَنُوا اتَّقُوا اللّٰهَ وَلْتَنْظُرْ نَفْسٌ
مَا قَدَّمَتْ لِغَدٍۚ وَاتَّقُوا اللّٰهَۜ اِنَّ اللّٰهَ خَبِيرٌ بِمَا تَعْمَلُونَ ﴿١٨﴾
وَلَا تَكُونُوا كَالَّذِينَ نَسُوا اللّٰهَ فَاَنْسٰيهُمْ اَنْفُسَهُمْۜ اُو۬لٰٓئِكَ هُمُ
الْفَاسِقُونَ ﴿١٩﴾ لَا يَسْتَوٓى اَصْحَابُ النَّارِ وَاَصْحَابُ الْجَنَّةِۜ
اَصْحَابُ الْجَنَّةِ هُمُ الْفَٓائِزُونَ ﴿٢٠﴾ لَوْ اَنْزَلْنَا هٰذَا الْقُرْاٰنَ
عَلٰى جَبَلٍ لَرَاَيْتَهُ خَاشِعًا مُتَصَدِّعًا مِنْ خَشْيَةِ اللّٰهِۜ وَتِلْكَ
الْاَمْثَالُ نَضْرِبُهَا لِلنَّاسِ لَعَلَّهُمْ يَتَفَكَّرُونَ ﴿٢١﴾ هُوَ اللّٰهُ الَّذِى
لَٓا اِلٰهَ اِلَّا هُوَۚ عَالِمُ الْغَيْبِ وَالشَّهَادَةِۚ هُوَ الرَّحْمٰنُ الرَّحِيمُ ﴿٢٢﴾
هُوَ اللّٰهُ الَّذِى لَٓا اِلٰهَ اِلَّا هُوَۚ اَلْمَلِكُ الْقُدُّوسُ السَّلَامُ الْمُؤْمِنُ
الْمُهَيْمِنُ الْعَزِيزُ الْجَبَّارُ الْمُتَكَبِّرُۜ سُبْحَانَ اللّٰهِ عَمَّا يُشْرِكُونَ ﴿٢٣﴾
هُوَ اللّٰهُ الْخَالِقُ الْبَارِئُ الْمُصَوِّرُ لَهُ الْاَسْمَٓاءُ الْحُسْنٰىۜ يُسَبِّحُ
لَهُ مَا فِى السَّمٰوَاتِ وَالْاَرْضِۚ وَهُوَ الْعَزِيزُ الْحَكِيمُ ﴿٢٤﴾

سُورَةُ الْمُمْتَحِنَةِ مَدَنِيَّةٌ
وَهِىَ ثَلَاثَ عَشْرَةَ اٰيَةً

17. Así que el final de ambos (Satanás y aquellos a quienes ha engañado, los hipócritas y aquellos que han traicionado) es que se hallarán en el Fuego para morar allí dentro. Esa es la recompensa de los malhechores.

18. ¡Oh vosotros que creéis! Apartaos de la desobediencia a Dios en veneración a Él y piedad para merecer Su protección, y que cada persona considere lo que ha anticipado para el día de mañana. Apartaos de la desobediencia a Dios en veneración a Él y piedad. Sin duda Dios se halla perfectamente informado de todo lo que hacéis.

19. Y no seáis como aquellos que se olvidan de Dios y por lo tanto Dios les ha hecho olvidarse de sí mismos[8]. Aquellos, ellos son los transgresores.

20. No son iguales los compañeros del Fuego y los compañeros del Paraíso. Los compañeros del Paraíso, ellos son los triunfadores.

21. Si hubiéramos enviado este Corán sobre una montaña, sin duda la veríais humillarse, desgarrándose por temor reverencial a Dios. Tales parábolas las presentamos a los seres humanos para que puedan reflexionar (en la razón por la cual el Corán está siendo revelado a los seres humanos y lo grande e importante que es su responsabilidad).

22. Dios es Aquel salvo Quien no hay más deidad; el Conocedor de Lo Oculto (todo lo que está más allá de la percepción humana) y lo atestiguado (el reino perceptible). Él es el Misericordioso, el Compasivo.

23. Dios es Aquel salvo Quien no hay más deidad; el Soberano, el Santo y el Puro, el Autor Supremo de la paz y la salvación y el Autor Supremo de la seguridad y la protección Quien concede la fe y elimina todas las dudas, el Protector Vigilante, el Glorioso poseedor de irresistible poder, el Irresistible de majestad suprema, Aquel Quien posee derecho exclusivo a toda la grandeza. Glorificado sea Dios, pues se halla absolutamente ensalzado por encima de lo que Le atribuyen.

24. Él es Dios, el Creador, el Hacedor Sagrado (Quien crea sin defecto alguno), el Dador de Forma. A Él Le pertenecen todos los Nombres Hermosos[9]. Todo lo que se halla en los Cielos y sobre la Tierra Le glorifica, (declarando que se halla absolutamente por encima de tener defecto alguno). Él es el Glorioso poseedor de irresistible poder, el Omnisapiente[10].

8. Este versículo narra acerca de aquellos que se olvidan de Dios y los creyentes: Vosotros sois olvidadizos e inconscientes de vosotros mismos. No queréis recordar la muerte, aunque siempre consideráis a los demás mortales. Os refrenáis cuando os enfrentáis a las dificultades y prestáis servicio, pero creéis que deberíais ser los primeros en ser recompensados cuando es el tiempo de recibir la recompensa. No os gusta obedecer a Dios en vuestras vidas y seguís vuestros deseos y caprichos, y así os olvidáis del propósito de vuestra vida terrenal. Para purificaros a vosotros mismos, llevad a cabo vuestras responsabilidades, estad preparados para la muerte, y olvidaos de cualquier recompensa que podríais obtener en el mundo. Nunca deberíais olvidaros de por qué estáis aquí en el mundo y lo que debéis hacer, y hacia qué final os estáis dirigiendo. Deberíais conocer a vuestro verdadero líder y seguirlo. De otra manera, (llegará un Día y) se os dirá: *«Hacemos caso omiso de vosotros hoy (así que no esperéis el perdón y favor), como vosotros hacíais caso omiso del encuentro de este vuestro día, y vuestro refugio (eterno) será el Fuego del Infierno, y no tendréis quien os auxilie»* (45:34).

9. Para los Hermosos Nombres de Dios, véanse el *sura* 7:180, nota 44; el *sura* 17:110, nota 41.

10. Es *sunna* recitar los últimos tres versículos después de las Oraciones de la Mañana y del Atardecer.

SURA 60

AL-MUMTAHANAH (LA MUJER QUE HA DE SER PUESTA A PRUEBA)

Período de Medina

Revelado en Medina en un período de tiempo comprendido entre el Tratado de Judaybiya y la conquista de La Meca, este *sura* contiene 13 versículos. Su nombre deriva del versículo décimo, que ordena que las mujeres que han proclamado su conversión al Islam y emigrado a Medina, deben ser puestas a prueba y evaluar de este modo si son sinceras. El *sura* también aborda cómo deberían ser las relaciones de los musulmanes con sus enemigos incrédulos.

En el Nombre de Dios,
el Misericordioso, el Compasivo.

1. ¡Oh vosotros que creéis! No adoptéis a Mis enemigos y vuestros enemigos como amigos, ofreciéndoles amor y afecto, ya que no han creído en la verdad que ha venido a vosotros y han expulsado al Mensajero y a vosotros mismos (de vuestros hogares) sólo porque creéis en Dios, vuestro Señor (Quien os ha creado y os sustenta. Si vosotros (ahora) os habéis partido (de vuestros hogares) para luchar en Mi camino y buscar Mi aprobación y complacencia, (entonces no los adoptéis como amigos). Les reveláis vuestro secreto a escondidas por vuestro amor y amistad, mas Yo soy más consciente (que vosotros) acerca de lo que hacéis en secreto así como también sobre lo que reveláis. Todo aquel de entre vosotros que obre así indudablemente se ha extraviado del camino recto[1].

بِسْمِ اللّٰهِ الرَّحْمٰنِ الرَّحِيمِ
يَا اَيُّهَا الَّذِينَ اٰمَنُوا لَا تَتَّخِذُوا عَدُوِّى وَعَدُوَّكُمْ اَوْلِيَاءَ تُلْقُونَ
اِلَيْهِمْ بِالْمَوَدَّةِ وَقَدْ كَفَرُوا بِمَا جَاءَكُمْ مِنَ الْحَقِّ يُخْرِجُونَ الرَّسُولَ
وَاِيَّاكُمْ اَنْ تُؤْمِنُوا بِاللّٰهِ رَبِّكُمْ اِنْ كُنْتُمْ خَرَجْتُمْ جِهَادًا فِى سَبِيلِى
وَابْتِغَاءَ مَرْضَاتِى تُسِرُّونَ اِلَيْهِمْ بِالْمَوَدَّةِ وَاَنَا اَعْلَمُ بِمَا اَخْفَيْتُمْ وَمَا
اَعْلَنْتُمْ وَمَنْ يَفْعَلْهُ مِنْكُمْ فَقَدْ ضَلَّ سَوَاءَ السَّبِيلِ ﴿١﴾ اِنْ يَثْقَفُوكُمْ
يَكُونُوا لَكُمْ اَعْدَاءً وَيَبْسُطُوا اِلَيْكُمْ اَيْدِيَهُمْ وَاَلْسِنَتَهُمْ بِالسُّوءِ
وَوَدُّوا لَوْ تَكْفُرُونَ ﴿٢﴾ لَنْ تَنْفَعَكُمْ اَرْحَامُكُمْ وَلَا اَوْلَادُكُمْ يَوْمَ
الْقِيٰمَةِ يَفْصِلُ بَيْنَكُمْ وَاللّٰهُ بِمَا تَعْمَلُونَ بَصِيرٌ ﴿٣﴾ قَدْ كَانَتْ لَكُمْ
اُسْوَةٌ حَسَنَةٌ فِى اِبْرٰهِيمَ وَالَّذِينَ مَعَهُ اِذْ قَالُوا لِقَوْمِهِمْ اِنَّا بُرَءٰؤُا
مِنْكُمْ وَمِمَّا تَعْبُدُونَ مِنْ دُونِ اللّٰهِ كَفَرْنَا بِكُمْ وَبَدَا بَيْنَنَا وَبَيْنَكُمُ
الْعَدَاوَةُ وَالْبَغْضَاءُ اَبَدًا حَتّٰى تُؤْمِنُوا بِاللّٰهِ وَحْدَهُ اِلَّا قَوْلَ اِبْرٰهِيمَ
لِاَبِيهِ لَاَسْتَغْفِرَنَّ لَكَ وَمَا اَمْلِكُ لَكَ مِنَ اللّٰهِ مِنْ شَيْءٍ رَبَّنَا
عَلَيْكَ تَوَكَّلْنَا وَاِلَيْكَ اَنَبْنَا وَاِلَيْكَ الْمَصِيرُ ﴿٤﴾ رَبَّنَا لَا تَجْعَلْنَا
فِتْنَةً لِلَّذِينَ كَفَرُوا وَاغْفِرْ لَنَا رَبَّنَا اِنَّكَ اَنْتَ الْعَزِيزُ الْحَكِيمُ ﴿٥﴾

لَقَدْ كَانَ

2. Si ejercieran la supremacía sobre vosotros, serían como enemigos para vosotros (y no así amigos), y extenderán sus manos y lenguas en contra de vosotros con malicia, y desean que seáis incrédulos.

3. Vuestros parientes, ni asimismo vuestros propios hijos, os serán de provecho alguno para vosotros en el Día de la Resurrección. Dios os distinguirá y os separará unos de otros (según cómo habéis creído y actuado en el mundo)[2]. Todo aquello que hacéis Dios sin duda lo contempla.

4. En verdad tenéis un excelente ejemplo a seguir en Abraham y en aquellos en su compañía, cuando le dijeron a su (idólatra) pueblo (quienes eran sus parientes): «Nos desentendemos de vosotros y de cualquier cosa que adoráis además de Dios. Os hemos rechazado (en vuestro politeísmo), y ha surgido la enemistad y el odio entre nosotros y vosotros para siempre hasta que creáis únicamente en Dios (como el Único a ser adorado)». (Así fue) salvo por lo que ha dicho Abraham a su padre: «Sin duda alguna rogaré el perdón de Dios para ti, aunque no tengo poder para hacer nada por ti frente a Dios»[3]. (Y su plegaria fue): «¡Oh Señor nuestro! Es en Ti en quien depositamos nuestra confianza, y es hacia Ti a donde nos dirigimos con la mayor sinceridad y devoción, y a Ti es el retorno.

5. ¡Oh Señor nuestro! No nos hagas presa de aquellos incrédulos (para que, al vencernos, no crean que su incredulidad es verdadera y aumenten en ella). Y perdónanos, Señor nuestro (especialmente aquellos de nuestros pecados que puedan hacernos presa de los incrédulos). Tú eres el Glorioso poseedor de irresistible poder, el Omnisapiente».

---

1. Cuando el Tratado de Judaybiya fue quebrantado con motivo del ataque de la tribu Banu Bakr —aliada de los politeístas de La Meca—, sobre la Banu Juda'ah, tribu aliada de los musulmanes, y siendo asesinados algunos miembros de esta última tribu, el Mensajero de Dios, la paz y las bendiciones sean con él, comenzó a prepararse para la guerra. Como siempre, mantuvo el asunto en secreto y nadie supo, incluyendo sus mujeres y amigos más íntimos, donde tendría lugar la campaña. Sin embargo, un Emigrante llamado Jatib ibn Abi Balta'ah supuso las intenciones del Mensajero de Dios. Envió una carta a los quraishíes, informándoles sobre los preparativos del Mensajero. El Mensajero fue informado de todo esto a través de una Revelación, y ordenó a 'Ali, Zubayr ibn al-'Awwam y Miqdad ibn 'Amr que le confiscaran la carta a la mujer a quien Jatib se la había confiado. Llevaron a cabo esto con éxito. Cuando le preguntaron la razón por la cual había escrito esta carta, Jatib se excusó diciendo que tenía miembros de la familia en La Meca y deseaba su protección. Ya que esto no fue una traición malintencionada y Jatib era alguien que demostró ser un musulmán sincero participando en la Batalla de Badr, el Mensajero lo perdonó (Ibn Hashim, 2:39-42). El versículo trata sobre este incidente para advertir a los musulmanes sobre acontecimientos similares.

2. Véase 2:166; 6:94; 80:37.

3. Lo que ha dicho Abraham, la paz sea con él, debe ser considerado y evaluado junto con el versículo 9:114: «*La plegaria de Abraham por el perdón de su padre fue solo una promesa que le había hecho, pero cuando vio con claridad que era enemigo de Dios, (Abraham) se apartó de él. Abraham era sumamente tierno de corazón, sumamente clemente*». Para la identidad del padre de Abraham, véase el versículo 9:114, nota 25.

لَقَدْ كَانَ لَكُمْ فِيهِمْ اُسْوَةٌ حَسَنَةٌ لِمَنْ كَانَ يَرْجُوا اللّٰهَ وَالْيَوْمَ الْاٰخِرَۜ
وَمَنْ يَتَوَلَّ فَاِنَّ اللّٰهَ هُوَ الْغَنِيُّ الْحَم۪يدُ۟ ﴿٦﴾ عَسَى اللّٰهُ اَنْ يَجْعَلَ بَيْنَكُمْ
وَبَيْنَ الَّذ۪ينَ عَادَيْتُمْ مِنْهُمْ مَوَدَّةًۜ وَاللّٰهُ قَد۪يرٌۜ وَاللّٰهُ غَفُورٌ رَح۪يمٌ ﴿٧﴾
لَا يَنْهٰيكُمُ اللّٰهُ عَنِ الَّذ۪ينَ لَمْ يُقَاتِلُوكُمْ فِي الدّ۪ينِ وَلَمْ يُخْرِجُوكُمْ
مِنْ دِيَارِكُمْ اَنْ تَبَرُّوهُمْ وَتُقْسِطُٓوا اِلَيْهِمْۜ اِنَّ اللّٰهَ يُحِبُّ الْمُقْسِط۪ينَ ﴿٨﴾
اِنَّمَا يَنْهٰيكُمُ اللّٰهُ عَنِ الَّذ۪ينَ قَاتَلُوكُمْ فِي الدّ۪ينِ وَاَخْرَجُوكُمْ
مِنْ دِيَارِكُمْ وَظَاهَرُوا عَلٰٓى اِخْرَاجِكُمْ اَنْ تَوَلَّوْهُمْۚ وَمَنْ يَتَوَلَّهُمْ
فَاُو۬لٰٓئِكَ هُمُ الظَّالِمُونَ ﴿٩﴾ يَٓا اَيُّهَا الَّذ۪ينَ اٰمَنُٓوا اِذَا جَٓاءَكُمُ الْمُؤْمِنَاتُ
مُهَاجِرَاتٍ فَامْتَحِنُوهُنَّۜ اَللّٰهُ اَعْلَمُ بِا۪يمَانِهِنَّۚ فَاِنْ عَلِمْتُمُوهُنَّ مُؤْمِنَاتٍ
فَلَا تَرْجِعُوهُنَّ اِلَى الْكُفَّارِۜ لَا هُنَّ حِلٌّ لَهُمْ وَلَا هُمْ يَحِلُّونَ لَهُنَّۜ
وَاٰتُوهُمْ مَٓا اَنْفَقُواۜ وَلَا جُنَاحَ عَلَيْكُمْ اَنْ تَنْكِحُوهُنَّ اِذَٓا اٰتَيْتُمُوهُنَّ
اُجُورَهُنَّۜ وَلَا تُمْسِكُوا بِعِصَمِ الْكَوَافِرِ وَسْـَٔلُوا مَٓا اَنْفَقْتُمْ وَلْيَسْـَٔلُوا
مَٓا اَنْفَقُواۜ ذٰلِكُمْ حُكْمُ اللّٰهِۜ يَحْكُمُ بَيْنَكُمْۜ وَاللّٰهُ عَل۪يمٌ حَك۪يمٌ ﴿١٠﴾ وَاِنْ
فَاتَكُمْ شَيْءٌ مِنْ اَزْوَاجِكُمْ اِلَى الْكُفَّارِ فَعَاقَبْتُمْ فَاٰتُوا الَّذ۪ينَ ذَهَبَتْ
اَزْوَاجُهُمْ مِثْلَ مَٓا اَنْفَقُواۜ وَاتَّقُوا اللّٰهَ الَّذ۪ٓي اَنْتُمْ بِه۪ مُؤْمِنُونَ ﴿١١﴾

6. Vosotros tenéis en ellos, sin duda, un excelente ejemplo a seguir para todos aquellos que esperan con anhelo a Dios y el Día del Juicio Final. Todo aquél que se aleje, luego (que sepa que) Dios es Aquel Quien es Acaudalado y Autosuficiente (absolutamente más allá de toda necesidad), el Digno de Alabanza.

7. (Cuando obedecéis a Dios en Sus órdenes y prohibiciones), puede ser que Dios haga aparecer amor y amistad entre vosotros y aquellos con quienes estáis enemistados[4]. Dios es Todopoderoso, y Dios es Indulgente, Compasivo.

8. Dios no os prohíbe, por lo que se refiere a aquellos que no os hacen la guerra por motivo de vuestra Religión, ni os expulsan de vuestros hogares, que seáis amables con ellos, y actuéis con ellos con equidad. Dios sin duda ama lo escrupulosamente equitativo.

9. Dios tan sólo os prohíbe, por lo que se refiere a aquellos que os hacen la guerra por motivo de vuestra Religión y os expulsan de vuestros hogares, o apoyan a otros para que os expulsen, que los adoptéis como amigos y protectores. Todos aquellos que los adopten como amigos o protectores, esos son los malhechores.

10. ¡Oh vosotros que creéis! Cuando las mujeres creyentes llegan ante vosotros como emigrantes, ponedlas a prueba[5], (aunque tan sólo) Dios conoce mejor su fe. A continuación, si habéis determinado que son creyentes[6], no las entreguéis a los incrédulos. No son (siendo creyentes) lícitas (como esposas) para los incrédulos ni son lícitos los incrédulos (como maridos) para ellas. Pero devolvedles a ellos (los incrédulos) todo lo que hayan gastado (con motivo de la dote cuando se hayan casado con esas mujeres)[7]. Y no incurrís en falta (Oh creyentes) si os casáis con ellas cuando les hayáis concedido su dote. Asimismo, (por otro lado) no sigáis reteniendo en el matrimonio a las mujeres incrédulas, y pedidles que devuelvan lo que hayáis gastado como su dote (si permanecen entre los incrédulos o se unen a ellos), precisamente como los hombres incrédulos (cuyas esposas han emigrado hacia vosotros después de abrazar el Islam) tienen el derecho de exigir el retorno de lo que gastaron. Este es el juicio de Dios y Su ley; Él establece la ley y juzga entre vosotros. Dios es Omnisciente, Omnisapiente.

11. Si parte de la dote de vuestras (anteriores) esposas incrédulas (que permanecen entre los incrédulos o se han unido a ellos) ha pasado a los incrédulos, y más tarde habéis obtenido (la victoria) sobre ellos, entonces pagad a aquellos cuyas esposas se han marchado con el equivalente de lo que gastaron (como dote)[8]. Y apartaros de la desobediencia a Dios en veneración a Él y piedad, en Quien vosotros sois creyentes.

---

4. Los acontecimientos que son descritos aquí comenzaron tras el Tratado de Judaybiya. Los musulmanes obedecían estrictamente las órdenes de Dios, transmitidas a ellos por el Mensajero de Dios, la paz y las bendiciones sean con él, hasta que quedó claro que eran invencibles. En la atmósfera de paz creada por el Tratado, muchos de entre los politeístas encontraron la oportunidad de considerar con claridad el Islam. Finalmente abrieron sus ojos a la verdad y el Islam se dispersó ampliamente entre las tribus árabes. Después de la conquista de La Meca en particular, casi todas las tribus abrazaron el Islam.

5. Bajo los términos del Tratado de Judaybiya, la gente o las tribus podían unirse o aliarse con todo aquél que desearan, los quraishíes paganos o los musulmanes en Medina; todos aquellos de entre los hombres de La Meca que abandonaba Medina se les hacía regresar. Los quraishíes acataron esta estipulación para incluir a su vez a las mujeres casadas. Así que cuando varias mujeres de La Meca abrazaron el Islam tras el Tratado y emigraron a Medina, fue exigido su regreso a La Meca. Sin embargo, ya que la palabra «hombres» se usaba en la estipulación mencionada, el Mensajero, la paz y las bendiciones sean con él, respondía que la estipulación sólo incluía a los hombres, no a las mujeres, y rechazó la demanda. Este versículo trata acerca de estas mujeres, y por supuesto incluye a todas las mujeres que se refugian en un territorio musulmán proclamando que han pasado a ser musulmanas y dejado a sus maridos por motivo de su religión.

6. Para establecer si eran creyentes, se les preguntaba que juraran por Dios. Está claro que este es un procedimiento de forma y efecto legal. Esa es la razón por la cual Dios nos recuerda que sólo es Él Aquel Quien puede determinar si son verdaderas creyentes.

7. Puesto que un marido anterior que no es musulmán no es responsable del incumplimiento del contrato matrimonial y es la mujer (recién convertida al Islam) la que se considera responsable, tiene que reembolsar la dote que recibió en el momento del contrato matrimonial. Si la mujer es incapaz de hacer esto, la comunidad musulmana (o el estado a nombre de la comunidad) está obligada a indemnizar al ex-marido.

8. Si los incrédulos no devolvían lo que los maridos musulmanes han desembolsado como dote para sus anteriores mujeres incrédulas, los musulmanes tenían que compensar esto con lo que los anteriores maridos incrédulos habían gastado en sus mujeres que se habían convertido al Islam. En otro caso, a su vez, si los musulmanes se hacían con un botín de guerra obtenido de los incrédulos, los maridos musulmanes iban a ser compensados con el mismo.

12. ¡Oh Profeta! Cuando las mujeres creyentes (que han profesado el Islam) llegan a ti para jurarte lealtad —de que nunca atribuirán copartícipes a Dios de ninguna de las maneras, y no robarán, no cometerán ninguna relación sexual ilícita, no matarán a sus hijos, no sucumbirán a la difamación (como por ejemplo atribuirle a cualquiera de sus hijos a otro que no sea su propio padre) que han concebido voluntariamente, y no te desobedecerán en nada que sea correcto[9]— entonces acepta su juramento de lealtad y ruega el perdón a Dios. Sin duda alguna Dios es Indulgente, Compasivo.

13. ¡Oh vosotros que creéis! No adoptéis como amigos y protectores a un pueblo que ha incurrido en la condena y el castigo de Dios: (pueblo) que está privado de cualquier esperanza en el Más Allá (por la maldad que se han ganado), precisamente como los incrédulos que están privados de cualquier esperanza (de verse otra vez más) a los que se hallan en las tumbas.

9. Las estipulaciones son importantes para entender la posición de las mujeres en la Época de la Ignorancia y para qué propósitos se empleaban en ese tiempo, es decir, antes del Islam. Se puede decir que esto mismo es cierto en casi cada época de la ignorancia.

550 سُورَةُ الْمُمْتَحِنَةِ ٥٥٠

يَا أَيُّهَا النَّبِيُّ إِذَا جَاءَكَ الْمُؤْمِنَاتُ يُبَايِعْنَكَ عَلَىٰ أَنْ لَا يُشْرِكْنَ
بِاللَّهِ شَيْئًا وَلَا يَسْرِقْنَ وَلَا يَزْنِينَ وَلَا يَقْتُلْنَ أَوْلَادَهُنَّ وَلَا
يَأْتِينَ بِبُهْتَانٍ يَفْتَرِينَهُ بَيْنَ أَيْدِيهِنَّ وَأَرْجُلِهِنَّ وَلَا يَعْصِينَكَ
فِي مَعْرُوفٍ فَبَايِعْهُنَّ وَاسْتَغْفِرْ لَهُنَّ اللَّهَ إِنَّ اللَّهَ غَفُورٌ رَحِيمٌ ١٢
يَا أَيُّهَا الَّذِينَ آمَنُوا لَا تَتَوَلَّوْا قَوْمًا غَضِبَ اللَّهُ عَلَيْهِمْ قَدْ
يَئِسُوا مِنَ الْآخِرَةِ كَمَا يَئِسَ الْكُفَّارُ مِنْ أَصْحَابِ الْقُبُورِ ١٣

سُورَةُ الصَّفِّ مَدَنِيَّةٌ
وَهِيَ أَرْبَعَ عَشْرَةَ آيَةً

بِسْمِ اللَّهِ الرَّحْمَٰنِ الرَّحِيمِ
سَبَّحَ لِلَّهِ مَا فِي السَّمَاوَاتِ وَمَا فِي الْأَرْضِ وَهُوَ الْعَزِيزُ الْحَكِيمُ ١
يَا أَيُّهَا الَّذِينَ آمَنُوا لِمَ تَقُولُونَ مَا لَا تَفْعَلُونَ ٢ كَبُرَ مَقْتًا عِنْدَ
اللَّهِ أَنْ تَقُولُوا مَا لَا تَفْعَلُونَ ٣ إِنَّ اللَّهَ يُحِبُّ الَّذِينَ يُقَاتِلُونَ
فِي سَبِيلِهِ صَفًّا كَأَنَّهُمْ بُنْيَانٌ مَرْصُوصٌ ٤ وَإِذْ قَالَ مُوسَىٰ
لِقَوْمِهِ يَا قَوْمِ لِمَ تُؤْذُونَنِي وَقَدْ تَعْلَمُونَ أَنِّي رَسُولُ اللَّهِ إِلَيْكُمْ
فَلَمَّا زَاغُوا أَزَاغَ اللَّهُ قُلُوبَهُمْ وَاللَّهُ لَا يَهْدِي الْقَوْمَ الْفَاسِقِينَ ٥

وَإِذْ قَالَ

SURA 61

AS-SAFF (LAS FILAS)

Período de Medina

El nombre de este *sura* proviene del versículo cuarto en donde la palabra *saff* (fila) es empleada para alabar a los musulmanes que peleaban en filas, reuniéndose como si fuera una estructura firme y sólida. Este *sura* consta de catorce versículos. Fue revelado inmediatamente antes o después de la Batalla de Uhud. Subraya la importancia de esforzarse mucho en la causa de Dios tras la fe, y la concordancia necesaria entre la creencia profesada y el comportamiento real.

En el Nombre de Dios,
el Misericordioso, el Compasivo.

1. Todo lo que se halla en los Cielos y sobre la Tierra glorifica a Dios. Él es el Glorioso poseedor de irresistible poder, el Omnisapiente.

2. ¡Oh vosotros que creéis! ¿Por qué decís lo que no hacéis (así como también lo que no haréis)?

3. Lo más odioso ante Dios es que digáis lo que no hacéis (y no haréis)[1].

4. Dios sin duda ama a los que pelean en Su causa en filas como si fuera una estructura firme y sólida.

5. Y (recordad) cuando Moisés le dijo a su pueblo: «¡Oh pueblo mío! ¿Por qué me ofendeis[2] mientras sabéis en verdad que soy el Mensajero de Dios enviado a vosotros?». Y de este modo, cuando se desviaron del camino recto, Dios desvió sus corazones de la verdad. Dios no guía a la gente transgresora.

1. Los últimos dos versículos condenan severamente decir una cosa y hacer otra; es decir, faltar a las promesas, mentir y mostrarse diferente de lo que uno realmente es. Estos son los aspectos incompatibles con la fe así como son señales de hipocresía.

2. Para la ofensa hacia Moisés de su pueblo, véanse el *sura* 2:51, 55, 60, 67, 71; el *sura* 4:153; el *sura* 5:20,26; el *sura* 7:138, 141, 148, 151; el *sura* 20:86, 98; así como en Éxodo, 5:20,21; 14:11-13; 16:2-16; 17:3-4; Números: 11:1-15; 14:1-10; 16:1-35; 20:1-5.

6. Y Jesús, hijo de María, dijo: «¡Oh Hijos de Israel! No cabe duda de que soy el Mensajero de Dios enviado a vosotros, confirmando (todo aquello de la verdad contenida en) la Tora que fue revelada antes de mí[3], y trayendo las buenas nuevas de un Mensajero que vendrá después de mí, cuyo nombre es Ahmad»[4]. Pero cuando llegó a ellos (toda la humanidad incluyendo las posteriores generaciones de los Hijos de Israel) con los signos manifiestos (de ser el Mensajero de Dios), dijeron: «Esto (lo que predica y hace) es obviamente (nada más) que hechicería».

7. ¿Quién es más malhechor que aquel que inventa mentiras y se las atribuye a Dios, cuando es invitado al Islam (que es lo que el Mensajero prometido les está transmitiendo)? Dios sin duda no guía a la gente malhechora.

8. Desean extinguir la luz de Dios[5] con (el soplido) de sus bocas (como si esto acarreara más que apagar una vela con el soplido), pero Dios seguramente perfeccionará Su luz, no importa cuán odioso (les puede resultar) a los incrédulos.

9. Él es Quien ha enviado a Su Mensajero con la guía y la Religión de la verdad (basada en la verdad, y encarnándola) para que pueda hacerla prevalecer sobre todas las religiones, no importa cuán odioso les puede resultar a aquellos que Le atribuyen copartícipes a Dios[6].

10. ¡Oh vosotros que creéis! ¿Queréis que os dirija hacia un negocio (un trato) que os salvará de un castigo doloroso?

11. Que creáis en Dios y Su Mensajero, y os esforcéis en la causa de Dios con vuestra riqueza y personas. Esto es lo mejor para vosotros, si al menos supieseis.

وَإِذْ قَالَ عِيسَى ابْنُ مَرْيَمَ يَا بَنِي إِسْرَائِيلَ إِنِّي رَسُولُ اللَّهِ إِلَيْكُمْ مُصَدِّقًا
لِمَا بَيْنَ يَدَيَّ مِنَ التَّوْرَاةِ وَمُبَشِّرًا بِرَسُولٍ يَأْتِي مِنْ بَعْدِي اسْمُهُ أَحْمَدُ
فَلَمَّا جَاءَهُمْ بِالْبَيِّنَاتِ قَالُوا هَذَا سِحْرٌ مُبِينٌ ٦ وَمَنْ أَظْلَمُ مِمَّنِ
افْتَرَى عَلَى اللَّهِ الْكَذِبَ وَهُوَ يُدْعَى إِلَى الْإِسْلَامِ وَاللَّهُ لَا يَهْدِي
الْقَوْمَ الظَّالِمِينَ ٧ يُرِيدُونَ لِيُطْفِئُوا نُورَ اللَّهِ بِأَفْوَاهِهِمْ وَاللَّهُ مُتِمُّ نُورِهِ
وَلَوْ كَرِهَ الْكَافِرُونَ ٨ هُوَ الَّذِي أَرْسَلَ رَسُولَهُ بِالْهُدَى وَدِينِ الْحَقِّ
لِيُظْهِرَهُ عَلَى الدِّينِ كُلِّهِ وَلَوْ كَرِهَ الْمُشْرِكُونَ ٩ يَا أَيُّهَا الَّذِينَ آمَنُوا
هَلْ أَدُلُّكُمْ عَلَى تِجَارَةٍ تُنْجِيكُمْ مِنْ عَذَابٍ أَلِيمٍ ١٠ تُؤْمِنُونَ بِاللَّهِ وَرَسُولِهِ
وَتُجَاهِدُونَ فِي سَبِيلِ اللَّهِ بِأَمْوَالِكُمْ وَأَنْفُسِكُمْ ذَلِكُمْ خَيْرٌ لَكُمْ إِنْ
كُنْتُمْ تَعْلَمُونَ ١١ يَغْفِرْ لَكُمْ ذُنُوبَكُمْ وَيُدْخِلْكُمْ جَنَّاتٍ تَجْرِي مِنْ تَحْتِهَا
الْأَنْهَارُ وَمَسَاكِنَ طَيِّبَةً فِي جَنَّاتِ عَدْنٍ ذَلِكَ الْفَوْزُ الْعَظِيمُ ١٢ وَأُخْرَى
تُحِبُّونَهَا نَصْرٌ مِنَ اللَّهِ وَفَتْحٌ قَرِيبٌ وَبَشِّرِ الْمُؤْمِنِينَ ١٣ يَا أَيُّهَا الَّذِينَ
آمَنُوا كُونُوا أَنْصَارَ اللَّهِ كَمَا قَالَ عِيسَى ابْنُ مَرْيَمَ لِلْحَوَارِيِّينَ مَنْ أَنْصَارِي
إِلَى اللَّهِ قَالَ الْحَوَارِيُّونَ نَحْنُ أَنْصَارُ اللَّهِ فَآمَنَتْ طَائِفَةٌ مِنْ بَنِي إِسْرَائِيلَ
وَكَفَرَتْ طَائِفَةٌ فَأَيَّدْنَا الَّذِينَ آمَنُوا عَلَى عَدُوِّهِمْ فَأَصْبَحُوا ظَاهِرِينَ ١٤

12. Para que Él pueda perdonaros vuestros pecados y admitiros en los Jardines a través de los cuales discurren ríos, y dentro de las moradas preciosas en los Jardines de dicha perpetúa. Ese es el triunfo supremo.

13. Y todavía otra (bendición) que amáis: la ayuda de Dios y una victoria cercana que pronto llegará (que conducirá a futuras victorias). Da buenas nuevas a los creyentes[7].

14. ¡Oh vosotros que creéis! Sed los ayudantes (de la causa y el Mensajero) de Dios, tal como les dijo Jesús el hijo de María a sus discípulos: «¿Quiénes serán mis ayudantes (en este camino) a Dios?» Los discípulos dijeron: «Nosotros somos los ayudantes (en la causa) de Dios». Y así sucedió que algunos de los Hijos de Israel creyeron (en él y su Mensaje) y otros no creyeron (de esta manera se convirtieron en dos grupos). Así que reforzamos a aquellos que creyeron contra sus enemigos, y pasaron a ser los vencedores.

---

3. Jesús no vino con una nueva religión o mensaje de Dios. Comunicó el mismo mensaje, como lo habían hecho todos los Profetas anteriores, y la Sharia de Moisés; la única diferencia fue que hizo lícito para ellos ciertas cosas que les habían sido prohibidas (3:50). También les aclaró algunos de los temas en los que diferían (43:63). Para Jesús y otras dimensiones de su Misión Profética, véanse el *sura* 3:48-51, notas 8-9; el *sura* 5:46-47, 110, 116-118; el *sura* 19:30-34.

4. Cada Profeta dio las buenas nuevas del Mensajero que vendría después de él y declaraba su fe en él. (Para la misión de los Mensajeros y las buenas nuevas del advenimiento del que le sucede por parte del Mensajero que le antecede véase 3:81, nota 15; y la razón por la cual Dios envió a un Mensajero con un Libro después de los otros, véase 5:48, nota 11.)

Así que es natural que Jesús diera las buenas nuevas sobre el profeta Muhammad, la paz y las bendiciones sean con él. También es evidente en el Evangelio de Juan que los Hijos de Israel habían estado esperando otro Profeta además de Jesús:

> Y este fue el testimonio de Juan, cuando los judíos enviaron donde él desde Jerusalén sacerdotes y levitas a preguntarle: «¿Quién eres tú?». Él confesó, y no negó; y confesó: «Yo no soy el Cristo». Y le preguntaron: «¿Qué, pues? ¿Eres tú Elías?». Él dijo: «No lo soy». «¿Eres tú el profeta?». Respondió: «No». Entonces le dijeron: «¿Quién eres, pues, para que demos respuesta a los que nos han enviado? ¿Qué dices de ti mismo?». Dijo él: «Yo soy, como dijo el profeta Isaías, la voz del que clama en el desierto: Rectificad el camino del Señor» (Juan: 1:19-23).

Como se entiende en este pasaje, los Hijos de Israel habían estado esperando la llegada del Cristo (Mesías), Elías y otro Profeta (*el profeta*) que debía haberse conocido y era esperado por todos en ese tiempo.

Como es explicado en el Apéndice 1, esta predicción es apoyada por varias referencias, Paráclito (interpretado de manera diversa como Consejero, Ayudante, o Confortador en las diferentes versiones del Nuevo Testamento) es en realidad una corrupción de Periklytos (el «Sumamente Alabado»). Su homónimo en arameo es Mawhamana, que significa Ahmad. Ahmad y Muhammad derivan del verbo de la misma raíz, Ha-Mi-Da que significa alabar. Sin embargo, Ahmad también significa alguien que alaba. En numerosos *hadices*, se declara que uno de los nombres del profeta Muhammad es Ahmad, y esto es mencionado por Hasan ibn Zabit, un famoso poeta durante la época del Profeta, en uno de sus poemas. Así que el profeta Muhammad, la paz y las bendiciones sean con él, también era conocido y se hacía alusión a él durante su vida como Ahmad. Aunque el nombre Ahmad no se había conocido y empleado antes de él entre los árabes, este nombre pasó a ser ampliamente conocido así como empleado durante su época. Es interesante que Bediüzzaman Said Nursi registra que el profeta Muhammad fue mencionado en la Tora también con el nombre de Munhamanna, que significa Muhammad, el «alabado». (Para otras predicciones sobre el profeta Muhammad en el Antiguo y Nuevo Testamento, véase el Apéndice 1).

Con respecto a la misión del profeta Muhammad acerca de la Gente del Libro, y su relación con él, el Corán declara: *Siguen al (ilustrísimo) Mensajero, el Profeta iletrado (que permaneció protegido de cualquier vestigio de cultura escrita y libre de cualquier tipo de corrupción intelectual y espiritual) que encuentran descrito (con todos los rasgos que le distinguían) en la Tora y en el Evangelio (que se hallan) con ellos. Les ordena lo que es correcto y bueno, y les prohíbe lo que es malo; les hace lícitas las cosas buenas, e ilícitas las malas y corruptas; y les libera de sus cargas (que quedaban en su propia Ley) y de las restricciones que pesaban sobre ellos. Así que aquellos que creen en él (con total sinceridad), le honran, apoyan y ayudan, y siguen la Luz (el Corán) que descendió con él, esos son los que se hallan dotados de prosperidad* (7:157).

5. Queda claro que la luz de Dios es el Islam, que elimina «el velo de la oscuridad» de la superficie de todo el universo, un velo establecido allí por otros sistemas, religiones o filosofías falsas; el Islam ilumina la mente, los corazones, y los caminos de la humanidad en todas las esferas de la vida y desde el nacimiento hasta la eternidad.

6. Para una explicación al respecto, véase el versículo 9:33, nota 9.

7. El trato y las buenas nuevas mencionadas en los versículos son declaradas en el versículo 9:111 de esta manera: *Dios ha comprado de los creyentes sus personas y sus riquezas porque el Paraíso es para ellos. Se esfuerzan en pos de la causa de Dios, matan y son matados. Esta es una promesa que Dios ha asumido en la Tora, en el Evangelio y en el Corán. ¿Quién, podría ser más fiel a su pacto que Dios? ¡Así pues (Oh creyentes), buenas nuevas para vosotros por el pacto que habéis hecho con Él! Ese es, sin duda, el triunfo supremo.*

552 سُورَةُ الْجُمُعَةِ ٥٥٢

سُورَةُ الْجُمُعَةِ مَدَنِيَّةٌ
وَهِىَ اِحْدٰى عَشْرَةَ اٰيَةً

بِسْمِ اللّٰهِ الرَّحْمٰنِ الرَّحِيمِ

يُسَبِّحُ لِلّٰهِ مَا فِى السَّمٰوَاتِ وَمَا فِى الْاَرْضِ الْمَلِكِ الْقُدُّوسِ
الْعَزِيزِ الْحَكِيمِ ﴿١﴾ هُوَ الَّذٖى بَعَثَ فِى الْاُمِّيّٖنَ رَسُولاً مِنْهُمْ يَتْلُوا
عَلَيْهِمْ اٰيَاتِهٖ وَيُزَكّٖيهِمْ وَيُعَلِّمُهُمُ الْكِتَابَ وَالْحِكْمَةَ وَاِنْ كَانُوا
مِنْ قَبْلُ لَفٖى ضَلَالٍ مُبٖينٍ ﴿٢﴾ وَاٰخَرٖينَ مِنْهُمْ لَمَّا يَلْحَقُوا بِهِمْ
وَهُوَ الْعَزٖيزُ الْحَكٖيمُ ﴿٣﴾ ذٰلِكَ فَضْلُ اللّٰهِ يُؤْتٖيهِ مَنْ يَشَاءُ وَاللّٰهُ
ذُوالْفَضْلِ الْعَظٖيمِ ﴿٤﴾ مَثَلُ الَّذٖينَ حُمِّلُوا التَّوْرٰيةَ ثُمَّ لَمْ يَحْمِلُوهَا
كَمَثَلِ الْحِمَارِ يَحْمِلُ اَسْفَارًا بِئْسَ مَثَلُ الْقَوْمِ الَّذٖينَ كَذَّبُوا بِاٰيَاتِ
اللّٰهِ وَاللّٰهُ لَا يَهْدِى الْقَوْمَ الظَّالِمٖينَ ﴿٥﴾ قُلْ يَا اَيُّهَا الَّذٖينَ هَادُوا
اِنْ زَعَمْتُمْ اَنَّكُمْ اَوْلِيَاءُ لِلّٰهِ مِنْ دُونِ النَّاسِ فَتَمَنَّوُا الْمَوْتَ اِنْ
كُنْتُمْ صَادِقٖينَ ﴿٦﴾ وَلَا يَتَمَنَّوْنَهُ اَبَدًا بِمَا قَدَّمَتْ اَيْدٖيهِمْ وَاللّٰهُ عَلٖيمٌ
بِالظَّالِمٖينَ ﴿٧﴾ قُلْ اِنَّ الْمَوْتَ الَّذٖى تَفِرُّونَ مِنْهُ فَاِنَّهُ مُلَاقٖيكُمْ ثُمَّ
تُرَدُّونَ اِلٰى عَالِمِ الْغَيْبِ وَالشَّهَادَةِ فَيُنَبِّئُكُمْ بِمَا كُنْتُمْ تَعْمَلُونَ ﴿٨﴾

يَا اَيُّهَا

SURA 62

AL-YUMU'AH (EL VIERNES)

Período de Medina

Este *sura* de once versículos es titulado como tal a partir del versículo noveno, en el que se hizo obligatoria la Oración en congregación de *Yumu'ah*. Fue revelado en la primera parte del período de Medina enmarcado en la misión del Mensajero de Dios. Ordena a los creyentes a que se apresuren en su remembranza de Dios cuando son convocados el viernes (el día de *Yumu'ah*). También menciona algunos elementos esenciales de la misión del Mensajero de Dios, y critica a los judíos que afirmaban ser por sí solos los amigos de Dios.

En el Nombre de Dios,
el Misericordioso, el Compasivo.

1. Todo lo que se halla en los Cielos y todo lo que se halla sobre la Tierra glorifica a Dios, el Soberano Absoluto, el Santo y Puro, el Glorioso poseedor de irresistible poder, el Omnisapiente.

2. Él es Quien ha enviado entre los iletrados[1] a un Mensajero de los suyos, recitándoles Sus Revelaciones, y purificándolos (de las falsas creencias y doctrinas, y pecados, y toda clase de impureza), instruyéndolos en el Libro y la Sabiduría, mientras que antes en verdad se hallaban perdidos en el error evidente.

3. Y (con la misma misión, Él le ha enviado) a otros pueblos aparte de ellos que aún no se les han unido (en la fe). Él es el Glorioso poseedor de irresistible poder, el Omnisapiente.

4. Esa es la gracia de Dios. Se la concede a quien Su Voluntad dicta. Sin duda Dios es de una gracia formidable.

5. La parábola de aquellos encargados de portar la Tora, que posteriormente no lo llevaron a cabo en la práctica, es la de un burro llevando una carga de libros (transporta aquello que no llega a entender). ¡Cuán maléfico es el ejemplo de aquellos que (ignoran lo que enseña su Libro y) niegan las Revelaciones de Dios (enviadas para ellos y conteniendo nuevas del Último Mensajero)! Dios no guía a la gente malhechora.

6. Di: «¡Oh vosotros que sois judíos! Si proclamáis ser los favoritos de Dios, hasta excluir a las demás personas, entonces desead la muerte, si sois veraces (en vuestra afirmación)».

7. Pero nunca la desearán por aquello que han anticipado (hacia el Más Allá de los pecados y las ofensas) con sus propias manos. Dios posee pleno conocimiento de los malhechores.

8. Di: «La muerte, de la que huís, sin lugar a dudas os encontrará de todas formas. Luego seréis devueltos al Conocedor de Lo Oculto (todo lo que se halla más allá de la percepción de los seres creados) y de lo atestiguado (el reino perceptible) y os hará entender lo que hacíais (y os hará que rindáis cuenta de ello)».

1. Los judíos son un pueblo a quien se le concedió el Libro Divino (la Tora). La mayoría de ellos sabía leer y escribir durante la época del Profeta. Pero tal y como se señalará en el versículo quinto, aunque estaban instruidos en la Tora, actuaban como si no fueran conscientes del valor de aquello que les había sido confiado, precisamente como un burro cargado con libros no entiende el valor de su carga. Por otro lado, los árabes que eran iletrados en el sentido de que no se les había otorgado el Libro o que la mayoría de ellos no sabía leer ni escribir, apreciaron mucho el Libro enviado a ellos a través del profeta Muhammad, la paz y las bendiciones sean con él, y lo hicieron la guía para sus vidas.

يَٓا اَيُّهَا الَّذٖينَ اٰمَنُٓوا اِذَا نُودِيَ لِلصَّلٰوةِ مِنْ يَوْمِ الْجُمُعَةِ فَاسْعَوْا
اِلٰى ذِكْرِ اللّٰهِ وَذَرُوا الْبَيْعَۜ ذٰلِكُمْ خَيْرٌ لَكُمْ اِنْ كُنْتُمْ تَعْلَمُونَ ﴿٩﴾
فَاِذَا قُضِيَتِ الصَّلٰوةُ فَانْتَشِرُوا فِي الْاَرْضِ وَابْتَغُوا
مِنْ فَضْلِ اللّٰهِ وَاذْكُرُوا اللّٰهَ كَثٖيرًا لَعَلَّكُمْ تُفْلِحُونَ ﴿١٠﴾ وَاِذَا
رَاَوْا تِجَارَةً اَوْ لَهْوًاۨ انْفَضُّٓوا اِلَيْهَا وَتَرَكُوكَ قَٓائِمًاۜ قُلْ مَا عِنْدَ
اللّٰهِ خَيْرٌ مِنَ اللَّهْوِ وَمِنَ التِّجَارَةِۜ وَاللّٰهُ خَيْرُ الرَّازِقٖينَ ﴿١١﴾

سُورَةُ الْمُنَافِقُونَ مَدَنِيَّةٌ
وَهِيَ اِحْدٰى عَشْرَةَ اٰيَةً

بِسْمِ اللّٰهِ الرَّحْمٰنِ الرَّحٖيمِ

اِذَا جَٓاءَكَ الْمُنَافِقُونَ قَالُوا نَشْهَدُ اِنَّكَ لَرَسُولُ اللّٰهِۢ وَاللّٰهُ يَعْلَمُ اِنَّكَ
لَرَسُولُهُۜ وَاللّٰهُ يَشْهَدُ اِنَّ الْمُنَافِقٖينَ لَكَاذِبُونَۚ ﴿١﴾ اِتَّخَذُٓوا اَيْمَانَهُمْ جُنَّةً
فَصَدُّوا عَنْ سَبٖيلِ اللّٰهِۜ اِنَّهُمْ سَٓاءَ مَا كَانُوا يَعْمَلُونَ ﴿٢﴾ ذٰلِكَ بِاَنَّهُمْ اٰمَنُوا
ثُمَّ كَفَرُوا فَطُبِعَ عَلٰى قُلُوبِهِمْ فَهُمْ لَا يَفْقَهُونَ ﴿٣﴾ وَاِذَا رَاَيْتَهُمْ تُعْجِبُكَ
اَجْسَامُهُمْۜ وَاِنْ يَقُولُوا تَسْمَعْ لِقَوْلِهِمْۜ كَاَنَّهُمْ خُشُبٌ مُسَنَّدَةٌۜ يَحْسَبُونَ
كُلَّ صَيْحَةٍ عَلَيْهِمْۜ هُمُ الْعَدُوُّ فَاحْذَرْهُمْۜ قَاتَلَهُمُ اللّٰهُۘ اَنّٰى يُؤْفَكُونَ ﴿٤﴾

9. ¡Oh vosotros que creéis! Cuando se lleve a cabo la llamada para la Oración del Viernes, moveos con prontitud hacia la remembranza de Dios (escuchando el sermón y llevando a cabo la Oración), y dejad vuestro negocio (y aquello con lo que podáis estar ocupados). Esto es lo mejor para vosotros, si al menos supieseis[2].

10. Y cuando se lleve a cabo la Oración, dispersaos por la tierra y buscad (vuestra parte) de la generosidad de Dios, y mencionad con gran profusión a Dios (al efectuar la Oración y también en otras ocasiones), para que podáis prosperar (en ambos mundos).

11. Mas (sucedió que) cuando vieron (una oportunidad para) los negocios o las distracciones, la abandonaron y te dejaron de pie (mientras predicabas el sermón). Di: «Lo que se encuentra con Dios es mejor (para vosotros) que las distracciones y los negocios[3]. Dios es el Mejor de los proveedores con el supremo rango de provisión».

---

2. La Oración en congregación del viernes es obligatoria y uno de los símbolos principales islámicos. El Mensajero de Dios declaró que Dios sella el corazón de aquel que no asiste a la misma tres veces consecutivas sin una excusa válida (Abu Dawud, «Salah», 215; at-Tirmizi, «Salah», 359). También hay elementos en la Oración del viernes que conciernen a la libertad y condición política de la comunidad musulmana, y no se puede ofrecer en solitario.

Esta plegaria se ofrece durante el tiempo de la Oración del Mediodía, y la Oración normal del Mediodía no se realiza los viernes. Cada hombre musulmán libre, adulto, sano y residente que puede acudir debe hacerlo, a menos que tenga una razón válida para no hacerlo. No es obligatoria para las mujeres, los niños, aquellos que tengan excusas válidas (por ejemplo, enfermedad, carencia de seguridad, frío extremo), y los viajeros.

Se debe hacer un sermón antes de la Oración del viernes. (La remembranza de Dios en el versículo incluye el sermón y la Oración misma). El imán ofrece un sermón desde un púlpito mientras está de pie. Comienza alabando a Dios e invocando las bendiciones de Dios y la paz para el Mensajero de Dios y su familia. Luego, ofrece un sermón en el cual exhorta a los musulmanes a que efectúen buenos actos, los disuade de que cometan el mal, los aconseja, y busca iluminarlos mental y espiritualmente para guiarlos. El imán no debería alargar demasiado el sermón. Tras esta parte del sermón, se sienta un momento y luego, parándose, alaba a Dios, convoca las bendiciones de Dios y la paz para el Mensajero de Dios y su familia, y reza por todos los musulmanes. La congregación debe escuchar cuidadosa y silenciosamente.

La Oración del viernes consiste en dos *rak'as*. Es una *sunna* ofrecer cuatro *rak'as* antes de esta, precisamente como las cuatro *rak'as* ofrecidas antes de la Oración del Mediodía. Después de la Oración, se recomienda otra oración (supererogatoria) de cuatro *rak'as*.

En concreto los eruditos de la Escuela Jurídica Hanafí han tenido algunas dudas sobre la validez de la Oración del viernes debido a las condiciones (políticas) de la comunidad musulmana. En algunas partes del mundo los musulmanes que están bajo el control general de los no musulmanes (literal y explícitamente, o por medios indirectos), y por lo tanto no tienen una libertad absoluta para ofrecer su Oración en congregación de *Yumu'ah* y/o dar el sermón de la manera que haría válidos la Oración y el sermón. Por lo tanto, para estar seguros de que la realización de la Oración prescrita del Mediodía ha sido llevada a cabo correctamente, han establecido otra oración de cuatro *rak'as*, precisamente como la Oración prescrita del Mediodía, junto con la intención de ofrecer una oración posterior del mediodía, que se debe ofrecer tras la Oración supererogatoria de cuatro *rak'as*. También aconsejan seguir ésta con otra Oración supererogatoria de dos *rak'as* con la intención de ofrecer la Oración *sunna* para dicho momento.

3. Este versículo alude a un acontecimiento que sucedió durante la época del Profeta, la paz y las bendiciones sean con él. Había habido una hambruna en Medina cuando llegó una caravana de Siria muy esperada. El Mensajero estaba dando el sermón de *Yumu'ah*, y al oír sonar la trompeta anunciando la llegada de la caravana, la mayor parte de la congregación dejó la mezquita. Así que el versículo advierte a todos los musulmanes que estén atentos a la remembranza de Dios durante la Oración.

SURA 63

AL-MUNAFIQUN (LOS HIPÓCRITAS)

Período de Medina

Revelado en Medina, muy posiblemente en el año sexto después de la *Hégira*, este *sura* posee 11 versículos, y toma su nombre de la palabra *al-munafiqun* (hipócritas) que aparece en el primer versículo. Revela el mundo interior de los hipócritas y sus intrigas contra el Islam. Ordena a los creyentes que no se aferren a los placeres pasajeros del mundo y permanecer libre de la hipocresía.

En el Nombre de Dios,
el Misericordioso, el Compasivo.

1. Cuando los hipócritas llegan ante ti, dicen: «Damos testimonio que en verdad tú eres el Mensajero de Dios». Dios sabe que en verdad tú eres Su Mensajero, y Dios atestigua que los hipócritas están sin duda mintiendo (no creen en la verdad de lo que dicen)[1].

2. Hacen de sus juramentos un refugio (para ocultar su incredulidad interna y protegerse en la comunidad musulmana), y así se desvían (y procuran apartar a los demás) del camino de Dios. Malvado es, en verdad, lo que llevan a cabo por costumbre.

3. Esto es porque declaran la fe pero no creen (interiormente), por lo que un sello ha sido colocado en sus corazones para que no entiendan la verdad (y no puedan recuperar la habilidad para alcanzarla).

4. Cuando les ves, su forma externa te agrada, y (su actitud y forma de hablar son atrayentes y efectivas, por lo que) prestas atención a sus palabras cuando hablan. (En realidad) son como bloques de madera apuntalados y (cubiertos por) capas a rayas[2]. Creen que (siendo ellos mismos traidores) cada grito (que oyen) es contra ellos. Son por sí mismos los enemigos, tened cuidado pues con ellos. ¡Que Dios los destruya (están sujetos a la destrucción de Dios)! ¡Cómo se han apartado de la verdad (y persiguen propósitos malvados)!

1. Los hipócritas que categóricamente daban testimonio de la Misión Profética del Mensajero de Dios, la paz y las bendiciones sean con él, en su presencia, estaban mintiendo, diciendo aquello que no creían o lo que era contrario a lo que dictaba sus corazones. Lo hicieron con la intención de ocultar su hipocresía e incredulidad en sus corazones. Alguien que declara de manera frecuente y enérgica que algo verdadero es verdadero sin razón aparente incurre en la duda y se debería dudar de él.

2. Esta descripción da a entender a su vez la manera de sentarse de los hipócritas. Debido al complejo de inferioridad que han desarrollado a través de la constante hipocresía, se sentaban reclinados en almohadones de una manera tal como si fueran personas muy importantes. El versículo también llama la atención a su manera de vestirse, e insinúa las organizaciones secretas hipócritas. La hipocresía siempre es la misma, y los hipócritas tienen el mismo carácter en diferentes épocas.

وَاِذَا قِيلَ لَهُمْ تَعَالَوْا يَسْتَغْفِرْ لَكُمْ رَسُولُ اللّٰهِ لَوَّوْا رُؤُ۫سَهُمْ
وَرَاَيْتَهُمْ يَصُدُّونَ وَهُمْ مُسْتَكْبِرُونَ ﴿٥﴾ سَوَٓاءٌ عَلَيْهِمْ اَسْتَغْفَرْتَ
لَهُمْ اَمْ لَمْ تَسْتَغْفِرْ لَهُمْ لَنْ يَغْفِرَ اللّٰهُ لَهُمْ اِنَّ اللّٰهَ لَا يَهْدِي
الْقَوْمَ الْفَاسِقِينَ ﴿٦﴾ هُمُ الَّذِينَ يَقُولُونَ لَا تُنْفِقُوا عَلٰى
مَنْ عِنْدَ رَسُولِ اللّٰهِ حَتّٰى يَنْفَضُّوا وَلِلّٰهِ خَزَٓائِنُ السَّمٰوَاتِ
وَالْاَرْضِ وَلٰكِنَّ الْمُنَافِقِينَ لَا يَفْقَهُونَ ﴿٧﴾ يَقُولُونَ لَئِنْ رَجَعْنَٓا
اِلَى الْمَدِينَةِ لَيُخْرِجَنَّ الْاَعَزُّ مِنْهَا الْاَذَلَّ وَلِلّٰهِ الْعِزَّةُ وَلِرَسُولِهِ
وَلِلْمُؤْمِنِينَ وَلٰكِنَّ الْمُنَافِقِينَ لَا يَعْلَمُونَ ﴿٨﴾ يَٓا اَيُّهَا الَّذِينَ
اٰمَنُوا لَا تُلْهِكُمْ اَمْوَالُكُمْ وَلَٓا اَوْلَادُكُمْ عَنْ ذِكْرِ اللّٰهِ وَمَنْ
يَفْعَلْ ذٰلِكَ فَاُو۬لٰٓئِكَ هُمُ الْخَاسِرُونَ ﴿٩﴾ وَاَنْفِقُوا مِمَّا رَزَقْنَاكُمْ
مِنْ قَبْلِ اَنْ يَاْتِيَ اَحَدَكُمُ الْمَوْتُ فَيَقُولَ رَبِّ لَوْلَٓا اَخَّرْتَن۪ٓي
اِلٰٓى اَجَلٍ قَر۪يبٍ فَاَصَّدَّقَ وَاَكُنْ مِنَ الصَّالِح۪ينَ ﴿١٠﴾ وَلَنْ
يُؤَخِّرَ اللّٰهُ نَفْسًا اِذَا جَٓاءَ اَجَلُهَا وَاللّٰهُ خَب۪يرٌ بِمَا تَعْمَلُونَ ﴿١١﴾

سُورَةُ التَّغَابُنِ مَدَنِيَّةٌ
وَهِيَ ثَمَانِيَ عَشْرَةَ اٰيَةً

بِسْمِ اللّٰهِ

5. Cuando se les dice: «Venid, y dejad que el Mensajero de Dios pida perdón por vosotros (a Dios)», miran a otro lado, y los ves retirarse con arrogancia[3].

6. Les es igual tanto si pides perdón por ellos como si no pides perdón por ellos: Dios nunca los perdonará (para que puedan volver a la guía y esperar la felicidad en ambos mundos). Dios sin duda no guía a los transgresores (cuyos corazones están infectados de la hipocresía irremediable).

7. Son ellos quienes indican (a sus camaradas): «No gastéis en aquellos (musulmanes empobrecidos) que se encuentran con el Mensajero de Dios, para que puedan dispersarse (más allá de su alrededor)». Pero los tesoros de los Cielos y la Tierra pertenecen a Dios (Quien provee a aquellos que Él quiere tal y como Su Voluntad dicta, así que los hipócritas no tienen poder para retener nada de aquellos musulmanes empobrecidos). Mas los hipócritas no comprenden esto (al ser incapaces en la verdad).

8. Dicen: «Sin duda alguna, si regresamos a Medina, aquellos de mayor estatus y poder expulsarán a los más débiles y humildes». Pero toda la gloria y poder pertenecen a Dios, y (con Su venia) a Su Mensajero y los creyentes. Pero (al ser incapaces en el conocimiento de la verdad) los hipócritas no saben esto[4].

9. ¡Oh vosotros que creéis! No dejéis que vuestra riqueza ni vuestros hijos os (distraigan y) alejen de la remembranza de Dios. Aquellos que así obran, no son sino los perdedores.

10. Y gastad (en la causa de Dios y por los necesitados) de aquello que os proveemos antes de que os llegue la muerte a alguno de vosotros y diga: «¡Mi Señor! ¡Si al menos me concedieras un aplazamiento por un instante, para poder dar limosna, y ser uno de los rectos!».

11. Pero nunca concederá Dios un aplazamiento a un alma cuando su plazo señalado haya llegado. Dios se halla perfectamente informado de todo lo que hacéis.

3. En realidad, se esperaba que los hipócritas se dirigieran ante el Mensajero, la paz y las bendiciones sean con él, para rogar su perdón y pedir el de Dios por sus continuas intrigas, y sus conjuras que eran reveladas a cada momento. No sólo se negaron a hacer esto sino que incluso rechazaron arrogantemente la convocatoria realizada con el fin de acercarse al Mensajero, la paz y las bendiciones sean con él, para que pudiera rezarle a Dios por su perdón.

4. Cuando el Mensajero de Dios, la paz y las bendiciones sean con él, emigró a Medina, los pueblos árabes de al-Aws y al-Jazray de Medina se estaban preparando para coronar a 'Abdullah ibn Ubayy ibn Salul como su rey. Así que Ibn Ubayy nunca perdonó al Mensajero y, aunque aceptó el Islam en apariencia, siempre fue un enemigo acérrimo del Profeta y el Islam. Colaboró con los politeístas de La Meca y los judíos de Medina, y trató de traer la disensión entre los musulmanes. Los acontecimientos descritos en estos versículos sucedieron durante el regreso de la expedición militar contra la Banu Mustaliq en el año quinto de la *Hégira*. Aprovechándose de una pelea que había acontecido entre dos musulmanes, uno de Medina y el otro de La Meca (un emigrante), cuando el ejército se había detenido a medio camino para descansar, trató de instigar a los *Ansar* («Ayudantes») contra los *Muhayirun* («Emigrantes»). Pero la sagacidad del Mensajero, la paz y las bendiciones sean con él, quien ordenó que el ejército marchara sin detenerse hasta llegar a Medina, fue suficiente para extinguir el fuego de la disensión antes de que se encendiera.

El versículo octavo subraya que toda la gloria y el poder real se hallan con Dios y luego en el Mensajero y los creyentes por su fe en la sumisión ante Dios. Así que los creyentes siempre deben buscar estas cosas con Dios y siendo musulmanes buenos y sinceros.

بِسْمِ اللّٰهِ الرَّحْمٰنِ الرَّحٖيمِ

يُسَبِّحُ لِلّٰهِ مَا فِى السَّمٰوَاتِ وَمَا فِى الْاَرْضِ لَهُ الْمُلْكُ وَلَهُ
الْحَمْدُ وَهُوَ عَلٰى كُلِّ شَيْءٍ قَدٖيرٌ ﴿١﴾ هُوَ الَّذٖى خَلَقَكُمْ فَمِنْكُمْ
كَافِرٌ وَمِنْكُمْ مُؤْمِنٌ وَاللّٰهُ بِمَا تَعْمَلُونَ بَصٖيرٌ ﴿٢﴾ خَلَقَ السَّمٰوَاتِ
وَالْاَرْضَ بِالْحَقِّ وَصَوَّرَكُمْ فَاَحْسَنَ صُوَرَكُمْ وَاِلَيْهِ الْمَصٖيرُ ﴿٣﴾
يَعْلَمُ مَا فِى السَّمٰوَاتِ وَالْاَرْضِ وَيَعْلَمُ مَا تُسِرُّونَ وَمَا تُعْلِنُونَ
وَاللّٰهُ عَلٖيمٌ بِذَاتِ الصُّدُورِ ﴿٤﴾ اَلَمْ يَأْتِكُمْ نَبَؤُا الَّذٖينَ كَفَرُوا مِنْ
قَبْلُ فَذَاقُوا وَبَالَ اَمْرِهِمْ وَلَهُمْ عَذَابٌ اَلٖيمٌ ﴿٥﴾ ذٰلِكَ بِاَنَّهُ كَانَتْ
تَأْتٖيهِمْ رُسُلُهُمْ بِالْبَيِّنَاتِ فَقَالُوا اَبَشَرٌ يَهْدُونَنَا فَكَفَرُوا وَتَوَلَّوْا
وَاسْتَغْنَى اللّٰهُ وَاللّٰهُ غَنِيٌّ حَمٖيدٌ ﴿٦﴾ زَعَمَ الَّذٖينَ كَفَرُوا اَنْ لَنْ
يُبْعَثُوا قُلْ بَلٰى وَرَبّٖى لَتُبْعَثُنَّ ثُمَّ لَتُنَبَّؤُنَّ بِمَا عَمِلْتُمْ وَذٰلِكَ عَلَى
اللّٰهِ يَسٖيرٌ ﴿٧﴾ فَاٰمِنُوا بِاللّٰهِ وَرَسُولِهٖ وَالنُّورِ الَّذٖى اَنْزَلْنَا وَاللّٰهُ بِمَا
تَعْمَلُونَ خَبٖيرٌ ﴿٨﴾ يَوْمَ يَجْمَعُكُمْ لِيَوْمِ الْجَمْعِ ذٰلِكَ يَوْمُ التَّغَابُنِ
وَمَنْ يُؤْمِنْ بِاللّٰهِ وَيَعْمَلْ صَالِحًا يُكَفِّرْ عَنْهُ سَيِّئَاتِهٖ وَيُدْخِلْهُ جَنَّاتٍ
تَجْرٖى مِنْ تَحْتِهَا الْاَنْهَارُ خَالِدٖينَ فٖيهَا اَبَدًا ذٰلِكَ الْفَوْزُ الْعَظٖيمُ ﴿٩﴾

SURA 64

AT-TAGHABUN (GANANCIA Y PÉRDIDA)

Período de Medina

Este *sura* de dieciocho versículos fue revelado en Medina. Su nombre proviene de la frase que aparece en el noveno versículo, *yawm at-taghabun* («el día de la pérdida y la ganancia»). El *sura* se centra en la fe en Dios y el Más Allá, llevar a cabo nuestra obligación hacia Dios en veneración a Él con sinceridad, satisfacción, así como obediencia a Dios, y gastar en Su causa.

En el Nombre de Dios,
el Misericordioso, el Compasivo.

1. Todo lo que se halla en los Cielos y todo lo que se halla sobre la Tierra glorifica a Dios. Le pertenece a Él la soberanía (absoluta propiedad y dominio de todo) y para Él son toda la alabanza y la gratitud; y posee pleno poder sobre todas las cosas.

2. Él es Quien os ha creado, pero entre vosotros están aquellos que son incrédulos, y entre vosotros están aquellos que son creyentes. Todo aquello que hacéis Dios sin duda lo contempla[1].

3. No ha creado los Cielos y la Tierra sino con la verdad (de manera significativa, con un propósito definido y sobre fundamentos sólidos de verdad), y os ha formado e hizo vuestras formas tan buenas. Y a Él es el retorno.

4. Conoce todo aquello que se halla en los Cielos y sobre la Tierra, y conoce todo aquello que ocultáis así como también lo que reveláis. Dios posee pleno conocimiento de lo que reposa oculto en los pechos (de Sus criaturas).

5. ¿Acaso no han llegado a vosotros las historias ilustrativas de aquellos que antes no creían, y por lo tanto probaron los funestos resultados de sus actos? Y (en el Más Allá) se da para ellos un castigo doloroso.

6. Esto es porque los Mensajeros (nombrados para ellos) llegaban ante ellos constantemente con verdades manifiestas (y pruebas claras de ser Mensajeros), pero (constantemente) decían: «¿Nos guiará un mero mortal?» y de este modo no creyeron y se alejaron (de la advertencia y esperanza ofrecidas a ellos). Dios era independiente (de necesitarlos: eran ellos quienes necesitaban creer y obedecerle). Dios es Acaudalado, Autosuficiente (de

Quien depende toda la creación) y Digno de Alabanza.

7. Aquellos que no creen afirman que nunca serán resucitados de entre los muertos. Di: «Sí en verdad, por mi Señor, que con toda certeza seréis resucitados de entre los muertos, luego con toda certeza se os hará entender todo lo que hicisteis (en el mundo y se os hará que rindáis cuenta de ello)». Esto es fácil para Dios.

8. ¡Creed, entonces, (Oh seres humanos) en Dios y Su Mensajero, y la Luz, (es decir, el Corán), que enviamos! Dios se halla perfectamente informado de todo lo que hacéis.

9. El Día en el que Él os reúna a todos para el Día de la Reunión —ese será el Día de la pérdida (para los incrédulos) y la ganancia (para los creyentes)—. Todo aquél que cree en Dios y lleva a cabo actos buenos y rectos, Él borrará de ellos sus actos malvados (que algunas veces cometen), y les admitirá en los Jardines a través de los cuales discurren ríos, donde morarán para siempre. Ese es el triunfo supremo.

---

1. Es Dios Quien crea todo y cada acontecimiento, incluyendo los actos de los seres humanos. Todo aquello que crea es en realidad hermoso por cuanto es Su creación. Su creación también es hermosa. Crea a cada ser humano con la capacidad y la habilidad de creer, pero algunos seres humanos abusan de esta capacidad y habilidad, eligiendo la incredulidad, la negación de la verdad. Ya que en el mundo la gente es juzgada aparentemente según su manifestación verbal y sus acciones, algunos pueden ser considerados y tratados como creyentes aunque sean incrédulos para sus adentros. Sin embargo, Dios contempla todo aquello que todos hacen y los conoce con sus mundos interiores, y por lo tanto los juzgará como son realmente. Así que el versículo contiene una advertencia para los hipócritas y convoca a todos a la sinceridad en la creencia y la acción.

2. Todo en el mundo ocurre según ciertas leyes que Dios ha establecido, y todo aquello que una persona encuentra como consecuencia de lo que hace también es regido por estas leyes. Es Dios Quien ha establecido y creado las causas y los efectos. Sin embargo, Él no depende nunca de estas leyes y, si Su Voluntad así lo quiere, puede crear o causar diferentes cosas o incluso nada como resultado de la misma causa, o puede anular una ley para todo aquél que Él quiera. Así que aunque las cosas por lo general ocurren según ciertas leyes que Dios ha establecido y deberíamos considerarlas en nuestra vida, nunca deberíamos dejar de rezarle a Dios porque creemos que estas leyes son absolutas y de cualquier cosa que hagamos no podremos escapar de sus consecuencias. Aquellos que saben que Dios posee este poder y por consiguiente creen en Él, o aquellos que creen en Dios percibiendo como actúa, se someten a Él totalmente y encuentran paz y reposo en sus corazones en esta vida. Para el mismo significado, véase 57:22-23: *No ocurre ninguna aflicción sobre la Tierra (como por ejemplo la sequía, la hambruna y los terremotos) o en sus propias personas (como por ejemplo la enfermedad, los daños en sus pertenencias y la pérdida de los seres queridos), salvo que sea registrada en un Libro antes de que lo traigamos a la existencia; hacer esto es sin duda fácil para Dios. Así que no os aflijáis por lo que se os ha escapado, ni os regocijéis por lo que Dios os ha concedido: Dios no ama a nadie orgulloso y jactancioso.* También véanse las notas 12 y 13 con respecto a estos versículos.

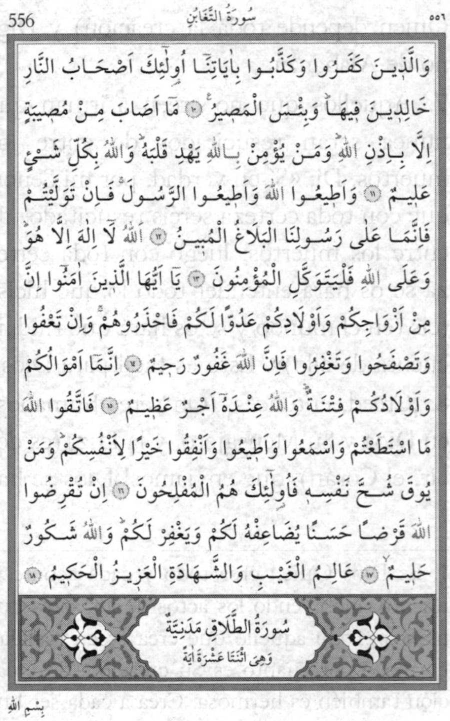
556 سُورَةُ التَّغَابُنِ ٥٥٦

وَالَّذِينَ كَفَرُوا وَكَذَّبُوا بِآيَاتِنَا أُولَٰئِكَ أَصْحَابُ النَّارِ
خَالِدِينَ فِيهَا ۖ وَبِئْسَ الْمَصِيرُ ﴿١٠﴾ مَا أَصَابَ مِنْ مُصِيبَةٍ
إِلَّا بِإِذْنِ اللَّهِ ۗ وَمَنْ يُؤْمِنْ بِاللَّهِ يَهْدِ قَلْبَهُ ۚ وَاللَّهُ بِكُلِّ شَيْءٍ
عَلِيمٌ ﴿١١﴾ وَأَطِيعُوا اللَّهَ وَأَطِيعُوا الرَّسُولَ ۚ فَإِنْ تَوَلَّيْتُمْ
فَإِنَّمَا عَلَىٰ رَسُولِنَا الْبَلَاغُ الْمُبِينُ ﴿١٢﴾ اللَّهُ لَا إِلَٰهَ إِلَّا هُوَ ۚ
وَعَلَى اللَّهِ فَلْيَتَوَكَّلِ الْمُؤْمِنُونَ ﴿١٣﴾ يَا أَيُّهَا الَّذِينَ آمَنُوا إِنَّ
مِنْ أَزْوَاجِكُمْ وَأَوْلَادِكُمْ عَدُوًّا لَكُمْ فَاحْذَرُوهُمْ ۚ وَإِنْ تَعْفُوا
وَتَصْفَحُوا وَتَغْفِرُوا فَإِنَّ اللَّهَ غَفُورٌ رَحِيمٌ ﴿١٤﴾ إِنَّمَا أَمْوَالُكُمْ
وَأَوْلَادُكُمْ فِتْنَةٌ ۚ وَاللَّهُ عِنْدَهُ أَجْرٌ عَظِيمٌ ﴿١٥﴾ فَاتَّقُوا اللَّهَ
مَا اسْتَطَعْتُمْ وَاسْمَعُوا وَأَطِيعُوا وَأَنْفِقُوا خَيْرًا لِأَنْفُسِكُمْ ۗ وَمَنْ
يُوقَ شُحَّ نَفْسِهِ فَأُولَٰئِكَ هُمُ الْمُفْلِحُونَ ﴿١٦﴾ إِنْ تُقْرِضُوا
اللَّهَ قَرْضًا حَسَنًا يُضَاعِفْهُ لَكُمْ وَيَغْفِرْ لَكُمْ ۚ وَاللَّهُ شَكُورٌ
حَلِيمٌ ﴿١٧﴾ عَالِمُ الْغَيْبِ وَالشَّهَادَةِ الْعَزِيزُ الْحَكِيمُ ﴿١٨﴾

سُورَةُ الطَّلَاقِ مَدَنِيَّةٌ
وَهِيَ اثْنَتَا عَشْرَةَ آيَةً

بِسْمِ اللَّهِ

10. Mas con respecto a aquellos que no creen y niegan Nuestras Revelaciones, serán los compañeros del Fuego, allí habitarán: ¡Cuán funesto destino de llegada!

11. Ninguna aflicción sobreviene salvo con el permiso de Dios. Todo aquél que crea en Dios (verdadera y sinceramente), Él guía su corazón (hacia el verdadero conocimiento de Su Voluntad eterna y ya que actúa con respecto a la vida de Sus criaturas, así lo conduce a la humilde sumisión hacia Él, y a la paz y la sinceridad)[2]. Dios posee pleno conocimiento de todas las cosas.

12. Obedeced a Dios y al Mensajero[3]. Si os apartáis (de esa orden, sabed que) lo que recae sobre Nuestro Mensajero es tan solo transmitir el Mensaje de manera completa y clara.

13. Dios, no hay más deidad que Él: así pues que los creyentes depositen su confianza en Dios.

14. ¡Oh vosotros que creéis! Entre vuestros cónyuges e hijos pueden haber enemigos para vosotros, así pues, tened cuidado con ellos. No obstante, si perdonáis, os abstenéis y sois indulgentes (con sus faltas hacia vosotros y en los asuntos mundanos), entonces (sabed que) Dios es Indulgente, Compasivo[4].

15. Vuestras posesiones mundanas y vuestros hijos son solo una fuente de tentación y prueba (para vosotros); y Dios es Aquel con Quien se halla una tremenda recompensa.

16. Apartaos, pues, de la desobediencia a Dios en veneración a Él y piedad tanto como podáis,[5] y escuchad atentamente y someteos (a Sus órdenes), obedecedle, y gastad (en Su causa y por los necesitados) ya que es con motivo de la mejora de vuestras almas. Todo aquél que esté protegido contra la avaricia de su alma, es en verdad próspero[6].

17. Si Le concedéis a Dios un buen préstamo,[7] Él os lo devolverá multiplicado y os perdonará. Dios es Aquel Quien corresponde (la gratitud de Sus siervos), Clemente (conteniéndose ante muchos de los errores de Sus siervos).

18. (Y Él es) el Conocedor de Lo Oculto (todo lo que se halla más allá de la percepción de los seres creados) y de lo atestiguado (el reino perceptible), el Glorioso poseedor de irresistible poder, el Omnisapiente.

3. La repetición de *obedece* en imperativo para el Mensajero indica que éste también está autorizado a ordenar y prohibir, y que los musulmanes deben hacer lo que él dice.

La obediencia a Dios significa obediencia incondicional a lo que ha sido revelado en el Corán. La obediencia al Mensajero, la paz y las bendiciones sean con él, significa seguir su modo de vida (*Sunna*) tan de cerca como sea posible y obedecer lo que ha sido ordenado y prohibido en el Corán y por el Mensajero. La *Sunna* es una explicación extensamente detallada de la vida del Mensajero de Dios, que dijo: «¡Cuidado! He recibido el Corán y su símil [es decir, mi *Sunna*] junto con él» (Abu Dawud, «Sunna», 5).

La *Sunna* define lo que está declarado en términos generales refiriéndose a ejemplos particulares, y define el principio general subrayando declaraciones en el Corán que son en sí mismas específicas y particulares. También, la *Sunna* (como el Corán que la incorpora) se preocupa de la guía moral, la *Sunna* provee inspiración y las perspectivas para la instrucción moral y espiritual en todos los campos de la vida, así como también provee la inspiración y los horizontes (límites) dentro de los cuales la legislación islámica puede ser afectada. Todo lo que enseña, cada regla legal y cada fragmento o pasaje de instrucción moral, procedente de la *Sunna*, permanece dentro del marco, el espíritu, el «color» y el carácter del Corán.

Como quedó aclarado a su vez en el versículo 8:20, los musulmanes no deben alejarse del Mensajero. Por lo tanto, la desobediencia voluntaria a la *Sunna*, incluso darle poca importancia o criticarla, es acercarse a la herejía o la apostasía.

4. Los cónyuges son conscientes de sus deberes de manera recíproca, y los padres tienen un amor intrínseco por sus hijos así como obligaciones para con ellos. Sin embargo, el amor mutuo de los cónyuges y el de los padres por sus hijos se debería regular según las prescripciones de la Religión. El amor de la familia algunas veces puede impedir a un hombre de sus deberes religiosos o hacer que consienta a su familia de manera excesiva o trabaje para ellos y su futuro sin considerar sus deberes para con Dios y su vida en el Más Allá. Mientras que el verdadero amor necesita que los padres primero consideren el Más Allá y los deberes religiosos de sus hijos. Deberían considerar su bienestar mundano dentro del marco de la Religión. Desafortunadamente, muchos cónyuges y padres descuidan este principio primordial y emplean mal su amor y compasión hacia ellos y sus hijos. Además de esto, algunos cónyuges e hijos pueden ejercer presión entre ellos mismos y sus padres al actuar sin considerar las órdenes religiosas lo que causa entre ellos o ellos mismos que se pierdan en el Más Allá. Esto es en realidad la enemistad. Así que el Corán llama la atención de los cónyuges sobre este hecho y les advierte. Sin embargo, a pesar de tal enemistad, los padres deberían ser cuidadosos, pacientes y tolerantes en sus relaciones mutuas y su acercamiento a la conducta de sus hijos. Pueden ser indulgentes y perdonar sus errores mutuos entre ellos y los errores de sus hijos hacia ellos. (Esto es lo que se espera de los padres, pero los hijos deben ser extremadamente cuidadosos al cumplir los derechos de sus padres). También deberían pasar por alto algunos errores con respecto a los asuntos terrenales y ser capaces de actuar como educadores acerca de los asuntos religiosos. Siempre deberían dar preferencia a los asuntos religiosos sobre los mundanos.

El siguiente versículo expresa concisamente esta verdad.

5. Esta declaración no es contradictoria con *Apartaos de la desobediencia a Dios con la piedad devota con toda la veneración que Le es debida* (3:102), ni la anterior abroga a la última. Dios debería ser reverenciado y obedecido como merece porque Su posición como Dios requiere esto. En realidad, cada posición requiere respeto y obediencia en tanto en cuanto su grandeza. Sin embargo, cada ser humano tiene una capacidad para el respeto y la obediencia particular a ellos; no pueden ir más allá de esto. Pero como no podemos conocer los límites de nuestra capacidad, debemos tratar de reverenciar y obedecer a Dios tal y como Su condición de Dios requiere que llevemos a cabo todo lo posible hasta el máximo de nuestra capacidad.

6. Este versículo explica cómo se puede salvar la gente de la enemistad de sus cónyuges o hijos y tener éxito en la prueba de sus posesiones mundanas e hijos.

7. Véase el sura 57:11, nota 7.

SURA 65

AT-TALAQ (EL DIVORCIO)

Período de Medina

Este *sura* de doce versículos fue revelado en Medina. Toma su nombre del asunto que aborda así como también del primer versículo, en donde aparece el verbo *TalLaQa* («divorciarse»). Contiene reglas adicionales a las mencionadas en *Surat al-Baqara* con respecto al divorcio, el período de espera, la pensión alimenticia y la vivienda.

En el Nombre de Dios,
el Misericordioso, el Compasivo.

1. ¡Oh (ilustrísimo) Profeta![1] Cuando vosotros (los musulmanes) tengáis la intención de divorciaros de las mujeres, divorciaos considerando su período de espera (como lo señaló la Ley) y contad el período (con debido cuidado), alejándoos de la desobediencia a Dios, vuestro Señor, en veneración a Él y piedad. (Mientras el divorcio surte efecto, durante su período de espera) no las expulséis de vuestras casas (en donde han vivido con sus maridos), ni que ellas se vayan, salvo en caso de que hayan cometido una indecencia clara[2]. Estos son los límites establecidos por Dios. Todo aquél que los exceda en verdad ha sido injusto consigo mismo. No lo sabéis: puede ser que luego Dios permita alguna nueva situación (que suceda entre las partes involucradas)[3].

2. A continuación, cuando llegan al final de su período de espera, las retenéis de una manera justa y en cumplimiento de sus derechos, o (habiendo terminado el período de espera) os separáis de ellas de una manera justa y en cumplimiento de sus derechos. Y (como el modo ordenado, en ambos casos) convocad a dos hombres (musulmanes) íntegros de entre vosotros como testigos, y estableced el testimonio por Dios (con debido conocimiento de vuestra responsabilidad hacia Él). Todo aquél que crea en Dios y el Día del Juicio Final es exhortado a actuar así. Todo aquél que se aparta de la desobediencia a Dios en veneración a Él y piedad, Él le facilita una salida (en cada dificultad).

3. Y le provee desde donde no lo espera. Todo aquél que deposite su confianza en Dios, Él es suficiente para él (en todas sus necesidades). Dios sin duda alguna ejecuta lo que Él decreta; seguramente Dios ha señalado una medida para todo[4].

بِسْمِ اللّٰهِ الرَّحْمٰنِ الرَّح۪يمِ
يَٓا اَيُّهَا النَّبِيُّ اِذَا طَلَّقْتُمُ النِّسَٓاءَ فَطَلِّقُوهُنَّ لِعِدَّتِهِنَّ وَاَحْصُوا
الْعِدَّةَۚ وَاتَّقُوا اللّٰهَ رَبَّكُمْۚ لَا تُخْرِجُوهُنَّ مِنْ بُيُوتِهِنَّ
وَلَا يَخْرُجْنَ اِلَّٓا اَنْ يَأْت۪ينَ بِفَاحِشَةٍ مُبَيِّنَةٍۜ وَتِلْكَ حُدُودُ اللّٰهِۜ
وَمَنْ يَتَعَدَّ حُدُودَ اللّٰهِ فَقَدْ ظَلَمَ نَفْسَهُۜ لَا تَدْر۪ي لَعَلَّ اللّٰهَ
يُحْدِثُ بَعْدَ ذٰلِكَ اَمْرًا ﴿١﴾ فَاِذَا بَلَغْنَ اَجَلَهُنَّ فَاَمْسِكُوهُنَّ
بِمَعْرُوفٍ اَوْ فَارِقُوهُنَّ بِمَعْرُوفٍ وَاَشْهِدُوا ذَوَيْ عَدْلٍ مِنْكُمْ
وَاَق۪يمُوا الشَّهَادَةَ لِلّٰهِۜ ذٰلِكُمْ يُوعَظُ بِه۪ مَنْ كَانَ يُؤْمِنُ بِاللّٰهِ
وَالْيَوْمِ الْاٰخِرِۜ وَمَنْ يَتَّقِ اللّٰهَ يَجْعَلْ لَهُ مَخْرَجًاۙ ﴿٢﴾ وَيَرْزُقْهُ
مِنْ حَيْثُ لَا يَحْتَسِبُۜ وَمَنْ يَتَوَكَّلْ عَلَى اللّٰهِ فَهُوَ حَسْبُهُۜ اِنَّ
اللّٰهَ بَالِغُ اَمْرِه۪ۜ قَدْ جَعَلَ اللّٰهُ لِكُلِّ شَيْءٍ قَدْرًا ﴿٣﴾ وَالّٓـ۪ٔي يَئِسْنَ
مِنَ الْمَح۪يضِ مِنْ نِسَٓائِكُمْ اِنِ ارْتَبْتُمْ فَعِدَّتُهُنَّ ثَلٰثَةُ اَشْهُرٍۙ
وَالّٓـ۪ٔي لَمْ يَحِضْنَۜ وَاُولَاتُ الْاَحْمَالِ اَجَلُهُنَّ اَنْ يَضَعْنَ حَمْلَهُنَّۜ
وَمَنْ يَتَّقِ اللّٰهَ يَجْعَلْ لَهُ مِنْ اَمْرِه۪ يُسْرًا ﴿٤﴾ ذٰلِكَ اَمْرُ اللّٰهِ اَنْزَلَهُ
اِلَيْكُمْۜ وَمَنْ يَتَّقِ اللّٰهَ يُكَفِّرْ عَنْهُ سَيِّـَٔاتِه۪ وَيُعْظِمْ لَهُ اَجْرًا ﴿٥﴾

4. Aquellas de vuestras mujeres que han superado la edad de las menstruaciones (o aquellas que por alguna razón no las tienen más) —si tienen dudas de esto— su período de espera es de tres meses (lunares). Con respecto a las mujeres que están embarazadas (sean divorciadas o viudas), su período de espera es hasta que den a luz su carga. A todo aquél que se aparta de la desobediencia a Dios en veneración a Él y piedad, Él hace su asunto fácil para él.

5. Todo aquello (que ha sido indicado) es la orden de Dios que os ha enviado. A todo aquél que se aleje de la desobediencia a Dios en veneración a Él y piedad, Él le borrará sus actos malvados, y le aumenta en sumo grado la recompensa[5].

---

1. Mientras todos los demás Profetas son mencionados en el Corán con sus nombres, el Corán normalmente se dirige al Mensajero de Dios, la paz y las bendiciones sean con él, por su misión. Esto se hace de tal modo para referirse al hecho de que su misión es de mayor importancia y que su posición es inigualable entre los Profetas. Según una regla de la gramática árabe, mencionar algo (una posición, reputación, o un atributo) sin especificar a quién pertenece, significa que aquel que posee esto lo posee en sumo grado. Por lo tanto, esto implica que el Mensajero de Dios —el profeta Muhammad—, la paz y las bendiciones sean con él, es el más importante representante del cargo de la Misión Profética.

2. El Islam ordena que si un hombre desea divorciarse de su mujer debería hacerlo durante el tiempo que ella no tiene el período menstrual y no haya tenido relaciones sexuales con ella. La mujer entonces tiene que esperar tres períodos menstruales, durante los cuales el marido está obligado a proveerla y no puede forzarla a dejar la casa. Pueden volver el uno con el otro durante este período. Si lo hacen, no han de renovar el contrato matrimonial. Este divorcio puede ocurrir por segunda vez, pero si se repite por tercera vez, no pueden reunirse más, a menos que la mujer se case con otro hombre y se divorcie de él o esté divorciada por parte de él. Para otras ordenanzas con respecto al divorcio, véase el *sura* 2:228-232,234, notas 152-154 y el *sura* 33:49, nota 23.

3. Es decir, puede darse una reconciliación entre los cónyuges divorciados y pueden reasumir sus relaciones maritales antes de que acontezca el divorcio final. Esta declaración es una advertencia para cumplir con los límites establecidos por Dios. Si los cumplimos estrictamente, Dios puede crear algo nuevo que nos agrade. Así que debemos someternos a Dios y llevar a cabo Sus órdenes sin transgredir los límites impuestos por Él.

4. Es decir, Dios ha establecido ciertas causas, condiciones y límites, y un marco determinado y por lo tanto cierto resultado para todo. Nada ocurre más allá de los límites que Él ha establecido.

5. Ocultar los actos malvados significa perdonar los pecados menores que se pueden haber cometido al obedecer las órdenes de Dios. Viene a ser tal y como se declara en: *Si evitáis los pecados capitales que se os han prohibido, borraremos de vosotros vuestros pecados menores y os haremos ingresar a través de una entrada ilustre (a una morada de gloria)* (4:31). Así que se puede deducir de esto que la desobediencia a las órdenes y las prohibiciones del Corán con respecto al divorcio y el período de espera en estos versículos, dentro de la estructura de *taqwa* (piedad y reverencia hacia Dios), es un pecado mayor. También se puede deducir que un creyente debería ser cuidadoso con respecto a todos los mandamientos de Dios (órdenes y prohibiciones).

اَسْكِنُوهُنَّ مِنْ حَيْثُ سَكَنْتُمْ مِنْ وُجْدِكُمْ وَلَا تُضَٓارُّوهُنَّ لِتُضَيِّقُوا
عَلَيْهِنَّۜ وَاِنْ كُنَّ اُو۬لَاتِ حَمْلٍ فَاَنْفِقُوا عَلَيْهِنَّ حَتّٰى يَضَعْنَ حَمْلَهُنَّۚ
فَاِنْ اَرْضَعْنَ لَكُمْ فَاٰتُوهُنَّ اُجُورَهُنَّۚ وَاْتَمِرُوا بَيْنَكُمْ بِمَعْرُوفٍۚ
وَاِنْ تَعَاسَرْتُمْ فَسَتُرْضِعُ لَهُٓ اُخْرٰىۜ ﴿٦﴾ لِيُنْفِقْ ذُو سَعَةٍ مِنْ سَعَتِهٖۜ
وَمَنْ قُدِرَ عَلَيْهِ رِزْقُهُ فَلْيُنْفِقْ مِمَّٓا اٰتٰيهُ اللّٰهُۜ لَا يُكَلِّفُ اللّٰهُ نَفْسًا اِلَّا
مَٓا اٰتٰيهَاۜ سَيَجْعَلُ اللّٰهُ بَعْدَ عُسْرٍ يُسْرًا ﴿٧﴾ وَكَاَيِّنْ مِنْ قَرْيَةٍ عَتَتْ
عَنْ اَمْرِ رَبِّهَا وَرُسُلِهٖ فَحَاسَبْنَاهَا حِسَابًا شَدِيدًاۙ وَعَذَّبْنَاهَا عَذَابًا
نُكْرًا ﴿٨﴾ فَذَاقَتْ وَبَالَ اَمْرِهَا وَكَانَ عَاقِبَةُ اَمْرِهَا خُسْرًا ﴿٩﴾ اَعَدَّ
اللّٰهُ لَهُمْ عَذَابًا شَدِيدًاۙ فَاتَّقُوا اللّٰهَ يَٓا اُو۬لِي الْاَلْبَابِۚۛ اَلَّذ۪ينَ اٰمَنُواۚۛ قَدْ
اَنْزَلَ اللّٰهُ اِلَيْكُمْ ذِكْرًاۙ ﴿١٠﴾ رَسُولًا يَتْلُوا عَلَيْكُمْ اٰيَاتِ اللّٰهِ مُبَيِّنَاتٍ
لِيُخْرِجَ الَّذ۪ينَ اٰمَنُوا وَعَمِلُوا الصَّالِحَاتِ مِنَ الظُّلُمَاتِ اِلَى النُّورِۜ
وَمَنْ يُؤْمِنْ بِاللّٰهِ وَيَعْمَلْ صَالِحًا يُدْخِلْهُ جَنَّاتٍ تَجْر۪ي مِنْ تَحْتِهَا
الْاَنْهَارُ خَالِد۪ينَ ف۪يهَٓا اَبَدًاۜ قَدْ اَحْسَنَ اللّٰهُ لَهُ رِزْقًا ﴿١١﴾ اَللّٰهُ الَّذ۪ي خَلَقَ
سَبْعَ سَمٰوَاتٍ وَمِنَ الْاَرْضِ مِثْلَهُنَّۜ يَتَنَزَّلُ الْاَمْرُ بَيْنَهُنَّ لِتَعْلَمُٓوا
اَنَّ اللّٰهَ عَلٰى كُلِّ شَيْءٍ قَد۪يرٌۙ وَاَنَّ اللّٰهَ قَدْ اَحَاطَ بِكُلِّ شَيْءٍ عِلْمًا ﴿١٢﴾

سورة

6. Alojadlas (a las mujeres divorciadas durante el período de espera en una parte de la casa) en donde vivís y proveedlas, según vuestros medios; y no las acoséis a fin de dificultar las condiciones para ellas (y de esta manera se vean obligadas a irse). Si están embarazadas, cuidad de ellas hasta que den a luz su carga; y si (después de esto y de haber terminado el período de espera) amamantan (al bebé) para vosotros, otorgadle su debida paga. Aconsejadlas (con respecto al asunto de amamantar y su pago) según la buena práctica acostumbrada y religiosamente aprobada. Si os halláis creando dificultades al respecto (e incapaces de llegar a un acuerdo), entonces que otra (mujer) amamante (al bebé) en nombre de él (del padre del bebé, que debe establecer los gastos).

7. Aquel que tenga abundantes recursos que los gaste de manera adecuada; y todo aquél a quien se le conceda su provisión en una medida (más estrecha), que gaste de lo que Dios ha concedido a él. Dios no encarga a un alma con un deber salvo en lo que (ya) le ha concedido (de capacidad para realizar ese deber). Dios creará facilidad tras dificultad.

8. Cuántas comunidades han hecho caso omiso con arrogancia del mandamiento de su Señor y Sus Mensajeros, y por lo tanto Nosotros los llamamos para que rindan cuentas mediante un severo ajuste de cuentas (exponiéndolos a espantosas calamidades), y los castigamos con un castigo terrible[6].

9. Así que probaron el resultado malvado de sus propios actos y el resultado de sus actos fue la ruina.

10. Dios ha preparado para ellos un severo castigo (además de en el Más Allá). Así que apartaos de la desobediencia a Dios en veneración a Él y piedad para merecer Su protección, ¡Oh pueblo de discernimiento que ha creído! En verdad Dios os ha enviado un Recordatorio (este Libro de la Guía hacia lo que es cierto, instruyéndoos en lo que es para vuestro bien y lo que está en contra de ello).

11. (Y como su encarnación, también os ha enviado) un Mensajero recitándoos (y transmitiendo así) las señales y las Revelaciones de Dios que muestran la verdad claramente e iluminan vuestro camino, para que Él pueda sacaros de todas las clases de oscuridad hacia la luz, y manteneros firmes allí. Todo aquél que cree (verdadera y sinceramente) en Dios y lleva a cabo actos buenos y rectos le admitirá en los Jardines a través de los cuales discurren ríos, donde morarán para siempre. Dios en verdad le ha concedido una provisión excelente (como la fe y los buenos actos en este mundo y el Paraíso en el Más Allá).

12. Dios es Aquel Quien ha creado los siete Cielos y de la Tierra lo semejante a éstos; Sus órdenes (con respecto a la creación y su operación, y la vida de los habitantes de los Cielos y la Tierra) descienden sobre ellos,[7] para que puedan saber con certeza que seguramente Dios posee pleno poder sobre todas las cosas, y que Dios en verdad abarca todas las cosas en (Su) Conocimiento.

---

6. Este, así como también el siguiente versículo, es, en un aspecto, la suma de lo que les aconteció a los judíos, cristianos y musulmanes cuando quebrantaron las órdenes de Dios en sus vidas diarias.

7. La Tierra y los Cielos son como dos países bajo un gobierno que conduce importantes relaciones y transacciones. Por ejemplo, *Él dirige el asunto del Cielo a la Tierra; luego el asunto sube a Él en un día, el cual consta de mil años según vuestro cómputo* (32:5; y véase nota 4). Además, la Tierra necesita la luz, el calor, las bendiciones y las formas de misericordia (como la lluvia) enviada desde los Cielos. Asimismo, como lo confirman todas las Religiones Reveladas, los ángeles y los seres espirituales descienden a la Tierra en pos de ciertos propósitos. De esta manera, podemos deducir que los habitantes de la Tierra pueden ascender a los Cielos.

La gente puede viajar a los Cielos por medio de la mente, la visión y la imaginación. Liberados o purificados de la gruesa pesadez del ser carnal y material, los espíritus de los Profetas y los santos viajan en tales reinos; nuestro Profeta, la paz y las bendiciones sean con él, viajó a través de todos los reinos de los Cielos con su espíritu y cuerpo, con lo cual obtuvo el refinamiento del espíritu; esto es lo que llamamos la «Ascensión» (Mi'ray); y Dios elevó a Jesús con su espíritu y cuerpo al Cielo. Los espíritus de la gente corriente hacen esto tras la muerte, y después regresan al reino intermedio (entre este mundo y el próximo). Ya que aquellos que están «iluminados» y han adquirido la «sutileza» y el refinamiento espiritual viajan allí, ciertos habitantes de la Tierra pueden dirigirse a los cielos si están investidos con un cuerpo «ideal», una funda energética, o un cuerpo o forma inmaterial, y son ligeros y sutiles como los espíritus. Y también la humanidad puede físicamente viajar a los Cielos.

La Tierra, tal y como la describe Said Nursi *al-Yumu'ah* [*The Words* («Las Palabras»), «The 15th Word» («La 15ª Palabra»), pág.195] a pesar de su tamaño pequeño e insignificancia cuando se la compara con los Cielos, es el corazón y el centro del universo con respecto a su significado y arte, pues es nuestra cuna y vivienda. Además, exhibe todos los milagros de los Nombres Divinos y concentra y refleja la actividad infinita de Dios como Señor, Sustentador, Instructor y Gobernador de todos los seres. También es el centro y el eje de la creatividad Divina eterna desplegada en la generosidad infinita, particularmente en las numerosas plantas y en las especies animales de pequeño tamaño, así como también en el microcosmo de ejemplos de todo lo que se encuentra en los mundos verdaderamente enormes del Más Allá: el taller que fabrica velozmente los tejidos eternos, el emplazamiento de cambio rápido de las copias de escenas eternas, y el campo de labranza estrecho y temporal que rápidamente produce semillas para los Jardines permanentes (en el Más Allá).

Debida a esta grandeza e importancia inmateriales con respecto al arte, el sabio Corán establece la Tierra a la par que los Cielos, aunque es como la diminuta fruta de un enorme árbol cuando se la compara con éstos últimos. Coloca a la Tierra a un lado de la balanza y a los Cielos en otro, y dice repetidamente; el «Señor de los Cielos y la Tierra» (mencionándolos juntos).

SURA 66

AT-TAHRIM (LA PROHIBICIÓN)

Período de Medina

Revelado en Medina siete u ocho años después de la *Hégira*, este *sura* que consta de doce versículos toma su nombre de la forma infinitiva del verbo *HarRaMa* (prohibir, establecer algo ilícito) que aparece en el primer versículo. Advierte contra cualquier falta de respeto hacia el Mensajero de Dios, la paz y las bendiciones sean con él, y que la rectitud no yace en la pertenencia a cierta familia sino en la fe y los buenos actos. A su vez insta a los creyentes al arrepentimiento por sus actos malvados.

En el Nombre de Dios,
el Misericordioso, el Compasivo.

1. ¡Oh (ilustrísimo Profeta)! ¿Por qué te prohíbes (a ti mismo) lo que Dios te ha hecho lícito, con la intención de complacer a tus mujeres?[1] Y Dios es Indulgente, Compasivo.

2. Dios ya ha decretado para vosotros (Oh creyentes) con respecto al quebrantar vuestros juramentos (de incumplir lo que no es justo y correcto, y la expiación de eso)[2]. Dios es vuestro Guardián, y Él es Omnisciente, el Omnisapiente.

3. (Así sucedió que) el Profeta confió algo a una de sus mujeres, y cuando ella lo divulgó (a otra), y Dios se lo hizo saber, le hizo conocer una parte de eso, y omitió otra parte. Y cuando se lo informó a ella, ésta preguntó: «¿Quién te ha contado esto?». Y dijo él: «Me lo informó Aquél Quien es Omnisciente, Omnisapiente»[3].

٥٥٩ اَلْجُزْءُ الثَّامِنُ وَالْعِشْرُونَ 559

سُورَةُ التَّحْرِيمِ مَدَنِيَّةٌ
وَهِيَ اثْنَتَا عَشْرَةَ اٰيَةً

بِسْمِ اللّٰهِ الرَّحْمٰنِ الرَّحِيمِ

يَٓا اَيُّهَا النَّبِيُّ لِمَ تُحَرِّمُ مَٓا اَحَلَّ اللّٰهُ لَكَۚ تَبْتَغ۪ي مَرْضَاتَ اَزْوَاجِكَۜ
وَاللّٰهُ غَفُورٌ رَح۪يمٌ ﴿١﴾ قَدْ فَرَضَ اللّٰهُ لَكُمْ تَحِلَّةَ اَيْمَانِكُمْۚ وَاللّٰهُ
مَوْلٰيكُمْۚ وَهُوَ الْعَل۪يمُ الْحَك۪يمُ ﴿٢﴾ وَاِذْ اَسَرَّ النَّبِيُّ اِلٰى بَعْضِ اَزْوَاجِه۪
حَد۪يثًاۚ فَلَمَّا نَبَّاَتْ بِه۪ وَاَظْهَرَهُ اللّٰهُ عَلَيْهِ عَرَّفَ بَعْضَهُ وَاَعْرَضَ عَنْ
بَعْضٍۚ فَلَمَّا نَبَّاَهَا بِه۪ قَالَتْ مَنْ اَنْبَاَكَ هٰذَاۜ قَالَ نَبَّاَنِيَ الْعَل۪يمُ الْخَب۪يرُ ﴿٣﴾
اِنْ تَتُوبَٓا اِلَى اللّٰهِ فَقَدْ صَغَتْ قُلُوبُكُمَاۚ وَاِنْ تَظَاهَرَا عَلَيْهِ فَاِنَّ اللّٰهَ هُوَ
مَوْلٰيهُ وَجِبْر۪يلُ وَصَالِحُ الْمُؤْمِن۪ينَۚ وَالْمَلٰٓئِكَةُ بَعْدَ ذٰلِكَ ظَه۪يرٌ ﴿٤﴾
عَسٰى رَبُّهُٓ اِنْ طَلَّقَكُنَّ اَنْ يُبْدِلَهُٓ اَزْوَاجًا خَيْرًا مِنْكُنَّ مُسْلِمَاتٍ مُؤْمِنَاتٍ
قَانِتَاتٍ تَٓائِبَاتٍ عَابِدَاتٍ سَٓائِحَاتٍ ثَيِّبَاتٍ وَاَبْكَارًا ﴿٥﴾ يَٓا اَيُّهَا الَّذ۪ينَ
اٰمَنُوا قُٓوا اَنْفُسَكُمْ وَاَهْل۪يكُمْ نَارًا وَقُودُهَا النَّاسُ وَالْحِجَارَةُ عَلَيْهَا
مَلٰٓئِكَةٌ غِلَاظٌ شِدَادٌ لَا يَعْصُونَ اللّٰهَ مَٓا اَمَرَهُمْ وَيَفْعَلُونَ مَا يُؤْمَرُونَ ﴿٦﴾
يَٓا اَيُّهَا الَّذ۪ينَ كَفَرُوا لَا تَعْتَذِرُوا الْيَوْمَۜ اِنَّمَا تُجْزَوْنَ مَا كُنْتُمْ تَعْمَلُونَ ﴿٧﴾

4. Si vosotras dos (esposas del Profeta) os dirigís a Dios arrepentidas (que es pues lo que en verdad deberíais hacer); pues los corazones de ambas se apartaron (de lo que es correcto). Pero si os apoyáis mutuamente contra él, (tened en cuenta que) Dios mismo es su Protector, y que Gabriel, y los rectos de entre los creyentes, y a su vez todos los ángeles, son sus ayudantes[4].

5. Puede suceder que su Señor, si debe divorciaros (Oh esposas del Profeta), le dé en su lugar mujeres mejores que vosotras —sumisas ante Dios *(muslimah)*, verdaderas en la fe *(mu'minah)*, devotas en la obediencia a Dios, penitentes, dedicadas a adorar y ayunar— viudas o vírgenes—[5].

6. ¡Oh vosotros que creéis! Protegeos vosotros y vuestras familias (por medio de la disciplina facilitada de la fe islámica y la adoración) contra un Fuego cuyo combustible son los seres humanos y las piedras. Sobre éste están los ángeles serios y estrictos (en ejecutar la orden para castigar), que no desobedecen a Dios en lo que les ordena y llevan a cabo lo que les sea ordenado (hacer).

7. «¡Oh vosotros que sois incrédulos! ¡No deis excusas por vosotros este Día! Tan sólo estáis siendo recompensados por lo que solíais hacer (en el mundo)»[6].

---

1. Aunque existen algunos registros acerca de lo que el Mensajero se había prohibido a sí mismo, que Dios le había hecho lícito, el tema principal es el siguiente:

El Mensajero era sumamente amable, en particular con sus mujeres. Para no causar ningún problema a nadie, tuvo que soportar grandes privaciones. Dios estableció reglas excepcionales, particularmente en relación con su vida familiar, para que no hubiera excesivos problemas para él (al cumplir su misión) (33:50). Por lo tanto, la declaración *¿Por qué te prohíbes (a ti mismo) lo que Dios te ha hecho lícito?* expresa una advertencia consoladora. Es interesante que este versículo y el 33:50, que contienen reglas excepcionales para el Mensajero, terminen con la frase: *Dios es Indulgente, Compasivo*. Esto significa que Dios había querido la comodidad para él y era particularmente compasivo con él.

2. Véanse los versículos 2:224-225; 5:89.

3. Esto demuestra explícitamente que las Revelaciones que el Mensajero recibía no consistían solamente en lo que había en el Corán. Además del Corán, recibía muchas otras Revelaciones, y declaraba: «¡Cuidado! He recibido el Corán y su símil [es decir, mi *Sunna*] junto con él». (Abu Dawud. «Sunna», 5).

4. Este versículo nos enseña cuatro cosas importantes:

- Hacer algo que ofenderá al Mensajero hace que el corazón se aparte, como se declaró en 61:5: *«Y (recordad) cuando Moisés le dijo a su pueblo: "¡Oh pueblo mío! ¿Por qué me ofendéis mientras sabéis en verdad que soy el Mensajero de Dios enviado a vosotros?". Y de este modo, cuando se desviaron del camino recto, Dios desvió sus corazones de la verdad. Dios no guía a la gente transgresora».*
- Cualquier deslealtad surgida desde el interior de un hogar o país es normalmente más peligrosa que la externa.
- Cualquier plan que se lleve a cabo contra el Mensajero de Dios, la paz y las bendiciones sean con él, Dios lo protegerá por completo; además, Gabriel, que le trae la Revelación de Dios, aquellos adelantados por su rectitud de entre los creyentes, y todos los ángeles también son sus ayudantes. Así que nadie puede causarle ningún daño a él o a su misión.
- Incluso ser una esposa de un Profeta no es suficiente para salvarse a menos que se crea y se lleven a cabo buenos actos, es más, según la regla, la responsabilidad es proporcionada a la autoridad o la bendición; cuanto más grande el favor con el que Dios bendice, más grande la responsabilidad. (Véase también los versículos 33:29-32)

5. Esta es la segunda advertencia en el Corán expresada a las esposas del Mensajero de Dios (para la primera, véase 33:29-33, y para la relación del Mensajero con sus mujeres, véase el *sura* 33, nota 16). Este versículo no significa que sus mujeres no tenían las cualidades loables mencionadas. Más bien, recuerda que como mujeres musulmanas y especialmente como las esposas del Mensajero, deberían dar ejemplo a todas las otras mujeres creyentes, habiendo de tener estas cualidades en el grado más elevado y conservarlas.

6. Este versículo, que se dirige a los incrédulos, contiene una severa advertencia también para los musulmanes. Advierte que cualquier desobediencia a Dios y Su Mensajero, la paz y las bendiciones sean con él, y llevar a cabo cosas que ofenda cualquiera de ellos puede —¡que Dios no lo permita!— conducirlos a la falta de fe y por lo tanto al Fuego en el Más Allá. Así que deben también estar alertas contra los pecados.

يَٓا اَيُّهَا الَّذٖينَ اٰمَنُوا تُوبُٓوا اِلَى اللّٰهِ تَوْبَةً نَصُوحًاۜ عَسٰى
رَبُّكُمْ اَنْ يُكَفِّرَ عَنْكُمْ سَيِّاٰتِكُمْ وَيُدْخِلَكُمْ جَنَّاتٍ تَجْرٖى
مِنْ تَحْتِهَا الْاَنْهَارُۙ يَوْمَ لَا يُخْزِى اللّٰهُ النَّبِىَّ وَالَّذٖينَ اٰمَنُوا
مَعَهُۚ نُورُهُمْ يَسْعٰى بَيْنَ اَيْدٖيهِمْ وَبِاَيْمَانِهِمْ يَقُولُونَ رَبَّنَٓا
اَتْمِمْ لَنَا نُورَنَا وَاغْفِرْ لَنَاۚ اِنَّكَ عَلٰى كُلِّ شَيْءٍ قَدٖيرٌ ﴿٨﴾
يَٓا اَيُّهَا النَّبِىُّ جَاهِدِ الْكُفَّارَ وَالْمُنَافِقٖينَ وَاغْلُظْ عَلَيْهِمْۜ
وَمَاْوٰيهُمْ جَهَنَّمُۜ وَبِئْسَ الْمَصٖيرُ ﴿٩﴾ ضَرَبَ اللّٰهُ مَثَلًا
لِلَّذٖينَ كَفَرُوا امْرَاَتَ نُوحٍ وَامْرَاَتَ لُوطٍۜ كَانَتَا تَحْتَ
عَبْدَيْنِ مِنْ عِبَادِنَا صَالِحَيْنِ فَخَانَتَاهُمَا فَلَمْ يُغْنِيَا
عَنْهُمَا مِنَ اللّٰهِ شَيْـًٔا وَقٖيلَ ادْخُلَا النَّارَ مَعَ الدَّاخِلٖينَ ﴿١٠﴾
وَضَرَبَ اللّٰهُ مَثَلًا لِلَّذٖينَ اٰمَنُوا امْرَاَتَ فِرْعَوْنَۢ اِذْ قَالَتْ
رَبِّ ابْنِ لٖى عِنْدَكَ بَيْتًا فِى الْجَنَّةِ وَنَجِّنٖى مِنْ فِرْعَوْنَ
وَعَمَلِهٖ وَنَجِّنٖى مِنَ الْقَوْمِ الظَّالِمٖينَۙ ﴿١١﴾ وَمَرْيَمَ ابْنَتَ
عِمْرٰنَ الَّتٖٓى اَحْصَنَتْ فَرْجَهَا فَنَفَخْنَا فٖيهِ مِنْ رُوحِنَا
وَصَدَّقَتْ بِكَلِمَاتِ رَبِّهَا وَكُتُبِهٖ وَكَانَتْ مِنَ الْقَانِتٖينَ ﴿١٢﴾

سُورَةُ

8. ¡Oh vosotros que creéis! Dirigíos a Dios con un arrepentimiento sincero y reformador[7]. Se espera[8] que vuestro Señor os borre vuestros actos malvados y os admita en los Jardines a través de los cuales discurren ríos, en un Día en el que Dios no deshonrará ni desilusionará al Profeta y a aquellos que creen en su compañía. Su luz (de los creyentes) brillará y se difundirá ante ellos y en sus diestras, mientras señalan: "¡Señor nuestro! Perfecciona nuestra luz (con tu Gracia para que podamos llegar al Paraíso), y perdónanos[9]. ¡Sin duda Tú posees pleno poder sobre todas las cosas!"

9. ¡Oh Profeta! Combate con firmeza contra los incrédulos y los hipócritas (como lo requiera la ocasión y las condiciones), y sé severo con ellos[10]. Su refugio final es el Infierno: ¡Cuán funesto destino de llegada!

10. Y Dios presenta a la mujer de Noé y a la de Lot como un ejemplo para los que no creen. Se habían casado con dos de Nuestros siervos rectos y aun así los traicionaron (rechazando los Mensajes que trajeron de Dios y colaborando con los incrédulos). Pero ellos (sus maridos) no las ayudaron en nada frente a Dios y se les dijo: «Entrad en el Fuego junto con todos los que entran allí»[11].

11. Y Dios presenta a la mujer del Faraón como un ejemplo para los que creen. Ella rezaba: «¡Mi Señor! Constrúyeme un hogar en el Paraíso en Tu cercanía, y guárdame y protégeme del Faraón y sus actos, y sálvame de la gente malhechora»[12].

12. Y también María, la hija de 'Imran,[13] que se mantuvo casta (en cuerpo y alma), y así le insuflamos Nuestro Espíritu,[14] y quien afirmó la verdad de las palabras de su Señor (Sus Revelaciones —órdenes, promesas y advertencias— a Sus Mensajeros), y Sus Libros, y ella fue de aquellas devotamente obedientes a Dios.

7. 'Ali, el primo y yerno del Profeta y el cuarto Califa, que Dios esté complacido con él, describe un arrepentimiento sincero y reformador de esta manera:

Para que tu arrepentimiento pueda ser uno sincero, reformador y válido, deberías (1) sentir sinceramente remordimiento por el pecado que has cometido, (2) cumplir con todos los deberes religiosos obligatorios y recuperar los que has faltado, (3) reintegrar cualquier derecho que le has usurpado a su dueño, (4) pedir el perdón a los que has ofendido, (5) decidir no cometer de nuevo el pecado que has cometido, y (6) hacer que tu alma carnal pruebe la dificultad de la obediencia a Dios como has hecho que pruebe el placer de pecar (Yazir, Zamajshari).

8. Dios nunca está obligado a aceptar el arrepentimiento, pero un arrepentido debería esperar sinceramente que lo acepte y lo perdone.

9. Esto significa que los seres humanos son falibles y, a excepción de los Profetas, casi todos se dirigen al otro mundo con algunos pecados. Además, sus buenos actos no serán suficientes para que ellos provean la luz que necesitarán para llegar al Paraíso desde el mismísimo momento en el que serán resucitados. Así que rezan a Dios para completar su luz estrictamente a partir de Su gracia (asimismo véase el *sura* 57:12,19). También necesitarán el perdón para ser salvados de la oscuridad de sus pecados. Por otro lado, los hipócritas no serán capaces de avanzar hacia el Paraíso y serán envueltos por la oscuridad de su hipocresía (57:13).

10. Para una explicación, véase el *sura* 9:73, nota 15, así como el versículo 123, nota 28.

11. Este es el dictamen final para su persona y también una referencia a su condición en la tumba.

12. Algunos informes dicen que el nombre de la mujer del Faraón era Asya. La plegaria que cita el Corán de ella explica su sincera fe profundamente establecida y la devoción hacia Dios, así como su alejamiento de los males del Faraón y la rebelión de su pueblo contra Dios. Algunos intérpretes deducen de la frase «sus actos» que Dios también la salvó de su relación con el Faraón. Dicho gobernante pudo haber sido (sexualmente) impotente y no tuvo descendientes, como un gran número de tiranos semejantes al Faraón a lo largo de la historia. Esto implica que su régimen tiránico no durará mucho tiempo.

13. Véase el *sura* 3:33-34, nota 7.

14. Dios no sólo insufló en María un «espíritu» procedente de Él para concebir a Jesús, sino que también lo hizo en el «cuerpo» que formó con barro para que Adán pudiera venir al mundo. Para el significado de la insuflación de Dios de Su Espíritu, véase 4:171, nota 34; 15:29, nota 8. A pesar de que el versículo atribuye este hecho a Dios, ya que es Dios Quien creó cada acto de cada ser, en realidad, fue el Arcángel Gabriel u otro Espíritu semejante a un ángel. (Véase el *sura* 19:17, nota 3).

SURA 67

AL-MULK (LA SOBERANÍA)

Período de La Meca

Este *sura* de treinta versículos fue revelado en La Meca. Su nombre proviene del primer versículo en donde aparece la palabra *al-mulk* (soberanía). Los aspectos básicos que aborda el *sura* son el testimonio del universo hacia la Unicidad de Dios, el final de los incrédulos que no prestan atención a los Mensajes de Dios, los favores de Dios para la humanidad y la dependencia humana en Dios en ambos mundos.

En el Nombre de Dios,
el Misericordioso, el Compasivo.

1. Bendito y Supremo es Aquel en Cuya Mano está la Soberanía; y posee pleno poder sobre todas las cosas.

2. Aquel Quien ha creado la muerte y la vida,[1] para poder poneros a prueba (y demostraros) quién de entre vosotros es mejor en los actos: y Él es el Glorioso poseedor de irresistible poder (Cuya voluntad nadie puede frustrar), el Indulgente (Quien perdona muchos de los pecados de Sus siervos para que puedan aprender al ser probados).

3. Aquel Quien ha creado los siete Cielos[2] en armonía. Tú no ves error o incongruencia alguna en la creación del Misericordioso. Mira de nuevo: ¿puedes ver algún fallo?

4. Luego mira una y otra vez, (y sin importar la frecuencia con que lo haces, y cualquiera de los instrumentos que te ayudan a contemplar) tu vista retrocederá a ti deslumbrada (por el esplendor de la creación de Dios), y atemori-

سورة الملك مكية
وهي ثلاثون آية

بسم الله الرحمن الرحيم

تبارك الذي بيده الملك وهو على كل شيء قدير ﴿١﴾ الذي خلق الموت
والحياة ليبلوكم أيكم أحسن عملا وهو العزيز الغفور ﴿٢﴾ الذي خلق سبع
سماوات طباقا ما ترى في خلق الرحمن من تفاوت فارجع البصر هل
ترى من فطور ﴿٣﴾ ثم ارجع البصر كرتين ينقلب إليك البصر خاسئا
وهو حسير ﴿٤﴾ ولقد زينا السماء الدنيا بمصابيح وجعلناها رجوما
للشياطين وأعتدنا لهم عذاب السعير ﴿٥﴾ وللذين كفروا بربهم عذاب
جهنم وبئس المصير ﴿٦﴾ إذا ألقوا فيها سمعوا لها شهيقا وهي تفور ﴿٧﴾
تكاد تميز من الغيظ كلما ألقي فيها فوج سألهم خزنتها ألم يأتكم
نذير ﴿٨﴾ قالوا بلى قد جاءنا نذير فكذبنا وقلنا ما نزل الله من شيء إن
أنتم إلا في ضلال كبير ﴿٩﴾ وقالوا لو كنا نسمع أو نعقل ما كنا في
أصحاب السعير ﴿١٠﴾ فاعترفوا بذنبهم فسحقا لأصحاب السعير ﴿١١﴾
إن الذين يخشون ربهم بالغيب لهم مغفرة وأجر كبير ﴿١٢﴾

zado y debilitado (al ser incapaz de discernir cualquier fallo para apoyar alguna excusa con la intención de afirmar que podría haber alguna porción en el dominio del universo)[3].

5. Y, en verdad, hemos adornado el Cielo más cercano (el Cielo del mundo) con lámparas (estrellas) e hicimos (de) ellas proyectiles para ahuyentar a los diablos; y para ellos hemos preparado (en el Más Allá) el castigo del Fuego[4].

6. Y también para aquellos que no creen en su Señor se da el castigo del Infierno. ¡Cuán funesto destino de llegada!

7. Cuando sean arrojados allí, oirán su respiración ronca (por la que serán tragados) mientras hierva.

8. Casi estallando de furia. Cada vez que sea arrojado un grupo,[5] sus protectores les preguntarán: «¿Jamás llegó a vosotros un advertidor?».

9. Dirán: «Sí, en verdad un advertidor llegó a nosotros pero le negamos a él y (le) dijimos: "Dios nunca ha enviado nada, tú únicamente te hallas en un gran error"».

10. Dirán: «Si al menos (lo) hubiéramos oído o razonado (y distinguido lo que era para nuestro beneficio de lo que era para nuestro daño, y hubiéramos actuado en consecuencia), (ahora) no estaríamos entre los compañeros del Fuego».

11. De esta manera reconocerán sus pecados, ¡mas la misericordia de Dios (pues) se hallará lejos de los compañeros del Fuego!

12. Con respecto a los que permanecen con temor reverencial a su Señor aunque se halle oculto (más allá de su percepción), para ellos existe el perdón (para traer bendiciones imprevistas) y una gran recompensa.

---

1. La muerte no es el final de una vida o la supresión de la vida en las cosas o los seres vivos. Más bien es algo que es creado, como la vida. Dios crea la muerte en una cosa o ser vivo y así esa cosa o ser muere. Ya que la creación de Dios es siempre hermosa, la muerte también lo es. Esto se debe a que todos los seres humanos poseen un sentimiento intrínseco de eternidad, y de este modo se sienten tan encerrados en los estrechos confines del mundo material que anhelan la eternidad. Todo aquél que sepa sobre su naturaleza consciente la oirá pronunciar eternidad, una y otra vez. Si nos dieran todo el universo, aún así anhelaríamos la vida eterna para la que hemos sido creados. Esta predisposición natural hacia la felicidad eterna viene de una realidad objetiva: la existencia de la vida eterna y nuestro deseo por ella. La muerte es la puerta que se abre a la eternidad.

Aquellos que creen y viven vidas rectas son saludados con las puertas abiertas desde los lugares reservados para ellos en el Paraíso. El profeta Muhammad, la paz y las bendiciones sean con él, declaró que las almas de los rectos son retiradas de manera tan suave como el agua que fluye lentamente desde una tinaja. Mejor que eso, los mártires no sienten la agonía de la muerte y ni siquiera saben que están muertos. En cambio, se consideran a sí mismos siendo trasladados a un mundo mejor, en el que disfrutan la perfecta felicidad.

Aunque la muerte parece traer descomposición, la vida que se extingue, y la destrucción del placer, en realidad representa una Liberación Divina de las pesadas obligaciones de la vida mundana. No es más que un cambio de residencia, una transferencia del cuerpo, una invitación y un comienzo de la vida eterna. Nos libera de los agobios de esta vida mundana, que es una mazmorra turbulenta, sofocante y estrecha que gradualmente se hace más difícil con la vejez y la enfermedad, y nos admite al círculo infinitamente amplio de la misericordia del Amado y Eterno. Podemos disfrutar la compañía eterna de nuestros seres queridos y el consuelo de una vida eterna y feliz.

El mundo está continuamente animado a través de los actos de la creación y la muerte. La muerte conduce a una vida más perfecta. La muerte de las plantas, el nivel más simple de la vida, demuestra una obra del Arte Divino, como sus vidas, mas una que es más perfecta y mejor diseñada. Cuando la semilla de una fruta muere en el suelo, parece que se descompone y se pudre. Pero en realidad, pasa por un proceso químico perfecto, atravesando etapas predeterminadas de reformación, y finalmente se convierte en un árbol nuevo y desarrollado. Así que la muerte de una semilla es realmente el comienzo de un nuevo árbol, una vida más perfecta y desarrollada. Ya que la muerte de la fruta, los vegetales y la carne en nuestros estómagos hace que se eleven al grado de la vida humana, en este sentido su muerte se puede considerar como más perfecta que sus vidas. Ya que la muerte de las plantas es tan perfecta y sirve para un propósito tan grande, nuestras muertes, dado que nosotros somos la forma más elevada de vida, deben ser mucho más perfectas y servir para un propósito todavía más grande. Una vez que nos hallemos bajo tierra, sin duda ingresaremos en la vida eterna.

2. Véase el sura 2:29, nota 28.

3. Said Nursi describe el universo en su estilo inimitable como sigue:

> El universo es como un magnífico palacio, una fábrica disciplinada, una ciudad perfectamente diseñada, cuyos elementos o partes están interrelacionados entre sí y con su totalidad, todo al mismo tiempo, y trabajan juntos en pos de grandes propósitos. Incluso en las largas distancias, los elementos se apresuran a ayudarse entre sí cuando lo necesitan y no se pierden. Por ejemplo, el Sol y la Luna, el día y la noche, y el verano y el invierno operan con las plantas para ayudar a los animales y ayudar a transportar sus nutrientes para ellos, que obtienen a partir del tesoro de la Misericordia. Los animales se apresuran a ayudar a los seres humanos. Por ejemplo, las abejas y los gusanos de seda elaboran miel y seda a partir del tesoro del Misericordioso y las preparan para el uso de la humanidad. Las partículas de tierra, aire y agua ayudan a las frutas y a la vegetación, cada una de ellas tienen diferentes sabores y cualidades de nutrición. A cambio, ayudan a las células del cuerpo con perfecto orden y para grandes propósitos.
>
> Esta ayuda mutua bien conformada, perfecta y útil se manifiesta en todas esas cosas, especialmente en los objetos inanimados. También es una prueba evidente y un argumento claro de que son siervos de un Sustentador Omnisapiente, trabajadores controlados por un Administrador Munífico, que trabajan por Su orden y permiso, y Su Poder y Sabiduría.
>
> Sobre la superficie de este planeta, observamos actos de constantemente original y útil creación. Ocurren con infinita abundancia junto con un arte hermoso y perfecto; con absoluta facilidad y en perfecto orden y disposición; a una increíble velocidad sin perder proporción, firmeza, o cualidad sustancial; y en una infinita distribución de especies junto con la hermosura infinita de cada individuo. Estos actos ocurren con el ahorro más grande o el costo más bajo que se pueda imaginar, y aun así cada individuo es inestimable, se distingue perfectamente de todo lo demás mientras que alberga la conexión y la similitud más elevadas entre las especies, a pesar de los enormes períodos de tiempo y las distancias de espacio. Se hallan en equilibrio con una variedad absoluta, una individualización perfecta de caracteres y rasgos, aunque son generados de materiales similares o incluso idénticos principios estructurales, y organización. Cada cosa es suficiente para manifestar el sello del Único Creador y Señor. El arte perfecto en la creación a pesar de la abundancia, el orden perfecto a pesar de la facilidad absoluta, la perfecta medida, la proporción y firmeza a pesar de la increíble velocidad, la perfecta individualización a pesar de la distribución mundial, el precio y valor más elevado a pesar de la mayor economía, la perfecta distinción a pesar de la integración y la semejanza absolutas; todo ello señala al Uno, Único Creador y Señor, Quien tiene Voluntad, Poder y Conocimiento absolutos (*Mathnawi an-Nuriyah*, págs.51-52).

4. Con respecto a estos proyectiles para ahuyentar a los diablos, Said Nursi escribe:

> La Tierra y los Cielos están interconectados como dos países bajo un gobierno, y se dan viajes entre ellos. Importantes necesidades para la Tierra son enviadas desde los Cielos, espíritus puros viajan a los Cielos, y espíritus maléficos, imitando a los puros, intentan viajar a la morada celestial. Físicamente, estos son seres sutiles elabo-

rados del fuego sin humo. Sin embargo, no cabe duda de que serán rechazados y repelidos, pues por naturaleza son malvados e impuros. Como lo demuestran el silencio y la tranquilidad, el orden y la regularidad serena de los Cielos, y su enormidad y brillantez, sus habitantes no son como los de la Tierra; son todos obedientes a Dios y hacen lo que Él les ordena. No hay nada que cause luchas o disputas entre ellos porque son inocentes, su reino es enorme, su naturaleza es pura, y sus estaciones son fijas. Así que cuando los diablos o los seres espirituales malignos intentan ascender a los cielos, los habitantes puros se movilizan para repelerlos.

Sin duda alguna, debe haber una señal o reflexión en el mundo visible y material de esta interacción y contienda importantes. Pero la sabiduría de la soberanía del Señorío Divino requiere que el Señor establezca una señal, una indicación para los seres conscientes, particularmente para la humanidad, cuyo deber más importante es observar, atestiguar, supervisar y actuar como un heraldo para Sus disposiciones importantes en el reino de Lo Oculto. Esto es precisamente como ha hecho de la lluvia y del calor del Sol una señal para que la expliquen, en términos físicos, así como sus incontables milagros en la primavera, y también ha creado causas (naturales) aparentes como las indicaciones de las maravillas de Su arte, para que pueda convocar a los habitantes del mundo visible y material con la intención de que den testimonio de ellas, sin duda para atraer la mirada atenta de todos los habitantes de los vastos Cielos y la Tierra hacia la extraordinaria manifestación. Es decir, despliega los vastos Cielos como un castillo o una ciudad engalanada con torres en las que los centinelas están apostados, para que aquellos habitantes de los Cielos y la Tierra puedan reflejarse en la majestad de Su Señorío.

Ya que la sabiduría requiere el anuncio de esta elevada contienda, sin duda habrá una señal para esto. Sin embargo, más allá del hecho de que algunas estrellas son empleadas como «proyectiles» contra los diablos, ningún fenómeno de la atmósfera o los cielos parece ser apropiado para esta declaración. Pero es evidente lo conveniente que son estos acontecimientos estelares para el rechazo de los diablos, fenómenos que se asemejan a proyectiles disparados desde los formidables bastiones de los elevados castillos. Además, a diferencia de otros fenómenos que suceden en los Cielos, ninguna otra función es conocida por estos fenómenos estelares. Además, esta función ha sido ampliamente reconocida desde los tiempos de Adán, y atestiguada por aquellos que conocen la realidad de las cosas y los fenómenos.

Tal y como los ángeles y otras criaturas, también hay diferentes variedades de estrellas. Algunas son extremadamente pequeñas, y otras extremadamente grandes. Casi todo lo que brilla en el cielo puede ser denominado como estrella. Una clase de estrella es aquella que el Creador Majestuoso, el Hacedor Benévolo, ha creado cual joya sobre la faz del cielo o como la fruta brillante de un enorme árbol. También les ha creado lugares de excursión, monturas o moradas para Sus ángeles. Ha creado de un tipo de estrellas de tamaño pequeño un proyectil para expulsar a los diablos y matarlos. De esta manera, lanzar estrellas fugaces para rechazar a los diablos puede tener tres significados:

El primero: Es una señal de que existe una contienda (entre los seres conscientes) en la esfera más amplia de la existencia.

El segundo: Indica que en los Cielos hay protectores vigilantes y habitantes obedientes, es decir, fuerzas Divinas, que no les agrada que los malhechores de la Tierra se mezclen y los escuchen a escondidas.

El tercero: Los diablos que espían, que son los representantes de la impureza y la maldad de la Tierra, intentan ensuciar el reino limpio y puro de los Cielos habitados por los seres puros, y espían las conversaciones de sus habitantes en el nombre de los espíritus maléficos (los genios y sus compañeros humanos incrédulos que intentan desviar a la gente, en particular por medio de la hechicería, el espiritismo y la adivinación). Las estrellas fugaces son impulsadas para evitar estas cosas y rechazarlas en las puertas de los Cielos [Véase *The Words* («Las Palabras»), «15th Word» («La 15ª Palabra»), págs. 193-199].

En este punto, será de utilidad hablar acerca de las lluvias de meteoritos. La lluvia de meteoritos de las Perseidas que aproximadamente observamos todos los años sugiere que son arrojados por ciertos propósitos importantes, aunque desconocidos. Las observaciones efectuadas por ejemplo, en 1993, demuestran el hecho que la estructura de la lluvia todavía no es muy conocida.

Según la información suministrada por la Organización Internacional de Meteoritos sobre los acontecimientos de la lluvia de meteoritos de 1993, (Revista «Astronomy», octubre de 1993), los primeros resultados anotados en la noche del 11 al 12 de agosto de ese año vinieron de Japón. Hasta las 20:30 del 11 de agosto (todos los tiempos medidos en formato UTC), fueron halladas normales las proporciones de meteoritos por unidad de tiempo. Una proporción cenital horaria (ZHR en sus siglas en inglés) de 40 meteoritos por hora (m/h) fue provisionalmente asignada a la lluvia de meteoritos en dicho espacio de tiempo.

Documentos preliminares de los observadores europeos indicaron que las proporciones habían aumentado gradualmente para el ZHR del orden de 100 m/h entre las 20:00 del 11 de agosto y la 1:00 del 12 de agosto. Los observadores en Francia informaron un aumento notable en las proporciones después de las 00:30 del 12 de agosto, con una proporción aproximadamente dos veces superior a la «normal». Los ratios continuaron incrementándose entre la 01:00 y las 03:00. Un ZHR preliminar de 200-500 m/h fue atribuido a este período. Las proporciones parecían llegar a una cota máxima entre las 03:00 y las 03:30. El ZHR en su ratio máximo fue estimado en aproximadamente 500 m/h. Las observaciones desde las Islas Canarias indicaron que los ratios comenzaron a declinar después de las 04:00.

Proporciones más elevadas de meteoritos que las normales fueron informadas también por muchos observadores en los Estados Unidos y Japón. Como observó Martin Beech en la revista «Astronomy», pág. 11, los resultados indicaron claramente que la lluvia de meteoritos no aconteció tal y como se predijo con anterioridad. La especulación sobre una posible tormenta de meteoritos demostró ser incorrecta. Otra característica inesperada en 1993 fue el elevado número de meteoritos observados. Los observadores informaron de aproximadamente cinco veces el nivel normal de la lluvia de meteoritos de las Perseidas en la noche del 11 al 12 de agosto. Las Perseidas demostraron una vez más lo difícil que es predecir la actividad de una lluvia de meteoritos.

A. Cressy Morrison (pág. 100) menciona, como una característica humana típica, la reticencia para abandonar las ideas fijas y la resistencia obstinada en aceptar las verdades desconocidas. Los antiguos griegos sabían que la Tierra era esférica, pero tuvo que pasar dos mil años para convencer a los hombres (occidentales) de que este hecho era cierto. Las nuevas ideas encontraron oposición, ridículo e injurias, pero la verdad sobrevive y está verificada. Ni los estudios científicos ni los desarrollos en la ciencia pueden ofrecer excusa alguna para no aceptar a Dios. Lo que observamos en la naturaleza y lo que obtenemos de ella debe alentarnos para conocerlo más de cerca y contemplar el firme puente establecido entre la ciencia y la religión, entre el mundo y el Más Allá, y entre la razón y el espíritu.

5. Véanse el *sura* 8:37; y el *sura* 39:71.

وَاَسِرُّوا قَوْلَكُمْ اَوِ اجْهَرُوا بِهٖۜ اِنَّهُ عَلٖيمٌ بِذَاتِ الصُّدُورِ ﴿١٣﴾ اَلَا
يَعْلَمُ مَنْ خَلَقَۜ وَهُوَ اللَّطٖيفُ الْخَبٖيرُ۟ ﴿١٤﴾ هُوَ الَّذٖى جَعَلَ لَكُمُ
الْاَرْضَ ذَلُولاً فَامْشُوا فٖى مَنَاكِبِهَا وَكُلُوا مِنْ رِزْقِهٖۜ وَاِلَيْهِ النُّشُورُ ﴿١٥﴾
ءَاَمِنْتُمْ مَنْ فِى السَّمَٓاءِ اَنْ يَخْسِفَ بِكُمُ الْاَرْضَ فَاِذَا هِىَ تَمُورُۙ ﴿١٦﴾
اَمْ اَمِنْتُمْ مَنْ فِى السَّمَٓاءِ اَنْ يُرْسِلَ عَلَيْكُمْ حَاصِباًۜ فَسَتَعْلَمُونَ
كَيْفَ نَذٖيرِ ﴿١٧﴾ وَلَقَدْ كَذَّبَ الَّذٖينَ مِنْ قَبْلِهِمْ فَكَيْفَ كَانَ نَكٖيرِ ﴿١٨﴾
اَوَلَمْ يَرَوْا اِلَى الطَّيْرِ فَوْقَهُمْ صَٓافَّاتٍ وَيَقْبِضْنَۜ مَا يُمْسِكُهُنَّ اِلَّا
الرَّحْمٰنُۜ اِنَّهُ بِكُلِّ شَيْءٍ بَصٖيرٌ ﴿١٩﴾ اَمَّنْ هٰذَا الَّذٖى هُوَ جُنْدٌ لَكُمْ
يَنْصُرُكُمْ مِنْ دُونِ الرَّحْمٰنِۜ اِنِ الْكَافِرُونَ اِلَّا فٖى غُرُورٍۚ ﴿٢٠﴾ اَمَّنْ
هٰذَا الَّذٖى يَرْزُقُكُمْ اِنْ اَمْسَكَ رِزْقَهُۚ بَلْ لَجُّوا فٖى عُتُوٍّ وَنُفُورٍ ﴿٢١﴾
اَفَمَنْ يَمْشٖى مُكِبًّا عَلٰى وَجْهِهٖٓ اَهْدٰٓى اَمَّنْ يَمْشٖى سَوِيًّا
عَلٰى صِرَاطٍ مُسْتَقٖيمٍ ﴿٢٢﴾ قُلْ هُوَ الَّذٖٓى اَنْشَاَكُمْ وَجَعَلَ لَكُمُ
السَّمْعَ وَالْاَبْصَارَ وَالْاَفْئِدَةَۜ قَلٖيلاً مَا تَشْكُرُونَ ﴿٢٣﴾ قُلْ هُوَ الَّذٖى ذَرَاَكُمْ
فِى الْاَرْضِ وَاِلَيْهِ تُحْشَرُونَ ﴿٢٤﴾ وَيَقُولُونَ مَتٰى هٰذَا الْوَعْدُ اِنْ
كُنْتُمْ صَادِقٖينَ ﴿٢٥﴾ قُلْ اِنَّمَا الْعِلْمُ عِنْدَ اللّٰهِۖ وَاِنَّمَٓا اَنَا۬ نَذٖيرٌ مُبٖينٌ ﴿٢٦﴾

فَلَمَّا

13. Tanto si mantenéis oculto lo que intentáis decir o lo expresáis en voz alta, Él seguramente posee pleno conocimiento de todo lo que se halla en vuestros pechos.

14. ¿Es concebible que Aquel Quien crea no lo sepa?[6] Él es el Sutil (que penetra las dimensiones más diminutas de todas las cosas), el Consciente.

15. Él es Quien ha hecho que la Tierra se someta a vosotros (como si fuera un animal dócil), para que marchéis sobre sus hombros (altiplanicies) y comáis de Su provisión;[7] pero (tened en cuenta que) a Él será la Resurrección.

16. Y aun así, ¿estáis seguros de que Él Quien se halla por encima de todas las cosas no hará que la Tierra os trague entonces, cuando ésta se halle en un estado de conmoción?

17. ¿O estáis seguros de que Él Quien se halla por encima de todas las cosas no enviará contra vosotros una tormenta de arena mortal? Entonces sabréis cómo es Mi advertencia.

18. En verdad, aquellos que les precedieron negaron (la verdad y fueron destruidos). ¡Así (reflexionad sobre) cuán espantosa fue Mi repudiación hacia ellos!

19. ¿Nunca han considerado los pájaros sobre ellos, volando en líneas con las alas que se extienden y pliegan? Nada los sostiene salvo el Misericordioso. En verdad Él ve todo muy bien.

20. ¿Quién hay, aparte del Misericordioso, que pueda ser un «ejercito» para vosotros, (un medio de fuerza y apoyo) para ayudaros (a sobrevivir o tener éxito)? Los incrédulos seguramente no están sino en error.

21. ¿Quién hay, para que pueda proveeros, si Él retirara Su provisión? Mas no, pues persisten en el desdén y la animosidad (en la huida obstinada de la verdad y la realidad).

22. (Considerad ahora:), ¿Acaso aquel que es propenso a caminar cabizbajo (sin la amplitud o la extensión de su línea visual, apenas viendo lo que está tocando su rostro) se encuentra mejor guiado, o es aquel que va derecho en el camino recto (con una clara línea visual hacia lo que está delante de él)?

23. Di: «Él es Quien os ha hecho existir y os ha dotado con el oído, la vista y los corazones. ¡Cuán poco agradecidos sois!

24. Di: «Él es Quien os ha multiplicado sobre la Tierra, y (es) con Él con Quien os reuniréis (para rendir cuentas de vuestra vida sobre esa Tierra)».

25. Ellos indican (preguntando con burla): «¿Cuándo se cumplirá esta promesa (de reunión), si eres veraz (en tu afirmación)?».

26. Di: «El conocimiento (de aquello, y el conocimiento verdadero y total de todas las cosas) se halla con Dios. Y yo soy solo un manifiesto advertidor».

---

6. Esto es de gran importancia. Los seres humanos que elaboran algo preparan un manual para describir cómo se debe usar y lo usamos según esa guía. Esto significa que alguien que lo fabrica lo conoce mejor y que solo quien en verdad lo conoce puede fabricarlo. Así que Dios en su condición de Omnisapiente crea y siendo el Creador conoce todo lo que crea. De esta manera debemos concluir que Aquel Quien conoce y crea tiene el derecho a controlarlo y gobernarlo, como es debidamente porque solo Aquel Quien crea y conoce puede gobernar lo que crea de la mejor manera. Sin embargo, esto muestra la injusticia y la ignorancia de la humanidad que mientras proclaman autoridad sobre lo que hacen o fabrican, niegan la autoridad de Dios sobre lo que crea.

7. La frase, *marchéis sobre los hombros de la Tierra* significa que aunque es extremadamente difícil viajar sobre el lomo de un caballo o un camello, la Tierra es más obediente con la humanidad que un camello o un caballo domados. Además, el versículo implica que la provisión de Dios existe en mayor medida sobre los hombros de la Tierra (las montañas y las altiplanicies) y las llanuras entre ellos. Así que el versículo insta a la humanidad a explorar las montañas en pos de la provisión que Dios ha creado en ellas.

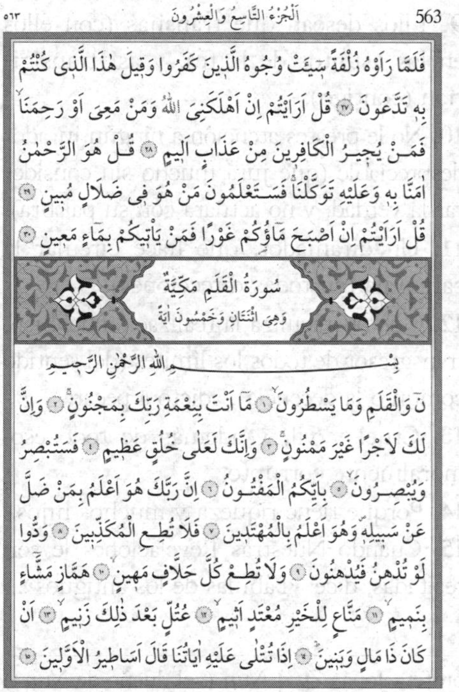

27. Pero luego, cuando lo contemplan de cerca, los rostros de aquellos que no creen se apenan con dolor, y se les dirá (a los que se estuvieron burlando tanto): «Esto es lo que estuvisteis requiriendo (burlonamente)».

28. Di: «¿Alguna vez habéis considerado (esto)?: Tanto si Dios me destruye junto con los que me acompañan como si tiene misericordia por nosotros (y nos facilita triunfar), entonces, ¿quién hay para que pueda proteger a los incrédulos de un doloroso castigo?».

29. Di: «Él es el Misericordioso. En Él creemos y en Él depositamos nuestra confianza, así que pronto llegaréis a saber quién es el que se halla perdido en el error obvio»[8].

30. Di: «¿Alguna vez habéis considerado (esto)?: Si vuestra agua se desvanece bajo tierra (dejándoos sin fuente de agua), ¿quién hay para que pueda traeros (una fuente que reemplace) el agua que sale a borbotones?».

---

8. Los últimos versículos contienen un poderoso argumento para la Existencia y la Unicidad de Dios, silenciando a los oponentes. «En Él creemos y en Él depositamos nuestra confianza. Si, suponiendo lo inimaginable, estuviéramos equivocados, ¿qué daños sufriremos? Pero si estamos en lo cierto y negáis una verdad, la cual es la verdad más grande e importante de la vida y el ser, entonces ¿quién será capaz de salvaros de la consecuencia de vuestra negación, que es el castigo eterno?».

SURA 68

AL-QALAM (EL CÁLAMO)

Período de La Meca

Este *sura* de 52 versículos es uno de los primeros *suras* revelados en La Meca. Su nombre proviene de la palabra *al-qalam* (el cálamo), que aparece en el versículo de apertura. Refuta algunos alegatos de los politeístas contra el Mensajero de Dios y da testimonio de la función de la Misión Profética. Cita el carácter perfecto del Mensajero como la prueba más visible e innegable de su Misión Profética. Advierte contra las malas consecuencias de la ingratitud y la incredulidad, y les promete a los creyentes una vida feliz y eterna en el Más Allá.

En el Nombre de Dios,
el Misericordioso, el Compasivo.

1. *Nun*. Por el Cálamo y lo que escriben con él línea a línea[1].

2. Tú no eres, por la gracia de tu Señor, un loco.
3. Y tuya es, sin duda, una recompensa constante y más allá de toda medida.
4. No cabe duda de que eres de un carácter sublime y actúas por medio de un patrón sublime de conducta[2].
5. Pronto verás y verán.
6. Cuál de vosotros está aquejado de locura.
7. Seguramente tu Señor es Aquel Quien sabe mejor quién se halla extraviado de Su camino, y conoce mejor a los que están rectamente guiados.
8. Así que no prestes atención a (los deseos de) aquellos que persistentemente niegan (el Mensaje de Dios).
9. Ellos desean que transijas (con ellos en los asuntos de la fe), y así transigirían (contigo).
10. No le prestes atención a ningún jurador despreciable (que jura mucho sin considerar la verdad, y no actuará con su palabra).
11. Un difamador, que hace circular la calumnia (en todas direcciones).
12. Que obstaculiza la realización del bien, transgresor de todos los límites (del sentido común o la decencia), adicto a pecar;
13. Cruel y vil, y además de todo eso, moralmente corrupto,
14. Porque tiene riqueza y muchos hijos.
15. Cuando Nuestras Revelaciones le son recitadas, dice: «Fábulas de los antiguos».

---

1. Dotar a la humanidad con la capacidad de hablar es una de las más grandiosas bendiciones de Dios. La expresión más grandiosa es el Corán, el cual es a su vez la bendición más grande de Dios sobre la Humanidad (55:1-4). Dios también llama la atención al hecho de que ha enseñado a los seres humanos a escribir con el cálamo (96:4). Una de las razones primordiales por las que el Corán ha llegado hasta nosotros sin cambios es que el Mensajero de Dios, la paz y las bendiciones sean con él, lo ha puesto por escrito por medio de escribas, versículo a versículo. La escritura es el medio más importante para almacenar y transmitir información. Así que debido a esta gran importancia, Dios jura por el Cálamo —especialmente las plumas con las que fue anotado el Corán— y lo que se encuentra escrito con la pluma —en particular el Corán—. *Nun* es una de las letras aisladas o abreviadas, con respecto a lo que puede apreciar en el *sura* 2, nota 1. Además, a sus otros significados o implicaciones, *nun* puede referirse al tintero o equipamiento similar usado para escribir. Asimismo, el Corán llama al profeta Jonás *Zu'n-Nun* («el dueño de *Nun*») en 21:87 y los versículos 48-50 de este *sura* también lo mencionan. Así que según algunos, *Nun* también hace referencia al pez que engulló al profeta Jonás, la paz sea con él.

2. El carácter sublime del Mensajero de Dios, la paz y las bendiciones sean con él, y las cualidades loables que poseía en grado supremo son conocidas en la historia por todos. Incluyendo a sus más acérrimos oponentes de la época, nadie, salvo algunos ciegos orientalistas tercamente dominados por sus prejuicios, han sido capaces de decir nada que pudiera corromper su persona pura. Para una explicación de sus cualidades más sublimes, véase *El Mensajero de Dios: Muhammad*, págs. 305-328.

Con cada uno de sus actos o palabras él representaba el Corán. Como dijo su mujer 'A'isha, era una perfecta encarnación del Corán. Así que el versículo también señala este hecho y significa que cada palabra y acto suyo es una encarnación de un principio coránico.

سنسمه على الخرطوم ﴿١٦﴾ إنا بلوناهم كما بلونا أصحاب الجنة إذ
أقسموا ليصرمنها مصبحين ﴿١٧﴾ ولا يستثنون ﴿١٨﴾ فطاف عليها طائف
من ربك وهم نائمون ﴿١٩﴾ فأصبحت كالصريم ﴿٢٠﴾ فتنادوا مصبحين ﴿٢١﴾
أن اغدوا على حرثكم إن كنتم صارمين ﴿٢٢﴾ فانطلقوا وهم يتخافتون ﴿٢٣﴾
أن لا يدخلنها اليوم عليكم مسكين ﴿٢٤﴾ وغدوا على حرد قادرين ﴿٢٥﴾
فلما رأوها قالوا إنا لضالون ﴿٢٦﴾ بل نحن محرومون ﴿٢٧﴾ قال أوسطهم
ألم أقل لكم لولا تسبحون ﴿٢٨﴾ قالوا سبحان ربنا إنا كنا ظالمين ﴿٢٩﴾ فأقبل
بعضهم على بعض يتلاومون ﴿٣٠﴾ قالوا يا ويلنا إنا كنا طاغين ﴿٣١﴾ عسى
ربنا أن يبدلنا خيرا منها إنا إلى ربنا راغبون ﴿٣٢﴾ كذلك العذاب ولعذاب
الآخرة أكبر لو كانوا يعلمون ﴿٣٣﴾ إن للمتقين عند ربهم جنات النعيم ﴿٣٤﴾
أفنجعل المسلمين كالمجرمين ﴿٣٥﴾ ما لكم كيف تحكمون ﴿٣٦﴾
أم لكم كتاب فيه تدرسون ﴿٣٧﴾ إن لكم فيه لما تخيرون ﴿٣٨﴾ أم لكم
أيمان علينا بالغة إلى يوم القيامة إن لكم لما تحكمون ﴿٣٩﴾ سلهم أيهم
بذلك زعيم ﴿٤٠﴾ أم لهم شركاء فليأتوا بشركائهم إن كانوا صادقين ﴿٤١﴾
يوم يكشف عن ساق ويدعون إلى السجود فلا يستطيعون ﴿٤٢﴾

خاشعة

16. Lo marcaremos en la nariz (para marcar imborrablemente su desgracia).

17. Sin duda los ponemos a prueba (con la sequía mientras confían en su riqueza y los hijos que les hemos concedido y rechazan Nuestra convocatoria), precisamente como pusimos a prueba a los dueños del jardín. Juraron que seguramente cosecharían su producto al día siguiente.

18. No hicieron concesión alguna (en sus juramentos, olvidándose de los derechos de los necesitados y de la Voluntad de Dios).

19. Entonces un castigo de tu Señor lo rodeó mientras estaban durmiendo.

20. Así que por la mañana se había vuelto desolado.

21. Se llamaron mutuamente al levantarse por la mañana.

22. «Apresuraos hacia vuestra tierra cultivada si queréis cosechar (su producto)!»

23. Se pusieron en marcha, murmurando entre sí.

24. «(Cuidado,) que ningún indigente no entre allí hoy con vosotros».

25. Así que se fueron temprano, firmemente resueltos a intentar (recolectar la cosecha y no compartirla con los indigentes).

26. Pero cuando lo vieron, dijeron: «¡En verdad hemos llegado al lugar equivocado!».

27. (Entonces cuando se dieron cuenta de que ciertamente era su jardín:) «¡No, más bien nosotros somos los indigentes!».

28. El más ecuánime entre ellos dijo: «¿Acaso no os dije, por qué no alabáis a Dios?»[3].

29. Dijeron: «¡Glorificado sea nuestro Señor! En verdad hemos sido injustos (considerándonos autosuficientes y no dependientes de Él)».

30. Luego se aproximaron unos a otros, y se reprocharon mutuamente.

31. Dijeron: «¡Oh, pobre de nosotros! Estábamos acostumbrados a la arrogancia y la rebelión.

32. Puede ser que nuestro Señor nos conceda algo mejor que esto en su lugar. Seguramente a nuestro Señor volvemos con esperanza».

33. Eso es (un ejemplo de) el castigo (como el que, por ejemplo, se establece a los rebeldes ingratos para resistir en el mundo); y seguramente el castigo del Más Allá es más grande, ¡si tan sólo lo supieran!

34. Para los piadosos devotos, hay Jardines de generosidad y bendiciones con su Señor.

35. ¿Alguna vez tratamos a aquellos que se han sometido a Dios como criminales incrédulos (que se han sometido únicamente a sus propias deseos y caprichos)?

36. ¿Qué ocurre con vosotros (que podéis juzgar así)? ¿Cómo podéis juzgar (que todo se encuentra valorado de la misma manera ante Dios, sean como musulmanes totalmente sometidos a Dios o no)?

37. ¿O acaso tenéis un Libro (revelado por Dios) que leéis,

38. En donde halláis que en verdad tendréis todo lo que prefiráis (tener)?

39.¿O acaso tenéis una alianza con Nosotros confirmada por Nosotros bajo juramento vinculante hasta el Día de la Resurrección, de que tendréis lo que juzguéis (que debería ser vuestro)?

40. Pregúntales (viendo que no tienen tal alianza) ¿cuál de ellos responderá por eso?

41. ¿O acaso tienen compañeros (con Dios que les garantizan lo que desean para ellos)? Entonces que presenten a sus compañeros si son veraces (en su afirmación).

42. En el Día en el que la verdad se manifieste y estén en un apuro, y sean llamados para que se postren, serán incapaces de ello:

---

3. Es decir: «¿Por qué no Le reconocéis como Señor, Quien únicamente sostiene y provee todo lo que somos y tenemos? ¿Por qué no Le tenéis temor reverencial, Quien no admite ningún compañero en Su autoridad y no se encuentra complacido con la arrogancia y la maldad?».

٥٦٥ الجزء التاسع والعشرون 565

خاشعة أبصارهم ترهقهم ذلة وقد كانوا يدعون إلى السجود
وهم سالمون ﴿٤٣﴾ فذرني ومن يكذب بهذا الحديث سنستدرجهم
من حيث لا يعلمون ﴿٤٤﴾ وأملي لهم إن كيدي متين ﴿٤٥﴾ أم تسألهم أجرا
فهم من مغرم مثقلون ﴿٤٦﴾ أم عندهم الغيب فهم يكتبون ﴿٤٧﴾ فاصبر
لحكم ربك ولا تكن كصاحب الحوت إذ نادى وهو مكظوم ﴿٤٨﴾
لولا أن تداركه نعمة من ربه لنبذ بالعراء وهو مذموم ﴿٤٩﴾ فاجتباه ربه
فجعله من الصالحين ﴿٥٠﴾ وإن يكاد الذين كفروا ليزلقونك بأبصارهم
لما سمعوا الذكر ويقولون إنه لمجنون ﴿٥١﴾ وما هو إلا ذكر للعالمين ﴿٥٢﴾

سورة الحاقة مكية
وهي اثنتان وخمسون آية

بسم الله الرحمن الرحيم
الحاقة ﴿١﴾ ما الحاقة ﴿٢﴾ وما أدراك ما الحاقة ﴿٣﴾ كذبت ثمود وعاد
بالقارعة ﴿٤﴾ فأما ثمود فأهلكوا بالطاغية ﴿٥﴾ وأما عاد فأهلكوا بريح صرصر
عاتية ﴿٦﴾ سخرها عليهم سبع ليال وثمانية أيام حسوما فترى القوم
فيها صرعى كأنهم أعجاز نخل خاوية ﴿٧﴾ فهل ترى لهم من باقية ﴿٨﴾

43. Con su mirada baja, con la humillación abrumándolos. Indudablemente fueron llamados para postrarse mientras estaban todavía seguros y sanos (en el mundo, pero no lo hicieron).

44. Déjame pues con aquellos que niegan esta Palabra (el Corán). Los conduciremos a la perdición paso a paso desde donde no saben.

45. Pero les concedo un aplazamiento (para que puedan enmendarse). Mi designio (todo aquello que es dispuesto para ellos) es firme e imposible de resistir.

46. ¿O es que les pides una recompensa (a cambio de que los convoques a Nuestra Palabra), y así están cargados de deudas?

47. ¿O tienen la autoridad para determinar lo que va a ocurrir en el futuro que prescriben y estipulan (lo que acontecerá, y cómo van a ser juzgados)?

48. Así que espera pacientemente el juicio de tu Señor, y no seas como el compañero del pez[4], cuando gritó tragándosela (la angustia)[5].

49. Si no le hubiera llegado la gracia de su Señor (Quien aceptó su arrepentimiento), en verdad habría sido arrojado a la costa desierta, siendo reprochado)[6].

50. Pero su Señor le eligió y le facilitó estar entre los siervos rectos escogidos especialmente.

51. Aquellos que no creen (si pudieran) te fulminarían con sus miradas por el odio y la enemistad, cuando oyen el Recordatorio, y dicen: «No cabe duda de que es un loco».

52. Pero no es más que un Recordatorio para todos los seres.

4. El compañero del pez es el profeta Jonás, la paz sea con él. Para una explicación detallada de su historia, véanse los versículos 10:98, nota 20; 21:87-88, nota 18; 37:139-148.

5. Gritó en el abdomen del pez: *«No hay más deidad que Tú, gloria a Ti (pues Te hallas absolutamente por encima de tener defecto alguno. Sin lugar a dudas, he sido uno de los malhechores (que han sido injustos consigo mismos)»* (21:87). Para el significado de ello, véase el *sura* 21, nota 18.

6. Los versículos 37:143-145 dicen: *Si no hubiera sido alguien que glorificó siempre a Dios, (declarándole a Él hallarse absolutamente por encima de tener defecto o copartícipe alguno), sin duda habría permanecido en su vientre (sirviéndole como su tumba) hasta el Día en el que todos serán resucita-*

dos (de entre los muertos). Pero causamos que se le arrojase a una costa desierta, enfermo como estaba. Sin embargo, este versículo dice que *si no le hubiera llegado la gracia de su Señor, en verdad habría sido arrojado a la costa desierta, siendo reprochado.* No se da contradicción entre estos versículos. El versículo 37:143 señala que si el profeta Jonás, la paz sea con él, no hubiera sido alguien que siempre glorificó a Dios, habría permanecido en el vientre del pez hasta el Día de la Resurrección. Su condición de ser alguien que siempre glorificó a Dios le hizo ser arrojado a la costa. Este versículo dice que si no hubiera alabado a Dios *en el vientre del pez*, habría sido arrojado a la costa, siendo reprochado. Su alabanza especial en el vientre del pez le hizo ser arrojado a la costa, perdonado, protegido en la tierra desierta y regresar a su pueblo, que aceptó su mensaje.

SURA 69

AL-HAQQAH
(LA REALIDAD SEGURA)

Período de La Meca

Revelado en los primeros años de la Revelación coránica en La Meca, este *sura* de 59 versículos toma su nombre de la palabra *al-haqqah* (La Realidad Segura) en el primer versículo, implicando el Día de la Resurrección y el Juicio Final. Advierte a los criminales incrédulos, recordándoles de lo que les aconteció a algunas anteriores comunidades malhechoras, y llama la atención al Día de la Resurrección. También ofrece evidencias para establecer el origen Divino del Corán y la Misión Profética de Muhammad, la paz y las bendiciones sean con él.

En el Nombre de Dios,
el Misericordioso, el Compasivo.

1. La Realidad Segura.
2. ¿Qué es la Realidad Segura?
3. ¿Y qué te facilita percibir[1] lo que es la Realidad Segura?
4. Las (tribus) de Zamud y ‘Ad negaron el Golpe Repentino y Poderoso[2].
5. Ahora con respecto a la (tribu de) Zamud —fueron destruidos por la (catástrofe) abrumadora—.
6. Y la (tribu de) ‘Ad —fueron destruidos con una furiosa tormenta de viento rugiente
7. Que Dios hizo prevalecer sobre ellos durante siete noches y ocho días, ininterrumpidamente,[3] hasta que pudieras haber visto personas tendidas en ella, tal y como troncos huecos de palmeras.
8. ¿Ahora ves que quede alguno de ellos?

---

1. La frase *qué te facilita percibir* indica que lo que se pregunta es inusual y que es imposible que alguien lo perciba a menos que Dios lo haga conocer.

2. La Realidad Segura (que indudablemente sucederá y hará cada verdad perfectamente clara) significa el Día de la Resurrección y el Juicio Final. El Golpe Repentino y Poderoso implica el acontecimiento del Juicio Final o la destrucción del mundo.

3. Para los pueblos de ‘Ad y Zamud, véase el *sura* 7:65-79, notas 16-17, el *sura* 11:50-68, y el *sura* 26:123-158. El Corán emplea varias palabras para el castigo que sobrevino a la gente de Zamud, como por ejemplo la ráfaga espantosa (11:67), una espeluznante catástrofe (7:78) y el castigo de humillación cual relámpago (41:17). Estos son los aspectos del castigo que describe el Corán, siendo apropiados al tema y el estilo de el *sura* en donde son mencionados.

وَجَآءَ فِرْعَوْنُ وَمَن قَبْلَهُۥ وَٱلْمُؤْتَفِكَٰتُ بِٱلْخَاطِئَةِ ﴿٩﴾ فَعَصَوْا۟
رَسُولَ رَبِّهِمْ فَأَخَذَهُمْ أَخْذَةً رَّابِيَةً ﴿١٠﴾ إِنَّا لَمَّا طَغَا ٱلْمَآءُ حَمَلْنَٰكُمْ
فِى ٱلْجَارِيَةِ ﴿١١﴾ لِنَجْعَلَهَا لَكُمْ تَذْكِرَةً وَتَعِيَهَآ أُذُنٌ وَٰعِيَةٌ ﴿١٢﴾ فَإِذَا
نُفِخَ فِى ٱلصُّورِ نَفْخَةٌ وَٰحِدَةٌ ﴿١٣﴾ وَحُمِلَتِ ٱلْأَرْضُ وَٱلْجِبَالُ
فَدُكَّتَا دَكَّةً وَٰحِدَةً ﴿١٤﴾ فَيَوْمَئِذٍ وَقَعَتِ ٱلْوَاقِعَةُ ﴿١٥﴾ وَٱنشَقَّتِ ٱلسَّمَآءُ
فَهِىَ يَوْمَئِذٍ وَاهِيَةٌ ﴿١٦﴾ وَٱلْمَلَكُ عَلَىٰٓ أَرْجَآئِهَا ۚ وَيَحْمِلُ عَرْشَ رَبِّكَ
فَوْقَهُمْ يَوْمَئِذٍ ثَمَٰنِيَةٌ ﴿١٧﴾ يَوْمَئِذٍ تُعْرَضُونَ لَا تَخْفَىٰ مِنكُمْ خَافِيَةٌ ﴿١٨﴾
فَأَمَّا مَنْ أُوتِىَ كِتَٰبَهُۥ بِيَمِينِهِۦ فَيَقُولُ هَآؤُمُ ٱقْرَءُوا۟ كِتَٰبِيَهْ ﴿١٩﴾ إِنِّى ظَنَنتُ
أَنِّى مُلَٰقٍ حِسَابِيَهْ ﴿٢٠﴾ فَهُوَ فِى عِيشَةٍ رَّاضِيَةٍ ﴿٢١﴾ فِى جَنَّةٍ عَالِيَةٍ ﴿٢٢﴾
قُطُوفُهَا دَانِيَةٌ ﴿٢٣﴾ كُلُوا۟ وَٱشْرَبُوا۟ هَنِيٓـًٔۢا بِمَآ أَسْلَفْتُمْ فِى ٱلْأَيَّامِ ٱلْخَالِيَةِ ﴿٢٤﴾
وَأَمَّا مَنْ أُوتِىَ كِتَٰبَهُۥ بِشِمَالِهِۦ فَيَقُولُ يَٰلَيْتَنِى لَمْ أُوتَ كِتَٰبِيَهْ ﴿٢٥﴾
وَلَمْ أَدْرِ مَا حِسَابِيَهْ ﴿٢٦﴾ يَٰلَيْتَهَا كَانَتِ ٱلْقَاضِيَةَ ﴿٢٧﴾ مَآ أَغْنَىٰ عَنِّى مَالِيَهْ ﴿٢٨﴾
هَلَكَ عَنِّى سُلْطَٰنِيَهْ ﴿٢٩﴾ خُذُوهُ فَغُلُّوهُ ﴿٣٠﴾ ثُمَّ ٱلْجَحِيمَ صَلُّوهُ ﴿٣١﴾
ثُمَّ فِى سِلْسِلَةٍ ذَرْعُهَا سَبْعُونَ ذِرَاعًا فَٱسْلُكُوهُ ﴿٣٢﴾ إِنَّهُۥ كَانَ
لَا يُؤْمِنُ بِٱللَّهِ ٱلْعَظِيمِ ﴿٣٣﴾ وَلَا يَحُضُّ عَلَىٰ طَعَامِ ٱلْمِسْكِينِ ﴿٣٤﴾

فَلَيْسَ

9. Y existió el Faraón, y muchas otras comunidades antes que él,[4] y las ciudades derrocadas (en donde vivía el pueblo de Lot): todas incurrieron en los pecados imperdonables.

10. Y se rebelaron contra el Mensajero de su Señor (enviado a cada uno de ellos para advertirles), y así las aferró con un severo asimiento.

11. Fuimos Nosotros Quienes, cuando el agua (del Diluvio en la época de Noé) desbordaron todos los límites, os llevamos (es decir, vuestros ancestros creyentes) en el Arca flotante.

12. Para que pudiéramos hacer de ello un recuerdo para vosotros (que sea transmitido de generación en generación), y que los oídos atentos pudieran tomarlo y retenerlo.

13. Y cuando (la Última Hora llegue) la Trompeta se hará sonar[5] con una sola ráfaga,

14. Y la Tierra, y las montañas (sobre ella) serán quitadas y reventadas desde dentro, y serán aplastadas con un solo aplastamiento.

15. Es ese Día en el que el Acontecimiento que ha de suceder[6] sucederá.

16. Y el cielo se desgarra, y así, en tal Día pasará a ser muy lánguido;

17. Y los ángeles estarán en sus extremos[7]; y por encima de ellos, ocho portarán el Trono de tu Señor ese Día[8].

18. Ese Día se os hará comparecer en el juicio, y ningún secreto vuestro quedará oculto.

19. Luego con respecto a aquel que le han otorgado su Registro[9] en su diestra, dirá: «¡Aquí, tomad y leed mi Registro!

20. No cabe duda de que sabía que (un día) habría de afrontar mi cuenta».

21. Y así estará en un estado de vida que le agrada,

22. En un elevado Jardín,

23. Con racimos (de frutas) a su fácil alcance.

24. «Comed y bebed hasta hartaros por todo lo que anticipasteis de los días pasados (con anticipación a este Día)».

25. Pero con respecto a aquel al que le han concedido el Registro en su mano izquierda, dirá: «¡Ah, ojala nunca me hubieran concedido mi Registro,

26. Y no hubiera sabido nada sobre mi cuenta!

27. ¡Oh, ojala la muerte hubiese sido (y nada hubiera seguido luego),

28. Mi riqueza no me ha servido de nada,

29. Y toda mi autoridad (mi poder sobre todo lo que poseía) se ha ido de mí!».

30. (Y la orden vendrá): «¡Agarradlo y encadenadlo (por el cuello, las manos y los pies)!

31. A continuación, que se abrase en el Fuego Llameante.

32. Luego, sujetadlo con una cadena cuyo largo tenga setenta codos»[10].

33. Pues sin duda no creyó en Dios, el Supremo,

34. Y no exhortó para que alimenten a los indigentes.

---

4. Con la frase *muchas otras comunidades* antes que la del Faraón el Corán se refiere al pueblo de Noé (véanse los versículos 7:59-64; 11:25-48; 23:23-29; 26:105-121; 71:1-28, y las correspondientes notas), el pueblo de Shu'ayb, la paz sea con él, (el *sura* 7:85-93; el *sura* 11:84-95; el *sura* 15:78-79; el *sura* 26:176-189, y las correspondientes notas), y los compañeros de ar-Rass (el *sura* 25:38, nota 8). Sin duda, había otras comunidades no mencionadas en el Corán, que siempre fueron destruidas por sus fechorías.

5. Para la Trompeta y el hecho de ser sonada, véase el *sura* 2, nota 31; el *sura* 6:73, nota 14; y el *sura* 39:68, nota 22.

6. *El Acontecimiento que ha de suceder* es a su vez el título de un capítulo coránico (el sura 56). También implica lo que ocurrirá en el Día de la Resurrección.

7. Esta declaración se puede considerar junto con el versículo (25:25): *En ese Día, el Cielo se desgarrará con las nubes (que lo cubren), y a los ángeles se harán descender majestuosamente*.

8. Como se explicó en el *sura* 7, nota 13, el Trono Supremo de Dios (*'Arsh*), la naturaleza exacta del cual no podemos conocer, significa la absoluta autoridad de Dios sobre el universo. Deduciendo de la descripción de Bediüzzaman sobre el agua como el *'arsh* (trono) de la misericordia y la tierra como el trono de la vida, podemos indicar que el *'Arsh* (Trono) indica principalmente los Atributos de Conocimiento, Voluntad, Poder y Providencia de Dios y Sus Nombres originándose en ellos, como por ejemplo el Omnisciente, Poseedor de Voluntad, el Todopoderoso y el Proveedor. Como abarca todo el universo, también está compuesto de los Nombres de Dios, el Primero, el Último, el Externo y el Interno. Estos son Sus Atributos y Nombres más prominentes relacionados con la creación y el gobierno actual del universo. Y como se señaló en el *sura* 2, nota 30, ningún evento en el universo es concebible sin la intervención operativa de los ángeles. El Corán menciona numerosas clases de ángeles (37:1-3; 77:1-4; 79:1-5, 82:11). Así que aquellos que portan el Trono de Dios pueden ser Arcángeles a quienes emplea en la gobernación del universo para algunos sabios propósitos y por la majestad de Su gobierno, en particular aquellos que están dotados con la manifestación más grandiosa de los Atributos de Dios mencionados. Según algunos estudiosos, basándose en la Tradición Profética registrada en *ad-Durr al-Manzur* por as-Suyuti, hay cuatro seres que portan el Trono durante la existencia del mundo, y habrá ocho el Día de la Resurrección. Según Muhyi'd-Din ibn al-'Arabi e Ibn Maysarah al-Yili, estos son los profetas Muhammad, Abraham y Adán, y los ángeles Ridwan (el guardián principal del Paraíso), Malik (el guardián principal del Infierno), Gabriel, Mika'il (Miguel) e Israfil (Yazır, 8:5325-5326).

9. Para este Registro, véase 17:13-14, nota 10.

10. Como Hamid Yazır sugiere al interpretar este versículo (8:5334), esta cadena de setenta codos de largo puede ser el resultado de los pecados cometidos por un incrédulo pecador a lo largo de sus setenta años de vida. Así que además de su aparente significado, el versículo puede referirse al promedio del período de vida en el mundo o a los años pasados (tras la pubertad) sumergido en la incredulidad y los pecados. Cada año será un eslabón de la cadena en el fuego del Infierno.

٥٦٧ اَلْجُزْءُ التَّاسِعُ وَالْعِشْرُونَ 567

فَلَيْسَ لَهُ الْيَوْمَ هٰهُنَا حَمِيمٌ ﴿٣٥﴾ وَلَا طَعَامٌ اِلَّا مِنْ غِسْلِينٍ ﴿٣٦﴾
لَا يَأْكُلُهُ اِلَّا الْخَاطِؤُنَ ﴿٣٧﴾ فَلَا اُقْسِمُ بِمَا تُبْصِرُونَ ﴿٣٨﴾
وَمَا لَا تُبْصِرُونَ ﴿٣٩﴾ اِنَّهُ لَقَوْلُ رَسُولٍ كَرِيمٍ ﴿٤٠﴾ وَمَا هُوَ بِقَوْلِ شَاعِرٍ
قَلِيلاً مَا تُؤْمِنُونَ ﴿٤١﴾ وَلَا بِقَوْلِ كَاهِنٍ قَلِيلاً مَا تَذَكَّرُونَ ﴿٤٢﴾ تَنْزِيلٌ مِنْ رَبِّ
الْعَالَمِينَ ﴿٤٣﴾ وَلَوْ تَقَوَّلَ عَلَيْنَا بَعْضَ الْاَقَاوِيلِ ﴿٤٤﴾ لَاَخَذْنَا مِنْهُ بِالْيَمِينِ ﴿٤٥﴾
ثُمَّ لَقَطَعْنَا مِنْهُ الْوَتِينَ ﴿٤٦﴾ فَمَا مِنْكُمْ مِنْ اَحَدٍ عَنْهُ حَاجِزِينَ ﴿٤٧﴾ وَاِنَّهُ
لَتَذْكِرَةٌ لِلْمُتَّقِينَ ﴿٤٨﴾ وَاِنَّا لَنَعْلَمُ اَنَّ مِنْكُمْ مُكَذِّبِينَ ﴿٤٩﴾ وَاِنَّهُ لَحَسْرَةٌ
عَلَى الْكَافِرِينَ ﴿٥٠﴾ وَاِنَّهُ لَحَقُّ الْيَقِينِ ﴿٥١﴾ فَسَبِّحْ بِاسْمِ رَبِّكَ الْعَظِيمِ ﴿٥٢﴾

سُورَةُ الْمَعَارِجِ مَكِّيَّةٌ
وَهِيَ اَرْبَعٌ وَاَرْبَعُونَ اٰيَةً

بِسْمِ اللّٰهِ الرَّحْمٰنِ الرَّحِيمِ

سَاَلَ سَائِلٌ بِعَذَابٍ وَاقِعٍ ﴿١﴾ لِلْكَافِرِينَ لَيْسَ لَهُ دَافِعٌ ﴿٢﴾ مِنَ اللّٰهِ ذِى
الْمَعَارِجِ ﴿٣﴾ تَعْرُجُ الْمَلٰئِكَةُ وَالرُّوحُ اِلَيْهِ فِى يَوْمٍ كَانَ مِقْدَارُهُ خَمْسِينَ اَلْفَ
سَنَةٍ ﴿٤﴾ فَاصْبِرْ صَبْرًا جَمِيلاً ﴿٥﴾ اِنَّهُمْ يَرَوْنَهُ بَعِيدًا ﴿٦﴾ وَنَرٰيهُ قَرِيبًا ﴿٧﴾ يَوْمَ تَكُونُ
السَّمَاءُ كَالْمُهْلِ ﴿٨﴾ وَتَكُونُ الْجِبَالُ كَالْعِهْنِ ﴿٩﴾ وَلَا يَسْئَلُ حَمِيمٌ حَمِيمًا ﴿١٠﴾

35. Y por lo tanto, no tendrá a nadie con quien entablar amistad este Día,

36. Ni nada de comida salvo el pus inmundo[11].

37. Nadie la come salvo los pecadores (aquellos culpables de negar a Dios o de atribuirle copartícipes así como la gente opresora).

38. ¡No, de verdad! Lo juro por todo lo que podéis ver,

39. Y todo lo que no podéis ver[12],

40. En verdad es el discurso (transmitido a vosotros por) un Mensajero (Gabriel) ilustre y noble.

41. Y no el discurso de un poeta (compuesto en la mente de un poeta). ¡Qué poco es lo que creéis! (Está tan limitado por la pobreza de vuestras almas y corazones).

42. Ni es el discurso de un adivino (simulando predecir acontecimientos). ¡Qué poco recapacitáis y sois considerados! (Está tan limitado por la pobreza de vuestras mentes).

43. (¡No, de verdad!) Es una Revelación siendo enviada en partes por el Señor de los mundos.

44. Si él (el Mensajero) se hubiera atrevido a inventar algunos dichos falsos atribuyéndolos a Nosotros,

45. Sin duda lo hubiéramos agarrado con fuerza,

46. Después no cabe duda de que le hubiéramos cortado la yugular.

47. Entonces nadie de entre vosotros hubiera podido protegerlo y salvarlo de Nosotros.

48. Y es un Recordatorio seguro (que trae esperanza y guía) para los piadosos devotos.

49. Sin duda somos conscientes de que entre vosotros hay algunos que (lo) niegan.

50. Sin duda habrá un amargo remordimiento para los incrédulos[13].

51. Y este (todo el Corán) es sin lugar a dudas la verdad cierta.

52. Glorificad pues el Nombre de vuestro Señor, el Supremo[14].

11. Puesto que tanto los habitantes del Paraíso como los del Infierno preparan su futuro eterno por medio de sus actos en el mundo, este inmundo pus debe ser el producto de su rechazo a Dios o atribución de copartícipes a Él, así como su opresión a los pobres y negarles alguna ayuda.

12. Este juramento es muy importante por cuanto que ni la verdad ni la creación consiste en lo que es observable y se puede percibir por parte de la humanidad. Además, la primordial verdad está detrás de todo lo que observamos y percibimos que es inobservable e imperceptible a través de nuestros sentidos. Es por tal motivo que el Corán comienza alabando a los creyentes diciendo que creen en Lo Oculto. Con este juramento, el Corán llama la atención a este hecho y al hecho de que las verdades más fundamentales y esenciales no se deberían buscar en el reino observable de la creación. La verdad de la Resurrección y el Juicio Final y la de la vida eterna presentada en los versículos anteriores y la verdad de la Revelación y su comunicación por el Mensajero se encuentran entre estas verdades.

13. Los incrédulos contemplarán que el Corán es la verdad procedente de Dios; se darán cuenta de que un futuro se ha preparado para los creyentes en el mundo y especialmente en el Más Allá, y cuán enorme pérdida ha originado su rechazo, y aquellos que la han rechazado se arrepentirán enormemente.

14. Es decir, debemos declarar a Dios como el Señor de la autoridad suprema sobre la creación sin ningún copartícipe. Esto también se refiere a la majestad y la supremacía del Corán. Esta orden nos enseña de qué manera deberíamos agradecer, alabar, ensalzar y glorificar a Dios y en qué circunstancias deberíamos hacer esto.

SURA 70

AL-MA'ARIY (LOS ESCALONES DEL ASCENSO)

Período de La Meca

Desde los primeros años de la Revelación del Corán en La Meca, este *sura* de 44 versículos adopta su nombre de la palabra *al-ma'ariy* («los escalones del ascenso»), que aparece en el tercer versículo. El asunto primordial que aborda es el rechazo de la negación de los politeístas de La Meca al Más Allá y la Misión Profética de Muhammad, la paz y las bendiciones sean con él.

En el Nombre de Dios,
el Misericordioso, el Compasivo.

1. Un interpelante (en la burlona negación del Día de la Resurrección) ha preguntado sobre el castigo que sobrevendrá con seguridad,

2. (Y está preparado para) los incrédulos; ninguno puede evitarlo (de ellos).

3. (Es) de Dios, de Quien son los escalones del ascenso.

4. Los ángeles y el Espíritu ascendieron a Él (de ese modo), en un día cuya medida es de cincuenta mil años (de vuestros años normales terrenales)[1].

5. Por lo tanto (Oh Mensajero) soporta (su insolencia) con una excelente paciencia.

6. Ellos lo contemplan (el castigo) como lejano (mas allá de su razón),

7. Pero Nosotros lo vemos como (que seguro que ocurrirá y) cercano.

8. El Día en el que el Cielo sea como metal fundido;

9. Y las montañas sean como copos de lana multicolor.

10. Y ningún amigo leal preguntará por su amigo,

1. «Alcanzar» a Dios requiere atravesar grandes «distancias» y ascender innumerables peldaños. Así que los escalones del ascenso hacia Dios y la medida del tiempo del día —que es de cincuenta mil años— expresan nuestra distancia de Él a pesar de Su infinita cercanía a Nosotros y Su indescriptible «elevación» y transcendencia (véase también el *sura* 32:5, nota 4). El *día* también puede referirse al Día del Juicio Final. En este caso, su medida sugiere las grandes distancias entre las estaciones de los mundos del Más Allá o ambas, y el espanto y las privaciones que los futuros habitantes del Infierno sufrirán mientras sean llevados a través de estas estaciones y mundos hacia el Infierno. En este caso, una distancia tan grande constituye una gran amenaza. Como se explicó en diversos pasajes de este estudio, los ángeles son obedientes en la transmisión de las órdenes de Dios en todo el universo. También transmiten la adoración y las funciones vitales de todas las criaturas ante la Presencia de Dios. Por lo tanto, al citar los escalones del ascenso y la medida de un día de cincuenta mil años, el versículo puede hacer referencia a este hecho. El Espíritu mencionado en el versículo cuarto es Gabriel u otro ser semejante a un ángel que es de mayor entidad que los ángeles. Según Imam Ghazzali, es un ángel (o un ser semejante a un ángel) a quien Dios emplea para insuflar el espíritu de un individuo en el cuerpo de dicho individuo. Bediüzzaman Said Nursi mantiene que hay un espíritu que representa cada cosa, cada ser. Así que el Espíritu puede ser el ser responsable de todos los espíritus.

يُبَصَّرُونَهُمْ يَوَدُّ الْمُجْرِمُ لَوْ يَفْتَدِي مِنْ عَذَابِ يَوْمِئِذٍ بِبَنِيهِ ١١
وَصَاحِبَتِهِ وَأَخِيهِ ١٢ وَفَصِيلَتِهِ الَّتِي تُؤْوِيهِ ١٣ وَمَنْ فِي الْأَرْضِ
جَمِيعًا ثُمَّ يُنْجِيهِ ١٤ كَلَّا إِنَّهَا لَظَى ١٥ نَزَّاعَةً لِلشَّوَى ١٦ تَدْعُوا مَنْ
أَدْبَرَ وَتَوَلَّى ١٧ وَجَمَعَ فَأَوْعَى ١٨ إِنَّ الْإِنْسَانَ خُلِقَ هَلُوعًا ١٩ إِذَا
مَسَّهُ الشَّرُّ جَزُوعًا ٢٠ وَإِذَا مَسَّهُ الْخَيْرُ مَنُوعًا ٢١ إِلَّا الْمُصَلِّينَ ٢٢
الَّذِينَ هُمْ عَلَى صَلَاتِهِمْ دَائِمُونَ ٢٣ وَالَّذِينَ فِي أَمْوَالِهِمْ حَقٌّ
مَعْلُومٌ ٢٤ لِلسَّائِلِ وَالْمَحْرُومِ ٢٥ وَالَّذِينَ يُصَدِّقُونَ بِيَوْمِ الدِّينِ ٢٦
وَالَّذِينَ هُمْ مِنْ عَذَابِ رَبِّهِمْ مُشْفِقُونَ ٢٧ إِنَّ عَذَابَ رَبِّهِمْ غَيْرُ
مَأْمُونٍ ٢٨ وَالَّذِينَ هُمْ لِفُرُوجِهِمْ حَافِظُونَ ٢٩ إِلَّا عَلَى أَزْوَاجِهِمْ
أَوْ مَا مَلَكَتْ أَيْمَانُهُمْ فَإِنَّهُمْ غَيْرُ مَلُومِينَ ٣٠ فَمَنِ ابْتَغَى وَرَاءَ ذَلِكَ
فَأُولَئِكَ هُمُ الْعَادُونَ ٣١ وَالَّذِينَ هُمْ لِأَمَانَاتِهِمْ وَعَهْدِهِمْ رَاعُونَ ٣٢
وَالَّذِينَ هُمْ بِشَهَادَاتِهِمْ قَائِمُونَ ٣٣ وَالَّذِينَ هُمْ عَلَى صَلَاتِهِمْ
يُحَافِظُونَ ٣٤ أُولَئِكَ فِي جَنَّاتٍ مُكْرَمُونَ ٣٥ فَمَالِ الَّذِينَ كَفَرُوا
قِبَلَكَ مُهْطِعِينَ ٣٦ عَنِ الْيَمِينِ وَعَنِ الشِّمَالِ عِزِينَ ٣٧ أَيَطْمَعُ كُلُّ
امْرِئٍ مِنْهُمْ أَنْ يُدْخَلَ جَنَّةَ نَعِيمٍ ٣٨ كَلَّا إِنَّا خَلَقْنَاهُمْ مِمَّا يَعْلَمُونَ ٣٩

فَلَا أُقْسِمُ

11. Aunque se encontrarán a la vista de cada uno de ellos. Cada criminal incrédulo deseará redimirse del castigo de ese Día incluso a expensas de sus hijos,

12. Y su mujer, su hermano,

13. Y todos sus parientes que le acogieron,

14. Y cualquier otro sobre la Tierra, todos ellos, para que pueda salvarse entonces.

15. ¡De ninguna manera! Es un fuego tremendamente llameante,

16. Que desolla la piel.

17. Convocará a sí mismo a aquellos que dan la espalda (a la llamada de la fe) y se apartan (de la adoración de Dios),

18. Y acumulan riqueza y la retienen (para no gastarla en la causa de Dios y para los necesitados).

19. Sin duda el ser humano ha sido creado con una disposición impaciente y ambiciosa[2].

20. Inquieto cuando el mal le sobreviene;

21. Y mezquino cuando el bien lo visita.

22. Salvo aquellos que están dedicados a la Oración.

23. Y aquellos que son constantes en su Oración.

24. Y aquellos en cuya riqueza se da un derecho reconocido (por parte de ellos),

25. Para aquellos que carecen de otros medios que no sea la mendicidad y aquellos que niegan la ayuda (porque, al tener autoestima, no pueden mendigar y se cree que son prósperos).

26. Y aquellos que afirman como cierto el Día del Juicio Final.

27. Y aquellos que son temerosos del castigo de su Señor (y viven en consecuencia).

28. En verdad, el castigo de su Señor es aquél del que nadie jamás puede sentirse seguro.

29. Y aquellos que rigurosamente protegen sus partes pudendas, su castidad y modestia,

30. Excepto de sus cónyuges o (como un permiso para los hombres) aquellas (criadas) a quienes poseen sus diestras, ya que con respecto a ellas están libres de culpa.

31. Pero todo aquel que busque más allá de eso, tales son aquellos que exceden los límites (establecidos por Dios)[3].

32. Y aquellos que son fieles a sus confianzas (que Dios, la sociedad o un individuo pone a su cargo) y a sus promesas (entre ellos, Dios y otras personas o sociedad);

33. Y aquellos que son defensores (del derecho y la justicia) atestiguando la verdad y sin evitar dar testimonio.

34. Y aquellos que salvaguardan sus Oraciones.

35. Ellos estarán en los Jardines, sumamente honrados.

36. ¿Qué ocurre con los incrédulos que (con la intención de burlarse) se apresuran hacia ti con los ojos fijos en ti,

37. Desde la derecha y desde la izquierda, en multitudes?

38. ¿Acaso cada uno de ellos codicia la admisión en el Jardín de la generosidad y la bendición (considerándose sumamente merecedor del Paraíso sin el esfuerzo de la fe)?[4]

39. ¡De ninguna manera! No cabe duda de que les hemos creado de eso (simple materia) que conocen muy bien,

---

2. Cada persona posee dos aspectos: uno angelical, puro y espiritual, y el otro está relacionado con los elementos, las plantas y los animales; todas las personas son «hijos del mundo». Hemos sido dotados con lujuria y codicia (por ejemplo, hacia el sexo opuesto, los hijos, ingresos, riqueza y comodidad), la ira y el intelecto. Somos, por naturaleza, falibles, olvidadizos, descuidados, aficionados a pelear, obstinados, egoístas, celosos y mucho más. Ya que nuestro libre albedrío nos distingue de otros seres conscientes, como los ángeles, estos poderes, facultades y sentimientos aparentemente negativos no están restringidos. Sin embargo, para conseguir la felicidad individual y colectiva en ambos mundos y elevarnos a rangos más elevados de la humanidad, deberíamos limitar estas facultades según ciertos preceptos y canalizarlas en virtudes. Por ejemplo, la obstinación puede ser canalizada en la resolución de la defensa del derecho y la verdad, y a su vez los celos en la sana rivalidad en pos de llevar a cabo el bien. La impaciencia y la inquietud se pueden canalizar hacia la virtud de permanecer alerta ante el peligro, la preparación preventiva para esto, o la virtud de la prontitud y la firme decisión cuando se da una ocasión y oportunidad para hacer el bien.

Nuestra naturaleza humana no es más que nuestra lucha contra los aspectos negativos y/o aparentemente negativos de nuestro carácter, restringiendo o canalizando estos hacia virtudes adquiriendo distinción con nuestras buenas cualidades y convirtiéndonos en buenos siervos devotos de Dios y miembros al servicio de la sociedad. El último Mensajero de Dios, la paz y las bendiciones sean con él, indicó: «Aquellos que son los más perfectos en la fe entre los creyentes son los más perfectos en conducta» (Ibn Hanbal, 2:250); «Un ser humano puede cruzar a través de la buena conducta las distancias que no podría lograr con la adoración y devoción» (al-Hayzami, 8:24).

3. Véase el *sura* 23, nota 1.

4. Mientras el Mensajero, la paz y las bendiciones sean con él, estaba recitando el Corán en la Kaba, algunos destacados politeístas llegaron y se sentaron alrededor de él en círculos separados y lo miraron fijamente con animadversión. Se burlaban de los creyentes, que eran humildes (en la riqueza terrenal y la posición social), y decían: «Si hay un Paraíso y la gente entrará en él, entonces es más apropiado que nosotros, no vosotros, entremos».

40. Así que juro por el Señor de los lugares de salida y puesta del sol, que en verdad somos capaces[5],

41. De reemplazarles con (otros) mejores que ellos (con respecto a la fe en Dios y en su adoración para con Él), y no nos veremos impedidos (al hacer lo que haremos).

42. Así que déjales que se vean inmersos en sus falsedades y distracciones hasta el Día que les ha sido prometido.

43. El Día cuando salgan de sus tumbas con prisa como si se apresuraran hacia una meta,

44. Con su mirada baja, con la humillación abrumándolos. Ese es el Día que les ha sido prometido repetidas veces.

---

5. Estos versículos subrayan la absoluta incapacidad de la humanidad ante Dios y Su poder y autoridad absolutos sobre cada punto del espacio y el tiempo junto con todo aquello que sucede en el mismo.

SURA 71

NUH (NOÉ)

Período de La Meca

Datado en una fecha correspondiente a los primeros años de la Revelación del Corán en La Meca, este *sura* de 28 versículos toma su nombre de la palabra *Nuh* (Noé). Deja constancia de cómo el profeta Noé, la paz sea con él, transmitió el Mensaje de Dios a su pueblo y cuán duramente reaccionaron contra el mismo. El *sura* termina con la apelación de Noé a Dios después de épocas de dureza, escarnio y persecución que había soportado a manos de su pueblo.

فَلَآ اُقْسِمُ بِرَبِّ الْمَشَارِقِ وَالْمَغَارِبِ اِنَّا لَقَادِرُونَۙ ﴿٤٠﴾ عَلٰٓى اَنْ نُبَدِّلَ خَيْرًا
مِنْهُمْۙ وَمَا نَحْنُ بِمَسْبُوقِينَ ﴿٤١﴾ فَذَرْهُمْ يَخُوضُوا وَيَلْعَبُوا حَتّٰى يُلَاقُوا يَوْمَهُمُ
الَّذٖى يُوعَدُونَۙ ﴿٤٢﴾ يَوْمَ يَخْرُجُونَ مِنَ الْاَجْدَاثِ سِرَاعًا كَاَنَّهُمْ اِلٰى نُصُبٍ
يُوفِضُونَۙ ﴿٤٣﴾ خَاشِعَةً اَبْصَارُهُمْ تَرْهَقُهُمْ ذِلَّةٌۜ ذٰلِكَ الْيَوْمُ الَّذٖى كَانُوا يُوعَدُونَ ﴿٤٤﴾

سُورَةُ نُوحٍ مَكِّيَّةٌ
وَهِىَ ثَمَانٍ وَعِشْرُونَ اٰيَةً

بِسْمِ اللّٰهِ الرَّحْمٰنِ الرَّحٖيمِ

اِنَّٓا اَرْسَلْنَا نُوحًا اِلٰى قَوْمِهٖٓ اَنْ اَنْذِرْ قَوْمَكَ مِنْ قَبْلِ اَنْ يَاْتِيَهُمْ عَذَابٌ
اَلٖيمٌ ﴿١﴾ قَالَ يَا قَوْمِ اِنّٖى لَكُمْ نَذٖيرٌ مُبٖينٌۙ ﴿٢﴾ اَنِ اعْبُدُوا اللّٰهَ وَاتَّقُوهُ
وَاَطٖيعُونِۙ ﴿٣﴾ يَغْفِرْ لَكُمْ مِنْ ذُنُوبِكُمْ وَيُؤَخِّرْكُمْ اِلٰٓى اَجَلٍ مُسَمًّىۜ
اِنَّ اَجَلَ اللّٰهِ اِذَا جَٓاءَ لَا يُؤَخَّرُ لَوْ كُنْتُمْ تَعْلَمُونَ ﴿٤﴾ قَالَ رَبِّ اِنّٖى دَعَوْتُ
قَوْمٖى لَيْلًا وَنَهَارًاۙ ﴿٥﴾ فَلَمْ يَزِدْهُمْ دُعَٓائٖٓى اِلَّا فِرَارًا ﴿٦﴾ وَاِنّٖى كُلَّمَا دَعَوْتُهُمْ
لِتَغْفِرَ لَهُمْ جَعَلُٓوا اَصَابِعَهُمْ فٖٓى اٰذَانِهِمْ وَاسْتَغْشَوْا ثِيَابَهُمْ وَاَصَرُّوا
وَاسْتَكْبَرُوا اسْتِكْبَارًاۚ ﴿٧﴾ ثُمَّ اِنّٖى دَعَوْتُهُمْ جِهَارًاۙ ﴿٨﴾ ثُمَّ اِنّٖٓى اَعْلَنْتُ
لَهُمْ وَاَسْرَرْتُ لَهُمْ اِسْرَارًاۙ ﴿٩﴾ فَقُلْتُ اسْتَغْفِرُوا رَبَّكُمْ اِنَّهُ كَانَ غَفَّارًاۙ ﴿١٠﴾

En el Nombre de Dios,

el Misericordioso, el Compasivo.

1. Enviamos a Noé como Mensajero a su pueblo (y le ordenamos): «Adviértele a tu pueblo antes de que le sobrevenga un doloroso castigo».

2. Dijo: «¡Oh pueblo mío! En verdad soy un manifiesto advertidor para vosotros (y os exhorto):

3. "Adorad únicamente a Dios y apartaros de la desobediencia a Dios en veneración a Él y piedad, y obedecedme,

4. Para que pueda perdonar vuestros pecados (que habéis cometido hasta ahora) y concederos un respiro hasta un plazo señalado por Él (en lugar de destruiros por vuestros pecados). El plazo señalado por Dios, cuando llega, no se pospone nunca. ¡Si al menos supieseis!"»[1].

5. (Tras haber pasado largos períodos de tiempo transmitiendo el Mensaje de Dios, se dirigió a su Señor orando y dijo)[2]: «Mi Señor, en verdad he llamado a mi pueblo noche y día;

6. Pero mi llamada sólo ha hecho que huyan más y más (del hecho de aceptar la verdad).

7. Y cada vez que los he llamado para que les perdones, introducían sus dedos en sus oídos, se envolvían en sus prendas, pasando a ser más obstinados y más y más arrogantes (rechazando mi llamada).

8. A continuación los he llamado en voz alta (y de forma enfática);

9. Luego a su vez, los he llamado en público, y les he hablado confidencialmente, en privado.

10. He dicho: "Pedid el perdón a vuestro Señor. Pues sin duda Él siempre ha sido Indulgente.

---

1. Para el perdón y el indulto de los individuos en un plazo señalado por Dios, véase el versículo 10:98, nota 20. El plazo mencionado aquí es el plazo final, que normalmente nunca es alterado, ni retrasado ni adelantado. Sin embargo, si una persona o un pueblo insiste en hacer cosas que incurren en el castigo de Dios, entonces Dios puede castigarles y destruirlos, como destruyó a un gran número de pueblos a lo largo de la historia. Esto también es incluido en el Destino de Dios, que relaciona la causa y el efecto. Si hubieran prestado atención al Mensaje de Dios que les transmitió Sus Mensajeros, no habrían sido destruidos.

2. El profeta Noé, la paz sea con él, es uno de los cinco Mensajeros más grandes (42:13, nota 6). Permaneció entre su pueblo durante 950 años y le transmitió el Mensaje de Dios (29:14).

11. Él liberará (las nubes que llevan lluvia en) el Cielo sobre vosotros, con abundante lluvia;

12. Y os fortalecerá aumentándoos en riqueza e hijos, os creará jardines, y os creará aguas que discurren[3].

13. ¿Qué ocurre con vosotros que no queréis ver la majestad en Dios (para adorarle a Él),

14. En vista de que os ha creado en etapas diferentes y sucesivas?[4]

15. ¿No veis cómo Dios ha creado los siete cielos en armonía?

16. Y ha ubicado dentro de ellos la Luna como una luz (reflejada), y ha ubicado al Sol como una lámpara[5].

17. Y Dios os hizo brotar de la Tierra tal como una planta (en un modo de crecimiento específico de vosotros)[6].

18. Después os regresará a ella, y os hará salir desde allí en la resurrección.

19. Dios ha hecho de la Tierra una amplia extensión para vosotros,

20. Para que podáis moveros sobre ella por los caminos a través de las montañas y valles"».

21. Noé (se dirigió a su Señor, y) dijo: «¡Mi Señor! Me han desobedecido y han seguido a aquellos cuya riqueza e hijos[7] les ha aumentado tan sólo en perdición y ruina propia.

22. Y han llevado a cabo enormes intrigas (para evitar mi llamada y la aceptación de la misma por parte de la gente).

23. Y han dicho: "¡Jamás abandonéis a vuestras deidades; no abandonéis (en particular) a Wadd, ni a Suwa, Yaghuz, Ya'uq y Nasr!"

24. Y en verdad extraviaron a muchos. Y (Oh Dios), no les aumentes a estos malhechores nada más que en el extravío (por medio del justo castigo por todo lo que han hecho)».

25. Y por sus pecados (imperdonables), fueron ahogados (en el Diluvio), y entraron a un Fuego (castigador); y así no encontraron a nadie que pudiera ayudarlos frente a Dios.

26. Noé asimismo dijo: «¡Mi Señor! ¡No dejes sobre la Tierra a ninguno de ente los incrédulos que moran allí!

27. Si los dejas, extraviarán a Tus siervos, y no engendrarán más que incrédulos desvergonzados, desagradecidos y disolutos[8].

28. ¡Mi Señor! Perdóname a mí y mis padres, y a todos los que se integran a mi familia como un creyente, y todos los hombres y todas las mujeres creyentes, y no les aumentes a estos malhechores en nada más que la ruina»[9].

570 سُورَةُ نُوحٍ ٥٧٠

يُرْسِلِ السَّمَاءَ عَلَيْكُم مِّدْرَارًا (١١) وَيُمْدِدْكُم بِأَمْوَالٍ وَبَنِينَ وَيَجْعَل
لَّكُمْ جَنَّاتٍ وَيَجْعَل لَّكُمْ أَنْهَارًا (١٢) مَّا لَكُمْ لَا تَرْجُونَ لِلَّهِ وَقَارًا (١٣)
وَقَدْ خَلَقَكُمْ أَطْوَارًا (١٤) أَلَمْ تَرَوْا كَيْفَ خَلَقَ اللَّهُ سَبْعَ سَمَاوَاتٍ
طِبَاقًا (١٥) وَجَعَلَ الْقَمَرَ فِيهِنَّ نُورًا وَجَعَلَ الشَّمْسَ سِرَاجًا (١٦)
وَاللَّهُ أَنبَتَكُم مِّنَ الْأَرْضِ نَبَاتًا (١٧) ثُمَّ يُعِيدُكُمْ فِيهَا وَيُخْرِجُكُمْ
إِخْرَاجًا (١٨) وَاللَّهُ جَعَلَ لَكُمُ الْأَرْضَ بِسَاطًا (١٩) لِّتَسْلُكُوا مِنْهَا
سُبُلًا فِجَاجًا (٢٠) قَالَ نُوحٌ رَّبِّ إِنَّهُمْ عَصَوْنِي وَاتَّبَعُوا مَن
لَّمْ يَزِدْهُ مَالُهُ وَوَلَدُهُ إِلَّا خَسَارًا (٢١) وَمَكَرُوا مَكْرًا كُبَّارًا (٢٢) وَقَالُوا
لَا تَذَرُنَّ آلِهَتَكُمْ وَلَا تَذَرُنَّ وَدًّا وَلَا سُوَاعًا وَلَا يَغُوثَ وَيَعُوقَ
وَنَسْرًا (٢٣) وَقَدْ أَضَلُّوا كَثِيرًا وَلَا تَزِدِ الظَّالِمِينَ إِلَّا ضَلَالًا (٢٤)
مِّمَّا خَطِيئَاتِهِمْ أُغْرِقُوا فَأُدْخِلُوا نَارًا فَلَمْ يَجِدُوا لَهُم
مِّن دُونِ اللَّهِ أَنصَارًا (٢٥) وَقَالَ نُوحٌ رَّبِّ لَا تَذَرْ عَلَى الْأَرْضِ
مِنَ الْكَافِرِينَ دَيَّارًا (٢٦) إِنَّكَ إِن تَذَرْهُمْ يُضِلُّوا عِبَادَكَ وَلَا يَلِدُوا
إِلَّا فَاجِرًا كَفَّارًا (٢٧) رَّبِّ اغْفِرْ لِي وَلِوَالِدَيَّ وَلِمَن دَخَلَ بَيْتِيَ
مُؤْمِنًا وَلِلْمُؤْمِنِينَ وَالْمُؤْمِنَاتِ وَلَا تَزِدِ الظَّالِمِينَ إِلَّا تَبَارًا (٢٨)

سورة

3. Dirigirse a Dios con un arrepentimiento sincero y pedir perdón es una puerta que se abre en las bendiciones de Dios. Todo aquél que se queje de algo —como una sequía, la falta de riqueza o de hijos, o los campos áridos, etc.— es aconsejado por Hasan al-Basri que se arrepienta y pida perdón a Dios por su pecado. A continuación deben llevar a cabo cualquier cosa (lícita) que se exige para alcanzar su objetivo.

4. Véanse los *suras* 22:5, y 23:12-14.

5. Es digno de mención que el versículo menciona la Luna y el Sol no como en un (único) Cielo, sino en los Siete Cielos, o circunscrito a los mismos. Esto puede ser un indicio acerca de lo que el Corán quiere decir con *siete cielos*. Sin embargo, algunos sostienen que no hay diferencia entre la Luna que es mencionada en un único cielo o dentro de los siete cielos, ya que lo que quiere decir es que todos los cielos tienen la misma sustancia y están en total armonía entre sí.

6. El versículo hace referencia al origen del padre de la humanidad a partir de elementos como la tierra, el aire y el agua y también al origen material de todo ser humano, los cuales son los mismos elementos que constituyen las entidades biológicas particulares del cuerpo humano. Tal y como Elmalılı Hamdi Yazır indica, la palabra «nabatan», que aparece al final del versículo como complemento adverbial de «crecer», se refiere de manera particular a la creación y el crecimiento humanos. Así pues, el versículo no deja lugar a inclinación alguna hacia la teoría darvinista de la evolución.

7. No existe un vínculo directo entre la fe, la devoción y la asignación de Dios de la provisión en forma de ingresos o hijos. La concesión de riqueza e hijos es totalmente diferente a Su acto de abrir la puerta de Sus bendiciones como resultado del arrepentimiento y la petición de perdón, tal y como se mencionó en la tercera nota. Como se señaló antes en varios pasajes, además de Sus leyes imbuidas en la forma de Religión, Dios también posee las leyes de vida. La prosperidad en ambos mundos requiere obediencia a estas leyes. La obediencia a la primera (la Religión) se agrega el éxito que llega como resultado de la obediencia a la última (las Leyes Divinas de la vida). Así que si los creyentes obedecen la última además de la adhesión sincera a la Religión, forzosamente siempre prevalecerán por encima de los incrédulos. En cualquier caso, deberíamos siempre tener en mente que las bendiciones que nos han sido concedidas, es un medio de ponernos a prueba y requiere ciertas cosas, como por ejemplo agradecerle a Dios, gastar de nuestra riqueza en cosas lícitas desde el punto de vista de la religión y en la causa de Dios, para los necesitados, y con el fin de educar a nuestros hijos para que puedan ser buenos siervos de Dios.

8. Las palabras de esta plegaria de un Mensajero que ha estado llamando a su pueblo hacia la Guía Divina durante 950 años, muestran cuán obstinadamente, malvados, desagradecidos y extraviados fueron esos incrédulos que se ahogaron en el Diluvio.

9. Para las descripciones de la historia de Noé, la paz sea con él, y su pueblo, en todos sus aspectos diversos, véanse el *sura* 7:59-72; el *sura* 10:71-73; el *sura* 11:25-48; el *sura* 23:23-30; el *sura* 26:105-122; el *sura* 29:14-15; el *sura* 37:75:80; el *sura* 54:9-16, y las notas correspondientes.

SURA 72

AL-YINN (LOS GENIOS)

Período de La Meca

Este *sura* de 28 versículos fue revelado en La Meca. Adquiere su título del término *al-yinn* (los genios) que aparece en el primer versículo y narra cómo algunos de los genios oyeron recitar al Mensajero de Dios el Corán y llegaron a creer. Este *sura* también subraya la absoluta Unicidad de Dios y la Misión Profética de Muhammad, la paz y las bendiciones sean con él, y la aceptación de ambas por parte de los genios.

En el Nombre de Dios,
el Misericordioso, el Compasivo.

1. Di (Oh Mensajero): «Me ha sido revelado que un grupo de genios prestó atención (a mi recitación del Corán),[1] luego (cuando regresaron ante su gente) dijeron: "En verdad hemos escuchado un Corán maravilloso,

2. Que guía hacia lo que es correcto en la fe y la acción y por lo tanto hemos creído en él; y nunca asociaremos copartícipes a nuestro Señor.

3. Y que Él —ensalzada sea la majestad de nuestro Señor— no ha tomado ni consorte ni hijo.

4. Mientras que los insensatos de entre nosotros declararon una atrocidad contra Dios.

5. Y que (estábamos equivocados cuando) creímos que la humanidad y los genios nunca dirían una falsedad contra Dios.

6. (Pero hemos llegado a comprobar que) en verdad ha habido hombres entre los seres humanos que se refugiaron en algunos hombres de entre los genios, y

سُورَةُ الْجِنِّ مَكِّيَّةٌ
وَهِىَ ثَمَانٍ وَعِشْرُونَ اٰيَةً

بِسْمِ اللّٰهِ الرَّحْمٰنِ الرَّحٖيمِ

قُلْ اُوحِىَ اِلَىَّ اَنَّهُ اسْتَمَعَ نَفَرٌ مِنَ الْجِنِّ فَقَالُوا اِنَّا سَمِعْنَا قُرْاٰنًا
عَجَبًا ﴿١﴾ يَهْدٖى اِلَى الرُّشْدِ فَاٰمَنَّا بِهٖ وَلَنْ نُشْرِكَ بِرَبِّنَا اَحَدًا ﴿٢﴾ وَاَنَّهُ
تَعَالٰى جَدُّ رَبِّنَا مَا اتَّخَذَ صَاحِبَةً وَلَا وَلَدًا ﴿٣﴾ وَاَنَّهُ كَانَ يَقُولُ سَفٖيهُنَا
عَلَى اللّٰهِ شَطَطًا ﴿٤﴾ وَاَنَّا ظَنَنَّا اَنْ لَنْ تَقُولَ الْاِنْسُ وَالْجِنُّ عَلَى اللّٰهِ
كَذِبًا ﴿٥﴾ وَاَنَّهُ كَانَ رِجَالٌ مِنَ الْاِنْسِ يَعُوذُونَ بِرِجَالٍ مِنَ الْجِنِّ
فَزَادُوهُمْ رَهَقًا ﴿٦﴾ وَاَنَّهُمْ ظَنُّوا كَمَا ظَنَنْتُمْ اَنْ لَنْ يَبْعَثَ اللّٰهُ اَحَدًا ﴿٧﴾
وَاَنَّا لَمَسْنَا السَّمَاءَ فَوَجَدْنَاهَا مُلِئَتْ حَرَسًا شَدٖيدًا وَشُهُبًا ﴿٨﴾ وَاَنَّا
كُنَّا نَقْعُدُ مِنْهَا مَقَاعِدَ لِلسَّمْعِ فَمَنْ يَسْتَمِعِ الْاٰنَ يَجِدْ لَهُ شِهَابًا
رَصَدًا ﴿٩﴾ وَاَنَّا لَا نَدْرٖى اَشَرٌّ اُرٖيدَ بِمَنْ فِى الْاَرْضِ اَمْ اَرَادَ بِهِمْ رَبُّهُمْ
رَشَدًا ﴿١٠﴾ وَاَنَّا مِنَّا الصَّالِحُونَ وَمِنَّا دُونَ ذٰلِكَ كُنَّا طَرَائِقَ قِدَدًا ﴿١١﴾
وَاَنَّا ظَنَنَّا اَنْ لَنْ نُعْجِزَ اللّٰهَ فِى الْاَرْضِ وَلَنْ نُعْجِزَهُ هَرَبًا ﴿١٢﴾ وَاَنَّا لَمَّا
سَمِعْنَا الْهُدٰى اٰمَنَّا بِهٖ فَمَنْ يُؤْمِنْ بِرَبِّهٖ فَلَا يَخَافُ بَخْسًا وَلَا رَهَقًا ﴿١٣﴾

así (los anteriores) los aumentaron (a los posteriores) en engaño, rebelión y mal[2].

7. Y ellos (esos hombres) han creído, como vosotros habéis creído, que Dios nunca alzaría a nadie (como Mensajero de entre ellos).

8. Pero ahora cuando buscamos alcanzar el Cielo, lo encontramos lleno de guardianes severos y llamas ardientes (estrellas fugaces)[3].

9. Solíamos hallarnos establecidos en posiciones para escuchar (a escondidas a sus habitantes); pero ahora todo aquél que intenta escuchar encuentra una llama ardiente esperándolo.

10. Nosotros (al estar prevenidos de escuchar a escondidas) no sabíamos si el mal era deseado para aquellos que viven sobre la Tierra o si su Señor quiere para ellos la guía recta y el bien[4].

11. Se dan entre nosotros aquellos rectos (en conducta y aptos para creer) y aquellos que son todo lo contrario. Hemos sido sectas con caminos opuestos.

12. Hemos llegado a saber que no podemos de ninguna manera defraudar a Dios (en Su voluntad sobre la Tierra), ni podemos defraudarlo por medio de la huida.

13. Y cuando escuchamos la guía (encarnada en el Corán), nosotros (inmediatamente) creímos en él. Todo aquél que cree en su Señor no tiene miedo de perder (de estar equivocado a cambio de su fe y por los buenos actos requeridos por la fe), o de la desgracia.

---

1. Mientras que el Mensajero de Dios, la paz y las bendiciones sean con él, regresaba de Ta'if a La Meca sumamente apenado, Dios hizo que algunos genios escucharan su recitación del Corán, y creyeron y regresaron con su pueblo como portadores de su mensaje. Esto está narrado en el *Sura al-Ahqaf*, 46:29-32. En otra ocasión, cuando el Mensajero se dirigía a la feria comercial en 'Uqaz con unos pocos Compañeros, otro grupo de genios escuchó su recitación durante la Oración de la Mañana. Este último acontecimiento es el que se relata aquí. El otro grupo de genios (que escuchó al Mensajero durante su regreso de Ta'if) pertenecía a la nación de Moisés, la paz sea con él. Como se puede apreciar del siguiente versículo, los genios que escucharon la recitación del Mensajero durante la Oración de la Mañana eran los politeístas que Le atribuían a Dios esposa e hijos. A su vez pasaron a ser creyentes y, como los demás genios, regresaron con su pueblo y transmitieron el mensaje del Corán. Para la naturaleza de los genios, véase el *sura* 46, nota 10.

2. Los hombres, en concreto aquellos de entre el pueblo árabe en la época (pre-islámica) de la Ignorancia solían buscar ayuda y refugio de cualquier posible mal humano en los genios, de quienes suponían tener autoridad sobre los valles o las ruinas en donde se detenían en sus viajes. Además, tanto los hombres como las mujeres apelaban a los genios para curar algunas enfermedades o para profetizar su futuro o planes. Siempre ha habido gente que ha sido capaz de establecer algún tipo de contacto con los genios, y hay personas que invocan a los genios. Esto hace que los genios se enorgullezcan en exceso y extravíen a aquellos que apelan a ellos o los contactan.

3. Como se mencionó en el *sura* 15:17-18, nota 5, y el *sura* 67:5, nota 4, las estrellas fugaces son lanzadas para evitar que los genios lleguen al Cielo o para rechazarlos en sus puertas.

El contacto entre los adivinos y los genios y/o los diablos tiene una cierta función en cierta clase de adivinación. Los diablos que espían, que son los representantes de la maldad y la crueldad sobre la Tierra, intentan llenar de impurezas el reino limpio y puro de los Cielos que está habitado por los seres puros, y espían la conversación de sus habitantes para extraviar a las personas, en particular a través de la hechicería, las ciencias ocultas y la adivinación. Dios les permitió arrebatar algunos fragmentos de información desde sus conversaciones antes del advenimiento de Su Último Mensajero, la paz y las bendiciones sean con él. Sin embargo, justo antes de su advenimiento, Él les cerró completamente las puertas del Cielo. Cuando trataron de llegar al Cielo, encontraron que estaba repleto de guardias fuertes que les lanzaban proyectiles. Si alguien de entre ellos es capaz de entender algo, son perseguidos (y destruidos) por una estrella fugaz enviada por los ángeles guardianes allí.

4. El versículo sugiere: «Pero ahora comprobando que la Recitación que escuchamos guía a lo correcto, llegamos a saber que su Señor quiere el bien y lo correcto para los habitantes de la Tierra al cerrarnos las puertas del Cielo».

14. Y entre nosotros se dan algunos que se han sometido absolutamente a Dios, del mismo modo que hay entre nosotros algunos que se han desviado hacia la desobediencia a Dios. Todo aquél que se haya sometido totalmente a Dios, tal pues ha buscado y alcanzado la guía recta (en la creencia y la acción).

15. Pero con respecto a aquellos que se han desviado hacia la desobediencia a Dios, se han convertido en leña para el Infierno"».

16. Si ellos (la humanidad y los genios) siguieran el Camino (Recto) (de la sumisión en el Islam, sin desviación), no cabe duda de que les concederíamos agua (y provisión) en abundancia;[5]

17. Los pusimos a prueba en aquello (que les concedemos). Todo aquél que se aleje del Recordatorio de su Señor (Su Libro de instrucción), Él lo llevará a un castigo eternamente creciente (envolviéndolo en su severidad).

18. Todos los lugares de la adoración (y todas las partes del cuerpo con las que uno se postra[6]) son para Dios, toda la adoración es debida sólo a Él, por consiguiente, no adoréis a nadie junto a Dios.

19. No obstante, cuando el siervo de Dios se levanta para rezar, ellos (los politeístas) no se hallan sino sobre él en multitud (con gritos fuertes y burlones para evitar que sea oída su recitación del Corán).

20. Di: «Yo adoro tan sólo a mi Señor y no Le asocio copartícipes».

21. Di: «No está en mi poder haceros daño o traeros el bien guiándoos (al Camino Recto)».

22. Di: «Nadie jamás podría protegerme de Dios (si Le desobedeciera), ni podría encontrar un refugio más que en Él.

572 سُورَةُ الْجِنِّ ٥٧٢

وَاَنَّا مِنَّا الْمُسْلِمُونَ وَمِنَّا الْقَاسِطُونَ فَمَنْ اَسْلَمَ فَاُو۬لٰٓئِكَ
تَحَرَّوْا رَشَدًا ﴿١٤﴾ وَاَمَّا الْقَاسِطُونَ فَكَانُوا لِجَهَنَّمَ حَطَبًا ﴿١٥﴾ وَاَنْ
لَوِ اسْتَقَامُوا عَلَى الطَّرٖيقَةِ لَاَسْقَيْنَاهُمْ مَاءً غَدَقًا ﴿١٦﴾ لِنَفْتِنَهُمْ فٖيهِ
وَمَنْ يُعْرِضْ عَنْ ذِكْرِ رَبِّهٖ يَسْلُكْهُ عَذَابًا صَعَدًا ﴿١٧﴾ وَاَنَّ الْمَسَاجِدَ
لِلّٰهِ فَلَا تَدْعُوا مَعَ اللّٰهِ اَحَدًا ﴿١٨﴾ وَاَنَّهُ لَمَّا قَامَ عَبْدُ اللّٰهِ يَدْعُوهُ
كَادُوا يَكُونُونَ عَلَيْهِ لِبَدًا ﴿١٩﴾ قُلْ اِنَّمَا اَدْعُوا رَبّٖى وَلَا اُشْرِكُ
بِهٖٓ اَحَدًا ﴿٢٠﴾ قُلْ اِنّٖى لَٓا اَمْلِكُ لَكُمْ ضَرًّا وَلَا رَشَدًا ﴿٢١﴾ قُلْ
اِنّٖى لَنْ يُجٖيرَنٖى مِنَ اللّٰهِ اَحَدٌ وَلَنْ اَجِدَ مِنْ دُونِهٖ مُلْتَحَدًا ﴿٢٢﴾
اِلَّا بَلَاغًا مِنَ اللّٰهِ وَرِسَالَاتِهٖ وَمَنْ يَعْصِ اللّٰهَ وَرَسُولَهُ فَاِنَّ لَهُ
نَارَ جَهَنَّمَ خَالِدٖينَ فٖيهَٓا اَبَدًا ﴿٢٣﴾ حَتّٰٓى اِذَا رَاَوْا مَا يُوعَدُونَ
فَسَيَعْلَمُونَ مَنْ اَضْعَفُ نَاصِرًا وَاَقَلُّ عَدَدًا ﴿٢٤﴾ قُلْ اِنْ اَدْرٖٓى
اَقَرٖيبٌ مَا تُوعَدُونَ اَمْ يَجْعَلُ لَهُ رَبّٖٓى اَمَدًا ﴿٢٥﴾ عَالِمُ الْغَيْبِ
فَلَا يُظْهِرُ عَلٰى غَيْبِهٖٓ اَحَدًا ﴿٢٦﴾ اِلَّا مَنِ ارْتَضٰى مِنْ رَسُولٍ فَاِنَّهُ
يَسْلُكُ مِنْ بَيْنِ يَدَيْهِ وَمِنْ خَلْفِهٖ رَصَدًا ﴿٢٧﴾ لِيَعْلَمَ اَنْ قَدْ اَبْلَغُوا
رِسَالَاتِ رَبِّهِمْ وَاَحَاطَ بِمَا لَدَيْهِمْ وَاَحْصٰى كُلَّ شَيْءٍ عَدَدًا ﴿٢٨﴾

سُورَةُ

23. (Lo que puedo y debo hacer es) tan solo transmitir (la verdad) de Dios y Sus Mensajes». Y todo aquél que desobedezca a Dios y Su Mensajero, en verdad hay para él el fuego del Infierno, y allí morará para siempre.

24. (Dejad que os sigan viendo como pocos en número y débiles y por lo tanto que os menosprecien, mas) cuando vean (el Fuego) que les es prometido, llegarán a saber quién es realmente más débil en ayudantes y pocos en número.

25. Di: «No sé si (vuestro encuentro cara a cara con) lo que se os ha prometido se halla cerca, o si mi Señor establece para el mismo un plazo lejano»[7].

26. (Él únicamente es) el Conocedor de Lo Oculto (lo que está más allá de la percepción humana), y no revela Lo Oculto de Él a nadie,

27. Salvo a un Mensajero a quien ha elegido (y está complacido con él —Él le informa sobre Lo Oculto tanto como Su Voluntad dispone—); y envía un guardia vigilante ante él (entre él y su audiencia) y un guardia vigilante detrás de él (entre él y el origen de la Revelación);

28. Para que pueda verificar que ellos (los Mensajeros) han transmitido sin lugar a dudas los mensajes de su Señor. Abarca todo lo que poseen (de la Revelación), y ha registrado todo detalladamente[8].

---

5. Este versículo tiene casi el mismo significado de (7:96): *Si los habitantes de dichas ciudades no hubiesen sino creído y —para merecer Su protección— se hubiesen apartado de la desobediencia a Dios en veneración a Él y piedad, habríamos abierto para ellos las puertas de las bendiciones del Cielo y la Tierra.*

6. Imam Bujari relata («Azan», 133, 134, 137) que el Mensajero de Dios, la paz y las bendiciones sean con él, enumeró las partes del cuerpo que han de tocar el suelo durante la postración: «Me ha sido ordenado postrarme sobre siete partes corporales: la frente (y también señaló su nariz), las manos, las rodillas, y las puntas de los pies».

7. Tal y como en el versículo 71:25, este versículo establece el castigo o la recompensa en el mundo intermedio (de la tumba); aquí se hace con resolución. Lo que se les promete a los enemigos obstinados de Dios es el Fuego del Infierno, como se declaró en el versículo 23. El momento exacto del Día del Juicio Final lo conoce exclusivamente Dios y nunca cambia. Pero este versículo en particular se refiere a la Voluntad de Dios, que subraya el hecho de que los incrédulos encontrarán el castigo que se les ha sido prometido cuando mueran.

8. Este mismo hecho también es indicado en los versículos iniciales de *Surat al-Saffat* (37). Los ángeles acompañaron al Arcángel Gabriel cuando le transmitió la Revelación al Mensajero de Dios, la paz y las bendiciones sean con él. Se alinearon en filas en la ruta por la que Gabriel llevaba la Revelación al Mensajero, y algunos de ellos expulsaron a los diablos que estaban tratando de arrebatar algo de la Revelación. Entre esos ángeles también se hallaban los que se situaban alrededor del Mensajero mientras los otros ángeles estaban transmitiéndole los mensajes de Dios con respecto al mundo invisible o el futuro. Estos tres últimos versículos también destacan que la Revelación que le llegó al Mensajero y que le transmitió a la gente fue perfectamente preparada desde el mismísimo momento en que le fue confiada a Gabriel por Dios hasta que fuera transmitida a la gente (er-Razi, al-Qurtubi, at-Tabatabai).

SURA 73

AL-MUZZAMMIL (EL ENVUELTO EN LA MANTA)

Período de La Meca

Este *sura* de 20 versículos, uno de los primeros en ser revelados en La Meca, adquiere su título de la palabra *al-muzzammil* («el envuelto en la manta») en el primer versículo. Sin embargo, hay numerosos informes dignos de confianza que indican que su último versículo fue revelado en Medina. Aconseja encarecidamente la Oración durante la noche, la paciencia y la confianza en Dios. Advierte a los incrédulos sobre el Día del Juicio Final.

En el Nombre de Dios,
el Misericordioso, el Compasivo.

1. ¡Oh tú envuelto en la manta, (bajo la pesada responsabilidad de la Misión Profética)![1]

2. Levántate para velar durante la noche, salvo un poco,

3. La mitad de la noche, o disminúyela un poco;

4. O añádela (un poco); reza y recita el Corán con calma y de manera clara (con tu mente y corazón concentrados en ello).

5. Sin duda te encargaremos una Palabra de gran peso (y para aplicarla en tu vida diaria y transmitirla a los demás).

6. Levantarse y rezar durante la noche dejan una impronta (en la mente y el corazón) muy fuerte y (hace) la recitación más segura y correcta.

7. Pues durante el día tienes amplias preocupaciones.

8. Y mantente recordando el Nombre de tu Señor (y menciónalo en tu Oración), y dedícate a Él incondicionalmente.

سُورَةُ الْمُزَّمِّلِ مَكِّيَّةٌ
وَهِىَ عِشْرُونَ اٰيَةً

بِسْمِ اللّٰهِ الرَّحْمٰنِ الرَّح۪يمِ

يَٓا اَيُّهَا الْمُزَّمِّلُۙ ﴿١﴾ قُمِ الَّيْلَ اِلَّا قَل۪يلاًۙ ﴿٢﴾ نِصْفَهُٓ اَوِ انْقُصْ مِنْهُ قَل۪يلاًۙ ﴿٣﴾
اَوْ زِدْ عَلَيْهِ وَرَتِّلِ الْقُرْاٰنَ تَرْت۪يلاًۜ ﴿٤﴾ اِنَّا سَنُلْق۪ى عَلَيْكَ قَوْلاً ثَق۪يلاً ﴿٥﴾
اِنَّ نَاشِئَةَ الَّيْلِ هِىَ اَشَدُّ وَطْـًٔا وَاَقْوَمُ ق۪يلاًۜ ﴿٦﴾ اِنَّ لَكَ فِى النَّهَارِ سَبْحًا طَو۪يلاًۜ ﴿٧﴾
وَاذْكُرِ اسْمَ رَبِّكَ وَتَبَتَّلْ اِلَيْهِ تَبْت۪يلاًۜ ﴿٨﴾ رَبُّ الْمَشْرِقِ وَالْمَغْرِبِ
لَٓا اِلٰهَ اِلَّا هُوَ فَاتَّخِذْهُ وَك۪يلاً ﴿٩﴾ وَاصْبِرْ عَلٰى مَا يَقُولُونَ وَاهْجُرْهُمْ
هَجْرًا جَم۪يلاً ﴿١٠﴾ وَذَرْن۪ى وَالْمُكَذِّب۪ينَ اُو۬لِى النَّعْمَةِ وَمَهِّلْهُمْ قَل۪يلاً ﴿١١﴾
اِنَّ لَدَيْنَٓا اَنْكَالاً وَجَح۪يمًاۙ ﴿١٢﴾ وَطَعَامًا ذَا غُصَّةٍ وَعَذَابًا اَل۪يمًا ﴿١٣﴾
يَوْمَ تَرْجُفُ الْاَرْضُ وَالْجِبَالُ وَكَانَتِ الْجِبَالُ كَث۪يبًا مَه۪يلاً ﴿١٤﴾
اِنَّٓا اَرْسَلْنَٓا اِلَيْكُمْ رَسُولاً شَاهِدًا عَلَيْكُمْ كَمَٓا اَرْسَلْنَٓا اِلٰى فِرْعَوْنَ
رَسُولاًۜ ﴿١٥﴾ فَعَصٰى فِرْعَوْنُ الرَّسُولَ فَاَخَذْنَاهُ اَخْذًا وَب۪يلاً ﴿١٦﴾ فَكَيْفَ
تَتَّقُونَ اِنْ كَفَرْتُمْ يَوْمًا يَجْعَلُ الْوِلْدَانَ ش۪يبًاۗ ﴿١٧﴾ اَلسَّمَٓاءُ مُنْفَطِرٌ بِه۪ۜ كَانَ
وَعْدُهُ مَفْعُولاً ﴿١٨﴾ اِنَّ هٰذِه۪ تَذْكِرَةٌۚ فَمَنْ شَٓاءَ اتَّخَذَ اِلٰى رَبِّه۪ سَب۪يلاً ﴿١٩﴾

9. El Señor del oriente y del occidente; no hay más deidad que Él, así que acéptalo como el Único en Quien confiar y encomendar tus asuntos.

10. Y soporta pacientemente todo lo que digan (en tu contra), y mantente distante de su camino (apártate de ellos) de una manera apropiada (no como ellos te tratan; más bien con tolerancia y buen consejo).

11. Y permíteme tratar con los que disfrutan las bendiciones mundanas de Dios y aun así persisten obstinadamente en negar (Nuestras Revelaciones), y concédeles un respiro por un tiempo.

12. Tenemos (almacenados para tales personas) pesados grilletes y un Fuego Llameante,

13. Alimento que se atraganta, y un castigo doloroso[2].

14. El Día en que la Tierra y las montañas serán sacudidas violentamente, y las montañas serán como una duna de arena movediza.

15. Sin duda os hemos enviado (Oh pueblo) un Mensajero, un testigo en vuestra contra (alguien que atestiguará en el Más Allá con respecto a vuestros actos como respuesta al Mensaje de Dios), precisamente como enviamos un Mensajero al Faraón.

16. Pero el Faraón se rebeló contra el Mensajero, y lo agarramos con una presa funesta.

17. Entonces, ¿cómo os protegeréis frente a un Día que convertirá a los niños en ancianos, si persistís en la incredulidad?

18. El Cielo se hendirá de este modo. Su promesa (de Resurrección y Juicio) en verdad será cumplida.

19. Todo esto es una advertencia y un recordatorio, así que permite a aquel que quiera, tomar un camino hacia su Señor.

---

1. Este discurso es dirigido al Mensajero de Dios, la paz y las bendiciones sean con él. Tal y como se entiende de los versículos que vendrán, el Mensajero de Dios yace en su casa y se envuelve en su capa o manta. Aunque el versículo haya expresado una realidad física, el significado alegórico que atribuye a esta realidad es más importante. Es decir, el Mensajero sufrió enormemente por causa de las desviaciones de su pueblo y sintió completamente la pesada responsabilidad de su misión. Así que el versículo implica la responsabilidad con la cual se hallaba encargado.

2. Con respecto a las clases de tormento en el Más Allá mencionadas en los últimos dos versículos, Fajru'd-Din ar-Razi indica: «Estas cuatro clases de tormento bien pueden ser interpretadas correctamente como tormentos espirituales. Los grilletes simbolizan el alma carnal que permanece encadenada a sus apegos físicos y placeres corporales. Ya que el alma carnal ha adquirido el conocimiento de tales placeres y los amó en el mundo, cuando parte del cuerpo, aumenta en agonía y preocupaciones, y su conocimiento anterior junto con el anhelo de estas cosas se convierten en un obstáculo impidiéndola que entre al reino de la paz y la pureza. Más tarde esos grilletes espirituales generan las llamas espirituales, quemándose hasta tal punto que el alma carnal se inclinaba hacia tales placeres, junto con la imposibilidad de obtenerlos; todo esto da origen a una sensación de quemadura espiritual. Este es el segundo paso en el tormento, que el versículo describe como "un fuego llameante". Luego el alma carnal trata de engullir las agonías asfixiantes de la privación y las punzadas de la separación (de los objetos de su alegría terrenal). Este es el "alimento que se atraganta". Y, finalmente, permanece privada de ser iluminada por la Luz Divina y de unirse a la comunidad de los bendecidos. Este es el tormento más grande y es descrito como el "castigo doloroso" [La traducción de las explicaciones de ar-Razi hasta este punto pertenece a Muhammad Asad, *The Message of the Qur'an* («El Mensaje del Corán»)]. Pero estas explicaciones mías no se deben malinterpretar. No quiero decir que el significado de estos versículos estén limitados a lo que he declarado. Más bien, quiero decir que estos versículos mencionan cuatro pasos de tormento en el Más Allá que se sufrirán espiritual y físicamente».

Es un hecho que las bendiciones que la gente del Paraíso disfrutará y los tormentos que la gente del Infierno sufrirá serán las consecuencias de su fe y actos en el mundo. Pero no están restringidos al tormento espiritual. En donde existe el ego humano o alma (*nafs*), las cosas no son sólo espirituales. Cuando consideramos que incluso en el mundo se encuentra el alma humana que sufre por lo que le sucede al cuerpo, no el cuerpo en sí mismo, podemos entender fácilmente que el placer y el tormento en el Más Allá no pueden ser considerados como únicamente espiritual. Pero no podemos conocer la naturaleza exacta de la existencia física o corporal allí

إِنَّ رَبَّكَ يَعْلَمُ اَنَّكَ تَقُومُ اَدْنٰى مِنْ ثُلُثَيِ الَّيْلِ وَنِصْفَهُ وَثُلُثَهُ وَطَٓائِفَةٌ
مِنَ الَّذِينَ مَعَكَ وَاللّٰهُ يُقَدِّرُ الَّيْلَ وَالنَّهَارَ عَلِمَ اَنْ لَنْ تُحْصُوهُ فَتَابَ
عَلَيْكُمْ فَاقْرَؤُا مَا تَيَسَّرَ مِنَ الْقُرْاٰنِ عَلِمَ اَنْ سَيَكُونُ مِنْكُمْ مَرْضٰى
وَاٰخَرُونَ يَضْرِبُونَ فِى الْاَرْضِ يَبْتَغُونَ مِنْ فَضْلِ اللّٰهِ وَاٰخَرُونَ
يُقَاتِلُونَ فِى سَبِيلِ اللّٰهِ فَاقْرَؤُا مَا تَيَسَّرَ مِنْهُ وَاَقِيمُوا الصَّلٰوةَ وَاٰتُوا الزَّكٰوةَ
وَاَقْرِضُوا اللّٰهَ قَرْضًا حَسَنًا وَمَا تُقَدِّمُوا لِاَنْفُسِكُمْ مِنْ خَيْرٍ تَجِدُوهُ عِنْدَ
اللّٰهِ هُوَ خَيْرًا وَاَعْظَمَ اَجْرًا وَاسْتَغْفِرُوا اللّٰهَ اِنَّ اللّٰهَ غَفُورٌ رَحِيمٌ ﴿٢٠﴾

سُورَةُ الْمُدَّثِّرِ مَكِّيَّةٌ
وَهِىَ سِتٌّ وَخَمْسُونَ اٰيَةً

بِسْمِ اللّٰهِ الرَّحْمٰنِ الرَّحِيمِ

يَٓا اَيُّهَا الْمُدَّثِّرُ ﴿١﴾ قُمْ فَاَنْذِرْ ﴿٢﴾ وَرَبَّكَ فَكَبِّرْ ﴿٣﴾ وَثِيَابَكَ فَطَهِّرْ ﴿٤﴾
وَالرُّجْزَ فَاهْجُرْ ﴿٥﴾ وَلَا تَمْنُنْ تَسْتَكْثِرُ ﴿٦﴾ وَلِرَبِّكَ فَاصْبِرْ ﴿٧﴾ فَاِذَا نُقِرَ فِى النَّاقُورِ ﴿٨﴾
فَذٰلِكَ يَوْمَئِذٍ يَوْمٌ عَسِيرٌ ﴿٩﴾ عَلَى الْكَافِرِينَ غَيْرُ يَسِيرٍ ﴿١٠﴾ ذَرْنِى وَمَنْ خَلَقْتُ
وَحِيدًا ﴿١١﴾ وَجَعَلْتُ لَهُ مَالًا مَمْدُودًا ﴿١٢﴾ وَبَنِينَ شُهُودًا ﴿١٣﴾ وَمَهَّدْتُ لَهُ تَمْهِيدًا ﴿١٤﴾
ثُمَّ يَطْمَعُ اَنْ اَزِيدَ ﴿١٥﴾ كَلَّا اِنَّهُ كَانَ لِاٰيَاتِنَا عَنِيدًا ﴿١٦﴾ سَاُرْهِقُهُ صَعُودًا ﴿١٧﴾

اِنَّهُ فَكَّرَ

20. Sin lugar a dudas tu Señor sabe que tú (Oh Mensajero) te levantas y velas algunas veces casi dos tercios de la noche o (en otras ocasiones) la mitad de la misma o un tercio, y así hacen algunos de los creyentes que te acompañan. Dios determina la medida de la noche y el día (que ha creado). Sabe que vosotros (Oh creyentes) sois incapaces de soportar esto (tales largas vigilias cada noche) y se ha dirigido a vosotros con misericordia: por lo tanto recitad (cuando llevéis a cabo la Oración) del Corán aquello que os sea fácil (para mantenerlo como una práctica regular). Él sabe que entre vosotros habrá enfermos, y otros que van por la tierra buscando la generosidad de Dios, e incluso otros que luchan por la causa de Dios. Recitad de ello, pues, tanto como sea fácil (para vosotros)[3]. Pero estableced la Oración conforme a sus condiciones como fueron prescritas, pagad la Limosna Purificadora Prescrita (*Zakat*), y conceded a Dios un buen préstamo (gastando en Su causa y para los necesitados). Cualquier bien que anticipéis (a vuestra vida futura y eterna) para vosotros mismos, lo encontrareis con Dios, mejor y más grande en recompensa (que todo lo que habéis dejado atrás en el mundo y aún más incrementada en valor). Y buscad el perdón de Dios (en todas las circunstancias y contingencias)[4]. Dios es Indulgente, Compasivo (especialmente hacia Sus siervos creyentes y penitentes).

3. La Oración de Medianoche (as-Salat at-Tahayyud) le fue ordenada al Mensajero en los primeros años de su Misión Profética. El Mensajero velaba durante largos tiempos tanto que sus pies se hinchaban. Algunos de los creyentes lo seguían velando, aunque no era obligatorio para ellos. Pero les era difícil rezar dos tercios de la noche, o la mitad, o incluso un tercio de la noche, y así en Medina Dios facilitó esta carga. Aunque la Oración de Tahayyud no es obligatoria para los musulmanes, es una Oración sumamente recomendada. En ocasiones se dice que aquellos que se han dedicado a la causa de Dios deberían cumplir con ella.

4. Este versículo llama la atención y subraya la importancia de cumplir con las órdenes prescritas del Islam. El debido cumplimiento de ellas puede compensar la pérdida que es provocada por algunos errores o pecados menores y los errores como consecuencia de la negligencia en los actos religiosos recomendados. El versículo 13 de el *sura* 58, *¿Es que teméis ofrecer algo como caridad antes de vuestra consulta (con él)? (Si es así) y no lo habéis hecho, y Dios se ha dirigido a vosotros en compasión, entonces estableced la Oración conforme a sus condiciones, pagad la Limosna Purificadora Prescrita, y obedeced a Dios y a Su Mensajero. Dios se halla perfectamente informado de todo lo que hacéis*, tiene la misma importancia. Y como se señaló en el sura 71, nota 3, pedir el perdón de Dios es una puerta que se abre a casi todas las bendiciones de Dios. Como somos falibles por naturaleza, siempre deberíamos buscar Su perdón.

SURA 74

AL-MUDDAZZIR (EL ENVUELTO EN LA CAPA)

Período de La Meca

Siendo una de las primeras Revelaciones transmitidas al Mensajero, este *sura* consta de 56 versículos y su título proviene de la palabra *al-muddazzir* que aparece en el primer versículo, que significa «el envuelto en la capa y el solitario». Explica casi todos los fundamentos de la fe y las verdades elementales relativas a la humanidad las cuales el Corán tiene muy en cuenta.

En el Nombre de Dios, el Misericordioso, el Compasivo.

1. ¡Oh tú el envuelto en la capa (quien ha preferido la soledad)![1]

2. ¡Levántate y advierte![2]

3. ¡Y declara la grandeza (indescriptible e incomparable) de tu Señor!

4. ¡Y mantén tu vestimenta limpia![3]

5. ¡Aléjate de toda impureza!

6. No consideres tu cumplimiento de estas órdenes como una bondad (hacia Dios y la gente).

7. Y por tu Señor sé paciente (al cumplir con tu deber hacia Dios y la gente).

8. Luego, cuando haya sonado la Trompeta,

9. Ese Día será el día de dificultad,

10. Para los incrédulos, no de facilidad.

11. Déjame (tratar) con aquél a quien creé solo,

12. Y le he posibilitado abundante riqueza,

13. E hijos a su alrededor como medio de poder;

14. Y le he concedido todos los medios así como posición social para una vida confortable.

15. Y aun así, desea que le conceda más.

16. ¡De ninguna manera! No cabe duda de que ha estado en una oposición obstinada hacia Nuestras Revelaciones.

17. Lo obligaré a un ascenso agotador[4].

1. Después de la primera Revelación en la Cueva Hirah, la Revelación durante un cierto período de tiempo no llegó. Durante esta pausa el Mensajero de Dios, la paz y las bendiciones sean con él, normalmente prefería la soledad de su casa, y esperaba que llegara la nueva Revelación. Un día cuando estaba caminando fuera, vio a Gabriel en su forma original, «sentado entre el Cielo y la Tierra». Esto marcó el final del intervalo y la Revelación que comenzó a llegar con este *sura* continuó sin interrupción.

2. El Mensajero de Dios, la paz y las bendiciones sean con él, era un advertidor (de todas las clases de extravío y transgresiones) y alguien que daba las buenas nuevas a cambio de creencia correcta y buenos actos. Así que la orden «advierte» también sugiere dar las buenas nuevas. Sin embargo, especialmente en el comienzo, la advertencia tuvo prioridad.

3. Este versículo aborda la absoluta pureza de las vestimentas y se debería considerar junto con el tercer versículo como una preparación para la Oración, que se ordena en los siguientes versículos. O, si consideramos que el Corán compara a la rectitud y la piedad con una vestimenta (7:26), además de su significado externo, este versículo también puede indicar un acentuado progreso o crecimiento en la devoción hacia Dios.

Sin embargo, estas órdenes no se deberían considerar sólo como concernientes al Mensajero; están dirigidas a todos los creyentes.

4. Esto hace referencia a las dificultades que este hombre encontraría en el mundo y el tormento que le espera en el Fuego del Infierno. El hombre (Walid ibn Mughirah) mencionado aquí no cesó de perder su riqueza e hijos tras la revelación de estos versículos hasta que murió, aunque el versículo no está limitado históricamente y puede también aplicarse a cualquiera de nosotros que actúe como él.

إِنَّهُ فَكَّرَ وَقَدَّرَ ۝١٨ فَقُتِلَ كَيْفَ قَدَّرَ ۝١٩ ثُمَّ قُتِلَ كَيْفَ قَدَّرَ ۝٢٠ ثُمَّ نَظَرَ ۝٢١
ثُمَّ عَبَسَ وَبَسَرَ ۝٢٢ ثُمَّ أَدْبَرَ وَاسْتَكْبَرَ ۝٢٣ فَقَالَ إِنْ هٰذَا إِلَّا سِحْرٌ يُؤْثَرُ ۝٢٤
إِنْ هٰذَا إِلَّا قَوْلُ الْبَشَرِ ۝٢٥ سَأُصْلِيهِ سَقَرَ ۝٢٦ وَمَا أَدْرٰيكَ مَا سَقَرُ ۝٢٧
لَا تُبْقِي وَلَا تَذَرُ ۝٢٨ لَوَّاحَةٌ لِلْبَشَرِ ۝٢٩ عَلَيْهَا تِسْعَةَ عَشَرَ ۝٣٠ وَمَا جَعَلْنَا
أَصْحَابَ النَّارِ إِلَّا مَلٰئِكَةً وَمَا جَعَلْنَا عِدَّتَهُمْ إِلَّا فِتْنَةً لِلَّذِينَ كَفَرُوا
لِيَسْتَيْقِنَ الَّذِينَ أُوتُوا الْكِتَابَ وَيَزْدَادَ الَّذِينَ آمَنُوا إِيمَانًا وَلَا يَرْتَابَ
الَّذِينَ أُوتُوا الْكِتَابَ وَالْمُؤْمِنُونَ وَلِيَقُولَ الَّذِينَ فِي قُلُوبِهِمْ مَرَضٌ
وَالْكَافِرُونَ مَاذَا أَرَادَ اللّٰهُ بِهٰذَا مَثَلًا كَذٰلِكَ يُضِلُّ اللّٰهُ مَنْ يَشَاءُ وَيَهْدِي
مَنْ يَشَاءُ وَمَا يَعْلَمُ جُنُودَ رَبِّكَ إِلَّا هُوَ وَمَا هِيَ إِلَّا ذِكْرٰى لِلْبَشَرِ ۝٣١
كَلَّا وَالْقَمَرِ ۝٣٢ وَاللَّيْلِ إِذْ أَدْبَرَ ۝٣٣ وَالصُّبْحِ إِذَا أَسْفَرَ ۝٣٤ إِنَّهَا لَإِحْدَى
الْكُبَرِ ۝٣٥ نَذِيرًا لِلْبَشَرِ ۝٣٦ لِمَنْ شَاءَ مِنْكُمْ أَنْ يَتَقَدَّمَ أَوْ يَتَأَخَّرَ ۝٣٧
كُلُّ نَفْسٍ بِمَا كَسَبَتْ رَهِينَةٌ ۝٣٨ إِلَّا أَصْحَابَ الْيَمِينِ ۝٣٩ فِي جَنَّاتٍ
يَتَسَاءَلُونَ ۝٤٠ عَنِ الْمُجْرِمِينَ ۝٤١ مَا سَلَكَكُمْ فِي سَقَرَ ۝٤٢ قَالُوا
لَمْ نَكُ مِنَ الْمُصَلِّينَ ۝٤٣ وَلَمْ نَكُ نُطْعِمُ الْمِسْكِينَ ۝٤٤ وَكُنَّا نَخُوضُ
مَعَ الْخَائِضِينَ ۝٤٥ وَكُنَّا نُكَذِّبُ بِيَوْمِ الدِّينِ ۝٤٦ حَتّٰى أَتٰينَا الْيَقِينُ ۝٤٧

18. Reflexionó y planeó (cómo podría rebatir el Corán ante la gente).

19. ¡Que esté alejado de la Misericordia de Dios! ¡Cómo planeó!

20. ¡Sí, que esté alejado de la Misericordia de Dios![5] ¡Cómo planeó!

21. Luego miró a su alrededor (de la misma manera que aquél que va a decidir un asunto acerca del cual le es preguntado).

22. A continuación frunció el ceño y su semblante se mudó.

23. Al instante dio la espalda y (a pesar de reconocer en su interior el Origen Divino del Corán), creció en arrogancia.

24. Y dijo: «Esto no es nada más que hechicería (de un tipo transmitida por los hechiceros) desde los tiempos antiguos.

25. No es nada más que la palabra de un mortal».

26. Lo haré entrar en un pozo del Infierno.

27. ¿Qué te facilita percibir lo que ese pozo es?

28. No deja a nadie (sino que quema por completo a todos los que son arrojados allí), ni salva a nadie (para que puedan morir y escapar).

29. Abrasa la piel.

30. Sobre ello hay diecinueve (guardianes).

31. No hemos nombrado a nadie más que a los ángeles como guardianes del Fuego, y no hemos hecho de su número sino una prueba para aquellos que no creen, para que aquellos a quienes se les concedió con anterioridad el Libro puedan tener certeza (de que Muhammad, que explica todo lo que se le reveló sin ninguna vacilación frente a toda la hostilidad y el escarnio, es el Mensajero de Dios), y aquellos que creen puedan pasar a ser más firmes en la fe; y que a los que se les concedió el Libro con anterioridad y los creyentes, ambos por igual, no sientan ninguna duda; y aquellos en cuyos corazones hay una enfermedad y los incrédulos puedan decir: «¿Qué quiere decir Dios con esta descripción?». De esta manera Dios extravía y guía a quien Su Voluntad dicta. Nadie conoce las huestes de vuestro Señor, salvo Él. Todo esto es un recuerdo para los mortales (para que puedan prestar atención y actuar en consecuencia)[6].

32. ¡No, de verdad (el Corán no es como los incrédulos proclaman)! Por la Luna,

33. Y por la noche cuando se retira,

34. Y por la mañana cuando brilla,[7]

35. En verdad (el Corán) es el más grandioso (de los signos de Dios);

36. Una advertencia para la humanidad,

37. Para cada uno de vosotros, tanto si avanza (eligiendo la fe y los buenos actos) o se rezaga (porque su elección de incredulidad y pecado le descarría del Camino Recto).

38. Cada persona es el rehén de lo que haya obtenido (a través de sus actos),

39. Salvo la gente de la Derecha (las personas de felicidad y prosperidad que reciben sus Registros en la mano derecha. Dios las perdonará y las recompensará con mucho más de lo que han ganado)[8].

40. Morando en los Jardines (cuya belleza no se puede percibir mientras se está en el mundo), se harán preguntas entre sí,

41. Sobre los criminales incrédulos, (y transmiten las respuestas que dan):

42. «¿Qué es lo que os ha traído al pozo?»

43. Responderán: «No éramos de los que rezaban (que se dirigían a Dios con una adoración sincera);

44. Ni solíamos alimentar a los indigentes.

45. Solíamos sumergirnos (en la falsedad y el pecado) junto con aquellos que se sumergían (allí dentro).

46. Y solíamos negar la (llegada del) Día del Juicio Final.

47. Hasta que lo que ha de llegar con certeza llegó a nosotros».

---

5. El término original correspondiente a las frases iniciales en los últimos dos versículos interpretado como, *Que esté alejado de la Misericordia de Dios*, y *¡Sí, que esté alejado de la Misericordia de Dios* es *QuTiLa*. Asimismo posee un significado alegórico y burlón, el cual es: *¡Que Dios pueda preservarlo del mal de ojo!* Este significado alegórico, el cual, de hecho, es empleado para decir: «¡Que mal lo ha hecho, pero de una manera fingida como si supiera todo e hiciera bien todo lo que hace!», parece ser más adecuado en el segundo caso.

6. Los incrédulos que rechazaron el Más Allá y por lo tanto cualquier hecho de la expresión coránica con respecto a ésta, se mofaron de la idea de que existen diecinueve guardianes sobre el Fuego, diciendo que fácilmente podrían derrotar dicho número. Así que Dios explicó que estos diecinueve guardianes son ángeles, no seres humanos. Sin embargo, esos incrédulos consideraban a los ángeles como «las hijas de Dios» y por lo tanto no vieron amenazado su poder. Otro versículo (66:6) los describe: *Sobre éste están los ángeles serios y estrictos (en ejecutar la orden para castigar), que no desobedecen a Dios en lo que les ordena, y llevan a cabo lo que les sea ordenado (hacer).* Así que este hecho espiritual se convirtió en un medio de prueba para ellos. Dios posee un gran número de huestes que no conocemos. El Corán menciona estos hechos, además de algunos otros propósitos, como un recuerdo y explicación para los seres humanos, especialmente los incrédulos, que tienden a percibir a Dios y los hechos con respecto a Él en términos humanos.

7. Jurar por *la Luna* y *la noche cuando se retira* y *la mañana cuando brilla* implica que la luz del día y el sol de la guía de Dios se hallan próximos a reemplazar a la Luna y la noche en la historia de la humanidad.

8. Creer en Dios y la obediencia a Sus órdenes se encuentran entre los derechos de Dios sobre los seres humanos, así que todo el mundo es el rehén de Dios ya que son requeridos para cumplir con este derecho de Dios sobre ellos. Aquellos que cumplen con este deber son liberados, mientras que los demás son mantenidos en el Infierno. El Corán clasifica a la gente en tres grupos, según si han cumplido con este deber o no así como con relación al grado de su cumplimiento (véase 56:7-10). Además, de estos dos grupos mencionados en este *sura* (concretamente, la gente de la Derecha y los criminales incrédulos [la gente de la Izquierda]), se hallan aquellos más destacados en la fe y los buenos actos, así como en servir en la causa de Dios; ellos serán los más destacados (al recibir y disfrutar la misericordia de Dios). Ya que son aquellos dotados con mayor proximidad a Dios y son constantes en la fe y los buenos actos, y por lo tanto estarán exentos de la prueba establecida por la Corte Suprema en el Más Allá (37:128), no son mencionados en los versículos tratados.

48. Y así, la intercesión de todo aquél que tenga el derecho de interceder, (incluso si les permiten interceder) no tendrá ningún beneficio para ellos.
49. ¿Qué ocurre, pues, con ellos que se apartan en aversión del Recordatorio (el Corán),
50. Como si fueran asnos salvajes asustados,
51. Huyendo de un león?
52. En verdad, cada uno de ellos desea que se le conceda un Libro (específico de su persona) desplegado.
53. ¡De ninguna manera! En verdad ellos (no creen y, por lo tanto,) no temen el Más Allá.
54. ¡De ninguna manera! Este (Corán) es un recordatorio y una advertencia (suficiente para todos).
55. Así que todo aquél que quiera recibe la advertencia y presta atención.
56. No obstante no recibirán la advertencia ni prestarán atención a menos que lo quiera Dios; Él es el Señor de la rectitud y la piedad, y el Señor del perdón[9].

---

9. Es decir, todo el éxito depende de la Voluntad y el perdón absolutos de Dios. Pero Él quiere el éxito y el perdón para aquellos que Le reverencian y actúan recta y piadosamente.

SURA 75

AL-QIYAMAH (LA RESURRECCIÓN)

Período de La Meca

Este *sura* de 40 versículos aborda la muerte como «el destino final» de cada individuo, así como acerca de los acontecimientos que sucederán durante la destrucción final del mundo y la resurrección de todos los muertos. Fue revelado en La Meca y su nom-

576 سُورَةُ الْمُدَّثِّرِ ٥٧٦

فَمَا تَنْفَعُهُمْ شَفَاعَةُ الشَّافِعِينَ (٤٨) فَمَا لَهُمْ عَنِ التَّذْكِرَةِ مُعْرِضِينَ (٤٩)
كَأَنَّهُمْ حُمُرٌ مُسْتَنْفِرَةٌ (٥٠) فَرَّتْ مِنْ قَسْوَرَةٍ (٥١) بَلْ يُرِيدُ كُلُّ
امْرِئٍ مِنْهُمْ أَنْ يُؤْتَىٰ صُحُفًا مُنَشَّرَةً (٥٢) كَلَّا بَلْ
لَا يَخَافُونَ الْآخِرَةَ (٥٣) كَلَّا إِنَّهُ تَذْكِرَةٌ (٥٤) فَمَنْ شَاءَ ذَكَرَهُ (٥٥)
وَمَا يَذْكُرُونَ إِلَّا أَنْ يَشَاءَ اللَّهُ هُوَ أَهْلُ التَّقْوَىٰ وَأَهْلُ الْمَغْفِرَةِ (٥٦)

سُورَةُ الْقِيَامَةِ مَكِّيَّةٌ
وَهِيَ أَرْبَعُونَ آيَةً

بِسْمِ اللَّهِ الرَّحْمَٰنِ الرَّحِيمِ

لَا أُقْسِمُ بِيَوْمِ الْقِيَامَةِ (١) وَلَا أُقْسِمُ بِالنَّفْسِ اللَّوَّامَةِ (٢) أَيَحْسَبُ الْإِنْسَانُ أَلَّنْ
نَجْمَعَ عِظَامَهُ (٣) بَلَىٰ قَادِرِينَ عَلَىٰ أَنْ نُسَوِّيَ بَنَانَهُ (٤) بَلْ يُرِيدُ الْإِنْسَانُ لِيَفْجُرَ
أَمَامَهُ (٥) يَسْأَلُ أَيَّانَ يَوْمُ الْقِيَامَةِ (٦) فَإِذَا بَرِقَ الْبَصَرُ (٧) وَخَسَفَ الْقَمَرُ (٨)
وَجُمِعَ الشَّمْسُ وَالْقَمَرُ (٩) يَقُولُ الْإِنْسَانُ يَوْمَئِذٍ أَيْنَ الْمَفَرُّ (١٠) كَلَّا لَا وَزَرَ (١١)
إِلَىٰ رَبِّكَ يَوْمَئِذٍ الْمُسْتَقَرُّ (١٢) يُنَبَّأُ الْإِنْسَانُ يَوْمَئِذٍ بِمَا قَدَّمَ وَأَخَّرَ (١٣) بَلِ الْإِنْسَانُ
عَلَىٰ نَفْسِهِ بَصِيرَةٌ (١٤) وَلَوْ أَلْقَىٰ مَعَاذِيرَهُ (١٥) لَا تُحَرِّكْ بِهِ لِسَانَكَ لِتَعْجَلَ بِهِ (١٦)
إِنَّ عَلَيْنَا جَمْعَهُ وَقُرْآنَهُ (١٧) فَإِذَا قَرَأْنَاهُ فَاتَّبِعْ قُرْآنَهُ (١٨) ثُمَّ إِنَّ عَلَيْنَا بَيَانَهُ (١٩)

كَلَّا بَلْ

bre procede de la palabra *al-qiyamah* («La Resurrección»), que aparece en el primer versículo.

En el Nombre de Dios, el Misericordioso, el Compasivo.

1. Juro por el Día de la Resurrección,
2. Y juro por el alma humana que se acusa a sí misma[1];
3. ¿Cree acaso el ser humano que nunca reuniremos sus huesos (para resucitarlo)?
4. Sí, en verdad, somos capaces de crear por completo hasta la mismísima punta de sus dedos[2].
5. Pero el ser humano (por elección deliberada) niega lo que hay delante de él (la otra vida, porque desea vivir sólo como le plazca).

6. Él pregunta: «¿Cuándo es el Día de la Resurrección?».

7. Cuando la vista esté nublada (por el miedo),

8. Y la Luna se oscurezca,

9. Y el Sol y la Luna se junten,

10. Ese Día el ser humano dirá: «¿Adónde huir?».

11. ¡De ninguna manera! ¡No hay refugio (al que huir)!

12. Hacia tu Señor el final del viaje será ese Día.

13. Al ser humano se le hará entender ese Día todo (lo bueno y lo malo) que ha anticipado (para su vida en el Más Allá mientras estaba en el mundo), y todo (lo bueno y lo malo) que ha dejado atrás[3].

14. En verdad, el ser humano será un testigo ocular (suministrando evidencia) contra sí mismo,

15. Aunque exponga sus excusas[4].

16. (Oh Profeta) no muevas tu lengua para acelerarlo (para salvaguardarlo en tu corazón).

17. En verdad nos incumbe a Nosotros reunirlo (en tu corazón) y permitirte recitarlo (de memoria).

18. Así que cuando lo recitemos, sigue su recitación;

19. De allí en adelante, Nos corresponde explicarlo[5].

---

1. Para el significado del alma humana (nafs), véase el *sura* 3, nota 37; el *sura* 21, nota 5.

El adiestramiento individual o adiestramiento del alma, ha sido aceptado como un elemento extremadamente importante de la Religión Divina. Este adiestramiento, según algunas escuelas en el Islam, consta de diez etapas, y según otros estudiosos así como algunas alusiones coránicas, consta de siete etapas:

Si el alma vive solamente una vida cómoda en la ciénaga de los apetitos carnales, es el alma que ordena el mal (*nafs al-ammarah*); si se tambalea una y otra vez mientras sigue el camino de la Religión para alcanzar la piedad y la rectitud, pero cada vez que se tambalea se critica a sí misma y se dirige a su Señor, entonces es el alma que se acusa a sí misma (*nafs al-lawwamah*). El alma que siempre resiste el mal en la devoción a Dios y es favorecida con ciertos dones Divinos en proporción a su pureza recibe el nombre de alma que recibe inspiración (*nafs al-mulhimah*). Cuando alcanza un nivel en el que establece una relación con su Señor en perfecta devoción y sinceridad y cuando su conciencia está en reposo, es el alma en reposo (*nafs al-mutmainnah*). Si ha llegado al nivel en donde abandona todas sus elecciones y es una representante de la Voluntad Divina, es el alma complacida con Dios (*nafs ar-radiyah*). Cuando su propósito más grande es alcanzar la complacencia y la aprobación de Dios y cuando está actuando siempre con este fin considerando: «Estoy complacida Contigo, por lo que hállate complacido conmigo», entonces es el alma con la que Dios está complacido (*nafs al-mardiyyah*). Finalmente, el alma que ha sido perfectamente purificada de todos los pecados y una moral malvada, y asimismo tiene la capacidad de estar completamente adornada con las manifestaciones completas de las Cualidades Divinas y la fuerza de voluntad y la decisión proféticas es nombrada como el alma perfeccionada o el alma pura (*nafs az-zakiyyah* o *nafs as-safiyah*).

2. La punta de los dedos son las extremidades físicas del cuerpo, y también es importante que la identidad de una persona se pueda determinar a través de sus huellas digita-

les. Así que lo que este versículo está diciendo es que cada ser humano será resucitado con todas sus particularidades, incluida la punta de sus dedos, la singularidad de esta parte corporal de cada ser humano, en lo que respecta al sistema de identificación mediante huellas digitales, pasó a ser ampliamente conocida tan sólo siglos después de la revelación del Corán.

3. El Día de la Resurrección la gente se regocijará en el bien que hicieron y el mal que no hicieron mientras estaban en el mundo, y se arrepentirán del mal que hicieron y el bien que dejaron sin hacer.

4. Es decir, como se señaló en 32:20 y 36:65, en el Día de la Resurrección, las partes del cuerpo humano darán testimonio con respecto a lo que vieron, oyeron o experimentaron.

5. Los últimos cuatro versículos parecen no tener relación con los anteriores o los posteriores a ellos. Abordan la revelación del Corán al Mensajero de Dios y su manera de recibirla. El Mensajero, la paz y las bendiciones sean con él, mostró una gran preocupación al recibir y encomendar al corazón el Corán durante su revelación, y por lo tanto trató de repetirlo y memorizarlo. También estuvo muy preocupado por entender completamente el significado del mismo. Estos versículos, tal y como 20:114, que casi posee la misma importancia, le aseguran que Dios le facilitará memorizarlo y entender su significado. Con respecto a la razón por la cual estos versículos existen entre los versículos correspondientes al Día de la Resurrección, el Mensajero pudo haber demostrado una preocupación especial por memorizarlos durante su revelación.

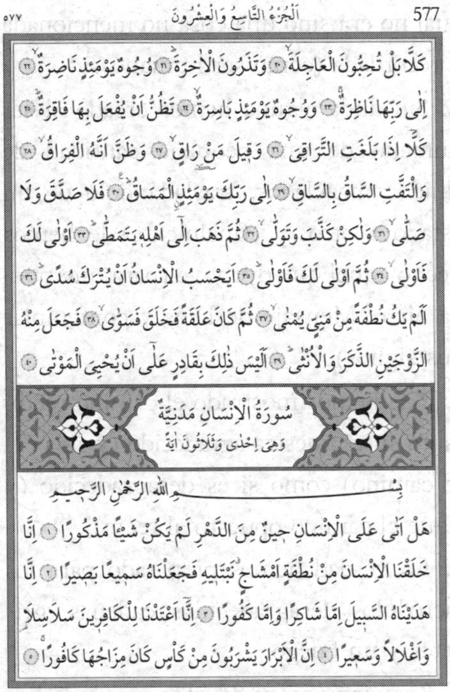

٥٧٧ الْجُزْءُ التَّاسِعُ وَالْعِشْرُونَ 577

كَلَّا بَلْ تُحِبُّونَ الْعَاجِلَةَ ﴿٢٠﴾ وَتَذَرُونَ الْآخِرَةَ ﴿٢١﴾ وُجُوهٌ يَوْمَئِذٍ نَاضِرَةٌ ﴿٢٢﴾
إِلَىٰ رَبِّهَا نَاظِرَةٌ ﴿٢٣﴾ وَوُجُوهٌ يَوْمَئِذٍ بَاسِرَةٌ ﴿٢٤﴾ تَظُنُّ أَنْ يُفْعَلَ بِهَا فَاقِرَةٌ ﴿٢٥﴾
كَلَّا إِذَا بَلَغَتِ التَّرَاقِيَ ﴿٢٦﴾ وَقِيلَ مَنْ رَاقٍ ﴿٢٧﴾ وَظَنَّ أَنَّهُ الْفِرَاقُ ﴿٢٨﴾
وَالْتَفَّتِ السَّاقُ بِالسَّاقِ ﴿٢٩﴾ إِلَىٰ رَبِّكَ يَوْمَئِذٍ الْمَسَاقُ ﴿٣٠﴾ فَلَا صَدَّقَ وَلَا
صَلَّىٰ ﴿٣١﴾ وَلَٰكِنْ كَذَّبَ وَتَوَلَّىٰ ﴿٣٢﴾ ثُمَّ ذَهَبَ إِلَىٰ أَهْلِهِ يَتَمَطَّىٰ ﴿٣٣﴾ أَوْلَىٰ لَكَ
فَأَوْلَىٰ ﴿٣٤﴾ ثُمَّ أَوْلَىٰ لَكَ فَأَوْلَىٰ ﴿٣٥﴾ أَيَحْسَبُ الْإِنْسَانُ أَنْ يُتْرَكَ سُدًى ﴿٣٦﴾
أَلَمْ يَكُ نُطْفَةً مِنْ مَنِيٍّ يُمْنَىٰ ﴿٣٧﴾ ثُمَّ كَانَ عَلَقَةً فَخَلَقَ فَسَوَّىٰ ﴿٣٨﴾ فَجَعَلَ مِنْهُ
الزَّوْجَيْنِ الذَّكَرَ وَالْأُنْثَىٰ ﴿٣٩﴾ أَلَيْسَ ذَٰلِكَ بِقَادِرٍ عَلَىٰ أَنْ يُحْيِيَ الْمَوْتَىٰ ﴿٤٠﴾

سُورَةُ الْإِنْسَانِ مَدَنِيَّةٌ
وَهِيَ إِحْدَى وَثَلَاثُونَ آيَةً

بِسْمِ اللَّهِ الرَّحْمَٰنِ الرَّحِيمِ

هَلْ أَتَىٰ عَلَى الْإِنْسَانِ حِينٌ مِنَ الدَّهْرِ لَمْ يَكُنْ شَيْئًا مَذْكُورًا ﴿١﴾ إِنَّا
خَلَقْنَا الْإِنْسَانَ مِنْ نُطْفَةٍ أَمْشَاجٍ نَبْتَلِيهِ فَجَعَلْنَاهُ سَمِيعًا بَصِيرًا ﴿٢﴾ إِنَّا
هَدَيْنَاهُ السَّبِيلَ إِمَّا شَاكِرًا وَإِمَّا كَفُورًا ﴿٣﴾ إِنَّا أَعْتَدْنَا لِلْكَافِرِينَ سَلَاسِلَا
وَأَغْلَالًا وَسَعِيرًا ﴿٤﴾ إِنَّ الْأَبْرَارَ يَشْرَبُونَ مِنْ كَأْسٍ كَانَ مِزَاجُهَا كَافُورًا ﴿٥﴾

20. ¡Sí en verdad! (Somos capaces de crear por completo hasta la mismísima punta de sus dedos para resucitarlo,) pero vosotros (pueblo) amáis y preferís lo que se halla ante vosotros (la vida actual y terrenal)[6],

21. Y abandonáis aquello que vendrá después (el Más Allá).

22. Algunos rostros ese Día estarán radiantes (de alegría),

23. Mirando hacia su Señor.

24. Y algunos rostros ese Día estarán desanimados,

25. Sabiendo que una calamidad aplastante estará a punto de ser infligida sobre ellos.

26. ¡No, de verdad! (Ninguna duda queda para el significado de la vida presente y mundana la cual preferís al Más Allá) cuando ello (el último respiro) llega a la garganta,

27. Y se dice: «¿Hay un hechicero (que pueda salvarlo)?».

28. Mientras que aquel (que está muriendo) no tiene duda de que es el (momento de) partir,

29. Y (en la agonía de la muerte) una pierna está entrelazada con la otra;

30. Hacia tu Señor, ese Día, es la marcha.

31. No afirmó la verdad (del Mensaje Divino transmitido a él), ni hizo la Oración;

32. Más bien, negó y se alejó.

33. A continuación regresó con su familia engreído con alegría.

34. Por lo tanto: te has merecido bien (esta condena), bien te (la) has merecido.

35. Una vez más, bien te la has merecido y te la has merecido bien.

36. ¿Cree acaso el ser humano que se le dejará solo (que obre como le plazca)?

37. ¿No fue acaso antes sino una gota de semen eyaculada?

38. Luego se convirtió en un coágulo adherido (a la pared del útero), y Él (lo) creó y lo formó con debidas proporciones.

39. Después creó de él una pareja, hombre y mujer.

40. ¿No es Él (Quien hace eso, igualmente) capaz de resucitar a los muertos?

6. Este es otro pasaje a seguir: *¿Cree acaso el ser humano que nunca reuniremos sus huesos (para resucitarlo)?* (versículo tercero), así que significa: «*Somos capaces de crear por completo hasta la mismísima punta de sus dedos para resucitarlo, pero vosotros...*».

SURA 76
AL-INSAN
(EL SER HUMANO)

Período de La Meca

Este *sura* que consta de 31 versículos fue revelado en La Meca y adquiere su nombre de la palabra *al-insan* («el ser humano»), que aparece en el primer versículo. Trata sobre la perfección humana, las virtudes de los buenos creyentes y la recompensa que obtendrán en el Más Allá. Asimismo contiene un consejo para el Mensajero, la paz y las bendiciones sean con él, y por lo tanto para los creyentes dedicados a su causa.

En el Nombre de Dios,
el Misericordioso, el Compasivo.

1. ¿Pasó (—y sin duda pasó—) sobre el ser humano un período de tiempo en el cual no era sino una cosa no mencionada y recordada (como ser humano)?[1]

2. Sin duda alguna hemos creado al ser humano de una pequeña cantidad de fluidos mezclados, trasladándolo de un estado a otro, y (finalmente) le hemos hecho aquel que oye y ve (para que pueda oír el Mensaje de Dios y contemplar Sus signos).

3. Y le hemos mostrado el camino recto, tanto si se muestra agradecido (y siga este camino) como si es desagradecido (y sigue el camino opuesto al recto)[2].

4. En verdad hemos preparado para los incrédulos desagradecidos cadenas, grilletes y un Fuego.

5. Los virtuosos y devotos sin duda beberán de una copa con vino celestial aderezado con aditivos celestiales.

---

1. Esto no significa que el ser humano no existió del todo durante ese período de tiempo. Más bien, como está implícito en el versículo 2:28 y se explicó en la nota 27, cada miembro de la humanidad posee alguna clase de existencia en el mundo de los átomos o las partículas. En otras palabras, ya que ha sido evidente en el Conocimiento de Dios y determinado por el Destino qué partículas entre las innumerables partículas del mundo constituirán el cuerpo de esa persona, tales partículas, a pesar de estar distribuidas ampliamente en el aire, el agua y la tierra, han sido asignadas mucho tiempo atrás para constituir el cuerpo del individuo en particular, aunque ese individuo no fuera conocido o mencionado como (un) ser humano.

La humanidad es el fruto del Árbol de la Creación y por lo tanto contenía su semilla. Así pues, el Árbol de la Creación se ha originado de la semilla de la humanidad. En otras palabras, tal y como un árbol es la forma crecida o desarrollada de su semilla, cada ser humano porta en su cuerpo o en su ser la naturaleza al completo y todos los elementos originales de otras formas de existencia. El significado que una semilla posee con respecto a un árbol, la humanidad lo tiene con respecto al universo. La ciencia debería concentrarse en este punto mientras investiga de qué manera la vida comenzó sobre la Tierra y cómo se originó la humanidad.

2. Dios ha creado al ser humano con una disposición y capacidad para creer en Dios y seguir Su camino, y lo ha dotado apropiadamente con las facultades necesarias. Esta es Su guía basada en Su creación u originada en ésta, como se señaló en 30:30: *Así que permanece firme con todo tu ser en la Religión*

(del Islam) como alguien de fe pura (libre de incredulidad, politeísmo e hipocresía). Éste es el patrón original perteneciente a Dios en el cual ha originado al ser humano. Ningún cambio puede haber en la creación de Dios. Ésta es la Religión siempre verdadera y recta, pero la mayoría de la gente no lo saben. (Véase asimismo el Apéndice 13). Por Su especial compasión, también envió Mensajeros y les mostró Su camino. Además de eso, facilitó seguir Su camino a través del carácter y el liderazgo de esos Mensajeros. Declara: *Mensajeros (que han sido enviados como) portadores de buenas nuevas y de advertencias, para que la gente no tenga ningún argumento contra Dios después de los Mensajeros (que les han venido). Y Dios es Glorioso poseedor de irresistible poder, Omnisapiente* (4:165). Esta es Su demostración de Su camino recto. Sin embargo, ha creado a la humanidad diferente de otras criaturas y la dotó de libre albedrío, no obligándola de este modo a elegir y seguir Su camino. La ha dejado a su libre elección —que sea agradecida y elija Su camino, o desagradecida y elija su propio camino—. Pero también ha informado a la humanidad explícitamente sobre la consecuencia de sus elecciones.

Así que la humanidad se divide en dos grupos principales después de que la guía de Dios le es transmitida: los que aceptan y siguen la guía de Dios, y los que la rechazan. Cada uno será tratado en el Más Allá según su elección. Sin embargo, hay otro grupo creado de aquellos a quienes la Guía Divina no les ha sido transmitida o que no han sido capaces de encontrarla debido a ciertas circunstancias. Son los que se mencionan en 4:98-99: *A excepción de los verdaderamente oprimidos entre los hombres, mujeres y niños que carecen de medio y guía en el camino (para emigrar, incluido aquellos que durante sus vidas no han tenido medios para ser guiados a la fe). En cuanto a ellos (si sus circunstancias no cambian, se espera que) Dios no les hará responsables y les perdonará. En verdad, Dios es el Único Quien perdona en gran medida, Indulgente.*

Dios los tratará en el Más Allá como Su Voluntad disponga. Sin embargo, se espera en gran medida que no castigue en particular a aquellos que están entre ellos que creen en Dios y no oprimen a los demás y no cometen ciertos pecados capitales como por ejemplo el asesinato, el adulterio y la usurpación de los derechos de los demás, los cuales son aborrecibles para la consciencia humana.

عَيْنًا يَشْرَبُ بِهَا عِبَادُ اللَّهِ يُفَجِّرُونَهَا تَفْجِيرًا ٦ يُوفُونَ بِالنَّذْرِ وَيَخَافُونَ
يَوْمًا كَانَ شَرُّهُ مُسْتَطِيرًا ٧ وَيُطْعِمُونَ الطَّعَامَ عَلَىٰ حُبِّهِ مِسْكِينًا وَيَتِيمًا
وَأَسِيرًا ٨ إِنَّمَا نُطْعِمُكُمْ لِوَجْهِ اللَّهِ لَا نُرِيدُ مِنكُمْ جَزَاءً وَلَا شُكُورًا ٩
إِنَّا نَخَافُ مِن رَّبِّنَا يَوْمًا عَبُوسًا قَمْطَرِيرًا ١٠ فَوَقَاهُمُ اللَّهُ شَرَّ ذَٰلِكَ
الْيَوْمِ وَلَقَّاهُمْ نَضْرَةً وَسُرُورًا ١١ وَجَزَاهُم بِمَا صَبَرُوا جَنَّةً وَحَرِيرًا ١٢
مُّتَّكِئِينَ فِيهَا عَلَى الْأَرَائِكِ لَا يَرَوْنَ فِيهَا شَمْسًا وَلَا زَمْهَرِيرًا ١٣
وَدَانِيَةً عَلَيْهِمْ ظِلَالُهَا وَذُلِّلَتْ قُطُوفُهَا تَذْلِيلًا ١٤ وَيُطَافُ عَلَيْهِم بِآنِيَةٍ
مِّن فِضَّةٍ وَأَكْوَابٍ كَانَتْ قَوَارِيرَا ١٥ قَوَارِيرَ مِن فِضَّةٍ قَدَّرُوهَا تَقْدِيرًا ١٦
وَيُسْقَوْنَ فِيهَا كَأْسًا كَانَ مِزَاجُهَا زَنجَبِيلًا ١٧ عَيْنًا فِيهَا تُسَمَّىٰ سَلْسَبِيلًا ١٨
وَيَطُوفُ عَلَيْهِمْ وِلْدَانٌ مُّخَلَّدُونَ إِذَا رَأَيْتَهُمْ حَسِبْتَهُمْ لُؤْلُؤًا مَّنثُورًا ١٩
وَإِذَا رَأَيْتَ ثَمَّ رَأَيْتَ نَعِيمًا وَمُلْكًا كَبِيرًا ٢٠ عَالِيَهُمْ ثِيَابُ سُندُسٍ
خُضْرٌ وَإِسْتَبْرَقٌ وَحُلُّوا أَسَاوِرَ مِن فِضَّةٍ وَسَقَاهُمْ رَبُّهُمْ شَرَابًا
طَهُورًا ٢١ إِنَّ هَٰذَا كَانَ لَكُمْ جَزَاءً وَكَانَ سَعْيُكُم مَّشْكُورًا ٢٢
إِنَّا نَحْنُ نَزَّلْنَا عَلَيْكَ الْقُرْآنَ تَنزِيلًا ٢٣ فَاصْبِرْ لِحُكْمِ رَبِّكَ
وَلَا تُطِعْ مِنْهُمْ آثِمًا أَوْ كَفُورًا ٢٤ وَاذْكُرِ اسْمَ رَبِّكَ بُكْرَةً وَأَصِيلًا ٢٥

وَمِنَ اللَّيْلِ

6. Una fuente de la cual los siervos (virtuosos y devotos) de Dios beberán (hasta saciarse), haciendo que brote abundantemente[3].

7. (Ellos son los que) cumplen con el voto (las promesas y las responsabilidades que emprenden), y los que temen un Día cuyo mal es amplio y abarcador (a todo aquel lo merezca).

8. Dan comida, a pesar de lo grande que sea su necesidad por ella, con placer a los indigentes, los huérfanos y los cautivos, (diciendo)[4]:

9. «Os alimentamos tan solo por Dios; no deseamos de vosotros ni recompensa ni agradecimiento (deseamos sólo la aceptación de Dios).

10. En verdad tenemos miedo de un Día de nuestro Señor, (un Día) amenazador y severo (hacia los culpables)».

11. Así que Dios sin duda los protegerá del mal de ese Día y les permitirá encontrar brillo y alegría.

12. Él los recompensará por todo lo que soportaron: un Jardín (del Paraíso) y vestimentas de seda.

13. Reclinándose allí en sus tronos. No encontrarán ni el calor (ardiente) del Sol ni frío severo.

14. Y su sombra caerá sobre ellos, y sus racimos de frutas colgarán bajo, a su alcance.

15. Y se les servirá con vasijas de plata y copas como el cristal.

16. Claras como el cristal, elaboradas de plata —deciden la medida de la bebida (como desean)—.[5]

17. Y allí se les dará para beber una copa aromatizada con jengibre (del Paraíso).

18. (Llenada en) una fuente de allí llamada *Salsabil* (mientras fluye suave y continuamente como desean).

19. Dan vueltas a su alrededor jóvenes de perpetua lozanía[6]; cuando los veas creerás que son perlas esparcidas.

20. Y dondequiera que mires allí, verás una delicia inimaginable y un gran reino.

21. Sobre estos (siervos) habrán prendas verdes de fina seda y brocado, y estarán embellecidos con brazaletes de plata,[7] y su Señor los favorecerá con el servicio de una bebida pura:

22. «Esto es lo que ha sido (preparado) para vosotros como una recompensa, y vuestro esfuerzo ha sido reconocido y aceptado».

23. Somos Nosotros Quienes te envían el Corán a ti (Oh Mensajero) por partes.

24. Así que espera pacientemente el juicio de tu Señor, y no le prestes atención a (los deseos y caprichos de) ninguno de ellos porque cada uno es un pecador obstinado o un incrédulo desagradecido.

25. Y recuerda y menciona el Nombre de tu Señor (en adoración) por la mañana temprano y por la tarde.

---

3. Los últimos dos versículos pueden ser considerados junto con 37:45-47; 47:15, y 56:18-19.

4. Esta virtud es esencial y común a la benevolencia y la verdadera piedad. Véase 2:177; 3:92.

5. Es decir, allí habrá para ellos todo lo que desean y en la Presencia de Dios aún hay más (50:35).

6. Sobre estos jóvenes, véase el *sura* 56, nota 3.

7. Sobre estas vestimentas y brazaletes, véase el *sura* 18, nota 18.

26. Y durante parte de la noche póstrate ante Él, y glorifícalo una gran parte de la noche[8].

27. Aquellos (incrédulos pecadores) aman y prefieren aquello que se da por adelantado (la vida actual y mundana), y descuidan un Día doloroso por delante de ellos.

28. Somos Nosotros Quienes los han creado y los hizo firmes en su composición, y siempre que queramos, podemos cambiar por completo su estructura y carácter.

29. Todo esto es una advertencia y un recordatorio, así que permite a aquel que quiera, tomar un camino hacia su Señor.

30. No podéis querer a menos que Dios quiera[9]. Sin duda Dios es Omnisciente, Omnisapiente.

الْجُزْءُ التَّاسِعُ وَالْعِشْرُونَ ٥٧٩ 579

وَمِنَ الَّيْلِ فَاسْجُدْ لَهُ وَسَبِّحْهُ لَيْلاً طَوِيلاً ﴿٢٦﴾ اِنَّ هٰٓؤُلَٓاءِ يُحِبُّونَ الْعَاجِلَةَ
وَيَذَرُونَ وَرَٓاءَهُمْ يَوْمًا ثَقِيلاً ﴿٢٧﴾ نَحْنُ خَلَقْنَاهُمْ وَشَدَدْنَٓا اَسْرَهُمْ وَاِذَا
شِئْنَا بَدَّلْنَٓا اَمْثَالَهُمْ تَبْدِيلاً ﴿٢٨﴾ اِنَّ هٰذِهِ تَذْكِرَةٌ فَمَنْ شَٓاءَ اتَّخَذَ اِلٰى رَبِّهِ
سَبِيلاً ﴿٢٩﴾ وَمَا تَشَٓاؤُنَ اِلَّٓا اَنْ يَشَٓاءَ اللّٰهُ اِنَّ اللّٰهَ كَانَ عَلِيمًا حَكِيمًا ﴿٣٠﴾
يُدْخِلُ مَنْ يَشَٓاءُ فِي رَحْمَتِهِ وَالظَّالِمِينَ اَعَدَّ لَهُمْ عَذَابًا اَلِيمًا ﴿٣١﴾

سُورَةُ الْمُرْسَلَاتِ مَكِّيَّةٌ
وَهِيَ خَمْسُونَ اٰيَةً

بِسْمِ اللّٰهِ الرَّحْمٰنِ الرَّحِيمِ
وَالْمُرْسَلَاتِ عُرْفًا ﴿١﴾ فَالْعَاصِفَاتِ عَصْفًا ﴿٢﴾ وَالنَّاشِرَاتِ نَشْرًا ﴿٣﴾
فَالْفَارِقَاتِ فَرْقًا ﴿٤﴾ فَالْمُلْقِيَاتِ ذِكْرًا ﴿٥﴾ عُذْرًا اَوْ نُذْرًا ﴿٦﴾ اِنَّمَا
تُوعَدُونَ لَوَاقِعٌ ﴿٧﴾ فَاِذَا النُّجُومُ طُمِسَتْ ﴿٨﴾ وَاِذَا السَّمَٓاءُ فُرِجَتْ ﴿٩﴾
وَاِذَا الْجِبَالُ نُسِفَتْ ﴿١٠﴾ وَاِذَا الرُّسُلُ اُقِّتَتْ ﴿١١﴾ لِاَيِّ يَوْمٍ اُجِّلَتْ ﴿١٢﴾
لِيَوْمِ الْفَصْلِ ﴿١٣﴾ وَمَٓا اَدْرٰيكَ مَا يَوْمُ الْفَصْلِ ﴿١٤﴾ وَيْلٌ يَوْمَئِذٍ
لِلْمُكَذِّبِينَ ﴿١٥﴾ اَلَمْ نُهْلِكِ الْاَوَّلِينَ ﴿١٦﴾ ثُمَّ نُتْبِعُهُمُ الْاٰخِرِينَ ﴿١٧﴾
كَذٰلِكَ نَفْعَلُ بِالْمُجْرِمِينَ ﴿١٨﴾ وَيْلٌ يَوْمَئِذٍ لِلْمُكَذِّبِينَ ﴿١٩﴾

31. Él admite a quien Su Voluntad dicta en Su misericordia; y con respecto a los malhechores, les ha preparado un castigo doloroso.

8. En numerosos versículos (por ejemplo; 11:114; 17:78; 20:130), el Corán ordena mencionar a Dios o Su Nombre, glorificándolo, y postrándose ante Él. Estas órdenes son generalmente entendidas e interpretadas como la Oración prescrita llevada a cabo para y por Dios. Por consiguiente, en los últimos dos versículos de este *sura*, se ordena mencionar Su Nombre por la mañana temprano (la Oración del Amanecer), y desde el mediodía hasta la noche (Oración del Mediodía/de la Tarde). Y ordena postrarse ante Él durante parte de la noche (Oración del Atardecer, Oración de la Noche), y glorificándolo una gran parte de la noche (Oración de Tahayyud). Cinco Oraciones diarias fueron prescritas durante la Ascensión en el decimoprimer año del período de La Meca del Islam. Hasta entonces, como se entiende de los versículos relevantes, la Oración se realizaba tres veces —por la mañana antes de la salida del sol, en cualquier momento desde el mediodía hasta el atardecer, y

en el primer período de la noche—. A la Oración de Tahayyud (la Oración en la segunda parte de la noche antes del amanecer) también se le hizo hincapié.

Entender el acto de mencionar el Nombre de nuestro Señor queriendo indicar la Oración de la Mañana y la Tarde, y la postración significando la Oración del primer período de la noche, y la glorificación como la Oración de Tahayyud puede indicar que deberíamos prolongar *qira'ah* (la recitación del Corán) en las Oraciones de la Mañana y el Mediodía/la Tarde, esa postración es más importante en las Oraciones del Atardecer y de la Noche, y la alabanza en la Oración de Tahayyud. Dios es el Más Sabio.

9. Para el significado de esta declaración y la relación entre la Voluntad absoluta de Dios y el libre albedrío del ser humano, véanse el *sura* 2, notas 10, 23; el *sura* 3, nota 30; el *sura* 4, nota 18; el *sura* 6, nota 9; el *sura* 11, nota 1; y nota 2 en este *sura*, así como el Apéndice 7. Resumamos lo que se ha dicho hasta aquí:

La Voluntad de Dios es absoluta y abarca el libre albedrío humano. Desde una perspectiva, la Voluntad Divina es idéntica al Conocimiento Divino. Dios sabe (de antemano) lo que las personas harán libremente y todo lo que llevan a cabo está dentro del Conocimiento de Dios. Las acciones de la humanidad están dentro del Conocimiento y Sabiduría de Dios. Es decir, para que su voluntad sea una causa de sus actos, la Sabiduría abarcadora de Dios posee a su vez una parte en ella. Este versículo que termina mencionando a Dios como Omnisciente y Omnisapiente, señala este hecho. Es Dios Quien ha dotado a la humanidad con el libre albedrío, y la humanidad siempre necesita a Dios para ser capaz de emplear su libre albedrío y lograr lo que quiere. Dios ha diseñado la vida humana y establecido la realidad de los actos y todo lo que una persona afronta como consecuencia de sus actos. Nadie puede ir más allá de este designio abarcador. Dios nunca obliga a una persona a que haga un acto en particular; la experiencia humana de la libre elección de sus actos es absolutamente real, y así debe ser, pues todos son responsables de sus acciones.

SURA 77
AL-MURSALAT
(LAS COMPAÑIAS ENVIADAS)
Período de La Meca

Revelado en los primeros años del período de La Meca durante la misión del Mensajero de Dios, la paz y las bendiciones sean con él, este *sura* de 50 versículos recibe su título de la palabra *al-mursalat* («las compañías enviadas»), que se puede encontrar en el primer versículo. Menciona las funciones de algunos tipos de ángeles en ciertos acontecimientos universales, centrando nuestra atención en el Poder de Dios, la verdad de la Resurrección y el Más Allá, y advirtiendo en contra de la negación de esta verdad.

En el Nombre de Dios,
el Misericordioso, el Compasivo.

1. Por las compañías (de ángeles) enviadas una tras otra en pos de algunos buenos resultados,

2. Y luego moviéndose tan rápida y enérgicamente como tempestades.

3. Y por aquellos desplegando los Manuscritos de la Revelación,

4. Y sirviendo para que (lo correcto y lo incorrecto) sean separados con toda claridad,

5. Y así haciendo descender la Revelación,

6. Para que algunos puedan tener medios para pedir perdón y algunos puedan ser advertidos.

7. Sin duda lo que os ha sido prometido seguro que sucederá,[1]

8. Cuando la luz de las estrellas sea apagada,

9. Y cuando el cielo sea desgarrado,

10. Y cuando las montañas sean esparcidas (como el polvo),

11. Y cuando sea señalado el momento para que los Mensajeros (den testimonio a favor o en contra de sus comunidades).

12. ¿Para qué día el plazo (de todo esto) se ha fijado?

13. Por el Día del Juicio Final y la Distinción (entre las personas según cómo creyeron y actuaron en el mundo).

14. ¿Qué te facilita percibir lo que es el Día del Juicio Final y la Distinción?

15. ¡Pobres de aquellos que niegan (el Día) en ese Día!

16. ¿Acaso no destruimos a los pueblos antiguos (que negaron)?

17. Así que hacemos que las generaciones posteriores (de la misma reputación) los sigan (al ser destruidos).

18. Pues de esta manera Nosotros tratamos a los criminales incrédulos.

19. ¡Pobres de aquellos que niegan en ese Día!

1. Los ángeles poseen funciones u obligaciones muy importantes en nuestras vidas y en la operación del universo que los rodea, ambas por igual. El Corán menciona a los ángeles con las obligaciones que cumplen y en los grupos que cumplen con esas obligaciones. Por ejemplo, véase 37:1-3; 79:1-5. Sin embargo, normalmente vivimos sin saber de ellos y sus obligaciones universales. En estos versículos iniciales Dios centra nuestra atención en ellos, en particular aquellos que transmiten la Revelación a los Mensajeros y de esta manera desempeñan un papel en la separación de lo correcto y lo incorrecto, y la separación de aquellos que sirven a lo correcto de aquellos que sirven a lo incorrecto. Dios concluye los juramentos que hace con aquellos ángeles subrayando que, sin lugar a dudas, llegará el Día de la Resurrección.

580 سُورَةُ الْمُرْسَلَاتِ ٥٨٠

اَلَمْ نَخْلُقْكُمْ مِنْ مَاءٍ مَهِينٍ ﴿٢٠﴾ فَجَعَلْنَاهُ فِى قَرَارٍ مَكِينٍ ﴿٢١﴾ اِلٰى قَدَرٍ
مَعْلُومٍ ﴿٢٢﴾ فَقَدَرْنَا فَنِعْمَ الْقَادِرُونَ ﴿٢٣﴾ وَيْلٌ يَوْمَئِذٍ لِلْمُكَذِّبِينَ ﴿٢٤﴾
اَلَمْ نَجْعَلِ الْاَرْضَ كِفَاتًا ﴿٢٥﴾ اَحْيَاءً وَاَمْوَاتًا ﴿٢٦﴾ وَجَعَلْنَا فِيهَا رَوَاسِىَ
شَامِخَاتٍ وَاَسْقَيْنَاكُمْ مَاءً فُرَاتًا ﴿٢٧﴾ وَيْلٌ يَوْمَئِذٍ لِلْمُكَذِّبِينَ ﴿٢٨﴾
اِنْطَلِقُوا اِلٰى مَا كُنْتُمْ بِهِ تُكَذِّبُونَ ﴿٢٩﴾ اِنْطَلِقُوا اِلٰى ظِلٍّ ذِى ثَلٰثِ
شُعَبٍ ﴿٣٠﴾ لَا ظَلِيلٍ وَلَا يُغْنِى مِنَ اللَّهَبِ ﴿٣١﴾ اِنَّهَا تَرْمِى بِشَرَرٍ
كَالْقَصْرِ ﴿٣٢﴾ كَاَنَّهُ جِمَالَتٌ صُفْرٌ ﴿٣٣﴾ وَيْلٌ يَوْمَئِذٍ لِلْمُكَذِّبِينَ ﴿٣٤﴾
هٰذَا يَوْمُ لَا يَنْطِقُونَ ﴿٣٥﴾ وَلَا يُؤْذَنُ لَهُمْ فَيَعْتَذِرُونَ ﴿٣٦﴾ وَيْلٌ يَوْمَئِذٍ
لِلْمُكَذِّبِينَ ﴿٣٧﴾ هٰذَا يَوْمُ الْفَصْلِ جَمَعْنَاكُمْ وَالْاَوَّلِينَ ﴿٣٨﴾ فَاِنْ كَانَ
لَكُمْ كَيْدٌ فَكِيدُونِ ﴿٣٩﴾ وَيْلٌ يَوْمَئِذٍ لِلْمُكَذِّبِينَ ﴿٤٠﴾ اِنَّ الْمُتَّقِينَ
فِى ظِلَالٍ وَعُيُونٍ ﴿٤١﴾ وَفَوَاكِهَ مِمَّا يَشْتَهُونَ ﴿٤٢﴾ كُلُوا وَاشْرَبُوا
هَنِئًا بِمَا كُنْتُمْ تَعْمَلُونَ ﴿٤٣﴾ اِنَّا كَذٰلِكَ نَجْزِى الْمُحْسِنِينَ ﴿٤٤﴾ وَيْلٌ
يَوْمَئِذٍ لِلْمُكَذِّبِينَ ﴿٤٥﴾ كُلُوا وَتَمَتَّعُوا قَلِيلًا اِنَّكُمْ مُجْرِمُونَ ﴿٤٦﴾
وَيْلٌ يَوْمَئِذٍ لِلْمُكَذِّبِينَ ﴿٤٧﴾ وَاِذَا قِيلَ لَهُمُ ارْكَعُوا لَا يَرْكَعُونَ ﴿٤٨﴾
وَيْلٌ يَوْمَئِذٍ لِلْمُكَذِّبِينَ ﴿٤٩﴾ فَبِاَىِّ حَدِيثٍ بَعْدَهُ يُؤْمِنُونَ ﴿٥٠﴾

سُورَةُ

20. (¿Cómo y por qué os atrevéis a negar?) ¿Acaso no os creamos de un fluido despreciable?

21. Luego Nosotros lo colocamos en un lugar firme y seguro (para que permaneciera),

22. Durante un período conocido y predeterminado (de gestación).

23. De esta manera hemos determinado (todo lo relacionado con vuestra existencia), y ¡cuán excelente Nosotros somos en la determinación!

24. ¡Pobres de aquellos que niegan en ese Día!

25. ¿Acaso no hemos hecho de la Tierra un receptáculo,

26. Para los vivos y los muertos?

27. Y ubicamos allí montañas firmes, de elevada altitud, y os dimos de beber el agua dulce (manando de ellas).

28. ¡Pobres de aquellos que niegan en ese Día!

29. «¡Moveos hacia ese (Fuego) que solíais negar!

30. Moveos hacia la sombra (de humo negro ascendente) en tres columnas[2].

31. No dará una sombra (refrescante) ni será de utilidad frente a la llama.

32. (El Fuego) lanzará chispas como castillos,

33. (Esparcidas) como si fueran camellos amarillos»[3].

34. ¡Pobres de aquellos que niegan en ese Día!

35. Este será un Día en el que (los que niegan) no pronunciarán una palabra;

36. Ni se les permitirá que presenten excusas[4].

37. ¡Pobres de aquellos que niegan en ese Día!

38. «Este es el Día del Juicio Final y la Distinción (entre las personas, según cómo creyeron y actuaron en el mundo). Os hemos reunido a vosotros y a los antiguos (de las comunidades anteriores que también negaban).

39. Así que si tenéis alguna intriga (para salvaros de Mi castigo), entonces, ¡empleadlo (contra Mí)!»

40. ¡Pobres de aquellos que niegan en ese Día!

41. Sin duda los piadosos devotos se hallarán entre sombras agradables y fuentes;

42. Y frutos de todas las clases que desean.

43. «Comed y bebed hasta hartaros por todo lo que solíais hacer (en el mundo).»

44. De esta manera Nosotros recompensamos a aquellos que se dedican a hacer el bien, conscientes de que Dios les está contemplando.
45. ¡Pobres de aquellos que niegan en ese Día!
46. ¡Consumid (las riquezas del mundo) y disfrutad de vuestra vida mas por poco tiempo, pues no sois sino criminales dedicados a acumular pecados!
47. ¡Pobres de aquellos que niegan en ese Día!
48. Cuando se les dice: «¡Inclinaos (ante Dios con humildad y adoradlo)!» no se inclinan.
49. ¡Pobres de aquellos que niegan en ese Día!
50. ¿En qué otra Palabra, más allá de este (Corán), creerán?

---

2. Merece la pena prestar nuestra atención a que el humo del fuego del Infierno ascenderá en tres columnas. Esto pasa a ser más importante cuando consideramos que el Corán emplea la luz en singular y la oscuridad en plural como las profundidades o los velos de la oscuridad (en árabe el número más pequeño de la forma plural es tres). Esta puede ser una indicación del hecho de que en la historia, la asociación de copartícipes a Dios y los sistemas de la opresión por lo general se han basado en tres «columnas». Mientras se describe los actos de los incrédulos, el Corán señala que *sus actos son como los velos de oscuridad que cubren completamente un mar abismal hacia sus profundidades, cubiertos por las olas, sobre las cuales están las olas, sobre las cuales está una nube: los velos de oscuridad apilados uno sobre otro, de manera que cuando tiende la mano, apenas puede verlo* (24:40).

También puede aludir al resultado del empleo incorrecto de las tres facultades principales otorgadas a los seres humanos, a saber el intelecto, la ira y la lujuria, o de los tres poderes sobre los cuales está basado un gobierno, a saber ejecutivo, judicial y legislativo, y desde otras perspectivas, como poder, capital y conocimiento o educación, o asimismo poder, justicia y ley (véase 57:25; nota 15). Por ejemplo, el Corán señala que el profeta Moisés, la paz sea con él, fue enviado ante el Faraón, Qorah y Haman (29:39; 40:24). Esta debe ser una de las razones, como un ejemplo de sabiduría, para el hecho de que durante el Hayy, los peregrinos arrojan piedras a tres «diablos» representados por columnas (el mayor, el intermedio y el menor).

3. Las chispas del Fuego del Infierno al ser tan grandes o semejantes a castillos y camellos pueden ser una alusión a las cosas terrenales que aquellos condenados al Fuego del Infierno aman apasionadamente. Aquello que es de sumo valor para la gente del desierto es el camello, mientras que aquellos que viven en pueblos perdidos en los placeres son adictos a poseer castillos elevados.

4. De acuerdo con varios versículos, la gente condenada al Fuego del Infierno proferirá palabras de diferente importancia. Por ejemplo, desde el Infierno se dirigirán a Dios y a los creyentes en el Paraíso (23:105-106); se dirigirán al guardia jefe del Infierno (Malik) (43:77); en su camino al Infierno se dirigirán a los creyentes para tratar de conseguir un poco de su luz (57:13-14); se acercarán al Lugar de la Reunión Suprema (36:52; 37:20); discutirán entre ellos (34:31-33), etc. Así que se puede concluir que todo no sucederá de la misma manera el Día del Juicio Final. Será un Día durante el cual habrá muchos otros «días»; este versículo menciona una de las escenas del otro mundo donde los incrédulos no pronunciarán una palabra, ni se les permitirá presentar excusas.

سُورَةُ النَّبَإِ مَكِّيَّةٌ
وَهِىَ أَرْبَعُونَ اٰيَةً

بِسْمِ اللّٰهِ الرَّحْمٰنِ الرَّحِيمِ

عَمَّ يَتَسَاءَلُونَۚ ﴿١﴾ عَنِ النَّبَإِ الْعَظِيمِۙ ﴿٢﴾ اَلَّذ۪ى هُمْ ف۪يهِ مُخْتَلِفُونَۜ ﴿٣﴾
كَلَّا سَيَعْلَمُونَۙ ﴿٤﴾ ثُمَّ كَلَّا سَيَعْلَمُونَ ﴿٥﴾ اَلَمْ نَجْعَلِ الْاَرْضَ مِهَادًاۙ ﴿٦﴾
وَالْجِبَالَ اَوْتَادًاۖ ﴿٧﴾ وَخَلَقْنَاكُمْ اَزْوَاجًاۙ ﴿٨﴾ وَجَعَلْنَا نَوْمَكُمْ سُبَاتًاۙ ﴿٩﴾
وَجَعَلْنَا الَّيْلَ لِبَاسًاۙ ﴿١٠﴾ وَجَعَلْنَا النَّهَارَ مَعَاشًاۖ ﴿١١﴾ وَبَنَيْنَا فَوْقَكُمْ
سَبْعًا شِدَادًاۙ ﴿١٢﴾ وَجَعَلْنَا سِرَاجًا وَهَّاجًاۖ ﴿١٣﴾ وَاَنْزَلْنَا مِنَ الْمُعْصِرَاتِ
مَاءً ثَجَّاجًاۙ ﴿١٤﴾ لِنُخْرِجَ بِه۪ حَبًّا وَنَبَاتًاۙ ﴿١٥﴾ وَجَنَّاتٍ اَلْفَافًاۜ ﴿١٦﴾ اِنَّ يَوْمَ
الْفَصْلِ كَانَ م۪يقَاتًاۙ ﴿١٧﴾ يَوْمَ يُنْفَخُ فِى الصُّورِ فَتَأْتُونَ اَفْوَاجًاۙ ﴿١٨﴾
وَفُتِحَتِ السَّمَاءُ فَكَانَتْ اَبْوَابًاۙ ﴿١٩﴾ وَسُيِّرَتِ الْجِبَالُ فَكَانَتْ سَرَابًاۜ ﴿٢٠﴾
اِنَّ جَهَنَّمَ كَانَتْ مِرْصَادًاۙ ﴿٢١﴾ لِلطَّاغ۪ينَ مَاٰبًاۙ ﴿٢٢﴾ لَابِث۪ينَ ف۪يهَا اَحْقَابًاۚ ﴿٢٣﴾
لَا يَذُوقُونَ ف۪يهَا بَرْدًا وَلَا شَرَابًاۙ ﴿٢٤﴾ اِلَّا حَم۪يمًا وَغَسَّاقًاۙ ﴿٢٥﴾ جَزَاءً
وِفَاقًا ﴿٢٦﴾ اِنَّهُمْ كَانُوا لَا يَرْجُونَ حِسَابًاۙ ﴿٢٧﴾ وَكَذَّبُوا بِاٰيَاتِنَا كِذَّابًاۜ ﴿٢٨﴾
وَكُلَّ شَيْءٍ اَحْصَيْنَاهُ كِتَابًاۙ ﴿٢٩﴾ فَذُوقُوا فَلَنْ نَز۪يدَكُمْ اِلَّا عَذَابًاۚ ﴿٣٠﴾

SURA 78

AN-NABA' (LA NOTICIA)

Período de La Meca

Revelado en La Meca y compuesto de 40 versículos, este *sura* toma su nombre de la palabra *an-naba'* («noticia importante») en el segundo versículo. Se trata del Día de la Resurrección y enfoca la atención en algunas manifestaciones del Poder Divino en el universo.

En el Nombre de Dios,
el Misericordioso, el Compasivo.

1. ¿Sobre qué cosas se preguntan unos a otros?

2. Acerca de la formidable noticia,

3. Sobre la que discrepan[1].

4. ¡No, de verdad! (No tienen necesidad de discrepar o de cuestionarse unos a otros acerca de ello): ¡Pronto llegarán a saberlo!

5. Y una vez más, ¡no, de verdad! ¡Pronto llegarán a saberlo!

6. ¿Acaso no hemos creado la Tierra como una cuna,[2]

7. Y las montañas como mástiles?[3]

8. Y os hemos creado en parejas.

9. Y os hemos hecho dormir para descansar.

10. Y hemos creado la noche como un manto (cubriéndoos a vosotros y al mundo)

11. Y hemos creado el día para buscar el sustento.

12. Y hemos construido sobre vosotros siete cielos firmes.

13. Y hemos colocado (allí) una lámpara brillante y resplandeciente[4].

14. Y hemos hecho descender agua de las nubes de lluvia en abundancia,

15. Para que así podamos producir con ella granos y plantas,

16. Y jardines frondosos y exuberantes.

17. Ahora, con toda certeza, el Día del Juicio Final y la Distinción es un momento señalado (como el resultado de todo lo que sucede en este mundo).

18. El Día en el que se hace sonar la Trompeta y todos vosotros llegáis en multitudes[5].

19. Y el cielo se abre (para que desciendan los ángeles), y se convierte en puertas (de tal modo que el mundo de los ángeles y el mundo de la humanidad se unan).

20. Y las montañas se ponen a andar y de este modo pasan a ser como si nunca hubieran existido.
21. Sin duda alguna el Infierno está al acecho como un lugar para la vigilancia,
22. Para los (incrédulos) rebeldes, (y) un hogar destinado (que se prepararon para sí mismos mientras estaban en el mundo),
23. En donde permanecerán durante las eras.
24. Allí no probarán la frescura ni bebida alguna,
25. Salvo el agua hirviendo y el pus,
26. Como una recompensa apropiada (por sus pecados);
27. Pues no solían esperar ser llamados para rendir cuentas (por sus actos);
28. Y negaron Nuestras Revelaciones (y Nuestros demás signos en el universo) con una negación testaruda y obstinada.
29. Y anotamos cada cosa (que hicieron) como un registro.
30. Por ello: «Probad (el fruto de vuestros actos), y no os aumentaremos más que el sufrimiento».

---

1. El desacuerdo de los incrédulos con respecto a la Resurrección no se hallaba centrado en el hecho de si la negaron o no, sino por su planteamiento establecido con la intención de negar la misma. Algunos de ellos albergaban dudas irreconciliables sobre la Resurrección (27:66), otros la estimaban inconcebible (23:36), y algunos rechazaban obstinadamente todo aquello sobre la verdad y los fundamentos de la fe de lo que fueron informados (67:21). Por lo tanto, los versículos iniciales nos relatan que, cuando el Mensajero de Dios, la paz y las bendiciones sean con él, le transmitió a la gente de La Meca algunas verdades sobre el Día de la Resurrección y les advirtió, aquellos que negaban las verdades se preguntaban con la intención de descubrir algún argumento que respaldara sus negaciones, y con este interés en mente, en ocasiones se dirigían ante la presencia del Mensajero o los creyentes, y otras veces ante los judíos o cristianos y les hacían preguntas. Luego seguían discutiendo cómo habrían de reaccionar contra estas verdades y expresaban diferentes puntos de vista.

2. Los once versículos que se extienden desde este versículo al versículo 17 presentan algunas manifestaciones del Poder Divino en el universo y, al señalárselas, establecen la verdad del Día de la Resurrección. Lo que estos versículos indican es que el universo, con todo aquello que se halla contenido en el mismo y todos los acontecimientos que suceden, así como la vida humana con todos sus aspectos, muestran claramente que nada queda sin sentido o propósito. Y lo que es más, todas estas cosas indican otro factor de gran importancia, que es su resultado, o en efecto, su razón de ser. Es decir, este mundo es un precedente del otro mundo.

3. Este versículo viene a decir lo siguiente como indicó Said Nursi:

> *He hecho montañas cual mástiles y estacas para vuestra Tierra*. Las personas normales y corrientes contemplan las montañas como si hubieran sido llevadas hasta la superficie de la Tierra, pensando en los beneficios y generosidades que se derivan de ello, le agradecen al Creador. Los poetas imaginan la Tierra como una superficie sobre la cual la bóveda del cielo ha sido lanzada, en un vasto arco, como una poderosa tienda azul adornada con lámparas. Percibiendo las montañas que rodean la base del cielo como estacas de tienda, adoran con asombro al Majestuoso Creador.
>
> Los hombres ilustrados de los desiertos imaginan la Tierra como un enorme desierto, y sus cadenas montañosas como muchas tiendas de los nómadas autóctonos. Perciben todo esto como si el suelo estuviera extendido sobre altos postes y las puntas puntiagudas de los postes hubieran elevado el «vestido» del suelo, el hogar para las incontables criaturas. Se postran embelesados ante el Majestuoso Creador, Quien

colocó y estableció tales cosas imponentes y poderosas con suma facilidad. Los geógrafos con una inclinación literaria contemplan la Tierra como un barco navegando en el océano del aire o el éter, y las montañas como mástiles que dan equilibrio y estabilidad al barco. Ante el Todopoderoso de la Perfección, Quien ha creado la Tierra como un barco bien construido y proporcionado sobre el que nos hace viajar a través del universo, declaran: «Gloria a Ti. Cuán magnífica es Tu creación».

Filósofos e historiadores de la cultura contemplan la Tierra como una casa, el pilar de cuya vida es la vida animal que, a su vez, se encuentra sustentada por el aire, el agua, y el suelo (las condiciones esenciales para la vida). Las montañas son primordiales para estas condiciones, pues almacenan agua, purifican la atmósfera condensando gases nocivos, y preservan la superficie terrestre de convertirse en un pantano y ser desbordada por el mar. Las montañas también son tesoros para el resto de necesidades de la vida humana. Con perfecta reverencia, alaban al Hacedor de Majestad y Munificencia, Quien ha creado estas grandiosas montañas como los pilares de la Tierra, la casa de nuestra vida, y las señaló como guardianes de los tesoros necesarios para nuestra vida.

Los científicos materialistas dicen: «Los terremotos y temblores de tierra, que tienen lugar como consecuencia a ciertas formaciones y fusiones subterráneas, fueron estabilizados con el surgimiento de las montañas. Este acontecimiento también estabilizó el eje y la órbita de la Tierra. Así, su rotación anual no se ve afectada por los terremotos. Su ira y enojo es apaciguado al correr a través de los respiraderos montañosos». Llegan a creer y declaran: «Hay una sabiduría en todo lo que hace Dios» [*The Words* («Las Palabras»), «The 25th Word,», («La 25ª Palabra»), págs. 410-411].

4. Said Nursi expone cómo el Mensajero, la paz y las bendiciones sean con él, habla en el lenguaje del Corán acerca del Soberano:

El Mensajero habla, a través del lenguaje del Corán, sobre un Soberano «en Cuyo reino la Luna vuela alrededor de una polilla como una mosca, mientras que la polilla (la Tierra) revolotea alrededor de una lámpara, y ésta (el Sol) sencillamente representa a miles de lámparas en una de las miles de casas de huéspedes pertenecientes al Soberano. Conversa acerca de un mundo tan maravilloso y predice una revolución tal que, comparada con esto último, si la Tierra fuera una bomba a punto de explotar, esto no causaría ningún asombro.

El Corán menciona ciertos hechos de la creación para dar a conocer la Esencia, los Atributos y los Nombres Divinos. Explica el significado del Libro del universo que permite conocer a su Creador. Por lo tanto, considera a la creación por el bien del conocimiento de su Creador. La ciencia moderna, que considera a la creación sólo por sí misma, por lo general se dirige a los científicos. Sin embargo, el Corán se dirige a toda la humanidad. Ya que usa a la creación como testimonio y prueba para guiar a la humanidad —muchos de cuyos miembros son personas sencillas y corrientes— su evidencia debería ser fácilmente comprensible. La guía requiere que los aspectos de poca importancia sean tan sólo mencionados por encima, y que los puntos sutiles sean comprensibles a través de parábolas.

Por ejemplo, nombra al Sol como «una lámpara». No menciona al Sol por su propio bien, sino que más bien es el «pilar principal» del orden y el centro del sistema de nuestro mundo, y este orden y sistema son, a su vez, dos maneras de conocer al Creador. Describiendo al Sol como una lámpara, también le hace recordar a la gente que el mundo es un palacio iluminado por el Sol, y que su contenido (por ejemplo: las bellezas, las provisiones y otras necesidades) están preparadas para la humanidad y otros seres vivos. De esta manera enseña e inspira el entendimiento y la necesidad de agradecer la Misericordia y Generosidad del Creador [*The Words*, («Las Palabras»), «The 19th Word» («La 19ª Palabra»), págs.250, 254-255]. Véase también 25:61, nota número 15.

5. Véase el *sura* 6:73, nota número 14 y el *sura* 39:68, nota número 22.

31. Pues para aquellos piadosos devotos sin duda habrá triunfo:

32. Jardines y viñedos,

33. Y jóvenes doncellas de turgentes senos de la misma edad[6].

34. Y una copa que rebosa hasta el borde.

35. No oirán allí conversación vana ni falsedad.

36. (Todo esto como) una recompensa de tu Señor, un regalo de acuerdo con (Su) estimación con total satisfacción[7].

37. El Señor de los Cielos y de la Tierra y (todo) lo que se halla entre ellos, el Misericordioso. Nadie tendrá el poder de dirigirse a Él.

38. El Día en que el Espíritu[8] y los ángeles se sitúan en filas. Nadie hablará salvo aquél a quien se lo permita[9] el Misericordioso, y dice lo que es correcto.

39. El Día (del Juicio Final) es el Día absolutamente verdadero (en el que prevalecerá la verdad). Por lo tanto, quienquiera que lo desee, entonces, que tome un camino de retorno a su Señor.

40. Con toda certeza os hemos advertido sobre un castigo próximo. Ese Día una persona mirará lo que ha anticipado (desde el mundo) con sus propias manos, y el incrédulo dirá: «¡Oh, ojalá hubiera sido mero polvo (en lugar de ser una criatura responsable dotada de conciencia y libre albedrío)!».

582 سُورَةُ النَّبَإِ ٥٨٢

إِنَّ لِلْمُتَّقِينَ مَفَازًا ﴿٣١﴾ حَدَائِقَ وَأَعْنَابًا ﴿٣٢﴾ وَكَوَاعِبَ أَتْرَابًا ﴿٣٣﴾ وَكَأْسًا
دِهَاقًا ﴿٣٤﴾ لَا يَسْمَعُونَ فِيهَا لَغْوًا وَلَا كِذَّابًا ﴿٣٥﴾ جَزَاءً مِنْ رَبِّكَ
عَطَاءً حِسَابًا ﴿٣٦﴾ رَبِّ السَّمٰوَاتِ وَالْأَرْضِ وَمَا بَيْنَهُمَا الرَّحْمٰنِ
لَا يَمْلِكُونَ مِنْهُ خِطَابًا ﴿٣٧﴾ يَوْمَ يَقُومُ الرُّوحُ وَالْمَلٰٓئِكَةُ صَفًّا
لَا يَتَكَلَّمُونَ إِلَّا مَنْ أَذِنَ لَهُ الرَّحْمٰنُ وَقَالَ صَوَابًا ﴿٣٨﴾ ذٰلِكَ الْيَوْمُ
الْحَقُّ فَمَنْ شَاءَ اتَّخَذَ إِلٰى رَبِّهِ مَآبًا ﴿٣٩﴾ إِنَّا أَنْذَرْنَاكُمْ عَذَابًا قَرِيبًا يَوْمَ
يَنْظُرُ الْمَرْءُ مَا قَدَّمَتْ يَدَاهُ وَيَقُولُ الْكَافِرُ يَا لَيْتَنِي كُنْتُ تُرَابًا ﴿٤٠﴾

سُورَةُ النَّازِعَاتِ مَكِّيَّةٌ
وَهِيَ سِتٌّ وَأَرْبَعُونَ آيَةً

بِسْمِ اللّٰهِ الرَّحْمٰنِ الرَّحِيمِ

وَالنَّازِعَاتِ غَرْقًا ﴿١﴾ وَالنَّاشِطَاتِ نَشْطًا ﴿٢﴾ وَالسَّابِحَاتِ سَبْحًا ﴿٣﴾
فَالسَّابِقَاتِ سَبْقًا ﴿٤﴾ فَالْمُدَبِّرَاتِ أَمْرًا ﴿٥﴾ يَوْمَ تَرْجُفُ الرَّاجِفَةُ ﴿٦﴾
تَتْبَعُهَا الرَّادِفَةُ ﴿٧﴾ قُلُوبٌ يَوْمَئِذٍ وَاجِفَةٌ ﴿٨﴾ أَبْصَارُهَا خَاشِعَةٌ ﴿٩﴾ يَقُولُونَ
أَإِنَّا لَمَرْدُودُونَ فِي الْحَافِرَةِ ﴿١٠﴾ أَإِذَا كُنَّا عِظَامًا نَخِرَةً ﴿١١﴾ قَالُوا تِلْكَ
إِذًا كَرَّةٌ خَاسِرَةٌ ﴿١٢﴾ فَإِنَّمَا هِيَ زَجْرَةٌ وَاحِدَةٌ ﴿١٣﴾ فَإِذَا هُمْ بِالسَّاهِرَةِ ﴿١٤﴾

هَلْ أَتٰيكَ

---

6. Algunas personas de otras religiones con prejuicios acusan al Islam de prometer un paraíso lleno de placeres carnales. El Islam considera a los seres humanos dotados de su naturaleza completa, no sólo como un cuerpo o un alma carnal, ni tampoco solamente un espíritu. El Islam considera todas estas cosas y ha establecido las reglas necesarias para cada una de ellas. No prescribe la vida monástica ni libera los deseos humanos. Emplea dichos deseos para la perfección humana. Por lo tanto, el Paraíso será un lugar en donde el espíritu humano y el alma carnal (que será adiestrada y purificada) estarán satisfechos con los placeres (puros) específicos de cada uno. En su estilo inimitable, Said Nursi trata el tema de este modo:

> *Pregunta:* ¿Qué relación une al cuerpo defectuoso, cambiante, inestable y acosado por el dolor con la eternidad y el Paraíso? Los placeres elevados del espíritu deben ser suficientes. ¿Por qué debe acontecer una resurrección corporal para los placeres corporales?
>
> *Respuesta:* El suelo, a pesar de su oscuridad y densidad cuando es comparado con el agua, el aire y la luz, es el medio y la

fuente de todas las obras del Arte Divino. Por lo tanto es en cierta medida superior en importancia al resto de elementos. El yo carnal, a pesar de su densidad y con motivo de su condición exhaustiva y con tal de que esté purificado, obtiene alguna clase de superioridad sobre el resto de tus sentidos y facultades. Asimismo, tu cuerpo es el espejo más exhaustivo y abundante para todas las manifestaciones de los Nombres Divinos, y ha sido equipado con instrumentos para pesar y medir el contenido de todos los tesoros Divinos. Por ejemplo, si el sentido del gusto ubicado en la lengua no fuera el origen de tantas medidas como variedades de comida y bebida, no podría experimentar, reconocer, o medirlas. Además, tu cuerpo también alberga los instrumentos necesarios para experimentar y reconocer la mayoría de las manifestaciones de los Nombres Divinos, así como también las facultades para experimentar los placeres más variados e infinitamente diferentes.

La conducta del universo y la vasta naturaleza de la humanidad demuestran que el Hacedor del universo quiere hacer conocer todos los tesoros de Su Misericordia y todas las manifestaciones de Sus Nombres, y hacernos experimentar todas Sus generosidades por medio del universo. Ciñéndonos a esto, puesto que el mundo de la felicidad eterna es un enorme estanque en el que la inundación del universo fluye, una enorme exhibición de lo que produce el telar del universo, y el eterno almacenamiento de cultivos producidos en el campo de este mundo (material), se asemejarán en alguna medida al universo. El Hacedor Omnisapiente, el Compasivo y Justo, proporcionará placeres específicos a cada órgano en particular como recompensas por su deber, su servicio y su devoción. Pensar de otra manera sería contrario a Su Sabiduría, Justicia y Compasión.

Pregunta: Un cuerpo vivo se encuentra en un estado de formación y deformación, está sujeto a la desintegración y no es eterno. La comida y la bebida perpetúan al individuo; las relaciones sexuales perpetúan la especie. Estos son los fundamentos para la vida en este mundo pero deben ser irrelevantes e innecesarios en el mundo de la eternidad. Dado esto, ¿por qué han sido incluidas entre los placeres más grandes del Paraíso?

Respuesta: Un cuerpo vivo se debilita y muere porque el equilibrio entre lo que necesita para mantenerse y lo que toma es alterado. Desde la niñez hasta la edad de madurez física, toma más de lo que deja y pasa a ser saludable. Luego, normalmente no satisface sus necesidades de una manera equilibrada, y llega la muerte. Sin embargo, en el mundo de la eternidad, las partículas del cuerpo permanecen constantes y son inmunes a la desintegración y la reformación. En otras palabras, este equilibrio permanece constante.

Del mismo modo que el movimiento en círculos perpetuos, un cuerpo vivo alcanza la eternidad junto con un constante funcionamiento de la fábrica de la vida corporal para el placer. En este mundo, la comida, la bebida y las relaciones sexuales maritales surgen de una necesidad y cumplen una función. De esta manera una gran variedad de placeres excelentes (y superiores) son incrustados en ellos como inmediatas recompensas por las funciones realizadas. En este mundo de padecimientos, la comida y el matrimonio conducen a numerosos placeres maravillosos y variados. Por lo tanto el Paraíso, el reino de la felicidad y el placer perfectos, debe contener estos placeres en su forma más elevada. Agregándoles recompensas espirituales (tal y como los placeres) por los deberes realizados en el mundo por ellos y la necesidad sentida por ellos aquí en forma de un apetito agradable y espiritual, serán transformados en una fuente viva y abarcadora de placer, la cual es apropiada para el Paraíso y la eternidad [*The Words*, («Las Palabras»), «The 28th Word» («La 28ª Palabra»), págs.515-517].

(Para otras explicaciones sobre las bendiciones del Paraíso, véase el *sura* 2:25, nota número 21; el *sura* 73:13, nota número 2; y con respecto a «la igualdad de edad», véase el *sura* 56:37, nota número 6.)

7. El castigo para los incrédulos rebeldes será una recompensa apropiada y de acuerdo con sus pecados (versículos 22, 26 y 30), pero la recompensa para aquellos piadosos devotos será establecida según la consideración de Dios de Su Gracia así como a su entera satisfacción.

8. Sobre el Espíritu, véase el *sura* 70, nota número 1.

9. Esta declaración también comenta la segunda oración en el versículo anterior: *Nadie tendrá el poder de dirigirse a Él.*

SURA 79

AN-NAZI'AT (AQUELLOS QUE ASCIENDEN)

Período de La Meca

Revelado en La Meca, este *sura* que consta de 46 versículos toma su nombre de la palabra *an-nazi'at* (aquellos ángeles que ascienden) en el primer versículo. Nos recuerda la muerte, advierte a aquellos que niegan la vida del Más Allá, y nos hace fijar nuestra atención en el Faraón, cuyo poder no pudo salvarlo del castigo de Dios. También menciona algunos actos de Dios en el universo y establece la verdad del Más Allá.

En el Nombre de Dios,
el Misericordioso, el Compasivo.

1. Por aquellos (ángeles) que inmediatamente ascienden y se precipitan (con la orden de Dios), y se precipitan (para cumplirla);

2. Por aquellos (ángeles) que se mueven con delicadeza y entusiasmo (con motivo de la orden que han recibido);

3. Por aquellos (ángeles) que con rapidez flotan (a través del espacio para cumplir con la orden de Dios);

4. Y así se apresuran como si de una carrera se tratase;

5. Y de esta manera cumplen con las órdenes (en el funcionamiento del universo),

6. (La Última Hora habrá llegado el Día en el que una ráfaga (de la Trompeta) convulsionará (al mundo);

7. Seguida por la siguiente.

8. Los corazones en ese Día latirán con angustia;

9. Con las miradas bajas,

10. No obstante, ellos (los incrédulos) dicen: «¿Realmente nos restituirán a nuestro antiguo estado (de vida),

11. después de que nos hayamos convertido en huesos podridos y deshechos?».

12. Dicen (mofándose): «Entonces, ¡esto sería un regreso con pérdida!».

13. En verdad no será sino un único llanto,

14. Y luego, serán despertados a la vida sobre la llanura (de la Suprema Reunión).

هَلْ اَتٰيكَ حَد۪يثُ مُوسٰىۢ ﴿١٥﴾ اِذْ نَادٰيهُ رَبُّهُ بِالْوَادِ الْمُقَدَّسِ طُوًىۚ ﴿١٦﴾
اِذْهَبْ اِلٰى فِرْعَوْنَ اِنَّهُ طَغٰىۘ ﴿١٧﴾ فَقُلْ هَلْ لَكَ اِلٰٓى اَنْ تَزَكّٰىۙ ﴿١٨﴾
وَاَهْدِيَكَ اِلٰى رَبِّكَ فَتَخْشٰىۚ ﴿١٩﴾ فَاَرٰيهُ الْاٰيَةَ الْكُبْرٰىۘ ﴿٢٠﴾ فَكَذَّبَ
وَعَصٰىۘ ﴿٢١﴾ ثُمَّ اَدْبَرَ يَسْعٰىۘ ﴿٢٢﴾ فَحَشَرَ فَنَادٰىۘ ﴿٢٣﴾ فَقَالَ اَنَا رَبُّكُمُ
الْاَعْلٰىۘ ﴿٢٤﴾ فَاَخَذَهُ اللّٰهُ نَكَالَ الْاٰخِرَةِ وَالْاُو۫لٰىۜ ﴿٢٥﴾ اِنَّ ف۪ي ذٰلِكَ لَعِبْرَةً
لِمَنْ يَخْشٰىۜ ﴿٢٦﴾ ءَاَنْتُمْ اَشَدُّ خَلْقًا اَمِ السَّمَٓاءُۜ بَنٰيهَاۚ ﴿٢٧﴾ رَفَعَ سَمْكَهَا
فَسَوّٰيهَاۙ ﴿٢٨﴾ وَاَغْطَشَ لَيْلَهَا وَاَخْرَجَ ضُحٰيهَاۖ ﴿٢٩﴾ وَالْاَرْضَ بَعْدَ ذٰلِكَ
دَحٰيهَاۜ ﴿٣٠﴾ اَخْرَجَ مِنْهَا مَٓاءَهَا وَمَرْعٰيهَاۖ ﴿٣١﴾ وَالْجِبَالَ اَرْسٰيهَاۙ ﴿٣٢﴾
مَتَاعًا لَكُمْ وَلِاَنْعَامِكُمْۜ ﴿٣٣﴾ فَاِذَا جَٓاءَتِ الطَّٓامَّةُ الْكُبْرٰىۘ ﴿٣٤﴾
يَوْمَ يَتَذَكَّرُ الْاِنْسَانُ مَا سَعٰىۙ ﴿٣٥﴾ وَبُرِّزَتِ الْجَح۪يمُ لِمَنْ يَرٰى ﴿٣٦﴾ فَاَمَّا
مَنْ طَغٰىۙ ﴿٣٧﴾ وَاٰثَرَ الْحَيٰوةَ الدُّنْيَاۙ ﴿٣٨﴾ فَاِنَّ الْجَح۪يمَ هِيَ الْمَأْوٰىۜ ﴿٣٩﴾
وَاَمَّا مَنْ خَافَ مَقَامَ رَبِّه۪ وَنَهَى النَّفْسَ عَنِ الْهَوٰىۙ ﴿٤٠﴾ فَاِنَّ الْجَنَّةَ
هِيَ الْمَأْوٰىۜ ﴿٤١﴾ يَسْـَٔلُونَكَ عَنِ السَّاعَةِ اَيَّانَ مُرْسٰيهَاۜ ﴿٤٢﴾ ف۪يمَ
اَنْتَ مِنْ ذِكْرٰيهَاۜ ﴿٤٣﴾ اِلٰى رَبِّكَ مُنْتَهٰيهَاۜ ﴿٤٤﴾ اِنَّمَا اَنْتَ مُنْذِرُ مَنْ
يَخْشٰيهَاۜ ﴿٤٥﴾ كَاَنَّهُمْ يَوْمَ يَرَوْنَهَا لَمْ يَلْبَثُوا اِلَّا عَشِيَّةً اَوْ ضُحٰيهَا ﴿٤٦﴾

15. ¿Te ha llegado el relato de Moisés?

16. Cuando Su Señor lo llamó en el sagrado Valle de *Tuwa’*:

17. «Ve ante el Faraón, pues se ha rebelado sumamente.

18. y dile: “¿Alcanzarías (tienes la intención o inclinación a) la pureza?

19. Luego te guiaré hacia tu Señor para que te halles en temor reverencial de Él (y te comportes con humildad)”».

20. Él (fue ante el Faraón y) le mostró la gran señal (el milagro de la Vara).

21. Pero el Faraón rechazó (Su Mensaje) y (lo) desafió.

22. A partir de entonces se apartó y se propuso luchar (contra él).

23. Después reunió (a sus hombres y huestes), y efectuó una proclama.

24. Diciendo: «¡Yo soy vuestro Señor Supremo!».

25. Y así Dios lo agarró e hizo de él un ejemplo del castigo en la próxima vida y en esta.

26. Sin duda alguna, en esto se da una lección para todo aquel que tiene temor reverencial a Dios y por lo tanto humilde ante Él[1].

27. (¡Oh humanidad!) ¿Acaso sois vosotros más difíciles de crear o es el cielo? Dios lo ha erigido[2].

28. Elevó su bóveda y lo puso en orden.

29. Y oscureció su noche e hizo surgir su luz diurna[3].

30. Y tras haber extendido la Tierra en forma de huevo[4] (para ser habitada).

31. De esta hizo brotar sus aguas y su vegetación;

32. Y las montañas Él ha fijado:

33. (Todo esto) como medio de vida para vosotros y vuestros animales.

34. Pero cuando llegue el gran acontecimiento aplastante;

35. Ese Día el ser humano recordará (y entenderá) para qué se esforzó.

36. Y el Fuego Llameante aparecerá de un modo que todos lo vean.

37. Y así, todo aquel que se rebeló (contra Dios),

38. Y prefirió la vida de este mundo,

39. El Fuego Llameante será su refugio (final).

40. Pero con respecto a aquel que vivió con temor reverencial hacia su Señor, siendo consciente de que lo está contemplando Él y de presentarse ante a Él (en el Más Allá), y refrenó su alma carnal de las lujurias y caprichos,

41. Con toda certeza el Paraíso será su refugio (final).

42. Te preguntan (Oh Mensajero) sobre la Última Hora: «¿Cuándo llegará a anclar?».

43. ¿Pero cómo podrías tener conocimiento de su tiempo exacto?

44. Pues tan sólo (el exacto conocimiento) de su período se halla con tu Señor.

45. Tú eres únicamente un advertidor para aquellos que tienen temor reverencial de ello.

46. Será en ese Día en el que lo contemplarán como si hubieran permanecido (en el mundo) tan sólo una tarde (de un día) o su mañana.

---

1. Para más información sobre la historia de Moisés, véase 20:9-79; 28:3-42.

2. Tal y como fue comentado en el *sura* 30:27, nota número 7; el *sura* 31:28, nota número 6 y el *sura* 40:57, nota número 17, nada es difícil para Dios. Con la intención de explicarlo más apropiadamente, hemos de indicar que la dificultad no es un atributo que se pueda concebir para Dios, pues todo Le es absolutamente fácil en la misma proporción. Por lo tanto, la comparación en el versículo es realizada desde el punto de vista del género humano, preguntando qué es más difícil de imaginar para nosotros que para Dios crear.

3. En el principio el cielo se hallaba envuelto en la oscuridad, o no había un objeto que emitiera luz. De este modo, después de formar el cielo, Dios ubicó objetos que emitían luz, tales como el Sol y otras estrellas y retiró su oscuridad. Este versículo también significa que ha creado algunos objetos celestes, incluyendo la Tierra, la cual está dotada de oscuridad (la noche) y luz (el día), alternativamente.

4. Con total seguridad en la época en que fue revelado el Corán, la gente desconocía que la Tierra posee una forma geoide (un elipsoide algo irregular), una información que hasta hace bien poco era a su vez desconocida.

سُورَةُ عَبَسَ مَكِّيَّةٌ
وَهِيَ اثْنَتَانِ وَاَرْبَعُونَ اٰيَةً

بِسْمِ اللّٰهِ الرَّحْمٰنِ الرَّح۪يمِ
عَبَسَ وَتَوَلّٰىۙ ﴿١﴾ اَنْ جَٓاءَهُ الْاَعْمٰىۜ ﴿٢﴾ وَمَا يُدْر۪يكَ لَعَلَّهُ يَزَّكّٰىۙ ﴿٣﴾
اَوْ يَذَّكَّرُ فَتَنْفَعَهُ الذِّكْرٰىۜ ﴿٤﴾ اَمَّا مَنِ اسْتَغْنٰىۙ ﴿٥﴾ فَاَنْتَ لَهُ
تَصَدّٰىۜ ﴿٦﴾ وَمَا عَلَيْكَ اَلَّا يَزَّكّٰىۜ ﴿٧﴾ وَاَمَّا مَنْ جَٓاءَكَ يَسْعٰىۙ ﴿٨﴾
وَهُوَ يَخْشٰىۙ ﴿٩﴾ فَاَنْتَ عَنْهُ تَلَهّٰىۚ ﴿١٠﴾ كَلَّٓا اِنَّهَا تَذْكِرَةٌۚ ﴿١١﴾ فَمَنْ
شَٓاءَ ذَكَرَهُۢ ﴿١٢﴾ ف۪ي صُحُفٍ مُكَرَّمَةٍۙ ﴿١٣﴾ مَرْفُوعَةٍ مُطَهَّرَةٍۙ ﴿١٤﴾
بِاَيْد۪ي سَفَرَةٍۙ ﴿١٥﴾ كِرَامٍ بَرَرَةٍۜ ﴿١٦﴾ قُتِلَ الْاِنْسَانُ مَٓا اَكْفَرَهُۜ ﴿١٧﴾
مِنْ اَيِّ شَيْءٍ خَلَقَهُۜ ﴿١٨﴾ مِنْ نُطْفَةٍۜ خَلَقَهُ فَقَدَّرَهُۙ ﴿١٩﴾ ثُمَّ السَّب۪يلَ
يَسَّرَهُۙ ﴿٢٠﴾ ثُمَّ اَمَاتَهُ فَاَقْبَرَهُۙ ﴿٢١﴾ ثُمَّ اِذَا شَٓاءَ اَنْشَرَهُۜ ﴿٢٢﴾ كَلَّا لَمَّا
يَقْضِ مَٓا اَمَرَهُۜ ﴿٢٣﴾ فَلْيَنْظُرِ الْاِنْسَانُ اِلٰى طَعَامِه۪ۙ ﴿٢٤﴾ اَنَّا صَبَبْنَا
الْمَٓاءَ صَبّاًۙ ﴿٢٥﴾ ثُمَّ شَقَقْنَا الْاَرْضَ شَقّاًۙ ﴿٢٦﴾ فَاَنْبَتْنَا ف۪يهَا حَبّاًۙ ﴿٢٧﴾
وَعِنَباً وَقَضْباًۙ ﴿٢٨﴾ وَزَيْتُوناً وَنَخْلاًۙ ﴿٢٩﴾ وَحَدَٓائِقَ غُلْباًۙ ﴿٣٠﴾ وَفَاكِهَةً
وَاَبّاًۙ ﴿٣١﴾ مَتَاعاً لَكُمْ وَلِاَنْعَامِكُمْۜ ﴿٣٢﴾ فَاِذَا جَٓاءَتِ الصَّٓاخَّةُۘ ﴿٣٣﴾

يَوْمَ

SURA 80

‘*ABASA*

(FRUNCIÓ EL CEÑO)

Período de La Meca

Revelado en La Meca en los primeros años del Islam, este *sura* de 42 versículos toma su nombre del verbo ‘*ABaSa* (frunció el ceño) en el primer versículo. Hace hincapié en que todo el mundo, sin importar su origen familiar y su estatus social, es igual con respecto a la comunicación del Mensaje de Dios. Invita a que la gente reflexione sobre algunas obras del Poder Divino y prevenirles del Día de la Resurrección.

En el Nombre de Dios,
el Misericordioso, el Compasivo.

1. Él (un hombre hipócritamente incrédulo, altanero) frunció el ceño y le dio la espalda,

2. Porque (mientras un grupo de destacados incrédulos, incluyéndole a él, estaba hablando con el Mensajero) el hombre ciego se le aproximó.

3. ¿Qué otra cosa te informaría (Oh altanero) sino que él podría crecer en pureza (profundizando en la fe y llevando a cabo buenos actos?)

4. ¿O acaso ser más consciente (del Mensaje de Dios), y beneficiarle el recordatorio?

5. Con respecto al que se considera independiente (sin necesitar la guía Divina con motivo del orgullo en su riqueza y estatus),

6. Tú lo atiendes (como si desearas su conversión),

7. ¿De verdad te importa si no (acepta la fe y) crece en pureza (por medio del cumplimiento de sus obligaciones y responsabilidades)?

8. Pero con respecto a aquel que llegó ante ti con entusiasmo,

9. Y tenía temor reverencial de Dios,

10. Distraes tu atención de él[1].

11. ¡No, de verdad! Sin duda alguna es un recordatorio y una admonición (que basta a todos aquellos que llegan a él con un corazón abierto).

12. Por lo tanto, todo aquel que quiera recibe advertencia y la tiene en cuenta.

13. (Está registrado) en manuscritos sumamente honrados,

14. Ensalzado (ante Dios) y perfectamente purificado (de la falsedad, la vanidad y la falta de coherencia);

15. (Portados) por las manos de los ángeles-mensajeros,

16. Nobles y virtuosos[2].

17. El ser humano está arruinado —¡por lo ingrato e incrédulo que es!—

18. (¿No considera nunca) de qué cosa Él lo ha creado?

19. De una gota de fluido (seminal); Él lo ha creado y formado con proporciones medidas (para su forma y su vida).

20. Después de esto le facilitó la senda (hacia Dios),

21. Luego le hace morir y lo entierra.

22. Y luego, cuando Su Voluntad lo dicta, lo resucita de nuevo a la vida.

23. ¡No, de verdad! El ser humano no ha cumplido con lo que Dios le ordenó.

24. Entonces, que el ser humano considere su alimento (y así reflexione por la Misericordia de su Señor y la verdad de la Resurrección),

25. Que vertemos el agua en abundancia;

26. A continuación hendimos la tierra en surcos;

27. Y así posibilitamos que el grano crezca allí,

28. Las uvas, las plantas comestibles,

29. Los olivos y las palmeras datileras,

30. Y los jardines frondosos,

31. Y (otros diversos) frutos y vegetación,

32. Como medio de sustento para vosotros y vuestros animales.

33. Pero cuando suene el desgarrador Grito (anunciando la Resurrección);

---

1. En especial durante el primer período de la transmisión del Islam, el Mensajero de Dios, la paz y las bendiciones sean con él, creía que si los líderes de los quraishíes abrazaban el Islam, el resto de la población lo aceptaría más fácilmente. Por lo tanto, sin desatender en ningún momento a los demás, predicó con vehemencia el Islam a los líderes de dicha tribu. Cierto día, cuando estaba ocupado con uno de estos líderes, 'Abdullah ibn Umm Maktum, un musulmán invidente, que Dios esté complacido con él, llegó ante este grupo de destacados incrédulos con la intención de escuchar al Mensajero y obtener provecho de su discurso. Sin embargo, un hipócrita de entre los incrédulos se sintió incómodo y frunció el ceño ante la llegada de ese invidente musulmán, mientras atendía con ilusión a otros incrédulos como si desease su conversión. Dichos versículos fueron revelados en esta ocasión.

2. Tal y como se declaró en algunos versículos y se señaló en las notas correspondientes (*Sura* 32:11, nota número 8; el *sura* 37:1-3, nota número 1), a semejanza de otros Arcángeles, como por ejemplo Azra'il (el Ángel de la Muerte), Gabriel también tiene ayudantes. De este modo los Manuscritos en los versículos 13-14 son las páginas celestiales en las que las Revelaciones coránicas están registradas, y los enviados son los ayudantes de Gabriel que le acompañaron mientras los lleva al Mensajero, la paz y las bendiciones sean con él.

٥٨٥ اَلْجُزْءُ الثَّلَاثُونَ 585

يَوْمَ يَفِرُّ الْمَرْءُ مِنْ اَخِيهِۙ ﴿٣٤﴾ وَاُمِّهِ وَاَبِيهِۙ ﴿٣٥﴾ وَصَاحِبَتِهِ وَبَنِيهِۜ ﴿٣٦﴾
لِكُلِّ امْرِئٍ مِنْهُمْ يَوْمَئِذٍ شَاْنٌ يُغْنِيهِۜ ﴿٣٧﴾ وُجُوهٌ يَوْمَئِذٍ
مُسْفِرَةٌۙ ﴿٣٨﴾ ضَاحِكَةٌ مُسْتَبْشِرَةٌۚ ﴿٣٩﴾ وَوُجُوهٌ يَوْمَئِذٍ عَلَيْهَا
غَبَرَةٌۙ ﴿٤٠﴾ تَرْهَقُهَا قَتَرَةٌۜ ﴿٤١﴾ اُولٰٓئِكَ هُمُ الْكَفَرَةُ الْفَجَرَةُ ﴿٤٢﴾

سُورَةُ التَّكْوِيرِ مَكِّيَّةٌ
وَهِيَ تِسْعٌ وَعِشْرُونَ اٰيَةً

بِسْمِ اللّٰهِ الرَّحْمٰنِ الرَّحِيمِ
اِذَا الشَّمْسُ كُوِّرَتْۙ ﴿١﴾ وَاِذَا النُّجُومُ انْكَدَرَتْۙ ﴿٢﴾ وَاِذَا الْجِبَالُ
سُيِّرَتْۙ ﴿٣﴾ وَاِذَا الْعِشَارُ عُطِّلَتْۙ ﴿٤﴾ وَاِذَا الْوُحُوشُ حُشِرَتْۙ ﴿٥﴾
وَاِذَا الْبِحَارُ سُجِّرَتْۙ ﴿٦﴾ وَاِذَا النُّفُوسُ زُوِّجَتْۙ ﴿٧﴾ وَاِذَا الْمَوْؤُ۫دَةُ
سُئِلَتْۙ ﴿٨﴾ بِاَيِّ ذَنْبٍ قُتِلَتْۚ ﴿٩﴾ وَاِذَا الصُّحُفُ نُشِرَتْۙ ﴿١٠﴾ وَاِذَا
السَّمَٓاءُ كُشِطَتْۙ ﴿١١﴾ وَاِذَا الْجَحِيمُ سُعِّرَتْۙ ﴿١٢﴾ وَاِذَا الْجَنَّةُ
اُزْلِفَتْۙ ﴿١٣﴾ عَلِمَتْ نَفْسٌ مَٓا اَحْضَرَتْۜ ﴿١٤﴾ فَلَٓا اُقْسِمُ بِالْخُنَّسِۙ ﴿١٥﴾
اَلْجَوَارِ الْكُنَّسِۙ ﴿١٦﴾ وَالَّيْلِ اِذَا عَسْعَسَۙ ﴿١٧﴾ وَالصُّبْحِ اِذَا تَنَفَّسَۙ ﴿١٨﴾
اِنَّهُ لَقَوْلُ رَسُولٍ كَرِيمٍۙ ﴿١٩﴾ ذِي قُوَّةٍ عِنْدَ ذِي الْعَرْشِ مَكِينٍۙ ﴿٢٠﴾

34. Ese Día cuando una persona huya de su hermano,

35. Y de su madre y su padre,

36. Y de su cónyuge e hijos;

37. Todos ese Día se preocupan de sí mismos lo suficiente como para hacerles despreocupados (nada más).

38. Y algunos rostros ese Día estarán radiantes de felicidad,

39. Sonrientes, regocijándose por las buenas nuevas.

40. Y algunos rostros ese Día estarán cubiertos de polvo;

41. Velados por la oscuridad:

42. Aquellos son los incrédulos, los desvergonzados y disolutos.

SURA 81

AT-TAKWIR (EL PLEGAMIENTO)

Período de La Meca

Revelado en La Meca en los primeros años del Islam, este *sura* de 29 versículos toma su nombre del verbo *kuwwirat* (plegado) en el primer versículo. Nos hace fijar nuestra atención en el Más Allá mencionando ciertos acontecimientos durante la destrucción final del mundo y su reconstrucción. También establece el origen Divino y la autenticidad del Corán y la Misión Profética del Mensajero de Dios, la paz y las bendiciones sean con él.

En el Nombre de Dios, el Misericordioso, el Compasivo.

1. Cuando el Sol esté plegado (y oscurecido)[1].

2. Y cuando las estrellas se abatan (perdiendo su brillo);

3. Y cuando las montañas se pongan a caminar;

4. Y cuando las camellas preñadas (enormemente apreciadas) queden sin atender;

5. Y cuando las bestias salvajes (así como los animales domesticados) salgan de sus lugares de descanso (aterrorizadas por la destrucción del mundo, y luego, siguiendo a su renacimiento, se reúnen ante Dios, para rendir cuentas de sus actos)[2];

6. Y cuando los mares se eleven hirviendo;

7. Y cuando las almas se emparejen (los hombres honrados con puros y honrados cónyuges, y aquellos malvados con sus cónyuges malos y con los compañeros diabólicos);[3]

8. Y cuando a la niña, enterrada viva, le pregunten,
9. Por el crimen por el que fue asesinada;[4]
10. Y cuando los rollos (de los actos de cada persona) sean desplegados;[5]
11. Y cuando el cielo sea desgarrado (con todas las verdades puestas de manifiesto);[6]
12. Y cuando el Fuego Llameante sea encendido (con un intenso calor);
13. Y cuando el Paraíso sea acercado (para que ingresen en él aquellos piadosos devotos);
14. Cada persona (entonces) llegará a saber lo que ha preparado (para sí mismo).
15. Oh, juro por los astros que se desvanecen (desapareciendo ante la luz del Sol),
16. Y se elevan en su rumbo, y luego se ponen (desapareciendo otra vez);
17. Y por la noche mientras se dispone a irse,
18. Y por la mañana mientras respira,
19. Que esta (que os informa de todos los acontecimientos mencionados) es la Palabra (traída) por un mensajero honrado (Gabriel),
20. Dotado de poder, con un rango y estima elevados ante el Señor del Trono Supremo;

---

1. Además de la brillante metáfora en *plegado* (o asimismo «enrollado» o «envuelto»), el versículo alude a varios acontecimientos relacionados, como mencionó Said Nursi:

> En primer lugar, descorriendo la inexistencia, el éter y los cielos respectivamente, cual velos, Dios Todopoderoso sacó una lámpara brillante (el Sol) del tesoro de Su Misericordia para iluminar y ser expuesta al mundo. Después de que el mundo sea destruido, otra vez Lo envolverá en sus velos y lo retirará.
>
> En segundo lugar, el Sol es un funcionario de Dios encargado de difundir su luz y dar calor, y con una luz giratoria y una oscuridad alternativamente alrededor de la cabeza del mundo, cual turbante. Cada anochecer se reúne y oculta su luz. Algunas veces lleva a cabo un pequeño trabajo debido a una nube que lo oculta; en ocasiones se retira del trabajo porque la Luna arroja un velo sobre su rostro y cierra su libro de cuentas durante un breve período de tiempo establecido. En algún tiempo futuro, este funcionario se jubilará de su puesto. Incluso si no hay motivo para su destitución, debido a las dos manchas negras que crecen sobre su rostro, el Sol obedecerá la orden Divina de que la luz retroceda y sea enviada a la Tierra y la envuelva alrededor de su cabeza. Dios también le ordenará: «Ya no tienes más obligaciones para con la Tierra. Ahora, dirígete al Infierno y quema a los que, por adorarte, han insultado a un funcionario obediente mediante la deslealtad como si hubieras reclamado divinidad». A través de su rostro salpicado con manchas negras, el Sol exhibe el significado de: *Cuando el Sol esté plegado* [Véase *The Words*, («Las Palabras»), «The 25th Word» («La 25ª Palabra»), pág.445].

2. Para una explicación más detallada, véase el *sura* 6:38, nota número 8. Aunque los animales no son responsables ante ninguna prescripción religiosa, sí que lo son ante la ley de Dios y están gobernados por dicha ley del funcionamiento del mundo (*ash-Shari'at at-takwini*). Por lo tanto, serán llamados a dar cuentas por haber cumplido o no dicha ley en relación con ellos mismos. Asimismo, los seres humanos serán interrogados sobre su trato de los animales.

3. Véanse los *suras* 4:57; 37:22; 43:36; 44:54.

4. Un gran número de árabes paganos enterraban vivas a sus hijas durante la era pre-islámica de la Ignorancia. (16:58-59). Las mujeres eran despreciadas, no sólo en la Arabia pre-is-

lámica, sino también en todo el mundo, incluyendo el Imperio Romano y el Imperio Sasánida. El Corán abiertamente declara que se le cuestionará esto a la gente.

Después de que el Mensajero de Dios, la paz y las bendiciones sean con él, proclamó su Misión Profética, un Compañero le contó lo que le había hecho a su hija:

«Oh Mensajero de Dios, tenía una hija. Un día le dije a su madre que la vistiera, pues la iba a llevar a su tío. Mi pobre esposa sabía lo que significaba esto, pero no pudo hacer nada más que obedecerme y llorar. Vistió a la muchacha, que estaba muy feliz porque iba a ver a su tío. La llevé cerca de un pozo, y le dije que mirara hacia abajo. Mientras lo hacía, la arrojé dentro del mismo. Mientras se precipitaba en su interior rodando, gritaba: "¡Papá, Papá!"».

Mientras este hombre le narraba esto, el Mensajero sollozaba (tal y como si él hubiese perdido a su más cercano pariente) (ad-Darimi, *Sunan*, «Muqaddimah», 7-8)

Los corazones se habían endurecido. Se cavaban pozos en el desierto para que muchachas inocentes fueran enterradas. Los seres humanos eran más crueles y brutales que las hienas. El poderoso aplastaba al débil. La brutalidad fue tomada por humanidad, la crueldad recibía aprobación, el sanguinario era ensalzado, el derramamiento de sangre era considerado una virtud, y el adulterio y la fornicación eran más comunes que el matrimonio lícito. La estructura familiar había sido destruida.

Este período oscuro fue seguido por el Islam y todos los males fueron erradicados. Las personas que una vez habían sido extremadamente crueles fueron transformadas en personas compasivas que preguntaban cuál era la penalidad que se pagaba por atrapar accidentalmente saltamontes. (Para más información, véase la obra *El Mensajero de Dios: Muhammad*, M. Fethullah Gülen, The Light Publishing, 2005, Estambul). El Islam también prohibió el aborto, en especial transcurrida la séptima semana de embarazo, a menos que existieran razones médicas apremiantes. También este versículo incluye esto.

5. Este versículo implica que en el momento de la Resurrección, los actos de todos y cada uno de nosotros serán revelados en páginas escritas. A primera vista, esto parece algo extraño e incomprensible. Pero como se indicó en este *sura*, del mismo modo que la renovación de la primavera se compara a otra resurrección, «cuando los rollos sean desplegados» posee un análogo muy claro. Cada árbol que da frutos y planta floreciente tienen asignadas sus propiedades, funciones y actos. Realizan su particular adoración. Todos sus actos y el registro de su vida se hallan inscritos en cada semilla que germinará la siguiente primavera en otra parcela de suelo. En el lenguaje de la forma y el modelo, los árboles o las plantas florecientes crecen de semillas que fueron plantadas en el otoño anterior, indicando elocuentemente la vida y los actos del árbol original o la planta que florece, y esparcen las páginas de sus actos a través de sus ramas, ramitas, hojas, capullos y frutos. Aquél que dice: *Cuando los rollos sean desplegados* es el mismo Ser Quien, ante nuestros ojos, logra estas hazañas de una manera muy sabia, prudente, eficiente y sutil. Esta manera está dictada por Sus Nombres el Omnisapiente, el Preservador, el Sustentador, el Proveedor y el Sutil.

6. Véanse los *suras* 25:25; 39:67; 40:16 y 69:18.

21. Alguien obedecido (por sus ayudantes), y es digno de confianza (al cumplir las órdenes de Dios, en particular, al transmitir la Revelación).

22. Y vuestro compañero (el Mensajero, que ha pasado su vida entre vosotros) no es un loco;

23. En verdad le vio (a Gabriel) sobre el horizonte claro.[7]

24. No es avaro (al transmitiros la Revelación y el conocimiento) de Lo Oculto (todo lo que se halla más allá de vuestra percepción).

25. Ni es (este Corán) la Palabra de algún diablo excluido de la Misericordia de Dios.

26. Entonces, ¿adónde vais?

27. No es nada más que un Recordatorio (y una instrucción) para todos los seres conscientes.

28. Para cualquiera de vosotros que quiera tomar un camino recto (y seguirlo sin desviarse).

29. Pero no podéis (hacerlo así) a menos que Dios quiera,[8] el Señor de los mundos.

---

7. Véanse el *sura* 53:7, nota número 3 y el *sura* 74:1, nota número 1.

8. Véase el *sura* 76, nota número 9.

586 سُورَةُ التَّكْوِيرِ ٥٨٦

مُطَاعٍ ثَمَّ أَمِينٍ ﴿٢١﴾ وَمَا صَاحِبُكُم بِمَجْنُونٍ ﴿٢٢﴾ وَلَقَدْ رَآهُ بِالْأُفُقِ
الْمُبِينِ ﴿٢٣﴾ وَمَا هُوَ عَلَى الْغَيْبِ بِضَنِينٍ ﴿٢٤﴾ وَمَا هُوَ بِقَوْلِ شَيْطَانٍ
رَجِيمٍ ﴿٢٥﴾ فَأَيْنَ تَذْهَبُونَ ﴿٢٦﴾ إِنْ هُوَ إِلَّا ذِكْرٌ لِّلْعَالَمِينَ ﴿٢٧﴾ لِمَن شَاءَ
مِنكُمْ أَن يَسْتَقِيمَ ﴿٢٨﴾ وَمَا تَشَاءُونَ إِلَّا أَن يَشَاءَ اللَّهُ رَبُّ الْعَالَمِينَ ﴿٢٩﴾

سُورَةُ الْإِنفِطَارِ مَكِّيَّةٌ
وَهِيَ تِسْعَ عَشْرَةَ آيَةً

بِسْمِ اللَّهِ الرَّحْمَٰنِ الرَّحِيمِ

إِذَا السَّمَاءُ انفَطَرَتْ ﴿١﴾ وَإِذَا الْكَوَاكِبُ انتَثَرَتْ ﴿٢﴾ وَإِذَا الْبِحَارُ فُجِّرَتْ ﴿٣﴾
وَإِذَا الْقُبُورُ بُعْثِرَتْ ﴿٤﴾ عَلِمَتْ نَفْسٌ مَّا قَدَّمَتْ وَأَخَّرَتْ ﴿٥﴾
يَا أَيُّهَا الْإِنسَانُ مَا غَرَّكَ بِرَبِّكَ الْكَرِيمِ ﴿٦﴾ الَّذِي خَلَقَكَ فَسَوَّاكَ فَعَدَلَكَ ﴿٧﴾
فِي أَيِّ صُورَةٍ مَّا شَاءَ رَكَّبَكَ ﴿٨﴾ كَلَّا بَلْ تُكَذِّبُونَ بِالدِّينِ ﴿٩﴾
وَإِنَّ عَلَيْكُمْ لَحَافِظِينَ ﴿١٠﴾ كِرَامًا كَاتِبِينَ ﴿١١﴾ يَعْلَمُونَ مَا تَفْعَلُونَ ﴿١٢﴾
إِنَّ الْأَبْرَارَ لَفِي نَعِيمٍ ﴿١٣﴾ وَإِنَّ الْفُجَّارَ لَفِي جَحِيمٍ ﴿١٤﴾ يَصْلَوْنَهَا يَوْمَ الدِّينِ ﴿١٥﴾
وَمَا هُمْ عَنْهَا بِغَائِبِينَ ﴿١٦﴾ وَمَا أَدْرَاكَ مَا يَوْمُ الدِّينِ ﴿١٧﴾ ثُمَّ مَا أَدْرَاكَ
مَا يَوْمُ الدِّينِ ﴿١٨﴾ يَوْمَ لَا تَمْلِكُ نَفْسٌ لِّنَفْسٍ شَيْئًا وَالْأَمْرُ يَوْمَئِذٍ لِّلَّهِ ﴿١٩﴾

سُورَةُ الْمُطَفِّفِينَ

SURA 82

AL-INFITAR

(EL HENDIMIENTO)

Período de La Meca

Revelado en La Meca, este *sura* de 19 versículos obtiene su nombre de la forma verbal en infinitivo (*infitar*) del verbo *infatara* (hender) en el primer versículo. Presta atención al Más Allá mencionando ciertos acontecimientos durante la primera destrucción del mundo y llama a la fe y la obediencia a Dios en Su absoluta Unicidad.

En el Nombre de Dios,
el Misericordioso, el Compasivo.

1. Cuando el cielo sea hendido;

2. Y cuando los astros caigan en desorden y sean esparcidos;

3. Y cuando los mares se entremezclen al desbordarse sus límites;

4. Y cuando las tumbas sean vueltas del revés (y arrojan sus contenidos)

5. Todos llegarán a entender todo (lo bueno y lo malo) que han anticipado (a su vida después de la muerte mientras se hallaban en el mundo), y todo (lo bueno y lo malo) que han dejado atrás (sin hacer).

6. ¡Oh ser humano! ¿Qué es lo que te engaña con respecto a tu Señor, el Munífico?

7. Él es Quien te ha creado, formado y proporcionado (con medidas perfectas para el propósito de tu creación),

8. Habiéndote constituido en la forma que ha querido.

9. ¡No, de verdad! Pero (al ser engañados) negáis el Día del Juicio Final (en el otro mundo);

10. Aún así hay ángeles guardianes (vigilándoos).

11. Nobles y honorables, registrando,

12. Que saben lo que hacéis[1].

13. En verdad los virtuosos y los devotos estarán en (los Jardines de) la dicha perpetua;

14. Mientras que los (incrédulos) desvergonzados, los disolutos sin duda estarán en el Fuego Llameante.

15. Entrarán para abrasarse (allí) en el Día del Juicio Final.

16. Nunca se ausentarán de allí.

17. ¿Qué te facilita percibir lo que el Día del Juicio Final es?

18. Y de nuevo: ¿Qué te facilita percibir lo que el Día del Juicio Final es?[2]

19. El Día en que ninguna alma tendrá el poder de hacer nada en favor de la otra. La orden ese día será de Dios (entera y exclusivamente).

---

1. El versículo 50:17 declara que por cada persona hay dos ángeles nombrados para velar por él y registrar todo lo que hace. Aquél situado a la derecha registra los actos buenos, mientras que el otro (situado a la izquierda) registra los malos actos.

2. Con respecto a este tipo de pregunta, véase el *sura* 69:3, nota número 1.

SURA 83

AL-MUTAFFIFIN (LOS DEFRAUDADORES)

Período de La Meca

Revelado en La Meca, este *sura* de 36 versículos toma su título de la palabra *mutaffifin* (defraudadores) en el primer versículo. Explica y exige la honestidad en los tratos y las relaciones, y presenta algunos aspectos de la vida después de la muerte.

En el Nombre de Dios,
el Misericordioso, el Compasivo.

1. Pobre de aquellos defraudadores;

2. Aquellos que, cuando aguardan recibir su parte de los demás, lo exigen de manera íntegra;

3. Pero cuando miden o pesan para los demás, les dan menos (de lo debido).

4. ¿Acaso aquellos (individuos) no saben que están destinados a ser resucitados,

5. Para un Día terrible,

6. El Día en el que todos los seres humanos se alzarán (de sus tumbas) y comparecerán ante el Señor de los mundos?

7. ¡No, de verdad! (¡Nadie debe defraudar haciendo caso omiso de ese Día terrible!) El registro de los desvergonzados disolutos con toda certeza se halla en *siyyin* (un registro inferior, pronosticando el castigo eterno).

8. ¿Qué te facilita percibir lo que es *siyyin*?

9. Un registro inscrito indeleblemente y sellado.

10. Pobres ese Día de aquellos que niegan—

سُورَةُ الْمُطَفِّفِينَ مَكِّيَّةٌ
وَهِيَ سِتٌّ وَثَلَاثُونَ آيَةً

بِسْمِ اللَّهِ الرَّحْمَٰنِ الرَّحِيمِ

وَيْلٌ لِلْمُطَفِّفِينَ ﴿١﴾ الَّذِينَ إِذَا اكْتَالُوا عَلَى النَّاسِ يَسْتَوْفُونَ ﴿٢﴾
وَإِذَا كَالُوهُمْ أَوْ وَزَنُوهُمْ يُخْسِرُونَ ﴿٣﴾ أَلَا يَظُنُّ أُولَٰئِكَ أَنَّهُمْ مَبْعُوثُونَ ﴿٤﴾
لِيَوْمٍ عَظِيمٍ ﴿٥﴾ يَوْمَ يَقُومُ النَّاسُ لِرَبِّ الْعَالَمِينَ ﴿٦﴾ كَلَّا إِنَّ كِتَابَ الْفُجَّارِ
لَفِي سِجِّينٍ ﴿٧﴾ وَمَا أَدْرَاكَ مَا سِجِّينٌ ﴿٨﴾ كِتَابٌ مَرْقُومٌ ﴿٩﴾ وَيْلٌ يَوْمَئِذٍ
لِلْمُكَذِّبِينَ ﴿١٠﴾ الَّذِينَ يُكَذِّبُونَ بِيَوْمِ الدِّينِ ﴿١١﴾ وَمَا يُكَذِّبُ بِهِ إِلَّا كُلُّ
مُعْتَدٍ أَثِيمٍ ﴿١٢﴾ إِذَا تُتْلَىٰ عَلَيْهِ آيَاتُنَا قَالَ أَسَاطِيرُ الْأَوَّلِينَ ﴿١٣﴾ كَلَّا بَلْ رَانَ
عَلَىٰ قُلُوبِهِمْ مَا كَانُوا يَكْسِبُونَ ﴿١٤﴾ كَلَّا إِنَّهُمْ عَنْ رَبِّهِمْ يَوْمَئِذٍ لَمَحْجُوبُونَ ﴿١٥﴾
ثُمَّ إِنَّهُمْ لَصَالُو الْجَحِيمِ ﴿١٦﴾ ثُمَّ يُقَالُ هَٰذَا الَّذِي كُنْتُمْ بِهِ تُكَذِّبُونَ ﴿١٧﴾
كَلَّا إِنَّ كِتَابَ الْأَبْرَارِ لَفِي عِلِّيِّينَ ﴿١٨﴾ وَمَا أَدْرَاكَ مَا عِلِّيُّونَ ﴿١٩﴾
كِتَابٌ مَرْقُومٌ ﴿٢٠﴾ يَشْهَدُهُ الْمُقَرَّبُونَ ﴿٢١﴾ إِنَّ الْأَبْرَارَ لَفِي نَعِيمٍ ﴿٢٢﴾ عَلَى
الْأَرَائِكِ يَنْظُرُونَ ﴿٢٣﴾ تَعْرِفُ فِي وُجُوهِهِمْ نَضْرَةَ النَّعِيمِ ﴿٢٤﴾ يُسْقَوْنَ مِنْ
رَحِيقٍ مَخْتُومٍ ﴿٢٥﴾ خِتَامُهُ مِسْكٌ ۚ وَفِي ذَٰلِكَ فَلْيَتَنَافَسِ الْمُتَنَافِسُونَ ﴿٢٦﴾

11. Aquellos que niegan el Día del Juicio Final,

12. El cual nadie niega salvo todos aquellos que exceden los límites (impuestos por Dios), todo aquel adicto a pecar,

13. Quienes, cuando Nuestra Revelación es transmitida, dicen: «¡Fábulas de los antiguos!».

14. ¡De ninguna manera! Pero lo que han ganado ellos mismos se ha oxidado sobre sus corazones (y les impide que perciban la verdad).

15. ¡De ninguna manera! Sin duda alguna ellos ese Día estarán privados de (la misericordia de) su Señor.

16. Con toda certeza entrarán en el Fuego Llameante para abrasarse.

17. A partir de entonces se les dirá: «Esto es lo que solíais negar (mientras estabais en el mundo)».

18. ¡No, de verdad! (¡Nadie debe defraudar haciendo caso omiso de ese Día terrible!) El registro de los virtuosos y los devotos (quienes creen y no defraudan) ciertamente se encuentra en *'illiyyin* (un registro elevado, pronosticando las estaciones enaltecidas).

19. ¿Qué te facilita percibir lo que es *'illiyyin*?

20. Es un registro inscrito indeleblemente y sellado.

21. Aquellos más cercanos a Dios lo atestiguarán.

22. Los virtuosos y los devotos con toda certeza estarán en (los Jardines) de la generosidad y la bendición;

23. En los tronos, mirando a su alrededor (las bendiciones del Paraíso).

24. Reconocerás en sus rostros la alegría de la dicha.

25. Se les servirá para beber vino[1] puro bajo el sello (de la sanción y la preservación Divinas).

26. Su sello es una fragancia de almizcle. Y a esa (bendición del Paraíso), entonces, que todos aquellos que aspiran (a cosas de alto valor) aspiren como si compitieseis (unos con otros).

1. En relación con el vino, véase el *sura* 47:15, nota número 5.

27. Su mezcla será de *tasnim* (la bebida más deliciosa de la fuente más excelsa del Paraíso).

28. Una fuente de la que beben aquellos más cercanos a Dios.

29. Aquellos que no creyeron y se dedicaron a acumular pecados solían reírse de los que creían.

30. Siempre que pasaban junto a ellos, se guiñaban el ojo (burlándose).

31. Y cuando regresaban con sus familias, regresaban en medio de sarcasmos (por cómo se burlaban de los creyentes).

32. Cuando veían a aquellos (que creían), decían: «Miren: en verdad aquellos se han extraviado».

33. Aún así no fueron nombrados como guardianes sobre ellos (que deberían presumir que dictan sentencia sobre ellos).

34. De este modo, en este Día (del Juicio Final) los creyentes se reirán de los no creyentes.

35. En los tronos, mirando (la condición de los incrédulos en el Infierno).

36. (Contemplen ahora pues: ¿Acaso los incrédulos son recompensados por aquello que solían hacer?

وَمِزَاجُهُ مِنْ تَسْنِيمٍ ﴿٢٧﴾ عَيْنًا يَشْرَبُ بِهَا الْمُقَرَّبُونَ ﴿٢٨﴾ اِنَّ الَّذِينَ
اَجْرَمُوا كَانُوا مِنَ الَّذِينَ اٰمَنُوا يَضْحَكُونَ ﴿٢٩﴾ وَاِذَا مَرُّوا بِهِمْ
يَتَغَامَزُونَ ﴿٣٠﴾ وَاِذَا انْقَلَبُوا اِلٰى اَهْلِهِمُ انْقَلَبُوا فَكِهِينَ ﴿٣١﴾
وَاِذَا رَاَوْهُمْ قَالُوا اِنَّ هٰؤُلَاۤءِ لَضَالُّونَ ﴿٣٢﴾ وَمَاۤ اُرْسِلُوا عَلَيْهِمْ
حَافِظِينَ ﴿٣٣﴾ فَالْيَوْمَ الَّذِينَ اٰمَنُوا مِنَ الْكُفَّارِ يَضْحَكُونَ ﴿٣٤﴾ عَلَى
الْاَرَاۤئِكِ يَنْظُرُونَ ﴿٣٥﴾ هَلْ ثُوِّبَ الْكُفَّارُ مَا كَانُوا يَفْعَلُونَ ﴿٣٦﴾

سُورَةُ الْاِنْشِقَاقِ مَكِّيَّةٌ
وَهِيَ خَمْسٌ وَعِشْرُونَ اٰيَةً

بِسْمِ اللّٰهِ الرَّحْمٰنِ الرَّحِيمِ

اِذَا السَّمَاۤءُ انْشَقَّتْ ﴿١﴾ وَاَذِنَتْ لِرَبِّهَا وَحُقَّتْ ﴿٢﴾ وَاِذَا الْاَرْضُ مُدَّتْ
﴿٣﴾ وَاَلْقَتْ مَا فِيهَا وَتَخَلَّتْ ﴿٤﴾ وَاَذِنَتْ لِرَبِّهَا وَحُقَّتْ ﴿٥﴾ يَاۤ اَيُّهَا
الْاِنْسَانُ اِنَّكَ كَادِحٌ اِلٰى رَبِّكَ كَدْحًا فَمُلَاقِيهِ ﴿٦﴾ فَاَمَّا مَنْ اُوتِيَ
كِتَابَهُ بِيَمِينِهِ ﴿٧﴾ فَسَوْفَ يُحَاسَبُ حِسَابًا يَسِيرًا ﴿٨﴾ وَيَنْقَلِبُ
اِلٰۤى اَهْلِهِ مَسْرُورًا ﴿٩﴾ وَاَمَّا مَنْ اُوتِيَ كِتَابَهُ وَرَاۤءَ ظَهْرِهِ ﴿١٠﴾ فَسَوْفَ
يَدْعُوا ثُبُورًا ﴿١١﴾ وَيَصْلٰى سَعِيرًا ﴿١٢﴾ اِنَّهُ كَانَ فِۤي اَهْلِهِ مَسْرُورًا ﴿١٣﴾

اِنَّهُ ظَنَّ

SURA 84

AL-INSHIQAQ (EL DESGARRAMIENTO)

Período de La Meca

Revelado en La Meca, este *sura*, que advierte a la gente sobre el Poder supremo de Dios y enfatiza que es extremadamente fácil para Él resucitarlos, posee 25 versículos. Su nombre procede del infinitivo (*inshiqaq*) del verbo *inshaqqa* (desgarrar) en el primer versículo.

En el Nombre de Dios,
el Misericordioso, el Compasivo.

1. Cuando el cielo sea desgarrado,

2. Obedeciendo a su Señor, tal y como en verdad se espera que haga, y siempre hace así;

3. Y cuando la Tierra sea allanada,

4. Y expulse lo que está adentro y quede vacía,

5. Obedeciendo a su Señor, tal y como en verdad se espera que haga, y siempre hace así;

6. ¡Oh ser humano! Siempre te estás esforzando hacia tu Señor en un esfuerzo para encontrarse (ante Su Juicio).

7. Luego, con respecto a aquel que le será concedido su Registro en la mano derecha,

8. Indudablemente se le ajustará cuentas de manera fácil,

9. Y regresará con alegría a su familia (dispuesta para él en el Paraíso)[1].

10. Pero con respecto a aquel que le será concedido su Registro (en la mano izquierda) por detrás de la espalda,

11. Sin duda alguna rogará por la destrucción,

12. Y entrará en el Fuego Llameante para abrasarse.

13. Pues en verdad solía sentir un alegre engreimiento en su familia (durante su vida terrenal)[2].

---

1. Si los buenos actos de los creyentes pesan más que los malos, sus malos actos serán perdonados y se les ajustará cuentas de manera fácil. Si alguien es convocado para rendir cuentas de manera difícil, como se declaró en un *hadiz*, significará su desastre (al-Bujari, «Ilm», 35; Muslim, «Yannah», 80).

2. El contraste entre el estado de un creyente y un incrédulo es altamente importante. Un incrédulo condenado al castigo eterno es aquél que es engreído y está alegre entre su familia en el mundo. Se regocija con sus posesiones mundanas, de las que se halla orgulloso, y es indiferente a su Creador y Sus órdenes. Cuando aprecia el castigo en el Más Allá, rezará por la destrucción eterna. Mientras que el creyente que será recompensado con la dicha eterna en el Más Allá es aquél que, como se declaró en 52:26, es muy cuidadoso y siempre atento entre su familia con relación a su guía y la vida eterna. De este modo se regocijará en el Más Allá con la recompensa que se le ha concedido.

14. Creía que nunca volvería (a Dios para el juicio).

15. ¡No, de verdad! Más bien, su Señor lo estaba contemplando en todo momento.

16. Por lo tanto, juro por el arrebol del crepúsculo,

17. Y la noche, y todo aquello que la envuelve (gradualmente),

18. Y la Luna, mientras alcanza su plenitud hasta estar llena,

19. Con toda certeza os moveréis de un estado a otro (congruente con él)[3].

20. Entonces, ¿qué le ocurre a ellos que no creen,

21. Y cuando el Corán les es recitado, no se postran en sumisión (a su Mensaje)?

22. Más bien: aquellos que no creen niegan (a él y su Mensaje).

23. Y Dios posee pleno conocimiento de lo que ellos ocultan (en sus corazones)[4].

24. De este modo dales las buenas nuevas de un castigo doloroso.

25. Salvo aquellos que creen y llevan a cabo actos buenos y rectos: para ellos hay una recompensa constante e inconmensurable.

إِنَّهُ ظَنَّ أَنْ لَنْ يَحُورَ ﴿١٤﴾ بَلَىٰ إِنَّ رَبَّهُ كَانَ بِهِ بَصِيرًا ﴿١٥﴾ فَلَا أُقْسِمُ بِالشَّفَقِ ﴿١٦﴾
وَاللَّيْلِ وَمَا وَسَقَ ﴿١٧﴾ وَالْقَمَرِ إِذَا اتَّسَقَ ﴿١٨﴾ لَتَرْكَبُنَّ طَبَقًا عَنْ طَبَقٍ ﴿١٩﴾
فَمَا لَهُمْ لَا يُؤْمِنُونَ ﴿٢٠﴾ وَإِذَا قُرِئَ عَلَيْهِمُ الْقُرْآنُ لَا يَسْجُدُونَ ﴿٢١﴾
بَلِ الَّذِينَ كَفَرُوا يُكَذِّبُونَ ﴿٢٢﴾ وَاللَّهُ أَعْلَمُ بِمَا يُوعُونَ ﴿٢٣﴾ فَبَشِّرْهُمْ بِعَذَابٍ
أَلِيمٍ ﴿٢٤﴾ إِلَّا الَّذِينَ آمَنُوا وَعَمِلُوا الصَّالِحَاتِ لَهُمْ أَجْرٌ غَيْرُ مَمْنُونٍ ﴿٢٥﴾

سُورَةُ الْبُرُوجِ مَكِّيَّةٌ
وَهِيَ اثْنَتَانِ وَعِشْرُونَ آيَةً

بِسْمِ اللَّهِ الرَّحْمَٰنِ الرَّحِيمِ

وَالسَّمَاءِ ذَاتِ الْبُرُوجِ ﴿١﴾ وَالْيَوْمِ الْمَوْعُودِ ﴿٢﴾ وَشَاهِدٍ وَمَشْهُودٍ ﴿٣﴾ قُتِلَ
أَصْحَابُ الْأُخْدُودِ ﴿٤﴾ النَّارِ ذَاتِ الْوَقُودِ ﴿٥﴾ إِذْ هُمْ عَلَيْهَا قُعُودٌ ﴿٦﴾
وَهُمْ عَلَىٰ مَا يَفْعَلُونَ بِالْمُؤْمِنِينَ شُهُودٌ ﴿٧﴾ وَمَا نَقَمُوا مِنْهُمْ إِلَّا أَنْ
يُؤْمِنُوا بِاللَّهِ الْعَزِيزِ الْحَمِيدِ ﴿٨﴾ الَّذِي لَهُ مُلْكُ السَّمَاوَاتِ وَالْأَرْضِ وَاللَّهُ
عَلَىٰ كُلِّ شَيْءٍ شَهِيدٌ ﴿٩﴾ إِنَّ الَّذِينَ فَتَنُوا الْمُؤْمِنِينَ وَالْمُؤْمِنَاتِ ثُمَّ لَمْ
يَتُوبُوا فَلَهُمْ عَذَابُ جَهَنَّمَ وَلَهُمْ عَذَابُ الْحَرِيقِ ﴿١٠﴾ إِنَّ الَّذِينَ آمَنُوا وَعَمِلُوا
الصَّالِحَاتِ لَهُمْ جَنَّاتٌ تَجْرِي مِنْ تَحْتِهَا الْأَنْهَارُ ذَٰلِكَ الْفَوْزُ الْكَبِيرُ ﴿١١﴾

---

3. Este versículo, que en el original en lengua árabe consta de tres palabras, posee una amplia gama de significado. Tal y como las cosas por las que Dios jura (el arrebol del crepúsculo, la noche y todo aquello que la envuelve gradualmente, y la luna llena) expresan una transición de un estado y una etapa a otro, este versículo enuncia los estados y las etapas por los que se mueve cada individuo y comunidad, y toda la humanidad. Esto es así en este mundo y el próximo. El mundo se halla en un continuo movimiento y cambio semejantes. Cuando el Islam comienza a ser transmitido en una comunidad siguiendo los pasos del Mensajero de Dios, la paz y las bendiciones sean con él, los creyentes comienzan a alzarse en etapas más y más elevadas, así como mejores y sobresalientes estados, aunque puedan sufrir algunos contratiempos, y el movimiento de sus oponentes pase a ser descendiente. Este versículo implica ambos aspectos. Las etapas y los estados por los que se ha pasado son cada uno de ellos el resultado de lo anterior y una causa para lo último, así que se da una congruencia entre ellos. Este mismo movimiento ascendente o descendente también es válido para los individuos. Se da la congruencia o interrelación entre los estados y las etapas por los cuales se mueve un individuo.

4. Es decir, su rechazo del Corán y el Mensaje que porta no se debe a que exista un error en el Corán o a que su Mensaje carece de suficientes pruebas para afirmarlo. Más bien, persisten en incredulidad por las malas intenciones y las ambiciones mundanas o algunos otros motivos egoístas, y por lo tanto niegan el Corán y su Mensaje.

SURA 85

AL-BURUY (LAS CONSTELACIONES)

Período de La Meca

Revelado en La Meca, el título de este *sura* de 22 versículos proviene de la palabra *al-buruy* («las constelaciones») en el primer versículo. Insta a los creyentes a tener paciencia ante las persecuciones que han sufrido, y les recuerda que los que se resistieron a los Mensajeros de Dios perecieron; afirma que los adversarios del Corán no tendrán éxito.

En el Nombre de Dios,
el Misericordioso, el Compasivo.

1. Por el cielo con sus constelaciones,[1]

2. Y por el Día Prometido,

3. Por aquel que atestigua y aquello que es atestiguado[2].

4. Arruinada fue la gente de la zanja[3],

5. De fuego que se mantuvo ardiendo con combustible.

6. Cuando se sentaron alrededor del mismo,

7. Y dieron testimonio de lo que le hicieron a los creyentes.

8. Los detestaban sin ninguna otra razón que la de creer en Dios, el Glorioso poseedor de irresistible poder, el Digno de alabanza,

9. (Creían en) Él, a Quien Le pertenece la soberanía de los Cielos y de la Tierra. Dios es en verdad testigo de todas las cosas.

10. Aquellos que persiguen a los creyentes, ya sean hombres o mujeres, y luego no se arrepienten, para ellos sin duda alguna se da el castigo del Infierno, para ellos se da el castigo del fuego ardiente.

11. Pero aquellos que creen y llevan a cabo actos buenos y rectos, se dan Jardines a través de los cuales discurren ríos. Ese es el gran triunfo.

---

1. En relación con las constelaciones, véase el *sura* 15:16-18, nota número 5.

2. Los versículos que siguen abordan las persecuciones llevadas a cabo contra los creyentes, y el final que espera a los perseguidores, así como también la recompensa que los creyentes perseguidos recibirán. De este modo, jurando por el Cielo con las constelaciones, Dios sugiere que, como se declaró en 15:16-18, precisamente como los diablos que intentan ascender al cielo son rechazados de él, así también la gente demoníaca que persigue a los creyentes finalmente será rechazada, y recibirá lo que se merece en el Día Prometido (del Juicio Final). Así que, la frase *aquel que atestigua* hace referencia a los creyentes y al Mensajero en particular; es decir, aquellos que dan testimonio de los actos maléficos de los incrédulos malvados y aquellos que atestiguarán su juicio y castigo en el Día del Juicio Final. La frase *aquello que es atestiguado* significa las persecuciones que sufren los creyentes y los que las llevan a cabo, así como el castigo conferido a los perseguidores en el Más Allá.

3. Lo que es un punto en común para todas las tradiciones referidas a la gente de la zanja es que eran unos tiranos que cavaron profundas zanjas para quemar vivos a los creyentes que se negaban a renunciar su Religión.

12. Ciertamente el rigor de tu Señor es en verdad severo.

13. Él es Aquel Quien crea y crea de nuevo[4].

14. Y también es Indulgente, Aquel Quien se halla lleno de amor.

15. El Señor del Trono, el Sublime.

16. El que libremente realiza lo que quiere.

17. ¿Ha llegado a ti el relato de las huestes,

18. Del Faraón y de la (tribu de) Zamud (a quien Dios agarró y castigó severamente)?

19. Aún así aquellos que no creen (entre tu pueblo) persisten en negar (el Mensaje Divino).

20. Pero continuamente Dios los rodea por todos lados.

21. En verdad es un glorioso Corán (un Libro sublime revelado y recitado),

22. En una Tabla Preservada[5] (protegida de cada diablo maldito, y segura de cualquier falsedad).

4. El versículo implica que es Dios Quien envuelve a toda la creación con Su Conocimiento y Poder, y cada criatura está bajo Su absoluto dominio. Por lo tanto, nadie puede escapar a Su rigor.

5. Para la Tabla Suprema Preservada, véase el *sura* 6:59, nota número 13, el *sura* 13:39, nota número 13 y el *sura* 17:14, nota número 10.

590 سُورَةُ البُرُوجِ ٥٩٠

إِنَّ بَطْشَ رَبِّكَ لَشَدِيدٌ ﴿١٢﴾ إِنَّهُ هُوَ يُبْدِئُ وَيُعِيدُ ﴿١٣﴾ وَهُوَ الْغَفُورُ
الْوَدُودُ ﴿١٤﴾ ذُو الْعَرْشِ الْمَجِيدُ ﴿١٥﴾ فَعَّالٌ لِمَا يُرِيدُ ﴿١٦﴾ هَلْ أَتَاكَ حَدِيثُ
الْجُنُودِ ﴿١٧﴾ فِرْعَوْنَ وَثَمُودَ ﴿١٨﴾ بَلِ الَّذِينَ كَفَرُوا فِي تَكْذِيبٍ ﴿١٩﴾ وَاللَّهُ
مِنْ وَرَائِهِمْ مُحِيطٌ ﴿٢٠﴾ بَلْ هُوَ قُرْآنٌ مَجِيدٌ ﴿٢١﴾ فِي لَوْحٍ مَحْفُوظٍ ﴿٢٢﴾

سُورَةُ الطَّارِقِ مَكِّيَّةٌ
وَهِيَ سَبْعَ عَشْرَةَ آيَةً

بِسْمِ اللَّهِ الرَّحْمَٰنِ الرَّحِيمِ

وَالسَّمَاءِ وَالطَّارِقِ ﴿١﴾ وَمَا أَدْرَاكَ مَا الطَّارِقُ ﴿٢﴾ النَّجْمُ الثَّاقِبُ ﴿٣﴾ إِنْ كُلُّ نَفْسٍ
لَمَّا عَلَيْهَا حَافِظٌ ﴿٤﴾ فَلْيَنْظُرِ الْإِنْسَانُ مِمَّ خُلِقَ ﴿٥﴾ خُلِقَ مِنْ مَاءٍ دَافِقٍ ﴿٦﴾
يَخْرُجُ مِنْ بَيْنِ الصُّلْبِ وَالتَّرَائِبِ ﴿٧﴾ إِنَّهُ عَلَىٰ رَجْعِهِ لَقَادِرٌ ﴿٨﴾
يَوْمَ تُبْلَى السَّرَائِرُ ﴿٩﴾ فَمَا لَهُ مِنْ قُوَّةٍ وَلَا نَاصِرٍ ﴿١٠﴾ وَالسَّمَاءِ ذَاتِ الرَّجْعِ ﴿١١﴾
وَالْأَرْضِ ذَاتِ الصَّدْعِ ﴿١٢﴾ إِنَّهُ لَقَوْلٌ فَصْلٌ ﴿١٣﴾ وَمَا هُوَ بِالْهَزْلِ ﴿١٤﴾
إِنَّهُمْ يَكِيدُونَ كَيْدًا ﴿١٥﴾ وَأَكِيدُ كَيْدًا ﴿١٦﴾ فَمَهِّلِ الْكَافِرِينَ أَمْهِلْهُمْ رُوَيْدًا ﴿١٧﴾

سُورَةُ الْأَعْلَىٰ مَكِّيَّةٌ
وَهِيَ تِسْعَ عَشْرَةَ آيَةً

بِسْمِ اللَّهِ

SURA 86

AT-TARIQ (AQUELLO QUE VIENE DE NOCHE)

Período de La Meca

Revelado en La Meca, el título de este *sura* de 17 versículos proviene de la palabra *at-tariq* (aquello que viene de noche) en el primer versículo. Está centrada en la Resurrección.

En el Nombre de Dios,
el Misericordioso, el Compasivo.

1. Por el cielo y aquello que viene de noche.

2. ¿Qué te facilita percibir lo que viene de noche?

3. Es la estrella brillante y penetrante.
4. No hay alma sin que haya sobre ella un guardián[1].
5. Que el ser humano, entonces, considere a partir de qué ha sido creado.[2]
6. Ha sido creado de alguna parte de un fluido inferior que surte.
7. Procede (como resultado de la incitación) de entre (la zona lumbar en) las vértebras y las costillas[3].
8. Con toda certeza Él (Quien ha creado al ser humano de un fluido inferior) también es capaz de restituirle (la vida después de su muerte),
9. El Día en el que todas las cosas (que permanecieron o fueron guardadas) en secreto se harán manifiestas;
10. Y él no tendrá poder, ni un ayudante (contra el castigo de Dios).
11. Juro por el cielo que gira siempre (con todo aquello que se halla en el mismo y recurrentes ciclos de precipitaciones),
12. Y por la tierra, que se quiebra (con el crecimiento de las plantas):
13. Sin duda alguna (el Corán) es una Palabra decisiva que distingue (la verdad y la falsedad).
14. No es (una palabra) para burlarse.
15. (Los que la rechazan) están ocupados tramando intrigas;
16. Y yo estoy «tramando una intriga»[4].
17. Por lo que dejad que los incrédulos permanezcan a voluntad; que sigan a voluntad por poco tiempo.

---

1. Existen ángeles que acompañan a cada persona (13:11), dos de los cuales registran sus actos por orden de Dios (50:17; 82:10-12). Dios es el Único Guardián por encima de todos los ángeles y Quien sabe lo que piensa, lo que imagina y hace una persona (50:16). El versículo porta todos estos significados.

2. Según algunos intérpretes del Corán, la estrella que penetra a través de la oscuridad es una metáfora destinada al Último Mensajero de Dios, la paz y las bendiciones sean con él, o el Corán y la Guía Divina que le fueron enviados. Es una luz que penetra la oscuridad de la falsedad y muestra el camino recto. En su luz la humanidad puede descubrir la verdad de la creación y su propia naturaleza verdadera. También llegamos a percatarnos de que el género humano no ha sido creado en vano. La humanidad tiene obligaciones muy importantes en el mundo y, como será declarado en el siguiente versículo, todos sus actos son registrados. De este modo deberían considerar la sustancia simple de la cual son creados y ver que su valor verdadero no reside en ésta. Deberían dar la debida importancia a Aquél Quien los ha creado de una sustancia tan simple y baja, y aún así los elevó como la más importante de entre Sus criaturas.

3. Este versículo se refiere al mecanismo de eyaculación del fluido seminal y la región corporal desde donde es eyaculado. Este es un descubrimiento relativamente reciente de la biología, aún así el Corán nos informó del mismo hace siglos.

4. Estas expresiones en el Corán acontecen en reciprocidad. La creación de un plan por parte de Dios significa que el camino que dispone al Mensajero y los creyentes con el fin de que lo sigan finalmente triunfará sobre el resto de sistemas y asimismo todas las tramas en su contra harán que terminen en nada.

SURA 87

AL-A'LA (EL ALTÍSIMO)

Período de La Meca

Revelado en La Meca, este *sura* de 19 versículos obtiene su título de la palabra *al-A'la* (el Altísimo) en el primer versículo. Aborda en sus versículos el Poder y la Unicidad de Dios así como la Revelación, y contiene algunas recomendaciones en relación con el cumplimiento de las condiciones y las maneras adecuadas para la predicación y el consejo.

En el Nombre de Dios,
el Misericordioso, el Compasivo.

1. Glorifica el Nombre de tu Señor, el Altísimo,

2. Quien crea y forma con debidas proporciones,

3. Y Quien determina (una vida, una naturaleza y una meta en particular para cada criatura), y guía (a la misma hacia el cumplimiento de esa meta);

4. Y Quien hace brotar la vegetación,

5. Luego la transforma en rastrojos podridos de color oscuro[1].

6. (Para la guía de la humanidad,) estableceremos el Corán en tu corazón y te haremos recitarlo (a los demás), para que no olvides (nada de él)[2]

7. Salvo lo que Dios quiere[3]. Con toda certeza conoce todo lo que está manifiesto y lo que está oculto (incluyendo tus estados exteriores e interiores).

٥٩١ الْجُزْءُ الثَّلَاثُونَ 591

بِسْمِ اللَّهِ الرَّحْمَٰنِ الرَّحِيمِ

سَبِّحِ اسْمَ رَبِّكَ الْأَعْلَى ﴿١﴾ الَّذِي خَلَقَ فَسَوَّىٰ ﴿٢﴾ وَالَّذِي قَدَّرَ فَهَدَىٰ ﴿٣﴾
وَالَّذِي أَخْرَجَ الْمَرْعَىٰ ﴿٤﴾ فَجَعَلَهُ غُثَاءً أَحْوَىٰ ﴿٥﴾ سَنُقْرِئُكَ فَلَا تَنسَىٰ ﴿٦﴾
إِلَّا مَا شَاءَ اللَّهُ إِنَّهُ يَعْلَمُ الْجَهْرَ وَمَا يَخْفَىٰ ﴿٧﴾ وَنُيَسِّرُكَ لِلْيُسْرَىٰ ﴿٨﴾
فَذَكِّرْ إِن نَّفَعَتِ الذِّكْرَىٰ ﴿٩﴾ سَيَذَّكَّرُ مَن يَخْشَىٰ ﴿١٠﴾ وَيَتَجَنَّبُهَا الْأَشْقَى ﴿١١﴾
الَّذِي يَصْلَى النَّارَ الْكُبْرَىٰ ﴿١٢﴾ ثُمَّ لَا يَمُوتُ فِيهَا وَلَا يَحْيَىٰ ﴿١٣﴾ قَدْ أَفْلَحَ
مَن تَزَكَّىٰ ﴿١٤﴾ وَذَكَرَ اسْمَ رَبِّهِ فَصَلَّىٰ ﴿١٥﴾ بَلْ تُؤْثِرُونَ الْحَيَاةَ الدُّنْيَا ﴿١٦﴾ وَالْآخِرَةُ
خَيْرٌ وَأَبْقَىٰ ﴿١٧﴾ إِنَّ هَٰذَا لَفِي الصُّحُفِ الْأُولَىٰ ﴿١٨﴾ صُحُفِ إِبْرَاهِيمَ وَمُوسَىٰ ﴿١٩﴾

سُورَةُ الْغَاشِيَةِ مَكِّيَّةٌ
وَهِيَ سِتٌّ وَعِشْرُونَ آيَةً

بِسْمِ اللَّهِ الرَّحْمَٰنِ الرَّحِيمِ

هَلْ أَتَاكَ حَدِيثُ الْغَاشِيَةِ ﴿١﴾ وُجُوهٌ يَوْمَئِذٍ خَاشِعَةٌ ﴿٢﴾ عَامِلَةٌ نَّاصِبَةٌ ﴿٣﴾
تَصْلَىٰ نَارًا حَامِيَةً ﴿٤﴾ تُسْقَىٰ مِنْ عَيْنٍ آنِيَةٍ ﴿٥﴾ لَّيْسَ لَهُمْ طَعَامٌ إِلَّا
مِن ضَرِيعٍ ﴿٦﴾ لَّا يُسْمِنُ وَلَا يُغْنِي مِن جُوعٍ ﴿٧﴾ وُجُوهٌ يَوْمَئِذٍ نَّاعِمَةٌ ﴿٨﴾
لِّسَعْيِهَا رَاضِيَةٌ ﴿٩﴾ فِي جَنَّةٍ عَالِيَةٍ ﴿١٠﴾ لَّا تَسْمَعُ فِيهَا لَاغِيَةً ﴿١١﴾

8. Te guiaremos al camino más fácil (en todos tus asuntos).

9. Así que recuérdales e instrúyeles (en la verdad), en caso de que pueda ser útil el recordatorio y la instrucción[4].

10. El que se halla con temor reverencial a Dios estará atento a la instrucción.

11. Pero el más perverso se mantendrá al margen de ello;

12. Ingresará en el Gran Fuego (del Infierno) para abrasarse.

13. No morirá allí (para ser salvado del castigo) ni vivirá.

14. En verdad es próspero el que se purifica (de los pecados, y de su riqueza gastándola en la causa de Dios y para los necesitados);

15. Y el que menciona el Nombre de su Señor y realiza la Oración[5].

16. Pero vosotros (Oh humanidad) estáis dispuestos a preferir la vida de este mundo;

17. Mientras que la vida del Más Allá es mejor y más duradera[6].

18. Esto sin duda alguna se halla en los antiguos Manuscritos.

19. Los Manuscritos de Abraham y Moisés[7].

---

1. Los intérpretes del Corán se refieren al carbón y petróleo en este versículo, porque las palabras originales que han sido traducidas como «rastrojos podridos» connotan estiércol, carbón vegetal, y las acumulaciones de diferentes materiales producto de una inundación.

2. Véase el *sura* 20:114 y el *sura* 75:16-19, nota número 5.

3. Numerosos intérpretes del Corán adoptan correctamente esta excepción y la consideran relacionada con la regla de la derogación declarada en 2:106: «*No abrogamos ningún versículo ni lo omitimos (haciendo que sea olvidado) sin que traigamos uno mejor o similar (más adecuado al período y a las condiciones del momento en que es revelado, con el fin de perfeccionar la Religión y completar Nuestro favor sobre ti). ¿Acaso no sabes (y seguramente lo sabes) que Dios posee pleno poder sobre todas las cosas?*». El versículo no significa que se dé algo del Corán que Dios lo hiciera olvidar al Mensajero. Esta excepción es como la que aparece en el versículo 11:108, véase la nota correspondiente número 24. Su función era subrayar que todo depende de la absoluta Voluntad de Dios.

4. El Corán dice que la instrucción y el acto de recordar serán de gran ayuda a los creyentes (51:55) y aquél que tiene temor reverencial a Dios recibirá instrucción y admonición (esto se encuentra en el siguiente versículo de este *sura*), y se indica al Mensajero que se retire de aquellos que decididamente se alejan del Libro de Dios y Su recuerdo, y que aspiran y no desean nada más que la vida de este mundo (53:29). Por lo tanto, un instructor o predicador debería observar si la instrucción o la predicación serán de utilidad, y en qué circunstancias y para quién servirán. Sin embargo, asimismo se debería señalar que la instrucción y la predicación no serán inútiles, particularmente cuando las realizan personas sinceras como los Profetas. El versículo también sugiere que deberíamos intentar ofrecer instrucciones y predicación constructivas.

5. Según algunos hadices, en los últimos dos versículos existe una alusión al hecho de dar limosna que se tiene que realizar antes de *'Id al-Fitr* (la festividad religiosa finalizado el mes de Ramadán), y la oración en congregación de ese día, la cual sería prescrita en Medina (at-Tabari, ar-Razi, y al-Qurtubi en la interpretación de este versículo).

6. El Más Allá es incomparablemente bueno y eterno. La razón por la cual el versículo emplea *mejor y más duradera* se debe al afán de la comparación con la vida mundana.

7. Lo que es narrado en los versículos 14-17 aparece asimismo en las antiguas Escrituras Divinas. Al mencionar tan solo los Manuscritos que se les dio a Abraham y Moisés, la paz sea con ellos, es atraída nuestra atención hacia su elevada reputación entre las Revelaciones más antiguas. Algunos hadices dicen que antes de la Torá, al profeta Moisés se le concedió un Manuscrito de diez páginas (as-Suyuti ha relatado de Ibn Mirdawayh e Ibn Asakir).

SURA 88

AL-GHASHIYAH (LO ABRUMADOR)

Período de La Meca

Revelado en La Meca, el nombre de este *sura* que consta de 26 versículos proviene del término *al-ghashiyah* (lo abrumador, significando el Día de la Resurrección), ubicado en el primer versículo. Llama la atención a las privaciones y castigos que los incrédulos sufrirán en el Más Allá y la dicha con la que los creyentes serán favorecidos. También nos llama a reflexionar sobre algunas manifestaciones y evidencias del Poder y la Sabiduría de Dios.

En el Nombre de Dios,
el Misericordioso, el Compasivo.

1. ¿Te ha llegado el relato de lo Abrumador?

2. Algunos rostros ese Día estarán abatidos,

3. Habiendo trabajado duro (en el mundo) tan sólo por el cansancio (sin ninguna parte en el Más Allá).

4. Entrarán al Fuego caliente y ardiente para abrasarse;

5. Se les dará para beber de una fuente hirviendo.

6. No habrá alimento para ellos sino una planta espinosa envenenada:

7. No será ni nutrición ni nada de provecho contra el hambre.

8. Y algunos rostros ese Día se hallarán deleitados,

9. Complacidos con (el fruto de) su esfuerzo (en el mundo),

10. En un elevado Jardín,

11. En donde no oirán una conversación vana[1].

1. Es interesante que una de las primeras bendiciones del elevado Jardín será la inexistencia de conversaciones vanas. Esto significa que el Paraíso no es un lugar en donde sus habitantes se entretendrán tal y como los individuos terrenales suelen hacerlo. Cada bendición del Paraíso es pura y noble de carácter, ya que sus habitantes serán personas purificadas y nobles. El versículo también sugiere una advertencia contra la conversación vana y las diversiones sin sentido en el mundo.

592 سُورَةُ الْغَاشِيَةِ ٥٩٢

فِيهَا عَيْنٌ جَارِيَةٌ ﴿١٢﴾ فِيهَا سُرُرٌ مَرْفُوعَةٌ ﴿١٣﴾ وَأَكْوَابٌ
مَوْضُوعَةٌ ﴿١٤﴾ وَنَمَارِقُ مَصْفُوفَةٌ ﴿١٥﴾ وَزَرَابِيُّ مَبْثُوثَةٌ ﴿١٦﴾ أَفَلَا
يَنْظُرُونَ إِلَى الْإِبِلِ كَيْفَ خُلِقَتْ ﴿١٧﴾ وَإِلَى السَّمَاءِ كَيْفَ
رُفِعَتْ ﴿١٨﴾ وَإِلَى الْجِبَالِ كَيْفَ نُصِبَتْ ﴿١٩﴾ وَإِلَى الْأَرْضِ
كَيْفَ سُطِحَتْ ﴿٢٠﴾ فَذَكِّرْ إِنَّمَا أَنْتَ مُذَكِّرٌ ﴿٢١﴾ لَسْتَ عَلَيْهِمْ
بِمُصَيْطِرٍ ﴿٢٢﴾ إِلَّا مَنْ تَوَلَّى وَكَفَرَ ﴿٢٣﴾ فَيُعَذِّبُهُ اللَّهُ الْعَذَابَ
الْأَكْبَرَ ﴿٢٤﴾ إِنَّ إِلَيْنَا إِيَابَهُمْ ﴿٢٥﴾ ثُمَّ إِنَّ عَلَيْنَا حِسَابَهُمْ ﴿٢٦﴾

سُورَةُ الْفَجْرِ مَكِّيَّةٌ
وَهِيَ ثَلَاثُونَ آيَةً

بِسْمِ اللَّهِ الرَّحْمَٰنِ الرَّحِيمِ

وَالْفَجْرِ ﴿١﴾ وَلَيَالٍ عَشْرٍ ﴿٢﴾ وَالشَّفْعِ وَالْوَتْرِ ﴿٣﴾ وَاللَّيْلِ إِذَا يَسْرِ ﴿٤﴾ هَلْ
فِي ذَٰلِكَ قَسَمٌ لِذِي حِجْرٍ ﴿٥﴾ أَلَمْ تَرَ كَيْفَ فَعَلَ رَبُّكَ بِعَادٍ ﴿٦﴾ إِرَمَ ذَاتِ
الْعِمَادِ ﴿٧﴾ الَّتِي لَمْ يُخْلَقْ مِثْلُهَا فِي الْبِلَادِ ﴿٨﴾ وَثَمُودَ الَّذِينَ جَابُوا الصَّخْرَ
بِالْوَادِ ﴿٩﴾ وَفِرْعَوْنَ ذِي الْأَوْتَادِ ﴿١٠﴾ الَّذِينَ طَغَوْا فِي الْبِلَادِ ﴿١١﴾ فَأَكْثَرُوا فِيهَا
الْفَسَادَ ﴿١٢﴾ فَصَبَّ عَلَيْهِمْ رَبُّكَ سَوْطَ عَذَابٍ ﴿١٣﴾ إِنَّ رَبَّكَ لَبِالْمِرْصَادِ ﴿١٤﴾

فَأَمَّا

12. Allí habrá una fuente que fluye,

13. Allí lechos alzados,

14. Y las copas colocadas,

15. Y almohadones ataviados,

16. Y lujosas alfombras extendidas.

17. ¿No consideran cómo los camellos fueron creados?

18. Y el cielo, ¿cómo ha sido elevado en lo alto?

19. Y las montañas, ¿cómo han sido puestas firmes?

20. Y la Tierra, ¿cómo ha sido extendida?

21. Por lo tanto, recuérdales y (exhórtalos), pues tú eres aquel (cuyo deber es) para hacer recordar y exhortar.

22. No eres quien para dictarles (la fe) a ellos.

23. Pero quienquiera que le dé la espalda (reacio al recordatorio y la exhortación), y no crea (en lo que le es transmitido a él),

24. Dios lo castigará con el mayor castigo (del Infierno).

25. En verdad hacia Nosotros es su regreso;

26. De allí en adelante a Nosotros nos incumbe llamarlos para que rindan cuentas.

SURA 89

AL-FAYR (EL ALBA)

Período de La Meca

Este *sura*, revelado en La Meca, contiene 30 versículos. Es titulado de este modo debido a la palabra *al-fayr* (el alba), que aparece en el primer versículo. Nos hace fijar nuestra atención en el doloroso fin que le sucedió a algunos pueblos antiguos que negaron a los Mensajeros de Dios y el Mensaje que traían. Asimismo explica algunos rasgos básicos de la naturaleza humana y la sabiduría de poner a prueba a Sus siervos. Termina haciéndonos recordar qué clase de vida eterna les espera a los creyentes y a los incrédulos.

En el Nombre de Dios,
el Misericordioso, el Compasivo.

1. Por el alba,

2. Y las diez noches,[1]

3. Y por lo par y lo impar,[2]

4. Y la noche mientras transcurre (hacia un final)[3].

5. ¿No hay en esto un solemne juramento para alguien dotado de razón (para que reflexione, y así pueda guiarlo hacia la verdad y alejarlo de los males)?

6. ¿No has considerado cómo tu Señor trató a la (tribu de) ‘Ad,

7. (El pueblo de) Iram con edificios (monumentales) de numerosas columnas,

8. Cuyo igual no ha sido creado en esa tierra?

9. ¿Y a (la tribu de) Zamud, que labró rocas en el valle (para construir viviendas)?[4]

10. ¿Y al Faraón, que tenía formidables fortalezas?

11. (Todos) estos se rebelaron (y transgredieron todos los límites) en las tierras (en donde vivían);

12. Y aumentaron allí el múltiple desorden y la corrupción.

13. Luego tu Señor desató sobre ellos una plaga de castigo (llegando de diferentes formas),[5]

14. Tu Señor está siempre vigilando (al ser humano y lo pone a prueba en las bendiciones con las que lo favorece).

---

1. En relación con las *diez noches*, el versículo hace referencia a las últimas diez noches del sagrado mes de Ramadán o las primeras diez noches de *Zu'l-Hiyyah*, el mes de la Peregrinación, o asimismo a ambas. En cada una de estas noches, el tiempo durante el cual Dios es adorado tiene una importancia y una recompensa especiales, y este período es seguido por la festividad religiosa. Por lo tanto, el «alba» en el primer versículo, además de referirse al alba de cada nuevo día, puede implicar en particular el amanecer de estas festividades religiosas. Además de estos significados, las diez noches y el alba también sugieren que no importa cuán largos puedan ser los oscuros períodos en la vida de un individuo o en el ritmo vital de una sociedad, normalmente terminan en un nuevo y feliz día. Los versículos también aluden al hecho de que, como se señaló en *Sura al-Muzzammil* (73:2-6), las devociones nocturnas tienen una eficacia especial en el esfuerzo espiritual humano, y son el origen de un despertar espiritual (alba).

2. Además de otros significados posibles, como por ejemplo los meses en el calendario lunar (musulmán) que terminan en número par o impar, y del hecho de que el último tercio del sagrado mes de Ramadán en ocasiones comprende diez días y en otras nueve, esta expresión también implica a toda la creación envuelta por la noche y sobre la que amanece el día.

3. La noche tiene sus propias características y sigue su propio curso. Pero aunque pueda ser larga, sin duda alguna terminará, y el sol saldrá y propagará su luz, como Dios dispone. De este modo, cuando la luz de Dios (de la sumisión total a Dios en el Islam) comienza a mostrarse sobre el horizonte de la humanidad, esto significa que el final de la noche está cerca para los individuos y comunidades.

4. Sobre los pueblos de ‘Ad y Zamud, véanse el *sura* 7:65-79, notas número 16-17, el *sura* 11:50-68 y el *sura* 26:123-158.

5. Sobre los tipos de castigos que le sobrevinieron a la tribu de ‘Ad, véanse los *suras* 7:72, 11:58, 23:27, 26:120, 69:77, y sobre la tribu de Zamud, véanse los *suras* 7:78, 11:67, 15:83, 69:5, y en cuanto al Faraón, véanse los *suras* 10:90, 20:77-78 y 26:65-66.

فَاَمَّا الْاِنْسَانُ اِذَا مَا ابْتَلٰيهُ رَبُّهُ فَاَكْرَمَهُ وَنَعَّمَهُ فَيَقُولُ رَبّ۪ٓي اَكْرَمَنِ ﴿١٥﴾
وَاَمَّٓا اِذَا مَا ابْتَلٰيهُ فَقَدَرَ عَلَيْهِ رِزْقَهُ فَيَقُولُ رَبّ۪ٓي اَهَانَنِ ﴿١٦﴾ كَلَّا بَلْ
لَا تُكْرِمُونَ الْيَت۪يمَ ﴿١٧﴾ وَلَا تَحَٓاضُّونَ عَلٰى طَعَامِ الْمِسْك۪ينِ ﴿١٨﴾
وَتَاْكُلُونَ التُّرَاثَ اَكْلًا لَمًّا ﴿١٩﴾ وَتُحِبُّونَ الْمَالَ حُبًّا جَمًّا ﴿٢٠﴾
كَلَّٓا اِذَا دُكَّتِ الْاَرْضُ دَكًّا دَكًّا ﴿٢١﴾ وَجَٓاءَ رَبُّكَ وَالْمَلَكُ صَفًّا صَفًّا ﴿٢٢﴾
وَج۪ٓيءَ يَوْمَئِذٍ بِجَهَنَّمَ يَوْمَئِذٍ يَتَذَكَّرُ الْاِنْسَانُ وَاَنّٰى لَهُ الذِّكْرٰى ﴿٢٣﴾
يَقُولُ يَا لَيْتَن۪ي قَدَّمْتُ لِحَيَات۪ي ﴿٢٤﴾ فَيَوْمَئِذٍ لَا يُعَذِّبُ عَذَابَهُٓ اَحَدٌ ﴿٢٥﴾
وَلَا يُوثِقُ وَثَاقَهُٓ اَحَدٌ ﴿٢٦﴾ يَٓا اَيَّتُهَا النَّفْسُ الْمُطْمَئِنَّةُ ﴿٢٧﴾ ارْجِع۪ٓي اِلٰى
رَبِّكِ رَاضِيَةً مَرْضِيَّةً ﴿٢٨﴾ فَادْخُل۪ي ف۪ي عِبَاد۪ي ﴿٢٩﴾ وَادْخُل۪ي جَنَّت۪ي ﴿٣٠﴾

سُورَةُ الْبَلَدِ مَكِّيَّةٌ
وَهِيَ عِشْرُونَ اٰيَةً

بِسْمِ اللّٰهِ الرَّحْمٰنِ الرَّح۪يمِ
لَٓا اُقْسِمُ بِهٰذَا الْبَلَدِ ﴿١﴾ وَاَنْتَ حِلٌّ بِهٰذَا الْبَلَدِ ﴿٢﴾ وَوَالِدٍ وَمَا وَلَدَ ﴿٣﴾
لَقَدْ خَلَقْنَا الْاِنْسَانَ ف۪ي كَبَدٍ ﴿٤﴾ اَيَحْسَبُ اَنْ لَنْ يَقْدِرَ عَلَيْهِ
اَحَدٌ ﴿٥﴾ يَقُولُ اَهْلَكْتُ مَالًا لُبَدًا ﴿٦﴾ اَيَحْسَبُ اَنْ لَمْ يَرَهُٓ اَحَدٌ ﴿٧﴾

15. Y por lo tanto, el ser humano —cuando su Señor lo pone a prueba otorgándole favores— dice: «Mi Señor me ha honrado».

16. Pero cuando Él lo pone a prueba restringiendo sus medios de sustento, dice: «Mi Señor me ha humillado»[6].

17. ¡No, de verdad! Vosotros (Oh pueblo) no tratáis al huérfano con bondad y generosidad;

18. Y no os animáis unos a otros para alimentar al indigente[7].

19. Y gastáis la herencia (que os pertenece a vosotros o a otros) con codicia (sin distinguir lo ilícito de lo lícito);

20. Y amáis la riqueza con una pasión ilimitable por ella y por la acumulación.

21. ¡No, de verdad! Cuando la Tierra sea pulverizada golpe tras golpe;

22. Y tu Señor viene (desvela Su Poder y Majestad), y los ángeles en fila tras fila;

23. Y ese Día el Infierno es presentado; ese Día el ser humano llegará a entender (qué significa ser favorecido con las generosidades y cómo debería haber respondido), pero ¿para qué (entonces) le servirá ese entendimiento?

24. Dirá: «¡Ojalá hubiera anticipado (algunos actos buenos) para mi vida (del Más Allá)!».

25. Nadie puede castigar como lo hará Él ese Día;

26. Y nadie puede atar como lo hará Él (ese Día).

27. (Pero al recto Dios le dirá:) «¡Oh tú alma que está en reposo (contenta con las verdades de la fe y las ordenes de Dios y Su trato con Sus criaturas)!

28. Regresa a tu Señor, complacida (con Él y Su trato contigo), y digna de Su complacencia.

29. Entra, entonces, entre Mis siervos (muy contentos con la servidumbre hacia Mí)

30. ¡Y entra en Mi Paraíso!».

6. Es decir, en el caso anterior (versículo 15), se considera digno de los favores que Dios le otorga, y no reflexiona que se le esté probando para comprobar si se mostrará agradecido. En el caso posterior (versículo 16), le atribuye a Dios la injusticia, y no considera que esté siendo puesto a prueba por la paciencia, para prepararse ante la recompensa que se le concederá a cambio.

7. Ser rico o pobre no es una causa de honor o de vergüenza y no debería ser considerado como tal. La concesión de generosidades abundantes o escasas por parte de Dios es una manera de poner a prueba a los seres humanos. En cualquier caso, lo que un ser humano debería hacer es admitir que todo aquello que posee pertenece a Dios como una generosidad y por lo tanto, ha de agradecérselo, y asimismo, especialmente en circunstancias de pobreza, mostrar paciencia, sin quejarse. El honor o la virtud reside en agradecerle al Señor Munífico, y ayudar al pobre y al necesitado.

SURA 90

AL-BALAD (LA CIUDAD)

Período de La Meca

Este *sura*, que consta de 20 versículos, fue revelado en La Meca. Toma su título del vocablo *al-balad* («la ciudad») en el primer versículo. La mayor parte de los intérpretes sostiene que la ciudad a la que hace referencia el versículo es La Meca. Al recordarnos los favores de Dios para con la humanidad y asimismo Su Poder, este *sura* invita a la gente a que se ayude mutuamente y se prepare para la vida futura. Amenaza a aquellos que no creen en las Revelaciones de Dios con el Fuego del Infierno.

En el Nombre de Dios,
el Misericordioso, el Compasivo.

1. Juro por esta (sagrada) ciudad (La Meca),

2. Y tú (Oh Mensajero) eres un habitante de esta ciudad.

3. Y por él (Abraham) que engendra, y por él (Muhammad) a quien engendró;

4. Ciertamente hemos creado al ser humano en (una vida de) pruebas y privaciones[1].

5. ¿Cree acaso el ser humano que nadie tiene poder sobre él?

6. Dice: «¡He consumido abundante riqueza!».

7. ¿Cree, entonces, que nadie jamás lo ve?[2]

---

1. Los versículos 117-119 del *Sura Ta. Ha* expresan que al ser expulsados del Jardín original en donde se habían establecido Adán y Eva, la humanidad descendió a una vida llena de aflicciones, incluyendo el hambre, la sed, el frío y el calor. Existen, por supuesto, otras privaciones que los humanos se hallan destinados a sufrir en el mundo. Es más, aquellos que se dedican en cuerpo y alma a un loable ideal normalmente sufren mucho con motivo de las persecuciones y las privaciones. Aquellos expuestos en gran medida a lo anteriormente citado son los Profetas, y luego el resto de creyentes, cada uno de acuerdo a la fortaleza de su fe y el grado de cercanía a Dios. Sin embargo, la vida es purificada, perfeccionada, y da frutos a través de estas aflicciones y pruebas. La apatía o la vida fácil es un equivalente cercano a la muerte.

2. La riqueza puede causar que su dueño se jacte y se vea a sí mismo dotado de un gran poder. Hay mucha gente rica que se jacta de derrochar la riqueza, pero ya que la malgastan en efímeros placeres del mundo o en pos de la fama y la presunción, no les aportará nada ante Dios y no les servirá en el Más Allá. Considerando que es Dios Quien determina el sustento de todos y dota a las personas de la capacidad necesaria, el poder y órganos saludables para ganarse la vida, lo que los humanos deberían hacer es agradecerle a Dios y gastar su riqueza como Dios ordenó.

أَلَمْ نَجْعَل لَّهُۥ عَيْنَيْنِ ﴿٨﴾ وَلِسَانًا وَشَفَتَيْنِ ﴿٩﴾ وَهَدَيْنَاهُ النَّجْدَيْنِ ﴿١٠﴾
فَلَا اقْتَحَمَ الْعَقَبَةَ ﴿١١﴾ وَمَا أَدْرَاكَ مَا الْعَقَبَةُ ﴿١٢﴾ فَكُّ رَقَبَةٍ ﴿١٣﴾
أَوْ إِطْعَامٌ فِي يَوْمٍ ذِي مَسْغَبَةٍ ﴿١٤﴾ يَتِيمًا ذَا مَقْرَبَةٍ ﴿١٥﴾ أَوْ
مِسْكِينًا ذَا مَتْرَبَةٍ ﴿١٦﴾ ثُمَّ كَانَ مِنَ الَّذِينَ آمَنُوا وَتَوَاصَوْا بِالصَّبْرِ
وَتَوَاصَوْا بِالْمَرْحَمَةِ ﴿١٧﴾ أُولَٰئِكَ أَصْحَابُ الْمَيْمَنَةِ ﴿١٨﴾ وَالَّذِينَ
كَفَرُوا بِآيَاتِنَا هُمْ أَصْحَابُ الْمَشْأَمَةِ ﴿١٩﴾ عَلَيْهِمْ نَارٌ مُّؤْصَدَةٌ ﴿٢٠﴾

سُورَةُ الشَّمْسِ مَكِّيَّةٌ
وَهِيَ خَمْسَ عَشْرَةَ آيَةً

بِسْمِ اللَّهِ الرَّحْمَٰنِ الرَّحِيمِ

وَالشَّمْسِ وَضُحَاهَا ﴿١﴾ وَالْقَمَرِ إِذَا تَلَاهَا ﴿٢﴾ وَالنَّهَارِ إِذَا جَلَّاهَا ﴿٣﴾
وَاللَّيْلِ إِذَا يَغْشَاهَا ﴿٤﴾ وَالسَّمَاءِ وَمَا بَنَاهَا ﴿٥﴾ وَالْأَرْضِ وَمَا طَحَاهَا ﴿٦﴾
وَنَفْسٍ وَمَا سَوَّاهَا ﴿٧﴾ فَأَلْهَمَهَا فُجُورَهَا وَتَقْوَاهَا ﴿٨﴾ قَدْ أَفْلَحَ مَن
زَكَّاهَا ﴿٩﴾ وَقَدْ خَابَ مَن دَسَّاهَا ﴿١٠﴾ كَذَّبَتْ ثَمُودُ بِطَغْوَاهَا ﴿١١﴾ إِذِ
انبَعَثَ أَشْقَاهَا ﴿١٢﴾ فَقَالَ لَهُمْ رَسُولُ اللَّهِ نَاقَةَ اللَّهِ وَسُقْيَاهَا ﴿١٣﴾ فَكَذَّبُوهُ
فَعَقَرُوهَا فَدَمْدَمَ عَلَيْهِمْ رَبُّهُم بِذَنبِهِمْ فَسَوَّاهَا ﴿١٤﴾ وَلَا يَخَافُ عُقْبَاهَا ﴿١٥﴾

8. ¿No hemos creado un par de ojos para él,

9. Y una lengua y dos labios,

10. Y no le hemos mostrado los dos caminos (uno a seguir y el otro a evitar)?

11. Aún así no hace ningún esfuerzo para superar la cuesta empinada.

12. ¿Qué te facilita percibir lo que la cuesta empinada es?[3]

13. Es la liberación de un siervo (un esclavo o un cautivo);

14. O la alimentación, en un día de privación,

15. A un huérfano de un pariente cercano,

16. O a un pobre desdichado en la miseria;

17. Y ser, además, de aquellos que creen y se exhortan unos a otros a la paciencia, y se exhortan unos a otros a la piedad y la compasión.

18. Aquellos que son la gente de la felicidad y la prosperidad (a quien será concedido su Registro en la mano derecha el Día del Juicio Final).

19. Pero los que no creen en Nuestras Revelaciones, son gente de desdicha (a quien será concedido su Registro en la mano izquierda),

20. Sobre ellos el Fuego se cerrará en torno.

3. La cuesta empinada significa el camino hacia la perfección humana y por lo tanto a Dios. Los siguientes cinco versículos definen algunos pasos de esta cuesta empinada.

SURA 91

ASH-SHAMS (EL SOL)

Período de La Meca

Este *sura* de 15 versículos fue revelado en La Meca. Toma su título de la palabra *ash-shams* («el Sol»), que aparece en el primer versículo. Nos hace fijar nuestra atención en un rasgo básico del ser humano, concretamente el hecho de ser creado con una disposición o capacidad para hacer el bien y el mal. Sin embargo, le convoca a la fe y los actos bondadosos, y advierte en relación a los malos actos que terminan en destrucción ofreciendo un lúcido ejemplo de la tribu de Zamud.

En el Nombre de Dios,
el Misericordioso, el Compasivo.

1. Por el Sol y su resplandor;

2. Y la Luna mientras lo sigue (reflejando su luz);

3. Y el día mientras lo revela (al Sol);

4. Y la noche mientras lo envuelve;

5. Y el cielo y Aquél (Magnífico) Quien lo ha construido;
6. Y la Tierra y Aquél (Magnífico) Quien la ha extendido[1];
7. Y el yo humano y Aquél (Omnisciente, Todopoderoso, Omnisapiente) Quien lo ha formado a la perfección;
8. Y Quien lo ha inspirado con la conciencia de lo que es erróneo y malo para ello, y lo que es correcto y bueno para ello[2]:
9. En verdad él es próspero, aquél que lo ha hecho crecer en pureza (lejos de la rebelión envanecedora contra Dios);
10. Y en verdad está perdido aquel que lo ha corrompido (en la rebelión envanecedora contra Dios)[3].
11. La (tribu de) Zamud negó (el Mensaje Divino y su Mensajero, y exhibió su rechazo) en su rebelión arrogante,
12. (Especialmente) cuando (al final) el más perverso de entre ellos (instigado por su pueblo) se abalanzó.
13. El Mensajero de Dios (Salih) dijo (advirtiéndoles, y haciéndoles recordar de nuevo los términos de su promesa): «Ésta es la hembra de camello de Dios, y observad su turno de beber»[4].
14. Pero ellos le negaron y la degollaron, y así su Señor los aplastó por su pecado, y los niveló (con el suelo);
15. Y Él (siendo el Omnisapiente, el Todopoderoso y Justo) no teme el resultado (de los acontecimientos).

1. Extender la tierra significa hacer de su superficie un lugar apropiado para el establecimiento, el desarrollo y la vida. El hecho de que se halle extendida no contradice el hecho de que sea esférica.

2. Dios ha dotado al yo humano o ego de potenciales necesarios, y lo dotó de una capacidad para que sea capaz de cumplir el objetivo de su existencia. También le ha creado con una predisposición para protegerse contra lo prohibido por Dios, y le enseñó a través de la Revelación cómo protegerse contra ellas, y nombró a algunos (los Mensajeros) para guiarlo hacia ese objetivo.

3. Se dan diferencias esenciales entre los seres humanos y los animales. La principal se puede encontrar en el hecho observable de que cuando los animales nacen, pareciera que han sido enseñados y adiestrados en otro mundo. Comienzan a caminar tan pronto como nacen y rápidamente se adaptan a su medioambiente, como si lo conocieran con antelación. Sin embargo, un ser humano (por término medio) necesita casi todo un año para aprender a caminar, y luego transcurre el resto de su vida aprendiendo a vivir, y a distinguir entre lo que es beneficioso y perjudicial. Esto demuestra que el aprendizaje y el progreso son fundamentales para la vida humana.

Los seres humanos son criaturas muy complicadas. Nos asemejamos a las semillas, pues en cada uno de nosotros se halla el potencial para engendrar y obtener la perfección. Una semilla está dotada por el Poder Divino con un gran potencial y se halla destinada a poner en vigor su potencial. Si dicha semilla abusa de su potencial y atrae sustancias dañinas, pronto se pudrirá en su espacio limitado. Sin embargo, si hace uso de manera apropiada de su potencial, surgirá de estos estrechos límites y se convertirá en un árbol que da frutos. Además, su minúscula y particular naturaleza llegará a representar una grandiosa verdad universal.

Nuestra esencia es como una semilla. Si empleamos nuestro potencial y las facultades intelectuales y espirituales en este mundo restringido bajo el suelo de la vida mundana tan sólo para satisfacer los caprichos de nuestra alma carnal que ordena el mal o el egoísmo, nos corromperemos cual semilla podrida, y sencillamente disfrutaremos el placer fugaz durante esta corta vida. De esta manera partiremos de este mundo con una carga espiritual pesada sobre nuestras almas desgraciadas.

Pero si germinamos la semilla de nuestro potencial bajo «el suelo de la espiritualidad» con el «agua de la fe y la adoración», y si usamos nuestras facultades espirituales para sus debidos propósitos, nos convertiremos en un árbol eterno y majestuoso, y sus ramas se extienden hacia la eternidad. Daremos el fruto de la virtud en este mundo y la felicidad eterna en el próximo mundo. Seremos favorecidos en el Paraíso con la perfección infinita e innumerables bendiciones.

Todo esto significa que hemos sido enviados al mundo para perfeccionarnos a través del conocimiento y la fe. Y debido a nuestra posición especial entre los demás seres, se nos ha confiado la mejora de la Tierra a través del conocimiento y la fe así como establecer la justicia sobre ella. Esto impone sobre nosotros obligaciones para con nuestro Creador y los otros seres. (Véase también el Apéndice 14)

4. Véanse los *suras* 7:73-77, nota número 17; 11:61-68, y 26:141-159.

SURA 92

AL-LÁIL (LA NOCHE)

Período de La Meca

Este *sura* de 21 versículos fue revelado en La Meca. Toma su título de la palabra *al-láil* («la noche») en el primer versículo. Insta a los humanos a que lleven a cabo todo aquello que resultará en su salvación, y evitar todo aquello que resultará en la perdición.

En el Nombre de Dios,
el Misericordioso, el Compasivo.

1. Por la noche mientras envuelve (la Tierra en su oscuridad);

2. Y el día mientras surge resplandeciente;

3. Y Aquél (Magnífico) Quien ha creado al hombre y la mujer:

4. Con toda certeza su esfuerzo es variado (en carácter y fines).

5. Entonces, con respecto al que da (de su riqueza por la complacencia de Dios), y se aparta de la desobediencia a Él en veneración a Él y la piedad,

6. Y afirma lo mejor (en el credo, la acción, y la recompensa a otorgar),

7. Le facilitaremos el camino hacia el estado de comodidad (la salvación después de que se le ajuste cuentas de manera fácil).

8. Pero con respecto al que es avaro y se considera autosuficiente en independencia de Él,

9. Y niega lo mejor (en el credo, la acción, y la recompensa a otorgar),

٥٩٥ الْجُزْءُ الثَّلَاثُونَ 595

سُورَةُ اللَّيْلِ مَكِّيَّةٌ
وَهِيَ إِحْدَى وَعِشْرُونَ آيَةً

بِسْمِ اللّٰهِ الرَّحْمٰنِ الرَّحِيمِ

وَاللَّيْلِ إِذَا يَغْشٰى ﴿١﴾ وَالنَّهَارِ إِذَا تَجَلّٰى ﴿٢﴾ وَمَا خَلَقَ الذَّكَرَ وَالْأُنْثٰى ﴿٣﴾
إِنَّ سَعْيَكُمْ لَشَتّٰى ﴿٤﴾ فَأَمَّا مَنْ أَعْطٰى وَاتَّقٰى ﴿٥﴾ وَصَدَّقَ بِالْحُسْنٰى ﴿٦﴾
فَسَنُيَسِّرُهُ لِلْيُسْرٰى ﴿٧﴾ وَأَمَّا مَنْ بَخِلَ وَاسْتَغْنٰى ﴿٨﴾ وَكَذَّبَ بِالْحُسْنٰى ﴿٩﴾
فَسَنُيَسِّرُهُ لِلْعُسْرٰى ﴿١٠﴾ وَمَا يُغْنِي عَنْهُ مَالُهُ إِذَا تَرَدّٰى ﴿١١﴾ إِنَّ عَلَيْنَا
لَلْهُدٰى ﴿١٢﴾ وَإِنَّ لَنَا لَلْآخِرَةَ وَالْأُولٰى ﴿١٣﴾ فَأَنْذَرْتُكُمْ نَارًا تَلَظّٰى ﴿١٤﴾
لَا يَصْلٰيهَا إِلَّا الْأَشْقَى ﴿١٥﴾ الَّذِي كَذَّبَ وَتَوَلّٰى ﴿١٦﴾ وَسَيُجَنَّبُهَا
الْأَتْقَى ﴿١٧﴾ الَّذِي يُؤْتِي مَالَهُ يَتَزَكّٰى ﴿١٨﴾ وَمَا لِأَحَدٍ عِنْدَهُ مِنْ نِعْمَةٍ
تُجْزٰى ﴿١٩﴾ إِلَّا ابْتِغَاءَ وَجْهِ رَبِّهِ الْأَعْلٰى ﴿٢٠﴾ وَلَسَوْفَ يَرْضٰى ﴿٢١﴾

سُورَةُ الضُّحٰى مَكِّيَّةٌ
وَهِيَ إِحْدَى عَشْرَةَ آيَةً

بِسْمِ اللّٰهِ الرَّحْمٰنِ الرَّحِيمِ

وَالضُّحٰى ﴿١﴾ وَاللَّيْلِ إِذَا سَجٰى ﴿٢﴾ مَا وَدَّعَكَ رَبُّكَ وَمَا قَلٰى ﴿٣﴾

10. Le facilitaremos el camino hacia la adversidad (el castigo después de que se le ajuste cuentas de manera difícil).

11. Y su riqueza no le servirá cuando caiga en la perdición.

12. Sin duda alguna Nosotros otorgamos la guía;

13. Y a Nosotros pertenece el Más Allá así como también la (vida) anterior.

14. Y de este modo os advierto sobre un Fuego que arde en llamas.

15. Nadie más que el más perverso entrará allí para abrasarse,

16. Aquel que niega (Mi Mensaje) y se desvía.

17. Y se hallará más alejado de él (el Fuego) aquél que se aparta en gran medida de la desobediencia a Dios, con suma veneración a Él y la piedad;

18. Aquel que gasta su riqueza (en la causa de Dios y para los necesitados), puede crecer en pureza;

19. Sin nadie que le haya favorecido por lo que la debería gastar a cambio de ello, o esperando alguna recompensa a cambio de lo que gaste.

20. (Más bien, la gasta) tan sólo deseando la complacencia de su Señor, el Más Elevado.

21. Sin duda estará contento (él con su Señor y su Señor con él)[1].

1. Esto hace referencia a la categoría de hallarse complacido con Dios y agradecido hacia Él (véase 89:28). Para dicha categoría, consúltese *Key Concepts In The Practice of Sufism* («Conceptos Claves en la Práctica del Sufismo»), 1:104-115.

SURA 93

AD-DUHA (LA CLARIDAD DE LA MEDIA MAÑANA)

Período de La Meca

Este *sura* de 11 versículos fue revelado en La Meca. Toma su título de la palabra que aparece en el primer versículo *ad-duha* («la claridad de la media mañana»). Consuela al Mensajero, y menciona algunos de los favores de Dios para con él.

En el Nombre de Dios,
el Misericordioso, el Compasivo.

1. Por la claridad de la media mañana,

2. Y la noche cuando oscurezca y esté más tranquila,

3. Tu Señor no te ha abandonado, ni se ha disgustado contigo[1].

1. Los juramentos llevados a cabo sobre algunos fenómenos en el mundo tienen una inequívoca relación con los siguientes versículos. Por ejemplo, mientras que la complacencia y el desagrado de Dios hacia Sus siervos pueden significar un día brillante o la oscuridad para ellos, de la misma manera pueden equivaler los momentos felices y tristes en la vida de una persona al día y la noche respectivamente. Por supuesto que puede haber muchos otros ejemplos de dichas correlaciones en estos juramentos y los hechos o verdades expresados en los versículos que los siguen.

4. Con toda certeza, lo que viene después será mejor para ti de lo que ha sido antes[2].

5. Y con toda certeza constantemente te concederá favores uno tras otro y te hallarás contento[3].

6. ¿No te encontró huérfano y te dio cobijo?[4]

7. ¿Y te encontró sin guía (por el Mensaje de Dios) y (te) guió?[5]

8. ¿Y te encontró necesitado, y te hizo autosuficiente?

9. Por lo tanto, no oprimas al huérfano;

10. Ni reprendas y eches al que pide[6].

11. Y con respecto al favor de tu Señor, ¡proclámalo![7]

596 سُورَةُ الضُّحٰى ٥٩٦

وَلَلْاٰخِرَةُ خَيْرٌ لَكَ مِنَ الْاُولٰىۜ ﴿٤﴾ وَلَسَوْفَ يُعْطِيكَ رَبُّكَ
فَتَرْضٰىۜ ﴿٥﴾ اَلَمْ يَجِدْكَ يَتِيمًا فَاٰوٰىۖ ﴿٦﴾ وَوَجَدَكَ ضَٓالًّا
فَهَدٰىۖ ﴿٧﴾ وَوَجَدَكَ عَٓائِلًا فَاَغْنٰىۜ ﴿٨﴾ فَاَمَّا الْيَتِيمَ فَلَا تَقْهَرْۜ ﴿٩﴾
وَاَمَّا السَّٓائِلَ فَلَا تَنْهَرْۜ ﴿١٠﴾ وَاَمَّا بِنِعْمَةِ رَبِّكَ فَحَدِّثْ ﴿١١﴾

سُورَةُ الْاِنْشِرَاحِ مَكِّيَّةٌ
وَهِيَ ثَمَانِ اٰيَاتٍ

بِسْمِ اللّٰهِ الرَّحْمٰنِ الرَّحِيمِ
اَلَمْ نَشْرَحْ لَكَ صَدْرَكَۙ ﴿١﴾ وَوَضَعْنَا عَنْكَ وِزْرَكَۙ ﴿٢﴾ اَلَّذِٓي اَنْقَضَ
ظَهْرَكَۙ ﴿٣﴾ وَرَفَعْنَا لَكَ ذِكْرَكَۜ ﴿٤﴾ فَاِنَّ مَعَ الْعُسْرِ يُسْرًاۙ ﴿٥﴾ اِنَّ مَعَ
الْعُسْرِ يُسْرًاۜ ﴿٦﴾ فَاِذَا فَرَغْتَ فَانْصَبْۙ ﴿٧﴾ وَاِلٰى رَبِّكَ فَارْغَبْ ﴿٨﴾

سُورَةُ التِّينِ مَكِّيَّةٌ
وَهِيَ ثَمَانِ اٰيَاتٍ

بِسْمِ اللّٰهِ الرَّحْمٰنِ الرَّحِيمِ
وَالتِّينِ وَالزَّيْتُونِۙ ﴿١﴾ وَطُورِ سِينِينَۙ ﴿٢﴾ وَهٰذَا الْبَلَدِ الْاَمِينِۙ ﴿٣﴾ لَقَدْ
خَلَقْنَا الْاِنْسَانَ فِٓي اَحْسَنِ تَقْوِيمٍۘ ﴿٤﴾ ثُمَّ رَدَدْنَاهُ اَسْفَلَ سَافِلِينَۙ ﴿٥﴾

اِلَّا الَّذِينَ

---

2. Esto significa que el Mensajero de Dios, la paz y las bendiciones sean con él, era continuamente ascendido a rangos más y más elevados, y su ascensión aún continúa a través de los buenos actos que realizan todos y cada uno de los miembros de su comunidad, ya que él fue la persona destinada a establecer la Religión del Islam en su última y universal forma. Este versículo también da las buenas nuevas de que el Islam siempre se halla en camino para su perfeccionamiento en su propia época, y cualquier movimiento islámico que sigue sus pasos y que surgirá tras éste se encontrará a su vez en el camino del éxito. Además, el Más Allá será mejor en todos los aspectos para el Mensajero de Dios y todos los musulmanes que este mundo.

3. Es decir, alcanzarás la categoría de hallarte complacido con Dios y Él contigo, (esto fue asignado particularmente a ti). En este versículo existe una referencia al hecho de que en el Más Allá al Mensajero de Dios se le dará la autoridad universal de intercesión, e intercederá en favor de toda la humanidad en el Supremo Lugar de Reunión, y en especial, intercederá por su comunidad. Fue alguien que nunca vivió en pos de su propia comodidad, sino que siempre vivió para y por la felicidad de los demás (al-Bujari, «Tawhid», 36, «Anbiya'», 3; Muslim, «Iman», 320).

4. En la época en que nació el Mensajero de Dios, la paz y las bendiciones sean con él, su padre había muerto unos pocos meses antes, y perdió a su madre cuando sólo tenía seis años de edad.

5. Esto hace referencia a la vida del Mensajero de Dios antes de su Misión Profética y a cada uno de sus momentos comparados con los siguientes, relacionados con el versículo cuarto de este *sura*. Los versículos 42:52-53 señalan: *Y así, (en los modos indicados) te Hemos revelado un espíritu de Nuestra orden (el Mensaje vivificante, el Corán). No habrías sabido (en otras circunstancias) lo que era el Libro (con todo el conocimiento que contiene y el estilo de vida que establece), y lo que era la fe (tal como se encuentra descrita por el Libro y con todos sus principios, requerimientos e implicaciones). Pero lo hemos creado una luz con la*

que guiamos a quienes Nuestra Voluntad dicta de entre Nuestros siervos. Y con toda certeza tú, (por la guía de Dios) guías a (las personas) al camino recto, el camino de Dios, a Él Le pertenece lo que se halla en los Cielos y sobre la Tierra. Y a Dios se remiten todos los asuntos. Por lo tanto, aunque el Mensajero de Dios nunca y de ninguna de las maneras se extravió del Camino Recto en el credo, incluso antes de ser Mensajero, no recibió la Revelación durante ese tiempo y no fue guiado a través de ella o la Misión Profética de Dios.

6. El Mensajero de Dios, la paz y las bendiciones sean con él, nunca rechazó a nadie que le pidiera algo. Se hallaba tan dispuesto a ayudar a todos que Imam Busiri dice: «Si no hubiera tenido que decir "¡No!" cuando se sentaba en la Oración, nunca hubiera exclamado la palabra "¡No!"» (Cada musulmán tiene que decir «Atestiguo que no existe más deidad que Dios», cuando se sienta durante la Oración). Aunque darle a alguien lo que pide es una actitud noble, no significa que debemos dar a todos los que piden sin considerar lo que piden, o sin considerar nuestros medios para dar o las consecuencias por hacer esto.

7. Este precepto se relaciona en particular con la transmisión del Mensaje de Dios a la gente.

SURA 94

AL-INSHIRAH (LA EXPANSIÓN)

Período de La Meca

Este *sura* de 8 versículos fue revelado en La Meca tras el *sura* anterior. Toma su título del verbo *nashrah* (de la raíz *SHaRaHa* que significa «expandir»), ubicado asimismo en el primer versículo. Este *sura* menciona algunos favores de Dios para con el Mensajero y lo exhorta a llevar a cabo su sagrada misión.

En el Nombre de Dios,
el Misericordioso, el Compasivo.

1. ¿No hemos expandido para ti tu pecho[1],
2. Y aligerado la carga,
3. Que pesaba tan gravemente sobre tu espalda[2];
4. Y (no hemos) ensalzado para ti tu notoriedad?[3]
5. Entonces, con toda certeza, con la privación llega la comodidad;
6. Con toda certeza, con la privación llega la comodidad.
7. Por lo tanto, cuando estés libre (de una tarea), reanuda (otra tarea);
8. Y procura complacer a tu Señor y esfuérzate por ello[4].

1. El profeta Moisés, la paz sea con él, habiendo recibido la orden Divina para dirigirse ante la presencia del Faraón y transmitirle el Mensaje de Dios, le rezó a Dios y lo primero por lo que oró fue por la expansión de su pecho (20:25). Lo hizo para ser capaz de mostrar una paciencia más grande ante fuera lo que fuese que se iba encontrar por parte del Faraón y su clan, así como para poder entender del todo la Religión de Dios y todo aquello con lo que el Todopoderoso se muestra complacido (Véase el *sura* 20, nota número 8). De esta manera, literalmente significando agrandarse y profundizarse más, esparcirse y expandirse, la expansión del pecho (*inbisat*, en la terminología islámica) significa relajar el corazón hasta el punto permitido por la *Shari'ah*, para que podamos abrazar a todos y complacerlos o contentarlos con suaves palabras y maneras

agradables. En el marco de nuestra relación con Dios Todopoderoso, indica un estado espiritual que es una combinación de temor y esperanza para los que se encuentran al comienzo del viaje en el camino hacia Dios, y a su vez, para los que están cerca de Dios, como los Profetas, significa la alegría que procede del conocimiento de Dios. Aquellos que han conseguido este estado temen estar ante la Presencia de Dios, y se sienten alegres por las brisas de delicia y felicidad que soplan en Su Presencia. Tienen un temor reverencial mientras inhalan, y sienten un gran deleite cuando exhalan.

Como se señaló en la descripción anterior, la expansión puede consistir en dos categorías: nuestra relación con lo creado y nuestra relación con el Creador. Con respecto a nuestra relación con el Creador, la expansión significa que nos sentimos temerosos y alegres por estar en Presencia de Dios; y con respecto a nuestra relación con lo creado, quiere decir que vivimos en una sociedad como miembros de ella, que somos generosos, sinceros y respetuosos con todos, y que tratamos a las personas según su nivel de entendimiento.

El noble Profeta, la paz y las bendiciones sean con él, era sincero con aquellos que se encontraban a su alrededor. Conversaba de acuerdo al nivel de entendimiento de sus oyentes y en ocasiones incluso hacía bromas inteligentes llenas de coherencia. Aunque sufría interiormente con motivo de la falta de fe, la injusticia y los pecados —de todos los cuales era testigo—, y aunque se hallaba preocupado por el final y la vida eterna de todas las personas, siempre sonreía y se comportaba agradablemente. Por lo tanto, el versículo significa que a pesar del gran sufrimiento interno que sentía por la desviación de las personas, y a pesar de los crueles tratos que recibía por parte de ellas, Dios le facilitaba tolerar todo esto. El Profeta, la paz y las bendiciones sean con él, siempre recibía consuelo de Dios y sentía alegría por Su continua Presencia. (Para más explicaciones, véase *Key Concepts In The Practice of Sufism* «Conceptos Claves en la Práctica del Sufismo», 1:115-116).

2. Como se señaló en 33:72, la confianza suprema del yo carnal (ego) es una gran carga para llevar; es de tal peso que los Cielos, la Tierra, y las montañas se encogieron para sostenerlo (Véase el Apéndice 14). Fue el Mensajero de Dios, la paz y las bendiciones sean con él, quien sentía este peso en mayor medida que el resto de personas. Además, como Mensajero de Dios, Dios le ha enviado una Palabra importante, es decir, el Corán, y le encargó su transmisión a los demás (73:5). Esto supone una Palabra tal que, en palabras de Dios, si por un Discurso Divino las montañas se pusieran en movimiento, o la Tierra se dividiera, o los muertos hablaran, todo se haría así por el Corán, no por otra palabra Divina o no (13:31). De esta manera, por supuesto que el Mensajero debió haberse sentido abrumado bajo tal carga. Sin embargo, expandiendo su pecho y dotándolo de la capacidad para soportar todas las penurias y ayudándole a llevar a cabo su misión, Dios le facilitó esta carga.

3. El nombre del Mensajero, la paz y las bendiciones sean con él, es mencionado junto con Dios en la profesión de fe: *No hay más deidad que Dios, y Muhammad es Su Mensajero. Atestiguo que no hay más deidad que Dios, y también atestiguo que Muhammad es Su siervo y Mensajero.* El profeta Muhammad, la paz y las bendiciones sean con él, es la persona más amada, y correctamente querida por la gente. Es una persona sobre la cual se han escrito miles de poemas, artículos y libros. Dios le ha enviado Sus bendiciones y paz durante catorce siglos. Sus ángeles así como millones y millones de personas han pedido lo mismo para él durante estos últimos catorce siglos; esto continuará hasta el Día del Juicio Final. Incluso los enemigos del profeta Muhammad, la paz y las bendiciones sean con él, han admitido que es el más grande de la creación, la persona que ha influenciado la historia de la humanidad más que ninguna otra. Nadie jamás lo ha deificado, y Dios siempre lo purificó de las calumnias de sus injustos enemigos. Véase al respecto el tributo escrito en su honor por el intelectual y político francés del S. XIX Lamartine citado en el *sura* 33, nota número 11. Sin embargo, el profeta Muhammad, la paz y las bendiciones sean con él, nunca abusó de la gloria y la fama que había obtenido, siempre vivió como si hubiera sido un hombre sencillo entre la gente, y siguió siendo el más modesto de todos duran-

te su vida entera. De este modo su gloria y fama sirvieron a su causa, no a su persona.

4. Los últimos dos versículos nos enseñan cómo deberíamos emplear el tiempo. Modificar nuestras tareas nos provee de un descanso así como renueva nuestro entusiasmo y poder. En particular cuando una tarea intelectual es seguida por una corporal, la mente se siente relajada. Las oraciones diarias tonifican la mente y el espíritu entre las ocupaciones diarias. Pero cualquier cosa que hagamos, debemos hacerla para complacer a Dios y por lo tanto deberíamos estar ocupados con los actos lícitos y abstenernos de hacer aquello que ha sido prohibido por Él.

SURA 95

AT-TIN (EL HIGO)

Período de La Meca

Este *sura* de 8 versículos fue revelado en La Meca. Obtiene su título del sustantivo *at-tin* («el higo»), que aparece en el primer versículo. Pone énfasis en los puntos en común para todas las Religiones Divinas y el hecho de que la dignidad y la salvación para la humanidad residen en la creencia y en llevar a cabo buenos actos.

En el Nombre de Dios,
el Misericordioso, el Compasivo.

1. Por el higo y la oliva,
2. Y el Monte Sinaí,
3. Y esta Ciudad segura[1]:
4. Sin duda alguna hemos creado al ser humano del mejor carácter como el modelo perfecto de la creación;
5. Luego lo hemos reducido a lo más bajo de lo bajo,

1. El higo y la oliva, dos frutos notablemente apreciados, también simbolizan, como se indicó en el *sura* 23:20, la región oriental del Mediterráneo en donde habitaron numerosos Profetas a lo largo de los siglos. En particular, los tres grandes predecesores del profeta Muhammad, la paz y las bendiciones sean con él, a saber, los profetas Abraham, Moisés y Jesús, vivieron en estas tierras, aunque Abraham nació y comenzó su misión en lo que hoy en día es Irak. Se sabe fehacientemente que la montaña en donde Jesús ofreció su famoso sermón es el monte *Zaytun* («Olivo»). El monte Sinaí es la montaña en donde Moisés recibió la Torá. La Meca es indicada con la frase «esta Ciudad segura» (Véase el *sura* 106). Estos versículos se asemejan a un versículo que aparece en el Antiguo Testamento: «El Señor vino del Sinaí, brilló para ellos desde Seír; resplandeció desde el monte Parán» (Deuteronomio, 33:2).

Este versículo de la Biblia se refiere a la Misión Profética de Moisés, Jesús y Muhammad respectivamente, la paz y las bendiciones sobre ellos. Sinaí es el lugar en donde el profeta Moisés habló con Dios y recibió la Torá. Seír, un lugar en Palestina, es donde el profeta Jesús recibió la Divina Revelación. El último lugar mencionado, Parán, es el lugar en donde Dios le reveló Su voluntad a la humanidad por última vez a través de Su Revelación al profeta Muhammad, la paz y las bendiciones sean con él.

Parán, mencionado en el Antiguo Testamento (Génesis, 21:14-21), es la zona del desierto en donde, con la orden de Dios, Hagar fue abandonada por su marido Abraham para que viviera con su hijo Ismael, la paz sea con ellos. Encontraron un pozo con agua allí. Como se declaró explícitamente en el Corán (14:35-37), y es bien sabido, Abraham dejó a Hagar e Ismael en el valle de La Meca, que era por aquel entonces un lugar deshabitado, enmarcado entre las cadenas montañosas de Parán, y asimismo el pozo con agua que hemos citado antes, es el famoso Pozo de *Zamzam*.

6. Salvo aquellos que creen y llevan a cabo actos buenos y rectos, así pues para los cuales se da una recompensa constante e inconmensurable[2].

7. Entonces, ¿qué te hace (Oh ser humano), después de todas (estas realidades), rechazar el Juicio Final?

8. ¿No es Dios el Mejor de los jueces y el Más Poderoso de los soberanos?

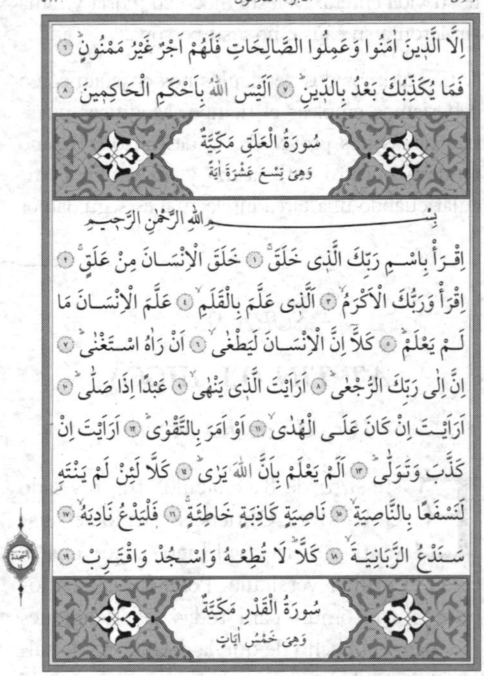
الجزء الثلاثون ٥٩٧ 597

إِلَّا الَّذِينَ آمَنُوا وَعَمِلُوا الصَّالِحَاتِ فَلَهُمْ أَجْرٌ غَيْرُ مَمْنُونٍ ٦
فَمَا يُكَذِّبُكَ بَعْدُ بِالدِّينِ ٧ أَلَيْسَ اللَّهُ بِأَحْكَمِ الْحَاكِمِينَ ٨

سُورَةُ الْعَلَقِ مَكِّيَّةٌ
وَهِيَ تِسْعَ عَشْرَةَ آيَةً

بِسْمِ اللَّهِ الرَّحْمَٰنِ الرَّحِيمِ
اقْرَأْ بِاسْمِ رَبِّكَ الَّذِي خَلَقَ ١ خَلَقَ الْإِنْسَانَ مِنْ عَلَقٍ ٢
اقْرَأْ وَرَبُّكَ الْأَكْرَمُ ٣ الَّذِي عَلَّمَ بِالْقَلَمِ ٤ عَلَّمَ الْإِنْسَانَ مَا
لَمْ يَعْلَمْ ٥ كَلَّا إِنَّ الْإِنْسَانَ لَيَطْغَىٰ ٦ أَنْ رَآهُ اسْتَغْنَىٰ ٧
إِنَّ إِلَىٰ رَبِّكَ الرُّجْعَىٰ ٨ أَرَأَيْتَ الَّذِي يَنْهَىٰ ٩ عَبْدًا إِذَا صَلَّىٰ ١٠
أَرَأَيْتَ إِنْ كَانَ عَلَى الْهُدَىٰ ١١ أَوْ أَمَرَ بِالتَّقْوَىٰ ١٢ أَرَأَيْتَ إِنْ
كَذَّبَ وَتَوَلَّىٰ ١٣ أَلَمْ يَعْلَمْ بِأَنَّ اللَّهَ يَرَىٰ ١٤ كَلَّا لَئِنْ لَمْ يَنْتَهِ
لَنَسْفَعًا بِالنَّاصِيَةِ ١٥ نَاصِيَةٍ كَاذِبَةٍ خَاطِئَةٍ ١٦ فَلْيَدْعُ نَادِيَهُ ١٧
سَنَدْعُ الزَّبَانِيَةَ ١٨ كَلَّا لَا تُطِعْهُ وَاسْجُدْ وَاقْتَرِبْ ١٩

سُورَةُ الْقَدْرِ مَكِّيَّةٌ
وَهِيَ خَمْسُ آيَاتٍ

---

2. El universo, una entidad integral y compuesta, cuyas partes están totalmente interrelacionadas y vinculadas entre sí, y el cual está compuesto de numerosos mundos o reinos, inmateriales y materiales, se puede asemejar a un árbol. Particularmente en las tradiciones orientales, esta metáfora ha sido empleada y algunos sabios musulmanes, como por ejemplo Muhyi'd-Din ibn al-'Arabi, incluso han escrito libros con respecto a este asunto, como por ejemplo el que lleva por título «El Árbol de la Creación». Todas las criaturas que constituyen este Árbol existen a través de las manifestaciones de los Nombres Divinos —existen porque Dios existe eternamente y las hace existir, subsisten porque Dios es el Subsistente (Aquel por el Cual todo subsiste)y Mantenedor, los vivos entre ellos ven y oyen porque Dios es el Omnisciente, Quien todo lo Oye, son provistos porque Dios es el Proveedor y así sucesivamente—. Por lo tanto el universo, en su totalidad, es un espejo que refleja a su Creador.

Como todo el mundo sabe, un árbol crece a partir de una semilla. Toda la futura existencia del árbol, el programa de su vida, se halla previamente registrada y codificada en esta semilla. Con la siembra de la semilla en la tierra, la vida del árbol sigue a través de ciertas etapas y al final da el fruto, que contiene la semilla como suma personificación de toda la vida pasada del árbol.

De esta manera el ser humano es la semilla y el fruto del Árbol de la Creación. Lo que hay en el Árbol también se puede encontrar en el ser humano. Leyes como por ejemplo la ley de la germinación y la ley del crecimiento, que el Creador ha establecido para que la semilla germine y se convierta en un árbol, desempeñan el mismo papel para el árbol como el espíritu asimismo lo hace para los humanos. Por tal razón en una dimensión de su naturaleza, los seres humanos se asemejan a los ángeles o los seres espirituales, o poseen aspectos puros y angelicales. Además de aquello con lo que los ángeles están dotados, los seres humanos están dotados por su parte de libre albedrío capaz de hacer tanto el bien como el mal. En otra dimensión de su naturaleza, que se relaciona con su condición de ser los niños del mundo, los seres humanos han sido equipados con algunas facultades básicas, impulsos o potestades. Experimentan la lujuria y los impulsos animales que son esenciales para mantener su vida terrenal —ansia por el sexo opuesto, la descendencia, el dinero, las ganancias y las comodidades de la vida, y la ira o la facultad de la ira para protegerse a sí mismos y sus valores, así como la facultad del intelecto o la razón—. Igualmente, los seres humanos son por naturaleza, falibles, olvidadizos, descuidados, propensos a discutir, obstinados, egoístas, celosos, aparte de otras características de este tipo. Lo anteriormente citado parecen ser características negativas pero como se explicará más adelante, han sido otorgadas a los seres humanos para servir a su progreso moral y espiritual.

Hay otro punto importante que citar con respecto a la diferencia entre los seres humanos y otros seres. Mientras los animales, por ejemplo, llegan o son enviados al mundo como si ya se les hubiera enseñado lo que necesitan en la vida, y a la misma vez que se adaptan a la vida en un tiempo muy breve, por ejemplo, unos días o semanas, los seres humanos llegan al mundo sin ningún conocimiento y les lleva mucho tiempo adaptarse a la vida y aprender lo que es necesario. Por lo tanto, los humanos están limitados a progresar o a desarrollarse a través del aprendizaje, así como desarrollar su potencial. De esta manera las capacidades mencionadas anteriormente, las facultades y los sentimientos de apariencia negativa dados a ellos no han sido restringidos en la creación.

Sin embargo, si los seres humanos obedecen sus impulsos sin ninguna consideración sobre lo correcto y lo incorrecto, y asimismo no disciplinan sus deseos animales según algunas normas, entonces estos impulsos e instintos se pueden convertir en la fuente de innumerables vicios. Si no se disciplinan, la ira puede causar grandes crímenes, como por ejemplo el asesinato, toda clase de injusticias y violaciones de los derechos de los demás, a su vez la codicia puede llevar a los seres humanos a consumir todo aquello que encuentran, les puede inducir a obtenerlo todo de cualquier manera que ellos encuentren conveniente así como cometer un gran número de crímenes, como por ejemplo el robo, la usurpación, tener relaciones sexuales ilícitas e intentar ocultar las consecuencias de estas relaciones ilícitas con el aborto y el infanticidio. La facultad de la razón o el intelecto, si no se emplea de acuerdo a ciertas normas, puede ser un medio para estas prácticas engañosas como la demagogia, la mentira y la sofistería, así como para la hipocresía, incredulidad y los numerosos tipos diferentes de asociación a Dios de copartícipes. Esta facultad, que ha facilitado a los seres humanos realizar admirables éxitos y desarrollos científicos y tecnológicos en los siglos recientes, también ha tenido como consecuencia el acaecimiento de muchos desastres sin precedentes en la historia de la humanidad, como por ejemplo las continuas guerras, la creación de maquinas destinadas a matar y armas de destrucción masiva, y un aumento en la contaminación ambiental. En resumen, por sus impulsos o facultades ilimitadas, los seres humanos, si se encuentran indisciplinados, pueden ser un agente de destrucción y hacer de la vida y del mundo una prisión para sí mismos. Esto acontece cuando han sido reducidos al nivel más bajo de lo bajo.

Sin embargo, para conseguir alcanzar la verdadera humanidad por medio de la ascensión de rangos más elevados, y obtener la felicidad en sus vidas individuales y colectivas, en el mundo y en el Más Allá, los seres humanos deberían restringir los impulsos o facultades que se les concedió según ciertos preceptos y canalizar en virtudes las características aparentemente negativas. Además, los seres humanos no son seres compuestos tan sólo de cuerpo e intelecto. También poseen un espíritu, que requiere satisfacción, y sin éste nunca pueden encontrar la felicidad verdadera. Por lo tanto, el control de todas estas cosas es posible a través del aprendizaje, la fe, la adoración regular, y la lucha contra su yo carnal así como empleando su voluntad de manera correcta. Restringiendo o adiestrando la facultad de la codicia o el impulso animal, pueden alcanzar castidad y moderación. Restringiendo o adiestrando la facultad de la ira, pueden adquirir caballerosidad y galantería, y restringiendo o adiestrando la facultad intelectual, pueden adquirir la verdadera sabiduría. Canalizar los sentimientos o aspectos aparentemente negativos de su naturaleza puede llevarnos a un resultado positivo; la obstinación, por ejemplo, se puede canalizar dentro de la constancia en pos de la causa de lo correcto y de la verdad, y a su vez los celos pueden transformarse en un espíritu competitivo en pos de la realización de cosas buenas. De este modo la verdadera humanidad reside en la satisfacción espiritual verdadera y en la adquisición de distinción con estas virtudes o buenas cualidades, y por lo tanto pasar a ser un siervo devoto de Dios y un miembro de provecho de su comunidad.

SURA 96

AL-'ALAQ (EL COÁGULO)

Período de La Meca

El nombre de este *sura* dotado con 19 versículos procede de la palabra *al-'alaq* (el «coágulo adherido» —el «óvulo fertilizado» o «cigoto»—) que se encuentra en el segundo versículo. Sus cinco versículos iniciales son la primera parte del Corán que fue revelada al Mensajero de Dios mientras se hallaba en su retiro en la Cueva Hirah del monte Nur. El Arcángel Gabriel se le apareció al Mensajero y le indicó que leyera. Cuando el Mensajero respondió que no sabía leer, el ángel estrechó contra sí mismo al Mensajero hasta que llegara a perder éste casi todas sus fuerzas y le repitió la orden: «¡Lee!». De hecho esto fue repetido en tres ocasiones, y tras éstas, el Mensajero preguntó: «¿Qué he de leer?», entonces el ángel le transmitió los cinco versículos iniciales del *sura*. Este *sura* da a entender la importancia del conocimiento, la lectura, y la escritura, y advierte a aquellos individuos que van por mal camino habiéndose considerado así como seres autosuficientes. Asimismo amenaza a aquellos que niegan el Mensaje de Dios con el castigo.

En el Nombre de Dios,
el Misericordioso, el Compasivo.

1. Lee en y con el Nombre de tu Señor, Quien ha creado—

2. Ha creado al humano de un coágulo adherido (a la pared del útero)[1].

3. Lee, y tu Señor es el Munífico,

4. Quien ha enseñado (al ser humano) con el cálamo—

5. Le ha enseñado al ser humano lo que no sabía.

6. No, de verdad, pues (a pesar de todos Sus favores hacia él), el ser humano es ingobernable y se rebela,

7. En ello se aprecia como un ser autosuficiente, independiente (de su Señor).

8. Pero, sin duda alguna, hacia tu Señor es el regreso (cuando todos rendirán cuentas de sus vidas).

9. ¿Has considerado al que impide y prohíbe,

10. A un siervo (de Dios) cuando reza?

11. ¿Has considerado si se encuentra (y con toda certeza así lo es) en el camino correcto?

12. ¿O exhorta a los demás a la honradez y la piedad?

13. ¿Has considerado si él mismo niega la verdad y se aleja (de ella)?

14. ¿No sabe aquel (que impide al siervo en su Oración) que Dios ve (todo lo que hace la gente)?

15. ¡No, de verdad! Si no desiste, Nosotros con toda certeza lo agarraremos y lo arrastraremos por el flequillo,

16. ¡Un flequillo mentiroso y pecador!

17. Luego que convoque (en su auxilio, a su) consejo,

18. Convocaremos a los guardianes del Infierno[2].

19. ¡De ninguna manera! No le prestes atención (en su intento de evitar la Oración), pero póstrate y acércate (a Dios).

1. Es muy importante que la primera orden de Dios a Su Mensajero, la paz y las bendiciones sean con él, fue «¡Lee¡», cuando aún no había ningún Libro que leer. Aunque esto también implica que al Mensajero le sería revelado un Libro para leer de memoria —el nombre del cual proviene de la palabra «leer»— en particular quería decir que existe otro libro o, más bien, dos libros, equivalentes del Libro que iba a ser revelado. Estos dos libros son el univer-

so y el ser humano. Un creyente debería abordar el estudio del universo y la humanidad sin prejuicio alguno. A su vez, es importante que los versículos del Corán y los fenómenos en el universo y en la naturaleza humana, material y psicológica, son denominados ambos *ayat* —una señal—. Al imperativo «¡Lee!» no le precede un objeto directo o un adverbio, sino que le sigue «en y con el Nombre de tu Señor, Quien ha creado». Esto significa:

- «Leer» el universo —estudiarlo como un libro que alberga capítulos, párrafos, oraciones, palabras, y letras que se hallan interrelacionadas e vinculadas (entre sí)— un estudio que tiene procedimientos peculiares en sí mismo, como por ejemplo, la observación y el experimento.
- La palabra traducida como «Señor» es *Rabb*, y posee significados como por ejemplo «educador, instructor, sustentador, dador de cierto modelo, y dador de una naturaleza particular para cada entidad». La naturaleza humana incluye el libre albedrío, mientras que cada entidad actúa según la naturaleza primordial asignada a ella, lo que la ciencia moderna hace referencia al hacer uso de las palabras «naturaleza» y «leyes de la naturaleza». Lo que los seres humanos son ordenados a llevar a cabo es descubrir estas «leyes».
- Cada acto de un ser humano, incluyendo los estudios científicos, se debería realizar en el Nombre de Dios, y por lo tanto ser un acto de devoción. Este es, de hecho, el único límite que el Corán o el Islam establece a la ciencia. Cualquier acto realizado así no puede contravenir las órdenes de Dios. Por ejemplo, en la búsqueda del conocimiento científico como adoración, nadie puede provocar daño alguno a la humanidad, ni destinar ese conocimiento a la obtención de un arma mortífera en manos de un poder irresponsable. Si se efectúa en el Nombre de Dios, por personas conscientes de hallarse siempre supervisadas por Dios y que serán llamadas a dar cuentas ante un Tribunal Supremo por todas sus acciones en el mundo, la ciencia puede transformar el mundo en un Jardín de Eden.

A la vez que los seres humanos estudian el universo así como perciben su significado y contenido, éstos llegan a conocer con más profundidad la belleza y el esplendor del sistema del Creador y la infinitud de Su Poder. Así, les incumbe a los seres humanos discernir los múltiples significados del universo, descubrir las leyes Divinas de la «naturaleza» y establecer un mundo en donde la ciencia y la fe se complementan para que la humanidad sea capaz de obtener la verdadera dicha en ambos mundos. De otra manera, como Bertrand Russell señala: «A menos que el ser humano aumente en sabiduría (y fe) tanto como en conocimiento, el incremento de conocimiento será un aumento del dolor» (*Impact of Science on Society* «Impacto de la Ciencia en la Sociedad», pág. 121). «La ciencia le enseña al hombre a surcar los cielos como los pájaros, y a nadar en el agua como los peces, pero el hombre, que carece de fe, no puede llegar a saber cómo vivir sobre la Tierra». (Citado por Joad en *Counter Attack from the East* «Contraataque desde Oriente», pág. 28).

De esta manera, Seyyed Hossein Nasr subraya (*Man and Nature* «Hombre y Naturaleza», 1976, Londres, págs. 94-95) que la revelación otorgada a la humanidad es inseparable de la revelación cósmica, que asimismo es un libro de Dios. El Islam, al rechazar la separación de la humanidad con respecto a la naturaleza así como diferenciar el estudio de la naturaleza de la gnosis (conocimiento metafísico), o su dimensión metafísica, ha preservado una visión integral del universo y contempla en las arterias del orden cósmico y natural el flujo de la gracia Divina. A partir del seno de la naturaleza los seres humanos buscan trascender la naturaleza y ésta puede ser una ayuda en este proceso, con tal de que aprendan a contemplarla como un espejo que refleja una realidad más elevada. Esta es la razón por la cual nos hallamos ante una elaborada jerarquía de conocimiento en el Islam, integrada por el principio de la Unidad Divina —las ciencias «naturales», el derecho, la sociología y la teología así como también las ciencias metafísicas— y siendo a su vez el motivo por el cual tantos científicos musulmanes, como Ibn Sina (Avicena), Nasiru'd-Din at-Tusi, Ak Shamsaddin, e Ibrahim Hakkı de Erzurum, además de estar versados en ciencias religiosas, eran sufíes practicantes o intelectualmente conectados con las escuelas sufíes del Islam. Un hombre como Ibn Sina podía ser un médico y un filósofo peripatético y aún así exponer su filosofía oriental que buscaba el conocimiento a través de la iluminación. Nasiru'd-Din at-Tusi fue el más destacado matemático y astrónomo de su época además de autor de un tratado destacado sobre la dimensión metafísica del Islam. Ibn Yarir at-Tabari, que es una de las figuras destacadas en la jurisprudencia islámica, la historia y la interpretación coránica, escribió hace once siglos acerca de cómo los vientos «fertilizan» las nubes para que caiga la lluvia.

2. Aunque Dios es Todopoderoso, Quien nada necesita ni precisa de apoyo, posee, aparte de Su Sabiduría, guardianes asignados del Infierno, que muchas veces son más poderosos que cualquier consejo y arrastrarán a las personas del Infierno hacia su último lugar de descanso. La mención que se hace aquí de los guardianes del Infierno da como respuesta, en su propio lenguaje, a los testarudos líderes de los politeístas, que perciben al consejo de la ciudad estando de su lado.

598 سُورَةُ الْقَدْرِ ٥٩٨

بِسْمِ اللَّهِ الرَّحْمَٰنِ الرَّحِيمِ

إِنَّا أَنْزَلْنَاهُ فِي لَيْلَةِ الْقَدْرِ ﴿١﴾ وَمَا أَدْرَاكَ مَا لَيْلَةُ الْقَدْرِ ﴿٢﴾ لَيْلَةُ
الْقَدْرِ خَيْرٌ مِنْ أَلْفِ شَهْرٍ ﴿٣﴾ تَنَزَّلُ الْمَلَائِكَةُ وَالرُّوحُ فِيهَا
بِإِذْنِ رَبِّهِمْ مِنْ كُلِّ أَمْرٍ ﴿٤﴾ سَلَامٌ هِيَ حَتَّىٰ مَطْلَعِ الْفَجْرِ ﴿٥﴾

سُورَةُ الْبَيِّنَةِ مَدَنِيَّةٌ
وَهِيَ ثَمَانِي آيَاتٍ

بِسْمِ اللَّهِ الرَّحْمَٰنِ الرَّحِيمِ

لَمْ يَكُنِ الَّذِينَ كَفَرُوا مِنْ أَهْلِ الْكِتَابِ وَالْمُشْرِكِينَ مُنْفَكِّينَ حَتَّىٰ تَأْتِيَهُمُ الْبَيِّنَةُ ﴿١﴾
رَسُولٌ مِنَ اللَّهِ يَتْلُو صُحُفًا مُطَهَّرَةً ﴿٢﴾ فِيهَا كُتُبٌ قَيِّمَةٌ ﴿٣﴾ وَمَا تَفَرَّقَ الَّذِينَ
أُوتُوا الْكِتَابَ إِلَّا مِنْ بَعْدِ مَا جَاءَتْهُمُ الْبَيِّنَةُ ﴿٤﴾ وَمَا أُمِرُوا إِلَّا لِيَعْبُدُوا اللَّهَ
مُخْلِصِينَ لَهُ الدِّينَ حُنَفَاءَ وَيُقِيمُوا الصَّلَاةَ وَيُؤْتُوا الزَّكَاةَ وَذَٰلِكَ دِينُ الْقَيِّمَةِ ﴿٥﴾
إِنَّ الَّذِينَ كَفَرُوا مِنْ أَهْلِ الْكِتَابِ وَالْمُشْرِكِينَ فِي نَارِ جَهَنَّمَ خَالِدِينَ فِيهَا
أُولَٰئِكَ هُمْ شَرُّ الْبَرِيَّةِ ﴿٦﴾ إِنَّ الَّذِينَ آمَنُوا وَعَمِلُوا الصَّالِحَاتِ أُولَٰئِكَ هُمْ
خَيْرُ الْبَرِيَّةِ ﴿٧﴾ جَزَاؤُهُمْ عِنْدَ رَبِّهِمْ جَنَّاتُ عَدْنٍ تَجْرِي مِنْ تَحْتِهَا الْأَنْهَارُ
خَالِدِينَ فِيهَا أَبَدًا رَضِيَ اللَّهُ عَنْهُمْ وَرَضُوا عَنْهُ ذَٰلِكَ لِمَنْ خَشِيَ رَبَّهُ ﴿٨﴾

سُورَةُ الزَّلْزَالِ

SURA 97

AL-QADR (EL DESTINO Y EL PODER)

Período de La Meca

Este *sura* que consta de 5 versículos toma su título de la palabra *al-qadr* («poder», «destino», «medida», «valor») ubicada en el primer versículo. Se trata de *Laylat al-Qadr* (la «Noche del Destino, el Poder, y la Medida»), que acontece durante el último tercio del sagrado mes de Ramadán. Pasar dicha noche en devoción a Dios posee un gran valor.

En el Nombre de Dios,
el Misericordioso, el Compasivo.

1. Ciertamente lo hemos hecho descender (el Corán) en la Noche del Destino y el Poder.

2. ¿Qué te facilita percibir lo que la Noche del Destino y el Poder es?

3. La Noche del Destino y el Poder es mejor que mil meses.

4. Los ángeles y el Espíritu descienden en ella con el permiso de su Señor con Sus decretos para cada asunto;

5. (Es) una misericordia y una seguridad puras (contra todas las desgracias, para los siervos que pasan dicha noche en devoción y apreciando su valor). (Es) hasta que despunta el crepúsculo matutino[1].

1. Tal y como se explicó en la nota número 1 del *sura* 44, todas las cosas y los acontecimientos están dotados de una existencia eterna en el Conocimiento de Dios. Ya que el Todopoderoso no es contenido por el tiempo y el espacio, no existen divisiones del pasado, el presente y el futuro en Su Conocimiento, en el cual todo el tiempo es un punto o el presente. Crear significa que Él concede existencia externa a los «arquetipos» en Su Conocimiento según las medidas del mundo al que pertenecen las cosas. Su voluntad para con todas las cosas y acontecimientos en el mundo material es aquella en la que siguen un proceso para existir.

Cuando Dios quiere que una cosa individual exista o que suceda un acontecimiento individual, Él decreta que así sea con su propia identidad particular. Podemos describir esto de un modo en el que cada cosa y evento es identificado con su naturaleza particular por el Destino Divino, como se hace referencia en el versículo 15:21. El Destino traslada este evento o cosa desde el reino del Conocimiento al reino del Poder Divino, y éste lo crea según las medidas determinadas por el Destino. (Deberíamos siempre recordar que todas las explicaciones en relación a Dios lo son con respecto a nosotros o desde nuestra perspectiva y por lo tanto según nuestras medidas en nuestra relación con Él).

De esta manera cada año debe tener una identidad y una importancia particulares para los actos del Destino y el Poder Divinos durante toda la historia del universo en general, y para la humanidad en particular, y se da una noche especial durante cada año en el que cada cosa o ser que Dios ha querido que existiera y cada evento que ha querido que sucediera durante ese año es identificado o pormenorizado y trasladado desde el Conocimiento Divino hacia la disposición del Poder Divino. Tal y como se deriva del entendimiento de otros versículos relevantes como por ejemplo 2:185, que declara que el Corán fue enviado en el mes de Ramadán, esta noche es la Noche del Destino, el Poder y la Medida. Ya que dicha noche acontece en el Ramadán según el año del calendario lunar, que es 11 días más corto que el año del calendario solar, cualquier noche del año solar puede ser esta noche una vez cada 354 años.

El Corán es enviado de dos maneras posibles, una en su totalidad, la otra por partes. Los intérpretes del Corán dicen que el Corán fue enviado en su totalidad desde la Tabla Suprema Preservada al cielo del mundo o *Bayt al-Ma'mur*. No conocemos la naturaleza de esta *Bayt* (Casa) y el modo de envío del Corán allí o al cielo del mundo. Sin embargo, a la luz de los versículos 44:1-6, se puede decir que tal y como cada Libro Divino fue identificado con su naturaleza particular en su totalidad por el Destino circunscrito, o trasladado en su totalidad desde el Conocimiento de Dios o la Tabla Suprema Preservada o la Madre de los Libros (véase los *suras* 6:59, nota número 13; 13:39, nota número 13; 17:14, nota número 10 y 43:4, nota número 1), así el Corán también fue identificado en su totalidad desde el interior de la misma fuente original en la Noche del Destino, el Poder y la Medida o trasladado desde dicha fuente primigenia.

Los ángeles, que son llamados mensajeros en 44:5, son responsables de los asuntos en el universo así como en la vida de todos los seres. Entre ellos se hallan los encargados de portar la Revelación Divina a los Profetas, concretamente Gabriel y sus ayudantes. Reciben los decretos de Dios y se ponen en marcha para llevarlos a cabo. A su vez, descienden con la gracia, la misericordia y la seguridad especiales de Dios durante la Noche del Destino, el Poder y la Medida.

Con respecto al Espíritu, como se explicó en la nota número 1 del *sura* 70, debe ser una criatura parecida a un ángel. Según Imam al-Ghazzali, él es un ángel (o un ser parecido a un ángel) a quien Dios emplea para insuflar el espíritu en el cuerpo de cada persona. Bediüzzaman Said Nursi sostiene que existe un espíritu que representa cada cosa, cada ser. Por ello, el Espíritu puede ser el ser responsable de todos los espíritus, que representa su devoción y la presenta a Dios. Durante la Noche del Destino, el Poder y la Medida, puede descender para insuflar la paz, la vivacidad, y la alegría en los creyentes que velan. (Dios es el Más Sabio).

SURA 98
AL-BAYYINA
(LA EVIDENCIA CLARA)

Período de Medina

Revelado en Medina y constando de 8 versículos, este *sura* toma su título de la palabra *al-bayyina* («la evidencia clara»), que aparece en el primer versículo. Nos hace notar el hecho de que el Mensajero de Dios, la paz y las bendiciones sean con él, representa la evidencia clara para la verdad del Mensaje que trajo, y que los incrédulos que se hallaban entre los politeístas y la Gente del Libro le negaron a él y al Islam, incluso cuando notoriamente daban testimonio de la verdad de esta evidencia. De este modo, la gente ha sido dividida en dos grupos principales: los que creen y llevan a cabo actos buenos y rectos, y los que rechazan la fe.

En el Nombre de Dios, el Misericordioso, el Compasivo.

1. Aquellos que no creen persistentemente (en el Corán y el Mensajero de Dios) de entre la Gente del Libro y los politeístas no abandonarían (el camino que se esperaba de ellos que seguirían y así creerían en el Corán y en el Mensajero) hasta que hubiese llegado ante ellos la Evidencia Clara[1].

2. Un Mensajero de Dios,[2] recitando y transmitiendo (a ellos las enseñanzas absolutamente libres de cualquier falsedad) de las páginas purificadas (las cuales sólo aquellos limpios de impurezas materiales y espirituales pueden tocar),[3]

3. En las que hay ordenanzas justas y eternamente verdaderas (con respecto a la creencia, el pensamiento y la acción).

4. Aquellos a los que se les concedió el Libro antes, no se dividieron en partes hasta después de que la Evidencia Clara (de la verdad) les hubiese llegado.

5. Pero no se les ordenó otra cosa que deberían adorar a Dios, con sincera fe en Él y practicar la Religión tan sólo por Él, como gente de pura fe; y establecer la Oración según sus condiciones, y pagar la Limosna Purificadora Prescrita. Y esta es la Religión siempre verdadera y recta[4].

6. Con toda certeza aquellos que no creen (después de que la Evidencia Clara les haya llegado) —entre la Gente del Libro y entre los politeístas— se hallarán en el fuego del Infierno (una semilla que porta la incredulidad)[5], habitando allí. Son las peores de las criaturas.

7. Y aquellos que creen y llevan a cabo actos buenos y rectos, son las mejores de las criaturas.

8. Su recompensa se halla con su Señor: Jardines de dicha perpetua por los cuales discurren ríos, habitarán allí para siempre. Dios está complacido con ellos, y ellos con Él. Eso es para aquel quien se halla con temor reverencial de su Señor.

1. Los politeístas que rechazaban al Mensajero de Dios y el Mensaje que trajo bien sabían que el profeta Muhammad, la paz y las bendiciones sean con él, era una persona veraz e íntegra, y que el Mensaje que proclamaba era verídico. También aseveraban que si un Mensajero hubiese llegado a ellos, creerían en él incondicionalmente, y así se esperaba de ellos que creyeran en él y en su Mensaje. Pero cuando el Mensajero llegó, a pesar de la claridad de la Evidencia en cuanto a él mismo y al Mensaje que trajo, los incrédulos faltaron

a sus palabras y le rechazaron a consecuencia de sus razones egoístas, como por ejemplo la rivalidad entre las tribus, la obstinación, el engaño y el temor de perder sus intereses. Tal como ellos, aquellos que a su vez rechazaban el Islam y al Mensajero de Dios de entre la Gente del Libro también preferían la falta de fe por razones ínfimas como los celos, la rivalidad, las consideraciones racistas, y motivos semejantes, aunque habían estado esperando la llegada de un Profeta, señales de dicha llegada las encontraron en sus Libros, y sabían bien que Muhammad, la paz y las bendiciones sean con él, era dicho Profeta.

Los versículos asimismo indican que la falta de fe en el Islam y en el profeta Muhammad, la paz y las bendiciones sean con él, significan para la Gente del Libro la falta de fe en sus propios Libros Sagrados.

2. El Mensajero de Dios, —el profeta Muhammad, la paz y las bendiciones sean con él— es una de las dos pruebas más grandiosas y claras para la verdad del Islam, siendo la otra el Corán. Su absoluta veracidad y honradez, su personalidad pura caracterizada por las virtudes más nobles y loables, su conquista de las mentes y corazones a pesar de ser iletrado, su papel desempeñado en la formación de una comunidad llamada *al-Ashab* («Los Compañeros») y compuesta por las personas más virtuosas en la historia tras los Profetas, la fundación de un estado a partir de un conjunto de tribus que habían estado inmersas en una interminable enemistad heredada, su cambio que llevó a cabo en el campo de la historia de la humanidad en el brevísimo plazo de tiempo de 23 años; sus sermones, dichos, plegarias y los criterios que estableció para una vida individual y colectiva mejor; el hecho de ser intensamente amado por sus Compañeros y todas las generaciones que le precedieron de su comunidad hasta tal punto que no hubieran dudado en sacrificarse por el bien de su Misión Profética; su enorme influencia en el establecimiento de los pilares de la más grandiosa civilización de la historia, de la que surgieron un gran número de eruditos, científicos, santos y literatos y sus predicciones, ninguna de las cuales han sido desmentidas con el tiempo, en definitiva todos estos aspectos de su vida, personalidad, logros y misión así como muchos otros más prueban con resolución que el Mensajero de Dios, la paz y las bendiciones sean con él, es una de las pruebas más grandes y exhaustivas para él, su Misión Profética y el Mensaje que trajo de Dios.

3. La pureza de las páginas en las que el Corán está escrito procede de la pureza del Corán. De este modo, el Corán sólo puede ser tocado por aquellos purificados de impurezas materiales y espirituales. Es decir, que los no creyentes, los politeístas, y los creyentes que precisan de una pureza ritual no pueden tocarlo. Véase también el *sura* 56:79, nota número 16.

4. Esto resume la Religión de Dios, que transmitió a través de Sus Mensajeros. Esta Religión es el Islam. Con respecto a los dos últimos versículos, véase asimismo 3:19, nota número 4.

5. Said Nursi indicó: «La fe porta la semilla de lo que es, en efecto, el árbol de *Tuba* en el Paraíso, mientras que la incredulidad contiene la semilla del árbol de *Zaqqum* del Infierno» [*The Words* («Las Palabras»), «The 2th Word,», («La Segunda Palabra»)].

سورة الزلزال مدنية
وهي ثماني آيات

بسم الله الرحمن الرحيم

إذا زلزلت الأرض زلزالها ﴿١﴾ وأخرجت الأرض أثقالها ﴿٢﴾
وقال الإنسان ما لها ﴿٣﴾ يومئذ تحدث أخبارها ﴿٤﴾ بأن ربك
أوحى لها ﴿٥﴾ يومئذ يصدر الناس أشتاتا ليروا أعمالهم ﴿٦﴾ فمن
يعمل مثقال ذرة خيرا يره ﴿٧﴾ ومن يعمل مثقال ذرة شرا يره ﴿٨﴾

سورة العاديات مكية
وهي إحدى عشرة آية

بسم الله الرحمن الرحيم

والعاديات ضبحا ﴿١﴾ فالموريات قدحا ﴿٢﴾ فالمغيرات
صبحا ﴿٣﴾ فأثرن به نقعا ﴿٤﴾ فوسطن به جمعا ﴿٥﴾ إن
الإنسان لربه لكنود ﴿٦﴾ وإنه على ذلك لشهيد ﴿٧﴾ وإنه
لحب الخير لشديد ﴿٨﴾ أفلا يعلم إذا بعثر ما في القبور ﴿٩﴾
وحصل ما في الصدور ﴿١٠﴾ إن ربهم بهم يومئذ لخبير ﴿١١﴾

SURA 99

AZ-ZILZAL (EL TERREMOTO)

Período de Medina

Este *sura* de 8 versículos fue revelado en Medina. El título de la misma procede de la palabra *zilzal* («terremoto violento»), ubicado en el primer versículo. Aborda algunos acontecimientos importantes que acontecerán en el Día de la Resurrección.

En el Nombre de Dios,
el Misericordioso, el Compasivo.

1. Cuando la Tierra tiemble con un violento terremoto destinado a ella,

2. Y la Tierra revele sus cargas;

3. Y el ser humano grite: «¿Qué ocurre con ella?».

4. Ese día narrará todas sus noticias,

5. Como tu Señor ha inspirado para que así lo llevara a cabo[1].

6. Ese día todos los humanos aparecerán en diferentes compañías, para que se les muestren sus actos (que realizaron en el mundo)[2].

7. Y así, quien haya llevado a cabo el peso de un átomo de bien, lo verá.

8. Y quien haya llevado a cabo el peso de un átomo de mal, lo verá[3].

1. Los versículos están, en la redacción y el significado, posiblemente relatando graves acontecimientos durante la destrucción final y la reconstrucción del mundo, o pueden remitir a los terremotos en general. Durante la destrucción final del mundo, la Tierra será sacudida con un violento golpe (56:4) por un violento toque de Trompeta (79:6). Las montañas serán como una duna de arena movediza (73:14), y la Tierra se allanará (84:3), expulsando lo que está adentro y quedándose vacía (84:4). En otras palabras, las tumbas serán vueltas del revés y se sacarán sus contenidos (82:4). Por lo tanto, durante esa destrucción, todo aquello que se encuentre sobre la faz de la Tierra —minas, tesoros, y cadáveres— serán expulsados afuera. Luego, el primer toque de la Trompeta será seguido por otro

(79:7), y los muertos revivirán y se apresurarán hacia la Llanura de la Reunión Suprema (50:44; 70:43). Los incrédulos serán testigos de la destrucción del mundo, y serán sacudidos en extremo a su vez por el segundo toque de la Trompeta y resurrección. De este modo los incrédulos llegarán a entender la verdad del Día del Juicio Final, y así todo sobre ello les será revelado. También llegarán a contemplar la verdad de todo aquello que Mensajero de Dios trajo de Dios. Tras la Resurrección, la Tierra puede relatar todos los actos llevados a cabo durante la vida terrenal haciéndola hablar literalmente, en cierto modo, a través de Dios, ya que Él también hará hablar a los órganos corporales contra los seres humanos. (Véase el *sura* 41:20-21, nota número 6)

Todo aquello que un ser humano sufre es por lo general el resultado de sus pecados y errores, su rebelión contra Dios en cuanto a Sus prescripciones o leyes de la Religión y la vida. De este modo, un terremoto, aunque normalmente provoca que algunos tesoros sean revelados y se formen fuentes termales, asimismo informa a los humanos y les advierte de sus pecados y errores. Tras interpretar algunos versículos coránicos (17:44; 41:21), incluso los objetos inanimados albergan algún tipo de vida, o un espíritu específico de ellos que los representan. Así pues están directamente influidos por los actos de los seres humanos. Por lo tanto no está mal interpretar estos cinco versículos de este *sura* como relacionados también con todos los terremotos que suceden en todo el mundo.

2. Todos se dirigirán en solitario a la Corte Suprema o Tribunal y se les preguntará por sus actos (6:94; 18:48). También serán separados entre la gente del Paraíso y la gente del Infierno. La gente del Paraíso se encontrarán en dos grupos principales: los que están más cerca de Dios, y los demás. En una etapa o parte del Día de la Resurrección, la gente será llamada en grupos, cada uno de éstos detrás de su líder (17:71). El versículo abarca todos estos significados.

3. Sea lo que sea que haga la persona no pasa desapercibido a Dios. Registra todo aquello que la gente lleva a cabo. Y así, de igual modo en el mundo y en el Más Allá, todos contemplarán y recibirán las consecuencias de sus actos. Este es el principio básico. Los creyentes recibirán la recompensa de sus actos (religiosamente) buenos en el Más Allá, pues Dios no los deja sin recompensar, incluso en el mundo. Mas los incrédulos recibirán la recompensa de sus buenos actos tan sólo en el mundo terrenal, y la recompensa por sus malos actos es pospuesta por lo general hasta el Más Allá, incluso a pesar de que algunas veces sufran por algunos de sus actos en este mundo. En el Más Allá, a cada persona se le mostrarán todos sus actos, hasta los más pequeños. Sin embargo, ya que Dios pasa por alto y perdona los males de numerosas personas en el mundo, salvo la falta de fe y la asociación de copartícipes a Su Entidad, asimismo perdona algunos males de Sus siervos creyentes en el Más Allá.

SURA 100

AL-'ADIYAT (LOS CORCELES)

Período de Medina

Este *sura* de 11 versículos probablemente fue revelado en Medina. Su nombre proviene de la palabra *al-'adiyat* («corceles») en su primer versículo. Tras alabar a la vanguardia del Islam, informa acerca de algunas actitudes negativas que se dan en los seres humanos, particularmente en los incrédulos, y advierte que Dios se halla perfectamente informado de todo lo que realiza la gente.

En el Nombre de Dios,
el Misericordioso, el Compasivo.

1. ¡Por los corceles que galopan resoplando,
2. Haciendo saltar chispas de fuego,
3. Abalanzándose para llevar a cabo alboradas,
4. Levantando así nubes de polvo,
5. Tomando por asalto de ese modo una hueste, fragmentándola![1]
6. Sin duda, el ser humano es ingrato con su Señor;[2]
7. Y de esto, él mismo es sin duda un testigo;[3]
8. Y con toda seguridad es vehementemente apasionado de la riqueza.
9. ¿Cree acaso que no llegará a saber (lo que la ingratitud a su Señor significa) cuando todo aquello que se encuentra en las tumbas sea alzado y sacado a la luz,
10. Y todo lo que se halla en los pechos sea abierto y hecho público?
11. Con toda certeza su Señor ese Día se hallará perfectamente informado de ellos.

1. Los versículos normalmente son interpretados en relación a los guerreros musulmanes a caballo. Según Ikrimah, un intérprete clásico que vivió durante el primer siglo del Islam, el segundo versículo hace referencia a las armas de guerra. Por lo tanto, exegetas modernos, como por ejemplo Hamdi Yazır, sostienen que los versículos a su vez también insinúan armas de fuego, en particular los tanques modernos y otro tipo de armamento blindado.

2. Aunque los juramentos en los versículos iniciales son de una positiva transcendencia, este versículo menciona un aspecto negativo de la naturaleza humana. Esto es así debido a que el versículo condena a los que no aprecian el favor de Dios de la guía sobre el género humano encarnada en el Islam. De este modo los versículos iniciales alaban a los guerreros musulmanes que contraatacan a las malhechoras fuerzas enemigas que les estaban agrediendo por razones de intolerancia religiosa o traición de sus acuerdos establecidos con ellos.

3. Es decir, la conciencia incorrupta de los seres humanos, que no pueden sino admitir el favor de Dios de la guía que llega en la forma del Islam, da testimonio de su resuelta ingratitud y su rebelión contra Dios. Además, la vida, las actitudes, y los actos de una persona desagradecida atestiguan su demostración de ingratitud hacia Dios. Los seres humanos por sí mismos, así como también ciertas partes de sus cuerpos, darán testimonio de ello frente a su ingratitud en el Día de la Resurrección.

SURA 101

AL-QARI'AH (EL GOLPE REPENTINO Y PODEROSO)

Período de La Meca

Este *sura* de 11 versículos fue revelado en La Meca. Toma su título de la palabra *al-qari'ah* («el golpe repentino y poderoso») en el primer versículo. Aborda los espantosos sucesos del Día de la Resurrección y el fin del bien y del mal.

En el Nombre de Dios,
el Misericordioso, el Compasivo.

1. ¡El golpe repentino y poderoso!

2. ¿Qué es el golpe repentino y poderoso?

3. ¿Qué te facilita percibir lo que el golpe repentino y poderoso es?

4. El día (en el que esto acontezca) los humanos serán como polillas dispersadas;

5. Y las montañas se asemejarán a la lana cardada[1].

6. Y a continuación, aquel cuyo peso en la balanza sea pesado (con la fe y los buenos actos),

7. Se hallará en una vida de satisfacción.

600 سُورَةُ الْقَارِعَةِ ٦٠٠

سُورَةُ الْقَارِعَةِ مَكِّيَّةٌ
وَهِيَ إِحْدَى عَشْرَةَ آيَةً

بِسْمِ اللَّهِ الرَّحْمَٰنِ الرَّحِيمِ

الْقَارِعَةُ ﴿١﴾ مَا الْقَارِعَةُ ﴿٢﴾ وَمَا أَدْرَاكَ مَا الْقَارِعَةُ ﴿٣﴾ يَوْمَ يَكُونُ
النَّاسُ كَالْفَرَاشِ الْمَبْثُوثِ ﴿٤﴾ وَتَكُونُ الْجِبَالُ كَالْعِهْنِ الْمَنْفُوشِ ﴿٥﴾
فَأَمَّا مَنْ ثَقُلَتْ مَوَازِينُهُ ﴿٦﴾ فَهُوَ فِي عِيشَةٍ رَاضِيَةٍ ﴿٧﴾ وَأَمَّا مَنْ خَفَّتْ
مَوَازِينُهُ ﴿٨﴾ فَأُمُّهُ هَاوِيَةٌ ﴿٩﴾ وَمَا أَدْرَاكَ مَا هِيَهْ ﴿١٠﴾ نَارٌ حَامِيَةٌ ﴿١١﴾

سُورَةُ التَّكَاثُرِ مَكِّيَّةٌ
وَهِيَ ثَمَانِي آيَاتٍ

بِسْمِ اللَّهِ الرَّحْمَٰنِ الرَّحِيمِ

أَلْهَاكُمُ التَّكَاثُرُ ﴿١﴾ حَتَّىٰ زُرْتُمُ الْمَقَابِرَ ﴿٢﴾ كَلَّا سَوْفَ تَعْلَمُونَ ﴿٣﴾
ثُمَّ كَلَّا سَوْفَ تَعْلَمُونَ ﴿٤﴾ كَلَّا لَوْ تَعْلَمُونَ عِلْمَ الْيَقِينِ ﴿٥﴾ لَتَرَوُنَّ
الْجَحِيمَ ﴿٦﴾ ثُمَّ لَتَرَوُنَّهَا عَيْنَ الْيَقِينِ ﴿٧﴾ ثُمَّ لَتُسْأَلُنَّ يَوْمَئِذٍ عَنِ النَّعِيمِ ﴿٨﴾

سُورَةُ الْعَصْرِ مَكِّيَّةٌ
وَهِيَ ثَلَاثُ آيَاتٍ

بِسْمِ اللَّهِ

8. Mientras que aquel cuyo peso en la balanza es liviano (estando carente de fe y buenos actos aceptados),

9. Tendrá su hogar en un pozo sin fondo.

10. ¿Qué te facilita percibir lo que es?

11. Es un fuego ardiendo en llamas.

1. Estos versículos abordan algunos acontecimientos espantosos que acontecerán durante la destrucción del mundo. Los siguientes versículos fijan la atención en el resultado de los actos de las personas en el mundo.

SURA 102

AT-TAKAZUR (LA COMPETENCIA EN AUMENTAR LO MUNDANO)

Período de La Meca

Este *sura* de 8 versículos fue revelado en La Meca. Su nombre procede de la palabra *at-takazur* («competencia en aumentar lo mundano») del primer versículo. Previene contra la competencia y la jactancia en relación a la ávida posesión de las cosas mundanas.

En el Nombre de Dios,
el Misericordioso, el Compasivo.

1. La competencia en aumentar lo mundano (buscar para luego jactarse de la adquisición de las cosas, de la riqueza, del linaje, y la posteridad) os distrae (del verdadero propósito de la vida),

2. Hasta que llegáis a las tumbas.

3. ¡No, de verdad! Llegaréis a entenderlo (cuando os llegue la muerte).

4. Y una vez más, ¡no, de verdad! Sin duda llegaréis a entenderlo (cuando seáis resucitados de entre los muertos).

5. ¡No, de verdad! Si tan sólo supierais con certeza de conocimiento (entonces no alteraríais las prioridades).

6. ¡Ciertamente veréis el Fuego Llameante!

7. Entonces (cuando os dirijáis al otro mundo), con toda seguridad lo contemplaréis con el ojo de la certeza.

8. Y en ese Día, con toda seguridad se os preguntará por todos los favores (que os han sido concedidos)[1/2].

1. Es decir, existen ciertos deberes con respecto a todas las cosas mundanas que os fueron concedidas. No deberíais estar orgullosos de ellas y su abundancia. Más bien, deberíais agradecerle a Dios porque os las ha concedido, y así pues obtened y gastad lícitamente vuestra riqueza, llevándolo a cabo principalmente con la intención de emplearla en el camino de Dios, y criar a vuestros hijos como buenos creyentes.

2. Este *sura* tiene un significado similar al versículo 57:20: *Que sepáis que la vida presente y mundana tan solo es un juego, la conversación vana y ostentación, la jactancia mutua entre vosotros y la competencia en la riqueza y los hijos; es como cuando cae la lluvia y la vegetación que crece por medio de ella complace a los granjeros, (pero) luego se seca y la ves ponerse amarilla, y a continuación se vuelve paja; y en el Más Allá hay un severo castigo, pero también (se da) el perdón de Dios y Su complacencia (que son eternos); mientras que la vida presente y mundana es tan sólo un placer pasajero de engaño.*

SURA 103
AL-'ASR
(EL TIEMPO CARGADO DE ACONTECIMIENTOS)

Período de La Meca

Este *sura* de 3 versículos, revelado en La Meca, obtiene su nombre de la palabra *al-'asr* que aparece en el primer versículo. Este breve *sura* contiene las enseñanzas básicas del Corán de un modo conciso. Por tal razón, Imam Shafi'i señaló: «Si no hubiesen sido revelados otras *suras*, este breve *sura* hubiera sido suficiente para la felicidad de la gente en ambos mundos». (*Yazır*). Cuando los Compañeros se encontraban en una reunión, por lo general no se marchaban de allí sin recitar este *sura* (al-Bayhaqi, 6:501).

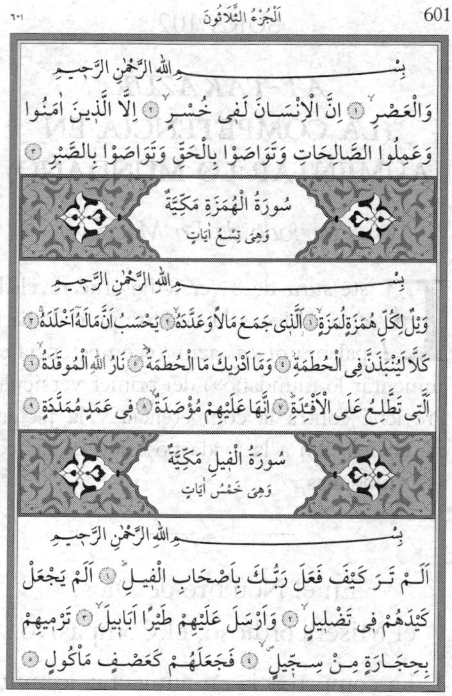
اَلْجُزْءُ الثَّلَاثُونَ ٦٠١ 601

بِسْمِ اللّٰهِ الرَّحْمٰنِ الرَّح۪يمِ

وَالْعَصْرِۙ ﴿١﴾ اِنَّ الْاِنْسَانَ لَف۪ي خُسْرٍۙ ﴿٢﴾ اِلَّا الَّذ۪ينَ اٰمَنُوا
وَعَمِلُوا الصَّالِحَاتِ وَتَوَاصَوْا بِالْحَقِّ وَتَوَاصَوْا بِالصَّبْرِ ﴿٣﴾

سُورَةُ الْهُمَزَةِ مَكِّيَّةٌ
وَهِيَ تِسْعُ اٰيَاتٍ

بِسْمِ اللّٰهِ الرَّحْمٰنِ الرَّح۪يمِ

وَيْلٌ لِكُلِّ هُمَزَةٍ لُمَزَةٍۙ ﴿١﴾ اَلَّذ۪ي جَمَعَ مَالًا وَعَدَّدَهُۙ ﴿٢﴾ يَحْسَبُ اَنَّ مَالَهُٓ اَخْلَدَهُۚ ﴿٣﴾
كَلَّا لَيُنْبَذَنَّ فِي الْحُطَمَةِۘ ﴿٤﴾ وَمَٓا اَدْرٰيكَ مَا الْحُطَمَةُۜ ﴿٥﴾ نَارُ اللّٰهِ الْمُوقَدَةُۙ ﴿٦﴾
اَلَّت۪ي تَطَّلِعُ عَلَى الْاَفْـِٔدَةِۜ ﴿٧﴾ اِنَّهَا عَلَيْهِمْ مُؤْصَدَةٌۙ ﴿٨﴾ ف۪ي عَمَدٍ مُمَدَّدَةٍ ﴿٩﴾

سُورَةُ الْف۪يلِ مَكِّيَّةٌ
وَهِيَ خَمْسُ اٰيَاتٍ

بِسْمِ اللّٰهِ الرَّحْمٰنِ الرَّح۪يمِ

اَلَمْ تَرَ كَيْفَ فَعَلَ رَبُّكَ بِاَصْحَابِ الْف۪يلِۜ ﴿١﴾ اَلَمْ يَجْعَلْ
كَيْدَهُمْ ف۪ي تَضْل۪يلٍۙ ﴿٢﴾ وَاَرْسَلَ عَلَيْهِمْ طَيْرًا اَبَاب۪يلَۙ ﴿٣﴾ تَرْم۪يهِمْ
بِحِجَارَةٍ مِنْ سِجّ۪يلٍۙ ﴿٤﴾ فَجَعَلَهُمْ كَعَصْفٍ مَأْكُولٍ ﴿٥﴾

En el Nombre de Dios,
el Misericordioso, el Compasivo.

1. Por el Tiempo (especialmente la última parte del mismo, cargado de acontecimientos),[1]

2. Con suma certeza, el ser humano se halla en la perdición,

3. Salvo aquellos que creen y llevan a cabo actos buenos y rectos, y se exhortan unos a otros a la verdad y se exhortan unos a otros a la paciencia constante (frente a las desgracias, el sufrimiento en el camino de Dios, y a efectuar actos buenos y no cometer pecados)[2].

1. *Al-'Asr* posee varios significados, como por ejemplo, el tiempo, el día y la noche juntos, la tarde, la última parte del tiempo, etc. También implica estar repleto de cosas y listo para ser vaciado. Nuestro Profeta dice que es el Profeta de *al-'asr*, queriendo decir la tarde (Bujari, «Iyarah», 8,9). Si consideramos todos estos significados y el *sura* en su totalidad, podemos señalar que en cuanto a *al-'asr*, el *sura* hace referencia al tiempo de principio a fin, en lo que respecta a los acontecimientos que contiene, y centra nuestra atención en la última parte en particular, durante la cual el Último Mensajero de Dios fue enviado con el último Mensaje universal de Dios. También da a entender el último período de esta parte cuando tienen lugar y acontecerán eventos sumamente importantes.

2. Véase también el *sura* 95:4-6, nota número 2.

SURA 104

AL-HUMAZAH (EL DIFAMADOR)

Período de La Meca

Este *sura* de 9 versículos fue revelado en La Meca. Su nombre procede de la palabra *al-humazah* (el difamador), que aparece en el primer versículo. Nos previene contra la difamación y la calumnia, y contemplarse a sí mismo por encima de los demás por la riqueza (u otras cosas mundanas).

En el Nombre de Dios,
el Misericordioso, el Compasivo.

1. ¡Pobre de todo aquel que difama y vilipendia!

2. Aquél (que se contempla a sí mismo por encima de los demás porque) ha acumulado riqueza y (sin gastarla en la causa de Dios y para los necesitados) la cuenta (con un amor codicioso por la misma).

3. ¡Cree que su riqueza lo hará perdurar para siempre!

4. ¡De ninguna manera! Con toda seguridad será arrojado al Fuego que consume todo.

5. ¿Qué te facilita percibir lo que el Fuego que consume todo es?

6. Es el fuego de Dios, que ha sido prendido,

7. El cual penetra profundamente en los corazones (y arde dentro, tal y como lo hace fuera).

8. Ciertamente se cerrará en torno a ellos,

9. En inmensas columnas.

SURA 105

AL-FIL (EL ELEFANTE)

Período de La Meca

Este sura de 5 versículos fue revelado en La Meca. El *sura* toma su nombre a partir de la palabra *al-fil* (el elefante) que aparece en el primer versículo. Describiendo los acontecimientos que envolvieron al ejército abisinio de Abrahah que atacó La Meca con la intención de destruir la Kaba en el año 571, cincuenta días antes del nacimiento del Mensajero de Dios, la paz y las bendiciones sean con él, previene contra la oposición activa hacia la Religión de Dios.

En el Nombre de Dios,
el Misericordioso, el Compasivo.

1. ¿Has considerado cómo trató tu Señor al pueblo del Elefante?[1]

2. ¿No hizo que su intriga se redujera a la nada?

3. Envió sobre ellos bandadas de pájaros (desconocidos en la Tierra),

4. Que les arrojaron piedras de arcilla cocida semejantes a proyectiles (un símbolo del castigo que les correspondía),

5. Y de este modo Él los dejó cual campo de cereales devorado y pisoteado[2].

---

1. Este versículo nos describe aquello que le aconteció al ejército abisinio que atacó La Meca con la intención de destruir la Kaba bajo las órdenes de Abrahah ibn Sabah. El ejército albergaba entre sus filas un elevado número de elefantes de guerra. Abrahah había erigido un gran templo en San'a, esperando atraer a los peregrinos árabes de La Meca hasta su propio territorio.

2. Acontecimientos inusuales llegan como señales de un nuevo momento decisivo en la

historia humana. Los habitantes de La Meca no eran lo suficientemente fuertes para defender su ciudad y la Kaba contra el ejército de Abrahah. Abandonaron La Meca para dirigirse hacia las montañas circundantes. Por ello, su Dueño verdadero, Dios, la defendió en vísperas del nacimiento del Mensajero de Dios, la paz y las bendiciones sean con él. Envió sobre el ejército bandadas de pájaros. Tal y como se puede entender de la palabra *ababil* traducida aquí como pájaros, estos fueron de una especie desconocida en el Hiyaz. Eran pájaros de diferentes colores que llevaban tres piedras de arcilla cocida, una en su boca y dos en sus garras. Las piedras penetraron los cuerpos de los soldados de Abrahah, entrando desde la cabeza y segando sus órganos. Esto fue pues, un milagro claro (ar-Razi, Ibn Kazir, [*Tafsir*], Hamdi Yazir). Este acontecimiento llegó a ser tan célebre en la historia árabe que el año en que tuvo lugar llegó a ser conocido posteriormente como el Año del Elefante.

سُورَةُ قُرَيْشٍ مَكِّيَّةٌ
وَهِيَ أَرْبَعُ آيَاتٍ

بِسْمِ اللَّهِ الرَّحْمَٰنِ الرَّحِيمِ

لِإِيلَافِ قُرَيْشٍ ١ إِيلَافِهِمْ رِحْلَةَ الشِّتَاءِ وَالصَّيْفِ ٢ فَلْيَعْبُدُوا
رَبَّ هَٰذَا الْبَيْتِ ٣ الَّذِي أَطْعَمَهُمْ مِنْ جُوعٍ وَآمَنَهُمْ مِنْ خَوْفٍ ٤

سُورَةُ الْمَاعُونِ مَكِّيَّةٌ
وَهِيَ سَبْعُ آيَاتٍ

بِسْمِ اللَّهِ الرَّحْمَٰنِ الرَّحِيمِ

أَرَأَيْتَ الَّذِي يُكَذِّبُ بِالدِّينِ ١ فَذَٰلِكَ الَّذِي يَدُعُّ الْيَتِيمَ ٢ وَلَا
يَحُضُّ عَلَىٰ طَعَامِ الْمِسْكِينِ ٣ فَوَيْلٌ لِلْمُصَلِّينَ ٤ الَّذِينَ هُمْ عَنْ
صَلَاتِهِمْ سَاهُونَ ٥ الَّذِينَ هُمْ يُرَاءُونَ ٦ وَيَمْنَعُونَ الْمَاعُونَ ٧

سُورَةُ الْكَوْثَرِ مَكِّيَّةٌ
وَهِيَ ثَلَاثُ آيَاتٍ

بِسْمِ اللَّهِ الرَّحْمَٰنِ الرَّحِيمِ

إِنَّا أَعْطَيْنَاكَ الْكَوْثَرَ ١ فَصَلِّ لِرَبِّكَ وَانْحَرْ ٢ إِنَّ شَانِئَكَ هُوَ الْأَبْتَرُ ٣

SURA 106

AL-QURAISH (LOS QURAISHÍES)

Período de La Meca

Este *sura* de 4 versículos fue revelado en La Meca. Obtiene su título a partir de la palabra *al-Quraish* (el nombre de la tribu que habitaba La Meca en aquel entonces) en su primer versículo. Menciona los importantes favores de Dios sobre ellos. Al mismo tiempo que defendió y protegió a esta tribu frente a las agresiones externas, haciendo de La Meca una tierra segura, Dios también los alimentó para que así no sufrieran hambruna. Debido a la existencia de la Kaba, los peregrinos llegaban a La Meca, y sus habitantes eran honrados con el respeto del resto de tribus. Esta consideración se incrementó tras el suceso del Elefante mencionado en el *sura* anterior. Las caravanas de comerciantes de La Meca que se dirigían a Siria durante el invierno y a Yemen en verano viajaban seguras.

En el Nombre de Dios,
el Misericordioso, el Compasivo.

1. (Al menos) por el favor (constante de Dios) de la concordia y la seguridad a los quraishíes,

2. La concordia y seguridad en sus viajes de invierno y verano,

3. Que adoren al Señor de esta Casa (la Kaba),

4. Quien les ha proveído de comida frente el hambre, y les dio seguridad frente al miedo[1].

1. El versículo muestra la aceptación de la oración de Abraham: *«Y (recordad) cuando en cierta ocasión Abraham oró: «¡Señor mío! Haz de este (baldío valle) una tierra segura y provee a sus habitantes de lo que la tierra produce, a aquellos que creen en Dios y en el Día del Juicio Final». (Su Señor) dijo: «(Concederé provisión a los creyentes y a los incrédulos. Pero) al que sea desagradecido y no crea, le dejaré disfrutar un breve tiempo (en esta vida), luego le llevaré a rastras al castigo del Fuego, ¡Cuán funesto destino de llegada!»* (2:126).

SURA 107

AL-MA'UN (LA AYUDA)

Período de La Meca

Este *sura* de 7 versículos fue revelado en La Meca. Su nombre deriva de la palabra *al-ma'un* («ayuda») que aparece en el séptimo versículo. Hace hincapié en la sinceridad en la fe y devoción y en la importancia de la ayuda mutua en la sociedad. También previene contra la hipocresía.

En el Nombre de Dios,
el Misericordioso, el Compasivo.

1. ¿Has considerado al que niega el Día del Juicio Final?

2. A saber, aquel que rechaza al huérfano,

3. No se anima a alimentar al indigente.

4. Y pobres de aquellos que adoran (negando el Juicio Final),

5. Aquellos que hacen caso omiso de sus Oraciones,[1]

6. Aquellos que quieren ser vistos y percibidos (por sus actos de adoración),

7. Y niegan toda ayuda (a sus prójimos).

1. Los últimos dos versículos, junto con los siguientes, amenazan a los hipócritas. Estos no aprecian el bien en la Oración y no le temen a Dios cuando no rezan. Si rezan en contadas ocasiones, están orgullosos de ello. Son despreocupados en cuanto a la hora en la que lleven a cabo la oración prescrita así como en el modo de rezar. No buscan la complacencia de Dios y la aprobación en sus Oraciones; más bien esperan algunas ventajas mundanas de las mismas.

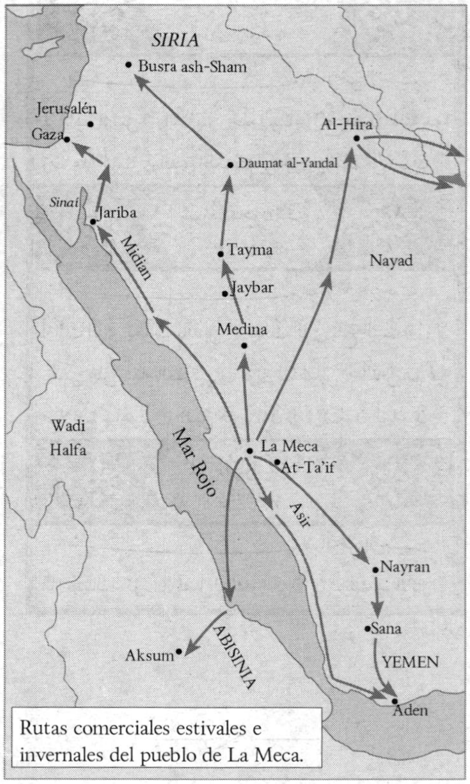

Rutas comerciales estivales e invernales del pueblo de La Meca.

SURA 108

AL-KAUZAR (EL BIEN ABUNDANTE)

Período de La Meca

Revelado en La Meca y dotado de 3 versículos, este *sura* adquiere su título a partir de la palabra *al-kauzar* («el bien incesante, abundante») en su primer versículo. Le proporciona al Mensajero de Dios, la paz y las bendiciones sean con él, las buenas nuevas de que será favorecido con incesantes y abundantes bendiciones, y que aquellos que se le opongan y lo califiquen como alguien sin posteridad serán desheredados de todo bien, así como también de la posteridad.

En el Nombre de Dios,
el Misericordioso, el Compasivo.

1. Con toda seguridad te hemos concedido un bien (incesante y) abundante[1];

2. Rézale, pues, a tu Señor, y ofrece sacrificios (como muestra de agradecimiento hacia Él)[2].

3. Sin duda alguna es aquel que te ofende quien es apartado (del bien incesante, incluyendo la posteridad)[3].

---

1. Por medio de *un bien (incesante y) abundante*, el versículo hace saber que el Mensajero de Dios, la paz y las bendiciones sean con él, tendrá éxito en su causa y, a cambio, será favorecido con grandes bendiciones en el mundo y en el Más Allá. De este modo la palabra incluye los futuros éxitos y conquistas del Islam, el amor sin par de su comunidad por el Mensajero y su llamada a las bendiciones y la paz de Dios sobre él así como el rezo continuo por él. Además, al Mensajero de Dios, la paz y las bendiciones sean con él, también se le dará el derecho de interceder por todos los humanos en el Más Allá y será elevado al rango de ser alabado. Por otra parte, su Religión prevalecerá sobre todas las otras religiones y los sistemas semejantes a religiones. El Mensajero y los miembros de su Comunidad serán favorecidos con grandes bendiciones en el Paraíso.

El *bien (incesante y) abundante* también implica que el Mensajero de Dios tendrá descendientes que por siempre se multiplicarán y que servirán a su causa con ardor y vehemencia. En verdad, no existe posteridad alguna que se aproxime a la suya en número, o que sirva en la causa de Dios.

2. La Oración ordenada al Mensajero que llevara a cabo con este versículo debe ser la Oración de la Mañana (*Duha*), que como la Oración de *Tahayyud*, es obligatoria para el Mensajero y supererogatoria para los otros musulmanes. Sin embargo, el versículo sugiere la Oración del Día Religioso del Sacrificio (Oración de *'Id*), que se hace por la mañana. Fue ordenada en Medina como un acto necesario de adoración para todos los musulmanes. Existen dos oraciones de *'Id* en el Islam: *'Id al-Fitr* (que marca el fin del Ramadán y dura tres días) e *'Id al-Aza* (que comienza el día diez de Zu'l-Hiyyah, y dura cuatro días). En lo que concierne al «sacrificio» en el versículo, quiere decir que mientras el Mensajero de Dios ofrecía sacrificios en agradecimiento a Dios en La Meca, el acto de llevar a cabo la ofrenda mediante sacrificios rituales durante la Festividad Religiosa del Sacrificio fue impuesto en Medina a los musulmanes como un acto necesario de devoción a realizar. Los musulmanes que poseen la cantidad establecida de riqueza deberían sacrificar ganado (una oveja o una cabra por persona, o un camello, una vaca, o un buey para hasta siete personas). Llevar a cabo la ofrenda de este sacrificio le incumbe (*wayib*) a cada musulmán adulto que posee el *nisab* (la cantidad establecida de riqueza.) La diferencia entre tener que pagar el *Zakat* y llevar a cabo la ofrenda del sacrificio es que el *Zakat* se debe pagar si la cantidad establecida de riqueza ha estado en posesión de la persona durante un año, mientras que el sacrificio se debe ofrecer si la persona ha tenido la cantidad establecida o suficiente de riqueza tan sólo durante un día. El sacrificio se debe efectuar en cualquiera de los primeros tres días de *'Id al-Aza*.

3. El versículo, que aparentemente significa que aquel que satiriza al Mensajero de Dios será apartado de la posteridad, también sugiere que, hasta el Día del Juicio Final, los que se asemejan a dicha persona en pensamiento y acto a su vez serán apartados (tarde o temprano) de la posteridad, y asimismo los sistemas anti-islámicos que establecen o apoyan no durarán por mucho tiempo.

SURA 109

AL-KAFIRUN (LOS INCRÉDULOS)

Período de La Meca

Este *sura* de 6 versículos fue revelado en La Meca. Toma su título de la palabra *al-kafirun* en su primer versículo. *Kafir* significa aquel que rechaza la fe en uno, varios o todos los principios de la fe que se debe creer para ser un musulmán creyente. Este *sura* indica al Mensajero, la paz y las bendiciones sean con él, y al resto de musulmanes que sean seguros, decididos, y constantes en su fe frente a los incrédulos y que no deberían obligar a los no creyentes a aceptar la fe.

En el Nombre de Dios,

el Misericordioso, el Compasivo.

1. Di: «¡Oh incrédulos (que obstinadamente rechazáis la fe!)

2. Yo no adoro lo que vosotros adoráis[1].

3. Ni vosotros adoráis lo que yo adoro[2].

4. Ni jamás adoraré lo que vosotros adoráis.

5. Y vosotros jamás adoráis lo que yo adoro.

6. Tenéis vuestra religión (con todo aquello que os traerá), y yo tengo mi religión (con todo aquello que me traerá)».

---

1. Este versículo no es más que una declaración en la que se expresa que no puede haber reconciliación entre la fe en Dios y otras supuestas e inventadas deidades.

2. Los incrédulos a quienes está dirigido el versículo o a los cuales el Mensajero de Dios se dirige son aquellos que se obstinan tanto en rechazar la fe que Dios le informó a Su Mensajero que al final nunca llegarán a creer. (Véase 2:6; 36:7).

٦٠٣ اَلْجُزْءُ الثَّلَاثُونَ 603

سُورَةُ الْكَافِرُونَ مَكِّيَّةٌ
وَهِىَ سِتُّ اٰيَاتٍ

بِسْمِ اللّٰهِ الرَّحْمٰنِ الرَّحٖيمِ

قُلْ يَٓا اَيُّهَا الْكَافِرُونَ ١ لَٓا اَعْبُدُ مَا تَعْبُدُونَ ٢ وَلَٓا اَنْتُمْ عَابِدُونَ مَٓا اَعْبُدُ ٣
وَلَٓا اَنَا عَابِدٌ مَا عَبَدْتُمْ ٤ وَلَٓا اَنْتُمْ عَابِدُونَ مَٓا اَعْبُدُ ٥ لَكُمْ دٖينُكُمْ وَلِىَ دٖينِ ٦

سُورَةُ النَّصْرِ مَدَنِيَّةٌ
وَهِىَ ثَلَاثُ اٰيَاتٍ

بِسْمِ اللّٰهِ الرَّحْمٰنِ الرَّحٖيمِ

اِذَا جَٓاءَ نَصْرُ اللّٰهِ وَالْفَتْحُ ١ وَرَاَيْتَ النَّاسَ يَدْخُلُونَ فٖى دٖينِ
اللّٰهِ اَفْوَاجًا ٢ فَسَبِّحْ بِحَمْدِ رَبِّكَ وَاسْتَغْفِرْهُ اِنَّهُ كَانَ تَوَّابًا ٣

سُورَةُ تَبَّتْ مَكِّيَّةٌ
وَهِىَ خَمْسُ اٰيَاتٍ

بِسْمِ اللّٰهِ الرَّحْمٰنِ الرَّحٖيمِ

تَبَّتْ يَدَٓا اَبٖى لَهَبٍ وَتَبَّ ١ مَٓا اَغْنٰى عَنْهُ مَالُهُ وَمَا كَسَبَ ٢ سَيَصْلٰى نَارًا
ذَاتَ لَهَبٍ ٣ وَامْرَاَتُهُ حَمَّالَةَ الْحَطَبِ ٤ فٖى جٖيدِهَا حَبْلٌ مِنْ مَسَدٍ ٥

SURA 110

AN-NASR (EL AUXILIO)

Período de Medina

Este *sura* de 3 versículos fue revelado en Medina alrededor de tres meses antes de la muerte del Mensajero de Dios. Aborda la conclusión del favor de Dios hacia Su Mensajero durante su vida y por lo tanto el final de su obligación para con la Misión Profética. Por todo ello, insinúa su muerte inminente. Asimismo supone una advertencia a los creyentes ya que, al haber resultado victoriosos, deberían hallarse aún más alerta para no incurrir en pecados ni tampoco entregarse a las diversiones mundanas.

En el Nombre de Dios,
el Misericordioso, el Compasivo.

1. Cuando el auxilio de Dios llegue y la victoria (que es una puerta abierta a otras victorias)[1],

2. Y contemples a la gente entrar en masa en la Religión de Dios,

3. Entonces glorifica a tu Señor con Su alabanza, y pídele perdón[2], pues Él es sin lugar a dudas Aquél Quien acepta el arrepentimiento y lo corresponde con generoso perdón y recompensa adicional[3].

---

1. En numerosas ocasiones, Dios le prometió a Su Mensajero el auxilio y la victoria y de manera franca declaró que Él y Su Mensajero prevalecerían. Por ejemplo: Mientras el Mensajero y sus seguidores sufrían enormes persecuciones por parte de los habitantes politeístas de La Meca, Él declaró que *Sin duda alguna ayudamos a Nuestros Mensajeros, y a los que creen, en la vida de este mundo y en el Día cuando los Testigos se presenten (para atestiguar con respecto a la respuesta de la gente para con el Mensajero)* (40:51). En Medina, durante los días de la Batalla de Uhud en el tercer año de la Hégira, declaró: *Y aún así otra (bendición) que amáis: La Ayuda de Dios y una victoria cercana que pronto llegará (la cual te conducirá a más victorias). Da las buenas nuevas a los creyentes.* (61:13). Y tras la Batalla del Foso, que aconteció en el quinto año de la Hégira, prometió que: *Dios ha decretado: Ciertamente prevaleceré, Yo y Mis Mensajeros. Con toda certeza Dios es sumamente Poderoso, el Glorioso poseedor de poder irresistible* (58:21). Sin embargo, ya que los seres humanos son puestos a prueba en este mundo para prepararse por su vida del Más Allá, hizo que Su ayuda y victoria dependan de la asistencia de los creyentes en Su causa: *¡Oh vosotros que creéis! Si vosotros ayudáis a Dios (en Su causa, esforzándoos en la misma), Él os ayudará y hará firmes vuestros pies (de modo que seáis firmes en Su causa y en última instancia victoriosos)* (47:7). Por lo tanto, con la ayuda de Dios la victoria estuvo asegurada, y esto significó que los creyentes habían ayudado a Su causa y llevaron a cabo sus obligaciones de una manera que a Él le complació.

Este versículo señala un aspecto importante del componente milagroso del Corán y su Divina Autoría, pues nadie más que Dios puede hablar con tanta certeza sobre el futuro. Como se pudo apreciar en los breves ejemplos anteriores, Dios claramente declaró que completaría Su favor sobre Su Mensajero y lo dirigiría a él y a los creyentes a la victoria, y así lo hizo.

2. La orden para glorificar a Dios con Su alabanza y pedirle perdón es una advertencia para que los creyentes nunca caigan en el error peligroso de atribuirse ellos mismos la victoria, y que a su vez, siempre deben mostrarse cautelosos para evitar entregarse a los pecados después de una victoria. La victoria no es su logro, más bien es Dios Quien otorga la victoria a Sus siervos. Además, podemos soportar las privaciones y las persecuciones, pero es más difícil ser firmes e inflexibles frente a las tentaciones del alma carnal, particularmente en tiempos de comodidad y desahogo que llegan tras años de privación y persecución. Podemos apreciar esto de manera manifiesta en una actitud representativa del Mensajero. Mientras el ejército musulmán se hallaba de regreso a Medina tras haber derrotado al enemigo, el Mensajero de Dios les indicó: «Estamos regresando de la *yihad* menor hacia la mayor». Los Compañeros le preguntaron qué era la yihad mayor, y el Profeta explicó que era luchar contra el alma carnal ('Ayluni, *Kashf al-Jafa'*, 1:424).

En segundo lugar, podemos haber cometido algunos errores y pecados en el camino hacia la victoria. Por lo tanto, también deberíamos buscar el perdón por dichos actos. El Corán otorga una gran importancia a la búsqueda de la indulgencia de Dios, y ya que somos falibles, siempre deberíamos implorarle a Dios el perdón. Implorarle clemencia también rompe las raíces del mal y nos ayuda en gran medida a no entregarnos a los pecados.

3. Como señaló Abdullah ibn 'Abbas, un gran Compañero muy versado en la interpretación del Corán, este *sura* nos informa que se aproximaba el momento en el que dejaría el mundo el Mensajero de Dios. Los Mensajeros fueron enviados para transmitir el Mensaje de Dios, y el Mensajero de Dios había terminado su misión, por lo que ya no había ninguna razón para que se quedara en el mundo. Este *sura* asimismo nos recuerda que los humanos tienen obligaciones en el mundo, y cuando una persona ya no tiene nada que hacer en el mundo o cuando no puede servirle más a Dios y a Su causa, no hay razón para que permanezcan por más tiempo en el mundo.

A'isha, la amada esposa del Mensajero de Dios, la paz y las bendiciones sean con él, nos narra los últimos momentos del Mensajero:

> Estaba con él durante sus últimos momentos. Siempre que se hallaba enfermo, me pedía que rezara por él y, esperando que mi oración fuera aceptada a través de la bendición de su mano bendita, sostenía su mano y rezaba. Durante su última enfermedad, quise hacer lo mismo y rezar, cuando repentinamente apartó su mano y dijo: «¡Hacia *ar-Rafiq al-A'la*!» (El Amigo Altísimo, indicando a Dios Todopoderoso) (Bujari, «Maghazi», 78; Muslim, «Salam», 50, 51).

SURA 111

TABBAT (LA RUINA)

Período de La Meca

Revelado en La Meca en el primer período de la Misión Profética del profeta Muhammad, la paz y las bendiciones sean con él, este *sura* de 5 versículos toma su título del verbo *TabBa* («sean arruinadas») en el primer versículo. Promete y presagia el fallecimiento de Abu Lahab y su esposa Umm Yamil, lo que supone la perdición para gente similar.

En el Nombre de Dios,
el Misericordioso, el Compasivo.

1. ¡Sean ambas manos de Abu Lahab arruinadas, y así lo es![1]

2. Su riqueza de nada le sirvió, ni así tampoco sus ganancias.

3. Entrará en un Fuego llameante para abrasarse;

4. Y (con él) su esposa, portadora de leña (y de las historias malignas y la difamación),

5. Alrededor de su cuello llevará una soga de cuerda firmemente retorcida[2].

1. Abu Lahab era uno de los tíos del profeta Muhammad, la paz y las bendiciones sean con él. El sobrenombre con el que se le conocía, Abu Lahab, que significa «el padre de la llama», proviene de su época infantil, a causa del sonrosado brillo de sus mejillas. Fue uno de los más acérrimos enemigos del Mensajero y el Islam. En su condición como tío del Mensajero, la paz y las bendiciones sean con él, lo conocía a éste muy bien y por lo tanto se esperaba que creyera en él, pero lo rechazaba testarudamente y enérgicamente se oponía a él. Lo maldecía al Profeta, diciendo *Que tus manos se arruinen*, queriendo decir: «¡Así permanezcas finalmente sin bienes algunos y perezcas!». Por lo tanto, a causa de su desmedida enemistad, el Corán lo

nombró «Padre de la Llama», en esta ocasión haciendo referencia a que era aquel que estaba destinado a estar entre aquellos que sufrirían el tormento más grande en el Fuego del Infierno, y predijo que perecería sin aceptar la fe y quedaría sin bien alguno. Sucedió precisamente tal y como lo predijo el Corán. Murió entre inmensos dolores cuando se enteró de que el ejército de La Meca había sido derrotado estrepitosamente en la Batalla de Badr. A causa de su enfermedad, que era muy contagiosa, nadie se atrevía a acercarse a su cuerpo para enterrarlo. Unos días después, cavaron un pozo, empujaron su cuerpo adentro con largos garrotes y enterraron su cuerpo con piedras que arrojaron sobre él desde lejos.

2. La mujer de Abu Lahab, Arwa Umm Jamil, no se puede decir que tuviera una enemistad hacia el Mensajero menor que la de su marido, todo lo contrario. Esparcía espinas a lo largo del camino que frecuentaba el Mensajero así como frente a su casa. También lo calumniaba a él y al Mensaje que traía, con una mirada que despertaba ardientes llamas de odio y enemistad contra él y sus seguidores. Por lo tanto, el Corán anuncia la clase de castigo que se le debe asignar en el Infierno. Se quemará en el fuego del Infierno y llevará la leña para su fuego alrededor de su cuello, la parte de su cuerpo en donde llevaba puesto preciosos collares.

SURA 112

AL-IJLAS (PUREZA DE FE)

Período de La Meca

Este *sura* de 4 versículos fue revelado en La Meca. Adquiere su título del asunto en que versa; por esta razón es asimismo denominada *Sura at-Tawhid* («Declaración de la Unicidad Absoluta de Dios»).

En el Nombre de Dios, el Misericordioso, el Compasivo.

1. Di: «Él es, Dios, el Único de Unicidad Absoluta[1].

2. Dios, el Eternamente por todo Suplicado (el Cual no se halla en necesidad de nada).

3. No ha engendrado, ni ha sido engendrado[2].

4. Y nada ni nadie hay que se pueda comparar con Él».[3/4]

604 سُورَةُ الْإِخْلَاصِ ٦٠٤

سُورَةُ الْإِخْلَاصِ مَكِّيَّةٌ
وَهِيَ أَرْبَعُ آيَاتٍ

بِسْمِ اللَّهِ الرَّحْمَٰنِ الرَّحِيمِ

قُلْ هُوَ اللَّهُ أَحَدٌ ١ اللَّهُ الصَّمَدُ ٢ لَمْ يَلِدْ وَلَمْ يُولَدْ ٣ وَلَمْ يَكُنْ لَهُ كُفُوًا أَحَدٌ ٤

سُورَةُ الْفَلَقِ مَدَنِيَّةٌ
وَهِيَ خَمْسُ آيَاتٍ

بِسْمِ اللَّهِ الرَّحْمَٰنِ الرَّحِيمِ

قُلْ أَعُوذُ بِرَبِّ الْفَلَقِ ١ مِنْ شَرِّ مَا خَلَقَ ٢ وَمِنْ شَرِّ غَاسِقٍ إِذَا وَقَبَ ٣
وَمِنْ شَرِّ النَّفَّاثَاتِ فِي الْعُقَدِ ٤ وَمِنْ شَرِّ حَاسِدٍ إِذَا حَسَدَ ٥

سُورَةُ النَّاسِ مَدَنِيَّةٌ
وَهِيَ سِتُّ آيَاتٍ

بِسْمِ اللَّهِ الرَّحْمَٰنِ الرَّحِيمِ

قُلْ أَعُوذُ بِرَبِّ النَّاسِ ١ مَلِكِ النَّاسِ ٢ إِلَٰهِ النَّاسِ ٣ مِنْ شَرِّ
الْوَسْوَاسِ الْخَنَّاسِ ٤ الَّذِي يُوَسْوِسُ فِي صُدُورِ النَّاسِ ٥
مِنَ الْجِنَّةِ وَالنَّاسِ ٦

---

1. Como señaló Fajr ad-Din ar-Razi, un gran intérprete del Corán, Dios es llamado por tres Nombres en este versículo: *Él*, *Dios*, y *el Único de Unicidad Absoluta*. «Él» revela el Ser Divino en Su Esencia, el Único Necesariamente Existente, Quien es indescriptible, no es conocido por nadie salvo por Él Mismo. «Dios» es (el nombre propio de) el Ser Divino Quien Se manifiesta y es reconocido por Sus Atributos y Nombres, Quien abarca todos los Atributos y Nombres por los que es nombrado el Ser Divino. «*El Único de Unicidad Absoluta*» invalida todas las falsas nociones y conceptos sobre el Ser Divino. «Él» es el término usado por aquellos que están más cerca del Ser Divino; le apelan como «Él». «Dios» es el término empleado por la Gente de la Rectitud, la gente de felicidad y prosperidad (a quienes se le concederán los Registros en la mano derecha), mientras que «El Único de Unicidad Absoluta» aparece en el versículo en relación con la gente de la Izquierda, la gente de la desdicha (a quien se le dará los Registros en la mano izquierda), que albergan conceptos incorrectos sobre Dios, que Le niegan y rechazan o Le asocian copartícipes.

Se dan algunas diferencias entre Dios siendo Uno (*Wahid*) y el Único de Unicidad Absoluta (*Ahad*). Dios como el Uno (*Wahid*) significa la manifestación de los Nombres de Dios, que trajeron a la existencia a todas las cosas y seres, y son responsables de su vida, en todo el universo. Dios como el Único de Unicidad Absoluta (*Ahad*) representa —por parte de Dios— la concentración de las manifestaciones de Sus Nombres en las cosas o seres individuales. Para entender la diferencia con mayor claridad, Said Nursi elabora la siguiente analogía:

El Sol abarca innumerables cosas en su luz. Esto puede servir para entender la Unidad de Dios. Pero para albergar la totalidad de su luz en nuestras mentes, necesitaríamos un vasto poder conceptual y perceptivo. Por lo tanto, para que no sea el Sol olvidado, cada objeto brillante refleja sus propiedades (luz y calor) como mejor puede y así manifiesta el Sol. Esta es una analogía en lo que respecta a Dios como «El Único de Unicidad Absoluta». Tal y como es afín a la manifestación de la Unicidad de Dios, todo el universo es un espejo para Dios. Mientras que se encuentra relacionado con la manifestación de Su condición como «El Único de Unicidad Absoluta», cada ser (brillante) es un espejo de Él [*The Words* («Las Palabras), «The 1th Word» («La Primera Palabra» pág.7].

Bediüzzaman Said Nursi cita que la fe en la Unidad de Dios posee dos grados: creer superficialmente que Dios no tiene copartícipes, y que el universo Le pertenece sólo a Él (estos creyentes pueden ser propensos a la desviación y la confusión); y la firme convicción de que Dios es Uno, que todo Le pertenece a Él exclusivamente, y que sólo Él crea, mantiene, provee, causa la muerte, etc. Tales creyentes contemplan Su sello y observan Su marca en todas las cosas. Libres de duda, se sienten siempre y en todas partes en Su Presencia. Su convicción no puede ser debilitada por la desviación o la duda (*Mathnawi*, 2-3).

2. Declarar que Dios «no ha engendrado ni ha sido engendrado» es un principio tan evidente para el Ser Divino que se menciona aquí con la intención de refutar todos los credos que Le atribuyen hijos o hijas a Dios. Principalmente y de manera categórica refuta las creencias de los paganos, a Quien Le atribuyen como hijas a los ángeles así como la de los cristianos, a Quien contemplan como el Padre de Jesús, considerando a Jesús como Su hijo.

3. La Divina Religión, que había sido revelada a los Profetas de varias naciones y pueblos en esencia era la misma, pero con el paso del tiempo su mensaje ha sido malinterpretado y se fusionó con supersticiones y se ha degenerado en prácticas mágicas y rituales sin sentido. El concepto de Dios, el mismo núcleo de la Religión, se ha degradado y corrompido debido a (1) la tendencia antropomórfica de convertir a Dios en un ser con una forma y pasiones humanas; (2) la deificación de los ángeles; (3) la asociación de otras personalidades con la Divinidad del Único Dios (como en el Hinduismo y el Cristianismo); (4) considerar a los Profetas o a algunas personas devotas como encarnaciones de Dios (por ejemplo: Jesucristo en la Cristiandad, Buda en el Budismo, Mahayana, Krishna y Rama en el Hinduismo), y (5) la personificación de los Atributos de Dios como personas Divinas separadas (por ejemplo: La «Trinidad» cristiana del Padre, el Hijo y el Espíritu Santo y la «Trimurti» Hindú de Brama, Vishnu y Shiva). El bendito Profeta del Islam, Muhammad, la paz y las bendiciones sean con él, rechazó todas las tendencias teológicas antes mencionadas y restauró el concepto de Dios a su prístina pureza como el Único Creador, Sustentador, y Maestro de toda la creación (Ezzati, 57-60).

Tawhid es la concepción más elevada de deidad, el conocimiento del cual Dios ha enviado a la humanidad en todas las épocas a través de Sus Profetas. Era el mismo conocimiento que trajeron a la humanidad todos los Profetas, incluyendo a Moisés, Jesús y el profeta Muhammad, la paz sea sobre ellos. La gente pasó a ser culpable de politeísmo o la adoración de ídolos tras la muerte de sus Profetas sólo porque se habían desviado de las enseñanzas puras de los Profetas. Confiaron en su propio razonamiento erróneo, en sus falsas percepciones, e interpretaciones parciales para satisfacer sus lujurias y su codicia, lo cual no hubieran podido realizar con un sistema basado en *Tawhid*, en el cual hubieran tenido que obedecer las órdenes del Único Dios Supremo.

Se informa que «El más destacado en la Religión», 'Ali ibn Abi Talib, el Cuarto Califa, dijo: «El conocimiento acerca de Dios, la perfección de dicho conocimiento, es dar testimonio de Él, la perfección de darle testimonio es creer en Su Unicidad, la perfección de creer en Su Unicidad es considerarle a Él como puro y la perfección de Su pureza es negar toda clase de atributos negativos en Él». Es infinito y eterno; es Omnipresente y Autosuficiente. Tal y como se declaró en este *sura*: *«Él es, Dios, el Único de Unicidad Absoluta. Dios, el Eternamente por todo Suplicado (el Cuál no se halla en necesidad de nada). No ha engendrado, ni ha sido engendrado. Y nada ni nadie hay que se pueda comparar con Él».* También: *«La vista no Le abarca, pero Él abarca toda visión»* (6:103). Y *«No hay nada que se asemeje a Él. Él es Quien todo lo Oye, Quien todo lo Ve»* (42:11) De nuevo, en palabras de 'Ali: «Él es un Ser, pero no a través del fenómeno de existir. Existe, pero no desde la inexistencia. Se halla con todo, pero no mediante una cercanía física. Es diferente de todo pero no a través de una separación física. Actúa, pero sin el acompañamiento de los movimientos y los instrumentos. Él es Uno, es tan solo el Único con Quien no existe nadie que Le haga compañía o que Él le eche de menos cuando está ausente" (*an-Nahy al-Balaghah*, «Primer Sermón»).

4. Comentando este *sura*, Said Nursi escribe que este breve *sura*, que el Mensajero de Dios describe como equivalente a una tercera parte del Corán, alberga seis oraciones, tres positivas y tres negativas, que prueban y establecen seis aspectos de la Unidad Divina y rechazan y niegan seis tipos de asociación de copartícipes a Dios. Cada oración tiene dos significados: uno a priori (funcionando como una causa o prueba) y el otro a posteriori (actuando como un efecto o resultado). Eso significa que el *sura* realmente contiene 36 *suras*, cada uno de los cuales formado por una combinación de seis oraciones y cada uno albergando numerosos aspectos. Uno de los *suras* es una premisa o una proposición, y los otros son argumentos que lo apoyan, como es detallado a continuación:

> Di: Él es Dios, porque es el Único de Unicidad Absoluta porque es el Eternamente por todo Suplicado, porque no ha engendrado ni ha sido engendrado, y no hay nadie comparable con Él.
>
> Di: No hay nadie comparable con Él, porque no ha engendrado ni ha sido engendrado, porque es el Eternamente por todo Suplicado, porque es el Único de Unicidad Absoluta, porque Él es Dios.
>
> Di: Él es Dios, por lo tanto es el Único de Unicidad Absoluta, por lo tanto es el Eternamente por todo Suplicado, por lo tanto no ha engendrado ni ha sido engendrado, y por lo tanto no hay nadie comparable con Él.
>
> Y así sucesivamente. De esta manera, hay miles de Coranes dentro del Sagrado Corán [*The Words* («Las Palabras), «The 25th Word» («La 25ª Palabra» págs.393-394].

SURA 113

AL-FALAQ (EL AMANECER)

Período de Medina

Revelado en Medina, consta de 5 versículos, y su título proviene de la palabra *al-falaq* («el amanecer»), hallada en el primer versículo. Nos enseña cómo buscar refugio en Dios ante cada mal al que podemos exponernos.

En el Nombre de Dios,
el Misericordioso, el Compasivo.

1. Di: «Busco refugio en el Señor del amanecer:

2. Del mal de lo que Él ha creado,

3. Del mal de la oscuridad (de la noche) cuando envuelve[1];

4. Y del mal de las brujas que soplan en los nudos (con la intención de hechizar),[2]

5. Y del mal del envidioso cuando envidia».

---

1. Como la oscuridad implica en sentido figurado el mal, una persona puede ser blanco del mal en la oscuridad con más facilidad que durante el día. A su vez, los seres malignos, como los genios incrédulos, normalmente salen cuando la oscuridad se cierne y pasa a ser intensa. Así que los versículos nos previenen contra el mal que puede ser realizado contra nosotros en secreto y al cual podemos estar expuestos en la oscuridad, y que puede ser llevado a cabo por seres invisibles. El contraste en los versículos es muy hermoso en el modo en que se nos ordena buscar refugio en Dios como el Señor del amanecer frente al mal de la oscuridad. El amanecer significa luz, y la luz revela planes secretos; el Islam es la luz de Dios que elimina los velos de la oscuridad en todas las cosas.

2. En particular desde tiempos antiguos, generalmente las mujeres eran quienes se ocupaban de la hechicería y de la brujería; ese es el motivo por el cual este versículo se centra en estas mujeres. Tal y como el Mensajero de Dios, la paz y las bendiciones sean con él, declaró que el mal de ojo es un hecho innegable, así también la hechicería es una realidad irrefutable. Aquellos que niegan la existencia de tales aspectos como los hechizos y la hechicería lo hacen así porque no creen en nada metafísico o todo lo que esté relacionado con la Religión, quizás porque son inconscientes de las realidades más allá del reino físico. El Corán trata (y condena severamente) la hechicería que es practicada para causar una desavenencia entre los cónyuges (2:102). Según el Islam, la hechicería y los hechizos son tan pecaminosos como la falta de fe. Mientras que romper un hechizo es un acto bueno y meritorio, no se debe adoptar y practicar como una profesión. Aunque nuestro Mensajero se encontraba con los genios, les predicaba el Islam, y aceptaba su lealtad, nunca explicó cómo se se podría contactar con ellos o cómo hechizar o romper un hechizo. Sin embargo, enseñó de qué manera los genios se nos acercan y buscan controlarnos, nos indicó cómo protegernos contra su mal, y cómo protegernos contra el mal de ojo.

La manera más segura de protegernos contra los malos espíritus o la hechicería es albergar una fuerte lealtad hacia Dios y Su Mensajero. Esto requiere seguir estrictamente los principios del Islam. Además, nunca deberíamos dejar de rezar, pues la plegaria es un arma contra la hostilidad, nos protege del daño, y nos ayuda a alcanzar nuestros objetivos. El Mensajero nos aconseja recitar este *sura* y el siguiente para protegernos contra dichos males y encontrarnos a salvo de ellos. (Para una explicación más detallada al respecto, véase la obra de M. Fethullah Gülen, *Fundamentos de la Fe Islámica*, pág.94)

Este versículo también sugiere buscar refugio en Dios de los males planeados y practicados en secreto y por enemigos secretos, como por ejemplo agentes extranjeros o servicios de inteligencia.

SURA 114

AN-NAS

(LOS SERES HUMANOS)

Período de Medina

Este *sura* de 6 versículos fue revelado en Medina. Su título procede de la palabra *an-nas* («los seres humanos»), hallada en el primer versículo. Nos enseña cómo buscar refugio en Dios para hacer frente a las estratagemas secretas por parte de Satanás o seres similares.

En el Nombre de Dios,

el Misericordioso, el Compasivo.

1. Di: «Busco refugio en el Señor de los seres humanos,

2. El Soberano de los seres humanos;

3. La Deidad de los seres humanos,

4. Del mal del susurrador (Satanás) que se escabulle,

5. Quien susurra en los corazones de los seres humanos,

6. De entre los genios y los seres humanos»[1].

1. Este *sura* nos enseña a estar continuamente en alerta ante las tentaciones y estratagemas secretas de Satanás y gente semejante a él (Véase 6:112). Con todos los medios a su disposición, harán lo imposible para extraviarnos del camino de Dios hacia sus propios caminos de mal, con la intención de cometer pecados, difundir la disensión entre nosotros, y llevar a cabo actos que nos causen daño en este mundo y en el Más Allá. La mejor manera de estar protegidos contra sus astucias y tentaciones es creer en Dios como nuestro Señor (Creador, Sustentador, Maestro) y Absoluto Soberano, Quien posee el derecho absoluto para gobernarnos, y Quien, como la única Deidad, tiene el derecho exclusivo de ser adorado. Entonces, debemos actuar según esta fe. (En relación con algunas de las maneras en las que Satanás se aproxima a nosotros *con la intención de extraviarnos*, véase el *sura* 7:17, nota número 2.)

هٰذَا دُعَاءُ خَتْمِ الْقُرْاٰنِ الْكَرِيمِ

بِسْمِ اللّٰهِ الرَّحْمٰنِ الرَّحِيمِ

اَلْحَمْدُ لِلّٰهِ رَبِّ الْعَالَمِينَ ۝ وَالْعَاقِبَةُ لِلْمُتَّقِينَ ۝ وَلَا عُدْوَانَ
اِلَّا عَلَى الظَّالِمِينَ ۝ وَالصَّلٰوةُ وَالسَّلَامُ عَلٰى رَسُولِنَا مُحَمَّدٍ وَاٰلِهٖ
وَصَحْبِهٖ اَجْمَعِينَ ۝ اَللّٰهُمَّ رَبَّنَا يَا رَبَّنَا تَقَبَّلْ مِنَّا اِنَّكَ
اَنْتَ السَّمِيعُ الْعَلِيمُ ۝ وَتُبْ عَلَيْنَا يَا مَوْلٰينَا اِنَّكَ اَنْتَ التَّوَّابُ
الرَّحِيمُ ۝ وَاهْدِنَا وَوَفِّقْنَا اِلَى الْحَقِّ وَاِلٰى طَرِيقٍ مُسْتَقِيمٍ
بِبَرَكَةِ الْقُرْاٰنِ الْعَظِيمِ ۝ وَبِحُرْمَةِ مَنْ اَرْسَلْتَهُ رَحْمَةً لِلْعَالَمِينَ
وَاعْفُ عَنَّا يَا كَرِيمُ وَاعْفُ عَنَّا يَا رَحِيمُ وَاغْفِرْ لَنَا ذُنُوبَنَا
بِفَضْلِكَ وَكَرَمِكَ يَا اَكْرَمَ الْاَكْرَمِينَ ۝ اَللّٰهُمَّ زَيِّنَّا
بِزِينَةِ الْقُرْاٰنِ وَاَكْرِمْنَا بِكَرَامَةِ الْقُرْاٰنِ وَشَرِّفْنَا
بِشَرَافَةِ الْقُرْاٰنِ وَاَلْبِسْنَا بِخِلْعَةِ الْقُرْاٰنِ ۝ وَاَدْخِلْنَا
الْجَنَّةَ بِشَفَاعَةِ الْقُرْاٰنِ ۝ وَعَافِنَا مِنْ كُلِّ بَلَاءِ
الدُّنْيَا وَعَذَابِ الْاٰخِرَةِ بِحُرْمَةِ الْقُرْاٰنِ ۝

اَللّٰهُمَّ اجْعَلِ الْقُرْاٰنَ لَنَا فِى الدُّنْيَا قَرِينًا وَفِى الْقَبْرِ
مُونِسًا وَفِى الْقِيٰمَةِ شَفِيعًا وَعَلَى الصِّرَاطِ نُورًا وَفِى الْجَنَّةِ
رَفِيقًا وَمِنَ النَّارِ سِتْرًا وَحِجَابًا ۞ وَاِلَى الْخَيْرَاتِ كُلِّهَا
دَلِيلًا وَاِمَامًا ۞ بِفَضْلِكَ وَجُودِكَ وَكَرَمِكَ يَا كَرِيمُ
اَللّٰهُمَّ اهْدِنَا بِهِدَايَةِ الْقُرْاٰنِ وَنَجِّنَا مِنَ النِّيرَانِ
بِكَرَامَةِ الْقُرْاٰنِ وَارْفَعْ دَرَجَاتِنَا بِفَضِيلَةِ الْقُرْاٰنِ
وَكَفِّرْ عَنَّا سَيِّئَاتِنَا بِتِلَاوَةِ الْقُرْاٰنِ يَا ذَا الْفَضْلِ وَالْاِحْسَانِ
اَللّٰهُمَّ طَهِّرْ قُلُوبَنَا وَاسْتُرْ عُيُوبَنَا وَاشْفِ مَرْضٰينَا وَاقْضِ
دُيُونَنَا وَبَيِّضْ وُجُوهَنَا وَارْفَعْ دَرَجَاتِنَا وَارْحَمْ اٰبَاۤئِنَا
وَاغْفِرْ اُمَّهَاتِنَا وَاَصْلِحْ دِينَنَا وَدُنْيَانَا وَشَتِّتْ شَمْلَ اَعْدَاۤئِنَا
وَاحْفَظْ اَهْلَنَا وَاَمْوَالَنَا وَبِلَادَنَا مِنْ جَمِيعِ الْاٰفَاتِ وَ
الْاَمْرَاضِ وَالْبَلَايَا وَثَبِّتْ اَقْدَامَنَا وَانْصُرْنَا عَلَى الْقَوْمِ
الْكَافِرِينَ بِحُرْمَةِ الْقُرْاٰنِ الْعَظِيمِ ۞ اَللّٰهُمَّ بَلِّغْ وَاَوْصِلْ
ثَوَابَ مَا قَرَاْنَاهُ وَنُورَ مَا تَلَوْنَاهُ بَعْدَ الْقَبُولِ مِنَّا هَدِيَّةً اِلٰى
رُوحِ سَيِّدِنَا مُحَمَّدٍ صَلَّى اللّٰهُ تَعَالٰى عَلَيْهِ وَسَلَّمَ وَاِلٰى اَرْوَاحِ

جَمِيعِ اِخْوَانِهِ مِنَ الْاَنْبِيَآءِ وَالْمُرْسَلِينَ ۞ صَلَوَاتُ اللّٰهِ وَسَلَامُهُ
عَلَيْهِمْ اَجْمَعِينَ ۞ وَاِلٰى اَرْوَاحِ اٰلِهِ وَاَوْلَادِهِ وَاَزْوَاجِهِ وَ
اَصْحَابِهِ وَاَتْبَاعِهِ وَجَمِيعِ ذُرِّيَّاتِهِ رِضْوَانُ اللّٰهِ تَعَالٰى
عَلَيْهِمْ اَجْمَعِينَ ۞ وَاِلٰى رُوحِ اُسْتَاذِنَا وَاَرْوَاحِ جَمِيعِ
طُلَّابِهِ وَاِخْوَانِهِ ۞ وَاِلٰى اَرْوَاحِ اٰبَآئِنَا وَاُمَّهَاتِنَا وَاِخْوَانِنَا
وَاَخَوَاتِنَا وَاَوْلَادِنَا وَاَقْرِبَاۤئِنَا وَاَحِبَّآئِنَا وَاَصْدِقَآئِنَا وَ
اَسَاتِيذِنَا وَمَشَايِخِنَا وَلِمَنْ كَانَ لَهُ حَقٌّ عَلَيْنَا ۞ وَاِلٰى اَرْوَاحِ
جَمِيعِ الْمُؤْمِنِينَ وَالْمُؤْمِنَاتِ وَالْمُسْلِمِينَ وَالْمُسْلِمَاتِ الْاَحْيَآءِ مِنْهُمْ
وَالْاَمْوَاتِ يَا قَاضِيَ الْحَاجَاتِ وَيَا مُجِيبَ الدَّعَوَاتِ اِسْتَجِبْ دُعَاءَنَا
بِرَحْمَتِكَ يَا اَرْحَمَ الرَّاحِمِينَ وَسَلَامٌ عَلَى الْمُرْسَلِينَ
وَالْحَمْدُ لِلّٰهِ رَبِّ الْعَالَمِينَ

APÉNDICES

APÉNDICE 1

EL PROFETA MUHAMMAD EN LA BIBLIA

Todos los Profetas anteriores predijeron la venida del profeta Muhammad, la paz y las bendiciones sean con él. Aún podemos encontrar indicaciones de esto en la Tora, los Salmos y los Evangelios. He aquí algunos ejemplos:

- Y el Señor me dijo a mí: «Bien está lo que han dicho. Yo les suscitaré, de en medio de sus hermanos, un Profeta semejante a ti, pondré Mis palabras en su boca, y él les dirá todo lo que Yo le mande. Si alguno no escucha Mis palabras, las que ese Profeta pronuncie en Mi Nombre, Yo mismo le pediré cuentas de ello» (*Deuteronomio*, 18:17-19).

Se entiende claramente de estos versículos que lo que quiere decir por «de en medio de sus hermanos, un Profeta semejante a ti», es un Profeta que vendrá del linaje de Ismael, la paz sea con él, ya que Ismael es el hermano de Isaac, la paz sea con él, quien es el antecesor de la gente de Moisés, los Hijos de Israel. El único Profeta que vino del linaje de Ismael después de Moisés, la paz sea con él, y se pareció a él en muchos aspectos, por ejemplo, en traer una nueva ley y luchar con sus enemigos, es el profeta Muhammad, la paz y las bendiciones sean con él. También, el versículo de la Biblia, «No ha vuelto a surgir en Israel un Profeta como Moisés, a quien el Señor trataba cara a cara», (*Deuteronomio*, 34:10) claramente declara que ningún Profeta como Moisés apareció nunca entre los israelitas. El Corán señala el mismo hecho: *Sin duda os hemos enviado (Oh pueblo) un Mensajero, un testigo en vuestra contra, precisamente como enviamos un Mensajero al Faraón* (73:15).

La frase, «pondré Mis palabras en su boca; y él les dirá todo lo que Yo le mande», en los versículos del *Deuteronomio* citado arriba, significa que el Profeta prometido será iletrado y dirá lo que se le revela a él. Dios reafirma lo mismo en el Corán (53:3-4): *No habla por sí mismo, por su propio deseo. Eso (que os transmite) no es sino una Revelación que se le reveló a él.*

- El Señor vino del Sinaí, brilló para ellos desde Seír; resplandeció desde el monte Parán (*Deuteronomio*, 33:2).

Esto se refiere a la Misión Profética de Moisés, Jesús y Muhammad respectivamente, la paz sea con ellos. Sinaí es el lugar donde el profeta Moisés, la paz sea con él, habló con Dios y recibió la Tora. Seír, un lugar en Palestina, es donde el profeta Jesús, la paz sea con él, recibió la Revelación Divina. En cuanto a Parán, se menciona en la

Tora (*Génesis*, 21:19-21) como el área en el desierto en donde Hagar fue dejada por su marido Abraham, la paz sea con él, para que viviera con su hijo, Ismael, por la orden de Dios. El pozo de Zamzam apareció allí mismo. Como está expuesto explícitamente en el Corán (14:35-37), Abraham dejó a Hagar e Ismael, la paz sea con él, en el valle de La Meca, el cual era entonces un lugar despoblado en la cordillera de Paran.

- El versículo en Deuteronomio continúa:

> Con él las miríadas de Cadés, Ley de fuego en su diestra para ellos.

Este versículo se refiere al Profeta prometido, Muhammad, la paz y las bendiciones sean con él, quien tendría numerosos Compañeros del grado más alto de santidad. La ley es su *Shari'ah*, y su representación como «fuego» se refiere al hecho de que al Profeta prometido le sería permitido luchar contra sus enemigos.

- Sin duda Dios dijo a Abraham: «Hagar dará a luz a niños. Aparecerá de entre sus hijos uno cuya mano estará sobre todas, y las manos de todos los otros estarán abiertas a él en reverencia».

Aunque esto no existe palabra por palabra en las versiones actuales de la Biblia, es registrado por 'Ali al-Qari en su obra *Sharh as-Shifa*, 1:743. Sin embargo, leemos en la Biblia los versículos siguientes:

> También del hijo de la criada haré una gran nación, por ser descendiente tuyo (*Génesis*, 21:13). (Hagar,) ¡Arriba!, levanta al chico y tenle de la mano, porque he de convertirle en una gran nación (21:18).

Estos versículos se refieren explícitamente a los descendientes de Ismael, la paz sea con él. Se convirtieron en una gran nación solo después de la Misión Profética de Muhammad, la paz y las bendiciones sean con él.

Por otra parte, las versiones actuales de la Biblia registran que el hijo al cual Dios ordenó a Abraham sacrificar era Isaac, la paz sea con él (Génesis, 22:2). Sin embargo, como se ha discutido y demostrado en el *sura* 37, nota 13, basándose en la Biblia misma, este hijo era en realidad Ismael, la paz sea con él, el hermano mayor de Isaac. Así pues, los siguientes versículos, donde el Génesis registra a Dios hablando con Abraham, la paz sea con él, después de que se haya sometido a la prueba de sacrificar a su hijo, deben referirse también a los descendientes y a la comunidad de Muhammad, la paz y las bendiciones sean con él, y así confirman las citas anteriores de 'Ali al-Qari:

> ... que por haber hecho esto, por no haberme negado tu hijo, tu único, Yo te colmaré de bendiciones y acrecentaré muchísimo tu descendencia como las estrellas del cielo y como las arenas de la playa, y se adueñará tu descendencia de la puerta de sus enemigos. Por tu descendencia se bendecirán todas las naciones de la Tierra, en pago de haber obedecido tú Mi voz (*Génesis*, 22:16-18).

- Este es mi Servidor, a quien yo sostengo, mi elegido, en quien se complace mi alma. Yo he puesto mi espíritu sobre él para que lleve el derecho a las naciones. Él no gritará, no levantará la voz ni la hará resonar por las calles. No romperá la caña quebrada ni apagará la mecha que arde débilmente. Expondrá el dere-

> cho con fidelidad; no desfallecerá ni se desalentará hasta implantar el derecho en la Tierra, y las costas lejanas esperarán su Ley (*Isaías*, 42:1-4).

Aunque estos versículos en Isaías son entendidos por los cristianos como «profecías» de Jesús en los Evangelios, las predicciones que contienen se refieren al profeta Muhammad y al Islam. Ya que Jesús no trajo una ley, ni pretendió establecer el Cristianismo en la Tierra, ni implantó la justicia en la Tierra de modo que las costas lejanas deban esperar su ley. En cuanto a la ley, él siguió el Antiguo Testamento, con la excepción de que hizo algunas cosas ilícitas en el Antiguo Testamento lícitas por la orden de Dios. Y son los Evangelios que relatan de Jesús, la paz sea con él, que no ha sido enviado sino «a las ovejas perdidas de la casa de Israel» (*Mateo*, 15:24). Él también dijo claramente a sus doce discípulos, «No toméis camino de Gentiles ni entréis en ciudad de samaritanos; dirigíos más bien a las ovejas perdidas de la casa de Israel» (*Mateo*, 10:5-6). Además, estos versículos se parecen mucho al siguiente versículo el cual 'Abdullah ibn 'Amr ibn al-'As, quien realizó estudios exhaustivos sobre Libros Divinos anteriores, 'Abdullah ibn Salam, que fue el primero en abrazar el Islam de entre los famosos eruditos judíos, y el renombrado erudito Ka'b ibn al-Ajbar, de entre los eruditos más destacados de los israelitas, dijeron que habían visto en la Tora:

> ¡Oh Profeta! Te hemos enviado a la humanidad como portador de buenas nuevas, como apoyo y refugio para la gente común y corriente, aquel que les previene. Eres Mi siervo y Mensajero. Te he llamado Mutawakkil —aquel que deposita su confianza en Dios—. Él no es un grosero, un petulante ni una persona enojada, tampoco grita en las calles. No repele el mal con el mal; por el contrario, disculpa y perdona. Dios no lo hará morir antes de que él dirija la nación desviada al camino recto declarando que no hay más deidad que Dios (al-Bujari, «Buyu'», 50; Ibn Hanbal, 2:174).

- Jesús les dice: «¿No habéis leído nunca en las Escrituras: "La piedra que los constructores desecharon, en piedra angular se ha convertido; fue el Señor quien hizo esto y es maravilloso a nuestros ojos"? Por eso os digo: Se os quitará el Reino de Dios para dárselo a un pueblo que rinda sus frutos. Y el que cayere sobre esta piedra se destrozará, y a aquel sobre quien cayere, le aplastará» (*Mateo*, 21:42-4).

La «piedra angular» mencionada en los versículos no puede ser el profeta Jesús, la paz sea con él, porque los versículos se refieren a las victorias aplastantes que los seguidores de la «piedra angular» ganarán contra sus enemigos. Ninguna gente se destrozó o fue aplastada alguna vez por haber resistido al Cristianismo. El Cristianismo ganó terreno contra el Imperio Romano solamente después de que haya hecho importantes compromisos con los ritos y los estilos de la vida romanos. El dominio occidental por todo el mundo vino después del triunfo del pensamiento científico sobre la perspectiva dogmática de la naturaleza de los cristianos medievales, y fue realizado en la forma del colonialismo. Al contrario, el Islam gobernó casi la mitad del «Viejo Mundo» durante muchos siglos como una religión en su pureza original, y sus enemigos muchas veces fueron derrotados ante él. Es, otra vez, el Islam que está creciendo como una religión pura y auténtica y como un estilo de vida a la misma vez, y la cual es la esperanza de la salvación para la humanidad. Más que eso, el profeta Jesús mismo se refiere a este hecho indicando explícitamente que el Reino de Dios será quitado a la gente a quien fue enviado y será dado a una gente que rinda sus frutos.

En segundo lugar, en un detalle contundente registrado en un *hadiz* por al-Bujari y Muslim, el profeta Muhammad, la paz y las bendiciones sean con él, se describe a sí mismo como la «piedra angular» que termina el edificio de la Misión Profética.

- Pero yo os digo la verdad: Os conviene que yo me vaya; porque si no me voy, no vendrá a vosotros el Paráclito; pero si me voy, os lo enviaré; y cuando él venga, convencerá al mundo en lo referente al pecado, en lo referente a la justicia y en lo referente al juicio (*Juan*, 16:7-8).

En estos versículos, el profeta Muhammad, la paz y las bendiciones sean con él, es referido originalmente como *Paráclito*. Según el diccionario de la Real Academia Española, Paráclito deriva de la palabra *parakletus*, que significa «intercesor, abogado». No obstante Abidin Pasha, erudito del siglo XIX de Yanya, Grecia, quien sabía el griego muy bien y cuyos trabajos fueron muy ensalzados en la literatura griega por las autoridades griegas, escribe que su verdadero origen griego significa Ahmad, «aquel quien es muy elogiado» (al-Jisri, 59). Realmente, la palabra *Parakletus* es derivada de la palabra griega *Períklytos* y significa Ahmad. El Corán también indica que Jesús predijo al profeta Muhammad con el nombre Ahmad, un sinónimo de Muhammad (61:6). Los cristianos afirman que Jesús, la paz sea con él, empleó la palabra Paráclito para el Espíritu Santo. Sin embargo, las funciones o los atributos de interceder, defender o abogar se refieren a los principales atributos del profeta Muhammad, la paz y las bendiciones sean con él, no al Espíritu Santo. Aumentando la confusión, los traductores del Evangelio sustituyen «Paráclito» por diversos términos algo contradictorios. Por ejemplo, lo traducen como «Consejero» (Nueva Versión Internacional por *International Bible Society* —«Sociedad Bíblica Internacional»— distribuida por Gideon International), «Ayudante» (Sociedad Bíblica Americana), «Consolador» (The Company of the Holy Bible —«Compañía de la Santa Biblia»—), y otros semejantes términos. Ninguno de estos, que han afirmado que se refiere al Espíritu Santo, nunca ha establecido si el Espíritu Santo ha venido y ha hecho lo que Jesús dijo que hiciera. Además, Jesús da las buenas nuevas de alguien que va a venir no sólo como un Paráclito sino también como «el Espíritu de la verdad», junto con muchas otras funciones, que deben pertenecer a un Profeta y no a un espíritu», como se ve en los siguientes versículos:

> Cuando venga el Paráclito, que yo os enviaré de junto al Padre, el Espíritu de la verdad, que procede del Padre, él dará testimonio de mí. (*Juan*, 15:26).
>
> Mucho tengo todavía que deciros, pero ahora no podéis con ello. Cuando venga él, el Espíritu de la verdad, os guiará hasta la verdad completa; pues no hablará por su cuenta, sino que hablará lo que oiga, y os anunciará lo que ha de venir (*Juan*, 16:12-14).

Era también el profeta Muhammad quien dio testimonio de Jesús, la paz sea con él, trajo gloria a él declarando su Misión Profética contra la negación de los judíos y de la falsa deificación de él por los cristianos restituyendo su religión a su pureza prístina a través del Libro que él trajo.

- Y este fue el testimonio de Juan, cuando los judíos enviaron desde Jerusalén sacerdotes y levitas a preguntarle: «¿Quién eres tú?». Él confesó, y no negó; confesó: «Yo no soy el Cristo». Y le preguntaron: «¿Qué pues?; ¿Eres tú Elías?». Él dijo: «No lo soy». «¿Eres tú ese Profeta?». Respondió: «No». Entonces le dijeron: «¿Quién eres, pues, para que demos respuesta a los que nos han enviado? ¿Qué dices de ti mismo?». Dijo él: «Yo soy la voz del que clama en el desierto: «Rectificad el camino del Señor, como dijo el profeta Isaías» (*Juan*, 1:19:23).

Como se entiende de este pasaje, los Hijos de Israel esperaron la venida del Cristo (Mesías), Elías y otro profeta (*ese Profeta*), quien debe haber sido conocido y quien fue esperado por todo el mundo en aquel entonces. Así que, *ese Profeta* esperado era obviamente, y apareció como, el profeta Muhammad, la paz y las bendiciones sean con él. Ya que ningún otro Profeta apareció después de Jesús, la paz sea con él. No puede ser el profeta Juan, la paz sea con él, porque ya había sido elegido para la Misión Profética antes de que Jesús anunciara su misión.

Apéndice 2

EL ISLAM Y LA GUERRA, Y LOS FACTORES PRINCIPALES EN LA EXTENSIÓN DEL ISLAM

Algunos han criticado el Islam porque reconoce la guerra e incluso la ordena para poner fin a la dominación de la injusticia y tiranía; para salvar a los oprimidos; y para establecer un ambiente sociopolítico tolerante donde el Islam se puede practicar libremente y que todo el mundo sea libre para practicar su propia religión. La crítica es enteramente injusta en la medida en que, aunque no en muchas palabras, parece que se discute que el Islam introdujo la guerra en la historia humana. La crítica es especialmente impropia cuando es expresada por los seguidores del Cristianismo: ya que aunque no hay un mandamiento específico en los Evangelios para permitir o prohibir la guerra —los Evangelios no se pronuncian y no presentan ninguna regla para instigar a la guerra ni para su conducta o contención— la historia occidental está llena de ejemplos de guerras extremadamente sangrientas, amplias en ámbito y crueles en su intensidad, las cuales fueron llevadas en nombre del Cristianismo. De hecho, el Cristianismo fue empleado a menudo por las potencias occidentales en siglos anteriores para facilitar una razón y medios para la colonización de dos tercios de la población y los recursos mundiales. La crítica es también totalmente impropia cuando es expresada por los seguidores del Judaísmo, ya que la historia judía también, es en gran parte una crónica de conflictos y de guerras por motivos religiosos, y el Antiguo Testamento es explícito en autorizar la guerra. En cuanto a otras comunidades de fe, tales como aquellas en el sur, este y sudeste de Asia, sus seguidores sin duda tampoco se han abstenido de hacer la guerra. Sin embargo al final, los poderes impulsores detrás del «mundo moderno secularizado», los cuales permiten e incluso promueven la guerra al servicio de gobernantes individuales, naciones, e incluso intereses comerciales —más que al de Dios— han causado más derramamientos de sangre y destrucción durante los últimos cien años que todos los conflictos religiosos sumados, durante toda la historia humana hasta entonces.

Parte del mismo significado de la palabra *Islam* es paz; por lo tanto, el Islam prefiere la paz, la desea e intenta establecerla por todo el mundo. Sin embargo, la guerra es una realidad de la historia humana, una manifestación en la vida colectiva del ser humano resultado de la interna condición de aquellos que no han podido lograr excelencia en la mente, el corazón (espíritu) y la conducta. O es una manifestación de la guerra entre el espíritu y el alma carnal, o entre Satanás y la perfectibilidad de la naturaleza humana. Lo importante y necesario, por lo tanto, en lugar de negar la realidad de la guerra de una manera inútilmente idealista, es establecer reglas para hacer la guerra justa, respecto a sus motivos y propósitos, así como sus medios y conducta, para contener el daño de la misma, y el bien en ella puede beneficiar a la gente en general. Entonces la guerra puede ser, aunque nada deseable en sí, más bien algo capaz de servir (contra la corrupción) un deseable fin, como disciplinar y adiestrar el cuerpo para mejorar su fuerza o habilidad, o hacer una operación necesaria para devolver la salud a alguien, o administrar sobre un criminal el castigo debido por la disuasión y la salud del ambiente moral. Precisamente tal disciplina de los medios y fines de la guerra es lo que ha hecho el Islam.

Los versículos no ordenan la guerra, sino que la permiten a condición de que sea en la causa de Dios y para propósitos defensivos. También exigen que los límites establecidos por Dios no deban ser excedidos. Esos límites son relacionados con la intención y la práctica a la misma vez. Por ejemplo, el Islam no permite la guerra para motivos tales como la conquista o el saqueo, ni para satisfacer una codicia de venganza, o por una cierta ventaja material, o para satisfacer ideologías racistas. El Islam no trata de obligar a cualquier persona que cambie su fe. Al contrario, busca un ambiente donde todo el mundo sea libre para aceptar la fe libremente. El Islam también ha establecido limitaciones en la conducta de las relaciones antes, durante, y después del conflicto; por ejemplo:

- No traicionéis ningún acuerdo al cual hayáis llegado.
- No saqueéis.
- No cometáis injusticias ni torturéis.
- No toquéis a los niños, a las mujeres, a los ancianos, o a otros no combatientes del enemigo.
- No destruyáis las huertas o tierras cultivadas.
- No matéis el ganado.
- Tratad con respeto a personas religiosas las cuales viven en ermitas o conventos, y perdonad sus edificios (Ibn al-Azir, 3:227).

Debemos también señalar aquí que la gente ha abrazado el Islam en gran número durante muchos siglos y en condiciones muy diversas (desde las cumbres de la superioridad política y militar hasta las profundidades de la caída y el sometimiento militar), mientras que poca gente lo ha dejado para aceptar otra fe. En parte debido a la dificultad psicológica que este éxito ha provocado en aquellos que no lo desean, y en parte debido a los prejuicios derivados de la ignorancia sobre el Islam, combinado con la convicción dogmática sobre la superioridad de una cultura sobre otra, algunos individuos han aseverado que el Islam es una religión de la espada la cual fue divulgada por la fuerza de la espada. Sin embargo, esta aseveración ha sido refutada constantemente por los investigadores occidentales estudiosos e imparciales que han rechazado unánimemente tales argumentos como simplemente el resultado del prejuicio cultural:

> Muchos han intentado contestar a la cuestión de por qué el triunfo del Islam fue tan rápido y completo. ¿Por qué tantos millones han abrazado la religión del Islam y apenas cien se han retractado? Algunos han intentado explicar el primer éxito aplastante del Islam por el argumento de la espada. Se olvidan de la respuesta lacónica de Carlyle. «Primero tomad la espada». Debes ganar los corazones de las personas antes de que puedas inducirles a que arriesguen sus vidas para ti; y los primeros conquistadores del Islam deben haber sido musulmanes antes de que se hicieran combatientes en el camino de Dios.
>
> En todas estas explicaciones la religión en sí se ha omitido. Sin duda, el Islam mismo era la causa principal de su triunfo. El Islam no sólo era inmediatamente aceptado (por mucha gente y razas) en Arabia, Siria, Persia, Egipto, África del Norte y España en su primera expansión, y con la única excepción de la brillante civilización de la España islámica, ahora desaparecida, nunca ha cedido terreno; ha sido extendido desde que haya surgido. Admitiendo las causas mezcladas que contribuyeron a la rapidez de la primera extensión rápida del Islam, ellos no justifican la duración del Islam. Debe haber algo en la religión en sí para explicar su persistencia y extensión, y para explicar su dominio actual sobre una proporción muy grande de los habitantes en el mundo... El Islam provocó un entusiasmo que nunca ha sido superado. El Islam ha tenido sus mártires, sus penitentes, sus ermitaños, que han renunciado a toda esa vida ofrecida y han aceptado la muerte con una sonrisa por la fe que estaba dentro de ellos mismos [Ezzati, citando de Stanley Carril-Poole, *Study in a Mosque* («Estudio en una mezquita»), págs. 86-89].

El Islam se ha extendido por su contenido religioso y valores, y «su poder de apelación y la capacidad de satisfacer las necesidades espirituales y materiales de la gente que seguían culturas totalmente extranjeras a sus conquistadores musulmanes». Entre otros factores importantes está la tolerancia que el Islam ha demostrado a la gente de otras religiones, la ausencia de una jerarquía eclesiástica, la libertad intelectual, la equidad y la justicia que el Islam exige y por las cuales los musulmanes han luchado durante siglos, los valores éticos que propaga el Islam, su carácter abarcador y su universalismo, así como su humanidad y hermandad. Además, el activismo de los sufíes, la superioridad moral de los comerciantes musulmanes, el principio de «imponer el bien», y el dinamismo y la magnificencia de la civilización islámica, todos contribuyeron a la extensión del Islam.

Las cualidades que principalmente atrajeron a la gente al Islam eran y todavía son las siguientes:

- la simplicidad de sus doctrinas basadas en la Unidad Divina más absoluta y pura;
- la racionalidad de las enseñanzas islámicas;
- la armonía entre los ideales y valores islámicos y la conciencia humana natural;
- el carácter abarcador y exhaustivo del Islam como un estilo de vida que cubre todos los aspectos del ser individual y colectivo ya sea físico, mental y espiritual, y la armonía consiguiente entre la religión y la vida vivida dentro de su ámbito y jurisdicción;

- la falta del formalismo y de la mediación en sus ritos y doctrinas;
- la viveza, el dinamismo y la resistencia del credo islámico, su creatividad y universalidad, y su compatibilidad con hechos científicos establecidos;
- la cohesión y armonía internas de los principios islámicos, y la factibilidad y la práctica de lo mismo en la vida cotidiana;

A. J. Arberry ha señalado que la razón de la extensión del Islam es el mismo Islam y sus valores religiosos [*Aspects of Islamic Civilization* («Aspectos de la civilización islámica»), pág. 12]. Él indica: «La rapidez de la extensión del Islam, perceptible por las provincias extensas que habían sido cristianas durante mucho tiempo, es un hecho crucial de la historia... La sublime retórica del Corán, esta sinfonía inimitable, los mismos sonidos del cual hace a las personas llorar y les extasía...». Él continúa: «Esto, y la urgencia del mensaje simple llevado, tiene la clave del misterio de uno de los cataclismos más grandes de la historia de la religión. Cuando todos los factores militares, políticos y económicos están agotados, el impulso religioso debe ser todavía reconocido como el más vital y duradero».

El renombrado erudito Brockelman, quien es generalmente un comentarista poco simpatizante del Islam, también reconoce los valores religiosos del Islam como el factor principal para la extensión del Islam y sugiere que el monoteísmo islámico, en gran parte, es la base del poder de ganar prosélitos del Islam [*History of the Islamic Peoples* («Historia de los pueblos islámicos»), pág. 37]. Rosenthal dijo lo siguiente:

> El factor más importante para la extensión del Islam es la ley religiosa del Islam (es decir la Shari'ah, la cual es un modo de pensar y vivir inclusivo, completo, sumamente comprensivo) que fue diseñada para abarcar todas las manifestaciones de la vida [*Political Thought in Medieval Islam*, («Pensamiento político en el Islam medieval»), pág. 21]

La tolerancia del Islam está especialmente relacionada con una explicación de por qué se extendió. Otro erudito distinguido, Toynbee, elogia la tolerancia musulmana hacia la Gente del Libro, después de compararla con las actitudes de los cristianos hacia los musulmanes y judíos en sus tierras [*An Historian's Approach to Religion* («Una aproximación a la religión de un historiador»), pág. 246]. En cambio, Trevor Ling atribuye la extensión del Islam a la credibilidad de sus principios, su tolerancia, su persuasión y otros elementos atractivos [*A History of Religion* («Una historia de la religión»), pág. 330]. Makarios, patriarca ortodoxo de Antioquia en el siglo XVII, comparó el tratamiento severo recibido por los rusos de la Iglesia Ortodoxa a manos de los papas católicos con la actitud tolerante hacia los cristianos ortodoxos por el Gobierno Otomano, y rezó por los sultanes (Ling, pág. 331). (Para todas éstas y varias citas similares, véase Ezzati, 2-35)

Esto no es de ninguna manera el único ejemplo de los seguidores de otras religiones que prefieren el gobierno islámico al de sus correligionarios. Los cristianos ortodoxos de Bizancio expresaron abiertamente su preferencia por el turbante otomano en Estambul a las mitras de los cardenales católicos. Hans Barth escribió que los musulmanes turcos permitieron que los seguidores de diversas religiones realizaran sus deberes y rituales religiosos, y que los súbditos cristianos del Sultán otomano eran más libres para vivir sus propias vidas que los cristianos que vivieron bajo el gobierno de cualquier secta rival cristiana (*Le Droit du Croissant*, pág. 143). Y por su parte, Popescu Ciocanel rinde homenaje a los turcos musulmanes indicando que fue afortunado para el pueblo rumano que vivieran bajo el gobierno de los turcos en lugar del de los rusos o de los austriacos ya que, si no, «ningún vestigio de la nación rumana hubiera permanecido (*Revue du Monde Musulman*)». (Para ambas citas, véase Djevad, págs. 71-72, 91)

Un episodio histórico relatado por Balazuri, un famoso historiador musulmán, cuenta cuán satisfechos los pueblos nativos estaban con sus conquistadores musulmanes:

> Cuando Heraclio concentró a sus tropas contra los musulmanes, y los musulmanes oyeron que venían para enfrentarse con ellos, devolvieron a los habitantes de Homs el tributo que les habían cobrado, diciendo: «No vamos a poder apoyaros y protegeros. Vais a tener que defenderos vosotros mismos». Pero la gente de Homs contestó: «Vuestro gobierno y justicia es mejor para nosotros que la opresión y la tiranía bajo la que vivíamos antes. Juntaremos nuestras fuerzas a las de vuestro gobernante y defenderemos la ciudad del ejército de Heraclio». Los judíos dijeron: «¡Por la Tora! El gobernador de Heraclio no entrará en la ciudad de Homs a no ser que nos derrote y pase sobre nosotros». Diciendo esto, cerraron las puertas y defendieron la ciudad. Los habitantes de otras ciudades —cristianos y judíos— que habían capitulado hicieron lo mismo. Al final cuando, por la ayuda de Dios, los musulmanes ganaron, abrieron las puertas de sus ciudades, salieron con los cantantes y músicos, y pagaron el tributo (Ezzati, 144).

Apéndice 3

MÁS SOBRE EL ISLAM Y LA GUERRA

Cuando son considerados junto con otros versículos relevantes del Corán, los versículos 1-6 en el *sura* 9 presentan principios importantes relacionados con la perspectiva islámica de la guerra. En resumen:

- El propósito de la guerra no es matar a la gente. Al contrario, el Islam, que da gran valor a la vida y considera matar a una persona inocente igual que matar a toda la humanidad, y salvar la vida de una persona igual que salvar las vidas de toda la humanidad, tiene como objetivo la supervivencia de la humanidad y ayudar a todo el mundo a encontrar la verdad mediante la educación.
- Incluso en la guerra, el Islam está dispuesto a hacer las paces y un tratado con el bando contrario.
- Un gobierno musulmán debe permanecer fiel a cualquier tratado que haya hecho hasta el final de su término.
- Si el bando contrario no cumple el acuerdo, el gobierno musulmán debe declarar públicamente y oficialmente al otro bando que el acuerdo ya no es válido. Aunque puede declarar la guerra tan pronto como el acuerdo pierda su validez, éste debe concederles plazo para que se haga una nueva evaluación de la situación.
- Si el bando contrario continúa sus hostilidades y no cambia su actitud, incluso después del final del término dado, esto significa que un estado de guerra ha empezado.
- Para forzar al enemigo a cesar hostilidades o para derrotarles en la guerra, los musulmanes deben ser poderosos y permanecer firmes. Sin embargo, los musulmanes deben observar siempre las normas de la guerra mencionadas en el anterior Apéndice 2.
- Debería tenerse en cuenta que las expresiones en el *sura* 9, versículo 5, están dirigidas a la gente que emplean la violencia y que, como se puede deducir de la conclusión de ese versículo también, no reconocen ninguna regla o ley y no entienden otro lenguaje que no sea la guerra. Como algunos mandamientos del Código Penal Islámico, estas expresiones son de un carácter disuasorio. La segunda parte del versículo, que menciona el arrepentimiento y el hecho de que Dios es Indulgente y Compasivo, revela el propósito principal del versículo. Además, este versículo también intenta eliminar de La Meca y Medina a los

violentos politeístas bandidos y, por lo tanto, es importante con respecto a la seguridad del centro del Islam.

- Di ninguna manera es la meta del Islam matar a la gente o conquistar tierras a través de la guerra. Por lo tanto, cuando el bando enemigo tiene tendencia hacia la paz y hacer un tratado, los musulmanes también deberían hacer lo mismo. También deben dar asilo a los que lo piden y, sin dañar de ninguna manera la riqueza o a las personas que piden el asilo, llevarlos a un lugar seguro.
- La guerra es un asunto legal entre los estados. El Islam es, ante todo, una religión que ordena la relación entre Dios y el ser humano, y esta relación está basada en la fe sincera. Por lo tanto, sus seguidores principales son los creyentes sinceros. Sin embargo, como una parte de su misión básica, el Islam también ordena la vida individual y social humana. Este es el lado legal del Islam. En términos legales, un musulmán es el que profesa la fe musulmana y asiste a la congregación musulmana de la Oración, y que paga la Limosna Prescrita Purificadora como el cumplimiento del deber financiero de ser un ciudadano musulmán. Es posible que tal persona no sea un creyente, sino un hipócrita. Sin embargo quien profesa la fe y asiste en la congregación musulmana de la Oración y paga la Limosna Prescrita Purificadora no obstante se considera legalmente musulmán. Así que, cuando un individuo o un grupo de personas en guerra con los musulmanes profesa la fe, el estado de guerra debe terminar. Nadie es obligado a creer. De alguien que profesa la fe y vive en una sociedad musulmana se espera que vea la verdad y que sea un creyente sincero. Esta es la razón por la cual, incluso si sabemos que aquel que profesa la fe es, en realidad, un hipócrita, esa persona debe ser tratada como un musulmán mientras él o ella no declare la incredulidad.
- El Islam nunca presentará sus excusas a cualquier otra religión, ideología, o sistema por conceder tal permiso de luchar. Todo lo contrario, todas las otras religiones, ideologías, y sistemas deben una disculpa y un agradecimiento al Islam. El Islam, deseando la paz universal y aceptando la realidad de la historia humana, se da cuenta de que para asegurar la paz a veces se requiere luchar. Como se declara en el Corán, *(Aunque matar es algo ante lo que sentís aversión) el desorden (arraigado en la rebelión contra Dios y en no reconocer ley alguna) es peor que matar* (2:191); y *El desorden (arraigado en la rebelión contra Dios y en no reconocer ley alguna) es mucho más grave y más pecaminoso que matar* (2:217), las condiciones que causan la guerra y el desorden son más graves que matar y, por lo tanto, la guerra, aunque no es intrínsecamente algo deseable, es permitida si eliminará estas condiciones.

La realidad que los eruditos registran es clara. Investigadores conocidos como Graham Fuller e Ian Lesser (Graham E. Fuller, Ian O. Lesser, 41-42), registran que los cristianos muertos a manos de los musulmanes durante catorce siglos de historia islámica fueron menos que los musulmanes muertos a manos de los cristianos tan solo en el siglo XX. El Cristianismo comenzó a atacar al Islam mientras que este último era un cónclave pequeño en Medina. En el octavo año de la *Hégira*, la primera generación de los musulmanes tuvo que enfrentarse a un ejército bizantino de 100.000 soldados en Mu'ta con solo 3.000 guerreros. Un año más tarde, el Mensajero tuvo que reunir toda su fuerza contra ellos; esta batalla fue registrada en la historia como la Campaña de Tabuk y es uno de los temas del *sura* 9. Tres años más tarde, las fuerzas musulmanas y bizantinas se enfrentaron una vez más en Yarmuk, una batalla que terminó en la derrota decisiva de los bizantinos.

En cuanto al Judaísmo y el Cristianismo, algunas citas del Antiguo Testamento son suficientes para ver qué posición tiene la Biblia con respecto a la guerra:

> Sijón salió a nuestro encuentro con todo su pueblo, y nos presentó batalla en Yahás. Y el Señor nuestro Dios nos lo entregó y le derrotamos a él, a sus hijos y a todo su pueblo. Nos apoderamos entonces de todas sus ciudades y consagramos al anatema toda ciudad: hombres, mujeres y niños, sin dejar superviviente. Tan sólo guardamos como botín el ganado y los despojos de las ciudades tomadas... El Señor nuestro Dios entregó en nuestras manos también a Og, rey de Basán, con todo su pueblo. Le batimos hasta no dejarle ni un superviviente. Nos apoderamos entonces de todas sus ciudades; no hubo ciudad que no les tomáramos: sesenta ciudades, toda la confederación de Argob, reino de Og en Basán... Las consagramos al anatema, como habíamos hecho con Sijón, rey de Jesbón: anatema a toda ciudad: hombres, mujeres y niños; aunque guardamos como botín todo el ganado y los despojos de estas ciudades (*Deuteronomio*, 2:32-35; 3:3-7).

En cuanto a los tiempos modernos, solo deseamos mencionar algunos hechos para clarificar el asunto: El Islam nunca ha tenido la más mínima parte en decenas de millones de muertes en las revoluciones comunistas, la represión de los movimientos de la libertad en varias partes del mundo a costa de millones de vidas, y en «las aventuras» en varios países pobres, a costa de millones de vidas durante las guerras y muchas más indirectamente desde entonces. No es el Islam el que causó la muerte de más de 70 millones de personas, en su mayoría civiles, y dejó a infinidad de millones más sin hogar, viudos y huérfanos, durante y después de las dos guerras mundiales. No es el Islam el que dio lugar a regímenes totalitarios tales como el comunismo, el fascismo, y el nazismo, y formó a belicistas como Hitler, Stalin, y Mussolini. El Islam no es responsable de usar el conocimiento científico para hacer armas nucleares y otras armas de destrucción masiva. El Islam no era responsable del exterminio de decenas de millones de indígenas en muchas partes del mundo, del colonialismo mundial que duró siglos, y del tráfico de esclavos, que costó la vida de decenas de millones de personas. No es el Islam, ni la gente musulmana incluso, los responsables del establecimiento de los gobiernos despóticos que gobiernan en algunos países musulmanes y de su opresión, injusticia y regímenes sangrientos. Ni es el Islam responsable del terrorismo contemporáneo, organizaciones de la mafia, y del contrabando mundial de armas y drogas.

APÉNDICE 4

EL ESTATUS DE LA MUJER EN EL ISLAM

No es necesario discutir de una manera apologética, al comparar la situación grave de las mujeres en la época pre-islámica o en el mundo moderno de hoy, que en el Islam a las mujeres les son concedidos el reconocimiento, los derechos y los privilegios de los cuales no han disfrutado bajo otros sistemas. Queda más claro, sin apología alguna, si el tema se estudia en su totalidad en lugar de una manera parcial. Hablando en términos generales, los derechos y las responsabilidades de una mujer son iguales a los de un hombre, pero no son necesariamente idénticos a ellos. La igualdad y la identidad no son iguales, y no deben ser confundidas. Dos personas, dejando a un lado diferencias de género, no son iguales: ya que para que haya justicia, esas diferencias necesitan ser reconocidas y afirmadas sin que sea una excusa para la discriminación impropia.

Los seres humanos no son creados idénticos, sino que son creados iguales. Con esa distinción en la mente, no hay ninguna excusa para ninguna razón que representaría a la mujer como inferior al hombre. No hay razón para la presunción que ella es menos importante porque sus derechos no son en todos los aspectos idénticos a los del hombre. Pero la mujer no es una copia del hombre, y por consiguiente hay una diferencia en los derechos y las responsabilidades. El hecho de que la Ley Islámica da a la mujer derechos iguales —pero no idénticos— demuestra que reconoce la condición femenina de una mujer, con el propio respeto tanto por la diferencia en la constitución y la personalidad como la igualdad de su necesidad de la dignidad social y política.

Convendría en este punto resumir los derechos de la mujer bajo la Ley Islámica.

- El Islam reconoce a la mujer como una compañera plena e igual al hombre en la procreación de la humanidad. Él es el padre, ella la madre, y los dos son esenciales para la vida. Su papel no es menos vital que el del hombre. Dentro de esta relación de pareja tiene una parte igual de respeto y dignidad; de hecho, siendo una madre recibe mucho respeto y cuidado de sus hijos, de acuerdo con el mandamiento del Profeta, la paz y las bendiciones sean con él: «El camino hacia el Paraíso transcurre por debajo de los pies de las madres» (an-Nasai, «Yihad», 6).
- Es igual al hombre, al asumir responsabilidades comunes y al recibir recompensas por sus obras. Se la reconoce como una personalidad jurídica independiente,

poseedora de cualidades humanas, y digna de aspiraciones espirituales. Su naturaleza humana no es inferior, ni distinta a la del hombre.

- Es igual al hombre en la búsqueda de educación y sabiduría. Cuando el Islam ordena buscar la sabiduría a los musulmanes, no establece distinción entre hombre y mujer. Hace casi catorce siglos, el profeta Muhammad, la paz y las bendiciones sean con él, declaró que la búsqueda de sabiduría (la cual es necesaria para cada creyente) incumbe a cada musulmán, hombre y mujer (Ibn Maya, «Muqaddima»,17).
- Tiene derecho a la libertad de expresión lo mismo que el hombre. Sus opiniones sensatas se toman en consideración, y no pueden descartarse sólo porque proceden del sexo femenino. Se hace referencia en el Sagrado Corán, que la mujer no sólo expresó su opinión libremente, sino que discutió y participó en serias discusiones con el Profeta (El Corán, 58:1-4; 60:10-12). Además hubo ocasiones en las que las mujeres musulmanas expresaban sus opiniones sobre asuntos legales de interés público y se oponían a los califas, quienes aceptaban los razonables argumentos de estas mujeres.
- Los documentos y archivos históricos demuestran que las mujeres participaron en la vida pública con los primeros musulmanes, sobre todo en momentos acuciantes de la época.
- El Islam concede los mismos derechos a la mujer para establecer un contrato, negociar, adquirir y poseer bienes por su cuenta. Su vida, su propiedad, su honor son tan sagrados como los del hombre. Si ella comete alguna infracción, su pena no será inferior o superior que la de un hombre en un caso similar. Si ella es tratada injustamente o dañada, consigue las mismas compensaciones previstas que las que un hombre en su posición conseguiría (2:178; 4:92-93).
- El Islam no sólo declara estos derechos de una forma estadística para luego permanecer inactivo sino que también ha tomado todas las medidas para protegerlos y ponerlos en práctica como conceptos integrales de la fe. El Islam nunca tolera aquellos que tienden a perjudicar a las mujeres ni acepta ninguna discriminación entre los hombres y las mujeres. Una y otra vez el Corán reprocha a aquellos que solían creer que la mujer era inferior al hombre (16:57-59, 62; 42:49-50; 43:15-19; 53:21-23).
- Aparte del reconocimiento de la mujer como ser humano independiente, admitido asimismo como esencial para la supervivencia de la humanidad, la Ley Islámica (derivada del Corán) le ha concedido a la mujer una parte de la herencia, como se ha explicado en *Surat an-Nisa*, nota 5.
- La mujer goza de ciertos privilegios de los que carece el hombre. Se encuentra exenta de toda responsabilidad financiera en la familia. Como madre, goza de mayor reconocimiento y honor ante Dios (El Corán, 31:14-15; 46:15). Como esposa, tiene derecho a exigir a su presunto marido una dote adecuada, que sería suya propia. Tiene también derecho a recibir pleno sustento y total man-

tenimiento del marido. No está obligada a trabajar, ni a compartir los gastos familiares con el marido. Es libre para retener, después del matrimonio, cuanto poseyera con anterioridad, y el marido no tiene derecho alguno a sus pertenencias. Como hija o hermana tiene derecho a la seguridad y el sustento por parte del padre o hermano, respectivamente. Este es un privilegio de la mujer. Si desea trabajar, ser autosuficiente, y participar en el manejo de las responsabilidades familiares, es totalmente libre de hacerlo, siempre que queden salvaguardadas su integridad y honor.

- La fe islámica no distingue entre los hombres y las mujeres en lo que se refiere a su relación con Dios, ya que a ambos están prometidos la misma recompensa por buena conducta y el mismo castigo por mala conducta. La situación de la mujer detrás del hombre en la Oración no indica en absoluto que sea inferior a él. Como ya se sabe, la mujer está exenta de asistir a las Oraciones en congregación. Pero si participa en ellas, se mantiene en filas aparte formadas exclusivamente por mujeres. El orden de las filas en la Oración pretende ayudar a todos a concentrarse en sus Oraciones sin distracción. La Oración implica acciones, movimientos, estar de pie, hacer reverencias, postrarse, etc., si los hombres se mezclaran con las mujeres en las mismas filas sería posible que algo les molestara o distrajera su atención. La mente estaría ocupada por algo ajeno a la Oración y se apartaría de la abstracción contemplativa.

Finalmente, no es importante el hecho de que el Corán utilice generalmente pronombres masculinos al dirigirse o referirse a la comunidad. Es una característica de casi todos los idiomas que el pronombre masculino se utiliza para un grupo formado de hombres y de mujeres a la vez. Esto se puede relacionar con el hecho de que durante toda la historia, en la mayoría de las sociedades, muchas veces, el hombre ha llevado un «grado» de responsabilidad (para la familia y para los asuntos colectivos de la comunidad) «por encima del» de la mujer, y esto es indudablemente una consecuencia de tener diversas responsabilidades y funciones concentradas alrededor de mantener a la familia y cuidar a los hijos, la siguiente generación de la comunidad. (Para las explicaciones para otros aspectos del tema, véase el *sura* 2, nota 161.) (M. Mutahhari, *Woman and Her Rights* («Mujeres y sus derechos»), trad., M. A. Ansari; Hammuda Abdul-Ati, *El estatus de la mujer en Islam*, págs.57-68.

APÉNDICE 5

EL PROFETA MUHAMMAD ENTRE SU GENTE

El profeta Muhammad, la paz y las bendiciones sean con él, nació en el corazón de un desierto; su padre había muerto cierto tiempo antes de su nacimiento, y perdió a su madre cuando tenía seis años. Por consiguiente, no recibió incluso la enseñanza y la educación escasas que un niño árabe de esa época recibía normalmente. La educación nunca le llegó; era iletrado e indocto.

El Profeta, la paz y las bendiciones sean con él, no dejó La Meca para ir fuera de la Península Arábiga a excepción de dos viajes cortos. El primero fue con su tío Abu Talib, cuando era adolescente todavía. El otro fue cuando tenía unos 30 años, cuando él acompañó una caravana que llevaba las mercancías de Jadiya, una viuda de cuarenta años cuando él se casó con ella a los 25 años, y con la cual vivió durante casi veinte años, hasta su muerte. Por ser iletrado, no tuvo ninguna oportunidad de leer los textos religiosos de los judíos o cristianos, ni llegó a conocer estos textos. La Meca era una ciudad idólatra, en sus ideas y costumbres a la vez, en la cual ni el pensamiento religioso cristiano ni judío había penetrado. Incluso los *hanifs* (gente que siguieron algunas cosas de la pura religión de Abraham en una forma adulterada y confusa) entre los árabes de La Meca, quienes rechazaron la adoración de los ídolos, no fueron influenciados por el Judaísmo ni por el Cristianismo. Nada del pensamiento judío o cristiano aparece en la herencia poética dejada a nosotros por los hombres de letras de la época. Si el Profeta hubiera hecho cualquier esfuerzo de conocer el pensamiento judío o cristiano, esto habría sido observado. Observamos, por otra parte, que el Profeta no participó, antes de su Misión Profética, en las formas intelectuales de la poesía y retórica las cuales eran populares entre la gente en aquel momento.

Antes de su Misión Profética, no se menciona ninguna distinción del Santo Profeta, la paz y las bendiciones sean con él, sobre el resto de la gente excepto en su sublime moralidad, su carácter fidedigno, honradez, veracidad e integridad. Nunca mintió; hasta sus enemigos implacables nunca lo acusaron de mentir en alguna ocasión durante su vida. Solía hablar cortésmente y nunca empleó lengua obscena o injuriosa. Él tenía una personalidad encantadora y maneras excelentes con las cuales cautivó los corazones de los que estaban en contacto con él. En sus tratos con la gente, siempre siguió los principios de la justicia, el altruismo y la imparcialidad. Nunca engañó a nadie y nunca faltó a su promesa. Se dedicó a las actividades comerciales durante años, pero nunca entró en cualquier transacción deshonesta. Aquellos que tuvieron relaciones comerciales con él tenían confianza completa en su honradez. Todo el pueblo lo llamó «al-Amin» (el veraz, digno de confianza). Incluso sus enemigos depositarían sus pertenencias preciosas con él bajo segura custodia, y él escrupulosamente cumplió con su confianza. Era la mismísima encarnación de la modestia en medio de una sociedad que era inmodesta hasta la médula. Nacido y criado entre una gente que consideró la borrachera y los juegos de azar como virtudes, él nunca probó el alcohol y nunca se permitió jugar dichos juegos. Rodeado de gente despiadada por todos lados, él en persona tenía un corazón rebosante de la compasión personificada. Él ayudaría a los huérfanos, a las viudas, y a los pobres; era hospitalario con los viajeros. No hizo daño a nadie; más bien, se expuso a las dificultades por otros. Se mantuvo al margen de las peleas en su tribu, y era el primero en lograr una reconciliación. No se inclinó ante cualquier otra cosa creada y no participó en los exvotos a los ídolos, incluso en su niñez. Odió todas las clases de adoración dedicadas a las criaturas y los seres aparte de Dios. En resumen, la imponente y radiante personalidad de este hombre apacible en medio de un ambiente tan ignorante y oscuro se puede comparar con un faro que ilumina una noche oscura como boca de lobo, o con un diamante que brilla entre un montón de piedras.

De pronto un cambio notable le sobrevino a su persona. Su corazón se iluminó por la Luz Divina. Apareció ante la gente, y se dirigió a ellos de la siguiente manera:

Los ídolos que adoráis son pura farsa. Dejad de adorarlos a partir de ahora. Ningún ser mortal, ninguna estrella, ningún árbol, ninguna piedra, ningún espíritu, es digno de la adoración humana. Por lo tanto, no inclinéis las cabezas en adoración ante ellos. El universo entero con todo lo que contiene pertenece a Dios Todopoderoso. Solamente Él es el Creador, Aquel Quien Alimenta, el Sustentador, y, por lo tanto, el verdadero Soberano ante el Cual todo el mundo debe postrarse y a Quien todo el mundo debe rogar y rendirle obediencia. Así que, adoradle solamente a Él y obedeced Sus órdenes. El robo y el saqueo, el asesinato y la rapiña, la injusticia y la crueldad, todos los vicios los cuales os permitís son crímenes ante Dios. Enmendaros. Decid la verdad. Sed justos. No matéis a nadie; quien mata a un alma injustamente, es como si hubiera matado a toda la humanidad; y quien salva la vida de alguien, es como si hubiera salvado la vida de toda la humanidad.

No robéis a nadie. Tomad vuestra parte legítima. Dad lo que se debe a otros de una manera justa.

No atribuyáis otra deidad a Dios, o seréis condenados y abandonados. Tratad bien a vuestros padres si uno o los dos llegan a la vejez con vosotros, no les digáis a ellos ni siquiera «¡Uff!» ni les reprendáis, sino dirigidles palabras respetuosas, y bajad para ellos el ala de humildad por misericordia. Dad a vuestros familiares sus derechos y dad a los necesitados, y a los viajeros, y nunca derrochéis. No matéis a vuestros hijos por miedo de la pobreza o de otras razones. No os acerquéis al adulterio; sin duda es una indecencia, una manera malvada. No os acerquéis a la propiedad de los huérfanos y de los débiles. Cumplid con el acuerdo, porque se os preguntará. Dad la medida justa cuando medís, y pesad con justicia. No persigáis aquello de lo cual no tenéis ningún conocimiento; el oído, la vista y el corazón serán preguntados sobre ello. No caminéis por la Tierra arrogantemente; sin duda no podéis agujerear la Tierra, ni alcanzar a las montañas en altura. Decid uno al otro palabras que sean amables, porque no cabe duda de que Satanás provoca conflictos entre vosotros debido al uso de palabras fuertes. No volváis la cara a la gente en orgullo desdeñoso, ni os mováis en la Tierra de manera arrogante. Sin duda Dios no ama al orgulloso y fanfarrón. Sed modestos en vuestro comportamiento, y bajad vuestra voz. No permitáis que cierta gente entre vosotros difame a otra gente; puede ser que estos últimos sean mejores que los anteriores. Y no os critiquéis los unos a los otros, ni os insultéis mutuamente con apodos. Evitad en su mayor parte la sospecha, pues cierta sospecha no es sino un grave pecado; y no os espiéis mutuamente, ni os difaméis entre vosotros. Sed defensores y abanderados de la justicia, dando testimonio de la verdad por Dios, aunque vaya en contra de vosotros mismos, o de vuestros padres o parientes, ya sean las personas involucradas adineradas o pobres. No sigáis los caprichos, que os hacen desviar. Sed firmes testigos por Dios en equidad, y el odio que sintáis hacia unos no os lleve a cometer el pecado de desviaros de la justicia. Refrenad vuestra furia y perdonad las faltas de vuestra gente. Los actos buenos y los actos malvados no son iguales, así que repeled el mal con el bien, entonces la persona con quien tenéis enemistad será como un amigo leal. La recompensa para el mal cometido a sabiendas es como mal; pero quien perdona y compensa al malhechor con amabilidad y amor, su recompensa es de Dios. No bebáis alcohol y no juguéis los juegos de azar; ambos están prohibidos por Dios.

Sois seres humanos y todos los seres humanos son iguales ante Dios. Nadie ha nacido con la mancha de vergüenza en su cara; ni nadie ha venido a este mundo con una medalla de honor colgada alrededor de su cuello. Solamente aquellos que son devotos y piadosos, fieles a sus palabras y actos, son elevados y honrados. Las distinciones del nacimiento y la gloria de la raza no son criterios de la grandeza y del honor. Hay un día señalado después de vuestra muerte cuando tendréis que comparecer ante un Tribunal Supremo. Os pedirá cuentas de todos vuestros actos, buenos o malos, y entonces no podréis ocultar nada. Todo el registro de vuestra vida será un libro abierto a Dios. Vuestro destino será determinado por vuestros buenos o malos actos. En el tribunal del Verdadero Juez —Dios Omnisciente— no hay cuestión de recomendación impropia y favoritismo. No seréis capaces de sobornarle a Él. No se dará consideración a vuestro linaje o familia. Solamente la verdadera fe y los actos buenos os serán muy útiles a vosotros en aquel momento. Aquellos que han cumplido éstos completamente tomarán su morada en el Paraíso de la felicidad eterna, mientras que aquel que está desprovisto de ellos será arrojado al fuego del Infierno.

Durante cuarenta años el Profeta, la paz y las bendiciones sean con él, vivió como un individuo normal y corriente entre su gente. En ese período largo no se conocía como un estadista, un predicador, o un orador; nadie le había oído otorgando sabiduría o conocimiento, como empezó a hacerlo a partir de entonces. Él nunca había sido visto disertando sobre los principios de la metafísica, la ética, la ley, la política, la economía o la sociología. No sólo no era un general, sino tampoco era conocido como un soldado raso. No había pronunciado ninguna palabra sobre Dios, los ángeles, los Libros revelados, los Profetas anteriores, las naciones pasadas, el Día del Juicio Final, la vida después de la muerte, el Infierno o el Cielo. Con toda seguridad poseyó un carácter excelente y maneras encantadoras, y era un hombre cortés. Era conocido entre su gente como un amable ciudadano serio, tranquilo, apacible, y digno de confianza, sin embargo cuando apareció con el nuevo mensaje, se transformó totalmente.

Frente a estos hechos históricos, hechos que nunca pueden ser desafiados, hay dos alternativas: o alguien puede aseverar que el profeta Muhammad, la paz y las bendiciones sean con él, es —¡Dios nos libre!— el mentiroso más grande y el estafador más malo de todas las épocas; o debe aceptar que él es un Mensajero y un Profeta de Dios. Incluso Satanás y los enemigos del Mensajero más implacables de su época nunca se atrevieron a expresar la primera aseveración; ni alguien con el sólido conocimiento de la historia puede hacerlo. Por lo tanto, no hay ninguna alternativa sino que todo el mundo dotado de razón debe reconocer a Muhammad como un Profeta y un Mensajero [En su mayor parte citado de al-Mawdudi, *Towards Understanding Islam* («Hacia el entendimiento del Islam»), págs. 56-65].

Apéndice 6

EL DESAFÍO DEL CORÁN Y ALGUNOS DE SUS ASPECTOS MILAGROSOS

En un tiempo en la historia cuando la elocuencia se estimaba mucho, el Corán de exposición milagrosa fue revelado. Como Dios Todopoderoso había dotado a Moisés y a Jesús, la paz sea con ellos, con los milagros que eran los más apropiados para sus épocas, Él utilizó la elocuencia como el aspecto más notable del Corán, el mayor milagro del profeta Muhammad, la paz y las bendiciones sean con él. Cuando el Corán fue revelado, primero desafió a las figuras literarias de la Península Arábiga, y luego a toda la gente durante las épocas y en todos los niveles de conocimiento y entendimiento hasta el Día de Juicio Final, de la siguiente manera:

- Si pensáis que un ser humano escribió el Corán, entonces dejad a alguien de vuestra gente que sea iletrado al igual que Muhammad produzca algo parecido.
- Si él o ella no puede hacerlo, dejad que un docto o un hombre de letras intente hacer lo mismo.
- Si él o ella tampoco puede hacerlo, entonces enviad a vuestros escritores o eruditos más famosos que se reúnan y produzcan un libro parecido al Corán.
- Si ellos tampoco pueden hacerlo, dejadlos trabajar juntos y que pidan ayuda de vuestras «deidades», vuestros científicos, filósofos, sociólogos, teólogos y escritores para producir algo semejante.
- Si no pueden, dejadles intentar —dejando a un lado los aspectos milagrosos e inimitables de su significado— producir una obra de igual elocuencia en orden de palabras y composición, sin tener en cuenta si lo que producen es verdad o no.
- Si no podéis producir algo parecido a él con igual extensión, entonces producid solamente 10 capítulos similares a sus 10 capítulos.
- Si no podéis hacer esto, entonces producid solamente un capítulo.
- Si no podéis hacer eso, producid solamente un capítulo corto.

Esa gente vanidosa no pudo discutir verbalmente con el Corán y eligió luchar con sus espadas, un curso peligroso y difícil. Si tal gente inteligente hubiera podido discutir verbalmente con el Corán, no habría elegido el curso peligroso y difícil como hicieron, arriesgando la pérdida de sus propiedades y vidas. Es solamente porque no pudieron atreverse a desafiar que tuvieron que elegir esta manera más peligrosa.

El Corán es milagroso en muchos aspectos. Aquí indicaremos solamente algunos:

- Existe una maravillosa elocuencia y una pureza estilística en el orden de las palabras del Corán. Del mismo modo que las agujas del reloj se completan y se coordinan la una con la otra en un preciso orden, asimismo lo hace cada palabra y frase —en realidad el Corán entero— completándose y concordando la una con la otra.
- Es de la misma manera que cada uno de los versículos coránicos no es sólo parte de una entidad más grande; también es un conjunto en sí y tiene una existencia independiente. Hay una relación intrínseca entre todos los versículos del Corán y entre un versículo y todos los demás. En las palabras de Bediuzzaman Said Nursi, «Los versículos del Corán son como las estrellas en el cielo entre las cuales hay cuerdas y relaciones visibles e invisibles. Es como si cada uno de los versículos del Corán tuviera un ojo que vea la mayor parte de los versículos, y una faz que mire hacia ellos, de modo que extienda hilos inmateriales de la relación para tejer una tela milagrosa. Un solo *sura* puede contener el «océano» entero del Corán en el cual todo el universo está contenido. Un solo versículo puede abarcar el tesoro de ese *sura*. Es como si la mayoría de los versículos fueran un *sura* pequeño, y la mayoría de los *suras* un pequeño Corán».
- En muchos pasajes, como en el *Surat al-Ijlas* (Pureza de Fe) que consta de seis versículos o frases, cada frase tiene dos significados: uno *a priori* (funcionando como una causa o una prueba) con otro siendo *a posteriori* (funcionando como un efecto o un resultado). Esto significa que el *sura* contiene 36 *suras*, cada uno compuesto de seis frases. Uno es una premisa o una proposición, mientras que los otros son argumentos que lo apoyan (Véase el *sura* 112, nota 4).
- El Corán tiene un estilo único y original que es novedoso y convincente. Su estilo, el cual conserva siempre su originalidad, frescura, y la «flor de la juventud», no imita y no puede ser imitado.
- La narración del Corán es extraordinariamente fluida y pura. No sólo es extraordinariamente elocuente al expresar el significado, sino también increíblemente fluido y puro en la narración y el orden de la palabra. Una prueba de esto es que nunca aburre aunque se lea miles de veces; cuanto más lo leas, más te complace leerlo. Un niño puede memorizarlo fácilmente. Las personas gravemente enfermas, aunque se enojan por algunas palabras del habla cotidiana, sienten alivio y comodidad al oír el Corán. Para la gente que está en su lecho de muerte, el Corán complace y satisface sus oídos y mentes.
- El Corán alimenta el corazón, da poder y abundancia a la mente, funciona como agua y luz para el espíritu, y cura las enfermedades del alma. Recitar o escuchar la pura verdad del Corán y su guía no fatiga la mente.
- Las expresiones del Corán contienen una superioridad, poder, sublimidad, y magnificencia. Su pura composición fluida y elocuente, y el orden de la palabra, así como sus significados elocuentes, y el estilo original y único, le dan una

excelencia sin par en explicar las cosas. Realmente, en todas las categorías de expresión y discurso —la disuasión y las amenazas, en alabanza, censura y restricción, en prueba y demostración, en la enseñanza y la explicación, y en silenciar y superar los argumentos— sus exposiciones son del grado más elevado.

- Según se ha señalado en un *hadiz* (Ibn Hibban, 1:146; al-Munawi, 3:54), cada versículo del Corán tiene un significado externo e interno, y límites y un punto de comprensión, además de ramas y ramificaciones. Cada frase, palabra, letra y punto diacrítico tiene muchos aspectos. Cada persona que lo escucha recibe su parte a través de una puerta diferente. Además de proporcionar recursos a los juristas exigentes, los tesoros de los significados del Corán proporcionan iluminación para aquellos que buscan el conocimiento de Dios, caminos para aquellos que intentan llegar a Dios y para las personas perfeccionadas, e instrucción de la mente y el corazón para los eruditos que buscan la verdad. El Corán siempre los ha guiado e iluminado sus caminos. Trata del ser humano y nuestro deber, el universo y el Creador del mismo, los Cielos y la Tierra, este mundo y el siguiente, y el pasado, el futuro, y la eternidad. Explica todos los asuntos esenciales relacionados con nuestra creación y vida, desde las maneras correctas de comer y de dormir hasta los asuntos del Decreto y la Voluntad Divinos, y desde la creación del universo en seis días hasta las funciones de los vientos. Para los seres humanos, es un libro de ley, oración, sabiduría, adoración, y servidumbre a Dios, y contiene órdenes, invitaciones, invocaciones y reflexiones. Es un libro santo que contiene la guía comprensiva para todas nuestras necesidades espirituales —un libro celestial que, como una biblioteca sagrada, contiene numerosos folletos de los cuales todos los santos, la eminente gente veraz, todos los eruditos purificados y entendidos, y aquellos versados en el conocimiento de Dios han obtenido su propio camino— que ilumina cada camino y satisface las necesidades de sus seguidores. El Corán contiene referencias de todo el conocimiento que necesita el ser humano. Por otra parte, concede a la gente lo que necesita, de modo que la expresión *Toma del Corán lo que quieras, para cualquier necesidad que tienes*, ha circulado extensamente entre los eruditos exigentes.
- El Corán siempre mantiene su frescura como si fuera revelado de nuevo en cada época. Como un discurso eterno que se dirige a todos los seres humanos, sin tener en cuenta el tiempo o el lugar y el nivel de entendimiento, debe tener —y tiene— una frescura que nunca se difumina. El sabio Corán informa a toda la gente, sin tener en cuenta el tiempo o el lugar y el nivel de entendimiento, acerca de Dios, el Islam, y la fe. Por lo tanto, tiene que enseñar a cada grupo y nivel de una manera apropiada. La gente es muy diversa, sin embargo el Corán tiene suficientes niveles para todos.
- La concisión del Corán es como el ofrecimiento del océano contenido en un cántaro. De la misericordia y cortesía para las mentes humanas normales, demues-

tra los principios más comprensivos y más universales y leyes generales a través de acontecimientos específicos en ocasiones específicas.

- El Corán tiene un objetivo, tema, significado, estilo, belleza y sutileza extraordinariamente exhaustivos. Cuando se estudia bien, sus *suras* y versículos, especialmente las secciones de apertura, y el principio y el final de cada versículo, claramente demuestran que no da lugar a la confusión. Y esto es a pesar del hecho de que contiene una variedad de modos de discurso, todas las categorías del estilo elevado, todos los ejemplos de moralidad y virtudes, todos los principios de las ciencias naturales, todas las señales del conocimiento de Dios, todas las normas beneficiosas de la vida individual y social, y todas las leyes que iluminan las razones y los propósitos exaltados de la creación.
- El Corán da noticias del pasado, y tiene muchas categorías de predicciones. Contiene la información acerca de la gente del pasado y da las noticias de la gente del futuro. Desde un punto de vista, el Corán está lleno de predicciones explícitas e implícitas. También habla de las verdades Divinas ocultas, y las realidades del Más Allá. Es imposible contradecir sus relatos de los acontecimientos históricos; por lo tanto, lo que predice se hizo realidad o se hará realidad cuando llegue su momento. Era imposible que el Mensajero de Dios supiera las historias de los Profetas y de su gente. Sin embargo, basándose en la Revelación Divina, y con suma confianza en su misión, comunicó las historias de naciones pasadas y muchas predicciones acerca de los importantes acontecimientos futuros. Esto es un desafío a todos los tiempos y gentes, incluyendo a historiadores y otros investigadores, y es una de las pruebas innegables de su Misión Profética y del origen Divino del Corán.

Apéndice 7

DIOS DESEA EL BIEN PARA EL SER HUMANO PERO ÉL INCURRE EN EL MAL

Desde un punto de vista, el Corán analiza minuciosamente el espíritu o el carácter del ser humano. En la vida humana, los períodos de salud y prosperidad son más en número y duran mucho más que los de enfermedad y desgracia. A pesar de esto, la gente se queja mucho cuando sufre una desgracia; es como si todas sus vidas hubieran pasado en dificultad y aflicción, y ahora se sienten como si nunca vendrán los días de salud y prosperidad otra vez. Aunque, cuando sean aliviados de su desgracia o cuando se recuperan de una enfermedad, están enormemente exultantes y, en vanagloria, se olvidan de agradecer a Dios, como si no hubieran sufrido en absoluto. Una de las razones más importantes por las cuales los seres humanos actúan de tal manera es que son inconscientes de la sabiduría en las enfermedades y desgracias, o en la salud y la prosperidad y las razones Divinas de las mismas.

Dios Todopoderoso siempre desea el bien para la humanidad. Es decir, Él siempre nos concede la misericordia, el bien y la gracia. Incluso en las desgracias que nos acontecen como resultado de la corrupción o fechoría imperdonables, hay muchos aspectos del bien para la gente, incluyendo especialmente a los creyentes. Pero los seres humanos, empleando mal su libre albedrío, impiden que esa gracia, el bien, y la misericordia les alcancen o transforman estas cosas en mal. Demos un ejemplo aquí. El agua es intrínsecamente una cosa buena, apaga nuestra sed y proporciona humedad para nuestras cosechas. Sin embargo, si nos tiráramos al agua sin medir su profundidad o considerar si puede haber corrientes, o sin saber nadar, entonces el agua se convierte en un medio del mal. De la misma manera, el fuego se puede convertir en un mal si permitimos que queme un dedo por ignorancia o falta de cuidado. Factores tales como la prisa, la inconsciencia, la ignorancia, la inexperiencia, o no tomar la debida precaución, todos pueden transformar algo que es bueno para una persona en un mal. Por consiguiente, todos los males que acontecen al ser humano son causados por nosotros mismos, por nuestros errores y faltas.

Aquí puede que sea discutido que gran número de gente nació en desgracia de algún tipo, no teniendo ninguna parte en ello, en ningún sentido significativo de causarlo (es decir, ser responsable). Puede ser que colectivamente, a lo largo de las generaciones, los seres humanos causan todas las desgracias que acosan a algunos de ellos;

pero el hecho es que muchas desgracias son sufridas individualmente por la gente que ellos mismos, individualmente, no la ganaron a través de sus intenciones o actos, de hecho algunos sufren mucho antes de llegar a la edad de la responsabilidad legal.

Es verdad que los individuos no tienen parte alguna en causar la desgracia en la cual nacen y que ha sido causada por generaciones anteriores. Sin embargo, la Religión Divina ve el mundo y sus desgracias desde la perspectiva de la vida futura, y estamos aquí en el mundo para ganar esta vida eterna. Así que Dios nos pone a prueba para que adquiramos el estado apropiado para esta vida. Nos pone a prueba según Sus bendiciones sobre nosotros. Más bendiciones significan más responsabilidad. A medida que Dios nos da más generosidades y bendiciones, nuestra responsabilidad crece. Por ejemplo, dar limosnas es obligatorio para los ricos, pero no para los pobres; mientras que aquellos que tienen el poder y el equipo necesarios son requeridos para ir a la guerra cuando sea necesario, los discapacitados, los ciegos, o enfermos no tienen que portar armas en la causa de Dios.

El profeta Jesús, la paz sea con él, dice: «Si, pues, tu ojo derecho te es ocasión de pecado, sácatelo y arrójalo de ti; más te conviene que se pierda uno de tus miembros, que no que todo tu cuerpo sea arrojado al Infierno. Y si tu mano derecha te es ocasión de pecado, córtatela y arrójala de ti; más te conviene que se pierda uno de tus miembros, que no que todo tu cuerpo vaya al Infierno» (*Mateo*, 5:29-30). Cuando se ve desde esta perspectiva, no podemos saber qué circunstancias específicas en las cuales nacimos son para nuestro bien o mal. Dios sabe, y nosotros no sabemos. No podemos saber si ser rico o pobre, o sano o enfermo, o ser sano de cuerpo y mente o discapacitado es mejor para nosotros. Y el Corán nos dice que puede ser que nos disguste algo que sea bueno para nosotros y puede ser que nos agrade algo que sea malo para nosotros. Dios sabe y nosotros no sabemos (2:216). Esto significa que no podemos considerar como desgracia ninguna circunstancia en la que nacemos.

El mal es destrucción, y los seres humanos tienen una gran capacidad para la destrucción. La destrucción está relacionada con la inexistencia, y la inexistencia de algo es posible aunque un componente falte. Pero todo el bien que acontece a la humanidad es de Dios. El bien está relacionado con la existencia, y la existencia de algo no es posible aunque solo un componente no exista. Por ejemplo, una persona puede sobrevivir y estar sana a condición de que todas las células de su cuerpo —que son más de 60 billones— sean sanas. Si solamente una célula está deformada, puede llevar a la muerte de una persona. Entonces, la salud de un cuerpo depende de la salud de sus componentes. Además, para que exista algo, se requiere tiempo, mientras que su destrucción puede ocurrir en un minuto. Un niño perezoso, encendiendo una cerilla, puede reducir a cenizas en una hora un edificio que tomó a diez personas cientos días para construir. Lo que significa todo esto es que los seres humanos tienen poca capacidad de hacer el bien. Como se ha señalado en el ejemplo del pan en el *sura* 9, nota 23, para obtener el pan, que es un alimento vital para los seres humanos, una persona necesita la tierra, el aire, el agua, el Sol, una semilla de trigo que tiene la capacidad de germinar y de hacerse trigo, y la capacidad y el poder de crecer trigo, todos los cuales son proporcionados por Dios. Así que todo lo bueno que tiene la gente es de Dios, mientras que todo lo malo que acontece, es de sí mismos.

Se puede decir que el libre albedrío del ser humano obra a favor del mal, mientras que es Dios Quien causa a la gente que desee el bien y permite hacerlo. El alma carnal humana siempre quiere el mal y cometer pecados, pero Dios siempre quiere el bien y hace que la gente logre querer el bien, a condición de que se refrenen de características tales como altanería, malas perspectivas, malas intenciones, mal temperamento, malas sospechas, prejuicios, mal juicio, y sometimiento a los deseos carnales. Para ayudar a la gente a que se refrene de tales enfermedades, Dios ha enviado a Profetas y reveló Libros, y ha establecido un especial modo de pensar, creencia, y conducta en nombre de la religión.

Como consecuencia, la gente debe saber y reconocer que cualquier mal que les acontece es debido a sus errores y pecados, y por lo tanto deben tornarse a Dios en arrepentimiento, enmendándose y corrigiendo sus errores. No deben sucumbir a la desesperación ni quejarse de otros o del Destino. Cuando se recuperan de una enfermedad o están aliviados de cualquier desgracia, deben atribuir esta bendición solo a Dios, y aceptar que, como enfermedades y desgracias, la salud y la prosperidad también son una prueba para ellos. Deben ser agradecidos a Dios, sin llevarse el mérito para sí mismos, refrenándose de cometer errores o pecados. Las dos actitudes —tornarse a Dios en arrepentimiento y enmendarse cuando se sufre una enfermedad o desgracia, así como agradecer a Dios en tiempos de salud y prosperidad— requieren paciencia. La paciencia que se muestra al resistir las tentaciones del alma carnal y en evitar pecados, y la cual se muestra al aguantar desgracias sin queja, hace a alguien adquirir piedad; la paciencia y la perseverancia en agradecer y adorar a Dios eleva a alguien al rango de ser amado por Dios.

Otro punto a mencionar aquí es que una persona debe atribuir a sí mismo cualquier desgracia o mal que le acontece, pero cuando la desgracia acontece a otro creyente, otros no deben pensar mal de él; más bien deben tomar en cuenta que Dios ha hecho a esta persona ser capaz de lograr un rango espiritual más alto por medio de la desgracia o el mal. Los más grandes de la humanidad, tal como los Profetas y los santos, no permanecieron inmunes a enfermedades y otras desgracias. La proximidad a Dios es una causa de desgracia, ya que Dios siempre mantiene a la gente pura por medio de desgracia. Como los Profetas y los santos siempre agradecieron a Dios en paciencia cuando una desgracia les aconteció, fueron ascendidos a un rango más alto como héroes de paciencia y de agradecimiento. El Mensajero, la paz y las bendiciones sean con él, declara: «Aquellos afligidos con las pruebas más severas son los Profetas, luego vienen otros que se hallan cercanos a Dios, cada uno según su proximidad» (at-Tirmizi, «Zuhd», 57). Un Compañero vino al Mensajero y dijo: «Oh Mensajero de Dios, te amo mucho». El Mensajero contestó: «Entonces estáte preparado para la pobreza» (at-Tirmizi, «Zuhd», 36). Cuando otro dijo que amó a Dios mucho, el Mensajero contestó: «Entonces estáte preparado para las desgracias». Por eso se dice: «La proximidad al sultán es un fuego ardiente». Este es otro punto sutil que merece mucha reflexión.

Apéndice 8

SOBRE LA EXISTENCIA Y LA UNIDAD DE DIOS

Es muy fácil explicar la existencia cuando se atribuye al Único Ser Divino. Si intentáis explicar la existencia atribuyéndola a varios orígenes, se encuentran barreras insuperables. Si atribuís la existencia al Único Ser Divino, entonces podéis ver que el universo entero es tan fácil de crear como una abeja, y que una abeja es tan fácil de crear como una fruta. Si, por el contrario, la atribuís a orígenes múltiples, crear una abeja es tan difícil como crear el universo, y crear la fruta será tan difícil como crear todos los árboles en el universo. Esto es porque un solo ser, con un solo movimiento, puede producir un efecto que se ocupa de un conjunto. Si ese efecto o tratamiento se espera de seres múltiples, solo será obtenido, si es que se obtiene, con mucha dificultad y después de mucha controversia. ¿Qué es más fácil o más difícil: dirigir a un ejército bajo un solo comandante, o dejar a los soldados tomar sus propias decisiones; emplear un constructor para construir un edificio, o dejar que las piedras se coloquen; la revolución de muchos planetas alrededor de un solo Sol, o viceversa?

Cuando todas las cosas se atribuyen al Único Ser Divino, no tienen que ser creadas de inexistencia absoluta, porque la creación significa dar existencia externa y material a las cosas que ya existen en el Conocimiento Divino. Es como poner en palabras el significado en la mente de una persona, o aplicar una sustancia para hacer que las letras escritas en tinta invisible sean visibles. Sin embargo, si las cosas, la mayoría de las cuales son inanimadas, ignorantes, e inconscientes —o, si están vivas, son impotentes y carecen de suficiente conocimiento— son atribuidas a sí mismas o a sus causas —las cuales son inanimadas, ignorantes, e inconscientes— entonces estas cosas tienen que ser creadas de la inexistencia absoluta. Esto es imposible. La facilidad con la cual el Único Ser Divino hace esto, crea la existencia de las cosas tan fácil como es necesaria; la dificultad en lo anterior es enorme. La existencia de un ser vivo requiere que los átomos que lo forman, los cuales están esparcidos por toda la tierra, el agua, y el aire, se reúnan. Por lo tanto, cada átomo tendría que tener el conocimiento universal y la voluntad absoluta. Cualquier cosa con tal conocimiento y voluntad sería independiente de cualquier copartícipe y no necesitaría reconocer a cualquier copartícipe. En ninguna parte del universo se encuentra alguna muestra de tales cosas o copartícipes. Crear los Cielos y la Tierra requiere un poder perfecto e infinito que no tiene ningún copartícipe. Si no, este poder tendría que ser limitado por un poder finito, el cual es inconcebible. Un poder infinito no necesita copartícipes y no está obligado a admitir a los mismos aunque existieran (que no existen).

Tawhid, que es el Principio de la Unidad y la Unicidad Divinas, se puede observar claramente por todo el universo. Aquellos que se echan un vistazo a sí mismos y a su ambiente pueden distinguir fácilmente que todo depende de este principio básico de la Religión revelada por Dios. Las partes del cuerpo humano, por ejemplo, están en colaboración estrecha la una con la otra, y cada célula también está interrelacionada con el cuerpo entero, haciendo imposible no concluir que Aquel Quien ha creado una célula es también Aquel Quien ha creado el cuerpo entero. Asimismo, los elementos que componen el universo están interrelacionados en armonía el uno con el otro y el universo en su totalidad. Una persona no puede más que creer que el universo entero, desde las partículas hasta las galaxias, ha sido creado por el mismo Creador, y además que el movimiento de átomos observado en una molécula es igual que aquel observado en el sistema solar. Todas las cosas se originan de «uno» y finalmente volverán a «uno». El árbol, por ejemplo, que crece de una semilla o de un hueso, finalmente resultará en una semilla o en un hueso. Esta evidencia visible explica por qué un orden y una armonía se observan en el universo entero; funciona en suma obediencia a Aquel Quien ha establecido ese orden. Es decir está operado directamente por el Creador, el Único, el Todopoderoso, y Omnisapiente. De lo contrario, como se señala en el Corán: *Dios nunca ha adoptado a un hijo, ni hay deidad alguna junto con Él; si no, no cabe duda de que cada deidad habría buscado independencia absoluta con sus criaturas bajo su autoridad, y sin duda habrían intentado dominar una a la otra* (23:91); y: *Pero el hecho es que si hubiese habido en los Cielos y en la Tierra otras deidades aparte de Dios, ambos (reinos) sin duda alguna se habrían convertido en ruinas* (21:22).

Tawhid es el concepto más elevado de la deidad, cuyo conocimiento Dios ha enviado al ser humano en todas las épocas a través de Sus Profetas. Era este mismo conocimiento que todos los Profetas, incluyendo a Moisés, Jesús y el profeta Muhammad, la paz y las bendiciones de Dios sean con todos ellos) trajeron al ser humano. Los seres humanos eran culpables del politeísmo o de la adoración de los ídolos después del fallecimiento de sus Profetas. Tergiversaron la religión, la mezclaron con la superstición, y permitieron que degenerara en prácticas mágicas y rituales sin sentido. El concepto de Dios, el mismísimo núcleo de la religión, fue degradado por el antropomorfismo, la deificación de los ángeles, la atribución de otros a Dios, la tentativa de elevar a los Profetas o a la gente devota como «encarnaciones» de Dios, y la personificación de Sus Atributos a través de distintas deidades.

Los seguidores de *Tawhid* no deben ser de mentalidad cerrada. Su creencia en un Único Dios, el Creador de los Cielos y de la Tierra, el Señor del este y del oeste, y el Sustentador del universo, les hace contemplar que todas las cosas pertenecen al mismo Señor, a Quien pertenecen ellos mismos también. Así, no consideran nada como ajeno. Su compasión, amor y servicio no están limitados a cualquier raza, color, o grupo especial; llegan a entender el dicho profético: «¡Oh siervos de Dios, sed hermanos (y hermanas)!».

Los seguidores de *Tawhid* saben que solamente Dios tiene el verdadero poder, que solamente Él puede beneficiar o dañarles, satisfacer sus necesidades, hacerles morir, o ejercer autoridad e influencia. Esta convicción les hace ser indiferentes a todos los poderes aparte del de Dios y ser independientes y no tener miedo de los mismos. Nunca se resignan en homenaje a ninguna de las criaturas de Dios.

Los seguidores de *Tawhid*, aunque sean humildes y afables, nunca se degradan ante cualquier persona o cualquier cosa excepto Dios. Nunca aspiran a cualquier ventaja por su adoración, aunque esa ventaja sea el Paraíso. Solamente tratan de complacer a Dios y obtener Su complacencia. Saben que el único camino al éxito y a la salvación es adquirir un alma pura y una recta conducta. Tienen fe perfecta en Dios, Quien se halla por encima de todas las necesidades, emparentado con nadie, absolutamente justo, y sin copartícipe en Su ejercicio del Poder Divino. Dada esta creencia, entienden que pueden tener éxito solamente por la vida recta y la acción justa, porque ninguna influencia o actividad secreta puede salvarles de arruinarse. Sin embargo, algunos creen que han expiado por sus pecados, mientras que otros aseveran que son preferidos de Dios y así inmunes al castigo. Todavía otros creen que sus ídolos o santos intercederán con Dios por ellos, y así hacen ofrendas a sus deidades creyendo que tales sobornos les dan el permiso de hacer lo que quieran. Tales creencias falsas los mantienen enredados en pecado y maldad, y su dependencia de tales deidades les hace omitir su necesidad de la purificación espiritual y de vivir una vida pura y buena.

Los seguidores de *Tawhid* no pierden las esperanzas ni se sienten defraudados. Su fe firme en Dios, el Señor de todos los tesoros de la Tierra y de los Cielos, y el Poseedor de gracia ilimitada, generosidad, y poder infinito, imparte a sus corazones consuelo extraordinario, les concede alegría, y los mantiene llenos de esperanza. En este mundo, pueden ser rechazados en todas las puertas, puede que nada sirva a favor de sus fines, y todos los medios pueden abandonarlos. Pero la fe en Dios y la dependencia en Él, que nunca les abandonan, les dan la fuerza para seguir luchando. Una confianza tan profunda solamente puede proceder de la creencia en un Único Dios. Tal creencia produce gran determinación, perseverancia paciente y confianza en Dios. Cuando tales creyentes deciden dedicar sus recursos a cumplir con las órdenes Divinas para asegurar la complacencia y la aprobación de Dios, están seguros de que tienen la ayuda y el respaldo del Señor del universo.

Tawhid inspira valentía, ya que derrota los dos factores que hacen a la gente cobarde: miedo a la muerte y amor a la seguridad, junto con la creencia de que alguien aparte de Dios pueda ser sobornado de alguna manera para que aplace su muerte. La creencia en el credo islámico «no hay más deidad sino Dios» purga la mente de estas ideas. La primera idea pierde su influencia cuando la gente se da cuenta de que sus vidas, propiedades y todo lo demás realmente pertenecen a Dios, pues esto les hace querer sacrificar todo lo que tienen por la aprobación de Dios. La segunda idea es vencida cuando la gente se da cuenta de que ningún arma, persona, o poder pueden matarle, porque solamente Dios tiene este poder. Nadie puede morir antes del tiempo señalado, aunque todos los poderes del mundo se reúnan para hacerlo. Nada puede adelantar la muerte o retrasarla, aunque sea un momento. Esta creencia firme en un Único Dios y la dependencia de Él, hace a los seguidores de *Tawhid* los más valientes de la gente.

Tawhid crea una actitud de paz y alegría, purga la mente de pasiones sutiles, celos, envidia y avaricia, e impide a una persona que recurra a medios viles e injustos para tener éxito.

Apéndice 9

DIARIO DE UNA ABEJA

Al principio de su vida, una abeja es un huevo blanco, apenas más grande que un punto. El cuarto día se convierte en una larva. Come aproximadamente 1.300 veces cada día durante su crecimiento. Se alimenta de jalea real que es extremadamente rica en vitaminas y proteínas, preparada por sus hermanas mayores en la colmena. Aumenta de peso cinco veces cada día. La temperatura alrededor de ella debe ser de 35 grados centígrados, y ésta se mantiene por sus hermanas mayores también.

El séptimo día, en lugar de la jalea, empieza a alimentarse de un alimento preparado con miel y polen. El noveno día, el techo de su celdilla se cubre con cera. Teje un capullo de seda alrededor de sí misma al día siguiente, y se convierte en crisálida.

Al final de las dos semanas se parece más a una abeja, y el vigésimo día, es una abeja perfectamente formada con una cabeza que tiene antenas para tocar y oler, cinco ojos —tres de los cuales están en la parte superior de su cabeza con otros dos más grandes a un lado de la cabeza— una lengua para sorber agua y néctar, mandíbulas, patas, alas, y un aguijón para defenderse. Se ha dispuesto su abdomen de una manera tal que pueda digerir y segregar. Empieza a trabajar en la colmena según una estricta división de trabajo. Su primer trabajo es limpiar, el cual hace durante dos días. Luego ascendió a enfermera, cuidando de las larvas entre cuatro y seis días. Una glándula secretora empieza a trabajar en su cuerpo. Alimenta las larvas con el polen ofrecido a ella por sus mayores.

El vigésimo sexto día, empieza a producir jalea y a ofrecerla a las larvas, que comen 1.300 veces al día. Al final del primer mes, es una cocinera, haciendo miel del néctar que sus mayores han recogido de las flores. La miel consta de agua, sacarosa y glucosa y es muy rica en vitaminas. Contiene las enzimas para digerir los carbohidratos.

Miles de abejas mueren cada día en el panal mientras que otras miles nacen. Esto sucede de una manera tan ordenada que no se contempla ninguna confusión. En la comunidad de las abejas, la abeja reina deposita los huevos. Debe depositar más o menos 2.000 huevos diariamente. Mientras que las abejas femeninas la están alimentando, las deja probar una sustancia que produce. Dan vueltas alrededor del panal y permiten que todas las abejas femeninas prueben esa sustancia, que es un tipo de control de la natalidad. El día cuando las abejas no prueban esta sustancia, todas empiezan a depositar huevos. Como esos huevos no se fertilizan, solamente las abejas masculinas salen del huevo. Las abejas masculinas no tienen ninguna tarea más que inseminar la abeja reina. Tienen un número bastante limitado.

El trigésimo quinto día, una fábrica nueva empieza a trabajar en el cuerpo de la abeja reina. Localizada en la parte de atrás, la parte inferior de su abdomen, esta fábrica produce cera. Recogen la cera con los pelos en sus patas intermedias y la mastican para moldearla en las celdillas del panal. Las celdillas son de forma hexagonal; esta es la forma ideal para asegurar la cantidad más grande de almacenamiento para la menor cantidad de cera. También, una forma hexagonal tiene la máxima resistencia a la presión externa. Treinta y cinco mil celdillas se hacen con medio kilo de cera y 10 kilogramos de miel se almacenan en éstas. Necesitan 3'5 kilos de miel para hacer medio kilo de cera. Mientras que hacen las celdillas, toman en consideración la gravedad. Por ejemplo, las celdillas donde están las abejas trabajadoras femeninas son horizontales, formando una capa vertical, mientras que las celdillas donde están las futuras abejas reinas son verticales, paralelas a la superficie de la Tierra. Las celdillas donde las abejas masculinas crecen son más grandes que las de las femeninas.

El trigésimo séptimo día de la vida de una abeja, deja la colmena para volar alrededor de ella y para obtener conocimiento del mundo externo. A diferencia de los pájaros, las abejas no aletean sus alas. Cuando las abejas vuelan, sus alas se mueven automáticamente de una manera tal que el ala hace 250 vueltas completas por segundo, así como haciendo curvas a lo largo de ciertas líneas de modo que la abeja pueda ajustar su cuerpo a la corriente de aire. Las alas hacen un ocho en el aire. En proporción con el tamaño de sus alas, sus cuerpos son pesados (a diferencia de los pájaros), y sus cuerpos progresivamente pesan más a medida que recogen néctar de las flores. A pesar de esto, pueden volar 15 kilómetros por hora. No sólo es el vuelo de una abeja milagroso; la manera en que se posan es impresionante también. A diferencia de los pájaros, no necesitan disminuir su velocidad antes de que se posen. Gracias a las puntas de sus patas, pueden posarse inmediatamente dondequiera que quieran en pleno vuelo.

En el trigésimo octavo día de la vida de una abeja, su tarea es guardar la entrada de la colmena. A nadie, ni siquiera a las abejas de otras colmenas, se permiten entrar en la colmena. Las abejas se reconocen por el olor. El olor de cada comunidad de abejas es diferente. La entrada de una colmena también es marcada por el olor propio de esa comunidad.

El cuadragésimo primer día de su vida, es una abeja madura. Las fábricas en su cuerpo que producen la jalea real y la cera han cesado la producción. A partir de ahora, pasará sus días recogiendo néctar. Las flores atraen las abejas por sus colores y olores. Las flores están estructuradas de tal manera que es como si se hubieran construido como plataformas para que se posen las abejas. Cuando las abejas se posan en una flor, utilizan sus lenguas para llegar a la fuente del néctar en su centro. Al mismo tiempo, el polen de las flores se pega en los pelos, que se parecen a ramitas espinosas, de sus cuerpos. Dejan alguna parte de este polen en otras flores que visitan y así ayudan a la polinización de las flores. No visitan las flores al azar. Continúan visitando la misma clase de flor en el mismo ambiente que la primera flor que han visitado ese día.

Una abeja puede visitar hasta 20.000 flores en un día. Almacenan el néctar en su estómago y el polen en los sacos situados en sus patas traseras. Ya que volar a la colmena es más difícil por el peso de su carga, siguen una ruta directa al volver a la colmena; esto se conoce como «línea de abeja». Aunque pasen por lugares que no conocen, siempre siguen esta línea directa. Es muy fácil que una abeja establezca una línea de abeja. El lugar y la posición del Sol les indican la dirección. El cambio de la posición del Sol no las obstaculiza. Pueden calcular fácilmente el lugar y la posición exactos del Sol en cualquier momento del día. Utilizan la polarización atmosférica y encuentran el lugar del Sol por medio de cualquier luz que venga de cualquier parte del cielo.

Al final de su vida, un período de dos meses, la abeja ha volado más de 2.000 kilómetros y ha producido 50 gramos de miel. Esta cantidad no se debe considerar como insignificante, porque la población de una colmena hace 200.000 vuelos al día, produciendo un kilo de miel. Sin embargo si todos los seres humanos en el mundo trabajaran juntos, no podrían producir ni un solo gramo de miel.

Está claro que es imposible para cualquier ser aparte de Dios Todopoderoso, Quien es el Omnisciente, el Omnipotente, el Poseedor de la Suma Voluntad —aunque algunos lo llaman «naturaleza», las fuerzas naturales, o la materia— crear la abeja y organizar su vida; todas éstas son ciegas, sin vida, e ignorantes. No tienen ninguna voluntad en absoluto y no pueden crear. Es Dios Todopoderoso Quien la creó, organizó su vida y le posibilitó cumplir tan grandes tareas (Resumido de *Diario de una abeja* por Ümit Şimşek, Estambul.)

APÉNDICE 10

LA ASCENSIÓN (*MI'RAY*) DEL PROFETA MUHAMMAD

El Mensajero fue enviado para iluminar todos los aspectos de la vida humana. Cualquier incumplimiento en la predicación del Mensaje de Dios habría significado dejar a la humanidad en las tinieblas. Por esa razón, él buscó continuamente mentes y corazones no adulterados a quienes pudiera transmitir el Mensaje de Dios. El Mensajero podría haber hablado a la gente como Abu Bakr y 'Umar algunas veces antes de que abrazaran el Islam. Sin embargo, hablar con algunos como Abu Yahl, fue algo diferente. Cuando se los encontrara, diría: «Proclamad que no hay más deidad que Dios y seáis salvados». Visitaría los sitios donde la gente se congregaba y haría el mismo llamamiento.

De vez en cuando realizaban ferias comerciales en La Meca y en sitios cercanos como 'Arafat, Mina, Muzdalifa y Aqaba. Él iría a estos lugares cada año buscando gente dispuesta a escuchar. Cuando la indiferencia de los idólatras de La Meca se convirtió en objeto de escarnio y luego en una persecución, tortura y boicot cada vez más insoportable, el Mensajero de Dios y Zayd Ibn Hariza fueron a Taif. Sin embargo, la gente de esa ciudad también le trató con severidad. Los niños se pusieron en fila a ambos lados del camino y le tiraron piedras. Como no tenía ninguna protección, abandonó la ciudad y encontró un árbol para descansar bajo él. Sangraba profusamente. Levantó las manos y suplicó:

> ¡Señor Mío! Me quejo a Ti de mi debilidad, la carencia de recursos e importancia ante aquella gente. Eres el Más Misericordioso de los misericordiosos, el Señor del oprimido y Mi Señor. ¿A quién me abandonas, a aquel forastero que me mira con recelo y me hace muecas? ¿O a aquel enemigo a quien Tú has dado el dominio sobre mí? Si Tu indignación no es dirigida a mí, no tengo ninguna preocupación. Pero Tu gracia es mucho mejor para mí. Busco refugio en la luz de Tu Esencia, que alumbra toda la oscuridad y con la que los asuntos de esta vida y del Más Allá se han ordenado correctamente, no sea que Tu ira o Tu indignación desciendan sobre mí. Espero Tu perdón hasta que estés complacido. No hay ningún recurso o poder, sino el que Tú tienes.

Una noche cuando el Mensajero de Dios estaba acostado en la Mezquita Sagrada, cierto tiempo después de que él hubiera vuelto de este viaje doloroso, fue llevado de allí al Masyid al-Aqsa en Jerusalén, y desde allí a través de las dimensiones celestiales de la existencia, donde él observó los signos más grandes de Dios. Es decir, observó las verdades y los signos más grandes relacionados con la Divinidad y el Señorío de Dios, y las verdades originales de los fundamentos de la fe y de la adoración y toda la existencia en formas arquetípicas. También atestiguó los significados originales de todos los acontecimientos y cosas en el mundo físico, así como las formas que toman y sus resultados relacionados con el otro mundo. La Oración Prescrita también fue impuesta a él y a su comunidad y se estableció cinco veces al día.

La Ascensión es uno de los milagros más grandes del profeta Muhammad, la paz y las bendiciones sean con él. El Profeta alcanzó la perfección espiritual y el refinamiento completo a través de la fe y la adoración, y como recompensa Dios lo llevó a Su santa Presencia. Escapando del encarcelamiento de leyes «naturales» y de causas materiales y ascendiendo más allá de los límites de la existencia corporal, el Profeta, la paz y las bendiciones sean con él, atravesó distancias rápidamente y superó todas las dimensiones de la existencia hasta que alcanzó a la santa Presencia de Dios.

LA EXISTENCIA MULTIDIMENSIONAL Y LA ASCENSIÓN

Para clarificar asuntos sutiles y verdades abstractas, normalmente hacemos uso de comparaciones, y comparamos tales asuntos y verdades con las cosas concretas en el mundo material. Para que sean tales comparaciones posibles y potencialmente merezcan la pena, debe haber cierta semejanza entre las cosas que se comparan la una con la otra. Sin embargo, ya que el viaje del Profeta de La Meca a Jerusalén (el Viaje Nocturno) y su Ascensión (*Mi'ray*) por las dimensiones de la existencia son milagros sin igual ni parecido en el mundo material, el método de comparación no puede ser aplicado. Estos acontecimientos se pueden saber y entender solamente por la enseñanza de Dios. No obstante, los nombres de los «vehículos» mencionados en las Tradiciones Proféticas con respecto al Viaje Nocturno y la Ascensión —*Buraq* (derivado de *barq*, que significa relámpago) y el mismo nombre del viaje por las dimensiones de la existencia *Mir'ay* (que significa escalera), se refieren al hecho de que podemos referirnos a ciertas verdades científicas para hacer este milagro comprensible por la mente humana «restringida».

La física atómica ha cambiado muchas nociones en la física y ha establecido que el mundo material es una dimensión o una manifestación de la existencia. Junto a este mundo, hay muchos otros mundos o dimensiones de la existencia, cada uno teniendo sus propias particularidades. Einstein presenta la noción de que el tiempo es solamente una de las dimensiones de la existencia. La ciencia todavía no ha llegado a una conclusión final sobre existencia, y los nuevos descubrimientos y progresos cambian continuamente nuestra comprensión. Por lo tanto, especialmente hoy, sería irracional cuestionar el acontecimiento de la Ascensión.

En la Ascensión, el profeta Muhammad, la paz y las bendiciones sean con él, debe haberse movido con la velocidad del espíritu y viajó por todo el tiempo y espacio y todas las dimensiones de la existencia en un tiempo muy corto. La gente puede tener dificultad en entender cómo un ser físico y mortal puede hacer tal viaje y observar toda la existencia con su pasado y futuro. Para entender este asunto sutil, considera esta analogía: imagínate que estás sentado con un espejo en la mano, con todo lo que se refleja a la derecha representando el pasado, mientras que todo lo que se refleja a la izquierda representa el futuro. El espejo puede reflejar solamente una dirección puesto que no puede mostrar ambos lados al mismo tiempo que lo sostienes. Si quieres que refleje ambas direcciones al mismo tiempo, tendrás que elevarte más alto que tu posición original, para que la izquierda y la derecha sean reunidas y que no se quede nada para ser llamado el primero o el último, el principio o el final. Como en esta comparación, el Mensajero viajó por las dimensiones de la existencia, incluyendo el tiempo y el espacio, y alcanzó un punto desde donde podría penetrar todo el tiempo como un solo punto en el cual están unidos el pasado, el presente y el futuro.

Durante ese viaje celestial, el Mensajero se encontró con los Profetas anteriores, vio a los ángeles, y contempló las bellezas del Paraíso y los pavores del Infierno. También observó las realidades esenciales de todos los asuntos coránicos y los significados de todos los actos de la adoración así como la sabiduría en ellos. Él fue hasta los reinos donde incluso el más grandioso de los ángeles, Gabriel, no puede alcanzar, y fue honrado con la visión de la «Faz» de Dios, libre de cualquier dimensión o restricción cualitativa o cuantitativa. Después, para llevar a los seres humanos de la oscuridad de la existencia material al reino iluminado de la fe y la adoración, por el cual podrían realizar una ascensión espiritual cada uno según su capacidad, volvió al mundo donde tuvo que aguantar todas las clases de persecución.

LA SABIDURÍA DE LA ASCENSIÓN

Un gobernante mantiene dos clases de conversaciones o entrevistas, y tiene dos modos de dirigir u honrar. Uno es cuando Él conversa con un súbdito o un ciudadano normal y corriente sobre un asunto o una necesidad especial por medio de una línea directa y privada de comunicación, como un teléfono. El otro es que bajo el título de la soberanía suprema, siendo el gobernante del país entero, elige a un enviado, cuyo cargo está relacionado con el asunto, para hacer público y promulgar su decreto real, y este decreto lleva la autoridad y el peso de su majestad.

Del mismo modo, el Señor de toda la existencia tiene dos clases de conversación y dos maneras de honrar. Uno es particular y privado, el otro es universal y general. El particular y privado ocurre en el espejo del corazón por medio de la relación particular de una persona con el Señor. Cada uno puede recibir una manifestación de la luz y de una conversación con el Señor de la creación de acuerdo con su capacidad y el carácter de su viaje espiritual en atravesar los grados hacia la santidad, y su capacidad de recibir las manifestaciones de Nombres y Atributos Divinos. Por eso hay innumerables grados en la santidad. El segundo es que, en virtud de tener una naturaleza abarcadora y siendo la fruta iluminada del Árbol de la Creación, los seres humanos son potencialmente capaces de reflejar todos los Nombres Divinos que se manifiestan en el universo en el espejo de su espíritu. Pero no todo el mundo puede realizar esto. Dios Todopoderoso manifiesta todos Sus Bellos Nombres y Atributos solamente en el más grandioso de la humanidad, en el nivel más elevado y de forma más exhaustiva, ya que es solamente el más grandioso quien puede recibirlos. Era esta forma de manifestación que ocurrió en el profeta Muhammad, la paz y las bendiciones sean con él.

LA REALIDAD DE LA ASCENSIÓN

Así que, la Ascensión es el viaje del profeta Muhammad, la paz y las bendiciones sean con él, a través de los grados de la perfección. Es decir, Dios Todopoderoso tiene varios Nombres y Títulos manifestados en la preparación y disposición de las criaturas, y diversas obras de Su Señorío —Su educación, instrucción, sustentación y provisión— son manifestadas como los resultados de la ejecución de Su autoridad absoluta en la invención y administración de las criaturas a los niveles de los cielos donde Él ejecuta Su Señorío de acuerdo con diferentes condiciones de cada nivel.

Por lo tanto, para mostrar las obras de Su Señorío a Su siervo especial, y de ese modo, hacerle un ser que abarca todas las perfecciones humanas y recibe todas las manifestaciones Divinas —por ejemplo, puede ver todos los niveles del universo y declarar la soberanía de Su Señorío, y que puede proclamar las cosas que Él aprueba y descubrir el significado enigmático de la creación— Dios Todopoderoso lo montó sobre *Buraq* (una montura del Paraíso) y le permitió viajar por los Cielos como un rayo, ascendiéndole a los rangos más elevados, y le mostró el Señorío Divino de mansión a mansión y de esfera a esfera, mostrándole a los Profetas, sus hermanos, cuyas moradas están en los Cielos de esas esferas, una tras otra. Finalmente lo alzó a la estación de la *distancia entre las cuerdas de dos arcos (puestos uno al lado del otro) o incluso más cerca (que eso)* (para el significado de ello véase el *sura* 53:9, y la nota correspondiente 4) y lo honró con la manifestación especial de todos Sus Nombres en sumo grado.

LOS FRUTOS O BENEFICIOS DE LA ASCENSIÓN

Entre numerosos frutos de la Ascensión, mencionaremos sólo cinco:

Primer fruto

La visión de las verdades de las cuales los pilares de la fe se originan, y la de los ángeles, el Paraíso, y el Más Allá se convirtió en la causa de tal tesoro de luz eterna, y tal regalo para el universo y la humanidad, que ha liberado el universo de ser percibido como un montón desordenado condenado a la destrucción. Este regalo ha demostrado que, en realidad, el universo es la colección armoniosa de las «inscripciones» sagradas del Eternamente por todo Suplicado y los espejos preciosos donde la Gracia y la Belleza del Ser Único se reflejan. Esta visión ha complacido y ha encantado al universo y a todos los seres conscientes. También por medio de esta luz y regalo, esta visión ha liberado al ser humano del confuso estado de equivocación, en el cual todos se consideraban seres desdichados, indefensos e indigentes, envueltos en necesidad y hostilidad infinitas y condenados a la aniquilación eterna. Nos enseñó que, en realidad, cada ser humano es de la composición más imparcial y el mejor patrón de la creación, uno quien, siendo un milagro del Poder del Eternamente por todo Suplicado, y una copia integral de la colección de Sus «inscripciones», está dirigido por el Soberano de la Eternidad, y quien es Su siervo especial para apreciar Sus perfecciones, Su amigo para contemplar Su belleza asombrado, y Su querido y Su honrado invitado designado para el Paraíso. Este fruto de la Ascensión inculca alegría infinita y entusiasmo en aquellos que son verdaderamente humanos.

Segundo fruto

La Ascensión trajo al ser humano y a los genios los fundamentos del Islam como un regalo, incluyendo ante todo las cinco Oraciones diarias prescritas, las cuales contienen todas las cosas que complacen al Gobernante de la Eternidad, Quien es el Creador de las criaturas, el Dueño del universo y el Señor de los mundos. La gente inevitablemente tiene curiosidad por percibir lo que Le complace, y su percepción conlleva una felicidad indescriptible. Todo el mundo desea conocer los deseos de un bienhechor renombrado o de un gobernante benévolo; dicen: «¡Desearíamos tener un medio de comunicación de modo que pudiéramos hablar con él directamente! ¡Ojala que supiéramos lo que él pide de nosotros! ¡Desearíamos saber qué cosas hemos hecho que son agradables a Él!». Dios tiene la posesión de todas las criaturas, y la gracia, la belleza, y la perfección compartida por todas las criaturas son nada más que una sombra débil en relación a Su Belleza, Gracia, y Perfección. Puedes entender hasta qué punto los seres humanos, quienes Le necesitan de manera infinita y reciben Sus generosidades innumerables en cada momento, deben tener curiosidad y desear percibir Su voluntad y las cosas que Le complacen.

Fue como un fruto de la Ascensión que, habiendo dejado atrás «setenta mil velos», el profeta Muhammad, la paz y las bendiciones sean con él, oyó hablar de las cosas que complacen al Creador y Sustentador del universo directamente, y las trajo con certeza absoluta al ser humano como un regalo.

La gente tiene muchos deseos de aprender las verdades sobre la Luna o de hecho sobre cualquier otro planeta. Envían exploradores allí para descubrir y luego contarles sobre ello. Están listos para hacer grandes sacrificios por este fin. No obstante la Luna viaja en el dominio de un Señor tal que vuela alrededor de la Tierra como una mosca. La Tierra vuela alrededor del Sol como una polilla. En cuanto al Sol, es solamente una lámpara entre miles de otras lámparas y funciona como una vela en una casa de invitados del Señor Majestuoso del Reino. Así que, éstos son los actos y cualidades del Ser Majestuoso y las maravillas de Su arte y los tesoros de Su Misericordia en el mundo eterno que el profeta Muhammad, la paz y las bendiciones sean con él, vio durante la Ascensión y luego contó a la humanidad acerca de ello. Puedes entender cuán contrario sería a la razón y a la sabiduría si el ser humano no escuchara a esta persona con suma curiosidad y en asombro y amor perfectos.

Tercer fruto

El profeta Muhammad, la paz y las bendiciones sean con él, vio el tesoro oculto de la felicidad eterna durante la Ascensión y trajo sus llaves a la humanidad y a los genios como regalo. Durante la Ascensión, vio el Paraíso con sus propios ojos, observó las manifestaciones eternas de la Misericordia del Majestuoso Misericordioso, y percibió la felicidad eterna con toda certeza, y luego trajo a la humanidad y a los genios las buenas nuevas de que hay felicidad eterna (en un mundo eterno).

Es indescriptible qué felicidad tan grande despertó éste en los seres humanos mortales y desdichados y en los genios que se consideraban condenados a la aniquilación permanente; tales buenas nuevas les fueron dadas en un momento en el que todas las criaturas emitían llantos desgarradores a la hora de pensar que estaban inestables en medio de las convulsiones de la muerte y que estaban en decadencia en un mundo inestable, se sumergían en el océano de la inexistencia y la separación eterna con el transcurso del tiempo y el movimiento de los átomos. Considera cómo una persona se alegraría si supiera que se le concedería un palacio por parte del rey en la vecindad de su residencia justo en la hora de su ejecución. Añade a esto los ejemplos de la alegría y la felicidad de toda la humanidad y los genios, entonces puedes medir el valor de estas buenas nuevas.

Cuarto fruto

Ya que el profeta Muhammad, la paz y las bendiciones sean con él, recibió el fruto de la visión de la «Faz» Hermosa de Dios, lo trajo a la humanidad y a los genios como regalo para que cada creyente sea honrado con la misma visión. Puedes entender qué delicioso, excelente, y hermoso es este fruto cuando haces la siguiente comparación:

Cualquier persona con un corazón ama al hermoso, perfecto, y benévolo. Este amor aumenta en proporción con el grado de la belleza, la perfección y la benevolencia del ser y aumenta hasta el punto de adoración y abnegación para el ser. Por otro lado, al comparar con los Atributos de Dios, toda la belleza, perfección, y benevolencia compartida por toda la creación entera no son nada más que algunos destellos del Sol cuando es comparada con el Sol mismo. Puedes entender de esto qué fruto tan agradable, hermoso, delicioso y dichoso es que alguien merezca la consideración de Aquel Majestuoso de la perfección, Quien es digno de amor infinito en la morada de la felicidad eterna; una consideración así puede inspirar solamente el entusiasmo infinito.

Quinto fruto

Se ha entendido por la Ascensión que cada ser humano es un fruto valioso del universo y un querido del Creador del universo. Aunque aparentemente es una criatura insignificante, un animal débil, y un ser consciente impotente, cada persona ha ascendido a una posición muy elevada por encima de todas las demás criaturas que es el motivo de orgullo para nosotros. La alegría y felicidad que recibimos de esto son indescriptibles. Si le dices a un soldado raso que ha sido ascendido al grado de mariscal de campo, él sentirá alegría infinita. Mientras que, siendo un animal mortal, desamparado, racional, y que se expresa bien, y que conoce solamente los golpes de decadencia y separación, se nos ha dicho inesperadamente a través de la Ascensión:

Ya que puedes realizar todos los deseos de tu corazón en un Paraíso eterno, envuelto por la Misericordia del Ser Misericordioso, Compasivo y Magnífico, y en la recreación, en viajar con la velocidad de la imaginación y en la amplia esfera del espíritu y de la mente, también puedes ver Su «Faz» Más Hermosa de la felicidad eterna [Resumido de *The Words* («Las Palabras»), «31st Word» («31ª Palabra»), por Said Nursi].

APÉNDICE 11

ARGUMENTOS PARA LA RESURRECCIÓN

Con respecto a la Resurrección, se pueden hacer las siguientes seis preguntas: Uno: ¿Por qué el mundo será destruido? ¿Acaso es su destrucción necesaria? Dos: ¿Puede su destructor y reconstructor realmente llevar a cabo dichos actos?

Tres: ¿Tal destrucción es posible?

Cuatro: Si es posible, ¿será realmente destruido?

Cinco: ¿Dicha reconstrucción es posible?

Seis: Si es posible, ¿en realidad sería reconstruido?

Es posible destruir el mundo, y hay una causa necesaria para su destrucción. Quien lo destruirá y reconstruirá es capaz de hacerlo, y con toda certeza ocurrirá, y sin duda será reconstruido. Nuestros argumentos son los siguientes.

PRIMER ARGUMENTO: El espíritu sin duda es eterno, y las pruebas del Primer Propósito en relación a la existencia de los ángeles y otros seres espirituales prueban su eternidad (Para la existencia y las características de los ángeles y otros seres invisibles véanse el *sura* 2, nota 31, 36, 40; el *sura* 11, *nota* 9; y el *sura* 15:27, nota 7). Nos hallamos demasiado cerca de las almas de los muertos —quienes están esperando en el *barzaj* para dirigirse al Más Allá— como para exigir la prueba de su existencia. Si tales seres tienen el discernimiento necesario dentro de la realidad de las cosas, los santos pueden ver e incluso comunicarse con ellos. Además, casi todos se encuentran con ellos en sus sueños reales (Para los argumentos sobre la eternidad del espíritu véase el Apéndice 12).

SEGUNDO ARGUMENTO: Un mundo de felicidad eterna es necesario, y el Majestuoso puede crearlo. La destrucción de nuestro universo así como la resurrección de cada cosa y ente, ambas por igual, son posibles y acontecerán. Las siguientes observaciones eliminarán toda duda concerniente a la Resurrección, y los siguientes diez puntos explican el propósito y la causa necesaria de un eterno mundo de felicidad:

Primer punto: La creación en su totalidad expone una armonía perfecta y un orden lleno de propósito, y cada aspecto del universo muestra signos de una voluntad e indicios de un propósito. Es imposible no distinguir una sabiduría y elección, intención y voluntad, en cada cosa y evento, y en cada composición a través del testimonio de sus frutos o resultados. Si esta creación no tuviera la intención de engendrar felicidad eterna, su orden y armonía serían una falsedad. Además, todos los medios, relaciones y conexiones (el espíritu del orden) se convertirían en nada, porque sólo la felicidad eterna hace que este orden sea establecido.

Segundo punto: La creación del universo exhibe perfecta sabiduría. La Sabiduría Divina, la representación del favor eterno, anuncia la llegada de la felicidad eterna a través del lenguaje de los beneficios y propósitos observados por todo el universo. Si no existiera la felicidad eterna, todos los beneficios y propósitos observados en el universo habrían sido negados.

Tercer punto: El intelecto humano, la sabiduría, la experiencia, y el razonamiento deductivo señalan que nada superfluo o vano ocurre en la creación. Esto indica la existencia de la felicidad eterna. El Majestuoso Hacedor del universo elige la mejor y más fácil manera en la creación, y asigna muchas obligaciones y propósitos a cada criatura, no importando cuán insignificante pueda parecer. Y ya que no acontece desperdicio alguno ni nada acaece en vano, debe haber felicidad eterna, porque la inexistencia eterna haría todo inútil y un despilfarro. La ausencia de desperdicio en la creación, particularmente en la humanidad, prueba que nuestras incontables potenciales espirituales, ilimitadas aspiraciones e ideas, además de las inclinaciones nunca van a ser desperdiciadas. Nuestra inclinación básica por la perfección indica la existencia de la perfección, y nuestro deseo por la felicidad proclama que estamos destinados a la felicidad eterna. Si esto no fuera así, todas las características espirituales y sublimes aspiraciones que constituyen nuestra verdadera naturaleza serían inútiles y derrochadas.

Cuarto punto: La alternancia del día y la noche, así como de la primavera y el invierno, los cambios atmosféricos, la renovación anual de nuestro cuerpo, y nuestros actos de despertarnos y levantarnos cada mañana tras dormir y descansar, todos ellos indican una resurrección y un renacimiento completos. Los segundos pronostican un minuto, un minuto predice una hora, y una hora anticipa un día. Las esferas del gran reloj de Dios —la Tierra— indican, una detrás de la otra, el día, el año, nuestra vida, y las épocas a través de las cuales este mundo transcurre. Del mismo modo que muestran la mañana después de la noche y la primavera después del invierno, dan a entender que el amanecer de la Resurrección seguirá a la muerte de toda la creación.

La vida de una persona contiene muchos ciclos que pueden ser contemplados como un tipo de muerte y resurrección (por ejemplo, los cambios diarios, de estación y anuales; dormir y despertar tras el sueño; y varios renacimientos y renovaciones). El renacimiento de la naturaleza en cada primavera es una promesa de la Resurrección final, porque durante esa estación incontables tipos de resurrección tienen lugar entre los animales y las plantas. Por ello, el Creador Omnisapiente nos recuerda así que se aproxima la Resurrección.

Todas las personas son iguales, en cuanto al valor y la integridad se refieren, en relación a cualquier otra especie viva, porque la luz de su intelecto las ha dotado con aspiraciones absolutas e ideas que abarcan el pasado y el futuro. En el resto de especies al completo, la naturaleza de un individuo es particular, su valor es personal, su opinión es restringida, sus cualidades son limitadas, y su placer y dolor son instantáneos. Los seres humanos, sin embargo, tienen una naturaleza sublime y el valor más noble, perfección ilimitada, y un placer y dolor espirituales más permanentes. Por lo tanto, los tipos de resurrección experimentados por otras especies sugieren que cada ser humano será resucitado completamente en el Día del Juicio Final.

Quinto punto: La humanidad está dotada de ilimitados potenciales que se desarrollan dentro de habilidades no restringidas. Éstas, a su vez, dan lugar a las incontables inclinaciones que generan deseos ilimitados, los cuales son la fuente de los infinitos conceptos e ideas. Todos ellos, como ha sido observado y confirmado por los eruditos de conocimiento profundo, indican la existencia de un mundo de felicidad eterna más allá de este mundo material. Nuestra inclinación innata por la felicidad eterna nos asegura que tal mundo será establecido.

Sexto punto: La Misericordia abarcadora del Misericordioso Hacedor del universo exige un mundo de felicidad eterna. Si no fuera por esta felicidad, la gracia principal de Dios para la humanidad, toda la gente elevaría sus lamentaciones hacia la separación eterna, los actos de favor se convertirían en venganza, y la Compasión Divina sería negada. Pero la Misericordia Divina se encuentra por toda la creación y es más evidente que el Sol. Observa las tres manifestaciones de la Compasión Divina: el amor, el cariño y el intelecto. Si la vida humana resultara en la separación eterna inmersa en penas sinfín por la despedida, ese amor cortés se convertiría en la aflicción más grande, el afecto en la enfermedad más dolorosa, y el intelecto otorgador de luz en un redomado y verdadero mal. La Compasión Divina, sin embargo, (por eso se llama Compasión) nunca inflinge la agonía de la separación eterna sobre el verdadero amor.

Séptimo punto: Todas las experiencias placenteras conocidas, las bellezas, perfecciones, atracciones, anhelos ardientes, y los sentimientos de compasión son articulaciones espirituales y manifestaciones del Favor, la Misericordia, y la Munificencia del Creador Majestuoso que se dan a conocer por el intelecto; debido a que existe una verdadera Misericordia, habrá una felicidad eterna.

Octavo punto: Nuestra conciencia (la naturaleza consciente) señala a la felicidad eterna. Quienquiera que la escucha, la oye diciendo eternidad una y otra vez. Incluso si nos hubieran concedido el universo entero, no seríamos compensados por la falta de la eternidad, porque tenemos anhelos innatos y fuimos creados para ella. Por lo tanto, nuestra inclinación natural hacia la felicidad eterna proviene de una realidad objetiva, la existencia de la eternidad y nuestro deseo en pos de la eternidad.

Noveno punto: El profeta Muhammad, la paz y las bendiciones sean con él, quien sólo proclamó la verdad y cuyas palabras han sido confirmadas a lo largo de todos los siglos, predicó y prometió la llegada de la vida eterna y la felicidad perpetua. Su mensaje se centró casi tanto sobre la Resurrección como en la Unidad Divina, remitiéndose al consenso de todos los Profetas y santos.

Décimo punto: El Corán, un milagro inigualable con sus 40 aspectos, anuncia la Resurrección y la llegada de la felicidad eterna. Le despoja de su velo al misterio de la creación y ofrece incontables argumentos racionales de la Resurrección.

TERCER ARGUMENTO: Tal y como la necesidad y el requerimiento de la Resurrección son ciertos y seguros, del mismo modo el Único Quien la ocasionará es capaz de hacerla. Como Él posee el poder sobre todo, todo es lo mismo en relación con Su Poder. Él crea la primavera tan fácilmente como una flor. Él es tan poderoso que la creación atestigua Su Poder y Majestuosidad. Teniendo presente esto, ¿cómo puedes dudar que Él pueda resucitar a los muertos para el Día del Juicio Final? Su Poder es tan grande que hace que un nuevo contexto acontezca en la existencia cada siglo, renueva el universo cada año, y crea un mundo nuevo cada día. Él cuelga numerosos mundos transitorios sobre la cuerda del tiempo a la misma vez que los siglos, años, o incluso los días transcurren para un propósito perfecto, definitivo. Muestra la perfección de Su Sabiduría y la belleza de Su arte engalanando a la Tierra con el vestido de primavera como si de una sola flor se tratase, y luego la decora y la adorna con incontables ejemplos de la Resurrección. Ya que Él puede hacer tales cosas, ¿cómo puedes dudar de Su habilidad para ocasionar la Resurrección y reemplazar este mundo con otro? (Para la capacidad infinita del Poder Divino, véase el *sura* 31:28, y la nota correspondiente 6.)

CUARTO ARGUMENTO: Como la Resurrección es necesaria, el Único Quien resucitará a los muertos puede hacer esto. El mundo entero está expuesto a la Resurrección. Existen cuatro conceptos relacionados aquí:

Uno: Es posible que este mundo llegue a un fin,

Dos: El mundo en realidad llegará a un fin,

Tres: Existe la posibilidad de que el mundo destruido se reconstruya otra vez en la forma del Más Allá,

Cuatro: El mundo destruido en realidad será resucitado y reconstruido.

Primera cuestión: La muerte de la creación es posible. Lo que se encuentra sujeto a la ley del desarrollo, tiene que evolucionar hacia un final último. Aquello que se desarrolla hacia un final ha de poseer una vida limitada y, por lo tanto, un final natural fijado. Aquello que tiene un final fijado inevitablemente muere. La humanidad es un microcosmos sujeto a la muerte; el universo se puede considerar como un ser macrohumano y, por lo tanto, también está sujeto a la muerte. Por consiguiente, perecerá y será resucitado en la mañana del Día del Juicio Final. Tal y como un árbol vivo (un universo en miniatura) no puede salvarse a sí mismo de la aniquilación, las «ramas de las criaturas» que crecen de «El Árbol de la Creación» perecerán. Si el universo no estuviera encaminado a ser destruido por un evento destructivo externo, con el permiso de la Voluntad Eterna, finalmente comenzaría a morir. Incluso los científicos lo afirman así. Según el Corán, emitirá un grito agudo, y después los siguientes acontecimientos sucederán: «Cuando el Sol esté plegado (y oscurecido), y cuando las estrellas se abatan (perdiendo su brillo); y cuando las montañas se pongan a caminar... » (81:1-3) y «Cuando el cielo sea hendido; y cuando los astros caigan en desorden y sean esparcidos; y cuando los mares se entremezclen al desbordarse sus límites» (82:1-3).

Un punto sutil pero importante: El agua se congela y pierde su esencial forma liquida, el hielo se derrite y pierde su estado sólido esencial, la esencia de un objeto se fortalece a expensas de su forma material, el lenguaje soez no es adecuado para expresar significados, el espíritu se debilita cuando el cuerpo pasa a ser más substancial, y el cuerpo a su vez se debilita cuando el espíritu se hace más iluminado. De este modo, la vida gradualmente purifica el mundo sólido en favor del Más Allá. El Poder Creativo insufla vida en las sustancias densas, sólidas, e inanimadas como resultado de asombrosas actividades, y depura ese mundo sólido en pos de la ventaja del Más Allá a través de la luz de la vida.

Ninguna verdad, a pesar de su debilidad, perece jamás sino que asume una forma en el mundo corpóreo. Mientras que la verdad florece y se expande, su forma se hace más débil y más refinada. La verdad espiritual que constituye la esencia de un objeto es inversamente proporcional a la fuerza de su forma. Por lo tanto, la forma pasa a ser más densa mientras la verdad se debilita, y la verdad se hace más fuerte mientras la forma se debilita. Esta ley es común a todo aquello que se desarrolla y crece. Por lo tanto, el mundo corporal, que es una forma que contiene la gran verdad del universo, se fragmentará, por el permiso del Creador Majestuoso, y será reconstruido de manera más hermosa. Un día, *En el Día en el que la Tierra sea transformada en otra y los Cielos (también), comparecerán todos ante Dios, el Único, Irresistible (con dominio absoluto sobre todo lo que existe)* (14:48), esto último será realizado, ya que el mundo puede morir.

Segunda cuestión: La muerte final del mundo es confirmada por todas las religiones reveladas por Dios, y apuntalada por todas las personas puras y santas, e indicada por los cambios, transformaciones, y alteraciones del universo. El constante reemplazo de los habitantes de esta casa de huéspedes, todos los cuales son bienvenidos, y luego su abandono en tiempos fijados (a través de la muerte) para que así puedan ser reemplazados por los recién llegados, también indica la muerte de este mundo.

Considera la descripción coránica de la minuciosa y precisa interrelación de las partes constituyentes del universo. Considera sus organizaciones sublimes y delicadas dentro de un sistema. Si a un cuerpo celeste se le ordenara que abandonara su eje, el universo sería arrojado a las tribulaciones de la muerte. Las estrellas chocarían, los planetas se esparcirían, y el sonido de las esferas explotando llenaría el espacio. Las montañas comenzarían a moverse, y la Tierra sería aplanada. El Poder Eterno provocará la próxima vida de manera equivalente, y los elementos del Paraíso y del Infierno serán separados el uno del otro.

Tercera cuestión: El universo puede ser resucitado después de su muerte porque, antes que nada, el Poder Divino no es defectuoso. Además, existe una gran necesidad de esto y es asimismo posible. Si existe una gran necesidad de que algo posible deba acontecer, debe ser considerado como algo que inevitablemente va a suceder.

***Otro punto importante*:** Un examen en profundidad acerca de lo que sucede en el universo pone de manifiesto que éste contiene opuestos que se han distribuido por todos lados y han enraizado. Los resultados de sus choques señalan lo bueno y lo malo, el beneficio y el menoscabo, la perfección y el defecto, la luz y la oscuridad, la orientación y la desorientación, la creencia y la falta de creencia, la obediencia y la rebelión, así como el temor y el amor. Tales conflictos en curso ocasionan que el universo manifieste una alteración y transformación continuas para producir los elementos de un mundo nuevo. Estos elementos opuestos finalmente se dirigirán a la eternidad en dos direcciones diferentes y se materializan como el Paraíso y el Infierno. El mundo eterno será elaborado a partir de los elementos esenciales de este mundo transitorio, a los cuales se les dará permanencia. El Paraíso y el Infierno son dos frutos opuestos que crecen sobre dos ramas del Árbol de la Creación, los dos resultados de la cadena de la creación, los dos aljibes que se llenan mediante dos corrientes de cosas y eventos, los dos estanques en los que los seres fluyen en olas, y los lugares en donde la Gracia y la Cólera Divinas se manifiestan. Esos se llenarán con sus habitantes especiales cuando el Poder Divino zarandee el universo. Este punto es importante porque Dios, el Omnisapiente Eterno, y como requerimiento de Su Gracia Eterna y Sabiduría, ha creado este mundo como un lugar de prueba, un espejo para reflejar Sus Nombres Hermosos, una página vasta sobre la cual escribir con la Pluma de Su Destino y Poder.

La gente es puesta a prueba aquí para desarrollar sus potenciales y manifestar sus habilidades. Esta aparición de las habilidades permite a las verdades aparecer en el universo, el cual, en respuesta, hace que los Nombres Hermosos del Hacedor Majestuoso manifiesten sus inscripciones y conviertan al universo en una misiva del Eternamente por todo Suplicado. Conjuntamente, esta prueba separa las esencias cual diamantes de las almas sublimes, que tienen su base en un material semejante al carbón.

Para Sus Propios propósitos sublimes, Dios quiso que dicha creación, así como su cambio y alteración, tuviera lugar. Él hizo que los opuestos se confrontaran entre sí, mezclando daño con beneficio, maldad con bondad, y fealdad con belleza. Amasándolos juntos cual masa, Él hizo que el universo estuviera sujeto a la ley de la alteración y al principio de la perfección. Un día, esta prueba y juicio finalizarán, y la Pluma del Destino Divino tendrá por escrito aquello que ha de escribir. El Poder Divino habrá completado su obra, todas las criaturas habrán cumplido sus obligaciones y servicios, y las semillas habrán sido sembradas en el campo del Más Allá. La Tierra habrá expuesto los milagros del Poder Divino, y este mundo transitorio tendrá colgadas todas las escenas eternas sobre el transcurso del tiempo. La Sabiduría eterna y el Favor del Hacedor Majestuoso exigirán que los resultados de las pruebas sean anunciados y que las verdades de las manifestaciones de los Hermosos Nombres Divinos y las misivas de la Pluma del Destino sean descubiertas.

Las obligaciones que fueron llevadas a cabo por las criaturas serán restituidas, las verdades de los significados expresados por las palabras del Libro del universo serán apreciadas, los frutos de las potenciales serán cedidos, un tribunal supremo será establecido, y el velo de las causas naturales será despojado para que así todas las cosas sean presentadas directamente a la Voluntad y Poder Divinos. En ese día, el Creador Majestuoso destruirá el universo para eternizarlo y separará a sus opuestos. Esta separación hará que el Paraíso aparezca con toda su hermosura y esplendor y al Infierno aparecer con todas sus fealdades. La Gente del Paraíso será bienvenida con: «¡La paz sea sobre vosotros! ¡Bien por vosotros y estáis purificados (de los malos residuos del pecado, y librados de todo sufrimiento), así que entrad en (el Paraíso) para morar!» (39:73), mientras que los habitantes del Infierno serán amenazados con: «¡Y vosotros, Oh incrédulos criminales! ¡Manteneros aparte este día!» (36:59). Por medio de Su Poder Perfecto, el Eterno Omnisapiente concederá una existencia eterna e inmutable a los habitantes de ambas moradas. Ellos no envejecerán ni sufrirán la desintegración o descomposición corporal, ya que no habrá nada que cause algún cambio.

Cuarta cuestión: Hemos afirmado en la anterior Cuestión que es posible que la Tierra sea resucitada después de su muerte. Después de destruir este mundo, el Único Quien lo creó lo reformará de una forma aún más bella y lo convertirá en una mansión del Más Allá. El Corán, el cual contiene miles de evidencias racionales, y otras Escrituras Divinas están de acuerdo en esto, como lo hacen los Atributos del Único Majestuoso relacionados con su Majestuosidad, Gracia, y los Hermosos Nombres. Además, Él prometió que provocará la Resurrección y la Gran Reunión a través de todos Sus decretos celestiales enviados a Sus Profetas, los cuales están de acuerdo en que Él cumple Sus promesas. El profeta Muhammad es el más destacado al confirmar estas promesas, junto con la fuerza de mil milagros. Todos los santos y eruditos rectos también las confirman. Finalmente, el universo las predice junto a todas las evidencias científicas que contiene [*The Words* («Las Palabras»), The 29th Word («La 29ª Palabra»)] (Para la Resurrección, véase el *sura* 15:85, nota 17).

Apéndice 12

EL ESPÍRITU, SU IDENTIDAD Y ARGUMENTOS PARA SU EXISTENCIA

Los intérpretes del Corán han discrepado en lo que se refiere por «espíritu» en el versículo 17:85: *Te preguntan por el espíritu. Di: «El espíritu procede de la Orden de mi Señor, y del conocimiento, se os ha sido concedido tan solo un poco».* Algunos piensan que significa la Revelación, mientras que otros afirman que es la esencia de la existencia viva o la fuente de la vida, el movimiento, la consciencia, los sentimientos, y los sentidos en los seres vivos. Si consideramos que el espíritu en un ser humano es la esencia que aprende, se educa, y cree o niega, así como es la fuente de la vida y que la Revelación es la fuente o medio de la vivacidad espiritual, entonces podemos concluir que la Revelación es la vida del espíritu. El Corán declara: *¡Oh vosotros que creéis! Responded a Dios y al Mensajero cuando el Mensajero os llame (en el Nombre de Dios) a lo que os da vida* (8:24).

Dios tiene dos leyes, una que proviene de Su Atributo de Discurso, y es manifestada como la Revelación o la Religión Divina. La otra proviene de Sus Atributos de Voluntad y Poder, y es manifestada como lo que llamamos «leyes de la naturaleza y de la vida». El espíritu es también una manifestación de los Atributos de Voluntad y Poder de Dios. Es una ley viva dotada con la consciencia y una existencia verdadera y sensible. Bediüzzaman Said Nursi dice:

> El espíritu es una ley viva dotada con la consciencia y una existencia verdadera y sensible: El Poder Divino lo ha cubierto en una envoltura enérgica dentro de un cuerpo de órganos sensoriales. Este espíritu, el cual existe en el ser humano, es equivalente a las «leyes de la naturaleza y de la vida». Ambas son inalterables (a menos que Dios quiera de otra manera por ciertos propósitos sabios) y permanentes, y ambas han provenido del mundo de las Órdenes Divinas. Si el Poder Eterno hubiera cubierto las leyes con la existencia perceptible y la consciencia, cada una habría sido un espíritu; y si al espíritu humano se le hubiera despojado la vida y la consciencia, se convertiría en una ley inmaterial [*The Letters* («Las Cartas»), «Seeds of Truth» («Semillas de la Verdad»)].

Aunque la ciencia no está todavía lista para aceptarlo, hay muchos mundos en el universo, así como se dan subdivisiones en el mundo, como los mundos de las plantas, los animales, y los seres humanos (el reino de las plantas, el reino animal, y el reino humano) y el mundo de los genios; estos mundos se encuentran uno dentro del otro o encima del otro y cubriéndose mutuamente. De estos mundos, el mundo visible y material es donde nosotros vivimos, el mundo que se dirige a nuestros sentidos. Desde las partículas más minúsculas hasta las galaxias más grandes, este mundo es el reino donde Dios Todopoderoso da vida y forma, renueva, cambia, y causa la muerte. Las ciencias se restringen tan solo al fenómeno de este mundo.

Las ciencias atribuyen casi cada fenómeno en el mundo físico a las leyes naturales. Pero estas leyes no tienen ninguna existencia directamente perceptible. Por lo tanto, atribuir la creatividad a estas leyes que son solamente principios nominales deducidos de lo que está pasando en la naturaleza es igual que negar la existencia del espíritu, y es puro prejuicio o pura parcialidad y negación deliberada. Como las leyes que parece que funcionan en el universo, el espíritu es una ley que proviene del mundo de las Leyes y Órdenes Divinas. Sin embargo, a diferencia de estas otras leyes, el espíritu humano es una ley viva y consciente.

Por encima de este mundo visible y material se halla el mundo inmaterial de Leyes y Órdenes Divinas. Para tener algún conocimiento de este mundo, podemos pensar en, por ejemplo, cómo un libro, o un árbol, o un ser humano nace. La parte más importante de la existencia de un libro se encuentra en su significado; por ejemplo, un libro puede ser encuadernado, o puede ser un audiolibro, o incluso puede ser digital. La entidad física de «un libro» no tiene ningún significado dentro de sí mismo o por sí mismo; es el significado del libro y son las ideas los que lo hacen existir. Otro ejemplo: aquello que estimula una semilla para germinar debajo de la tierra y convertirse en un árbol es la esencia de la vida y la ley de germinación y crecimiento con la cual la semilla se ha dotado anteriormente. Podemos observar la germinación de la semilla y el desarrollo subsiguiente de la semilla germinada en un árbol a simple vista. Si no fuera por la esencia de la vida y las leyes de germinación y crecimiento, las cuales, aunque sean invisibles o inobservables, gobiernan el nacimiento y el crecimiento de un nuevo ser vivo, no habría ninguna planta en el mundo.

Deducimos la existencia de todas estas leyes de la repetición casi inalterable de todos estos procesos. Asimismo, observando los fenómenos «naturales» en nuestro alrededor, también podemos deducir la existencia de muchas otras leyes, como la gravedad y la repulsión, la congelación y la vaporización.

Por lo tanto, como las leyes que hemos mencionado y muchas otras, el espíritu es una ley que proviene del mundo de las Órdenes Divinas. Sin embargo, a diferencia de otras leyes, el espíritu humano es una ley viva y consciente. Si al espíritu humano se le hubiera quitado la vida y la consciencia, se convertiría en una ley; si, por otra parte, si se dieran a las leyes la vida y la consciencia, cada una se convertiría en un espíritu.

EL ESPÍRITU NO PUEDE SER DEFINIDO NI PUEDE SER PERCIBIDO A TRAVÉS DE LA CIENCIA

Mientras que la materia o cualquier otra cosa en el mundo material están compuestas de átomos y están formados por partículas más diminutas, el espíritu es una entidad simple. Ya que es simple, no se desintegra. No podemos verlo como una cosa material; lo conocemos a través de sus manifestaciones en el mundo material. Aunque aceptamos su existencia y observamos sus manifestaciones, no podemos conocer su naturaleza. Nuestra ignorancia sobre la naturaleza de alguna cosa no significa que esta no existe.

ES EL ESPÍRITU EL QUE VE, OYE, ETC.

Vemos con nuestros ojos. En otras palabras, nuestros ojos son simplemente instrumentos con los que vemos. El centro principal de la visión está en el cerebro. Sin embargo, no es el cerebro el que ve, ya que la vista y el oído son percepciones conscientes. El cerebro no tiene conciencia o percepción. Nosotros no decimos, «Mi cerebro ve» sino «Yo veo». Somos nosotros los que vemos, oímos o sentimos. ¿Pero quién es ese ser que llamamos «Yo»? ¿Es algo que está compuesto de un cerebro, un corazón y otros órganos y extremidades? ¿Por qué no podemos movernos cuando morimos aunque todos nuestros órganos y extremidades están allí? ¿Cómo funciona una fábrica? ¿Funciona por sí misma o por medio de alguna otra cosa como la energía eléctrica que la hace funcionar? Cualquier defecto que cause una desconexión entre la fábrica y la energía eléctrica es suficiente para reducir una gran fábrica altamente productiva a un montón de hierros inútiles. ¿Esta relación entre la fábrica y la energía eléctrica, de alguna manera, se debería comparar con la que hay entre el espíritu y el cuerpo?

Cuando la conexión del cuerpo con el espíritu se interrumpe —el acontecimiento que llamamos muerte— el cuerpo es reducido a algo que no nos agradaría conservar ni siquiera unas horas más porque se pudrirá y descompondrá.

EL ESPÍRITU ES UNA COSA CONSCIENTE, PODEROSA, PIENSA, SIENTE, RAZONA, TIENE TENDENCIA A APRENDER Y CONTINUAMENTE DESARROLLA

Por supuesto que el espíritu no es igual que la energía eléctrica. Es algo consciente y poderoso, apto para el aprendizaje y que piensa, siente, razona, y continuamente se desarrolla, por lo común en paralelo con el desarrollo físico del cuerpo, mental y espiritualmente, a través del aprendizaje, la reflexión, la creencia y la devoción. Asimismo es el espíritu el que determina el carácter, la naturaleza o la identidad de un individuo, lo que hace a una persona diferente de las demás. Aunque todos los seres humanos, desde el primero hasta el último, están sustancialmente hechos de los mismos elementos, son todos diferentes unos de otros en el carácter, la naturaleza y los rasgos. De esta manera, lo único que puede determinar esta diferencia es el espíritu.

EL ESPÍRITU DICTAMINA LAS FACULTADES INTERNAS DEL HOMBRE

Similarmente, la consciencia humana, mientras permanece saludable, no miente. Si esta no es engañada por el yo carnal del hombre o los deseos, siente profundamente la existencia de Dios y encuentra paz en la creencia y devoción por Él. De esta manera, es el espíritu el que dirige u ordena la consciencia humana así como también sus otras facultades. El espíritu busca el mundo al cual ha llegado y añora a su Creador. A menos que los pecados eviten su crecimiento y lo arruinen, encontrará al Creador y en Él alcanzará la verdadera felicidad.

EL ESPÍRITU TIENE RELACIONES PROFUNDAS CON EL PASADO Y EL FUTURO

Los animales no tienen concepto del tiempo; de acuerdo con la naturaleza primordial que Dios les ha asignado, viven sólo el tiempo presente y no sienten los dolores del pasado ni las ansiedades del futuro. Por otro lado, el hombre está profundamente influido por los dolores de los acontecimientos y las desgracias del pasado y está preocupado por su futuro. Esto es así porque su espíritu es una entidad consciente y sensible.

El espíritu nunca está satisfecho con este mundo mortal y fugaz. Ni los logros o las cosas mundanas de una persona como el dinero, las altas posiciones y la satisfacción de todos los deseos mundanos jamás son suficientes para la felicidad del espíritu. Más bien, las ganancias mundanas aumentan sólo en descontento e infelicidad. El espíritu solamente está en reposo con la creencia en Dios, la devoción y el recuerdo de Él.

La humanidad siente un fuerte deseo por la eternidad. La fuente de este deseo no puede ser la dimensión física de nuestra existencia. Porque, físicamente, es mortal y el sentimiento de eternidad y el deseo por ésta no puede provenir de la existencia mortal. Más bien, este deseo o sentimiento se origina en la dimensión eterna de nuestra existencia y es el espíritu que abarca esta dimensión. Es el espíritu el que hace suspirar al ser humano: «Soy mortal pero no deseo lo que es mortal. Soy incapaz pero no deseo lo que es incapaz. Lo que deseo es a uno eterno y querido (que nunca me abandone) y anhelo un mundo eterno».

EL ESPÍRITU ESTABLECE SU CONEXIÓN CON EL MUNDO MATERIAL A TRAVÉS DEL CUERPO

El espíritu es una simple entidad que proviene del mundo de las Órdenes Divinas. Para que se manifieste y funcione en el mundo material y visible, necesita recursos materiales. Como el cuerpo es incapaz de tomar contacto con el mundo de los símbolos o las formas inmateriales, el espíritu no puede establecer ningún contacto con este mundo sin la mediación del corazón, el cerebro y otros órganos y miembros del cuerpo.

El espíritu funciona, como hemos dicho, mediante todos los nervios, células y otros elementos del cuerpo. Por lo tanto, si algo malo le sucede a ese sistema u órgano, el espíritu ya no puede dirigirlo por más tiempo.

Si el fallo o «la enfermedad» que causa la desconexión es bastante grande como para cortar la relación del espíritu con todo el cuerpo, entonces ocurre lo que llamamos «muerte».

Aunque algunos movimientos ordinarios y sin sentido sean observados en las manos y los dedos como el resultado de estimular ciertas áreas del cerebro, esos movimientos son parecidos a algunos sonidos confusos y sin sentido producidos al presionar al azar las teclas de un piano. O más bien, esos movimientos son algunas respuestas automáticas del cuerpo a cualquier estimulación, que llegan como el resultado del funcionamiento autónomo del cuerpo. Por lo tanto, para que el cuerpo pueda producir movimientos significativos, necesita el espíritu, ya que es consciente y tiene libre albedrío.

EL ESPÍRITU SE MANIFIESTA PRINCIPALMENTE EN EL ROSTRO DE UNA PERSONA

El rostro es como una ventana abierta del mundo interno de un individuo. A través de todos sus rasgos, el rostro descubre el carácter de alguien.

Los psicólogos afirman que casi todos los movimientos propios, incluso toser, revelan el carácter personal. Sin embargo, el rostro es un signo tan claro para descubrir el carácter, las habilidades y la personalidad que ocasiona el nacimiento de una ciencia llamada fisonomía, que es el arte de juzgar el carácter de alguien por los rasgos del rostro. Es el espíritu el que determina los rasgos del rostro.

Como se sabe, las células del cuerpo son renovadas continuamente. Cada día millones de células mueren y son reemplazadas por unas nuevas. Los biólogos informan en sus últimas investigaciones que todas las células que forman el cuerpo son renovadas cada seis meses. A pesar de esta renovación continua el rostro permanece apenas inmutable con sus principales rasgos. Reconocemos a los individuos a través de esos rasgos inmutables. Asimismo, las huellas digitales también permanecen invariables. Ni la renovación de las células de los dedos ni las lesiones o magulladuras que los dedos pueden sufrir, modifican las huellas digitales. De nuevo es el espíritu, con sus propias características, el que asegura la estabilidad de los rasgos distintivos de alguien.

ES EL ESPÍRITU EL QUE RECIBE LA EDUCACIÓN MORAL, ESPIRITUAL E INTELECTUAL, Y EL QUE CAUSA DIFERENCIAS DE CARÁCTER ENTRE LA GENTE

El cuerpo pasa por un cambio ininterrumpido durante toda su vida. Este cambio implica el crecimiento y desarrollo físico hasta un cierto período, haciéndose más fuerte y perfecto. Sin embargo, este crecimiento se detiene en un momento dado y comienza la decadencia. A diferencia de estos cambios, primero hacia el crecimiento y desarrollo y luego hacia la decadencia y la muerte, un hombre continuamente puede crecer en el aprendizaje y también puede desarrollarse continuamente o decaer espiritual e intelectualmente o mientras lo está haciendo puede detenerse en cualquier punto y luego cambiar su dirección. Eso significa que, su educación moral, espiritual e intelectual no depende en absoluto de sus cambios corporales. También, las diferencias morales, espirituales e intelectuales entre los seres humanos no tienen nada que ver con su estructura física. Aunque cada ser humano está compuesto de los mismos elementos sustanciales, físicos o materiales, ¿qué es lo que hace que cause las diferencias morales e intelectuales entre ellos? ¿Qué parte del hombre recibe educación moral e intelectual y qué parte de él es entrenada físicamente? ¿El entrenamiento físico tiene alguna relación con la educación del aprendizaje moral e intelectual? ¿Podemos decir que un hombre cuanto más esté entrenado físicamente y cuanto más desarrollado corporalmente, se vuelve más desarrollado en el aprendizaje y la moralidad? Si no lo podemos afirmar y si el entrenamiento o el desarrollo físico no tienen nada que ver con el nivel científico, moral e intelectual de alguien, ¿por qué no deberíamos aceptar la existencia del espíritu y cómo podríamos atrevernos a la educación del aprendizaje moral e intelectual a algunos procesos bioquímicos en el cerebro? ¿Esos procesos son más veloces en unos cerebros que en otros? Si es así, ¿están aún más desarrollados intelectualmente porque esos procesos son más rápidos o los procesos son más veloces porque algunos estudian y están más desarrollados intelectualmente? Además, ¿qué relación tienen esos procesos con la educación y el desarrollo espiritual y moral de alguien? ¿Cómo podemos explicar las diferencias que la devoción regular hace sobre el rostro de alguien? ¿Por qué los rostros de los creyentes están más radiantes que los de los no creyentes o los pecadores?

ES EL ESPÍRITU EL QUE SIENTE Y CREE O NIEGA

Además, el hombre es un ser que tiene innumerables y complicados sentimientos. Ama u odia, se regocija o se aflige, se siente feliz o triste, espera o se desespera, abriga ambiciones o sueños, se siente aliviado o aburrido, y así sucesivamente. A su vez, le gusta una cosa o le desagrada, aprecia o desatiende, teme o se vuelve tímido, o se anima y se siente entusiasmado, se arrepiente, se siente excitado y anhela. Si buscamos en un diccionario, podemos tropezarnos con cientos de palabras empleadas para expresar los sentimientos humanos. Y hay grandes diferencias entre los seres humanos con respecto a los sentimientos también. Además, puede reflexionar sobre los acontecimientos que suceden a su alrededor o sobre la belleza en la creación y se desarrolla en el aprendizaje. También hace comparaciones y razonamientos, y por lo tanto llega a creer en el Creador de todas las cosas. Luego, a través de la devoción y siguiendo Sus órdenes, se desarrolla moral y espiritualmente y se convierte en un hombre perfecto. De este modo, ¿podemos explicar todos estos fenómenos de otra manera que no sea admitiendo la parte consciente del hombre, que es el espíritu? ¿Podemos atribuírselos a los procesos bioquímicos en el cerebro?

EL ESPÍRITU ES LA BASE DE LA VIDA HUMANA

En este mundo, la materia se perfecciona en favor de la vida. Un cuerpo inanimado no importa cuán grande sea, como una montaña, es solitario, pasivo y estático. Pero, la vida facilita que un cuerpo del tamaño de una abeja, por ejemplo, interactúe con casi todas las flores y le haga hacer esto hasta el punto de decir: «Este mundo es mi jardín y las flores son mis compañeras». Cuanto más pequeño es el cuerpo de un ser vivo, más activa, asombrosa y poderosa es la vida. Una abeja, una mosca o incluso un microorganismo no es diferente, en este aspecto, que un elefante. También, cuanto más purificada es la materia, más activo y poderoso es un cuerpo. Por ejemplo, cuando arde la madera, se producen llamas y carbón. Cuando se calienta, el agua se evaporiza. Nos topamos con la energía eléctrica en el mundo atómico. No podemos ver la energía eléctrica pero podemos llegar a saber cuán poderosa es mediante sus manifestaciones naturales. Eso significa que la existencia no consiste en el mundo visible y material. Más bien, este mundo sólo es la aparente, mutable e inestable dimensión de la existencia. Detrás de ello yace la dimensión pura e invisible, que usa la materia para que sea vista y conocida. De esta manera, la esencia de la vida, el espíritu, pertenece a esa dimensión y es por lo tanto puro e invisible.

EL ESPÍRITU TIENE SU PROPIA CUBIERTA O ENVOLTURA

El cuerpo no es la cubierta del espíritu. Más bien, el espíritu tiene una cubierta o envoltura propia y cuando ésta deja al cuerpo en la muerte, no permanece desnudo, sin cubierta. Esta cubierta es como el «negativo» del cuerpo material y es denominada mediante varios nombres, como por ejemplo envoltura de luz, figura etérea del hombre, forma energética, cuerpo astral o fantasma.

(En su mayor parte resumido de *Fundamentos de la Fe Islámica*, págs.42-52).

APÉNDICE 13

ISLAM: EL PATRÓN ORIGINAL DE DIOS EN EL CUAL ÉL HA CREADO AL SER HUMANO

Dios creó el universo de modo que podría ser conocido y reconocido en todos Sus Nombres y Atributos, por lo tanto Su creación incluye a una criatura con libre albedrío: el ser humano. De todas las criaturas (además de los genios), solamente los seres humanos pueden manifestar el Nombre Divino la Voluntad, y más que otras especies, Sus Nombres Omnisciente y Aquel Quien todo lo Habla. Es decir, la humanidad supera a otras criaturas en tener el libre albedrío, gran conocimiento, y una manera mejor expresada y muy elaborada de comunicación. Dios, luego, nos dotó con el conocimiento de las cosas («nombres»), y nos hizo Su vicerregente para gobernar en la Tierra de acuerdo con Sus leyes. Como tener el libre albedrío significa que una persona debe elegir, la vida de cada persona consiste en elegir entre el bien y el mal.

Dios dotó al ser humano con tres facultades principales que son esenciales para nuestra supervivencia y el cumplimiento de nuestra función como Su vicerregente: *deseo* para las cosas tales como el sexo opuesto, la descendencia, el sustento y las posesiones; *ira* o resolución en defensa y lucha; y *razón* o intelecto. Estamos puestos a prueba en esta vida mundana de modo que podamos desarrollar nuestro potencial, y estar perfeccionados intelectual y espiritualmente, para merecer felicidad eterna. Por esta razón, y de modo que podamos ascender material, espiritual y científicamente, Dios no restringió estas facultades, sino ha establecido ciertas normas para utilizarlas dentro de adecuados límites para que podamos alcanzar la perfección.

Según el Islam, la felicidad humana se basa en disciplinar nuestras facultades de manera que podamos producir una vida individual y colectiva, armoniosa y pacífica. Si estas facultades permanecen indisciplinadas, pueden llevar a la gente a perseguir la inmoralidad, relaciones sexuales ilícitas, sustentos ilícitos, la tiranía, la injusticia, el engaño, la falsedad, y otros vicios. Para prevenir el caos y sufrimiento consiguientes, debemos someternos a una autoridad que guía y regula nuestros asuntos colectivos. Puesto que una persona no debe aceptar la autoridad de otra persona como él y no puede ser forzada para hacerlo así, y puesto que todos los seres humanos no pueden encontrar los criterios exactos y las normas para la felicidad humana individual y colectiva en ambos mundos, el ser humano necesita un intelecto y una guía universales más allá de la razón y experiencia humanas, a la autoridad de quien todo el mundo pueda asentir de buen grado. Esa guía es la Religión revelada y perfeccionada por Dios a través de Sus Profetas: el Islam.

Todos los Profetas vinieron con los mismos fundamentos de la fe: creencia en la Existencia y la Unidad de Dios, la destrucción final del mundo, la Resurrección y el Juicio Final; creencia en la Misión Profética y todos los Profetas, sin distinción entre ellos; creencia en todas las Escrituras Divinas; creencia en los ángeles; y el Destino y el Decreto Divinos (incluyendo el libre albedrío del ser humano). Han llamado a la gente a la adoración del Único Dios, predicaron y promovieron la virtud moral, y condenaron los vicios. Las diferencias en reglas y prescripciones específicas fueron conectadas con el nivel científico-intelectual del desarrollo y las relaciones sociales, económicas y políticas que existieron en su época, y también es por eso que todos los Profetas antes del profeta Muhammad, la paz y las bendiciones sean con él, fueron enviados a su propia gente y para su propia época. El profeta Muhammad, la paz y las bendiciones sean con él, sin embargo, vino en un momento en el que el ser humano estaba en el umbral de una nueva era, cuando no habría más necesidad de un nuevo Profeta; y, por lo tanto, fue enviado a toda la humanidad hasta el Día del Juicio Final. Con el profeta Muhammad, la paz y las bendiciones sean con él, el Islam, la Religión que Dios eligió para la humanidad y envió con cada Profeta, fue perfeccionado y obtuvo una forma universal. Así que, ser un musulmán significa creer en todos los Profetas anteriores y en las Escrituras originales anteriores.

La fe, o la creencia, la esencia de la religión, no es solamente una breve afirmación simple basada en la imitación. Más bien, tiene grados y etapas de extensión o desarrollo, justo como la semilla de un árbol se transforma gradualmente en un árbol maduro y que da fruto. La fe contiene tantas verdades relacionadas con los Nombres de Dios y las realidades contenidas en el universo que el conocimiento y la virtud humanos más perfectos son la fe con todos sus grados y etapas de desarrollo, y el conocimiento de Dios que se origina en la fe basada en argumento e investigación. Tal fe tiene tantos grados y categorías de la manifestación como el número de Nombres Divinos. Aquellos que alcanzan el grado de certeza de fe que proviene de la observación directa de las verdades en la cual se basa la fe pueden estudiar el universo como un tipo de Escritura Divina.

Otro grado de fe es conocido como certeza que viene de la experiencia directa de sus verdades. Ésta depende del conocimiento de Dios, la adoración con regularidad, la obediencia estricta a las órdenes y prohibiciones de Dios, y la reflexión, y aquellos que la poseen pueden desafiar al mundo. Así pues, el primer deber de todos los musulmanes es alcanzar el grado más grande de fe que se pueda, y comunicarla a los demás.

La fe suscita diversas clases de adoración, las más fundamentales son las Oraciones Prescritas, el Ayuno, la Limosna Prescrita Purificadora, y la Peregrinación, y requiere obedecer las prohibiciones (por ejemplo, evitar matar a un ser humano, todas las clases de relaciones sexuales ilícitas, bebidas alcohólicas, juegos de azar, la usura, y el engaño). Aquellos que intentan reforzar su fe y alcanzar grados más altos de la perfección deben tener cuidado de los actos de sus corazones e intelectos (por ejemplo, la contemplación, la reflexión, la invocación, la recitación de los Nombres de Dios, la autocrítica, la perseverancia, la paciencia, el agradecimiento, la autodisciplina, y la suma confianza en Dios). Las virtudes morales son los frutos de la vida religiosa.

El Islam también regula nuestra vida colectiva. Por medio de la fe y adoración, así como sus principios intelectuales, morales y espirituales, el Islam nos educa de la mejor manera posible. Además, utiliza sus principios socioeconómicos y las virtudes que enfatiza, por ejemplo la solidaridad, la ayuda mutua, y el altruismo, establecer una sociedad ideal libre de discordia, corrupción, anarquía, y terror, la cual permite que cada uno obtenga felicidad en este mundo y en el Más Allá. Su código penal principalmente es para mantener la felicidad individual y colectiva.

El Corán, el universo, y el ser humano son tres manifestaciones de una verdad. Por lo tanto, en principio, no puede haber contradicción o incompatibilidad entre las verdades del Corán, descritas como el universo Revelado y provenientes del Atributo Divino de Discurso, y las verdades derivadas del estudio objetivo de su equivalente, descritas como el Corán Creado, y provenientes del Atributo Divino de Poder y Voluntad. Si a veces parece que haya contradicciones, éstas surgen de una aproximación incorrecta al Corán o al universo y al ser humano, o a ambos al mismo tiempo. Una civilización islámica que es fiel a sus raíces auténticas, originales y dinámicas no contiene ninguna contradicción entre la ciencia (el estudio objetivo del mundo natural) y la Religión (la guía para el esfuerzo personal y colectivo para buscar la complacencia de Dios). La verdadera fe no es una devoción dogmática basada en la ciega imitación, sino más bien debe apelar a nuestra razón y corazón, y combinar la afirmación de la razón y la experiencia interna y la convicción del corazón.

El Islam se basa principalmente en *Tawhid*, la fe absoluta en la Unidad de Dios sin copartícipe alguno en Su Divinidad, Señorío y Soberanía. Dado esto, el universo es un todo integral de las partes interrelacionadas y cooperativas en el cual una coordinación espléndida, una armonía, y un orden se manifiestan, a través del universo y dentro de cada organismo vivo a la misma vez. Esta armonía y orden viene de la Unidad de Aquel Quien los creó y Quien es absoluto, sin copartícipe, par, o igual. El universo funciona según las leyes que Dios ha establecido para él, y por lo tanto es literalmente musulmán, totalmente sometido a Dios. Así que, sus operaciones son estables, ordenadas y armoniosas.

Así pues, el Islam es la Religión de toda la creación, a la cual cada cosa y cada ser sigue voluntariamente o a la fuerza. En este sentido, incluso los incrédulos son musulmanes, en la medida en que el funcionamiento de sus cuerpos se considera. Además, como se ha señalado en un *hadiz*, el Mensajero, la paz y las bendiciones sean con él, declara que cada ser humano nace en la naturaleza o el patrón original del Islam y es propenso a aceptar el Islam como Religión en su vida. Sin embargo, bajo la influencia de la familia, el ambiente, y la educación que se recibe, pueden adoptar otra religión, otro estilo de vida. Pero si pueden permanecer sin prejuicios y la influencia engañadora de sus inclinaciones, deseos corporales, ambiciones mundanas, las delusiones o impulsiones de su yo carnal, y especialmente preservar su pureza primordial y moral, pueden encontrar el Islam o ser recompensados por Dios con el Islam.

Apéndice 14

LA CONFIANZA QUE LA HUMANIDAD HA EMPRENDIDO

Aunque la Confianza mencionada en el *sura* 33:72 incluye la Religión Divina la cual el ser humano debe seguir en su vida, no se limita a ella. No sólo el ser humano, sino también los genios, son responsables de seguir la Religión Divina. Algunos comentaristas opinan que la Confianza es el libre albedrío del ser humano o la voluntad. Esto también está incluido en el significado de la Confianza, pero debemos tener en cuenta que los genios también están dotados con el libre albedrío. Entonces, lo que quiere decir con la Confianza es, antes que nada, el ego humano.

Dios es absolutamente Ilimitado. Así que, algo absoluto e ilimitado no puede ser determinado de tal manera que su naturaleza esencial puede ser comprendida. Por ejemplo, la luz indeterminada por la oscuridad no puede ser conocida o percibida. Sin embargo, la luz puede ser determinada si un límite verdadero o hipotético de la oscuridad se traza. De la misma manera, los Atributos y Nombres Divinos (por ejemplo, el Conocimiento, el Poder, la Sabiduría, y la Compasión) no pueden ser determinados, porque son abarcadores y no tienen ningún límite ni cualquier igual. Por lo tanto, esencialmente lo que son no puede ser conocido o percibido. Un límite hipotético es necesario para que sean conocidos.

Dios Todopoderoso, por decirlo así, ha trazado una línea hipotética ante Sus Nombres y Atributos y el ego creado, reflejando en él todos Sus Nombres y Atributos. Como la Independencia absoluta es la cualidad más esencial de la Divinidad, el ego encuentra en sí mismo la misma calidad. Imagina dentro de sí mismo un señorío ficticio, poder y conocimiento, y así postula un límite, plantea la hipótesis de un límite a los Atributos abarcadores de Dios, y dice: «Este es mío, y el resto es Suyo». Así el ego hace una división.

A través de este señorío imaginario, el ego puede y debe entender el Señorío del Creador del universo. Por medio de su propia propiedad evidente, puede entender la verdadera Propiedad de su Creador, diciendo: «Como soy el dueño de esta casa, el Creador es el Dueño de esta creación». Por su conocimiento parcial, el ego llega a entender Su Absoluto Conocimiento. Por su arte defectuoso y adquirido, puede intuir el arte primario y originario de Aquel Exaltado Quien da forma. Por ejemplo, el ego dice: «Construí y arreglé esta casa, entonces debe haber alguien Quien hizo y arregló este universo». Así que, el ego es la clave de los Nombres y Atributos Divinos y también para solucionar el enigma de la creación.

Sin embargo, el ego tiene dos aspectos o dimensiones. Una dimensión mira hacia su Creador y, por lo tanto, al bien. Con este aspecto, solo recibe lo que se da; no puede crear. No es el origen del bien y virtudes que Dios crea en él o a través del mismo. La otra dimensión mira hacia el mal. Aquí, el ego es activo y es la fuente y el hacedor de todos los males.

Básicamente, como se ha declarado anteriormente, el ego es como una medida, un espejo, o un instrumento para ver o descubrir. Su verdadera naturaleza es sólo indicativa —como una letra que no tiene ningún significado por sí misma— e indica el significado de las cosas aparte de sí mismo. Su señorío es totalmente hipotético, y su propia existencia es tan débil e insustancial que no puede cargar o sostener nada por sí mismo. Más bien, el ego es un tipo de escala o medida que demuestra los grados y las cantidades de lo que se mide. Los Atributos absolutos, abarcadores e ilimitados del Ser Necesariamente Existente pueden ser conocidos a través de él.

El ego debe darse cuenta de que es siervo de Dios y que tiene que servir a Aquel aparte de sí mismo, y que su naturaleza esencial tiene solamente una función indicativa. Debe entender que lleva el significado de Aquel aparte de sí mismo, y que puede ser significativo solamente cuando señala a Aquel de Quien depende su existencia. Su existencia y vida dependen de la creatividad y Existencia de Aquel. Su sensación de propiedad es ilusoria, porque goza solamente de una propiedad aparente y temporal por el permiso del verdadero Dueño, y sólo tiene una realidad parecida a la sombra. Es una entidad contingente, una sombra insignificante que manifiesta la Realidad verdadera y necesaria. Su función de servir como medida y equilibrio para los Atributos del Creador y las Cualidades esenciales es un servicio deliberado y voluntarioso.

Aquellos que saben y se dan cuenta de que ésta es la realidad de su naturaleza esencial o el ego humano actúan en consecuencia; éstos están incluidos en: *En verdad él es próspero, aquél que lo ha hecho crecer en pureza (lejos de la rebelión envanecedora contra Dios)* (91:9). Tal gente verdaderamente cumple la confianza y, a través de su ego, ve lo que es el universo en realidad y los deberes que cumple. También ve que su ego confirma la información que ha recopilado sobre el universo. Por consiguiente, esta información guardará la cualidad de luz y sabiduría para ellos, y no se transformará en oscuridad e inutilidad. Cuando el ego haya cumplido con su deber de esta manera, renuncia a su derecho al señorío y la propiedad hipotética (simples medios de la medida) y declara: «Suya es la soberanía y la propiedad de todos los seres, y para Él son toda la alabanza y la gratitud. Suyo es el Juicio y el reinado, y a Él retornamos». Así alcanza la verdadera adoración y logra el rango del mejor patrón de la creación.

Pero si el ego se olvida del propósito Divino de su creación, abandona la función de su naturaleza, y se ve como un ser autoexistente independiente del Creador, traiciona la Confianza. Así, se supone ser una realidad permanente que tiene, como deber, la búsqueda para la autosatisfacción. Falsamente supone que posee su ser y es el verdadero señor y el amo de su propio dominio. Aquellos que ven al ego de esta manera caen en la clase de esos que fueron advertidos y amenazados por: *Y en verdad está perdido aquel que lo ha corrompido (en la rebelión envanecedora contra Dios)* (91:10). Este desarrollo es responsable de todas las variedades del politeísmo, el mal, y la desviación que han aterrorizado los Cielos, la Tierra, y las montañas por asumir la Confianza, por miedo a que podría llevarlos a atribuir copartícipes a Dios, porque tal ego crece y aumenta hasta que penetre paulatinamente en todas las partes de un ser humano. Como algunos monstruos enormes, se traga totalmente a tal gente de modo que ellos y sus facultades no consistan en nada más que un ego. Finalmente, el ego del género humano refuerza al ego individual con puro individualismo y racismo nacional. Esto causa al ego, crecido por el apoyo del ego de la raza, objetar, como Satanás, las órdenes del Creador Majestuoso. Por último, tomándose como criterio, compara todo el mundo y todas las cosas consigo, divide la soberanía de Dios entre ellos y otras causas, y empieza a atribuir copartícipes a Dios de la manera más grave. Es tal gente a la que se están refiriendo en: *En verdad que no; pero los malhechores (quienes niegan a Dios o atribuyen copartícipes a Él) están perdidos en un extravío evidente* (31:13).

Esta traición hace al ego hundirse en la ignorancia absoluta. Aunque haya asimilado miles de ramas de la ciencia, su ignorancia está compuesta solamente por su conocimiento. Cualquier rayo del conocimiento de Dios que puede que haya obtenido del universo a través de sus sentidos o poderes reflexivos fue destruido, pues ya no puede encontrar dentro de sí mismo cualquier cosa para confirmarlo, perfeccionarlo y mantenerlo. Lo que viene al ego se mancha con los colores dentro de él. Aunque la pura sabiduría venga, llega a ser absolutamente vana dentro de un ego manchado por el ateismo, el politeísmo, u otras formas de negación a Dios Todopoderoso. Si todo el universo estuviera lleno de señales brillantes de Dios, un punto oscuro en este ego las ocultaría, como si fueran invisibles.

Ahora arrojaremos luz sobre la verdad de este tema. Considera lo siguiente: desde la época de Adán hasta el presente, dos grandes corrientes del pensamiento han extendido sus ramas en todas las direcciones y en cada clase de la humanidad, justo como dos árboles altos. Una es la línea de la Misión Profética y la Religión; la otra es la del puro pensamiento humano. Siempre que hayan concordado y se hayan unido (cuando el pensamiento humano se une con la Religión en obediencia y la sirve), el ser humano ha experimentado felicidad brillante en la vida individual y colectiva. Pero cuando hayan seguido caminos separados, la verdad y la bondad se han acumulado en el lado de la Misión Profética y la Religión, mientras que el error, el mal y la desviación han sido reunidos en el lado del pensamiento humano.

El pensamiento humano, cada vez que se haya escindido de la Religión, ha tomado la forma de un árbol de *Zaqqum*, que extiende sus velos oscuros de atribución de copartícipes a Dios y de todos los otros tipos innumerables de extravío. En la rama de la razón autorizada, la cual es una de las tres facultades primordiales con la cual los seres humanos están dotados, ha dado frutos de materialismo y naturalismo para el consumo del intelecto. En la rama de la ira y pasión autorizadas, ha producido tales tiranos como Nimrod y Faraón quienes tiranizaron a la gente. En la rama de los deseos y apetitos animales autorizados, ha producido los frutos de «diosas», ídolos y aquellos que han reivindicado el estatus divino para sí mismos. Esta línea ha demostrado «lo más bajo de los bajos» en lo cual el ser humano puede caerse.

Al contrario, la bendita línea de la Misión Profética, la cual toma la forma del árbol de *Tuba* de la adoración, ha dado el fruto de Profetas, Mensajeros, santos, y de la gente recta en el jardín de la Tierra y en la rama de la razón autorizada. En la rama de la ira autorizada, la rama de la defensa contra el mal y su rechazo, ha dado frutos de gobernadores virtuosos y justos. En la rama de los deseos o apetitos animales autorizados, la cual ha tomado la forma de lo atractivo autorizado, ha dado frutos de personas generosas, benévolas y de buen carácter y de comportamiento modesto a lo largo de la historia. Por consiguiente, esta línea ha demostrado cómo el ser humano es el fruto perfecto de la creación.

La Misión Profética considera que el objetivo y la función de los seres humanos tienen que ser moldeados por los valores Divinos y para alcanzar el buen carácter. Los Profetas creyeron que la gente debe percibir su debilidad, y buscar refugio en el Poder Divino y confiar en la Fuerza Divina, darse cuenta de su escasez y pobreza esencial, y confiar en la Misericordia Divina, conocer su necesidad y buscar la ayuda de la Riqueza Divina, ver sus defectos y pedir perdón de la Compasión Divina; y percibir su insuficiencia y glorificar la Perfección Divina.

Según el pensamiento humano que se ha desviado, el poder es autorizado. «La fuerza tiene derecho» es la norma. Sus máximas son: «El poder da la razón»; «Supervivencia del más fuerte»; «El ganador se lo lleva todo»; y «El poderoso tiene derecho». Se ha dado apoyo moral a la tiranía, ha alentado a los dictadores, y ha animado a los opresores para que reivindicaran Divinidad. Atribuyendo la belleza en «obras de arte» a sus trabajos, y no al Creador y a la pura y sagrada Belleza de Aquel Quien da forma, dice: «¡Qué hermoso es!» y no dice: «¡Qué hermoso es creado!» y así considera a cada uno como un ídolo digno de adoración.

GLOSARIO DE LOS NOMBRES MÁS BELLOS DE DIOS

Dios posee numerosos Bellos Nombres. Él es nombrado por medio de los mismos y debe serlo. Los Nombres que vienen a continuación son aquellos más célebres y que son mencionados en el Corán o por el Mensajero de Dios en sus discursos.

Allah: Traducido como Dios, *Allah* es el Nombre propio del Ser Divino Quien crea y administra a Sus criaturas, individualmente y en su totalidad, Quien provee, instruye, sustenta, protege y guía a todas y cada una de ellas, Quien causa la muerte o resucita a todas y cada una de ellas, Quien recompensa o castiga, etc. Todos Sus Atributos son Atributos de absoluta perfección, y Él se encuentra completamente libre de todo defecto. Él es Único e Individual, no teniendo igual o par y nada es comparable con Él. Él se halla absolutamente más allá de cualquier concepto humano: «La vista no Le abarca, pero Él abarca toda visión» (6:103). Dios es el Ser Único e Individual con derecho exclusivo a ser adorado así como de ser establecido como único propósito en la vida. Él es amado en Sí Mismo y por Sí Mismo. Todo depende de Él y subsiste a través de Él. Cada verdad tiene su fuente en Él. El conocimiento de Dios (en referencia al término árabe *'ilm*) es imposible por lo que se refiere a Su Ser o Esencia (*zat*). Ya que no existe nadie igual o comparable con Él, por lo tanto es imposible alcanzar o comprender Su Esencia. Sin embargo, podemos reconocer a Dios o tener cierto conocimiento de Él (en referencia al término árabe *ma'rifah*) por medio de Sus obras, actos, Nombres, Atributos y Cualidades Esenciales (*shu'un*). El hecho de tener conciencia de Sus obras (aquello que contemplamos en el mundo, Su creación) nos lleva a percatarnos de Sus actos, y ese conocimiento nos conduce a Sus Nombres y Atributos que, a cambio, nos dirigirán a Sus Cualidades Esenciales, y por lo tanto a tener conciencia del Único Quien posee estas Cualidades.

(Al-)'Adl: El Justo.

(Al-)'Afuww: El Indulgente (Quien pasa por alto los pecados de Sus siervos); El Único Quien concede el perdón; El Único Quien perdona en gran medida.

(Al-)Ahad: El Único de absoluta Unicidad (Quien se halla más allá de todas las clases de conceptos humanos sobre Él y absolutamente libre de tener ningún copartícipe, semejante, padres, hijos o hijas; Aquel Quien manifiesta ciertos Nombres exclusivos Suyos en una cosa o en un ser individual para otorgar a esa cosa o ser su individualidad única).

Ahkamu 'l-Hakimin: El Mejor de los Jueces (y el Más Poderoso de los soberanos).

Ahlu 'l-maghfirah: El Señor del Perdón.

Ahlu 't-taqwa: El Señor de la rectitud y de la piedad

Ahsanu 'l-Jaliqin: El Creador que crea todo en la mejor y más apropiada forma y posee el rango supremo de la creatividad

(Al-)Ajir: El Último (Quien eternamente existe mientras que el resto de criaturas son efímeras).

(Al-)'Alim: El Omnisciente.

Alimu 'l-ghaybi Wa'shshahadah: El Conocedor de Lo Oculto (todo aquello que está más allá de la percepción sensorial) y de lo atestiguado (el reino percibido)

(Al-)'Aliyy: Aquel Quien es Excelso.

(Al-)Aman: El Único en Quien se busca refugio.

(Al-)'Atuf: El Afectuoso.

(Al-)Awwal: El Primero (A Quien nadie precede)

(Al-)'Aziz: El Glorioso poseedor de irresistible poder (A Quien ninguna fuerza puede evitar que haga lo que Su Voluntad dispone).

(Al-)Badi': El Originador a Quien nada Le precede con la intención de imitarle a Él.

Badi'u-samawati wa'l-ard: El Creador de los Cielos y de la Tierra con nada que Le precede para imitarle a Él.

(Al-)Baiz: El Único Quien resucita a los muertos.

(Al-)Baqi: El Permanente.

(Al-)Bari: El Creador Santo (Quien se encuentra absolutamente libre de tener copartícipe alguno y Quien hace a cada ser perfecto y diferente de los demás).

(Al-)Barr: El Benigno.

(Al-)Basit: Aquel Quien expande.

(Al-)Basir: Aquel Quien todo lo Ve.

(Al-)Batin: El Interno (Quien abarca la existencia entera dentro de Su Conocimiento, y no existe nada que sea más penetrante que Él).

(Al-)Burhan: El Demostrador y el Verificador.

(Ad-)Darr: El Creador del mal y del perjuicio.

(Ad-)Dayyan: El Supremo Gobernante y Compensador (de lo bueno y de lo malo).

Faliqu'l-habb wa'n-nawa: Aquel Quien abre el grano y el hueso (de modo que germinan por Su orden).

Faliqu'l-isbah: Aquel Quien parte al amanecer (de la oscuridad de la noche).

(Al-)Fard: El Independiente, Único (libre de tener semejante o igual alguno en Su Esencia y Cualidades).

(Al-)Fatir: El Originador (con una individualidad única).

Fatiru's-samawati wa'l-ard: El Originador de los Cielos y de la Tierra (cada uno con características particulares).

(Al-)Fattah: El Único Quien juzga entre la gente con verdad y los distingue.

(Al-)Ghaffar: Aquel Quien perdona en gran medida.

(Al-)Ghafur: El Indulgente.

Ghalibun ala amrihi: El Único Quien prevalece siempre en lo que Su Voluntad dispone.

(Al-)Ghaniyy: El Acaudalado y Autosuficiente.

(Al-)Habib: Aquel Quien se halla lleno de amor y Amado.

(Al-)Hadi: Aquel Quien guía.

(Al-)Hafiyy: El Misericordioso.

(Al-)Hafiz: Aquel Quien preserva y guarda los registros.

(Al-)Hakam: Aquel Quien juzga (Quien resuelve los asuntos entre la gente).

(Al-)Hakim: El Omnisapiente (en todos y cada uno de Sus actos y decretos se dan numerosos ejemplos de sabiduría).

(Al-)Halim: El Clemente (Quien no se apresura a castigar los errores de Sus siervos).

(Al-)Hamid: Digno de Alabanza (como el Señor, Quien crea, provee y cría).

(Al-)Hannan: Aquel Quien trata a Sus siervos con amabilidad y bondad.

(Al-)Haqq: La Verdad Absoluta y Leal.

(Al-)Hasib: Aquel Quien es Suficiente como Aquel que ajusta las cuentas (de Sus siervos).

(Al-)Hayy: El Viviente.

(Al-)Jabir: Aquel Consciente de todo.

(Al-)Jafid: Aquel Quien humilla (a todo aquel que Su Voluntad dispone).

(Al-)Jaliq: El Creador (Quien determina la medida para todas las cosas y crea de la nada).

(Al-)Jallaq: El Creador Supremo.

Jayru'l-fasilin: El Mejor Juez entre la verdad y la falsedad.

Jayru'l-Hakimin: El Mejor de los jueces.

Jayru'r-Raziqin: Aquel Quien es el Mejor de los proveedores con el supremo rango de provisión.

(Al-)Kabir: El Grande.

(Al-)Kafi: Aquel Quien es Suficiente.

(Al-)Karim: El Munificente.

(Al-)Latif: El Sutil (que penetra las dimensiones más diminutas de todas las cosas).

(Al-)Mahmud: El Alabado.
(Al-)Malik: El Soberano.
(Al-)Mani': Aquel Quien impide y aparta.
Maliku'l-mulk: El Señor Absoluto de todo dominio.
Malik-i Yawm Ad-Din: El Dueño del Día del Juicio Final.
(Al-)Mannan: El Generoso y Favorecedor.
(Al-)Ma'ruf: Aquel Quien es conocido (a través de Sus obras); El Reconocido.
(Al-)Matin: El Sumamente Fuerte.
(Al-)Mayid: El Sublime.
(Al-)Mu'afi: El Otorgador de salud.
(Al-)Mu'ajjir: Aquel Quien deja atrás.
(Al-)Mubdi: Aquel Quien inicia.
(Al-)Mubin: Aquel a Quien nada es oculto, y Quien hace toda la verdad manifiesta.
(Al-)Mughni: El Enriquecedor.
(Al-)Muhaymin: El Protector Vigilante.
(Al-)Muhit: El Abarcador.
(Al-)Muhsi: Aquel Quien cuenta y registra.
(Al-)Muhsin: El Benévolo.
(Al-)Muhyi: Aquel Quien revivifica, Quien resucita a los muertos.
(Al-)Mu'id: Aquel Quien causa la muerte después de la vida y Quien da la vida después de la muerte.
(Al-)Mu'in: El Auxiliador y Proveedor.
(Al-)Mu'izz: Aquel Quien ensalza y honra.
(Al-)Muyib: Aquel Quien responde (los rezos) y Quien satisface (las necesidades).
(Al-)Mu'min: El Autor Supremo de la seguridad y de la estabilidad Quien concede la fe y elimina toda duda.
(Al-)Mumit: Aquel Quien causa y crea la muerte.
(Al-)Munzir: Aquel Quien informa y advierte.
(Al-)Muntaqim: Aquel infinitamente Capaz de Compensar.
(Al-)Muqaddim: Aquel Quien hace avanzar y adelantar.
(Al-)Muqaddir: Aquel Quien determina.
(Al-)Muqit: Aquel Quien ayuda y sustenta.
(Al-)Muqsit: Aquel Quien gobierna con justicia.
(Al-)Muqtadir: El Omnipotente, Aquel infinitamente Capaz (de llevar a cabo lo que Su Voluntad dispone).
(Al-)Murid: Aquel Quien ordena y dispone.
(Al-)Musi: Aquel Quien expande (el universo y el sustento para Sus criaturas).
(Al-)Musawwir: Aquel Quien da la forma.
(Al-)Musta'an: Aquel de Quien se pide ayuda.
(Al-)Muta'al: El Trascendente.
(Al-)Mutakabbir: Aquel Quien posee derecho exclusivo a toda la grandeza.
(Al-)Muzill: Aquel Quien humilla.
(Al-)Mu'ti: El Otorgador.
(An-)Nafi: El Favorecedor y Dador de beneficios.
(An-)Nasir: El Ayudante y Dador de la victoria.
(An-)Nur: La Luz (véase el *sura* 24:35 y las notas correspondientes).
(Al-)Qaim: Aquel Quien observa y controla.
(Al-)Qabid: Aquel Quien constriñe.
(Al-)Qadir: El Todopoderoso.
(Al-)Qahir: El Omnipotente (Quien posee absoluto dominio sobre todo lo que existe).
(Al-)Qahhar: El Irresistible (con dominio absoluto sobre todo lo que existe).
(Al-)Qarib: El Cercano.
(Al-)Qawiyy: El Poderoso.
(Al-)Qayyum: El Subsistente (por el Cual, todo lo demás subsiste).
(Al-)Quddus: El Santo y Puro (Quien se halla absolutamente libre de cualquier defecto y mantiene el universo puro).
(Ar-)Rabb: El Señor (Dios como el Creador, el Proveedor, el Instructor, el Educador, y el Director de todas las criaturas).
Rabbu'l Alamin: El Señor de los mundos.
(Ar-)Rafi': Aquel Quien ensalza.
Rafi 'u'd-dereyat: El Ensalzado sobre todos los rangos.
(Ar-)Rahim: El Compasivo (Quien alberga compasión específica para cada una de Sus

criaturas en su mantenimiento, así como para Sus siervos creyentes, especialmente en el otro mundo).

(Ar-)Rahman: El Misericordioso (Aquel Quien posee Misericordia de la existencia entera y les provee sin hacer distinción entre los creyentes y los incrédulos).

(Ar-)Raqib: El Vigilante.

(Ar-)Rashid: Aquel Quien guía hacia lo que es correcto.

(Ar-)Rauf: El Piadoso.

(Ar-)Razzaq: El Proveedor.

(As-)Sabur: El Paciente (a Quien ninguna premura Le induce a que acometa una acción).

Sadiqu 'l-wa'd: El Fiel a Su promesa.

(as-)Salam: El Supremo Creador de la paz y de la salvación.

(as-)Samad: Aquel Eternamente por todo Suplicado (el Cual no se halla en necesidad de nada).

(as-)Sami: Aquel Quien todo lo Oye.

(as-)Sani: El Hacedor.

(as-)Sattar: Aquel Quien encubre (los defectos y los pecados de Sus siervos).

Sari'u 'l-Hisab: Aquel Quien es Más Rápido en ajustar cuentas.

Shadid'u 'l-iqab: Aquel Quien es Más Severo castigando.

(Ash-)Shafi: El Sanador.

(Ash-)Shahid: Aquel Quien todo lo atestigua.

(Ash-)Shakur: Aquel Quien corresponde (la gratitud de Sus criaturas)

(As-)Subhan: El Glorificado.

(As-)Sultan: La Autoridad Absoluta y Eterna.

(At-)Tawwab: Aquel Quien acepta el arrepentimiento y lo corresponde con generoso perdón y recompensa adicional.

(Al-)Wayid: El Omnipresente.

(Al-)Wadud: El Benévolo e Indulgente; Aquel Quien se halla lleno de amor y Amado.

(Al-)Wahhab: El Dador.

(Al-)Wahid: El Único (Quien no posee copartícipes ni iguales; Aquel Quien manifiesta todos Sus Nombres sobre todo el universo, o en una especie, o en un conjunto).

(Al-)Wakil: Aquel en Quien confiar y encomendar los asuntos.

(al-)Wali: El Gobernador.

(Al-)Waliyy: El Guardián, el Amigo Protector (en Quien confiar).

(Al-)Wariz: Aquel Quien es el Único y Eterno Dueño de todas las cosas.

(Al-)Wasi: El Abarcador (en Su Misericordia y Conocimiento).

(Al-)Yabbar: El Irresistible de majestad suprema (Quien somete al mal y restaura los derechos).

(Al-)Yalil: El Majestuoso.

(Al-)Yami': Aquel Quien posee todas las Excelencias en grado infinito; Aquel Quien reúne.

(Al-)Yamil: El Misericordioso y el Más Bello.

(Al-)Yawad: El Generoso.

(Az-)Zahir: El Externo (Quien abarca la existencia entera desde el exterior, y no hay quien Lo abarque).

Zu 'l -'Arsh: El Dueño (Señor) del Trono Supremo.

Zu 'l-Fadl: El Único (o Señor) de Gracia y Generosidad.

Zu 'l-Yalal wa 'l-ikram: El Único de Majestad y Gracia.

Zu 'l-Ma'ariy: El Único que posee escalones de Ascenso (a Él).

Zu 'l-Quwwah: El Señor Todopoderoso.

Zu 't-Tawl: El Único ilimitado en Su generosidad.

GLOSARIO DE NOMBRES

(El profeta) Muhammad (571 La Meca, 632 Medina): El último Profeta y Mensajero de Dios, la paz y las bendiciones sean con él, con quien la religión de Dios —el Islam— fue perfeccionada y transmitida universalmente. Habiendo nacido en La Meca en 571, recibió la Misión Profética en 610. Después de 13 duros años en La Meca, emigró a Medina. Pasó a ser el blanco de las hostilidades de los hipócritas dentro de Medina así como de las tribus paganas del exterior. Asimismo tuvo que hacer frente a las tribus judías y al Imperio Bizantino. En un breve plazo de tiempo, condujo su misión hacia una victoria decisiva y sometió su alma a Dios en 632.

'Abdu'llah ibn 'Abbas (Fallecido en 687): Un compañero del Profeta, la paz y las bendiciones sean con él, que fue el más excepcional erudito en la interpretación coránica de su tiempo y uno de los juristas más destacados. Estaba dotado de una gran inteligencia.

'Abdu'llah ibn 'Amr ibn al-'As (Fallecido en 684): Uno de los grandes eruditos entre los Compañeros. Tuvo un papel destacado por su devoción y aprendizaje, y preparó una de las primeras colecciones de *Hadiz*.

'Abdu'llah ibn Mas'ud (Fallecido en 653): Uno de los Compañeros más instruidos del Profeta, la paz y las bendiciones sean con él. Es digno de mención especialmente por su proximidad al Profeta y sus grandes conocimientos jurídicos.

'Abdu'llah ibn Ubayy ibn Salul (Fallecido en 630): Él era el jefe del bloque hipócrita en Medina y el más destacado en su enemistad hacia el Profeta.

'Abdu'llah ibn 'Umar (Fallecido en 692): Un célebre Compañero e hijo de 'Umar, el segundo Califa, quien fue célebre por su piedad y por transmitir numerosas Tradiciones del Profeta, la paz y las bendiciones sean con él.

'Abdu'llah Ibn Yubayr (Fallecido en 625): Un Compañero del Profeta, la paz y las bendiciones sean con él, que participó en las Batallas de Badr y de Uhud. En esta última batalla, en la cual fue martirizado, él era el comandante de los arqueros.

'Abdu'l-Qadir al-Yilani (Fallecido en 1.166): Uno de los maestros sufíes más célebres. Siendo estudiante de jurisprudencia y de Hadiz, pasó a ser conocido como el «eje espiritual» de su era y el «más grande socorro». Él escribió obras como *Kitab al-Ghunyah*, *Futuh al-Ghayb* y *Al-Fath ar-Rabbani.*

'Abdur-Rahman ibn 'Awf (Fallecido en 652): Uno de los primeros musulmanes así como una de las diez personas a quienes el Profeta informó que serían admitidas en el Paraíso. Fue un comerciante próspero que logró grandes riquezas, las cuales destinó a la causa de Dios.

Abu Bakr (as-Siddiq) (573-634): Una de las primeras cuatro personas que abrazaron el Islam y uno de los Compañeros más grandes y cercanos del profeta Muhammad, la paz y las bendiciones sean con él. Fue elegido como el primer Califa después del Profeta. Lo han recordado siempre por su adhesión al Profeta y su apoyo al mismo, así como por su veracidad y vida sencilla.

Abu'd-Darda', 'Uwaymir ibn Malik (Fallecido en 652): Un compañero distinguido que contribuyó a la recopilación del Corán, y que fue conocido por su valor así como por su piedad y devoción religiosa.

Abu Zarr al-Ghifari, Yundub ibn Yunadah (Fallecido en 652): Un prominente Compañero, de los primeros musulmanes. Fue conocido por su piedad, austeridad, y honradez.

Abu Hurayrah, Abdu'r-Rahman (Fallecido en 679): Un Compañero del Profeta, la paz y las bendiciones sean con él, que transmitió un número muy grande de Tradiciones.

Abu Lahab: Abu Lahab era uno de los tíos del profeta Muhammad. El sobrenombre con el que se le conocía, Abu Lahab, que significa «el padre de la llama», proviene de su época infantil, a causa del sonrosado brillo de sus mejillas. Fue uno de los más acérrimos enemigos del Mensajero y el Islam. Murió entre inmensos dolores cuando se enteró de que el ejército de La Meca había sido derrotado estrepitosamente en la Batalla de Badr.

Abu Talib, 'Abd Manaf ibn 'Abdu'l-Muttalib (Fallecido en 620): Un tío del Profeta, la paz y las bendiciones sean con él, y el padre del cuarto Califa, 'Ali. Aunque él no abrazó el Islam, continuó proporcionando protección al Profeta frente a sus enemigos.

Abu Yazid al-Bistami (Fallecido en 873): Uno de los más célebres sufíes (maestros espirituales musulmanes) y santos.

(El pueblo de) Ad: Un antiguo pueblo conocido a lo largo y ancho de Arabia por su legendaria prosperidad. La región denominada al-Ahqaf, que se sitúa entre Hiyaz, Yemen, y Yamamah, era su tierra originaria. Les fue enviado el profeta Hud, la paz sea con él, y ya que persistieron en asociar a Dios copartícipes y otras clases de pecado, fueron destruidos con una tormenta de arena que duró siete noches y ocho días.

'Adiy Ibn Hatim (Fallecido en 687): Un Compañero que tomó parte prominente en las expediciones militares contra los apóstatas durante el Califato de Abu Bakr.

Ahl al-Bayt: La Familia. Como término, hace referencia a la familia del profeta Muhammad, la paz y las bendiciones sean con él, incluyendo a Fátima, su hija, al marido de ésta, 'Ali, y a los hijos de ambos, Hasan y Husayn.

Ahl al-Kitab: La Gente del Libro, es decir, cualquier pueblo al que se le haya concedido un Libro Divino. El Corán tiende a utilizar este término particularmente para los judíos y los cristianos. El vocablo también incluye a los sabeos y los zoroástricos.

Ahl al-Kitab wa's-Sunna: La Gente del Libro y de la Sunna. Son aquellos musulmanes que se esfuerzan en seguir con exactitud las enseñanzas del Corán y el camino del profeta Muhammad, la paz y las bendiciones sean con él, de acuerdo con lo divulgado por sus Compañeros.

Ahmad: Otro nombre del profeta Muhammad, la paz y las bendiciones sean con él. El profeta Jesús, la paz sea con él, profetizó su venida a este mundo con dicho nombre.

Ahmad Ibn Hanbal (Fallecido en 855): El fundador de una de las cuatro escuelas jurídicas sunníes en el Islam. Sufrió valerosamente persecuciones debido a su convicción religiosa. Su obra *Musnad* es célebre, albergando cerca de 40.000 Tradiciones que había recopilado.

'Aisha bint Abi Bakr (¿? – 676): La hija de Abu Bakr as-Siddiq (que Dios esté complacido con él) y esposa del profeta Muhammad, la paz y las bendiciones sean con él. Ella fue una de las primeras estudiosas entre los Compañeros. Recopiló numerosas narraciones del Mensajero.

(al-)Alusi, Mahmud ibn 'Abdu'llah al-Husayni (Fallecido en 1854): Uno de los principales comentaristas del Corán, jurista, y sufí. Su comentario, *Ruh al-Ma'ani*, es una obra enciclopédica que continúa imponiendo un considerable respeto.

Ammar Ibn Yasir (Fallecido en 657): Uno de los primeros que abrazaron el Islam así como uno de los más distinguidos Compañeros. Él sirvió a la causa del Islam desinteresadamente y vivió una vida sencilla. 'Umar, el segundo Califa, lo designó gobernador de Kufah.

Anas Ibn Malik (Fallecido en 712): Un Compañero distinguido que tuvo el honor de servir al Profeta, la paz y las bendiciones sean con él, durante muchos años. Él se hallaba entre los Compañeros que elaboraron numerosas narraciones del Profeta.

'Ali ibn Abi Talib (606-661): Una de las primeras cuatro personas que abrazaron el Islam y uno de los Compañeros más grandes del profeta Muhammad, la paz y las bendiciones sean con él, además de su primo y yerno, así como también el último de los cuatro Califas rectamente guiados. Él fue célebre por su profundo conocimiento y espiritualidad, su gran valor, sus sacrificios en pos de la causa de Dios, así como por su elocuencia.

'Arafat: El lugar de peregrinación, alrededor de 25 kilómetros al este de La Meca, donde los peregrinos tienen que permanecer desde el mediodía hasta la puesta del sol en la víspera del *'Id al-Aza* (El Día Festivo del Sacrificio).

(al-)'Arim: El dique que el pueblo de Saba construyó y cuyos restos arqueológicos se pueden contemplar hoy en día en Yemen

Asya: La esposa del Faraón, el cual rechazó al profeta Moisés y a su invitación a la fe. Ella es una de las cuatro mujeres más grandiosas de todos los tiempos, siendo las otras tres: Maryam (María), la madre del profeta Jesús, la paz sea con él; Jadiya, la primera esposa del profeta Muhammad, la paz y las bendiciones sean con él; y Fátima, la hija del profeta Muhammad, que Dios esté complacido con todas ellas.

al-Aykah*:* La antigua región que estaba localizada en la actual 'Aqabah. En épocas antiguas un pueblo pagano habitó allí, y les fue enviado el profeta Shu'ayb. Sin embargo, le negaron y fueron destruidos en última instancia con una «ráfaga espantosa».

(El profeta) Ayyub (Job)*:* Un Profeta que se menciona en el Corán, célebre por su paciencia y su constancia.

(La Batalla de) Badr*:* El primer encuentro decisivo entre los musulmanes de Medina y la tribu pagana del Quraish originaria de La Meca, en el 624 d. C. (el segundo año después de la Hégira). Los musulmanes obtuvieron la victoria en la Batalla, que demostró ser un momento crucial para los musulmanes, y una de las más grandes victorias de la historia musulmana, quizás incluso la más grande.

Bakkah: Otro nombre empleado en escasas ocasiones para La Meca.

Banu Israil: Los Hijos de Israel, descendientes del profeta Jacob, la paz sea con él. El Corán emplea este término como título honorífico. Refiriéndose a ellos como hijos de un Profeta y de un puro sirviente de Dios, el Corán quiere decir que se espera de ellos que crean en el profeta Muhammad, la paz y las bendiciones sean con él, y, por consiguiente, que cumplan su compromiso con Dios. Además, este uso establece un principio importante de buenos modales, sobre todo al llamar a las personas al Camino Recto, por el cual uno debe dirigirse a las personas con los títulos con los que les agrada ser llamados.

Banu Kaynuqa', **Banu Nadir**, y **Banu Quraydah**: Las tres tribus judías de Medina. Cuando el Mensajero de Dios emigró a Medina, pactó un acuerdo con todas ellas, pero ninguna permaneció fiel a lo acordado, pues favorecieron y apoyaron a los politeístas de entre los habitantes de La Meca y a los hipócritas en Medina frente a los musulmanes. Finalmente, todos tuvieron que abandonar Medina.

(al)-Bayhaqi, Abu Bakr Ahmad ibn al-Husayn (Fallecido en 1066): Un erudito del *Hadiz* y prominente estudioso de la escuela jurídica Shafi'i, así como autor de algunos libros muy conocidos, como por ejemplo *as-Sunan al-Kubra* («Un Compendio de las Tradiciones del Profeta»), *Dala'il an-Nubuwwah* («Las pruebas de la Misión Profética de Muhammad»), y *Shu'ab al-Iman* («Los Aspectos de la Fe»).

(al-)Bayt al-Ma'mur: Una Casa en el cielo cuya naturaleza desconocemos y donde los ángeles rezan.

(al-)Bayt al-Maqdis (Masyid al-Aqsa): La célebre *masyid* (mezquita) en al-Quds (Jerusalén). Fue la primera *alquibla* durante la época del Mensajero hasta que Dios prescribió dirigirse en la Oración hacia la Kaba en La Meca en lugar de la anterior. Al-Bayt al-Maqdis ocupa el tercer lugar en virtud o grado entre los lugares de adoración en el mundo, siendo el primero la Masyid al-Haram en La Meca, y el segundo Masyid an-Nabiyy en Medina.

Bediüzzaman Said Nursi (1877-1960): Uno de los pensadores y eruditos musulmanes más importantes del siglo XX. Elaboró escritos acerca de las verdades y los fundamentos de la fe islámica, así como el significado y la importancia de la adoración, la moralidad, y el significado de la existencia, abordando dichos asuntos con gran originalidad e innovación. *Sözler* («Las Palabras»), *Mektubat* («Las Cartas»), *Lem'alar* («Los Destellos»), y *Şualar* («Los Rayos») se hallan entre sus obras más célebres.

Bilal ibn Rabah al-Habashi (Fallecido en 641): Él era un esclavo de color en la casa de uno de los más acérrimos enemigos del Islam en La Meca en el momento en que abrazó el Islam. Sufrió grandes torturas, y fue un muecín (la persona que llama a la Oración) del Profeta, la paz y las bendiciones sean con él.

(al)-Bujari, Muhammad ibn Isma'il (Fallecido en 870). El más célebre estudioso y erudito de las Tradiciones en el Islam, cuya obra es una de las seis colecciones más auténticas de *Hadiz*, considerada habitualmente como el libro más fidedigno tras el Libro de Dios.

(al-)Busiri, Muhammad ibn Sa'id (1211-1295): Un santo egipcio, erudito, calígrafo y poeta. Él compuso poemas en los cuales expresó su amor profundo por el Mensajero y sus Compañeros. *Al-Qasida al-Burdah* es el más célebre de éstos.

(ad-)-Darimi, 'Abdu'llah ibn 'Abdu'r-Rahman (Fallecido en 869): Uno de los más destacados estudiosos del *Hadiz* cuya obra *Musnad* es muy alabada.

(El profeta) Dawud (David): Un Mensajero de Dios. Él fue Califa del estado israelita, y la Escritura *Zabur* (Salmos) le fue otorgada.

Fátima (614?- 632): La hija del profeta Muhammad, la paz y las bendiciones sean con él, y de Jadiya, así como esposa de 'Ali ibn Abi Talib. Ella es una de las cuatro mujeres más grandiosas de todos los tiempos, y la progenie del Profeta ha descendido de ella.

Fir'awn (el Faraón): El título de los reyes de los egipcios coptos; el rey a quien fueron enviados los profetas Moisés y Aarón (la paz sea con ellos) así como a su pueblo, y que los rechazó. Finalmente se ahogó en el mar con su ejército.

(al-)Firdaws: El más elevado nivel del Paraíso.

Gülen, M. Fethullah (1941-): Un célebre erudito, intelectual, escritor y poeta originario de Turquía. Ha publicado más de cincuenta libros, muchos de los cuales se encuentran entre los más vendidos en Turquía. Asimismo destaca por sus actividades promovidas en el campo de la educación y por sus esfuerzos que alientan la tolerancia y el diálogo entre las civilizaciones y los seguidores de diversas religiones.

(al-)Hakiman-Naysaburi, Muhammad ibn 'Abdu'llah ibn Hamdawayh (Fallecido en 1.014): Famoso por memorizar un gran número de Tradiciones así como por enriquecer el campo del *Hadiz* con sus obras, en particular *al-Mustadrak 'ala's-Sahihayn* («Un añadido a los dos libros más auténticos de Hadiz —al-Bujari y Muslim—»), que contienen las Tradiciones que son tan auténticas como las que se pueden hallar en al-Bujari y Muslim pero que no se dan en las obras de estos últimos.

Hamzah ibn 'Abdu'l-Muttalib (Fallecido en 625): Un tío del Profeta, la paz y las bendiciones sean con él, y uno de los líderes de la tribu Quraish, que abrazó el Islam antes de la *Hégira* y se convirtió en una fuente importante de fuerza para él. Luchó valerosamente en la Batalla de Badr y fue martirizado en la Batalla de Uhud, de ahí que sea considerado uno de los más grandes héroes del Islam.

(al-)Hasan al-Basri (Fallecido en 728): Uno de los eruditos más distinguidos de los *Tabi'un* (la generación que sucedió a los Compañeros). Además de por su conocimiento profundo, también era conocido por su piedad y rectitud.

Hiyaz: La región que discurre a lo largo del litoral occidental de Arabia, en la cual se ubican La Meca, Medina, Jiddah, y Ta'if.

Hira': La cueva en Yabal an-Nur (el monte Nur) donde la primera Revelación le llegó al Mensajero de Dios en el año 610 d. C.

Harut y **Marut**: Los dos ángeles enviados por Dios a los Hijos de Israel durante su exilio en Babilonia, quienes les enseñaron algo sobre las ciencias ocultas de modo que pudieran estar protegidos frente a la brujería y males similares.

Harun (Aarón): El hermano del profeta Moisés, la paz sea con él, que Dios eligió como Mensajero y envió como su ayudante contra el Faraón.

Hawwa: Eva, la esposa del profeta Adán, la paz sea con él.

(al-) Hiyr: El noroeste de Arabia, en donde el pueblo de Zamud vivió en épocas antiguas. A este pueblo le fue enviado el profeta Salih, la paz sea con él. Su ciudad principal era *Mada'in Salih*, situada a lo largo de la célebre ruta del ferrocarril de Hiyaz de tiempos modernos. Algunos restos de esta ciudad se pueden encontrar todavía hoy.

Hubal: El principal ídolo de la población pagana de La Meca en el momento en que el Mensajero comenzó su misión. Era la imagen de un hombre, y se cree que pudo haber sido traído originariamente a Arabia desde Siria.

(El profeta) Hud: El Mensajero enviado al pueblo de *Ad*.

Huzayfah ibn al-Yaman (Fallecido en 656): Un compañero del Profeta, la paz y las bendiciones sean con él, que desempeñó un papel importante en las conquistas islámicas de los primeros tiempos. El Profeta le confió muchos secretos.

(La Batalla de) Hunayn: La batalla que aconteció después de la conquista de La Meca entre los musulmanes y las tribus de Hawazin y Zaqif. Los musulmanes alcanzaron la victoria en dicha batalla y poco después, las tribus conquistadas pasaron a ser musulmanas.

Ibn al-'Arabi, Abu Bakr ibn Muhammad ibn 'Abdu'llah (Fallecido en 1148): Uno de los comentaristas más importantes del Corán y de los juristas Malikies, así como autor del *Ahkam al-Qur'an* («Juicios del Corán»).

Ibn Kazir, Isma'il ibn 'Umar (Fallecido en 1.373): Un célebre estudioso de las Tradiciones, así como historiador y jurista, además de ser el autor de uno de los comentarios más conocidos del Corán, titulado «*Tafsiru'l-Qur'ani'l-Azim*».

Ibn Maya, Abu 'Abdu'llah Muhammad ibn Yezid el-Qazvini (Fallecido en 273 d. de la Hégira): El recopilador de uno de los seis libros más auténticos del *Hadiz*. Él estaba dotado a su vez con grandes conocimientos en ciencias y comentarios coránicos.

Ibn Qayyim al-Yawziyah, Muhammad ibn Abi Bakr (Fallecido en 1.350): Un célebre erudito en todos los campos, y un discípulo de Ibn Taymiyah quien también es considerado como uno de los mejores representantes de su escuela de pensamiento.

Ibn Sina, Abu 'Ali (Avicena) (980-1037): Uno de los más destacados filósofos, matemáticos y médicos de la historia del Islam y de la humanidad. En Occidente también lo conocen como el «Príncipe de los médicos» con motivo de su célebre tratado médico *al-Qanun* —«El Canon»—. En las traducciones latinas, sus obras influenciaron a un gran número de filósofos cristianos, siendo el más notable de ellos Tomas de Aquino.

(El profeta) Ibrahim (Abraham): Uno de los cinco más grandiosos Mensajeros de Dios. Dios lo envió al pueblo de los caldeos, que habitaron en lo que hoy en día es el actual estado de Irak, alrededor del año 2.100 a. C. El profeta Abraham, la paz sea con él, se ubicó más adelante en Palestina. Realizó varios viajes a La Meca, en aquel entonces un valle deshabitado, y estableció a su esposa, Hagar, y a su hijo, Ismael, allí. Construyó la Kaba con Ismael, a quien Dios también eligió como Mensajero.

(El profeta) Ilyas: Probablemente es el profeta Elías, la paz sea con él, que Dios envió a los Hijos de Israel durante el reinado del rey Ahab en Israel, este último notorio por sus injusticias. Hizo frente a las desviaciones que hacían mella en la creencia, así como luchó frente a las inmoralidades y las injusticias.

Imam Abu Hanifah, Nu'man ibn Zabit (Fallecido en 768): Fundó la escuela jurídica Hanafi y es uno de los más grandes eruditos musulmanes de la jurisprudencia, quienes dedujeron nuevas leyes del Corán y de la Sunna. Él también era un experto en teología.

Imam Abu'l-Hasan al-Ash'ari, 'Ali ibn Isma'il (Fallecido en 330 d. de la Hégira): Nació en Basora y falleció en Bagdad. Uno de los eruditos más prominentes de *Ahl al-Sunnah wa'l-Yama'ah*. Además de en teología, él era también experto en jurisprudencia islámica y comentarios coránicos. Entre sus libros más famosos están *Kitab al-Fusul* («Un libro de la Explicación y la Distinción»), *Kitab an-Nawadir* («Un libro de Rarezas»), y *Kitab al-Iman* («Un libro de la Fe»).

Imam al-Ghazzali, Abu Hamid Muhammad (Fallecido en 1111): Un teólogo, jurista y sabio de gran importancia que fue considerado un renovador (de las ciencias islámicas así como de la pureza y la vitalidad del Islam) durante su tiempo. Conocido en Europa como Algazel, fue el arquitecto de un postrero desarrollo del Islam. Él dejó tras de sí numerosos libros, siendo el más célebre *Ihya' al-'Ulum ad-Din* («Restablecimiento de las ciencias religiosas»).

Imam (al-) Maturidi, Abu Mansur Muhammad ibn Muhammad (Fallecido en 853): Uno de los eruditos más excepcionales de *Ahl al-Sunnah wa'l-Yama'ah*. Además de en *al-Kalam* (Teología), él era también experto en comentarios coránicos. Entre sus libros más conocidos están *Kitab at-Tawhid* («Un libro de la fe en la Unicidad de Dios»), *Ar-Risalah fi'l-'Aqaid* («Una Epístola del credo islámico»), y *Ta'wilat al-Qur'an* («Una Interpretación del Corán»).

Imam Nasai, Abu 'Abdu'r-Rahman Ahmad ibn Shu'ayb (Fallecido en 915): El compilador de uno de los seis libros más auténticos del *Hadiz*. Efectuó largos viajes y fue instruido por diversos eruditos. Además de su compilación del *Hadiz*, él también escribió *Musnad 'Ali* («Un libro de las Tradiciones narradas por 'Ali»), *Musnad Malik* («Un libro de las Tradiciones narradas por Malik»), y *Du'afa wa'l-Matrukin* («Los débiles y rechazados entre los narradores del *Hadiz*»).

Imam ash-Shafi'i, Muhammad ibn Idris (Fallecido en 820): Fundó la escuela jurídica Shafi'i. Él era experto en jurisprudencia islámica, Hadiz, lengua y poesía. Escribió el *Al-Umm* («La fundación»), *ar-Risalah* («Un libro de la metodología»), y *Ahkam al-Qur'an* («Juicios del Corán»).

Imam Rabbani, Ahmad Faruq al-Sarhandi (Fallecido en 1624): Aceptado por muchos como el «Renovador del segundo milenio» especialmente en espiritualidad islámica. Nacido en Sarhand (la India) y experto en ciencias islámicas, eliminó numerosos elementos corruptos del sufismo. Él asimismo enseñó a Shah Alamgir o Awrangzeb (Fallecido en 1707), que constituyó un comité de eruditos que prepararía el más extenso compendio de la Ley Hanafi.

(al-) Inyil: El Libro Divino revelado al profeta Jesús, la paz sea con él, el Evangelio.

Iram: La ciudad capital del antiguo pueblo de 'Ad en Yemen. Era célebre por sus edificios monumentales de numerosas columnas.

(El profeta) 'Isa: El hijo de María, Jesús, la paz sea con él.

(El profeta) Ishaq: El profeta Isaac, hijo del profeta Abraham, la paz sea con ambos.

(El profeta) Isma'il: El Profeta Ismael, el hijo mayor del profeta Abraham, la paz sea con ambos.

Israil: Israel, era un título del profeta Jacob, la paz sea con él, que significa «puro sirviente de Dios». El Corán hace referencia generalmente a los judíos como los Hijos de Israil (Israel).

Jabbab ibn Al-Arat (Fallecido en 657): Uno de los Compañeros y uno de los primeros en convertirse al Islam, que fue perseguido sin piedad por los opositores del Islam en La Meca.

Jadiya bint Juwaylid, Umm al-mu'minin (Fallecida en 620): La primera esposa del Mensajero de Dios, la paz y las bendiciones sean con él, y la primera de las Madres de los Creyentes. El Mensajero contrajo matrimonio con ella cuando tenía 25 años y ella 40. Su matrimonio duró casi 25 años. Ella es una de las cuatro mujeres más grandiosas de todos los tiempos (en relación al resto de personalidades femeninas de gran entidad, véase

Asya). Dio a luz a varios hijos e hijas, entre los que se encuentran Kasim, Fátima, Zaynab, Umm Kulzum, y Ruqayyah.

(al-) Jadr*:* Jadr es aquel individuo que el Corán cita (18:60-82), con quien el profeta Moisés, la paz sea con él, realizó un viaje para aprender en cierta medida el reino espiritual de la existencia y la naturaleza de los actos de Dios en ello. Es controvertido el hecho de su condición como Profeta o tan sólo como santo con una misión especial. Se cree que goza del grado de vida en donde una persona no siente necesidad alguna de los requerimientos de la vida humana normal.

Jaybar*:* Una famosa población al norte de la ciudad de Medina; fue conquistada por los musulmanes por orden del Mensajero en el 629 d. C. (Año séptimo después de la Hégira).

(al-) Kaba: La construcción cúbica de piedra ubicada en La Meca visitada por los musulmanes que realizan la peregrinación; es el primer edificio, al menos en lo que respecta al primer edificio destinado a la adoración Divina en ser construido en el mundo.

(al-) Lat*:* Era uno de los cuatro principales ídolos de la tribu pagana Quraishí en La Meca pre-islámica y de la tribu de Zaqif en-Ta'if, y se hallaba entre los ídolos más conocidos de la Arabia pre-islámica.

(al-) Layz ibn Sa'd (Fallecido en 791): Un célebre erudito del *Hadiz* y de la *Fiqh*, así como el más destacado jurista de Egipto en su tiempo.

(El pueblo de) Lut (Lot): Aquel pueblo que vivió en la región situada al sureste del Mar Muerto, que era conocido por sus desviaciones sexuales (homosexualidad), que ellos adoptaron como forma de vida más extendida. El profeta Lot, la paz sea con él, fue enviado a dicho pueblo, pero lo rechazaron a él y su llamada. Fueron destruidos completamente junto con las ciudades -Sodoma, Gomorra, Admah, Zeboim, y Zoar- en las que habitaron.

(al-) Mayus: Adoradores del fuego, zoroástricos.

(al-) Medina*:* La bendita ciudad adonde emigró el profeta Muhammad, la paz y las bendiciones sean con él, y la primera ciudad-estado de los musulmanes.

Madyan (Midian): El territorio ubicado al noroeste de *Hiyaz* y al sur de Palestina en la costa del Mar Rojo y el Golfo de Aqabah. En principio, su población era musulmana, pero emponzoñaron más adelante su fe pura con el politeísmo, así como corrompieron su vida económica con la corrupción y la falta de honradez. Rechazaron al profeta Shu'ayb, la paz sea con él, y a su llamada, y por lo tanto, fueron destruidos.

La Meca*:* La sagrada ciudad en Arabia, en donde se sitúa la Kaba. El profeta Ismael, la paz sea con él, y sus descendientes iniciaron la edificación de La Meca, y el profeta Muhammad, la paz y las bendiciones sean con él, inició su misión allí.

Malik Ibn Anas (Fallecido en 795): Un estudioso de las Tradiciones del s. II después de la Hégira y destacado jurista originario de Medina, así como fundador de una de las cuatro escuelas jurídicas sunníes en el Islam. Su *al-Muwatta'*, una compilación de Tradiciones así como de opiniones legales de los juristas de Medina, es una de las primeras obras del *Hadiz* y de la *Fiqh* que han llegado a nuestros días.

(al-) Manat*:* Uno de los cuatro principales ídolos en el *Hiyaz* pre-islámico.

Maqam Ibrahim*:* La Estación de Abraham, (el lugar de) la piedra sobre la cual según se dice el profeta Abraham, la paz sea con él, se detenía mientras construía la Kaba, y ante la cual es un acto necesario durante el *Hayy* ofrecer una Oración de dos rak'as después de cada siete circunvalaciones alrededor de la Kaba.

(al-) Marwah*:* Una de las dos colinas, la otra es conocida como Safa, cerca de la Kaba, entre las cuales los peregrinos realizan el rito denominado *Sa'y* (caminar con paso acelerado).

Maryam: La Virgen María, la bendita madre del profeta Jesús, la paz sea con él; ella es una de las cuatro mujeres más grandiosas de todos los tiempos.

(al-) Mash'ar al-Haram: El emplazamiento cercano a al-Muzdalifah. En al-Muzdalifah, los peregrinos permanecen durante cierto tiempo y ruegan a Dios en el amanecer del primero de los días *'Id* del Sacrificio.

(al-) Masih: Cristo, Jesús, el hijo de María.

al-Masyid al-Aqsa: Véase *al-Bayt al-Maqdis*.

(al-) Masyid al-Haram: La Gran *Masyid* en La Meca que rodea la Kaba.

(al-) Masyid an-Nabiyy: La mezquita del Profeta en Medina que fue construida poco después de la emigración del Mensajero a Medina.

Mina: Un lugar emplazado a 5 kilómetros de 'Arafat en La Meca, donde los peregrinos ofrecen sus sacrificios y permanecen durante los primeros tres días de *'Id al-Aza*.

Mu'az ibn Yabal (Fallecido en 639): Un Compañero célebre por sus grandes conocimientos de la ley; él se hallaba entre aquellos que emprendieron la colección del Corán y fue designado por el Profeta, la paz y las bendiciones sean con él, como juez en Yemen.

Muhammad Bahau'd-Din Shah an-Naqshband (Fallecido en 1389): Uno de los maestros espirituales islámicos más prominentes y fundador de la orden sufí Naqshbandiyyah. Entre sus libros se hallan *Risalat al-Waridah*, *al-Awrad al-Baha'iyyah*, *Hayatnamah*, y *Tanbih al-Ghafilin*.

Muhammed Lutfi Efendi (1868-1956): Uno de los maestros sufíes que vivió en Erzurum, Turquía. Elaboró un *Divan* que contiene un gran número de poemas líricos de gran belleza.

Muhyi'd-Din ibn al-'Arabi (1165-1240): Uno de los más grandes y célebres maestros sufíes. Su doctrina de la Unidad Transcendental de la Existencia, que la mayoría ha confundido con el monismo y el panteísmo, le hizo el blanco de polémicas interminables. Escribió muchos libros, los más destacados de los cuales son *Fusus al-Hikam* y *al-Futuhat al-Makkiyyah*.

(El profeta) Musa (Moisés): Uno de los cinco Mensajeros de Dios más importantes, quien fue enviado a los Hijos de Israel y se le concedió la Tora para guiarlos y sacarlos de Egipto.

Muslim ibn al-Hayyay an-Naysaburi (Fallecido en 875): Uno de los más grandes eruditos del *Hadiz*, cuya obra es una de las seis colecciones más auténticas de *Hadiz* y ocupa un segundo lugar en importancia tan solo tras las obras de al-Bujari.

al-Mu'tazila: La escuela de los «racionalistas» musulmanes que asignaron un efecto creativo al libre albedrío humano, concluyendo que son los seres humanos quienes crean sus acciones.

(al-) Muzdalifah: Un lugar entre *'Arafat* y *Mina* en donde los peregrinos, en cuanto regresan de *'Arafat*, tienen que detenerse y permanecer durante toda una noche o parte de la misma, entre el noveno y el décimo día del mes de *Zu'l-Hiyya* y llevar a cabo juntos asimismo las Oraciones de la tarde y del anochecer.

(an-) Nasara: Aquellos que se denominan a sí mismos seguidores de Jesús; los cristianos.

(El profeta) Nuh (Noé): Uno de los cinco Mensajeros más importantes, y el «segundo padre» de la humanidad; el Profeta del Diluvio Universal.

Qarun: Qorah. Un hombre adinerado de los Hijos de Israel que se rebeló contra Dios y colaboró con el Faraón, así pues Dios hizo que él y toda su riqueza fuesen tragados por la tierra.

(al-) Quraish: Los habitantes de La Meca, la tribu árabe más estimada a la cual el Mensajero de Dios perteneció.

(al-) Muhammad Qurtubi, ibn Ahmad (Fallecido en 1273): Uno de los comentaristas más distinguidos del Corán. Su *al-Yami' li Ahkam al-Qur'an* («Un compendio de los juicios del Corán») no es sólo uno de los mejores comentarios en los versículos relacionados con la justicia del Corán sino también una de los mejores obras de *tafsir*.

Rabi'ah al-'Adawiyyah (717-801): Nacida en Basora. En su infancia, tras la muerte de sus padres, fue vendida como esclava. Después de años de servicio a su amo, Rabi'ah comenzó a servir únicamente al Más Amado con sus acciones y pensamientos. Puesto que ella ya no era de utilidad para su amo, Rabi'ah fue entonces manumitida, continuando con su dedicación a Dios.

(ar-) Razi, Muhammad ibn 'Umar Fajru'd-Din (Fallecido en 1210): Uno de los comentaristas más célebres del Corán y uno de los eruditos más excepcionales de su tiempo, experto tanto en ciencias religiosas como racionales. *Mafatih al-Ghayb* es el título de su grandioso comentario sobre el Corán.

(ar-) Rumi, Yalalu'd-Din (1207-1273): Una de las figuras más renombradas del sufismo islámico. Fue fundador de la orden *Mevlevi* de los derviches giróvagos, y célebre por su obra *Mesnevi* una epopeya de la vida religiosa en seis volúmenes. Para los lectores occidentales, ar-Rumi es una voz de gran alcance entre los poetas del sufismo.

(as-) Sabiun*:* Sabeos, una Gente del Libro que vivió en Irak y sucumbió hasta llegar a adorar cuerpos celestes a lo largo del curso del tiempo.

Sa'd ibn Abi Waqqas (Fallecido en 670): Uno de los diez individuos a quienes se les prometió el Paraíso mientras que se encontraban con vida, y uno de los héroes de los primeros tiempos del Islam que participó en numerosas batallas durante la vida del Profeta, la paz y las bendiciones sean con él, así como mandó los ejércitos musulmanes en las Guerras Qadisiyah, que condujeron a la conquista de Irán.

Sa'd ibn Mu'az (Fallecido en 627): Un Compañero originario de Medina y uno de los líderes de la tribu de Aws. Luchó valerosamente en numerosas batallas y fue martirizado en la Batalla del Foso.

Sa'di ash-Shirazi (1215?-1292): El más grande poeta didáctico de Persia, autor del *Gulistan* («Rosaleda») y del *Bustan* («Huerto»), que asimismo escribió un gran número de odas y líricas de gran belleza.

(as-) Safa: Una de las dos colinas, la otra conocida como Marwah, cerca de la Kaba, entre las cuales los peregrinos realizan el rito denominado *Sa'y* (caminar con paso acelerado).

Sa'id ibn al-Musayyib (Fallecido en 713): Un destacado erudito y jurista de la generación que sucedió a los Compañeros. Uno de los siete juristas más renombrados de Medina, fue célebre por sus conocimientos del *Hadiz* y de la *Fiqh*, así como por su piedad y devoción.

(El profeta) Salih*:* Aquel Profeta, la paz sea con él, que fue enviado a la tribu de *Zamud*, que vivió en al-Hiyr, el noroeste de Arabia.

(ash-)Shafi'i, Muhammad ibn Idris (Fallecido en 820): El fundador de la escuela Shafi'i del Islam, y el primero en escribir sobre la metodología de la ley islámica. Elaboró también un *Diván*, una colección de poemas.

Shams at-Tabrizi: En Konya, Rumi se convirtió en un profesor religioso y por ende en un sufi a la edad de 39, cuando conoció a Shamsu'd-Din at-Tabrizi. At-Tabrizi ejerció una influencia profunda sobre ar-Rumi y revivificó, como un sol verdadero, el crecimiento de su latente genio espiritual y literario.

(ash)-Shaybani, Muhammad ibn al-Hasan (Fallecido en 804): Un célebre jurista iraquí y discípulo de Abu Hanifah. Su *Siyar al-Kabir* es el primer libro escrito que aborda exclusivamente el derecho y las relaciones internacionales. Es citado como uno de los fundadores de la escuela jurídica Hanafi.

(El profeta) Shu'ayb: Un Profeta, la paz sea con él, que fue enviado al pueblo de Madyan (Midian) y al-Aykah, pero que lo rechazaron, y por lo tanto Dios los destruyó.

(El profeta) Sulayman (Salomón)*:* El hijo del profeta David, la paz sea con él, y uno de los Profetas enviados a los Hijos de Israel, y su primer rey; el más poderoso de los reyes que han vivido en todos los tiempos. Era un siervo muy humilde de Dios a pesar de su gran poder. Además de muchos milagros y logros prodigiosos, fue dotado por Dios con la capacidad de subyugar genios y demonios a su comando y de emplearlos en tareas diversas.

(as-) Suyuti, Yalalu'd-Din (1446-1506): Un gran erudito experto en *Hadiz*, jurisprudencia e historia. Fue asimismo un sufí y un intérprete del Corán, así como autor de obras que abordan casi todas las ciencias islámicas.

(at-) Tabarani, Sulayman ibn Ahmad ibn Ayyub (Fallecido en 971): Especializado en *Hadiz*. Sus obras abarcan los campos del *Hadiz, Tafsir* y *Kalam* (teología). Sus escritos *Mu'yam al-Kabir* («La Gran Enciclopedia de Hadiz»), *Mu'yam al-Awsat* («La Enciclopedia Mediana de Hadiz»), y *Mu'yam as-Saghir* («La Enciclopedia Pequeña de Hadiz») son de gran relevancia.

(at-) Tabari, Muhammad ibn Yarir (Fallecido en 923): Un distinguido historiador, jurista y comentarista del Corán. Entre sus importantes obras existentes se incluyen su comentario *Yami'u l-Bayan fi Tafsir al-Qur'an* («Una extensa colección de palabras para exponer el Corán»), y el libro *Tarij al-Umam wa'l-Muluk* («La historia de las naciones y gobernantes»).

at-Taftazani, Sa'du'd-Din (Fallecido en 1390): Un destacado erudito de la lógica, la retórica, la gramática, la teología, y la jurisprudencia originario de Samarcanda, durante el gobierno de Timur. Su *Sharh al-'Aqaid an-Nasafiyyah* («Exposición del Libro de Creencia por an-Nasafi») se encuentra entre las obras fundamentales de la teología musulmana.

Talhah ibn 'Ubaydu'llah (Fallecido en 656): Uno de los diez Compañeros a quien el Profeta declaró estar entre la Gente del Paraíso. Él se hallaba entre los primeros en convertirse al Islam, y fue reconocido por su valor y generosidad.

Talut: El Rey Saúl. Él condujo a su ejército contra el ejército de Yalut (Goliat).

(at-) Tawrah: El Libro Divino (de la ley) otorgado al profeta Moisés, la paz sea con él, por Dios; la Tora.

(at-) Tirmizi, Muhammad ibn 'Isa (Fallecido en 892): Un célebre estudioso de las Tradiciones cuya colección de Tradiciones, *Kitab as-Sunan* («Libro de las Tradiciones proféticas»), es considerada una de las seis colecciones más auténticas de *Hadiz*.

(at-) Tur: Una montaña, el monte Sinaí, en la cual el profeta Moisés, la paz sea con él, recibió la Tora, la Revelación de Dios.

(La Batalla de) Uhud: La batalla que aconteció entre los musulmanes y los paganos quraishies de La Meca al pie del monte Uhud, a unos cinco kilómetros de la Mezquita del Profeta en Medina, en el tercer año de *Hégira*.

'Umar ibn al-Jattab al-Faruq (582-644): Uno de los diez Compañeros a quienes el Paraíso fue prometido mientras todavía se hallaban en el mundo. Famoso por su aguda perspicacia y discernimiento en el espíritu del Islam así como por su justicia legendaria y su modo de vida sencillo como Califa, sucedió a Abu Bakr as-Siddiq en el Califato.

Umm Salamah, Hind bint Suhayl, Umm al-mu'minin (Fallecida en 681): Una de las esposas del Profeta, que divulgó varios cientos de Tradiciones del Mensajero de Dios.

Usamah ibn Zayd ibn Harizah (Fallecido en 674): Uno de los jóvenes Compañeros más apreciados por el Mensajero de Dios. Hijo de Zayd, es el único Compañero mencionado en el Corán por su nombre, y fue un esclavo emancipado del Mensajero, la paz y las bendiciones sean con él. El Mensajero confió momentos antes de su muerte en el joven Usamah el mando del ejército que él había reunido con anterioridad, para enfrentarse a los bizantinos.

'Uzman ibn 'Affan Zu'n-Nurayn (576-656): Uno de los primeros Compañeros que abrazaron el Islam así como una de las personas que se hallan entre los diez que el Mensajero informó que serían admitidas en el Paraíso. Puesto que el Mensajero casó con él a dos de sus hijas (la segunda después de que la primera falleciese), le han nombrado como «Zu'n-Nurayn» (el poseedor de dos luces). Él era en particular célebre por su generosidad y modestia. Sucedió a 'Umar en el Califato.

Uways al-Qarani (Fallecido en 656): Una de las excepcionales figuras de la generación que sucedió a los Compañeros. Es considerado por algunos como el santo musulmán más grande del primer siglo islámico.

(al-) Uzza: Uno de los cuatro ídolos principales que eran adorados en al-Hiyaz con anterioridad al Islam.

(al-) Yabriyyah: La escuela (de fatalistas), que niegan el libre albedrío del ser humano.

Yahudi: Judío. El término describe aquel que pertenece a Yahuda —Judá en el Antiguo Testamento—. Judá —*Yehudah* en hebreo— es el nombre de uno de los dos reinos que surgieron tras la división del reino del profeta Salomón después de su muerte, y toma su nombre de Judá, uno de los hijos del profeta Jacob, la paz sea con él. Según otra opinión, *Yahudi* no significa otra cosa que aquel que sigue la ley establecida por Judá, jurista israelita que vivió en el siglo II d. C. Los mismos judíos nombran su religión —Judaísmo— a partir de Judá.

Ya'far as-Sadiq ibn Muhammad al-Baqir (Fallecido en 765): El gran nieto del Imam Husayn, hijo de 'Ali, el cuarto Califa. Fue un erudito destacado en ciencias religiosas que también era conocido por su piedad y rectitud. Los Doce Imames Chiítas lo contemplan como su sexto *imam*.

(El profeta) Yahya (Juan Bautista): El hijo del profeta Zacarías, la paz sea con él, un Mensajero de Dios altamente elogiado en el Corán por sus dedicaciones, su castidad, su recto juicio, su conocimiento profundo, su piedad, su rectitud y su obediencia a sus padres, y que fue condenado a muerte por los judíos.

Yahya ibn Mu'az (Fallecido en 871): Un gran sufí y discípulo de Ibn Karram, partió de su ciudad de nacimiento en Rayy y vivió durante un tiempo en Balj, marchando luego a Nishapur, donde murió. Es autor de cierto número de poemas.

Ya'yuy wa Ma'yuy: Gog y Magog; tribus salvajes que han invadido el mundo civilizado en numerosas ocasiones y se espera que aparezcan por última vez momentos antes de la destrucción final del mundo.

(El profeta) Ya'qub (Jacob): Un Mensajero de Dios, el hijo del profeta Isaac y nieto del profeta Abraham, la paz sea con ambos. También era conocido como Israel. Sus doce hijos pasaron a ser cada uno de ellos los dirigentes de su propia tribu, y éstos eran conocidos como las Doce Tribus de Israel.

Yazrib: Uno de los nombres de Medina con anterioridad a la llegada del Islam.

(El profeta) Yusuf (José): Hijo del profeta Jacob, Mensajero de Dios que fue envidiado por sus hermanos y vendido a la corte egipcia como esclavo. Después sirvió como ministro en la corte del Faraón y fue delegado al rey.

(El profeta) Yunus (Jonás): Un Mensajero de Dios que fue enviado a Nínive (en la ribera izquierda del río Tigris, frente a donde se levanta en la actualidad la ciudad de Mosul, en Irak) para predicar contra su maldad e invocarlos a la adoración de Dios. El pueblo de Nínive le negó a él en un principio, y él abandonó la ciudad, siendo posteriormente engullido por un pez en el mar. Dios lo rescató del vientre del pez y le hizo regresar con su pueblo, que había abrazado la Religión de Dios tras contemplar la venida del castigo de Dios.

(Az-) Zabur: El libro concedido al profeta David, la paz sea con él.

(El profeta) Zakariya (Zacarías): Un Mensajero de Dios que surgió entre los Hijos de Israel momentos antes del advenimiento del profeta Jesús, la paz sea con él, y que fue ajusticiado por los judíos.

(al-) Yami', Nuru'd-Din 'Abdu'r-Rahman ibn Ahmad (1414-1492): Reconocido por lo común como el último gran poeta clásico de Persia así como un santo; compuso numerosas composiciones líricas, así como muchas obras en prosa. Su *Salaman y Absal* es una alegoría del amor profano y sagrado. Entre algunas de sus otras obras se hallan *Haft Awrang*, *Tuhfat al-Ahrar*, *Layla wu Maynun*, *Fatihat ash-Shabab*, *Lawaa'ih*, y *ar-Durrah al-Fajirah*.

(al-) Yassas, Abu Bakr Ahmad ibn 'Ali ar-Razi (Fallecido en 980): Un eminente jurista de la escuela jurídica Hanafi de su época. Es ensalzado por su comentario coránico, *Ahkam al-Qur'an*, que es un comentario erudito sobre el Corán desde una perspectiva legal.

Yibril: El Arcángel Gabriel, que porta la revelación a un Mensajero. Es descrito en el Corán como un espíritu de santidad, y como un noble, honrado Mensajero, poderoso, con una elevada posición asegurada con el Señor del Trono Supremo, obedecido por otros ángeles, y digno de confianza.

(al-) Yili, 'Abdu'l-Karim ibn Ibrahim (1365-1417¿?): El escritor del célebre libro, *al-Insan al-Kamil* («El Hombre Universal»). Era originario de Bagdad, y en sus enseñanzas sufíes, siguió en concreto a Muhyi'd Din ibn al-'Arabi.

Yunayd Al-Baghdadi (Fallecido en 910): Uno de los primeros sufíes más célebres. Él gozó de gran respeto y era conocido como «el príncipe de los conocedores de Dios».

al-Yuryani Sayyid Sharif (Fallecido en 1413): Uno de los principales teólogos del siglo XV. Visitó Estambul en 1374, y a su regreso, en 1377, le ofrecieron un puesto de enseñanza en Shiraz. El libro *Sharh al-Mawaqif* es su obra más famosa.

(El pueblo de) *Zamud*: Un antiguo pueblo árabe que vivió en al-Hiyr, en el noroeste de Arabia. Su ciudad principal era *Mada'in Salih*, situada a lo largo de la célebre ruta del ferrocarril de Hiyaz de tiempos modernos. El profeta Salih, la paz sea con él, llegó ante ellos con el mensaje de Dios pero, como muchos otros pueblos antiguos, le negaron a él y su mensaje y persistieron en el pecado. Finalmente Dios los destruyó.

(az-) Zawri, Sufyan ibn Sa'id ibn Masruq (Fallecido en 778): Considerado como una autoridad en diversas ramas del conocimiento islámico, especialmente el *Hadiz*, sus escritos constan de *al-Yami' al-Kabir* y *al-Yami' as-Saghir*, ambas incluidas en el campo del *Hadiz*.

Zaynab bint Yahsh, Umm al-mu'minin (Fallecida en 641): Una de las esposas del Mensajero. El Mensajero la casó en primer lugar con Zayd ibn Harizah, pero la unión se rompió, con lo cual el Mensajero contrajo matrimonio con ella. Era afamada por su generosidad.

(az-) Zubayr ibn al-'Awwam (Fallecido en 656): Ocupando un lugar entre los héroes del período inicial del Islam, es uno de los Compañeros más prominentes, y una de aquellas diez personas a quienes el Profeta dio buenas nuevas del Paraíso.

Zu'l-Kifl: Tal y como es aceptado generalmente, él es el profeta israelita Ezequiel, la paz sea con él. Fue uno de los Hijos de Israel expulsados de Jerusalén a Babilonia. Vivió y llevó a cabo su misión llamando a la gente a Dios en la tierra de los caldeos, a orillas del río Chebar, aproximadamente entre 594-572 a. C.

Zu'l-Qarnayn: Un siervo amado de Dios que efectuó grandes conquistas en su nombre. No se sabe a ciencia cierta si Zu'l-Qarnayn fue un Profeta o no.

Zu'n-Nun: El Compañero del Pez. Éste es el título del profeta Yunus (Jonás), la paz sea con él.

GLOSARIO DE TÉRMINOS

(al-)Abad: Eternidad en el futuro.

(al-)Azal: Eternidad en el pasado.

(al-)'Abd: El siervo; el siervo de Dios por medio de la creación; el siervo de Dios que cree en Él y Lo adora.

(al-)'Afw: Indulgencia, el acto de otorgar remisión; perdón.

(al-)'Ahd: Promesa, pacto.

'Ahdu'llah: Promesa de Dios. Es la promesa a Dios por parte de Sus siervos que creerían en Él y Le adorarían tan solo a Él. Además de esta promesa primordial, Dios ha establecido diversas alianzas con Sus Profetas y con numerosos pueblos en épocas diversas.

Ahl al-Bayt: La Familia. Como término, hace referencia a la familia del profeta Muhammad, la paz y las bendiciones sean con él, incluyendo a Fátima, su hija, al marido de ésta, 'Ali, y a los hijos de ambos, Hasan y Husayn.

Ahl al-Kitab: La Gente del Libro, es decir, cualquier pueblo al que se le haya concedido un Libro Divino. El Corán tiende a utilizar este término particularmente para los judíos y los cristianos. El vocablo también incluye a los sabeos y los zoroástricos.

Ahl al-Kitab wa's-Sunna: La Gente del Libro y de la Sunna. Son aquellos musulmanes que se esfuerzan en seguir con exactitud las enseñanzas del Corán y el camino del profeta Muhammad, la paz y las bendiciones sean con él, de acuerdo con lo divulgado por sus Compañeros.

(al-)Ajirah: Lo subsiguiente; la vida después de la muerte, el Más Allá. El otro mundo en donde los seres conscientes y responsables serán llamados a rendir cuentas de su creencia y actos en el mundo, y serán recompensados por ello.

(al-)Ahzab: Partidos, confederados. Se utiliza este término particularmente para los remanentes de los antiguos pueblos destruidos que habitaron en Arabia durante la Revelación del Corán, y para las fuerzas confederadas integradas por diversas tribus que sitiaron Medina y lucharon contra los musulmanes en la Batalla del Foso en el 627 d. C., en el quinto año después de la Hégira.

(al-)Akif: Aquel que vive su vida en plena dedicación a Dios.

(al-)Ajlaq: La ciencia y los principios de la buena conducta y la moralidad. La característica más notable del Islam y, cuando es fiel a dicha característica, de la comunidad de Muhammad —la paz y las bendiciones sean con él— es que se halla lejos de verse influenciado por toda clase de extremismo. El Islam representa el camino intermedio en todos los aspectos de la vida. Por ejemplo, no es ni espiritualismo ni materialismo, ni tampoco realismo ni idealismo, o capitalismo y socialismo, ni asimismo individualismo o estatismo, ni absolutismo ni anarquismo, ni terrenal y hedonista, ni simplemente espiritual o monástico. Ya que es único en su cosmovisión y aspectos socioeconómicos y políticos, lo es también en la educación moral que proporciona a los individuos. El Islam tiene como propósito desarrollar a los seres humanos de ser potencialmente humanos a ser verdaderamente humanos, perfeccionándolos así. Desarrolla el carácter humano de la mejor de las maneras. Los fragmentos de la Sabiduría que el Corán enumera en los versículos 17:22-39, empezando y terminando con la prohibición absoluta de asociar en modo alguno copartícipes a Dios en Su Divinidad y Señorío, son importantes para desarrollar ese carácter e instruir a los miembros de una sociedad musulmana.

(al-)'Alam (plural, ***'alamun***): El mundo, los mundos. La palabra proviene de *'alam, 'alamah* significando algo por el cual otra cosa es conocida. Así, desde esta perspectiva, cada cosa individual o conjunto de cosas, desde las más minúsculas partículas subatómicas hasta las nebulosas y las galaxias más grandes, es un «mundo» e indica a Dios. La forma plural («'alamun») se utiliza en particular para los seres conscientes, otorgando el significado de que todo lo que se crea es como si fuese consciente, y significando que su acto de señalar la Existencia, Unidad y Señorío de Dios es en gran medida manifiesto para los seres conscientes.

(al-)Alaq: El coágulo adherido (a la pared del útero femenino).

(al-)'amal: Una acción, hecho.

(al-)'amal as-salih: Acto bueno y recto.

(al-)Amanah: La confianza. Toda responsabilidad o asimismo todos los deberes que Dios o la sociedad o un individuo carga sobre alguien; la Confianza Suprema que tan solo la humanidad ha asumido, así que en este sentido, hace referencia al ego humano.

(al-)Amir: El líder, el comandante.

(al-)Amr: Mandato, autoridad, asunto.

Amr bi'l-Ma'ruf: Ordenar y promover activamente lo que es correcto y bueno (de un modo apropiado).

(al-)Ansar: Los Ayudantes. Se utiliza concretamente para los musulmanes de Medina que ayudaron a los emigrantes musulmanes de La Meca en el curso del establecimiento de estos últimos en Medina.

(al-)'Aql: Razonar y reflexionar para llegar a una conclusión y poder distinguir entre aquello que es correcto e incorrecto, y entre lo que es beneficioso y perjudicial; en una terminología común, es el intelecto que efectúa este razonamiento y reflexión.

(al-)'Araf: Las Alturas (entre el Paraíso y el Infierno, en las cuales los creyentes que todavía poseen pecados sin ser perdonados permanecerán hasta ser indultados de modo que puedan ingresar en el Paraíso).

(al-)'Arsh: El Trono; el Trono Supremo de Dios. Ya que el Corán se dirige a todos los niveles de entendimiento a lo largo de todas las eras, tiende a presentar ciertas verdades abstractas, como las que tienen que ver con la divinidad, con expresiones concretas y empleando metáforas y comparaciones. Presenta *Kursiyy* como si fuese una plataforma o un asiento, y *'Arsh* como si fuese el trono y Dios fuese el gobernante del universo sentado sobre Su trono desde donde gobierna toda la Creación. Con ello, el Corán establece en nuestras mentes el dominio y la autoridad suprema de Dios. Dios no es solamente el creador del universo, sino que también es el Soberano y el Gobernante. Al haber creado el universo, no se desentendió del mismo ni permaneció indiferente a Su creación. Al contrario, Él domina el universo como un todo y controla hasta Su parte más ínfima. Todo poder y soberanía Le pertenecen. Todo lo que hay en el universo está totalmente bajo Su control y sirve a Su Voluntad y Poder. Bediüzzaman indica que *'Arsh* es la composición de los Nombres de Dios el Primero, el Último, el Externo y el Interno. Asimismo, de su descripción del agua como *'Arsh* (trono) de misericordia y la tierra como trono de vida, deducimos que *'Arsh* (el Trono Supremo) significa el control y la autoridad total de Dios sobre el universo. Elementos tales como el agua y la tierra son vehículos del decreto de Dios o medios a través de los cuales los decretos se manifiestan y son ejecutados.

(al-)'Asabiyyat (al-Yahiliyya): Adhesión tribal o racial; racismo. El Islam suprimió toda discriminación basada en los lazos de sangre, y las relaciones culturales, lingüísticas y raciales, condenándola como actitud que surgía de la ignorancia y la concepción carnal extremas.

Asbab an-nuzul: Razones por las cuales los versículos del Corán fueron revelados.

Ashab al-Kahf: Los jóvenes romanos de clase noble de la región de Siria y Jordania, abandonaron la adoración de los ídolos, aceptando a Dios como única Deidad y su Verdadero Señor, y a consecuencia de ello tuvieron que refugiarse en una cueva. Permanecieron en la cueva en un estado de sueño eterno durante 300 años, y después despertaron como una señal de la resurrección.

Ashab al-Uhdud: Un pueblo déspota que cavó zanjas y quemó vivos a los creyentes en ellas.

'Ashab al-Yamin (al-Maymanah): La gente de la Derecha (la gente de la felicidad y la prosperidad, que reciben sus Registros en sus manos derechas en el Más Allá).

'Ashab ash-Shimal (al-Mash'amah): La gente de la Izquierda (la gente de la desdicha, que recibirá sus Registros en sus manos izquierdas en el Más Allá).

al-Ashhur al-Hurum: Los meses de Zu'l-Qa'dah, Zu'l-Hiyyah, Muharram y Rayab (los meses undécimo, decimosegundo, primero, y séptimo respectivamente del año lunar) durante los cuales se prohíben la guerra, la matanza, y el pillaje.

(al-)Asma' al-Husna: Los Nombres Más Bellos (de Dios). Estos Nombres son incluidos en el Corán o fueron enseñados por el Mensajero de Dios, y Dios es nombrado por medio de los mismos y así debe serlo.

(al-)Asma' wa's-Sifat: Nombres y Atributos de Dios. Además de Sus Nombres, Dios posee Atributos. Algunos Atributos son esenciales para Su condición de Dios. Estos son la Existencia, la Ausencia de Principio, la Permanencia, la Unicidad, la Disimilitud con lo creado, y Autosuficiencia. Además de los Atributos Esenciales por el hecho de ser Dios, a saber, la Existencia, el no tener comienzo, la Permanencia, la Unidad, ser diferente a lo creado y Auto-subsistencia, Dios tiene otro tipo de Atributos llamados Atributos Positivos que son: la Vida, el Conocimiento, la Voluntad, el Poder, el Oído, la Vista, el Discurso y la Creación. Estos Atributos son el origen de Nombres tales como el Dador de Vida y Resucitador, el Omnisciente, Poseedor de la Suma Voluntad, el Todopoderoso, Aquél que todo lo Oye, todo lo Ve, todo lo Habla así como el Creador, etc. La posesión de semejantes Atributos y Bellos Nombres absolutos e ilimitados significa que su manifestación es «inevitable». Aquél que existe en y desde Sí Mismo y Cuya Existencia es absolutamente perfecta se manifestará como «corresponde» a Su mismísima «naturaleza». Por consiguiente, el universo es el conjunto de las manifestaciones de los Atributos y Nombres de Dios, y dichas manifestaciones se concentran en la humanidad. Es como si Dios Todopoderoso hubiese dibujado un velo imaginario ante Sus Atributos y Nombres y hubiese creado a la humanidad como si de un teatro se tratase dónde casi todos Sus Atributos y Nombres son manifestados. Dios posee asimismo un tercer tipo de Atributos que describen lo que Dios no es y son casi infinitos. Por ejemplo, Dios no es Aquel que engendra o es engendrado, ni Aquel que tiene copartícipe alguno, ni Aquel que posee necesidad alguna, etc.

(al-)'Asr: Tiempo, la tarde, la última parte del tiempo cargada de acontecimientos importantes.

(al-)'Awrah: Partes del cuerpo que no se deberían mostrar a los demás. Las partes del cuerpo que están prohibidas ostentar para los hombres es la parte entre el ombligo y la rodilla ambos inclusive. En cuanto a las mujeres, no deben ostentar cualquier parte de su cuerpo con excepción de las manos, los pies y el rostro.

(al-)'Ayah: Una señal manifiesta; milagro, lección que se debe tomar de un acontecimiento, cada una de las frases independientes del Corán entre dos puntos (versículos).

Ayatun bayyinat: Las señales o los mensajes que están claros en el significado y el contenido (como evidencia de la verdad).

(al-)Ayat al-Kursiyy: El versículo del Asiento Divino del Dominio. Es el versículo 255 del *Surat al-Baqara*, que da a conocer a Dios con algunos de Sus Nombres y Atributos.

Ayyamu'llah: Días de Dios acontecimientos históricos trascendentales tales como la destrucción de comunidades, momentos decisivos en la historia y acontecimientos escatológicos).

(al-)'Azab: El castigo. El Corán emplea siete nombres diferentes para los lugares de castigo en el Más Allá. *Yahannam* (Infierno), *Nar* (Fuego), *Sa'ir* (Llama), *Yahim* (Fuego Llameante), *Hutamah* (Fuego que todo lo consume), *Saqar* (Fuego Abrasador) y *Laza* (Llama Violenta). La mayor parte de ellos, probablemente, son niveles o grados de castigo; cada uno preparado para aquellos que lo merecen y cada uno de ellos con una puerta.

(al-)Azan: La llamada a la Oración. Es como sigue: *Allahu Akbar* (Dios es el Más Grande: 4 veces); *Ashhadu an la ilaha illa'llah* (Atestiguo que no hay más deidad sino Dios: 2 veces); *Ashhadu anna Muhammadan Rasulu'llah* (Atestiguo que Muhammad es el Mensajero de Dios: 2 veces); *Hayya 'ala's-salah* (Venid a la Oración: 2 veces), *Hayya 'ala'l-falah* (Venid a la salvación: 2 veces); *Allahu Akbar* (Dios es el Más Grande: en dos ocasiones); *La ilaha illa'llah* (No hay más deidad sino Dios: una sola vez).

(al-)Baghy: Rivalidad e insolencia envidiosas (que el Corán subraya como la razón principal de los conflictos internos en una comunidad).

(al-)Bala': Una prueba, tentativa. Aunque se presenta por norma en forma de un desastre, Dios pone a prueba a la gente con el bien y el mal. Cuando Él nos pone a prueba mediante el bien, tal y como el éxito, la riqueza, una elevada posición, y la belleza física, esto requiere de nosotros gratitud a Dios y atribuirle todo ello a Él. Cuando Él nos pone a prueba mediante el mal, como una desgracia, una enfermedad o la pobreza, requiere de nosotros paciencia sin lamentación. Esto, sin embargo, no significa que alguien afectado por un mal no deba intentar escapar del mismo. Ser puesto a prueba mediante el mal puede a veces acontecer como resultado de un pecado. Por lo tanto, también requiere arrepentimiento, búsqueda del perdón, y reformación.

(al-)Baqa: Permanencia, persistencia.

(al-)Baraah: Desaprobación, proclamación de la desaprobación, ultimátum.

(al-)Barzaj: Una barrera (entre los muertos y el otro mundo), el Mundo Intermedio de la tumba (entre este mundo y el siguiente)

(al-)Basair: «Luces» de discernimiento y de perspicacia.

(al-)Bashir: Un portador de buenas nuevas; un Mensajero que lleva buenas nuevas (de prosperidad a cambio de la fe y la rectitud).

(al-)Basirah: Discernimiento, perspicacia, sagacidad.

(al-)Basmalah: La frase *Bismi'llahir-Rahmani'r-Rahim*, que significa «en (y con) el Nombre de Dios, el Misericordioso, el Compasivo».

(al-)Batin: Aquello que es interno; la dimensión interna o interior de algo; la dimensión metafísica de la existencia.

(al-)Batil: Aquello que es falso, falsedad, cualquier sistema de creencia, pensamiento o acción que no se basa en la Revelación, sino en los deseos y caprichos humanos, y las elecciones humanas que no se ajustan a la Religión de Dios y la manera de actuar en el universo, sino que por lo contrario las contradicen.

(al-)Bay'ah – (al-) Bi'ah: Jurar lealtad por parte de los ciudadanos etc., a su Imam (Regidor musulmán) para serle obedientes a él según la Religión del Islam.

Bay'at ar-Ridwan: El juramento y compromiso tomado por el Mensajero de Dios a sus Compañeros bajo un árbol en Judaybiya, en el año sexto después de la Hégira (628 d. C.), con el fin de luchar contra los Quraishíes en caso de necesidad.

(al-)Bayan: Discurso inteligente, en oposición a los sonidos que no tienen ninguna facultad de expresión o significado.

Baytu'llah: La Casa de Dios (La Kaba).

(al-)Bayyinah: La Evidencia Clara.

(al-)Bayyinat: Toda evidencia de la verdad, señales o documentos claros de la verdad, milagros.

(al-)Ba'z: Renacimiento, enviar a un Mensajero (a que «revivifique» un pueblo), resucitar a los muertos a la vida, resurrección.

Bi-ghayri'l-haqq: Acto pecaminoso (o actitud) que nunca puede ser correcto o justo; contra todo derecho.

Bi'l-haqq: Con la verdad (encarnándola, y con nada falso en ella); todo lo elocuente y significativo, y para propósitos definidos, y sobre sólidos fundamentos de verdad.

(al-)Birr: Piedad, virtud, una elevada categoría en la fe y la práctica del Islam, especialmente adquiriendo la pureza espiritual que nos permite esforzarnos en la causa de Dios o conceder a los demás a partir de lo que uno ama.

(al-)Bujl: Tacañería, mezquindad.

(al-)Buruy: Las constelaciones, (que son los nombres de algunas agrupaciones estelares).

(ad-)Dabbah: Cualquier criatura viva.

(ad-)Dabbat min al-Ard: Una criatura viva que la voluntad de Dios hará surgir en la Tierra hacia el final de los tiempos. Departirá con aquellos que no creen, los pecadores, para hacerles entender que no tienen ninguna certeza de fe en las señales y las Revelaciones de Dios.

(ad-)Dahr: «Tiempo»; procesos del progreso y el declive.

(ad-)Dal: Aquel que se ha perdido; el extraviado.

(ad-)Dalal (ah): Apartarse del Camino Recto. Hace referencia a una amplia variedad de desviaciones del Camino, desde la más leve desviación de un creyente, hasta la perdición completa del Camino Recto. Como término, revela regresar a la incredulidad después de la creencia, intercambiando la incredulidad por la creencia (2:108), asociando copartícipes a Dios en Su Esencia, Sus Atributos o Actos (4:116), o rechazando la fe en algunos o en todos los fundamentos de la fe.

(ad-)Dawlah: Como término coránico, significa fortuna. El Corán declara: *Lo que Dios le ha otorgado a Su Mensajero como botines de guerra de las gentes de los pueblos: (un quinto) Le pertenece a Dios, y al Mensajero, y a sus parientes cercanos, huérfanos, indigentes, y los viajeros (que carecen de medios para continuar un viaje), para que no se convierta en dawlatan (una fortuna) circulante entre los ricos de vosotros* (59:7).

(ad-)Dayyal: Un impostor o impostores que aparecerán hacia el final de los tiempos para engañar a la humanidad; el *Dayyal* que aparecerá en el mundo musulmán se llama generalmente *as-Sufyan*.

(ad-)Din: La colección de principios morales, espirituales y terrenales; un sistema y un modo de conducta, juicio, recompensa y castigo, camino, ley, constitución, servidumbre y obediencia, y paz y orden.

(ad-)Du'a: La oración o súplica se divide en diversos tipos y grados. El primer tipo es la oración de todos los organismos, plantas, animales y seres humanos, a través de la disposición natural de sus cuerpos y de su funcionamiento interno, y según sus deberes en la creación. El segundo tipo de oración es la pronunciada por todos los organismos, plantas, animales y seres humanos en virtud de sus necesidades vitales. El tercer tipo de oración es la llevada a cabo por los seres humanos. Esto se divide en dos categorías. La primera categoría es la oración activa. Significa el cumplimiento de las leyes que Dios ha establecido para la vida. Por ejemplo, el granjero que ara la tierra está llamando a la puerta de la Divina Providencia. El paciente que acude a la consulta de un médico está apelando a Dios para obtener su curación. Este tipo de oración es aceptada generalmente. La segunda categoría es la oración verbal que llevamos a cabo.

(ad-)Dunya: El Mundo. El mundo posee tres aspectos. El primer aspecto se encuentra relacionado con el hecho de que es el ámbito donde los Nombres de Dios se manifiestan y por lo tanto, lo que hay en el mismo y lo que ocurre allí es como un espejo de Dios con Sus Atributos y Nombres. El segundo aspecto, que tiene que ver con el Más Allá, es que el mundo es el lugar de labranza para el Más Allá. Los ladrillos con los que construirnos nuestro propio Paraíso o Infierno en el Más Allá, son las semillas de nuestra creencia o incredulidad y los hechos que sembramos aquí. Con estos dos aspectos, el mundo es de gran importancia y es considerado igual a los Cielos. De hecho, el Corán lo menciona junto a los Cielos. El tercer aspecto del mundo es aquel que tiene relación con nuestros deseos carnales, pasiones, lascivia y ambiciones. Es el aspecto que el Corán condena, ya que no son más que disfrutes, distracción, avaricia (acumulación de cosas) y lucha por tener más bienes, en resumen, la fuente de todo vicio y mal.

***(al-)Fahsha*, *(al-)Fahishah* (**plural ***al-fawahish*)**: Indecencia, cualquiera cuyo carácter abominable sea evidente en sí. En el Corán, todas las relaciones sexuales extramatrimoniales, la sodomía, la desnudez y las acusaciones falsas de infidelidad específicamente son catalogadas como actos vergonzosos.

***(al-)Falah*:** Prosperidad. Comprende numerosas categorías y tipos según las necesidades y las aspiraciones de la gente así como de acuerdo con los grados de su iluminación espiritual. Por ejemplo, algunos desean ser salvados del castigo eterno, mientras que otros anhelan el Paraíso. Aún así existen individuos que tienen como objetivo los rangos más elevados en el Paraíso, y otros que aspiran obtener la complacencia de Dios.

***(al-)Faqih*:** Una persona que es experta en la jurisprudencia islámica (ley); aquel que posee la comprensión correcta y profunda del Islam y que puede ofrecer una opinión legal o un juicio con autoridad con respecto a las materias islámicas.

***(al-)Fard*:** Cualquier acto religioso obligatorio.

***(al-)Fara'id*:** Plural de *al-fard*. También se utiliza para indicar la disciplina legal que regula los asuntos de herencia.

***Fard 'Ayn*:** Cualquier acto que es obligatorio para cada musulmán que haya llegado a la madurez y se halle sano, y cuerdo.

***Fard Kifayah*:** Un deber colectivo de la comunidad musulmana, con la intención de que si algún individuo lo llevara a cabo, no se considere a ningún musulmán culpable, pero si nadie lo realizara, todos incurrirían en un incumplimiento colectivo.

***(al-)Fasad*:** Desorden y corrupción que aparece como resultado de seguir una trayectoria que no sea la de Dios.

***(al-)Fasiq*:** Un transgresor de los límites establecidos por Dios; aquel que comete cualquiera de los pecados graves.

***(al-)Fata*:** Un joven, generalmente un hombre joven caballeroso que se ha dedicado a la causa de Dios.

***(al-)Fath*:** La victoria que conlleva ser una puerta a otras victorias.

***(al-)Fatwa*:** Un veredicto legal emitido sobre una base religiosa.

***(al-)Fayy*:** Botines de guerra obtenidos sin luchar.

***(al-)Fidyah*:** Remuneración por un acto religioso de adoración u orden no efectuado o incorrectamente practicado, habitualmente en forma de dinero, comestibles u ofrecimientos (animales).

***(al-)Fiqh*:** Comprensión correcta y profunda (del Islam); la ciencia de la Jurisprudencia Islámica.

***(al-)Fisq*:** Trasgresión de los límites establecidos por Dios; cometer cualquiera de los pecados graves.

***(al-)Fitnah*:** El desorden y la corrupción arraigados en la rebelión contra Dios y en el rechazo a toda ley. Implica asociar copartícipes a Dios y adoptar esta desviación como una forma de vida, difundir la incredulidad y la apostasía, cometer pecados graves con perseverante e insolente dejadez, las hostilidades presentadas al Islam, destruir la seguridad colectiva o causar desorden público, así como la opresión; el término *fitnah* abarca todo lo expuesto anteriormente.

***(al-)Fitrah*:** El modelo o sistema Divino original que gobierna el universo; la totalidad de los atributos que Dios ha concedido a una cosa en concreto o a un ser; la Religión Divina

(Islam) como la traducción del modelo o sistema Divino.

(al-)Furqan: El Criterio para distinguir entre la verdad y falsedad, y el conocimiento, la perspicacia, y la facultad de juicio para ponerlo en vigor; un sentido o una facultad interna de perspicacia, de discernimiento, de inspiración y de facultad de juicio para distinguir entre lo correcto y lo incorrecto.

(al-)Futuwwah: Juventud y caballerosidad como una combinación de virtudes, tales como energía, vigor revolucionario, heroísmo, generosidad, munificencia, modestia, castidad, carácter fidedigno, lealtad, compasión, conocimiento, humildad y piedad.

(al-)Fuyur: Un acto desvergonzado, pecaminoso.

(al-)Ghadab: Cólera. Cuando es utilizado por Dios, denota el castigo y la condenación.

(al-)Ghafil: Despreocupado, indiferente.

(al-)Ghaflah: Despreocupación, inconsciencia.

(al-)Ghanimah: Botines de guerra obtenidos mediante la lucha.

(al-)Ghayb: (Absoluta o relativamente) Lo Oculto o que no puede ser sentido; más allá del alcance de la percepción humana.

(al-)Ghiybah: Difamación.

(al-)Ghurur: Engaño, artimaña.

(al-)Ghusl: La ablución ritual completa del cuerpo, con únicamente agua, para purificarse al disponerse a realizar la Oración. Para efectuar *Ghusl:* (1) Lave sus partes pudendas; (2) Haga el *wudu'*; (3) Lave su cuerpo entero de arriba a abajo, y de derecha a izquierda.

Hablu 'llah: La cuerda de Dios, empleado generalmente para indicar el Corán o el Islam.

(al-)Hadd (plural ***Hudud***): Cualquier límite que Dios estableció y que pidió a Sus criaturas que no transgredieran. También se utiliza para las penas capitales que el Islam ha establecido para los pecados capitales, tales como el asesinato, las relaciones sexuales ilícitas, la usurpación, el hurto, causar desorden y la corrupción en la sociedad, y beber alcohol.

(al-)Hadiz: Comunicación, narración, palabra o dicho. Como término, denota el registro de lo que el Profeta (la paz y las bendiciones sean con él) hizo, dijo, o aprobó tácitamente. Según algunos eruditos, la palabra *hadiz* también abarca informes sobre los dichos y hechos, etc., de los Compañeros del Profeta, además de los del Profeta en persona. El cuerpo entero de Tradiciones se denomina *Hadiz*, y la ciencia que lo estudia *'Ilm al-Hadiz*.

Hadiz qudsi: Una Tradición que el significado de la cual Dios inspiró directamente en el corazón del Mensajero pero no incluida en el Corán.

(al-)Hady: Ganado transportado a los recintos sagrados de La Meca para ser sacrificado durante los días de *'Id al-Aza*.

(al-)Hayy: Peregrinación mayor que los musulmanes efectúan en La Meca durante *Zu'l-Hiyyah*, el último mes del año lunar. Es uno de los cinco pilares del Islam, un deber que un musulmán debe realizar durante el curso de su vida si tiene los recursos financieros para ello. Además del *tawaf* y del *sa'y*, se dan algunos otros requisitos del *Hayy*, entre los que se incluyen en especial permanecer durante cierto período de tiempo en 'Arafat (*al-waqfah*) desde el mediodía hasta la puesta de sol del noveno día de *Zu'l-Hiyyah*.

(al-)Halak: Destrucción, ruina.

(al-)Halal: Lícito según la religión.

Hamalat al-'Arsh: Los ocho seres (¿ángeles?) que portan el Trono de Dios (los más grandiosos de los seres que llevan a cabo la orden de Dios en el orden universal).

(al-)Hamd: Toda la alabanza y la gratitud que son para y por Dios.

(al-)Hanif: Aquel que posee una fe sincera y firme en Dios y adora a Dios con pureza de intenciones.

al-Haqq: La verdad; lo que es siempre constante y verdadero.

(al-)Haram: Prohibido y ilícito según la religión; sagrado e inviolable; cualquier cosa sagrada e inviolable.

(al-)Hasanah: Bondad; recompensa.

(al-)Hashr: Reunión; resucitar a los muertos y reunirlos en la Llanura de la Reunión Suprema el Día del Juicio Final.

(al-)Hawa: Las inclinaciones y las lujurias caprichosas del alma carnal humana.

(al-)Haya': Timidez y abstención de decir o hacer cualquier cosa incorrecta o indecente; intentar evitar disgustar a Dios a partir de nuestro temor reverencial hacia Él.

(al-)Hayah: Vida. La vida humana posee cinco niveles: 1. Nuestra vida, la cual depende de ciertas condiciones y del cumplimiento de ciertas necesidades. 2. La vida de Jidr e Ilyas (Elías) que se encuentran exentos hasta cierto punto de las necesidades de nuestra vida. Ellos (Jidr y Elías) pueden estar presentes en diferentes lugares al mismo tiempo. 3. La vida de los profetas Jesús y Enoch. Estos dos Profetas viven en el Cielo libres de las necesidades de la vida humana en sus cuerpos «astrales». 4. La vida de los mártires —aquellos que han sacrificado sus vidas por Dios—. Los mártires no sienten las dolores de la muerte y están al corriente de que han sido trasladados a un mundo mejor donde disfrutan de las bendiciones de Dios. 5. La vida de los muertos. La muerte significa ser redimidos de los deberes mundanos liberando nuestra alma.

(al-)Hayat ad-dunya: La vida presente y mundana o la vida de este mundo (véase *ad-dunya*).

(al-)Hidayah: Guía verdadera o recta; siguiendo la senda de Dios en creencia, pensamiento y acción.

(al-)Hikmah: Sabiduría. El conocimiento de la creación, de la vida, de lo correcto y de lo incorrecto, y del sistema Divino que prevalece en el universo, para ofrecer respuestas plausibles y convincentes a preguntas tales como, «¿Quien soy? ¿Cuál es el propósito de mi existencia en este mundo? ¿Quién me ha enviado a este mundo y por qué? ¿De dónde vine y adónde me dirijo? ¿Qué es lo que la muerte pide de mí?». También significa la naturaleza y el propósito verdaderos detrás de las cosas y de los acontecimientos en el universo, incluyendo especialmente en la vida humana. El Corán es la fuente del conocimiento en todas estas materias vitales. La *Sunna* del Profeta (la paz y las bendiciones sean con él), siendo el sistema o los principios por los cuales se comprende y practica el Corán en la vida diaria, nos viene a la mente en primer lugar cuando se aborda el concepto de «Sabiduría».

(al-)Hiyrah (Hégira): Emigración; la emigración del Mensajero de Dios de La Meca a Medina en 622 d. C.

(al-)Hubb (al-mahabbah): Amor. Dios declara: *Di (a ellos, Oh Mensajero): «Si de veras amáis a Dios, entonces seguidme, para que Dios os ame y os perdone vuestros pecados». Dios es Indulgente y Compasivo* (3:31).

***(Musalahat)* Judaybiya:** El Tratado de Judaybiya. Casi un año después de la Batalla del Foso en 627 d. C., el quinto año tras la Hégira, el Mensajero abandonó La Meca para llevar a cabo una peregrinación menor con sus cerca de 1.400 Compañeros. Sin embargo, los quraishíes no les permitieron llevar a cabo la peregrinación. Después de negociaciones, un tratado fue firmado en Judaybiya, a 19 kilómetros de La Meca.

(al-)Hukm (pl. ***al-ahkam):*** Autoridad; autoridad con conocimiento y firme juicio; juicio; veredicto; ordenanza legal.

(al-)Husn: Bueno, hermoso.

(al-)Hutamah: Fuego que todo lo consume. Una de las categorías o lugares del Castigo Divino en el Más Allá (véase *al-azab*).

(al-)'Ibadah: Adoración, devoción; humilde adoración o devoción a Dios.

Iblis: El principal Satanás; el genio que desobedeció obstinadamente a Dios y eternamente fue rechazado de Su Misericordia. Le fue permitido intentar tentar a los seres humanos para los propósitos sabios que Dios decretó para la vida terrenal humana.

(al-)'Iddah: El período de espera que se requiere que una mujer observe para una nueva unión después de un divorcio o debido a la muerte de su marido. Este se puede medir temporalmente en tres períodos menstruales para las mujeres divorciadas, y cuatro meses y diez días para las mujeres que han perdido a sus maridos.

(al-)Ifk: Difamación, calumnia; acusación infundada.

(al-)Ihram: La vestimenta específica de la peregrinación así como el estado que los peregrinos han de cumplimentar, durante cierto período de tiempo, y en el cual deben vestir dicho atuendo, realizar los rituales prescritos de la peregrinación y observar ciertas prohibiciones tales como la abstención de todo acto sexual, el uso de perfume, cazar o sacrificar animales, cortarse la barba o afeitarse la cabeza, cortarse las uñas, desbrozar la hierba, y cortar árboles.

(al-)Ifsad: Causar o provocar desorden y corrupción.

(al-)Ihkam: Afirmar y aclarar el significado.

(al-)Ihsan: El más alto nivel de obediencia en la adoración; dedicación a hacer el bien y a hacerlo como si contempláсemos a Dios o con la consciencia de que Dios está contemplando a Sus siervos; amabilidad, tratamiento amable.

(al-)Ijlas: Creencia sincera en Dios y sin asociarle ningún copartícipe a Él; pureza de intenciones en la fe y la práctica de la Religión solamente por Dios.

(al-)Ijtilaf: Diferencias de puntos de vista y actitud; diferencias en inteligencia, capacidad, ambición y deseo etc. en la vida y el carácter; estar en desacuerdo y en conflicto entre sí.

(al-)Ila': El juramento expresado por un marido en el que promete no acercarse a su esposa durante cierto período. Si esta situación continúa durante más de cuatro meses, es considerado posteriormente como un divorcio. Alterar este voto requiere expiación.

(al-)Ilah: Deidad.

(al-)'Ilm: Conocimiento. (Verdadero) conocimiento basado en la Revelación. El conocimiento es un producto, como la leche, que es el resultado de muchos procesos en la mente, tal y como la imaginación, la conceptuación, el razonamiento, la investigación, la verificación, el juicio, la adopción, la convicción y la certeza. Existe un tipo de conocimiento que es absolutamente cierto: es el conocimiento enseñado por la Revelación Divina. El Islam acepta la revelación, la inteligencia (la razón), los sentidos sanos y la investigación científica como medios de conocimiento.

(al-)Imam: Aquel que dirige la Oración; el líder de los musulmanes, especialmente en materias religiosas.

(al-)Imam al-Mubin: El Registro Manifiesto; el Registro en el cual las vidas futuras de todas las cosas y todos los seres, incluyendo todos los principios que gobiernan esas vidas y todos sus actos y las razones o las causas, aparecen grabados de antemano.

(al-)Iman: Irrefutable creencia o fe (en todo aquello en lo que Dios desea que se tenga fe). Del mismo modo que la incredulidad, la creencia o la fe son un reconocimiento y un acto de confirmación por medio del corazón. La fe no consiste simplemente en una aceptación o profesión. La fe posee innumerables grados y rangos del mismo modo que se dan numerosas etapas o grados en el crecimiento de un árbol (como por ejemplo una palmera), desde su condición de semilla hasta su pleno crecimiento en el que da fruto, y del mismo modo que hay distintos grados y niveles en la manifestación de la luz del Sol, desde su iluminación y efecto calorífico en todo aquello que hay sobre la Tierra hasta su reflejo en la Luna y el regreso de dicha reflexión a dicha estrella de nuestro sistema planetario. Estas categorías y niveles de la fe comprenden desde el simple reconocimiento de la razón y la confirmación del corazón, hasta grados en los que la fe penetra todas las partes y facultades del cuerpo controlando y dirigiendo la vida de la persona —desde la fe de las personas normales y corrientes hasta la fe del más grandioso de los Mensajeros—.

(al-)Infaq: Desembolsar y dedicar todo aquello que Dios proporciona (riquezas, conocimiento, poder, etc.) en la causa de Dios o a aquellos en necesidad solamente por la Complacencia de Dios y sin obligar ni exigir a los demás en ello.

(al-)Insan (plural. ***an-nas***): El ser humano, el género humano.

(al-)Insha': Producir, ocasionar, construir.

(al-)Inshirah: La expansión del pecho de tal modo que podamos entender completamente la Religión de Dios, sentir el regocijo proveniente del conocimiento de Él, y exhibir paciencia ante todo aquello que afrontamos en el camino de Dios.

(al-)Inyil: El Libro Divino que Dios concedió al profeta Jesús (la paz sea con él).

(al-)Inzal: El descendimiento del Corán o los versículos coránicos.

(al-)Inzar: Una advertencia.

Iqaamat as-Salah: El ofrecimiento de la Oración intachablemente (conforme a todas sus condiciones).

(al-)Iradah: Fuerza de voluntad (mediante la cual puede una persona dirigir sus pensamientos y acciones). *Al-Iradah* es también un Atributo de Dios, indicando Su absoluta Voluntad. Tiene otro significado, que es decreto o instrucción.

(al-)Irshad: Guía a la excelencia espiritual e intelectual.

'Isha': La Oración de la noche o la noche tardía.

(al-)Islah: Establecer las cosas de manera recta; reformación; enmendarse.

(al-)Islam: La Religión Divina que Dios ha designado para la humanidad y ha revelado a través de todos Sus Profetas. Fue revelada como la religión última y universal por medio del profeta Muhammad, la paz y las bendiciones sean con él, quien la transmitió.

(al-)Ism: Nombre; la palabra por la cual una cosa o una persona es conocida.

(al-)Isra': El (milagroso) Viaje Nocturno (que el profeta Muhammad, la paz y las bendiciones sean con él, llevó a cabo desde La Meca hasta la Masyid al-Aqsa', en Jerusalén).

(al-)Israf: Tener una actitud derrochadora en relación con las facultades otorgadas por Dios y cometer excesos.

(al-)Istibra: Asegurarse de que la orina haya cesado por completo, y de que nuestro corazón se halla complacido y satisfecho de acuerdo a nuestro hábito ordinario, ya sea caminando, al toser, acostándose, o de cualquier otra manera.

(al-)Istidray: Sucumbir en la perdición por categorías.

(al-)Istifa: Seleccionar y hacer puro y distinguido.

(al-)Istighfar: Implorar a Dios por el perdón de nuestras fechorías o nuestros pecados.

(al-)Istihsan: Adopción de lo que es bueno y beneficioso en la legislación.

(al-)Istinya: Lavarse las partes pudendas tras orinar o realizar nuestras necesidades mayores usando preferiblemente el agua y el papel higiénico.

(al-)Istiqamah: Rectitud (evitando toda desviación y perdición así como siguiendo los pasos del Profeta, la paz y las bendiciones sean con él).

(al-)Istisqa': Implorar a Dios para que haga llover en épocas de sequía.

(al-)Istishab: (Jur.) Mantener sin alterar aquello que ya ha sido aprobado.

(al-)Istiwa: Literalmente: *una planta o un árbol* que se yergue firmemente en su tallo o tronco; *un ser humano* que alcanza su plena mayoría de edad y madurez; el acto de dirigir Su Voluntad (Poder y Favor) por parte de Dios hacia algo.

Istiwa ala'l-'Arsh: El acto de establecerse por parte de Dios, o un soberano, en el trono.

Istiwa ila's-samai: El acto de dirigir (Su Conocimiento, Voluntad, Poder y Favor) por parte de Dios hacia los Cielos.

(al-)'Isyan: Desobediencia, desafío, rebelión.

(al-)Ita'ah: Obediencia.

(al-)I'zar: Altruismo, preferir a los demás a su propia persona, pensar en las necesidades y los deseos de los demás antes que los de uno mismo; otorgar preferencia a los intereses comunes de la comunidad por encima de los personales; dedicarse en cuerpo y alma a las vidas de los demás olvidándose por completo de todas las preocupaciones personales.

(al-)Izm: Un pecado evidente.

(al-)I'tida: Exceder los límites (establecidos por Dios); ofender.

al-I'tikaf: Retirarse en las mezquitas con el fin de adorar; en concreto la práctica de pasar cierto tiempo durante el mes de *Ramadán* en una mezquita en total devoción a Dios.

(al-)Itmi'nan: Hallarse en reposo; alegría; convicción y satisfacción completas.

(al-)Ittiqa: Cumplir nuestras obligaciones para con Dios y evitar todas las clases de pecados en reverencia y piedad hacia Dios; alcanzar la devota piedad hacia Dios así como Su protección (frente a cualquier clase de perdición y su consecuente castigo en este mundo y en el Más Allá).

(al-)Iyma: Consenso de los *alfaquíes* musulmanes (juristas) en una decisión para un nuevo asunto

(al-)Iytihad: El esfuerzo de un *alfaquí* empleando la suma total de sus capacidades para emitir resoluciones o leyes sobre nuevos asuntos de las fuentes básicas de la ley, a saber, el Corán, la Sunna, y la *Iyma*.

(al-)Kabair: Los pecados capitales. Son aquellos que, a cambio de cometerlos, Dios o Su Mensajero amenaza con un castigo severo en el Más Allá, y que asimismo para algunos de éstos se da (también) un castigo prescrito en este mundo.

(al-)Kafalah: El compromiso establecido por alguien con un acreedor para garantizar que el deudor estará presente en cierto lugar específico para pagar la deuda o la multa, o para sufrir un castigo, etc.

(al-)Kaffarah: Reparación, expiación; la manera prescrita de llevar a cabo expiaciones por los actos incorrectos, en particular por los actos obligatorios sin cumplir.

(al-)Kafir (plural. ***al-Kuffar***)***:*** Un incrédulo; aquel que niega todo aquello en lo que se debe creer, aunque las verdades de la fe le hayan sido transmitidas de forma convincente y plena.

(al-)Kalalah: Aquel que muere sin herederos en línea directa.

(al-)Kalam: El discurso; un Atributo de Dios; todas y cada una de las palabras de Dios manifestadas como Escrituras.

(al-)Kalimah: Una palabra; todas y cada una de las palabras de Dios. Dios posee dos tipos de palabras, una que surge de Su Atributo del Discurso, y otra que surge de Su Poder. Las palabras que provienen de Su Atributo del Discurso son los Libros y Escrituras que hizo descender sobre algunos de Sus Mensajeros. Sus palabras que surgen de Su Atributo del Poder son todas Sus obras —Sus criaturas y todos los acontecimientos del universo—.

(al-)Kalimat al-Jabizah: Una palabra corrupta (como un árbol corrupto arrancado del suelo que no tiene estabilidad).

(al-)Kalimat at-Tayyibah: Una palabra buena o pura. Una buena palabra es como un buen árbol cuyas sus raíces se mantienen firmes (en la tierra) y sus ramas en el cielo que da sus frutos en cada estación con permiso de su Señor.

(al-)Kasb: Ganancia; recompensa o castigo ganado a cambio de la creencia y los actos de alguien.

(al-)Kawzar: Incesante y abundante bondad.

(al-)Jabiz: Lo corrupto.

(al-)Jalifah: Vicerregente o aquel que ejerce la autoridad delegada en él por su dirigente, y obra así en calidad de representante y delegado; aquel que posee el estatus o cargo de *jilafah* (véase *al-Jilafah*); califa.

(al-)Jalq: Crear; creación.

(al-)Jamr: Cualquier cosa que actúa como medio de embriaguez.

(al-)Jashi: Aquel en suma humildad por su reverencia y temor profundos hacia Dios.

(al-)Jayr: Aquello que es mejor; la propiedad que uno posee.

(al-)Jaray: El gravamen impuesto sobre los ingresos y beneficios de la tierra que se establece para los ciudadanos no musulmanes de un estado islámico.

Jatam al-Anbiya': Un título del profeta Muhammad, la paz y las bendiciones sean con él, relacionado con el significado del sello (último) de los Profetas.

(al-)Jasir: Un perdedor, aquel que se halla arruinado en la perdición.

(al-)Jawf: Miedo; el miedo que nos lleva a abstenernos no sólo de todo lo prohibido, sino también de esos actos que es recomendable refrenarse.

(al-)Jilafah: Sucesión; vicerregencia; el estatus o cargo de mejorar la Tierra en base al conocimiento de las cosas y de las leyes de la creación (que incorrectamente llamamos «leyes de la naturaleza»), y gobernar sobre la Tierra de acuerdo con los mandatos de Dios, estableciendo de este modo justicia.

(al-)Jizy: Deshonra.

(al-)Juld: Inmortalidad.

(al-)Juluq: Conducta; modelo de conducta; moralidad, buena moralidad.

(al-)Jums: Literalmente un quinto. Un quinto de los botines de guerra o de cualquier tesoro desenterrado que ha de abonarse al estado.

(al-)Jushu': Humildad; reverencia y temor profundos.

(al-)Jutbah: Sermón; el sermón ofrecido durante la Oración en congregación del Viernes; un sermón ofrecido durante la ceremonia del matrimonio.

(al-)Kitab: Libro; cualquiera de los Libros Divinos concedidos o revelados a alguno de los Mensajeros de Dios.

(al-)Kitab al-A'mal: Un registro de nuestros actos en el mundo que será expuesto en el Más Allá.

(al-)Kitab al-Mubin: El Libro Divino, en particular el Corán, claro en sí mismo y manifiestamente demostrando la verdad; el Libro Manifiesto en el cual se registran detalladamente las vidas de todas las cosas y los seres.

(al-)Kufr: Literalmente significa el encubrimiento y ocultar, denota el rechazo, y la incredulidad de todos y cada uno de los pilares de la fe islámica y los mandamientos religiosos establecidos.

(al-)Kursi: La plataforma sobre la cual el *'Arsh* (el trono) es dispuesto (véase ***al-'Arsh***); cuando se aplica a Dios, debe significar Su Conocimiento, Voluntad, Poder y Soberanía.

(al-)La'nah: El acto de maldecir; en relación a Dios, Su maldición denotaría el rechazo de Su Misericordia y la condena al castigo.

(al-)Lawh al-Mahfuz: La Tabla Suprema Preservada (o Registro) donde los Principios Divinos que determinan el «plan y el programa arquetipo» de la creación, y las vidas futuras de todos los seres, incluyendo todos sus actos, se mantienen registrados. En cierto sentido, es idéntica a *Imam al-Mubin*.

(al-)Lawh al-Mahw wa'l-Izbat: La Tabla de Supresión y Confirmación, o la página metafórica del tiempo, a lo largo de la cual Dios manifiesta o expone lo que Su Voluntad dispone, así como los decretos para los seres y/o las cosas y los acontecimientos, que son registrados en la Tabla Suprema Preservada.

Laylat Al-Qadr: La Noche del Poder y el Destino. Cualquiera de las últimas diez noches del mes de *Ramadán*, durante el cual el Destino Divino identifica todas las cosas y los acontecimientos que vendrán a la existencia o acontecerán en el año nuevo, cada uno con su naturaleza particular, y confiados al Poder Divino.

(al-)Li'an: Un juramento que se toma a la esposa y el marido cuando éste acusa a su esposa de haber tenido relaciones sexuales ilícitas (véase el *sura* 24:6-9).

(al-)Ma': Agua; lluvia; el fluido seminal; el éter que llena el espacio.

(al-)Maghfirah: Perdón.

(al-)Mahr: La dote nupcial. Significa la cantidad a pagar que se establece entre los esposos en el momento del matrimonio, y que se requiere que el marido haga a su futura esposa.

(al-)Mahram: El conjunto de individuos con quienes es ilícito que una mujer contraiga matrimonio debido a relaciones conyugales, de sangre o hermanos de leche.

(al-)Makruh: Detestado y desaprobado, pero no prohibido por Dios.

(al-)Mala': Consejo; junta de dignatarios o líderes en una comunidad.

(al-)Malau'l-a'la: La elevada asamblea celestial (de ángeles).

(al-)Malak (plural: ***al-Malaikah***)*:* Los ángeles; seres espirituales de luz dotados con gran poder, que obedecen absolutamente a Dios y llevan a cabo Sus órdenes. Los ángeles están constituidos de diversas clases o especies pero no se diferencian como varón o hembra. No existe nada que pueda causar peleas ni disputas entre ellos porque son inocentes, su reino es extenso, su naturaleza es pura, y sus estaciones son fijas. Cada uno de los cuerpos celestes es un lugar de adoración para los ángeles.

(al-)Malakut: La dimensión espiritual y trascendental de la existencia; dominio absoluto de Dios de la Creación donde Su Poder opera sin la intervención de la materia o de las causas materiales.

(al-)Malik: Señor.

(al-)Manasik: Todos los ritos del *Hayy*.

(al-)Mansuj: Cualquier comando o veredicto abrogado o cancelado; una declaración cancelada por completo y eliminada o abrogada con respecto a su significado o al comando que contiene o ambos.

(al-)Maqam al-Mahmud: La estación o el rango más elevado de ser elogiado por Dios y por todos los creyentes, propio del profeta Muhammad, la paz y las bendiciones sean con él, en virtud de lo cual será honrado con el permiso de interceder por toda la gente en la Llanura de la Reunión Suprema.

(al-)Ma'rifah: Conocimiento de Dios; el aspecto y desarrollo del conocimiento de Dios en nuestra conciencia, o conocer a Dios por medio de nuestra conciencia o corazón.

(al-)Ma'ruf: Cualquier norma de comportamiento o de la práctica generalmente aceptada por una comunidad y no opuesta a los principios básicos del Islam.

Masalih al-mursalah: (*Jur.*) Adoptar lo que es más apropiado para el beneficio público y descartar lo que es dañino.

Masha'allah: Todo aquello que Dios dispone (ocurre); ¡Cuán excelentes cosas Dios dispone y lleva a cabo!

(al-)Mashi'ah: Voluntad. Absoluta Voluntad de Dios para la creación y la guía del universo así como la guía de la gente.

(al-)Mashwarah: Consulta.

(al-)Masih: Cristo, Jesús el hijo de María.

(al-)Masyid: El edificio donde la Oración es ofrecida en congregación; las partes del cuerpo humano con las cuales nos postramos.

(al-)Mata': Disfrute de la vida terrenal.

(al-)Mawla: Señor; esclavo manumitido; amo; guardián; amigo

(al-)Mazal: Parábola, comparación, ejemplo.

(al-)Mihrab: La hornacina de una mezquita, delante de la cual el imán permanece para dirigir las Oraciones en congregación.

(al-)Millah: El modo de creencia y de vida; forma de vida.

(al-)Minnah: Favorecer; favorecer y poner a alguien bajo una obligación.

(al-)Miqat: Los lugares específicos en donde los peregrinos o los individuos que pretenden realizar el *Hayy* o la *'Umra* deben declarar sus intenciones de hacerlo y adoptar el estado de *ihram*.

(al-)Mi'ray: La Ascensión. El milagroso viaje del profeta Muhammad, la paz y las bendiciones sean con él, a lo largo de los reinos de la existencia más allá del límite de las formas.

(al-)Miskin (plural ***al-masakin***)*:* Aquel indigente en mayor pobreza que las personas normales y corrientes necesitadas, pero cuyo amor propio le impide pedir y cuya conducta externa no da la impresión de que se halla necesitado.

(al-)Mizaq: Un solemne compromiso.

(al-)Mizan: El balance, el equilibrio.

(al-)Muazzin: La persona que recita el *azan*; quien lleva a cabo la llamada a la Oración.

(al-)Mubarak: Bendecido; proveído de bendiciones.

(al-)Mubin: Claro en sí mismo y manifiestamente mostrando (la verdad).

(al-)Muhaddiz: Un erudito islámico de *Hadiz*.

(al-)Muhasabah: Autocrítica, cuestionarse a uno mismo.

(al-)Muhayir: Aquel que emigra a otra tierra por la causa de Dios; un Compañero del Profeta que emigró a Medina antes de la Conquista de La Meca.

(al-)Muhkam: Firme y válido; cualquiera de los versículos del Corán cuyo significado es tan claro que no da lugar a ninguna ambigüedad o equivocación. Dichos versículos son el núcleo del Corán. Encarnan el consejo y la instrucción, además de la refutación de las doctrinas erróneas. También contienen los elementos esenciales de la fe verdadera, enseñanzas sobre la fe, la adoración, la vida diaria, la moralidad, los deberes obligatorios y las prohibiciones. Estos son los versículos que guiarán al genuino buscador de la verdad y los que guiarán a aquellos que se encomienden al Corán para saber qué es lo que tienen y no tienen que hacer. (Véase ***al-mutashabih.***)

(al-)Munkar: El mal; todo aquello que Dios desaprueba, así como lo desaprobado por el sentido común y la opinión de la gente.

(al-)Mustakbir: Aquel opresivo y arrogante.

(al-)Mutashabih: Lo alegórico, polifacético (haciendo referencia a los versículos del Corán). Los versículos *mutashabih* contienen verdades relativas que pueden ser entendidas tomando en consideración los versículos relevantes y refiriéndose a los versículos *muhkam*.

(al-)Muhsanat: Las mujeres musulmanas castas y libres.

(al)Muhsin: Aquel que intenta hacer bien todo cuanto emprende y se dedica a hacer el bien, como si contemplase a Dios.

(al-) Mujlas: Aquel dotado con sinceridad y pureza de intenciones en la fe y la práctica de la religión por la causa de Dios.

(al-)Mujlis: Aquella persona sincera y pura de intenciones en la fe en el Único Dios y en la práctica de la religión tan solo por la causa de Dios.

(al-)Mulk: Soberanía; propiedad y dominio absolutos.

(al-)Mu'min: El creyente. Una persona que tiene fe en todo aquello en lo que se debe creer y es un siervo recto y obediente de Dios.

(al-)Munafiq: Aquel que es un creyente aparentemente o profesa la fe mientras que en realidad por dentro un incrédulo; hipócrita.

(al-)Munib: Un siervo de Dios que, sincero en la búsqueda de la verdad, se torna a Él en contrición.

(al-)Muqarrab: Aquel más destacado en la fe y la práctica de la Religión, y más próximo a Dios.

(al-)Muraqabah: Introspección y autocontrol, y vivir conscientes de ser controlado (por Dios).

(al-)Mursal: Un Profeta enviado o encargado con convocar a la Religión de Dios; un ángel enviado al mundo con una misión especial.

(al-)Murtad: Un apóstata; aquel que se ha convertido en un incrédulo tras haber creído antes.

(al-)Musalli: Aquel que efectúa con regularidad las Oraciones Prescritas.

(al-)Mushaf: Una copia del Corán.

(al-)Mushrik: Un politeísta: una persona que comete *shirk* (véase ***shirk***) que asocia copartícipes a Dios en Su Divinidad, Señorío y Soberanía, o cualquiera de estos.

(al-)Muslih: Aquel que pone orden; aquel que enmienda su camino.

(al-)Muslim: Aquel que cree en todo aquello en lo que se debe creer y practica el Islam en su vida diaria en sumisión a Dios; (*Jur.*) Aquel que profesa la fe y, en su condición como ciudadano de un estado musulmán, participa en una congregación musulmana en la Oración y paga la Limosna Prescrita Purificadora.

(al-)Musrif: Aquel que al perder sus facultades otorgadas por Dios, comete excesos; alguien que se da al derroche.

(al-)Mustad'af: Aquel desprovisto de cualquier medio para encontrar la guía verdadera; alguien privado de cualquier medio para efectuar la prescripción religiosa requerida, como la emigración por la causa de Dios.

(al-)Mutraf: Aquel que se permite excesos; perdido en la búsqueda de placeres sin límite o la consideración moral.

(al-)Muttaqi: Aquel que intenta cumplir sus deberes para con Dios, requeridos por la Religión y las Leyes Divinas de la vida, y evitando las cosas prohibidas, en veneración a Dios y piedad.

(al-)Muyahid: Aquel que se esfuerza en ser un buen musulmán en la causa de Dios con sus bienes y persona.

(al-)Mu'yizah: Cualquier logro extraordinario, sobrenatural que Dios crea a manos de un Profeta.

(al-)Muyrim: El malhechor (incrédulo) que ha sucumbido en la perdición de acumular pecados.

(al-)Muytahid: Aquel que emplea la suma total de sus capacidades para emitir resoluciones o leyes sobre nuevos asuntos de las fuentes básicas de la ley, a saber, el Corán, la Sunna y la *Iyma*.

(al-)Muztarr: En circunstancias tensas.

(an-)Nabiyy: Un Profeta; aquel que recibe la Revelación de Dios y tiene el deber de comunicarla a su pueblo. El último de los Profetas es el profeta Muhammad, la paz y las bendiciones sean con él.

(an-)Nafilah: Cualquier acto bueno opcional o supererogatorio que cuando se lleva a cabo tiene recompensa y cuando no se realiza no conduce a ningún pecado.

(an-)Nafl (al-anfal): Cualquier recompensa terrenal como resultado de los servicios rendidos en la causa de Dios; botines de guerra.

(an-)Nafs: El «yo» de un ser vivo, facultad (alma) que es la fuente y el mecanismo de la vida mundana con la que están dotados los seres humanos y los *yinn* («genios»). El adiestramiento individual o adiestramiento del alma, ha sido aceptado como un elemento extremadamente importante de la Religión Divina. Este adiestramiento, según algunas escuelas en el Islam, consta de diez etapas, y según otros estudiosos así como algunas alusiones coránicas, consta de siete etapas:

Si el alma vive solamente una vida cómoda en la ciénaga de los apetitos carnales, es el alma que ordena el mal (***nafs al-ammarah***); si se tambalea una y otra vez mientras sigue el camino de la Religión para alcanzar la piedad y la rectitud, pero cada vez que se tambalea se critica a sí misma y se dirige a su Señor, entonces es el alma que se acusa a sí misma (***nafs al-lawwamah***). El alma que siempre resiste el mal en la devoción a Dios y es favorecida con ciertos dones Divinos en proporción a su pureza recibe el nombre de alma que recibe inspiración (***nafs al-mulhimah***). Cuando alcanza un nivel en el que establece una relación con su Señor en perfecta devoción y sinceridad y cuando su conciencia está en reposo, es el alma en reposo (***nafs al-mutmainnah***). Si ha llegado al nivel en donde abandona todas sus elecciones y es una representante de la Voluntad Divina, es el alma complacida con Dios (***nafs ar-radiyah***). Cuando su propósito más grande es alcanzar la complacencia y la aprobación de Dios y cuando está actuando siempre para este fin considerando: «Estoy complacida Contigo, por lo que hállate complacido conmigo», entonces es el alma con la que Dios está complacido (***nafs al-mardiyyah***). Finalmente, el alma que ha sido perfectamente purificada de todos los pecados y una moral malvada, y asimismo tiene la capacidad de estar completamente adornada con las manifestaciones completas de las Cualidades Divinas y el poder de voluntad y la decisión proféticos es nombrada como el alma perfeccionada o el alma pura (***nafs az-zakiyyah*** o ***nafs as-safiyah***).

Nahy 'ani'l-munkar: Prohibir y tratar de prevenir el mal (de modo apropiado).

(an-)Nar: Fuego del Infierno.

(an-)Nas: El género humano.

(an-)Nasj: Abrogación. Derogar un veredicto o un mandamiento legal, o la supresión de una declaración.

(an-)Nasij: Un nuevo veredicto u orden legal en lugar de uno derogado; una nueva declaración en lugar de otra cancelada o suprimida.

(an-)Nasr: Ayuda que conduce a la victoria.

(an-)Nayah: Liberación, ser salvado, salvación.

(an-)Nazir: Básicamente, un Profeta que, además de dar las buenas nuevas de prosperidad a cambio de la fe y la rectitud (véase ***al-Bashir***), advierte de las consecuencias maléficas de todos los tipos de desviación.

(an-)Nifaq: Hipocresía; profesión de fe mientras que se es incrédulo de corazón; actividades clandestinas y secretas para socavar un orden islámico.

(an-)Nikah: Matrimonio según la Ley de Dios; contrato de matrimonio.

(an-)Ni'mah: Favor y bendición; cualquier favor o bendición de Dios, destacando Su favor de la guía.

(an-)Nisab: La cantidad mínima de las propiedades que está sujeta al pago de *Zakat*, el sacrificio animal, o el *Sadaqat al-fitr* (pago realizado a los más necesitados antes de la Oración de *'Id al-Fitr*).

(an-)Nubuwwah: La Misión Profética.

(an-)Nur: Luz. No es exactamente idéntica a la energía solar (*diya'*) u otro objeto lumínico, sino que es como si fuera de mayor importancia que la luz conocida, y teniendo precedencia sobre la luz en el curso de creación. El Corán la utiliza en un sentido espiritual en muchos de sus versículos.

(an-)Nusuk: Todas las formas de devoción y de adoración.

(an-)Nutfah: Una gota del fluido seminal.

(an-)Nuzul: El acto del descendimiento del Corán desde Dios.

(al-) Qadar wa'l-Qada: El Destino y el Decreto Divinos; el Destino Divino y su ejecución.

(al-)Qadi: Juez.

(al-)Qalb: El corazón; el intelecto espiritual; el centro de todas las emociones y las facultades (intelectuales y espirituales), tales como la percepción, la conciencia, la sensibilidad, el razonamiento y la fuerza de voluntad.

Qalu bala: *Ellos dijeron, «¡Sí!»*: El acontecimiento (mencionado en el *sura* 7:172) que describe la profesión humana del Señorío de Dios en espíritu o conciencia, o en una dimensión de la existencia desconocida para nosotros con su naturaleza exacta.

(al-)Qard al-Hasan: Un buen préstamo (para Dios), significando cualquier gasto realizado para y por Dios o por el necesitado puramente por Dios.

(al-)Qasam: El juramento que especialmente efectúa Dios por ciertos fenómenos (en el Corán).

(al-)Qawwam o ***qayyim:*** Protector y sustentador; aquel que es responsable de administrar o de supervisar los asuntos de un individuo o de una organización, para protegerlos y salvaguardarlos así como encargarse de sus necesidades.

(al-)Qiblah: La dirección en la que se ha de realizar la Oración. Para los musulmanes, es la dirección de la Mezquita Sagrada de la Kaba en La Meca.

(al-)Qisas: Valores inviolables (especialmente en lo que respecta a los derechos humanos básicos), siendo de la misma valía y retribución exigidas; un principio que da lugar a la ley del talión.

(al-)Qital: Combatir, guerra, beligerancia.

(al-)Qiyam: La posición erguida durante la Oración; «alzarse» para llevar a cabo una evaluación y adoptar una nueva actitud o posición; mantenimiento.

(al-)Qiyamah: La destrucción total del mundo y subsiguiente resurrección y reconstrucción del mundo.

(al-)Qiyas: Analogía.

(al-)Qunut: Obediencia humilde y devota; súplica en la Oración, particularmente en la posición erguida momentos antes del *ruku'* (inclinación) en la tercera *rak'a* (ciclo) de la Oración *Witr*, después de la Oración de la noche o de noche tardía.

(al-)Qur'an: El Corán; el último Libro de Dios que Él reveló al profeta Muhammad, la paz y las bendiciones sean con él, como Su último Mensaje universal a los seres conscientes y responsables.

(al-)Qurun al-'Ula: Las primeras generaciones y edades de la historia humana hasta el profeta Abraham o Moisés, la paz sea con ambos.

(al-)Qu'ud: La posición sentada durante la Oración.

(ar-)Rabb: El Señor, maestro (Dios como el Creador, el Abastecedor, el Instructor, el Educador y el Director de todas las criaturas).

(ar-)Rak'a: Una unidad o ciclo de la Oración.

(ar-)Rahm: Misericordia; matriz; parentesco.

(ar-)Rahmah: Misericordia, compasión, gracia.

Ramadán: El noveno mes del calendario lunar (islámico) durante el cual los musulmanes ayunan.

(ar-)Rasul: Un Profeta a quien se le otorgó una Escritura y se le encargó la transmisión de las Revelaciones de Dios.

(ar-)Raya': Esperanza; esperando que ocurra aquello que uno incondicionalmente desea.

(ar-)Rayim: Rechazado (de la Misericordia de Dios).

(ar-)Riba: Interés, usura.

(ar-)Rida: Resignación, sumisión completa a los tratamientos de Dios; estando complacido con Dios y complaciéndole a Él.

(ar-)Ridwan: Complacencia de Dios; Dios hallándose complacido con alguien.

(ar-)Risalah: La Misión Profética (véase ***ar-Rasul***); el mensaje (Mensaje Divino).

(ar-)Rizq: Sustento, cualquier cosa que Dios proporciona.

(ar-)Rububiyah: Señorío; Dios que es el Señor de todas las criaturas.

(ar-)Ruh: El espíritu; el centro o la fuente de la vida consciente que continúa viviendo después de que una persona muera; la Revelación; el ser angelical, espiritual responsable de todos los espíritus, o representándolos.

Ruhu'l-Quds: El Espíritu de Santidad, el Espíritu de extraordinaria pureza, condición inmaculada y la bendición.

(ar-) Rushd: Integridad y madurez en pensamiento y acción, así como conducta recta y comportamiento correcto.

(as-)Sabil: Camino, trayectoria, manera, un medio para un fin (*fi sabili'llah*: por la causa de Dios).

(as-)Sabiqun: Los más destacados en la fe y los buenos actos, así como en servir a la causa de Dios.

(as-)Sabirun: Los pacientes y firmes.

(as-)Sabr: Paciencia; firmeza en realizar las obligaciones y abstenerse de las prohibiciones, resistiendo las tentaciones al pecado del alma carnal que ordena el mal y de Satán, soportando cualquier desastre, y no mostrando celeridad en perseguir aquellas de nuestras esperanzas o planes que requieren un período de tiempo para ser llevados a cabo.

(as-)Sabt: El *sabbat*; el sábado de cada semana, que los Hijos de Israel deben consagrar para descansar y adorar.

(as-)Sab'u'l-Mazani (Sab'an mina'l-Mazani): Otro de los nombres empleados para el *Sura al-Fatihah*, que significa los Siete Versículos Doblemente Repetidos.

(as-)Sadaqah: Cualquier cosa que ha sido ofrecida en limosna o se lleva a cabo de manera supererogatoria por la complacencia de Dios.

Sadaqat al-fitr: El pago obligatorio hecho al necesitado en Ramadán hasta la Oración de *'Id al-Fitr*.

Sadd az-zara'i: Impedir la corrupción y aquello que es ilícito.

(as-)Safih: Alguien insensato, desprovisto de sentido común y de razonamiento.

(as-)Sahabi (plural ***al-Ashab):*** Cualquier Compañero del profeta Muhammad, la paz y las bendiciones sean con él, a quien contempló y escuchó por lo menos una vez y que murió como un creyente.

(as-)Saydah: Postración; lo cual significa la suma sumisión más sincera.

(as-)Sakinah: Paz interior y consuelo, tranquilidad perfecta debido a que la Presencia de Dios se ha hecho clara y evidente.

(as-)Salah: La Oración; la forma de adoración primordial de los musulmanes que se efectúa para y por la complacencia de Dios.

(as-)Salam: Paz, el deseo de paz y seguridad ante todas las clases de desviaciones y de sufrimientos.

Salat al-Jawf: La Oración del Miedo; la Oración prescrita efectuada de forma resumida durante un viaje o cuando nos hallamos inmersos en un estado de miedo o de inseguridad, incluyendo épocas de guerra o de desastre, tales como los incendios o las inundaciones.

Salat al-Musafir: La Oración del Viaje; la Oración prescrita efectuada de forma resumida durante un viaje.

(as-)Salih: Bueno y recto, sano.

(as-)Sawm: Ayuno; abstinencia completa y total de alimentos, líquidos, así como de cualquier placer sexual (ya sean relaciones sexuales o autosatisfacción sexual) desde el amanecer hasta la puesta del sol, con la intención de adorar a Dios según Su orden.

(as-)Sa'y: Trabajo, labor, esfuerzo; leve correr o caminar con paso acelerado entre las colinas de Safa y Marwah, en su condición como ritual del *Hayy* y de la *'Umrah*.

(ash-)Shafa'ah: Intercesión. Esperar la ayuda o el favor de Dios a través de un representante intermediario, en el mundo o en el Más Allá. En el Día del Juicio Final, la intercesión es llevada a cabo por alguien y a manos de alguien que Dios permite.

(ash-)Shahwah: Pasión, adhesión apasionada, lujuria.

(ash-)Shahadah: Aquello que es observable o sentido; atestiguar y dar testimonio; martirio.

(ash-)Sháhid: Testigo; aquel que observa y da testimonio; aquel que ve las verdades Divinas ocultas y da testimonio de ellas con su vida; aquel que da testimonio a favor o en contra.

(ash-)Shahíd: Testigo; aquel que observa y da testimonio; mártir (aquel que sacrifica su vida en la causa de Dios y de tal modo prueba la verdad del camino de Dios).

(ash-)Shakir: Aquel agradecido.

(ash-)Shari'ah: El camino que Dios ha establecido para que Sus criaturas lo sigan en sus vidas diarias; el aspecto práctico de la religión del Islam; el conjunto de todas las prescripciones o leyes islámicas, basado en el Corán y la *Sunna*, y así pues ampliamente desarrollado por los juristas para aplicar conceptos islámicos a la vida diaria.

(ash-)Shari'at at-Takwiniyyah: El conjunto de las leyes de Dios relacionado con las vidas de todas las criaturas y la creación así como el funcionamiento del universo.

(ash-)Shaytan: El genio que desobedeció tercamente a Dios y eternamente fue rechazado de Su misericordia. Le fue permitido intentar tentar a los seres humanos para propósitos sabios que Dios decretó para la vida terrenal humana. Se dan numerosos *shaytans* similares entre los genios y los seres humanos los cuales intentan tentar y apartar a los demás del camino recto de Dios.

(ash-)Shi'ar *(plural* ***ash-sha'air):*** Un emblema o un símbolo público. La llamada a la Oración, la Oración en congregación, en particular las Oraciones en congregación del *Yuma* (viernes) y las dos festividades del *'Id*, el *Hayy* con sus rituales, mezquitas, sacrificio, etc., se encuentran (así como están dotados de su significado religioso para con el individuo y la comunidad) entre los símbolos públicos que identifican al Islam y a la comunidad musulmana.

(as-)Sidq: Veracidad.

(Ash-)Shirk: Asociar copartícipes a Dios en Su Divinidad, Señorío y Soberanía, o en cualquiera de estos.

(ash-)Shu'r: Percepción, conocimiento.

(Ash-)Shura: Consulta. Se halla entre los más importantes requisitos para alcanzar la decisión correcta, y es uno de los fundamentos de la constitución islámica.

(Ash-)Shukr: Agradecimiento, gratitud, dar gracias.

(as-)Siddiq: El sincero y veraz; leal y fiel; que sigue el Camino Recto sin desviarse.

Sidrat al-Muntaha: El árbol del Loto del límite más lejano; este árbol significa el insuperable límite infinito entre el «reino» de la Necesidad Absoluta (Divinidad), y el reino de la contingencia (lo creado).

(as-)Sirah: La Conducta, la personalidad; la personalidad y la biografía del Mensajero de Dios, la paz y las bendiciones sean con él.

(as-)Sirat: El camino con altibajos, ancho en algunas partes y estrecho en otras, y difícil de transitar; el camino sobre el Infierno que conduce al Paraíso, con altibajos, con muros a sus lados, y puertas y ventanas que se abren al exterior. Si esta descripción profética es figurada, esto significa que no podemos conocer su identidad verdadera.

(as-)Sirat al-Mustaqim: El único camino recto a Dios, que el profeta Muhammad, la paz y las bendiciones sean con él, mostró a la humanidad y a los genios, y fue manifestado por el Corán y la Sunna.

Subhanallah: Glorificado sea Dios (pues se halla absolutamente ensalzado por encima de tener cualquier defecto, necesidad, y copartícipe); glorifico a Dios.

(as-)Suffah: Un lugar sombreado en *al-Masyid an-Nabi*, en Medina, donde los pobres y necesitados se refugiaban en tiempos del Mensajero.

Ashab as-Suffah: Cerca de trescientos o cuatrocientos Compañeros quienes permanecieron en *as-Suffah* y pasaron la mayor parte de su tiempo en compañía del Mensajero, la paz y las bendiciones sean con él.

(as-)Sulh: Reconciliación, paz.

(as-)Suhuf (plural de ***as-Sahifah***): Escrituras dadas a algunos Mensajeros por Dios.

(as-)Sunna: El camino del Mensajero de Dios, la paz y las bendiciones sean con él. Es el registro de cada acto, palabra y confirmación del Mensajero. Es la segunda fuente en importancia de la legislación islámica (el Corán es la primera). Todos los estudiosos de las ciencias religiosas, y en ocasiones incluso los naturalistas, la utilizan para establecer los principios de sus disciplinas y para solventar dificultades. El Corán y las Tradiciones proféticas auténticas exigen a los musulmanes seguir la *Sunna*. Además de ser una fuente independiente de legislación, también define aquello que es indicado de modo general en el Corán, haciendo referencia a casos particulares, y define las declaraciones subyacentes del principio general en el Corán que son en sí mismas específicas y detalladas. A su vez, la *Sunna* (tal y como el Corán, al que encarna) también hace referencia a la guía moral, así que la *Sunna* proporciona la inspiración y las perspectivas para la instrucción moral y espiritual en todas las esferas de la vida, así como provee la inspiración y las perspectivas (límites) dentro de las cuales la legislación islámica puede tener vigencia.

Oraciones Sunna: Son las Oraciones consideradas como recomendadas en vista de que el Mensajero de Dios, la paz y las bendiciones sean con él, las efectuaba a menudo así como por sus declaraciones realizadas acerca de su carácter meritorio lo cual impulsó a los musulmanes a hacerlas.

Sunnatu'llah: La manera y práctica inmutables de Dios desde los comienzos del universo. Tiene dos aspectos, uno para la vida de todas las criaturas, el otro para la guía de la humanidad y los genios. La historia refleja la *Sunnatu'llah*.

(as-)Sur: La Trompeta que será soplada por el Arcángel Israfil. No conocemos la naturaleza exacta de la Trompeta y qué es lo que significa el hecho de que se haga sonar. Sonará en dos ocasiones, interpretada por parte del Arcángel Israfil, y cuando suene por primera vez, el orden universal al completo será alterado y la segunda vez que suene, todos los muertos resucitarán en un nuevo mundo y orden.

(as-)Sura: Un capítulo independiente del Corán.

(at-)Tabarri: Repudiación, haberse librado de algo o alguien; declarar no tener cualquier relación por más tiempo.

(at-)Tabi'un: Sucesores; la generación que sucedió a los Compañeros del profeta Muhammad, la paz y las bendiciones sean con él.

(at-)Tabligh: Transmisión de un mensaje a los demás de la mejor manera posible; transmitir el Islam o el Mensaje de Dios a la gente hasta el punto de que, dejándolo a sus almas (carnales) o conciencias, puedan realizar una elección libre entre la creencia y la incredulidad.

(at-)Tabshir: Dar las buenas nuevas; realizar un llamamiento.

(La campaña de) Tabuk: La campaña militar que los musulmanes, comandados por el Mensajero de Dios, la paz y las bendiciones sean con él, llevaron a cabo en Tabuk, cerca de la frontera entre Jordania y Arabia, en el noveno año de la Hégira, para contrarrestar una ofensiva bizantina. El Corán la relata en el *sura* 9, en concreto desde la perspectiva que dicha campaña militar sirvió como separación decisiva entre la fe y la hipocresía en Medina, y los creyentes probaron su lealtad en la causa de Dios.

(at-)Tabyin: Clarificar, aclarar.

(at-)Tadabbur: Meditar de manera profunda.

(at-)Tadarru': Tornarse en humildad (a Dios); dedicación y súplica humildes.

(at-)Tazakkur: Reflexión; ser considerado.

(at-)Tafaqquh: Discernimiento y entendimiento, penetrar en la esencia de una cuestión y comprenderla.

(at-)Tafakkur: Reflexionar profunda y sistemáticamente.

(at-)Tafriqah: Dividirse en facciones o partidos.

(at-)Tafsil: Planteamiento detallado; explicar en detalle de modo perfecto, aclarar, y establecer en una secuencia ordenada.

(at-)Tafsir: Exponer, refiriéndose generalmente a la exposición de los estudios del Corán.

(at-)Taghut: La fuerza o las fuerzas del mal que instituyen pautas de creencia y gobiernan desafiando a Dios.

(at-)Taharah: Purificación, limpieza. La pureza del alma o la purificación espiritual se puede lograr con la fe sincera en Dios y la sumisión a Él, así como mediante la liberación del egoísmo y de la arrogancia. La purificación corporal se da a través de *tayammum*, de *wudu'* y de *ghusl*, según las condiciones y los tipos de impureza. Las ropas y otras cosas son purificadas generalmente lavándose.

(at-)Tahayyud: Una Oración *sunna* que se lleva a cabo antes del amanecer.

(at-)Tahmid: Alabar; alabarle a Dios significa conocer y declararle a Él con los Atributos que Le pertenecen y que son propios de Él, y agradecerle.

(at-)Takbir: Decir *Allahu Akbar* (Dios es el Más Grande); declarando que Dios es inconmensurable e incomparablemente grande.

(at-)Takzib: Una negación, una contradicción.

(at-)Talaq: Divorcio.

(at-)Tanzil: Hacer descender (el Corán) por partes.

(at-)Taqdis: Declarar que solamente Dios es Santo y tan solo Él merece ser adorado como

Dios y Señor. También significa invocar las bendiciones de Dios sobre los individuos santos, diciendo: «Que Dios ensalce su santidad».

(at-)Taqwa: Reverente piedad hacia Dios; abstenerse de los pecados en veneración a Dios y piedad, y merecer Su protección contra cualquier tipo de perdición y su consiguiente castigo en este mundo y en el Más Allá.

(at-)Tartil: Recitar tranquilamente y de forma clara.

(at-)Tasbih: Glorificar a Dios; proclamar que Dios se halla absolutamente libre de cualquier defecto así como de hacer cualquier cosa sin sentido e inútil, además de que Él se halla absolutamente por encima de tener ningún semejante o copartícipe, ni tampoco hijo o hijas, ni a su vez tener semejanza alguna con lo creado. La palabra de *tasbih* es *Subhana 'llah*.

(at-)Tashahhud: Dar testimonio; una declaración de fe musulmana durante la posición sentada en la Oración, diciendo: «Atestiguo que no hay más deidad que Dios y atestiguo que Muhammad es Su siervo y Mensajero».

(at-)Tasjir: Subyugación; subyugar nuestra voluntad y ponerla a nuestro servicio.

(at-)Tasrif: Exponer las señales (de la Existencia y de la Unidad de Dios y otras verdades de la fe) de diversas maneras y desde diversas perspectivas.

(at-)Tawaf: El rito de circunvalación de la Kaba.

(at-)Tawakkul: Confiar, o depositar nuestra confianza (en Dios).

(at-)Tawbah: Tornarse a Dios en arrepentimiento.

(at-)Tawbat an-Nasuh: Un arrepentimiento sincero y reformador. 'Ali, el primo y yerno del Profeta y el cuarto Califa, que Dios esté complacido con él, describe un arrepentimiento sincero y reformador de esta manera: «Para que tu arrepentimiento pueda ser uno sincero, reformador, y válido, deberías (1) sentir sinceramente remordimiento por el pecado que has cometido, (2) cumplir con todos los deberes religiosos obligatorios y recuperar los que has faltado, (3) reintegrar cualquier derecho que le has usurpado a su dueño, (4) pedir el perdón a los que has ofendido, (5) decidir no cometer de nuevo el pecado que has cometido, y (6) hacer que tu alma carnal pruebe la dificultad de la obediencia a Dios como has hecho que pruebe el placer de pecar».

(at-)Tawhid: Unicidad y Unidad de Dios; creer y declarar la Unicidad y la Unidad de Dios; la creencia y la cosmovisión que el Islam enseña. Al declarar que Dios es Uno (*Wahid*), indicamos que Él es el Único Ser Divino, y que ninguna persona o cosa es semejante o comparable a Él. Por Su Unidad, o indicando que Él es el Único de absoluta Unicidad (*Ahad*), señalamos que Él se halla más allá de todas las clases de conceptos humanos sobre Él y absolutamente libre de tener ningún copartícipe, semejante, padres, hijos o hijas. La creencia en la Unicidad de Dios exige aceptarle a Él como la Deidad y el Señor Únicos de la humanidad, y así pues, el único Objeto de Adoración. Eso en cambio significa el reconocimiento de Él como Dueño de la autoridad exclusiva para establecer todo lícito o ilícito.

(at-)Tawhid al-'Ubudiyah: Dedicación, sumisión y sometimiento totales a Dios, y declarar que ningún otro, a excepción de Dios, merece la adoración.

(at-)Tawhid al-Rububiyah: Afirmar a Dios como el Único Educador, Instructor, Sustentador, Aquel Quien Alimenta, Amo y Señor de todos los seres.

(at-)Tawhid al-Uluhiyah: Creer que no hay más deidad sino Dios, y que solamente Dios tiene el derecho único y exclusivo de ser adorado.

(at-)Ta'wil: Atribuir a una palabra, una actitud o una acción uno de sus significados probables o explicarla con el mismo; exponer algo leído, visto u oído con algo diferente de lo que primero nos viene a la mente y con un conocimiento racional que no se comprende inmediatamente. *Ta'wil* implica la preferencia por uno de los probables significados.

(at-)Tayalli al-Wahidiyah: La manifestación de Dios a través de Sus Nombres en todo el universo así como en una especie o en un conjunto; Su manifestación universal con todos Sus Nombres relacionados con el universo.

(at-)Tayalli al-Ahadiyah: Manifestación particular de Dios en una cosa o un ser individual o hallarse con uno o algunos de Sus Nombres.

(at-)Tayammum: Purificación para la Oración empleando polvo, tierra o piedra limpia, cuando el agua para *ghusl* o *wudu'* es inasequible o sería perjudicial para su salud. Se realiza pasando las manos ligeramente en un poco de tierra pura y pasando las palmas sobre la cara una vez, y pasar la tierra pura otra vez con nuestras palmas y frotarnos los brazos derecho e izquierdo sucesivamente desde las yemas de los dedos hasta los codos.

(at-)Tayyib: Puro y saludable (en relación a su constitución y a su aspecto religioso).

(at-)Tazkiyah: Purificación (de creencia y doctrinas falsas, pecados y toda clase de impureza).

(at-)Tilawah: Estudiar el Corán para entenderlo del modo en que ha de ser entendido; recitar el Corán; recitar el Corán y transmitir su significado y su mensaje a los demás.

(at-)Tughyan: Rebelión, insubordinación.

'Ubudiyah: Servidumbre; Servidumbre devota a Dios

(al-)Ujuwwah: Fraternidad y hermandad.

Ulu 'l-absar: Aquellos que tienen la facultad de «visión» y de discernimiento.

Ulu 'l-albab: Gente de discernimiento.

Ulu 'l-Amr: Aquellos a quienes se les ha confiado dirigir a los musulmanes en asuntos de interés común; aquellos que son responsables, tienen autoridad o son líderes.

(al-)Uluhiyah: Dios, Quien es la Deidad (de la creación entera).

(al-)Umma: Una comunidad que sigue el mismo camino (de creencia y de forma de vida).

Ummat Muhammad: La comunidad de Muhammad (la paz y las bendiciones sean con él); el conjunto de los musulmanes en su totalidad.

Umm al-mu'minin: La «Madre de los Creyentes». Un título concedido a cada una de las esposas del profeta Muhammad, la paz y las bendiciones sean con él.

(al-)Ummi: Iletrado, analfabeto; no seguir algún Libro revelado por Dios; (*Profeta*) Quien no puede leer ni escribir (y por lo tanto ha permanecido preservado de cualquier vestigio de cultura escrita existente, y de este modo está libre de cualquier corrupción intelectual y espiritual).

(al-)'Umrah: La Peregrinación Menor; un rito islámico que consiste en *al-ihram*, *at-tawaf*, y *as-sa'y*.

(al-)'Urf: Una práctica social y una norma de conducta generalmente aceptadas y establecidas, las cuales no se oponen al Islam.

(al-)Wa'd: Una promesa.

(al-)Wa'id: Una amenaza.

(al-)Wahy: La Revelación Divina; la alocución especial de Dios a los Profetas. La Revelación acontece de tres maneras. La primera es que Dios ubica de inmediato el significado de la misma en el corazón del Profeta y éste sabe que dicho significado proviene de Dios. La segunda manera o forma por la que la Revelación acontece es que Dios habla a un ser humano tras un velo. La tercera manera es que Dios envía un ángel para transmitir Su mensaje al Profeta.

(al-)Wayh: Un rostro; rostro como representación de la persona misma; complacencia y aprobación.

(al-)Wakil: Un representante autorizado que actúa en nombre de alguien; alguien elegido para dirigir los asuntos de otra persona.

(al-)Walayah: Tutela; amistad; liderazgo; la relación de apoyo mutua entre el estado islámico y sus ciudadanos, y entre los ciudadanos mismos; proximidad especial a Dios.

(al-)Waliyy (plural ***al-awliya'***): Tutor; amigo íntimo; confidente; maestro; un individuo que goza de proximidad especial a Dios.

(al-)Warazah: Herencia.

(al-)Wariz: Un heredero.

(al-)Wasi: Tutor (de un niño, de una persona incompetente); albacea (de un estado o una voluntad).

(al-)Wasiyyah: Testamento, voluntad.

(al-)Wayib: Aquello que incumbe o es necesario.

(al-)Witr: Número impar; Las *rak'as witr* son números impares de *rak'as* tales como 1, 3, 5, etc. —normalmente 1 ó 3— que se realizan después de la última Oración de la noche.

(al-)Wudu': La ablución. Requiere lavarse el rostro desde la frente hasta la barbilla e incluyendo cada oído, así como las manos y los brazos hasta los codos; y requiere limpiarse con las manos mojadas una porción de la cabeza, y lavarse los pies hasta los tobillos e incluyendo a estos últimos. A su vez consta de algunos otros actos *Sunna* a ser realizados.

(al-)Yahud: Los judíos. En la historia musulmana, a los judíos se les denomina normalmente *Yahudi*, que significa «perteneciente a Yahuda» —Judá en el Antiguo Testamento—. Judá —*Yehudah* en hebreo— es el nombre de uno de los dos reinos que surgieron tras la división del reino del Profeta Salomón después de su muerte, y toma su nombre de Judá, uno de los hijos del Profeta Jacob, la paz sea con él. Según otra opinión, *Yahudi* no significa otra cosa que aquél que sigue la ley establecida por Judá, jurista israelita que vivió en el siglo II d. C. Los mismos judíos nombran su religión —Judaísmo— a partir de Judá. El Corán usa el término *Yahudi* para los enemigos de los musulmanes más severos entre los Hijos de Israel y aquéllos de entre ellos que se consideran y se llaman a sí mismos *Yahudi*.

(al-)Yaqin: Certeza de fe; no albergar duda alguna sobre la verdad de una cuestión y llegar a un conocimiento exacto y libre de dudas. Este conocimiento puede provenir tanto de la Revelación como del estudio y la verificación. *Yaqin* posee tres grados: primero, el que proviene del conocimiento (*'ilm al-yaqin*); segundo, el que depende de la visión y la observación (*'ayn al-yaqin*); y tercero, el que proviene de la experiencia directa (*haqq al-yaqin*).

(al-)Yawm: El Día. El Corán utiliza la palabra «Día» no sólo en el sentido de nuestro día normal, sino también como unidad y período de tiempo.

Yawm ad-Din: El Día del Juicio Final.

Yawm al-Fasl: Otro calificativo destinado para designar al Día del Juicio Final, significando el Día del Juicio Final y de la Distinción (entre la gente).

Yawm al-Yaza': Otro nombre para el Día del Juicio Final, que significa el Día de la Recompensa.

Yawm al-Qiyamah: El Día de la Destrucción del Mundo y de la Resurrección.

(al-)Yahalah: Ignorancia; una carencia de conocimiento y comportarse como alguien desprovisto de conocimiento; un ejemplo de sucumbir ante el alma carnal que ordena el mal.

Yahannam: Infierno; el lugar adonde los criminales incrédulos ingresarán en el Más Allá.

(al-)Yahiliyya: Cualquier doctrina, cosmovisión o modo de vida basado en el rechazo o la indiferencia a la Guía Divina comunicada a la humanidad a través de los Profetas y de los Mensajeros de Dios; la actitud de tratar la vida humana —ya sea en parte o por completo— como independiente de las directivas de Dios.

(al-)Yamrah: Uno de los tres pilares construidos en piedra ubicados en Mina, en La Meca, y que representa a Satán. Los peregrinos arrojan guijarros a estos pilares durante los tres días de *'Id*, en la peregrinación a La Meca.

(al-)Yanabah: El estado de mayor impureza ritual, como consecuencia del coito, la eyaculación seminal, la menstruación y el sangrado posparto. Aquellas personas que se hallen en este estado no pueden rezar, circunvalar la Kaba (*tawaf*), entrar en una mezquita o en un lugar de adoración a menos que sea necesario, ni pueden tocar el Corán o cualquiera de sus versículos, excepto con un paño limpio o un objeto similar.

(al-)Yannah: El Paraíso; el Reino Divino de las bendiciones donde, en el Más Allá, Dios admitirá a los que crean y lleven a cabo actos buenos y rectos.

Yannatu 'l-Ma 'wa: El Jardín Divino del Refugio y la Morada.

Yannat 'Adn: Los Jardines Divinos de la dicha perpetua.

Yannatu 'l-Juld: El Jardín Divino de la Inmortalidad.

Yannatu 'n-na 'im: Jardines Divinos de la generosidad y de la bendición.

(al-)Yibt: Cualquier falsa deidad.

(al-)Yihad: Esforzarse, hacer todo lo posible para alcanzar algo; esforzarse en la causa de Dios con sus bienes y persona.

(al-)Yinn: Una clase de seres invisibles, conscientes y responsables, creados del «fuego» sin humo, penetrando a través del cuerpo.

(al-)Yizyah: El impuesto de protección y exención del servicio militar que han de pagar los ciudadanos no musulmanes de un estado musulmán.

(al-)Yuma: La Oración en congregación del viernes, obligatoria para cada varón adulto musulmán libre, sano, y residente. Se ofrece durante la hora de la Oración del mediodía, y así pues la Oración normal del mediodía no se realiza los viernes.

(az-)Zakat: La Limosna Prescrita Purificadora. Se halla entre los cinco pilares del Islam, y hace referencia a la cantidad obligatoria que un musulmán debe pagar a partir de sus bienes. Un musulmán que posea dinero superior a cierta cantidad mínima de propiedades que está sujeta al pago de *Zakat*, ha de pagar el *Zakat*. Debe ser empleado en ocho categorías para el bienestar de la sociedad, según lo mencionado en el Corán.

Zakat al-Fitr: Véase *Sadaqat al-fitr*.

(az-)Zalim: Un pecador. Aquel que realiza un acto en el momento y el lugar menos apropiado, y/o de manera incorrecta, causando así «oscuridad» y siendo injusto consigo mismo; comprendiendo una esfera de uso muy amplia, el término incluye desde aquel que hace un mal pequeño, hasta el individuo que comete el imperdonable pecado de asociar copartícipes a Dios (o negarle a Él).

(Az-)Zaqqum: Un árbol extremadamente amargo y espinoso que crece en las profundidades del Fuego del Infierno y del cual se alimentarán los habitantes del Infierno.

Zihar: Un marido diría a su esposa, «De aquí en adelante eres para mí como la espalda de mi madre», y así se prohibiría a sí mismo las relaciones conyugales con su esposa, significando el divorcio. Esto equivalía a un divorcio irrevocable, pero una mujer divorciada de esta manera no podría casarse otra vez. El Islam prohibió y suprimió con resolución esta costumbre.

(az-)Zina: Cualquier relación sexual entre un hombre y una mujer que no hayan contraído matrimonio, expresando así «adulterio» y «fornicación» en castellano. El Corán no sólo prohíbe cualquier cópula sexual ilícita, sino que también ordena que se deben impedir todos los caminos y conductas que conduzcan a la misma.

(az-)Zuhd: Renunciar a los placeres mundanos y resistir a los deseos carnales por la complacencia de Dios.

(az-)Zulm: Maldad, o poner algo en el lugar que no le corresponde o hacer algo en el momento y lugar que no es apropiado, y hacerlo del modo incorrecto, causando así oscuridad (espiritual) y siendo injusto consigo mismo; en la terminología coránica, «la maldad» (*zulm*) incluye un amplio espectro de acciones incorrectas que van desde el extravío en asuntos pequeños hasta el imperdonable pecado de atribuir copartícipes a Dios (o negarle a Él).

ÍNDICE DE MATERIAS

DIOS

ARGUMENTOS PARA LA UNICIDAD DE DIOS Y LA FE EN ÉL

LIBROS DE CONSULTA

A continuación se dan las obras consultadas en este estudio, listadas en la columna de la izquierda ya sea por sus títulos o por los nombres completos o abreviados de los autores, debido a consideraciones de espacio. Las explicaciones de los comentaristas del Corán consultadas en las notas se encuentran, a menos que se indique otra cosa, en el contexto del comentario de dicho autor sobre el versículo. Ya que pueden haber diferentes ediciones de un libro, especialmente de un clásico, la edición específica que se ha utilizado en este estudio no se menciona. Del mismo modo, los libros consultados del *Hadiz* en las notas también se dan con sus títulos y los nombres de sus compiladores. Las obras que existen en ediciones fácilmente identificables son mostradas con lugar y fecha de publicación.

Todas las referencias a la Biblia son de la Biblia Católica.

Abu Dawud	Abu Dawud Sulayman ibn al-Ash'ath as-Sijistani, *Kitab as-Sunan*. Beirut, 1994.
Abu'l-Baqa	Abu'l-Baqa, *Kulliyat*, Beirut, 1993.
Abu Nu'aym	Ahmad ibn 'Abdu'llah, *Hilyat al-Awliya' wa Tabaqat al-Asfiya'*, Beirut.
A Comparative Approach	Fethullah Gülen, «A Comparative Approach to Islam and Democracy», SAIS Review, vol, XXI, no. 2 (Summer-Fall 2001).
Ahmed Cevdet Paşa	Ahmed Cevdet Paşa, *Kısas-ı Enbiya ve Tavarih-i Hulefa*, İstanbul, Bedir Yayınevi, 1976.
'Ali al-Qari	'Ali al-Qari, *al-Asrar al-Marfu'ah fi Akhbar al-Mawdu'ah*, Beirut.
(al-) 'Ayluni	Isma'il ibn Muhammad al-'Ayluni, *Kashf al-Khafa' wa Muzil al-Ilbas*, Beirut.
(al-)Alusi	Shihabü'd-din Mahmud al-Alusi, *Ruh al-Maani*, Beirut 1987.
Asad	Muhammad Asad, *The Message of the Qur'an*, Gibraltar, Dar al-Andalus, 1980.
(al-) Asqalani	Ibn Hajar al-Asqalani, *al-Isabah fi Tamyiz as-Sahabah*, Daru'l-Beyan, El Cairo, 1988.
(al-) Bayhaqi	Abu Bakr Ahmad ibn al-Husayn al-Bayhaqi, *Shu'ab al-Iman*.

(al-) Bidayah	Ibn al-Kazir Abu'l-Fida' Isma'il Ibn al-Kazir, *al-Bidayah wa'n-Nihayah*, Beirut.
(al-) Bujari	Abu 'Abdu'llah Muhammad ibn Isma'il al-Bujari, *al-Jâmi' as-Sahih*, Beirut, Dar al Ma'rifah.
Çetin	Abdurrahman Çetin, *Kur'an İlimleri ve Kur'an-ı Kerim Tarihi*, Estambul, Dergâh Yayınevi, 1982.
(ad-)Darimi	Abu Muhammad 'Abdu'llah ibn 'Abdu'r-Rahman ad-Darimi, *as-Sunan*, El Cairo.
Djevad	Ahmed Djevad, *Eski Türkler*, İstanbul, Yağmur Yayınevi, 1978.
Fundamentos de la Fe Islámica	Fethullah Gülen, Nueva Jersey, The Light Inc. 2005.
Ezzati	Abul-Fazl Ezzati, *An Introduction to the History of the Spread of Islam*, Londres, News and Media Ltd., 1978.
(al-) Hakim	Muhammad ibn 'Abdu'llah al-Hakim al-Nayshaburi, *Ma'rifat 'Ulum al-Hadith*, Medina.
(al-) Hayzami	Nuru'-d-Din Abu'l-Hasan 'Ali al-Hazhami, *Majma' az-Zawa'id wa Manba' al-Fawa'id*, Beirut.
(al-) Hindi	al-Muttaqi al-Hindi, *Kanz al-'Ummal*, Beirut, 1985.
Ibn al-Azir	'Izzu'd-Din Abu'l-Hasan 'Ali ibn Muhammad al-Jazari, *al-Kamil fi't-Ta'rikh*, Beirut.
Ibn Hanbal	Ahmad ibn Hanbal, *al-Musnad*, Beirut.
Ibn Hibban	Abu Hatim Muhammad ibn Hibban, *Sahihu ibn Hibban*, Beirut.
Ibn Hisham	Muhammad Ibn Hisham, *as-Sirat an-Nabawiyyah*, Beirut, Shirkat al-Maktabat ve Matbaat al Halabi.
Ibn Yarir at-Tabari	Abu Ya'far Muhammad ibn Yarir at-Tabari, *Yami' al-Bayan fi Tafsir al-Qur'an*, Beirut.
Ibn al-Kazir	Abu'l-Fida' Isma'il Ibn al-Kazir, *Tafsir al-Qur'an al-'Azim*, Estambul, 1984.
Ibn Maya	Abu 'Abdu'llah Muhammad ibn Yazid al-Qazwini, *as-Sunan*, Dar al-Ihya at-Turath al 'Arabi.
Ibn Sa'd	Abu 'Abdu'llah Muhammad, *at-Tabaqat al-Kubra*, Beirut, Dar as-Sadir.
İşârâtü'l-İ'caz	Bedüzzaman Said Nursi, *İşârâtü'l-İ'caz*, Estambul, Tenvir Neşriyat.
(al)-Yassas Abu Bakr	Ahmad ibn 'Ali ar-Razi al-Yassas, *Ahkam al-Qur'an*, Beirut.
Karaman	Hayreddin Karaman, *Fıkıh Usulü*, Estambul, İrfan Yayınevi, 1975.
Key Concepts	Fethullah Gülen, *Key Concepts in the Practice of Sufism*, trad., Nueva Jersey, The Light Inc. 2005.

Kur'an'dan İdrake — Fethullah Gülen, *Kur'an'dan İdrake Yansıyanlar*, Estambul, Zaman, 2000.

Lem'alar — Bediüzzaman Said Nursi, *Lem'alar*, Estambul, Işık Yayınları, 2004.

The Letters — Bediüzzaman Said Nursî, *The Letters*, trad., Londres, Truestar, 1995.

The Lost Paradise — Fethullah Gülen, *Towards the Lost Paradise*, trad., İzmir, 1995.

M. Asım Köksal — M. Asım Köksal, *İslâm Tarihi*, Estambul, Şamil Yayınevi, 1981.

Mathnawi — Bediüzzaman Said Nursi, *Epitomes of Light (Mathnawi an-Nuriyah)*, trad., İzmir, Kaynak Yayınları, 1999.

(al-) Mawdudi — Sayyid Abul A'la al-Mawdudi, *Towards Understanding the Qur'an*, traducido y editado por Zafar Ishaq Ansari, Londres.

El Mensajero de Dios: Muhammad — Fethullah Gülen, Un Análisis de la vida del Profeta, Nueva Jersey, The Light Inc. 2005.

Morrison — A. Cressy Morrison, *Man Does not Stand Alone*, Nueva York, 1945.

Muhakemat — Bediüzzaman Said Nursi, *Muhakemat*, Estambul, Tenvir Neşriyat, 1988.

(al-) Munawi — Shamsu'd-Din Muhammad 'Abdu'r-Ra'uf al-Munawi, *Fayd al-Qadir*, Beirut.

Mutahhari — Murtaza Matahhari, *Woman and Her Rights*, http://www.al-islam.org/WomanRights/index.html.

Muslim — Abu'l-Husayn Muslim ibn Hayyay al-Qushayri, *al-Yami' as-Sahih*, Beirut.

(al-) Muwatta' — Malik ibn Anas, *al-Muwatta'*, El Cairo.

(an-) Nahy al-Balaghah — 'Ali ibn Abi Talib, *an-Nahy al-Balaghah*, Qom, Center of Islamic Studies.

(an-) Nasa'i — Abu 'Abdu'r-Ra.man 'Ahmad ibn Shu'ayb an-Nasa'i, *as-Sunan*, Beirut.

Nurbaki — Dr. Haluk Nurbaki, *Verses from the Glorious Qur'an and Facts of Science*, Ankara, TDV, 1989.

Özek y otros — A. Özek, N. Uzunoğlu, T. R. Topuzoğlu, M. Maksutoğlu, *The Holy Qur'an with English Translation*, Estambul, İlmî Neşriyat, 1992.

Perlas de la Sabiduría — Fethullah Gülen, Nueva Jersey, The Light Inc. 2005

(al-) Qurtubi — Mutammad ibn Ahmad al-Qurtubi, *al-Yami' li-Ahkami'l-Qur'an*, Beirut.

Qutb	Seyyid Qutb, *Fi Zilali'l-Qur'an*, trad., Estambul, Hikmet Yayınları.
Raghib al-Isfahani	Raghib al-Isfahani, *al-Mufradat fi Gharib al-Qur'an*, Beirut.
(ar-) Razi	Muhammad ibn 'Umar Fajru'd-Din ar-Razi, *Mafatih al-Ghayb*, Beirut.
(as-) Sabuni	Muhammad 'Ali as-Sabuni, *Mukhtasar Tafsir Ibn Kazir*, Beirut.
as-Salih	Subhi as-Salih, *Kur'an Ilimleri ve Kur'an-ı Kerim Tarihi*, trad. Konya, Hibaş Yayınevi.
Sherif Muhammad	Sherif Muhammad, *To Clarify an Important Point*, http://www.janna.org/sisters/compare.html.
Sözler	Bediüzzaman Said Nursî, *Sözler*, Estambul, Işık Yayınları, 2004.
Suat Yıldırım	Suat Yıldırım, *Kur'an-ı Hakim ve Açıklamalı Meali*, Estambul, Işık Yayınları, 2002.
(as-) Suyuti	Yalalu'd-Din as-Suyuti, *ad-Durr al-Manzur*, Beirut.
Şualar	Bediüzzaman Said Nursi, *Şualar*, Estambul, Tenvir Neşriyat.
(at-) Tabarani	Sulayman ibn Ahmad ibn Ayyub at-tabarani, *al-Mu'yam al-Kabir*, Beirut.
(at-) Tabari	Abu Ya'far Muhammad ibn Jarir at-Tabari, *Tarij al-Umam wa'l-Muluk*, Beirut.
(at-) Tabatabai	'Ali ibn Husayn at-Tabatabai, *al-Mizan fi Tafsir al-Qur'an*, Teherán, Dar al-Kutub al Islamiyyah.
Tefhim	Sayyid Abul A'la al-Mawdudi, *Tefhimu'l-Kur'an*, trad., Estambul, İnsan Yayınları, 1987.
Preguntas y Respuestas sobre la Fe Islámica	Fethullah Gülen, Nueva Jersey, The Light Inc. 2004.
The Words	Bediüzzaman Said Nursi, *The Words (The Reconstruction of Islamic Belief and Thought)*, trad. H. Akarsu, Nueva Jersey, The Light Inc. 2005.
(at-) Tirmizi	Abu 'Isa Muhammad ibn 'Isa at-Tirmizi, Sunan, Beirut.
Yazır	Elmalılı Hamdi Yazır, *Hak Dini Kur'an Dili*, Estambul, Eser Yayınevi.
Yıldırım	Suat Yıldırım, *Kur'an-ı Kerim ve Kur'an İlimlerine Giriş*, Estambul, Ensar Yayınevi, 1983.
(az-) Zamajshari	Abu'l-Qasim Yaru'llah Mahmud ibn 'Umar az-Zamajshari, *al-Kashshaf an Haqaiq at-Tanzil wa 'Uyun al Aqawil fi Wuyuh at-Ta'wil*, Egipto.